Rechnungslegung und Rechnungslegungspolitik

Eine handels-, steuerrechtliche und internationale Einführung für Einzelunternehmen sowie Personen- und Kapitalgesellschaften mit 347 Abbildungen, erläuternden Beispielen und 6 Übungsklausuren mit Lösungen

von

o. Univ.-Prof. Dr. habil. Carl-Christian Freidank

und

PD Dr. Patrick Velte

2., wesentlich überarbeitete und erweiterte Auflage

Oldenbourg Verlag München

Lektorat: Thomas Ammon
Herstellung: Tina Bonertz
Titelbild: thinkstockphotos.de
Einbandgestaltung: hauser lacour

Bibliografische Information der Deutschen Nationalbibliothek
Die Deutsche Nationalbibliothek verzeichnet diese Publikation in der Deutschen Nationalbibliografie; detaillierte bibliografische Daten sind im Internet über http://dnb.dnb.de abrufbar.

Library of Congress Cataloging-in-Publication Data
A CIP catalog record for this book has been applied for at the Library of Congress.

Dieses Werk ist urheberrechtlich geschützt. Die dadurch begründeten Rechte, insbesondere die der Übersetzung, des Nachdrucks, des Vortrags, der Entnahme von Abbildungen und Tabellen, der Funksendung, der Mikroverfilmung oder der Vervielfältigung auf anderen Wegen und der Speicherung in Datenverarbeitungsanlagen, bleiben, auch bei nur auszugsweiser Verwertung, vorbehalten. Eine Vervielfältigung dieses Werkes oder von Teilen dieses Werkes ist auch im Einzelfall nur in den Grenzen der gesetzlichen Bestimmungen des Urheberrechtsgesetzes in der jeweils geltenden Fassung zulässig. Sie ist grundsätzlich vergütungspflichtig. Zuwiderhandlungen unterliegen den Strafbestimmungen des Urheberrechts.

© 2013 Oldenbourg Wissenschaftsverlag GmbH
Rosenheimer Straße 143, 81671 München, Deutschland
www.degruyter.com/oldenbourg
Ein Unternehmen von De Gruyter

Gedruckt in Deutschland

Dieses Papier ist alterungsbeständig nach DIN/ISO 9706.

ISBN 978-3-486-71850-8
eISBN 978-3-486-77903-5

Vorwort zur 2. Auflage

Die dynamische Entwicklung der handels-, steuerrechtlichen und internationalen Rechnungslegung machte neben einer Beseitigung von Unklarheiten und Druckfehlern eine grundlegende Überarbeitung und Aktualisierung des Lehrbuchs erforderlich, das nun in einer auch erweiterten Form vorliegt. Dies ergab sich zunächst vor dem Hintergrund des **Bilanzrechtsmodernisierungsgesetzes (BilMoG)**, welches als größtes Reformprojekt der letzten 28 Jahre und „IFRS-Verhinderungsgesetz" eine wesentliche Änderung der handelsrechtlichen Rechnungslegung bewirkte. Die jüngsten handelsrechtlichen Anpassungen erfolgten im Dezember 2012 durch das Kleinstkapitalgesellschaften-Bilanzrechtsänderungsgesetz (MicroBilG). Entsprechendes gilt für die steuerliche Gewinnermittlung, welche durch den Wegfall der Umkehrmaßgeblichkeit, die Neuausrichtung des Maßgeblichkeitsprinzips (Einkommensteuer-Richtlinien 2012) und diverse Steuerreformen (u.a. das Unternehmensteuerreformgesetz 2008) vielfältigen Modifikationen unterzogen wurde. Aufgrund der wachsenden Ausbreitung und dynamischen Entwicklung der IFRS wurde bei der Erstellung der Zweitauflage eine **vergleichende Analyse** zwischen dem Handels- und Steuerrecht einerseits und den IFRS andererseits vorgenommen, um die verbleibenden Unterschiede der Rechnungslegungsstandards aufzuzeigen. Überdies erfolgte eine wesentliche Erweiterung der zu behandelnden Themenfelder. Neben einer Darstellung zu den **Harmonisierungsbestrebungen** in der Rechnungslegung wurde im Zweiten Teil eine **theoretische Fundierung** mithilfe der Neoklassischen Kapitalmarkttheorie, der Unternehmenstheorien sowie der (Konzern-)Bilanztheorien vorgenommen. Im Dritten Teil wurden als besondere Bilanzierungs- und Bewertungsfragen das **Leasing**, die **langfristige Auftragsfertigung**, das **Stichtags- und Stetigkeitsprinzip**, die **Erfolgserfassung**, die **Fehlerkorrektur** sowie die **Behandlung von Schätzungsänderungen** erörtert. Zudem erfolgte eine Erweiterung der Rechnungslegungsinstrumente im Fünften Teil um den **Segmentbericht**, den **Zwischenbericht** sowie die **Ad hoc-Publizität**. Der Stoff wird durch eine Vielzahl blau eingefärbter Beispiele, die im Vergleich zur ersten Auflage des Lehrbuchs zielgerichtet erweitert wurden, verdeutlicht. Ferner befinden sich im Anhang auf S. 939–983 sechs Übungsklausuren mit Lösungen, die dem Leser nun die Möglichkeit eröffnen, sein erworbenes Wissen zu überprüfen. Damit ist das Lehrbuch auch im besonderen Maße für die Vorbereitung auf die Prüfungen der wirtschafts- und steuerberatenden Berufe geeignet.

Zunächst danken die Verfasser ihren Studierenden der Betriebswirtschaftslehre an der Universität Hamburg für viele Anregungen und Hinweise, die in die 2. Auflage des Lehrbuchs eingeflossen sind und seine Qualität weiter verbessert haben, sowie die positive Aufnahme des Lehrbuchs in den vergangenen sechs Jahren. Zudem geht ein besonderer Dank an Herrn **Fabian Ewald (B.Sc.)** für die hervorragende Unterstützung. Last but not least wird

Herrn **Thomas Ammon** vom Oldenbourg Verlag für die harmonische Zusammenarbeit bei der Publikation der Neuauflage des Lehrbuchs gedankt.

Hamburg, im August 2013
Carl-Christian Freidank
Patrick Velte

Vorwort zur 1. Auflage

„Welchen Überblick verschafft uns nicht die Ordnung,
in der wir unsere Geschäfte führen!
Sie läßt uns jederzeit das Ganze überschauen,
ohne daß wir nötig hätten, uns durch das Einzelne verwirren zu lassen.
Welche Vorteile gewährt die doppelte Buchhaltung dem Kaufmanne!
Es ist eine der schönsten Erfindungen des menschlichen Geistes,
und ein jeder gute Haushalter
sollte sie in seiner Wirtschaft einführen."

Johann Wolfgang von Goethe:
Wilhelm Meisters Lehrjahre,
Stuttgart 1986, S. 35.

Das **Lehrbuch** richtet sich an **Studenten der Wirtschaftswissenschaften**, die an einer grundlegenden Einführung in die Rechnungslegung und die Rechnungslegungspolitik nach Handels- und Steuerrecht sowie internationalen Regelungen interessiert sind. Die behandelten Themenbereiche decken den elementaren Lehrstoff ab, der an Universitäten, Fachhochschulen, Berufsakademien sowie Verwaltungs- und Wirtschaftsakademien im Diplom-, Bachelor- und Masterstudiengang vermittelt wird. Darüber hinaus spricht die Abhandlung auch **Praktiker des in- und externen Rechnungswesens** an, die eine Einführung in die genannten Bereiche wünschen oder ihre Kenntnisse auf diesen Gebieten auffrischen oder vertiefen wollen.

Neben der reinen **Buchführungs- und Abschlusstechnik** bei einzelkaufmännisch geführten Unternehmen, Personen- und Kapitalgesellschaften stellt das Lehrbuch die elementaren handels- und steuerrechtlichen Rechnungslegungsvorschriften dar. Ferner wird auf Besonderheiten der Buchführung und des Abschlusses von **Handels- und Industrieunternehmen** eingegangen. Darüber hinaus gibt die Abhandlung einen Überblick über Ziele, Konzeptionen, Instrumente und Modelle der Rechnungslegungspolitik von **Kapitalgesellschaften**. Zum Abschluss werden signifikante Änderungen im Bereich der externen Rechnungslegung und Rechnungslegungspolitik durch eine Umstellung des Rechnungswesens auf **IFRS** vergleichend dargelegt. Der Stoff wird durch eine Vielzahl von **Beispielen** verdeutlicht, die im laufenden Text **grau unterlegt** sind.

Zunächst danken die Verfasser Herrn **StB Prof. Dr. Hans Eigenstetter**, da die Abhandlung in einigen Bereichen Darstellungen enthält, die von ihm während seiner Tätigkeit als wissenschaftlicher Mitarbeiter am Lehrstuhl für Revisions- und Treuhandwesen der Universität Hamburg entwickelt wurden. Weiterhin möchten die Verfasser insbesondere Herrn **cand. rer. pol. Richard Simm**, Herrn **cand. rer. pol. Jan Jucknat**, Herrn **cand. rer. pol. Karsten Zeglen**, Herrn **cand. rer. pol. Max Köster** und Frau **cand. rer. pol. Sine Lorenzen** für die intensive und zuverlässige Unterstützung und Frau **Hermine Werner** für ihre Akribie und Umsicht bei der Vorbereitung der Druckvorlage danken. Schließlich geht ein herzlicher Dank an Herrn **Volker Dabelstein** vom **Schäffer-Poeschel-Verlag** in Stuttgart für die außerordentlich gute Zusammenarbeit bei der Publikation des Lehrbuchs.

Aus Vereinfachungsgründen wurden die beispielhaften Berechnungen auf der Basis eines **Umsatzsteuerregelsatzes von 20 %** vorgenommen.

Hamburg, im Januar 2007
Carl-Christian Freidank
Patrick Velte

Inhaltsübersicht

Vorwort	V
Inhaltsverzeichnis	XV
Abkürzungsverzeichnis	XXIX
Abkürzungsverzeichnis für Zeitschriften und Zeitungen	XXXIX
Symbolverzeichnis	XLI
Abbildungsverzeichnis	XLVII

1. Teil: Einführung in die Rechnungslegung   1

I.	Betriebliches Rechnungswesen als Basis der Rechnungslegung	3
II.	Überblick über die privatrechtlichen Unternehmensformen	7
	A. Grundlegendes	7
	B. Zum Begriff der Personenunternehmen	7
	C. Körperschaftlich organisierte Unternehmen, rechtsfähige Stiftungen und Mischformen	10
III.	Unternehmens- und Rechnungslegungspolitik	13
IV.	Grundlagen des Betrieblichen Rechnungswesens	17
	A. Teilgebiete und ihre Aufgaben	17
	B. Zusammenhänge zwischen Finanz- und Rechnungswesen	20
	C. Zahlungs- und Erfolgskomponenten des Rechnungs- und Finanzwesens	23
V.	Zusammenfassung	47

2. Teil: Finanzbuchhaltung, Jahresabschluss und Lagebericht — 49

I. Grundlagen und gesetzliche Rahmenbedingungen — 51
   A. Gesetzliche Verankerung der Finanzbuchhaltung — 51
   B. Finanzbuchhaltung in Form der doppelten Buchführung — 62
   C. Finanzbuchhaltung in Form der kameralistischen und einfachen Buchführung — 123

II. Buchhalterische Erfassung ausgewählter Geschäftsvorfälle — 131
   A. Warenverkehr — 131
   B. Zahlungsverkehr — 221
   C. Lohn- und Gehaltsverkehr — 243
   D. Steuern, Gebühren und Beiträge — 251

III. Harmonisierungsbestrebungen in der Rechnungslegung — 257
   A. Klassifizierungsansätze — 257
   B. Entwicklungsstufen des Handelsrechts und der IFRS — 263
   C. Ausbau des Financial Accounting zum Business Reporting — 281
   D. Verbindlichkeit der IFRS und Endorsementprozess der EU — 289
   E. IFRS für den Mittelstand — 293

IV. Grundsätze ordnungsmäßiger Buchführung — 295
   A. Handels- und Steuerrecht — 295
   B. Rahmenkonzept der IFRS — 309

V. Theoretische Fundierung — 311
   A. Neoklassische Kapitalmarkttheorie — 311
   B. Theorien der Unternehmung — 313
   C. Bilanztheorien — 319
   D. Konzernbilanztheorien — 327

VI.	**Aufstellungs-, Prüfungs- und Offenlegungspflichten des Jahresabschlusses und des Lageberichts**	**329**
	A. Allgemeines	329
	B. Varianten der Bilanzgliederung	333
	C. Gliederungsalternativen der Gewinn- und Verlustrechnung	336
	D. Anhang und Lagebericht	344
VII.	**Grundlagen der Erfolgsbesteuerung**	**351**
	A. Einkunftsarten und Einkommensermittlung nach dem Einkommensteuergesetz	351
	B. Betriebsvermögensvergleich nach den handelsrechtlichen GoB	354
	C. Sonstige Verfahren der steuerrechtlichen Gewinnermittlung	356
VIII.	**Verstöße gegen gesetzliche Buchführungs- und Rechnungslegungsvorschriften**	**359**
IX.	**Zusammenfassung**	**361**

3. Teil: Rechnungslegung von Einzelunternehmen 365

I.	**Bilanzansatz dem Grunde nach (Aktivierung und Passivierung)**	**367**
	A. Einführung	367
	B. Betrachtung ausgewählter Bilanzposten	398
II.	**Bilanzansatz der Höhe nach (Bewertung)**	**463**
	A. Bewertungsmaßstäbe	463
	B. Zugangsbewertung	479
	C. Folgebewertung	502
III.	**Sonstige Bilanzierungs- und Bewertungsfragen**	**587**
	A. Leasing	587
	B. Erfolgserfassung	598
	C. Langfristige Auftragsfertigung	602
	D. Stichtagsprinzip und Ereignisse nach dem Bilanzstichtag	612

		E.	Stetigkeitsprinzip	614
		F.	Fehlerkorrektur	619
		G.	Schätzungsänderungen	624
	IV.	\multicolumn{2}{l}{Besonderheiten der Rechnungslegung von Industrieunternehmen}	627
		A.	Einführung	627
		B.	Bilanzrechtliche Herstellungskosten und ihre Zurechnung auf die Erzeugniseinheiten	631
		C.	Retrograde Bewertung und Niederstwertprinzip	636
		D.	Gesamt- und Umsatzkostenverfahren als alternative Formen der Gewinn- und Verlustrechnung	639
	V.	\multicolumn{2}{l}{Zusammenfassung}	663

4. Teil: Rechnungslegung von Personenhandelsgesellschaften — 667

	I.	Rechnungslegungsnormen		669
	II.	Buchungs- und Abschlusstechnik		673
		A.	Erfassung des Eigenkapitals bei der Offenen Handelsgesellschaft	673
		B.	Besonderheiten bei der Kommanditgesellschaft	683
		C.	Darstellung des Erfolgsausweises	690
		D.	Spezialregelungen für publizitätspflichtige Personenhandelsgesellschaften	693
	III.	Erfolgsbesteuerung		695
		A.	Grundlegendes zur Technik der Besteuerung	695
		B.	Auswirkungen des Ertragsteuerrechts auf den Jahresabschluss	702
	IV.	Zusammenfassung		729

5. Teil: Rechnungslegung von Kapitalgesellschaften — 733

	I.	Rechnungslegungsnormen	735

II.	Grundlagen der Erfolgsbesteuerung	737
	A. Körperschaftsteuer	737
	B. Gewerbesteuer	740
III.	Spezialregelungen	741
	A. Größenabhängige Klassifizierung von Kapitalgesellschaften als Ausgangspunkt für die Aufstellung, Prüfung sowie Offenlegung von Jahresabschluss und Lagebericht	741
	B. Besonderheiten bezüglich der Erstellung des Jahresabschlusses	742
IV.	Erweiterte Rechnungslegungsinstrumente	817
	A. Überblick	817
	B. Finanzierungsrechnungen	821
	C. Segmentbericht	838
	D. Zwischenbericht und Ad hoc-Publizität	841
V.	Zusammenfassung	845

6. Teil: Rechnungslegungspolitik von Kapitalgesellschaften — 847

I.	Rechnungslegungspolitik als derivative Partialpolitik	849
	A. Einführende Systematisierung	849
	B. Aus der Finanzpolitik abgeleitete Zielsetzungen	850
	C. Aus der Publizitätspolitik abgeleitete Zielsetzungen	853
	D. Ableitung rechnungslegungspolitischer Zielsetzungen aus den individuellen Nutzenvorstellungen des Managements	855
	E. Zielkonflikte und Ungewissheit	856
II.	Rechnungslegungspolitisches Instrumentarium	859
	A. Grundlegende Strukturierung	859
	B. Sachverhaltsgestaltende Alternativen	860
	C. Darstellungsgestaltende Alternativen	863
III.	Grenzen der Rechnungslegungspolitik	869

IV.	Modellansätze einer planmäßigen Rechnungslegungspolitik	871
	A. Total- und Partialmodelle	871
	B. Formulierung des Zielplans	874
	C. Betriebswirtschaftliche Voraussetzungen für den Einsatz rechnungslegungspolitischer Entscheidungsmodelle	880
V.	Simultan- und Sequenzialmodelle für die handelsrechtliche Rechnungslegungspolitik	883
	A. Grundlegendes	883
	B. Modellansätze ohne Rückgriff auf mathematische Optimierungsverfahren	885
	C. Beispiel zur sequenziellen rechnungslegungspolitischen Gestaltung	891
	D. Modellansätze mit Rückgriff auf mathematische Simultanverfahren	893
VI.	Zusammenfassung	931

Anhang: Kontenrahmen	935
Anhang: Übungsklausuren	939
Literaturverzeichnis	985
Sonstige Materialien	1009
EU-Verordnungen und -Richtlinien	1011
Verzeichnis steuerrechtlicher Urteile, Verordnungen, Schreiben und Erlasse	1013
Stichwortverzeichnis	1015

Inhaltsverzeichnis

Vorwort	V
Inhaltsübersicht	IX
Abkürzungsverzeichnis	XXIX
Abkürzungsverzeichnis für Zeitschriften und Zeitungen	XXXIX
Symbolverzeichnis	XLI
Abbildungsverzeichnis	XLVII

1. Teil: Einführung in die Rechnungslegung — 1

I.	Betriebliches Rechnungswesen als Basis der Rechnungslegung	3
II.	Überblick über die privatrechtlichen Unternehmensformen	7
	A. Grundlegendes	7
	B. Zum Begriff der Personenunternehmen	7
	C. Körperschaftlich organisierte Unternehmen, rechtsfähige Stiftungen und Mischformen	10
III.	Unternehmens- und Rechnungslegungspolitik	13
IV.	Grundlagen des Betrieblichen Rechnungswesens	17
	A. Teilgebiete und ihre Aufgaben	17
	B. Zusammenhänge zwischen Finanz- und Rechnungswesen	20
	C. Zahlungs- und Erfolgskomponenten des Rechnungs- und Finanzwesens	23
	1. Begriffsabgrenzungen	23
	a. Auszahlungen und Ausgaben	23
	b. Ausgaben und Aufwendungen	24
	c. Aufwendungen und Kosten	27
	d. Einzahlungen und Einnahmen	31
	e. Einnahmen und Erträge	32
	f. Erträge und Leistungen	34
	g. Ergebnis	38
	2. Erfolgsermittlung und Erfolgsbegriffe	39
V.	Zusammenfassung	47

2. Teil: Finanzbuchhaltung, Jahresabschluss und Lagebericht — 49

I. Grundlagen und gesetzliche Rahmenbedingungen — 51

    A. Gesetzliche Verankerung der Finanzbuchhaltung — 51
        1. Handelsrechtliche Buchführungspflicht — 51
        2. Steuerrechtliche Buchführungspflicht — 56
            a. Derivative Verpflichtung zur Finanzbuchhaltung — 56
            b. Originäre Verpflichtung zur Finanzbuchhaltung — 56
        3. Aufbewahrungsfristen — 59

    B. Finanzbuchhaltung in Form der doppelten Buchführung — 62
        1. Inventar und Inventur — 62
        2. Bilanz und Jahresabschluss — 68
        3. Grundlagen der Buchungstechnik — 74
            a. Auflösung der Bilanz in Bestandskonten — 74
            b. Buchungssatz — 77
            c. Eröffnungs- und Schlussbilanzkonto — 83
            d. Unterkonten des Eigenkapitalkontos — 88
                d.a Grundlegendes — 88
                d.b Gewinn- und Verlustkonto — 91
                d.c Privatkonto — 95
            e. Arten der Erfolgsermittlung — 97
        4. Typisierung der Bilanzveränderungen — 98
        5. Zusammenhänge zwischen Finanzbuchhaltung, Inventar und Jahresabschluss — 99
        6. Bücher der doppelten Buchhaltung — 107
        7. Kontenrahmen und Kontenplan — 111
        8. Manuelle und IT-gestützte Buchführungsverfahren — 115
            a. Grundlegendes — 115
            b. Manuelle Verfahren — 116
            c. IT-gestützte Verfahren — 121

    C. Finanzbuchhaltung in Form der kameralistischen und einfachen Buchführung — 123

II. Buchhalterische Erfassung ausgewählter Geschäftsvorfälle — 131

    A. Warenverkehr — 131
        1. Gemischtes Warenkonto — 131
        2. Getrennte Warenkonten — 133
            a. Wareneinkaufs- und Warenverkaufskonto — 133
            b. Buchungstechnische Erweiterungsalternative — 136
        3. Umsatzsteuer — 143
            a. Allgemeines — 143

	b.	Grundzüge des Umsatzsteuerrechts	147
		b.a Überblick über die elementaren Vorschriften	147
		b.b Verfahren der Umsatzbesteuerung	154
	c.	Verbuchung der Umsatzsteuer im Einzelnen	159
		c.a Ein- und Verkaufsgeschäfte	159
		(a) Beispielhafte Darstellung	159
		(b) Netto- und Bruttomethode	162
		c.b Unentgeltliche Wertabgabe	172
		c.c Einfuhr von Gegenständen im Inland	181
4.	Bezugs- und Vertriebskosten sowie Rücksendungen und Preisnachlässe		184
	a.	Bezugskosten	184
	b.	Vertriebskosten	188
	c.	Rücksendungen	190
	d.	Preisnachlässe	195
		d.a Grundlegendes	195
		d.b Kaufpreisminderungen	197
		d.c Skonti	199
		d.d Boni	202
		d.e Rabatte	205
		d.f Umsatzsteuerliche Aufzeichnungspflichten	206
5.	Unfreiwillige Dezimierung von Warenvorräten		206
6.	Kalkulation im Warenhandel		209
	a.	Grundlegendes	209
	b.	Kalkulationsarten	210
		b.a Einzubeziehende Komponenten	210
		b.b Progressive Handelskalkulation	211
		b.c Retrograde Kalkulation und Differenzkalkulation	217
	c.	Handelsspanne und Kalkulationsaufschlag	218

B. Zahlungsverkehr 221
   1. Zahlungsformen 221
   2. Wechselgeschäfte 222
      a. Funktionen und Arten des Wechsels 222
      b. Buchmäßige Erfassung des Wechselverkehrs 232
         b.a Wechselgrundgeschäft 232
         b.b Wechseleinlösung 234
         b.c Wechselweitergabe 235
         b.d Wechseldiskontierung 236
         b.e Wechselprolongation 239
         b.f Wechselprotest 240

C. Lohn- und Gehaltsverkehr 243
   1. Komponenten des Personalaufwands 243
   2. Verbuchung der Lohn- und Gehaltszahlungen 247
   3. Buchungstechnische Erfassung von Vorschüssen und Abschlagszahlungen 250

	D.	Steuern, Gebühren und Beiträge	251
		1. Begriffliche Abgrenzung	251
		2. Privatsteuern	252
		3. Betriebsteuern	253
		4. Durchlaufende Steuern	255
III.	Harmonisierungsbestrebungen in der Rechnungslegung		257
	A.	Klassifizierungsansätze	257
	B.	Entwicklungsstufen des Handelsrechts und der IFRS	263
	C.	Ausbau des Financial Accounting zum Business Reporting	281
	D.	Verbindlichkeit der IFRS und Endorsementprozess der EU	289
	E.	IFRS für den Mittelstand	293
IV.	Grundsätze ordnungsmäßiger Buchführung		295
	A.	Handels- und Steuerrecht	295
		1. Gewinnung, Systematisierung und Rechtsverbindlichkeit der GoB	295
		2. Elementare Leitsätze in Einzeldarstellung	300
		a. GoB im engeren Sinne	300
		b. Grundsätze ordnungsmäßiger Inventur	301
		c. Grundsätze ordnungsmäßiger Bilanzierung	303
	B.	Rahmenkonzept der IFRS	309
V.	Theoretische Fundierung		311
	A.	Neoklassische Kapitalmarkttheorie	311
	B.	Theorien der Unternehmung	313
		1. Principal Agent-Theorie	313
		2. Stewardship-Theorie	316
		3. Transaktionskostentheorie und Theorie der Verfügungsrechte	318
	C.	Bilanztheorien	319
		1. Organische Theorie	319
		2. Statische Theorie sowie Asset and Liability Approach	322
		3. Dynamische Theorie sowie Revenue and Expense Approach	324
	D.	Konzernbilanztheorien	327
VI.	Aufstellungs-, Prüfungs- und Offenlegungspflichten des Jahresabschlusses und des Lageberichts		329
	A.	Allgemeines	329
	B.	Varianten der Bilanzgliederung	333

	C.	Gliederungsalternativen der Gewinn- und Verlustrechnung	336
	D.	Anhang und Lagebericht	344

VII. Grundlagen der Erfolgsbesteuerung — 351

    A. Einkunftsarten und Einkommensermittlung nach dem Einkommensteuergesetz 351

    B. Betriebsvermögensvergleich nach den handelsrechtlichen GoB 354

    C. Sonstige Verfahren der steuerrechtlichen Gewinnermittlung 356

VIII. Verstöße gegen gesetzliche Buchführungs- und Rechnungslegungsvorschriften — 359

IX. Zusammenfassung — 361

3. Teil: Rechnungslegung von Einzelunternehmen — 365

I. Bilanzansatz dem Grunde nach (Aktivierung und Passivierung) — 367

    A. Einführung 367

        1. Aktivierung.. 367
            a. Handels- und Steuerrecht 367
                a.a Abstrakte und konkrete Aktivierungsfähigkeit 367
                a.b Selbstständige Verwertbarkeit................................ 370
                a.c Vermögensgegenstand und Wirtschaftsgut 371
                a.d Vollständigkeitsprinzip... 372
                a.e Zusammenhang zwischen Handels- und Steuerbilanz....... 374
            b. IFRS 377
                b.a Abstrakte und konkrete Aktivierungsfähigkeit 377
                b.b Verfügungsmacht 379
                b.c Ergebnis vergangener Ereignisse 379
                b.d Zukünftiger Nutzenzufluss 379
                b.e Verlässliche Ermittelbarkeit der Kosten 380
                b.f Vollständigkeitsprinzip... 380
            c. Vergleich zwischen Handels- und Steuerrecht sowie IFRS 382
        2. Passivierung 384
            a. Handels- und Steuerrecht 384
                a.a Abstrakte und konkrete Passivierungsfähigkeit.............. 384
                a.b Verpflichtung zur Leistungserbringung 386
                a.c Wirtschaftliche Belastung 387
                a.d Quantifizierbarkeit 388

			a.e	Vollständigkeitsprinzip	388
			a.f	Zusammenhang zwischen Handels- und Steuerbilanz	389
		b.	IFRS		392
			b.a	Abstrakte und konkrete Passivierungsfähigkeit	392
			b.b	Gegenwärtige Verpflichtung	392
			b.c	Ergebnis vergangener Ereignisse	394
			b.d	Zukünftiger Nutzenabfluss	394
			b.e	Verlässliche Bewertbarkeit	395
			b.f	Vollständigkeitsprinzip	396
		c.	Vergleich zwischen Handels- und Steuerrecht sowie IFRS		396
	B.	Betrachtung ausgewählter Bilanzposten			398
		1.	Immaterielle Vermögensgüter		398
		2.	Sach- und Finanzanlagen		407
		3.	Umlaufvermögen		409
		4.	Rechnungsabgrenzung		413
			a.	Grundsatz der Erfolgsperiodisierung als Ausgangspunkt	413
			b.	Ausprägungen der Rechnungsabgrenzung	415
			b.a	Transitorische und antizipative Posten	415
			b.b	Spezialfälle der aktiven Rechnungsabgrenzung	420
		5.	Rückstellungen		426
			a.	Systematisierung und Buchungstechnik	426
			b.	Rückstellungsarten im Einzelnen	431
			b.a	Verbindlichkeitsrückstellungen	431
				(a) Pensionsrückstellungen	431
				(b) Steuerrückstellungen	439
				(α) Grundlegendes	439
				(β) Gewerbesteuerrückstellung	440
				(c) Gewährleistungsrückstellungen	442
				(d) Drohverlustrückstellungen	445
			b.b	Aufwandsrückstellungen	449
		6.	Rücklagen		453
			a.	Begriff und Arten der Rücklagen	453
			b.	Steuerfreie Rücklagen	454
		7.	Verbindlichkeiten		457
II.	Bilanzansatz der Höhe nach (Bewertung)				463
	A.	Bewertungsmaßstäbe			463
		1.	Handels- und Steuerrecht		463
		2.	IFRS		473
			a.	Abstrakte Bewertungsmaßstäbe	473
			b.	Konkrete Bewertungsmaßstäbe	474

B.	Zugangsbewertung	479
	1. Vermögensgüter	479
	a. Anschaffungskosten	479
	a.a Handels- und Steuerrecht	479
	a.b IFRS	480
	b. Herstellungskosten	482
	b.a Handels- und Steuerrecht	482
	b.b IFRS	483
	c. Barwert	485
	c.a Einführung	485
	c.b Gewinnrealisierende Forderungen	486
	c.c Darlehensforderungen	488
	2. Schulden	489
	a. Erfüllungsbetrag bzw. beizulegender Zeitwert	489
	a.a Handels- und Steuerrecht	489
	a.b IFRS	491
	b. Barwert	494
	3. Vergleich zwischen Handels- und Steuerrecht sowie IFRS	501
C.	Folgebewertung	502
	1. Anlagevermögen	502
	a. Planmäßige Abschreibung	502
	a.a Grundlegendes	502
	a.b Varianten der Zeitabschreibung	506
	a.c Leistungsabschreibung	511
	a.d Verbuchung der planmäßigen Abschreibungen	513
	a.e Steuerrechtliche Spezialregelungen	520
	b. Außerplanmäßige Abschreibungen	522
	b.a Handels- und Steuerrecht	522
	b.b IFRS	526
	c. Zuschreibungen	531
	c.a Handels- und Steuerrecht	531
	c.b IFRS	533
	d. Neubewertungsmodell nach IFRS	535
	2. Umlaufvermögen	538
	a. Grundlegendes	538
	b. Vorräte	538
	c. Forderungen	557
	c.a Bewertungs- und Ausweisfragen	557
	c.b Direkte und indirekte Abschreibung	558
	3. Entnahmen und Einlagen	568
	a. Grundlegendes	568
	b. Steuerrechtliche Spezialregelungen	571
	4. Schulden	580
	5. Vergleich zwischen Handels- und Steuerrecht sowie IFRS	583

III. Sonstige Bilanzierungs- und Bewertungsfragen 587

A. Leasing 587
1. Handels- und Steuerrecht 587
2. IFRS 592

B. Erfolgserfassung 598
1. Handels- und Steuerrecht 598
2. IFRS 600

C. Langfristige Auftragsfertigung 602
1. Einführung 602
2. Methoden der Rechnungslegung 604
   a. Completed Contract Method (Handels- und Steuerrecht) 604
   b. Percentage of Completion Method und Zero Profit Margin (IFRS) 605

D. Stichtagsprinzip und Ereignisse nach dem Bilanzstichtag 612
1. Handels- und Steuerrecht 612
2. IFRS 613

E. Stetigkeitsprinzip 614
1. Handels- und Steuerrecht 614
2. IFRS 618

F. Fehlerkorrektur 619
1. Handels- und Steuerrecht 619
2. IFRS 622

G. Schätzungsänderungen 624
1. Handels- und Steuerrecht 624
2. IFRS 624

IV. Besonderheiten der Rechnungslegung von Industrieunternehmen 627

A. Einführung 627

B. Bilanzrechtliche Herstellungskosten und ihre Zurechnung auf die Erzeugniseinheiten 631

C. Retrograde Bewertung und Niederstwertprinzip 636

D. Gesamt- und Umsatzkostenverfahren als alternative Formen der Gewinn- und Verlustrechnung 639
1. Gesamtkostenverfahren 639
2. Umsatzkostenverfahren 652

V. Zusammenfassung 663

4. Teil: Rechnungslegung von Personenhandelsgesellschaften   667

I.	Rechnungslegungsnormen	669
II.	Buchungs- und Abschlusstechnik	673

    A. Erfassung des Eigenkapitals bei der Offenen Handelsgesellschaft 673
        1. Variable Kapitalkonten 673
        2. Feste und variable Kapitalkonten 678

    B. Besonderheiten bei der Kommanditgesellschaft 683
        1. Gesetzliche Grundlagen 683
        2. Kapitalkonten des Kommanditisten 684

    C. Darstellung des Erfolgsausweises 690

    D. Spezialregelungen für publizitätspflichtige Personenhandelsgesellschaften 693

III. Erfolgsbesteuerung   695

    A. Grundlegendes zur Technik der Besteuerung 695
        1. Anknüpfungspunkte von Einkommen- und Gewerbesteuer 695
        2. Stufen der steuerrechtlichen Erfolgsermittlung 697
        3. Thesaurierungsbegünstigung nach § 34a EStG 700

    B. Auswirkungen des Ertragsteuerrechts auf den Jahresabschluss 702
        1. Ermittlung des Steuerbilanzerfolgs 702
        2. Erstellung von Sonder-Jahresabschlüssen 708
        3. Erstellung von Ergänzungs-Jahresabschlüssen 714
            a. Allgemeines 714
            b. Veräußerung eines Mitunternehmeranteils an einen Dritten (Gesellschafterwechsel).. 714
            c. Eintritt eines Gesellschafters in eine bestehende Personengesellschaft (Gesellschaftereintritt) 720

IV. Zusammenfassung   729

5. Teil: Rechnungslegung von Kapitalgesellschaften 733

I.	Rechnungslegungsnormen	735
II.	Grundlagen der Erfolgsbesteuerung	737
	A. Körperschaftsteuer	737
	B. Gewerbesteuer	740
III.	Spezialregelungen	741

    A. Größenabhängige Klassifizierung von Kapitalgesellschaften als Ausgangspunkt für die Aufstellung, Prüfung sowie Offenlegung von Jahresabschluss und Lagebericht 741

    B. Besonderheiten bezüglich der Erstellung des Jahresabschlusses 742
        1. Grundlegende Systematisierung...................................... 742
        2. Allgemeine Regelungen 743
            a. True and Fair View-Prinzip 743
            b. Formvorschriften für den Jahresabschluss 746
        3. Ausgewählte postenspezifische Regelungen 748
            a. Anlagespiegel 748
            b. Beteiligungen und Anteile an verbundenen Unternehmen 752
                b.a Ausweis und Bewertung 752
                b.b Erträge aus Beteiligungen sowie anrechenbare Kapitalertragsteuer 756
            c. Eigenkapital 759
                c.a Überblick über die Komponenten des Eigenkapitals......... 759
                c.b Gezeichnetes Kapital 761
                      (a) Allgemeines 761
                      (b) Besondere Vermerk- und Angabepflichten nach dem Aktiengesetz.. 763
                      (c) Ausstehende Einlagen und Nachschüsse 765
                      (d) Eigene Anteile und Anteile an einem Konzernunternehmen................................... 769
                c.c Offene Rücklagen 770
                      (a) Allgemeines 770
                      (b) Kapitalrücklage.. 771
                      (c) Gewinnrücklagen 776
                          (α) Gesetzliche Rücklage 776
                          (β) Rücklage für Anteile an einem herrschenden oder mehrheitlich beteiligten Unternehmen 780
                          (γ) Satzungsmäßige Rücklagen 781
                          (δ) Andere Gewinnrücklagen 781

			c.d	Jahres-, Bilanzergebnis und Ausschüttung	786

				(a) Grundlegendes	786
				(b) Ergebnisabhängige Aufwendungen	791
				(α) Definition und Ermittlung	791
				(β) Aufstellung interdependenter Gleichungssysteme ...	791
				(γ) Erweiterung des Gleichungssystems im Hinblick auf Tantiemenvereinbarungen und Rücklagenvariationen nach aktienrechtlichem Vorbild	796
		d.	Latente Steuern		800
			d.a	Allgemeines	800
			d.b	Ermittlung der Bemessungsgrundlage	806
			d.c	Festlegung des unternehmensindividuellen Steuersatzes	806
			d.d	Vergleich mit dem IFRS-Konzept	812

IV. Erweiterte Rechnungslegungsinstrumente — 817

A. Überblick 817

B. Finanzierungsrechnungen 821
    1. Bewegungsbilanz 821
    2. Kapitalflussrechnung 828
        a. Cash Flow-Begriff 828
        b. Aufbau 829
    3. Eigenkapitalveränderungsrechnung (Eigenkapitalspiegel) 834

C. Segmentbericht 838

D. Zwischenbericht und Ad hoc-Publizität 841

V. Zusammenfassung — 845

6. Teil: Rechnungslegungspolitik von Kapitalgesellschaften — 847

I. Rechnungslegungspolitik als derivative Partialpolitik — 849

A. Einführende Systematisierung 849

B. Aus der Finanzpolitik abgeleitete Zielsetzungen 850
    1. Allgemeines 850
    2. Beeinflussung finanzieller Ansprüche der Unternehmenseigner 850
    3. Sicherstellung externer Finanzierungsmöglichkeiten 852
    4. Regulation öffentlich-rechtlicher Ansprüche 853

C. Aus der Publizitätspolitik abgeleitete Zielsetzungen 853

		D. Ableitung rechnungslegungspolitischer Zielsetzungen aus den individuellen Nutzenvorstellungen des Managements	855
		E. Zielkonflikte und Ungewissheit	856

II.	Rechnungslegungspolitisches Instrumentarium	859
	A. Grundlegende Strukturierung	859
	B. Sachverhaltsgestaltende Alternativen.......................................	860
	C. Darstellungsgestaltende Alternativen	863

III.	Grenzen der Rechnungslegungspolitik	869

IV.	Modellansätze einer planmäßigen Rechnungslegungspolitik	871
	A. Total- und Partialmodelle	871
	1. Rechnungslegungspolitische Modellbildungen im Rahmen der Unternehmensplanung	871
	2. Rückgriff auf Partialmodelle..	873
	B. Formulierung des Zielplans	874
	1. Zieloperationalisierung und Zielausmaß.................................	874
	2. Abgrenzung der Zielzeit...	875
	C. Betriebswirtschaftliche Voraussetzungen für den Einsatz rechnungslegungspolitischer Entscheidungsmodelle	880

V.	Simultan- und Sequenzialmodelle für die handelsrechtliche Rechnungslegungspolitik	883
	A. Grundlegendes	883
	B. Modellansätze ohne Rückgriff auf mathematische Optimierungsverfahren	885
	1. Skizzierung der Konzeptionen	885
	2. Beispielhafte Verdeutlichung	887
	3. Ausbaumöglichkeiten und Anwendungsbezug......................	891
	C. Beispiel zur sequenziellen rechnungslegungspolitischen Gestaltung	891
	D. Modellansätze mit Rückgriff auf mathematische Simultanverfahren	893
	1. Modelle auf der Basis quadratischer Matrizen	893
	a. Transformation des Grundansatzes zur Erfassung ergebnisabhängiger Aufwendungen	893
	b. Extremierungsansätze	896
	c. Ergebnis	897
	2. Modelle auf der Basis der mathematischen Optimalplanung	898
	a. Einleitung...	898

	b.	Grundmodelle der Jahresabschlussplanung	899
		b.a Allgemeines	899
		b.b Formulierung der Zielfunktion	901
		b.c Festlegung der Restriktionen	902
		(a) Ergebnisabhängige Aufwendungen betreffende Beschränkungen	902
		(b) Jahresüberschussverändernde Aktionsparameter betreffende Beschränkungen	904
		(c) Restriktionen ausgewählter Jahresabschlusskennzahlen	906
	c.	Verdeutlichung der Modelle anhand von Beispielen	911
		c.a Darlegung der Ausgangsdaten	911
		c.b Rechnungslegungspolitische Gestaltung	917
	d.	Beurteilung der Planungsansätze	929
	e.	Erweiterungsmöglichkeiten der IT-gestützten Optimierungsmodelle	929

VI. Zusammenfassung — 931

Anhang: Kontenrahmen — 935

Anhang: Übungsklausuren — 939

Literaturverzeichnis — 985

Sonstige Materialien — 1009

EU-Verordnungen und -Richtlinien — 1011

Verzeichnis steuerrechtlicher Urteile, Verordnungen, Schreiben und Erlasse — 1013

Stichwortverzeichnis — 1015

Abkürzungsverzeichnis

A	Aktiva; Aufwand; Gesellschafter A
à	französisch: zu je
a.	aus
a. A.	anderer Ansicht
AB	Anfangsbestand
Abb.	Abbildung
ABl.	Amtsblatt
ABlEG	Amtsblatt der Europäischen Gemeinschaften
Abs.	Absatz
Abschn.	Abschnitt(-e)
abzügl.	abzüglich
ACF	Accounting, Controlling & Finance (Handbuch)
a.d.	aus der
ADHGB	Allgemeines Deutsches Handelsgesetzbuch
ADS	Adler/Düring/Schmaltz (Kommentar)
AE	Ausstehende Einlagen
a. F.	alte Fassung
AfA	Absetzung für Abnutzung(-en)
AfaA	Absetzungen für außergewöhnliche technische und wirtschaftliche Abnutzung
AfS	Absetzung für Substanzverringerung
AG	Aktiengesellschaft; Arbeitgeber
Ag	Abgang
a.H.	auf Hundert
akt.	aktiver
akt. RAP	aktiver Rechnungsabgrenzungsposten
AK	Anschaffungskosten
AKBH	Arbeitskreis Bilanzrecht der Hochschullehrer Rechtswissenschaft e. V.
AKEIÜ	Arbeitskreis Externe und Interne Unternehmensüberwachung der Schmalenbach Gesellschaft – Deutsche Gesellschaft für Betriebswirtschaft e. V.
AKEU	Arbeitskreis Externe Unternehmensrechnung der Schmalenbach-Gesellschaft – Deutsche Gesellschaft für Betriebswirtschaft e. V.
AKIW	Arbeitskreis Immaterielle Werte im Rechnungswesen der Schmalenbach-Gesellschaft für Betriebswirtschaft e. V.
AKR	Arbeitskreis Rechnungslegungsvorschriften der EG-Kommission der Gesellschaft für Finanzwirtschaft in der Unternehmensführung e. V.
AKSR	Arbeitskreis Steuern und Revision im Bund der Wirtschaftsakademiker e. V.
AktG	Aktiengesetz
Aktz.	Aktenzeichen
allgem.	allgemein(-er)
a.M.	am Main
AN	Arbeitnehmer
Anh.	Anhang
Anl.	Anlage
Anm.	Anmerkung
AO	Abgabenordnung

AP	aktivischer Ausgleichsposten
AR	Ausgangsrechnung
ARC	Accounting Regulatory Committee
Art.	Artikel
Aufl.	Auflage
Aufw.	Aufwand
ausf.	ausführlich
AuslinvG	Auslandinvestmentgesetz
AV	Anlagevermögen
B	Gesellschafter B
BA	Bankauszug
BAB	Betriebsabrechnungsbogen
BaFin	Bundesanstalt für Finanzdienstleistungsaufsicht
Bd.	Band
BdF	Bundesministerium der Finanzen
BDI	Bundesverband der Deutschen Industrie e. V.
BE	Bestandserhöhung
bearb.	bearbeitet
BeckBilKomm	Beck'scher Bilanz Kommentar
Begr.	Begründung
BegrRefE	Begründung zum Referentenentwurf
BegrRegE	Begründung zum Regierungsentwurf
ber.	berücksichtigte
BewG	Bewertungsgesetz
BFH	Bundesfinanzhof
BGA	Bundesverband des Deutschen Groß- und Außenhandels e. V.
BGB	Bürgerliches Gesetzbuch
BGBl.	Bundesgesetzblatt
BGH	Bundesgerichtshof
BilKoG	Gesetz zur Kontrolle von Unternehmensabschlüssen (Bilanzkontrollgesetz)
BilMoG	Bilanzrechtsmodernisierungsgesetz
BilReG	Gesetz zur Einführung internationaler Rechnungslegungsstandards und zur Sicherung der Qualität der Abschlussprüfung (Bilanzrechtsreformgesetz)
BIP	Bruttoinlandsprodukt
BiRiLiG	Gesetz zur Durchführung der Vierten, Siebenten und Achten Richtlinie des Rates der Europäischen Gemeinschaften zur Koordinierung des Gesellschaftsrechts (Bilanzrichtlinien-Gesetz)
BMF	Bundesministerium für Finanzen
BMJ	Bundesministerium für Justiz
BMWA	Bundesministerium für Wirtschaft und Arbeit
BörsG	Börsengesetz
BörsZulV	Verordnung über die Zulassung von Wertpapieren zum amtlichen Markt an einer Wertpapierbörse (Börsenzulassungsverordnung)
BR	Bundesrat
BR-Drucks.	Bundesrats-Drucksache
BS	Buchungssatz; Bilanzsumme
bspw.	beispielsweise
BStBl.	Bundessteuerblatt
BSBK	Bundessteuerberaterkammer
BT	Bundestag(-s)
BT-Drucks.	Bundestags-Drucksache
BV	Bestandsverminderung
BVP	Barverkaufspreis
BW	Barwert
bzgl.	bezüglich
bzw.	beziehungsweise

ca.	circa
CCM	Completed Contract Method
CD	Compact Disk
CE	Capital Employed
CF	Cash Flow
CFROI	Cash Flow Return On Investment
CGU	Cash Generating Unit
Co.	Compagnie (Kompanie i. S. v. Gesellschaft)
const.	konstant
COSO	Committee of the Sponsoring Organizations of the Treadway Commission
c.p.	ceteris paribus
DAI	Deutsches Aktieninstitut e. V.
d. h.	das heißt
DATEV	Datenverarbeitungsorganisation des steuerberatenden Berufes in der Bundesrepublik Deutschland eG
DAV	Deutscher Anwaltverein
DAX	Deutscher Aktienindex
DBA	Doppelbesteuerungsabkommen
DCF	Discounted Cash Flow
d. h.	das heißt
DIN	Deutsches Institut für Normung e. V.
Diss.	Dissertation
DIRK	Deutscher Investor Relations Kreis e. V.
DPR	Deutsche Prüfstelle für Rechnungslegung e. V.
Dr.	Doktor
Dres.	Doktores
DRÄS	Deutscher Rechnungslegungs Änderungs Standard
DRS	Deutscher Rechnungslegungs Standard
DRSC	Deutsches Rechnungslegungs Standards Committee e. V.
Drucks.	Drucksache
DSR	Deutscher Standardisierungs Rat
DStV	Deutscher Steuerberaterverband
DVFA	Deutsche Vereinigung für Finanzanalyse und Asset Management e. V.
€	Euro
E	Ertrag; Entwurf
EB	Endbestand
EBIT	Earnings Before Interest and Taxes
EBITDA	Earnings Before Interest, Taxes, Depreciation and Amortization
EBK	Eröffnungsbilanzkonto
E-Bilanz	elektronische Bilanz
ED	Exposure Draft
EDV	elektronische Datenverarbeitung
EFG	Entscheidungen der Finanzgerichte
EFRAG	European Financial Reporting Advisory Group
eG	eingetragene Genossenschaft
EG	Europäische Gemeinschaften
EGHGB	Einführungsgesetz zum Handelsgesetzbuch
EGR	Einstellungsbetrag in die gesetzliche Rücklage
EGV	Vertrag zur Gründung der Europäischen Gemeinschaften
einschl.	einschließlich
EK	Eigenkapital
EKA	Eigenkapitalanteil
EKR	Einzelhandels-Kontenrahmen

E-mail	Electronic Mail
EntwLStG	Entwicklungsländer-Steuergesetz
EPS	Earnings Per Share
E-PS	Entwurf Prüfungsstandard
ER	Eingangsrechnung
ErbSt	Erbschaftsteuer
ErbStG	Erbschaftsteuergesetz
erm.	ermäßigt
EStÄR	Einkommensteuer-Änderungs-Richtlinien
EStG	Einkommensteuergesetz
EStH	Einkommensteuer-Hinweise
EStDV	Einkommensteuer-Durchführungsverordnung
EStR	Einkommensteuer-Richtlinien
et al.	et alii (lat.: und andere)
etc.	et cetera
EU	Europäische Union
e. V.	eingetragener Verein
evtl.	eventuell
EVA	Economic Value Added
EW	Endwert
EWG	Europäische Wirtschaftsgemeinschaft
EWR	Europäischer Wirtschaftsraum
f.	folgende [Seite]
ff.	folgende [Seiten]
F	Framework der IFRS
Fa.	Firma
FAMA	Fachausschuss für moderne Abrechnungssysteme
FASB	Financial Accounting Standards Board
FEK	Fertigungseinzelkosten
FG	Finanzgericht
FGK	Fertigungsgemeinkosten
FI	Finanzinstrument
Fifo	First in first out
FK	Fremdkapital
Fn.	Fußnote
FRRP	Financial Reporting Review Panel
FRSSE	Financial Reporting Standards for Smaller Entities
G	Großhändler
GAAP	Generally Accepted Accounting Principles
GB	Großbritannien
GBl.	Gesetzblatt
GbR	Gesellschaft bürgerlichen Rechts
GEFIU	Gesellschaft für Finanzwirtschaft in der Unternehmensführung e. V.
gem.	gemäß
GenG	Gesetz betreffend die Erwerbs- und Wirtschaftsgenossenschaften
gesetzl.	gesetzlich
GewStG	Gewerbesteuergesetz
GewStR	Gewerbesteuer-Richtlinien
GFW	Geschäfts- oder Firmenwert
GG	Grundgesetz
ggf.	gegebenenfalls
Ggs.	Gegensatz
ggü.	gegenüber

Gj.	Geschäftsjahr (-e, -en, -es)
GKR	Gemeinschafts-Kontenrahmen der Industrie
GKV	Gesamtkostenverfahren
GmbH	Gesellschaft mit beschränkter Haftung
GmbHG	Gesetz betreffend die Gesellschaften mit beschränkter Haftung
GoB	Grundsätze ordnungsmäßiger Buchführung
GoF	Grundsätze ordnungsmäßiger Unternehmensführung
GoK	Grundsätze ordnungsmäßiger Konzernrechnungslegung
GoUb	Grundsätze ordnungsmäßiger Unternehmensbewertung
GR	Gewinnrücklagen
grds.	grundsätzlich
GRI	Global Reporting Initiative
GrS	Großer Senat
GuV	Gewinn- und Verlustrechnung
GWG	Geringwertige Wirtschaftsgüter
H	Haben; Hinweisabschnitt; Hersteller
h.M.	herrschende(r) Meinung
HAÜ	Hauptabschlussübersicht
HDE	Hauptverband des Deutschen Einzelhandels e. V.
HdJ	Handbuch des Jahresabschlusses in Einzeldarstellungen
hdl.-re.	handelsrechtlicher
HFA	Hauptfachausschuss des Instituts der Wirtschaftsprüfer in Deutschland e. V.
HFR	Höchstrichterliche Finanzrechtsprechung
HGB	Handelsgesetzbuch
HGB-E	Entwurf eines Handelsgesetzbuches
Hifo	Highest in first out
HK	Herstellungskosten
Hrsg.	Herausgeber; herausgegeben
HS	Halbsatz
htm	hyper text markup
html	hyper text markup language
http	hyper text transfer protocol
HWB	Handwörterbuch der Betriebswirtschaft
HWF	Handwörterbuch des Bank- und Finanzwesen
HWFü	Handwörterbuch der Führung
HWO	Handwörterbuch der Organisation
HWP	Höchstwertprinzip
HWPlan	Handwörterbuch der Planung
HWProd	Handwörterbuch der Produktionswirtschaft
HWR	Handwörterbuch des Rechnungswesens
HWRev	Handwörterbuch der Revision
HWRP	Handwörterbuch der Rechnungslegung und Prüfung
i. A.	im Allgemeinen
i. Br.	im Breisgau
i. e. S.	im engeren Sinne
i. d. F.	in der Fassung
i. d. R.	in der Regel
i. H.	in Hundert
i. H. d.	in Höhe der; des
i. H. v.	in Höhe von
i. R. d.	im Rahmen der; des
i. R. e.	im Rahmen einer; eines
i. R. v.	im Rahmen von

i. S.	im Sinne
i. S. d.	im Sinne des
i. S. e.	im Sinne einer; eines
i. S. v.	im Sinne von
i. V. m.	in Verbindung mit
i. w. S.	im weiteren Sinne
IAS	International Accounting Standard(-s)
IASB	International Accounting Standards Board
IASC	International Accounting Standards Committee
IASCF	International Accounting Standards Committee Foundation
IDW	Institut der Wirtschaftsprüfer in Deutschland e. V.
IDW E-PS	IDW Entwurf Prüfungsstandard
IDW E-S	IDW Entwurf Standard
IDW-Fn.	IDW Fachnachrichten
IDW PS	IDW Prüfungsstandard
IDW RH HFA	IDW Rechnungslegungshinweis des Hauptfachausschusses
IDW RS	IDW Stellungnahme zur Rechnungslegung
IDW S	IDW Standard
IFRIC	International Financial Reporting Interpretations Committee
IFRS	International Financial Reporting Standards
IFRS for SME	International Financial Reporting Standards for Small and Medium-sized Entities
IFSt	Institut Finanzen und Steuern e. V.
IIR	Deutsches Institut für Interne Revision e. V.
IIRC	International Integrated Reporting Council
IKR	Industrie-Kontenrahmen
inkl.	inklusive
InsO	Insolvenzordnung
IOA	Impairment Only Approach
IOSCO	International Organisation of Securities Commissions
IT	Informationstechnologie
JB	Jahresbeträge
Jg.	Jahrgang
JÜ	Jahresüberschuss
K	Kapitalkonto
Kap.	Kapitel
KapG	Kapitalgesellschaft(-en)
KapAEG	Gesetz zur Verbesserung der Wettbewerbsfähigkeit deutscher Konzerne an Kapitalmärkten und zur Erleichterung der Aufnahme von Gesellschafterdarlehen (Kapitalaufnahmeerleichterungsgesetz)
KapCoRiLiG	Gesetz zur Durchführung der Richtlinie des Rates der Europäischen Union zur Änderung der Bilanz- und der Konzernbilanzrichtlinie hinsichtlich ihres Anwendungsbereichs, zur Verbesserung der Offenlegung von Jahresabschlüssen und zur Änderung anderer handelsrechtlicher Bestimmungen (Kapitalgesellschaften- und Co-Richtlinie- Gesetz)
KB	Kassenbeleg
KFZ	Kraftfahrzeug
KG	Kommanditgesellschaft
KGaA	Kommanditgesellschaft auf Aktien
Kl.	(Konten-)Klasse
KMU	kleine und mittlere Unternehmen
KOM	Kommission der Europäischen Gemeinschaften
KonTraG	Gesetz zur Kontrolle und Transparenz im Unternehmensbereich
KPMG	Klynveld, Peat, Marwick, Goerdeler Deutsche Treuhand-Gesellschaft Aktiengesellschaft (Wirtschaftsprüfungsgesellschaft)

KR	Kapitalrücklage
KStG	Körperschaftsteuergesetz
KStR	Körperschaftsteuer-Richtlinien
Kto.	Konto
ku	kurzfristig
KV	Kommanditverlust
KWG	Kreditwesengesetz
la	langfristig
lfd.	laufend(e)
LG	Landgericht
Lifo	Last in first out
lit.	litera (lat.: Buchstabe)
LKW	Lastkraftwagen
Lofo	Lowest in first out
LStDV	Lohnsteuer-Durchführungsverordnung
lt.	laut
LuL	Lieferungen und Leistungen
MarkenG	Markengesetz
m^2	Quadratmeter
m. w. N.	mit weiteren Nachweisen
ME	Mengeneinheit(-en)
MEK	Materialeinzelkosten
MGK	Materialgemeinkosten
Mio.	Million(-en)
MitbestG	Gesetz über die Mitbestimmung der Arbeitnehmer (Mitbestimmungsgesetz)
MoMiG	Gesetz zur Modernisierung des GmbH-Rechts und zur Bekämpfung von Missbräuchen
Mon.	Monat(e)
m. RE	mit Rücklagenentnahmen
NBR	Neubewertungsrücklage
n. F.	neue Fassung
NOPAT	Net Operating Profit After Tax
NRW	Nordrhein-Westfalen
Nr./No.	Nummer; Nummero
NVP	Nettoverkaufspreis
NWP	Niederstwertprinzip
NYSE	New York Stock Exchange
OECD	Organisation for Economic Cooperation and Development
OFD	Oberfinanzdirektion
OFH	Oberster Finanzgerichtshof
o. g.	oben genannt(-e, -en)
OGH	Oberster Gerichtshof
OHG	Offene Handelsgesellschaft
o. J.	ohne Jahrgang
OLG	Oberlandesgericht
o. O.	ohne Ort
o. RE	ohne Rücklagenentnahmen
o. V.	ohne Verfasser
P	Passiva
p. a.	per anno

Par.	Paragraph
PartG	Partnerschaftsgesellschaft
PartGG	Partnerschaftsgesellschaftgesetz
pass.	passiver
pass. RAP	passiver Rechnungsabgrenzungsposten
PC	Personal Computer
pdf	portable document format
PKW	Personenkraftwagen
POCM	Percentage Of Completion Method
PublG	Gesetz über die Rechnungslegung von bestimmten Unternehmen und Konzernen (Publizitätsgesetz)
PuK	Planung und Kontrolle
PWC	PricewaterhouseCoopers (Wirtschaftsprüfungsgesellschaft)
R	Einzelrichtlinie der Steuerrichtlinien
RAP	Rechnungsabgrenzungsposten
RBW	Rentenbarwert
RechKredV	Kreditinstituts-Rechnungslegungsverordnung
rechtl.	rechtlich(-e)
RechVersV	Verordnung über die Rechnungslegung von Versicherungsunternehmen
ReWe	Rechnungswesen
Ref.	Reference (engl.: Aktenzeichen)
RefE	Referentenentwurf
RegE	Regierungsentwurf
Rep.	Republik
rer. pol.	rerum politicarum
rev.	revised
RfE	Rücklage für Ersatzbeschaffung
RFH	Reichsfinanzhof
RFHE	Sammlung der Entscheidungen und Gutachten des Reichsfinanzhofs
RGZ	Entscheidungen des Reichsgerichts in Zivilsachen
RH	Rechnungslegungshinweis(-e)
RIC	Rechnungslegungs Interpretation
Rn.	Randnummer
ROCE	Return On Capital Employed
ROHG	Reichsoberhandelsgericht
ROM	Read Only Memory
RS	Rechnungslegungsstandard; Rechte Seite des Simplextableau
Rs.	Rechtssache
RStBl.	Reichssteuerblatt
Rz.	Randziffer
S	Soll/Standard
s.	siehe
S.	Seite(-n); Satz
SA	Securities Act
SABI	Sonderausschuss Bilanzrichtlinien-Gesetz
SAC	Standards Advisory Council
SAP	Systeme, Anwendungen, Produkte in der Datenverarbeitung (Firmenname)
SARG	Standards Advice Review Group
SBK	Schlussbilanzkonto
ScheckG	Scheckgesetz
SchutzbauG	Schutzbaugesetz
SE	Societas Europaea
SEA	Securities Exchange Act

SEC	Securities and Exchange Commission
Sec.	Section
SEK	Sondereinzelkosten
SFAC	Statements of Financial Accounting Concepts
SFAS	Statements of Financial Accounting Standards
SGB	Sozialgesetzbuch
SIC	Standard Interpretations Committee
SMAX	Small Aktien Index
SME	Small and Medium sized Entities
SOCM	Stage Of Completion Method
sog.	so genannte(-r; -s)
Solz	Solidaritätszuschlag
SolzG	Solidaritätszuschlaggesetz
Sp.	Spalte
StädteBFG	Städtebauförderungsgesetz
StBerG	Steuerberatungsgesetz
StEntlG	Steuerentlastungsgesetz 1999/2000/2002
StGB	Strafgesetzbuch
Str.	Straße
StückAG	Stückaktiengesetz
SV	Sozialversicherung
Tab.	Tabelle
T€	Tausend Euro
TransPuG	Gesetz zur weiteren Reform des Aktien- und Bilanzrechts, zu Transparenz und Publizität (Transparenz- und Publizitätsgesetz)
Ts.	Taunus
Tsd.	Tausend
TW	Teilwert
Tz.	Textziffer
U	Umsatzerlöse
u.	und
u. a.	unter anderem; und andere
u. ä.	und ähnlichem
u. U.	unter Umständen
UK	United Kingdom
UKV	Umsatzkostenverfahren
UmwStG	Umwandlungssteuergesetz
Urt.	Urteil
US	United States
USA	United States of America
US-GAAP	United States Generally Accecpted Accounting Principles
USt	Umsatzsteuer
UStAE	Umsatzsteuer-Anwendungserlass
UStDV	Umsatzsteuer-Durchführungsverordnung
UStG	Umsatzsteuergesetz
usw.	und so weiter
UV	Umlaufvermögen
v.	von; vom
V	Verbindlichkeiten
VAG	Versicherungsaufsichtsgesetz
Verf.	Verfasser
VermG	Gesetz zur Förderung der Vermögensbildung der Arbeitnehmer (Vermögensbildungsgesetz)

VG	Vermögensgegenstand
vgl.	vergleiche
v. H.	von Hundert
Vj.	Vorjahr
Vol.	Volume
vs.	versus
VVaG	Versicherungsverein auf Gegenseitigkeit
VW	Volkswagen
WACC	Weighted Average Cost of Capital
WE	Wareneinsatz
WEK	Wareneinkaufskonto
WG	Wirtschaftsgut; Wechselgesetz
WoPG	Wohnungsbau-Prämiengesetz
WP	Wirtschaftsprüfer
WpHG	Gesetz über den Wertpapierhandel
WpÜG	Wertpapiererwerbs- und Übernahmegesetz
WPK	Wirtschaftsprüferkammer
WPO	Gesetz über eine Berufsordnung der Wirtschaftsprüfer (Wirtschaftsprüferordnung)
WpÜG	Wertpapiererwerbs- und Übernahmegesetz
WVK	Warenverkaufskonto
www.	world wide web
Z	Zugang
z. B.	zum Beispiel
ZB	Zwischenbestand
Ziff.	Ziffer
zit.	zitiert
z. T.	zum Teil
zw.	zwischen
z. Z.	zur Zeit
zzgl.	zuzüglich
&	und

Abkürzungsverzeichnis für Zeitschriften und Zeitungen

AER	American Economic Review
AG	Die Aktiengesellschaft
AR	The Accounting Review
BB	Der Betriebs-Berater
BC	Bilanzbuchhalter und Controller
BBK	Buchführung, Bilanzierung, Kostenrechnung
BFuP	Betriebswirtschaftliche Forschung und Praxis
bibu	Bilanz und Buchhaltung
DB	Der Betrieb
DBW	Die Betriebswirtschaft
DK	Der Konzern
DStR	Deutsches Steuerrecht
DStZ	Deutsche Steuer-Zeitung
DSWR	Datenverarbeitung-Steuer-Wirtschaft-Recht
GmbHR	GmbH-Rundschau
IDW-FN	IDW-Fachnachrichten
IRZ	Zeitschrift für Internationale Rechnungslegung
JoA	Journal of Accountancy
JoACF	Journal of Applied Corporate Finance
JoF	Journal of Finance
JoFE	Journal of Financial Economics
KoR	Zeitschrift für internationale und kapitalmarktorientierte Rechnungslegung
M&A	Mergers and Acquisitions
NB	Neue Betriebswirtschaft
PiR	Praxis der internationalen Rechnungslegung
ST	Der Schweizer Treuhänder
StB	Der Steuerberater
SteuerStud	Steuer und Studium
StuB	Steuern und Bilanzen
StuW	Steuer und Wirtschaft
WiSt	Wirtschaftswissenschaftliches Studium
WISU	Das Wirtschaftsstudium

WPg	Die Wirtschaftsprüfung
ZCG	Zeitschrift für Corporate Governance
ZfB	Zeitschrift für Betriebswirtschaft
ZfbF	Zeitschrift für betriebswirtschaftliche Forschung
ZfgK	Zeitschrift für das gesamte Kreditwesen
ZfhF	Zeitschrift für handelswissenschaftliche Forschung
ZOR	Zeitschrift für Operations-Research
ZP	Zeitschrift für Planung und Unternehmenssteuerung

Symbolverzeichnis

a	Soll-Kennzahl für den Quotienten aus Anlagevermögen : Umlaufvermögen
aauf	Anteil des Aufsichtsrats am korrigierten Bilanzgewinn
Aus	auf den geringsten Ausgabebetrag der Aktien geleistete Einlagen i. S. v. § 113 Abs. 3 Satz 1 AktG
as	Ausschüttungsfaktor mit as=AS : sJnach
avor	Anteil des Vorstands am korrigierten Jahresüberschuss
AK	Anschaffungs- oder Herstellungskosten
AS	geplanter Ausschüttungsbetrag von sJnach
AP	Abgrenzungsposten für latente Steuern
b	Soll-Kennzahl für den Quotienten aus Anlagevermögen : Bilanzsumme
B	ertragsteuerrechtliche Bemessungsgrundlage
BD	Bardividende
BI	Bilanzgewinn
BS	Obergrenze der Soll-Bilanzsumme
BW	Steuerbarwert
c	Soll-Kennzahl für den Quotienten aus Bilanzsumme : Eigenkapital
CF_t	Cash Flow der t-ten Periode
d	Soll-Kennzahl für den Quotienten aus langfristigem Fremdkapital : Bilanzsumme
dm	Dispositionsanteil des Managements zur Dotierung der anderen Gewinnrücklagen nach § 58 Abs. 2 AktG
€	Euro
e	Soll-Kennzahl für den Quotienten aus kurzfristigem Fremdkapital und Bilanzsumme
E	Ertragsteuerbelastung
EKA	Eigenkapitalanteil
ESt	Einkommensteuer
EW	Endwert
f	Soll-Kennzahl für den Quotienten aus Anlagevermögen : langfristiges Fremdkapital; Funktion einer veränderlichen Größe
f (vJvor)	Funktion des vorläufigen Jahresüberschusses vor ergebnisabhängigen Aufwendungen und Manövriermasseneinsatz
F	Forderung
g	Soll-Kennzahl für den Quotienten aus Anlagevermögen : Eigenkapital
ga	gewerbesteuerrechtliche Modifikationen (einschl. Verlustabzug)
GE	Gewerbeertrag
GewSt	Gewerbesteuer(-aufwand)
GK	Grundkapital

GR	Gewinnrücklage
GV	Gewinnvortrag aus dem Vorjahr
h	Soll-Kennzahl für den Quotienten aus (Anlagevermögen + Vorratsvermögen) : (Eigenkapital + langfristiges Fremdkapital)
he	Gewerbesteuer-Hebesatz (in Prozent) : 100
HK	Herstellkosten
i	Soll-Kennzahl für den Quotienten aus kurzfristigem Fremdkapital : Umlaufvermögen; Kalkulationszinssatz vor Steuern
i_s	Kalkulationszinssatz nach Steuern
j	Soll-Kennzahl für den Quotienten aus Eigenkapital : Jahresüberschuss
JB	Jahresbetrag
Jnach	Jahresüberschuss nach erfolgsabhängigen Aufwendungen
Jvor	Jahresüberschuss vor erfolgsabhängigen Aufwendungen
k	Soll-Kennzahl für den Quotienten aus Eigenkapital : Jahresüberschuss vor ergebnisabhängigen Aufwendungen
ka	Abweichungen zwischen Jnach und zvE
ka*	Abweichungen zwischen Jnach und zvE ohne KSt und GewSt selbst (und ohne die Hälfte der Aufsichtsratstantiemen)
kh	Herstellungskosten pro Stück
kp	Kapitalkosten
KR	Kapitalrücklage
KSt	Körperschaftsteuer(-aufwand)
l	Soll-Kennzahl für den Quotienten aus (Eigenkapital + Fremdkapital) : Jahresüberschuss
m	Soll-Kennzahl für den Quotienten aus (Eigenkapital + Fremdkapital) : Jahresüberschuss vor ergebnisabhängigen Aufwendungen
me	Steuermesszahl Gewerbeertrag (in Prozent) : 100
Max	Maximum
MF	Marktwert des Fremdkapitals
Min	Minimum
oAs(XA)	mögliche Obergrenze des Sachanlagevermögens, die sich durch den Einsatz des Parameters XA realisieren lässt
oAü(XAü)	mögliche Obergrenze des übrigen Anlagevermögens, die sich durch den Einsatz des Parameters XAü realisieren lässt
oFk(Xfk)	mögliche Obergrenze des kurzfristigen Fremdkapitals, die sich durch den Einsatz des Parameters Xfk realisieren lässt
oFl(Xfl)	mögliche Obergrenze des langfristigen Fremdkapitals, die sich durch den Einsatz des Parameters Xfl realisieren lässt
oRa(XRa)	mögliche Obergrenze des aktiven Rechnungsabgrenzungspostens, die sich durch den Einsatz des Parameters XRa realisieren lässt
oUü(XUü)	mögliche Obergrenze des übrigen Umlaufvermögens, die sich durch den Einsatz des Parameters XUü realisieren lässt
oUv(XU)	mögliche Obergrenze des Vorratsvermögens, die sich durch den Einsatz des Parameters XU realisieren lässt
p	Wahrscheinlichkeit in %
q	Abschreibungsbetrag

Symbolverzeichnis

q^d	degressiver Abschreibungsbetrag
q^l	linearer Abschreibungsbetrag
q^{-t}	Abzinsungsfaktor nach Ertragsteuern
r	Dotierungsfaktor der gesetzlichen Rücklage
R	Rest- oder Schrottwert
RBW	Rentenbarwert
REINa	Einstellungen in andere Gewinnrücklagen gemäß § 58 Abs. 2 AktG
REINg	Einstellungen in die gesetzliche Rücklage
REINgs	nach Gesetz oder Satzung vorzunehmende Rücklageneinstellungen
REINn	niedrigere Rücklageneinstellung nach § 150 Abs. 2 AktG
REINs	Einstellungen in die satzungsmäßigen Rücklagen
REINü	übrige Einstellungen in Gewinnrücklagen
RENT	Entnahmen aus Rücklagen
RFvor	Obergrenze der maximal möglichen Entnahme aus Gewinnrücklagen
RFvor(Ent)	gewünschte Entnahme aus den Gewinnrücklagen
s	Ertragsteuerfaktor; Abgrenzungssteuersatz
sB	ertragsteuerrechtliche Soll-Bemessungsgrundlage
sBI	Soll-Bilanzgewinn
sd	definitiver Körperschaftsteuerfaktor
sE	Soll-Ertragsteuerbelastung
sg	Gewerbesteuerfaktor mit (sg = me · he)
sJnach	Soll-Jahresüberschuss nach ergebnisabhängigen Aufwendungen
sJvor	Soll-Jahresüberschuss vor ergebnisabhängigen Aufwendungen
soli	Solidaritätszuschlag
t	Periodenindex mit t = 1, 2, …, T
ta	Veränderungen des Jahresüberschusses aufgrund von Tantiemenvereinbarungen
tb	Bemessungsfaktor für Tantiemen
$t^ü$	Zeitpunkt des Übergangs von der degressiven zur linearen Abschreibungsmethode (optimaler Übergangszeitpunkt)
T	Gesamtnutzungsdauer; Anzahl der gesamten Perioden (t); Darlehenslaufzeit
TA	Tantiemen(-aufwand)
TAauf	Aufsichtstantiemen
TAvor	Vorstandstantiemen
TB	Bemessungsgrundlage für Tantiemen
Tilgung$_t$	Kredittilgung der t-ten Periode
uAs(Xa)	mögliche Untergrenze des Sachanlagevermögens, die sich durch den Einsatz des Parameters Xa realisieren lässt
uAü(Xaü)	mögliche Untergrenze des übrigen Anlagevermögens, die sich durch den Einsatz des Parameters Xaü realisieren lässt
uFk(XFk)	mögliche Untergrenze des kurzfristigen Fremdkapitals, die sich durch den Einsatz des Parameters XFk realisieren lässt
uFl(XFl)	mögliche Untergrenze des langfristigen Fremdkapitals, die sich durch den Einsatz des Parameters XFl realisieren lässt
uRa(Xra)	mögliche Untergrenze des aktiven Rechnungsabgrenzungspostens, die sich durch den Einsatz des Parameters Xra realisieren lässt
uUü(Xuü)	mögliche Untergrenze des übrigen Umlaufvermögens, die sich durch den Einsatz des Parameters Xuü realisieren lässt
uUv(Xu)	mögliche Untergrenze des Vorratsvermögens, die sich durch den Einsatz des Parameters Xu realisieren lässt

V	Verbindlichkeiten
vA	vorläufiger Bilanzwert des Anlagevermögens
vAs	vorläufiger Bilanzwert des Sachanlagevermögens
vAü	vorläufiger Bilanzwert des übrigen Anlagevermögens
vB	vorläufige ertragsteuerrechtliche Bemessungsgrundlage
vBI	vorläufiger Bilanzgewinn
vE	vorläufige Ertragsteuerbelastung
vFk	vorläufiger Bilanzwert des kurzfristigen Fremdkapitals
vFl	vorläufiger Bilanzwert des langfristigen Fremdkapitals
vGewSt	vorläufiger Gewerbesteueraufwand
vJ	vorläufiger Jahresüberschuss vor ergebnisabhängigen Aufwendungen nach Manövriermasseneinsatz
vJvor	vorläufiger Jahresüberschuss vor ergebnisabhängigen Aufwendungen und vor Manövriermasseneinsatz
Vk	körperschaftsteuerrechtlicher Verlustabzug
vKSt	vorläufiger Körperschaftsteueraufwand
vRa	vorläufiger Bilanzwert des aktiven Rechnungsabgrenzungspostens
vTA	vorläufiger Tantiemenaufwand
vU	vorläufiger Bilanzwert des Umlaufvermögens
vUü	vorläufiger Bilanzwert des übrigen Umlaufvermögens
vUv	vorläufiger Bilanzwert des Vorratsvermögens
VV	Verlustvortrag aus dem Vorjahr
w	Abschreibungsprozentsatz
wd	degressiver Abschreibungsprozentsatz
wl	linearer Abschreibungsprozentsatz
XE	Entnahmewert aus anderen Gewinnrücklagen
x, X	Index für veränderliche (Aktions-)Parameter; ausgebrachte oder abgebaute Einheiten
XA, Xa	gesamter Wert derjenigen erfolgswirksamen Aktionsparameter, die den Betrag des Sachanlagevermögens unter ertragsteuerrechtlichen Auswirkungen erhöhen bzw. senken
XAü, Xaü	gesamter Wert derjenigen erfolgswirksamen Aktionsparameter, die den Betrag des übrigen Anlagevermögens unter ertragsteuerrechtlichen Auswirkungen erhöhen bzw. senken
XFk, Xfk	gesamter Wert derjenigen erfolgswirksamen Aktionsparameter, die den Betrag des kurzfristigen Fremdkapitals unter ertragsteuerrechtlichen Auswirkungen senken bzw. erhöhen
XFl, Xfl	gesamter Wert derjenigen erfolgswirksamen Aktionsparameter, die den Betrag des langfristigen Fremdkapitals unter ertragsteuerrechtlichen Auswirkungen senken bzw. erhöhen
XGewSt	Wert des Gewerbesteueraufwands
XKSt	Wert des Körperschaftsteueraufwands
XM^+	Summe aller jahresüberschusserhöhenden Aktionsparamter
XM^-	Summe aller jahresüberschussvermindernden Aktionsparameter
XRa, Xra	gesamter Wert derjenigen erfolgswirksamen Aktionsparameter, die den Betrag des aktiven Rechnungsabgrenzungspostens unter ertragsteuerrechtlichen Auswirkungen senken bzw. erhöhen
XTA	Wert des Tantiemenaufwands
XU, Xu	gesamter Wert derjenigen erfolgswirksamen Aktionsparameter, die den Betrag des Vorratsvermögens unter ertragsteuerrechtlichen Auswirkungen erhöhen bzw. senken

Symbolverzeichnis

XUü, Xuü	gesamter Wert derjenigen erfolgswirksamen Aktionsparameter, die den Betrag des übrigen Umlaufvermögens unter ertragsteuerrechtlichen Auswirkungen erhöhen bzw. senken
y	gesuchter gewogener Durchschnittswert
Y	Index für Schlupfvariable
zvE	zu versteuerndes körperschaftsteuerrechtliches Einkommen
Z	Zielfunktion; Zielgröße
, . ;	Komma, Punkt, Semikolon
=	gleich
≙	entspricht
≠	ungleich
≈	annähernd
<	kleiner
>	größer
≤	kleiner oder gleich, höchstens gleich
≥	größer oder gleich, mindestens gleich
Σ	Summenzeichen
+	plus, und
−	minus, weniger
/ :	geteilt durch, zu
·	mal, Multiplikationszeichen
%	vom Hundert, Prozent
‰	Tausendstel, vom Tausend, Promille
( ), [ ], { }, < >	runde, eckige, geschweifte, spitze Klammern auf, zu
§, §§	Paragraph, Paragraphen
∅	Durchschnitt, durchschnittlich
u	und

Abbildungsverzeichnis

Abb. 1	Mögliche Koalitionsteilnehmer eines Unternehmens (Stakeholder)	4
Abb. 2	Funktionsmodell eines Industrieunternehmens	5
Abb. 3	Grundtypen privatrechtlicher Unternehmen	8
Abb. 4	Bereiche der Rechnungslegung	14
Abb. 5	Teilgebiete des Betrieblichen Rechnungswesens	18
Abb. 6	Zusammenhänge zwischen Rechnungs- und Finanzwesen	21
Abb. 7	Komponenten der Ausgaben	24
Abb. 8	Abgrenzung von Auszahlungen und Ausgaben	25
Abb. 9	Komponenten der Aufwendungen	26
Abb. 10	Abgrenzung von Ausgaben und Aufwendungen	27
Abb. 11	Abgrenzung von Kosten und neutralen Aufwendungen	29
Abb. 12	Abgrenzung von Aufwendungen und Kosten	30
Abb. 13	Komponenten der Einnahmen	31
Abb. 14	Abgrenzung von Einzahlungen und Einnahmen	31
Abb. 15	Komponenten der Erträge	32
Abb. 16	Abgrenzung von Einnahmen und Erträgen	33
Abb. 17	Abgrenzung von Leistungen und neutralen Erträgen	35
Abb. 18	Abgrenzung von Erträgen und Leistungen	37
Abb. 19	Bestands- und Stromgrößen	38
Abb. 20	Zuordnung von Strom- und Bestandsgrößen zu den Gebieten des Finanz- und Rechnungswesens	39
Abb. 21	Überblick über wichtige Erfolgsrechnungssysteme	40
Abb. 22	Umfang der handelsrechtlichen Buchführungspflicht	53
Abb. 23	Umfang der originären steuerrechtlichen Buchführungspflicht	57
Abb. 24	Schwellenwerte nach § 141 AO für Land- und Forstwirte sowie für Gewerbetreibende	58
Abb. 25	Gesetzliche Grundlagen der Buchführung und Erfolgsermittlung	60
Abb. 26	Formale Unterschiede zwischen Inventar und Bilanz	68
Abb. 27	Grundstruktur der Bilanz	69
Abb. 28	Grundstruktur einer aktiven Bilanz	69

Abb. 29	Grundstruktur einer passiven Bilanz	70
Abb. 30	Formaler Aufbau der Bilanz nach § 247 Abs. 1 HGB	70
Abb. 31	Gliederungsvorschlag für die Bilanz einer nicht publizitätspflichtigen Einzelunternehmung oder Personenhandelsgesellschaft im Handelsrecht	72
Abb. 32	Bilanzgliederung nach IFRS	73
Abb. 33	Allgemeines Erscheinungsbild eines Kontos	75
Abb. 34	Aufbau eines Aktivkontos	76
Abb. 35	Aufbau eines Passivkontos	76
Abb. 36	Zerlegung der Eröffnungsbilanz in Bestandskonten und Übernahme der Salden der Bestandskonten in die Schlussbilanz	78
Abb. 37	Formale Unterschiede zwischen Eröffnungsbilanz und Eröffnungsbilanzkonto	84
Abb. 38	Formale Unterschiede zwischen Schlussbilanz und Schlussbilanzkonto	85
Abb. 39	Integration des Eröffnungs- und Schlussbilanzkontos in das Kontensystem	86
Abb. 40	Inhalt des Eigenkapitalkontos	90
Abb. 41	Abschluss der Erfolgskonten bei Gewinnsituation	93
Abb. 42	Abschluss der Erfolgskonten bei Verlustsituation	93
Abb. 43	Abschluss des Privatkontos bei Einlagenüberschuss und Gewinnsituation	96
Abb. 44	Abschluss des Privatkontos bei Entnahmenüberschuss und Gewinnsituation	96
Abb. 45	Komponenten der Eigenkapitalveränderung	96
Abb. 46	Bilanzveränderungen bei erfolgsneutralen und erfolgswirksamen Geschäftsvorfällen nach Handels- und Steuerrecht sowie IFRS	100
Abb. 47	Jahresabschluss nach Handels- und Steuerrecht sowie nach IFRS im System der Finanzbuchhaltung	102
Abb. 48	Aufbau einer Hauptabschlussübersicht	104
Abb. 49	Übernahme der Soll- und Habensummen aus dem Kontensystem in die Hauptabschlussübersicht	105
Abb. 50	Allgemeiner Aufbau eines Grundbuchs	108
Abb. 51	Auszugsweise Darstellung eines Grundbuchs im System der doppelten Buchführung	108
Abb. 52	Auszugsweise Darstellung eines Hauptbuchs	109
Abb. 53	Auszugsweise Darstellung eines Geschäftsfreundebuchs	110
Abb. 54	Kontensystem der doppelten Buchführung (für Gewinnsituation und Entnahmenüberschuss)	112
Abb. 55	Organisation der doppelten Buchführung	113
Abb. 56	Verfahren der Buchführung	116
Abb. 57	Ablaufschema bei der Übertragungsbuchführung	116
Abb. 58	Struktur eines amerikanischen Journals	117
Abb. 59	Aufbau einer Durchschreibebuchführung	118

Abb. 60	Organisation der Offene-Posten-Buchhaltung im System der doppelten Buchführung	120
Abb. 61	Vereinfachte Darstellung des Datenflusses bei der IT-Buchführung	122
Abb. 62	Inhalt des einheitlichen Warenkontos	133
Abb. 63	Inhalt des Wareneinkaufskontos	134
Abb. 64	Inhalt des Warenverkaufskontos	134
Abb. 65	Abschluss des Wareneinkaufs- und Warenverkaufskontos nach dem Nettoverfahren	135
Abb. 66	Abschluss des Wareneinkaufs- und Warenverkaufskontos nach dem Bruttoverfahren	136
Abb. 67	Varianten der getrennten Warenkonten	137
Abb. 68	Inhalt des Wareneingangskontos	138
Abb. 69	Warenkonten im Falle einer Bestandserhöhung	138
Abb. 70	Warenkonten im Falle einer Bestandsverminderung	139
Abb. 71	Abschluss der Buchungsvariante II nach dem Nettoverfahren im Falle einer Bestandserhöhung	141
Abb. 72	Abschluss der Buchungsvariante II nach dem Bruttoverfahren im Falle einer Bestandsverminderung	142
Abb. 73	Funktionsweise der Allphasen-Nettoumsatzsteuer mit Vorsteuerabzug	144
Abb. 74	Inhalt des Umsatzsteuerkontos	145
Abb. 75	Inhalt des Vorsteuerkontos	145
Abb. 76	Abschluss des Umsatzsteuer- und Vorsteuerkontos im Falle einer Umsatzsteuer-Zahllast	146
Abb. 77	Abschluss des Umsatzsteuer- und Vorsteuerkontos im Falle eines Vorsteuer-Erstattungsanspruchs	147
Abb. 78	System der Umsatzarten	152
Abb. 79	Umsatzsteuerliche Umrechnungsfaktoren	168
Abb. 80	Korrekturbuchungen infolge von Preisnachlässen	196
Abb. 81	Typen der Handelskalkulation	211
Abb. 82	Gegenüberstellung der kostenungleichen Aufwendungen und der kalkulatorischen Kosten	213
Abb. 83	Beispiel zur progressiven Handelskalkulation (Angaben in €)	215
Abb. 84	Bestandteile des bilanziellen Gewinns	216
Abb. 85	Beispiel zur retrograden Handelskalkulation (Angaben in €)	218
Abb. 86	Schnittstellen von Kalkulation und Finanzbuchhaltung	219
Abb. 87	Grundstruktur des gezogenen Wechsels	224
Abb. 88	Wechselformular (entsprechend dem folgenden Beispiel)	225
Abb. 89	Grundstruktur des eigenen Wechsels	226

Abb. 90	Indossantenkette und Wechselrückgriff	228
Abb. 91	Ausgewählte Anlageformen und Arbeitnehmer-Sparzulagen für vermögenswirksame Leistungen	245
Abb. 92	Komponenten des Personalaufwands und des Auszahlungsbetrags	246
Abb. 93	Aufbau und Inhalt einer vereinfachten Lohn- und Gehaltsliste (alle Werte in €)	249
Abb. 94	Systematisierung der Abgaben in Abhängigkeit von der Art der gewährten Gegenleistung	251
Abb. 95	Struktur des deutschen Rechtssystems	258
Abb. 96	Funktionen der handelsrechtlichen Rechnungslegung	259
Abb. 97	Zusammenfassende Beurteilung der Rechnungslegungssysteme	261
Abb. 98	Unterschiede in der Bedeutung des Kapitalmarkts	262
Abb. 99	Wichtige Systeme der Rechnungslegung	264
Abb. 100	Struktur und Verbindungen der Standardsetter	265
Abb. 101	Ursachen der Internationalisierung der Rechnungslegung	266
Abb. 102	Änderungen der handelsrechtlichen Ansatz- und Bewertungsvorschriften durch das BilMoG	268
Abb. 103	Verbleibende Unterschiede zwischen Handels- und Steuerrecht sowie IFRS	275
Abb. 104	Harmonisierung der Rechnungslegung in der EG/EU	279
Abb. 105	Harmonisierung der Rechnungslegung in Deutschland	280
Abb. 106	Wichtige Bilanzgesetze in Deutschland	281
Abb. 107	Wertorientierte Strategien im Rahmen des Shareholder Value-Konzeptes	283
Abb. 108	Zielsystem einer Unternehmung unter Zugrundelegung des Shareholder Value-Konzepts	284
Abb. 109	Bestandteile des Business Reportings	286
Abb. 110	Mögliche Struktur eines Value Reportings	287
Abb. 111	Komponenten des EVA	289
Abb. 112	Organisationsstruktur des IASB	290
Abb. 113	Ablauf des Due Process des IASB	291
Abb. 114	Ablauf des Endorsementverfahrens der EU-Kommission	292
Abb. 115	Determinanten der Hermeneutik	297
Abb. 116	Struktur der handelsrechtlichen Grundsätze ordnungsmäßiger Buchführung	298
Abb. 117	Elementare formelle und materielle Grundsätze ordnungsmäßiger Buchführung im Handelsrecht	299
Abb. 118	Ausprägungen des Vorsichtsprinzips im Handelsrecht	306
Abb. 119	Systematisierung der handelsrechtlichen Grundsätze ordnungsmäßiger Buchführung	308
Abb. 120	Grundprinzipien der IFRS-Rechnungslegung nach dem Conceptual Framework	310

Abbildungsverzeichnis

Abb. 121	Unterschiede zwischen Principal-Agent- und Stewardship-Theorie	317
Abb. 122	(Inter)nationale Bilanztheorien im Überblick	320
Abb. 123	Unternehmenstypen nach den Größenmerkmalen des Handelsgesetzbuches und des Publizitätsgesetzes	330
Abb. 124	Anwendung der Größenmerkmale des Handelsgesetzbuches und des Publizitätsgesetzes	330
Abb. 125	Aufstellungs-, Prüfungs- und Offenlegungsvorschriften für nicht kapitalistische Personenhandelsgesellschaften und Einzelunternehmen nach dem Handelsgesetzbuch und dem Publizitätsgesetz	331
Abb. 126	Aufstellungs-, Prüfungs- und Offenlegungsvorschriften für Kapitalgesellschaften und kapitalistische Personenhandelsgesellschaften nach dem Handelsgesetzbuch	332
Abb. 127	Bilanzgliederung der Kleinstkapitalgesellschaft und kleinen Kapitalgesellschaft nach § 266 Abs. 1 Satz 3, 4 HGB	334
Abb. 128	Bilanzgliederung der großen und mittelgroßen Kapitalgesellschaft nach § 266 Abs. 1 Satz 2 HGB	335
Abb. 129	Gliederung der Gewinn- und Verlustrechnung der kleinen und mittelgroßen Kapitalgesellschaft nach § 275 Abs. 2 und Abs. 3 i. V. m. § 276 HGB	337
Abb. 130	Gliederung der Gewinn- und Verlustrechnung der großen Kapitalgesellschaft nach § 275 Abs. 2 und Abs. 3 HGB	338
Abb. 131	Handelsrechtliche Erfolgsspaltung der Gewinn- und Verlustrechnung nach dem Gesamtkostenverfahren	339
Abb. 132	Handelsrechtliche Erfolgsspaltung der Gewinn- und Verlustrechnung nach dem Umsatzkostenverfahren	340
Abb. 133	Ausweispflichten einer Kapitalgesellschaft bei Wahl des handelsrechtlichen Umsatzkostenverfahrens	341
Abb. 134	Mindestgliederung der IFRS-Bilanz nach der Fristigkeit	341
Abb. 135	Komponenten der Eigenkapitalveränderungen nach IAS 1	342
Abb. 136	Mindestinhalte der Gesamtergebnisrechnung nach IAS 1.82	342
Abb. 137	Überleitung des Periodenergebnisses zum Gesamterfolg nach IAS 1	343
Abb. 138	Periodenerfolgsspaltung nach IAS 1	344
Abb. 139	Klassifizierung von Anhangangaben im Handelsrecht	345
Abb. 140	Gliederung des handelsrechtlichen Anhangs	347
Abb. 141	Mögliche Gliederung des handelsrechtlichen Lageberichts	348
Abb. 142	Komponenten des IFRS-Abschlusses	350
Abb. 143	Beispiel zur Einkommensteuerbelastung ohne Zinswirkungen	353
Abb. 144	Beispiel zur Einkommensteuerbelastung mit Zinswirkungen	353
Abb. 145	Steuerrechtliche Gewinn- und Überschussermittlung	354
Abb. 146	Entwicklung des Warenbestands	356
Abb. 147	Beispielhafter Vergleich steuerrechtlicher Gewinnermittlungsmethoden	357

Abb. 148	Aktivierungsfähigkeit nach dem Handelsrecht	368
Abb. 149	Zusammenhang zwischen abstrakter und konkreter Aktivierungsfähigkeit im Handelsrecht	368
Abb. 150	Entscheidungsstufen der Bilanzierung dem Grunde nach	369
Abb. 151	Konkrete Ansatzfähigkeit im Handels- und Steuerrecht	375
Abb. 152	Überblick über die wichtigsten handels- und steuerrechtlichen Aktivierungsregelungen	376
Abb. 153	Aktivierungsfähigkeit nach IFRS	378
Abb. 154	Aktivierungsfähigkeit nach Handels- und Steuerrecht sowie IFRS	383
Abb. 155	Strukturierung der Schulden nach Handels- und Steuerrecht	384
Abb. 156	Passivierungsfähigkeit nach Handels- und Steuerrecht	385
Abb. 157	Zusammenhang zwischen abstrakter und konkreter Passivierungsfähigkeit im Handelsrecht	386
Abb. 158	Konkrete Passivierungsfähigkeit nach Handels- und Steuerrecht	390
Abb. 159	Überblick über die wichtigsten handels- und steuerrechtlichen Passivierungsregelungen	391
Abb. 160	Passivierungsfähigkeit nach IFRS	393
Abb. 161	Passivierungsfähigkeit nach Handels- und Steuerrecht sowie IFRS	397
Abb. 162	Gruppen immaterieller Vermögenswerte nach IAS 38	399
Abb. 163	Spezielle Ansatzverbote für selbsterstellte immaterielle Anlagegüter nach Handelsrecht und IFRS	400
Abb. 164	Selbst erstellte immaterielle Anlagegüter nach Handels- und Steuerrecht sowie IFRS	401
Abb. 165	Trennung in eine Forschungs- und Entwicklungsphase nach Handelsrecht und IFRS	404
Abb. 166	Beispiele für Forschungs- und Entwicklungsaktivitäten	405
Abb. 167	Posten des Sachanlagevermögens im Handels- und Steuerrecht	408
Abb. 168	Posten des Vorratsvermögens im Handelsrecht	411
Abb. 169	Fälle der transitorischen Rechnungsabgrenzung im Handelsrecht	416
Abb. 170	Fälle der antizipativen Rechnungsabgrenzung im Handelsrecht	419
Abb. 171	Konstante Tilgungs- und fallende Zinsbelastung in €	422
Abb. 172	Rechnungsabgrenzung nach Handels- und Steuerrecht sowie IFRS	426
Abb. 173	Bilanztheoretische Strukturierung der Rückstellungen nach Handels- und Steuerrecht sowie IFRS	428
Abb. 174	Einzelfälle der Rückstellungsbildung nach IAS 37	431
Abb. 175	Berechnung der Zuführungsbeträge beim steuerrechtlichen Teilwertverfahren	437
Abb. 176	Rentenbarwerte und Rentenbarwert-Differenzen nach Eintritt des Versorgungsfalls	438

Abb. 177	Berechnung der Gewerbesteuer	441
Abb. 178	Berechnung der Gewerbesteuer-Abschlusszahlung	441
Abb. 179	Beispiel für einen handelsrechtlichen Verbindlichkeitenspiegel	459
Abb. 180	Bewertungsmaßstäbe im Handelsrecht	464
Abb. 181	Grundlegende Systematik der handelsrechtlichen Bewertungsvorschriften	465
Abb. 182	Überblick über die handelsrechtliche Bilanzierung schwebender Geschäfte	467
Abb. 183	Abstrakte Bewertungsmaßstäbe nach dem Rahmenkonzept der IFRS	473
Abb. 184	Konkrete Bewertungsmaßstäbe nach IFRS	475
Abb. 185	Stufenmodell der Fair Value-Ermittlung nach IFRS	477
Abb. 186	Folgebewertung von Vermögenswerten und Schulden nach IFRS	478
Abb. 187	Komponenten der handels- und steuerrechtlichen Anschaffungskosten	479
Abb. 188	Komponenten der Anschaffungskosten nach IFRS	481
Abb. 189	Komponenten der Herstellungskosten in der Handels- und Steuerbilanz	484
Abb. 190	Komponenten der Herstellungskosten in der Handels- und Steuerbilanz sowie nach IFRS	485
Abb. 191	Berechnung der Barwerte	487
Abb. 192	Einflüsse bei der Rückstellungsbewertung nach IAS 37	492
Abb. 193	Schätzungsmaßnahmen nach IAS 37.39	493
Abb. 194	Barwerte, Zins- und Tilgungsanteile	496
Abb. 195	Zugangsbewertung nach Handels- und Steuerrecht sowie IFRS	501
Abb. 196	Schein- und Leistungsgewinne im Falle steigender Wiederbeschaffungspreise	504
Abb. 197	Abschreibungsbeträge und Restbuchwerte	508
Abb. 198	Entwicklung der steuerrechtlichen degressiven Abschreibungssätze	509
Abb. 199	Übergang von der degressiven auf die lineare Abschreibungsmethode	510
Abb. 200	Verfahren der Zeitabschreibung	511
Abb. 201	Beispielhafte Darstellung unterschiedlicher Abschreibungsverfahren (alle Werte in €)	512
Abb. 202	Regel-AfA beim abnutzbaren Anlagevermögen gemäß § 7 EStG	521
Abb. 203	Außerplanmäßige Abschreibungen im Handelsrecht	523
Abb. 204	Überblick über die wesentlichen steuerrechtlichen Abschreibungsmöglichkeiten für das Anlagevermögen	525
Abb. 205	Wertminderungsindikatoren nach IAS 36	527
Abb. 206	Vergleichsgrößen beim Wertminderungstest nach IAS 36	528
Abb. 207	Folgebewertung des Anlagevermögens im Handelsrecht	533
Abb. 208	Wertaufholungsindikatoren nach IAS 36	534
Abb. 209	Ermittlung des Neubewertungsbetrags nach IFRS	536

Abb. 210	Folgebewertung des Umlaufvermögens im Handelsrecht	539
Abb. 211	Bewertungsmethoden für bestimmte Gegenstände des Umlauf- und Anlagevermögens nach Handels- und Steuerrecht sowie IFRS	540
Abb. 212	Bewertungsvereinfachungsverfahren im Vorratsvermögen nach IAS 2	541
Abb. 213	Zusammenfassung der Bewertungsergebnisse (alle Werte in €)	551
Abb. 214	Forderungsbeträge und Forderungsausfälle	559
Abb. 215	Erfolgsermittlung durch Eigenkapitalvergleich	570
Abb. 216	Übersicht über die grundlegenden steuerrechtlichen Bewertungsvorschriften	581
Abb. 217	Folgebewertung nach Handels- und Steuerrecht sowie IFRS	584
Abb. 218	Steuerrechtliche Zurechnungsvorschriften beim Finanzierungs-Leasing	588
Abb. 219	Ansatzpflichten beim Finanzierungs- und Operating Leasing nach IAS 17	593
Abb. 220	Folgebewertung des Finanzierungs-Leasings beim Leasingnehmer nach IAS 17	595
Abb. 221	Folgebewertung des Finanzierungs-Leasings beim Leasinggeber nach IAS 17	595
Abb. 222	Folgebewertung des Operating-Leasings beim Leasinggeber nach IAS 17	596
Abb. 223	Behandlung von Leasingtransaktionen nach Handels- und Steuerrecht sowie IFRS	597
Abb. 224	Aufwands- und Ertragskonzeption nach Handels- und Steuerrecht sowie IFRS	603
Abb. 225	Teilgewinnrealisierung bei langfristigen Fertigungsaufträgen nach IAS 11	609
Abb. 226	Ermittlung der Erfolgsbeiträge auf der Basis des Fertigstellungsgrads (bis auf Fertigstellungsgrad alle Werte in T€)	611
Abb. 227	Langfristige Auftragsfertigung nach Handels- und Steuerrecht sowie IFRS	612
Abb. 228	Stichtagsprinzip und Ereignisse nach dem Bilanzstichtag nach Handels- und Steuerrecht sowie IFRS	614
Abb. 229	Grundlagen des handelsrechtlichen Stetigkeitsprinzips	616
Abb. 230	Stetigkeitsprinzip nach Handels- und Steuerrecht sowie IFRS	618
Abb. 231	Fehlerkorrektur nach Handels- und Steuerrecht sowie IFRS	623
Abb. 232	Schätzungskorrektur nach Handels- und Steuerrecht sowie IFRS	625
Abb. 233	Grundstruktur der Finanzbuchhaltung im Industrie-Kontenrahmen (IKR)	630
Abb. 234	Grundstruktur einer Betriebsabrechnung	632
Abb. 235	Einzel- und Gemeinkostenkategorien	633
Abb. 236	Herstellungskosten nach Handels- und Steuerrecht sowie IFRS	634
Abb. 237	Schema der elektiven Zuschlagkalkulation mit Rückgriff auf die Kostenstellenrechnung	636
Abb. 238	Niederstwerttest der Herstellungskosten	638
Abb. 239	Grundstruktur der Buchungstechnik nach dem Gesamtkostenverfahren	641
Abb. 240	Bestandsveränderungen im Geschäftsjahr 2012	645
Abb. 241	Kalkulation der Herstellungskosten	646

Abb. 242	Grundstruktur der Buchungstechnik nach dem Umsatzkostenverfahren	653
Abb. 243	Erfolgsbeteiligung und Entnahmerecht bei der OHG	674
Abb. 244	Abschlusstechnik beim Vorliegen variabler Kapitalkonten	676
Abb. 245	Verteilung des Jahresgewinns für das Geschäftsjahr 2012	677
Abb. 246	Eigenkapitalausweis bei der OHG	679
Abb. 247	Abschlusstechnik beim Vorliegen fester und variabler Kapitalkonten	681
Abb. 248	Verteilung des Jahresgewinns für das Geschäftsjahr 2012	682
Abb. 249	Erfolgsbeteiligung und Entnahmerecht bei der KG	685
Abb. 250	Abschlusstechnik beim Vorliegen fester und variabler Kapitalkonten für Komplementär und Kommanditist	688
Abb. 251	Handelsrechtlicher Eigenkapitalausweis bei der KG	689
Abb. 252	Ertragsteuerrechtliche Erfolgsermittlung bei Personenhandelsgesellschaften	700
Abb. 253	Steuerbelastungsvergleich bei Gewinnentnahme und -thesaurierung	701
Abb. 254	Berechnung des Steuerbilanzgewinns	705
Abb. 255	Modifizierte Berechnung des Gewerbeertrags	705
Abb. 256	Ertragsteuerrechtliche Gewinnermittlung und -verteilung	706
Abb. 257	Gegenüberstellung der ertragsteuerrechtlichen Gewinnermittlung und -verteilung	707
Abb. 258	Modifizierte Berechnung des Gewerbeertrags	712
Abb. 259	Modifizierte ertragsteuerrechtliche Gewinnermittlung und -verteilung	713
Abb. 260	Gegenüberstellung der ertragsteuerrechtlichen Gewinnermittlung und -verteilung	713
Abb. 261	Ermittlung der Veräußerungserfolge	724
Abb. 262	Ermittlung der einkommensteuerlichen Bemessungsgrundlagen für das Wirtschaftsjahr 2012	726
Abb. 263	Berechnung der körperschaftsteuerrechtlichen Bemessungsgrundlage	738
Abb. 264	Beispielhafte Darstellung des Teileinkünfteverfahrens im Falle einer Vollausschüttung des Steuerbilanzgewinns	739
Abb. 265	Berechnung des Gewerbeertrags bei Kapitalgesellschaften	740
Abb. 266	Abgrenzung der Termini Vermögens-, Finanz- und Ertragslage	744
Abb. 267	Struktur des Anlagespiegels	749
Abb. 268	Anlagespiegel für das Geschäftsjahr 2007 in T€	750
Abb. 269	Anlagespiegel für das Geschäftsjahr 2008 in T€	750
Abb. 270	Anlagespiegel für das Geschäftsjahr 2009 in T€	751
Abb. 271	Anlagespiegel für das Geschäftsjahr 2010 in T€	751
Abb. 272	Anlagespiegel für das Geschäftsjahr 2011 in T€	751
Abb. 273	Anlagespiegel für das Geschäftsjahr 2012 in T€	751

Abb. 274	Verbundene Unternehmen nach Handelsrecht	754
Abb. 275	Komponenten des Eigenkapitals in der handelsrechtlichen Bilanz	760
Abb. 276	Alternativen zur Bewertung des gezeichneten Kapitals	763
Abb. 277	Ausweisalternative für das Grundkapital	764
Abb. 278	Handelsrechtlicher Ausweis des eingeforderten Kapitals	765
Abb. 279	Komponenten der offenen Rücklagen im Handelsrecht	772
Abb. 280	Darstellung der handelsrechtlichen Ergebnisverwendung bei der AG	772
Abb. 281	Abschlusstechnik der Ergebnisverwendung bei Gewinnvortrag, Jahresüberschuss, Rücklagenentnahme und Bilanzgewinn	773
Abb. 282	Abschlusstechnik der Ergebnisverwendung bei Jahresüberschuss, Dotierung der Gewinnrücklagen und Bilanzgewinn	774
Abb. 283	Abschlusstechnik der Ergebnisverwendung bei Gewinnvortrag, Jahresfehlbetrag, Rücklagenentnahme und Bilanzverlust	775
Abb. 284	Beispielhafte Darstellung eines Rücklagenspiegels	786
Abb. 285	Verwendung des Jahresergebnisses und Bilanzaufstellung im Handelsrecht	787
Abb. 286	Beispiel für einen Ergebnisverwendungsvorschlag bei der GmbH	788
Abb. 287	Struktur des aktienrechtlichen Gewinnverwendungsvorschlags	789
Abb. 288	Berechnung der körperschaftsteuerrechtlichen Bemessungsgrundlage	792
Abb. 289	Berechnung der gewerbesteuerrechtlichen Bemessungsgrundlage	793
Abb. 290	Ermittlung der Bemessungsgrundlage für Tantiemen	793
Abb. 291	Simultanes Gleichungssystem in Matrizenform	794
Abb. 292	Ausgangsdaten für die Ermittlung der ergebnisabhängigen Aufwendungen	794
Abb. 293	Beispielhafte Darstellung des Gleichungssystems in Matrizenform	795
Abb. 294	Endgültige Gewinn- und Verlustrechnung zum 31.12. 2012 nach Ermittlung der ergebnisabhängigen Aufwendungen	795
Abb. 295	Simultanes Gleichungssystem in Matrizenschreibweise bei aktienrechtlicher Ergebnisverwendung	798
Abb. 296	Ausgangsdaten für die Ermittlung der ergebnisabhängigen Aufwendungen	798
Abb. 297	Beispielhafte Darstellung des Gleichungssystems in Matrizenschreibweise	799
Abb. 298	Endgültige Gewinn- und Verlustrechnung zum 31.12. 2012 nach Ermittlung der ergebnisabhängigen Aufwendungen in T€	800
Abb. 299	Anknüpfungspunkte latenter Steuern und Reichweite der Abgrenzung nach Handelsrecht und IFRS	801
Abb. 300	Latente Steuern nach § 274 HGB bei isolierter Betrachtungsweise	803
Abb. 301	Schritte zur Ermittlung ansatzfähiger bzw. -pflichtiger latenter Steuern bei Gesamtdifferenzbetrachtung	805
Abb. 302	Beispiel für einen Differenzenspiegel (alle Werte in €)	811
Abb. 303	Struktur einer steuerlichen Überleitungsrechnung nach IFRS	815

Abb. 304	Vergleich zwischen HGB und IFRS zur Erfassung latenter Steuern	816
Abb. 305	Rechnungslegungsinstrumente nach Handelsrecht und IFRS im Vergleich	818
Abb. 306	Erweiterte Rechnungslegungsinstrumente	820
Abb. 307	Aufbau einer Bewegungsbilanz	822
Abb. 308	Verkürzte Handelsbilanzen der Geschäftsjahre 2011 und 2012	823
Abb. 309	Verkürzte Gewinn- und Verlustrechnung des Geschäftsjahres 2012	824
Abb. 310	Bewegungsbilanz für das Geschäftsjahr 2012	824
Abb. 311	Nach Fristigkeitsgraden gegliederte Bewegungsbilanz für das Geschäftsjahr 2012	825
Abb. 312	Nach Arten der finanziellen Quellen und Verwendungen gegliederte Bewegungsbilanz für das Geschäftsjahr 2012	826
Abb. 313	Nach Beständeschichten gegliederte Bewegungsbilanz für das Geschäftsjahr 2012	827
Abb. 314	Definitionen des Cash Flows	829
Abb. 315	Überleitungsschema zur indirekten Ermittlung des Cash Flows nach DRS 2	829
Abb. 316	Zusammenhänge zwischen Bilanz, Gewinn- und Verlustrechnung sowie Kapitalflussrechnung	830
Abb. 317	Vereinfachte Struktur einer Kapitalflussrechnung bei indirekter Berechnung der Cash Flows aus laufender Geschäftstätigkeit nach DRS 2	831
Abb. 318	Kapitalflussrechnung bei indirekter Berechnung der Cash Flows aus laufender Geschäftstätigkeit für das Geschäftsjahr 2012 (alle Werte in T€)	833
Abb. 319	Mögliche Struktur des Eigenkapitalspiegels nach DRS 7	835
Abb. 320	Eigenkapitalspiegel nach IAS 1.106 für 2011 und 2012	838
Abb. 321	Mögliche Struktur eines Segmentberichts	840
Abb. 322	Beispiel für segmentspezifische Informationen (alle Werte in T€)	841
Abb. 323	Beispiel für eine segmentspezifische Überleitungsrechnung (alle Werte in T€)	841
Abb. 324	Gliederung des rechnungslegungspolitischen Instrumentariums	860
Abb. 325	Gliederungssystematik von Wahlrechten und Ermessensspielräumen	865
Abb. 326	Darstellung der Steuerbarwertminimierung (alle Werte in €)	877
Abb. 327	Grundlegendes Ablaufdiagramm im Falle sequenzieller rechnungslegungspolitischer Entscheidungsprozesse	886
Abb. 328	Ausgangsbilanz für die rechnungslegungspolitische Gestaltung	888
Abb. 329	Kombination der Aktionsparameter	889
Abb. 330	Rechnungslegungspolitisches Entscheidungstableau	889
Abb. 331	Transformation auf der Basis von Programmgruppe 4	890
Abb. 332	Verknüpfung von Aktionsparametern zu Programmgruppen (1. Durchlauf)	892
Abb. 333	Verknüpfung von Aktionsparametern zu Programmgruppen (2. Durchlauf)	892
Abb. 334	Transformation auf der Basis von Programmgruppe 15	893

Abb. 335	Transformiertes Gleichungssystem in Matrizenschreibweise	895
Abb. 336	Beispielhafte Darstellung des transformierten Gleichungssystems in Matrizenschreibweise	895
Abb. 337	Ablaufdiagramm zur Ermittlung des zieloptimalen Jahresabschlusses	900
Abb. 338	Allgemeine Darstellung des Planungsmodells	909
Abb. 339	Ausgangsbilanz für die Jahresabschlussoptimierung	912
Abb. 340	Simultanes Gleichungssystem in Matrizenschreibweise	913
Abb. 341	Entscheidungsrelevante Kennzahlen auf der Basis von Ist- und Sollwerten	914
Abb. 342	Darstellung des Optimierungsansatzes von Programm AMAX ohne Rücklagenentnahmen	918
Abb. 343	Darstellung des Optimierungsansatzes von Programm AMAX mit Rücklagenentnahmen	921
Abb. 344	Darstellung des Optimierungsansatzes von Programm AFIX....................	923
Abb. 345	Ergebnisse der Optimierungsdurchläufe [zieloptimale Einheitsbilanzen zum 31.12.2012]	926
Abb. 346	Ergebnisse der Optimierungsdurchläufe [zieloptimale (verkürzte) Gewinn- und Verlustrechnungen zum 31.12.2012]	927
Abb. 347	Vergleich der entscheidungsrelevanten Kennzahlen auf der Basis von Ist-, Soll- und Optimalwerten	928

Einführung in die Rechnungslegung

1

Lernziele

- Einordnung des betrieblichen Rechnungswesens in die Rechnungslegung
- Verständnis über die unterschiedlichen privatrechtlichen Unternehmensformen
- Zusammenhang zwischen der Unternehmens- und Rechnungslegungspolitik
- Teilgebiete und Aufgaben des Betrieblichen Rechnungswesens
- Zusammenhang zwischen Finanz- und Rechnungswesen
- Begriffsabgrenzungen (Auszahlungen, Ausgaben, Aufwendungen, Kosten, Einzahlungen, Einnahmen, Erträge, Leistungen)
- Durchführung der Erfolgsermittlung und elementare Erfolgsbegriffe

I. Betriebliches Rechnungswesen als Basis der Rechnungslegung

Mit Hilfe des Betrieblichen Rechnungswesens[1] sollen zunächst alle in Unternehmen auftretenden Finanz- und Leistungsströme durch bestimmte Instrumente (z. B. Buchhaltung, Jahresabschluss und Kostenrechnung) mengen- und wertmäßig erfasst und überwacht werden (**Dokumentations- und Überwachungsfunktion**).[2] Darüber hinaus zielt das Betriebliche Rechnungswesen darauf ab, die unternehmerische Planung durch in- und externe Vergleiche von Bestands- und Erfolgsgrößen sowie durch Kontrolle von Wirtschaftlichkeit und Rentabilität zu unterstützen (**Dispositionsfunktion**).[3] Schließlich kommt dem Betrieblichen Rechnungswesen die Aufgabe zu, die Vermögens-, Finanz- und Ertragslage für bestimmte Adressatengruppen (z. B. Gesellschafter, Anteilseigner, Kunden, Lieferanten, Kreditgeber, Finanzbehörden, Arbeitnehmerschaft, Wirtschaftspresse, interessierte Öffentlichkeit) darzustellen (**Rechenschaftslegungs- und Informationsfunktion**).[4]

Am Beispiel eines Industrieunternehmens verdeutlicht **Abbildung 2**[5] modellhaft elementare Geld- und Güterströme, die durch die Leistungserstellung und -verwertung hervorgerufen werden. Innerhalb der industriellen Unternehmung findet ein Transformationsprozess statt, indem durch die Kombination der von außen beschafften Produktionsfaktoren Leistungen hervorgebracht werden, die auf den **Absatzmärkten** Verwertung finden sollen. Allerdings steht die Unternehmung nicht nur mit den **Beschaffungs- und Absatzmärkten** in Verbindung, sondern weist auch zu den **Geld- und Kapitalmärkten** sowie zum **Staat** Beziehungen auf. Die aus den dargelegten Verknüpfungen resultierenden Geldströme werden im Rahmen der **Finanzbuchhaltung**, die den **pagatorischen Teil des Rechnungswesens** repräsentiert, erfasst. Ausflüsse dieses Systems sind prinzipiell die periodisch erstellte Bilanz sowie die Gewinn- und Verlustrechnung (Jahresabschluss), die in erster Linie auf die **unternehmensexterne Dokumentation**, **Rechenschaftslegung** und **Information** von Vermögen, Kapital und Erfolg abzielen. Die Kostenrechnung als **kalkulatorischer Teil des Rechnungswesens** befasst sich hingegen ausschließlich mit der **innerbetrieblichen Sphäre** und knüpft zu diesem Zweck an mengenmäßige Vorgänge (Verbrauch und Entstehung von Leis-

---

[1] Vgl. hierzu die Ausführungen im Ersten Teil zu Gliederungspunkt IV.A.
[2] Vgl. ebenso die Darstellung bei *Weber/Rogler* 2004, S. 17.
[3] Die Wirtschaftlichkeit wird in aller Regel durch das Verhältnis zwischen Ertrag und Aufwand bzw. Leistung und Kosten eines Analyseobjektes gemessen. Die Rentabilität bezeichnet hingegen die Verzinsung des eingesetzten Kapitals. Häufig kommt in diesem Zusammenhang als Messgröße der Quotient aus Gewinn und Kapital (Kapitalrentabilität) zum Einsatz.
[4] Vgl. *Wöhe* 2010, S. 694.
[5] Ähnliche Darstellungen finden sich auch bei *Schildbach/Homburg* 2009, S. 3.

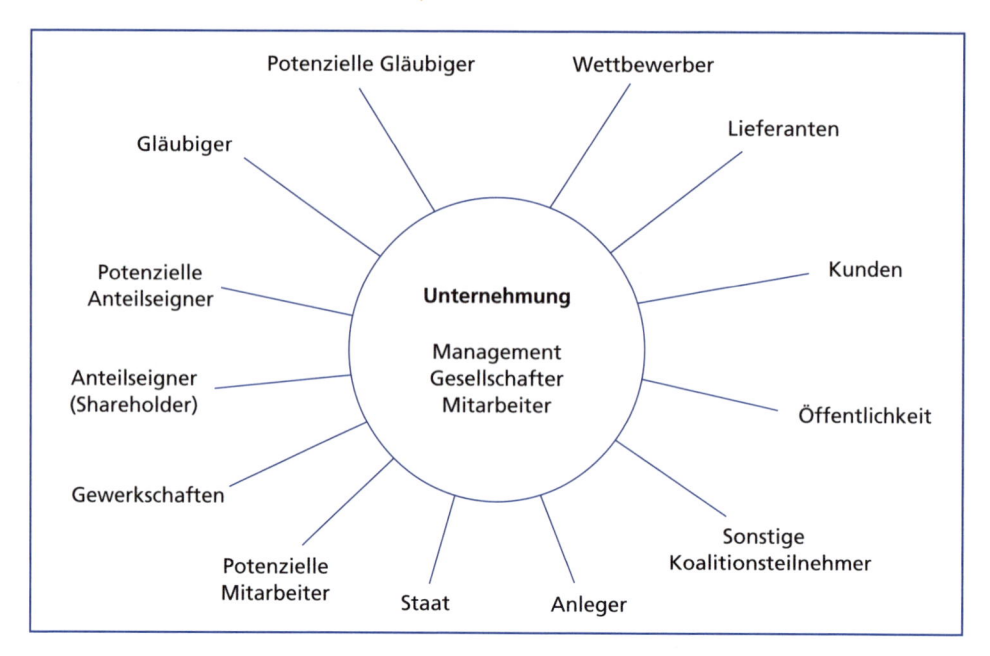

Abb. 1: Mögliche Koalitionsteilnehmer eines Unternehmens (Stakeholder)

tungen) an. Ferner beschränkt sich das Interesse der Kostenrechnung auf den Teil des Erfolges, der im Zusammenhang mit der Realisation des unternehmerischen Sachziels[6] steht.

Unter dem Begriff **Rechnungslegung** wird im Folgenden die gesetzliche oder freiwillige Übermittlung unternehmensbezogener Informationen an **aktuelle Koalitionspartner** (z. B. Aktionäre, Öffentlichkeit, Fiskus) und **potenzielle Koalitionsteilnehmer** (z. B. private Investoren) verstanden. **Abbildung 1** gibt einen Überblick über mögliche Koalitionsteilnehmer (Stakeholder) eines Unternehmens. Da neben der Bilanz, der Gewinn- und Verlustrechnung, dem Anhang, der Kapitalflussrechnung, dem Eigenkapitalspiegel, wahlweise dem Segmentbericht und dem Lagebericht (§ 242, § 264 Abs. 1 HGB) auch andere **nicht normierte Medien** (z. B. Nachhaltigkeitsberichte, Aktionärsbriefe) sowie **Zwischen-, Sonder- und Konzernabschlüsse** Objekte der Informationsübermittlung sein können, wird der traditionelle Begriff der Bilanzierung durch den umfassenden Terminus **Rechnungslegung** ersetzt. Die an die Koalitionsteilnehmer übermittelten Informationen werden in erster Linie dem Betrieblichen Rechnungswesen entnommen, wobei der Finanzbuchhaltung sowie dem periodisch zu erstellenden **Jahresabschluss und Lagebericht** herausragende Bedeutung im Rahmen der

---

[6] Das unternehmerische Sachziel konkretisiert sich in Art, Menge und zeitlicher Verteilung der von der Unternehmung geplanten bzw. zu produzierenden und abzusetzenden betrieblichen Ausbringungsgüter (z. B. der Ein- und Verkauf bestimmter Waren in einem Handelsbetrieb oder die Herstellung und der Absatz von Büchern und Zeitschriften in einem Verlag). Im Gegensatz zum Sachziel bringt das Formalziel die Inhalte unternehmerischer Zielsetzungen, wie etwa Gewinnmaximierung, Kostendeckung, Verlustminimierung oder die Steigerung des Marktwerts des Eigenkapitals (Shareholder Value), zum Ausdruck.

I. Betriebliches Rechnungswesen als Basis der Rechnungslegung

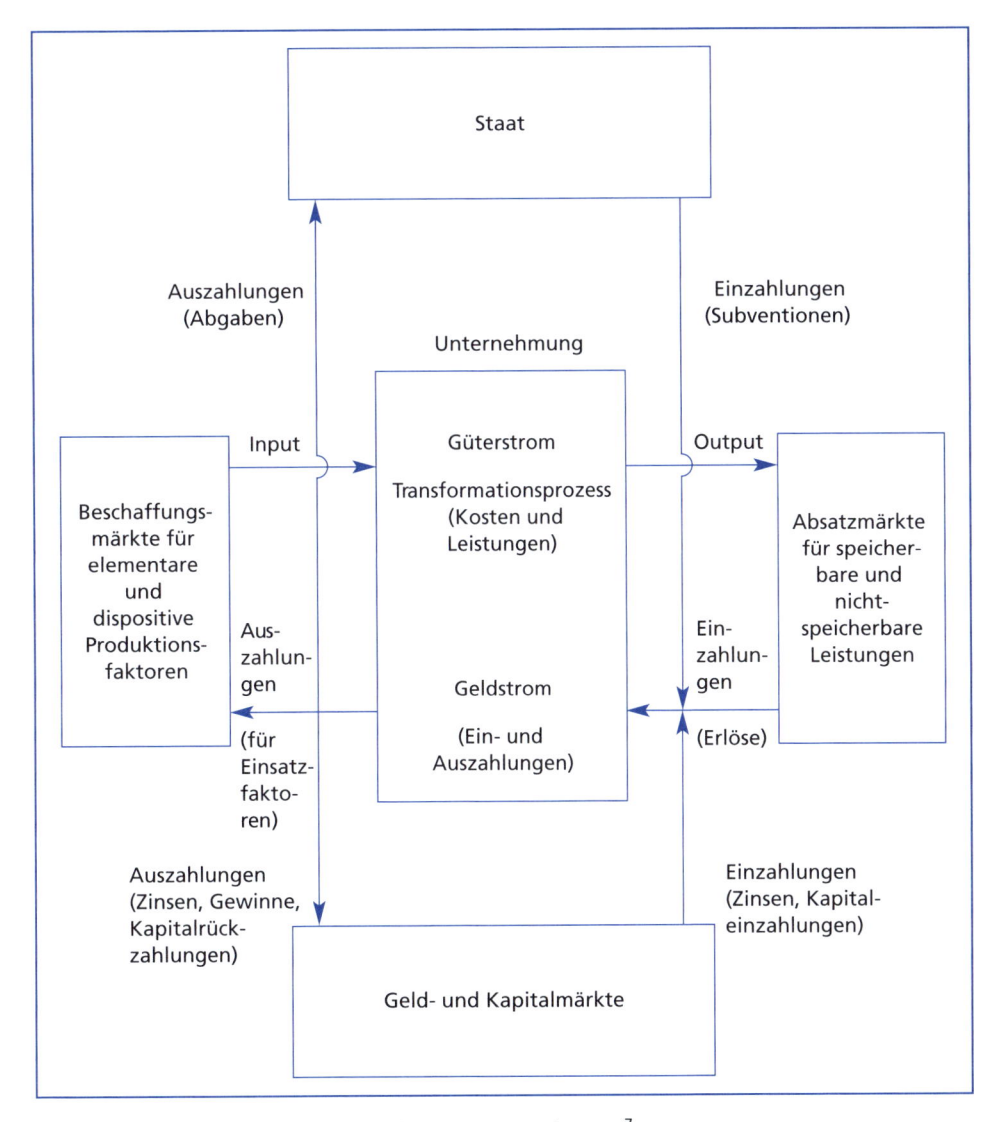

Abb. 2: Funktionsmodell eines Industrieunternehmens[7]

Erfüllung der **externen Dokumentations-, Rechenschaftslegungs- und Informationsfunktion** zukommt. Aufgrund des nahe liegenden Interesses der genannten Adressatengruppen an entscheidungsrelevanten und verlässlichen unternehmensexternen Rechnungslegungsinformationen sind bestimmte Bereiche des Rechnungswesens und der Rechnungslegung aus

---

[7] Während zu den elementaren Produktionsfaktoren die ausführende Arbeit, die Betriebsmittel (technische Apparatur eines Unternehmens, mit deren Hilfe Sachgüter hergestellt und Dienstleistungen bereitgestellt werden) und die Werkstoffe zählen, werden die dispositiven Produktionsfaktoren in das originäre Element (Betriebsführung) und weitere derivative Elemente (Planung, Organisation, Kontrolle) aufgespalten. Vgl. im Detail *Gutenberg* 1983, S. 11–297.

handels- und steuerrechtlicher Sicht normiert. Da die nationalen und auch internationalen Regelungen zur Rechnungslegung sowie ihrer Prüfung und Publizität **unternehmensform- und/oder unternehmensgrößenbezogen** ausgerichtet sind, wird im Folgenden zunächst ein Überblick über die privatrechtlichen Unternehmensformen nach deutschem Handels- und Gesellschaftsrecht gegeben.[8]

---

[8] Vgl. *Fischbach* 1997, S. 21. Als öffentlich-rechtliche Unternehmen werden hingegen Wirtschaftssubjekte bezeichnet, die von juristischen Personen des öffentlichen Rechts (Bund, Länder, Gemeinden) unmittelbar oder mittelbar getragen werden (z. B. Landesbanken, Rundfunkanstalten, Krankenhäuser). Ihre Funktion besteht darin, öffentliche Aufgaben selbstständig durch entgeltliche Leistungsabgabe zu erfüllen. Allerdings können öffentliche Betriebe auch in privatrechtlicher Rechtsform geführt werden. Sofern sich die öffentliche Hand an privaten Unternehmen beteiligt, wird von gemischtwirtschaftlichen Unternehmen gesprochen (z. B. die Beteiligung des Landes Niedersachsen an der Volkswagen AG). Vgl. im Detail *Eichhorn* 1993, Sp. 2927–2940.

II. Überblick über die privatrechtlichen Unternehmensformen

A. Grundlegendes

Einzelunternehmen sind dadurch charakterisiert, dass eine **einzelne natürliche** Person ein Unternehmen betreibt und für die in diesem Zusammenhang entstehenden Verbindlichkeiten sowohl mit ihrem Betriebs- als auch mit ihrem Privatvermögen haftet. Neben der Einzelunternehmung enthält das Gesellschaftsrecht noch weitere Organisationsformen für unternehmerische Aktivitäten, mit deren Wahl regelmäßig eine längerfristige Festlegung der rechtlichen Außen- und Innenbeziehungen eines Unternehmens verbunden ist. Die Entscheidung für eine bestimmte Unternehmensform zieht unmittelbare **Bindungswirkungen** insbesondere für die Regelungen der Haftung gegenüber Dritten, Rechnungslegung, Prüfung und Publizität, Besteuerung und Arbeitnehmer-Mitbestimmung nach sich.[1] **Abbildung 3**[2] gibt einen Überblick über die wichtigsten privatrechtlichen Unternehmensformen. Die im Gesellschaftsrecht existierenden Grundtypen privater Unternehmen lassen sich nach dieser Darstellung in **Personenunternehmen**, **körperschaftlich organisierte** Unternehmen und **rechtsfähige Stiftungen** unterscheiden.[3]

B. Zum Begriff der Personenunternehmen

Neben der Einzelunternehmung zählen als wichtigste Formen die Gesellschaft bürgerlichen Rechts (GbR), die Partnerschaftsgesellschaft (PartG), die Offene Handelsgesellschaft (OHG), die Kommanditgesellschaft (KG) und die stille Gesellschaft zur Gruppe der Personenunternehmen.[4] Die genannten **Personengesellschaften** können als auf vertraglicher Grundlage beruhende zweckorientierte Vereinigungen von mindestens zwei natürlichen und/oder ju-

---

[1] Vgl. *Sigloch* 1987, S. 499.
[2] Modifiziert übernommen von *Sigloch* 1987, S. 501.
[3] Vgl. *Freidank* 2007a, S. 1418.
[4] Häufig werden auch sog. Bruchteilsgemeinschaften, die in § 741 bis § 758 BGB geregelt sind, zur Gruppe der Personengesellschaften gerechnet. Bei diesen Gemeinschaften steht mehreren Personen ein Recht zu, über Vermögensgegenstände oder Sondervermögen anteilsmäßig frei zu verfügen (z. B. Wohnungseigentümer- oder Patentgemeinschaften). Im Gegensatz zur BGB-

```
                          Unternehmensformen
                                 │
        ┌────────────────────────┼────────────────────────┐
   Personen-              Körperschaftlich organi-      Rechtsfähige
   unternehmen            sierte Unternehmen            Stiftungen
        │                        │
   ┌────┴────┐              ┌────┴────┐
Einzel-   Personen-      Kapital-   Nicht kapitalistische
unter-    gesell-        gesellschaften  Körperschaften
nehmen    schaften
   │         │                │                │
 GbR  stille  OHG KG PartG KapG  AG  KGaA  GmbH  Einge-  Eingetragene  Versicherungs-
      Gesell-              &Co.                   tragener Genossen-   verein auf
      schaft                                      Verein   schaft      Gegenseitigkeit
```

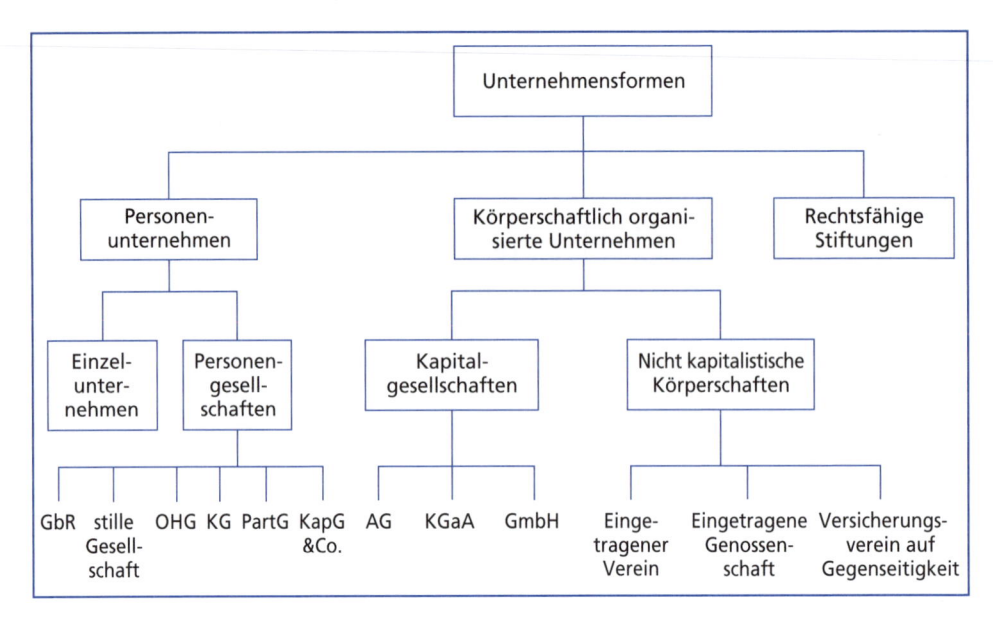

Abb. 3: Grundtypen privatrechtlicher Unternehmen

ristischen Personen definiert werden (z. B. gemeinsame Praxen von Freiberuflern, Zusammenschlüsse von Kaufleuten oder größeren Unternehmen, die nur für einen vorübergehenden Zweck gegründet wurden). Die GbR stellt die **Grundausprägung** der Personengesellschaft dar. Die gesetzlichen Regelungen finden sich in § 705 bis § 740 BGB.

Sofern die Gesellschafter ihr Beteiligungsverhältnis zu Dritten nach außen zu erkennen geben, liegt eine **BGB-Außengesellschaft** vor. In diesem Fall haften die Gesellschafter für die Unternehmensverbindlichkeiten sowohl mit dem Unternehmens- oder Gesamthandsvermögen[5] als auch mit ihrem Privatvermögen unbeschränkt und solidarisch, wenn nicht die Haftungsbeschränkung gegenüber Dritten im Rechtsverkehr deutlich erkennbar gemacht wird. Betreibt die GbR jedoch ein Handelsgewerbe i.S.v. § 1 HGB, so führt dies unmittelbar zur Umqualifikation in eine OHG, bei der dann alle Gesellschafter einer unbeschränkten Haftung gemäß § 128 HGB unterliegen.

Von einer **BGB-Innengesellschaft** wird gesprochen, wenn sich bestimmte Gesellschafter im Hintergrund halten und mithin den Gläubigern der nach außen auftretenden Personenvereinigung nicht unmittelbar haften. Die im Handelsgesetzbuch verankerte **stille Gesellschaft** (§ 230 bis § 236 HGB) stellt die typische Ausprägung einer Innengesellschaft dar. Voraussetzung ist, dass eine Beteiligung an einem **Handelsgewerbe** vorliegen muss, das ein anderer betreibt. Charakteristika einer solchen Innengesellschaft sind im Hinblick auf den (die) still

---

Außengesellschaft, OHG und KG weisen Bruchteilsgemeinschaften kein Gesamthandsvermögen auf.

[5] Mit dem Terminus „Gesamthandsvermögen" soll zum Ausdruck gebracht werden, dass das Vermögen den Gesellschaftern „zur gesamten Hand", d. h. gemeinsam, gehört. Folglich ist keiner der Gesellschafter berechtigt, kraft zwingenden Rechts über seinen Anteil an den einzelnen Vermögensgegenständen zu verfügen.

Beteiligten die Partizipation am Erfolg, der Rückzahlungsanspruch der Vermögenseinlage im Konkursfall, die Haftungsbegrenzung i. d. R. auf die Einlageverpflichtung und die fehlende Mitwirkung an der Unternehmensleitung.

Zu den **Personenhandelsgesellschaften** zählen die OHG sowie die KG, die beide besondere Ausprägungen der GbR darstellen. Wie schon erwähnt, haften bei einer OHG sämtliche Gesellschafter unbeschränkt gegenüber den Gläubigern der Unternehmung. Eine KG liegt gemäß § 161 Abs. 1 HGB hingegen dann vor, wenn bei einem oder bei einigen der Gesellschafter die Haftung gegenüber den Gläubigern der Unternehmung auf den Betrag einer bestimmten Vermögenseinlage beschränkt ist (**Kommanditisten**), während bei den anderen Gesellschaftern keine Haftungsbeschränkung stattfindet (**Komplementäre**). Sowohl einer OHG als auch einer KG ist gemeinsam, dass der Zweck auf den Betrieb eines kaufmännischen Handelsgewerbes unter gemeinschaftlicher Firma ausgerichtet sein muss. Die gesetzlichen Regelungen zur OHG und KG finden sich in § 105 bis § 177a HGB. Aus steuerrechtlicher Sicht werden die angesprochenen Personengesellschaften in Anlehnung an § 15 Abs. 1 Nr. 2 EStG auch dem Terminus „**Mitunternehmerschaften**" subsumiert.

Ferner besteht für Angehörige **freier Berufe** (z. B. Wirtschaftsprüfer, Steuerberater, beratende Volks- und Betriebswirte, vereidigte Buchprüfer und Rechtsanwälte) die Möglichkeit, sich zur Ausübung ihrer Berufe in einer sog. **Partnerschaftsgesellschaft** zusammenzuschließen (§ 1 Abs. 1 Satz 1 PartGG).[6] Als Besonderheiten einer Partnerschaftsgesellschaft lassen sich folgende Merkmale herausstellen:

- Sie übt **kein Handelsgewerbe** aus (§ 1 Abs. 1 Satz 2 PartGG).
- Angehörige einer Partnerschaft können nur **natürliche Personen** (d. h. keine juristischen Personen) sein (§ 1 Abs. 1 Satz 1 PartGG).
- Grundsätzlich haften die Partner für Verbindlichkeiten der Gesellschaft den Gläubigern sowohl mit dem **Vermögen der Partnerschaft** als auch mit ihrem **Privatvermögen** als **Gesamtschuldner** (§ 8 Abs. 1 PartGG). Allerdings besteht die Möglichkeit, durch vorformulierte Vertragsbedingungen oder Gesetz die **Haftung** der Partner gegenüber Dritten **zu beschränken** (§ 8 Abs. 2 und Abs. 3 PartGG).

Sofern das Partnerschaftsgesellschaftsgesetz keine Spezialvorschriften enthält, sind auf die Partnerschaft die im BGB verankerten Regelungen über die Gesellschaft anzuwenden (§ 1 Abs. 4 PartGG). Somit kann die Partnerschaftsgesellschaft auch als ein **Sondertyp der GbR** bezeichnet werden, der vom Gesetzgeber als rechtsfähiges Personenunternehmen ausgestaltet wurde, um Angehörigen **freier Berufe** vor allem für **größere Zusammenschlüsse** eine geeignete Rechtsform zur Verfügung zu stellen.

---

[6] Vgl. hierzu im Detail *Castan/Wehrheim* 2005.

C. Körperschaftlich organisierte Unternehmen, rechtsfähige Stiftungen und Mischformen

Körperschaftlich organisierte Unternehmen unterscheiden sich von den Personengesellschaften in erster Linie dadurch, dass sie als **juristische Personen** eigene Rechtspersönlichkeit, d. h. die Fähigkeit, Träger von Rechten und Pflichten zu sein, besitzen. Diese Unternehmen erlangen Rechtsfähigkeit durch Eintragung in ein Register (z. B. Handels-, Vereins- oder Genossenschaftsregister) oder durch staatliche Verleihung. Sie stellen im Grundsatz Personenvereinigungen mit Selbstverwaltung dar, die durch die Mitglieder und die von diesen gewählten Organen wahrgenommen wird. Die Haftung von Körperschaften und ihren Mitgliedern ist auf das Unternehmensvermögen bzw. auf die zu leistende Einlage begrenzt.

Kapitalgesellschaften repräsentieren eine Gruppe körperschaftlich organisierter Unternehmen. Sie sind insbesondere dadurch gekennzeichnet, dass sie nach Gewinn streben und ihre Mitglieder an dem anteilmäßig aufgespaltenen Nominalkapital in Form von Einlagen beteiligen. Zu den Kapitalgesellschaften zählen die Aktiengesellschaft (AG) einschließlich der Societas Europaea (SE), die Kommanditgesellschaft auf Aktien (KGaA) und die Gesellschaft mit beschränkter Haftung (GmbH) einschließlich der Unternehmergesellschaft (haftungsbeschränkt) als „Mini-GmbH". Während der AG im Grundsatz das Leitbild eines wirtschaftlichen Großunternehmens zugrunde liegt, stellt die GmbH hingegen eine Rechtsform primär für kleinere und mittlere Unternehmen dar. So müssen an der Gründung einer AG eine oder mehrere Personen beteiligt sein (§ 2 AktG), wobei das (feste) **Grundkapital** mindestens einen Betrag von 50.000 € erreichen muss (§ 7 AktG). Als notwendige Organe werden für diese Rechtsform vom Aktiengesetz Hauptversammlung, Vorstand und Aufsichtsrat vorgeschrieben (§ 76 bis § 149 AktG). Bei der SE besteht ein Wahlrecht hinsichtlich einer monistischen oder dualistischen Unternehmensverfassung. So sieht die monistische SE lediglich neben der Hauptversammlung den Verwaltungsrat vor (§ 20 SEAG). Demgegenüber ist für die Gründung einer GmbH nur ein Gründer erforderlich (§ 1 GmbHG), während das (feste) **Stammkapital** lediglich mindestens 25.000 € zu betragen braucht (§ 5 GmbHG).[7] Notwendige Organe sind laut dem Gesetz betreffend die Gesellschaften mit beschränkter Haftung der (die) Geschäftsführer und die Gesamtheit der Gesellschafter (§ 6, § 35 bis § 51 b GmbHG). Allerdings kann durch den Gesellschaftsvertrag auch die Bildung eines Aufsichtsrats vorgeschrieben werden (§ 52 GmbHG).[8] Die Haftung für die Verbindlichkeiten des Unternehmens ist sowohl bei der AG als auch der GmbH auf das **Gesellschaftsvermögen** begrenzt (§ 1 Abs. 1 Satz 2 AktG; § 13 Abs. 2 GmbHG). Die KGaA stellt eine Kombination aus AG und KG dar, wobei mindestens einer der Gesellschafter als Komplementär persönlich mit seinem gesamten Vermögen haftet, während die Haftung der Kommanditaktionäre auf ihre Einlageverpflichtungen begrenzt ist (§ 278 Abs. 1 AktG). Die Vorschriften zur KGaA sind in

---

[7] Bei Gründung der Unternehmergesellschaft (§ 5a GmbHG) wird lediglich ein symbolisches Stammkapital von 1 € eingefordert.

[8] Eine Verpflichtung zur Bildung von Aufsichtsräten tritt zudem bei Beachtung der Mitbestimmung ein.

§ 278 bis § 290 AktG verankert und weisen weitgehend Deckungsgleichheit mit den für Aktiengesellschaften geltenden Normen auf. Die für Kapitalgesellschaften und ihnen gesetzlich gleichgestellte Unternehmen maßgebenden Rechnungs-, Offenlegungs- und Prüfungsvorschriften sind einheitlich im Zweiten Abschnitt des Dritten Buchs des Handelsgesetzbuches geregelt (§ 264 bis § 335 b HGB). Sofern eine Kapitalgesellschaft als mittelgroßes oder großes Unternehmen i. S. v. § 267 HGB gilt, tritt automatisch gemäß § 316 Abs. 1 HGB die Pflicht zur Prüfung des Jahresabschlusses und des Lageberichts ein.

Neben dem eingetragenen Verein (e. V.) gehören die eingetragene Genossenschaft (eG) einschließlich der europäischen Genossenschaft sowie der Versicherungsverein auf Gegenseitigkeit (VVaG) zur Gruppe der nichtkapitalistischen Körperschaften. Eingetragene Vereine sind als körperschaftlich verfasste Personenvereinigungen zu definieren, deren Gründung zur Realisierung eines gemeinsamen Ziels erfolgt. Die gesetzlichen Regelungen für Vereine finden sich in § 21 bis § 79 BGB. Ihre Rechtsfähigkeit erlangen Vereine mit einem nichtwirtschaftlichen Geschäftsbetrieb (sog. Idealvereine) gemäß § 21 BGB durch Eintragung in das Vereinsregister des zuständigen Amtsgerichts.[9] Allerdings können auch in Ausnahmefällen Vereine mit wirtschaftlichen Zielsetzungen Rechtsfähigkeit durch besondere staatliche Verleihung erlangen (§ 22 BGB). Diese sog. Konzessionsvergabe wird von den dafür zuständigen Bundesstaaten aber sehr restriktiv gehandhabt, da erwerbswirtschaftlich ausgerichtete Vereine sich in erster Linie der vom Handelsrecht vorgesehenen Rechtsformen (AG, KGaA, GmbH, eG) bedienen sollen.[10] Die eG weist im Gegensatz zur AG und GmbH **kein festes Grund- oder Stammkapital** auf, sondern die Höhe ihres Kapitals variiert nach Maßgabe des Ein- und Austritts der Mitglieder. Darüber hinaus ist das Formalziel der eG auf die Förderung des Erwerbs oder der Wirtschaft ihrer Mitglieder ausgerichtet und nicht auf das Streben nach eigenem Gewinn (§ 1 Abs. 1 GenG). Die notwendigen Organe sind die General-(Vertreter-) Versammlung, der Vorstand und der Aufsichtsrat (§ 9, § 24 bis § 51 GenG). Während die grundlegenden Normen für die eG im Gesetz betreffend die Erwerbs- und Wirtschaftsgenossenschaften kodifiziert sind, wurden ergänzende Rechnungslegungsvorschriften für diese Unternehmensform in § 336 bis § 339 HGB verankert. Zu beachten ist, dass die eG zusammen mit der GmbH, der AG und der KGaA i. S. v. § 6 Abs. 2 HGB als Verein anzusehen ist, „… dem das Gesetz ohne Rücksicht auf den Gegenstand des Unternehmens die Eigenschaft des Kaufmanns beilegt …" (Formkaufmann). Der VVaG als letzte Ausprägung der nichtkapitalistischen Körperschaften erlangt Rechtsfähigkeit infolge der Genehmigung zur Aufnahme des Geschäftsbetriebes durch die Bundesanstalt für Finanzdienstleistungsaufsicht (BaFin) (§ 5 Abs. 1 VAG i. A. § 8 VAG). Als Mitglieder kommen ausschließlich die **Versicherungsnehmer** selbst in Betracht, wobei sie mit Abschluss des Versicherungsvertrages die Mitgliedschaft erwerben. Die entsprechenden, in § 15 bis § 53b VAG niedergelegten Vorschriften bestimmen als notwendige Organe des VVaG die Vollversammlung der Mitglieder oder die Vertreterversammlung, den Aufsichtsrat und den Vorstand. Laut § 16 VAG sind als ergänzende Normen u. a. auch die Rechnungslegungsvorschriften des Handelsgesetzbuches auf den VVaG anzuwenden.

---

[9] Vereine, die nicht in das Vereinsregister eingetragen sind, besitzen keine eigene Rechtspersönlichkeit und sollen gemäß § 54 Satz 1 BGB wie (Personen-)Gesellschaften behandelt werden. Nach h. M. gilt diese Gleichstellung jedoch nur für unmittelbar erwerbswirtschaftlich tätige (nichtrechtsfähige) Vereine.

[10] Vgl. *Sigloch* 1987, S. 555.

Neben den Personenunternehmen und körperschaftlich organisierten Unternehmen zählen **rechtsfähige Stiftungen** zu den privatrechtlichen Unternehmensformen. Sie sind als Sacheinrichtungen mit eigener Rechtspersönlichkeit zu umschreiben, deren Zweck vom Willen des Stifters bestimmt wird. Aus diesem Blickwinkel besitzt die Stiftung **keine Selbstverwaltung** und unterscheidet sich damit von den körperschaftlich organisierten Unternehmen. Die rechtsfähige Stiftung ist in § 80 bis § 88 BGB geregelt. Sie entsteht laut § 80 Abs. 1 BGB durch Stiftungsgeschäft und bundesstaatliche Genehmigung. In Anwendung der vereinsrechtlichen Vorschriften stellt der Vorstand als gesetzlicher Vertreter das Organ der Stiftung dar. Den Gläubigern haftet ausschließlich das Stiftungsvermögen, wobei Mindestgrenzen für die Kapitalausstattung nicht bestehen.

Außer den aufgezeigten Grundtypen privatrechtlicher Unternehmen existieren in der Praxis **Kombinationen**, die aus dem Bestreben entstanden sind, die Nachteile bestimmter Basisformen unter möglichst vollständiger Sicherung der jeweiligen Vorteile auszuschalten. In erster Linie haben in diesem Zusammenhang **Haftungs-, Besteuerungs-, Rechnungslegungs-, Offenlegungs-, Prüfungs- und Mitbestimmungsaspekte** eine entscheidende Rolle gespielt. Als wichtigste Anwendungsfälle gemischter Unternehmenstypen können etwa die GmbH & Co. KG, die GmbH & Still, die Betriebsaufspaltung sowie die Stiftung & Co. KG genannt werden. Da die umfassende Behandlung sämtlicher Aspekte des Rechnungswesens und der Rechnungslegung bei allen angesprochenen Grund- und Mischformen den Rahmen eines einführenden Lehrbuchs sprengen würde, beschränken sich die nachfolgenden Ausführungen auf die Betrachtung der wichtigsten Basistypen des Handelsrechts. Im Einzelnen werden Standardfälle der **laufenden Finanzbuchhaltung und der periodischen (i. d. R. jährlichen) Rechnungslegung und Rechnungslegungspolitik** bei den bedeutendsten Formen der Personenhandels- (OHG, KG) und der Kapitalgesellschaften (GmbH, AG) dargelegt. Mithin bleiben periodische und aperiodische Besonderheiten des finanziellen Rechnungswesens sowie der externen Rechnungslegung und Rechnungslegungspolitik, die etwa im Rahmen von Gründungen, Kapitalerhöhungen, Umwandlungen, Unternehmenszusammenschlüssen, Verschmelzungen, Gesellschafterwechseln, Konkursen oder Liquidationen auftreten können, unberücksichtigt.[11]

---

[11] Vgl. zu diesen Problemkreisen etwa *Freidank* 2012b; *Förschle/Hoffmann* 2008; *Förster/Döring* 2005; *Scherrer/Heni* 2009; *Eisele/Knobloch* 2011, S. 1011–1302.

III. Unternehmens- und Rechnungslegungspolitik

Im Rahmen der modernen Betriebswirtschaftslehre besteht die Aufgabe der Unternehmenspolitik ganz allgemein darin, unter Rückgriff auf die durch die Theorie gewonnenen Erkenntnisse bezüglich der Gestaltung des Unternehmensgeschehens den Führungsinstanzen geeignete **Entscheidungsregeln bzw. Entscheidungswerte**[1] zur Verfügung zu stellen. Als Unternehmenspolitik, die sich aus einem Spektrum **interdependenter Partialpolitiken** zusammensetzt (z. B. Beschaffungs-, Produktions-, Absatz-, Investitions-, Finanzierungs-, Steuer- und Rechnungslegungspolitik) „… sei die Gesamtheit von Handlungsempfehlungen zum Erreichen bestimmter Ziele eines Unternehmers bezeichnet"[2]. Die aus den einzelnen Bereichspolitiken resultierenden Zielgrößen sowie die Maßnahmen zu ihrer Realisation gilt es im Hinblick auf die Verwirklichung eines gemeinsamen **Oberziels** (z. B. Sicherung der Unternehmensexistenz) zu koordinieren. Durch diese Vorgehensweise besteht die Möglichkeit, eine Zielhierarchie zu entwickeln, die den Komplex „Unternehmenspolitik" nach den auf verschiedenen Ebenen des Zielaufbaus zum Tragen kommenden Partialpolitiken gliedert.[3]

Zur Erfüllung der Gestaltungsfunktion im Rahmen der Unternehmenspolitik, d. h. zur Bestimmung optimaler Handlungsalternativen, entwickelt die Betriebswirtschaftslehre **Entscheidungsmodelle**, für deren Konzeption Informationen über die Zielvorstellungen der Benutzer derartiger Modelle sowie die Mittel (Instrumente, Aktionsparameter) zur Zielrealisation vorliegen müssen. Die unternehmenspolitischen Maßnahmen zur Durchsetzung der gestellten Ziele bzw. Zielbündel lassen sich grundlegend in **sachverhaltsgestaltende Maßnahmen** einerseits sowie **sachverhaltsdarstellende Maßnahmen** andererseits aufspalten.[4] Während sachverhaltsgestaltende Instrumente **unmittelbar** der Realisation der formulierten Zielfunktion dienen,[5] wirken die sachverhaltsdarstellenden Mittel nur **indirekt** auf die Verwirklichung der Zielvorschrift, z. B. im Rahmen der Publizitätspolitik, ein.

Treffen die Verantwortlichen im Kontext des ihnen vom Gesetzgeber eingeräumten Instrumentariums bewusst Entscheidungen hinsichtlich der Gestaltung des Jahresabschlusses,

---

[1] „Alle Werte, die im Rahmen des betrieblichen Entscheidungsprozesses unmittelbar der Determinierung von Handlungsalternativen dienen, um bestimmte Zielsetzungen optimal zu realisieren, können als Entscheidungswerte bezeichnet werden", *Freidank* 1982b, S. 410.
[2] *Schneider* 1992, S. 21.
[3] Vgl. *Marettek* 1970, S. 10.
[4] Vgl. *Baetge/Ballwieser* 1978, S. 514 f.
[5] Eindeutig sachverhaltsgestaltenden Charakter tragen z. B. die Aktionsparameter der Beschaffungs-, Produktions-, Absatz-, Investitions- und Steuerpolitik.

die darauf ausgerichtet sind, bestimmte Verhaltensweisen der Adressaten des Jahresabschlusses (unternehmens-)zielkonform zu beeinflussen, so betreiben sie nach h. M. **Bilanz- oder Jahresabschlusspolitik**. Da neben Bilanz, Gewinn- oder Verlustrechnung, Anhang, Eigenkapitalspiegel, Kapitalflussrechnung, sowie Segmentbericht und dem Lagebericht auch **nicht normierte Medien** (z. B. Nachhaltigkeitsberichte oder Aktionärsbriefe) sowie Zwischenabschlüsse, Sonder- und Konzernbilanzen Objekte der zielgerichteten Beeinflussung sein können, wird im Folgenden der traditionelle Begriff der Bilanzpolitik durch den umfassenderen Terminus **Rechnungslegungspolitik** ersetzt. Der Jahresabschluss als **Primärobjekt** rechnungslegungspolitischer Gestaltungen stellt zum einen die Grundlage zur Ermittlung der **finanziellen Ansprüche** der **Unternehmenseigner** (Ausschüttungsbemessung) sowie des **Fiskus** (Steuerbemessung) dar und dient zum anderen in Verbindung mit dem Lagebericht der **Informationsgewinnung** unter Berücksichtigung bestimmter **Informationsziele**, die von aktuellen und potenziellen Koalitionsteilnehmern formuliert werden (vgl. hierzu die nachfolgende **Abbildung 4**).

Auf der Grundlage des gegenwärtigen gesetzlichen Rahmens widmet sich der fünfte Teil des Lehrbuchs einer grundlegenden Darstellung der Rechnungslegungspolitik von **Kapitalgesellschaften** in der Rechtsform einer AG und einer GmbH.[6] Sofern sich zielgerichtete Gestaltungen auf den Jahresabschluss und den Lagebericht der Kapitalgesellschaft beziehen, stellt sich die Frage, ob im Rahmen der von externen Adressaten betriebenen **Rechnungslegungsanalyse**[7] die auf eine Verhaltensbeeinflussung dieser Koalitionsteilnehmer ausgerichteten Darstellungen aufgedeckt werden können und damit eine zielgerichtete Rechnungsle-

Rechnungslegung i.w.S.		
Rechnungslegung i.e.S.	**Rechnungslegungspolitik**	**Rechnungslegungsanalyse**
Vorgeschriebene oder freiwillige Übermittlung unternehmensbezogener Informationen an **aktuelle Koalitionspartner** (z.B. Aktionäre, Öffentlichkeit, Fiskus) und **potenzielle Koalitionsteilnehmer** (z.B. private Investoren) mit Hilfe des Jahresabschlusses, des Lageberichts und sonstiger Medien (z.B. Zwischenberichte, Aktionärsbriefe und Nachhaltigkeitsberichte)	Instrument der Unternehmensleitung zur **Verhaltensbeeinflussung** der am Unternehmensgeschehen beteiligten Gruppen (Koalitionsteilnehmer) mittels Jahresabschluss, Lagebericht und/oder sonstiger Informationen	Untersuchung der einzelnen Objekte der Rechnungslegung mit dem Ziel, **Informationen zu gewinnen**, die aus dem Jahresabschluss, dem Lagebericht und/oder sonstigen Medien nicht oder nur mit Einschränkungen ersichtlich sind
	Spannungsverhältnis	

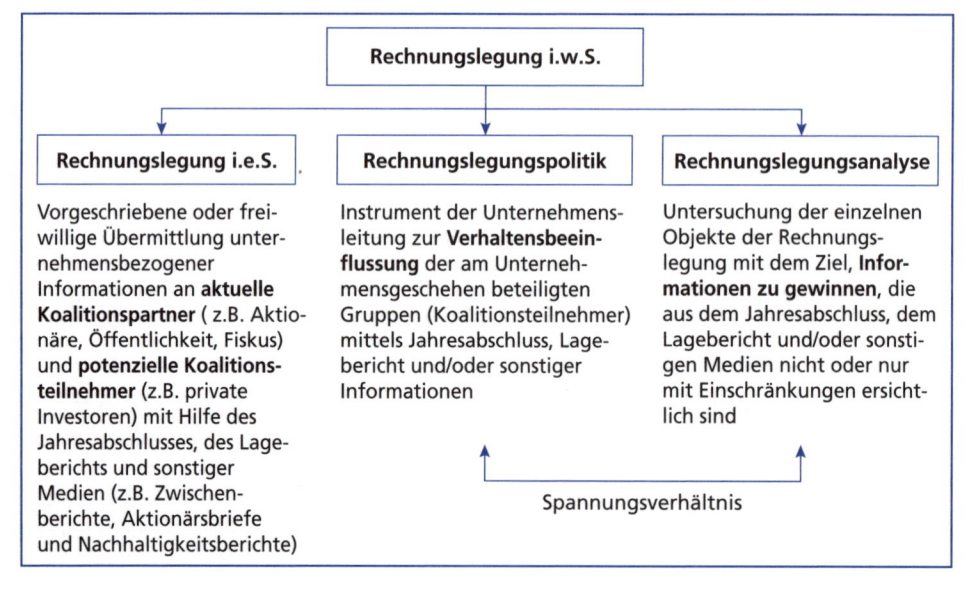

Abb. 4: Bereiche der Rechnungslegung

---

[6] Vgl. zur Rechnungslegungspolitik von Personenhandelsgesellschaften im Detail *Selchert/Ortmann* 1993, S. 605-609 und S. 694–700.

[7] Vgl. zur Rechnungslegungsanalyse etwa *Coenenberg/Haller/Schultze* 2012, S. 1013–1236; *Lachnit* 2004.

III. Unternehmens- und Rechnungslegungspolitik

gungspolitik leer läuft. Insbesondere aus **drei Gründen** erscheint eine Auseinandersetzung mit zielgerichteten rechnungslegungspolitischen Gestaltungen aber dennoch zwingend erforderlich.[8]

- Auch durch eine detaillierte Analyse aller gesetzlich vorgeschriebenen Jahresabschluss- und Lageberichtsinformationen lassen sich realisierte rechnungslegungspolitische Maßnahmen nur **unvollständig** entschlüsseln.
- Der Einfluss nicht oder nur tendenziell aufdeckbarer rechnungslegungspolitischer Maßnahmen wird von der **traditionellen Kennzahlenrechnung**, die das primäre Instrumentarium der (statischen) Rechnungslegungsanalyse darstellt, vollständig negiert.
- Sofern steuerrechtliche Ziele die Rechnungslegungspolitik dominieren, müssen die entsprechenden Gestaltungen von der **Finanzbehörde** als Adressat akzeptiert werden, sofern sie nicht gegen zwingende Normen des Handels- und Steuerrechts verstoßen.[9]

Schließlich erhebt sich im Rahmen der begrifflichen Abgrenzung die Frage, welche Beziehungen zwischen **Rechnungslegungspolitik und Bilanztheorie**[10] bestehen. Als Aufgabe der Bilanztheorie ist zunächst die **Beschreibung** der formellen und materiellen Anforderungen zu nennen, die aus der Sicht der Betriebswirtschaftslehre und unter Berücksichtigung der vom Gesetzgeber kodifizierten Zielsetzungen an den Jahresabschluss gestellt werden (z. B. Ausschüttungs- und Informationsziele). Darüber hinaus muss die Bilanzlehre analysieren, inwieweit die normierten Rechnungslegungsvorschriften in der Lage sind, die Ziele des Gesetzgebers **umzusetzen**, wie die Beziehung zwischen gesetzlichen Normen und der Realisation spezifischer betrieblicher Ziele (z. B. Substanz- und Kapitalerhaltung)[11] **zu bewerten** ist und wie u. U. die Rechnungslegungsvorschriften **geändert** werden müssten, um die vorstehend genannten Ziele des Gesetzgebers und/oder der Unternehmung zu verwirklichen.[12] Im Wissenschaftsprogramm der modernen Betriebswirtschaftslehre ist die Bilanztheorie **normativ** ausgerichtet und versucht mithin in Erfahrung zu bringen, welche **Gestaltungen der Rechnungslegung** vorgenommen werden müssen, wenn bestimmten **Interessen der Koalitionsteilnehmer** und/oder der „Unternehmung an sich" bestmöglich gedient werden soll.[13] Aus normativer Sicht kommt der Rechnungslegungspolitik in diesem Zusammenhang die Funktion zu, unter Berücksichtigung der durch die Theorie gewonnenen Erkenntnisse die entsprechenden Objekte (z. B. Jahresabschluss und Lagebericht) im Rahmen der vom Gesetzgeber eingeräumten Bandbreite so zu gestalten, dass als Konsequenz dieses Transformationsprozesses bestimmte **betriebliche Zielsetzungen optimal** erreicht werden können.[14] Wird die Bilanztheorie mit (normativer) Bilanzinterpretation in dem hier vorgetragenen Sinne gleichgesetzt, so liegt weitgehende **Deckungsgleichheit** zwischen den Begriffen Bilanztheorie und Rechnungslegungspolitik vor.[15]

---

[8] Vgl. hierzu auch *Küting* 1996, S. 934–944.
[9] Gemäß § 4 Abs. 2 Satz 2 EStG kann der Steuerpflichtige den Jahresabschluss aus rechnungslegungspolitischen Gründen nach Einreichung beim Finanzamt nicht mehr ändern.
[10] Vgl. hierzu die weiteren Ausführungen im Zweiten Teil zu Gliederungspunkt V.C.
[11] Vgl. zur Reformierung der Kapitalerhaltung *Velte* 2007b, S. 639–644; *Velte* 2007c, S. 1217–1224; *Velte/Köster* 2008, S. 444–448; *Velte/Köster* 2009a, S. 185–221; *Velte/Köster* 2009b, S. 959–964.
[12] Vgl. *Wöhe* 1977, S. 217 f.
[13] Vgl. *Rückle* 1983, S. 32.
[14] Vgl. *Wöhe* 1977, S. 218.
[15] Vgl. *Lücke* 1969, S. 2287.

IV. Grundlagen des Betrieblichen Rechnungswesens

A. Teilgebiete und ihre Aufgaben

Wie **Abbildung 5**[1] verdeutlicht, wird das Betriebliche Rechnungswesen nach der **traditionellen Gliederung** in vier grundlegende Teilgebiete aufgespalten:

- Finanzbuchhaltung und Bilanz (Zeitrechnung),
- Kostenrechnung (Stückrechnung),
- Statistik und Vergleichsrechnung sowie
- Planungsrechnung (Vorschaurechnung).

Der **Finanzbuchhaltung** kommt im System des Betrieblichen Rechnungswesens prinzipiell die Aufgabe zu, die Beziehungen zwischen dem Unternehmen und der Umwelt zahlenmäßig zu erfassen und systematisch abzubilden. In der Terminologie des Rechnungswesens werden diese vollständig darzustellenden Beziehungen mit dem Begriff „**Geschäftsvorfälle**" belegt. Sie verkörpern aber nur dann in der Buchhaltung zu berücksichtigende Vorgänge, wenn sie unmittelbar eine **Veränderung des Vermögens, des Eigenkapitals und/oder der Schulden des Unternehmens in Höhe und/oder Struktur** bewirken.[2] So führt z. B. die Kreditzusage einer Bank noch nicht zu einer Variation des Vermögens. Erst wenn der eingeräumte Kredit in Anspruch genommen wird, erhöhen sich sowohl die verfügbaren Mittel des Betriebes als auch im gleichen Maße die Schulden gegenüber dem Kreditinstitut. Ebenso zieht die auf dem Bankkonto eingegangene Miete für an Dritte überlassene Geschäftsräume unmittelbar eine Vermögens- und Eigenkapitalerhöhung nach sich.

Ausflüsse des Systems der Finanzbuchhaltung sind in erster Linie die periodisch (i. d. R. jährlich) zu erstellende **Bilanz** sowie die **Gewinn- und Verlustrechnung** (beide zusammen bilden den **Jahresabschluss**), die in erster Linie auf die unternehmensexterne Dokumentation und Ermittlung von Vermögen, Eigenkapital und Erfolg abzielen. Da mit dem Jahresabschluss, der das **zahlenmäßig verdichtete Ergebnis von Finanzbuchhaltung und Inventar** darstellt, vorrangig Ziele der Dokumentation, Information und Zahlungsbemessung realisiert werden sollen, sind diese Rechnungslegungsinstrumente an Normen geknüpft. Darüber hinaus liefert die Finanzbuchhaltung das Zahlenmaterial für die Erstellung spezifischer Bilanzen, die nur zu bestimmten Anlässen aufgestellt werden müssen (z. B. Umwandlungs-, Verschmelzungs-, Liquidations-, Sanierungs- und Kapitalherabsetzungsbilanzen). Des Weiteren können aus der Finanzbuchhaltung und/oder dem periodisch zu erstellenden Jahres-

---

[1] Vgl. *Weber/Rogler* 2004, S. 18; *Wöhe* 2010, S. 693.
[2] Vermögen – Schulden = Eigenkapital.

```
                        Betriebliches Rechnungswesen
        ┌──────────────────┬─────────────────────┬──────────────────┐
Finanzbuchhaltung    Kostenrechnung    Statistik und        Planungsrechnung
und Bilanz                             Vergleichsrechnung
```

- Grund-, Hauptbuch und Nebenbücher
- Inventar
- Jahresabschluss sowie Lagebericht
- Sonder-, Konzern- und Zwischenbilanzen

- Betriebsabrechnung
  - Kostenartenrechnung
  - Kostenstellenrechnung
  - Kurzfristige Erfolgsrechnung (Kostenträgerzeitrechnung)
- Kalkulation (Kostenträgerstückrechnung)

- Betriebswirtschaftliche Statistik
- Einzelbetrieblicher Vergleich
  - Zeitvergleich
  - Verfahrensvergleich
  - Soll-Ist-Vergleich
- Zwischenbetrieblicher Vergleich

- Vorausschauende Festlegung von Zielen und Handlungsrahmen
- Entscheidungsrechnung
  - Entscheidungsfindung
  - Entscheidungsvollzug

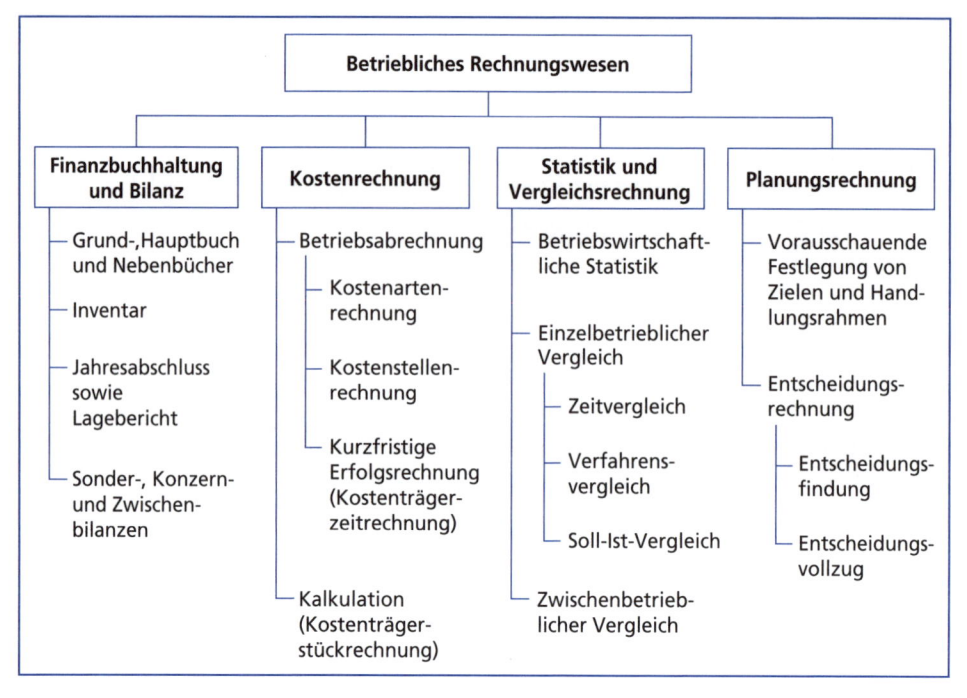

Abb. 5: Teilgebiete des Betrieblichen Rechnungswesens

abschluss auch Spezialrechnungen (z. B. Bewegungsbilanzen und Kapitalflussrechnungen) abgeleitet werden, die auf eine Analyse der **Investitions-, Finanzierungs- und Liquiditätsstruktur** des Unternehmens abzielen.[3]

Im weiteren Verlauf der Ausführungen steht aber zunächst die Finanzbuchhaltung und der aus ihr abgeleitete Jahresabschluss als **Ex-post-Rechnungssystem** zum Zwecke der Fertigung periodischer Abschlüsse nach Handels- und Steuerrecht sowie nach IFRS im Vordergrund der Betrachtungen.

Der Terminus „Finanzbuchhaltung" resultiert aus der Anknüpfung dieses Systems an pagatorische Rechengrößen, wie Einzahlungen, Auszahlungen, Einnahmen, Ausgaben, Erträge und Aufwendungen.[4] Die **Kostenrechnung** als kalkulatorischer Teil des Rechnungswesens befasst sich hingegen ausschließlich mit der innerbetrieblichen Sphäre und greift deshalb auf die Rechengrößen Kosten und Leistungen zurück.[5] Ferner beschränkt sich das Interesse des in Rede stehenden Rechnungssystems, das nicht an gesetzliche Normen gebunden ist, auf den Teil des (kalkulatorischen) Erfolges, der im Zusammenhang mit der Realisation des unternehmerischen Sachziels steht. Wichtige Instrumente der Kostenrechnung sind die **Betriebsbuchhaltung (Betriebsabrechnung)** und die **Kalkulation**. Während der Betriebsabrechnung prinzipiell die Aufgabe zukommt, die in einer Periode angefallenen Kosten und

---

[3] Vgl. hierzu die Ausführungen im Fünften Teil zu Gliederungspunkt IV.B.
[4] Vgl. hierzu die Ausführungen im Ersten Teil zu Gliederungspunkt IV.C.1.
[5] Vgl. zur Kostenrechnung im Einzelnen *Freidank* 2012a.

Leistungen buchhalterisch zu erfassen und einzelnen betrieblichen Abrechnungsbereichen (Kosten- und Leistungsstellen) zuzuordnen, zielt die Kalkulation zum Zwecke von Preis- und Kostenentscheidungen auf die Ermittlung der Selbstkosten pro Waren- oder Erzeugniseinheit ab. Allerdings ist zu berücksichtigen, dass Betriebsbuchhaltung und Kalkulation, sofern sie als Ist-Rechnungen konzipiert sind, weitgehend an das in der Finanzbuchhaltung erfasste Zahlenmaterial anknüpfen. Lediglich zur Ermittlung der kalkulatorischen Kosten und Leistungen bedarf es der Durchführung von **Sonderrechnungen**. Im Gegenzug greift die Finanzbuchhaltung vor allem zur Bestimmung der Wertansätze von selbsterstellten Anlagen sowie auf Lager befindlicher (fertiger und unfertiger) Erzeugnisse auf die kalkulatorischen Ergebnisse der Kostenrechnung zurück. Um zukünftigen Entwicklungen nicht unvorbereitet gegenüberzustehen, erhob sich schon früh die Forderung nach der Integration einer „Vorausschaurechnung" in das Betriebliche Rechnungswesen, die zunächst durch die **Statistik** ihre planungstechnische Grundlage erhielt. Die **Planungsrechnung** hat vor allem mit den Exante-Rechnungssystemen Plan-Jahresabschluss sowie Plankostenrechnung spezifische Ausprägungen erfahren. Die Planungsfunktion ist im Bereich der Kostenrechnung in engem Zusammenhang mit der **Wirtschaftlichkeitskontrolle** der an der Leistungserstellung beteiligten Individuen, Betriebsmittel und Werkstoffe zu sehen. Hier findet ein Vergleich der effektiv angefallenen Kosten (Istkosten) mit den Dispositionsgrößen Normal- oder Plankosten statt. Durch Feststellung der **Abweichungen** und ihre **Analyse** ist es möglich, Schwachstellen im Unternehmen aufzudecken. Allerdings bestehen Querverbindungen zum System der Finanzbuchhaltung nur im Hinblick auf die erforderliche Ableitung der Istwerte zur Vornahme der Abweichungsermittlung und -analyse, da der Plan-Jahresabschluss sowie die Plankosten- und Planleistungsrechnung lediglich in Ausnahmefällen in Abhängigkeit von den bereits realisierten Rechengrößen erstellt werden.[6]

Eng verbunden mit der Planungsrechnung ist das System der **betrieblichen Entscheidungsrechnung.** Ihre Aufgabe besteht darin, den Entscheidungsträgern (Verantwortlichen) Entscheidungswerte zum Zwecke der zieladäquaten Auswahl von Handlungsalternativen zur Verfügung zu stellen. Sie sollen mithin das Management bei der **Entscheidungsfindung** und beim **Entscheidungsvollzug** (Durchsetzung des Entscheidungsergebnisses) unterstützen. Allerdings können als Entscheidungswerte nur **Plangrößen** (z. B. Plankosten oder Planerlöse) und keine **retrospektiven Werte** (Ist- oder Normalwerte) in Betracht kommen, da ansonsten die Gefahr von **Fehlentscheidungen** droht. Im Rahmen des Betrieblichen Rechnungswesens stellen vor allem die **Kostenrechnung** und der **Jahresabschluss** wichtige Typen betrieblicher Entscheidungsrechnungen dar.

Bei der Erstellung des Jahresabschlusses sind eine Vielzahl von Entscheidungen zu fällen, die an bestimmten, von den Unternehmensträgern verfolgten Zielsetzungen ausgerichtet werden müssen. Hätte der Gesetzgeber den Verantwortlichen keinerlei Wahlrechte bei der Aufstellung des Jahresabschlusses eingeräumt, so würden sich die Aufgaben des in Rede stehenden Instrumentariums in der **(Erfolgs-)Ermittlungs- sowie der Informationsfunktion** erschöpfen. In diesem Falle könnten nur Daten für Entscheidungen in der außerbuchhalterischen Sphäre zur Verfügung gestellt werden. Da aber bezüglich des Jahresabschlusses aus handels-, steuerrechtlicher und internationaler Sicht ein ganzes Spektrum von Gestaltungsmöglichkeiten existiert, das von den Unternehmensträgern zielgerichtet zum Einsatz

---

[6] Vgl. hierzu die Ausführungen im Ersten Teil zu Gliederungspunkt IV.B.

gebracht werden kann, trägt der Jahresabschluss prinzipiell den Charakter einer kombinierten **Ermittlungs-, Informations- und Entscheidungsrechnung**.[7]

B. Zusammenhänge zwischen Finanz- und Rechnungswesen

Dem **Betrieblichen Finanzwesen** eines Unternehmens kommt die grundlegende Aufgabe zu, für die **Bereitstellung (Finanzierung)** und **Verwendung (Investition)** finanzieller Mittel unter Beachtung betriebswirtschaftlicher Erfolgs- und Liquiditätsziele zu sorgen. Erfolgswirtschaftliche Unternehmensziele können **strategisch** oder **operativ** ausgerichtet sein. So fallen unter den Begriff strategische Zielsetzungen alle Maßnahmen zur Sicherung **nachhaltiger Wettbewerbsvorteile** (z. B. Entwicklung innovativer Produkte oder Unternehmenszusammenschlüsse). Aus diesen längerfristig aufgebauten Erfolgspotenzialen lassen sich konkrete **operative Ziele** ableiten, die sich quantifizieren lassen und Maßnahmen zur Sicherung von Erfolgen (z. B. Gewinne, Deckungsbeiträge) beinhalten. Als Erfolgskomponenten kommen in diesem Zusammenhang Erträge und Aufwendungen einerseits sowie Leistungen und Kosten andererseits in Betracht. Allerdings müssen neben die angesprochenen erfolgswirtschaftlichen Zielsetzungen ergänzend auch Maßnahmen zur Erhaltung der ständigen Zahlungsbereitschaft (Liquidität) und des finanziellen Gleichgewichts treten, da ohne Einhaltung dieser **finanzwirtschaftlichen Ziele** die Existenz eines Unternehmens (Going Concern) nicht gesichert werden kann. Zur Konkretisierung und Messung bestimmter Liquiditätsziele (z. B. Überschüsse oder Fehlbeträge) wird auf die **Zahlungskomponenten** Einnahmen und Ausgaben einerseits sowie Einzahlungen und Auszahlungen andererseits zurückgegriffen.

Vor diesem Hintergrund verdeutlicht **Abbildung 6**[8] die grundlegenden Zusammenhänge zwischen Finanz- und Rechnungswesen. Zunächst wird erneut das Betriebliche Rechnungswesen in einen in- und externen Bereich aufgespalten. Im Hinblick auf die **Mittelverwendung** wird deutlich, dass diese sich auf der Aktivseite der Bilanz in Form von Vermögensgütern niederschlagen und damit im externen Betrieblichen Rechnungswesen abgebildet werden. Ähnliches gilt für die **Mittelherkünfte (Finanzierungen)**, die in Gestalt von Eigen- und/oder Fremdkapital auf der Passivseite der Bilanz aufgetragen sind. Darüber hinaus werden alle weiteren Geschäftsvorfälle, die im Zusammenhang mit Investitions- und Finanzierungsvorgängen stehen, in der Finanzbuchhaltung und damit im Jahresabschluss erfasst, wenn sie eine Veränderung des Vermögens, des Eigenkapitals und/oder der Schulden bewirken (z. B. Erweiterungs- und Desinvestitionen, Kapital- und Darlehensrückzahlungen sowie Zinszahlungen). Ferner geben z. B. der Anhang und der Lagebericht Auskunft über zusätzliche Investitions- und Finanzierungsaktivitäten (z. B. § 285 Nr. 3 HGB, § 289 Abs. 2 Nr. 2 HGB), die sich (noch) nicht in der Bilanz sowie der Gewinn- und Verlustrechnung niedergeschlagen haben.

---

[7] Vgl. *Sieben/Haase* 1971, S. 53.

[8] Modifiziert entnommen von *Kußmaul* 2008, S. 126.

IV. Grundlagen des Betrieblichen Rechnungswesens

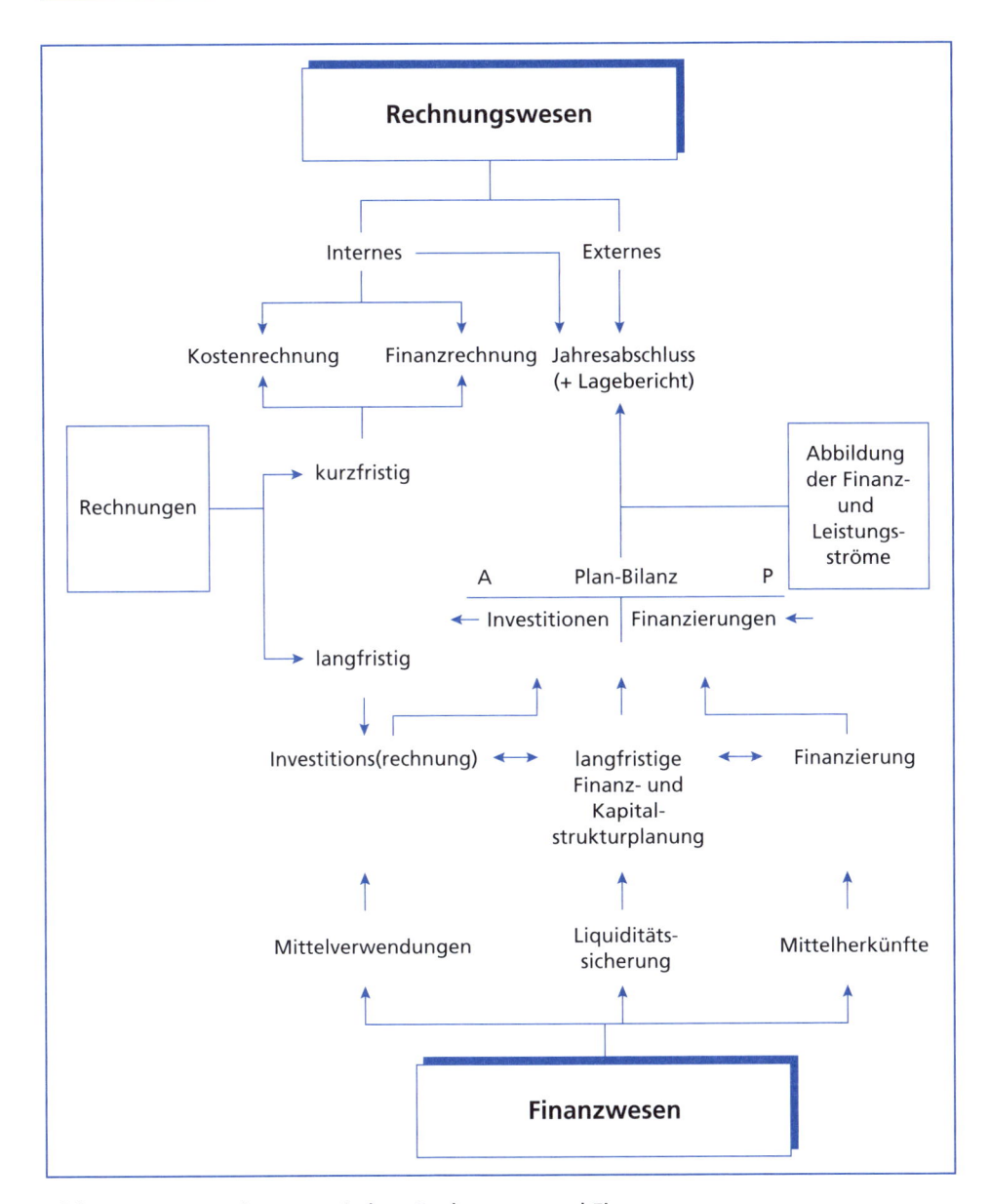

Abb. 6: Zusammenhänge zwischen Rechnungs- und Finanzwesen

Neben der Kapitalbeschaffung[9] besteht die Aufgabe des Betrieblichen Finanzwesens in der **Liquiditätssicherung**, die in einen **strukturellen** und einen **laufenden** Teil unterschieden werden kann. Gegenstand der strukturellen Liquidationssicherung ist die Einhaltung einer **ausgeglichenen Fristenstruktur** des Investitions- und Finanzierungsbereiches, d. h. der

---

[9] Vgl. zu den Möglichkeiten der Kapitalbeschaffung etwa *Kußmaul* 2008, S. 238–284.

Deckung des zukünftigen langfristigen Investitionsbedarfs durch langfristige Finanzierungsquellen. Da die Kapitalgeber ihre Bonitätsbeurteilung auf Jahresabschlusskennzahlen stützen, trägt die strukturelle Liquiditätssicherung überwiegend **bilanzorientierten** Charakter. Folglich hat das Unternehmen auf die Einhaltung dieser Kennzahlen (z. B. Verschuldungs-, Deckungs- und Liquiditätsgrade) zu achten. Zur strukturellen Liquiditätssicherung bedarf es demnach sowohl einer **langfristigen Finanzplanung** als auch einer – auf Plan-Jahresabschlüssen basierenden – **langfristigen Kapitalstrukturplanung**. Im Gegensatz zur strukturellen orientiert sich die **laufende Liquiditätssicherung** ausschließlich am Finanzplan. Insofern sind alle Zahlungsströme, d. h. sowohl die laufenden (betrieblichen und betriebsfremden) Ein- und Auszahlungen als auch die Ein- und Auszahlungen des Finanzierungs-, Investitions- und Eigenkapitalbereichs, in einem **zweckmäßig gegliederten Finanzplan** abzubilden. Dem Betrieblichen Finanzwesen kommt in diesem Zusammenhang ferner die Aufgabe zu, die vorhandenen funktionalen Teilpläne (z. B. Beschaffung, Produktion, Absatz, Logistik) sowie die langfristigen Investitionspläne zu koordinieren. Folglich geht es bei der laufenden Liquiditätssicherung zum einen um die Ermittlung von **finanziellen Über- bzw. Unterdeckungen** und zum anderen darum, wie Überdeckungen vor dem Hintergrund des Rentabilitätsziels **angelegt** bzw. Unterdeckungen **ausgeglichen** werden können. Zur laufenden Liquiditätssicherung bedarf es mithin einer **mittel- und kurzfristigen Finanzplanung**.

Über die zielorientierte Mittelverwendung wird mit Hilfe der **Investitionsrechnung** entschieden, die in aller Regel **langfristig** (mehrperiodig) ausgerichtet ist und auf Ein- und Auszahlungen basiert. Im Grundsatz fallen unter den Begriff Investitionsrechnung alle betriebswirtschaftlichen Methoden zur Beurteilung der Vorteilhaftigkeit von Investitionsvorhaben.[10] Die **Kosten- und Finanzrechnung** als Instrument des internen Rechnungswesens trägt grundsätzlich kurzfristigen (einperiodigen) Charakter. Als kalkulatorische Planungs- und Kontrollrechnung unterstützt die Kostenrechnung die Unternehmensleitung vor allem bei der Wahrnehmung ihrer **kurzfristigen Entscheidungs- und Überwachungsaufgaben**. Darüber hinaus leistet sie auch dem externen Rechnungswesen Hilfe bei der Erfüllung **externer Dokumentationsaufgaben**. In diesem Zusammenhang ist primär die Lieferung bereinigter kalkulatorischer Ergebnisse in der Gestalt der **Herstellungskosten** (§ 255 Abs. 2, 2a und Abs. 3 HGB; § 6 Abs. 1 Nr. 1 und Nr. 2 Satz 1 EStG; IAS 2, 16) zum Zwecke der Bewertung unfertiger und fertiger Erzeugnisse sowie aktivierbarer innerbetrieblicher Leistungen (z. B. selbsterstellte Anlagen) im Jahresabschluss nach Handels- und Steuerrecht sowie IFRS zu nennen. Häufig wird auch die **jährliche und unterjährige Finanzrechnung** (Finanzplanung und Finanzkontrolle) als kurzfristiges liquiditätsorientiertes Teilsystem des internen Rechnungswesens angesehen. Der zahlungsstrombezogenen Finanzrechnung kommt im Rahmen der **laufenden Finanzplanung** die Aufgabe zu, finanzielle Unter- und Überdeckungen rechtzeitig zu signalisieren, damit Steuerungsmaßnahmen zum Zwecke der Liquiditätssicherung eingeleitet werden können (z. B. Liquidierung geldnaher Vermögenswerte, Erhöhung der Kreditlinien und/oder Eigenkapitalzuführungen im Falle des Ausgleichs finanzieller Unterdeckungen). Als **Kontrollinstrument** hat die Finanzrechnung einen Soll-Ist-Vergleich der erfassten Zahlungsgrößen vorzunehmen, um die Verlässlichkeit der Teilpläne beurteilen zu

---

[10] Vgl. zu den Methoden der Investitionsrechnung etwa *Blohm/Lüder/Schaefer* 2012; *Götze* 2008.

können sowie Aussagen im Hinblick auf Planüberarbeitungen und/oder Anhaltspunkte für Ursachenanalysen im Falle von Soll-Ist-Abweichungen zu erhalten.

Abschließend bleibt der Hinweis, dass sowohl in der wissenschaftlichen Literatur als auch in der Praxis Tendenzen zu erkennen sind, die aufgrund der mit einem Betreiben zweier paralleler Abrechnungskreise verbundenen hohen Kosten und vor dem Hintergrund einer zunehmenden Internationalisierung der Rechnungslegung auf eine **Harmonisierung bzw. Konvergenz von in- und externem Rechnungswesen** abzielen (sog. integriertes Rechnungswesen).[11] Diese Bestrebungen werden u. a. von der Überlegung getragen, die von der Kostenrechnung zur Verfügung gestellten differenzierten und hochwertigen Informationen in angepasster Form ebenfalls für die externe Rechnungslegung zu verwenden. Diesem auch als **Management Approach** titulierten Ansatz kommt aus handelsrechtlicher Sicht (z. B. bei der Erstellung des Lageberichts) und nach IFRS (z. B. bei der Segmentberichterstattung) eine zentrale Bedeutung zu.[12] Allerdings herrscht im Schrifttum weitgehend Einigkeit darüber, dass die **entscheidungsorientierte Kostenrechnung**[13] von einer Harmonierung ausgeschlossen sein sollte.[14]

C. Zahlungs- und Erfolgskomponenten des Rechnungs- und Finanzwesens

1. Begriffsabgrenzungen

a. Auszahlungen und Ausgaben

Das **Geldvermögen** eines Unternehmens, das sich aus dem **Zahlungsmittelbestand** [= Bestand an Bargeld (Münzen und Banknoten) und an Buchgeld (jederzeit verfügbare Guthaben bei Kreditinstituten)] zuzüglich des **Bestandes an sonstigen (Geld-)Forderungen** und abzüglich des **Bestandes an (Geld-)Verbindlichkeiten** zu einem Stichtag zusammensetzt, wird durch die **Stromgrößen** Auszahlungen (Ausgaben) und Einzahlungen (Einnahmen) laufenden Variationen unterworfen.[15] Während die **Ausgabensumme** einer Rechnungsperiode die **Abnahme des Geldvermögens** widerspiegelt, kennzeichnet die **Summe der periodenbezogenen Auszahlungen** hingegen die negative Veränderung des Zahlungsmittelbestandes. Die

---

[11] Vgl. z. B. *Freidank/Velte* 2006, S. 1–30; *Freidank/Velte* 2007, S. 19–65; *Freidank/Velte* 2008b, S. 711–745; *Küting/Lorson* 1998a, S. 469; *Müller* 2003; *Velte* 2006c, S. 1–26; *Velte* 2006d, S. 565–569; *Velte* 2008g, S. 133–138; *Ziegler* 1994, S. 175.

[12] Vgl. hierzu *Velte* 2008g, S. 133–138.

[13] Vgl. *Freidank* 2012a, S. 300–367.

[14] Vgl. *Küting/Lorson* 1998b, S. 493.

[15] Mit der Umschreibung sonstige (Geld-)Forderungen sind alle übrigen Forderungen gemeint, die nicht bereits in den Zahlungsmittelbestand einbezogen wurden (z. B. Forderungen aus Lieferungen und Leistungen). Folglich sind (Geld-)Forderungen an Kreditinstitute im Zahlungsmittelbestand enthalten, während (Geld-)Verbindlichkeiten an Kreditinstitute nicht Komponenten des Zahlungsmittelbestands sind.

	Summe der Auszahlungen einer Periode
−	Abgänge von Geld-Verbindlichkeiten, bei denen gilt = Auszahlung, keine Ausgabe (z. B. Bezahlung von auf Ziel gelieferter Waren)
+	Zugänge von Geld-Verbindlichkeiten, bei denen gilt = Ausgabe, keine Auszahlung (z. B. Einkauf von Rohstoffen auf Ziel)
−	Zugänge von (sonstigen) Geld-Forderungen, bei denen gilt = Auszahlung, keine Ausgabe (z. B. Kreditgewährung an einen Schuldner in bar)
+	Abgänge von (sonstigen) Geld-Forderungen, bei denen gilt = Ausgabe, keine Auszahlung (z. B. Einkauf von Rohstoffen gegen Verrechnung bereits geleisteter Anzahlungen)
=	Summe der Ausgaben einer Periode

Abb. 7: Komponenten der Ausgaben[16]

Beziehungen zwischen Auszahlungen und Ausgaben eines Rechnungsabschnittes zeigen die **Abbildung 7** und **Abbildung 8** auf.

Ausgabenlose Auszahlungen liegen immer dann vor, wenn eine negative Veränderung des Zahlungsmittelbestandes mit einer Senkung der (Geld-)Verbindlichkeiten oder einer Erhöhung der sonstigen (Geld-)Forderungen verbunden ist. Aufgrund der kompensatorischen Wirkung zwischen Auszahlungen und Schuldenab- bzw. Forderungszugängen liegen im Ergebnis Ausgaben in Höhe von Null vor. Als Beispiele sind die Rückzahlung eines in der Vorperiode aufgenommenen Bankkredits sowie die Vergabe eines Darlehens an einen Kunden zu nennen. **Ausgabengleiche Auszahlungen** entstehen durch Geschäftsvorfälle, die nur Auszahlungen und keine Forderungs- oder Schuldenänderungen nach sich ziehen (z. B. Barentnahmen des Unternehmenseigners oder Einkauf von Rohstoffen gegen Barzahlung). In diesen Fällen wird lediglich der Zahlungsmittelbestand vermindert, so dass stets gilt: Auszahlung = Ausgabe. Schließlich treten **auszahlungslose Ausgaben** bei Geschäftsvorfällen auf, die den Zahlungsmittelbestand nicht negativ berühren (z. B. Einkauf von Rohstoffen auf Ziel oder Übernahme privater Schulden des Eigners durch das Unternehmen), aber das Geldvermögen verändern.

b.   Ausgaben und Aufwendungen

Das **Unternehmensvermögen** (Reinvermögen oder Eigenkapital), das sich aus dem **Geld-** und **Sachvermögen** (Bestand an sonstigen Aktiva abzüglich Bestand an sonstigen Passiva zu einem Stichtag) zusammensetzt, wird durch die Stromgrößen Aufwendungen und Erträge bzw. Entnahmen und Einlagen der Eigner laufenden Veränderungen unterworfen. Die **Aufwandssumme** einer Rechnungsperiode dokumentiert denjenigen Teil der Abnahme des Unternehmensvermögens, der durch **erfolgswirksame Geschäftsvorfälle** ausgelöst wurde (z. B. Lohn- und Gehaltszahlungen, Abschreibungen, Vorratsverbräuche). Allerdings besteht auch die Möglichkeit, dass das Unternehmensvermögen sinkt, ohne dass die zugrunde liegenden Geschäftsvorfälle Auswirkungen auf den Periodenerfolg haben. Dieser Teil der Min-

---

[16] Durch die Ausgaben wird aber nur eine Verminderung des Geldvermögens erfasst, so dass Abgänge von Sachforderungen bzw. Zugänge von Sachverbindlichkeiten in diesem Zusammenhang keine Berücksichtigung finden. Gleiches gilt analog für den Begriff der Einnahmen.

IV. Grundlagen des Betrieblichen Rechnungswesens

```
ausgabenlose          Aus-                        auszahlungslose
Auszahlungen    ←   zahlungen    Ausgaben    →    Ausgaben
                          ↓
              Auszahlungen = Ausgaben
              (ausgabengleiche Auszahlungen)
```

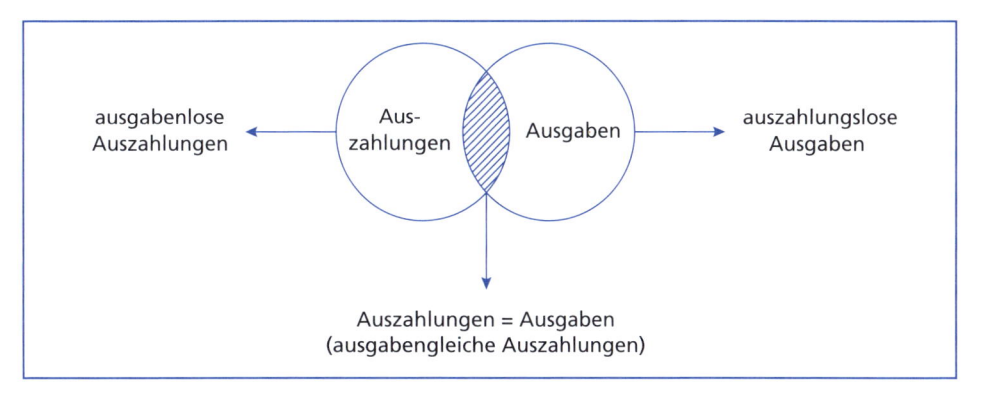

Abb. 8: Abgrenzung von Auszahlungen und Ausgaben

derung des Unternehmensvermögens wird durch (**erfolgsneutrale**) (Privat-) **Entnahmen**[17] **der Eigner** ausgelöst (z. B. Barentnahmen, Sachentnahmen zum Buchwert oder Übernahme privater Schulden der Eigner durch das Unternehmen). Die Beziehungen zwischen den Ausgaben und Aufwendungen einer Rechnungsperiode werden durch die **Abbildung 9** und **Abbildung 10** verdeutlicht.

Die Konstellation **Ausgabe = Aufwand** liegt stets vor, wenn der Minderung des Geldvermögens keine korrespondierende Erhöhung der Aktiva bzw. Senkung der Passiva, mit Ausnahme der erfolgswirksamen Minderung des Eigenkapitals, gegenübersteht (z. B. Lohn- und Zinsauszahlungen bzw. -verpflichtungen). Ausgaben sind z. B. dann **aufwandgleich**, wenn Vermögensgüter, für die Ausgaben getätigt wurden, auch in derselben Rechnungsperiode dem Verzehr unterliegen (**Ausgaben der Periode, Aufwendungen der Periode**). Erfolgt der Güterverzehr aber erst in einem der nächsten Rechnungszeiträume, so handelt es sich um Ausgaben, die erst in späteren Perioden zu Aufwendungen werden (**Ausgaben der Periode, Aufwendungen späterer Perioden**). Derartige **aufwandlose Ausgaben** speichert die Bilanz auf der Aktivseite.

> **Beispiel:** Die Anschaffungskosten eines linear abzuschreibenden abnutzbaren Vermögensgutes (betriebsgewöhnliche Nutzungsdauer 8 Jahre) betragen 20.000 €. Im ersten Nutzungsjahr fallen somit 2.500 € (= 20.000 € $\cdot \frac{1}{8}$) Abschreibungen an. Von den Ausgaben in Höhe von 20.000 € sind folglich 2.500 € durch produktionsbedingten Verschleiß zu Aufwendungen geworden, während die restlichen 17.500 € bei Anwendung der direkten Abschreibungsmethode auf der Aktivseite der Bilanz noch als aufwandlose Ausgaben erscheinen.

Liegen hingegen Werteverzehre von Vermögensgütern vor, für die Ausgaben in früheren Rechnungsabschnitten getätigt wurden (**Aufwendungen der Periode, Ausgaben früherer Perioden**), so entstehen **ausgabenlose Aufwendungen**. Als Beispiel sind planmäßige Abschreibungen auf ein in der Vorperiode angeschafftes Vermögensgut zu nennen. Aufwen-

---

[17] Zu berücksichtigen ist aber, dass auch Entnahmen ggf. erfolgswirksamen Charakter tragen können. Dies ist stets bei Sachentnahmen der Fall, die über oder unter ihrem Buchwert erfolgen. Vgl. hierzu die Ausführungen im Dritten Teil zu Gliederungspunkt II.C.3.

	Summe der Ausgaben einer Periode
−	Zugänge von Aktiva, bei denen gilt = Ausgabe, kein Aufwand (z. B. Barkauf von Grundstücken)
+	Abgänge von Aktiva, bei denen gilt = Aufwand, keine Ausgabe (z. B. Abschreibungen auf in Vorperioden angeschafftes Sachanlagevermögen)
−	Abgänge von Passiva, bei denen gilt = Ausgabe, kein Aufwand (z. B. Begleichung einer Anwaltsrechnung, in deren Höhe im Vorjahr eine Rückstellung gebildet wurde)
+	Zugänge von Passiva, bei denen gilt = Aufwand, keine Ausgabe (z. B. Bildung von Rückstellungen)
−	Abgänge von Aktiva, bei denen gilt = Ausgabe, kein Aufwand (z. B. Barentnahmen durch die Eigner)
−	Zugänge von Passiva, bei denen gilt = Ausgabe, kein Aufwand (z. B. Übernahme privater Geld-Verbindlichkeiten der Eigner durch das Unternehmen)
=	Summe der Aufwendungen einer Periode

Abb. 9: Komponenten der Aufwendungen

dungen, denen erst in späteren Rechnungsperioden Ausgaben folgen (**Aufwendungen der Periode, Ausgaben späterer Perioden**), liegen etwa bei der Bildung von Rückstellungen vor. **Ausgaben, die nie zu Aufwendungen** führen, repräsentieren z. B. Barentnahmen der Eigner von Einzelunternehmen oder Personengesellschaften, die den Zahlungsmittelbestand der Unternehmung mindern. Derartige Ausgaben, die in aller Regel nicht zu Aufwendungen führen, sind ferner für Vermögensgüter entrichtet worden, die keinem Wertverzehr unterliegen (z. B. Grundstücke, Beteiligungen). Außerplanmäßige Abschreibungen werden im Rahmen des **Niederstwertprinzips** nur dann relevant, wenn die aktuellen Alternativwerte unter die Buchwerte sinken (§ 253 Abs. 3 Satz 3 und Abs. 4 HGB; § 6 Abs. 1 EStG; IAS 36). Schließlich bleibt noch der Ausnahmefall von Abschreibungen auf ein geschenktes Vermögensgut zu erwähnen. Hierbei handelt es sich um Aufwendungen, denen niemals, auch nicht in einer anderen Rechnungsperiode, Ausgaben gegenüberstehen (**ausgabenlose Aufwendungen**).

Diejenigen Ausgaben, die niemals oder erst in späteren Rechnungsperioden zu Aufwendungen führen, haben keinen Einfluss auf den Periodenerfolg der Unternehmung und werden deshalb als **erfolgsunwirksame Ausgaben** bezeichnet.

Andererseits beeinflussen Vermögensgüter, die innerhalb einer betrachteten Rechnungsperiode dem Werteverzehr unterliegen, gleichgültig ob die entsprechenden Ausgaben aus einem früheren, dem aktuellen oder einem künftigen Rechnungsabschnitt resultieren, den Periodenerfolg negativ. Wichtig ist, dass diese erfolgswirksamen Ausgaben der Periode zugerechnet werden, in der auch der Werteverzehr erfolgte (**verursachungsgerechte Periodenzurechnung der Aufwendungen**). Würden die in Rede stehenden Ausgaben den Rechnungszeiträumen angelastet, in denen sie anfallen, dann wäre der Unternehmenserfolg beliebig manipulierbar, indem z. B. am Ende der Perioden nur Ausgaben getätigt werden.

Im Wesentlichen basiert der Begriff der Aufwendungen somit auf den **periodisierten (erfolgswirksamen) Ausgaben**, wenn der Ausnahmefall des Werteverzehrs geschenkter Vermögensgüter unberücksichtigt bleibt. Aufgrund von Unsicherheiten bezüglich der Höhe des Werteverzehrs ist es bei einigen Vermögensgütern nicht immer möglich, die entsprechenden erfolgswirksamen Ausgaben verursachungsgerecht zu periodisieren. Derartige Zu-

IV. Grundlagen des Betrieblichen Rechnungswesens

```
        aufwandlose  ←  [Ausgaben ∩ Aufwendungen]  →  ausgabenlose
        Ausgaben                                        Aufwendungen
                              ↓
                    Aufwendungen = Ausgaben
                    (aufwandgleiche Ausgaben)
```

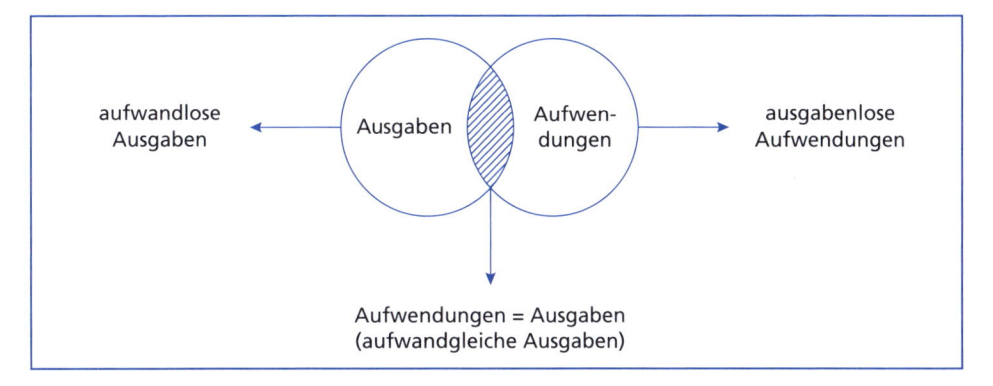

Abb. 10: Abgrenzung von Ausgaben und Aufwendungen

rechnungsprobleme treten im Zusammenhang mit der Bemessung von Abschreibungen und Rückstellungen auf. Stellt sich in den folgenden Perioden heraus, dass die ursprünglich unterstellten Werteverzehre nicht der Realität entsprechen, dann sind die anteiligen Wertdifferenzen in den Erfolgsrechnungen späterer Rechnungsabschnitte (z. B. als periodenfremde Aufwendungen) zu berücksichtigen, da nachträgliche Korrekturen in den vergangenen Zeiträumen Änderungen der gesamten entsprechenden Jahresabschlüsse bewirken würden.

Infolgedessen können **Aufwendungen** abschließend als die gesamten, mit erfolgswirksamen Ausgaben bewerteten Güterverzehre einer Rechnungsperiode, unter Berücksichtigung von Aufwandskorrekturen früherer Zeiträume, definiert werden.[18]

Das Steuerrecht folgt jedoch nicht der hier dargelegten Abgrenzung zwischen Ausgaben und Aufwendungen. So definiert § 4 Abs. 4 EStG Betriebsausgaben als Aufwendungen, die durch den Betrieb veranlasst sind. Allerdings sind Betriebsausgaben nicht mit dem vorstehend umschriebenen Aufwandsbegriff gleichzusetzen. So werden durch spezifische steuerrechtliche Regelungen vereinzelt Betriebsausgaben, die zugleich Aufwand der Periode darstellen, aus fiskalpolitischen Gründen zu sog. **nicht abzugsfähigen Betriebsausgaben** erklärt (z. B. Aufwendungen für Geschenke, Gästehäuser etc. gemäß § 4 Abs. 5 EStG und die Körperschaftsteuer bei Kapitalgesellschaften nach § 10 Nr. 2 KStG). Andererseits existieren aber auch Fälle, die aus steuerrechtlicher Sicht zu abzugsfähigen Betriebsausgaben führen, handelsrechtlich und nach IFRS aber nicht als Aufwand behandelt werden (z. B. Vornahme steuerrechtlicher Bewertungsvergünstigungen, die in der Handelsbilanz nicht angesetzt werden dürfen).

c. Aufwendungen und Kosten

Nach h. M. stellen Kosten den **bewerteten sachzielbezogenen Verzehr von Vermögensgütern** (materielle und immaterielle Realgüter sowie Nominalgüter) einer Rechnungsperiode dar, wobei die Wertkomponenten auf dem monetären Grenznutzen (**wertmäßiger Kostenbegriff**) basieren oder pagatorisch (**pagatorischer Kostenbegriff**) ausgerichtet sein kön-

---

[18] Zu beachten ist, dass diese Begriffsbestimmung der Aufwendungen den Verzehr geschenkter Wirtschaftsgüter nicht mit einschließt.

nen.[19] Demgegenüber lassen sich Aufwendungen als die **gesamten bewerteten Verzehre von Vermögensgütern** einer Rechnungsperiode definieren, deren Wertansätze aber an Bewertungsvorschriften des Handels- und Steuerrechts sowie nach IFRS[20] geknüpft sind.

Zunächst unterscheiden sich die Begriffe Aufwendungen und Kosten durch die differente Erfassung des Güterverzehrs. Während die Aufwendungen die gesamten, entsprechend der gesetzlichen Regelung zu berücksichtigenden Verzehre an Wirtschaftsgütern einschließen, betrifft die Mengenkomponente der wertmäßigen und der pagatorischen Kosten ausschließlich den Teil des Verzehrs, der auf die Ausbringungsgüter des unternehmerischen Sachziels[21] der betrachteten Rechnungsperiode einwirkt. Ferner muss der sachzielbezogene Güterverzehr im Rahmen eines üblichen Leistungserstellungsprozesses genau zu prognostizieren (d. h. **ordentlich**) sein, damit die **Planungs- und Kontrollfunktion** der Kostenrechnung durch die Berücksichtigung von außergewöhnlichen sachzielbezogenen Güterverzehren nicht beeinträchtigt wird. Anstelle dieses außerordentlichen Äquivalents finden dann aber planmäßig zu erwartende durchschnittliche Verzehrmengen an Vermögensgütern Eingang in den Bereich des kostenwirksamen ordentlichen Güterverzehrs, von denen angenommen wird, dass sie auf lange Sicht betrachtet ebenso groß sein werden wie die im Zeitablauf variierende außerordentliche Güterhingabe. Diese durchschnittlich unterstellten Verzehre werden im Rahmen der **kalkulatorischen Kosten** z. B. in Form von **Wagnissen** erfasst. Wie auch **Abbildung 11** zeigt, führen diejenigen Teile der gesamten aufwandsorientierten Güterverzehre, die weder **sachziel-, periodenbezogenen oder ordentlichen Charakter** tragen, zu kostenunwirksamen Verzehren bzw. bei Bewertung zu **neutralen Aufwendungen**. Grundsätzlich lassen sich in diesem Zusammenhang drei typische Arten von neutralen Aufwendungen unterscheiden.

(1) **Betriebsfremde Aufwendungen**
Sie entstehen durch Geschäftsvorfälle, die mit dem Sachziel der Unternehmung nicht in Zusammenhang stehen. Als Beispiele können Stiftungen, Spenden, Schenkungen, Repräsentationsausgaben, soweit sie nicht der Förderung des Sachziels dienen, genannt werden. Ferner sind Aufwendungen für betriebsfremde Grundstücke, stillgelegte Anlagen, die keine Reserveanlagen darstellen, sowie außerplanmäßige Abschreibungen auf betriebsfremde Beteiligungen zu dieser Aufwandskategorie zu rechnen.

(2) **Periodenfremde Aufwendungen**
Sie sind durch die Leistungserstellung einer anderen Rechnungsperiode verursacht worden, kommen aber erst in der aktuellen Periode zur Verrechnung (z. B. Nachzahlung für Gewerbesteuer, Sonderabschreibungen, Aufwendungen für Prozesse, wenn diese dafür gebildete Rückstellungen übersteigen).

(3) **Außerordentliche Aufwendungen**
Diese Aufwandsart ist zwar durch das Sachziel der Unternehmung bedingt, kann aber wegen ihres einmaligen Charakters, ihrer ungewöhnlichen Natur (sie geht der Höhe nach über das Übliche hinaus) nicht als Kosten verrechnet werden. Als außerordentlich sind

---

[19] Vgl. zur genauen Analyse des Kostenbegriffs *Freidank* 2012a, S. 4–10.
[20] Vgl. hierzu die Ausführungen im Dritten Teil zu Gliederungspunkt II.B.
[21] Vgl. zur Definition des unternehmerischen Sachziels die Ausführungen im Ersten Teil zu Gliederungspunkt I.

IV. Grundlagen des Betrieblichen Rechnungswesens

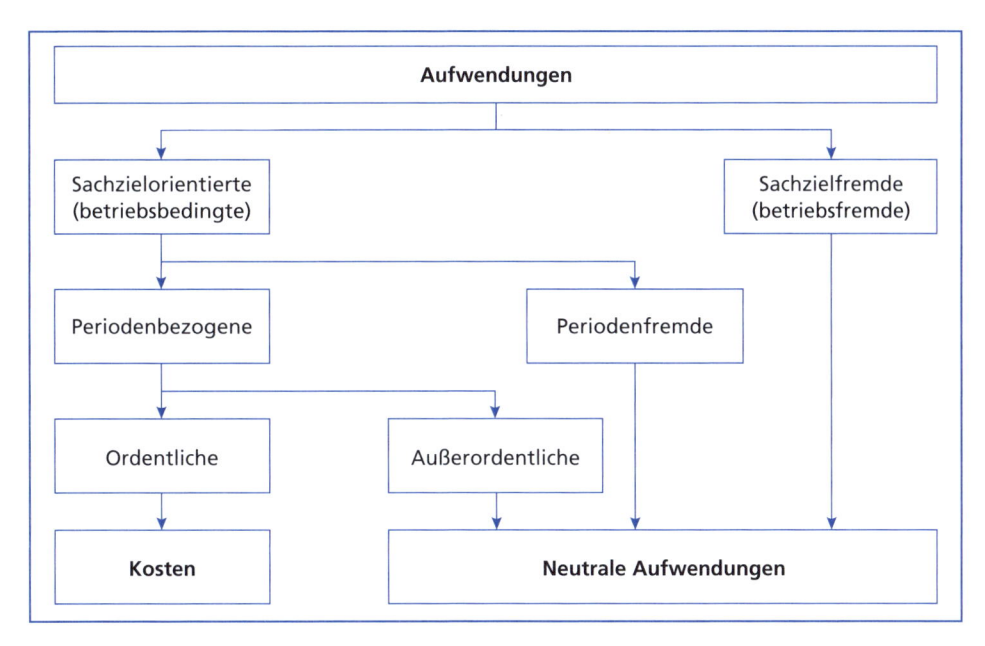

```
                    Aufwendungen
           ┌────────────┴────────────┐
   Sachzielorientierte         Sachzielfremde
   (betriebsbedingte)         (betriebsfremde)
           │                         │
   ┌───────┴───────┐                 │
Periodenbezogene  Periodenfremde    │
       │               │             │
   Ordentliche   Außerordentliche   │
       │               │             │
     Kosten       Neutrale Aufwendungen
```

Abb. 11: Abgrenzung von Kosten und neutralen Aufwendungen

z. B. Aufwendungen bei Finanzierungsvorgängen zu nennen (Gründung, Kapitalerhöhung, Umwandlung etc.), Debitorenverluste, besondere Schadensfälle und Ordnungsstrafen sowie außerplanmäßige Abschreibungen auf sachzielbezogene Vermögensgüter.

Ferner können Differenzen zwischen Aufwendungen und Kosten durch **unterschiedliche Wertkomponenten** verursacht werden. In diesem Zusammenhang führen Aufwandsbestandteile, bei denen der Wertansatz nicht mit dem der Kosten korrespondiert, ebenfalls zu neutralen Aufwendungen (**verrechnungsverschiedene Aufwendungen**). So können etwa bei der Bemessung kalkulatorischer und bilanzieller Abschreibungen die Wertkomponenten auseinander fallen. Während das innerbetriebliche Rechnungswesen grundsätzlich frei von gesetzlichen Vorschriften ist, basieren die Rechnungslegungsvorschriften des externen Rechnungswesens auf Normen. Im Gegensatz zum Handels- und Steuerrecht, das planmäßige Abschreibungen prinzipiell nur von den Anschaffungs- oder Herstellungskosten zulässt, besteht in der Betriebsbuchhaltung die Möglichkeit, kalkulatorische Abschreibungen z. B. anhand von Wiederbeschaffungspreisen für bestimmte Anlagegüter zu bemessen. Dieses Vorgehen findet häufig auch nach IFRS Anwendung.

Andererseits werden diejenigen Kostenelemente, die im Hinblick auf die Mengen- und/oder Wertkomponente nicht mit den Aufwendungen übereinstimmen, in der Terminologie des betrieblichen Rechnungswesens als **kalkulatorische Kosten** bezeichnet. Sie lassen sich weiterhin in **aufwandsverschiedene (Anderskosten)** und **aufwandsfremde (Zusatzkosten)** Kosten trennen. Als typische Beispiele für Anderskosten, denen Aufwendungen in anderer Höhe gegenüberstehen, sind kalkulatorische Abschreibungen und Wagnisse zu nennen. Die enge Beziehung von Anderskosten und neutralen Aufwendungen, denen Kosten in anderer Höhe entsprechen, ist in **Abbildung 12** durch einen Pfeil gekennzeichnet. Außerdem

Gesamte Aufwendungen			
Neutrale Aufwendungen		Zweckaufwendungen	
Aufwendungen, denen keine Kosten entsprechen	Aufwendungen > oder < der ihnen entsprechenden Kosten	(Aufwendungen = Kosten)	

	Grundkosten	Kosten > oder < der ihnen entsprechenden Aufwendungen	Kosten, denen keine Aufwendungen entsprechen
	(Kosten = Aufwendungen)	Anderskosten	Zusatzkosten
		Kalkulatorische Kosten	
	Gesamte Kosten		

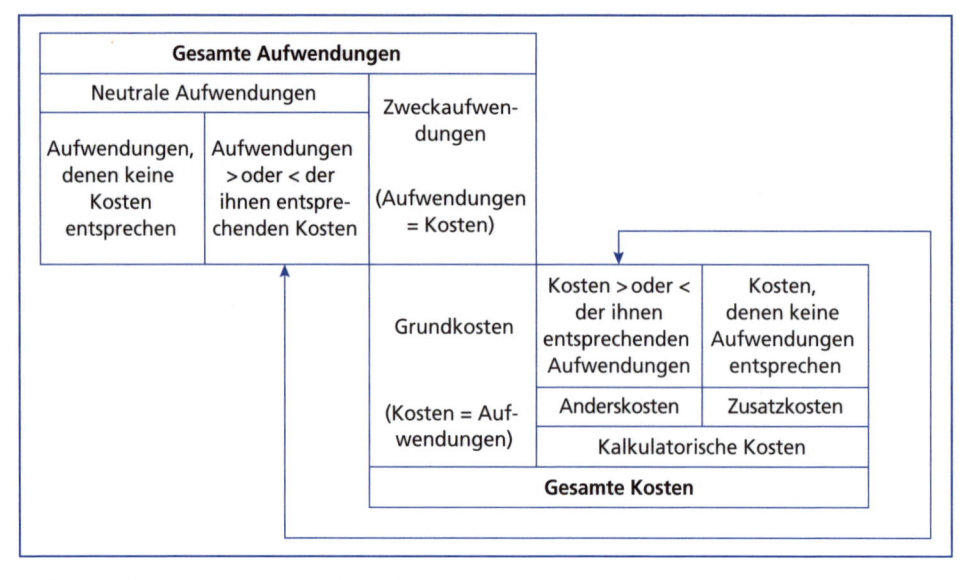

Abb. 12: Abgrenzung von Aufwendungen und Kosten

existieren sachziel-, periodenbezogene und ordentliche Verzehre von Vermögensgütern, die keinen Aufwand bewirken. Die aus diesen Güterverzehren resultierenden Kosten, etwa in Form von kalkulatorischen Zinsen auf das Eigenkapital und kalkulatorischem Unternehmerlohn, zählen zu den Zusatzkosten, sofern ihnen keine Aufwendungen im Sinne der gesetzlichen Rechnungslegungsvorschriften gegenüberstehen.

Das die vorstehenden Ausführungen zusammenfassende, im Ursprung auf *Schmalenbach*[22] zurückgehende Balkendiagramm zeigt die einzelnen Unterschiede zwischen Aufwendungen und Kosten abschließend in grafischer Form. Die Abgrenzung berücksichtigt dabei sowohl den wertmäßigen Kostenbegriff als auch die pagatorische Kosteninterpretation. Bei einer wert- und mengenmäßigen Übereinstimmung des Güterverzehrs im Bereich der Kosten und der Aufwendungen wird in der betriebswirtschaftlichen Literatur, der Terminologie *Schmalenbachs* folgend, von **Grundkosten** bzw. **Zweckaufwendungen** gesprochen. Es lassen sich nunmehr folgende Beziehungen ableiten.

Gesamte Aufwendungen	=	Zweckaufwendungen (Grundkosten) + Neutrale Aufwendungen
Gesamte Kosten	=	Grundkosten (Zweckaufwendungen) + Kalkulatorische Kosten
Gesamte Kosten	=	Gesamte Aufwendungen − Neutrale Aufwendungen + Anderskosten + Zusatzkosten
Gesamte Aufwendungen	=	Gesamte Kosten − Kalkulatorische Kosten + Neutrale Aufwendungen
Kalkulatorische Kosten	=	Gesamte Kosten − Grundkosten.

---
[22] Vgl. *Schmalenbach* 1963, S. 10.

d. Einzahlungen und Einnahmen

Analog zu den Begriffen Auszahlungen und Ausgaben führen Einzahlungen und Einnahmen einer Rechnungsperiode stets zu einer Erhöhung des Zahlungsmittelbestandes bzw. des Geldvermögens.[23] Der Zusammenhang zwischen den gesamten Einzahlungen und Einnahmen einer Periode wird durch **Abbildung 13** und **Abbildung 14** verdeutlicht.

Wird der Zahlungsmittelbestand der Unternehmung durch einen Geschäftsvorfall erhöht, der gleichzeitig zu einer Senkung der (sonstigen) Geld-Forderungen oder Steigerung der Geld-Verbindlichkeiten führt, so liegen **einnahmenlose Einzahlungen** vor (z. B. Rückzahlung eines Darlehens von einem Schuldner oder Aufnahme eines Kredits bei einer Bank). Ziehen Geschäftsvorfälle nur Einzahlungen, aber keine Variationen der (sonstigen) Geld-Forderungen und Geld-Verbindlichkeiten nach sich, dann handelt es sich um **einnahmengleiche Einzahlungen** (z. B. Bareinlage des Unternehmenseigners oder Verkauf von fertigen Erzeugnissen gegen Barzahlung). **Einzahlungslose Einnahmen** entstehen hingegen bei Geschäftsvorfällen, die den Zahlungsmittelbestand nicht berühren (z. B. Verkauf von fertigen

	Summe der Einzahlungen einer Periode
−	Zugänge von Geld-Verbindlichkeiten, bei denen gilt = Einzahlung, keine Einnahme (z. B. Aufnahme eines Darlehens durch das Unternehmen)
+	Abgänge von Geld-Verbindlichkeiten, bei denen gilt = Einnahme, keine Einzahlung (z. B. Verkauf von fertigen Erzeugnissen gegen Verrechnung bereits geleisteter Anzahlungen)
−	Abgänge von (sonstigen) Geld-Forderungen, bei denen gilt = Einzahlung, keine Einnahme (z. B. Forderungsbegleichung eines Kunden gegen Banküberweisung)
+	Zugänge von (sonstigen) Geld-Forderungen, bei denen gilt = Einnahme, keine Einzahlung (z. B. Verkauf von fertigen Erzeugnissen auf Ziel)
=	Summe der Einnahmen einer Periode

Abb. 13: Komponenten der Einnahmen

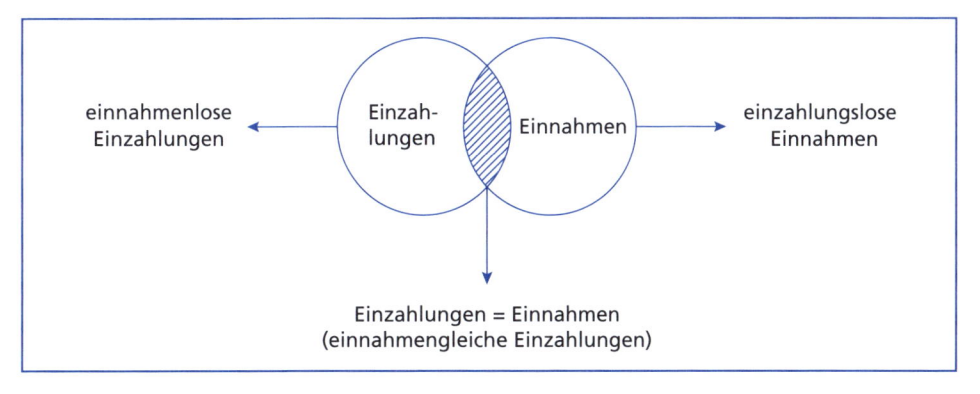

Abb. 14: Abgrenzung von Einzahlungen und Einnahmen

---

[23] Vgl. die Definitionen der Begriffe Zahlungsmittelbestand und Geldvermögen im Ersten Teil unter Gliederungspunkt IV.C.1.a.

Erzeugnissen auf Ziel oder Übernahme von Verbindlichkeiten durch den Unternehmenseigner).

e. Einnahmen und Erträge

Die Ertragssumme einer Rechnungsperiode bringt denjenigen Teil der Zunahme des Unternehmensvermögens[24] zum Ausdruck, der durch **erfolgswirksame Geschäftsvorfälle** ausgelöst wurde (z. B. Umsatzerlöse, Zinserträge, Zuschreibungen). Jedoch kann das Unternehmensvermögen auch wachsen, ohne dass die zugrunde liegenden Geschäftsvorfälle den Periodenerfolg beeinflussen. Dieser Teil der Erhöhung des Unternehmensvermögens wird durch (Privat-) Einlagen der Eigner (z. B. Bar-, Sacheinlagen oder Übernahme von Unternehmensschulden durch die Eigner) bewirkt. Die Beziehungen zwischen den Einnahmen und Erträgen einer Rechnungsperiode werden durch die **Abbildung 15** und **Abbildung 16** verdeutlicht.

Die Konstellation **Einnahme = Ertrag** liegt immer dann vor, wenn der Mehrung des Geldvermögens keine korrespondierende Senkung der Aktiva bzw. Erhöhung der Passiva, mit Ausnahme der erfolgswirksamen Mehrung des Eigenkapitals, gegenübersteht (z. B. Miet- und Zinseinzahlungen bzw. -ansprüche). Einnahmen sind z. B. dann **ertraggleich**, wenn unfertige oder fertige Erzeugnisse in der Herstellungsperiode verkauft werden (**Einnahmen der Periode, Erträge der Periode**). Ferner lassen sich Einnahmen der aktuellen Rechnungsperiode feststellen, die erst in späteren Perioden zu Erträgen werden (**Einnahmen der Periode, Erträge einer späteren Periode**). Als Beispiel für solche **ertraglosen Einnahmen** sind im Voraus erhaltene Mieten für das Folgejahr zu nennen, die in der Bilanz als passiver Rechnungsabgrenzungsposten zum Ausweis kommen.[25] Dadurch wird erreicht, dass im Voraus geleistete Zahlungen gespeichert und somit erst in der Periode zu Erträgen werden, in der die

---

	Summe der Einnahmen einer Periode
−	Abgänge von Aktiva, bei denen gilt = Einnahme, kein Ertrag (z. B. Verkauf von Sachanlagevermögen zum Buchwert)
+	Zugänge von Aktiva, bei denen gilt = Ertrag, keine Einnahme (z. B. Zuschreibungen auf abnutzbares Anlagevermögen)
−	Zugänge von Passiva, bei denen gilt = Einnahme, kein Ertrag (z. B. im Voraus erhaltene Miete für das Folgejahr)
+	Abgänge von Passiva, bei denen gilt = Ertrag, keine Einnahme (z. B. Auflösung von in Vorjahren zu hoch gebildeter Rückstellungen)
−	Zugänge von Aktiva, bei denen gilt = Einnahme, kein Ertrag (z. B. Bareinlagen der Eigner)
−	Abgänge von Passiva, bei denen gilt = Einnahme, kein Ertrag (z. B. private Übernahme betrieblicher Geld-Verbindlichkeiten durch die Eigner)
=	Summe der Erträge einer Periode

Abb. 15: Komponenten der Erträge

---

[24] Vgl. die Definition des Begriffs Unternehmensvermögen im Ersten Teil unter Gliederungspunkt IV.C.1.b.
[25] Vgl. hierzu die Ausführungen im Dritten Teil zu Gliederungspunkt I.B.4.

IV. Grundlagen des Betrieblichen Rechnungswesens

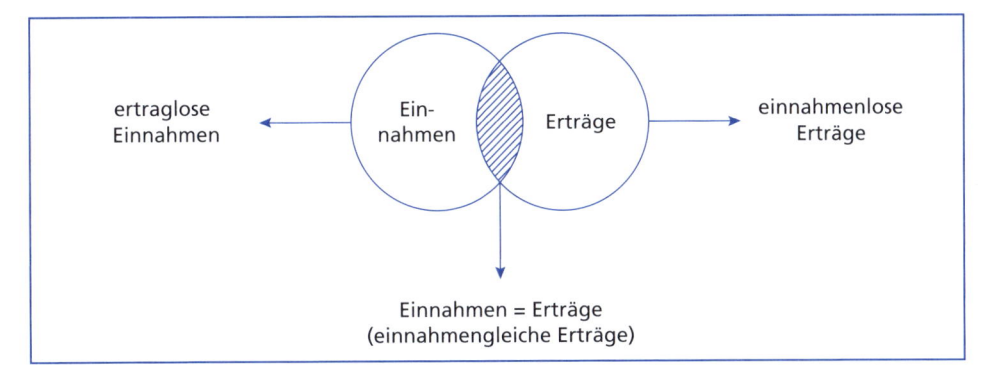

```
    ertraglose      Ein-         Erträge        einnahmenlose
    Einnahmen   ←  nahmen                    →     Erträge

                         ↓
                  Einnahmen = Erträge
                (einnahmengleiche Erträge)
```

Abb. 16: Abgrenzung von Einnahmen und Erträgen

wirtschaftliche Verursachung erfolgt. **Einnahmenlose Erträge (Erträge der Periode, Einnahme einer früheren Periode)** liegen etwa dann vor, wenn der passive Rechnungsabgrenzungsposten im Folgejahr aufgelöst wird. Ein weiterer Fall von einnahmenlosen Erträgen ist in der Produktion von unfertigen oder fertigen Erzeugnissen auf Lager zu sehen. Die Bestandserhöhungen der aktuellen Periode repräsentieren Erträge, die erst in späteren Rechnungsperioden durch Umsätze zu Einnahmen werden. In diesem Zusammenhang sei noch die Lieferung von fertigen Erzeugnissen auf Ziel genannt, die erst in späteren Perioden durch Banküberweisung bezahlt werden. Hier handelt es sich nicht um Erträge, denen erst in einem späteren Zeitraum **Einzahlungen** gegenüberstehen, da in der Periode der Ertragsentstehung entweder ein Zugang von (sonstigen) Geld-Forderungen oder ein Abgang von Geld-Verbindlichkeiten und damit eine Einnahme vorlag. Erträge und Einnahmen sind somit in derselben Rechnungsperiode entstanden. **Einnahmen, denen grundsätzlich keine Erträge**, auch nicht in einer anderen Periode gegenüberstehen, werden durch Geschäftsvorfälle bewirkt, **die keinen Wertzuwachs für die Unternehmung darstellen** (z. B. zurückgezahlte Darlehen).

Analog zu den Ausgaben können auch hier **erfolgsneutrale und erfolgswirksame Einnahmen** festgestellt werden. Entscheidend ist, dass die erfolgswirksamen Einnahmen derjenigen Periode angelastet werden, in der der Wertzuwachs erfolgte. Zusammenfassend bleibt zu konstatieren, dass der Ertragsbegriff im Wesentlichen auf den periodisierten Erfolgseinnahmen basiert, wobei aber auch hier Korrekturen in Bezug auf Erträge früherer Rechnungsperioden vorgenommen werden müssen (z. B. erfolgswirksame Auflösung von Rückstellungen).

Somit können **Erträge** als die gesamten, mit Erfolgseinnahmen bewerteten Gütererstellungen einer Rechnungsperiode, unter Berücksichtigung von Ertragskorrekturen früherer Perioden, definiert werden.

Gemäß der vorstehenden Begriffsbestimmung sind die den zukünftigen (ertragsorientierten) Einnahmen entsprechenden Erträge schon im Zeitpunkt der Gütererstellung in voller Höhe realisiert. Nach dem für die bilanzrechtliche Bewertung maßgeblichen **Realisationsprinzip** (§ 252 Abs. 1 Nr. 4 2. HS HGB; § 5 Abs. 1 EStG; IAS 1) besteht aber regelmäßig ein Ausweisverbot der noch nicht durch den Umsatzprozess verwirklichten Gewinne. Diese gelten nach h. M. beim Verkauf von Vermögensgütern erst vom Zeitpunkt der Verschaffung der Verfügungsmacht an den Käufer als verwirklicht.[26] Mithin dürfen Gütererstellungen bezüglich aktivierbarer innerbetrieblicher Leistungen und auf Lager befindlicher Erzeugnisse, die (noch) nicht durch den Umsatzprozess realisiert wurden, höchstens zu **Herstellungskosten** (§ 253 Abs. 1 Satz 1 HGB; § 6 Abs. 1 EStG; IAS 2) im Jahresabschluss angesetzt werden. Die künftigen (ertragsorientierten) Einnahmen können nach dem für die bilanzrechtliche Bewertung maßgeblichen **Niederstwertprinzip** nur dann im Jahresabschluss zum Ansatz gelangen, wenn sie unter den Herstellungskosten liegen.

Analog zu § 4 Abs. 4 EStG werden im **Steuerrecht** Betriebseinnahmen als Erträge definiert, die durch den Betrieb veranlasst sind. Auch hier sind Betriebseinnahmen nicht mit dem vorstehend umschriebenen Ertragsbegriff gleichzusetzen. So werden aus fiskalpolitischen Motiven vereinzelt Betriebseinnahmen, die zugleich Ertrag der Periode darstellen, zu **steuerfreien Erträgen** erklärt. Andererseits existieren aber auch **erfolgswirksame Betriebseinnahmen**, die aus handelsrechtlicher Sicht und nach IFRS nicht als Ertrag behandelt werden (z. B. Auflösung einer steuerfreien Rücklage in der Steuerbilanz).

f. Erträge und Leistungen

Analog zu den Kosten werden Leistungen **als die bewerteten, sachzielorientierten Real- und Nominalgütererstellungen**[27] **einer Rechnungsperiode definiert**, wobei der Wertansatz auf angefallenen oder künftigen Einnahmen (bzw. Erlösen) oder auf den für die Gütererstellung angesetzten (wertmäßigen oder pagatorischen) Kosten basiert. Demgegenüber können Erträge aus dem Blickwinkel des innerbetrieblichen Rechnungswesens als die **gesamten bewerteten Gütererstellungen einer Rechnungsperiode** umschrieben werden, deren Wertansätze an gesetzliche Bewertungsvorschriften geknüpft sind. Im Grundsatz lassen sich folgende **Leistungsarten** unterscheiden.

Während **Absatzleistungen** unmittelbar in den Markt übergehen, stellen **Lagerleistungen** Gütererstellungen dar, die erst in späteren Rechnungsperioden abgesetzt werden. Im Gegensatz zu den auf Lager befindlichen Ausbringungsgütern, die sich in einer industriellen Unternehmung auf **speicherbare Leistungen** in Gestalt **unfertiger und fertiger Erzeugnisse** beziehen, schließt der Begriff der Absatzleistungen, neben den Produkten des Fertigungsprogramms, auch **nicht speicherbare Leistungen**, wie z. B. Reparatur-, Beratungs- oder Transportleistungen für Kunden der Unternehmung ein. **Innerbetriebliche Leistungen** unterscheiden sich von den beiden anderen Typen dadurch, dass sie nicht in den Absatzmarkt übergehen, sondern wieder in den Produktionsprozess eingesetzt werden. Beispiele für derartige Leistungen sind selbsterstellte Anlagen für Zwecke der Eigennutzung, selbst durchgeführte Reparaturen, eigene Versuchs- und Entwicklungsarbeiten sowie der Verbrauch oder die Nutzung von unfertigen oder fertigen Eigenerzeugnissen im Rahmen der Fertigung. Diese Beispiele zeigen, dass innerbetriebliche Leistungen speicherbaren und nicht speicherbaren Charakter tragen können. Wie schon eingangs erwähnt, ist die Kostenrechnung im Grundsatz an keine Vorschriften im Hinblick auf die Bewertung der un-

---

[26] Vgl. hierzu die Ausführungen im Dritten Teil zu Gliederungspunkt II.A.1.
[27] Leistungen in Nominalgüterform treten z. B. bei Banken bezüglich der Bereitstellung von Krediten auf.

IV. Grundlagen des Betrieblichen Rechnungswesens

```
                          Erträge
                             │
         ┌───────────────────┴───────────────────┐
         ▼                                       ▼
  Sachzielorientierte                    Sachzielfremde
  (betriebsbedingte)                     (betriebsfremde)
         │                                       │
         ▼                   ▼                   │
  Periodenbezogene      Periodenfremde           │
         │                   │                   │
         ▼                   ▼                   │
   Ordentliche         Außerordentliche          │
         │                   │                   │
         ▼                   ▼                   ▼
    Leistungen              Neutrale Erträge
```

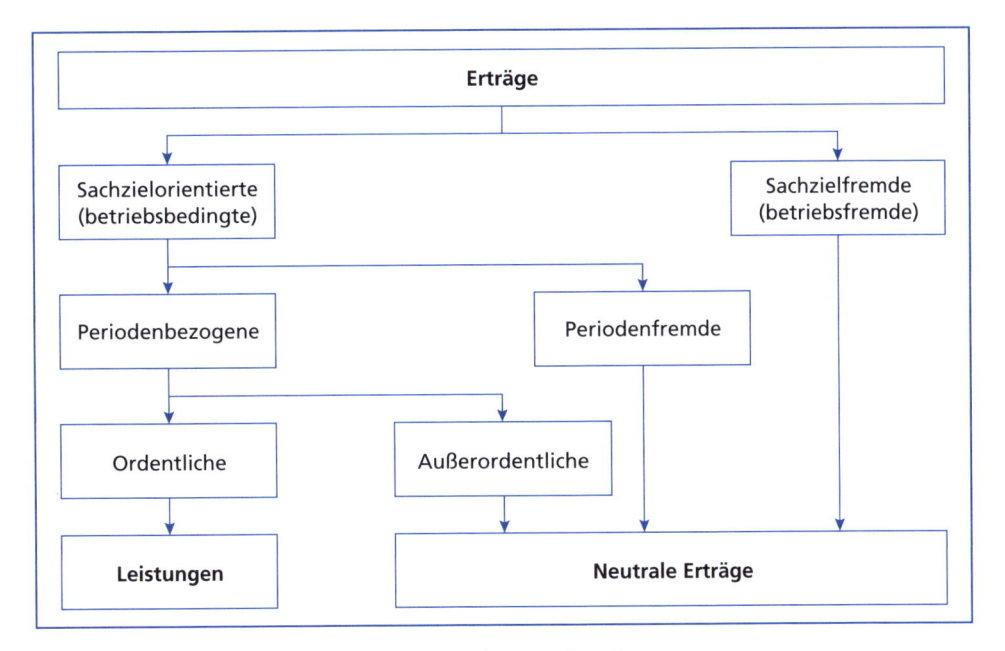

Abb. 17: Abgrenzung von Leistungen und neutralen Erträgen

terschiedlichen Leistungsarten gebunden. Allerdings schreibt das Bilanzrecht prinzipiell vor, dass **Absatzleistungen** zu den effektiv erzielten **Netto-Verkaufserlösen** und **Lagerleistungen** sowie **aktivierbare innerbetriebliche Leistungen**, sofern kein abweichender Wertansatz geboten oder zulässig ist, zu **Herstellungskosten** in der Erfolgsrechnung anzusetzen sind.

Leistungen und Erträge fallen zunächst durch die unterschiedliche Erfassung der Gütererstellungen einer Rechnungsperiode auseinander. Während die Mengenkomponente des Leistungsbegriffs nur den Teil der erstellten Güter betrifft, der sachzielorientierten Charakter trägt, schließen die Erträge auch die gesamten, entsprechend der gesetzlichen Vorschriften zu berücksichtigenden Gütererstellungen ein. Um die Planungs- und Kontrollfunktion der Leistungsrechnung nicht zu beeinträchtigen, werden, analog zu den Kosten, nur diejenigen Gütererstellungen in den Mengenansatz der Leistungen einbezogen, die im Rahmen eines üblichen Produktionsprozesses exakt zu budgetieren, d. h. ordentlich sind. Als Ersatz für die auf außerordentlicher Basis erstellten Ausbringungsgüter finden dann aber planmäßig zu erwartende durchschnittliche Produktionsergebnisse Eingang in die leistungswirksamen Gütererstellungen, die als **kalkulatorische Leistungen** verrechnet werden. Wie auch **Abbildung 17** verdeutlicht, führen alle ertragsorientierten Gütererstellungen einer Periode, die weder sachziel-, periodenbezogenen noch ordentlichen Charakter tragen, zu einem leistungsunwirksamen Mengenzuwachs bzw. bei Bewertung zu **neutralen Erträgen,** die sich in folgenden Arten aufspalten lassen:

(1) **Betriebsfremde Erträge**
Sie sind auf Geschäftsvorfälle zurückzuführen, die außerhalb des Sachziels der Unternehmung liegen (z. B. Erträge aus Vermietung und Verpachtung, spekulativen Wertpapierverkäufen oder Gewährung von Darlehen an Kunden).

(2) **Periodenfremde Erträge**
Diese Ertragsart fällt ähnlich wie der periodenfremde Aufwand im Zusammenhang mit der eigentlichen Betriebstätigkeit an, ist jedoch einer anderen Periode zuzurechnen und muss deshalb sachlich abgegrenzt werden (z. B. unerwartete Eingänge aus früher abgeschriebenen Forderungen, erfolgswirksame Auflösung von Rückstellungen).

(3) **Außerordentliche Erträge**
Obwohl sie im Zusammenhang mit dem eigentlichen Sachziel der Unternehmung stehen, muss eine Abgrenzung vorgenommen werden, weil der Anfall dieser Ertragsart zufällig, einmalig oder unter nicht gewöhnlichen Bedingungen entstanden ist (z. B. Erträge aus Verkäufen von Wirtschaftsgütern des Anlagevermögens).

Ferner können die Begriffe Leistungen und Erträge auch aufgrund unterschiedlicher Wertkomponenten differieren. Während aus kalkulatorischen Gründen häufig eine Bewertung der erstellten Güter zu Plan-Erlösen oder anhand wertmäßiger Kosten vorgenommen wird, sind, wie gezeigt wurde, die Wertansätze im Bereich der Erträge an gesetzliche Vorschriften gebunden. So werden Ertragsbestandteile, deren Wertkomponenten nicht mit denen der Leistungen korrespondieren, als **neutrale Erträge** verrechnet (**verrechnungsverschiedene Erträge**), während Leistungen, deren Wertansätze nicht mit denen der Erträge übereinstimmen, zu **Andersleistungen** führen. Leistungen, die im Hinblick auf die Mengen- und/oder Wertkomponente nicht mit den Erträgen identisch sind, werden als **kalkulatorische Leistungen** bezeichnet. Sie lassen sich weiter unterscheiden in **Zusatz- und Andersleistungen** Als Beispiel für Zusatzleistungen, denen keine Erträge gegenüberstehen, können selbst geschaffene Marken genannt werden, für die nach Handels- und Steuerrecht sowie nach IFRS ein Aktivierungsverbot besteht (§ 248 Abs. 2 Satz 2 HGB; § 5 Abs. 2 EStG; IAS 38). Eine Bewertung der Gütererstellungen mit Plan-Erlösen oder wertmäßigen Kosten führt hingegen zu Andersleistungen, denen Erträge in anderer Höhe entsprechen. Außerdem sind in diesem Zusammenhang Wertsteigerungen der Produktionsfaktoren (Gebäude, Maschinen etc.) über ihre Anschaffungs- oder Herstellungskosten hinaus zu nennen, die aufgrund des **Realisationsprinzips** im Jahresabschluss grundsätzlich nicht zum Ansatz kommen.

Die Verbindung zwischen Andersleistungen und neutralen Erträgen, denen Leistungen in anderer Höhe gegenüberstehen, wird in **Abbildung 18** durch einen Pfeil gekennzeichnet.

Darüber hinaus ist auch die dem Leistungsbegriff zugrunde gelegte Wertkomponente (z. B. Plan-Erlöse, pagatorische oder wertmäßige Kosten) mit dafür verantwortlich, in welcher Höhe die Termini Leistungen und Erträge auseinander fallen. Stimmen Leistungen und Erträge mengenmäßig überein, so wird auch in diesem Falle, analog den Kosten und Aufwendungen, von **Grundleistungen bzw. Zweckerträgen** gesprochen. Dies ist immer dann der Fall, wenn erstellte Vermögensgüter sowohl in der Leistungs- als auch in der Ertragsrechnung mit denselben Werten und Mengen zum Ansatz gelangen. **Abbildung 18**[28] fasst die Zusammenhänge zwischen den Begriffen Erträge und Leistungen noch einmal in grafischer Form zusammen. Es lassen sich auch hier nachstehende Beziehungen herausstellen.

---

[28] Auch die Grundform dieser Ableitung geht auf *Schmalenbach* zurück. Vgl. *Schmalenbach* 1963, S. 12.

IV. Grundlagen des Betrieblichen Rechnungswesens

Gesamte Erträge	=	Zweckerträge (Grundleistungen) + Neutrale Erträge
Gesamte Leistungen	=	Grundleistungen (Zweckerträge) + Kalkulatorische Leistungen
Gesamte Leistungen	=	Gesamte Erträge − Neutrale Erträge + Andersleistungen + Zusatzleistungen
Gesamte Erträge	=	Gesamte Leistungen − Kalkulatorische Leistungen + Neutrale Erträge
Kalkulatorische Leistungen	=	Gesamte Leistungen − Grundleistungen (Zweckerträge).

Durch eine Gegenüberstellung der Begriffe Aufwendungen und Erträge bzw. Kosten und Leistungen lassen sich nachstehende **Erfolgsbegriffe** ableiten. Übersteigen die Erträge (Leistungen) einer Rechnungsperiode die ihnen entsprechenden Aufwendungen (Kosten), so belegt die Terminologie des betrieblichen Rechnungswesens diesen Differenzbetrag mit dem Begriff „**Gewinn**", andernfalls mit dem Terminus „**Verlust**".

Bilanzrechtlicher Erfolg (= Jahresergebnis)	=	Erträge − Aufwendungen
Neutraler Erfolg	=	Neutrale Erträge − Neutrale Aufwendungen
Kalkulatorischer Betriebserfolg	=	Leistungen − Kosten.

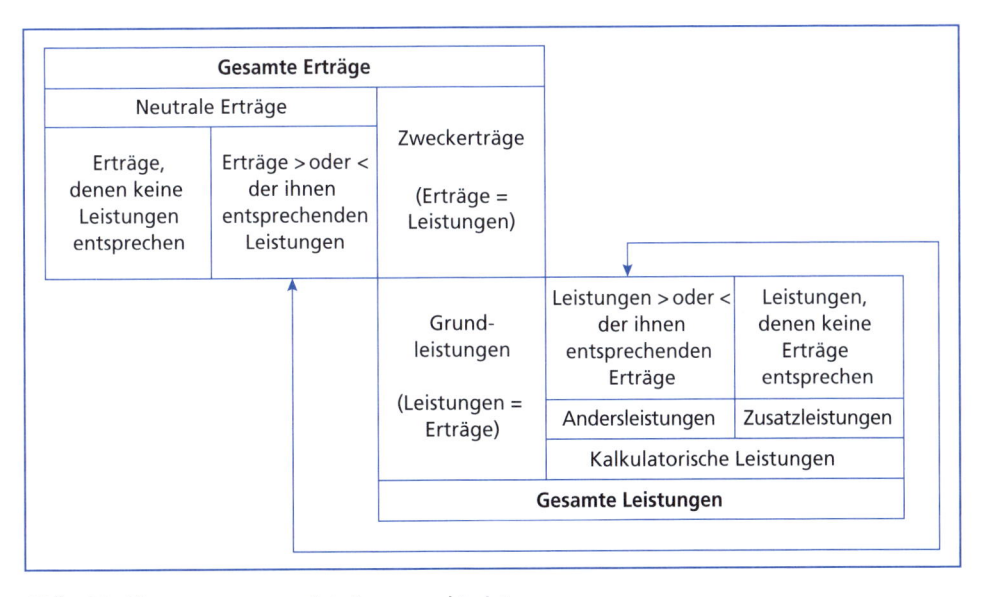

Abb. 18: Abgrenzung von Erträgen und Leistungen

g. Ergebnis

Abbildung 19[29] fasst die vorstehend dargelegten Beziehungen zwischen den **Bestandsgrößen** Zahlungsmittelbestand, Geld-, Sach- und Unternehmensvermögen sowie den **Stromgrößen** Aus-/Einzahlungen, Ausgaben/Einnahmen und Aufwendungen/Erträgen noch einmal zusammen. Zusätzlich wurde in die Darstellung die Verbindung zwischen Gesamtvermögen (Eigen- und Fremdkapital) und **betriebsnotwendigem (sachzielorientiertem) Vermögen** aufgenommen. Letzteres wird durch die Stromgrößen Kosten/Leistungen während einer Rechnungsperiode verändert. Der Terminus „betriebsnotwendiges Vermögen" stellt eine kalkulatorische Größe des innerbetrieblichen Rechnungswesens dar und umschreibt im Grundsatz den Wert aller dem **Sachziel** des Unternehmens dienenden Teile des Anlage- und Umlaufvermögens. Infolgedessen bedarf es zunächst bestimmter Vermögenskorrekturen, die das bilanzrechtliche Gesamtvermögen senken oder erhöhen können. Mithin sind einerseits aus dem **bilanzierten Gesamtvermögen** alle Güter zu eliminieren, die nicht zur Realisation des unternehmerischen Sachziels beitragen (z. B. Beteiligungen und Wertpapiere, die der finanzpolitischen Kapitalanlage dienen, stillgelegte Anlagen, außerhalb des Sachziels genutzte Grundstücke, überhöhte Kassen- und Bankbestände). Andererseits muss das nicht bilanzierte Vermögen (z. B. selbst geschaffene Marken) zum bilanzrechtlichen Gesamtvermögen hinzugerechnet werden, um das betriebsnotwendige Vermögen

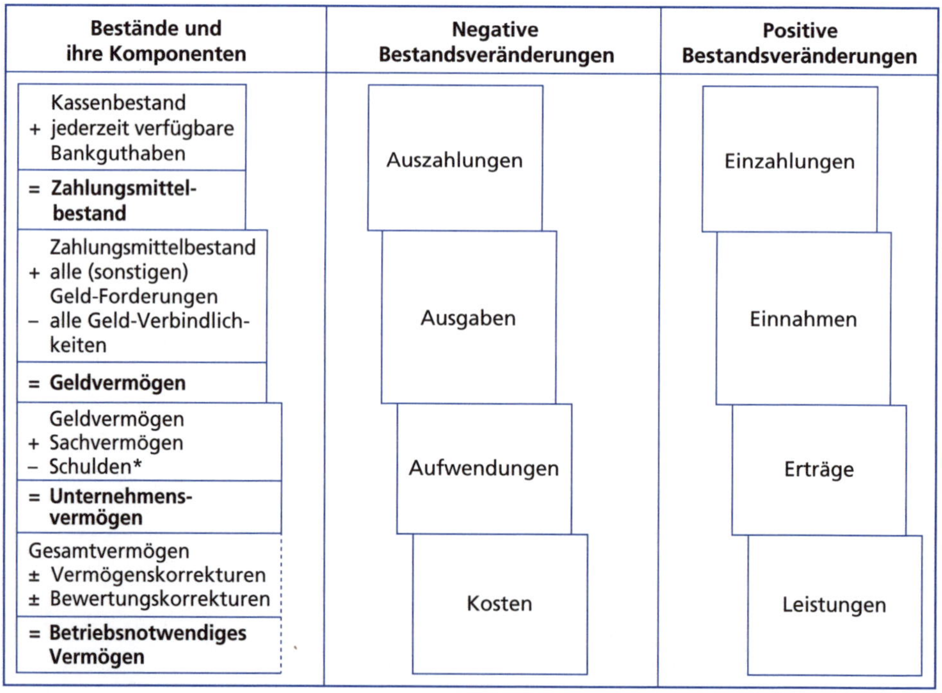

Bestände und ihre Komponenten	Negative Bestandsveränderungen	Positive Bestandsveränderungen
Kassenbestand + jederzeit verfügbare Bankguthaben **= Zahlungsmittelbestand**	Auszahlungen	Einzahlungen
Zahlungsmittelbestand + alle (sonstigen) Geld-Forderungen − alle Geld-Verbindlichkeiten **= Geldvermögen**	Ausgaben	Einnahmen
Geldvermögen + Sachvermögen − Schulden* **= Unternehmensvermögen**	Aufwendungen	Erträge
Gesamtvermögen ± Vermögenskorrekturen ± Bewertungskorrekturen **= Betriebsnotwendiges Vermögen**	Kosten	Leistungen

* exklusive Geld-Verbindlichkeiten

Abb. 19: Bestands- und Stromgrößen

---

[29] Modifiziert übernommen von *Wöhe* 1997, S. 21.

IV. Grundlagen des Betrieblichen Rechnungswesens

Gebiete des Rechnungs- und Finanzwesens	Stromgrößen (Euro pro Zeitraum)	Residual- und Erfolgsgrößen (Euro pro Zeitraum)	Bestandsgrößen (Euro pro Zeitpunkt)
Finanz-(Liquiditäts-) und Investitionsrechnung	Einzahlungen/ Auszahlungen	Überschüsse/ Fehlbeträge	Zahlungsmittelbestand
	Einnahmen/ Ausgaben		Geldvermögen
Vermögens- und Erfolgsermittlung nach Handelsrecht und IFRS	Erträge/ Aufwendungen	Gewinn/Verlust (bzw. Jahresergebnis)	Unternehmensvermögen (Reinvermögen, Eigenkapital)
Steuerrechtliche Erfolgsermittlung	Betriebseinnahmen/ Betriebsausgaben	Steuerrechtliches Ergebnis	Steuerrechtliches Betriebsvermögen
Kostenrechnung	Leistungen/Kosten	Kalkulatorisches (Betriebs-)Ergebnis	Betriebsnotwendiges Vermögen

Abb. 20: Zuordnung von Strom- und Bestandsgrößen zu den Gebieten des Finanz- und Rechnungswesens

als **kalkulatorische Ausgangsgröße** für z. B. Zins- und Substanzerhaltungsentscheidungen vollständig zu erfassen.[30] Darüber hinaus sind **Bewertungskorrekturen** vorzunehmen, die darauf abzielen, das betriebsnotwendige Vermögen zu **Wiederbeschaffungswerten** auszuweisen. Mithin müssen etwa **stille Reserven**, die in den bilanziellen Wertansätzen des Vermögens enthalten sind, aufgelöst werden. Da sowohl positive als auch negative Vermögens- und/oder Bewertungskorrekturen zwischen Gesamtvermögen und betriebsnotwendigem Vermögen möglich sind, wurde die Verbindung der beiden Bestandsgrößen in **Abbildung 19**[31] durch eine gestrichelte Linie gekennzeichnet.

Abschließend nimmt **Abbildung 20**[32] eine Zuordnung der definierten Strom- und Bestandsgrößen zu den aufgezeigten Gebieten des Finanz- und Rechnungswesens vor. Zusätzlich werden noch einmal die relevanten Residual- und Erfolgskomponenten angeführt. Aufgrund der unterschiedlichen bilanziellen Behandlung des Unternehmensvermögens können sich Unterschiede zwischen dem Eigenkapital nach Handelsrecht und IFRS und dem (steuerrechtlichen) Betriebsvermögen ergeben.[33]

2. Erfolgsermittlung und Erfolgsbegriffe

Die Aufgabe von Erfolgsrechnungssystemen besteht ganz allgemein in der zeitraumbezogenen Ermittlung bilanzieller (monetärer) oder kalkulatorischer (wertmäßiger) Erfolgsgrößen. Sie können auf Ist- oder Plangrößen aufbauen. Im Grundsatz kommen Erfolgsrechnungen nachstehende Funktionen zu.

---

[30] Vgl. hierzu im Einzelnen *Freidank* 2012a, S. 126–131.
[31] In Anlehnung an *Eisele/Knobloch* 2011, S. 791.
[32] Modifiziert entnommen von *Haberstock* 1982, S. 16.
[33] Vgl. hierzu die Ausführungen im Dritten Teil zu Gliederungspunkt I.A.1. und 2.

```
                           Erfolgsrechnungssysteme
                                     │
              ┌──────────────────────┴──────────────────────┐
         Bilanzielle                                  Kalkulatorische
         (monetäre)                                    (wertmäßige)
              │                                              │
      ┌───────┴───────┐                                      │
  Totalerfolgs-   Periodenerfolgs-                      Periodenerfolgs-
  ermittlung      ermittlung                            ermittlung

                  Erfolgsermittlung   Steuerrechtliche   Kostenrechnung
  Totalabschluss  nach Handels-       Erfolgs-           (Kurzfristige
                  recht und IFRS      ermittlung         Erfolgsrechnung)

                                      Betriebseinnah-
  Einzahlungen/   Erträge/             men/Betriebs-    Leistungen/Kosten
  Auszahlungen    Aufwendungen         ausgaben

  Gewinn/         Gewinn/Verlust              steuerrechtliches   kalkulatorisches
  Verlust         (Jahresergebnis)  Cash Flow Ergebnis            (Betriebs-) Ergebnis
```

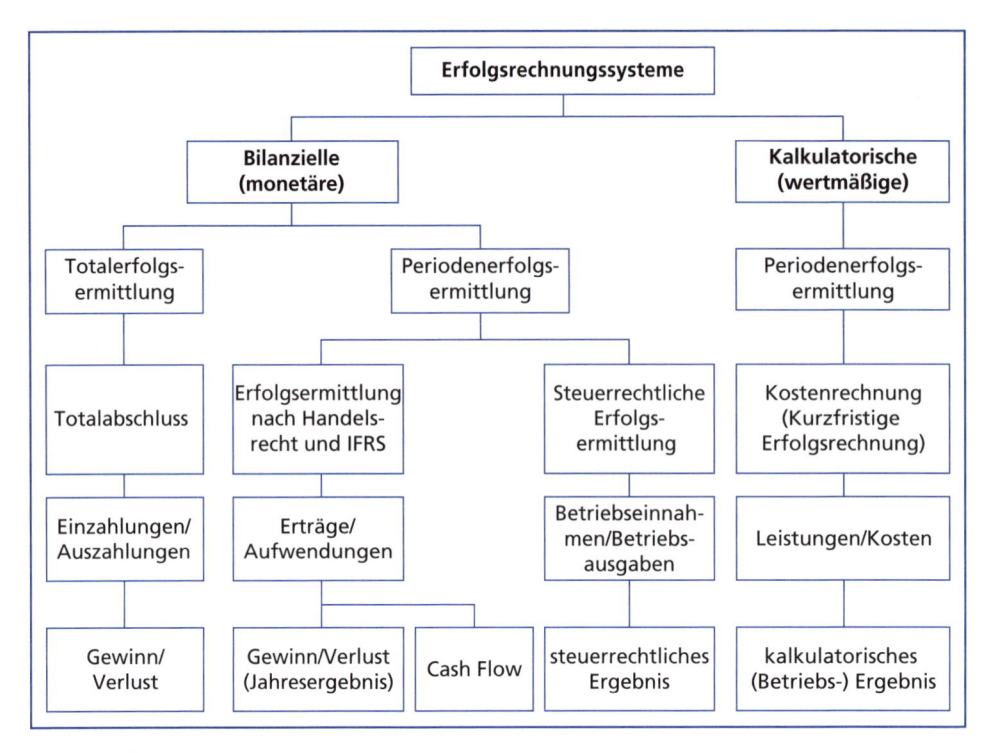

Abb. 21: Überblick über wichtige Erfolgsrechnungssysteme

- Rechenschaftslegung
  - externorientiert (Informations- und Dokumentationsaufgabe);
  - internorientiert (Selbstinformationsaufgabe);
- Ermittlung des ausschüttungsfähigen Gewinns;
- Ermittlung der Besteuerungsgrundlagen für die Bemessung der Einkommen-, Körperschaft- und Gewerbesteuer;
- Ermittlung von Vergleichszahlen für Kontrollzwecke;
- Ermittlung von Ausgangszahlen für die Planungsrechnung.

Abbildung 21 zeigt eine Möglichkeit zur Gliederung von Erfolgsrechnungssystemen auf. Ferner werden die entsprechenden Rechengrößen und Erfolgsbegriffe zugeordnet. Wie bereits verdeutlicht wurde (vgl. **Abbildung 2**), findet innerhalb des Industrieunternehmens ein Leistungserstellungsprozess statt, wobei die einzelnen Leistungsarten durch die Kombination elementarer und dispositiver Produktionsfaktoren hervorgebracht werden. Mit Hilfe der **Kapitaleinzahlungen** von Eignern und Fremdkapitalgebern sind die dafür erforderlichen Produktionsfaktoren zu beschaffen. Die damit verbundenen **Auszahlungen** auf den Beschaffungsmärkten führen nach dem Leistungserstellungsprozess in Form von Erlösen zu **Einzahlungen**, wenn es gelingt, die erstellten Leistungen auf den Absatzmärkten zu verkaufen. Neben den **Einzahlungen** von Seiten der Geld- und Kapitalmärkte erfolgen auch Rückflüsse in Gestalt von Kapitalauszahlungen sowie **Gewinn- und Zinsauszahlungen** aus dem Unternehmen. Schließlich steht das Unternehmen durch **Ein- und Auszahlungen** in Form

IV. Grundlagen des Betrieblichen Rechnungswesens

von Subventionen und insbesondere Abgaben (Steuern) in Verbindung mit dem Staat. Es wird ersichtlich, dass das Unternehmen in einem Geld- und Güterkreislauf eingebettet ist. Hierbei hängt der **monetäre Erfolg** von den Ein- und Auszahlungen ab, die den Zu- bzw. Abfluss der liquiden Mittel umfassen.

Um den **monetären Totalerfolg** (d. h. den Erfolg eines Unternehmens während seiner Lebensdauer) zu erfassen, ist von einem **liquidierten Unternehmen** auszugehen, da nur in diesem Fall alle Zahlungsvorgänge abgeschlossen sind. Allerdings lässt sich der monetäre Totalerfolg durch die Gegenüberstellung der gesamten Ein- und Auszahlungen nicht ermitteln, da beide Summen über die Lebensdauer gleich groß sind. Aus diesem Grunde muss eine **Aufteilung der Zahlungsströme** erfolgen (Sacheinlagen und -entnahmen der Eigner bleiben unberücksichtigt).

(1) Erfolgsermittlung durch Aus- und Einzahlungen zwischen Unternehmung und Eignern:
       Summe aller Eigenkapitalauszahlungen an Eigner
  – Summe aller Eigenkapitaleinzahlungen von Eignern

  = Totalerfolg.

(2) Erfolgsermittlung durch Ein- und Auszahlungen zwischen Unternehmen und Umwelt ohne Eigner:
       Summe aller Einzahlungen der Umwelt ohne Eigner an das Unternehmen
  – Summe aller Auszahlungen des Unternehmens an die Umwelt ohne Eigner

  = Totalerfolg.

Die letzte Methode der Totalerfolgsermittlung hat den Nachteil der **aufwändigen rechnerischen Bestimmung,** da sich bestimmte Zahlungsvorgänge am Ende der Totalperiode ausgleichen **(erfolgsunwirksame Ein- und Auszahlungen).** Im Hinblick auf die Erfolgsermittlung führen diese Zahlungsvorgänge nur zu einer unnötigen Aufblähung der Ein- und Auszahlungsseite und können deshalb außer Acht gelassen werden.

Als Beispiele für solche sich ausgleichende Zahlungen sind etwa Darlehensaufnahmen und Darlehensgewährungen des Unternehmens zu nennen. Während die Ein- bzw. Auszahlung von einem Schulden- bzw. Forderungszugang begleitet wird, ist die Tilgung des Darlehens (Auszahlung beim Unternehmen) mit einem Schulden- bzw. die Rückzahlung (Einzahlung beim Unternehmen) mit einem Forderungsabgang verbunden. Vor diesem Hintergrund besteht eine dritte Möglichkeit zur Ermittlung des Totalerfolgs:

(3) Erfolgsermittlung durch Erträge und Aufwendungen:
       Summe aller Einzahlungen, die nicht von Forderungsabgängen und Schuldenzugängen begleitet und nicht von Eignern in Form von Eigenkapitaleinzahlungen geleistet werden (Summe der Erträge der Totalperiode)
  – Summe aller Auszahlungen, die nicht von Forderungszugängen und Schuldenabgängen begleitet werden oder keine Eigenkapitalauszahlungen an die Eigner darstellen (Summe der Aufwendungen der Totalperiode)

  = Totalerfolg.

Im Gegensatz zu Totalerfolgsrechnungen ermitteln **Periodenerfolgsrechnungen** den Erfolg für einen bestimmten, festgelegten **Zeitraum** (z. B. Jahr, Quartal, Monat) innerhalb der gesamten Lebensdauer eines Unternehmens. Eine Periodenerfolgsermittlung wird insbesondere aus folgenden Gründen notwendig.

- Zur regelmäßigen Erfüllung der **Rechenschafts- und Informationsfunktion** reicht eine Totalerfolgsermittlung nicht aus;
- Eigner und Anteilseigner erwarten permanente (periodische) **Gewinnausschüttungen** als Verzinsungsäquivalent für ihr zur Verfügung gestelltes Kapital;
- zur Erfüllung seiner Verpflichtungen ist der Staat auf ein regelmäßiges (periodisches) **Steueraufkommen** angewiesen;
- die Ermittlung von Vergleichszahlen für **Kontrollzwecke** und von Ausgangszahlen für die **Planungsrechnung** ist aus der Sicht einer strategischen und operativen **Unternehmensteuerung** nur dann sinnvoll, wenn sie permanent (periodisch) vorgenommen wird.

Beispiele für **bilanzielle (monetäre) Periodenerfolgsrechnungen** sind der **Jahresabschluss** nach Handelsrecht und IFRS (§ 242, § 264 HGB; IAS 1) sowie die **steuerrechtliche Erfolgsermittlung**, die bei Gewerbetreibenden an den handelsrechtlichen Jahresabschluss anknüpft (§ 5 Abs. 1 Satz 1 EStG).[34] Die Summe der Periodenerfolge muss aber stets mit dem Totalerfolg des Unternehmens übereinstimmen. Auch für den Jahresabschluss nach Handelsrecht und IFRS bestehen **zwei grundsätzliche Möglichkeiten** der Periodenerfolgsermittlung.[35]

(1) Erfolgsermittlung durch **Bestandsvergleich**:
    Eigenkapital am Ende der Periode
    − Eigenkapital am Anfang der Periode
    + Wert der Entnahmen der Eigner während der Periode
    − Wert der Einlagen der Eigner während der Periode
    = Periodenerfolg (Gewinn oder Verlust; Jahresergebnis).

(2) Erfolgsermittlung durch Rückgriff auf **Stromgrößen**:
    Summe aller Erträge der Periode
    − Summe aller Aufwendungen der Periode
    Periodenerfolg (Gewinn oder Verlust; Jahresergebnis).

Um zu einem **realistischen** und **objektivierbaren Periodenerfolg** zu gelangen, sind Grundsätze entwickelt und kodifiziert worden, die eindeutig festlegen, wie sich im Periodenverlauf **nicht ausgleichende** (erfolgswirksame) **Ein- und Auszahlungen**, unabhängig von ihrem zeitlichen Anfall, den einzelnen Perioden zuzurechnen sind. Prinzipiell handelt es sich dabei um die Regel, dass Ein- und Auszahlungen nach Maßgabe des Zeitpunktes des ihnen zugrunde liegenden **Güterverzehrs** den jeweiligen Perioden zuzuordnen sind [z. B. werden auf Lager befindliche fertige Erzeugnisse mit Teilen (künftiger) Einzahlungen (Herstellungskosten) und die Wertverzehre abnutzbarer Wirtschaftsgüter (Abschreibungen) mit Teilen (früherer) Auszahlungen bewertet]. Würden hingegen zum Zwecke der Periodenerfolgsermittlung die erfolgswirksamen Zahlungen den Perioden zugerechnet, in denen sie anfallen, dann wären die Erfolge **beliebig manipulierbar**, indem z. B. zum Ende der Perioden immer Auszahlungen getätigt werden könnten.

---

[34] Vgl. hierzu die Ausführungen im Zweiten Teil zu Gliederungspunkt I.
[35] Diese sind analog für die steuerrechtliche Erfolgsermittlung anzuwenden.

IV. Grundlagen des Betrieblichen Rechnungswesens

Im Rahmen der bilanziellen Periodenerfolgsermittlung ist aber für Zwecke der **Liquiditätsanalyse** u. a. derjenige **Cash Flow** von Interesse, der den durch das Unternehmen (ohne Einlagen und Entnahmen der Eigner) erwirtschafteten **Zahlungsüberschuss bzw. -fehlbetrag** zum Ausdruck bringt.[36] Die nach dem nachfolgenden Schema dargestellte **Zahlungsstromrechnung** verdeutlicht mithin denjenigen Teil des bilanzrechtlichen Periodenergebnisses, das in liquider Form vom Unternehmen tatsächlich realisiert wurde.

	Summe derjenigen Erträge, die in derselben Periode zu Einzahlungen führen
−	Summe derjenigen Aufwendungen, die in derselben Periode zu Auszahlungen führen
=	Cash Flow der Periode.

Im Gegensatz zu den bilanziellen (monetären) Systemen basieren **kalkulatorische Erfolgsermittlungsrechnungen** auf Leistungen und Kosten. Sie werden zum Zwecke der kurzfristigen, innerbetrieblichen Planung, Kontrolle und Steuerung des Leistungserstellungs- und Leistungsverwertungsprozesses der industriellen Unternehmung eingesetzt. Insbesondere folgende Gründe haben dazu geführt, neben der bilanziellen (monetären) ergänzend eine (kalkulatorische) kurzfristige Erfolgsrechnung[37] zu führen.

- Die bilanzrechtliche Abrechnungsperiode von in aller Regel einem Jahr ist für kurzfristige Steuerungsmaßnahmen im Rahmen der **Preispolitik** und/oder der **Planung optimaler Produktions- und Absatzmengen** zu lang.
- Die bilanzrechtlich ausgewiesenen Gesamtaufwendungen und -erträge entsprechen **nicht** den Gesamtkosten bzw. -leistungen.
- Die bilanzrechtliche Erfolgsrechnung nach dem Gesamtkostenverfahren gliedert die Aufwendungen nach Maßgabe bestimmter Kostenarten bzw. Abrechnungsbereiche, während die Erträge primär produktbezogen zum Ausweis kommen. Hierdurch wird eine **erzeugnis(gruppen)orientierte Erfolgsanalyse** unmöglich.

Während der formelle Aufbau bilanzieller Periodenerfolgsrechnungen weitgehend durch Normierungen (§ 266, § 275 HGB; IAS 1) vorgegeben ist, bestehen grundsätzlich keine Vorschriften für die Gestaltung kalkulatorischer Erfolgsrechnungssysteme. Auch überwiegt bei den kalkulatorischen Systemen die stromgrößenorientierte Erfolgsermittlung durch Gegenüberstellung von Leistungen und Kosten einer Periode.

Beispiel: Das Rechnungswesen eines industriellen Einzelunternehmens, das nur zwei Jahre (2011 und 2012) existiert, weist folgende Ein- und Auszahlungen aus:

(1)	02.01.2011	Eigenkapitaleinzahlung des Eigners (= Anfangsbestand Eigenkapital)	400.000 €
(2)	03.03.2011	Auszahlung für die Beschaffung von Produktionsfaktoren, die sofort verbraucht werden	200.000 €
(3)	04.04.2011	Auszahlung von Löhnen und Gehältern für 2011	156.000 €
(4)	01.07.2011	Auszahlung für die Gewährung eines Darlehens	80.000 €
(5)	07.07.2011	Einzahlung von Kunden aus Produktverkäufen	900.000 €

---

[36] Vgl. zu weiteren Definitionen des Cash Flows etwa *Hauschildt* 1993, Sp. 637–647 und die Ausführungen im Fünften Teil zu Gliederungspunkt IV.B.2.

[37] Vgl. hierzu im Einzelnen *Freidank* 2012a, S. 175–189.

(6)	01.11. 2011	Einzahlung aufgrund der Aufnahme von Fremdkapital	400.000 €
(7)	11.11. 2011	Auszahlung der Fremdkapitalzinsen für 2011/2012	42.000 €
(8)	12.12. 2011	Auszahlung für die Beschaffung von Produktionsfaktoren, die jeweils zur Hälfte in 2011 und 2012 verbraucht werden	250.000 €
(9)	30.12. 2011	Mieteinzahlung für den Zeitraum Oktober 2011 bis März 2012	120.000 €
(10)	02.02.2012	Eigenkapitalauszahlung an den Eigner (Entnahme)	100.000 €
(11)	05.06. 2012	Einzahlung von Zinsen für das gewährte Darlehen für 2011 und 2012	9.000 €
(12)	07.07. 2012	Eigenkapitaleinzahlung des Eigners (Einlage)	30.000 €
(13)	08.07. 2012	Auszahlung von Löhnen und Gehältern für 2012	158.000 €
(14)	10.10. 2012	Einzahlung von Kunden aus Produktverkäufen	140.000 €
(15)	31.12. 2012	Auszahlung für Fremdkapitaltilgung	400.000 €
(16)	31.12. 2012	Einzahlung aufgrund des zurückgezahlten Darlehens vom 01.07.2011	80.000 €
(17)	31.12. 2012	Eigenkapitalauszahlung an den Eigner (= Endbestand Eigenkapital)	693.000 €.

(a) Ermittlung des unternehmensbezogenen Totalerfolgs durch Bestands- und Stromgrößenvergleich auf der Basis von Ein- und Auszahlungen

(a.a) Bestandsgrößenvergleich

	(17)		Eigenkapital am Ende von 2012	693.000 €
	(1)	−	Eigenkapital am Anfang 2011	400.000 €
	(12)	−	Einlage des Eigners	30.000 €
	(10)	+	Entnahme des Eigners	100.000 €
	=		Totalerfolg (= Totalgewinn)	363.000 €.

(a.b) Stromgrößenvergleich

Einzahlungen:		Auszahlungen:	
		(2)	200.000 €
(5)	900.000 €	(3)	156.000 €
(6)	400.000 €	(4)	80.000 €
(9)	120.000 €	(7)	42.000 €
(11)	9.000 €	(8)	250.000 €
(14)	140.000 €	(13)	158.000 €
(16)	80.000 €	(15)	400.000 €
=	1.649.000 €.	=	1.286.000 €.

Totalerfolg (= Totalgewinn) = 363.000 € (= 1.649.000 € − 1.286.000 €).

IV. Grundlagen des Betrieblichen Rechnungswesens

(b) Ermittlung der Erfolge für die Jahre 2011 und 2012 durch Stromgrößenvergleich auf der Basis von Erträgen und Aufwendungen

(b.a) Erfolgsermittlung für das Jahr 2011

Erträge:		Aufwendungen:	
		(2)	200.000 €
(5)	900.000 €	(3)	156.000 €
(9)	60.000 €[a]	(7)	6.000 €[b]
(11)	3.000 €[c]	(8)	125.000 €
=	963.000 €.	=	487.000 €.

Erfolg für das Jahr 2011 (= Gewinn) = 476.000 €   (= 963.000 € − 487.000 €).

[a] Für Oktober bis Dezember 2011 je 20.000 € (= 120.000 € : 6 Monate).
[b] Für November bis Dezember 2011 je 3.000 € (= 42.000 € : 14 Monate).
[c] Für Juli bis Dezember 2011 je 500 € (= 9.000 € : 18 Monate).

(b.b) Erfolgsermittlung für das Jahr 2012

Erträge:		Aufwendungen:	
(9)	60.000 €[a]	(7)	36.000 €[b]
(11)	6.000 €[c]	(8)	125.000 €
(14)	140.000 €	(13)	158.000 €
=	206.000 €.	=	319.000 €.

Erfolg für das Jahr 2012 (= Verlust) = − 113.000 €   (= 206.000 € − 319.000 €).
Die Summe aus den beiden Periodenerfolgen entspricht dem Totalerfolg (= Totalgewinn) von 363.000 €   (= 476.000 € − 113.000 €).

[a] Für Januar bis März 2012 je 20.000 €.
[b] Für Januar bis Dezember 2012 je 3.000 €.
[c] Für Januar bis Dezember 2012 je 500 €.

(c) Ermittlung des Cash Flows (= Saldo aus Erträgen und Aufwendungen, die in derselben Periode zu Einzahlungen und Auszahlungen geführt haben) für die Jahre 2011 und 2012

(c.a) Für das Jahr 2011

Erträge = Einzahlungen:		Aufwendungen = Auszahlungen:	
		(2)	200.000 €
		(3)	156.000 €
(5)	900.000 €	(7)	6.000 €[a]
(9)	60.000 €[b]	(8)	125.000 €
=	960.000 €.	=	487.000 €.

Cash Flow für das Jahr 2011 = 473.000 €   (= 960.000 € − 487.000 €).

[a] Für November bis Dezember 2011 je 3.000 €.
[b] Für Oktober bis Dezember 2011 je 20.000 € (= 120.000 € : 6 Monate).

(c.b) Für das Jahr 2012

Erträge = Einzahlungen:		Aufwendungen = Auszahlungen:	
(11)	6.000 €[a]	(13)	158.000 €.
(14)	140.000 €		
=	146.000 €.		

Cash Flow für das Jahr 2012 = − 12.000 € (= 146.000 € − 158.000 €).

[a] Für Januar bis Dezember 2012 je 500 €.

(d) Ermittlung des Zahlungsmittelbestands (Kasse und Bank) zum 31.12.2011 und zum 31.12.2012

(d.a) Für das Jahr 2011

Einzahlungen:		Auszahlungen:	
		(2)	200.000 €
(1)	400.000 €	(3)	156.000 €
(5)	900.000 €	(4)	80.000 €
(6)	400.000 €	(7)	42.000 €
(9)	120.000 €	(8)	250.000 €
	1.820.000 €.	=	728.000 €

Zahlungsmittelbestand zum 31.12.2011 = 1.092.000 € (= 0 € + 1.820.000 € − 728.000 €).[a]

[a] Die auf das Jahr 2011 entfallenden Darlehenszinsen von 3.000 € stellen eine sonstige Geld-Forderung dar, die nicht den Zahlungsmittelbestand, aber das Geldvermögen im Jahr 2011 erhöht.

(d.b) Für das Jahr 2012

Einzahlungen:		Auszahlungen:	
(11)	9.000 €	(10)	100.000 €
(12)	30.000 €	(13)	158.000 €
(14)	140.000 €	(15)	400.000 €
(16)	80.000 €	(17)	693.000 €
=	259.000 €.	=	1.351.000 €.

Zahlungsmittelbestand zum 31.12.2012 = 0 (= 1.092.000 € + 259.000 € − 1.351.000 €).[a]

[a] Die Einzahlung der Darlehenszinsen im Jahr 2011 von 9.000 € führt nur i. H. v. 6.000 € zu einer Steigerung des Geldvermögens im Jahr 2012, da die sonstigen Geld-Forderungen von 3.000 € aus dem Jahr 2011 nun zahlungswirksam werden.

V. Zusammenfassung

Das **Betriebliche Rechnungswesen** erfüllt als Grundlage für die Rechnungslegung des Unternehmens eine **Dokumentations- und Überwachungs-, Dispositions-** sowie eine **Rechenschaftslegungs- und Informationsfunktion**. Da das Unternehmen durch weit reichende Austauschbeziehungen mit den **Beschaffungs-, Absatz-, Geld- und Kapitalmärkten** sowie dem **Staat** gekennzeichnet ist, lassen sich eine Vielzahl von aktuellen und potenziellen **Koalitionsteilnehmern (Stakeholder)** ableiten, die ein berechtigtes Informationsinteresse an einer regelmäßigen und möglichst wahrheitsgetreuen Rechenschaftslegung durch das Unternehmen besitzen. Der **Jahresabschluss** und der **Lagebericht** besitzen als periodische Ausflüsse der Finanzbuchhaltung hierbei eine herausragende Bedeutung.

Im Rahmen einer Einführung in die Rechnungslegung bedarf es zunächst eines Überblicks über die **privatrechtlichen Unternehmensformen**. Hierbei lassen sich neben **rechtsfähigen Stiftungen** die **Personenunternehmen** und die **körperschaftlich organisierten Unternehmen** unterscheiden. In der vorliegenden Abhandlung wird zunächst im zweiten und dritten Teil auf die Rechnungslegung der **Einzelunternehmen** eingegangen, bevor im weiteren Verlauf die spezifischen Normen der **Personenhandelsgesellschaften** (OHG, KG) (Vierter Teil) und der **Kapitalgesellschaften** (AG, GmbH und KGaA) (Fünfter und Sechster Teil) präsentiert werden. Die Frage nach der Auswahl der Rechtsformen entscheidet sich vorwiegend anhand des erforderlichen Kapitalbedarfs, wobei insbesondere die Möglichkeiten einer **Haftungsbegrenzung** bei der Kapitalgesellschaft im Fokus stehen.

Bereits im einführenden Teil wird dargelegt, dass sich die **Rechnungslegungspolitik** als **derivative Partialpolitik** in Einklang mit den unternehmerischen Oberzielsetzungen befinden muss. Die **Rechnungslegung i. w. S.** repräsentiert hierbei den eigentlichen Erstellungsvorgang (**Rechnungslegung i. e. S.**) sowie die **Rechnungslegungspolitik und -analyse**. Zwischen der Rechnungslegungspolitik und der -analyse besteht ein klassisches Spannungsverhältnis. Während Erstere darauf abzielt, das Verhalten der Koalitionsteilnehmer der Unternehmung zielkonform zu beeinflussen, stellt die Rechnungslegungsanalyse auf eine Neutralisation der rechnungslegungspolitischen Maßnahmen ab.

Als Teilgebiete des Betrieblichen Rechnungswesens lassen sich die

- Finanzbuchhaltung und Bilanz,
- Kostenrechnung,
- Statistik und Vergleichsrechnung sowie
- die Planungsrechnung

abgrenzen. Zwischen dem **Rechnungs- und Finanzwesen** bestehen wesentliche Interdependenzen, da sich die Mittelverwendungen auf der Aktivseite und die Mittelherkünfte auf der Passivseite der Bilanz niederschlagen. Hinsichtlich der **Zahlungs- und Erfolgskomponenten** des Rechnungs- und Finanzwesens sind die Begriffspaare

- Auszahlungen und Ausgaben,
- Ausgaben und Aufwendungen,
- Aufwendungen und Kosten,
- Einzahlungen und Einnahmen,
- Einnahmen und Erträge sowie
- Erträge und Leistungen

voneinander zu unterscheiden. Als Ergebnis lassen sich wichtige Beziehungen zwischen den **Bestandsgrößen** Zahlungsmittelstand, Geld-, Sach- und Unternehmensvermögen sowie den **Stromgrößen** Aus-/Einzahlungen, Ausgaben/Einnahmen und Aufwendungen/Erträge zusammenfassen und diese den Gebieten des Rechnungs- und Finanzwesens (Finanz- und Investitionsrechnung, Jahresabschluss, steuerrechtliche Erfolgsermittlung und Kostenrechnung) zuordnen.

Die **Erfolgsrechnungssysteme** werden in **bilanzielle und kalkulatorische** Arten aufgespalten, wobei der im Fokus stehende Jahresabschluss nach Handels- und Steuerrecht sowie nach IFRS ein bilanzielles Erfolgsrechnungssystem als **Periodenerfolgsermittlung** darstellt. Der Periodenerfolg kann durch zweierlei Arten berechnet werden (durch Bestandsvergleich oder durch den Rückgriff auf Stromgrößen). Zum Zwecke der Liquiditätsanalyse kommt dem **Cash Flow** als Zahlungsmittelüberschuss bzw. -fehlbetrag in jüngerer Zeit eine besondere Bedeutung zu.

Finanzbuchhaltung, Jahresabschluss und Lagebericht

2

Lernziele

- Gesetzliche Grundlagen zur Finanzbuchhaltung
- Finanzbuchhaltung in Form der doppelten Buchführung
- Finanzbuchhaltung in Form der einfachen Buchführung
- Buchhalterische Erfassung ausgewählter Geschäftsvorfälle (Waren-, Zahlungs-, Lohn- und Gehaltsverkehr, Steuern, Gebühren und Beiträge)
- Grundsätze ordnungsmäßiger Buchführung (GoB) und Rahmenkonzept der IFRS
- Theoretische Erklärungsansätze der Rechnungslegung (Neoklassische Kapitalmarkttheorie, Principal Agent-Theorie, Stewardship-Theorie, (Konzern-)Bilanztheorien)
- Aufstellungs-, Prüfungs- und Offenlegungspflichten des Jahresabschlusses und Lageberichts
- Grundlagen der Erfolgsbesteuerung
- Verstöße gegen gesetzliche Buchführungs- und Rechnungslegungsvorschriften

I. Grundlagen und gesetzliche Rahmenbedingungen

A. Gesetzliche Verankerung der Finanzbuchhaltung

1. Handelsrechtliche Buchführungspflicht

Die Buchführungspflicht, d. h. die gesetzliche Auflage Bücher zu führen und aufgrund jährlicher Bestandsaufnahmen Abschlüsse zu erstellen, ergibt sich zum einen aus dem **Handels-** und zum anderen aus dem **Steuerrecht**[1]. Die angesprochene Verpflichtung erstreckt sich also nicht nur auf das Führen der Bücher (Buchführung i. e. S.), sondern umfasst auch die jährliche Bestandsaufnahme (Inventur) und die Erstellung des aus den Büchern und dem Bestandsverzeichnis (Inventar) abgeleiteten Abschlusses.

Rechtsgrundlage für die **handelsrechtliche Buchführungspflicht** sind § 238, § 240 und § 242 HGB.[2] Zunächst bestimmt § 238 Abs. 1 HGB ganz allgemein: „Jeder Kaufmann ist verpflichtet, Bücher zu führen und in diesen seine Handelsgeschäfte und die Lage seines Vermögens nach den Grundsätzen ordnungsmäßiger Buchführung ersichtlich zu machen." Darüber hinaus hat jeder Kaufmann gemäß § 240 Abs. 1 und Abs. 2 HGB zu Beginn seines Handelsgewerbes und für den Schluss eines jeden Geschäftsjahres ein Bestandsverzeichnis zu erstellen. Aus dem Gründungsinventar (Bestandsverzeichnis zu Beginn des Handelsgewerbes) ist die nach § 242 Abs. 1 HGB zu fertigende (Geschäfts-)Eröffnungsbilanz und aus dem periodischen Inventar (Bestandsverzeichnis für den Schluss eines jeden Geschäftsjahres) der nach § 242 Abs. 1 bis Abs. 3 HGB aufzustellende Jahresabschluss, bestehend aus der Bilanz sowie der Gewinn- und Verlustrechnung, abzuleiten.[3]

---

[1] Nach den IFRS sind keine Regelungen zur Buchführungspflicht enthalten. Da der IFRS-Einzelabschluss im deutschen Rechtsraum lediglich einen freiwilligen Charakter besitzt, müssen die handelsrechtlichen Buchführungsregeln entsprechend übertragen werden.

[2] Vgl. hierzu auch ausführlich *Pfitzer/Oser* 2011, Anm. 4 f. zu § 238 HGB.

[3] Kapitalgesellschaften, die keine Kleinstkapitalgesellschaften nach § 267a HGB darstellen, haben nach § 264 Abs. 1 Satz 1 HGB den Jahresabschluss um einen *Anhang* zu erweitern, der mit der Bilanz sowie der Gewinn- und Verlustrechnung eine Einheit bildet. Des Weiteren ist von großen und mittelgroßen Kapitalgesellschaften ein *Lagebericht* zu erstellen (§ 264 Abs. 1 Satz 3 1. HS HGB). Ferner haben Unternehmen, die unter das Publizitätsgesetz fallen und die nicht in der Rechtsform einer Personenhandelsgesellschaft oder des Einzelkaufmanns geführt werden, ebenfalls den Jahresabschluss um einen Anhang zu erweitern sowie einen Lagebericht aufzustellen (§ 5 Abs. 2

Nach den IFRS sind dagegen neben Bilanz und Gesamterfolgsrechnung auch der Anhang, der Eigenkapitalspiegel und die Kapitalflussrechnung Elemente des IFRS-Abschlusses für sämtliche Unternehmen (IAS 1.10, IAS 7). Kapitalmarktorientierte Unternehmen müssen zudem abweichend vom Handelsrecht einen Segmentbericht nach IFRS 8 erstellen.

Im Schrifttum wird als Rechtsgrundlage für die handelsrechtliche Buchführungspflicht prinzipiell lediglich auf § 238 Abs. 1 HGB verwiesen, wobei allerdings verkannt wird, dass sowohl die Pflicht zur Erstellung des Bestandsverzeichnisses als auch die Auflage zur Fertigung des Jahresabschlusses selbst zum Grundbestand der Buchführungspflicht gehören. Folglich umfasst der Buchführungsbegriff nicht nur das Führen der Bücher, sondern er beinhaltet darüber hinaus auch die **Aufstellung des Inventars** und des **Jahresabschlusses**.[4]

Der Buchführungspflicht nach Handelsrecht unterliegt grundsätzlich jeder **Kaufmann**. Ausgenommen hiervon sind lediglich Gewerbetreibende, deren Unternehmen nach Art oder Umfang einen in kaufmännischer Weise eingerichteten Geschäftsbetrieb nicht erfordert (§ 1 Abs. 2 HGB) (**Nichtkaufleute**), die nicht durch freiwillige Eintragung ins Handelsregister Kaufmannseigenschaft erlangen (**Kannkaufleute**) und der **Scheinkaufmann** (§ 5 HGB). Die handelsrechtliche Obliegenheit Bücher zu führen, periodische Bestandsaufnahmen vorzunehmen und regelmäßig Abschlüsse zu erstellen, besteht somit nur für Kaufleute i. S. d. § 1 bis § 3 HGB und § 6 HGB.

Nach § 241a HGB besteht eine Befreiungsmöglichkeit für Einzelkaufleute von der Buchführungspflicht, sofern bestimmte Schwellenwerte bezüglich des Umsatzes (höchstens 500.000 €) und des Jahresüberschusses (höchstens 50.000 €) an zwei aufeinanderfolgenden Geschäftsjahren nicht übertroffen werden. Die nachfolgende **Abbildung 22** fasst die handelsrechtliche Buchführungspflicht zusammen.

Buchführungspflichtig sind:[5]

- **Gewerbetreibende** mit Aufnahme des Handelsgewerbes (§ 1 Abs. 1 HGB), deren Unternehmen nach Art oder Umfang einen in kaufmännischer Weise eingerichteten Geschäftsbetrieb **erfordert**.[6] Sie erlangen die Kaufmannseigenschaft unabhängig von einer Eintragung in das Handelsregister.
- **Gewerbetreibende**, deren Unternehmen nach Art oder Umfang einen in kaufmännischer Weise eingerichteten Geschäftsbetrieb **nicht erfordert** (Kleingewerbetreibende,

---

PublG). Für die unter § 264 a HGB fallenden Unternehmen ist § 264 HGB ebenfalls bindend. Vgl. hierzu die Ausführungen im Fünften Teil zu Gliederungspunkt III.A. Kapitalmarktorientierte Kapitalgesellschaften im Sinne des § 264d HGB müssen zusätzlich einen Eigenkapitalspiegel und eine Kapitalflussrechnung erstellen (§ 264 Abs. 1 Satz 2 HGB).

[4] Nach der Rechtsprechung des *BFH* erstreckt sich der Begriff der Buchführung sowohl auf die laufende Buchführung (= Buchführung i. e. S.) als auch auf den Jahresabschluss (vgl. z. B. *BFH* 1974, S. 79). Da das Inventar die Grundlage für die Bilanz bildet, wird hieraus unmittelbar gefolgert, dass auch das Bestandsverzeichnis ein wesentliches Element der Buchführung ist. Eine zutreffende Beschreibung des Umfangs der Buchführungspflicht enthält § 141 Abs. 1 AO („... sind auch dann verpflichtet, für diesen Betrieb Bücher zu führen und auf Grund jährlicher Bestandsaufnahmen Abschlüsse zu machen, wenn sich eine Buchführungspflicht nicht aus ... ergibt.").

[5] Vgl. auch die grafische Darstellung bei *Coenenberg et al.* 2012, S. 49.

[6] Dies wird primär auf Basis der Beschäftigungszahlen, der Höhe des Anlagevermögens, des Umfangs des unbaren Geschäftsverkehrs und der Umsätze beurteilt.

I. Grundlagen und gesetzliche Rahmenbedingungen

Gewerbetreibende

- **Kaufleute**
  - **Gewerbetreibende**, deren Unternehmen nach Art und Umfang einen in kaufmännischer Weise eingerichteten Geschäftsbetrieb erfordert (§ 1 HGB) **(Gebot)**
  - **Einzelkaufleute** mit höchstens 500.000 € Umsatzerlöse und höchstens 50.000 € Jahresüberschuss an 2 aufeinander folgenden Geschäftsjahren (§ 241a HGB) **(Wahlrecht)**
  - freiwillig in das HR eingetragene **Kleingewerbetreibende** (§ 2 HGB) **(Wahlrecht)**
  - freiwillig in das HR eingetragene **Land- und Forstwirte** (§ 3 HGB) **(Wahlrecht)**
  - **Handelsgesellschaften** (z.B. OHG, KG, GmbH, AG) (§ 6 HGB) **(Gebot)**
- **Nichtkaufleute** (§§ 2 f. HGB)

Umfang der handelsrechtlichen Buchführungspflicht nach § 238 ff. HGB

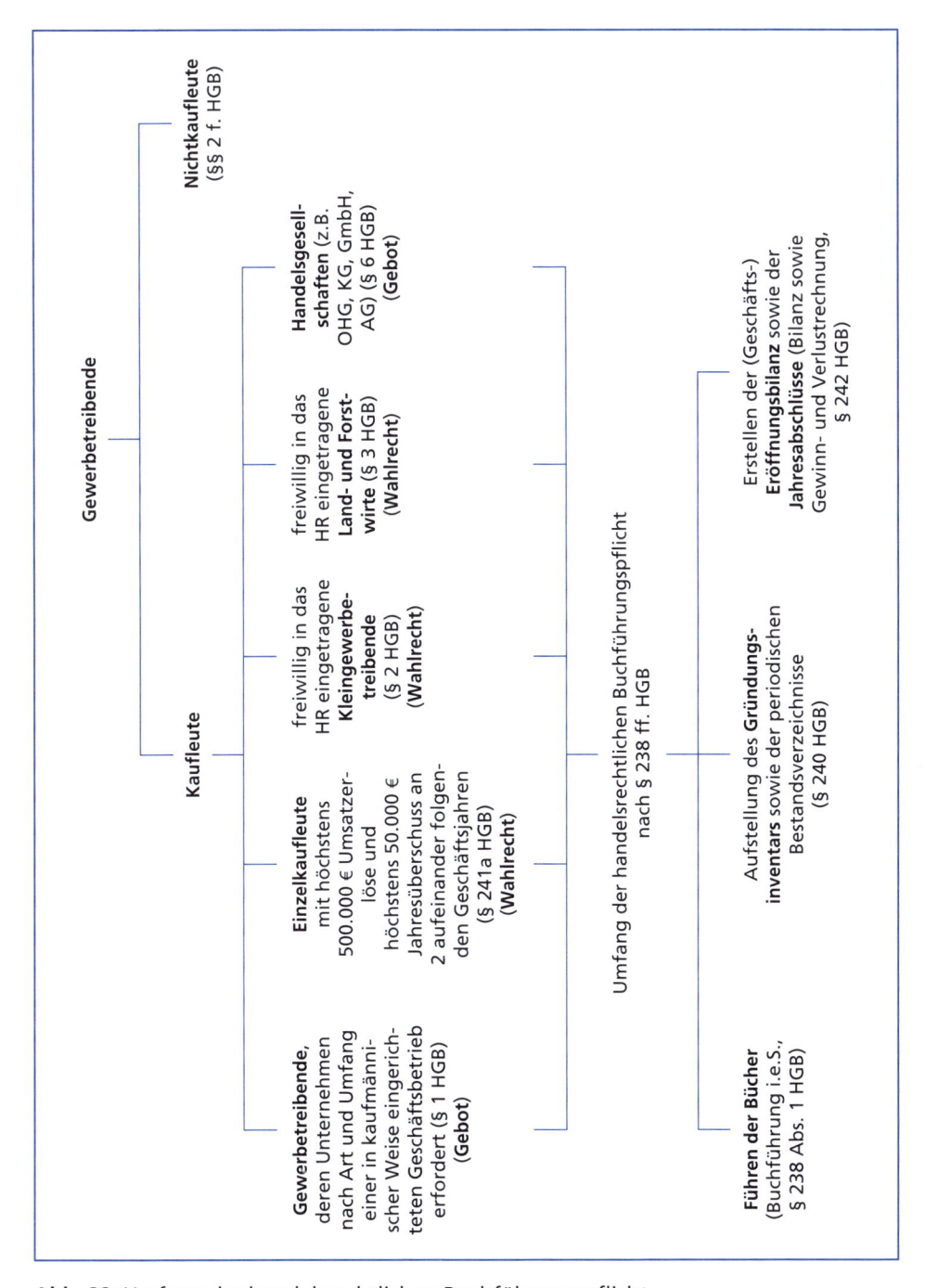

- **Führen der Bücher** (Buchführung i.e.S., § 238 Abs. 1 HGB)
- Aufstellung des **Gründungsinventars** sowie der periodischen Bestandsverzeichnisse (§ 240 HGB)
- Erstellen der (Geschäfts-) **Eröffnungsbilanz** sowie der **Jahresabschlüsse** (Bilanz sowie Gewinn- und Verlustrechnung, § 242 HGB)

Abb. 22: Umfang der handelsrechtlichen Buchführungspflicht

wie z. B. Kioskbetreiber oder Straßenhändler) mit der **freiwilligen Herbeiführung** der Handelsregistereintragung (§ 2 HGB).
- **Betreiber land- oder forstwirtschaftlicher Unternehmen**, die entweder nach Art und Umfang einen in kaufmännischer Weise eingerichteten Geschäftsbetrieb **erfordern** oder die mit einem gewerblichen Nebenbetrieb (z. B. Brennerei, Sägewerk) verbunden sind (§ 3 HGB). Gemäß § 2 Satz 2 HGB ist der Unternehmer berechtigt, aber nicht verpflichtet, sein Unternehmen in das Handelsregister einzutragen. Da er aber erst durch die Eintragung seines Betriebes die Kaufmannseigenschaft erwirbt, besteht für den Unternehmer vor der Anmeldung und Aufnahme in das Handelsregister keine Buchführungspflicht.
- **Handelsgesellschaften (Formkaufleute)** (§ 6 Abs. 1 HGB). Hierzu zählen im Wesentlichen die OHG (§ 105 Abs. 1 HGB), die KG (§ 161 Abs. 1 HGB), die GmbH (§ 13 Abs. 3 GmbHG), die AG (§ 3 AktG) und die KGaA (§ 278 Abs. 3 i. V. m. § 3 AktG). Durch § 6 Abs. 1 HGB wird festgelegt, dass die für Kaufleute maßgebenden Vorschriften – und somit die Normen über die Buchführungspflicht – auch auf Handelsgesellschaften anzuwenden sind. In § 6 Abs. 2 HGB wird nochmals explizit hervorgehoben, dass GmbH, AG und KGaA sowie die eG kraft Gesetzes stets Kaufleute sind und damit auch der Buchführungspflicht unterliegen, wenn das Unternehmen nach Art oder Umfang einen in kaufmännischer Weise eingerichteten Geschäftsbetrieb **nicht erfordert**.

Für **Personenhandelsgesellschaften** (OHG und KG), die nach Art und Umfang einen in kaufmännischer Weise eingerichteten Gewerbebetrieb **erfordern**, entsteht die handelsrechtliche Buchführungspflicht ab dem Zeitpunkt, ab dem die Gesellschafter den Geschäftsbetrieb unter gemeinschaftlicher Firma aufnehmen, jedoch spätestens mit der Eintragung in das Handelsregister (§ 123 Abs. 1 und Abs. 2 HGB). Betreibt die Personenvereinigung[7] dagegen ein gewerbliches Unternehmen, das nach Art und Umfang einen in kaufmännischer Weise eingerichteten Gewerbebetrieb **nicht erfordert**, dessen Firma aber in das Handelsregister eingetragen ist, beginnt die Buchführungspflicht stets mit dem Zeitpunkt der **Handelsregistereintragung** (§ 123 Abs. 1 HGB). Bei **Kapitalgesellschaften** (GmbH, AG, KGaA) beginnt die Buchführungspflicht stets mit ihrer Entstehung, d. h. mit der Eintragung ins Handelsregister (§ 11 Abs. 1 GmbHG, § 41 Abs. 1 AktG, § 278 Abs. 3 i. V. m. § 41 Abs. 1 AktG). Entsprechendes gilt für die nicht zu den Handelsgesellschaften zählende eG, die nach § 17 Abs. 2 GenG Kaufmann i. S. d. HGB ist.

Da die Vorschriften über die Handelsbücher (§§ 238 ff. HGB) nur für Kaufleute gelten, unterliegen die vorstehend genannten **Nichtkaufleute** nicht der handelsrechtlichen Buchführungspflicht.[8] Keine Buchführungspflicht besteht nach h. M. ferner für den **Scheinkaufmann** i. S. d. § 5 HGB, der zwar nach außen hin als Kaufmann auftritt, tatsächlich jedoch kein Handelsgewerbe ausübt. Ausgenommen von der handelsrechtlichen Verpflichtung Bücher zu führen, periodische Bestandsaufnahmen vorzunehmen und regelmäßig Abschlüsse zu erstellen sind ferner die Angehörigen einer großen Zahl freier Berufe. **Freiberuflich Tätige** (z. B. Steuerberater, Wirtschaftsprüfer, Rechtsanwälte, Künstler) zählen in der Mehrzahl

---

[7] Personenvereinigungen, die keine Kaufleute i.S.v. § 2 und § 3 HGB sind, erlangen die Rechtsform einer OHG oder KG (und somit auch die Kaufmannseigenschaft) erst mit der Eintragung der Gesellschaft in das Handelsregister (§ 123 Abs. 2 HGB, § 161 Abs. 2 i. V. m. § 123 Abs. 1 HGB). Vor der Eintragung stellen derartige Personenzusammenschlüsse Gesellschaften bürgerlichen Rechts (BGB-Gesellschaften) dar, die aus handelsrechtlicher Sicht nicht buchführungspflichtig sind.

[8] Vgl. *Pfitzer/Oser* 2011, Anm. 4 zu § 238 HGB.

der Fälle – da diese Berufe i. d. R. nicht als Gewerbe i. S. d. Handelsgesetzbuches qualifiziert werden – nicht zu den Kaufleuten und unterliegen somit nicht dem Handelsrecht.

Verantwortlich für die Ordnungsmäßigkeit der Buchführung ist bei einem Einzelunternehmen der **Inhaber**. Im Falle einer OHG, KG und KGaA haben alle **geschäftsführenden, voll haftenden Gesellschafter** dafür zu sorgen, dass die Bücher ordnungsgemäß geführt werden (§ 116 Abs. 1 HGB, § 161 Abs. 2 HGB, § 283 i. V. m. § 91 AktG). Keine Verantwortung für die Ordnungsmäßigkeit der Buchführung tragen hingegen die von der Geschäftsführung der Gesellschaft ausgeschlossenen persönlich haftenden Gesellschafter und die Kommanditisten.[9] Bei der GmbH müssen **sämtliche Geschäftsführer** (§ 41 GmbHG), bei der AG und der eG **sämtliche Mitglieder des Vorstands** (§ 91 AktG, § 33 Abs. 1 GenG) für die Richtigkeit und Korrektheit der Finanzbuchhaltung einstehen. Anzumerken ist, dass die für die Buchführung verantwortlichen Personen die Bücher i. d. R. nicht persönlich führen, sondern sich hierzu der Hilfe von Angestellten oder Dritten (z. B. Steuerberater) bedienen.

Die handelsrechtliche **Buchführungspflicht endet** prinzipiell, wenn der Unternehmer bzw. das Unternehmen nicht mehr als **Kaufmann** zu qualifizieren ist. Dies ist insbesondere dann der Fall, wenn der Kaufmann stirbt, den Geschäftsbetrieb aufgibt oder der Gewerbebetrieb (z. B. aufgrund massiver Umsatzeinbrüche) auf ein Unternehmen absinkt, das nach Art oder Umfang einen in kaufmännischer Weise eingerichteten Geschäftsbetrieb nicht erfordert (§ 1 Abs. 2 HGB). Bei Kaufleuten i. S. v. § 2 und § 3 HGB endet die Kaufmannseigenschaft ebenfalls mit der Aufgabe des Gewerbebetriebes oder aber durch Löschung des Unternehmens im Handelsregister. Letzteres gilt auch für die Handelsgesellschaften und die eG. Da diese durch die Auflösung nicht beendet, sondern von einer „werbenden Unternehmung" – ohne Veränderung der Rechtsform – in eine Liquidationsgesellschaft übergeführt werden (§ 145, § 161 Abs. 2 HGB, § 264, § 278 Abs. 3 AktG, § 66 GmbHG, § 87 GenG), besteht die handelsrechtliche Buchführungspflicht grundsätzlich bis zur vollständigen Verteilung des Gesellschaftsvermögens und Löschung des Unternehmens im Handelsregister fort.

Umfang und Qualität der handelsrechtlichen Rechnungslegungsnormen hängen unmittelbar von der **Rechtsform des Unternehmens** ab. Für **Einzelkaufleute** und **Personenhandelsgesellschaften** hat von den Vorschriften über die Handelsbücher im dritten Buch des Handelsgesetzbuches nur der erste Abschnitt (§ 238 bis § 263 HGB) Bedeutung. **Kapitalgesellschaften** und ihnen gesetzlich gleichgestellte Unternehmen haben darüber hinaus die ergänzenden Vorschriften des zweiten Abschnitts (§ 264 bis § 335 HGB) zu beachten. Für **eingetragene Genossenschaften** gelten zusätzlich zum ersten Abschnitt die ergänzenden Vorschriften des dritten Abschnitts (§ 336 bis § 339 HGB).[10]

---

[9] Vgl. *Pfitzer/Oser* 2011, Anm. 6 zu § 238 HGB.
[10] Eine rechtsformspezifische Abgrenzung des Umfangs der Rechnungslegungsnormen sehen die IFRS grds. nicht vor. Allerdings steht den Unternehmen, die keiner öffentlichen Rechenschaftspflicht unterliegen, die Anwendung der sog. „IFRS for SME" offen. Vgl. hierzu die Ausführungen im Zweiten Teil zu Gliederungspunkt III.

2. Steuerrechtliche Buchführungspflicht

a. Derivative Verpflichtung zur Finanzbuchhaltung

Steuerrechtlich kommt der Buchführung insofern maßgebliche Bedeutung zu, als aus ihr die Bemessungsgrundlagen für die **Ertragsbesteuerung** (Einkommensteuer, Körperschaftsteuer, Gewerbesteuer) abgeleitet werden. Die Verpflichtung zur Buchführung ist im Steuerrecht zweimal verankert, zum einen in § 140 AO (**derivative Buchführungspflicht**) und zum anderen in § 141 AO (**originäre Buchführungspflicht**).[11]

Gemäß § 140 AO hat jeder, der nach anderen Gesetzen als den Steuergesetzen Bücher und Aufzeichnungen führen muss, die für die Besteuerung von Bedeutung sind, die Verpflichtungen, die ihm nach den anderen Gesetzen obliegen, auch für die Besteuerung zu erfüllen. Zu den „anderen Gesetzen" i. S. d. § 140 AO zählen insbesondere die Vorschriften über die Handelsbücher (§§ 238 ff. HGB). Wer somit nach dem Handelsgesetzbuch zur Buchführung verpflichtet ist, den trifft diese Auflage auch für die Besteuerung. Da die in Rede stehende Verpflichtung aus dem Handelsrecht abgeleitet wird, spricht man in diesem Zusammenhang auch von der **derivativen steuerrechtlichen Buchführungspflicht**. Dem Erfordernis nach § 140 AO unterliegt der gleiche Personenkreis, der auch nach dem Handelsgesetzbuch Bücher zu führen, Bestände zu erfassen und Abschlüsse zu erstellen hat, d. h. buchführungspflichtig sind die **Einzelkaufleute** sowie die **Handelsgesellschaften**. Beginn und Ende der derivativen steuerrechtlichen Buchführungspflicht richten sich ebenfalls nach den handelsrechtlichen Vorschriften. Gleiches gilt für die Verantwortlichkeit der Buchführung.

b. Originäre Verpflichtung zur Finanzbuchhaltung

Um dem Ziel der Gleichmäßigkeit der Besteuerung Rechnung zu tragen, ist eine eindeutige Abgrenzung zwischen buchführungs- und nicht buchführungspflichtigen Unternehmen erforderlich. Die interpretationsbedürftige Formulierung bezüglich des Gewerbebetriebs in § 1 Abs. 2 HGB („nach Art oder Umfang einen in kaufmännischer Weise eingerichteten Geschäftsbetrieb") ermöglicht eine derartige Abgrenzung nicht. Daher wurde seitens des Gesetzgebers zum Zwecke der Besteuerung eine eigenständige Buchführungspflicht in § 141 AO verankert, die deshalb auch als **originäre steuerrechtliche Buchführungspflicht** (vgl. **Abbildung 23**) bezeichnet wird.

Gemäß § 141 Abs. 1 AO haben **gewerbliche Unternehmer** sowie **Land- und Forstwirte** – sofern sich die Buchführungspflicht nicht schon aus § 140 AO ergibt – für diejenigen Betriebe Bücher zu führen und auf Grund jährlicher Bestandsaufnahmen Abschlüsse zu erstellen, für die die Finanzbehörde eine der in **Abbildung 24** aufgeführten Voraussetzungen feststellt.[12]

Sofern einer der vorstehenden Grenzwerte überschritten wird, erfolgt dadurch die **Begründung der Buchführungspflicht**. Die Finanzbuchhaltung hat hierbei unter sinngemäßer Anwendung der § 238, § 240 bis § 242 Abs. 1 HGB und § 243 bis § 256 HGB zu erfolgen.

---

[11] Vgl. hierzu u. a. *Pfitzer/Oser* 2011, Anm. 7 zu § 238 HGB.

[12] Vgl. *Falterbaum et al.* 2010, S. 52.

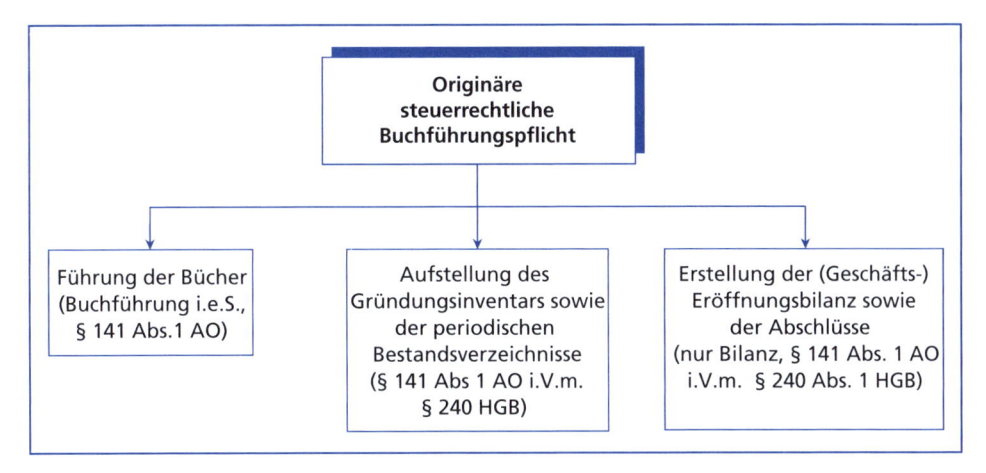

I. Grundlagen und gesetzliche Rahmenbedingungen

```
                    ┌─────────────────────┐
                    │     Originäre       │
                    │   steuerrechtliche  │
                    │  Buchführungspflicht│
                    └──────────┬──────────┘
           ┌───────────────────┼───────────────────┐
           ▼                   ▼                   ▼
┌────────────────────┐ ┌────────────────────┐ ┌────────────────────┐
│ Führung der Bücher │ │   Aufstellung des  │ │Erstellung der (Ge- │
│(Buchführung i.e.S.,│ │Gründungsinventars  │ │schäfts-)Eröffnungs-│
│   § 141 Abs.1 AO)  │ │    sowie der       │ │bilanz sowie der    │
│                    │ │    periodischen    │ │    Abschlüsse      │
│                    │ │Bestandsverzeichnisse│ │(nur Bilanz, § 141 AO│
│                    │ │(§ 141 Abs 1 AO i.V.m.│ │i.V.m. § 240 Abs. 1 HGB)│
│                    │ │    § 240 HGB)      │ │                    │
└────────────────────┘ └────────────────────┘ └────────────────────┘
```

Abb. 23: Umfang der originären steuerrechtlichen Buchführungspflicht

Während die Buchführungspflicht nach § 140 AO den gleichen Umfang wie die des Handelsrechts besitzt, verlangt die originäre steuerrechtliche Buchführungspflicht – da § 141 Abs. 1 AO nur auf die sinngemäße Anwendung von § 242 Abs. 1 HGB, nicht jedoch auf die Absätze 2 und 3 verweist – neben dem Führen der Bücher und der periodischen Bestandsaufnahme lediglich die **Aufstellung einer Bilanz**. Die Obliegenheit nach § 141 AO erfordert also **nicht die Erstellung einer Gewinn- und Verlustrechnung**, wodurch die Anwendung der einfachen Buchführung[13] ermöglicht wird.

Dem Erfordernis nach § 141 AO unterliegen jedoch nur **gewerbliche Unternehmer** sowie **Land- und Forstwirte**. Mithin werden durch die originäre steuerrechtliche Buchführungspflicht vor allem die handelsrechtlich nicht buchführungspflichtigen Gewerbetreibenden sowie die Land- und Forstwirte, deren Unternehmen nicht in das Handelsregister eingetragen ist, erfasst. Wenn die Betriebe der in Rede stehenden Personen die Grenzwerte des § 141 Abs. 1 AO nicht überschreiten, steht es ihnen **frei**, ob sie eine Buchführung betreiben wollen oder nicht. **Freiberuflich Tätige** unterliegen – sofern sie handelsrechtlich nicht als Kaufleute zu qualifizieren sind – weder der derivativen noch – da sie aus steuerrechtlicher Sicht keine gewerblichen Unternehmer darstellen – der originären steuerrechtlichen Buchführungspflicht.[14] Für eine Vielzahl freier Berufe besteht somit weder nach Handels- noch nach Steuerrecht eine Verpflichtung zur Buchführung.[15]

Die Buchführungspflicht nach § 141 AO ist gemäß § 141 Abs. 2 AO vom Beginn des Wirtschaftsjahres an zu erfüllen, das auf die Bekanntgabe der Mitteilung folgt, durch die die Finanzbehörde auf den **Beginn dieser Verpflichtung** hingewiesen hat. Die Obliegenheit zur Buchführung entsteht also mit Beginn des nächsten Wirtschaftsjahres. Die originäre steu-

---

[13] Vgl. zur Finanzbuchhaltung in Form der einfachen Buchhaltung die Ausführungen im Zweiten Teil zu Gliederungspunkt I.C.

[14] Vgl. *Seer* 2013, Anm. 180 zu § 21.

[15] Wird von Nichtbuchführungspflichtigen freiwillig keine Buchführung betrieben und werden auch keine Aufzeichnungen i. S. d. § 4 Abs. 3 EStG gemacht, erfolgt eine Schätzung der Besteuerungsgrundlagen.

Berufsgruppe	Gesamtumsatz[a]	Wirtschaftswert[b]	Gewinn aus Gewerbebetrieb	Gewinn aus Land- und Forstwirtschaft
Land- und Forstwirte (§ 13 EStG)	> 500.000 €	> 25.000 €	–	> 50.000 €
Gewerbetreibende (§ 15 EStG)	> 500.000 €	–	> 50.000 €	–

[a] Im Gesamtumsatz enthalten sind auch die die steuerfreien Umsätze.

[b] Als Wirtschaftswert bezeichnet man den auf die land- und forstwirtschaftlich genutzten Flächen entfallenden Teil des Einheitswertes des land- und forstwirtschaftlichen Betriebs; vgl. § 46 BewG.

Abb. 24: Schwellenwerte nach § 141 AO für Land- und Forstwirte sowie für Gewerbetreibende

errechtliche **Buchführungspflicht endet** gemäß § 141 Abs. 2 AO mit dem Ablauf des Wirtschaftsjahres, das auf das Wirtschaftsjahr folgt, in dem die Finanzbehörde feststellt, dass die Voraussetzungen nach § 141 Abs. 1 AO nicht mehr vorliegen. Folglich endet die Verpflichtung Bücher zu führen, Bestände zu erfassen und eine Bilanz zu erstellen mit Ablauf des nächsten Wirtschaftsjahres. Hinsichtlich der Verantwortlichkeit für die Ordnungsmäßigkeit der Finanzbuchhaltung kann auf die Ausführungen zur handelsrechtlichen Buchführungspflicht verwiesen werden.

Anzumerken ist, dass es neben der handels- und steuerrechtlichen Buchführungspflicht auch **steuerrechtliche** und **außersteuerrechtliche Aufzeichnungspflichten** gibt. Während mittels der Buchführung die gesamte Geschäftstätigkeit eines Unternehmens in Form von Geschäftsvorfällen erfasst wird, betreffen Aufzeichnungen nur ganz bestimmte Sachverhalte. Zu den außersteuerrechtlichen Aufzeichnungspflichten zählen insbesondere die **Dokumentationsobliegenheiten**, die Angehörigen bestimmter Berufsgruppen durch Gesetz oder landesrechtliche Regelungen auferlegt werden (z. B. bestehen besondere Aufzeichnungspflichten für Apotheker, Schornsteinfeger und Pfandleiher).[16] Sofern die in Rede stehenden Niederschriften für die Besteuerung Relevanz besitzen, sind sie gemäß § 140 AO auch steuerrechtlich zu führen. Steuerrechtliche Aufzeichnungspflichten ergeben sich aus der Abgabenordnung sowie aus den Einzelsteuergesetzen. Namentlich zu erwähnen sind die **Dokumentationsobliegenheiten** nach § 143 AO (Aufzeichnung des Wareneingangs), § 144 AO (Aufzeichnung des Warenausgangs) und § 22 UStG (Aufzeichnungen hinsichtlich der Bemessungsgrundlage für die Umsatzsteuerberechnung). Die dem Unternehmer auferlegten Nachweise sind grundsätzlich unabhängig vom Bestehen oder Nichtbestehen einer Buchführungspflicht gemäß den außersteuerrechtlichen oder steuerrechtlichen Vorschriften zu erbringen. Den entsprechenden Aufzeichnungspflichten unterliegen somit auch die **nicht buchführungspflichtigen gewerblichen Unternehmer** und **Land- und Forstwirte** sowie die **freiberuflich Tätigen**. Wenn jedoch Bücher geführt und die erforderlichen Aufzeichnungen innerhalb der Buchführung vorgenommen werden bzw. sich aus der Buchführung ergeben, entfällt die Verpflichtung für eine gesonderte Erfassung.

---

[16] Vgl. zu den außersteuerrechtlichen Aufzeichnungspflichten insbesondere *Falterbaum et al.* 2010, S. 59 f.

I. Grundlagen und gesetzliche Rahmenbedingungen

3. Aufbewahrungsfristen

Um im Falle von Rechts- und Steuerstreitigkeiten oder ähnlichen Sachverhalten die Nachprüfbarkeit des Zahlenmaterials der Finanzbuchhaltung zu gewährleisten, hat der Kaufmann

- **Handelsbücher**[17], **Inventare, (Geschäfts-)Eröffnungsbilanzen, Jahresabschlüsse, Lageberichte** sowie die zu ihrem Verständnis erforderlichen Arbeitsanweisungen und sonstigen Organisationsaufzeichnungen und Buchungsbelege **zehn Jahre**,
- **übrige Unterlagen** (z. B. empfangene Handels- und Geschäftsbriefe, Wiedergaben der abgesandten Handels- und Geschäftsbriefe) **sechs Jahre**

geordnet aufzubewahren (§ 257 Abs. 1 und Abs. 4 HGB, § 147 Abs. 1 und Abs. 3 AO). Die **Aufbewahrungsfrist beginnt** mit Schluss des Kalenderjahres, in dem die letzte Eintragung in das Handelsbuch gemacht, das Inventar aufgestellt, die (Geschäfts-)Eröffnungsbilanz oder der Jahresabschluss festgestellt, der Handels- oder Geschäftsbrief empfangen oder abgesandt wird oder der Buchungsbeleg entstanden ist (§ 257 Abs. 5 HGB, § 147 Abs. 4 AO).

Mit Ausnahme der (Geschäfts-)Eröffnungsbilanz und der Jahresabschlüsse können die genannten Unterlagen auch als Wiedergabe auf einem Bildträger (z. B. Mikrofilm) oder auf anderen Datenträgern (z. B. CD-Rom, USB-Massenspeicher) aufbewahrt werden, wenn dies den Grundsätzen ordnungsmäßiger Buchführung entspricht und sichergestellt ist, dass die Daten oder deren Wiedergabe (Reproduktion)

- bei Lesbarmachung mit den ursprünglichen Schriftstücken und Buchungsbelegen bildlich und mit den anderen Unterlagen inhaltlich übereinstimmen und
- während der Dauer der Aufbewahrungsfrist verfügbar sind und jederzeit innerhalb angemessener Frist lesbar gemacht werden können (§ 257 Abs. 3 HGB, § 147 Abs. 2 AO).

Weitere Einzelheiten zu den gesetzlichen Grundlagen der Buchführung und Erfolgsermittlung, auf die im weiteren Verlauf noch detailliert eingegangen wird, zeigt überblickartig **Abbildung 25**.

---

[17] Vgl. zu den Büchern der Finanzbuchhaltung die Ausführungen im Zweiten Teil zu Gliederungspunkt I.B.6.

Kreis der Buchführungs- und Erfolgsermitt- lungspflichtigen	Handelsrecht			
	Kaufleute			
	§ 1 HGB	§ 2 HGB	§ 3 HGB	§ 6 HGB
Definitionen	Gewerbetreibende, deren Unternehmen nach Art oder Umfang einen in kaufmännischer Weise eingerichteten Geschäftsbetrieb erfordert	freiwillig in das Handelsregister eingetragene Kleingewerbe- treibende	freiwillig in das Handelsregister eingetragene Land- und Forstwirte	Formkaufleute: Handelsgesellschaften (z. B. OHG, KG, GmbH, AG)
Allgemeine Vorschriften zur Buchführungs- pflicht – Rechtsgrundlage	§§ 238, 240, 242 HGB	§§ 238, 240, 242 HGB	§§ 238, 240, 242 HGB	
– Beginn	mit Aufnahme des Geschäftsbetriebs	mit Eintragung der Firma in das Handelsregister	mit Eintragung der Firma in das Handelsregister	rechtsformspezifische Unterschiede: spätestens mit Eintragung der Firma in das Handelsregister
– Verantwortlich- keit für die ordnungsmäßige Führung	Inhaber			OHG, KG: alle geschäftsführenden persönlich haftenden Gesellschafter (aber h.M.: alle persönlich haftenden Gesellschafter); GmbH, AG: sämtliche Geschäftsführer (§ 41 GmbHG) bzw. sämtliche Mitglieder des Vorstandes (§ 91 AktG)
– Aufzubewah- rende Unter- lagen und deren Fristen	Handelsbücher, Inventare, Eröffnungsbilanz, Jahresabschlüsse, Lageberichte sowie die zu ihrem Verständnis erforder- lichen Aufzeichnungen und Buchungsbelege: 10 Jahre (§ 257 HGB); die übrigen Unterlagen (z. B. empfangene Geschäftsbriefe, Wiedergaben der abgesandten Handelsbriefe: 6 Jahre (§ 257 HGB)			
– Ende	mit Einstellung des Gewerbebetriebes			
	oder mit Absinken auf einen Gewerbebetrieb, der nach Art oder Umfang einen in kaufmännischer Weise eingerichteten Geschäftsbetrieb nicht erfordert	oder mit ggf. Löschung der Firma im Handelsregister	oder ggf. Unterschreitung der Schwellenwerte nach § 241a HGB	rechtsformspezifische Unterschiede: spätestens mit Löschung der Firma im Handelsregister
– Konsequenzen bei Verstößen	handelsrechtlich begründete Sanktionen: – Einzelunternehmung, OHG, KG: Verletzung der Buchführungspflicht bleibt ohne handelsrechtliche Folgen – GmbH, AG, publizitätspflichtige Unternehmen: (1) Einschränkung oder Versagung des Bestätigungsvermerks (§ 322 Abs. 4 HGB, § 6 Abs. 1 PublG) (2) je nach Art und Schwere des Verstoßes: Freiheitsstrafe oder Geldbuße (§ 331 bis § 335 b HGB, § 17 bis § 20 PublG) (3) bei AG: ggf. Nichtigkeit des Jahresabschlusses (§ 256 AktG) strafrechtlich begründete Sanktionen bei Konkursdelikten: – Verletzung der Buchführungspflicht wird mit Freiheits- oder Geldstrafe geahndet (§ 283 bis § 283 b StGB)			
Zulässige Erfolgs- ermittlungssysteme – doppelte Buchhaltung	da gemäß § 242 HGB neben der Bilanz auch eine GuV-Rechnung aufzustellen ist, wird nach h. M. im Handelsrecht nur die doppelte Buchführung als zulässig erachtet			
– einfache Buchhaltung				
– Einnahmen-Aus- gabenrechnung i. S. d. § 4 Abs. 3 EStG	bei Ausübung des Wahlrechts nach § 241a HGB			
– Schätzung nach § 162 AO				
(Periodische) Pflichtprüfungen	für mittelgroße und große Kapitalgesellschaften (§ 316 bis § 324 HGB) sowie für publizitätspflichtige Unternehmen (§ 6 Abs. 1 PublG) und unter § 264 a HGB fallende Unternehmen			
Offenlegungs- pflicht	für Kapitalgesellschaften (§ 325 bis § 329 HGB) sowie für publizitätspflichtige Unternehmen (§ 9 PublG) und unter § 264a HGB fallende Unternehmen			

Abb. 25: Gesetzliche Grundlagen der Buchführung und Erfolgsermittlung

I. Grundlagen und gesetzliche Rahmenbedingungen

			Steuerrecht	
Nichtkaufleute § 2 bis § 3 HGB	**Freiberufler**	**nach Handelsrecht buchführungspflichtige Kaufleute**	**Nichtkaufleute**	**Freiberufler**
nicht in das Handelsregister eingetragene Kleingewerbetreibende sowie Land- und Forstwirte	keine Ausübung eines Gewerbes i. S. d. HGB	§§ 1, 2, 3, 6 HGB	§ 2 bis § 3 HGB	Ausübung einer Tätigkeit i. S. d. § 18 EStG
keine handelsrechtliche Buchführungspflicht		§ 140 AO i. V. m. § 238 HGB, § 240 HGB, § 242 HGB (derivative Buchführungspflicht)	§ 141 Abs. 1 AO: Buchführungspflicht wird lediglich bei Überschreiten der in § 141 Abs. 1 AO genannten Schwellenwerte begründet (originäre Buchführungspflicht)	keine steuerrechtliche Buchführungspflicht
		vgl. Ausführungen zum Handelsrecht	mit Beginn des Wirtschaftsjahres, das auf die Bekanntgabe der Mitteilung folgt, durch die die Finanzbehörde auf den Beginn der Buchführungspflicht hingewiesen hat (§ 141 Abs. 2 AO)	
		vgl. Ausführungen zum Handelsrecht	Inhaber	
		vgl. Ausführungen zum Handelsrecht	analog zum Handelsrecht 10 bzw. 6 Jahre, vgl. § 147 AO	
		vgl. Ausführungen zum Handelsrecht	mit Ablauf des Wirtschaftsjahres, das auf das Wirtschaftsjahr folgt, in dem die Finanzbehörde feststellt, dass die Voraussetzungen nach § 141 Abs. 1 AO (gewerblicher Unternehmer sowie Überschreiten der Schwellenwerte) nicht mehr vorliegen (§ 141 Abs. 2 AO)	
		handels- und strafrechtlich begründete Sanktionen: vgl. Ausführungen zum Handelsrecht, steuerrechtlich begründete Sanktionen: (1) je nach Art und Schwere des Verstoßes: Freiheitsstrafe (§ 370 AO), Geldbuße (§§ 378 f. AO) oder Zwangsgeld (§ 328 bis § 335 AO) (2) Schätzung der Besteuerungsgrundlagen bei fehlender oder unrichtiger Buchhaltung (§ 162 AO)		
Möglichkeit der einfachen oder doppelten Buchführung auf freiwilliger Basis		vgl. Ausführungen zum Handelsrecht	beim Überschreiten der in § 141 Abs. 1 AO genannten Schwellenwerte: da § 141 Abs. 1 AO nur die Erstellung einer Bilanz vorschreibt, ist neben der doppelten auch die einfache Buchführung möglich	Möglichkeit der einfachen oder doppelten Buchführung oder der Einnahmen-Ausgabenrechnung i. S. d. § 4 Abs. 3 EStG auf freiwilliger Basis
		beim Unterschreiten der in § 141 Abs. 1 AO genannten Schwellenwerte, aber auch alternativ doppelte oder einfache Buchführung möglich		
		Fehlende oder unrichtige Buchführung	Fehlende oder unrichtige Buchführung bzw. Einnahmen-Ausgabenrechnung i. S. d. § 4 Abs. 3 EStG	
(periodische) Pflichtprüfungen		steuerrechtliche Außenprüfung (§ 193 bis § 203 AO)		
Offenlegungspflicht		keine		

Abb. 25: Gesetzliche Grundlagen der Buchführung und Erfolgsermittlung (Fortsetzung)

B. Finanzbuchhaltung in Form der doppelten Buchführung

1. Inventar und Inventur

Nach § 240 Abs. 1 und Abs. 2 HGB hat jeder Kaufmann bei der **Gründung seines Unternehmens** und für den **Schluss eines jeden Geschäftsjahres** seine Vermögensgegenstände und Schulden festzustellen und in einem Bestandsverzeichnis aufzulisten. Diese Zusammenstellung des Vermögens und der Schulden bezeichnet man als **Inventar**, den Vorgang der Bestandsaufnahme als **Inventur**.[18] Gemäß § 140 bzw. § 141 AO gilt die vorstehende Verpflichtung auch in **steuerrechtlicher Hinsicht**. Das im Zuge der Inventur anzufertigende Bestandsverzeichnis ist zwingende Voraussetzung einer jeden ordnungsmäßigen Buchführung, denn das Zahlenmaterial des Inventars bildet die Grundlage für die Erstellung der Bilanz. Allerdings kann allein auf der Basis des Bestandsverzeichnisses ein Abschluss regelmäßig nicht gefertigt werden, da im Rahmen der Inventur z. B. keine **Rechnungsabgrenzung** erfolgt.

Im Inventar sind sämtliche, dem Geschäftsbetrieb des Kaufmanns zuzurechnende **Vermögensgegenstände** und **Schulden** einzeln nach Art, Menge und Wert zu verzeichnen (§ 241 Abs. 1 i. V. m. § 240 Abs. 1 HGB). Mithin dürfen Vermögensgegenstände und Schulden, die die **private Sphäre** des Kaufmanns betreffen, grundsätzlich keinen Eingang in das Bestandsverzeichnis finden.[19] Zu den Vermögensgegenständen zählen nicht nur die **körperlichen Sachen** wie Grundstücke, Gebäude, Maschinen, Waren etc., sondern ebenso **immaterielle und finanzielle Güter** (z. B. Patente, Beteiligungen, Forderungen, Bankguthaben). Die Pflicht zur lückenlosen Erfassung sämtlicher Vermögenswerte erfordert ferner, dass auch wertlose (z. B. Ladenhüter) oder bereits vollständig abgeschriebene Gegenstände in das Inventar aufgenommen werden. Als Schulden, die in der Finanzbuchhaltung häufig als Verbindlichkeiten bezeichnet werden, sind im Bestandsverzeichnis nur **rechtlich begründete Verpflichtungen** gegenüber Dritten anzusetzen (z. B. Bankschulden, Steuerschulden, Verbindlichkeiten aus Warenlieferungen).

Der Grundsatz nach Handels- und Steuerrecht sowie IFRS, Vermögensgüter und Schulden einzeln zu erfassen, hat zur Konsequenz, dass jeder einzelne Vermögenswert und jede einzelne Verbindlichkeit im Inventar **gesondert** aufzulisten ist. Ausgenommen hiervon sind aus Vereinfachungsgründen Gegenstände, auf die das **Festwertverfahren** oder die **Gruppenbewertung** angewendet werden darf.[20] Nach dem Festwertverfahren können im Bestandsver-

---

[18] Vgl. entsprechend *Knop* 2011a, Anm. 3 zu § 240 HGB.

[19] Vgl. auch § 5 Abs. 4 PublG. Allerdings kann der Kaufmann aus steuerrechtlicher Sicht bei bestimmten Gegenständen, die keinen unmittelbaren Bezug zum Betriebs- oder Privatvermögen aufweisen, entscheiden, ob er sie zum (gewillkürten) Privat- oder Betriebsvermögen rechnet (z. B. zu Spekulationszwecken angeschaffte Wertpapiere). Darüber hinaus sind von der steuerrechtlichen Rechtsprechung für Vermögensgegenstände, die sowohl privat als auch betrieblich genutzt werden, Zurechnungsregeln entwickelt worden. Vgl. im Detail R 4.2 EStR.

[20] Vgl. § 240 Abs. 3, 4 § 256 Satz 2 HGB sowie R 6.8 Abs. 4, H 6.8 EStR. Nach den IFRS ist die Festbewertung nicht vorgesehen, während die Gruppenbewertung bei gleichartigen Vorräten nach IAS 2.25f. zulässig ist; vgl. erläuternd *Knop* 2011a, Anm. 51 zu § 240 HGB.

I. Grundlagen und gesetzliche Rahmenbedingungen

zeichnis bestimmte Vermögensgegenstände mit einer gleich bleibenden Menge und einem gleich bleibenden Wert angesetzt werden, sofern ihr Bestand in seiner Größe, seinem Wert und seiner Zusammensetzung nur geringen Veränderungen unterliegt und der Gesamtwert dieser Vermögensteile für das Unternehmen von nachrangiger Bedeutung ist. Das entsprechende Mengen- und Wertgerüst kann also im Inventar mehrerer Geschäftsjahre **unverändert** beibehalten werden, ohne dass es einer erneuten Bestandsaufnahme bedarf. Dem in Rede stehenden Verfahren liegt die Fiktion zugrunde, dass sich bei den einbezogenen Vermögenswerten Zugänge einerseits und Abgänge sowie planmäßige Abschreibungen andererseits im Laufe des Geschäftsjahres in etwa ausgleichen. Zum Zwecke der mengen- und wertmäßigen Überprüfung des Festwertansatzes ist jedoch i. d. R. alle **drei Jahre** eine körperliche Bestandsaufnahme durchzuführen. Zu den Vermögensteilen, für die eine Festbewertung in Frage kommt, zählen z. B. Werkzeuge, Hotelgeschirr und -bettwäsche, Gase, Schrauben sowie andere Kleinteile. Entsprechend der Gruppenbewertung dürfen bei der Aufstellung des Inventars bestimmte gleichartige oder annähernd gleichwertige Vermögensgegenstände jeweils zu einer Gruppe zusammengefasst und mit dem **gewogenen Durchschnittswert** angesetzt werden.

Beispiel: Ein Lebensmitteleinzelhändler führt unter der Gruppe „Waschmittel" die beiden Sorten „Blütenweiß" und „Superweiß", bei denen im Geschäftsjahr 2012 nachfolgende Ein- und Verkäufe angefallen sind.

Anfangsbestand 01.01.2012 der Gruppe „Waschmittel"		300 Einheiten à 6,50 €
Kauf „Blütenweiß"	10.04.2012	300 Einheiten à 8,00 €
Kauf „Superweiß"	10.06.2012	200 Einheiten à 7,00 €
Kauf „Blütenweiß"	08.10.2012	200 Einheiten à 6,00 €
Kauf „Superweiß"	09.11.2012	100 Einheiten à 7,50 €
Verkauf an Waschmittel in 2012		810 Einheiten
Endbestand 31.12.2012 der Gruppe „Waschmittel"		290 Einheiten.

Ermittlung des gewogenen Durchschnittswertes der Inventarposten „Waschmittel":

Anfangsbestand	300 Einheiten à 6,50 €	1.950 €
Kauf „Blütenweiß"	300 Einheiten à 8,00 €	2.400 €
Kauf „Superweiß"	200 Einheiten à 7,00 €	1.400 €
Kauf „Blütenweiß"	200 Einheiten à 6,00 €	1.200 €
Kauf „Superweiß"	100 Einheiten à 7,50 €	750 €
	1.100 Einheiten à y €	7.700 €.

Gewogener Durchschnittswert = y = 7.700 € : 1.100 = 7 €
Endbestand 290 Einheiten à 7 € = 2.030 €
Inventaransatz „Waschmittel" = 2.030 €.

Die **Erfassung und Auflistung** des Vermögens und der Schulden hat im Bestandsverzeichnis in **geordneter Form** zu erfolgen. Dies bedeutet zum einen, dass artgleiche Vermögenswerte und Verbindlichkeiten unter der jeweils zutreffenden Rubrik auszuweisen sind. So ist z. B. der gesamte Warenbestand des Kaufmanns unter dem Abschnitt „Waren" oder das gesamte Volumen an Bankschulden unter der Position „Verbindlichkeiten gegenüber Kreditinstituten" anzugeben. Da das Inventar die Grundlage für die Erstellung der Bilanz bildet, folgt daraus andererseits, dass sich der Aufbau des Bestandsverzeichnisses prinzipiell am **Gliederungsschema der Bilanz** zu orientieren hat. Das Inventar wird ausschließlich in **Staffelform** erstellt und enthält am Ende die Ermittlung des Reinvermögens (= Eigenkapital). Dies ist der Betrag, um den das Gesamtvermögen die Schulden übersteigt:[21]

	I. Vermögen
−	II. Schulden
=	III. Reinvermögen (Eigenkapital).

Die Inventur ist grundsätzlich in Form der **körperlichen Bestandsaufnahme** durchzuführen. Dieses Verfahren ist dadurch gekennzeichnet, dass das tatsächliche Vorhandensein der Vermögensgegenstände im Unternehmen durch **persönliche Inaugenscheinnahme** festgestellt wird und die mengenmäßige Erfassung durch **Zählen, Messen, Wiegen** und u. U. **Schätzen** erfolgt. Bei finanziellen und immateriellen Vermögenswerten, die keiner körperlichen Bestandsaufnahme zugänglich sind, sowie bei Verbindlichkeiten wird die Inventur durch eine **buchmäßige Bestandsaufnahme** (sog. Buchinventur) vorgenommen. Das Vorhandensein, die Menge und der Wert dieser Vermögensgegenstände sowie die Existenz der Schulden ist dabei durch entsprechende Unterlagen zu belegen (z. B. Saldenbestätigungen für Forderungen und Verbindlichkeiten aus Warengeschäften, Bankauszüge, Darlehensverträge). Die Bestandsaufnahme hat prinzipiell am letzten Tag des Geschäftsjahres (Bilanzstichtag, z. B. 31.12.) zu erfolgen (sog. **Stichtagsinventur**).

Die Durchführung der körperlichen Inventur an einem einzigen Tag stellt aufgrund des damit verbundenen Personalbedarfs (Einsatz von Mitarbeitern aus anderen Abteilungen bei der Bestandsaufnahme) eine erhebliche Belastung des Betriebsablaufs dar und ist bei größeren Warenbeständen organisatorisch kaum zu bewerkstelligen. Aus diesem Grunde lässt der Gesetzgeber verschiedene Inventursysteme und -verfahren zu, durch die eine Bestandsaufnahme erleichtert wird.

Bei den **Inventursystemen**, die auf den Zeitpunkt bzw. Zeitraum der Bestandsaufnahme abstellen, unterscheidet man zwischen:[22]

- **Stichtagsinventur** (als Grundfall),
- zeitlich **ausgeweiteter Stichtagsinventur** (R 5.3 EStR),
- **vor- oder nachverlegter Stichtagsinventur** (§ 241 Abs. 3 HGB) und
- **permanenter Inventur** (§ 241 Abs. 2 HGB).

Zu den **Inventurverfahren**, die die Art der Bestandsaufnahme zum Gegenstand haben, zählen:

- **körperliche Bestandsaufnahme** (als Grundfall),
- **Buchinventur** (als spezieller Grundfall) und
- **Stichprobeninventur** (§ 241 Abs. 1 HGB).

Praktiziert wird letztlich stets eine Kombination aus Inventursystemen und -verfahren, die unter dem Terminus „**Inventurform**" Eingang in die Literatur gefunden hat.

---

[21] Vgl. *Knop* 2011a, Anm. 48 zu § 240 HGB.
[22] Vgl. *Coenenberg et al.* 2012, S. 62.

I. Grundlagen und gesetzliche Rahmenbedingungen

Bei der **zeitlich ausgeweiteten Stichtagsinventur** ist die Bestandsaufnahme **innerhalb einer Frist von zehn Tagen vor oder nach dem Bilanzstichtag** durchzuführen.[23] Dabei ist zu gewährleisten, dass die Bestandsveränderungen zwischen dem Bilanzstichtag und dem Tag der Bestandsaufnahme anhand von Belegen oder Aufzeichnungen im Inventar berücksichtigt werden. Die **vor- oder nachverlegte Stichtagsinventur** ermöglicht die Verteilung der mit der Bestandsaufnahme verbundenen Arbeitsbelastung auf einen Zeitraum von fünf Monaten, denn die Inventur erfolgt hier **innerhalb der letzten drei Monate vor oder der ersten beiden Monate nach dem Bilanzstichtag**.[24] Die gemäß diesem System erfassten Vermögensgegenstände sind jedoch nicht im Bestandsverzeichnis zum Schluss des Geschäftsjahres, sondern in einem besonderen Inventar festzuhalten. Ausgehend von diesem besonderen Inventar erfolgt dann eine wertmäßige Fortschreibung oder Rückrechnung auf den Bilanzstichtag.

> **Beispiel:** Am 10.10. des Geschäftsjahres 2012 wird in einer Großhandlung eine vorverlegte Stichtagsinventur durchgeführt. Die wertmäßige Fortschreibung (Wert am Aufnahmetag + Wert der Zugänge – Wert der Abgänge = Wert am Bilanzstichtag) hat zum 31.12.2012 folgendes Aussehen:
>
> | | | |
> |---|---|---:|
> | | Warenbestand (bewertet zu Anschaffungskosten) laut Inventur vom 10.10.2012 | 85.000 € |
> | + | Warenzugänge (bewertet zu Anschaffungskosten) bis zum Bilanzstichtag am 31.12.2012 | 30.000 € |
> | – | Warenabgänge (bewertet zu Verkaufspreisen) bis zum Bilanzstichtag am 31.12.2012 | 60.000 € |
> | + | Handelsspanne von 25 % (berechnet von den Warenverkäufen) | 15.000 € |
> | = | Inventaransatz des Warenbestandes am 31.12.2012 | 70.000 €. |

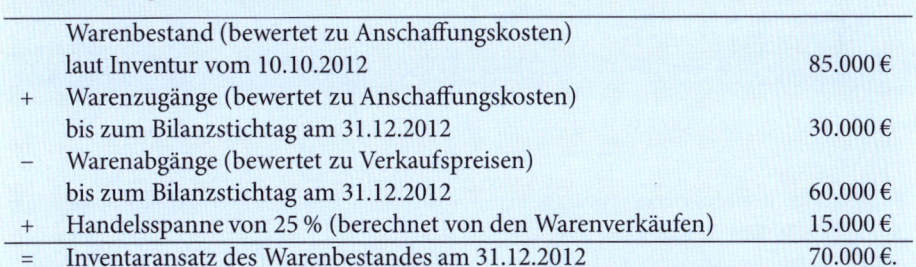

Die Berichtigung der zu Verkaufspreisen bewerteten Warenabgänge um die Handelsspanne muss deshalb erfolgen, weil die Waren im Bestandsverzeichnis grundsätzlich mit den Anschaffungskosten anzusetzen sind. Da sich der Verkaufspreis (60.000 €) aus der Addition von Anschaffungskosten (45.000 €) und (betragsmäßiger) Handelsspanne (15.000 €) ergibt, bewirkt die vorstehende Korrektur den Ansatz der Warenverkäufe zu Anschaffungskosten. In der Handelsspanne sind sowohl die Geschäftskosten (z. B. Löhne und Gehälter, Miete, Zinsen, Abschreibungen) als auch der Gewinnaufschlag des Unternehmens enthalten.[25]

Kennzeichen der **permanenten Inventur** ist, dass der am Ende des Geschäftsjahres vorhandene Bestand an Vermögensgegenständen nach Art, Menge und Wert nicht durch körperliche Bestandsaufnahme, sondern **anhand einer Anlagen- bzw. Lagerbuchführung** festgestellt wird. Dieses Inventursystem setzt jedoch voraus, dass alle Zu- und Abgänge in den entsprechenden Büchern erfasst werden und dass mindestens einmal im Geschäftsjahr mittels einer körperlichen Bestandsaufnahme geprüft wird, ob die Vermögenswerte, die in den Büchern ausgewiesen sind, mit den tatsächlich vorhandenen Beständen übereinstimmen.

---

[23] Vgl. R 5.3 Abs. 1 Satz 2 EStR.
[24] Vgl. R 5.3 Abs. 2 Satz 1 EStR.
[25] Vgl. hierzu die Ausführungen im Zweiten Teil zu Gliederungspunkt II.A.6.c.

Sofern sich Abweichungen ergeben, ist die Anlagen- bzw. Lagerbuchführung entsprechend zu korrigieren.[26]

Im Gegensatz zur körperlichen Bestandsaufnahme, bei der alle Vermögensgegenstände vollständig erfasst werden (sog. **Vollinventur**), wird bei der **Stichprobeninventur** lediglich eine Teilmenge aufgenommen und dann auf die Grundgesamtheit hochgerechnet. Voraussetzung für die Anwendung eines Stichprobenverfahrens (z. B. freie Mittelwertschätzung) ist, dass dieses sowohl auf einer anerkannten mathematisch-statistischen Methode basiert als auch den Grundsätzen ordnungsmäßiger Buchführung entspricht und dass der Aussagewert des auf diese Weise erstellten Inventars nicht geringer als bei der Durchführung der körperlichen Bestandsaufnahme ist.[27]

Beispiel:

Inventar zum 31.12.2012
Firma Klein, Lebensmitteleinzelhandel, Hamburg, Steinstraße 7

I. Vermögenswerte	
1. Grundstück Hamburg, Steinstraße 7	
Grund und Boden	25.000 €
Gebäude	65.000 €
	90.000 €
2. Fuhrpark	
1 VW-Kleinbus, Baujahr 2008	4.000 €
1 PKW BMW, Baujahr 2009	14.220 €
	18.220 €
3. Betriebs- und Geschäftsausstattung	
8 Regale à 7 m, angeschafft 2012	3.960 €
2 Registrierkassen, Marke IBM, angeschafft 2012	1.315 €
1 Aktenschrank, Marke XY, angeschafft 2012	980 €
1 Schreibtisch, Marke XY, angeschafft 2012	655 €
3 Schreibtischstühle, Marke XY, angeschafft 2012	910 €
1 PC, Marke Apple, angeschafft 2012	365 €
Festwert gemäß Festwertverzeichnis des Vorjahres, s. Anlage 1	450 €
	8.635 €
4. Waren	
a) Obst und Gemüse, s. Anlage 2	1.420 €
b) Back- und Teigwaren, s. Anlage 3	3.868 €
c) Kühl- und Gefrierwaren, s. Anlage 4	3.184 €
d) Konserven, s. Anlage 5	4.263 €
e) Getränke, s. Anlage 6	2.057 €

---

[26] Vgl. hierzu die Ausführungen im Zweiten Teil zu Gliederungspunkt IV.A.2.b.
[27] Vgl. zur Stichprobeninventur etwa *Scherrer/Obermeier* 1996.

I. Grundlagen und gesetzliche Rahmenbedingungen

f) Spirituosen, s. Anlage 7	2.439 €
g) Genusswaren, s. Anlage 8	5.158 €
h) Toilettenartikel, Wasch- und Putzmittel, s. Anlage 9	4.940 €
	27.329 €

5. Forderungen aus Lieferungen und Leistungen (Kundenforderungen)

Kitty W., Hamburg, Max-Brauer-Allee 10	52 €
Klaus Huber, Hamburg, Turmweg 47	31 €
	83 €

6. Guthaben bei Kreditinstituten und Postbanken

Hamburger Sparkasse, Konto-Nr. 43256, lt. Kontoauszug vom 28.12.2012	6.818 €
Vereinsbank, Konto-Nr. 14876, lt. Kontoauszug vom 20.12.2012	8.436 €
Postbank, Konto-Nr. 789543, lt. Kontoauszug vom 21.12.2012	2.721 €
	17.975 €

7. Kassenbestand lt. Kassenbericht, s. Anlage 10	2.436 €
	164.678 €

II. Schulden

1. Verbindlichkeiten gegenüber Kreditinstituten (Bankverbindlichkeiten)

Darlehen Hamburger Sparkasse, Konto-Nr. 1043256	49.072 €
Vereinsbank, Konto-Nr. 4014876	32.661 €
	81.733 €

2. Verbindlichkeiten aus Lieferungen und Leistungen (Lieferantenverbindlichkeiten)

Fa. Meier, Gemüsegroßhandel, Hamburg, Auweg 45	4.171 €
Fa. Food-GmbH, Lebensmittelgroßhandel, Hannover, Ringstr. 1	13.395 €
Fa. Schnell, Lebensmittelgroßhandel, Kiel, Mittelweg 56	8.427 €
	25.993 €

3. Wechselverbindlichkeiten

Aussteller Schnell, Lebensmittelgroßhandel, Kiel, Mittelweg 56	5.234 €
	112.960 €

III. Reinvermögen

Summe der Vermögenswerte	164.678 €
– Summe der Schulden	112.960 €
= Reinvermögen (Eigenkapital)	51.718 €

2. Bilanz und Jahresabschluss

Nach § 242 Abs. 1 HGB und IAS 1.10 hat der Kaufmann zu Beginn seines Unternehmens und für den Schluss eines jeden Geschäftsjahres eine das Verhältnis seines Vermögens und seiner Schulden darstellende Bilanz aufzustellen. Bezogen auf die Gründung des Unternehmens spricht man von einer (**Geschäfts-)Eröffnungsbilanz**, mit Blick auf das Ende des Geschäftsjahres von einer **Schlussbilanz**. Daneben verlangen die Grundsätze ordnungsmäßiger Buchführung, dass auch zu Beginn einer jeden Rechnungsperiode (z. B. zum 01.01.) eine **Eröffnungsbilanz** erstellt wird. Die Eröffnungsbilanz zum 01.01. des neuen Geschäftsjahres ist dabei identisch mit der Schlussbilanz zum 31.12. des Vorjahres (Postulat der **Bilanzidentität**, § 252 Abs. 1 Nr. 1 HGB; IAS 1.39). Grundlage der Bilanz ist das Inventar, denn die im Bestandsverzeichnis aufgelisteten Vermögensgegenstände und Schulden sind prinzipiell in den Abschluss zu übernehmen. Auch wenn Bilanz und Inventar inhaltlich weitgehend übereinstimmen, so unterscheiden sie sich jedoch erheblich in ihrer formalen Ausgestaltung (vgl. hierzu **Abbildung 26**).

Der Bilanz kommt vorrangig die Aufgabe zu, den am Unternehmen interessierten Personenkreisen durch die Gegenüberstellung von Vermögen und Schulden einen Einblick in die wirtschaftliche Lage des Betriebes zu ermöglichen (**Informationsfunktion der Bilanz**). Zu den Adressaten des Abschlusses zählen vor allem der Kaufmann selbst (aus Gründen der Eigeninformation), die Gläubiger (z. B. Banken und Lieferanten), die Anteilseigner (z. B. Aktionäre), die Arbeitnehmer sowie der Fiskus.[28]

Den vorstehenden Ausführungen zufolge versteht man unter einer **Bilanz** die zusammengefasste kontenmäßige Gegenüberstellung des Vermögens und der Schulden zu einem bestimmten Stichtag, die durch das Eigenkapital zum Ausgleich gebracht wird. Das **Eigenkapital** entspricht demnach der Differenz zwischen dem Gesamtbetrag der bewerteten Vermögensgegenstände einerseits und dem Volumen an Schulden andererseits und führt insofern

Inventar	Bilanz
Gliederung der Einzelpositionen nach Art, Menge und Wert	Zusammenfassung der einzelnen Positionen zu Gruppen, wobei nur noch Wert- und keine Mengenangaben erfolgen
Ausführliche, aber – wegen der Vielzahl an Einzelpositionen – unübersichtliche Darstellung des vorhandenen Vermögens und der bestehenden Schulden	Übersichtliche Darlegung des Vermögens und der Schulden aufgrund der Aggregation
Aufstellung grundsätzlich in Staffelform, wobei am Ende die Ermittlung des Reinvermögens steht	Aufstellung nur in Kontoform mit der Konsequenz, dass das Konto durch das Eigenkapital ausgeglichen wird

Abb. 26: Formale Unterschiede zwischen Inventar und Bilanz

---

[28] Vgl. zu den Informationsbedürfnissen der Bilanzadressaten *Coenenberg/Haller/Schultze* 2012, S. 10 f.

I. Grundlagen und gesetzliche Rahmenbedingungen

zur Gleichheit der sich auf beiden Seiten des Kontos ergebenden Bilanzsummen. Es gilt daher stets die Gleichung:

Summe der linken Seite der Bilanz = Summe der rechten Seite der Bilanz.

Die Vermögensgüter des Unternehmens sind auf der linken Seite (sog. **Aktivseite**), das Kapital auf der rechten Seite des Abschlusses (sog. **Passivseite**) auszuweisen. Entsprechend werden in der Bilanz die Vermögensgegenstände als **Aktiva**, die Kapitalposten als **Passiva** bezeichnet. Einen Gegenstand zu aktivieren bedeutet, ihn auf der Aktivseite, eine Schuld zu passivieren, sie auf der Passivseite des Abschlusses anzusetzen. Während die Passivseite der Bilanz über die Herkunft der finanziellen Mittel informiert, gibt die Aktivseite Auskunft darüber, in welche konkreten Vermögensgegenstände diese Mittel geflossen sind. Die Passivseite spiegelt also die **Mittelherkunft**, die Aktivseite die **Mittelverwendung** wider (vgl. **Abbildung 27**). Bei der Herkunft unterscheidet man grundsätzlich zwischen eigenen Mitteln des Kaufmanns (= **Eigenkapital**) und den von Dritten dem Unternehmen zur Verfügung gestellten Mitteln (= **Fremdkapital**). Im Bereich der Finanzbuchhaltung wird das Fremdkapital durch die Schulden (= Verbindlichkeiten) verkörpert.

Aktiva	Bilanz	Passiva
Die **Mittelverwendungsseite** gibt an, in welche konkreten Vermögensgüter das Kapital der Passivseite geflossen ist		Die **Mittelherkunftsseite** informiert über die Höhe und Struktur des in bestimmte Vermögensgüter investierten Eigen- und Fremdkapitals des Unternehmens
	Summe der Aktiva = Summe der Passiva	

Abb. 27: Grundstruktur der Bilanz

Übersteigt das Vermögen die Schulden, liegt eine sog. **aktive Bilanz** vor (vgl. **Abbildung 28**) und das Eigenkapital erscheint auf der Passivseite. In diesem Fall gilt folgende Gleichung.

Vermögen = Eigenkapital + Schulden.

Aktiva	Bilanz	Passiva
Vermögen		Eigenkapital
		Schulden (Fremdkapital)

Abb. 28: Grundstruktur einer aktiven Bilanz

Von einer sog. **passiven Bilanz** oder Unterbilanz spricht man dagegen, wenn die Schulden die Aktiva eines Unternehmens übersteigen (vgl. **Abbildung 29**). In diesem Fall liegt eine (bilanzrechtliche, formelle) **Überschuldungssituation** vor, die dadurch gekennzeichnet ist, dass durch Verluste das Eigenkapital vollständig aufgezehrt wurde und darüber hinaus das Unternehmensvermögen nicht mehr ausreicht, die Ansprüche im Handelsrecht der Gläubiger zu befriedigen. Um die Bilanz dennoch zum Ausgleich zu bringen, erscheint im Handelsrecht der Unterschiedsbetrag zwischen Schulden und Vermögen als letzte Position auf der Aktivseite des Abschlusses unter der Bezeichnung „**Nicht durch Eigenkapital gedeckter**

Fehlbetrag" (§ 268 Abs. 3 HGB), während nach IFRS ein negatives Kapital auf der Passivseite erscheint. Bei einer passiven Bilanz hat daher handelsrechtlich nachstehende Beziehung Gültigkeit.

Vermögen + „Nicht durch Eigenkapital gedeckter Fehlbetrag" = Schulden.

Aktiva	Bilanz	Passiva
Vermögen	Schulden (Fremdkapital)	
„Nicht durch Eigenkapital gedeckter Fehlbetrag"		

Abb. 29: Grundstruktur einer passiven Bilanz

Der Tatbestand der insolvenzrechtlichen Überschuldung führt bei Kapitalgesellschaften (z. B. AG, GmbH) zu einem **Konkurs- oder Vergleichsverfahren** (§ 19 Abs. 1 InsO). Da bei Einzelunternehmen und Personenhandelsgesellschaften (z. B. OHG, KG) die Unternehmer bzw. die Gesellschafter auch mit ihrem Privatvermögen für die Schulden des Betriebes haften, löst die Überschuldungssituation bei diesen Rechtsformen grundsätzlich keine rechtlichen Konsequenzen aus (§ 19 Abs. 3 InsO).[29]

Der **formale Aufbau** und die **Mindestgliederung** der handelsrechtlichen Bilanz bestimmen sich bei **Einzelunternehmen** und **Personenhandelsgesellschaften** aus § 247 Abs. 1 HGB. Danach sind im Abschluss nachstehende Posten auszuweisen und hinreichend aufzugliedern.

Aktiva	Bilanz	Passiva
Anlagevermögen Umlaufvermögen Rechnungsabgrenzungsposten (akt.)	Eigenkapital Schulden Rechnungsabgrenzungsposten (pass.)	

Abb. 30: Formaler Aufbau der Bilanz nach § 247 Abs. 1 HGB

Die handelsrechtlich geforderte **hinreichende Aufgliederung** der Bilanzposten bedingt eine Gliederungstiefe dergestalt, dass der Bilanz der sachliche und finanzielle Aufbau des Unternehmens entnommen werden kann. Eine allgemein gültige Anweisung, wie detailliert die Unterteilung des Abschlusses zu sein hat, ist jedoch nicht möglich, da die Gliederungstiefe der Bilanz insbesondere von der Größe und dem Gegenstand des Unternehmens abhängt. Auf der **Aktivseite** werden die Vermögenswerte nach dem **Grad der Liquidierbarkeit** ausgewiesen, wobei nicht unmittelbar in Geld zu transformierende Objekte (z. B. Patente, Grundstücke) den Anfang und leicht liquidierbare Güter (z. B. Guthaben bei Kreditinstituten, Kassenbestand) das Ende der Aktiva bilden. Konsequenz dieser Ausweiskonvention ist, dass im Abschluss zuerst die Teile des **Anlagevermögens** zu erfassen sind. Gemäß § 247 Abs. 2 HGB zählen zum Anlagevermögen lediglich diejenigen Vermögensgegenstände, die bestimmt sind, dem Geschäftsbetrieb dauerhaft zu dienen (z. B. Grundstücke und Gebäude, Maschinen, Betriebs- und Geschäftsausstattung, Beteiligungen). Sofern Gegenstände nicht zum Anlagevermögen zählen (Negativabgrenzung), werden sie dem **Umlaufvermögen** zugeordnet. Hierunter fallen vor allem Vermögenswerte, die

---
[29] Vgl. hierzu *Freidank* 2012b, S. 397–399.

I. Grundlagen und gesetzliche Rahmenbedingungen

- zum Zwecke des **Verbrauchs** oder der **Veräußerung** erworben oder hergestellt wurden (z. B. Rohstoffe, Erzeugnisse, Waren) oder
- im Zusammenhang mit der **Abwicklung des Zahlungsverkehrs** stehen (z. B. Forderungen aus Lieferungen und Leistungen, Guthaben bei Kreditinstituten, Kassenbestand) oder
- den Charakter einer **vorübergehenden Geldanlage** tragen (z. B. Wertpapiere).

Die Anordnung der Passivposten erfolgt in der Bilanz primär nach Maßgabe ihrer Fristigkeit. An erster Stelle der **Passivseite** steht deshalb grundsätzlich das Eigenkapital, da dieses dem Unternehmen auf Dauer zur Verfügung steht. Daran schließt sich das Fremdkapital an – untergliedert i. d. R. nach den Schuldkategorien „**Rückstellungen**" und „**Verbindlichkeiten**". Werden ggf. die Schuldkategorien in einzelne Bilanzpositionen weiter unterteilt, sind diese Posten innerhalb der entsprechenden Kategorie nach der Reihenfolge ihrer Fristigkeit auszuweisen (z. B. zuerst Verbindlichkeiten gegenüber Kreditinstituten, dann Verbindlichkeiten aus Lieferungen und Leistungen). Bei den (aktiven und passiven) **Rechnungsabgrenzungsposten** handelt es sich nicht um Vermögensgegenstände und Schulden, sondern um **Korrekturgrößen** zum Zwecke der periodengerechten Erfolgsermittlung. Inhalt und Funktion dieser Posten werden später erläutert.[30]

Für Kapitalgesellschaften und ihnen gleichgestellte Unternehmen[31] hat der Gesetzgeber in § 266 HGB ein ausführliches Bilanzgliederungsschema zwingend vorgeschrieben.[32] Um die bei Einzelunternehmen und Personenhandelsgesellschaften existierende Problematik der „hinreichenden Untergliederung" der Bilanz zu umgehen, legen i. d. R. diese Rechtsformen ebenfalls ihren Abschlüssen – wenn auch größtenteils in vereinfachter Form – das Gliederungsschema des § 266 HGB zugrunde. Diesem Umstand Rechnung tragend, orientieren sich auch die weiteren Ausführungen an dem für Kapitalgesellschaften gültigen Bilanzgliederungsschema. Legt man das für Kapitalgesellschaften vorgeschriebene Gliederungsschema des § 266 HGB zugrunde, so könnte die Bilanz einer nicht publizitätspflichtigen Einzelunternehmung oder Personenhandelsgesellschaft das in **Abbildung 31** gezeigte Aussehen haben.

Nach den IFRS hingegen ist kein rechtsformabhängiger Detaillierungsgrad der Bilanz vorgesehen.[33] Vielmehr sind für alle Unternehmen zumindest die in IAS 1.54 aufgeführten Bilanzposten maßgebend. Im Gegensatz zum Handelsrecht ist neben der **Kontoform** auch die **Staffelform** oder eine **sonstige Form** möglich, wobei nach h. M. die Staffelform zu präferieren ist. Auch bezüglich der Gliederung der Bilanz besteht nach IAS 1.60 die Möglichkeit, die Vermögenswerte und Schulden neben der **Fristigkeit** als präferierte Variante nach der **Liquidierbarkeit** anzuordnen. Neben der Forderung in IAS 1.29, alle wesentlichen Bilanzposten darzustellen, ist eine Aufnahme weiterer Posten „im Interesse einer Fair Presentation" nach IAS 1.55 möglich bzw. geboten, z.B. Vermögenswerte aus langfristigen Fertigungsaufträgen oder aus Leasingverhältnissen. Der Ansatz von Rechnungsabgrenzungsposten ergibt

---

[30] Vgl. hierzu die Ausführungen im Dritten Teil zu Gliederungspunkt I.B.4.
[31] Hierzu zählen insbesondere Unternehmen, die unter das Publizitätsgesetz fallen (§ 5 Abs. 1 PublG), unter § 264 a HGB fallende Gesellschaften sowie eingetragene Genossenschaften (§ 336 Abs. 2 HGB).
[32] Vgl. hierzu die Ausführungen im Zweiten Teil zu Gliederungspunkt VI.B.
[33] Vgl. ebenfalls *Coenenberg/Haller/Schultze* 2012, S. 139.

Aktiva	Bilanz	Passiva

A. Anlagevermögen
   I. Immaterielle Vermögensgegenstände[a]
   II. Sachanlagen[b]
   III. Finanzanlagen[c]
B. Umlaufvermögen
   I. Vorräte
   II. Forderungen und sonstige Vermögensgegenstände
   III. Wertpapiere
   IV. Kassenbestand, Bundesbankguthaben, Guthaben bei Kreditinstituten, Schecks
C. Rechnungsabgrenzungsposten
	A. Eigenkapital
	
	B. Rückstellungen
	
	C. Verbindlichkeiten
	D. Rechnungsabgrenzungsposten	

[a] Bei den immateriellen Vermögensgegenständen handelt es sich um nichtkörperliche Vermögenswerte, wie z. B. Konzessionen, Patente, Lizenzen.

[b] Unter dem Oberbegriff Sachanlagen sind die körperlichen Vermögensobjekte des Anlagevermögens zu erfassen (Grundstücke und Gebäude, Maschinen, Betriebs- und Geschäftsausstattung etc.).

[c] Zu den Finanzanlagen zählen vor allem Beteiligungen an anderen Unternehmen, Wertpapiere des Anlagevermögens sowie langfristige Ausleihungen.

Abb. 31: Gliederungsvorschlag für die Bilanz einer nicht publizitätspflichtigen Einzelunternehmung oder Personenhandelsgesellschaft im Handelsrecht

sich aus der Forderung nach einer periodengerechten Erfolgsermittlung nach IAS 1.27 f. **Abbildung 32** zeigt in Kontoform die Mindestgliederung der Bilanz, wobei die präferierte Gliederung nach der Fristigkeit erfolgt.[34]

Der bilanzrechtliche Erfolg lässt sich für eine bestimmte Rechnungsperiode einerseits durch **Eigenkapitalvergleich** anhand der Anfangs- und Schlussbilanz wie folgt ermitteln (§ 4 Abs. 1 Satz 1 EStG).[35]

    Eigenkapital am Ende des Geschäftsjahres
    Eigenkapital am Anfang des Geschäftsjahres
  + Wert der (Privat-)Entnahmen
  – Wert der (Privat-)Einlagen
  = Unternehmenserfolg des Geschäftsjahres (Gewinn oder Verlust).

---

[34] Vgl. des Weiteren die detaillierte Auflistung bei *Coenenberg/Haller/Schultze* 2012, S. 141.

[35] Vgl. hierzu die Ausführungen im Ersten Teil zu Gliederungspunkt IV.C.2.

I. Grundlagen und gesetzliche Rahmenbedingungen

Bilanz	
Vermögenswerte	**Eigenkapital und Schulden**

A. **Langfristige Vermögenswerte**
  I. Immaterielle Vermögenswerte
  II. Sachanlagen
  III. Als Finanzinvestition gehaltene Vermögenswerte
  IV. Aktive latente Steuern
B. **Kurzfristige Vermögenswerte**
  I. Vorräte
  II. Forderungen aus Lieferungen und Leistungen
  III. Finanzielle Vermögenswerte
  IV. Aktive Rechnungsabgrenzung
  V. Zahlungsmittel und Zahlungsmittel-äquivalente
	A. **Eigenkapital**
	  I. Gezeichnetes Kapital
	  II. Rücklagen
	B. **Langfristige Schulden**
	  I. Langfristige finanzielle Verbindlichkeiten
	  II. Passive latente Steuern
	  III. Rückstellungen
	C. **Kurzfristige Schulden**
	  I. Verbindlichkeiten aus Lieferungen und Leistungen
	  II. Kurzfristige finanzielle Verbindlichkeiten
	  III. Kurzfristige Rückstellungen
	  IV. Passive Rechnungsabgrenzung

Abb. 32: Bilanzgliederung nach IFRS

Beispiel: Aus dem auf Seite 66f. dargestellten Inventar lässt sich folgende handelsrechtliche Bilanz zum 31.12. des Geschäftsjahres 2012 ableiten

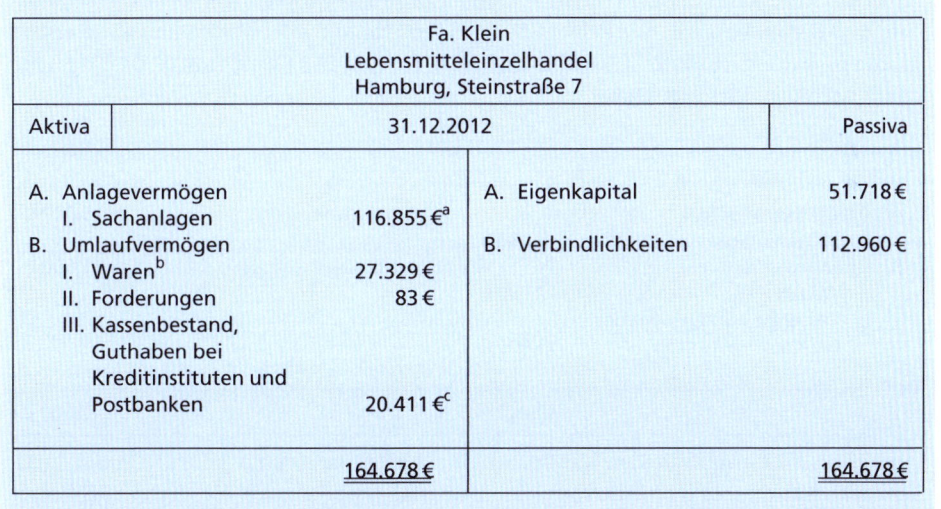

Fa. Klein
Lebensmitteleinzelhandel
Hamburg, Steinstraße 7

Aktiva		31.12.2012		Passiva

A. Anlagevermögen
  I. Sachanlagen
B. Umlaufvermögen
  I. Waren[b]
  II. Forderungen
  III. Kassenbestand, Guthaben bei Kreditinstituten und Postbanken
		116.855 €[a]
		
		27.329 €
		83 €
		
		20.411 €[c]
			A. Eigenkapital
			B. Verbindlichkeiten
				51.718 €
				112.960 €

		164.678 €		164.678 €

[a] 116.855 € = 90.000 € + 18.220 € + 8.635 €.
[b] Ihrem Unternehmenszweck entsprechend (= Ein- und Verkauf von Waren) verwenden Handelsbetriebe i. d. R. anstelle des allgemeinen Begriffs „Vorräte" den spezielleren Terminus „Waren".
[c] 20.411 € = 17.975 € + 2.436 €

Aus Vereinfachungsgründen wird im Folgenden stets die handelsrechtliche Bilanzgliederung für die Buchungstechnik herangezogen.

3. Grundlagen der Buchungstechnik

a. Auflösung der Bilanz in Bestandskonten

Der Abschluss zeigt das Vermögen und das Kapital eines Unternehmens zu einem ganz bestimmten Zeitpunkt (**Bilanzstichtag**). Die Finanzbuchhaltung erfasst nur diejenigen Geschäftsvorfälle, die **Auswirkungen auf die Höhe und/oder Struktur des Vermögens, des Eigenkapitals und/oder der Schulden** haben. Hieraus folgt, dass jeder buchführungpflichtige Vorgang zwangsläufig eine Veränderung der in der Bilanz enthaltenen Aktiva und/oder Passiva bewirkt.

Beispiel: Gegeben sei zum 01.01.2012 folgende Eröffnungsbilanz.

Aktiva		01.01.2012		Passiva
A. Anlagevermögen			A. Eigenkapital	15.000 €
I. Sachanlagen	8.000 €		B. Verbindlichkeiten	25.000 €
B. Umlaufvermögen				
I. Waren	12.000 €			
II. Kassenbestand, Guthaben				
bei Kreditinstituten	20.000 €			
	40.000 €			**40.000 €**

Am 02.01.2012 kauft der Unternehmer Handelsprodukte im Wert von 5.000 € gegen Barzahlung. Dieser Vorgang führt einerseits zu einer Erhöhung der Waren und andererseits zu einer Verminderung des Kassenbestandes um 5.000 €. Die Bilanz zum 02.01.2012 hätte somit nachfolgendes Aussehen.

Aktiva		02.01.2012		Passiva
A. Anlagevermögen			A. Eigenkapital	15.000 €
I. Sachanlagen	8.000 €		B. Verbindlichkeiten	25.000 €
B. Umlaufvermögen				
I. Waren	17.000 €			
II. Kassenbestand, Guthaben				
bei Kreditinstituten	15.000 €			
	40.000 €			**40.000 €**

Am 03.01.2012 begleicht der Kaufmann eine Lieferantenschuld i. H. v. 6.000 € durch Banküberweisung. Ergebnis dieses Geschäftsvorfalls ist, dass sich die Verbindlichkeiten um 6.000 € verringern. Gleichzeitig nimmt aber auch das Guthaben bei den Kreditinstituten um diesen Betrag ab. Die Bilanz zum 03.01.2012 würde sich dann wie folgt darstellen.

I. Grundlagen und gesetzliche Rahmenbedingungen

Aktiva		03.01.2012	Passiva	
A. Anlagevermögen			A. Eigenkapital	15.000 €
I. Sachanlagen	8.000 €		B. Verbindlichkeiten	19.000 €
B. Umlaufvermögen				
I. Waren	17.000 €			
II. Kassenbestand, Guthaben bei Kreditinstituten	9.000 €			
	34.000 €			34.000 €

Damit sichergestellt ist, dass alle im Geschäftsjahr aufgetretenen buchführungspflichtigen Vorgänge Eingang in die Schlussbilanz finden, wäre insofern eine laufende Fortschreibung des Abschlusses nach jedem Geschäftsvorfall erforderlich. Diese Vorgehensweise ist jedoch aufgrund der Vielzahl der in der Finanzbuchhaltung zu registrierenden Ereignisse nicht praktikabel. Das erfassungstechnische Problem kann durch die **Zerlegung der Eröffnungsbilanz in sog. Bestandskonten** gelöst werden, auf denen die im Laufe des Geschäftsjahres anfallenden Vorgänge zur Verbuchung kommen. Am Ende der Periode werden dann die Bestandskonten zur **Schlussbilanz** zusammengefasst. Die Bilanz stellt somit den Anfang und das Ende des Rechnungskreislaufs dar.

Unter einem **Konto** wird allgemein eine zweiseitig geführte Rechnung verstanden, in der die Zugänge getrennt von den Abgängen zum Ausweis gelangen. Äußerlich hat das Konto grundsätzlich die Form eines großen „T" und wird deshalb auch mit den Termini „T-Konto" oder „Kontenkreuz" belegt, wobei die linke Seite mit „**Soll**" (Sollseite) und die rechte mit „**Haben**" (Habenseite) überschrieben wird.[36] Aufgrund dieser Konventionen hinsichtlich Form und Bezeichnung ergibt sich das in **Abbildung 33** gezeigte Erscheinungsbild.

Als **Bestandskonten** werden die aus den einzelnen Posten der Eröffnungsbilanz abgeleiteten Aktiv- und Passivkonten bzw. die in die einzelnen Posten der Schlussbilanz zu übernehmenden Aktiv- und Passivkonten bezeichnet. Bestandskonten sind demnach aus der Bilanz derivierte Konten, deren Aufgabe die Erfassung der im Laufe des Geschäftsjahres erfolgten Zu- und Abgänge an Vermögen, Eigenkapital und Schulden ist. Die wichtigsten aktiven und passiven Bestandskonten können dem in § 266 HGB enthaltenen Bilanzgliederungsschema für Kapitalgesellschaften und den in IAS 1.54 genannten Posten entnommen werden.

Soll			Konto			Haben
Datum	Text	Betrag	Datum	Text		Betrag

Abb. 33: Allgemeines Erscheinungsbild eines Kontos

---

[36] Die Begriffe „Soll" und „Haben" sind historisch bedingt und resultieren aus den Anfängen der kontenmäßigen Aufzeichnung der Schuldverhältnisse. Vgl. hierzu u. a. *Buchner* 2005, S. 94. Der damaligen Konvention entsprechend wurden auf der linken Seite die Beträge erfasst, die der Kunde noch zahlen soll, während auf der rechten Seite die Beträge ausgewiesen wurden, die die Kunden noch gut haben. Mit der Übertragung auf alle Konten haben diese Bezeichnungen jedoch ihren ursprünglichen Wortsinn verloren.

Die Aktivseite der Eröffnungsbilanz wird in **aktive Bestandskonten** (sog. Aktivkonten) und die Passivseite in **passive Bestandskonten** (sog. Passivkonten) aufgelöst, wobei für jeden Bilanzposten mindestens ein eigenes Konto mit entsprechender Bezeichnung einzurichten ist (vgl. **Abbildung 34** und **Abbildung 35**). Die bei den jeweiligen Posten der Eröffnungsbilanz angegebenen Beträge sind als Anfangsbestände in die Bestandskonten zu übernehmen und erscheinen in den Konten auf der gleichen Seite wie im Abschluss. Die Anfangsbestände sind also bei den Aktivkonten auf der linken, der Sollseite, und bei den Passivkonten auf der rechten, der Habenseite, zu erfassen. Sofern ein Bilanzposten in zwei oder mehr Bestandskonten zerlegt wird (z. B. der Posten Aktiva B.IV. in „Kassenbestand, Bundesbankguthaben, Guthaben bei Kreditinstituten und Schecks"), können die Anfangsbestände den der Bilanz zugrunde liegenden Unterlagen entnommen werden. Da Zugänge eine Bestandserhöhung und Abgänge eine Bestandsverminderung darstellen, nehmen Aktivkonten auf der Sollseite zu (Erhöhung des Anfangsbestandes) und auf der Habenseite ab (Verminderung des Bestandes). Bei den Passivkonten ist es umgekehrt, d. h. passive Bestandskonten verzeichnen die Zugänge im Haben (Erhöhung des Anfangsbestandes) und die Abgänge im Soll (Verminderung des Bestandes).

Der jeweilige Bestand eines Kontos ergibt sich als Differenz zwischen der Summe von Soll- und Habenseite und wird allgemein als **Saldo** (oder Unterschiedsbetrag) bezeichnet. Die zum Bilanzstichtag zu ermittelnden Salden der Aktiv- und Passivkonten nennt man auch (Buch-) Endbestände. Der Unterschiedsbetrag ist stets auf der kleineren Seite des Kontos einzustellen und gewährleistet insofern die Summengleichheit der beiden Kontoseiten. Für die aktiven Bestandskonten bedeutet dies, dass der Saldo auf der kleineren Habenseite zu erfassen ist, während die passiven Bestandskonten ihn auf der geringeren Sollseite ausweisen. An der Stellung des Saldos ist somit zu erkennen, ob es sich um ein Aktiv- oder Passivkonto handelt. Da der Unterschiedsbetrag stets nach der größeren Kontoseite benannt wird, weisen Konten der Aktivseite einen Soll-Saldo und die der Passivseite einen Haben-Saldo auf.

Soll	Aktivkonto	Haben
Anfangsbestand		Abgänge
Zugänge		(Soll-)Saldo

Abb. 34: Aufbau eines Aktivkontos

Soll	Passivkonto	Haben
Abgänge		Anfangsbestand
(Haben-)Saldo		Zugänge

Abb. 35: Aufbau eines Passivkontos

Bezogen auf den Bilanzstichtag hat somit folgende Beziehung Gültigkeit:

$$\text{Anfangsbestand} + \text{Zugänge} = \text{Abgänge} + \text{Endbestand}.$$

I. Grundlagen und gesetzliche Rahmenbedingungen

Sofern für im Laufe des Geschäftsjahres zugehende Vermögensgüter oder neu entstehende Schulden noch keine Bestandskonten existieren, sind entsprechende Aktiv- und Passivkonten zusätzlich einzurichten und die jeweiligen Zu- und Abgänge hierauf zu erfassen.

Die zum Bilanzstichtag ermittelten Salden stellen die buchmäßigen Endbestände dar, die mit den Ergebnissen der Inventur zu vergleichen sind. Bei Abweichungen zwischen beiden Größen ist der Endbestand zwingend an den Inventarwert anzupassen, denn maßgeblich für die Übernahme in die Schlussbilanz sind nicht die buchmäßigen, sondern die tatsächlich vorhandenen Bestände. Ursachen für derartige Abweichungen können z. B. Diebstahl, Schwund oder Verderb sein.[37] Die Soll-Salden der Aktivkonten verkörpern die Endbestände an Vermögensgütern und sind deshalb – entsprechend der Grundstruktur der Bilanz – auf der Aktivseite auszuweisen. Da in den Haben-Salden der Passivkonten die Endbestände an Eigen- und Fremdkapital zum Ausdruck kommen, sind diese in die Passivseite des Abschlusses einzustellen. Die Salden sind dabei auf die Bilanzposten zu übertragen, aus denen zuvor die jeweiligen Bestandskonten abgeleitet wurden. Durch die Übernahme der Endbestände in die Schlussbilanz und aus dem Erfordernis der Ausgeglichenheit des Abschlusses ergibt sich:

Summe der Soll-Salden = Summe der Haben-Salden.

Beispiel: Im Folgenden wird anhand eines einfachen Sachverhalts verdeutlicht, wie sich der technische Vorgang der Zerlegung der Eröffnungsbilanz in Bestandskonten und deren Übernahme in die Schlussbilanz vollzieht. Gegeben sei hierzu die in **Abbildung 36** gezeigte Eröffnungsbilanz, wobei bestimmte Posten wie folgt in zwei und mehr Bestandskonten zu zerlegen sind [die Angabe der jeweiligen Anfangsbestände (AB) erfolgt in Klammern]:

(1) der Posten „Sachanlagen" (220.000 €) in die beiden Konten „Bebaute Grundstücke" (150.000 €) und „Betriebs- und Geschäftsausstattung" (70.000 €);
(2) die flüssigen Mittel „Kassenbestand, Guthaben bei Kreditinstituten" (25.000 €) in die Aktivkonten „Kasse" (8.000 €) und „Guthaben bei Kreditinstituten" (17.000 €);
(3) der Posten „Verbindlichkeiten" (220.000 €) in die Passivkonten „Verbindlichkeiten gegenüber Kreditinstituten" (170.000 €), „Verbindlichkeiten aus Lieferungen und Leistungen" (40.000 €) und „Sonstige Verbindlichkeiten" (10.000 €).

Bei dem Posten „Forderungen" (45.000 €) handelt es sich um „Forderungen aus Lieferungen und Leistungen".

b. Buchungssatz

Charakteristisches Merkmal der doppelten Buchführung ist, dass nach jedem Geschäftsvorfall die Bilanzgleichung

Summe der Aktiva = Summe der Passiva

erfüllt sein muss. Jeder buchführungspflichtige Vorgang verändert deshalb mindestens zwei Bilanzposten, wobei diese Veränderungen – wie im vorhergehenden Kapitel dargestellt –

---
[37] Vgl. hierzu die weiteren Ausführungen im Zweiten Teil zu Gliederungspunkt II.A.5.

Aktiva	Eröffnungsbilanz zum 01.01.2012		Passiva
A. Anlagevermögen		A. Eigenkapital	250.000 €
I. Sachanlagen	220.000 €	B. Verbindlichkeiten	220.000 €
B. Umlaufvermögen			
I. Waren	80.000 €		
II. Forderungen	45.000 €		
III. Kassenbestand, Guthaben bei Kreditinstituten	25.000 €		
	470.000 €		**470.000 €**

Aktive Bestandskonten (in €):

S	Bebaute Grundstücke	H
AB	150.000	Abgänge
Zugänge		Saldo (EB)

S	Betriebs- und Geschäftsausstattung	H
AB	70.000	Abgänge
Zugänge		Saldo (EB)

S	Waren	H
AB	180.000	Abgänge
Zugänge		Saldo (EB)

S	Forderungen aus Lieferungen und Leistungen	H
AB	45.000	Abgänge
Zugänge		Saldo (EB)

S	Guthaben bei Kreditinstituten	H
AB	17.000	Abgänge
Zugänge		Saldo (EB)

S	Kasse	H
AB	8.000	Abgänge
Zugänge		Saldo (EB)

Passive Bestandskonten (in €):

S	Eigenkapital	H
Abgänge		AB	250.000
Saldo (EB)		Zugänge

S	Verbindlichkeiten gegenüber Kreditinstituten	H
Abgänge		AB	170.000
Saldo (EB)		Zugänge

S	Verbindlichkeiten aus Lieferungen und Leistungen	H
Abgänge		AB	40.000
Saldo (EB)		Zugänge

S	Sonstige Verbindlichkeiten	H
Abgänge		AB	10.000
Saldo (EB)		Zugänge

Aktiva	Schlussbilanz zum 31.12.2012	Passiva
A. Anlagevermögen		A. Eigenkapital
I. Sachanlagen		B. Verbindlichkeiten
B. Umlaufvermögen		
I. Waren		
II. Forderungen		
III. Kassenbestand, Guthaben bei Kreditinstituten		
Summe der Aktiva		**Summe der Passiva**

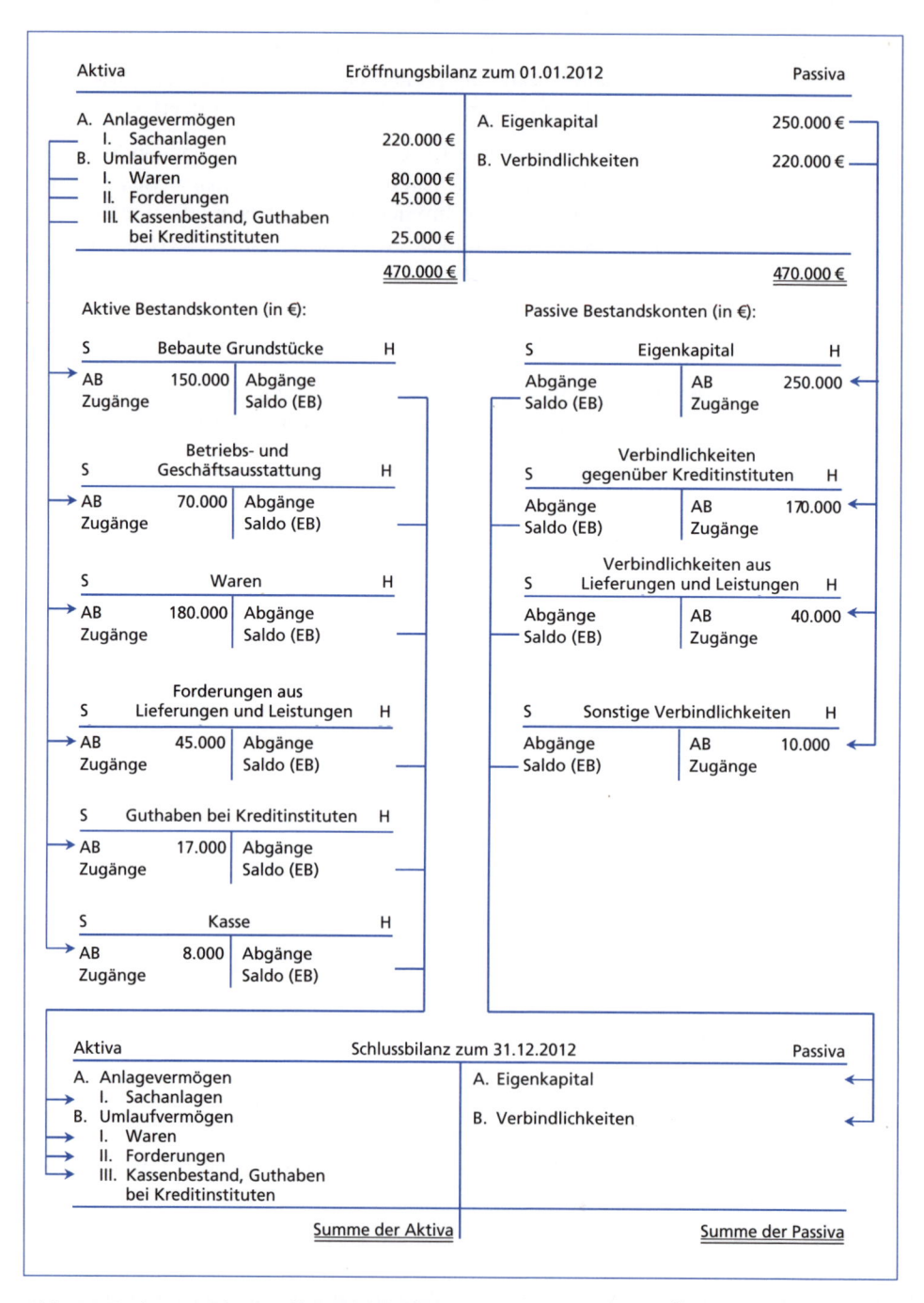

Abb. 36: Zerlegung der Eröffnungsbilanz in Bestandskonten und Übernahme der Salden der Bestandskonten in die Schlussbilanz

I. Grundlagen und gesetzliche Rahmenbedingungen

über die entsprechenden Konten erfasst werden. Nach dem System der doppelten Buchführung ist demnach **jeder Geschäftsvorfall auf mindestens zwei Konten zu verbuchen**, und zwar bei dem einen Konto im Soll und bei dem anderen Konto im Haben (**Prinzip der doppelten Verbuchung**). Um die Ausgeglichenheit des Abschlusses zu gewährleisten, muss dabei pro Geschäftsvorfall die Summe der auf der Soll- und auf der Habenseite gebuchten Beträge übereinstimmen (Summe der Soll-Buchungsbeträge = Summe der Haben-Buchungsbeträge).

> **Beispiel:**
>
> (1) Ein Kunde begleicht seine Schuld aus einem Warengeschäft in Höhe von 800 € durch Barzahlung. Dieser Vorgang bewirkt zum einen eine Erhöhung des Kassenbestandes (Zugang 800 €) und zum anderen eine Verminderung der Forderungen aus Lieferungen und Leistungen (Abgang 800 €). Da es sich jeweils um ein Aktivkonto handelt, ist auf dem Forderungskonto im Haben (Abgänge) und auf dem Kassenkonto im Soll (Zugänge) zu buchen.
>
> | S | Forderungen aus Lieferungen und Leistungen | | H |
> |---|---|---|---|
> | | € | | € |
> | AB | ... | Abgang | 800 |
>
> | S | Kasse | | H |
> |---|---|---|---|
> | | € | | € |
> | AB | ... | | |
> | Zugang | 800 | | |
>
> (2) Der Unternehmer bezieht Waren von einem Großhändler im Wert von 4.500 €; entsprechend den vertraglichen Vereinbarungen muss der Unternehmer die Handelsprodukte aber erst in drei Monaten bezahlen (sog. Zieleinkauf). Ergebnis dieses Geschäftsvorfalls ist, dass sowohl die Waren als auch die Verbindlichkeiten aus Lieferungen und Leistungen um 4.500 € zunehmen. Beim Aktivkonto „Waren" ist folglich im Soll (Zugänge) und beim Passivkonto „Verbindlichkeiten aus Lieferungen und Leistungen" im Haben (Zugänge) zu buchen.
>
> | S | Waren | | H |
> |---|---|---|---|
> | | € | | € |
> | AB | ... | | |
> | Zugang | 4.500 | | |
>
> | S | Verbindlichkeiten aus Lieferungen und Leistungen | | H |
> |---|---|---|---|
> | | € | | € |
> | | | AB | ... |
> | | | Zugang | 4.500 |
>
> (3) Der Kaufmann tilgt ein bei seiner Hausbank aufgenommenes Darlehen über 50.000 € durch Belastung seines Girokontos. In diesem Fall nehmen die Verbindlichkeiten gegenüber Kreditinstituten und das Bankguthaben um jeweils 50.000 € ab. Auf dem aktiven Bestandskonto „Guthaben bei Kreditinstituten" ist daher im Haben (Abgänge) und auf dem passiven Bestandskonto „Verbindlichkeiten gegenüber Kreditinstituten" im Soll (Abgänge) zu buchen.

S	Guthaben bei Kreditinstituten	H		S	Verbindlichkeiten gegenüber Kreditinstituten	H
€		€		€		€
AB ...		Abgang 50.000		Abgang 50.000	AB	...

Für jede Buchung auf einem Konto existiert eine **spiegelbildliche Gegenbuchung** auf einem anderen Konto. Da aber die verbale Umschreibung der Buchungsanweisung (auf welchem Konto die Soll- und auf welchem Konto die Haben-Buchung zu erfolgen hat) für die technisch-rationelle Erfassung der Geschäftsvorfälle im System der doppelten Buchführung ungeeignet ist, bedient man sich einer Sprachkonvention, dem sog. **Buchungssatz**. Der Buchungssatz bezeichnet die Konten, die durch den Geschäftsvorgang berührt werden und gibt an, auf welcher Kontoseite (Soll oder Haben) der betreffende Betrag zu erfassen ist. Hierbei hat sich folgende Vorgehensweise durchgesetzt. Zuerst wird das Konto genannt, bei dem die Eintragung im Soll vorzunehmen ist und anschließend wird das Konto angegeben, bei dem die Eintragung im Haben zu erfolgen hat. Die beiden Konten werden durch die Bezeichnung „an" oder einen Schrägstrich („/") verbunden. Wird durch einen Geschäftsvorfall mehr als nur jeweils ein Soll- oder Habenkonto angesprochen, so sind zuerst die Konten der Sollbuchungen und dann die der Habenbuchungen anzuführen. Die allgemeine Form des Buchungssatzes lautet daher:

> (per) Sollkonto (-konten)   an   Habenkonto (-konten).

Sofern ein buchführungspflichtiger Vorgang nur jeweils ein Soll- und ein Habenkonto betrifft, spricht man von einem **einfachen Buchungssatz**. Hierzu zählen die unter obigem Beispiel aufgeführten Geschäftsvorfälle.

Die Buchungssätze dazu lauten:

> (1) Kasse   an   Forderungen aus Lieferungen   800 €
>   und Leistungen
> (2) Waren   an   Verbindlichkeiten aus   4.500 €
>   Lieferungen und Leistungen
> (3) Verbindlichkeiten   an   Guthaben bei Kreditinstituten   50.000 €.
>   gegenüber Kreditinstituten

Werden durch einen Geschäftsvorgang mehr als zwei Konten angesprochen, liegt ein sog. **zusammengesetzter Buchungssatz** vor.

I. Grundlagen und gesetzliche Rahmenbedingungen

> **Beispiel:**
>
> (1) Der Unternehmer kauft eine neue Geschäftsausstattung im Wert von 56.000 € und bezahlt 20.000 € in bar und den Rest durch Banküberweisung.
>
> Buchungssatz:
>
> | Betriebs- und Geschäftsausstattung | 56.000 € | an | – Kasse
– Guthaben bei Kreditinstituten | 20.000 €
36.000 € |
> |---|---|---|---|---|
>
> (2) Wareneinkauf (34.000 €); in Höhe von 20.000 € gewährt der Lieferant ein Zahlungsziel von zwei Monaten, über den verbleibenden Betrag von 14.000 € akzeptiert der Kaufmann einen vom Lieferanten ausgestellten Wechsel (sog. Schuldwechsel[38]).
>
> Buchungssatz:
>
> | Waren | 34.000 € | an | – Verbindlichkeiten aus Lieferungen und Leistungen
– Schuldwechsel | 20.000 €
14.000 € |
> |---|---|---|---|---|

Während bei einfachen Buchungssätzen die einmalige Nennung des Betrages genügt, muss bei den zusammengesetzten Buchungssätzen bei jedem einzelnen Konto der zu verbuchende Wert angegeben werden. Da sich im Buchungssatz Konto und Gegenkonto gegenüberstehen, besteht die Möglichkeit, jederzeit auf den zugrunde liegenden Sachverhalt zu schließen.

Buchungssätze sind nur für diejenigen Geschäftsvorfälle zu bilden, die im Zeitpunkt ihres Auftretens eine Veränderung von Höhe und/oder Struktur des Vermögens, des Eigenkapitals und/oder der Schulden zur Folge haben. Sofern der Kaufmann einen Vertrag abgeschlossen hat und dieser von beiden Seiten noch nicht erfüllt ist, liegt ein sog. schwebendes Geschäft vor. Dabei kann es sich sowohl um ein Anschaffungs- als auch Veräußerungsgeschäft handeln. **Schwebende Geschäfte** dürfen in der Finanzbuchhaltung grundsätzlich nicht erfasst werden, denn zum Zeitpunkt des Vertragsabschlusses hat weder ein Zugang noch ein Abgang an Aktiva oder Passiva stattgefunden. Erst wenn eine der beiden Parteien seine vertragliche Verpflichtung erfüllt hat, und damit der Status des schwebenden Geschäftes aufgehoben wird, erfolgt die Buchung.

Wie bereits angesprochen, sind im Konto neben den Beträgen auch die Geschäftsvorfälle und das jeweilige Datum zu vermerken. Die Angabe des Geschäftsvorgangs erfolgt dabei nicht in Form einer verbalen Umschreibung, sondern durch die Nennung des entsprechenden Gegenkontos. Weil jeder buchführungspflichtige Vorgang zuerst in einem sog. **Grundbuch** chronologisch zu erfassen ist und ihm dort eine laufende Nummer zugeordnet wird, kann im Konto anstelle des Datums auch die laufende Nummer des Geschäftsvorfalls angegeben werden.

---

[38] Schuldwechsel sind auf der Passivseite in dem Bilanzposten „Verbindlichkeiten aus der Annahme gezogener Wechsel und der Ausstellung eigener Wechsel" auszuweisen.

> **Beispiel:** Geschäftsvorfall:
> (16) 08.02.2012, Barverkauf von Waren 300 €.
>
> Buchungssatz:
> (16) Kasse an Waren 300 €.
>
> Verbuchung auf den T-Konten:
>
> | S | Waren | | H |
> |---|---|---|---|
> | | € | | € |
> | AB | ... | (16) Kasse | 300 |
>
> | S | Kasse | | H |
> |---|---|---|---|
> | | € | | € |
> | AB | ... | | |
> | (16) Waren | 300 | | |

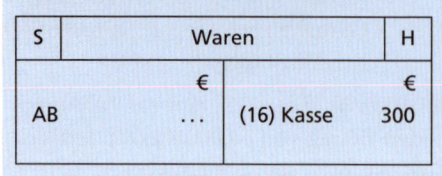

Wurde ein Geschäftsvorgang unzutreffend auf den Konten erfasst, muss die Buchführung berichtigt werden. Die Korrektur erfolgt dabei nicht mittels Durchstreichen der falschen Konteneintragungen, sondern durch eine entgegengesetzte Buchung (**Stornobuchung**). Sofern jedoch versehentlich zweimal auf der gleichen Kontoseite gebucht worden ist (z. B. bei Warenverkauf gegen bar wurde nicht nur auf dem Kassenkonto, sondern auch auf dem Warenkonto im Soll gebucht), kann dieser buchungstechnische Fehler nur durch **Ausstreichen** der Eintragung auf der falschen Kontoseite berichtigt werden. Stornobuchungen entsprechen dem **Grundsatz der Doppik** (= doppelte Verbuchung) und sind in drei Fällen erforderlich:

(1) Der buchführungspflichtige Vorgang wurde auf sachlich unzutreffenden Konten erfasst. Hierbei können alle oder nur einzelne angesprochene Konten sachlich falsch sein.

> (1.1) Beispiel für eine Verbuchung, bei der alle angesprochenen Konten sachlich falsch sind:
> Vorgang: Wareneinkauf auf Ziel 2.000 €;
> Buchungssatz:
> Forderungen aus Lieferungen   an   Guthaben bei   2.000 €.
> und Leistungen   Kreditinstituten
>
> (1.2) Beispiel für eine Verbuchung, bei der nur ein angesprochenes Konto sachlich falsch ist:
> Vorgang: Einlösung eines Schuldwechsels in bar 1.800 €;
> Buchungssatz:
> Verbindlichkeiten aus Lieferungen   an   Kasse   1.800 €.
> und Leistungen

(2) Der Geschäftsvorgang wurde zwar auf den sachlich richtigen Konten verbucht, jedoch **seitenverkehrt**.

> Beispiel für eine sachlich richtige, aber seitenverkehrte Verbuchung:
> Vorgang: Barabhebung vom betrieblichen Bankkonto 800 €;
> Buchungssatz:
> Guthaben bei Kreditinstituten   an   Kasse   800 €.

I. Grundlagen und gesetzliche Rahmenbedingungen

(3) Der Geschäftsvorfall wurde sachlich richtig auf den Konten erfasst, aber in **falscher Höhe**.

> Beispiel für eine sachlich richtige, aber betragsmäßig falsche Verbuchung:
> Vorgang: Barverkauf von Waren 300 €;
> Buchungssatz:
> Kasse   an   Waren   100 €.

In all diesen Fällen ist aus Gründen der Klarheit und Nachprüfbarkeit zuerst die Falschbuchung durch eine entgegengesetzte Buchung zu korrigieren, so dass nach der Vornahme der Stornobuchung der Zustand hergestellt ist, der vor der Verbuchung des entsprechenden Geschäftsvorfalls gegeben war. Im Anschluss daran ist der Geschäftsvorgang richtig zu verbuchen. Die Berichtigung falscher Konteneintragungen erfordert also stets zwei Buchungen: Die **Stornobuchung** und die nochmalige (richtige) Verbuchung des Geschäftsvorfalls. Da aus den Konten hervorgehen muss, dass es sich bei den (Korrektur-)Eintragungen um die Berichtigung von Falschbuchungen handelt, ist deshalb als Geschäftsvorgang nicht das jeweilige Gegenkonto, sondern ein die Stornierung andeutender Vermerk anzugeben (z. B. „Storno").

c. Eröffnungs- und Schlussbilanzkonto

Das Prinzip der doppelten Buchführung, nach dem keine Buchung ohne entsprechende Gegenbuchung erfolgen darf, gilt auch für die Eröffnung und den Abschluss der Bestandskonten. Durch die Eröffnungsbuchungen werden die Bestände der Eröffnungsbilanz auf die jeweiligen Aktiv- und Passivkonten übertragen. Die Bilanz scheidet jedoch für die Aufnahme der Gegenbuchungen aus, weil sie als Instrument der externen Rechnungslegung außerhalb des Systems der doppelten Buchführung steht. Für die Erfassung der Gegenbuchungen ist deshalb ein besonderes Hilfskonto, das **Eröffnungsbilanzkonto (EBK)**, einzurichten. Dieses Konto hat lediglich die Funktion, die Gegenbuchungen zu den Anfangsbeständen der aktiven und passiven Bestandskonten aufzunehmen, damit das Prinzip der Doppik gewährleistet ist. Das Eröffnungsbilanzkonto ist also nichts anderes als ein Hilfsmittel für die technische Durchführung der Konteneröffnung.[39] Wie jedes andere Konto ist auch das Eröffnungsbilanzkonto mit Soll (linke Seite) und Haben (rechte Seite) überschrieben.

Da bei den Aktivkonten die Anfangsbestände auf der Sollseite stehen, sind die Gegenbuchungen im Eröffnungsbilanzkonto folglich im Haben vorzunehmen. Die Eröffnungsbuchungen lauten daher:

> **Aktive Bestandskonten   an   Eröffnungsbilanzkonto (EBK).**

Die Passivkonten weisen hingegen ihre Anfangsbestände im Haben auf, weshalb die Gegenbuchungen im Eröffnungsbilanzkonto auf der Sollseite erfolgen müssen. Für die Eröffnungsbuchungen gilt demnach:

> **Eröffnungsbilanzkonto (EBK)   an   Passive Bestandskonten.**

---

[39] Vgl. *Falterbaum et al.* 2010, S. 113.

Eröffnungsbilanz	Eröffnungsbilanzkonto
Überschrieben mit Aktiva und Passiva	Überschrieben mit Soll und Haben
Beachtung der Gliederungsvorschriften des Handelsgesetzbuches oder der IFRS	Die Gliederung erfolgt ausschließlich nach betrieblichen Gesichtspunkten. Da der Anfangsbestand eines jeden Aktiv- und Passivkontos im EBK gegengebucht wird, folgt hieraus, dass die Gliederungstiefe vom Grad der Zerlegung der Eröffnungsbilanz in Bestandskonten abhängt
Identität mit der Schlussbilanz des Vorjahres und außerhalb des Systems der doppelten Buchführung	Hilfskonto im System der doppelten Buchführung

Abb. 37: Formale Unterschiede zwischen Eröffnungsbilanz und Eröffnungsbilanzkonto

Das Eröffnungsbilanzkonto nimmt somit die Form einer seitenverkehrten Bilanz an und gewährleistet über die Summengleichheit von Soll und Haben die Vollständigkeit der Bestandsübernahme aus der Eröffnungsbilanz. Vergleicht man das Eröffnungsbilanzkonto mit der Eröffnungsbilanz, so lassen sich die in **Abbildung 37** dargestellten formalen Unterschiede feststellen.

Die Bestände der Eröffnungsbilanz können aber auch **ohne Zwischenschaltung** des Eröffnungsbilanzkontos auf die aktiven und passiven Bestandskonten übertragen werden. Dies geschieht dann durch folgenden zusammengesetzten Buchungssatz:

> **Alle Aktivkonten   an   Alle Passivkonten.**

Die Anfangsbestände der Aktivkonten werden also in den Anfangsbeständen der Passivkonten gegengebucht, wodurch dem Postulat der Doppik Rechnung getragen wird. Faktisch erfolgt jedoch die Konteneröffnung durch die einfache **Übernahme der Bilanzwerte in die Bestandskonten**.

Um das Prinzip der doppelten Verbuchung auch für die Erfassung der Endbestände zu wahren, wird das sog. **Schlussbilanzkonto (SBK)** geführt. In diesem Konto finden die Salden der aktiven und passiven Bestandskonten ihre Gegenbuchung. Da Aktivkonten stets einen Soll-Saldo ausweisen, erfolgt ihr Abschluss durch den Buchungssatz:

> **Schlussbilanzkonto   an   Aktive Bestandskonten.**

Passivkonten schließen dagegen immer mit einem Haben-Saldo, so dass die Abschlussbuchung lautet:

> **Passive Bestandskonten   an   Schlussbilanzkonto.**

I. Grundlagen und gesetzliche Rahmenbedingungen

Schlussbilanz	Schlussbilanzkonto
Überschrieben mit Aktiva und Passiva	Überschrieben mit Soll und Haben
Beachtung der Gliederungsvorschriften des Handelsgesetzbuches oder der IFRS	Die Gliederungstiefe ist abhängig vom Grad der Zerlegung der Eröffnungsbilanz in Bestandskonten und von der Anzahl der im Laufe des Geschäftsjahres neu hinzugekommenen Aktiv- und Passivkonten, da für jedes Bestandskonto ein entsprechender Posten im SBK existiert
Grundlage für die Eröffnungsbilanz des nachfolgenden Geschäftsjahres und außerhalb des Systems der doppelten Buchführung	Saldensammelkonto im System der doppelten Buchführung

Abb. 38: Formale Unterschiede zwischen Schlussbilanz und Schlussbilanzkonto

Im Schlussbilanzkonto, das ebenfalls mit Soll und Haben überschrieben ist, kommen also Vermögen und Kapital auf der gleichen Seite wie im Abschluss zum Ansatz. Aus dem Datenmaterial des Schlussbilanzkontos wird dann die Schlussbilanz abgeleitet[40], wobei sich beide nur in formaler Hinsicht unterscheiden. **Abbildung 38** gibt einen Überblick über die formalen Unterschiede.

Der **Übergang vom Schlussbilanzkonto zur Schlussbilanz** erfolgt

- sofern für einen Bilanzposten nur ein Bestandskonto eingerichtet wurde – durch die bloße Übernahme der Positionen des Schlussbilanzkontos in die Schlussbilanz;
- sofern ein Bilanzposten in mehrere Bestandskonten aufgelöst worden ist – durch die entsprechende **Zusammenfassung** der Positionen des Schlussbilanzkontos zum jeweiligen Bilanzposten.

Das Schlussbilanzkonto gewährleistet über die Aufnahme der Gegenbuchungen die Vollständigkeit der Kontenabschlüsse und stellt einen unverzichtbaren Baustein im System der doppelten Buchführung dar. Während also auf das spiegelbildliche Eröffnungsbilanzkonto verzichtet werden kann, ist das Schlussbilanzkonto **zwingend** zu erstellen.

> **Beispiel:** Ausgehend von der in **Abbildung 39** gezeigten Eröffnungsbilanz und gegebenen Geschäftsvorfällen werden
>
> (a) die Eröffnung der Bestandskonten,
> (b) die Verbuchung der Geschäftsvorgänge,
> (c) der Abschluss der Bestandskonten und
> (d) die Erstellung der Schlussbilanz
>
> dargestellt.

---

[40] Vgl. weiterführend *Coenenberg et al.* 2012, S. 102 f.

Aktiva	Eröffnungsbilanz zum 01.01.2012		Passiva
A. Anlagevermögen		A. Eigenkapital	20.000 €
I. Sachanlagen	10.000 €	B. Verbindlichkeiten	30.000 €
B. Umlaufvermögen			
I. Waren	20.000 €		
II. Forderungen	12.000 €		
III. Kasse	8.000 €		
	50.000 €		**50.000 €**

S	Eröffnungsbilanzkonto		H
Eigenkapital	20.000 €	Sachanlagen	10.000 €
Verbindlichkeiten gegenüber Kreditinstituten	20.000 €	Waren	20.000 €
Verbindlichkeiten aus Lieferungen und Leistungen	10.000 €	Forderungen aus Lieferungen und Leistungen	12.000 €
		Kasse	8.000 €
	50.000 €		**50.000 €**

S	Sachanlagen		H		S	Eigenkapital		H
EBK (AB)	10.000	SBK (EB)	16.000		SBK (EB)	20.000	EBK (AB)	20.000
(3)	6.000					20.000		20.000
	16.000		16.000					

| | | | | | | Verbindlichkeiten | | |
S	Waren		H		S	gegenüber Kreditinstituten		H
EBK (AB)	20.000	SBK (EB)	25.000		SBK (EB)	30.000	EBK (AB)	20.000
(1)	5.000						(5)	10.000
	25.000		25.000			30.000		30.000

| | Forderungen | | | | | Verbindlichkeiten aus | | |
S	aus Lieferungen und Leistungen		H		S	Lieferungen und Leistungen		H
EBK (AB)	12.000	(4)	6.000		(2)	3.000	EBK (AB)	10.000
(1)		SBK (EB)	11.400		SBK (EB)	18.000	(1)	5.000
	12.000		12.000				(3)	6.000
						21.000		21.000

S	Kasse		H
EBK (AB)	8.000	(2)	3.000
(4)	600	SBK (EB)	15.600
(5)	10.000		
	18.600		18.600

S	Schlussbilanzkonto		H
Sachanlagen	16.000 €	Eigenkapital	20.000 €
Waren	25.000 €	Verbindlichkeiten gegenüber Kreditinstituten	30.000 €
Forderungen aus Lieferungen und Leistungen	11.400 €	Verbindlichkeiten aus Lieferungen und Leistungen	18.000 €
Kasse	15.600 €		
	68.000 €		**68.000 €**

Aktiva	Schlussbilanz zum 31.12.2012		Passiva
A. Anlagevermögen		A. Eigenkapital	20.000 €
I. Sachanlagen	16.000 €	B. Verbindlichkeiten	48.000 €
B. Umlaufvermögen			
I. Waren	25.000 €		
II. Forderungen	11.400 €		
III. Kasse	15.600 €		
	68.000 €		**68.000 €**

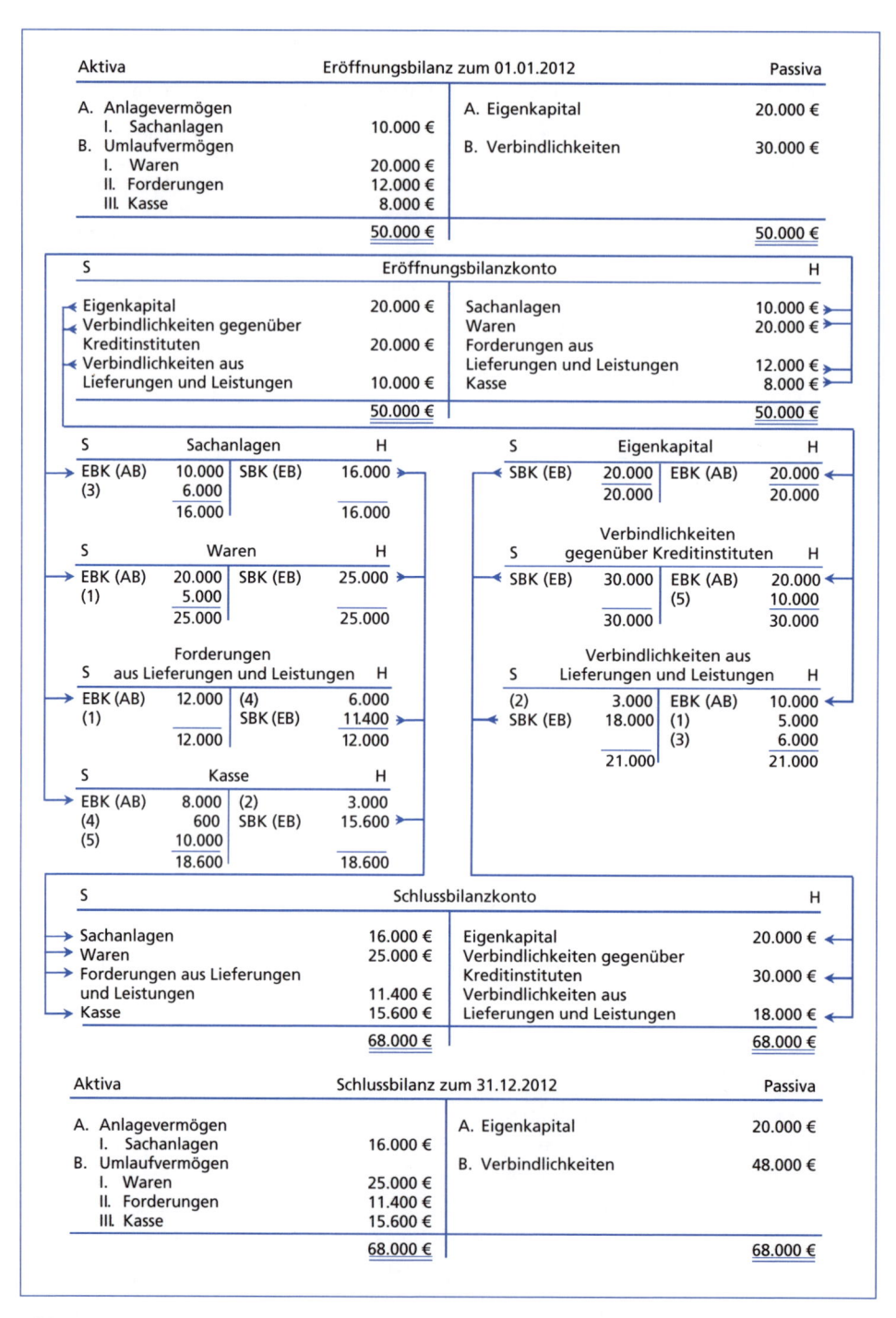

Abb. 39: Integration des Eröffnungs- und Schlussbilanzkontos in das Kontensystem

I. Grundlagen und gesetzliche Rahmenbedingungen

Erläuterungen zur Eröffnungsbilanz:
- Bei dem Posten „Forderungen" handelt es sich um Forderungen aus Lieferungen und Leistungen.
- Der Posten „Verbindlichkeiten" (30.000 €) ist in die beiden Passivkonten „Verbindlichkeiten gegenüber Kreditinstituten" (20.000 €) und „Verbindlichkeiten aus Lieferungen und Leistungen" (10.000 €) zu zerlegen.

Geschäftsvorfälle:

(1)	Wareneinkauf auf Ziel	5.000 €.
(2)	Begleichung einer Lieferantenrechnung in bar	3.000 €.
(3)	Kauf einer neuen Büroeinrichtung gegen Rechnung	6.000 €.
(4)	Ein Kunde begleicht seine Schulden durch Barzahlung	600 €.
(5)	Aufnahme eines Bankdarlehens; das Darlehen wird bar ausbezahlt.	10.000 €.

Die Salden der Bestandskonten stimmen mit den Inventurergebnissen überein. Korrekturen der buchmäßigen Endbestände sind somit nicht erforderlich.

(a) Eröffnung der Bestandskonten (Eröffnungsbuchungen):

Sachanlagen	an Eröffnungsbilanzkonto	10.000 €
Waren	an Eröffnungsbilanzkonto	20.000 €
Forderungen aus Lieferungen und Leistungen	an Eröffnungsbilanzkonto	12.000 €
Kasse	an Eröffnungsbilanzkonto	8.000 €
Eröffnungsbilanzkonto	an Eigenkapital	20.000 €
Eröffnungsbilanzkonto	an Verbindlichkeiten gegenüber Kreditinstituten	20.000 €
Eröffnungsbilanzkonto	an Verbindlichkeiten aus Lieferungen und Leistungen	10.000 €.

(b) Verbuchung der Geschäftsvorfälle (laufende Buchungssätze):

(1) Waren	an Verbindlichkeiten aus Lieferungen und Leistungen	5.000 €
(2) Verbindlichkeiten aus Lieferungen und Leistungen	an Kasse	3.000 €
(3) Sachanlagen	an Verbindlichkeiten aus Lieferungen und Leistungen	6.000 €
(4) Kasse	an Forderungen aus Lieferungen und Leistungen	600 €
(5) Kasse	an Verbindlichkeiten gegenüber Kreditinstituten	10.000 €.

(Aus Vereinfachungsgründen erfolgt bei der Verbuchung der Geschäftsvorgänge keine Angabe der Gegenkonten).

(c) Abschluss der Bestandskonten (Abschlussbuchungen):

Schlussbilanzkonto	an Sachanlagen	16.000 €
Schlussbilanzkonto	an Waren	25.000 €
Schlussbilanzkonto	an Forderungen aus Lieferungen und Leistungen	11.400 €
Schlussbilanzkonto	an Kasse	15.600 €
Eigenkapital	an Schlussbilanzkonto	20.000 €
Verbindlichkeiten gegenüber Kreditinstituten	an Schlussbilanzkonto	30.000 €
Verbindlichkeiten aus Lieferungen und Leistungen	an Schlussbilanzkonto	18.000 €.

(d) Erstellung der Schlussbilanz (Übergang vom Schlussbilanzkonto zur Schlussbilanz):

Da für die Bilanzposten „Sachanlagen", „Waren", „Forderungen", „Kasse" und „Eigenkapital" jeweils nur ein Bestandskonto eingerichtet wurde, können diese Posten des Schlussbilanzkontos unmittelbar in die Schlussbilanz übernommen werden. Die Schulden wurden dagegen in mehrere Bestandskonten aufgelöst; insofern sind die Posten „Verbindlichkeiten gegenüber Kreditinstituten" und „Verbindlichkeiten aus Lieferungen und Leistungen" wieder zu dem Bilanzposten „Verbindlichkeiten" zusammenzufassen. **Abbildung 39** zeigt den gesamten Buchungsablauf in Kontenform.

Sofern auf die Zwischenschaltung des Eröffnungsbilanzkontos zur Übertragung der Anfangsbestände auf die Aktiv- und Passivkonten verzichtet wird, lautet die Eröffnungsbuchung wie folgt.

Sachanlagen	10.000 €	an	Eigenkapital	20.000 €
Waren	20.000 €		Verbindlichkeiten gegenüber Kreditinstituten	20.000 €
Forderungen aus Lieferungen und Leistungen	12.000 €		Verbindlichkeiten aus Lieferungen und Leistungen	10.000 €
Kasse	8.000 €			
	50.000 €			50.000 €

In diesem Fall wäre im Kontensystem das Eröffnungsbilanzkonto zu eliminieren; ansonsten ergeben sich keine Änderungen.

d. Unterkonten des Eigenkapitalkontos

d.a Grundlegendes[41]

Entsprechend der bisher dargestellten Buchungstechnik sind Veränderungen des Eigenkapitals über das Eigenkapitalkonto zu erfassen. Als Kapitaländerungen kommen dabei in Betracht:

(1) **Erträge** und **Aufwendungen** aus der unternehmerischen Tätigkeit und
(2) **Privateinlagen** und **Privatentnahmen** des Kaufmanns.

---

[41] Vgl. hierzu auch die Ausführungen im Ersten Teil zu Gliederungspunkt IV.C.2.

Die Termini „**Ertrag**" und „**Aufwand**" zählen zu den Grundbegriffen der Finanzbuchhaltung und kennzeichnen ganz allgemein die aus der **Unternehmenstätigkeit resultierende Eigenkapitalerhöhung** bzw. **-verminderung**. Während sich der betrieblich bedingte Kapitalzuwachs in Form von Erträgen (Miet-, Zins-, Provisionserträge etc.) darstellt, äußert sich der betrieblich bedingte Kapitalverzehr in der Gestalt von Aufwendungen (z. B. Löhne und Gehälter, gezahlte Zinsen, Mieten und Provisionen sowie allgemeine Verwaltungsaufwendungen).

> **Beispiele:**
> (1) Erhalt einer Zinsgutschrift auf dem Girokonto (4.200 €). Dieser Vorgang bewirkt eine Mehrung des Guthabens bei Kreditinstituten um 4.200 €. Für die Erfassung der Gegenbuchung kommen jedoch keine Aktivposition und auch kein Schuldposten in Frage, da die Zinsgutschrift weder eine Verminderung anderer Vermögenswerte noch eine Erhöhung der Schulden zur Folge hat. Vorstehender Sachverhalt ist deshalb über das Eigenkapitalkonto zu erfassen und stellt einen Ertrag dar.
> (2) Belastung des Girokontos mit Darlehenszinsen (2.500 €). Die Zinszahlung führt zu einer Verminderung des Vermögens, ohne dass gleichzeitig die Schulden verringert werden. Die Gegenbuchung erfolgt somit auf dem Eigenkapitalkonto und ist als Aufwand zu qualifizieren.

Zum Bilanzstichtag ist die Differenz zwischen der Summe der Erträge und der Summe der Aufwendungen zu ermitteln. Dieser Unterschiedsbetrag wird **Unternehmenserfolg** genannt.

Ist der Erfolg positiv (Summe der Erträge > Summe der Aufwendungen), so spricht man von einem **Gewinn**, im umgekehrten Fall (Summe der Erträge < Summe der Aufwendungen) von einem **Verlust**.[42]

In den **Privateinlagen und -entnahmen** kommen die **zwischen dem Unternehmen und dem Inhaber bzw. den Inhabern des Betriebes (Eignern)** stattgefundenen Transaktionen zum Ausdruck.

> **Beispiele:**
> (3) Einbringung eines Privatgrundstücks (Wert 190.000 €) in das Unternehmen und
> (4) Entnahme von 5.000 € in bar für private Zwecke.
>
> Dem Umstand Rechnung tragend, dass pro Geschäftsvorfall lediglich ein Aktivkonto angesprochen wird und ansonsten keine Veränderung des Vermögens und der Schulden erfolgt, sind die Gegenbuchungen wiederum auf dem Eigenkapitalkonto vorzunehmen.

Die privaten Transaktionen der(s) Eigner(s) führen zwar zu Eigenkapitalveränderungen, haben jedoch nichts mit der **eigentlichen Geschäftstätigkeit** des Unternehmens zu tun. Aus diesem Grunde werden die Einlagen und Entnahmen bei der Ermittlung des Unternehmenserfolges nicht berücksichtigt. Mithin hätte das Eigenkapitalkonto nachstehenden Inhalt.

---

[42] § 275 Abs. 2 Posten Nr. 20 und Abs. 3 Posten Nr. 19 HGB verwenden anstelle der Begriffe „Gewinn" und „Verlust" die Termini „Jahresüberschuss" bzw. „Jahresfehlbetrag"; vgl. jedoch abweichend die Bezeichnungen in IAS 1.81A, die neben dem Ausweis des Gewinns/Verlusts auch das „sonstige Ergebnis" aus neutralen Vorgängen und das „Gesamtergebnis" einfordern.

Soll	Eigenkapital			Haben
Abgänge in Form von	Aufwendungen	Anfangsbestand		
	Entnahmen	Zugänge in Form von	Erträgen
Endbestand (Saldo)			Einlagen

Abb. 40: Inhalt des Eigenkapitalkontos

Beispiel: Bezogen auf die beiden vorstehenden Beispiele ergibt sich folgendes Eigenkapitalkonto.

S	Eigenkapital		H
	€		€
(2) Darlehenszinsen	2.500	Anfangsbestand	...
(4) Entnahme	5.000	(1) Zinsgutschrift	4.200
Endbestand (Saldo)		(3) Einlage	190.000

Im Laufe des Geschäftsjahres ereignen sich betrieblich und privat veranlasste Kapitaländerungen in wechselnder Reihenfolge. Da all diese Vorfälle chronologisch im Eigenkapitalkonto zu erfassen sind, ist bei umfangreicher Geschäftstätigkeit die Ermittlung des Unternehmenserfolges sowie des Gesamtbetrags der Entnahmen nur mit Hilfe von Nebenrechnungen möglich. Das Eigenkapitalkonto selbst erlaubt aufgrund der Vielzahl der Eintragungen keine Aussage mehr über die Höhe der **betrieblich und privat bedingten Eigenkapitalveränderung**. Aus diesem Grunde wird das Eigenkapitalkonto um die Unterkonten

- **Gewinn- und Verlustkonto** und
- **Privatkonto**

erweitert. Somit werden die Aufwendungen und Erträge einerseits sowie die Entnahmen und Einlagen andererseits **getrennt erfasst**, sodass auf dem Kapitalkonto während des laufenden Geschäftsjahres **keine Buchungen** mehr erscheinen. Zur Ermittlung des Eigenkapitalendbestandes sind zum Abschlussstichtag die Salden der beiden Unterkonten in das Eigenkapitalkonto zu übernehmen.

In Bezug auf das Eigenkapital und dessen Veränderungen wird zwischen erfolgsneutralen und erfolgswirksamen Geschäftsvorfällen unterschieden. **Erfolgsneutrale Geschäftsvorgänge** liegen immer dann vor, wenn erbrachte Leistung und erhaltene Gegenleistung wertmäßig übereinstimmen und sich somit keine Auswirkungen auf den Unternehmenserfolg ergeben. Zu den erfolgsneutralen Vorgängen zählen deshalb:

(1) diejenigen **betrieblich veranlassten Aktivitäten**, die nur die Struktur und/oder die Höhe des Vermögens oder der Schulden, nicht aber den Bestand des Eigenkapitals verändern (z. B. Wareneinkauf gegen Barzahlung, Begleichung einer Lieferantenrechnung durch Banküberweisung);

(2) die in Verbindung mit dem **Privatbereich des Kaufmanns stehenden Transaktionen**, die zwar Auswirkungen auf den Eigenkapitalbestand, nicht aber auf den Unternehmenserfolg haben (z. B. Erhöhung des Eigenkapitals durch Bareinlagen bzw. Verminderung durch Barentnahmen).

I. Grundlagen und gesetzliche Rahmenbedingungen

Charakteristisch für die erfolgswirksamen Geschäftsvorfälle ist, dass sie zu Erträgen und Aufwendungen führen und damit stets Einfluss auf die Höhe des Gewinns oder Verlusts und somit auch auf das Eigenkapital des Unternehmens haben.

d.b Gewinn- und Verlustkonto

Das **Gewinn- und Verlustkonto (GuV-Konto)** erfasst die im Laufe eines Geschäftsjahres anfallenden erfolgswirksamen Eigenkapitalveränderungen. Übertragen auf die Buchungstechnik bedeutet dies, dass im GuV-Konto die erfolgswirksamen Geschäftsvorfälle gegen zu buchen sind. Da für die Unterkonten die gleichen Buchungsregeln wie für die Hauptkonten gelten, sind auf dem GuV-Konto erfolgswirksame Eigenkapitalerhöhungen (Erträge) **im Haben** und erfolgswirksame Eigenkapitalverminderungen (Aufwendungen) **im Soll** zu verbuchen.

Das GuV-Konto in dieser Form würde zwar alle Aufwendungen und Erträge in zeitlicher Reihenfolge erfassen, eine Untergliederung nach **sachlichen Gesichtspunkten**, d. h. nach Aufwands- und Ertragsarten, wäre jedoch nicht gegeben. Letzteres ist aber eine unverzichtbare Voraussetzung für eine aussagefähige **Erfolgsanalyse**. Sofern bestimmten Interessenten (z. B. Inhaber, Lieferanten, Fremdkapitalgeber) gezeigt werden soll, aus welchen Komponenten sich der Unternehmenserfolg zusammensetzt, wäre das GuV-Konto um eine Nebenrechnung zu ergänzen, in der gleichartige Aufwendungen (z. B. Gehälter, Löhne und Arbeitgeberanteil zur Sozialversicherung) zu jeweils einer Aufwandsart (hier: Personalaufwendungen) und gleichartige Erträge (z. B. Zinsen aus Anleihen, Obligationen und Sparguthaben) zu jeweils einer Ertragsart (hier: Zinserträge) zusammengefasst werden. Um diese Nebenrechnung zu vermeiden und aus Gründen einer besseren Einsichtnahme in die Ertragslage des Unternehmens, ist es sinnvoll, für **jede Aufwandsart ein eigenes Aufwandskonto** und für **jede Ertragsart ein eigenes Ertragskonto** einzurichten. Sämtliche erfolgswirksamen Geschäftsvorfälle werden dann auf diesen Konten, die die Buchungstechnik auch als **Erfolgskonten** bezeichnet, gegengebucht. Da die Aufwands- und Ertragskonten Unterkonten des GuV-Kontos darstellen und dieses wiederum ein Unterkonto des Eigenkapitalkontos ist, hat die Buchung auf den Erfolgskonten nach den gleichen Regeln zu erfolgen wie die direkte Buchung auf dem Eigenkapitalkonto. Falls Aufwendungen oder Erträge gemindert oder rückgängig gemacht werden (z. B. Rückerstattung zuviel bezahlter oder zuviel erhaltener Zinsen), erfolgt die Berichtigung der entsprechenden Erfolgskonten nach den für die Stornobuchungen geltenden Grundsätzen.

S	Aufwandskonto		H
Aufwendungen		Stornobuchungen und Erstattungen	
		Saldo	

S	Ertragskonto		H
Stornobuchungen und Erstattungen		Erträge	
Saldo			

Die Erfolgskonten werden am Ende des Geschäftsjahres über das GuV-Konto abgeschlossen. Hieraus folgt, dass die Salden der Aufwands- und Ertragskonten in das GuV-Konto zu übernehmen sind. Die Buchungssätze lauten dann:

> (1) GuV-Konto an Aufwandskonten
> (2) Ertragskonten an GuV-Konto.

Durch den entsprechenden Buchungssatz wird der rechnerische Ausgleich des jeweiligen Erfolgskontos vorgenommen, wodurch der Saldo bei Aufwendungen auf der Sollseite und bei Erträgen auf der Habenseite im GuV-Konto erscheint. Nachdem die Salden aller Aufwands- und Ertragskonten auf das GuV-Konto übertragen wurden, ist der Saldo des GuV-Kontos selbst zu ermitteln. Hierbei kennzeichnet ein Haben-Saldo (Summe der Erträge > Summe der Aufwendungen) eine Gewinnsituation, während ein Soll-Saldo (Summe der Erträge < Summe der Aufwendungen) eine Verlustsituation beschreibt.

S	Gewinn- und Verlustkonto (**Gewinn**situation)	H
Salden aller Aufwandskonten	Salden aller Ertragskonten	
Gewinn (Saldo)		

S	Gewinn- und Verlustkonto (**Verlust**situation)	H
Salden aller Aufwandskonten	Salden aller Ertragskonten	
	Verlust (Saldo)	

Das GuV-Konto in vorstehender Form enthält somit alle im Laufe eines Geschäftsjahres angefallenen Aufwendungen und Erträge, die aus Zweckmäßigkeitsgründen jedoch zu bestimmten Aufwands- und Ertragsarten zusammengefasst werden. Anschließend ist das GuV-Konto über das Eigenkapitalkonto abzuschließen. Im Falle der **Gewinnsituation** erfolgt dies durch den Buchungssatz:

> GuV-Konto an Eigenkapital

Bei Vorliegen der **Verlustsituation** lautet die Abschlussbuchung:

> Eigenkapital an GuV-Konto

Den buchungstechnischen Abschluss der Aufwands- und Ertragskonten spiegeln die folgenden **Abbildung 41** und **Abbildung 42** wider.

Nach § 242 Abs. 2 HGB und IAS 1.10 (b) hat der Kaufmann für den Schluss eines jeden Geschäftsjahres eine GuV-Rechnung aufzustellen. Analog zum Verhältnis von Schlussbilanz und Schlussbilanzkonto geht auch die GuV-Rechnung aus dem Datenmaterial des GuV-Kontos hervor. GuV-Rechnung und GuV-Konto haben somit den gleichen Inhalt, können

I. Grundlagen und gesetzliche Rahmenbedingungen

jedoch in ihrer **formalen Ausgestaltung** erhebliche Unterschiede aufweisen. Während die GuV-Rechnung die Form- und Gliederungsvorschriften des Handelsgesetzbuches bzw. der IFRS zu beachten hat, erfolgt der Aufbau des GuV-Kontos allein nach betrieblichen Gesichtspunkten. Das GuV-Konto ist deshalb regelmäßig **tiefer untergliedert** als die GuV-Rechnung. Formaler Aufbau und **Mindestgliederung** der GuV-Rechnung hängen aus handelsrechtli-

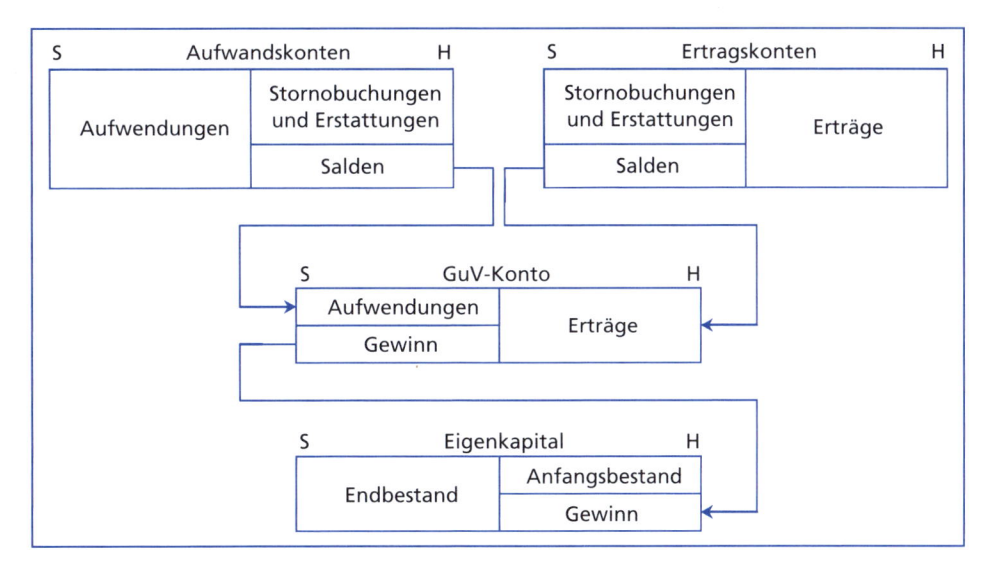

Abb. 41: Abschluss der Erfolgskonten bei Gewinnsituation

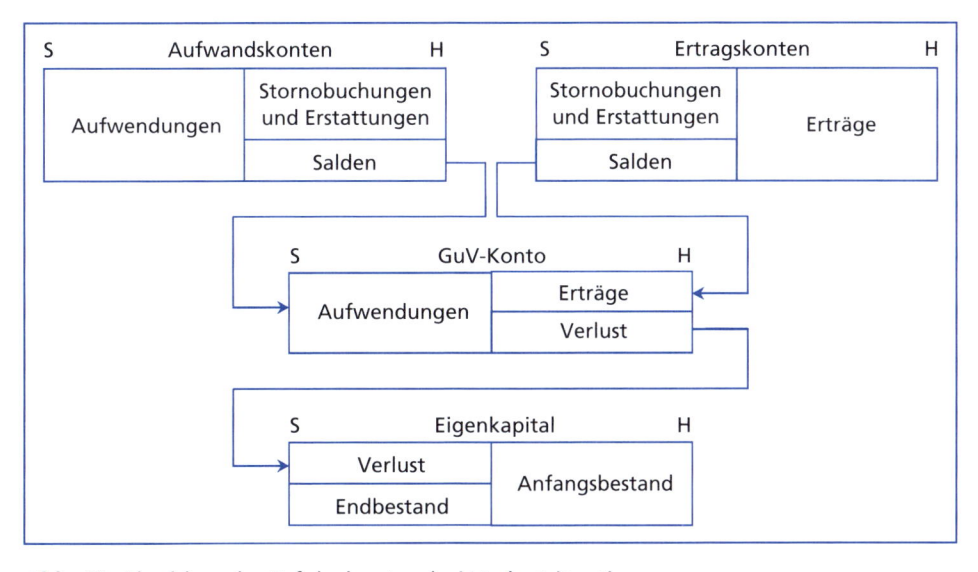

Abb. 42: Abschluss der Erfolgskonten bei Verlustsituation

cher Sicht von der Rechtsform des Unternehmens ab. Für **Einzelunternehmen und Personenhandelsgesellschaften** schreibt das Handelsgesetzbuch lediglich vor, dass

(1) die GuV-Rechnung **klar und übersichtlich** zu sein hat (§ 243 Abs. 2 HGB) und
(2) die Aufwendungen und Erträge grundsätzlich **nicht miteinander verrechnet** werden dürfen, sondern getrennt auszuweisen sind (sog. **Verrechnungsverbot**, § 246 Abs. 2 Satz 1 HGB).[43]

Vom GuV-Konto, das ein wesentliches Element der doppelten Buchführung darstellt, ist die **Gewinn- und Verlustrechnung (GuV-Rechnung)**, die zu den Instrumenten der externen Rechnungslegung zählt, zu unterscheiden. Bilanz und GuV-Rechnung bilden zusammen den außerhalb der Finanzbuchhaltung stehenden Jahresabschluss.

Klar und übersichtlich ist eine GuV-Rechnung immer dann, wenn sie einen ausreichenden Einblick in die **Ertragslage** des Unternehmens ermöglicht. Dies setzt voraus:

- die **Zusammenfassung** der Aufwands- und Ertragsarten des GuV-Kontos zu aussagefähigen Blöcken und
- den **gesonderten Ausweis** der außerordentlichen Aufwendungen und Erträge in einer Summe.

Außerordentliche Aufwendungen und Erträge sind handelsrechtlich auszuweisende Erfolgsbestandteile, die für das Unternehmen untypisch (unternehmensfremd) sind und unregelmäßig anfallen,[44] d. h. die außerhalb der gewöhnlichen Geschäftstätigkeit liegen (§ 277 Abs. 4 HGB).

Die Angabe der außerordentlichen Aufwendungen und Erträge ist deshalb erforderlich, weil die maßgebliche Größe für die Beurteilung der Ertragslage der Erfolg aus der gewöhnlichen Unternehmenstätigkeit ist. Neben den genannten allgemein gültigen Aufstellungsgrundsätzen enthält das Handelsgesetzbuch keine weiteren Formvorschriften für die GuV-Rechnung von nicht publizitätspflichtigen Einzelunternehmen und Personenhandelsgesellschaften. Insofern liegen Aufbau und Gliederung weitgehend im **Ermessen** dieser Unternehmen.

Bei **Kapitalgesellschaften und ihnen gesetzlich gleichgestellten Unternehmen**[45] bestimmt sich der formale Aufbau und die Mindestgliederung der GuV-Rechnung aus § 275 HGB. Danach ist die GuV-Rechnung in Staffelform nach **dem Gesamtkosten-** oder **Umsatzkostenverfahren** aufzustellen.

Um die oben angesprochenen Probleme bei der Erstellung der GuV-Rechnung zu umgehen, legen i. d. R. auch nicht publizitätspflichtige Einzelunternehmen und Personenhandelsgesellschaften ihren GuV-Rechnungen – wenn auch z. T. in vereinfachter Form – das Gliederungsschema des § 275 HGB zugrunde.

---

[43] Vgl. jedoch IAS 1.32, wonach Saldierungen von einem IFRS vorgeschrieben oder gestattet werden können.

[44] Vgl. *Förschle* 2012b, Anm. 221 zu § 275 HGB.

[45] Vgl. das für Kapitalgesellschaften, publizitätspflichtige Einzelunternehmen und Personenhandelsgesellschaften (§ 5 Abs. 1 Satz 2 PublG) sowie eingetragene Genossenschaften (§ 336 Abs. 2 Satz 1 HGB) und unter § 264 a HGB fallende Unternehmen maßgebende (vertikale) Gliederungsschema der Gewinn- und Verlustrechnung nach § 275 Abs. 2 und Abs. 3 HGB sowie die Ausführungen im Zweiten Teil zu Gliederungspunkt VI.C.

I. Grundlagen und gesetzliche Rahmenbedingungen

Auch nach IAS 1.99–105 kann die Gliederung nach dem **Gesamtkostenverfahren (Nature of Expense Method)** oder nach dem **Umsatzkostenverfahren (Function of Expense Method)** vorgenommen werden. Während das IASB das Umsatzkostenverfahren präferiert, ist nach dem Handelsrecht dagegen traditionell das Gesamtkostenverfahren üblich. Die Mindestinhalte sind in IAS 1.82 aufgeführt. In Analogie zur Bilanz ist neben der Staffelform auch die Kontoform oder eine sonstige Alternative möglich.[46] Im Gegensatz zum Handelsrecht ist nach IAS 1.87 jedoch kein Ausweis der **außerordentlichen** Erträge und Aufwendungen zulässig.

d.c Privatkonto

Auf dem Privatkonto werden die privat veranlassten Eigenkapitalerhöhungen und -verminderungen (= **Privateinlagen und -entnahmen**) verbucht. Hierzu zählen insbesondere die Bareinlagen und -entnahmen sowie die Sacheinlagen und -entnahmen, die grundsätzlich **erfolgsneutrale Geschäftsvorfälle** darstellen (z. B. Einzahlung privater Gelder auf das betriebliche Bankkonto; Entnahme von Grundstücken, Fahrzeugen, Waren etc. für den Eigenbedarf des Unternehmers).[47] Da für das Privatkonto die gleichen Buchungsregeln wie für das Eigenkapitalkonto gelten, sind **Einlagen** im **Haben** und **Entnahmen** im **Soll** auszuweisen.

Zum Bilanzstichtag wird der Saldo des Privatkontos ermittelt und auf das Eigenkapitalkonto übertragen:

(1) Buchungssatz bei **Einlagenüberschuss** (Summe der Einlagen > Summe der Entnahmen):

> Privatkonto an Eigenkapital.

(2) Buchungssatz bei **Entnahmenüberschuss** (Summe der Einlagen < Summe der Entnahmen):

> Eigenkapital an Privatkonto.

Diese Buchung bewirkt den rechnerischen Ausgleich des Privatkontos und der Saldo erscheint im Eigenkapitalkonto; bei Einlagenüberschuss auf der Habenseite, bei Entnahmenüberschuss auf der Sollseite. Den buchungstechnischen Abschluss des Privatkontos verdeutlichen die **Abbildung 43** und **Abbildung 44**. Die vorstehenden Daten zeigen ferner, dass die auf dem Privatkonto verbuchten Einlage- und Entnahmewerte stets eine **erfolgsneutrale Veränderung des Eigenkapitals** bewirken, während die auf dem GuV-Konto (einschließlich der Aufwands- und Ertragskonten) erfassten Beträge ausnahmslos zu einer **erfolgswirksamen Eigenkapitalvariation** führen. In **Abbildung 45** werden die beiden Möglichkeiten der Veränderung des Eigenkapitalbestandes unter Angabe ihrer buchhalterischen Erfassungstechniken noch einmal aufgezeigt.

---

[46] Allerdings scheint das *IASB* die Staffelform zu präferieren, da die in der Implementation Guidance zu IAS 1 angeführten Beispiele nach der Staffelform strukturiert sind; vgl. hierzu auch *Coenenberg/Haller/Schultze* 2012, S. 141.

[47] Sachentnahmen stellen nur dann erfolgsneutrale Vorgänge dar, wenn der im Bestandskonto ausgewiesene Wert (= Buchwert) mit dem aktuellen Wiederbeschaffungswert (= steuerlicher Teilwert) übereinstimmt.

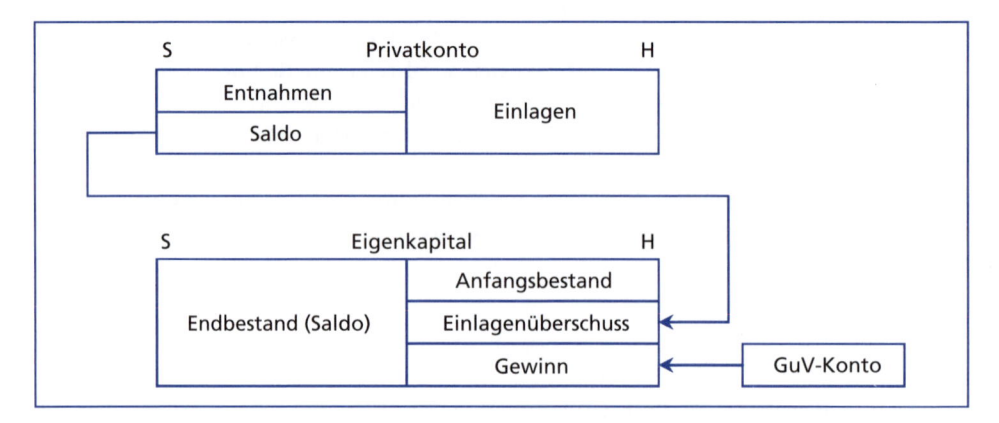

Abb. 43: Abschluss des Privatkontos bei Einlagenüberschuss und Gewinnsituation

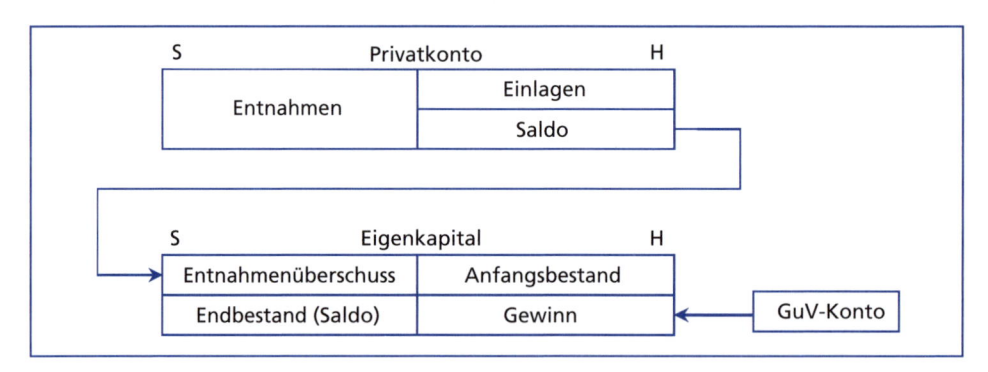

Abb. 44: Abschluss des Privatkontos bei Entnahmenüberschuss und Gewinnsituation

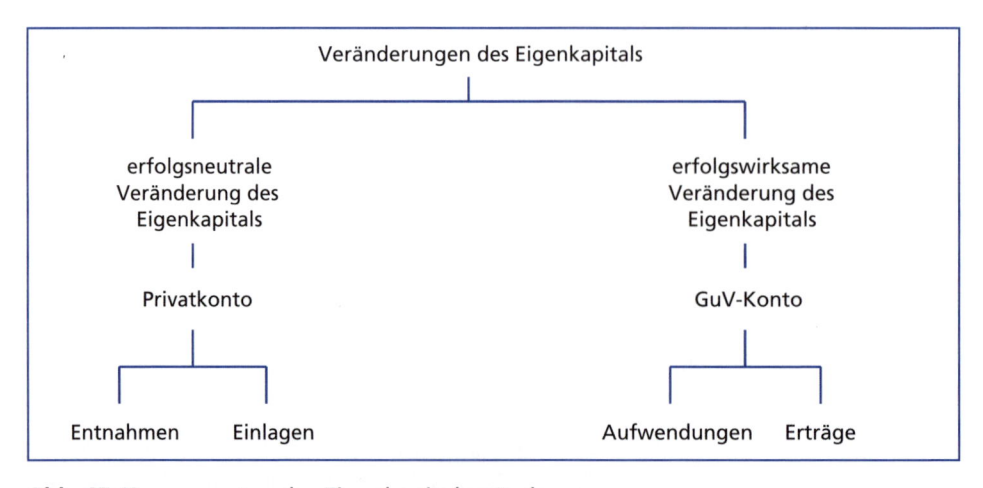

Abb. 45: Komponenten der Eigenkapitalveränderung

I. Grundlagen und gesetzliche Rahmenbedingungen

e. Arten der Erfolgsermittlung[48]

Der Gewinn oder Verlust eines Unternehmens kann im System der doppelten Buchführung auf **zweifache Weise** bestimmt werden:

- durch die **Gegenüberstellung** der **Aufwendungen und Erträge** im GuV-Konto und
- im Wege des **Eigenkapitalvergleichs**.

Die Berechnung des Erfolgs mittels der im GuV-Konto erfassten Aufwendungen und Erträge ist bereits ausführlich dargelegt worden. Der Erfolgsermittlung durch Eigenkapitalvergleich liegt nachstehendes Schema zugrunde:

```
    Eigenkapital am Ende des Geschäftsjahres
  − Eigenkapital am Anfang des Geschäftsjahres
  + Wert der Entnahmen
  − Wert der Einlagen
  = Periodenerfolg (Gewinn oder Verlust des Geschäftsjahres).
```

Das zu Beginn der Rechnungsperiode vorhandene Eigenkapital kann der Eröffnungsbilanz bzw. der Schlussbilanz des Vorjahres entnommen werden. Das Eigenkapital am Ende des Geschäftsjahres ergibt sich durch Subtraktion der Schulden von dem zum Abschlussstichtag vorhandenen Vermögen (Summe der Aktiva). Die Differenz zwischen dem Eigenkapital am Ende und am Anfang der Rechnungsperiode zeigt die Veränderung des Eigenkapitals auf, die sowohl erfolgsneutralen als auch erfolgswirksamen Charakter tragen kann. Um den Unternehmenserfolg zu erhalten, ist deshalb die vorstehende Differenz in Höhe der **erfolgsneutralen Eigenkapitaländerung** zu berichtigen. Insofern sind die **Entnahmen** – sie haben das Eigenkapital erfolgsneutral gemindert – **hinzuzurechnen** und die **Einlagen** – sie haben das Eigenkapital erfolgsneutral erhöht – **abzuziehen**.

Nach den **IFRS** werden abweichend vom Handelsrecht neben den privatrechtlichen Vorgängen weitere **erfolgsneutrale** Bestandteile im Eigenkapital eingerechnet (sog. **Other Comprehensive Income**).

Wesentlicher **Nachteil der Erfolgsermittlung durch Eigenkapitalvergleich** ist die **fehlende Möglichkeit der Erfolgsanalyse**. Dadurch, dass sich der Gewinn oder Verlust letztendlich als Unterschiedsbetrag zwischen den aktiven und passiven Bilanzposten darstellt, ist keine Aussage darüber möglich, aus welchen Aufwands- und Ertragsarten der Erfolg resultiert.

Da durch die vorstehend gezeigte Erfolgsermittlung aber die Quellen des Unternehmenserfolgs nicht sichtbar werden, ist für alle Kaufleute – wie bereits ausgeführt – neben der Aufstellung einer **Bilanz** die Fertigung einer **Gewinn- und Verlustrechnung** vorgeschrieben. Bilanz sowie Gewinn- und Verlustrechnung werden handelsrechtlich unter dem Begriff „**Jahresabschluss**" zusammengefasst (§ 242 Abs. 3 HGB). Bei Kapitalgesellschaften (mit Ausnahme der Kleinstkapitalgesellschaft, sofern diese die Befreiungsoption wählt) und ihnen gesetzlich gleichgestellten Unternehmen zählt auch der **Anhang** mit zum Jahresabschluss (§ 264 Abs. 1 Satz 1 HGB), während nach IFRS unabhängig von der Rechtsform neben dem Anhang ein **Eigenkapitalspiegel**, eine **Kapitalflussrechnung** und (bei Kapitalmarktorientierung) ein **Segmentbericht** hinzukommt. Im Anhang sind Erläuterungen der Bilanz sowie der Gewinn-

---

[48] Vgl. hierzu auch die Ausführungen im Ersten Teil zu Gliederungspunkt IV.C.2.

und Verlustrechnung vorzunehmen und **sonstige Pflichtangaben** zu bestimmten Posten des Jahresabschlusses zu machen (§ 284f. HGB; IAS 1.112–116). Im Rahmen der Gewinn- und Verlustrechnung werden die Aufwendungen einer Periode den entsprechenden Erträgen, gegliedert nach Aufwands- und Ertragsarten, gegenübergestellt (vgl. § 275 Abs. 2 und Abs. 3 HGB, IAS 1.102 f.). Der bilanzrechtliche Erfolg kann auch anhand der Gewinn- und Verlustrechnung durch Saldierung der **gesamten Aufwendungen und Erträge einer Periode** berechnet werden, die ihren Niederschlag in den einzelnen aktiven und passiven Bilanzpositionen finden und somit eine Veränderung des Eigenkapitalbestandes der Unternehmen bewirken.

Summe der Erträge
− Summe der Aufwendungen in der Gewinn- und Verlustrechnung
= Periodenerfolg (Gewinn oder Verlust des Geschäftsjahres).

Da sich der Unternehmenserfolg doppelt, d. h. nach zwei Methoden ermitteln lässt, spricht man auch von der **Doppik** des Rechnungswesens oder der **doppelten Buchhaltung**. Zudem kommt die Doppik darin zum Ausdruck, dass jeder Geschäftsvorfall einmal im Grund- und einmal im Hauptbuch verzeichnet wird.

Der Begriff „**Bilanzierung**" erfährt im wirtschaftlichen und fachwissenschaftlichen Sprachgebrauch unterschiedliche Interpretationen. Im weitesten Sinne versteht man darunter die Erstellung des Jahresabschlusses. In der engeren Fassung bedeutet „Bilanzierung" der Ansatz eines Bilanzpostens **dem Grunde nach** in der Bilanz (im Gegensatz zur „Bewertung", dem Ansatz **der Höhe nach**), wobei der Ansatz auf der Aktivseite „**Aktivierung**" und auf der Passivseite „**Passivierung**" genannt wird. Unter Berücksichtigung der der Bilanzerstellung zugrunde liegenden gesetzlichen Vorschriften lässt sich ferner die **Bilanzierung** nach **Handelsrecht** und **IFRS** von der nach **(Bilanz-)Steuerrecht**[49] unterscheiden.

4. Typisierung der Bilanzveränderungen

Hinsichtlich der Auswirkungen von Geschäftsvorfällen auf Höhe und/oder Struktur der Bilanz werden folgende vier Grundtypen unterschieden:

- beim **Aktivtausch** verändert sich bei gleich bleibender Bilanzsumme die Struktur der Aktivseite;
- beim **Passivtausch** findet bei unveränderter Bilanzsumme eine Umschichtung innerhalb der Passivseite statt;
- bei der **Aktiv-Passiv-Mehrung** nehmen Aktiv- und Passivposten um den gleichen Betrag zu; entsprechend steigt auch die Bilanzsumme um diese Größe an. Die Aktiv-Passiv-Mehrung stellt somit eine „**Bilanzverlängerung**" dar;
- bei der **Aktiv-Passiv-Minderung** nehmen Aktiva und Passiva um den gleichen Betrag ab, wodurch auch die Bilanzsumme um diese Größe absinkt. Die Aktiv-Passiv-Minderung bewirkt insofern eine „**Bilanzverkürzung**".

Mit Ausnahme des Aktivtausches können Bilanzveränderungen sowohl das Ergebnis von **erfolgsneutralen** als auch **erfolgswirksamen Geschäftsvorfällen** sein. Da beim Aktivtausch jegliche Verbindung zum Eigenkapital (Passivseite) fehlt, ist dieser stets das Resultat eines

---

[49] Vgl. hierzu die Ausführungen im Zweiten Teil zu Gliederungspunkt VII.

erfolgsneutralen Vorgangs. Aus dem Zusammenspiel von erfolgsneutralen und erfolgswirksamen Geschäftsvorfällen einerseits und den **vier Grundtypen von Bilanzveränderungen** andererseits ergibt sich **Abbildung 46**.

5. Zusammenhänge zwischen Finanzbuchhaltung, Inventar und Jahresabschluss

Wie durch **Abbildung 47**[50] verdeutlicht wird, stellen der Jahresabschluss nach Handels- und Steuerrecht sowie nach IFRS das Ergebnis der Kontenabschlüsse dar, die auf den laufenden Buchungen, deren Korrektur durch die Inventurfeststellungen und den Abschlussbuchungen beruhen. Nur auf der Basis einer Inventur ist eine Bilanz **nicht** zu erstellen, da von der Inventur Rechnungsabgrenzungsposten, Rückstellungen usw. nicht erfasst werden. Umgekehrt kann jedoch keine Bilanz ohne Inventur aufgestellt werden. Die Ergebnisse der laufenden Buchhaltung und der Inventur werden mit Hilfe der **Hauptabschlussübersicht (HAÜ)** zusammengeführt. Aus beiden Instrumentarien wird sodann der Jahresabschluss abgeleitet. Das gegenwärtige Steuerrecht kennt **keine Norm**, die ausdrücklich eine von der Handelsbilanz getrennt zu erstellende Steuerbilanz vorschreibt. Verlangt wird lediglich die Aufstellung einer nach steuerrechtlichen Vorschriften **korrigierten Handelsbilanz** (§ 60 Abs. 2 Satz 1 EStDV). Allerdings sieht § 60 Abs. 2 Satz 2 EStDV ein Wahlrecht vor, nach dem der Steuerpflichtige auch eine den steuerrechtlichen Vorschriften entsprechende **Vermögensübersicht (Steuerbilanz)** seiner Steuererklärung beifügen kann.

Nach der vollständigen Erfassung der laufenden Geschäftsvorfälle im Kontensystem und vor Durchführung der vorbereitenden Abschlussbuchungen wird in der Praxis aus kontroll-, informations- und entscheidungsspezifischen Gründen regelmäßig ein **vorläufiger Abschluss (Probeabschluss)** erstellt. Das technisch-organisatorische Hilfsmittel zur Anfertigung des außerhalb des Systems der Buchführung stehenden Probeabschlusses ist die **Hauptabschlussübersicht**. Synonym werden für dieses Instrument auch die Begriffe **Betriebsübersicht** oder **Abschlusstabelle** verwendet. Sie ist eine das Zahlenmaterial der Finanzbuchhaltung in komprimierter Form enthaltende Aufstellung, die die Entwicklung sämtlicher Bestandskonten von der Eröffnungs- bis zur Schlussbilanz sowie die aufwands- und ertragsmäßige Zusammensetzung der Gewinn- und Verlustrechnung aufzeigt.

Zu den vorrangigen Aufgaben, die eine Hauptabschlussübersicht erfüllt, zählen die **Kontroll-, die Informations- und die Entscheidungsfunktion**.

■ *Kontrollfunktion:*

Mit Hilfe der in die Betriebsübersicht eingebauten Abstimmungsmechanismen kann u. a. festgestellt werden, ob die Verbuchung der laufenden Geschäftsvorfälle sowie die Addition der in den Sachkonten erfassten Soll- und Habenbuchungsbeträge rechnerisch richtig vorgenommen wurde.[51] Die **Überprüfung der Konten auf ihre rechnerische Richtigkeit** ist deshalb möglich, weil das in der Buchführung geltende Prinzip der betragsmäßigen Gleich-

---

[50] Modifiziert entnommen von *Federmann* 2010, S. 43.
[51] Die Abstimmungsmechanismen kommen in der Summengleichheit der jeweiligen Buchungsspalten zum Ausdruck. Vgl. hierzu insbesondere die Ausführungen zu den Spalten „Summenzugänge" und „Summenbilanz".

Bilanzveränderungen \ Geschäftsvorfälle	Aktivtausch (Bilanzsumme bleibt unverändert)	Passivtausch (Bilanzsumme bleibt unverändert)
Erfolgsneutrale	Erhöhung von Aktivposten = Verminderung anderer Aktivposten	(1) Erhöhung von Schulden = Minderung anderer Schulden (2) Erhöhung (Minderung) des Eigenkapitals infolge von Einlagen (Entnahmen) = Verminderung (Erhöhung) von Verbindlichkeiten
Beispiele	Wareneinkauf gegen Barzahlung	(1) Umwandlung einer Verbindlichkeit aus Lieferungen und Leistungen in ein langfristiges Lieferantendarlehen (2) Rückzahlung eines betrieblichen Bankdarlehens mit privaten Geldern des Inhabers
Erfolgswirksame		(1) Erhöhung von Schulden = Aufwand mit der Folge einer Eigenkapitalverminderung (2) Verminderung von Schulden = Ertrag mit der Folge einer Eigenkapitalerhöhung
Beispiele		(1) Eine fällige Mietzahlung wird dem Unternehmen für 3 Monate gestundet (2) Das Unternehmen erhält einen Bankkredit teilweise erlassen

Bilanzveränderungen \ Geschäftsvorfälle	Aktiv-Passiv-Mehrung (Bilanzsumme steigt)	Aktiv-Passiv-Minderung (Bilanzsumme sinkt)
Erfolgsneutrale	(1) Erhöhung von Aktiva = Erhöhung von Verbindlichkeiten (2) Erhöhung von Aktiva = Erhöhung des Eigenkapitals infolge von Bar- oder Sacheinlagen	(1) Verminderung von Aktiva = Verminderung von Verbindlichkeiten (2) Verminderung von Aktiva = Verminderung des Eigenkapitals infolge von Bar- oder Sachentnahmen[a]
Beispiele	(1) Wareneinkauf auf Ziel (2) Bareinlage; Einbringung einer Maschine in das Unternehmen durch den Inhaber	(1) Begleichung einer Lieferantenverbindlichkeit durch Banküberweisung (2) Barentnahme; Warenentnahme durch den Eigner
Erfolgswirksame	Zunahme von Aktiva = Ertrag mit der Folge einer Eigenkapitalerhöhung	Abnahme der Aktiva = Aufwand mit der Folge einer Eigenkapitalverminderung
Beispiele	Erhalt einer Zinsgutschrift auf dem Bankkonto	Überweisung der Miete für die Geschäftsräume

[a] Es wird unterstellt, dass Buch- und Entnahmewert übereinstimmen.

Abb. 46: Bilanzveränderungen bei erfolgsneutralen und erfolgswirksamen Geschäftsvorfällen nach Handels- und Steuerrecht sowie IFRS

I. Grundlagen und gesetzliche Rahmenbedingungen

heit von Soll- und Habenbuchungen auch in der Hauptabschlussübersicht Anwendung findet. Da die Sachkonten zum Zeitpunkt der Erstellung der Betriebsübersicht noch nicht abgeschlossen sind, können sowohl betragsmäßige Buchungsfehler als auch Additionsfehler ohne größere Schwierigkeiten berichtigt werden.

> **Beispiel:**
> (Beispiel für einen betragsmäßigen Buchungsfehler):
> Geschäftsvorfall: Warenverkauf auf Ziel 600 € (ohne USt);
> Konteneintragungen: Soll: Forderungen aus 1.075 €
>   Lieferungen und Leistungen
>   Haben: Warenverkauf 600 €

Wird keine Hauptabschlussübersicht angefertigt, tritt der rechnerische Fehler erst im Rahmen der Bilanzerstellung zu Tage, wobei sich die damit einhergehende Korrektur der bereits abgeschlossenen Sachkonten erheblich schwieriger gestaltet. Die mit der Betriebsübersicht verbundene Kontrollfunktion erlaubt jedoch **keine Aussage über die sachliche Richtigkeit** der Konteneintragungen.

> **Beispiel:**
> (Beispiel für eine sachliche Falschbuchung):
> Geschäftsvorfall: Warenverkauf auf Ziel 600 € (ohne USt);
> Konteneintragungen: Soll: Verbindlichkeiten aus 600 €
>   Lieferungen und Leistungen
>   Haben: Warenverkauf 600 €

Mittels der Hauptabschlussübersicht kann folglich nicht festgestellt werden, ob die Geschäftsvorfälle auf den **sachlich** richtigen Konten verbucht wurden. Allerdings verliert die Kontrollfunktion der Betriebsübersicht durch die IT-gestützte **Buchführung** aufgrund der immanenten automatisierten Abstimmungsprozesse weitgehend an Bedeutung.

■ *Informationsfunktion:*

Wie dargelegt wurde, spiegelt die Hauptabschlussübersicht die Entwicklung der Bestandskonten sowie die Zusammensetzung des vorläufigen Erfolgs wider. Aus diesem Zahlenmaterial lassen sich **zusätzliche Informationen** hinsichtlich der **wirtschaftlichen Verhältnisse** des Unternehmens gewinnen. Einen gegenüber dem Jahresabschluss tiefer gehenden **Einblick in die Vermögens-, Finanz- und Ertragslage** eröffnet die Betriebsübersicht insbesondere durch die Möglichkeit des Vergleichs der auf Basis des Probeabschlusses ermittelten **Kennzahlen** mit den nach Durchführung der vorbereitenden Abschlussbuchungen aus der Bilanz sowie der Gewinn- und Verlustrechnung abgeleiteten Kennwerte.

Da der Übergang vom vorläufigen zum endgültigen Abschluss nicht unwesentlich durch den Einsatz der dem Kaufmann vom Gesetzgeber eingeräumten **rechnungslegungspolitischen Aktionsparameter** (Ansatz- und Bewertungswahlrechte sowie Ermessensspielräume) beeinflusst wird,[52] werden ferner Informationen geliefert, inwieweit mit Hilfe der **Rechnungslegungspolitik** die Relationen der Aktiv- und Passivposten unter- und zueinander sowie die

---

[52] Vgl. hierzu die Ausführungen im Sechsten Teil zu Gliederungspunkt II.

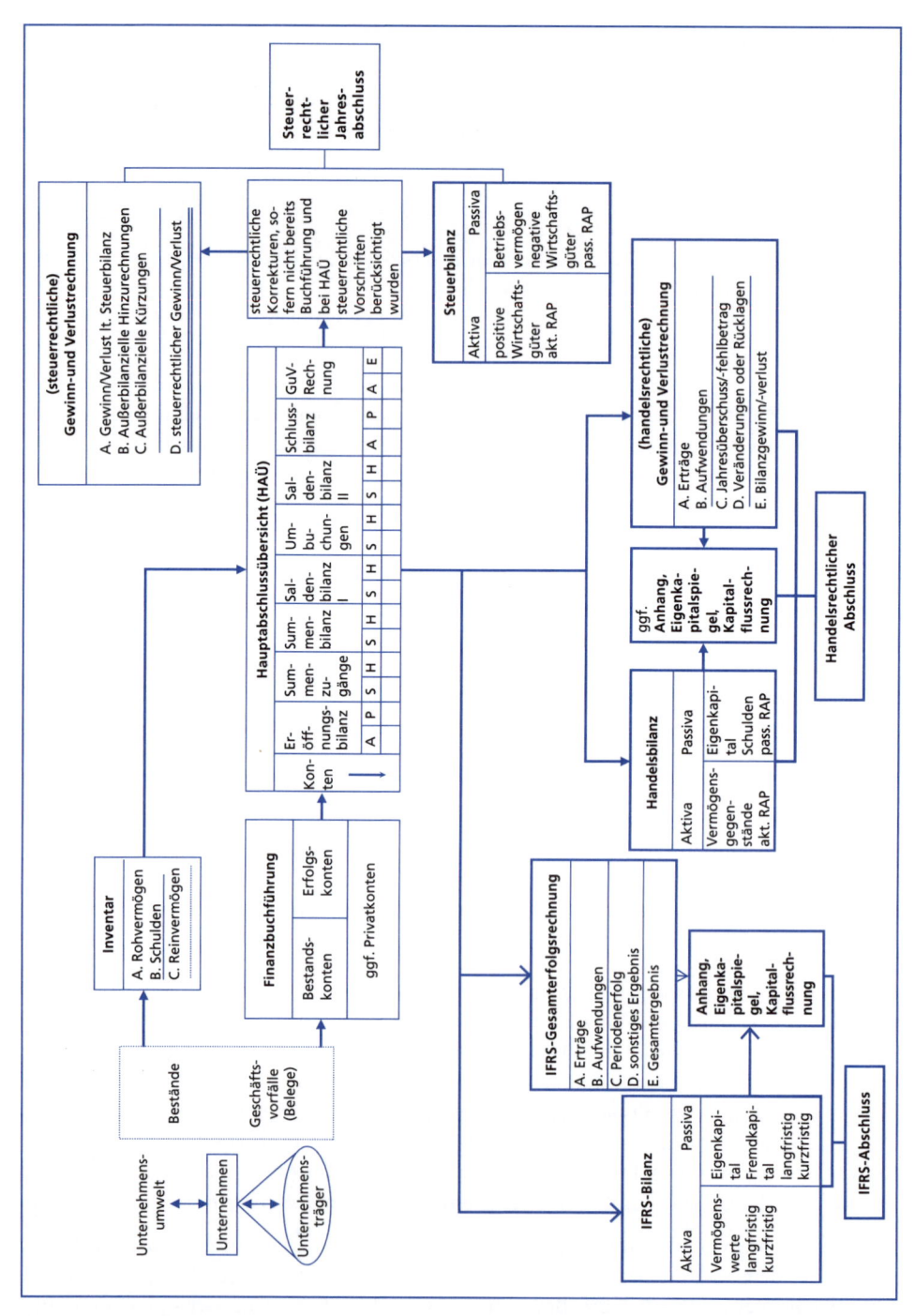

Abb. 47: Jahresabschluss nach Handels- und Steuerrecht sowie nach IFRS im System der Finanzbuchhaltung

Ausprägung des Periodenerfolgs gegenüber den Ergebnissen aus der laufenden Geschäftstätigkeit verändert wurden.[53]

- *Entscheidungsfunktion:*

Wie vorstehend angesprochen wurde, vermittelt der aus der Betriebsübersicht sich ergebende vorläufige Abschluss ein Bild von der wirtschaftlichen Lage des Unternehmens **vor Einsatz der rechnungslegungspolitischen Aktionsparameter**. Mithin wird anhand des Probeabschlusses entschieden, wie die Ansatz- und Bewertungswahlrechte sowie die Ermessensspielräume einzusetzen bzw. auszunutzen sind, damit das vom Unternehmer angestrebte Ziel (z. B. Ertragsteueroptimierung) erreicht wird. Die Erkenntnisse aus der Hauptabschlussübersicht stellen somit die **Entscheidungsgrundlage** für die Rechnungslegungspolitik dar. Der Übergang vom vorläufigen zum endgültigen Jahresabschluss erfolgt unter Zuhilfenahme einer **Umbuchungsspalte**, in der dann die vorbereitenden Abschlussbuchungen aufgezeichnet werden.

Aus den genannten Gründen sind auch die **Finanzämter** an der Vorlage einer Betriebsübersicht interessiert. Deshalb können sie von Betrieben, die die doppelte Buchführung anwenden, verlangen, dass diese ihrer Steuererklärung eine Hauptabschlussübersicht beilegen (§ 60 Abs. 1 EStDV). Wie eingangs erwähnt, rechnet die Abschlusstabelle grundsätzlich **nicht** zum System der doppelten Buchführung. Gleichwohl kann sie buchungstechnisch so ausgestaltet und organisatorisch dergestalt in den Dokumentationsprozess integriert werden, dass sie **wesentlicher Bestandteil** des Buchführungssystems wird.

Die Betriebsübersicht ist in **Tabellenform** aufgebaut und verfügt neben der **Kontenvorspalte** über **fünf bis acht Doppelspalten** (Rubriken). Ferner ist in die Abschlusstabelle regelmäßig eine **Erläuterungsspalte** („Bemerkungen") eingearbeitet. In ihrer einfachsten Ausprägung besitzt die Hauptabschlussübersicht die Rubriken **Summenbilanz** sowie **Gewinn- und Verlustrechnung**, während in ihrer ausführlichsten Form zusätzlich die Spalten **Eröffnungsbilanz**, **Summenzugänge** und **Saldenbilanz II** geführt werden. **Abbildung 48** zeigt die Strukturen einer Hauptabschlussübersicht in ihrer ausführlichsten Form.

Die Betriebsübersicht in nachfolgender Ausprägung ermöglicht einen **detaillierten Einblick** in die Entwicklung der **Sachkonten** (Bestands- und Erfolgskonten) von den Anfangsbeständen bzw. Kontensummen bis hin zu den in die Schlussbilanz bzw. Gewinn- und Verlustrechnung zu übernehmenden Salden. Die Spalten der Hauptabschlussübersicht haben im Einzelnen folgenden Inhalt:

- In der **Kontenvorspalte** werden die gemäß dem Kontenplan in der Unternehmung Anwendung findenden Bestands- und Erfolgskonten unter Angabe ihrer **Kontonummer** eingetragen.
  In einem ersten Schritt übernimmt die Betriebsübersicht die Anfangsbestände der **Eröffnungsbilanz**. Da in der Praxis der Jahresabschluss der abgelaufenen Periode nicht am Bilanzstichtag (z. B. 31.12.), sondern erst im Laufe des neuen Geschäftsjahres erstellt wird, sind die Anfangsbestände zu Beginn des neuen Jahres (z. B. 01. 01.) noch nicht bekannt. Demzufolge werden in der Realität die Eröffnungsbuchungen erst im **Nachhinein** voll-

---

[53] Während die Relationen der Aktiv- und Passivposten unter- und zueinander Rückschlüsse auf die Vermögens- und Finanzlage des Unternehmens erlauben, geben die Zusammensetzung und Höhe des Jahreserfolgs Auskunft über die Ertragslage.

Konto-Nr.	Konten-bezeich-nung	1 Eröffnungsbilanz		2 Summenzugänge		3 Summenbilanz		4 Saldenbilanz I		...
		Aktiva	Passiva	Soll	Haben	Soll	Haben	Soll	Haben	
		Aktiva = Passiva		Soll-summe = Haben-summe		Soll-summe = Haben-summe		Soll-summe = Haben-summe		...

...	5 Umbuchungen		Bemerkungen	6 Saldenbilanz II		7 Schlussbilanz		8 Gewinn- und Verlustrechnung	
	Soll	Haben		Soll	Haben	Soll	Haben	Aufwand	Ertrag
...	Soll-summe = Haben-summe			Soll-summe = Haben-summe		Summe	Summe +Gewinn −Verlust	Summe +Gewinn	Summe +Verlust
						Aktiva = Passiva		Aufwand = Ertrag	

Abb. 48: Aufbau einer Hauptabschlussübersicht

zogen. Ist die Hauptabschlussübersicht in das System der doppelten Buchführung **integriert**, kann auf die nachträgliche Einbuchung der Anfangsbestände bei den Aktiv- und Passivkonten verzichtet werden, denn die in die Schlussbilanz zu übernehmenden Endbestände lassen sich aus der Abschlusstabelle ableiten. Insofern sind im Falle der Integration der Betriebsübersicht in das Buchführungssystem auf den Bestandskonten nur die **Zu- und Abgänge** (Umsätze) zu erfassen.

- Die Rubrik „**Summenzugänge**" (auch Umsatz- oder Verkehrsbilanz genannt) enthält die Summen der Soll- und Habenbuchungsbeträge aller Konten. Bei den Aktiv- und Passivkonten bleiben die Anfangsbestände jedoch unberücksichtigt. Aufgrund der **Doppik** müssen die Spaltensumme der Soll- und die der Habenseite übereinstimmen (Kontrollfunktion). **Abbildung 49** zeigt in vereinfachender Form die Übernahme der Konteninhalte in die Rubrik „Summenzugänge".

- In der **Summenbilanz** werden die unsaldierten Summen der Soll- und Habenseite sämtlicher Bestands- und Erfolgskonten, bei Ersteren einschließlich der Anfangsbestände, ausgewiesen. Die Summenbilanz ergibt sich somit aus der Addition der Rubriken „Eröffnungsbilanz" (Spalte 1) und „Summenzugänge" (Spalte 2). Steht die Hauptabschlussübersicht **außerhalb** des Buchführungssystems, müssen in die Aktiv- und Passivkonten die Anfangsbestände (nachträglich) eingetragen werden. Dies hat zur Konsequenz, dass sich bei den Bestandskonten als Soll- und Habensummen die Werte der Summenbilanz ergeben. Wenn die ersten beiden Spalten weggelassen werden, kommt der **Summenbi-**

I. Grundlagen und gesetzliche Rahmenbedingungen

Konto-Nr.	Kontenbezeichnung	Eröffnungsbilanz		Summenzugänge		
		Aktiva	Passiva	Soll	Haben	
151	Kasse	1.000		2.850	2.200	

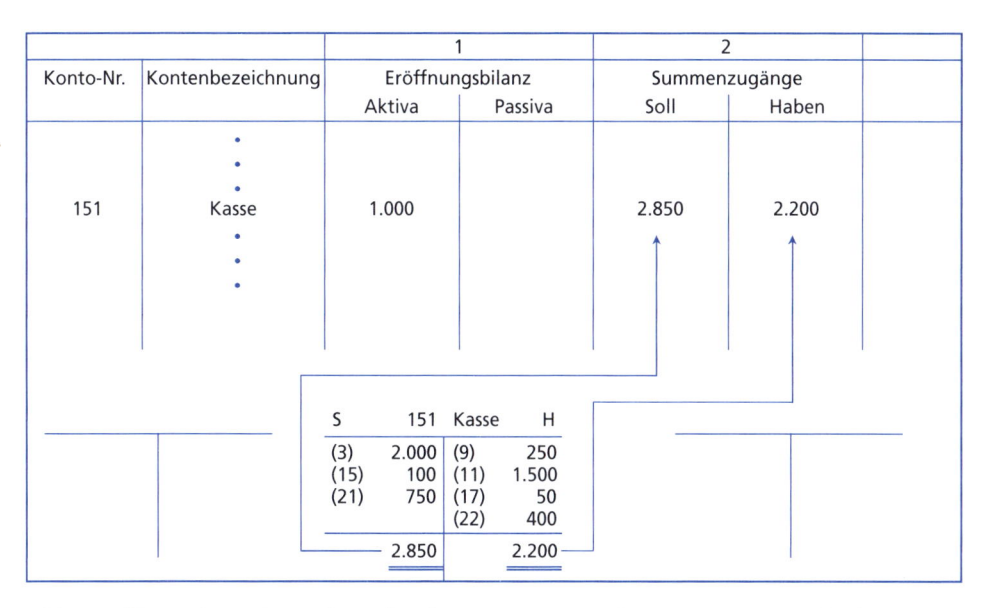

```
        S      151  Kasse   H
       (3)   2.000 | (9)     250
      (15)     100 |(11)   1.500
      (21)     750 |(17)      50
                   |(22)     400
             ─────  ─────
             2.850  2.200
```

Abb. 49: Übernahme der Soll- und Habensummen aus dem Kontensystem in die Hauptabschlussübersicht

lanz die maßgebende Kontrollfunktion zu; aus diesem Grunde bezeichnet man sie auch als **Probebilanz**.

- Die **Saldenbilanz I** ist das Ergebnis aus der Saldierung der Beträge der Summenbilanz, wobei der Saldo (Überschussbetrag) auf der jeweiligen Überschussseite vermerkt wird. Die Tabellenform bewirkt also, dass der Überschussbetrag bereits auf der Seite erscheint, auf der er auch in der Bilanz oder Gewinn- und Verlustrechnung steht. Die Saldenbilanz I verzeichnet die aus der laufenden Geschäftstätigkeit resultierenden Kontenausprägungen wie folgt.
  - bei den **Bestandskonten** die sich vor Durchführung der vorbereitenden Abschlussbuchungen ergebenden Endbestände (vorläufige Endbestände) und
  - bei den **Erfolgskonten** die Höhe der vorläufigen Aufwendungen und Erträge.

  Stimmen bei den Aktiv- und Passivkonten die Buchbestände mit den Inventurergebnissen überein und ergeben sich keine bewertungsrechtlichen Modifikationen, dann kann der Unternehmer diese Werte gleichzeitig in die Schlussbilanz übertragen (Beispiele: Kasse, Guthaben bei Kreditinstituten, Verbindlichkeiten aus Lieferungen und Leistungen, Schuldwechsel).
- Die **Umbuchungsspalte** nimmt zum einen die erforderlichen Korrekturbuchungen, mit denen die im System der Finanzbuchhaltung unzutreffend erfassten Geschäftsvorfälle berichtigt werden, und zum anderen die vorbereitenden Abschlussbuchungen auf, wobei deren Vornahme bzw. Ausprägung nicht unwesentlich durch die **Rechnungslegungspolitik** des Betriebsinhabers bestimmt wird.

Sowohl terminologisch als auch inhaltlich sind die vorbereitenden Abschlussbuchungen von den (eigentlichen) Abschlussbuchungen i. S. d. Bestands- und Erfolgskontenabschlusses (Abgabe der Endbestände an das Schlussbilanzkonto, Übertragung der Aufwands- und Ertragssalden auf das GuV-Konto sowie Abschluss des Eigenkapitalkontos) zu unterscheiden. Zu den **vorbereitenden Abschlussbuchungen** zählen insbesondere:[54]

- Erfassung von mengen- oder wertmäßigen Differenzen zwischen Buch- und Inventurbeständen (z. B. unfreiwillige Dezimierung von Warenvorräten, Kassenfehlbeträgen oder -überschüssen);
- Verbuchung von Abschreibungen auf Sachanlagen, Forderungen, Wertpapiere etc. sowie von Zuschreibungen auf Verbindlichkeiten;
- Verbuchung von Rückstellungen;
- Verbuchung von antizipativen und transitorischen Rechnungsabgrenzungsposten;
- Ermittlung der Umsatzsteuer-Zahllast bzw. des Vorsteuer-Erstattungsanspruchs;
- Abschluss der Unterkonten über das jeweilige Hauptkonto (z. B. Übernahme der Bezugskosten, Rücksendungen und Preisnachlässe auf das entsprechende Warenkonto; Umbuchung des Privatkontos auf das Eigenkapitalkonto);
- Übertragung des Wareneinsatzes auf das Warenverkaufskonto bei Abschluss der Warenkonten nach dem Nettoverfahren.
  Da diese Buchungen nach dem Grundsatz der **Doppik** vorgenommen werden, müssen auch in der Umbuchungsspalte Soll- und Habensumme übereinstimmen.
- Die sich anschließende Spalte „**Bemerkungen**" dient der **Erläuterung** der durchgeführten Umbuchungen. Die Erörterung der vorbereitenden Abschlussbuchungen in der Betriebsübersicht bzw. in einer besonderen Umbuchungsliste ist insbesondere dann erforderlich, wenn der Unternehmer die Eintragung dieser Buchungen in die Sachkonten unterlässt und somit der Jahresabschluss nicht mehr aus dem Kontensystem abgeleitet werden kann. In diesem Fall stellt die Hauptabschlussübersicht einen **wesentlichen Baustein** der Buchführung dar.

Wird die Saldenbilanz I um die erforderlichen Umbuchungen modifiziert, ergibt sich die **Saldenbilanz II**. Die in der Spalte 6 eingetragenen Salden verkörpern diejenigen Endbestände bzw. Aufwendungen und Erträge, die in die Schlussbilanz bzw. in die Gewinn- und Verlustrechnung zu übernehmen sind.

- Die Rubrik **Schlussbilanz** (auch **Vermögens- oder Inventurbilanz** genannt) übernimmt aus der Saldenbilanz II die Endbestände der Aktiv- und Passivkonten. Mit Ausnahme des Eigenkapitals stimmen die im Rahmen der Hauptabschlussübersicht ermittelten Schlussbestände mit den aus dem Kontensystem abgeleiteten und im Schlussbilanzkonto ausgewiesenen Endbeständen überein. Die Divergenz beim Eigenkapital ist darauf zurückzuführen, dass im Saldo des Kapitalkontos der Gewinn bzw. Verlust der Periode bereits enthalten ist, während in der Betriebsübersicht der Jahreserfolg sich als Residualgröße zwischen Aktiva und Passiva darstellt (Erfolgsermittlung durch Vermögensvergleich). Das in Spalte 7 angegebene Eigenkapital zuzüglich des Gewinns bzw. abzüglich des Verlusts ergibt das Eigenkapital zum Bilanzstichtag.
- In der **Gewinn- und Verlustrechnung** (mitunter auch als **Erfolgsbilanz** bezeichnet) sind die Salden der Erfolgskonten (Aufwendungen und Erträge) anzusetzen. Als Differenz zwischen der Summe der Aufwendungen einerseits und der Summe der Erträge andererseits wird der Gewinn oder der Verlust des Geschäftsjahres ermittelt, der entsprechend dem Saldocharakter auf der betragsmäßig kleineren Seite einzustellen ist und somit die

---

[54] Vgl. hierzu die Ausführungen im Zweiten Teil zu Gliederungspunkt I.B.

Spalte 8 rechnerisch ausgleicht. Da der Erfolg im System der doppelten Buchführung sowohl über die Bilanz als auch anhand der Gewinn- und Verlustrechnung ermittelt werden kann, müssen beide Rubriken, d. h. Spalte 7 und Spalte 8, den gleichen Gewinn bzw. Verlust ausweisen.

Sofern die Hauptabschlussübersicht **nicht** Bestandteil der doppelten Buchführung ist, sind die Umbuchungen in die Sachkonten des Hauptbuchs zu übernehmen und der Kontenabschluss hat sich – entsprechend dem bisherigen Vorgehen – über das Schlussbilanzkonto zu vollziehen. Wurde die Betriebsübersicht dagegen **technisch** und **organisatorisch** in das Buchführungssystem **integriert**, kann nach Übernahme der Soll- und Habensummen sämtlicher Konten in die Rubrik „Summenzugänge" anhand der Tabelle ein **vereinfachter Jahresabschluss** entwickelt werden.

In diesem Fall dienen die Sachkonten lediglich zur Verbuchung der laufenden Geschäftsvorfälle und sind durch doppelte Unterstreichung der Soll- und Habensummen sowie durch Entwerten der Leerräume (sog. „Buchhalternase") als abgeschlossen zu kennzeichnen (formaler Kontenabschluss bei manueller Buchführung). Ferner müssen die Umbuchungen entweder in der Hauptabschlussübersicht oder in einer besonderen Umbuchungsliste ausreichend erläutert werden. Eine Erfassung der Korrektur- sowie der vorbereitenden Abschlussbuchungen auf den (bereits abgeschlossenen) Sachkonten erfolgt nicht. Da der Jahresabschluss in den beiden letzten Spalten der Betriebsübersicht seinen Niederschlag findet, erübrigt sich eine nochmalige gesonderte Erstellung von Bilanz sowie Gewinn- und Verlustrechnung.

6. Bücher der doppelten Buchhaltung

In der Finanzbuchhaltung werden im Wesentlichen drei verschiedene Arten von Büchern unterschieden:[55]

- **Grundbuch**,
- **Hauptbuch**,
- **Nebenbücher**.

Auch wenn im Rahmen der Buchführung stets von „Büchern" gesprochen wird, so ist dieser Begriff nicht in dem Sinne zu verstehen, dass die Aufzeichnungen in Buchform, d. h. in gebundener Form, geführt werden müssen. Der Terminus „Bücher" ist vielmehr losgelöst von der äußeren Form zu sehen, in der die Aufzeichnungen erfasst werden. Zu den „Büchern" zählen z. B. die gebundenen Bücher, die Belegordner der Lose-Blatt-Buchführung und die Datenträger (CD-ROM, USB-Massenspeicher) bei der IT-gestützten Buchführung.

Im **Grundbuch** sind anhand von Belegen sämtliche Geschäftsvorfälle **in zeitlicher Reihenfolge** aufzuzeichnen. **Abbildung 50** zeigt den allgemeinen Aufbau. Das Grundbuch kann auch in Form einer geordneten und übersichtlichen Belegablage geführt werden, soweit diese Buchführungsform bestimmte Anforderungen erfüllt.[56] In diesem Fall existieren mehrere Grundbücher, wobei sich die Anzahl der als Grundbücher fungierenden Unterlagen nach den technischen und organisatorischen Verhältnissen des jeweiligen Unternehmens rich-

---

[55] Vgl. auch *Coenenberg et al.* 2012, S. 123.
[56] Vgl. § 239 Abs. 4 HGB, § 146 Abs. 5 AO.

tet. Zu den Aufzeichnungen und Belegablagen, die als Grundbücher in Betracht kommen, zählen z. B. die **Kassenbücher** (Erfassung der täglichen Kasseneinnahmen und -ausgaben), die **Wareneingangs- und Warenausgangsbücher** (Erfassung der Warenein- und -verkäufe) sowie die **Bank- und Postgiroauszüge** (Erfassung von Gutschriften und Belastungen aufgrund beglichener Kundenforderungen und Lieferantenverbindlichkeiten). Das Grundbuch bzw. die Grundbücher werden auch als **Journal** oder **Memorial** bezeichnet.[57] Aufgabe des Grundbuchs ist es, die buchführungspflichtigen Geschäftsvorfälle nach ihrer Entstehung unverlierbar im System der Buchführung festzuhalten (**Sicherungsfunktion**).

	Grundbuch		Monat...	Seite...	
Lfd. Nr.	Datum	Beleg Nr.	Text		Betrag

Abb. 50: Allgemeiner Aufbau eines Grundbuchs

Bei der **doppelten Buchführung** wird, um die Übernahme der Geschäftsvorfälle in das Hauptbuch zu erleichtern, im Journal neben einer kurzen Beschreibung des erfassungspflichtigen Vorgangs auch der **Buchungssatz** vermerkt. Bezogen auf die in den vorangegangenen Kapiteln dargestellte Buchungstechnik enthält das Grundbuch u. a. die chronologisch angeordneten Buchungssätze.

Beispiel: Wareneinkauf auf Ziel am 20.03.2012 lt. Rechnungs-Nr. 2398 beim Großhändler Schmidt, Hamburg, in Höhe von 500 €. Die Erfassung des Geschäftsvorfalls im Grundbuch verdeutlicht die nachstehende **Abbildung 51**.

	Grundbuch		Monat März 2012	Seite...	
Lfd. Nr.	Datum	Beleg Nr.	Text	Soll	Haben
673	20.03.	Eingangsrechnung 132	Wareneinkauf auf Ziel bei Schmidt, Hamburg, Rechnungs-Nr. 2398 (Waren an Verbindlichkeiten aus Lieferungen und Leistungen)	500	500

Abb. 51: Auszugsweise Darstellung eines Grundbuchs im System der doppelten Buchführung

Im Hauptbuch erfolgt hingegen die systematische Ordnung der Geschäftsvorfälle **nach sachlichen Gesichtspunkten**, d. h. hier werden die gleichen Geschäftsvorfälle – nur anders geordnet – wie im Grundbuch erfasst. Das Hauptbuch besteht aus den im Kontenplan verzeichneten **Sachkonten** (= Bestands- und Erfolgskonten). Die Sachkonten werden am Ende eines jeden Geschäftsjahres abgeschlossen und finden Eingang in das Schlussbilanzkonto (Bestandskonten) und in das GuV-Konto (Erfolgskonten). Bezogen auf die Technik der doppelten Buchführung wird das Hauptbuch durch die T-Konten dargestellt.

---

[57] Vgl. hierzu *Coenenberg et al.* 2012, S. 123.

I. Grundlagen und gesetzliche Rahmenbedingungen

Beispiel: Die Erfassung des obigen Geschäftsvorfalls im Hauptbuch zeigt **Abbildung 52**.

Waren			Seite…		Verbindlichkeiten aus Lieferungen und Leistungen			Seite…
Soll			Haben	Soll				Haben
20.3.	Verbindlich-keiten aus LuL	500				20.3.	Waren	500

Abb. 52: Auszugsweise Darstellung eines Hauptbuchs

Nebenbücher sind Hilfsbücher, die der **weiteren Aufgliederung und Ergänzung der Sachkonten** dienen, um **spezifische Einzelsachverhalte** erfassen zu können. Die Nebenbücher stehen **außerhalb des Kontensystems** und werden i. d. R. in eigenständigen Nebenbuchhaltungen geführt, wodurch diesen Büchern Buchungssätze (Buchung und Gegenbuchung) fremd sind. Zu den Nebenbüchern, deren Anzahl ebenfalls von den technischen und organisatorischen Gegebenheiten des Unternehmens abhängt, zählen vor allem das **Kontokorrent- oder Geschäftsfreundebuch**, die **Waren- und Lagerbücher**, die **Lohn- und Gehaltsbücher**, das **Anlagenbuch** sowie die **Wechsel- und Wertpapierbücher**.[58]

Ein besonders wichtiges und grundsätzlich unverzichtbares Nebenbuch ist das **Kontokorrentbuch**.[59] Im Kontokorrentbuch wird für jeden einzelnen Kunden und für jeden einzelnen Lieferanten ein eigenes Konto (sog. Personenkonto) geführt, auf dem sämtliche zwischen dem Unternehmen und dem jeweiligen Geschäftspartner entstandene Forderungen und Verbindlichkeiten erfasst werden. Die Kunden(personen)konten werden auch **Debitoren**, die Lieferanten(personen)konten **Kreditoren** genannt. Während die zum Hauptbuch zählenden Sachkonten „Forderungen aus Lieferungen und Leistungen" und „Verbindlichkeiten aus Lieferungen und Leistungen" den **gesamten Bestand** an Forderungen und Verbindlichkeiten aus Lieferungen und Leistungen widerspiegeln, enthalten die einzelnen Personenkonten die **individuellen Zahlungsansprüche und -verpflichtungen**. Da das Geschäftsfreundebuch außerhalb des Kontensystems steht, müssen alle Buchungen auf den Sachkonten „Forderungen aus Lieferungen und Leistungen" und „Verbindlichkeiten aus Lieferungen und Leistungen" **zusätzlich** in die entsprechenden Personenkonten übertragen werden, wodurch gleichzeitig ein **interner Abstimmungsmechanismus** entsteht. Die rechnerische Abgleichung zwischen den Debitoren bzw. Kreditoren und dem jeweiligen Sachkonto erfolgt über eine sog. **Saldenliste**, die die Salden der entsprechenden Personenkonten enthält. Kunden- bzw. Lieferantenkonten und das jeweilige Sachkonto stimmen dann überein, wenn die Summe der Saldenliste dem Saldo des korrespondierenden Sachkontos entspricht, d. h. wenn gilt:

Summe der Salden aller Kunden(personen)konten	=	Saldo des Sachkontos „Forderungen aus Lieferungen und Leistungen"
Summe der Salden aller Lieferanten(personen)konten	=	Saldo des Sachkontos „Verbindlichkeiten aus Lieferungen und Leistungen".

---

[58] Vgl. *Eisele/Knobloch* 2011, S. 651.
[59] Vgl. R 5.2 Abs. 1 Satz 2 EStR.

Die erforderliche Abstimmung zwischen den genannten Sammelkonten und den einzelnen Personenkonten stellt ein wichtiges Instrument im Rahmen des **internen Kontrollsystems** des Unternehmens dar.

Beispiel: Die Erfassung des obigen Geschäftsvorfalls im Kontokorrentbuch zeigt **Abbildung 53**.

Name: Schmidt						Seite...	
Adresse: Hamburg, Waldstraße 26							
Anmerkungen: Genusswarengroßhändler							
Soll							Haben
				·			
				·		Wareneinkauf,	
				20.03.		Rechnungs-Nr. 2398	500
				·			

Abb. 53: Auszugsweise Darstellung eines Geschäftsfreundebuchs

Auf die Führung eines Kontokorrentbuchs kann verzichtet werden, wenn ausschließlich **Bargeschäfte** anfallen oder wenn es aufgrund der geringen Anzahl der Geschäftsfreunde vertretbar ist, das entsprechende Sachkonto im Hauptbuch unmittelbar durch die Personenkonten zu ersetzen. Das Geschäftsfreundebuch kann auch in Form einer **geordneten Ablage** noch nicht ausgeglichener Rechnungen geführt werden. Diese Form der Buchführung, die von den noch nicht bezahlten (offenen) Rechnungen ausgeht, wird als **Offene-Posten-Buchhaltung** bezeichnet.[60] Bei der Offene-Posten-Buchführung[61] besitzen die Belege Kontenfunktion, womit sich die explizite Führung von Personenkonten erübrigt.

Abbildung 54 verdeutlicht das **Sachkontensystem des Hauptbuches** vom Eröffnungs- bis zum Schlussbilanzkonto in der doppelten Buchhaltung. Das Eröffnungsbilanzkonto stellt wie bereits gezeigt, das **Spiegelbild** der Eröffnungsbilanz dar und ist Hilfsmittel für die technische Durchführung der Konteneröffnung. Die **Eröffnungsbilanz** zum 01.01. des neuen Geschäftsjahres muss grundsätzlich identisch sein mit der Schlussbilanz zum 31.12. des Vorjahres (Postulat der **Bilanzidentität**; § 252 Abs. 1 Nr. 1 HGB; § 5 Abs. 1 EStG; IAS 1.39).

Aus dem Datenmaterial des **Schlussbilanzkontos** sowie des **Gewinn- und Verlustkontos** werden die **(Schluss-)Bilanz** und die **Gewinn- und Verlustrechnung** zum Ende des Geschäftsjahres abgeleitet. Im Schlussbilanzkonto kommen Vermögen und Kapital auf der gleichen Seite wie in der (Schluss-)Bilanz zum Ansatz. § 239 HGB und § 146 AO enthalten abweichend zu den IFRS spezifische Vorschriften über die **äußere Form** der zu führenden Bücher. Ordnungsgemäß sind danach nicht nur gebundene und Seite für Seite nummerierte Bücher, sondern als ordnungsmäßige Bücher gelten sowohl die geordnete Ablage von Belegen als auch Datenträger. Vorschriften, die die **innere Form** betreffen, sind in § 239 Abs. 2 HGB und § 146 Abs. 1 AO kodifiziert. Dort werden die Anforderungen „**vollständig**", „**richtig**", „**zeitgerecht**" und „**(sachlich) geordnet**" aufgeführt. Unter dem Begriff „zeitgerecht"

---

[60] Vgl. R 5.2 Abs. 1 Satz 6 EStR.
[61] Vgl. hierzu *Eisele/Knobloch* 2011, S. 653.

versteht man sowohl die zeitnahe als auch die chronologische Verbuchung. Eine zeitgerechte Verbuchung wird vorgeschrieben, um **Belegverlusten** entgegenzuwirken und um das späte Erkennen bedrohlicher Situationen, z. B. eines Liquiditätsengpasses, zu verhindern. In diesem Zusammenhang ergeben sich zwei Fragen:

- **Wann** muss spätestens ein Geschäftsvorfall im Grundbuch (ggf. auch im Kassenbuch) verbucht sein?
- **Wie** groß darf der Zeitraum zwischen der Verbuchung im Grund- und Hauptbuch längstens sein?

Antwort auf diese Fragen geben die von der Finanzverwaltung entwickelten Grundsätze.[62]

Das System der doppelten Buchführung lässt sich zusammenfassend wie folgt charakterisieren:

- Registrierung aller Geschäftsvorfälle in **zeitlicher** (Grundbuch) und **sachlicher** (Hauptbuch) **Ordnung**. Ferner ist der unbare Geschäftsverkehr mit Kunden und Lieferanten **zusätzlich** in einem Kontokorrentbuch zu dokumentieren;
- Verbuchung ein und desselben Vorgangs auf **zwei Konten** (Konto und Gegenkonto) und zwar einmal im **Soll** und einmal im **Haben**;
- Getrennte Erfassung der erfolgsneutralen und erfolgswirksamen Vorfälle auf **Bestands- und Erfolgskonten**;
- Möglichkeit der **zweifachen Erfolgsermittlung** durch
    (1) Eigenkapitalvergleich und
    (2) Gegenüberstellung aller Aufwendungen und Erträge im GuV-Konto.

Abbildung 55 zeigt abschließend die Organisation der doppelten Buchführung.

7. Kontenrahmen und Kontenplan

Der **Kontenrahmen** gibt einen vollständigen und systematischen Überblick über die von der Finanzbuchhaltung des Unternehmens in aller Regel benötigten Konten. Er stellt somit ein „Kontengliederungsschema" dar, das als Grundlage für die Ausgestaltung der Buchführung dient. Die **Entwicklung des Kontenrahmens** mit dem Ziel der Vereinheitlichung des Kontensystems wurde maßgeblich durch *Schmalenbach*[63] beeinflusst. Ausgehend von dieser Konzeption sind in der Folgezeit von Theorie und Praxis verschiedene Kontenrahmen entwickelt worden, wobei deren Gebrauch letztendlich im Belieben der Unternehmensleitung lag. Einen weiteren Meilenstein in der Geschichte des Kontenrahmens bildete der vom *Reichs- und Preußischen Wirtschaftsministerium* verabschiedete sog. **Erlasskontenrahmen** (Reichskontenrahmen), dessen Benutzung für alle Unternehmen vorgeschrieben wurde. Da der Reichskontenrahmen bestimmten branchenspezifischen Bedürfnissen nicht genügte, wurden für eine Reihe von Wirtschaftszweigen spezielle Kontenrahmen (**Branchenkontenrahmen**) konzipiert, deren Verwendung ebenfalls zwingend war.

Nach dem Zweiten Weltkrieg behielten der Reichskontenrahmen und die Branchenkontenrahmen zunächst weiterhin Gültigkeit, auch als der sog. **Gemeinschafts-Kontenrahmen der Industrie** (GKR) vorgelegt wurde, den der *Bundesverband der Deutschen Industrie (BDI)*

---

[62] Vgl. R 5.2 EStR; H 5.2 EStR.
[63] Vgl. *Schmalenbach* 1927, S. 385–402 und S. 433–475.

Eröffnungsbilanzkonto

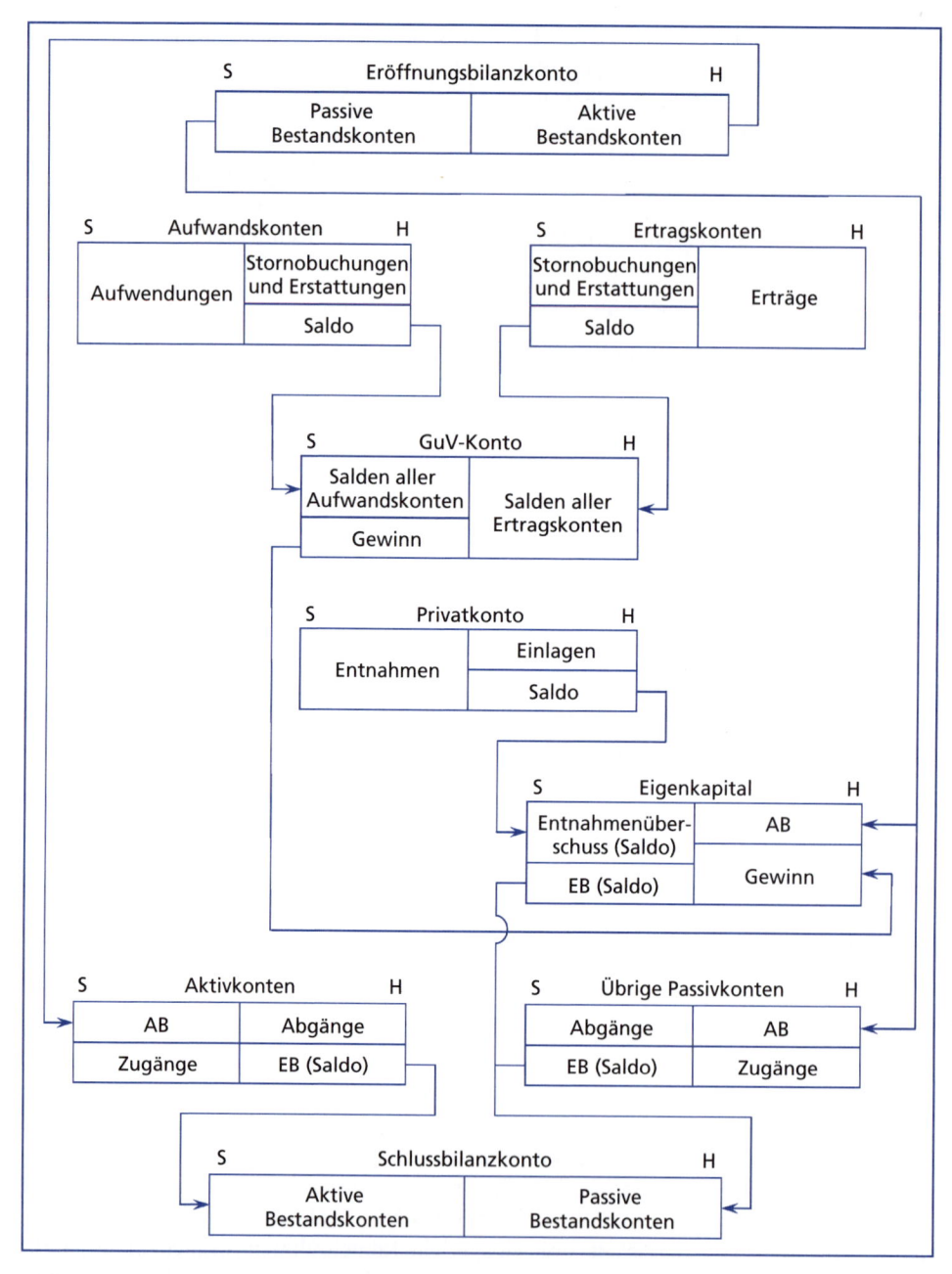

S	Eröffnungsbilanzkonto	H
Passive Bestandskonten	Aktive Bestandskonten	

S	Aufwandskonten	H
Aufwendungen	Stornobuchungen und Erstattungen	
	Saldo	

S	Ertragskonten	H
Stornobuchungen und Erstattungen	Erträge	
Saldo		

S	GuV-Konto	H
Salden aller Aufwandskonten	Salden aller Ertragskonten	
Gewinn		

S	Privatkonto	H
Entnahmen	Einlagen	
	Saldo	

S	Eigenkapital	H
Entnahmenüberschuss (Saldo)	AB	
EB (Saldo)	Gewinn	

S	Aktivkonten	H
AB	Abgänge	
Zugänge	EB (Saldo)	

S	Übrige Passivkonten	H
Abgänge	AB	
EB (Saldo)	Zugänge	

S	Schlussbilanzkonto	H
Aktive Bestandskonten	Passive Bestandskonten	

Abb. 54: Kontensystem der doppelten Buchführung (für Gewinnsituation und Entnahmenüberschuss)

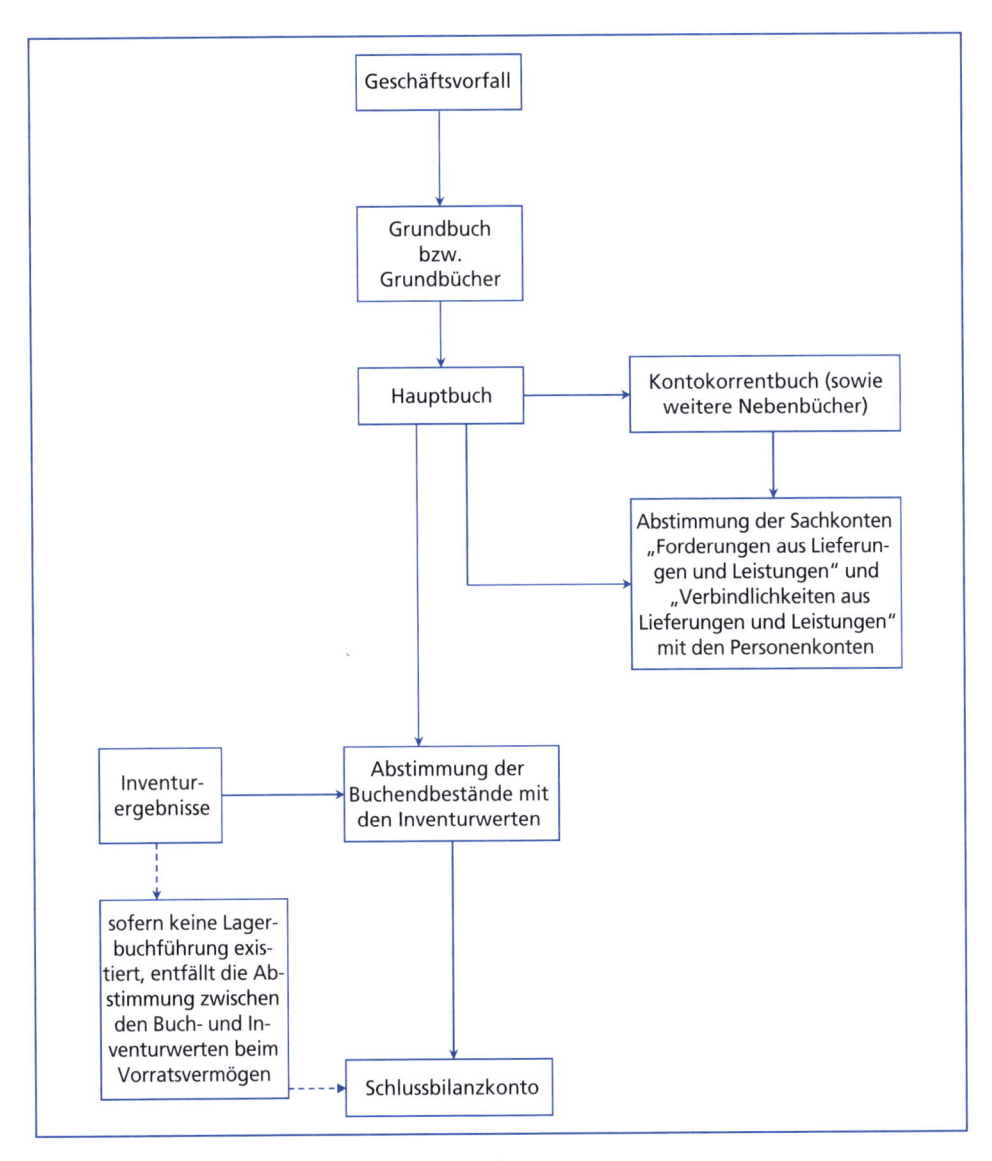

I. Grundlagen und gesetzliche Rahmenbedingungen

```
                    ┌─────────────────┐
                    │ Geschäftsvorfall│
                    └────────┬────────┘
                             ▼
                    ┌─────────────────┐
                    │   Grundbuch     │
                    │      bzw.       │
                    │   Grundbücher   │
                    └────────┬────────┘
                             ▼
                    ┌──────────┐         ┌──────────────────────────┐
                    │ Hauptbuch├────────▶│ Kontokorrentbuch (sowie  │
                    └────┬─────┘         │ weitere Nebenbücher)     │
                         │               └────────────┬─────────────┘
                         │                            ▼
                         │               ┌──────────────────────────┐
                         │               │ Abstimmung der Sachkonten│
                         │               │ „Forderungen aus Lieferun│
                         │               │ gen und Leistungen" und  │
                         │               │ „Verbindlichkeiten aus   │
                         │               │ Lieferungen und Leistungen"│
                         │               │ mit den Personenkonten   │
                         │               └──────────────────────────┘
                         ▼
  ┌───────────┐     ┌─────────────────┐
  │ Inventur- ├────▶│  Abstimmung der │
  │ergebnisse │     │Buchendbestände mit│
  └─────┬─────┘     │ den Inventurwerten│
        ¦           └────────┬────────┘
        ▼                    │
  ┌───────────────┐          │
  │sofern keine Lager-│      │
  │buchführung exis- │       │
  │tiert, entfällt die Ab-│  │
  │stimmung zwischen │       │
  │den Buch- und In- │       │
  │venturwerten beim │       │
  │Vorratsvermögen  │        │
  └───────┬───────┘          ▼
          ¦          ┌─────────────────┐
          └ ─ ─ ─ ─▶│ Schlussbilanzkonto│
                     └─────────────────┘
```

Abb. 55: Organisation der doppelten Buchführung

seinen Mitgliedern zur Anwendung empfahl. Der GKR weist gegenüber dem Erlasskontenrahmen nur geringfügige Veränderungen auf, die teils sogar nur terminologischer Art sind. Allerdings ist die Anwendung des Gemeinschafts-Kontenrahmens nicht mehr obligatorisch, sondern steht den Unternehmen **frei**.

Die Verbindlichkeit des Reichskontenrahmens und der von ihm abgeleiteten Branchenkontenrahmen wurde schließlich durch das *Bundeswirtschaftsministerium* aufgehoben. Seitdem liegt die Verwendung von Kontenrahmen im Ermessen der Unternehmen. Da auch der GKR den branchenspezifischen Bedürfnissen nicht Rechnung trägt, haben die jeweiligen **Interessenverbände**[64] zum einen die wirtschaftszweigbezogenen Reichskontenrahmen modifiziert und zum anderen neue Branchenkontenrahmen entwickelt. Die Kontenrahmen wurden an die durchgeführten Gesetzesnovellierungen angepasst. Zu den wichtigsten Branchenkontenrahmen[65] zählen der

- **Einzelhandels-Kontenrahmen (EKR);**
- **Kontenrahmen für den Groß- und Außenhandel;**
- **Industrie-Kontenrahmen (IKR)** und der
- **DATEV-Kontenrahmen.**[66]

Die branchenspezifischen Kontenrahmen verkörpern ebenfalls keine zwingend anzuwendenden Normen, sondern haben für die Unternehmen lediglich **empfehlenden Charakter**.

Die traditionellen Kontenrahmen sind grundsätzlich **nach dem dekadischen Ordnungssystem** (= Zehnersystem) **aufgebaut**, wodurch den einzelnen Konten Nummern zugewiesen werden können. Gemäß diesem System besteht jeder Kontenrahmen aus **zehn Kontenklassen** (Klasse 0 bis 9). Damit kann jedes in der Buchführung verwendete Konto einer bestimmten Klasse zugeordnet werden. Die Kontenklasse kommt in der ersten Ziffer der Kontonummer zum Ausdruck. Die einzelnen Klassen sind ihrerseits in **zehn Kontengruppen** aufgespalten, wobei die Gruppe an den ersten beiden Ziffern der Kontonummer zu erkennen ist. Jede Kontengruppe kann wiederum in **zehn Kontenarten** (drei Ziffern) und jede Kontenart in **zehn Kontenunterarten** (vier Ziffern) untergliedert werden.

> **Beispiel:** Im IKR ist dem Konto „Kasse" die Kontonummer 288 zugeordnet. Entsprechend den vorstehenden Ausführungen kommt darin zum Ausdruck:
>
> Kontenklasse: 2 = Umlaufvermögen
> Kontengruppe: 28 = Flüssige Mittel
> Kontenart: 288 = Kasse.
>
> Bei Bedarf lässt sich das Kassenkonto weiter in Kontenunterarten unterteilen, z. B. in 2881 „Kasse I" und 2882 „Kasse II".

---

[64] Hierzu rechnen z. B. der Hauptverband des Deutschen Einzelhandels e. V. (HDE), der Bundesverband des Deutschen Groß- und Außenhandels e. V. (BOA) sowie der Bundesverband der Deutschen Industrie e. V. (BDI).

[65] Vgl. *Buchner* 2005, S. 96.

[66] Vgl. hierzu die verkürzten Fassungen des GKR und IKR im Anhang auf S. 935–939.

Durch die Nummerierung der Konten besteht die Möglichkeit, auf die verbale Kontenbezeichnung zu verzichten. Diese Vorgehensweise stellt eine erhebliche Vereinfachung der Buchungsarbeit dar.

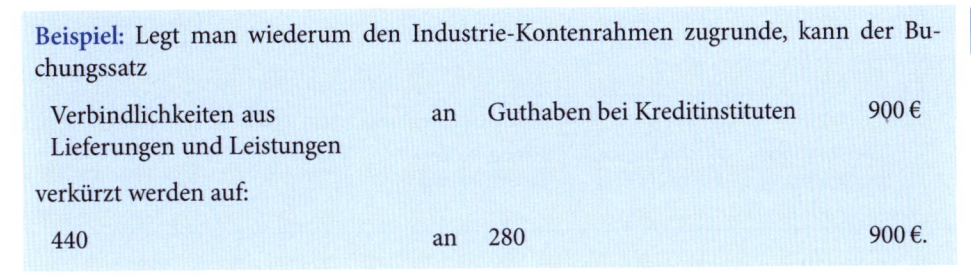

> **Beispiel:** Legt man wiederum den Industrie-Kontenrahmen zugrunde, kann der Buchungssatz
>
> Verbindlichkeiten aus   an   Guthaben bei Kreditinstituten   900 €
> Lieferungen und Leistungen
>
> verkürzt werden auf:
>
> 440   an   280   900 €.

Die Anordnung der Konten im Kontenrahmen ist nach dem **Prozessgliederungsprinzip** sowie nach dem **Abschlussgliederungsprinzip** (Bilanzgliederungsprinzip) möglich. Beim **Prozessgliederungsprinzip** entspricht die Klassenbildung weitgehend dem technischen Ablauf des Betriebsgeschehens, d. h. der Kontenrahmen zerfällt in die hierarchischen Abschnitte Produktionsmittel und Kapital (Klasse 0), Liquidität (Klasse 1), Beschaffung (Klasse 3), Produktion/Leistungserstellung (Klasse 4–7), Absatz (Klasse 8), Abschluss (Klasse 9). Zu den Kontenrahmen, die nach dem Prozessgliederungsprinzip aufgebaut sind, zählen der GKR sowie der Groß- und Außenhandelskontenrahmen. Vollzieht sich die Klassenbildung dagegen parallel zum formalen Aufbau von Bilanz sowie Gewinn- und Verlustrechnung der Unternehmen nach dem Handelsrecht und den IFRS, so folgt die Systematisierung dem **Abschlussgliederungsprinzip**. Ein derartiger Kontenrahmen enthält in den ersten Kontenklassen die Aktivkonten, gefolgt von den Passivkonten, daran anschließend die Ertrags- und Aufwandskonten und schließlich die Abschlusskonten. Kontenrahmen, die dem Bilanzgliederungsprinzip entsprechen, sind z. B. der EKR und der IKR.[67]

Vom Kontenrahmen ist der sog. **Kontenplan** zu unterscheiden, den das einzelne Unternehmen **nach seinen speziellen Bedürfnissen aus dem Kontenrahmen ableitet**. Im Kontenplan sind all diejenigen Konten systematisch zusammengestellt, die in der Finanzbuchhaltung des Unternehmens Verwendung finden. Insofern werden solche Konten weggelassen, die im Kontenrahmen zwar vorgesehen sind, in der Buchführung der betreffenden Unternehmung aber nicht benötigt werden. Beim Vorliegen besonderer Verhältnisse besteht aber auch die Möglichkeit, den Kontenplan über den Inhalt des Kontenrahmens hinaus auszudehnen.

8. Manuelle und IT-gestützte Buchführungsverfahren

a. Grundlegendes

Je nachdem, ob bei der Aufzeichnung der Geschäftsvorfälle technische Hilfsmittel verwendet werden oder nicht, wird zwischen maschinellen und manuellen Buchführungsverfahren unterschieden. Die maschinellen Verfahren lassen sich dabei in die Bereiche mechanisier-

---

[67] Vgl. hierzu die Ausführungen im Dritten Teil zu Gliederungspunkt IV.A.

```
                    Buchführungsverfahren
                    ┌───────────┴───────────┐
                manuelle                IT-gestützte
                Verfahren               Buchführung
        ┌───────────┼───────────┐
   Übertragungs-  Durchschreibe-  Offene-Posten-
   buchführung    buchführung     Buchführung
```

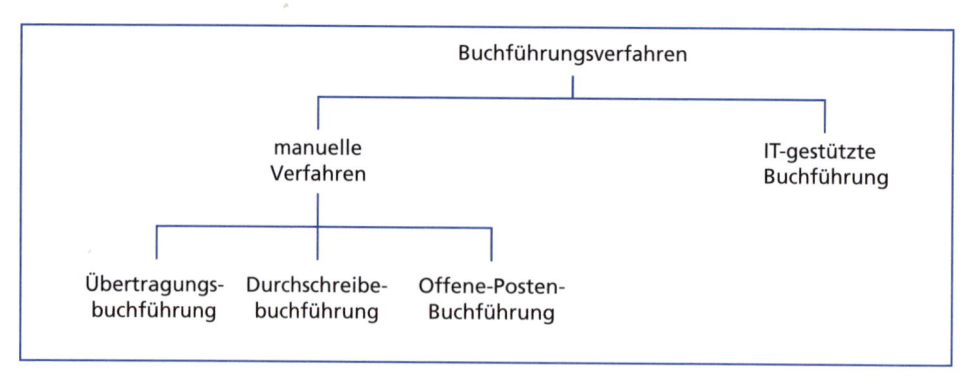

Abb. 56: Verfahren der Buchführung

te Buchführung einerseits und EDV-Buchführung andererseits untergliedern. Zu den Erscheinungsformen der manuell geführten Buchhaltungen zählen insbesondere die Übertragungsbuchführung, die Durchschreibebuchführung sowie die Offene-Posten-Buchhaltung (vgl. **Abbildung 56**).

b. Manuelle Verfahren

Bei der Übertragungsbuchführung werden die Geschäftsvorfälle anhand von Belegen zunächst chronologisch im Grundbuch erfasst und dann von dort auf die Sachkonten des Hauptbuchs übertragen (vgl. **Abbildung 57**).

Im Laufe der Zeit haben sich verschiedene **Formen der Übertragungsbuchführung** entwickelt, die – je nach Anzahl und Aufbau der verwendeten Grundbücher – als italienische, englische, deutsche, französische oder amerikanische Methode bezeichnet werden.[68] Wegen der umständlichen und zeitraubenden Übertragungsarbeit kommt diesen Buchführungsformen grundsätzlich **keine praktische Bedeutung** mehr zu; lediglich die amerikanische Methode findet in Kleinbetrieben mit geringer Kontenanzahl auch heute noch Verwendung. Bei der zuletzt genannten Methode sind Grund- und Hauptbuch in einer einzigen Tabelle, dem sog. **amerikanischen Journal**, vereinigt. Durch die horizontale Anordnung der Sachkonten einerseits und die vertikale Auflistung der Vorgänge in einer „Grundbuchspalte" andererseits können die Geschäftsvorfälle in beiden Büchern gleichzeitig sowohl nach chronologischer als auch sachlicher Ordnung erfasst werden. Hierdurch wird zum einen die Übertragungsarbeit wesentlich vereinfacht und zum anderen das Risiko von Übertragungsfehlern

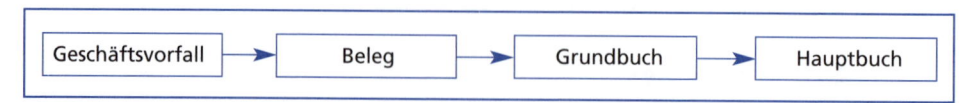

```
Geschäftsvorfall → Beleg → Grundbuch → Hauptbuch
```

Abb. 57: Ablaufschema bei der Übertragungsbuchführung[69]

---

[68] Vgl. zu den einzelnen Methoden insbesondere *Eisele/Knobloch* 2011, S. 657–659.
[69] Modifiziert entnommen von *Buchner* 2005, S. 421.

I. Grundlagen und gesetzliche Rahmenbedingungen

Lfd. Nr.	Datum	Beleg Nr.	Text	Betrag in €	Waren S	Waren H	Kasse S	Kasse H	...	Verb. aus LuL S	Verb. aus LuL H	...	Seite: ... Verschiedene Konten S	Verschiedene Konten H
.														
.														
.														
93	14.06.	ER 41	Zieleinkauf, Fa. Ruß, München, Rechnungs-Nr. 4567	4.000	4.000						4.000			
94	16.06.	KB 36	Privateinlage bar	800			800							800
.														
.														

――――― Grundbuch ――――― ――――― Hauptbuch ―――――

(ER = Eingangsrechnung; KB = Kassenbeleg)

Abb. 58: Struktur eines amerikanischen Journals

verringert. Da die Anzahl der Sachkonten beim amerikanischen Journal aus Platzgründen beschränkt ist (i. d. R. 16–18 Konten), bedarf es eines Sammelkontos (z. B. „Verschiedene Konten") zum Zwecke der Aufnahme solcher Buchungen, für die keine Bestands- oder Erfolgskonten eingerichtet wurden. Um nicht den Überblick über die hierin enthaltenen Kontenarten zu verlieren, ist das **Sammelkonto** in besonderen Nebenbüchern entsprechend aufzuschlüsseln. **Abbildung 58** zeigt den Aufbau eines amerikanischen Journals.

Bei der Durchschreibebuchführung werden Grund-, Haupt- und Kontokorrentbuch im Wege der **Durchschrift** simultan erstellt. Durch Anwendung dieser Technik wird folglich **in einem Arbeitsgang im Journal sowie im Sach- und Personenkonto gebucht.** Das Verfahren setzt jedoch voraus, dass

- die gebundenen Bücher in lose Blätter aufgelöst werden (sog. **Lose-Blatt-Buchführung**) und
- die Lineatur auf den einzelnen Blättern übereinstimmt.

Das Erfordernis der identischen Lineatur von Grund-, Haupt- und Kontokorrentbuchblätter hat zur Folge, dass die Sach- und Personenkonten nicht mehr in Form des T-Kontos geführt werden können.

Von der Durchschreibebuchführung existieren wiederum verschiedene Varianten, die aber alle nach dem gleichen Prinzip ablaufen. Den einzelnen Verfahren der Durchschreibetechnik kommt jedoch aufgrund des zunehmenden Einsatzes der IT-Buchführung keine praktische Bedeutung mehr zu.

Abbildung 59 verdeutlicht den elementaren Aufbau einer Durchschreibebuchführung. Hierbei ist zu berücksichtigen, dass die beiden Sachkonten „Forderungen aus Lieferungen und Leistungen" und „Verbindlichkeiten aus Lieferungen und Leistungen" durch das im Journal enthaltene Kunden- und Lieferantenkonto dargestellt werden.

Die **Offene-Posten-Buchhaltung** ist wiederum ein Buchführungsverfahren, das sich aus dem Bedürfnis der Praxis entwickelt hat, die **unbaren Geschäftsvorfälle mit Kunden**

Grundbuch

Journal		Monat: Juni 20 ...							Seite ...
Lfd. Nr.	Datum	Beleg Nr.	Text	Kundenkonto S	Kundenkonto H	Lieferantenkonto S	Lieferantenkonto H	Sachkonto S	Sachkonto H
⋮									
831	24.06.	BA102	Begleichung einer Warenverbindlichkeit bei der Fa. Wagner, München, durch Banküberweisung			3.800			3.800
⋮									

Hauptbuch

Guthaben bei Kreditinstituten									Seite ...
Lfd. Nr.	Datum	Beleg Nr.	Text					Sachkonto S	Sachkonto H
⋮									
831	24.06.	BA102	Begleichung einer Warenverbindlichkeit bei der Fa. Wagner, München, durch Banküberweisung						3.800
⋮									

Kontokorrentbuch

Name: Wagner, ...		Adresse: München, ...							Seite ...
Lfd. Nr.	Datum	Beleg Nr.	Text			S	H		
⋮									
831	24.06.	BA102	Begleichung einer Warenverbindlichkeit bei der Fa. Wagner, München, durch Banküberweisung			3.800			
⋮									

(BA = Bankauszug)

Abb. 59: Aufbau einer Durchschreibebuchführung

und Lieferanten in der Finanzbuchhaltung auf möglichst einfache Weise zu dokumentieren. In Abhängigkeit von ihrer organisatorischen Ausgestaltung wird die Offene-Posten-Buchhaltung entweder in Form der doppelten oder der einfachen Buchführung betrieben.

Das Wesen der Offene-Posten-Buchhaltung besteht darin, dass sowohl die Grundbucheintragungen, soweit sie den unbaren Geschäftsverkehr mit Kunden und Lieferanten betreffen, als auch die Personenkonten durch eine geordnete Ablage der Rechnungskopien ersetzt werden, d. h. die Kopien oder Durchschriften der Eingangs- und Ausgangsrechnungen treten zum einen an die Stelle der entsprechenden Journalaufzeichnungen und verkörpern zum anderen das Geschäftsfreundebuch. Da Belegsammlungen nicht den Status eines Sachkontos annehmen können, ist auch bei der Offene-Posten-Buchhaltung – sofern diese in Form der doppelten Buchführung betrieben wird – ein Hauptbuch mit Bestands- und Erfolgs-

I. Grundlagen und gesetzliche Rahmenbedingungen

konten zu führen. Die bilanzrechtliche Zulässigkeit der Offene-Posten-Buchhaltung ergibt sich aus § 239 Abs. 4 HGB sowie § 146 Abs. 5 AO (vgl. ebenso R 5.2 EStR). Danach dürfen die Bücher, in denen die Geschäftsvorfälle entsprechend den Grundsätzen ordnungsmäßiger Buchführung zu verzeichnen sind, auch in Form der geordneten Ablage von Belegen geführt werden.

Technisch vollzieht sich die **Offene-Posten-Buchhaltung** in folgenden Schritten:[70]

(1) Von jeder Eingangs- und Ausgangsrechnung müssen **zwei Ausfertigungen** (Kopien oder Durchschriften) vorliegen.[71] Die erste Ausfertigung ersetzt die Aufzeichnung des Geschäftsvorfalls im Grundbuch (sog. Nummernkopie oder Erstschrift), während die zweite Ausfertigung an die Stelle des Personenkontos tritt (sog. **Namenskopie** oder **Zweitschrift**). Die **Erstschriften** werden fortlaufend nummeriert und **chronologisch abgelegt** und erbringen somit den lückenlosen Nachweis der getätigten Zielein- und -verkäufe.

(2) Die Beträge der Eingangs- und Ausgangsrechnungen sowie die mit dem Ausgleich von Forderungen und Verbindlichkeiten einhergehenden Zahlungseingänge und -ausgänge sind **täglich zu addieren**. Die sich hieraus ergebenden Tagessummen werden bei der **doppelten Buchführung** in die Sachkonten „Forderungen aus Lieferungen und Leistungen" und „Verbindlichkeiten aus Lieferungen und Leistungen" sowie in die zugehörigen Gegenkonten (Waren, Vorsteuer, Umsatzsteuer, Guthaben bei Kreditinstituten, Kasse etc.) des Hauptbuchs übertragen. Die Buchungssätze hierzu lauten wie folgt.

(2.1) Erfassung der täglichen Zielverkäufe:

Forderungen aus Lieferungen und Leistungen	an	– Waren – Umsatzsteuer
Sollbuchungsbetrag:		Tagessumme der Ausgangsrechnungen gemäß Additionsstreifen;
Habenbuchungsbeträge:		Tagessumme der Nettorechnungs- und Umsatzsteuerbeträge.

(2.2) Erfassung der täglichen Zieleinkäufe:

– Waren – Vorsteuer	an	Verbindlichkeiten aus Lieferungen und Leistungen
Sollbuchungsbetrag:		Tagessumme der Nettorechnungs- und Vorsteuerbeträge;
Habenbuchungsbeträge:		Tagessumme der Eingangsrechnungen gemäß Additionsstreifen.

(2.3) Erfassung der Zahlungseingänge zum Ausgleich von Kundenforderungen:

Guthaben bei Kreditinstituten, Kasse etc.	an	Forderungen aus Lieferungen und Leistungen
Betrag:		Tagessumme der Zahlungseingänge gemäß Additionsstreifen.

---

[70] Vgl. hierzu auch *Ländererlass* 1963, S. 93 f.
[71] Vgl. detailliert *Buchner* 2005, S. 423.

(2.4) Erfassung der Zahlungsausgänge zum Ausgleich von Lieferantenverbindlichkeiten:

Verbindlichkeiten aus Lieferungen und Leistungen	an	Guthaben bei Kreditinstituten, Kasse etc.
Betrag:		Tagessumme der Zahlungsausgänge gemäß Additionsstreifen.

Die **Nummernkopien** sowie die **Additionsstreifen** (Letztere sind Zusammenstellungen der Eingangs- und Ausgangsrechnungen sowie der Zahlungsein- und -ausgänge) haben **Grundbuchfunktion**, d. h. diese Unterlagen bewirken, dass der unbare Geschäftsverkehr mit Kunden und Lieferanten nicht mehr im Journal dokumentiert zu werden braucht.

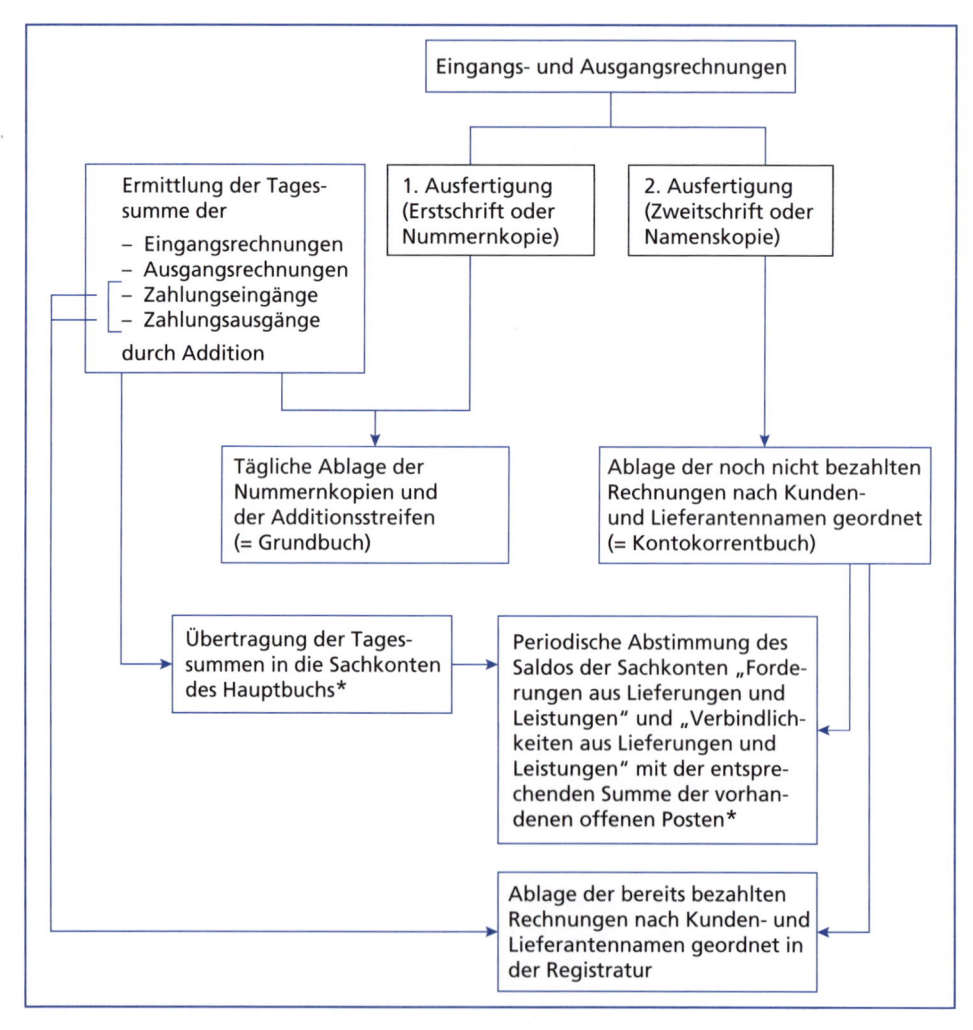

Abb. 60: Organisation der Offene-Posten-Buchhaltung im System der doppelten Buchführung

(3) Die **Zweitschriften** werden bis zum vollständigen Ausgleich der entsprechenden Rechnungen nach Kunden- und Lieferantennamen geordnet in einer sog. **Offene-Posten-Kartei** (Kartei der noch nicht bezahlten Rechnungen) abgelegt, so dass die bestehenden Forderungen und Verbindlichkeiten gegenüber den einzelnen Geschäftsfreunden jederzeit festgestellt werden können. Die **Ablage der Namenskopien** nach Kunden und Lieferanten erfüllt somit die **Funktion des Kontokorrentbuchs**. Wird eine Kunden- oder Lieferantenrechnung beglichen, so ist diese der Offene-Posten-Kartei zu entnehmen, wobei der Zahlungseingang (Ausgleich der Forderung) bzw. der Zahlungsausgang (Ausgleich der Verbindlichkeit) auf der betreffenden Namenskopie unter Angabe von Datum, Zahlungsart etc. zu vermerken ist. Die **beglichenen Rechnungen**, d. h. die mit dem Zahlungsvermerk versehenen Zweitschriften, werden dann in der Registratur unter entsprechender Bezeichnung (z. B. „Bezahlte Rechnungen") nach Kunden und Lieferantennamen geordnet abgelegt.

(4) Die Summe der **vorhandenen offenen Posten**, d. h. die Summe der noch nicht bezahlten Rechnungen, ist bei der **doppelten Buchführung** in angemessenen Zeitabständen (z. B. monatlich) mit dem **Saldo der Sachkonten** „Forderungen aus Lieferungen und Leistungen" und „Verbindlichkeiten aus Lieferungen und Leistungen" **abzustimmen**. Zeitpunkt und Ergebnis der Abstimmung sind zu dokumentieren.

Der mit der Offene-Posten-Buchhaltung verbundene **Rationalisierungseffekt** bei der Erfassung des unbaren Geschäftsverkehrs kann jedoch dann verloren gehen, wenn überwiegend Stammkunden oder Stammlieferanten eine langfristige Kontenführung bedingen oder regelmäßige Teilzahlungsgeschäfte des Öfteren Kontoauszüge auslösen.[72]

Abbildung 60 zeigt zusammenfassend die Vorgehensweise der Offene-Posten-Buchhaltung beim Vorliegen eines doppelten Buchhaltungssystems. Sofern die Offene-Posten-Buchhaltung in Form der einfachen Buchführung betrieben wird, entfallen die mit * gekennzeichneten Übertragungs- und Abstimmungsvorgänge.

c. IT-gestützte Verfahren

Das vorherrschende Buchführungsverfahren stellt die **IT-gestützte Finanzbuchhaltung** (EDV-Buchführung) dar, da diese in der Lage ist, große Datenmengen zu erfassen, zu verarbeiten und zu speichern sowie umfangreiche und komplizierte Auswertungen durchzuführen. Der entscheidende Vorteil der IT-Buchführung liegt in **der Verknüpfung von Datenerfassung, Datenspeicherung und der Möglichkeit der Datenaufbereitung nach unterschiedlichen Gesichtspunkten**. Sind die Geschäftsvorfälle über Buchungssätze einmal in den PC eingegeben, so können das Grund-, das Haupt- und das Kontokorrentbuch und – je nach Leistungsfähigkeit des Buchführungsprogramms – auch der Jahresabschluss sowie betriebswirtschaftliche Auswertungen (Statistiken, Kennzahlen etc.) durch Eingabe bestimmter Befehle erstellt werden.

Eine Besonderheit der IT-Buchhaltung ergibt sich aus den handels- und steuerrechtlichen Vorschriften zur **Aufbewahrung** der Buchführungsunterlagen. Danach kommt bereits der Speicherung eingegebener Daten **Grundbuchfunktion** zu, obwohl sichtbare und lesbare Unterlagen zunächst nicht vorliegen. Ebenso erfüllt die maschineninterne Übernahme der Da-

---

[72] Vgl. *Eisele/Knobloch* 2011, S. 662.

ten auf die Sach- und Personenkonten die Funktion des **Haupt- und Kontokorrentbuchs**. Insofern besteht kein Erfordernis, dass sämtliche Buchungsdaten vollständig ausgedruckt vorliegen müssen. Vielmehr genügt es, wenn die Informationen – mit Ausnahme der Bilanzen sowie Gewinn- und Verlustrechnungen – während der Dauer der Aufbewahrungsfrist auf **Datenträgern** verfügbar sind und jederzeit innerhalb angemessener Frist lesbar gemacht werden können (§ 239 Abs. 4 HGB, § 257 Abs. 3 HGB; § 146 Abs. 5 AO, § 147 Abs. 2 AO).

Demzufolge besteht also ein Wahlrecht, die Bücher

- **sichtbar auszudrucken** (konventionelle EDV-Buchführung) oder
- **auf internen** (Festplatte) **oder externen Speichermedien** (CD-Rom, USB-Massenspeicher) **zum Ausdruck bereitzuhalten** (sog. Speicherbuchführung).

Abbildung 61 verdeutlicht die grundlegende Arbeitsweise der IT-Buchführung. Zur Klärung abrechnungstechnischer Detailfragen wird auf die Spezialliteratur verwiesen.[73]

Bei kleinen und mittleren Unternehmen ist es nach dem Wirtschaftlichkeitsprinzip angezeigt, die IT-gestützte Buchhaltung auf einen **Spezialanbieter** zu übertragen (sog. **Outsourcing**). Zudem ist darauf hinzuweisen, dass die aktuellen Buchführungsprogramme im Regelfall mit anderen Systemen verbunden sind (z. B. **SAP**). Es gibt eine Vielzahl von professionellen Anbietern, aber auch Steuerberatungskanzleien, die für kleine und mittlere Unternehmen geeignete IT-gestützte Buchführungssysteme als Servicefunktion zur Verfügung stellen.

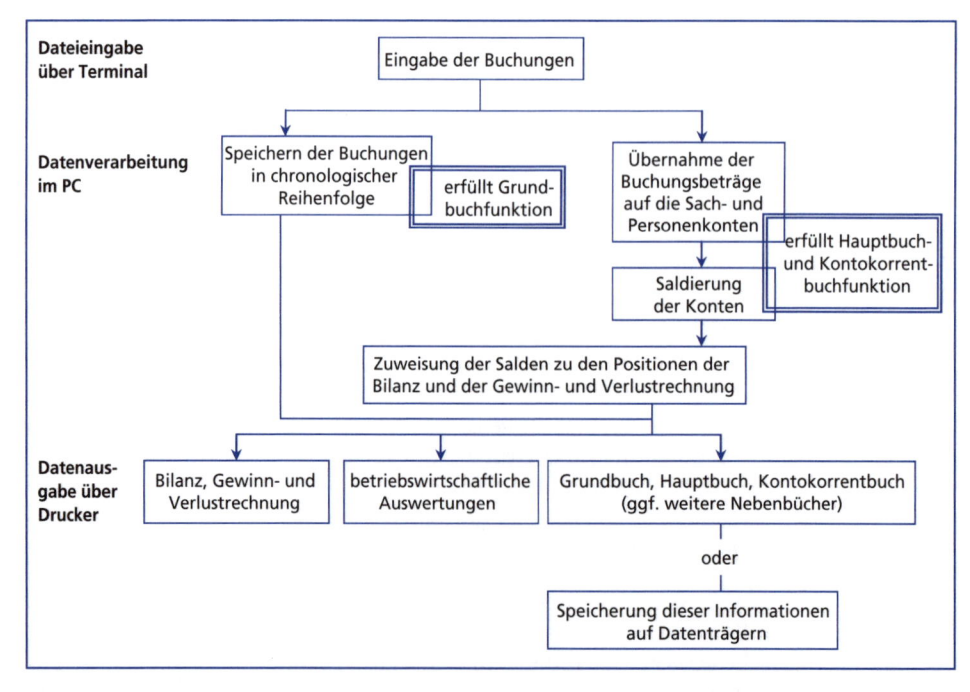

Abb. 61: Vereinfachte Darstellung des Datenflusses bei der IT-Buchführung

---

[73] Vgl. etwa *Eisele/Knobloch* 2011, S. 669–716.

I. Grundlagen und gesetzliche Rahmenbedingungen

C. Finanzbuchhaltung in Form der kameralistischen und einfachen Buchführung

Entsprechend ihren Anwendungsgebieten kann zwischen kameralistischer und kaufmännischer Buchführung unterschieden werden. Die **kameralistische Buchhaltung** (Kameralistik) ist das Rechnungssystem der **öffentlichen Verwaltung** und der mit ihr verbundenen Betriebe. Sie stellt eine **Soll-Ist-Rechnung** dar, in der u. a. die vorausgeplanten Einnahmen und Ausgaben mit den tatsächlichen Mittelzu- und -abflüssen verglichen werden. Grundlage der Kameralistik ist der für die öffentliche Verwaltung erstellte Haushaltsplan (Etat), da dieser Art und Höhe der geplanten Einnahmen und Ausgaben enthält. Mithin gibt die kameralistische Buchhaltung Auskunft darüber, ob im laufenden Wirtschaftsjahr ein **Etatüberschuss** oder **-fehlbetrag** realisiert wurde.[74] Aufgrund ihrer eigenständigen Rechnungslegungsziele kennt dieses Buchführungssystem i. d. R. weder eine Inventur noch eine Bewertung der Vermögensgegenstände. Aus diesen Gründen ist die Kameralistik für kaufmännische Betriebe ungeeignet. Die **Innenministerkonferenz der Länder** hatte im Jahre 1999 beschlossen, die doppelte Buchführung auch im **Gemeindehaushaltsrecht** einzuführen. Nordrhein-Westfalen hat als erstes Bundesland die entsprechenden gesetzlichen Rahmenbedingungen hierfür bereits geschaffen. In den meisten Bundesländern ist nach einer divergierenden Übergangsphase nur noch die **Anwendung der Doppik** zulässig. In einigen Bundesländern (Bayern, Schleswig-Holstein, Thüringen) können die Gemeinden derzeit noch zwischen der Kameralistik und der Doppik wählen.

Dagegen besteht der Hauptzweck der **kaufmännischen Buchführung**, die in einfacher und doppelter Form zur Anwendung kommen kann, in der Ermittlung des Unternehmenserfolgs sowie der Darstellung der Vermögens- und Schuldenstruktur.

Die Ordnungsmäßigkeitsgrundsätze der Wahrheit und Klarheit (§ 243 Abs. 2 HGB) verlangen, dass bei der einfachen Buchführung die baren und unbaren Geschäftsvorfälle prinzipiell getrennt in den **Grundbüchern** aufzuzeichnen sind. Somit ist sowohl ein **Kassenbuch** als auch ein **Journal** zu führen, wobei im Journal die unbaren und im Kassenbuch die baren Vorgänge erfasst werden. Ferner fordert das System der einfachen Buchführung die kontenmäßige Aufzeichnung des Geschäftsverkehrs mit Kunden und Lieferanten in einem Kontokorrentbuch,[75] soweit regelmäßig unbare Beziehungen[76] bestehen. Das Kontokorrentbuch ist u. a. notwendig, um den Gesamtbetrag an Forderungen und Verbindlichkeiten bestimmen zu können. Bei der einfachen Buchführung existiert in der Abgrenzung zur doppelten Buchführung jedoch **kein Hauptbuch**, in dem die Vorgänge nach sachlichen Gesichtspunkten geordnet (nochmals) erfasst werden, d. h. **Bestands- und Erfolgskonten** sind der einfa-

---

[74] Vgl. zur kameralistischen Buchführung u. a. *Kußmaul* 2001, S. 133–138 u. 175–179.
[75] Das Kontokorrentbuch wird im System der einfachen Buchführung auch als Personenkonten-Hauptbuch bezeichnet.
[76] Besteht kein laufender unbarer Geschäftsverkehr, erübrigt sich die Führung eines Kontokorrentbuchs. In diesem Fall müssen jedoch für jeden Bilanzstichtag über die zu diesem Zeitpunkt bestehenden Forderungen und Verbindlichkeiten Personenübersichten erstellt werden. Allerdings sind auch diese Geschäftsvorfälle im Journal zu erfassen.

chen Buchführung fremd. Dies hat zur Konsequenz, dass die Endbestände der Bilanzpositionen – abgesehen von Forderungen und Verbindlichkeiten sowie vom Kassenbestand[77] – nicht der Buchhaltung entnommen werden können, sondern ausschließlich im Wege der **Inventur** zu ermitteln sind (dies trifft insbesondere für die Warenbestände zu).

Dem System der einfachen Buchführung fehlt mithin ein der doppelten Buchhaltung zugrunde liegender **Kontrollmechanismus**, der sich aus dem Vergleich aller Buchendbestände mit den Inventurwerten ergibt. Durch das Fehlen von Erfolgskonten kennt die einfache Buchführung auch **keine Gewinn- und Verlustrechnung**. Die Erfolgsermittlung ist deshalb nur durch den **Eigenkapitalvergleich** möglich. Somit wird nicht ersichtlich, aus welchen Aufwands- und Ertragskomponenten sich der Gewinn oder Verlust zusammensetzt.

Die Charakteristika der einfachen Buchführung lassen sich wie folgt zusammenfassen:

(1) Die chronologische Sammlung aller Geschäftsvorfälle geschieht in den **Grundbüchern**, während die Aufzeichnung des unbaren Geschäftsverkehrs zusätzlich in einem **Kontokorrentbuch** vorgenommen wird.
(2) Das Fehlen eines Hauptbuchs hat zur Folge, dass
- die Bilanz mangels Bestandskonten **nur** im Wege der Inventur erstellt werden kann und
- eine Gewinn- und Verlustrechnung infolge fehlender Erfolgskonten **nicht existiert**.
(3) Die Gewinnermittlung vollzieht sich auf einfache Weise, d. h. sie wird mit Hilfe des **Eigenkapitalvergleichs** durchgeführt.

Zu unterscheiden ist die einfache Buchführung von der **Einnahmen-Ausgabenrechnung**, bei der die Ermittlung des Gewinns bzw. des Verlusts prinzipiell durch die Gegenüberstellung von Einnahmen einerseits und Ausgaben andererseits erfolgt. Eine Form der Einnahmen-Ausgabenrechnung ist die **Einnahmen-Überschussrechnung nach § 4 Abs. 3 EStG**, die als Alternative zur Gewinnermittlung durch Betriebsvermögensvergleich für Kleingewerbetreibende, Freiberufler u.s.w. zulässig ist. Auch die in § 241a HGB genannten Einzelkaufleute, welche die aufgeführten Schwellenwerte unterschreiten, können handelsrechtlich diese Variante wählen.[78] Im Gegensatz zur einfachen Buchführung werden bei der Einnahmen-Ausgabenrechnung wegen fehlender Auswirkungen auf das Periodenergebnis die unbaren Geschäftsvorfälle nicht erfasst. Nach § 242 Abs. 3 HGB besteht der Jahresabschluss für alle Kaufleute grundsätzlich mindestens aus einer Bilanz und einer Gewinn- und Verlustrechnung. Da es jedoch bei der einfachen Buchführung keine Gewinn- und Verlustrechnung gibt – diese ist nur mit Hilfe von **Nebenrechnungen** zu erstellen –, geht die h. M. von einer handelsrechtlichen Unzulässigkeit dieses Systems – mit Ausnahme des § 241a HGB – aus.[79]

Anzumerken bleibt, dass das jeweils zur Anwendung kommende Buchführungssystem keinen Einfluss auf die Höhe des Erfolgs hat, d. h. bei Zugrundelegung der einfachen Buchführung ergibt sich der **gleiche Gewinn oder Verlust** wie bei Rückgriff auf die doppelte Buchführung. Dieses Ergebnis ist insofern nicht überraschend, da in beiden Systemen die gleichen Geschäftsvorfälle – eben nur nach unterschiedlichen Verfahrensweisen – erfasst werden.

---

[77] Die buchmäßigen Endbestände der Forderungen und Verbindlichkeiten können dem Kontokorrentbuch bzw. den Personenübersichten entnommen werden; der buchmäßige Kassenendbestand ergibt sich aus dem Abschluss des Kassenbuchs.
[78] Vgl. hierzu im Einzelnen *Falterbaum et al.* 2010, S. 1101–1127; *Ramb/Schneider* 2010.
[79] Vgl. *Eisele/Knobloch* 2011, S. 655.

I. Grundlagen und gesetzliche Rahmenbedingungen

Beispiel: Gegeben sei nachstehende Eröffnungsbilanz eines Kleingewerbetreibenden, der die einfache Buchführung wählt.

Aktiva	Eröffnungsbilanz 01.01.2012		Passiva
	€		€
A. Anlagevermögen	...	A. Eigenkapital	10.500
B. Umlaufvermögen		B. Verbindlichkeiten	5.000
I. Waren	8.000		
II. Forderungen	3.000		
III. Kassenbestand, Guthaben bei Kreditinstituten	4.500		
	15.500		15.500

Ergänzende Angaben zur Eröffnungsbilanz:

Der Kassenbestand beträgt 1.500 €; das Guthaben bei Kreditinstituten beläuft sich auf 3.000 €. Bei den Forderungen und Verbindlichkeiten handelt es sich um Posten aus Lieferungen und Leistungen. Gemäß den Personenkonten hat der Kleingewerbetreibende Forderungen gegen die Kunden Huber, Hamburg, (1.000 €) und Meier, Lüneburg, (2.000 €); Verbindlichkeiten bestehen gegenüber den Großhändlern Daume, Kiel, (1.500 €) und Kurz, Schwerin, (3.500 €).

Im Geschäftsjahr 2012 haben sich folgende Vorfälle ereignet:

- 05.01.: Kunde Huber begleicht seine Schulden aus dem Vorjahr durch Banküberweisung 1.000 €.
- 30.01.: Wareneinkauf auf Ziel bei Daume 1.250 €; Rechnungs-Nr. 24653.
- 20.02.: Die Verbindlichkeiten gegenüber dem Großhändler Kurz in Höhe von 3.500 € werden durch Banküberweisung beglichen.
- 16.04.: Warenverkauf auf Ziel an den Kunden Meier 900 €; Rechnungs-Nr. 101.
- 23.05.: Privateinlage bar 750 €.
- 02.06.: Warenverkauf an diverse Kunden gegen Barzahlung 3.000 €.
- 01.07.: Wareneinkauf auf Ziel bei Kurz 2.000 €; Rechnungs-Nr. 12498.
- 24.07.: Wareneinkauf bei Daume gegen Barzahlung 2.500 €.
- 13.08.: Warenverkauf auf Ziel an den Kunden Huber 1.200 €; Rechnungs-Nr. 102.
- 29.09.: Warenverkauf an diverse Kunden gegen Barzahlung 4.000 €.
- 30.10.: Privatentnahme bar 1.900 €.
- 03.12.: Die noch offene Verbindlichkeit aus dem Vorjahr beim Großhändler Daume wird durch Barzahlung beglichen 1.500 €.

Der Warenendbestand zum 31.12.2012 beträgt gemäß Inventur 7.000 €. Das Guthaben bei Kreditinstituten beläuft sich laut Saldenbestätigung der Bank auf 500 €. Die buchmäßigen Endbestände der Forderungen und Verbindlichkeiten sowie der buchmäßige Kassenbestand stimmen mit den Inventurergebnissen überein.

(1) Erfassung der Geschäftsvorfälle in den Grundbüchern (Journal und Kassenbuch):[80]

Journal			Monat: Januar bis Dezember 2012	Seite 1
Lfd. Nr.	Datum	Beleg Nr.	Text	Betrag in €
1	05.01.	BA 1	Huber begleicht seine Schulden durch Banküberweisung	1.000
2	30.01.	ER 1	Wareneinkauf auf Ziel bei Daume Rechnungs-Nr. 24653	1.250
3	20.02.	BA 2	Die Verbindlichkeiten gegenüber Kurz werden durch Banküberweisung getilgt	3.500
4	16.04.	AR 1	Warenverkauf auf Ziel an Meier, Rechnungs-Nr. 101	900
5	01.07.	ER 2	Wareneinkauf auf Ziel bei Kurz, Rechnungs-Nr. 12498	2.000
6	13.08.	AR 2	Warenverkauf auf Ziel an Huber, Rechnungs-Nr. 102	1.200

(BA = Bankauszug, ER = Eingangsrechnung, AR = Ausgangsrechnung)

Kassenbuch			Monat: Januar bis Dezember 2012	Seite 1	
Lfd. Nr.	Datum	Beleg Nr.	Text	Auszahlung	Einzahlung
	01.01.	–	Anfangsbestand		1.500
5	23.05.	KB 1	Privateinlage		750
6	02.06.	KB 2	Warenverkauf an diverse Kunden		3.000
8	24.07.	KB 3	Wareneinkauf bei Daume	2.500	
10	29.09.	KB 4	Warenverkauf an diverse Kunden		4.000
11	30.10.	KB 5	Privatentnahme	1.900	
12	03.12.	KB 6	Begleichung der Vorjahres-Verbindlichkeit gegenüber Daume	1.500	
			Summe	5.900	9.250
–	31.12.	–	Endbestand		3.350

(KB = Kassenbeleg)

---

[80] Da auch die Bankauszüge Grundbuchfunktion besitzen, besteht eigentlich kein Erfordernis, die den bargeldlosen Ausgleich von Warenforderungen und -verbindlichkeiten betreffenden Geschäftsvorfälle nochmals im Journal zu erfassen.

I. Grundlagen und gesetzliche Rahmenbedingungen

(2) Aufzeichnung des Geschäftsverkehrs mit Kunden/Lieferanten im Kontokorrentbuch:
   (2.1) Debitoren (Kundenkonten):

Name:	Huber					Seite: ...
Adresse:	Hamburg, Alter Steinweg 12					
Anmerkungen:	...					
S						H
⋮			⋮			
01.01.	Saldovortrag (AB 2012)	1.000	05.01.	Banküberweisung		1.000
13.08.	Zielverkauf, Rechnungs-Nr. 102	1.200	31.12.	Saldo (EB 2012)		1.200
		2.200				2.200
01.01.	Saldovortrag (AB 2013)	1.200				

Name:	Meier					Seite: ...
Adresse:	Lüneburg, Am Sande 5					
Anmerkungen:	...					
S						H
⋮			⋮			
01.01.	Saldovortrag (AB 2012)	2.000	31.12.	Saldo (EB 2012)		2.900
16.04.	Zielverkauf, Rechnungs-Nr. 101	900				
		2.900				2.900
01.01.	Saldovortrag (AB 2013)	2.900				

(2.2) Kreditoren (Lieferantenkonten):

Name:	Daume					Seite: ...
Adresse:	Kiel, An der Förde 9					
Anmerkungen:	...					
S						H
03.12.	Barzahlung	1.500	01.01.	Saldovortrag (AB 2012)		1.500
31.12.	Saldo (EB 2012)	1.250	30.01.	Zieleinkauf, Rechnungs-Nr. 24653		1.250
		2.750				2.750
			01.01.	Saldovortrag (AB 2013)		1.250

Name:	Kurz					Seite: ...
Adresse:	Schwerin, Am Pfaffenteich 94					
Anmerkungen:	...					
S						H
20.02.	Banküberweisung	3.500	01.01.	Saldovortrag (AB 2012)		3.500
31.12.	Saldo (EB 2012)	2.000	01.07.	Zieleinkauf, Rechnungs-Nr. 12498		2.000
		5.500				5.500
			01.01.	Saldovortrag (AB 2013)		2.000

(3) Aufstellung der Schlussbilanz:
   (3.1) Saldenliste der Debitoren:

Huber, Hamburg	1.200 €
Meier, Lüneburg	2.900 €
Forderungen aus Lieferungen und Leistungen	4.100 €.

   (3.2) Saldenliste der Kreditoren:

Daume, Kiel	1.250 €
Kurz, Schwerin	2.000 €
Verbindlichkeiten aus Lieferungen und Leistungen	3.250 €.

I. Grundlagen und gesetzliche Rahmenbedingungen

(3.3) Endbestände: Waren 7.000 €
Guthaben bei Kreditinstituten 500 €
Kassenbestand 3.350 €.

(3.4) Der Endbestand des Eigenkapitals zum 31.12.2012 ergibt sich als Differenz zwischen Vermögen einerseits und Verbindlichkeiten andererseits.

(3.5) Schlussbilanz zum 31.12.2012:

Aktiva	Schlussbilanz 31.12.2012		Passiva
	€		€
A. Anlagevermögen	...	A. Eigenkapital	11.700
B. Umlaufvermögen		B. Verbindlichkeiten	3.250
I. Waren	7.000		
II. Forderungen	4.100		
III. Kassenbestand, Guthaben bei Kreditinstituten	3.850		
	14.950		14.950

(4) Ermittlung des Erfolgs:

	Eigenkapital zum 31.12.2012	11.700 €
−	Eigenkapital zum 01.01.2012	10.500 €
+	Wert der Entnahmen	1.900 €
−	Wert der Einlagen	750 €
=	Gewinn des Geschäftsjahres	2.350 €.

Aufgrund der Unzulänglichkeiten der einfachen Buchführung, insbesondere wegen der fehlenden Möglichkeit der **Erfolgsanalyse**, findet in der Praxis fast ausschließlich das System der doppelten Buchführung Anwendung. Zudem sehen auch das **Handelsrecht** (mit Ausnahme der Befreiungsoption nach § 241a HGB) sowie die IFRS die doppelte Buchhaltung vor, da neben der Bilanz auch eine Gewinn- und Verlustrechnung zu erstellen ist. Im Gegensatz zur einfachen Buchhaltung werden bei der doppelten Form die im Laufe des Geschäftsjahres anfallenden Vorgänge nicht nur in **zeitlicher Reihenfolge** in den **Grundbüchern** aufgezeichnet, sondern auch nach **sachlichen Gesichtspunkten** geordnet in einem **Hauptbuch** erfasst. Das Hauptbuch setzt sich wie bereits ausgeführt aus den **Bestands- und Erfolgskonten** (Sachkonten) zusammen. Zu den Büchern der doppelten Buchführung zählt des Weiteren das **Kontokorrentbuch** (Geschäftsfreundebuch) mit den Personenkonten. Bei Bedarf können außerdem zusätzliche Nebenbücher geführt werden. Als Ergebnis bleibt somit festzuhalten, dass das Grundbuch bzw. die Grundbücher, das Hauptbuch und das Kontokorrentbuch **unverzichtbare Bausteine** in der Organisation der doppelten Buchführung darstellen.

II. Buchhalterische Erfassung ausgewählter Geschäftsvorfälle

A. Warenverkehr

1. Gemischtes Warenkonto

Das unternehmerische Sachziel einzelkaufmännisch geführter **Handelsbetriebe** bezieht sich auf den **Ein- und Verkauf von Waren**. Insofern steht bei diesen Unternehmen die Verbuchung des Warengeschäfts im Mittelpunkt der Finanzbuchhaltung. Das **einheitliche** oder **gemischte Warenkonto** als erste Variante der buchhalterischen Aufzeichnung zeichnet sich dadurch aus, dass zur Abwicklung des Warenverkehrs pro Warengruppe nur ein **einziges Warenkonto** geführt wird, d. h. Warenein- und -verkäufe werden auf ein und demselben Konto verbucht. Analog zum formalen Aufbau eines Aktivkontos sind der Anfangsbestand sowie die Zugänge (Wareneinkäufe) im Soll und die Abgänge (Warenverkäufe) sowie der Endbestand im Haben auszuweisen. Da Beschaffungs- und Absatzpreise der Handelsprodukte i. d. R. verschiedene Ausprägungen haben und die Zugänge mit den Einkaufs- und die Abgänge mit den Verkaufspreisen zu bewerten sind, erfasst das einheitliche Warenkonto neben den Beständen auch den Erfolg aus der Verkaufstätigkeit. Dieser **Erfolg** wird allgemein als **(Waren-)Rohgewinn** bzw. **(Waren-)Rohverlust** bezeichnet, wobei sich der Rohgewinn als Haben-Saldo (Einkaufspreis < Verkaufspreis) und der Rohverlust als Soll-Saldo (Einkaufspreis > Verkaufspreis) des Warenkontos ergibt. Der Begriff „Roh-" bringt zum Ausdruck, dass es sich um einen aus der eigentlichen Geschäftstätigkeit resultierenden **vorläufigen Erfolg** handelt, der noch um die im Unternehmen angefallenen sonstigen Aufwendungen (z. B. Personal-, Miet-, Verwaltungs- und Vertriebsaufwand) und sonstigen Erträge (z. B. Zins- und Mieterträge) zu modifizieren ist. Mithin entspricht der Roherfolg der Differenz aus Anfangsbestand plus Einkäufe einerseits und Verkäufe plus Endbestand andererseits. Auf dem Warenkonto werden folglich Bestands- und Erfolgsgrößen erfasst. Aus diesem Grunde wird auch vom „gemischten" Warenkonto gesprochen. Zur Ermittlung des Roherfolges ist der im **Wege der Inventur festgestellte mengenmäßige Warenendbestand** grundsätzlich mit den Einkaufspreisen zu bewerten und der so ermittelte wertmäßige Warenendbestand auf der Habenseite des Warenkontos anzusetzen.

Zum **Abschluss des einheitlichen Warenkontos** sind – sofern sich am Bilanzstichtag noch Waren auf Lager befinden[1] – zwei Buchungssätze erforderlich:

---

[1] Befinden sich zum Abschlussstichtag keine Handelsprodukte mehr auf Lager, so entfällt die Übertragung des Warenendbestandes auf das Schlussbilanzkonto und der Roherfolg entspricht dem Saldo aus Anfangsbestand plus Zugänge einerseits und Abgängen (Warenverkäufen) andererseits.

- Übertragung des (wertmäßigen) Warenendbestandes auf das Schlussbilanzkonto:

> **Schlussbilanzkonto   an   Waren.**

- Übertragung des Rohgewinns bzw. Rohverlustes auf das GuV-Konto. Buchungssatz im Falle eines **Rohgewinns**:

> **Waren   an   GuV-Konto,**

Buchungssatz im Falle eines **Rohverlustes**:

> **GuV-Konto   an   Waren.**

Indikator für die **Beurteilung der Ertragslage eines Handelsunternehmens** ist weniger die absolute Höhe des Roherfolges, sondern primär das Verhältnis von Roherfolg zu Wareneinsatz (sog. **Roherfolgaufschlagsatz**) bzw. die Relation von Roherfolg zu Umsatzerlösen (sog. **Roherfolgsatz**). Während im **Wareneinsatz** das mit Beschaffungspreisen bewertete und an Kunden veräußerte Warenvolumen zum Ausdruck kommt (Warenumsatz zu Einkaufspreisen), spiegeln sich in den **Umsatz-** oder **Verkaufserlösen** die Warenverkäufe wider (Warenumsatz zu Verkaufspreisen). Mithin besteht zwischen dem Wareneinsatz und den Verkaufserlösen eine Input-Output-Beziehung. Der Wareneinsatz stellt den „eingesetzten" Input dar und ist deshalb als **Aufwand** zu qualifizieren,[2] die Umsatzerlöse verkörpern hingegen den am Absatzmarkt „umgesetzten" Output und sind insofern als Ertrag einzustufen. Der Unterschiedsbetrag zwischen den Verkaufserlösen (Ertrag) und dem Wareneinsatz (Aufwand) ist somit gleich dem Roherfolg.

Beispiel:

Warenanfangsbestand	30.000 €
+ Wareneinkäufe	450.000 €
− Warenendbestand laut Inventur	60.000 €
= Wareneinsatz (Aufwand)	420.000 €
Warenverkäufe (Ertrag)	600.000 €
− Wareneinsatz (Aufwand)	420.000 €
= Rohgewinn (Erfolg)	180.000 €

Im einheitlichen Warenkonto stellt sich das vorstehende Beispiel wie folgt dar.

S	Waren		H
	€		€
Anfangsbestand	30.000	Warenverkäufe	600.000
Wareneinkäufe	450.000	Endbestand gemäß Inventur	60.000
Saldo: Rohgewinn	180.000		
	660.000		660.000

---

[2] Aus diesem Grunde wird mitunter anstelle des Begriffs „Wareneinsatz" auch der Terminus „Aufwendungen für Waren" verwendet [vgl. z. B. EKR, Kontengruppe 60].

II. Buchhalterische Erfassung ausgewählter Geschäftsvorfälle

S	Waren	H
Anfangsbestand zu Einkaufspreisen	Warenverkäufe zu Verkaufspreisen	
Wareneinkäufe zu Einkaufspreisen	Warenrücksendungen an Lieferanten zu Einkaufspreisen	
Warenrücksendungen der Kunden zu Verkaufspreisen	Preisnachlässe der Lieferanten zu Einkaufspreisen	
Preisnachlässe gegenüber Kunden zu Verkaufspreisen	Warenentnahmen des Unternehmers (Ausbuchung der entnommenen Waren zu Einkaufspreisen[a])	
Saldo: Rohgewinn	Endbestand gemäß Inventur zu Einkaufspreisen[b]	

[a] Nach § 6 Abs. 1 Nr. 4 EStG sind Entnahmen mit dem Teilwert (= aktueller Wiederbeschaffungswert) anzusetzen. Falls die aktuellen Wiederbeschaffungskosten zum Zeitpunkt der Warenentnahme über bzw. unter den Buchwerten liegen, ist die sich hieraus ergebende Differenz als Ertrag bzw. Aufwand zu erfassen.

[b] Sofern am Abschlussstichtag die Beschaffungs- oder Absatzpreise der sich auf Lager befindlichen Waren unter die Buchwerte gesunken sind, müssen die Handelsprodukte in der Bilanz mit den niedrigeren Werten angesetzt werden (§ 253 Abs. 4 HGB).

Abb. 62: Inhalt des einheitlichen Warenkontos

Da im Warenkonto neben den Ein- und Verkäufen auch die mit **Warenrücksendungen** und **Preisnachlässen** einhergehenden Stornobuchungen zu erfassen sind, die zwangsläufig im Soll und Haben Buchungen unterschiedlicher Preisebenen bedingen (Kundenrücksendungen werden im Soll zu Verkaufspreisen, Lieferantenrücksendungen im Haben zu Einkaufspreisen gebucht), ermöglicht das gemischte Warenkonto nur über **umfangreiche Nebenrechnungen** die Ermittlung des Wareneinsatzes und der Umsatzerlöse (vgl. **Abbildung 62**).

Die Unzulänglichkeiten des gemischten Warenkontos haben zur Entwicklung der im Folgenden darzustellenden getrennten Warenkonten geführt.

2. Getrennte Warenkonten

a. Wareneinkaufs- und Warenverkaufskonto

Die Forderung nach einer übersichtlichen Verbuchung des Warenverkehrs sowie die Notwendigkeit, den Wareneinsatz und die Verkaufserlöse ohne Rückgriff auf Nebenrechnungen zu bestimmen, bedingen die **Aufspaltung des einheitlichen Warenkontos in ein Einkaufs- und Verkaufskonto**. Während das Wareneinkaufskonto der Ermittlung des Wareneinsatzes dient, weist das Warenverkaufskonto als Saldo die Umsatzerlöse aus. Sofern das Unternehmen mit verschiedenartigen Waren handelt, wird zum Zwecke der **Erfolgskontrolle** i. d. R. für jede Warengruppe ein eigenes Einkaufs- und Verkaufskonto eingerichtet.

Das **Wareneinkaufskonto** enthält den Warenverkehr mit den Lieferanten und wird deshalb ausschließlich zu **Einkaufspreisen** geführt. Anfangsbestand und Einkäufe erscheinen im Soll, Rücksendungen und Preisnachlässe im Haben. Zur **Berechnung des Wareneinsatzes** ist – analog zur Ermittlung des Roherfolges im einheitlichen Warenkonto – der zu Einkaufs-

S	Wareneinkauf		H
Anfangsbestand zu Einkaufspreisen	Warenrücksendungen an Lieferanten zu Einkaufspreisen		
Wareneinkäufe zu Einkaufspreisen	Preisnachlässe der Lieferanten zu Einkaufspreisen		
	Warenentnahmen des Unternehmers (Ausbuchung der entnommenen Waren zu Einkaufspreisen)		
	Endbestand gemäß Inventur zu Einkaufspreisen		
	Saldo: Wareneinsatz (Aufwand)		

Abb. 63: Inhalt des Wareneinkaufskontos

S	Warenverkauf		H
Warenrücksendungen der Kunden zu Verkaufspreisen	Warenverkäufe zu Verkaufspreisen		
Preisnachlässe gegenüber Kunden zu Verkaufspreisen			
Saldo: Umsatzerlöse (Ertrag)			

Abb. 64: Inhalt des Warenverkaufskontos

preisen bewertete Inventurbestand (wertmäßiger Warenendbestand) im Haben des Wareneinkaufskontos zu verbuchen (die Gegenbuchung erfolgt wiederum auf dem Schlussbilanzkonto); der Wareneinsatz ergibt sich dann als **Soll-Saldo**. Da das Wareneinkaufskonto neben Beständen (Anfangsbestand und Endbestand gemäß Inventur) auch eine Aufwandskomponente in Form des Wareneinsatzes enthält, besitzt es den Charakter **eines gemischten Kontos** (vgl. **Abbildung 63**).[3]

Das **Warenverkaufskonto** erfasst dagegen die Geschäftsvorfälle mit den Kunden, wobei auf beiden Kontoseiten ausnahmslos zu Verkaufspreisen gebucht wird. Insofern erscheinen die Warenverkäufe im Haben und die Rücksendungen und Preisnachlässe im Soll. Die Umsatzerlöse der veräußerten Handelsprodukte werden durch den sich ergebenden **Haben-Saldo** repräsentiert. Da das Warenverkaufskonto nur Ertragskomponenten und keine Bestandsgrößen enthält, trägt es den Charakter eines **Erfolgskontos** (vgl. **Abbildung 64**).

Aus Gründen der Übersichtlichkeit und Kontrolle werden die in Verbindung mit den Warenein- und -verkäufen anfallenden Bezugsaufwendungen, Rücksendungen und Preisnachlässe regelmäßig auf **besonderen Unterkonten** erfasst, deren Salden zum Abschlussstichtag auf das jeweilige Warenkonto zu übertragen sind.[4]

---

[3] Vgl. zum Aufbau auch *Coenenberg et al.* 2012, S. 134.

[4] Vgl. hierzu z. B. EKR Kontenklasse 5, Nr. 5001, Kontenklasse 6, Nr. 6001 und 6002 sowie den Kontenrahmen für den Groß- und Außenhandel, Kontenklasse 3, Nr. 302–308, Kontenklasse 8, Nr. 805–808.

II. Buchhalterische Erfassung ausgewählter Geschäftsvorfälle

Der **Abschluss der beiden Warenkonten** kann dabei auf zweifache Weise erfolgen:
- nach dem **Nettoverfahren** oder
- nach dem **Bruttoverfahren**.[5]

Beim **Nettoverfahren** wird das Wareneinkaufskonto über das Warenverkaufskonto abgeschlossen, d. h. der Saldo des Einkaufskontos (= Wareneinsatz) wird auf das Verkaufskonto übertragen. Der Buchungssatz hierzu lautet:

| **Warenverkauf an Wareneinkauf.** |

Als Saldo des Verkaufskontos ergibt sich dann entweder ein **Rohgewinn** (Haben-Saldo, wenn Wareneinsatz < Umsatzerlöse) oder ein **Rohverlust** (Soll-Saldo, wenn Wareneinsatz > Umsatzerlöse), der an das GuV-Konto abzugeben ist. Mithin ist im Falle eines **Rohgewinns** zu buchen:

| **Warenverkauf an GuV-Konto.** |

Der Buchungssatz im Falle eines **Rohverlustes** lautet:

| **GuV-Konto an Warenverkauf.** |

Durch die entsprechende Buchung wird das Verkaufskonto ausgeglichen und der Roherfolg erscheint im GuV-Konto. Den Kontenabschluss nach dem Nettoverfahren verdeutlicht die **Abbildung 65**.

Das Warenverkaufskonto enthält demnach sowohl eine Ertrags- als auch eine Aufwandskomponente. Dadurch, dass im GuV-Konto und folglich auch in der Gewinn- und Verlustrechnung lediglich der Roherfolg zum Ausweis kommt, ist für den externen Analysten die Möglichkeit verschlossen, den (durchschnittlichen) Rohgewinnaufschlagsatz oder den Rohgewinnsatz zu bestimmen. Zur Berechnung dieser für die Beurteilung der Ertragslage eines Handelsunternehmens erforderlichen Kennzahlen bedarf es der Kenntnis von Wareneinsatz

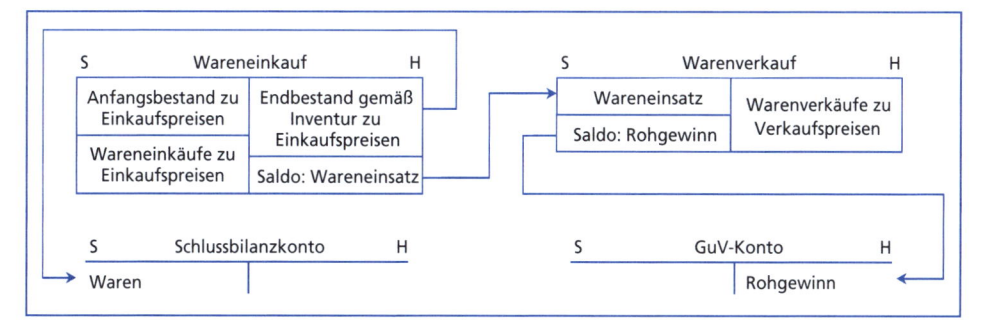

Abb. 65: Abschluss des Wareneinkaufs- und Warenverkaufskontos nach dem Nettoverfahren

---

[5] Vgl. ebenso *Endert/Sepetauz* 2011, S. 161.

und Umsatzerlösen. Das eben beschriebene Informationsdefizit ergibt sich nicht bei Anwendung des Bruttoverfahrens.

Beim **Bruttoverfahren** werden das Wareneinkaufs- und Warenverkaufskonto unmittelbar über das GuV-Konto abgeschlossen, d. h. die Salden beider Warenkonten (der Wareneinsatz und die Umsatzerlöse) werden direkt auf das GuV-Konto übertragen. Die Buchungssätze hierzu lauten:

> GuV-Konto an Wareneinkauf
> Warenverkauf an GuV-Konto.

Den Kontenabschluss nach dem Bruttoverfahren veranschaulicht die **Abbildung 66**. Da sich im GuV-Konto Wareneinsatz (Aufwand) und Umsatzerlöse (Ertrag) unsaldiert gegenüberstehen, können neben dem Roherfolg auch der (durchschnittliche) Rohgewinnaufschlagsatz und der Rohgewinnsatz ermittelt werden. Das Bruttoverfahren ermöglicht deshalb einen tiefer gehenderen Einblick in die Ertragslage des Unternehmens als das Nettoverfahren. **Einzelkaufmännisch geführte Betriebe** und **Unternehmen in der Rechtsform einer Personenhandelsgesellschaft** können ihre Warenkonten grundsätzlich aus handelsrechtlicher Sicht sowohl nach dem Netto- als auch nach dem Bruttoverfahren abschließen (Wahlrecht). Das gleiche gilt für Kleinstkapitalgesellschaften, kleine und mittelgroße Kapitalgesellschaften (§ 276 HGB)[6] sowie eingetragene Genossenschaften (§ 336 Abs. 2 Satz 1 HGB). Dagegen haben große Kapitalgesellschaften, diesen gesetzlich gleichgestellten Unternehmen sowie unter das Publizitätsgesetz fallende Unternehmen beim Abschluss der Warenkonten das Bruttoverfahren durch den separaten Ausweis der Umsatzerlöse zwingend anzuwenden (§ 275 Abs. 2 und Abs. 3 HGB; § 5 Abs. 1 Satz 2 PublG). Da nach IAS 1.82 alle Unternehmen die Umsatzerlöse separat in der Gesamterfolgsrechnung zeigen müssen, ergibt sich ebenfalls eine Pflicht nach IFRS zur Anwendung des Bruttoverfahrens.

b. Buchungstechnische Erweiterungsalternative

Bei den getrennten Warenkonten unterscheidet man prinzipiell zwei Buchungsvarianten. Kennzeichen der im vorangegangenen Abschnitt dargestellten **Variante I** ist die Aufspal-

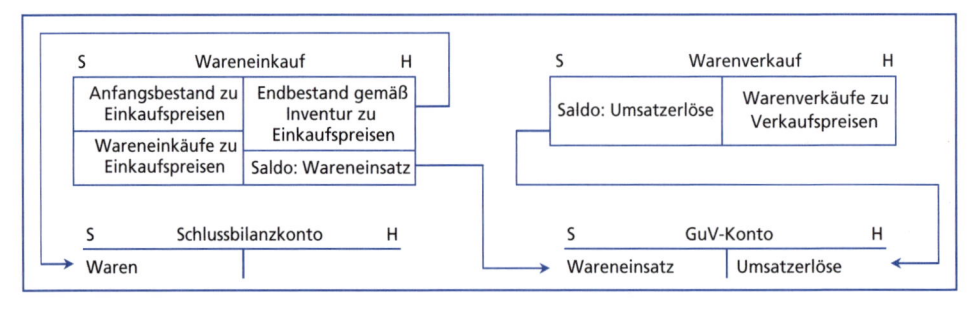

Abb. 66: Abschluss des Wareneinkaufs- und Warenverkaufskontos nach dem Bruttoverfahren

---

[6] Vgl. zu den Größenklassenmerkmalen die § 267, 267a HGB.

tung des einheitlichen Warenkontos in ein Einkaufs- und ein Verkaufskonto. **Variante II** folgt ebenfalls dieser grundlegenden Einteilung mit dem Unterschied, dass anstelle des Wareneinkaufskontos die Konten „Wareneingang", „Warenbestand" und „Warenbestandsveränderung" geführt werden (ein Wareneinkaufskonto im obigen Sinne kennt Variante II nicht).[7] **Abbildung 67** fasst beide Varianten zusammen.

Während kleinere Handelsbetriebe die Verbuchung des Warenverkehrs nach Variante I bevorzugen, liegt dem Kontenrahmen für den Groß- und Außenhandel Variante II zugrunde. Auf einer vereinfachten Form der Variante II basiert auch der Einzelhandels-Kontenrahmen (EKR).

Auf dem **Wareneingangskonto** werden im Soll die Einkäufe und im Haben die Rücksendungen, die Preisnachlässe sowie die Warenentnahmen zu Einkaufspreisen ausgewiesen. Der sich ergebende Soll-Saldo wird in voller Höhe als Wareneinsatz qualifiziert und unmittelbar als Aufwand verbucht. Das Wareneingangskonto stellt, da es keine Bestandsgrößen enthält, ein reines Aufwandskonto dar (vgl. **Abbildung 68**).

Das **Warenbestandskonto** wird ebenfalls zu Einkaufspreisen geführt und erfasst im Soll den Anfangsbestand und im Haben den durch Inventur ermittelten Endbestand. Stimmen Anfangs- und Endbestand überein, bedeutet dies, dass in der Rechnungsperiode wertmäßig genauso viel Waren verkauft wie gekauft wurden (Abgänge zu Einkaufspreisen = Zugänge zu Einkaufspreisen). Demzufolge ist der im Wareneingangskonto ausgewiesene und als Aufwand verbuchte Wareneinsatz identisch mit dem Wareneinsatz, aus dem die Umsatzerlöse hervorgegangen sind. Wenn jedoch – was die Regel sein dürfte – die Warenbestände am Anfang und am Ende des Geschäftsjahres nicht übereinstimmen, so gibt der Saldo des Warenbestandskontos die **Bestandsveränderung** (Bestandserhöhung oder -verminderung) an.

Eine **Bestandserhöhung** liegt dann vor, wenn der **Warenendbestand größer ist als der Anfangsbestand**. Bei dieser Konstellation kommt somit zum Ausdruck, dass in der Rechnungs-

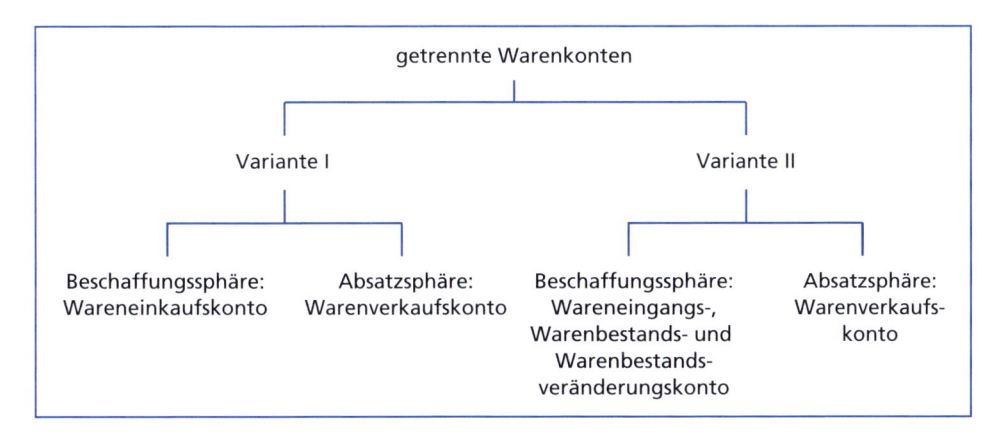

Abb. 67: Varianten der getrennten Warenkonten

---

[7] Vgl. *Endert/Sepetauz* 2010a, S. 567–572.

S	Wareneingang		H
Wareneinkäufe zu Einkaufspreisen		Warenrücksendungen an Lieferanten zu Einkaufspreisen	
		Preisnachlässe der Lieferanten zu Einkaufspreisen	
		Warenentnahmen des Unternehmers (Ausbuchung der entnommenen Waren zu Einkaufspreisen)	
		Saldo: Wareneinsatz (Aufwand)	

Abb. 68: Inhalt des Wareneingangskontos

periode wertmäßig weniger Waren verkauft als gekauft wurden (Abgänge zu Einkaufspreisen < Zugänge zu Einkaufspreisen, mit der Konsequenz einer Erhöhung des Lagerbestandes). Folglich ist der im Wareneingangskonto zu hoch ausgewiesene und als Aufwand verbuchte Wareneinsatz durch eine Ertragsbuchung im Umfang der Bestandserhöhung zu korrigieren. Hierzu bedient man sich des Hilfskontos „**Warenbestandsveränderung**", auf dem die Bestandszunahme im Haben zu erfassen ist. Der Buchungssatz dazu lautet:

> **Warenbestand an Warenbestandsveränderung.**

Vorstehende Buchung bewirkt zum einen den rechnerischen Ausgleich des Warenbestandskontos und überträgt zum anderen die Bestandserhöhung auf das Warenbestandsveränderungskonto.

Beispiel: Gegeben seien nachfolgende Konteneintragungen.

S	Wareneingang		H
	€		€
Wareneinkäufe	15.000	Saldo: Wareneinsatz (Aufwand)	15.000

S	Warenbestand		H
	€		€
AB	4.000	EB gemäß Inventur	6.000
Saldo: Bestandserhöhung	2.000		
	6.000		6.000

S	Warenbestandsveränderung		H
	€		€
		Bestandserhöhung	2.000

Abb. 69: Warenkonten im Falle einer Bestandserhöhung

II. Buchhalterische Erfassung ausgewählter Geschäftsvorfälle

Der Anfangsbestand beträgt 4.000 €, der Endbestand 6.000 €, d. h. vom Anfangsbestand (4.000 €) und von den getätigten Wareneinkäufen der Periode (15.000 €) wurden nur Handelsprodukte im Wert von 13.000 € weiterveräußert. Insofern ist der als Aufwand verbuchte Wareneinsatz (15.000 €) um die Bestandserhöhung (2.000 €) zu korrigieren.

	Wareneinsatz gemäß Wareneingangskonto	15.000 €
−	Korrektur des zu hoch ausgewiesenen Wareneinsatzes durch die im Konto „Warenbestandsveränderung" erfasste Bestandserhöhung	2.000 €
=	der den Umsatzerlösen zugrunde liegende Wareneinsatz	13.000 €.

Ist der **Warenendbestand kleiner als der Anfangsbestand**, so liegt eine **Bestandsverminderung** vor. In einer Bestandsminderung kommt somit zum Ausdruck, dass in der Rechnungsperiode wertmäßig mehr Waren verkauft als gekauft wurden (Abgänge zu Einkaufspreisen > Zugänge zu Einkaufspreisen, mit der Konsequenz einer Verringerung des Lagerbestandes). Insofern ist der im Wareneingangskonto ausgewiesene und als Aufwand verbuchte Wareneinsatz um den sich aus der Verringerung des Lagerbestandes zusätzlich ergebenden Wareneinsatz (Bestandsverminderung) zu erhöhen. Dies erfolgt wiederum über das Hilfskonto **„Warenbestandsveränderung"**, auf dem die Bestandsverminderung als Aufwand im Soll zu erfassen ist. Die Buchung hierzu lautet:

Warenbestandsveränderung an Warenbestand.

Aus der Addition der im Wareneingangskonto ausgewiesenen Aufwendungen (Wareneinsatz) und der im Warenbestandsveränderungskonto verbuchten Bestandsverminderung ergibt sich der Wareneinsatz, der zur Erzielung der Umsatzerlöse erforderlich war.

Beispiel: Gegeben seien nachfolgende Konteneintragungen.

S	Wareneingang		H
	€		€
Wareneinkäufe	15.000	Saldo: Wareneinsatz (Aufwand)	15.000

S	Warenbestand		H
	€		€
AB	8.000	EB gemäß Inventur	5.000
		Saldo: Bestandsverminderung	3.000
	8.000		8.000

S	Warenbestandsveränderung		H
	€		€
Bestandsverminderung	3.000		

Abb. 70: Warenkonten im Falle einer Bestandsverminderung

Der Anfangsbestand beträgt 8.000 €, der Endbestand 5.000 €, d. h. es wurden unter Berücksichtigung der Wareneinkäufe der Periode (15.000 €) Handelsprodukte im Wert von 18.000 € veräußert. Als Aufwand wurde bislang jedoch nur der im Wareneingangskonto ausgewiesene Wareneinsatz (15.000 €) erfasst. Mithin sind noch 3.000 € (= Wareneinsatz aus der Verringerung des Lagerbestandes) zu berücksichtigen. Dies erfolgt durch den Ansatz der Bestandsverminderung auf der Sollseite des Warenbestandsveränderungskontos. Als Ergebnis erhält man dann:

	Wareneinsatz gemäß Wareneingangskonto	15.000 €
+	Korrektur des zu niedrig ausgewiesenen Wareneinsatzes durch die im Konto „Warenbestandsveränderung" erfasste Bestandsverminderung	3.000 €
=	der den Umsatzerlösen zugrunde liegende Wareneinsatz	18.000 €.

Das Warenverkaufskonto der Variante II ist **identisch** mit dem von Variante I. Ebenso wie Variante I kann auch Buchungsvariante II nach dem Netto- oder Bruttoverfahren abgeschlossen werden. Beim **Abschluss nach dem Nettoverfahren** unterscheiden sich Variante I und Variante II insofern, als – aus Gründen der Übersichtlichkeit – die Salden der Konten „Wareneingang" und „Warenbestandsveränderung" nicht auf das Warenverkaufskonto, sondern auf ein gesondertes Warenabschlusskonto[8] übertragen werden. An dieses Abschlusskonto ist auch der Saldo des Warenverkaufskontos abzugeben. Mithin sind folgende Buchungen vorzunehmen.

(1)	Warenabschluss		an	Wareneingang
(2.1)	bei Bestandserhöhung:			
	Warenbestandsveränderung		an	Warenabschluss
(2.2)	bei Bestandsverminderung:			
	Warenabschluss		an	Warenbestandsveränderung
(3)	Warenverkauf		an	Warenabschluss.

---

[8] Vgl. z. B. den Kontenrahmen für den Groß- und Außenhandel, Kontenklasse 9.

II. Buchhalterische Erfassung ausgewählter Geschäftsvorfälle

Beispiel: Gegeben seien nachfolgende Konteneintragungen.

S	Wareneingang		H
	€		€
Waren-einkäufe	15.000	Saldo: Wareneinsatz	15.000

S	Warenverkauf		H
	€		€
Saldo: Umsatzerlöse	20.000	Waren-verkäufe	20.000

S	Warenbestand		H
	€		€
AB Saldo:	4.000	EB gemäß Inventur	6.000
Bestands-erhöhung	2.000		
	6.000		6.000

S	Warenbestandsveränderung		H
	€		€
Saldo: Bestands-erhöhung	2.000	Bestands-erhöhung	2.000
	2.000		2.000

S	Schlussbilanzkonto		H
	€		€
Waren	6.000		

S	Warenabschluss		H
	€		€
Waren-einsatz	15.000	Umsatz-erlöse	20.000
Saldo: Rohgewinn	7.000	Bestands-erhöhung	2.000
	22.000		22.000

S	GuV-Konto		H
	€		€
		Rohgewinn	7.000

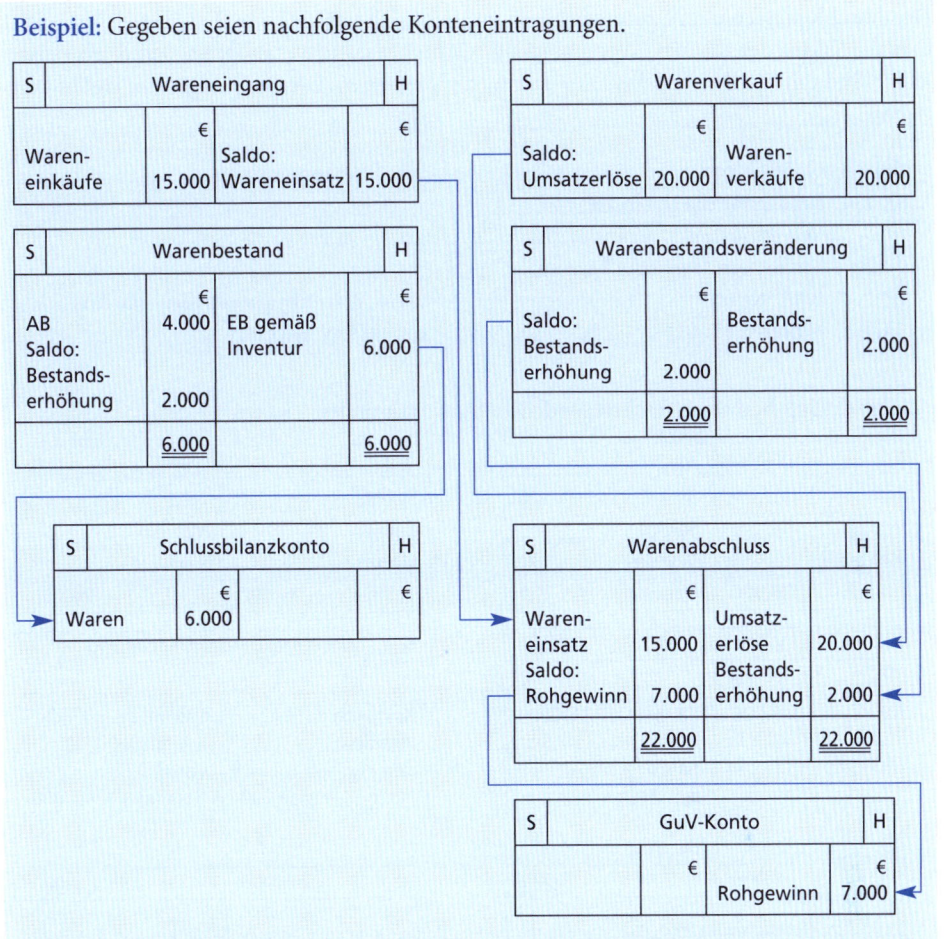

Abb. 71: Abschluss der Buchungsvariante II nach dem Nettoverfahren im Falle einer Bestandserhöhung

Der im Warenbestandskonto ausgewiesene Endbestand findet seine Gegenbuchung wiederum im Schlussbilanzkonto. Als Saldo des Warenabschlusskontos erhält man entweder einen Rohgewinn (Haben-Saldo) oder einen Rohverlust (Soll-Saldo), der an das GuV-Konto weitergegeben wird. Der Buchungssatz bei Vorliegen eines **Rohgewinns** lautet:

Warenabschluss an GuV-Konto.

Im Falle eines Rohverlustes ist zu buchen:

GuV-Konto an Warenabschluss.

Der Abschluss nach dem Bruttoverfahren vollzieht sich bei Variante II analog zu Variante I, d. h. die Salden der Konten „Wareneingang", „Warenbestandsveränderung" und „Warenverkauf" sind unmittelbar auf das GuV-Konto zu übertragen. Die Buchungssätze lauten demnach:

(1)	GuV-Konto		an	Wareneingang
(2.1)	bei Bestandserhöhung:			
	Warenbestandsveränderung		an	GuV-Konto
(2.2)	bei Bestandsverminderung:			
	GuV-Konto		an	Warenbestandsveränderung
(3)	Warenverkauf		an	GuV-Konto.

Beispiel: Gegeben seien nachfolgende Konteneintragungen.

S	Wareneingang	H
	€	€
Wareneinkäufe 15.000	Saldo: Wareneinsatz 15.000	

S	Warenverkauf	H
	€	€
Saldo: Umsatzerlöse 20.000	Warenverkäufe 20.000	

S	Warenbestand	H
	€	€
AB 8.000	EB gemäß Inventur 5.000	
	Saldo: Bestandsverminderung 3.000	
8.000	8.000	

S	Warenbestandsveränderung	H
	€	€
Bestandsverminderung 3.000	Saldo: Bestandsverminderung 3.000	
3.000	3.000	

S	Schlussbilanzkonto	H
	€	€
Waren 5.000		

S	GuV-Konto	H
	€	€
Wareneinsatz 15.000	Umsatzerlöse 20.000
Bestandsverminderung 3.000		

Abb. 72: Abschluss der Buchungsvariante II nach dem Bruttoverfahren im Falle einer Bestandsverminderung

3. Umsatzsteuer

a. Allgemeines

Bei den Ausführungen zum Warenverkehr wurde bislang vernachlässigt, dass Warenein- und -verkäufe grundsätzlich umsatzsteuerliche Folgen auslösen. Die Umsatzsteuer ist eine **Verbrauchsteuer**, die nach dem Willen des Gesetzgebers ausschließlich der Endverbraucher (Konsument) zu tragen hat, während der als Nicht-Konsument agierende Unternehmer prinzipiell unbelastet bleibt. Nach geltendem Recht wird die Umsatzsteuer in Form einer **Allphasen-Nettoumsatzsteuer** erhoben. Das Charakteristikum einer Allphasensteuer besteht darin, dass der steuerpflichtige Umsatz in jeder Wirtschaftsstufe (Produktion, Großhandel, Einzelhandel) der Besteuerung unterliegt. Bei einer Nettoumsatzsteuer stellt der um bestimmte Vorleistungen[9] gekürzte Umsatz die Bemessungsgrundlage dar. Der bundesdeutschen Umsatzsteuer unterworfen wird letztendlich nur der vom Unternehmer **erwirtschaftete Mehrwert**[10], weshalb die Umsatzsteuer häufig auch mit dem Terminus „Mehrwertsteuer" belegt wird. Um die Besteuerung des Mehrwerts in jeder Wirtschaftsstufe sicherzustellen, bedient sich der Gesetzgeber des **Vorsteuerabzugverfahrens**. Hierbei darf die vom Lieferanten dem Unternehmer gesondert in Rechnung gestellte Umsatzsteuer (sog. **Vorsteuer**) von der Umsatzsteuer abgezogen werden, die der Unternehmer seinerseits auf die Nettoverkaufspreise aufschlägt. Da der Unternehmer die Handelsprodukte regelmäßig zu höheren Preisen verkauft als er sie eingekauft hat, verbleibt i. d. R. als Differenz zwischen **erhaltener Umsatzsteuer** und **gezahlter Vorsteuer** eine an das Finanzamt abzuführende **Zahllast**.

> **Beispiel:** In **Abbildung 73** wird anhand der handelstypischen Wirtschaftsstufen die Technik des Vorsteuerabzugverfahrens verdeutlicht. Unterstellt wird ein **Regelsteuersatz von 20 %**. Das Vorsteuerabzugverfahren gewährleistet mithin, dass lediglich der auf jeder Produktions- und Handelsstufe vom Unternehmer erwirtschaftete Mehrwert mit Umsatzsteuer belastet wird. Der Rechnungsbetrag, den der Endverbraucher zu bezahlen hat, enthält genau den Betrag an Umsatzsteuer, den die vorangegangenen Wirtschaftsstufen zusammen als Zahllast an das Finanzamt abgeführt haben (im Beispiel 20 % von 2.500 € = 500 €). Dadurch, dass die Umsatzsteuer von einer Wirtschaftsstufe auf die andere überwälzt und letztendlich vom Endverbraucher getragen wird, hat sie – von Ausnahmefällen abgesehen[11] – keine Auswirkungen auf den Unternehmenserfolg. Insofern wirkt die Umsatzsteuer wie ein **durchlaufender Posten**.

---

[9] Als Vorleistungen kommen z. B. die zur Erstellung von Produkten erforderlichen Rohstoffe oder der den Umsatzerlösen zugrunde liegende Wareneinsatz in Betracht.

[10] Als Mehrwert bezeichnet man ganz allgemein den Betrag, um den der zu Verkaufspreisen bewertete Output den zu Einkaufspreisen bewerteten Input übersteigt.

[11] Vgl. § 15 Abs. 2, Abs. 3, 4, 4a, b UStG (Ausschluss/Einschränkung des Vorsteuerabzugs).

Wirtschaftsstufe	(1) Eingangsrechnung (2) Ausgangsrechnung			Mehrwert	Umsatz-steuer	Vorsteuer	Zahllast
Produzent	(1)	ᵃ				–	
	(2)	Nettoverkaufspreis + 20 % Umsatzsteuer Bruttoverkaufspreis (= Rechnungsbetrag)	1.000 € 200 € 1.200 €	1.000 €	200 €		200 €
Großhändler	(1)	Nettoeinkaufspreis + 20 % Umsatzsteuer Bruttoeinkaufspreis (= Rechnungsbetrag)	1.000 € 200 € 1.200 €			200 €	
	(2)	Nettoverkaufspreis + 20 % Umsatzsteuer Bruttoverkaufspreis (= Rechnungsbetrag)	1.500 € 300 € 1.800 €	500 €	300 €		100 €
Einzelhändler	(1)	Nettoeinkaufspreis + 20 % Umsatzsteuer Bruttoeinkaufspreis (= Rechnungsbetrag)	1.500 € 300 € 1.800 €			300 €	
	(2)	Nettoverkaufspreis + 20 % Umsatzsteuer Bruttoverkaufspreis (= Rechnungsbetrag)	2.500 € 500 € 3.000 €	1.000 €	500 €		200 €
Endverbraucher		Warenwert + 20 % Umsatzsteuer Rechnungsbetrag	2.500 € 500 € 3.000 €	Summe: 2.500 €			Summe: 500 €

ᵃ Dem Beispiel liegt die Annahme zugrunde, dass sich der Produktionsprozess ohne Einsatz von Vorleistungen vollzogen hat.

Abb. 73: Funktionsweise der Allphasen-Nettoumsatzsteuer mit Vorsteuerabzug[12]

Die bei der Veräußerung von Waren oder der Erbringung von Dienstleistungen den **Konsumenten** oder **anderen Unternehmern in Rechnung gestellte Umsatzsteuer** stellt eine **Verbindlichkeit gegenüber dem Finanzamt** dar und wird auf dem passiven Bestandskonto „Umsatzsteuer" erfasst (vgl. **Abbildung 74**).

Entsprechend verkörpert die Vorsteuer, d. h. die dem Unternehmer beim Bezug von Waren oder der Inanspruchnahme von Dienstleistungen von anderen Unternehmern gesondert in Rechnung gestellte Umsatzsteuer, eine Forderung gegen die Finanzbehörde und wird auf dem aktiven Bestandskonto „Vorsteuer" verbucht (vgl. **Abbildung 75**).[13]

Am Ende einer jeden Abrechnungsperiode werden Vorsteuerforderung und Umsatzsteuerverbindlichkeit gegeneinander aufgerechnet (§ 15 Abs. 1, § 16 Abs. 2, § 18 Abs. 1 UStG). Der Buchungssatz lautet:[14]

---

[12] Modifiziert entnommen von *Eisele/Knobloch* 2011, S. 126.

[13] Vgl. auch *Falterbaum et al.* 2010, S. 143.

[14] Als Betrag ist hierbei immer der kleinere Saldo einzusetzen, da dieser vollständig mit dem größeren verrechnet wird.

II. Buchhalterische Erfassung ausgewählter Geschäftsvorfälle

S	Umsatzsteuer	H
Umsatzsteuerberichtigungen infolge: – Rücksendungen von Kunden sowie – Preisnachlässen (Skonti, Boni) gegenüber Kunden	Erfassung der in den Ausgangsrechnungen ausgewiesenen Umsatzsteuer („Mehrwertsteuer")	
Saldo: Umsatzsteuerverbindlichkeit gegenüber dem Finanzamt		

Abb. 74: Inhalt des Umsatzsteuerkontos

S	Vorsteuer	H
Erfassung der in den Eingangsrechnungen ausgewiesenen Umsatzsteuer („Vorsteuer")	Vorsteuerberichtigungen infolge von: – Rücksendungen an Lieferanten sowie – Preisnachlässen (Skonti, Boni) der Lieferanten	
	Saldo: Vorsteuerforderung gegen das Finanzamt	

Abb. 75: Inhalt des Vorsteuerkontos

Umsatzsteuer an Vorsteuer.

Da im Regelfall die **Umsatzsteuerverbindlichkeit höher als die Vorsteuerforderung** ist, ergibt sich im Umsatzsteuerkonto als Haben-Saldo eine **Umsatzsteuer-Zahllast**. In dieser spiegelt sich die verbleibende Schuld gegenüber dem Fiskus aus der Umsatzbesteuerung wider. Bei Anwendung des handelsrechtlichen Bilanzgliederungsschemas (§ 266 HGB) und nach dem Postenkatalog des IAS 1.54 ist die Umsatzsteuer-Zahllast unter dem Posten **„Sonstige Verbindlichkeiten"** auszuweisen.[15]

---

[15] Vgl. § 266 Abs. 3 Posten C. 8 HGB.

Beispiel: Gegeben seien nachfolgende Konteneintragungen.

S	Vorsteuer		H
	€		€
Vorsteuer gemäß Eingangs-rechnungen	5.200	Vorsteuerberichtigungen Umsatzsteuer	200 5.000
	5.200		5.200

S	Umsatzsteuer		H
	€		€
Umsatzsteuerberichtigungen Vorsteuer Saldo: SBK (Umsatzsteuer-Zahllast)	300 5.000 3.000	Umsatzsteuer gemäß Ausgangsrechnungen	8.300
	8.300		8.300

S	Schlussbilanzkonto		H
	€		€
		Umsatzsteuer	3.000

Abb. 76: Abschluss des Umsatzsteuer- und Vorsteuerkontos im Falle einer Umsatzsteuer-Zahllast

Buchungssätze zum Abschluss des Umsatzsteuer- und Vorsteuerkontos:
(1) Umsatzsteuer an Vorsteuer 5.000 €
(2) Umsatzsteuer an Schlussbilanzkonto 3.000 €.

Im umgekehrten Fall (**Umsatzsteuerverbindlichkeit < Vorsteuerforderung**) stellt sich im Vorsteuerkonto ein Soll-Saldo ein, in dessen Höhe der Unternehmer einen **Vorsteuer-Erstattungsanspruch** gegen das Finanzamt hat. Der Erstattungsanspruch ist in der handelsrechtlichen Bilanz unter dem Posten „Sonstige Vermögensgegenstände"[16] und nach den IFRS unter dem Posten „Sonstige Forderungen"[17] zu erfassen.

---

[16] Vgl. § 266 Abs. 2 Posten B. II. 4. HGB.
[17] Vgl. IAS 1.54 h.

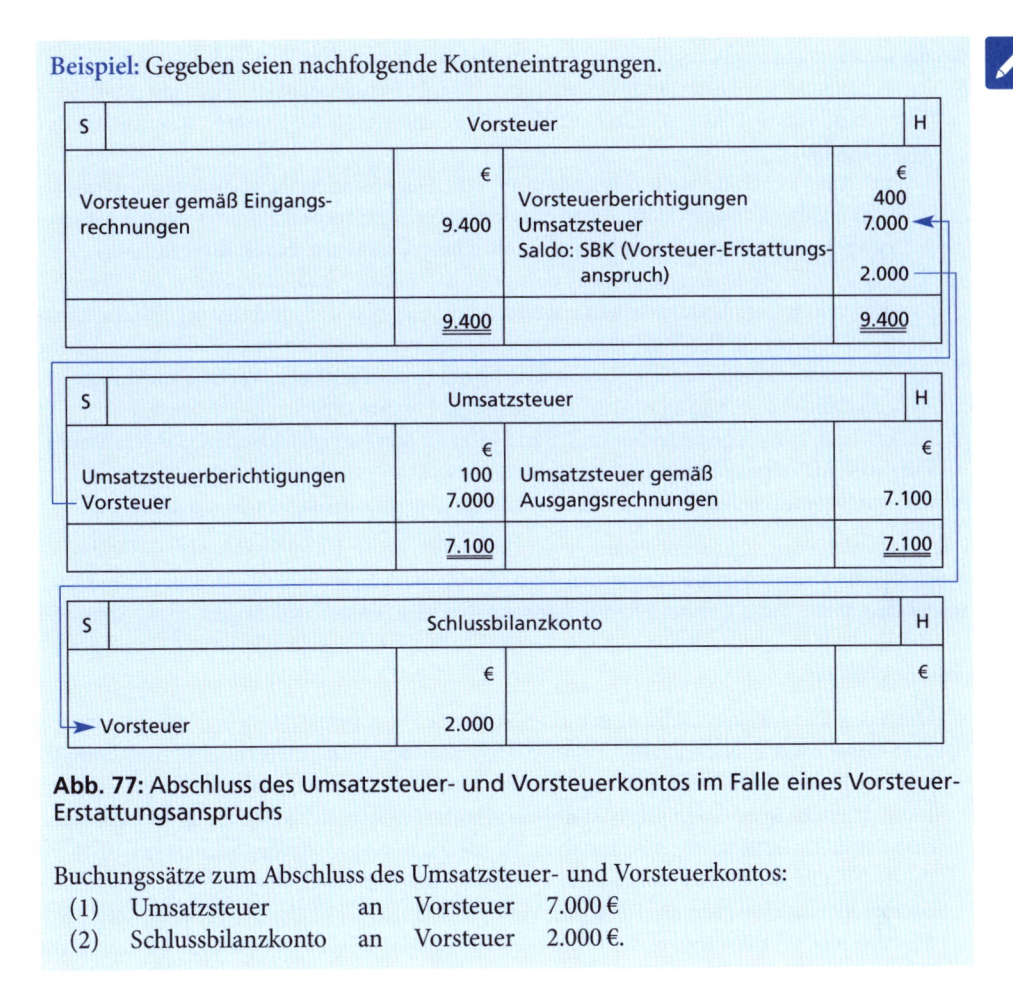

II. Buchhalterische Erfassung ausgewählter Geschäftsvorfälle   147

Beispiel: Gegeben seien nachfolgende Konteneintragungen.

S	Vorsteuer		H
	€		€
Vorsteuer gemäß Eingangs-rechnungen	9.400	Vorsteuerberichtigungen Umsatzsteuer Saldo: SBK (Vorsteuer-Erstattungs- anspruch)	400 7.000 2.000
	9.400		9.400

S	Umsatzsteuer		H
	€		€
Umsatzsteuerberichtigungen Vorsteuer	100 7.000	Umsatzsteuer gemäß Ausgangsrechnungen	7.100
	7.100		7.100

S	Schlussbilanzkonto		H
	€		€
Vorsteuer	2.000		

Abb. 77: Abschluss des Umsatzsteuer- und Vorsteuerkontos im Falle eines Vorsteuer-Erstattungsanspruchs

Buchungssätze zum Abschluss des Umsatzsteuer- und Vorsteuerkontos:
(1) Umsatzsteuer   an   Vorsteuer   7.000 €
(2) Schlussbilanzkonto an   Vorsteuer   2.000 €.

Mitunter werden das Umsatzsteuer- und das Vorsteuerkonto über ein sog. **Umsatzsteuer-Verrechnungskonto** abgeschlossen (Buchungen: Umsatzsteuer an Umsatzsteuer-Verrechnungskonto; Umsatzsteuer-Verrechnungskonto an Vorsteuer). Im Saldo des Verrechnungskontos kommt dann die **Zahllast** (Haben-Saldo) bzw. der **Erstattungsanspruch** (Soll-Saldo) zum Ausdruck. Abschließend bleibt anzumerken, dass auch ein getrennter Ausweis von Vorsteuerforderung und Umsatzsteuerverbindlichkeit in der Schlussbilanz möglich sein dürfte.

b.   Grundzüge des Umsatzsteuerrechts

b.a   Überblick über die elementaren Vorschriften

Das im vorangegangenen Abschnitt kurz skizzierte Umsatzsteuersystem ermöglicht keine Aussage darüber, welche Geschäftsvorfälle mit Umsatzsteuer zu belegen sind und wie sich das Besteuerungsverfahren vollzieht. Um diese beiden Fragen beantworten zu können, bedarf es gewisser Grundkenntnisse des Umsatzsteuerrechts. Die **Umsatzsteuerpflicht** ergibt sich aus § 1 Abs. 1 UStG. Danach unterliegen der Umsatzsteuer folgende Vorgänge (sog. **steuerbare Umsätze**):

- die Lieferungen und sonstigen Leistungen, die ein Unternehmer im Inland gegen Entgelt im Rahmen seines Unternehmens ausführt (sog. **Leistungsaustausch**); ergänzt wird der Tatbestand des § 1 Abs. 1 UStG durch die Gleichstellung bestimmter **unentgeltlicher Wertabgaben**:
  - § 3 Abs. 1 b UStG stellt die Entnahme von Gegenständen und anderen unentgeltlichen Zuwendungen von Gegenständen unter bestimmten Voraussetzungen **Lieferungen gegen Entgelt** gleich (**unentgeltliche Wertabgabe durch Lieferungen**)
  - § 3 Abs. 9 a UStG erfasst unter den dort geregelten Voraussetzungen die Verwendung eines dem Unternehmen zugeordneten Gegenstands und **unentgeltliche sonstige Leistungen**, die der Unternehmer für außerunternehmerische Zwecke oder für den privaten Bedarf seines Personals erbringt (**unentgeltliche Wertabgabe durch Gegenstandsverwendung und andere sonstige Leistungen**)
- die **Einfuhr von Gegenständen im Inland oder in den österreichischen Gebieten Jungholz und Mittelberg** (Einfuhrumsatzsteuer), sowie
- der **innergemeinschaftliche Erwerb** im Inland gegen Entgelt (§ 1a Abs. 1 UStG).

Die genannten Vorgänge stellen jedoch nur dann steuerbare Umsätze dar, wenn die der jeweiligen Umsatzart zugrunde liegenden Tatbestandsmerkmale erfüllt sind. Sofern eine Voraussetzung fehlt, muss der betreffende Umsatz als „nicht steuerbar" eingestuft werden und die Erhebung der Umsatzsteuer entfällt. Zu den **Tatbestandsmerkmalen des Leistungsaustausches** zählen:

- Die Vorgänge müssen **Lieferungen** oder **sonstige Leistungen** darstellen. Der Terminus „Leistung" ist der Oberbegriff für die beiden Leistungsarten „**Lieferungen**" und „**sonstige Leistungen**". Eine **Lieferung** liegt vor, wenn der Unternehmer dem Abnehmer die Verfügungsmacht über einen Gegenstand verschafft (§ 3 Abs. 1 UStG). Zu den Gegenständen i. S. d. Umsatzsteuergesetzes zählen körperliche Gegenstände (Sachen gemäß § 90 BGB), Sachgesamtheiten und solche Güter, die im Wirtschaftsverkehr wie körperliche Sachen behandelt werden, z. B. Strom, Wasser, Wärme.[18] **Sonstige Leistungen** sind nach § 3 Abs. 9 UStG Leistungen, die keine Lieferungen darstellen. Sie können auch in einem Unterlassen oder im Dulden einer Handlung oder eines Zustandes bestehen. Als sonstige Leistungen kommen insbesondere Dienstleistungen, Gebrauchs- und Nutzungsüberlassungen (z. B. Vermietung, Verpachtung, Darlehensgewährung) sowie Einräumung, Übertragung und Wahrnehmung von Patenten und ähnlichen Rechten in Betracht.[19]
- Die Leistungen hat ein **Unternehmer** zu erbringen. Unternehmer ist gemäß § 2 Abs. 1 UStG, wer eine **gewerbliche** oder **berufliche Tätigkeit selbstständig** ausübt. Als gewerblich oder beruflich gilt dabei jede **nachhaltige Tätigkeit** zur Erzielung von Einnahmen, auch wenn die Absicht, Gewinne zu erwirtschaften, fehlt. Mithin sind z. B. Gewerbetreibende, Freiberufler sowie Land- und Forstwirte als Unternehmer zu qualifizieren.[20]
- Die Umsätze müssen **im Rahmen des Unternehmens** vollzogen werden. Das Unternehmen i. S. d. Umsatzsteuergesetzes umfasst die **gesamte gewerbliche oder berufliche Tätigkeit** des Unternehmers (§ 2 Abs. 1 UStG). Konkret bedeutet dies, dass ein Unternehmer – unabhängig von der handelsrechtlichen Anzahl seiner Betriebe – umsatzsteuer-

---

[18] Vgl. UStAE, zu § 3.1 Abs. 1, Satz 2.
[19] Vgl. UStAE, zu § 3.1 Abs. 4, Satz 2.
[20] Vgl. weiterführend *Englisch* 2013, Anm. 33-69 zu § 17; *Rose/Watrin* 2011, S. 26–43.

rechtlich immer nur **ein** Unternehmen haben kann. Da steuerbare Vorgänge lediglich zwischen zwei verschiedenen umsatzsteuerlichen Unternehmen anfallen können, unterliegen Leistungen, die zwischen (ggf. rechtlich selbstständigen) Unternehmensteilen getätigt werden, als sog. **Innenumsätze** nicht der Umsatzbesteuerung. Des Weiteren sind Leistungen dann als nicht steuerbar einzustufen, wenn sie der **nichtunternehmerischen (privaten) Sphäre** des Unternehmers zuzuordnen sind.

> **Beispiel:** Der Unternehmer Schmidt betreibt sowohl einen Farbengroßhandel als auch einen Lebensmitteleinzelhandel. Darüber hinaus hat er von seinem Onkel einen landwirtschaftlichen Betrieb geerbt. Alle drei handelsrechtlich selbstständigen Betriebe bilden umsatzsteuerrechtlich ein einziges Unternehmen, d. h. die steuerpflichtigen Umsätze des Farbengroßhandels, des Lebensmitteleinzelhandels und des landwirtschaftlichen Betriebes werden zusammengefasst und in **einer** Umsatzsteuererklärung deklariert. Ferner sind die Leistungen, die ein Unternehmensteil (z. B. Farbengroßhandel) für den anderen Unternehmensteil (z. B. Lebensmitteleinzelhandel) erbracht hat, als **Innenumsätze** anzusehen und stellen insofern keine steuerbaren Umsätze dar.

- Für die erbrachten Leistungen muss der Unternehmer ein **Entgelt** erhalten. Entgelt ist nach § 10 Abs. 1 UStG alles, was der Leistungsempfänger aufwendet, um die Lieferung oder sonstige Leistung zu erhalten, jedoch abzüglich der im Rechnungsbetrag enthaltenen Umsatzsteuer. Folglich entspricht das Entgelt dem **Nettowert** der erbrachten Leistung. Mithin gehört der Vorsteuerbetrag, wenn er nach § 15 Abs. 1 UStG von der Umsatzsteuerverbindlichkeit abgezogen werden kann, nicht zu den Anschaffungs- oder Herstellungskosten des Vermögensgegenstandes.[21] Das Entgelt bildet die Bemessungsgrundlage für die Berechnung der Umsatzsteuer und kann sowohl in **Geldwerten** als auch in einer **Gegenlieferung** (Tausch) oder einer **sonstigen Gegenleistung** (tauschähnlicher Umsatz) bestehen (§ 3 Abs. 12 UStG).[22]
- Die Geschäftsvorfälle müssen sich im **Inland** vollziehen. Inland i. S. d. Umsatzsteuergesetzes ist das **Gebiet der Bundesrepublik Deutschland** mit Ausnahme der in § 1 Abs. 2 Satz 1 UStG bezeichneten Gebiete (z. B. Insel Helgoland) und Objekte (z. B. deutsche Schiffe in Gebieten, die zu keinem Zollgebiet gehören). Die Nichterhebung der Umsatzsteuer in bestimmten, von § 1 Abs. 2 Satz 1 UStG ausgeschlossenen Gebieten (Freihäfen und Küstenzonen) wird jedoch durch § 1 Abs. 3 UStG relativiert.

Wie bereits angesprochen, soll mit der Umsatzsteuer der Endverbraucher belastet werden. Als Konsument einzustufen ist in bestimmten Fällen jedoch auch der **Unternehmer**, z. B. wenn er Waren für den Privatbedarf aus dem Betrieb entnimmt. Da er die ihm beim Wareneinkauf in Rechnung gestellte Umsatzsteuer als Vorsteuer gegenüber dem Finanzamt geltend machen könnte, wäre insofern sein privater Warenverbrauch umsatzsteuerfrei. Dieses Ergebnis würde aber gegen das Postulat der **Gleichmäßigkeit der Besteuerung** verstoßen.

---

[21] Vgl. § 9b Abs. 1 EStG. Sofern der Vorsteuerabzug gemäß § 15 Abs. 2 und Abs. 3 UStG ausgeschlossen ist, z. B. wenn mit den Vorleistungen ausschließlich steuerfreie Umsätze getätigt werden, erhöhen die Vorsteuerbeträge die Anschaffungs- oder Herstellungskosten der Investitionsgüter (Patente, Gebäude, Maschinen etc.) bzw. sind beim Kauf von Verbrauchsgütern (z. B. Strom, Kraftstoff, Schreibwaren) – ebenso wie das Gut selbst – unmittelbar als Aufwand zu verbuchen.

[22] Vgl. *Englisch* 2013, Anm. 243–256 zu § 17.

Aus diesem Grunde sieht das Umsatzsteuergesetz die **Steuerpflicht des Eigenverbrauchs** vor, wodurch der Vorsteuerabzug wieder rückgängig gemacht wird.

Tatbestandsmerkmale des Eigenverbrauchs sind zum einen die bereits erläuterten Kriterien „Gegenstände/sonstige Leistungen", „Unternehmer", „Unternehmen" und „Inland" sowie zum anderen die Voraussetzung, dass Gegenstände für Zwecke entnommen bzw. sonstige Leistungen für Zwecke ausgeführt werden, die außerhalb des Unternehmens liegen. Dies ist insbesondere dann der Fall, wenn Gegenstände von der unternehmerischen Sphäre in das Privatvermögen übertragen oder wenn sonstige Leistungen zugunsten des Privatbereichs des Unternehmers erbracht werden. Bei den sonstigen Leistungen der Umsatzart „Eigenverbrauch" handelt es sich im Wesentlichen um die **Nutzung von Unternehmensgegenständen** und die **Inanspruchnahme von Dienstleistungen des Unternehmens** für private Zwecke (Beispiele: der Unternehmer nutzt den betrieblichen PKW auch für private Fahrten; die im Unternehmen angestellte Raumpflegerin reinigt gelegentlich auch die Privatwohnung des Unternehmers).

Die **Umsatzsteuer bemisst** sich gemäß § 10 Abs. 4 UStG

- bei dem Verbringen eines Gegenstandes im Sinne des § 1a Abs. 2 und § 3 Abs. 1a UStG sowie bei Lieferungen im Sinne des § 3 Abs. 1b UStG nach dem **Einkaufspreis** zuzüglich der Nebenkosten für den Gegenstand oder für einen gleichartigen Gegenstand oder mangels eines Einkaufspreises nach den **Selbstkosten**, jeweils zum Zeitpunkt des Umsatzes (Entnahmezeitpunkt);
- bei sonstigen Leistungen im Sinne des § 3 Abs. 9a Nr. 1 UStG nach den bei der Ausführung dieser Umsätze entstandenen Ausgaben, soweit sie zum vollen Vorsteuerabzug berechtigt haben;
- bei sonstigen Leistungen im Sinne des § 3 Abs. 9a Nr. 2 UStG nach den bei der Ausführung dieser Umsätze entstandenen Ausgaben.

Der **zwischenstaatliche Warenverkehr** wird nach dem international geltenden **Bestimmungslandprinzip** besteuert. Dieses Prinzip besagt, dass der grenzüberschreitende Warenverkehr nur mit der Umsatzsteuer belastet werden darf, die in dem Land gültig ist, in dem die Ware verbraucht oder verwendet wird. Mithin ist jede **Ausfuhrlieferung** in ein Drittlandsgebiet[23] oder eine **innergemeinschaftliche Lieferung** (§ 6a UStG) in das übrige Gemeinschaftsgebiet[24] (§ 6 UStG) von der inländischen Umsatzsteuer zu entlasten. Dies erfolgt durch eine **Steuerbefreiung der Exporte** unter **gleichzeitiger Beibehaltung des Vorsteuerabzugs** (§ 4 Nr. 1 i. V. m. § 15 Abs. 3 UStG). Umgekehrt sind sämtliche Importe aus Drittlandsgebieten (§ 1 Abs. 1 Nr. 4 UStG) beim Grenzübertritt der **Einfuhrumsatzsteuer** und aus Ländern des übrigen Gemeinschaftsgebietes der Erwerbsbesteuerung (§ 1 Abs. 1 Nr. 5 UStG) zu unterwerfen, damit eine gleiche Vorbelastung mit Umsatzsteuer wie bei inländischen Erzeugnissen hergestellt wird.[25] Die Besteuerung der Einfuhrlieferungen, unabhängig von der Endverbraucher-Eigenschaft des Importeurs, ist deshalb erforderlich, weil der Tatbestand der Einfuhr von Gegenständen aus einem Drittlandsgebiet nicht nur von

---

[23] Drittlandsgebiet ist das Gebiet, das nicht Gemeinschaftsgebiet (d. h. Gebiete der EU-Mitgliedsstaaten) i. S. v. § 1 Abs. 2a UStG ist.

[24] Das Gemeinschaftsgebiet ohne Inland wird als übriges Gemeinschaftsgebiet bezeichnet (§ 1 Abs. 2a UStG).

[25] Vgl. zu den Steuerbefreiungen bei der Einfuhr § 5 UStG.

Unternehmern, sondern auch von Nichtunternehmern (privaten Verbrauchern) verwirklicht werden kann. Die von der **Zollbehörde** erhobene Einfuhrumsatzsteuer stellt gemäß § 15 Abs. 1 Nr. 2 UStG für den Unternehmer – von Ausnahmefällen abgesehen[26] – eine abzugsfähige Vorsteuer dar. Die Einfuhrumsatzsteuer bemisst sich nach dem Zollwert des importierten Gegenstandes (§ 11 Abs. 1 UStG). Sofern ein derartiger Wert nicht existiert, bildet das Entgelt die Bemessungsgrundlage.

Liegt ein **steuerbarer Umsatz** vor, so ist im nächsten Schritt zu prüfen, ob dieser den **steuerbefreiten** oder den **steuerpflichtigen Umsätzen** zuzuordnen ist; denn lediglich Letztere unterliegen der Umsatzsteuer. Ein Umsatz trägt dann steuerpflichtigen Charakter, wenn er nicht unter die Steuerbefreiungen des § 4 UStG fällt. Zu den wichtigsten steuerbefreiten Vorgängen zählen:

- die **Ausfuhrlieferungen**,
- die **innergemeinschaftlichen Lieferungen**,
- die **Geld- und Kreditgeschäfte** (Gewährung von Krediten, Umsätze von gesetzlichen Zahlungsmitteln, Umsätze im Einlagengeschäft, im Kontokorrentverkehr, im Zahlungs- und Überweisungsverkehr, Übernahme von Bürgschaften),
- die **Umsätze**, die unter das Grunderwerbsteuergesetz fallen (Kauf und Verkauf von Immobilien),
- die **Leistungen** aufgrund eines **Versicherungsverhältnisses** i. S. d. Versicherungsteuergesetzes,
- die **Vermietung und Verpachtung** von Grundstücken, Geschäfts- und Wohngebäuden,
- die Umsätze aus der heilberuflichen Tätigkeit als Arzt, Zahnarzt, Heilpraktiker etc.

Die in § 4 UStG genannten **steuerbaren Vorgänge** hat der Gesetzgeber aus den unterschiedlichsten Gründen von der Umsatzsteuer befreit. Während im Falle der Ausfuhrlieferungen und der innergemeinschaftlichen Lieferungen die **Sicherung des Bestimmungslandprinzips** im Vordergrund steht, stellt bei den unter das Grunderwerb- oder Versicherungsteuergesetz fallenden Umsätzen die **Vermeidung der Doppelbesteuerung** das verfolgte Ziel dar. Die Freistellung der Umsätze aus Vermietung und Verpachtung von Grundstücken, Geschäfts- und Wohngebäuden erfolgt hingegen aufgrund **sozialer Erwägungen**, die Nichtbesteuerung der heilberuflichen Tätigkeit dient vorrangig der **finanziellen Entlastung der Sozialversicherungsträger**. **Abbildung 78** verdeutlicht zusammenfassend das System der unterschiedlichen Umsatzarten.

Zur Vermeidung umsatzsteuerlicher Negativwirkungen gestattet § 9 UStG, dass bestimmte Umsätze, die an sich steuerfrei sind (z. B. Geld- und Kreditgeschäfte, unter das Grunderwerbsteuergesetz fallende Umsätze, Vermietung und Verpachtung von Grundstücken, Geschäfts- und Wohngebäuden), unter bestimmten Voraussetzungen der **Besteuerung unterworfen** werden können (Optionsrecht). Nach § 15 Abs. 2 Nr. 1 i. V. m. Abs. 3 Nr. 1 UStG kann der Unternehmer die ihm von anderen Unternehmern in Rechnung gestellte Umsatzsteuer dann **nicht als Vorsteuer** gegenüber dem Finanzamt geltend machen, wenn die bezogenen Leistungen zur Ausführung steuerfreier Umsätze verwendet werden. Folglich stellt die **nicht abziehbare Umsatzsteuer** bei dem betreffenden Unternehmen einen Aufwand dar, der als **Kostenfaktor** im Rahmen der Preisbildung – entweder ganz

---

[26] Vgl. § 15 Abs. 2 und Abs. 3 UStG (Ausschluss des Vorsteuerabzugs).

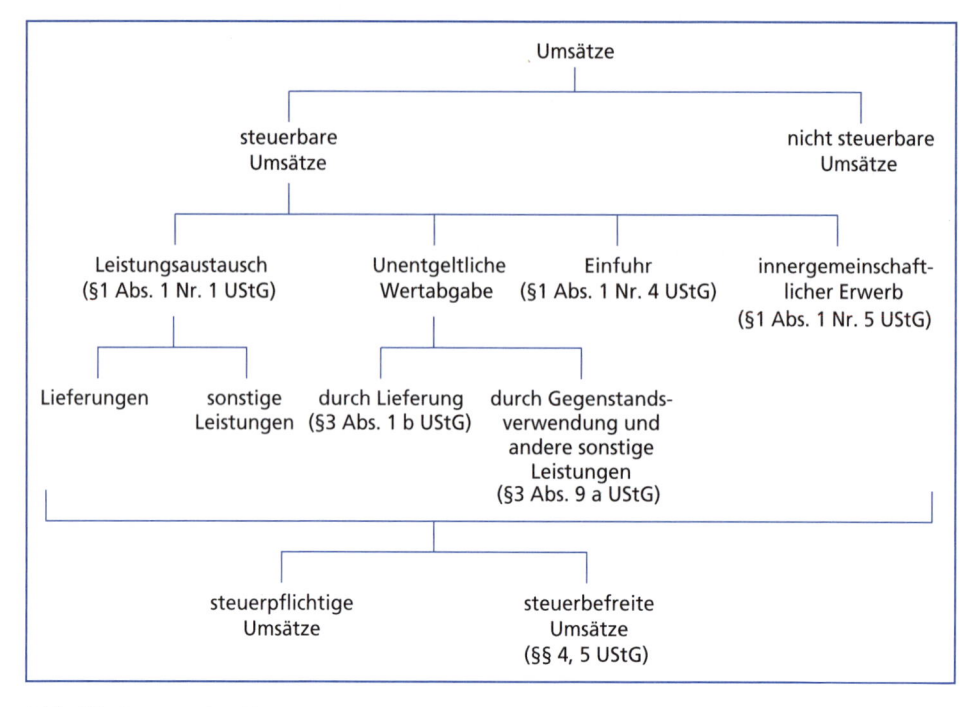

```
                                    Umsätze
                                       |
              ┌────────────────────────┴────────────────────────┐
         steuerbare                                        nicht steuerbare
          Umsätze                                              Umsätze
              |
   ┌──────────┼──────────────────┬──────────────────┐
Leistungsaustausch       Unentgeltliche         Einfuhr        innergemeinschaft-
(§1 Abs. 1 Nr. 1 UStG)   Wertabgabe      (§1 Abs. 1 Nr. 4 UStG)  licher Erwerb
                                                                (§1 Abs. 1 Nr. 5 UStG)
   ┌──────┴──────┐       ┌──────┴──────────┐
Lieferungen  sonstige   durch Lieferung   durch Gegenstands-
             Leistungen (§3 Abs. 1 b UStG)  verwendung und
                                            andere sonstige
                                              Leistungen
                                           (§3 Abs. 9 a UStG)

                         ┌───────────┴───────────┐
                     steuerpflichtige       steuerbefreite
                        Umsätze                Umsätze
                                            (§§ 4, 5 UStG)
```

Abb. 78: System der Umsatzarten

oder nur teilweise – auf den Verbraucher (Leistungsempfänger) überwälzt wird. Sofern der Leistungsempfänger selbst Unternehmer ist und steuerpflichtige Umsätze ausführt, würde er – gleich dem privaten Endverbraucher – mit den in der Vorstufe nichtabziehbaren Vorsteuern über den „Kaufpreis" belastet und könnte diese Preisbestandteile, da sie nicht den Charakter einer gesondert in Rechnung gestellten Umsatzsteuer besitzen, bei der Ermittlung seiner an den Fiskus abzuführenden Zahllast nicht in Abzug bringen. Mithin würde – entgegen der Intention des Gesetzgebers – ein **systemwidriger Steuerkumulationseffekt** auf der Unternehmensebene stattfinden. Durch den Verzicht auf die in § 9 UStG genannten Steuerbefreiungen eröffnet der die Leistung erbringende Unternehmer sich und der nachfolgenden Stufe die Möglichkeit des Vorsteuerabzugs.

Den **Vorsteuerabzug** darf ein Unternehmer nur dann in Anspruch nehmen, wenn die Steuer in der Eingangsrechnung **gesondert ausgewiesen** wurde (§ 15 Abs. 1 Nr. 1 UStG). Hierzu, d. h. zum separaten Ausweis der Umsatzsteuer, ist nach § 14 Abs. 1 UStG der ausführende Unternehmer auf Verlangen des die Leistung empfangenden Unternehmers **verpflichtet**. § 14 UStG legt ferner fest, welche Angaben eine Rechnung zu enthalten hat und was umsatzsteuerrechtlich als Rechnung gilt. Bei **Kleinbetragsrechnungen** (Rechnungsbetrag einschließlich Umsatzsteuer bis 150 €) kann der Vorsteuerabzug auch dann vorgenommen werden, wenn der Steuerbetrag nicht gesondert aufgeführt wurde. Dies setzt allerdings voraus, dass in der Rechnung – anstelle des Steuerbetrags – zumindest der **Steuersatz** angegeben wird (§ 33 UStDV). Zur Ermittlung der abziehbaren Vorsteuer ist nach § 35 Abs. 1 UStDV der **Rechnungsbetrag** vom Unternehmer in **Entgelt** und **Steuer** aufzuteilen.

Bemessungsgrundlage für die Berechnung der Umsatzsteuer im Falle des Leistungsaustausches kann nur das dem Unternehmen **tatsächlich** zugeflossene Entgelt sein, denn nur in dieser Höhe hat der Leistungsempfänger Aufwendungen getätigt, um die Lieferung oder sonstige Leistung zu erhalten. Da aber die Umsatzsteuer im Allgemeinen auf der Basis der **vereinbarten Entgelte** erhoben wird (sog. **Sollbesteuerung**, § 16 Abs. 1 UStG), müssen Abweichungen zwischen dem ursprünglich vereinbarten Entgelt und dem tatsächlichen Zahlungseingang im Rahmen der Steuerberechnung berücksichtigt werden. Hat sich die **Bemessungsgrundlage** für einen steuerpflichtigen Umsatz (nachträglich) **erhöht** (z. B. durch freiwillige Zuzahlungen des Leistungsempfängers) bzw. **vermindert** (z. B. durch Rücksendungen oder Preisnachlässe), so haben gemäß § 17 Abs. 1 UStG

- der Unternehmer, der diesen Umsatz ausgeführt hat, den dafür **geschuldeten Steuerbetrag** und
- der Unternehmer, an den dieser Umsatz ausgeführt worden ist, den dafür in **Anspruch genommenen Vorsteuerabzug**

zu korrigieren. Ebenso sind die Umsatzsteuer auf die unentgeltliche Wertabgabe sowie die als Vorsteuer abgezogene Einfuhrumsatzsteuer zu berichtigen, wenn die entsprechende Bemessungsgrundlage sich verändert hat (§ 17 Abs. 3 UStG). Unter den Voraussetzungen des § 20 UStG kann das Finanzamt auf **Antrag** gestatten, dass der Unternehmer die Steuer nicht nach den vereinbarten, sondern nach den **vereinnahmten Entgelten** berechnet (sog. **Istbesteuerung**).[27] Zwingend nach dem vereinnahmten Entgelt zu besteuern sind nach § 13 Abs. 1 Nr. 1a) UStG Anzahlungen.

Der Steuerbetrag für den einzelnen Umsatz wird durch den auf die Bemessungsgrundlage anzuwendenden Tarif bestimmt. Das deutsche Umsatzsteuergesetz kennt grundsätzlich zwei Steuersätze: Einen **allgemeinen Steuersatz** von 19 %[28] (sog. **Regelsteuersatz**, § 12 Abs. 1 UStG) und einen **ermäßigten Steuersatz** von 7 % (§ 12 Abs. 2 UStG).[29] Hierbei gilt, dass der Regelsteuersatz immer dann Anwendung findet, wenn der betreffende Umsatz nicht dem ermäßigten Steuersatz unterliegt. Welche Vorgänge (Leistungen, unentgeltliche Wertabgabe, Einfuhr und innergemeinschaftlicher Erwerb) mit dem Steuersatz von 7 % zu belasten sind, ergibt sich aus § 12 Abs. 2 UStG. Die Einführung des ermäßigten Steuersatzes basiert auf dem **sozialpolitischen Ziel**, die von den Endverbrauchern zu zahlenden Preise bei vom Gesetzgeber als „förderungswürdig" eingestuften Gütern durch die Umsatzsteuer nicht ungebührend zu erhöhen.

Die Besteuerung sog. **Kleinunternehmer** erfolgt nach § 19 UStG. Als Kleinunternehmer werden dabei diejenigen Unternehmer bezeichnet, deren Umsatz zuzüglich der darauf entfallenden Umsatzsteuer im vorangegangenen Kalenderjahr 17.500 € nicht überstiegen hat und im laufenden Kalenderjahr 50.000 € voraussichtlich nicht übersteigen wird (§ 19 Abs. 1 UStG). Konsequenz des § 19 Abs. 1 UStG ist, dass diese Unternehmer **keine Umsatzsteuer** zu entrichten und auch **keine Umsatzsteuervoranmeldungen** abzugeben haben. Umgekehrt sind sie **nicht zum Vorsteuerabzug berechtigt** und dürfen **keine Rechnungen mit geson-

---

[27] Vgl. hierzu auch *Englisch* 2013, Anm. 249 zu § 17.
[28] In sämtlichen Beispielen wird aus Vereinfachungsgründen ein Regelsteuersatz von 20 % verwendet.
[29] Vgl. zu den für land- und forstwirtschaftliche Betriebe geltenden Durchschnittssätzen § 24 Abs. 1 UStG.

dertem **Steuerausweis** erteilen. Folglich kommt der Tätigkeit eines Kleinunternehmers umsatzsteuerrechtlich keine Bedeutung zu.[30] Bezogen auf die Finanzbuchhaltung folgt hieraus, dass weder ein Umsatzsteuer- noch ein Vorsteuerkonto geführt zu werden brauchen. Da die Besteuerung nach § 19 Abs. 1 UStG wie eine **Steuerbefreiung ohne Vorsteuerabzugsberechtigung** wirkt und u. U. für den Unternehmer von Nachteil sein kann (z. B. wenn in naher Zukunft größere Investitionen anstehen), hat der Gesetzgeber den Kleinunternehmern in § 19 Abs. 2 UStG ein Optionsrecht eingeräumt. Der Unternehmer kann also gegenüber dem Finanzamt erklären, dass er auf die Anwendung des § 19 Abs. 1 UStG verzichtet, mit der Folge, dass das Umsatzsteuergesetz **uneingeschränkt** für ihn Anwendung findet. Diese Erklärung bindet den Kleinunternehmer aber für **mindestens fünf Kalenderjahre**.

b.b Verfahren der Umsatzbesteuerung

Das **Besteuerungsverfahren** wird in § 18 UStG geregelt und zeichnet sich dadurch aus, dass der Unternehmer

- während des Kalenderjahres aufgrund sog. **Umsatzsteuervoranmeldungen** Vorauszahlungen zu leisten bzw. Rückerstattungen zu vereinnahmen hat und
- nach Ablauf des Kalenderjahres eine Umsatzsteuererklärung einreichen muss (sog. **Steueranmeldung**).

Die Steuervoranmeldungen und die Steuererklärung sind nach § 21 AO dem für das Unternehmen zuständigen Finanzamt vorzulegen. Gemäß § 18 Abs. 1 UStG hat der Unternehmer bis zum 10. Tag nach Ablauf jedes Voranmeldungszeitraums (i. d. R. Kalendermonat) eine Umsatzsteuervoranmeldung nach amtlich vorgeschriebenem Datensatz durch Datenfernübertragung zu übermitteln, in der er für den betreffenden Voranmeldungszeitraum die **Umsatzsteuer-Zahllast** bzw. den **Vorsteuer-Erstattungsanspruch** selbst berechnen muss. In Höhe der sich ergebenden Zahllast ist eine **Vorauszahlung** an das Finanzamt zu entrichten. Übersteigt dagegen die Vorsteuerforderung die Umsatzsteuerverbindlichkeit, so hat die Finanzbehörde den Unterschiedsbetrag **rückzuerstatten**.

Wird die Zahllast bzw. der Erstattungsanspruch des Voranmeldungszeitraums noch während des **laufenden Geschäftsjahres** (Annahme: Geschäftsjahr = Kalenderjahr) durch den Unternehmer bzw. das Finanzamt ausgeglichen (was grundsätzlich für die Voranmeldungszeiträume Januar bis November zutrifft), so ist zu buchen:

- im Falle einer **Umsatzsteuer-Zahllast**:

> **Umsatzsteuer an Zahlungsmittelkonto.**

- im Falle eines **Vorsteuer-Erstattungsanspruchs**:

> **Zahlungsmittelkonto an Vorsteuer.**

---

[30] Vgl. weiterführend *Englisch* 2013, Anm. 68–73 zu § 17.

II. Buchhalterische Erfassung ausgewählter Geschäftsvorfälle

Beispiel:

(1) Kontenmäßige Darstellung der Verbuchung der Umsatzsteuer-Zahllast für den Voranmeldungszeitraum März des Geschäftsjahres 2012. Die Umsatzsteuerverbindlichkeiten des Voranmeldungszeitraums belaufen sich auf 5.000 €, die Vorsteuerforderungen betragen 3.000 €.

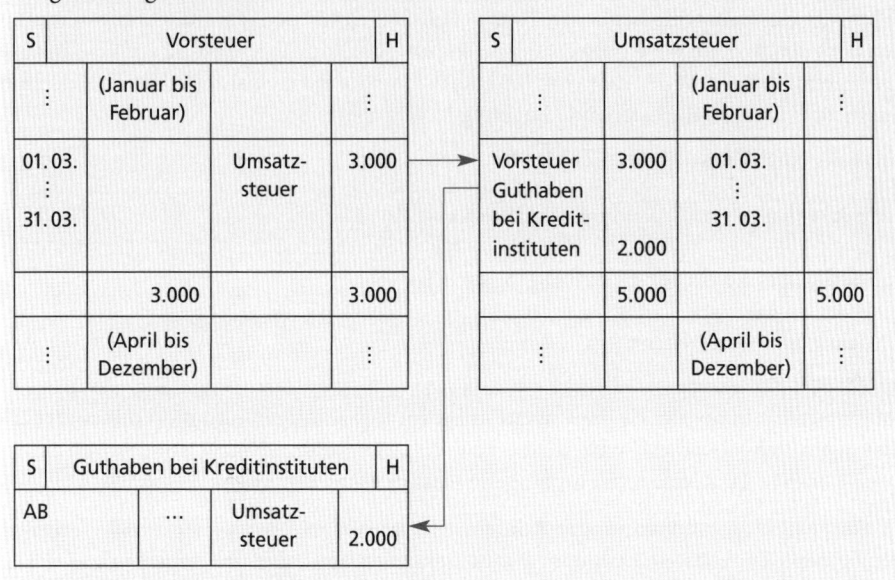

S	Vorsteuer		H
⋮	(Januar bis Februar)		⋮
01.03. ⋮ 31.03.		Umsatzsteuer	3.000
	3.000		3.000
⋮	(April bis Dezember)		⋮

S	Umsatzsteuer		H
⋮		(Januar bis Februar)	⋮
Vorsteuer Guthaben bei Kreditinstituten	3.000 2.000	01.03. ⋮ 31.03.	
	5.000		5.000
⋮		(April bis Dezember)	⋮

S	Guthaben bei Kreditinstituten		H
AB	…	Umsatzsteuer	2.000

(2) Kontenmäßige Darstellung der Verbuchung des Vorsteuer-Erstattungsanspruchs für den Voranmeldungszeitraum Juli des Geschäftsjahres 2012. Die Umsatzsteuerverbindlichkeiten des Voranmeldungszeitraums belaufen sich auf 4.000 €, die Vorsteuerforderungen betragen 5.200 €.

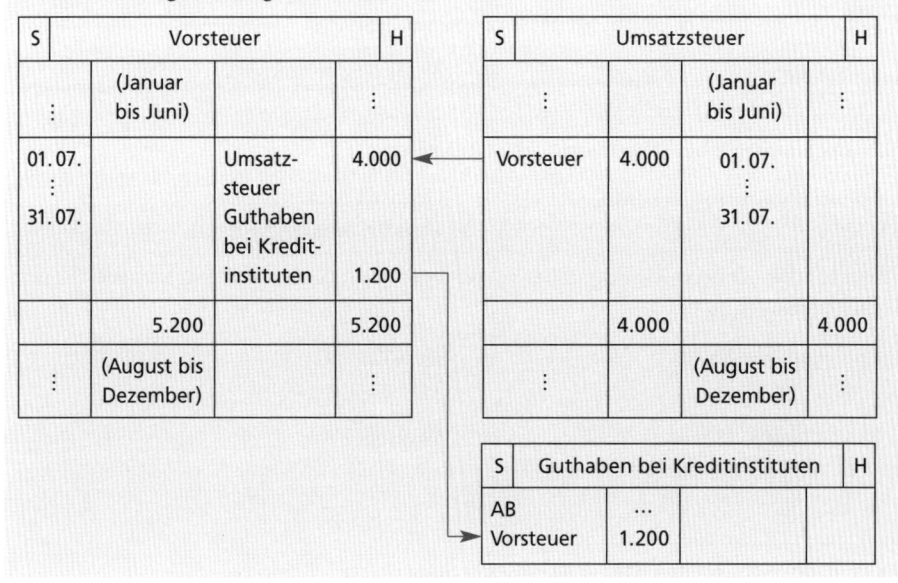

S	Vorsteuer		H
⋮	(Januar bis Juni)		⋮
01.07. ⋮ 31.07.		Umsatzsteuer Guthaben bei Kreditinstituten	4.000 1.200
	5.200		5.200
⋮	(August bis Dezember)		⋮

S	Umsatzsteuer		H
⋮		(Januar bis Juni)	⋮
Vorsteuer	4.000	01.07. ⋮ 31.07.	
	4.000		4.000
⋮		(August bis Dezember)	⋮

S	Guthaben bei Kreditinstituten		H
AB Vorsteuer	… 1.200		

Sofern das Umsatzsteuer- und das Vorsteuerkonto monatlich über ein **Umsatzsteuer-Verrechnungskonto** abgeschlossen werden, kommt im Saldo des Verrechnungskontos die Zahllast bzw. der Erstattungsanspruch des betreffenden Voranmeldungszeitraums zum Ausdruck.

Wird dagegen die Zahllast bzw. der Erstattungsanspruch des Voranmeldungszeitraums erst im **nächsten Geschäftsjahr** beglichen (was grundsätzlich für den Voranmeldungszeitraum Dezember zutrifft, denn die Überweisung an das bzw. die Rücküberweisung vom Finanzamt findet **regelmäßig** erst in der Zeit vom 02. bis 10. Januar des Folgejahres statt), so sind zum Bilanzstichtag (31.12.) nachstehende Buchungen vorzunehmen:

- im Falle einer **Umsatzsteuer-Zahllast**:

> Umsatzsteuer an Schlussbilanzkonto.

- im Falle eines **Vorsteuer-Erstattungsanspruchs**:

> Schlussbilanzkonto an Vorsteuer.

Mitunter werden in der Praxis die **Umsatzsteuervorauszahlungen** und die **Vorsteuerrückerstattungen** nicht über das Umsatzsteuer- bzw. Vorsteuerkonto verbucht, sondern auf einem eigenen Konto (z. B. „**Geleistete/empfangene Umsatzsteuerzahlungen**")[31] erfasst.

Zum Bilanzstichtag sind dann die Konten „Umsatzsteuer", „Vorsteuer" und „Geleistete/empfangene Umsatzsteuerzahlungen" abzuschließen und die sich ergebende Zahllast bzw. der sich ergebende Erstattungsanspruch in die **Schlussbilanz** zu übernehmen. Aus Gründen der Übersichtlichkeit empfiehlt es sich, den Kontenabschluss unter Zwischenschaltung eines **Umsatzsteuer-Verrechnungskontos** wie nachstehend gezeigt zu vollziehen.

(1) Erfassung der monatlichen Vorauszahlungen und Rückerstattungen:
  (1.1) Buchungssatz bei Umsatzsteuervorauszahlungen:

> Geleistete/empfangene Umsatzsteuerzahlungen an Zahlungsmittelkonto.

  (1.2) Buchungssatz bei Vorsteuerrückerstattungen:

> Zahlungsmittelkonto an Geleistete/empfangene Umsatzsteuerzahlungen.

(2) Abschluss der Konten „Umsatzsteuer", „Vorsteuer" und „Geleistete/empfangene Umsatzsteuerzahlungen":

  (2.1) Umsatzsteuer an Umsatzsteuer-Verrechnungskonto

  (2.2) Umsatzsteuer-Verrechnungskonto an Vorsteuer.

---

[31] Vgl. z. B. den Kontenrahmen für den Groß- und Außenhandel, Konto-Nr. 182.

(2.3) Übertragung des Kontosaldos „Geleistete/empfangene Umsatzsteuerzahlungen":
   (2.3.1) Summe der Vorauszahlungen > Summe der Rückerstattungen:

Umsatzsteuer-Verrechnungskonto	an	Geleistete/empfangene Umsatzsteuerzahlungen.

   (2.3.2) Summe der Vorauszahlungen < Summe der Rückerstattungen:

Geleistete/empfangene Umsatzsteuerzahlungen	an	Umsatzsteuer-Verrechnungskonto.

(3) Abschluss des Umsatzsteuer-Verrechnungskontos bei Passivierung der Zahllast bzw. Aktivierung des Erstattungsanspruchs:
   (3.1) Buchungssatz im Falle einer Zahllast:

Umsatzsteuer-Verrechnungskonto	an	Schlussbilanzkonto.

   (3.2) Buchungssatz im Falle eines Erstattungsanspruchs:

Schlussbilanzkonto	an	Umsatzsteuer-Verrechnungskonto.

Beispiel: In Erweiterung des Beispiels auf Seite 155 werden nun sowohl ein Umsatzsteuer-Verrechnungskonto als auch ein Konto für geleistete/empfangene Umsatzsteuerzahlungen geführt. Dabei wird unterstellt, dass die Differenz zwischen den im Kalenderjahr insgesamt geleisteten Vorauszahlungen (23.000 €) und erhaltenen Rückerstattungen (8.000 €) 15.000 € beträgt und dass sich die Vorsteuerforderungen bzw. Umsatzsteuerverbindlichkeiten auf 40.000 € bzw. 60.000 € belaufen (vgl. S. 158).

Ermittlung der Zahllast/des Erstattungsanspruchs für den Voranmeldungszeitraum:

(1)	März:		Umsatzsteuerverbindlichkeit		5.000 €
		–	Vorsteuerforderung		3.000 €
		=	Vorauszahlung/Zahllast		2.000 €
(2)	Juli:		Umsatzsteuerverbindlichkeit		4.000 €
		–	Vorsteuerforderung		5.200 €
		=	Rückerstattung/Erstattungsanspruch	(–)	1.200 €.

Anzumerken ist, dass der an das Schlussbilanzkonto abzugebende Saldo des Umsatzsteuer-Verrechnungskontos i. d. R. der Zahllast bzw. dem Erstattungsanspruch des Voranmeldungszeitraums Dezember entspricht; denn für diesen Monat erfolgt die Vorauszahlung bzw. Rückerstattung erst zu Beginn des nächsten Geschäftsjahres und ist demzufolge nicht im Saldo des Kontos „Geleistete/empfangene Umsatzsteuerzahlungen" enthalten.

Sofern die an die Finanzbehörde abzuführende Umsatzsteuer für das **vorangegangene Kalenderjahr** höchstens 7.500 € betragen hat, ist Voranmeldungszeitraum nicht der Kalendermonat, sondern das **Kalendervierteljahr**. Beträgt die Zahllast für das vorangegangene Kalenderjahr nicht mehr als 1.000 €, so kann das Finanzamt den Unternehmer von der Verpflichtung zur Abgabe der periodischen Umsatz-Steuervoranmeldungen und der

S	Vorsteuer		H
01.03. ⋮ 31.03.		Vorsteuer- forderung	3.000
	3.000		3.000
01.07. ⋮ 31.07.		Vorsteuer- forderung	5.200
	5.200		5.200
		(Summe der Vorsteuerforderun- gen von Januar bis Dezember) 40.000	

S	Umsatzsteuer		H
Umsatz- steuer- verbind- lichkeit	5.000	01.03. ⋮ 31.03.	
	5.000		5.000
Umsatz- steuer- verbind- lichkeit	4.000	01.07. ⋮ 31.07.	
	4.000		4.000
(Summe der Um- satzsteuerverbind- lichkeiten von Januar bis Dezember) 60.000			

S	Geleistete/empfangene Umsatzsteuerzahlungen		H
März (1)	2.000	Juli (2) … Saldo:	1.200 15.000
…		…	
	23.000		23.000

S	Umsatzsteuer- Verrechnungskonto		H
Vorsteuer	40.000	Umsatz- steuer	60.000
Geleis- tete/em- pfangene Umsatz- steuerzah- lungen	15.000		
Saldo:	5.000		
	60.000		60.000

S	Guthaben bei Kreditinstituten		H
AB (2)	 1.200	(1)	2.000

S	Schlussbilanzkonto		H
		Umsatz- steuer	5.000

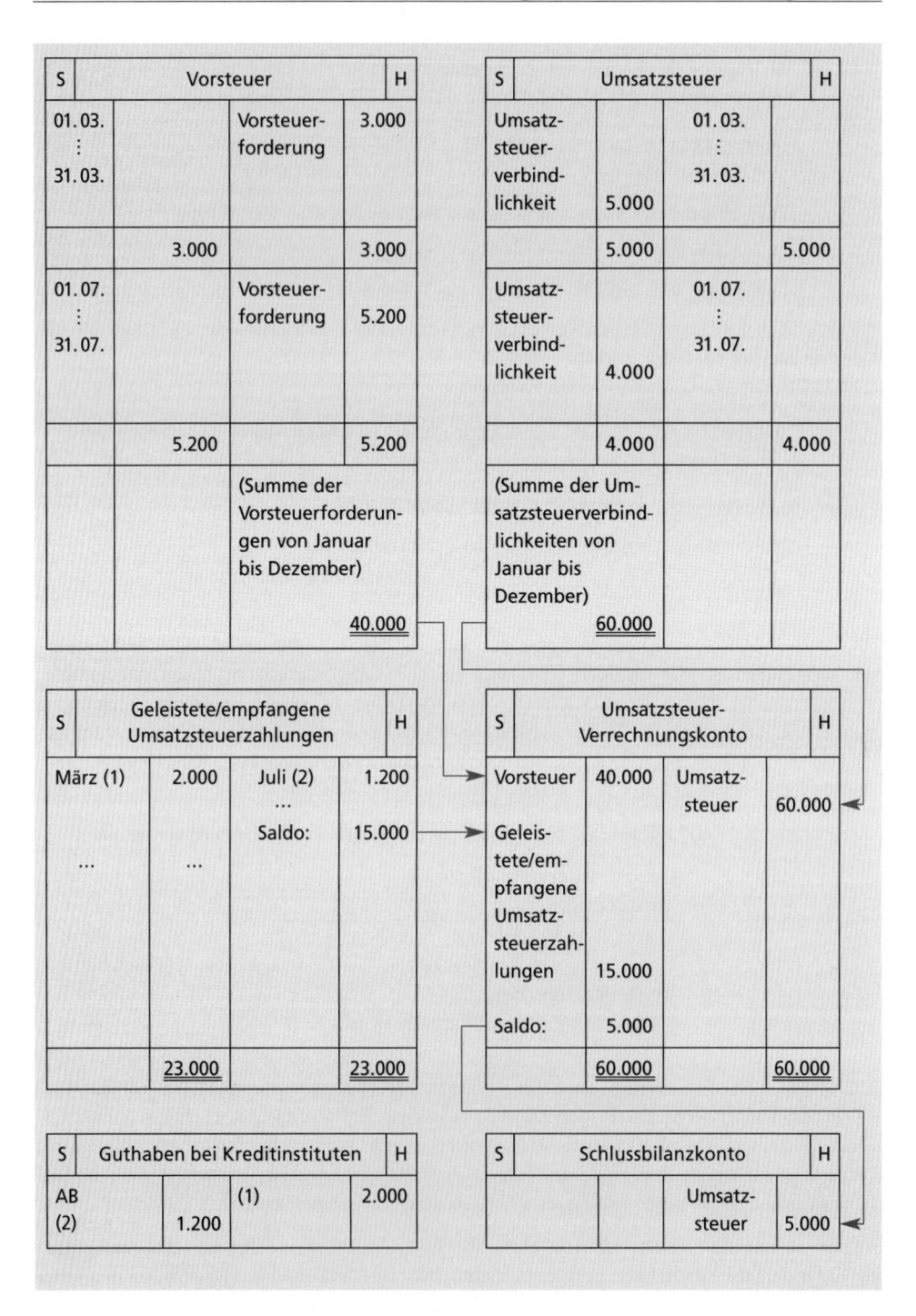

Entrichtung der Vorauszahlungen **befreien** (§ 18 Abs. 2 UStG). In diesem Fall muss der Unternehmer lediglich eine Umsatzsteuererklärung einreichen. Gemäß § 18 Abs. 3 UStG hat der Unternehmer **nach Ablauf des Kalenderjahres** eine **Steuererklärung** unter Benutzung amtlich vorgeschriebener Vordrucke abzugeben, in der er für das entsprechende Kalenderjahr die zu entrichtende Steuer (Zahllast) oder den Überschuss, der sich zu seinen Gunsten ergibt (Erstattungsanspruch), **selbst berechnen** muss. Diese Umsatzsteuererklärung, die „**Steueranmeldung**" genannt wird, ist bis zum 31. Mai des Folgejahres beim zuständigen Finanzamt einzureichen (§ 149 Abs. 2 AO). Ergibt sich bei der Berechnung der Zahllast bzw. des Erstattungsanspruchs für das abgelaufene Kalenderjahr ein von der Summe der Vorauszahlungen bzw. der Rückerstattungen abweichender Betrag, so ist nach § 18 Abs. 4 UStG der Unterschiedsbetrag zugunsten des Finanzamts einen Monat nach dem Eingang der Steueranmeldung fällig. Ein Unterschiedsbetrag zugunsten des Unternehmers wird von der Finanzbehörde erstattet. Eine **formelle Steuerfestsetzung** in Form eines Steuerbescheides erfolgt nur, wenn das Finanzamt zu einem von der Steueranmeldung abweichenden Ergebnis kommt.

> **Beispiel:** Die folgende Darstellung zeigt das vereinfachte Schema einer Steueranmeldung für die Geschäftsjahre (= Kalenderjahre) 2011 und 2012.
>
> | | | Jahr 2011 | Jahr 2012 |
> |---|---|---|---|
> | | Umsatzsteuer | 110.000 € | 80.000 € |
> | − | Vorsteuer (einschließlich Einfuhrumsatzsteuer) | 70.000 € | 100.000 € |
> | = | Umsatzsteuer-Zahllast bzw. | 40.000 € | |
> | | Vorsteuer-Erstattungsanspruch | | (−) 20.000 € |
> | −/+ | Summe der Vorauszahlungen (3) bzw. Rückerstattungen (4) gemäß Umsatzsteuervoranmeldungen | (−) 40.000 € | (+) 20.000 € |
> | = | | 0 € | 0 €. |

c. Verbuchung der Umsatzsteuer im Einzelnen

c.a Ein- und Verkaufsgeschäfte

(a) Beispielhafte Darstellung

Die buchungstechnische Erfassung umsatzsteuerpflichtiger **Einkaufs- und Verkaufsvorgänge** – in ihrer allgemeinsten und einfachsten Form – soll anhand des nachstehenden **Beispiels** verdeutlicht werden:

> **Beispiel:**
>
> (1) Ein Unternehmer (z. B. Einzelhändler) bezieht Waren im Wert von 10.000 € auf Ziel und erhält folgende Eingangsrechnung:
>
> | | Waren | 10.000 € |
> |---|---|---|
> | + | 20 % Umsatzsteuer | 2.000 € |
> | = | Rechnungsbetrag | 12.000 €. |

Um in den Besitz der Waren zu gelangen, muss der Unternehmer 12.000 € aufwenden. Da die in der Eingangsrechnung gesondert ausgewiesene Umsatzsteuer für den Einzelhändler eine Vorsteuer ist, die er vom Finanzamt erstattet bekommt, betragen die Anschaffungskosten der Waren letztendlich nur 10.000 €. Demzufolge sind im Wareneinkaufskonto die Zugänge mit den Nettoeinkaufspreisen anzusetzen.

Buchungssatz:

- Wareneinkauf 10.000 € an Verbindlichkeiten aus Lieferungen
- Vorsteuer 2.000 € und Leistungen 12.000.

Kontenmäßige Darstellung des Geschäftsvorfalls:

S	Wareneinkauf	H
	€	€
AB	...	
(1)	10.000	

S	Vorsteuer	H
	€	€
(1)	2.000	

S	Verbindlichkeiten aus Lieferungen und Leistungen	H
	€	€
	AB	...
	(1)	12.000

(2) Der Unternehmer (Einzelhändler) veräußert seinerseits Waren im Verkaufswert von 500 € zzgl. 20 % USt gegen Barzahlung an einen Endverbraucher. Der Ausgangsrechnung ist zu entnehmen:
Rechnungsbetrag einschließlich 20 % Umsatzsteuer 600 €.
An Bargeld fließen dem Unternehmer 600 € zu. Da die in der Ausgangsrechnung enthaltene Umsatzsteuer eine Verbindlichkeit gegenüber der Finanzbehörde darstellt, verbleibt dem Einzelhändler als Erlös aus dem Verkaufsgeschäft nur ein Betrag von 500 €. Insofern sind bei umsatzsteuerpflichtigen Absatzgeschäften auf dem Warenverkaufskonto lediglich die Nettoverkaufspreise zu erfassen.[32]

Buchungssatz:
Kasse 600 € an – Warenverkauf 500 €
– Umsatzsteuer 100 €.

Kontenmäßige Darstellung des Geschäftsvorfalls:

S	Kasse	H
	€	€
AB	...	
(2)	600	

S	Umsatzsteuer	H
	€	€
	AB	...
	(2)	100

S	Warenverkauf	H
	€	€
	(2)	500

---

[32] Vgl. § 277 Abs. 1 HGB.

In analoger Weise vollzieht sich die Verbuchung der Umsatzsteuer bei Ein- und Verkäufen von **Gegenständen des Anlagevermögens** (z. B. Betriebs- und Geschäftsausstattung) sowie bei der **Beschaffung von Verbrauchsgütern** (Büromaterial, Energie, Betriebsstoffe etc.).

(3) Der Kaufmann stattet seine Lagerräume mit neuen Regalen aus. Der Rechnungsbetrag über 2.000 € zzgl. 20 % Umsatzsteuer wird durch Banküberweisung beglichen.

Buchungssatz:
Betriebs- und Geschäftsausstattung	2.000 €	an	Guthaben bei Kreditinstituten	2.400 €.
Vorsteuer	400 €			

(4) Die alten Regale hat der Kaufmann für 360 € inkl. 20 % Umsatzsteuer (60 €) an eine Privatperson veräußert (Barzahlung).[33]

Buchungssatz:
Kasse	360 €	an	Betriebs- und Geschäftsausstattung	300 €
			Umsatzsteuer	60 €.

(5) Der Unternehmer begleicht die Stromrechnung für seinen Handelsbetrieb in Höhe von 720 € durch Banküberweisung. Im Rechnungsbetrag enthalten sind 120 € Umsatzsteuer

Buchungssatz:
Energie/Betriebsstoffe	600 €	an	Guthaben bei Kreditinstituten	720 €.
Vorsteuer	120 €			

Kontenmäßige Darstellung der Geschäftsvorfälle:

S	Betriebs- und Geschäftsausstattung		H
	€		€
AB	...	(4)	300
(3)	2.000		

S	Vorsteuer		H
	€		€
(3)	400		
(5)	120		

S	Guthaben bei Kreditinstituten		H
	€		€
AB	...	(3)	2.400
		(5)	720

S	Kasse		H
	€		€
AB	...		
(4)	360		

S	Umsatzsteuer		H
	€		€
		...	
		(4)	60

S	Energie/ Betriebsstoffe		H
	€		€
(5)	600		

---

[33] Hierbei wird unterstellt, dass der (Rest-)Buchwert und der Nettoverkaufspreis der Regale übereinstimmen.

Demnach haben bei umsatzsteuerpflichtigen Einkaufs- und Verkaufsvorgängen die **Buchungssätze** folgenden Aufbau:

(1) bei **Einkaufs-** oder **Beschaffungsgeschäften**:

> – Aktives Bestandskonto   an   Gegenkonto (z. B. Kasse).
>   oder Aufwandskonto
> – Vorsteuer

(2) bei **Verkaufs-** oder **Absatzgeschäften**:

> Gegenkonto (z. B. Guthaben   an   – Aktives Bestandskonto
> bei Kreditinstituten)   oder Ertragskonto
>   – Umsatzsteuer.

Werden das Umsatzsteuer- und Vorsteuerkonto abgeschlossen, so erhält man als Saldo die in das Schlussbilanzkonto zu übernehmende **Zahllast** bzw. den zu übernehmenden **Erstattungsanspruch**.

(b)   Netto- und Bruttomethode

Nach dem Umsatzsteuergesetz (§ 22 UStG) und der Umsatzsteuer-Durchführungsverordnung (§ 63 bis § 68 UStDV) ist der Unternehmer verpflichtet, zur Feststellung der Steuer und der Grundlagen ihrer Berechnung **Aufzeichnungen** zu machen. Bezogen auf den Warenverkehr müssen den Unterlagen insbesondere zu entnehmen sein:[34]

- die **vereinbarten Entgelte** (Nettoverkaufspreise) für die vom Unternehmer durchgeführten **Warenverkäufe** – aufgegliedert nach steuerpflichtigen und steuerfreien Umsätzen sowie nach **Steuersätzen**;[35]
- die **Entgelte** (Nettoeinkaufspreise) für die vom Unternehmer getätigten steuerpflichtigen **Wareneinkäufe** sowie die hierauf entfallenden **Vorsteuerbeträge**.[36]

Die in Rede stehende Verpflichtung kann auch im Rahmen der Finanzbuchhaltung erfüllt werden, wodurch eine eigenständige Auflistung der der Steuerberechnung zugrunde liegenden Daten entfällt. Sollen sich die vorstehenden Aufzeichnungen aus der Buchführung ergeben, so sind zum einen die steuerfreien und die mit dem Regelsatz und ermäßigten Satz besteuerten Warenverkäufe sowie die steuerfreien und steuerpflichtigen Wareneinkäufe und zum anderen die Umsatzsteuer- und die Vorsteuerbeträge auf separaten Konten zu erfassen (**Verbuchung der Umsatzsteuer und Vorsteuer nach der Nettomethode**). Aus Vereinfachungsgründen kann der Unternehmer seine Aufzeichnungspflichten auch in der Weise

---

[34] Vgl. § 22 Abs. 2 Nr. 1 und Nr. 5 UStG.

[35] Da die Erfassung der nach Steuersätzen getrennten Nettoverkaufspreise vor allem bei kleineren Unternehmen des Lebensmittel- und Gemischtwareneinzelhandels auf größte Schwierigkeiten stößt (die Abnehmer sind hauptsächlich Endverbraucher, die bei einem einzigen Einkauf regelmäßig mehrere unterschiedlich besteuerte Waren gleichzeitig erwerben), kann das Finanzamt auf Antrag gestatten, dass die Entgelte durch Anwendung des Kalkulationsaufschlagsatzes auf die Nettoeinkaufspreise ermittelt werden (UStAE, § 22.6 Abs. 3 und Abs. 8 bis Abs. 15). Die Nettoeinkaufspreise ergeben sich aus den Eingangsrechnungen des Einzelhändlers.

[36] Die Aufzeichnungspflicht für die Einkaufsgeschäfte entfällt jedoch dann, wenn der Vorsteuerabzug ausgeschlossen ist (§ 22 Abs. 3 UStG).

II. Buchhalterische Erfassung ausgewählter Geschäftsvorfälle

erfüllen, dass er die Entgelte und die auf sie entfallenden Steuerbeträge (Umsatzsteuer bzw. Vorsteuer) jeweils in einer Summe, getrennt nach den in den Rechnungen angewandten Steuersätzen, dokumentiert. Am Ende eines jeden Voranmeldungszeitraums wird dann die Summe in Entgelt und Steuer aufgeteilt (§ 63 Abs. 3 und Abs. 5 UStDV). Mit Blick auf die Finanzbuchhaltung bedeutet dies, dass auf dem betreffenden Warenkonto der Rechnungsbetrag (einschließlich Umsatzsteuer bzw. Vorsteuer) ausgewiesen wird und dass nach Ablauf des Voranmeldungszeitraums die Steuer herauszurechnen und auf das Umsatzsteuer- bzw. Vorsteuerkonto zu übertragen ist (**Verbuchung der Umsatzsteuer und Vorsteuer nach der Bruttomethode**).

Bei der **Nettomethode** erfolgt die Trennung von Entgelt und Umsatzsteuer bzw. Vorsteuer unmittelbar bei jeder einzelnen Buchung. Mithin weisen die **Buchungssätze** nachstehende Grundstruktur auf.

(1) Beim **Wareneinkauf**:

– Wareneinkauf – Vorsteuer	an	Gegenkonto (z. B. Guthaben bei Kreditinstituten).

(2) Beim **Warenverkauf**:

Gegenkonto (z. B. Forderungen aus Lieferungen und Leistungen)	an	– Warenverkauf – Umsatzsteuer.

Die Nettomethode entspricht somit der im vorangegangenen Abschnitt dargestellten Buchungstechnik. Da bei den **Warenverkaufsgeschäften** die steuerpflichtigen Umsätze, getrennt nach Steuersätzen, und die steuerfreien Umsätze gesondert aufzuzeichnen sind, bedarf es in der Buchhaltung – sofern unterschiedlich besteuerte Vorgänge im Unternehmen anfallen – folgender Warenverkaufskonten:[37]

- Warenverkauf/Regelsteuersatz,
- Warenverkauf/ermäßigter Steuersatz und
- Warenverkauf/steuerfreie Umsätze.

Eine entsprechend detaillierte Verbuchung der steuerpflichtigen **Wareneinkaufsgeschäfte** sieht der Gesetzgeber bei der Nettomethode hingegen nicht vor, so dass auch unterschiedlich besteuerte Zugänge auf einem Wareneinkaufskonto erfasst werden können.[38] Ebenso wenig verlangt das Umsatzsteuergesetz, dass für den Regelsteuersatz und für den ermäßigten Steuersatz ein eigenes Umsatzsteuer- oder Vorsteuerkonto geführt wird.[39]

---

[37] Vgl. auch den Kontenrahmen für den Groß- und Außenhandel, Klasse 8.

[38] Sofern jedoch der Unternehmer Einkäufe tätigt, bei denen ein Vorsteuerabzug ausgeschlossen ist (z. B. wenn Waren von einem Kleinunternehmer i. S. d. § 19 Abs. 1 UStG oder von Privatpersonen erworben werden oder wenn die Einkäufe zur Ausführung steuerfreier Umsätze verwendet werden), sind diese Vorgänge auf einem gesonderten Konto (z. B. „Wareneinkauf ohne Vorsteuerabzug") zu verbuchen.

[39] Den Unternehmern steht es jedoch frei, nach Steuersätzen differenzierte Umsatzsteuer- und Vorsteuerkonten zu führen. Eine derartige Untergliederung sieht z. B. der Kontenrahmen für den Groß- und Außenhandel (Klasse 1) vor.

> Beispiel: Verbuchung der Umsatzsteuer und der Vorsteuer nach der Nettomethode.
>
> Geschäftsvorfälle:
>
> (1) Verkauf von Waren gegen Barzahlung 2.000 € zzgl. 20 % USt.
> (2) Wareneinkauf auf Ziel 8.000 € zzgl. 1.600 € USt.
> (3) Verkauf von Waren auf Ziel. Der Nettoverkaufspreis der Ware beträgt 1.000 € und unterliegt dem ermäßigten Steuersatz von 7 %.
> (4) Warenverkauf gegen Barzahlung 3.600 € inkl. 20 % USt.
> (5) Kauf von Waren 4.800 €; hierin enthalten sind 800 € USt. Die Bezahlung erfolgt in bar.
> (6) Warenverkauf auf Ziel ins Ausland. Der Nettoverkaufspreis der Ware beläuft sich auf 6.000 €.
> (7) Einkauf von ermäßigt besteuerten Waren auf Ziel 2.000 € zzgl. 7 % USt.
> (8) Verkauf von Waren gegen Barzahlung 6.000 € inkl. 20 % USt.
>
> Buchungssätze:
>
> | | | | | | |
> |---|---|---|---|---|---|
> | (1) | Kasse | 2.400 € | an | – Warenverkauf/Regelsteuersatz | 2.000 € |
> | | | | | – Umsatzsteuer | 400 € |
> | (2) | – Wareneinkauf | 8.000 € | an | Verbindlichkeiten aus Lieferungen und Leistungen | 9.600 € |
> | | – Vorsteuer | 1.600 € | | | |
> | (3) | Forderungen aus Lieferungen und Leistungen | 1.070 € | an | – Warenverkauf/ermäßigter Steuersatz | 1.000 € |
> | | | | | – Umsatzsteuer | 70 € |
> | (4) | Kasse | 3.600 € | an | – Warenverkauf/Regelsteuersatz | 3.000 € |
> | | | | | – Umsatzsteuer | 600 € |
> | (5) | – Wareneinkauf | 4.000 € | an | Kasse | 4.800 € |
> | | – Vorsteuer | 800 € | | | |
> | (6) | Forderungen aus Lieferungen und Leistungen | 6.000 € | an | Warenverkauf/steuerfreie Umsätze | 6.000 € |
> | (7) | – Wareneinkauf | 2.000 € | an | Verbindlichkeiten aus Lieferungen und Leistungen | 2.140 € |
> | | – Vorsteuer | 140 € | | | |
> | (8) | Kasse | 6.000 € | an | – Warenverkauf/Regelsteuersatz | 5.000 € |
> | | | | | – Umsatzsteuer | 1.000 €. |
>
> Verbuchung der Geschäftsvorfälle auf T-Konten (siehe S. 166):
>
> Annahmen: (1) Aus Vereinfachungsgründen wird unterstellt, dass während des laufenden Geschäftsjahres (= Kalenderjahr) keine Umsatzsteuervoranmeldungen abzugeben waren und somit auch keine Umsatzsteuervorauszahlungen oder Vorsteuerrückerstattungen angefallen sind.

Die zum Bilanzstichtag sich ergebende Zahllast bzw. der sich ergebende Erstattungsanspruch ist in die Schlussbilanz zu übernehmen.
(2) In der Schlussbilanz des Vorjahres hatte der Unternehmer eine Umsatzsteuer-Zahllast in Höhe von 1.500 € zu passivieren, die zu Beginn des laufenden Geschäftsjahres durch Banküberweisung beglichen wurde.
(3) Der Anfangsbestand des Wareneinkaufskontos beträgt 5.000 €, der Endbestand gemäß Inventur 6.000 €.

Buchungssätze zum Abschluss des Umsatzsteuer- und Vorsteuerkontos:

(9) Umsatzsteuer   an Vorsteuer   2.070 €
(10) Schlussbilanzkonto (SBK) an Vorsteuer   470 €.

Als Resultate ergeben sich somit:

- Vorsteuer-Erstattungsanspruch   470 €
- Wareneinsatz   13.000 €
- Umsatzerlöse/Regelsteuersatz   10.000 €
- Umsatzerlöse/ermäßigter Steuersatz 1.000 €
- Umsatzerlöse/steuerfreie Umsätze   6.000 €.

Bei der **Bruttomethode** werden die Entgelte und die Steuerbeträge in einer Summe ausgewiesen, d. h. auf dem Warenkonto wird der Rechnungsbetrag (einschließlich Umsatzsteuer bzw. Vorsteuer) erfasst. Die **Buchungssätze** haben somit nachstehende Grundstruktur:

- Beim **Wareneinkauf**:

Wareneinkauf	an	Gegenkonto (z. B. Guthaben bei Kreditinstituten).

- Beim **Warenverkauf**:

Gegenkonto (z. B. Forderungen aus Lieferungen und Leistungen)	an	Warenverkauf.

Am Schluss eines jeden Voranmeldungszeitraums sind dann die Umsatzsteuer- und die Vorsteuerbeträge herauszurechnen und auf das Umsatzsteuer- bzw. Vorsteuerkonto zu übertragen.

- Buchungssatz bei der **Herausrechnung der Umsatzsteuer**:

Warenverkauf   an   Umsatzsteuer.

- Buchungssatz bei der **Herausrechnung der Vorsteuer**:

Vorsteuer   an   Wareneinkauf.

S	Forderungen aus Lieferungen und Leistungen		H
	€		€
AB	...		
(3)	1.070		
(6)	6.000		

S	Vorsteuer		H
	€		€
(2)	1.600	(9) Umsatz-	
(5)	800	steuer	2.070
(7)	140	(10) Saldo: SBK	470
	2.540		2.540

S	Kasse		H
	€		€
AB	...	(5)	4.800
(1)	2.400		
(4)	3.600		
(8)	6.000		

S	Verbindlichkeiten aus Lieferungen und Leistungen		H
	€		€
		AB	...
		(2)	9.600
		(7)	2.140

S	Umsatzsteuer		H
	€		€
Ausgleich der USt-Zahl-last des Vorjahres	1.500	AB	1.500
		(1)	400
		(3)	70
		(4)	600
(9) Vorsteuer	2.070	(8)	1.000
	3.570		3.570

S	Wareneinkauf		H
	€		€
AB	5.000	EB gemäß Inventur	6.000
(2)	8.000		
(5)	4.000	Saldo: Waren-einsatz	13.000
(7)	2.000		
	19.000		19.000

S	Warenverkauf/ Regelsteuersatz		H
	€		€
Saldo: Umsatz-erlöse	10.000	(1)	2.000
		(4)	3.000
		(8)	5.000
	10.000		10.000

S	Warenverkauf/ ermäßigter Steuersatz		H
	€		€
Saldo: Umsatz-erlöse	1.000	(3)	1.000
	1.000		1.000

S	Warenverkauf/ steuerfreie Umsätze		H
	€		€
Saldo: Umsatzerlöse	6.000	(6)	6.000
	6.000		6.000

II. Buchhalterische Erfassung ausgewählter Geschäftsvorfälle

Um die umsatzsteuerrechtlichen Aufzeichnungspflichten entsprechend der Bruttomethode im Rahmen der Finanzbuchhaltung erfüllen zu können, ist es erforderlich, dass sowohl auf der Wareneinkaufs- als auch auf der Warenverkaufsseite für die unterschiedlich besteuerten Umsätze **eigene Ein- und Verkaufskonten** geführt werden. Mithin sind – verschieden besteuerte Vorgänge wiederum vorausgesetzt – folgende Konten einzurichten:[40]

- Warenverkauf/Regelsteuersatz,
- Warenverkauf/ermäßigter Steuersatz,
- Warenverkauf/steuerfreie Umsätze,
- Wareneinkauf/Regelsteuersatz und
- Wareneinkauf/ermäßigter Steuersatz.

Die detaillierte Untergliederung der Warenkonten ist deshalb erforderlich, weil ansonsten die Ermittlung der in den Rechnungsbeträgen enthaltenen Steuern nur mit Hilfe der Ein- und Ausgangsrechnungen möglich wäre. Für die Umsatzsteuer und die Vorsteuer braucht – analog zur Nettomethode – nur jeweils ein **Konto** angelegt zu werden.

> **Beispiel:** Berechnung der Umsatzsteuer und der Vorsteuer nach der Bruttomethode. Gegeben seien die gleichen Geschäftsvorfälle wie bei der Nettomethode im vorigen Beispiel.
>
> Buchungssätze:
>
> (1) Kasse 2.400 € an Warenverkauf/Regelsteuersatz 2.400 €
>
> (2) Wareneinkauf/Regelsteuersatz 9.600 € an Verbindlichkeiten aus Lieferungen und Leistungen 9.600 €
>
> (3) Forderungen aus Lieferungen und Leistungen 1.070 € an Warenverkauf/ermäßigter Steuersatz 1.070 €
>
> (4) Kasse 3.600 € an Warenverkauf/Regelsteuersatz 3.600 €
>
> (5) Wareneinkauf/Regelsteuersatz 4.800 € an Kasse 4.800 €
>
> (6) Forderungen aus Lieferungen und Leistungen 6.000 € an Warenverkauf/steuerfreie Umsätze 6.000 €
>
> (7) Wareneinkauf/ermäßigter Steuersatz 2.140 € an Verbindlichkeiten aus Lieferungen und Leistungen 2.140 €
>
> (8) Kasse 6.000 € an Warenverkauf/Regelsteuersatz 6.000 €

---

[40] Sofern Waren von einem Kleinunternehmer i. S. d. § 19 Abs. 1 UStG oder von Privatpersonen bezogen werden oder wenn mit den Einkäufen Umsätze i. S. d. § 15 Abs. 2 und Abs. 3 UStG getätigt werden und somit ein Vorsteuerabzug ausgeschlossen ist, bedarf es ferner des Kontos „Wareneinkauf/ohne Vorsteuerabzug".

Verbuchung der Geschäftsvorfälle auf T-Konten (siehe S. 169):

Anfangs- und Endbestand der Waren verteilen sich wie folgt auf die nach Steuersätzen gegliederten Warenkonten:

- Wareneinkauf/Regelsteuersatz: Anfangsbestand = 3.500 €, Endbestand = 3.200 €
- Wareneinkauf/ermäßigter Steuersatz: Anfangsbestand = 1.500 €, Endbestand = 2.800 €.

Bei den **Wareneinkaufskonten** ist zu beachten, dass nur die Warenzugänge Umsatzsteuer enthalten, nicht aber die Anfangs- und Endbestände. Letztere werden, da sie aus der Eröffnungsbilanz stammen bzw. in die Schlussbilanz zu übernehmen sind, und die Vorsteuerbeträge grundsätzlich nicht zu den Anschaffungs- oder Herstellungskosten zählen (§ 9b EStG), auf der Basis der Nettoeinkaufspreise ermittelt. Um die mit Umsatzsteuer belasteten Warenzugänge (Bruttozugänge) zu erhalten, ist die Kontosumme des Wareneinkaufskontos um den Anfangsbestand zu vermindern.

Als Bruttozugänge ergeben sich somit:

(1) Wareneinkauf/Regelsteuersatz:
    Kontosumme   17.900 €
    − Anfangsbestand   3.500 €
    = Bruttozugänge   14.400 €

(2) Wareneinkauf/ermäßigter Steuersatz:
    Kontosumme   3.640 €
    − Anfangsbestand   1.500 €
    = Bruttozugänge   2.140 €.

Wird der Warenverkehr nach Variante II der getrennten Warenkonten erfasst, können die Bruttozugänge unmittelbar dem Wareneingangskonto entnommen werden. Die **Herausrechnung der Umsatzsteuer und der Vorsteuer** aus den verbuchten Rechnungsbeträgen erfolgt im Rahmen einer „Auf-Hundert-Rechnung" durch einen auf die jeweilige Summe der Warenein- und -verkäufe anzuwendenden **Multiplikator** bzw. **Divisor**. Für die derzeit geltenden Umsatzsteuersätze sind die Umrechnungsfaktoren der **Abbildung 79** zu entnehmen.

Steuersatz	20 % (Regelsatz)	7 % (ermäßigter Satz)
Multiplikator	0,1667[a]	0,0654206
Divisor	6[b]	15,285714

[a] $0{,}1667 = \frac{20}{120}$.
[b] $6 = \frac{120}{20}$.

Abb. 79: Umsatzsteuerliche Umrechnungsfaktoren

II. Buchhalterische Erfassung ausgewählter Geschäftsvorfälle

S	Forderungen aus Lieferungen und Leistungen		H
	€		€
AB	...		
(3)	1.070		
(6)	6.000		

S	Vorsteuer		H
	€		€
(11) WEK/Regel	2.400	(13) Umsatzsteuer	2.070
(12) WEK/erm.	140	(14) Saldo: SBK	470
	2.540		2.540

S	Kasse		H
	€		€
AB	...	(5)	4.800
(1)	2.400		
(4)	3.600		
(8)	6.000		

S	Verbindlichkeiten aus Lieferungen und Leistungen		H
	€		€
		AB	...
		(2)	9.600
		(7)	2.140

S	Umsatzsteuer		H
	€		€
Ausgleich der USt-Zahllast des Vorjahres	1.500	AB (9) WVK/Regel	1.500 / 2.000
(13) Vorsteuer	2.070	(4) WVK/erm.	70
	3.570		3.570

S	Wareneinkauf/Regelsteuersatz		H
	€		€
AB	3.500	(11) Vorsteuer	2.400
(2)	9.600	EB gemäß Inventur	3.200
(5)	4.800	Saldo: Wareneinsatz	12.300
	17.900		17.900

S	Wareneinkauf/ermäßigter Steuersatz		H
	€		€
AB	1.500	(11) Vorsteuer	140
(7)	2.140	EB gemäß Inventur	2.800
		Saldo: Wareneinsatz	700
	3.640		3.640

S	Warenverkauf/Regelsteuersatz		H
	€		€
(9) Umsatzsteuer	2.000	(1)	2.400
Saldo: Umsatzerlöse	10.000	(4)	3.600
		(8)	6.000
	12.000		12.000

S	Warenverkauf/ ermäßigter Steuersatz		H
	€		€
(10) Umsatzsteuer	70	(3)	1.070
Saldo: Umsatzerlöse	1.000		
	1.070		1.070

S	Warenverkauf/ steuerfreie Umsätze		H
	€		€
Saldo: Umsatzerlöse	6.000	(6)	6.000
	6.000		6.000

Als Steuerbeträge ergeben sich somit:

- Warenverkauf/Regelsteuersatz: Umsatzsteuer = 12.000 € · 0,1667 =   2.000 €
- Warenverkauf/ermäßigter Steuersatz : Umsatzsteuer = 1.070 € · 0,0654206 =   70 €
- Wareneinkauf/Regelsteuersatz: Vorsteuer = 14.400 € : 6 =   2.400 €
- Wareneinkauf/ermäßigter Steuersatz : Vorsteuer = 2.140 € : 15,285714 =   140 €.

Diese Steuerbeträge sind dann von den Warenkonten auf das Umsatzsteuer- und das Vorsteuerkonto umzubuchen. Die Buchungssätze hierzu lauten:

(9)	Wareneinkauf/ Regelsteuersatz	an	Umsatzsteuer	2.000 €
(10)	Warenverkauf/ermäßigter Steuersatz	an	Umsatzsteuer	70 €
(11)	Vorsteuer	an	Wareneinkauf/ Regelsteuersatz	2.400 €
(12)	Vorsteuer	an	Wareneinkauf/ermäßigter Steuersatz	140 €.

Abschluss des Umsatzsteuer- und Vorsteuerkontos:

| (13) | Umsatzsteuer | an | Vorsteuer | 2.070 € |
| (14) | Schlussbilanzkonto (SBK) | an | Vorsteuer | 470 €. |

Mithin stellen sich bei Anwendung der Bruttomethode folgende Resultate ein:

- Vorsteuer-Erstattungsanspruch   470 €
- Wareneinsatz/Regelsteuersatz   12.300 €
- Wareneinsatz/ermäßigter Steuersatz   700 €
- Umsatzerlöse/Regelsteuersatz   10.000 €
- Umsatzerlöse/ermäßigter Steuersatz   1.000 €
- Umsatzerlöse/steuerfreie Umsätze   6.000 €.

Fazit: Netto- und Bruttomethode unterscheiden sich zwar in der Erfassungstechnik, führen aber zum gleichen Ergebnis.

Da die Umsatzsteuer und die Vorsteuer erst am Schluss des Voranmeldungszeitraums aus den Warenkonten auszubuchen sind, bewirkt die **Bruttomethode** eine **Vereinfachung** vor allem dort, wo Waren überwiegend an Abnehmer veräußert werden, die nicht den Vorsteuerabzug in Anspruch nehmen können (z. B. Konsumenten) und folglich auch kein Interesse an einem gesonderten Steuerausweis haben. Dies trifft insbesondere auf den **Verkaufsbereich des Einzelhandels** zu, da hier üblicherweise keine Rechnungen ausgestellt werden und die Bruttobeträge sich aus Kassenzetteln oder ähnlichen Belegen ergeben. Anwendung findet die Bruttomethode auch bei der Aufzeichnung von **Kleinbetragsrechnungen** (Rechnungsbetrag einschließlich Umsatzsteuer bis 150 €). Hierzu zählen z. B. Einkaufsquittungen über Büromaterial und Tankbelege. Grundsätzlich nach der **Nettomethode** verbucht werden bei den Handelsunternehmen hingegen die **Ein- und Verkäufe von Gegenständen des Anlagevermögens** sowie sonstige nicht im Zusammenhang mit dem Warenverkehr oder Kleinbetragsrechnungen stehende Vorgänge. Der Grund ist darin zu sehen, dass die Bruttomethode bei derartigen Geschäftsvorfällen keine Arbeitsersparnis mit sich bringt. Ergänzend sei angemerkt, dass der Unternehmer im Rahmen einer rationellen Erfassung der Geschäftsvorgänge Netto- und Bruttomethode miteinander **kombinieren** kann (Beispiel: Verbuchung von Kleinbetragsrechnungen und Warenverkäufen an Endverbraucher nach der Bruttomethode, Aufzeichnung aller übrigen Geschäftsvorfälle nach der Nettomethode).

Sofern der Warenverkehr des Unternehmens nach Warengruppen gegliedert ist (z. B. Warengruppe I = Food, Warengruppe II = Non-Food), sind ggf. für jede Gruppe nach Steuersätzen differenzierte Warenkonten zu führen.

Beispiel:
- Warenverkauf-Warengruppe I/Regelsteuersatz,
- Warenverkauf-Warengruppe I/ermäßigter Steuersatz,
- Warenverkauf-Warengruppe I/steuerfreie Umsätze,
- Warenverkauf-Warengruppe II/Regelsteuersatz,
- Warenverkauf-Warengruppe II/ermäßigter Steuersatz,
- Warenverkauf-Warengruppe II/steuerfreie Umsätze.

Parallel hierzu ist auf der Wareneinkaufsseite bei Anwendung der Bruttomethode zu verfahren.

Sollen die **Warenkonten nach dem Nettoverfahren abgeschlossen** werden, so ist ein **Warenabschlusskonto** erforderlich. Auf dieses Konto sind die Salden der nach Warengruppen und/oder Steuersätzen differenzierten Warenein- und Warenverkaufskonten zu übertragen. Als Saldo des Warenabschlusskontos erhält man dann den Roherfolg. Möchte der Unternehmer bei mehreren Warengruppen den Roherfolg je Warengruppe bestimmen, so ist für jede Gruppe ein eigenes Warenabschlusskonto einzurichten.

Beispiel:
- Warenabschluss-Warengruppe I → Roherfolg I
- Warenabschluss-Warengruppe II → Roherfolg II.

Beim **Abschluss der Warenkonten nach dem Bruttoverfahren** sind die Salden der nach Warengruppen und/oder Steuersätzen differenzierten Warenverkaufskonten an ein **Warenverkaufssammelkonto** abzugeben. Der sich aus diesem Sammelkonto ergebende Saldo spiegelt die **Umsatzerlöse** wider. In analoger Weise können durch Zwischenschaltung eines **Wareneinkaufssammelkontos** die Salden der nach Warengruppen und/oder Steuersätzen differenzierten Wareneinkaufskonten zusammengefasst werden. Der Saldo dieses Sammelkontos stellt den Wareneinsatz dar. Möchte der Unternehmer wiederum für jede Warengruppe die Wareneinsätze und Umsatzerlöse im GuV-Konto explizit angeben, so ist für jede Gruppe ein derartiges Sammelkonto zu führen.

Beispiel:
- Warenverkaufsammelkonto-Warengruppe I → Umsatzerlöse I
- Warenverkaufsammelkonto-Warengruppe II → Umsatzerlöse II
- Wareneinkaufsammelkonto-Warengruppe I → Wareneinsatz I
- Wareneinkaufsammelkonto-Warengruppe II → Wareneinsatz II.

c.b Unentgeltliche Wertabgabe

Unentgeltliche Wertabgaben aus dem Unternehmen sind, soweit sie in der Abgabe von Gegenständen bestehen, nach § 3 Abs. 1b UStG den entgeltlichen Lieferungen und, soweit sie in der Abgabe oder Ausführungen von sonstigen Leistungen bestehen, nach § 3 Abs. 9a UStG den entgeltlichen sonstigen Leistungen gleichgestellt.[41]

Die **unentgeltlichen Wertabgaben** stellen **handels- und einkommensteuerrechtlich** sowie nach den **IFRS** (stets) Privatentnahmen dar und sind demzufolge auf dem **Privatkonto** zu erfassen. Auch kann man i. d. R. davon ausgehen, dass die **Bemessungsgrundlage für die unentgeltliche Wertabgabe** und der **Entnahmewert des Gegenstandes bzw. der Nutzung oder Leistung** übereinstimmen. Im Gegensatz dazu handelt es sich bei den unter das Abzugsverbot des § 4 Abs. 5 oder Abs. 7 EStG fallenden Aufwendungen **nicht um Privatentnahmen**;[42] vielmehr beeinflussen diese Aufwendungen den Periodenerfolg. Das in Rede stehende Abzugsverbot ist Ausfluss fiskalpolitischer Zielsetzungen und besagt, dass bestimmte Aufwendungen, die das Steuerrecht als „**nicht abziehbare Betriebsausgaben**" bezeichnet,[43] den der Besteuerung zugrunde liegenden Gewinn nicht mindern dürfen. Mithin werden allein aus **steuerrechtlichen Gründen** die nach § 4 Abs. 5 oder Abs. 7 EStG nicht abziehbaren Betriebsausgaben **außerhalb der Buchhaltung** dem Unternehmenserfolg wieder hinzugerechnet.

Bei den Aufwendungen i. S. d. § 4 Abs. 5 EStG ist zwischen **abziehbaren** und **nicht abziehbaren Betriebsausgaben** zu unterscheiden. Während die abziehbaren Ausgaben den Gewinn nach Handels- und Steuerrecht sowie nach IFRS mindern, verringern die nicht abziehbaren Ausgaben de facto **nur den Erfolg nach Handelsrecht und IFRS** und werden, zumal sie auch in der Steuerbilanz als Aufwand zu verbuchen sind, zur Ermittlung des steuerrechtlichen Gewinns außerhalb der Buchführung dem Unternehmenserfolg wieder hinzugerechnet. Um die Abzugsfähigkeit bzw. die Nicht-Abzugsfähigkeit besser prüfen zu können, hat der Steuerpflichtige nach § 4 Abs. 7 EStG die Betriebsausgaben i. S. d. § 4 Abs. 5 EStG **einzeln und getrennt** von den **sonstigen Aufwendungen** aufzuzeichnen. Hierzu bedient man sich in der

---

[41] Vgl. UStAE, § 3.2 Abs. 1 Satz 1.
[42] Vgl. R 4.10 Abs. 1 Satz 3 EStR; *Heinicke* 2013, Anm. 539 zu § 4 EStG.
[43] Während das Handelsrecht sowie die IFRS für erfolgswirksame Eigenkapitalminderungen den Begriff „Aufwand" verwenden, gebraucht das Steuerrecht hierfür regelmäßig den Terminus (abziehbare) „Betriebsausgabe". Vgl. hierzu auch die Ausführungen im Ersten Teil zu Gliederungspunkt IV.C.b.

Finanzbuchhaltung des Kontos „**Betriebsausgaben i. S. d. § 4 Abs. 5 EStG**".[44] Wie mehrfach angesprochen, stellen lediglich die nicht abziehbaren Betriebsausgaben, d. h. die unter das Abzugsverbot des § 4 Abs. 5 Satz 1 Nr. 1 bis 7 oder Abs. 7 EStG fallenden Aufwendungen,[45] umsatzsteuerrechtlich eine unentgeltliche Wertabgabe dar. Hierzu zählen z. B.

- Aufwendungen für **Geschenke an Personen**, die keine Arbeitnehmer des Unternehmens sind, sofern der Wert der dem Empfänger im Wirtschaftsjahr zugewendeten Gegenstände insgesamt 35 € übersteigt (beträgt der Wert der Geschenke weniger als 35 € im Wirtschaftsjahr, so handelt es sich um abziehbare Betriebsausgaben);
- Aufwendungen für die **Bewirtung von Geschäftsfreunden**, soweit die Bewirtungsausgaben 70 v. H. der angemessenen und nachgewiesenen Aufwendungen übersteigen;
- Aufwendungen für **Gästehäuser**,[46] die sich nicht am Ort einer Betriebsstätte des Unternehmers befinden;
- Aufwendungen für **Jagd oder Fischerei**, für **Segel- oder Motorjachten** sowie für ähnliche Zwecke.

Die buchungstechnische Erfassung umsatzsteuerpflichtiger Eigenverbrauchsvorgänge – in ihrer allgemeinsten und einfachsten Form – soll anhand nachfolgender drei Beispiele verdeutlicht werden.

> **Beispiel:** Der Unternehmer entnimmt Waren für private Zwecke. Der steuerliche Teilwert (der im Privatkonto als Entnahme anzusetzende Nettobetrag) stimmt sowohl mit dem Buchwert (der Betrag, mit dem die Warenentnahme im Wareneinkaufskonto als Abgang zu erfassen ist) als auch mit dem zum Entnahmezeitpunkt geltenden Einkaufspreis (Bemessungsgrundlage für den Gegenstands-Eigenverbrauch) überein und beläuft sich auf 1.000 €. Die entnommenen Waren unterliegen dem Regelsteuersatz.
>
> Da der Unternehmer als Endverbraucher auftritt, ist das Privatkonto mit dem Teilwert der entnommenen Waren zuzüglich der darauf entfallenden Umsatzsteuer zu belasten. Die Gegenbuchungen erfolgen auf dem **Wareneinkaufs- und auf dem Umsatzsteuerkonto**.[47] Werden die Warenentnahmen im Wareneinkaufskonto in Höhe des Buchwertes als Abgang erfasst, so ist gewährleistet, dass sich als Saldo der Wareneinsatz ergibt, der zur Erzielung der Umsatzerlöse aufgewendet wurde.
>
> Buchungssatz:
>
> (1) Privatkonto   1.200 €   an   – Wareneinkauf   1.000 €
>   – Umsatzsteuer   200 €.

---

[44] Mitunter wird in der Praxis für jede der in § 4 Abs. 5 EStG enthaltenen Aufwandsarten ein eigenes Konto geführt. Vgl. hierzu auch R 4.11 Abs. 1 Satz 1 EStR.

[45] Ausgenommen hiervon sind Geldgeschenke und Bewirtungsaufwendungen, soweit § 4 Abs. 5 Satz 1 Nr. 2 EStG den Abzug von 30 v. H. der angemessenen und nachgewiesenen Aufwendungen ausschließt.

[46] Unter „Gästehäuser" sind Einrichtungen zu verstehen, die der Bewirtung oder Beherbergung von Geschäftsfreunden dienen.

Kontenmäßige Darstellung des Geschäftsvorfalls:

S	Privatkonto		H
	€		€
(1)	1.200		

S	Wareneinkauf		H
	€		€
AB	...	(1)	1.000

S	Umsatzsteuer		H
	€		€
		AB	...
		(1)	200

> **Beispiel:** Das vom Betrieb angestellte und bezahlte Reinigungspersonal säubert auch die Privatwohnung des Unternehmers und verwendet hierauf 20 % ihrer Arbeitszeit. Die Personalkosten für die Reinigungskraft belaufen sich auf 2.000 €. Die Leistungsentnahme unterliegt dem Regelsteuersatz von 20 %.
>
> Analog zu den vorstehenden Ausführungen ist das Privatkonto mit dem Wert der Leistungsentnahme (400 €) zuzüglich der Umsatzsteuer (80 €) zu belasten. Die Gegenbuchungen erfolgen auf dem Konto „Personalaufwand" und auf dem Umsatzsteuerkonto. Die genannte Buchung bewirkt, dass die Aufwendungen für das Personal nur in der Höhe Eingang in das GuV-Konto finden, in der sie betrieblich veranlasst sind. Mithin wird eine Korrektur des zu hoch ausgewiesenen Personalaufwands um den auf die private Inanspruchnahme entfallenden Anteil vorgenommen.

---

[47] In Literatur (vgl. z. B. *Eisele/Knobloch* 2011, S. 153) und Praxis [vgl. z. B. EKR, Konto-Nr. 542, Kontenrahmen für den Groß- und Außenhandel, Konto-Nr. 278 und 871, IKR, Konto-Nr. 542] wird es auch als zulässig erachtet, die Warenentnahmen

- auf dem Warenverkaufskonto oder
- auf einem besonderen Konto („Warenentnahmen"),

welches unmittelbar über das GuV-Konto abzuschließen ist, zu erfassen. Gegen die genannten Alternativen sprechen jedoch zum einen handelsrechtliche und zum anderen betriebswirtschaftliche Überlegungen.

(1) Einwendungen gegen die Verbuchung der Warenentnahmen auf dem Warenverkaufskonto: Sofern der private Warenverbrauch im Warenverkaufskonto zur Verbuchung käme, so würde dies bedeuten, dass Warenentnahmen Umsatzerlöse verkörpern. Als Umsatzerlöse i. S. d. Handelsrechts sind jedoch – bezogen auf Handelsunternehmen – nur solche Erträge auszuweisen, die aus dem Verkauf von Waren an Dritte stammen (vgl. *ADS* 1997b, Anm. 5 zu § 277 HGB). Da aber den Warenentnahmen das Kriterium des „Verkaufs an Dritte" fehlt, stellen sie keine Umsatzerlöse dar und dürfen folglich nicht auf dem Warenverkaufskonto erfasst werden.

(2) Einwendungen gegen die Verbuchung der Warenentnahmen auf einem besonderen Ertragskonto, das dann unmittelbar über das GuV-Konto abgeschlossen wird:
Denkbar wäre auch, den privaten Warenverbrauch in einem besonderen Ertragskonto aufzuzeichnen, welches seinen Saldo direkt an das GuV-Konto abgibt. Dieser Alternative stehen aber betriebswirtschaftliche Überlegungen entgegen. Die beschriebene Vorgehensweise würde dazu führen, dass der Wareneinsatz, der den zur Erzielung der Umsatzerlöse eingesetzten Input widerspiegeln soll, um den Buchwert der Warenentnahmen zu hoch ausgewiesen wird, mit der Folge, dass sich – bei Abschluss nach dem Nettoverfahren – der Roherfolg um genau diesen Betrag zu gering darstellt.

II. Buchhalterische Erfassung ausgewählter Geschäftsvorfälle

Buchungssatz:

(1) Privatkonto   480 €   an   – Personalaufwand   400 €
                                            – Umsatzsteuer   80 €.

Kontenmäßige Darstellung des Geschäftsvorfalls:

S	Privatkonto	H
	€	€
(1)	480	

S	Umsatzsteuer	H
	€	€
		AB ...
		(1) 80

S	Personalaufwand	H
	€	€
Reinigungskraft 2.000		(1) 400

Mithin haben bei **umsatzsteuerpflichtigen Entnahmevorgängen** (Gegenstands-, Nutzungs- und Leistungsentnahmen) die **Buchungssätze** folgenden Aufbau:

> Privatkonto   an   – Aktives Bestandskonto oder
>   Aufwandskonto
>   – Umsatzsteuer.

Anzumerken ist, dass die nicht der Umsatzsteuer unterliegenden Entnahmevorgänge (z. B. Barentnahmen) wie bisher zu verbuchen sind (Buchungssatz: Privatkonto an Gegenkonto).

Beispiel: Ein Unternehmer schenkt einem langjährigen Geschäftsfreund zu Weihnachten einen vergoldeten Füllfederhalter. Die Rechnung des Juweliers lautet über 2.400 € (einschließlich 400 € Umsatzsteuer).

Aufwendungen für Geschenke an Personen, die keine Arbeitnehmer des Unternehmens sind, zählen zu den Betriebsausgaben i. S. d. § 4 Abs. 5 EStG. Da der Wert des Füllfederhalters die zulässige Höchstgrenze von 35 € deutlich überschritten hat, liegt eine **nicht abziehbare Betriebsausgabe** vor, die umsatzsteuerrechtlich eine unentgeltliche Wertabgabe darstellt. Beim Kauf des Füllfederhalters ist der Nettoeinkaufspreis auf dem Konto „Betriebsausgaben i. S. d. § 4 Abs. 5 EStG" und die dem Unternehmer in Rechnung gestellte Umsatzsteuer auf dem Vorsteuerkonto zu erfassen. In einem zweiten Schritt hat die Umsatzbesteuerung der unentgeltlichen Wertabgabe zu erfolgen, wodurch im Ergebnis der Vorsteuerabzug wieder rückgängig gemacht wird. Insofern kommt auf dem Konto „Betriebsausgaben i. S. d. § 4 Abs. 5 EStG" der Rechnungsbetrag einschließlich der Umsatzsteuer zum Ansatz.[48] Abgeschlossen wird das in Rede stehende Aufwandskonto „Betriebsausgaben i. S. d. § 4 Abs. 5 EStG" über das GuV-Konto. Mithin ist zu buchen:

---

[48] So auch *Falterbaum et al.* 2010, S. 218.

(1) Kauf des Füllfederhalters:
  – Betriebsausgaben i. S. d.   2.000 €   an   Kasse   2.400 €.
    § 4 Abs. 5 EStG
  – Vorsteuer   400 €
(2) Erfassung des Geschenkvorgangs:[49]
    Betriebsausgaben i. S. d. § 4   an   Umsatzsteuer   400 €.
    Abs. 5 EStG
(3) Abschluss des Kontos „Betriebsausgaben i. S. d. § 4 Abs. 5 EStG":
    GuV-Konto   an   Betriebsausgaben i. S. d. § 4   2.400 €.
                      Abs. 5 EStG

Kontenmäßige Darstellung des Geschäftsvorfalls:

S	Kasse		H
	€		€
AB	...	(1)	2.400

S	Vorsteuer		H
	€		€
(1)	400		

S	Umsatzsteuer		H
	€		€
		(2)	400

S	Betriebsausgaben i. S. d. § 4 Abs. 5 EStG		H
	€		€
(1)	2.000	(3) GuV-Konto	2.400
(2)	400	(Saldo)	
	2.400		2.400

S	GuV-Konto		H
	€		€
(3) Betriebsausgaben i. S. d. § 4 Abs. 5 EStG	2.400		

---

[49] Im Falle eines Entnahmevorgangs wird die Umsatzsteuer auf die unentgeltliche Wertabgabe stets auf dem Privatkonto gebucht. Bei der unentgeltlichen Wertabgabe muss sie jedoch ebenso wie die nicht abzugsfähigen betrieblichen Ausgaben selbst zunächst erfolgswirksam gebucht werden. Mithin ist im Rahmen der für steuerliche Zwecke erforderlichen außerbuchhalterischen Korrektur neben den nicht abzugsfähigen Betriebsausgaben auch die auf diese Aufwendungen anfallende Umsatzsteuer dem Unternehmenserfolg wieder hinzuzurechnen.

Die **Buchungssätze** haben somit nachstehenden Inhalt.

(1) Vornahme von Aufwendungen i. S. d. § 4 Abs. 5 EStG:
  – Betriebsausgaben i. S. d. § 4 an Gegenkonto (z. B. Kasse).
  Abs. 5 EStG
  – Vorsteuer

(2) Umsatzbesteuerung der unter das Abzugsverbot des § 4 Abs. 5 Satz 1 Nr. 1 bis Nr. 7 (oder Abs. 7) EStG fallenden Aufwendungen:
  Betriebsausgaben i. S. d. an Umsatzsteuer.
  § 4 Abs. 5 EStG

(3) Abschluss des Kontos „Betriebsausgaben i. S. d. § 4 Abs. 5 EStG":
  GuV-Konto an Betriebsausgaben i. S. d. § 4
       Abs. 5 EStG.

Würde der Unternehmer auf Lager befindliche Waren für betriebliche Zwecke verschenken, so stellt sich Buchungssatz (1) wie folgt dar:[50]

Betriebsausgaben i. S. d. § 4 an Wareneinkauf.
Abs. 5 EStG

Sofern Aufwendungen entstehen, die zu den abziehbaren Betriebsausgaben i. S. d. § 4 Abs. 5 EStG oder zu den von der Umsatzbesteuerung ausgenommenen nicht abziehbaren Betriebsausgaben (z. B. Geldgeschenke) zählen, **entfällt Buchungssatz (2)**.

Nach § 22 Abs. 2 Nr. 3 UStG ist der Unternehmer verpflichtet, die Bemessungsgrundlagen für die unentgeltliche Wertabgabe – ebenfalls aufgegliedert nach steuerpflichtigen und steuerfreien Umsätzen sowie nach Steuersätzen – aufzuzeichnen. Sollen die **Aufzeichnungspflichten** wiederum im Rahmen der Finanzbuchhaltung erfüllt werden, so hat der Unternehmer zur Erfassung der Bemessungsgrundlagen – unterschiedlich besteuerte Tatbestände der unentgeltlichen Wertabgabe – folgende **Hilfskonten** zu führen:

- Unentgeltliche Wertabgabe/Regelsteuersatz,
- Unentgeltliche Wertabgabe/ermäßigter Steuersatz und
- Unentgeltliche Wertabgabe/steuerfreie Umsätze.

Ergänzend ist anzuführen, dass das Konto „Betriebsausgaben i. S. d. § 4 Abs. 5 EStG" nicht der umsatzsteuerrechtlichen Aufzeichnung genügt. Dies ergibt sich aus dem Umstand, dass auf dem genannten Konto sowohl **abziehbare** als auch **nicht abziehbare Betriebsausgaben** verbucht werden. Da aber die unentgeltliche Wertabgabe nur durch bestimmte, nicht abziehbare Aufwendungen verwirklicht wird, werden auf dem in Rede stehenden Konto neben Eigenverbrauchsvorgängen auch Nicht-Eigenverbrauchsvorfälle ausgewiesen. Um dem Finanzamt die Überprüfung der Umsatzsteuerberechnung in angemessener Zeit zu ermöglichen, verlangt das Umsatzsteuergesetz, dass die Aufzeichnungen lediglich **Vorgänge** (genauer: die Bemessungsgrundlagen für die Lieferungen im Sinne des § 3 Abs. 1b und für sonstige Leistungen im Sinne des § 3 Abs. 9a Nr. 1 UStG) enthalten. Diesem Erfordernis trägt jedoch das Konto „Betriebsausgaben i. S. d. § 4 Abs. 5 EStG" nicht Rechnung.

---

[50] Die Vorsteuerbuchung entfällt, da diese bereits beim Wareneinkauf vorgenommen wurde.

Nachfolgend wird die buchungstechnische Erfassung obiger drei Beispiele **unter Berücksichtigung der umsatzsteuerrechtlichen Aufzeichnungspflichten** dargestellt.

> Beispiel: Der Unternehmer entnimmt Waren für private Zwecke. Der steuerliche Teilwert stimmt sowohl mit dem Buchwert als auch mit dem zum Entnahmezeitpunkt geltenden Einkaufspreis überein und beläuft sich auf 1.000 €. Die entnommenen Waren unterliegen dem Regelsteuersatz.
>
> Buchungssätze:
>
> | | | | | | |
> |---|---|---|---|---|---|
> | (1) | Privatkonto | 1.200 € | an | – Unentgeltliche Wertabgabe/ Regelsteuersatz | 1.000 € |
> | | | | | – Umsatzsteuer | 200 € |
> | (2) | Unentgeltliche Wertabgabe/Regelsteuersatz | | an | Wareneinkauf | 1.000 €. |
>
> Der aufgrund der ersten Buchung im Konto „Unentgeltliche Wertabgabe" anzusetzende Betrag ist in einem zweiten Schritt an das Wareneinkaufskonto abzugeben. Dieser Übertragungsvorgang trägt dem Umstand Rechnung, dass das Konto „Unentgeltliche Wertabgabe" lediglich als **Hilfskonto** zur Erfassung der Bemessungsgrundlagen zwischengeschaltet wird und die Warenentnahme im Wareneinkaufskonto in Höhe des Buchwertes als Abgang zu erfassen ist.
>
> Kontenmäßige Darstellung des Geschäftsvorfalls:
>
> | S | Privatkonto | | H |
> |---|---|---|---|
> | | € | | € |
> | (1) | 1.200 | | |
>
> | S | Umsatzsteuer | | H |
> |---|---|---|---|
> | | € | | € |
> | | | (1) | 200 |
>
> | S | Wareneinkauf | | H |
> |---|---|---|---|
> | | € | | € |
> | AB | ... | (2) | 1.000 |
>
> | S | Unentgeltliche Wertabgabe/Regelsteuersatz | | H |
> |---|---|---|---|
> | | € | | € |
> | (2) | 1.000 | (1) | 1.000 |

> Beispiel: Das vom Betrieb angestellte und bezahlte Reinigungspersonal säubert auch die Privatwohnung des Unternehmers und verwendet hierauf 20 % ihrer Arbeitszeit. Die Personalkosten für die Reinigungskraft belaufen sich auf 2.000 €. Die Leistungsentnahme unterliegt dem Regelsteuersatz.
>
> Buchungssatz:
>
> | | | | | | |
> |---|---|---|---|---|---|
> | (1) | Privatkonto | 480 € | an | – Unentgeltliche Wertabgabe/ Regelsteuersatz | 400 € |
> | | | | | – Umsatzsteuer | 80 € |
> | (2) | Unentgeltliche Wertabgabe/ Regelsteuersatz | | an | Personalaufwand | 400 €. |
>
> Da das Konto unentgeltliche Wertabgabe ein Hilfskonto zur Aufzeichnung der Bemessungsgrundlagen ist, wird es dem Buchungsablauf wieder zwischengeschaltet.

II. Buchhalterische Erfassung ausgewählter Geschäftsvorfälle

Kontenmäßige Darstellung des Geschäftsvorfalls:

S	Privatkonto	H
	€	€
(1)	480	

S	Umsatzsteuer	H
	€	€
		(1) 80

S	Personalaufwand	H
	€	€
Reinigungskraft	2.000	(2) 400

S	Unentgeltliche Wertabgabe/Regelsteuersatz	H
	€	€
(2) 400		(1) 400

Sollen die umsatzsteuerrechtlichen Aufzeichnungspflichten im Rahmen der Buchführung erfüllt werden, haben die **Buchungssätze** hinsichtlich der **umsatzsteuerpflichtigen Entnahmevorgänge** folgenden Aufbau:

Privatkonto	an	−Unentgeltliche Wertabgabe/ Regelsteuersatz −Umsatzsteuer.
Unentgeltliche Wertabgabe/ Regelsteuersatz	an	Aktives Bestandskonto oder Aufwandskonto.

Im Falle **steuerfreier Vorgänge** (z. B. Entnahme eines Grundstücks) entfällt die Umsatzsteuerbuchung. Die Buchungssätze lauten:

Privatkonto	an	Unentgeltliche Wertabgabe/ steuerfreie Umsätze.
Unentgeltliche Wertabgabe/ steuerfreie Umsätze	an	Aktives Bestandskonto oder Aufwandskonto.

Beispiel: Ein Unternehmer schenkt einem langjährigen Geschäftsfreund zu Weihnachten einen vergoldeten Füllfederhalter. Die Rechnung des Juweliers lautet über 2.400 € (einschließlich 400 € Umsatzsteuer). Dieser Vorfall löst nachstehende Buchungen aus.

(1) Kauf des Füllfederhalters:
 − Unentgeltliche   2.000 €   an   Kasse   2.400 €
   Wertabgabe/
   Regelsteuersatz
 − Vorsteuer   400 €
   Betriebsausgaben i. S. d. § 4   an   Unentgeltliche   2.000 €.
   Abs. 5 EStG   Wertabgabe/
                                              Regelsteuersatz

(2) Erfassung des Geschenkvorgangs:
   Betriebsausgaben i. S. d. § 4   an   Umsatzsteuer   400 €.
   Abs. 5 EStG

(3) Abschluss des Kontos „Betriebsausgaben" i. S. d. § 4 Abs. 5 EStG:
GuV-Konto an Betriebsausgaben 2.400 €.
i. S. d. § 4 Abs. 5 EStG

Analog zur oben dargestellten Erfassungstechnik wird auch hier durch die Zwischenschaltung des Kontos „Unentgeltliche Wertabgabe" der ursprüngliche Buchungssatz in zwei Teilbuchungen aufgespalten.

Kontenmäßige Darstellung des Geschäftsvorfalls:

S	Kasse		H
AB	€ ...	(1)	€ 2.400

S	Vorsteuer		H
(1)	€ 400		€

S	Umsatzsteuer		H
		(2)	€ 400

S	Betriebsausgaben i. S. d. § 4 Abs. 5 EStG		H
(1)	€ 2.000	(3) GuV-Konto	€ 2.400
(2)	400	(Saldo)	
	2.400		2.400

S	Unentgeltliche Wertabgabe/ Regelsteuersatz		H
(1)	€ 2.000	(1)	€ 2.000

S	GuV-Konto		H
(3) Betriebsausgaben i. S. d. § 4 Abs. 5 EStG	€ 2.400		€

Der Buchungsablauf stellt sich somit wie folgt dar:

(1) Vornahme von nicht abziehbaren Betriebsausgaben i. S. d. § 4 Abs. 5 Satz 1 Nr. 1 bis Nr. 7 oder Abs. 7 EStG:

– Unentgeltliche Wertabgabe/... an Gegenkonto
– Vorsteuer

Betriebsausgaben an Unentgeltliche
i. S. d. § 4 Abs. 5 EStG Wertabgabe/...

> (2) Umsatzbesteuerung der unter das Abzugsverbot des § 4 Abs. 5 Satz 1 Nr. 1 bis Nr. 7 (oder Abs. 7) EStG fallende Aufwendungen:
> **Betriebsausgaben** an **Umsatzsteuer.**
> **i. S. d. § 4 Abs. 5 EStG**
> (3) Abschluss des Kontos „Betriebsausgaben i. S. d. § 4 Abs. 5 EStG":
> **GuV-Konto** an **Betriebsausgaben**
> **i. S. d. § 4 Abs. 5 EStG.**

Aus Buchungssatz (1) ergibt sich, dass der Unternehmer bereits bei der Vornahme von Betriebsausgaben i. S. d. § 4 Abs. 5 EStG entscheiden muss, ob es sich bei den Aufwendungen um umsatzsteuerpflichtige nicht abziehbare Betriebsausgaben handelt oder nicht.

Da die Konten **stets ausgeglichen** sind (Soll- = Habensumme), gehen von ihnen keine Auswirkungen auf die Bilanz sowie die Gewinn- und Verlustrechnung aus. Den Hilfskonten „Unentgeltliche Wertabgabe/…" kommt somit ausschließlich eine **Aufzeichnungsfunktion** zu, wobei sich die umsatzsteuerlichen Bemessungsgrundlagen in den Kontensummen widerspiegeln. Die bislang skizzierte Vorgehensweise der Umsatzsteuerverbuchung entspricht der **Nettomethode**. Gemäß § 63 Abs. 3 UStDV kann die Umsatzsteuer auf die unentgeltliche Wertabgabe auch nach der **Bruttomethode** erfasst werden.

c.c   Einfuhr von Gegenständen im Inland[51]

Nach § 1 Abs. 1 Nr. 4 UStG unterliegt die Einfuhr von Gegenständen im Inland oder in den österreichischen Gebieten Jungholz und Mittelberg der Umsatzsteuer (**Einfuhrumsatzsteuer**). Die Erhebung dieser Steuer ist deshalb erforderlich, damit die Importe die gleiche Vorbelastung mit Umsatzsteuer aufweisen wie die inländischen Produkte. Die Einfuhrumsatzsteuer stellt für den Unternehmer prinzipiell eine **abzugsfähige Vorsteuer** dar und wird aus verfahrenstechnischen Gründen nicht vom Finanzamt, sondern von der **Zollbehörde** erhoben.

Die buchungstechnische Erfassung der Einfuhrumsatzsteuer – in ihrer allgemeinsten und einfachsten Form – soll anhand des nachfolgenden **Beispiels** verdeutlicht werden. Hierbei wird unterstellt, dass der Zollwert (= Bemessungsgrundlage für die Einfuhrumsatzsteuer) mit dem Warenwert (= der auf dem Wareneinkaufskonto zu verbuchende Betrag) übereinstimmt.

> **Beispiel:**
> (1) Zieleinkauf von Waren aus Brasilien im Wert von 5.000 €. Die importierten Gegenstände unterliegen dem Regelsteuersatz. Die vom Zollamt erhobene Einfuhrumsatzsteuer wird durch Banküberweisung beglichen.

---

[51] Auf eine separate Betrachtung des innergemeinschaftlichen Erwerbs im Inland gegen Entgelt (§ 1a UStG) wird im Folgenden verzichtet, da die buchhalterische Erfassung im kommerziellen Warenverkehr zwischen Unternehmen im Prinzip derjenigen bei Einfuhr von Gegenständen im Inland entspricht. Allerdings tritt an die Stelle der Einfuhrumsatzsteuer die Erwerbsteuer und an die Stelle des Zollamtes das zuständige Finanzamt.

Wie bei den inländischen Einkaufsgeschäften sind auch die in Brasilien bezogenen Waren im Wareneinkaufskonto mit dem Nettoeinkaufspreis (5.000 €) anzusetzen. In gleicher Höhe besteht eine Verbindlichkeit gegenüber dem brasilianischen Geschäftspartner (Zunahme der Verbindlichkeiten aus Lieferungen und Leistungen um 5.000 €). Die an die Zollbehörde überwiesene Einfuhrumsatzsteuer ist, da sie eine Vorsteuer darstellt, auf dem **Vorsteuerkonto** zu erfassen. Der Überweisungsvorgang bewirkt eine Verminderung des Guthabens bei Kreditinstituten um 700 €.
Buchungssatz:
- Wareneinkauf   5.000 €   an   - Verbindlichkeiten aus   5.000 €
                                     Lieferungen und Leistungen
- Vorsteuer   700 €   - Guthaben bei   700 €.
                                     Kreditinstituten

(2) Der Unternehmer erwirbt Waren aus Mexiko gegen Barzahlung im Wert von 2.000 €. Die Einfuhr ist mit dem ermäßigten Steuersatz von 7 % zu belasten. Das Zollamt gewährt dem Unternehmer zur Bezahlung der fälligen Einfuhrumsatzsteuer eine Frist von 2 Wochen, die dieser auch in Anspruch nimmt.

Das Wareneinkaufskonto nimmt um 2.000 € zu, während der Kassenbestand sich um diesen Betrag verringert. Da der Unternehmer die fällige Einfuhrumsatzsteuer nicht sofort entrichtet, sondern die Zahlungsfrist in Anspruch nimmt, wird eine Verbindlichkeit gegenüber der Zollbehörde begründet, die in der Bilanz unter der Position „Sonstige Verbindlichkeiten"[52] auszuweisen ist.
Buchungssatz:
- Wareneinkauf   2.000 €   an   - Kasse   2.000 €
- Vorsteuer   140 €   - Sonstige Verbindlichkeiten   140 €.

(3) Kauf von Waren aus Japan auf Ziel; der Nettoeinkaufspreis beträgt 10.000 €. Der Import unterliegt dem Regelsteuersatz. Auf Antrag des Unternehmers erfolgt die Zahlung der fälligen Einfuhrumsatzsteuer erst in einigen Tagen.
Buchungssatz:
- Wareneinkauf   10.000 €   an   - Verbindlichkeiten aus   10.000 €
                                     Lieferungen und
                                     Leistungen
- Vorsteuer   2.000 €   - Sonstige Verbindlichkeiten   2.000 €.

Kontenmäßige Darstellung der Geschäftsvorfälle:

S	Kasse		H
	€		€
AB	...	(2)	2.000

S	Guthaben bei Kreditinstituten		H
	€		€
AB	...	(1)	700

---

[52] Vielfach werden in der Praxis Steuerschulden in einem Unterkonto (z. B. „Sonstige Verbindlichkeiten gegenüber Finanzbehörden" oder „Verbindlichkeiten aus Steuern") des Kontos „Sonstige Verbindlichkeiten" erfasst. Vgl. z. B. EKR, Kontengruppe 48, oder den Kontenrahmen für den Groß- und Außenhandel, Kontengruppe 19.

II. Buchhalterische Erfassung ausgewählter Geschäftsvorfälle

S	Vorsteuer	H
	€	€
(1)	700	
(2)	140	
(3)	2.000	

S	Wareneinkauf	H
	€	€
AB	...	
(1)	5.000	
(2)	2.000	
(3)	10.000	

S	Verbindlichkeiten aus Lieferungen und Leistungen	H
	€	€
	AB	...
	(1)	5.000
	(3)	10.000

S	Sonstige Verbindlichkeiten	H
	€	€
	AB	...
	(2)	140
	(3)	2.000

Im Ergebnis führt die Einfuhrumsatzsteuer zu **keiner Belastung des Unternehmens**, denn die vom Zollamt erhobene Einfuhrumsatzsteuer ist für den Unternehmer eine **abziehbare Vorsteuer**, wodurch die Umsatzsteuer-Zahllast gegenüber dem Finanzamt vermindert bzw. der Vorsteuer-Erstattungsanspruch erhöht wird.[53] In analoger Weise vollzieht sich die Verbuchung der Einfuhrumsatzsteuer bei Einkäufen von Gegenständen des Anlagevermögens sowie bei der Einfuhr von Verbrauchsgütern.

Gemäß § 22 Abs. 2 Nr. 6 UStG hat der Unternehmer

- die Bemessungsgrundlagen für die Einfuhr von Gegenständen sowie
- die dafür entrichtete oder zu entrichtende **Einfuhrumsatzsteuer** aufzuzeichnen.[54]

Eine Vereinfachung erfährt die im Umsatzsteuergesetz kodifizierte **Aufzeichnungspflicht** durch § 64 UStDV. Danach brauchen die Bemessungsgrundlagen für die eingeführten Gegenstände dann nicht gesondert erfasst zu werden, wenn die entrichtete oder noch zu entrichtende Einfuhrumsatzsteuer mit einem Hinweis auf einen entsprechenden zollamtlichen Beleg aufgezeichnet wird (diese Belege enthalten die relevanten Angaben hinsichtlich der Bemessungsgrundlagen). Soll die durch die Umsatzsteuer-Durchführungsverordnung vereinfachte Aufzeichnungspflicht im Rahmen der Finanzbuchhaltung erfüllt werden, so muss der Unternehmer lediglich die an das Zollamt entrichtete oder noch zu entrichtende Einfuhrumsatzsteuer auf einem gesonderten Konto („**Einfuhrumsatzsteuer**") ausweisen.[55] Das Einfuhrumsatzsteuerkonto ist ein Unterkonto des Vorsteuerkontos und deshalb über dieses abzuschließen.

---

[53] Sofern jedoch der Vorsteuerabzug ausgeschlossen ist, erhöht die Einfuhrumsatzsteuer die Anschaffungskosten der importierten Gegenstände, d. h. auf dem betreffenden Konto (z. B. Wareneinkaufskonto) ist neben dem Nettopreis auch die Einfuhrumsatzsteuer zu verbuchen.

[54] Die Aufzeichnungspflicht der Einfuhrgeschäfte entfällt jedoch dann, wenn ein Vorsteuerabzug ausgeschlossen ist (§ 22 Abs. 3 UStG).

[55] Es wird auch für zulässig erachtet, die Einfuhrumsatzsteuer – unter Hinweis auf einen entsprechenden zollamtlichen Beleg – unmittelbar auf dem Vorsteuerkonto zu verbuchen.

Die Buchungssätze der einfuhrumsatzsteuerpflichtigen Warenimporte haben somit folgenden Aufbau:

> –Wareneinkauf an – Gegenkonto (z. B. Verbindlichkeiten aus Lieferungen und Leistungen)
> –Einfuhrumsatzsteuer – Gegenkonto (z. B. Sonstige Verbindlichkeiten).

Abgeschlossen wird das Einfuhrumsatzsteuerkonto durch die Buchung

> Vorsteuer an Einfuhrumsatzsteuer.

Übertragen auf die im vorangegangenen Abschnitt angegebenen Beispiele bedeutet dies, dass das Vorsteuerkonto durch das Einfuhrumsatzsteuerkonto ersetzt wird, ansonsten ergeben sich keine Veränderungen. Anzumerken ist, dass die Verbuchung der Einfuhrumsatzsteuer zwingend nach der **Nettomethode** zu erfolgen hat.

4. Bezugs- und Vertriebskosten sowie Rücksendungen und Preisnachlässe

a. Bezugskosten

Diejenigen Aufwendungen, die dem Kaufmann entstehen, um Handelsprodukte in seinen Verfügungsbereich zu bringen, werden als (Waren-)Bezugskosten bezeichnet. Zu dieser Aufwandskategorie zählen insbesondere Speditions- und Postgebühren, Rollgelder, Verpackungskosten, Transportversicherungen und Einfuhrzölle.[56] Da die Bezugskosten unmittelbar aus der **Beschaffungssphäre** resultieren, erhöhen sie als **Nebenkosten des Erwerbs** die Einkaufspreise der bezogenen Produkte und sind demzufolge im **Wareneinkaufskonto** zu erfassen. Zu beachten ist in diesem Zusammenhang jedoch, dass auf dem Wareneinkaufskonto – wenn dem Unternehmer ein Vorsteuerabzug zusteht – nur die **Nettobeträge der Bezugskosten** anzusetzen sind.[57] Sofern zu den **Einkaufspreisen (netto)** einerseits die **Bezugskosten (netto)** addiert und andererseits die **Preisnachlässe (netto)** subtrahiert werden, ergeben sich die **Einstandspreise** oder **Anschaffungskosten** der Waren (§ 255

---

[56] Als Bezugskosten kommen nur solche Aufwendungen in Frage, die den erworbenen Gegenständen einzeln (direkt) zugeordnet werden können. Die Bezugskosten müssen also Einzelkostencharakter haben. Mithin stellen im Rahmen des Erwerbs anfallende Gemeinkosten, d. h. Aufwendungen, die einem Vermögensgegenstand nur indirekt (anteilig oder pauschal aufgrund eines Verteilungsschlüssels) zurechenbar sind, keine Bezugskosten dar. Zu den beim Warenerwerb auftretenden Gemeinkosten zählen u. a. die Aufwendungen, die durch den Transport der gekauften Handelsprodukte mit eigenen Fahrzeugen entstehen. Vgl. hierzu insbesondere *ADS* 1995a, Anm. 27 und 42 zu § 255 HGB.

[57] Wenn jedoch der Vorsteuerabzug ausgeschlossen ist, sind anstelle der Netto- die Bruttobeträge (d. h. einschließlich der Umsatzsteuer) zu verbuchen (vgl. § 9b Abs. 1 EStG).

II. Buchhalterische Erfassung ausgewählter Geschäftsvorfälle

Abs. 1 HGB; IAS 2.11; IAS 16.16). Hieraus folgt auch die Klassifizierung der Bezugskosten als **Anschaffungsnebenkosten** und der Preisnachlässe als **Anschaffungspreisminderungen**.

	Einkaufspreis (netto)
+	Bezugskosten (netto)
–	Preisnachlässe (netto)
=	Einstandspreis oder Anschaffungskosten

Um einen Überblick über Art und Höhe der beim Warenbezug angefallenen Aufwendungen zu erhalten, werden die Bezugskosten regelmäßig auf einem **Unterkonto** („Warenbezugskosten") des Wareneinkaufskontos erfasst.[58] Zum Bilanzstichtag ist dann das Bezugskostenkonto über das Wareneinkaufskonto abzuschließen.[59] Die Erfassung der Anschaffungsnebenkosten und Anschaffungspreisminderungen im Wareneinkaufskonto hat zur Folge, dass der Wareneinsatz die im Laufe des Geschäftsjahres veräußerten Handelsprodukte **nicht** mehr zu Einkaufspreisen, sondern zu **Einstandspreisen** (Anschaffungskosten) angibt.

Beispiel: Ein Großhändler erwirbt vom Hersteller Waren im Wert von 10.000 € (zzgl. 20 % USt) auf Ziel. Da nach dem Kaufvertrag der Großhändler die Produkte beim Hersteller abzuholen hat („Kauf ab Werk"), der LKW sich derzeit aber in Reparatur befindet, lässt sich der Großhändler die Waren durch eine Spedition zustellen. Die Rechnung des Transportunternehmens lautet über 600 € (inkl. 20 % USt) und wird durch Banküberweisung beglichen.

(1)	–	Wareneinkauf	10.000 €	an	Verbindlichkeiten aus	12.000 €
	–	Vorsteuer	2.000 €		Lieferungen und	
					Leistungen	
(2)	–	Warenbezugskosten	500 €	an	Guthaben bei	600 €
	–	Vorsteuer	100 €		Kreditinstituten	

Der Abschluss des Bezugskontos erfolgt durch die Buchung:

Wareneinkauf an Warenbezugskosten.

---

[58] Vgl. z. B. EKR, Kontengruppe 60; Kontenrahmen für den Groß- und Außenhandel, Kontengruppe 30; IKR I Kontengruppe 20.

[59] Mitunter wird in der Literatur (vgl. z. B. *Falterbaum et al.* 2010, S. 178) für zulässig erachtet, das Bezugskostenkonto direkt über das GuV-Konto abzuschließen. Gegen diese Abschlussalternative spricht allerdings die Qualifizierung der Bezugskosten als Anschaffungsnebenkosten, die die Einkaufspreise der Waren erhöhen. Folglich würde der Wareneinsatz um die Beschaffungsaufwendungen zu gering und somit – bei Abschluss nach dem Nettoverfahren – der Roherfolg um genau diesen Betrag zu hoch ausgewiesen werden.

Kontenmäßige Darstellung des Geschäftsvorfalls:

S	Guthaben bei Kreditinstituten	H
	€	€
AB	...	(2) 600

S	Vorsteuer	H
	€	€
(1)	2.000	
(2)	100	

S	Verbindlichkeiten aus Lieferungen und Leistungen	H
	€	€
		AB ...
		(1) 12.000

S	Wareneinkauf	H
	€	€
AB	...	
(1)	10.000	
▶ Waren- bezugs- kosten	...	

S	Warenbezugskosten	H
	€	€
(2)	500	Waren- einkauf (Saldo) ...

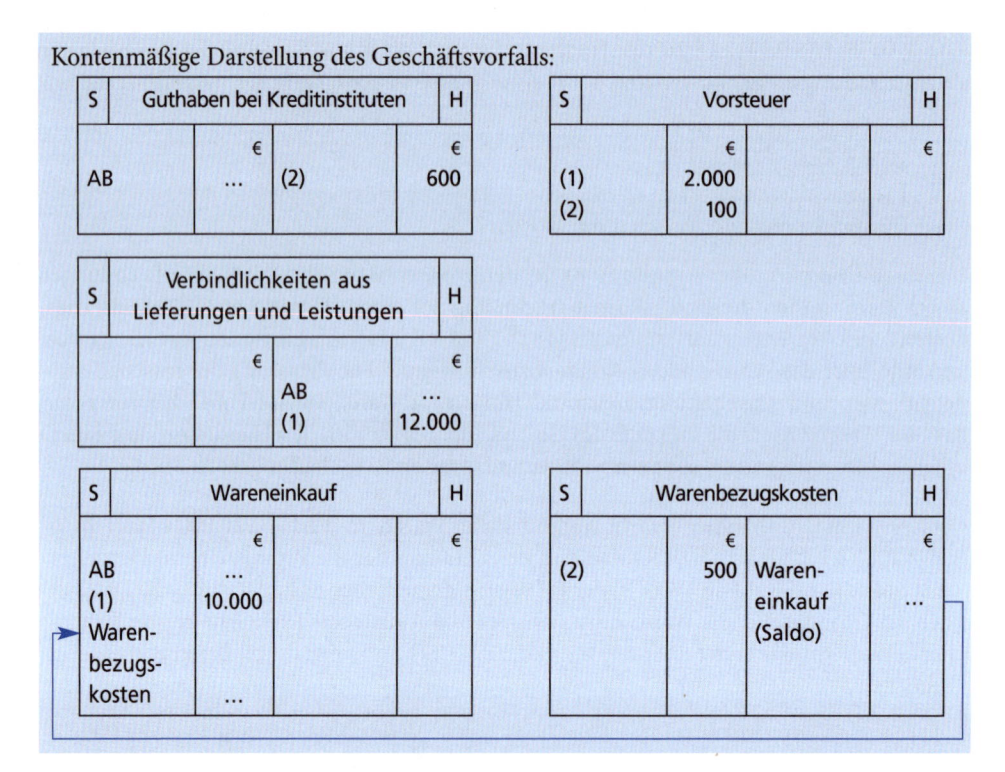

Im Wareneinkaufskonto erscheinen die Zugänge letztendlich zu Einstandspreisen. Da gemäß § 253 Abs. 1 HGB und IAS 2.10 auch die zum Abschlussstichtag auf Lager befindlichen Waren in der Bilanz nach Handels- und Steuerrecht sowie nach IFRS – und somit auch im Schlussbilanzkonto und im Inventar – mit den Anschaffungskosten anzusetzen sind, ist der im Rahmen der Inventur ermittelte mengenmäßige Warenendbestand ebenfalls mit den Einstandspreisen zu bewerten.[60] Folglich müssen die Bezugskosten, die auf diejenigen Waren entfallen, die sich zum Bilanzstichtag noch auf Lager befinden, den Einkaufspreisen hinzugerechnet werden.[61] Mithin ist im Zuge der Inventur festzustellen:

---

[60] Sofern jedoch zum Abschlussstichtag die Beschaffungs- oder Absatzpreise der Handelsprodukte geringer sind als die Anschaffungskosten, sind die Waren in der Bilanz, im Schlussbilanzkonto und im Inventar mit den niedrigeren Werten anzusetzen (§ 253 Abs. 4 HGB; IAS 2.9).

[61] Weil im Wareneinkaufskonto die Zugänge im Ergebnis mit den Einstandspreisen (Anschaffungskosten) ausgewiesen werden, ist auch der Warenendbestand, der dem Anfangsbestand der nachfolgenden Periode entspricht, mit den Anschaffungskosten anzusetzen, um den wirtschaftlichen Wareneinsatz zu erhalten. Da die im Geschäftsjahr insgesamt entrichteten Bezugskosten bereits über das Wareneinkaufskonto verbucht wurden, bedarf es einer Korrektur (Stornierung) dieser Aufwendungen in der Höhe, in der sie auf den Lagerbestand entfallen. Andernfalls würde unterstellt, dass sämtliche in der Rechnungsperiode angeschafften Waren, die Bezugskosten verursacht haben, in der gleichen Periode weiterveräußert wurden. Die Stornierung der zuviel verbuchten Beschaffungsaufwendungen erfolgt durch die Korrektur des zu Einkaufspreisen bewerteten Warenendbestandes um die anteiligen, d. h. auf den Lagerbestand entfallenden Bezugskosten.

II. Buchhalterische Erfassung ausgewählter Geschäftsvorfälle

	Warenbestand zum Bilanzstichtag, bewertet zu Einkaufspreisen
+	die auf diesen Bestand entfallenden Bezugskosten
=	in das Inventar, das Schlussbilanzkonto und die Schlussbilanz zu übernehmender wertmäßiger Warenbestand (= Einstandspreis oder Anschaffungskosten des Warenendbestands).[62]

Beispiel: Ein Einzelhändler hat im Geschäftsjahr 2012 Waren im Gesamtwert von 100.000 € bezogen (= Summe der Nettoeinkaufspreise). Hiervon haben Einkäufe im Wert von 80.000 € Bezugskosten im Umfang von 5.000 € verursacht. Am Schluss des Geschäftsjahres 2012 beträgt der mit Nettoeinkaufspreisen bewertete Warenendbestand 19.000 €. Bei der Ermittlung des Bilanzansatzes ist allerdings zu beachten, dass Bezugskosten nur auf einen Teil des Lagerbestands in Höhe von 16.000 € entfallen.

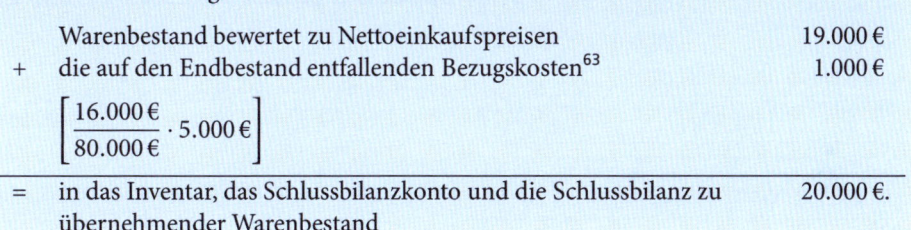

	Warenbestand bewertet zu Nettoeinkaufspreisen	19.000 €
+	die auf den Endbestand entfallenden Bezugskosten[63] $\left[\dfrac{16.000\,€}{80.000\,€} \cdot 5.000\,€\right]$	1.000 €
=	in das Inventar, das Schlussbilanzkonto und die Schlussbilanz zu übernehmender Warenbestand	20.000 €.

Vielfach ist jedoch eine exakte Zuordnung der Bezugskosten zu den Warenendbeständen nicht möglich bzw. zu arbeitsaufwändig. In solchen Fällen erfolgt aus **Vereinfachungsgründen** die Aktivierung der dem Lagerbestand entsprechenden Beschaffungsaufwendungen mit Hilfe eines **prozentualen Zuschlags** auf den zu Einkaufspreisen bewerteten Endbestand. Unter Zugrundelegung der Bezugskosten und des Gesamtwertes der Wareneinkäufe wird mithin ein Bezugskostenzuschlagsatz ermittelt. Die Berechnung der Anschaffungskosten der sich zum Abschlussstichtag auf Lager befindlichen Waren vollzieht sich dann wie folgt:

	Warenbestand zum Bilanzstichtag, bewertet zu Einkaufspreisen
+	Bezugskosten (Warenbestand bewertet zu Einkaufspreisen · Bezugskostenzuschlagsatz)
=	in das Inventar, das Schlussbilanzkonto und die Schlussbilanz zu übernehmender wertmäßiger Warenbestand.

Hierbei gilt:

$$\text{Bezugskostenzuschlagsatz} = \frac{\text{Warenbezugskosten}}{\text{Gesamtwert der Wareneinkäufe}} \cdot 100.$$

Beispiel: Gegeben seien die Daten des vorstehenden Beispiels.

$$\text{Bezugskostenzuschlagsatz} = \frac{5.000\,€ \cdot 100}{100.000\,€} = 5\%.$$

---

[62] Vorstehender Wert ist ggf. noch um die Anschaffungspreisminderungen zu modifizieren.
[63] Hierbei wird unterstellt, dass sich die Bezugskosten gleichmäßig auf die Einkäufe verteilen.

	Warenbestand, bewertet zu Nettoeinkaufspreisen	19.000 €
+	Bezugskosten (19.000 € · 0,05)	950 €
=	in das Inventar, das Schlussbilanzkonto und die Schlussbilanz zu übernehmender Warenbestand	19.950 €

Kontenmäßige Darstellung des Geschäftsvorfalls unter der Annahme, dass am Anfang der Periode keine Warenbestände vorlagen:

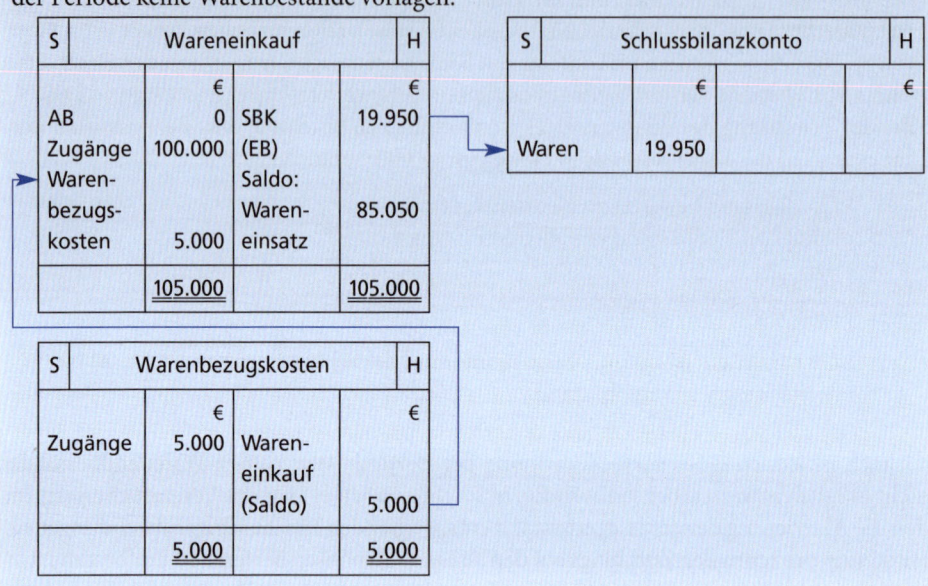

S	Wareneinkauf		H
	€		€
AB	0	SBK (EB)	19.950
Zugänge	100.000	Saldo:	
Warenbezugskosten	5.000	Wareneinsatz	85.050
	105.000		105.000

S	Schlussbilanzkonto		H
	€		€
Waren	19.950		

S	Warenbezugskosten		H
	€		€
Zugänge	5.000	Wareneinkauf (Saldo)	5.000
	5.000		5.000

b. Vertriebskosten

Das Pendant zu den Bezugskosten stellen die der Sphäre des Absatzes zuzuordnenden (Waren-)Vertriebskosten dar. Hierzu zählen:

- Aufwendungen, die dem Unternehmen durch die **Lieferung** der verkauften Produkte „frei Haus" entstehen (z. B. Speditions- und Postgebühren, Kosten der Versandverpackung, Transportversicherungsbeiträge sowie Ausfuhrzölle);[64]
- Aufwendungen, die dem Betrieb durch die Vermittlung von Absatzgeschäften erwachsen (insbesondere Verkaufsprovisionen).

---

[64] Analog zu den (Waren-)Bezugskosten rechnen zu den (Waren-)Vertriebskosten im vorstehenden Sinne nur solche Aufwendungen, die Einzelkostencharakter haben. Der Vollständigkeit halber sei angemerkt, dass der im Gliederungsschema für die Gewinn- und Verlustrechnung nach § 275 Abs. 3 Nr. 4 HGB ausgewiesene Posten „Vertriebskosten" neben den Einzel- auch die Gemeinkosten des Absatzbereichs (z. B. Personal- und Werbeaufwand) erfasst. Mithin ist der bilanzielle Vertriebskostenbegriff weiter gefasst als der in der Buchhaltung verwendete. Nach den IFRS ist, da eine Einbeziehung von Vertriebskosten in die Anschaffungskosten der Waren unzulässig ist (IAS 2.16d), ebenfalls eine buchhalterische Abgrenzung dieser Kosten angezeigt.

Die im Rahmen der Warenverkäufe anfallenden Vertriebskosten werden i. d. R. auf einem gesonderten **Aufwandskonto** („Warenvertriebskosten") verbucht,[65] das am Ende des Geschäftsjahres unmittelbar über das **GuV-Konto** abzuschließen ist.[66] Anzumerken bleibt, dass auf dem Vertriebskostenkonto – sofern dem Unternehmer ein Vorsteuerabzug zusteht – nur die jeweiligen **Nettobeträge** zu erfassen sind. Die dem Kaufmann in Rechnung gestellte Umsatzsteuer ist auf dem Vorsteuerkonto auszuweisen.

Beispiel: Ein Obst- und Gemüsegroßhändler verkauft Südfrüchte im Wert von 5.000 € (zzgl. 7 % USt) auf Ziel und lässt diese durch ein Transportunternehmen ausliefern. Die Rechnung des Spediteurs beläuft sich auf 720 € (einschl. 20 % USt) und wird vom Großhändler bar bezahlt.

Buchungssätze zum Zeitpunkt des Warenverkaufs:

(1) Forderungen aus   5.350 €   an   – Warenverkauf   5.000 €
    Lieferungen und Leistungen   – Umsatzsteuer   350 €

(2) – Warenvertriebskosten   600 €   an   Kasse   720 €.
    – Vorsteuer   120 €

Der Abschluss des Vertriebskostenkontos erfolgt durch die Buchung:

GuV-Konto   an   Warenvertriebskosten.

Kontenmäßige Darstellung des Geschäftsvorfalls:

S	Kasse		H
	€		€
AB	...	(2)	720

S	Forderungen aus Lieferungen und Leistungen		H
	€		€
AB	...		
(1)	5.350		

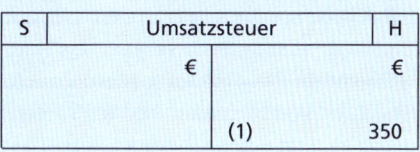

S	Vorsteuer		H
	€		€
(2)	120		

S	Umsatzsteuer		H
	€		€
		(1)	350

---

[65] In der Praxis wird regelmäßig für jede Kategorie von Warenvertriebskosten ein eigenes Aufwandskonto geführt (vgl. z. B. den Kontenrahmen für den Groß- und Außenhandel, Kontengruppen 45 und 46).

[66] Im Gegensatz zu den Bezugskosten, deren Saldo auf das Wareneinkaufskonto zu übertragen ist, werden die Vertriebskosten nicht über das Warenverkaufskonto abgeschlossen. Diese Vorgehensweise trägt dem Umstand Rechnung, dass die Warenvertriebskosten keine Erlösschmälerungen i. S. d. § 277 Abs. 1 HGB darstellen und somit nicht auf der Sollseite des Warenverkaufskontos erfasst werden dürfen. Darüber hinaus verbietet das grundsätzliche Saldierungsverbot des § 246 Abs. 2 Satz 1 HGB, dass Aufwendungen (hier: Warenvertriebskosten) und Erträge (hier: Umsatzerlöse) miteinander verrechnet werden. Entsprechendes gilt auch nach IAS 1.32.

S	Warenverkauf	H		S	Warenvertriebskosten	H
€ (1)		€ 5.000		€ (2)	600	GuV-Konto (Saldo)	€

S	GuV-Konto	H
€ Warenvertriebskosten		€

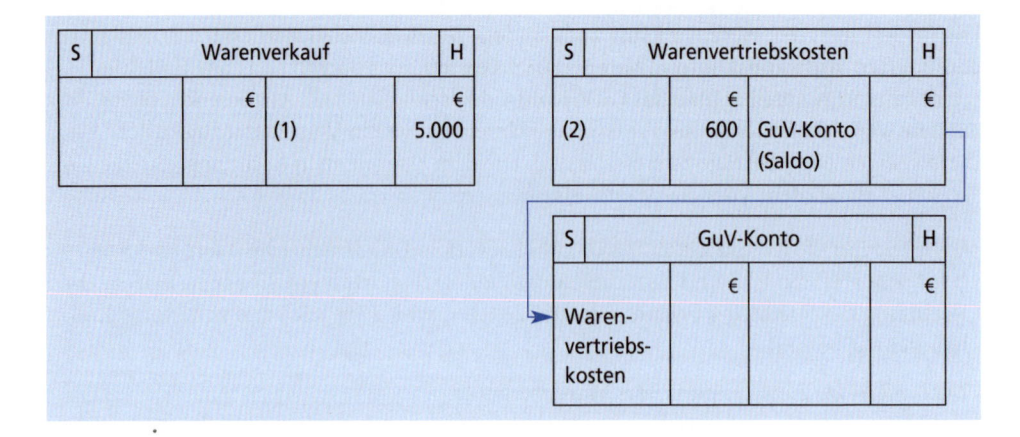

c. Rücksendungen

Die Rückgabe von Waren an den Verkäufer kann u. a. ihre Ursache haben in

- einer **Falschlieferung** (der Käufer hat eine andere als die vertraglich vereinbarte Ware erhalten) oder
- der **Lieferung mangelhafter Produkte** (die Ware ist mit Fehlern behaftet, die den Wert oder die Tauglichkeit mindern[67]).

Bei einer **Falschlieferung** kann der Käufer die von ihm nicht bestellten Artikel an den Verkäufer zurücksenden und gleichzeitig seinen (bislang noch nicht erfüllten) Anspruch auf Aushändigung der vertragsgemäßen Handelsgüter geltend machen. Ist dem Käufer dagegen eine **mangelhafte Ware** zugegangen, so hat er nach § 437 BGB die Möglichkeit, nach § 439 BGB Nacherfüllung zu verlangen, nach den §§ 323, 326 Abs. 5 BGB vom Kaufvertrag zurückzutreten, den Kaufpreis nach § 441 BGB zu mindern oder nach den §§ 440, 280, 281, 283 BGB Schadenersatz zu verlangen. Da sowohl bei der Falschlieferung als auch bei Rücktritt die in Rede stehenden Produkte das Kauf-Unternehmen physisch verlassen und wieder in das Eigentum des Verkauf-Unternehmens übergehen, hat der Abnehmer den ursprünglich verbuchten Wareneinkauf und der Lieferant den ursprünglich verbuchten Warenverkauf zu stornieren. Um einen Überblick über das Ausmaß der Rücksendungen zu erhalten, werden die Stornobuchungen i. d. R. nicht unmittelbar auf den betreffenden Warenkonten erfasst, sondern zunächst in entsprechenden Unterkonten („Rücksendungen/Wareneinkauf" und „Rücksendungen/Warenverkauf")[68] aufgezeichnet, deren Salden zum Bilanzstichtag auf das Wareneinkaufs- und Warenverkaufskonto zu übertragen sind. Im Gegenzug bewirkt die Warenrücksendung, dass sich bei **Zielgeschäften** auf Seiten des Käufers die Verbindlichkeiten aus Lieferungen und Leistungen und auf Seiten des Verkäufers die Forderungen aus Lieferungen und Leistungen verringern. Liegt dem rückgängig gemachten Kaufakt hingegen ein **Barzahlungsgeschäft** zugrunde und wird der Kaufpreis nicht unmittelbar zurückbezahlt, so

---

[67] Vgl. § 459 Abs. 1 BGB.
[68] Vgl. z. B. den Kontenrahmen für den Groß- und Außenhandel, Kontengruppen 30 und 80.

II. Buchhalterische Erfassung ausgewählter Geschäftsvorfälle

hat der Käufer eine **sonstige Forderung**[69] (gegen den Lieferanten) und der Verkäufer eine **sonstige Verbindlichkeit** (gegenüber dem Abnehmer).

Die mit der Rücksendung der Waren einhergehende Rückerstattung des Kaufpreises stellt eine Verminderung des Entgelts und somit der **umsatzsteuerlichen Bemessungsgrundlage** dar. Gemäß § 17 Abs. 1 i. V. m. Abs. 2 Nr. 3 UStG hat deshalb der Käufer seine Vorsteuer und der Verkäufer seine Umsatzsteuer zu berichtigen. Konkret bedeutet dies, dass auf dem Vorsteuerkonto im Haben und auf dem Umsatzsteuerkonto im Soll zu buchen ist (**Stornobuchung**).

Im Falle einer Minderung erfolgt keine physische Rücksendung der fehlerhaften Ware. Vielmehr wird der Kaufpreis aufgrund einer Mängelrüge herabgesetzt. Demzufolge ist die Minderung der Kategorie „Preisnachlässe" zuzuordnen. Nachstehend wird die buchungstechnische Handhabung von Rücksendungen in der Sphäre des Wareneinkaufs (Unternehmer sendet Handelsgüter an den Lieferanten zurück) und des Warenverkaufs (Kunden senden dem Unternehmer Produkte zurück) anhand von entsprechenden Geschäftsvorfällen verdeutlicht.

> **Beispiel:** Ein Großhändler hat von einem Hersteller Produkte im Wert von 5.000 € (zzgl. 20 % Umsatzsteuer) auf Ziel erworben. Bei der Wareneingangskontrolle stellt der Händler jedoch fest, dass es sich um eine Falschlieferung handelt. Der davon in Kenntnis gesetzte Hersteller holt zwar die Produkte wieder ab, muss aber gleichzeitig erklären, dass er die zugesagten Waren frühestens in zwei Wochen liefern kann.[70] Das Beschaffungsgeschäft wurde bereits vor Beginn der Wareneingangskontrolle in der Finanzbuchhaltung des Großhändlers erfasst.
>
> Buchungen des Großhändlers (Wareneinkaufsseite):
>
> (1) Aufzeichnung des Warenzugangs:
> - Wareneinkauf   5.000 €   an   Verbindlichkeiten aus   6.000 €.
> - Vorsteuer   1.000 €   Lieferungen und
>   Leistungen
>
> (2) Erfassung der Warenrücksendung:
> Verbindlichkeiten aus 6.000 € an   – Rücksendungen/   5.000 €
> Lieferungen und   Wareneinkauf
> Leistungen   – Vorsteuer   1.000 €.
>
> (3) Abschluss des Kontos „Rücksendungen/Wareneinkauf":
> **Rücksendungen/Wareneinkauf**   an   **Wareneinkauf**.

---

[69] Sonstige Forderungen sind in der Bilanz grundsätzlich unter dem Posten „Sonstige Vermögensgegenstände" (HGB) bzw. „Sonstige Vermögenswerte" (IFRS) auszuweisen.

[70] Würde der Hersteller die falsche Ware abholen und gleichzeitig die richtigen Produkte liefern, würde sich die Stornierung der Falschlieferung erübrigen.

> **Beispiel:**
> Kontenmäßige Darstellung des Geschäftsvorfalls:

S	Verbindlichkeiten aus Lieferungen und Leistungen		H
	€		€
(2)	6.000	AB (1)	... 6.000

S	Vorsteuer		H
	€		€
(1)	1.000	(2)	1.000

S	Wareneinkauf		H
	€		€
AB (1)	... 5.000	Rücksendungen/ Wareneinkauf	...

S	Rücksendungen/Wareneinkauf		H
	€		€
Wareneinkauf (Saldo)	...	(2)	5.000

Abhängig von der inhaltlichen Ausgestaltung des Kaufvertrages kann der Verkäufer bei Falschlieferung oder der Lieferung mangelhafter Produkte auch zum Ersatz der dem Käufer entstandenen Beschaffungsaufwendungen verpflichtet sein. In derartigen Fällen hat zusätzlich eine Stornierung der betreffenden Bezugskosten (netto)[71] zu erfolgen.

Buchungen des Herstellers (Warenverkaufsseite):

(1) Aufzeichnung des Warenzugangs:
  Forderungen aus   6.000 €   an   – Warenverkauf   5.000 €
  Lieferungen und   – Umsatzsteuer   1.000 €.
  Leistungen

(2) Erfassung der Warenrücksendung:
  – Rücksendungen/   5.000 €   an   Forderungen aus   6.000 €.
    Warenverkauf   Lieferungen und
  – Umsatzsteuer   1.000 €   Leistungen

(3) Abschluss des Kontos „Rücksendungen/Wareneinkauf":
  Warenverkauf   an   **Rücksendungen/**
                                       Warenverkauf.

---

[71] Einer Erstattung der auf Seiten des Käufers angefallenen Vorsteuer durch den Verkäufer bedarf es dann nicht, wenn der Leistungsempfänger zum Vorsteuerabzug berechtigt ist und ihm folglich in Höhe der gezahlten Umsatzsteuer eine Forderung gegen die Finanzbehörde zusteht. Als von der Gegenpartei zu ersetzender Schadensbetrag verbleiben somit nur die Bezugskosten (netto). Die vom Verkäufer an den Käufer zu erbringende Schadensersatzleistung zählt zu den nicht steuerbaren Vorgängen und löst insofern keine umsatzsteuerlichen Konsequenzen aus (vgl. UStAE, § 1.3).

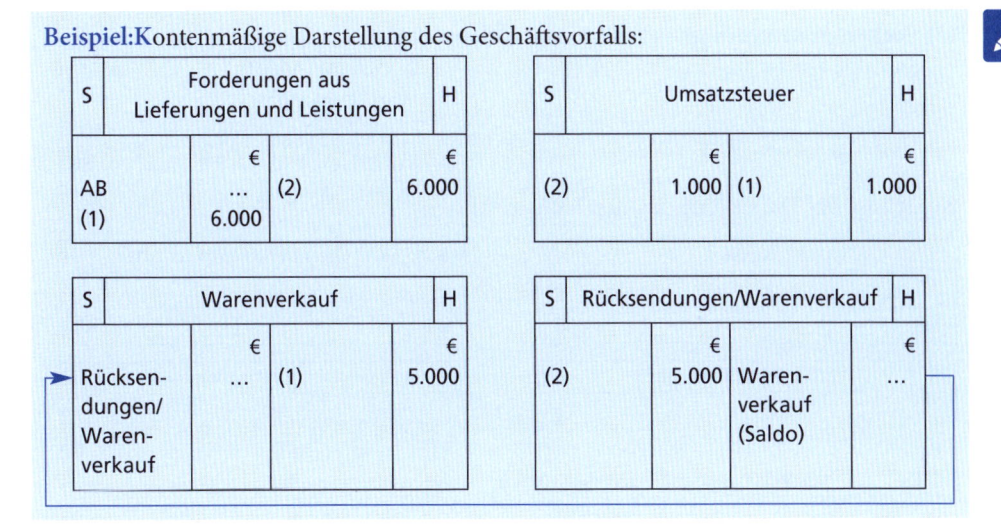

II. Buchhalterische Erfassung ausgewählter Geschäftsvorfälle

Beispiel: Kontenmäßige Darstellung des Geschäftsvorfalls:

S	Forderungen aus Lieferungen und Leistungen		H
	€		€
AB (1)	... 6.000	(2)	6.000

S	Umsatzsteuer		H
	€		€
(2)	1.000	(1)	1.000

S	Warenverkauf		H
	€		€
➤ Rücksendungen/ Warenverkauf	...	(1)	5.000

S	Rücksendungen/Warenverkauf		H
	€		€
(2)	5.000	Warenverkauf (Saldo)	...

Sofern der Verkäufer nach dem Inhalt des Kaufvertrages im Falle von Warenrücksendungen
- dem Käufer die Bezugskosten zu ersetzen und/oder
- die Kosten des Rücktransports zu tragen hat,

sind diese Aufwendungen, da sie aus der Absatztätigkeit resultieren, auf dem Vertriebskostenkonto zu erfassen.

Beispiel: Wareneinkauf gegen Barzahlung. Der Rechnungsbetrag (einschl. 20 % Umsatzsteuer) lautet über 3.600 €. Die Bezugskosten belaufen sich auf 480 € (inkl. 20 % Umsatzsteuer) und werden durch Banküberweisung beglichen. Da sich die bezogenen Produkte als fehlerhaft erweisen, wandelt der Unternehmer den Kaufvertrag und sendet die mangelhafte Ware an den Lieferanten zurück. Die damit beauftragte Spedition verlangt hierfür ebenfalls 480 € (inkl. 20 % Umsatzsteuer). Nach dem Kaufvertrag ist der Lieferant verpflichtet, dem Unternehmer die Beschaffungsaufwendungen in voller Höhe zu ersetzen sowie die Kosten der Rücksendung zu tragen. Eine unmittelbare Erstattung des Kaufpreises und der Bezugskosten seitens des Verkäufers erfolgt jedoch nicht.

Buchungen des Unternehmers (Wareneinkaufsseite):

(1) Erfassung des Warenzugangs sowie der Bezugskosten:
- Wareneinkauf   3.000 €   an   Kasse   3.600 €
- Vorsteuer   600 €
- Warenbezugskosten   400 €   an   Guthaben bei
- Vorsteuer   80 €   Kreditinstituten   480 €.

(2) Buchungssatz im Zeitpunkt der Warenrücksendung:
Sonstige Forderungen 3.480 € an – Rücksendungen/ 3.000 €
Wareneinkauf
– Warenbezugskosten 400 €
– Vorsteuer 80 €.

Kontenmäßige Darstellung des Geschäftsvorfalls:

S	Kasse		H
	€		€
AB	...	(1)	3.600

S	Guthaben bei Kreditinstituten		H
	€		€
AB	...	(1)	480

S	Sonstige Forderungen		H
	€		€
AB	...		
(2)	3.480		

S	Vorsteuer		H
	€		€
(1)	600	(2)	80
(1)	80		

S	Wareneinkauf		H
	€		€
AB	...		
(1)	3.000		

S	Warenbezugskosten		H
	€		€
(1)	400	(2)	400

S	Rücksendungen/Wareneinkauf		H
	€		€
		(2)	3.000

Buchungen des Lieferanten (Warenverkaufsseite):

(1) Erfassung des Warenverkaufs:
Kasse 3.600 € an – Warenverkauf 3.000 €
– Umsatzsteuer 600 €.

(2) Buchungssatz im Zeitpunkt der Warenrücksendung:
– Rücksendungen/ 3.000 € an Sonstige Verbindlichkeiten 4.000 €
Warenverkauf Verbindlichkeiten aus 480 €.
– Umsatzsteuer 600 € Lieferungen und
– Warenvertriebskosten 400 € Leistungen
– Warenvertriebskosten 400 €
– Vorsteuer 80 €

Kontenmäßige Darstellung des Geschäftsvorfalls:

S	Kasse		H
	€		€
AB	...		
(1)	3.600		

S	Vorsteuer		H
	€		€
(2)	80		

II. Buchhalterische Erfassung ausgewählter Geschäftsvorfälle

S	Verbindlichkeiten aus Lieferungen und Leistungen	H
€		€
	AB	...
	(2)	480

S	Umsatzsteuer	H
€		€
(2) 600		
	(1)	600

S	Sonstige Verbindlichkeiten	H
€		€
	AB	...
	(2)	4.000

S	Warenvertriebskosten	H
€		€
(2) 400		
(2) 400		

S	Warenverkauf	H
€		€
	(1)	3.000

S	Rücksendungen/Warenverkauf	H
€		€
(2) 3.000		

Auch wenn weder das Umsatzsteuergesetz noch die Umsatzsteuer-Durchführungsverordnung die **Aufzeichnung nachträglich eintretender Entgeltsänderungen** (Verminderungen oder Erhöhungen) vorschreiben, so ergibt sich diese Verpflichtung dennoch aus dem Erfordernis der Berechnung der Umsatzsteuer-Zahllast bzw. des Vorsteuer-Erstattungsanspruchs. Mithin hat der Unternehmer bei Absatzgeschäften (Warenverkäufen) in den Aufzeichnungen ersichtlich zu machen, wie sich die nachträglichen Entgeltsänderungen auf die steuerpflichtigen Umsätze, getrennt nach Steuersätzen, und auf die steuerfreien Umsätze verteilen.[72] Hinsichtlich der **Beschaffungsgeschäfte** (Wareneinkäufe) bestimmt UStAE, § 22.2 Abs. 8, dass die Verpflichtung des Unternehmers, die Entgelte für steuerpflichtige Leistungen und die darauf entfallende Vorsteuer aufzuzeichnen, sich auch auf **nachträgliche Entgeltsänderungen** und die entsprechenden **Steuerbeträge** erstreckt. Das in Rede stehende Aufzeichnungserfordernis kann im Rahmen der Finanzbuchhaltung dadurch erfüllt werden, dass in den nach Steuerpflicht und Steuersätzen differenzierten Warenkonten die Entgeltsänderungen (Kaufpreisänderungen) unmittelbar verbucht werden, oder dass – bezogen auf die gesonderte Aufzeichnung von Rücksendungen – entsprechend **differenzierte Rücksendungskonten** auf der Warenein- und -verkaufsseite eingerichtet werden. Die Erfassung der mit den Entgeltsänderungen verbundenen Umsatzsteuer- und Vorsteuerkorrekturen kann sowohl nach der Netto- als auch nach der Bruttomethode erfolgen.

d. Preisnachlässe

d.a Grundlegendes

Zu den wichtigsten Arten von Preisnachlässen zählen:

- Herabsetzung des Kaufpreises aufgrund einer Mängelrüge (sog. **Minderungen** i. S. d. § 441 BGB);
- **Skonti**;
- **Boni** und
- **Rabatte**.

---

[72] Vgl. UStAE, § 22.2 Abs. 2.

Hinsichtlich der buchungstechnischen Erfassung ist zu unterscheiden, ob die Kaufpreisermäßigung in der **Sphäre des Wareneinkaufs** (dem Unternehmer wird seitens eines Lieferanten ein Preisnachlass gewährt) oder in der **Sphäre des Warenverkaufs** (der Unternehmer räumt seinerseits einem Kunden einen Nachlass ein) angefallen ist. Während die Kaufpreisabschläge auf der Beschaffungsseite eine **Verringerung der Anschaffungskosten** (Einstandspreise) bewirken,[73] haben sie auf der Absatzseite eine **Reduzierung der Umsatzerlöse** zur Folge.[74] Demzufolge werden Nachlässe im Einkaufsbereich als **Anschaffungspreisminderungen** und im Verkaufsbereich als **Erlösschmälerungen** bezeichnet. Damit gilt:

	Wareneinkaufssphäre		Warenverkaufssphäre
	Einkaufspreis		Verkaufspreis
+	Anschaffungsnebenkosten (z. B. Bezugskosten)	−	Erlösschmälerungen (Preisnachlässe)
−	Anschaffungspreisminderungen (Preisnachlässe)		
=	Anschaffungskosten	=	Umsatzerlöse

Parallel zu den Warenbezugskosten und Rücksendungen werden auch die Preisnachlässe i. d. R. nicht direkt auf den betreffenden Warenkonten verbucht, sondern aus Gründen der Eigeninformation des Kaufmanns zunächst auf Unterkonten erfasst („Preisnachlässe/Wareneinkauf" und „Preisnachlässe/Warenverkauf"), die zum Bilanzstichtag über das Wareneinkaufs- und Warenverkaufskonto abgeschlossen werden. Ferner sind – analog zu den Rücksendungen – im Falle von Ziel- sowie Barzahlungsgeschäften, bei denen die Kaufpreisminderung nicht unmittelbar zurückbezahlt wird, entsprechend der in **Abbildung 80** gezeigten Systematisierung in Höhe des Ermäßigungsbetrags Korrekturbuchungen vorzunehmen.

Ebenso geht mit den Preisnachlässen eine Reduzierung der umsatzsteuerlichen Bemessungsgrundlage einher, die beim Verkäufer eine Verringerung der Umsatzsteuer und beim Käufer eine Verringerung der Vorsteuer zur Folge hat (§ 17 Abs. 1 UStG). Folglich besitzen die Buchungssätze bei Kaufpreisermäßigungen nachstehende Grundstruktur.

	Zielgeschäfte	Barzahlungsgeschäfte
Dem Unternehmer wird seitens eines Lieferanten ein Preisnachlass eingeräumt	Verminderung der Verbindlichkeiten aus Lieferungen und Leistungen	Entstehung einer sonstigen Forderung
Der Unternehmer gewährt einem Kunden einen Preisnachlass	Verminderung der Forderungen aus Lieferungen und Leistungen	Entstehung einer sonstigen Verbindlichkeit

Abb. 80: Korrekturbuchungen infolge von Preisnachlässen

---

[73] Vgl. § 255 Abs. 1 Satz 3 HGB; IAS 2.11.
[74] Vgl. § 277 Abs. 1 HGB.

(1) **Wareneinkaufssphäre** (dem Unternehmer wird seitens eines Lieferanten ein Preisabschlag eingeräumt):

Gegenkonto	an	–Nachlässe/Wareneinkauf –Vorsteuer.

(2) **Warenverkaufssphäre** (der Unternehmer gewährt einem Kunden einen Preisabschlag):

–Nachlass/Warenverkauf –Umsatzsteuer	an	Gegenkonto.

Da bei Handelsunternehmen dem verkaufspolitischen Instrument der **Skonto- und Bonusgewährung** wesentliche Bedeutung zukommt, empfiehlt es sich, für diese beiden Arten von Preisnachlässen eigene Konten einzurichten.[75] Insofern sind auf der Beschaffungs- und Absatzseite nachstehende Konten zu führen.

Wareneinkaufssphäre	Warenverkaufssphäre
– Nachlässe/Wareneinkauf	– Nachlässe/Warenverkauf
– Skonti/Wareneinkauf	– Skonti/Warenverkauf
– Boni/Wareneinkauf	– Boni/Warenverkauf

Nachfolgend werden die eingangs erwähnten Arten von Preisnachlässen näher beschrieben sowie deren Verbuchungstechnik anhand von Beispielen dargestellt.

d.b Kaufpreisminderungen

Eine Herabsetzung des Kaufpreises kann der Erwerber einer Sache immer dann verlangen, wenn diese mit Fehlern behaftet ist, die den Wert oder die Tauglichkeit des Gegenstandes mindern.[76]

> **Beispiel:** Ein Einzelhändler hat von einem Großhändler zehn Küchenherde zu je 400 € (zzgl. 20 % Umsatzsteuer) auf Ziel erworben. Bei der Wareneingangskontrolle stellt der Einzelhändler fest, dass zwei Herde erhebliche Lackschäden aufweisen und verlangt deshalb für diese beiden Stücke eine Herabsetzung des Kaufpreises von 400 € auf 200 €. Der Großhändler stimmt dieser Minderung zu.
>
> Buchungen des Einzelhändlers (Wareneinkaufsseite):
>
> (1) Aufzeichnung des Wareneinkaufs:
> - Wareneinkauf 4.000 € an Verbindlichkeiten aus 4.800 €
> - Vorsteuer 800 € Lieferungen und Leistungen
>
> (2) Erfassung der Minderung:
> Verbindlichkeiten aus 480 € an – Nachlässe/Wareneinkauf 400 €
> Lieferungen und – Vorsteuer 80 €
> Leistungen

---

[75] Vgl. z. B. den Kontenrahmen für den Groß- und Außenhandel, Kontengruppen 30 und 80.
[76] Vgl. § 441 BGB.

(3) Abschluss des Kontos „Nachlässe/Wareneinkauf":
Nachlässe/Wareneinkauf an Wareneinkauf.

Kontenmäßige Darstellung des Geschäftsvorfalls:

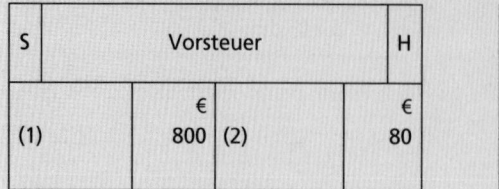

S	Vorsteuer		H
(1)	€ 800	(2)	€ 80

S	Verbindlichkeiten aus Lieferungen und Leistungen		H
(2)	€ 480	AB (1)	€ ... 4.800

S	Wareneinkauf		H
AB (1)	€ ... 4.000	Nachlässe/ Waren- einkauf	€

S	Nachlässe/Wareneinkauf		H
Waren- einkauf (Saldo)	€	(2)	€ 400

Buchungen des Großhändlers (Warenverkaufsseite):

(1) Aufzeichnung des Wareneinkaufs:
    Forderungen aus   4.800 €   an   –Warenverkauf   4.000 €
    Lieferungen und   – Umsatzsteuer   800 €.
    Leistungen

(2) Erfassung der Minderung:
    –Nachlässe/Warenverkauf   400 €   an   Forderungen aus   480 €.
    –Umsatzsteuer   80 €   Lieferungen und
                                                             Leistungen

(3) Abschluss des Kontos „Nachlässe/Warenverkauf":
Warenverkauf an Nachlässe/Warenverkauf.

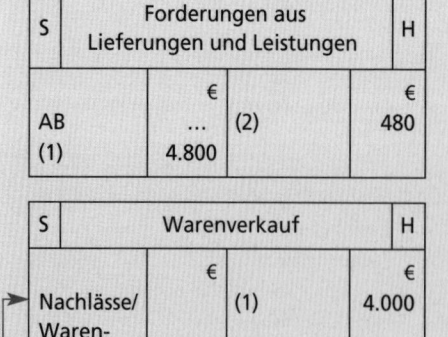

Kontenmäßige Darstellung des Geschäftsvorfalls:

S	Forderungen aus Lieferungen und Leistungen		H
AB (1)	€ ... 4.800	(2)	€ 480

S	Umsatzsteuer		H
(2)	€ 80	(1)	€ 800

S	Warenverkauf		H
Nachlässe/ Waren- verkauf	€	(1)	€ 4.000

S	Nachlässe/Warenverkauf		H
(2)	€ 400	Waren- verkauf (Saldo)	€

d.c Skonti

Unter Skonti sind in Prozent ausgedrückte Preisnachlässe zu verstehen, die Kunden eingeräumt werden, wenn diese bei **Zieleinkäufen** innerhalb bestimmter Fristen die Rechnungsbeträge begleichen. Da Zielgeschäfte auf der **Kundenseite** die **Inanspruchnahme**, auf der **Lieferantenseite** die **Gewährung** von Kredit beinhalten, tragen Skonti Zinscharakter, die für die Kreditierung der Kaufsummen im Preis der Ware in Rechnung gestellt werden und bei Ausnutzung des Zahlungsziels vom Käufer zu entrichten sind.[77] Als Instrument der Absatzpolitik ermöglicht die Skontigewährung, dass bei gleich bleibenden Listenpreisen den Abnehmern mit Hilfe variabler Skontihöhen und -fristen **unterschiedliche effektive Nettopreise** angeboten werden können. Sofern dem Unternehmer seitens der Lieferanten Skonti eingeräumt werden, liegen **Lieferantenskonti** vor; gewährt hingegen der Unternehmer seinen Kunden Skonti, so bezeichnet man diese Nachlässe als **Kundenskonti**. Mithin sind Lieferantenskonti der Sphäre des **Wareneinkaufs** und Kundenskonti der des **Warenverkaufs** zuzuordnen.

> **Beispiel:** Wareneinkauf auf Ziel; der Rechnungsbetrag (einschl. 20 % Umsatzsteuer) beläuft sich auf 12.000 €. Bei Zahlung innerhalb von 14 Tagen werden dem Käufer 3 % Skonto eingeräumt. Beglichen wird die Warenschuld durch Banküberweisung.
>
> Buchungen auf der Wareneinkaufsseite (Lieferantenskonti):
>
> (1) Erfassung des Warenbezugs:
> - Wareneinkauf 10.000 € an Verbindlichkeiten aus 12.000 €.
> - Vorsteuer 2.000 € Lieferungen und Leistungen
>
> (2) Buchung bei Inanspruchnahme des Skontos (Zahlung innerhalb von 14 Tagen):
> Der Skontobetrag, die Nettokaufpreisminderung und die Steuerberichtigung können auf **zweifache Weise** ermittelt werden, und zwar
>
> (2.1) durch Anwendung des Skontosatzes auf den Rechnungsbetrag und Aufteilung des hieraus resultierenden Wertes in die Kaufpreisminderung und die Steuerkorrektur[78]
>
> Skontobetrag (3 % von 12.000 €) = 360 €
> dieser Betrag zerfällt in: 300 € Nettopreisnachlass und
> 60 € Vorsteuerreduzierung;
>
> (2.2) durch unmittelbare Anwendung des Skontosatzes auf den Nettokaufpreis und Berechnung der sich hieraus ergebenden Steuerkorrektur
>
> Nettopreisnachlass (3 % von 10.000 €) 300 €
> + Vorsteuerreduzierung (20 % von 300 €) 60 €
> = Skontobetrag 360 €.
>
> Vereinbarungsgemäß hat der Käufer lediglich 11.640 € an den Verkäufer zu überweisen, damit die aus dem Wareneinkauf hervorgegangene Verbindlichkeit in Höhe von 12.000 € erlischt.

---

[77] Vgl. *Eisele/Knobloch* 2011, S. 144.
[78] Bei der Aufteilung des Skontobetrags besteht die Möglichkeit, sich der Umrechnungsfaktoren zu bedienen.

| Verbindlichkeiten aus Lieferungen und Leistungen | 12.000 € | an | – Guthaben bei Kreditinstituten
– Skonti/Wareneinkauf
– Vorsteuer | 11.640 €

300 €
60 €. |

(3) Abschluss des Kontos „Skonti/Wareneinkauf":
Skonti/Wareneinkauf an Wareneinkauf.

Kontenmäßige Darstellung des Geschäftsvorfalls:

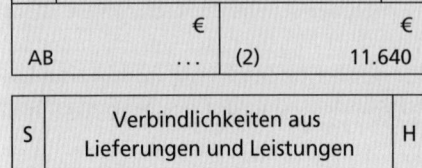

S	Guthaben bei Kreditinstituten	H
	€	€
AB	... (2)	11.640

S	Vorsteuer	H
	€	€
(1) 2.000	(2)	60

S	Verbindlichkeiten aus Lieferungen und Leistungen	H
	€	€
(2) 12.000	AB (1)	... 12.000

S	Wareneinkauf	H
	€	€
AB (1)	... 10.000	Skonti/ Waren- einkauf

S	Skonti/Wareneinkauf	H
	€	€
Waren- einkauf (Saldo)	(2)	300

Verzichtet der Käufer auf die Inanspruchnahme des Skontos (Zahlung nach 14 Tagen), muss er den vollen Rechnungsbetrag begleichen. Somit wird folgende Buchung erforderlich:

| Verbindlichkeiten aus Lieferungen und Leistungen | | an | Guthaben bei Kreditinstituten | 12.000 €. |

Abhängig von der Zahlungsmodalität erscheinen im Wareneinkaufskonto als Anschaffungskosten die Zieleinkaufspreise oder die um den in Anspruch genommenen Skontiabzug verminderten (Bar-)Einkaufspreise.

Buchungen auf der Warenverkaufsseite (Kundenskonti):

(1) Erfassung des Warenverkaufs:

| Forderungen aus Lieferungen und Leistungen | 12.000 € | an | – Warenverkauf
– Umsatzsteuer | 10.000 €
2.000 €. |

(2) Buchung bei Inanspruchnahme des Skontos durch den Kunden (Zahlung innerhalb von 14 Tagen):

– Guthaben bei Kreditinstituten	11.640 €	an	Forderungen aus Lieferungen und Leistungen	12.000 €.
– Skonti/Warenverkauf	300 €			
– Umsatzsteuer	60 €			

(3) Abschluss des Kontos „Skonti/Warenverkauf":
Warenverkauf   an   Skonti/Warenverkauf.

Kontenmäßige Darstellung des Geschäftsvorfalls:

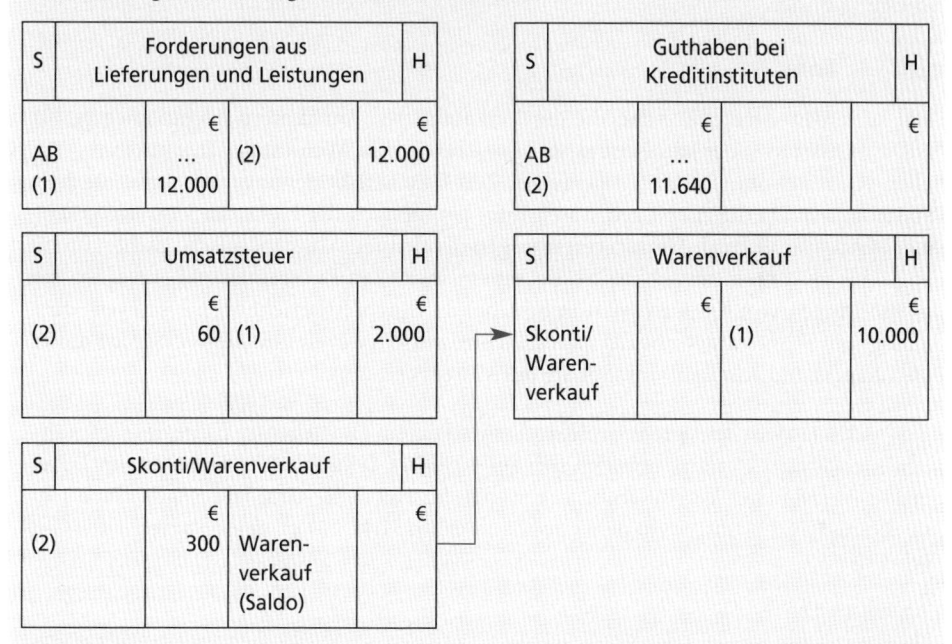

S	Forderungen aus Lieferungen und Leistungen	H
	€	€
AB	...	(2) 12.000
(1)	12.000	

S	Guthaben bei Kreditinstituten	H
	€	€
AB	...	
(2)	11.640	

S	Umsatzsteuer	H
	€	€
(2)	60	(1) 2.000

S	Warenverkauf	H
	€	€
Skonti/Warenverkauf		(1) 10.000

S	Skonti/Warenverkauf	H
	€	€
(2)	300	Warenverkauf (Saldo)

Sofern der Käufer den angebotenen Skontoabzug nicht in Anspruch nimmt (Zahlung nach 14 Tagen), hat er den Rechnungsbetrag in voller Höhe zu überweisen. Die Buchung des Verkäufers lautet dann:

Guthaben bei Kreditinstituten   an   Forderungen aus Lieferungen   12.000 €.
und Leistungen

Entsprechend der Zahlungsweise des Käufers werden auf dem Warenverkaufskonto als Umsatzerlöse die Zielverkaufspreise oder die um den in Anspruch genommenen Skontoabzug verminderten (Bar-) Verkaufspreise ausgewiesen.

Die buchungstechnische Erfassung der Skonti kann aus **umsatzsteuerlicher Sicht** sowohl nach der **Netto-** als auch nach der **Bruttomethode** erfolgen. Während bei der Nettomethode – wie in den obigen Beispielen dargestellt – jeder einzelne Skontobetrag unmittelbar in die Nettokaufpreisminderung und die Vorsteuer- bzw. Umsatzsteuerkorrektur aufgespalten wird, werden bei der Bruttomethode die Lieferanten- und Kundenskontobeträge zunächst auf den nach Steuerpflicht und Steuersätzen differenzierten Warenein- und Warenverkaufs-Skontikonten erfasst und erst **am Ende des Voranmeldungszeitraums** en bloc in die Nettokaufpreisminderung und die Vorsteuer- sowie Umsatzsteuerkorrektur aufgeteilt.

Wie bereits im Rahmen der Verbuchung der Warenbezugskosten ausgeführt wurde, sind die zum Abschlussstichtag auf Lager befindlichen Waren in der Bilanz, im Schlussbilanzkonto und im Inventar mit den **Anschaffungskosten** anzusetzen. Demzufolge müssen Skontibeträge, die auf die zum Bilanzstichtag im Betrieb vorhandenen Vorräte entfallen, als Anschaffungspreisminderungen bei der Ermittlung des wertmäßigen Warenendbestandes Berücksichtigung finden.

d.d   Boni

Boni stellen Preisnachlässe dar, die der Verkäufer den Abnehmern nachträglich gewährt (z. B. am Quartals- oder Jahresende), weil diese bestimmte **Mindestumsätze** mit ihm getätigt haben (**Umsatzbonus**) oder seit geraumer Zeit Geschäftsbeziehungen zu ihm unterhalten (**Treuebonus**). Da die zuerst genannten Boni häufig nach der Höhe der Umsätze gestaffelt sind, werden sie auch als **Umsatzvergütungen** bezeichnet. Absatzpolitisch gesehen fungiert der Bonus als Anreiz, ausschließlich bei einem speziellen Lieferanten zu kaufen, wodurch das Eindringen von Konkurrenten in bestehende Geschäftsbeziehungen erschwert wird.[79] Analog zum Skonto unterscheidet man auch hier zwischen **Lieferantenboni** (Sphäre des Wareneinkaufs) und **Kundenboni** (Sphäre des Warenverkaufs).

Beispiel: Die zwischen einem Großhändler und einem Hersteller im Laufe des Geschäftsjahres getätigten Umsätze belaufen sich auf 600.000 € (einschl. 20 % Umsatzsteuer). Aufgrund vertraglicher Vereinbarungen gewährt der Hersteller zum Jahresende einen Umsatzbonus von 3 % und erteilt dem Großhändler am 31.12.2012[80] eine entsprechende Gutschrift.

Annahme 1:

Aus Warenlieferungen schuldet der Großhändler dem Hersteller am Bilanzstichtag noch 50.000 €.

Buchungen des Großhändlers (Wareneinkaufsseite, Lieferantenboni):

(1) Gewährung des Bonus:
Verbindlichkeiten aus   18.000 €   an   – Boni/Wareneinkauf   15.000 €
Lieferungen und   – Vorsteuer   3.000 €.
Leistungen

---

[79] Vgl. *Buchner* 2005, S. 165.
[80] Es wird unterstellt, dass das Geschäftsjahr dem Kalenderjahr entspricht.

II. Buchhalterische Erfassung ausgewählter Geschäftsvorfälle

Weil die Gutschrift noch vor Ablauf des Geschäftsjahres beim Großhändler eingeht, kann dieser die ihm aus dem Bonus zustehende Forderung (18.000 €) mit den gegenüber dem Hersteller zum Abschlussstichtag noch bestehenden Verbindlichkeiten (50.000 €) verrechnen.

(2) Abschluss des Kontos „Boni/Wareneinkauf":
   Boni/Wareneinkauf   an   Wareneinkauf.

Kontenmäßige Darstellung des Geschäftsvorfalls:

S	Vorsteuer		H
	€		€
(1)	3.000		

S	Verbindlichkeiten aus Lieferungen und Leistungen		H
	€		€
(1)	18.000	AB	...

S	Wareneinkauf		H
	€		€
AB	...	Boni/Wareneinkauf	

S	Boni/Wareneinkauf		H
	€		€
Wareneinkauf (Saldo)		(1)	15.000

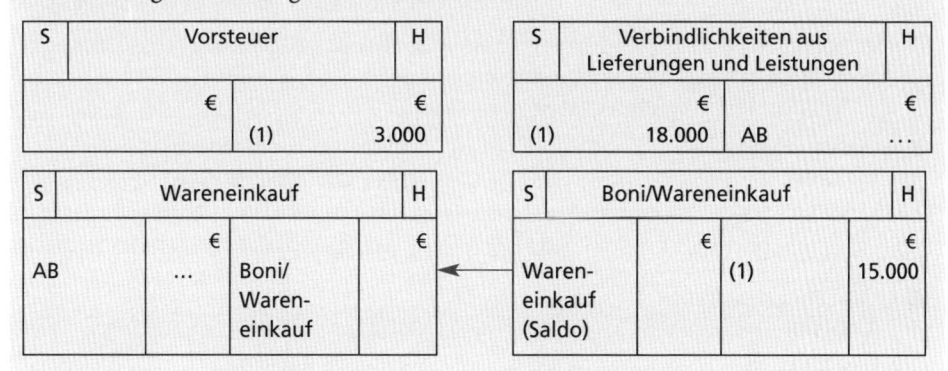

Buchungen des Großhändlers (Warenverkaufsseite, Kundenboni):

(1) Gewährung des Bonus:
  – Boni/Warenverkauf   15.000 €   an   Forderungen aus   18.000 €.
  – Umsatzsteuer   3.000 €   Lieferungen und
                                            Leistungen

(2) Abschluss des Kontos „Boni/Warenverkauf":
   Warenverkauf   an   Boni/Warenverkauf.

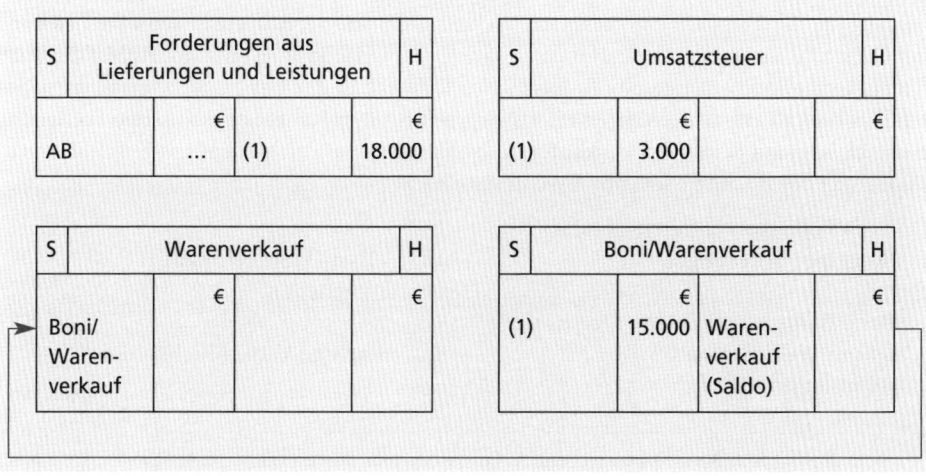

Kontenmäßige Darstellung des Geschäftsvorfalls:

S	Forderungen aus Lieferungen und Leistungen		H
	€		€
AB	...	(1)	18.000

S	Umsatzsteuer		H
	€		€
(1)	3.000		

S	Warenverkauf		H
	€		€
Boni/Warenverkauf			

S	Boni/Warenverkauf		H
	€		€
(1)	15.000	Warenverkauf (Saldo)	

Annahme 2:

Es bestehen keine Schulden des Großhändlers gegenüber dem Hersteller am Bilanzstichtag.

Buchungen des Großhändlers (Wareneinkaufsseite, Lieferantenboni):

(1) Gewährung des Bonus:
Sonstige Forderungen 18.000 € an – Boni/Wareneinkauf 15.000 €
– Vorsteuer 3.000 €.

Der Anspruch des Großhändlers auf Zahlung des Bonus stellt eine sonstige Forderung dar. Wird die in Rede stehende Umsatzvergütung im nachfolgenden Geschäftsjahr z. B. mit Zieleinkäufen verrechnet, so ist zu buchen:

(2) – Wareneinkauf an – Sonstige Forderungen
– Vorsteuer – Verbindlichkeiten aus
Lieferungen und Leistungen.

Buchungen des Herstellers (Warenverkaufsseite, Kundenboni):

(1) Gewährung des Bonus:
– Boni/Warenverkauf 15.000 € an Sonstige
– Umsatzsteuer 3.000 € Verbindlichkeiten 18.000 €.

Hinsichtlich des Herstellers begründet der Anspruch des Großhändlers auf Einräumung des Bonus eine sonstige Verbindlichkeit. Sofern die Umsatzvergütung im nachfolgenden Geschäftsjahr mit Zielverkäufen verrechnet wird, ist zu buchen:

(2) – Sonstige Verbindlichkeiten an – Warenverkauf
– Forderungen aus Lieferungen – Umsatzsteuer.
und Leistungen

Das Prinzip der **periodengerechten Erfolgsermittlung** verlangt, dass ein dem Käufer vertraglich (**rechtsverbindlich**) zustehender Bonus im Jahresabschluss des Geschäftsjahres berücksichtigt wird, in dem der Preisnachlass begründet wurde; d. h. auch wenn die Erteilung der Gutschrift durch den Verkäufer erst im neuen Jahr erfolgt, so ist der mit Ablauf der alten Rechnungsperiode entstandene Bonusanspruch bereits in der Bilanz des abgelaufenen Geschäftsjahres zu erfassen. Während der Anspruch für den **Käufer** eine **sonstige Forderung** darstellt, ist er auf Seiten des **Verkäufers** als **sonstige Verbindlichkeit** auszuweisen. Demzufolge lautet der Buchungssatz am Abschlussstichtag

(1) beim **Bonusberechtigten** (Käufer):[81]
Sonstige Forderungen an – Boni/Wareneinkauf
– Vorsteuer.

(2) beim **Bonusverpflichteten** (Verkäufer):
– Boni/Warenverkauf an Sonstige Verbindlichkeiten.
– Umsatzsteuer

---

[81] Steht der aus dem Bonus sich ergebenden Forderung eine korrespondierende Verbindlichkeit aus Warenlieferungen gegenüber, so hat der Käufer grundsätzlich die Möglichkeit der Aufrechnung. In diesem Fall würde an die Stelle des Kontos „Sonstige Forderungen" das Konto „Verbindlichkeiten aus Lieferungen und Leistungen" treten. Da aber durch die Saldierung die Verbuchung der erst später eingehenden Gutschrift vorweggenommen werden würde, empfiehlt es sich aus Gründen der Klarheit und Übersichtlichkeit, auf die Verrechnung zu verzichten.

II. Buchhalterische Erfassung ausgewählter Geschäftsvorfälle

Sofern jedoch die Rechtsverbindlichkeit des Bonus noch offen ist, entfällt auch seine buchhalterische Erfassung. Da die zum Abschlussstichtag auf Lager befindlichen Waren in der Bilanz, im Schlussbilanzkonto und im Inventar mit den **Anschaffungskosten** anzusetzen sind, müssen bei der Ermittlung des wertmäßigen Warenendbestandes die anteiligen Lieferantenskonti und -boni zum Abzug gebracht werden. Mithin ist das Berechnungsschema wie folgt zu modifizieren.

	Warenbestand zum Bilanzstichtag, bewertet zu Ziel- bzw. Bareinkaufspreisen
+	die auf diesen Bestand entfallenden Bezugskosten
−	die auf diesen Bestand entfallenden Lieferantenskonti
−	die auf diesen Bestand entfallenden Lieferantenboni
=	in das Inventar, das Schlussbilanzkonto und die Schlussbilanz zu übernehmender Warenendbestand (Einstandspreis oder Anschaffungskosten des Warenendbestands).

d.e Rabatte

Von den nachträglich auftretenden und folglich zu Anschaffungspreis- und Umsatzerlöskorrekturen führenden Preisnachlässen (Skonti und Boni) zu unterscheiden sind die in Form von Rabatten vorkommenden sofortigen Kaufpreisminderungen. Zu den in der Praxis häufig anzutreffenden Rabattarten zählen:

- **Barzahlungsrabatte**,
- **Mengenrabatte** bei der Abnahme größerer Stückzahlen,
- **Sonderrabatte**, z. B. bei Personalkäufen, Räumungs- und Jubiläumsverkäufen,
- **Treuerabatte** bei langjährigen Geschäftsbeziehungen und
- **Wiederverkäuferrabatte**, die nachgelagerten Handelsstufen gewährt werden.

Im Unterschied zu Skonti und Boni werden Rabatte in den Rechnungen **offen ausgewiesen** und vermindern **unmittelbar** die Anschaffungskosten beim Wareneinkauf bzw. die Umsatzerlöse beim Warenverkauf. In der Finanzbuchhaltung wird nur der um den Rabatt reduzierte Nettorechnungsbetrag erfasst, der gleichzeitig die umsatzsteuerrechtliche Bemessungsgrundlage bildet.

Beispiel: Einem Warengeschäft liegt folgende Rechnung zugrunde.

	Listenpreis der Waren (netto)	20.000 €
−	15 % Mengenrabatt	3.000 €
=	Nettorechnungsbetrag	17.000 €
+	20 % Umsatzsteuer	3.400 €
=	(Brutto-)Rechnungsbetrag	20.400 €.

Aus der Sicht des Käufers handelt es sich um eine Eingangsrechnung, die wie folgt zu verbuchen ist:

−Wareneinkauf	17.000 €	an	Verbindlichkeiten aus	20.400 €.
−Umsatzsteuer	3.400 €		Lieferungen und Leistungen	

Auf Seiten des Verkäufers liegt entsprechend eine Ausgangsrechnung vor, die nachstehende Buchung auslöst:

Forderungen aus Lieferungen und Leistungen	20.400 €	an	– Warenverkauf – Umsatzsteuer	17.000 € 3.400 €.

Rabatte, die sofort gewährt werden, erfahren mithin keine buchmäßige Erfassung. Sofern derartige Preisnachlässe jedoch nachträglich eingeräumt bzw. erhöht oder vermindert werden, ziehen sie sowohl **Einstandspreis- bzw. Erlöskorrekturen** als auch **Vorsteuer- bzw. Umsatzsteuerberichtigungen** nach sich. Die Verbuchung dieser Korrekturen und Berichtigungen geschieht auf den Konten „Nachlässe/Wareneinkauf" bzw. „Nachlässe/Warenverkauf". Auch sog. **Naturalrabatte** (z. B. bei der Abnahme von 20 Kisten Wein erhält der Käufer eine Kiste gratis) werden in der Finanzbuchhaltung nicht erfasst. Diese Form des Preisnachlasses findet ihren Niederschlag in den Warenkonten und bewirkt beim Rabattempfänger eine Erhöhung des Rohgewinns, während beim Rabattgewährenden eine Verminderung des aus dem Warengeschäft resultierenden Erfolges eintritt (die kostenlose Abgabe von Wareneinheiten führt zu geringeren durchschnittlichen Ein- bzw. Verkaufspreisen).

d.f   Umsatzsteuerliche Aufzeichnungspflichten

Wie bereits bei den Rücksendungen ausgeführt wurde,[82] hat der Unternehmer

- bei den **Absatzgeschäften** (Warenverkäufen) die nachträglichen Entgeltsänderungen, die auf die steuerpflichtigen Umsätze, getrennt nach Steuersätzen, und auf die steuerfreien Umsätze entfallen, sowie
- bei den **Beschaffungsgeschäften** (Wareneinkäufen) die nachträglichen Entgeltsänderungen und die darauf entfallenden Vorsteuern

gesondert aufzulisten.[83] Die Aufzeichnung der Preisnachlässe kann im Rahmen der Finanzbuchhaltung wiederum dadurch erfüllt werden, dass entweder die Entgeltsminderungen unter Zugrundelegung der Brutto- oder der Nettomethode auf den nach Steuerpflicht und Steuersätzen unterteilten Warenkonten unmittelbar zur Verbuchung kommen oder dass entsprechend differenzierte Konten für die Nachlässe, Skonti und Boni auf der Warenein- und Warenverkaufsseite eingerichtet werden.

5.   Unfreiwillige Dezimierung von Warenvorräten

Von einer unfreiwilligen (unkontrollierten) Dezimierung der Warenvorräte wird immer dann gesprochen, wenn sich die Verminderung des Lagerbestandes in einer anderen Form als durch Verkäufe, Privatentnahmen oder Rücksendungen vollzieht. Zu diesen Formen der Vorratsreduzierung zählen insbesondere

---

[82] Vgl. hierzu die Ausführungen im Zweiten Teil zu Gliederungspunkt II.A.4.c.
[83] Vgl. UStAE, § 22.2 Abs. 2 und Abs. 8..

- **Schwund** (z. B. einem Weinhändler läuft ein Fass Wein aus),
- **Verderb** (z. B. Ablauf des Haltbarkeitsdatums bei Lebensmitteln),
- **Untergang** (z. B. Vernichtung von Waren aufgrund von Bränden oder Wassereinbrüchen) und
- **Diebstahl**.

Die Frage, wie die unkontrollierte Dezimierung der Warenvorräte buchungstechnisch zu erfassen ist, hängt ausschließlich davon ab, ob der Kaufmann neben der Finanzbuchhaltung auch eine – außerhalb des Kontensystems stehende – **Lagerbuchführung** eingerichtet hat. Primäre Aufgabe der den Nebenbüchern zuzuordnenden Lagerbuchführung ist die **mengen- und wertmäßige Aufzeichnung** der unkontrollierten Warenzu- und -abgänge.[84] Sofern eine derartige Nebenbuchhaltung existiert, kann der Unternehmer zum Bilanzstichtag den buchmäßigen Warenendbestand (**Soll-Bestand**) mit dem im Rahmen der Inventur ermittelten tatsächlichen Lagerbestand (**Ist-Bestand**) vergleichen. In Höhe der Differenz zwischen Soll-Bestand und geringerem Ist-Bestand hat eine unfreiwillige Verminderung der Vorräte stattgefunden. Da im Wareneinkaufs- und Schlussbilanzkonto der aus der Inventur hervorgegangene Warenwert anzusetzen ist, würde im Falle einer unplanmäßigen Lagerreduzierung der den Umsatzerlösen zugrunde liegende wirtschaftliche Wareneinsatz zu hoch ausgewiesen werden. Um aber den Verkaufserlösen die ihnen entsprechenden bewerteten Wareneinsatzmengen gegenüberstellen zu können, muss zusätzlich die unkontrollierte Vorratsdezimierung im Wareneinkaufskonto als Abgang erfasst werden. Die Gegenbuchung erfolgt auf dem Konto „Sonstige betriebliche Aufwendungen" oder auf einem eigens hierfür eingerichteten Aufwandskonto (z. B. „Warenverlust").

> **Beispiel:** Einem Wareneinkaufskonto liegen nachstehende Daten zugrunde.
>
> | | |
> |---|---|
> | Anfangsbestand | 40.000 € |
> | Zugänge | 230.000 € |
> | Bezugskosten | 20.000 € |
> | Private Warenentnahmen | 15.000 € |
> | Rücksendungen | 10.000 € |
> | Preisnachlässe | 30.000 €. |
>
> Während sich der aus der Lagerbuchführung ergebende Warenendbestand auf 35.000 € beläuft (Soll-Bestand), beträgt der im Zuge der Inventur ermittelte Endbestand 30.000 € (Ist-Bestand). Die Ausbuchung der unfreiwilligen Lagerreduzierung aus dem Wareneinkaufskonto erfolgt durch den Buchungssatz:
>
> Sonstige betriebliche Aufwendungen   an   Wareneinkauf.

---

[84] Die Warenkonten der Finanzbuchhaltung unterscheiden sich von der Lagerbuchführung insbesondere dadurch, dass sie keine Mengengrößen, sondern nur Wertkomponenten (€-Beträge) enthalten.

Kontenmäßige Darstellung des Geschäftsvorfalls:

S	Wareneinkauf		H
	€		€
Anfangsbestand	40.000	Rücksendungen	10.000
Zugänge	230.000	Preisnachlässe	30.000
Bezugskosten	20.000	Private Warenentnahmen	15.000
		Sonstige betriebliche Aufwendungen (Warenverlust)	5.000
		Endbestand gemäß Inventur	30.000
		Saldo: Wareneinsatz	200.000
	290.000		290.000

S	Sonstige betriebliche Aufwendungen		H
	€		€
Wareneinkauf (Warenverlust)	5.000		

Verfügt das Unternehmen dagegen über **keine** Lagerbuchhaltung, so kann der Kaufmann zwar im Rahmen der Inventur feststellen, wie hoch der tatsächliche Warenendbestand ist, nicht aber, ob der Ist-Bestand mengenmäßig mit dem Bestand übereinstimmt, der gemäß den getätigten Ein- und Verkäufen zum Bilanzstichtag eigentlich vorhanden sein müsste (Soll-Bestand). Folglich kann sich der Unternehmer kein Bild davon machen, ob bzw. in welcher Höhe eine unfreiwillige Dezimierung der Warenvorräte stattgefunden hat.[85] Da die Ausbuchung der unkontrollierten Warenabgänge im Wareneinkaufskonto unterbleibt, erhöht sich der Wareneinsatz zwangsläufig um genau diesen Betrag.

Beispiel: Gegeben sei der gleiche Sachverhalt wie im vorstehenden Beispiel, mit dem Unterschied, dass keine Lagerbuchführung existiert. Das Wareneinkaufskonto stellt sich dann wie folgt dar.

S	Wareneinkauf		H
	€		€
Anfangsbestand	40.000	Rücksendungen	10.000
Zugänge	230.000	Preisnachlässe	30.000
Bezugskosten	20.000	Private Warenentnahmen	15.000
		Endbestand gemäß Inventur	30.000
		Saldo: Wareneinsatz	205.000
	290.000		290.000

Während im Falle des Bestehens einer Lagerbuchführung die unfreiwillige Dezimierung des Warenbestandes als **sonstiger betrieblicher Aufwand** verbucht wird, sind die gegen den Willen des Betriebsinhabers erfolgten Warenreduzierungen bei Nichtexistenz einer derartigen Einrichtung im Wareneinsatz (im Beispiel: 5.000 €) enthalten und beeinflussen somit den Rohgewinn.

---

[85] Grundsätzlich besteht jedoch die Möglichkeit, über die Ein- und Ausgangsrechnungen den (mengenmäßigen) Soll-Bestand zu bestimmen. Diese Alternative erweist sich aber bei größeren Betrieben aufgrund des damit verbundenen Arbeitsaufwandes als nicht praktikabel bzw. versagt bei Einzelhandelsunternehmen, da diese Unternehmen überwiegend an Endverbraucher veräußern und somit keine Ausgangsrechnungen erstellen.

6. Kalkulation im Warenhandel

a. Grundlegendes

Das Sachziel von Handelsunternehmen besteht im Ein- und Verkauf von Waren, die i. d. R. unverändert und mit Gewinn zur Weiterveräußerung gelangen.[86] Die Aufgabe der **Kalkulation** (Kostenträgerstückrechnung, Selbstkostenrechnung) liegt prinzipiell darin, mit Hilfe bestimmter Verfahren[87] die **Selbstkosten bzw. den Verkaufspreis** pro betriebliche Wareneinheit für Preis- und Kostenentscheidungen zu ermitteln. Zu diesem Zwecke greift die Kalkulation auf die Daten des innerbetrieblichen Rechnungswesens (Kostenrechnung) zurück, das die auf die Kalkulationseinheiten umzulegenden Kosten zur Verfügung stellt.

In Abhängigkeit von der Marktstruktur (Verkäufer- oder Käufermarkt) ist zu unterscheiden zwischen Kalkulationen der Angebots- und der Nachfragepreise. Im ersten Fall wird der Preis durch **progressive** (vorwärts schreitende) Kalkulation ermittelt, indem von den Einzelkosten über die Gemeinkosten und den Gewinnzuschlag auf den Angebotspreis geschlossen wird. Im zweiten Fall ist der Nachfragepreis für den Unternehmer ein Datum, von dem er **retrograd** (rückwärts schreitend) auf die aufzuwendenden Werte und/oder Mengen für die einzelnen Kostenelemente und die Höhe seines gewählten Gewinnzuschlags folgert. Zum einen dient die Kalkulation in Handelsbetrieben der Preisbildung, zum anderen liegt ihre Aufgabe darin, Entscheidungshilfen für die Kostenbeeinflussung im Hinblick auf die Preisfindung zu liefern und darüber hinaus Grundlagen für die kurzfristige Erfolgsrechnung[88] zur Verfügung zu stellen.[89]

Sofern die Kostenträgerstückrechnung für Planungszwecke (z. B. der Angebotsabgabe) zeitlich vor Beginn der Leistungsbereitstellung durchgeführt wird, spricht man von einer **Vorkalkulation**. In diesem Falle erfolgt die Ermittlung der Selbstkosten auf der Grundlage von erwarteten Mengen und Preisen in Gestalt einer Plankalkulation. Mit Hilfe der **Nachkalkulation**, die erst nach Beendigung des Leistungsbereitstellungsprozesses durchgeführt wird und deshalb stets auf Istgrößen basiert, soll zum einen kontrolliert werden, ob die Planwerte der Vorkalkulation eingehalten wurden. Zum anderen dienen die Ergebnisse der Nachkalkulation der Erfolgsermittlung und -kontrolle im Rahmen der kurzfristigen Erfolgsrechnung sowie der Rechnungslegung nach Handels- und Steuerrecht sowie nach IFRS. Schließlich bleibt der Hinweis, dass die ermittelten Daten der Nachkalkulation häufig auch die Grundlage für zukünftige Vorkalkulationen bei ähnlichen oder vergleichbaren Waren bilden.

Weiterhin ist bei der Aufstellung von Kalkulationen zu berücksichtigen, dass nur diejenigen Kosten eines Kalkulationsobjekts für bestimmte kurzfristige Entscheidungssituationen (z. B. Bestimmung optimaler Sortimente und Preisgrenzen) von Interesse sein können, die durch Dispositionen über das Kalkulationsobjekt ausgelöst werden (z. B. alle variablen Kosten; bei den fixen Gemeinkosten wird davon ausgegangen, dass sie kurzfristig nicht beeinflussbar sind). In diesem Zusammenhang lassen sich **Voll- und Teilkostenkalkulationen**

---

[86] Vgl. *Tietz* 1993, S. 15.
[87] Vgl. *Freidank* 2012a, S. 157–175.
[88] Vgl. *Freidank* 2007c, S. 754–757; *Freidank* 2012a, S. 175–190 und S. 272–300.
[89] Vgl. *Voßschulte/Baumgärtner* 1991, S. 260.

unterscheiden. Während die erste Gruppe mit Hilfe bestimmter Zurechnungsschlüssel versucht, alle Kosten (d. h. auch fixe Gemeinkosten) auf die Kalkulationsobjekte zu verteilen, zielen Partialkostenkalkulationen etwa im Rahmen der Durchführung von Deckungsbeitragsrechnungen[90] darauf ab, den Kalkulationseinheiten nur diejenigen Kostenarten zuzurechnen, die aus kurzfristiger Sicht dispositionsbestimmten Charakter tragen (z. B. Einzelkosten in Gestalt der Anschaffungskosten für die bezogenen Waren). Im weiteren Verlauf werden aber ausschließlich der Aufbau und Einsatz von Vollkostenkalkulationen für Preis- und Kostenentscheidungen betrachtet, da in jüngerer Zeit vor allem die Verwendbarkeit von Kostenrechnungssystemen als strategische Steuerungsinstrumente im Mittelpunkt des betriebswirtschaftlichen Interesses steht,[91] die eine Integration sämtlicher angefallener bzw. geplanter Kosten erfordern.

b. Kalkulationsarten

b.a Einzubeziehende Komponenten

Zu den Komponenten, die im Rahmen einer Handelskalkulation den Einkaufspreis für die bezogenen Waren in den Verkaufspreis überführen, zählen im Wesentlichen

- **Bezugskosten**,
- **Geschäftskosten**, d. h. im Rahmen des Handelsunternehmens anfallende Gemeinkosten (z. B. Löhne und Gehälter, Mieten, Zinsen, Abschreibungen, Steuern),
- der **Gewinn**, den der Unternehmer durch den Verkauf der Ware erzielen möchte sowie
- die an den **Provisionsverkäufer** zu zahlende **Vergütung**.

Ferner können die Beschaffungs- und Absatzpreise durch die Gewährung von Skonti und Rabatten Veränderungen erfahren. Die Aufgabe der **Handelskalkulation** besteht nun darin, den **Einkaufspreis** unter Einbeziehung von Kosten und Gewinn einerseits und eventuell auftretenden Preisnachlässen andererseits in den **Verkaufspreis** zu transformieren. Stellt man auf die Rechenziele ab, so sind drei Arten von Handelskalkulationen zu unterscheiden:

- **Progressive Kalkulation**,
- **Retrograde Kalkulation** und
- **Differenzkalkulation**.

Alle drei Kalkulationstypen können auf der Basis von **Istwerten** als **Nachkalkulationen** oder unter Zugrundelegung von **Plandaten** als **Vorkalkulationen** zur Anwendung kommen. Darüber hinaus sind **Mischformen** möglich, deren Bestandteile sowohl Ist- als auch Plancharakter tragen. Ausgehend vom Einkaufspreis wird bei der **progressiven** Kalkulation unter Berücksichtigung der oben genannten Komponenten der Verkaufspreis ermittelt. Die **retrograde** Kalkulation schlägt hingegen den umgekehrten Weg ein, d. h. vom Verkaufspreis wird auf den Einkaufspreis geschlossen. Mit Hilfe der **Differenzkalkulation** können bei gegebenem Ein- und Verkaufspreis bestimmte Komponenten des Kalkulationsschemas [z. B. die maximale Höhe des Kundenrabatts oder der bei der Veräußerung der Ware erzielte bzw. erzielbare Erfolg] bestimmt werden. **Abbildung 81** verdeutlicht zusammenfassend die Vorgehensweise der drei Kalkulationsarten.

---

[90] Vgl. *Tietz* 1993, S. 1151–1169.
[91] Vgl. *Freidank* 2012a, S. 369–387.

II. Buchhalterische Erfassung ausgewählter Geschäftsvorfälle

Rechenziele \ Kalkulationsarten	Progressive Kalkulation	Retrograde Kalkulation	Differenzkalkulation
Einkaufspreis	Bekannt	Gesucht	Bekannt
Differenz, z.B. Geschäftskosten, Gewinn, Kundenrabatt			Gesucht
Verkaufspreis	Gesucht	Bekannt	Bekannt

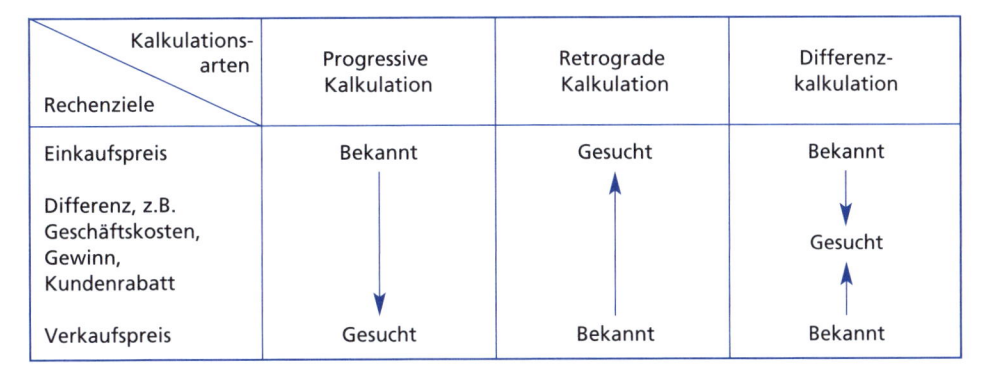

Abb. 81: Typen der Handelskalkulation

b.b Progressive Handelskalkulation

Wie auch **Abbildung 83** verdeutlicht, stellt das Ermittlungsziel der progressiven Handelskalkulation den Verkaufspreis dar [die Bezeichnung in der Klammer gibt an, ob es sich um eine Prozentrechnung auf Hundert (a. H.), von Hundert (v. H.) oder in Hundert (i. H.) handelt].

Dem Schema zufolge ist der **Listeneinkaufspreis** zunächst um die vom Lieferanten in Rechnung gestellte Umsatzsteuer zu berichten. Dies ist grundsätzlich nicht der Fall, wenn der Vorsteuerbetrag im Sinne von § 9b Abs. 1 Satz 1 EStG bei der Umsatzsteuer nicht abgezogen werden kann und somit Kostencharakter trägt. Sofern der Lieferant einen Rabatt gewährt, wird dieser unmittelbar vom **Nettoeinkaufspreis** abgesetzt. Der sich ergebende **Zieleinkaufspreis** bildet die Bemessungsgrundlage für Skontoabzüge. Aus dieser Differenz resultiert sodann der **Bareinkaufspreis**. Um zum **Einstandspreis** der Ware zu gelangen, bedarf es der Addition der Bezugskosten. Der Rechenweg vom Listeneinkaufspreis bis hin zu den Anschaffungskosten wird auch als **Einkaufskalkulation** bezeichnet.

Die zentralen Teilbereiche des betrieblichen Rechnungswesens bilden, wie bereits ausgeführt, die **Finanzbuchhaltung** und die **Kostenrechnung**. Im Gegensatz zur Buchhaltung, die die Ermittlung des Unternehmenserfolges sowie die Darstellung der Vermögens- und Schuldenstruktur unter Berücksichtigung des Handels- und Steuerrechts sowie der IFRS zum Gegenstand hat, besteht die Aufgabe der Kostenrechnung darin, die durch das unternehmerische Sachziel verursachten wertmäßigen Verzehre an Einsatzfaktoren festzustellen und auf die aus dem Leistungserstellungsprozess resultierenden Produkte zu verrechnen. Die unterschiedlichen Zielsetzungen der in Rede stehenden Teilbereiche des betrieblichen Rechnungswesens haben zur Konsequenz, dass der in der Kostenrechnung zu erfassende Güterverzehr nicht notwendigerweise **dem Grunde und/oder der Höhe nach** mit dem im Rahmen der Finanzbuchhaltung anzusetzenden Verbrauch korrespondieren muss. Diese Ungleichheit kommt auch in den verwendeten Termini zum Ausdruck. Während in der Buchhaltung die bewerteten Verzehre an Vermögensgütern mit dem Begriff „Aufwand"[92] belegt werden, bezeichnet die Kostenrechnung die bewerteten, sachzielbezogenen Güterverzehre als „Kosten". Mithin existieren

---
[92] Vgl. hierzu die Ausführungen im Ersten Teil zu Gliederungspunkt IV.C.1.c.

- **Aufwendungen,** denen in **gleicher Höhe Kosten** gegenüberstehen (Zweckaufwendungen; Grundkosten),
- **Aufwendungen,** denen **zwar dem Grunde, nicht aber der Höhe** nach Kosten entsprechen (kalkulatorische Kosten; neutrale Aufwendungen),
- **Aufwendungen,** die **keine Kosten** darstellen (neutrale Aufwendungen) und
- **Kosten,** die **keinen Aufwandscharakter** tragen (Zusatzkosten).

Während in der Finanzbuchhaltung die gesamten Aufwendungen erfasst werden, zielt die Kalkulation darauf ab, sämtliche Kosten in die Verkaufspreise einzurechnen. Entsprechen sich Aufwendungen und Kosten sowohl dem Grunde als auch der Höhe nach, liegen auf seiten der Buchhaltung **Zweckaufwendungen** und in der Kostenrechnung **Grundkosten** vor. Zu diesen, dem **eigentlichen Unternehmenszweck (dem Sachziel) dienenden Einsatzfaktoren** zählen im Handel beispielsweise die Personalkosten, die Miet-, Steuer- und Versicherungskosten (soweit sie durch den Handelsbetrieb veranlasst sind)[93], die Energie-, Werbe- und Warenvertriebskosten, die Provisionskosten, die Kosten der allgemeinen Verwaltung sowie die Warenbezugskosten. Folglich kann dieses Zahlenmaterial unverändert aus der Finanzbuchhaltung in die Kostenrechnung übernommen werden, wenn die Kalkulation auf **Istkostenbasis** zur Anwendung kommen soll (**Nachkalkulation**). Die historischen Werte der Buchhaltung finden jedoch dann keinen Eingang in die Kostenrechnung, sofern die Kalkulation als Vorkalkulation ausgestaltet ist und somit **Plandaten** die Berechnungsgrundlage bilden.

Um die der Nachkalkulation zugrunde liegenden Gesamt(ist)kosten der Abrechnungsperiode zu erhalten, sind anstelle der **kostenungleichen Aufwendungen** die aus der Kostenrechnung stammenden **kalkulatorischen Kosten** anzusetzen (vgl. **Abbildung 82**).[94]

Während die Bezugskosten und die Verkäuferprovision den Kalkulationsobjekten **direkt** zugerechnet werden können (**Einzelkosten**) und deshalb explizit im Kalkulationsschema erscheinen, handelt es sich bei den Geschäftskosten um solche Kosten, die den einzelnen Waren nur **mittels Schlüsselung** anlastbar sind (**Gemeinkosten**). Hierzu zählen im Handel insbesondere Personalkosten, die Miet-, Steuer- und Versicherungsaufwendungen, die Energie-, Werbe- und Warenvertriebskosten, die Kosten der allgemeinen Verwaltung sowie die kalkulatorischen Kosten. Warenvertriebskosten können, sofern es sich z. B. um Verpackungsmaterial oder Porto handelt, auch Einzelkostencharakter tragen. In derartigen Fällen sind die Vertriebskosten explizit im Kalkulationsschema zu erfassen. Dem **Geschäftskostenzuschlagsatz** kommt nun die Aufgabe zu, die periodischen Gemeinkosten in die Verkaufspreise des periodischen Warenabsatzes einzurechnen.

Im Rahmen der **Nachkalkulation** wird u. a. überprüft, ob mit Hilfe des bei der Vorkalkulation verwendeten (Plan-)Geschäftskostenzuschlags alle im Laufe des Geschäftsjahres tatsächlich angefallenen Gemeinkosten (Ist-Gemeinkosten) auf die im gleichen Zeitraum veräußerten Handelsprodukte verrechnet wurden. Bemessungsgrundlage des Zuschlagsatzes sind die Anschaffungskosten. Da aber die Ist-Gemeinkosten und der Ist-Wareneinsatz erst

---

[93] Nicht hierher, sondern zu den neutralen Aufwendungen gehören aber z. B. Steuern und Versicherungsbeiträge, die durch ein im Unternehmensvermögen enthaltenes Mietwohnhaus verursacht werden, da dieses nicht dem unternehmerischen Sachziel dient.

[94] Vgl. zur Ermittlung der kalkulatorischen Kosten insbesondere *Freidank* 2012a, S. 110–139.

II. Buchhalterische Erfassung ausgewählter Geschäftsvorfälle

Kostenungleiche Aufwendungen	Kalkulatorische Kosten
Aufwendungen > oder < der ihnen entsprechenden Kosten (neutrale Aufwendungen):	**Kosten > oder < der ihnen entsprechenden Aufwendungen (Anderskosten):**
Bilanzielle Abschreibungen auf das Anlagevermögen (Bemessungsgrundlage sind die Anschaffungskosten des Anlagegutes)	Kalkulatorische Abschreibungen auf das Anlagevermögen (Bemessungsgrundlage ist der Wiederbeschaffungswert des Anlagegutes)[a]
Berücksichtigung konkreter Einzelrisiken entsprechend den Vorschriften nach Handels- und Steuerrecht sowie nach IFRS (z. B. Abschreibungen auf Sachanlagevermögen oder Forderungen)	Erfassung sämtlicher mit dem eigentlichen Betriebszweck einhergehender Einzelrisiken (z. B. unfreiwillige Dezimierung von Warenvorräten) durch den Ansatz kalkulatorischer Wagnisse
Fremdkapitalzinsen (Berechnungsgrundlage ist das Fremdkapital)	Kalkulatorische Zinsen (Berechnungsgrundlage ist das betriebsnotwendige Kapital)[b]
Aufwendungen, denen keine Kosten entsprechen (neutrale Aufwendungen):	**Kosten, denen keine Aufwendungen entsprechen (Zusatzkosten):**
Periodenfremde Aufwendungen (in früheren Geschäftsjahren verursacht, aber erst in der gegenwärtigen Periode in Erscheinung tretend)[c]	–
Betriebsfremde Aufwendungen (Aufwendungen, die in keinem Zusammenhang mit dem unternehmerischen Sachziel stehen, z. B. Aufwendungen, die durch ein zum Unternehmensvermögen gehörendes Mietwohnhaus veranlasst sind und Spenden). Außerordentliche Aufwendungen (Aufwendungen, die für das betrachtete Unternehmen untypisch sind und unregelmäßig anfallen, z. B. Verluste aus der Veräußerung von Teilbetrieben oder wesentlichen Beteiligungen); die Qualifizierung der die angeführten Voraussetzungen erfüllenden Aufwendungen als außerordentliche Erfolgsgrößen geht der Zuordnung vor[d]	–
–	Kalkulatorischer Unternehmerlohn (Vergütung, die der Einzelunternehmer oder geschäftsführende Gesellschafter einer Personenhandelsgesellschaft als Geschäftsführer einer Kapitalgesellschaft erhalten würde)
–	Kalkulatorische Miete (Mietwert, den der Unternehmer für die von ihm für betriebliche Zwecke selbst genutzten Gebäude bei Vermietung an Dritte erzielen könnte)

[a] Bei den Abschreibungen auf das Anlagevermögen ist zwischen den bilanziellen Abschreibungen der Finanzbuchhaltung und den kalkulatorischen Abschreibungen der Kostenrechnung zu unterscheiden. Im Gegensatz zur bilanziellen Abschreibung, die von den Anschaffungskosten berechnet wird (Prinzip der nominalen Substanzerhaltung), liegt der kalkulatorischen Abschreibung als Bemessungsgrundlage der aktuelle Wiederbeschaffungswert des Gegenstands zugrunde. Die anteilige Einberechnung der Wiederbeschaffungskosten in den Warenverkaufspreis basiert auf der Überlegung, dass während der Zeit, in der das Anlagegut genutzt werden kann, über die Umsatzerlöse zumindest die Mittel in das Unternehmen zurückfließen müssen, die erforderlich sind, um nach Ablauf der Nutzungsdauer eine Reinvestition vornehmen zu können (Prinzip der realen Substanzerhaltung).

[b] Die Berücksichtigung kalkulatorischer Zinsen trägt dem Umstand Rechnung, dass das zur Aufrechterhaltung der eigentlichen Betriebstätigkeit eingesetzte (betriebsnotwendige) Kapital bei einer alternativen Anlage (z. B. am Kapitalmarkt) eine bestimmte Verzinsung erbringen würde (Opportunitätskostenprinzip).

[c] Soweit es sich um Zweckaufwendungen handelt, hätten diese Kosten gemäß dem Verursachungsprinzip bereits im Geschäftsjahr ihrer Entstehung Eingang in die Warenverkaufspreise finden müssen (die Kosten sind den Perioden bzw. den Produkten zuzurechnen, die sie verursacht haben). Eine nachträgliche Berücksichtigung der Grundkosten ist somit ausgeschlossen.

[d] Nach Handelsrecht müssen die außerordentlichen Aufwendungen (und Erträge) in der Gewinn- und Verlustrechnung gesondert ausgewiesen werden. Für Einzelunternehmen sowie Personenhandelsgesellschaften ergibt sich diese Verpflichtung aus § 243 Abs. 2 HGB sowie für Kapitalgesellschaften und ihnen gesetzlich gleichgestellte Unternehmen zusätzlich aus § 275 Abs. 2 und Abs. 3 HGB. Dagegen ist nach IAS 1.87 ein derartiger Ausweis nicht zulässig.

Abb. 82: Gegenüberstellung der kostenungleichen Aufwendungen und der kalkulatorischen Kosten

nach Ablauf des betreffenden Geschäftsjahres bekannt sind, der Zuschlagsatz zum Zwecke der **Vorkalkulation**[95] jedoch bereits zu Jahresbeginn vorliegen muss, werden entweder

- die Gemeinkosten und der Wareneinsatz der Periode geplant und hieraus ein **durchschnittlicher Plan-Geschäftskostenzuschlagsatz** abgeleitet oder
- es wird der aus den **Daten der Vorperiode gewonnene Geschäftskostenzuschlagsatz** verwendet (dieser Vorgehensweise liegt die Annahme zugrunde, dass sich im laufenden Geschäftsjahr hinsichtlich Gemeinkosten und Wareneinsatz keine wesentlichen Veränderungen gegenüber dem Vorjahr ergeben).

Mithin vollzieht sich die Ermittlung des **durchschnittlichen Ist-Geschäftskostenzuschlagsatzes** wie folgt.

$$\text{Durchschnittlicher Ist-Geschäftskostenzuschlagsatz} = \frac{\text{Summe der in der Periode tatsächlich angefallenen Gemeinkosten}}{\text{Summe der in der Periode zu Anschaffungskosten abgesetzten Waren (= Ist-Wareneinsatz)}} \cdot 100$$

Während im erstgenannten Fall keine Querverbindung zwischen Finanzbuchhaltung und Kostenrechnung besteht, wird bei der zweiten Alternative der Zuschlagsatz unter Rückgriff auf die **Vorjahresdaten der Buchhaltung** ermittelt. Durch den Vergleich von Ist- und Plan-Geschäftskostenzuschlag kann festgestellt werden, ob mehr (**Istzuschlag < Planzuschlag**) oder weniger (**Istzuschlag > Planzuschlag**) Gemeinkosten auf die veräußerten Produkte verrechnet wurden, als im Geschäftsjahr tatsächlich angefallen sind.

Werden zum Einstandspreis die korrespondierend zum Zuschlagsatz ermittelten Geschäftskosten addiert, so ergibt sich der **Selbstkostenpreis** der Ware. Während die unter Zuhilfenahme des Datenmaterials vergangener Perioden quantifizierbaren Einzelrisiken im Zuge der Verrechnung kalkulatorischer Wagnisse[96] Eingang in die Warenverkaufspreise finden, soll das **allgemeine Unternehmerrisiko**, das den Betrieb als Ganzes bedroht und weder messbar noch im Voraus bestimmbar ist, durch den **Gewinnzuschlag** abgedeckt werden. Dieses globale, die Existenz des Unternehmens gefährdende Risiko, ergibt sich u. a. aus der gesamtwirtschaftlichen Entwicklung (z. B. Vorliegen einer Rezession), dem technischen Fortschritt (z. B. „Überalterung" der eigenen Produkte), verstärkt auftretender Konkurrenz (Verlust von Marktanteilen) oder Nachfrageverschiebungen (z. B. Veränderung des Konsumentenverhaltens aufgrund ökologischer Aspekte). Infolge fehlender Quantifizierbarkeit einerseits sowie dem Umstand Rechnung tragend, dass den genannten Risiken andererseits ebenfalls nicht bewertbare Chancen gegenüberstehen, kommt dem allgemeinen Unternehmensrisiko **kein Kostencharakter** zu. Mithin muss es seine Deckung in dem im Verkaufspreis enthaltenen Gewinn finden. Hierbei gilt es zu beachten, dass der

---

[95] Im Zuge der Vorkalkulation werden die im Geschäftsjahr voraussichtlich anfallenden Gemeinkosten (Plan-Gemeinkosten) in die Vertriebspreise der im gleichen Zeitraum absatzgeplanten Waren (Plan-Wareneinsatz) einberechnet.

[96] Vgl. *Freidank* 2012a, S. 137f.

II. Buchhalterische Erfassung ausgewählter Geschäftsvorfälle

Kaufmann nicht bei jeder einzelnen Warenart den gleichen Gewinnaufschlag verrechnen wird, sondern dass dieser pro Handelsartikel **variieren** kann. Die Höhe des Zuschlagsatzes hängt insbesondere von der Preiselastizität der Nachfrage nach dem Produkt sowie von den Konkurrenzpreisen ab. In aller Regel stimmt der im Rahmen der Kalkulation in die Verkaufspreise einbezogene Gewinnzuschlag – transformiert in einen €-Betrag und kumuliert über alle in der Periode veräußerten Waren – nicht mit dem im GuV-Konto ausgewiesenen (bilanziellen) Gewinn überein.

	Einkaufskalkulation		
	Listeneinkaufspreis (brutto) oder Bruttoeinkaufspreis	24.000	
−	20 % Umsatzsteuer (Bemessungsgrundlage: Nettoeinkaufspreis)	4.000	(a.H.)
=	Listeneinkaufspreis (netto) oder Nettoeinkaufspreis	20.000	
−	15 % Lieferantenrabatt (Bemessungsgrundlage: Nettoeinkaufspreis)	3.000	(v. H.)
=	Zieleinkaufspreis	17.000	
−	2 % Lieferantenskonto (Bemessungsgrundlage: Zieleinkaufspreis)	340	(v. H.)
=	Bareinkaufspreis	16.660	
+	Bezugskosten	1.340	
=	Anschaffungskosten oder Einstandspreis (Bezugspreis)	18.000	
+	33 1/3 % Geschäftskostenzuschlag (Bemessungsgrundlage: Bezugspreis)	6.000	(v. H.)
=	Selbstkostenpreis	24.000	
+	25 % Gewinnzuschlag (Bemessungsgrundlage: Selbstkostenpreis)	6.000	(v. H.)
	Verkaufskalkulation		
=	Barverkaufspreis nach Abzug der Verkäuferprovision	30.000	
+	5 % Verkäuferprovision (Bemessungsgrundlage: Barverkaufspreis vor Abzug der Verkäuferprovision)	1.579	(i.H.)
=	Barverkaufspreis vor Abzug der Verkäuferprovision	31.579	
+	2 % Kundenskonto (Bemessungsgrundlage: Zielverkaufspreis)	644	(i.H.)
=	Zielverkaufspreis	32.223	
+	30 % Kundenrabatt (Bemessungsgrundlage: Nettoverkaufspreis)	13.810	(i.H.)
=	Listenverkaufspreis (netto) oder Nettoverkaufspreis	46.033	
+	20 % Umsatzsteuer (Bemessungsgrundlage: Nettoverkaufspreis)	9.206,6	(v. H.)
=	Listenverkaufspreis (brutto) oder Bruttoverkaufspreis	55.239,6	

Abb. 83: Beispiel zur progressiven Handelskalkulation (Angaben in €)

Dies ist darauf zurückzuführen, dass neben den Grundkosten auch die **aufwandsungleichen kalkulatorischen Kosten** Eingang in die Verkaufspreise finden und somit in den Umsatzerlösen enthalten sind, während aber im GuV-Konto neben den Zweckaufwendungen die **kostenungleichen Aufwendungen** zum Ansatz gebracht werden müssen. Darüber hinaus können im Unternehmen auch **neutrale Erträge**[97] anfallen. Den Einfluss der kalkulatorischen Kosten und des Gewinnzuschlags auf den bilanziellen Erfolg verdeutlicht die **Abbildung 84**.

---

[97] Vgl. hierzu die Ausführungen im Ersten Teil zu Gliederungspunkt IV.C.1.f.

S	GuV-Konto	H

I. Aufwendungen, die im Rahmen der gewöhnlichen Geschäftstätigkeit des Unternehmens anfallen:
 	
■ Wareneinsatz (Anschaffungskosten der veräußerten Waren)
■ Zweckaufwendungen
 	
■ Bilanzielle Abschreibungen
■ Aufwendungen, verursacht durch die Berücksichtigung konkreter Einzelrisiken
■ Fremdkapitalzinsen
 	
■ Periodenfremde Aufwendungen
■ Betriebsfremde Aufwendungen
	I. Erträge, die im Rahmen der gewöhnlichen Geschäftstätigkeit des Unternehmens anfallen:
	■ Umsatzerlöse, wobei sich die Warenverkaufspreise aus folgenden Bestandteilen zusammensetzen:
	  ○ Wareneinsatz
	
	  ○ Grundkosten (Einzel- und Gemeinkosten)
	  ○ Kalkulatorische Abschreibungen
	  ○ Kalkulatorische Wagnisse
	
	  ○ Kalkulatorische Zinsen
	  ○ Kalkulatorischer Unternehmerlohn
	  ○ Kalkulatorische Miete
	  ○ Gewinnzuschlag
	■ Weitere aus dem unternehmerischen Sachziel resultierende Erträge[a]
	■ Periodenfremde Erträge
	■ Betriebsfremde Erträge	

II. Aufwendungen, die außerhalb der gewöhnlichen Geschäftstätigkeit des Unternehmens anfallen: Außerordentliche Aufwendungen	II. Erträge, die außerhalb der gewöhnlichen Geschäftstätigkeit des Unternehmen anfallen: Außerordentliche Erträge[b]	
Saldo: (Bilanzieller) Gewinn		

[a] Neben den Umsatzerlösen rechnen zu den aus dem unternehmerischen Sachziel resultierenden Erträgen z. B. die Zinserträge aus Beteiligungen an anderen Unternehmen gemäß § 271 Abs. 1 Satz 1 HGB.

[b] Hinsichtlich der außerordentlichen Erträge gelten die Ausführungen zu den außerordentlichen Aufwendungen analog.

Abb. 84: Bestandteile des bilanziellen Gewinns

Mithin kann der **bilanzielle Gewinn** folgende (kalkulatorische) Komponenten enthalten:

■ die Differenz zwischen den bilanziellen und den kalkulatorischen Abschreibungen [bilanzielle Abschreibung kleiner (größer) als die kalkulatorische Abschreibung führt zu einer Gewinnerhöhung (Gewinnminderung)],
■ der Unterschiedsbetrag zwischen den **Aufwendungen**, die durch die Berücksichtigung **konkreter Einzelrisiken** verursacht sind, und den **kalkulatorischen Wagnissen** [Aufwendungen, verursacht durch die Berücksichtigung konkreter Einzelrisiken kleiner (größer) als die kalkulatorischen Wagnisse führt zu einer Gewinnerhöhung (Gewinnminderung)],

- der Saldo zwischen den **Fremdkapitalzinsen** und den **kalkulatorischen Zinsen** [Fremdkapitalzinsen kleiner (größer) als die kalkulatorischen Zinsen führt zu einer Gewinnerhöhung (Gewinnminderung)],
- der **kalkulatorischen Unternehmerlohn** (die Einberechnung in den Verkaufspreis bewirkt eine Erhöhung des bilanziellen Gewinns),
- der **Gewinnzuschlag** zur Deckung des allgemeinen Unternehmerrisikos (die Einbeziehung in den Verkaufspreis führt zu einer Erhöhung des bilanziellen Gewinns).

Negativ beeinflusst wird der Unternehmenserfolg durch die nicht in die Verkaufspreise eingerechneten neutralen Aufwendungen (periodenfremde, betriebsfremde und außerordentliche Aufwendungen). Demgegenüber verändern die weiteren aus dem unternehmerischen Sachziel resultierenden Erträge sowie die neutralen Erträge (periodenfremde, betriebsfremde und außerordentliche Erträge) den bilanziellen Erfolg **positiv**. Die Bemessungsgrundlage für den Gewinnzuschlag bildet der **Selbstkostenpreis**. Aus der Addition beider Größen ergibt sich der **Barverkaufspreis** nach Abzug der Verkäuferprovision.

Die an den Provisionsverkäufer zu zahlende Umsatzvergütung (= **Verkäuferprovision**) kann sich – entsprechend der mit dem Betriebsinhaber getroffenen Vereinbarung – einerseits als **Prozentsatz**, i. d. R. bezogen auf den offerierten Barverkaufspreis, andererseits aber auch als **Stückprovision** darstellen. Nach Hinzurechnung der Verkäuferprovision erhält man den Barverkaufspreis, zu dem der Provisionsverkäufer die Ware dem Kunden anbieten kann. Der Rechenweg von den Anschaffungskosten bis hin zum genannten **Barverkaufspreis** wird als interne Kalkulation bezeichnet.

In Anlehnung an das Kalkulationsschema ergibt sich nach Berücksichtigung des Kundenskontos der **Zielverkaufspreis**, nach Einbeziehung des Kundenrabatts der **Listenverkaufspreis** (netto) und nach Addition der Umsatzsteuer der **Bruttoverkaufspreis**. Dieser Rechenprozess, der beim Barverkaufspreis beginnt und beim Listenverkaufspreis (brutto) endet, wird auch als **Verkaufskalkulation** bezeichnet.

b.c   Retrograde Kalkulation und Differenzkalkulation

Wie auch **Abbildung 85** verdeutlicht, zielt die retrograde Kalkulation auf die Ermittlung des **Einkaufspreis** ab. Um die Ware am Absatzmarkt nach dieser Beispielsrechnung zu einem Bruttoverkaufspreis von 12.000 € anbieten zu können, darf der Kaufmann – unter Berücksichtigung der Daten der Verkaufskalkulation, der internen Kalkulation und der Einkaufskalkulation – das Handelsprodukt höchstens zu einem Bruttoeinkaufspreis von 7.920 € beziehen.

Sofern der Einkaufs- und der Verkaufspreis einer Ware gegeben sind, können mit Hilfe der Differenzkalkulation bestimmte **preisbildende Komponenten**, allen voran der Gewinnzuschlag oder z. B. der maximale Kundenrabatt bzw. die Mindesthöhe des Lieferantenrabatts, ermittelt werden. Im Handel kommt insbesondere der erstgenannten Preiskomponente eine zentrale Bedeutung zu; denn die Ausprägung des Gewinnzuschlags ist eines der maßgeblichen Entscheidungskriterien dafür, ob aus strategischer Sicht eine Ware neu in das Sortiment aufgenommen, weiter in der Produktpalette geführt oder aus dem Angebotsspektrum eliminiert wird. Im Hinblick auf die Berechnung des Gewinnzuschlags ist im Rahmen der **progressiven Kalkulation der Selbstkostenpreis** und bezüglich der **retrograden Kalkulation der Barverkaufspreis** nach Abzug der Verkäuferprovision zu bestimmen. Der sich hieraus

	Listenverkaufspreis (brutto) oder Bruttoverkaufspreis	12.000	
−	20 % Umsatzsteuer (Bemessungsgrundlage: Nettoverkaufspreis)	2.000	(a.H.)
=	Listenverkaufspreis (netto) oder Nettoverkaufspreis	10.000	
−	20 % Kundenrabatt (Bemessungsgrundlage: Nettoverkaufspreis)	2.000	(v. H.)
=	Zielverkaufspreis	8.000	
−	2 % Kundenskonto (Bemessungsgrundlage: Zielverkaufspreis)	160	(v. H.)
=	Barverkaufspreis vor Abzug der Verkäuferprovision	7.840	
−	Verkäuferprovision (Stückprovision)	240	
=	Barverkaufspreis nach Abzug der Verkäuferprovision	7.600	
−	6 2/3 % Gewinnzuschlag (Bemessungsgrundlage: Selbstkostenpreis)	475	(a.H.)
=	Selbstkostenpreis	7.125	
−	25 % Geschäftskostenzuschlag (Bemessungsgrundlage: Anschaffungskosten)	1.425	(a.H.)
=	Anschaffungskosten oder Einstandspreis (Bezugspreis)	5.700	
−	Bezugskosten	310	
=	Bareinkaufspreis	5.390	
+	2 % Lieferantenskonto (Bemessungsgrundlage: Zieleinkaufspreis)	110	(i.H.)
=	Zieleinkaufspreis	5.500	
+	16 2/3 % Lieferantenrabatt (Bemessungsgrundlage: Nettoeinkaufspreis)	1.100	(i.H.)
=	Listeneinkaufspreis (netto) oder Nettoeinkaufspreis	6.600	
+	20 % Umsatzsteuer (Bemessungsgrundlage: Nettoeinkaufspreis)	1.320	(v. H.)
=	Listeneinkaufspreis (brutto) oder Bruttoeinkaufspreis	7.920	

Abb. 85: Beispiel zur retrograden Handelskalkulation (Angaben in €)

ergebende Differenzbetrag ist dann zum Selbstkostenpreis in Beziehung zu setzen; genauso vollzieht sich die Ermittlung des Kunden- oder Lieferantenrabatts.

c. Handelsspanne und Kalkulationsaufschlag

In ähnlicher Weise, wie die dem Kalkulationsschema zu entnehmenden Anschaffungskosten – multipliziert mit den im Laufe des Geschäftsjahres verkauften Mengen – den **Wareneinsatz** der Finanzbuchhaltung ergeben, resultieren aus den im Rahmen der Handelskalkulation errechneten Verkaufspreisen – multipliziert wiederum mit den in der Periode abgesetzten Mengen – die in der Buchhaltung zu erfassenden **Umsatzerlöse**. Mithin entspricht die Differenz zwischen dem Verkaufs- und dem Einstandspreis, summiert über alle veräußerten Produkte, dem Roherfolg (Rohgewinn bzw. Rohverlust) des Unternehmens (vgl. **Abbildung 86**).

Der Roherfolg setzt sich mithin aus den Geschäftskosten, dem Gewinnzuschlag und den Verkäuferprovisionen zusammen. In der Kalkulation besteht nun die Möglichkeit, die drei genannten Preisbestandteile zu einem **kombinierten Aufschlagsatz** zusammenzufassen, durch dessen Anwendung unmittelbar vom Einstandspreis auf den Barverkaufspreis vor Abzug der Verkäuferprovision und umgekehrt geschlossen werden kann. In diesem Zuschlagsatz spiegelt sich der – ggf. um Skonto und Bonus zu modifizierende – **Artikel-Roherfolg** wider.

II. Buchhalterische Erfassung ausgewählter Geschäftsvorfälle

```
Kalkulation                                      Finanzbuchhaltung
    ⋮
    ⋮
+ Bezugskosten
= Anschaffungskosten        ──────────▶          Wareneinsatz
  oder Einstandspreis
  (Bezugspreis)
+ Geschäftskosten-
  zuschlag (%)
                            multipliziert
= Selbstkostenpreis         mit den in
+ Gewinnzuschlag (%)        der Periode          Roherfolg
                            abgesetzten
= Barverkaufspreis          Waren
  nach Abzug der
  Verkäuferprovision
+ Verkäuferprovision (%)

= Barverkaufspreis
  vor Abzug der
  Verkäuferprovision        ──────────▶          Umsatzerlöse
+ Kundenskonto (%)

= Zielverkaufspreis
    ⋮
    ⋮
```

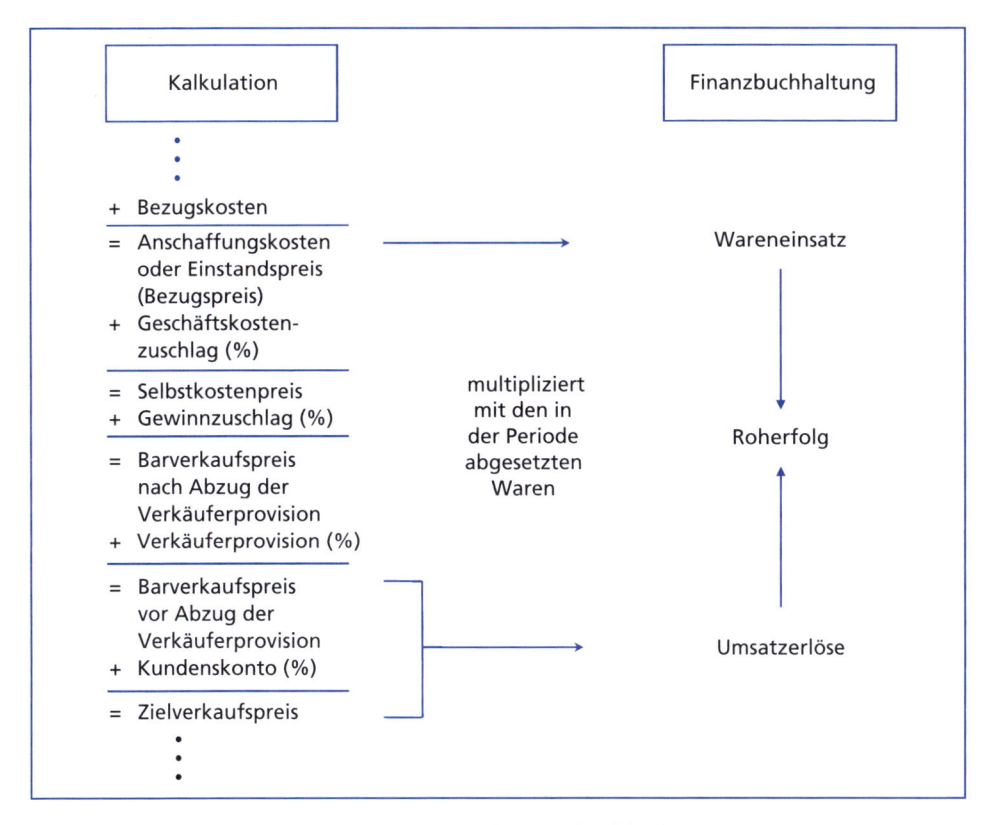

Abb. 86: Schnittstellen von Kalkulation und Finanzbuchhaltung

Darüber hinaus lässt sich unter Berücksichtigung der den Kunden zu gewährenden Preisnachlässe (Skonto, Bonus und Rabatt) ein **erweiterter Aufschlagsatz** bestimmen, der direkt die Berechnung des **Nettoverkaufspreises** erlaubt. Wird der Unterschiedsbetrag zwischen dem Verkaufspreis und den Anschaffungskosten einer Ware, d. h.

- der **Artikel-Roherfolg** (Verkaufspreis = Barverkaufspreis vor Abzug der Verkäuferprovision) bzw.
- der **(erweiterte) Artikel-Roherfolg** zuzüglich der den Kunden beim Kauf zu gewährenden Preisnachlässe (Verkaufspreis = Nettoverkaufspreis)

zum entsprechenden Verkaufspreis in Beziehung gesetzt, so ergibt sich bei (1) die **Handelsspanne i. e. S.** und bei (2) die **Handelsspanne i. w. S.**

(1) Handelsspanne i. e. S.

$$= \frac{\left[\text{Barverkaufspreis vor Abzug der Verkäuferprovision} - \text{Anschaffungskosten}\right] \cdot 100}{\text{Barverkaufspreis vor Abzug der Verkäuferprovision}}$$

(2) Handelsspanne i. w. S.

$$= \frac{\left[\text{Nettoverkaufspreis} - \text{Anschaffungskosten}\right] \cdot 100}{\text{Nettoverkaufspreis}}.$$

Wird hingegen die Differenz zwischen Verkaufs- und Einstandspreis einer Ware ins Verhältnis zu den Anschaffungskosten gesetzt, so ergibt sich – je nach der Ausprägung des Verkaufspreises – bei (3) der **Kalkulationsaufschlag i. e. S.** oder bei (4) der **Kalkulationsaufschlag i. w. S.**

(3) Kalkulationsaufschlag i. e. S.

$$= \frac{\left[\begin{array}{c}\text{Barverkaufspreis vor Abzug} \\ \text{der Verkäuferprovision}\end{array} - \text{Anschaffungskosten}\right] \cdot 100}{\text{Anschaffungskosten}}$$

(4) Kalkulationsaufschlag i. w. S.

$$= \frac{[\text{Nettoverkaufspreis} - \text{Anschaffungskosten}] \cdot 100}{\text{Anschaffungskosten}}.$$

In diesem Zusammenhang sei darauf hingewiesen, dass aufgrund produktspezifischer Gewinnzuschläge, Verkäuferprovisionen und Preisnachlässe die Handelsspanne sowie der Kalkulationsaufschlag von Artikel zu Artikel variieren können. Indem die Handelsspanne i. e. S. (i. w. S.) und der Kalkulationsaufschlag i. e. S. (i. w. S.) die gleichen Bezugsgrößen aufweisen, kann bei Vorliegen eines Zuschlagssatzes der andere berechnet werden. Mithin gilt:

(5) Handelsspanne i. e. S. (i. w. S.)

$$= \frac{\text{Kalkulationsaufschlag i. e. S. (i. w. S.)} \cdot 100}{100 + \text{Kalkulationsaufschlag i. e. S. (i. w. S.)}}$$

(6) Kalkulationsaufschlag i. e. S. (i. w. S.)

$$= \frac{\text{Handelsspanne i. e. S. (i. w. S.)} \cdot 100}{100 - \text{Handelsspanne i. e. S. (i. w. S.)}}.$$

Bedeutung erlangt die Handelsspanne u. a. bei der Ermittlung des **wertmäßigen Inventurbestands im Einzelhandel**. Da die Bestimmung der Einstandspreise der zum Bilanzstichtag sich auf Lager befindlichen Waren anhand von Eingangsrechnungen mit einem erheblichen Arbeitsaufwand verbunden sein kann, andererseits aber der Verkaufspreis (netto) und die Handelspanne eines jeden Produkts bekannt sind, geht man in der Praxis aus **Vereinfachungsgründen** regelmäßig den Weg, dass der pro Artikel sich ergebende mengenmäßige Endbestand mit dem um die Handelsspanne verminderten Verkaufspreis (netto) multipliziert wird (Verkaufswertverfahren). Der hieraus resultierende Betrag entspricht den in das Inventar, das Schlussbilanzkonto und die Schlussbilanz zu übernehmenden **Anschaffungskosten**.[98]

Analog zu den vorstehenden Darlegungen kann auch der Saldo zwischen Umsatzerlösen und Wareneinsatz, der Roherfolg der Finanzbuchhaltung, in einen Prozentsatz (Roherfolgsatz und Roherfolgaufschlagsatz) transformiert werden. Während im **Roherfolgsatz** das Verhältnis zwischen Roherfolg und Umsatzerlösen zum Ausdruck kommt, gibt der **Roherfolgaufschlagsatz** die Beziehung zwischen Roherfolg und Wareneinsatz an.

---

[98] Vgl. *Grottel/Gadek* 2012, Anm. 212 zu § 255 HGB.

II. Buchhalterische Erfassung ausgewählter Geschäftsvorfälle

(7) Roherfolgsatz $= \dfrac{\text{Roherfolg} \cdot 100}{\text{Umsatzerlöse}}$

(8) Roherfolgaufschlagsatz $= \dfrac{\text{Roherfolg} \cdot 100}{\text{Wareneinsatz}}$

Roherfolgsatz und Roherfolgaufschlagsatz sind **wichtige Kennzahlen** zur Beurteilung der Ertragslage eines Handelsunternehmens; denn sie geben Aufschluss darüber, mit welcher durchschnittlichen Handelsspanne (i. e. S.) bzw. mit welchem durchschnittlichen Kalkulationsaufschlag (i. e. S.) das Unternehmen kalkuliert.[99] Ergänzend sei angemerkt, dass beide Sätze aufgrund ihres Aussagegehalts im Rahmen der steuerlichen (Betriebs-)Prüfungstechnik als **Verprobungsmethoden** zur Anwendung kommen.[100]

B. Zahlungsverkehr

1. Zahlungsformen

Die Begleichung **finanzieller Verpflichtungen** kann mit Hilfe verschiedener Zahlungsformen (z. B. Bargeld, Scheck, Wechsel, Überweisung) erfolgen. Abhängig davon, ob der Schuldner **Bargeld** (Banknoten und Münzen) oder **Buchgeld** (Bankguthaben) zur Tilgung seiner Verbindlichkeiten verwendet und der Gläubiger Bar- oder Buchgeld im Zuge der Tilgung erhält, unterscheidet man **drei Formen des Zahlungsverkehrs:**

- **Barzahlung,**
- **halbbare Zahlung** und
- **unbare** (bargeldlose) **Zahlung.**

Von **Barzahlung** wird immer dann gesprochen, wenn der Zahlungspflichtige (Schuldner) Bargeld hingibt und der Zahlungsempfänger (Gläubiger) solches erhält. Demzufolge ist sowohl beim Schuldner als auch beim Gläubiger auf dem Kassenkonto zu buchen.

Kennzeichen des **halbbaren Zahlungsverkehrs** ist, dass eine Vertragspartei (Schuldner oder Gläubiger) über ein Bankkonto verfügt, während die andere Vertragspartei Bargeld verwendet. Zu den Ausprägungen der halbbaren Zahlungen zählen im Wesentlichen der **Zahlschein** und der **Barscheck**. Bei Gebrauch eines Zahlscheins muss der Empfänger über ein Bankkonto verfügen. Diesem Konto wird dann der vom Zahlungspflichtigen bei der Bank in bar einbezahlte Betrag gutgeschrieben. Mithin wird bei der Benutzung eines Zahlscheins beim **Gläubiger** das **Bankkonto** und beim **Schuldner** das **Kassenkonto** angesprochen. Bei Verwendung eines Barschecks verhält es sich gerade umgekehrt, d. h. hier muss derjenige, der zur Begleichung einer Verbindlichkeit einen Scheck ausstellt (Schuldner), über ein Bankkonto verfügen, während der Scheckempfänger (Gläubiger) durch die Vorlage des Schecks beim kontoführenden Kreditinstitut den Scheckbetrag in bar ausbezahlt bekommt. Durch die Einlösung des Schecks wird gleichzeitig auch das **Konto des Scheckausstellers** belastet. Demnach bucht der **Zahlungspflichtige** auf dem **Bank-** und der **Zahlungsempfänger** auf

---

[99] Vgl. *Schenk* 1996, S. 43–49 und S. 133–140.
[100] Vgl. *Lachnit* 1992, Sp. 728–738; *Wenzig* 2004, S. 307–310.

dem **Kassenkonto**. Ferner besteht die Möglichkeit, jeden Barscheck durch den quer über die Vorderseite des Schecks gesetzten Vermerk „nur zur Verrechnung" in einen **Verrechnungsscheck** umzuwandeln (Art. 39 Abs. 1 ScheckG), für den dann die Ausführungen zum unbaren Zahlungsverkehr gelten. Andererseits kann jedoch ein Verrechnungsscheck nicht in einen Barscheck transformiert werden (Art. 39 Abs. 3 ScheckG).

Die **bargeldlose Zahlung** lässt sich dadurch charakterisieren, dass auf der Seite des Schuldners zur Begleichung von Verbindlichkeiten ausschließlich Buchgeld Verwendung findet und dem Gläubiger die finanziellen Mittel ebenfalls in Form von Buchgeld zugehen.

Die Durchführung des unbaren Zahlungsverkehrs ist mithin nur dann möglich, wenn **beide Vertragsparteien**, d. h. sowohl Zahlungspflichtiger als auch Zahlungsempfänger, ein **Bankkonto** besitzen. Zu den **Zahlungsformen**, denen in diesem Zusammenhang besondere Bedeutung zukommt, zählen der **Verrechnungsscheck**, die **Überweisung** und die **Lastschrift**. Beim Verrechnungsscheck und der Überweisung wird das **Konto des Ausstellers** (Zahlungspflichtiger) belastet und der Betrag dem **Konto des Zahlungsempfängers** gutgeschrieben. Die Lastschrift stellt hingegen der Gläubiger aus und reicht diese zur Gutschrift bei seiner Bank ein. Im Wege der zwischen den Kreditinstituten stattfindenden Verrechnung wird dann das **Konto des Zahlungspflichtigen** belastet.

2. Wechselgeschäfte

a. Funktionen und Arten des Wechsels

Wenngleich die praktische Bedeutung des **Wechsels** als Zahlungsmittel in den letzten Jahren deutlich gesunken ist, kann dieser bei Warengeschäften auf Ziel eingesetzt werden, wobei ihm einerseits eine **Finanzierungs- und Zahlungsmittel-** und daneben eine **Sicherungsfunktion** zukommt. Die **Finanzierungsfunktion** des Wechsels besteht darin, dass dem Käufer aufgrund der von ihm eingegangenen wechselmäßigen Verpflichtung Waren ausgehändigt werden, die dieser erst zu einem späteren Zeitpunkt (bei Fälligkeit des Wechsels, z. B. nach drei Monaten) bezahlen muss. Mithin erfolgt eine **Kreditierung des Warengeschäftes** durch die Verkaufsseite. Gleichzeitig bietet der Wechsel dem Verkäufer die Möglichkeit, durch die Weitergabe an einen Gläubiger eigene Verbindlichkeiten zu begleichen (**Zahlungsmittelfunktion**) oder durch die Veräußerung an eine Bank sich Bargeld zu beschaffen.

Die **Sicherungsfunktion** kommt in den strengen Rechtsvorschriften des Wechselgesetzes zum Ausdruck, die gewährleisten, dass der Inhaber des Wechsels seine Ansprüche gegenüber den Wechselverpflichteten (Bezogener, Aussteller und Indossanten) durch **Protest** und **Rückgriff** bzw. **Wechselklage** schnell und sicher durchsetzen kann (sog. **Wechselstrenge**).[101] Da durch die vom Käufer zusätzlich eingegangene Wechselverbindlichkeit der Anspruch der Verkaufsseite aus dem Grundgeschäft (z. B. der Zahlungsanspruch aus einem Kaufvertrag) nicht untergeht, stehen dem Verkäufer nunmehr **zwei rechtlich unabhängige Ansprüche** zu: eine Waren- und eine Wechselforderung. Die Begründung einer wechselmäßigen Verpflichtung aufgrund eines vorangegangenen Lieferungs- oder Leistungsgeschäftes erfolgt zi-

---

[101] Vgl. Art. 9 Abs. 1 und Art. 15 Abs. 1 WG i. V. m. Art. 43 bis Art. 54 WG sowie Art. 28 Abs. 2 WG.

vilrechtlich also **nicht an Erfüllung Statt** (durch das Eingehen einer neuen Verbindlichkeit erlischt die alte Schuld), sondern **erfüllungshalber** (der Schuldner geht eine neue Verpflichtung ein, ohne dass dadurch die ursprüngliche Verbindlichkeit an Gültigkeit verliert).[102] Löst der Käufer den Wechsel bei Fälligkeit ein, so erlischt neben der Wechsel auch die Warenschuld.

In Abhängigkeit von unterschiedlichen Betrachtungsweisen existieren im Wesentlichen folgende Wechselarten:

- **gezogener** und **eigener Wechsel** (wechselrechtliche Betrachtungsweise),
- **Protest-** und **Prolongationswechsel** (einlösungsspezifische Betrachtungsweise),
- **Handels-** und **Finanzwechsel** (wirtschaftliche Betrachtungsweise),
- **Besitz-** und **Schuldwechsel** (bilanzielle Betrachtungsweise).

Der **gezogene Wechsel** ist ein an bestimmte Formerfordernisse[103] gebundenes, schuldrechtliches Wertpapier, in dem der Gläubiger (**Aussteller**) den Schuldner (**Bezogener**) anweist, eine bestimmte Geldsumme an einem bestimmten Tag an den Aussteller selbst oder an eine dritte Person (**Wechselnehmer** oder **Remittent**) zu zahlen. Der Bezogene geht jedoch erst dann eine Zahlungsverpflichtung ein und wird zum Wechselschuldner, wenn er den Wechsel durch seine **Unterschrift** angenommen (akzeptiert) hat (sog. „Querschreiben" auf der linken Seite des Wechsels). Der vom Schuldner noch nicht akzeptierte Wechsel wird Tratte genannt; unterschreibt der Bezogene die **Tratte**, so bezeichnet man den Wechsel auch als **Akzept** und den Bezogenen auch als **Akzeptanten**. Durch die in der Unterschrift zum Ausdruck kommende Annahmeerklärung verpflichtet sich der Schuldner, den Wechsel bei Fälligkeit einzulösen.[104] Beim gezogenen Wechsel sind somit nachstehende Personen beteiligt:

- der **Aussteller**
  (Aussteller ist derjenige, der eine Forderung gegen den Bezogenen hat, z. B. Verkäufer oder Lieferant),
- der **Bezogene**, nach Annahme des Wechsels wird auch vom Akzeptanten oder Wechselschuldner gesprochen
  (Bezogener ist derjenige, der eine Verbindlichkeit gegenüber dem Aussteller hat, z. B. Käufer oder Kunde), und
- der **Wechselnehmer oder Remittent**
  [Wechselnehmer ist derjenige, der in der Wechselurkunde als Zahlungsempfänger (Anspruchsberechtigter) genannt ist und an den der akzeptierte Wechsel ausgehändigt wird. Remittent kann sowohl ein Dritter, z. B. ein Gläubiger des Ausstellers, als auch der Aussteller selbst sein; Letzteres ist dann der Fall, wenn der Wechsel auf „**eigene Order**" lautet].

Vom gezogenen Wechsel ist der **eigene Wechsel** (Solawechsel) zu unterscheiden.[105] Der Solawechsel ist ein an bestimmte Formerfordernisse gebundenes, unbedingtes Zahlungsversprechen, durch das der Schuldner (= **Aussteller**) sich verpflichtet, eine bestimmte Geldsumme an einem bestimmten Termin an eine andere Person (= **Wechselnehmer** oder **Remittent**) zu

---

[102] Vgl. § 364 Abs. 2 BGB.
[103] Vgl. Art. 1 und Art. 2 WG.
[104] Vgl. Art. 25 Abs. 1, Art. 28 Abs. 1 WG.
[105] Vgl. zum eigenen Wechsel Art. 75 bis Art. 78 WG.

zahlen. Beim eigenen Wechsel besteht somit **Personenidentität** zwischen Schuldner, Aussteller und Bezogenen. Aus diesem Grunde lautet die Wechselklausel „Gegen diesen Wechsel zahle ich …". Mithin geht der Schuldner bereits mit der **Ausstellung** eine wechselmäßige Verpflichtung ein. Die **Abbildungen 87** und **89** zeigen die Grundstrukturen des gezogenen und des eigenen Wechsels. **Abbildung 88** verdeutlicht die gesetzlichen Bestandteile eines gezogenen Wechsels.

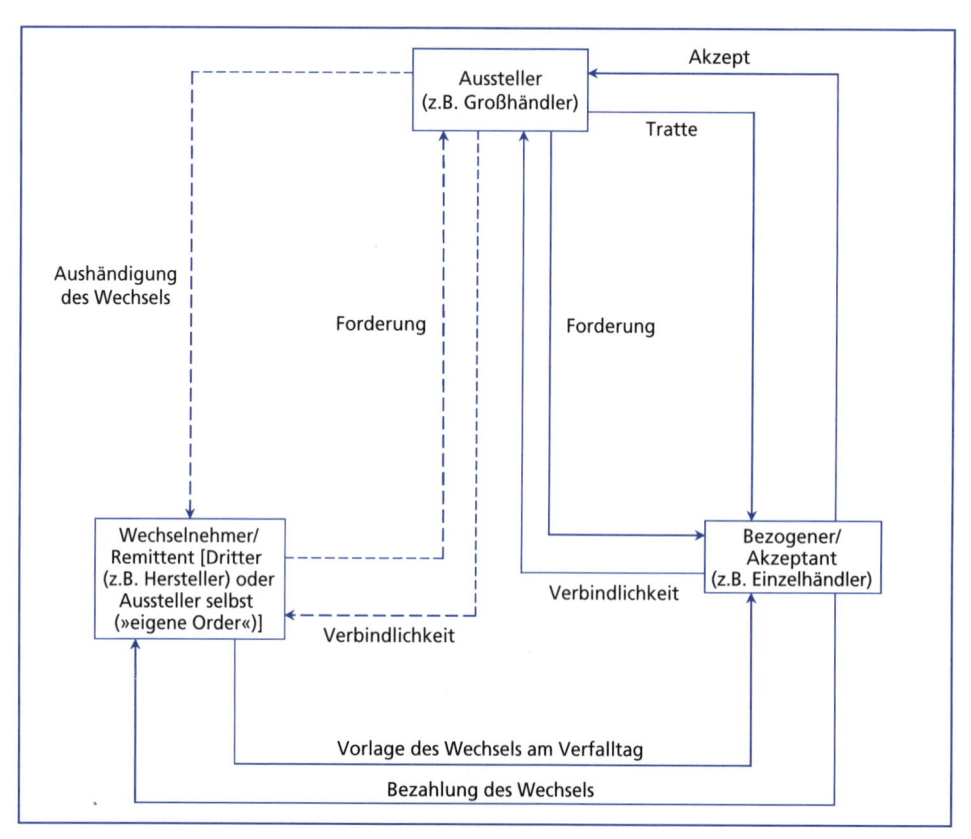

Abb. 87: Grundstruktur des gezogenen Wechsels[106]

---

[106] Die gestrichelten Linien haben dann Gültigkeit, wenn der Wechselnehmer ein Dritter ist (z. B. Hersteller).

II. Buchhalterische Erfassung ausgewählter Geschäftsvorfälle

Gesetzliche Bestandteile gem. Art. 1 WG:

(1) Das Wort »Wechsel« im Text der Urkunde (Wechselklausel).
(2) Die unbedingte Anweisung, eine bestimmte Geldsumme zu zahlen.
(3) Name der Person oder Firma, die zahlen soll (Bezogener).
(4) Verfallzeit, wann die Wechselsumme gezahlt werden soll.
(5) Angabe des Zahlungsortes, d. h. der Ort, an dem die Zahlung erfolgen soll.
(6) Name des Wechselnehmers (Remittenten), an den oder an dessen Order gezahlt werden soll.
(7) Ausstellungstag und -ort.
(8) Unterschrift des Ausstellers (Trassant).

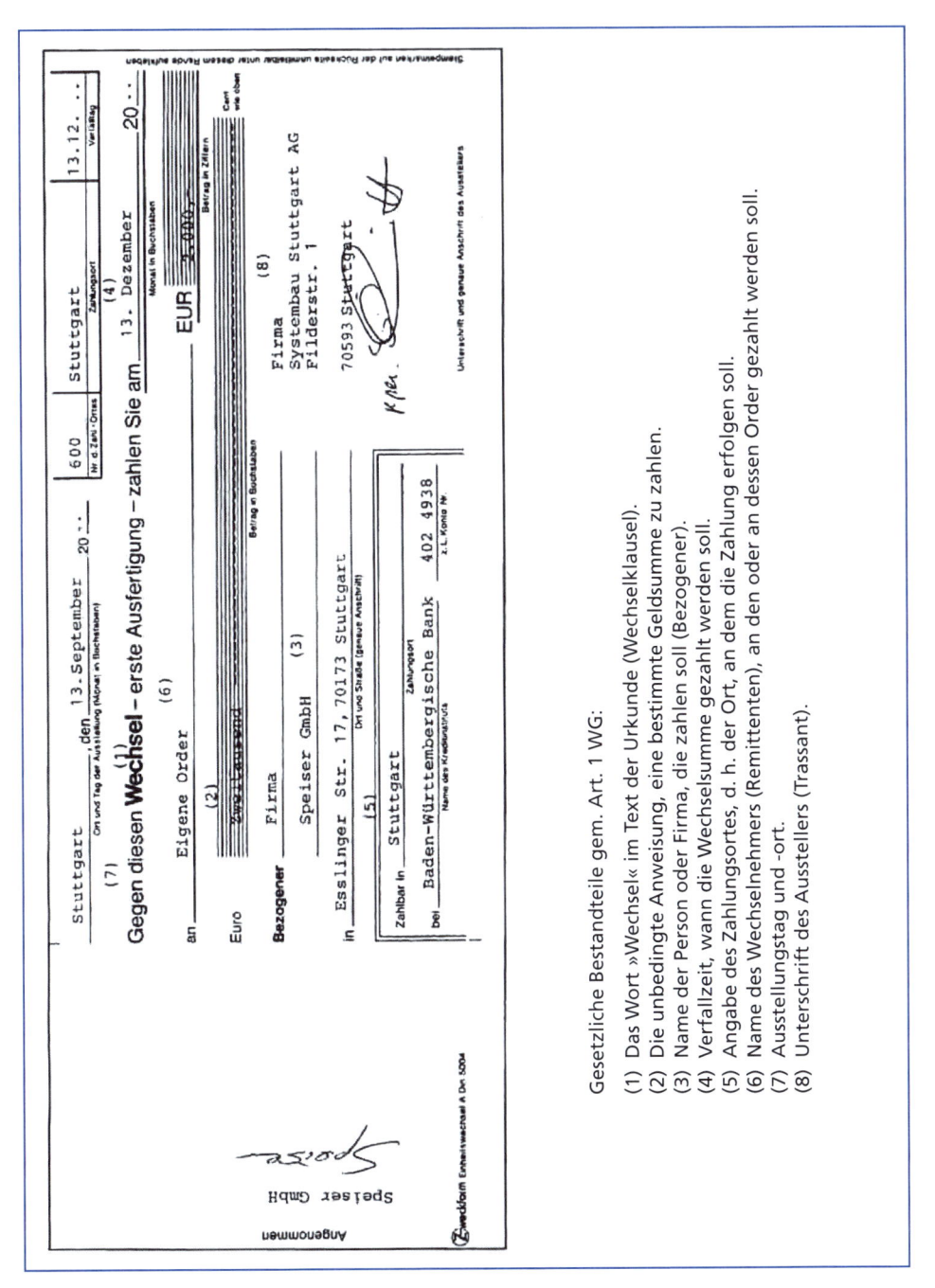

Abb. 88: Wechselformular (entsprechend dem folgenden Beispiel)[107]

---

[107] Modifiziert entnommen von *Eisele/Knobloch* 2011, S. 190.

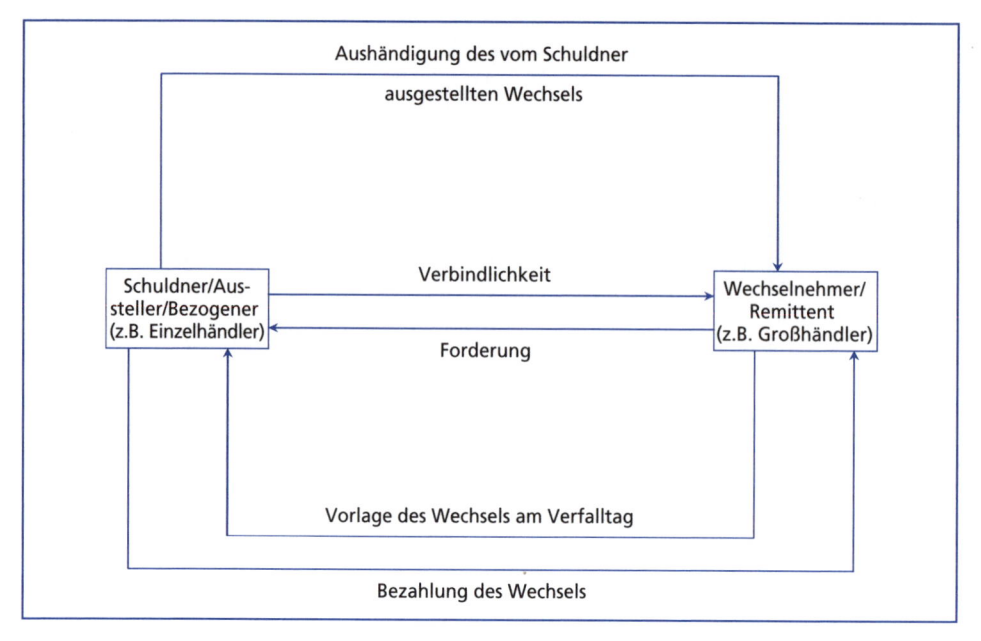

Abb. 89: Grundstruktur des eigenen Wechsels

> **Beispiel:** Die Firma Systembau Stuttgart AG liefert am 25.05.2012 an die Firma Speiser GmbH, Stuttgart, Waren im Wert von 2.000 € (einschl. 20 % Umsatzsteuer). Da die Speiser GmbH den Kaufpreis nicht sofort, sondern erst in drei Monaten bezahlen kann, die Systembau AG ihrerseits aber finanzielle Mittel benötigt, um eigene Verbindlichkeiten begleichen zu können, verständigen sich beide Vertragsparteien darauf, dass ein auf „eigene Order" ausgestellter Wechsel akzeptiert wird (Laufzeit drei Monate. Ausstellungsort ist der Wohnsitz des Großhändlers, Zahlungsort der des Einzelhändlers. Die Bezahlung des Wechsels am Verfalltag erfolgt durch die Baden-Württembergische Bank, Stuttgart, Kto.-Nr.: 4024938 (vgl. Abbildung 88).

Wie bereits angesprochen, stehen dem Remittenten mehrere Möglichkeiten offen, den Wechsel zu verwerten:

- er kann den Wechsel in seinem Portfolio aufbewahren und dem Bezogenen am Verfalltag zur Zahlung vorlegen;
- er kann den Wechsel zur Begleichung eigener Schulden an einen seiner Gläubiger weitergeben. Die Übertragung des Wechselrechts erfolgt durch
    - die Übereignung der Wechselurkunde[108] und
    - einem Weitergabevermerk auf der Wechselrückseite, dem sog. **Indossament**[109] („Für mich an die Order der Firma …").

---

[108] Die Übereignung der Wechselurkunde vollzieht sich nach § 929 BGB.
[109] Vgl. Art. 11 Abs. 1 WG.

Die den Wechsel aushändigende Person wird **Indossant** und die empfangene Partei wird **Indossatar** genannt. Durch die Übertragung des Wechselrechts tritt der Indossatar an die Stelle des Indossanten und hat somit einen Anspruch auf Einlösung des Wechsels durch den Bezogenen. Bezahlt der Akzeptant den Wechsel am Verfalltag nicht, so kann der Inhaber im Rahmen des **Wechselprotests** Rückgriff auf die in der Indossamentenkette angegebenen Vorbesitzer[110] oder den Aussteller[111] nehmen und von diesen Zahlung der Wechselsumme sowie der mit dem Protest einhergehenden Aufwendungen verlangen.[112] Die Möglichkeit des Rückgriffs steht in gleicher Weise jedem Indossanten zu, der als Wechselverpflichteter den zu Protest gegangenen Wechsel (**Protestwechsel**) eingelöst hat.[113] Eine Indossantenkette sowie die Möglichkeiten des Wechselrückgriffs zeigt **Abbildung 90**.

- Er kann den Wechsel vor dem Verfalltag an eine Bank veräußern (sog. **Diskontierung**). Das Kreditinstitut zahlt als Kaufpreis jedoch nicht die volle Wechselsumme, sondern einen um den **Diskont** sowie um **Provision** und **Spesen** verminderten Betrag. Als Diskont bezeichnet man diejenigen Zinsen, die für den gewährten Wechselkredit vom Tag des Ankaufs bis zum Fälligkeitstag berechnet werden. Mit der Diskontierung, für die die oben angegebenen Übertragungs- und Haftungsregeln gelten, geht die Wechselforderung auf die Bank über.

Verfügt der Akzeptant nicht über die finanziellen Mittel, um den Wechsel am Fälligkeitstag einzulösen, muss er den Aussteller um Verlängerung der Wechselfrist bitten (sog. **Prolongation**), weil ansonsten der Wechsel zu Protest geht. Sofern sich der fällige Wechsel noch im **Besitz des Ausstellers** befindet, vollzieht sich die Prolongation dadurch, dass der alte Wechsel an den zur Zeit zahlungsunfähigen Bezogenen ausgehändigt wird und der Aussteller gleichzeitig einen neuen Wechsel auf ihn zieht. Ist dagegen der fällige Wechsel an einen **Gläubiger weitergegeben** oder bei einer **Bank zur Diskontierung** eingereicht worden, wird der Aussteller, um den drohenden Wechselprotest und die Kosten des Rückgriffs, die letztlich er zu tragen hat, zu vermeiden, dem Bezogenen den zur Einlösung erforderlichen Betrag vorstrecken. Die Überlassung der zur Bezahlung erforderlichen Summe erfolgt dabei gegen Akzeptierung eines **neuen Wechsels**. Den zur Vermeidung des Protestes neu ausgestellten und angenommenen Wechsel bezeichnet man auch als **Prolongationswechsel**. Die Wechselprolongation bewirkt also, dass die gegenwärtige Zahlungsunfähigkeit des Akzeptanten nicht offensichtlich wird. Da die prolongierten Wechsel ebenfalls der Strenge des Wechselgesetzes unterliegen und sie sich weder äußerlich noch inhaltlich von normalen Wechseln unterscheiden, kann der Aussteller sie im Rahmen der vorstehend erläuterten Möglichkeiten verwerten.

Nach der wirtschaftlichen Betrachtungsweise dienen **Waren- oder Handelswechsel** der Finanzierung eines **Waren- oder Dienstleistungsgeschäftes**. Fehlt einer Wechselbeziehung ein derartiges Geschäft als Grundlage, so spricht man von einem **Finanzwechsel**. Aufgabe eines solchen Wechsels ist die (kurzfristige) **Kapitalbeschaffung**.

---

[110] Vgl. Art. 43 Abs. 1 i. V. m. Art. 15 Abs. 1 WG.
[111] Vgl. Art. 43 Abs. 1 i. V. m. Art. 9 Abs. 1 WG.
[112] Vgl. Art. 48 Abs. 1 i. V. m. Art. 49 WG.
[113] Vgl. Art. 49 WG.

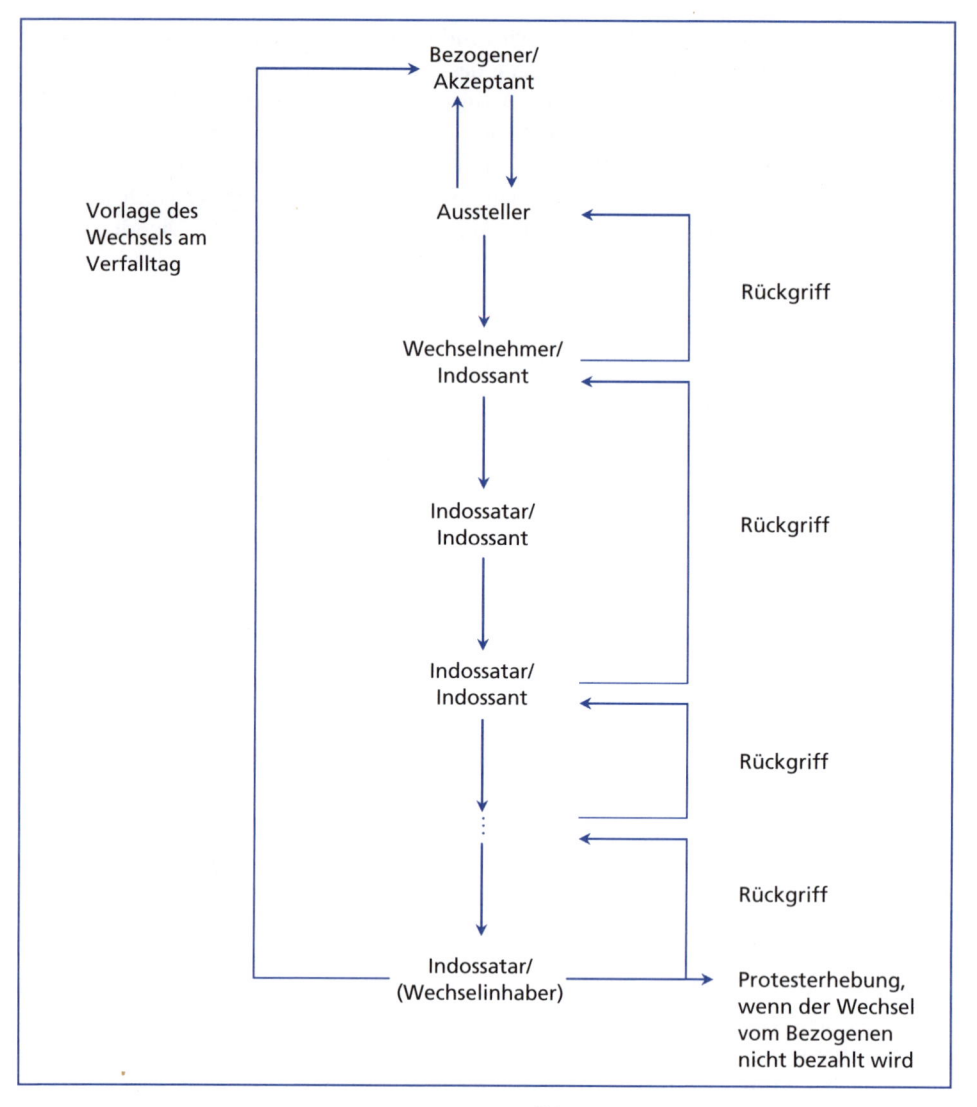

Abb. 90: Indossantenkette und Wechselrückgriff[114]

Buchhalterisch und **bilanziell** wird zwischen **Besitz-** und **Schuldwechsel** unterschieden. Erstere werden auch Aktivwechsel, Letztere Passivwechsel genannt. Unter **Besitzwechsel** versteht man solche Wechsel, bei denen der Bilanzierende als Remittent bzw. Indossatar eine

---

[114] Dem Wechselberechtigten (Inhaber bzw. Indossant) steht es frei, ob er auf den unmittelbaren oder einen beliebigen Vorbesitzer oder gleich auf den Aussteller zwecks Zahlung des Wechsels sowie Erstattung der durch den Protest verursachten Kosten zurückgreifen möchte (Sprung- oder Reihenregress).

Wechselforderung gegen den Akzeptanten hat. Derartige Aktivwechsel sind auf dem **aktiven Bestandskonto** „Besitzwechsel"[115] oder „Wechselforderungen"[116] zu erfassen.

Dadurch, dass dem Kaufmann sowohl der Wechselanspruch als auch der Forderungsanspruch aus dem Grundgeschäft zustehen, der Zahlungsanspruch gegen den Schuldner in der Buchführung jedoch nur einmal erfasst werden darf und der Wechsel aufgrund der Wechselstrenge einen höheren Sicherheitsgrad aufweist, tritt in der Finanzbuchhaltung **an die Stelle** der Forderung aus dem Grundgeschäft (z. B. Forderungen aus Lieferungen und Leistungen) die Wechselforderung. In Abhängigkeit davon, ob

(1) der aus dem **Grundgeschäft** (z. B. Warenverkauf auf Ziel) sich ergebende Zahlungsanspruch bereits buchmäßig aufgezeichnet wurde oder
(2) das Verkaufsgeschäft und die Hereinnahme des Wechsels sich gleichzeitig vollziehen („Ware gegen Wechsel")

ist zu buchen:

(1)	Besitzwechsel	an	Forderungen aus Lieferungen und Leistungen
(2)	Besitzwechsel	an	– Warenverkauf
			– Umsatzsteuer.

Anzumerken ist, dass bei Geschäftsvorfall (2) der Zahlungsanspruch aus dem Zielverkauf auch zuerst auf dem **Forderungskonto** erfasst werden kann. Die Ausbuchung erfolgt dann gemäß Buchungssatz (1).

Von der buchhalterischen ist die **bilanzielle Behandlung** der Aktivwechsel zu trennen. Das Handelsrecht gestattet weder bei Einzelunternehmen und Personenhandelsgesellschaften noch bei Kapitalgesellschaften einen **gesonderten Ausweis** der Besitzwechsel im Jahresabschluss. Sofern vom Unternehmen Wechsel erfüllungshalber hereingenommen werden, tritt in der Bilanz an die Stelle des Ausweises des Wechselbestandes der Ausweis der zugrunde liegenden Forderungen (z. B. Forderungen aus Lieferungen und Leistungen bei Handelswechseln, sonstige Vermögensgegenstände bei Hereinnahme von Finanzwechseln zur Absicherung kurzfristiger Kredite). Demzufolge sind die Beträge des in das Schlussbilanzkonto zu übernehmenden Besitzwechselkontos im Zuge der Erstellung der Schlussbilanz auf die entsprechenden Forderungsposten zu übertragen. Werden hingegen Wechsel zur kurzfristigen Geldanlage am Kapitalmarkt gekauft, sind diese – mangels eines Grundgeschäftes – unter den „Sonstigen Wertpapieren" zu erfassen. Auch wenn das Handelsrecht einen eigenständigen Bilanzposten „Wechsel" verbietet, so ist dennoch im Rahmen eines Davon-Vermerks die freiwillige Angabe der Besitzwechsel bei der jeweiligen Forderungsposition möglich.[117] Analog ist auch nach den IFRS zu verfahren.

Beispiel: Der Saldo des Kontos „Wechselforderungen" beträgt am Bilanzstichtag 300.000 €. Enthalten sind:

---

[115] Vgl. EKR, Konto-Nr. 245; IKR, Konto-Nr. 245.
[116] Vgl. Kontenrahmen für den Groß- und Außenhandel, Konto-Nr. 153; IKR, Konto- Nr. 245.
[117] Vgl. *ADS* 1997b, Anm. 126 zu § 266 HGB.

(1) Wechsel in Höhe von 60.000 €, die zur vorübergehenden Geldanlage erworben wurden,
(2) ein Wechsel über 20.000 €, der zur Absicherung eines kurzfristigen Kredits dient und
(3) Warenwechsel im Gesamtwert von 220.000 €.

Aus der Buchhaltung ergeben sich ferner folgende Daten:

(1) Bestand an Forderungen aus Lieferungen und Leistungen	430.000 €
(2) Bestand an sonstigen Vermögensgegenständen	40.000 €
(3) Bestand an sonstigen Wertpapieren	15.000 €.

(a) (Verkürzter) Inhalt des Schlussbilanzkontos:

S	Schlussbilanzkonto		H
	€		€
Forderungen aus Lieferungen und Leistungen	430.000		
Wechselforderungen	300.000		
Sonstige Vermögensgegenstände	40.000		
Sonstige Wertpapiere	15.000		

(b) (Verkürzter) Inhalt der Schlussbilanz (Angabe des Davon-Vermerks in Klammern):

Aktiva	Schlussbilanz		Passiva
	€		€
I. Forderungen und sonstige Vermögensgegenstände (davon Wechsel: 240.000 €)	710.000		
II. Wertpapiere (davon Wechsel: 60.000 €)	75.000		

Werden Wechsel zur Begleichung eigener Verbindlichkeiten übertragen oder zur Bargeldbeschaffung an eine Bank veräußert, hat dies eine **Verminderung des Wechselbestandes** zur Folge. Der Wechselabgang bewirkt gleichzeitig, dass auch die Forderung aus dem Grundgeschäft nicht mehr in der Bilanz erscheint. Da jeder in der Indossamentenkette aufgeführte frühere Inhaber im Falle des Wechselprotestes zwecks Zahlung in Anspruch genommen werden kann, begründen **weitergegebene Besitzwechsel** sog. **Eventualverbindlichkeiten**. Damit der Bilanzleser einen Überblick über die Höhe der eingegangenen Haftungsverhältnisse erhält, ist der Kaufmann nach § 251 HGB verpflichtet, den Gesamtbetrag der Eventualverbindlichkeiten unter der Bilanz anzugeben.[118] Nach den IFRS sind **Eventualverbindlichkeiten** bislang in den Anhang (Notes) aufzunehmen (IAS 37.86).

Als **Schuldwechsel** werden hingegen diejenigen Wechsel bezeichnet, bei denen sich der Bilanzierende in der Position des Wechselschuldners befindet, d. h. beim gezogenen Wechsel

---

[118] Darüber hinaus muss nach h. M. für am Bilanzstichtag weitergegebene, aber noch nicht eingelöste Wechsel eine Rückstellung wegen des Risikos der wechselrechtlichen Haftung gebildet werden. Vgl. *Kozikowski/Schubert* 2012b, Anm. 100 zu § 249 HGB.

ist der Kaufmann Akzeptant, beim eigenen Wechsel ist er Aussteller. Passivwechsel werden auf dem **passiven Bestandskonto** „Schuldwechsel"[119] oder „Wechselverbindlichkeiten"[120] erfasst. Parallel zum Besitzwechsel, bei dem der Unternehmer einen Wechselanspruch und einen Forderungsanspruch aus dem Grundgeschäft hat, ist der Unternehmer beim Schuldwechsel eine **zweifache Verpflichtung** eingegangen. Neben der Wechselverbindlichkeit existiert auch noch die Verbindlichkeit aus dem Grundgeschäft (z. B. Verbindlichkeiten aus Lieferungen und Leistungen). Aufgrund der Wechselstrenge wird in der Finanzbuchhaltung wiederum **nur die Wechselverpflichtung** und nicht die Schuld aus dem der Wechselausstellung zugrunde liegenden Kaufvertrag aufgezeichnet. Mithin sind buchhalterisch zwei Sachverhalte zu unterscheiden:

(1) die aus dem Grundgeschäft (z. B. Wareneinkauf auf Ziel) sich ergebende Zahlungsverpflichtung wurde bereits **buchmäßig dokumentiert** und
(2) das Einkaufsgeschäft und die Annahme des Wechsels vollziehen sich **gleichzeitig** („Ware gegen Wechsel").

Die Buchungssätze hierzu lauten:

(1)	Verbindlichkeiten aus Lieferungen und Leistungen	an	Schuldwechsel
(2)	– Wareneinkauf	an	Schuldwechsel.
	– Vorsteuer		

Bei Geschäftsvorfall (2) kann die Zahlungsverpflichtung auch zuerst auf dem **Verbindlichkeitskonto** erfasst und dann entsprechend der Buchung (1) auf das Schuldwechselkonto übertragen werden.

Während für Besitz- und Schuldwechsel in der Buchhaltung die gleichen Aufzeichnungsregeln gelten, erfahren sie in der handelsrechtlichen **Bilanz** eine unterschiedliche Behandlung. Um den Jahresabschlussadressaten den gesamten Umfang der Verpflichtungen, die der Strenge des Wechselgesetzes unterliegen, aufzuzeigen, verlangt das Handelsrecht einen **gesonderten Bilanzausweis** der eingegangenen Wechselverbindlichkeiten. Bei **Kapitalgesellschaften**, zur Veröffentlichung verpflichteten Einzelunternehmen und Personenhandelsgesellschaften (§ 5 Abs. 1 Satz 2 PublG) sowie eingetragenen Genossenschaften (§ 336 Abs. 2 Satz 1 HGB) und Kapitalgesellschaften gesetzlich gleichgestellte Unternehmen (§ 264a HGB) erfolgt dies durch den Passivposten „Verbindlichkeiten aus der Annahme gezogener Wechsel und der Ausstellung eigener Wechsel".[121] Nicht publizitätspflichtige Einzelunternehmen und Personenhandelsgesellschaften können anstelle dieser Bezeichnung auch den Terminus „Schuldwechsel" oder „Wechselverbindlichkeiten" verwenden. Diese dem handelsrechtlichen **Vorsichtsprinzip** geschuldete Ungleichbehandlung sehen die **IFRS** dagegen nicht vor. Hierbei ist eine Aufnahme in den Posten „**sonstige Verbindlichkeiten**" nach IAS 1.54(k) angezeigt.

---

[119] Vgl. EKR, Konto-Nr. 450.
[120] Vgl. Kontenrahmen für den Groß- und Außenhandel, Konto-Nr. 176; IKR, Konto- Nr. 45(0).
[121] Vgl. § 266 Abs. 3 Posten C.5. HGB.

b. Buchmäßige Erfassung des Wechselverkehrs

b.a Wechselgrundgeschäft

Die nachstehenden Ausführungen beziehen sich auf gezogene Wechsel, denen ein Waren- oder Dienstleistungsgeschäft zugrunde liegt. Darüber hinaus gilt das Gesagte ebenso für eigene Wechsel, sofern auch sie **Handelswechsel** darstellen. Wie eingangs erwähnt, kommt dem Wechsel u. a. eine Finanzierungsfunktion zu, die darin besteht, dass die Verkaufsseite das Absatzgeschäft – bis zur Fälligkeit des Wechsels – kreditiert. Der Lieferant veräußert an den Kunden also Waren oder erbringt für ihn eine Dienstleistung, die dieser sofort oder innerhalb einer bestimmten Frist bezahlen müsste; ist der Käufer hierzu augenblicklich nicht in der Lage (z. B. aufgrund eines vorübergehenden Liquiditätsengpasses), so kann er seine Zahlungsverpflichtung durch die Annahme eines gezogenen Wechsels erfüllen, wodurch dem Verkäufer gleichzeitig die Möglichkeit der **Refinanzierung** eröffnet wird.

Da mit Hilfe des Wechsels eine **Kreditierung** des Waren- oder Dienstleistungsgeschäftes erfolgt (wirtschaftlich kommt dies einer Zahlungsstundung gleich), wird der Lieferant dem Kunden in aller Regel **Zinsen** in Rechnung stellen sowie Ersatz für die durch das Wechselgeschäft ausgelösten **Aufwendungen** (Porto- und Telefonauslagen, Inkassoprovision etc.) verlangen. Während die im Rahmen des Wechselkredites anfallenden Zinsen als **Wechsel(vor)zinsen** oder **Diskont** bezeichnet werden, spricht man im Hinblick auf die mit dem Wechsel verbundenen Aufwendungen von **Wechselspesen** oder **Wechselumlaufkosten**. Wechselzinsen und Wechselspesen ergeben zusammen die **Wechselkosten**. Der Diskont berechnet sich nach folgender Formel.

$$\text{Diskont} = \frac{\text{Wechselsumme} \cdot \text{Diskontsatz} \cdot (\text{Rest})\text{Laufzeit}}{100 \cdot 360}$$

Aus Praktikabilitätsgründen werden die Wechselumlaufkosten regelmäßig in Form einer **Pauschale** erhoben, mit der dann sämtliche Aufwendungen abgedeckt sind. Allerdings ist zu berücksichtigen, dass der Wechselschuldner nur dann Wechselzinsen zu entrichten und die Wechselspesen zu tragen hat, wenn dies zuvor zwischen den Vertragsparteien vereinbart wurde.

Hat gemäß der zwischen Verkäufer und Käufer getroffenen Vereinbarung Letzterer die Wechselkosten (ganz oder teilweise) zu tragen, stehen den Beteiligten hinsichtlich der **Überwälzung** zwei Möglichkeiten offen:

- die Wechselkosten können unmittelbar in die **Wechselsumme eingerechnet werden**, d. h. der Wechsel wird auf einen entsprechend höheren Betrag ausgestellt oder
- die Wechselkosten werden dem Bezogenen vom Aussteller **gesondert in Rechnung gestellt** (auf Seiten des Kunden entsteht eine sonstige Verbindlichkeit, auf Seiten des Lieferanten eine sonstige Forderung).

Umsatzsteuerrechtlich werden die Wechselkosten nach Auffassung der Finanzverwaltung nicht als Folge einer steuerbefreiten Kreditgewährung i. S. d. § 4 Nr. 8 UStG behandelt. Vielmehr sind die Wechselzinsen und die Wechselspesen als **Nebenleistungen** und damit **Bestandteil der Warenlieferung** anzusehen und erhöhen dementsprechend das umsatzsteuerpflichtige Entgelt, das vom Aussteller zu versteuern ist und beim Bezogenen dem Vorsteuerabzug unterliegt.[122] Mithin bilden aus umsatzsteuerlicher Sicht Waren- und Wechselgeschäft eine **wirtschaftliche Einheit**. Nach Maßgabe der steuerlichen Rechtsprechung erhöhen die Wechselkosten das umsatzsteuerpflichtige Entgelt dann nicht, wenn zwischen der Warenlieferung und dem mit Hilfe des Wechsels vollzogenen Kreditgeschäft eine **eindeutige Trennung** vorliegt. Waren- und Kreditakt müssen also zwei selbständige und voneinander unabhängige Vorgänge darstellen, damit eine **Umsatzsteuerbefreiung der Wechselkosten** eintritt. Dies ist dann der Fall, wenn[123]

- die Lieferung (oder sonstige Leistung) und die Kreditgewährung mit den dafür aufzuwendenden Entgelten bei Abschluss des Umsatzgeschäftes **gesondert vereinbart** worden sind,[124]
- in der Vereinbarung über die Kreditgewährung auch der **Jahreszins** angegeben wird und
- die Entgelte für die Lieferung (oder sonstige Leistung) und die Kreditgewährung **getrennt abgerechnet** werden.

Sind die genannten Voraussetzungen erfüllt, ist der Wechselkredit (einschließlich der in Rechnung gestellten Wechselkosten) als gesonderte Leistung nach § 4 Nr. 8 UStG **umsatzsteuerfrei**.[125] Weil in der Praxis die strikte Trennung von Waren- und Wechselgeschäft (noch) die Ausnahme darstellt, wird nachfolgend die Umsatzsteuer bei der Buchung der Wechselkosten einbezogen.

> **Beispiel:** Großhändler G liefert an Einzelhändler E Waren im Gesamtwert von 12.000 € (einschließlich 20 % Umsatzsteuer). Da E die Lieferung nicht sofort bezahlen kann, akzeptiert er einen von G in Höhe des Rechnungsbetrages ausgestellten Wechsel (Laufzeit drei Monate). Entsprechend der zwischen den Vertragsparteien getroffenen Vereinbarung hat E Wechselzinsen in Höhe von 10 % p. a. sowie eine Wechselumlaufkostenpauschale von 65 € zu zahlen. G stellt E die Wechselkosten gesondert in Rechnung. Darüber hinaus wurde vereinbart, dass G sämtliche mit der Weitergabe bzw. Diskontierung einhergehende Wechselkosten auf E überwälzen kann.
>
> Buchung des Großhändlers G:
>
> (1) Warenverkauf gegen Hereinnahme eines Wechsels:
> Besitzwechsel 12.000 € an – Warenverkauf 10.000 €
>   – Umsatzsteuer 2.000 €.
>
> Weil die Wechselspesen sich aus einer Vielzahl von Einzelaufwendungen zusammensetzen (Telefon, Porto etc.), die ihrerseits bei den betreffenden Aufwandsarten buchhalterisch erfasst werden, und aus Praktikabilitätsgründen eine Herausrechnung und Stornierung der durch den Wechsel verursachten Aufwendungen unterbleibt, ist die vom Bezogenen zu zahlende Wechselumlaufkostenpauschale als **Ertrag zu verbuchen**.

---

[122] Vgl. *Eisele/Knobloch* 2011, S. 196.
[123] Vgl. UStAE, § 3.11 Abs. 2.
[124] Die nachträgliche Aufteilung des für das Umsatzgeschäft vereinbarten Entgelts in ein Entgelt für die Lieferung (oder sonstige Leistung) und ein Entgelt für die Kreditgewährung ist nicht möglich.
[125] Nach § 9 Abs. 1 UStG steht dem Unternehmer jedoch die Möglichkeit offen, auf die Steuerbefreiung zu verzichten und somit auch die Kreditgeschäfte der Umsatzsteuer zu unterwerfen.

Statt als sonstige betriebliche Erträge können die Wechselspesen auch auf einem **separaten Erfolgskonto** (z. B. „Pauschale Wechselumlaufkosten") aufgezeichnet werden.

(2) Inrechnungstellung der Wechselkosten:

Sonstige Forderungen	438 €	an	– Diskonterträge	300 €[126]
			– Sonstige betriebliche Erträge	65 €
			– Umsatzsteuer	73 €.[127]

Die vom Bezogenen zu entrichtenden Wechselumlaufkosten zählen zu den durch bare und unbare Zahlungsvorgänge bedingten Aufwendungen des Geldverkehrs.[128] Sofern die Wechselkosten in die Wechselsumme eingerechnet werden, lautet der Wechsel über 12.438 € und es entsteht weder eine sonstige Forderung noch eine sonstige Verbindlichkeit; ansonsten ergeben sich keine Änderungen.

Buchungen des Einzelhändlers:

(1) Warenverkauf gegen Akzeptierung eines Wechsels:

– Wareneinkauf	10.000 €	an	Schuldwechsel	12.000 €.
– Vorsteuer	2.000 €			

(2) Erhalt der Wechselkostenabrechnung:

– Diskontaufwendungen	300 €	an	Sonstige Verbindlichkeiten	438 €.
– Aufwendungen des Geldverkehrs	65 €			
– Vorsteuer	73 €			

b.b Wechseleinlösung

Beispiel: In Fortsetzung des vorangegangenen Beispiels legt Großhändler G dem Einzelhändler E am Verfalltag den Wechsel zur Einlösung vor. E begleicht die Wechselsumme einschließlich der ihm in Rechnung gestellten Wechselkosten durch Barzahlung.

Buchung des Großhändlers G:

Kasse	12.438 €	an	– Besitzwechsel	12.000 €
			– Sonstige Forderungen	438 €.

Buchung des Einzelhändlers E:

– Schuldwechsel	12.000 €	an	Kasse	12.348 €.
– Sonstige Verbindlichkeiten	438 €			

---

[126] 300 € = 12.000 € · 10 · 90 Tage/(100 · 360 Tage).

[127] 73 € = 0,2 · (300 € + 65 €).

[128] Vgl. EKR, Konto-Nr. 675; Kontenrahmen für den Groß- und Außenhandel, Konto-Nr. 486; IKR, Konto-Nr. 675.

b.c Wechselweitergabe

Beispiel: Im Folgenden wird unterstellt, dass Großhändler G seinerseits dem Hersteller H aus Warenlieferungen 30.000 € schuldet. Um seine Verbindlichkeiten zu begleichen, indossiert G den Wechsel an H und überweist den Differenzbetrag durch seine Bank (Restlaufzeit des Wechsels zwei Monate). Für den Wechselkredit verlangt der Hersteller Zinsen in Höhe von 10 % p. a. sowie eine Umlaufkostenpauschale von 60 €. Über die zu zahlenden Wechselkosten erhält der Großhändler eine gesonderte Abrechnung. Entsprechend der zwischen dem Groß- und dem Einzelhändler getroffenen Vereinbarung überwälzt G die ihm bei der Wechselweitergabe vom Hersteller in Rechnung gestellten Wechselkosten auf E. Am Fälligkeitstag legt der Hersteller dem Einzelhändler den Wechsel zur Einlösung vor; die Bezahlung erfolgt mittels Bankscheck.

Aus **umsatzsteuerrechtlicher Sicht** erhöhen die Wechselkosten, die – veranlasst durch die Wechselweitergabe – an den Hersteller zu zahlen sind, nachträglich das Entgelt, das der Großhändler zur Erlangung der Waren aufgewendet hat. Mithin muss H seine Umsatzsteuer und G seine Vorsteuer korrigieren. In gleicher Weise bewirkt die **Überwälzung der Wechselkosten** vom Großhändler auf den Einzelhändler eine nachträgliche Erhöhung des von E entrichteten Entgelts. Folglich sind auch hier Umsatzsteuer und Vorsteuer zu berichtigen. Hinsichtlich des vorstehenden Beispiels ist jedoch zu berücksichtigen, dass zu den Wechselkosten, die der Großhändler vom Einzelhändler erstattet bekommt, nicht die Wechselzinsen zählen, die G an den Hersteller zu leisten hat. Da der Großhändler den Wechsel nur einen Monat in Besitz hatte, stehen ihm insofern die Wechselzinsen nur anteilig zu. Dem Einzelhändler in Rechnung gestellt wurden jedoch die Zinsen für die gesamte Laufzeit des Wechsels. Insofern bewirken die an den Hersteller zu zahlenden Zinsen eine Korrektur des zu hoch ausgewiesenen Diskontertrags. Die vom Großhändler zu entrichtenden Wechselzinsen stellen einen Diskontaufwand dar.

Buchungen des Großhändlers G:

(1) Schuldbegleichung durch Banküberweisung und Weitergabe des Wechsels:

Verbindlichkeiten aus Lieferungen und Leistungen 30.000 € an
– Guthaben bei Kreditinstituten 18.000 €
– Besitzwechsel 12.000 €.

(2) Erhalt der Wechselkostenabrechnung vom Hersteller:

– Diskontaufwendungen 200 €[129] an Sonstige Verbindlichkeiten 312 €
– Aufwendungen des Geldverkehrs 60 €
– Vorsteuer 52 €[130]

(3) Überwälzung der Wechselumlaufkosten auf den Einzelhändler:

Sonstige Forderungen 72 € an
– Aufwendungen des Geldverkehrs 60 €
– Umsatzsteuer 12 €.

---

[129] 200 € = 12.000 € · 10 · 60 Tage/(100 · 360 Tage).
[130] 52 € = 0,2 · (200 € + 60 €).

Dem Umstand Rechnung tragend, dass die Wechselspesen letztlich vom Einzelhändler zu bezahlen sind, erfolgt eine Stornierung der Kosten des Zahlungsverkehrs.

Buchungen des Einzelhändlers E:

(1) Erhalt der Wechselkostenabrechnung vom Großhändler:

– Aufwendungen des Geldverkehrs	60 €	an	Sonstige Verbindlichkeiten	72 €.
– Vorsteuer	12 €			

(2) Wechseleinlösung am Verfalltag:

Schuldwechsel	an	Guthaben bei Kreditinstituten	12.000 €.

Sofern sich der **Wechselzinssatz**, der bei der Abrechnung zwischen dem Groß- und dem Einzelhändler zugrunde liegt ($G_{Zinssatz}$), von dem Zinssatz unterscheidet, den der Hersteller dem Großhändler berechnet ($H_{Zinssatz}$), kommt es hinsichtlich der Behandlung des sich hieraus für den Großhändler ergebenden positiven ($G_{Zinssatz} > H_{Zinssatz}$) bzw. negativen ($G_{Zinssatz} < H_{Zinssatz}$) Zinseffekts auf die zwischen ihm und dem Einzelhändler **getroffenen Absprache** an. Mithin kann vereinbart werden, dass ein positiver Differenzbetrag an den Einzelhändler **rückzuerstatten** ist, während ein negativer Unterschiedsbetrag auf ihn **überwälzt** werden darf. Allerdings kann jedoch eine Übereinkunft dergestalt bestehen, dass mit den vom Großhändler in Rechnung gestellten Wechselzinsen sämtliche mit der Weitergabe bzw. Diskontierung einhergehende (positive bzw. negative) Zinsdifferenzen abgegolten sind. Entsprechende Abreden sind auch bezüglich der **Wechselspesen** möglich.

b.d Wechseldiskontierung

Beispiel: Unter Rückgriff auf das Ausgangsbeispiel wird nun angenommen, dass Großhändler G einen Monat vor Fälligkeit den vom Einzelhändler E akzeptierten Wechsel an seine Hausbank verkauft. Das Kreditinstitut schreibt die Wechselsumme (12.000 €) unter Abzug von Diskont (10 % p. a.) und Spesen (50 €) dem Girokonto gut.[131] Gemäß der zwischen G und E getroffenen Absprache werden die durch die Diskontierung entstandenen Wechselkosten vom Großhändler auf den Einzelhändler überwälzt. Am Verfalltag löst E den von der Bank vorgelegten Wechsel durch Barzahlung ein.

Nach UStAE, § 10.3 Abs. 6 Satz 1, stellen die bei der Diskontierung in Abzug gebrachten **Wechselzinsen umsatzsteuerrechtlich** eine **Entgeltsminderung** dar. Begründet wird diese Haltung damit, dass der Bezogene für die Lieferung wirtschaftlich nur das aufwende, was der Aussteller bei der vorzeitigen Einlösung des Wechsels erhalte, nämlich den um den Diskont verminderten Betrag. Dagegen sind die beim Verkauf anfallenden **Wechselspesen** Aufwendungen des Geldverkehrs, die das umsatzsteuerpflichtige Entgelt **nicht** mindern dürfen. Die **Verringerung der steuerlichen Bemessungsgrundlage** hat zur Konsequenz, dass der Aussteller seine Umsatzsteuer und der Bezogene seinen Vorsteuerabzug berichtigen muss

---

[131] Die dem G von der Bank in Rechnung gestellten Wechselkosten sind Bestandteil der nach § 4 Nr. 8a) UStG umsatzsteuerbefreiten Kreditgewährung. Insofern belegt das Kreditinstitut die Diskontierung nicht mit Umsatzsteuer.

(§ 17 Abs. 1 UStG). Da die Wechselzinsen den aus Waren- bzw. Leistungswert und Umsatzsteuer bestehenden Rechnungsbetrag reduzieren, ist der Diskont ähnlich dem Skonto – in eine Entgeltsminderung und eine Steuerkorrektur aufzuteilen. Für das vorstehende Beispiel ergibt sich somit:

> **Beispiel:**
>
> | | Wechselsumme | 12.000 € |
> |---|---|---|
> | – | Wechselzinsen | 100 €[132] |
> | – | Wechselspesen | 50 € |
> | = | Bankgutschrift | 11.850 €. |
>
> Die 100 € Diskont verringern den Rechnungsbetrag und zerfallen in 83,33 € Entgeltsminderung und 16,67 € Steuerkorrektur. Die umsatzsteuerrechtliche Bemessungsgrundlage für die Warenlieferung des Großhändlers an den Einzelhändler beläuft sich somit auf 9.916,67 €; die hierauf entfallende Steuer beträgt demnach 1.983,33 €. Folglich hat G die bereits verbuchte Umsatzsteuer und E die bereits verbuchte Vorsteuer um 16,67 € zu berichtigen. Letzteres setzt allerdings voraus, dass die nachträglich eingetretene Entgeltsminderung dem Einzelhändler mitgeteilt wird. Unterlässt der Großhändler diese Mitteilung, darf er die Umsatzsteuer nicht zu seinen Gunsten korrigieren (weil sich ansonsten die an das Finanzamt abzuführende Umsatzsteuer und die von der Finanzbehörde zu erstattende Vorsteuer betragsmäßig nicht ausgleichen würden).[133]

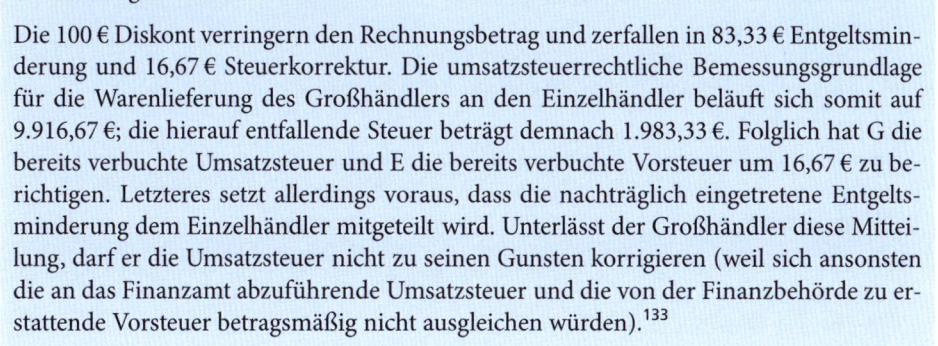

Den vorstehenden Ausführungen zufolge kann der Verkäufer vom Käufer nur den Warenwert (10.000 €) zuzüglich der aus der reduzierten Bemessungsgrundlage resultierenden Umsatzsteuer (1.983,33 €), insgesamt also 11.983,33 €, verlangen. Indem der Großhändler aber einen Wechsel über 12.000 € ausgestellt hat, schuldet er nun seinerseits dem Einzelhändler 16,67 €. In gleicher Höhe besitzt E eine Forderung gegen G. Vereinfacht ausgedrückt hat der Großhändler die 16,67 € – aufgrund der Umsatzsteuerkorrektur – nicht mehr an das Finanzamt, sondern – aufgrund des zu hoch ausgestellten Wechsels – an den Einzelhändler zu zahlen. Für den Einzelhändler verhält es sich analog, d. h. an die Stelle des Vorsteueranspruchs gegen die Finanzbehörde tritt der Forderungsanspruch gegen den Großhändler. Mithin kann immer dann, wenn eine Überwälzung der Wechselkosten **nicht vereinbart wurde**, der Lieferant auf die Korrektur der Umsatzsteuer sowie auf die Mitteilung an den Kunden **verzichten**, sofern dieser vorsteuerabzugsberechtigter Unternehmer ist, ohne dass dadurch eine der Vertragsparteien aufgrund der umsatzsteuerrechtlichen Behandlung des Diskonts finanzielle Nachteile erleidet. Berechnet der Lieferant dem Kunden die Wechselzinsen und die Wechselspesen weiter, so bewirkt dies wiederum einen **Anstieg des umsatzsteuerpflichtigen Entgelts**. Da sich aber die bei der Diskontierung zunächst eintretende Minderung und die durch die spätere Nachbelastung einstellende Zunahme der steuerlichen Bemessungsgrundlage hinsichtlich des Diskonts **ausgleichen**, führen letztlich nur die weiterberechneten Wechselumlaufkosten zu einer Entgelterhöhung. Im Falle einer Überwälzung der Wechselkosten entfällt Umsatzsteuer somit **nur** auf die **Wechselspesen**.

---

[132] 100 € = 12.000 € · 10 · 30 Tage/(100 · 360 Tage).
[133] UStAE, § 10.3 Abs. 6 Satz 4.

Bezogen auf das vorstehende Beispiel ist anzumerken, dass zu den Wechselkosten, die der Lieferant dem Kunden weiterberechnen kann, nicht der von der Bank in Abzug gebrachte Diskont zählt. Dadurch, dass der Großhändler dem Einzelhändler für die gesamte Laufzeit Wechselzinsen in Rechnung gestellt hat, dieser den Wechsel jedoch nur zwei Monate in Besitz hatte, wurde der von der Bank einbehaltene Diskont bereits vorweg überwälzt.

Beispiel:
Buchungen des Großhändlers G:

(1) Diskontierung des Wechsels bei der Bank:
 – Guthaben bei   11.850 €   an   Besitzwechsel   12.000 €.
   Kreditinstituten
 – Diskontaufwendungen   100 €
 – Aufwendungen des   50 €
   Geldverkehrs

(2) Aus der Diskontierung resultierende Umsatzsteuerkorrektur und Entstehen einer (sonstigen) Verbindlichkeit aufgrund des zu hoch ausgestellten Wechsels:[134]
   Umsatzsteuer   an   Sonstige   16,67 €.
                                         Verbindlichkeiten

(3) Stornierung der Umsatzsteuerkorrektur und der (sonstigen) Verbindlichkeit wegen der bereits erfolgten Diskontüberwälzung:
   Sonstige Verbindlichkeiten   an   Umsatzsteuer   16,67 €.

(4) Weiterbelastung der Wechselspesen:
   Sonstige Forderungen   60 €   an   – Aufwendungen des   50 €
                                           Geldverkehrs
                                         – Umsatzsteuer   10 €.

Buchungen des Einzelhändlers E:

(1) Die vom Großhändler mitgeteilte Wechseldiskontierung hat eine Vorsteuerberichtigung sowie das Entstehen einer (sonstigen) Forderung aufgrund des zu hoch ausgestellten Wechsels zur Konsequenz:
   Sonstige Forderungen   an   Vorsteuer   16,67 €.

(2) Stornierung der Vorsteuerberichtigung und der (sonstigen) Forderung wegen der bereits erfolgten Diskontüberwälzung:
   Vorsteuer   an   Sonstige Forderungen 16,67 €.

(3) Erhalt der Wechselkostenabrechnung von Großhändler G:
 – Aufwendungen des   50 €   an   Sonstige   60 €.
   Geldverkehrs   Verbindlichkeiten
 – Vorsteuer   10 €

(4) Wechseleinlösung am Verfalltag:
   Schuldwechsel   an   Kasse   12.000 €.

---

[134] Umsatzsteuer- und Vorsteuerkorrektur sind nur aus Verständnisgründen angegeben worden und zeigen auf, welche Buchungen anfallen, wenn der Großhändler dem Einzelhändler überhaupt keine

b.e Wechselprolongation

Beispiel: Unter Bezugnahme auf das Ausgangsbeispiel wird jetzt angenommen, dass der Großhändler G den Wechsel in seinem Portfolio aufbewahrt hat und ihn am Verfalltag dem Einzelhändler E zur Zahlung vorlegt. Da E sich in einem vorübergehenden Liquiditätsengpass befindet und deshalb den Wechsel nicht einlösen kann, erklärt G sich bereit, den fälligen Wechsel zu prolongieren und stellt einen neuen Wechsel (Laufzeit drei Monate) in gleicher Höhe aus (12.000 €). Für die Prolongation verlangt der Großhändler vom Einzelhändler Zinsen in Höhe von 12 % p. a. sowie eine Umlaufkostenpauschale von 60 €. Die Wechselkosten, die G dem E gesondert in Rechnung stellt, werden von diesem sofort bar bezahlt.

Wird der vom Aussteller hereingenommene und bei ihm verbliebene Wechsel prolongiert, so sind die dabei anfallenden Zinsen und Spesen als **Preiszuschläge** umsatzsteuerpflichtig, d. h. bei der Prolongation handelt es sich um eine weitere nachträgliche Stundung des Warenpreises. Folglich **erhöhen** die mit der Zahlungsfristverlängerung einhergehenden Wechselkosten, die dem Bezogenen berechnet werden, das **steuerpflichtige Entgelt**.

Sofern der Aussteller noch im Besitz des fälligen Wechsels ist, vollzieht sich die Prolongation dadurch, dass der alte Wechsel gegen einen neuen **ausgetauscht** wird. Der Großhändler gibt also den alten Wechsel an den Einzelhändler zurück und zieht gleichzeitig einen neuen Wechsel auf ihn. Weil der ursprüngliche und der prolongierte Wechsel über dieselbe Summe lauten, ist weder beim Aussteller noch beim Bezogenen eine Buchung auf dem Besitz- bzw. Schuldwechselkonto erforderlich. Lediglich **im Wechselbuch** ist der Wechselaustausch zu vermerken. Wenn jedoch die Prolongationskosten in die neue Wechselsumme mit eingerechnet werden, bedarf es einer Ausbuchung des alten und zugleich einer Einbuchung des neuen Wechsels.

Buchung des Großhändlers G:

Kasse	504 €	an	– Diskonterträge	360 €[135]
			– Sonstige betriebliche Erträge	60 €
			– Umsatzsteuer	84 €.[136]

Buchung des Einzelhändlers E:

– Diskontaufwendungen	360 €	an	Kasse	504 €.
– Aufwendungen des Geldverkehrs	60 €			
– Vorsteuer	84 €			

Wechselkosten berechnet. Im Falle der Überwälzung sind sie und die Stornobuchungen jedoch überflüssig.

[135] 360 € = 12.000 € · 12 · 90 Tage/(100 · 360 Tage).

[136] 84 € = 0,2 · (360 € + 60 €).

Beispiel: Nun wird davon ausgegangen, dass der Großhändler G nicht mehr im Besitz des Wechsels ist, sondern diesen bei seiner Bank zur Diskontierung eingereicht hat. Unmittelbar vor dem Verfalltag bittet der Einzelhändler E aufgrund einer augenblicklichen Finanzlücke G um eine Verlängerung der Wechselfrist. Zur Vermeidung eines Wechselprotestes und der damit verbundenen Rückgriffskosten streckt der Großhändler dem E den zur Einlösung erforderlichen Betrag (12.000 €) in bar vor. In Höhe des ausgehändigten Betrages zuzüglich der Prolongationskosten (Zinsen 12 % p. a., Umlaufkostenpauschale 60 €) zieht G einen neuen Wechsel auf den Einzelhändler (Laufzeit drei Monate).

Analog zu den vorstehenden Ausführungen stellen auch in diesem Fall die Wechselkosten umsatzsteuerlich **Preiszuschläge** dar, die eine nachträgliche **Entgelterhöhung** bewirken.

Buchung des Großhändlers G:

Besitzwechsel	12.504 €	an	– Kasse	12.000 €
			– Diskonterträge	360 €
			– Sonstige betriebliche Erträge	60 €
			– Umsatzsteuer	84 €.

Buchungen des Einzelhändlers E:

(1) Akzeptierung des Prolongationswechsels:

– Kasse	12.000 €	an	Schuldwechsel	12.504 €.
– Diskontaufwendungen	360 €			
– Aufwendungen des Geldverkehrs	60 €			
– Umsatzsteuer	84 €			

(2) Einlösung des alten Wechsels:

Schuldwechsel		an Kasse	12.000 €.

b.f Wechselprotest

Beispiel: Als letzte Variationsalternative des Beispiels wird nun unterstellt, dass der Wechsel vom Großhändler G zur Begleichung eigener Verbindlichkeiten an einen Gläubiger (z. B. Hersteller) weitergegeben wurde. Da der Einzelhändler E den Wechsel am Verfalltag nicht bezahlen kann, lässt der Wechselinhaber durch einen Notar[137] Protest erheben. Für diese Amtshandlung berechnet der Notar eine Gebühr von 120 € (einschl. 20 % Umsatzsteuer), die durch Banküberweisung beglichen wird. Neben der Wechselsumme (12.000 €) und der Protestgebühr stellt der Wechselinhaber dem Großhändler im Rahmen des Rückgriffs in Rechnung: Zinsen 40 €, Auslagen 22 € und eine Vergütung über 38 €.[138] In dem

---

[137] Gemäß Art. 79 Abs. 1 WG kann der Protest nur durch einen Notar oder Gerichtsbeamten erhoben werden.
[138] Vgl. Art. 48 Abs. 1 WG.

II. Buchhalterische Erfassung ausgewählter Geschäftsvorfälle

sich anschließenden Wechselprozess verlangt der Großhändler vom Einzelhändler E Bezahlung

- des Wechsels,
- der ihm vom Wechselinhaber belasteten Protestkosten sowie
- der eigenen Protestkosten in Höhe von 150 € (Zinsen 50 €, Auslagen 40 € und Vergütung 60 €).[139]

Aus **umsatzsteuerrechtlicher Sicht** handelt es sich bei den nach Art. 48 und Art. 49 WG zu zahlenden Protestgebühren, Zinsen, Auslagen und Vergütungen um **Schadensersatzleistungen**.[140] Mithin liegen also **nicht steuerbare** Umsätze vor. Folglich haben die auf den (unmittelbaren oder einen beliebigen) Wechselvorbesitzer weiterverrechneten Protestkosten **keine Auswirkungen auf das umsatzsteuerpflichtige Entgelt**. Der Wechselinhaber kann jedoch die ihm im Rahmen des Protests für von **dritter Seite erbrachte Leistungen** in Rechnung gestellte Umsatzsteuer als Vorsteuer geltend machen. Gleiches gilt für alle den Protestwechsel einlösenden Indossanten.

Weil protestierte Wechsel mit einem erhöhten Ausfallrisiko behaftet sind, werden sie auf einem gesonderten Konto („**Protestwechsel**" oder „**Rückwechsel**") erfasst. Berechnet der Rückgriffsberechtigte dem Rückgriffsverpflichteten die Wechselsumme sowie die Protestkosten weiter, entsteht – sofern keine unmittelbare Bezahlung z. B. durch Bank oder Kasse erfolgt – beim Berechtigten eine sonstige Forderung und beim Verpflichteten eine sonstige Verbindlichkeit. Zulässig ist auch, in Höhe der Wechselsumme die Forderung bzw. Verbindlichkeit aus dem Waren- oder Dienstleistungsgeschäft wieder aufleben zu lassen und nur die Protestkosten als sonstige Forderung bzw. sonstige Verbindlichkeit zu verbuchen.

Buchungen des Wechselinhabers:

(1) Protesterhebung wegen Zahlungsunfähigkeit des Einzelhändlers E:

– Protestwechsel	12.000 €	an – Besitzwechsel	12.000 €
– Aufwendungen des Geldverkehrs	100 €	– Guthaben bei Kreditinstituten	120 €.
– Vorsteuer	20 €		

(2) Rückgriff auf den Großhändler G:

Sonstige Forderungen	12.200 €	an – Protestwechsel	12.000 €
		– Aufwendungen des Geldverkehrs[141]	100 €
		– Diskonterträge	40 €
		– Sonstige betriebliche Erträge	60 €.

---

[139] Vgl. Art. 28 Abs. 2 i. V. m. Art. 49 WG.
[140] Vgl. UStAE, § 10.1 Abs. 3 i. V. m. § 1.3 Abs. 6 Satz 4.
[141] Vom Großhändler zu erstatten ist nur der Nettobetrag der Protestgebühr (100 €).

Die im Rahmen des Protests anfallenden Zinsen stellen auf Seiten des **Wechselberechtigten Diskonterträge** und auf Seiten des **Wechselverpflichteten Diskontaufwendungen** dar. Da die mit dem Protest verbundenen Auslagen (Telefon, Porto etc.) – ebenso wie die Wechselumlaufkosten – buchhalterisch bei den betreffenden Aufwandsarten erfasst werden und aus Praktikabilitätsgründen eine Herausrechnung und Stornierung der durch den Protest verursachten Aufwendungen unterbleibt, sind die weiterberechneten Auslagen als **Ertrag** zu erfassen.

> Buchungen des Großhändlers G:
>
> (1) Erhalt der Rückgriffskostenabrechnung vom Wechselinhaber:
> - Protestwechsel 12.000 € an Sonstige Verbindlichkeiten 12.200 €.
> - Diskontaufwendungen 40 €
> - Aufwendungen des 160 €
>   Geldverkehrs
>
> Die dem Großhändler in Rechnung gestellten Protestkosten zerfallen also in Diskontaufwendungen und Kosten des Geldverkehrs.
>
> (2) Dem Einzelhändler werden die Wechselsumme sowie die fremden und eigenen Protestkosten in Rechnung gestellt:
> Sonstige Forderungen 12.350 € an Protestwechsel 12.000 €
>   fremde Protestkosten
>   – Diskontaufwendungen 40 €
>   – Aufwendungen des 160 €
>   Geldverkehrs
>   eigene Protestkosten
>   – Diskonterträge 50 €
>   – Sonstige betriebliche 100 €.
>   Erträge

Weil die an den Wechselinhaber bezahlten Protestkosten (200 €) auf den Einzelhändler weiterverrechnet werden, erfolgt eine Stornierung der Diskontaufwendungen und der Aufwendungen des Zahlungsverkehrs. Sofern sich abzeichnet, dass die (sonstige) Forderung des Großhändlers ganz oder teilweise **ausfällt**, hat er diese im Wege der **Abschreibung** zu berichtigen und gleichzeitig eine **Umsatzsteuerkorrektur** vorzunehmen (§ 17 Abs. 2 UStG). Der Einzelhändler muss neben der weiterhin bestehenden Verpflichtung aus dem Schuldwechsel auch die neu hinzugekomme (sonstige) Verbindlichkeit aus den weiterbelasteten Protestkosten bilanzieren.

Im Gegensatz zum Handelswechsel dient der **Finanzwechsel** ausschließlich der (kurzfristigen) Kapitalbeschaffung und fällt somit unter die **steuerbefreiten Umsätze** des § 4 Nr. 8 UStG (Kreditgewährung). Da die Wechselkosten als Nebenleistungen der Kreditgewährung anzusehen sind und deshalb das umsatzsteuerrechtliche Schicksal der Hauptleistung teilen, ergeben sich aus den in Rechnung gestellten Wechselzinsen und -spesen **keine Auswirkungen auf die Umsatzsteuer**.

C. Lohn- und Gehaltsverkehr

1. Komponenten des Personalaufwands

Der durch die Inanspruchnahme des Produktionsfaktors Arbeit verursachte **Personalaufwand** setzt sich aus den **Bruttoarbeitsentgelten** (= Löhne und Gehälter) und den **sozialen Aufwendungen** zusammen. Als **Löhne und Gehälter** sind alle Ausgaben zu qualifizieren, die der Arbeitgeber im Hinblick auf künftige sowie aufgrund von gegenwärtigen oder früheren Arbeitsverhältnissen tätigt. Hierbei ist unerheblich, unter welcher Bezeichnung (Bezüge, Vergütungen, Tantiemen etc.) und in welcher Form (Geld, geldwerten Vorteilen oder Sachwerten)[142] die Ausgaben erfolgen und ob sie regelmäßig (z. B. monatliche Lohn- und Gehaltszahlungen) oder nur einmalig (z. B. Weihnachts- oder Urlaubsgeld) anfallen.

Die **sozialen Aufwendungen**, die der Unternehmer zugunsten seiner Mitarbeiter erbringt, werden regelmäßig untergliedert in:[143]

- **Gesetzliche soziale Aufwendungen**
  [hierzu zählen die Anteile des Arbeitgebers zur Sozialversicherung (Arbeitgeberanteile) sowie die Beiträge zur Berufsgenossenschaft],
- **Freiwillige soziale Aufwendungen**
  (hierbei handelt es sich um Aufwendungen für erbrachte Unterstützungsleistungen, wie z. B. Kosten für Werkswohnungen, Betriebskindergärten, Sportanlagen, Heirats- und Geburtsbeihilfen oder Familienfürsorgezahlungen) und
- **Aufwendungen für Altersversorgung**
  (hierher gehören die Zuführungen zu den Pensionsrückstellungen, Prämien für Direktversicherungen, die Zahlungen an Pensionskassen etc.).

Zur Auszahlung an den Arbeitnehmer gelangt jedoch nicht das tariflich festgelegte oder vertraglich vereinbarte **Bruttoarbeitsentgelt**, sondern der nach Vornahme bestimmter Abzüge verbleibende **Nettolohn**. Zu den Abgaben, die der Arbeitgeber aufgrund gesetzlicher Vorschriften vom Bruttogehalt einzubehalten und an die jeweiligen Institutionen abzuführen hat, rechnen:

- die **Lohnsteuer**,
- ggf. die **Kirchensteuer**, sofern der Arbeitnehmer Mitglied in einer Religionsgemeinschaft ist,
- der **Solidaritätszuschlag**[144] und
- der **Anteil des Arbeitnehmers zur Sozialversicherung** (Arbeitnehmeranteil).

---

[142] Nach § 8 EStG zählen zu den Einnahmen des Arbeitnehmers – und somit zu den Ausgaben des Arbeitgebers – nicht nur die Zuflüsse in Form von Geld, sondern ebenso die vom Arbeitgeber erhaltenen
  – geldwerten Vorteile (z. B. Stellung eines Dienstwagens, der vom Arbeitnehmer auch privat genutzt werden kann) und
  – Sachwerte (z. B. Arbeitnehmer kann Produkte des Arbeitgebers unentgeltlich oder zu ermäßigten Preisen beziehen).
[143] Vgl. z. B. § 275 Abs. 2 Nr. 6.b) HGB.
[144] Vgl. § 3 Abs. 2a SolzG.

Das sich ergebende **Nettoarbeitsentgelt** ist – sofern der Beschäftigte einen Vertrag i. S. d. Fünften Vermögensbildungsgesetzes abgeschlossen hat – noch um die vermögenswirksamen Leistungen zu kürzen. Hieraus errechnet sich der **Auszahlungsbetrag**, der mit Hilfe eines Zahlungsmittelkontos (z. B. Guthaben bei Kreditinstituten oder Kasse) dem Arbeitnehmer zur Verfügung gestellt wird (vgl. **Abbildung 92**).

Bei steuerpflichtigen Personen, die Einkünfte aus nichtselbständiger Arbeit (Lohn oder Gehalt) beziehen, erfolgt die Erhebung der **Einkommensteuer** durch direkten Abzug vom Bruttoarbeitsentgelt. Die gemäß diesem Verfahren erhobene Einkommensteuer wird auch als **Lohnsteuer** bezeichnet (§ 38 Abs. 1 EStG). Als Grundlage für die Berechnung der Lohnsteuer diente dem Unternehmer bislang die **Lohnsteuerkarte**. Diese wurde von der örtlich zuständigen Gemeinde dem Arbeitnehmer ausgestellt, der sie dann an den Arbeitgeber weiterzuleiten hat. Künftig werden die **Lohnsteuerkarten** durch ein papierloses elektronisches Verfahren zur Lohnsteuererhebung ersetzt (**Elektronische Lohnsteuer-Abzugs-Merkmale**). Beim Eintritt in das Dienstverhältnis muss der Arbeitnehmer seine Steuer-Identifikationsnummer sowie den Geburtstag mitteilen. Beim Bundeszentralamt für Steuern kann der Arbeitgeber die Lohnsteuerabzugsmerkmale durch Datenfernübertragung abrufen und sie in das Lohnkonto für den Arbeitnehmer übernehmen (§ 39e Abs. 4 EStG). Den hieraus errechneten Lohnsteuerbetrag hat der Arbeitgeber einzubehalten. Grundsätzlich bis spätestens zum 10. des folgenden Monats muss der Arbeitgeber die einbehaltenen Steuerbeträge an das Finanzamt abführen.[145]

Die **Kirchensteuer**, die von jedem Mitglied einer Religionsgemeinschaft zu entrichten ist, wird ebenfalls vom Arbeitgeber einbehalten und zusammen mit der Lohnsteuer an das zuständige Finanzamt abgeführt.[146] Bemessungsgrundlage für die Kirchensteuer ist die zu zahlende Lohnsteuer; der Kirchensteuersatz beträgt je nach Bundesland 8 % bzw. 9 %.

Der **Solidaritätszuschlag** wird als Ergänzungsabgabe zur Einkommen- und Körperschaftsteuer erhoben.[147] Dieser wird i. H. v. 5,5 % vom laufenden Arbeitslohn und den sonstigen Bezügen (z. B. Urlaubs- oder Weihnachtsgeld) berechnet.[148]

Zur **gesetzlichen Sozialversicherung (SV)** zählen die gesetzliche

- **Rentenversicherung** (§ 1 f. SGB VI),
- **Krankenversicherung** (§ 5 f. SGB V),
- **Arbeitslosenversicherung** (§ 24 f. SGB III)
- **Pflegeversicherung** (§ 1 f. SGB XI);
- **Unfallversicherung** (§ 2 SGB VII).

Während die Beiträge zu den vier erstgenannten Versicherungen grundsätzlich je zur Hälfte vom Arbeitnehmer (Arbeitnehmeranteil) und vom Arbeitgeber (Arbeitgeberanteil) aufzu-

---

[145] Vgl. § 41a Abs. 1 und Abs. 2 EStG.
[146] Vgl. *Eisele/Knobloch* 2011, S. 318 f.
[147] Vgl. § 1 SolzG.
[148] Vgl. § 3 SolzG i. V. m. § 51a Abs. 2a EStG.

bringen sind[149], muss der Beitrag zur Unfallversicherung (Berufsgenossenschaft) vom Unternehmer allein getragen werden.[150] Der in Abzug gebrachte Arbeitnehmeranteil ist zusammen mit dem Arbeitgeberanteil bis zu dem in der Satzung der zuständigen Krankenkasse (= Einzugsstelle) und den Entscheidungen des Spitzenverbandes Bund der Krankenkassen bestimmten Tag – jedoch spätestens am drittletzten Bankarbeitstag des jeweiligen Monats – an diese abzuführen.[151] Die Einzugsstelle (Krankenkasse) nimmt dann die Verrechnung mit den anderen Versicherungsträgern vor. Die Beiträge zur Unfallversicherung hat der Unternehmer hingegen direkt an die jeweilige Berufsgenossenschaft zu entrichten.

Als **vermögenswirksame Leistungen** werden diejenigen tarifvertraglich oder per Arbeitsvertrag vereinbarten Geldleistungen bezeichnet, die der Arbeitgeber für den Beschäftigten nach dem Gesetz zur Förderung der Vermögensbildung der Arbeitnehmer (kurz: **Vermögensbildungsgesetz**) anlegt. Je nach Vertrag muss bzw. kann der Arbeitnehmer selbst einen Beitrag hinzuzahlen. Hinsichtlich der Anlage der vermögenswirksamen Leistungen eröffnet das Fünfte Vermögensbildungsgesetz (5. VermBG) dem Arbeitnehmer mehrere Möglichkeiten,[152] wobei einzelne Sparformen vom Staat durch die Gewährung einer Prämie (sog. **Arbeitnehmer-Sparzulage**) gefördert werden (vgl. **Abbildung 91**).[153] Der Höchstbetrag, den ein Angestellter, Arbeiter oder Auszubildender im Kalenderjahr prämienbegünstigt sparen kann, beträgt unabhängig von der gewählten Anlageform 470 €.

- Aufwendungen zum Erwerb von Aktien, Wandelschuldverschreibungen, Geschäftsguthaben etc.
- Aufwendungen zum Bau, Erwerb oder Erweiterung eines im Inland gelegenen Wohngebäudes bzw. einer Eigentumswohnung
- Sparbeiträge auf Grund eines Sparvertrags mit einem Kreditinstitut
- Beiträge zu Kapitalversicherungen auf den Erlebens- oder Todesfall

Abb. 91: Ausgewählte Anlageformen und Arbeitnehmer-Sparzulagen für vermögenswirksame Leistungen[154]

Die Arbeitnehmer-Sparzulage wird vom **Finanzamt** zunächst nur festgesetzt und Jahre später nach Ablauf der Sperrfrist ausgezahlt, ausgenommen, wenn der Bausparvertrag bereits zugeteilt oder keine Sperrfrist bestanden hat.[155] Eine Sparzulage von 20 % bzw. 9 % der erbrachten vermögenswirksamen Leistungen (maximal auf 470 €) erhält der Beschäftigte jedoch nur dann, wenn sein zu versteuerndes Einkommen 20.000 € (bei Zusammenveran-

---

[149] Vgl. § 168 Abs. 1 Nr. 1 SGB VI, § 249 Abs. 1 SGB V, § 346 Abs. 1 SGB III, § 58 Abs. 1 SGB XI. Der Arbeitnehmer hat einen Zuschlagsatz von 0,9 Prozentpunkten mehr bei der Krankenversicherung zu entrichten als der Arbeitgeber. Für Kinderlose ist zudem i. H. v. 0,25 Prozentpunkten ein höherer Beitragssatz zur Pflegeversicherung zu entrichten als durch den Arbeitgeber. Nachfolgend werden aus Vereinfachungsgründen identische Arbeitnehmer- und Arbeitgeberanteile zur gesetzlichen Sozialversicherung unterstellt.
[150] Vgl. § 150 Abs. 1 SGB VII.
[151] Vgl. § 23 Abs. 1 SGB IV.
[152] Vgl. § 2 und § 4 bis § 9 VermBG.
[153] Vgl. § 13 Abs. 2 VermBG.
[154] Vgl. *Eisele/Knobloch* 2011, S. 325.
[155] Vgl. § 14 Abs. 4 VermBG.

Bereich des Arbeitgebers	Bereich des Arbeitnehmers
Bruttolöhne/-gehälter + vermögenswirksame Leistungen (Arbeitgeberanteil)	Bruttolohn/-gehalt + vermögenswirksame Leistungen (Arbeitgeberanteil)
= Bruttoarbeitsentgelte + gesetzliche soziale Aufwendungen + freiwillige soziale Aufwendungen + Aufwendungen für Altersversorgung	= (steuer- und sozialversicherungspflichtiges) Bruttoarbeitsentgelt – Lohnsteuer – ggf. Kirchensteuer – Solidaritätszuschlag – Arbeitnehmeranteil zur Sozialversicherung
	= Nettoarbeitsentgelt – vermögenswirksame Leistungen (Arbeitgeber- und Arbeitnehmeranteil)
= Personalaufwand	= Auszahlungsbetrag

Abb. 92: Komponenten des Personalaufwands und des Auszahlungsbetrags

lagung von Ehegatten 40.000 €) im Kalenderjahr bzw. 17.900 € (bei Zusammenveranlagung 35.800 €) nicht übersteigt (§ 13 Abs. 1, 2 VermBG). Der Anspruch des Arbeitnehmers auf die staatliche Prämie entfällt indes mit Wirkung für die Vergangenheit, sofern die für die jeweilige Anlageform bestehende **Sperrfrist** (grds. 6 bis 7 Jahre) nicht eingehalten wird (§ 13 Abs. 5 VermBG). Innerhalb dieser Frist, deren Dauer von der gewählten Sparform abhängig ist, darf der Beschäftigte über die vermögenswirksam angelegten Gelder nicht durch Rückzahlung, Abtretung, Beleihung oder in ähnlicher Weise **verfügen**. Ein Verstoß gegen das Verfügungsverbot hat zur Folge, dass der Arbeitnehmer die aus der Anlage vermögenswirksamer Leistungen bislang erhaltene Sparzulage der Finanzbehörde in voller Höhe rückzuerstatten hat. In bestimmten Fällen (z. B. bei Berufsunfähigkeit oder Arbeitslosigkeit des Beschäftigten) lässt das 5. Vermögensbildungsgesetz[156] allerdings eine **vorzeitige Verfügung ohne Verlust der staatlichen Prämie** zu. Da die Arbeitnehmer-Sparzulage weder als steuerpflichtige Einnahme i. S. d. Einkommensteuergesetzes noch als Entgelt i. S. d. Sozialversicherung gilt, unterliegt sie weder der **Einkommensteuer- noch der Sozialabgabepflicht** (§ 13 Abs. 3 VermBG). Die vermögenswirksamen Leistungen, die der Arbeitgeber im Rahmen der Lohn- und Gehaltszahlung für den Arbeitnehmer einbehält und an das jeweilige Institut (z. B. Bank, Bausparkasse) abführt, können je nach tariflicher Vereinbarung bzw. individueller Absprache

- **allein** vom **Beschäftigten** aus seinem Nettoarbeitsentgelt,
- in **voller Höhe** vom **Arbeitgeber** zusätzlich zum Bruttolohn oder
- **teilweise** vom **Arbeitnehmer** und **Arbeitgeber**

gezahlt werden. Erbringt der Unternehmer ganz oder teilweise die vermögenswirksamen Leistungen für den Beschäftigten, so erhöht sich um diesen Betrag das steuer- und sozialversicherungspflichtige Bruttoarbeitsentgelt [vom Arbeitgeber aufgewendete vermögenswirksame Leistungen gelten als steuerpflichtige Einnahmen i. S. d. Einkommensteuergesetzes sowie als Entgelt i. S. d. Sozialversicherung (§ 2 Abs. 6 VermBG)]. Die vom Arbeitgeber auf-

---

[156] Vgl. § 4 Abs. 4 VermBG.

gebrachten vermögenswirksamen Leistungen sind als Löhne und Gehälter zu verbuchen[157] und nicht als soziale Aufwendungen.

Nach § 41 Abs. 1 EStG hat der Arbeitgeber für **jeden Arbeitnehmer** und jedes **Kalenderjahr** ein **Lohn-** bzw. **Gehaltskonto** zu führen. In dieses Konto sind die für die Besteuerung erforderlichen Lohnsteuermerkmale zu übernehmen. Ferner müssen bei jeder Lohn- und Gehaltszahlung die Art und Höhe des Entgelts, die einbehaltene Lohnsteuer sowie weitere steuerlich relevante Daten eingetragen werden (§ 4 LStDV). Darüber hinaus bedarf es bestimmter Mindestangaben in den Lohn- und Gehaltsunterlagen für Zwecke der Sozialversicherung. Die einzelnen Lohn- und Gehaltskonten zählen – analog zu den Personenkonten des Geschäftsfreundebuchs – nicht zum Kontensystem der doppelten Buchführung, sondern werden im Rahmen einer **Nebenbuchhaltung** (Lohn- und Gehaltsbuchhaltung) geführt. Die in den Lohn- und Gehaltsbüchern aufgezeichneten individuellen Personalaufwendungen werden mittels sog. **Lohn-** und **Gehaltslisten** en bloc in die Finanzbuchhaltung übernommen.

2. Verbuchung der Lohn- und Gehaltszahlungen

Im Rahmen der buchungstechnischen Erfassung des Personalaufwands wird für jede Aufwandsart grundsätzlich ein eigenes Konto eingerichtet. Die **Aufspaltung des gezahlten Arbeitsentgelts in Löhne einerseits und Gehälter andererseits** erfolgt jedoch nicht aus buchhalterischen, sondern ausschließlich aus kostenverrechnungstechnischen Gründen. Während Arbeiter einen nach geleisteten Stunden (oder Mengen) abgerechneten Lohn erhalten, beziehen Angestellte ein hiervon unabhängiges monatliches Gehalt.

Der einzubehaltende **Arbeitnehmeranteil** zur Sozialversicherung wird (gemeinsam mit dem Arbeitgeberanteil) bei der Krankenkasse vorzeitig gemeldet und dieser spätestens bis zum drittletzten Bankarbeitstag des laufenden Monats durch Bankeinzug vereinnahmt. Diese Vorauszahlung wird auf dem Konto „**Vorauszahlungen zur Sozialversicherung**" erfasst und bei der Buchung der Gehälter und Löhne jeweils verrechnet. Der **Arbeitgeberanteil** zur Sozialversicherung wird als zusätzlicher Aufwand gesondert auf dem Konto „**Arbeitgeberanteil zur Sozialversicherung**" erfasst und auf dem Verrechnungskonto „Vorauszahlungen zur Sozialversicherung" gegengebucht.

---

[157] Vgl. *Förschle* 2012b, Anm. 127 zu § 275 HGB.

Die **Standardbuchungssätze** für die Lohn- und Gehaltszahlung lauten:

(1) Vorauszahlungen zur Sozialversicherung	an	Guthaben bei Kreditinstituten
(2) Löhne bzw. Gehälter Bruttolohn/-gehalt, ggf. vermögenswirksame Leistungen (Arbeitgeberanteil)	an	– Guthaben bei Kreditinstituten, Kasse (Auszahlungsbetrag) – sonstige Verbindlichkeiten gegenüber Finanzbehörden (Lohnsteuer, ggf. Kirchensteuer, Solidaritätszuschlag) – Vorauszahlungen zur Sozialversicherung (Arbeitnehmeranteil)
(3) Arbeitgeberanteil zur Sozialversicherung	an	Vorauszahlungen zur Sozialversicherung
(4) Sonstige Verbindlichkeiten gegenüber Finanzbehörden	an	Guthaben bei Kreditinstituten

Sofern der Arbeitgeber **freiwillige soziale Leistungen** und/oder **Leistungen für die Altersversorgung** der Arbeitnehmer erbringt, ist zusätzlich zu buchen:

– Freiwillige soziale Aufwendungen – Aufwendungen für Altersversorgung[158]	an	Guthaben bei Kreditinstituten, Kasse etc.

Beispiel: Schmidt beginnt nach dem erfolgreichen Abschluss seines BWL-Masterstudiums als Prüfungsassistent bei einer mittelständischen Wirtschaftsprüfungsgesellschaft in Hamburg. Seiner Bezügemitteilung für Februar 2012 sind folgende Daten zu entnehmen:

- Bruttogehalt 2.942 €
- Vermögenswirksame Leistungen des Arbeitnehmers/-gebers jeweils 37 €
- Lohnsteuer 539 €
- Kirchensteuer (9 % der Lohnsteuer) 48 €
- Solidaritätszuschlag (5,5 % der Lohnsteuer) 30 €
- Arbeitnehmer-/geberanteil zur gesetzlichen Sozialversicherung jeweils 663 €
- Freiwillige soziale Aufwendungen 500 €
- Aufwendungen für Altersversorgung 100 €

---

[158] Handelt es sich bei den Aufwendungen für Altersversorgung um Zuführungen zu den Pensionsrückstellungen, wird als Gegenkonto das passive Bestandskonto „Pensionsrückstellungen" angesprochen.

II. Buchhalterische Erfassung ausgewählter Geschäftsvorfälle

Buchungssatz:

Vorauszahlungen zur Sozialversicherung		an	Guthaben bei Kreditinstituten	1.326 €
Gehälter	2.979 €[159]	an	– Guthaben bei Kreditinstituten	1.625 €
			– Vorauszahlungen zur Sozialversicherung	663 €
			– sonstige Verbindlichkeiten gegenüber Finanzbehörden	617 €
			– Noch abzuführende Abgaben	74 €
Arbeitgeberanteil zur Sozialversicherung		an	Vorauszahlungen zur Sozialversicherung	663 €
Sonstige Verbindlichkeiten gegenüber Finanzbehörden		an	Guthaben bei Kreditinstituten	617 €
Freiwillige soziale Aufwendungen		an	Guthaben bei Kreditinstituten	500 €
Aufwendungen für Altersversorgung		an	Noch abzuführende Abgaben	100 €

In der Praxis wäre jedoch die buchmäßige Erfassung der einzelnen Löhne und Gehälter viel zu arbeitsaufwändig. Aus diesem Grunde werden die Personalaufwendungen sowie die Abzüge aller Mitarbeiter in Lohn- und Gehaltslisten zusammengestellt und nur deren Summen gebucht. **Abbildung 93** zeigt die Struktur einer Lohn- und Gehaltsliste für den Abrechnungsmonat März 2012 einer Hamburger Reederei. Aus Vereinfachungsgründen werden vermögenswirksame Leistungen vernachlässigt.

Name	Steuerklasse/ Kinderfreibeträge	Bruttogehalt	Lohnsteuer	Kirchensteuer	Solz	AN-Anteil zur Sozialversicherung	Nettogehalt	AG-Anteil zur Sozialversicherung	Freiwillige soziale Aufwendungen/ Altersversorgung
Meier	I/0	2.000	219	20	12	439	1.310	439	100
Wulf	II/1	4.000	730	-	48	835	2.387	835	–
Rüter	III/0	3.000	237	21	13	659	2.070	659	50
Richter	IV/0	2.500	339	30	19	549	1.563	549	–
Summe		**11.500**	**1.525**	**71**	**92**	**2.482**	**7.330**	**2.482**	**150**

Abb. 93: Aufbau und Inhalt einer vereinfachten Lohn- und Gehaltsliste (alle Werte in €)

---

[159] Bruttogehalt 2.942 € + vermögenswirksame Leistungen 37 € = 2.979 €.

3. Buchungstechnische Erfassung von Vorschüssen und Abschlagszahlungen

Lohn- bzw. Gehaltsvorschüsse sind keine Personalaufwendungen, sondern verkörpern einen dem Arbeitnehmer auf freiwilliger Basis **zinslos eingeräumten (i. d. R. kurzfristigen) Kredit**, der mit künftigen Lohn- und Gehaltszahlungen verrechnet (zurückbezahlt) wird. Demzufolge sind Vorschüsse auf dem aktiven Bestandskonto **„Sonstige Forderungen"** oder auf einem entsprechenden Unterkonto (z. B. „Lohn- und Gehaltsvorschüsse" oder „Forderungen gegen Arbeitnehmer")[160] zu erfassen. In Höhe des bei der nächsten Abrechnung vom Arbeitgeber einbehaltenen Rückzahlungsbetrags erfolgt eine Verminderung des gewährten Kredits und somit auch der sonstigen Forderungen.

Beispiel: Der Prüfungsassistent Müller hält einen Lohnvorschuss in Höhe von 500 €. Der Vorschuss wird bar ausbezahlt und mit der nächsten Lohnzahlung vollständig verrechnet. Das Lohnkonto von Müller weist zum nächsten Abrechnungstermin folgende Eintragungen auf.

- Bruttogehalt — 2.942 €
- Vermögenswirksame Leistungen des Arbeitnehmers/-gebers jeweils — 37 €
- Lohnsteuer — 539 €
- Kirchensteuer (9 % der Lohnsteuer) — 48 €
- Solidaritätszuschlag (5,5 % der Lohnsteuer) — 30 €
- Arbeitnehmer/-geberanteil zur gesetzlichen Sozialversicherung jeweils — 663 €

Buchungssatz:

Sonstige Forderungen		an	Kasse	500 €
Vorauszahlungen zur Sozialversicherung		an	Guthaben bei Kreditinstituten	1.326 €
Gehälter	2.979 €	an	– Sonstige Forderungen	500 €
			– Guthaben bei Kreditinstituten	1.125 €
			– Vorauszahlungen zur Sozialversicherung	663 €
			– sonstige Verbindlichkeiten gegenüber Finanzbehörden	617 €
			– Noch abzuführende Abgaben	74 €
Arbeitgeberanteil zur Sozialversicherung		an	Vorauszahlungen zur Sozialversicherung	663 €
Sonstige Verbindlichkeiten gegenüber Finanzbehörden		an	Guthaben bei Kreditinstituten	617 €

---

[160] Vgl. z. B. EKR, Konto-Nr. 265; IKR, Konto-Nr. 265.

D. Steuern, Gebühren und Beiträge

1. Begriffliche Abgrenzung

Dem öffentlich-rechtlichen Gemeinwesen (Bund, Land, Gemeinde, Kirche) steht das hoheitliche Recht zu, zur Deckung seines Finanzbedarfs **Abgaben** zu erheben (vgl. **Abbildung 94**). In Abhängigkeit von der Art der dafür gewährten Gegenleistung werden grundsätzlich drei Abgabeformen unterschieden:

- **Steuern**,
- **Gebühren** und
- **Beiträge**.

In § 3 Abs. 1 AO hat der Gesetzgeber den **Steuerbegriff** explizit definiert. Danach sind **Steuern** Geldleistungen, „… die nicht eine Gegenleistung für eine besondere Leistung darstellen und von einem öffentlich-rechtlichen Gemeinwesen zur Erzielung von Einnahmen allen auferlegt werden, bei denen der Tatbestand zutrifft, an den das Gesetz die Leistungspflicht knüpft". Steuern werden also erhoben, ohne dass der zur Zahlung Verpflichtete eine konkrete Leistung von Bund, Land, Gemeinde oder Kirche erhält. Zu den wichtigsten Steuern zählen:

- Einkommensteuer,
- Körperschaftsteuer,
- Gewerbesteuer,
- Kirchensteuer,
- Umsatzsteuer,
- Grundsteuer,
- Mineralölsteuer,
- Tabaksteuer,
- Kraftfahrzeugsteuer.

```
                          Abgaben
           ┌─────────────────┼─────────────────┐
        Steuern           Gebühren           Beiträge
   (auferlegte Geld-   (auferlegte Geld-   (Ersatz der durch die Inan-
   leistungen, denen   leistungen für      spruchnahme eines wirt-
   keine konkreten     konkrete Leistungen schaftlichen Vorteils dem
   Leistungen des      des Gemeinwesens)   Gemeinwesen entstande-
   Gemeinwesens                            nen Aufwendungen)
   gegenüberstehen)
```

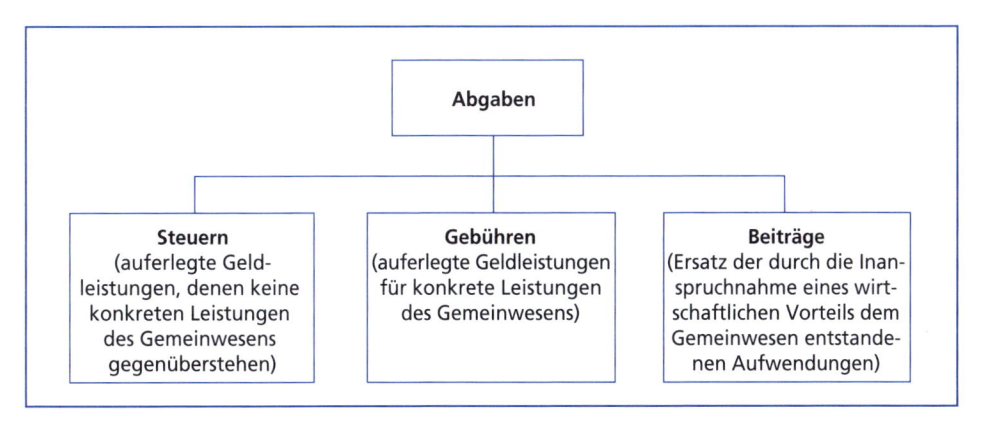

Abb. 94: Systematisierung der Abgaben in Abhängigkeit von der Art der gewährten Gegenleistung

Im Gegensatz zur Steuer besteht bei der Gebühr und beim Beitrag eine **kausale Verknüpfung** zwischen dem zu zahlenden Betrag einerseits und der vom Gemeinwesen erbrachten Leistung andererseits. **Gebühren** sind Geldleistungen, die zur Finanzbedarfsdeckung hoheitlich erhoben werden, und zwar als Gegenleistung

- für eine **besondere Leistung der Verwaltung** (z. B. Erteilung von Bescheinigungen, Genehmigungen und Erlaubnissen) oder
- für die **Inanspruchnahme von öffentlichen Einrichtungen und Anlagen**, etwa von Krankenhäusern, Büchereien, Häfen oder Fernsprechanlagen.[161]

Je nachdem, ob mit der Gebühr eine Leistung der Verwaltung oder die Benutzung öffentlicher Einrichtungen und Anlagen zur Abgeltung kommt, wird von Verwaltungs- oder Nutzungsgebühr gesprochen. **Beiträge** sind dagegen hoheitlich zur Finanzbedarfsdeckung erhobene **Aufwendungsersatzleistungen**. Die Erstattung der dem Gemeinwesen entstandenen Aufwendungen liegt darin begründet, dass vom Zahlungspflichtigen eine konkrete Leistung oder ein konkreter wirtschaftlicher Vorteil in Anspruch genommen wird bzw. werden kann (z. B. Erschließungskosten bei Grundstücken, Sozialversicherungsbeiträge).[162]

2. Privatsteuern

Hinsichtlich ihrer buchmäßigen Behandlung lassen sich die Steuern in **Privat-** und **Betriebsteuern** sowie in **durchlaufende Steuern** einteilen. In analoger Weise können auch die Gebühren und Beiträge untergliedert werden. **Privatsteuern** sind Steuern, die nicht durch das Unternehmen veranlasst werden, sondern an die **persönliche Leistungsfähigkeit des Eigners** anknüpfen. Mithin sind sie uneingeschränkt der privaten Sphäre des Unternehmers zuzuordnen. Werden derartige Steuern aus betrieblichen Mitteln bezahlt, so liegt eine über das Privatkonto zu verbuchende **Entnahme** vor. Umgekehrt ist eine **Einlage** gegeben, wenn private Steuererstattungsansprüche mit betrieblichen Steuerschulden verrechnet werden. Zu den **Privatsteuern** zählen u. a.:[163]

- die **Einkommensteuer (zuzüglich Solidaritätszuschlag)** und **Kirchensteuer** des Unternehmers,
- die **Grund-** und **Kraftfahrzeugsteuer** für privat genutzte Grundstücke und Fahrzeuge sowie
- die **Erbschaft- und Schenkungssteuer** für geerbtes oder geschenktes Privatvermögen.

> **Beispiel:**
> (1) Laut Einkommensteuerbescheid 2012 hat der Einzelunternehmer 4.900 € an das Finanzamt zu entrichten. Die Zahlung der Steuerschuld erfolgt durch Überweisung vom betrieblichen Bankkonto.

---

[161] Vgl. *Seer* 2013, Anm. 21 zu § 2.
[162] Vgl. *Seer* 2013, Anm. 23 zu § 2.
[163] Vgl. *Eisele/Knobloch* 2011, S. 356.

> (2) Aus Versehen hat der Unternehmer für sein privates Grundstück 150 € zuviel an Grundsteuer entrichtet. Den zuviel bezahlten Betrag verrechnet die Gemeinde mit der fälligen Grundsteuer für das Betriebsgrundstück (1.300 €); der Restbetrag wird durch die Bank beglichen.
>
> Buchungssätze:
>
> (1) Privatkonto an Guthaben bei Kreditinstituten 4.900 €
>
> (2) Grundsteuer 1.300 € an – Privatkonto 150 €
> – Guthaben bei Kreditinstituten 1.150 €.

3. Betriebsteuern

Als **Betrieb-** oder **Unternehmensteuern** werden diejenigen Steuern bezeichnet, die **durch das Unternehmen veranlasst** sind. Hierbei wird unterschieden:

(1) unmittelbar als **Aufwand** zu verbuchende Steuern, wie z. B.
- Gewerbesteuer,
- Grundsteuer für betrieblich genutzte Grundstücke,
- Kraftfahrzeugsteuer für betrieblich genutzte PKW, LKW etc.,
- Einfuhrzölle auf Verbrauchsgüter,
- in den Kaufpreisen von Verbrauchsgütern latent enthaltene Verbrauchssteuern (z. B. Mineralölsteuer);

(2) als **Anschaffungsnebenkosten** zu aktivierende Steuern, wie etwa
- die Grunderwerbsteuer beim Kauf von Betriebsgrundstücken,
- die nach § 15 Abs. 2 und Abs. 3 UStG nicht als Vorsteuer abzugsfähige Umsatzsteuer,[164]
- Einfuhrzölle auf Gebrauchsgüter (z. B. Maschinen).

Während die unter (1) aufgeführten Steuerarten erfolgsmindernd über die entsprechenden Aufwandskonten verbucht werden, sind die unter (2) aufgelisteten Steuern zusätzlich zu den jeweiligen Kaufpreisen auf den aktiven Bestandskonten zu erfassen und werden erst in den Folgeperioden durch die Vornahme von Abschreibungen in einen den Gewinn mindernden Aufwand transformiert.[165]

> **Beispiel:**
>
> (1) Begleichung der betrieblichen KFZ-Steuer durch Banküberweisung 325 €.
> (2) Kauf eines Betriebsgrundstücks; der Kaufpreis (250.000 €) sowie die Grunderwerbsteuer (5.000 €) werden bar bezahlt.

---

[164] Vgl. § 9b Abs. 1 EStG.
[165] Bei nicht abnutzbaren Vermögensgegenständen (z. B. Grund und Boden) wirken sich die aktivierten Steuern grundsätzlich erst im Zeitpunkt der Veräußerung oder Entnahme erfolgsmindernd auf den Gewinn aus.

> **Buchungssätze:**
>
> (1) Kraftfahrzeugsteuer an Guthaben bei Kreditinstituten 325 €
> (2) Grundstücke an Kasse 255.000 €.

Rechtskräftig veranlagte, vom Unternehmer aber noch nicht bezahlte Steuern sind in der Bilanz unter dem Posten **„Sonstige Verbindlichkeiten"** auszuweisen.[166] In der Finanzbuchhaltung wird für die Steuerschulden häufig ein **eigenes Bestandskonto** geführt, auf dem dann sämtliche Verbindlichkeiten gegenüber der Finanzbehörde (u. a. auch die einbehaltene Lohn- und Kirchensteuer) erfasst werden. Für noch nicht rechtskräftig veranlagte Betriebssteuern (ein Steuerbescheid ist noch nicht ergangen) ist i. H. d. voraussichtlichen Steuerzahlungen eine **Rückstellung für ungewisse Verbindlichkeiten** nach § 249 Abs. 1 HGB und IAS 37 zu bilden. Hierbei ist allerdings zu beachten, dass lediglich die um die bereits geleisteten Vorauszahlungen verringerte Steuerschuld in der Bilanz als Rückstellung deklariert wird.[167]

> **Beispiel:**
>
> (1) Erhalt des Grundsteuerbescheids für das betriebliche Grundstück. Laut Steuerbescheid sind 400 € zu bezahlen.
> (2) Die Gewerbesteuer für das laufende Geschäftsjahr beläuft sich voraussichtlich auf 9.000 €. An Vorauszahlungen wurden vierteljährlich 2.000 € geleistet (die Vorauszahlungen sind bereits buchmäßig erfasst).
>
> **Buchungssätze:**
>
> (1) Grundsteuer an Sonstige Verbindlichkeiten 400 €
>   (Verbindlichkeiten aus
>   Steuern)
>
> (2) Gewerbesteuer an (Steuer-)Rückstellungen 1.000 €.

Ansprüche aus Steuererstattungen gegenüber den Behörden der Finanzverwaltung (z. B. aus Vor- oder Gewerbesteuerforderungen) sind unter dem Posten „sonstige Vermögensgegenstände"[168] auszuweisen.

In der Gewinn- und Verlustrechnung, die ein Bestandteil des außerhalb der Buchführung stehenden Jahresabschlusses ist, werden die im GuV-Konto aufgeführten Steuerarten zu den beiden handelsrechtlichen Aufwandsposten **„Steuern vom Einkommen und vom Ertrag"** und **„Sonstige Steuern"** zusammengefasst.[169] Unter dem erstgenannten Posten („Steuern vom Einkommen und vom Ertrag") ist bei Einzelunternehmen und Personengesellschaften grundsätzlich nur die **Gewerbesteuer** auszuweisen, da die auf das Jahresergebnis entfallende Einkommensteuer nicht vom Betrieb, sondern vom Geschäftsinhaber bzw. den Gesellschaf-

---

[166] Vgl. § 266 Abs. 3 Posten C.8. HGB.
[167] Vgl. § 266 Abs. 3 Posten B.2. HGB und die Ausführungen im Dritten Teil zu Gliederungspunkt I.B.5.b.b.a (b) und im Fünften Teil zu Gliederungspunkt II.A.
[168] Vgl. § 266 Abs. 2 Posten B.II.4. HGB.
[169] Vgl. § 275 Abs. 2 Nr. 18 und Nr. 19 sowie Abs. 3 Nr. 17 und Nr. 18 HGB.

tern geschuldet wird (**Privatsteuer**). Allerdings darf für Zwecke der **Veröffentlichung** in der **handelsrechtlichen GuV-Rechnung** bei diesen Posten die auf den Gewinn des Geschäftsinhabers bzw. auf die Gewinnanteile der Gesellschafter entfallende Einkommensteuer – unter entsprechender Bezeichnung – angegeben werden. Durch diese den Einzelunternehmen und Personengesellschaften eingeräumte Ausweismöglichkeit soll der Eindruck einer zu günstigen Ertragslage vermieden und die Vergleichbarkeit mit den Kapitalgesellschaften hergestellt werden. Alle anderen unmittelbar als Aufwand zu verbuchenden Betriebssteuern (Grundsteuer, Kraftfahrzeugsteuer etc.) sind in der handelsrechtlichen Erfolgsrechnung unter dem Posten „**Sonstige Steuern**" anzugeben. Nach IAS 1.82 (d) ist lediglich ein Aufwandsposten „Steueraufwendungen" vorgesehen.

4. Durchlaufende Steuern

Das Kennzeichen **durchlaufender Steuern** besteht in ihrer Erfolgsneutralität, d. h. sie bewirken weder eine Veränderung des Betriebs- noch des Privatvermögens. Bei diesen Steuern übernimmt das Unternehmen lediglich eine **Steuerverwaltungs- und -abführungsfunktion**. Als durchlaufende Steuern zu qualifizieren sind grundsätzlich:[170]

- die **Umsatzsteuer**[171],
- die vom Arbeitgeber einbehaltene **Lohn- und Kirchensteuer** sowie der **Solidaritätszuschlag**[172] sowie
- die von inländischen Geldinstituten oder auszahlenden Stellen auf alle laufenden privaten Kapitalerträge (z. B. Zinsen, Erträge aus Investmentfonds, Dividenden) und Gewinnen aus privaten Veräußerungsgeschäften von Wertpapieren, Anteilen an Investmentfonds, Beteiligungen an Kapitalgesellschaften einbehaltene **Abgeltungssteuer** (§ 43 i. V. m. § 43a Abs. 1, § 32d Abs. 1 und § 52a Abs. 1 EStG).

In diesen Fällen trägt nicht der Unternehmer, sondern **ein Dritter** (Konsument, Arbeitnehmer bzw. Anleger) die wirtschaftliche Last der Steuer.

---

[170] Bei Kapitalgesellschaften zählt noch die Kapitalertragsteuer für ausgeschüttete Gewinnanteile zu den durchlaufenden Steuern. Vgl. hierzu die Ausführungen im Fünften Teil zu Gliederungspunkt II.A.

[171] Vgl. hierzu die Ausführungen im Zweiten Teil zu Gliederungspunkt II.A.3. Allerdings trägt die Umsatzsteuer nur bei der Erfolgsermittlung durch Vermögensvergleich den Charakter eines erfolgsneutralen Durchlaufpostens. Vgl. hierzu *Rose/Watrin* 2011, S. 233 f.

[172] Vgl. *Eisele/Knobloch* 2011, S. 356.

III. Harmonisierungsbestrebungen in der Rechnungslegung

A. Klassifizierungsansätze

Der Flexibilitätsvorzug der Vertragsfreiheit zwischen dem Unternehmen und seinen Anspruchsgruppen ist mit **Transaktionskosten** verbunden. Vor diesem Hintergrund ist die Entwicklung von standardisierten Verträgen notwendig, die entweder von den Individuen selbst oder durch gesetzliche Regelungen erfolgen können. Aus rechtlicher Sicht wird in diesem Zusammenhang eine Unterscheidung zwischen Code- und Case Law-Systemen vorgenommen. In einem **Case Law-System** ist ein vergleichsweise geringer Einfluss des Staates festzustellen, u. a. nach Maßgabe der US-amerikanischen Rechnungslegungsstandards.[1] Zur Bewahrung der Vertragsfreiheit werden ausschließlich die Grundlagen des Rechtssystems und somit auch das Rechnungslegungsrecht normiert. Zusätzlich werden Präzedenzfälle durch die zentralen Gerichte ausgelegt. Diese Rechtsprechung besitzt jedoch aufgrund der Einzelfallbezogenheit des im Urteil betrachteten Sachverhalts einen geringen Abstraktionsgrad.

Im kontinentaleuropäischen Rechtssystem ist dagegen ein **Code Law** anzutreffen mit einem vergleichsweise starken Einfluss des Staates. Die Vertragsfreiheit wird durch umfangreiche gesetzliche Normierungen zur Garantie einer Standardisierung der Rechnungslegung begrenzt.[2] Die Normen sind auf eine Vielzahl unterschiedlich gelagerter Fälle anwendbar und entfalten daher einen hohen Abstraktionsgrad. Die handelsrechtliche Rechnungslegung wird im Wesentlichen durch diese **Grundsätze** geprägt,[3] die als Rechtsnormen unbestimmte Rechtsbegriffe bilden und ihren konkreten Inhalt durch die Zwecksetzung und durch das allgemeine Rechtsbewusstsein der Rechnungslegenden erhalten. Infolge ihrer Ausgestaltung als unbestimmte Rechtsbegriffe gewährleistet der Gesetzgeber, dass das Recht dynamisch bleibt und an neue Entwicklungen angepasst werden kann. Aufgrund der Fülle unterschiedlicher Fallkonstellationen in der betrieblichen Praxis ist es nicht möglich bzw. nicht gewollt, jeden einzelnen wirtschaftlichen Sachverhalt in eine eigenständige Rechtsvorschrift zu kleiden. Die handelsrechtliche Rechnungslegungstradition entstammt dem kontinentaleuropäischen Code Law[4], das dadurch gekennzeichnet ist, dass allgemein gehaltene Normen möglichst viele Einzelfälle abdecken. Die Normen werden dabei durch den Gesetzgeber beschlos-

---

[1] Vgl. u. a. *Kußmaul* 2000, S. 343; *Pellens et al.* 2011, S. 38.
[2] Vgl. *Pellens et al.* 2011, S. 38.
[3] Vgl. hierzu die Ausführungen im Zweiten Teil zu Gliederungspunkt IV.
[4] Vgl. *Krawitz* 2001, S. 630; *Küting* 1993, S. 36; *Kußmaul* 2000, S. 343.

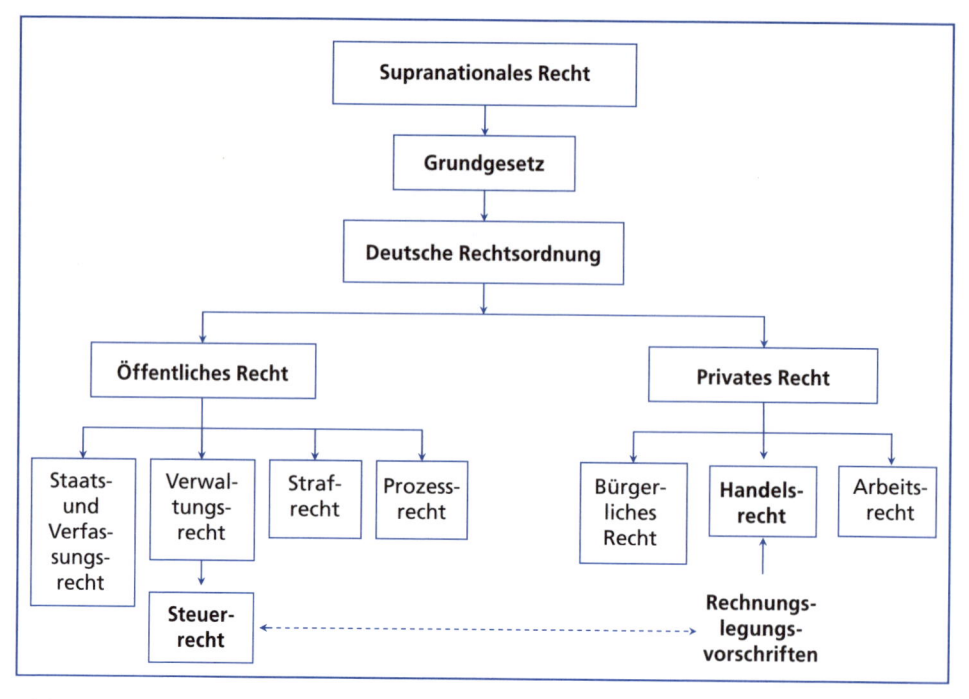

Abb. 95: Struktur des deutschen Rechtssystems

sen, durchgesetzt und überwacht.[5] Diese gesetzliche Fixierung der Rechnungslegungsnormen bietet den Vorteil der Rechtssicherheit.[6] Die **Abbildung 95** zeigt, wie die Rechnungslegungsnormen in das deutsche Recht integriert sind.

Dem handelsrechtlichen Jahresabschluss ist, wie **Abbildung 96** aufzeigt, eine **Multifunktionalität** zuzusprechen, da er neben der Informations- und Dokumentations- auch eine Zahlungsbemessungsfunktion zu erfüllen hat. Die **Ausschüttungsbemessungsfunktion** des handelsrechtlichen Jahresabschlusses beinhaltet, dass dieser als Anknüpfungspunkt für die Zahlungsströme zwischen dem Unternehmen und sämtlichen Interessengruppen dient, wodurch das ausgewiesene Periodenergebnis des Jahresabschlusses als Richtschnur für das künftige Ausschüttungspotenzial der Anspruchsberechtigten des Unternehmens angesehen wird.

Die deutsche Rechnungslegung ist historisch gesehen daher stark vom **Stakeholder Prinzip** bzw. von der **Koalitionstheorie** geprägt. Ihr wird im Schrifttum deshalb u. a. auch eine soziale Sicherungsfunktion zugesprochen.[7] Der Adressatenkreis des Jahresabschlusses besteht aus einer Vielzahl heterogener Gruppen, z. B. dem Aufsichtsrat und der Hauptversammlung bei Aktiengesellschaften, den Gläubigern, Mitarbeitern und Lieferanten, Abnehmern und Konkurrenten sowie der Öffentlichkeit und dem Fiskus. Sie zeichnen sich i. d. R. nicht durch

---

[5] Vgl. *Sailer/Schurbohm* 2002, S. 362.
[6] Vgl. *Scheffler* 2003, S. 69.
[7] Vgl. *Löhr* 2003, S. 644.

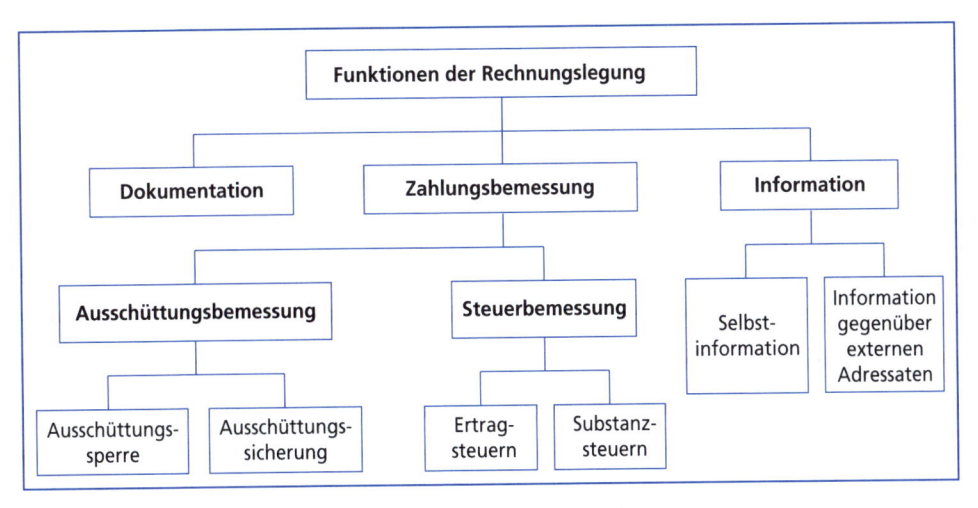

III. Harmonisierungsbestrebungen in der Rechnungslegung

Abb. 96: Funktionen der handelsrechtlichen Rechnungslegung

gleichgerichtete Interessen aus, sondern verfolgen individualistische Ziele, die es im Rahmen einer zielgerichteten Rechnungslegungspolitik von der Unternehmensleitung zu berücksichtigen gilt.

Die IFRS entstammen dagegen der angelsächsischen Rechtstradition des **Case Law**,[8] das auf **einzelfallbezogenen** Gerichtsentscheidungen basiert, aus denen induktiv Rechnungslegungsgrundsätze abgeleitet werden.[9] Im Schrifttum wird hierfür auch der Begriff des **Rule Based Accounting** zugrunde gelegt. Im Zuge der Bilanzskandale zu Beginn des 21. Jahrhunderts, die dem Ansehen der US-GAAP und des Case Law-Systems geschadet haben, wurde das Ziel eines **Principle Based Accounting** verfolgt.[10] Diese Strategie führt dazu, dass Einzelfallregelungen durch einen Katalog von übergeordneten Prinzipien systematisiert und strukturiert werden. Aufgrund ihrer Ausgestaltung als Fachnormen folgen die IFRS (noch) einem meist kasuistischen Aufbau und lassen sich durch eine hohe Detaillierungsdichte kennzeichnen.[11] Im Gegensatz zu den handelsrechtlichen Vorschriften werden die IFRS nicht durch einen nationalen Gesetzgeber geprägt.[12] Die Neufassung und Überarbeitung der Standards, denen zunächst grds. nur ein Empfehlungscharakter ohne bindende Rechtskraft[13] zugesprochen wird, obliegt dem *IASB*, einem privatrechtlich organisierten unabhängigen Gremium,[14]

---

[8] Vgl. *Baetge/Zülch/Matena* 2002, S. 367.
[9] Vgl. *Grotherr/Jorewitz* 2001, S. 127.
[10] Vgl. ausführlich *Baetge/Zülch* 2010, S. 154-157.
[11] Vgl. *Schulze-Osterloh* 2004, S. 175.
[12] Vgl. *Kahle* 2002, S. 187.
[13] Eine bindende Rechtskraft können die IFRS erst dann entfalten, wenn sie in nationales bzw. supranationales Recht umgesetzt werden.
[14] Vgl. *Kahle* 2002, S. 187.

dem u. a. Wirtschaftsprüfer, Börsen- und Wertpapieraufsichtsbehörden und Wissenschaftler angehören.[15]

Auf eine **Steuerbemessungsfunktion** wird in den IFRS nicht abgestellt, da Fragen der Besteuerung in den Hoheitsbereich des jeweiligen nationalen Gesetzgebers einzuordnen sind.[16] Eine **Ausschüttungsbemessungsfunktion** wird dem IFRS-Abschluss grds. ebenfalls nicht zugesprochen, da der Ausweis unrealisierter Gewinne möglich werden kann. Deshalb findet sich in diesem Zusammenhang der Begriff des **Front Loading** im Schrifttum, d. h. einer frühzeitigen Antizipation möglicher Erträge, die ggf. lediglich den Charakter von „Hoffnungsposten" besitzen.[17] Die primäre Zielsetzung einer Bereitstellung entscheidungsrelevanter Informationen impliziert, dass die IFRS keine gesetzlichen Ausschüttungssperren vorschreiben.[18] Stattdessen wird lediglich auf vertragliche Ausschüttungsklauseln seitens der Koalitionspartner (sog. **Covenants**) oder auf Liquiditätsprüfungen (**Solvency Test**) abgestellt. Einer potenziellen Übernahme des im angloamerikanischen Raum üblichen vertraglich geregelten **Solvency Test** in das nationale Recht bei einer möglichen IFRS-Rechnungslegung im Einzelabschluss werden (noch) Vorbehalte entgegengebracht.

Aufgrund der Tatsache, dass die Informationsfunktion in der internationalen Rechnungslegung in den Vordergrund rückt, wird nicht der Gläubiger, sondern der **Investor**[19] als Hauptadressat des Abschlusses gesehen. Dabei wird unterstellt, dass durch die Fokussierung auf die Interessen der Eigenkapitalgeber die Ziele der sonstigen Koalitionsteilnehmer des Unternehmens simultan berücksichtigt werden. Daraus folgt eine nachrangige Bedeutung des Gläubigerschutz- und Vorsichtsprinzips.[20] Der geringere Stellenwert des Vorsichtsprinzips in der internationalen Rechnungslegung gewährleistet, dass keine bewusste stille Reservenbildung betrieben wird, um Gläubigerschutzinteressen zu erfüllen.

Der der kapitalmarktorientierten Rechnungslegung entstammende und in der Unternehmenspraxis häufig praktizierte **Shareholder Value-Ansatz** lässt sich durch eine IFRS-Rechnungslegung i. d. R. einfacher und zielkonformer ausgestalten, als es nach dem Handelsgesetzbuch der Fall ist. Die Fokussierung auf den Eigenkapitalgeber liegt sowohl dem Shareholder Value-Konzept als auch den IFRS zugrunde, während das Handelsrecht und weite Teile des deutschen Gesellschaftsrechts dem **Stakeholder Value**-Gedanken verhaftet sind.[21] Da die IFRS i. d. R. anderen Interessengruppen, wie dem Fiskus oder den Gläubigern, eine geringere Bedeutung beimessen, finden in weitaus höherem Maße **zukunftsorientierte** Elemente Eingang in die Rechnungslegung, z. B. im Rahmen der Darstellung künftiger Wertsteigerungspotentiale, die möglichst entscheidungsnützlich abgebildet werden.[22]

---

[15] Vgl. *Schulze-Osterloh* 2004, S. 173.
[16] Vgl. *Kümpel* 2004, S. 239.
[17] *Zeitler* 2003, S. 1530.
[18] Vgl. *Niehues* 2001, S. 1222.
[19] Vgl. hierzu *Baetge/Zülch* 2010, S. 123.
[20] Vgl. *Grotherr/Jorewitz* 2001, S. 129.
[21] Vgl. *Budde/Steuber* 2000, S. 975.
[22] Vgl. *Böcking* 2001, S. 1435.

III. Harmonisierungsbestrebungen in der Rechnungslegung

Unterscheidungskriterien	Handelsgesetzbuch	IFRS
Zielgruppe	Interessenausgleich, Gläubigerschutz	Investoren
Transparenz der Abschlüsse	tendenziell niedriger	hoch
Vorsichtsprinzip	stärker ausgeprägt	schwach ausgeprägt
im Vordergrund stehender Abschluss	Jahres- und Konzernabschluss stehen nebeneinander	Konzernabschluss
Informationsfunktion im Jahres-/Einzelabschluss	neben Zahlungsbemessungsfunktion	ausschließliches Ziel
Informationsfunktion im Konzernabschluss	ausschließliches Ziel	ausschließliches Ziel
Ausschüttungsbemessungsfunktion	ja (für den Jahresabschluss)	nein
Art der Regelung	Legalistic Approach	Non Legalistic Approach
Steuerbemessungsfunktion	ja (für den Jahresabschluss) über Maßgeblichkeitsprinzip	nein
Regelungsdichte	mittel	hoch
Eignung für die Börsennotierung in den USA	nein	ja
Eignung für die Börsennotierung international	nein	ja

Abb. 97: Zusammenfassende Beurteilung der Rechnungslegungssysteme[23]

Abbildung 97 fasst wesentliche Unterschiede des handelsrechtlichen und des IFRS-Regelwerkes zusammen, wobei der freiwillig nach IFRS-Normen zu erstellende Einzelabschluss nicht in die Synopse einbezogen wurde.

Neben dem Rechtssystem nimmt der **Kapitalmarkt** einen zentralen Einfluss auf die Ausgestaltung der nationalen Rechnungslegungssysteme.[24] Die Bedeutung der jeweiligen Quellen der Unternehmensfinanzierung (Aufnahme von Eigen- und/oder Fremdkapital) ist aus einer vergleichen Betrachtung des angloamerikanischen und kontinentaleuropäischen Kapitalmarkts heraus unterschiedlich zu bewerten, wie **Abbildung 98** verdeutlicht. Sofern der Kapitalmarkt eine hohe Bedeutung besitzt, besteht die Notwendigkeit der Rechnungslegungsnormierung primär in der Gewährleistung des Individualschutzes sowie der Informationsinteressen der Eigenkapitalgeber. Hingegen ist die Normierung der Rechnungslegung in Staaten mit einem vergleichsweise schwach entwickelten Kapitalmarkt und Unternehmen mit wenig Streubesitz vorrangig auf die Gewährleistung eines angemessenen **Gläubigerschutzes** ausgerichtet. Im angloamerikanischen Rechtsraum ist der Kapitalmarkt hoch entwickelt und die börsennotierten Unternehmen weisen einen umfangreichen Streubesitz auf. Die Form der Eigenkapitalfinanzierung wird im besonderen Maße genutzt, wobei die wichtigsten institutionellen Anleger (Pensionsfonds) als echte Eigenkapitalgeber auftreten. In-

---

[23] Modifiziert entnommen von *Goebel* 1995, S. 2490.
[24] Vgl. u. a. *Pellens et al.* 2011, S. 39 f.

Anglo-Amerika	Kontinental-Europa
hohe **Eigen**kapitalfinanzierung	**traditionell** hohe **Fremd**kapitalfinanzierung (durch Hausbanken)
hoch entwickelter (Risiko-)Kapitalmarkt: hohe Liquidität, hohe Börsenkapitalisierung, hoher Anteil börsennotierter Unternehmen	**traditionell schwach** entwickelter (Risiko-)Kapitalmarkt für die Unternehmensfinanzierung
starker **Streubesitz**, wenige Unternehmenskonglomerate	**traditionell** hohe **Stimmrechtskonzentration**: Großinvestoren (Unternehmen, Hausbanken, Staat etc.) üben starken Einfluss auf Unternehmen aus
wichtigste institutionelle Anleger (Pensionsfonds) treten als echte **Eigenkapitalgeber** auf	wichtigste institutionelle Anleger (Hausbanken) nutzen Einfluss primär zur Sicherung ihrer **Gläubigerposition**
weitgehende Anonymität der **Anleger** erfordert umfassende und verlässliche Informationen => Rechnungslegung primär investororientiert	**Gläubiger** fordern umfassende Informationen als Voraussetzung für die Kapitalvergabe (u. a. Rating nach Basel III) => Rechnungslegung primär gläubigerschutzorientiert
Konvergenz der Systeme in jüngerer Zeit, u. a. in Deutschland („**Entflechtung der Deutschland AG**")	

Abb. 98: Unterschiede in der Bedeutung des Kapitalmarkts

folge der Anonymität der Anleger besteht die Notwendigkeit einer Rechnungslegungsnormierung, welche umfassende und zugleich verlässliche Unternehmensinformationen bereitstellt. Dagegen liegt im kontinentaleuropäischen Rechtsraum, z. B. in Deutschland, eine traditionelle hohe Fremdkapitalfinanzierung (durch Hausbanken) vor. Durch vergleichsweise schwach ausgeprägte Kapitalmärkte und eine traditionell hohe Stimmrechtskonzentration ist die Rechnungslegungsnormierung primär auf eine Gewährleistung des **Gläubigerschutzes** ausgerichtet. Allerdings findet in jüngerer Zeit eine nachhaltige Annäherung des kontinentaleuropäischen Systems an das anglo-amerikanische System statt, welches aus nationaler Sicht mit dem Terminus „**Entflechtung der Deutschland AG**" belegt wird.[25] Hierbei sind eine Bedeutungszunahme der Eigenkapitalfinanzierung und ein Absinken der Stimmrechtskonzentrationen zu beobachten, welche sich in regulatorischen Maßnahmen zur Stärkung der Investorenrechte und der Informationsfunktion der Rechnungslegung niederschlagen.

---

[25] Vgl. u. a. *Kengelbach/Roos* 2006, S. 12–21.

B. Entwicklungsstufen des Handelsrechts und der IFRS

Die Liberalisierung der Märkte, der Wegfall von Handelsgrenzen sowie der technische Fortschritt haben zu einer **Internationalisierung** und damit einhergehend zu einer **Globalisierung** der **unternehmerischen Tätigkeiten** geführt. Diese Internationalisierungsbestrebungen ziehen u. a. einen **weltweiten Wettbewerb** sowohl auf den Produktions- als auch auf den Absatzmärkten nach sich. Hieraus folgt, dass vor allen Dingen **weltweit operierende Unternehmen (Global Player)** durch Analysen der wirtschaftlichen Lage ausländischer Kooperationspartner versuchen werden, **Investitionsrisiken** zu vermeiden. Für diese Zwecke bedarf es aber der Kenntnis der betreffenden ausländischen Rechnungslegungsnormen. Darüber hinaus besteht für multinational tätige Unternehmen die Möglichkeit, mittels **Benchmarkanalysen** der Rechnungslegungsobjekte ausländischer Konkurrenten die eigene Wettbewerbsposition bestimmen zu können. Dies setzt aber wiederum die Kenntnis und Interpretierbarkeit der örtlichen Rechnungslegungsvorschriften voraus. Globalisierung bedeutet im Hinblick auf weltweit agierende Unternehmen zum einen, für im Inland gefertigte Erzeugnisse ausländische Absatzmärkte zu finden. Zum anderen wird mit den Zielen der Ausschaltung wiedererstarkter **Handelshindernisse** und unkalkulierbarer **Währungsrisiken** sowie der Nutzung örtlicher **Standortvorteile** zunehmend versucht, die Produktion durch Gründung eigener oder den Erwerb fremder Fertigungsbetriebe in das Ausland zu verlagern. Darüber hinaus beabsichtigen die Global Players häufig, mittels **Beteiligungen** an ausländischen Unternehmen oder durch **Unternehmenskäufe** ihre multinationalen Ziele durchzusetzen.

Zur Verhinderung von Fehleinschätzungen bei **Portfolioinvestitionen** mit ausländischem Engagement sind Prognosen vor allem über die **finanziellen Rückflüsse** von entscheidender Bedeutung. Hier kommt bei den Ausschüttungsmodalitäten, Wechselkursentwicklungen und steuerrechtlichen Besonderheiten den jeweiligen nationalen Rechnungslegungsvorschriften zentrale Bedeutung zu. Sofern darüber hinaus **Direktinvestitionen** in Form von Unternehmensbeteiligungen und/oder -käufen realisiert werden sollen, wird die Bedeutung der jeweiligen Rechnungslegungsnormen ein wichtiger Erfolgsfaktor des Akquisitionsmanagements.[26] Dies wird u. a. daran deutlich, dass Unternehmensbewertungen, die i. d. R. Unternehmenskäufen vorausgehen, nicht unwesentlich auf historischen Daten des externen Rechnungswesens beruhen, indem sie häufig als Ausgangsbasis für Trendextrapolationen zur Ermittlung von Bandbreiten des Unternehmenswerts herangezogen werden. Auch die Erfassung ggf. zu beachtender **Synergieeffekte** wird vielfach auf der Basis der bisherigen Aufwands- und Ertragsstrukturen vorgenommen. Hieraus folgt, dass die Kenntnis der jeweiligen Rechnungslegung ebenfalls im Rahmen der Beurteilung von Direktinvestitionen eine dominierende Rolle spielt, um Fehleinschätzungen im Hinblick auf geplante Unternehmensbeteiligungen und/oder -käufe weitgehend auszuschließen.

Eng verbunden mit den aufgezeigten Globalisierungstendenzen ist die zunehmende **Internationalisierung der Kapitalmärkte**. Um diese jedoch in Anspruch nehmen zu können, werden i. d. R. Jahresabschlüsse verlangt, die von den jeweiligen **Börsenaufsichtsbehörden** anerkannt sind. So entscheidet etwa die US-amerikanische Börsenaufsichtsbehörde Secu-

---

[26] Vgl. *Pellens et al.* 2011, S. 43.

```
┌─────────────────┐                           ┌─────────────────┐
│  Kontinental-   │                           │     Anglo-      │
│  europäisches   │                           │  amerikanisches │
│     System      │                           │     System      │
│     (HGB)       │                           │    (US-GAAP)    │
└────────┬────────┘                           └────────┬────────┘
         │              ┌─────────────┐                │
         └──────────────┤  Einflüsse  ├────────────────┘
                        └──────┬──────┘
                               ▼
                     ┌─────────────────┐
                     │ Internationales │
                     │     System      │
                     │     (IFRS)      │
                     └─────────────────┘
```

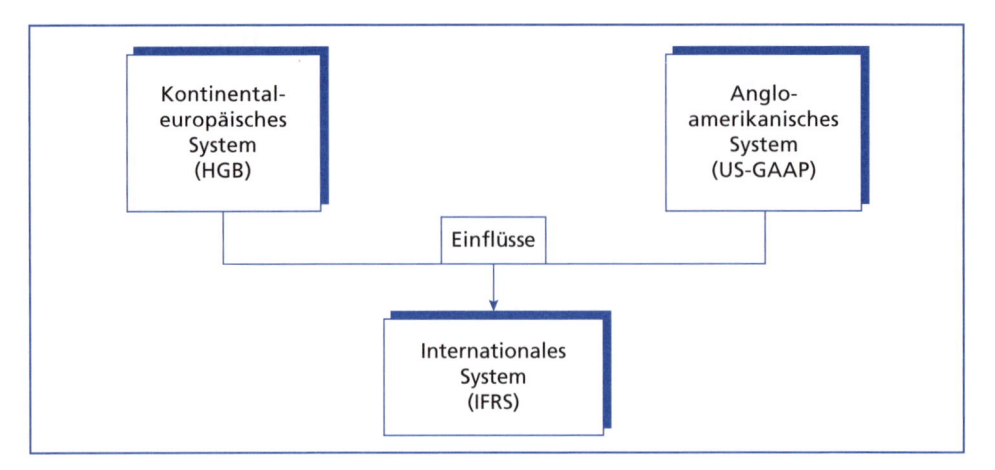

Abb. 99: Wichtige Systeme der Rechnungslegung

rities and Exchange Commission (SEC) über die Zulassung ausländischer Unternehmen zum amerikanischen Kapitalmarkt. Hierbei bedient sich die SEC restriktiver Zulassungsbedingungen, die für inländische Emittenten ehemals einen nach **United States Generally Accepted Accounting Principles (US-GAAP)** erstellten Jahresabschluss oder zumindest eine entsprechende Überleitungsrechnung voraussetzen. Für ausländische Emittenten (z. B. deutsche Unternehmen mit einem Zweitlisting an der New Yorker Börse) ist ein befreiender IFRS-Abschluss nun möglich. Ursächlich hierfür ist, dass die **International Organisation of Securities Commissions (IOSCO)** allen Börsen als Voraussetzung für den Kapitalmarkteintritt einen nach **International Financial Reporting Standards (IFRS)** gefertigten Abschluss empfiehlt. Neben diesen, vom privaten und unabhängigen **International Accounting Standards Board (IASB)** mit Sitz in London herausgegebenen Rechnungslegungsstandards existieren eine Vielzahl nationaler Normen (z. B. UK-GAAP oder Australian GAAP). **Abbildung 99** zeigt wichtige Rechnungslegungssysteme und **Abbildung 100** die Verbindungen der internationalen Standardsetter auf.

Die IFRS sind demnach **keine Gesetze** im formellen Sinne, sondern Empfehlungen für eine **weltweite Verbesserung** und **Harmonisierung** der Rechnungslegung, die zwischenzeitlich in mehr als hundert Ländern verbindlich sind. Sie erlangen erst dann Rechtsverbindlichkeit, wenn sie von der Europäischen Union (EU) anerkannt (**Endorsement**), in deutsche Sprache übersetzt und im Europäischen Amtsblatt veröffentlicht werden. Im Gegensatz zur deutschen (handelsrechtlichen) Rechnungslegung, deren vom **Vorsichtsprinzip** geprägte Normen primär auf den Schutz der **Unternehmensgläubiger** und auf die Bestimmung des **Ausschüttungsvolumens** ausgerichtet sind, rücken die IFRS den öffentlichen Kapitalmarkt und damit die **aktuellen und potenziellen Investoren** in den Mittelpunkt des Informationsinteresses. Ferner stellen die vom **IASB** entwickelten und ständig fortgeschriebenen IFRS kein in sich geschlossenes Regelungssystem wie die handelsrechtlichen Rechnungslegungsvorschriften dar. Dem vorgeschalteten „**Framework**", das die theoretische und konzeptionelle Grundlage bildet, stehen eine Vielzahl von **Detailstandards** mit einer kasuistischen Normierungstechnik gegenüber.

III. Harmonisierungsbestrebungen in der Rechnungslegung

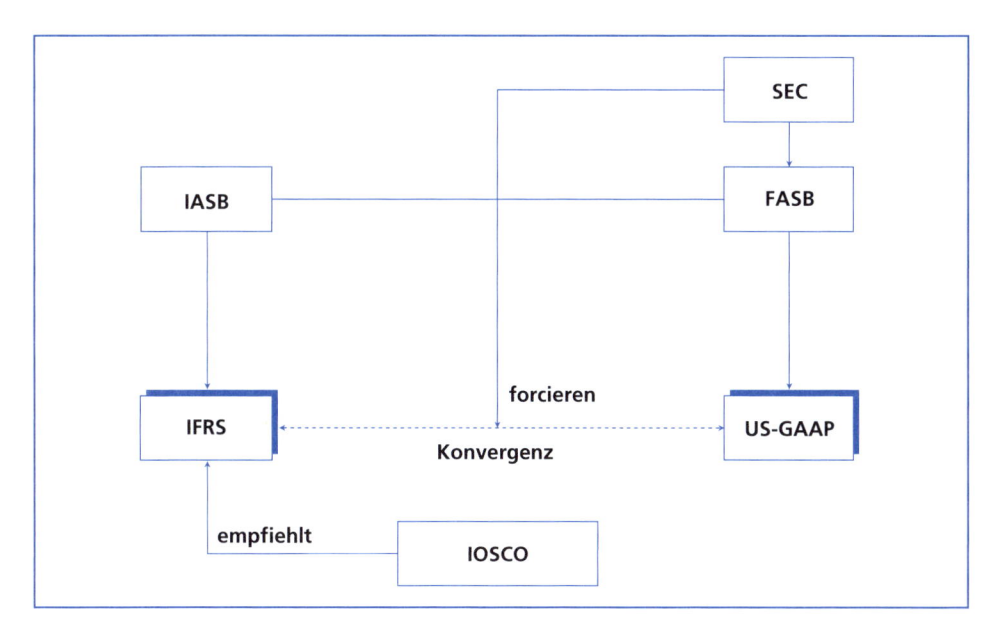

Abb. 100: Struktur und Verbindungen der Standardsetter

Abbildung 101 fasst die Ursachen der Globalisierungs- und Internationalisierungstendenzen der Kapitalmärkte, welche sich auf die Internationalisierung der Rechnungslegung auswirken, zusammen. Die Harmonisierungsbestrebungen im Rahmen der Rechnungslegung innerhalb der EG/EU lassen sich auf die **Römischen Verträge (EWG-Vertrag)** aus dem Jahre 1957 zurückführen, in der sich die damaligen EG-Mitgliedstaaten erstmals dafür aussprachen, die Rechnungslegungsvorschriften zu vereinheitlichen. Ausfluss dieser Bemühungen war im Jahre 1978 die Verabschiedung der **Vierten EG-Richtlinie („Bilanzrichtlinie")** zur Angleichung der Vorschriften zum Einzelabschluss von Kapitalgesellschaften sowie im Jahre 1983 die Verabschiedung der **Siebenten EG-Richtlinie („Konzernrichtlinie")**. Beide EG-Richtlinien wurden mit dem **Bilanzrichtliniengesetz (BiRiLiG)** in nationales Recht überführt. Im Jahre 1990 trat eine weitere EG-Richtlinie in Kraft, wonach die Vorschriften zum Einzelabschluss sog. „kapitalistischer" Personenhandelsgesellschaften (z. B. die GmbH & Co. KG) an die restriktiven Rechnungslegungsvorschriften der Kapitalgesellschaften angeglichen werden sollte. Ursächlich hierfür war, dass bei kapitalistischen Personenhandelsgesellschaften durch das Fehlen einer natürlichen Person als Vollhafter de facto dieselbe Haftungsbegrenzung wie in der Kapitalgesellschaft eintritt und dies eine strengere Rechnungslegungsnormierung erfordert als bei „normalen" Personenhandelsgesellschaften mit unbeschränkter Haftung. Diese Richtlinie wurde nach langer Verzögerung im Jahre 2000 durch das **Kapitalgesellschaften und Co-Richtliniengesetz (KapCoRiLiG)** in Deutschland umgesetzt.

Mit der **EU-Verordnung vom 19.07.2002** „betreffend die Anwendung internationaler Rechnungslegungsstandards" (EU-IAS-Verordnung)[27] haben die europäischen Harmonisie-

---

[27] Vgl. EU-IAS-Verordnung, S. 1.

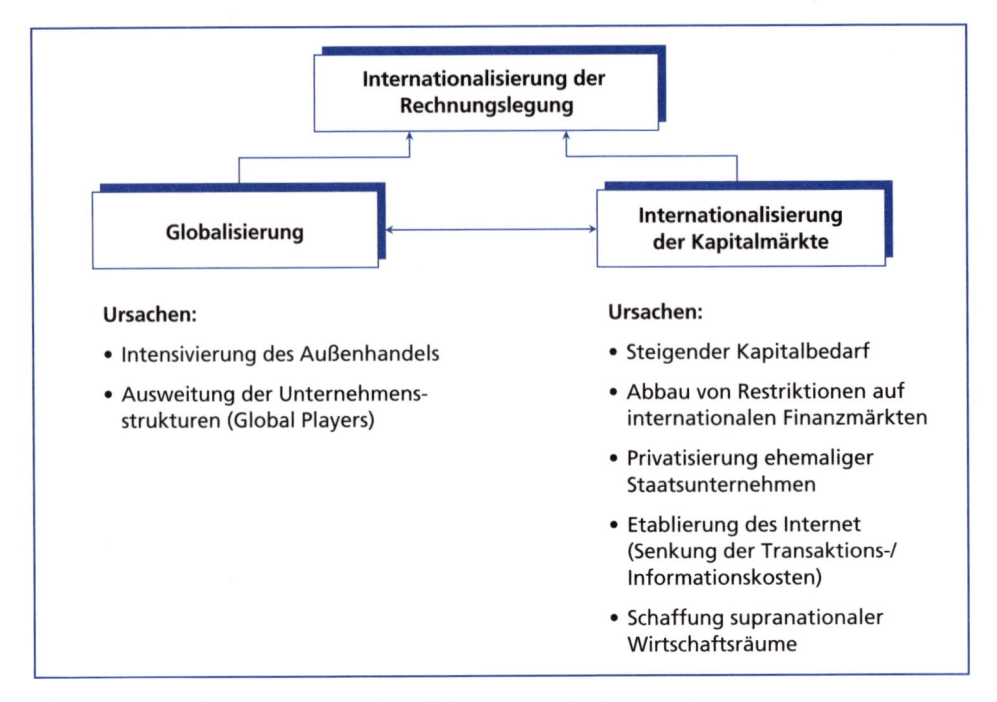

Abb. 101: Ursachen der Internationalisierung der Rechnungslegung

rungsbestrebungen innerhalb der externen Rechnungslegung einen vorläufigen Abschluss erfahren. Kapitalmarktorientierte[28] Mutterunternehmen mit Sitz in der EU müssen – bis auf wenige Ausnahmen – für Geschäftsjahre seit dem 01.01.2005 zwingend ihren Konzernabschluss nach den **endorsed IAS** erstellen und offen legen.[29]

Im Jahre 2001 kam es infolge organisatorischer Neustrukturierungen auf Ebene des damaligen **International Accounting Standards Committee (IASC)** zum jetzigen **IASB**. Zeitgleich wurde festgelegt, dass die neu erlassenen Standards nicht mehr den gewohnten Namen IAS, sondern die Bezeichnung IFRS tragen. Die vom **IASB** vor März 2001 verabschiedeten und in der Zwischenzeit überarbeiteten Standards sind jedoch weiterhin als IAS kenntlich gemacht. Die IFRS beinhalten auch die Verlautbarungen des **International Financial Reporting Interpretations Committee (IFRIC)** sowie des vormaligen **Standing Interpretations Committee (SIC)**. Bei den von der **EU-Kommission** übernommenen IAS/IFRS handelt es sich um sekundäres Gemeinschaftsrecht, das unmittelbar in Deutschland gilt.[30] Mit der Einführung der sog. Öffnungsklausel des § 292 a des HGB a. F. durch das **Kapitalaufnahmeerleichterungsgesetz (KapAEG)** hatte für kapitalmarktorientierte Mutterunternehmen bereits eine Option zur Erstellung und Offenlegung eines IAS/IFRS-Konzernabschlusses für Geschäftsjahre ab dem 01.01.1999 bestanden, die aber zum 31.12.2004 aufgehoben wurde.

---

[28] Vgl. Art. 4 EU-IAS-Verordnung, S. 3. Kapitalmarktorientierung auf supranationaler Ebene wird verstanden als der Handel von Wertpapieren an geregelten Märkten i. S. d. Art. 4 EU-Wertpapierdienstleistungs-Richtlinie, S. 1.

[29] Vgl. stellvertretend *Ballwieser* 2004, S. 13.

[30] Vgl. hierzu ausführlich *Küting/Ranker* 2004, S. 2510.

Die nationale Transformation der EU-IAS-Verordnung erfolgte durch das **Bilanzrechtsreformgesetz (BilReG)**. Hierbei wurde nicht kapitalmarktorientierten Unternehmen eine Option eingeräumt, ihren Konzernabschluss entweder nach den IAS/IFRS oder – wie bisher – nach dem Handelsgesetzbuch zu erstellen und offen zu legen. Ferner wurde sämtlichen Unternehmen die Möglichkeit eröffnet, für Geschäftsjahre seit dem 01.01.2005 neben dem handelsrechtlichen Jahresabschluss einen zusätzlichen **IFRS-Einzelabschluss** zu erstellen.[31]

Der handelsrechtliche Jahresabschluss wird jedoch weiterhin zur **Ausschüttungs- und Ertragsteuerbemessung** herangezogen. Das Schrifttum interpretiert diese Reaktion des nationalen Gesetzgebers als eine logische Konsequenz auf die Defizite der IFRS, die insbesondere im Unvermögen zur Regelung der Ausschüttungen liegen und damit einen **ernstzunehmenden Nachteil** gegenüber den Rechnungslegungsvorschriften des Handelsgesetzbuches darstellen.[32] Darüber hinaus wird das Vorgehen des Gesetzgebers, die Aufstellung eines handelsrechtlichen Jahresabschlusses zur Ausschüttungsbemessung einerseits verpflichtend vorzuschreiben und andererseits die Fertigung eines IFRS-Einzelabschlusses zur Informationsvermittlung wahlweise zuzulassen, als eine **Ressourcenverschwendung** bewertet.[33] Allerdings kann ein zusätzlicher IFRS-Einzelabschluss das Informationsdefizit, das ein handelsrechtlicher Jahresabschluss aufgrund des ihn dominierenden **Kapitalerhaltungs- und Vorsichtsprinzips** ggf. mit sich bringen kann, bestenfalls kompensieren.[34]

Vor diesem Hintergrund hatte sich der Gesetzgeber für einen sog. **mittleren Weg** entschieden, der in einer **Modernisierung** spezieller Rechnungslegungsvorschriften des Handelsgesetzbuches besteht, um zum einen die internationale Vergleichbarkeit der handelsrechtlichen Normen zu verbessern und zum anderen weiterhin dem Grundsatz des Vorsichts- und Gläubigerschutzprinzips im Jahresabschluss Rechnung zu tragen. Im Zentrum der Reformbestrebungen dieses **Bilanzrechtsmodernisierungsgesetzes (BilMoG)**[35] stand i. S. e. Annäherung an internationale Rechnungslegungsstandards u. a. die Abschaffung bestehender handelsrechtlicher Ansatz- und Bewertungswahlrechte. Eine vollständige Anpassung der handelsrechtlichen Normen an die IFRS war aufgrund der Zahlungsbemessungsfunktion des handelsrechtlichen Jahresabschlusses nicht möglich. Allerdings ist aus langfristiger Sicht damit zu rechnen, dass auch der handelsrechtliche Jahresabschluss durch einen IFRS-Einzelabschluss **ersetzt** werden könnte, um einen Gleichschritt zur IFRS-Konzernrechnungslegung herzustellen, die seit dem 01.01.2005 für kapitalmarktorientierte EU-Mutterunternehmen obligatorisch geworden ist.

Die wesentlichen Änderungen der handelsrechtlichen Rechnungslegung durch das **BilMoG** sowie die verbleibenden Unterschiede zum Steuerrecht sowie zu den IFRS zeigt die nachfolgende **Abbildung 102**.[36] Wie **Abbildung 103** belegt, sind auch nach der Bilanzrechtsreform elementare Unterschiede zwischen den Ansatz- und Bewertungsregelungen nach Handelsrecht und IFRS festzustellen.

---

[31] Vgl. § 325 Abs. 2a S. 1 i. V. m. § 325 Abs. 2b Nr. 1 HGB.
[32] Vgl. *Moxter*, zit. nach *Großfeld* 2004, S. 2178.
[33] Vgl. *Streim/Esser* 2003, S. 840.
[34] Vgl. *Mandler* 2004, S. 1.
[35] Vgl. zu den einzelnen normativen Entwicklungsstufen *Freidank/Velte* 2009a, S. 318–321; *Velte* 2008d, S. 533 f.; *Velte* 2008 f, S. 411–418; *Velte* 2008h, S. 61–73; *Velte/Leimkühler* 2007, S. 837–844.
[36] Entnommen von *Freidank/Velte* 2009a, S. 318–321.

Reformmaßnahme	HGB vor dem BilMoG	HGB nach dem BilMoG	Kongruenz zum EStG	Kongruenz zu den IFRS
Verrechnung von Vermögensgegenständen, **die dem Zugriff aller übrigen Gläubiger entzogen sind** und **ausschließlich der Erfüllung von Schulden aus Altersversorgungsverpflichtungen oder vergleichbaren langfristig fälligen Verpflichtungen** dienen, mit diesen Schulden	§ 246 Abs. 2 HGB: **Verbot**	§ 246 Abs. 2 Satz 2 HGB: **Gebot** § 268 Abs. 8 Satz 3 HGB: **Ausschüttungssperre** für Kapitalgesellschaften, sofern der beizulegende Zeitwert der Vermögensgegenstände abzüglich der hierfür gebildeten passiven latenten Steuern die Anschaffungskosten übersteigt	nein	ja
Passivierung von **Sonderposten mit Rücklageanteil**	§ 247 Abs. 3 HGB: **grds. Wahlrecht**, § 273 Satz 1 HGB: **Gebot** bei steuerlicher Inanspruchnahme durch Umkehrmaßgeblichkeit bei Kapitalgesellschaften[37]	Streichung von § 247 Abs. 3 und § 273 HGB (Aufhebung der Umkehrmaßgeblichkeit): **Verbot**	nein	ja
Aktivierung von **originären immateriellen Gegenständen des Anlagevermögens**	§ 248 Abs. 2 HGB: **Verbot** (alle)	§ 248 Abs. 2 Satz 1 HGB: **Wahlrecht** § 268 Abs. 8 HGB: **Ausschüttungssperre** für Kapitalgesellschaften § 248 Abs. 2 Satz 2 HGB: **Verbot** für originäre Marken, Drucktitel, Verlagsrechte, Kundenlisten oder vergleichbare immaterielle Anlagegüter	nein	nein (Gebot und keine Ausschüttungssperre)

Abb. 102: Änderungen der handelsrechtlichen Ansatz- und Bewertungsvorschriften durch das BilMoG

---

[37] Der Terminus „Kapitalgesellschaften" subsumiert im Folgenden ebenfalls „ihnen gesetzlich gleichgestellte Unternehmen".

III. Harmonisierungsbestrebungen in der Rechnungslegung

Reformmaßnahme	HGB vor dem BilMoG	HGB nach dem BilMoG	Kongruenz zum EStG	Kongruenz zu den IFRS
Aktivierung von **Forschungsaufwendungen**	§ 248 Abs. 2 HGB: **Verbot**	§ 255 Abs. 2 Satz 4 HGB: **Verbot**	ja	ja
Aktivierung von **Entwicklungsaufwendungen**	§ 248 Abs. 2 HGB: **Verbot**	§ 255 Abs. 2 a Satz 1 HGB: **Wahlrecht** § 255 Abs. 2 a Satz 4 HGB: **Verbot**, sofern Forschung und Entwicklung nicht verlässlich voneinander unterschieden werden können	nein	nein (Gebot bei Einhaltung der Kriterien nach IAS 38.57)
Passivierung von **Rückstellungen für unterlassene Aufwendungen für Instandhaltung**, die innerhalb des folgenden Geschäftsjahres **nach** dem dritten Monat nachgeholt wird	§ 249 Abs. 1 Satz 3 HGB: **Wahlrecht**	Streichung von § 249 Abs. 1 Satz 3 HGB; § 249 Abs. 2 Satz 1 HGB: **Verbot**	ja	ja
Passivierung von **Rückstellungen** für konkrete **zukünftige Aufwendungen**	§ 249 Abs. 2 HGB: **Wahlrecht**	Streichung von § 249 Abs. 2 HGB a. F.; § 249 Abs. 2 Satz 1 HGB: **Verbot**	ja	ja
Aktivierung von als Aufwand berücksichtigte **Zölle und Verbrauchsteuern auf Vorräte** als Rechnungsabgrenzungsposten	§ 250 Abs. 1 Satz 2 Nr. 1 HGB: **Wahlrecht**	Streichung von § 250 Abs. 1 Satz 2 Nr. 1 HGB: **Verbot**; Gebot zur aufwandsmäßigen Erfassung	nein	ja (aber Einbeziehung unter den AK/HK)
Aktivierung von als Aufwand berücksichtigte **Umsatzsteuer auf Anzahlungen** als Rechnungsabgrenzungsposten	§ 250 Abs. 1 Satz 2 Nr. 2 HGB: **Wahlrecht**	Streichung von § 250 Abs. 1 Satz 2 Nr. 2 HGB: **Verbot**; Gebot zur Anwendung der Nettomethode	nein	ja

Abb. 102: Änderungen der handelsrechtlichen Ansatz- und Bewertungsvorschriften durch das BilMoG (Fortsetzung)

Reformmaßnahme	HGB vor dem BilMoG	HGB nach dem BilMoG	Kongruenz zum EStG	Kongruenz zu den IFRS
Aktivierung eines derivativen Geschäfts- oder Firmenwertes	§ 255 Abs. 4 Satz 1 HGB: **Wahlrecht** (implizite „Vermögensgegenstandsfiktion")	§ 246 Abs. 1 Satz 4 HGB: **Gebot** (explizite „Vermögensgegenstandsfiktion")	ja	ja
Aktivierung von Ingangsetzungs- und Erweiterungsaufwendungen	§ 269 Satz 1 HGB: **Wahlrecht** (Bilanzierungshilfe für Kapitalgesellschaften, verbunden mit einer Ausschüttungssperre)	Streichung von § 269 HGB: **Verbot**	ja	ja
Passivierung **nicht eingeforderter ausstehender Einlagen**	§ 272 Abs. 1 Satz 2, 3 HGB: **Wahlrecht** (auch Aktivierung vor dem Anlagevermögen möglich)	§ 272 Abs. 1 Satz 3 HGB: **Gebot**	nein (nicht explizit geregelt)	nein (nicht explizit geregelt)
Ansatz **aktiver latenter Steuern**	§ 274 Abs. 2 HGB: **Wahlrecht** (Bilanzierungshilfe für Kapitalgesellschaften)	§ 274 Abs. 1 Satz 2 HGB: **Wahlrecht** § 266 Abs. 2 Posten D. HGB: gesonderter Ausweis in der Bilanz („Aktive latente Steuern"), § 268 Abs. 8 HGB: Ausschüttungssperre für Kapitalgesellschaften	nein	nein (Gebot und keine Ausschüttungssperre)
Prinzip der **wirtschaftlichen Betrachtungsweise**	§ 246 Abs. 1 Satz 2, 3 HGB: Anwendung beschränkt auf besondere Fälle	Streichung von § 246 Abs. 1 Satz 2, 3 HGB § 246 Abs. 1 Satz 2 HGB: Anwendung bei Auseinanderfallen von juristischem und wirtschaftlichem Eigentum	ja (Gleichlauf zu § 39 AO)	ja („Substance over Form")

Abb. 102: Änderungen der handelsrechtlichen Ansatz- und Bewertungsvorschriften durch das BilMoG (Fortsetzung)

III. Harmonisierungsbestrebungen in der Rechnungslegung

Reformmaßnahme	HGB vor dem BilMoG	HGB nach dem BilMoG	Kongruenz zum EStG	Kongruenz zu den IFRS
Bewertungsstetigkeit	§ 252 Abs. 1 Nr. 6 HGB: **Gebot** („Sollvorschrift")	§ 252 Abs. 1 Nr. 6 HGB: **Gebot** („Mussvorschrift")	ja	ja
Bewertung von **Verbindlichkeiten und Rückstellungen**	§ 253 Abs. 1 Satz 2 HGB: Verbindlichkeiten: **Rückzahlungsbetrag** Rückstellungen: **Betrag**, der nach vernünftiger kaufmännischer Beurteilung notwendig ist	§ 253 Abs. 1 Satz 2 HGB: Verbindlichkeiten: einheitlich zum **Erfüllungsbetrag** Rückstellungen: nach vernünftiger kaufmännischer Beurteilung notwendiger **Erfüllungsbetrag**; bei Altersversorgungsverpflichtungen, deren Höhe sich ausschließlich nach dem beizulegenden Zeitwert von Wertpapieren nach § 266 Abs. 2 Posten A.III.5 bestimmt, nach dem **beizulegenden Zeitwert**	nein	nein
Abzinsung von Rückstellungen auf der Grundlage eines Marktzinses	§ 253 Abs. 1 Satz 1 1. HS HGB: **Verbot** § 253 Abs. 1 Satz 2 2. HS HGB: Ausnahme für Verbindlichkeiten mit einem Zinsanteil	§ 253 Abs. 2 Satz 1 HGB: **Gebot** für Rückstellungen mit einer Restlaufzeit von mehr als einem Jahr	nein (Festzins)	ja
Einbeziehung **künftiger Preis- und Kostensteigerungen** bei der Bewertung von Rückstellungen	§ 253 Abs. 1 Satz 2 HGB: nach h. M. zulässig	§ 253 Abs. 1 Satz 2 HGB: **Gebot**	nein	ja

Abb. 102: Änderungen der handelsrechtlichen Ansatz- und Bewertungsvorschriften durch das BilMoG (Fortsetzung)

Reformmaßnahme	HGB vor dem BilMoG	HGB nach dem BilMoG	Kongruenz zum EStG	Kongruenz zu den IFRS
Bewertung von zu **Handelszwecken erworbenen Finanzinstrumenten** zum höheren **beizulegenden Zeitwert**	§ 253 Abs. 1 Satz 1 HGB: **Verbot** (Anschaffungskostenprinzip)	§ 340 e Abs. 3 Satz 1 HGB: **Gebot** für Kreditinstitute und sonstige Finanzinstitute abzüglich eines Risikoabschlags, für sonstige Unternehmen **Verbot** § 340 e Abs. 4 HGB: Einstellung von mindestens 10 % der Nettoerträge des Handelsbestands in den Sonderposten „Fonds für allgemeine Bankrisiken"	ja (§ 6 Abs. 1 Nr. 2 b EStG	nein (keine Beschränkung auf bestimmte Unternehmen und Handelsbestand)
Außerplanmäßige Abschreibung bei **voraussichtlich vorübergehender Wertminderung** für Anlagegüter (exklusive Finanzanlagen)	§ 253 Abs. 2 Satz 3 HGB: **Wahlrecht** für Nicht-Kapitalgesellschaften § 279 Abs. 1 Satz 2 HGB: **Verbot** für Kapitalgesellschaften	§ 253 Abs. 3 Satz 3, 4 HGB: rechtsformunabhängiges **Verbot**	ja (aber keine Ausnahme für Finanzanlagen)	ja (aber keine Ausnahme für Finanzanlagen)
Außerplanmäßige Abschreibung **wegen künftiger Wertschwankungen auf den niedrigeren Zukunftswert** im Umlaufvermögen	§ 253 Abs. 3 Satz 3 HGB: **Wahlrecht**	Streichung von § 253 Abs. 3 Satz 3 HGB: **Verbot**	ja	ja
Außerplanmäßige Abschreibung im **Rahmen vernünftiger kaufmännischer Beurteilung**	§ 253 Abs. 4 HGB: **Wahlrecht** für Nicht-Kapitalgesellschaften § 279 Abs. 1 Satz 1 HGB: **Verbot** für Kapitalgesellschaften	Streichung von § 253 Abs. 4 HGB: rechtsformunabhängiges **Verbot**	ja	ja

Abb. 102: Änderungen der handelsrechtlichen Ansatz- und Bewertungsvorschriften durch das BilMoG (Fortsetzung)

III. Harmonisierungsbestrebungen in der Rechnungslegung

Reformmaßnahme	HGB vor dem BilMoG	HGB nach dem BilMoG	Kongruenz zum EStG	Kongruenz zu den IFRS
Wertaufholung für vorangegangene außerplanmäßige Abschreibungen	§ 253 Abs. 5 HGB: **Wahlrecht** für Nicht-Kapitalgesellschaften § 280 Abs. 1 HGB: **Gebot** für Kapitalgesellschaften	§ 253 Abs. 5 Satz 1 HGB: rechtsformunabhängiges **Gebot**	ja	ja
Steuerrechtliche Abschreibungen (Umkehrmaßgeblichkeit)	§ 254 Satz 1 HGB: **Wahlrecht**	Streichung von § 254 Satz 1 HGB: **Verbot**	nein	ja
Bildung von **Bewertungseinheiten** zum Ausgleich gegenläufiger Wertänderungen oder Zahlungsströme	Regelungslücke	§ 254 HGB: **Wahlrecht**	ja („explizite" Maßgeblichkeit)	ja
Einbeziehung von **Fertigungs- und Materialgemeinkosten** sowie des **Werteverzehrs des Anlagevermögens** in die Herstellungskosten	§ 255 Abs. 2 Satz 3 HGB: Wahlrecht	§ 255 Abs. 2 Satz 2 HGB: **Gebot** (soweit durch die Fertigung veranlasst)	ja	ja
pauschale Abschreibung des derivativen Geschäfts- oder Firmenwerts	§ 255 Abs. 4 Satz 2, 3 HGB: **Wahlrecht** (neben planmäßiger Abschreibung)	Streichung von § 255 Abs. 4 HGB: **Verbot** § 253 Abs. 3 Satz 1 HGB: **Gebot** zur planmäßigen Abschreibung über betriebsgewöhnliche Nutzungsdauer	ja (aber: Gebot einer 15-jährigen Nutzungsdauer)	nein (Impairment Only Approach)
Wertaufholung für den derivativen Geschäfts- oder Firmenwert	§ 252 Abs. 1 Nr. 4 HGB: implizites **Verbot** aufgrund des Vorsichtsprinzips	§ 253 Abs. 5 Satz 2 HGB: **explizites Verbot**	nein (nicht explizit geregelt, Wertaufholung strittig)	ja

Abb. 102: Änderungen der handelsrechtlichen Ansatz- und Bewertungsvorschriften durch das BilMoG (Fortsetzung)

Reformmaßnahme	HGB vor dem BilMoG	HGB nach dem BilMoG	Kongruenz zum EStG	Kongruenz zu den IFRS
Anwendung von Sammelbewertungsverfahren **außer** Lifo und Fifo „in einer sonstigen Folge" (z. B. **Lofo** und **Hifo**)	§ 256 Satz 1 HGB: **Wahlrecht**	§ 256 Satz 1 HGB: **Verbot**	ja (aber Fifo grds. unzulässig)	ja (aber Lifo unzulässig)
Umrechnung von **Fremdwährungsgeschäften** mit dem **Devisenkassamittelkurs**	keine Vorgabe; nach h. M. „gängige Praxis"	§ 256 a HGB: **Gebot**	nein	ja
Latente Steuerabgrenzung	§ 274 Abs. 1, 2 HGB: **Timing**-Konzept (GuV-orientiert)	§ 274 Abs. 1, 2 HGB: **Temporary**-Konzept (bilanzorientiert)	nein (kein Ansatz latenter Steuern)	ja
Einbeziehung **quasi-permanenter** Differenzen	nach h. M. **Verbot**	**Gebot**	nein	ja
Einbeziehung von **steuerlichen Verlustvorträgen**	nach h. M. **Verbot**	**Gebot**, sofern Verlustverrechnung innerhalb der nächsten fünf Jahre zu erwarten ist	nein	ja (aber Voraussetzungen nach IAS 12.34–36)

Abb. 102: Änderungen der handelsrechtlichen Ansatz- und Bewertungsvorschriften durch das BilMoG (Fortsetzung)

III. Harmonisierungsbestrebungen in der Rechnungslegung

Posten	Handelsbilanz	Steuerbilanz	IFRS
Aktivierung von Ingangsetzungs- und Erweiterungsaufwendungen des Geschäftsbetriebs		Verbot	
Aktivierung selbstgeschaffener immaterieller Vermögensgegenstände des Anlagevermögens	Wahlrecht (§ 248 Abs. 2 Satz 1 HGB), Ausschüttungssperre (§ 268 Abs. 8 HGB), Verbot für originäre Marken, Drucktitel, Verlagsrechte, Kundenlisten oder vergleichbare immaterielle Anlagegüter (§ 248 Abs. 2 Satz 2 HGB)	Verbot (§ 5 Abs. 2 EStG)	Gebot (Aktivierungsvoraussetzungen nach IAS 38.8 und 38.21), keine Ausschüttungssperre
Bewertung von immateriellen Vermögensgütern und des Sachanlagevermögens	(fortgeführte) Anschaffungs-/Herstellungskosten		fortgeführte Anschaffungs-/Herstellungskosten oder Neubewertung (Voraussetzung beim immateriellen Vermögen: aktiver Markt) (Wahlrecht)
Aktivierung von Forschungskosten		Verbot	
Aktivierung von Entwicklungskosten	Wahlrecht (§ 255 Abs. 2 a Satz 1 HGB); Verbot, sofern Forschung und Entwicklung nicht verlässlich voneinander unterschieden werden können (§ 255 Abs. 2 a Satz 4 HGB)	Verbot (§ 5 Abs. 2 EStG)	Gebot (Beachtung von IAS 38.57)
Aktivierung des originären Goodwill		Verbot	

Abb. 103: Verbleibende Unterschiede zwischen Handels- und Steuerrecht, sowie IFRS

Posten	Handelsbilanz	Steuerbilanz	IFRS
Aktivierung des derivativen Goodwill	Gebot		
Abschreibung des derivativen Goodwill	lineare Abschreibung über die betriebsgewöhnliche Nutzungsdauer (§ 253 Abs. 3 Satz 1 HGB)	lineare Abschreibung über 15 Jahre (§ 7 Abs. 1 Satz 3 EStG)	Impairment Only Approach (IFRS 3 i. V. m. IAS 36)
(Langfristige) Auftragsfertigung	grds. Completed Contract Method (Ausnahme: qualifizierte Teilabnahmen)	grds. Completed Contract Method	grds. Percentage of Completion Method nach IAS 11 (de lege lata)
Umfang der Herstellungskosten	Produktionsbezogener Vollkostenansatz mit Wahlrecht für Verwaltungs- und bestimmte Sozialkosten (§ 255 Abs. 2 HGB)	Produktionsbezogener Vollkostenansatz mit Einbezug von Verwaltungs- und bestimmten Sozialkosten (EStR 2012, temporäres Wahlrecht) nach BMF	Produktionsbezogener Vollkostenansatz (IAS 2 und IAS 16)
Planmäßige Abschreibung des Anlagevermögens	lineare, geometrisch-degressive (steuerrechtlich nur für bestimmte Wirtschaftsjahre), arithmetisch-degressive, progressive Abschreibung (steuerrechtlich grds. untersagt), Leistungsabschreibung		lineare, geometrisch-degressive Abschreibung und Leistungsabschreibung nach IAS 16
Außerplanmäßige Abschreibungen des Anlagevermögens bei vorübergehender Wertminderung	nur bei Finanzanlagen als Wahlrecht (§ 253 Abs. 3 Satz 4 HGB)	Verbot (§ 6 Abs. 1 Nr. 1., 2. EStG)	Gebot, wenn erzielbarer Betrag geringer als Buchwert, sonst Verbot (IAS 36)

Abb. 103: Verbleibende Unterschiede zwischen Handels- und Steuerrecht sowie IFRS (Fortsetzung)

Posten	Handelsbilanz	Steuerbilanz	IFRS
Latente Steuern	Aktivierungswahlrecht/ Passivierungsgebot und Abgrenzung nach dem Temporary-Konzept mit Ausschüttungssperre (§§ 274, 268 Abs. 8 HGB)	Verbot	Gebot und Abgrenzung nach dem Temporary-Konzept (IAS 12)
Pensionsrückstellungen	Gebot bei Neuzusagen, Wahlrecht für Altzusagen, mittelbare oder pensionsähnliche Verpflichtungen nach dem EGHGB	Gebot für Neuzusagen unter den Voraussetzungen des § 6 a EStG, Wahlrecht für Altzusagen, Verbot für mittelbare oder pensionsähnliche Verpflichtungen	Generelles Gebot bei leistungsorientierten Vertragsgestaltungen nach IAS 19
Aufwandsrückstellungen/ Komponentenansatz	Gebot für Rückstellungen i. S. d. § 249 Abs. 1 Nr. 1 HGB, Komponentenansatz: restriktives Wahlrecht	Gebot für Rückstellungen i. S. d. § 249 Abs. 1 Nr. 1 HGB, Komponentenansatz: grds. Verbot	Verbot nach IAS 37 (Ausnahme: Restrukturierungsrückstellungen), Komponentenansatz: Gebot nach IAS 16

Abb. 103: Verbleibende Unterschiede zwischen Handels- und Steuerrecht sowie IFRS (Fortsetzung)

Die gesetzlichen Initiativen der deutschen Bundesregierung sind geprägt von internationalen **Harmonisierungs- und Standardisierungsbestrebungen** innerhalb der externen Rechnungslegung, die nachfolgend kurz skizziert werden. Die Rechnungslegung unterliegt spätestens seit der letzten Dekade des 20. Jahrhunderts einem verstärkten dynamischen Wandel.[38] Aufgrund der Attraktivität der **Inanspruchnahme internationaler Kapitalmärkte** haben sich die IFRS als einheitliche Bilanzierungssprache durchgesetzt.[39] Sie bestimmen zunehmend den Dialog zwischen den Unternehmen und den externen Bilanzlesern.[40] Die Anforderungen, die an die Unternehmensleitung gestellt werden, liegen in der Bereitstellung international vergleichbarer und qualitativ hochwertiger Jahresabschlüsse und weniger in einer vorsichtigen Rechnungslegung begründet.[41]

Die im Verhältnis zu den IFRS **noch existierenden Ansatz- und Bewertungswahlrechte** und die asymmetrische Behandlung von Gewinnen und Verlusten können eine **Intransparenz** des handelsrechtlichen Jahresabschlusses für die externen Adressatengruppen bewirken, eine unverhältnismäßige Bildung **stiller Reserven** legalisieren[42] und eine **Wettbewerbsbenachteiligung** deutscher Unternehmen herbeiführen, die durch den geringeren Ausweis von Eigenkapital im Vergleich zu den nach IFRS-bilanzierenden Unternehmen zu erklären ist.[43]

Im Zuge des fortschreitenden **Globalisierungsprozesses** und der damit einhergehenden **Wettbewerbsintensivierung**[44] stellt für Unternehmen die Suche nach Finanzierungsquellen auf internationalen Kapitalmärkten eine wichtige Alternative zur traditionellen Fremdfinanzierung durch (heimische) Kreditinstitute dar.[45] Der Jahresabschluss bleibt dabei die wesentliche Schnittstelle zwischen dem Bilanzersteller und den Eigen- und Fremdkapitalgebern. Während die Eigenkapitalgeber in erster Linie an einem **zukunftsorientierten Rechenschaftsbericht** über das **Wertsteigerungspotential** und die **Unternehmensrentabilität** interessiert sind, ziehen die Fremdkapitalgeber i. d. R. objektivierbare Angaben über die unternehmerische **Haftungssubstanz** sowie die Sicherheit der künftigen Kapitalrückflüsse und Zinszahlungen vor. Die Globalisierungsbestrebungen erweitern nicht nur den potenziellen Kreis der Adressaten der Abschlüsse,[46] sondern bewirken, dass die anzuwendenden Rechnungslegungsnormen nicht mehr ausschließlich vom nationalen Gesetzgeber bestimmt werden, sondern eine zunehmende Beeinflussung durch **internationale Institutionen** und Gremien, wie die *EU-Kommission* oder das *IASB*, erfahren.

Neben der bereits erwähnten EU-IAS-Verordnung hat die *EU-Kommission* seit dem Jahre 2001 zahlreiche Richtlinien auf den Weg gebracht, die in nationales Recht umgesetzt wurden (vgl. **Abbildung 104**). Zu nennen sind u. a. die **EU-Modernisierungs-Richtlinie und die EU-Schwellenwert-Richtlinie, die Änderung der Vierten und Siebenten EG-Richtlinie**

---

[38] Vgl. *Förschle/Glaum/Mandler* 1998, S. 2281.
[39] Vgl. *Gross/Steiner* 2004, S. 875.
[40] Vgl. *Grotherr/Jorewitz* 2001, S. 125.
[41] Vgl. *AKEU* 2001, S. 161.
[42] Vgl. *Carstensen/Leibfried* 2004, S. 865.
[43] Vgl. *Mandler* 2004, S. 103.
[44] Vgl. *Freidank* 2000, S. 7.
[45] Vgl. *Freidank* 2000, S. 8; *Freidank* 2003b, S. 15.
[46] Vgl. *Freidank* 2000, S. 21.

III. Harmonisierungsbestrebungen in der Rechnungslegung

1957: EWG-Vertrag	⇒ Ziel: Vereinheitlichung der Rechnungslegung in den Mitgliedstaaten
1978: 4. EG-Richtlinie	⇒ Ziel: Angleichung der Vorschriften zum Einzelabschluss von Kapitalgesellschaften (AG, GmbH, KGaA) (**BiRiLiG** vom 19.12.1985)
1983: 7. EG-Richtlinie	⇒ Ziel: Angleichung der Vorschriften zum Konzernabschluss (**BiRiLiG** vom 19.12.1985)
1990: Richtlinie I vom 8. November 1990	⇒ Ziel: Angleichung der Vorschriften zum Einzelabschluss sog. „kapitalistischer" Personenhandelsgesellschaften (OHG, KG) an die Kapitalgesellschaften geltenden Regelungen (**KapCoRiLiG** vom 24.02.2000)
2002: IAS-Anwendungs-Verordnung vom 19. Juli 2002	⇒ Ziel: ab 2005/07 zwingende Anwendung der IFRS für den Konzernabschluss börsennotierter Mutterunternehmen, wahlweise für Einzelabschluss (**BilReG** vom 04.12.2004)
2001–2003: Fair Value-, Modernisierungs-und Schwellenwertrichtlinie (Richtlinie 65 vom 27.10.2001, 51 vom 18.6.2003, 78 vom 13.5.2003)	⇒ Ziel: Anpassung der Rechnungslegung in der EU an einheitliche Standards (**BilReG** vom 04.12.2004)
2003: IFRS-Übernahme-Verordnung vom 29. September 2003	⇒ Ziel: Anerkennung aller gültigen IFRS durch die EU-Kommission (**BilReG** vom 04.12.2004)
2006: EU-Änderungsrichtlinie (Richtlinie 46 vom 14. Juni 2006)	⇒ Ziel: Fortentwicklung der deutschen Rechnungslegung i.S. internationaler Standards (**BilMoG** vom 25.05.2009)

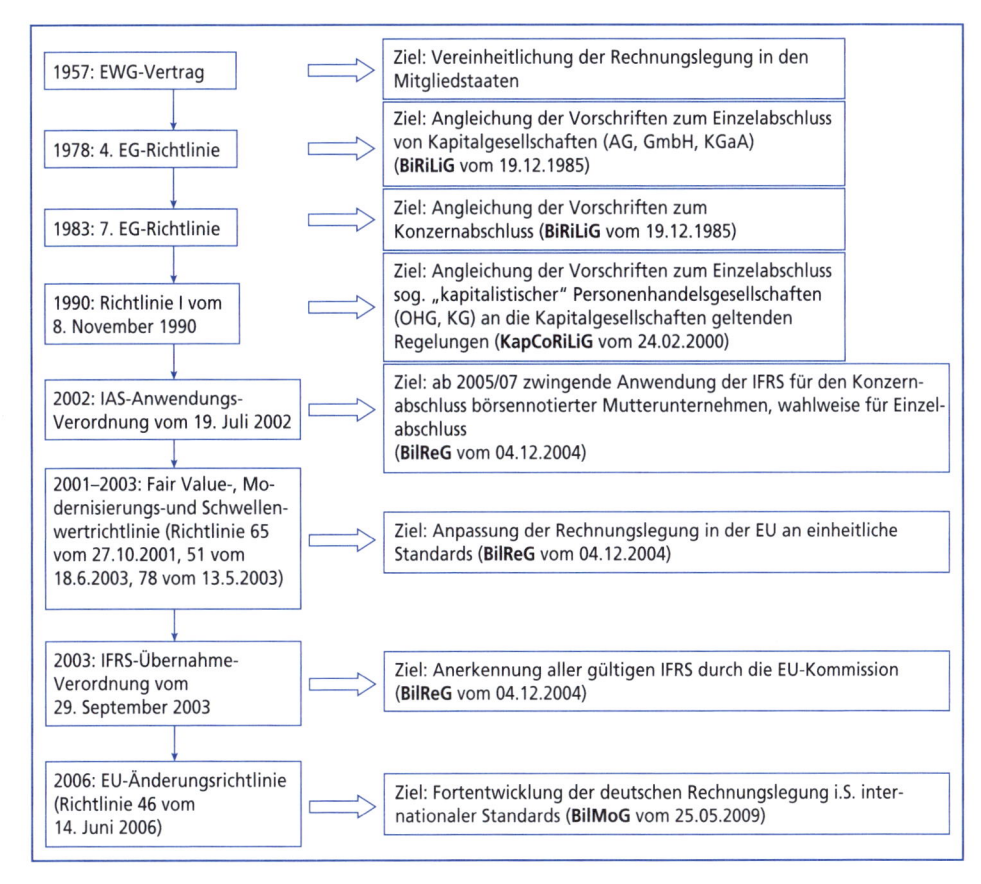

Abb. 104: Harmonisierung der Rechnungslegung in der EG/EU

sowie die **novellierte Achte EG-Richtlinie**. Als problematisch hat sich vor allen Dingen die nationale Umsetzung der **EU-Fair-Value-Richtlinie vom 27.09.2001** erwiesen, die die Fair Value-Bewertung von Finanzinstrumenten regelt. Der **Fair Value** wird in IAS 2.6 definiert als „der Betrag, zu dem zwischen sachverständigen, vertragswilligen und voneinander unabhängigen Geschäftspartnern ein Vermögensgegenstand getauscht oder eine Schuld beglichen werden könnte". Die mit einer Bewertung zum (höheren) beizulegenden Zeitwert verbundene Aufgabe des handelsrechtlichen Anschaffungskostenprinzips im Jahresabschluss, das bislang grds. den **Ausweis unrealisierter Gewinne** verhindert, steht aber dem Kapitalerhaltungsgrundsatz des nationalen Handels- und Gesellschaftsrechts entgegen und birgt die Gefahr der Beeinträchtigung von Gläubigerschutzinteressen. Vor diesem Hintergrund wurde der Ausweis des höheren beizulegenden Zeitwerts bei Finanzinstrumenten des Handelsbestands auf Kreditinstitute nach § 340e HGB beschränkt. Eine branchenunabhängige Bewertung zum Fair Value betrifft allerdings die Verrechnung des Planvermögens nach § 246 Abs. 2 Satz 2 HGB. Zur Kompensation des Informationsdefizits aus der unzureichenden Marktbewertung ist auf die Offenlegungsverpflichtungen nach § 285 Nr. 18–20 HGB hinzuweisen.

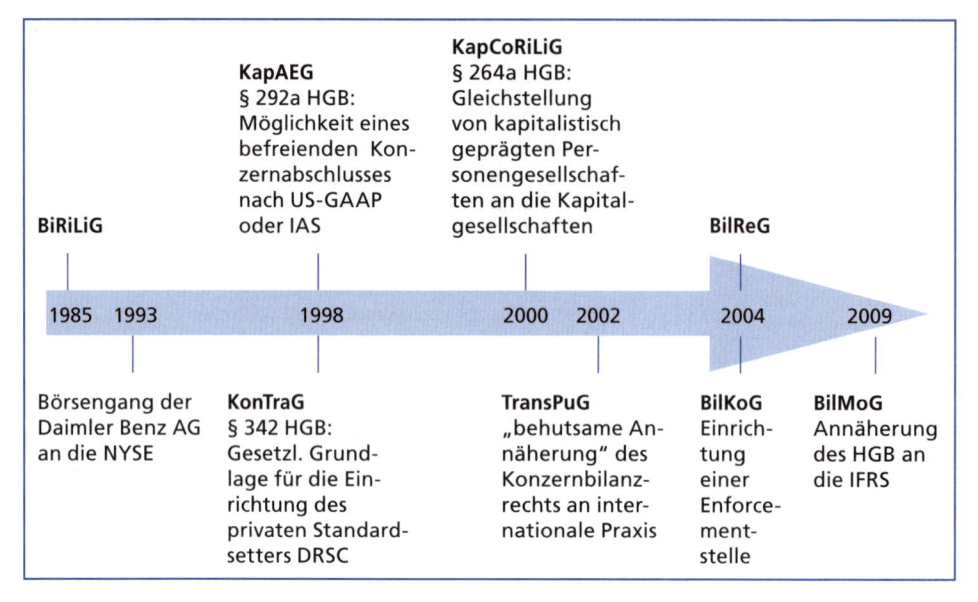

Abb. 105: Harmonisierung der Rechnungslegung in Deutschland

Die Ausführungen zeigen erneut, dass sich supranationale Entwicklungen auf den nationalen Normsetzungsprozess auswirken. Ferner haben nationale Gesetzgebungen anderer Länder, z. B. die der USA, mittelbaren Einfluss auf deutsche Normierungen, weil im Zuge des **Konvergenzprozesses** zwischen dem IASB und dem US-amerikanischen **Financial Accounting** eine zunehmende Annäherung der IFRS an die **US-GAAP** zu beobachten ist.[47] Die **Abbildungen 104** und **105** fassen die historische Entwicklung der Rechnungslegungsharmonisierung in der EG/EU sowie in Deutschland zusammen. Die drei wichtigsten in **Abbildung 106** gezeigten handelsrechtlichen Reformgesetze der vergangenen Jahre stellen neben dem bereits angesprochenen BilReG und BilMoG das **Bilanzkontrollgesetz (BilKoG)** dar, welches die Etablierung eines zweistufigen **Enforcement-Systems** in Deutschland vorsah.

---

[47] Vgl. *Gannon/Ashwal* 2004, S. 43.

III. Harmonisierungsbestrebungen in der Rechnungslegung   281

Bilanzrechtsreformgesetz (BilReG)	Bilanzkontrollgesetz (BilKoG)	Bilanzrechtsmodernisierungsgesetz (BilMoG)
am 04.12.2004 in Kraft getreten	am 15.12.2004 in Kraft getreten	am 29.05.2009 in Kraft getreten
Übernahme der IAS-Anwendungs-Verordnung vom 19.07.2002 in deutsches Recht und Transformation europäischer Richtlinien	Etablierung eines Enforcementsystems (DPR und BaFin)	Fortentwicklung der HGB-Rechnungslegung im Sinne internationaler Vorschriften; Transformation europäischer Richtlinien

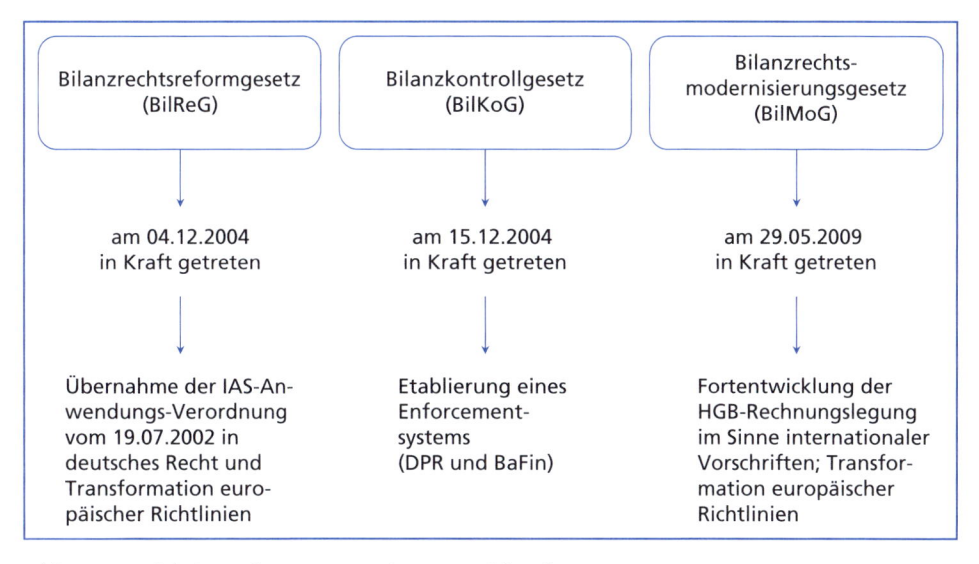

Abb. 106: Wichtige Bilanzgesetze in Deutschland

C. Ausbau des Financial Accounting zum Business Reporting

Neben finanzwirtschaftlichen Zielsetzungen ist die Unternehmensleitung bestrebt, auf die Meinungsbildung externer Bilanzadressaten über die Qualität und Ausgestaltung der **Unternehmenspublizität** Einfluss zu nehmen.[48] Der weltweite Wettbewerb auf den Kapitalmärkten erfordert eine zunehmend grenzüberschreitende Unternehmensstrategie, die durch Ausdehnung des potenziellen Adressatenkreises eine **Politik der Risikovermeidung bzw. Risikodiversifikation** generiert. Durch Beteiligungen an ausländischen Gesellschaften oder durch Unternehmensaufkäufe und strategische Allianzen können multinationale Ziele realisiert werden.

Gerade bei großen Publikumsgesellschaften ist die Rechnungslegung primär auf eine **unternehmenswertsteigernde Publizitätspolitik** ausgelegt,[49] die durch eine kontinuierliche Intensivierung der Kommunikationsbeziehung zwischen Unternehmensleitung und Investoren vor dem Hintergrund der erfolgreichen Umsetzung einer **Investor Relations**[50] geprägt ist. Neben den **Investor Relations** wird in der jüngsten Vergangenheit verstärkt auf die **Creditor Relations** hingewiesen, die das Beziehungsmanagement zwischen der Unternehmensleitung und den Kreditgebern umfasst. Das Schrifttum klassifiziert den (Konzern-)Abschluss auch als Visitenkarte des Unternehmens, der einen zentralen Stellenwert in der Öffentlich-

---

[48] Vgl. *Lachnit* 2004, S. 65.
[49] Vgl. *Freidank* 2000, S. 17.
[50] Vgl. *Küting* 2000, S. 43.

keitsarbeit einnimmt,[51] wobei die Publizitätspolitik auch häufig darauf abzielt, die spezifische Unternehmenskultur bzw. die **Corporate Identity** den Adressaten der Rechnungslegung transparent zu machen.

Die Steigerung des Unternehmenswertes als langfristiges Ziel des Managements wird in der Betriebswirtschaftslehre schon seit langem diskutiert.[52] Ende des vorherigen Jahrhunderts hat aber die Wertorientierung durch das **Shareholder Value-Konzept**,[53] das darauf abstellt, den Marktwert des Eigenkapitals eines Unternehmens im Zeitablauf stetig zu steigern, eine Renaissance erfahren. Im Rahmen eines solchen **Value-Based-Managements** zielen die Aktivitäten der Unternehmensleitung, wie auch **Abbildung 107** zeigt, insbesondere auf folgende Strategien ab, die sich wechselseitig ergänzen müssen:

- Schaffung von **Anreiz-(Incentive-)Systemen** auf allen Führungsebenen,
- Aufdeckung von unternehmensin- und -externen **Erfolgspotenzialen**,
- Information aller am Unternehmensgeschehen Beteiligten über die Strategien und Ergebnisse des Wertsteigerungsmanagements im Rahmen einer investororientierten Rechnungslegungspolitik (**Investor Relations, Value Reporting, Integrated Reporting**) sowie
- Optimierung der in- und externen Überwachungs- und Steuerungssysteme (**Corporate Governance**).

Das Konzept der wertorientierten Unternehmenssteuerung mit dem Oberziel der langfristigen Steigerung des Shareholder Value und sein Beitrag zur nachhaltigen Existenzsicherung lässt sich anhand des **Shareholder Value-Netzwerks** von *Rappaport*[54] verdeutlichen. Danach kann die abstrakte Größe Shareholder Value bzw. Marktwert des Eigenkapitals (ME) entsprechend der Gleichung[55]

$$ME = \sum_{t=1}^{T} \frac{CF_t}{(1+kp)^t} + \frac{CF_T}{ka \cdot (1+kp)^T} - MF$$

in einem ersten Schritt in die drei Bewertungskomponenten Free Cash Flow (CF), Kapitalkosten (kp) und Marktwert des Fremdkapitals (MF) dekomponiert werden.

In einem zweiten Schritt lassen sich diese Faktoren in die ihnen zugrunde liegenden Werttreiber (**Value Driver**) weiter aufgliedern. So wird der Free Cash Flow durch die Werttreiber der operativen Tätigkeit und des Investmentbereichs einer Unternehmung beeinflusst.[56] Es handelt sich dabei im Einzelnen um das Umsatzwachstum, die Gewinnmarge, den Gewinnsteuersatz, die Dauer der Wertsteigerung sowie um Investitionen in das Umlauf- und Anlagevermögen. Zu den zentralen Werttreibern der Kapitalkosten sowie des Marktwerts des Fremdkapitals zählen insbesondere die Wahl der **optimalen Kapitalstruktur** sowie die

---

[51] Vgl. *Freidank* 2000, S. 9.
[52] Vgl. etwa *Schmalenbach* 1963, S. 145–193.
[53] Vgl. *Rappaport* 1995.
[54] Vgl. *Rappaport* 1999, S. 39–70.
[55] Die Darstellung erfolgt auf Basis des sog. Weighted Average Cost of Capital-Ansatzes als die am weitesten verbreitete Discounted Cash Flow-Methode und unter der Annahme einer ewigen Rente zur Bestimmung des Residualwertes. Vgl. hierzu *Günther* 1997, S. 87 i. V. m. S. 105.
[56] Vgl. hierzu *Rappaport* 1999, S. 40–44, S. 68–69 sowie ergänzend *Günther* 1997, S. 264–265.

III. Harmonisierungsbestrebungen in der Rechnungslegung

Ansatzpunkte für das Wertsteigerungsmanagement

- Schaffung von Anreizmechanismen für die Führungsebene(n) im Hinblick auf die Zielsetzung „Maximierung des Shareholder Value"
  - Kopplung der Vergütung an die Wertsteigerung des Unternehmens (z.B. Gewinnbeteiligung oder Aktienprogramme)

- Suche und Bewertung von Handlungsalternativen zur Steigerung des Unternehmenswertes
  - Suche: Unternehmens- und Umweltanalyse zur Ermittlung von Wertsteigerungspotentialen
  - Bewertung: Cash-Flow-Orientierung (Discounted Cash-Flow-Methoden)

- Verstärkung der Investor Relations-Aktivitäten durch ein Value Reporting
  - Unterrichtung der Öffentlichkeit über (erfolgreiche) Maßnahmen der Wertsteigerung (Niederschlag des inneren Unternehmenswertes im Börsenkurs) im Rahmen der Rechnungslegungspolitik

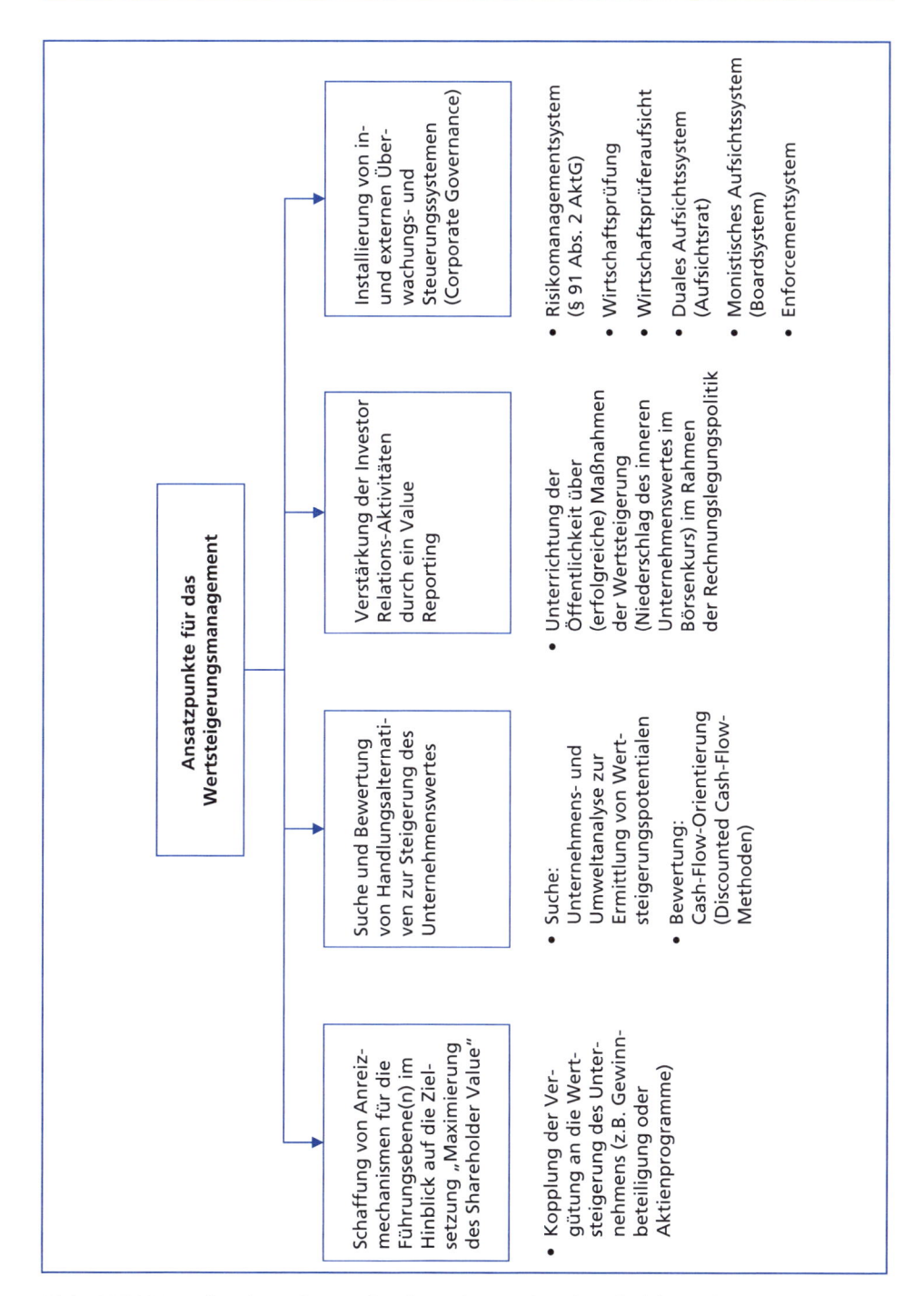

- Installierung von in- und externen Überwachungs- und Steuerungssystemen (Corporate Governance)
  - Risikomanagementsystem (§ 91 Abs. 2 AktG)
  - Wirtschaftsprüfung
  - Wirtschaftsprüferaufsicht
  - Duales Aufsichtssystem (Aufsichtsrat)
  - Monistisches Aufsichtssystem (Boardsystem)
  - Enforcementsystem

Abb. 107: Wertorientierte Strategien im Rahmen des Shareholder Value-Konzeptes

Zielsystem einer Unternehmung (Shareholder Value-Konzept)

Primäres Unternehmensziel: nachhaltige Existenzsicherung

Oberziel: langfristige Steigerung des Shareholder Value

Zwischenziele (Bewertungsfaktoren): Free Cash Flow | Kapitalkosten | Fremdkapital

Unterziele (Werttreiber):
- Operative Tätigkeit
  - Umsatzwachstum
  - Gewinnmarge
  - Gewinnsteuersatz
  - Dauer der Wertsteigerung
- Investment
  - Investitionen ins Umlaufvermögen
  - Investitionen ins Anlagevermögen
- Finanzierung
  - Kapitalstruktur
  - Investor Relations (u.a. Value Reporting)

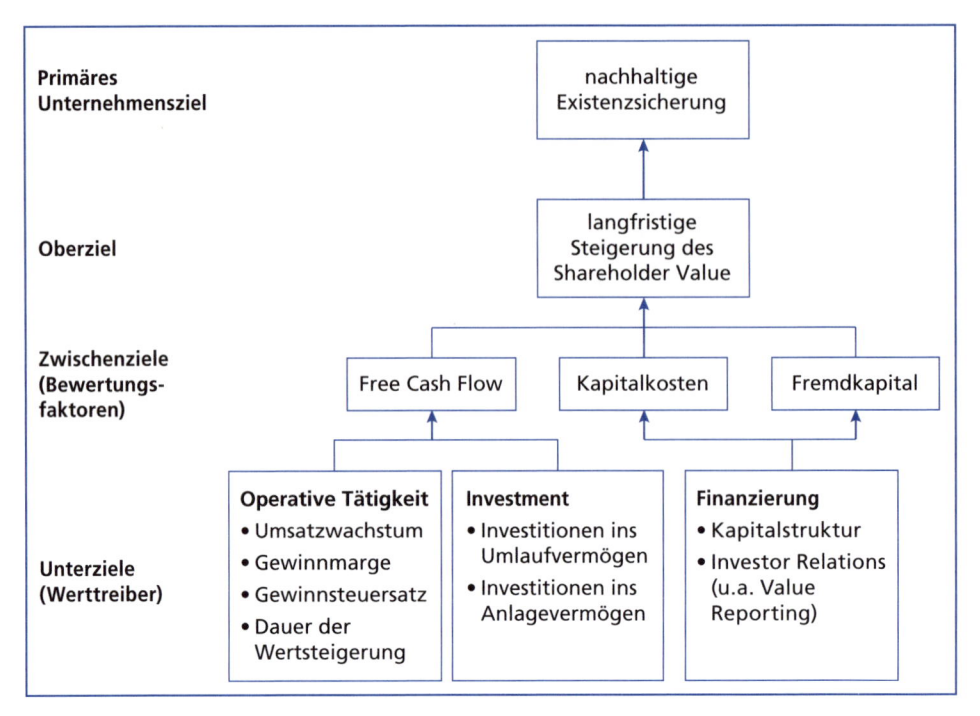

Abb. 108: Zielsystem einer Unternehmung unter Zugrundelegung des Shareholder Value-Konzepts[57]

Investor Relations, welche das Value Reporting umfassen. Die genannten Werttreiber (Unterziele) stehen dabei in einer unmittelbaren und direkten Mittel-Zweck-Beziehung zu den jeweiligen Bewertungsfaktoren (Zwischenziele) und lassen demzufolge Rückschlüsse auf die Entwicklung des Shareholder Value (Oberziel) zu. Im Ergebnis entsteht somit ein hierarchisch strukturiertes und spezifisch auf die Steigerung des Shareholder Value und die **nachhaltige Existenzsicherung** ausgerichtetes Zielsystem, welches durch eine systemimmanente, lineare Kausalstruktur gekennzeichnet ist (**Abbildung 108**).[58]

Ausgehend von dem in der Unternehmenshierarchie als **Oberziel** festgelegten Steigerungsziels des Unternehmenswertes, das mit Hilfe **Cash Flow-orientierter Kennzahlen** gemessen werden sollte, sind im Rahmen der Unternehmenspolitik weitere **Subziele** bezüglich untergeordneter Teilpolitiken herunterzubrechen und ihr Erreichen zu kontrollieren. So spielen hinsichtlich der nachgelagerten Beschaffungs-, Produktions- und/oder Absatzpolitik insbesondere **Erfolgsziele**, die sich in Gestalt von Erlösen und/oder Kosten für Zwecke der operativen, aber auch der strategischen Unternehmenssteuerung messen lassen (**Performance Measurement**) eine herausragende Rolle.

Das Management besitzt somit die Möglichkeit, durch eine zielorientierte Steuerung der Informationsmittel die Adressaten zu Reaktionen zu bewegen, die vorteilhaft für das Un-

---
[57] Modifiziert entnommen von *Rappaport* 1999, S. 68.
[58] Vgl. hierzu *Zemelka* 2002, S. 46 m. w. N.

ternehmen sind. Dabei kann eine **offensive bzw. aktive Offenlegungspolitik** betrieben werden, die von einer Optimierung der nach außen gerichteten Unternehmensdarstellung durch freiwillige Zusatzinformationen geprägt ist. Die unter dem Hang zur Offenheit bezeichnete Publikationsstrategie entspricht dem Konzept des **Value Reportings**[59], dessen Inhalt vereinfachend mit dem Satz „Tue Gutes für die Aktionäre und rede darüber" umschrieben werden kann. Darüber hinaus wird im Schrifttum auf die wachsende Bedeutung der **Internetpublizität** als Gestaltungsinstrument zur Verbesserung der Investor Relations hingewiesen.[60] Die zunehmende Anwendung kapitalmarktorientierter Unternehmensführungskonzepte ist das Grundmotiv für eine freiwillige Publikation von Informationen seitens der Unternehmensführung, die über die Finanzberichterstattung hinausgehen.[61] Das wesentliche Ziel des Value Reportings stellt die **Verringerung der Wertlücke**[62] dar, die sich aufgrund der **asymmetrischen Informationsvermittlung** und der mangelnden Kapitalmarkteffizienz zwischen der Unternehmensleitung und den Eigenkapitalgebern gebildet hat.[63] Ihre Reduzierung soll durch die strikte Befolgung des **Management Approach** herbeigeführt werden. Demnach werden die externen Abschlussadressaten mit den gleichen Informationen ausgestattet wie das Management für die interne Unternehmenssteuerung.

Das Value Reporting stellt über die Pflichtberichterstattung **hinausgehende** bewertungsrelevante Informationen bereit, um den Analysten der Rechnungslegung eine verbesserte Einschätzung des Unternehmenswertes zu ermöglichen.[64] Im Mittelpunkt der Betrachtung stehen jene Informationen, die aus Sicht des Unternehmens Einfluss auf die Höhe des Unternehmenswertes haben. Im Schrifttum wird in diesem Zusammenhang der Wandel der Berichterstattung von einem vergangenheitsorientierten **Financial Accounting** zu einem umfassenden zukunftsbezogenen **Business Reporting** kontrovers diskutiert.[65] Die **Abbildung 109**[66] zeigt die Verbindung zwischen Investor Relations, Value Reporting und Business Reporting.

Neben **kapitalmarktorientierten** Daten (**Säule I**), die eine Beurteilung der Wertentwicklung des Unternehmens ermöglichen, enthält das Value Reporting auch Informationen über **nicht bilanzierte Unternehmenswerte** (**Säule II**) und Informationen zur **Strategie und Leistung des Managements** (**Säule III**), um den Investoren eine transparentere Darstellung der wirtschaftlichen Lage des Unternehmens zu vermitteln.[67] Allerdings können die mit dem Value Reporting transportierten Informationen nur dann verlässlichen Charakter für externe Rechnungslegungsadressaten tragen, wenn sie auch einer Prüfung durch den **Abschlussprüfer** unterliegen.[68] Potenzielle Anleger werden demnach in die Lage versetzt, ihre Investiti-

---

[59] Vgl. weiterführend zum Value Reporting u. a. *Labhart* 1999, S. 30.
[60] Vgl. hierzu u. a. *Ballwieser* 2002, S. 300.
[61] Vgl. *AKEU* 2002, S. 2337.
[62] Vgl. *Meinhövel* 2004, S. 471.
[63] Vgl. *Labhart* 1999, S. 200.
[64] Vgl. hierzu im Einzelnen *Fink/Keck* 2004, S. 1090.
[65] Vgl. *Baetge/Noelle* 2001, S. 174.
[66] In Anlehnung an *Heumann* 2005, S. 9.
[67] Vgl. *AKEU* 2002, S. 2338.
[68] Vgl. *Hayn/Matena* 2004, S. 323 u. 327.

```
                    Investor Relations
                    Business Reporting

    Financial Accounting           Value Reporting
```

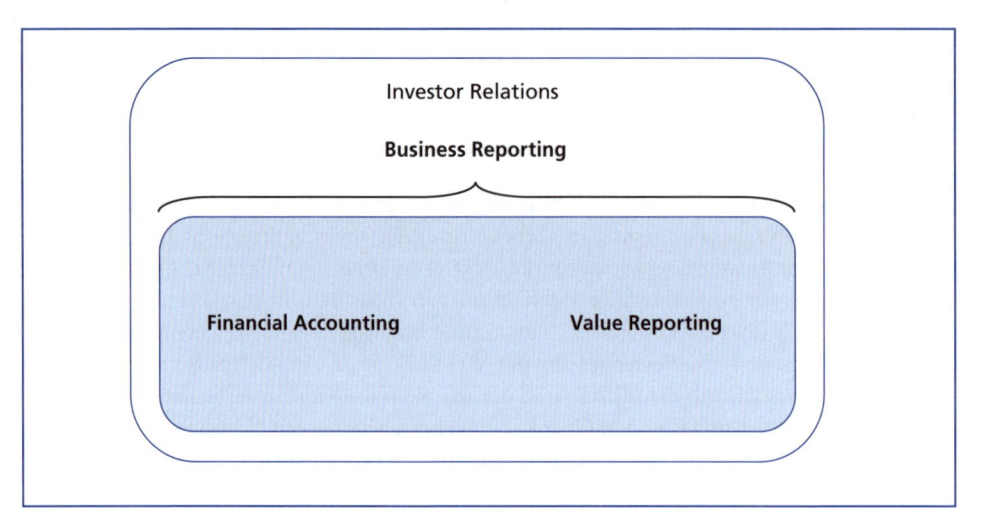

Abb. 109: Bestandteile des Business Reportings

onsentscheidung aufgrund vermehrter, verbesserter und sicherer (d. h. geprüfter) entscheidungsrelevanter Unternehmensinformationen zu treffen.[69] Das Value Reporting steht nicht nur sinnbildlich für eine wertorientierte **Zusatzberichterstattung** über vergangene Werte im Unternehmen am Abschlussstichtag, es enthält zudem weitere Informationen zur Abschätzung **zukünftiger Zahlungsströme**.[70] Eine mögliche Struktur des Value Reportings zeigt **Abbildung 110**.

Das Value Reporting und die kapitalmarktorientierte Rechnungslegungspolitik der Unternehmensleitung werden in der Hinsicht als **gleichgerichtet** gesehen, als dass sie auf die übergeordnete unternehmerische Zielsetzung, d. h. die Gewinnung neuer Investoren und die Stärkung des Vertrauens bestehender Anteilseigner, ausgerichtet sind. Um der Gefahr entgegenzuwirken, dass das Management für die Adressaten nur mit Schwierigkeiten objektivierende Werte offen legt, sind allgemeingültige Grundsätze formuliert worden, die diese Informationsansprüche erfüllen.[71] Rechnungslegungspolitische Maßnahmen zielen i. d. R. auf eine **positive** Dokumentation der Unternehmensentwicklung bzw. der **Selbstdarstellung** nach außen ab. Eine positive Auswirkung des Value Reportings auf die Rechnungslegungsadressaten wird z. B. im Rahmen der Beschreibung der unternehmerischen Maßnahmen im Bereich des **Umweltschutzes** erzielt, wenn es dem Unternehmen gelingt, glaubhaft zu machen, dass es sich zur **gesellschaftlichen Verantwortung (Corporate Social Responsibility)** bekennt. Dieser **Nachhaltigkeitsberichterstattung (Sustainability Reporting)** kommt in jüngerer Zeit vor dem Hintergrund der Zielsetzung einer **integrierten Unternehmensberichterstattung (Integrated Reporting)** eine besondere Bedeutung zu. Hiernach soll die klassische Finanzberichterstattung (Financial Accounting) mit Berichten zu nicht finanziellen Aspekten im Bereich Soziales und Ökologie stärker miteinander verknüpft werden.

---

[69] Vgl. zur Gefahr eines Information Overflow *Köthner* 2004, S. 314.
[70] Vgl. *Köthner* 2004, S. 301 u. 314.
[71] Vgl. *AKEU* 2002, S. 2339.

III. Harmonisierungsbestrebungen in der Rechnungslegung

Funktionsbereiche	Beispiele für wertsteigernde Informationen
Forschung und Entwicklung (Innovation Capital)	■ Forschungs- und Entwicklungsausgaben ■ selbst entwickelte, angemeldete Patente ■ Neuproduktrate
Personal (Human Capital)	■ Mitarbeiterqualifikation ■ Mitarbeiterzufriedenheit ■ Weiterbildung ■ Fehlzeiten ■ Altersstruktur
Beschaffung (Supplier Capital)	■ Schlüssellieferanten ■ Zahl erhaltener Lizenzen (zur Produktion innovativer Erzeugnisse)
Finanzen (Investor Capital)	■ Aktionärsstruktur (in-, ausländische, private, institutionelle Investoren) ■ Bedeutung bei Analysen (z. B. Ratingergebnisse)
Produktion/Dienstleistungen (Prozess Capital)	■ Prozessqualität ■ Produktqualität ■ Dienstleistungsqualität ■ Qualitätsmanagement
Absatz (Customer Capital)	■ Marktanteil ■ Markenreporting ■ Kundenzufriedenheit ■ Kundenqualität ■ Kundenbindungsdauer

Abb. 110: Mögliche Struktur eines Value Reportings

Da die Vergütung des Managements immer häufiger an die Börsenkursentwicklung des Unternehmens gekoppelt ist,[72] verfolgt die Geschäftsführung nicht selten auch die **individualpolitische Zielsetzung** einer Steigerung des Börsenwertes.[73] In dem Sinne kann ein Gleichschritt zwischen individual- und finanzpolitischen Zielsetzungen durch das Value Reporting erreicht werden. Neben den Anteilseignern (**Shareholder**) stehen als Adressaten des Value Reportings sämtliche Zielgruppen zur Verfügung (**Stakeholder**), die an der Existenz- und Erfolgspotenzialsicherung des Unternehmens interessiert sind, z. B. die Mitarbeiter, der Fiskus, Gläubiger und Kunden.

Als Instrument des **Managements** kann das Value Reporting dazu eingesetzt werden, durch eine freiwillige Offenlegung über das gesetzliche Mindestmaß hinaus Rechnungslegungspolitik zu betreiben, da die übermittelten Daten durch externe Adressaten der Rechnungslegung häufig nur begrenzt **nachprüf- und objektivierbar** sind.[74] Informationen über Strategie und Performance des Managements als eine Säule des Value Reportings werden in der Unternehmenspraxis durch dynamische Kennzahlen, wie etwa dem **Earnings Before Interest**

---

[72] Vgl. *Zimmermann/Wortmann* 2001, S. 292.
[73] Vgl. *Baetge/Noelle* 2001, S. 176.
[74] Vgl. *Küting/Dawo/Heiden* 2001, S. 109.

and Taxes (EBIT) oder **Net Operating Profit After Tax (NOPAT)**, zum Ausdruck gebracht.[75] Das Management kann je nach individueller Zielsetzung des Unternehmens bestrebt sein, durch rechnungslegungspolitische Maßnahmen Einfluss auf diese Kennzahlen zu nehmen. Insofern geben die zur Verfügung gestellten Kenngrößen, mit denen eine zielgerechte Quantifizierung der Managementleistung erfolgen soll, nicht immer den Marktwert der Unternehmensperformance an, sondern sind durch den Bilanzaufsteller beeinflussbar. Ähnlich verhält es sich mit Angaben zu bestimmten selbsterstellten immateriellen Vermögenswerten des Anlagevermögens (z. B. originäre Marken), die nach § 248 Abs. 2 Satz 2 HGB einem **Aktivierungsverbot** unterliegen. Bei der Findung des Wertansatzes jener Posten hat die Geschäftsführung einen nicht unerheblichen **Ermessensspielraum**, besonders dann, wenn die Werte aufgrund fehlender Absatzmärkte geschätzt werden müssen. Zu denken ist z. B. an die Schwierigkeit der Wertfindung für den **Humankapitalbestand** eines Unternehmens.

Die Überlegungen von *Rappaport*[76] zum Shareholder Value-Ansatz haben zur Konzeption weiterer Methoden bezüglich quantitativer Strategiebewertungen und **wertorientierter Kennzahlenformulierungen** angeregt. Insbesondere der weiterführende Ansatz der *Boston Consulting Group*[77] (**CFROI = Cash Flow Return on Investment**) und das Modell der Consultingfirma *Stern, Stewart & Co*[78] (**EVA = Economic Value Added**) sind in diesem Zusammenhang zu nennen. Diese Konzepte stellen grundsätzlich Erweiterungen oder Verfeinerungen des Shareholder Value Modells dar, meist durch Modifikationen bei der in die Berechnung eingehenden Basisgrößen **Free Cash Flow** und **Capital** bzw. **Investment**.

(1) Aufgrund seiner zunehmenden Bedeutung für die Unternehmenspraxis soll im Folgenden beispielhaft der **Economic Value Added (EVA)** dargestellt werden. Der EVA erfasst den **Unterschiedsbetrag** zwischen der Rendite auf das investierte Eigenkapital und das verzinsliche Fremdkapital (**ROCE = Return on Capital Employed**) und dem gewogenen Kapitalkostensatz (**WACC**) und wendet ihn auf das investierte Kapital (CE = **Capital Employed**) an.

(2) Mithin ergibt sich ein **positiver EVA**, wenn der NOPAT die Eigen- und Fremdkapitalkosten übersteigt, also die Rendite höher ist als die gewogenen Kapitalkosten. Im Grundsatz bedeutet ein positiver EVA, dass ein Unternehmen die Kapitalkosten (= **Mindestrenditeanforderung**) verdient und einen **Vermögenszuwachs** erwirtschaftet hat.

(3) Es werden **drei Maßnahmen** zur Steigerung des EVA unterschieden:[79]

- Erhöhung des operativen Ergebnisses bei gleichem Kapitaleinsatz.
- Investition zusätzlichen Kapitals in Projekte, deren erwartete Rendite über dem gewogenen Kapitalkostensatz (WACC) liegt.
- Abziehen von Kapital, das in Aktivitäten oder Vermögen gebunden ist, deren Rendite den Kapitalkostensatz (WACC) nicht deckt.

Der EVA lässt sich zusammenfassend aus den in **Abbildung 111** gezeigten Komponenten ermitteln.[80]

---

[75] Vgl. *AKEU* 2002, S. 2339.
[76] Vgl. *Rappaport* 1995; *Rappaport* 1999.
[77] Vgl. hierzu im Einzelnen *Lewis* 1995; *Lewis/Lehmann* 1992, S. 1–13.
[78] Vgl. *Stewart* 1991; *Stewart* 1994, S. 71–84.
[79] Vgl. hierzu ausführlich *Hostettler* 2002.
[80] Modifiziert entnommen von *Hostettler* 1995, S. 309.

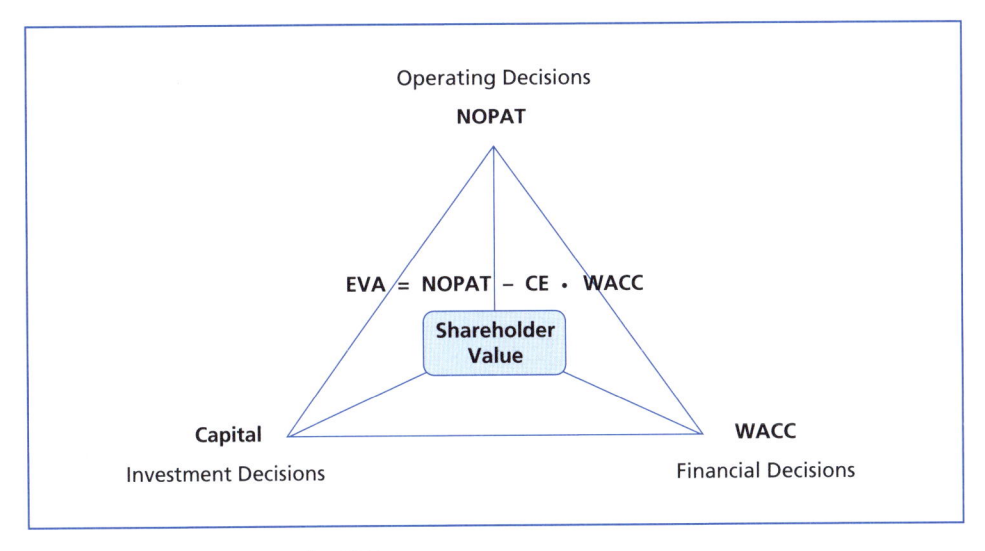

Abb. 111: Komponenten des EVA

D. Verbindlichkeit der IFRS und Endorsementprozess der EU

Die **IFRS Foundation (IASCF)** fungiert als Trägerorganisation sämtlicher IASB-Institutionen als unabhängige gemeinnützige Stiftung. Ein Rat von 22 **Stiftungstreuhändern (Trustees)** steht an der Spitze des IASCF. Ihm kommt die Überwachung der Aktivitäten des IASB, die Ernennung der Mitglieder des IASB, des IFRS Interpretations Committee (IFRIC) und des IFRS Advisory Councils sowie die Sicherung der Finanzierung und der Beschluss über mögliche Satzungsänderungen zu. Der IFRS Foundation angeschlossen sind Vertreter der internationalen Vereinigung der Wertpapieraufsichtsbehörden (IOSCO), der Financial Services Agency of Japan sowie dem zuständigen EU-Binnenmarktkommissar als **Monitoring Board**. Die Aufgaben des Monitoring Board bestehen in der Überwachung der Treuhänder, der Genehmigung der Ernennung neuer Treuhänder sowie der Verstärkung des Informationsaustauschs zwischen den nationalen Behörden der IFRS-Übernahme und dem IASCF. Dem **IASB** obliegt schließlich die Entwicklung der IFRS sowie die Unterstützung einer aktiven Nutzung und Anwendung sowie Stärkung des internationalen Harmonisierungsprozesses.[81] Dem IASB und den Trustees steht das **IFRS Advisory Council** beratend zur Seite. Das IFRIC dient der Konzeption von IFRS-Interpretationen. Die **Verbindungspersonen (Liason Members)** repräsentieren schließlich eine Gruppe von Boardmitgliedern, durch die der Standardsetzungsprozess mit dem der nationalen Standardsetter koordiniert werden soll. Hierbei werden abweichende Auffassungen aus nationaler Sicht diskutiert und eine zeitnahe nationale IFRS-Transformation nachhaltig unterstützt. **Abbildung 112**[82] zeigt die Organisationsstruktur des IASB in einer grafischen Darstellung.

---

[81] Vgl. hierzu auch *Pellens et al.* 2011, S. 91.
[82] Entnommen von *Zülch/Güth* 2010, S. 181.

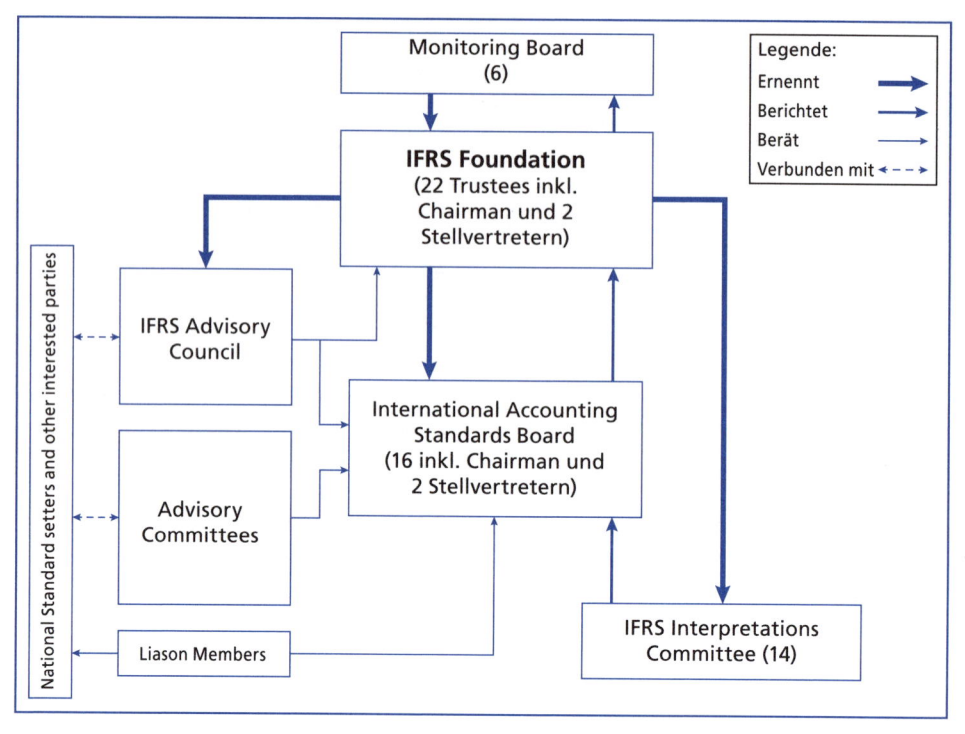

Abb. 112: Organisationsstruktur des IASB

Das IFRS-Standardsetting folgt dem in **Abbildung 113** gezeigten Entwicklungsprozess (**Due Process**), welcher durch größtmögliche Transparenz und Einbindung der breiten Öffentlichkeit gekennzeichnet ist.[83] Nach einem Projektvorschlag wird ein Arbeitsprogramm offiziell durch das IASB eröffnet. Hierbei werden die Aufgabenstellung definiert und mögliche Lösungsvarianten angesprochen. Diese Überlegungen münden in ein **Diskussionspapier (Discussion Document oder Paper)**, welches der interessierten Öffentlichkeit kostenlos auf der Homepage des IASB zur Verfügung gestellt wird. Im Rahmen des Kommentierungszeitraums werden Stellungnahmen durch das IASB ausgewertet und das Diskussionspapier zu einem **IFRS-Entwurf (Exposure Draft)** überarbeitet. Dieser Standardentwurf ähnelt von der Konzeption her dem finalen Standard. Auch in dieser Stufe des Due Process werden erneut die Stellungnahmen der Öffentlichkeit ausgewertet, bevor der finale Standard durch das IASB in modifizierter Form verabschiedet wird.

Die IFRS werden vom IASB als **privatrechtlichem Gremium** erlassen. Da es sich um kein demokratisch legitimiertes Gremium handelt, entfalten die IFRS per se keine rechtliche Bindungswirkung. Da die EU ihrerseits legislative Befugnisse nicht auf ein privates Standardsetzungsgremium delegieren kann, muss die EU-Kommission die Anwendbarkeit jedes vom IASB verabschiedeten IFRS prüfen, bevor die EU als Gemeinschaftsrecht eine unmittelbare Bindungswirkung auch in Deutschland entfalten. Nach dem in Art. 6 der EU-IAS-

---

[83] Vgl. ebenfalls *Pellens et al.* 2011, S. 100–102.

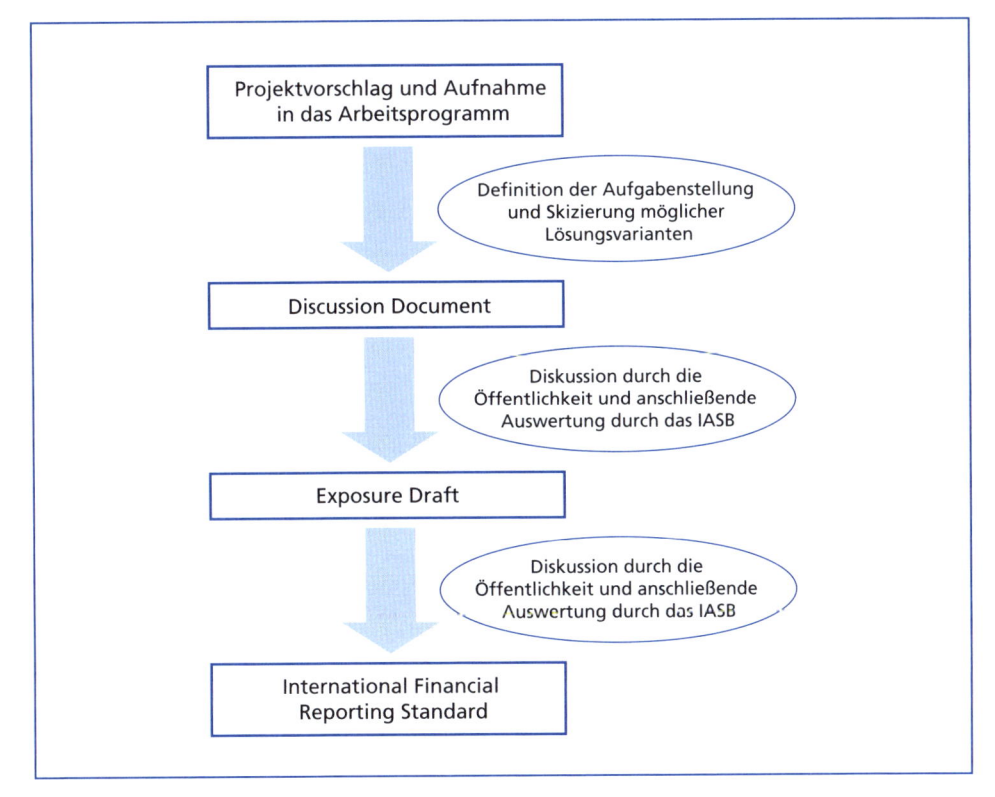

III. Harmonisierungsbestrebungen in der Rechnungslegung

Abb. 113: Ablauf des Due Process des IASB

Verordnung kodifizierten **Endorsement- bzw. Komitologieverfahren** wird für jeden IFRS einzeln entschieden, ob dieser den Mindestanforderungen nach Art. 3 Abs. 2 der EU-IAS-Verordnung entspricht. Der Standard muss mit dem True and Fair View-Prinzip in Einklang stehen, zudem muss ein öffentliches Interesse an der Übernahme bestehen und die IFRS den Kriterien der Verständlichkeit, Erheblichkeit, Verlässlichkeit und Vergleichbarkeit genügen. Nach einem erfolgreichen EU-Endorsement werden die in Rede stehenden IFRS in alle Amtssprachen der Mitgliedsländer übersetzt und im EU-Amtsblatt veröffentlicht. Das Handelsrecht verweist aus Flexibilitätsgründen bei der IFRS-Anwendung nur noch auf die EU-IAS-Verordnung und die hiernach für die betreffenden Unternehmen als verbindlich anerkannten IFRS. Die Problematik besteht darin, dass die erläuternden Teile der IFRS, die Grundlage der Schlussfolgerungen, Empfehlungen zur Anwendung sowie das Rahmenkonzept bis dato nicht Gegenstand des Endorsement waren und mithin keine Anwendungsverpflichtung für diese Teile bestehen. Die EU empfiehlt jedoch eine Berücksichtigung dieser ergänzenden Vorgaben. Als wesentlicher Kritikpunkt des Endorsement-Verfahrens wird auf die Langwierigkeit hingewiesen.[84] Unter Berücksichtigung der aktuellen Änderungen und der Notwendigkeit einer Übersetzung und Veröffentlichung im EU-Amtsblatt beträgt die Dauer des Verfahrens mitunter ein Jahr. Bei eventuellen Beanstandungen des jeweiligen

---

[84] Vgl. u. a. *Pellens et al.* 2011, S. 107.

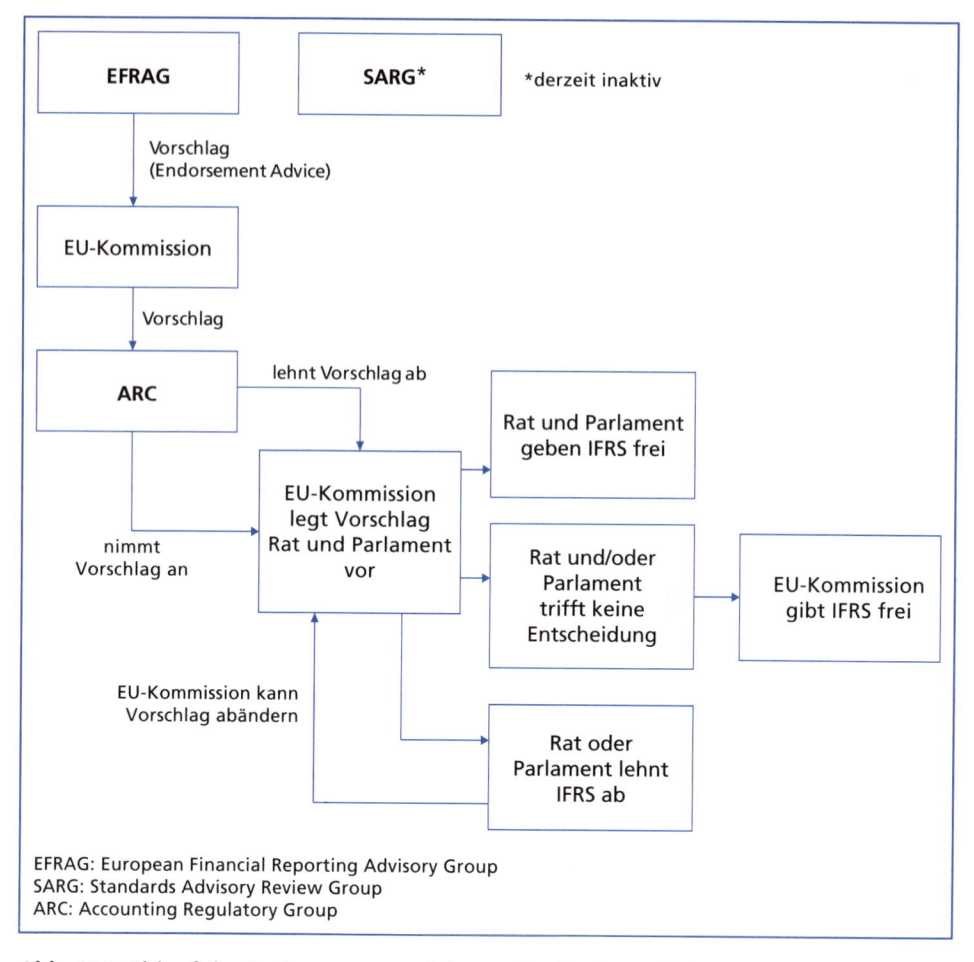

Abb. 114: Ablauf des Endorsementverfahrens der EU-Kommission

IFRS können erhebliche zusätzliche zeitliche Verzögerungen eintreten, sodass sich das Risiko von sog. „EU-IFRS" ergibt. Die einzelnen Instanzen des EU-Endorsement-Verfahrens sind in **Abbildung 114**[85] aufgeführt.

Auf technischer Ebene wurde eine qualifizierte Expertengruppe [**European Financial Reporting Advisory Group (EFRAG)**] gebildet, um die europäischen Interessen gegenüber dem IASB zu vertreten und die Arbeit der europäischen Standardsetter zu koordinieren. Ferner soll die EFRAG die EU-Kommission bei der Frage der Anerkennung von IFRS beraten. Innerhalb von zwei Monaten nach Verabschiedung eines IFRS soll die EFRAG der EU-Kommission einen Vorschlag unterbreiten, den IFRS zu übernehmen oder die Übernahme zu versagen. Zur Kontrolle des EFRAG hat die EU-Kommission eine Prüfgruppe für Standardübernahmempfehlungen [**Standards Advice Review Group (SARG)**]

---

[85] In Anlehnung an *Canipa-Valdez* 2010, S. 109.

gebildet, um die inhaltliche Ausgewogenheit und Objektivität der EFRAG-Empfehlungen zu überwachen (derzeit inaktiv). Auf politischer Ebene existiert der Regelungsausschuss für Rechnungslegung [**Accounting Regulatory Committee (ARC)**], in dem die einzelnen EU-Mitgliedstaaten vertreten sind. Die EU-Kommission schlägt dem ARC einzelne IFRS zur Annahme vor, welcher per Mehrheitsbestimmung über den Vorschlag abstimmt. Nach der Prüfung durch den ARC ist der Vorschlag dem **Europäischen Parlament und dem Rat** vorzulegen, welche den Vorschlag ablehnen oder annehmen können. Sofern beide Institutionen keine Entscheidung treffen, wird dieses Verhalten als stillschweigende Duldung angesehen, sodass in diesem Fall die EU-Kommission den IFRS freigeben kann.

E. IFRS für den Mittelstand

Da die „**Full IFRS**" für kapitalmarktorientierte Unternehmen konzipiert wurden, welche als Primäradressatengruppe die Eigenkapitalgeber fokussieren, sah das IASB die Notwendigkeit der Schaffung eigenständiger IFRS für kleine und mittlere Unternehmen [**Small and Medium sized-Entities (SME)**]. Die IFRS for SME sehen einen vereinfachten, kostengünstigeren und dennoch eigenständigen Rechnungslegungsstandard für SME vor. Eine **quantitative** Abgrenzung der SME wurde bewusst nicht vorgenommen, dies obliegt vielmehr den nationalen Gesetzgebern. Aus **qualitativer** Sicht werden SME als Unternehmen ohne öffentliche Rechnungslegungspflicht in Form von Eigen- oder Fremdkapitaltiteln auf einem geregelten Kapitalmarkt ohne treuhänderische Vermögensverwaltung klassifiziert. Dennoch sollen die als SME deklarierten Unternehmen Jahresabschlüsse für externe Adressaten veröffentlichen, z. B. für Kreditgeber, Ratingagenturen oder nicht geschäftsführende Gesellschafter. Die IFRS for SME sind bislang nicht durch die EU-Kommission übernommen worden. Unsicher ist, inwieweit die IFRS for SME durch eine EU-Anwendungsverordnung vorgeschrieben werden oder ob dem nationalem Gesetzgeber ein Mitgliedstaatenwahlrecht verbleibt, welches an die Unternehmen weitergeben wird. Da der deutsche Gesetzgeber mit dem BilMoG sich (vorerst) für eine Bewahrung des handelsrechtlichen Jahresabschlusses für Zahlungsbemessungszwecke ausgesprochen hat, ist die letztgenannte Variante wahrscheinlich.[86]

Die IFRS for SME folgen einem themenbezogenen Aufbau mit 35 Abschnitten. Die zentralen Rechnungslegungsgrundsätze, die Definition für Vermögenswerte, Schulden, Eigenkapital, Aufwand und Ertrag des Rahmenkonzepts (Framework) wurden verkürzt übernommen. Aus Sicht der mittelständischen Unternehmen relevant war die Zielsetzung einer **Komplexitätsreduktion** der IFRS for SME (230 versus 2.600 Seiten), welche durch die Eliminierung irrelevanter Vorschriften für SME (z. B. zur Zwischen- und Segmentberichterstattung, zum Ergebnis je Aktie) erzielt wurde. Zudem hat das IASB komplexe Bewertungsmethoden möglichst vermieden und bei Wahlrechten eine Beschränkung auf die einfachere Darstellungsalternative vollzogen. Wesentliche Änderungen zwischen den IFRS for SME und den Full IFRS betreffen das **Ansatzverbot** für Forschungs- und Entwicklungsaufwendungen, das **Verbot** zur Anwendung der Neubewertungsmethode beim Sachanlage- und immateriellen Vermögen, ein grundsätzliches **Einbeziehungsverbot** von Fremdkapitalzinsen in

---

[86] Vgl. zu den inhaltlichen Unterschieden zwischen den IFRS for SME und dem Handelsrecht nach dem BilMoG *Kirsch* 2010, S. 1–6.

die Anschaffungs- und Herstellungskosten, eine **planmäßige Abschreibungspflicht** für alle immateriellen Vermögenswerte einschließlich des Goodwill (typisierte Nutzungsdauer für den Goodwill von 10 Jahren) sowie eine weitgehende Bewertung von Finanzinstrumenten zu fortgeführten **Anschaffungskosten**. Neben einer deutlichen Reduzierung der notwendigen Angabepflichten im Anhang (Notes) wurden keine expliziten Querverweise zu den Full IFRS hergestellt (**Mandatory Fallback**). Aus Kostenerleichterungsgründen wurden ebenfalls wirtschaftliche **Impraktikabilitätsklauseln** eingeführt, um nach Maßgabe des Wirtschaftlichkeitsgebots bestimmte Regelungen zu unterlassen. Um eine höhere Kontinuität im Vergleich zu den Full IFRS zu erzielen, wurde ein Überarbeitungsturnus von drei Jahren vereinbart. Als wesentlicher Kritikpunkt der IFRS for SME wiegt die Tatsache, dass ein Rückgriff auf die Full IFRS bei Auslegungsfragen und Regelungslücken angezeigt ist, sodass der ursprünglich beabsichtigte Vereinfachungseffekt der IFRS for SME strittig ist. Zudem wird die Anwendung der IFRS for SME durch den Verzicht auf die Hervorhebung signifikanter Aussagen in Fettdruck beeinträchtigt. Während in Deutschland kleine und mittlere Unternehmen einer Umstellung auf IFRS for SME aufgrund der damit verbundenen Kosten und Komplexität tendenziell kritisch gegenüberstehen (insbesondere nach dem BilMoG), finden die IFRS for SME in anderen EU-Staaten und im außereuropäischen Ausland deutlich mehr Zustimmung, z. B. in Großbritannien.

IV. Grundsätze ordnungsmäßiger Buchführung

A. Handels- und Steuerrecht

1. Gewinnung, Systematisierung und Rechtsverbindlichkeit der GoB

Als Zwecke der Buchführung und des aus dem Bestandsverzeichnis und den Büchern abgeleiteten Jahresabschlusses können aus handelsrechtlicher Sicht insbesondere der Schutz der Gläubiger (Offenlegung des Schuldendeckungspotenzials) und anderen Gruppen, z. B. Aktionären (Ausweis des Ausschüttungsvolumens) sowie die Eigeninformation des Kaufmanns genannt werden. Um diesen Anforderungen zu genügen, sind eine hinreichende **Dokumentation der Geschäftstätigkeit** sowie eine fundierte **Rechenschaftslegung** erforderlich. Die Rechenschaftslegung ihrerseits bedarf einer korrekten Bestandsaufnahme des vorhandenen Vermögens und der bestehenden Schulden. Aufgrund dieser Erfordernisse wurden **Prinzipien der Dokumentation und der Rechenschaftslegung** entwickelt, die allgemein als handelsrechtliche **Grundsätze ordnungsmäßiger Buchführung (GoB)** bezeichnet werden.[1] Die angesprochenen Leitsätze sind von **allen Kaufleuten** zu beachten.

Eine abschließende Definition des Begriffs der GoB existiert weder im Handels- noch im Steuerrecht.[2] Die GoB stellen somit einen **unbestimmten Rechtsbegriff** dar, dessen inhaltliche Ausgestaltung nach der **induktiven, deduktiven** oder **hermeneutischen Methode** erfolgen kann.[3] Während das induktive Verfahren zur Gewinnung von anerkannten (handelsrechtlichen) Leitsätzen auf das Ordnungsempfinden ehrenwerter Kaufleute abstellt und folglich von den Gepflogenheiten **der Praxis** ausgeht, werden beim deduktiven Verfahren die Dokumentations- und Rechenschaftslegungsprinzipien aus den Buchführungs- und Jahresabschlusszwecken abgeleitet. Da bei der induktiven Methode die Ansichten der Kaufleute in GoB transformiert werden, birgt diese Ermittlungsform die Gefahr, dass von den bi-

---

[1] Vgl. *Leffson* 1987, S. 18 sowie *Baetge/Kirsch/Thiele* 2011, Anm. 3 zu Kapitel 4.

[2] Eine mehr oder weniger präzise Umschreibung, wann (steuerrechtlich) eine ordnungsmäßige Buchführung vorliegt, enthält H 5.2 EStR. Danach ist eine Buchführung i. S. d. Steuerrechts ordnungsmäßig, wenn sie den Grundsätzen des Handelsrechts entspricht, d. h. wenn die für die kaufmännische Buchführung erforderlichen Bücher geführt werden, die Bücher und der Abschluss förmlich in Ordnung sind und der Inhalt sachlich richtig ist.

[3] Beweisführung bei der induktiven Methode: Schluss vom Besonderen (Einzelfall) auf das Allgemeine; bei der deduktiven Methode: Schluss vom Allgemeinen auf das Besondere. Die Hermeneutik stellt ein wissenschaftliches Verfahren zur Auslegung und Erklärung von Texten dar.

lanzierenden Unternehmern einseitig (subjektiv) festgelegte und ggf. nicht im Einklang mit dem Gesetz stehende Rechnungslegungsziele die Bildung von GoB beeinflussen. Aus diesem Grunde steht das herrschende Schrifttum der Induktion ablehnend gegenüber. Die in der Literatur überwiegend angewandte Gewinnungsmethode war aufgrund ihrer Ausrichtung an den Informationsbedürfnissen der Jahresabschlussadressaten seither die **Deduktion**. Da eine Reihe von ehemals „ungeschriebenen" GoB eine mehr oder weniger konkrete Kodifizierung im Handelsgesetzbuch erfahren haben, tritt neben dem – nunmehr sekundären – Erfordernis der Ermittlung von (neuen) Leitsätzen vorrangig die Notwendigkeit der **Auslegung niedergeschriebener Prinzipien**. Vor diesem Hintergrund wird verstärkt die Auffassung vertreten, dass die GoB nach den anerkannten juristischen Auslegungsregeln (hermeneutische Methode) zu bestimmen sind. Bei der Hermeneutik werden folgende Kriterien zur **Interpretation kodifizierter GoB** herangezogen:[4]

(1) Wortlaut und Wortsinn der auszulegenden Vorschrift;
(2) Bedeutungszusammenhang der Vorschrift innerhalb des Gesetzes;
(3) Entstehungsgeschichte des Gesetzes;
(4) vom Gesetzgeber mit diesem GoB angestrebten Ziele;
(5) vom Gesetzgeber verfolgte Zwecke von Buchführung und Jahresabschluss;
(6) objektiv-teleologisch ermittelte Buchführungs- und Jahresabschlusszwecke sowie
(7) Verfassungskonformität des entsprechenden GoB.

Sofern jedoch ein **nicht kodifizierter GoB** zu konkretisieren bzw. ein **neuer GoB** zu ermitteln ist, entfallen die Merkmale (1), (3) und (4). Gleichzeitig treten aber andere Bestimmungsgrößen hinzu. **Abbildung 115**[5] verdeutlicht, dass im Rahmen des hermeneutischen Verfahrens sämtliche Determinanten, soweit möglich, **kumulativ** zur Auslegung bzw. Gewinnung von (handelsrechtlichen) GoB heranzuziehen sind. Insofern absorbiert die Hermeneutik auch Gedankengut des induktiven und deduktiven Verfahrens. Im Rahmen der hermeneutischen Auslegung kodifizierter bzw. nicht kodifizierter GoB sowie bei der Ermittlung neuer GoB ist folglich darauf zu achten, dass sich die einzelnen Grundsätze sowohl in das Gesamtsystem der GoB als auch in das System der übrigen kodifizierten Vorschriften einfügen sowie den unterschiedlichen Buchführungs- und Jahresabschlusszwecken Rechnung tragen.

In der Literatur[6] finden sich verschiedene Ansätze zur Untergliederung der GoB, von denen aber keiner den Anspruch auf **absolute Gültigkeit** erheben kann. Die **Systematisierung** in **Abbildung 116** erfolgt unter den eingangs erwähnten Gesichtspunkten der Dokumentation und der Rechenschaftslegung. Die **Grundsätze der Dokumentation** gewährleisten, dass die Eintragungen in die Bücher (Buchführung i. e. S.) und die sonst erforderlichen Aufzeichnungen sowie die Erstellung des Inventars vollständig, richtig, zeitgerecht und geordnet vorgenommen werden (§ 239 Abs. 2 HGB; § 146 Abs. 1 AO). Ebenso garantieren diese Leitsätze die Nachprüfbarkeit und sichere Aufbewahrung der Unterlagen. Die Grundsätze der Dokumentation beziehen sich mithin vorrangig auf die Buchführung i. e. S. und auf das Bestandsverzeichnis. Deshalb werden diejenigen Prinzipien, die das Führen der Bücher zum Gegenstand haben, als **Grundsätze ordnungsmäßiger Buchführung** i. e. S., und diejenigen, die das Bestandsverzeichnis betreffen, als **Grundsätze ordnungsmäßiger Inventur** bezeichnet.

---

[4] Vgl. *Baetge/Kirsch/Thiele* 2011, Anm. 21 zu Kapitel 4.
[5] Modifiziert entnommen von *Baetge/Kirsch/Thiele* 2011, Anm. 26 zu Kapitel 4.
[6] Vgl. z. B. *Leffson* 1987, S. 18 und S. 157–492; *Baetge/Kirsch/Thiele* 2011, Anm. 56-112 zu Kapitel 4.

IV. Grundsätze ordnungsmäßiger Buchführung

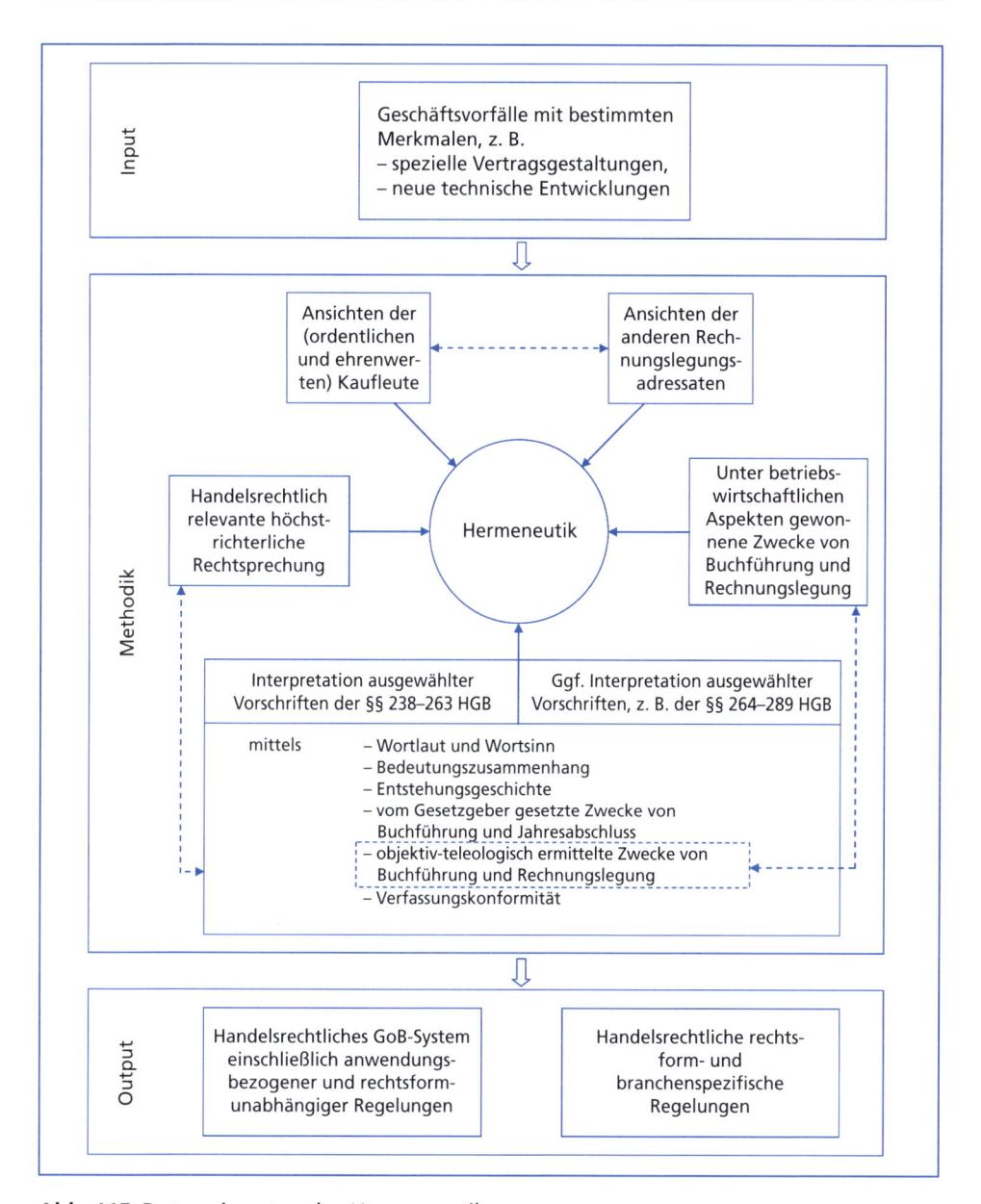

Abb. 115: Determinanten der Hermeneutik

Die **Grundsätze der Rechenschaftslegung** beinhalten im Wesentlichen das Erfordernis der Klarheit und Übersichtlichkeit, der Vollständigkeit, der Stetigkeit, der Richtigkeit und Willkürfreiheit, der Periodenabgrenzung, der Einzelbewertung, der Unternehmensfortführung sowie das Realisationsprinzip, das Vorsichtsprinzip und das Imparitätsprinzip. Die in Rede stehenden Leitsätze finden ausschließlich Anwendung bei der Erstellung des Jahresab-

```
                    Grundsätze
                    ordnungsmäßiger
                    Buchführung
            ┌───────────┴───────────┐
            ▼                       ▼
      Grundsätze der          Grundsätze der
      Dokumentation           Rechenschaftslegung
       ┌────┴────┐                  │
       ▼         ▼                  ▼
  Grundsätze  Grundsätze       Grundsätze
  ordnungs-   ordnungs-        ordnungs-
  mäßiger     mäßiger          mäßiger
  Buchführung Inventur         Bilanzierung
  i.e.S.
```

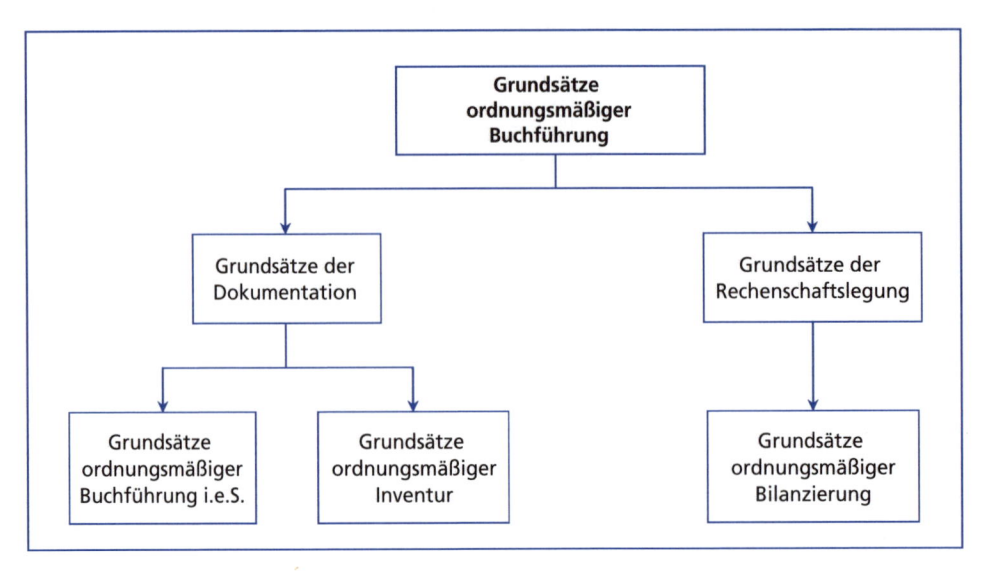

Abb. 116: Struktur der handelsrechtlichen Grundsätze ordnungsmäßiger Buchführung

schlusses und werden deshalb auch **Grundsätze ordnungsmäßiger Bilanzierung** genannt. Die **Abbildung 117** zeigt eine zusammenfassende Darstellung der genannten Prinzipien.

Des Weiteren lassen sich die GoB in **formelle** und **materielle Grundsätze** unterteilen. Die **formellen** Leitsätze verlangen, dass die Bücher, das Bestandsverzeichnis sowie der Abschluss klar und übersichtlich geführt bzw. erstellt werden, damit ein sachverständiger Dritter innerhalb angemessener Zeit sich einen Überblick über die Geschäftsvorfälle und die wirtschaftliche Lage des Unternehmens verschaffen kann. Ferner bedingen diese Prinzipien die **Verfügbarkeit** der genannten Unterlagen während der gesamten Aufbewahrungsfrist. Diese Anforderung spielt insbesondere bei der **IT-Buchführung** eine wichtige Rolle (§ 239 Abs. 4 HGB, § 257 Abs. 3 HGB; § 146 Abs. 5 AO, § 147 Abs. 2 AO). Die formellen Grundsätze beziehen sich also auf die Qualität der **äußeren Form** von Buchführung i. e. S., Inventar und Abschluss. Gegenstand der **materiellen** Leitsätze sind insbesondere die Vollständigkeit und Richtigkeit der Bücher, des Bestandsverzeichnisses und des Jahresabschlusses. Demzufolge erstrecken sich diese Grundsätze auf den **Inhalt** der vorstehenden Unterlagen. Zu berücksichtigen ist allerdings, dass die formellen und materiellen GoB nicht immer eindeutig voneinander abzugrenzen sind und zwischen einzelnen GoB eine gewisse Abhängigkeit besteht.

Handels- und steuerrechtlich sind die GoB **zwingend** zu beachten. Für das Handelsrecht ergibt sich dies im Hinblick auf das Führen der Bücher aus § 238 Abs. 1 HGB, für das Bestandsverzeichnis aus § 240 i. V. m. § 241 Abs. 1 HGB und für den Abschluss aus § 243 Abs. 1 HGB. Über § 140 AO bzw. § 141 Abs. 1 AO finden die handelsrechtlichen GoB auch im Steuerrecht Anwendung.[7] Ergänzend sei darauf hingewiesen, dass weder das Handels- noch das

---

[7] Für Gewerbetreibende ergibt sich die Beachtung der handelsrechtlichen GoB auch aus § 5 Abs. 1 EStG.

IV. Grundsätze ordnungsmäßiger Buchführung

	Grundsätze ordnungsmäßiger Buchführung i. e. S.	Grundsätze ordnungsmäßiger Inventur	Grundsätze ordnungsmäßiger Bilanzierung
Formelle Grundsätze	■ Klarheit/ Übersichtlichkeit ■ Belegprinzip ■ Nachprüfbarkeit ■ Zeitgerechte Verbuchung	■ Klarheit/ Übersichtlichkeit ■ Einzelerfassung ■ Nachprüfbarkeit	■ Klarheit/ Übersichtlichkeit ■ Formelle Stetigkeit
Materielle Grundsätze	■ Vollständigkeit ■ Richtigkeit	■ Vollständigkeit ■ Richtigkeit ■ Einzelbewertung ■ Wirtschaftliche Betrachtungsweise ■ Wirtschaftlichkeit	■ Vollständigkeit ■ Richtigkeit/ Willkürfreiheit ■ Einzelbewertung ■ Materielle Stetigkeit ■ Vorsichtsprinzip ■ Realisationsprinzip ■ Imparitätsprinzip ■ Perioden- abgrenzung ■ Unternehmens- fortführung

Abb. 117: Elementare formelle und materielle Grundsätze ordnungsmäßiger Buchführung im Handelsrecht

Steuerrecht[8] ein bestimmtes Buchführungssystem vorschreiben. Da die Vorschrift des § 242 HGB neben der Bilanz auch die Aufstellung einer Gewinn- und Verlustrechnung verlangt, entspricht aus handelsrechtlicher Sicht nur die **doppelte Buchführung** den GoB. Vorstehende Aussage wird damit begründet, dass sich lediglich aus der doppelten Buchhaltung die zur Diskussion stehenden Komponenten des Jahresabschlusses unmittelbar ableiten lassen, während die **einfache Buchhaltung**[9] nur zu einer Bilanz führt. Steuerrechtlich befindet sich dagegen nicht nur die doppelte, sondern ebenso die einfache Buchführung im Einklang mit den GoB, denn die originäre Buchführungspflicht nach § 141 AO verlangt **nicht** die Erstellung einer Gewinn- und Verlustrechnung.

Wie bereits angesprochen wurde, hat der Gesetzgeber eine Reihe von GoB im Handelsgesetzbuch (Drittes Buch: Handelsbücher; Erster Abschnitt: Vorschriften für alle Kaufleute, § 238 bis § 263 HGB) niedergeschrieben. Eine vollständige Kodifizierung der Grundsätze wurde seitens des Gesetzgebers bewusst unterlassen, um im Zuge der sich verändernden Realität (insbesondere im Bereich der Mechanisierung und Automatisierung des immer umfangreicher werdenden Buchungsstoffs) eine **Weiterentwicklung** bestehender sowie eine **Entwicklung neuer GoB** zu ermöglichen. Zu klären ist abschließend die Frage, inwieweit die kodifizierten und nicht kodifizierten GoB Grundlage für die Auslegung der anderen handelsrechtlichen Rechnungslegungsnormen sind. Die GoB zählen zu den **Generalvorschriften**,

---

[8] Vgl. R 5.2 EStR.
[9] Vgl. zur Finanzbuchhaltung in Form der einfachen Buchführung die Ausführungen im Zweiten Teil zu Gliederungspunkt I.C.

während die anderen Rechnungslegungsnormen entweder General- (z. B. § 238 HGB, § 242 HGB, § 264 HGB) oder Spezialvorschriften (z. B. § 248 HGB, § 249 HGB, § 254 HGB) darstellen. Entsprechend der **Prioritätenregel** „lex specialis derogat legi generali" ergibt sich eine Rangfolge, die besagt, dass die besonderen den allgemeinen Bestimmungen vorgehen. Die Spezialvorschriften dominieren die Generalvorschriften aber **nicht uneingeschränkt**, denn die Prioritätenregel findet erst dann Anwendung, nachdem die speziellen Anordnungen unter Berücksichtigung der generellen Normen, und somit auch der GoB, ausgelegt worden sind. Mithin besteht zwischen den GoB und den besonderen gesetzlichen Weisungen folgende **Hierarchie:**[10]

- Die interpretierten **Spezialvorschriften** gehen sowohl den **kodifizierten** als auch den **nicht kodifizierten GoB** vor, sofern die ausgelegten speziellen Normen nicht mit den jeweiligen GoB in Einklang stehen.
- Immer dann, wenn gesetzliche **Spezialvorschriften fehlen**, müssen die **kodifizierten** und **nicht kodifizierten GoB** zur Rechtsergänzung **zwingend** herangezogen werden.

2. Elementare Leitsätze in Einzeldarstellung

a. GoB im engeren Sinne

Nachfolgend werden die wichtigsten formellen und materiellen Grundsätze ordnungsmäßiger Buchführung i. e. S., ordnungsmäßiger Inventur und ordnungsmäßiger Bilanzierung dargelegt und kurz erläutert. In diesem Zusammenhang erfolgt auch ein Hinweis, ob und wo der jeweilige Grundsatz im Gesetz verankert ist. Sofern im **Steuerrecht** keine eigenständige Kodifizierung vorgenommen wurde, gelten die im Handelsgesetzbuch niedergeschriebenen Prinzipien über § 140 bzw. § 141 Abs. 1 AO in **gleicher Weise** für die steuerrechtliche Buchführung.

Entsprechend dem **Grundsatz der Klarheit und Übersichtlichkeit** (vgl. implizit § 239 Abs. 2 HGB, § 146 Abs. 1 AO) müssen die Eintragungen in den Büchern und die sonst erforderlichen Aufzeichnungen „geordnet" vorgenommen werden. Das heißt, die genannten Unterlagen sind klar und übersichtlich nach einem genau festgelegten und nachprüfbaren System zu führen. Ebenso ist die Buchführung unter Zugrundelegung eines systematischen **Kontenplans** der Sache nach hinreichend tief zu gliedern, so dass die Art der auf einem Konto erfassten Geschäftsvorfälle eindeutig erkennbar ist.[11]

Das im Gesetz nicht explizit kodifizierte **Belegprinzip** verlangt, dass einerseits jede Eintragung in den Büchern nur aufgrund eines Belegs erfolgt und andererseits zu jedem Beleg eine entsprechende Eintragung existiert. Zu den Buchungsbelegen zählen nicht nur die sich aus den Geschäftsvorgängen zwangsläufig ergebenden **externen Unterlagen**, wie Eingangs- und Ausgangsrechnungen, Bankauszüge, Quittungen etc., sondern ebenso die **intern im Unternehmen erstellten Aufzeichnungen**, wie z. B. Lohn- und Gehaltslisten, Materialentnahmescheine, Umbuchungsbelege sowie Belege über Privatentnahmen.

---

[10] Vgl. *Baetge/Kirsch/Thiele* 2011, Anm. 113 f. zu Kapitel 4.
[11] Vgl. *Leffson* 1987, S. 169.

IV. Grundsätze ordnungsmäßiger Buchführung

Gemäß dem **Grundsatz der Nachprüfbarkeit** (§ 238 Abs. 1 HGB, § 145 Abs. 1 AO) müssen sich die Geschäftsvorgänge in ihrer Entstehung und Abwicklung **verfolgen** lassen. Die Buchführung muss demnach so beschaffen sein, dass sie einem sachverständigen Dritten innerhalb angemessener Zeit einen Überblick über die Geschäftsvorfälle und über die Lage des Unternehmens vermitteln kann. Aufgrund der Abhängigkeit der Nachprüfbarkeit vom Vorhandensein von Belegen sowie vom Kontensystem und der Verbuchungstechnik steht dieser Leitsatz insbesondere im Zusammenhang mit dem Belegprinzip sowie dem Grundsatz der Klarheit und Übersichtlichkeit.

Das **Prinzip der zeitgerechten Verbuchung** (§ 239 Abs. 2 HGB; § 146 Abs. 1 AO) bringt zum Ausdruck, dass die Geschäftsvorgänge – abhängig von ihrer Art – unverzüglich bzw. **zeitnah** in den Büchern zu erfassen sind (z. B. tägliche Verbuchung der Kasseneinnahmen und -ausgaben, monatliche Verbuchung der Warenforderungen und -verbindlichkeiten[12]).

Formelle Grundsätze ordnungsmäßiger Buchführung i. e. S. finden sich ferner in § 239 Abs. 1 HGB und § 146 Abs. 3 AO (Verwendung einer lebenden Sprache, Erklärung verwendeter Abkürzungen, Symbole, Buchstaben etc.), in § 239 Abs. 3 HGB und § 146 Abs. 4 AO (Feststellbarkeit des Inhalts und des Zeitpunkts nachträglicher Eintragungsänderungen) sowie in § 257 HGB und § 147 AO (geordnete Aufbewahrung von Unterlagen). Ergänzend ist darauf hinzuweisen, dass bei der **IT-Buchführung** die formellen Grundsätze ordnungsmäßiger Buchführung i. e. S. eine zusätzliche Ausprägung erhalten. Insbesondere geht es in diesem Zusammenhang um die Beachtung der **Grundsätze ordnungsmäßiger Datenverarbeitung**.

Der **Grundsatz der Vollständigkeit** (§ 239 Abs. 2 HGB, § 146 Abs. 1 AO) fordert die **lückenlose und uneingeschränkte Erfassung** aller buchführungspflichtigen Geschäftsvorfälle. Buchführungspflichtig sind diejenigen Vorgänge, die das Vermögen oder den Erfolg des Unternehmens wertmäßig und/oder strukturell beeinflussen. Gleichzeitig impliziert dieser Leitsatz, dass nicht oder noch nicht buchführungspflichtige Vorgänge (z. B. schwebende Geschäfte) grundsätzlich keine Berücksichtigung in den Büchern finden dürfen.

Das **Prinzip der Richtigkeit** (§ 239 Abs. 2 HGB; § 146 Abs. 1 AO) besagt, dass die den Geschäftsvorgängen zugrunde liegenden Belege und die sich hieraus ergebenden Buchungen die aufzuzeichnenden Sachverhalte dem Grunde und der Höhe nach **korrekt** wiedergeben müssen. Der in Rede stehende Leitsatz bezieht sich somit auf die **richtige Erfassung** der Vorfälle in den Belegen sowie auf die **richtige Verbuchung** der Vorgänge in den Büchern.

b. Grundsätze ordnungsmäßiger Inventur

Der im Handelsgesetzbuch nicht ausdrücklich verankerte **Grundsatz der Klarheit und Übersichtlichkeit** verlangt eine klare, übersichtliche und verständliche Darstellung der Inventurergebnisse. Insbesondere müssen sich die einzelnen Positionen des Inventars durch eindeutige Bezeichnungen inhaltlich voneinander abgrenzen lassen. Des Weiteren bedingt dieser Leitsatz die Anordnung der Vermögensgegenstände und Schulden im Bestandsverzeichnis dergestalt, dass ihre spätere Zusammenfassung zu Bilanzposten ohne Schwierigkeiten möglich ist.

---

[12] Vgl. R 5.2 Abs. 1 Satz 3 und Satz 4 EStR.

Dem **Prinzip der Einzelerfassung** (§ 240 Abs. 1 HGB) zufolge ist jeder einzelne Vermögensgegenstand und jede einzelne Schuld im Inventar **gesondert** aufzulisten. Der Leitsatz gilt jedoch nicht für diejenigen Gegenstände, die im Bestandsverzeichnis mit einem **Festwert** (§ 240 Abs. 3 HGB) oder mit einem **Gruppenwert** (§ 240 Abs. 4 HGB) angesetzt werden dürfen.[13] Der Grund für die Zulässigkeit, bestimmte Vermögenswerte nicht einzeln, sondern als Gesamtheit zu erfassen, ist darin begründet, dass der durch die Einzelaufnahme bedingte Zeit- und Arbeitsaufwand wirtschaftlich nicht zu rechtfertigen wäre.

Der im Gesetz nicht explizit niedergeschriebene **Grundsatz der Nachprüfbarkeit** fordert eine hinreichende Dokumentation von Inventur und Inventar, damit ein sachverständiger Dritter ohne Mitwirkung von Betriebsangehörigen den technischen Ablauf und das Ergebnis der Bestandsaufnahme nachvollziehen bzw. revidieren kann. Das Prinzip der Nachprüfbarkeit ist wiederum im Zusammenhang mit dem Leitsatz der Klarheit und Übersichtlichkeit zu sehen.

Das **Prinzip der wirtschaftlichen Betrachtungsweise** ist in § 240 Abs. 1, 246 Abs. 1 Satz 2 HGB kodifiziert und besagt, dass im Inventar und in der Bilanz nur diejenigen Vermögensgüter und Schulden erfasst werden dürfen, die dem Kaufmann nach wirtschaftlicher – nicht formal-juristischer – Betrachtungsweise zuzurechnen sind. Folglich ist für die Bilanzierung nicht das zivilrechtliche, sondern das wirtschaftliche Eigentum maßgeblich (Substance over Form). Als **wirtschaftlicher Eigentümer** wird derjenige bezeichnet, der die tatsächliche Herrschaft über einen Vermögensgegenstand in der Weise ausübt, dass er den (juristischen) Eigentümer für die gewöhnliche Nutzungsdauer von der Einwirkung auf diesen Gegenstand **ausschließen** kann (§ 39 Abs. 2 Nr. 1 AO). Zu den Geschäftsvorfällen, bei denen wirtschaftliches und zivilrechtliches Eigentum auseinander fallen, zählen z. B. die Sicherungsübereignung, Warenlieferungen unter Eigentumsvorbehalt sowie unter bestimmten Voraussetzungen Leasingverträge.[14]

Der **Grundsatz der Vollständigkeit** (§ 240 Abs. 1 HGB) verlangt die Aufzeichnung aller dem Kaufmann zuzurechnenden Vermögensgegenstände (Grundstücke, Forderungen, Bargeld etc.) und Schulden (z. B. Bank-, Waren- und Wechselverbindlichkeiten) im Bestandsverzeichnis. Eine andere Dimension erhält das vorstehende Prinzip jedoch dann, wenn das Inventar aufgrund einer **Stichprobeninventur**[15] erstellt wird.

Der im Handelsgesetzbuch nicht ausdrücklich kodifizierte **Grundsatz der Richtigkeit** erfordert eine korrekte Erfassung der Vermögensgegenstände und Schulden im Bestandsverzeichnis nach Art, Menge und Wert. Hierbei ist das Attribut „richtig" nicht als absolute, sondern nur als relative Anforderung zu interpretieren, denn aufgrund menschlicher Unzulänglichkeiten bei der Bestandsaufnahme (z. B. Verzählen, Verlesen, Verschätzen) sowie aufgrund kaum vermeidbarer Mess- und Wiegefehler weist grundsätzlich jedes Inventar eine gewisse Fehlerhaftigkeit auf. Richtigkeit i. S. d. Leitsatzes liegt dann vor, wenn die einzelnen Fehler sowie die Fehler in ihrer Gesamtheit von **vernachlässigbarer Größe, d. h. nicht we-**

---

[13] Vgl. hierzu die Ausführungen im Dritten Teil zu Gliederungspunkt II.C.2.b.
[14] Vgl. hierzu die Ausführungen im Dritten Teil zu Gliederungspunkt III.A.
[15] Vgl. zu den Stichprobenverfahren für die Vorratsinventur *HFA* 1/1981 i. d. F. v. 1990, S. 59–80; vgl. *HFA* 1/1990, S. 189–201.

sentlich sind. Analog zum Prinzip der Vollständigkeit erhält auch der Grundsatz der Richtigkeit eine andere Ausprägung bei Anwendung der **Stichprobeninventur**.

Entsprechend dem **Prinzip der Einzelbewertung** (§ 240 Abs. 1 HGB) ist jeder einzelne Vermögensgegenstand und jeder einzelne Schuldposten für sich zu bewerten, d. h. Wertminderungen bei einigen Gegenständen (z. B. Forderungen) dürfen nicht mit Wertsteigerungen bei anderen Gegenständen (z. B. Sachanlagen) verrechnet werden. Nicht der Einzelbewertung unterliegen jedoch Vermögensgegenstände, deren individueller Wert nur unter unvertretbarem Zeit- und Arbeitsaufwand ermittelt werden könnte. Hierzu zählen insbesondere Gegenstände, deren Bewertung unter Zuhilfenahme von **Vereinfachungsverfahren** erfolgen kann (§ 240 Abs. 3 und Abs. 4 HGB).

Dem im Gesetz ebenfalls nicht explizit verankerten **Grundsatz der Wirtschaftlichkeit** zufolge soll das Bestandsverzeichnis – unter Beachtung obiger Leitsätze – gemäß dem ökonomischen Prinzip erstellt werden, d. h. die systematische Durchführung der Inventur und die ordnungsmäßige Erstellung des Inventars sollen mit möglichst geringem Mitteleinsatz erfolgen. Ausfluss dieses Grundsatzes sind die nach § 241 HGB zugelassenen **Inventurvereinfachungsverfahren**, insbesondere die mathematisch-statistischen Methoden auf der Grundlage von Stichproben.

c. Grundsätze ordnungsmäßiger Bilanzierung

Im **Prinzip der Klarheit und Übersichtlichkeit** (§ 243 Abs. 2 HGB) kommt zum Ausdruck, dass die einzelnen Posten der Bilanz sowie der Gewinn- und Verlustrechnung eindeutig bezeichnet und geordnet sein müssen, damit der Jahresabschluss – auch für einen weniger geübten Leser – verständlich ist und einen Einblick in die wirtschaftliche Lage des Unternehmens ermöglicht. Ausdruck findet der in Rede stehende Leitsatz insbesondere in der **Ausweis- und Gliederungsvorschrift** des § 247 Abs. 1 HGB[16] sowie im grundsätzlichen **Verrechnungsverbot** des § 246 Abs. 2 Satz 1 HGB.[17]

Der im Ersten Abschnitt des Dritten Buches des Handelsgesetzbuches nicht explizit kodifizierte **Grundsatz der formellen Stetigkeit** beinhaltet im Interesse der zeitlichen Vergleichbarkeit der Jahresabschlüsse die Forderung nach Beibehaltung einer einmal gewählten Gliederung von Bilanz sowie Gewinn- und Verlustrechnung, sofern nicht zwingende wirtschaftliche Gründe eine Veränderung der Ausweisstruktur bedingen. Weitere formelle Grundsätze ordnungsmäßiger Bilanzierung sind in § 243 Abs. 3 HGB (Frist für die Erstellung des Jahresabschlusses), in § 244 HGB (Erstellung des Jahresabschlusses in deutscher Sprache und in Euro), in § 245 HGB (Unterzeichnung des Jahresabschlusses) sowie in § 257 HGB (Aufbewahrungsfristen) verankert.

Nach dem **Grundsatz der Vollständigkeit** (§ 246 Abs. 1 Satz 1 HGB) hat der Jahresabschluss sämtliche dem Unternehmen zuzurechnende Vermögensgegenstände, Schulden, Rechnungsabgrenzungsposten sowie sämtliche Aufwendungen und Erträge zu enthalten, soweit gesetzlich nichts anderes bestimmt ist. Vollständigkeit i. S. d. Bilanzierung erfordert

---

[16] Für Kapitalgesellschaften und ihnen gesetzlich gleichgestellte Unternehmen enthalten § 265 bis § 278 HGB spezielle Gliederungs- und Ausweisvorschriften.

[17] Eine Ausnahme betrifft das in Satz 2 kodifizierte Saldierungsgebot.

ferner die Beachtung des grundsätzlichen **Verrechnungsverbots** und die Erfassung aller zu bilanzierenden Risiken dem Grunde nach (Bildung von Rückstellungen) sowie die vollständige Berücksichtigung der zwischen Abschlussstichtag und Tag der Aufstellung des Jahresabschlusses bekannt gewordenen Tatsachen (§ 252 Abs. 1 Nr. 4 HGB). Das in Rede stehende Prinzip der Vollständigkeit ist insbesondere im Zusammenhang mit dem gleich lautenden Leitsatz i. S. d. GoB i. e. S. und der Grundsätze ordnungsmäßiger Inventur zu sehen, denn der Erstellung des Jahresabschlusses liegen die Konten der Buchführung und die Positionen des Inventars zugrunde. Durch den Verweis auf die gesetzlichen Vorschriften („soweit gesetzlich nichts anderes bestimmt ist") wird der Grundsatz der Vollständigkeit insofern relativiert, als zum einen die **Bilanzierungsverbote** zu beachten sind [z. B. keine Aktivierung bestimmter selbsterstellter immaterieller Vermögensgegenstände des Anlagevermögens (§ 248 Abs. 2 Satz 2 HGB)] und zum anderen dem Kaufmann **Aktivierungs- und Passivierungswahlrechte** zur Verfügung stehen,[18] die er im Rahmen der **Rechnungslegungspolitik**[19] unter Beachtung der GoB nach seinem Ermessen ausüben kann.

Der im Gesetz nicht explizit niedergeschriebene **Grundsatz der Richtigkeit und Willkürfreiheit** zielt auf die korrekte Ableitung der Bilanz und der Gewinn- und Verlustrechnung aus dem Zahlenmaterial der Buchführung und des Inventars sowie auf die den Tatbeständen entsprechende Bezeichnung der einzelnen Jahresabschlussposten ab. Des Weiteren beinhaltet dieses Prinzip, dass die zur Quantifizierung von Risiken (z. B. Garantieansprüche) erforderlichen Schätzungen und die sich hieraus ergebenden Wertansätze auf **plausiblen Annahmen** beruhen müssen. Vorstehender Leitsatz gewährleistet insofern die **intersubjektive Nachprüfbarkeit** der Wertermittlung. Ebenso sind bei der Bewertung der Vermögensgegenstände und Schulden die **wertaufhellenden Tatsachen** (§ 252 Abs. 1 Nr. 4 HGB) zu berücksichtigen. Im Terminus „Willkürfreiheit" kommt zum Ausdruck, dass die vom Kaufmann gewählten Bezeichnungen der Jahresabschlussposten und die von ihm ermittelten Wertansätze (insbesondere bei der Quantifizierung von Risiken) nicht willkürlicher Art sein dürfen, sondern entsprechend seiner eigenen Überzeugung ein treffendes Abbild der zugrunde liegenden Sachverhalte liefern.[20]

Der in § 252 Abs. 1 Nr. 1 HGB verankerte **Grundsatz der Bilanzidentität** fordert die Übereinstimmung der Wertansätze und der Postenbezeichnungen in der Eröffnungsbilanz des laufenden Geschäftsjahres und der Schlussbilanz des Vorjahres. Hierdurch soll sichergestellt werden, dass die Summe der periodenbezogenen (Teil-)Erfolge mit dem Totalerfolg des Unternehmens während seiner Gesamtlebensdauer übereinstimmt und mithin höhere oder niedrigere Wertansätze in einem Geschäftsjahr sich in der (den) Folgeperiode(n) entgegengesetzt auswirken (sog. **Zweischneidigkeit der Regelbilanzierung**). Bezüglich des **Prinzips der Einzelbewertung** (§ 252 Abs. 1 Nr. 3 HGB) sei auf die Ausführungen zu den Grundsätzen ordnungsmäßiger Inventur verwiesen.

Der **Grundsatz der materiellen Stetigkeit** (§ 246 Abs. 3, § 252 Abs. 1 Nr. 6 HGB) besagt, dass bei der Erstellung von Bilanz sowie Gewinn- und Verlustrechnung die auf den vorhergehenden Jahresabschluss angewandten Ansatz- und Bewertungsmethoden grundsätzlich

---

[18] Vgl. z. B. § 248 Abs. 2 Satz 1, § 249 Abs. 1 und Abs. 2 HGB, § 250 Abs. 1 und Abs. 3 HGB, § 255 Abs. 2 Satz 3 HGB.
[19] Vgl. hierzu die Ausführungen im Sechsten Teil zu Gliederungspunkt II.
[20] Vgl. *Leffson* 1987, S. 203.

beizubehalten sind. Die **Ansatz- und Bewertungskontinuität** soll die Vergleichbarkeit aufeinander folgender Abschlüsse verbessern und wirkt willkürlichen Gewinn- oder Verlustverlagerungen durch einen **Methodenwechsel** entgegen. Das Prinzip der materiellen Stetigkeit kann (und sollte) jedoch dann durchbrochen werden, wenn sachliche Gründe, die voraussichtlich auch in den Folgejahren gelten, einen Methodenwechsel nahe legen bzw. bedingen (§ 252 Abs. 2 HGB).[21]

Das **Vorsichtsprinzip** (§ 252 Abs. 1 Nr. 4 1. Halbsatz HGB) findet Anwendung bei der Bewertung von Aktiva und Passiva im Falle der **Unsicherheit**. Diesem Grundsatz zufolge sind Vermögensgegenstände und Schulden, deren Bilanzwerte sich nicht eindeutig aus den Büchern und Aufzeichnungen ergeben, sondern aufgrund von in die Wertermittlung einfließenden **Schätzgrößen** mehrere Ausprägungen annehmen können, im Jahresabschluss nicht mit den wahrscheinlichsten Werten (Mittelwerten), sondern mit den Beträgen anzusetzen, die die **obere Grenze** des jeweiligen Risikos bzw. Verlustes berücksichtigen. Vorsichtige Bewertung bedeutet mithin, dass der Bilanzansatz bei Aktiva unter und bei Verbindlichkeiten und Rückstellungen über dem Mittelwert liegt, d. h. der wahrscheinlichste Wert ist um eine **Vorsichtskomponente**, in der die (subjektive) Risikoeinschätzung des Bilanzierenden zum Ausdruck kommt, zu korrigieren. Aus Gründen der **Unternehmenssicherung** erfolgt eine stärkere Gewichtung der Risiken als der – den Verlustmöglichkeiten gegenüberstehenden – Chancen. Zu den Schätzgrößen, die bei Vermögensgegenständen und Schulden unterschiedliche Ausprägungen bewirken können, zählen u. a. die voraussichtliche Nutzungsdauer beim abnutzbaren Anlagevermögen, die Höhe der drohenden Verluste aus schwebenden Geschäften oder das Ausmaß des zu erwartenden Forderungsausfalls. Das Vorsichtsprinzip stellt einen übergeordneten Leitsatz dar, unter dem verschiedene Bewertungsgrundsätze, namentlich das **Realisations- und Imparitätsprinzip**, zu erfassen sind. Anzumerken bleibt, dass der Grundsatz der Vorsicht es nicht rechtfertigt, durch die **willkürliche Unterbewertung** der Aktiva oder Überbewertung der Passiva **stille Reserven** zu bilden.[22] **Abbildung 118** fasst die unterschiedlichen Ausprägungen des Vorsichtsprinzips in der handelsrechtlichen Rechnungslegung zusammen.

Das **Realisationsprinzip** (die Konsequenzen dieses Grundsatzes sind in § 252 Abs. 1 Nr. 4 2. Halbsatz und in § 253 Abs. 1 HGB kodifiziert) verbietet den Ausweis **nicht realisierter Erfolge** im Jahresabschluss. Ferner bestimmt dieser Leitsatz, wie die Vorräte vom Zeitpunkt der Beschaffung bzw. Produktion bis zum Zeitpunkt des Absatzes in der Bilanz bewertet werden müssen und wann die Waren und Erzeugnisse als am Markt abgesetzt anzusehen sind (**Bestimmung des Realisationszeitpunkts**).[23] Die Ausflüsse des Prinzips lassen sich wie folgt zusammenfassen:

- Nicht realisierte **Gewinne und Verluste** – als positive bzw. negative Differenz zwischen getätigten Aufwendungen und (noch) nicht realisierten Erträgen – dürfen grundsätzlich im Jahresabschluss nicht berücksichtigt werden.
- Die dem Unternehmen zugehenden sowie die selbsterstellten Güter und Leistungen sind im Jahresabschluss grundsätzlich mit den **Anschaffungs- bzw. Herstellungskosten** anzu-

---

[21] Vgl. die weiteren Ausführungen im Dritten Teil zu Gliederungspunkt III.E.
[22] Vgl. *ADS* 1995a, Anm. 73 zu § 252 HGB.
[23] Vgl. *Leffson* 1987, S. 247 und S. 251. Vor allen Dingen bei der bilanziellen Berücksichtigung langfristiger Fertigungsaufträge spielt die Auslegung des Realisationsprinzips eine wesentliche Rolle.

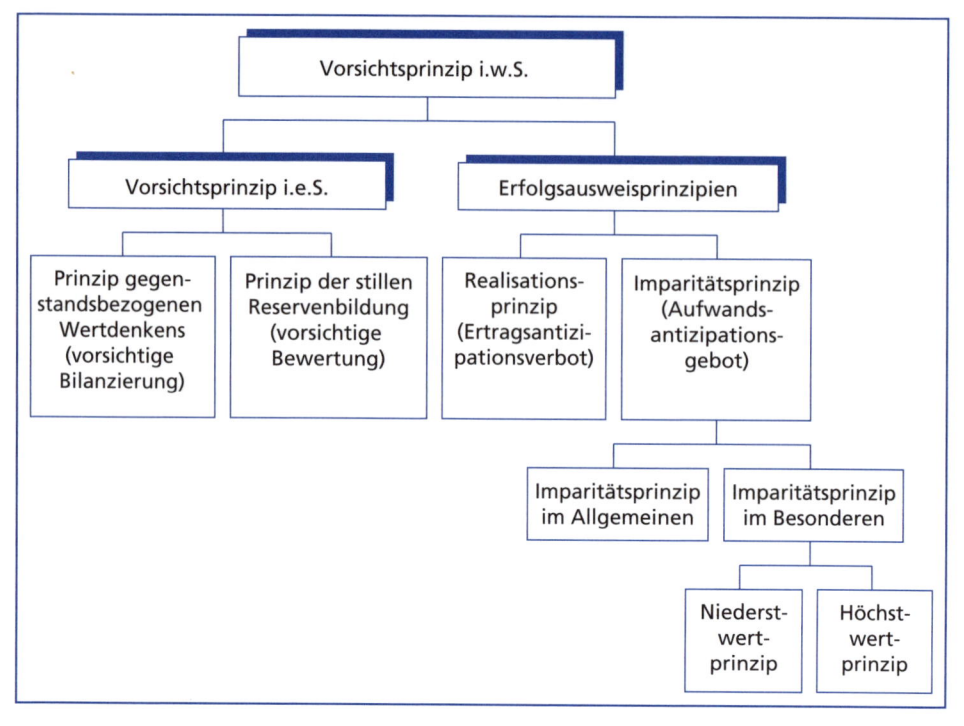

Abb. 118: Ausprägungen des Vorsichtsprinzips im Handelsrecht

setzen, denn ein höherer Wertansatz würde zwangsläufig zum Ausweis eines nicht realisierten Gewinns führen.[24]

- Über die Bestimmung des **Realisationszeitpunktes** dient das Realisationsprinzip einer periodengerechten Erfolgsermittlung. Erträge gelten i. d. R. dann als realisiert und sind im Jahresabschluss zu berücksichtigen, wenn das Unternehmen die geschuldete Leistung erbracht und die Gegenpartei diese angenommen hat oder die Gefahr des zufälligen Untergangs auf den Geschäftspartner übergegangen ist. **Buchhaltungstechnisch** erfolgt die Erlösrealisierung durch die Einbuchung der Ausgangsrechnung.[25]

Allerdings müssen nach dem **Imparitätsprinzip** (§ 252 Abs. 1 Nr. 4 1. Halbsatz HGB) alle vorhersehbaren **Risiken und Verluste,** die bis zum Abschlussstichtag entstanden sind, im Jahresabschluss berücksichtigt werden, selbst wenn diese erst zwischen dem Abschlussstichtag und dem Tag der Aufstellung des Jahresabschlusses bekannt geworden sind (**Grundsatz der Verlustantizipation**), d. h. unrealisierte Verluste darstellen. Im Sinne einer vorsichtigen Bewertung hat der Bilanzierende mithin alle Risiken, die nach vernünftiger kaufmännischer Beurteilung zu künftigen Wertminderungen oder Verpflichtungen führen können sowie alle zu erwartenden Verluste aus noch nicht erfüllten Verträgen im Jahresabschluss des Geschäftsjahres zu erfassen, in dem die Risiken und Verluste dem Grunde nach entstanden

---

[24] Eine Ausnahme stellen § 246 Abs. 2 Satz 2, 3 HGB und § 340e Abs. 3 HGB dar, wonach eine Bewertung zum höheren beizulegenden Zeitwert notwendig ist.

[25] Vgl. *ADS* 1995a, Anm. 83 zu § 252 HGB.

sind. Das Imparitätsprinzip findet jedoch nur dann Anwendung, wenn sich die Risiken und Verluste einzelnen Aktiv- oder Passivposten **eindeutig zuordnen lassen** oder sich aus **konkreten schwebenden Geschäften** ergeben. Eine allgemeine betriebliche Risikovorsorge ist mit Hilfe dieses Grundsatzes abweichend von der Kalkulation des Angebotspreises im Rahmen der innerbetrieblichen Kostenrechnung nicht zulässig. Der Zweck des Prinzips besteht darin, den Ausweis und die eventuell damit einhergehende Ausschüttung eines zu hohen Gewinns zu verhindern, damit im Falle des Risiko- oder Verlusteintritts ein **Substanzentzug** ausgeschlossen oder zumindest in engen Grenzen gehalten werden kann. Der Grundsatz, dass Risiken und Verluste zu **antizipieren** sind, kommt insbesondere im **Niederstwertprinzip** (§ 253 Abs. 3 und Abs. 4 HGB) sowie in der **Passivierung drohender Verluste aus schwebenden Geschäften** (§ 249 Abs. 1 HGB) zum Ausdruck. Das Imparitätsprinzip zielt vereinfachend dargelegt darauf ab, den Ausweis nicht realisierter Verluste sicherzustellen. Der Grundsatz der Verlustantizipation führt somit zu einer ungleichen (imparitätischen) Behandlung von nicht realisierten Gewinnen und Verlusten.

Das **Prinzip der Periodenabgrenzung** (§ 252 Abs. 1 Nr. 5 HGB) beinhaltet die Forderung, dass Aufwendungen und Erträge des Geschäftsjahres **unabhängig** vom Zeitpunkt der entsprechenden **Zahlungen** im Jahresabschluss zu berücksichtigen sind. Folglich hat der Kaufmann Aufwendungen und Erträge, die z. B. in einer Rechnungsperiode verursacht und somit auch dieser Periode zuzurechnen sind, ohne Berücksichtigung des Zeitpunktes der Ausgabe oder Einnahme im Abschluss dieses Wirtschaftsjahres zu erfassen. Die Notwendigkeit der Periodisierung ergibt sich aus der gesetzlichen Verpflichtung, zum Ende eines jeden Geschäftsjahres einen Jahresabschluss zu erstellen. Der Periodisierungsgrundsatz steht folglich in engem Zusammenhang mit dem Realisations- und dem Imparitätsprinzip. Während das Realisationsprinzip den Zeitpunkt bestimmt, zu dem ein Gewinn als verwirklicht anzusehen ist, nimmt das Imparitätsprinzip die periodische Zurechnung eines verursachten, aber noch nicht realisierten Verlustes vor.

Der **Grundsatz der Unternehmensfortführung** (§ 252 Abs. 1 Nr. 2 HGB), auch als **Going-Concern-Prinzip** bezeichnet, besagt, dass die Aktiva und Passiva nach den in § 252 bis § 256 HGB enthaltenen Bestimmungen zu bewerten sind, wenn von der Fortführung der Unternehmenstätigkeit ausgegangen werden kann. Sofern der Annahme der Unternehmensfortführung jedoch tatsächliche oder rechtliche Gegebenheiten entgegenstehen,[26] hat die Bewertung der Vermögensgegenstände grundsätzlich unter **Veräußerungsgesichtspunkten** zu erfolgen. Dabei kann sowohl eine Einzelveräußerung aller Gegenstände als auch ein Verkauf des gesamten Betriebs bzw. einzelner Betriebsteile in Betracht kommen. Einer unterschiedlichen Bewertung der Aktiva bedarf es insofern, als die Vermögenswerte im Falle der Unternehmensauflösung einer anderen Verwendung zugeleitet werden als bei der Fortführung des Unternehmens (Liquidationsbilanzierung). Während im Fortführungsfall die Aktiva nahezu ausschließlich der **betrieblichen Leistungserstellung** dienen und deshalb – grundsätzlich entsprechend den handelsrechtlichen Regelungen – mit den (fortgeführten) Anschaffungs- bzw. Herstellungskosten zu bewerten sind, zielt die **Zerschlagung oder Auflösung** des Unternehmens auf die **Veräußerung** oder **Verschrottung** der Gegenstände ab. Demzufolge müssen die Aktiva mit ihren Verkaufs- bzw. Schrottwerten angesetzt werden. In diesem Zusammenhang ist allerdings zu beachten, dass mangels einer anders lautenden Vorschrift im

---

[26] Vgl. hierzu *Freidank* 2012b, S. 395–401.

```
┌─────────────────────────────────────────────────────────────────────────┐
│                    Grundsätze ordnungsmäßiger                           │
│                       Buchführung (GoB)                                 │
└─────────────────────────────────────────────────────────────────────────┘
```

Allgemeine Grundsätze

- **Grundsatz der Bilanzwahrheit**
  - Grundsatz der Vollständigkeit (§ 246 Abs. 1 Satz 1 HGB)
  - Grundsatz der Richtigkeit
  - Grundsatz der Willkürfreiheit
- **Grundsatz der Bilanzklarheit** (§ 243 Abs. 2 HGB)
  - Klare Bilanzgliederung und Bezeichnungen (§ 247, § 265, § 266, § 275 HGB)
  - Saldierungsverbot (§ 246 Abs. 2 Satz 1 HGB)
- **Grundsatz der Vorsicht** (§ 252 Abs. 1 Nr. 4 1. HS HGB)
- **Grundsatz der Bilanzkontinuität**
  - Bilanzidentität (§ 252 Abs. 1 Nr. 1 HGB)
  - formelle Bilanzkontinuität (Gliederung) (§ 265 Abs. 1 HGB)
  - materielle Bilanzkontinuität (§ 246 Abs. 3, § 252 Abs. 1 Nr. 6 HGB)

Spezielle Anwendungen der GoB

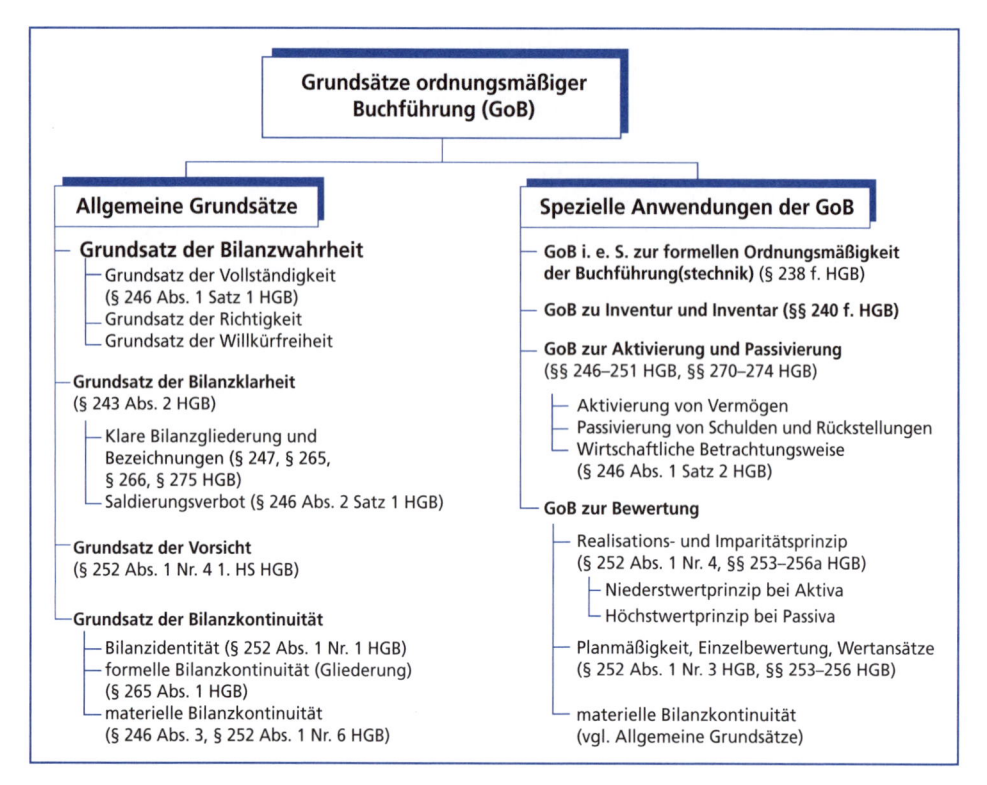

- GoB i. e. S. zur formellen Ordnungsmäßigkeit der Buchführung(stechnik) (§ 238 f. HGB)
- GoB zu Inventur und Inventar (§§ 240 f. HGB)
- **GoB zur Aktivierung und Passivierung** (§§ 246–251 HGB, §§ 270–274 HGB)
  - Aktivierung von Vermögen
  - Passivierung von Schulden und Rückstellungen
  - Wirtschaftliche Betrachtungsweise (§ 246 Abs. 1 Satz 2 HGB)
- **GoB zur Bewertung**
  - Realisations- und Imparitätsprinzip (§ 252 Abs. 1 Nr. 4, §§ 253–256a HGB)
    - Niederstwertprinzip bei Aktiva
    - Höchstwertprinzip bei Passiva
  - Planmäßigkeit, Einzelbewertung, Wertansätze (§ 252 Abs. 1 Nr. 3 HGB, §§ 253–256 HGB)
  - materielle Bilanzkontinuität (vgl. Allgemeine Grundsätze)

Abb. 119: Systematisierung der handelsrechtlichen Grundsätze ordnungsmäßiger Buchführung

Falle der **Bewertung unter Veräußerungsgesichtspunkten** prinzipiell die Bestimmungen der § 252 bis § 256 HGB sinngemäß Anwendung finden. Für die Wertermittlung bedeutet dies u. a.:[27]

- Die **Veräußerungserlöse** sind unter Berücksichtigung von Abbaukosten u. a. **vorsichtig zu schätzen**.
- **Einzelveräußerungs- oder Zeitwerte**, die über den Anschaffungs- oder Herstellungskosten liegen, dürfen grundsätzlich **nicht berücksichtigt** werden, d. h. das Anschaffungswertprinzip besitzt weiterhin Gültigkeit.
- Für **Entlassungsentschädigungen, Sozialpläne** u. a. sowie für voraussichtlich nicht durch Erlöse gedeckte **Liquidation** sind **Rückstellungen** zu bilden.

Zu den rechtlichen Gegebenheiten, die der Fortführung der Unternehmenstätigkeit entgegenstehen können, zählen z. B. die Eröffnung des Konkursverfahrens, das Auslaufen von Patent-, Lizenz-, Miet- oder Pachtverträgen, Einschränkungen in der Produktion infolge von Umweltschutzauflagen sowie die Auflösung und Liquidation (Abwicklung) des Unternehmens aufgrund von Satzungsvorschriften. Als tatsächliche Rahmenbedingungen, die eine Unternehmensfortführung in Frage stellen können, kommen in erster Linie solche wirt-

---

[27] Vgl. *ADS* 1995a, Anm. 33 zu § 252 HGB.

schaftlichen Schwierigkeiten in Betracht, die voraussichtlich die Geschäftsaufgabe erzwingen oder die Veräußerung von Vermögensgegenständen über das normale Maß hinaus bedingen.[28] Derartige Umstände können z. B. durch begrenzte Investitionsalternativen zwecks Erhaltung der Konkurrenzfähigkeit, eine ungenügende Eigenkapitalausstattung aufgrund fortwährender Verluste sowie den Ausfall wesentlicher Lieferanten oder Abnehmer verursacht werden.

Neben der dargestellten Konzeption finden sich in der einschlägigen Literatur weitere Sy**stematisierungsvorschläge** der GoB, die sich partiell nur in Einzelheiten unterscheiden, von denen aber keiner den Anspruch auf Allgemeingültigkeit erheben kann. **Abbildung 119** trennt in diesem Zusammenhang nach allgemeinen Grundsätzen und speziellen Anwendungen und stellt die wichtigsten Prinzipien noch einmal explizit heraus. Im weiteren Verlauf der Abhandlung wird auf diese einzelnen GoB noch im Detail einzugehen sein. Zu berücksichtigen ist allerdings, dass speziell kodifizierte Bilanzierungs- und Bewertungswahlrechte nach deutschem Bilanzrecht nicht durch übergeordnete, allgemeine GoB verdrängt werden können (sog. **Overriding Principle**). In der Hinsicht kann beispielsweise aus dem Vollständigkeitsprinzip (§ 246 Abs. 1 Satz 1 HGB) nicht abgeleitet werden, dass die in § 248 Abs. 2 Satz 1 HGB benannten selbsterstellten Anlagegüter aktivierungspflichtig sind. **Die Spezialvorschriften des Handelsgesetzbuches gehen mithin den allgemeinen GoB vor**. Allerdings sind die allgemeinen GoB bei der Auslegung von Ermessensspielräumen (vgl. z. B. § 253 Abs. 1 Satz 1 1. HS HGB) heranzuziehen.[29]

B. Rahmenkonzept der IFRS

Das 1989 veröffentlichte **Rahmenkonzept (Framework)** der IFRS steht seit 2004 auf der Reformagenda des IASB. Ursprünglich war das Arbeitsprojekt „Conceptual Framework" in acht Phasen unterteilt. Bislang wurde Phase A verabschiedet und für Phase D ein Exposure Draft vorgelegt. Das Projekt soll bis 2015 abgeschlossen werden.[30] **Abbildung 120** zeigt die Struktur der Grundsätze, welche nunmehr an die IFRS-Rechnungslegung gestellt sind.[31] Die Ziele der Finanzberichterstattung bestehen in der Bereitstellung von Informationen, um **Eigen- und Fremdkapitalgeber** als Primäradressaten in ihrer Entscheidung zu unterstützen. Der primäre Rechnungslegungszweck liegt in der Vermittlung von **entscheidungsnützlichen Informationen (Fair Presentation)**. Die zudem ausgeführte **Rechenschaftsfunktion (Assessing Stewardship)** ist kein eigenständiger Rechnungslegungszweck, sondern vielmehr logischer Ausfluss aus dem Ziel der Entscheidungsnützlichkeit.

Als Basisannahmen der Rechnungslegung werden die Prinzipien der **Unternehmensfortführung (Going Concern)** und der **periodengerechten Erfolgsermittlung (Accrual Basis)** genannt, welche – wie bereits ausgeführt – ebenfalls handelsrechtliche GoB darstellen. Innerhalb der qualitativen Prinzipien wird zwischen **Primär- und Sekundärgrundsät-**

---

[28] Vgl. *ADS* 1995a, Anm. 28 zu § 252 HGB.
[29] Vgl. hierzu die Ausführungen im Zweiten Teil zu Gliederungspunkt IV.A.1.
[30] Vgl. *Kirsch* 2011, S. 26.
[31] In Anlehnung an *Canipa-Valdez* 2010, S. 253.

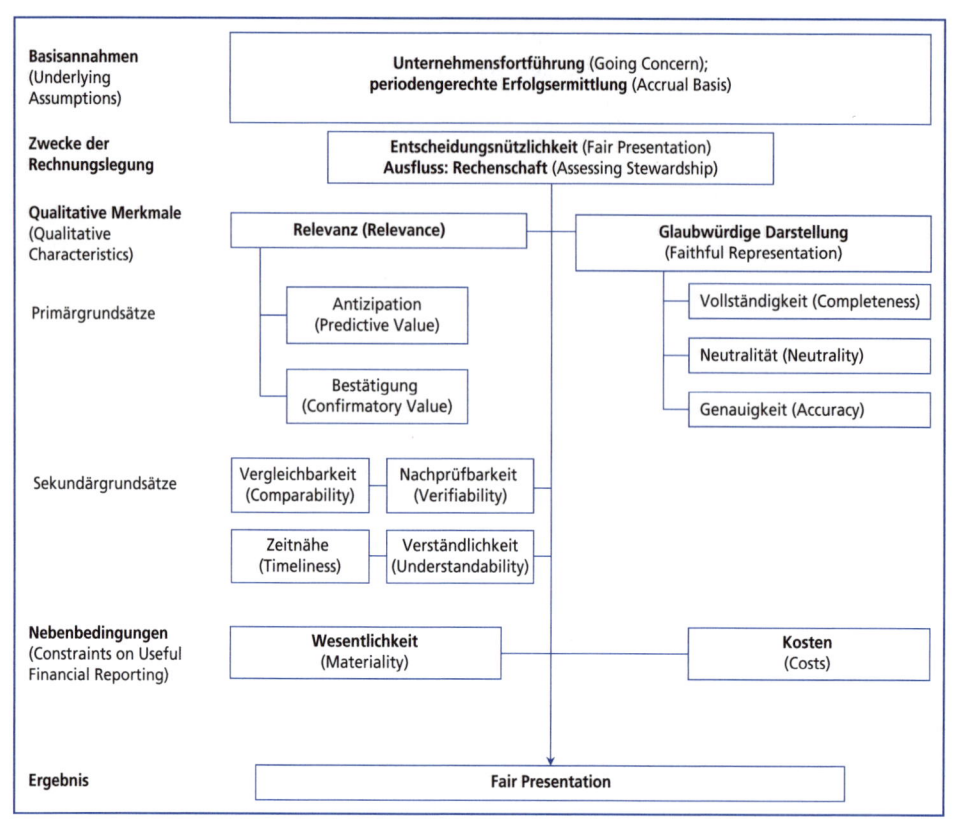

Abb. 120: Grundprinzipien der IFRS-Rechnungslegung nach dem Conceptual Framework

Basisannahmen (Underlying Assumptions)	Unternehmensfortführung (Going Concern); periodengerechte Erfolgsermittlung (Accrual Basis)
Zwecke der Rechnungslegung	Entscheidungsnützlichkeit (Fair Presentation) Ausfluss: Rechenschaft (Assessing Stewardship)
Qualitative Merkmale (Qualitative Characteristics)	Relevanz (Relevance) — Glaubwürdige Darstellung (Faithful Representation)
Primärgrundsätze	Antizipation (Predictive Value); Bestätigung (Confirmatory Value) — Vollständigkeit (Completeness); Neutralität (Neutrality); Genauigkeit (Accuracy)
Sekundärgrundsätze	Vergleichbarkeit (Comparability); Nachprüfbarkeit (Verifiability); Zeitnähe (Timeliness); Verständlichkeit (Understandability)
Nebenbedingungen (Constraints on Useful Financial Reporting)	Wesentlichkeit (Materiality); Kosten (Costs)
Ergebnis	Fair Presentation

zen unterschieden. Die in der Rechnungslegung abzubildenden Sachverhalte haben einerseits dem Grundsatz der **Entscheidungsrelevanz** und andererseits dem Prinzip der **glaubwürdigen Darstellung (Faithful Representation)** zu entsprechen (QC 5–16). So müssen entscheidungsrelevante Informationen zu Auswirkungen auf das Verhalten der Primäradressaten führen. Die Beeinflussung kann zum einen in der **Bestätigung bisheriger Annahmen (Confirmatory Value)** und zum anderen in einer **Antizipation neuer Erkenntnisse (Predictive Value)** bestehen. Die glaubwürdige Darstellung steht mit der Entscheidungsrelevanz in einem Spannungsverhältnis, weil entscheidungsrelevantere Informationen (z. B. Zukunftsprognosen) mit einer geringeren Objektivität einhergehen. Der Grundsatz der glaubwürdigen Darstellung wird durch die **Vollständigkeit, Neutralität und Genauigkeit** der Ergebnisse determiniert (QC 12). Als **Sekundärgrundsätze** sind die **Vergleichbarkeit, Nachprüfbarkeit, Zeitnähe** und **Verständlichkeit** aufgeführt (QC 19). Als **Nebenbedingungen** fungieren das **Wesentlichkeitsprinzip (Materiality)** sowie das **Kosten- und Nutzen-Prinzip** (QC 35–39).

V. Theoretische Fundierung

A. Neoklassische Kapitalmarkttheorie

Die neoklassische Kapitalmarkttheorie geht mit der Annahme eines **vollkommenen Kapitalmarkts** und der **ökonomischen Gewinnkonzeption** einher.[1] Erstere impliziert, dass keine Markteintritts- und -austrittsbarrieren vorliegen, so dass weder Transaktionskosten noch Informationsasymmetrien oder Zielkonflikte zwischen den einzelnen Marktakteuren vorhanden sind.[2] Den Marktteilnehmern wird zudem ein rationales Verhalten bescheinigt (**Homo Oeconomicus**).[3] Insofern spiegeln die Marktpreise die tatsächlichen wirtschaftlichen Verhältnisse wider.[4]

Der **Effizienzgrad der Informationsverarbeitung** am Kapitalmarkt wird nach *Fama* in eine schwache, halbstrenge und strenge Ausprägung untergliedert.[5] Die **schwache** Form der Informationseffizienz beinhaltet, dass eine Analyse vergangener Aktienkursverläufe nicht für eine Prognose künftiger Dividendenentwicklungen geeignet ist.[6] Vielmehr folgen die Aktienkurse einem zufälligen, nicht beeinflussbaren Zyklus.[7] Die Beschaffung zusätzlicher Informationen durch die Kapitalmarktteilnehmer ist unter den genannten Annahmen sinnlos, da diese das Entscheidungsverhalten nicht verändern.

Die **halbstrenge** Informationseffizienz schließt die schwache ein, stellt jedoch eine wesentliche Erweiterung dar. Diese Ausprägung unterstellt, dass sämtliche öffentlich verfügbaren Informationen durch den aktuellen Börsenpreis abgebildet werden, d. h. eine Erzielung von Überrenditen auf der Basis allgemein bekannter Informationen nicht möglich ist.[8] Dies impliziert ferner eine Kursänderung bei einer Zusatzberichterstattung über „ehemalige" Insiderinformationen. Im Schrifttum erfolgt der Hinweis, dass die halbstrenge Informationseffizienz durch Reaktionsverzögerungen des Kapitalmarkts auf eine veränderte Informationsbasis gekennzeichnet ist, die z. B. durch die unzureichende Publizitätsbereitschaft der Unternehmen erklärt werden. Zusammenfassend gilt, dass der Marktpreis unter

---

[1] Vgl. stellvertretend *Meinhövel* 1999, S. 21.
[2] Vgl. *Blaufus* 2005, S. 11.
[3] Vgl. zu den Voraussetzungen *Gerke* 2005, S. 257.
[4] Vgl. hierzu *Modigliani/Miller* 1958, S. 261–297, wonach das Kapital von selbst den direkten Weg seiner optimalen Verwendungsmöglichkeit ansteuert.
[5] Vgl. *Fama* 1970, S. 387.
[6] Vgl. *Banzhaf* 2006, S. 80.
[7] Vgl. *Fama* 1965, S. 55–59.
[8] Vgl. etwa *Fama* 1970, S. 385.

Zugrundelegung der schwachen und mittelstrengen Informationseffizienz den tatsächlichen Unternehmenswert nur unzutreffend wiedergibt.

Bei der **strengen** Form der Informationseffizienz werden in den aktuellen Börsenkursen nicht nur die öffentlich zugänglichen Informationen, sondern ebenfalls Insiderkenntnisse berücksichtigt. In diesem Sinne können Marktteilnehmer, die regelmäßig über spezielle kursrelevante, nicht publizierte Kenntnisse des betrachteten Unternehmens verfügen, keine Überrenditen erzielen.[9] Die strenge Informationseffizienz unterstellt ferner, dass die Investitionsentscheidungen der Unternehmensleitung vollkommen losgelöst von den individuellen Interessen der Kapitalgeber getroffen werden.[10] Die Annahme einer strengen Informationseffizienz impliziert mithin eine Gleichsetzung des Unternehmenswerts und Marktwerts, so dass keine Informationsasymmetrien existieren.

Die klassische Markteffizienztheorie erfährt jedoch im Schrifttum infolge ihrer zugrunde liegenden realitätsfernen Annahmen eine kritische Würdigung. Die Auffassung, wonach die Rechnungslegungspolitik bei einer Informationseffizienz im halbstrengen Sinne wirkungslos ist, da sämtliche öffentlich verfügbaren Informationen bereits in den Marktpreisen Berücksichtigung gefunden haben, kann u. a. nicht überzeugen.[11] Aus dieser Unzulänglichkeit heraus wurde die „klassische" Annahme vollkommener Kapitalmärkte durch die Neue(re) Institutionenökonomie, welche u. a. die Existenz von **Finanzintermediären** und **Finanzanalysten** erklärt,[12] modifiziert. Angesichts der Tatsache, dass Transaktionskosten und Informationsasymmetrien empirisch nachweisbar sind, bieten Finanzintermediäre speziell auf die Bedürfnisse der Marktteilnehmer ausgerichtete Transformationsleistungen an. Zur Risikoselektion, -allokation und -haftung, die auf eine Minimierung der Transaktionskosten abzielen, werden dabei unterschiedliche Spezialisierungsvorteile, die **Economies of Scale**, genutzt.[13] Eine zentrale Bedeutung nimmt hierbei die Risikostreuung bzw. -diversifizierung am Kapitalmarkt ein, die auf *Markowitz*[14] zurückzuführen ist. Indem die Finanzintermediäre von Kunden Anlagemöglichkeiten mit verschiedenen Risikoklassen anbieten, die der jeweiligen Risikopräferenz der Nachfragenden entsprechen und das Risiko auf verschiedene Anlagen (Streubesitzaktien) verteilen, kann der Entscheidungsträger den Erwartungsnutzen seines Endvermögens steigern und ein individuelles optimales Portfolio erstellen. Von besonderer Bedeutung ist die Einschätzung von Finanzanalysten zur Unternehmensentwicklung für Privataktionäre; auf der Grundlage von Anlage- und Finanzempfehlungen und veröffentlichten Unternehmensanalysen können diese das Entscheidungsverhalten der in Rede stehenden Anspruchsgruppen wesentlich beeinflussen und einer potenziellen Informationsüberflutung entgegenwirken.

---

[9] Vgl. *Beaver* 1983, S. 346.

[10] Dieser Befund geht auf den Nachweis von *Fisher* zurück (Separationstheorem); vgl. *Fisher* 1930, S. 71.

[11] Vgl. ähnlich *Hepers* 2005, S. 48.

[12] Vgl. *Gerke* 2005, S. 258.

[13] Economies of Scale resultieren aus der Senkung der Durchschnittskosten eines Finanzkontrakts bei Steigerung der Zahl der Vertragsabschlüsse, Economies of Scope dagegen aus der Verwendung spezieller Technologien, z. B. dem Einsatz von Expertensystemen; vgl. hierzu *Gerke/Pfeufer* 1995, Sp. 730.

[14] Vgl. *Markowitz* 1952, S. 77.

B. Theorien der Unternehmung

1. Principal Agent-Theorie

Als Teilgebiet der **ökonomischen Organisationstheorie** geht die Neue Institutionenökonomie im Gegensatz zur neoklassischen Strömung davon aus, dass nicht nur der Kapitalmarkt, sondern ebenfalls das Unternehmen als Institution anzusehen ist, welche das Entscheidungsverhalten von Wirtschaftssubjekten zu koordinieren und effektiv zu gestalten vermag. Die Annahmen eines vollkommenen Kapitalmarkts und der Homogenität der Akteure, die bei der Neoklassik zugrunde liegen, werden nicht aufrechterhalten.[15] Vielmehr wird ein **heterogenes und opportunistisches** Verhalten der Marktteilnehmer unterstellt, welches auf eine **begrenzte Rationalität** sowie die **Verfolgung individualistischer Ziele** zurückzuführen ist. Die zwischen den Akteuren geschlossenen Verträge sind dabei meist langfristiger Natur, so dass der Schätzung des zukünftigen Nutzenzuflusses eine wesentliche Bedeutung beizumessen ist.

Die Agency-Theorie als erstes Teilgebiet stellt auf die vertraglichen Verflechtungen zwischen **Auftraggeber (Principal)** und **Auftragnehmer (Agent)** in Unternehmen mit einem Auseinanderfallen von Unternehmensleitung und -eigentum ab.[16] In der einstufigen Form stellen die Mitglieder der Unternehmensleitung die Agenten und die Eigentümer bzw. die Investoren die Prinzipale dar. Die laufende **Rechenschaftspflicht** der Unternehmensleitung gegenüber den Eignern spiegelt sich in der Erstellung der Rechnungslegungsdokumente wider, die den Unternehmensadressaten zur Prognose des betrieblichen Erfolgspotenzials dient. Die Theorie basiert auf einem **Informationskonflikt** zwischen Principal und Agent, der durch unterschiedliche Interessen der Vertragsparteien zu erklären ist.[17] Das Verhalten des Managements wird durch einen **methodologischen Individualismus**, z. B. in der Ausprägung des Arbeitsleids (**Shirking**) beeinflusst. Dies impliziert die Zielsetzung einer Minimierung des Arbeitseinsatzes bei gleichzeitiger Zufriedenstellung der Agenten. Insofern wird die Unternehmensleitung nach der Principal Agent-Theorie die Rechnungslegung dahingehend beeinflussen, als ihre Individualziele (z. B. Maximierung des persönlichen Einkommens bei wertorientierter Vergütung) optimal erfüllt werden können. Die **Eigenkapitalgeber** sind ihrerseits tendenziell an einer Maximierung des persönlichen Nutzens in Form möglichst hoher Dividendenzahlungen und einer Aktienkurssteigerung interessiert, die mit den Zielen der Unternehmensleitung im Widerspruch stehen kann. Die **Fremdkapitalgeber** legen vorrangig Wert auf die Wahrung des betrieblichen Haftungspotenzials im Hinblick auf die Verhinderung hoher Ausschüttungen; es bestehen somit partielle Interessenkonflikte.[18] Da der handelsrechtliche Jahresabschluss neben der Informations- auch eine Zahlungsbemessungsfunktion besitzt, ergibt sich für das Management das Problem einer Interessenabwägung bei der Ableitung des Jahresergebnisses. Ferner liegt der Agency-Theorie eine **asymmetrische Informationsverteilung** zugrunde, d. h. das Management besitzt einen (wesentlichen) In-

---

[15] Vgl. *Möller* 2002, S. 100.
[16] Vgl. hierzu *Pratt/Zeckhauser* 1985, S. 2.
[17] Vgl. u. a. *Meinhövel* 2005, S. 68.
[18] Vgl. *Pfaff/Zweifel* 1998, S. 187.

formationsvorsprung gegenüber den Kapitalgebern.[19] So stellt die Rechnungslegung lediglich ein komprimiertes Abbild der abgelaufenen Geschäftsperiode dar, welches zudem wesentlich infolge rechnungslegungspolitische Gestaltungsspielräume durch das Management beeinflussbar ist. Ein grundlegendes Klassifikationsmerkmal stellt der Entstehungszeitpunkt jener Informationsasymmetrien dar, auf den im Folgenden näher eingegangen wird.

Das Problem der **versteckten Eigenschaften (Hidden Characteristics)** tritt vor Vertragsabschluss auf und beruht auf der Erkenntnis, dass die Kapitalgeber ex ante die tatsächliche Qualifikation der Agenten entweder nicht oder nur unzureichend beurteilen können.[20] Als Folge dieser Hidden Characteristics besteht die Gefahr, dass im ungünstigsten Fall die Wahl auf einen vollkommen ungeeigneten Agenten fällt, d. h. dass die Principals eine Negativauslese (**Adverse Selection**) vornehmen. Letztere haben zu befürchten, dass ein Agent mit nur durchschnittlichen Qualitäten seine Eigenschaften im „Vorstellungsgespräch" zu positiv präsentiert bzw. eine überragende Qualifikation imitiert und letztlich infolge jener erfolgreichen Selbstdarstellungspolitik den Arbeitsvertrag erhält. Zur Überwindung oder Verringerung dieser aufgezeigten Adverse Selection erfolgt ein Rückgriff auf die **Signaling- und Screening-Theorie**.

Beim **Signaling** sendet die Unternehmensleitung vor Vertragsschluss informationserhöhende Signale aus, die auf positive (zielkonforme) Eigenschaften oder Leistungen im Sinne einer „Selbstempfehlung" schließen lassen.[21] Der Empfänger versucht, mittels der Signale auf das nicht beobachtbare Merkmal zu schließen. Da ein Großteil der verwendeten Signale des Managements subjektiver Natur sind und sich ggf. einer Nachprüfbarkeit zum Zeitpunkt ihrer Versendung entziehen, besteht das Risiko, dass nicht wahrheitsgemäße und nicht vertrauenswürdige Informationen übermittelt werden, die ihrerseits auf eine möglichst positive Darstellung der Management Performance ausgerichtet sind. Um dem Risiko einer möglichen Informationsüberflutung (**Information Overflow**) infolge einer Aussendung zu vieler und unstrukturierter Signale entgegenzuwirken, bedarf es einer „gezielten (dosierten)" Berichterstattung.

Während das Signaling die Agenten zur aktiven Mithilfe bezüglich einer Minderung des Informationsgefälles auffordert, setzt das **Screening**, auch unter der Terminologie der Selbstauslese (**Self Selection**) geführt,[22] bei den Bemühungen der Principals an. Das Ziel besteht in der Erkennung der Qualität der abgesendeten Signale der Unternehmensleitung, um darauf aufbauend die jeweilige Anlageentscheidung auszurichten. In der Unternehmenspraxis wird zur Entscheidungsunterstützung der (privaten) Investoren vielfach auf den Einsatz von Finanzintermediären, Fondsgesellschaften und Rating-Agenturen zurückgegriffen.

Während die Adverse Selection Situationen vor Vertragsabschluss fokussiert, erfasst das **moralische Risiko (Moral Hazard)** die Unsicherheiten des Investors, die mit der Beurteilung der Handlungen des Managements nach Abschluss des Kontrakts verbunden sind. Hierbei kann der Unternehmenseigner das Verhalten der Geschäftsführung nicht unmittelbar beobachten, so dass in diesem Fall zunächst eine Informationsasymmetrie aufgrund verborgener

---

[19] Vgl. *Fischer* 1995, S. 320.
[20] Vgl. *Günther* 2004, S. 326.
[21] Vgl. bereits *Spence* 1973, S. 357.
[22] Vgl. stellvertretend *Hartmann-Wendels* 1989, S. 714.

Handlungen (**Hidden Action**) zu konstatieren ist.[23] Das moralische Risiko beschreibt die Gefahr, dass die Agenten den Informationsnachteil der Principals zu ihren eigenen Gunsten ausnutzen. Hinzu kommen externe Umwelteinflüsse, z. B. die konjunkturelle Situation, das Konkurrenzverhalten oder die Qualität der Einsatzfaktoren, welche durch die Kapitalgeber nicht oder lediglich unzureichend abgeschätzt werden können.

Ferner kann das Management bei der Durchführung seiner vertraglich fixierten Aufgaben entscheidungsrelevante Informationen den Investoren bewusst vorenthalten, z. B. die Einschätzung der Konkurrenzsituation des Unternehmens aufgrund aktuellerer Plandaten.[24] Dies könnte sich u. a. dadurch bemerkbar machen, dass wesentliche Informationen zur Abschätzung des unternehmerischen Erfolgspotenzials nicht durch die Aufstellung der Rechnungslegung erkennbar werden. Durch diesen Informationsvorsprung ist das Management somit in der Lage, den künftigen Erfolg der Unternehmung zutreffender zu beurteilen als die Kapitalgeber und das Vorgehen an die eigenen Ziele anzupassen. Diese Agency-Problematik wird im Schrifttum als verborgene Information (**Hidden Information**) bezeichnet.[25] Das Phänomen des Moral Hazard führt zu einer ineffizienten Kapitalallokation und beeinträchtigt die Zielsetzung der Nutzenmaximierung der Principals. Die ungleichmäßige Informationsverteilung zwischen Management und Investoren verursacht bei Letzteren **Agency-Kosten**.[26]

Die langfristige Senkung der Agency-Kosten kann einerseits durch **Überwachung der Principale (Monitoring)** oder durch **Selbstbindung der Agenten (Bonding)** erreicht werden.[27] Allerdings fallen bei der Kontrolle des vertragsgerechten Managementverhaltens und der Darlegung der Unternehmensleitung, im Sinne der Investoren zu handeln, ebenfalls Aufwendungen (Monitoring- und Bonding-Kosten) an, die den Agency-Kosten zu subsumieren sind.[28] So bestehen bezogen auf die Aktiengesellschaft in Deutschland vielfältige **Überwachungsmechanismen**, z. B. das betriebliche Risikomanagementsystem, der Aufsichtsrat, der Abschlussprüfer, das sekundäre Enforcement, welche zu einer besseren Entscheidungsnützlichkeit der durch das Management erstellten Rechnungslegungsdokumente beitragen sollen.

Mithilfe der Principal-Agent-Theorie lassen sich in Bezug auf die Rechnungslegung **Interessenkonflikte** zwischen der Unternehmensführung und den Investoren einerseits und Konflikte zwischen den Eigenkapitalgebern und den Gläubigern andererseits begründen.[29] Erstere lassen sich primär auf sog. „Fringe Benefit" und „Free Cash Flow"-Probleme zurückführen, welche das Risiko einer **Überinvestition** durch das Management beinhalten. Ein geeigneter Lösungsansatz ist neben der Implementierung von Rechnungslegungsnormen zur Gewinnverwendung bzw. zum Mittelentzug in der regulativen Stärkung der Aktionärsrechte zu sehen, um die Eigentümer mehr in die Investitionspolitik des Unternehmens einzubin-

---

[23] Vgl. *Ross* 1973, S. 134.
[24] Vgl. *Decker* 1994, S. 19.
[25] Vgl. *Hartmann-Wendels* 1992, S. 413.
[26] Vgl. *Ewert* 1984, S. 825.
[27] Vgl. grundlegend *Jensen/Meckling* 1976, S. 308.
[28] Vgl. *Meinhövel* 2004, S. 472.
[29] Vgl. hierzu im Einzelnen *Wagenhofer/Ewert* 2007, S. 191–230.

den. Auch aus Sicht des Konflikts zwischen den Kapitalgebern bietet die Agency-Theorie einen geeigneten Erklärungsansatz zur Implementierung bilanzrechtlicher **Ausschüttungssperren**, die sich als Kombination aus einer Untergrenze für das Investitionspotenzial und einer Finanzierungsgrenze qualifizieren lassen.

Neben der Principal-Agent-Theorie als Basismodell der Neuen Institutionenökonomie haben sich weitere Konzepte zur Erklärung von Informationsineffizienzen herausgebildet, wobei insbesondere der **Stewardship-Theorie** sowie der **Transaktionskostentheorie** und der **Theorie der Verfügungsrechte** ein zentraler Stellenwert beigemessen wird.

2. Stewardship-Theorie

Die Stewardship-Theorie fungiert als Gegenreaktion auf das „einseitig negative Managerbild"[30] der Principal-Agent-Theorie. Die Verfolgung von Individual- und Finanzzielen der „Stewards" (Agenten) zulasten der Eigentümer (Prinzipale) und mithin das Konstrukt des **Homo Oeconomicus** werden im Rahmen der Stewardship-Theorie vernachlässigt.[31] Ursächlich hierfür sind **psychologische Verhaltensmuster**, wonach finanzielle Motive mit steigender Bedürfnisbefriedigung an Bedeutung verlieren.[32] Im Mittelpunkt der Handlungen der Unternehmensverwalter stehen demnach primär nicht-finanzielle (**intrinsische**) Momente, welche die Beziehung der Mitglieder untereinander und das Verhältnis zu den Anspruchsgruppen determinieren und sich nicht unmittelbar quantifizieren lassen.[33] Als Motivationsfaktoren lassen sich u. a. die Übernahme von Verantwortung und herausfordernden Tätigkeiten, die Bildung bzw. Steigerung der Unternehmensreputation und die Schaffung von Handlungsflexibilitäten zur Steigerung des eigenen Engagements anführen. Die Mitglieder der Unternehmensverwaltung stellen demnach keine opportunistisch handelnden Akteure, sondern stets „gute Verwalter" dar.[34] Durch die Ausrichtung des Managementhandelns an den Interessen der Eigentümer treten keine Zielkonflikte zwischen den Kontraktpartnern auf. Ferner wird auch die Existenz von Informationsasymmetrien als Hauptcharakteristikum der Principal-Agent-Theorie aufgegeben.[35] In Bezug auf die Erstellung der Rechnungslegungsdokumente ist das Management bestrebt, ein möglichst umfassendes und realistisches Abbild der Vermögens-, Finanz- und Ertragslage (**True and Fair View**) gegenüber den Unternehmensadressaten zu präsentieren. Neben der gesetzlich verpflichtenden Unternehmenspublizität ist das Management motiviert, im besonderen Maße **freiwillige Zusatzangaben** bereitzustellen, z. B. Nachhaltigkeitsberichte im Rahmen des Integrated Reportings, um das Entscheidungsverhalten der Eigentümer zu unterstützen. Da der gemeinsamen Zielsetzung im Kollektiv höhere Bedeutung beigemessen wird als einer individualistischen Nutzenerhöhung, besteht in Abgrenzung zur Agency-Theorie keine Notwendigkeit zur Implementierung spezifischer Überwachungsmaßnahmen (**Monitoring**) oder finanziel-

---

[30] *Nippa* 2002, S. 15.
[31] Vgl. ebenfalls *Dutzi* 2005, S. 152.
[32] Vgl. *Davis/Schoorman/Donaldson* 1997, S. 27–38.
[33] Vgl. *Donaldson/Davis* 1991, S. 51.
[34] Vgl. *Donaldson/Davis* 1994, S. 155.
[35] Gleiches gilt für die Vernachlässigung von Transaktionskosten; vgl. *Osburg* 1994, S. 289–296.

V. Theoretische Fundierung

Kriterium	Principal-Agent-Theorie	Stewardship-Theorie
Motive der Unternehmensverwaltung	überwiegend finanziell (materialistisch; extrinsisch)	überwiegend nicht-finanziell (idealistisch; intrinsisch)
Messbarkeit der Motive	unmittelbar quantifizierbar	nur mittelbar quantifizierbar
Hauptziel der Unternehmensverwaltung	primär Erhöhung des persönlichen Einkommens, aber auch Minimierung des Arbeitsleids	Erhöhung von Reputation, Vertrauen, Verantwortung und des Engagements
Verhältnis der Managementziele zu den Interessen der Eigentümer	Zielkonflikt	Zielkonformität
Form der Zusammenarbeit	methodologischer Individualismus	Kollektivgedanke („Teamorientierung")
Philosophie der Verwaltungsorgane	kontrollorientiert; abgrenzend	beratungsorientiert; integrierend
Ausgestaltung der Corporate Governance	institutionelle Überwachungsmaßnahmen im Vordergrund	vertrauensbildende Maßnahmen gegenüber den Stakeholdern im Vordergrund
Machtausübung	institutionalisiert (offizielle Legitimation, basiert auf normativen Vorgaben)	personalisiert (Expertise, Charakter, soziale Integrationsfähigkeit)
Werte und Berufsethik	geringe Bedeutung	hohe Bedeutung
Zeithorizont	kurzfristig	langfristig

Abb. 121: Unterschiede zwischen Principal-Agent- und Stewardship-Theorie

ler (extrinsischer) Anreizsysteme (**Incentives**). Die Unternehmensverwaltung ist primär beratungsorientiert und soll einen integrativen Charakter besitzen, die Tätigkeiten sind stark personalisiert und durch das jeweilige charismatische Auftreten der Verwalter gegenüber den Eigentümern geprägt. Die Betonung des berufsethischen Verhaltens stellt ebenfalls ein zentrales Merkmal der Stewardship-Theorie dar; das Handeln der Unternehmensverwaltungsorgane ist zudem durch eine langfristige Sichtweise gekennzeichnet. Wesentliche Unterschiede zwischen beiden Theorien sind in der **Abbildung 121** zusammengefasst.[36]

Durch das zugrunde liegende „positive" Menschenbild lässt sich eine wesentliche (selbst)motivierende Wirkung erzielen,[37] welche die Beziehung der Verwaltungsorgane untereinander sowie ihr Verhältnis zu den Unternehmensadressaten intensiviert. Insofern würde mithilfe der Stewardship-Theorie dem Aufsichtsrat und dem Abschlussprüfer eine Beratungs- bzw. Unterstützungsfunktion gegenüber dem Management bei der Ableitung der Rechnungslegungsdokumente zugewiesen. Nach dieser Lesart könnten die Kapitalgeber durch die publizierten Rechnungslegungsunterlagen stets eine angemessene Abschätzung des betrieblichen Erfolgspotenzials vornehmen, da das Management keine Anreize besitzt, ihnen relevante Unternehmensinformationen bewusst vorzuenthalten.

---

[36] Modifiziert entnommen von *Velte* 2010, S. 287.
[37] Vgl. zur Vertrauensbildung auch *Mayer/Davis/Schoorman* 1995, S. 712.

Kritisch zu sehen sind jedoch die restriktiven Annahmen der Stewardship-Theorie (Ausschluss des Homo Oeconomicus, Vernachlässigung von Interessenkonflikten und Informationsasymmetrien), welche in einer Gesamtbetrachtung kein getreues Abbild der Realität geben. Vielmehr sind die Einrichtung **institutioneller Überwachungsmaßnahmen** nach der in Konkurrenz zur Stewardship-Theorie stehenden Principal-Agent-Theorie als zentrale Elemente der Corporate Governance in Deutschland zu qualifizieren, da das Risiko eines opportunistischen Verhaltens der Unternehmensverwaltung nicht vernachlässigt werden kann. Zudem kann weder ein handels- und steuerrechtlicher noch ein nach internationalen Rechnungslegungsstandards aufgestellter Jahresabschluss den Unternehmenswert auch nur annähernd durch das bilanzielle Eigenkapital widerspiegeln.

3. Transaktionskostentheorie und Theorie der Verfügungsrechte

Die Transaktionskostentheorie lässt sich auf die Frage zurückführen, warum sich in der Empirie hierarchisch strukturierte Unternehmen bilden können, zumal die h. M. von einer Überlegenheit der freien marktwirtschaftlichen Rahmenordnung ausgeht.[38] Die Existenz von Unternehmen und der Notwendigkeit einer gesetzlichen Rechnungslegungspflicht erklärt *Coase* mit durch **Marktunvollkommenheiten** resultierende **Transaktionskosten**, die bei sämtlichen Tauschaktivitäten anfallen.[39] Transaktionen lassen sich als vertragliche Übertragung von **Verfügungsrechten** materieller und immaterieller Art definieren, die je nach Ausgestaltung bestimmter Verhaltensannahmen und Umweltfaktoren Kosten verursachen.[40] Diese **Property Rights** unterteilen sich in das Recht, das Gut zu nutzen (z. B. Nutzung des verfügbaren Humankapitals der Mitarbeiter), es zu verändern (z. B. Ausbau der Kundenbeziehungen), aus ihnen Gewinne und Verluste zu tragen (z. B. Mehrgewinne durch die positive Unternehmensreputation) sowie es zu veräußern (z. B. Verkauf von Patenten). Neben **Koordinationskosten**, die bei der Lösung von Abstimmungsproblemen entstehen, lassen sich **Motivationskosten** zur Überwindung von Anregungsschwierigkeiten verifizieren. Die Vernachlässigung von Transaktionskosten würde nach *Modigliani/Miller*[41] im Endeffekt jegliche Rechnungslegungsnorm irrelevant erscheinen lassen, da sich die Kapitalmarktteilnehmer die gewünschten Informationen je nach Belieben zusammenstellen können. Zwischenzeitlich erfolgte der Nachweis, dass ein Großteil der Transaktionskosten von der Dauer der Transaktionsbeziehung (**Economies of Learning**), von den Erfahrungen (**Economies of Experience**) und dem Ausmaß des Vertrauens (**Economies of Reputation**) abhängig ist.[42]

Die Transaktionskostentheorie leistet überdies eine wertvolle Ergänzung der Principal-Agent-Problematik, weil die Höhe der Transaktionskosten in hohem Maße über das künftige Informationsgefälle zwischen Unternehmensleitung und Kapitalgeber entscheidet.

---

[38] Vgl. *Coase* 1937, S. 390.
[39] Vgl. *Coase* 1937, S. 386.
[40] Vgl. u. a. *Günther* 2004, S. 324.
[41] Vgl. *Modigliani/Miller* 1958, S. 261–297.
[42] Vgl. hierzu *Albach* 1999, S. 419.

Die Ausrichtung der Rechnungslegung an den Informationsbedürfnissen der Kapitalgeber kann wesentlich zu einer Reduktion der Transaktionskosten (insbesondere der **Such- und Kontrollkosten**) führen und das Erfolgspotenzial durch eine Erhöhung des Vertrauens der Koalitionäre stärken. Ein Anreiz zur freiwilligen Offenlegung von Informationen (z. B. zur nachhaltigen Unternehmensentwicklung) kann immer dann unterstellt werden, wenn die jetzigen **Kosten** der Rechnungslegung geringer ausfallen als die potenziellen Transaktionskosten der Vertragsparteien, welche aus der fehlenden Bereitstellung der betreffenden Unternehmensinformation resultieren.[43]

C. Bilanztheorien

1. Organische Theorie

Die konkrete Ausgestaltung der Rechnungslegung wird durch die jeweiligen Zwecke und Ziele determiniert, die mit dem Rechnungswesen verknüpft sind. Im nachfolgenden Abschnitt erfolgt eine Fundierung mittels ausgewählter Ausprägungen der **Bilanztheorie**. In der vorliegenden Abhandlung wird die Bilanztheorie verstanden als Ansammlung von interdependenten, einen praktischen Bezugsrahmen herstellenden Prinzipien und Grundsätzen, welche zur unmittelbaren (Fort-)Entwicklung der Rechnungslegung beitragen sowie eine **Erklärungs- und Prognosefunktion** erfüllen. Während aus nationaler Sicht – wie in **Abbildung 122**[44] dargestellt – die **statische, dynamische und organische** Ausprägung einen wesentlichen Stellenwert einnehmen,[45] kommt aus internationaler Sicht dem **Revenue and Expense**- sowie dem **Asset and Liability-Approach** eine zentrale Bedeutung zu. Hierbei zeigt sich, dass der Revenue and Expense Approach Interdependenzen zur dynamischen Ausprägung und der Asset and Liability Approach Übereinstimmungen mit der statischen Bilanztheorie aufweist, so dass diese jeweils in Kombination darzustellen sind. Hinsichtlich der statischen und dynamischen Bilanzkonzeptionen existiert im Schrifttum eine Vielzahl von unterschiedlichen Erklärungsansätzen.[46] Die nachfolgenden Ausführungen beschränken sich auf die Hauptvertreter der entsprechenden bilanztheoretischen Strömungen.

Die organische Bilanztheorie wurde durch die Monografie „Die organische Tageswertbilanz" von *Schmidt* begründet.[47] Der Begriff „organisch" geht auf die Auffassung zurück, dass jedes Unternehmen eine „Zelle" im Organismus der Gesamtwirtschaft darstellt. Der Unternehmenserfolg wird somit von den Wertschwankungen in der Gesamtwirtschaft unmittelbar beeinflusst. Hierbei wird deutlich, dass die organische Bilanztheorie ursprünglich auf den inflationären Preisverhältnissen nach dem Ersten Weltkrieg gründete. Es lassen sich nach der „**Harmoniethese**" oder „**Zweizwecktheorie**" zwei Zielsetzungen unterscheiden:[48]

---

[43] Vgl. *Gassen* 2001, S. 408.
[44] Modifiziert entnommen von *Velte* 2008a, S. 45.
[45] Vgl. hierzu und in der Folge *Freidank/Velte* 2008a, S. 711–716.
[46] Vgl. überblicksartig *Federmann* 2010, S. 177.
[47] Vgl. *Schmidt* 1951.
[48] Vgl. hierzu und in der Folge *Freidank/Velte* 2008a, S. 711.

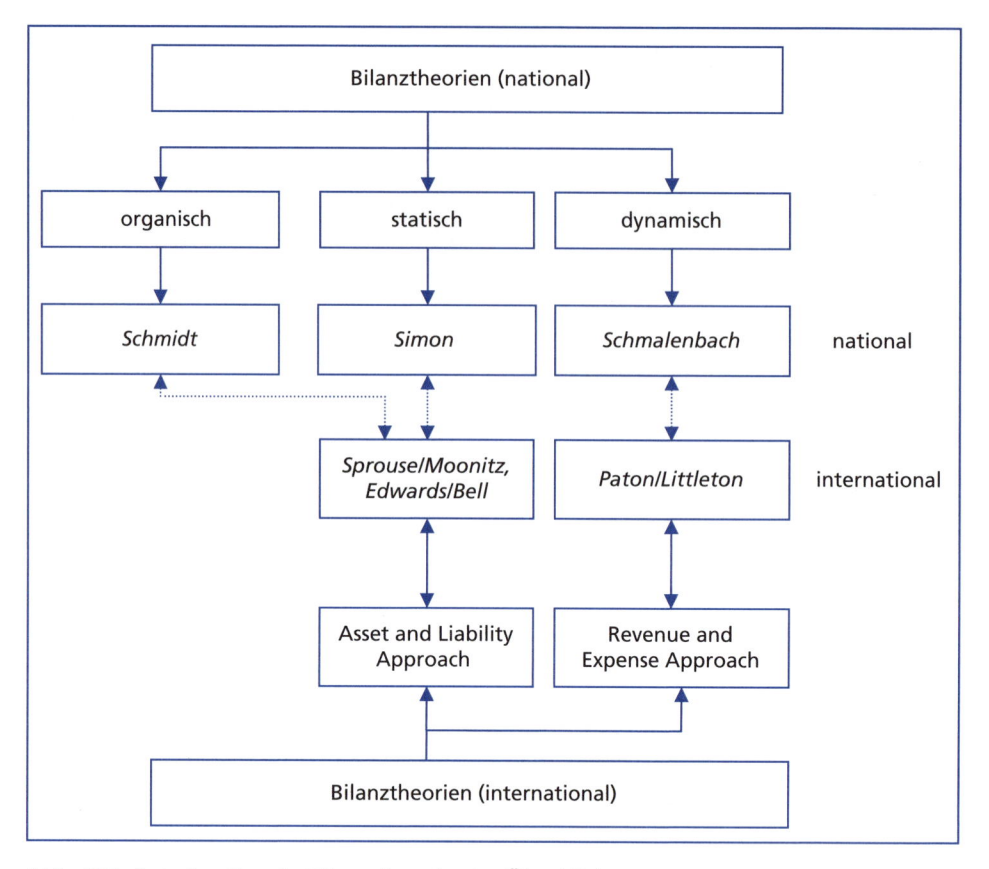

```
                    Bilanztheorien (national)
                              │
          ┌───────────────────┼───────────────────┐
          ▼                   ▼                   ▼
      organisch            statisch            dynamisch
          │                   │                   │
          ▼                   ▼                   ▼
       Schmidt              Simon            Schmalenbach         national
          ┊                   │                   │
          └┄┄┄┄┄┄┄┄┄┄┄┄┄┄┄┄┄┄┄┤                   │
                              ▼                   ▼
                      Sprouse/Moonitz,      Paton/Littleton      international
                       Edwards/Bell
                              │                   │
                              ▼                   ▼
                      Asset and Liability    Revenue and
                          Approach         Expense Approach
                              │                   │
                              └─────────┬─────────┘
                                        ▼
                          Bilanztheorien (international)
```

Abb. 122: (Inter)nationale Bilanztheorien im Überblick

- der Ausweis des betriebswirtschaftlich „tatsächlichen" **Vermögens** sowie
- die Ermittlung des ausschüttbaren **Periodengewinns**.

Die langfristige Unternehmensexistenz ist nach der organischen Bilanztheorie lediglich dann gesichert, wenn die reale Vermögenssubstanz und die betriebliche Leistungsfähigkeit erhalten wird (**Substanzerhaltung**). Diese Voraussetzungen liegen vor, wenn bei nominal unveränderten Schulden am Ende der Periode der Vermögensbestand im Vergleich zum Periodenbeginn konstant ist. Aus Informationsgesichtspunkten rückt der **Tageszeitwert** als Bewertungsmaßstab in den Mittelpunkt. Dieser repräsentiert aus Sicht der Erfolgsrechnung diejenigen **Wiederbeschaffungskosten**, welche am Umsatztag für die Güterproduktion einzusetzen sind. In der Bilanz erfolgt ein Ansatz zu Tagesbeschaffungswerten am Bilanzstichtag, wobei eine kontinuierliche Kontrolle der gegenwärtigen Marktlage erforderlich wird. Durch die Marktorientierung soll dem wirtschaftlichen und technischen Fortschritt Rechnung getragen werden. Als Konsequenz wird der Periodenerfolg als Unterschiedsbe-

V. Theoretische Fundierung

trag zwischen den Erlösen und den Wiederbeschaffungskosten am Umsatztag errechnet. Die Vermögensrechnung soll nach der organischen Bilanztheorie den **Reproduktionswert** des Unternehmens abbilden, d. h. denjenigen Betrag, der zur Errichtung des Unternehmens in seiner gegenwärtigen Form notwendig ist.[49]

Zur Realisierung eines möglichst vollständigen Vermögensausweises sind an den Bilanzansatz lediglich geringe Objektivierungserfordernisse geknüpft. Es erfolgt eine Unterteilung in das Geld- und das Realvermögen. Letzteres setzt sich aus dem Sachanlage- und Sachumlaufvermögen sowie den immateriellen Vermögenswerten zusammen. Bilanzierungspflichtig sind auch sämtliche immateriellen Kostenwerte sowie alle bezahlten Mehr- oder Minderertragswerte, die beim Unternehmenskauf auf den Erwerber übergegangen sind. Zielsetzung ist die Darstellung des lebenden und nicht des zu liquidierenden Unternehmens, so dass dem **Grundsatz der Unternehmensfortführung** eine zentrale Bedeutung beigemessen wird. Wenngleich nach der organischen Bilanztheorie die **Einzelveräußerbarkeit** kein notwendiges Kriterium zur Bejahung der Vermögenswerteigenschaft darstellt, können selbst erstellten immateriellen Gütern Ausgaben häufig nicht eindeutig zugerechnet werden. Ein Bilanzansatz ist in diesem Fall untersagt. In einer Gesamtschau wird die ursprüngliche Zielsetzung eines vollständigen Vermögensausweises in der Bilanz aus Objektivierungsgesichtspunkten eingeschränkt.

Schmidt nimmt eine Trennung in **echte Gewinne**, die durch den realen Umsatzprozess entstehen, und **Scheingewinne** vor.[50] Letztere werden als Wertänderungen „am ruhenden oder gebundenen Vermögen" definiert. Sie bilden den Unterschiedsbetrag zwischen den Buchwerten und den Wiederbeschaffungspreisen der Vermögenswerte. Scheingewinne repräsentieren keine tatsächlichen Vermögensmehrungen und werden deshalb nicht in der Gewinn- und Verlustrechnung, sondern auf einem Ergänzungskonto des Eigenkapitals (**Substanzerhaltungskonto**) verbucht. Eine erfolgswirksame Erfassung würde den Grundsatz der Substanzerhaltung konterkarieren, weil ggf. unrealisierte Gewinne ausgeschüttet werden können.[51] Bei einem Abfluss der Scheingewinne könnte der Kaufmann nicht genügend Kaufkraft zurückhalten, um die bisherige Erzeugungskapazität aufrechtzuerhalten. Zudem würde die Ausschüttung mit einer Zusatznachfrage aufseiten der Konsumenten verbunden sein und langfristig eine Überproduktion bewirken. Mithilfe des erfolgsneutralen Substanzerhaltungskontos können sowohl die Informations- als auch die Zahlungsbemessungsfunktion des Jahresabschlusses gewahrt werden. Sofern der Tageszeitwert am Umsatztag den Buchwert der Vermögenswerte unterschreitet, treten nach Maßgabe der organischen Bilanztheorie **Scheinverluste** auf. Auch diese müssen folgerichtig erfolgsneutral verbucht werden.

---

[49] Vgl. *Schmidt* 1951, S. 89.
[50] Vgl. *Schmidt* 1951, S. 102.
[51] Vgl. *Schmidt* 1951, S. 73.

2. Statische Theorie sowie Asset and Liability Approach

Im Gegensatz zur dualistischen Zielsetzung der organischen Bilanztheorie stellt die statische Bilanzauffassung monofunktional auf die stichtagsbezogene und vollständige Abbildung der **Vermögenslage** ab. Die Bilanz zeigt somit ein statisches Zustandsbild, der Grundsatz der Periodenabgrenzung wird vernachlässigt. Dies zeigt sich u. a. an der Nichtexistenz von Rechnungsabgrenzungsposten. Die statische Sichtweise wurde durch die Ausführungen von *Simon* zum Allgemeinen Deutschen Handelsgesetzbuch (ADHGB) von 1861 geprägt.[52]

Der **Erfolgsrechnung** wird eine nachrangige Bedeutung beigemessen, sie leistet lediglich eine „Zuliefererfunktion" für die Ermittlung des Periodenerfolgs. Dieser ergibt sich durch einen Vermögensvergleich aus der Bilanz. Allerdings muss die Forderung eines betriebswirtschaftlich „richtigen" Vermögensausweises der Abbildung des tatsächlichen Gewinns nicht generell entgegenstehen, so dass sich ebenfalls Ansätze der Harmoniethese der organischen Bilanztheorie wiederfinden. *Simon* nimmt eine Abgrenzung zur damaligen Rechtsprechung des *Reichsoberhandelsgerichts (ROHG)*[53] vor, welche die Ermittlung des Schuldendeckungspotenzials für den Fall der Zerschlagung des Unternehmens zugrunde legte (**Zerschlagungsstatik**). Vielmehr ist in Übereinstimmung mit der organischen Bilanztheorie der Grundsatz der Unternehmensfortführung zugrunde zu legen,[54] so dass sich grds. ein Vermögensausweis zu Fortführungswerten ergeben soll (**Fortführungsstatik**).

Infolge der Betonung des **Einzelbewertungsgrundsatzes** werden Vereinfachungsüberlegungen hinsichtlich der Gliederung der Vermögensposten angestellt. Es erfolgt eine rudimentäre Klassifikation in bewegliche und unbewegliche Gegenstände, Forderungen und immaterielle Werte. Infolge möglicher Objektivierungsdefizite fordert die statische Bilanztheorie als Aktivierungskriterium den Grundsatz der **selbstständigen Verkehrsfähigkeit** ein. Diese Voraussetzung impliziert, dass der Vermögenswert Gegenstand des Rechtsverkehrs und ein greifbares Objekt sein muss.[55] Dies schließt ebenfalls eine **selbstständige Bewertbarkeit** der in Rede stehenden Vermögenswerte ein. Aus diesen Gründen wird die statische Vermögensrechnung auch als „Bilanz im Rechtssinne" bezeichnet. *Simon* unterscheidet bei den „unkörperlichen Gegenständen" zwischen Rechten und rein wirtschaftlichen Gütern. Unter besonderer Berücksichtigung der Verlässlichkeit der Bilanz bedarf es bei **rein wirtschaftlichen** Gütern, z. B. beim Know How des Unternehmens, einer Restriktion durch die Forderung eines entgeltlichen Erwerbs durch Dritte. Hierdurch würde nach *Simon* das rein wirtschaftliche Vermögen „seine Eigenschaft als verkehrsfähiges Rechtsobjekt" bewährt haben und seine Aktivierungsfähigkeit erlangen. Sofern diese Güter selbst erstellt wurden, kommt ein Bilanzansatz nicht in Betracht. Für **Rechte** ist ein entgeltlicher Erwerb dagegen nicht zwingend. Eine bilanzielle Berücksichtigung ist immer dann vorzunehmen, wenn dem Unternehmen zurechenbare Aufwendungen für den Vermögenswert entstanden sind. Derivative und originäre Rechte werden somit im Gegensatz zu rein wirtschaftlichen Gütern gleich behandelt, sofern der Nachweis für die reale Existenz mit der Aufwandszurechnung erbracht ist.

---

[52] Vgl. *Simon* 1899, S. 92.
[53] Vgl. *ROHG* 1873, S. 15–18.
[54] Vgl. *Simon* 1899, S. 295.
[55] Vgl. *Simon* 1899, S. 161.

V. Theoretische Fundierung

Die Vergangenheitsorientierung der statischen Bilanzauffassung zeigt sich ebenfalls in der restriktiven Berücksichtigung von Rückstellungen. Eine Antizipation zukünftiger Verluste, z. B. Drohverlustrückstellungen oder für die wahrscheinliche Inanspruchnahme aufgrund von Garantieverpflichtungen, ist nicht zulässig. Vielmehr müssen die Verluste bereits eingetreten sein.

Der **Grundsatz der Bilanzwahrheit** sowie die daraus resultierende Dominanz der Vermögensrechnung im Rahmen der statischen Bilanztheorie gehen im eigentlichen Sinne mit einer einheitlichen Bewertung zu Veräußerungspreisen einher, um die Bildung stiller Reserven zu verhindern. Ungeachtet dieser Tatsache lassen sich wesentliche Abweichungen feststellen. **Langfristig gehaltene** Vermögenswerte sind mit ihrem individuellen Gebrauchs- oder Betriebswert einschließlich Abschreibungen anzusetzen. Ein Ansatz zu Veräußerungswerten würde der Selbstinformation des Kaufmanns widersprechen, da das Anlagevermögen sich gerade durch die künftige weitere Nutzung im Unternehmen auszeichnet. Im Gegensatz zum Tageszeitwertmodell nach der organischen Bilanztheorie folgt die statische Bilanzauffassung bei der Bewertung von Anlagegütern dem **Anschaffungs- und Herstellungskostenprinzip**. Eine Bewertung zu Verkaufspreisen ist auf das **Umlaufvermögen** begrenzt. Ein Ausweis unrealisierter Gewinne wird abgelehnt, so dass im Vergleich zur organischen Bilanzauffassung nicht die Substanz-, sondern die **Kapitalerhaltung** im Fokus der Analyse steht.[56]

Aus internationaler Sicht stellt der von *Sprouse/Moonitz*[57] sowie von *Edwards/Bell*[58] maßgeblich geprägte **Asset and Liability Approach** in Übereinstimmung zur statischen Theorie die Bilanz in den Mittelpunkt.[59] Zielsetzung der Gewinnermittlung, verstanden als Veränderung des Reinvermögens bzw. Eigenkapitals eines Unternehmens in der Berichtsperiode, ist eine umfassende und zugleich objektive Bilanzierung von Vermögenswerten. Insofern wird die Zeitwertbilanzierung als theoretisch überlegen angesehen. In Abgrenzung zur statischen Bilanztheorie soll die Ansatzfähigkeit von immateriellen Vermögenswerten allerdings grds. nicht von der Entgeltlichkeit des Erwerbsvorgangs abhängen.[60] Der dem Vorsichtsprinzip entsprechende **Conservatism-Grundsatz** wird lediglich eine nachrangige Bedeutung beigemessen. Gleichzeitig weisen *Sprouse/Moonitz* den immateriellen Vermögenswerten jedoch einen hohen Unsicherheitsgrad zu.[61] Eine Vermögenswerteigenschaft ist lediglich dann zu bejahen, sofern eine selbstständige Übertragbarkeit und Bewertbarkeit gegeben sind. Die Auswahl des jeweiligen Bewertungsmaßstabs erfolgt postenspezifisch und trägt den abweichenden Objektivierungserfordernissen Rechnung. Zugleich wird gefordert, in regelmäßigen Abständen eine Umbewertung zu Wiederbeschaffungskosten vorzunehmen. Das Schrifttum beschreibt den Asset and Liability Approach auch als bestandsgrößenorientierte, auf eine objektivierte Vermögensdarstellung ausgerichtete statische Bilanzierungskonzeption.[62]

---

[56] Vgl. *Simon* 1899, S. 337.
[57] Vgl. *Sprouse/Moonitz* 1962 sowie ebenfalls *Moonitz* 1961.
[58] Vgl. *Edwards/Bell* 1961.
[59] Vgl. *Sprouse/Moonitz* 1962, S. 4 f.
[60] Vgl. *Sprouse/Moonitz* 1962, S. 22.
[61] Vgl. *Sprouse/Moonitz* 1962, S. 20.
[62] Vgl. u. a. *Jacobi* 2003, S. 49.

Zur Erhöhung der Informationsfunktion der Erfolgsrechnung ist nach dem modifizierten Asset and Liability Approach von *Edwards/Bell*,[63] welcher neben statischen auch organische Elemente enthält, der separate Ausweis eines Leistungs- und eines Dispositionsgewinns vorgesehen, die zusammen den Unternehmensgewinn ergeben.[64] Ersterer misst das Ergebnis des betrieblichen Produktions- und Umsatzprozesses als Unterschied zwischen den Umsatzerlösen und dem zu Wiederbeschaffungspreisen bewerteten Aufwendungen. Der ermittelte Wertzuwachs des Anlage- und Vorratsvermögens fließt in den Dispositionsgewinn ein, welcher Ausdruck der unternehmerischen Investitions- und Vorratspolitik ist.[65] Die Beurteilungsmöglichkeit des Unternehmenserfolgs erfährt durch die Gewinnseparierung nach Einschätzung von *Edwards/Bell* eine wesentliche höhere Qualität.[66] Mit dieser Vorgehensweise ergeben sich fundamentale Interdependenzen zur organischen Bilanztheorie nach *Schmidt* hinsichtlich der Trennung in Umsatz- und Scheingewinne.

3. Dynamische Theorie sowie Revenue and Expense Approach

Im Vordergrund der dynamischen Bilanztheorie nach *Schmalenbach* steht im Gegensatz zur statischen Bilanzauffassung die betriebliche Erfolgsrechnung. Obwohl die Bilanz als „Kräftespeicher der Unternehmung"[67] bezeichnet wird, muss diese sich der Erfolgsrechnung als **Abgrenzungskonto** für sämtliche Aufwendungen und Erträge, die bislang noch nicht in die Erfolgsrechnung eingegangen sind, unterordnen. Für die Erfolgsermittlung würde eine einfache Kassenrechnung genügen, so dass sich die Bilanz streng genommen erübrigt.

Nach dem **Prinzip der wirtschaftlichen Betriebslenkung** steht die „richtige" ergebniswirksame Erfassung der Aufwendungen und Erträge im Vordergrund, womit entscheidungsnützliche Informationen über den Periodenerfolg generiert werden. Dieser wird zur laufenden Wirtschaftlichkeitskontrolle herangezogen, so dass der Abschluss vorwiegend eine Selbstinformationsfunktion des Kaufmanns erfüllt. Durch die Dominanz der **periodengerechten Erfolgsermittlung** als vorrangiges Bilanzierungsziel werden Aspekte der Gewinnverteilung vernachlässigt. Die Trennung zwischen erzieltem und ausschüttbarem Gewinn steht im Widerspruch zur statischen Bilanztheorie, die bereits bei der Gewinnermittlung Ausschüttungsforderungen antizipiert. Nach *Schmalenbach* lässt sich somit die Erstellung einer Informations- und einer separaten Ausschüttungsbilanz rechtfertigen (**Separationstheorie**).

Weiterhin unterstellt *Schmalenbach* die Einhaltung des **Kongruenzprinzips**, wonach die Summe aller Periodenerfolge über die Gesamtlaufzeit identisch ist mit dem Totalerfolg von der Gründung bis zur Unternehmensliquidation. Eine dauerhaft erfolgsneutrale Erfassung von (Schein-)Gewinnen und -Verlusten, wie es die organische Bilanztheorie vorsieht, geht

---

[63] Vgl. *Edwards/Bell* 1961.
[64] Vgl. *Edwards/Bell* 1961, S. 73 f.
[65] Vgl. *Jacobi* 2003, S. 42.
[66] Vgl. *Edwards/Bell* 1961, S. 271.
[67] *Schmalenbach* 1962, S. 74.

mit einem Verstoß gegen das Kongruenzprinzip einher und wird abgelehnt. Der Totalerfolg misst die Differenz sämtlicher Einnahmen und Ausgaben, die nicht Entnahmen oder Einlagen sind.

Eine zutreffende Ableitung des Unternehmenswerts mithilfe der dynamischen Bilanz kann nicht erfolgen. Dies würde eine Prognose künftiger Einzahlungsüberschüsse und die Festlegung eines subjektiven Kapitalisierungszinssatzes implizieren, welche die Bilanz nicht generieren kann und aus Objektivierungsgesichtspunkten auch nicht darf. Damit weist die dynamische Bilanztheorie auf die Grenzen der externen Rechnungslegung und die Notwendigkeit einer außerbilanziellen Zusatzberichterstattung zur Reduktion von Wertlücken zwischen dem bilanziellen Eigenkapital und dem Unternehmenswert hin (Value Reporting). Aus diesem Unvermögen, den Unternehmenswert mittels der Bilanz vollständig abbilden zu können, befürwortet – in Anlehnung an die Statiker – die dynamische Bilanztheorie die Einhaltung des **Vorsichtsprinzips**, welches sich im Realisations- und Anschaffungs- oder Herstellungskostenprinzip niederschlägt. Das **Realisationsprinzip** besagt, dass Gewinne erst zum Zeitpunkt des endgültigen Absatzes der erstellten Güter zum Ausweis gelangen dürfen. Die dynamische Abschlusserstellung folgt in einer Gesamtschau im Gegensatz zur Substanzerhaltung der organischen Bilanztheorie der **Kapitalerhaltung**. Diese liegt vor, wenn die Kaufkraft des Eigenkapitals konstant bleibt.

Der Bilanzansatz wird vom **Verursachungsprinzip** geleitet, d. h. Aufwendungen und Erträge sind den Wirtschaftsjahren zuzuordnen, in denen sie ausgelöst werden. Aktiva und Passiva werden in der Bilanz mit Ausnahme des Zahlungsmittelbestands als schwebende Vor- und Nachleistungen an künftige Perioden interpretiert,[68] so dass keine stichtagsbezogenen Bestände, sondern periodisierte Ausgaben und Einnahmen aus noch nicht erfolgten Umsätzen zum Ausweis gelangen. Im Gegenzug zur statischen Bilanztheorie kommt der bilanziellen Erfassung **aktiver und passiver Rechnungsabgrenzungsposten** eine hohe Bedeutung zu, wobei sich **transitorische** [vgl. Aktivierung (1) und Passivierung (4)] und **antizipative** Posten [vgl. Aktivierung (4) und Passivierung (1)] nach folgendem Schema unterscheiden lassen:

- Aktivierung:
  (1) Ausgabe jetzt, Aufwand später (z. B. abnutzbares Anlagevermögen),
  (2) Ausgabe jetzt, Einnahme später (z. B. nicht abnutzbares Anlagevermögen),
  (3) Ertrag jetzt, Aufwand später (z. B. unfertige Erzeugnisse) oder
  (4) Ertrag jetzt, Einnahme später (z. B. Fertigerzeugnisse).
- Passivierung:
  (1) Aufwand jetzt, Ausgabe später (z. B. Rückstellungen für ungewisse Verbindlichkeiten),
  (2) Aufwand jetzt, Ertrag später (z. B. Rückstellungen für unterlassene Instandhaltung durch den eigenen Betrieb),
  (3) Einnahme jetzt, Ausgabe später (z. B. erhaltene Darlehen) oder
  (4) Einnahme jetzt, Ertrag später (z. B. Kundenanzahlungen).

Durch die Betonung der periodengerechten Erfolgsermittlung und der Antizipation zukünftiger Verluste ist auch der **Rückstellungsbegriff** dynamischer ausgestaltet als in der stati-

---

[68] Vgl. *Schmalenbach* 1962, S. 66.

schen Bilanztheorie. Passivierungspflichtig sind zusätzlich Sachverhalte, in denen am Bilanzstichtag noch keine Verpflichtung gegenüber einer unternehmensexternen Partei besteht.

Hinsichtlich des **immateriellen** Unternehmensvermögens unterscheidet *Schmalenbach* zwischen dem Goodwill, den Nutzrechten sowie den Beteiligungen. Der nicht bilanzierungsfähige sog. „Goodwill Nr. 1" tritt immer dann in Erscheinung, wenn „ein Geschäft von Grund auf selbst errichtet wird", d. h. ein originärer Goodwill entsteht.[69] Der „Goodwill Nr. 2" stellt als Kapitalisierungsmehrwert den derivativen Geschäfts- oder Firmenwert dar und wird mit einem **Ansatzwahlrecht** belegt, da dieser einen „Wert eigener Art" repräsentiert.

Neben den entgeltlich erworbenen können ebenfalls **selbst erstellte Nutzrechte** bilanzierungsfähig sein, wenn diese einerseits einen künftigen Nutzwert erzielen, andererseits ein Verteilungsbedürfnis vorliegt und schließlich eine verlässliche Kosten- und Nutzenzurechenbarkeit gegeben ist. Subjektive Nutzenerwartungen sind unzureichend, vielmehr bedarf es einer formalen Existenzüberprüfung in Ausgestaltung einer rechtlichen Nachweiskonkretisierung. Aus den Ausführungen von *Schmalenbach* lässt sich folgern, dass originäre **rein wirtschaftliche Werte** in Übereinstimmung zur statischen Bilanztheorie im Regelfall nicht in der Bilanz ausgewiesen werden sollen.

Das **Verteilungsbedürfnis**, d. h. die Frage, inwieweit eine Auszahlung als durch die Periode verursacht ist, stellt bei der Beurteilung der Ansatzfähigkeit keine Generalnorm dar, sondern steht mit dem **Vorsichtsprinzip** in einem Zielkonflikt. Dies zeigt sich u. a. in der Forderung nach einem Ansatz von Entwicklungs- bei gleichzeitiger Nichtaktivierung von Forschungsaufwendungen im Rahmen der dynamischen Bilanztheorie.

Eine Berücksichtigung von **aktuellen Zeitwerten** bei Anlagegütern im Sinne einer Überschreitung der ursprünglichen Kosten hinaus nach Maßgabe der organischen und in Abgrenzung zur statischen Bilanztheorie verstößt folgerichtig gegen das Vorsichtsprinzip. Daher ist nach der dynamischen Bilanztheorie dem **Anschaffungs- und Herstellungskostenprinzip**, ergänzt um das Niederstwertprinzip, zu folgen.

In Übereinstimmung mit der dynamischen Bilanztheorie nach *Schmalenbach* steht beim **Revenue and Expense Approach** nach *Paton/Littleton*[70] die periodengerechte Gewinnermittlung und mithin die Erfolgsrechnung als Rechenschaftsinstrument im Vordergrund.[71] Die bilanziell ausgewiesene Vermögenssubstanz gibt in Übereinstimmung zu *Schmalenbach* den Unternehmenswert unzureichend wieder; lediglich durch die strikte Befolgung des **Matching Principle**, welches die verursachungsgerechte Feststellung und Zuordnung von Aufwendungen und Erträgen regelt, lässt sich anhand der in der Erfolgsrechnung gezeigten betrieblichen Ertragskraft der Unternehmenswert approximativ bestimmen.[72] In Kongruenz zu *Schmalenbach* sind sämtliche Einnahmen und Ausgaben, die noch nicht aufwands- bzw. ertragswirksam erfassbar sind, in der Bilanz anzusetzen; das nicht monetäre Vermögen trägt die Bezeichnung „Ertragsminderungen in der Schwebe".[73] Der Kreis

---

[69] *Schmalenbach* 1962, S. 143.
[70] Vgl. *Paton/Littleton* 1940.
[71] Vgl. zu jener Gleichsetzung ebenfalls *Haller* 1994, S. 133.
[72] Vgl. *Paton/Littleton* 1940, S. 10.
[73] Vgl. *Paton/Littleton* 1940, S. 25.

aktivierungsfähiger immaterieller Vermögenswerte ist ähnlich weit und unbestimmt gefasst wie bei *Schmalenbach*.[74] So geben *Paton/Littleton* exemplarisch die mögliche Aktivierung von Personalausbildungs- sowie Entwicklungs- und Organisationsaufwendungen an.[75] Ebenso wird die Zeitwertbilanzierung zugunsten des (fortgeführten) Anschaffungs- und Herstellungskostenprinzips aus Objektivierungserfordernissen abgelehnt.[76] Das Schrifttum tituliert den Revenue and Expense Approach auch als stromgrößenorientierter, auf periodengerechte Gewinnermittlung ausgerichteter dynamischer Ansatz.[77]

D. Konzernbilanztheorien

Konzernbilanztheorien dienen der Erklärung des Zwecks von **Konzernabschlüssen** und dessen Konzeption unter Beachtung seiner Eigenarten. Da sich der Konzernabschluss aus den Einzelabschlüssen der **Konzernunternehmen** (Mutter-, Tochter-, Gemeinschafts-, assoziierte und Beteiligungsunternehmen) zusammensetzt,[78] thematisieren die Konzerntheorien die Art und den Umfang der Einbeziehung der Einzelabschlüsse sowie die Charakterisierung und Behandlung von Anteilen der an den Tochterunternehmen beteiligten **Minderheitsgesellschafter**. Die grundlegende Unterscheidung in die Einheits- und Interessentheorie wurde erstmals von *Bores*[79] vorgenommen. Die **Einheitstheorie (Entity Approach)** fasst den Konzernabschluss als Gesamtabschluss der wirtschaftlichen Einheit „Konzern" auf, welche sich auf die Darstellung der Vermögens-, Finanz- und Ertragslage des Konzerns als Einheit maßgeblich auswirkt. Im Rahmen der Einheitstheorie wird die Annahme vertreten, dass die Mehrheitsgesellschafter ihre Interessen aufgrund ihres beherrschenden Einflusses gegenüber den Minderheitsgesellschaftern durchsetzen können. Insofern werden die Interessen der Minderheitsgesellschafter entweder vernachlässigt oder eine homogene Interessenlage sämtlicher Anteilseigner unterstellt. Der nach der Einheitstheorie zu fertigende Konzernabschluss weist folgerichtig das Reinvermögen **sämtlicher Anteilseigner** der einzelnen Konzernunternehmen und den darauf entfallenden Erfolg ausnahmslos als Konzerneigenkapital aus. Die Inhaber der Minderheitsanteile, die von anderen Unternehmen gehaltenen Anteile, gelten hierbei nicht als Außenstehende, sondern als **konzernzugehörige Gesellschafter**. Die Minderheitsgesellschafter repräsentieren mithin keine Gläubiger nach der Einheitstheorie. Hieraus folgt die Verpflichtung einer vollständigen Eliminierung von Zwischenerfolgen unabhängig davon, ob dieser im Einzelabschluss eines voll im Beteiligungsbesitz der Mutterunternehmung befindlichen Tochterunternehmens zum Ausweis gelangt oder im Jahresabschluss eines Konzernunternehmens mit Minderheitsgesellschaftern.

Nach der **Interessentheorie (Proprietary Approach)** als Gegenentwurf wird der Konzernabschluss als erweiterter Jahresabschluss des Mutterunternehmens aufgefasst, der das Ge-

---

[74] Vgl. ebenfalls zu dieser Einschätzung *Jacobi* 2003, S. 94 f.
[75] Vgl. *Paton/Littleton* 1940, S. 73 f. und S. 93.
[76] Vgl. *Paton/Littleton* 1940, S. 11–13.
[77] Vgl. u. a. *Jacobi* 2003, S. 49.
[78] Vgl. *Freidank* 2012b, S. 340 f.
[79] Vgl. *Bores* 1935.

samtvermögen ausweist, welches den Anteilseigern indirekt zusteht und die damit verbundenen Schulden. Hierbei werden wesentliche Interessenkonflikte zwischen Mehrheits- und Minderheitsgesellschaftern angenommen. Der Konzernabschluss dient daher ausschließlich der Information der Anteilseigner der Mutterunternehmung, sodass die Minderheitsgesellschafter als Konzernaußenstehende bzw. Gläubiger gelten. Die Anteile an den übrigen Konzernunternehmen, die sich nicht im direkten oder indirekten Besitz des Mutterunternehmens befinden, werden als **Quasi-Verbindlichkeiten** klassifiziert. Insofern gelten Zwischenerfolge, die ein nicht voll im Besitz der Konzernobergesellschaft befindliches Unternehmen auf Einzelabschlussebene ausweist, in Höhe des Beteiligungsprozentsatzes der Minderheiten als realisiert. Eine Eliminierung der aufgetretenen Zwischenerfolge darf lediglich in Höhe des Beteiligungsprozentsatzes erfolgen.

VI. Aufstellungs-, Prüfungs- und Offenlegungspflichten des Jahresabschlusses und des Lageberichts

A. Allgemeines

Das deutsche Handelsrecht knüpft die Pflichten zur Aufstellung, Prüfung und Offenlegung von Jahresabschluss sowie Lagebericht an **bestimmte Merkmale der Unternehmensgröße** (Bilanzsumme, Umsatz, Arbeitnehmer), die in § 267 HGB und § 1 PublG verankert wurden. Während sich die Größenklassifizierung des § 267 HGB auf die Gruppen **Kleinstkapitalgesellschaften, kleine, mittelgroße und große Kapitalgesellschaften** bezieht, fallen laut § 3 Abs. 1 PublG lediglich „…Unternehmen in der Rechtsform

1. einer Personenhandelsgesellschaft, für die kein Abschluss nach § 264 a oder § 264 b des Handelsgesetzbuches aufgestellt wird, oder des Einzelkaufmanns,
2. (gestrichen)
3. des Vereins, dessen Zweck auf einen wirtschaftlichen Geschäftsbetrieb gerichtet ist,
4. der rechtsfähigen Stiftung des bürgerlichen Rechts, wenn sie ein Gewerbe betreibt,
5. einer Körperschaft, Stiftung oder Anstalt des öffentlichen Rechts, die Kaufmann nach § 1 des Handelsgesetzbuchs sind oder als Kaufmann im Handelsregister eingetragen sind"

unter den Begriff der sog. **Großunternehmen**, wenn sie **mindestens zwei** der drei in § 1 Abs. 1 PublG genannten Merkmale an drei **aufeinander folgenden Abschlussstichtagen** übersteigen.

Die **Abbildungen 123** und **124** geben einen Überblick über die konkreten Größenmerkmale und die Zuordnung zu den angesprochenen Unternehmenstypen. Darüber hinaus sind **kapitalmarktorientierte Kapitalgesellschaften** im Sinne von § 264d HGB, unabhängig von den Kriterien Bilanzsumme, Umsatz und Arbeitnehmerzahl, stets zur Gruppe der großen Kapitalgesellschaften zu rechnen (§ 267 Abs. 3 Satz 2 HGB).

Kriterien \ Typen	Bilanzsumme in Mio. €	Umsatz in Mio. €	durchschnittliche Arbeitnehmer
Kleinstkapitalgesellschaften (§ 267a HGB)	≤ 0,350	≤ 0,700	≤ 10
Kleine Kapitalgesellschaften (§ 267 Abs. 1 HGB)	≤ 4,840	≤ 9,680	≤ 50
Mittelgroße Kapitalgesellschaften (§ 267 Abs. 2 HGB)	> 4,840 ≤ 19,25	> 9,680 ≤ 38,5	> 50 ≤ 250
Große Kapitalgesellschaften (§ 267 Abs. 3 Satz 1 HGB)	> 19,25	> 38,5	> 250
	Kapitalmarktorientierte Kapitalgesellschaften		
Großunternehmen (§ 1, § 3 PublG)	> 65	> 130	> 5.000

Abb. 123: Unternehmenstypen nach den Größenmerkmalen des Handelsgesetzbuches und des Publizitätsgesetzes

Kleinstkapitalgesellschaften	die an **zwei** aufeinander folgenden Abschlussstichtagen die unteren Grenzwerte von mindestens **zwei** der in **Abbildung 123** genannten **drei Merkmale** nicht überschreiten
Kleine Kapitalgesellschaften	die an **zwei** aufeinander folgenden Abschlussstichtagen die unteren Grenzwerte von mindestens **zwei** der in **Abbildung 123** genannten **drei Merkmale** nicht überschreiten
Mittelgroße Kapitalgesellschaften	die an **zwei** aufeinander folgenden Abschlussstichtagen die unteren Grenzwerte von mindestens **zwei** der in **Abbildung 123** genannten **drei Merkmale** überschreiten und die oberen Grenzwerte von mindestens **zwei** der in **Abbildung 123** genannten **drei Merkmale** nicht überschreiten
Große Kapitalgesellschaften	die an **zwei** aufeinander folgenden Abschlussstichtagen die oberen Grenzwerte von mindestens **zwei** der in **Abbildung 123** genannten **drei Merkmale** überschreiten
Großunternehmen gemäß PublG	die mindestens **zwei** der in **Abbildung 123** genannten **drei Merkmale** an **drei** aufeinander folgenden Abschlussstichtagen überschreiten.

Abb. 124: Anwendung der Größenmerkmale des Handelsgesetzbuches und des Publizitätsgesetzes

In **Abbildung 125** und **Abbildung 126** werden die wichtigsten Einzelvorschriften zur Aufstellung, Prüfung und Offenlegung des Jahresabschlusses und des Lageberichts für nicht kapitalistische **Personenhandelsgesellschaften und Einzelunternehmen** einerseits und **Kapitalgesellschaften** andererseits überblickartig dargestellt.[1] Sofern Personenhandelsgesellschaften und Einzelunternehmen die Schwellenwerte von § 1 Abs. 1 PublG übersteigen,

---

[1] Modifiziert entnommen von *Schildbach/Stobbe/Brösel* 2013, S. 126 f.

VI. Aufstellungs-, Prüfungs- und Offenlegungspflichten

Aufstellung, Prüfung, Offenlegung		Nicht publizitätspflichtig	Publizitätspflichtig
Aufstellung	Bilanz	nach GoB, klar und übersichtlich (§ 243, § 247 HGB)	volles Schema nach § 266 HGB
	GuV	nach GoB, klar und übersichtlich (§ 243 HGB)	volles Schema nach § 275 HGB
	Frist	innerhalb der einem ordnungsmäßigen Geschäftsgang entsprechenden Zeit (§ 243 Abs. 3 HGB) (d. h. binnen der nachfolgenden 12 Monate)	3 Monate (§ 5 Abs. 1 Satz 1 PublG)
Prüfungspflicht		nein	ja (§ 6 PublG)
Offenlegung	Bilanz		volles Schema nach § 266 HGB, aber Eigenkapitalausweis in einem Posten möglich (§ 9 Abs. 3 PublG)
	GuV		bis auf einige Details in der Anlage zur Bilanz (§ 5 Abs. 5 Satz 3 PublG) nicht offen zu legen (§ 9 Abs. 2 PublG)
	elektronischer Bundesanzeiger (§ 325 Abs. 2 HGB)	keine Offenlegungspflicht	Bilanz, Gewinn- und Verlustrechnung oder Anlage gemäß § 5 Abs. 5 Satz 3 PublG, Bestätigungs- oder Versagungsvermerk, Prüfungsbericht des Aufsichtsorgans sowie ggf. Vorschlag (und Beschluss) über die Ergebnisverwendung (§ 9 Abs. 1 und Abs. 2 PublG)
	Frist	keine	12 Monate (§ 9 Abs. 1 Satz 1 PublG; § 325 Abs. 1 Satz 2 HGB); bei Börsennotierung 4 Monate (§ 9 Abs. 1 Satz 1 PublG; § 325 Abs. 4 HGB)

Abb. 125: Aufstellungs-, Prüfungs- und Offenlegungsvorschriften für nicht kapitalistische Personenhandelsgesellschaften und Einzelunternehmen nach dem Handelsgesetzbuch und dem Publizitätsgesetz

Aufstellung, Prüfung, Offenlegung		Kleinstkapitalgesellschaft	Klein	Mittelgroß	Groß
Aufstellung	Bilanz	verkürzt (§ 266 Abs. 1 Satz 4 HGB); kein Anlagegitter und kein gesonderter Ausweis des Disagios (§ 274 a Nr. 1 und Nr. 4 HGB)	verkürzt (§ 266 Abs. 1 Satz 3 HGB); Verzicht auf Anlagegitter und gesonderten Ausweis eines Disagios (§ 274 a Nr. 1 und Nr. 4 HGB)	volles Schema nach § 266 HGB	
	GuV	verkürzt (§ 275 Abs. 5 HGB)	Posten 1 bis 5 bzw. 1 bis 3 und 6 dürfen zum Posten Rohergebnis zusammengefasst werden (§ 276 HGB)	volles Schema nach § 275 HGB	
	Anhang	keine Aufstellungspflicht, wenn bestimmte Angaben unter der Bilanz gemacht werden (§ 264 Abs. 1 Satz 5 HGB)	Verzicht auf Erläuterung bestimmter Forderungen und Verbindlichkeiten (§ 274 a Nr. 2, 3 HGB)	Pflicht	Pflicht
	Lagebericht	keine Aufstellungspflicht (§ 264 Abs. 1 Satz 4 1. HS HGB)		Pflicht	Pflicht
	Frist	ordnungsmäßiger Geschäftsgang: maximal 6 Monate (§ 264 Abs. 1 Satz 4 2. HS HGB)		3 Monate (§ 264 Abs. 1 Satz 3 HGB)	
Prüfungspflicht		nein		ja (§ 316 Abs. 1 Satz 1 HGB)	
Offenlegung	Bilanz	Verkürzt nach § 266 Abs. 1 Satz 4 HGB (§ 326 Satz 1 HGB)	Verkürzt nach § 266 Abs. 1 Satz 3 HGB (§ 326 Satz 1 HGB)	nur teilweise verkürzt (§ 327 Nr. 1 HGB), Zusatzpositionen auch im Anhang möglich	volles Schema nach § 266 HGB
	GuV	keine Offenlegungspflicht (§ 326 Satz 1 HGB)		Offenlegungspflicht, Zusammenfassung der ersten Posten zum Rohergebnis möglich (§ 276 HGB)	volles Schema nach § 275 HGB
	elektronischer Bundesanzeiger (§ 325 Abs. 2 HGB)	Bilanz (§ 326 Abs. 1 i.V.m. § 264 Abs. 1 Satz 5 HGB); alternativ: Wahlrecht zur Hinterlegung statt Offenlegung der Bilanz (§ 326 Abs. 2 HGB)	Bilanz und Anhang (§ 326 Abs. 1 HGB), wobei der Anhang verkürzt nach § 288 Satz 1 und § 326 Satz 2 HGB publiziert werden kann	Bilanz, Gewinn- und Verlustrechnung, Anhang, ggf. Kapitalflussrechnung, Eigenkapitalspiegel, wahlweise Segmentbericht, Lagebericht, Vorschlag und Beschluss zur Ergebnisverwendung, Bestätigungs- oder Versagungsvermerk, Bericht des Aufsichtsorgans, Erklärung nach § 161 AktG (§ 325 Abs. 1 Satz 3, § 327 Nr. 1 HGB), wobei mittelgroße Kapitalgesellschaften den Anhang verkürzt nach § 327 Nr. 2 HGB publizieren dürfen. Angaben über die Ergebnisverwendung können bei der GmbH ggf. unterbleiben (§ 325 Abs. 1 Satz 4 HGB)	
	Frist	12 Monate (§ 325 Abs. 1 Satz 2 HGB); für börsennotierte Kapitalgesellschaften 4 Monate (§ 325 Abs. 4 HGB)			

Abb. 126: Aufstellungs-, Prüfungs- und Offenlegungsvorschriften für Kapitalgesellschaften und kapitalistische Personenhandelsgesellschaften nach dem Handelsgesetzbuch

VI. Aufstellungs-, Prüfungs- und Offenlegungspflichten

zählen sie zu den **publizitätspflichtigen (Groß-)Unternehmen** und müssen sich mit einigen Ausnahmen wie große Kapitalgesellschaften behandeln lassen. Andere, von § 3 Abs. 1 PublG genannte Rechtsformen, die auch unter den Begriff der sog. Großunternehmen fallen können, bleiben im weiteren Verlauf der Abhandlung unberücksichtigt, da sie in der Praxis in aller Regel eine nur untergeordnete Rolle spielen. Darüber hinaus sind bestimmte Personenhandelsgesellschaften den Kapitalgesellschaften bezüglich Rechnungslegung, Prüfung und Offenlegung gleichgestellt. Nach § 264 a HGB handelt es sich um solche offenen Handelsgesellschaften und Kommanditgesellschaften, „… bei denen nicht wenigstens ein persönlich haftender Gesellschafter 1. eine natürliche Person oder 2. eine offene Handelsgesellschaft, Kommanditgesellschaft oder andere Personengesellschaft mit einer natürlichen Person als persönlich haftendem Gesellschafter ist oder sich die Verbindung von Gesellschaften in dieser Art fortsetzt" (§ 264 a Abs. 1 2. HS HGB). In diesen Fällen ist neben den übrigen Vorschriften des Ersten bis Fünften Unterabschnitts des Zweiten Abschnitts des Handelsgesetzbuches insbesondere § 264 c zu beachten, der spezifische Rechnungslegungsvorschriften für diese **kapitalistischen Personenhandelsgesellschaften** (Kapitalgesellschaften & Co.) enthält.

Die **IFRS** enthalten dagegen **keine** Offenlegungs- und Prüfungsvorschriften. Bezüglich der Erstellung eines IFRS-Abschlusses sind auch keine dem Handelsrecht vergleichbaren rechtsformabhängigen und schwellenwertbezogenen Detaillierungsnormen existent. Insofern haben sämtliche Unternehmen, welche einen IFRS-Abschluss erstellen, die in IAS 1.10, 1.54, 1.82, 1.106, IAS 1.111 i. V. m. IAS 7, 1.12 sowie IFRS 8 aufgeführten Mindestinhalte von Bilanz, Gesamterfolgsrechnung, Anhang, Kapitalflussrechnung, Eigenkapitalspiegel, ggf. Segmentbericht einzuhalten. Lediglich bei Unternehmen, die nicht im öffentlichen Interesse stehen (SME), besteht ein Wahlrecht aus Sicht des IASB, anstelle der „Full IFRS" die IFRS für SME anzuwenden.

B. Varianten der Bilanzgliederung

Während das Handelsgesetzbuch für **Kapitalgesellschaften** in § 266 HGB detaillierte Gliederungsvorschriften bezüglich der Bilanz enthält, sind die für **nicht publizitätspflichtige Einzelunternehmen und Personenhandelsgesellschaften** maßgebenden Regelungen lediglich ansatzweise in § 247 HGB verankert worden.[2] Publizitätspflichtige Einzelunternehmen und Personenhandelsgesellschaften haben hingegen die für Kapitalgesellschaften maßgebenden Gliederungsvorschriften zu befolgen (§ 5 Abs. 1 Satz 2 PublG). Die kodifizierten Gliederungsnormen stellen nach h. M. **Mindestanforderungen** dar, die auf jeden Fall von den zur Aufstellung des Jahresabschlusses verpflichteten Unternehmen zu befolgen sind. Darüber hinaus sind weitergehende Untergliederungen, Zusätze und Modifikationen zulässig, sofern sie nicht gegen Einzelvorschriften (z. B. § 265, § 266 HGB) sowie die Generalnormen von § 243 Abs. 2 bzw. § 264 Abs. 2 HGB verstoßen. Die Gliederungsvorschriften von § 266 Abs. 2 HGB folgen dem Muster eines **Industrieunternehmens** in der Rechtsform einer **Kapitalgesellschaft**. Wirtschaftszweig- und/oder rechtsformspezifische Modifikationen (z. B. für

---

[2] Vgl. hierzu die Ausführungen im Zweiten Teil zu Gliederungspunkt I.B.2. und im Vierten Teil zu Gliederungspunkt II.

Aktiva	Bilanz	Passiva

A. Anlagevermögen:
*   I. Immaterielle Vermögensgegenstände
    II. Sachanlagen
    III. Finanzanlagen
 	
B. Umlaufvermögen:
*   I. Vorräte
    II. Forderungen und sonstige Vermögensgegenstände (davon mit einer Restlaufzeit von über einem Jahr)
    III. Wertpapiere
    IV. Kassenbestand, Bundesbankguthaben, Guthaben bei Kreditinstituten und Schecks
 	
C. Rechnungsbegrenzungsposten
(D. Aktive latente Steuern) **
E. Aktiver Unterschiedsbetrag aus der Vermögensverrechnung
 	
F. Nicht durch Eigenkapital gedeckter Fehlbetrag^a
 	
^a Dieser Posten ist im Gliederungsschema nach § 266 Abs. 2, 3 HGB nicht enthalten. Sein Ausweis ergibt sich aufgrund besonderer Einzelvorschriften der Bilanz.
	A. Eigenkapital:
	* I. Gezeichnetes Kapital
	    II. Kapitalrücklage
	    III. Gewinnrücklagen
	    IV. Gewinn-/Verlustvortrag
	    V. Jahresüberschuss/-fehlbetrag
	
	B. Rückstellungen
	
	C. Verbindlichkeiten (davon mit einer Restlaufzeit bis zu einem Jahr)
	
	D. Rechnungsabgrenzungsposten
	
	(E. Passive latente Steuern) **	

*   Kleinstkapitalgesellschaften i. S. d. § 267a HGB brauchen die in eckigen Klammern zu findenden Posten nicht gesondert ausweisen (§ 266 Abs. 1 Satz 4 HGB).

** Wahlrecht zum Verzicht auf die latente Steuerabgrenzung (§ 274a Nr. 5 HGB)

Abb. 127: Bilanzgliederung der Kleinstkapitalgesellschaft und kleinen Kapitalgesellschaft nach § 266 Abs. 1 Satz 3, 4 HGB

Banken und Versicherungsunternehmen bzw. Personengesellschaften) sind deshalb möglich (z. B. § 330 HGB, § 5 Abs. 3 PublG). **Abbildung 127** und **Abbildung 128** zeigen **mögliche Bilanzgliederungen** für Kleinstkapitalgesellschaften, kleine, mittelgroße und große Kapitalgesellschaften nach den Normen des Handelsgesetzbuches.[3]

Große und mittelgroße Kapitalgesellschaften sowie publizitätspflichtige Einzelunternehmen und Personenhandelsgesellschaften haben zudem in der Bilanz (oder im Anhang) ein sog. **Anlagengitter** (§ 268 Abs. 2 Satz 1 HGB) zu erstellen, das den Adressaten des Jahresabschlusses u. a. wichtige Informationen über die **Investitionspolitik** des Unternehmens liefert.[4] Kleinstkapitalgesellschaften und kleine Kapitalgesellschaften sind von dieser Verpflichtung befreit (§ 274 a Nr. 1 HGB).

---

[3] In Anlehnung an *Förschle/Kropp/Wöste* 1986, S. 212 und S. 182.
[4] Vgl. hierzu die Ausführungen im Fünften Teil zu Gliederungspunkt III.B.3.a.

VI. Aufstellungs-, Prüfungs- und Offenlegungspflichten

Aktiva	Bilanz	Passiva

A. Anlagevermögen:
  I. Immaterielle Vermögensgegenstände:
    1. Selbst geschaffene gewerbliche Schutzrechte und ähnliche Rechte und Werte
    2. Entgeltlich erworbene Konzessionen, gewerbliche Schutzrechte und ähnliche Rechte und Werte sowie Lizenzen an solchen Rechten und Werten
    3. Geschäfts- oder Firmenwert
    4. geleistete Anzahlungen
  II. Sachanlagen:
    1. Grundstücke, grundstücksgleiche Rechte und Bauten auf fremden Grundstücken
    2. technische Anlagen und Maschinen
    3. andere Anlagen, Betriebs- und Geschäftsausstattung
    4. geleistete Anzahlungen und Anlagen im Bau
  III. Finanzanlagen:
    1. Anteile an verbundenen Unternehmen
    2. Ausleihungen an Unternehmen, mit denen ein Beteiligungsverhältnis besteht
B. Umlaufvermögen:
  I. Vorräte:
    1. Roh-, Hilfs- und Betriebsstoffe
    2. unfertige Erzeugnisse und Leistungen
    3. fertige Erzeugnisse und Waren
    4. geleistete Anzahlungen
  II. Forderungen und sonstige Vermögensgegenstände:*
    1. Forderungen aus Lieferungen und Leistungen
    2. Forderungen gegen verbundene Unternehmen
    3. Forderungen gegen Unternehmen, mit denen ein Beteiligungsverhältnis besteht
    4. sonstige Vermögensgegenstände
  III. Wertpapiere:
    1. Anteile an verbundenen Unternehmen
    2. sonstige Wertpapiere
  IV. Kassenbestand, Bundesbankguthaben, Guthaben bei Kreditinstituten und Schecks
C. Rechnungsabgrenzungsposten
D. Aktive latente Steuern
E. Aktiver Unterschiedsbetrag aus der Vermögensverrechnung
F. Nicht durch Eigenkapital gedeckter Fehlbetrag***
	A. Eigenkapital:
	  I. Gezeichnetes Kapital
	  II. Kapitalrücklage
	  III. Gewinnrücklagen:
	    1. Gesetzliche Rücklage
	    2. Rücklage für Anteile an einem herrschenden oder mehrheitlich beteiligten Unternehmen
	    3. satzungsmäßige Rücklagen
	  IV. Gewinn-/Verlustvortrag
	  V. Jahresüberschuss/Jahresfehlbetrag
	B. Rückstellungen:
	  1. Rückstellungen für Pensionen und ähnliche Verpflichtungen
	  2. Steuerrückstellungen
	  3. sonstige Rückstellungen
	C. Verbindlichkeiten:**
	  1. Anleihen, davon konvertibel
	  2. Verbindlichkeiten gegenüber Kreditinstituten
	  3. erhaltene Anzahlungen auf Bestellungen
	  4. Verbindlichkeiten aus Lieferungen und Leistungen
	  5. Verbindlichkeiten aus der Annahme gezogener Wechsel und der Ausstellung eigener Wechsel
	  6. Verbindlichkeiten gegenüber verbundenen Unternehmen
	  7. Verbindlichkeiten gegenüber Unternehmen, mit denen ein Beteiligungsverhältnis besteht
	  8. sonstige Verbindlichkeiten, davon aus Steuern, davon im Rahmen der sozialen Sicherheit
	D. Rechnungsabgrenzungsposten
	E. Passive latente Steuern
	
	* Vermerk der Forderungen mit einer Restlaufzeit von über einem Jahr bei jedem gesondert ausgewiesenen Posten.
	** Vermerk der Verbindlichkeiten mit einer Restlaufzeit bis zu einem Jahr bei jedem gesondert ausgewiesenen Posten.
	*** Dieser Posten ist im Gliederungsschema der Bilanz nach § 266 Abs. 2, 3 HGB nicht enthalten. Sein Ausweis ergibt sich aus § 268 Abs. 3 HGB.

Abb. 128: Bilanzgliederung der großen und mittelgroßen Kapitalgesellschaft nach § 266 Abs. 1 Satz 2 HGB

C. Gliederungsalternativen der Gewinn- und Verlustrechnung

Neben dem **Gesamtkostenverfahren (GKV)** ist das **Umsatzkostenverfahren (UKV)** als Gestaltungsalternative der Gewinn- und Verlustrechnung (GuV) für **Kapitalgesellschaften** sowie unter das **Publizitätsgesetz fallende Unternehmen** zugelassen (§ 275 HGB i. V. m. § 5 Abs. 1 Satz 2 PublG). Allerdings bevorzugt die Mehrzahl der publizitätspflichtigen Unternehmen derzeit das GKV und nicht das **international übliche UKV**.[5] Für nicht publizitätspflichtige Einzelunternehmen und Personenhandelsgesellschaften existiert kein gesetzlich vorgeschriebenes Gliederungsschema der GuV (§ 242 Abs. 2 HGB).

Die unterschiedlichen Strukturen der GuV bei Anwendung des GKV und UKV nach § 275 Abs. 2 und Abs. 3 HGB verdeutlichen **Abbildung 129** und **Abbildung 130**.[6] Kleinstkapitalgesellschaften i. S. d. § 267a HGB brauchen nach § 275 Abs. 5 HGB lediglich die folgenden GuV-Posten zeigen: Umsatzerlöse, sonstige Erträge, Materialaufwand, Personalaufwand, Abschreibungen, sonstige Aufwendungen, Steuern sowie Jahresüberschuss/-fehlbetrag. **Kleine und mittelgroße Kapitalgesellschaften** i. S. v. § 267 Abs. 1, 2 HGB haben im Hinblick auf das GKV laut § 276 HGB die Möglichkeit, die Posten Umsatzerlöse (Posten 1.), Erhöhung oder Verminderung des Bestands an fertigen und unfertigen Erzeugnissen (Posten 2.), andere aktivierte Eigenleistungen (Posten 3.), sonstige betriebliche Erträge (Posten 4.) sowie Materialaufwand (Posten 5.) und bezüglich des UKV laut § 276 HGB die Möglichkeit, die Posten Umsatzerlöse (Posten 1.), Herstellungskosten der zur Erzielung der Umsatzerlöse erbrachten Leistungen (Posten 2.), Bruttoergebnis vom Umsatz (Posten 3.) sowie sonstige betriebliche Erträge (Posten 6.) zu einem Posten unter der Bezeichnung „**Rohergebnis**" zusammenzufassen. Dieses Wahlrecht gilt für unter das Publizitätsgesetz fallende Unternehmen nicht, wenn sie beabsichtigen, ihre GuV nach § 9 PublG zu veröffentlichen (§ 5 Abs. 1 Satz 2 PublG).

Aufgrund des in § 265 Abs. 1 Satz 1 HGB verankerten Prinzips der **Darstellungsstetigkeit** ist ein beliebiger Wechsel zwischen GKV und UKV nicht möglich. Nur in Ausnahmefällen kann wegen besonderer Umstände (z. B. Änderung des Kostenrechnungssystems) ein Übergang in Betracht kommen (§ 265 Abs. 1 Satz 1 2. HS HGB). Gemäß § 265 Abs. 2 HGB sind zum Zwecke der **Vergleichbarkeit** sowohl für jeden Posten der Bilanz als auch der GuV die entsprechenden **Vorjahresbeträge** anzugeben. Zu beachten ist, dass unter den Posten „außerordentliche Erträge" und „außerordentliche Aufwendungen" laut § 277 Abs. 4 Satz 1 HGB nur solche Erträge bzw. Aufwendungen auszuweisen sind, „... die außerhalb der **gewöhnlichen Geschäftstätigkeit** der Kapitalgesellschaft anfallen" (z. B. Gewinne bzw. Verluste aus der Veräußerung ganzer Betriebe oder Beteiligungen, außerplanmäßige Abschreibungen aus Anlass außergewöhnlicher Ereignisse, einmalige Zuschüsse der öffentlichen Hand, Erträge aus dem Forderungsverzicht von Gläubigern).[7] Sofern diese Posten nicht von untergeordneter Bedeutung sind, müssen sie von großen und mittelgroßen Kapitalgesellschaften im **Anhang** erläutert werden (§ 277 Abs. 4 Satz 2, § 276 Satz 2 HGB).

---

[5] Vgl. *Falterbaum et al.* 2010, S. 671.

[6] In Anlehnung an *Förschle/Kropp/Wöste* 1986, S. 184 und S. 200. Vgl. hierzu auch die Ausführungen im Dritten Teil zu Gliederungspunkt IV.D.

[7] Vgl. *Förschle* 2012b, Anm. 222 zu § 275 HGB.

VI. Aufstellungs-, Prüfungs- und Offenlegungspflichten

Gewinn- und Verlustrechnung (GuV)

GKV	UKV

Umsatzerlöse
± Erhöhung oder Verminderung des Bestands an fertigen und unfertigen Erzeugnissen, andere aktivierte Eigenleistungen, sonstige betriebliche Erträge
− Materialaufwand:
  a) Aufwendungen für Roh-, Hilfs- und Betriebsstoffe und für bezogene Waren
  b) Aufwendungen für bezogene Leistungen
	Umsatzerlöse
	− Herstellungskosten der zur Erzielung der Umsatzerlöse erbrachten Leistungen
	= Bruttoergebnis vom Umsatz
	+ sonstige betriebliche Erträge

= 1. Rohergebnis
  2. Personalaufwand:
    a) Löhne und Gehälter
    b) soziale Abgaben und Aufwendungen für Altersversorgung und für Unterstützung, davon für Altersversorgung
  3. Abschreibungen:
    a) auf immaterielle Vermögensgegenstände des Anlagevermögens und Sachanlagen
    b) auf Vermögensgegenstände des Umlaufvermögens, soweit diese die in der Kapitalgesellschaft üblichen Abschreibungen überschreiten
  4. Sonstige betriebliche Aufwendungen
  5. Erträge aus Beteiligungen, davon aus verbundenen Unternehmen
  6. Erträge aus anderen Wertpapieren und Ausleihungen des Finanzanlagevermögens, davon aus verbundenen Unternehmen
  7. Sonstige Zinsen und ähnliche Erträge, davon aus verbundenen Unternehmen
  8. Abschreibungen auf Finanzanlagen und auf Wertpapiere des Umlaufvermögens
  9. Zinsen und ähnliche Aufwendungen, davon an verbundene Unternehmen
  10. Ergebnis der gewöhnlichen Geschäftstätigkeit
  11. Außerordentliche Erträge
  12. Außerordentliche Aufwendungen
  13. Außerordentliches Ergebnis
  14. Steuern vom Einkommen und vom Ertrag
  15. Sonstige Steuern
  16. Jahresüberschuss/Jahresfehlbetrag
	= 1. Rohergebnis
	  2. Vertriebskosten
	
	  3. allgemeine Verwaltungskosten
	
	  4. Sonstige betriebliche Aufwendungen
	  5. Erträge aus Beteiligungen, davon aus verbundenen Unternehmen
	  6. Erträge aus anderen Wertpapieren und Ausleihungen des Finanzanlagevermögens, davon aus verbundenen Unternehmen
	  7. Sonstige Zinsen und ähnliche Erträge, davon aus verbundenen Unternehmen
	  8. Abschreibungen auf Finanzanlagen und auf Wertpapiere des Umlaufvermögens
	  9. Zinsen und ähnliche Aufwendungen, davon an verbundene Unternehmen
	  10. Ergebnis der gewöhnlichen Geschäftstätigkeit
	  11. Außerordentliche Erträge
	  12. Außerordentliche Aufwendungen
	  13. Außerordentliches Ergebnis
	  14. Steuern vom Einkommen und vom Ertrag
	  15. Sonstige Steuern
	  16. Jahresüberschuss/Jahresfehlbetrag

Abb. 129: Gliederung der Gewinn- und Verlustrechnung der kleinen und mittelgroßen Kapitalgesellschaft nach § 275 Abs. 2 und Abs. 3 i. V. m. § 276 HGB

Gewinn- und Verlustrechnung (GuV)	
GKV	UKV

1. Umsatzerlöse
2. Erhöhung oder Verminderung des Bestands an fertigen und unfertigen Erzeugnissen
3. andere aktivierte Eigenleistungen
4. sonstige betriebliche Erträge
5. Materialaufwand:
   a) Aufwendungen für Roh-, Hilfs- und Betriebsstoffe und für bezogene Waren
   b) Aufwendungen für bezogene Leistungen
6. Personalaufwand:
   a) Löhne und Gehälter
   b) soziale Abgaben und Aufwendungen für Altersversorgung und für Unterstützung, davon für Altersversorgung
7. Abschreibung:
   a) auf immaterielle Vermögensgegenstände des Anlagevermögens und Sachanlagen
   b) auf Vermögensgegenstände des Umlaufvermögens, soweit diese in die Kapitalgesellschaft üblichen Abschreibungen überschreiten
8. sonstige betriebliche Aufwendungen
9. Erträge aus Beteiligungen, davon aus verbundenen Unternehmen
10. Erträge aus anderen Wertpapieren und Ausleihungen des Finanzanlagevermögens, davon aus verbundenen Unternehmen
11. sonstige Zinsen und ähnliche Erträge, davon aus verbundenen Unternehmen
12. Abschreibungen auf Finanzanlagen und auf Wertpapiere des Umlaufvermögens
13. Zinsen und ähnliche Aufwendungen, davon an verbundene Unternehmen
14. Ergebnis der gewöhnlichen Geschäftstätigkeit
15. außerordentliche Erträge
16. außerordentliche Aufwendungen
17. außerordentliches Ergebnis
18. Steuern vom Einkommen und vom Ertrag
19. sonstige Steuern
20. Jahresüberschuss/-fehlbetrag
	1. Umsatzerlöse
	2. Herstellungskosten der zur Erzielung der Umsatzerlöse erbrachten Leistungen
	3. Bruttoergebnis vom Umsatz
	4. Vertriebskosten
	5. allgemeine Verwaltungskosten
	6. sonstige betriebliche Erträge
	
	7. sonstige betriebliche Aufwendungen
	8. Erträge aus Beteiligungen, davon aus verbundenen Unternehmen
	9. Erträge aus anderen Wertpapieren und Ausleihungen des Finanzanlagevermögens, davon aus verbundenen Unternehmen
	10. sonstige Zinsen und ähnliche Erträge, davon aus verbundenen Unternehmen
	11. Abschreibungen auf Finanzanlagen und auf Wertpapiere des Umlaufvermögens
	12. Zinsen und ähnliche Aufwendungen, davon an verbundene Unternehmen
	13. Ergebnis der gewöhnlichen Geschäftstätigkeit
	14. außerordentliche Erträge
	15. außerordentliche Aufwendungen
	16. außerordentliches Ergebnis
	17. Steuern vom Einkommen und vom Ertrag
	18. sonstige Steuern
	19. Jahresüberschuss/-fehlbetrag

Abb. 130: Gliederung der Gewinn- und Verlustrechnung der großen Kapitalgesellschaft nach § 275 Abs. 2 und Abs. 3 HGB

VI. Aufstellungs-, Prüfungs- und Offenlegungspflichten

```
 1. Umsatzerlöse
 2. Erhöhung oder Verminderung des
    Bestandes an fertigen und unfertigen
    Erzeugnissen
 3. Andere aktivierte Eigenleistungen          → Betriebsergebnis
 4. Sonstige betriebliche Erträge
 5. Materialaufwand
 6. Personalaufwand
 7. Abschreibungen
 8. Sonstige betriebliche Aufwendungen

 9. Erträge aus Beteiligungen
10. Erträge aus anderen Wertpapieren
    und Ausleihungen des Finanzanlage-
    vermögens
11. Sonstige Zinsen und ähnliche Erträge       → ± Finanzergebnis
12. Abschreibungen auf Finanzanlagen und
    auf Wertpapiere des Umlagevermögens
13. Zinsen und ähnliche Aufwendungen

14. Ergebnis der gewöhnlichen Geschäfts-       = Ergebnis der gewöhnlichen
    tätigkeit                                    Geschäftstätigkeit
15. Außerordentliche Erträge
16. Außerordentliche Aufwendungen
17. Außerordentliches Ergebnis                 → ± Außerordentliches Ergebnis

18. Steuern vom Einkommen und
    vom Ertrag                                 → − Steuerergebnis
19. Sonstige Steuern

20. Jahresüberschuss/Jahresfehlbetrag          = Jahresergebnis
```

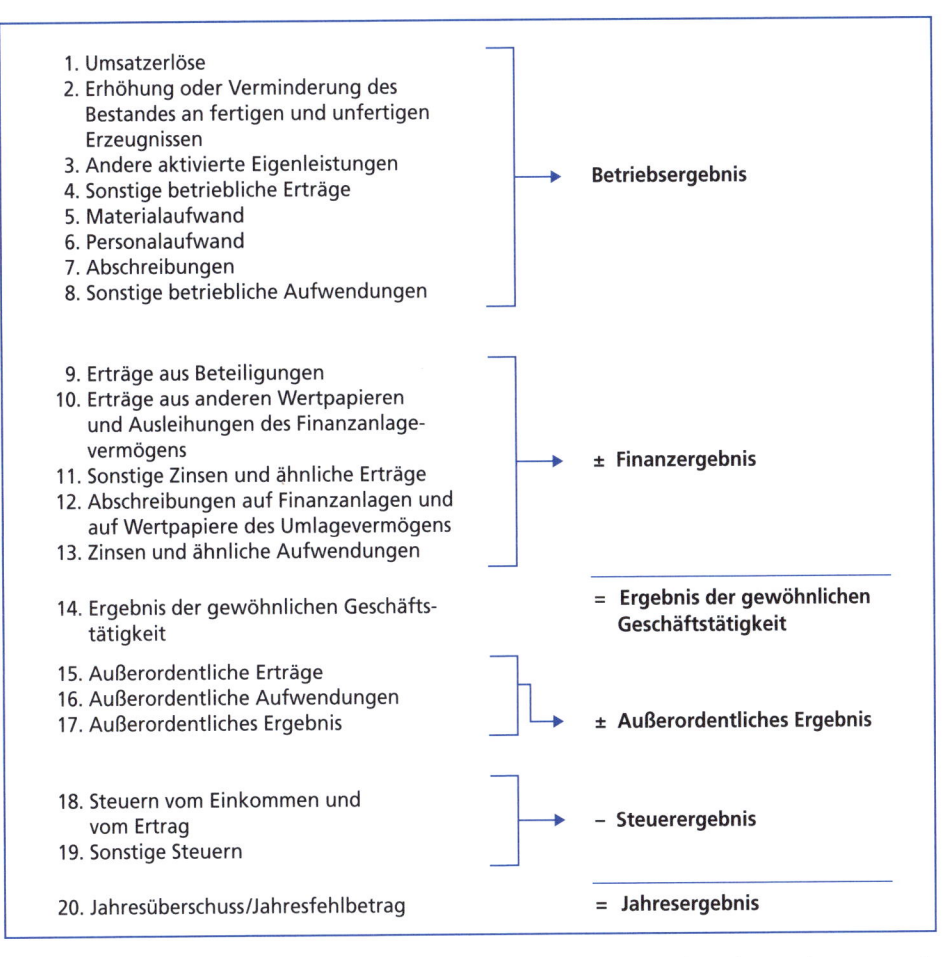

Abb. 131: Handelsrechtliche Erfolgsspaltung der Gewinn- und Verlustrechnung nach dem Gesamtkostenverfahren

Das (handelsrechtliche) **Betriebsergebnis** nach dem **GKV** ergibt sich aus der **Gesamtleistung** (Posten 1., 2., 3., 5., 6. und 7.) zuzüglich „sonstige betriebliche Erträge" (Posten 4.) abzüglich „sonstige betriebliche Aufwendungen" (Posten 8.). Beim **UKV** setzt sich das (handelsrechtliche) Betriebsergebnis aus dem **Umsatzergebnis** abzüglich „Vertriebskosten" (Posten 4.), „allgemeine Verwaltungskosten" (Posten 5.) und „sonstige betriebliche Aufwendungen" (Posten 7.) zuzüglich „sonstige betriebliche Erträge" (Posten 6.) zusammen. Sofern mittelgroße oder kleine Kapitalgesellschaften die **verkürzte Darstellungsmethode** der GuV wählen, ist aber zu beachten, dass das ausgewiesene Rohergebnis nach den beiden Verfahren voneinander abweicht und daher **nicht vergleichbar ist**. Darüber hinaus können Differenzen auch bei anderen Posten, insbesondere bei den sonstigen betrieblichen Aufwendungen, auftreten, so dass GKV und UKV erst im Posten Jahresüberschuss/-fehlbetrag materiell übereinstimmen.

```
1. Umsatzerlöse
2. Herstellungskosten der zur Erzielung der
   Umsatzerlöse erbrachten Leistungen
3. Bruttoergebnis vom Umsatz                    → Betriebsergebnis
4. Vertriebskosten
5. Allgemeine Verwaltungskosten
6. Sonstige betriebliche Erträge
7. Sonstige betriebliche Aufwendungen

8. Erträge aus Beteiligungen
9. Erträge aus anderen Wertpapieren
   und Ausleihungen des Finanzanlage-
   vermögens                                     → ± Finanzergebnis
10. Sonstige Zinsen und ähnliche Erträge
11. Abschreibungen auf Finanzanlagen und
    auf Wertpapiere des Umlagevermögens
12. Zinsen und ähnliche Aufwendungen

13. Ergebnis der gewöhnlichen Geschäfts-        = Ergebnis der gewöhnlichen
    tätigkeit                                     Geschäftstätigkeit

14. Außerordentliche Erträge
15. Außerordentliche Aufwendungen
16. Außerordentliches Ergebnis                  → ± Außerordentliches Ergebnis

17. Steuern vom Einkommen und
    vom Ertrag                                  → − Steuerergebnis
18. Sonstige Steuern

19. Jahresüberschuss/Jahresfehlbetrag           = Jahresergebnis
```

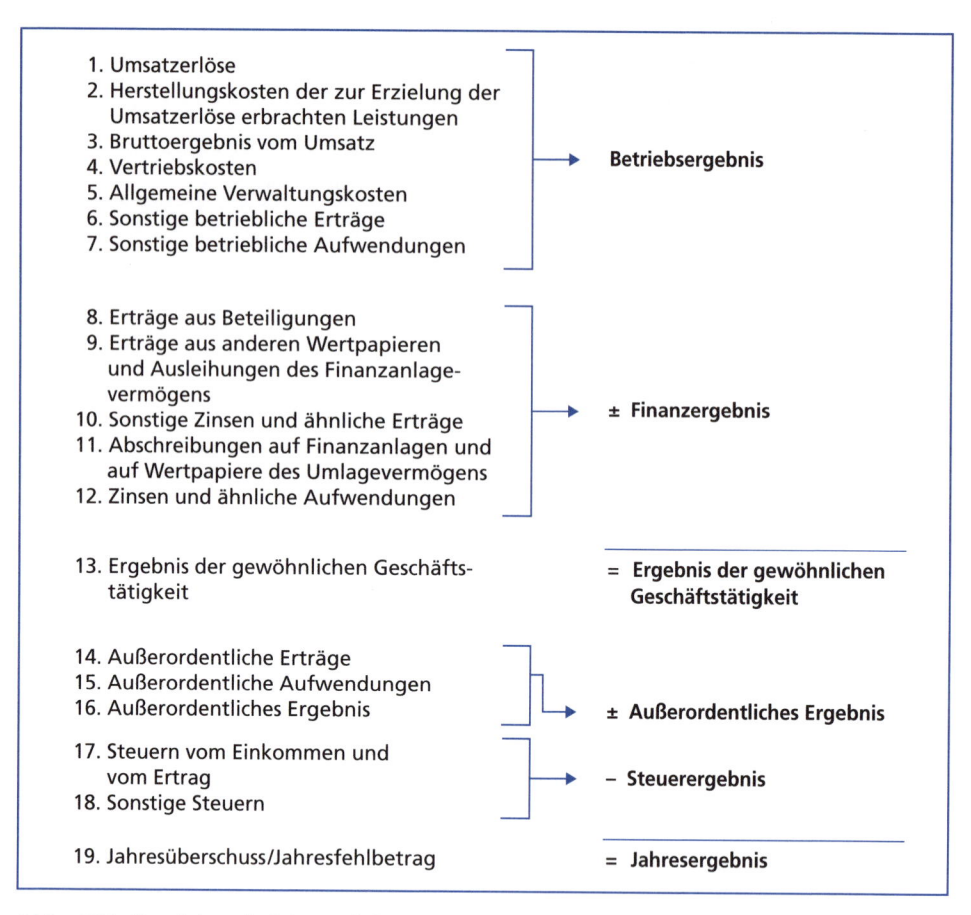

Abb. 132: Handelsrechtliche Erfolgsspaltung der Gewinn- und Verlustrechnung nach dem Umsatzkostenverfahren

Abbildung 131 und **Abbildung 132** zeigen die **Erfolgsspaltung** der GuV nach dem GKV und dem UKV. Hieraus lassen sich wichtige Informationen im Rahmen der (externen) **erfolgswirtschaftlichen Rechnungslegungsanalyse** ableiten. Die im Verhältnis zum GKV geringeren Informationen des UKV über die Höhe und Struktur der einzelnen Aufwandsarten werden durch spezifische **Publizitätspflichten** zu kompensieren versucht, die für den Jahresabschluss in **Abbildung 133**[8] zusammenfassend dargestellt sind. Zu beachten ist, dass Kleinstkapitalgesellschaften, publizitätspflichtige Personenhandelsgesellschaften und Einzelunternehmen gemäß § 5 Abs. 2 Satz 1 PublG keinen Anhang zu erstellen brauchen und damit die in **Abbildung 133** angeführten Ausweispflichten umgehen können.

---

[8] Modifiziert entnommen von *Chmielewicz* 1990, S. 38.

VI. Aufstellungs-, Prüfungs- und Offenlegungspflichten

GuV-Posten / Regelung	Jahresabschluss Ausweis	Aufstellung	Offenlegung	Differenzierung
Materialaufwand [§ 285 Nr. 8 a) HGB]	Anhang	mittelgroß und groß (§ 288 Satz 1 HGB)	groß (§ 327 Satz 1 Nr. 2 HGB)	Roh-, Hilfs- und Betriebsstoffe, Waren und Leistungen [§ 275 Abs. 2 Posten 5. a) und b) HGB]
Personalaufwand [§ 285 Nr. 8 b) HGB]	Anhang	klein, mittelgroß und groß	mittelgroß und groß (§ 327 Satz 1 Nr. 2 HGB)	Löhne und Gehälter, Sozialabgaben, Altersversorgung und -unterstützung [§ 275 Abs. 2 Posten 6. a) und b) HGB]
Abschreibungsaufwand für Anlagegüter (§ 268 Abs. 2 Satz 3 HGB)	Anhang oder Bilanz	klein, mittelgroß und groß	klein, mittelgroß und groß	Posten des Anlagevermögens (§ 266 Abs. 2 Posten A. HGB)

Abb. 133: Ausweispflichten einer Kapitalgesellschaft bei Wahl des handelsrechtlichen Umsatzkostenverfahrens

Vermögenswerte	Eigenkapital und Schulden

A. **Langfristige Vermögenswerte**
  I. Immaterielle Vermögenswerte
  II. Sachanlagen
  III. Als Finanzinvestition gehaltene Vermögenswerte
  IV. Aktive latente Steuern
B. **Kurzfristige Vermögenswerte**
  I. Vorräte
  II. Forderungen aus Lieferungen und Leistungen
  III. Finanzielle Vermögenswerte
  IV. Aktive Rechnungsabgrenzung
  V. Zahlungsmittel und Zahlungsmitteläquivalente
	A. **Eigenkapital**
	  I. Gezeichnetes Kapital
	  II. Rücklagen
	B. **Langfristige Schulden**
	  I. Langfristige finanzielle Verbindlichkeiten
	  II. Passive latente Steuern
	  III. Rückstellungen
	C. **Kurzfristige Schulden**
	  I. Verbindlichkeiten aus Lieferungen und Leistungen
	  II. Kurzfristige finanzielle Verbindlichkeiten
	  III. Kurzfristige Rückstellungen
	  IV. Passive Rechnungsabgrenzung

Abb. 134: Mindestgliederung der IFRS-Bilanz nach der Fristigkeit

Wie bereits ausgeführt, ist in der IFRS-Rechnungslegung kein rechtsformabhängiger Detaillierungsgrad für die Bilanzerstellung existent. Die **Abbildung 134** zeigt in Kontoform die Mindestgliederung der IFRS-Bilanz, wobei die vom IASB präferierte Gliederung nach der **Fristigkeit** erfolgt.

Im Gegensatz zum Handelsrecht enthält die **Gesamterfolgsrechnung** nach den IFRS neben den **ergebniswirksamen** Aufwendungen und Erträge auch **ergebnisneutrale** Bestandteile.

Eigenkapitalveränderungen			
Periodengesamtergebnis			Kapitaltransaktionen der Eigentümer
Periodengewinn bzw. -verlust		sonstiges Ergebnis (erfolgsneutral)	
Ergebnis	aperiodisches Ergebnis		

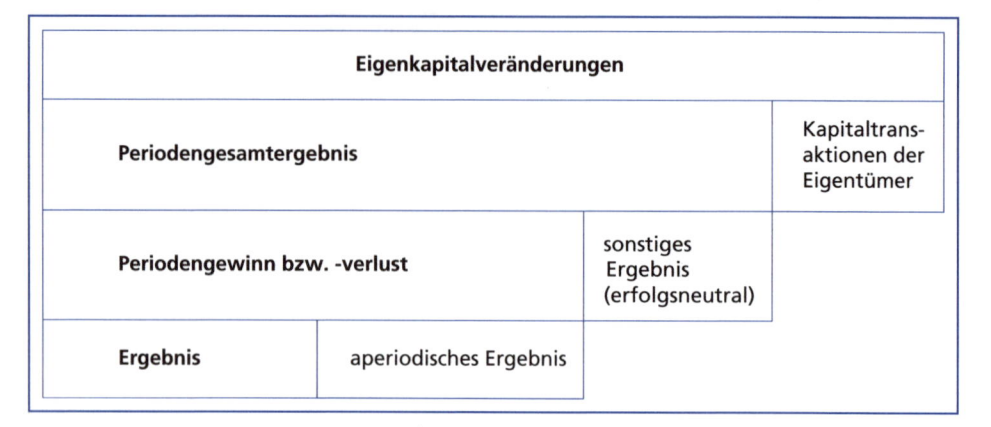

Abb. 135: Komponenten der Eigenkapitalveränderungen nach IAS 1

Durch die höhere Bedeutung des Grundsatzes der periodengerechten Erfolgsermittlung sind neben den bereits realisierten Erträgen gemäß IAS 1.81 A (b) auch jederzeit **realisierbare** Erträge zu erfassen. Das Gesamtergebnis für die Periode setzt sich daher aus dem Periodengewinn bzw. -verlust sowie dem **sonstigen Ergebnis (Other Comprehensive Income)** zusammen. Neben dem Periodengesamtergebnis wird das Eigenkapital durch Kapitaltransaktionen der Eigentümer berührt, wie die **Abbildung 135** aufzeigt.

Bis dato sind nach IAS 1.81 zwei Darstellungsmöglichkeiten für die **Gesamterfolgsrechnung** möglich. Nach dem **Single Statement Approach** werden die ergebniswirksamen und -neutralen Aufwendungen und Erträge zusammenhängend ausgewiesen, wobei das Periodenergebnis die Zwischensumme der erfolgswirksamen Aufwendungen und Erträge repräsentiert. Dagegen werden nach dem **Two Statement Approach** zwei separate Rechenwerke erstellt. Zunächst wird das Periodenergebnis mithilfe der **Gewinn- und Verlustrechnung (Income Statement)** vergleichbar zum Handelsrecht ermittelt. In einem zweiten Rechenwerk erfolgt die Überleitung des Periodenergebnisses durch Berücksichtigung der ergebnisneutralen Bestandteile auf das Periodengesamtergebnis. **Abbildung 136** zeigt die Mindestinhalte der Gesamtergebnisrechnung nach IAS 1.82 und **Abbildung 137** die Überleitung vom Periodenergebnis zum Gesamterfolg.

- Umsatzerlöse
- Finanzierungsaufwendungen
- Gewinn- oder Verlustanteil von assoziierten Unternehmen/Joint Ventures nach der Equity-Methode
- Steueraufwendungen
- Gesamtsumme der aufgegebenen Geschäftsbereiche
- Sonstiges Ergebnis
- Periodengewinn bzw. -verlust
- jeder Bestandteil des sonstigen Ergebnisses nach Art unterteilt (einschließlich des Anteils, der auf assoziierte Unternehmen und Gemeinschaftsunternehmen entfällt)
- Periodengesamtergebnis

Abb. 136: Mindestinhalte der Gesamtergebnisrechnung nach IAS 1.82

VI. Aufstellungs-, Prüfungs- und Offenlegungspflichten

(a) Periodenergebnis

(b) Währungsumrechnungsdifferenzen

(c) Marktbewertung von als zur Veräußerung verfügbar klassifizierten finanziellen Vermögenswerten

(d) Gewinn oder Verlust aus dem effektiven Teil einer Absicherung von Cashflows

(e) Neubewertung von Sachanlagevermögen und Immateriellen Vermögensgegenständen

(f) Ergebnisneutrale Erfolgsbestandteile der Equity-Bewertung

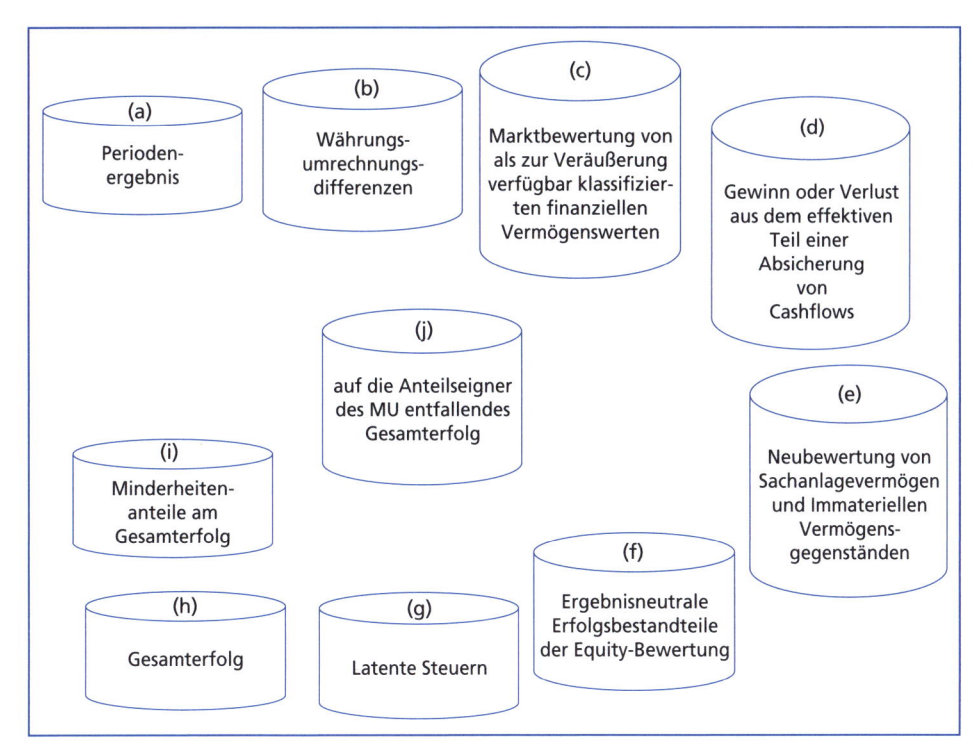

(g) Latente Steuern

(h) Gesamterfolg

(i) Minderheitenanteile am Gesamterfolg

(j) auf die Anteilseigner des MU entfallendes Gesamterfolg

Abb. 137: Überleitung des Periodenergebnisses zum Gesamterfolg nach IAS 1

In Übereinstimmung zur Bilanz ist kein bestimmtes Präsentationsformat vorgeschrieben. Neben der Konto- oder Staffelform ist auch eine sonstige Alternative möglich, wobei der Grundsatz der **Darstellungsstetigkeit** zu beachten ist. Eine Erweiterung der in **Abbildung 136** gezeigten Mindestinhalte ist notwendig, wenn dies nach IAS 1.82 und 85 ein Einzelstandard oder der Grundsatz der Fair Presentation erfordert. Die Entscheidung hängt nach IAS 1.29 von der Wesentlichkeit, Art und der Funktion des zusätzlichen Postens ab. Eine detaillierte Analyse der **ergebniswirksamen Aufwendungen** kann neben der Gesamterfolgsrechnung auch wahlweise im Anhang nach IAS 1.97–105 erfolgen. Ein gesonderter Ausweis ist in Bezug auf die **Ertragsteuern** für die einzelnen Komponenten des Gesamterfolgs wahlweise in der Ergebnisrechnung oder im Anhang nach IAS 1.90 zwingend. Zudem sind nach IAS 1.107 die **Dividenden** sowie der **Betrag je Anteil (Earnings per Share)** wahlweise in der Eigenkapitalveränderungsrechnung oder im Anhang gesondert auszuweisen. In **Abbildung 138** ist die Aufspaltung des Periodenergebnisses nach IAS 1 aufgeführt.

	Umsatzerlöse	
Umsatzkostenverfahren = Bruttoergebnis + Sonstige betriebliche Erträge − Umsatzkosten − Vertriebskosten − Verwaltungskosten − Sonstige betriebliche Aufwendungen	Gesamtkostenverfahren + Sonstige betriebliche Erträge ± Bestandsveränderungen an fertigen und unfertigen Erzeugnissen + Aktivierte Eigenleistung − Roh-, Hilfs- und Betriebsstoffe − Personalaufwand − Planmäßige Abschreibungen − Sonstige betriebliche Aufwendungen	**Ergebnis der betrieblichen Tätigkeit**
± Ergebnis aus aufgegebenen Geschäftsbereichen		
− Finanzierungsaufwendungen + Erträge aus assoziierten Unternehmen		**Finanzergebnis**
− Ertragsteueraufwand		**Steuerergebnis**
= **Periodenergebnis**		
− davon Ergebnis der Mehrheitsanteile − davon Ergebnis der Minderheitsanteile		

Abb. 138: Periodenerfolgsspaltung nach IAS 1

D. Anhang und Lagebericht

Im Gegensatz zu publizitätspflichtigen Einzelunternehmen und Personenhandelsgesellschaften sind **Kapitalgesellschaften** (mit Ausnahme der Kleinstkapitalgesellschaften nach § 267a HGB, sofern die in § 264 Abs. 1 Satz 5 HGB benannten Angaben „unter der Bilanz" vorgenommen wurden) und ihnen gesetzlich gleichgestellten Unternehmen verpflichtet, neben der Bilanz sowie der Gewinn- und Verlustrechnung einen **Anhang** zu erstellen, der mit dem Jahresabschluss eine Einheit bildet (§ 264 Abs. 1 Satz 1 HGB). Die Vorschriften zum Anhang sind in § 284 bis § 288 HGB geregelt. Dem Anhang kommt im Zusammenwirken mit Bilanz sowie Gewinn- und Verlustrechnung die in § 264 Abs. 2 Satz 1 HGB verankerte **Jahresabschlussaufgabe** zu, unter Beachtung der GoB ein den **tatsächlichen Verhältnissen entsprechendes Bild der Vermögens-, Finanz- und Ertragslage** des Unternehmens zu vermitteln.[9] Diese lässt sich auf die Informationsabkopplungsthese zurückführen, wonach Informationsdefizite in der Bilanz oder Gewinn- und Verlustrechnung im Anhang geteilt werden müssen (sog. **True and Fair View-Prinzip**). Zunächst dient der Anhang ganz allgemein der Erläuterung und Ergänzung von Bilanz und GuV (**Erläuterungs- und Ergänzungsfunktion des Anhangs**). Ferner besteht die Möglichkeit, Informationen aus Bilanz und Erfolgsrechnung in den Anhang zu verlagern (**Verlagerungsfunktion**). Schließlich sind im Falle elementarer Vorgänge (z. B. bei Änderungen von Bilanzierungs- und Bewertungsmethoden) Begründungen anzugeben (**Begründungsfunktion**). Hierdurch werden die Adressaten des Jahresabschlusses zumindest ansatzweise in die Lage versetzt, **rechnungslegungspolitische Gestaltungen** des Unternehmens beurteilen zu können.

---

[9] Vgl. hierzu die Ausführungen im Fünften Teil zu Gliederungspunkt III.B.2.a.

VI. Aufstellungs-, Prüfungs- und Offenlegungspflichten

handelsrechtlicher Jahresabschluss einer Kapitalgesellschaft* (§ 264 Abs. 1 Satz 1 HGB)

- **Bilanz**
- **Gewinn- und Verlustrechnung**
- **Anhang***

Pflichtangaben: Erläuterungen, Angaben, Darstellungen, Aufgliederungen, Ausweise und Begründungen zur Bilanz und GuV, zu einzelnen Posten, zu ihrem Inhalt, zu den angewandten Bewertungs- und Abschreibungsmethoden sowie zu den Durchbrechungen der Stetigkeit

fakultative Angaben: Angabewahlrecht im Anhang oder in der Bilanz bzw. GuV

Zusatzangaben: Vermittlung eines den tatsächlichen Verhältnissen entsprechenden Bildes der Vermögens-, Finanz- und Ertragslage nach § 264 Abs. 2 Satz 2 HGB

freiwillige Angaben: Gewährung zusätzlicher Informationen, z.B. Substanzerhaltungsrechnungen, Nachhaltigkeitsberichte oder Wertschöpfungsrechnungen

* Kleinstkapitalgesellschaften können gem. § 264 Abs. 1 Satz 5 HGB auf den Anhang verzichten, sofern bestimmte Angaben „unter der Bilanz" vorgenommen wurden.

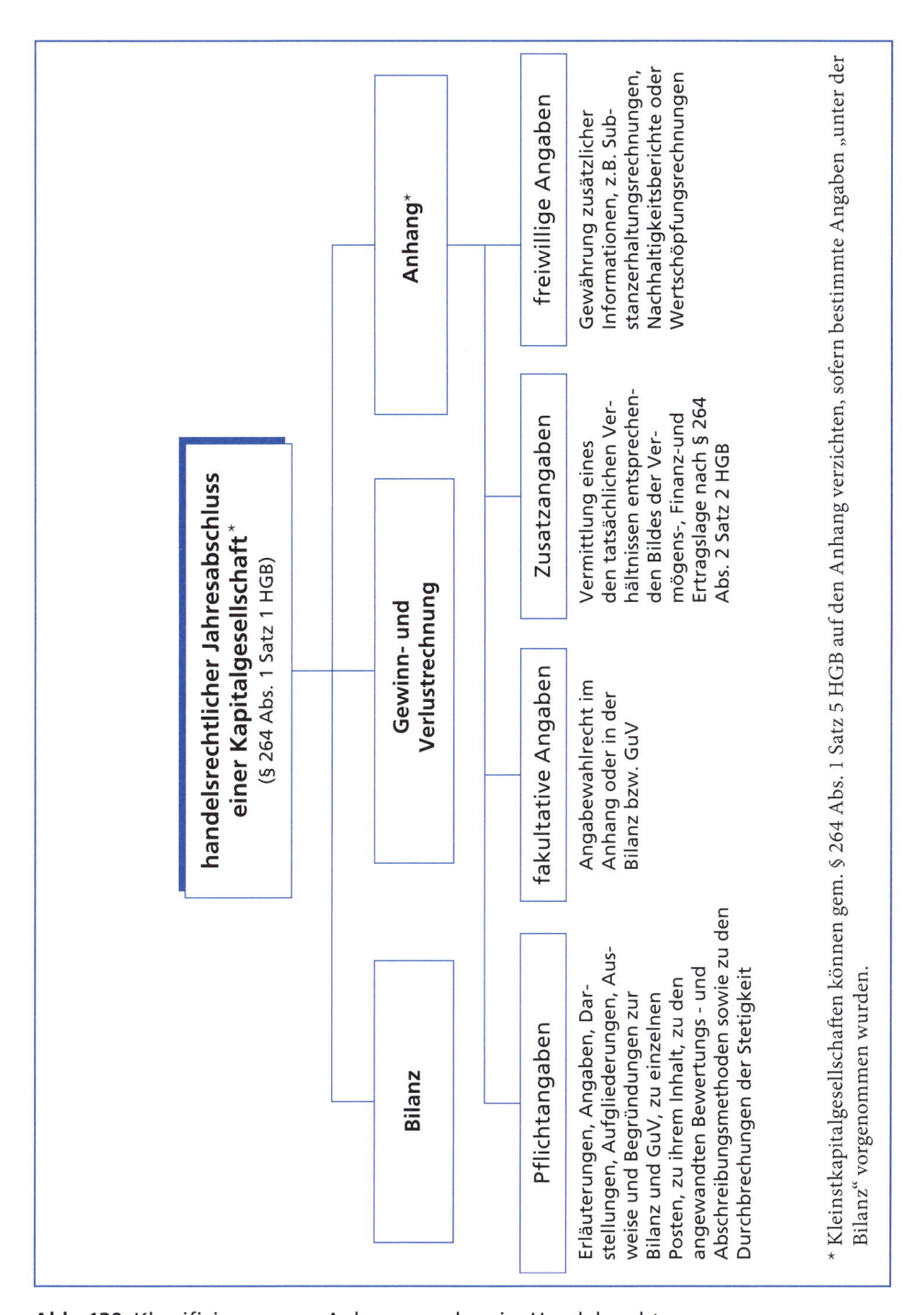

Abb. 139: Klassifizierung von Anhangangaben im Handelsrecht

Die speziellen Vorschriften über den Anhang in § 284 bis § 288 HGB stellen **keine abschließende Auflistung** der erforderlichen Angaben dar. In weiteren Einzelvorschriften des Handelsgesetzbuches, des Einführungsgesetzes zum Handelsgesetzbuch, des Aktiengesetzes und des Gesetzes betreffend die Gesellschaften mit beschränkter Haftung werden zusätzliche Angaben und Erläuterungen verlangt. Die Angaben im Anhang sind in **Abbildung 139** strukturiert.[10] Die **Abbildung 140**[11] zeigt eine mögliche Anhanggliederung, in die die wichtigsten Angabepflichten der §§ 284 ff. HGB und weiterer Einzelregelungen aufgenommen wurden.

Abweichend von publizitätspflichtigen Einzelunternehmen und Personenhandelsgesellschaften (§ 5 Abs. 2 Satz 1 PublG) sind mittelgroße und große Kapitalgesellschaften, kapitalistische Personenhandelsgesellschaften (§ 264 a Abs. 1 HGB) und eingetragene Genossenschaften (§ 336 Abs. 2 Satz 1 HGB) gemäß § 264 Abs. 1 Satz 1 2. HS HGB ferner verpflichtet, einen **Lagebericht** nach § 289 HGB zu erstellen.[12] Dieser ist **kein** Bestandteil des Jahresabschlusses, zielt aber ebenso wie der Anhang darauf ab, **zusätzliche Informationen** über das Unternehmen zu vermitteln.[13] Allerdings enthält der Lagebericht keine Informationen, die sich unmittelbar auf einzelne Posten der Bilanz und/oder der Erfolgsrechnung beziehen, sondern er weist Angaben in allgemeiner (primär verbaler) Form auf, die der **Gesamtbeurteilung** der gegenwärtigen und künftigen ökonomischen Situation der Gesellschaft und ihrer Marktstellung dienen sollen.

§ 289 Abs. 1, Abs. 3, 4 und 5 HGB enthalten sog. **Pflichtangaben**, die primär den Geschäftsverlauf und die Lage des Unternehmens sowie die voraussichtliche Entwicklung mit ihren wesentlichen Chancen und Risiken betreffen (z. B. Informationen über die Auftrags-, Vermögens-, Finanz- und Ertragslage, die wirtschaftlichen Verhältnisse und die Branchenentwicklung sowie bestandsgefährdende Risiken), und in § 289 Abs. 2 HGB sog. **Sollangaben**, die sich auf Vorgänge von besonderer Bedeutung nach Schluss des Geschäftsjahres, spezifische Risikoinformationen (z. B. Ziel und Methoden des Risikomanagements, Preisänderungs-, Ausfall- und Liquiditätsrisiken), den Forschungs- und Entwicklungsbereich, bestehende Zweigniederlassungen und das Vergütungssystem der Gesellschaft beziehen. Allerdings ist zu beachten, dass nach h. M. die Soll-Vorschrift des § 289 Abs. 2 HGB **nicht** als **Wahlrecht** interpretiert werden darf. Der Verwaltung wird aber zugestanden, nach pflichtmäßigem Ermessen entscheiden zu können, auch Angaben zu unterlassen, wenn hierdurch dem Adressaten keine bedeutenden Informationen verloren gehen.[14]

---

[10] Vgl. *Bieg/Kußmaul/Waschbusch* 2012, S. 220.

[11] Modifiziert entnommen von *Bieg/Kußmaul/Waschbusch* 2012, S. 219; vgl. hierzu im Einzelnen *Coenenberg/Haller/Schultze* 2012, S. 855–865.

[12] Vgl. hierzu im Einzelnen *Freidank/Steinmeyer* 2005, S. 2512–2517; *Freidank/Steinmeyer* 2009 S. 249–256; *Tesch/Wißmann* 2009.

[13] Vgl. *Kajüter* 2011, Anm. 1 zu § 289 HGB und im Einzelnen *Freidank/Weber* 2009, S. 303–337; *Freidank/Velte/Weber* 2009, S. 503–508; *Freidank/Velte/Weber* 2010, S. 6–9; *Leimkühler/Velte* 2008, S. 125–127; *Velte* 2006a, S. 143–147; *Velte* 2008c, S. 239–244.

[14] Vgl. *ADS* 1995b, Anm. 93–127 zu § 289 HGB; *Ellrott* 2012b, Anm. 60 zu § 289 HGB.

VI. Aufstellungs-, Prüfungs- und Offenlegungspflichten

Gliederung eines Anhangs

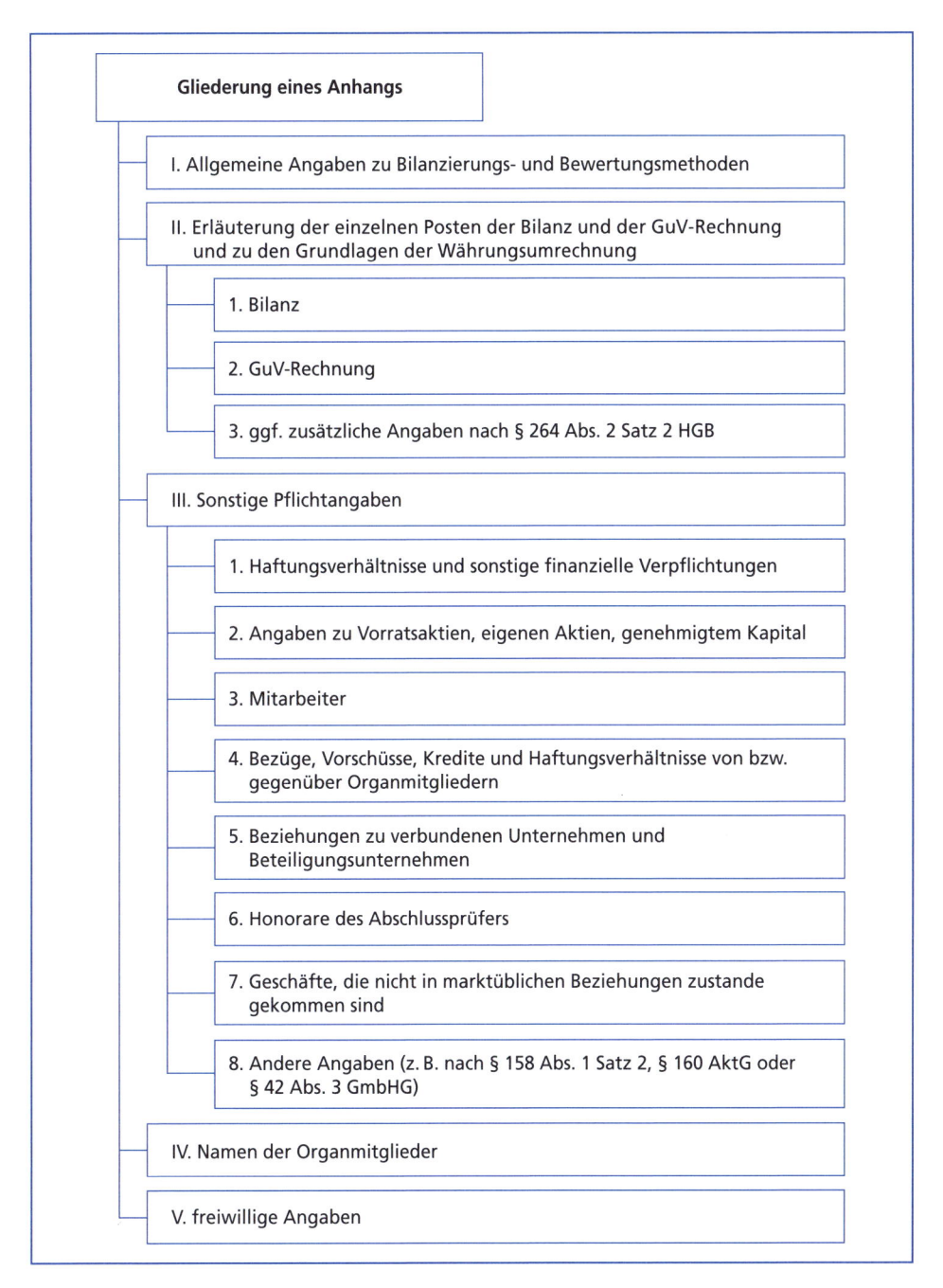

- I. Allgemeine Angaben zu Bilanzierungs- und Bewertungsmethoden
- II. Erläuterung der einzelnen Posten der Bilanz und der GuV-Rechnung und zu den Grundlagen der Währungsumrechnung
  1. Bilanz
  2. GuV-Rechnung
  3. ggf. zusätzliche Angaben nach § 264 Abs. 2 Satz 2 HGB
- III. Sonstige Pflichtangaben
  1. Haftungsverhältnisse und sonstige finanzielle Verpflichtungen
  2. Angaben zu Vorratsaktien, eigenen Aktien, genehmigtem Kapital
  3. Mitarbeiter
  4. Bezüge, Vorschüsse, Kredite und Haftungsverhältnisse von bzw. gegenüber Organmitgliedern
  5. Beziehungen zu verbundenen Unternehmen und Beteiligungsunternehmen
  6. Honorare des Abschlussprüfers
  7. Geschäfte, die nicht in marktüblichen Beziehungen zustande gekommen sind
  8. Andere Angaben (z. B. nach § 158 Abs. 1 Satz 2, § 160 AktG oder § 42 Abs. 3 GmbHG)
- IV. Namen der Organmitglieder
- V. freiwillige Angaben

Abb. 140: Gliederung des handelsrechtlichen Anhangs

Berichtsteil	Inhalt
Wirtschaftsbericht (§ 289 Abs. 1 Satz 1 bis 3 und Abs. 3 HGB)	■ Darstellung und Analyse des Geschäftsverlaufs ■ Darstellung des Geschäftsergebnisses ■ Darstellung und Analyse der Lage ■ Berücksichtigung bedeutsamer finanzieller Leistungsindikatoren (z. B. Produkte und Märkte) ■ Berücksichtigung bedeutsamer nicht finanzieller Leistungsindikatoren (z. B. immaterielle Werte, Umwelt- und Arbeitnehmerbelange)*
Nachtragsbericht (§ 289 Abs. 2 Nr. 1 HGB)	■ Eingehen auf Vorgänge von besonderer Bedeutung nach dem Schluss des Geschäftsjahrs
Prognose- und Risikobericht (§ 289 Abs. 1 Satz 4, Abs. 2 Nr. 2 HGB)	■ (Quantitative) Entwicklungsprognose mit einem Zeithorizont von zwei Jahren ■ Sensitivitätsanalyse der Entwicklungsprognose durch Angabe von Chancen und Risiken (Unsicherheiten) ■ Aktives Chancen- und Risikomanagement insbesondere durch den Einsatz von Finanzinstrumenten unter Bezugnahme auf die entsprechenden Anhangangaben
Forschungs- und Entwicklungsbericht (§ 289 Abs. 2 Nr. 3 HGB)	■ Darstellung bedeutsamer Forschungs- und Entwicklungsprojekte oder -vorhaben
Zweigniederlassungsbericht (§ 289 Abs. 2 Nr. 4 HGB)	■ Informationen über bestehende Zweigniederlassungen
Vergütungsbericht (§ 289 Abs. 2 Nr. 5 HGB)	■ Darstellung des Vergütungssystems für Geschäftsführungs- und Überwachungsorgane
Übernahmebericht** (§ 289 Abs. 4 HGB)	■ Insbesondere Zusammensetzung des gezeichneten Kapitals, Beschränkungen von Stimmrechten und Aktienübertragungen, direkte und indirekte Kapitalbeteiligungen, Aktieninhaber mit Sonderrechten, Stimmrechtskontrolle
Risikomanagementbericht** (§ 289 Abs. 5 HGB)	■ Beschreibung der wesentlichen Merkmale des internen Kontroll- und Risikomanagementsystems im Hinblick auf den Rechnungslegungsprozess
Erklärung zur Unternehmensführung** (§ 289 a HGB)	■ Entsprechenserklärung nach § 161 AktG ■ Unternehmensführungspraktiken über die gesetzlichen Anforderungen hinaus ■ Arbeitsweise von Vorstand und Aufsichtsrat sowie Zusammensetzung und Arbeitsweise von deren Ausschüssen (wahlweise auch auf der Internetseite möglich)

* lediglich für große Kapitalgesellschaften i.S.v. § 267 Abs. 3 HGB erforderlich
** lediglich für Aktiengesellschaften und Kommanditgesellschaften auf Aktien erforderlich, die einen organisierten Markt i.S.v. § 2 Abs. 7 WpÜG in Anspruch nehmen.
*** lediglich für kapitalmarktorientierte Kapitalgesellschaften i.S.v. § 264 d HGB erforderlich
**** lediglich für kapitalmarktorientierte Aktiengesellschaften erforderlich

Abb. 141: Mögliche Gliederung des handelsrechtlichen Lageberichts

Überdies müssen börsennotierte Aktiengesellschaften nach § 289a HGB eine Erklärung zur Unternehmensführung wahlweise auf der Internetseite oder im Lagebericht platzieren. **Abbildung 141** gibt einen zusammenfassenden Überblick über eine mögliche Gliederung des Lageberichts.

In Übereinstimmung zum Handelsrecht sind die **Anhangangaben (Notes)** zwingender Bestandteil des **IFRS-Abschlusses**. Die Aufgabe besteht ebenso in der Erläuterung der Vermögens- und Erfolgsrechnung. Die Notes haben in der Regel eine größere Relevanz als nach den handelsrechtlichen Normen, weil in der Bilanz und der Gesamterfolgsrechnung wie bereits ausgeführt kein detailliertes Gliederungsschema vorgeschrieben ist und deren Untergliederung regelmäßig im Anhang erfolgt. Die postenspezifischen Anhangvorschriften sind im Vergleich zum Handelsrecht deutlich ausgeweitet. Dies lässt sich mit der dominierenden **Informationsfunktion** des IFRS-Abschlusses erklären, um den Investoren als Primäradressaten einen vollständigen Einblick in die wirtschaftliche Lage des Unternehmens zu geben. Postenübergreifend sind im Anhang zunächst detaillierte Informationen zu den Erstellungsgrundlagen des IFRS-Abschlusses und den spezifischen Ansatz- und Bewertungsgrundsätzen (**Accounting Policies**) aufzunehmen. Des Weiteren sind sämtliche Informationen aufzunehmen, die für den IFRS-Abschluss gefordert werden, aber nicht bereits in einem anderen Rechnungslegungsinstrument vorhanden sind. Schließlich müssen nach IAS 1.112 sämtliche Angaben erfolgen, die zwar nicht explizit durch einen Einzelstandard vorgegeben, aber für die realistische Darstellung der Unternehmenslage unerlässlich sind.[15]

Im Gegensatz zum Handelsrecht ist in der IFRS-Rechnungslegung kein lageberichtsähnliches Berichterstattungsinstrument **zwingend** vorgeschrieben. Vor diesem Hintergrund müssen diejenigen mittelgroßen und großen Kapitalgesellschaften, die in Deutschland einen IFRS-Abschluss erstellen, weiterhin einen **handelsrechtlichen Lagebericht** nach den §§ 289, 315 HGB erstellen und offenlegen. Das IASB empfiehlt lediglich die Erstellung eines **Management Commentary**, welcher dem handelsrechtlichen Lagebericht vergleichbar ist. Dieses **IFRS Practice Statement** ist bislang nicht durch die EU-Kommission übernommen worden. Der Management Commentary ist ein optional anzuwendendes Rahmenkonzept zur Erstellung und Darstellung eines Zusatzberichts der Unternehmensführung. Es ist mithin kein autarkes Informationsinstrument, sondern dient der Ergänzung und Erläuterung des IFRS-Abschlusses im Rahmen der **Unternehmensberichterstattung (Business Reporting)**. Der Management Commentary folgt dabei einem prinzipienorientierten Ansatz (**Principle Based Accounting**).[16] Als Grundsätze werden die Informationsergänzung und -erläuterung, der Management Approach und die zukunftsorientierte Berichterstattung benannt. Die qualitativen Anforderungen ergeben sich aus dem Rahmenkonzept nach dem Conceptual Framework. Die Inhalte des Management Commentary werden durch das IASB aus Flexibilitätsgründen bewusst abstrakt gehalten. Als Themengebiete werden das Geschäft und die Rahmenbedingungen, die Ziele und Strategien des Managements, wesentliche Ressourcen, Risiken und Beziehungen, das Geschäftsergebnis und die -aussichten sowie kritische Leistungsmaßstäbe und -indikatoren angeführt. Aufgrund der fehlenden

---

[15] Vgl. ebenso *Bieg/Kußmaul/Waschbusch* 2012, S. 542.
[16] Vgl. hierzu im Einzelnen *Fischer* 2011, S. 49 f.

Verpflichtung zur Erstellung eines Management Commentary sind seine internationale Bedeutung und Vergleichbarkeit ungewiss. Es ist daher davon auszugehen, dass auch künftig der handelsrechtliche Lagebericht nicht durch den Management Commentary ersetzt wird.

Die nachfolgende **Abbildung 142** fasst die Elemente des IFRS-Abschlusses zusammen.

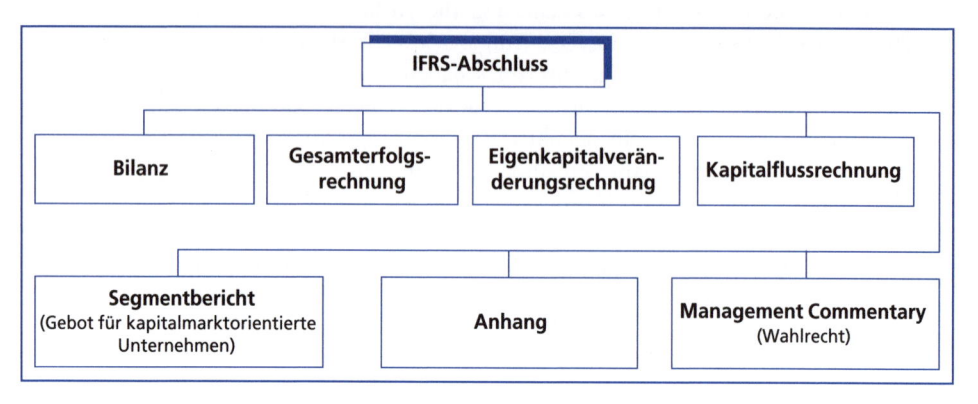

Abb. 142: Komponenten des IFRS-Abschlusses

VII. Grundlagen der Erfolgsbesteuerung

A. Einkunftsarten und Einkommensermittlung nach dem Einkommensteuergesetz

Das Einkommensteuergesetz sieht für unternehmerische und nicht unternehmerische Einkünfte unterschiedliche Bemessungsgrundlagen vor. Gemäß § 2 Abs. 2 EStG wird im Hinblick auf die Einkommensermittlung bei **natürlichen Personen** in zwei Einkunftskategorien unterschieden:

- den Maßstab für die Einkünfte aus Land- und Forstwirtschaft, Gewerbebetrieb und selbstständiger Arbeit stellt der **Gewinn** dar (**unternehmerische Einkünfte oder Gewinneinkunftsarten**);
- den Maßstab für die übrigen vier Einkunftsarten (Einkünfte aus nichtselbstständiger Arbeit, Kapitalvermögen, Vermietung und Verpachtung und sonstige Einkünfte) stellen die **Überschüsse** der Einnahmen über die Werbungskosten dar (**nicht unternehmerische Einkünfte oder Überschusseinkunftsarten**).

Grundlegender Unterschied zwischen beiden aufgezeigten Kategorien ist, dass bei den Überschusseinkunftsarten lediglich die **Quelleneinkünfte** erfasst werden, während bei den Gewinneinkunftsarten darüber hinaus auch bis zu bestimmten Grenzen die **Wertsteigerungen der Einkunftsquelle** zur Besteuerung führen [z. B. Zuschreibungen auf Wirtschaftsgüter des Betriebsvermögens bis zu den (fortgeführten) Anschaffungs- oder Herstellungskosten]. Einerseits müssen **Unternehmer** den bereits **realisierten Zuwachs des Betriebsvermögens** versteuern (z. B. auf Ziel und mit Gewinn verkaufte Waren, die bereits an den Käufer geliefert wurden), während beim **Nichtunternehmer** derartige Wertzuwächse grundsätzlich erst im **Zeitpunkt des Zuflusses** der Besteuerung unterworfen werden (§ 11 Abs. 1 Satz 1 EStG). Andererseits führen Minderungen des Betriebsvermögens bezüglich der unternehmerischen Einkünfte schon im Zeitpunkt der Aufwandsentstehung zur Senkung der einkommensteuerlichen Bemessungsgrundlage, während diese Auswirkung bei den Überschusseinkunftsarten prinzipiell erst im **Zeitpunkt des Abflusses**, d. h. bei Leistung der Ausgabe, eintritt (§ 11 Abs. 2 Satz 1 EStG). Allerdings kann der Unternehmer durch Ausnutzung **legaler Gestaltungsmöglichkeiten** die Steuerbelastung in weitaus größerem Umfang beeinflussen als der Nichtunternehmer, da für Letzteren die Vielzahl der im Bilanzsteuerrecht verankerten Gestaltungsalternativen bei der Ermittlung des Überschusses nicht relevant sind.

> **Beispiel:** Angenommen, ein verheirateter freiberuflich tätiger Wirtschaftsprüfer hätte durch legale Gestaltung die Möglichkeit, den im Rahmen der fünfjährigen Lebensdauer seines Unternehmens anfallenden steuerrechtlichen Totalgewinn (Gewinn von der Eröffnung bis zur Aufgabe oder Veräußerung des Unternehmens) von 270.000 € nach drei Alternativen auf die einzelnen Wirtschaftsjahre zu verteilen (vgl. **Abbildung 143**).
>
> Ohne Berücksichtigung von Zins- und Zeitwirkungen ist es für den Freiberufler aufgrund des Progressionstarifs am günstigsten, den Gewinn nach Alternative I möglichst gleichmäßig auf die einzelnen Wirtschaftsjahre zu verteilen (**sog. Gesetz der Normallinie**[1]). Nach dem Konzept der **Steuerbarwertminimierung**[2] sollten die steuerpflichtigen Gewinne jedoch so gestaltet werden, dass die Summe aller abgezinsten Ertragsteuerzahlungen ein Minimum erreicht, wobei die Abzinsung auf den Gegenwartswert erfolgt. Diese Vorgehensweise wird von der Überlegung getragen, dass durch entsprechende zeitliche Verlagerungen der Ertragsteuerzahlungen ein **zinsloser Kredit** erlangt werden kann, der bis zur endgültigen Steuerentrichtung zum angewandten Kalkulationszinssatz gewinnbringend anzulegen ist. Bei einer Abzinsung der Einkommensteuerzahlungen mit einem konstanten Kalkulationszinssatz von 10 % nach Steuern[3] ergibt sich ein anderes Bild. **Abbildung 144** verdeutlicht, dass die Gewinnausweisreihe nach Alternative II zu wählen ist, da diese periodenbezogene Gestaltung des Totalgewinns zur niedrigsten Steuerbarwertsumme (34.417,22 €) führt.

Nicht beeinflussbar ist nur der **Totalgewinn**, der zwischen Beginn und Ende der unternehmerischen Betätigung anfällt. Im Liquidationszeitpunkt werden sämtliche Wirtschaftsgüter zu Geld, so dass sich der Totalerfolg durch Gegenüberstellung des in Geld bestehenden Anfangs- und Endvermögens, korrigiert um die Summe der Entnahmen und Einlagen, zutreffend ermitteln lässt.[4] Da der Fiskus jedoch auf einen permanenten Eingang der Einkommensteuer angewiesen ist, knüpft das Einkommensteuergesetz nicht an den Totalgewinn, sondern an den Periodengewinn an. Im Sinne von § 4 a EStG ist der Periodengewinn als Gewinn zu definieren, der in einem Wirtschaftsjahr erzielt wird. Das Einkommensteuergesetz kennt verschiedene Gewinnermittlungsmethoden, die in **Abbildung 145** im Zusammenhang dargestellt sind.[5]

---

[1] Vgl. *Vogt* 1963, S. 24–28.

[2] Vgl. *Marettek* 1970, S. 19–31 und die Ausführungen im Sechsten Teil zu Gliederungspunkt IV.B.2.

[3] Im Kapitalwertmodell repräsentiert der Kalkulationszinssatz (i) die Rendite einer Vergleichsinvestition, die zu diesem Zinssatz angelegt werden kann. Sofern die Alternativinvestition ebenfalls steuerpflichtige Gewinne verursacht, ist auch der Kalkulationszinssatz wie folgt um den Steuereffekt zu korrigieren (i_s = Kalkulationszinssatz nach Steuern, s = Ertragsteuerfaktor): $i_s = i \cdot (1 - s)$. Aufgrund der Ertragsbesteuerung der Alternativanlage wird dort durch höhere Steuerauszahlungen in den einzelnen Perioden ein geringerer Kapitalwert erzielt. Infolge der Abzinsung des primären Investitionsobjekts mit dem Kalkulationszinssatz nach Steuern steigt sein Kapitalwert, da die Alternativanlage durch die Ertragsbesteuerung ungünstiger wird.

[4] Vgl. hierzu die Ausführungen im Ersten Teil zu Gliederungspunkt IV.C.2.

[5] Vgl. hierzu auch die Ausführungen im Dritten Teil zu Gliederungspunkt II.A.1 und zu Gliederungspunkt III.B.1.

VII. Grundlagen der Erfolgsbesteuerung

Jahre	Alternative I		Alternative II		Alternative III	
	Gewinn (in €)	ESt[a] (in €)	Gewinn (in €)	ESt[a] (in €)	Gewinn (in €)	ESt[a] (in €)
1	54.000	9.400	40.000	5.402	100.000	25.694
2	54.000	9.400	41.000	5.672	70.000	14.518
3	54.000	9.400	50.500	8.358	–	–
4	54.000	9.400	65.000	12.856	–	–
5	54.000	9.400	73.500	15.716	100.000	25.694
Summe	270.000	**47.000**	270.000	48.004	270.000	65.906
⌀ ESt-Belastung	**17,41 %**[b]		17,78 %		24,41 %	

[a] Einkommensteuer nach Splittingtabelle gültig ab 2010; wobei angenommen wird, dass der steuerrechtliche Gewinn dem zu versteuernden Einkommen nach § 2 Abs. 5 EStG entspricht.

[b] 47.000 € : 270.000 € = 17,41 %.

Abb. 143: Beispiel zur Einkommensteuerbelastung ohne Zinswirkungen

Jahre	Alternative I		**Alternative II**		Alternative III	
	ESt (in €)	Barwert (in €)	ESt (in €)	Barwert (in €)	ESt (in €)	Barwert (in €)
1	9.400	8.545,45	5.402	4.910,91	25.694	23.358,18
2	9.400	7.768,40	5.672	4.687,60	14.518	11.998,35
3	9.400	7.062,36	8.358	6.279,49	–	–
4	9.400	6.420,53	12.856	8.780,82	–	–
5	9.400	5.836,66[a]	15.726	9.758,40	25.694	15.953,95
Summe	47.000	35.633,40	48.004	**34.417,22**	65.906	51.310,48

[a] $5.836{,}66\ € = 9.940\ € \cdot \frac{1}{(1+0{,}1)^5}$.

Abb. 144: Beispiel zur Einkommensteuerbelastung mit Zinswirkungen

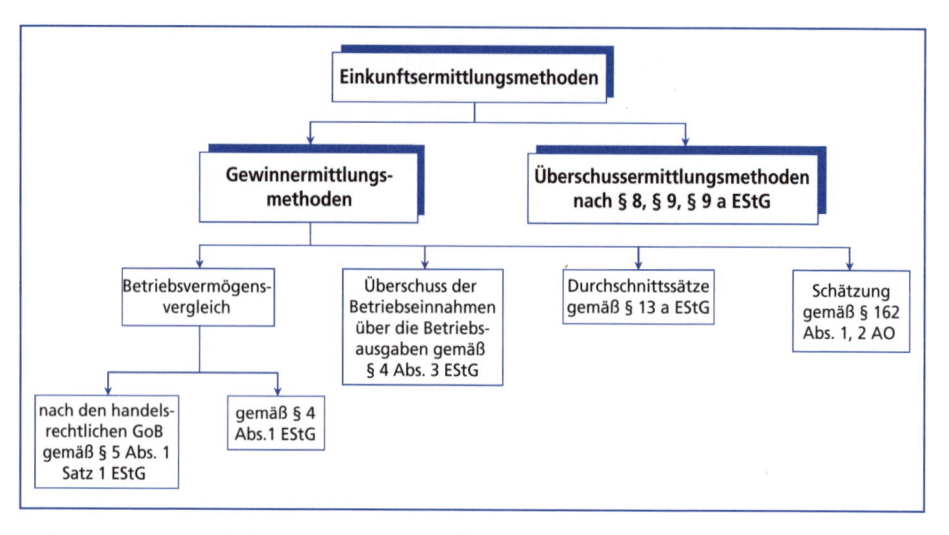

```
                    ┌─────────────────────────────┐
                    │  Einkunftsermittlungsmethoden │
                    └──────────────┬──────────────┘
                    ┌──────────────┴──────────────┐
         ┌──────────────────┐         ┌──────────────────────┐
         │ Gewinnermittlungs-│        │ Überschussermittlungs-│
         │    methoden      │         │   methoden nach § 8,  │
         │                  │         │   § 9, § 9 a EStG     │
         └────────┬─────────┘         └──────────┬───────────┘
      ┌──────────┴──────────┐           ┌────────┴────────┐
 Betriebsvermögens-   Überschuss der    Durchschnittssätze   Schätzung
    vergleich        Betriebseinnahmen   gemäß § 13 a EStG   gemäß § 162
                    über die Betriebs-                       Abs. 1, 2 AO
                    ausgaben gemäß
                    § 4 Abs. 3 EStG
   ┌────┴────┐
 nach den    gemäß § 4
 handels-    Abs.1 EStG
 rechtlichen GoB
 gemäß § 5 Abs. 1
 Satz 1 EStG
```

Abb. 145: Steuerrechtliche Gewinn- und Überschussermittlung

B. Betriebsvermögensvergleich nach den handelsrechtlichen GoB

Im Gegensatz zum handelsrechtlichen kommt dem steuerrechtlichen Jahresabschluss die Aufgabe zu, den Periodengewinn zu bestimmen, der die Ausgangsgröße zur Ermittlung der Einkommen- (bzw. der Körperschaft-) und der Gewerbesteuer darstellt. Das **Steuerbilanzergebnis** wird zu diesem Zweck gemäß § 5 Abs. 1 Satz 1 EStG „bei Gewerbetreibenden[6], die auf Grund gesetzlicher Vorschriften verpflichtet sind, Bücher zu führen und regelmäßig Abschlüsse zu machen, oder die ohne eine solche Verpflichtung Bücher führen und regelmäßig Abschlüsse machen", aus dem handelsrechtlichen Jahresabschluss abgeleitet (**Maßgeblichkeit der Handelsbilanz für die Steuerbilanz**). Dagegen besitzt der **IFRS-Einzelabschluss** keine Steuerbemessungsfunktion, sondern eine reine Informationsfunktion. Da in § 8 Abs. 1 KStG und § 7 GewStG auf die Gewinnermittlungsvorschriften des Einkommensteuergesetzes verwiesen wird, besitzt § 5 Abs. 1 Satz 1 EStG auch für die Berechnung der Bemessungsgrundlagen von Körperschaft- und Gewerbesteuer Gültigkeit. Hieraus folgt, dass das Maßgeblichkeitsprinzip u. a. bei einzelkaufmännisch geführten Gewerbebetrieben, Personenhandels-(OHG, KG)[7], Kapitalgesellschaften (GmbH, AG) und Genossenschaften zu beachten ist.

---

[6] Die steuerrechtliche Definition des Gewerbetreibenden und des Gewerbebetriebes findet sich in § 15 Abs. 2 Satz 1 EStG und lautet: "Eine selbstständige nachhaltige Betätigung, die mit der Absicht, Gewinn zu erzielen, unternommen wird und sich als Beteiligung am allgemeinen wirtschaftlichen Verkehr darstellt, ist Gewerbebetrieb, wenn die Betätigung weder als Ausübung von Land- und Forstwirtschaft noch als Ausübung eines freien Berufs noch als eine andere selbstständige Arbeit anzusehen ist."

[7] Diese Unternehmensformen werden von § 15 Abs. 3 Nr. 1 EStG explizit als Gewerbebetriebe klassifiziert.

VII. Grundlagen der Erfolgsbesteuerung

Die unterschiedlichen Zielsetzungen des Handels- und Steuerrechts stehen jedoch einer uneingeschränkten Anknüpfung bei der steuerrechtlichen Gewinnermittlung an das Ergebnis des handelsrechtlichen Jahresabschlusses entgegen. Aufgrund der vom Vorsichtsprinzip beeinflussten Bilanzierungs- und Bewertungsvorschriften des Handelsrechts stellt der nach diesen Normen ermittelte Gewinn **häufig keinen geeigneten Indikator der wirtschaftlichen Leistungsfähigkeit** dar.[8] Deshalb geht die steuerrechtliche Gewinnermittlung zwar vom Handelsbilanzergebnis aus, trifft aber häufig abweichende Sonderregelungen, die dem Begriff „Durchbrechungen des Maßgeblichkeitsprinzips" subsumiert werden.

Da der Gesetzgeber es den Unternehmen nicht zumuten wollte, zwei unterschiedliche Jahresabschlüsse zu erstellen, lässt § 60 Abs. 2 Satz 1 EStDV auch die Vorlage eines nach steuerrechtlichen Vorschriften **korrigierten handelsrechtlichen Jahresabschlusses** beim Finanzamt zu. Allerdings besteht auch die Möglichkeit, der Steuererklärung eine autonome Steuerbilanz beizufügen (§ 60 Abs. 2 Satz 2 EStDV), welche den steuerrechtlichen Vorschriften genügt. Infolge der Abschaffung der Umkehrmaßgeblichkeit und der Neuausrichtung des Maßgeblichkeitsprinzips ist die Möglichkeit einer Einheitsbilanzierung nach dem BilMoG wesentlich erschwert. Zusätzlicher administrativer Aufwand ergibt sich für die Steuerpflichtigen infolge der zwingenden Einreichung einer **elektronischen Bilanz (sog. „E-Bilanz")**. Nach § 5b EStG besteht für Steuerpflichtige, die ihren Gewinn nach § 4 Abs. 1, § 5 oder § 5a EStG ermitteln, die Verpflichtung, den Inhalt der Bilanz sowie Gewinn- und Verlustrechnung nach amtlich vorgeschriebenem Datensatz zu übermitteln. Das BMF[9] hat hierzu ein Anwendungsschreiben für die elektronische Übermittlung der Daten veröffentlicht. Gleichzeitig wurde eine ab dem Kalenderjahr 2012 gültige Steuertaxonomie bekannt gegeben. Verpflichtend ist die E-Bilanz für alle bilanzierenden Unternehmen ohne Rechtsform- oder Größenklassenunterschiede. Im ersten Anwendungsjahr (Geschäftsjahre ab dem 01.01.2012) wird die traditionelle Einreichung in Papierform **noch** nicht beanstandet. Für ausländische Unternehmen und steuerbegünstigte Körperschaften gilt eine Ausnahmeregelung für Geschäftsjahre, die bis zum 31.12.2014 enden. Aufgrund zu erwartenden Mehrbelastung bei der steuerlichen Gewinnermittlung wird auch von einer neuen Form der umgekehrten Maßgeblichkeit gesprochen, da der Detaillierungsgrad weitaus höher ausfällt als die handelsrechtlichen Vorgaben für Einzelkaufleute nach § 247 HGB.

---

[8] Der Grundsatz der Besteuerung nach der wirtschaftlichen Leistungsfähigkeit stellt neben dem Sozialstaatsprinzip und dem Grundsatz der gleichmäßigen Besteuerung ein Fundamentalprinzip dar, welches das gesamte Steuerrecht durchzieht. Vgl. hierzu *Hey* 2013, Anm. 40–48 zu § 3.

[9] Vgl. *BMF* 2012b.

C. Sonstige Verfahren der steuerrechtlichen Gewinnermittlung

Nichtgewerbetreibende, die verpflichtet sind, Bücher zu führen und regelmäßig Abschlüsse zu machen, oder freiwillig Bücher führen und regelmäßig Abschlüsse machen (Land- und Forstwirte sowie Freiberufler), ermitteln ihren steuerrechtlichen Gewinn aufgrund des Betriebsvermögensvergleichs mit Hilfe einer **Steuerbilanz** gemäß § 4 Abs. 1 EStG. Nach h. M. benötigt auch dieser (allgemeine) Betriebsvermögensvergleich die handelsrechtlichen GoB.[10] Deshalb stimmen die Ergebnisse des speziellen und des allgemeinen Betriebsvermögensvergleichs nach § 5 Abs. 1 Satz 1 HGB bzw. § 4 Abs. 1 EStG unter sonst gleichen Bedingungen grundsätzlich überein.

Schließlich besteht für **nichtbuchführungspflichtige Unternehmer**, die auch freiwillig keine Bücher führen und regelmäßig Abschlüsse machen (Land- und Forstwirte, Freiberufler und Kleingewerbetreibende) die Möglichkeit, den Gewinn als Differenz zwischen der Summe der Betriebseinnahmen und der Betriebsausgaben einer Periode zu ermitteln (§ 4 Abs. 3 Satz 1 EStG).[11] Unter den Begriffen Betriebseinnahmen bzw. Betriebsausgaben sind nach h. M. Zugänge bzw. Abgänge von Wirtschaftsgütern in Geld oder Geldeswert zu verstehen. Folglich stellt die Überschussmethode des § 4 Abs. 3 EStG im Grundsatz eine **Zu- und Abflussrechnung** i. S. v. § 11 EStG dar, die aber durch **einige Ausnahmeregelungen** den Charakter einer **vereinfachten Gewinnermittlungsrechnung** erhält. So sind auch bei diesem Verfahren die Anschaffungs- oder Herstellungskosten auf die Jahre der Nutzung zu verteilen (§ 4 Abs. 3 Satz 3 EStG). Darüber hinaus können unabhängig vom Zu- und Abfluss bestimmte steuerrechtliche Vergünstigungen in Anspruch genommen werden (z. B. nach § 6 Abs. 2, § 7 Abs. 2 Satz 1, § 6c EStG). Im Gegensatz zu den Methoden nach § 4 Abs. 1 und § 5 Abs. 1 Satz 1 EStG verzichtet die Einnahmen-Überschussrechnung auf eine **periodengerechte Gewinnermittlung**. Im Verhältnis zum Betriebsvermögensvergleich ist der nach der Überschussmethode berechnete Gewinn höher, wenn der Unternehmer sein Warenlager räumt (et vice versa). Die Totalgewinne sind jedoch nach beiden Gewinnermittlungsverfahren identisch.

Beispiel: Im Rahmen der dreiperiodigen Lebensdauer eines Einzelunternehmens, das von einem Gewerbetreibenden geführt wird, weisen die mengenmäßigen Warenbewegungen folgende Strukturen auf.

Perioden	AB in Stück	Zugänge in Stück	EB in Stück	Abgänge in Stück
1	0	100	20	80
2	20	70	30	60
3	30	0	0	30

Abb. 146: Entwicklung des Warenbestands

---

[10] Vgl. *Hey* 2013, Anm. 188 zu § 8.
[11] Vgl. hierzu im Einzelnen *Ramb/Schneider* 2010.

VII. Grundlagen der Erfolgsbesteuerung

Die Anschaffungskosten für Zugänge in den Perioden 1, 2 und 3 betrugen konstant 15 € pro Stück. Veräußert wurden die Waren hingegen mit einem konstanten Netto-Verkaufspreis in Höhe von 25 € pro Stück. Die Wiederbeschaffungskosten für die auf Lager befindlichen Waren betrugen am Ende der Perioden 1, 2 und 3 durchgehend 12,50 €. Sofern man die Alternative der freiwilligen Buchführung und Abschlusserstellung berücksichtigt, ergeben sich für den Gewerbetreibenden zwei Möglichkeiten der steuerrechtlichen Gewinnermittlung. Es wurde unterstellt, dass die zuerst angeschafften Waren auch zuerst verkauft werden konnten (First in first out – Fifo)(vgl. **Abbildung 147**).

Perioden	Gewinnermittlungsmethoden	
	§ 5 Abs. 1 Satz 1 EStG[a]	§ 4 Abs. 3 EStG
1	80 Stück à 25,00 € − 80 Stück à 15,00 € − 20 Stück à 2,50 € = 750 €	80 Stück à 25,00 € − 100 Stück à 15,00 € = 500 €
2	60 Stück à 25,00 € − 20 Stück à 12,50 € − 40 Stück à 15,00 € − 30 Stück à 2,50 € = 575 €	60 Stück à 25,00 € − 70 Stück à 15,00 € = 450 €
3	30 Stück à 25,00 € − 30 Stück à 12,50 € = 375 €	30 Stück à 25,00 € = 750 €
Summe	1.700 €	1.700 €

[a] Das strenge Niederstwertprinzip gemäß § 253 Abs. 4 Satz 1 HGB ist auch für die steuerrechtliche Gewinnermittlung nach § 5 Abs. 1 Satz 1 EStG maßgebend.

Abb. 147: Beispielhafter Vergleich steuerrechtlicher Gewinnermittlungsmethoden

Die Gewinnermittlung nach **Durchschnittssätzen** gemäß § 13 a EStG kommt nur für Land- und Forstwirte in Betracht, die nicht verpflichtet sind, Bücher zu führen und regelmäßig Abschlüsse zu machen. Der **Durchschnittssatzgewinn** des land- und forstwirtschaftlichen Betriebs ist gemäß § 13 a Abs. 3 Satz 1 EStG die Summe aus dem Grundbetrag (§ 13 a Abs. 4 EStG), den Zuschlägen für Sondernutzungen (§ 13 a Abs. 5 EStG), gesondert zu ermittelnden Gewinnteilen (§ 13 a Abs. 6 EStG), vereinnahmten Miet- und Pachtzinsen sowie Kapitalerträgen aus Kapitalanlagen von Veräußerungserlösen i. S. v. § 13 a Abs. 6 Satz 1 Nr. 2 EStG, wobei verausgabte Pachtzinsen und diejenigen Schuldzinsen und dauernden Lasten abzusetzen sind, die den Charakter von Betriebsausgaben tragen (§ 13 a Abs. 3 Satz 2 EStG). Allerdings dürfen die abzusetzenden Beträge insgesamt nicht zu einem Verlust führen (§ 13 a Abs. 3 Satz 3 EStG). **Schätzungen** zur Ermittlung des steuerrechtlichen Gewinns kommen z. B. nach § 162 Abs. 2 Satz 2 AO dann in Betracht, „… wenn der Steuerpflichtige Bücher oder Aufzeichnungen, die er nach den Steuergesetzen zu führen hat, nicht vorlegen kann …" oder wenn die Buchführung oder die Aufzeichnungen der Besteuerung mangels sachlicher Richtigkeit nicht zugrunde gelegt werden.

VIII. Verstöße gegen gesetzliche Buchführungs- und Rechnungslegungsvorschriften

Bilanzmanipulationen (Bilanzfälschungen und Bilanzverschleierungen) stellen allgemein **Verstöße** gegen die Rechnungslegungsvorschriften nach Handelsrecht und IFRS dar, die vom Gesetzgeber als **strafrechtliche Tatbestände** gewertet werden. Da die IFRS keine eigenständigen Regelungen zur Ahndung von Verstößen vorsehen, sind in Deutschland die handels- und aktienrechtlichen Vorschriften entsprechend zu befolgen. So sehen § 331 Nr. 1 und Nr. 4 HGB, § 400 Abs. 1 AktG, § 17 Nr. 1 PublG und § 335 b HGB im Falle von unrichtigen Darstellungen oder Verschleierungen des Jahresabschlusses und des Lageberichts **Freiheitsstrafen** bis zu drei Jahren oder **Geldstrafen** für die gesetzlichen Vertreter bzw. den Aufsichtsrat vor. Eine exakte Abgrenzung der Tatbestände „**Bilanzverschleierung**" sowie „**Bilanzfälschung**" bereitet allerdings Schwierigkeiten. Grundsätzlich wird unter Bilanzfälschung die bewusst irreführende Darstellung bestimmter Inhalte des Jahresabschlusses und/oder des Lageberichts verstanden (z. B. falsche Bewertung oder das Hinzufügen oder Weglassen von Jahresabschlussposten). Bilanzverschleierungen liegen hingegen vor, wenn an sich zulässige Jahresabschlusswerte unklar und undurchsichtig ausgewiesen werden (z. B. unrichtige Gliederung und Bezeichnung bestimmter Posten). Ferner werden **Konkursdelikte** mit **Freiheits- oder Geldstrafe** geahndet, die ihre Ursache in der Verletzung von Rechnungslegungs- und Buchführungsvorschriften haben (§ 283 bis § 283 b StGB).

Darüber hinaus sieht § 334 Abs. 1 HGB bei bestimmten Verstößen gegen bestimmte Rechnungslegungsnormen, die Jahresabschluss und Lagebericht betreffen, **Geldbußen** bis zu 50.000 € (§ 334 Abs. 3 HGB) vor, wenn diese Ordnungswidrigkeiten als Mitglied des vertretungsberechtigten Organs oder des Aufsichtsrats einer Kapitalgesellschaft begangen werden. Ähnliches gilt für die Eigner bzw. deren gesetzliche Vertreter von publizitätspflichtigen Einzelunternehmen und Personenhandelsgesellschaften (§ 20 PublG) sowie für kapitalistische Personenhandelsgesellschaften (§ 335 b HGB). Im Gegensatz zu den strafrechtlichen Tatbeständen der Bilanzfälschung und Bilanzverschleierung handelt es sich bei den **Ordnungswidrigkeiten nicht um kriminelle** Vergehen, sondern um eine Verletzung von Regeln, die in Form eines **Bußgeldes** entsprechend milder geahndet werden.

Ferner ziehen wesentliche Verstöße gegen Rechnungslegungsnormen bei **prüfungspflichtigen Unternehmen** (z. B. nach § 316 Abs. 1 Satz 1 HGB) die **Einschränkung oder ggf. die Versagung des Bestätigungsvermerks** durch den Abschlussprüfer nach sich (§ 322 Abs. 4 HGB; § 6 Abs. 1 PublG und § 264 a Abs. 1 HGB). Zudem hat der Abschlussprüfer im Prüfungsbericht auf bei der Prüfung festgestellte Unrichtigkeiten sowie Verstöße gegen gesetzliche Vorschriften oder Regelungen des Gesellschaftsvertrags oder der Satzung einzugehen (§ 321

Abs. 1 Satz 3 HGB).[1] Schließlich führen Verstöße gegen Vorschriften, die ausschließlich oder überwiegend zum Schutze der Gläubiger der Gesellschaft oder sonst im öffentlichen Interesse erlassen wurden, zur **Nichtigkeit des festgestellten handelsrechtlichen Jahresabschlusses** der Aktiengesellschaft (§ 256 Abs. 1 Nr. 1 AktG). Gleiches gilt für Verstöße gegen zwingende Bestimmungen der Gliederungs- und Bewertungsvorschriften (§ 256 Abs. 4 und Abs. 5 AktG). Fehlerhafte handelsrechtliche Jahresabschlüsse, die aufgrund von Verstößen gegen GoB zur Nichtigkeit führen, müssen **geändert** werden, um **Rechtswirksamkeit** zu erlangen. Allerdings tritt bei derartigen Jahresabschlüssen auch ohne Berichtigung Rechtswirksamkeit dann ein, wenn die Frist, in der die Nichtigkeit nach § 256 Abs. 6 AktG geltend gemacht wird, verstrichen ist. Ansonsten besteht eine Verpflichtung zur Korrektur fehlerhafter Jahresabschlüsse grundsätzlich aus handelsrechtlicher Sicht nicht. In diesen Fällen genügt es, den Fehler im folgenden Jahresabschluss zu berichtigen.

Weiterhin können Rechnungslegungsverstöße bei **börsennotierten Unternehmen** das sog. **Enforcementverfahren** nach § 342 b f. HGB bzw. § 37 n WpHG auslösen, das in der ersten Stufe von der **Deutschen Prüfstelle für Rechnungslegung e. V. (DPR)** und in der zweiten Stufe von der **Bundesanstalt für Finanzdienstleistungsaufsicht (BaFin)** durchgeführt wird.[2] Ggf. in einer Enforcementprüfung festgestellte Verstöße gegen Rechnungslegungsstandards sind gemäß § 37 q Abs. 2 WpHG von den geprüften Unternehmen **bekannt zu machen** (z. B. im elektronischen Bundesanzeiger oder in einem überregionalen Börsenblatt), wenn ein **öffentliches Interesse** an der Publikation der konstatierten Fehler besteht. Darüber hinaus teilen DPR und BaFin Tatsachen, die den Verdacht auf **Straftaten/Ordnungswidrigkeiten** im Bereich der Rechnungslegung begründen, den zuständigen Behörden mit (z. B. Staatsanwaltschaft und Börsenaufsicht). Beim Vorliegen einer Berufspflichtverletzung des **Wirtschaftsprüfers** erfolgt eine Meldung an die **Wirtschaftsprüferkammer (WPK)**.

Aus **steuerrechtlicher Sicht** kann das Nichtbeachten bestimmter handels- und/oder steuerrechtlicher Ordnungsmäßigkeitsvorschriften im Rahmen der Buchhaltung zur **Schätzung der Besteuerungsgrundlagen** durch die Steuerbehörden führen (§ 162 Abs. 2 Satz 2 AO). Sofern im Rahmen der steuerrechtlichen Gewinnermittlung gegen zwingende GoB verstoßen wird, liegen **fehlerhafte Bilanzansätze** vor. Eine Korrektur ist grundsätzlich bis zur materiellen Bestandskraft der Veranlagung, d. h. bis zur Änderung des zugrunde liegenden Steuerbescheids, möglich (H 4.4 EStR). Derartige **Bilanzberichtigungen**, die ggf. zu einer Änderung der ertragsteuerlichen Bemessungsgrundlagen führen, kommen insbesondere im Rahmen von **Außenprüfungen** (§ 193 bis § 207 AO) vor, sie können aber auch aufgrund einer entsprechenden Mitteilung des Steuerpflichtigen gegenüber dem Finanzamt erfolgen (§ 4 Abs. 2 Satz 1 EStG). Darüber hinaus können auch aus steuerrechtlichem Blickwinkel in Abhängigkeit von der Art und Schwere des Verstoßes gegen **Buchführungs- und Rechnungslegungsvorschriften Freiheitsstrafen** (§ 370 AO), **Geldbußen** (§ 378 f. AO) oder **Zwangsgelder** (§ 328 bis § 335 AO) in Betracht kommen.

---

[1] Vgl. hierzu *Freidank* 2012b, S. 236–319.
[2] Vgl. ebenfalls *Freidank* 2012b, S. 26 f.; *Velte* 2007a, S. 554–559.

IX. Zusammenfassung

Die Finanzbuchhaltung in Form der **doppelten Buchführung**, die den Schwerpunkt der vorliegenden Betrachtungen bildet, wird durch Gesetzesnormen gekennzeichnet, da als Ausfluss der Buchführung die Ableitung des **Jahresabschlusses und Lageberichts** erfolgt. Hierbei kommt zunächst der **handels- und steuerrechtlichen Buchführungspflicht** nach den §§ 238, 240 und 242 HGB sowie den §§ 140, 141 AO sowie den **Aufbewahrungsfristen** nach § 257 HGB und § 147 AO eine besondere Bedeutung zu. Die Grundlage für die Ableitung des Jahresabschlusses bildet die **körperliche Bestandsaufnahme (Inventur)** und das **Bestandsverzeichnis (Inventar)**. Während die Bilanz in aktive und passive Bestandskonten aufgelöst wird, stellen das **Gewinn- und Verlustkonto (GuV-Konto)** und das **Privatkonto** wichtige Unterkonten des Eigenkapitalkontos dar. Der Gewinn oder Verlust des Unternehmens kann im Rahmen der doppelten Buchführung durch Gegenüberstellung der Aufwendungen und Erträge im GuV-Konto und/oder durch Eigenkapitalvergleich bestimmt werden. Als **Bilanzveränderungen** lassen sich der Aktiv- und Passivtausch sowie die Aktiv-Passiv-Mehrung und -Minderung abgrenzen. Der Zusammenhang zwischen Finanzbuchhaltung, Inventar und Jahresabschluss wird durch die **HAÜ** hergestellt, die eine Kontroll-, Informations- und Entscheidungsfunktion für die Unternehmensleitung erfüllt. Eine klassische Strukturierung der Bücher der doppelten Buchführung erfolgt in das **Grund- und Hauptbuch** sowie in die **Nebenbücher**. Zur Strukturierung der Finanzbuchhaltung dienen die unterschiedlichen von der Unternehmenspraxis entwickelten **Kontenrahmen**, die unternehmensindividuell zu einem **Kontenplan** modifiziert werden. In jüngerer Zeit erfährt die Buchführung eine zunehmende Automatisierung durch IT-gestützte Systeme, welche die traditionellen manuellen Verfahren verdrängen. Im Gegensatz zur doppelten Buchführung kennt die **einfache Buchführung** kein Hauptbuch und somit keinen Abstimmungsmechanismus zwischen Buchendbeständen und Inventurwerten.

Als ausgewählte Geschäftsvorfälle, die im Rahmen der buchhalterischen Erfassung separat zu würdigen sind, lassen sich der **Waren-, Zahlungs-, Lohn- und Gehaltsverkehr** sowie **Steuern, Gebühren und Beiträge** abgrenzen. Hinsichtlich des **Warenverkehrs** besteht die Möglichkeit, ein gemischtes Warenkonto oder zwei getrennte Warenkonten (Wareneinkaufs- und Warenverkaufskonto) zu verwenden. Zudem ist der Warenverkehr unmittelbar verknüpft mit der Berücksichtigung der **Umsatzsteuer**, die grds. durch die Nutzung des Vorsteuerabzugsverfahrens einen durchlaufenden Posten im Unternehmen darstellt. Hiernach wird lediglich der Mehrwert auf jeder Produktionsstufe der Umsatzbesteuerung unterzogen. Des Weiteren spielen **Bezugs- und Vertriebskosten** sowie **Rücksendungen** und **Preisnachlässe** (Kaufpreisminderungen, Skonti, Boni und Rabatte) bei der buchhalterischen Erfassung des Warenverkehrs eine wichtige Rolle. Durch Schwund, Verderb, Untergang oder Diebstahl tritt eine **unfreiwillige Dezimierung von Warenvorräten** ein, die ebenfalls buchhalterisch durch das Konto „Warenverlust" erfasst werden muss. Ein nach dem Gewinnprinzip geführtes Unternehmen wird darüber hinaus regelmäßig den Verkaufs- und Einkaufspreis der Güter kalkulieren. Die progressive und retrograde Kalkulation sowie die Differenzkalkulation stellen die drei Arten von **Handelskalkulationen** dar. Als bedeutsame Kennzahlen sind die Handelsspanne i. e. S. (i. w. S.), der Kalkulationsaufschlag i. e. S. (i. w. S.) sowie der Roherfolg(aufschlag)satz zu nennen.

Hinsichtlich des **Zahlungsverkehrs**, der bar, halbbar und unbar auftreten kann, ist aus historischer Sicht das **Wechselgeschäft** mit weit reichenden buchhalterischen Maßnahmen verbunden. Es lassen sich je nach der Betrachtungsweise gezogene und eigene Wechsel (**wechselrechtlich**), Protest- und Prolongationswechsel (**einlösungsspezifisch**), Handels- und Finanzwechsel (**wirtschaftlich**) sowie Besitz- und Schuldwechsel (**bilanziell**) unterscheiden. Neben der buchhalterischen Erfassung des Wechselgrundgeschäfts ist die Wechselweitergabe, -diskontierung, -prolongation sowie der Wechselprotest möglich.

Im Rahmen des **Lohn- und Gehaltsverkehrs** stellen neben dem Bruttoarbeitsentgelten die gesetzlichen und freiwilligen Sozialaufwendungen sowie die Aufwendungen für Altersversorgung die wesentlichen Komponenten des Personalaufwands dar. Zur gesetzlichen Sozialversicherung zählen die Beiträge zur Renten-, Kranken-, Arbeitslosen-, Pflege- und Unfallversicherung. Hinzu kommen häufig vermögenswirksame Leistungen nach dem Vermögensbildungsgesetz (Arbeitnehmer-Sparzulagen).

Auch die Erfassung von **Abgaben**, die in Abhängigkeit von der Art der gewährten Gegenleistung in **Steuern, Gebühren und Beiträge** unterschieden werden, nimmt einen gewichtigen Stellenwert in der Finanzbuchhaltung des Kaufmanns ein. Während Privatsteuern (z. B. Einkommen- und Kirchensteuer des Unternehmers) über das Privatkonto zu korrigieren sind, sofern diese aus betrieblichen Mitteln bezahlt oder Erstattungsansprüche mit betrieblichen Steuerschulden verrechnet werden, sind Betrieb- oder Unternehmensteuern entweder unmittelbar als Aufwand zu verbuchen (z. B. Gewerbesteuer) oder als Anschaffungsnebenkosten zu qualifizieren (z. B. Grunderwerbsteuer). Durchlaufende Steuern (z. B. grds. die Umsatzsteuer) sind dagegen durch ihre Erfolgsneutralität gekennzeichnet.

Die Rechnungslegung steht spätestens seit Mitte der 1990er Jahre einer zunehmenden **Internationalisierungs- und Harmonisierungsentwicklung** durch die **IFRS** gegenüber. Aufbauend auf den Unterschieden zwischen dem angloamerikanischen **Case Law System**, das sich durch eine kasuistische Normierung auszeichnet, und dem kontinentaleuropäischen **Code Law**, das einem prinzipienorientierten Ansatz folgt, lassen sich wesentliche Entwicklungsstufen des Handelsrechts in Bezug auf die Internationalisierung der Rechnungslegung wiederfinden, die ihren vorläufigen Höhepunkt mit dem BilMoG erfahren hatte. Hiermit einher geht die Notwendigkeit zur Erweiterung der **traditionellen Finanzberichterstattung (Financial Accounting)** zu einer **umfassenden Unternehmenspublizität (Business Reporting)**, die primär Wertlücken zwischen dem Unternehmenswert und dem bilanziellen Eigenkapital durch eine wertorientierte Zusatzberichterstattung (Value Reporting) mindert. Jüngere Ausflüsse dieser erweiterten Publizität stellen die Veröffentlichungen von Nachhaltigkeitsberichten nach dem Integrated-Reporting-Projekt dar. Da die IFRS vom IASB, einem privatrechtlichen Rechnungslegungsgremium, erlassen werden, ist eine verbindliche Anwendung auf europäischer Ebene an ein sog. **Endorsement-Verfahren** durch die EU-Kommission geknüpft. Während sich die sog. „Full IFRS" an kapitalmarktorientierte Großunternehmen richten, hat das IASB vor einigen Jahren die Interessen kleiner und mittlerer Unternehmen durch die Etablierung von **IFRS for SMEs** berücksichtigt.

Das Grundgerüst der handelsrechtlichen Rechnungslegung stellen die **GoB** und innerhalb der IFRS das **Rahmenkonzept (Conceptual Framework)** dar. Als wesentliche Auslegungsmethoden der GoB sind die induktive, deduktive und hermeneutische Methode anerkannt. Die handelsrechtlichen GoB sind traditionell durch das Vorsichtsprinzip dominiert, welches insbesondere durch die strenge Auslegung des **Realisationsprinzips** determiniert ist. Hierbei soll einer drohenden Aufzehrung der unternehmerischen Haftungssubstanz durch den potenziellen Ausweis unrealisierter Gewinne entgegengewirkt und somit dem Gläubigerschutz Rechnung getragen werden. Dagegen zeichnen sich die IFRS durch eine Dominanz der **Informationsfunktion** und eine Vernachlässigung der Zahlungsbemessungsfunktion (Ausschüttung und Besteuerung) aus, wodurch das Realisationsprinzip vermehrt im Sinne einer zukunftsorientierten Rechnungslegung durchbrochen wird.

Die Rechnungslegung kann durch eine Vielzahl von theoretischen Erklärungsansätzen fundiert werden. Ausgehend von der Kritik an den Annahmen der **neoklassischen Kapitalmarkttheorie**, welche die Strenge der Informationseffizienz am Kapitalmarkt misst, hat sich mit der **Principal Agent-Theorie** ein bekannter Ansatz etabliert, die ein opportunistisches Verhalten der Marktakteure annimmt. Die Beziehung zwischen dem Kapitalgeber (Principal) und dem Management (Agent) wird hiernach durch wesentliche Interessenkonflikte und Informationsasymmetrien gekennzeichnet, wodurch die Gefahren einer Negativauslese (vor Vertragsabschluss) und des moralischen Risikos (nach Vertragsabschluss) resultieren. Nach dieser Lesart würde die Rechnungslegung primär als Selbstdarstellungsinstrument des Managements dienen und die Entscheidungsgrundlage der Investoren wesentlich im Sinne der Unternehmensleitung beeinflussen. Der Gegenentwurf der Principal Agent-Theorie stellt die **Stewardship-Theorie** dar, die ein positives Menschenbild entwirft. Das Management ist damit von sich aus stets bestrebt, ein möglichst realistisches und ausgewogenes Bild der Vermögens-, Finanz- und Ertragslage durch die Rechnungslegung zu präsentieren, sodass spezifische Überwachungssysteme wie in der Agency-Theorie nicht notwendig sind. Schließlich lässt sich auch mithilfe der **Transaktionskostentheorie** und der **Theorie der Verfügungsrechte** die ökonomische Notwendigkeit der Rechnungslegung belegen, die eine entscheidungsunterstützende Funktion aus Sicht des Kapitalmarkts besitzt.

Die **Aufstellungs-, Prüfungs- und Offenlegungspflichten** des Jahresabschlusses und Lageberichts sind im Handelsrecht an die Rechtsform und die Größe des Unternehmens geknüpft, während die IFRS keine Prüfungs- und Offenlegungsvorschriften beinhalten. Ferner sehen die IFRS einheitliche Aufstellungsregeln für sämtliche Unternehmen vor, sofern kleine und mittlere Unternehmen nicht freiwillig die IFRS for SMEs befolgen.

Eine handelsrechtliche Besonderheit stellt das **Maßgeblichkeitsprinzip** als Bindeglied zwischen Handels- und (Ertrag)Steuerbilanz dar, das auf einem Betriebsvermögensvergleich nach den GoB basiert und aus traditioneller Sicht die Bedürfnisse kleiner und mittlerer Unternehmen nach einer Einheitsbilanzierung berücksichtigte. Aufgrund vielfältiger Durchbrechungen der Maßgeblichkeit durch fiskalpolitische Motive des Steuergesetzgebers, primär nach dem BilMoG, sind Tendenzen einer zunehmenden Abkopplung des Bilanzsteuerrechts in Analogie zu den IFRS auch im deutschen Handelsrecht erkennbar. Als sonstige Verfahren der steuerrechtlichen Gewinnermittlung sind der **Betriebsvermögensvergleich** mithilfe der **Steuerbilanz** nach § 4 Abs. 1 EstG, die **Einnahmenüberschussrechnung** nach § 4 Abs. 3 EStG sowie die **Gewinnermittlung nach Durchschnittssätzen** (§ 13a EStG) zu nennen.

Verstöße gegen gesetzliche Buchführungs- und Rechnungslegungsvorschriften (**Bilanzmanipulationen**) können nach dem Aktien- und dem Publizitätsgesetz sowie dem Handelsgesetzbuch und der Abgabenordnung weit reichende Sanktionsmaßnahmen nach sich ziehen (z. B. Geld- oder Freiheitsstrafen). Aus Sicht der Abschlussprüfung kann eine Einschränkung oder sogar eine Versagung des **Bestätigungsvermerks** eintreten, welche mit einer negativen Signalwirkung am Kapitalmarkt verbunden ist. Ferner sind festgestellte Rechnungslegungsfehler im Rahmen der **Enforcement-Prüfung** öffentlich bekannt zu machen (adverse Publizität), sodass Anreize aufseiten der Unternehmensleitung gesetzt werden, die Erstellung der Rechnungslegungsdokumente mit der notwendigen Sorgfalt vorzunehmen.

Der nachfolgende dritte Teil des Lehrbuchs widmet sich basierend auf den vorstehenden elementaren Buchführungskenntnissen der Rechnungslegung von Einzelunternehmen nach Handels- und Steuerrecht sowie nach IFRS.

Rechnungslegung von Einzelunternehmen

3

🎓 Lernziele

- Vergleichende Analyse der wesentlichen Aktivierungs- und Passivierungsnormen nach Handels- und Steuerrecht sowie nach IFRS (Anlage- und Umlaufvermögen, Rechnungsabgrenzung, Rückstellungen, steuerfreie Rücklagen und Verbindlichkeiten)
- Vergleichende Analyse der wesentlichen Bewertungsnormen nach Handels- und Steuerrecht sowie nach IFRS (Zugangs- und Folgebewertung von Vermögensgütern des Anlage- und Umlaufvermögens, Rückstellungen und Verbindlichkeiten)
- Besonderheiten der Rechnungslegung von Industrieunternehmen (Ermittlung der Herstellungskosten und Zurechnung auf die Produkte, Retrograde Bewertung, GuV-Ausweis nach dem Gesamt- und Umsatzkostenverfahren)
- Sonstige Bilanzierungs- und Bewertungsfragen (Leasing, Langfristige Auftragsfertigung, Stichtagsprinzip, Stetigkeitsprinzip, Ertragserfassung, Fehler- und Schätzungskorrektur)

I. Bilanzansatz dem Grunde nach (Aktivierung und Passivierung)

A. Einführung

1. Aktivierung

a. Handels- und Steuerrecht[1]

a.a Abstrakte und konkrete Aktivierungsfähigkeit

Inwieweit ein Vermögensgut bilanziell zu erfassen ist, richtet sich nach der **Aktivierungsfähigkeit**, welche in eine abstrakte und konkrete Komponente unterteilt wird. Dabei besteht die Möglichkeit einer Klassifikation als **Vermögensgegenstand (Handelsrecht)** bzw. **Wirtschaftsgut (Steuerrecht)**, als **Sonderposten eigener Art (Handelsrecht)** oder **Rechnungsabgrenzungs- bzw. Verrechnungsposten (Handels- und Steuerrecht)**. Die vorstehend genannten Termini stellen unbestimmte Rechtsbegriffe dar und sind durch Auslegung zu konkretisieren.

Die **abstrakte** Aktivierungsfähigkeit, welche im Schrifttum auch unter der Bezeichnung „Aktivierungsgrundsatz"[2] geführt wird, stellt auf die bilanztheoretischen Voraussetzungen für das Vorliegen eines Vermögensgegenstands bzw. Wirtschaftsguts ab.[3] Diese sind den nicht kodifizierten Grundsätzen ordnungsmäßiger Bilanzierung (GoB) zu subsumieren und durch Auslegung zu ermitteln.[4] Im Schrifttum liegen unterschiedliche Auslegungsvarianten vor, wobei im Folgenden lediglich auf die h. M. eingegangen wird.[5] Während diese im Rahmen der HGB-Rechnungslegung auf die **selbstständige Verkehrsfähigkeit** abstellt, legt die höchstrichterliche Finanzrechtsprechung die **selbstständige Bewertbarkeit** und die **bilanzielle Greifbarkeit** zugrunde.

Die **konkrete** Aktivierungsfähigkeit stützt sich hingegen auf die handels- und steuerrechtlichen Aktivierungsvorschriften als kodifizierte GoB, welche die abstrakte Aktivierungsfähigkeit ergänzen. Die Aktivierungsvorschriften lassen sich in konkrete Aktivierungsgebote

---

[1] Vgl. hierzu *Freidank/Velte/Weber* 2011a, S. 66–75.
[2] *Baetge/Kirsch/Thiele* 2012, S. 158.
[3] Vgl. zu einer Darstellung der klassischen Bilanztheorien *Freidank/Velte* 2008a, S. 711–716; *Velte* 2008a, S. 59.
[4] Vgl. hierzu die Ausführungen im Zweiten Teil zu Gliederungspunkt IV.A.1.
[5] Vgl. zu den unterschiedlichen Auslegungsvarianten *ADS* 1998, Anm. 15–24 zu § 248 HGB.

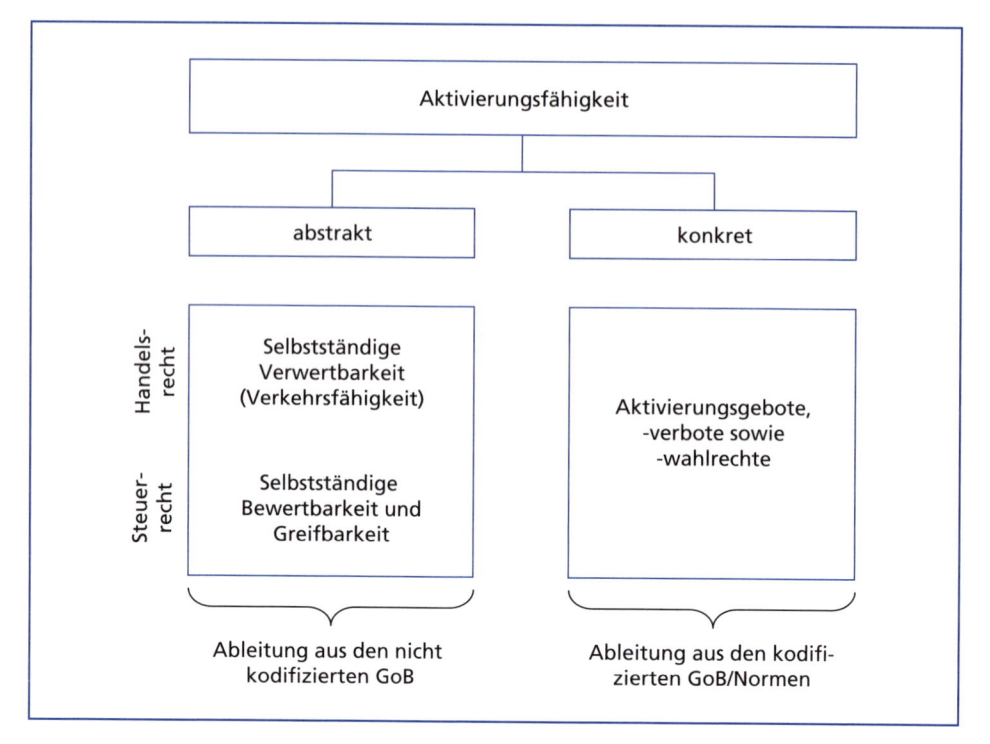

Abb. 148: Aktivierungsfähigkeit nach dem Handelsrecht

- ≙ Abstrakte Aktivierungsfähigkeit ⇒ Vermögensgegenstand (Fläche A ∪ B)
- ≙ Konkrete Aktivierungsfähigkeit aufgrund gesetzlicher Normierungen (Fläche B ∪ C)

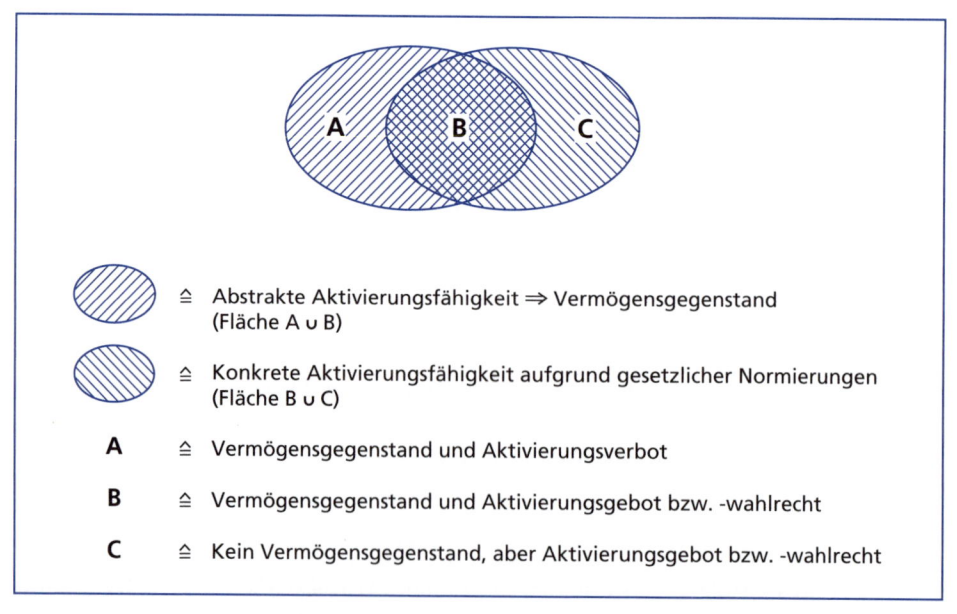

A ≙ Vermögensgegenstand und Aktivierungsverbot
B ≙ Vermögensgegenstand und Aktivierungsgebot bzw. -wahlrecht
C ≙ Kein Vermögensgegenstand, aber Aktivierungsgebot bzw. -wahlrecht

Abb. 149: Zusammenhang zwischen abstrakter und konkreter Aktivierungsfähigkeit im Handelsrecht

I. Bilanzansatz dem Grunde nach (Aktivierung und Passivierung)

und -verbote sowie Aktivierungswahlrechte unterscheiden. Die **Abbildung 148** gibt einen Überblick über die Aktivierungsfähigkeit nach Handels- und Steuerrecht.

Ein Vermögensgut muss bzw. kann aktiviert werden, wenn sowohl eine **abstrakte** Aktivierungsfähigkeit vorliegt als auch eine Aktivierungspflicht bzw. ein -wahlrecht existiert, also eine **konkrete** Aktivierungsfähigkeit gegeben ist. Eine Aktivierung hat dagegen zu unterbleiben, wenn zwar eine abstrakte Aktivierungsfähigkeit gegeben ist, jedoch ein gesetzliches Aktivierungsverbot besteht. So dürfen etwa mangels hinreichender Objektivierbarkeit bestimmte selbsterstellte immaterielle Vermögensgegenstände des Anlagevermögens nicht aktiviert werden. Dies gilt nach § 248 Abs. 2 Satz 2 HGB für originäre Marken, Drucktitel, Verlagsrechte, Kundenlisten oder vergleichbare immaterielle Vermögensgegenstände des Anlagevermögens. Allerdings kann in Fällen, in denen infolge der abstrakten Aktivierungsfähigkeit kein Vermögensgegenstand vorliegt, aufgrund gesetzlicher Vorgaben eine Aktivierungspflicht bzw. ein -wahlrecht und somit eine konkrete Aktivierungsfähigkeit bestehen. Ein typisches Beispiel hierfür sind **aktive Rechnungsabgrenzungsposten**. Abbildung 149[6] verdeutlicht den Zusammenhang zwischen abstrakter und konkreter Aktivierungsfähigkeit.

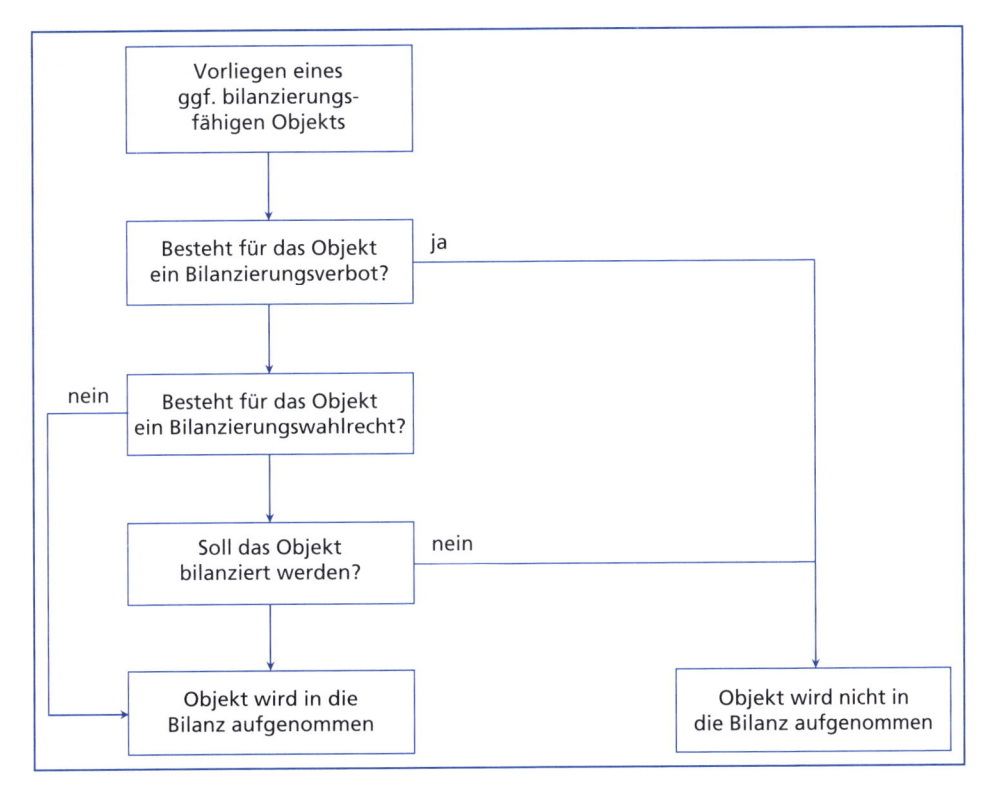

Abb. 150: Entscheidungsstufen der Bilanzierung dem Grunde nach

---

[6] Entnommen von *Baetge/Kirsch/Thiele* 2012, S. 166.

Der Entscheidungsprozess im Hinblick auf den Ansatz von Vermögensgegenständen, aktiven Rechnungsabgrenzungsposten und Sonderposten eigener Art wird durch **Abbildung 150** verdeutlicht.

a.b Selbstständige Verwertbarkeit

Die selbstständige Verwertbarkeit als abstraktes Aktivierungskriterium der HGB-Rechnungslegung lässt sich auf die **statische Bilanztheorie** nach *Simon* zurückführen.[7] Hierbei ist zu beurteilen, ob der in Rede stehende Vermögenswert einzeln beschaffbar und veräußerbar ist, d. h. selbstständig im Handels- und Rechtsverkehr verwertet werden kann.[8] Die **selbstständige Verwertbarkeit** schließt neben der Veräußerung auch eine entgeltliche Nutzungsüberlassung oder sonstige Übertragungsformen wirtschaftlicher Vorteile ein.[9] Ferner lassen sich Fälle konstruieren, in denen ebenso eine Übertragung durch bedingten Verzicht nicht möglich ist. Daher ist es zweckmäßig, das Kriterium der selbstständigen Verwertbarkeit auch dann als erfüllt anzusehen, wenn das Vermögensgut lediglich durch eine Zwangsvollstreckung verwertet werden kann.[10] Eine konkrete Einzelverkehrsfähigkeit wird mithin nicht als zwingend vorausgesetzt; vielmehr genügt es, dass die Vermögensposition seiner Natur nach selbstständig übertragbar ist, d. h. **abstrakt verkehrsfähig** ist.[11] Somit ist die Existenz tatsächlicher Interessenten ebenso wenig entscheidend wie das Bestehen zivilrechtlicher Veräußerungsverbote. Die Betonung der Einzelveräußerbarkeit von Vermögensgütern als Ausfluss der statischen Bilanzauffassung trägt primär dem Gläubigerschutz Rechnung, da diese im Insolvenzfall einzelne Objekte zur Schuldendeckung heranziehen können. Daher kommen lediglich Vermögensgegenstände im juristischen Sinne (Sachen, Rechte i.S.v. § 90 BGB und immaterielle Güter) für eine Aktivierung in Betracht, keinesfalls jedoch wirtschaftliche Potenziale wie ökonomische Vorteile, Zustände, Möglichkeiten oder Chancen (z. B. künftige Verkaufschancen eines neuen Produktes), die sich nicht in konkretisierbaren Vermögensgegenständen niedergeschlagen haben. Eine Ausnahme stellt in diesem Kontext die bilanzielle Behandlung des derivativen Geschäfts- oder Firmenwerts dar, weil dieser nicht isoliert, sondern stets im Rahmen eines Vermögensverbunds verwertet werden kann.

Nach der **dynamischen Bilanztheorie** von *Schmalenbach*[12] sollen dagegen in der Bilanz sämtliche Aktivposten aufgenommen werden, die einer exakten periodengerechten Erfolgsermittlung dienen, ohne Rücksicht darauf, ob sie Vermögen im statischen Sinne darstellen. Diese Betrachtungsweise führt u. a. zur Aktivierung folgender Sachverhalte, die von der statischen Theorie nicht erfasst werden:

- Aktivierung von Ausgaben, die erst in späteren Perioden zu Aufwendungen führen und für die keine Vermögensgegenstände im statischen Sinne erworben oder hergestellt wurden (z. B. aktive Rechnungsabgrenzungsposten).

---

[7] Vgl. *Simon* 1899, S. 67; hierzu auch *Freidank/Velte* 2008a, S. 713; *Velte* 2008a, S. 145 f.
[8] Vgl. *Freericks* 1976, S. 142.
[9] Vgl. *Lamers* 1981, S. 205 f.
[10] Vgl. *Baetge/Kirsch/Thiele* 2012, S. 163.
[11] Vgl. *Bentele* 2004, S. 28.
[12] Vgl. *Schmalenbach* 1962.

- Ertragswirksame Aktivierung künftiger Einnahmen, die sich nicht in Vermögensgegenständen konkretisiert haben (z. B. Gewinnerwartungen aus schwebenden Verträgen).

Im Steuerrecht bildet das Erfordernis der **selbstständigen Bewertbarkeit** als Merkmal der abstrakten Aktivierungsfähigkeit eine Teilmenge der selbstständigen Verwertbarkeit.[13] Insofern ist der steuerrechtliche Aktivierungsgrundsatz weniger restriktiv ausgestattet als im Handelsrecht. Bereits der *RFH* hatte das auf die statische Bilanztheorie zurückzuführende Kriterium der selbstständigen Bewertbarkeit um das **Greifbarkeitsprinzip** ergänzt. Demnach muss das in Rede stehende Vermögensgut greifbar sein, d. h. „als Einzelheit ins Gewicht fallen"[14]. *Moxter* schränkt allerdings ein, dass „das, was als Einzelheit zu ermitteln ist, nicht als Einzelheit (d. h. selbstständig) bewertbar sein [muss]"[15]. Vermögenswerte, welche das Greifbarkeitsprinzip erfüllen, sind nach Maßgabe des *RFH* allerdings ebenfalls vom Geschäfts- oder Firmenwert separierbar.

a.c Vermögensgegenstand und Wirtschaftsgut

In der Rechtsprechung[16] erfolgte zuweilen eine undifferenzierte Gleichsetzung des handelsrechtlichen Vermögensgegenstandes und des steuerrechtlichen Wirtschaftsgutes.[17] Ein Beispiel hierfür stellt die im Rahmen des Regierungsentwurfs zum Bilanzrichtlinien-Gesetz (BiRiLiG) enthaltene Ersetzung des Begriffs Vermögensgegenstand durch den Terminus Wirtschaftsgut dar, von der angesichts der fehlenden Deckungsgleichheit letztlich abgesehen wurde.[18] Zwischen den beiden in Rede stehenden Termini lassen sich wesentliche Divergenzen konstatieren. So wird etwa eine Einzelveräußerbarkeit der Vermögenspositionen im Steuerrecht zugunsten der Möglichkeit einer Übertragung mit dem gesamten (Teil-)Betrieb aufgegeben, so dass der Kreis der ansatzfähigen Wirtschaftsgüter größer als nach dem Handelsrecht ausfällt. Der *BFH* führte diesbezüglich aus, dass der Begriff des Wirtschaftsgutes nach wirtschaftlichen Grundsätzen zu bestimmen und weit zu fassen ist.[19] Demzufolge werden nicht nur Sachen und Rechte dem Begriff des Wirtschaftsguts subsumiert, sondern ebenfalls „tatsächliche Zustände, konkrete Möglichkeiten und alle sonstigen vermögenswerten Vorteile, deren Erlangung sich der Steuerpflichtige etwas kosten lässt, die nach der Verkehrsauffassung einer besonderen Bewertung zugänglich sind und einen greifbaren Nutzen für mehrere Geschäftsjahre erbringen"[20]. Die Dominanz des Gläubigerschutzprinzips im handelsrechtlichen Jahresabschluss wird im Bilanzsteuerrecht durch den Grundsatz der **Leistungsfähigkeit**, welcher einer **wirtschaftlichen Betrachtungsweise** (Substance over Form) folgt, relativiert, so dass – wie bereits ausgeführt – die Erfordernis der selbstständigen Bewertbarkeit anstelle der Verwertbarkeit im Fokus der Betrachtung

---

[13] Vgl. *Baetge/Kirsch/Thiele* 2012, S. 162.
[14] *RFH* 1931, S. 305.
[15] *Moxter* 1987, S. 1849.
[16] Vgl. *BFH* 1987, S. 348.
[17] Vgl. zur historischen Entwicklung *Pfeiffer* 1982, S. 12 f.
[18] Vgl. § 241 Abs. 1 HGB-Entwurf i. d. F. des BiRiLiG-RegE.
[19] Vgl. *BFH* 1992, S. 977 f.
[20] *BFH* 1989, S. 15.

steht.[21] Im Gegensatz zur statisch geprägten Bilanzauffassung des Handelsrechts folgt der steuerrechtliche Begriff des Wirtschaftsguts stärker der dynamischen Bilanztheorie.

a.d Vollständigkeitsprinzip

Das in § 246 Satz 1 Abs. 1 HGB kodifizierte **Vollständigkeitsprinzip** lässt sich als Grundtatbestand der konkreten Aktivierungsfähigkeit qualifizieren, welche sich nach der subjektiven Zurechenbarkeit und der Zugehörigkeit des Vermögenswertes zum Betriebsvermögen bemisst. Das Vermögensgut muss dazu bestimmt sein, dem Geschäftsbetrieb zu dienen, wobei insbesondere auf die tatsächliche Zweckbestimmung abgestellt wird.[22] Im Umkehrschluss besteht ein grundsätzliches Einbeziehungsverbot für private Vermögensgegenstände in die Unternehmensbilanz.[23] Ferner sind solche Vermögenswerte nicht in die Bilanz aufzunehmen, die dem Unternehmen nicht zuzurechnen sind (§ 246 Abs. 1 Satz 2 HGB; § 39 Abs. 2 Nr. 1 AO).

Für Bilanzierungszwecke ist für die Zurechnung von Vermögensgegenständen zu bestimmten Personen der **wirtschaftliche Eigentümer** relevant, der aber grundsätzlich mit dem juristischen Eigentümer identisch ist. So werden etwa **Sachen** (materielle Vermögensgegenstände) dem bürgerlich-rechtlichen Eigentümer, **Forderungen und Rechte** dem Gläubiger, **sonstige wirtschaftliche Werte** (immaterielle Vermögensgegenstände) dem Inhaber oder sonst Berechtigten und **Schulden** dem rechtlichen Schuldner zugerechnet.[24] Allerdings besitzt das **wirtschaftliche Eigentum** nach den GoB aber auch derjenige, der – ohne rechtlicher Eigentümer zu sein – die **tatsächliche Herrschaft** über einen Vermögensgegenstand dergestalt ausübt, dass er den (juristischen) Eigentümer im Regelfall für die gewöhnliche Nutzungsdauer von der Einwirkung auf den Vermögensgegenstand wirtschaftlich ausschließen kann (§ 246 Abs. 1 Satz 2 HGB; § 39 Abs. 2 Nr. 1 Satz 2 AO). Grundsätzlich wird die tatsächliche Sachherrschaft über einen Vermögensgegenstand von demjenigen ausgeübt, bei dem **Besitz, Gefahr** (Risiko des zufälligen Untergangs), **Nutzen** und **Lasten** der Sache liegen. Im Folgenden werden die **wichtigsten Problemfälle** im Hinblick auf die Bilanzierung nach Maßgabe des wirtschaftlichen Eigentums angeführt.[25]

(1) **Eigentumsvorbehalt**:
   Der Vermögensgegenstand wird beim **Erwerber** (Vorbehaltskäufer) aktiviert (§ 246 Abs. 1 Satz 2 HGB). Eine Aktivierung beim **Vorbehaltsverkäufer** ist nur dann vorzunehmen, wenn der Eigentumsvorbehalt schon geltend gemacht wurde oder mit der Geltendmachung zu rechnen ist.

(2) **Sicherungsübereignung und Sicherungsabtretung**:
   Der übereignete Vermögensgegenstand wird beim **Sicherungsgeber** (Kreditnehmer) als wirtschaftlichem Eigentümer aktiviert (§ 246 Abs. 1 Satz 2 HGB; § 39 Abs. 2 Nr. 1 Satz 2 AO). Beim **Sicherungsnehmer** (Kreditgeber) ist er nur dann zu aktivieren, wenn es sich um Bareinlagen handelt (§ 246 Abs. 1 Satz 3 HGB). Sofern **Forderungen** zu

---

[21] Vgl. *BFH* 1993, S. 444.
[22] Vgl. hierzu ausführlich *Gockel/Gollers* 2002, S. 6544 f.
[23] Vgl. zu den Ausnahmen R 4.2 EStR.
[24] Vgl. *Federmann* 2010, S. 229.
[25] Vgl. *Federmann* 2010, S. 229.

I. Bilanzansatz dem Grunde nach (Aktivierung und Passivierung)

Sicherungszwecken abgetreten werden, sind diese ebenfalls beim **Sicherungsgeber** zu bilanzieren.

(3) **Treuhandverhältnisse**:
Das Treugut wird beim **Treugeber** und nicht beim **Treuhänder** aktiviert (§ 39 Abs. 2 Nr. 1 Satz 2 AO). In diesen Fällen erwirbt der Treuhänder vom Treugeber das volle zivilrechtliche Eigentum (z. B. Übernahme der Wertpapiergeschäfte von Banken für einen Kunden in eigenem Namen, aber in seinem Interesse).

(4) **Miete oder Pacht**:
Die Aktivierung des vermieteten bzw. verpachteten Vermögensgegenstandes erfolgt beim **Vermieter bzw. Verpächter**, da dieser wirtschaftlicher und juristischer Eigentümer ist. Vermietung und Verpachtung wird lediglich als **Nutzungsüberlassung** des betreffenden Vermögensgegenstandes an den Mieter bzw. Pächter interpretiert.

(5) **Gebäude auf fremdem Grund und Boden**:
Obwohl fest verbundene Bauten auf fremdem Grund und Boden aus zivilrechtlicher Sicht stets in das (juristische) Eigentum des Grundstückseigentümers übergehen (§ 93 f. BGB), werden Gebäude auf fremdem Grund und Boden beim **Nutzungsberechtigten** im Rahmen eines dinglichen Rechts (z. B. Erbbaurechts) oder eines Miet- oder Pachtverhältnisses bilanziert (§ 266 Abs. 2 A. II. 1 HGB).

(6) **Pensionsgeschäfte**:
Es handelt sich hierbei um den Verkauf mit Rückkaufsverpflichtung zu festen Preisen und Terminen bei Wertpapieren, mit dem Ziel, Erträge und/oder Stimmrechte dem **Pensionsnehmer** (Käufer und Rückverkäufer) zu verschaffen. Die Wertpapiere werden beim **Pensionsgeber** (Verkäufer und Rückkäufer) aktiviert.

(7) **Leasing**:[26]
Beim **Operating-Leasing** (Mietvertrag) aktiviert der Leasinggeber (Vermieter) den Vermögensgegenstand. Im Falle des **Finanzierungs-Leasings** bestehen komplexe (steuerrechtliche) Zurechnungsregeln des Vermögensgegenstandes auf den Leasinggeber oder den Leasingnehmer, die sich nach dem wirtschaftlichen Gehalt der zugrunde liegenden Verträge richten.[27]

Das **Vollständigkeitsgebot** gem. § 246 Abs. 1 Satz 1 HGB wird zudem durch statisch geprägte Aktivierungsverbote begrenzt. So dürfen Aufwendungen, die für die Unternehmensgründung und Beschaffung von Eigenkapital sowie für den Abschluss von Versicherungsverträgen anfallen, nach § 248 Abs. 1 Nr. 1–3 HGB keine bilanzielle Berücksichtigung finden. Entsprechendes gilt nach § 248 Abs. 2 Satz 2 HGB für originäre Marken, Drucktitel, Verlagsrechte, Kundenlisten oder vergleichbare immaterielle Vermögensgegenstände des Anlagevermögens (Fallgruppe A in **Abbildung 149**).

Die letztgenannte Ausschlussvorschrift resultiert aus dem **Gläubigerschutzprinzip** der statischen Bilanztheorie, um einem in der betreffenden Periode überhöhten Ansatz des entziehbaren Gewinns entgegenzuwirken. Demnach dürfen Ausgaben für selbsterstellte immaterielle Anlagegüter nicht in inhaltlicher Nähe zum nicht ansatzfähigen originären Geschäfts- oder Firmenwert stehen. Im Gegensatz zum Anlagevermögen besteht im **Umlaufvermögen**

---

[26] Vgl. die weiteren Ausführungen im Dritten Teil zu Gliederungspunkt III.A.
[27] Vgl. *BMF* 1971, S. 264–266 (sog. Mobilien-Leasingerlass); *BMF* 1972, S. 188 f. (sog. Immobilien-Leasingerlass).

eine generelle Ansatzverpflichtung für derivative und originäre immaterielle Vermögensgegenstände. Ausschlaggebend für die Einordnung als Anlage- oder Umlaufvermögen ist die wirtschaftliche Zweckbestimmung des Vermögensguts. In § 247 Abs. 2 HGB erfolgt in diesem Zusammenhang die rudimentäre Umschreibung, dass ein Anlagegut dazu bestimmt ist, dem „Geschäftsbetrieb dauerhaft zu dienen". Dabei stellt das Zeitelement zwar ein notwendiges, aber kein hinreichendes Abgrenzungskriterium dar.

Die **Rechnungsabgrenzungsposten** stellen keine Vermögensgegenstände im handelsrechtlichen Sinne dar, sondern tragen lediglich den Charakter von Verrechnungsposten und unterliegen daher nicht den Zugangs- und Folgebewertungsregelungen (Fallgruppe C in **Abbildung 149**).

a.e Zusammenhang zwischen Handels- und Steuerbilanz

Im Hinblick auf die Verknüpfung zwischen dem Handels- und Steuerrecht kommt im deutschen Rechtsraum dem **Maßgeblichkeitsprinzip** nach § 5 Abs. 1 Satz 1 EStG eine besondere Bedeutung zu. Unter Zugrundelegung des § 5 Abs. 1 Satz 1 1. HS EStG könnte dabei zunächst von einer Übereinstimmung der konkreten Aktivierungsfähigkeit im Handels- und Steuerrecht ausgegangen werden. Der Grundsatz der Maßgeblichkeit gilt ohne Einschränkung für alle Posten, die nach den handelsrechtlichen GoB in der Handelsbilanz auszuweisen sind. Sie müssen auch dann in die Steuerbilanz Eingang finden, wenn der Unternehmer sie fälschlich nicht in seine Handelsbilanz aufgenommen hat. Das Steuerrecht folgt der handelsrechtlichen Bilanzierungsregel, nicht der konkreten Unternehmensbilanz (**materielle Maßgeblichkeit**). Insofern findet das Vollständigkeitsgebot nach § 246 Abs. 1 Satz 1 HGB eine steuerliche Entsprechung.

Die Bilanzierungsregelungen nach Handels- und Steuerrecht sind allerdings **nicht deckungsgleich**, denn das Steuerrecht ist „... allenfalls an handelsrechtliche Aktivierungsverbote und Passivierungsgebote gebunden, nicht dagegen an Bilanzierungswahlrechte"[28]. So gilt nach dem *Beschluss des Großen Senats* und der gesicherten Rechtsprechung des *BFH* folgendes: „Was handelsrechtlich aktiviert werden kann, muss steuerrechtlich grundsätzlich aktiviert werden, ... was handelsrechtlich nicht passiviert werden muss, darf steuerrechtlich im allgemeinen nicht passiviert werden."[29] Der *Große Senat* begründet seine Entscheidung mit dem Argument, dass es vor dem Hintergrund des **Gleichheitsprinzips** nicht im Belieben des Steuerpflichtigen stehen kann, „... sich durch Nichtaktivierung von Wirtschaftsgütern, die handelsrechtlich aktiviert werden dürfen, oder durch den Ansatz eines Passivpostens, der handelsrechtlich nicht geboten ist, ärmer zu machen, als er ist"[30]. Diese Auffassung, die zu vielfältigen **Durchbrechungen** der in § 5 Abs. 1 Satz 1 EStG verankerten **Maßgeblichkeit der Handels- für die Steuerbilanz** geführt hat (steuerrechtlicher Bilanzierungsvorbehalt), wurde größtenteils in konkreten steuerrechtlichen Vorschriften kodifiziert (z. B. § 5 Abs. 2 bis Abs. 5 EStG).

Eigenständige Sonderregelungen sieht das Steuerrecht u. a. in Form des Ansatzverbots für selbst erstellte immaterielle Wirtschaftsgüter des Anlagevermögens gem. § 5 Abs. 2 EStG und der Ansatzpflicht für die Sonderfälle der Rechnungsabgrenzungsposten (Umsatzsteuer, Zöl-

---

[28] BFH 1969b, S. 584.
[29] BFH 1969b, S. 584.
[30] BFH 1969a, S. 293.

I. Bilanzansatz dem Grunde nach (Aktivierung und Passivierung)

le) nach § 5 Abs. 5 Satz 2 EStG vor. Dagegen wird der derivative Geschäfts- oder Firmenwert in Analogie zum Handelsrecht als abnutzbares immaterielles Wirtschaftsgut klassifiziert, für das ein Aktivierungsgebot besteht.

Obgleich der Maßgeblichkeitsgrundsatz bislang fortbesteht, führte die Streichung der **Umkehrmaßgeblichkeit** nach § 5 Abs. 1 Satz 2 EStG a. F. zu einer weiteren Entfernung der Handels- von der Steuerbilanz. § 5 Abs. 1 Satz 1 2. HS EStG sieht grds. die Möglichkeit vor, steuerrechtliche (Ansatz- und Bewertungs-)Wahlrechte unabhängig von der Handelsbilanz auszuüben. Die Reichweite der autonomen Steuerbilanzpolitik ist im Schrifttum umstritten. Die Option zur autonomen Wahlrechtsausübung bezieht sich sowohl dem Gesetzeswortlaut als auch der Intention des Gesetzgebers[31] zufolge ausschließlich auf **GoB-inkonforme steuerrechtliche Wahlrechte**, mit der Folge, dass im Falle GoB-konformer Wahlrechte nach wie vor das Maßgeblichkeitsprinzip zum Tragen kommen müsste. Dies würde bedeuten, dass die Entscheidung für die Ausübung eines parallelen handels- und steuerrechtlichen Wahl-

konkrete Aktivierungsfähigkeit nach Handels- und Steuerrecht		
Aktivierungsverbote	**Aktivierungsgebote**	**explizite Aktivierungswahlrechte**
Handels- und Steuerrecht	**Handels- und Steuerrecht**	**Handelsrecht**
• Aufwendungen für die Unternehmensgründung und Beschaffung des Eigenkapitals	• Vollständigkeitsgebot	• originäre immaterielle Vermögensgegenstände des Anlagevermögens
• Aufwendungen für den Abschluss von Versicherungsverträgen	• aktivischer Rechnungsabgrenzungsposten	• Disagio als aktivischer Rechnungsabgrenzungsposten
• Ingangsetzungs- und Erweiterungsaufwendungen	• derivativer Geschäfts- oder Firmenwert	• aktivische latente Steuern
Handelsrecht:	**Steuerrecht:**	
• originäre Marken, Drucktitel, Verlagsrechte, Kundenlisten oder vergleichbare immaterielle Anlagegüter	• als Aufwand berücksichtigte Zölle, Verbrauchssteuern, Umsatzsteuer als aktivischer Rechnungsabgrenzungsposten	
• als Aufwand berücksichtigte Zölle, Verbrauchssteuern und Umsatzsteuer als aktivischer Rechnungsabgrenzungsposten		
Steuerrecht:		
• originäre immaterielle Wirtschaftsgüter des Anlagevermögens		

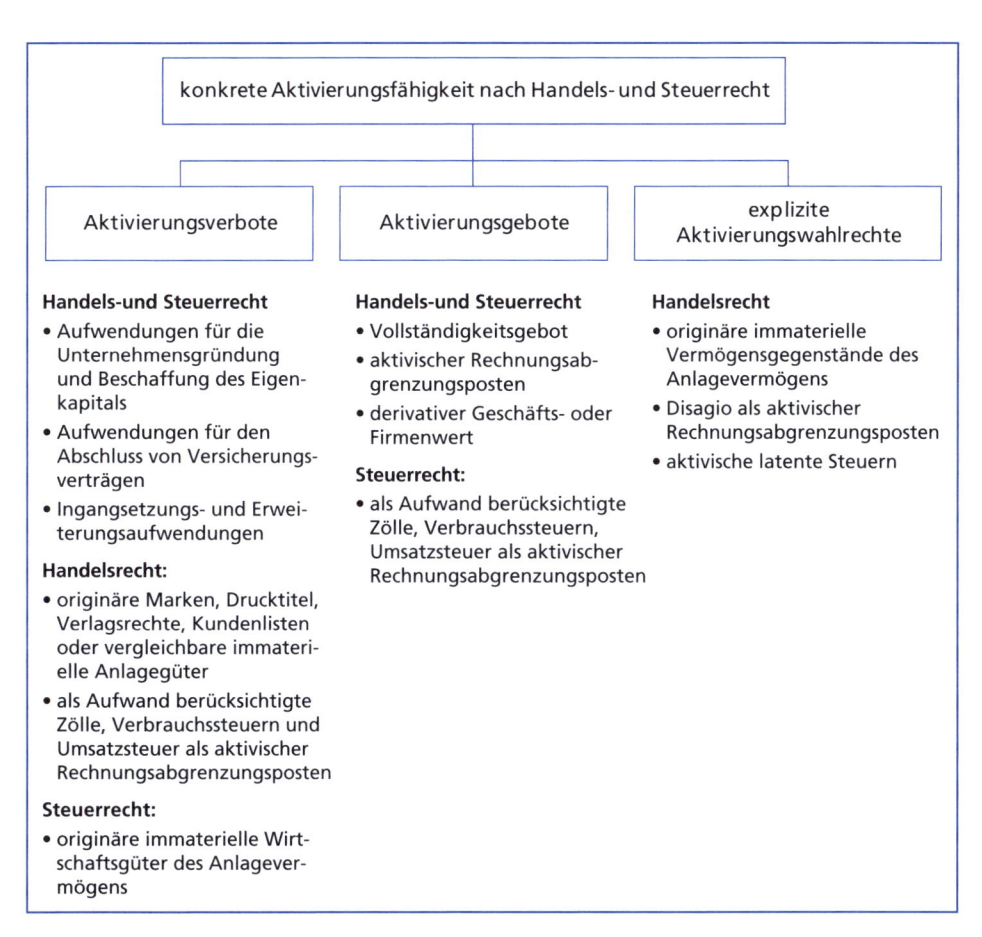

Abb. 151: Konkrete Ansatzfähigkeit im Handels- und Steuerrecht

---

[31] Vgl. *BT-Drucksache* 16/10067, S. 99.

Vermögensgegenstände/ Wirtschaftsgüter	Handelsrecht			Steuerrecht		
	Aktivierungs-			Aktivierungs-		
	gebot	wahlrecht	verbot	gebot	verbot	wahlrecht
1. Allgemeine Vermögensgegenstände	§ 246 (1) S. 1			§ 5 (1) S. 1		
2. Immaterielle Vermögensgegenstände						
2.1 nicht entgeltlich erworben		§ 248 (2) S. 1 (Regelfall)	§ 248 (2) S. 2 (Ausnahmen)		§ 5 (2)	
2.2 entgeltlich erworben	§ 246 (1) S. 1			§ 5 (2)		
3. Geschäfts- oder Firmenwert						
3.1 originärer			§ 248 (2) S. 2		§ 5 (2)	
3.2 derivativer	§ 246 (1) S. 4		§ 248 (1)		§ 5 (1) S. 1	
4. Gründungs- und Eigenkapi-talbeschaffungskosten						
6. Rechnungsabgrenzungsposten						
6.1 Disagio/Damnum		§ 250 (3)				
6.2 transitorische	§ 250 (1) S. 1		§ 250 (1)	§ 5 (5) S. 1 Nr. 1		
6.3 als Aufwand berücksichtigte Zölle und Verbrauchsteuern				§ 5 (5) S. 1 Nr. 1		
6.4 als Aufwand berücksichtigte USt auf Anzahlungen			§ 250 (1)	§ 5 (5) S. 2 Nr. 1		
6.5 antizipative			§ 268(4) S. 2*	§ 5 (5) S. 2 Nr. 2	§ 5(5) S. 2*	
7. aktive latente Steuern		§ 274 (1) S. 2			kein WG	

* Soweit sich aus aktiven, antizipativen Rechnungsabgrenzungsposten zugrunde liegenden Geschäftsvorfällen bereits Forderungen ergeben haben, sind diese als solche zu bilanzieren (R 5.6 Abs. 3 Satz 2 EStR).

Abb. 152: Überblick über die wichtigsten handels- und steuerrechtlichen Aktivierungsregelungen

I. Bilanzansatz dem Grunde nach (Aktivierung und Passivierung)

rechts grds. weiterhin in der Handelsbilanz zu treffen ist. Der h. M.[32], wonach sich die von der Handelsbilanz losgelöste Ausübung steuerrechtlicher Wahlrechte sowohl auf GoB-konforme als auch GoB-inkonforme Wahlrechte beziehen kann, ist kritikwürdig.[33] Dies würde eine faktische Aufhebung der Maßgeblichkeit induzieren, welche nicht mit der Intention des handelsrechtlichen Gesetzgebers zu vereinbaren wäre.

Die **Abbildung 151** gibt einen zusammenfassenden Überblick über die konkrete Aktivierungsfähigkeit nach Handels- und Steuerrecht, wobei insbesondere Gemeinsamkeiten und Unterschiede aufgezeigt werden. Bei den Aktivierungswahlrechten werden aus Vereinfachungsgründen lediglich die expliziten Wahlrechte angeführt. Die entsprechenden handels- und steuerrechtlichen Regelungen zu den Aktivierungsgeboten, -verboten und -wahlrechten sind in **Abbildung 152** aufgeführt.

b.   IFRS[34]

b.a   Abstrakte und konkrete Aktivierungsfähigkeit

In Übereinstimmung mit der handels- und steuerrechtlichen Vorgehensweise erfolgt ebenfalls nach IFRS, wie **Abbildung 153** verdeutlicht, eine Unterteilung in eine **abstrakte und konkrete Aktivierungsfähigkeit**. Weitreichende Unterschiede ergeben sich jedoch insbesondere bei der Konkretisierung der abstrakten Aktivierungsfähigkeit, da die IFRS im Gegensatz zur handelsrechtlichen Rechnungslegung (noch) sehr kasuistisch angelegt sind und das Conceptual Framework bislang kein geschlossenes Prinzipiensystem repräsentiert. Diese Ausgestaltung wird im Schrifttum als **Rule Based Accounting** bezeichnet.[35] Als Deduktionsgrundlage dient hierbei das Rahmenkonzept, welches in Ziffer 4.4 i. V. m. IAS 1.15 die abstrakten Voraussetzungen für die Ansatzfähigkeit eines Vermögenswertes (Asset) kodifiziert. Dagegen sind die konkreten Aktivierungsvoraussetzungen in den jeweiligen Einzelstandards der IFRS, u. a. in IAS 38, aufgeführt. Vergleichbar mit der handelsrechtlichen Rechnungslegung lassen sich unterschiedliche Abgrenzungskonzeptionen der abstrakten und konkreten Aktivierungsfähigkeit feststellen.[36]

Für eine **abstrakte Aktivierungsfähigkeit** müssen nachfolgende Voraussetzungen kumulativ erfüllt sein:

- Verfügungsmacht des Unternehmens,
- Ergebnis vergangener Ereignisse,
- erwarteter zukünftiger Nutzenzufluss,
- wahrscheinlicher zukünftiger Nutzenzufluss sowie
- verlässliche Ermittlung der Anschaffungs- und Herstellungskosten.

---

[32] Vgl. hierzu insbesondere *BMF* 2010a, S. 239–242; *BMF* 2010b, S. 597; EStÄR 2012.
[33] Vgl. kritisch zur Sichtweise des *BMF Freidank/Velte* 2010a, S. 185–194; *Freidank/Velte* 2010b, S. 356–366; *Velte/Sepetauz* 2010a, S. 523–528.
[34] Vgl. hierzu *Freidank/Velte/Weber* 2011a, S. 75–80.
[35] Vgl. weiterführend *Leibfried/Meixner* 2006, S. 210–215.
[36] Vgl. zu unterschiedlichen Konzeptionen *Schütte* 2006, S. 114–118; *Velte* 2008a, S. 154.

Aktivierungsfähigkeit nach IFRS

abstrakt

- Verfügungsmacht des Unternehmens
  [Framework 4.4 i.V.m. 4.12]
- Ergebnis vergangener Ereignisse
  [Framework 4.4 i.V.m. 4.13]
- Erwarteter künftiger Nutzenzufluss
  [Framework 4.4 i.V.m. 4.8]
- Wahrscheinlichkeit künftiger Nutzenzufluss
  [Framework 4.38 i.V.m. 4.40]
- Verlässliche Ermittelbarkeit der Anschaffungs-/Herstellungskosten
  [Framework 4.38 i.V.m. 4.41–43]

Ableitung aus Framework

konkret

Aktivierungsverbote (u.a.)
- Forschungsaufwendungen (IAS 38.54)
- Originärer Geschäfts- oder Firmenwert (IAS 38.48)
- Aufwendungen für die Unternehmensgründung und Eigenkapitalbeschaffung [IAS 38.69 (a)–(d)]
- Disagio [IAS 18.30 (a)]

Aktivierungsgebote (u.a.)
- identifizierbare, d.h. vom Goodwill zu unterscheidende Vermögenswerte
- Entwicklungsaufwendungen, welche die Voraussetzungen nach IAS 38.57 erfüllen
- Aktivische latente Steuern (IAS 12.24)

Ableitung aus Einzelstandards (z.B. IAS 38)

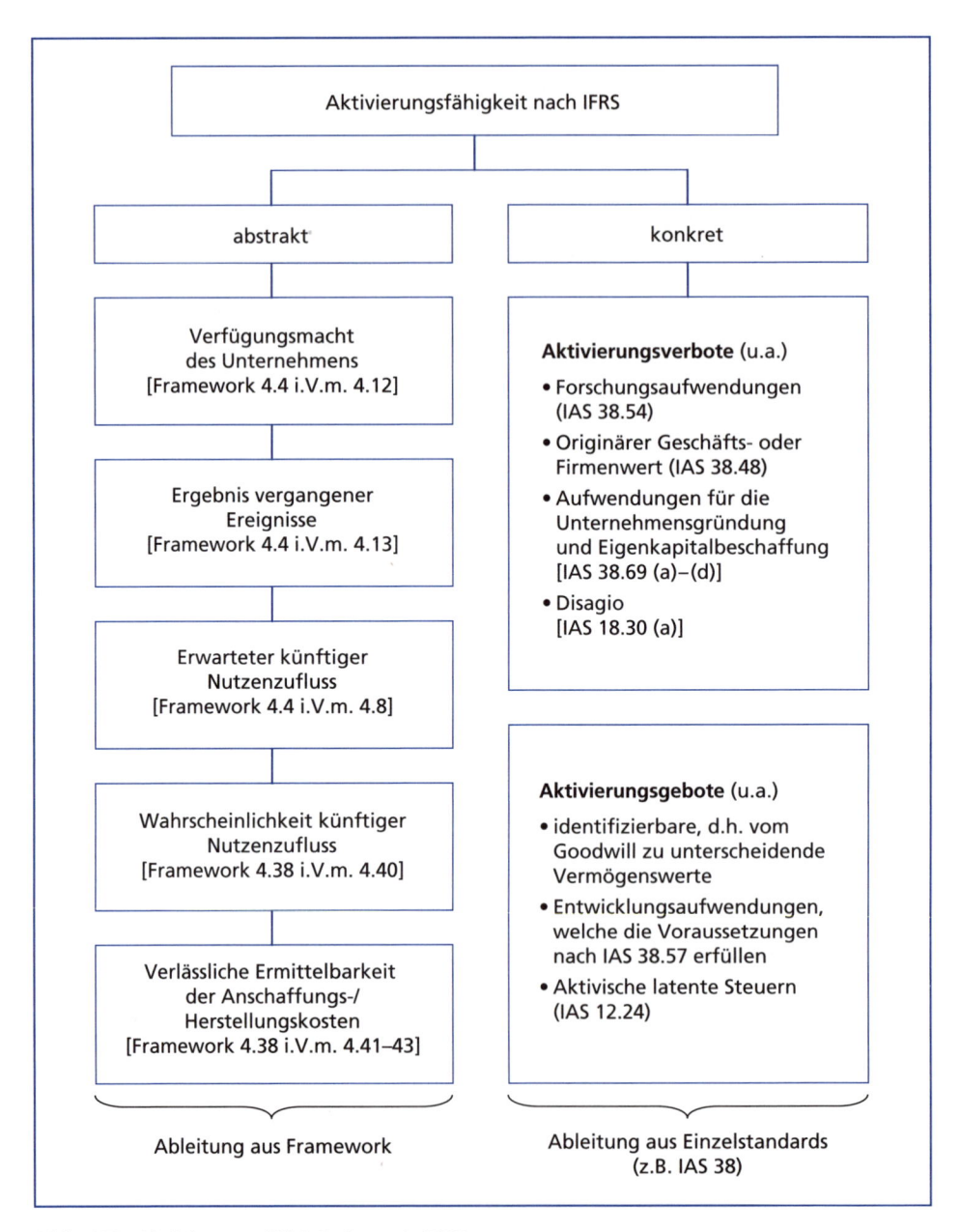

Abb. 153: Aktivierungsfähigkeit nach IFRS

b.b Verfügungsmacht

Das Aktivierungskriterium der **Verfügungsmacht** über den Vermögenswert bezweckt den Ausschluss Dritter von zukünftigen wirtschaftlichen Vorteilen des Unternehmens.[37] Die Verfügungsmacht muss dabei auf juristisch durchsetzbaren oder faktischen (Kontroll-)Rechten begründet sein. Zudem steht nach Rahmenkonzept 4.12 in Analogie zum Handels- und Steuerrecht die Frage der Zurechnung des wirtschaftlichen und nicht des zivilrechtlichen Eigentums im Vordergrund. Innerhalb der IFRS-Rechnungslegung wird der **wirtschaftlichen Betrachtungsweise (Substance over Form)** eine überragende Bedeutung beigemessen. Die Tatsache, dass dem Unternehmen das zivilrechtliche Eigentum oder diesem spezielle Verfügungsrechte zuzuordnen sind, stellt für sich genommen noch kein hinreichendes Kriterium für die Einordnung als Vermögenswert dar. Besondere Relevanz erlangt die wirtschaftliche Betrachtungsweise bei der **Leasing-Bilanzierung**.[38] Fallen der wirtschaftliche und zivilrechtliche Eigentümer auseinander, bedarf es einer vertraglichen Fixierung, wonach Letzterer die künftigen Nutzenzuflüsse dem betrachteten Unternehmen als wirtschaftlichem Eigentümer zuspricht.

b.c Ergebnis vergangener Ereignisse

Die Beschränkung auf **Ereignisse der Vergangenheit** nach Framework 4.13 verdeutlicht, dass die Nutzenstiftung nicht einzig auf finanzwirtschaftlichen Erwartungen beruht, sondern durch bereits stattgefundene Vorgänge oder Ereignisse begründet wird. Dies knüpft an die bis zum Bilanzstichtag vorzunehmende Herstellung oder den Erwerb der Vermögensposition an. Dabei muss dieser Vorgang tatsächlich durchgeführt worden sein, eine bloße Absicht ist nicht ausreichend. Eine derartige Absichtserklärung ist häufig in einem **Letter of Intent** niedergelegt.[39] Vergleichbar mit der handels- und steuerrechtlichen Konzeption finden schwebende Geschäfte grds. keine bilanzielle Berücksichtigung.

b.d Zukünftiger Nutzenzufluss

Ein **erwarteter künftiger Nutzenzufluss** ist immer dann zu unterstellen, wenn die Vermögensposition nach Framework 4.8 in der Lage ist, direkt oder indirekt zum Zufluss von Zahlungsmitteln bzw. Zahlungsmitteläquivalenten beizutragen (Einnahmenerzielung) oder wenigstens deren Abfluss zu verhindern (Ausgabenersparnis). Das IASB geht hierbei u. a. von Ausschüttungen an die Investoren, der Begleichung von Verbindlichkeiten und von einem Tausch gegen anderweitige Vermögenswerte aus. Ferner lassen sich Kostenersparnisse aufgrund verbesserter Produktionsabläufe und sonstige Vorteile aus der internen Nutzung anführen. Diese Tatbestandsvoraussetzung entstammt der dynamischen Bilanztheorie, wonach die zukünftigen Vermögensvorteile, die sich aus der Nutzung ableiten lassen, maßgeblich für die Einordnung als Vermögenswert sind.[40] Der Nachweis für einen künftigen wirtschaftlichen Nutzen des Asset wird i. d. R. durch die Ermittlung eines positiven beizulegenden Zeitwertes erbracht. Die Generierung **künftiger Cash Flows** als Voraussetzung für das Vor-

---

[37] Vgl. *Heidemann* 2005, S. 79.
[38] Vgl. hierzu die weiteren Ausführungen im Dritten Teil zu Gliederungspunkt III.A.
[39] Vgl. hierzu auch *Heidemann* 2005, S. 61.
[40] Vgl. *Schmalenbach* 1962, S. 106.

liegen eines Vermögenswertes deckt sich mit der übergeordneten Zielsetzung nach IAS 1.9, den Adressaten entscheidungsnützliche Informationen über zukünftige Zahlungsströme zur Verfügung zu stellen, die eine Abschätzung der nachhaltigen künftigen Ertragskraft des Unternehmens ermöglichen. Im Gegensatz zur handelsrechtlichen Rechnungslegung und in Übereinstimmung zur steuerrechtlichen Konzeption wird nach IFRS keine selbstständige Verwertbarkeit gefordert.

Hinsichtlich des Kriteriums der **Wahrscheinlichkeit des Nutzenzuflusses** gibt Rahmenkonzept 4.38 (a) keine konkreten Hinweise. Es wird vielmehr eine sachverhaltsabhängige Festlegung der Wahrscheinlichkeitsgrenze unterstellt, wobei eine maximale Wahrscheinlichkeit von 100 % nicht einzufordern ist. Vielmehr ist von der sog. „50+"-Klausel i. S. d. IAS 37.23 auszugehen, d. h. die Wahrscheinlichkeit eines Nutzenzuflusses muss größer sein als ihre Gegenwahrscheinlichkeit.

b.e Verlässliche Ermittelbarkeit der Kosten

Die **verlässliche Ermittelbarkeit** der Anschaffungs- und Herstellungskosten gem. Framework 4.38 (b) knüpft an den Fundamentalgrundsatz der Verlässlichkeit an, der neben der Entscheidungsrelevanz die Entscheidungsnützlichkeit der Unternehmensinformationen determiniert. Dies impliziert nach Framework 4.41 eine objektivierbare und von Dritten nachprüfbare Schätzung derjenigen Kosten, die für den Vermögenswert notwendig sind, wobei die Verwendung von Schätzgrößen statthaft bzw. ggf. erforderlich ist. Sofern dieser Grundsatz nicht erfüllt wird, gleichzeitig jedoch von einer wesentlichen Bedeutung des betreffenden Geschäftsvorfalls für die wirtschaftliche Lage des Unternehmens auszugehen ist, ist ein Bilanzansatz zwar ausgeschlossen, allerdings bedarf es nach Framework 4.43 einer zwingenden Angabe im Anhang. Hierbei lassen sich weitreichende Parallelen zur verlässlichen Bewertbarkeit nach Maßgabe des Steuerrechts feststellen.

Im Mittelpunkt der Vermögenswertkonzeption der IFRS steht in einer Gesamtschau die Erwartung zukünftiger Vermögensvorteile im Zusammenhang mit der Nutzung der Ressource und weniger seine derzeitigen Eigenschaften. Der Vermögenswertbegriff folgt somit verstärkt der dynamischen Bilanzauffassung und grenzt sich vom statisch geprägten handelsrechtlichen Vermögensverständnis ab. Zurückzuführen ist dies auf die unterschiedlichen konzeptionellen Ausrichtungen der IFRS im Vergleich zum Handels- und Steuerrecht. Während die IFRS kapitalmarktorientierte Rechnungslegungsstandards repräsentieren, die primär den Informationsbedürfnissen der Investoren Rechnung tragen sollen, erfüllt der nach dem Handelsrecht gefertigte Jahresabschluss eine Ausschüttungs- und Zahlungsbemessungsfunktion, die durch das Gläubigerschutzprinzip (Handelsrecht) und das Gebot der Tatbestandsmäßigkeit der Besteuerung (Steuerrecht) bestimmt wird.

b.f Vollständigkeitsprinzip

Hinsichtlich der **konkreten Aktivierungsfähigkeit** sind im Rahmen der IFRS-Rechnungslegung keine expliziten Wahlrechte vorhanden. Angesichts der Tatsache, dass die Zielsetzung einer entscheidungsnützlichen Rechnungslegung mit einem möglichst vollständigen Bilanzausweis einhergeht (Framework QC 12 f.), besteht ein grundsätzliches Ansatzgebot für sämtliche Vermögenswerte, welche die abstrakte Aktivierungsfähigkeit erfüllen und im Hinblick auf immaterielle Vermögenswerte vom derivativen Geschäfts- oder Firmenwert unterschie-

I. Bilanzansatz dem Grunde nach (Aktivierung und Passivierung) 381

den werden können (**Identifizierbarkeit** nach IAS 38.11 f.). In Abgrenzung zum detaillierten handelsrechtlichen Bilanzgliederungsschema nach § 266 Abs. 2 HGB werden als aktive Bilanzposten in IAS 1.54 Sachanlagen, als Finanzinvestitionen gehaltene Immobilien, immaterielle Vermögenswerte, finanzielle Vermögenswerte, nach der Equity-Methode bilanzierte Finanzanlagen, biologische Vermögenswerte, Vorräte, Forderungen aus Lieferungen und Leistungen sowie sonstige Forderungen, Zahlungsmittel und Zahlungsmitteläquivalente, zur Veräußerung gehaltene Vermögenswerte, sowie (latente) Steueransprüche angeführt.

Damit ein (immaterieller) Vermögenswert identifizierbar ist, muss dieser entweder separierbar sein (Separierbarkeitskriterium) oder auf vertraglichen oder gesetzlichen Rechten beruhen (IAS 38.12). Das **Separierbarkeitskriterium** beinhaltet die Möglichkeit einer externen Verwertbarkeit, auch in Kombination mit anderen Vermögenswerten.[41] Diesbezüglich ergeben sich Parallelen zur abstrakten steuerrechtlichen Aktivierungsfähigkeit, da keine Einzelverwertbarkeit der Vermögensposition gefordert wird.[42]

In konzeptioneller Hinsicht werden Sachverhalte durch den weit gefassten Vermögenswertbegriff nach IFRS eingeschlossen, die handels- und steuerrechtlich Rechnungsabgrenzungsposten darstellen, mit einem Aktivierungsverbot belegt sind oder aus handelsrechtlicher Sicht einen Sonderposten eigener Art bilden (aktive latente Steuern; IAS 12.24). Eine Ausnahme hiervon betrifft allerdings die bilanzielle Berücksichtigung eines Disagios gem. IAS 18.30 (a). Durch die stärkere Betonung des Vollständigkeitsprinzips wird im Vergleich zum Handelsrecht das auf die statische Bilanztheorie zurückzuführende Prinzip der vorsichtigen Aktivierung – mit Ausnahme der im Folgenden noch darzustellenden Aktivierungsverbote – zurückgedrängt.

Des Weiteren ist darauf hinzuweisen, dass das IFRS-Regelwerk wie auch das Handelsrecht kein dem § 5 Abs. 2 EStG vergleichbares pauschales Aktivierungsverbot für originäre immaterielle Vermögenswerte vorsieht. Dies zeigt sich u. a. an dem bedingten Ansatzgebot für Entwicklungsaufwendungen, sofern die in IAS 38.57 (a)–(f) benannten Voraussetzungen kumulativ erfüllt sind. Explizite Aktivierungswahlrechte sind in Übereinstimmung zum Steuerrecht und in Abgrenzung zum Handelsrecht nach den IFRS nicht vorhanden.

Die zahlreichen in IAS 38 kodifizierten Bilanzierungsverbote schränken die Aktivierungsfähigkeit von selbst erstellten immateriellen Vermögenswerten wiederum erheblich ein. Insofern kann dem **Vollständigkeitsprinzip** nicht vollends Rechnung getragen werden. Demnach ist eine bilanzielle Berücksichtigung von Forschungsaufwendungen (IAS 38.54), eines originären Geschäfts- oder Firmenwerts (IAS 38.48) sowie Aufwendungen für die Unternehmensgründung und Eigenkapitalbeschaffung, für Ausbildungs- und Weiterbildungsaktivitäten, Werbung, Verkaufsförderung, Verlegung oder Umorganisation des Unternehmens [IAS 38.69 (a)–(d)] generell untersagt. Gleiches gilt für originäre Markennamen, Drucktitel, Verlagsrechte, Kundenlisten sowie ihrem Wesen nach ähnliche Sachverhalte nach IAS 38.63. Dieses Aktivierungsverbot nähert sich der handelsrechtlichen Regelung des § 248 Abs. 2 Satz 2 HGB an, wobei infolge der unterschiedlichen Vermögensabgrenzungskonzeptionen (Vermögensgegenstand versus Vermögenswert) letztlich keine Übereinstimmung erzielt wird. Da das steuerrechtliche Aktivierungsverbot sämtliche selbst-

---

[41] Vgl. *Keitz* 1997, S. 197.
[42] Vgl. *Streim* 1998, S. 336.

erstellten immateriellen Vermögensgegenstände des Anlagevermögens einbezieht, lässt sich ebenfalls keine Übereinstimmung zum Steuerrecht konstatieren. Die Kodifizierung der vorstehend genannten Aktivierungsverbote wird mit Objektivierungserfordernissen begründet und dient primär der Gewährleistung einer verlässlichen Rechnungslegung.

c. Vergleich zwischen Handels- und Steuerrecht sowie IFRS

Während die statische Bilanzauffassung primär auf die **selbstständige Verwertbarkeit** der in Rede stehenden Vermögensgüter abstellt, um den Objektivierungserfordernissen an eine bilanzielle Erfassung Rechnung zu tragen, fokussiert die dynamische Bilanztheorie den **Grundsatz der periodengerechten Gewinnermittlung** und die **Erzielung eines künftigen Nutzenpotenzials**. Die vorstehenden Ausführungen ergeben, dass das Handelsrecht im Rahmen der abstrakten Aktivierungsfähigkeit primär statischer Natur ist. Das Steuerrecht dagegen verfolgt einen weniger statischen Ansatz, da lediglich eine selbstständige Be- und keine Verwertbarkeit eingefordert wird. Die IFRS legen tendenziell das dynamische Bilanzverständnis zugrunde, da der Erzielung eines zukünftigen und wahrscheinlichen Nutzenzuflusses ein fundamentaler Stellenwert beigemessen wird. Insofern sind der steuerrechtliche (Wirtschaftsgut) und der IFRS-(Vermögenswert) weiter gefasst als der handelsrechtliche Vermögensbegriff (Vermögensgegenstand).

Hinsichtlich der **konkreten** Aktivierungsfähigkeit ist bei allen benannten Rechnungslegungssystemen ein gemischtes Konzept aus statischer und dynamischer Bilanzauffassung zu konstatieren. Dies zeigt sich insbesondere an der Durchbrechung des Vollständigkeitsgebots infolge zahlreicher Aktivierungsverbote, u. a. für bestimmte (Handelsrecht) oder sämtliche (Steuerrecht) selbsterstellte immaterielle Vermögensgegenstände bzw. Wirtschaftsgüter des Anlagevermögens (Handels- und Steuerrecht) bzw. mangels verlässlicher Bewertbarkeit für einen Großteil der originären Intangible Assets (IFRS). Dadurch, dass nach IFRS Sachverhalte z. T. dem Vermögen subsumiert werden, die nach Handels- und Steuerrecht einen aktiven Rechnungsabgrenzungsposten darstellen, folgt das IFRS-Regelwerk auch im Rahmen der konkreten Aktivierungsfähigkeit stärker der dynamischen Sichtweise.

Die abstrakte und konkrete Aktivierungsfähigkeit nach Handels- und Steuerrecht sowie IFRS sind in der **Abbildung 154** aufgeführt. Zusammenfassend ist zu konstatieren, dass die Kriterien für eine abstrakte und konkrete Aktivierungsfähigkeit von Vermögenspositionen nach IFRS in der Tendenz mehr der dynamischen Bilanztheorie entsprechen als der statisch geprägte Begriff des handelsrechtlichen Vermögensgegenstands. Das Steuerrecht nimmt dabei eine Zwischenposition ein.[43]

---

[43] Vgl. *Velte* 2008a, S. 156.

I. Bilanzansatz dem Grunde nach (Aktivierung und Passivierung)

	Handelsrecht	Steuerrecht	IFRS
abstrakte Aktivierungsfähigkeit	selbstständige Verwertbarkeit	selbstständige Bewertbarkeit und Greifbarkeit	• Verfügungsmacht des Unternehmens • Ergebnis vergangener Ereignisse • erwarteter und wahrscheinlicher künftiger Nutzenzufluss • verlässliche Ermittelbarkeit der Anschaffungs-/Herstellungskosten
konkrete Aktivierungsfähigkeit	• Aktivierungsverbote (§ 248 Abs. 1 Nr. 1–3, Abs. 2 Satz 2 HGB) • Aktivierungsgebote (§ 246 Abs. 1, § 250 Abs.1 HGB) • Aktivierungswahlrechte (§ 250 Abs. 3, § 248 Abs. 2 Satz 1, § 274 Abs. 1 Satz 2 HGB)	• Aktivierungsverbote (§ 5 Abs. 1, 2 EStG) • Aktivierungsgebote (§ 5 Abs. 1, Abs. 5 EStG) • keine Aktivierungswahlrechte	• Aktivierungsverbote (u.a. IAS 38.48, 38.54, 38.69) • Aktivierungsgebote (u.a. IAS 38.12, 38.57) • keine Aktivierungswahlrechte
bilanztheoretische Einordnung	statisch		dynamisch

Abb. 154: Aktivierungsfähigkeit nach Handels- und Steuerrecht sowie IFRS

2. Passivierung

a. Handels- und Steuerrecht[44]

a.a Abstrakte und konkrete Passivierungsfähigkeit

Hauptgegenstand der Passivierung im Handels- und Steuerrecht stellen die Schulden dar (§§ 240 Abs. 1, 246 Abs. 1 Satz 1 HGB). Diese umfassen neben **Verbindlichkeiten** auch **Rückstellungen** für ungewisse Verbindlichkeiten (**Außenverpflichtungen**) sowie bestimmte Aufwandsrückstellungen (**Innenverpflichtungen**).[45] **Eventualverbindlichkeiten** sind hingegen infolge der geringen Wahrscheinlichkeit ihres Eintritts nicht passivierungsfähig. Die **Abbildung 155** zeigt die Komponenten des Fremdkapitals auf.

Analog zur Aktivierung unterscheidet man bei der Passivierung zwischen der abstrakten und konkreten Passivierungsfähigkeit. Die abstrakte Passivierungsfähigkeit ist infolge einer fehlenden Definition des Schuldbegriffs aus den GoB abzuleiten. Nach weitgehender Übereinstimmung im Schrifttum[46] ist eine **abstrakte Passivierungsfähigkeit** und damit eine Schuld aus handelsrechtlicher Sicht gegeben, wenn

- eine rechtliche oder faktische Verpflichtung des Unternehmens im Außen- oder Innenverhältnis vorliegt,
- die Verpflichtung eine wirtschaftliche Belastung darstellt, d. h. die Verpflichtung zum Zeitpunkt ihres Eintritts zu einer Bruttovermögensminderung führt, und
- die Verpflichtung quantifizierbar ist.

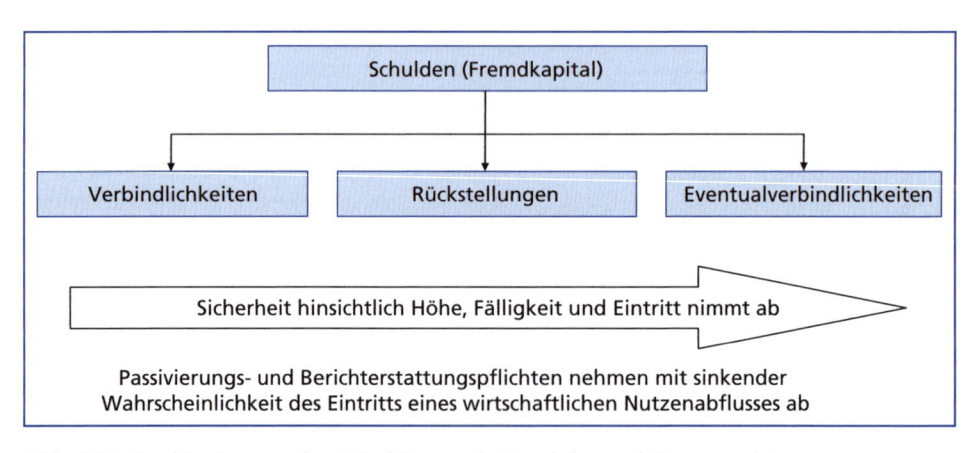

Abb. 155: Strukturierung der Schulden nach Handels- und Steuerrecht

---

[44] Vgl. hierzu *Freidank/Velte/Weber* 2011a, S. 80–88.
[45] Vgl. etwa *Baetge/Kirsch/Thiele* 2012, S. 174 f.
[46] Vgl. etwa *Baetge/Kirsch/Thiele* 2012, S. 173.

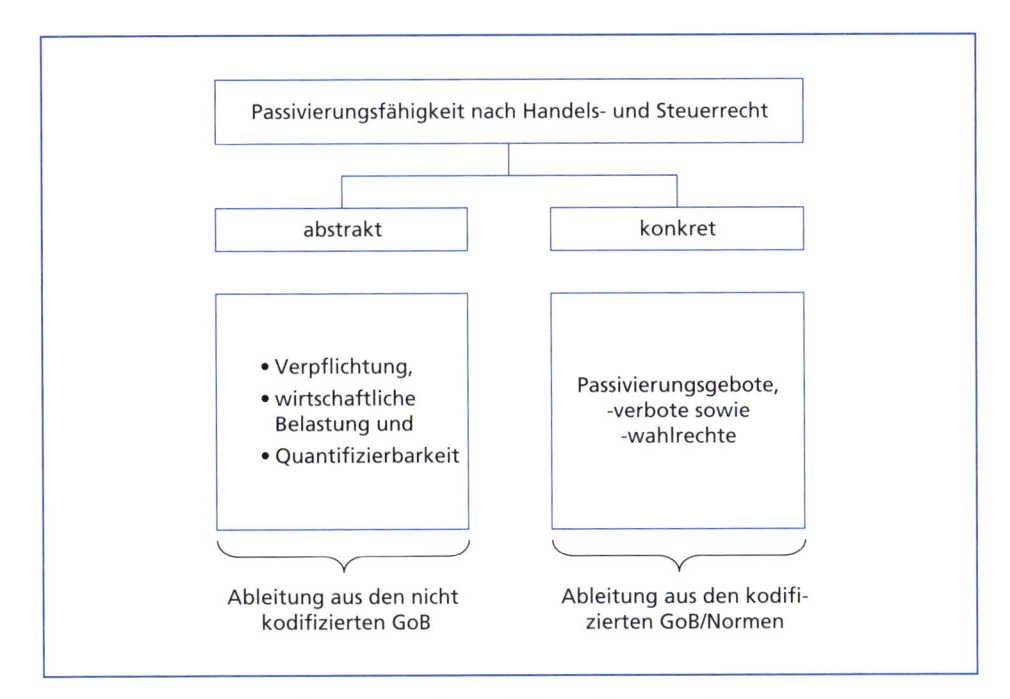

I. Bilanzansatz dem Grunde nach (Aktivierung und Passivierung)

Abb. 156: Passivierungsfähigkeit nach Handels- und Steuerrecht

Die Schuld im handelsrechtlichen Sinne entspricht dabei terminologisch dem negativen (passiven) Wirtschaftsgut im Steuerrecht.[47] Im Gegensatz zur abstrakten Aktivierungsfähigkeit von Vermögensgegenständen und Wirtschaftsgütern existieren hinsichtlich der abstrakten Passivierungsfähigkeit von Schulden und negativen Wirtschaftsgütern keine Unterschiede.[48]

Die konkrete Passivierungsfähigkeit ergibt sich aus den handels- und steuerrechtlichen Normierungen (§§ 249, 250 Abs. 2, 274 Abs. 1 HGB, §§ 5, 6 a EStG), welche die abstrakte Passivierungsfähigkeit ergänzen bzw. konkretisieren. Die in Rede stehenden Passivierungsvorschriften lassen sich analog zur Aktivseite in konkrete Passivierungsgebote, -verbote sowie -wahlrechte unterscheiden. Die **Abbildung 156** fasst die bisherigen Ausführungen zur Passivierungsfähigkeit nach Handels- und Steuerrecht grafisch zusammen.

Eine Schuld muss bzw. kann in der Bilanz angesetzt werden, wenn sowohl eine abstrakte als auch eine konkrete Passivierungsfähigkeit in Gestalt eines Passivierungsgebots (z. B. Rückstellungen gem. § 249 Abs. 1 Satz 1 und 2 HGB) bzw. -wahlrechts (z. B. Pensionsrückstellungen aus Altzusagen gem. Artikel 28 Abs. 1 Satz 1 EGHGB) vorliegt (Fläche B in **Abbildung 157**[49]). Eine Passivierung ist dagegen untersagt, wenn zwar die Kriterien der ab-

---

[47] Vgl. *Coenenberg/Haller/Schultze* 2012, S. 77.
[48] Vgl. stellvertretend *Bieg/Kußmaul/Waschbusch* 2012, S. 83 f.
[49] Modifiziert entnommen von *Baetge/Kirsch/Thiele* 2012, S. 178.

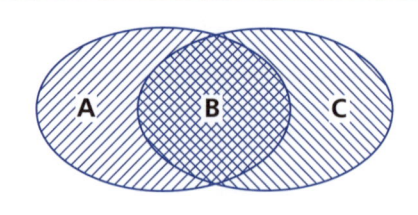

Abb. 157: Zusammenhang zwischen abstrakter und konkreter Passivierungsfähigkeit im Handelsrecht

strakten Passivierungsfähigkeit kumulativ erfüllt sind, jedoch ein gesetzliches Passivierungsverbot existiert (Fläche A in **Abbildung 157**). Ein solcher Fall findet sich im Steuer- (z. B. für Drohverlustrückstellungen gem. § 5 Abs. 4 a EStG) und im Handelsrecht (§ 249 Abs. 2 Satz 1 HGB). Des Weiteren kann es aufgrund abweichender rechtlicher Passivierungsvorschriften dazu kommen, dass ein abstrakt nicht passivierungsfähiger Sachverhalt dennoch zu passivieren ist (z. B. ein passiver Rechnungsabgrenzungsposten gem. § 250 Abs. 2 HGB) bzw. passiviert werden darf (Fläche C in **Abbildung 157**).

Als Kriterien für die **abstrakte Passivierungsfähigkeit** werden die Verpflichtung des bilanzierenden Unternehmens, eine Leistung zu erbringen, die wirtschaftliche Belastung sowie die Quantifizierbarkeit genannt. Die Verpflichtung zur Leistungserbringung (Geld-, Sach- oder Dienstleistung) liegt vor, wenn

- sich das Unternehmen aus rechtlichen oder tatsächlichen Gründen der Leistungsabgabe nicht entziehen kann, d. h. ein Zwang zur Leistungserbringung besteht und zudem
- der Leistungszwang hinreichend konkret, d. h. greifbar, ist.

a.b   Verpflichtung zur Leistungserbringung

Ein **Zwang zur Leistungserbringung** gegenüber Dritten (**Außenverpflichtung**) kann sich zum einen aus zivil- und öffentlich-rechtlichen sowie zum anderen aus wirtschaftlichen Verpflichtungen ergeben.[50] Eine zivilrechtliche Verpflichtung kann z. B. in einem Tun oder Un-

---

[50] Vgl. *ADS* 1998, Anm. 104 zu § 248 HGB.

terlassen i.S.v. § 241 BGB bestehen oder sich etwa aus einer Produzentenhaftung ergeben. Als typisches Beispiel für das Entstehen einer öffentlich-rechtlichen Verpflichtung ist die von der Erfüllung bestimmter gesetzlicher Tatbestände abhängige Pflicht zu einer Geld-, Sach- oder Dienstleistung, wie etwa die Körperschaftsteuerzahlung bei Erfüllung der entsprechenden Tatbestandsmerkmale des Körperschaftsteuergesetzes, zu nennen. **Rein wirtschaftliche Leistungszwänge** ohne rechtliche Verpflichtung liegen vor, wenn sich der Bilanzierende dem Leistungsverlangen aus geschäftlich-wirtschaftlichen, sittlichen, sozialen oder sonstigen Gründen nicht entziehen kann oder will. Zu diesem Bereich zählen etwa die Zahlung trotz Verjährung oder auch Kulanzleistungen.[51]

Eine Notwendigkeit zur Leistungserbringung des Bilanzierenden gegenüber sich selbst (**Innenverpflichtung**) resultiert – ähnlich wie bei Außenverpflichtungen ohne rechtliche Grundlage – aus wirtschaftlichen Zwängen. Die Passivierung von Innenverpflichtungen in Gestalt von Aufwandsrückstellungen lässt sich aus der dynamischen Bilanztheorie ableiten, die eine sachgerechte Periodenabgrenzung des Aufwands aufgrund der Rechenschaftsfunktion des Jahresabschlusses fordert.[52] Ungeachtet dessen wird im Schrifttum häufig die Auffassung vertreten, dass eine bilanzrechtliche Schuld nur durch eine Außenverpflichtung begründet werden könne.[53] Dieser Sichtweise liegt eine rein statische Betrachtungsweise des Schuldbegriffs zugrunde. Da jedoch § 249 HGB, dessen Bedeutungszusammenhang zu den §§ 246, 247 HGB und die Entstehungsgeschichte des Rückstellungsbegriffs zeigen, dass die handelsrechtlichen Rückstellungen i. S. d. dynamischen Bilanztheorie ausgedehnt wurden, ist eine rein statische Auslegung des Schuldbegriffs im Sinne des Vollständigkeitsprinzips verfehlt.

a.c Wirtschaftliche Belastung

Das Passivierungskriterium der Verpflichtung setzt – wie einleitend dargelegt – neben dem grundsätzlichen Bestehen eines rechtlichen oder faktischen Leistungszwangs voraus, dass dieser Leistungszwang hinreichend konkretisiert, d. h. greifbar, ist. Insofern muss das Entstehen der Verpflichtung vorhersehbar sein. Dieses Kriterium ist aus steuerrechtlicher Sicht erfüllt, wenn mehr Gründe für als gegen den Eintritt der Verpflichtung sprechen. Diese steuerrechtliche Konkretisierung ist auch aus handelsrechtlicher Sicht als geeignet anzusehen, zumal hierdurch eine Abgrenzung der Schulden von den Haftungsverhältnissen i. S. d. § 251 HGB (**Eventualverbindlichkeiten**) vorgenommen werden kann, bei denen mehr Gründe gegen als für den Eintritt der Verpflichtung sprechen.

Eine **wirtschaftliche Belastung** i. S. d. abstrakten Passivierungsfähigkeit ist als gegeben anzusehen, wenn

- sich durch die Verpflichtung für das bilanzierende Unternehmen eine künftige Bruttovermögensminderung ergibt und
- die künftige Bruttovermögensminderung hinreichend konkret ist.[54]

---

[51] Vgl. *Freericks* 1976, S. 228 f.
[52] Vgl. *Freericks* 1976, S. 237 f.
[53] Vgl. u. a. *Bieg/Kußmaul/Waschbusch* 2012, S. 82.
[54] Vgl. *Baetge/Kirsch/Thiele* 2012, S. 176 f.

Bei Außenverpflichtungen resultiert die wirtschaftliche Belastung bei Vorliegen von gegenseitigen Verträgen daraus, dass aufgrund der erbrachten Leistung eines Dritten eine Gegenleistung vom bilanzierenden Unternehmen noch erbracht werden muss. Liegt kein gegenseitiger Vertrag vor oder steht der Leistung keine Gegenleistung gegenüber, so kann eine wirtschaftliche Belastung bspw. in Form einer Patentverletzung und daraus resultierender Schadensersatzansprüche (kein gegenseitiger Vertrag) oder in der Entstehung einer Steuerschuld bei Erfüllung der gesetzlichen Tatbestandsvoraussetzungen (keine Gegenleistung) bestehen. Bei Innenverpflichtungen besteht die wirtschaftliche Belastung bspw. bei unterlassenen Aufwendungen für eine Generalüberholung darin, dass diese zu Auszahlungen führen wird. Bis zur Zahlung des Entgelts für die unterlassene und nachzuholende Generalüberholung und bis zu der damit verbundenen zukünftigen Bruttovermögensminderung ist i. S. d. dynamischen Bilanztheorie eine **Aufwandsrückstellung** zu passivieren, sofern im nachfolgenden Geschäftsjahr die Generalüberholung in Kürze (z. B. innerhalb der ersten drei Monate) nachgeholt wird.

Die wirtschaftliche Belastung muss – wie auch die Verpflichtung – hinreichend konkretisiert, d. h. vorhersehbar, sein. Die **Vorhersehbarkeit** der wirtschaftlichen Belastung ist dabei immer dann von Relevanz, wenn das Ent- oder Bestehen einer Verpflichtung sicher, gleichzeitig jedoch noch unbestimmt ist, ob das bilanzierende Unternehmen aus dieser Verpflichtung auch tatsächlich in Anspruch genommen wird. I.d.R. ist jedoch davon auszugehen, dass der Gläubiger von seinem aus der Verpflichtung resultierenden Recht Gebrauch machen wird und die wirtschaftliche Belastung somit vorhersehbar ist. Nur wenn aufgrund der konkreten Umstände des Einzelfalls ausnahmsweise mit einer Inanspruchnahme durch den Gläubiger mit an Sicherheit grenzender Wahrscheinlichkeit nicht mehr zu rechnen ist, hat die Passivierung einer Schuld zu unterbleiben.

a.d   Quantifizierbarkeit

Das dritte Kriterium der abstrakten Passivierungsfähigkeit besagt, dass die das Unternehmen belastende und zumindest faktisch bestehende Leistungsverpflichtung quantifizierbar sein muss. Eine Schuld ist dann **quantifizierbar**, wenn die Verpflichtung zum Bilanzstichtag hinsichtlich ihrer Höhe eindeutig punktuell bestimmt oder aber zumindest im Rahmen einer Bandbreite angegeben werden kann, somit der Höhe nach ungewiss, jedoch vorhersehbar ist. Sofern eine eindeutige Quantifizierbarkeit möglich ist, erfolgt eine Passivierung unter den Verbindlichkeiten, ansonsten unter den Rückstellungen.[55]

a.e   Vollständigkeitsprinzip

Sind die Voraussetzungen der abstrakten Passivierungsfähigkeit erfüllt und liegen keine Gründe vor, welche die **konkrete Passivierungsfähigkeit** verhindern, dann resultiert für die entsprechenden Schulden, d. h. Verbindlichkeiten und Rückstellungen, aus dem Vollständigkeitsgebot des § 246 Abs. 1 Satz 1 HGB eine grundsätzliche Passivierungspflicht.

Neben den Schulden umfasst der Vollständigkeitsgrundsatz des § 246 Abs. 1 Satz 1 HGB auch das Eigenkapital und die passiven Rechnungsabgrenzungsposten. Beim **Eigenkapital** handelt es sich um eine abstrakte Rechengröße und damit auch um den abstrakten Ausdruck

---

[55] Vgl. *Freericks* 1976, S. 230.

des konkreten Vermögens. Die Kapitalaufgliederung zeigt die rechtlichen Ansprüche der am Unternehmen beteiligten Personen und eröffnet damit einen Einblick in die Beteiligungs-, Schuld- und Haftungsverhältnisse.[56] Zu berücksichtigen ist, dass sich bei Kapitalgesellschaften die Höhe des Kapitals unter vollständiger oder teilweiser Verwendung des Bilanzgewinns (§ 270 Abs. 2 HGB) und auch nach der Überschuldungssituation des Unternehmens richtet. Als zentraler Bestandteil des Eigenkapitals fungiert das **Gezeichnete Kapital**. Nach § 272 Abs. 1 Satz 1 HGB ist hierunter das Kapital zu verstehen, auf das die Haftung der Gesellschafter für die Verbindlichkeiten der Kapitalgesellschaft gegenüber den Gläubigern beschränkt ist.[57]

Passive Rechnungsabgrenzungsposten stellen terminologisch ebenfalls keine Schulden im vorstehend definierten Sinne, sondern betriebswirtschaftlich betrachtet Korrekturposten dar und unterliegen demzufolge nicht den Zugangs- und Folgebewertungsregelungen.

a.f   Zusammenhang zwischen Handels- und Steuerbilanz

Die konkreten Passivierungsregelungen im Handels- und Steuerrecht sind indes nicht deckungsgleich, denn das Steuerrecht ist „allenfalls an [...] Passivierungsgebote gebunden, nicht dagegen an Bilanzierungswahlrechte"[58]. So gilt nach dem Beschluss des *Großen Senats* und der gesicherten Rechtsprechung des *BFH* folgender Grundsatz: „ [...] was handelsrechtlich nicht passiviert werden muss, darf steuerrechtlich im allgemeinen nicht passiviert werden."[59] Der *Große Senat* führt analog zu den Aktiva als Begründung seiner Entscheidung an, dass es vor dem Hintergrund des Gleichheitsprinzips nicht im Belieben des Steuerpflichtigen stehen kann, „sich durch [...] den Ansatz eines Passivpostens, der handelsrechtlich nicht geboten ist, ärmer zu machen, als er ist"[60]. Diese Rechtsprechung löste eine vielfältige Durchbrechung des Maßgeblichkeitsprinzips bei den Passiva aus. In dessen Folge wurden im Ertragsteuerrecht eine Reihe eigenständiger, die konkrete Passivierungsfähigkeit betreffende Regelungen kodifiziert (steuerrechtliche Bilanzierungsvorbehalte).

Eigenständige Sonderregelungen sieht das Steuerrecht für Rückstellungen im Hinblick auf die Verletzung von Schutzrechten (§ 5 Abs. 3 EStG), Jubiläumsrückstellungen (§ 5 Abs. 4 EStG) und für Pensionsrückstellungen (§ 6 a EStG) vor. Für drohende Verluste aus schwebenden Geschäften, für die gem. § 249 Abs. 1 Satz 1 HGB handelsrechtlich zwingend eine Rückstellung zu bilden ist, darf nach § 5 Abs. 4 a i. V. m. § 52 Abs. 13 EStG keine Rückstellung gebildet werden. Eigenständige steuerrechtliche Vorschriften, die weitgehend den HGB-Regelungen entsprechen, betreffen das Passivierungswahlrecht für die Altzusagen (Art. 28 Abs. 1 Satz 1 EGHGB i. V. m. § 6 a EStG) und die Pflicht zur Passivierung transitorischer Rechnungsabgrenzungsposten (§ 5 Abs. 5 Satz 1 Nr. 2 EStG). Abweichend vom Handelsrecht sieht das Steuerrecht darüber hinaus die Bildung steuerfreier Rücklagen vor (vgl. § 6 b Abs. 3 EStG, R 6.6 EStR sowie R 6.5 EStR.)

---

[56] Vgl. hierzu weiterführend *Freericks* 1976, S. 244–246.
[57] Vgl. die weiteren Ausführungen im Fünften Teil zu Gliederungspunkt III.B.3.c.c.b.
[58] *BFH* 1969b, S. 584.
[59] *BFH* 1969b, S. 584.
[60] *BFH* 1969a, S. 293.

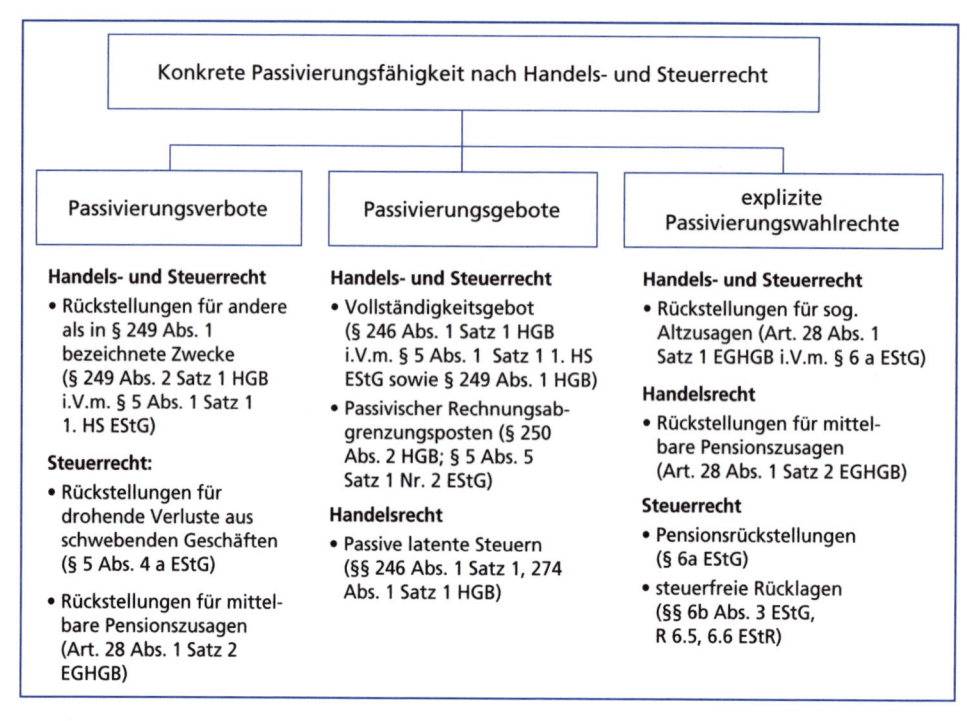

```
┌─────────────────────────────────────────────────────────────────────────┐
│           Konkrete Passivierungsfähigkeit nach Handels- und Steuerrecht  │
│                    ┌──────────────┬──────────────┐                       │
│          Passivierungsverbote   Passivierungsgebote   explizite          │
│                                                    Passivierungswahlrechte│
└─────────────────────────────────────────────────────────────────────────┘
```

Passivierungsverbote	Passivierungsgebote	explizite Passivierungswahlrechte
Handels- und Steuerrecht • Rückstellungen für andere als in § 249 Abs. 1 bezeichnete Zwecke (§ 249 Abs. 2 Satz 1 HGB i.V.m. § 5 Abs. 1 Satz 1 1. HS EStG) **Steuerrecht:** • Rückstellungen für drohende Verluste aus schwebenden Geschäften (§ 5 Abs. 4 a EStG) • Rückstellungen für mittelbare Pensionszusagen (Art. 28 Abs. 1 Satz 2 EGHGB)	**Handels- und Steuerrecht** • Vollständigkeitsgebot (§ 246 Abs. 1 Satz 1 HGB i.V.m. § 5 Abs. 1 Satz 1 1. HS EStG sowie § 249 Abs. 1 HGB) • Passivischer Rechnungsabgrenzungsposten (§ 250 Abs. 2 HGB; § 5 Abs. 5 Satz 1 Nr. 2 EStG) **Handelsrecht** • Passive latente Steuern (§§ 246 Abs. 1 Satz 1, 274 Abs. 1 Satz 1 HGB)	**Handels- und Steuerrecht** • Rückstellungen für sog. Altzusagen (Art. 28 Abs. 1 Satz 1 EGHGB i.V.m. § 6 a EStG) **Handelsrecht** • Rückstellungen für mittelbare Pensionszusagen (Art. 28 Abs. 1 Satz 2 EGHGB) **Steuerrecht** • Pensionsrückstellungen (§ 6a EStG) • steuerfreie Rücklagen (§§ 6b Abs. 3 EStG, R 6.5, 6.6 EStR)

Abb. 158: Konkrete Passivierungsfähigkeit nach Handels- und Steuerrecht

Abbildung 158 zeigt abschließend die konkrete Passivierungsfähigkeit nach Handels- und Steuerrecht und **Abbildung 159** die wesentlichen handels- und steuerrechtlichen Passivierungsregelungen.

I. Bilanzansatz dem Grunde nach (Aktivierung und Passivierung)

	Passivierungs-			Passivierungs-		
	gebot	wahlrecht	verbot	gebot	verbot*	wahlrecht
8. Allgemeine Schulden	§ 246 (1)			§ 5 (1) S. 1		
9. Rückstellungen für						
9.1 ungewisse Verbindlichkeiten	§ 249 (1) S. 1			§ 5 (1) S. 1		
9.2 drohende Verluste aus schwebenden Geschäften	§ 249 (1) S. 1			§ 5 (1) S. 1	§ 5 (4a)**	
9.3 Gewährleistung ohne rechtliche Verpflichtungen	§ 249 (1) S. 2			§ 5 (1) S. 1		
9.4 unterlassene Instandhaltung						
9.4.1 Nachholung innerhalb von 3 Monaten	§ 249 (1) S. 2			§ 5 (1) S. 1		
9.4.2 Nachholung innerhalb 4–12 Monaten			§ 249 (2) S. 1		§ 5 (6)	
9.5 unterlassene Abraumbeseitigung; Nachholung im folgenden Geschäftsjahr	§ 249 (1) S. 2			§ 5 (1) S. 1		
9.7 Pensionsaufwendungen						
9.7.1 Altzusagen		Art. 28 EGHGB				§ 6a
9.7.2 Neuzusagen	§ 249 (1) S. 1			§ 5 (1) S. 1		§ 6a
9.8 für andere Zwecke			§ 249 (2) S. 2		§ 5 (1) kein WG	
9.9 für latente Steuern	§ 274 (1)			§ 5 (5) S. 1 Nr. 2		
10. Rechnungsabgrenzungsposten						
10.1 transitorische	§ 250 (2)		§ 268 (5) S. 3		§ 5 (5) S. 1***	
10.2 antizipative			§ 5 (1) S. 2			
11. Sonderposten mit Rücklageanteil § 6 b/6 d/RfE						§ 5 (1) S. 2

* Weitere Einschränkungen gem. § 5 Abs. 3, 4, 4b EStG hinsichtlich Rückstellungen für Schutzrechtsverletzungen, Zuwendungen anlässlich Dienstjubiläen, Aufwendungen, die Anschaffungs-/Herstellungskosten für ein Wirtschaftsgut sind, sowie bestimmte kernkraftbezogene Entsorgungen.
** Das Verbot gilt allerdings nicht im Rahmen von Bewertungseinheiten gemäß § 5 Abs. 1a Satz 2 EStG.
*** Soweit sich aus passiven, antizipativen Rechnungslegungsabgrenzungsposten zugrunde liegenden Geschäftsvorfällen bereits Verbindlichkeiten ergeben haben, sind diese als solche zu bilanzieren (R 5.6 Abs. 3 Satz 2 EStR).

Abb. 159: Überblick über die wichtigsten handels- und steuerrechtlichen Passivierungsregelungen

b. IFRS[61]

b.a Abstrakte und konkrete Passivierungsfähigkeit

Die Passivseite der IFRS-Bilanz besteht zum einen aus dem Eigenkapital und zum anderen aus den Schulden (Framework 4.4 i. V. m. 4.15–19), wobei Letztere nicht dem handelsrechtlichen Schuldbegriff entsprechen. Nach IAS 32.11 stellt ein Eigenkapitalinstrument einen Vertrag dar, der einen Residualanspruch an den Vermögenswerten eines Unternehmens nach Abzug aller dazugehörenden Schulden begründet. Dabei dürfen insbesondere keine vertraglichen Verpflichtungen bestehen, flüssige Mittel oder finanzielle Verpflichtungen zu übertragen (IAS 32.16).

Bei der Passivierung von Schulden wird – analog zur Aktivierung – zwischen der abstrakten und konkreten Passivierungsfähigkeit unterschieden. Eine **abstrakte Passivierungsfähigkeit** ist gegeben, wenn sowohl die im Framework enthaltenden Definitionsmerkmale als auch die Ansatzkriterien einer Schuld erfüllt sind. Nach Rahmenkonzept 4.4 (b) ist eine Verpflichtung als Schuld zu klassifizieren, wenn folgende Kriterien kumulativ gegeben sind:

- es liegt eine gegenwärtige Verpflichtung vor,
- die Verpflichtung ist das Ergebnis eines vergangenen Ereignisses und
- die Erfüllung der Verpflichtung führt erwartungsgemäß zum Abfluss von Ressourcen mit wirtschaftlichem Nutzen aus dem Unternehmen.

Erfüllt ein Sachverhalt die vorgenannten Definitionsmerkmale einer Schuld, so ist dieser abstrakt passivierungsfähig, wenn – analog zu den Vermögenswerten – folgende Ansatzkriterien erfüllt sind (Framework 4.38):

- es ist wahrscheinlich, dass mit der Erfüllung der gegenwärtigen Verpflichtung zukünftiger wirtschaftlicher Nutzen tatsächlich aus dem Unternehmen abfließt und
- der Erfüllungsbetrag kann verlässlich ermittelt werden.

Die **konkrete Passivierungsfähigkeit** ergibt sich aus den jeweiligen Einzelstandards. Zu nennen ist hier insbesondere IAS 37, jedoch auch IAS 11, 12, 19, IFRS 3 und 4. Die in den Einzelstandards kodifizierten Definitions- und Ansatzkriterien stimmen dabei weitestgehend mit denen des Rahmenkonzepts überein, werden jedoch teilweise ergänzt oder konkretisiert (z. B. IAS 37.10 für die Definition von Rückstellungen). Die Regelungen in den Einzelstandards gehen im Zweifel denen des Rahmenkonzepts vor). Die Passivierungsvorschriften der einzelnen IFRS lassen sich in Passivierungsgebote und -verbote systematisieren; explizite Passivierungswahlrechte sieht das IFRS-Regelungswerk in Übereinstimmung zu den Aktiva nicht vor. Die **Abbildung 160** fasst die bisherigen Ausführungen zur Passivierungsfähigkeit im Rahmen der IFRS schematisch zusammen.

b.b Gegenwärtige Verpflichtung

Ein Unternehmen hat eine **Verpflichtung**, wenn es nach Framework 4.15 in einer bestimmten Art und Weise zu handeln oder eine Leistung zu erbringen hat. Bei der Verpflichtung kann es sich zum einen um eine rein rechtliche Verpflichtung handeln, die bspw. aus einem bindenden Vertrag oder aus einer gesetzlichen Vorschrift resultiert. Zum anderen kann die

---

[61] Vgl. hierzu *Freidank/Velte/Weber* 2011a, S. 89–94.

I. Bilanzansatz dem Grunde nach (Aktivierung und Passivierung)

```
                    Passivierungsfähigkeit nach IFRS
                    ┌──────────────┴──────────────┐
                  abstrakt                      konkret
```

abstrakt:
- gegenwärtige Verpflichtung [Framework 4.4 (b) i.V.m. 4.15]
- Ergebnis vergangener Ereignisse [Framework 4.4 (b) i.V.m. 4.18]
- Erwarteter künftiger Nutzenabfluss [Framework 4.4 (b) i.V.m. 4.19]
- Wahrscheinlichkeit künftiger Nutzenabfluss [Framework 4.38 i.V.m. 4.40]
- Verlässliche Bewertbarkeit [Framework 4.38 i.V.m. 4.41–43]

Ableitung aus Framework

konkret:

Passivierungsverbote
- Aufwandsrückstellungen (IAS 37.18–19), Ausnahme: Rückstellung für Restrukturierungsaufwendungen (IAS 37.70–83)

Passivierungsgebote
- Vollständigkeitsgebot/ Vermittlung entscheidungsnützlicher Informationen (IAS 1.7)
- u.a. Passivierungsgebot für Rückstellungen für ungewisse Verbindlichkeiten und drohende Verluste aus schwebenden Geschäften (IAS 37.14 i.V.m. 37.66–69)

Ableitung aus Einzelstandards (z.B. IAS 37)

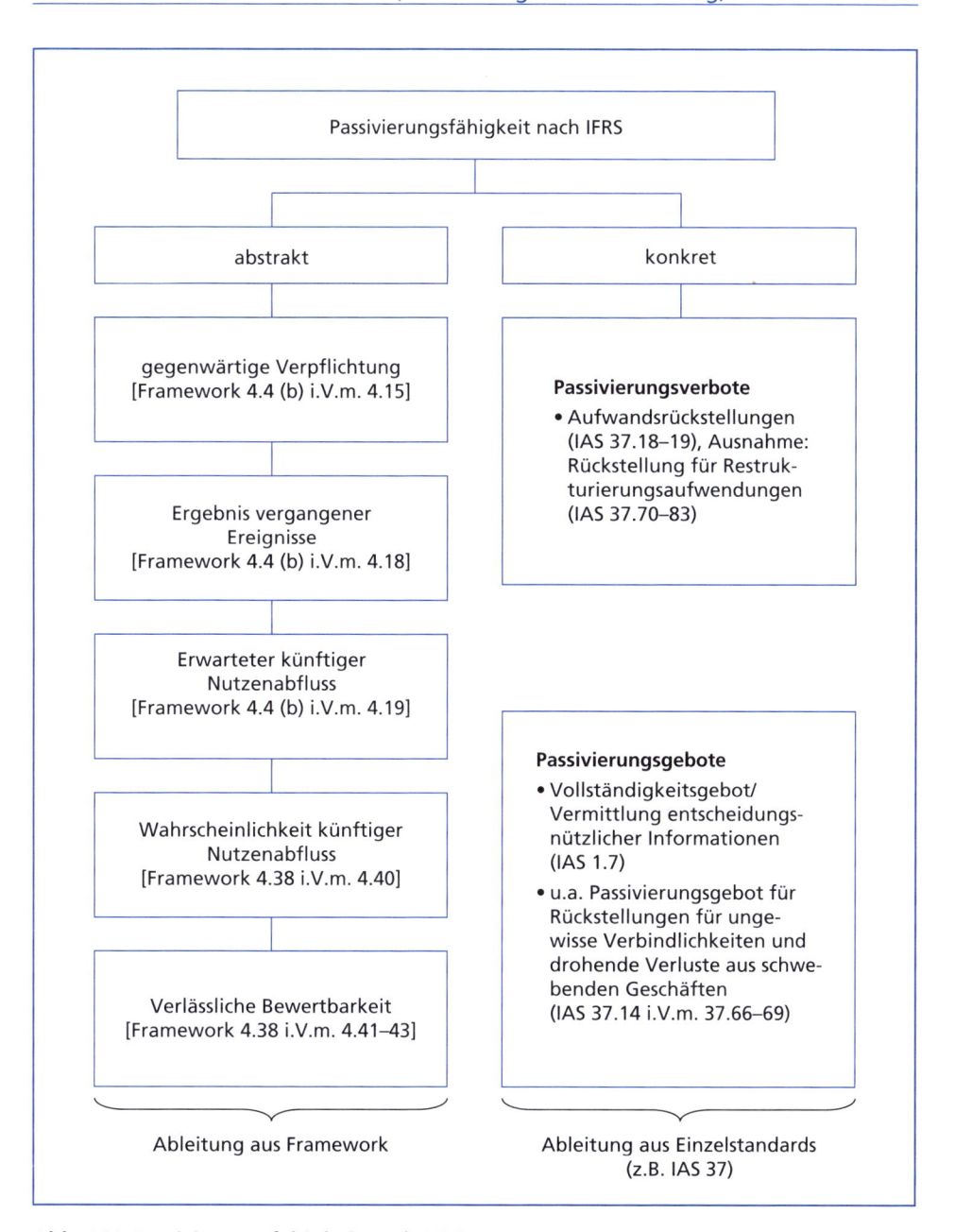

Abb. 160: Passivierungsfähigkeit nach IFRS

Verpflichtung rein faktischer Natur sein und aus dem normalen Geschäftsgebaren oder dem Wunsch des Unternehmens entstehen, gute Geschäftsbeziehungen zu pflegen (z. B. Kulanzleistungen).

Die Passivierung einer Verpflichtung als Schuld setzt zudem voraus, dass sie **gegenwärtig**, d. h. zum Abschlussstichtag, besteht. Potenzielle Verpflichtungen, die lediglich auf Absichtserklärungen der Unternehmensleitung beruhen und zum Abschlussstichtag noch nicht verursacht werden, sind nicht passivierungsfähig, weil das Vorliegen einer gegenwärtigen Verpflichtung ausschließlich mit dem Abschluss unwiderruflicher Vereinbarungen konstituiert wird (Rahmenkonzept 4.16). So erfüllt bspw. die Entscheidung des Managements, einen Kredit aufzunehmen, noch nicht die Ansatzvoraussetzungen einer Schuld; erst wenn der Kredit tatsächlich aufgenommen wurde und ein rechtlicher Anspruch der Kreditgeber auf künftige Zins- und Tilgungszahlungen entstanden ist, kommt in Übereinstimmung zum Handels- und Steuerrecht eine Passivierung in Betracht.[62]

In Rahmenkonzept 4.15 wird keine Unterscheidung zwischen Innen- und Außenverpflichtungen vorgenommen. Die h. M. leitet jedoch ab, dass es sich bei einer Schuld um eine Außenverpflichtung handeln muss.[63] Im Umkehrschluss resultiert hieraus – aufgrund der fehlenden abstrakten Passivierungsfähigkeit – im Gegensatz zum Handelsrecht ein Verbot der Bilanzierung von Aufwandsrückstellungen in der IFRS-Rechnungslegung.

b.c Ergebnis vergangener Ereignisse

Die Einordnung eines Sachverhaltes als Schuld setzt weiterhin voraus, dass die aus ihm entstandene gegenwärtige Verpflichtung das Ergebnis einer in der Vergangenheit liegenden Transaktion oder eines anderen Ereignisses ist (Rahmenkonzept 4.18). Verpflichtungen rechtlicher Art beruhen dabei i. d. R. auf Verträgen, Gesetzen oder Verordnungen, so dass sich der Zeitpunkt der Entstehung der gegenwärtigen Verpflichtung ohne Schwierigkeiten ermitteln lässt. Dabei gilt – wie auch nach Handels- und Steuerrecht – der Grundsatz der Nichtbilanzierung schwebender Geschäfte. Somit unterbleibt bei Käufen auf Ziel die Passivierung einer Schuld bis zur tatsächlichen Lieferung oder Gewährung der Leistung (Rahmenkonzept 4.18). Nur wenn aus dem schwebenden Geschäft ein Verlust droht, ist in Höhe des erwarteten Verlustes eine Rückstellung zu bilden.

b.d Zukünftiger Nutzenabfluss

Der Schuldbegriff setzt als drittes Tatbestandsmerkmal voraus, dass die Erfüllung der Verpflichtung mit dem Abfluss von Ressourcen verbunden ist, die wirtschaftlichen Nutzen verkörpern. Analog zu den Überlegungen auf der Aktivseite entspricht dieses Kriterium einer Schuld der dynamischen Bilanztheorie, wonach künftige Vermögensminderungen, die sich aus der Nutzung ableiten lassen, konstitutiv für die Einordnung als Schuld sind. Die Erfüllung einer Verpflichtung kann dabei bspw. durch die Zahlung flüssiger Mittel, die Übertragung von Vermögenswerten, die Erbringung von Dienstleistungen, den Ersatz der Verpflichtung infolge einer anderen oder der Umwandlung der Verpflichtung in Eigenkapital erfolgen (Rahmenkonzept 4.17). Eine Schuld kann jedoch auch ohne den Abfluss von Ressourcen er-

---

[62] Vgl. *Pellens et al.* 2011, S. 129.
[63] Vgl. *Freidank/Velte/Weber* 2011a, S. 91.

löschen. Dies ist bspw. bei einem Forderungsverzicht des Gläubigers oder bei einem Forderungsverlust durch Erhebung der Einrede der Verjährung nach Ablauf der Verjährungsfrist der Fall (Rahmenkonzept 4.17).

Der Umstand, dass die Höhe einer gegenwärtigen Verpflichtung lediglich geschätzt werden kann, ist für die Klassifizierung als Schuld unerheblich, sofern die Verpflichtung die beiden erstgenannten Tatbestandsmerkmale (gegenwärtige Verpflichtung und Ergebnis vergangener Ereignisse) erfüllt. Demzufolge gehören zu den Schulden i. S. d. IFRS-Regelwerks – unter Beachtung der genannten Einschränkungen – neben Verbindlichkeiten auch Rückstellungen, die nach Rahmenkonzept 4.19 hinsichtlich ihrer Fälligkeit oder ihrer Höhe ungewiss sind. In diesem Zusammenhang ist darauf hinzuweisen, dass nach dem IFRS-Reformprojekt der Begriff Rückstellung entfallen und durch den Terminus nicht finanzielle Schuld ersetzt werden soll.

Eine Schuld ist nach Framework 4.38 i. V. m. 4.40 ferner nur dann ansatzfähig, wenn es wahrscheinlich ist, dass die den künftigen wirtschaftlichen Nutzen repräsentierende Ressource aus dem Unternehmen abfließt. Die **Wahrscheinlichkeit** soll dabei als Erfassungskriterium dem Grad der Unsicherheit des tatsächlichen Abflusses Rechnung tragen und gleichzeitig verhindern, dass der Ansatz lediglich aufgrund einer Unsicherheit unterbleibt. Trotz des Umstandes, dass dem Begriff Wahrscheinlichkeit bzgl. der Ansatzpflicht eine zentrale Bedeutung zukommt, wird dieser im Framework nicht näher präzisiert. Eine Konkretisierung enthält lediglich IAS 37.23, wonach von einem wahrscheinlichen Eintritt auszugehen ist, wenn die Eintrittswahrscheinlichkeit mehr als 50 % beträgt (sog. „50+"-Klausel). Ist einerseits die Voraussetzung eines wahrscheinlichen Eintritts nicht erfüllt, d. h. sprechen mehr Gründe dagegen als dafür, und ist andererseits der Eintritt des entsprechenden Ereignisses auch nicht absolut unwahrscheinlich, ist bisher eine **Eventualverbindlichkeit** im Anhang anzugeben (IAS 37.27–30). Diese Regelung entspricht im Ergebnis dem entsprechenden Kriterium der abstrakten Passivierungsfähigkeit im Handels- und Steuerrecht.

Das IASB plant die Einführung eines modifizierten Ansatzes für die Bilanzierung und Bewertung von Posten, welche derzeit die Definitions- und Ansatzkriterien für Rückstellungen erfüllen. Im Zuge dieser Novellierung soll das Kriterium der Wahrscheinlichkeit eines künftigen Nutzenabflusses entfallen (ED IAS 37.11). Die bisherige Trennung der Schulden in Verbindlichkeiten, Rückstellungen und Eventualverbindlichkeiten wird aufgehoben. Aufgrund der strikten Einhaltung des Vollständigkeitsprinzips sollen nunmehr auch Eventualverbindlichkeiten einer Passivierungspflicht unterliegen.

b.e Verlässliche Bewertbarkeit

Ein weiteres Kriterium für die abstrakte Passivierungsfähigkeit einer Schuld stellt – wie auch nach Handels- und Steuerrecht – deren **verlässliche Bewertbarkeit** dar [Framework 4.38 (b) i. V. m. 4.41–43]. Handelt es sich um eine rechtliche Verpflichtung, so ist deren Höhe meist vertraglich oder gesetzlich fixiert und demnach eine verlässliche Bewertbarkeit ohne Schwierigkeiten möglich. Bei anderen Verpflichtungen ist die Höhe im Wege der Schätzung zu ermitteln. Die Vornahme von Schätzungen ist ein wesentlicher Bestandteil der Aufstellung von Unternehmensabschlüssen und widerspricht nicht dem Grundsatz der Verlässlichkeit. Als zuverlässig ist eine Schätzung dann anzusehen, sofern die Vermeidung wesentlicher Fehler und bewusster Verzerrungen gewährleistet ist. Hiervon kann ausgegangen werden, wenn der Schätzung eine Vielzahl gleich gelagerter Fälle zugrunde liegt oder die verwendeten Prämissen der Schätzung plausibel und intersubjektiv nachprüfbar sind. Nur sofern eine hinreichend genaue Schätzung nicht möglich ist, scheidet eine Passivierung der Schuld aus. In diesem Fall sind erläuternde Angaben im Anhang zu machen (Framework 4.41).

b.f Vollständigkeitsprinzip

Sind die Tatbestandsmerkmale der abstrakten Passivierungsfähigkeit erfüllt und existieren keine gegenteiligen Bestimmungen im Rahmen der IFRS, welche eine **konkrete Passivierungsfähigkeit** verhindern, dann resultiert für die entsprechenden Schulden aus dem Vollständigkeitsgebot (Rahmenkonzept QC 12 f.) und der Zielsetzung des IFRS-Abschlusses, den Adressaten entscheidungsnützliche Informationen über die Vermögens-, Finanz- und Ertragslage zur Verfügung zu stellen (IAS 1.7), eine Passivierungspflicht. Von diesem Gebot sind neben Verbindlichkeiten und Rückstellungen auch passive Rechnungsabgrenzungsposten betroffen, da der Schuldbegriff i. S. d. IFRS-Regelwerks – im Gegensatz zum Handelsrecht – diese einschließt.[64] Passive Rechnungsabgrenzungsposten sind im Rahmen der IFRS nicht als eigenständige Abschlusselemente vorgesehen; ihr Ausweis erfolgt im Zweifel unter den übrigen Schulden. In Abgrenzung zum detaillierten handelsrechtlichen Bilanzgliederungsschema nach § 266 Abs. 3 HGB werden als passive Bilanzposten in IAS 1.54 Verbindlichkeiten aus Lieferungen und Leistungen sowie sonstige Verbindlichkeiten, Rückstellungen, nicht finanzielle Verbindlichkeiten, (latente) Steuerschulden, Schulden nach IFRS 5, nicht beherrschende Anteile sowie gezeichnetes Kapital und Rücklagen angeführt.

Ein explizites Passivierungsverbot besteht nach IAS 37.18 f. für **Aufwandsrückstellungen**, welchen aufgrund ihres fehlenden Außenverpflichtungscharakters keine abstrakte Passivierungsfähigkeit zukommt. Auch auf der Grundlage einer periodengerechten Erfolgsermittlung ist die Bildung von Aufwandsrückstellungen nicht möglich, da IAS 1.28 eine Periodenabgrenzung nur für Passivposten vorsieht, welche die Tatbestandsmerkmale einer Schuld nach dem Rahmenkonzept erfüllen.[65]

c. Vergleich zwischen Handels- und Steuerrecht sowie IFRS

Aus einer bilanztheoretischen Perspektive heraus betrachtet, kommen nach der statischen Bilanztheorie als Passivposten nur sichere oder unsichere Schulden zum Ansatz, die mit großer Wahrscheinlichkeit zu Vermögensabflüssen führen. Nach der dynamischen Bilanztheorie sind hingegen in der Bilanz sämtliche (Passiv-)Posten aufzunehmen, die einer exakten periodengerechten Erfolgsermittlung dienen, ohne Rücksicht darauf, ob sie Schulden im statischen Sinne darstellen. Diese Betrachtungsweise des dynamischen Ansatzes führt u. a. zum Ansatz von passiven Rechnungsabgrenzungsposten und Aufwandsrückstellungen, die im Rahmen der statischen Theorie keine Berücksichtigung finden.

Wie bereits ausgeführt, beinhalten die Kriterien der abstrakten Passivierungsfähigkeit sowohl nach Handels- und Steuerrecht als auch nach den IFRS eine Kombination aus statischen und dynamischen Elementen der jeweiligen Bilanztheorie. Die IFRS sind im Ver-

---

[64] Vgl. *Baetge/Kirsch/Thiele* 2012, S. 542 f.
[65] Vgl. hierzu auch *Pellens et al.* 2011, S. 130.

I. Bilanzansatz dem Grunde nach (Aktivierung und Passivierung)

	Handelsrecht	Steuerrecht	IFRS
Abstrakte Passivierungsfähigkeit	• Verpflichtung • wirtschaftliche Belastung • Quantifizierbarkeit	• Verpflichtung • wirtschaftliche Belastung • Quantifizierbarkeit	• gegenwärtige Verpflichtung • Ergebnis vergangener Ereignisse • erwarteter und wahrscheinlicher künftiger Nutzenabfluss • verlässliche Bewertbarkeit
Konkrete Passivierungsfähigkeit	• Passivierungsverbote (§ 249 Abs. 2 Satz 1 HGB) • Passivierungsgebote (§ 246 Abs. 1, Satz 1, § 249 Abs. 1, § 250 Abs. 2, § 274 Abs. 1 Satz 1 HGB) • explizite Passivierungswahlrechte (Art. 28 Abs. 1 Satz 1 und 2 EGHGB)	• Passivierungsverbote (u.a. § 5 Abs. 1 Satz 1 1. HS, § 5 Abs. 4 a EStG) • Passivierungsgebote (§ 5 Abs. 1 Satz 1, 1. HS, Abs. 5 Satz 1 Nr. 2 EStG) • explizite Passivierungswahlrechte (u.a. Art. 28 Abs. 1 Satz 1 EGHGB i.V.m. § 6 a EStG, § 6 a, b EStG)	• Passivierungsverbote (IAS 37.17–18) • Passivierungsgebote (F. 38 i.V.m. IAS 1.7, IAS 37.14, 17, 20, 66-69) • keine expliziten Passivierungswahlrechte
Bilanztheoretische Einordnung	statisch			
	dynamisch			

Abb. 161: Passivierungsfähigkeit nach Handels- und Steuerrecht sowie IFRS

gleich zum Handels- und Steuerrecht dahingehend dynamischer ausgerichtet, als auch passive Rechnungsabgrenzungsposten den Schulden i. S. d. Rahmenkonzepts subsumiert werden. Die abstrakte Passivierungsfähigkeit nach IFRS ist hingegen statischer als diejenige nach Handels- und Steuerrecht, da diese zwingend eine Außenverpflichtung bei Rückstellungen einfordert. Bzgl. der konkreten Passivierungsfähigkeit lässt sich konstatieren, dass das Handelsrecht aufgrund der begrenzten Möglichkeiten zur Bildung von Aufwandsrückstellungen dynamischer ausgerichtet ist als das Steuerrecht und die IFRS.

In **Abbildung 161** erfolgt eine zusammenfassende Darstellung der abstrakten und konkreten Passivierungsfähigkeit nach Handels- und Steuerrecht sowie IFRS. Im Ergebnis ist festzustellen, dass – im Gegensatz zur Aktivierungsfähigkeit – keine eindeutige Tendenzaussage hinsichtlich einer bilanztheoretischen Einordnung im Hinblick auf den statischen oder dynamischen Ansatz möglich ist.

B. Betrachtung ausgewählter Bilanzposten

1. Immaterielle Vermögensgüter

Der Trend zur Informationsgesellschaft und die fortschreitende technologische Entwicklung lässt die Posten der immateriellen Vermögensgüter am Gesamtwert der Unternehmung kontinuierlich ansteigen.[66] Sie stellen wegen ihrer wichtigen betrieblichen Bedeutung **strategische Unternehmenswerttreiber** dar.[67] Sofern immaterielle Werte im Jahresabschluss nicht angemessen berücksichtigt werden können, sind c.p. nach dem **Vollständigkeitsgebot** Chancen und Risiken des Unternehmens durch externe Abschlussadressaten nur unzureichend abzuschätzen, wodurch eine informative Wertlücke am Kapitalmarkt entsteht. Aufgrund der Tatsache, dass **selbsterstellte immaterielle Anlagewerte** schwer quantifizierbar sind, treten i. d. R. Ermessensspielräume auf, die unter strikter Befolgung des handelsrechtlichen Vorsichtsprinzips i. S. d. § 252 Abs. 1 Nr. 4 HGB prinzipiell zu einer Nichtaktivierung führen müssten.[68]

Gleichzeitig unterliegt, wie bereits ausgeführt, das externe Rechnungswesen einem dynamischen Wandel von der traditionellen Finanzberichterstattung (Financial Accounting) zu einem umfassenden Business Reporting, **das immaterielle Werte als dominierende unternehmenswerttreibende Erfolgsfaktoren** ansieht.[69] In speziellen Unternehmensbereichen stellen immaterielle Vermögensgegenstände, wie **Patente, Lizenzen, Marken oder das Know How der Mitarbeiter**, zentrale Erfolgstreiber dar. Nicht nur in der handelsrechtlichen Rechnungslegung, sondern auch bei Anwendung der IFRS kommt es faktisch niemals zu einem vollständigen Ausweis des immateriellen Wertpotenzials. Ein effizientes **Business Reporting** verlangt aber eine detailliertere und umfangreichere Abbildung immaterieller Werte im Jah-

---

[66] Vgl. *AKIW* 2003, S. 1233.
[67] Vgl. *Esser/Hackenberger* 2004, S. 402.
[68] Vgl. *Leibfried/Pfanzelt* 2004, S. 491.
[69] Vgl. hierzu die Ausführungen im Zweiten Teil zu Gliederungspunkt III.C.

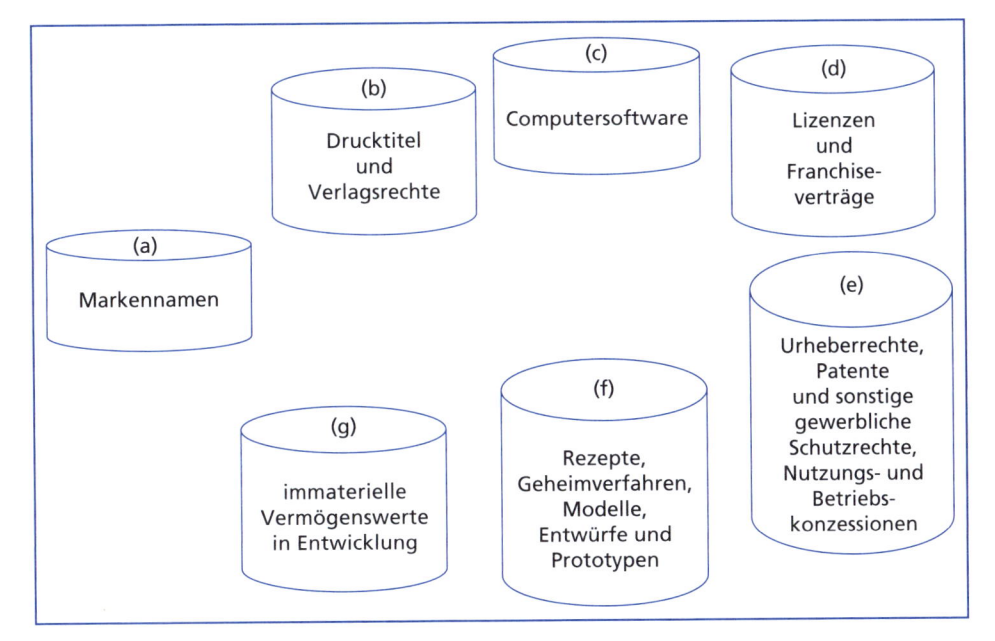

I. Bilanzansatz dem Grunde nach (Aktivierung und Passivierung)

Abb. 162: Gruppen immaterieller Vermögenswerte nach IAS 38

resabschluss und/oder im Lagebericht, um externen Adressaten eine wahrheitsgetreue Einschätzung der künftigen wirtschaftlichen Entwicklung des Unternehmens zu ermöglichen.

Vermögensgegenstände im Sinne der abstrakten und konkreten Aktivierungsfähigkeit können weiterhin in **Real- und Nominalgüter** unterschieden werden, wobei die Realgüter wiederum in die Gruppen **materielle** (körperliche) und **immaterielle** (nichtkörperliche) Güter zerfallen. Zu den materiellen Vermögensgegenständen zählen in erster Linie **Sachen**, wie etwa Grundstücke, Gebäude, Maschinen, sonstige Sachanlagen, Vorräte. Aber auch **Rechte** werden dann den körperlichen Gegenständen subsumiert, wenn ihr materieller Wert konkretisierbar ist (z. B. Beteiligungen und Erbbaurechte). Immaterielle Vermögensgegenstände sind ebenfalls durch die Kriterien Einzelveräußerbarkeit und Einzelbewertbarkeit gekennzeichnet.

Nach § 266 Abs. 2 Posten A. I HGB können folgende Gruppen von **immateriellen Vermögensgegenständen** unterschieden werden:

- **selbst geschaffene** gewerbliche Schutzrechte und ähnliche Rechte und Werte,
- **entgeltlich** erworbene Konzessionen, gewerbliche Schutzrechte (Patente, Markenzeichen, Urheberrechte und Verlagsrechte) und ähnliche Rechte (z. B. Nutzungs-, Belieferungs- und Bezugsrechte) und Werte sowie Lizenzen an solchen Rechten und Werten,
- der derivative Geschäfts- oder Firmenwert sowie
- geleistete Anzahlungen.

In IAS 38 werden die in **Abbildung 162** gezeigten Gruppen von immateriellen Vermögenswerten benannt.

originärer Geschäfts- oder Firmenwert (§ 248 Abs. 2 Satz 2 HGB; IAS 38.48)
Aufwendungen innerhalb der Forschungsphase (§ 255 Abs. 2a HGB; IAS 38.54)
Entwicklungsaufwendungen, sofern sie nicht verlässlich von der Forschungsphase getrennt werden können (§ 255 Abs. 2a HGB) bzw. die Voraussetzungen nach IAS 38.57 nicht erfüllt werden
originäre Markennamen, Drucktitel, Verlagsrechte, Kundenlisten sowie ihrem Wesen nach ähnliche Sachverhalte einschließlich nachträglicher Ausgaben (§ 248 Abs. 2 Satz 2 HGB; IAS 38.63 und 38.20)
Ingangsetzungs- und Erweiterungsaufwendungen des Geschäftsbetriebs [Wegfall des § 269 HGB a. F.; IAS 38.69 (a)]
Aufwendungen für Aus- und Weiterbildung, für Werbekampagnen und Maßnahmen der Verkaufsförderung sowie für die Verlegung und Reorganisation des (Teil-)Unternehmens [§ 248 Abs. 2 Satz 2 HGB; IAS 38.69 (b)–(d)]

Abb. 163: Spezielle Ansatzverbote für selbsterstellte immaterielle Anlagegüter nach Handelsrecht und IFRS

In diesem Zusammenhang ist darauf hinzuweisen, dass auch **EDV-Software** (Anwendungs- und Systemsoftware) grundsätzlich den selbständigen immateriellen Vermögensgegenständen subsumiert wird. Zu den **Nominalgütern** gehören neben dem Geld auch alle auf ursprüngliche Nominalgüter (Geld) ausgerichtete Ansprüche, wie z. B. Ausleihungen, Beteiligungen, Wertpapiere und Forderungen.

Trotz des **Vorsichtsprinzips** dürfen bestimmte immaterielle Vermögensgegenstände des Anlagevermögens in der Handelsbilanz in Abgrenzung zum Steuerrecht (§ 5 Abs. 2 EStG) auch dann aktiviert werden, wenn sie **selbst erstellt** wurden (§ 248 Abs. 2 Satz 1 HGB).[70] Nach IFRS ergibt sich hingegen eine bedingte Ansatzpflicht, sofern die Voraussetzungen nach IAS 38.57 kumulativ erfüllt sind. Die in § 248 Abs. 2 Satz 2 HGB und IAS 38.63 genannten Posten (originäre Marken, Drucktitel, Verlagsrechte, Kundenlisten oder vergleichbare immaterielle Vermögensgüter des Anlagevermögens) unterliegen jedoch aus Objektivierungsgesichtspunkten einem Ansatzverbot. Die hierfür angefallenen Aufwendungen sind dann in der Gewinn- und Verlustrechnung unter dem (den) entsprechenden Posten auszuweisen. Trotz der Betonung des Vollständigkeitsprinzips im Rahmen der Abbildung der Vermögenslage sind sowohl im Handelsrecht als auch nach den IFRS weitere **Ansatzverbote** zu beachten, wie **Abbildung 163**[71] zeigt.

Sofern entgeltlich erworbene immaterielle Vermögensgüter bestimmt sind, dauernd dem Geschäftsbetrieb zu dienen, müssen sie im **Anlagevermögen** (§ 266 Abs. 2 Posten A. I. 1. HGB) bzw. als **langfristige** Vermögenswerte nach IAS 1 ausgewiesen und hinsichtlich ihrer begrenzten Nutzbarkeit hin untersucht werden. In der Unternehmenspraxis kann die Geschäftsleitung durch eine **Umschichtung** immaterieller Werte vom Anlage- in das Umlaufvermögen (Handelsrecht) bzw. von den lang- zu den kurzfristigen Vermögenswerten Einfluss auf das Bilanzbild nehmen.[72]

---

[70] Vgl. *Velte/Sepetauz* 2010b, S. 349–355; zum Reporting *Velte* 2008e, S. 369–375.
[71] In Anlehnung an *Velte* 2008a, S. 160.
[72] Als Beispiele können selbsterstellte Programme von Softwareanbietern (DATEV, Microsoft oder SAP) angeführt werden.

I. Bilanzansatz dem Grunde nach (Aktivierung und Passivierung) 401

```
                    ┌─────────────────────────────┐
                    │  Selbst geschaffene immaterielle │
                    │         Anlagegüter         │
                    └─────────────────────────────┘
                           │
            ┌──────────────┴──────────────┐
            │                             │
┌───────────────────────┐      ┌───────────────────────────┐
│ originärer Geschäfts- │      │ Identifizierbare immaterielle│
│   oder Firmenwert     │      │       Vermögenswerte      │
├───────────────────────┤      ├───────────────────────────┤
│ Aktivierungsverbot    │      │ bedingtes Ansatzwahlrecht │
│ (Handels- und         │      │ (Handelsrecht) bzw.       │
│ Steuerrecht sowie     │      │ -pflicht (IFRS) bzw.      │
│ IFRS)                 │      │ -verbot (Steuerrecht)     │
└───────────────────────┘      └───────────────────────────┘
```

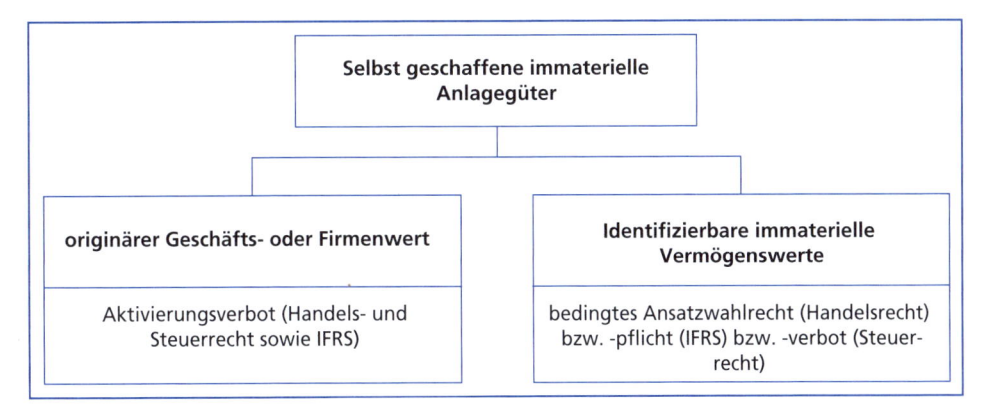

Abb. 164: Selbst erstellte immaterielle Anlagegüter nach Handels- und Steuerrecht sowie IFRS

Eine Besonderheit im Kontext der immateriellen Vermögensgüter stellt der **Geschäfts- oder Firmenwert (Goodwill)** dar. Aus betriebswirtschaftlicher Sicht setzt sich der **originäre (ursprüngliche) Firmenwert** eines Unternehmens aus dem **Ertragswert**[73] abzüglich seines Substanzwerts (Summe der zu Wiederbeschaffungskosten bewerteten bilanzierungsfähigen Objekte abzüglich der Schulden) zusammen. In erster Linie beinhaltet der originäre Firmenwert zunächst Äquivalente für nicht bilanzierungsfähige immaterielle Werte, wie etwa guter Ruf, Standortvorteile, Vertriebsnetz, Kundenstamm, Organisation oder Human Capital. Darüber hinaus geht in ihm der **Kapitalisierungsmehrwert** auf, der sich daraus ergibt, dass die Ertragsfähigkeit der Kombination aller eingesetzten Vermögensgüter ihre Reproduktionskosten übersteigt.[74] Da ein originärer Geschäfts- oder Firmenwert selbst geschaffen wurde und sich durch besondere Objektivierungsdefizite auszeichnet, besteht für ihn aus handels- und steuerrechtlicher Sicht sowie nach IFRS ein **Aktivierungsverbot** (§ 248 Abs. 2 Satz 2 HGB; § 5 Abs. 2 EStG; IAS 38.48).

In Bezug auf die selbstgeschaffenen immateriellen Anlagegüter ist somit aus handelsrechtlicher Sicht und nach IFRS eine Trennung in den originären Geschäfts- oder Firmenwert, der außer Ansatz bleibt, und den identifizierbaren Einzelgütern vorzunehmen, die ggf. ansatzfähig (Handelsrecht) bzw. ansatzpflichtig (IFRS) sind. Die **Abbildung 164** zeigt die bilanzielle Behandlung selbsterstellter immaterieller Anlagegüter nach Handels- und Steuerrecht sowie nach IFRS.

Sowohl im Handelsrecht als auch nach den IFRS ist eine Aufspaltung des Herstellungsprozesses in eine **Forschungs- und Entwicklungsphase** von den Unternehmen erforderlich (§ 255 Abs. 2a HGB; IAS 38.52).[75] Ist eine Trennung der Kosten in die o. g. Phasen nicht möglich, sind sämtliche Kosten gem. § 255 Abs. 2a Satz 4 HGB bzw. IAS 38.53 aufwandswirksam zu berücksichtigen.

---

[73] Unter dem Ertragswert eines Unternehmens wird die Summe der abgezinsten, nachhaltig erzielbaren künftigen Einnahmenüberschüsse während seiner voraussichtlichen Lebensdauer verstanden.
[74] Vgl. *Velte* 2008a, S. 191.
[75] Vgl. *Fischer/Klöpfer/Sterzenbach* 2004, S. 697.

In die **Forschungsphase** fällt gem. § 255 Abs. 2a Satz 3 HGB und IAS 38.8 die eigenständige und planmäßige Suche nach neuen wissenschaftlichen oder technischen Erkenntnissen.[76] Die jener Phase zuzuordnenden Aufwendungen unterliegen gem. § 255 Abs. 2a Satz 1 HGB und IAS 38.54 einem Aktivierungsverbot und sind sofort aufwandswirksam zu erfassen. Hierunter fallen z. B. die Kosten für die Grundlagenforschung oder die Suche nach neuen Produktionsprozessen.

Die **Entwicklungsphase** umfasst gem. § 255 Abs. 2a Satz 2 HGB bzw. IAS 38.8 die der Forschung nachfolgenden Tätigkeiten, bei der Forschungsergebnisse oder anderes Wissen auf einen Plan oder einen Entwurf für spätere Produktion angewendet werden, z. B. das Erstellen von Prototypen oder das Testen neuer Materialien. Anfallende Kosten der Entwicklungsphase sind wahlweise (Handelsrecht) bzw. zwingend (IFRS) zum Ansatz zu bringen, wenn die in § 255 Abs. 2a Satz 4 HGB bzw. IAS 38.57 genannten Bedingungen kumulativ vorliegen.[77] Mit Ausnahme der allgemeinen abstrakten und konkreten Ansatzkriterien werden im Handelsrecht keine konkretisierenden Voraussetzungen für eine bilanzielle Berücksichtigung von Entwicklungskosten angeführt. Die zusätzlichen Voraussetzungen nach IAS 38.57 sind die

- technische Realisierbarkeit der Fertigstellung,
- Absicht und Fähigkeit zur Fertigstellung und Nutzung bzw. späteren Verkauf des Vermögenswertes,
- Dokumentation des künftigen Nutzenpotentials durch Nachweis eines aktiven Marktes,
- Verfügbarkeit technischer und finanzieller Ressourcen zum erfolgreichen Abschluss der Entwicklungsphase sowie
- Fähigkeit zur verlässlichen Bewertung der anfallenden Ausgaben.

Die Ansatzregelungen für die Phasen der **Forschung und Entwicklung** lassen sich nach **Abbildung 165** zusammenfassen. Die in **Abbildung 166**[78] aufgeführten Beispiele für Forschungs- und Entwicklungsaktivitäten lassen sich sowohl im Handelsrecht als auch nach IFRS heranziehen.

Aus handelsrechtlicher Sicht ist zur Gewährleistung des **Gläubigerschutzes** für aktivierte selbstgeschaffene immaterielle Vermögensgegenstände des Anlagevermögens nach § 248 Abs. 2 Satz 1 HGB für Kapitalgesellschaften eine **gesetzliche Ausschüttungssperre** nach § 268 Abs. 8 HGB zu beachten. In direktem Zusammenhang steht die **Anhangangabe** nach § 285 Nr. 28 HGB. Danach ist der Gesamtbetrag der ausschüttungsgesperrten Beträge, untergliedert nach den in § 268 Abs. 8 HGB genannten Posten, im Anhang zu benennen. Durch diese Informationsverpflichtung soll die Überprüfung der Einhaltung der Ausschüttungssperre aus Sicht der externen Bilanzanalyse erleichtert werden.

Beispiel:[79] Die Future AG hat in den Geschäftsjahren 2011 und 2012 jeweils ein Periodenergebnis von 2,4 Mio. € erwirtschaftet. Hierbei wurde folgender Sachverhalt einbezogen. Zum Jahresende 2011 hat das Unternehmen erstmals ein selbstgeschaffenes Patent i. H. v. 400.000 € ausgewiesen und damit das Ansatzwahlrecht nach § 248 Abs. 2 Satz 1 HGB aus-

---

[76] Vgl. *Leibfried/Pfanzelt* 2004, S. 492.
[77] Vgl. IAS 38.57.
[78] Entnommen von *Velte* 2008a, S. 638 in Anlehnung an IAS 38.56 und IAS 38.59.
[79] Modifiziert entnommen von *Petersen/Zwirner/Froschhammer* 2011, S. 439 f.

geübt. Die Abschreibung erfolgt ab dem Folgejahr linear über 4 Jahre. Ein außerplanmäßiger Abschreibungsbedarf wird im Folgenden vernachlässigt. Die ausschüttungsgesperrten Beträge trägt die Future AG als Gewinn auf neue Rechnung vor. Der Ertragsteuersatz beträgt 30 %. Das Unternehmen verfolgt eine maximale Ausschüttungspolitik. Im Folgenden sollen die Höhe der Ausschüttungssperre und der maximal ausschüttungsfähige Betrag berechnet werden.

Geschäftsjahr 2011

Der Jahresüberschuss für das Geschäftsjahr i. H. v. 2,4 Mio. € steht der Hauptversammlung grds. zur Ausschüttung zur Verfügung. Allerdings ist eine Ausschüttung unzulässig, sofern die Ausschüttungssperre nach § 268 Abs. 8 HGB Beachtung findet. Der Betrag der aktivierten Patente unterliegt abzüglich der hierfür gebildeten passiven Steuerlatenzen der Ausschüttungssperre. Der maximale Ausschüttungsbetrag unter Beachtung der gesetzlichen Ausschüttungssperre nach § 268 Abs. 8 HGB wird wie folgt berechnet:

Handelsrechtlicher Jahresüberschuss		2,4 Mio. €
Aktiviertes Patent nach § 248 Abs. 2 Satz 1	400.000 €	
− passive latente Steuern	−120.000 €	
= Ausschüttungssperre	280.000 €	
Maximaler Ausschüttungsbetrag		2,12 Mio. €.

Geschäftsjahr 2012

Der Jahresüberschuss für das Geschäftsjahr i. H. v. 2,4 Mio. € sowie der vorgetragene ausschüttungsgesperrte Betrag i. H. v. 280.000 € aus 2011 stehen der Hauptversammlung grds. zur Ausschüttung zur Verfügung. Allerdings ist erneut die Ausschüttungssperre nach § 268 Abs. 8 HGB zu beachten. Im Geschäftsjahr 2012 sind die selbst geschaffenen Patente erstmalig planmäßig abzuschreiben. Der Buchwert zum 31.12.2012 beträgt 300.000 €. Die passiven latenten Steuern sind ebenfalls zu reduzieren und betragen zum Abschlussstichtag 90.000 €. Damit ergibt sich der für das Jahr 2012 maximal ausschüttungsfähige Betrag wie folgt:

Handelsrechtlicher Jahresüberschuss		2,4 Mio. €
+ Gewinnvortrag (Ausschüttungssperre aus 2011)		280.000 €
Aktiviertes Patent nach § 248 Abs. 2 Satz 1	300.000 €	
− passive latente Steuern	−90.000 €	
= Ausschüttungssperre	210.000 €	
Maximaler Ausschüttungsbetrag		2,47 Mio. €.

Die unterschiedliche Behandlung von originären immateriellen Vermögenswerten nach Handelsrecht und IFRS ist u. a. auf die untergeordnete Bedeutung des Vorsichtsprinzips in der internationalen Rechnungslegung zurückzuführen. Stattdessen wird ein zwingender Ansatz erforderlich, wenn der Vermögensposten die abstrakte und die konkrete Bilanzierungsfähigkeit nach IAS 38.8 i. V. m. 38.21 besitzt.[80] Der Asset muss als substanzlose

---

[80] Vgl. *Fischer/Klöpfer/Sterzenbach* 2004, S. 697.

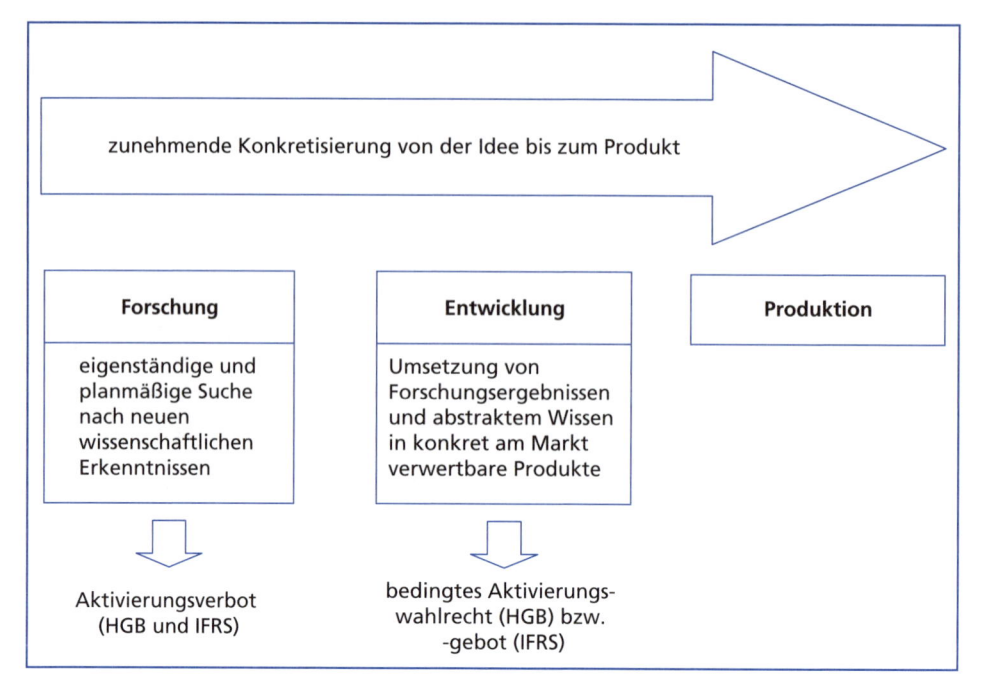

```
┌─────────────────────────────────────────────────────────────────┐
│                                                                 │
│     ┌──────────────────────────────────────────────┐            │
│     │  zunehmende Konkretisierung von der Idee     │──┐         │
│     │  bis zum Produkt                             │   ─▶       │
│     └──────────────────────────────────────────────┘──┘         │
│                                                                 │
│   ┌──────────────┐    ┌──────────────┐    ┌──────────────┐     │
│   │  Forschung   │    │ Entwicklung  │    │  Produktion  │     │
│   ├──────────────┤    ├──────────────┤    └──────────────┘     │
│   │eigenständige │    │Umsetzung von │                          │
│   │und planmäßige│    │Forschungs-   │                          │
│   │Suche nach    │    │ergebnissen   │                          │
│   │neuen wissen- │    │und abstraktem│                          │
│   │schaftlichen  │    │Wissen in kon-│                          │
│   │Erkenntnissen │    │kret am Markt │                          │
│   │              │    │verwertbare   │                          │
│   │              │    │Produkte      │                          │
│   └──────────────┘    └──────────────┘                          │
│          ⇩                   ⇩                                  │
│   Aktivierungsverbot   bedingtes Aktivierungs-                  │
│   (HGB und IFRS)       wahlrecht (HGB) bzw.                     │
│                        -gebot (IFRS)                            │
└─────────────────────────────────────────────────────────────────┘
```

Abb. 165: Trennung in eine Forschungs- und Entwicklungsphase nach Handelsrecht und IFRS

Ressource gem. IAS 38.8 eindeutig identifizierbar sein, dem Unternehmen einen künftigen wirtschaftlichen Nutzen stiften und in der Verfügungsmacht bzw. unter Kontrolle des Unternehmens stehen.[81] IAS 38.21 fordert zudem, dass für eine konkrete Ansatzfähigkeit des immateriellen Vermögenswertes seine Anschaffungs-/Herstellungskosten ermittelt werden und ein Nutzenzufluss mit hoher Wahrscheinlichkeit zu erwarten ist.[82]

Die **Zuordnung von Ausgaben zur Forschungs- oder Entwicklungsphase** gestaltet sich in der unternehmerischen Praxis als ein schwer objektivierbarer und problematischer Vorgang,[83] da beide Phasen nicht klar abgrenzbar sind, sondern i. d. R. durch eine hochgradig interdependente Beziehung geprägt werden.[84] Insofern ist nicht von einem Aktivierungsgebot für Entwicklungskosten im Rahmen der IFRS-Bilanzierung, sondern von einem **impliziten Ansatzwahlrecht** auszugehen. Dieses lässt sich durch eine Ansammlung der aufgeführten unbestimmten Rechtsbegriffe charakterisieren. Somit liegt es im Ermessen des Entscheidungsträgers, selbsterstellte Vermögenswerte im Einzelabschluss zu aktivieren, um das Bilanzergebnis unternehmenszielkonform zu beeinflussen.

---

[81] Vgl. *Hommel/Benkel/Wich* 2004, S. 1268.
[82] Vgl. *Esser/Hackenberger* 2004, S. 405.
[83] Vgl. *Kahle* 2003, S. 266.
[84] Vgl. *Engel-Ciric* 2002, S. 781.

Forschungsaktivitäten	Ziel der Gewinnung neuer Erkenntnisse
	Suche nach Anwendung von Forschungsergebnissen und sonstigem Wissen sowie Bewertung und Auswahl derartiger Anwendungen
	Suche nach Alternativen für eingesetzte Materialien, Vorrichtungen, Produkte, Systeme oder Dienstleistungen
	Formulierung, Entwurf und Abschätzung sowie Auswahl möglicher Alternativen für neue oder verbesserte Materialien, Vorrichtungen, Produkte, Systeme oder Dienstleistungen
Entwicklungsaktivitäten	Entwurf, Konstruktion und Erprobung von Prototypen und Modellen vor Aufnahme der eigentlichen Produktion bzw. Nutzung
	Entwurf von Werkzeugen, Spannvorrichtungen, Prägestempeln und Gussformen unter Verwendung neuer Technologien
	Entwurf, Konstruktion und Betrieb einer Pilotanlage, die infolge ihrer Größe nicht für eine kommerzielle Produktion geeignet ist
	Entwurf, Konstruktion und Erprobung einer gewählten Alternative für neue oder verbesserte Materialien, Vorrichtungen, Produkte, Verfahren, Systeme oder Dienstleistungen

Abb. 166: Beispiele für Forschungs- und Entwicklungsaktivitäten

Sofern im Falle einer **Unternehmensübernahme** die für den Kauf des Unternehmens bewirkte Gegenleistung den **Zeitwert** der einzelnen Vermögensgegenstände abzüglich der Schulden im Übernahmezeitpunkt übersteigt, muss der Unterschiedsbetrag als **derivativer (abgeleiteter) Firmenwert** in die Posten des immateriellen Anlagevermögens (§ 266 Abs. 2 Posten A. I. 3. HGB) des übernehmenden Unternehmens eingestellt werden (§ 246 Abs. 1 Satz 4 HGB). Der **derivative Geschäfts- oder Firmenwert** gilt aus handelsrechtlicher Sicht als immaterieller Vermögensgegenstand, allerdings nach § 246 Abs. 1 Satz 4 HGB nur „im Rahmen einer Fiktion". Ursächlich für die „Vermögensgegenstandsfiktion" des Gesetzgebers ist, dass der entgeltlich erworbene Goodwill nicht selbstständig verwertbar ist und somit die abstrakten Voraussetzungen eines handelsrechtlichen Vermögensgegenstands streng genommen nicht erfüllt. Trotzdem ist er aus handelsrechtlicher Sicht ansatzpflichtig. Eine entsprechende Vorgehensweise ist auch im Steuerrecht nach § 5 Abs. 2 i. V. m. § 6 Abs. 1 Nr. 1 EStG sowie nach IFRS 3.32 zu beachten. Ein Ansatz des derivativen Goodwill bedingt einen Unternehmenserwerb. Dabei stellt ein Unternehmen (**Business**) eine einheitliche Gruppe von Aktivitäten und Vermögenswerten (**Integrated Group of Activities and Assets**) dar, um einen wirtschaftlichen Nutzen für die Teilhaber zu erzielen. In Abgrenzung zum Handelsrecht ist die Tatbestandsvoraussetzung des **Asset Deal**[85] gem. IFRS 3.3–17 nicht erforderlich. Der gezahlte Gesamtpreis für das Unternehmen muss gem. IFRS 3.10 im Rahmen der Kaufpreisallokation (**Purchase Price Allocation**) auf die abgrenzbaren erworbenen Vermögenswerte und Schulden verteilt werden. Der nicht abzugrenzende Teil stellt als Residualgröße gem. IFRS 3.46 (d) den derivativen (**Core**) **Goodwill** dar, der die Voraussetzung eines Asset erfüllt.

---

[85] Ein derivativer Goodwill muss somit im Rahmen der IFRS ggf. auch bei einem Share Deal im Abschluss berücksichtigt werden.

> **Beispiel:** Am 01.04.2012 erwarb die Future AG einen Zuliefererbetrieb, die GTX-GmbH, zum Kaufpreis von 5 Mio. €. Der Buchwert des übernommenen Anlagevermögens betrug 7,0 Mio €. (Zeitwert: 9 Mio. €), der Buchwert der Gegenstände des Umlaufvermögens 4,0 Mio. € (Zeitwert 5,1 Mio. €). Außerdem wurden Verbindlichkeiten von insgesamt 10 Mio. € übernommen. Der derivative Geschäfts- oder Firmenwert lässt sich wie folgt bestimmen:
>
> | | Kaufpreis | 5,0 Mio. € |
> |---|---|---|
> | − | Wert der Einzelvermögensgegenstände zu Zeitwerten | 14,1 Mio. € |
> | + | übernommene Schulden | 10,0 Mio. € |
> | = | (positiver) derivativer Geschäfts- oder Firmenwert | 0,9 Mio. € |

Zudem kann ein **negativer derivativer Firmenwert** entstehen, wenn der Kaufpreis für das Unternehmen den Zeitwert der einzelnen Vermögensgegenstände abzüglich der Schulden übersteigt. Nach h. M. ist dieser Betrag, der nur in Ausnahmefällen infolge der Zahlung eines **Minderpreises** für das übergehende Unternehmen entstehen wird, als ein die kodifizierten Bilanzierungsvorschriften von § 249 und § 250 Abs. 2 HGB **ergänzendes Passivum** (passivischer Ausgleichsposten) gesondert in der Handelsbilanz auszuweisen (§ 265 Abs. 5 Satz 2 HGB). Dieser Posten darf aber erst dann gewinnerhöhend über den Erfolgsposten „Sonstige betriebliche Erträge" aufgelöst werden, wenn die der Zahlung des Minderpreises zugrunde liegenden negativen Zukunftsaussichten eingetreten sind[86] (z. B. elementare Umsatzeinbrüche bei Produkten des übernommenen Betriebes, die ihre Ursache in einem negativen Unternehmensimage haben). Die dargestellte Behandlung eines negativen derivativen Firmenwerts wird auch für die **steuerrechtliche Gewinnermittlung** akzeptiert.[87] Neben diesem als **Badwill** zu interpretierenden Posten ist ebenfalls ein sog. **Lucky Buy** denkbar, der mit einem günstigen Unternehmenserwerb in Verbindung steht. Nach IFRS 3.32 werden bei Existenz eines negativen Unterschiedsbetrags nicht die Termini Badwill oder Lucky Buy, sondern der Begriff „Bargain Purchase", der einem günstigen Unternehmenserwerb entspricht, verwendet. Hierbei wird unterstellt, dass primär Ansatz- und Bewertungsfehler für die Entstehung verantwortlich sind, z. B. Überbewertung von Vermögenswerten, der Nichtansatz oder die Unterbewertung von Schulden. Folgerichtig besteht nach IFRS 3.36 die Verpflichtung, den Wertansatz der Vermögenswerte und Schulden nochmals zu überprüfen (Reassessment) und eine Abstockung auf der Basis der Anschaffungskosten durchzuführen. Sollte nach Durchführung des Reassessments ein Restbetrag verbleiben, ist dieser als Ertrag beim Erwerber gem. IFRS 3.36 zu erfassen. Dieses verbleibende Residuum kann dann auf ein günstiges Kaufgeschäft im Sinne des Lucky Buy zurückgeführt werden, während das ökonomische Phänomen eines Badwill in Abgrenzung zum Handelsrecht nach IFRS vernachlässigt wird.

---

[86] Vgl. *ADS* 1995a, Anm. 295 zu § 255 HGB.
[87] Vgl. *Weber-Grellet* 2013, Anm. 226 zu § 5 EStG.

I. Bilanzansatz dem Grunde nach (Aktivierung und Passivierung)

Beispiel: In Abänderung des vorherigen Beispiels wird nun angenommen, dass der Kaufpreis aufgrund der Antizipation künftiger Verluste beim Erwerbsunternehmen lediglich 3,5 Mio. € beträgt. Die Buch- und Zeitwerte der übergehenden Vermögensgegenstände und Schulden bleiben unverändert. Der derivative Geschäfts- oder Firmenwert, der nunmehr den Charakter eines Badwill besitzt, lässt sich wie folgt bestimmen:

	Kaufpreis	3,5 Mio. €
–	Wert der Einzelvermögensgegenstände zu Zeitwerten	14,1 Mio. €
+	übernommene Schulden	10,0 Mio. €
=	(negativer) derivativer Geschäfts- oder Firmenwert (Badwill)	–0,6 Mio. €

2. Sach- und Finanzanlagen

Neben den immateriellen Vermögensgegenständen gehören die Sach- und Finanzanlagen zur Gruppe des Anlagevermögens (§ 266 Abs. 2 Posten A. II. und III. HGB). Während unter dem Begriff **Sachanlagevermögen** alle materiellen Vermögensgegenstände fallen, die bestimmt sind, dauerhaft dem Geschäftsbetrieb zu dienen (§ 247 Abs. 2 HGB), umfasst der Terminus **Finanzanlagevermögen** die **langfristige** Finanzmittelverwendung von **Nominalgütern** in Form von Anteilen, Ausleihungen, Beteiligungen und Wertpapieren. Von herausragender Bedeutung ist beim Sachanlagevermögen die Unterscheidung in **abnutzbare und nichtabnutzbare Vermögensgegenstände**.

Abbildung 167 gibt einen Überblick über die Inhalte der unter den Sachanlagen auszuweisenden Einzelposten.[88] Eine Besonderheit stellt hierbei der Posten „Anlagen im Bau" (§ 266 Abs. 2 Posten A. II. 4 HGB) dar. Unter dem in Rede stehenden Posten müssen alle bis zum Bilanzstichtag vom Unternehmen getätigten **Investitionen** in die Gegenstände des Sachanlagevermögens ausgewiesen werden, die bis zu diesem Zeitpunkt noch nicht endgültig fertig gestellt wurden. Von der Aktivierung sind sämtliche Aufwendungen für Eigen- und Fremdleistungen betroffen, die die Erstellung des Sachanlagegegenstandes ausgelöst hat (z. B. Material-, Personal-, Abschreibungs- und Zinsaufwendungen). Sobald das Investitionsvorhaben abgeschlossen ist, d. h. der Vermögensgegenstand sich in betriebsbereitem Zustand befindet, hat eine Umbuchung auf die betreffenden Posten des Sachanlagevermögens (z. B. Gebäude oder technische Anlagen und Maschinen) zu erfolgen. Der Gesetzgeber lässt mithin die (vorzeitige) Aktivierung von Aufwendungen zugunsten eines besseren Einblicks in die (künftige) Vermögenslage zu, obwohl erst im Fertigstellungszeitpunkt der Vermögensgegenstand endgültig entsteht.

Unter **Finanzanlagen** sind gem. § 247 Abs. 2 HGB Dritten langfristig überlassene Finanzmittel zu verstehen, die dem Geschäftsbetrieb dauerhaft dienen. In diesem Zusammenhang kommt wie beim Sachanlagevermögen und immateriellem Vermögen die Zweckbestimmung eine maßgebende Bedeutung zu.[89] Eine Daueranlage wird hierbei unterstellt, wenn der Vermögensgegenstand dem Geschäftsbetrieb durch „Gebrauch" dienen soll, z. B. durch

---
[88] Vgl. *Dusemond/Heusinger-Lange/Knop* 2010, Anm. 17–39 zu § 266 HGB.
[89] Vgl. hierzu die Ausführungen im Fünften Teil zu Gliederungspunkt III.B.3.b.

Bezeichnung	Definition
Grundstücke (Nr. 1)	Begrenzte, durch Vermessung gebildete Teile der Erdoberfläche, für die jeweils ein eigenes Blatt im Grundbuch geführt wird; nach der wirtschaftlichen Betrachtungsweise können auch nicht im (juristischen) Eigentum des Unternehmens stehende Grundstücke zum Ausweis kommen.
Grundstücksgleiche Rechte (Nr. 1)	Rechte, die den Vorschriften des bürgerlichen Rechts über Grundstücke unterliegen; z. B. Erbbau-, Abbau-, Dauerwohn- und Dauernutzungsrecht.
Bauten (Nr. 1)	Hierzu zählen Gebäude und (unselbstständige) Gebäudeteile, die in einem einheitlichen Nutzungs- und Funktionszusammenhang mit dem Gebäude stehen (z. B. Rolltreppen, Fahrstühle, Beleuchtungs-, Sanitär- und Lüftungsanlagen (H 4.2 Abs. 5 EStR). Sie sind zusammen mit dem Gebäude zu aktivieren und einheitlich abzuschreiben. Sofern (selbständige) Gebäudeteile besonderen Zwecken dienen und in einem von der eigentlichen Gebäudenutzung verschiedenen Nutzungs- und Funktionszusammenhang stehen, sind sie gesondert zu aktivieren und separat abzuschreiben (z. B. Ladeneinbauten, Schalterhallen, Parkplätze, Einfriedigungen, Straßen) (R 4.2 Abs. 3 EStR).
Bauten auf fremden Grundstücken (Nr. 1)	Ein fremdes Grundstück liegt dann vor, wenn die Bebauung auf einem gemieteten bzw. gepachteten Grundstück erfolgt. Besteht hingegen ein Erbbaurecht (grundstücksgleiches Recht), führt dies zu Bauten auf eigenem Grundstück.
Technische Anlagen und Maschinen (Nr. 2)	Unter diesem Posten ist das unmittelbar für die Produktion notwendige Vermögen (einschließlich Spezialreserveteile und die Erstausstattung an Ersatzteilen) auszuweisen. Ferner fallen unter diesen Posten selbständige Gebäudeteile, die dem Betriebsprozess dienen und die in keinem einheitlichen Nutzungs- und Funktionszusammenhang mit dem Gebäude stehen (z. B. Hebebühnen, Förderbänder, Kühlanlagen, Silos, Tanks) (R 4.2 Abs. 3 Nr. 1 i. V. m. R 7.1 Abs. 3 EStR).
Andere Anlagen (Nr. 3)	Hier sind solche Anlagen auszuweisen, die nicht eindeutig einem anderen Posten zuzuordnen sind (z. B. EDV-Hardware, Telefon- und Videoanlagen).
Betriebs- und Geschäftsausstattung (Nr. 3)	Unter diesem Posten sind alle sonstigen materiellen Anlagegegenstände auszuweisen, die nicht Teil einer maschinellen Einrichtung sind (z. B. Büro- und Werkstatteinrichtungen, Fahrzeuge aller Art, Gerüst- und Schalungsteile).
Geleistete Anzahlungen (Nr. 4)	Es handelt sich um vom Unternehmen geleistete Anzahlungen für Gegenstände des Sachanlagevermögens, deren Lieferung bis zum Bilanzstichtag noch nicht erfolgt ist.
Anlagen im Bau (Nr. 4)	Hier sind (aktivierungsfähige) Aufwendungen für Eigen- und Fremdleistungen auszuweisen, die im Zusammenhang mit am Bilanzstichtag noch nicht fertig gestellten Anlagen entstanden sind.

Abb. 167: Posten des Sachanlagevermögens im Handels- und Steuerrecht

die Erzielung nachhaltiger Finanzerträge, eine erwartete Kapitalverzinsung oder eine längerfristige geschäftliche Verbindung. Ferner muss das Unternehmen die Haltefähigkeit nachweisen, welche einen Ausweis als Finanzanlagevermögen bedingt. Im Umkehrschluss sind sämtliche Vermögensgegenstände im Umlaufvermögen auszuweisen, die mit der Absicht einer jederzeitigen Veräußerung erworben wurden oder die zur Liquiditätsreserve dienen. Gemäß § 266 Abs. 2 Posten A. III. HGB lassen sich neben **Daueranlagen** (Anteile an verbundenen Unternehmen, Beteiligungen, Wertpapiere des Anlagevermögens) die sog. **Ausleihungen** (Ausleihungen an verbundene Unternehmen, Ausleihungen an Unternehmen, mit denen ein Beteiligungsverhältnis besteht sowie sonstige Ausleihungen) unterscheiden. **Finanzinstrumente**, denen in der betrieblichen Praxis als Maßnahme des Risikomanagements eine besondere Bedeutung zukommt, stellen sämtliche Vertragsgestaltungen dar, die für eine der Beteiligten einen finanziellen Vermögenswert und für die andere Partei eine finanzielle Verbindlichkeit oder ein Eigenkapitalinstrument beinhaltet. Hierbei wird eine Strukturierung in **originäre** (z. B. stille Einlagen, Pfandbriefe) und **derivative Finanzinstrumente** (z. B. Optionen, Finanztermingeschäfte und Swaps) vorgenommen.

Während nach IAS 16.6 Sachanlagen als materielle Vermögenswerte beschrieben werden, die für Zwecke der Herstellung oder Lieferung von Gütern und Dienstleistungen, zur Vermietung an Dritte oder für Verwaltungszwecke gehalten werden und erwartungsgemäß länger als eine Periode genutzt werden, ist der Begriff „Finanzanlagen" hingegen nicht existent. Vielmehr stellen die Finanzanlagen eine Teilmenge der **finanziellen Vermögenswerte** dar. Diese umfassen nach IAS 32.11 u. a. folgende Sachverhalte:

- Eigenkapitalinstrumente eines anderen Unternehmens (z. B. Aktien),
- vertragliche Rechte zum Erhalt flüssiger Mittel oder anderer finanzieller Vermögenswerte von einem anderen Unternehmen oder
- vertragliche Rechte auf Tausch von finanziellen Vermögenswerten oder Schulden mit einem anderen Unternehmen zu potenziell vorteilhaften Bedingungen (z. B. Wandelschuldverschreibung).

Eine genauere Klassifizierung erfolgt nach IFRS 9, der sowohl finanzielle **Vermögenswerte** als auch finanzielle **Schulden** regelt. In einem ersten Schritt erfolgt eine Unterteilung in die Rubriken **Eigenkapitalinstrumente, Derivate und Schuldinstrumente**. Ausgehend von dieser Klassifizierung werden die Vermögenswerte und Schulden anhand bestimmter Kriterien in die beiden Bewertungskategorien „Amortised Cost" und „Fair Value" zugeordnet. Während die erste Methode auf dem **Anschaffungskostenprinzip** basiert, legt die zweite Methode die Bewertung zum **beizulegenden Zeitwert (Fair Value)** zugrunde.

3. Umlaufvermögen

Die Gegenstände des Umlaufvermögens sind nach dem handelsrechtlichen Mindestgliederungsschema in die Gruppen **Vorräte, Forderungen** und **sonstige Vermögensgegenstände, Wertpapiere** sowie **flüssige Mittel** aufzugliedern (§ 266 Abs. 2 Posten B. I., II., III., IV. HGB). Entscheidend für die Zuordnung eines Vermögensgegenstandes zum Umlauf- und nicht zum Anlagevermögen ist seine **Zweckbestimmung**. So handelt es sich i. S. v. § 247 Abs. 2 HGB um einen Gegenstand des Umlaufvermögens, wenn er nicht dazu bestimmt ist, dauernd dem Geschäftsbetrieb zu dienen. Über den Ausweis eines Vermögensgegenstandes entscheidet im Einzelfall der **Wirtschaftszweig des Unternehmens** (z. B. Produktionsunternehmen oder Grundstückshandel) und im Zweifel der **Wille des Kaufmanns** (z. B. Anschaffung von edelmetallhaltigen Vermögensgegenständen zur Daueranlage oder zur Produktion von wertvollen Fertigerzeugnissen). Sofern sich die Zweckbestimmung von im Unternehmensvermögen befindlichen Gegenständen ändert, ist eine entsprechende **Umgliederung** in der Bilanz vorzunehmen (z. B. ursprünglich zu spekulativen Zwecken angeschaffte Wertpapiere sollen künftig der Daueranlage dienen).

Abbildung 168 gibt einen Überblick über die Inhalte der unter dem Vorratsvermögen auszuweisenden Einzelposten des Handelsrechts,[90] die bis auf die geleisteten Anzahlungen den **materiellen Vermögensgegenständen** zu subsumieren sind. Der Ausweis geleisteter Anzahlungen ist somit sowohl im immateriellen und materiellen Anlagevermögen als auch im Umlaufvermögen vorgesehen (§ 266 Abs. 2 Posten A. I. 4., A. II. 4., B. I. 4. HGB). Sie stellen im Grundsatz monetäre Vorleistungen im Rahmen eines **schwebenden Geschäfts** dar.[91] Je nachdem, ob das schwebende Geschäft auf den Erwerb von immateriellen Vermögensgegenständen, Sachanlagen oder Vorräten ausgerichtet ist, liegen entsprechend auszuweisende Anzahlungen solange vor, wie der Erwerb des Vermögensgegenstands vom Unternehmen noch nicht stattgefunden hat. Von diesem Zeitpunkt ab werden die Anzahlungen auf den jeweiligen Vermögensposten umgebucht.

Im Gegensatz zu den primär materiellen Gegenständen des Vorratsvermögens stellen Forderungen **Nominalgüter** dar, die in die Unterposten Forderungen aus Lieferungen und Leistungen, Forderungen gegen verbundene Unternehmen sowie Forderungen gegen Unternehmen, mit denen ein Beteiligungsverhältnis besteht (§ 266 Abs. 2 Posten B. II. 1., 2., 3. HGB),[92] zerfallen. Forderungen aus Lieferungen und Leistungen stellen Ansprüche auf Gegenleistungen (Umsatzerlöse, Vergütungen) dar, die **rechtlich** mit Abschluss der entsprechenden Verträge (z. B. Kauf-, Dienst-, Miet-, Pacht- und Werkverträge)[93] entstehen. In der Bilanz sind derartige Ansprüche aus gegenseitigen Verträgen nach den GoB aber erst dann auszuweisen, „… wenn die nach dem Vertrag geschuldete Leistung in der Weise erfüllt worden ist, dass der Leistende alle wesentlichen Erfüllungshandlungen vollzogen hat und wirtschaftlich wesentliche Teile der rechtlichen Gefahr (Leistungsgefahr, Preisgefahr) nicht mehr trägt"[94].

Bis zu diesem Zeitpunkt liegt ein **nichtbilanzierungsfähiges schwebendes (Verpflichtungs-) Geschäft** vor. Konkret bedeutet dieses Postulat, dass Forderungen erst dann auszuweisen sind, wenn das **Erfüllungsgeschäft** abgeschlossen ist (z. B. die Übergabe oder die Verschaffung der Verfügungsmacht der verkauften Sache).[95] Unter dem Posten „Forderungen aus Lieferungen und Leistungen" sind aber nur solche Forderungen auszuweisen, die aus dem **Sachziel** des Unternehmens, d. h. der **Hauptumsatztätigkeit**, resultieren und damit unmittelbar zu **Umsatzerlösen** (§ 275 Abs. 2 Posten 1., Abs. 3 Posten 1. HGB) führen. Sofern

---

[90] Vgl. *ADS* 1997b, Anm. 97–119 zu § 266 HGB.
[91] Vgl. hierzu die Ausführungen im Dritten Teil zu Gliederungspunkt II.A.1.
[92] Vgl. zu den Begriffen verbundene Unternehmen bzw. Unternehmen, mit denen ein Beteiligungsverhältnis besteht, die Ausführungen im Fünften Teil zu Gliederungspunkt III.B.3.b.b.a.
[93] Vgl. § 433 Abs. 2, § 611 Abs. 1, § 535, § 581 Abs. 1, § 631 Abs. 1 BGB.
[94] *Raff* 1992, Sp. 552.
[95] Vgl. hierzu die Ausführungen im Dritten Teil zu Gliederungspunkt II.A.1.

Bezeichnung	Definition
Rohstoffe (Nr. 1)	Vorräte, die als Hauptbestandteile in die Erzeugnisse eingehen. Es kann sich sowohl um Stoffe der Urerzeugung (z. B. Erze, Kohle, Fette, Öle, Wolle) als auch um von anderen Unternehmen beschaffte Stoffe (z. B. zur Weiterverarbeitung bestimmte Bleche, Stoffe oder Einbauteile wie Batterien, Motoren u. a.) handeln.
Hilfsstoffe (Nr. 1)	Vorräte, die als Nebenbestandteile in die Erzeugnisse eingehen (z. B. Farbe, Leim, Schweißmaterial).
Betriebsstoffe (Nr. 1)	Vorräte, die bei der Produktion verbraucht werden (z. B. Schmieröle, Treib- und Brennstoffe).
Unfertige Erzeugnisse (Nr. 2)	Vorräte, die sich noch im Produktionsprozess befinden und das Stadium der Verkaufsfähigkeit noch nicht erreicht haben.
Fertige Leistungen[a] (Nr. 2)	Vorräte, die bei Dienstleistungsunternehmen als „in Arbeit befindliche Aufträge" oder „nicht abgerechnete Leistungen" auftreten (z. B. unfertige Bauten bei Bauunternehmen auf eigenem oder fremdem Grund und Boden).
Fertige Erzeugnisse (Nr. 3)	Vorräte, die den Produktionsprozess vollständig durchlaufen und das Stadium der Verkaufsfähigkeit erreicht haben.
Waren (Nr. 3)	Vorräte, die von Dritten bezogen wurden und ohne wesentliche Be- oder Verarbeitung weiterveräußert werden sollen.
Geleistete Anzahlungen (Nr. 4)	Es handelt sich um vom Unternehmen geleistete Anzahlungen für Vorräte, deren Lieferung bis zum Bilanzstichtag noch nicht erfolgt ist.

[a] Liegen fertige und noch nicht abgerechnete Leistungen vor, entsteht bei Auftragsarbeiten in aller Regel im Zeitpunkt der Fertigstellung der entsprechende Anspruch gegenüber dem Auftraggeber. Mithin kann eine Gewinnrealisierung angenommen werden und ein Ausweis der fertigen Leistung unter dem Posten B.II.1. „Forderungen aus Lieferungen und Leistungen" erfolgen.

Abb. 168: Posten des Vorratsvermögens im Handelsrecht

sich zum Bilanzstichtag Forderungen im Bestand befinden, deren Restlaufzeit mehr als ein Jahr beträgt, dann ist der entsprechende Betrag bei jedem gesondert ausgewiesenen (Forderungs-)Posten zu vermerken. Als Restlaufzeit gilt die Dauer zwischen dem Abschlussstichtag und dem Zeitpunkt des voraussichtlichen Eingangs der Forderung.[96] Durch derartige „Davon-Vermerke" wird Außenstehenden der Einblick in die Finanzlage des Unternehmens im Rahmen einer **Liquiditätsanalyse** erleichtert. Der Posten „Sonstige Vermögensgegenstände" (§ 266 Abs. 2 Posten B. II. 4. HGB) stellt eine **Sammelposition** dar, unter der alle Posten zum Ausweis kommen, die nicht gesondert ausgewiesen werden und die nicht zum Anlage- und Umlaufvermögen zählen.

Insbesondere handelt es sich um **sonstige Forderungen** (z. B. antizipative Rechnungsabgrenzungsposten, Forderungen aus dem Verkauf von Gegenständen des Anlage- und des übrigen

---

[96] Vgl. *ADS* 1997b, Anm. 99 zu § 268 HGB.

Umlaufvermögens, Darlehensforderungen, Schadensersatz-, Zins- und Steuererstattungsansprüche) und **andere Vermögensgegenstände** (z. B. Gegenstände des Anlagevermögens, die entgegen ihrer ursprünglichen Zweckbestimmung für eine Weiterveräußerung vorgesehen sind; Geschäftsanteile an Genossenschaften).[97] Sofern der Sammelposten „Sonstige Vermögensgegenstände" in einem größeren Umfang **antizipative Forderungen**[98] enthält, die bis zum Bilanzstichtag noch nicht rechtlich entstanden sind (z. B. Steuererstattungs- oder Dividendenansprüche[99]), müssen sie im Anhang erläutert werden (§ 268 Abs. 4 Satz 2 HGB).

Wie im Anlagevermögen, sieht das Handelsrecht auch für das Umlaufvermögen einen separaten Ausweis der **Wertpapiere** vor, die in die Unterposten Anteile an verbundenen Unternehmen[100] und sonstige Wertpapiere aufzuspalten sind (§ 266 Abs. 2 Posten B. III. 1. und 2. HGB). Wertpapiere stellen ganz allgemein Urkunden über **Vermögensrechte** dar, wobei deren Ausübung an den Besitz der jeweiligen Urkunde (z. B. Aktien, Pfandbriefe, Anleihen, Obligationen, Schuldverschreibungen) geknüpft ist. Der aus dieser Urkunde Verpflichtete (z. B. die Aktiengesellschaft) hat nur gegen Vorlage oder Rückgabe des Wertpapiers seiner Leistung nachzukommen (z. B. Dividenden- oder Kapitalrückzahlungen). Zu berücksichtigen ist, dass es sich bei den unter dem Posten B. III. von § 266 Abs. 2 HGB auszuweisenden Wertpapieren um solche handeln muss, die auf eine Kapitalanlage (**sog. Kapitalmarktpapiere**) abzielen. Mithin kommen Wertpapiere, die dem Zahlungsverkehr (z. B. Banknoten, Schecks), der kurzfristigen Finanzierung (z. B. Wechsel) oder der Abwicklung des Warenverkehrs (z. B. Konnossemente, Lade- und Lagerscheine) dienen, nicht für einen Ausweis unter diesem Posten in Betracht.[101] Ähnliches gilt für den Ausweis von Wertpapieren als Finanzanlagen unter Posten A. III. 5. von § 266 Abs. 2 HGB. Von entscheidender Bedeutung für die Bilanzierung von Wertpapieren im Umlaufvermögen ist ihre Zweckbestimmung, die sich in aller Regel in kurzfristigen unternehmenspolitischen Dispositionen (z. B. spekulativen Absichten) der Kapitalmarktpapiere konkretisiert. Der Posten „sonstige Wertpapiere" stellt einen **Sammelposten** dar, unter dem alle jene Wertpapiere zum Ansatz kommen, die nicht einem anderen (Wertpapier-)Posten des Anlage- oder des Umlaufvermögens zuzuordnen sind.

Als letzter Posten des Umlaufvermögens sind die **flüssigen Mittel** des Unternehmens auszuweisen, in dem (ohne Aufgliederung) Kassenbestand, Bundesbankguthaben, Guthaben bei Kreditinstituten und Schecks enthalten sein können (§ 266 Abs. 2 Posten B. IV. HGB).

Die handelsrechtlichen Wertpapiere des Umlaufvermögens bilden nach den IFRS eine Teilmenge der finanziellen Vermögenswerte, wie bereits für das Finanzanlagevermögen ausgeführt. Die Klassifizierung erfolgt in Analogie zum Finanzanlagevermögen nach IFRS 9.

Nach IAS 2.6 stellen Vorräte Vermögenswerte dar, die zum Verkauf im normalen Geschäftsgang gehalten werden, sich in der Herstellung für einen solchen Verkauf befinden oder die als Roh-, Hilfs- und Betriebsstoffe dazu bestimmt sind, bei der Herstellung oder Erbringung von Dienstleistungen verbraucht zu werden.

---

[97] Vgl. *Ellrott/Roscher* 2012, Anm. 120–124 zu § 247 HGB.
[98] Vgl. hierzu die Ausführungen im Dritten Teil zu Gliederungspunkt I.B.4.b.b.a.
[99] Vgl. *Ellrott/Krämer* 2012b, Anm. 95 zu § 268 HGB.
[100] Vgl. hierzu die Ausführungen im Fünften Teil zu Gliederungspunkt III.B.3.b.
[101] Vgl. *Ellrott/Krämer* 2012c, Anm. 135–145 zu § 266 HGB.

4. Rechnungsabgrenzung

a. Grundsatz der Erfolgsperiodisierung als Ausgangspunkt

Vor dem Hintergrund des Ziels einer **periodengerechten Erfolgsermittlung** kommt den Rechnungsabgrenzungen und auch den Rückstellungen die Aufgabe zu, Aufwendungen und Erträge denjenigen Geschäftsjahren zuzuordnen, die ihre Entstehung **wirtschaftlich verursacht** haben.[102] Würde bezüglich der Berechnung des Periodenerfolges dagegen auf den Anfall von Ausgaben und Einnahmen abgestellt, wäre das Unternehmensergebnis **beliebig manipulierbar**, indem z. B. am Ende des Geschäftsjahres Zahlungen getätigt bzw. entgegengenommen und/oder Verbindlichkeiten eingegangen bzw. Forderungen erworben werden. Deshalb muss die Ermittlung des Periodenergebnisses **unabhängig** vom Anfall der Einnahmen und Ausgaben erfolgen. Dieses Postulat kommt in § 252 Abs. 1 Nr. 5 HGB explizit zum Ausdruck.

Unter Berücksichtigung des **Grundsatzes der Periodenabgrenzung** sind sämtliche Einnahmen und Ausgaben am Periodenende daraufhin zu überprüfen, ob sie dem abgelaufenen Geschäftsjahr wirtschaftlich als Erträge und Aufwendungen zuzurechnen sind oder nicht. Ist Letzteres der Fall, besteht das Erfordernis, sie mit Hilfe besonderer Bilanzposten, die als **Rechnungsabgrenzungsposten** bezeichnet werden, denjenigen **nachfolgenden** Geschäftsjahren anzulasten, die ihre Entstehung verursacht haben (**transitorische Rechnungsabgrenzung**). Die Rechnungsabgrenzungsposten stellen keine Vermögensgegenstände im handelsrechtlichen bzw. Wirtschaftsgüter im steuerrechtlichen Sinne dar, sondern tragen lediglich den Charakter von **Verrechnungsposten**. Ihre Höhe bemisst sich nach dem (zeitlichen) Verhältnis der noch ausstehenden Gegenleistung zur erbrachten Gesamtleistung.

> **Beispiel:** Die Kfz-Versicherung in Höhe von 600 € für die Zeit vom 01.10. des Geschäftsjahres 2012 bis zum 30.09. des Geschäftsjahres 2013 wurde im Voraus mittels Banküberweisung bezahlt. Der Buchungssatz lautet:
>
> Versicherungsaufwendungen an Guthaben bei Kreditinstituten 600 €.
>
> Unter der Annahme, dass das Geschäftsjahr dem Kalenderjahr entspricht, sind am 31.12.2012 mit Hilfe eines aktiven Rechnungsabgrenzungspostens 450 € (Prämie für die Zeit vom 01.01. bis 30.09.2013) abzugrenzen. Der Buchungssatz lautet:
>
> Aktive Rechnungsabgrenzung an Versicherungsaufwendungen 450 €.

---

[102] Auch das Realisations- und das Imparitätsprinzip regeln als Periodisierungsgrundsätze die Zurechnung von Erträgen und Aufwendungen zu bestimmten Geschäftsjahren und sind insofern elementare Postulate für eine manipulationsfreie Erfolgsermittlung. Vgl. hierzu insbesondere die Ausführungen im Zweiten Teil zu Gliederungspunkt IV.A.2.c und im Dritten Teil zu Gliederungspunkt III.B.

Die restlichen 150 € (= Prämie für die Zeit vom 01.10. bis 31.12.2012) wurden wirtschaftlich vom Geschäftsjahr 2012 verursacht und sind diesem deshalb auch als Aufwendungen anzulasten. Da die abgegrenzte Prämie von 450 € dem Geschäftsjahr 2013 aufwandswirksam zuzurechnen ist, bedarf es am 02.01.2013 der Buchung:

Versicherungsaufwendungen	an	Aktive Rechnungsabgrenzung	450 €.

Sofern jedoch Erträge und Aufwendungen der gegenwärtigen Periode zuzuordnen sind, die erst in **späteren** Geschäftsjahren zu Einnahmen und Ausgaben führen, liegt der Fall einer **antizipativen Rechnungsabgrenzung** vor. Derartige Geschäftsvorfälle dürfen nicht als Rechnungsabgrenzungsposten ausgewiesen werden, sondern stellen **sonstige Forderungen** bzw. **sonstige Verbindlichkeiten** dar.

Beispiel: Die Kfz-Versicherung in Höhe von 600 € für die Zeit vom 01.12. des Geschäftsjahres 2012 bis zum 30.11. des Geschäftsjahres 2013 soll erst am 15.01.2013 durch die Bank überwiesen werden. Wiederum unter der Annahme, dass das Geschäftsjahr dem Kalenderjahr entspricht, sind am 31.12.2012 mit Hilfe des Kontos „Sonstige Verbindlichkeiten" 50 € (= Prämie für Dezember 2012) abzugrenzen. Buchungssatz:

Versicherungsaufwendungen	an	Sonstige Verbindlichkeiten	50 €.

Die Prämie von 50 € ist dem Geschäftsjahr 2012 aufwandswirksam zuzurechnen. Die verbleibenden 550 € (= Prämie für die Zeit vom 01.01.–30.11.2013) werden wirtschaftlich vom Geschäftsjahr 2013 verursacht und sind diesem deshalb auch als Aufwendungen anzulasten. Mithin bedarf es am 15.01.2013 der Buchung

– Sonstige Verbindlichkeiten	50 €	an	Guthaben bei Kreditinstituten	600 €.
– Versicherungsaufwendungen	550 €			

Ferner besagt das Prinzip der periodengerechten Erfolgsermittlung, dass auch die aus der Bildung von bestimmten **Rückstellungen** resultierenden Aufwendungen unabhängig vom späteren Zeitpunkt des eventuellen Anfalls der entsprechenden Ausgaben denjenigen Geschäftsjahren zuzurechnen sind, die ihre Entstehung ausgelöst haben. In diesen Fällen verhält sich also die **zeitliche Abfolge** von Erfolgs- und Zahlungswirkung umgekehrt wie bei den Rechnungsabgrenzungsposten.

Beispiel: Ein Einzelunternehmen erwartet für das Geschäftsjahr 2012 eine Gewerbesteuerzahlung in Höhe von 19.000 €. Da mit dem entsprechenden Steuerbescheid erst im Geschäftsjahr 2013 zu rechnen ist, muss im Jahresabschluss 2012 unabhängig von der späteren Steuerzahlung eine Rückstellung gebildet werden. Der Buchungssatz lautet:

Steuern vom Einkommen und vom Ertrag	an	Steuerrückstellungen	19.000 €.

I. Bilanzansatz dem Grunde nach (Aktivierung und Passivierung)

Bei Erhalt des Steuerbescheides in 2013 muss lediglich die Rückstellung aufgelöst und die Ausgabe berücksichtigt werden, wenn die Gewerbesteuerzahlung genau in der geschätzten Höhe von 19.000 € erfolgt. Der Buchungssatz lautet:

Steuerrückstellungen an Guthaben bei 19.000 €.
Kreditinstituten

Aufgrund des Grundsatzes der periodengerechten Erfolgsermittlung (Accrual Principle) nach IAS 1.27 und des Prinzips der sachlichen Abgrenzung (Matching Principle) ist eine **Rechnungsabgrenzung** auch nach IFRS geboten, wenngleich keine Differenzierung in antizipative und transitorische Posten vorgenommen wird. In Abgrenzung zum Handelsrecht ist zudem nach IAS 1.54 **kein eigenständiger Bilanzposten** für die aktiven und passiven Rechnungsabgrenzungsposten vorgesehen, da diese als Vermögenswerte (Assets) bzw. Schulden (Liabilities) qualifiziert werden. Entsprechend der Mindestgliederung nach IAS 1.54 sind ein **aktiver** Rechnungsabgrenzungsposten unter den **Forderungen** und ein **passiver** Rechnungsabgrenzungsposten unter den **Verbindlichkeiten** auszuweisen. In Bezug auf die bilanzielle Behandlung eines **Disagios** ist bei der Erstbewertung die Verbindlichkeit gegenüber dem Kreditinstitut zum beizulegenden Zeitwert auszuweisen, welcher der erhaltenen Gegenleistung (Auszahlungsbetrag) entspricht. In den nachfolgenden Perioden erfolgt eine anteilige Aufzinsung mithilfe der **Effektivzinsmethode** bis zum höheren Rückzahlungsbetrag, welche als Zinsaufwand erfolgswirksam zu verbuchen ist und zugleich auf der Passivseite der Bilanz den Betrag der Verbindlichkeiten erhöht.

b. Ausprägungen der Rechnungsabgrenzung

b.a Transitorische und antizipative Posten

Das Handels- und Steuerrecht unterscheidet zwischen aktiven und passiven Rechnungsabgrenzungsposten. Bei der **aktiven Rechnungsabgrenzung** handelt es sich um **vor** dem Bilanzstichtag getätigte **Ausgaben**, die **Aufwand** für eine bestimmte Zeit **nach** diesem Tag darstellen (§ 250 Abs. 1 Satz 1 HGB, § 5 Abs. 5 Satz 1 Nr. 1 EStG). Von einer **passiven Rechnungsabgrenzung** wird hingegen dann gesprochen, wenn dem Unternehmen **vor** dem Bilanzstichtag **Einnahmen** zufließen, die **Ertrag** für eine bestimmte Zeit **nach** diesem Tag verkörpern (§ 250 Abs. 2 HGB, § 5 Abs. 5 Satz 1 Nr. 2 EStG). Die für diese transitorischen Rechnungsabgrenzungsposten einzurichtenden Konten stellen **Übergangskonten mit Bestandscharakter** dar, die in den Folgejahren wieder aufzulösen sind. Gemäß § 250 Abs. 1 und Abs. 2 HGB sowie § 5 Abs. 5 EStG ist die Bildung von Rechnungsabgrenzungsposten im handels- und steuerrechtlichen Jahresabschluss auf die **transitorischen Fälle** beschränkt.[103]

Entsprechend den GoB tragen transitorische Einnahmen bzw. Ausgaben jedoch nur dann **bilanzierungsfähigen Charakter**, wenn sie Ertrag bzw. Aufwand für eine **bestimmte Zeit** nach dem Abschlussstichtag darstellen.[104] Gemäß der gesicherten Rechtsprechung des BFH ist dies der Fall, wenn der Vorleistung des einen Vertragspartners eine **zeitbezogene Gegenleistung** der anderen Vertragspartei gegenübersteht und der Zeitraum, auf den sich die

---

[103] Zum Bilanzausweis vgl. § 266 Abs. 2 Posten C. sowie Abs. 3 Posten D. HGB.
[104] Vgl. hierzu R 5.6 Abs. 2 EStR.

Geschäftsvorfall	Merkmal	im alten Jahr	im neuen Jahr	Bilanzposten
Miete, Pacht, Zinsen, Versicherungsprämien etc.	im Voraus entrichtet	Ausgabe	Aufwand	Aktive Rechnungsabgrenzung
	im Voraus erhalten	Einnahme	Ertrag	Passive Rechnungsabgrenzung

Abb. 169: Fälle der transitorischen Rechnungsabgrenzung im Handelsrecht

Vorleistung des einen Vertragsteils bezieht, **festliegt und nicht nur geschätzt wird** (z. B. monatliche, vierteljährliche, halbjährliche Mietvorauszahlungen). Demnach kommen die sog. **transitorischen Einnahmen bzw. Ausgaben im weiteren Sinne**, wie etwa Werbeaufwendungen und Entwicklungskosten, für einen Ausweis unter den Rechnungsabgrenzungsposten nicht in Betracht.[105] **Abbildung 169** fasst die Ausprägungen der transitorischen Rechnungsabgrenzung zusammen.

Beispiel:

a) Aktive Rechnungsabgrenzung:

Die Miete für die Betriebsräume von Dezember des Geschäftsjahres 2012 bis Februar 2013 i. H. v. 2.250 € wird bereits im November des Geschäftsjahres 2012 durch die Bank auf das Konto des Vermieters überwiesen. Unter der Prämisse, dass das Geschäftsjahr dem Kalenderjahr entspricht, sind über einen aktiven Rechnungsabgrenzungsposten 1.500 € (Miete für Januar und Februar 2013) abzugrenzen.

Buchungen im Jahr 2012 – Erfassungsalternative I:

(1) Mietaufwendungen	an	Guthaben bei Kreditinstituten	2.250 €
(2) Aktive Rechnungsabgrenzung	an	Mietaufwendungen	1.500 €.

Kontenmäßige Darstellung:

S	Guthaben bei Kreditinstituten		H
	€		€
AB	...	(1)	2.250
		SBK (EB)	...

S	Aktive Rechnungsabgrenzung		H
	€		€
AB[a]	0	SBK (EB)	1.500
(2)	1.500		
	1.500		1.500

[a] Zu Beginn der Referenzperiode soll kein Anfangsbestand an aktiven Rechnungsabgrenzungsposten gegeben sein.

S	Mietaufwendungen		H
	€		€
(1)	2.250	(2)	1.500
		GuV (Saldo)	...

---

[105] Vgl. *Ellrott/Krämer* 2012a, Anm. 23 zu § 250 HGB.

I. Bilanzansatz dem Grunde nach (Aktivierung und Passivierung)

Buchung im Jahr 2012 – Erfassungsalternative II:

(1) – Mietaufwendungen 750 € an Guthaben bei 2.250 €.
    – Aktive Rechnungs- 1.500 €   Kreditinstituten
      abgrenzung

Kontenmäßige Darstellung:

S	Guthaben bei Kreditinstituten		H
	€		€
AB	...	(1)	2.250
		SBK (EB)	...

S	Aktive Rechnungsabgrenzung		H
	€		€
AB[a]	0	SBK (EB)	1.500
(1)	1.500		
	1.500		1.500

S	Mietaufwendungen		H
	€		€
(1)	750	GuV (Saldo)	...

Buchung im Jahr 2013:

(1) Mietaufwendungen an Aktive 1.500 €.
                           Rechnungsabgrenzung

Kontenmäßige Darstellung:

S	Aktive Rechnungsabgrenzung		H
	€		€
AB	1.500	(1)	1.500
		SBK (EB)	...

S	Mietaufwendungen		H
	€		€
(1)	1.500	GuV (Saldo)	...

b) Passive Rechnungsabgrenzung:

Die Darlehenszinsen in Höhe von 2.400 € werden von einem Schuldner für die Zeit vom 01.10. des Geschäftsjahres 2012 bis 30.09. des Geschäftsjahres 2013 bereits Anfang Oktober 2012 überwiesen. Da das Geschäftsjahr wieder dem Kalenderjahr entsprechen soll, sind über einen **passiven** Rechnungsabgrenzungsposten 1.800 € (9/12 von 2.400 €), die den Zinsen für die Zeit vom 01.01.–30.09.2013 entsprechen, abzugrenzen.

Buchungen im Jahr 2012 – Erfassungsalternative I:

(1) Guthaben bei   an Zinserträge   2.400 €
    Kreditinstituten

(2) Zinserträge   an Passive   1.800 €.
                               Rechnungsabgrenzung

Kontenmäßige Darstellung:

S	Guthaben bei Kreditinstituten	H		S	Passive Rechnungsabgrenzung	H	
	€		€		€		€
AB	...	SBK (EB)	...	SBK (EB)	1.800	AB[a]	0
(1)	2.400					(2)	1.800
					1.800		1.800

S	Zinserträge	H	
	€		€
(2)	1.800	(1)	2.400
GuV (Saldo)	...		

Buchung im Jahr 2012 – Erfassungsalternative II:

(1) Guthaben bei   2.400 €   an   – Zinserträge   600 €
    Kreditinstituten   – Passive Rechnungs- 1.800 €.
                                          abgrenzung

Kontenmäßige Darstellung:

S	Guthaben bei Kreditinstituten	H		S	Passive Rechnungsabgrenzung	H	
	€		€		€		€
AB	...	SBK (EB)	...	SBK (EB)	1.800	AB[a]	0
(1)	2.400					(2)	1.800
					1.800		1.800

S	Zinserträge	H	
	€		€
GuV (Saldo)	...	(1)	600

[a] Zu Beginn der Rechnungsperiode soll kein Anfangsbestand an passiven Rechnungsabgrenzungsposten gegeben sein.

Buchung im Jahr 2013:

(1) Passive Rechnungsabgrenzung   an   Zinserträge   1.800 €.

Kontenmäßige Darstellung:

S	Passive Rechnungsabgrenzung	H		S	Zinserträge	H	
	€		€		€		€
(1)	1.800	AB	1.800	GuV (Saldo)	...	(1)	1.800
SBK (EB)	...						

Für Ausgaben bzw. Einnahmen **nach** dem Bilanzstichtag, die Aufwand bzw. Ertrag für einen Zeitraum **vor** diesem Tag darstellen (**antizipative Rechnungsabgrenzung**), dürfen gemäß § 250 Abs. 1 und Abs. 2 HGB sowie § 5 Abs. 5 EStG **keine** Rechnungsabgrenzungsposten gebildet werden. Sofern sich aus den ihnen zugrunde liegenden Geschäftsvorfällen bereits

I. Bilanzansatz dem Grunde nach (Aktivierung und Passivierung)

Geschäftsvorfall	Merkmal	im alten Jahr	im neuen Jahr	Bilanzposten
Miete, Pacht, Löhne und Gehälter, Zinsen, Versicherungsprämien etc.	noch zu erhalten	Ertrag	Einnahme	Sonstige Forderungen
	noch zu entrichten	Aufwand	Ausgabe	Sonstige Verbindlichkeiten

Abb. 170: Fälle der antizipativen Rechnungsabgrenzung im Handelsrecht

sonstige Forderungen oder **sonstige Verbindlichkeiten** ergeben haben, sind sie als solche zu bilanzieren.[106] Die Ausprägungen der antizipativen Rechnungsabgrenzung werden durch die **Abbildung 170** verdeutlicht.

Beispiel:

a) Sonstige Forderungen:

Das Unternehmen hat noch Mietzahlungen in Höhe von 2.000 € zu erhalten, die das abgelaufene Geschäftsjahr 2012 betreffen. Die Miete wird jedoch erst zu Beginn des Geschäftsjahres 2013 auf das Bankkonto überwiesen.

Buchung im Jahr 2012:

(1) Sonstige Forderungen an Mieterträge 2.000 €.

Kontenmäßige Darstellung:

S	Sonstige Forderungen	H		S	Mieterträge	H
	€	€			€	€
AB	...	SBK (EB) ...		GuV (Saldo) ...	(1)	2.000
(1)	2.000					

Buchung im Jahr 2013:

(1) Guthaben bei Kreditinstituten an Sonstige Forderungen 2.000 €.

Kontenmäßige Darstellung:

S	Sonstige Forderungen	H		S	Guthaben bei Kreditinstituten	H
	€	€			€	€
AB	...	(1) 2.000		AB (1)	... 2.000	SBK (EB) ...

---

[106] Vgl. zum Zeitpunkt des Entstehens von Forderungen und Verbindlichkeiten die Ausführungen im Dritten Teil zu Gliederungspunkt I.B.3., I.B.7. und II.A.1.

b) Sonstige Verbindlichkeiten:

Die Gehälter für den Monat Dezember des Geschäftsjahres 2012 in Höhe von 90.000 € und die gesetzlichen sozialen Aufwendungen über 16.000 € (Arbeitgeberanteil) sowie die einbehaltenen Abzüge (Lohn- und Kirchensteuer, Solidaritätszuschlag, Arbeitnehmeranteil und vermögenswirksame Leistungen) werden ausnahmsweise erst Anfang Januar des Geschäftsjahres 2013 durch Banküberweisung ausbezahlt bzw. an die jeweiligen Institutionen abgeführt. Das Geschäftsjahr entspricht dem Kalenderjahr.

Buchung im Jahr 2012:

(1) – Gehälter 90.000 €   an   Sonstige   106.000 €.
    – Gesetzliche soziale 16.000 €   Verbindlichkeiten
      Aufwendungen

Kontenmäßige Darstellung:

S	Sonstige Verbindlichkeiten	H
	€	€
SBK (EB) ...	AB ...	
	(1) 106.000	

S	Gehälter	H
	€	€
(1) 90.000	GuV (Saldo) ...	

S	Gesetzliche soziale Aufwendungen	H
	€	€
(1) 16.000	GuV (Saldo) ...	

Buchung im Jahr 2013:

(1) Sonstige Verbindlichkeiten   an   Guthaben bei   106.000 €.
                                              Kreditinstituten

Kontenmäßige Darstellung:

S	Sonstige Verbindlichkeiten	H
	€	€
(1) 106.000	AB ...	
SBK (EB) ...		

S	Guthaben bei Kreditinstituten	H
	€	€
AB ...	(1) 106.000	
	SBK (EB) ...	

b.b   Spezialfälle der aktiven Rechnungsabgrenzung

Neben den vorstehend genannten Fällen müssen nach Steuerrecht (§ 5 Abs. 5 Satz 2 EStG; H 6.10 EStR) die nachfolgend angegebenen Sachverhalte unter den aktiven Rechnungsabgrenzungsposten ausgewiesen werden.

- Als **Aufwand** berücksichtigte **Zölle und Verbrauchsteuern** (z. B. Bier-, Mineralöl- oder Tabaksteuer), soweit sie auf am Abschlussstichtag auszuweisende Vermögensgegenstände (Wirtschaftsgüter) des Vorratsvermögens entfallen;
- als **Aufwand** berücksichtigte **Umsatzsteuer** auf am Abschlussstichtag auszuweisende oder von den Vorräten offen abgesetzte Anzahlungen;

- die Differenz zwischen dem Rückzahlungs- und dem Ausgabebetrag (**Disagio** von Verbindlichkeiten).

Den ersten und zweiten Fällen ist gemeinsam, dass die bezeichneten Aufwendungen, deren erfolgsmäßige Neutralisierung durch die Rechtsprechung des *BFH* als unzulässig angesehen wird, nach dem Willen des Gesetzgebers keine Auswirkungen auf das Unternehmensergebnis haben dürfen. Im Hinblick auf die steuerrechtliche Erfolgsermittlung besteht für diese Aufwendungen eine **Bilanzierungspflicht** als aktive Rechnungsabgrenzungsposten (§ 5 Abs. 5 Satz 2 EStG). Im Handelsrecht dürfen die beiden erstgenannten Sachverhalte nicht als Rechnungsabgrenzungsposten einbezogen werden, während für das Disagio ein Aktivierungswahlrecht nach § 250 Abs. 3 HGB besteht.

Der dritte Fall betrifft unmittelbar die **handels- und steuerrechtlichen Bewertungsgrundsätze für Verbindlichkeiten**. Gemäß § 253 Abs. 1 Satz 2 HGB sind diese mit ihrem Erfüllungsbetrag anzusetzen.[107] Sofern jedoch Verbindlichkeiten mit einem Wert zur Ausgabe kommen, der unter ihrem Rückzahlungsbetrag liegt, kann oder muss der Unterschiedsbetrag in den aktiven Rechnungsabgrenzungsposten eingestellt werden. Insbesondere in Darlehensverträgen wird oft vereinbart, dass der Schuldner eine größere Summe zurückzahlen muss, als er erhalten hat. Der Unterschiedsbetrag (**Disagio** oder **Damnum**) stellt im Grundsatz als vorweg entrichteter Zins eine **Vergütung für die Kapitalüberlassung** dar. Aus **handelsrechtlicher Sicht** kann der Bilanzierende das Disagio einerseits unter die Rechnungsabgrenzung der Aktivseite aufnehmen und planmäßig auf die Laufzeit des Darlehens verteilen. Das als aktiver Rechnungsabgrenzungsposten bilanzierte Disagio wird dann durch die jährlich vorzunehmende Buchung „Zinsen und ähnliche Aufwendungen" an „Aktive Rechnungsabgrenzung" sukzessive aufgelöst. Andererseits besteht die Möglichkeit, den in Rede stehenden Unterschiedsbetrag **sofort** aufwandswirksam, ebenfalls über das Konto „Zinsen und ähnliche Aufwendungen", zu verrechnen (§ 250 Abs. 3 Satz 1 HGB). Unter Durchbrechung des Maßgeblichkeitsprinzips ist zum Zwecke der **steuerrechtlichen Erfolgsermittlung** die **Aktivierung** des Disagios mit einer Verteilung auf die Laufzeit des Darlehens **zwingend vorgeschrieben** (H 6.10 EStR).

Beim Vorliegen eines **Fälligkeitsdarlehens** ist das Disagio **gleichmäßig** auf die Kreditlaufzeit zu verrechnen, weil der Schuldner die gesamte Darlehenssumme nach Ablauf der vertraglich fixierten Frist zurückzubezahlen hat und somit über die Ausleihungsperioden hinweg lediglich (**konstante**) **Zinsbelastungen** entstehen. Im Falle von **Tilgungsdarlehen** hingegen, die als Raten- oder Annuitätendarlehen vorkommen,[108] verringert sich die Zinsbelastung durch die Abnahme der Darlehensschuld im Zeitablauf. Hierbei kann das Disagio etwa mit Hilfe der **Zinsstaffelmethode** auf die Laufzeit des Kredits verteilt werden. Der **Darlehensgläubiger** muss nach h. M. die entsprechenden Buchungen unter Rückgriff auf das Konto „Passive Rechnungsabgrenzung" vornehmen.[109] Eine unmittelbare ertragswirksame Erfassung des einbehaltenen Disagios bereits in der Periode der Darlehensausgabe würde gegen das **Realisationsprinzip** verstoßen.

---

[107] Vgl. hierzu die Ausführungen im Dritten Teil zu Gliederungspunkt II.B.2.a.
[108] Bei Ratendarlehen zahlt der Schuldner neben den sinkenden Zinsen gleich bleibende Tilgungsbeträge. Annuitätendarlehen zeichnen sich dadurch aus, dass der Schuldner einen jährlich konstanten Betrag zurückbezahlt, der sich aus einem degressiven Zins- und einem progressiven Tilgungsanteil zusammensetzt.
[109] Vgl. stellvertretend *Grottel/Gadek* 2012, Anm. 255 zu § 255 HGB.

Beispiel: Ein Unternehmen nimmt einen langfristigen Kredit zum Rückzahlungsbetrag von 50.000 € zu Beginn des Geschäftsjahres 2012 bei einem Geschäftspartner auf. Die Auszahlung des Darlehens durch Gutschrift auf dem Bankkonto erfolgt aber nur in Höhe von 47.250 €. Der Tilgungs- und Zinsbelastungsplan hat unter Zugrundelegung einer Laufzeit von 10 Jahren, eines Zinssatzes von 10 % und einer konstanten Tilgungsrate von 5.000 € p. a. das in **Abbildung 171** wiedergegebene Aussehen. Die ebenfalls aufgezeigte Verteilung des Disagios nach der Zinsstaffelmethode berechnet sich pro Jahr nach folgender Formel.

$$\frac{T-t+1}{1+2+3+\ldots T} \cdot \text{Gesamtbetrag des Disagios}$$

Gj.	Tilgungsbelastung in €	Zinsbelastung in €	Disagiobelastung in €	Gesamtbelastung in €
2012	5.000	5.000	500[a]	10.500
2013	5.000	4.500	450	9.950
2014	5.000	4.000	400	9.400
2015	5.000	3.500	350	8.850
2016	5.000	3.000	300	8.300
2017	5.000	2.500	250	7.750
2018	5.000	2.000	200	7.200
2019	5.000	1.500	150	6.650
2020	5.000	1.000	100	6.100
2021	5.000	500	50	5.550
Summe	50.000	27.500	2.750	80.250

[a] $500\,€ = \frac{10-1+1}{1+2+3+4+5+6+7+8+9+10} \cdot 2.750\,€$.

Abb. 171: Konstante Tilgungs- und fallende Zinsbelastung in €

a) Sofern das Disagio aus handelsrechtlicher Sicht unter die aktive Rechnungsabgrenzung aufgenommen werden soll und auf die Laufzeit des Darlehens verteilt wird, weisen die Buchungen beim Darlehensschuldner und Darlehensgläubiger nachstehende Strukturen auf.

Buchungen beim Darlehensschuldner im Geschäftsjahr 2012:

(1) – Guthaben bei Kreditinstituten   47.250 €   an   Sonstige Verbindlichkeiten   50.000 €.
    – Aktive Rechnungsabgrenzung   2.750 €

(2) – Sonstige Verbindlichkeiten   5.000 €   an   – Guthaben bei Kreditinstituten   10.000 €
    – Zinsen und ähnliche Aufwendungen   5.500 €   – Aktive Rechnungsabgrenzung   500 €.

I. Bilanzansatz dem Grunde nach (Aktivierung und Passivierung)

Kontenmäßige Darstellung:

S	Guthaben bei Kreditinstituten		H
	€		€
AB	...	(2)	10.000
(1)	47.250	SBK (EB)	...

S	Aktive Rechnungsabgrenzung		H
	€		€
AB[a]	0	(2)	500
(1)	2.750	SBK (EB)	2.250
	2.750		2.750

S	Sonstige Verbindlichkeiten		H
	€		€
(2)	5.000	AB[a]	0
SBK (EB)	45.000	(1)	50.000
	50.000		50.000

S	Zinsen und ähnliche Aufwendungen		H
	€		€
(2)	5.500	GuV (Saldo)	...

[a] Vorstehendem Beispiel liegt die Annahme zugrunde, dass weder bei der der aktiven Rechnungsabgrenzung noch bei den sonstigen Verbindlichkeiten ein Anfangsbestand in 2012 gegeben ist.

Buchung beim Darlehensschuldner im Geschäftsjahr 2021:

(1) – Sonstige Verbindlichkeiten   5.000 €   an   – Guthaben bei Kreditinstituten   5.500 €
     – Zinsen und ähnliche Aufwendungen   550 €   – Aktive Rechnungsabgrenzung   50 €.

Kontenmäßige Darstellung:

S	Guthaben bei Kreditinstituten		H
	€		€
AB	...	(1)	5.500

S	Aktive Rechnungsabgrenzung		H
	€		€
AB	50	(1)	50
		SBK (EB)	0
	50		50

S	Sonstige Verbindlichkeiten		H
	€		€
(1)	5.000	AB	5.000
SBK (EB)	0		
	5.000		5.000

S	Zinsen und ähnliche Aufwendungen		H
	€		€
(1)	550	GuV (Saldo)	...

Buchungen beim Darlehensgläubiger im Geschäftsjahr 2012:

(1) Sonstige Ausleihungen   50.000 €   an   – Guthaben bei Kreditinstituten   47.250 €
          – Passive Rechnungsabgrenzung   2.750 €.

(2) – Guthaben bei Kreditinstituten   10.000 €   an   – Sonstige Ausleihungen   5.000 €
     – Passive Rechnungsabgrenzung   500 €   – Zinsen und ähnliche Erträge   5.500 €.

Kontenmäßige Darstellung:

S	Sonstige Ausleihungen	H		S	Guthaben bei Kreditinstituten	H
	€	€			€	€
AB[a]	0	(2) 5.000		AB	...	(1) 47.250
(1)	50.000	SBK (EB) 45.000		(2)	10.000	SBK (EB) ...
	50.000	50.000				

S	Passive Rechnungsabgrenzung	H		S	Zinsen und ähnliche Erträge	H
	€	€			€	€
(2)	500	AB[a] 0		GuV (Saldo)	...	(2) 5.500
SBK (EB)	2.250	(1) 2.750				
	2.750	2.750				

[a] Analog zum Darlehensschuldner sei auch beim Darlehensgläubiger weder bei den sonstigen Ausleihungen noch bei der passiven Rechnungsabgrenzung ein Anfangsbestand gegeben.

Buchung beim Darlehensgläubiger im Geschäftsjahr 2021:

(1) – Guthaben bei   5.500 €   an   – Sonstige Ausleihungen   5.000 €
      Kreditinstituten
    – Passive Rechnungs-   50 €   – Zinsen und ähnliche   550 €.
      abgrenzung   Erträge

Kontenmäßige Darstellung:

S	Sonstige Ausleihungen	H		S	Guthaben bei Kreditinstituten	H
	€	€			€	€
AB	5.000	(1) 5.000		AB	...	SBK (EB) ...
		SBK (EB) 0		(1)	5.500	
	5.000	5.000				

S	Passive Rechnungsabgrenzung	H		S	Zinsen und ähnliche Erträge	H
	€	€			€	€
(1)	50	AB 50		GuV (Saldo)	...	(1) 550
SBK (EB)	0					
	50	50				

b) Wird im handelsrechtlichen Jahresabschluss auf die Bildung eines aktiven Rechnungsabgrenzungspostens verzichtet, haben die Buchungen beim Darlehensschuldner unter sonst gleichen Bedingungen folgendes Aussehen:

Buchungen beim Darlehensschuldner im Geschäftsjahr 2012:

(1) – Guthaben bei   47.250 €   an   Sonstige   50.000 €.
      Kreditinstituten   Verbindlichkeiten
    – Zinsen und ähnliche   2.750 €
      Aufwendungen

I. Bilanzansatz dem Grunde nach (Aktivierung und Passivierung)

(2) – Sonstige Verbindlichkeiten 5.000 € an Guthaben bei Kreditinstituten 10.000 €.
– Zinsen und ähnliche Aufwendungen 5.000 €

Kontenmäßige Darstellung:

S	Guthaben bei Kreditinstituten	H
	€	€
AB	...	(2) 10.000
(1)	47.250	

S	Sonstige Verbindlichkeiten	H
	€	€
(2)	5.000	AB 0
SBK (EB)	45.000	(1) 50.000
	50.000	50.000

S	Zinsen und ähnliche Aufwendungen	H
	€	€
(1)	2.750	GuV (Saldo) ...
(2)	5.000	

Buchung beim Darlehensschuldner im Geschäftsjahr 2021:

(1) – Sonstige Verbindlichkeiten 5.000 € an Guthaben bei Kreditinstituten 5.500 €.
– Zinsen und ähnliche Aufwendungen 500 €

Kontenmäßige Darstellung:

S	Guthaben bei Kreditinstituten	H
	€	€
AB	...	(1) 5.500

S	Sonstige Verbindlichkeiten	H
	€	€
(1)	5.000	AB 5.000
SBK (EB)	0	
	5.000	5.000

S	Zinsen und ähnliche Aufwendungen	H
	€	€
(1)	500	GuV (Saldo) ...

Abbildung 172 gibt abschließend einen Überblick über die handelsrechtlichen Regelungen der Rechnungsabgrenzung.[110]

---

[110] Modifiziert entnommen von *Coenenberg/Haller/Schultze* 2012, S. 469.

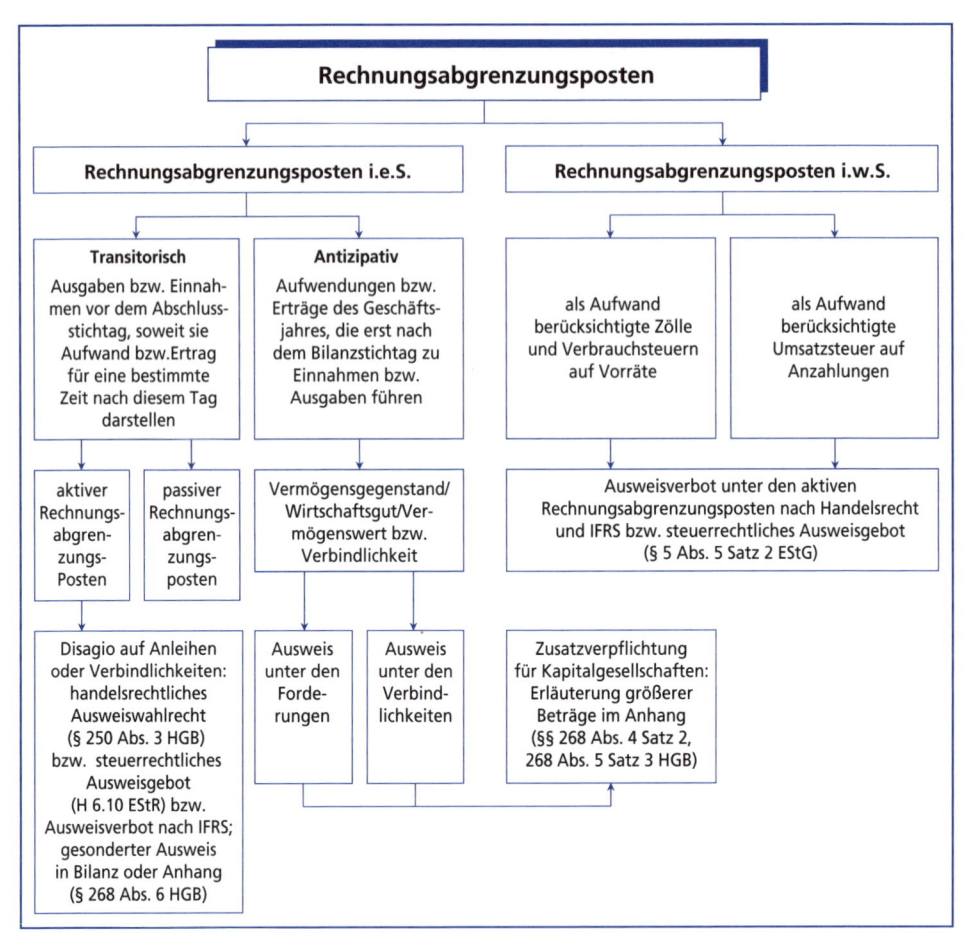

Abb. 172: Rechnungsabgrenzung nach Handels- und Steuerrecht sowie IFRS

5. Rückstellungen

a. Systematisierung und Buchungstechnik

Im Gegensatz zu den **Verbindlichkeiten**, die im Hinblick auf Ursache, Höhe und Fälligkeit feststehen, dienen **Rückstellungen** prinzipiell der Erfassung von

- ungewissen Verbindlichkeiten,
- drohenden Verlusten aus schwebenden Geschäften und
- bestimmten Aufwendungen, die am Bilanzstichtag zwar dem Grunde, nicht aber der Höhe und/oder der Fälligkeit nach festliegen.

Als Ausfluss des **Vorsichtsprinzips** und des **Grundsatzes der Periodenabgrenzung müssen** für in § 249 Abs. 1 HGB genannte Zwecke Rückstellungen im handelsrechtlichen Jahresabschluss gebildet werden. Entsprechend ergibt sich nach IAS 37 und 19 eine Passivierungs-

I. Bilanzansatz dem Grunde nach (Aktivierung und Passivierung)

pflicht. Eine Auflösung bereits bestehender Rückstellungen kommt nur in Betracht, soweit die ursprünglichen Gründe für deren Bildung entfallen sind (§ 249 Abs. 2 Satz 2 HGB, IAS 37.2). **Abbildung 173** gibt einen grundlegenden Überblick über die Rückstellungsarten. Bezüglich der **Verbindlichkeitsrückstellungen** verlangt § 249 Abs. 1 Satz 1 HGB immer dann entsprechende Passivierungen, wenn es sich um **rechtliche Verpflichtungen** handelt. Diese können sich aus dem **Zivilrecht** (z. B. Pensions- oder Garantierückstellungen) oder dem **öffentlichen Recht** (z. B. Steuerrückstellungen) ergeben. Für die steuerrechtliche Anerkennung der Verbindlichkeitsrückstellungen wurden aus steuerlicher Sicht folgende Voraussetzungen entwickelt:[111]

- Bestehen einer Verbindlichkeit gegenüber Dritten, die dem Grund und/oder der Höhe nach ungewiss ist,
- wirtschaftliche Verursachung oder rechtliche Entstehung bis zum Bilanzstichtag,
- Wahrscheinlichkeit der Inanspruchnahme aus dieser Verbindlichkeit.

Neben den zivil- bzw. öffentlich-rechtlichen Obliegenheiten existieren aber auch sog. **wirtschaftliche (faktische) Verpflichtungen** gegenüber Dritten, „... denen sich der Kaufmann aus tatsächlichen oder wirtschaftlichen Gründen nicht entziehen kann"[112]. Für derartige Leistungszwänge sind ebenfalls Rückstellungen zu bilden (z. B. Kulanzrückstellungen nach § 249 Abs. 1 Satz 2 Nr. 2 HGB).

Sofern bestimmte wirtschaftliche Obliegenheiten, denen der Betrieb ausgesetzt ist, nicht gegenüber Dritten, sondern gegenüber dem Unternehmen selbst bestehen, müssen aus handels- und steuerrechtlicher Sicht im Gegensatz zu den IFRS Aufwandsrückstellungen infolge von **Eigenverpflichtungen** gebildet werden (Rückstellungen für Instandhaltung und für Abraumbeseitigung gemäß § 249 Abs. 1 Satz 2 Nr. 1 HGB). Aus handelsrechtlicher Sicht besteht für Rückstellungen infolge ungewisser Verbindlichkeiten, drohender Verluste aus schwebenden Geschäften sowie unterlassener Aufwendungen für Instandhaltung (a) und Abraumbeseitigung (b), soweit Letztere in den ersten drei Monaten des folgenden Geschäftsjahres (a) bzw. im laufenden Geschäftsjahr (b) nachgeholt werden müssen, ein **Passivierungsgebot**.

Die nur entfernte Möglichkeit einer Inanspruchnahme aus einer Verpflichtung gegenüber Dritten oder aus einer Eigenverpflichtung reicht zur Bildung einer entsprechenden Rückstellung jedoch nicht aus. Vielmehr muss diese mit einiger **Sicherheit** oder wenigstens mit einiger **Wahrscheinlichkeit** erwartet werden. Am **Abschlussstichtag** oder spätestens am Tag der **Bilanzaufstellung** muss erkennbar sein, dass Ereignisse eingetreten sind, aufgrund derer das Unternehmen ernsthaft mit einer Inanspruchnahme zu rechnen hat. Da die Höhe der künftigen Inanspruchnahme nicht genau zu bestimmen ist, schreibt § 253 Abs. 1 Satz 2 HGB vor, dass der sog. **Erfüllungsbetrag** der entsprechenden Verpflichtungen unter Berücksichtigung vernünftiger kaufmännischer Beurteilung anzusetzen ist.[113] Allen Rückstellungsarten ist im Hinblick auf ihre buchungstechnische Behandlung grundsätzlich gemeinsam, dass die in späteren Rechnungsperioden anfallenden Ausgaben durch Einstellung eines **Passivpostens** (Rückstellungsbildung) zu Lasten eines **Aufwandskontos** (z. B. Personal-, Steuer-, Ma-

---

[111] Vgl. R 5.7 Abs. 2 EStR.
[112] *Kozikowski/Schubert* 2012b, Anm. 10 zu § 249 HGB.
[113] Vgl. hierzu die Ausführungen im Dritten Teil zu Gliederungspunkt II.B.2.a.

```
┌─────────────────────────────────────┐      ┌─────────────────────────────────────┐
│      statische Bilanztheorie        │      │      dynamische Bilanztheorie       │
└─────────────────┬───────────────────┘      └─────────────────┬───────────────────┘
                  │                                            │
┌─────────────────┴───────────────────┐      ┌─────────────────┴───────────────────┐
│      Außenverpflichtungen           │      │      Innenverpflichtungen           │
│   („Verbindlichkeitsrückstellungen")│      │      („Aufwandsrückstellungen")     │
└─────────────────┬───────────────────┘      └─────────────────────────────────────┘
                  │
        ┌─────────┴─────────┐
┌───────┴───────┐  ┌────────┴──────────┐
│   rechtlich   │  │ wirtschaftlich    │
│               │  │    (faktisch)     │
└───────┬───────┘  └────────┬──────────┘
        │                   │
┌───────┴─────────┐  ┌──────┴──────────┐       ┌─────────────────────────────────┐
│ • ungewisse Ver-│  │ Kulanzrück-     │       │ • unterlassene Abraumbeseitigung│
│   bindlichkeiten│  │ stellungen      │       │ • unterlassene Instandhaltung   │
│ • Drohverluste  │  │                 │       │                                 │
└─────────────────┘  └─────────────────┘       └─────────────────────────────────┘
```

- **grds. Passivierungsgebot** (Handels- und Steuerrecht sowie IFRS) (§ 249 Abs. 1 Satz 1 und Satz 2 Nr. 2 HGB; § 5 Abs. 1 EStG; IAS 37)
- **Ausnahmen: Passivierungswahlrecht** (Handels- und Steuerrecht) bzw. **-verbot** (IFRS) für bestimmte Pensionszusagen (Art. 28 Abs.1 EGHGB; IAS 19.44); **Passivierungsverbot** von **Drohverlustrückstellungen** (Steuerrecht) (§ 5 Abs. 4a EStG)

- **grds. Passivierungsgebot** (Handels- und Steuerrecht) bzw. **Passivierungsverbot** (IFRS)
- Voraussetzungen nach Handels- und Steuerrecht: bei Nachholung der **Abraumbeseitigung** im folgenden Geschäftsjahr bzw. der **Instandhaltung** innerhalb der nächsten drei Monate des folgenden Geschäftsjahrs (§ 249 Abs. 1 Satz 2 Nr. 1 HGB; § 5 Abs. 1 EStG)

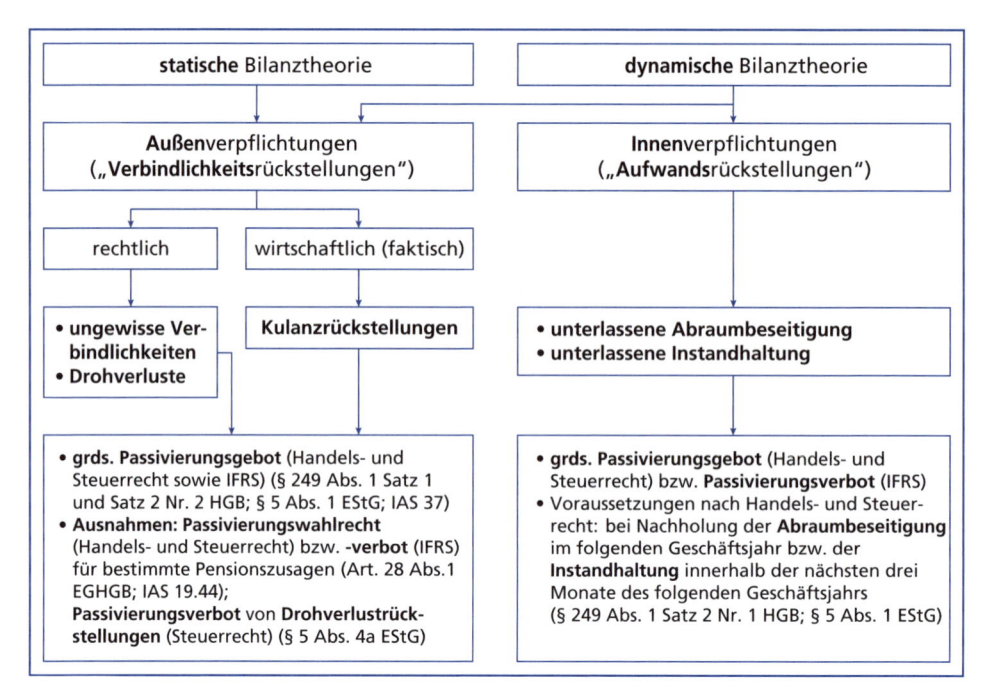

Abb. 173: Bilanztheoretische Strukturierung der Rückstellungen nach Handels- und Steuerrecht sowie IFRS

terialaufwand oder sonstige betriebliche Aufwendungen, wenn eine endgültige Aufwandsart noch nicht feststeht) dem abgelaufenen Geschäftsjahr zugerechnet werden. Anstelle der Aufwandsbuchung kann allerdings bei der Zuführung zu den **Garantierückstellungen** auch die Erfassung bestimmter Gewährleistungsaufwendungen (z. B. Aufwendungen, die durch Vertragsrücktritte oder Kaufpreisminderungen aufgrund von Mängelrügen ausgelöst wurden) als **Erlösschmälerungen**, die dann von den Umsatzerlösen abzusetzen sind, in Betracht kommen.[114] § 247 Abs. 1 HGB verlangt für nicht publizitätspflichtige Einzelkaufleute und Personenhandelsgesellschaften, dass die Schulden gesondert ausgewiesen und hinreichend aufgegliedert werden müssen. Für die genannten Unternehmensformen dürfte im Hinblick auf den Bilanzausweis eine Aufgliederung genügen, durch die der Posten „Rückstellungen" **separat** ausgewiesen wird. Einer speziellen Aufgliederung wie bei mittelgroßen und großen Kapitalgesellschaften, publizitätspflichtigen Einzelunternehmen und Personenhandelsgesellschaften (§ 5 Abs. 1 Satz 2 PublG) sowie eingetragenen Genossenschaften (§ 336 Abs. 2 Satz 1 HGB) in einzelne Rückstellungsarten gemäß § 266 Abs. 3 Posten B. HGB bedarf es mithin nicht.[115]

---

[114] Vgl. *Förschle* 2012b, Anm. 63 zu § 275 HGB.

[115] Zudem besteht für mittelgroße und große Kapitalgesellschaften, ihnen gesetzlich gleichgestellte Unternehmen und Genossenschaften eine Erläuterungspflicht der sonstigen Rückstellungen im Anhang, sofern diese einen nicht unerheblichen Umfang aufweisen (§ 285 Nr. 12 HGB i. V. m. § 336 Abs. 2 Satz 1 HGB).

I. Bilanzansatz dem Grunde nach (Aktivierung und Passivierung)

Die **Auflösung** der Rückstellungen ergibt sich zwangsläufig im Zeitpunkt der effektiven Inanspruchnahme des Unternehmens. Entstehen wider Erwarten **keine oder geringere Belastungen**, ist die Rückstellung ganz oder zum Teil über das Konto „Erträge aus der Auflösung von Rückstellungen" auszubuchen. Diese Beträge sind in der handelsrechtlichen Gewinn- und Verlustrechnung unter dem Posten „Sonstige betriebliche Erträge"[116] auszuweisen. Wurde aber die Rückstellung zu **niedrig bemessen**, dann entsteht in der Auflösungsperiode in Höhe des **Schätzungsfehlers** ein sonstiger betrieblicher Aufwand.[117]

Beispiel: Im abgelaufenen Geschäftsjahr 2012 wurde eine Gewerbesteuerrückstellung in Höhe von 9.000 € gebildet. Im Folgejahr (2013) sollen aufgrund des Gewerbesteuerbescheids für das Geschäftsjahr 2012, der eine Abschlusszahlung an das Finanzamt auslöst, nachstehende Möglichkeiten zur Auflösung der Rückstellung betrachtet werden.

a) Überweisung einer Abschlusszahlung 9.000 €.
b) Die Abschlusszahlung beträgt 0 €.
c) Überweisung einer Abschlusszahlung 7.500 €.
d) Überweisung einer Abschlusszahlung 10.000 €.

Zu a):
(1) Gewerbesteuerrückstellung an Guthaben bei Kreditinstituten 9.000 €.

Kontenmäßige Darstellung:

S	Gewerbesteuerrückstellung	H
	€	€
(1)	9.000 AB	9.000

S	Guthaben bei Kreditinstituten	H
	€	€
AB	... (1)	9.000
	SBK (EB)	...

Zu b):
(1) Gewerbesteuerrückstellung an Erträge aus der Auflösung von Rückstellungen 9.000 €.

Kontenmäßige Darstellung:

S	Gewerbesteuerrückstellung	H
	€	€
(1)	9.000 AB	9.000

S	Erträge aus der Auflösung von Rückstellungen	H
	€	€
GuV (Saldo)	... (1)	9.000

Zu c):
(1) Gewerbesteuerrückstellung an – Guthaben bei Kreditinstituten 7.500 €
– Erträge aus der Auflösung von Rückstellungen 1.500 €.

---

[116] Vgl. § 275 Abs. 2 Posten 4. bzw. Abs. 3 Posten 6. HGB.
[117] Vgl. § 275 Abs. 2 Posten 8. bzw. Abs. 3 Posten 7. HGB.

Kontenmäßige Darstellung:

S	Gewerbesteuerrückstellung	H
	€	€
(1)	9.000	AB 9.000

S	Guthaben bei Kreditinstituten	H
	€	€
AB	...	(1) 7.500
		SBK (EB) ...

S	Erträge aus der Auflösung von Rückstellungen	H
	€	€
GuV (Saldo) ...		(1) 1.500

Zu d):

(1) – Gewerbesteuer-   9.000 €   an   Guthaben bei   10.000 €.
rückstellung   Kreditinstituten
– Sonstige betriebliche   1.000 €
Aufwendungen

Kontenmäßige Darstellung:

S	Gewerbesteuerrückstellung	H
	€	€
(1)	9.000	AB 9.000

S	Guthaben bei Kreditinstituten	H
	€	€
AB	...	(1) 10.000

S	Sonstige betriebliche Aufwendungen	H
	€	€
(1)	1.000	GuV (Saldo) ...

Da die Betrachtung aller möglichen Rückstellungen den Rahmen dieser Abhandlung sprengen würde, beschränken sich die folgenden Ausführungen auf die Analyse der in **Abbildung 173** dargestellten Rückstellungsarten.[118]

Wie in **Abbildung 173** dargelegt, ist in Abgrenzung zum Handelsrecht grds. keine Rückstellungsbildung für Innenverpflichtungen des Unternehmens nach IAS 37 zulässig. Vielmehr muss nach IAS 37.15 eine **gegenwärtige Verpflichtung gegenüber einer unternehmensexternen Partei** bestehen (Außenverpflichtung). In Übereinstimmung zum Handelsrecht ist unter Heranziehung aller substanziellen Hinweise des Weiteren zu entscheiden, ob die **Wahrscheinlichkeit** für die Inanspruchnahme einer Außenverpflichtung größer ausfällt als 50 %. Sofern mehr Gründe gegen das Bestehen einer gegenwärtigen Verpflichtung sprechen, besteht bislang in Übereinstimmung zum Handelsrecht eine **Eventualverbindlichkeit**. Zudem muss nach IAS 37.17 ein **verpflichtendes Ereignis der Vergangenheit** vorliegen, sodass aus rechtlicher oder faktischer Verpflichtung keine realistische Alternative zur Erfüllung der Verpflichtung existiert. Zudem muss der **Ressourcenabfluss** mit wirtschaftlichem

---

[118] Grundlegende Erläuterungen zu allen Rückstellungsarten finden sich etwa bei *Mayer-Wegelin* 2012, Anm. 32–69, Anm. 111–115 u. Anm. 229 zu § 249 HGB; *Mayer-Wegelin/Kessler/Höfer* 2010, Anm. 70–110 zu § 249 HGB; *Kessler* 2010, Anm. 116–228 zu § 249 HGB. Vgl. auch R 5.7 Absätze 1–13 EStR.

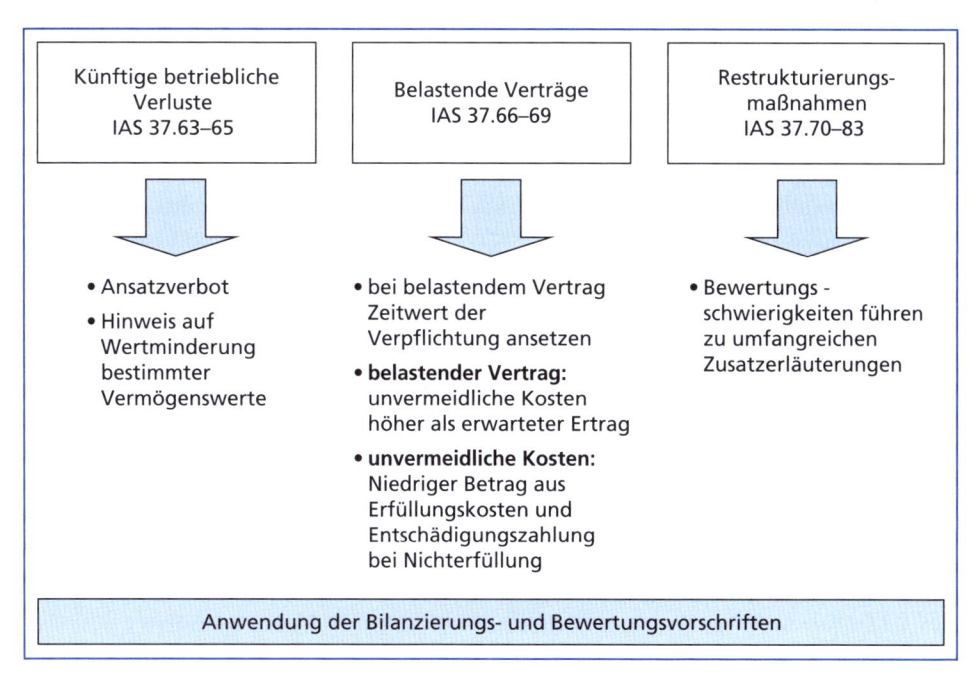

I. Bilanzansatz dem Grunde nach (Aktivierung und Passivierung)

Künftige betriebliche Verluste IAS 37.63–65	Belastende Verträge IAS 37.66–69	Restrukturierungsmaßnahmen IAS 37.70–83
• Ansatzverbot • Hinweis auf Wertminderung bestimmter Vermögenswerte	• bei belastendem Vertrag Zeitwert der Verpflichtung ansetzen • **belastender Vertrag:** unvermeidliche Kosten höher als erwarteter Ertrag • **unvermeidliche Kosten:** Niedriger Betrag aus Erfüllungskosten und Entschädigungszahlung bei Nichterfüllung	• Bewertungs- schwierigkeiten führen zu umfangreichen Zusatzerläuterungen

Anwendung der Bilanzierungs- und Bewertungsvorschriften

Abb. 174: Einzelfälle der Rückstellungsbildung nach IAS 37

Nutzen **wahrscheinlich** sein, wobei im Falle einer Wahrscheinlichkeit von weniger als 50 % wiederum eine **Eventualschuld** zur Abgrenzung kommen muss. Die letzte Ansatzvoraussetzung betrifft die verlässliche Schätzbarkeit des Erfüllungsbetrags.

Die wichtigen Einzelfälle der Rückstellungsbildung nach IAS 37 sind in **Abbildung 174** aufgeführt. Eine wesentliche Ausnahme des Verbots zur Passivierung von Aufwandsrückstellungen stellen **Restrukturierungsmaßnahmen** dar. Unter den in IAS 37.70–83 aufgeführten restriktiven Voraussetzungen (z. B. die Erstellung eines detaillierten Restrukturierungsplans) ist eine Restrukturierungsrückstellung in der IFRS-Rechnungslegung gestattet.

b. Rückstellungsarten im Einzelnen

b.a Verbindlichkeitsrückstellungen

(a) Pensionsrückstellungen

Dem Bereich der Pensionsverpflichtungen, die den langfristigen Rückstellungen zuzuordnen sind, kommt in der Unternehmenspraxis im Bereich der Rechnungslegungspolitik eine zentrale Bedeutung zu.[119] Ihr Einfluss wird dadurch verstärkt, dass die Rückstellungsbeträge ggf. jahrzehntelang finanzielle Mittel im Unternehmen binden und bis zu ihrem Abfluss zur Substanzerhaltung genutzt werden. Sie erfüllen daher eine wichtige **Innen- bzw. Selbstfinanzierungsfunktion.**

---

[119] Vgl. *Hinz* 1994, S. 1168.

Im **Handelsrecht** erfolgt eine strikte Trennung zwischen unmittelbaren, mittelbaren und pensionsähnlichen Verpflichtungen. Bei den unmittelbaren Pensionsverpflichtungen (sog. **Direktzusagen**) besteht ein Verhältnis zwischen Arbeitgeber und Arbeitnehmer als späteren Pensionsempfänger **ohne** Einschaltung eines selbstständigen Versorgungsträgers. Werden die Leistungen hingegen durch eine Unterstützungskasse erbracht, liegen sog. **mittelbare** Pensionsverpflichtungen vor. **Pensionsähnliche** Verpflichtungen beinhalten spezielle Altersteilzeitregelungen, die durch einen fehlenden Abfindungscharakter gekennzeichnet sind, sowie Verpflichtungen gegenüber dem Pensionssicherungsverein, der vor allem im Rahmen von Unternehmenszusammenbrüchen zur Erfüllung der Ansprüche der Betroffenen aktiv wird. Letztere Vertragsgestaltung kommt in der Unternehmenspraxis äußerst selten vor. Unmittelbare Pensionsverpflichtungen sind ab dem 01.01.1987 (**Neuzusagen**) den ungewissen Verbindlichkeiten zuzuordnen und unterliegen der handelsrechtlichen Passivierungspflicht des § 249 Abs. 1 Satz 1 HGB i. V. m. Art. 28 Abs. 1 Satz 1 EGHGB, wobei sich den Unternehmen zum einen für bestimmte Arten von Pensionsverpflichtungen ein Ansatzwahlrecht eröffnet, z. B. wenn der Pensionsanspruch vor dem 01.01.1987 bestanden hat oder sich dieser Rechtsanspruch seit diesem Zeitpunkt erhöht hat (**Altzusagen**). Zum anderen wird gem. Art. 28 Abs. 1 Satz 2 EGHGB ein **Passivierungswahlrecht** auch für mittelbare oder pensionsähnliche Verpflichtungen gewährt, wobei im Falle einer Nichtpassivierung gem. Art. 28 Abs. 2 EGHGB Angaben zu den nicht passivierten Pensionsbeträgen im **Anhang** erforderlich werden.

Die Möglichkeit zur Bildung einer Pensionsrückstellung, die nach dem Handelsrecht zulässig ist, erfährt im **Steuerrecht** gem. R 6 a Abs. 1 Satz 4 EStR eine gesetzliche Schranke durch die in **§ 6 a EStG** genannten **zwingenden Ansatzvoraussetzungen**. Der **Wortlaut des § 6 a EStG** ist dahingehend zu verstehen, dass die handelsrechtliche Passivierungspflicht zwar steuerlich maßgebend ist, die Bildung der Rückstellung in der Steuerbilanz aber von der Erfüllung der in § 6 a EStG angeführten Voraussetzungen abhängt. Liegen die Voraussetzungen des § 6 a EStG vor, darf das betreffende Unternehmen in der Steuerbilanz eine Pensionsrückstellung erstmalig für das Jahr bilden, in dem die Pensionszusage gegeben wurde, frühestens für das Geschäftsjahr, in dem der Pensionsberechtigte das 28. Lebensjahr vollendet hat.

Da das handelsrechtliche Passivierungsgebot für unmittelbare Pensionszusagen ab dem 01.01.1987 auch steuerlich gem. R 6 a Abs. 1 Satz 1 EStR zu beachten ist, besteht grds. unter Beachtung des § 6 a EStG auch ein Passivierungsgebot.[120] Dagegen ist die **Bildung mittelbarer und sonstiger ähnlicher Pensionsrückstellungen**, die ein handelsrechtliches Passivierungswahlrecht darstellt, nach Auffassung des *BMF* steuerlich **unzulässig**.[121] Das handelsrechtliche Passivierungswahlrecht für Altzusagen wird gem. R 6 a Abs. 1 Satz 3 EStR steuerlich ebenfalls als **Wahlrecht** akzeptiert und stellt eine der wenigen Ausnahmen des *BFH-Urteils* vom 03.02.1969 dar.[122]

Die Verpflichtung zur Bildung von Pensionsrückstellungen beginnt grundsätzlich in derjenigen Periode, in der die **Anwartschaften** (Pensionsverpflichtungen während eines laufen-

---

[120] Vgl. *BMF* 2010a, S. 240.
[121] Vgl. *BMF* 1987, S. 365; *BFH* 1991, S. 336.
[122] Vgl. *BMF* 2010a, S. 240.

den Dienstverhältnisses) der Arbeitnehmer gegenüber dem Arbeitgeber erworben wurden. Anwartschaften sind im Handelsrecht unter Berücksichtigung des allgemeinen Bewertungsprinzips des § 253 Abs. 1 Satz 2 HGB für Rückstellungen in Höhe des nach vernünftiger kaufmännischer Beurteilung notwendigen Erfüllungsbetrags anzusetzen.[123] Von entscheidender Bedeutung für die Berechnung der Pensionsrückstellungen ist zum einen die **Höhe des Zinssatzes**, mit dessen Hilfe die künftigen Verpflichtungen abzuzinsen sind. Nach § 253 Abs. 2 Satz 1 HGB sind Pensionsrückstellungen grds. mit einer Restlaufzeit von über einem Jahr mit dem ihrer Restlaufzeit entsprechenden **durchschnittlichen Marktzins der vergangenen sieben Geschäftsjahre** abzuzinsen. Aus Vereinfachungsaspekten gewährt der handelsrechtliche Gesetzgeber die Möglichkeit, abweichend eine **pauschale Abzinsung** bei einer unterstellten Restlaufzeit von **15 Jahren** vorzunehmen. Die Zinssätze werden durch die *Deutsche Bundesbank* ermittelt und veröffentlicht. Das hierfür verwendete **Planvermögen** ist mit den Pensionsrückstellungen zu saldieren und zum beizulegenden Zeitwert zu bewerten nach § 246 Abs. 2 Satz 2; 253 Abs. 1 Satz 4 HGB).

Für die steuerrechtliche Gewinnermittlung ist abweichend ein Festzins von **6 %** zugrunde zu legen.[124] Im Rahmen der vernünftigen kaufmännischen Beurteilung sind demografische und finanzielle Faktoren (z. B. Sterbenswahrscheinlichkeiten und Invaliditätsrisiken) zu beachten, aus handelsrechtlicher Sicht zudem künftige Preis- und Kostensteigerungen unter Durchbrechung des Stichtagsprinzips. Die entsprechenden Beträge zur demografischen Bewertung der Pensionsrückstellungen können z. T. aus **versicherungsmathematischen Tabellen** entnommen werden, die unter Berücksichtigung der angesprochenen Wahrscheinlichkeiten berechnet wurden. Als Bewertungsmethoden zur Ermittlung von Pensionsrückstellungen für **Anwartschaften** kommt aus steuerrechtlicher Sicht lediglich das **Teilwertverfahren** in Betracht, wobei handelsrechtlich das Projected Unit Credit-Verfahren analog zu den IFRS oder ein modifiziertes Teilwertverfahren zum Einsatz kommt.

Gemäß § 6 a Abs. 3 Satz 2 Nr. 1 EStG ergibt sich der **Teilwert einer Pensionsverpflichtung** aus der Differenz zwischen dem Barwert der künftigen Pensionsleistungen einerseits und dem Barwert der noch zu erbringenden künftigen Jahresbeträge (bis zum Eintritt des Versorgungsfalls) andererseits. Dabei sind die Jahresbeträge (fiktive Prämien) so zu bemessen, „… dass am Beginn des Wirtschaftsjahres, in dem das Dienstverhältnis begonnen hat, ihr Barwert gleich dem Barwert der künftigen Pensionsleistungen ist" (§ 6 a Abs. 3 Nr. 1 Satz 2 EStG). Allerdings darf in den einzelnen Perioden die Pensionsrückstellung höchstens um den **Unterschied** zwischen dem Teilwert der Verpflichtung am Schluss des Wirtschaftsjahres und am Schluss des vorangegangenen Wirtschaftsjahres aufwandswirksam erhöht werden (§ 6 a Abs. 4 Satz 1 EStG). Nur in dem Wirtschaftsjahr, in dem mit der Bildung **begonnen** wurde, besteht die Möglichkeit, die Rückstellung bis zur Höhe des Teilwertes zu bilden (§ 6 a Abs. 4 Satz 2 EStG). Die der Pensionsrückstellung zugeführten Beträge werden üblicherweise auf dem Konto „Aufwendungen für Altersversorgung" erfasst und in der handelsrechtlichen Gewinn- und Verlustrechnung gemäß § 275 Abs. 2 HGB unter dem Posten 6. b) „Soziale Abgaben und Aufwendungen für Altersversorgung …" ausgewiesen.

---

[123] Vgl. hierzu die Ausführungen im Dritten Teil zu Gliederungspunkt II.B.2.a.a.a.
[124] Vgl. § 6 a Abs. 3 Satz 3 EStG.

Beispiel:[125] Dem am 01.01. des Geschäftsjahres 2011 in eine Einzelunternehmung eingetretenen Geschäftsführer wurde vertraglich zugesagt, dass er mit Übergang in den Ruhestand am 31.12. des Geschäftsjahres 2022 für weitere zehn Jahre lang jeweils **nachschüssig** eine Pension von 6.000 € pro Jahr erhalten soll.

a) **Berechnung der Pensionsrückstellung nach dem steuerrechtlichen Teilwertverfahren für das Geschäftsjahr 2011:**

Berechnung des Rentenbarwerts, bezogen auf den Versorgungsfall zum 01.01.2023 (RBW_{22}):

$$RBW_{22} = \frac{1 - \frac{1}{(1+0{,}06)^{10}}}{0{,}06} \cdot 6.000\,€$$
$$= 7{,}360087053 \cdot 6.000\,€ = 44.160{,}52\,€.$$

Abzinsung des Rentenbarwerts (RBW_{22}) auf den Bilanzstichtag zum 31.12.2011 (BW_{11}^{I}):

$$BW_{11}^{I} = \frac{1}{(1+0{,}06)^{11}} \cdot 44.160{,}52\,€$$
$$= 0{,}526787525 \cdot 44.160{,}52\,€ = 23.263{,}21\,€.$$

Abzinsung des Rentenbarwerts (RBW_{22}) auf den Eintrittszeitpunkt in das Unternehmen zum 31.12.2010 (BW_{10}^{II}):

$$BW_{10}^{II} = \frac{1}{(1+0{,}06)^{12}} \cdot 44.160{,}52\,€$$
$$= 0{,}496969363 \cdot 44.160{,}52\,€ = 21.946{,}43\,€.$$

Umrechnung des auf den Eintrittszeitpunkt abgezinsten Rentenbarwerts (BW_{10}^{II}) in Jahresbeträge (JB_{10}), deren Barwertsumme dem Barwert der künftigen Pensionsleistungen (Rentenbarwert, bezogen auf den Versorgungsfall) entspricht:[126]

$$JB_{10} = \frac{0{,}06}{1 - \frac{1}{(1+0{,}06)^{12}}} \cdot 21.946{,}43\,€$$
$$= 0{,}119277029 \cdot 21.946{,}43\,€ = 2.617{,}70\,€.$$

---

[125] Vgl. zur Berechnung der Pensionsrückstellung auch R 6 a EStR.

[126] Diese Umrechnung wird mit Hilfe des Wiedergewinnungsfaktors vorgenommen, der den reziproken Wert des Rentenbarwertfaktors darstellt.

I. Bilanzansatz dem Grunde nach (Aktivierung und Passivierung)

Die Kontrollrechnung lässt sich mit Hilfe der **Endwertberechnung** für eine nachschüssige Rente wie folgt vornehmen (EW = Endwert):

$$EW_{22} = \frac{(1+0{,}06)^{12} - 1}{0{,}06} \cdot 2.617{,}70\,€$$
$$= 16{,}8699412 \cdot 2.617{,}70\,€ = 44.160{,}45\,€.$$

Berechnung des Barwerts der auf die restlichen Jahre entfallenden Beträge, bezogen auf den Bilanzstichtag zum 31.12.2011 (BW_{11}^{III}):

$$BW_{11}^{III} = \frac{1 - \frac{1}{(1+0{,}06)^{11}}}{0{,}06} \cdot 2.617{,}70\,€$$
$$= 7{,}886874575 \cdot 2.617{,}70\,€ = 20.645{,}51\,€.$$

Ermittlung des Teilwerts der Pensionsverpflichtung aus der Differenz von BW_{11}^{I} und BW_{11}^{III} (maximale Zuführung zur Pensionsrückstellung):

	BW_{11}^{I}	23.263,21 €
−	BW_{11}^{III}	− 20.645,51 €
=	Teilwert zum 31.12.2011	= 2.617,70 €.

Verbuchung der Pensionsrückstellung für das Geschäftsjahr 2011:

(1) Aufwendungen für   an   Pensionsrück-   2.617,70 €.
    Altersversorgung   stellungen

Kontenmäßige Darstellung:

S	Pensionsrückstellungen	H		S	Aufwendungen für Altersversorgung	H
	€	€			€	€
SBK (EB)	2.617,70	AB 0		(1)	2.617,70	GuV (Saldo) …
		(1) 2.617,70				
	2.617,70	2.617,70				

b) Berechnung der Pensionsrückstellung für das Geschäftsjahr 2021:

Abzinsung des Rentenbarwerts (RBW_{22}) auf den Bilanzstichtag zum 31.12.2021 (BW_{21}^{I}):

$$BW_{21}^{I} = \frac{1}{(1+0{,}06)} \cdot 44.160{,}52\,€$$
$$= 0{,}943396226 \cdot 44.160{,}52\,€ = 41.660{,}87\,€.$$

Berechnung des Barwerts der auf die restlichen Jahre entfallenden Beträge, bezogen auf den Bilanzstichtag zum 31.12.2021 (BW_{21}^{III}):

$$BW_{21}^{III} = \frac{1 - \frac{1}{(1+0{,}06)}}{0{,}06} \cdot 2.617{,}70\,€$$
$$= 0{,}943396226 \cdot 2.617{,}70\,€ = 2.469{,}53\,€.$$

Ermittlung des Teilwerts der Pensionsverpflichtung aus der Differenz von BW_{21}^{I} und BW_{21}^{III}:

	BW_{21}^{I}	41.660,87 €
–	BW_{21}^{III}	– 2.469,53 €
=	Teilwert zum 31.12.2021	= 39.191,34 €.

c) Berechnung der maximalen Zuführung zur Pensionsrückstellung:

	Teilwert der Pensionsverpflichtung am 31.12.2021	39.191,34 €
–	Teilwert der Pensionsverpflichtung am 31.12.2020	34.503,43 €[127]
=	aufwandswirksame Zuführung zur Pensionsrückstellung	= 4.687,91 €.

Verbuchung der Pensionsrückstellung für das Geschäftsjahr 2021:

(1) Aufwendungen für   an   Pensionsrückstellungen   4.687,91 €.
    Altersversorgung

Kontenmäßige Darstellung:

S	Pensionsrückstellungen		H		S	Aufwendungen für Altersversorgung		H
	€		€			€		€
SBK (EB)	39.191,34	AB (1)	34.503,43 4.687,91		(1)	4.687,91	GuV (Saldo)	…
	<u>39.191,34</u>		<u>39.191,34</u>					

Abbildung 175 zeigt die Berechnung der maximalen **Zuführungsbeträge** zur Pensionsrückstellung für die Geschäftsjahre 2010 bis 2022. Am Ende des Geschäftsjahres 2022 entspricht die Summe der in den einzelnen Perioden zugeführten Beträge genau dem **Rentenbarwert** der künftigen Pensionszahlungen an den Geschäftsführer von 44.160,52 €. Mithin ist die Rückstellungsbildung mit Erreichen des Rentenbarwertes der laufenden Pension abgeschlossen.

Die Pensionsrückstellung ist ab dem Zeitpunkt des vorgesehenen Eintritts des **Versorgungsfalls** in den folgenden Geschäftsjahren in Höhe der jeweiligen **(Renten-)Barwertdifferenzen** über das Konto „Aufwendungen für Altersversorgung" schrittweise aufzulösen. Die effektiven **Pensionszahlungen** an den Berechtigten sind dabei als **Aufwand** zu verbuchen (R 6 a Abs. 22 Satz 3 EStR).[128] Durch diese Vorgehensweise wird über alle Perioden betrachtet per Saldo die **Gesamtsumme der effektiven Pensionsleistungen** aufwandswirksam verrechnet. Nach Beendigung des Dienstverhältnisses oder nach Eintritt des Versorgungsfalls müssen demnach die **künftigen Pensionsleistungen** mit ihrem **(Renten-)Barwert** angesetzt werden, der gemäß § 6 a Abs. 3 Nr. 2 EStG dem Teilwert entspricht.[129]

---

[127] 34.503,4385 € = 0,88999644 · 44.160,52 € – 1,833392667 · 2.617,70 €.

[128] Vgl *Ellrott/Rhiel* 2012, Anm. 235 zu § 249 HGB.

[129] Vgl. § 253 Abs. 1 Satz 2 1. HS HGB und die Ausführungen im Dritten Teil zu Gliederungspunkt II.B.2.

I. Bilanzansatz dem Grunde nach (Aktivierung und Passivierung)

Gj.	BW^I in €	BW^{III} in €	Teilwert in €	Zuführungsbetrag in €
2010	21.946,43	21.946,43	0	–
2011	23.263,21	20.645,51	2.617,70	2.617,70
2012	24.659,01	19.266,54	5.392,47	2.774,77
2013	26.138,55	17.804,83	8.833,72	2.941,25
2014	27.706,86	16.255,41	11.451,95	3.117,73
2015	29.369,27	14.613,03	14.756,24	3.304,79
2016	31.131,43	12.872,11	18.259,32	3.503,08
2017	32.999,31	11.026,73	21.972,58	3.713,26
2018	34.979,27	9.070,63	25.908,64	3.936,06
2019	37.078,03	6.997,17	30.080,86	4.172,23
2020	39.302,71	4.799,29	34.503,42	4.422,56
2021	41.660,87	2.469,53	39.191,33	4.687,91
2022	44.160,52	0	44.160,52	4.969,18
Summe	–	–	–	44.160,52

Abb. 175: Berechnung der Zuführungsbeträge beim steuerrechtlichen Teilwertverfahren

Beispiel: Unter Rückgriff auf die Daten des vorangegangenen Beispiels zeigt **Abbildung 176** die sukzessive Auflösung der Pensionsrückstellung in Höhe des Unterschiedsbetrags zwischen dem Rentenbarwert der künftigen Pensionszahlungen am Schluss des jeweiligen Geschäftsjahres und am Schluss des vorangegangenen Geschäftsjahres. Anschließend werden die entsprechenden Buchungen für die Geschäftsjahre 2023 und 2032 dargestellt.

Verbuchungen für das Geschäftsjahr 2023:

(1) Pensionsrückstellungen an Aufwendungen für Altersversorgung 3.350,36 €

(2) Aufwendungen für Altersversorgung an Guthaben bei Kreditinstituten 6.000 €.

Kontenmäßige Darstellung:

S	Guthaben bei Kreditinstituten		H
	€		€
AB	…	(2)	6.000

S	Aufwendungen für Altersversorgung		H
	€		€
(2)	6.000	(1)	3.350,36
			GuV (Saldo)

S	Pensionsrückstellungen		H
	€		€
(1)	3.350,36	AB	44.160,52
SBK (EB)	40.810,16		
	44.160,52		44.160,52

Gj.	Pensions-zahlungen in €	Rentenbarwerte = Teilwerte in €	Rentenbarwert-Differenzen = Auflösungs-beträge in €	Unterschiede zwischen Pensionszahlungen und Rentenbarwert-Differenzen in €
2022	6.000	44.160,52	0	0
2023	6.000	40.810,16	3.350,36	2.649,64
2024	6.000	37.258,76	3.551,40	2.448,60
2025	6.000	33.494,29	3.764,47	2.235,53
2026	6.000	29.503,95	3.990,34	2.009,66
2027	6.000	25.274,19	4.229,76	1.770,24
2028	6.000	20.790,64	4.483,55	1.516,45
2029	6.000	16.038,07	4.752,57	1.247,43
2030	6.000	11.000,36	5.037,71	962,29
2031	6.000	5.660,37	5.339,99	660,01
2032	6.000	0	5.660,37	339,63
Summe	60.000	–	44.160,52	15.839,48

Abb. 176: Rentenbarwerte und Rentenbarwert-Differenzen nach Eintritt des Versorgungsfalls

Verbuchungen für das Geschäftsjahr 2032:

(1) Pensionsrückstellungen an Aufwendungen für Altersversorgung 5.660,37 €

(2) Aufwendungen für Altersversorgung an Guthaben bei Kreditinstituten 6.000 €.

Kontenmäßige Darstellung:

S	Guthaben bei Kreditinstituten		H
	€		€
AB	...	(2)	6.000

S	Pensionsrückstellungen		H
	€		€
(1)	5.660,37	AB	5.660,37
SBK (EB)	0		
	5.660,37		5.660,37

S	Aufwendungen für Altersversorgung		H
	€		€
(2)	6.000	(1)	5.660,37
		GuV (Saldo)	...

I. Bilanzansatz dem Grunde nach (Aktivierung und Passivierung)

Im Vergleich zum ausgeprägten Gestaltungsspielraum im Rahmen der handelsrechtlichen Bildung von Pensionsrückstellungen werden den Unternehmen in **IAS 19.52** keine Wahlrückstellungen zuerkannt, so dass grds. sämtliche Pensionsverpflichtungen als Rückstellung zum Ansatz kommen müssen, für die das Unternehmen direkt oder indirekt leistungspflichtig ist.[130] Gem. IAS 19.26 hat eine Unterscheidung in beitragsorientierte (**Defined Contribution Plan**) und leistungsorientierte Vertragsgestaltungen (**Defined Benefit Plan**) zu erfolgen. **Beitragsorientierte Pensionspläne** sehen gem. IAS 19.50 lediglich eine aufwandswirksame Verbuchung der anfallenden Zahlungsverpflichtungen an den externen Versorgungsträger vor. Eine beitragsorientierte Verpflichtung sieht lediglich eine Einzahlungspflicht des Unternehmens in einen **Pensionsfond** vor, die im Wesentlichen dem deutschen Modell einer Direktversicherung des Arbeitnehmers entspricht. **Leistungsorientierte Pensionsgestaltungen** erfüllen die Tatbestandsvoraussetzungen einer ungewissen Verbindlichkeit nach IAS 19.61, für die im Allgemeinen ein Rückstellungsgebot besteht.[131] Im Falle der leistungsorientierten Pensionsverpflichtung ist das Unternehmen selbst dem Arbeitnehmer gegenüber direkt verpflichtet. Im Einzelabschluss besteht nach IAS 19.63 eine Passivierungspflicht in Höhe der **leistungsorientierten** Pensionsverpflichtung (**Pension Obligation**), sofern keine Deckung durch Planvermögen vorliegt. Die IFRS folgen somit dem Nettoprinzip. Der als Schuld (Defined Benefit Liability) zu erfassende Betrag entspricht gem. IAS 19.66 dem Saldo des Barwertes der leistungsorientierten Verpflichtung zum Abschlussstichtag einschließlich der in IAS 19.67–98 aufgeführten Einflussgrößen. Nach IAS 19.67 ist die **Projected Unit Credit Method (Verfahren der laufenden Einmalprämien)** verbindlich, wobei zur Abzinsung nach IAS 19.83 ein Marktzins für erstrangige, festverzinsliche Industrieanleihen herangezogen wird. Demografische und finanzielle Faktoren sind zwingend zu berücksichtigen, welche sich auf die Höhe der Rückstellungen auswirken. In Analogie zum Handelsrecht wird das **Planvermögen** mit den Pensionsrückstellungen nach IAS 19.113 verrechnet und zum beizulegenden Zeitwert ausgewiesen.

(b) Steuerrückstellungen

(α) Grundlegendes[132]

In die Steuerrückstellung sind grundsätzlich alle vom Unternehmen veranlassten und geschuldeten Steuern einzubeziehen, die das abgelaufene Geschäftsjahr betreffen, Aufwandscharakter tragen und ihrer Höhe nach noch nicht exakt feststehen. Die für eine Rückstellungsbildung in der Handels- und Steuerbilanz relevante **Betriebsteuer** im Hinblick auf **Einzelunternehmen und Personenhandelsgesellschaften** stellt in erster Linie die **Gewerbesteuer** dar, da die entsprechende Abschlusszahlung vom steuerrechtlichen Gewinn abhängt, der aber bis zum Zeitpunkt der Bilanzerstellung noch nicht sicher berechenbar ist. Ähnliches gilt bezüglich der **Kapitalgesellschaften** ebenso für die Gewerbesteuer, aber auch für die **Körperschaftsteuer**.[133] Allerdings lässt das **Steuerrecht** keine aufwandswirksame Berücksichtigung sog. Steuern vom Einkommen zu, denen die Einkommen- und Körperschaftsteuer zu sub-

---

[130] Vgl. *Breker* 2004, S. 13.
[131] Vgl. *Möhlmann-Mahlau/Gerken/Grotheer* 2004, S. 854.
[132] Vgl. hierzu auch *Marx* 1998, S. 32–195.
[133] Vgl. hierzu die Ausführungen im Fünften Teil zu Gliederungspunkt II.A.

sumieren sind.¹³⁴ Hieraus folgt, dass im Rahmen der steuerrechtlichen Gewinnermittlung **keine Rückstellungen** für diese beiden Steuerarten gebildet werden dürfen. Umstritten ist die Rückstellungsbildung für die Einkommensteuer in der **Handelsbilanz** von Einzelunternehmen und Personenhandelsgesellschaften, weil sie nicht vom Betrieb, sondern vom **Geschäftsinhaber** bzw. den **Gesellschaftern geschuldet** wird. Wird berücksichtigt, dass das betriebliche Ergebnis die Einkommensteuer veranlasst sowie ohne Einbeziehung dieser Steuerart die Gefahr besteht, dem Unternehmen eine vergleichsweise zu günstige Ertragslage zu unterstellen, dürften gegen eine entsprechende Rückstellungsbildung im handelsrechtlichen Jahresabschluss keine Bedenken bestehen.¹³⁵

Darüber hinaus können Rückstellungen auch für ungewisse **steuerrechtliche Haftungsschulden** sowie für zu erwartende Nachzahlungen aufgrund **steuerrechtlicher Außenprüfungen** in Betracht kommen.¹³⁶ Die nach § 274 Abs. 1 HGB gebildeten passiven latenten Steuern sind nach dem BilMoG zwingend außerhalb der Rückstellungen in einen **Sonderposten eigener Art** einzustellen.¹³⁷ Für Nicht-Kapitalgesellschaften und ihnen gesetzlich gleichgestellte Unternehmen kommt hingegen lediglich eine **Rückstellung für Steuerabgrenzung** nach § 249 Abs. 1 Satz 1 HGB in Betracht. Nach IAS 12.15 hingegen werden die aktiven und passiven Steuerlatenzen als Vermögenswerte und Schulden qualifiziert, sodass für eine Rückstellungsbildung nach IAS 37 kein Raum bleibt. Auch eine Rückstellungsbildung für effektive Steuern ist nach IAS 37 nicht zulässig, vielmehr ist ein Ausweis als Steuerverbindlichkeit nach IAS 12 angezeigt.

Aufgrund ihrer herausragenden Bedeutung für die Finanzbuchhaltung wird im Folgenden die Berechnung und Verbuchung der **Gewerbesteuerrückstellung** bei einzelkaufmännisch geführten Unternehmen im Detail dargestellt.

(β)   Gewerbesteuerrückstellung

Laut § 5 Abs. 1 Satz 1 GewStG ist der **Einzelunternehmer** Schuldner der Gewerbesteuer. Allerdings zielt die Gewerbesteuer als **Realsteuer** ohne Berücksichtigung der wirtschaftlichen Leistungsfähigkeit des hinter dem Unternehmen stehenden Eigners auf eine Besteuerung des Objektes „Gewerbebetrieb" ab. Aus diesem Grunde trägt sie den Charakter einer **Betriebsteuer** und ist deshalb im Rahmen der Finanzbuchhaltung aus handels- und steuerrechtlicher Sicht **aufwandswirksam** zu verrechnen. Als Bemessungsgrundlagen nennt § 6 GewStG den **Gewerbeertrag**. § 7 GewStG bestimmt, dass der Gewerbeertrag, an den die Gewerbesteuer anknüpft, der nach den Vorschriften des Einkommensteuergesetzes zu ermittelnde Gewinn aus Gewerbebetrieb (der Einzelunternehmung) ist, jedoch vermehrt und vermindert um die in § 8 und § 9 GewStG bezeichneten Beträge (**gewerbesteuerliche Modifikationen**) sowie ggf. gekürzt um einen **Gewerbeverlust-Vortrag aus Vorjahren** (§ 10a GewStG).¹³⁸

---

[134] Vgl. § 12 Nr. 3 EStG und § 10 Nr. 2 KStG.
[135] Vgl. *Kozikowski/Schubert* 2012b, Anm. 100 zu § 249 HGB.
[136] Vgl. *ADS* 1997b, Anm. 210 zu § 266 HGB.
[137] Vgl. hierzu die weiteren Ausführungen im Fünften Teil zu Gliederungspunkt III.B.3.d.
[138] Vgl. zu den Einzelheiten der Gewerbesteuer etwa *Montag* 2013, Anm. 1–45 zu § 12.

I. Bilanzansatz dem Grunde nach (Aktivierung und Passivierung)

	Korrigierter Steuerbilanzerfolg vor Gewerbesteuerrückstellung
+	Geleistete Gewerbesteuer-Vorauszahlungen (§ 19 GewStG)
=	Korrigierter Steuerbilanzerfolg
+	Hinzurechnungen (§ 8 GewStG)
–	Kürzungen (§ 9 GewStG)
–	Gewerbeverlust-Vortrag aus Vorjahren (§ 10a GewStG)
–	Freibetrag i. H. v. 24.500 € (für Einzelunternehmen und Personengesellschaften)
–	Gewerbesteuer [3,5 % (Messzahl nach § 11 Abs. 2 GewStG) * Hebesatz * Gewerbeertrag]
=	Gewinn nach Gewerbesteuer

Abb. 177: Berechnung der Gewerbesteuer

	Berechnete Gewerbesteuer = voraussichtliche Gewerbesteuerbelastung
–	Geleistete Gewerbesteuer-Vorauszahlungen
=	Voraussichtliche Gewerbesteuer-Abschlusszahlung (Gewerbesteuerrückstellung)

Abb. 178: Berechnung der Gewerbesteuer-Abschlusszahlung

Da der endgültige Gewerbesteuerbescheid bis zum Zeitpunkt der Bilanzaufstellung in aller Regel noch nicht vorliegt, muss der **voraussichtlichen Gewerbesteuer-Abschlusszahlung** (Gewerbesteuerbelastung abzüglich bereits geleisteter Vorauszahlungen) durch eine Rückstellung nach § 249 Abs. 1 Satz 1 HGB Rechnung getragen werden. Die voraussichtliche Gewerbesteuer-Abschlusszahlung ist in der Gewinn- und Verlustrechnung der Einzelunternehmung unter dem Aufwandsposten 18. „Steuern vom Einkommen und vom Ertrag" (**Gewerbesteuer**) nach § 275 Abs. 2 HGB auszuweisen. Die Berechnung der Gewerbesteuerrückstellung muss mithin unter Berücksichtigung der während des Geschäftsjahres geleisteten, aufwandswirksam verbuchten **Gewerbesteuer-Vorauszahlungen** sowie nach Maßgabe der spezifischen Regelungen des Gewerbesteuergesetzes erfolgen. Den Ausgangspunkt bei der Berechnung des Gewerbeertrags stellt stets der um steuerrechtlich nicht abziehbare Aufwendungen und steuerfreie Erträge **korrigierte Steuerbilanzerfolg vor Gewerbesteuerrückstellung** dar. Die **Abbildung 177** und **Abbildung 178** zeigen die einzelnen Schritte zur Ermittlung des Gewerbeertrags bzw. der voraussichtlichen Gewerbesteuer-Abschlusszahlung (Gewerbesteuer-Rückstellung).

Beispiel: Die XY-Einzelunternehmung hat im Geschäftsjahr 2012 einen korrigierten Steuerbilanzgewinn vor Gewerbesteuerrückstellung in Höhe von 168.500 € erzielt. Die während des Geschäftsjahres geleisteten, bereits aufwandswirksam verbuchten Gewerbesteuer-Vorauszahlungen belaufen sich auf 20.000 €. Der Hebesatz der Standortgemeinde beträgt 400 %. Sowohl gewerbesteuerliche Modifikationen als auch ein Gewerbeverlust-Vortrag aus Vorjahren sind im Rahmen der Rückstellungsberechnung nicht zu berücksichtigen.

Berechnung des Gewerbeertrags:

	Korrigierter Steuerbilanzerfolg vor Gewerbesteuerrückstellung	168.500 €
+	Geleistete Gewerbesteuer-Vorauszahlungen (§ 19 GewStG)	20.000 €
–	Freibetrag	24.500 €
=	Gewerbeertrag	164.000 €
–	Gewerbesteuer = 3,5 % * 400 % * 164.000 €	22.960 €
=	Gewinn nach Gewerbesteuer	141.040 €

Berechnung der Gewerbesteuer-Abschlusszahlung:

	Berechnete Gewerbesteuer	22.960 €
–	Geleistete Gewerbesteuer-Vorauszahlung	20.000 €
=	Voraussichtliche Gewerbesteuer-Abschlusszahlung (Gewerbesteuerrückstellung)	2.960 €.

Verbuchung der Gewerbesteuer-Vorauszahlungen und der Gewerbesteuerrückstellung:

(1) Steuern vom Einkommen und vom Ertrag   an   Guthaben bei Kreditinstituten   20.000 €

(2) Steuern vom Einkommen und vom Ertrag   an   Gewerbesteuer-rückstellung   2.960 €.

Kontenmäßige Darstellung:

S	Guthaben bei Kreditinstituten	H
	€	€
AB	... (1)	20.000

S	Gewerbesteuerrückstellung	H
	€	€
SBK (EB)	...	AB ...
		(2) 2.960

S	Steuern vom Einkommen und vom Ertrag	H
	€	€
(1)	20.000	GuV (Saldo) ...
(2)	2.960	

(c)   Gewährleistungsrückstellungen

Sofern für das Unternehmen **Gewährleistungsverpflichtungen** (z. B. für kostenlose Nacharbeiten oder Ersatzlieferungen) bestehen, ist nach § 249 Abs. 1 Satz 1 HGB im Geschäftsjahr der (wirtschaftlichen) Verpflichtungsbegründung in Höhe der voraussichtlichen Inanspruchnahme eine Rückstellung zu bilden. Derartige Verpflichtungen können auf Gesetz (z. B. § 459 bis § 493 BGB, § 633 f. BGB) oder auf selbstständiger Gewährleistungszusage beruhen[139] (**Gewährleistung aufgrund rechtlicher Verpflichtung**). Allerdings verlangt das Handels- und Steuerrecht auch dann einen Rückstellungsansatz, wenn Gewährleistungen vorliegen, die **ohne rechtliche Verpflichtung** erbracht werden (sog. **Kulanzrückstellungen**). Obwohl es sich auch bei diesen faktischen Verpflichtungen um ungewisse Verbindlichkei-

---

[139] Vgl. *Kozikowski/Schubert* 2012b, Anm. 100 zu § 249 HGB.

I. Bilanzansatz dem Grunde nach (Aktivierung und Passivierung)

ten handelt und damit eine Passivierung bereits von § 249 Abs. 1 Satz 1 HGB ausgelöst wird, wurde das Rückstellungsgebot für Kulanzfälle explizit in § 249 Abs. 1 Satz 2 Nr. 2 HGB aufgenommen. Allerdings kommt eine derartige Rückstellungsbildung nur dann in Betracht, wenn sich der Unternehmer, ohne dass er rechtlich zu einer Leistung gezwungen ist, aus **sittlichen und wirtschaftlichen Gründen** der Gewährleistungsverpflichtung nicht entziehen zu können glaubt.

Rückstellungen für Gewährleistungen müssen grundsätzlich mit denjenigen Aufwendungen bewertet werden, die zum Zwecke der zukünftigen Erfüllung der Gewährleistungspflicht erforderlich sind. Das sind etwa für die Verpflichtung zur mangelfreien Nachlieferung von Waren die jeweiligen Anschaffungskosten, ggf. zuzüglich noch entstehender Nebenkosten (z. B. Vertriebskosten). Die **Einzel-Rückstellungsbildung** ist unter Beachtung des Grundsatzes der **Wertaufhellung** (§ 252 Abs. 1 Nr. 4 Satz 1 1. HS HGB) für alle bis zur Bilanzaufstellung bekannt gewordenen Gewährleistungsfälle vorzunehmen. Darüber hinaus kann eine **Pauschalrückstellung** ergänzend passiviert werden, wenn erfahrungsgemäß mit einer gewissen Wahrscheinlichkeit der Inanspruchnahme aus Gewährleistungen gerechnet werden muss. Zur Schätzung des pauschalen Rückstellungsbetrages wird ein Prozentsatz vom gesamten (garantiebehafteten) Umsatz zugrunde gelegt. Allerdings ist der bereinigte Jahresumsatz zuvor um diejenigen Umsätze zu kürzen, für die bereits Einzelrückstellungen gebildet wurden. Analog zu den Pauschalwertberichtigungen zu Forderungen[140] ist am Ende des Geschäftsjahres eine entsprechende erfolgswirksame **Auf- oder Abstockung** vorzunehmen.

> **Beispiel:** Einzelunternehmer A schließt am 15.11. des Geschäftsjahres 2012 mit einem Kunden einen Kaufvertrag ab, indem sich A zur Lieferung einer leichtverderblichen Ware zum Nettoverkaufspreis von 17.500 € (Anschaffungskosten 13.500 €) zu Beginn des Geschäftsjahres 2013 verpflichtet. Infolge des unbemerkten Ausfalls eines Kühlaggregates vom 30.12. auf den 31.12.2012 ist mit einem voraussichtlichen Verderb der Handelsprodukte zu rechnen. Nach dem Kaufvertrag hat A im Falle eines Warenmangels für eine vollständige Ersatzlieferung zu sorgen und ferner die Zustellkosten (Vertriebskosten) in Höhe von 1.000 € zu übernehmen. Darüber hinaus rechnet A mit einer weiteren Inanspruchnahme aus Gewährleistungen, die sich auf andere, im Geschäftsjahr 2012 abgeschlossene Kaufverträge beziehen. Der Einzelunternehmer beabsichtigt, diese Risiken mit einem pauschalen Satz von 2 % auf seinen garantiebehafteten Netto-Jahresumsatz von insgesamt 600.000 € im Jahresabschluss 2012 zu berücksichtigen.
>
> 1. Fall: Im Geschäftsjahr 2013 wird die Ware an den Kunden mangelfrei geliefert (der Ausfall des Kühlaggregates hatte wider Erwarten nicht den Verderb der Ware zur Folge). Obwohl zum Ende dieser Periode keine Einzelrisiken vorliegen, die eine spezielle Rückstellungsbildung erfordern, beabsichtigt A, auf den garantiebehafteten Netto-Jahresumsatz von insgesamt 750.000 € unter Beibehaltung des vorjährigen Satzes von 2 % eine Pauschalrückstellung im Jahresabschluss 2013 zu bilden.
>
> 2. Fall: Im Geschäftsjahr 2013 wird die Ware an den Kunden mit erheblichen Mängeln geliefert, so dass A eine vollständige Ersatzlieferung in Höhe von 15.000 € (14.000 € Wiederbeschaffungskosten der Ware zzgl. 1.000 € Vertriebskosten) vornehmen muss. Bei der

---

[140] Vgl. hierzu die Ausführungen im Dritten Teil zu Gliederungspunkt II.C.2.c.c.b.

Beschaffung der Ersatzlieferung, die durch Banküberweisung bezahlt wird, fällt Umsatzsteuer von 3.000 € an. Ansonsten gelten die im ersten Fall genannten Daten.

a) Buchungen in 2012:

(1) Zuführungen zu   an   Rückstellungen für   14.500 €
    Rückstellungen   Gewährleistungen
(2) Zuführungen zu   an   Rückstellungen für   12.000 €[a].
    Rückstellungen   Gewährleistungen

Kontenmäßige Darstellung:

S	Rückstellungen für Gewährleistungen		H
	€		€
SBK (EB) 26.500	AB	0	
	(1)	14.500	
	(2)	12.000	
26.500		26.500	

S	Zuführungen zu Rückstellungen		H
	€		€
(1)	14.500	GuV (Saldo)	...
(2)	12.000		

[a] 12.000 € = 0,02 · 600.000 €.

b) Buchungen in 2013 (1. Fall):

(1) Rückstellungen für   an   Erträge aus der Auflösung 11.500 €.
    Gewährleistungen   von Rückstellungen

Kontenmäßige Darstellung:

S	Rückstellungen für Gewährleistungen		H
	€		€
(1)	11.500	AB	26.500
SBK (EB)	15.000[a]		
26.500		26.500	

S	Erträge aus der Auflösung von Rückstellungen		H
	€		€
GuV (Saldo)	...	(1)	11.500

[a] 15.000 € = 0,02 · 750.000 €.

c) Buchungen in 2013 (2. Fall):

(1) – Wareneinkauf   14.000 €   an   Guthaben bei   18.000 €
    – Warenvertriebskosten 1.000 €   Kreditinstituten
    – Vorsteuer   3.000 €
(2) – Rückstellungen für   14.500 €   an   – Wareneinkauf   14.000 €
      Gewährleistungen   – Warenvertriebskosten   1.000 €
    – Sonstige betriebliche   500 €
      Aufwendungen
(3) Zuführungen zu   an   Rückstellungen für   3.000 €
    Rückstellungen   Gewährleistungen

I. Bilanzansatz dem Grunde nach (Aktivierung und Passivierung)

Kontenmäßige Darstellung:

S	Guthaben bei Kreditinstituten		H
	€		€
AB	...	(1)	18.000

S	Wareneinkauf		H
	€		€
AB	...	(2)	14.000
(1)	14.000		

S	Warenvertriebskosten		H
	€		€
(1)	1.000	(2)	1.000
		GuV (Saldo)	...

S	Zuführungen zu Rückstellungen		H
	€		€
(3)	3.000	GuV (Saldo)	...

S	Vorsteuer		H
	€		€
(1)	3.000		

S	Rückstellungen für Gewährleistungen		H
	€		€
(2)	14.500	AB	26.500
SBK (EB)	15.000	(3)	3.000
	29.500		29.500

S	Sonstige betriebliche Aufwendungen		H
	€		€
(2)	500	GuV (Saldo)	...

Auch nach IAS 37.66–69 sind Rückstellungen für Gewährleistungen sowohl mit als auch ohne rechtliche Verpflichtung zu passivieren. Insofern genügt wie im Handelsrecht eine öffentlich angekündigte Maßnahme oder Aussagen des Unternehmens, die eine gerechtfertigte Erwartung erzeugen.

(d) Drohverlustrückstellungen

Als Ausfluss des **Vorsichtsprinzips** (Imparitätsprinzip) bestimmt § 249 Abs. 1 Satz 1 HGB, dass Rückstellungen für drohende Verluste aus schwebenden Geschäften gebildet werden müssen. Schwebende **Beschaffungs- und Absatzgeschäfte oder Dauerschuldverhältnisse** liegen vor, wenn ein gegenseitiger Vertrag abgeschlossen wurde, der aber vom zur Lieferung oder Leistung Verpflichteten noch nicht erfüllt worden ist. Sowohl Ansprüche als auch Verpflichtungen aus derartigen Geschäften, die sich auf Vermögensgegenstände, Dienstleistungen und Nutzungen beziehen können, dürfen **grundsätzlich** vor Erfüllung nicht bilanziert werden.[141] Liegen aber am Bilanzstichtag konkrete Anhaltspunkte vor, dass der Wert der künftigen Verbindlichkeit (z. B. vereinbarter Kaufpreis von bestellten Waren) den Wert der Gegenleistung (z. B. beizulegender Stichtagswert dieser Waren) übersteigt, ist in Höhe des Differenzbetrages (**Verpflichtungsüberschuss**) eine Rückstellung für den aus diesem Geschäft drohenden Verlust (hier beim Beschaffer) zu bilden. Mithin wird der eigentlich erst bei der künftigen Erfüllung des Geschäfts zur Realisierung kommende Verlust bereits in der Periode seiner Verursachung ausgewiesen.

---

[141] Vgl. hierzu die Ausführungen im Dritten Teil zu Gliederungspunkt II.A.1.

Eine Drohverlustrückstellung für **schwebende Beschaffungsgeschäfte** ist aus handelsrechtlicher Sicht immer dann zu bilden, wenn die Kaufpreisschuld für das noch nicht gelieferte Vermögensgut höher ist als dessen beizulegender Wert bzw. Börsen- oder Marktpreis. Darüber hinaus besteht die Möglichkeit, dass **wertaufhellende Ereignisse** nach dem Bilanzstichtag bezüglich des Wertverfalls noch nicht erhaltener Vermögensgegenstände zu einer Rückstellungsbildung zwingen.

> Beispiel: Ein Großhändler schließt am 30.11. des Geschäftsjahres 2012 einen festen Wareneinkaufskontrakt über 10 Einheiten à 5.000 € (zzgl. 20 % Umsatzsteuer) ab. Die Lieferung soll am 20.01.2013 erfolgen (Bezahlung erfolgt mittels Bankscheck). Zum 31.12.2012 (Bilanzstichtag) fallen die Wiederbeschaffungskosten der Ware auf 4.500 € pro Einheit.
>
> a) Berechnung und Verbuchung der Rückstellung in 2012:
>
> | | | |
> |---|---|---:|
> | | Kaufpreisschuld (Wert der künftigen Verpflichtung) | 50.000 € |
> | − | Wiederbeschaffungskosten am Bilanzstichtag (Wert der Gegenleistung) | 45.000 € |
> | = | Rückstellung für drohenden Verlust aus schwebendem Geschäft (Verpflichtungsüberschuss) | 5.000 €. |
>
> Buchungssatz:
>
> (1) Zuführungen zu Rückstellungen   an   Rückstellungen für drohende Verluste aus schwebenden Geschäften   5.000 €.
>
> Kontenmäßige Darstellung:
>
> | S | Rückstellungen für drohende Verluste aus schwebenden Geschäften | H | | S | Zuführungen zu Rückstellungen | H |
> |---|---|---|---|---|---|---|
> | | € | € | | | € | € |
> | SBK (EB) | 5.000 | AB   0 | | (1) | 5.000 | GuV (Saldo) ... |
> | | | (1) 5.000 | | | | |
> | | 5.000 | 5.000 | | | | |
>
> b) Verbuchung des Beschaffungsgeschäftes, der Abschreibung auf den niedrigeren Zeitwert sowie der Auflösung der gebildeten Rückstellung in 2013:
>
> (1) − Wareneinkauf   50.000 €   an   Guthaben bei   60.000 €
>   − Vorsteuer   10.000 €   Kreditinstituten
>
> (2) Sonstige betriebliche   an   Wareneinkauf   5.000 €
>   Aufwendungen
>
> (3) Rückstellungen für   an   Sonstige betriebliche   5.000 €.
>   drohende Verluste aus   Aufwendungen
>   schwebenden Geschäften

I. Bilanzansatz dem Grunde nach (Aktivierung und Passivierung)

Kontenmäßige Darstellung:

S	Wareneinkauf		H
	€		€
AB	...	(2)	5.000
(1)	50.000		

S	Guthaben bei Kreditinsitituten		H
	€		€
AB	...	(1)	60.000

S	Vorsteuer		H
	€		€
(1)	10.000		

S	Rückstellungen für drohende Verluste aus schwebenden Geschäften		H
	€		€
(3)	5.000	AB	5.000
SBK (EB)	0		
	5.000		5.000

S	Sonstige betriebliche Aufwendungen		H
	€		€
(2)	5.000	(3)	5.000
		GuV (Saldo)	...

Rückstellungen für drohende Verluste aus **schwebenden Absatzgeschäften** sind im handelsrechtlichen Jahresabschluss stets dann zu bilden, wenn die zur Erfüllung der Verpflichtung nach den Preis- und Kostenverhältnissen am Bilanzstichtag aufzuwendenden Selbstkosten (ohne kalkulatorische Kosten) den vereinbarten Kaufpreis übersteigen. In die noch anfallenden Selbstkosten müssen neben den Anschaffungs- oder Herstellungskosten auch die **anteiligen Verwaltungs- und Vertriebskosten** einbezogen werden.[142]

Beispiel: Ein Großhändler kalkuliert die Selbstkosten (ohne kalkulatorische Kosten) wie folgt.

	AK am 15.12. des Geschäftsjahres 2012	20.000 €
+	noch anfallende Verwaltungs- und Vertriebskosten bis zum Verkauf	2.500 €
=	Selbstkosten	22.500 €.

Der mit dem Kunden vertraglich vereinbarte Nettoverkaufspreis beträgt bei Lieferung am 30.01. des Geschäftsjahres 2013 ca. 19.000 €.

a) **Berechnung und Verbuchung der Rückstellung in 2012:**

	nach den Preis- und Kostenverhältnissen am Bilanzstichtag (31.12.2012) kalkulierte Selbstkosten (Wert der künftigen Verpflichtung)	22.500 €
–	Vereinbarter Nettoverkaufspreis (Wert der Gegenleistung)	19.000 €
=	Rückstellung für drohenden Verlust aus schwebendem Geschäft	3.500 €.

---

[142] Sofern jedoch davon auszugehen ist, dass die vorliegenden Aufträge die spätere Annahme preisgünstigerer Aufträge nicht verhindern, wird aus handelsrechtlicher Sicht aber auch (wahlweise) die Bewertung der noch anfallenden Verwaltungs- und Vertriebskosten lediglich mit variablen Bestandteilen als zulässig angesehen. Vgl. zu dieser Auffassung *ADS* 1995a, Anm. 252 f. zu § 253 HGB.

Buchungssatz:

(1) Zuführungen zu Rückstellungen   an   Rückstellungen für   3.500 €.
drohende Verluste aus
schwebenden
Geschäften

Kontenmäßige Darstellung:

S	Rückstellungen für drohende Verluste aus schwebenden Geschäften	H		S	Zuführungen zu Rückstellungen	H
	€	€			€	€
SBK (EB)	3.500	AB	0	(1)	3.500	GuV (Saldo) ...
		(1)	3.500			
	__3.500__		__3.500__			

b) Erfolgsmäßige Entwicklung in 2013:

	Verbuchung des Nettoverkaufspreises bei Lieferung am 30.01.2013	19.000 €
–	Anschaffungskosten der Ware	20.000 €
=	Rohverlust aus dem Absatzgeschäft	– 1.000 €
–	Verwaltungs- und Vertriebskosten	– 2.500 €
=	Reinverlust aus dem Absatzgeschäft	– 3.500 €
+	Auflösung der Rückstellung für drohenden Verlust aus schwebendem Geschäft	3.500 €
=	Erfolgsbezogene Auswirkung des Absatzgeschäftes in 2013	0 €.

Auch für sog. **Dauerschuldverhältnisse** (z. B. Miet-, Pacht-, Dienst- oder Versicherungsverträge) sind aus handelsrechtlicher Sicht Rückstellungen für drohende Verluste aus schwebenden Geschäften zu bilden, wenn diese nicht (mehr) ausgewogen sind, d. h. bei **Dauerbeschaffungsgeschäften** der Wert der eigenen Verpflichtung (z. B. vertraglich vereinbarte Zinsen für gemietete Geschäftsräume) den Wert des entsprechenden Gegenleistungsanspruchs (z. B. zu aktuellen Mietzinsen bewertete Alternativobjekte) am Bilanzstichtag übersteigt. Mithin führen derartige Geschäfte stets zu einer Verlustrückstellung, sofern die gleiche Leistung mit einem niedrigeren Preis beschafft werden kann.[143] Liegen hingegen **Dauerleistungsgeschäfte** vor, ist eine Rückstellung in Höhe des Betrages zu bilden, um den der Wert der eigenen, nicht in Geld bestehenden Verpflichtung (z. B. zur Verfügungstellung eines Mietobjektes) den Wert des monetären Gegenleistungsanspruchs (z. B. den vereinbarten Mietzins) übersteigt. Die nicht in Geld bestehende Verpflichtung ist dann mit den **tatsächlichen Aufwendungen**, die zur Bewirkung der entsprechenden Leistung erforderlich sind (z. B. gesamte Haus- und Grundstücksaufwendungen eines Mietobjektes), zu bewerten. Beachtet werden muss, dass nach h. M. bei der Rückstellungsbildung von drohenden Verlusten aus schwebenden Dauerschuldverhältnissen nicht darauf abzustellen ist, ob das Geschäft über seine Ge-

---

[143] Vgl. *Kozikowski/Schubert* 2012b, Anm. 77 zu § 249 HGB.

samtlaufzeit ausgewogenen Charakter trägt, sondern ob der Wert der **noch zu erbringenden Leistung** über dem Wert des Anspruchs auf Gegenleistung liegt (**Restwertbetrachtung**).[144]

Wie bereits ausgeführt, gilt nach § 5 Abs. 4a EStG ein Ansatzverbot für Drohverlustrückstellungen aus steuerrechtlicher Sicht. Eine Ausnahme besteht bei der Bildung von **Bewertungseinheiten** nach § 5 Abs. 1a EStG, die zur Absicherung finanzwirtschaftlicher Risiken eingesetzt werden.

In Übereinstimmung zum Handelsrecht sind nach IAS 37.66 **Drohverlustrückstellungen** in Höhe des Verpflichtungsüberschusses passivierungspflichtig. Hierzu muss ein belastender Vertrag vorliegen. Als Bewertungsbasis dienen hierbei die unvermeidbaren Kosten, welche den niedrigeren Wert aus den Vertragserfüllungskosten und den Entschädigungszahlungen bei Nichterfüllung determinieren. Zunächst ist jedoch zu überprüfen, inwiefern ein Abwertungsbedarf bei den aktivierten Vermögenswerten besteht. Dagegen darf in Übereinstimmung zum Handelsrecht für allgemeine **künftige betriebliche Verluste** keine Rückstellung gebildet werden, da i. d. R. nach IAS 37.63 f. keine Verpflichtung gegenüber Außenstehenden und kein vergangenes Ereignis vorliegt. Im anderen Fall würde der Grundsatz einer Nichtbilanzierung schwebender Geschäfte verletzt.

b.b Aufwandsrückstellungen

Neben sicheren und unsicheren Verpflichtungen gegenüber Dritten können auch ungewisse Verpflichtungen bestehen, die gegenüber dem Unternehmen selbst zu erfüllen sind. Unter Verfolgung des Ziels der Fortführung des Geschäftsbetriebs kann sich das Unternehmen diesen Belastungen nicht entziehen. Derartige **Eigenverpflichtungen** erstrecken sich auf künftige Ausgaben, die wirtschaftlich von abgelaufenen Geschäftsjahren verursacht wurden und der Referenzperiode über den Ansatz von Rückstellungen aufwandswirksam zugerechnet werden müssen oder können. § 249 Abs. 1 Satz 2 Nr. 1 HGB bestimmt in diesem Zusammenhang, dass für „… im Geschäftsjahr unterlassene Aufwendungen für **Instandhaltung**, die im folgenden Geschäftsjahr innerhalb von **drei Monaten**, oder für **Abraumbeseitigung**[145], die im folgenden Geschäftsjahr nachgeholt werden …", sog. **Aufwandsrückstellungen** zu bilden sind. Auch die Vorschriften zur steuerrechtlichen Erfolgsermittlung sehen für derartige Aufwendungen eine **Rückstellungspflicht** vor. Sofern das Unternehmen jedoch plant, die Instandhaltungsaufwendungen erst nach Ablauf der dreimonatigen Frist nachzuholen, besteht aus handels- und steuerrechtlicher Sicht in diesen Fällen ein **Rückstellungsverbot**.[146] Grundlegende Voraussetzung für eine Rückstellungsbildung bezüglich unterlassener Instandhaltung ist, dass sie im **letzten Geschäftsjahr** unterlassen wurde und die Überholungsmaßnahmen aus unternehmensinternen Gründen schon vor dem Bilanzstichtag geboten waren. Sofern die Instandhaltung bereits in einer früheren Periode hätte durchgeführt werden müssen, kann eine Rückstellung nicht mehr zum Ansatz kommen (sog. **Nachholverbot**). Mit Ausnahme der in § 249 Abs. 1 HGB genannten Aufwandsrück-

---

[144] Vgl. stellvertretend *ADS* 1998, Anm. 146–149 zu § 249 HGB.

[145] Unter Abraumbeseitigung ist insbesondere die Entfernung von Erde und Gestein bei der Gewinnung von Rohstoffen im Tagebau (z. B. im Rahmen der Braunkohlenförderung) zu verstehen. Vgl. *ADS* 1998, Anm. 180 zu § 249 HGB.

[146] Vgl. R 5.7 Abs. 11 Satz 4 EStR.

stellungen sind handels- und steuerrechtlich keine weiteren Sachverhalte passivierbar (§ 249 Abs. 2 HGB).

Ebenso wie bei den Rückstellungen für Garantieleistung steht im Hinblick auf die Aufwandsrückstellungen häufig bei ihrer Bildung (noch) nicht fest, **welchen Aufwandsarten** sie im Einzelnen zuzuordnen sind. Aus diesem Grunde werden die angesprochenen Rückstellungsarten zu Lasten des Sammelkontos „Sonstige betriebliche Aufwendungen" gebucht und auch unter dem gleichnamigen Posten in der Gewinn- und Verlustrechnung ausgewiesen. Bei einem späteren Eintritt der Garantie- bzw. Instandsetzungsfälle wird es hinsichtlich der Inanspruchnahme der Rückstellungen auch als zulässig angesehen, die **Primäraufwendungen** unter den jeweiligen Aufwandsposten (z. B. Material- und Personalaufwand) zum Ansatz zu bringen. Der der Rückstellungsauflösung entsprechende Betrag ist dann aber gleichzeitig in Form eines **Ausgleichspostens** unter den sonstigen betrieblichen Erträgen auszuweisen.[147]

Die handelsrechtliche Möglichkeit einer Passivierung von Aufwandsrückstellungen gem. § 249 Abs. 1 HGB (bis zu einem bestimmten Zeitfenster der Nachholung) besteht nach IAS 37 nicht, um der Informationsfunktion Rechnung zu tragen. In IAS 37.14 wird als Tatbestand für die Bildung einer Rückstellung vorausgesetzt, dass zum Stichtag eine **gegenwärtige rechtliche oder faktische Außenverpflichtung** vorliegt, die aus einem vergangenen Ereignis resultiert, einen wahrscheinlichen zukünftigen Abfluss von Ressourcen generiert und die eine verlässliche Schätzung der Rückstellungshöhe gewährleistet.[148] Gem. IAS 37.20 muss die Verpflichtung gegenüber einer unternehmensexternen Partei bestehen. Aufwandsrückstellungen stellen jedoch reine Innenverpflichtungen des Unternehmens dar. Daher wird eine Einordnung unter den Verbindlichkeiten (**Liabilities**) und eine Passivierungsfähigkeit dieser Aufwendungen als Rückstellung gem. IAS 37.63 abgelehnt.

Allerdings bieten die IFRS im Rahmen der Bildung von bestimmten **Restrukturierungsrückstellungen** ein vergleichbares Gestaltungspotenzial zur Innenfinanzierung. Neben der Möglichkeit der Bildung von **Restrukturierungs- und Rekultivierungsrückstellungen** nach IAS 37.10 stellt der nach IAS 16 zu befolgende **Komponentenansatz** bei der Abschreibung des Sachanlagevermögens ein vergleichbares Mittel dar, um vorzeitig Aufwendungen des Unternehmens zu berücksichtigen. Die vorgesehene Aufteilung der Anschaffungs-/Herstellungskosten der Vermögenswerte auf ihre **Einzelkomponenten** und die individuelle Schätzung der jeweiligen Restnutzungsdauer ist mit einem ggf. erwünschten zusätzlichen Abschreibungspotenzial verbunden. Das *IDW* spricht sich jedoch für ein restriktives Anwendungswahlrecht im Handelsrecht aus, sofern die Komponenten physisch separierbar sind und einen erheblichen Anteil am Vermögensgegenstand ausmachen.[149]

> **Beispiel:** Eine Großhandelsunternehmung beabsichtigte im Geschäftsjahr 2012 eine Rückstellung für den in dreijährigen Abständen fälligen Außenanstrich der Betriebsgebäude in der Handelsbilanz zu bilden (der letzte Anstrich erfolgte in 2010). Gerechnet wird mit einem Instandsetzungsaufwand von 20.000 €. Die Renovierungen werden im Februar des Geschäftsjahres 2013 mit Hilfe eigener Arbeitskräfte durchgeführt, deren Ein-

---

[147] Vgl. *ADS* 1997b, Anm. 78 zu § 275 HGB.
[148] Vgl. IAS 37.15 i. V. m. IAS 37.23 und IAS 37.25.
[149] Vgl. IDW RH HFA 1.016; hierzu *Keller/Gütlbauer* 2011, S. 11–13.

I. Bilanzansatz dem Grunde nach (Aktivierung und Passivierung)

satz effektiv 13.000 € Lohn- und 3.000 € Sozialaufwand verursacht (die Auszahlung der Löhne sowie die Abführung der einbehaltenen Abzüge erfolgt mittels Banküberweisung). Die für den Anstrich darüber hinaus entstandenen Aufwendungen in Höhe von 6.000 € beziehen sich auf Materialien (Materialentnahmen), die von einem Spezialbetrieb bereits im Geschäftsjahr 2012 für die geplanten Instandsetzungsmaßnahmen in Höhe von 9.000 € (einschließlich 20 % Umsatzsteuer) beschafft wurden.

a) Buchungen in 2012:

(1) – Sonstiges Material   7.500 €   an   Guthaben bei   9.000 €
    – Vorsteuer   1.500 €   Kreditinstituten
(2) Sonstige betriebliche   an   Aufwands-   20.000 €.
     Aufwendungen   rückstellungen

Kontenmäßige Darstellung:

S	Guthaben bei Kreditinstituten	H
	€	€
AB	...	(1) 9.000

S	Vorsteuer	H
	€	€
(1)	1.500	

S	Sonstiges Material	H
	€	€
AB (1)	... 7.500	SBK (EB) ...

S	Aufwandsrückstellungen	H
	€	€
SBK (EB)	20.000	AB 0
		(2) 20.000
	20.000	20.000

S	Sonstige betriebliche Aufwendungen	H
	€	€
(2)	20.000	GuV (Saldo) ...

b) Buchung in 2013 (1. Alternative):

(1) – Aufwands-   20.000 €   an   – Guthaben bei   16.000 €
      rückstellungen   Kreditinstituten
    – Sonstige betriebliche   2.000 €   – Sonstiges Material   6.000 €.
      Aufwendungen

Kontenmäßige Darstellung:

S	Guthaben bei Kreditinstituten	H
	€	€
AB	...	(1) 16.000

S	Sonstiges Material	H
	€	€
AB	7.500	(1) 6.000
		SBK (EB) 1.500
	7.500	7.500

S	Aufwandsrückstellungen	H
	€	€
(1)	20.000	AB 20.000
SBK (EB)	0	
	20.000	20.000

S	Sonstige betriebliche Aufwendungen	H
	€	€
(1)	2.000	GuV (Saldo) ...

c) Buchungen in 2013 (2. Alternative):

(1) – Löhne 13.000 € an Guthaben bei 16.000 €
    – Gesetzliche soziale 3.000 €   Kreditinstituten
      Aufwendungen
(2) Aufwendungen für   an Sonstiges Material 6.000 €
    Material
(3) Aufwandsrückstellungen an Sonstige betriebliche 20.000 €.
                               Erträge

Kontenmäßige Darstellung:

S	Guthaben bei Kreditinstituten	H
	€	€
AB	…	(1) 16.000

S	Sonstiges Material	H
	€	€
AB	7.500	(2) 6.000
		SBK (EB) 1.500
	7.500	7.500

S	Aufwandsrückstellungen	H
	€	€
(3)	20.000	AB 20.000
SBK (EB)	0	
	20.000	20.000

S	Aufwendungen für Material	H
	€	€
(2)	6.000	GuV (Saldo) …

S	Löhne	H
	€	€
(1)	13.000	GuV (Saldo) …

S	Gesetzliche soziale Aufwendungen	H
	€	€
(1)	3.000	GuV (Saldo) …

S	Sonstige betriebliche Erträge	H
	€	€
GuV (Saldo) …		(3) 20.000

Mit der Ausnahme der in § 249 Abs. 1 HGB genannten Aufwandsrückstellungen sind handels- und steuerrechtlich keine weiteren Sachverhalte passivierungsfähig.

Abschließend bleibt der Hinweis, dass in der **Steuerbilanz**, abweichend von den handelsrechtlichen Regelungen, gemäß § 6 Abs. 1 Nr. 3 a. EStG u. a. folgende Bewertungsvorschriften für Rückstellungen bei ihrer Obergrenzenbestimmung zu beachten sind:[150]

- Bei der Bewertung von Rückstellungen für gleichartige Verpflichtungen sind die **Abwicklungserfahrungen** solcher Verpflichtungen zu berücksichtigen.
- **Rückstellungen für Sachleistungsverpflichtungen** (z. B. Reparaturleistungen im Rahmen von Garantieverpflichtungen) sind mit den Einzelkosten und den angemessenen Teilen der notwendigen Gemeinkosten zu bewerten.

---

[150] Vgl. hierzu im Einzelnen *Glanegger* 2013, Anm. 472–479 zu § 6 EStG.

I. Bilanzansatz dem Grunde nach (Aktivierung und Passivierung)

- **Künftige Vorteile**, die mit der **Verpflichtungserfüllung** voraussichtlich verbunden sind, müssen bei der Rückstellungsbemessung mindernd berücksichtigt werden (z. B. Rückstellungen für die Beseitigung von Umweltschäden bei Grundstücken, die anschließend veräußert oder betrieblich genutzt werden sollen).
- Rückstellungen für Verpflichtungen, für deren Entstehen im wirtschaftlichen Sinne der laufende Betrieb ursächlich ist (z. B. Rückstellungen für Patentverletzungen) und Rückstellungen für die Verpflichtung, ein **Kernkraftwerk** stillzulegen, sind **natürlich anzusammeln**.

6. Rücklagen

a. Begriff und Arten der Rücklagen

Rücklagen stellen im Grunde **zusätzliche Eigenkapitalbestandteile** dar, die neben einem fest angesetzten Eigen-, Grund- oder Stammkapital auf der Passivseite der Bilanz offen ausgewiesen werden oder infolge von Unter- (Aktiva) bzw. Überbewertungen (Passiva) als **stille Reserven** entstehen. Anschließend erfolgt eine kurze Darstellung der wichtigsten Rücklagearten.[151]

- **Gewinnrücklagen** werden aus dem **Gewinn nach Steuern** für besondere Unternehmenszwecke (z. B. Deckung eventueller Verluste oder Selbstfinanzierung) zu Lasten der Ausschüttungen an die Anteilseigner gebildet. Bei **Kapitalgesellschaften** (z. B. GmbH oder AG) ist in gesetzliche, satzungsmäßige Rücklagen, Rücklagen für eigene Anteile und andere Gewinnrücklagen zu unterscheiden (§ 272 Abs. 3 und Abs. 4 HGB).
- **Die Kapitalrücklage** repräsentiert Eigenkapital, das bei **Kapitalgesellschaften** nicht aus dem Gewinn, sondern aus dem Unternehmen von außen zufließenden Mitteln (z. B. Zuzahlungen von Gesellschaftern) stammt (§ 272 Abs. 2 HGB).
- **Steuerfreie Rücklagen** können aufgrund bestimmter steuerrechtlicher Einzelvorschriften aus dem **Gewinn vor Steuern** gebildet werden (ausschließlich in der Steuerbilanz). Hierdurch wird ein Teil des Periodengewinns zunächst der Ertragsbesteuerung (Einkommen- oder Körperschaft- und Gewerbesteuer) entzogen. Da diese Rücklagen nach einer bestimmten Zeit wieder erfolgswirksam aufgelöst werden müssen, erfolgt die Ertragsbesteuerung in späteren Perioden. Aus diesem Grund enthalten die steuerfreien Rücklagen, die bei konstanten Steuersätzen lediglich zu einer Steuerstundung führen, auch **Fremdkapitalbestandteile** i. H. d. bei ihrer Auflösung zu entrichtenden Ertragsteuern.
- **Stille Rücklagen** können als **Zwangs-, Ermessens- und Willkürreserven** vorkommen. Sie werden in der Bilanz nicht offen ausgewiesen und sind erst durch **rechnungslegungsanalytische Sonderrechnungen** sichtbar zu machen. Während Zwangsreserven durch Beachtung der gesetzlichen Bilanzierungs- und Bewertungsvorschriften entstehen (z. B. Wertsteigerungen bestimmter Vermögensgegenstände über die Anschaffungskosten hinaus), resultieren Ermessensreserven aus der Ausübung von Wahlrechten (z. B. Verzicht auf die Einbeziehung von Verwaltungsgemeinkosten in den handelsrechtli-

---

[151] Vgl. hierzu im Einzelnen die Ausführungen im Vierten Teil im Gliederungspunkt II.A.2 und im Fünften Teil zu Gliederungspunkt III.B.3.c.

chen Herstellungskostenansatz nach § 255 Abs. 2 Satz 3 HGB). Willkürreserven, die unzulässig sind, basieren hingegen auf Verstößen gegen Bilanzierungs- und Bewertungsnormen (z. B. Abschreibungen bestimmter Gegenstände des Anlagevermögens über ihre niedrigeren Stichtagswerte hinaus).

- **Neubewertungsrücklagen** stellen **erfolgsneutrale Eigenkapitalbestandteile** dar, die im Rahmen einer **Rechnungslegung nach IFRS** bei einer Neubewertung bestimmter Vermögenswerte über die (fortgeführten) Anschaffungs- oder Herstellungskosten hinaus entstehen (IAS 16.39; IAS 38.85). Somit zeigen die Neubewertungsrücklagen offen im Eigenkapital ausgewiesene stille Reserven des Unternehmens, die noch nicht durch Umsatzprozesse bestimmter Vermögensgegenstände realisiert werden.

Bei **einzelkaufmännisch geführten Unternehmen** besitzen Gewinn- und Kapitalrücklagen in aller Regel keine Bedeutung, da hier das **variable Eigenkapitalkonto** des Eigners alle Veränderungen aufnimmt, die bei anderen Unternehmensformen diese Rücklagearten betreffen.

b. Steuerfreie Rücklagen

Durch die (wahlweise) Bildung steuerfreier Rücklagen wird es möglich, **Ertragsteuerzahlungen** in spätere Geschäftsjahre **zu verlagern**. Während in der Periode der Rücklagenbildung die Bemessungsgrundlage der Ertragsteuern vermindert wird, hängt die erhöhende Wirkung auf die ertragsteuerlichen Bemessungsgrundlagen in späteren Perioden davon ab, ob die Rücklagen im Jahr ihrer Auflösung unmittelbar erfolgswirksam gebucht oder aber auf neu beschaffte Vermögensgegenstände übertragen werden. Im letzten Fall tritt die Erfolgswirksamkeit bei abnutzbaren Wirtschaftsgütern über die Verrechnung niedrigerer planmäßiger Abschreibungen in den folgenden Nutzungsperioden und/oder erst zum Ausscheiden (Verkauf oder Entnahme) der Wirtschaftsgüter in Höhe der Differenz zwischen dem Verkaufspreis bzw. Teilwert und dem (niedrigeren) Buchwert ein. Durch die Inanspruchnahme der steuerfreien Rücklagen, die aus **wirtschaftspolitischen Gründen** eingeräumt wurden, werden folglich seitens des Gesetzgebers den Unternehmen **zinslose Steuerkredite** zur Verfügung gestellt, die erhebliche Rentabilitäts- und Liquiditätsvorteile auslösen. Darüber hinaus kann mit der Rücklagenbildung auch eine **effektive Steuerersparnis** verbunden sein, wenn die zunächst der Besteuerung entzogenen Erträge in späteren Perioden sukzessive erfasst werden und es infolge einer derartigen Erfolgsverlagerung zu einer **Minderung der Steuerprogression** kommt. Zu den wichtigsten steuerfreien Rücklagen zählen derzeit:

- Rücklage für **Zuschüsse aus öffentlichen Mitteln** (R 6.5 Abs. 4 EStR);
- Rücklage für **Ersatzbeschaffung** (R 6.6 Abs. 4 EStR);
- Rücklage für **Reinvestitionen** (§ 6b Abs. 3 bzw. Abs. 10 EStG);
- **Ansparabschreibung** zur Förderung kleiner und mittlerer Betriebe (§ 7g Abs. 3 EStG a. F.);
- Rücklage zur **Vermeidung der Gewinnerhöhung** durch Vereinigung von Forderungen und Verbindlichkeiten beim Vermögensübergang (§ 6 Abs. 1 Satz 1 UmwStG).[152]

---

[152] Vgl. im Detail *Falterbaum et al.* 2010, S. 923–976.

I. Bilanzansatz dem Grunde nach (Aktivierung und Passivierung)

Aufgrund des Wegfalls der **umgekehrten Maßgeblichkeit** im Rahmen der Novellierung des Bilanzrechts durch das BilMoG dürfen steuerfreie Rücklagen seit 2009 keinen Eingang mehr in den handelsrechtlichen Jahresabschluss finden und haben grds. nur noch Relevanz für die steuerrechtliche Gewinnermittlung. Infolge des hiermit bedingten Auseinanderfallens von Handels- und Steuerbilanz sind die entstehenden Unterschiede aber bei der Rechnungslegung **latenter Steuern** zu berücksichtigen.[153]

Allen steuerfreien Rücklagearten ist gemeinsam, dass ihre Bildung stets zu Lasten des Sammelkontos „Sonstige betriebliche Aufwendungen" bzw. des steuerrechtlichen Unterkontos „Einstellungen in steuerfreie Rücklagen" erfolgt. Die Auflösung der gebildeten steuerfreien Rücklagen ist unter Beachtung der spezifischen steuerrechtlichen Regelungen vorzunehmen. Unabhängig davon, ob die steuerfreien Rücklagen auf andere Wirtschaftsgüter übertragen werden, muss jede Herabsetzung des Postens auf dem steuerrechtlichen Sammelkonto „Sonstige betriebliche Erträge" bzw. dem Unterkonto „Erträge aus der Auflösung steuerfreier Rücklagen" zur Verbuchung kommen. Die ggf. anteilige Rücklagenübertragung hat dann zu Lasten des Sammelkontos „Sonstige betriebliche Aufwendungen" zu erfolgen.

Da die Darlegung der Bildung, Auflösung und Übertragung steuerfreier Rücklagen für alle derzeit möglichen Fälle den Rahmen dieser Abhandlung sprengen würde, der buchhalterische Ablauf bei allen Rücklagearten aber im Prinzip identisch ist, beschränken sich die folgenden Ausführungen auf die **Rücklage für Ersatzbeschaffung** nach R 6.6 Abs. 4 EStR. Diese steuerfreie Rücklage zielt darauf ab, **Entschädigungsgewinne** aufgrund von Ereignissen, die das Unternehmen nicht beeinflussen kann (z. B. Ausscheiden von Wirtschaftsgütern aus dem Betriebsvermögen infolge höherer Gewalt oder zur Vermeidung eines behördlichen Eingriffs) zunächst der Ertragsbesteuerung zu entziehen. Im Geschäftsjahr der Beschaffung eines neuen **(funktionsgleichen) Wirtschaftsguts** kann die Rücklage auf diesen Vermögensgegenstand übertragen werden. Allerdings ist zu berücksichtigen, dass bei Erhalt einer höheren Entschädigung bzw. Gegenleistung als der Wert des ersatzbeschafften Gegenstandes die Übertragung lediglich nach Maßgabe des Verhältnisses zwischen den Anschaffungs- oder Herstellungskosten des Ersatzwirtschaftsgutes und der erhaltenen Entschädigung bzw. Gegenleistung für das ausgeschiedene Wirtschaftsgut erfolgen kann.[154] Der nicht übertragbare Teil führt in der Auflösungsperiode unmittelbar zu einer Erhöhung der ertragsteuerlichen Bemessungsgrundlage.[155]

---

[153] Vgl. hierzu die Ausführungen im Fünften Teil zu Gliederungspunkt III.B.3.d.

[154] Sofern die Ersatzbeschaffung im gleichen Geschäftsjahr erfolgt, in dem der Entschädigungsgewinn entsteht, kann auch unmittelbar, d. h. ohne Rücklagenbildung, eine (anteilige) Übertragung auf das neue Wirtschaftsgut vorgenommen werden (H 6.6 Abs. 3 EStR).

[155] Zu den Voraussetzungen und Einzelheiten der Rücklage für Ersatzbeschaffung vgl. im Detail R 6.6 Abs. 1 EStR.

Beispiel: Zu Beginn des Geschäftsjahres 2012 wurde bei der XY-Einzelunternehmung eine Verpackungsmaschine durch Brand zerstört (Buchwert = 177.500 €). Die Versicherungsgesellschaft erkannte den Schaden an und überwies im Dezember 2012 eine Entschädigung in Höhe von 200.000 €. Die Anschaffung einer funktionsgleichen Anlage erfolgte am 01.10.2013 zu Anschaffungskosten von 192.000 € (einschließlich 20 % Umsatzsteuer). Die neue Maschine soll zeitanteilig nach der linearen Methode abgeschrieben werden (betriebsgewöhnliche Nutzungsdauer = 8 Jahre).

a) Buchungen im Geschäftsjahr 2012:

Um die Versteuerung des Entschädigungsgewinns zu vermeiden, kann das Unternehmen nach H 6.6 Abs. 3 EStR in Höhe des Unterschiedsbetrages zwischen Entschädigung (200.000 €) und Buchwert der zerstörten Anlage (177.500 €) eine steuerfreie Rücklage bilden.

(1) Guthaben bei Kreditinstituten   200.000 €   an   – Maschinelle Anlagen   177.500 €
                                                               – Sonstige betriebliche   22.500 €
                                                                 Erträge
(2) Einstellungen in   an   Steuerfreie Rücklagen   22.500 €.
    steuerfreie Rücklagen

Kontenmäßige Darstellung:

S	Maschinelle Anlagen	H
	€	€
AB	...	(1) 177.500

S	Guthaben bei Kreditinstituten	H
	€	€
AB	...	
(1)	200.000	

S	Steuerfreie Rücklagen	H
	€	€
SBK (EB) 22.500	AB 0	
	(2) 22.500	
22.500	22.500	

S	Sonstige betriebliche Erträge	H
	€	€
GuV (Saldo) ...	(1) 22.500	

S	Einstellungen in steuerfreie Rücklagen	H
	€	€
(2) 22.500	GuV (Saldo) ...	

b) Buchungen im Geschäftsjahr 2013:

Laut R 6.6 Abs. 4 Satz 6 EStR ist die im Geschäftsjahr 2012 gebildete Rücklage im Wirtschaftsjahr 2013 zu übertragen, da in dieser Periode die Beschaffung einer funktionsgleichen Anlage erfolgt. Allerdings ist keine Vollübertragung möglich, da die Entschädigungszahlung über den Anschaffungskosten des Ersatzwirtschaftsguts liegt (H 6.6 Abs. 3 EStR). Die Höhe der übertragungsfähigen Rücklage errechnet sich wie folgt:

$$\frac{160.000\,€}{200.000\,€} \cdot 22.500\,€ = 18.000\,€.$$

I. Bilanzansatz dem Grunde nach (Aktivierung und Passivierung)

(1) – Maschinelle Anlagen 160.000 €   an   Guthaben bei   192.000 €
    – Vorsteuer   32.000 €   Kreditinstituten
(2)   Steuerfreie Rücklagen   an   Erträge aus der   22.500 €
                                             Auflösung steuerfreier
                                             Rücklagen
(3)   Sonstige betriebliche   an   Maschinelle Anlagen   18.000 €
      Aufwendungen
(4)   Abschreibungen auf Sachanlagen   an   Maschinelle Anlagen   4.437,5 €.[156]

Kontenmäßige Darstellung:

S	Maschinelle Anlagen		H
	€		€
AB	...	(3)	18.000
(1)	160.000	(4)	4.437,5

S	Guthaben bei Kreditinstituten		H
	€		€
AB	...	(2)	192.000

S	Vorsteuer		H
	€		€
(1)	32.000		

S	steuerfreie Rücklagen		H
	€		€
(2)	22.500	AB	22.500
SBK (EB)	0		
	22.500		22.500

S	Erträge aus der Auflösung steuerfreier Rücklagen		H
	€		€
GuV	22.500	(2)	22.500

S	Sonstige betriebliche Aufwendungen		H
	€		€
(1)	18.000	GuV (Saldo)	...

S	Abschreibungen auf Sachanlagen		H
	€		€
(4)	4.437,5	GuV	4.437,5

7. Verbindlichkeiten

Verbindlichkeiten stellen das Gegenstück zu den auf der Aktivseite auszuweisenden Forderungen dar. Ebenso wie die Rückstellungen zählen Verbindlichkeiten zur Kategorie der Schulden, die gemäß § 246 Abs. 1 Satz 1 HGB **vollständig anzusetzen** (Passierungsgebot) und nach § 247 Abs. 1 HGB in der Bilanz **gesondert auszuweisen** sowie **hinreichend aufzugliedern** sind. Im Gegensatz zu den Rückstellungen liegen **Ursache**, **Höhe** und **Fälligkeit** der Schuld bei den Verbindlichkeiten fest. **Ungewisse Verbindlichkeiten** sind unter den Rückstellungen auszuweisen.[157] Verbindlichkeiten werden aufgrund eines Leistungszwangs ge-

---

[156] Abschreibungsgrundlage sind gemäß R 7.3 Abs. 4 EStR die Anschaffungskosten (160.000 €) abzüglich der anteilig übertragenen steuerfreien Rücklagen (18.000 €). Mithin errechnen sich die planmäßigen Abschreibungen für das Geschäftsjahr 2013 zeitanteilig wie folgt: $4.437,5\ € = \frac{142.000\ €}{8\ \text{Jahre}} \cdot \frac{3}{12}$.

[157] Vgl. hierzu die Ausführungen im Dritten Teil zu Gliederungspunkt I.B.5.b.b.a.

genüber einem anderen (**Außenverpflichtung**), der rechtlich begründet (zivil- oder öffentlichrechtliche Verpflichtungen) oder der in einer faktischen, nicht einklagbaren Leistungsverpflichtung (z. B. verjährte Verbindlichkeiten, die der Kaufmann trotz der Verjährung zu begleichen beabsichtigt) bestehen kann, ausgelöst.[158] In diesem Zusammenhang ist zu berücksichtigen, dass **Verbindlichkeiten aus Lieferungen und Leistungen** zwar rechtlich mit Abschluss der entsprechenden Verträge (z. B. Kauf-, Dienst-, Miet-, Pacht- und Werkverträge)[159] entstehen, aber in der Bilanz nach den GoB erst dann zu passivieren sind, wenn die nach dem Vertrag geschuldete Leistung in der Weise erfüllt worden ist, dass der Leistende alle wesentlichen Erfüllungshandlungen vollzogen hat und wirtschaftlich wesentliche Teile der rechtlichen Gefahr (Leistungsgefahr, Preisgefahr) nicht mehr trägt. Analog zur Bilanzierung von Forderungen aus Lieferungen und Leistungen liegt bis zu diesem Zeitpunkt ein **nichtpassivierungsfähiges schwebendes (Verpflichtungs-)Geschäft** vor.[160]

Das Gliederungsschema von § 266 Abs. 3 Posten C. HGB sieht im Einzelnen folgenden separaten Ausweis der Verbindlichkeiten in **acht Gruppen** vor:

- Anleihen;
- Verbindlichkeiten gegenüber Kreditinstituten;
- Erhaltene Anzahlungen auf Bestellungen;
- Verbindlichkeiten aus Lieferungen und Leistungen;
- Verbindlichkeiten aus der Annahme gezogener Wechsel und der Ausstellung eigener Wechsel;
- Verbindlichkeiten gegenüber verbundenen Unternehmen;
- Verbindlichkeiten gegenüber Unternehmen, mit denen ein Beteiligungsverhältnis besteht;
- Sonstige Verbindlichkeiten.

Darüber hinaus sind im Zusammenhang mit der Passivierung von Verbindlichkeiten spezifische **Ausweis-** und **Angabevorschriften** zu beachten. Zunächst verbietet das **Saldierungsverbot** des § 246 Abs. 2 Satz 1 HGB grundsätzlich die Verrechnung von Forderungen und Verbindlichkeiten. Allerdings ist zu berücksichtigen, dass hierdurch die Aufrechnungsmöglichkeit von § 387 BGB nicht berührt wird. Mithin können Forderungen und Verbindlichkeiten, die gegenüber ein und demselben Geschäftspartner bestehen und die zum gleichen Zeitpunkt fällig sind, saldiert werden. Zudem verlangt § 268 Abs. 5 Satz 1 HGB den gesonderten Ausweis des Einzelbetrages jeder Verbindlichkeitsart in Gestalt eines „Davon-Vermerks" mit einer Restlaufzeit bis zu einem Jahr. Darüber hinaus sieht § 285 Nr. 1 a) HGB für Kapitalgesellschaften und ihnen gesetzlich gleichgestellte Unternehmen sowie eingetragenen Genossenschaften (§ 336 Abs. 2 Satz 1 1. HS HGB) eine Angabe des **Gesamtbetrages** der Verbindlichkeiten mit einer Restlaufzeit von mehr als fünf Jahren im **Anhang** vor. Als Restlaufzeit gilt in den beiden aufgezeigten Fällen die Dauer zwischen dem jeweiligen Bilanzstichtag und dem schuldrechtlich vereinbarten oder effektiven Begleichungszeitpunkt der Verbindlichkeit.[161] Ferner haben diese Unternehmen gemäß § 285 Nr. 1 b) HGB im Anhang den **Gesamtbetrag** der Verbindlichkeiten, die durch Pfandrecht oder ähnliche Rechte

---

[158] Vgl. *Kozikowski/Schubert* 2012a, Anm. 202, 204 zu § 247 HGB.
[159] Vgl. § 433 Abs. 2, § 611 Abs. 1, § 535, § 581 Abs. 1, § 631 Abs. 1 BGB.
[160] Vgl. hierzu die Ausführungen im Dritten Teil zu Gliederungspunkt II.A.
[161] Vgl. *ADS* 1997b, Anm. 109–111 zu § 268 HGB.

I. Bilanzansatz dem Grunde nach (Aktivierung und Passivierung)

(z. B. Sicherungsübereignung oder Eigentumsvorbehalt) gesichert sind, unter Angabe von Art und Form der Sicherheiten darzulegen. Für mittelgroße und große Kapitalgesellschaften (§ 288 Satz 1 HGB) sowie eingetragene Genossenschaften (§ 336 Abs. 2 Satz 1 1. HS HGB) besteht darüber hinaus gemäß § 285 Nr. 2 HGB die Verpflichtung, im Anhang die Aufgliederung der in § 285 Nr. 1 HGB verlangten Angaben für **jeden Posten der Verbindlichkeiten** nach dem vorgeschriebenen Gliederungsschema vorzunehmen, sofern sich diese Informationen nicht aus der **Bilanz** ergeben. Wenn sich diese Gesellschaften entscheiden, die erforderlichen Angaben im Anhang vorzunehmen, bietet sich die Erstellung eines sog. **Verbindlichkeitenspiegels** an, der alle relevanten Informationen nach § 285 Abs. 5 Satz 1 HGB sowie § 268 Abs. 5 Satz 1 HGB enthält. **Abbildung 179** verdeutlicht beispielhaft die Strukturen eines solchen Verbindlichkeitenspiegels.[162] Durch die Angabe- und Vermerkpflichten der Verbindlichkeiten im Anhang und/oder der Bilanz werden die externen Adressaten im Rahmen einer **liquiditätsorientierten Rechnungslegungsanalyse** in die Lage versetzt, die Verbindlichkeiten in folgende **drei Fristigkeitskategorien** aufzuspalten:[163]

- Verbindlichkeiten mit einer Restlaufzeit bis zu einem Jahr (**kurzfristige Verbindlichkeiten**);
- Verbindlichkeiten mit einer Restlaufzeit zwischen einem Jahr und fünf Jahren (**mittelfristige Verbindlichkeiten**) und
- Verbindlichkeiten mit einer Restlaufzeit über fünf Jahre (**langfristige Verbindlichkeiten**).

Eine Sonderstellung unter den einzeln in der Bilanz auszuweisenden Verbindlichkeiten nehmen die **erhaltenen Anzahlungen auf Bestellungen** (§ 266 Abs. 3 Posten C. 3. HGB) ein.

(alle Werte in €)		Restlaufzeit				Sicherungen	
		bis 1 Jahr	1 bis 5 Jahre	über 5 Jahre	insgesamt	gesicherter Betrag	Art der Sicherung
1. Anleihen – davon konvertibel	10.000	–	210.000	290.000	500.000	–	
2. Verbindlichkeiten gegenüber Kreditinstituten		100.000	2.695.000	1.300.000	4.095.000	1.300.000	Grundschuld/ Zession
3. Verbindlichkeiten aus Lieferungen und Leistungen		500.000	500.000	600.000	1.600.000	1.200.000	Bürgschaft
4. Verbindlichkeiten aus der Annahme gezogener Wechsel und der Ausstellung eigener Wechsel		280.000	20.000	–	300.000	–	
5. Verbindlichkeiten gegenüber verbundenen Unternehmen		240.000	40.000	40.000	320.000	–	
6. sonstige Verbindlichkeiten – davon aus Steuern – davon im Rahmen der sozialen Sicherheit	22.000 21.000	130.000	2.840.000	50.000	3.020.000	1.500.000	Sicherungsübereignung
Insgesamt		1.250.000	6.305.000	2.280.000	9.835.000	4.000.000	

Abb. 179: Beispiel für einen handelsrechtlichen Verbindlichkeitenspiegel

---

[162] Modifiziert entnommen von *Küting/Weber* 1987, S. 134.
[163] Vgl. *Coenenberg/Haller/Schultze* 2012, S. 409.

Unter diesem Posten sind sämtliche Vorauszahlungen von Kunden für künftige Lieferungen oder Leistungen des Unternehmens auszuweisen, die aufgrund eines bereits **geschlossenen Vertrages** entrichtet wurden. Es handelt sich mithin um Vorleistungen im Rahmen eines schwebenden Geschäfts (z. B. von Werften häufig verlangte Vorauszahlungen für die langfristige Fertigung bestellter Schiffe). Allerdings ist in diesem Zusammenhang zu berücksichtigen, dass gemäß § 268 Abs. 5 Satz 2 HGB ein **Wahlrecht** besteht, erhaltene Anzahlungen auf Bestellungen auch auf der Aktivseite offen von dem Posten Vorräte (§ 266 Abs. 2 Posten B. I. HGB) abzusetzen, wenn die Anzahlungen bestimmten Gegenständen des Vorratsvermögens **wirtschaftlich zuzuordnen** sind (z. B. auf Lager befindliche Einbauteile, die in Produkte des angezahlten Auftrags einfließen sollen). Der Posten „Sonstige Verbindlichkeiten" (§ 266 Abs. 3 Posten C. 8. HGB) stellt schließlich eine **Sammelposition** dar, unter der einem vorhergehenden Posten nicht zuordnenbare Verbindlichkeiten auszuweisen sind (z. B. Steuerschulden des Unternehmens, einzubehaltende und abzuführende Steuern sowie Sozialabgaben, Verbindlichkeiten aus Zusagen im Rahmen der betrieblichen Altersversorgung gegenüber Arbeitnehmern und Pensionären, Darlehensverbindlichkeiten, die nicht gegenüber Kreditinstituten bestehen, antizipativ abgegrenzte Miet- und Pachtzinsen).[164]

Darüber hinaus wird ein separater Ausweis in Gestalt eines „Davon-Vermerks" von (sonstigen) Verbindlichkeiten aus Steuern und im Rahmen der sozialen Sicherheit verlangt. Sofern der Sammelposten „Sonstige Verbindlichkeiten" in einem größeren Umfang **antizipative Verbindlichkeiten**[165] enthält, die bis zum Bilanzstichtag noch nicht rechtlich entstanden sind (z. B. eine nicht auf Vertrag beruhende Verlustübernahme, wenn ein faktischer Zwang zur Übernahme gegeben ist und der zu übernehmende Verlustbetrag feststeht[166]), müssen sie im **Anhang** erläutert werden (§ 268 Abs. 5 Satz 3 HGB).

Alle vorher dargestellten Verbindlichkeiten sind auf der Passivseite der Bilanz separat auszuweisen. Ergänzend zu dieser Schuldendarstellung verlangt der Gesetzgeber für alle Unternehmen gemäß § 251 HGB einen Vermerk **bestimmter Haftungsverhältnisse** in einem Betrag **unter (außerhalb) der Bilanz**, sofern sie nicht auf der Passivseite auszuweisen sind. Bei diesen als **Eventualverbindlichkeiten** bezeichneten Schulden handelt es sich um Fälle nichtpassivierungspflichtiger schwebender (Verpflichtungs-)Geschäfte, die zu einer rechtlich möglichen Inanspruchnahme des Kaufmanns führen können, mit deren Eintritt aber zum Bilanzstichtag nicht zu rechnen ist.[167] Im Einzelnen werden in § 251 Satz 1 1. HS HGB folgende Tatbestände angesprochen, die zu einer **Vermerkpflicht** führen:

- Verbindlichkeiten aus der Begebung und Übertragung von Wechseln,
- Verbindlichkeiten aus Bürgschaften sowie aus Wechsel- und Scheckbürgschaften,
- Verbindlichkeiten aus Gewährleistungsverträgen sowie
- Haftungsverhältnisse aus der Bestellung von Sicherheiten für fremde Verbindlichkeiten.

Diese Eventualverbindlichkeiten sind auch dann zu vermerken, wenn ihnen gleichwertige Rückgriffsforderungen gegenüberstehen (§ 251 Satz 2 2. HS HGB). Sofern zum Bilanzstichtag eine Inanspruchnahme des Kaufmanns aus den bestehenden Haftungsverhältnissen ab-

---

[164] Vgl. *Kozikowski/Schubert* 2012d, Anm. 246 zu § 266 HGB.
[165] Vgl. hierzu die Ausführungen im Dritten Teil zu Gliederungspunkt I.B.4.b.b.a.
[166] Vgl. *Kozikowski/Schubert* 2012e, Anm. 108 zu § 268 HGB.
[167] Vgl. *ADS* 1998, Anm. 1 zu § 251 HGB.

I. Bilanzansatz dem Grunde nach (Aktivierung und Passivierung)

sehbar ist, muss anstelle des Ausweises unter der Bilanz eine **Rückstellung für ungewisse Verbindlichkeiten** gemäß § 249 Abs. 1 Satz 1 HGB gebildet werden.[168] Kapitalgesellschaften und ihnen gesetzlich gleichgestellte Unternehmen haben laut § 268 Abs. 7 1. HS HGB die in Rede stehenden Haftungsverhältnisse „… jeweils gesondert unter der Bilanz oder im Anhang unter Angabe der gewährten Pfandrechte und sonstigen Sicherheiten anzugeben …". Sofern Eventualverbindlichkeiten bei diesen Unternehmen gegenüber verbundenen Unternehmen bestehen, müssen sie gesondert angegeben werden (§ 268 Abs. 7 2. HS HGB).

Neben den in bzw. unter der Bilanz erfassten Verbindlichkeiten haben mittelgroße und große Kapitalgesellschaften (§ 288 Satz 1 HGB), mittelgroße und große kapitalistische Personenhandelsgesellschaften sowie eingetragene Genossenschaften (§ 336 Abs. 2 Satz 1 1. HS HGB) den **Gesamtbetrag der finanziellen Verpflichtungen**, die zur Beurteilung der Finanzlage von Bedeutung sind und die aus der Bilanz nicht hervorgehen, gemäß § 285 Nr. 3 1. HS HGB im **Anhang** anzugeben.[169] Die finanziellen Verpflichtungen gegenüber verbundenen Unternehmen sind aber gesondert zu vermerken (§ 285 Nr. 3 2. HS HGB). Das Erfordernis der Angabe sonstiger finanzieller Verpflichtungen findet seine Begründung in der Generalklausel des § 264 Abs. 2 HGB, nach der der Jahresabschluss unter Beachtung der GoB neben der Vermögens- und Ertragslage ein den tatsächlichen Verhältnissen entsprechendes Bild der Finanzlage der Kapitalgesellschaft zu vermitteln hat. So zielt diese Regelung darauf ab, den am Jahresabschluss Interessierten Informationen über solche Verpflichtungen zu vermitteln, die sich **weder in der Bilanz noch in der Gewinn- und Verlustrechnung** niedergeschlagen haben, deren Angabe aber für die Beurteilung der Finanzlage des Unternehmens seitens der Adressaten des Jahresabschlusses von Bedeutung ist. Allerdings muss berücksichtigt werden, dass die Verpflichtungen nur dann anzugeben sind, sofern sie **finanziellen Charakter** tragen, d. h. in späteren Rechnungsperioden zu **Auszahlungen** führen. Die Pflichtangaben nach § 285 Nr. 3 HGB ersetzen im Zusammenwirken mit den Vermerken und Angaben über die Fälligkeiten von Forderungen und Verbindlichkeiten gemäß § 268 Abs. 4 Satz 1, Abs. 5 HGB und § 285 Nr. 1 und 2 HGB in gewisser Weise einen **Finanzplan**, dessen Erstellung zur Vermittlung eines den tatsächlichen Verhältnissen entsprechenden Bildes der Finanzlage eigentlich erforderlich wäre.[170]

Im Prinzip handelt es sich bei den sonstigen finanziellen Verpflichtungen um nicht bereits nach den GoB als Verbindlichkeiten oder Rückstellungen in der Bilanz zum Ausweis gekommene oder nicht als Eventualverbindlichkeiten nach § 251 HGB i. V. m. § 268 Abs. 7 HGB zu vermerkende **künftige Auszahlungsverpflichtungen**, denen sich das Unternehmen auf Dauer nicht entziehen kann und die am Abschlussstichtag bereits existieren oder deren Entstehen unausweislich ist.[171] Durch diese Anhangangabe sind die handelsrechtlichen Rechnungslegungsvorschriften um eine wichtige Komponente der **dynamischen Bilanztheorie** erweitert worden. Der Gesetzgeber hat aber auf eine abschließende Aufzählung der sonstigen finanziellen Verpflichtungen bewusst verzichtet, weil er die Entwicklung von GoB in diesem Bereich nicht durch eine umfassende Definition einschränken wollte. Folgende finanzielle Verpflichtungen sind in aller Regel für die Finanzlage des Unternehmens von Be-

---

[168] Vgl. hierzu die Ausführungen im Dritten Teil zu Gliederungspunkt I.B.5.b.b.a.
[169] Vgl. im Einzelnen *Freidank* 1992, Sp. 528–536.
[170] Vgl. *WP-Handbuch* 2012, S. 616 f.
[171] Vgl. *Selchert* 1987, S. 546 f.

deutung und lösen dann das Erfordernis einer Anhangangabe aus, wenn sie nicht bereits in Form von Rückstellungen oder Eventualverbindlichkeiten bilanziert bzw. vermerkt wurden:[172]

- **Verpflichtungen aus abgeschlossenen Verträgen**
  (z. B. Pacht- und Mietverträge),
- **Verpflichtungen aus öffentlich-rechtlichen Rechtsverhältnissen**
  (z. B. Umweltschutzauflagen),
- **andere zukünftige Verpflichtungen**
  (z. B. für notwendige Großreparaturen),
- **gesellschaftsrechtliche Verpflichtungen**
  (z. B. Verpflichtungen zur Leistung ausstehender Einlagen auf Aktien, die dem Unternehmen gehören),
- **Haftung für fremde Verbindlichkeiten**
  (z. B. Haftung des Vermögensübernehmers nach § 419 BGB bzw. § 75 AO),
- **andere sonstige Verpflichtungen**
  (z. B. Vertragsstrafen nach § 340 BGB oder Verpflichtungen aus übernommenen Treuhandschaften).

Wie bereits ausgeführt, stellen Schulden nach den **IFRS gegenwärtige Verpflichtungen** des Unternehmens dar, die aufgrund eines **vergangenen Ereignisses** entstanden sind. Ferner muss es **wahrscheinlich** sein, dass sich aus der Erfüllung der Verpflichtung ein Ressourcenabfluss ergibt, die einen **wirtschaftlichen Nutzen** enthält und der Erfüllungsbetrag **verlässlich bewertet** werden kann.

In Abhängigkeit von der Art der Geschäftstätigkeit sind die Verbindlichkeiten in ihre kurz- und langfristigen Komponenten aufzuspalten. Nach IAS 1.69–76 liegen in den nachfolgenden Fällen **kurzfristige Verbindlichkeiten** vor:

- Erfüllung innerhalb des normalen Geschäftszyklus,
- primär für Handelszwecke gehalten,
- erwartete Erfüllung innerhalb von 12 Monaten nach dem Bilanzstichtag,
- kein uneingeschränktes Recht, die Erfüllung der Schuld um mindestens 12 Monate nach dem Bilanzstichtag zu verschieben.

Zudem wird in der IFRS-Rechnungslegung zwischen den **finanziellen und den sonstigen Verbindlichkeiten** unterschieden. Die **finanziellen Verbindlichkeiten** umfassen als Teilmenge der Finanzinstrumente folgende Sachverhalte nach IAS 32.11:

- vertragliche Verpflichtungen, einem anderen Unternehmen flüssige Mittel oder einen anderen finanziellen Vermögenswert zu liefern oder mit einem anderen Unternehmen finanzielle Vermögenswerte oder Verbindlichkeiten zu potenziell nachteiligen Bedingungen zu tauschen oder
- einen Vertrag, der in Eigenkapitalinstrumenten des Unternehmens erfüllbar ist.

Als **sonstige Verbindlichkeiten** gelten z. B. Steuerschulden oder Verpflichtungen aus der sozialen Sicherung sowie Sachleistungsverpflichtungen oder Anzahlungen.

---

[172] Vgl. *ADS* 1995b, Anm. 43–71 zu § 285 HGB.

II. Bilanzansatz der Höhe nach (Bewertung)

A. Bewertungsmaßstäbe

1. Handels- und Steuerrecht

Neben den laufend in den Büchern zu erfassenden Vorfällen hat der Kaufmann zum Ende des Geschäftsjahres bestimmte Abschlussbuchungen vorzunehmen. In diesem Zusammenhang kann in **vorbereitende** und **eigentliche Abschlussbuchungen** unterschieden werden. Während Erstere vor allem aufgrund von Bilanzierungs- und Bewertungsvorschriften durchzuführen sind, um das zum Bilanzstichtag im Zuge der Inventur ermittelte Unternehmensvermögen entsprechend den gesetzlichen Normen in der Finanzbuchhaltung auszuweisen, kommt den eigentlichen Abschlussbuchungen die Aufgabe zu, die einzelnen Bestands- und Erfolgskonten zum Zwecke der Erstellung des Schlussbilanz- sowie Gewinn- und Verlustkontos abzuschließen. Sowohl die vorbereitenden als auch die eigentlichen Abschlussbuchungen werden i. d. R. zwischen dem **Bilanzstichtag und dem Tag der Bilanzaufstellung** vorgenommen. Gemäß § 243 Abs. 3 HGB haben nicht publizitätspflichtige Einzelunternehmen und Personenhandelsgesellschaften „... den Jahresabschluss innerhalb der einem ordnungsmäßigen Geschäftsgang entsprechenden Zeit aufzustellen"[1]. Nach h. M. wird diesem Postulat entsprochen, wenn die Aufstellung spätestens **12 Monate** nach Ablauf des Geschäftsjahres erfolgt.[2] Sofern das Unternehmen zusätzlich dem **Publizitätsgesetz** unterliegt, ist es verpflichtet, die Bilanz sowie die Gewinn- und Verlustrechnung in den ersten **drei Monaten** des nachfolgenden Geschäftsjahres anzufertigen (§ 5 Abs. 1 Satz 1 PublG).

Unter **Bewertung** ist allgemein das Ergebnis der Zuordnung einer in Geldeinheiten ausgedrückten Wertgröße zu einem bestimmten Bilanzobjekt (z. B. Vermögensgegenstand, Rechnungsabgrenzungsposten, Eigenkapital, Rücklage, Rückstellung oder Verbindlichkeit) zu verstehen.[3] Bevor jedoch über den bilanziellen Ansatz „**der Höhe nach**" (**Bewertungsansatz**) entschieden wird, ist stets zu klären, ob das Bilanzobjekt „**dem Grunde nach**" (**Bilanzierungsansatz**)[4] im Jahresabschluss zwingend ausgewiesen werden muss oder angesetzt werden darf. Während bezüglich der Vermögensgegenstände und Schulden die

---

[1] Zu den Aufstellungsfristen für Kapitalgesellschaften und eingetragene Genossenschaften vgl. § 264 Abs. 1 HGB und § 336 Abs. 1 Satz 2 HGB.
[2] Vgl. hierzu *Förschle/Usinger* 2012, Anm. 93 zu § 243 HGB.
[3] Ähnlich *Federmann* 2010, S. 403.
[4] Vgl. hierzu die Ausführungen im Dritten Teil zu Gliederungspunkt I.A.

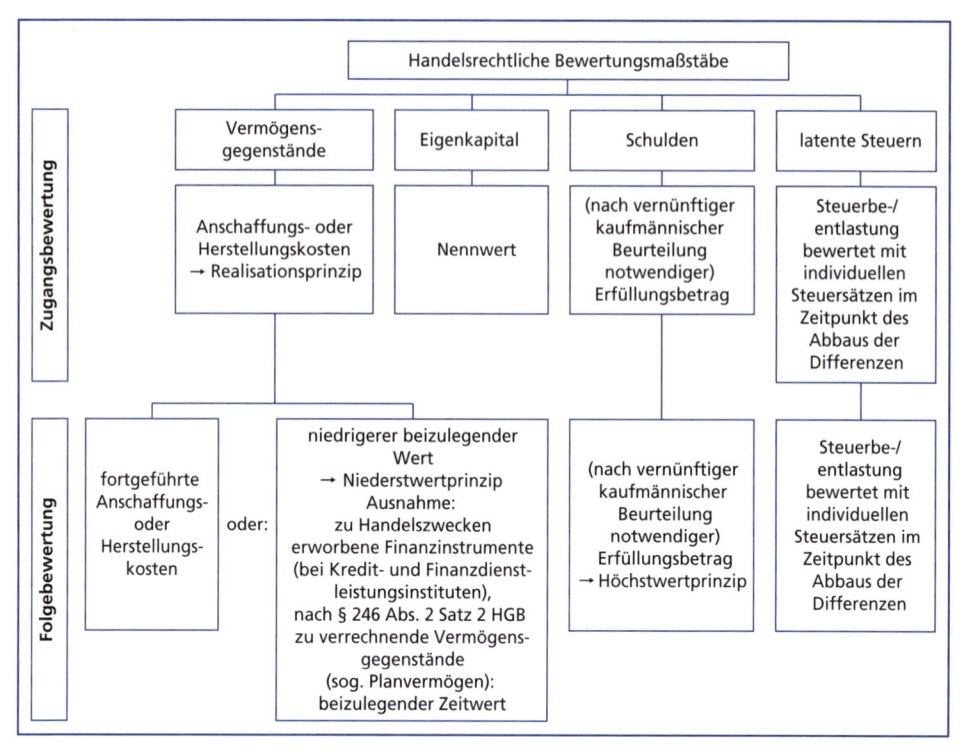

Abb. 180: Bewertungsmaßstäbe im Handelsrecht

Handelsrechtliche Bewertungsmaßstäbe

Zugangsbewertung:
- Vermögensgegenstände: Anschaffungs- oder Herstellungskosten → Realisationsprinzip
- Eigenkapital: Nennwert
- Schulden: (nach vernünftiger kaufmännischer Beurteilung notwendiger) Erfüllungsbetrag
- latente Steuern: Steuerbe-/entlastung bewertet mit individuellen Steuersätzen im Zeitpunkt des Abbaus der Differenzen

Folgebewertung:
- Vermögensgegenstände: fortgeführte Anschaffungs- oder Herstellungskosten oder: niedrigerer beizulegender Wert → Niederstwertprinzip; Ausnahme: zu Handelszwecken erworbene Finanzinstrumente (bei Kredit- und Finanzdienstleistungsinstituten), nach § 246 Abs. 2 Satz 2 HGB zu verrechnende Vermögensgegenstände (sog. Planvermögen): beizulegender Zeitwert
- Schulden: (nach vernünftiger kaufmännischer Beurteilung notwendiger) Erfüllungsbetrag → Höchstwertprinzip
- latente Steuern: Steuerbe-/entlastung bewertet mit individuellen Steuersätzen im Zeitpunkt des Abbaus der Differenzen

---

Entscheidung über den Bilanzierungsansatz in aller Regel bereits beim Gütererwerb bzw. zum Zeitpunkt der Forderungs- oder Verbindlichkeitenentstehung getroffen wird, erfolgt bei den anderen Bilanzobjekten (z. B. Rechnungsabgrenzungsposten, Rücklagen und Rückstellungen) eine Befassung mit dieser Thematik grundsätzlich erst nach dem Bilanzstichtag, d. h. im Rahmen der vorbereitenden Abschlussbuchungen.

Die handelsrechtlichen Bewertungsmaßstäbe lassen sich in **Abbildung 180** systematisieren. Da das **Eigenkapital** bei Kapitalgesellschaften durch spezifische Ausweisvorschriften gekennzeichnet ist, wird auf eine Darstellung im Folgenden verzichtet und auf die entsprechenden Ausführungen im **Fünften Teil zu Gliederungspunkt III.B.3.c** verwiesen. Ähnliches gilt für die in **Abbildung 180** aufgeführten latenten Steuern.

Abbildung 181 zeigt die grundlegende Systematik der handelsrechtlichen Bewertungsvorschriften, die auch für die **steuerrechtliche Gewinnermittlung** maßgebend ist. Diese Einzelregelungen lassen sich aus dem **Vorsichtsprinzip** ableiten, das gemäß § 252 Abs. 1 Nr. 4 1. HS HGB den Kaufmann ganz allgemein zu einer vorsichtigen Bewertung des Unternehmensvermögens verpflichtet.[5] Diesem Postulat entspringt zunächst das **Realisationsprinzip**, nach dem Erfolge (Gewinne und Verluste) nur dann ausgewiesen werden dürfen, wenn sie

---
[5] Vgl. zu einer genaueren Darstellung der Inhalte des Vorsichtsprinzips und den aus diesem Grundsatz abgeleiteten Postulaten die Ausführungen im Zweiten Teil zu Gliederungspunkt IV.A.2.

II. Bilanzansatz der Höhe nach (Bewertung)

Realisationsprinzip

Verbot des Ausweises unrealisierter Erfolge (Gewinne und Verluste); teilweise kodifiziert in § 252 Abs. 1 Nr. 4 2. HS HGB

Anschaffungs- und Herstellungskostenprinzip; § 253 Abs. 1 Satz 1 HGB**

Durchbrechung: Imparitätsprinzip (Pflicht oder Wahlrecht des Ausweises unrealisierter Verluste); § 252 Abs. 1 Nr. 4 1. HS HGB

Passivposten grds. Höchstwertprinzip; § 253 Abs. 1 Satz 2 HGB*

Aktivposten Niederstwertprinzip (NWP)

Umlaufvermögen

Abwertungspflicht auf den aus einem Börsen- oder Marktpreis abgeleiteten niedrigeren Zeitwert oder auf den niedrigeren „beizulegenden" Wert; § 253 Abs. 4 Sätze 1 und 2 HGB **(strenges NWP)**

Der niedrigere Wertansatz darf nicht beibehalten werden, wenn die Gründe der Wertminderung nicht mehr bestehen (Zuschreibungspflicht); § 253 Abs. 5 Satz 1 HGB

Anlagevermögen

(1) Abwertungswahlrecht auf den niedrigeren Zeitwert bei Finanzanlagen im Falle voraussichtlich nicht dauernder Wertminderungen; § 253 Abs. 3 Satz 4 HGB **(gemildertes NWP)***

(2) Bei voraussichtlich dauernder Wertminderung Abwertungspflicht auf den niedrigeren Zeitwert; § 253 Abs. 3 Satz 3 2. HS HGB **(strenges NWP)**

Der niedrige Wertansatz darf nicht beibehalten werden, wenn die Gründe der Wertminderung nicht mehr bestehen (Zuschreibungspflicht); § 253 Abs. 5 Satz 1 HGB***

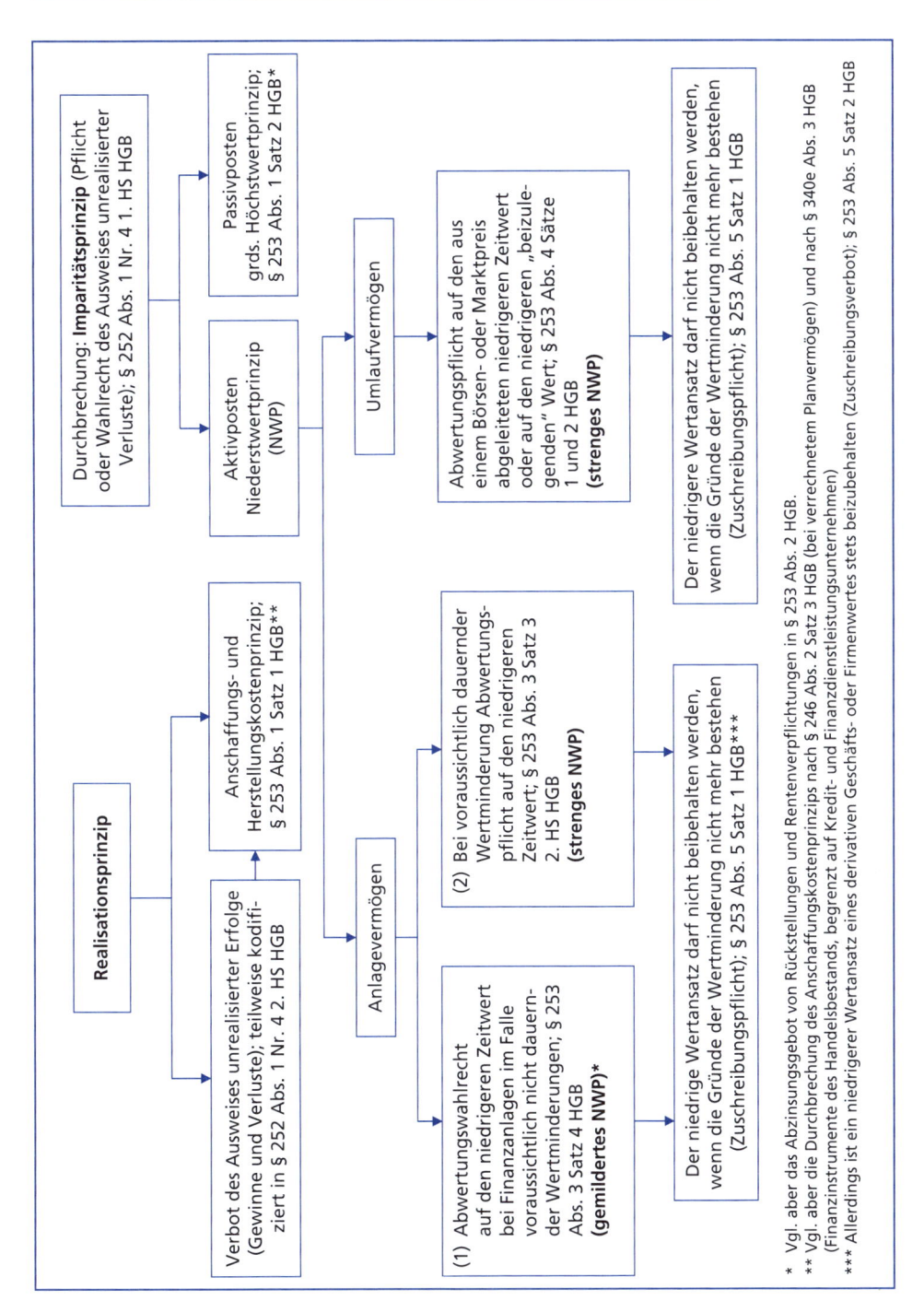

* Vgl. aber das Abzinsungsgebot von Rückstellungen und Rentenverpflichtungen in § 253 Abs. 2 HGB.
** Vgl. aber die Durchbrechung des Anschaffungskostenprinzips nach § 246 Abs. 2 Satz 3 HGB (bei verrechnetem Planvermögen) und nach § 340e Abs. 3 HGB (Finanzinstrumente des Handelsbestands, begrenzt auf Kredit- und Finanzdienstleistungsunternehmen).
*** Allerdings ist ein niedrigerer Wertansatz eines derivativen Geschäfts- oder Firmenwertes stets beizubehalten (Zuschreibungsverbot); § 253 Abs. 5 Satz 2 HGB

Abb. 181: Grundlegende Systematik der handelsrechtlichen Bewertungsvorschriften

am Abschlussstichtag im Rahmen des Umsatzprozesses bereits verwirklicht wurden.[6] Das Realisationsprinzip regelt somit die Bewertung von Unternehmensleistungen vor und nach dem Absatz.[7] Darüber hinaus hat der Realisationsgrundsatz seinen Niederschlag in dem handels- und steuerrechtlich kodifizierten **Anschaffungs- und Herstellungskostenprinzip** gefunden, nach dem für alle Leistungen der Unternehmung bis zu ihrer Verwertung auf dem Absatzmarkt ein höherer Bilanzansatz als zu den Anschaffungs- oder Herstellungskosten, bei abnutzbaren Anlagegegenständen vermindert um planmäßige Abschreibungen, grundsätzlich ausgeschlossen wird (§ 253 Abs. 1 Satz 1 HGB; § 6 Abs. 1 Nr. 1 und Nr. 2 EStG). Erst bei Vollzug des Umsatzprozesses (= Realisation der Unternehmensleistungen) ist eine Bewertung mit den erzielten Preisen, unabhängig vom Zahlungszeitpunkt, zulässig. Durch die Kodifizierung des Anschaffungs- und Herstellungskostenprinzips will der Gesetzgeber verhindern, dass aufgrund eines höheren Wertansatzes **unrealisierte Gewinne** entnommen bzw. ausgeschüttet oder einer vorzeitigen Besteuerung unterworfen werden. Diese Bewertungskonvention ist folglich auf eine **Erhaltung des Nominalkapitals** der Unternehmung und damit auf eine Sicherung der den Forderungen der Gläubiger haftenden Substanz ausgerichtet.

Wie vorstehend ausgeführt wurde, zielt das aus dem Vorsichtsgrundsatz abgeleitete Realisationsprinzip darauf ab, den Ausweis noch nicht durch Umsatzprozess realisierter Erfolge zu verhindern. Über den **Zeitpunkt der Realisation** finden sich aber weder im Handels- noch im Steuerrecht entsprechende Regelungen.

Nach h. M. dürfen Forderungen (Rechte) und Verbindlichkeiten (Lasten) aus einem entgeltlich begründeten schuldrechtlichen Rechtsverhältnis nicht aktiviert bzw. passiviert werden, solange und soweit sie beiderseits noch **nicht erfüllt** sind und das **Gleichgewicht** nicht durch Vorleistungen (z. B. Anzahlungen) oder Erfüllungsrückstände **gestört** ist oder **Verluste drohen**.[8] Forderungen entstehen mithin im Zeitpunkt der Lieferung oder Leistung. Die Lieferung ist im Allgemeinen dann vollzogen, wenn der Verkäufer die Sache dem Käufer **übertragen**[9] bzw. ihm die **Verfügungsmacht** verschafft hat.[10] Erst zu diesem Zeitpunkt darf der Verkäufer den Anspruch mit der Folge der Gewinnrealisierung aktivieren. Bis zu dem in Rede stehenden Zeitpunkt liegt ein **nichtbilanzierungsfähiges schwebendes (Verpflichtungs-)Geschäft** vor. Versendet der Verkäufer die Sache auf Verlangen des Käufers an einen anderen Ort als den Erfüllungsort (sog. **Versendungskauf**), geht die Gefahr des zufälligen Untergangs gemäß § 447 Abs. 1 BGB bereits bei der Übergabe an den Spediteur, Frachtführer oder der sonst zur Ausführung der Versendung bestimmten Person oder Anstalt auf den Käufer über. **Abbildung 182** verdeutlicht die Grundstruktur zur handelsrechtlichen Bilanzierung schwebender Geschäfte.

---

[6] Das durch das Imparitätsprinzip eingeschränkte Realisationsprinzip (Verbot des Ausweises unrealisierter Gewinne) ist in § 252 Abs. 1 Nr. 4 2. HS HGB verankert.
[7] Vgl. *Leffson* 1987, S. 247.
[8] Vgl. *Weber-Grellet* 2013, Anm. 76 zu § 5 EStG.
[9] Die Übertragung des Eigentums an beweglichen Sachen vollzieht sich gemäß § 929 BGB durch Einigung und Übergabe.
[10] Die Verfügungsmacht gilt in aller Regel dann als verschafft, wenn Eigenbesitz, Gefahr, Nutzen und Lasten auf den Erwerber übergehen.

II. Bilanzansatz der Höhe nach (Bewertung)

```
                          ┌─────────────────────┐
                          │ Schwebende Geschäfte│
                          └─────────────────────┘
```

noch von keiner Seite erfüllte Verträge Grundsatz: keine Bilanzierung		noch nicht vollständig erfüllte Verträge Grundsatz: keine Bilanzierung	
mit zu erwartender Gewinnauswirkung	mit zu erwartender Verlustauswirkung	teilweise Erfüllung durch Lieferung oder Leistung	teilweise Erfüllung durch Anzahlung
keine Bilanzierung: Nicht realisierte Gewinne dürfen nicht ausgewiesen werden (§ 252 Abs. 1 Nr. 4 HGB)	Bildung einer Rückstellung für drohende Verluste aus schwebenden Geschäften (§ 249 Abs. 1 Satz 1 HGB)	erfolgswirksame Bilanzierung der erbrachten Teil-Lieferungen oder Teil-Leistungen über den Posten „Forderungen"	erfolgsneutrale Bilanzierung über den Posten „erhaltene Anzahlungen auf Bestellungen" (§ 266 Abs. 3 Posten C. 3. HGB)

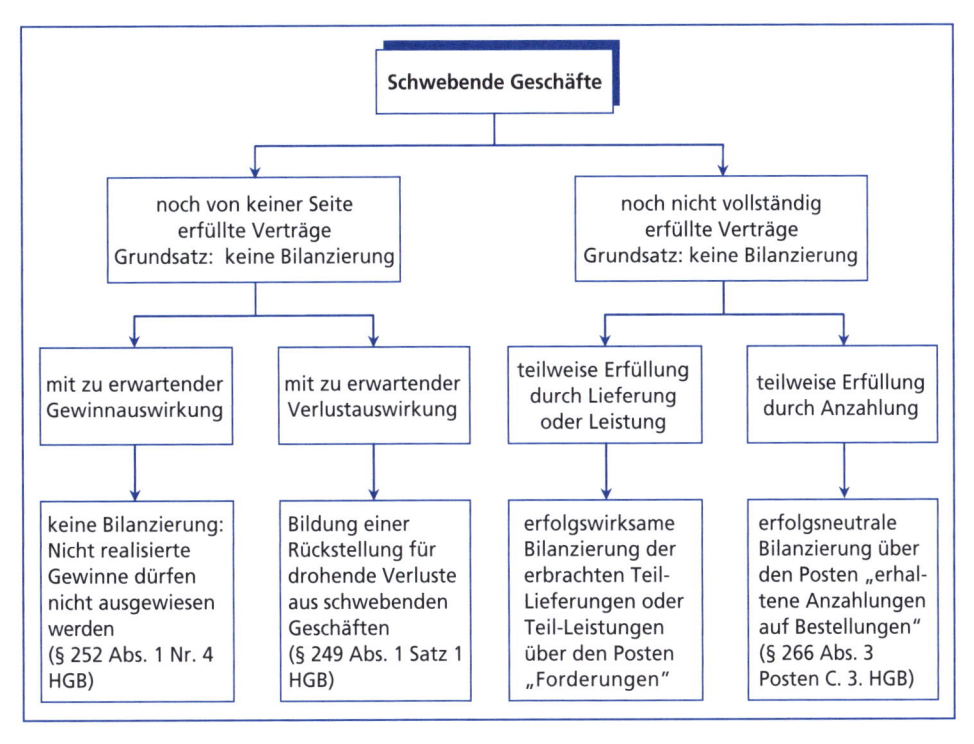

Abb. 182: Überblick über die handelsrechtliche Bilanzierung schwebender Geschäfte

Beispiel: Ein Unternehmer hat Ware auf Wunsch des Käufers an dessen Wohnort versandt. Am Bilanzstichtag (31.12.2012) befinden sich die Produkte noch auf dem Transport. Der vereinbarte Verkaufspreis beträgt 20.000 € (zzgl. 20 % Umsatzsteuer). Es handelt sich um einen Versendungskauf, da Erfüllungsort für den Unternehmer sein Wohnsitz ist (§ 269 Abs. 1 BGB) und im Kaufvertrag keine vom Bürgerlichen Gesetzbuch abweichenden Vereinbarungen getroffen wurden. Der Verkäufer versendet mithin an einen anderen Ort als den Erfüllungsort. Der Unternehmer muss somit am 31.12.2012 wie folgt buchen:

Forderungen aus Lieferungen und Leistungen	24.000 €	an	– Warenverkauf – Umsatzsteuer	20.000 € 4.000 €.

Weiterhin lässt sich aus dem Postulat der vorsichtigen Bewertung das **Imparitätsprinzip** (Ungleichheitsprinzip) ableiten. Dieser Grundsatz bringt die ungleiche Behandlung noch nicht realisierter Gewinne und Verluste zum Ausdruck. Während die buchhalterische Gewinnentstehung stets einen Realisationsakt voraussetzt, d. h. auf eine Bestätigung durch den Markt abstellt, genügt hingegen für die Antizipation von Verlusten und Risiken, dass sie **vorhersehbar** sind und auf das entsprechende Geschäftsjahr entfallen.

Das Imparitätsprinzip kommt hinsichtlich der Bewertung von Vermögensgegenständen konkret in den Niederstwertvorschriften von § 253 Abs. 3 und Abs. 4 HGB zum Ausdruck. Das **Niederstwertpostulat** besagt, dass von zwei zur Verfügung stehenden Werten der niedrigere angesetzt werden muss (**strenges Niederstwertprinzip**) oder kann (**gemildertes Niederstwertprinzip**). Im Rahmen des Bewertungsansatzes ist der **Buchwert** (z. B. in Gestalt der Anschaffungs- oder Herstellungskosten) mit dem niedrigeren beizulegenden (**Zeit-)Wert** des betreffenden Vermögensgegenstandes zu vergleichen. Aufgrund der **Maßgeblichkeit** der handelsrechtlichen Bewertungsvorschriften für die steuerrechtliche Gewinnermittlung (§ 5 Abs. 1 Satz 1 EStG) besitzen die Niederstwertnormen prinzipiell auch für die Bewertung nach § 6 Abs. 1 Nr. 1 und Nr. 2 EStG Gültigkeit. Durch die Pflicht oder das Wahlrecht des Ausweises **unrealisierter Verluste** werden überhöhte Entnahmen bzw. Ausschüttungen an die Eigner zum Zwecke des Erhaltung des Nominalkapitals vermieden, wodurch ebenfalls den Interessen der Unternehmensgläubiger Rechnung getragen wird.

Im Rahmen des **Niederstwertprinzips** kann bzw. muss der Kaufmann (**außerplanmäßige) Abschreibungen** zum Ende des Geschäftsjahres vornehmen, um die von den Verlusten betroffenen Vermögensgegenstände mit den niedrigeren Zeitwerten im Jahresabschluss auszuweisen. Für das Anlagevermögen besteht gemäß § 253 Abs. 3 Satz 3 HGB eine Abwertungsverpflichtung auf den niedrigeren beizulegenden Wert, wenn es sich um eine **voraussichtlich dauernde Wertminderung** handelt. Bei Finanzanlagen ist überdies ein Wahlrecht zur Abwertung auf den niederen beizulegenden Wert zu beachten, sofern die Wertminderung voraussichtlich nur vorrübergehender Natur ist (§ 253 Abs. 3 Satz 4 HGB). Neben diesen außerplanmäßigen Abschreibungen müssen bei abnutzbaren Gegenständen des Anlagevermögens (z. B. Gebäude, technische Anlagen und Maschinen, Betriebs- und Geschäftsausstattung) stets auch **planmäßige Abschreibungen** vorgenommen werden (§ 253 Abs. 3 Satz 1 HGB). Folglich kann als niedrigerer beizulegender Wert von Vermögensobjekten, deren Nutzung zeitlich begrenzt ist, nur derjenige in Frage kommen, der unter dem Ansatz infolge planmäßiger Abschreibungen liegt. Im Umlaufvermögen herrscht hingegen das strenge Niederstwertprinzip vor. Sofern zum Abschlussstichtag bei einzelnen Vermögensgegenständen unter den entsprechenden Buchwerten liegende Zeitwerte festgestellt werden, ist auf die aus einem geringeren Börsen- oder Marktpreis abgeleiteten Zeitwerte bzw. auf die niedrigeren beizulegenden Werte abzuschreiben (§ 253 Abs. 4 Sätze 1 und 2 HGB). Die bewertungsrechtliche Differenzierung zwischen Umlauf- und Anlagevermögen liegt in der Absicht des Gesetzgebers begründet, für das nicht dem Unternehmen dauernd dienende Vermögen eine möglichst **zeitnahe Stichtagsbewertung** sicherzustellen.

Während der **Börsenpreis** sich nach dem an einer Börse oder im Freiverkehr festgestellten Kurs (Preis) richtet, wird unter dem **Marktpreis** derjenige Preis verstanden, „… der an einem Handelsplatz für Waren einer bestimmten Gattung von durchschnittlicher Art und Güte zu einem bestimmten Zeitpunkt im Durchschnitt gewährt wurde"[11]. In aller Regel wird sich ein niedrigerer Börsen- oder Marktpreis bei Gegenständen des Umlaufvermögens ohne Probleme ermitteln lassen. Sofern aber bezüglich der Bewertung im Anlage- und/oder Umlaufvermögen auf den vom Gesetz genannten **beizulegenden (Zeit-)Wert** abzustellen ist, ergeben sich Schwierigkeiten bei seiner Konkretisierung, da gemäß § 255 Abs. 4

---

[11] *WP-Handbuch* 2012, S. 371.

Satz 2 HGB „mit Hilfe allgemein anerkannter Bewertungsmethoden" eine Bestimmung zu erfolgen hat. Nach h. M. sind zur Ermittlung des beizulegenden Wertes verschiedene **Hilfswerte** heranzuziehen; bei der Bewertung im Anlagevermögen z. B. der Wiederbeschaffungswert, der Einzelveräußerungswert oder der Ertragswert des betreffenden Vermögensgegenstandes zum Bilanzstichtag.[12] Eine ähnliche Vorgehensweise ergibt sich für die Feststellung des beizulegenden Wertes im Umlaufvermögen. Die entsprechenden Hilfswerte sind hier vom **Beschaffungsmarkt** (z. B. für Roh-, Hilfs- und Betriebsstoffe sowie Erzeugnisse, wenn Fremdbezug möglich ist) oder vom **Absatzmarkt** (z. B. für Erzeugnisse und unfertige Leistungen sowie Wertpapiere) abzuleiten. Während im ersten Fall (Beschaffungsmarkt) der **Wiederbeschaffungs- oder Reproduktionskostenwert** in Betracht kommt, ist im zweiten Fall (Absatzmarkt) auf den **Verkaufswert** abzüglich der bis zum Absatz noch anfallenden Aufwendungen (z. B. für Verwaltung und Vertrieb) abzustellen.[13] Sofern sich sowohl ein Beschaffungs- als auch ein Absatzpreis ermitteln lassen (z. B. für Handelswaren oder Erzeugnisse), ist stets der geringere zugrunde zu legen.

Abweichend vom Handelsrecht benutzt das **Bilanzsteuerrecht** im Rahmen der Bewertung von Aktiva und Passiva den Terminus „Teilwert". In § 6 Abs. 1 Nr. 1 Satz 3 EStG wird der Teilwert eines Wirtschaftsgutes als der Betrag definiert, „… den ein Erwerber des ganzen Betriebes im Rahmen des Gesamtkaufpreises für das einzelne Wirtschaftsgut ansetzen würde; dabei ist davon auszugehen, dass der Erwerber den Betrieb fortführt". Nach der steuerrechtlichen Rechtsprechung findet der Teilwert – gemäß dem Verfahren der Verteilung des Gesamtkaufpreises auf die einzelnen Vermögenswerte – seine **obere Grenze** prinzipiell in den Wiederbeschaffungs- bzw. Wiederherstellungskosten und seine **untere Grenze** im Einzelveräußerungspreis (ggf. abzüglich Veräußerungskosten) zum jeweiligen Bilanzstichtag.[14] Während die Wiederbeschaffungs- bzw. Wiederherstellungskosten regelmäßig als Bewertungsmaßstab für **betrieblich notwendige** Wirtschaftsgüter in Betracht kommen, ist der Einzelveräußerungspreis bei **entbehrlichen** (z. B. nicht dauerhaft genutzten) und **jederzeit ersetzbaren** Vermögenswerten heranzuziehen. Innerhalb der aufgezeigten Grenzen liegt nun der durch **Schätzungen** festzulegende Teilwert. Allerdings scheitert eine genaue Teilwertermittlung in der Praxis vor allem an der von § 6 Abs. 1 Nr. 1 Satz 3 EStG geforderten Bestimmung des Gesamtkaufpreises sowie der Aufspaltung des Unternehmenswertes auf die einzelnen Wirtschaftsgüter. Aus diesem Grund hat die steuerliche Rechtsprechung für bestimmte Typen von Wirtschaftsgütern sog. **Teilwertvermutungen** aufgestellt, die solange Gültigkeit besitzen, wie sie der Steuerpflichtige nicht durch konkrete Sachverhalte widerlegt.[15]

---

[12] Vgl. zur Bestimmung dieser Hilfswerte die Ausführungen von *ADS* 1995a, Anm. 457–469 zu § 253 HGB.

[13] Vgl. zur Ermittlung dieser Hilfswerte ebenfalls *ADS* 1995a, Anm. 481–502 und Anm. 513–536 zu § 253 HGB. Als Reproduktionskostenwert wird derjenige Hilfswert bezeichnet, der sich unter Zugrundelegung einer nach den Kostenverhältnissen des Bilanzstichtags ermittelten Vergleichskalkulation für auf Lager befindliche Erzeugnisse ergibt. Sofern dieser Reproduktionskostenwert unter den ursprünglich berechneten Herstellungskosten liegt, muss eine Abschreibung in Höhe des Unterschiedsbetrages vorgenommen werden. Vgl. hierzu auch die Ausführungen im Dritten Teil zu Gliederungspunkt IV.

[14] Vgl. etwa *BFH* 1983, S. 34 f.

[15] Vgl. mit den entsprechenden Nachweisen zur Rechtsprechung *Kulosa* 2013, Anm. 241–248 zu § 6 EStG.

- Der Teilwert entspricht den **Anschaffungs- oder Herstellungskosten** eines Wirtschaftsgutes im Zeitpunkt des Erwerbs bzw. der Fertigstellung, sofern nicht eine Fehlmaßnahme vorliegt. Dies gilt grundsätzlich auch für die Bewertung von **nicht abnutzbaren Wirtschaftsgütern des Anlagevermögens** (z. B. Finanzanlagen) zu späteren Zeitpunkten.
- Der Teilwert entspricht bei **abnutzbaren Wirtschaftsgütern** den Anschaffungs- bzw. Herstellungskosten abzüglich der bisher angefallenen planmäßigen Abschreibungen (**fortgeführte Anschaffungs- oder Herstellungskosten**).
- Der Teilwert entspricht bei **Wirtschaftsgütern des Vorratsvermögens** (Roh-, Hilfs- und Betriebsstoffe; unfertige Erzeugnisse, unfertige Leistungen; fertige Erzeugnisse und Waren) prinzipiell den Wiederbeschaffungs- bzw. Wiederherstellungskosten.
- Der Teilwert entspricht bei **Nominalwertgütern** (z. B. Zahlungsmittel, Forderungen, Wertpapiere) in aller Regel dem Nennbetrag bzw. dem Börsen- oder Marktpreis.

Sofern der Steuerpflichtige eine von diesen Teilwertvermutungen abweichende Bewertung einzelner Vermögensgegenstände anstrebt, muss er die für die Wertminderungen erforderlichen Gründe darlegen (z. B. Fehlmaßnahmen bei einzelnen Wirtschaftsgütern oder mangelnde Rentabilität des ganzen Betriebes oder von Teilbetrieben).

Die vorstehenden Ausführungen lassen unschwer erkennen, dass der vom Bilanzsteuerrecht in § 6 Abs. 1 Nr. 1 und Nr. 2 EStG benutzte Terminus **„niedrigerer Teilwert"** der Sache nach **deckungsgleich** ist mit den von § 253 Abs. 3 und Abs. 4 HGB verwendeten Begriffen beizulegender Wert bzw. Börsen- oder Marktpreis. Wie noch zu zeigen sein wird, können sich aber der **Höhe nach Unterschiede** ergeben, weil beim Umlaufvermögen auch die zukünftigen Gewinnerwartungen des in § 6 Abs. 1 Nr. 1 Satz 3 EStG angesprochenen **fiktiven Gesamtbetriebserwerbers** Eingang in das Berechnungskalkül des Teilwertes finden müssen. So wäre ein gedachter Erwerber vor dem Hintergrund der Sicherung eines durchschnittlichen Unternehmenserfolges nur bereit, einen Preis für das zu bewertende Wirtschaftsgut zu zahlen, der den Gewinnanteil nicht enthält. Derartige Wertminderungen der betroffenen Vermögensgegenstände haben nach den handelsrechtlichen Grundsätzen einer **verlustfreien Bewertung** jedoch unberücksichtigt zu bleiben. In diesem Fall würde folglich der steuerliche Teilwert **unter** dem niedrigeren handelsrechtlichen Zeitwert nach § 253 Abs. 4 Sätze 1 und 2 HGB liegen.

Ein weiterer wichtiger Unterschied zu den handelsrechtlichen Regelungen besteht darin, dass ein niedriger Teilwert von Wirtschaftsgütern des Anlage- und des Umlaufvermögens nur dann in der Steuerbilanz angesetzt werden kann, wenn bei diesen eine **voraussichtlich dauernde Wertminderung** vorliegt (§ 6 Abs. 1 Nr. 1 Satz 2, § 6 Abs. 1 Nr. 2 Satz 2 EStG). In jüngerer Zeit vertritt die Finanzverwaltung die Auffassung, dass bei einer außerplanmäßigen Abschreibung im Handelsrecht nach § 253 Abs. 3 Satz 3 und Abs. 4 HGB eine steuerrechtliche Teilwertabschreibung unterbleiben kann und mithin das Maßgeblichkeitsprinzip eine zusätzliche Durchbrechung erfährt.[16]

Wenn die Gründe, die für eine in früheren Geschäftsjahren vorgenommene Abschreibung auf einen niedrigeren Wert verantwortlich waren, zum Abschlussstichtag nicht mehr bestehen, muss eine Zuschreibung bis zum aktuellen Stichtagswert, maximal jedoch nur bis zu den

---

[16] Vgl. *BMF* 2010a, S. 239–242.

II. Bilanzansatz der Höhe nach (Bewertung)

(fortgeführten)[17] Anschaffungs- oder Herstellungskosten, erfolgen (**Zuschreibungsgebot**) (§§ 253 Abs. 5 HGB; § 6 Abs. 1 Nr. 1 Satz 4 EStG, § 6 Abs. 1 Nr. 2 Satz 3 EStG, § 7 Abs. 1 Satz 7 2. HS EStG).[18]

Beispiel: Der Einzelunternehmer A erwirbt in spekulativer Absicht zum Ende des Geschäftsjahres 2012 Wertpapiere für sein Unternehmen in Höhe von 40.000 € (= Anschaffungskosten), die er aufgrund unveränderter Kursentwicklung mit diesem Wert im Umlaufvermögen der Periode 2012 bilanziert. Aufgrund eines elementaren Kursverfalls beträgt der Kurswert der Wertpapiere zum Bilanzstichtag 2013 lediglich 27.500 €. Allerdings erholen sich die Papiere anschließend wieder, wodurch ihr Kurswert zum Stichtag des Geschäftsjahres 2014 mit 36.000 € notiert wird. Gemäß § 253 Abs. 4 Satz 1 HGB muss der Kaufmann die Wertpapiere im Jahresabschluss 2013 auf 27.500 € abwerten.

Buchungssatz:

Abschreibungen auf Wertpapiere   an   Wertpapiere des
des Umlaufvermögens   Umlaufvermögens   12.500 €.

Kontenmäßige Darstellung des Geschäftsvorfalls:

S	Wertpapiere des Umlaufvermögens		H
	€		€
AB	40.000	(1)	12.500
		SBK (EB)	27.500
	40.000		40.000

S	Abschreibungen auf Wertpapiere des Umlaufvermögens		H
	€		€
(1)	12.500	GuV (Saldo)	...

Für das Geschäftsjahr 2014 hat der Kaufmann eine Zuschreibung bis auf 36.000 € vorzunehmen:

Wertpapiere des   an   Sonstige
Umlaufvermögens   betriebliche Erträge[19]   8.500 €.

Kontenmäßige Darstellung der Zuschreibung (Wertaufholung):

S	Wertpapiere des Umlaufvermögens		H
	€		€
AB	27.500	SBK (EB)	36.000
(1)	8.500		
	36.000		36.000

S	Sonstige betriebliche Erträge		H
	€		€
GuV (Saldo)	...	(1)	8.500

---

[17] Sofern bei Gegenständen des abnutzbaren Anlagevermögens eine außerplanmäßige Abschreibung wieder rückgängig gemacht wird, kann nur maximal bis zu den ursprünglichen Anschaffungs- oder Herstellungskosten, abzüglich der zwischenzeitlich anfallenden planmäßigen Abschreibungen (fortgeführte Anschaffungs- oder Herstellungskosten), zugeschrieben werden.

[18] Eine Ausnahme betrifft den derivativen Geschäfts- oder Firmenwert, für den ein striktes Wertaufholungsverbot nach § 253 Abs. 5 Satz 2 HGB zu beachten ist.

[19] Anstelle des Kontos Sonstige betriebliche Erträge kann auch das Unterkonto Erträge aus Zuschreibungen Verwendung finden. Vgl. hierzu die Ausführungen im Dritten Teil zu Gliederungspunkt II.C.1.c.

In den handels- und steuerrechtlichen Vorschriften, die die Bewertung der Verbindlichkeiten und Rückstellungen regeln, hat sich der Imparitätsgrundsatz in Gestalt des **Höchstwertprinzips** niedergeschlagen (§ 253 Abs. 1 Satz 2 HGB, § 6 Abs. 1 Nr. 3 Satz 1 EStG). So ist grundsätzlich von zwei am Abschlussstichtag zur Verfügung stehenden Schuldenwerten stets der höhere anzusetzen.

Neben dem Realisations- und dem Imparitätsprinzip lässt sich aus dem Grundsatz der Vorsicht ferner die Verpflichtung des Kaufmanns ableiten, jeden Vermögens- und Schuldposten in der Bilanz **einzeln zu bewerten**, damit Wertminderungen nicht mit Wertsteigerungen im Zuge einer Globalbewertung der betreffenden Vermögensgegenstände und Schulden verrechnet werden und insofern notwendige Ab- bzw. Zuschreibungen unterbleiben. Das **Prinzip der Einzelbewertung** (§ 252 Abs. 1 Nr. 3 HGB) erfordert aber nur dann eine gesonderte Bewertung, wenn dies dem Kaufmann möglich und auch wirtschaftlich vertretbar ist. Lassen die realen Verhältnisse die Ermittlung der einzelnen, auf den Inventurbestand entfallenden Wertansätze nicht zu, so bleibt nur die Möglichkeit, einen **fiktiven Wert** zu unterstellen. Diesem Problem hat der Gesetzgeber dadurch Rechnung getragen, indem er in § 256 Satz 1 HGB die Anwendung von sog. **Verbrauchsfolgeverfahren** zulässt, die auf Annahmen hinsichtlich der Reihenfolge des Verzehrs oder der Veräußerung gleichartiger Gegenstände des Vorratsvermögens beruhen. Ferner wird der Grundsatz der Einzelbewertung durch die in § 240 Abs. 3 und Abs. 4 i. V. m. § 256 Satz 2 HGB kodifizierten Verfahren der Fest- und Gruppenbewertung für bestimmte Gegenstände des Anlage- und Umlaufvermögens durchbrochen.

Darüber hinaus ist es handels- und steuerrechtlich möglich, unter Durchbrechung des Einzelbewertungsprinzips bei der Bilanzierung von **Finanzinstrumenten** das Grund- und Sicherungsgeschäft durch die Bildung einer **Bewertungseinheit** nach § 254 HGB und § 5 Abs. 1a EStG zusammenzufassen, um die gegenläufigen Erfolgsentwicklungen aufzurechnen und nur den Nettoeffekt in der Rechnungslegung zu erfassen (sog. **Hedge Accounting**). Hierdurch kann eine ungleiche Behandlung unrealisierter Gewinne und Verluste vermieden werden.

Kraft der in § 5 Abs. 1 Satz 1 EStG verankerten **Maßgeblichkeit der Handels- für die Steuerbilanz** sind die handelsrechtlichen Bewertungsvorschriften grundsätzlich auch im Rahmen der steuerlichen Gewinnermittlung von **Gewerbetreibenden** zu beachten, „… die auf Grund gesetzlicher Vorschriften verpflichtet sind, Bücher zu führen und regelmäßig Abschlüsse zu machen, oder die ohne eine solche Verpflichtung Bücher führen und regelmäßig Abschlüsse machen …". Das Maßgeblichkeitsprinzip wird immer dann **durchbrochen**, wenn die Normen des Steuerrechts den Ansatz eines von den handelsrechtlichen Vorschriften abweichenden Betrages im Rahmen des **steuerrechtlichen Bewertungsvorbehalts** (§ 5 Abs. 6 EStG) **zwingend** vorschreiben. Zudem lassen sich vielfältige Ansatzpunkte für eine Entkoppelung von Handels- und Steuerbilanz durch die jüngere Sichtweise der Finanzverwaltung nach dem BilMoG wiederfinden.[20]

---

[20] Vgl. hierzu insbesondere *BMF* 2010a, 2010b sowie die EStÄR 2012.

2. IFRS

a. Abstrakte Bewertungsmaßstäbe

Vergleichbar mit der Ansatzfähigkeit lassen sich abstrakte und konkrete Bewertungsmaßstäbe nach IFRS unterscheiden. Während die abstrakten Bewertungsmaßstäbe für Vermögenswerte und Schulden wiederum im Rahmenkonzept enthalten sind, werden die konkreten Bewertungskonzepte in den jeweiligen Einzelstandards kodifiziert. Die vier (abstrakten) Basisbewertungsmaßstäbe, die in unterschiedlichem Ausmaß und auch in Verbindung miteinander im Jahresabschluss Berücksichtigung finden, sind in der nachfolgenden **Abbildung 183** dargestellt.[21]

Die **historischen Kosten** stellen den allgemeinen Bewertungsmaßstab für das Anschaffungs- oder Herstellungskostenprinzip dar, dem – wie bereits ausgeführt – ein überragender Stellenwert im Handels- und Steuerrecht zuzusprechen ist. Nach dem historischen Kostenprinzip werden Vermögenswerte mit dem Betrag angesetzt, der den zum Zeitpunkt ihres Erwerbs zu entrichtenden Zahlungsmitteln oder Zahlungsmitteläquivalenten oder dem beizulegenden Zeitwert einer sonstigen zu ihrem Erwerb hingegebenen Gegenleistung entspricht [Rahmenkonzept 4.55 (a)]. Die historischen Kosten von Schulden werden im Gegensatz zum Handelsrecht ebenfalls explizit definiert als Betrag, den der Abschlussersteller durch das Eingehen der Verpflichtung erhalten oder den er für die Schuldentilgung bei Unterstellung eines normalen Geschäftsgangs ggf. aufzuwenden hat (z. B. bei Steuerschulden) [Rahmenkonzept 4.55 (a)].

Bei der Bestimmung von **Tageswerten** ist derjenige Betrag heranzuziehen, der zum gegenwärtigen Zeitpunkt aufgewendet werden muss, um einen identischen oder vergleichbaren Asset zu beschaffen [Rahmenkonzept 4.55 (b)]. Dieser Terminus weist Parallelen zu den handels- und steuerrechtlichen Wiederbeschaffungskosten auf. Eine entsprechende Anwendung erfolgt bei Schulden, wobei der Betrag für die aufgewendeten nicht diskontierten Zahlungsmittel oder -äquivalente bestimmt wird, um die Verpflichtung zum gegenwärtigen Zeitpunkt begleichen zu können.

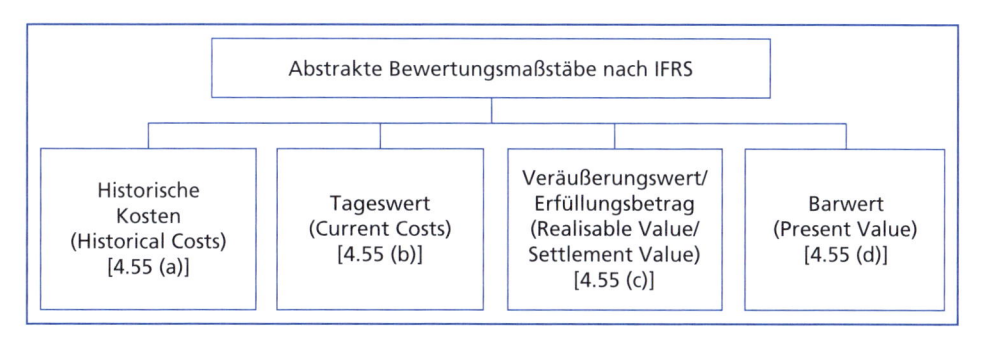

Abb. 183: Abstrakte Bewertungsmaßstäbe nach dem Rahmenkonzept der IFRS

Abstrakte Bewertungsmaßstäbe nach IFRS:
- Historische Kosten (Historical Costs) [4.55 (a)]
- Tageswert (Current Costs) [4.55 (b)]
- Veräußerungswert/Erfüllungsbetrag (Realisable Value/Settlement Value) [4.55 (c)]
- Barwert (Present Value) [4.55 (d)]

---

[21] Modifiziert entnommen von *Bieg et al.* 2006, S. 86.

Der **Veräußerungswert** entspricht – im Ergebnis ähnlich dem Handelsrecht – der Summe der liquiden oder sonstigen Mittel, die bei einem Verkauf des Vermögenswerts zum gegenwärtigen Zeitpunkt im Rahmen eines ordnungsgemäßen Veräußerungsgeschäfts erzielt werden können [Rahmenkonzept 4.55 (c)]. Bei einer Aufgabe des Geschäftsbetriebs und einer damit einhergehenden Durchbrechung des Grundsatzes der Unternehmensfortführung sind Liquidationswerte zu verwenden.

Der **Erfüllungsbetrag** entspricht bei Schulden der undiskontierten Summe aller Zahlungsmittel oder Zahlungsmitteläquivalente, die erwartungsgemäß bei Unterstellung eines normalen Geschäftsgangs für die Begleichung der Verpflichtung aufgewendet werden müssen [Rahmenkonzept 4.55 (c)].

Bei der Bestimmung des **Barwertes** ist der diskontierte zukünftige Nettomittelzufluss zugrunde zu legen, der bei Unterstellung eines normalen Geschäftsgangs voraussichtlich durch den Vermögenswert erzeugt wird [Rahmenkonzept 4.55 (d)]. Schulden werden hiernach entsprechend mit dem Barwert des bei einem normalen Geschäftsgang zu erwartenden Nettomittelabflusses bewertet, der zur Begleichung der Verpflichtung notwendig ist. Wesentliche Ermessensspielräume bestehen bei der Schätzung der Höhe der Nettomittelzuflüsse bzw. -abflüsse sowie in der Wahl des Diskontierungszinssatzes.[22]

b. Konkrete Bewertungsmaßstäbe

Die IFRS folgen bezüglich der konkreten Bewertungsmaßstäbe einem **Mixed Model**, da die Tagesbewertung, welche der organischen Bilanzauffassung entstammt, und das historische Kostenprinzip der statischen Bilanztheorie als gleichwertige Bewertungsmaßstäbe fungieren. In diesem Zusammenhang ist jedoch darauf hinzuweisen, dass bei der Bewertung eines Vermögenswertes oder einer Schuld zwei abstrakte Bewertungskonzepte miteinander kombiniert werden können, z. B. als Vergleichsmaßstäbe. Diese Dualität findet ebenfalls im Handelsrecht bei der Bestimmung des niedrigeren beizulegenden Werts Anwendung, da die Wertfindung sowohl aus Sicht des Absatz- als auch aus Sicht des Beschaffungsmarkts erfolgen kann. Die Bewertung eines Abschlusspostens wird nicht zwingend nach nur einer der aufgeführten Konzeptionen vorgenommen. Eine Konkretisierung erfolgt – wie bereits angedeutet – nach Maßgabe des zu bewertenden Bilanzpostens. Dabei lassen sich die in **Abbildung 184** gezeigten Konzeptionen unterscheiden.

Wie bei den abstrakten Bewertungsmaßstäben ist es ebenfalls möglich, dass mehrere konkrete Bewertungskonzeptionen für ein und denselben bilanziellen Sachverhalt herangezogen werden. Als Beispiel lässt sich das Bewertungswahlrecht nach IAS 16 oder IAS 38 anführen, welches eine Bewertung zu Anschaffungs- bzw. Herstellungskosten oder zum (höheren) beizulegenden Zeitwert ermöglicht. Hiervon ausgenommen ist das Gezeichnete Kapital als Bestandteil des Eigenkapitals, welches stets zum Nennwert zu bewerten ist.

Der Bewertung von Vermögenswerten und Schulden zum **beizulegenden Zeitwert (Fair Value)** wird nach den IFRS ein überragender Stellenwert beigemessen, wie IFRS 13 belegt. Dies gilt de lege lata u. a. für die Bewertung von Sachanlagen (IAS 16), von immateriellen Vermögenswerten (IAS 38), von Finanzinstrumenten (IFRS 9), von als Finanzinvestition gehaltenen Immobilien (IAS 40) und biologischen Vermögenswerten (IAS 41). Angestrebt wird

---

[22] Vgl. auch *Bieg et al.* 2006, S. 87.

II. Bilanzansatz der Höhe nach (Bewertung)

der langfristige Ersatz des Mixed Model aus Anschaffungs-/Herstellungskosten und beizulegendem Zeitwert durch ein **Full Fair Value Accounting**. Die wachsende Abkehr der IFRS vom historischen Kostenprinzip wird mit einer entscheidungsnützlichen Informationsbereitstellung begründet. Der Zielsetzung eines True and Fair View kann aus theoretischer Sicht mit einem Full Fair Value Accounting besser entsprochen werden, da der beizulegende Zeitwert die Adressaten der Rechnungslegung über die Höhe, den zeitlichen Anfall und die Unsicherheit der Cash Flows idealtypisch zutreffend informiert. Diese Aussage ist jedoch aufgrund der weit reichenden Ermessensspielräume bei der Bestimmung des Fair Value zu relativieren. So gilt das Fair Value-Modell lediglich in den restriktiven Grenzen eines aktiven Marktbezugs im kapitalmarkttheoretischen Sinne als entscheidungsnützlich. Die Orientierung des Fair Value an der jeweiligen Marktsituation impliziert ferner, dass die Wertentwicklung nicht von beeinflussbaren Störgrößen verzerrt wird (z. B. Zinsänderungen oder Konjunkturschwankungen). Die Qualität der Rechnungslegung wird somit entscheidend durch die Fähigkeit des Abschlusserstellers determiniert, Störgrößen bei der Ableitung des Fair Value frühzeitig zu antizipieren und entsprechende Korrektur- oder Planungsrechnungen vorzunehmen.

Dem Grunde nach stellt der beizulegende Zeitwert als Oberbegriff ein Konglomerat der im IFRS-Rahmenkonzept aufgeführten abstrakten Bewertungsmaßstäbe (Barwert, Tageswert, Veräußerungswert) dar. Der Charakter des Fair Value wird dabei durch den zu beurteilenden Sachverhalt determiniert. Insbesondere im Rahmen der Folgebewertung stellt der erzielbare Betrag, welcher als höherer Betrag aus dem Nutzungswert und dem beizulegendem Zeitwert abzüglich Verkaufskosten definiert ist, als Vergleichsmaßstab zum Buchwert eine Ausprägung der Rechnungslegung zum beizulegenden Zeitwert dar.

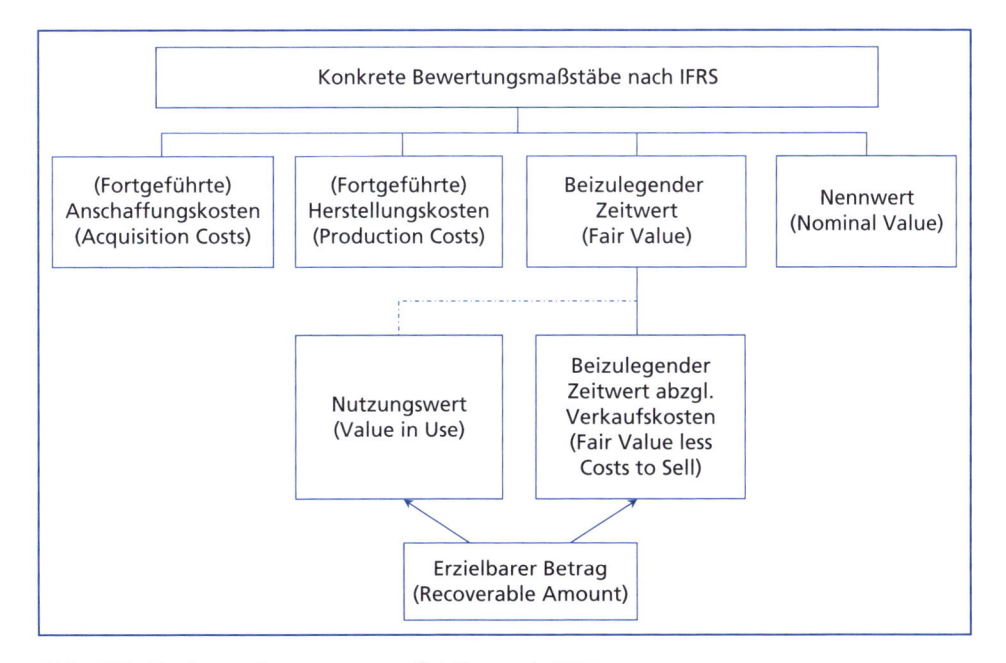

Abb. 184: Konkrete Bewertungsmaßstäbe nach IFRS

Im Mai 2011 wurde der IFRS 13 „Fair Value Measurement" veröffentlicht, um der wachsenden Bedeutung der Zeitwertbilanzierung Rechnung zu tragen. Da die Fair-Value-Definition und seine Bestimmung in den Einzelstandards verstreut und uneinheitlich waren, bestand die Zielsetzung in der Vorgabe einheitlicher Leitlinien für das Fair Value Accounting. Neben der Einführung einer „Fair Value-Hierarchie" soll der Fair Value einheitlich aus einer Marktperspektive heraus beurteilt werden. IFRS 13.9 definiert den beizulegenden Zeitwert (Fair Value) als denjenigen Preis, der im Rahmen eines geordneten Geschäftsvorfalls unter Marktteilnehmern zum Bewertungszeitpunkt beim Verkauf eines Vermögenswerts erzielt werden würde oder der bei Schuldübertragung zu leisten wäre. Insofern lässt sich dieser fallweise als hypothetischer Marktpreis (Exit Price) unter idealisierten Bedingungen bzw. als potenzielles Ergebnis einer fiktiven Transaktion zwischen den Verhandlungsgruppen charakterisieren. Das Fair Value-Konzept nach IFRS stellt auf sachverständige, vertragswillige und gleichberechtigte Partner ab, d. h. beide Parteien sind vollständig über die Marktsituation informiert und motiviert, aber nicht gezwungen zu kaufen. Die nachfolgende **Abbildung 185**[23] gibt einen Überblick über das Stufenmodell zur Ableitung des Fair Value nach IFRS („Fair Value-Hierarchie").

In der ersten Stufe sind diejenigen Preise heranzuziehen, die an einem **aktiven Markt** für mit dem Bewertungsgegenstand identische Vermögenswerte oder Schulden vorliegen, z. B. Aktienpreise (IFRS 13.76). Es handelt sich hierbei um die verlässlichste Form der Fair Value-Ermittlung. Diese Situation ist jedoch bei der Bewertung vieler Vermögensposten (insbesondere bei selbsterstellten immateriellen Vermögenswerten) nicht in der betrieblichen Praxis vorzufinden. Daher bedarf es eines Rückgriffs auf die nachfolgenden Stufen, wobei der Übergang von einer Stufe zur nächsten mit einem Verlust an Verlässlichkeit einhergeht.

Auf der zweiten Stufe sind alle sonstigen Marktinformationen heranzuziehen, die auf einem Markt (direkt oder indirekt) beobachtbar sind (IFRS 13.81), primär Preise für **ähnliche** Vermögenswerte oder Schulden. Für einen Großteil der zum Fair Value bewerteten Abschlussposten ist, da weder Stufe 1 oder Stufe 2 heranzuziehen sind, ein Rückgriff auf die 3. Stufe erforderlich. Hierunter fallen alle auf einem Markt **nicht** beobachtbaren Daten, z. B. durch Unternehmensbewertung (IFRS 13.86). Dem Abschlussersteller wird die letztendliche Entscheidung eröffnet, welches Modell bei der Fair-Value-Bestimmung zum Einsatz gelangt. Es wird hierbei unterstellt, dass durch das besondere Einschätzungsvermögen (Best Estimate) des Managements die jeweils „beste" Bewertungskonzeption ausgewählt wird. In der betrieblichen Praxis sind dies u. a. die Ertragswertmethode und die Discounted-Cashflow-Verfahren. Sofern der Fair Value auf den Stufen 1 bis 3 nicht verlässlich zu ermitteln ist, können je nach Bilanzposten nach den Einzelstandards ersatzweise die (fortgeführten) Anschaffungs- oder Herstellungskosten heranzuziehen sein (z. B. nach IAS 38.75).

In Übereinstimmung mit dem Handels- und Steuerrecht stellen die IFRS im Rahmen der Folgebewertung grds. auf die fortgeführten Anschaffungs-/Herstellungskosten ab. Allerdings sehen die postenspezifischen Standards zahlreiche Abweichungen von diesem Prinzip vor.

Bei **immateriellen Vermögenswerten** und beim **Sachanlagevermögen** wird die Bewertung zu fortgeführten Anschaffungs-/Herstellungskosten oder alternativ zum (höheren) Fair Value zugelassen (IAS 16.29; IAS 38.71). Letztere Regelung ist nach Maßgabe des Handels-

---

[23] Modifiziert entnommen von *Bieg et al.* 2006, S. 90.

II. Bilanzansatz der Höhe nach (Bewertung)

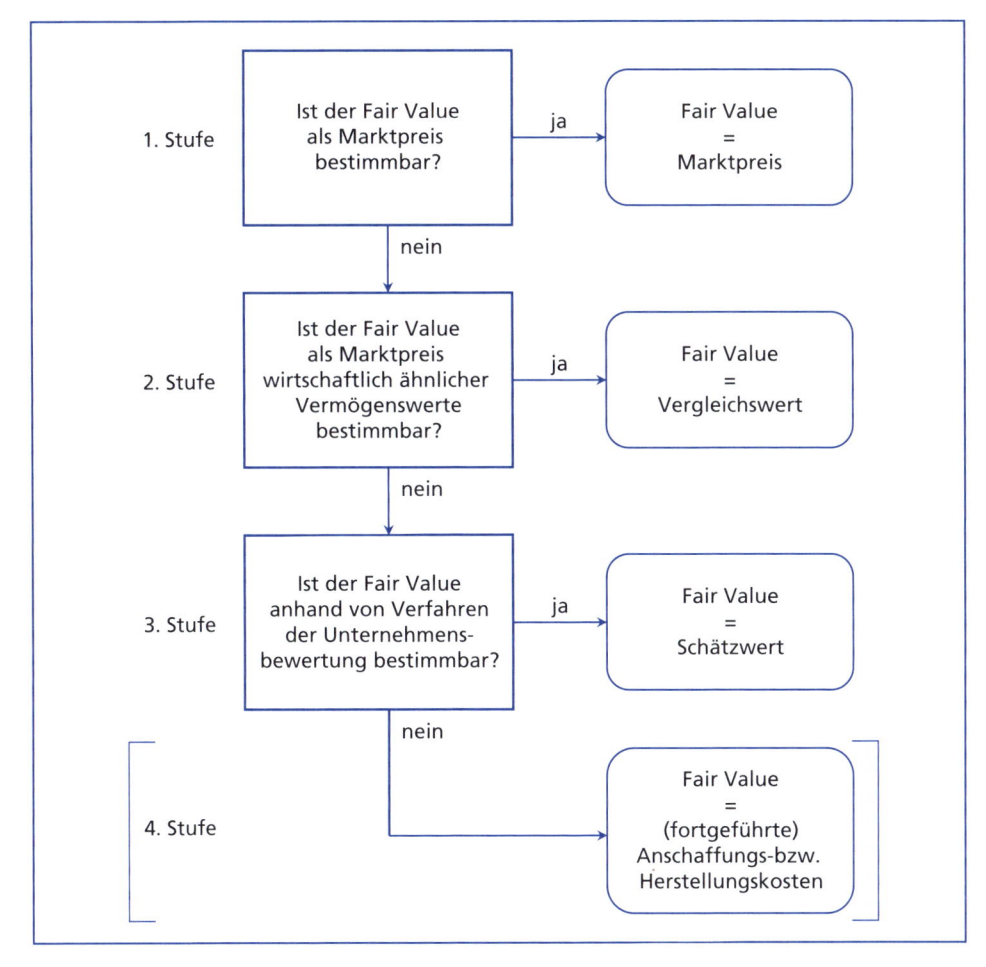

Abb. 185: Stufenmodell der Fair Value-Ermittlung nach IFRS

- 1. Stufe: Ist der Fair Value als Marktpreis bestimmbar? → ja → Fair Value = Marktpreis
- 2. Stufe: Ist der Fair Value als Marktpreis wirtschaftlich ähnlicher Vermögenswerte bestimmbar? → ja → Fair Value = Vergleichswert
- 3. Stufe: Ist der Fair Value anhand von Verfahren der Unternehmensbewertung bestimmbar? → ja → Fair Value = Schätzwert
- 4. Stufe: Fair Value = (fortgeführte) Anschaffungs- bzw. Herstellungskosten

und Steuerrechts nicht vorgesehen. Diese Neubewertung zum Fair Value ist allerdings bei immateriellen Vermögenswerten an die restriktive Voraussetzung eines aktiven Marktes i. S. d. IAS 38.8 geknüpft. Ein **aktiver Markt** wird dabei angenommen, wenn die Marktpreise durch die Teilnehmer öffentlich zugänglich sind, homogene Güter gehandelt werden und sich zu jeder Zeit Vertragspartner finden lassen. Eine Wertsteigerung über die fortgeführten Anschaffungs- und Herstellungskosten hinaus ist grds. **erfolgsneutral** unter Einbezug einer Wertaufholungsrücklage zu verbuchen. Die Vorgehensweise lässt sich auf die organische Bilanztheorie zurückführen.

Sämtliche **Finanzinstrumente** (finanzielle Vermögenswerte und Verbindlichkeiten) werden zum beizulegenden Zeitwert im Erwerbszeitpunkt bewertet, welcher den Anschaffungskosten entspricht. Im Rahmen der Folgebewertung ist eine Klassifizierung in zwei Kategorien vorzunehmen: diejenigen Finanzinstrumente, die zu fortgeführten Anschaffungskosten und diejenigen, die zum beizulegenden Zeitwert bewertet werden. Eine Bilanzierung zu fortge-

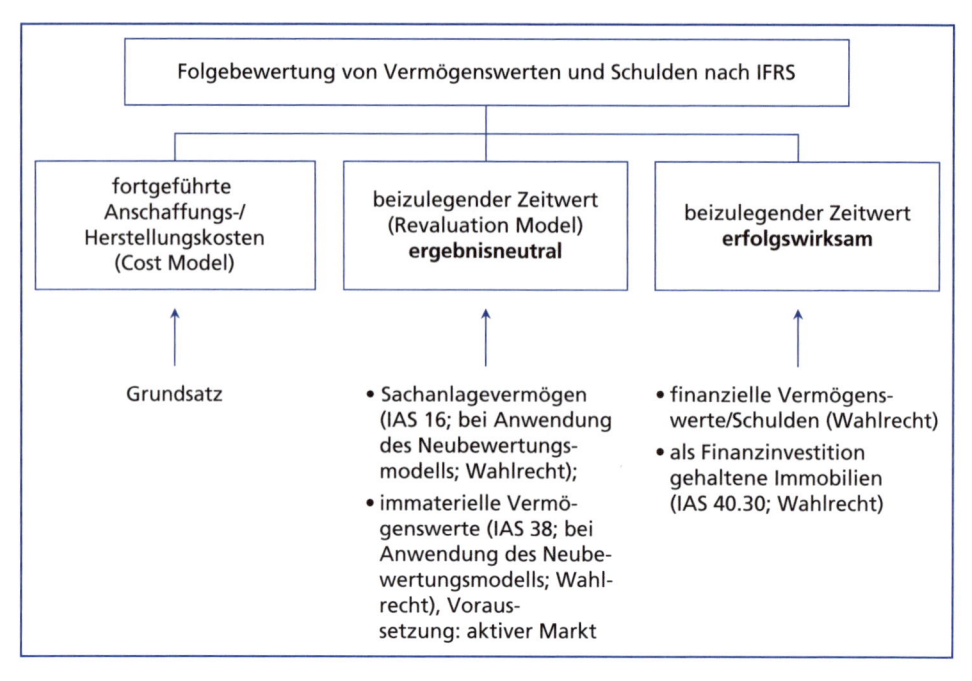

Abb. 186: Folgebewertung von Vermögenswerten und Schulden nach IFRS

Folgebewertung von Vermögenswerten und Schulden nach IFRS

- **fortgeführte Anschaffungs-/Herstellungskosten (Cost Model)**
  - Grundsatz

- **beizulegender Zeitwert (Revaluation Model) ergebnisneutral**
  - Sachanlagevermögen (IAS 16; bei Anwendung des Neubewertungsmodells; Wahlrecht);
  - immaterielle Vermögenswerte (IAS 38; bei Anwendung des Neubewertungsmodells; Wahlrecht), Voraussetzung: aktiver Markt

- **beizulegender Zeitwert erfolgswirksam**
  - finanzielle Vermögenswerte/Schulden (Wahlrecht)
  - als Finanzinvestition gehaltene Immobilien (IAS 40.30; Wahlrecht)

führten Anschaffungskosten erfolgt nur dann, wenn nach dem Geschäftsmodell für die finanziellen Vermögenswerte keine Verkaufsabsicht besteht, d. h. diese zur Realisierung der vertraglichen Geldflüsse in Form von Zins- und Tilgungszahlungen im Portfolio gehalten werden. Im anderen Fall erfolgt eine Bewertung zum beizulegenden Zeitwert. In der Regel werden die entsprechenden Wertdifferenzen zwischen Fair Value und Anschaffungskosten erfolgswirksam erfasst. Bei Eigenkapitalinstrumenten, die nicht zum Handelsbestand zählen, ist auch eine erfolgsneutrale Erfassung im sonstigen Gesamtergebnis möglich.[24] **Finanzielle Verbindlichkeiten** werden nach IFRS 9 im Regelfall zu fortgeführten Anschaffungskosten bewertet. Ausgenommen hiervon sind Handelsbestände mit negativem Marktwert sowie finanzielle Verbindlichkeiten, für die die sog. Fair Value-Option ausgeübt wurde. Bei hybriden Instrumenten ist ggf. eine separate Bewertung des Basisvertrags (fortgeführte Anschaffungskosten) und des eingebetteten Derivats (Fair Value) erforderlich. Eine spätere Umklassifizierung finanzieller Verbindlichkeiten ist nach IFRS 9 untersagt. Die umfangreichen Offenlegungsvorschriften im Anhang zu den finanziellen Vermögenswerten und Schulden sind in IFRS 7 niedergelegt.[25]

Ein Bewertungswahlrecht zum Fair Value mit erfolgswirksamer Verbuchung von Wertsteigerungen über den Anschaffungskosten besteht gem. IAS 40.30 für Immobilien, die als Finanzinvestitionen gehalten werden. Die Folgebewertung von Vermögenswerten und Schulden nach IFRS ist zusammenfassend in **Abbildung 186** dargestellt.

---

[24] Vgl. *Christian* 2011, S. 6.
[25] Vgl. u. a. *Christian* 2011, S. 7.

B. Zugangsbewertung

1. Vermögensgüter

a. Anschaffungskosten

a.a Handels- und Steuerrecht

Anschaffungskosten stellen den Bewertungsmaßstab für **erworbene Vermögensgüter** dar. Gemäß § 255 Abs. 1 Satz 1 HGB rechnen hierzu sämtliche Aufwendungen, „… die geleistet werden, um einen Vermögensgegenstand zu erwerben und ihn in einen betriebsbereiten Zustand zu versetzen, soweit sie dem Vermögensgegenstand einzeln zugeordnet werden können"[26]. Darüber hinaus zählen auch Nebenkosten sowie nachträglich anfallende, mit dem Beschaffungsvorgang im Zusammenhang stehende Aufwendungen zu den Anschaffungskosten; Anschaffungspreisminderungen, wie z. B. in Anspruch genommene Skonti, Rabatte und Boni, sind hingegen abzusetzen (§ 255 Abs. 1 Sätze 2 und 3 HGB). Zu berücksichtigen ist allerdings, dass Anschaffungskostenbestandteile nur dann unter die Einbeziehungspflicht des § 255 Abs. 1 HGB fallen, wenn sie dem Vermögensobjekt direkt zurechenbar sind, d. h. **Einzelkostencharakter** tragen. Folglich kommen sog. Anschaffungsgemeinkosten, wie etwa Personal- und Sachaufwendungen, die im Zusammenhang mit dem Transport eines Vermögensgegenstandes durch eigene Fahrzeuge anfallen, nicht für eine Aktivierung in Betracht. Sofern Kredite vom Erwerber aufgenommen werden, um die Anschaffung eines

	Anschaffungspreis (Bruttorechnungsbetrag)
–	**Anschaffungspreisminderungen** (z. B. Skonti, Rabatte, Boni und abzugsfähige Vorsteuer gem. § 9 b Abs. 1 EStG)
+	**Anschaffungsnebenkosten** (z. B. Bezugs-, Versicherungs-, Fundamentierungs- und Montagekosten, Kosten für Probeläufe, Grunderwerbsteuer sowie Zölle)
=	**Ursprüngliche Anschaffungskosten**
+	**Nachträgliche Anschaffungspreiserhöhungen** (z. B. spätere Änderungen des Kaufpreises im Rahmen eines Prozesses)
–	**Nachträgliche Anschaffungspreisminderungen** (z. B. erst zum Ende des Geschäftsjahres gewährte Rabatte und Boni)
+	**Nachträgliche Anschaffungsnebenkosten** (z. B. Neufestsetzung der Grunderwerbsteuer)
+	**Nachträgliche Aufwendungen** (z. B. spätere Reparaturen bei einem Gebäude)[a]
=	**Anschaffungskosten**

[a] Die Rechtsprechung hat für diese aktivierungspflichtigen, nachträglichen Aufwendungen den Terminus „anschaffungsnaher Aufwand" geschaffen. Gemäß § 6 Abs. 1 Nr. 1 a EStG besteht eine Aktivierungspflicht als Herstellungskosten von Aufwendungen für Instandhaltungs- und Modernisierungsmaßnahmen, die innerhalb von drei Jahren nach der Anschaffung des Gebäudes durchgeführt werden. Voraussetzung ist allerdings, dass die Aufwendungen ohne die in Rechnung gestellte Umsatzsteuer 15 % der Anschaffungskosten des Gebäudes übersteigen müssen. Vgl. im Detail R 21.1 Abs. 2 Satz 1 EStR und H 21.1 EStH.

Abb. 187: Komponenten der handels- und steuerrechtlichen Anschaffungskosten

---
[26] H 6.2 EStR verweist auf § 255 Abs. 1 HGB.

Vermögensgegenstandes zu ermöglichen (z. B. Bank-, Teilzahlungs- oder Wechselkredite), zählen die anfallenden **Fremdkapitalzinsen** nicht zu den Anschaffungskosten, da der Wert der beschafften Gegenstände dadurch, dass das Unternehmen den Kaufpreis nicht selbst aufbringt, sondern fremde Mittel in Anspruch nimmt, keine Erhöhung erfährt. Etwas anderes gilt allerdings dann, wenn der Käufer dem Verkäufer **Vorauszahlungen** geleistet hat, für die Fremdkapitalzinsen zu entrichten sind (Kreditaufnahme zur Bestreitung der Vorauszahlungen). In diesem Fall trägt der Abnehmer einen Teil der Anschaffungskosten (nämlich die Zinskosten) selbst, wodurch der ihm vom Lieferanten in Rechnung gestellte Anschaffungspreis einen entsprechend niedrigeren Betrag annimmt. Aus diesem Grunde nimmt die h. M. bei derartigen Konstellationen ein **Einbeziehungswahlrecht** von Fremdkapitalzinsen in die Anschaffungskosten an.[27] Hierbei setzen sich die Anschaffungskosten nach Handels- und Steuerrecht aus den in **Abbildung 187** dargelegten Komponenten zusammen.[28] Der Begriff der Anschaffungskosten ist im Handels- und Steuerrecht deckungsgleich.

Trägt die **Vorsteuer** abzugsfähigen Charakter, dann zählt sie nach § 9 b Abs. 1 Satz 1 EStG nicht zu den Anschaffungskosten, d. h. sie weist in diesem Fall **keine Kosteneigenschaft** auf. Sofern jedoch die Abzugsfähigkeit der Vorsteuer nach den Vorschriften des Umsatzsteuergesetzes ausgeschlossen ist (z. B. bei der Ausführung steuerfreier Umsätze gemäß § 15 Abs. 2 Nr. 1 UStG), muss sie als Teil der Anschaffungskosten aktiviert werden. Im Falle einer Aktivierung der Vorsteuer hängt ihre zeitliche Auswirkung auf den Unternehmenserfolg davon ab, bei welchen Vermögensgegenständen sie in die Anschaffungskosten einbezogen wurde. Während sich die Gewinnminderung (Verlusterhöhung) bei Waren und abnutzbaren Anlagegütern im Zeitpunkt des Verkaufs bzw. im Rahmen der planmäßigen Abschreibung niederschlägt, kommt die negative Erfolgsbeeinflussung bei Gegenständen des nichtabnutzbaren Anlagevermögens grundsätzlich erst im Falle ihrer **Veräußerung** oder **Entnahme** zur Auswirkung.

a.b   IFRS

Vergleichbar zum Handelsrecht bilden die **Anschaffungskosten** auch nach IFRS den Bewertungsmaßstab für von Dritten erworbene Vermögenswerte und sind u. a. bei der Bewertung des Vorratsvermögens (IAS 2), des Sachanlagevermögens (IAS 16) oder des immateriellen Vermögens (IAS 38) heranzuziehen. Dazu zählen neben dem Kaufpreis auch Einfuhrzölle und nicht erstattungsfähige (Erwerbs-)Steuern, Transport- und Verbringungskosten sowie alle sonstigen Kosten (Anschaffungsnebenkosten), die sich dem Anschaffungsvorgang direkt zurechnen lassen und dazu dienen, den Vermögenswert in einen betriebsbereiten Zustand zu versetzen, (IAS 2.10 f.; 16.16 f.). Rabatte, Boni und Skonti stellen Anschaffungskostenminderungen dar und sind in Abzug zu bringen (IAS 2.11; 16.16; 38.27). Ferner kommt unter gewissen Voraussetzungen eine Minderung um staatliche Zuschüsse gem. IAS 20 in Betracht (IAS 16.28; 38.44). Aufwendungen, die im Zusammenhang mit betriebsbereiten oder erworbenen Vermögenswerten anfallen, stellen nachträgliche Anschaffungskosten dar, sofern diese verlässlich bestimmbar und dem Asset direkt zurechenbar sind (IAS 16.13; 38.68).

Finanzierungskosten sind nach IAS 23 abweichend zum Handelsrecht zwingend als Bestandteil der Anschaffungskosten zu sehen, sofern die Fremdkapitalkosten direkt der An-

---

[27] Vgl. *ADS* 1995a, Anm. 35–39 zu § 255 HGB.
[28] Vgl. *Federmann* 2010, S. 423.

schaffung eines qualifizierten Vermögenswerts dienen und bei denen das Versetzen in einen betriebs- oder verkaufsbereiten Zustand einen längeren Zeitraum in Anspruch nimmt. Ferner muss ein zukünftiger wirtschaftlicher Nutzen für das Unternehmen wahrscheinlich und die Kosten zuverlässig messbar sein (IAS 23.8). Der Anteil der aktivierungsfähigen Finanzierungskosten lässt sich dabei als Aufwendungen umschreiben, die ohne die entsprechende Anschaffung vermieden worden wären. Den Finanzierungskosten können grds. nicht nur Fremdkapitalzinsen, sondern auch andere mit der Fremdkapitalaufnahme in Verbindung stehende Nebenkosten subsumiert werden. Mit der Aktivierung von Finanzierungskosten ist zu beginnen, sobald Ausgaben für den Qualifying Asset vorliegen, Kosten entstanden sind und die notwendigen Tätigkeiten, um den Vermögenswert seiner Zweckbestimmung zuzuführen, eingeleitet wurden. Die Möglichkeit einer Aktivierung endet bei einem Abschluss der wesentlichen Tätigkeiten. Die darüber hinausgehenden sonstigen Finanzierungskosten sind in der Periode ihres Entstehens erfolgswirksam zu berücksichtigen.

Verwaltungs- und sonstige Gemeinkosten sind von den aktivierungsfähigen Anschaffungskosten ausgenommen, soweit sie nicht direkt dem Erwerbsvorgang oder der Versetzung des Asset in seinen betriebsbereiten Zustand zugerechnet werden können (IAS 16.17; IAS 2.15). Ein analoges Vorgehen erfolgt für Anlauf- und Vorproduktionskosten, die aus dem Betrieb eines Vermögenswerts vor Erreichen seiner geplanten Leistung resultieren. Diese sind unverzüglich erfolgswirksam zu erfassen (IAS 16.19 f.). Erwartete Aufwendungen für Abbruch, Rückbau oder Entsorgung erhöhen allerdings die Anschaffungskosten [IAS 16.16 (c)], soweit eine entsprechende Verpflichtung besteht, für die gem. IAS 37 eine Rückstellung zu bilden ist. Dieses Vorgehen lässt sich nicht mit der handelsrechtlichen Rechnungslegung vereinbaren. Direkt zurechenbare Transaktionskosten, z. B. Courtagen sowie sonstige Gebühren und Abgaben, sind in die Anschaffungskosten einzubeziehen.

Abgesehen von der Möglichkeit einer Aktivierung von **Abbruch- und Wiederherstellungskosten** und **Fremdkapitalkosten** bestehen zu den handelsrechtlichen Anschaffungskosten im Grundsatz keine wesentlichen Unterschiede. Die **Abbildung 188** fasst zentrale Komponenten der Anschaffungskosten nach IFRS zusammen.

	Anschaffungspreis (Bruttorechnungsbetrag)
−	**Anschaffungspreisminderungen** (z. B. Skonti, Rabatte, Boni, ggf. staatliche Zuschüsse, abzugsfähige Vorsteuer)
+	**Anschaffungsnebenkosten** [z. B. Einfuhrzölle und nicht erstattungsfähige (Erwerbs-)Steuern, Transport- und Verbringungskosten, Abbruch- und Wiederherstellungskosten]
=	**Ursprüngliche Anschaffungskosten**
+	**Nachträgliche Anschaffungskosten**
+	**Fremdkapitalkosten** (bei Vorliegen eines qualifizierten Vermögenswerts)
=	**Anschaffungskosten**

Abb. 188: Komponenten der Anschaffungskosten nach IFRS

b. Herstellungskosten

b.a Handels- und Steuerrecht

Im Gegensatz zu den Anschaffungskosten repräsentieren **Herstellungskosten** den Bewertungsmaßstab für selbst erstellte Vermögensgegenstände und unfertige Leistungen. Herstellungskosten sind nach Maßgabe des § 255 Abs. 2 Satz 1 HGB zu leistende Aufwendungen, „... die durch den Verbrauch von Gütern und die Inanspruchnahme von Diensten für die Herstellung eines Vermögensgegenstands, seine Erweiterung oder für eine über seinen ursprünglichen Zustand hinausgehende wesentliche Verbesserung entstehen."[29] Der bilanzielle Herstellungskostenbegriff ist pagatorischer Natur[30] und auf aufwandsgleiche Kosten beschränkt.

Das Handelsrecht sieht im Rahmen der Bemessung der Herstellungskosten einen **angenäherten Vollkostenansatz** vor. Nach § 255 Abs. 2 Satz 2 HGB werden als Pflichtbestandteile zum einen die Materialeinzelkosten, die Fertigungseinzelkosten und die Sondereinzelkosten der Fertigung genannt. Zum anderen besteht ein Einbeziehungsgebot für angemessene Teile der Materialgemeinkosten, der Fertigungsgemeinkosten und des Werteverzehrs des Anlagevermögens, soweit dieser durch die Fertigung veranlasst ist (**handelsrechtliche Wertuntergrenze**). Für die Kosten allgemeiner Verwaltung, der Altersversorgung und der freiwilligen sozialen Leistungen besteht gem. § 255 Abs. 2 Satz 3 HGB ein Einbeziehungswahlrecht (**handelsrechtliche Wertobergrenze**). Bei einer Unterbeschäftigung dürfen nur die Nutzkosten, d. h. der ausgenutzte Teil der Fixkosten, berücksichtigt werden, während die Leerkosten nicht aktivierungsfähig sind.[31] Bei einer Überschreitung des zugrunde gelegten normalen oder geplanten Beschäftigungsniveaus ist darauf zu achten, dass die formal errechneten Nutzkosten nur insoweit in die Herstellungskosten eingerechnet werden, als diese die tatsächlichen Fixkosten nicht übersteigen.

Fremdkapitalkosten sind nach § 255 Abs. 3 Satz 2 HGB nur ansatzfähig, wenn sie direkt zurechenbar sind, d. h. wenn das Fremdkapital zur Finanzierung der Herstellung des Vermögensgegenstandes verwendet wird und die Zinsen auf den Zeitraum der Herstellung entfallen. Ein generelles handelsrechtliches Einbeziehungsverbot besteht gem. § 255 Abs. 2 Satz 4 i. V. m. § 255 Abs. 3 Satz 1 HGB für **Forschungs- und Vertriebskosten** und für **allgemeine Fremdkapitalzinsen**.

Bei wahlweise nach § 248 Abs. 2 Satz 1 HGB aktivierten selbst geschaffenen immateriellen Vermögensgegenständen des Anlagevermögens bilden die auf die **Entwicklungsphase** entfallenden Aufwendungen (§ 255 Abs. 2 a HGB) die bilanziellen Herstellungskosten.[32] Sofern eine verlässliche Unterscheidung zwischen Forschungs- und Entwicklungsphase nicht gegeben ist, können die betreffenden Entwicklungsaufwendungen nicht aktiviert werden.

Aus steuerlicher Sicht sind gem. R 6.3 Abs. 1 EStR ebenfalls neben den Einzelkosten auch die notwendigen Fertigungs- und Materialgemeinkosten sowie der zurechenbare Werteverzehr des Anlagevermögens zwingend als Herstellungskosten zu berücksichtigen

---

[29] Vgl. zur Bemessung der handelsrechtlichen Herstellungskosten *Graumann* 2011, S. 121–140.
[30] Vgl. *Freidank* 1985, S. 105–111.
[31] Vgl. *ADS* 1995b, Anm. 161 zu § 255 HGB.
[32] Vgl. zu den Änderungen des BilMoG detailliert *Freidank/Velte* 2009b, S. 93–117.

(**steuerrechtliche Wertuntergrenze**). Das handelsrechtliche Aktivierungswahlrecht für Verwaltungs-, Sozialkosten und Kosten der Altersversorgung nach § 255 Abs. 2 Satz 3 HGB sowie die Einbeziehung herstellungsbezogener Fremdkapitalzinsen gem. § 255 Abs. 3 Satz 2 HGB wurden in R 6.3 Abs. 4 Satz 1 EStR 2008 ebenso als Einbeziehungswahlrechte behandelt. Allerdings fordert die Finanzverwaltung langfristig einen Vollkostenansatz im Sinne einer zwingenden Einbeziehung der vorstehend benannten Kosten mit Ausnahme der Fremdkapitalzinsen. Nach den EStÄR 2012 i.V.m. dem BMF-Schreiben vom 25.3.2013[33] ist allerdings eine temporäre Beibehaltung der früheren Bewertungspraxis bis zur Anpassung der EStR möglich. Das handelsrechtliche Einbeziehungsverbot für Sondereinzelkosten des Vertriebs, Vertriebsgemeinkosten sowie für Forschungsaufwendungen gilt entsprechend für die Steuerbilanz, wobei im Gegensatz zum Handelsgesetzbuch auch Entwicklungsaufwendungen gem. § 5 Abs. 2 EStG generell keine bilanzielle Berücksichtigung finden dürfen.

Abbildung 189 gibt einen Überblick über diejenigen Kategorien der Herstellungskosten, für die aus handelsrechtlicher und steuerlicher Sicht eine Aktivierungspflicht, ein Aktivierungsverbot oder ein Aktivierungswahlrecht besteht. Hierbei wird deutlich, dass die Untergrenze des handels- und steuerrechtlichen Herstellungskostenansatzes bislang noch identisch ausfallen können. Zumindest sind übereinstimmend die vollen Material- und Fertigungskosten einzubeziehen. Da für die in § 255 Abs. 2 Satz 3 HGB genannten Kostenbestandteile ein Einbeziehungswahlrecht und für Forschungs- und Vertriebskosten ein Einbeziehungsverbot in die handels- und steuerrechtlichen Herstellungskosten unfertiger und fertiger Erzeugnisse sowie aktivierbarer innerbetrieblicher Leistungen besteht, lässt sich noch eine einheitliche Bewertung herbeiführen. Bei einer handelsrechtlichen Einbeziehung von Entwicklungsaufwendungen von aktivierten selbst geschaffenen immateriellen Vermögensgegenständen des Anlagevermögens in die Herstellungskosten bestehen jedoch zusätzliche Abweichungen zu den steuerlichen Herstellungskosten.

b.b   IFRS

Eine Bewertung zu den **Herstellungskosten** als zweite Konkretisierung des historischen Kostenprinzips kommt nach IFRS in Übereinstimmung zum Handelsrecht insbesondere für unfertige und fertige Erzeugnisse und Leistungen sowie sonstige selbsterstellte Vermögenswerte in Betracht. Sie beinhalten alle Kosten, die in direkter Beziehung zum Produktionsvorgang stehen, sowie sonstige Kosten, die zur Versetzung des Vermögenswerts an seinen gegenwärtigen Ort und in seinen gegenwärtigen Zustand anfallen (IAS 2.10; 16.22; 38.66). In Übereinstimmung mit der Rechnungslegung nach Handels- und Steuerrecht erfolgt eine strikte Trennung in **Einzel- und Gemeinkosten**. Die IFRS-Rechnungslegung basiert allerdings im Unterschied zum Handelsrecht unter Betonung des Matching Principle auf einem weiter gehenden **produktionsbezogenen Vollkostenprinzip**.

Neben den **Material- und Fertigungseinzelkosten** sowie **Sondereinzelkosten der Fertigung** als den der Produktionseinheit direkt zurechenbaren Kosten sind zwingend die produktionsbezogenen und auf den Herstellungszeitraum bezogenen **Material- und Fertigungsgemeinkosten** des Herstellungsvorgangs gem. IAS 2.12 zu berücksichtigen. Voraussetzung hierfür ist, dass die Kostenbestandteile einen Bezug zur Produktion aufweisen, andernfalls gilt ein

---
[33] Vgl. *BMF* 2013, S. 1.

Kostenkategorie		Handelsbilanz	Steuerbilanz
	Materialeinzelkosten	Gebot = Untergrenze	Gebot = Untergrenze
+	Fertigungseinzelkosten		
+	Sondereinzelkosten der Fertigung		
+	Materialgemeinkosten		
+	Fertigungsgemeinkosten		
+	Werteverzehr des Anlagevermögens		
+	Allgemeine Verwaltungsgemeinkosten, Aufwendungen für freiwillige soziale Leistungen, für die betriebliche Altersversorgung und für soziale Einrichtungen des Betriebs	Wahlrecht	temporäres Wahlrecht*
+	Fremdkapitalzinsen (unter bestimmten Voraussetzungen)	Wahlrecht	Wahlrecht
=	**Obergrenze der Herstellungskosten**		
	Sondereinzelkosten des Vertriebs	Verbot	Verbot
	Forschungs- und Vertriebsgemeinkosten	Verbot	Verbot

* Vgl. EStÄR 2012 i.V.m. BMF 2013.

Abb. 189: Komponenten der Herstellungskosten in der Handels- und Steuerbilanz

striktes Einbeziehungsverbot. Die Verteilung der fixen Gemeinkosten ist auf der Grundlage einer normalen Auslastung der Produktionskapazitäten durchzuführen. Im Handelsrecht ist – wie bereits ausgeführt – sowohl eine Heranziehung des normalen als auch des geplanten Beschäftigungsniveaus denkbar. Im Falle einer niedrigeren Auslastung sind nicht verrechenbare fixe Gemeinkosten in der Periode, in der sie angefallen sind, als Aufwand zu berücksichtigen. Bei einer ungewöhnlich hohen Kapazitätsauslastung müssen die auf die einzelne Produkteinheit verrechneten fixen Gemeinkosten gemindert werden, um eine Bewertung über die tatsächlichen Kosten hinaus zu vermeiden. Die variablen Gemeinkosten sind dagegen auf Basis der tatsächlichen Kapazitätsauslastung der Produktionsanlagen auf die einzelnen Produkteinheiten zu verteilen (IAS 2.13). Eine Einbeziehung sonstiger Kosten in die Herstellungskosten ist lediglich dann angezeigt, wenn sie angefallen sind, den Vermögenswert in seinen Endzustand und zu seinem Einsatzort zu bringen. Dafür können beispielsweise auch nicht fertigungsbezogene Gemeinkosten einzubeziehen sein (IAS 2.15).

Die **Verwaltungsgemeinkosten** sowie die Kosten für soziale Leistungen für die betriebliche Altersversorgung und für soziale Einrichtungen des Betriebs müssen nach IAS 2.15 in einen produktionsbezogenen Teil, für den ein Aktivierungsgebot gilt, und in einen produktionsfernen Teil, der außer Ansatz bleibt, aufgespalten werden. Hierbei ergeben sich wesentliche Divergenzen zum (temporären) Einbeziehungswahlrecht in der Handels- und Steuerbilanz.

Die bilanzielle Berücksichtigung von **Fremdkapitalkosten** ist gem. IAS 2.17 i. V. m. 23.8 in Übereinstimmung mit den Anschaffungskosten geboten, wenn sie direkt der Herstellung eines Qualifying Asset zugerechnet werden können und es wahrscheinlich ist, dass dem Unternehmen aus den Fremdkapitalkosten ein künftiger Nutzen zufließt.

	Handelsbilanz	Steuerbilanz	IFRS
Material- und Fertigungseinzelkosten	Pflicht	Pflicht	Pflicht
Sondereinzelkosten der Fertigung	Pflicht	Pflicht	Pflicht
Material- und Fertigungsgemeinkosten	Pflicht	Pflicht	Pflicht
Werteverzehr des Anlagevermögens	Pflicht	Pflicht	Pflicht
Fremdkapitalzinsen	**Wahlrecht** (unter bestimmten Voraussetzungen)	**Wahlrecht** (unter bestimmten Voraussetzungen)	Pflicht (bei Vorliegen eines Qualifying Assets)
Verwaltungsgemeinkosten	**Wahlrecht**	**Wahlrecht** (temporär)	Pflicht (anteilig)
Aufwendungen für freiwillige soziale Leistungen, für die betriebliche Altersversorgung und für soziale Einrichtungen des Betriebs	**Wahlrecht**	**Wahlrecht**	Pflicht (anteilig)
Sondereinzelkosten des Vertriebs	Verbot	Verbot	Verbot
Forschungs- und Vertriebskosten	Verbot	Verbot	Verbot

Abb. 190: Komponenten der Herstellungskosten in der Handels- und Steuerbilanz sowie nach IFRS

Ein grundsätzliches Ansatzverbot gilt gem. IAS 2.16 (a)–(d) z. B. für **Vertriebskosten und Sondereinzelkosten** des Vertriebs, überhöhte Ausschussmengen sowie überhöhte Arbeits- und sonstige Produktionskosten und Lagerkosten, soweit sie nicht für notwendige Zwischenlager vor einer nachgelagerten Produktionsstufe anfallen. Zudem sind bei der Herstellung immaterieller Vermögenswerte lediglich die auf die Entwicklungsphase entfallenden Aufwendungen ansatzfähig, wobei für die Forschungsaufwendungen ein Einbeziehungsverbot besteht. Hierbei ergeben sich keine wesentlichen Unterschiede zur handelsrechtlichen Rechnungslegung. Anhand der **Abbildung 190** werden die vorstehenden Ausführungen zusammengefasst.

c. Barwert

c.a Einführung

Der aus der Finanzmathematik stammende Begriff des Barwerts bezeichnet ganz allgemein auf einen bestimmten Zeitpunkt abgezinste (abdiskontierte) Zahlungen. Er bringt mithin unter Berücksichtigung von Zinswirkungen den Gegenwartswert von Ein- und Auszahlungen zum Ausdruck, die erst in künftigen Rechnungsperioden anfallen. Hieraus folgt, dass der Barwert im Rahmen der bilanzrechtlichen Konventionen vor allem als Wertmaßstab für den Ansatz lang- und mittelfristiger Forderungen, Verbindlichkeiten und Rückstellungen

Relevanz besitzt, die erst in Folgeperioden zu Ein- bzw. Auszahlungen führen und bei denen sich die effektiven Zinsen, die sich in Zinserträgen und Zinsaufwendungen niederschlagen, nicht in marktüblicher Form, d. h. un-, niedrig- oder überverzinslich, erfolgt. Wie zu zeigen sein wird, kann bei bestimmten Beschaffungsgeschäften der Barwert aber auch den Anschaffungskosten etwa für Sachanlage- und Vorratsvermögen entsprechen.

c.b Gewinnrealisierende Forderungen

Nach h. M. bildet im Falle langfristig unverzinslicher oder niedrigverzinslicher Stundung von **(gewinnrealisierenden) Warenforderungen** der Barwert die Anschaffungskosten dieser Forderungen. Aus handelsrechtlicher Sicht kann die Abdiskontierung auf der Basis des **landesüblichen Zinssatzes** für festverzinsliche Wertpapiere mit entsprechender Restlaufzeit erfolgen.[34] Bei der **steuerrechtlichen Gewinnermittlung** ist der Forderungsbewertung hingegen gemäß § 12 Abs. 3 BewG grundsätzlich höchstens ein Zinssatz von 5,5 % zugrunde zu legen.[35] Die Pflicht zur Abdiskontierung wird von der Auffassung getragen, dass bei einem Bilanzansatz zum Nennwert ein noch nicht realisierter zukünftiger Zinsgewinn ausgewiesen würde. Bei niedrig verzinslichen Forderungen ist der Abdiskontierung die Differenz zwischen dem landesüblichen bzw. steuerrechtlichen Zinssatz und dem niedrigeren effektiven Zinssatz für den geleisteten Kapitaldienst zugrunde zu legen. Eine Abzinsung sollte stets dann vorgenommen werden, wenn der Vergleichszinssatz den Effektivzinssatz um **mehr als 1 %** überschreitet.

Demzufolge ist in Bezug auf Warenforderungen der Abdiskontierungsbetrag als **Erlösschmälerung** zu erfassen, wodurch Warenverkäufe (Umsatzerlöse) dann nur im Umfang des abgezinsten Gegenwartswerts der Forderung vorliegen. In Höhe des Zinsunterschieds entstehen während der Laufzeit der Warenforderung **Zinserträge**, die nach dem Grundsatz der periodengerechten Erfolgsermittlung durch Aufdiskontierung des Barwerts der Forderung sukzessive realisiert werden, um die jeweiligen Anschaffungskosten zum Ausweis bringen zu können.[36] Da in diesem Fall keine Entgeltminderung vorliegt und die als Erlösschmälerung erfasste Zinsdifferenz in den Folgeperioden wieder ausgeglichen wird, besteht kein Erfordernis zu einer Korrektur der Umsatzsteuer i. S. v. § 17 Abs. 1 UStG. Sofern in der Handels- und Steuerbilanz bei der Auf- und Abzinsung von Forderungen mit unterschiedlichen Zinssätzen gearbeitet wird, handelt es sich um eine **Durchbrechung des Maßgeblichkeitsprinzips** (§ 5 Abs. 6 EStG).

> **Beispiel:** Ein Großhändler liefert im Geschäftsjahr 2012 Waren an einen Kunden im Wert von 180.000 € (einschließlich 20 % Umsatzsteuer). Da sich der Kunde in Zahlungsschwierigkeiten befindet, wird eine zinslose Stundung der Warenforderung bis zum Ende des Geschäftsjahrs 2015 vereinbart. Der Abdiskontierung soll ein Zinssatz von 5,5 % zugrunde gelegt werden. Nach Ablauf der Stundungsfrist begleicht der Kunde seine Schuld durch Banküberweisung. **Abbildung 191** zeigt die Berechnung der jeweiligen Barwerte zu den einzelnen Abschlussstichtagen.

---

[34] Vgl. *WP-Handbuch* 2012, S. 405.
[35] Vgl. *Kulosa* 2013, Anm. 296 zu § 6 EStG.
[36] Vgl. *ADS* 1997b, Anm. 35 zu § 277 HGB.

II. Bilanzansatz der Höhe nach (Bewertung)

Abschlussstichtag	Abzinsungsfaktoren	Barwerte der Netto-Warenforderung in €
2012	0,8516137	127.742,05[a]
2013	0,8984524	134.767,86
2014	0,9478673	142.180,09
2015	1	150.000

[a] $127.742,05 = 150.000\,€ \cdot \frac{1}{(1+0,055)^3}$.

Abb. 191: Berechnung der Barwerte

Buchungen in 2012:

(1)	Forderungen aus Lieferungen und Leistungen	180.000 €	an	– Warenverkauf – Umsatzsteuer	150.000 € 30.000 €
(2)	Erlösschmälerungen		an	Forderungen aus Lieferungen und Leistungen	22.257,95 €
(3)	Warenverkauf		an	Erlösschmälerungen	22.257,95 €.

Die Erlösschmälerung im Geschäftsjahr 2012 (22.257,95 €) entspricht dem Unterschiedsbetrag zwischen der Netto-Warenforderung (150.000 €) und dem Barwert der Netto-Warenforderung (127.742,05 €).

Kontenmäßige Darstellung:

S	Forderungen aus Lieferungen und Leistungen		H
	€		€
AB[b]	0	(2)	22.257,95
(1)	180.000	SBK (EB)	157.742,05
	180.000		**180.000**

S	Umsatzsteuer		H
	€		€
		(1)	30.000

[b] Dem Beispiel liegt die Annahme zugrunde, dass der Großhändler über keine weiteren Forderungen aus Lieferungen und Leistungen verfügt.

S	Warenverkauf		H
	€		€
(3)	22.257,95	(1)	150.000
GuV[c]	127.742,05		
	150.000		**150.000**

S	Erlösschmälerungen		H
	€		€
(2)	<u>22.257,95</u>	(3)	<u>22.257,95</u>

[c] Abschluss der Warenkonten nach dem Bruttoverfahren.

c.c Darlehensforderungen

Eine andere Betrachtungsweise ergibt sich hingegen bei der Bewertung **langfristig unverzinslicher bzw. niedrigverzinslicher Darlehensforderungen**, die in der Bilanz als Finanzanlagen unter dem Posten „Sonstige Ausleihungen" auszuweisen sind (§ 266 Abs. 2 Posten A. III. 6. HGB). Diese **nicht gewinnrealisierenden Forderungen** gelten als mit dem **Auszahlungsbetrag** angeschafft. Die Un- bzw. Unterverzinslichkeit betrifft hier den niedrigeren beizulegenden Wert, der gemäß § 253 Abs. 3 Satz 4 HGB im Rahmen des **gemilderten Niederstwertprinzips** angesetzt werden kann, da es sich aufgrund der Erhöhung des niedrigen Bilanzwertes in den Folgeperioden nicht um eine dauernde Wertminderung der Darlehensforderung handelt. Da ein niedrigerer Teilwert in der Steuerbilanz gemäß § 6 Abs. 1 Nr. 2 Satz 2 EStG nur im Falle einer voraussichtlich dauernden Wertminderung angesetzt werden kann, bleibt weithin kein Raum, eine Abwertung der unverzinslichen bzw. niedrigverzinslichen Darlehensforderung in Höhe des Zinsanteils in der Steuerbilanz vorzunehmen.

> **Beispiel:** In Abänderung des vorherigen Beispiels wird nun unterstellt, dass es sich nicht um eine Waren-, sondern um eine Darlehensforderung handelt. Der bilanzierende Großhändler möchte aus rechnungslegungspolitischen Gründen eine Abwertung dieser Forderung in der Handelsbilanz vornehmen [die Gewährung von Krediten zählt gemäß § 4 Nr. 8. a) UStG zu den steuerbefreiten Umsätzen].
>
> **Buchungen in 2012:**
>
> | | | | | |
> |---|---|---|---|---|
> | (1) | Sonstige Ausleihungen | an | Guthaben bei Kreditinstituten | 150.000,00 € |
> | (2) | Abschreibungen auf Finanzanlagen | an | Sonstige Ausleihungen | 22.257,95 €. |
>
> Sofern der Großhändler auf die sukzessive Aufzinsung des niedrigeren beizulegenden Werts zurückgreift, entspricht die buchhalterische Behandlung in der Handelsbilanz der bereits gezeigten Vorgehensweise. Erfolgt jedoch die Gewinnrealisierung im handelsrechtlichen Jahresabschluss erst im Geschäftsjahr des Darlehensrückflusses, so werden in Periode 2015 die folgenden Buchungen erforderlich, während in den Perioden 2013–2014 keine Buchungen vorzunehmen sind.
>
> **Buchungen in 2015:**
>
> | | | | | |
> |---|---|---|---|---|
> | (1) | Sonstige Ausleihungen | an | Zinserträge | 22.257,95 € |
> | (2) | Guthaben bei Kreditinstituten | an | Sonstige Ausleihungen | 150.000 €. |

Sofern Überverzinslichkeit, z. B. infolge eines sinkenden Marktzinsniveaus, vorliegt, steht das Realisierungsprinzip einer Aufdiskontierung der Nominalwerte der betreffenden Forderungen entgegen.

Forderungen stellen in der **IFRS**-Rechnungslegung eine Teilmenge der finanziellen Vermögenswerte dar. Im Gegensatz zum Handelsrecht resultieren aus der Qualifikation „Forderungen" keine eigenständigen Bewertungsmaßstäbe, da sich die Bewertung gänzlich von der Kategorisierung der **Finanzinstrumente** nach IFRS 9 abhängt.

2. Schulden

a. Erfüllungsbetrag bzw. beizulegender Zeitwert

a.a Handels- und Steuerrecht

Der handelsrechtliche Bewertungsmaßstab für **Verbindlichkeiten** ist gem. § 253 Abs. 1 Satz 2 HGB der **Erfüllungsbetrag**. Bei Geldleistungsverpflichtungen entspricht der Erfüllungsbetrag grds. dem Nennbetrag, bei Sachleistungsverpflichtungen dem voraussichtlich aufzuwendenden Geldwert derjenigen Aufwendungen, die zur Bewirkung der geschuldeten Leistung erforderlich sind.[37] Die Aufwendungen sind dabei nach h. M. mit den Vollkosten zu bewerten. Verbindlichkeiten in Fremdwährung (**Valutaverbindlichkeiten**) sind gem. § 256 a Satz 1 HGB zum Devisenkassamittelkurs am Abschlussstichtag umzurechnen.

In der **Steuerbilanz** sind Verbindlichkeiten gem. § 6 Abs. 1 Nr. 3 i. V. m. Nr. 2 EStG mit ihrem Anschaffungswert oder höheren Teilwert anzusetzen. In Übereinstimmung mit dem Handelsrecht gilt bei einer Darlehensverpflichtung als Anschaffungswert der Nennwert, bei Sachleistungsverpflichtungen der Geldwert der Aufwendungen (Vollkosten), die zur Bewirkung der Sachleistung erforderlich sind.[38] Der Teilwert einer Verbindlichkeit stellt den Mehrbetrag dar, den der Erwerber des gesamten Betriebs zahlen würde, wenn die Verbindlichkeit nicht bestünde oder wenn er sie vom Verkäufer nicht zu übernehmen bräuchte.

Rückstellungen sind nach Maßgabe des § 253 Abs. 1 Satz 2 HGB in Höhe des nach vernünftiger kaufmännischer Beurteilung notwendigen Erfüllungsbetrages zu bewerten. Mit dieser Formulierung gibt der Gesetzgeber lediglich einen Schätzmaßstab vor, der insbesondere dem Vorsichtsprinzip nach § 252 Abs. 1 Nr. 4 HGB Rechnung trägt.[39] Vor diesem Hintergrund sind Rückstellungen mit dem Betrag anzusetzen, mit dem das Unternehmen unter Berücksichtigung des Gesichtspunktes der Vorsicht voraussichtlich in Anspruch genommen wird oder den es zur Abdeckung der Aufwendungen benötigt. Bei Rückstellungen für Preisnachlässe sind im Ausnahmefall nicht die Aufwendungen betroffen. Künftige **Preis- und Kostensteigerungen** sind unter Einschränkung des Stichtagsprinzips (§ 242 HGB i. V. m. 252 Abs. 1 Nr. 3 HGB) zu berücksichtigen, sofern ausreichend objektive Hinweise auf ihren Eintritt schließen lassen. Bei **Einzelverpflichtungen** ist bei mehreren Schätzalternativen bevorzugt der höchste Wert anzusetzen. Liegen **Massenverpflichtungen** vor, so hat der wahrscheinlichste Betrag zum Ansatz zu kommen.[40]

Die Erfüllung einer Verpflichtung kann nicht nur in Geld-, sondern auch in Sachleistungen erfolgen. Als Erfüllungsbetrag von Sachleistungsverpflichtungen ist handelsrechtlich der Geldwert anzusetzen, der für die Erfüllung der Verpflichtung voraussichtlich erforderlich ist. Die Bewertung der eigenen Leistung hat dabei nach h. M. – analog zu den Verbindlichkeiten – grds. mit den Vollkosten zu erfolgen.[41]

---

[37] Vgl. *ADS* 1995a, Anm. 72 zu § 253 HGB.
[38] Vgl. *Kulosa* 2013, Anm. 441 u. 447 zu § 6 EStG.
[39] Vgl. *ADS* 1995a, Anm. 189–191 zu § 253 HGB.
[40] Vgl. *ADS* 1995a, Anm. 192 zu § 252 HGB.
[41] Vgl. etwa *Baetge/Kirsch/Thiele* 2012, S. 216 f.

Eine eigenständige gesetzliche Konkretisierung des nach vernünftiger kaufmännischer Beurteilung notwendigen Erfüllungsbetrages besteht für **Altersversorgungsverpflichtungen**, deren Höhe sich ausschließlich nach dem Zeitwert von Wertpapieren i. S. d. § 266 Abs. 2 Posten A. III. 5 HGB bestimmt (**wertpapiergebundene Pensionszusagen**). Gemäß § 253 Abs. 1 Satz 3 HGB sind die Rückstellungen für diese Verpflichtungen mit dem beizulegenden Zeitwert der Wertpapiere anzusetzen, soweit er einen garantierten Mindestbetrag übersteigt.

Dem Rückstellungserfordernis kann im Handelsrecht je nach Lage des Einzelfalls durch die Bildung von Einzelrückstellungen, Sammelrückstellungen (§ 240 Abs. 4 i. V. m. § 256 Satz 2 HGB) oder durch eine kombinierte Bildung von Einzel- und Sammelrückstellungen Rechnung getragen werden. Damit wird das handelsrechtliche Einzelbewertungsprinzip durchbrochen. Eine Kombination von Einzel- und Sammelrückstellungen ist insbesondere bei Gewährleistungsrückstellungen anzutreffen.

> **Beispiel:** Die XY-AG ist ein Automobilhersteller in Süddeutschland. Für die bis zur Erstellung des handelsrechtlichen Jahresabschlusses bereits eingegangenen Reklamationen bei Neufahrzeugen werden Einzelrückstellungen gebildet. Eine Sammelrückstellung wird hingegen für die erfahrungsgemäß noch zu erwartenden Reklamationen abgegrenzt.

In der **Steuerbilanz** sind Rückstellungen gem. § 6 Abs. 1 Nr. 3 i. V. m. Nr. 2 EStG analog zu den Verbindlichkeiten mit ihrem Anschaffungswert oder höheren Teilwert anzusetzen. Der Anschaffungs- bzw. der Teilwert entspricht dabei grds. dem handelsrechtlichen Erfüllungsbetrag. Dabei ist jedoch zu berücksichtigen, dass das Steuerrecht in § 6 Abs. 1 Nr. 3 a EStG für die Bewertung von Rückstellungen eigenständige Regelungen vorsieht, die das Maßgeblichkeitsprinzip (§ 5 Abs. 1 Satz 1 EStG) insoweit einschränken und Abweichungen zur handelsrechtlichen Bewertung induzieren. So bestimmt § 6 Abs. 1 Nr. 3a a) EStG zunächst, dass bei Rückstellungen für gleichartige Verpflichtungen die Wahrscheinlichkeit zu berücksichtigen ist, dass der Steuerpflichtige nur zu einem Teil in Anspruch genommen wird. Ferner schreibt § 6 Abs. 1 Nr. 3a. b) EStG vor, dass Rückstellungen für Sachleistungsverpflichtungen mit den Einzelkosten und den angemessenen Teilen der notwendigen Gemeinkosten, somit ggf. niedriger als nach Handelsrecht, zu bewerten sind. Im Rahmen der steuerrechtlichen Bewertung von Rückstellungen sind zudem künftige Vorteile zu berücksichtigen, die mit der Erfüllung der Verpflichtung voraussichtlich verbunden sein werden [§ 6 Abs. 1 Nr. 3a c) EStG]. Des Weiteren müssen nach Maßgabe des § 6 Abs. 1 Nr. 3a d) EStG Rückstellungen für Verpflichtungen, für deren Entstehen im wirtschaftlichen Sinne der laufende Betrieb ursächlich ist, zeitanteilig in gleichen Raten angesammelt werden (sog. Verteilungsrückstellungen). Diese steuerrechtliche Regelung stimmt mit den abstrakten Voraussetzungen an die Passivierungsfähigkeit zur wirtschaftlichen Verursachung überein, sodass sich nach h. M. eine analoge Anwendung im Handelsrecht ergibt.[42]

> **Beispiel:** Die XY-AG hat mit dem Kauf eines bebauten Betriebsgrundstücks die Verpflichtung zur Entsorgung von kontaminierten Bodensubstanzen auf dem Gelände übernommen (R 6.11 Abs. 2 Satz 1, 2 EStR), wobei zum jetzigen Zeitpunkt nicht sicher ist, wie aufwändig die Entsorgung letztlich ausfallen wird. Es liegt der Fall einer Verteilungsrück-

---

[42] Vgl. *Kessler* 2010, Anm. 267 zu § 249 HGB.

stellung vor. Diese Verpflichtung ist zwar aus rechtlicher Sicht bereits zu Beginn der Geschäftsaktivität vollständig entstanden. Allerdings ist von einer wirtschaftlichen Verursachung nur dann auszugehen, wenn in der Vergangenheit bereits Erträge vereinnahmt wurden. Der Rückstellungsbetrag ist folglich über den Zeitraum der Nutzenabgabe zu verteilen, d. h. ratierlich aufzubauen.

Schließlich sind bei der steuerrechtlichen Rückstellungsbewertung gem. § 6 Abs. 1 Nr. 3a f) EStG die Wertverhältnisse am Bilanzstichtag zugrunde zu legen; künftige Preis- und Kostensteigerungen dürfen im Gegensatz zum Handelsrecht keine Berücksichtigung finden. Die Finanzverwaltung hat aus fiskalpolitischen Gründen in R 6.11 Abs. 3 Satz 1 EStÄR 2012 eine zwingende Übernahme der handelsrechtlichen Rückstellungsbeträge im Rahmen der steuerlichen Gewinnermittlung eingefordert (mit Ausnahme von Pensionsrückstellungen), sofern diese niedriger als die entsprechenden steuerlichen Ergebnisse ausfallen.

a.b   IFRS

Das IFRS-Regelwerk unterscheidet in **finanzielle und sonstige Verbindlichkeiten**. Finanzielle Verbindlichkeiten sind zum erhaltenen Gegenwert der Verbindlichkeit (Fair Value) zu bewerten. Handelt es sich um eine Bartransaktion,[43] entspricht der **beizulegende Zeitwert** i. d. R. dem zufließenden Geldbetrag bzw. den Anschaffungskosten. Liegt ein bargeldloser Vorgang vor, ist der Fair Value aus dem Transaktions- oder dem Marktpreis der Gegenleistung abzuleiten. Sofern Transaktions- und Marktpreise nicht verlässlich ermittelbar sind, ist der beizulegende Zeitwert durch Abzinsung der über die Laufzeit erwarteten Zahlungsströme zu bestimmen. Direkt zurechenbare Transaktionskosten finden grds. als Anschaffungsnebenkosten im Zugangszeitpunkt Berücksichtigung, wobei eine Amortisation über die Laufzeit der Verbindlichkeit erfolgt (**Effektivzinsmethode**).

Den **sonstigen Verbindlichkeiten** werden als Residualgröße sämtliche nicht finanziellen Verbindlichkeiten subsumiert. Hierzu zählen in erster Linie Sach- und Dienstleistungsverpflichtungen sowie erhaltene Anzahlungen. Sie sind zu ihrem Rückzahlungsbetrag zu bewerten, der sich aus dem zukünftig zu erwartenden Ressourcenabfluss ergibt. Dabei kann der Rückzahlungsbetrag einzelfallabhängig sowohl auf Basis historischer Kosten, des beizulegenden Zeitwerts als auch des Barwerts beruhen.[44]

Nach IAS 37.36 sind **Rückstellungen** in Analogie zum Handelsrecht mit ihrem **bestmöglichen Schätzwert** zu bewerten. Dieser stellt denjenigen Betrag dar, der aufgrund vernünftiger kaufmännischer Betrachtung zur stichtagsbezogenen Verpflichtungserfüllung oder Übertragung auf einen Dritten notwendig ist. Das Management hat vor diesem Hintergrund nach IAS 37.38 eine Schätzung auf der Grundlage von Erfahrungswerten bei ähnlichen Transaktionen oder Expertenaussagen vorzunehmen. Die Einflussfaktoren der Rückstellungsbewertung sind in **Abbildung 192** aufgeführt.

Bei **Einzelverpflichtungen** ist im Gegensatz zum Handelsrecht keine pessimistischere Sichtweise, sondern grds. die wahrscheinlichste Ergebnisalternative zu wählen (IAS 37.40). Bei einer Bandbreite möglicher gleichwahrscheinlicher Ergebnisse ist der Mittelwert zu bilden.

---

[43] Hierbei handelt es sich um eine Vertragsgestaltung, die auf der Entrichtung von Bargeld beruht.
[44] Vgl. hierzu auch *Coenenberg/Haller/Schultze* 2012, S. 448 f.

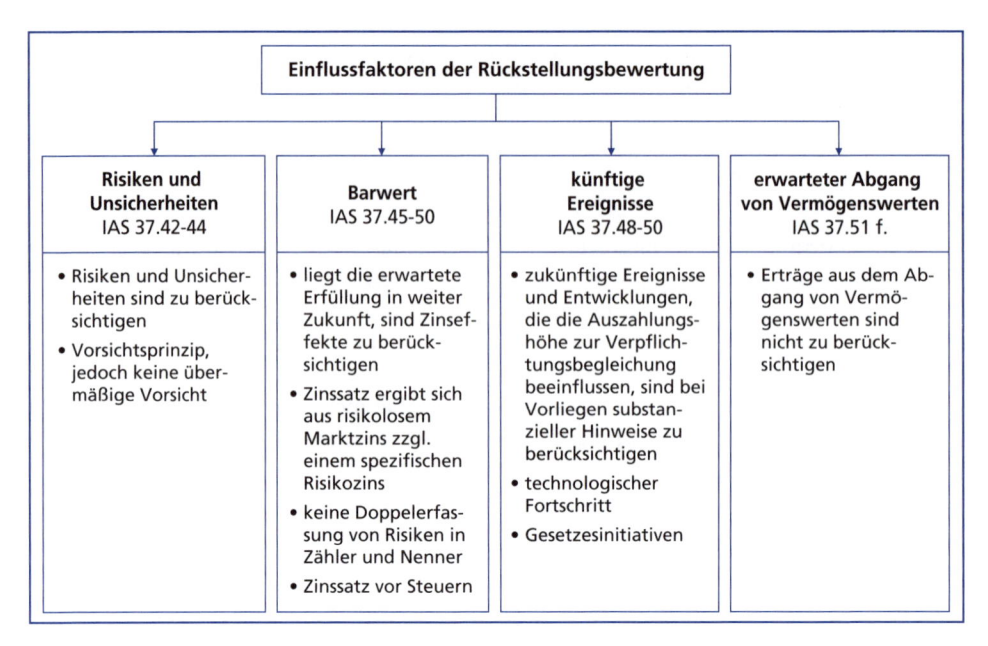

```
┌─────────────────────────────────────────────────────────────────┐
│              Einflussfaktoren der Rückstellungsbewertung         │
└─────────────────────────────────────────────────────────────────┘
         │                │                │                │
┌────────────────┐ ┌──────────────┐ ┌──────────────┐ ┌──────────────────┐
│ Risiken und    │ │   Barwert    │ │   künftige   │ │ erwarteter Abgang│
│ Unsicherheiten │ │ IAS 37.45-50 │ │  Ereignisse  │ │ von Vermögenswerten│
│ IAS 37.42-44   │ │              │ │ IAS 37.48-50 │ │   IAS 37.51 f.   │
├────────────────┤ ├──────────────┤ ├──────────────┤ ├──────────────────┤
│• Risiken und   │ │• liegt die   │ │• zukünftige  │ │• Erträge aus dem │
│  Unsicherheiten│ │  erwartete   │ │  Ereignisse  │ │  Abgang von Ver- │
│  sind zu be-   │ │  Erfüllung in│ │  und Entwick-│ │  mögenswerten    │
│  rücksichtigen │ │  weiter Zu-  │ │  lungen, die │ │  sind nicht zu   │
│• Vorsichts-    │ │  kunft, sind │ │  die Auszah- │ │  berücksichtigen │
│  prinzip, je-  │ │  Zinseffekte │ │  lungshöhe   │ │                  │
│  doch keine    │ │  zu berück-  │ │  zur Ver-    │ │                  │
│  übermäßige    │ │  sichtigen   │ │  pflichtungs-│ │                  │
│  Vorsicht      │ │• Zinssatz er-│ │  begleichung │ │                  │
│                │ │  gibt sich   │ │  beeinflussen│ │                  │
│                │ │  aus risiko- │ │  sind bei    │ │                  │
│                │ │  losem Markt-│ │  Vorliegen   │ │                  │
│                │ │  zins zzgl.  │ │  substanziel-│ │                  │
│                │ │  einem spezi-│ │  ler Hinweise│ │                  │
│                │ │  fischen Ri- │ │  zu berück-  │ │                  │
│                │ │  sikozins    │ │  sichtigen   │ │                  │
│                │ │• keine Dop-  │ │• technologi- │ │                  │
│                │ │  pelerfas-   │ │  scher Fort- │ │                  │
│                │ │  sung von Ri-│ │  schritt     │ │                  │
│                │ │  siken in    │ │• Gesetzes-   │ │                  │
│                │ │  Zähler und  │ │  initiativen │ │                  │
│                │ │  Nenner      │ │              │ │                  │
│                │ │• Zinssatz vor│ │              │ │                  │
│                │ │  Steuern     │ │              │ │                  │
└────────────────┘ └──────────────┘ └──────────────┘ └──────────────────┘
```

Abb. 192: Einflüsse bei der Rückstellungsbewertung nach IAS 37

Eine bewusst vorsichtige Rückstellungsbewertung wird explizit abgelehnt, da das Vorliegen von Unsicherheit keine Überdotierung rechtfertigt.[45] Eine differenzierte Vorgehensweise ergibt sich bei der Bewertung von **Massenverpflichtungen**, für die eine Wahrscheinlichkeitsverteilung möglicher Ergebnisse vorliegt. Hierbei ist der Erwartungswert bzw. der Erfüllungsbarwert heranzuziehen (IAS 37.39). Die Verfahren werden in **Abbildung 193** zusammengefasst.

In Übereinstimmung zum Handelsrecht sind die Rückstellungen nach IAS 37.59 f. zu jedem Bilanzstichtag zu überprüfen und bei veränderten Informationen anzupassen. Sofern die Gründe für die Bildung der Rückstellungen entfallen sind, müssen die dotierten Beträge **erfolgswirksam** aufgelöst werden. Die mit der Diskontierung des Rückstellungsbetrags verbundene jährliche Erhöhung um den Zinseffekt ist ergebniswirksam als **Fremdkapitalkosten** zu verbuchen. Ferner sind Rückstellungen auflösen, wenn Auszahlungen anfallen, zu deren Begleichung sie gebildet wurden (Rückstellungsverbrauch). Nach IAS 37.61 werden Rückstellungen nur für solche Ausgaben verbraucht, zu deren Begleichung sie auch gebildet wurden.

Im Rahmen des „Short Term Convergence Project" sind fundamentale Änderungen der Rückstellungsbewertung nach IAS 37 zu erwarten. Die Wahrscheinlichkeit eines Eintritts soll nur noch im Rahmen der Bewertung und nicht mehr bereits beim Ansatz Berücksichtigung finden, so dass ein Wegfall der Ansatzschwelle zu verzeichnen ist (ED IAS 37.BC79). Die Erwartungswertmethode soll zudem durchgängig sowohl bei Einzelverpflichtungen als auch für eine große Anzahl von ähnlichen Verpflichtungen anzuwenden sein (ED IAS 37.BC78).

---

[45] Vgl. *Pellens et al.* 2011, S. 433.

II. Bilanzansatz der Höhe nach (Bewertung)

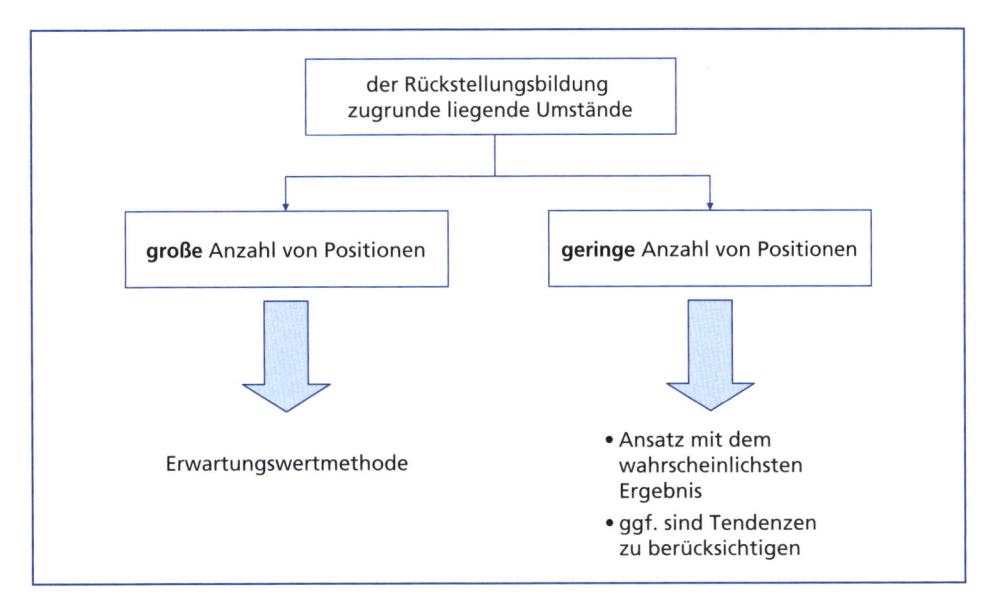

```
                    der Rückstellungsbildung
                    zugrunde liegende Umstände
                    /                    \
    große Anzahl von Positionen      geringe Anzahl von Positionen
              ↓                                   ↓
      Erwartungswertmethode            • Ansatz mit dem
                                         wahrscheinlichsten
                                         Ergebnis
                                       • ggf. sind Tendenzen
                                         zu berücksichtigen
```

Abb. 193: Schätzungsmaßnahmen nach IAS 37.39

Beispiel: Der Kunde Petersen verklagt die X-AG im Geschäftsjahr 2012 auf Schadenersatz in Höhe von 20.000 €, weil er bei einer Informationsveranstaltung am 06.06.2012 in den Geschäftsräumen der X-AG nach einem Sektempfang unglücklich gestürzt ist und sich einen Muskelfaserriss im linken Arm zugezogen hat. Die X-AG rechnet mit einer Wahrscheinlichkeit von 60 %, dass bei einem künftigen Prozess die Schadenersatzsumme in voller Höhe zu zahlen ist. Mit einer Wahrscheinlichkeit von 40 % ist dagegen zu rechnen, dass die X-AG freigesprochen wird und Petersen aufgrund seines leicht angetrunkenen Zustandes die entstandenen Behandlungs- und Ausfallkosten selbst zu tragen hat. Der Abzinsungseffekt wird als unwesentlich qualifiziert, sodass von einer Barwertbetrachtung abgesehen wird.

Die Tatbestandsvoraussetzungen zur Passivierung einer Rückstellung nach IAS 37 liegen aus Sicht der X-AG vor, da eine gegenwärtige Verpflichtung aus einem vergangenen Ereignis bei einer Wahrscheinlichkeit von 60 % besteht (Verletzung des Kunden Petersen in den Geschäftsräumen). Entsprechendes gilt für die Wahrscheinlichkeit des künftigen Ressourcenabflusses. Aufgrund der Einzelverpflichtung ist die Rückstellung nach IAS 37.39 mit dem wahrscheinlichsten Wert (10.000 €) zu bewerten.

Buchung zum 31.12.2012:

Sonstige betriebliche Aufwendungen   an   Schadenersatzrückstellungen 10.000 €.

> **Beispiel:** Die X-AG hat im Geschäftsjahr 2012 10.000 Stück des seit Januar 2012 im Vertrieb befindlichen Fernsehers „3-D-Super" erfolgreich verkauft. Zur Kundenförderung wird folgende Garantieleistung zugesagt. Innerhalb eines Zeitraums von einem Jahr ab Verkaufsdatum repariert die X-AG defekte Fernsehgeräte kostenlos. Laut Schätzung durch einen externen Sachverständigen ist damit zu rechnen, dass von den in 2012 verkauften Produkten 10 % geringfügige Mängel aufweisen (Kosten von 50 € pro Stück). 5 % der Produkte werden mutmaßlich schwerwiegende Defekte aufweisen, die Reparaturkosten von 200 € pro Stück auflösen. Bei den restlichen 85 % der verkauften Fernseher wird kein Defekt erwartet. Erneut wird von einem unwesentlichen Abzinsungseffekt ausgegangen.
>
> Die Tatbestandsvoraussetzungen zur Passivierung einer Rückstellung nach IAS 37 liegen aus Sicht der X-AG vor, da eine gegenwärtige Verpflichtung aus einem vergangenen Ereignis besteht (Mängelbeseitigung aus zugesagter Garantieverpflichtung beim Verkauf der Fernseher). In Abgrenzung zum vorherigen Beispiel liegt nunmehr eine große Grundgesamtheit vor, sodass nicht der wahrscheinlichste Wert, sondern der Erwartungswert bei der Rückstellungsbewertung heranzuziehen ist. In diesem Zusammenhang werden alle möglichen Ergebnisse mit ihren jeweiligen Wahrscheinlichkeiten bewertet. Es ergibt sich ein Rückstellungsbetrag von 150.000 €.
>
> Buchung zum 31.12.2012:
>
> Sonstige betriebliche Aufwendungen   an   Garantierückstellung   150.000 €.

b. Barwert

Ein zur Forderungsbewertung analoger Bilanzansatz **unverzinslicher oder niedrigverzinslicher Verbindlichkeiten** ist aus handelsrechtlicher Sicht grundsätzlich unzulässig, da die entsprechende Abdiskontierung des **Erfüllungsbetrags** (§ 253 Abs. 1 Satz 2 HGB) eine Antizipation künftiger Erträge bedeuten würde, die das **Realisationsprinzip** ausschließt (§ 252 Abs. 1 Nr. 4 2. HS HGB). Mithin bleibt für eine Abzinsung (langfristiger) Verbindlichkeiten in Gestalt eines niedrigeren Barwerts auf der Passivseite oder durch die Aktivierung des Abdiskontierungsbetrags unter dem Rechnungsabgrenzungsposten grundsätzlich kein Raum.[46] Steuerrechtlich sind Verbindlichkeiten, deren Laufzeit **wenigstens 12 Monate** beträgt, die **unverzinslich** sind und die nicht auf einer **Anzahlung** oder **Vorleistung** beruhen, nach § 6 Abs. 1 Nr. 3 Satz 1 und Satz 2 EStG mit einem Zinssatz von 5,5 % abzuzinsen. Bei derartigen Konstellationen sind sowohl die Verbindlichkeiten als auch die Anschaffungskosten der bezogenen Vermögensgegenstände zum Barwert anzusetzen. **Finanzielle Verbindlichkeiten** sind im Gegensatz zum Handelsrecht nach IFRS immer dann mit dem Zinssatz eines vergleichbaren Finanzinstruments zu diskontieren, wenn der **Abzinsungseffekt wesentlich** ist. Bei kurzfristigen Verbindlichkeiten trifft dies häufig nicht zu.

Auf **Rentenverpflichtungen** beruhende Verbindlichkeiten, für die eine Gegenleistung nicht mehr zu erwarten ist, sind allerdings nach § 253 Abs. 2 Satz 3 HGB zum Barwert zu bewerten. Die Ermittlung des Barwerts hat dabei unter Anwendung der von der Deutschen

---

[46] Vgl. *Kozikowski/Schubert* 2012c, Anm. 63 zu § 253 HGB; *Kulosa* 2013, Anm. 454 zu § 6 EStG.

Bundesbank monatlich bekannt zu gebenden laufzeitadäquaten durchschnittlichen Marktzinssätzen zu erfolgen (§ 253 Abs. 2 Satz 3 i. V. m. Abs. 2 Satz 1, 2 und 4 HGB). Renten stellen aus der Sicht der Berechtigten auf Lebenszeit (**Leibrente**) oder auf eine bestimmte Zeit (**Zeitrente**) eingeräumte selbständige Rechte dar, deren Erträge aus regelmäßig wiederkehrenden **gleichmäßigen** Leistungen bestehen. Mit der vom Gesetzgeber geforderten Bedingung einer nicht mehr zu erwartenden Gegenleistung soll lediglich zum Ausdruck gebracht werden, dass der Bewertungsansatz für Anwartschaften noch tätiger Mitarbeiter bei den vorstehend genannten Rentenverpflichtungen nicht zulässig ist. Pensionsanwartschaften aus einem laufenden Dienstverhältnis sind entsprechend den allgemeinen bilanzrechtlichen Vorschriften zur **Rückstellungsbewertung** anzusetzen.

Die in Rede stehende Gegenleistung des Berechtigten kann z. B. beim Eintritt des Versorgungsfalls und sofortiger Rentenzahlung oder beim Ausscheiden eines Arbeitnehmers unter Aufrechterhaltung der Anwartschaft nicht mehr erwartet werden. Ähnliches gilt, falls die Gegenleistung durch den Vertragspartner bereits erbracht wurde, wie etwa im Falle der Übereignung bestimmter Vermögensgegenstände gegen eine **Leib- oder Zeitrente**. Der Barwert einer Rentenverpflichtung ist unter Berücksichtigung der wiederkehrenden Leistung, der Zinseszinsen und ggf. von Sterbetafeln (bei Leibrenten) nach **versicherungsmathematischen Grundsätzen** zu ermitteln. Der Abzinsungssatz beträgt aus steuerrechtlicher Sicht bei den **Pensionsverpflichtungen** 6 % (§ 6 a Abs. 3 Satz 3 EStG), während er sich bei den **sonstigen Rentenverpflichtungen** auf 5,5 % (§ 13 Abs. 1 BewG) beläuft. Als Mindestzinssatz für den handelsrechtlichen Jahresabschluss gelten die Regelungen von § 253 Abs. 1 Satz 1 und 2 HGB. An die Stelle des durch Abzinsung ermittelten Barwerts tritt die **Ablösesumme** der Rentenverpflichtung, wenn eine solche durch vertragliche Vereinbarung oder nach § 1199 BGB festgelegt wurde.

Beispiel: Ein Einzelunternehmer erwirbt zu Beginn des Geschäftsjahrs 2012 ein Grundstück gegen eine jährlich zu zahlende (nachschüssige) Zeitrente von 6.000 €. Als Laufzeit der regelmäßig wiederkehrenden Leistung werden 12 Jahre vereinbart. Der Abzinsung ist der Satz von 5,5 % zugrunde zu legen (K_{01} = Kaufzeitpunkt). Nach der allgemein bekannten Formel zur Ermittlung des Barwerts im Falle einer nachschüssigen Rente berechnet sich der Rentenbarwert (RBW) für das Beispiel wie folgt.[47]

$$RBW_{12} = \frac{1 - \frac{1}{(1+0,055)^{12}}}{0,055} \cdot 6.000\,€$$
$$= 8{,}6185 \cdot 6.000\,€ = 51.711\,€.$$

Der Betrag von 8,6185 wird auch als Rentenbarwertfaktor oder in der Terminologie des Steuerrechts als Vervielfältiger bezeichnet. **Abbildung 194** zeigt die Berechnung der Rentenbarwerte sowie der Zins- und Tilgungsanteile für die Laufzeit von 12 Jahren. Der jährliche Zinsteil entspricht dem Unterschiedsbetrag zwischen der zu zahlenden Rente und dem Tilgungsanteil der Rente; Letzterer ergibt sich als Differenz der periodenbezogenen Barwerte.

Kaufzeit-punkt/ Abschluss-stichtage	Renten-barwert-faktor	Rentenbarwert in €	Zinsanteil in €	Tilgungsanteil in €
K_{2012}	8,6185	$RBW_{12} = 51.711,00$	–	–
2012	8,0925	$RBW_{11} = 48.555,00$	2.844,00	3.156,00
2013	7,5376	$RBW_{10} = 45.225,60$	2.670,60	3.329,40
2014	6,9522	$RBW_9 = 41.713,20$	2.487,60	3.512,40
2015	6,3346	$RBW_8 = 38.007,60$	2.294,40	3.705,60
2016	5,6830	$RBW_7 = 34.098,00$	2.090,40	3.909,60
2017	4,9955	$RBW_6 = 29.973,00$	1.875,00	4.125,00
2018	4,2703	$RBW_5 = 25.621,80$	1.648,80	4.351,20
2019	3,5052	$RBW_4 = 21.031,20$	1.409,40	4.590,60
2020	2,6979	$RBW_3 = 16.187,40$	1.156,20	4.843,80
2021	1,8463	$RBW_2 = 11.077,80$	890,40	5.109,60
2022	0,9479	$RBW_1 = 5.687,40$	609,60	5.390,40
2023	0	$RBW_0 = 0$	312,60	5.687,40
Summe	–	–	20.289,00	51.711,00

Abb. 194: Barwerte, Zins- und Tilgungsanteile

Mit fortschreitender Laufzeit der Rente nehmen die Zinsanteile aufgrund der kontinuierlich steigenden Tilgung der Rentenverpflichtung ab. Die Summe der Tilgungsanteile (51.711 €) entspricht dem Rentenbarwert zum Zeitpunkt des Grundstückserwerbs. Addiert man die Summen der Zins- und Tilgungsanteile, so ergibt sich der Gesamtbetrag der Rentenzahlungen in Höhe von 72.000 €.

Buchung bei Erwerb des Grundstücks zu Beginn 2012:

Nach h. M. entspricht der berechnete Rentenbarwert von 51.711 € den Anschaffungskosten des Grundstücks.[48]

Buchungssatz:

(1) Grundstücke an Sonstige Verbindlichkeiten 51.711 €.

Kontenmäßige Darstellung:

S	Grundstücke		H
	€		€
AB	...	SBK	...
(1)	51.711	(EB)	

S	Sonstige Verbindlichkeiten		H
	€		€
SBK	...	AB[a]	0
(EB)		(1)	51.711

[a] Dem Beispiel liegt die Annahme zugrunde, dass der Einzelunternehmer keine weiteren sonstigen Verbindlichkeiten eingegangen ist.

II. Bilanzansatz der Höhe nach (Bewertung)

Buchung der am Ende von 2012 zu leistenden Rentenzahlung:

(1) – Sonstige   an   Guthaben bei
     Verbindlichkeiten 3.156 €   Kreditinstituten   6.000 €.
  – Zinsaufwendungen 2.844 €

Kontenmäßige Darstellung:

S	Sonstige Verbindlichkeiten		H
	€		€
(1)	3.156	AB	0
SBK (EB)	48.555	Zugang K$_{2012}$	51.711
	51.711		**51.711**

S	Guthaben bei Kreditinstituten		H
	€		€
AB	...	(1)	6.000

S	Zinsaufwendungen		H
	€		€
(1)	2.844	GuV (Saldo)	...

Buchung der am Ende von 2013 zu leistenden Rentenzahlung:

(1) – Sonstige   an   Guthaben bei
     Verbindlichkeiten 5.687,40 €   Kreditinstituten   6.000 €.
  – Zinsaufwendungen 312,60 €

Eine der Ausnahme des Barwertansatzes vergleichbare Konstellation liegt bei Verbindlichkeiten vor, deren Rückzahlungsbetrag den Ausgabebetrag **übersteigt** und die Differenz (Disagio) eine **Überlassungsvergütung** für das erhaltene Kapital darstellt. Gemäß § 250 Abs. 3 HGB kann der Unterschiedsbetrag unter den aktiven Rechnungsabgrenzungsposten ausgewiesen und über die Laufzeit der Verbindlichkeit abgeschrieben werden. Aus steuerrechtlicher Sicht besteht hingegen **Aktivierungspflicht** (H 6.10 EStR).

Sofern für **längerfristige** Verbindlichkeiten, etwa infolge eines sinkenden Marktzinsniveaus, Überverzinslichkeit vorliegt, bedarf es aus handelsrechtlicher Sicht i. d. R. nach den Grundsätzen der Behandlung drohender Verluste aus schwebenden Geschäften gemäß § 249 Abs. 1 Satz 1 HGB der Rückstellungsbildung in Höhe des **Barwerts der Mehrzinsen**. Ein schwebendes Geschäft liegt hinsichtlich der künftigen Kapitalrückzahlung und der Zinszahlungen vor.[49] Der rückzustellende Betrag errechnet sich „... aus der Differenz zwischen dem Barwert der vereinbarten Zinszahlungen für die passivierte Verbindlichkeit und dem Barwert der in einer mehrjährigen Betrachtung des Kapitalmarkts für eine vergleichbare Verbindlichkeit höchstens zu entrichtenden Zinsen"[50]. Die gebildete Rückstellung für drohende Verluste aus schwebenden Geschäften ist unter sonst gleichen Bedingungen in Höhe der Barwertdifferenzen der Rückstellungsbeträge in den Folgeperioden sukzessive ertragswirksam aufzulösen.

---

[47] Vgl. *WP-Handbuch* 2012, S. 412.
[48] Vgl. *ADS* 1995a, Anm. 65 zu § 255 HGB.
[49] Vgl. *Kozikowski/Schubert* 2012c, Anm. 60 zu § 253 HGB.
[50] *ADS* 1995a, Anm. 79 zu § 253 HGB.

Eine handelsrechtliche Aufwertung des Bilanzansatzes der Verbindlichkeit kommt nach h. M. nicht in Betracht, da auch überverzinsliche Verbindlichkeiten zu ihren **Erfüllungsbeträgen** nach § 253 Abs. 1 Satz 2 1. HS HGB anzusetzen sind. Für die **Steuerbilanz** wird hingegen der Ansatz eines (nachhaltig) höheren Teilwerts als des Erfüllungsbetrags der hochverzinslichen Verbindlichkeit zugelassen.[51] Dabei soll sich der Teilwert aus dem Barwert der Kapitalschuld, abdiskontiert zum marktüblichen Zinssatz, zuzüglich des Barwerts der bis zum Fälligkeitszeitpunkt zu erbringenden Zinsleistung zusammensetzen. Eine Rückstellung für drohende Verluste aus schwebenden Geschäften kommt hingegen wegen des **Passivierungsverbots** von § 5 Abs. 4 a EStG in der Steuerbilanz nicht in Betracht.

Beispiel: Die Laufzeit eines Kredits in Höhe von 50.000 €, der zu Beginn des Geschäftsjahrs 2012 aufgenommen wurde, beträgt 4 Jahre. Laut Vertrag ist der Kredit mit 10 % nachschüssig zu verzinsen. Ein Disagio bei der Anzahlung der Kreditsumme wurde nicht einbehalten. Zum Bilanzstichtag des Geschäftsjahrs 2012 ist der marktübliche Zinssatz für vergleichbare Kredite nachhaltig auf 8 % gesunken. Die Kreditsumme wird am Ende des Geschäftsjahrs 2015 zurückgezahlt. Die Rückstellung für drohende Verluste aus schwebenden (Kredit-)Geschäften berechnet sich für die Handelsbilanz nach den Verhältnissen am Bilanzstichtag 2012 wie folgt:

Barwert der Zinszahlungen für die passivierte Verbindlichkeit zum effektiven Zinssatz von 10 % 2,48685 · 5.000 € =	12.434,25 €
− Barwert der Zinszahlungen für eine vergleichbare Verbindlichkeit zum marktüblichen niedrigeren Zinssatz von 8 % 2,57710 · 4.000 € =	10.308,40 €
= Rückstellungsbetrag	2.125,85 €.

Buchungen in 2012:

(1)	Guthaben bei Kreditinstituten		an Verbindlichkeiten gegenüber Kreditinstituten	50.000,00 €
(2)	Zinsaufwendungen	7.125,85 €	an – Guthaben bei Kreditinstituten	5.000,00 €
			– Rückstellungen für drohende Verluste aus schwebenden Geschäften	2.125,85 €.

---

[51] Vgl. *Kulosa* 2013, Anm. 451 zu § 6 EStG.

II. Bilanzansatz der Höhe nach (Bewertung)

Der Teilwert der überverzinslichen Verbindlichkeit als Wertansatz für die Steuerbilanz errechnet sich nach den Verhältnissen am Bilanzstichtag 2012 wie folgt:

	Barwert der Kapitalschuld zum marktüblichen niedrigeren Zinssatz von 8 %	
	0,793832 · 50.000 € =	39.691,60 €
+	Barwert der bis zum Fälligkeitszeitpunkt zu erbringenden Zinsleistungen zum marktüblichen niedrigeren Zinssatz von 8 %	
	2,57710 · 5.000 € =	12.885,50 €
=	Teilwert	52.577,10 €.

Buchungen in 2012:

(1) Guthaben bei Kreditinstituten an Verbindlichkeiten gegenüber Kreditinstituten 50.000,00 €

(2) Zinsaufwendungen an Guthaben bei Kreditinstituten 5.000,00 €

(3) Sonstige betriebliche Aufwendungen an Verbindlichkeiten gegenüber Kreditinstituten 2.577,10 €.[52]

Rückstellungen sind nach § 253 Abs. 2 Satz 1 HGB mit einer Restlaufzeit von mehr als einem Jahr handelsrechtlich abzuzinsen. Dabei macht es keinen Unterschied, ob die Rückstellungen für Geld- oder Sachleistungsverpflichtungen gebildet werden oder ob ein Zinsanteil enthalten ist. Die Abzinsung hat – unter Berücksichtigung der Restlaufzeit der Rückstellungen bzw. der diesen zugrunde liegenden Verpflichtungen – mit den von der Deutschen Bundesbank monatlich bekannt zu gebenden laufzeitadäquaten durchschnittlichen Marktzinssätzen der vergangenen sieben Geschäftsjahre zu erfolgen (§ 253 Abs. 2 Satz 1, 4 HGB). Aus § 253 Abs. 2 Satz 1 HGB folgt im Umkehrschluss, dass Rückstellungen mit einer Restlaufzeit von bis zu einem Jahr nicht abzuzinsen sind.

In der Steuerbilanz sind gem. § 6 Abs. 1 Nr. 3 a Buchst. e) Satz 1 EStG Rückstellungen mit einer Laufzeit von mindestens einem Jahr mit einem **Festzins von 5,5 %** abzuzinsen; dies gilt gleichermaßen für Geld- und Sachleistungsverpflichtungen. Rückstellungen, die auf einer verzinslichen Verpflichtung oder auf einer Anzahlung oder Vorleistung beruhen, sind hingegen nach § 6 Abs. 1 Nr. 3a e) Satz 2 i. V. m. Nr. 3 Satz 2 EStG explizit von der Abzinsung ausgenommen; eine korrespondierende handelsrechtliche Regelung existiert nicht.

Eine Bewertung von **Rückstellungen** zum Barwert ist nach den IFRS immer dann vorzunehmen, wenn gem. IAS 37.45 ein **wesentlicher Abzinsungseffekt** vorliegt. Sofern der Ausweis der Rückstellungen sowie das Jahresergebnis erheblich verändert werden, liegt der Tatbestand der Wesentlichkeit vor. Nach dem „Short Term Convergence Project" soll jedoch die Voraussetzung einer Wesentlichkeit des Zinseffektes für die Abzinsung aufgegeben werden (ED IAS 37.38). Eine Abzinsung wird bei Erfüllung der Verpflichtung innerhalb eines Jahres

---

[52] 2.577,10 € = 52.577,10 € − 50.000 €.

nicht für erforderlich gehalten. Die Auswirkung des Zinseffektes bemisst sich nach der Höhe und Fristigkeit der Verpflichtung sowie nach der Höhe des Zinses. Zugrunde zu legen ist ein fristadäquater Kalkulationszinssatz vor Steuern, der die aktuelle Marktlage im Hinblick auf den Zinseffekt und die spezifischen Risiken abbildet (IAS 37.47). Künftige Ereignisse, die einen möglichen Einfluss auf die Höhe der Verpflichtung haben (z. B. kostenbeeinflussende Gesetzes- und Technologieänderungen) sind – in Analogie zum Handelsrecht – zu berücksichtigen, wenn ausreichende objektive Hinweise für ihren Eintritt vorliegen (IAS 37.48). Dagegen sind Erstattungsansprüche nicht zu berücksichtigen, sondern ggf. separat zu aktivieren.

3. Vergleich zwischen Handels- und Steuerrecht sowie IFRS

In der **Abbildung 195** sind die in den vorherigen Abschnitten aufgezeigten Regelungen zur Zugangsbewertung der Aktiva und Passiva synoptisch zusammengefasst.

	Handelsbilanz	Steuerbilanz	IFRS
Konzeptionen	Vermögensgegenstände: Anschaffungs- und Herstellungskosten (§ 255 Abs. 1–3 HGB)	Wirtschaftsgüter: Anschaffungs- und Herstellungskosten (§ 255 Abs. 1–3 i. V. m. § 5 Abs. 1 Satz 1 EStG)	Vermögenswerte: Anschaffungs- und Herstellungskosten (u. a. IAS 2, 16)
Komponenten der Anschaffungskosten	Anschaffungspreis – Anschaffungspreisminderungen + Anschaffungsnebenkosten = Ursprüngliche Anschaffungskosten + Nachträgliche Anschaffungskosten + (ggf. Fremdkapitalzinsen) = Anschaffungskosten	Anschaffungspreis – Anschaffungspreisminderungen + Anschaffungsnebenkosten = Ursprüngliche Anschaffungskosten + Nachträgliche Anschaffungskosten + (ggf. Fremdkapitalzinsen) = Anschaffungskosten	Anschaffungspreis – Anschaffungspreisminderungen + Anschaffungsnebenkosten (einschl. Abbruch- und Wiederherstellungskosten) = Ursprüngliche Anschaffungskosten + Nachträgliche Anschaffungskosten + Fremdkapitalkosten (bei Qualifying Asset) = Anschaffungskosten
Komponenten der Herstellungskosten	angenäherter Vollkostenansatz Einzelkosten: Pflicht Gemeinkosten: Pflicht Verwaltungskosten herstellungsbezogen: Pflicht, allgemeine: Wahlrecht Aufwendungen für freiwillige soziale Leistungen, für die betriebliche Altersversorgung und für soziale Einrichtungen des Betriebs: Wahlrecht (ggf. Fremdkapitalzinsen) Forschungs- und Vertriebskosten: Verbot	angenäherter Vollkostenansatz Einzelkosten: Pflicht Gemeinkosten: Pflicht Verwaltungskosten herstellungsbezogen: Pflicht, allgemeine: Wahlrecht (temporär) Aufwendungen für freiwillige soziale Leistungen, für die betriebliche Altersversorgung und für soziale Einrichtungen des Betriebs: Wahlrecht (temporär) (ggf. Fremdkapitalzinsen) Forschungs- und Vertriebskosten: Verbot	produktionsbezogener Vollkostenansatz Einzelkosten: Pflicht Gemeinkosten: Pflicht Verwaltungskosten herstellungsbezogen: Pflicht, allgemeine: Verbot Aufwendungen für freiwillige soziale Leistungen, für die betriebliche Altersversorgung und für soziale Einrichtungen des Betriebs: Pflicht (anteilig) Fremdkapitalzinsen (bei Qualifying Asset) Forschungs- und Vertriebskosten: Verbot

Abb. 195: Zugangsbewertung nach Handels- und Steuerrecht sowie IFRS

	Handelsbilanz	Steuerbilanz	IFRS
Konzeptionen	**Verbindlichkeiten:** Erfüllungsbetrag (§ 253 Abs. 1 Satz 2 HGB)	**Verbindlichkeiten:** Anschaffungskosten oder höherer Teilwert (§ 6 Abs. 1 Nr. 3 i. V. m. Nr. 2 EStG)	**Finanzielle Verbindlichkeiten:** Gegenwert der Verbindlichkeit (Fair Value); entspricht i. d. R. den Anschaffungskosten
	Rentenverpflichtungen: Barwert (§ 253 Abs. 2 Satz 3 HGB)	**Rentenverpflichtungen:** Barwert	
	Rückstellungen: nach vernünftiger kaufmännischer Beurteilung notwendiger Erfüllungsbetrag (§ 253 Abs. 1 Satz 2 HGB)	**Rückstellungen:** Anschaffungskosten oder höherer Teilwert (§ 6 Abs. 1 Nr. 3 i. V. m. Nr. 2 EStG); Beachtung der Sondervorschriften des § 6 Abs. 1 Nr. 3 a EStG; ggf. Übernahme des niedrigeren handelsrechtlichen Ansatzes	**Sonstige Verbindlichkeiten und Rückstellungen:** bestmöglicher Schätzwert (Best Estimate); aufgrund vernünftiger kaufmännischer Betrachtung zur stichtagsbezogenen Verpflichtungserfüllung notwendiger Betrag (IAS 37.37)
Abzinsung	**Verbindlichkeiten:** Abzinsungsverbot (§ 253 Abs. 1 Satz 2 HGB)	**Verbindlichkeiten:** grds. Abzinsungsgebot; Ausnahme u. a. kurzfristige Verbindlichkeiten (§ 6 Abs. 1 Nr. 3 EStG)	**Finanzielle Verbindlichkeiten:** generelles Abzinsungsgebot, sofern der Abzinsungseffekt wesentlich ist
	Rückstellungen: grds. Abzinsungsgebot; Ausnahme: kurzfristige Rückstellungen (§ 253 Abs. 2 Satz 1 HGB)	**Rückstellungen:** grds. Abzinsungsgebot; Ausnahme u. a. kurzfristige Rückstellungen [§ 6 Abs. 1 Nr. 3 a Buchst. e) EStG]	**Sonstige Verbindlichkeiten und Rückstellungen:** generelles Abzinsungsgebot, sofern der Abzinsungseffekt wesentlich ist (IAS 37.45)

Abb. 195: Zugangsbewertung nach Handels- und Steuerrecht sowie nach IFRS (Fortsetzung)

C. Folgebewertung

1. Anlagevermögen

a. Planmäßige Abschreibung

a.a Grundlegendes

Gemäß § 253 Abs. 3 Satz 1 HGB und § 6 Abs. 1 Nr. 1 Satz 1 EStG sind Gegenstände des abnutzbaren Anlagevermögens (z. B. Lizenzen, Gebäude, Maschinen, Fahrzeuge, Betriebs- und Geschäftsausstattung) in der Bilanz mit den Anschaffungs- oder Herstellungskosten, vermindert um **planmäßige Abschreibungen**, die steuerrechtlich als Absetzung für Abnutzung (AfA) bezeichnet werden, anzusetzen. Ziel der aufwandswirksamen Verrechnung von planmäßigen Abschreibungen ist es, den **ordentlichen Werteverzehr** des abnutzbaren Anlagevermögens zu erfassen. Den mit bestimmten Abschreibungsmethoden zu berücksichtigenden Wertminderungen können verschiedene Ursachen zugrunde liegen, die in aller Regel nicht exakt eruierbar sind, sondern auf **Hypothesen** beruhen. Im Grundsatz basieren die bilanziellen Abschreibungen auf den nachstehend genannten Ursachen des planmäßigen Verzehrs abnutzbarer Anlagegüter.[52]

- **Abnutzungsbedingter Verschleiß** durch Gebrauch;
- **Substanzbedingte Wertminderungen**, die z. B. bei Bergwerken, Kies- und Sandgruben, Ölfeldern oder Steinbrüchen vorkommen;
- **Natürlicher (ruhender) Verschleiß**, wie etwa Verwittern, Verrosten, Verdunsten, Zersetzen, Fäulnis;
- **Technische Überholung**, die z. B. durch neue Erfindungen, Einführung neuer Werkstoffe oder Weiterentwicklung von Maschinen hervorgerufen wird;
- **Wirtschaftliche Überholung**. Dieser Wertminderungstyp kann etwa durch Modewechsel oder Geschmacksveränderungen bewirkt werden, die zu einem Absatzrückgang und damit auch zu einer Verkürzung der Nutzungsdauer der entsprechenden Betriebsmittel führen. Technisch können die in Rede stehenden Anlagen noch nutzungsfähig sein, während sie wirtschaftlich veraltet sind;
- **Fristablauf**. Die Nutzungsdauer ist z. B. bei Patenten, Lizenzen, Konzessionen oder Urheberrechten vertraglich befristet. Nach Ablauf der Frist liegt eine wirtschaftliche Erschöpfung der Kapazitäten dieser Anlagegüter vor, die es während der Nutzungsdauer planmäßig in Form von Abschreibungen zu berücksichtigen gilt.

Die bilanziellen (planmäßigen) Abschreibungen erscheinen auf der Aufwandseite des GuV-Kontos und erfahren somit eine Aufrechnung gegen die ausgewiesenen Erträge, wodurch der Periodengewinn entsprechend negativ beeinflusst wird. Mithin werden in Höhe der bilanziellen Abschreibungen Ertragsbestandteile bei der Unternehmung gebunden und diese unterliegen somit nicht der **Besteuerung bzw. der Ausschüttung an die Eigner**. Nach Ablauf der Nutzungsdauer der einzelnen Anlagegegenstände sollen so viele Mittel innerhalb der Unternehmung angesammelt worden sein, dass eine **Ersatzbeschaffung der Anlagegüter** möglich wird. Dieser Forderung nach **Erhaltung der Unternehmenssubstanz** kann aber aufgrund inflatorischer Preisentwicklungen nur in seltenen Fällen nachgekommen werden, weil die Abschreibungen laut den maßgeblichen Bewertungsvorschriften für den handels- und steuerrechtlichen Jahresabschluss sowie nach IFRS auf der Basis der **Anschaffungs- oder Herstellungskosten** zu bemessen sind. Aufgrund der **nominellen Erhaltungskonzeption des Bilanzrechts** werden diejenigen Teile des Periodengewinns, die in Zeiten steigender Preise zur Sicherung des Unternehmenskapitals erforderlich wären (**sog. Scheingewinne**), der Besteuerung und Ausschüttung unterworfen, so dass eine substanzielle (mengenmäßige) Kapitalerhaltung mit Hilfe des Jahresabschlusses nicht realisierbar ist. **Abbildung 196** verdeutlicht diese Problematik in Form einer kontenmäßigen Darstellung. Aus den genannten Gründen kommt der **Kostenrechnung** die Aufgabe zu, über eine entsprechende **inflationsorientierte Ermittlung** der in die Kalkulation eingehenden Kostenarten die reale Wieder-

---

[52] Vgl. *Kosiol* 1979, S. 142 f.

S		Gewinn- und Verlustkonto	H
Aufwendungen zu Anschaffungs- oder Herstellungskosten	Aufwendungen zu Wieder-beschaffungs-kosten	Verkaufserlöse	
Scheingewinn			
Leistungsgewinn (echter Gewinn)			

Abb. 196: Schein- und Leistungsgewinne im Falle steigender Wiederbeschaffungspreise

beschaffung der Produktionsfaktoren über den Absatzmarkt sicherzustellen. So gehen die kalkulatorischen Abschreibungen in die Selbstkosten der Erzeugnisse ein, um die Berücksichtigung des Verzehrs abnutzbarer Anlagegüter im **Absatzpreis** sicherzustellen. Insofern ist bei der Bemessung der kalkulatorischen Abschreibungen von den **Wiederbeschaffungswerten der Betriebsmittel** auszugehen. Der Rückfluss der kalkulatorischen Abschreibungen im Rahmen des Umsatzprozesses hängt allerdings von den Verkaufspreisen der Erzeugnisse ab, die am Absatzmarkt erzielt werden.[53]

Handelsrechtlich stehen als GoB-konforme Methoden im Hinblick auf die Erfassung des planmäßigen Werteverzehrs abnutzbarer Vermögensgüter grds. die lineare, degressive (geometrisch und digital) sowie die progressive (geometrisch und digital) Abschreibung als Verfahren der **Zeitabschreibung** sowie die **Leistungsabschreibung** oder eine Kombination dieser Methoden zur Auswahl.

Den **planmäßigen Abschreibungen** i. S. d. Handelsrechts entsprechen steuerrechtlich die Absetzungen für Abnutzung (AfA). Das Steuerrecht ist hinsichtlich der Methodenwahl restriktiver als das Handelsrecht und sieht grds. die Anwendung der linearen Abschreibungsmethode vor (§ 7 Abs. 1 Satz 1 EStG). Neben der linearen können bewegliche Anlagegüter, die nach dem 31.12.2008 und vor dem 01.01.2011 angeschafft oder hergestellt wurden, auch nach der geometrisch-degressiven Methode abgeschrieben werden, sofern diese das Zweieinhalbfache der linearen Abschreibungen und den Höchstsatz von 25 % nicht übersteigt (§ 7 Abs. 2 EStG).[54] In § 7 Abs. 1 Satz 6 EStG gestattet das Steuerrecht zudem die AfA nach Maßgabe der Leistung, sofern diese wirtschaftlich begründet ist und entsprechende Aufzeichnungen als Leistungsnachweise erbracht werden. Die steuerrechtliche Anerkennung des handelsrechtlich zulässigen progressiven und digital-degressiven Abschreibungsverfahrens wird versagt (Bewertungsvorbehalt gem. § 5 Abs. 6 EStG).

Bezogen auf das **Sachanlagevermögen** sind handelsrechtlich die lineare, die geometrisch- und digital-degressive Abschreibung sowie die Leistungsabschreibung zulässig. Steuerrechtlich kommen hingegen nur die lineare Abschreibung sowie die Leistungsabschreibung in Betracht. Abnutzbare **immaterielle Anlagegüter** sind steuerrechtlich zwingend linear abzuschreiben (§ 7 Abs. 1 Satz 1 EStG), während handelsrechtlich aufgrund der schnellen Verflüchtigung nach dem Vorsichtsprinzip grds. eine degressive Abschreibung zur Anwendung kommen soll, wobei auch die lineare Abschreibung zulässig sein dürfte. Für den **derivati-**

---

[53] Vgl. hierzu die Ausführungen im Zweiten Teil zu Gliederungspunkt II.A.6.b.
[54] Vgl. *Lewe/Hoffmann* 2011, S. 107–113.

ven **Geschäfts- oder Firmenwert** ist als fiktiver Vermögensgegenstand in § 246 Abs. 1 Satz 4 i. V. m. § 253 Abs. 3 Satz 1 HGB eine planmäßige (lineare) Abschreibung über seine betriebsgewöhnliche Nutzungsdauer im Handelsrecht vorgesehen. Aus § 285 Nr. 13 HGB, wonach die Gründe für eine planmäßige Abschreibung von mehr als fünf Jahren im Anhang darzulegen sind, ist zu folgern, dass der Gesetzgeber grds. von einer fünfjährigen Nutzungsdauer ausgeht. Das Steuerrecht legt im Gegensatz dazu typisierend eine lineare Abschreibung über eine unwiderrufliche Nutzungsdauer von 15 Jahren zugrunde (§ 7 Abs. 1 Satz 3 EStG).

Im Rahmen der **planmäßigen Abschreibung** des **Sachanlagevermögens** besteht in Übereinstimmung zum Handelsrecht ein grundsätzliches Methodenwahlrecht nach den **IFRS**. Als zulässige Verfahren kommen gem. IAS 16.62 die lineare, geometrisch-degressive und leistungsabhängige Abschreibung sowie Kombinationsformen in Betracht, sofern diese im Einzelfall geeignet sind, den tatsächlichen Nutzungsverlauf des Vermögenswerts gem. IAS 16.60 sinnvoll wiederzugeben. Bei **immateriellen Vermögenswerten** ist grds. lediglich die lineare Abschreibung vorgesehen; die Anwendung sonstiger Abschreibungsverfahren ist nach IAS 38.98 ausnahmsweise bei begründeten Anhaltspunkten zu rechtfertigen. Hierbei lässt sich eine Übereinstimmung zur steuerrechtlichen und eine Abweichung zur handelsrechtlichen Bewertungspraxis feststellen. Zudem gilt die widerlegbare Vermutung, dass immaterielle Vermögenswerte im Allgemeinen keinem planmäßigen Werteverzehr unterliegen. Hiernach verfügen diese Posten häufig über eine unbestimmbare Nutzungsdauer, so dass lediglich eine außerplanmäßige Abschreibung in Frage kommt. In diesem Zusammenhang ist jedoch auf das planmäßige Abschreibungsverbot für den derivativen Geschäfts- oder Firmenwert nach IFRS 3.54 i. V. m. IAS 36 hinzuweisen.

Zu Beginn der Nutzungszeit hat das Unternehmen für jedes Anlagegut einen **Plan** zu erstellen, in dem die Anschaffungs- oder Herstellungskosten auf die Geschäftsjahre verteilt werden, in denen der Vermögensgegenstand voraussichtlich genutzt werden kann (§ 253 Abs. 3 Satz 2 HGB; IAS 16.2).[55] Die Bestimmung der Nutzungsdauern der einzelnen Anlagegüter hat in diesem Zusammenhang auf dem Schätzungswege zu erfolgen. Bilanzsteuerrechtlich sind die **betriebsgewöhnlichen Nutzungsdauern** für bewegliche abnutzbare Wirtschaftsgüter allgemein und branchenspezifisch in sog. **AfA-Tabellen** vorgeschrieben, die vom Bundesministerium der Finanzen und den Finanzministern bzw. -senatoren herausgegeben werden.[56] Diese Tabellen dienen steuerrechtlich als Richtlinien zur Bemessung der betriebsgewöhnlichen Nutzungsdauern, von denen nur in **begründeten Ausnahmefällen** abgewichen werden darf. Allerdings sind diese Nutzungsdauern nicht für den handelsrechtlichen Jahresabschluss bindend. So können etwa aus der Sicht des Vorsichtsprinzips (§ 252 Abs. 1 Nr. 4 1. HS HGB) kürzere Abschreibungszeiträume in Betracht kommen.[57] Schließlich besteht noch die Möglichkeit, die Anschaffungs- oder Herstellungskosten nach unterschiedlichen Methoden auf die Jahre der Nutzung zu verteilen. Je nachdem, ob die Zeit oder die Leistung die dominierende Entwertungsursache darstellt, wird in **Zeit- und Leistungs-(Mengen-)abschreibungen** unterschieden. Dem Unternehmen steht es im Rahmen der nachfolgend dargestellten Restriktionen frei, das für seine Zwecke geeignete Abschreibungsverfahren auszuwählen.

---

[55] Zur notwendigen Änderung des Abschreibungsplans aufgrund neuer Erkenntnisse oder sich ändernder Verhältnisse vgl. *ADS* 1995a, Anm. 418–438 zu § 253 HGB.
[56] Vgl. *BMF* 2012a.
[57] Vgl. *ADS* 1995a, Anm. 379 zu § 253 HGB.

Im Gegensatz zu den steuerrechtlichen AfA-Tabellen sehen die **IFRS** keine standardisierten Nutzungsdauern für einzelne Vermögenswerte vor. Vielmehr hat der Bilanzersteller unter Berücksichtigung der voraussichtlichen Nutzung, des physischen Verschleißes, technischer Überholung und rechtlicher oder ähnlicher Nutzungsbeschränkungen die Abschreibungsdauer selbstständig und für den entsprechenden Vermögenswert zu schätzen (IAS 16.56). Angesichts der erhöhten Objektivierungsprobleme bei immateriellen Vermögenswerten ist eine möglichst kurze Abschreibungsdauer zu wählen. Diese Sichtweise deckt sich mit der steuerrechtlichen Sichtweise. Die gewählte Abschreibungsmethode sowie die unterstellte Nutzungsdauer sind jährlich an ggf. eintretende Veränderungen anzupassen (IAS 16.61; 16.51; 38.104). Die Abschreibung beginnt nach Maßgabe der Nutzung (IAS 16.55; 38.97), so dass eine zeitanteilige Amortisation in Übereinstimmung mit dem Handels- und Steuerrecht angezeigt ist.[58]

a.b   Varianten der Zeitabschreibung

Der **linearen Abschreibungsmethode** liegt die Annahme zugrunde, dass der Verzehr abnutzbarer Anlagegüter sich **in Abhängigkeit vom Zeitablauf** vollzieht und die **Abschreibungsbeträge pro Periode** (q_t) für die gesamte Nutzungsdauer (T) der Betriebsmittel **Konstanz aufweisen**. Bei der Festlegung der planmäßigen Abschreibungsbasis muss, ebenso wie bei den anderen Abschreibungsverfahren, ein eventuell am Ende der Nutzungsdauer verbleibender **Rest- oder Schrottwert** (R_T) Berücksichtigung finden, da nur der planmäßig zu erwartende Verzehr der Anlagegüter in die Erfolgsrechnung einfließen darf. Von den Anschaffungs- bzw. Herstellungskosten der abzuschreibenden Betriebsmittel (AK) müssen deshalb zunächst ggf. entstehende Rest- oder Schrottwerte abgesetzt werden. Für die lineare Abschreibung gelten somit folgende Beziehungen (w_t = Abschreibungsprozentsatz pro Periode):

(1) $AK - R_T = \sum_{t=1}^{T} q_t$

(2) $q_t = \dfrac{AK - R_T}{T}$

(3) $w_t = \dfrac{q_t}{AK - R_T} \cdot 100$ oder

(4) $w_t = \dfrac{1}{T} \cdot 100$ oder

(5) $w_t = \dfrac{1}{T - t + 1} \cdot R_{t-1}$

(6) $q_t = \dfrac{w_t}{100} \cdot (AK - R_T)$ für $t = 1, 2, \ldots, T$ und q_t, w_t = const.

Die Anwendung der linearen Methode führt zu einer kontinuierlichen Minderung der Anschaffungs- und Herstellungskosten und damit zu einer **Gleichbelastung** der Nutzungsperioden mit Abschreibungsaufwendungen.

---

[58] Vgl. *Baetge/Kirsch/Thiele* 2012, S. 299.

II. Bilanzansatz der Höhe nach (Bewertung)

Im Gegensatz zur linearen Form geht die **degressive Methode** von **sinkenden Abschreibungsbeträgen** aus, unterstellt aber auch eine **funktionale Beziehung zwischen dem Betriebsmittelverzehr und dem Zeitablauf**. Diese Abschreibung findet primär dann Anwendung, wenn

- die Zeitwerte der Vermögensgüter nicht linear, sondern aufgrund **technischer oder wirtschaftlicher Überholung** in den ersten Jahren schneller als in späteren fallen;
- die Gebrauchsfähigkeit der Anlagen in den ersten Nutzungsperioden höher ist als in den folgenden;
- in späteren Jahren mit **ansteigenden Reparatur- und Instandhaltungsaufwendungen** gerechnet werden muss. Diese Vorgehensweise zielt darauf ab, die gesamten Anlagekosten (= Summe an Abschreibungen und Reparaturen) gleichmäßig auf die einzelnen Nutzungsjahre zu verteilen und/oder
- eine Minderung der ertragsteuerrechtlichen Bemessungsgrundlagen in den ersten Perioden der betriebsgewöhnlichen Nutzungsdauer angestrebt wird.

Die in Rede stehende Abschreibungsform kann grundsätzlich als **digital-degressives** oder als **geometrisch-degressives Verfahren** zum Einsatz kommen. Das digital-degressive Verfahren geht, ebenso wie die lineare Abschreibung, bei der Bemessung der fallenden Quoten stets von der Abschreibungsbasis $AK - R_T$ aus. Für diese Methode lassen sich nachstehende Beziehungen herausstellen:

(1) $AK - R_T = \sum_{t=1}^{T} q_t$

(2) $q_t = (T - t + 1) \cdot \dfrac{AK - R_T}{1 + 2 + 3 + \ldots + T}$

(3) $w_t = \dfrac{q_t}{AK - R_T} \cdot 100$

(4) $q_t = \dfrac{w_t}{100} \cdot (AK - R_T)$ für $t = 1, 2, \ldots, T$ und $q_t, w_t \neq \text{const.}$

Das **Buchwertverfahren** als geometrisch-degressive Methode berechnet die entsprechenden Abschreibungsquoten hingegen durch Anwendung eines **konstanten Prozentsatzes** auf die jeweiligen Restbuchwerte, wodurch die Abschreibungsbeträge pro Nutzungsperiode mit stets kleiner werdenden Raten fallen. Da bei diesem Verfahren immer vom jeweiligen Restbuchwert ausgegangen wird, kann sich für die geometrisch-degressiv abgeschriebenen Anlagegüter am Ende der Nutzungsdauer **niemals ein Restwert von Null** ergeben. Abschreibungsbeträge und -prozentsätze lassen sich nun wie folgt errechnen.

(1) $q_t = \dfrac{w_t}{100} \cdot R_{t-1}$

(2) $w_t = \dfrac{q_t}{R_{t-1}} \cdot 100$ für $t = 1, 2, \ldots, T$ mit $R_0 = AK$ und $q_t \neq \text{const}, w_t = \text{const.}$

Weil der Abschreibungsbetrag einer Nutzungsperiode beim Buchwertverfahren immer $(1 - w_t : 100) \cdot$ Abschreibung der Vorperiode beträgt, ergibt sich der Restwertbuchwert am Ende der Nutzungsdauer bei gegebenem Abschreibungsprozentsatz aus

(3) $R_T = \left[1 - \dfrac{w_t}{100}\right] \cdot AK.$

Durch Umstellen der Formel errechnet sich der **Abschreibungsprozentsatz** dann nach

(4) $w_t = \left[1 - \sqrt[T]{\dfrac{R_T}{AK}}\right] \cdot 100.$

Beispiel: Ein Industrieunternehmen möchte mit Hilfe der Buchwertabschreibung den Werteverzehr einer Fertigungsanlage, die zu Beginn der Periode $t = 2012$ zu 110.000 € angeschafft wurde und 8 Perioden genutzt werden soll, vollständig in der Finanzbuchhaltung erfassen. Laut Auskunft eines Sachverständigen wird der Schrottwert der angesprochenen Anlage nach Ablauf der Nutzungsdauer noch 20.000 € betragen.

Zunächst gilt es, den entsprechenden Abschreibungsprozentsatz zu errechnen.

(1) $w_t = \left[1 - \sqrt[8]{\dfrac{20.000}{110.000}}\right] \cdot 100.$

(2) $w_t = 19{,}1919\,\%$

Der Abschreibungsplan für diese Anlage hat dann folgendes Aussehen.

t	q_t in €	R_t in €
$t = 2012$	21.111,09	88.888,91
$t = 2013$	17.059,47	71.829,44
$t = 2014$	13.785,43	58.044,01
$t = 2015$	11.139,75	46.904,26
$t = 2016$	9.001,82	37.902,44
$t = 2017$	7.242,20	30.628,24
$t = 2018$	5.878,14	24.750,10
$t = 2019$	4.750,01	20.000,00
$\sum_{t=1}^{8} q_t$	90.000,00	–

Abb. 197: Abschreibungsbeträge und Restbuchwerte

Nach § 7 Abs. 2 EStG ist die degressive Abschreibung nur für bewegliche Wirtschaftsgüter des Anlagevermögens und nur für bestimmte Anschaffungs- bzw. Herstellungszeiträume möglich. Da die degressive Abschreibung ein wichtiges fiskalpolitisches Lenkungsinstrument darstellt, ist diese in den letzten Jahren vielfach modifiziert und teilweise ausgesetzt worden. Nach dem Wegfall der Umkehrmaßgeblichkeit ist nach Einschätzung des *BMF* eine

II. Bilanzansatz der Höhe nach (Bewertung)

Anschaffung/Herstellung	Relativer Höchstsatz	Absoluter Höchstsatz
Nach 2010	keine degressive AfA zulässig	
2009–2010	2,5 * linearer AfA-Satz	25 %
2008	keine degressive AfA zulässig	
2006–2007	3 * linearer AfA-Satz	30 %
2001–2005	2 * linearer AfA-Satz	20 %
vor 2001	3 * linearer AfA-Satz	30 %

Abb. 198: Entwicklung der steuerrechtlichen degressiven Abschreibungssätze

vollständige Entkopplung der handels- und steuerrechtlichen Abschreibungspolitik möglich, sodass die Vornahme einer linearen Abschreibung im Handelsrecht nicht zwingend auch eine entsprechende Anwendung im Rahmen der steuerrechtlichen Gewinnermittlung erfordert.[59] **Abbildung 198**[60] zeigt die unterschiedlichen steuerrechtlichen Regelungen zur degressiven Abschreibung im Zeitablauf.

Im Grundsatz verbietet das Prinzip der **Bewertungs-Methodenstetigkeit**[61] den Wechsel eines einmal gewählten Abschreibungsverfahrens. Allerdings lässt § 7 Abs. 3 Satz 1 EStG als **Ausnahmeregelung** bei Alt-Anlagevermögen (Anschaffung bzw. Herstellung bis 2010) den Übergang von der Buchwertabschreibung auf die lineare Methode zu, um damit der Entstehung eines Restbuchwertes im Falle der Beibehaltung des Buchwertverfahrens entgegenzuwirken.[62] Unter Beachtung der Regelung von § 7 Abs. 3 Satz 2 EStG, nach der „... sich die Absetzung für Abnutzung vom Zeitpunkt des Übergangs an nach dem dann noch vorhandenen Restwert und der Restnutzungsdauer des einzelnen Wirtschaftsguts ..." bemisst, bietet sich ein Wechsel von derjenigen Nutzungsperiode ab an, von der die lineare Abschreibung höher ist als die Fortführung der degressiven Methode.[63] Dieser **optimale Übergangszeitpunkt** lässt sich wie folgt berechnen:

(1) $q_t^d = \dfrac{w_t^d}{100} \cdot R_{t-1}$

(2) $q_t^1 = \dfrac{1}{T - t + 1} \cdot R_{t-1}$

(3) $\dfrac{1}{T - t + 1} \cdot R_{t-1} = \dfrac{w_t^d}{100} \cdot R_{t-1}$ für $t = 1, 2, \ldots, T$ und w_t = const.

---

[59] Vgl. *BMF* 2010a, S. 239.
[60] Entnommen von *Falterbaum et al.* 2010, S. 785.
[61] Vgl. hierzu die Ausführungen im Dritten Teil zu Gliederungspunkt III.E.
[62] Der Übergang von der degressiven auf die linearen Abschreibungsverfahren wird nicht als Methodenänderung qualifiziert, da dieser Wechsel von der gesamten Bewertungsmethode bereits von vornherein vorgesehen und damit dem Verfahren immanent ist.
[63] Sofern auf den Übergang von der degressiven auf die lineare Methode verzichtet wird, ist der nach Ablauf der vorletzten Nutzungsperiode sich ergebende Restbuchwert im letzten Nutzungsjahr in voller Höhe als Abschreibung zu verbuchen.

Löst man die Gleichung nach t auf, ergibt sich das Jahr, ab dem der Übergang von der degressiven auf die lineare Methode für die verbleibende Restnutzungsdauer zu höheren Abschreibungsbeträgen führt ($t^ü$). Zu berücksichtigen ist, dass der rechte Ausdruck der Formel aufgerundet werden muss.

(4) $t^ü = T + 1 - \dfrac{100}{w_t^d}$

Beispiel: Unterstellt man, dass im Hinblick auf das vorherige Beispiel kein Schrottwert zu berücksichtigen ist und die Anlage 2007 angeschafft wurde, aber der Degressionssatz von $w_t^d = 19{,}1919\,\%$ beibehalten werden soll, dann hätte der Abschreibungsplan unter Einbeziehung des Wechsels zur linearen Methode das in nachstehender **Abbildung 199** dargestellte Aussehen. Der optimale Übergangszeitpunkt auf die lineare Abschreibung errechnet sich wie nachstehend gezeigt.

$$t^ü = 8 + 1 - \dfrac{100}{19{,}1919} = 3{,}7895\,.$$

Ab Periode $t = 2010$ führt die Wahl der linearen Methode mithin zu höheren Abschreibungsbeträgen als die Fortführung des Buchwertverfahrens.

t	q_t in €		R_t in €
2007	21.111,09	degressiv	88.888,91
2008	17.059,47		71.829,44
2009	13.785,43		58.044,01
2010	11.139,75		46.904,26
2011	11.726,065	linear	35.178,195
2012	11.726,065		23.452,13
2013	11.726,065		11.726,065
2014	11.726,065		0,00
$\sum_{}^{8} q_t$	110.000,00		–

Abb. 199: Übergang von der degressiven auf die lineare Abschreibungsmethode

Die **progressive Abschreibung** stellt das Gegenstück zum degressiven Verfahren dar, denn sie berechnet die planmäßige Abnutzung der Vermögensgegenstände in **Abhängigkeit vom Zeitablauf anhand steigender Abschreibungsquoten**. Analog zur degressiven Abschreibung kann die progressive Methode in **digitaler** oder **geometrischer Ausprägung** zum Einsatz kommen. Im Folgenden soll nur auf das digital-progressive Verfahren eingegangen werden, da die Darstellung und Anwendung der geometrisch-progressiven Methode sich grundsätzlich in umgekehrter Form zum geometrisch-degressiven Ansatz vollzieht. Zu berücksichtigen ist jedoch, dass es eine dem Buchwertabschreibungsverfahren analoge geometrisch-progressive Methode, die einen konstanten Abschreibungsprozentsatz aufweist, nicht geben kann, da die progressive Abschreibung im Zeitablauf steigende Quoten voraussetzt, die aber durch Anwendung eines konstanten Satzes auf fallende Restbuchwerte nicht zu ermitteln sind. Für das **digital-progressive Verfahren** gelten nachstehende Beziehungen.

II. Bilanzansatz der Höhe nach (Bewertung)

```
                        Zeitabschreibungen
         ┌──────────────────┼──────────────────┐
    Lineare           Degressive          Progressive
  Abschreibung       Abschreibung         Abschreibung
                    ┌─────┴─────┐        ┌─────┴─────┐
                Digital-    Geometrisch-  Digital-    Geometrisch-
               degressive   degressive   progressive   progressive
                Methode     Methode (Buch- Methode     Methode
                            wertabschrei-
                            bung)
```

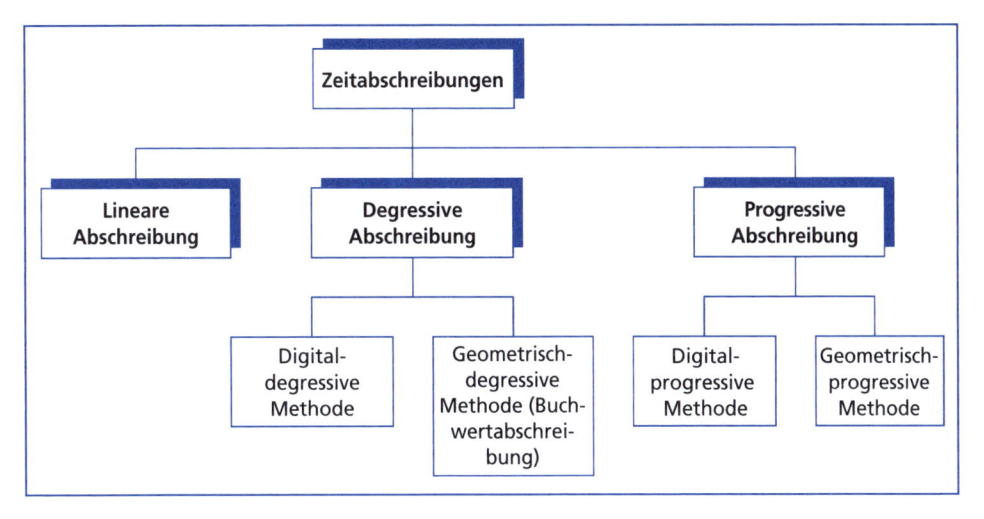

Abb. 200: Verfahren der Zeitabschreibung

(1) $AK - R_T = \sum_{t=1}^{T} q_t$

(2) $q_t = t \cdot \dfrac{AK - R_T}{1 + 2 + 3 + \ldots + T}$

(3) $w_t = \dfrac{q_t}{AK - R_T} \cdot 100$

(4) $q_t = \dfrac{w_t}{100} \cdot (AK - R_T)$ für $t = 1, 2, \ldots, T$ und $q_t, w_t \neq \text{const.}$

Die progressive Abschreibung findet primär zur Erfassung des **gebrauchsbedingten Verschleißes** von Anlagegütern Verwendung, die erst langsam in ihre volle Kapazitätsauslastung hinein wachsen. Einen zusammenfassenden Überblick über die möglichen Varianten der Zeitabschreibung vermittelt **Abbildung 200**.

a.c   Leistungsabschreibung

Die Anwendung der **Leistungs- oder Mengenabschreibung** setzt voraus, dass der **Gebrauchsverschleiß** oder die **substanzbedingten Wertminderungen** die elementaren Entwertungsursachen darstellen, während der natürliche Verzehr und die technische und wirtschaftliche Überholung keinen nennenswerten Einfluss ausüben. Die Leistungsabschreibung basiert auf der Annahme, dass die **Höhe des Betriebsmittelverzehrs durch die Anzahl der ausgebrachten oder abgebauten Einheiten einer Rechnungsperiode** (x_t) bestimmt wird. Der Abschreibungsbetrag pro Periode richtet sich deshalb nach der entsprechenden Jahresleistung des Vermögensgegenstandes. An die Stelle der betriebsgewöhnlichen Nutzungsdauer tritt die voraussichtliche betriebsgewöhnliche Gesamtleistung. Steuerrechtlich ist der Einsatz dieses Verfahrens auf **abnutzbare bewegliche Wirtschaftsgüter** beschränkt und erfordert, dass der Steuerpflichtige „den auf das einzelne Jahr entfallenden Umfang der Leistung nachweist" (§ 7 Abs. 1 Satz 6 2. HS EStG).[64] Ferner gestattet das Bilanzsteuerrecht z. B. bei Bergbauunternehmen und Steinbrüchen zur Erfassung des Substanzverzehrs auch die Wahl der **Substanzabschreibung**, die der Leistungsabschreibung entspricht (§ 7 Abs. 6 EStG). Das auch als **Absetzung für Substanzverringerung (AfS)** bezeichnete Verfahren ermittelt die jährlichen Abschreibungsbeträge unter Zugrundelegung der Periodenförderung und des geschätzten Gesamtvolumens des abbaubaren Vorkommens. Die für die Leistungs-(Substanz-)abschreibung geltenden Beziehungen lauten allgemein wie folgt.

(1) $AK - R_T = \sum_{t=1}^{T} q_t$

(2) $q_t = (AK - R_T) \cdot \dfrac{x_t}{\sum_{t=1}^{T} x_t}$

(3) $w_t = \dfrac{x_t}{\sum_{t=1}^{T} x_t} \cdot 100$

(4) $q_t = \dfrac{w_t}{100} \cdot (AK - R_T)$ für $t = 1, 2, \ldots, T$ und $q_t, w_t \neq$ const.

Beispiel: Abbildung 201 zeigt die rechentechnische Anwendung der dargestellten Abschreibungsmethoden für ein abnutzbares bewegliches Anlagegut, das eine Nutzungsdauer von fünf Rechnungsperioden bzw. eine Gesamtausbringungsmenge von 5.000 Einheiten aufweist und mit Anschaffungskosten von 30.000 € zu Beginn des Jahres 2007 erworben wurde. Ein Schrottwert fällt am Ende der Nutzungszeit nicht an.

t	Abschreibungsmethoden										
	lineare Abschreibung ($w_t = 20\,\%$)*		digital-degressive Abschreibung		geometrisch-degressive Abschreibung [Buchwertverfahren] ($w_t = 20\,\%$)*		digital progressive Abschreibung		Leistungsabschreibung		
	q_t	R_t	q_t	R_t	q_t	R_t	q_t	R_t	x_t	q_t	R_t
2007	6.000	24.000	10.000	20.000	6.000	24.000	2.000	28.000	1.000	6.000	24.000
2008	6.000	18.000	8.000	12.000	4.800	19.200	4.000	24.000	1.200	7.200	16.800
2009	6.000	12.000	6.000	6.000	3.840	15.360	6.000	18.000	800	4.800	12.000
2010	6.000	6.000	4.000	2.000	3.072	12.288	8.000	10.000	900	5.400	6.600
2011	6.000	0	2.000	0	12.288	0	10.000	0	1.100	6.600	0
$\sum_{t=1}^{5} q_t$	30.000	–	30.000	–	30.000	–	30.000	–	5.000	30.000	–
AK	30.000		30.000		30.000		30.000			30.000	

* $w_t = \dfrac{6.000\,€}{30.000\,€} = 20\,\%.$

Abb. 201: Beispielhafte Darstellung unterschiedlicher Abschreibungsverfahren (alle Werte in €)

---

[64] „Der Nachweis kann z. B. bei einer Maschine durch ein die Anzahl der Arbeitsvorgänge registrierendes Zählwerk, einen Betriebsstundenzähler oder bei einem Kraftfahrzeug durch den Kilometerzähler geführt werden." R 7.4 Abs. 5 Satz 3 EStR.

Aus **handelsrechtlicher Sicht** sind nach h. M. auch **Kombinationsformen** zwischen der linearen und der leistungsbezogenen Abschreibung dergestalt möglich, dass die lineare Methode zur Erfassung des nicht abnutzungsbedingten Verschleißes als Mindestabschreibung zugrunde gelegt wird.

> **Beispiel:** Eine Unternehmung möchte den planmäßigen Werteverzehr einer vollautomatischen Fertigungsanlage, die am Anfang des Jahres 2007 mit einem Wert von 100.000 € angeschafft wurde, zu 60 % durch eine Leistungs- und zu 40 % durch eine lineare Zeitabschreibung erfassen. Es liegen nachstehende Daten vor:
>
> (1) Nutzungsdauer 8 Perioden
> (2) Gesamtkapazität 50.000 Stück
> (3) Leistung in 2010 7.500 Stück.
>
> Der sich aus der Kombination von Leistungs- und Zeitabschreibung ergebende Werteverzehr ist für die Periode 2010 folgendermaßen zu ermitteln.
>
> $$q_{2010} = \frac{100.000\,€}{50.000\,\text{Stück}} \cdot 7.500\,\text{Stück} \cdot 0{,}6 + \frac{100.000\,€}{8\,\text{Perioden}} \cdot 0{,}4$$
> $$= 9.000\,€ + 5.000\,€ = 14.000\,€.$$

a.d Verbuchung der planmäßigen Abschreibungen

In Abhängigkeit von der Art des Anlagegutes [immaterielle Vermögensgüter (z. B. Patente, Lizenzen, Urheberrechte) oder Sachanlagen (Gebäude, technische Anlagen und Maschinen, Betriebs- und Geschäftsausstattung etc.)] sind die planmäßigen Abschreibungen als **Aufwendungen** auf der Sollseite des Kontos „Abschreibungen auf immaterielle Vermögensgegenstände" bzw. „Abschreibungen auf Sachanlagen" zu erfassen. Die Gegenbuchung kann entweder unmittelbar auf dem betreffenden Anlagekonto erfolgen (**direkte Methode**) oder aber auf dem passiven Bestandskonto „Wertberichtigungen zu immateriellen Vermögensgegenständen" bzw. „Wertberichtigungen zu Sachanlagen" vorgenommen werden (**indirekte Methode**). Allerdings ist für Kapitalgesellschaften, „kapitalistische" Personenhandelsgesellschaften (§ 264 a Abs. 1 HGB), unter das Publizitätsgesetz fallende Unternehmen (§ 5 Abs. 1 Satz 2 PublG) und eingetragene Genossenschaften (§ 336 Abs. 2 Satz 1 HGB) die Anwendung der indirekten Methode im Jahresabschluss aufgrund von § 268 Abs. 2 HGB **nicht zulässig**. Da diese Gliederungsvorschrift indes nur formelle Bedeutung für den Bilanzausweis besitzt, kann in der Finanzbuchhaltung dennoch indirekt abgeschrieben werden. Lediglich im Rahmen der vorbereitenden Abschlussbuchungen muss dann eine Richtigstellung des Abschreibungsausweises nach Maßgabe des direkten Verfahrens erfolgen.

Beispiel: Unter Zugrundelegung der Daten aus **Abbildung 201** hätte die Verbuchung der Abschreibungen für die Perioden 2007 und 2011 nach dem direkten und indirekten Verfahren folgendes Aussehen, wenn die lineare Abschreibungsmethode gewählt wird (die Konten „Technische Anlagen und Maschinen" sowie „Wertberichtigungen zu Sachanlagen" weisen zu Beginn der Periode 2007 keine Anfangsbestände auf).

a) Direkte Abschreibung:

Buchung in 2007:

(1) Abschreibungen   an   Technische Anlagen
    auf Sachanlagen   und Maschinen   6.000 €.

Kontenmäßige Darstellung:

S	Technische Anlagen und Maschinen		H		S	Abschreibungen auf Sachanlagen		H
	€		€			€		€
AB	0	(1)	6.000		(1)	6.000	GuV (Saldo)	...
Zugang	30.000	SBK (EB)	24.000					
	30.000		30.000					

Buchung in 2011:

(1) Abschreibungen auf Sachanlagen   an   Technische Anlagen
                                            und Maschinen   6.000 €.

Kontenmäßige Darstellung:

S	Technische Anlagen und Maschinen		H		S	Abschreibungen auf Sachanlagen		H
	€		€			€		€
AB	6.000	(1)	6.000		(1)	6.000	GuV (Saldo)	...
		SBK (EB)	0					
	6.000		6.000					

b) Indirekte Abschreibung:

Buchung in 2007:

(1) Abschreibungen   an   Wertberichtigungen
    auf Sachanlagen   zu Sachanlagen   6.000 €.

Kontenmäßige Darstellung:

S	Technische Anlagen und Maschinen		H		S	Abschreibungen auf Sachanlagen		H
	€		€			€		€
AB	0	SBK (EB)	30.000		(1)	6.000	GuV (Saldo)	...
Zugang	30.000							
	30.000		30.000					

II. Bilanzansatz der Höhe nach (Bewertung)

S	Wertberichtigungen zu Sachanlagen		H
	€		€
SBK (EB)	6.000	AB	0
		(1)	6.000
	6.000		6.000

Buchung in 2011:

(1) Abschreibungen auf Sachanlagen   an   Wertberichtigungen
                                            zu Sachanlagen   6.000 €.

Auflösung der Wertberichtigung und gleichzeitige Ausbuchung des abnutzbaren Anlagegutes nach Ablauf der Nutzungsdauer; Buchungssatz:

(2) Wertberichtigungen zu   an   Technische Anlagen
    Sachanlagen   und Maschinen   30.000 €.

Kontenmäßige Darstellung:

S	Technische Anlagen und Maschinen		H
	€		€
AB	30.000	(2)	30.000
		SBK (EB)	0
	30.000		30.000

S	Abschreibungen auf Sachanlagen		H
	€		€
(1)	6.000	GuV (Saldo)	...

S	Wertberichtigungen zu Sachanlagen		H
	€		€
(2)	30.000	AB	24.000
SBK (EB)	0	(1)	6.000
	30.000		30.000

Das Beispiel verdeutlicht, dass bei der indirekten Buchungsmethode dem Bilanzleser über den Posten „Wertberichtigungen" die auf das abnutzbare Anlagevermögen bis zum Stichtag vorgenommenen planmäßigen Abschreibungen in **kumulierter Form** gezeigt werden. Da aber ein von Kapitalgesellschaften und ihnen gesetzlich gleichgestellte Unternehmen zu fertigender **Anlagespiegel** diese Angaben ebenfalls vermittelt,[65] führt das Verbot des indirekten Abschreibungsausweises im Jahresabschluss bei den genannten Unternehmensformen zu **keinen Informationsdefiziten**. Allerdings ist darauf zu achten, dass bei einem vorzeitigen Ausscheiden (z. B. durch Veräußerung oder Entnahme) eines indirekt abgeschriebenen abnutzbaren Vermögensgegenstandes die zwischenzeitlich gebildete Wertberichtigung im Wege der Verrechnung mit dem betreffenden Anlagekonto **aufgelöst** werden muss, um den gegenwärtigen Restbuchwert zu erhalten (Buchungssatz: Wertberichtigungen zu ... an Anlage-

---

[65] Vgl. hierzu die Ausführungen im Fünften Teil zu Gliederungspunkt III.B.3.a.

konto). Ferner bedarf es einer Auflösung der gebildeten Wertberichtigung und Ausbuchung des abnutzbaren Anlagegutes stets dann, wenn die der Abschreibungsberechnung zugrunde gelegte betriebsgewöhnliche Nutzungsdauer verstrichen ist. Die jährlichen Abschreibungsbeträge sind sowohl bei der direkten als auch der indirekten Methode **zeitanteilig** bis zum Ende des Monats zu berechnen, in dem das Anlagegut veräußert oder aus dem Betriebsvermögen entnommen wird.[66] Sofern der (Netto-)Verkaufspreis bzw. der (Netto-)Entnahmewert nicht dem Buchwert des Anlagegutes entspricht, entsteht ein **außerplanmäßiger Veräußerungserfolg**, der entweder auf dem Konto „Sonstige betriebliche Erträge" bzw. auf dem Unterkonto „Erträge aus dem Abgang von Anlagevermögen"[67] [(Netto-)Verkaufspreis bzw. (Netto-)Entnahmewert > Buchwert] oder „Sonstige betriebliche Aufwendungen" bzw. auf dem Unterkonto „Verluste aus dem Abgang von Anlagevermögen" [(Netto-)Verkaufspreis bzw. (Netto-)Entnahmewert < Buchwert] zu erfassen ist.

Beispiel: Die Anschaffungskosten einer Maschine, die am 02.01. des Geschäftsjahres 2012 erworben wurde, betragen 16.000 €. Der nach dem linearen Verfahren abzuschreibende Vermögensgegenstand (betriebsgewöhnliche Nutzungsdauer = 8 Jahre) wird am 27.09. der Rechnungsperiode 2014 zu einem Preis von 15.000 € (einschließlich 20 % Umsatzsteuer) veräußert. Der Verkaufspreis wird unmittelbar auf das betriebliche Bankkonto überwiesen.

a) Buchungen bei direkter Abschreibung in 2014:

(1) Abschreibungen auf Sachanlagen an Maschinen und
 maschinelle Anlagen 1.500 €[68]

(2) Guthaben bei an – Maschinen und
 Kreditinstituten 15.000 € maschinelle Anlagen 10.500 €
 – Sonstige betriebliche
 Erträge 2.000 €
 – Umsatzsteuer 2.500 €.

Kontenmäßige Darstellung:

S	Maschinen und maschinelle Anlagen			H
	€			€
AB	12.000	(1)		1.500
		(2)		10.500
		SBK (EB)		0
	12.000			12.000

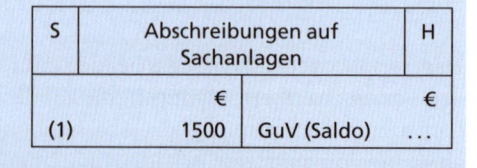

S	Abschreibungen auf Sachanlagen		H
	€		€
(1)	1500	GuV (Saldo)	...

---

[66] Vgl. R 7.4 Abs. 8 EStR.

[67] Unter Ertrag im vorstehenden Sinne ist der Buchgewinn, d.h. die Differenz zwischen dem (Netto-)Verkaufspreis und dem betragsmäßig geringeren Restbuchwert zum Zeitpunkt des Abgangs, zu verstehen.

[68] $1.500\,€ = \frac{9\,\text{Monate}}{12\,\text{Monate}} \cdot \frac{16.000\,€}{8\,\text{Jahre}}$.

II. Bilanzansatz der Höhe nach (Bewertung)

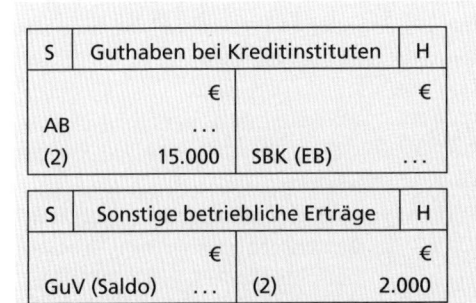

S	Guthaben bei Kreditinstituten	H
	€	€
AB	...	
(2)	15.000	SBK (EB) ...

S	Umsatzsteuer	H
	€	€
		(2) 2.500

S	Sonstige betriebliche Erträge	H
	€	€
GuV (Saldo) ...	(2)	2.000

b) Buchungen bei indirekter Abschreibung in 2014:

(1)	Abschreibungen auf Sachanlagen	an	Wertberichtigungen zu Sachanlagen	1.500 €
(2)	Wertberichtigungen zu Sachanlagen	an	Maschinen und maschinelle Anlagen	5.500 €
(3)	Guthaben bei Kreditinstituten	15.000 €	an	
			– Maschinen und maschinelle Anlagen	10.500 €
			– Sonstige betriebliche Erträge	2.000 €
			– Umsatzsteuer	2.500 €.

Kontenmäßige Darstellung:

S	Maschinen und maschinelle Anlagen	H
	€	€
AB	16.000	(2) 5.500
		(3) 10.500
		SBK (EB) 0
	16.000	**16.000**

S	Abschreibungen auf Sachanlagen	H
	€	€
(1)	1.500	GuV (Saldo) ...

S	Wertberichtigungen zu Sachanlagen	H
	€	€
(2)	5.500	AB 4.000
SBK (EB)	0	(1) 1.500
	5.500	**5.500**

S	Guthaben bei Kreditinstituten	H
	€	€
AB	...	
(3)	15.000	SBK (EB) ...

S	Umsatzsteuer	H
	€	€
		(3) 2.500

S	Sonstige betriebliche Erträge	H
	€	€
GuV (Saldo) ...	(3)	2.000

> Beispiel: In Abänderung des letzten Beispiels wird nun unterstellt, dass die Maschine zu einem Preis von 9.600 € (einschließlich 20 % Umsatzsteuer) verkauft wurde.

a) Buchungen bei direkter Abschreibung in 2014:

(1) Abschreibungen auf Sachanlagen an Maschinen und
 maschinelle Anlagen 1.500 €

(2) – Guthaben bei an – Maschinen und
 Kreditinstituten 9.600 € maschinelle Anlagen 10.500 €
 – Sonstige betrieb- – Umsatzsteuer 1.600 €.
 liche Aufwendungen 2.500 €

Kontenmäßige Darstellung:

S	Maschinen und maschinelle Anlagen		H
	€		€
AB	12.000	(1)	1.500
		(2)	10.500
		SBK (EB)	0
	12.000		12.000

S	Abschreibungen auf Sachanlagen		H
	€		€
(1)	1.500	GuV (Saldo)	...

S	Guthaben bei Kreditinstituten		H
	€		€
AB	...		
(2)	9.600	SBK (EB)	...

S	Umsatzsteuer		H
	€		€
		(3)	1.600

S	Sonstige betriebliche Aufwendungen		H
	€		€
(2)	2.500	GuV (Saldo)	...

b) Buchungen bei indirekter Abschreibung in 2014:

(1) Abschreibungen auf Sachanlagen an Wertberichtigungen
 zu Sachanlagen 1.500 €

(2) Wertberichtigungen zu an Maschinen und
 Sachanlagen maschinelle Anlagen 5.500 €

(3) – Guthaben bei an – Maschinen und 10.500 €
 Kreditinstituten 9.600 € maschinenelle Anlagen
 – Sonstige betrieb- – Umsatzsteuer 1.600 €.
 liche Aufwendungen 2.500 €

II. Bilanzansatz der Höhe nach (Bewertung)

Kontenmäßige Darstellung:

S	Maschinen und maschinelle Anlagen		H
	€		€
AB	16.000	(2)	5.500
		(3)	10.500
		SBK (EB)	0
	16.000		16.000

S	Abschreibungen auf Sachanlagen		H
	€		€
(1)	1.500	GuV (Saldo)	...

S	Wertberichtigungen zu Sachanlagen		H
	€		€
(2)	5.500	AB	4.000
SBK (EB)	0	(1)	1.500
	5.500		5.500

S	Guthaben bei Kreditinstituten		H
	€		€
AB	...		
(3)	9.600	SBK (EB)	...

S	Umsatzsteuer		H
	€		€
		(3)	1.600

S	Sonstige betriebliche Aufwendungen		H
	€		€
(3)	2.500	GuV (Saldo)	...

Sofern Vermögensgegenstände über ihre planmäßige betriebsgewöhnliche Nutzungsdauer hinaus vom Unternehmen zur Leistungserstellung verwendet werden, sind sie nach den GoB unter Zugrundelegung des Vollständigkeitsprinzips (§ 246 Abs. 1 Satz 1 HGB) mit einem **Erinnerungswert** von 1 € im Inventar und im Jahresabschluss anzusetzen. In diesem Fall wäre im Hinblick auf das Beispiel auf Seite 512 in der Periode 2011 jeweils lediglich ein Betrag von 5.999 € als Abschreibung zu verbuchen gewesen, um das Anlagegut mit einem Endbestandswert von 1 € im Schlussbilanzkonto auszuweisen. Allerdings reicht es nach h. M. aus, diesen symbolischen Wert nicht für jeden einzelnen Vermögensgegenstand, sondern für einen entsprechenden **Sammelposten** (z. B. technische Anlagen und Maschinen oder geringwertige Wirtschaftsgüter) anzusetzen.[69]

Wie vorstehend gezeigt wurde, muss die Höhe der planmäßigen Abschreibungen grundsätzlich **jahresbezogen** berechnet werden. Wenn ein abnutzbarer Vermögensgegenstand allerdings während des Geschäftsjahres dem Anlagevermögen zugeführt wird, ist die Abschreibung vom Beginn des Monats an zu ermitteln, in dem die Unternehmung das Anlagegut angeschafft oder hergestellt hat (sog. zeitanteilige Berechnung der Abschreibungsbeiträge = **pro rata temporis**).[70]

---

[69] Vgl. etwa *Federmann* 2010, S. 479.
[70] Vgl. § 7 Abs. 1 Satz 4 EStG; R 7.4 Abs. 2 EStR.

> **Beispiel:** Die betriebsgewöhnliche Nutzungsdauer eines am 18.12. des Geschäftsjahres 2012 für 6.000 € angeschafften Personal-Computers beträgt 5 Jahre. Im Falle der linearen Abschreibung berechnet sich der Abschreibungsbetrag für Periode 2012 nach der zeitanteiligen Methode aus
>
> $$\frac{6.000\,€}{5\,\text{Jahre}} \cdot \frac{1\,\text{Monat}}{12\,\text{Monate}} = 100\,€.$$
>
> Im letzen Nutzungsjahr (2017) lassen sich die Abschreibungsbeträge nach der zeitanteiligen Methode ermitteln aus
>
> $$\frac{6.000\,€}{5\,\text{Jahre}} \cdot \frac{11\,\text{Monat}}{12\,\text{Monate}} = 1.100\,€.$$

a.e Steuerrechtliche Spezialregelungen

Wie bereits im Rahmen der vorstehenden Ausführungen herausgestellt wurde, enthält das **Bilanzsteuerrecht** bezüglich der Berechnung der planmäßigen Abschreibungen (Absetzung für Abnutzung) eine Vielzahl von **Spezialvorschriften**, die größtenteils von der steuerrechtlichen Rechtsprechung entwickelt wurden. **Abbildung 202** fasst die wichtigsten Anweisungen im Hinblick auf die Anwendung der Regel-AfA beim abnutzbaren Anlagevermögen zusammen. Zu berücksichtigen ist, dass fast alle der in Rede stehenden steuerrechtlichen Spezialvorschriften zu anerkannten **GoB** geworden sind, wodurch einer Übernahme in die Handelsbilanz nichts entgegensteht.

Gemäß § 7 EStG i. V. m. R 7.1 Abs. 1 EStR sind Absetzungen für Abnutzung bei beweglichen und unbeweglichen Wirtschaftsgütern des Anlagevermögens vorzunehmen. Zu den beweglichen Anlagegütern zählen laut R 7.1 Abs. 2 bis Abs. 4 EStR **körperliche Wirtschaftsgüter** (Sachen i.S. v. § 90 BGB), **Betriebsvorrichtungen** und **Scheinbestandteile** (§ 95 BGB). Betriebsvorrichtungen stellen **selbstständige Gebäudeteile** dar, die dem Betriebsprozess dienen und nicht in einem einheitlichen Nutzungs- und Funktionszusammenhang mit dem Gebäude stehen (R 4.2 Abs. 3 i. V. m. R 7.1 Abs. 3 EStR). Ähnliches gilt für sog. Scheinbestandteile, die als zu einem vorübergehenden Zweck in ein Gebäude eingefügte bewegliche Wirtschaftsgüter definiert werden (R 4.2 Abs. 3 i. V. m. R 7.1 Abs. 4 EStR). Bewegliche Wirtschaftsgüter des Anlagevermögens können unter Berücksichtigung der Beschränkungen von § 7 Abs. 1 und Abs. 2 EStG grundsätzlich **linear, leistungsbezogen oder geometrisch-degressiv** (gilt nur für Alt-Anlagegüter) **abgeschrieben** werden (R 7.4 Abs. 5 EStR). Darüber hinaus besteht die Möglichkeit, den **linearen AfA-Satz** bei **schichtabhängigen Anlagegütern** in Doppelschicht um 25 % und um 50 % in Dreifachschicht zu erhöhen.[71] Ferner kann der Steuerpflichtige im Rahmen der planmäßigen Abschreibung beweglicher abnutzbarer Wirtschaftsgüter des Alt-Anlagevermögens von der degressiven auf die lineare Methode **übergehen** (§ 7 Abs. 3 EStG).

---

[71] Vgl. *BMF* 2001, S. 860.

II. Bilanzansatz der Höhe nach (Bewertung)

```
                           Regel-AfA
                   ┌───────────┴───────────┐
          Bewegliche Anlagegüter      Unbewegliche Anlagegüter
                              ┌──────────────┬──────────────┬──────────────┐
                         Immaterielle   Selbstständige   Gebäude und
                         Wirtschaftsgüter Gebäudeteile    unselbstständige
                                                          Gebäudeteile
```

- **Körperliche Wirtschaftsgüter** (z. B. Maschinen, maschinelle Anlagen, Werkzeuge, Einrichtungsgegenstände, Schiffe, Fahrzeuge).
- **Betriebsvorrichtungen** (z. B. Kühlanlagen in Schlachtereien, Transportbänder, Wärmerückgewinnungsanlagen, Verkaufsautomaten, Lastenaufzüge, Hebebühnen).
- **Scheinbestandteile** (z. B. vorübergehend in ein Gebäude eingefügte Klimaanlagen).
- Lineare, Leistungs-AfA oder degressive AfA (für Alt-Anlagegüter möglich).
- Der lineare AfA-Ansatz kann bei ganzjähriger Nutzung von schichtabhängigen Anlagegütern in Doppelschicht um 25 % und in Dreifachschicht um 50 % erhöht werden.
- Übergang von degressiver auf lineare AfA bei Alt-Anlagegütern möglich.

Immaterielle Wirtschaftsgüter: z. B. derivater Firmenwert, Patente, Urheberrechte, Markenzeichen, Konzessionen
– nur lineare AfA zulässig.

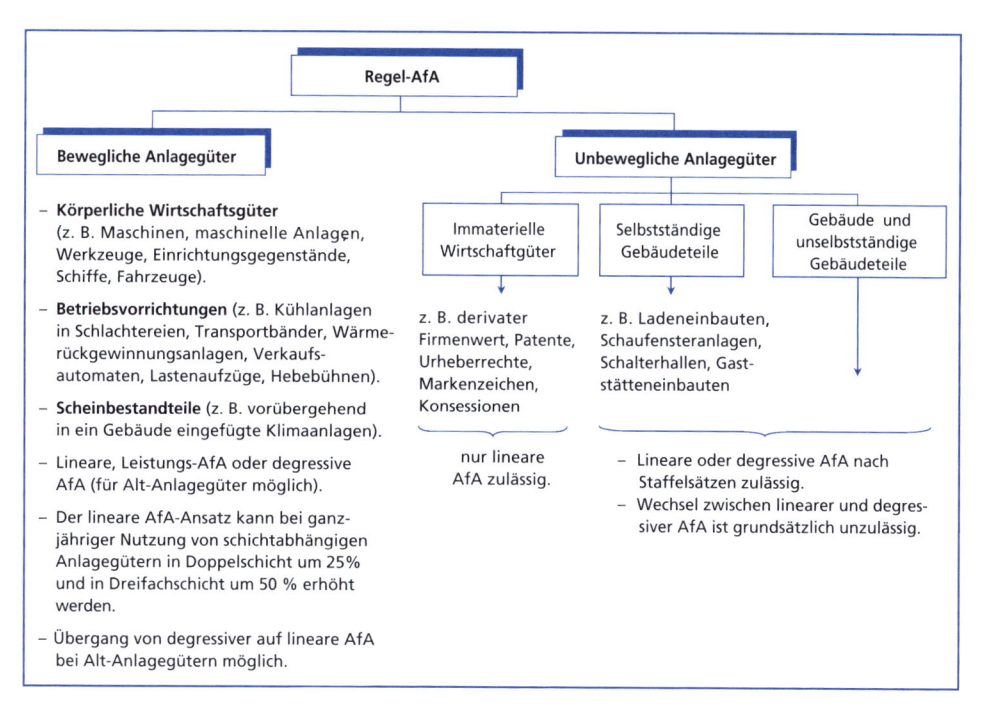

Selbstständige Gebäudeteile: z. B. Ladeneinbauten, Schaufensteranlagen, Schalterhallen, Gaststätteneinbauten
– Lineare oder degressive AfA nach Staffelsätzen zulässig.
– Wechsel zwischen linearer und degressiver AfA ist grundsätzlich unzulässig.

Abb. 202: Regel-AfA beim abnutzbaren Anlagevermögen gemäß § 7 EStG

Zu den unbeweglichen abnutzbaren Wirtschaftsgütern des Anlagevermögens gehören laut H 7.1 Abs. 1 EStR **immaterielle Wirtschaftsgüter**[72], **selbstständige Gebäudeteile** sowie **Gebäude** und **unselbstständige Gebäudeteile**. Immaterielle Wirtschaftsgüter sind, soweit sie abnutzbar sind, gemäß § 7 Abs. 1 Satz 1 EStG **stets linear abzuschreiben**. Unbewegliche **selbstständige Gebäudeteile** dienen **besonderen Zwecken** und stehen mithin in einem von der eigentlichen Gebäudenutzung **verschiedenen Nutzungs- und Funktionszusammenhang** (R 4.2 Abs. 3 i. V. m. Abs. 5 EStR). Sie sind **gesondert zu aktivieren** und planmäßig linear oder degressiv nach § 7 Abs. 4 bzw. Abs. 5 und Abs. 5 a EStG abzuschreiben. Unbewegliche **unselbstständige Gebäudeteile** müssen hingegen einheitlich mit dem Gebäude, zu dem sie gehören, linear oder degressiv laut § 7 Abs. 4 bzw. Abs. 5 EStG abgeschrieben werden (R 7.4 Abs. 6 Satz 2 EStR). Unselbstständigkeit wird nach der steuerrechtlichen Rechtsprechung angenommen, wenn der Gebäudeteil der **eigentlichen Nutzung als Gebäude dient** (R 4.2 Abs. 5 Satz 1 EStR) (z. B. Bäder und Duschen eines Hotels, Fahrstuhl- und Belüftungsanlagen). Sowohl bei den selbstständigen als auch bei den unselbstständigen Gebäudeteilen und Gebäuden ist ebenfalls ein **Wechsel** zwischen der linearen AfA nach § 7 Abs. 4 EStG und der degressiven AfA gemäß § 7 Abs. 5 EStG grundsätzlich unzulässig.[73] Die Abschreibungsbeträge sind ebenfalls **zeitanteilig** (pro rata temporis) zu berechnen (§ 7 Abs. 1 Satz 4 EStG).

---

[72] Vgl. hierzu die Ausführungen im Dritten Teil zu Gliederungspunkt I.B.1.
[73] Vgl. H 7.4 EStR.

b. Außerplanmäßige Abschreibungen

b.a Handels- und Steuerrecht

Außerplanmäßige Abschreibungen dienen im Gegensatz zu den planmäßigen Abschreibungen der Berücksichtigung außergewöhnlicher Wertminderungen, wodurch eine Überbewertung von Vermögensgütern i. S. d. Kapitalerhaltung verhindert werden soll.[74] Als Ursachen für außergewöhnliche Wertminderungen kommen bspw. negative Veränderungen der Bodenbeschaffenheit bei Grundstücken, gesunkene Wiederbeschaffungspreise oder mangelnde Verwendungsmöglichkeiten von Vermögensgegenständen infolge technischen Fortschritts in Betracht.

Der Anwendungsbereich der außerplanmäßigen Abschreibungen des **Anlagevermögens** ist unabhängig von der Nutzungsdauer der Vermögensgegenstände, so dass sie für Anlagegüter, die nicht der Abnutzung unterliegen (z. B. Grundstücke), die einzige Abschreibungsmöglichkeit darstellen. Bei den abnutzbaren Vermögensgegenständen des Anlagevermögens erfassen sie die Wertminderungen, die nicht bereits durch planmäßige Abschreibungen berücksichtigt wurden. Bei einer vorübergehenden Wertminderung besteht nach § 253 Abs. 3 Satz 4 HGB (**gemildertes Niederstwertprinzip**) für Finanzanlagen ein Wahlrecht zur Abschreibung auf den niedrigeren beizulegenden Wert. Liegt eine **voraussichtlich dauernde** Wertminderung vor, so besteht nach § 253 Abs. 3 Satz 3 HGB eine rechtsformunabhängige Abwertungspflicht (**strenges Niederstwertprinzip**). Der Gesetzesbegründung zum BilMoG zufolge ist „davon auszugehen, dass eine voraussichtlich nicht dauernde Wertminderung grundsätzlich nur dann angenommen werden kann, wenn die begründete Aussicht besteht, dass die Anhaltspunkte dafür innerhalb von zwölf Monaten wegfallen"[75]. Eine dauernde Wertminderung wird beim abnutzbaren Anlagevermögen angenommen, wenn während eines erheblichen Teils der Restnutzungsdauer der beizulegende Wert des Vermögensgegenstandes unter dem Wert liegt, der sich bei einer planmäßigen Abschreibung ergibt. Als zeitlicher Grenzwert für den „erheblichen Teil" wird häufig die halbe Restnutzungsdauer zum Zeitpunkt der Wertminderung angenommen. Bei nicht abnutzbaren Vermögensgegenständen des Anlagevermögens hat eine besonders sorgfältige Prüfung der Wertminderung zu erfolgen. Im Zweifel ist eher eine dauernde Wertminderung anzunehmen, da hier ein möglicher Bewertungsfehler nicht automatisch durch planmäßige Abschreibungen im Zeitablauf korrigiert wird.

Im **Umlaufvermögen** gilt im Gegensatz zum Anlagevermögen gemäß § 253 Abs. 4 Satz 1 HGB stets das **strenge Niederstwertprinzip** entsprechend der statischen Bilanztheorie. Danach sind bestehende Wertansätze zwingend mit dem niedrigeren Wert anzusetzen, der sich aus einem Börsen- oder Marktpreis am Stichtag ergibt. Sofern Börsen- oder Marktpreise nicht festzustellen sind und der niedrigere beizulegende Wert die Anschaffungs- und Herstellungskosten unterschreitet, ergibt sich nach § 253 Abs. 4 Satz 2 HGB eine Abschreibungspflicht auf diesen Wert. **Abbildung 203** fasst die Systematik der außerplanmäßigen Abschreibungen im Handelsrecht schematisch zusammen.

Den außerplanmäßigen Abschreibungen auf den niedrigeren beizulegenden Wert entspricht im **Steuerrecht** die Absetzung für außergewöhnliche technische oder wirtschaftliche Abnut-

---

[74] Vgl. *Baetge/Kirsch/Thiele* 2012, S. 210 f.
[75] *BMJ* 2007, S. 111.

II. Bilanzansatz der Höhe nach (Bewertung)

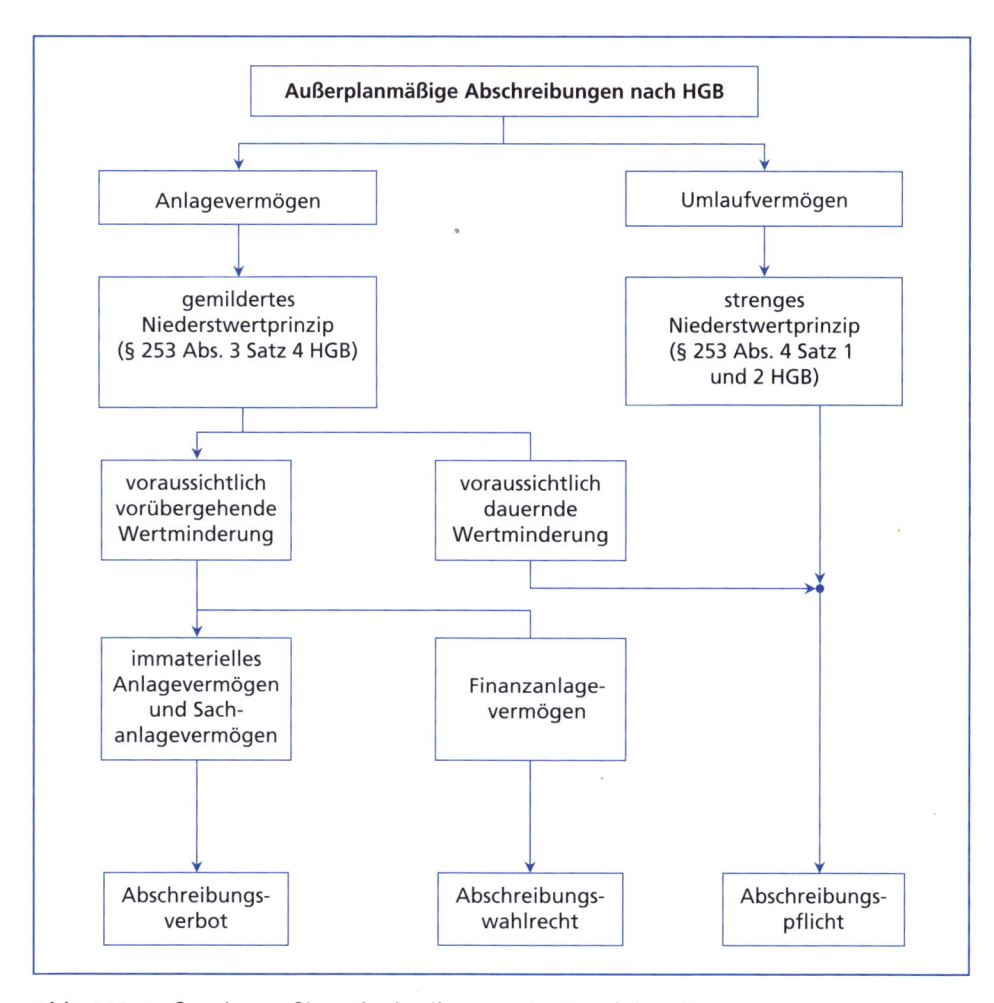

Abb. 203: Außerplanmäßige Abschreibungen im Handelsrecht

zung (AfaA) i. S. d. § 7 Abs. 1 Satz 7 EStG für abnutzbare und die Teilwertabschreibung gem. § 6 Abs. 1 Nr. 1 und 2 EStG für abnutzbare und nicht abnutzbare Wirtschaftsgüter. Die AfaA hat dabei gemäß § 6 Abs. 1 Nr. 1 Satz 1 EStG Vorrang vor der Teilwertabschreibung, d. h. der Teilwert darf erst dann zum Ansatz kommen, wenn er niedriger als der Wert ist, der sich bei Vornahme einer AfaA ergäbe. Während eine AfaA auch bei einer nur vorübergehender Wertminderung vorgenommen werden darf, kommt das Wahlrecht zu einer Teilwertabschreibung nur bei einer voraussichtlich dauernden Wertminderung in Betracht (§ 6 Abs. 1 Nr. 1 Satz 2 und Nr. 2 Satz 2 EStG). Ferner kommt der **Sofortabschreibungsmöglichkeit** sog. **geringwertiger Wirtschaftsgüter** nach § 6 Abs. 2 EStG eine besondere Bedeutung zu, welche auch im Handelsrecht Anwendung findet. Sofern nachfolgende Voraussetzungen erfüllt sind, können derartige Anlagegüter im Jahr der Anschaffung, Herstellung oder Einlage in voller Höhe als **Abschreibungsaufwand** verbucht werden.

- es muss sich um **bewegliche, abnutzbare Wirtschaftsgüter des Anlagevermögens** handeln;
- die Anschaffungs- oder Herstellungskosten (bzw. die Teilwerte in den Fällen der Einlage) dürfen **410 € nicht übersteigen**;
- die Wirtschaftsgüter müssen **selbständig bewertbar und abnutzbar** sein;
- die geringwertigen Wirtschaftsgüter müssen in einem **besonderen Verzeichnis** erfasst werden.

Nicht zulässig ist es, im Jahr der Anschaffung, Herstellung oder Einlage lediglich einen Teil des Gegenstandswertes unmittelbar als Aufwand abzusetzen und den Restbetrag auf die betriebsgewöhnliche Nutzungsdauer zu verrechnen. Hat das Unternehmen von der Sofortabschreibung keinen Gebrauch gemacht, so kann es diese in einem späteren Wirtschaftsjahr **nicht mehr nachholen** (R 6.13 Abs. 4 Satz 1 EStR). Die Zu- und Abgänge der geringwertigen Wirtschaftsgüter müssen grundsätzlich auf einem **besonderen Bestandskonto** zur Verbuchung kommen (R 6.13 Abs. 2 Satz 1 EStR), dessen Saldo im Rahmen der vorbereitenden Abschlussbuchungen bis auf einen Erinnerungswert von 1 € an das Konto „Abschreibungen auf Sachanlagen" abgegeben wird. Zusätzlich besteht die Möglichkeit, für Beträge von über 150 € bis 1.000 € einen **Sammelposten** nach § 6 Abs. 2a EStG zu bilden und diesen ratierlich um 1/5 per anno aufzulösen. Eine entsprechende schwellenwertbezogene Sofortabschreibung geringwertiger Wirtschaftsgüter ist nicht in der IFRS-Rechnungslegung existent; vielmehr ist es unter besonderer Berücksichtigung des **Wesentlichkeitsprinzips** im Einzelfall möglich, Vermögenswerte von untergeordneter Bedeutung sofort abzuschreiben.

Beispiel: Anschaffung eines gebrauchten Kopiergerätes zum Listenpreis von 415 € (zzgl. 20 % Umsatzsteuer). Der Rechnungsbetrag wird sofort unter Abzug eines 2%igen Skontos bar bezahlt. Auf die Bildung eines Sammelpostens wird verzichtet.

Buchungssätze:

(1) – Geringwertige Wirtschaftsgüter 406,70 € an Kasse 488,04 €
 – Vorsteuer 81,34 €
(2) Abschreibungen auf Sachanlagen an Geringwertige Wirtschaftsgüter 406,70 €.

Kontenmäßige Darstellung:

S	Geringwertige Wirtschaftsgüter		H
	€		€
AB	1,00	(2)	406,70
(1)	406,70	SBK (EB)	1,00
	407,70		407,70

S	Abschreibungen auf Sachanlagen		H
	€		€
(2)	406,70	Saldo (GuV)	...

S	Vorsteuer		H
	€		€
(1)	81,34		

S	Kasse		H
	€		€
AB	...	(1)	488,04
		SBK (EB)	...

II. Bilanzansatz der Höhe nach (Bewertung)

Vorschrift	Art
	Sonderabschreibungen auf:
§ 7 f EStG	Anlagegüter privater Krankenhäuser
§ 7 g EStG	Anlagegüter kleiner und mittlerer Betriebe
§ 81 EStDV	Anlagegüter im Kohlen- und Erzbergbau
§ 82 f EStDV	Handelsschiffe, Seefischereischiffe sowie Luftfahrzeuge
	Erhöhte Absetzungen für:
§ 7 b EStG	Ein- und Zweifamilienhäuser sowie Eigentumswohnungen
§ 7 c EStG	Baumaßnahmen an Gebäuden zur Schaffung neuer Mietwohnungen
§ 7 h EStG	Modernisierungs- und Instandsetzungsmaßnahmen bei Gebäuden in Sanierungsgebieten und städtebaulichen Entwicklungsbereichen
§ 7 i EStG	Baudenkmäler
§ 7 k EStG	Wohnungen mit Sozialbindung
§ 82 a EStDV	Energiesparmaßnahmen
§ 82 g EStDV	Baumaßnahmen i. S. d. Bundesbaugesetzes und des Städtebauförderungsgesetzes
§ 7 SchutzbauG	Schutzräume
	Bewertungsabschläge im Rahmen der:
§ 6 b EStG	Übertragung von Veräußerungsgewinnen
R 6.5 EStR	Inanspruchnahme von Investitionszuschüssen
R 6.6 EStR	Übertragung von stillen Reserven bei Ersatzbeschaffungen

Abb. 204: Überblick über die wesentlichen steuerrechtlichen Abschreibungsmöglichkeiten für das Anlagevermögen[76]

Je nachdem, welche Gegenstände des Anlagevermögens von außerplanmäßigen Abschreibungen, Sonderabschreibungen, erhöhten Absetzungen und Bewertungsabschlägen betroffen sind, kommen für die Erfassung des Werteverzehrs **unterschiedliche Aufwandskonten** in Betracht (z. B. „Abschreibungen auf immaterielle Vermögensgegenstände", „Abschreibungen auf Sachanlagen", „Abschreibungen auf geringwertige Wirtschaftsgüter", „Abschreibungen auf Finanzanlagen").

Zusätzlich zu der steuerrechtlichen **Teilwertabschreibung** bzw. den **Absetzungen für außergewöhnliche technische oder wirtschaftliche Abnutzung (AfaA)** gemäß § 7 Abs. 1 Satz 7 EStG existieren weitere Abschreibungsmöglichkeiten, die ihre gesetzliche Verankerung aber ausschließlich im Steuerrecht haben. **Abbildung 204** zeigt die wichtigsten steuerrechtlichen Abwertungsalternativen für das Anlagevermögen, die in **Sonderabschreibungen**, **erhöhte Absetzungen** und **Bewertungsabschläge** unterschieden werden können. Infolge der Aufhebung der Umkehrmaßgeblichkeit dürfen diese Abschreibungen keinen Eingang in den handelsrechtlichen Jahresabschluss finden.

---

[76] In Anlehnung an *Küting* 1989, S. 214.

Während die Sonderabschreibung für einzelne Wirtschaftsgüter **neben der Regel-AfA** vorgenommen werden kann, tritt die erhöhte Absetzung **an deren Stelle**. Hierbei sind folgende **Restriktionen** zu beachten:

- Bei Inanspruchnahme von **Sonderabschreibungen** kann gemäß § 7 a Abs. 4 EStG die **Regel-AfA** grundsätzlich nur nach § 7 Abs. 1 oder Abs. 4 EStG (lineare AfA, Leistungs-AfA oder AfaA) vorgenommen werden.[77]
- **Sonderabschreibungen** und **erhöhte Absetzungen** sind grds. nach § 7 a Abs. 5 EStG nicht gleichzeitig möglich (**Kumulationsverbot**).[78]
- Bei Geltendmachung von **erhöhten Absetzungen** muss gemäß § 7 a Abs. 3 EStG **mindestens** die AfA nach § 7 Abs. 1 oder Abs. 4 EStG angesetzt werden.

Ebenso wie Sonderabschreibungen und erhöhte Absetzungen stellen auch Bewertungsabschläge **subventionelle Vergünstigungen** bezüglich des Ansatzes der Höhe nach dar, deren Inanspruchnahme an das Vorhandensein der in den Einzelvorschriften genannten Bedingungen geknüpft ist. Da Bewertungsabschläge nicht unter das Kumulationsverbot des § 7 a Abs. 5 EStG fallen, können die in Rede stehenden steuerrechtlichen Vergünstigungen bei der Bewertung von Wirtschaftsgütern des Anlagevermögens **neben** Sonderabschreibungen und erhöhten Absetzungen Berücksichtigung finden.

b.b   IFRS

Vergleichbar zum Handelsrecht ist auch nach den IFRS die Vornahme außerplanmäßiger Abschreibungen an die Durchführung eines Werthaltigkeitstests (**Impairment Test**) nach IAS 36 gebunden. Hierbei besteht nach IAS 36.9 eine grundsätzliche Verpflichtung, an jedem Bewertungsstichtag zu überprüfen, ob Anzeichen einer Wertminderung vorliegen. Dabei lassen sich die in **Abbildung 205** aufgeführten unternehmensexternen und -internen Indikatoren unterscheiden. Es ergeben sich keine wesentlichen materiellen Unterschiede zur handelsrechtlichen Rechnungslegung. Die Indikatoren stellen das Minimum dar, welches bei der Prüfung der Werthaltigkeit heranzuziehen ist [IAS 36.12 (a)–(g)].

Liegt(en) ein oder mehrere Indikator(en) für eine Wertminderung vor, ist zwingend ein Wertminderungstest durchzuführen (IAS 36.9). Bei immateriellen Vermögenswerten mit unbestimmter Nutzungsdauer bzw. die noch nicht zur Nutzung bereitstehen [IAS 36.10 (b)] sowie beim derivativen Geschäfts- oder Firmenwert (IFRS 3.54) ist neben dem jährlichen Werthaltigkeitstest beim Vorliegen der o. g. Anzeichen zusätzlich ein unterjähriger Test durchzuführen. Eine Ausnahme von dem Prinzip, dass die genannten Vermögenswerte jährlich im Hinblick auf ihre Wertminderung untersucht werden müssen, ergibt sich aufgrund des Wesentlichkeitsprinzips.

Eine außerplanmäßige Abschreibung ist vorzunehmen, falls der **erzielbare Betrag** geringer als der **Buchwert** des betreffenden Vermögenswertes ausfällt. Die Höhe der außerplanmäßigen Abschreibung stellt demnach die Differenz zwischen Buchwert und erzielbarem Betrag dar. Letzterer ermittelt sich nach IAS 36.6 aus dem höheren Betrag des **beizulegenden Zeit-**

---

[77] Eine Ausnahme gilt nach § 7 g Abs. 1 EStG a. F. für die Bewertung von Anlagegütern kleiner und mittlerer Betriebe.

[78] Zu Ausnahmen siehe R 7a Abs. 1 Satz 2 und Abs. 7 EStR.

II. Bilanzansatz der Höhe nach (Bewertung)

Unternehmensexterne Anzeichen	Unternehmensinterne Anzeichen
wesentlicher Rückgang des Marktwerts eines Vermögenswerts	substanzielle Hinweise für eine Überalterung oder einen physischen Schaden des Vermögenswerts
wesentliche nachteilige Veränderungen des technischen, marktbezogenen, ökonomischen oder rechtlichen Umfelds, dem sich das Unternehmen oder der Vermögenswert zuordnen lässt	wesentliche nachteilige Veränderungen in Ausmaß oder Art der Nutzung eines Vermögenswerts (einschließlich der Änderung der Nutzungsdauer eines immateriellen Vermögenswerts von unbestimmter Nutzungsdauer auf endliche Nutzungsdauer)
Erhöhung des Marktzinses oder anderer Marktrenditen, die dazu dienen, den Nutzungswert des Vermögenswerts zu beeinflussen	substanzielle Hinweise aus dem internen Berichtswesen für eine schlechtere ökonomische Leistung des Vermögenswerts als ursprünglich erwartet
der Buchwert der Vermögenswerte des berichterstattenden Unternehmens übersteigt seine Marktkapitalisierung	

Abb. 205: Wertminderungsindikatoren nach IAS 36

wertes abzüglich Veräußerungskosten und dem **Wert aus der fortgesetzten Nutzung des Vermögenswerts**, wie **Abbildung 206** zeigt.

Der **erzielbare Betrag** ist grds. für einzelne Vermögenswerte zu bestimmen. Sollte ein betrachteter Vermögenswert allerdings für sich genommen keine Cash Flows aus seiner fortlaufenden Nutzung generieren (z. B. der derivative Goodwill), die weitestgehend unabhängig von den Cash Flows anderer Assets sind, ist der erzielbare Betrag für die **zahlungsmittelgenerierende Einheit (Cash Generating Unit)**, zu der der betrachtete Vermögenswert gerechnet wird, zu bestimmen. Darauf kann nur dann verzichtet werden, wenn entweder der Fair Value less Costs to Sell des einzelnen Vermögenswerts höher als dessen Buchwert ist oder wenn erwartet werden kann, dass sein Nutzungswert nahezu dem beizulegenden Zeitwert abzüglich Verkaufskosten entspricht und Letzterer nicht verlässlich ermittelt werden kann (IAS 36.22).

Die Konzeption des Wertminderungstests nach IAS 36 unterscheidet sich insofern von der handelsrechtlichen Rechnungslegung, als die IFRS **nicht** die Klassifikation eines **strengen und gemilderten** Niederstwertprinzips im Umlauf- und Anlagevermögen vorsehen. So ist nach den IFRS beim Eintreten einer Wertminderung ein generelles Abschreibungsgebot zu beachten. Eine voraussichtlich vorübergehende Wertminderung, welche nach dem Handelsrecht für das Finanzanlagevermögen mit einem rechtsformunabhängigen Abschreibungswahlrecht verbunden ist, kann nach IFRS sowohl ein Wertminderungsgebot als auch ein -verbot auslösen. Dies hängt davon ab, ob der Wertminderungstest jährlich oder unterjährig vorgenommen worden ist.

Der **beizulegende Zeitwert abzüglich Verkaufskosten (Fair Value less Costs to Sell)** misst den in einer Markttransaktion aus dem Verkauf des betreffenden Vermögenswerts resultie-

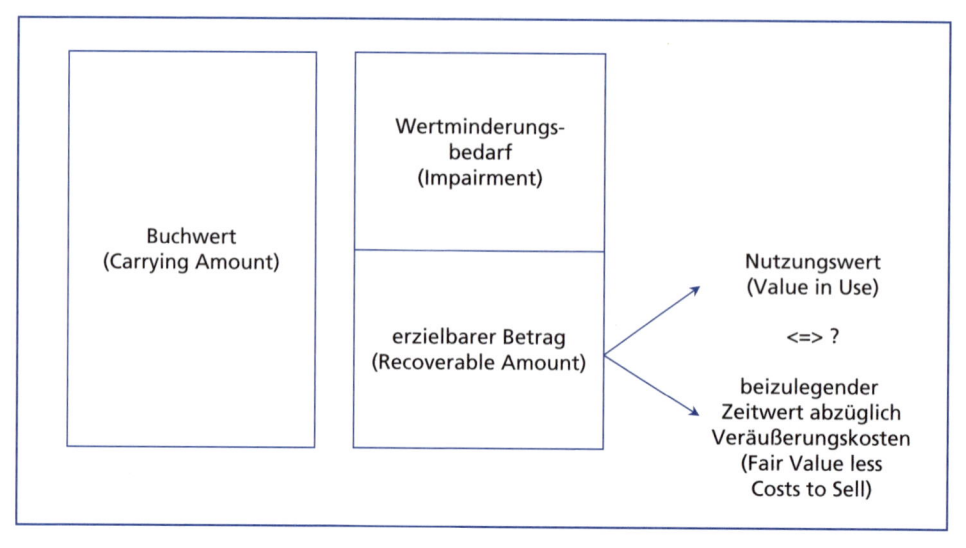

Abb. 206: Vergleichsgrößen beim Wertminderungstest nach IAS 36

renden Betrag nach Abzug der Verkaufskosten (IAS 36.6). Bei dem (fiktiven) Verkauf wird angenommen, dass er unter marktüblichen Bedingungen zwischen sachverständigen, vertragswilligen und voneinander unabhängigen Geschäftspartnern zustande kommt.

Zur Ermittlung des beizulegenden Zeitwertes lässt sich das bereits dargelegte Stufenmodell heranziehen (IAS 36.25–27). Ist eine verlässliche Schätzung des beizulegenden Zeitwertes auf der dritten Stufe, z. B. durch den Einsatz von Discounted Cash Flow-Verfahren, nicht möglich, liegt ein Befreiungstatbestand vor, den Nutzungswert als erzielbaren Betrag anzusetzen (IAS 36.20).

Der **Nutzungswert (Value in Use)** ist definiert als Barwert der künftigen Cash Flows, der durch die fortlaufende Nutzung des Asset im Unternehmen erwartet wird (IAS 36.6). Bei der Ermittlung des Value in Use sind neben den erwarteten Cash Flows auch Prognosen im Hinblick auf die Veränderungen dieser Cash Flows, der Zeitwert in Form eines risikolosen Diskontierungszinssatzes und der Preis für die dem Asset innewohnende Unsicherheit sowie sonstige Faktoren, die Marktteilnehmer in ihre Überlegungen einbeziehen würden, zu berücksichtigen (IAS 36.30).

Zunächst hat eine Schätzung der mit der Nutzung und dem Abgang des betrachteten Vermögenswerts verbundenen Zahlungsreihe zu erfolgen. Im Anschluss daran ist diese mit einem angemessenen Zinssatz auf ihren Barwert abzuzinsen (IAS 36.31). Die Prognose künftiger Cash Flows muss auf vernünftigen Annahmen des Managements und auf den aktuellsten Finanzplanungen basieren. Mögliche Veränderungen der künftigen Cash Flows und die dem Vermögenswert innewohnende Unsicherheit können entweder bei der Schätzung der künftigen Cash Flows oder bei der Bestimmung des für die Abzinsung verwendeten Zinssatzes berücksichtigt werden (IAS 36.40). Während in der klassischen Unternehmensbewertung ein Diskontierungszinssatz nach Steuern zugrunde gelegt wird, stellen die IFRS zur Diskontierung der geschätzten Zahlungsreihe aus Gründen der Objektivierung auf einen

Brutto-Zinssatz vor Steuern ab, welcher die gegenwärtigen Einschätzungen des Marktes hinsichtlich des Geldzeitwerts und des spezifischen Risikos widerspiegelt (IAS 36.55; IDW RS HFA 13.110).

Sofern zum Bewertungsstichtag der erzielbare Betrag des in Rede stehenden Vermögenswerts seinen Buchwert unterschreitet, ist Letzterer auf den erzielbaren Betrag abzuschreiben. Der Differenzbetrag führt zu einem Wertminderungsaufwand (IAS 36.59). Ein festgestellter Wertminderungsaufwand muss im Allgemeinen ergebniswirksam in der Gewinn- und Verlustrechnung berücksichtigt werden, es sei denn, für Sachanlagen und immaterielle Vermögenswerte wird die Neubewertungsmethode zugrunde gelegt. Übersteigt der Abwertungsverlust den bisherigen Buchwert, ist – soweit in einem anderen IFRS verlangt – die Passivierung einer Schuld erforderlich (IAS 36.62). Hierbei ist vor allen Dingen die Bildung einer Rückstellung in Betracht zu ziehen, sofern die entsprechenden Voraussetzungen des IAS 37 erfüllt sind. Die planmäßigen Abschreibungsbeträge sind nach erfolgter Abwertung für künftige Perioden an den neuen Buchwert anzupassen (IAS 36.63).

Das IFRS-Regelwerk stellt vergleichbar mit den handels- und steuerrechtlichen Normen auf den **Einzelbewertungsgrundsatz** ab. Ist die verlässliche Bestimmung des erzielbaren Betrags für einen einzelnen Vermögenswert allerdings nicht möglich, muss dieser im Rahmen eines Impairment Tests für eine oder mehrere zahlungsmittelgenerierende Einheit(en) [Cash Generating Unit (CGU)] ermittelt werden. (IAS 36.66). Die CGU-Aufteilung stellt somit eine Durchbrechung des Einzelbewertungsgrundsatzes dar und geht grds. über die entsprechenden Vorschriften des Handels- und Steuerrechts hinaus.[79]

Eine CGU stellt die kleinstmögliche Gruppe von Assets innerhalb eines Unternehmens dar, die (weitgehend) unabhängig von anderen Vermögenswerten Cash Flows generiert. Als Abgrenzungshilfe sieht IAS 36.70 eine CGU dann als gegeben an, wenn durch einen Vermögenswert oder eine Gruppe ein Ergebnis produziert wird, das in einem aktiven Markt gehandelt wird. Dass der in Rede stehende Output tatsächlich möglicherweise unternehmensintern genutzt und nicht auf dem Markt angeboten wird, ist in diesem Zusammenhang bedeutungslos. Die künftig zu erwartenden Marktpreise sind von der Geschäftsleitung zu schätzen und sowohl der Prognose der künftigen Einzahlungen der betreffenden CGU als auch der Prognose der Auszahlungen anderer CGUs, die den Output unternehmensintern abnehmen, zugrunde zu legen (IAS 36.71).

Im Gegensatz zum handels- und steuerrechtlichen Kombinationsmodell aus planmäßiger und ggf. außerplanmäßiger Abschreibung ist beim **derivativen Geschäfts- oder Firmenwert** nach IAS 36.90 aufgrund des planmäßigen Abschreibungsverbots (IFRS 3.54) lediglich ein jährlicher und ggf. unterjähriger Impairment Test durchzuführen (**Impairment Only Approach**).

Im Mittelpunkt des Impairment Only Approach steht nicht der bilanziell ausgewiesene Goodwill auf Ebene der Gesamtunternehmung; dieser wird vielmehr gemäß IAS 36.80 auf eine oder mehrere firmenwerttragende CGU heruntergebrochen.[80] Der Zeitpunkt des Impairment Tests jeder CGU, die einen Geschäfts- oder Firmenwert enthält, ist während des Geschäftsjahres frei wählbar und muss für jede CGU jährlich zur gleichen Zeit erfolgen

---

[79] Vgl. zu den Ausnahmen einer Bildung von Bewertungseinheiten § 254 HGB und § 5 Abs. 1 a EStG.
[80] Vgl. hierzu u. a. *Pottgießer/Velte/Weber* 2005, S. 1749 f.

(IAS 36.96). Bei der Durchführung des jährlichen Impairment Tests dürfen die letzten Ergebnisse eines in einer früheren Periode durchgeführten Niederstwerttests herangezogen werden, wenn sich die Vermögenswerte und Schulden der betreffenden CGU seit dem letzten Test nicht wesentlich verändert haben, der letzte Test zu dem Ergebnis geführt hat, dass der erzielbare Betrag den Buchwert der CGU erheblich überstiegen hat, und eine Analyse der Umstände seit dem letzten Niederstwerttest ergibt, dass es unwahrscheinlich ist, dass der Buchwert der CGU unter ihrem erzielbaren Betrag liegt (IAS 36.99).

Immer dann, wenn der erzielbare Betrag den Buchwert des Eigenkapitals unterschreitet, liegt die Notwendigkeit zur Vornahme einer außerplanmäßigen Abschreibung vor. Ferner muss zusätzlich – wie bereits ausgeführt – ein unterjähriger Test vorgenommen werden, wenn nach IFRS 3.55 i. V. m. IAS 36.10 konkrete Anhaltspunkte für eine Wertminderung bestehen. Der Goodwill ist auf diejenigen CGUs zu verteilen, die erwartungsgemäß von den Synergieeffekten eines Unternehmenszusammenschlusses in Form von Cash Flows profitieren werden und deren Cash Flows weitgehend unabhängig von denen anderer Vermögenswerte sind. Als positive Synergieeffekte lassen sich u. a. Kosteneinsparungen im Gemeinkostenbereich, Kostenvorteile aus größeren Einkaufsvolumen, ersparte Entwicklungskosten oder Vorteile aus einer Komplettierung der Produktpalette anführen.[81] Als Höchstgrenze wird bei der Bildung von CGUs gefordert, dass diese die Größe eines Segments nicht überschreiten dürfen. Eine im Zuge von Reorganisationsmaßnahmen notwendige Änderung der Zusammensetzung einer oder mehrerer CGUs zieht ebenfalls eine Anpassung der Goodwill-Zuordnung auf die von der Reorganisation betroffenen CGUs nach sich. Die Neuzuordnung hat, wie bei der Veräußerung von Teilen einer CGU, auf Grundlage der Wertverhältnisse der von der Reorganisation betroffenen Einheiten zu erfolgen (IAS 36.87).

Beispiel:[82] Der bislang aus den Segmenten „Food" und „Einzelhandel" (Unterkategorien „Premium Shops" und „Billigläden") bestehende XY-Konzern erwirbt im Jahre 2012 ein Versandhandelsunternehmen, die B-AG. Der Kaufpreis übertrifft das zum Fair Value neu bewertete Nettovermögen der B-AG um 260.000 €. Dieser Betrag stellt den aktivierungspflichtigen derivativen Goodwill dar.

Die B-AG ist in die Sparten „Hausrat" und „Kindermoden" untergliedert, die jeweils eine CGU darstellen und zusammen das Segment „Versandhandel" bilden. Der Vorstand des XY-Konzerns ordnet mit 180.000 € den Hauptbestandteil des derivativen Geschäfts- oder Firmenwerts dem „Versandhandel" zu, weil eine Einzelallokation auf die beiden Sparten „Hausrat" und „Kindermoden" nicht möglich erscheint. Gleichzeitig geht die Konzernleitung davon aus, dass zwischen dem „Versandhandel" und dem Geschäftszweig „Billigläden" Synergieeffekte aufgrund identischer Bezugsquellen im unteren Preissegment entstehen, sodass dieser CGU der restliche Anteil des Goodwill in Höhe von 80.000 € zugewiesen wird. Durch die Goodwill-Allokation sind daher zukünftig die CGU „Billigläden" und als CGU-Gruppe das Segment „Versandhandel" Gegenstand des Impairment Tests nach IAS 36.

---

[81] Vgl. hierzu *Pawelzik/Dörschell* 2012, Anm. 2040.
[82] In Anlehnung an *Pawelzik/Dörschell* 2012, Anm. 2043.

II. Bilanzansatz der Höhe nach (Bewertung)

Sofern nach der Durchführung des Wertminderungstests eine positive Differenz zwischen dem Buchwert und dem erzielbaren Betrag festgestellt wird, ist diese unter Berücksichtigung einer zweistufigen Hierarchieabfolge in der Gewinn- und Verlustrechnung als Wertminderungsaufwand zu berücksichtigen (IAS 36.104). In einem ersten Schritt ist der Wertansatz des Goodwill vollständig mit dem Wertminderungsaufwand zu verrechnen. Ein darüber hinausgehender Restbetrag bedingt eine anteilige Absenkung der Wertansätze der der CGU zugewiesenen Vermögenswerte auf Basis der jeweiligen Buchwerte. Dabei stellt der höhere Wert aus Null und dem geschätzten erzielbaren Betrag die absolute Untergrenze für die Erfassung des Wertminderungsaufwands dar.

c. Zuschreibungen

c.a Handels- und Steuerrecht

Wenn die Gründe für eine außerplanmäßige Abschreibung in späteren Jahren wieder entfallen, sieht das Handelsrecht – mit Ausnahme des derivativen Geschäfts- oder Firmenwerts – ein rechtsformunabhängiges **Wertaufholungsgebot** vor (§ 253 Abs. 5 Satz 1, 2 HGB). Als absolute Wertobergrenze für Wertaufholungen (Zuschreibungen) gelten bei Vermögensgegenständen, die nicht planmäßig abzuschreiben sind, grds. die ursprünglichen Anschaffungs- oder Herstellungskosten. Beim abnutzbaren Anlagevermögen darf eine Wertaufholung höchstens bis zu dem Betrag erfolgen, der sich nach dem Abschreibungsplan ohne die außerplanmäßigen Abschreibungen ergeben hätte (fortgeführte Anschaffungs- oder Herstellungskosten).[82] Wertaufholungen sind nach h. M. nur zur Rückgängigmachung außerplanmäßiger Abschreibungen, nicht hingegen zur Korrektur überhöhter planmäßiger Abschreibungen zulässig.[83] Das handelsrechtliche Wertaufholungsgebot korrespondiert mit der steuerrechtlichen Regelung, dass Teilwertabschreibungen nur dann beibehalten werden dürfen, wenn auch weiterhin eine voraussichtlich dauerhafte Wertminderung nachgewiesen werden kann (§ 6 Abs. 1 Nr. 1 Satz 4 und Nr. 2 Satz 3 EStG).

Zuschreibungen sind in der Finanzbuchhaltung auf dem Konto „Sonstige betriebliche Erträge" bzw. dem Unterkonto „Erträge aus Zuschreibungen von Gegenständen des Anlagevermögens" zu erfassen und in der außerhalb des Kontensystems stehenden handelsrechtlichen Gewinn- und Verlustrechnung als „Sonstige betriebliche Erträge" auszuweisen.

Beispiel: Eine als einzelkaufmännisches Unternehmen geführte Schiffswerft, die aufgrund des Publizitätsgesetzes verpflichtet ist, ihre Jahresabschlüsse zu veröffentlichen (§ 9 PublG), blickt auf mehrere Verlustperioden zurück. Im Geschäftsjahr 2012 hatte das Unternehmen eine zur Ausführung eines Kundenauftrags angeschaffte Spezialmaschine, deren Buchwert zum 31.12.2012 nach Vornahme einer planmäßigen linearen Abschreibung von 3.500 € bei 31.500 € lag, außerplanmäßig voll abschreiben müssen, da infolge des plötzlichen Wegfalls dieses besonderen Kunden durch Konkurs nicht mehr mit dem Einsatz der Maschine gerechnet werden konnte und eine andere Verwertungsmöglichkeit nicht gegeben war. Die ursprünglichen Anschaffungskosten zum 02.01.2012 betrugen 35.000 € (betriebsgewöhnliche Nutzungsdauer = 10 Jahre). Im Dezember des Geschäftsjahres 2015

---

[82] Vgl. etwa *ADS* 1995a, Anm. 604 zu § 253 HGB.
[83] Vgl. etwa *ADS* 1995a, Anm. 605 zu § 253 HGB.

tritt völlig überraschend ein neuer Interessent an entsprechenden Schiffsbauteilen auf, wodurch die Maschine in den letzten Dezembertagen des Jahres 2015 wieder in Betrieb genommen wurde.

Das Unternehmen muss eine handelsrechtliche Zuschreibung in Höhe von 21.000 € bis zu den fortgeführten Anschaffungskosten vornehmen. Im Folgenden sind die den Geschäftsvorfall betreffenden erforderlichen Berechnungen und Buchungen angeführt.

		Tatsächlicher Abschreibungsverlauf mit Zuschreibung in Periode 2015	Ursprünglicher Abschreibungsplan
	Anschaffungskosten 02.01.2012	35.000 €	35.000 €
–	Planmäßige Abschreibung (AfA) 2012	3.500 €	3.500 €
–	Außerplanmäßige Abschreibung (AfaA) in 2012	31.500 €	–
=	Buchwert zum 31.12.2012	0 € (Bilanzansatz)	31.500 €
–	Planmäßige Abschreibungen (AfA) 2013 bis 2015	–	10.500 €
+	Zuschreibung im Dezember 2015	21.000 €	–
=	Buchwert zum 31.12.2015	21.000 € (Bilanzansatz)	21.000 €

Buchung in 2015:

(1) Maschinen und maschinelle Anlagen   an   Erträge aus Zuschreibungen von Gegenständen des Anlagevermögens   21.000 €.

Kontenmäßige Darstellung:

S	Maschinen und maschinelle Anlagen		H
	€		€
AB[a]	0	SBK (EB)	21.000
(1)	21.000		
	21.000		21.000

S	Erträge aus Zuschreibungen von Gegenständen des Anlagevermögens		H
	€		€
GuV (Saldo)	...	(1)	21.000

[a] Es wird angenommen, dass die einzelkaufmännisch geführte Schiffswerft über keine weiteren Maschinen und maschinellen Anlagen verfügt.

Die nachfolgende **Abbildung 207** zeigt in einer Zusammenfassung die handelsrechtliche Bewertung des Anlagevermögens.[84]

---

[84] In Anlehnung an *Küting/Weber* 1987, S. 109.

II. Bilanzansatz der Höhe nach (Bewertung)

Anlagevermögen
(Vermögensgegenstände, die bestimmt sind, dauernd dem Geschäftsbetrieb zu dienen; § 247 Abs. 2)

- **Nutzung zeitlich begrenzt** (abnutzbares Anlagevermögen)
  - Ausgangswert: Anschaffungs- oder Herstellungskosten (§ 253 Abs. 1 Satz 1)
  - – planmäßige Abschreibungen (§ 253 Abs. 3 Satz 1)

- **Nutzung zeitlich unbegrenzt** (nicht abnutzbares Anlagevermögen)
  - Ausgangswert: Anschaffungskosten (§ 253 Abs. 1)

– außerplanmäßige Abschreibungen

- – dauernde Wertminderungen (§ 253 Abs. 3 Satz 3)
  Mussvorschrift

- – vorübergehende Wertminderungen bei Gegenständen des Finanzanlagevermögens (§ 253 Abs. 3 Satz 4)
  Kannvorschrift

+ Zuschreibungen, die grundsätzlich bis zur Wertobergrenze der (fortgeführten) Anschaffungs- bzw. Herstellungskosten vorgenommen werden müssen (§ 253 Abs. 5 Satz 1 HGB) (Zuschreibungsgebot).
  Ausnahme: Zuschreibungsverbot für den derivativen Geschäfts- oder Firmenwert (§ 253 Abs. 5 Satz 2 HGB)

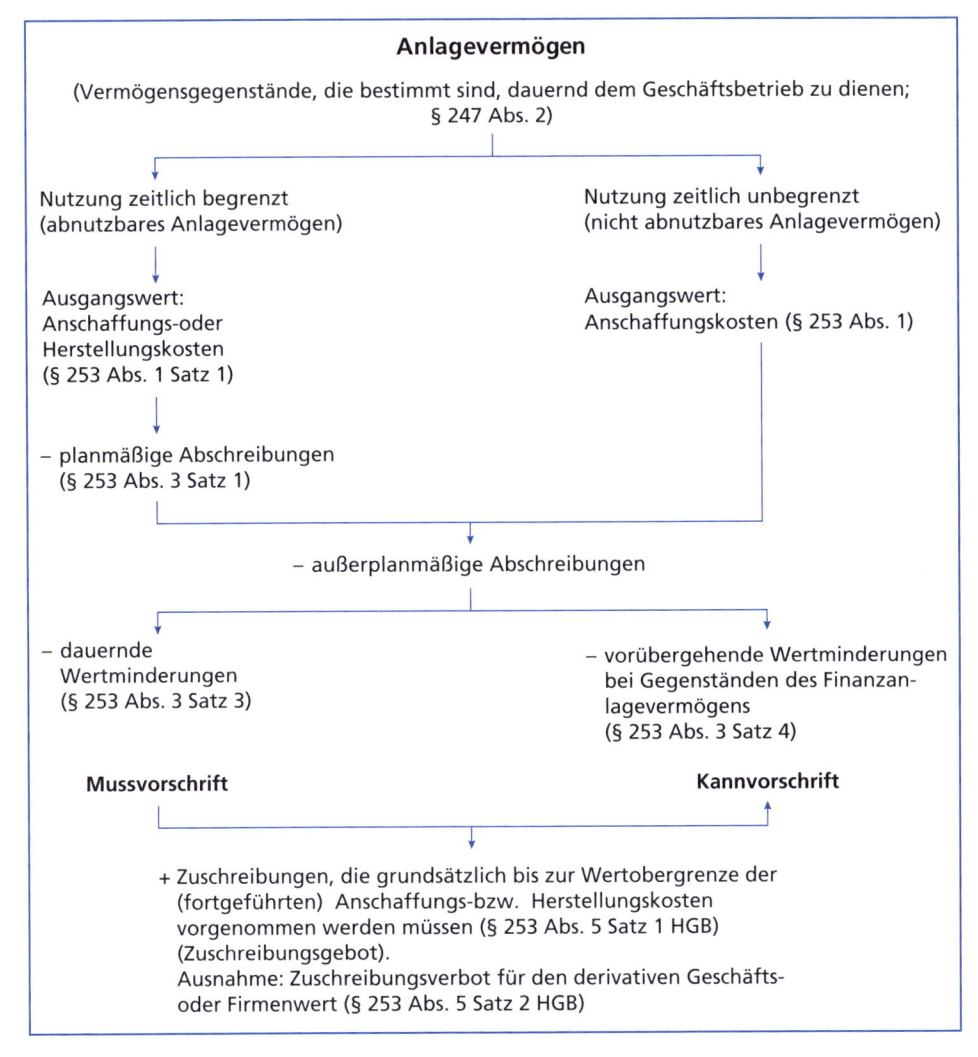

Abb. 207: Folgebewertung des Anlagevermögens im Handelsrecht

c.b IFRS

Auch nach den IFRS hat das Unternehmen an jedem Bewertungsstichtag zu beurteilen, ob diejenigen Umstände, die ursprünglich zur Erfassung eines Wertminderungsaufwandes geführt haben, nicht länger fortbestehen oder gemindert sind (IAS 36.110). Es lassen sich in Analogie zur Wertminderung nach **Abbildung 208** folgende unternehmensexterne und -interne Indikatoren für eine Wertaufholung feststellen (IAS 36.111).

Beim Vorliegen einer oder mehrerer Anzeichen wird der erzielbare Betrag des in Rede stehenden Vermögenswerts bestimmt (IAS 36.110). Dabei ist zu beurteilen, ob sich die zugrunde liegenden Parameter auch tatsächlich geändert haben (IAS 36.99). Sind diese Vorausset-

Unternehmensexterne Anzeichen	Unternehmensinterne Anzeichen
wesentliche Steigerung des Marktwertes des Vermögenswerts	wesentliche vorteilhafte Veränderungen in Ausmaß oder Art der Nutzung eines Vermögenswerts
wesentliche vorteilhafte Veränderungen des technischen, marktbezogenen, ökonomischen oder rechtlichen Umfelds, dem sich das Unternehmen oder der Vermögenswert zuordnen lässt	substanzielle Hinweise aus dem internen Berichtswesen für eine bessere ökonomische Leistung des Vermögenswerts als ursprünglich erwartet
Minderung des Marktzinses oder anderer Marktrenditen, die dazu dienen, den Nutzungswert des Vermögenswerts zu beeinflussen	
Marktkapitalisierung übersteigt den Buchwert der Vermögenswerte des Bericht erstattenden Unternehmens	

Abb. 208: Wertaufholungsindikatoren nach IAS 36

zungen erfüllt, ist eine Zuschreibung des Buchwerts auf den erzielbaren Betrag vorzunehmen (IAS 36.104). Dieses generelle Wertaufholungsgebot deckt sich insoweit prinzipiell mit den handels- und steuerrechtlichen Vorschriften.

Abweichend von diesem Grundsatz wird eine Zuschreibung des **derivativen Goodwill** jedoch in IAS 36.124 explizit ausgeschlossen, da eine Nachaktivierung originärer Komponenten befürchtet wird. Dies entspricht der handelsrechtlichen Vorgehensweise. Abweichungen ergeben sich hierbei im Vergleich zu den steuerrechtlichen Regelungen, welche die Wertaufholung für den derivativen Geschäfts- oder Firmenwert in § 6 EStG nicht einschränken. Dennoch lässt sich nach dem **Maßgeblichkeitsprinzip** eine analoge Bewertungspraxis im Steuerrecht vor dem Hintergrund der Tatbestandsmäßigkeit der Besteuerung rechtfertigen.

Die Wertobergrenze der Wertaufholung stellt nach den IFRS – wie auch im Handels- und Steuerrecht – derjenige Betrag dar, welcher sich bei Vornahme planmäßiger Abschreibungen ohne zwischenzeitliche Abwertung ergeben hätte (IAS 36.117). Hinsichtlich der Ergebniswirksamkeit einer Wertaufholung gelten die Regelungen für die Wertminderung analog, d. h. die Wertaufholung wird für alle Vermögenswerte, die nicht zu Neubewertungsbeträgen bilanziert werden, sofort ertragswirksam vorgenommen. Der Abschreibungsplan ist für die Restnutzungsdauer des Vermögenswerts an den Buchwert nach Wertaufholung anzupassen (IAS 36.121).

Die **Zuschreibung einer CGU** hat anteilig auf die in der CGU enthaltenen Vermögenswerte – mit Ausnahme des derivativen Goodwill – zu erfolgen. Die Korrektur der Buchwerte der in der CGU enthaltenen Vermögenswerte wird durch die jeweiligen Regelungen für die Wertaufholung einzelner Assets determiniert (IAS 36.122). Bei der Verteilung der Wertaufholung auf die Buchwerte der Vermögenswerte der CGU gilt es zu beachten, dass diese Buchwerte nach der Wertaufholung den geringeren Betrag aus ihrem erzielbaren Betrag (soweit bestimmbar) und dem Buchwert, der sich bei planmäßiger Abschreibung ergeben hätte, wenn bei dem Vermögenswert in früheren Perioden kein Wertminderungsaufwand erfasst worden wäre, nicht übersteigen dürfen. Darüber hinausgehende Beträge sind anteilig auf die anderen Vermögenswerte – mit Ausnahme eines Goodwill – der CGU zu verteilen (IAS 36.123).

d. Neubewertungsmodell nach IFRS

Nach den IFRS erfolgt die Folgebewertung von Vermögenswerten einerseits auf Basis des Anschaffungs- oder Herstellungskostenmodells und andererseits zum beizulegenden Zeitwert, wobei bezüglich der zweiten Alternative eine erfolgsneutrale (Neubewertung) sowie eine erfolgswirksame Erfassung möglich sind. Das **Anschaffungs- oder Herstellungskostenmodell** umfasst die zum Erwerbs- bzw. Herstellungsvorgang aktivierten Kosten und die im Zeitablauf verrechneten planmäßigen und außerplanmäßigen Abschreibungen. Die **Neubewertungsmethode** impliziert eine Neubewertung zum beizulegenden Zeitwert (Fair Value) am Stichtag abzüglich nachfolgender kumulierter planmäßiger Abschreibungen und eventuell entstandener außerplanmäßiger Wertminderungen. Das Charakteristikum der Neubewertung ist die erfolgsneutrale Erfassung einer festgestellten positiven Wertdifferenz zwischen dem beizulegenden Zeitwert (Fair Value) und dem Buchwert in einer Neubewertungsrücklage, vorausgesetzt, es ist in der Vergangenheit kein Neubewertungsverlust erfolgswirksam verrechnet worden (IAS 38.85; IAS 16.39). Sofern der Fair Value den Buchwert unterschreitet, ist – wie auch beim Kostenmodell – eine erfolgswirksame Erfassung erforderlich, es sei denn, in den Vorperioden wurde ein Neubewertungsgewinn erfolgsneutral verrechnet. Die erfolgsneutrale Verbuchung der „Scheingewinne" entspringt der organischen Bilanztheorie.

Es ist allerdings davon auszugehen, dass die Neubewertungsmethode sowohl im Sachanlagenbestand als auch bei den immateriellen Vermögenswerten von den Unternehmen aufgrund der restriktiven Voraussetzungen und spezifischer Nachteile kaum ausgeübt wird. So wird bei immateriellen Vermögenswerten die Tatbestandsvoraussetzung eines aktiven Marktes nur in Ausnahmefällen erfüllt sein, womit der Neubewertung in diesem Falle nur geringe praktische Relevanz beigemessen wird. Im Sachanlagevermögen hingegen scheint die Möglichkeit einer Neubewertung gemäß IAS 16 nahe liegender, weil nicht auf die Existenz eines aktiven Marktes als Tatbestandsvoraussetzung abgestellt wird.

In IAS 36.34 i. V. m. 38.79 ist kodifiziert, dass die Häufigkeit der Neubewertung vom Ausmaß der Schwankungen (Volatilität) des Fair Value abhängt. Bei bedeutenden und starken Schwankungen ist eine jährliche Neubewertung in Betracht zu ziehen, in den anderen Fällen ist ein Zyklus von drei bis fünf Jahren gerechtfertigt. Die Charakteristika der Neubewertung lassen sich in der **Abbildung 209**[85] ablesen.

---

[85] Modifiziert entnommen von *Pellens et al.* 2011, S. 352.

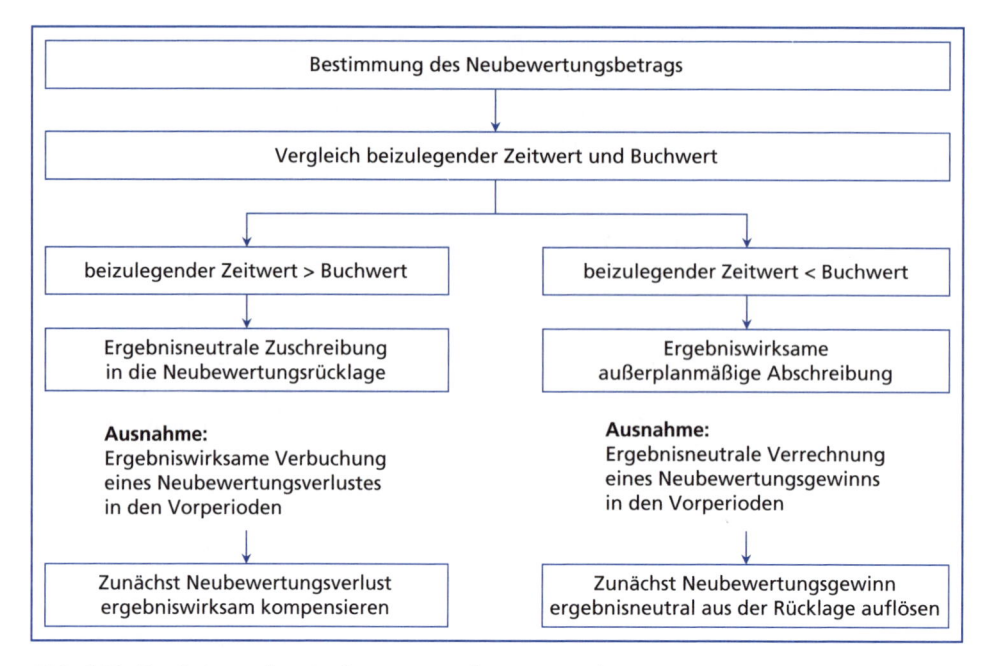

```
┌─────────────────────────────────────────────────────────────────────────────┐
│                    Bestimmung des Neubewertungsbetrags                       │
└─────────────────────────────────────────────────────────────────────────────┘
                                     │
                                     ▼
┌─────────────────────────────────────────────────────────────────────────────┐
│                   Vergleich beizulegender Zeitwert und Buchwert              │
└─────────────────────────────────────────────────────────────────────────────┘
           │                                                    │
           ▼                                                    ▼
┌─────────────────────────────┐              ┌─────────────────────────────────┐
│ beizulegender Zeitwert >    │              │ beizulegender Zeitwert <        │
│ Buchwert                    │              │ Buchwert                        │
└─────────────────────────────┘              └─────────────────────────────────┘
           │                                                    │
           ▼                                                    ▼
┌─────────────────────────────┐              ┌─────────────────────────────────┐
│ Ergebnisneutrale Zuschreibung│             │ Ergebniswirksame                │
│ in die Neubewertungsrücklage │             │ außerplanmäßige Abschreibung    │
└─────────────────────────────┘              └─────────────────────────────────┘

  Ausnahme:                                     Ausnahme:
  Ergebniswirksame Verbuchung                   Ergebnisneutrale Verrechnung
  eines Neubewertungsverlustes                  eines Neubewertungsgewinns
  in den Vorperioden                            in den Vorperioden
           │                                                    │
           ▼                                                    ▼
┌─────────────────────────────┐              ┌─────────────────────────────────┐
│ Zunächst Neubewertungsverlust│             │ Zunächst Neubewertungsgewinn    │
│ ergebniswirksam kompensieren │             │ ergebnisneutral aus der Rücklage│
│                              │             │ auflösen                        │
└─────────────────────────────┘              └─────────────────────────────────┘
```

Abb. 209: Ermittlung des Neubewertungsbetrags nach IFRS

Beispiel:

- Anschaffung eines Grundstücks im Geschäftsjahr 2012 zu 1.000.000 €.
- Am Ende von 2012 erfolgt eine außerplanmäßige Abschreibung um 400.000 €.
- Am Ende von Periode 2016 erfolgt eine Neubewertung des Grundstücks zu 1.500.000 €.

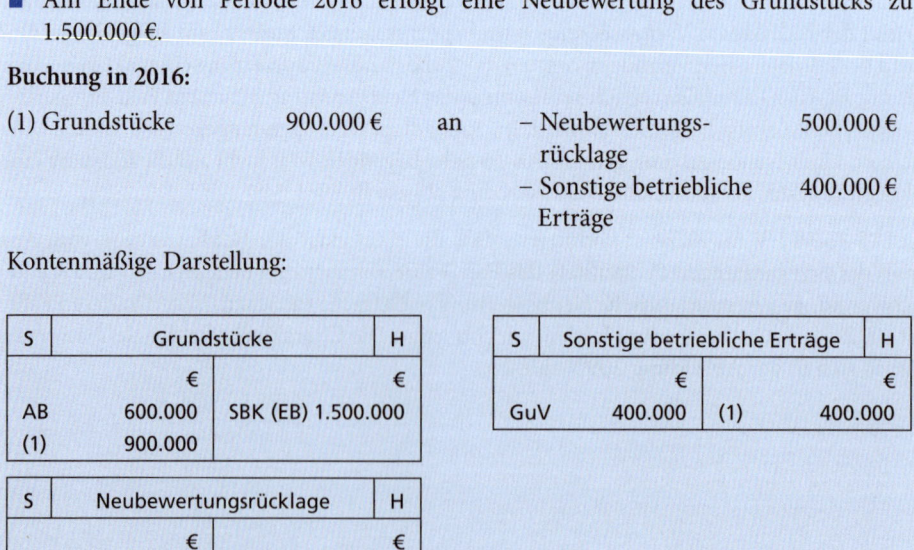

Buchung in 2016:

(1) Grundstücke   900.000 €   an   – Neubewertungs-   500.000 €
                                                rücklage
                                              – Sonstige betriebliche 400.000 €
                                                Erträge

Kontenmäßige Darstellung:

S	Grundstücke		H
	€		€
AB	600.000	SBK (EB)	1.500.000
(1)	900.000		

S	Sonstige betriebliche Erträge		H
	€		€
GuV	400.000	(1)	400.000

S	Neubewertungsrücklage		H
	€		€
SBK (EB)	500.000	(1)	500.000

II. Bilanzansatz der Höhe nach (Bewertung)

- Am Ende des Jahres 2019 wird eine Neubewertung des Grundstücks zu 1.200.000 € vorgenommen.

Buchung in 2019:

Neubewertungsrücklage   an   Grundstücke   300.000 €

Kontenmäßige Darstellung:

S	Grundstücke		H
	€		€
AB	1.500.000	(1)	300.000
		SBK (EB)	1.200.000

S	Neubewertungsrücklage		H
	€		€
(1)	300.000	AB	500.000
SBK (EB)	200.000		

- Im Jahre 2020 wird das Grundstück zu 800.000 € veräußert.

Buchung in 2010:

- Neubewertungs-   200.000 €   an   Grundstücke   400.000 €
  rücklage
- Sonstige betriebliche   200.000 €
  Aufwendungen

Kontenmäßige Darstellung:

S	Grundstücke		H
	€		€
		(1)	400.000
AB	1.200.000	SBK (EB)	800.000

S	Neubewertungsrücklage		H
	€		€
(1)	200.000	AB	200.000

S	Sonstige betriebliche Aufwendungen		H
	€		€
(1)	200.000	GuV	200.000

Das Beispiel verdeutlicht den Informationsvorteil einer Neubewertungsrücklage, die den externen Rechnungslegungsadressaten stets den **(fortgeschriebenen) Bestand** an **stillen Reserven** der betreffenden Vermögenswerte des Anlagevermögens zeigt.

Für bestimmte Vermögenswerte (z. B. Anlageimmobilien, biologische Vermögenswerte) ist eine erfolgswirksame Verbuchung zum Fair Value vorgesehen, die sich ebenfalls auf positive Wertdifferenzen zwischen dem Fair Value und dem Buchwert erstreckt. Sämtliche resultierenden Wertänderungen werden sofort in der Gewinn- und Verlustrechnung erfasst; die Vornahme von Abschreibungen erscheint mithin obsolet.

2. Umlaufvermögen

a. Grundlegendes

Nach § 253 Abs. 1 Satz 1 HGB bzw. § 6 Abs. 1 Nr. 2 Satz 1 EStG **sind** die Gegenstände des Umlaufvermögens (z. B. Vorräte, Forderungen und Wertpapiere) mit den Anschaffungs- oder Herstellungskosten bzw. nach Maßgabe des **strengen Niederstwertprinzips** (§ 253 Abs. 3 Sätze 1 und 2 HGB, § 6 Abs. 1 Nr. 2 Satz 2 EStG) mit dem niedrigen beizulegenden Wert anzusetzen. Die Finanzverwaltung sieht dagegen in jüngerer Zeit die Möglichkeit, auf eine Teilwertabschreibung im Rahmen der steuerlichen Gewinnermittlung trotz handelsrechtlicher Abwertung zu verzichten. Insofern würde das Maßgeblichkeitsprinzip zusätzlich durchbrochen.[86]

In Abhängigkeit davon, welche Gegenstände des Umlaufvermögens von gegebenenfalls vorzunehmenden Abschreibungen betroffen sind, ist auf den entsprechenden **Aufwandskonten** wie „Aufwendungen für Waren", „Aufwendungen für Material", „Abschreibungen auf Forderungen" oder „Abschreibungen auf Wertpapiere des Umlaufvermögens" zu buchen. Im Rahmen des handelsrechtlichen Jahresabschlusses haben Kapitalgesellschaften und ihnen gesetzlich gleichgestellte Unternehmen diejenigen Abschreibungen auf Gegenstände des Umlaufvermögens, die die in der Unternehmung **üblichen Abschreibungen übersteigen**, separat auszuweisen.[87] **Außerplanmäßige Veräußerungserfolge** bei Gegenständen des Umlaufvermögens (z. B. beim Kauf und Verkauf von Wertpapieren) müssen analog zum Anlagevermögen auf dem Konto „Sonstige betriebliche Aufwendungen" bzw. „Sonstige betriebliche Erträge" oder auf geeigneten Unterkonten erfasst und in der handelsrechtlichen Erfolgsrechnung ebenfalls unter diesen (Ober-)Posten ausgewiesen werden. **Abbildung 210** gibt einen zusammenfassenden Überblick über die handelsrechtlichen Normen zur Bewertung des Umlaufvermögens.[88]

Im **Umlaufvermögen** ist nach IAS 2.9 als Ausfluss des strengen Niederstwertprinzips ähnlich zum Handelsrecht der niedrigere Wert aus **Anschaffungs-/Herstellungskosten** und **Nettoveräußerungswert** anzusetzen. Der Nettoveräußerungswert bildet nach IAS 2.6 den geschätzten, im normalen Geschäftsgang erzielbaren Verkaufserlös abzüglich der geschätzten Kosten bis zur Fertigstellung und der geschätzten notwendigen Vertriebskosten.

b. Vorräte

Im Zuge einer leichteren Erstellung des Inventars und/oder des Jahresabschlusses lassen das Handels- und Steuerrecht sowie die IFRS **spezielle Bewertungsmethoden** zur Ermittlung der Anschaffungs- oder Herstellungskosten für bestimmte Gegenstände des Umlauf- und Anlagevermögens zu (§ 256 i. V. m. § 240 Abs. 3 und Abs. 4 HGB; § 6 Abs. 1 Nr. 2 a EStG; R 6.8 Absätze 3 und 4 EStR sowie R 6.9 EStR; IAS 2.24–27). Bei diesen **Bewertungsvereinfachungsverfahren** handelt es sich um **Durchbrechungen des Einzelbewertungsprinzips**. Mit Hilfe der Einzelbewertung soll verhindert werden, dass Wertminderungen einzelner Vermö-

---

[86] Vgl. *BMF* 2010a, S. 240.
[87] Vgl. § 275 Abs. 2 Posten 7. b) HGB.
[88] Modifiziert entnommen von *Küting/Weber* 1987, S. 111.

II. Bilanzansatz der Höhe nach (Bewertung)

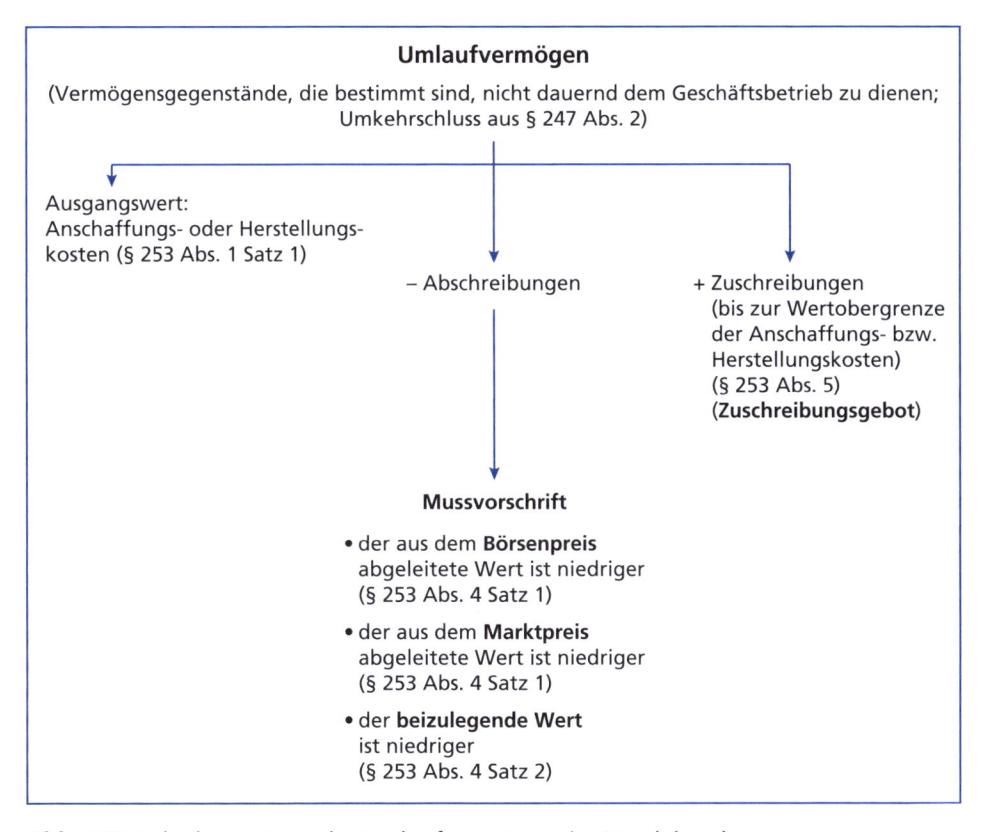

```
┌─────────────────────────────────────────────────────────────────────────┐
│                              Umlaufvermögen                             │
│   (Vermögensgegenstände, die bestimmt sind, nicht dauernd dem           │
│   Geschäftsbetrieb zu dienen; Umkehrschluss aus § 247 Abs. 2)           │
│                                                                         │
│  Ausgangswert:                                                          │
│  Anschaffungs- oder Herstellungs-                                       │
│  kosten (§ 253 Abs. 1 Satz 1)                                           │
│                                                                         │
│                    – Abschreibungen     + Zuschreibungen                │
│                                         (bis zur Wertobergrenze         │
│                                         der Anschaffungs- bzw.          │
│                                         Herstellungskosten)             │
│                                         (§ 253 Abs. 5)                  │
│                                         (Zuschreibungsgebot)            │
│                                                                         │
│                          Mussvorschrift                                 │
│                                                                         │
│                    • der aus dem Börsenpreis                            │
│                      abgeleitete Wert ist niedriger                     │
│                      (§ 253 Abs. 4 Satz 1)                              │
│                                                                         │
│                    • der aus dem Marktpreis                             │
│                      abgeleitete Wert ist niedriger                     │
│                      (§ 253 Abs. 4 Satz 1)                              │
│                                                                         │
│                    • der beizulegende Wert                              │
│                      ist niedriger                                      │
│                      (§ 253 Abs. 4 Satz 2)                              │
└─────────────────────────────────────────────────────────────────────────┘
```

Abb. 210: Folgebewertung des Umlaufvermögens im Handelsrecht

gensgüter nicht mit Wertsteigerungen, die bei anderen Gegenständen eingetreten sind, zur Verrechnung kommen.[89]

So ist es häufig im Rahmen der Bewertung gleicher Vermögensgüter, die zu unterschiedlichen Zeitpunkten und Preisen erworben wurden und bei denen zwischenzeitlich Abgänge stattgefunden haben, unmöglich, nach dem Grundsatz der Einzelbewertung vorzugehen. Bei **gleichartigen Gegenständen des Vorratsvermögens** (z. B. Roh-, Hilfs- und Betriebsstoffe, Erzeugnisse und Waren) können gemäß § 256 Satz 1 HGB, § 6 Abs. 1 Nr. 2 a EStG und IAS 2.24–27 bestimmte **Fiktionen** über die Reihenfolge des Verbrauchs oder der Veräußerung für die **Bilanzbewertung** herangezogen werden (z. B. Lifo- oder Fifo-Methode). Nach h. M. wird die Gleichartigkeit von Vermögensgütern primär durch die Merkmale Zugehörigkeit zur gleichen Warengattung oder Gleichheit in der Verwendbarkeit oder Funktion (Funktionsgleichheit) bestimmt.[90] Für Zwecke der **Inventar- und Bilanzbewertung** können darüber hinaus nach § 240 Abs. 4 i. V. m. § 256 Satz 2 HGB und IAS 2.24–27 gleichartige Vermögensgegenstände des Vorratsvermögens sowie andere gleichartige oder annähernd gleichwertige **bewegliche Gegenstände des Anlage- und Umlaufvermögens** (z. B. Forde-

---

[89] Vgl. *ADS* 1995a, Anm. 48 zu § 252 HGB.
[90] Vgl. *Winkeljohann/Philipps* 2012, Anm. 136 zu § 240 HGB.

Verfahren	Inhalt	Aufgaben	Anwendung
Einzel-bewertung	Einzelbewertung des Vermögens und der Schulden	Ermittlung des Werts, des Vermögens und der Schulden sowie des Periodenerfolges	Grundsatz nach Handels- und Steuerrecht sowie nach IFRS
Lifo-Methode (Last in first out)	Die **zuletzt beschafften bzw. hergestellten** Güter gelten buchtechnisch als zuerst veräußert bzw. verbraucht	In Zeiten **steigender** Kosten niedrigst mögliche Endbestands-bewertung, niedriger Gewinnausweis, Beitrag zur Substanzerhaltung	In Handels- und Steuerbilanz zulässig, soweit kein Verstoß gegen strenges Niederstwertprinzip (§ 256 Satz 1 HGB, § 6 Abs. 1 Nr. 2 a EStG; R 6.9 EStR); nach IFRS unzulässig (IAS 2.24–27)
Fifo-Methode (First in first out)	Die **zuerst beschafften bzw. hergestellten** Güter gelten buchtechnisch als zuerst veräußert bzw. verbraucht. Der Endbestand wird mit den Kosten der zuletzt gekauften bzw. hergestellten Güter bewertet	In Zeiten **sinkender** Kosten niedrigst mögliche Endbestands-bewertung, niedriger Gewinnausweis, Beitrag zur Substanzerhaltung	Im Handelsrecht und nach IFRS zulässig (§ 256 Satz 1 HGB; IAS 2.24–27), soweit kein Verstoß gegen strenges Niederstwertprinzip; in Steuerbilanz unzulässig (R 6.9 Abs. 1 EStR), bei Nachweis der Verbrauchsfolge aber anerkannt
Gruppen-bewertung (Durch-schnittsme-thode)	Gleichartige Vorräte sowie andere gleichartige oder annähernd gleichwertige bewegliche Vermögensgüter und Schulden zu einer Gruppe zusammenfassen und mit dem Durchschnittswert ansetzen	Vereinfachung der Aufstellung von Inventar und Bilanz. Ermittlung des Endbestandswerts, wenn keine getrennte Lagerung der einzelnen beschafften bzw. hergestellten Partien erfolgt	Im Handelsrecht und nach IFRS (§ 256 Satz 2 i. V. m. § 240 Abs. 4 HGB, IAS 2.24–27) sowie in der Steuerbilanz zulässig (R 6.8 Abs. 4 EStR), soweit kein Verstoß gegen strenges Niederstwertprinzip
Fest-bewertung	Sachanlagegüter sowie Roh-, Hilfs- und Betriebsstoffe mit gleichbleibender Menge und Wert ansetzen, wenn Bestand sich in Größe, Wert und Zusammensetzung wenig verändert	Vereinfachung der Aufstellung von Inventar und Bilanz. Bei steigenden Preisen infolge zunehmender Unterbewertung Mittel zur Substanzerhaltung	In Handels- und Steuerbilanz zulässig (§ 256 Satz 2 i. V. m. § 240 Abs. 3 HGB; R 5.4 Abs. 4 und H 6.8 EStR); grds. unzulässig nach IFRS; ggf. Ausnahme für Vermögenswerte mit unwesentlicher Bedeutung

Abb. 211: Bewertungsmethoden für bestimmte Gegenstände des Umlauf- und Anlagevermögens nach Handels- und Steuerrecht sowie IFRS

II. Bilanzansatz der Höhe nach (Bewertung) 541

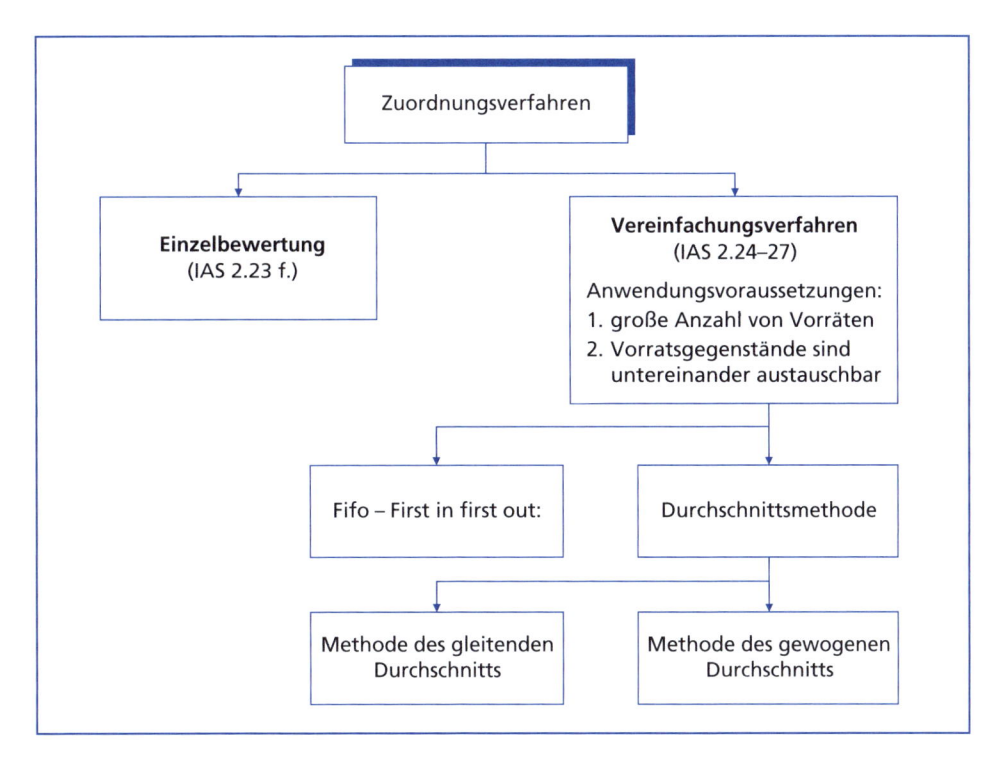

Abb. 212: Bewertungsvereinfachungsverfahren im Vorratsvermögen nach IAS 2

rungen, Wertpapiere und Wechsel) zu einer Gruppe zusammengefasst und mit dem **gewogenen Durchschnittswert** angesetzt werden (**sog. Gruppenbewertung**). Annähernde Gleichwertigkeit besagt, dass die Anschaffungs- oder Herstellungskosten der in der Gruppenbewertung zusammengefassten Vermögenswerte nicht elementar voneinander abweichen dürfen. So wird etwa ein Spielraum von 20 % zwischen dem höchsten und niedrigsten Wert noch als vertretbar angesehen.[91] Allerdings sind aus steuerrechtlicher Sicht nicht alle genannten Bewertungsvereinfachungsverfahren (**Sammelbewertungsmethoden**) uneingeschränkt zulässig. Einen Überblick über Inhalt, Aufgaben und Anwendung dieser Methoden gibt **Abbildung 211**.[92]

Insofern ist auch im **Vorratsvermögen** nach IAS 2 eine Durchbrechung des Einzelbewertungsgrundsatzes möglich. Neben der **Durchschnittsmethode** ist als Vereinfachungsverfahren für das Vorratsvermögen lediglich das **Fifo-Verfahren** anwendbar, sofern die Vorräte in großer Anzahl produziert werden und untereinander austauschbar sind, wie die **Abbildung 212** zeigt.

Die Sammelbewertungsmethoden können als **permanente Verfahren** oder als sog. **Periodenverfahren** durchgeführt werden. Im ersten Fall wird eine fortlaufende Erfassung der jeweils separat zu bewertenden Abgänge während des gesamten Geschäftsjahres vorgenom-

---

[91] Vgl. *Winkeljohann/Philipps* 2012, Anm. 137 zu § 240 HGB.
[92] In Anlehnung an *Wöhe* 1997, S. 500 f.

men. Dieses Verfahren setzt mithin eine laufende mengen- und wertmäßige Erfassung aller Zu- und Abgänge voraus. Bei der periodischen Wertermittlung hingegen wird der gesamte Bestand lediglich zum Ende des Geschäftsjahres bewertet. Zu beachten ist, dass das **strenge Niederstwertprinzip** die Unternehmung zu einer Abwertung zwingen kann, wenn der nach einer der vorstehend dargestellten Vereinfachungsmethoden ermittelte Bestandswert über dem zwingend anzusetzenden niedrigeren Zeitwert nach § 253 Abs. 4 Sätze 1 und 2 HGB sowie IAS 2 liegt.

Beispiel: In einem Handelsunternehmen liegen folgende Zu- und Abgänge gleichartiger Waren während eines Geschäftsjahrs vor, wobei diese Vorräte nicht nach beschafften Partien gelagert sind. Ferner werden nachstehende Preisentwicklungen der Anschaffungskosten unterstellt (ME = Mengeneinheiten, WE = Wareneinsatz, ZB = Zwischenbestand). Die Wiederbeschaffungskosten am Bilanzstichtag (31.12.) entsprechen den jeweiligen Anschaffungskosten des letzten Zugangs (08.08.).

				(1)	(2)	(3)
01.01.	Anfangsbestand (AB)	100 ME	à	16 €	27 €	17 €
10.02.	Zugang (Z)	40 ME	à	17 €	20 €	16 €
03.04.	Abgang (Ag)	120 ME				
25.06.	Zugang	90 ME	à	20 €	17 €	27 €
08.08.	Zugang	60 ME	à	27 €	16 €	20 €
15.12.	Abgang	70 ME				
31.12.	Endbestand (EB)	100 ME				

(1) Steigende Anschaffungskosten

(1.1) Durchschnittsmethode

(1.1.1) Gewogene Durchschnitte

S					Wareneinkauf					H
				€						€
AB	100 ME à	16 €	=	1.600	WE (Ag)	190 ME	à	19,66 €	=	3.734
Z	40 ME à	17 €	=	680	SBK (EB)	100 ME	à	19,66 €	=	1.966
Z	90 ME à	20 €	=	1.800						
Z	60 ME à	27 €	=	1.620						
				5.700						5.700

$$\frac{5.700\ €}{290\ ME} = 19{,}66\ €/ME\ (= \text{gewogener Durchschnittswert})$$

(1.1.2) Permanente Durchschnitte

	AB	100 ME	à	16,00 €	=	1.600,00 €
+	Z	40 ME	à	17,00 €	=	680,00 €
=	ZB	140 ME	à	16,29 €	=	2.280,00 €
−	Ag	120 ME	à	16,29 €	=	1.954,80 €
+	Z	90 ME	à	20,00 €	=	1.800,00 €
+	Z	60 ME	à	27,00 €	=	1.620,00 €
=	ZB	170 ME	à	22,03 €	=	3.745,20 €
−	Ag	70 ME	à	22,03 €	=	1.542,20 €
=	EB	100 ME	à	22,03 €	=	2.203,00 €

S	Wareneinkauf									H
					€					€
AB	100 ME à	16 €	=	1.600,00	WE (Ag)	120 ME à	16,29 €	=	1.954,80
Z	40 ME à	17 €	=	680,00	WE (Ag)	70 ME à	22,03 €	=	1.542,20
Z	90 ME à	20 €	=	1.800,00	SBK (EB)	100 ME à	22,03 €	=	2.203,00
Z	60 ME à	27 €	=	1.620,00					
				5.700,00					5.700,00

(1.2) Lifo-Methode

(1.2.1) Periodenbezogene Lifo-Methode

S	Wareneinkauf									H
					€					€
AB	100 ME	à	16 €	=	1.600	WE (Ag)	60 ME à	27 €	=	1.620
Z	40 ME	à	17 €	=	680	WE (Ag)	90 ME à	20 €	=	1.800
Z	90 ME	à	20 €	=	1.800	WE (Ag)	40 ME à	17 €	=	680
Z	60 ME	à	27 €	=	1.620	SBK (EB)	100 ME	à 16 €	=	1.600
					5.700					5.700

(1.2.2) Permanente Lifo-Methode

	AB	100 ME	à	16 €	=	1.600 €
+	Z	40 ME	à	17 €	=	680 €
−	Ag	40 ME	à	17 €	=	680 €
−	Ag	80 ME	à	16 €	=	1.280 €
=	ZB	20 ME	à	16 €	=	320 €
+	Z	90 ME	à	20 €	=	1.800 €
+	Z	60 ME	à	27 €	=	1.620 €
−	Ag	60 ME	à	27 €	=	1.620 €
−	Ag	10 ME	à	20 €	=	200 €
=	EB	20 ME	à	16 €	=	320 €
	EB	80 ME	à	20 €	=	1.600 €

S	Wareneinkauf									H
					€					€
AB	100 ME	à	16 €	=	1.600	WE (Ag)	40 ME	à	17 €	=	680
Z	40 ME	à	17 €	=	680	WE (Ag)	80 ME	à	16 €	=	1.280
Z	90 ME	à	20 €	=	1.800	WE (Ag)	60 ME	à	27 €	=	1.620
Z	60 ME	à	27 €	=	1.620	WE (Ag)	10 ME	à	20 €	=	200
						SBK (EB)	20 ME	à	16 €	=	320
						SBK (EB)	80 ME	à	20 €	=	1.600
					__5.700__						__5.700__

(1.3) Fifo-Methode

(1.3.1) Periodenbezogene Fifo-Methode

S	Wareneinkauf									H
					€					€
AB	100 ME	à	16 €	=	1.600	WE (Ag)	100 ME	à	16 €	=	1.600
Z	40 ME	à	17 €	=	680	WE (Ag)	40 ME	à	17 €	=	680
Z	90 ME	à	20 €	=	1.800	WE (Ag)	50 ME	à	20 €	=	1.000
Z	60 ME	à	27 €	=	1.620	SBK (EB)	40 ME	à	20 €	=	800
						SBK (EB)	60 ME	à	27 €	=	1.620
					__5.700__						__5.700__

(1.3.2) Permanente Fifo-Methode

	AB	100 ME	à	16 €	=	1.600 €
+	Z	40 ME	à	17 €	=	680 €
−	Ag	100 ME	à	16 €	=	1.600 €
−	Ag	20 ME	à	17 €	=	340 €
=	ZB	20 ME	à	17 €	=	340 €
+	Z	90 ME	à	20 €	=	1.800 €
+	Z	60 ME	à	27 €	=	1.620 €
−	Ag	20 ME	à	17 €	=	340 €
−	Ag	50 ME	à	20 €	=	1.000 €
=	EB	40 ME	à	20 €	=	800 €
	EB	60 ME	à	27 €	=	1.620 €

S	Wareneinkauf									H
					€					€
AB	100 ME	à	16 €	=	1.600	WE (Ag)	100 ME	à	16 €	=	1.600
Z	40 ME	à	17 €	=	680	WE (Ag)	20 ME	à	17 €	=	340
Z	90 ME	à	20 €	=	1.800	WE (Ag)	20 ME	à	17 €	=	340
Z	60 ME	à	27 €	=	1.620	WE (Ag)	50 ME	à	20 €	=	1.000
						SBK (EB)	40 ME	à	20 €	=	800
						SBK (EB)	60 ME	à	27 €	=	1.620
					__5.700__						__5.700__

II. Bilanzansatz der Höhe nach (Bewertung)

(2) Sinkende Anschaffungskosten

(2.1) Durchschnittsmethode

(2.1.1) Gewogene Durchschnitte

S	Wareneinkauf									H
				€						€
AB	100 ME	à	27 €	=	2.700	WE (Ag)	190 ME	à 20,66 €	=	3.924,48
Z	40 ME	à	20 €	=	800	WE (Ag)	100 ME	à −4,66 €	=	465,52
Z	90 ME	à	17 €	=	1.530	SBK (EB)	100 ME	à 16,00 €	=	1.600,00
Z	60 ME	à	16 €	=	960					
					__5.990__					__5.990__

$\frac{5.990\,€}{290\,ME} = 20{,}66\;€/ME$ (= gewogener Durchschnittswert)   strenges Niederstwertprinzip (außerplanmäßige Abschreibung)

(2.1.2) Permanente Durchschnitte

	AB	100 ME	à	27	€	=	2.700 €
+	Z	40 ME	à	20	€	=	800 €
=	ZB	140 ME	à	25	€	=	3.500 €
−	Ag	120 ME	à	25	€	=	3.000 €
+	Z	90 ME	à	17	€	=	1.530 €
+	Z	60 ME	à	16	€	=	960 €
=	ZB	170 ME	à	17,59	€	=	2.990 €
−	Ag	70 ME	à	17,59	€	=	1.231 €
=	EB	100 ME	à	17,59	€	=	1.759 €

S	Wareneinkauf									H
				€						€
AB	100 ME	à	27 €	=	2.700	WE (Ag)	120 ME	à 25,00 €	=	3.000
Z	40 ME	à	20 €	=	800	WE (Ag)	70 ME	à 17,59 €	=	1.231
Z	90 ME	à	17 €	=	1.530	WE (Ag)	100 ME	à 1,59 €	=	159
Z	60 ME	à	16 €	=	960	SBK (EB)	100 ME	à 16,00 €	=	1.600
					__5.990__					__5.990__

(2.2) Lifo-Methode

(2.2.1) Periodenbezogene Lifo-Methode

S	Wareneinkauf										H
					€						€
AB	100 ME	à	27 €	=	2.700	WE (Ag)	60 ME	à	16 €	=	960
Z	40 ME	à	20 €	=	800	WE (Ag)	90 ME	à	17 €	=	1.530
Z	90 ME	à	17 €	=	1.530	WE (Ag)	40 ME	à	20 €	=	800
Z	60 ME	à	16 €	=	960	WE (Ag)	100 ME	à	11 €	=	1.100
						SBK (EB)	100 ME	à	16 €	=	1.600
					5.990						5.990

(2.2.2) Permanente Lifo-Methode

	AB	100 ME	à	27 €	=	2.700 €
+	Z	40 ME	à	20 €	=	800 €
−	Ag	40 ME	à	20 €	=	800 €
−	Ag	80 ME	à	27 €	=	2.160 €
=	ZB	20 ME	à	27 €	=	540 €
+	Z	90 ME	à	17 €	=	1.530 €
+	Z	60 ME	à	16 €	=	960 €
−	Ag	60 ME	à	16 €	=	960 €
−	Ag	10 ME	à	17 €	=	170 €
=	EB	20 ME	à	27 €	=	540 €
	EB	80 ME	à	17 €	=	1.360 €

S	Wareneinkauf										H
					€						€
AB	100 ME	à	27 €	=	2.700	WE (Ag)	40 ME	à	20 €	=	800
Z	40 ME	à	20 €	=	800	WE (Ag)	80 ME	à	27 €	=	2.160
Z	90 ME	à	17 €	=	1.530	WE (Ag)	60 ME	à	16 €	=	960
Z	60 ME	à	16 €	=	960	WE (Ag)	10 ME	à	17 €	=	170
						WE (Ag)	20 ME	à	11 €	=	220
						WE (Ag)	80 ME	à	1 €	=	80
						SBK (EB)	100 ME	à	16 €	=	1.600
					5.990						5.990

II. Bilanzansatz der Höhe nach (Bewertung)

(2.3) Fifo-Methode

(2.3.1) Periodenbezogene Fifo-Methode

S	Wareneinkauf									H
				€						€
AB	100 ME	à	27 €	=	2.700	WE (Ag)	100 ME	à	27 €	=	2.700
Z	40 ME	à	20 €	=	800	WE (Ag)	40 ME	à	20 €	=	800
Z	90 ME	à	17 €	=	1.530	WE (Ag)	50 ME	à	17 €	=	850
Z	60 ME	à	16 €	=	960	WE (Ag)	40 ME	à	1 €	=	40
						SBK (EB)	100 ME	à	16 €	=	1.600
					5.990						**5.990**

(2.3.2) Permanente Fifo-Methode

	AB	100 ME	à	27 €	=	2.700 €
+	Z	40 ME	à	20 €	=	800 €
−	Ag	100 ME	à	27 €	=	2.700 €
−	Ag	20 ME	à	20 €	=	400 €
=	ZB	20 ME	à	20 €	=	400 €
+	Z	90 ME	à	17 €	=	1.530 €
+	Z	60 ME	à	16 €	=	960 €
−	Ag	20 ME	à	20 €	=	400 €
−	Ag	50 ME	à	17 €	=	850 €
=	EB	40 ME	à	17 €	=	680 €
	EB	60 ME	à	16 €	=	960 €

S	Wareneinkauf									H
				€						€
AB	100 ME	à	27 €	=	2.700	WE (Ag)	100 ME	à	27 €	=	2.700
Z	40 ME	à	20 €	=	800	WE (Ag)	20 ME	à	20 €	=	400
Z	90 ME	à	17 €	=	1.530	WE (Ag)	20 ME	à	20 €	=	400
Z	60 ME	à	16 €	=	960	WE (Ag)	50 ME	à	17 €	=	850
						WE (Ag)	40 ME	à	1 €	=	40
						SBK (EB)	100 ME	à	16 €	=	1.600
					5.990						**5.990**

(3) Variierende Anschaffungskosten

(3.1) Durchschnittsmethode

(3.1.1) Gewogene Durchschnitte

S	Wareneinkauf		H
		€	€
AB	100 ME à 17 € = 1.700,00	WE (Ag)	190 ME à 20,59 € = 3.911,38
Z	40 ME à 16 € = 640,00	WE (Ag)	100 ME à 0,59 € = 58,62
Z	90 ME à 27 € = 2.430,00	SBK (EB)	100 ME à 20,00 € = 2.000,00
Z	60 ME à 20 € = 1.200,00		
	5.970,00		5.970,00

$\frac{5.970\,€}{290\,ME}$ = 20,59 €/ME (= gewogener Durchschnittswert)

(3.1.2) Permanente Durchschnitte

	AB	100 ME	à	17 €	=	1.700,00 €
+	Z	40 ME	à	16 €	=	640,00 €
=	ZB	140 ME	à	16,71 €	=	2.340,00 €
−	Ag	120 ME	à	16,71 €	=	2.005,20 €
+	Z	90 ME	à	27 €	=	2.430,00 €
+	Z	60 ME	à	20 €	=	1.200,00 €
=	ZB	170 ME	à	23,32 €	=	3.964,20 €
−	Ag	70 ME	à	23,32 €	=	1.632,40 €
=	EB	100 ME	à	23,32 €	=	2.331,80 €

S	Wareneinkauf		H
		€	€
AB	100 ME à 17 € = 1.700,00	WE (Ag)	120 ME à 16,71 € = 2.005,20
Z	40 ME à 16 € = 640,00	WE (Ag)	70 ME à 23,32 € = 1.632,40
Z	90 ME à 27 € = 2.430,00	WE (Ag)	100 ME à 3,32 € = 332,40
Z	60 ME à 20 € = 1.200,00	SBK (EB)	100 ME à 20,00 € = 2.000,00
	5.970,00		5.970,00

(3.2) Lifo-Methode

(3.2.1) Periodenbezogene Lifo-Methode

S	Wareneinkauf		H
		€	€
AB	100 ME à 17 € = 1.700	WE (Ag)	60 ME à 20 € = 1.200
Z	40 ME à 16 € = 640	WE (Ag)	90 ME à 17 € = 2.430
Z	90 ME à 27 € = 2.430	WE (Ag)	40 ME à 16 € = 640
Z	60 ME à 20 € = 1.200	SBK (EB)	100 ME à 17 € = 1.700
	5.970		5.970

II. Bilanzansatz der Höhe nach (Bewertung)

(3.2.2) Permanente Lifo-Methode

	AB	100 ME	à	17 €	=	1.700 €
+	Z	40 ME	à	16 €	=	640 €
−	Ag	40 ME	à	16 €	=	640 €
−	Ag	80 ME	à	17 €	=	1.360 €
=	ZB	20 ME	à	17 €	=	340 €
+	Z	90 ME	à	27 €	=	2.430 €
+	Z	60 ME	à	20 €	=	1.200 €
−	Ag	60 ME	à	20 €	=	1.200 €
−	Ag	10 ME	à	27 €	=	270 €
=	EB	20 ME	à	17 €	=	340 €
	EB	80 ME	à	27 €	=	2.160 €

S					Wareneinkauf						H
					€						€
AB	100 ME	à	17 €	=	1.700	WE (Ag)	40 ME	à	16 €	=	640
Z	40 ME	à	16 €	=	640	WE (Ag)	80 ME	à	17 €	=	1.360
Z	90 ME	à	27 €	=	2.430	WE (Ag)	60 ME	à	20 €	=	1.200
Z	60 ME	à	20 €	=	1.200	WE (Ag)	10 ME	à	27 €	=	270
						WE (Ag)	80 ME	à	7 €	=	560
						SBK (EB)	20 ME	à	17 €	=	340
						SBK (EB)	80 ME	à	20 €	=	1.600
					__5.970__						__5.970__

(3.3) Fifo-Methode

(3.3.1) Periodenbezogene Fifo-Methode

S					Wareneinkauf						H
					€						€
AB	100 ME	à	17 €	=	1.700	WE (Ag)	100 ME	à	17 €	=	1.700
Z	40 ME	à	16 €	=	640	WE (Ag)	40 ME	à	16 €	=	640
Z	90 ME	à	27 €	=	2.430	WE (Ag)	50 ME	à	27 €	=	1.350
Z	60 ME	à	20 €	=	1.200	WE (Ag)	40 ME	à	7 €	=	280
						SBK (EB)	100 ME	à	20 €	=	2.000
					__5.970__						__5.970__

(3.3.2) Permanente Fifo-Methode

	AB	100 ME	à	17 €	= 1.700 €
+	Z	40 ME	à	16 €	= 640 €
–	Ag	100 ME	à	17 €	= 1.700 €
–	Ag	20 ME	à	16 €	= 320 €
=	ZB	20 ME	à	16 €	= 320 €
+	Z	90 ME	à	27 €	= 2.430 €
+	Z	60 ME	à	20 €	= 1.200 €
–	Ag	20 ME	à	16 €	= 320 €
–	Ag	50 ME	à	27 €	= 1.350 €
=	EB	40 ME	à	27 €	= 1.080 €
	EB	60 ME	à	20 €	= 1.200 €

S	Wareneinkauf									H
					€					€
AB	100 ME	à	17 €	=	1.700	WE (Ag)	100 ME	à	17 €	= 1.700
Z	40 ME	à	16 €	=	640	WE (Ag)	20 ME	à	16 €	= 320
Z	90 ME	à	27 €	=	2.430	WE (Ag)	20 ME	à	16 €	= 320
Z	60 ME	à	20 €	=	1.200	WE (Ag)	50 ME	à	27 €	= 1.350
						WE (Ag)	40 ME	à	7 €	= 280
						SBK (EB)	100 ME	à	20 €	= 2.000
					5.970					**5.970**

Das vorstehende Beispiel verdeutlicht, dass bei **kontinuierlich steigenden Beschaffungsmarktpreisen** das periodenbezogene Lifo-Verfahren zur Verrechnung des **höchsten Aufwandspotentials** führt (Wareneinsatz = 4.100 €). Mithin werden in diesem Fall die **meisten Scheingewinne** einer Ausschüttung bzw. Besteuerung zum Zwecke der **Substanzerhaltung** entzogen. Legt man aber die Anschaffungskosten des letzten Zugangs pro Mengeneinheit (nach Sachverhalt 27 €) als Wiederbeschaffungskosten zugrunde, dann wird deutlich, dass durch einen etwaigen Rückfluss des Wareneinsatzes über den Absatzmarkt die Wiederbeschaffung der verkauften Waren [zu der gemäß Beispiel insgesamt 5.130 € (= 27 €/ME · 190 ME) nötig wären] nicht zu realisieren ist. Im Ergebnis führt somit auch die Bewertung des Wareneinsatzes nach dem Lifo-Verfahren zu einem nominellen Verlust der Unternehmenssubstanz [bezogen auf das Beispiel in Höhe von 1.030 € (= 5.130 € – 4.100 €), da 40 Mengeneinheiten (= 1.030 € : 27 €/ME) der verkauften Waren nicht wiederbeschafft werden können]. Eine Analyse der Ergebnisse bei **monoton fallenden Beschaffungsmarktpreisen** bringt die **Dominanz** des **strengen Niederstwertprinzips** zum Ausdruck. Hieraus folgt, dass bei einer derartigen Preisentwicklung auf die häufig umfangreichen Rechenoperationen zur Ermittlung der relevanten Aufwands- und Bestandswerte nach den aufgezeigten Sammelbewertungsverfahren **verzichtet** werden kann. **Abbildung 213** fasst die Ergebnisse der vorstehend gezeigten Bewertungsoperationen tabellarisch zusammen.

II. Bilanzansatz der Höhe nach (Bewertung)

Preisentwicklung	Bewertungsmethode	Wert des EB pro ME nach gewählter Methode	Tageswert am Bilanzstichtag pro ME	zulässiger Bilanzansatz pro ME	Wareneinsatz (WE)		
					nach gewählter Methode	zusätzliche WE aufgrund des strengen NWP	gesamter Wareneinsatz
steigende Preise	gewogene Durchschnitte	20	27	19,66	3.734	–	3.734
	permanente Durchschnitte	22,03	27	22,03	3.497	–	3.497
	periodenbezogene Lifo-Methode	16	27	16	4.100	–	4.100
	permanente Lifo-Methode	16/20	27	16/20	3.780	–	3.780
	periodenbezogene Fifo-Methode	20/27	27	20/27	3.280	–	3.280
	permanente Fifo-Methode	20/27	27	20/27	3.280	–	3.280
fallende Preise	gewogene Durchschnitte	20,66	16	16	3.924,48	465,52	4.390
	permanente Durchschnitte	17,59	16	16	4.231	159	4.390
	periodenbezogene Lifo-Methode	27	16	16	3.290	1.100	4.390
	permanente Lifo-Methode	27/17	16	16	4.090	300	4.390
	periodenbezogene Fifo-Methode	17/16	16	16	4.350	40	4.390
	permanente Fifo-Methode	17/16	16	16	4.350	40	4.390
variierende Preise	gewogene Durchschnitte	20,59	20	20	3.911,38	58,62	3.970
	permanente Durchschnitte	23,32	20	20	3.637,60	332,40	3.970
	periodenbezogene Lifo-Methode	17	20	17	4.270	–	4.270
	permanente Lifo-Methode	17/27	20	17/20	3.470	560	4.030
	periodenbezogene Fifo-Methode	27/20	20	20	3.690	280	3.970
	permanente Fifo-Methode	27/20	20	20	3.690	280	3.970

Abb. 213: Zusammenfassung der Bewertungsergebnisse (alle Werte in €)

Für bestimmte Gegenstände des **Sachanlagevermögens** (z. B. Bestecke, Geschirr und Wäsche in gastronomischen Betrieben; Gerüst- und Schalungsteile im Baugewerbe) sowie für **Roh-, Hilfs- und Betriebsstoffe** besteht schließlich aus handels- und steuerrechtlicher Sicht im Gegensatz zu den IFRS die Möglichkeit, diese Vermögensgüter sowohl bei der Inventur als auch im Rahmen der Bilanzbewertung mit einem **Festwert** (konstante Menge · konstanter Wert) anzusetzen (§ 240 Abs. 3 i. V. m. § 256 Satz 2 HGB; R 5.4 Abs. 4 EStR, H 6.8 EStR).[93] Die in Rede stehende Regelung stellt eine periodische Erleichterung der Verpflichtung zur jährlichen Bestandsaufnahme und hinsichtlich der Bewertung eine Ausnahme zum allgemeinen Prinzip der Einzelbewertung dar.[94] Das Festwertverfahren ist gemäß § 240 Abs. 3 HGB jedoch nur dann zulässig, wenn die betroffenen Vermögensgegenstände

- **regelmäßig ersetzt** werden,
- ihr Gesamtwert für das Unternehmen von **nachrangiger Bedeutung** ist,[95]
- ihr Bestand in seiner Größe, seinem Wert und seiner Zusammensetzung nur **geringen Veränderungen** unterliegt und
- eine regelmäßige körperliche Bestandsaufnahme durchgeführt wird.[96]

Stellt der Kaufmann im Rahmen der zyklischen Bestandsaufnahme (i. d. R. alle drei Jahre)[97] fest, dass der ermittelte Inventurwert **mengen- und/oder wertmäßig** vom alten Festwert abweicht, so ist grundsätzlich eine **erfolgswirksame Anpassung** des Altwerts vorzunehmen (**Auf- oder Abstockung**). Allerdings können in diesem Zusammenhang die folgenden steuerrechtlichen **Vereinfachungsregelungen** zur Anwendung kommen (R 5.4 Abs. 4 Sätze 2 bis 5 EStR), auf die auch im Rahmen des handelsrechtlichen Jahresabschlusses zurückgegriffen werden kann.

(1)	Ermittelter Bestand	> 110 % Festwert (alt)	→ **Aufstockungspflicht**
(2)	Ermittelter Bestand und	≥ 100 % Festwert (alt)	→ **Aufstockungswahlrecht**
		≤ 110 % Festwert (alt)	→ **Aufstockungswahlrecht**
(3)	Ermittelter Bestand	< 100 % Festwert (alt)	→ **Herabsetzungspflicht** (aufgrund des strengen Niederstwertprinzips)

---

[93] Während bei den Roh-, Hilfs- und Betriebsstoffen die jeweiligen Anschaffungs- oder Herstellungskosten als konstanter Wert zugrunde zu legen sind, müssen beim abnutzbaren Anlagevermögen zusätzlich planmäßige Abschreibungen berücksichtigt werden. In der Praxis wird dem altersmäßigen Mischungsverhältnis der zu einem Festwert zusammengefassten abnutzbaren Anlagegegenstände bei der erstmaligen Anwendung dieses Verfahrens aus Vereinfachungsgründen durch einen prozentualen Abschlag auf die Anschaffungs- oder Herstellungskosten Rechnung getragen.

[94] Vgl. *Winkeljohann/Philipps* 2012, Anm. 71 zu § 240 HGB.

[95] Grundsätzlich wird davon ausgegangen, dass die mit einem Festwert erfassten Vermögensgegenstände solange von nachrangiger Bedeutung sind, wie ihr Gesamtwert einen bestimmten Prozentsatz (z. B. 10 %) der Bilanzsumme nicht übersteigt.

[96] Vgl. zu diesen Voraussetzungen im Einzelnen *Winkeljohann/Philipps* 2012, Anm. 80–93 zu § 240 HGB.

[97] Gemäß R 5.4 Abs. 3 Satz 1 EStR ist für Gegenstände des beweglichen Anlagevermögens, die zulässigerweise mit einem Festwert angesetzt wurden, „… im Regelfall an jedem dritten, spätestens aber an jedem fünften Bilanzstichtag eine körperliche Bestandsaufnahme vorzunehmen".

II. Bilanzansatz der Höhe nach (Bewertung)

Sofern im Fall (2) eine entsprechende ertragswirksame Aufstockung unterbleibt, werden der Unternehmung bei steigenden Wiederbeschaffungspreisen durch die vorgenommene Unterbewertung des Endbestandes Mittel zum Zwecke der **Erhaltung der Unternehmenssubstanz** im Wege der Besteuerung bzw. Ausschüttung nicht entzogen.

Hinsichtlich des **Festwerts von Roh-, Hilfs- und Betriebsstoffen** werden die laufenden Zugänge der Rechnungsperiode auf dem Konto „Aufwendungen für Roh-, Hilfs- und Betriebsstoffe" erfasst. Im Falle einer Aufstockungspflicht bzw. der Ausübung des Aufstockungswahlrechts infolge von Mehrmengen und/oder Wertanpassungen ist aus **steuerrechtlicher Sicht** der bisherige Festwert „so lange um die Anschaffungs- oder Herstellungskosten der im Festwert erfassten und nach dem Bilanzstichtag des vorangegangenen Wirtschaftsjahres angeschafften oder hergestellten Wirtschaftsgüter aufzustocken, bis der neue Festwert erreicht ist"[98]. Durch diese Regelung wird sichergestellt, dass die periodenbezogene Erfolgserhöhung infolge der Aufstockung des Altwerts nicht über die jeweiligen Vermögenszugänge des laufenden Geschäftsjahres hinaus vorgenommen werden muss. In den Folgeperioden ist dann eine **sukzessive Erhöhung** durchzuführen, bis der neue Festwert erreicht wird. Die Aufstockung des Festwerts führt in diesem Fall zu einer **Kürzung** der Erfolgsposition „Aufwendungen für Roh-, Hilfs- und Betriebsstoffe".

Beispiel: Der Festwert für Hilfsstoffe, gebildet zum 31.12. des Geschäftsjahres 2012, beträgt in der Steuerbilanz einer Einzelunternehmung 7.500 €. Zum 31.12. der Periode 2015 erfolgt eine Neuaufnahme des Bestandes mit einem Betrag von 8.000 €. In den Geschäftsjahren 2015 und 2016 wurden Hilfsstoffe im Wert von 1.000 € bzw. 900 € angeschafft. Da die Abweichung zwischen dem alten Festwert und dem ermittelten Inventurwert aber nicht mehr als 10 % beträgt, besteht ein Aufstockungswahlrecht.

a) Keine Aufstockung des Festwerts:

Buchungen in 2015:

(1) Festwertkonto Hilfsstoffe an Guthaben bei Kreditinstituten 1.000 €

(2) Aufwendungen für Hilfsstoffe an Festwertkonto Hilfsstoffe 1.000 €

Kontenmäßige Darstellung:

S	Festwertkonto Hilfsstoffe		H
	€		€
AB	7.500	(2)	1.000
(1)	1.000	SBK (EB)	7.500
	8.500		8.500

S	Guthaben bei Kreditinstituten		H
	€		€
AB	...	(1)	1.000
		SBK (EB)	...

S	Aufwendungen für Hilfsstoffe		H
	€		€
(2)	1.000	GuV (Saldo)	...

---

[98] R 5.4 Abs. 3 Satz 3 EStR.

Buchungen in 2016:

(1)	Festwertkonto Hilfsstoffe	an	Guthaben bei Kreditinstituten	900 €
(2)	Aufwendungen für Hilfsstoffe	an	Festwertkonto Hilfsstoffe	900 €

Kontenmäßige Darstellung:

S	Festwertkonto Hilfsstoffe			H
	€			€
AB	7.500	(2)		900
(1)	900	SBK (EB)		7.500
	8.400			**8.400**

S	Guthaben bei Kreditinstituten			H
	€			€
AB	...	(1)		900
		SBK (EB)		...

S	Aufwendungen für Hilfsstoffe			H
	€			€
(2)	900	GuV (Saldo)		...

b) Aufstockung des Festwerts:

Buchungen in 2015:

(1)	Festwertkonto Hilfsstoffe	an	Guthaben bei Kreditinstituten	1.000 €
(2)	Aufwendungen für Hilfsstoffe	an	Festwertkonto Hilfsstoffe	500 €

Kontenmäßige Darstellung:

S	Festwertkonto Hilfsstoffe			H
	€			€
AB	7.500	(2)		500
(1)	1.000	SBK (EB)		8.000
	8.500			**8.500**

S	Guthaben bei Kreditinstituten			H
	€			€
AB	...	(1)		1.000
		SBK (EB)		...

S	Aufwendungen für Hilfsstoffe			H
	€			€
(2)	500	GuV (Saldo)		...

Buchungen in 2016:

(1)	Festwertkonto Hilfsstoffe	an	Guthaben bei Kreditinstituten	900 €
(2)	Aufwendungen für Hilfsstoffe	an	Festwertkonto Hilfsstoffe	900 €

II. Bilanzansatz der Höhe nach (Bewertung)

Kontenmäßige Darstellung:

S	Festwertkonto Hilfsstoffe	H
	€	€
AB	8.000	(2) 900
(1)	900	SBK (EB) 8.000
	8.900	**8.900**

S	Guthaben bei Kreditinstituten	H
	€	€
AB	...	(1) 900
		SBK (EB) ...

S	Aufwendungen für Hilfsstoffe	H
	€	€
(2)	900	GuV (Saldo) ...

Beispiel: Unterstellt man nun, dass die Neuaufnahme des Bestands zum 31.12. des Geschäftsjahres 2015 zu einem Wert von 9.000 € geführt hat, dann besteht eine Verpflichtung zur Aufstockung des Festwerts. Allerdings darf die periodische Erhöhung nur bis zum Umfang der im Geschäftsjahr 2015 angefallenen Hilfsstoffzugänge durchgeführt werden. Da der neue Festwert noch nicht erreicht ist, bedarf es im Geschäftsjahr 2016 weiterer Aufstockungen.

Buchung in 2015:

(1) Festwertkonto Hilfsstoffe   an   Guthaben bei
                                        Kreditinstituten   1.000 €

Kontenmäßige Darstellung:

S	Festwertkonto Hilfsstoffe	H
	€	€
AB	7.500	SBK (EB) 8.500
(1)	1.000	
	8.500	**8.500**

S	Guthaben bei Kreditinstituten	H
	€	€
AB	...	(1) 1.000
		SBK (EB) ...

Buchungen in 2016:

(1) Festwertkonto Hilfsstoffe   an   Guthaben bei
                                        Kreditinstituten   900 €
(2) Aufwendungen für Hilfsstoffe an   Festwertkonto Hilfsstoffe 400 €

Kontenmäßige Darstellung:

S	Festwertkonto Hilfsstoffe	H
	€	€
AB	8.500	(2) 400
(1)	900	SBK (EB) 9.000
	9.400	9.400

S	Guthaben bei Kreditinstituten	H
	€	€
AB	...	(1) 900
		SBK (EB) ...

S	Aufwendungen für Hilfsstoffe	H
	€	€
(2)	400 GuV (Saldo)	...

Im Falle einer **Herabsetzungspflicht** des Festwerts infolge wert- und/oder mengenmäßiger Minderungen aufgrund des **strengen Niederstwertprinzips** ist der Unterschiedsbetrag zwischen Alt- und Neuwert ebenfalls auf dem Konto „Aufwendungen für Roh-, Hilfs- und Betriebsstoffe" zu verbuchen.

Bei **Gegenständen des Anlagevermögens**, die als Festwert geführt werden, sind die entsprechenden Buchungen in analoger Form durchzuführen. Dabei wird ein einmal ermittelter Festwert grundsätzlich beibehalten. Anstelle der Abgänge und der planmäßigen Abschreibungen werden die aktivierungspflichtigen Aufwendungen für Ersatzbeschaffungen (Zugänge) erfolgswirksam verbucht. Der Ausweis dieser Beträge ist nach h. M. entweder auf dem Konto „Aufwendungen für Roh-, Hilfs- und Betriebsstoffe" oder „Sonstige betriebliche Aufwendungen" bei Kürzung um die jeweils aktivierten Zugänge zulässig. Gegebenenfalls vorzunehmende **Festwerterhöhungen** führen dann zu einer Korrektur der in Rede stehenden Aufwandsposten. Bei **Abstockungen des Festwerts** sind die entsprechenden Beträge ebenfalls auf dem Konto „Aufwendungen für Roh-, Hilfs- und Betriebsstoffe" bzw. „Sonstige betriebliche Aufwendungen" zu erfassen.[99]

Beispiel: Ein einzelkaufmännisch geführtes Bauunternehmen hat für aufeinander abgestimmte Gerüstteile im Geschäftsjahr 2015 im steuerrechtlichen Jahresabschluss einen Festwert in Höhe von 40.000 € gebildet, der 40 % der ursprünglichen Anschaffungskosten beträgt (betriebsgewöhnliche Nutzungsdauer = 5 Jahre). Zum 31.12. des Geschäftsjahres 2018 wird für diese Wirtschaftsgüter ein neuer Festwert in Höhe von 37.500 € (40 % der Anschaffungskosten) ermittelt. In den Perioden 2018 und 2019 werden Ersatzbeschaffungen für die Gerüstteile in Höhe von 25.000 € bzw. 37.500 € getätigt. Da die Abweichung zwischen dem alten Festwert und dem zum 31.12.2018 ermittelten Inventurwert mehr als 10 % beträgt, wird eine Aufstockung des Altwerts erforderlich.

Buchung in 2018:

(1) Festwertkonto Betriebs- und   an   Guthaben bei
    Geschäftsausstattung   Kreditinstituten   25.000 €

Kontenmäßige Darstellung:

S	Festwertkonto Betriebs- und Geschäftsausstattung	H
	€	€
AB	40.000	SBK (EB) 65.000
(1)	25.000	
	65.000	65.000

S	Guthaben bei Kreditinstituten	H
	€	€
AB	...	(1) 25.000
		SBK (EB) ...

---

[99] Vgl. stellvertretend *Förschle* 2012b, Anm. 119 zu § 275 HGB.

Buchungen in 2019:

(1) Festwertkonto Betriebs- und   an   Guthaben bei
      Geschäftsausstattung   Kreditinstituten   37.500 €

(2) Sonstige betriebliche   an   Festwertkonto Betriebs- und
      Aufwendungen   Geschäftsausstattung   27.500 €

Kontenmäßige Darstellung:

S	Festwertkonto Betriebs- und Geschäftsausstattung		H
	€		€
AB	65.000	(2)	27.500
(1)	37.500	SBK (EB)	75.000
	102.500		102.500

S	Guthaben bei Kreditinstituten		H
	€		€
AB	...	(1)	37.500
		SBK (EB)	...

S	Sonstige betriebliche Aufwendungen		H
	€		€
(2)	27.500	GuV (Saldo)	...

Zu beachten ist, dass Kapitalgesellschaften und ihnen gesetzlich gleichgestellte Unternehmen bei Rückgriff auf die Methode der **Gruppenbewertung** nach § 240 Abs. 4 HGB und/oder die **Methoden der Sammelbewertung** nach § 256 Satz 1 HGB gemäß § 284 Abs. 2 Nr. 4 HGB im **Anhang** die Unterschiedsbeträge pauschal für die jeweilige Gruppe ausweisen müssen, „… wenn die Bewertung im Vergleich zu einer Bewertung auf der Grundlage des letzten vor dem Abschlussstichtag bekannten Börsenkurses oder Marktpreises einen erheblichen Unterschied aufweist". Diese Angabepflicht zielt darauf ab, die durch die Anwendung von Bewertungsvereinfachungsverfahren für das Anlage- und/oder das Umlaufvermögen ermittelten Bilanzwerte im Vergleich zur Tagespreisbewertung sichtbar zu machen.[100] Allerdings kann bezüglich des Umlaufvermögens nur dann eine Angabepflicht ausgelöst werden, wenn der Börsen- oder Marktpreis erheblich über den infolge der angewandten Vereinfachungsverfahren ermittelten Bilanzwerte liegt, da anderenfalls gemäß § 253 Abs. 4 Satz 1 HGB das **strenge Niederstwertprinzip** zu einer Bilanzierung des niedrigeren Börsen- oder Marktpreises zwingt, wodurch sich kein Unterschiedsbetrag ergäbe. Ähnliches gilt für die betreffende(n) Bewertungsgruppe(n) des Anlagevermögens, wenn es sich um voraussichtlich dauerhafte Wertminderungen gemäß § 253 Abs. 3 Satz 3 HGB handelt.

c. Forderungen

c.a Bewertungs- und Ausweisfragen

Aus handels- und steuerrechtlicher Sicht sowie nach IFRS sind auch die Forderungen mit den **Anschaffungskosten** bzw. dem **niedrigeren Stichtagswert** (beizulegender Wert bzw. Teilwert) im Jahresabschluss anzusetzen (§ 253 Abs. 1 Satz 1 und Abs. 4 Satz 2 HGB, § 6 Abs. 1

---
[100] Vgl. *Ellrott* 2012a, Anm. 180 zu § 284 HGB.

Nr. 2 Sätze 1 und 2 EStG). Den Anschaffungskosten entspricht bei Forderungen des Umlaufvermögens grundsätzlich ihr **Nennwert**. Im Falle unverzinslicher oder niedrigverzinslicher Forderungen stellt hingegen der **Barwert** die Anschaffungskosten dar. Vor dem Hintergrund des strengen Niederstwertprinzips müssen Forderungen jedoch dann auf den zum Bilanzstichtag bestehenden niedrigeren Zeitwert abgeschrieben werden, wenn sie uneinbringlich sind (**endgültige Forderungsausfälle**) oder aber mit einiger Wahrscheinlichkeit ausfallen werden (**mutmaßliche Forderungsausfälle**). Unabhängig von der Abschreibungsverpflichtung ist jedoch die **Korrektur der Umsatzsteuer** zu behandeln. Eine erfolgsneutrale Berichtigung der entsprechenden Umsatzsteuerverbindlichkeit ist nach § 17 Abs. 2 Nr. 1 UStG allerdings nur im Falle der **Uneinbringlichkeit**, d. h. bei endgültigen Forderungsausfällen, zulässig. Sofern sich später eine höhere Werthaltigkeit einer berichtigten Forderung herausstellt als ursprünglich angenommen, ist eine **Zuschreibung** nach Handels- und Steuerrecht sowie nach IFRS geboten (§ 253 Abs. 5 HGB; § 6 Abs. 1 Nr. 2 Satz 3 EStG; IAS 36).

Im Rahmen der **Buchungstechnik** hat sich in der Praxis folgende Vorgehensweise durchgesetzt: Endgültige Forderungsausfälle sind **direkt**, mutmaßliche hingegen **indirekt**, d. h. über ein **Wertberichtigungs-(Delkredere-)konto**, zu erfassen.[101] Obwohl der handelsbilanzielle Ausweis indirekter Abschreibungen für Kapitalgesellschaften und ihnen gesetzlich gleichgestellte Unternehmen aufgrund von § 268 Abs. 2 HGB nicht zulässig ist, kann dennoch in der Finanzbuchhaltung bezüglich der Forderungsbewertung **indirekt abgeschrieben** werden. Allerdings muss dann bei der Erstellung des Jahresabschlusses durch entsprechende vorbereitende Abschlussbuchungen eine Korrektur des Abschreibungsausweises nach Maßgabe des direkten Verfahrens erfolgen. Die abzuschreibenden Beträge sind auf dem **Aufwandskonto** „Abschreibungen auf Forderungen" zu verbuchen, das seinerseits in der handelsrechtlichen Gewinn- und Verlustrechnung unter der Position „Sonstige betriebliche Aufwendungen" (§ 275 Abs. 2 Posten 8. HGB) zum Ausweis kommt. Die vorstehend genannten Unternehmensformen haben die über das übliche Maß hinausgehenden Forderungsabschreibungen auf einem entsprechend bezeichneten Aufwandskonto zu verbuchen und in der handelsrechtlichen Erfolgsrechnung unter der Position „Abschreibungen auf Vermögensgegenstände des Umlaufvermögens, soweit diese die ... üblichen Abschreibungen überschreiten" [§ 275 Abs. 2 Posten 7. b) HGB] auszuweisen. Wenn aufgrund höherer Werthaltigkeit von in früheren Perioden berichtigten Forderungen **Zuschreibungen** vorzunehmen sind, sind diese auf dem Konto „Sonstige betriebliche Erträge" bzw. auf einem diesbezüglichen Unterkonto (z. B. „Erträge aus Zuschreibungen") aufzuzeichnen. Ähnliches gilt für die Erträge aus der Auflösung von Wertberichtigungen zu Forderungen.

c.b Direkte und indirekte Abschreibung

Wie bereits erwähnt wurde, kommt bei **endgültigen Forderungsausfällen** nur die **direkte Abschreibungsmethode** zur Anwendung. In diesem Fall ist lediglich der Nettobetrag der Forderung erfolgswirksam auszubuchen, während gleichzeitig eine erfolgsneutrale **Berichtigung der Umsatzsteuer** vorgenommen werden muss.

---

[101] Die Methode der direkten Abschreibung ist in gleicher Weise auch bei voraussichtlichen Forderungsausfällen möglich.

II. Bilanzansatz der Höhe nach (Bewertung)

Beispiel: Der gesamte Forderungsbestand einer Einzelunternehmung beträgt zum 31.12. des Geschäftsjahres 2012 57.500 € (einschließlich 20 % Umsatzsteuer). Von diesem Betrag sind nachweislich 3.000 € (inkl. 20 % Umsatzsteuer) uneinbringlich.

Buchungssatz:

(1) – Abschreibungen auf Forderungen 2.500 € an Forderungen aus Lieferungen und Leistungen 3.000 €.
    – Umsatzsteuer 500 €

Kontenmäßige Darstellung:

S	Forderungen aus Lieferungen und Leistungen		H
	€		€
AB	...		
Z	...	(1)	3.000
		SBK (EB)	54.500
	57.500		57.500

S	Abschreibungen auf Forderungen		H
	€		€
(1)	2.500	GuV (Saldo)	...

S	Umsatzsteuer		H
	€		€
(1)	500		

Bei der **indirekten Buchungsmethode** erfolgt die Erfassung der Wertminderung durch die Bildung eines **Wertberichtigungspostens**. Im Rahmen des **Einzelwertberichtigungsverfahrens** wird zum Zwecke der Feststellung des mutmaßlichen Ausfalls jede Forderung einzeln untersucht. Sofern der Stichtagswert der betreffenden Forderung unter deren Anschaffungskosten bzw. dem letztjährigen Bilanzansatz liegt, muss eine Abwertung mit dem Buchungssatz „Abschreibungen auf Forderungen" an „Einzelwertberichtigungen zu Forderungen" erfolgen. Da der Forderungsausfall aber noch nicht endgültig feststeht (Schätzung), darf zu diesem Zeitpunkt **keine Berichtigung der Umsatzsteuer** vorgenommen werden.

Beispiel: Großhändler G hat gegenüber den nachstehend genannten Kunden Forderungen aus Warenverkäufen, bei denen in angegebener Höhe mit mutmaßlichen Forderungsausfällen zu rechnen ist.[102]

Kunden	Forderungsbetrag (einschließlich 20 % Umsatzsteuer)	Mutmaßlicher Forderungsausfall	
		prozentual	absolut
Meyer	6.000 €	10 %	600 €
Schulz	15.000 €	20 %	3.000 €
Albers	9.000 €	5 %	450 €
Summe	30.000 €	–	4.050 €

Abb. 214: Forderungsbeträge und Forderungsausfälle

Die bei **konkreten voraussichtlichen Forderungsausfällen** zu bildende **Einzelwertberichtigung** errechnet sich wie folgt.

10 %	von	6.000 €	=	600 €	−	100 € USt	=	500 €
20 %	von	15.000 €	=	3.000 €	−	500 € USt	=	2.500 €
5 %	von	9.000 €	=	450 €	−	75 € USt	=	375 €
							=	3.375 €.

Buchungssatz:

(1) Abschreibungen auf Forderungen   an   Einzelwertberichtigungen zu Forderungen   3.375 €.

Kontenmäßige Darstellung:

S	Forderungen aus Lieferungen und Leistungen		H
	€		€
AB	0	SBK (EB)	30.000
Z	6.000		
Z	15.000		
Z	9.000		
	30.000		30.000

S	Abschreibungen auf Forderungen		H
	€		€
(1)	3.375	GuV (Saldo)	...

S	Einzelwertberichtigungen zu Forderungen		H
	€		€
SBK (EB)	3.375	(1)	3.375

Unternehmen, die nicht berechtigt sind, Wertberichtigungsposten in der Bilanz auszuweisen, müssen im Rahmen des Abschlusses **zusätzlich** buchen:

> **T** Wertberichtigung zu Forderungen   an   Forderungen aus Lieferungen und Leistungen.

Folglich werden die „Forderungen aus Lieferungen und Leistungen" im Jahresabschluss mit dem um den mutmaßlichen Forderungsausfall korrigierten Betrag von 26.625 € (30.000 € − 3.375 €) angesetzt.

Im Hinblick auf den **Zahlungseingang** ursprünglich einzelwertberichtigter Forderungen sind **drei Fälle** zu unterscheiden:

(1) es geht **exakt** der wertberichtigte Forderungsbetrag ein;
(2) es geht **weniger** als der wertberichtigte Forderungsbetrag ein;
(3) es geht **mehr** als der wertberichtigte Forderungsbetrag ein.

---

[102] Es wird angenommen, dass zu Beginn des Geschäftsjahres kein Bestand an Forderungen aus Lieferungen und Leistungen vorhanden ist und außer den genannten Warenverkäufen sich in den Perioden keine weiteren Absatzgeschäfte ereignet haben.

II. Bilanzansatz der Höhe nach (Bewertung)

In diesen Fällen müssen stets die entsprechenden **Umsatzsteuerverbindlichkeiten korrigiert werden**, da nun die Entgeltsminderung endgültig feststeht. Gleiches gilt, wenn Informationen vorliegen, dass die Forderung teilweise oder vollständig uneinbringlich wird.

Beispiel: Unter Bezugnahme auf die Daten des vorherigen Beispiels sollen nun die drei genannten Fälle dargestellt werden.

Zu (1):

Im Geschäftsjahr gehen von den Kunden Meyer, Schulz und Albers Forderungen in Höhe von 25.950 € (= 30.000 € − 1,2 · 3.375 €) auf dem Bankkonto ein.

Buchungssätze:

(1) Auflösung der gebildeten Einzelwertberichtigung unter gleichzeitiger Ausbuchung des anteiligen Forderungsbetrages:
   Einzelwertberichtigungen zu Forderungen   an   Forderungen aus Lieferungen und Leistungen   3.375 €

(2) – Guthaben bei Kreditinstituten   25.950 €
    – Umsatzsteuer   675 €[a]
    an   Forderungen aus Lieferungen und Leistungen   26.625 €.

[a] 675 € = 0,2 · (25.000 € − 21.625 €).

Kontenmäßige Darstellung:

S	Forderungen aus Lieferungen und Leistungen	H		
	€			€
AB	30.000	(1)		3.375
		(2)		26.625
		SBK (EB)		0
	30.000			30.000

S	Einzelwertberichtigungen zu Forderungen	H		
	€			€
(1)	3.375	AB		3.375
SBK (EB)	0			
	3.375			3.375

S	Guthaben bei Kreditinstituten	H		
	€			€
AB	...	SBK (EB)		...
(2)	25.950			

S	Umsatzsteuer	H		
	€			€
(2)	675			

Zu (2):

Der Forderungseingang der genannten Kunden beträgt lediglich 9.000 €.

Buchungssätze:

(1) Auflösung der gebildeten Einzelwertberichtigung unter gleichzeitiger Ausbuchung des anteiligen Forderungsbetrages:
   Einzelwertberichtigungen zu Forderungen   an   Forderungen aus Lieferungen und Leistungen   3.375 €

(2) – Guthaben bei　　　　　　　　　an　　Forderungen aus Liefe-
　　　Kreditinstituten　　9.000 €　　　　　rungen und Leistungen　26.625 €.
　　– Umsatzsteuer　　　3.500 €^{a}
　　– Abschreibungen auf
　　　Forderungen　　　14.125 €^{b}

^{a} 3.500 € = 0,2 · (25.000 € – 7.500 €).
^{b} 14.125 € = 25.000 € – 7.500 € – 3.375 €.

Kontenmäßige Darstellung:

S	Forderungen aus Lieferungen und Leistungen		H
	€		€
AB	30.000	(1)	3.375
		(2)	26.625
		SBK (EB)	0
	30.000		30.000

S	Einzelwertberichtigungen zu Forderungen		H
	€		€
(1)	3.375	AB	3.375
SBK (EB)	0		
	3.375		3.375

S	Guthaben bei Kreditinstituten		H
	€		€
AB	...		
(2)	9.000	SBK (EB)	...

S	Umsatzsteuer		H
	€		€
(2)	3.500		

S	Abschreibungen auf Forderungen		H
	€		€
(2)	14.125	GuV (Saldo)	...

Zu (3):

Der Forderungseingang der genannten Kunden beträgt wider Erwarten 28.800 €.

Buchungssätze:

(1) Auflösung der gebildeten Einzelwertberichtigung unter gleichzeitiger Ausbuchung des anteiligen Forderungsbetrages:
　　Einzelwertberichtigungen zu　　an　　Forderungen aus Liefe-
　　Forderungen　　　　　　　　　　　　rungen und Leistungen　3.375 €
(2) – Guthaben bei　　　　　　　　　an　　– Forderungen aus
　　　Kreditinstituten　　28.800 €　　　　　Lieferungen und
　　　　　　　　　　　　　　　　　　　　　Leistungen　　　　　26.625 €
　　– Umsatzsteuer　　　200 €^{a}　　　　– Sonstige betriebliche
　　　　　　　　　　　　　　　　　　　　　Erträge　　　　　　2.375 €^{b}.

^{a} 200 € = 0,2 · (25.000 € – 24.000 €).
^{b} 2.375 € = 3.375 € – 25.000 € + 24.000 €.

II. Bilanzansatz der Höhe nach (Bewertung)

Kontenmäßige Darstellung:

S	Forderungen aus Lieferungen und Leistungen		H
	€		€
AB	30.000	(1)	3.375
		(2)	26.625
		SBK (EB)	0
	30.000		30.000

S	Einzelwertberichtigungen zu Forderungen		H
	€		€
(1)	3.375	AB	3.375
SBK (EB)	0		
	3.375		3.375

S	Guthaben bei Kreditinstituten		H
	€		€
AB	...		
(2)	28.800	SBK (EB)	...

S	Umsatzsteuer		H
	€		€
(2)	200		

S	Sonstige betriebliche Erträge		H
	€		€
GuV (Saldo)	...	(2)	2.375

Ergänzend zu dem Verfahren der Einzelwertberichtigung muss abweichend zu den IFRS im Handelsrecht die Methode der **Pauschalwertberichtigung** zur Anwendung kommen. Hierbei wird auf den gesamten Forderungsbestand oder nur auf bestimmte Forderungsgruppen ein **pauschaler Prozentsatz** angewandt, mit dessen Hilfe das **allgemeine Kreditrisiko** berücksichtigt werden soll. Der angesprochene Pauschalsatz ist unter Zugrundelegung der ungünstigsten Prognose hinsichtlich des in den Forderungen latent enthaltenen Ausfallrisikos zu schätzen.[103] Da bei Forderungen an **öffentlich-rechtliche Körperschaften** (z. B. Bund, Land, Gemeinde) ein allgemeines Kreditrisiko grundsätzlich nicht besteht, sind diese aus der Bemessungsgrundlage zur Berechnung der Pauschalwertberichtigung (Bruttobetrag der Forderungen abzüglich enthaltener Umsatzsteuer) zu eliminieren. Dasselbe gilt für bereits während des Geschäftsjahres endgültig abgeschriebene sowie einzelwertberichtigte Forderungen.

Zum Bilanzstichtag werden der Anfangs- und Endbestand des pauschal gebildeten Wertberichtigungspostens einander gegenübergestellt. Durch die erfolgswirksame Buchung des Differenzbetrags wird das Wertberichtigungskonto dann dem aktuellen Stand angepasst (**Auf- oder Abstockung**). Die entsprechenden Buchungssätze lauten wie folgt:

(1) Anfangsbestand < Endbestand (Aufstockung):

Abschreibungen auf Forderungen	an	Pauschalwertberichtigungen zu Forderungen.

---

[103] Vgl. ebenso *Kozikowski/Roscher* 2012, Anm. 586 f. zu § 253 HGB.

(2) Anfangsbestand > Endbestand (Abstockung):

Pauschalwertberichtigungen zu Forderungen	an	Sonstige betriebliche Erträge.

Beispiel: Der Bestand aller Forderungen eines Unternehmens beträgt zum 31.12. des Geschäftsjahres 2012 270.000 € (einschließlich 20 % Umsatzsteuer). Als Prozentsatz zur Berücksichtigung des allgemeinen Kreditrisikos, das den gesamten Forderungsbestand bedroht, wird ein Wert von 3 % zugrunde gelegt. Der Wertberichtigungsposten errechnet sich wie nachstehend gezeigt.

	Gesamter Forderungsbestand (inkl. 20 % Umsatzsteuer)	270.000 €
–	20 % Umsatsatzsteuer	45.000 €
=	Bemessungsgrundlage der Pauschalwertberichtigung	225.000 €.

Der im Schlussbilanzkonto anzusetzende Pauschalwertberichtigungsbetrag beträgt 6.750 € (= 0,03 · 225.000 €).

Buchungssatz:

(1) Abschreibungen auf Forderungen an Pauschalwertberichtigungen zu Forderungen 6.750 €.

Kontenmäßige Darstellung:

S	Forderungen aus Lieferungen und Leistungen		H
	€		€
AB	...	Ag	...
Z	...	SBK (EB)	270.000
	...		...

S	Abschreibungen zu Forderungen		H
	€		€
(1)	6.750	GuV (Saldo)	...

S	Pauschalwertberichtigungen zu Forderungen		H
	€		€
SBK (EB)	6.750	AB	0
		(1)	6.750
	6.750		6.750

Am Ende des Geschäftsjahres beträgt der gesamte Forderungsbestand 228.000 € (einschließlich 20 % Umsatzsteuer). Allerdings beinhaltet dieser Betrag eine Forderung gegen eine Gebietskörperschaft in Höhe von 84.000 € (inkl. 20 % Umsatzsteuer). Der Wertberichtigungsposten lässt sich nunmehr wie folgt ermitteln:

	Gesamtbestand der Forderungen (einschließlich 20 % Umsatzsteuer)	228.000 €
−	Forderung gegen die Gebietskörperschaft	84.000 €
=		144.000 €
−	20 % Umsatzsatzsteuer	24.000 €
=	Bemessungsgrundlage der Pauschalwertberichtigung	120.000 €.

Der im Schlussbilanzkonto anzusetzende Pauschalwertberichtigungsbetrag beträgt 3.600 € (0,03 · 120.000 €).

Buchungssatz:

(1) Pauschalwertberichtigungen zu Forderungen   an   Sonstige betriebliche Erträge   3.150 €[a].

[a] 3.150 € = 6.750 € − 3.600 €.

Kontenmäßige Darstellung:

S	Forderungen aus Lieferungen und Leistungen		H
	€		€
AB	270.000	Ag	...
Z	...	SBK (EB)	...

S	Sonstige betriebliche Erträge		H
	€		€
GuV (Saldo)	...	(1)	3.150

S	Pauschalwertberichtigungen zu Forderungen		H
	€		€
(1)	3.150	AB	6.750
SBK (EB)	3.600		
	6.750		6.750

Schließlich besteht die Möglichkeit, sowohl die einzel- als auch die pauschalwertberichtigungspflichtigen Beträge buchungstechnisch auf einem Wertberichtigungskonto zu erfassen (**gemischtes Verfahren**). Bei dieser Methode ist wiederum zu berücksichtigen, dass Forderungen, die in der Referenzperiode **einzeln** bewertet sind (aufgrund direkter Abschreibung oder Einzelwertberichtigung) **nicht** in die Bemessungsgrundlage zur Berechnung der Pauschalwertberichtigung einbezogen werden dürfen. Endgültige Forderungsausfälle sind auch bei Anwendung des gemischten Verfahrens über die Aufwandskategorie „Abschreibungen auf Forderungen" auszubuchen. Die Anpassung des Bestandes auf dem Konto „Wertberichtigungen zu Forderungen" wird bei der **Nettomethode** durch die Auf- bzw. Abstockung am Ende des Geschäftsjahres vorgenommen. In diesem Fall bleiben jedoch die den entsprechenden Auf- bzw. Abstockungsbeträgen zugrunde liegenden Ursachen (z. B. Einzelwertberichtigungen, Ausfälle und Korrekturen einzeln bewerteter Forderungen sowie Änderung der

Pauschalwertberichtigung) verborgen. Bei der **Bruttoverbuchung** hingegen werden die jeweiligen Komponenten auf den entsprechenden Erfolgskonten sichtbar; der Endbestand auf dem Wertberichtigungskonto ergibt sich dann als Saldo.

> Beispiel: Der gesamte Forderungsbestand eines Unternehmens beträgt zum 31.12. des Geschäftsjahres 2012 54.000 € (einschließlich 20 % Umsatzsteuer). Der Endbestand des Wertberichtigungskontos belief sich zum 31.12. des Geschäftsjahres 2011 auf einen Wert von 3.500 €. Dieser Betrag beinhaltet Einzelwertberichtigungen für mutmaßliche Forderungsausfälle der Kunden Gottlieb und Schüler in Höhe von 1.000 € bzw. 500 €. Die den Einzelwertberichtigungen zugrunde liegenden Forderungen sind noch im Gesamtforderungsbestand zum 31.12.2012 enthalten und belaufen sich bei Gottlieb auf 4.800 € und bei Schüler auf 6.000 € (jeweils inkl. 20 % Umsatzsteuer). Allerdings liegen Informationen vor, dass diese Forderungen zum 31.12.2012 endgültig mit 18,75 % (Gottlieb) und 12 % (Schüler) ausfallen werden. Als Prozentsatz zur Berechnung der Pauschalwertberichtigung wird ein Wert von 4 % für das Geschäftsjahr 2012 als angemessen erachtet.
>
> Der Wertberichtigungsbetrag zum 31.12.2012 errechnet sich wie folgt:
>
> | | | |
> |---|---:|---:|
> | Gesamter Forderungsbestand zum 31.12.2012 | | 54.000 € |
> | − direkt abgeschriebener Teil der Forderung gegen den Kunden Gottlieb (0,1875 € · 4.800 €) | | 900 € |
> | − direkt abgeschriebener Teil der Forderung gegen den Kunden Schüler (0,12 · 6.000 €) | | 720 € |
> | = | | 52.380 € |
> | − 20 % Umsatzsteuer | | 8.730 € |
> | − Bemessungsgrundlage der Pauschalwertberichtigung zum 31.12.2012 | | 43.650 € |
> | Pauschalwertberichtigungsbetrag zum 31.12.2012 (0,04 · 43.650 €) | | 1.746 € |
> | − Wertberichtigung zum 31.12.2011 | | 3.500 € |
> | = Abstockungsbetrag des Wertberichtigungspostens | (−) | 1.754 € |
>
> Buchungssätze:
>
> (1) Aufwandswirksame Berichtigung des Forderungsbestands um die endgültigen Forderungsfälle bei den Kunden Gottlieb und Schüler (einschließlich der erforderlichen Umsatzsteuerkorrektur):
>
> | | | | | |
> |---|---:|---|---|---:|
> | − Abschreibungen auf Forderungen | 1.350 € | an | Forderungen aus Lieferungen und Leistungen | |
> | − Umsatzsteuer | 270 € | | | 1.620 €. |
>
> (2) Erfassung des Abstockungsbetrags als sonstigen betrieblichen Ertrag:
>
> | | | | |
> |---|---|---|---:|
> | Wertberichtigungen zu Forderungen | an | Sonstige betriebliche Erträge | 1.754 €. |

II. Bilanzansatz der Höhe nach (Bewertung)

Kontenmäßige Darstellung:

S	Forderungen aus Lieferungen und Leistungen		H
	€		€
AB	...	Ag	...
Z	...	(1)	1.620
		SBK (EB)	52.380

S	Abschreibungen auf Forderungen		H
	€		€
(1)	1.350	GuV (Saldo)	...

S	Wertberichtigungen zu Forderungen		H
	€		€
(2)	1.746	AB	3.500
SBK (EB)	1.746		
	3.500		3.500

S	Umsatzsteuer		H
	€		€
(1)	270		

S	Sonstige betriebliche Erträge		H
	€		€
GuV (Saldo)	...	(2)	1.754

Der Abstockungsbetrag von 1.754 € lässt sich in folgende Komponenten zerlegen:

	Betrag, der sich auf den endgültigen Ausfall der im Geschäftsjahr 2011 einzelwertberichtigten Forderungen bezieht	1.350 €
+	Betrag, der sich auf die im Verhältnis zum endgültigen Forderungsausfall zu hohe Einzelwertberichtigung bezieht [1.500 € (2011) − 1.350 € (2012)]	150 €
+	Betrag, der sich auf die gesunkene Pauschalwertberichtigung bezieht [2.000 € (2011) − 1.746 € (2012)]	254 €
=	erfolgswirksame Abstockung	1.754 €.

Alternativ könnte aber auch folgende Bruttoverbuchung vorgenommen werden.

Buchungssätze:

(1)	– Abschreibungen auf Forderungen	1.350 €	an	Forderungen aus Lieferungen und Leistungen	1.620 €
	– Umsatzsteuer	270 €			
(2)	Wertberichtigungen zu Forderungen		an	Sonstige betriebliche Erträge	1.350 €
(3)	Wertberichtigungen zu Forderungen		an	Sonstige betriebliche Erträge	150 €
(4)	Wertberichtigungen zu Forderungen		an	Sonstige betriebliche Erträge	254 €.

Kontenmäßige Darstellung:

S	Forderungen aus Lieferungen und Leistungen		H
	€		€
AB	...	Ag	...
Z	...	(1)	1.620
		SBK (EB)	52.380

S	Abschreibungen auf Forderungen		H
	€		€
(1)	1.350	GuV (Saldo)	...

S	Wertberichtigungen zu Forderungen		H
	€		€
(2)	1.350	AB	3.500
(3)	150		
(4)	254		
SBK (EB)	1.746		
	3.500		3.500

S	Umsatzsteuer		H
	€		€
(1)	270		

S	Sonstige betriebliche Erträge		H
	€		€
GuV (Saldo)	...	(2)	1.350
		(3)	150
		(4)	254

3. Entnahmen und Einlagen

a. Grundlegendes

Unter dem Terminus „**Entnahmen**" sind alle Vermögensgüter und geldwerten Vorteile zu verstehen, die der Eigner für **betriebsfremde Zwecke** während des Geschäftsjahres dem Unternehmen entnommen bzw. zu Lasten des Unternehmens in Anspruch genommen hat (z. B. finanzielle Mittel, Sachen, Nutzungen und Leistungen).[104] Da die durch Entnahmen bewirkte Eigenkapitalminderung nicht aus der Geschäftstätigkeit des Unternehmens resultiert, sondern Folge privat veranlasster Transaktionen des Inhabers ist, müssen die Entnahmen im Rahmen des **Betriebsvermögensvergleichs**[105] storniert werden. Andernfalls würde der Periodenerfolg um genau diesen Betrag zu niedrig ausgewiesen. **Einlagen** stellen demgegenüber alle Vermögensgüter und geldwerten Vorteile dar, die der Eigner dem Unternehmen während des Geschäftsjahres von **außen** zugeführt hat (§ 4 Abs. 1 Satz 5 EStG). Bar-, Sach-, Nutzungs- und Leistungseinlagen ziehen Erhöhungen des Eigenkapitals nach sich, die jedoch wiederum nicht aus der Geschäftstätigkeit hervorgegangen sind und deshalb beim Betriebsvermögensvergleich in Abzug gebracht werden müssen, da andernfalls in den Periodenerfolg nicht betrieblich erwirtschaftete Werte einfließen würden.

---

[104] Vgl. § 4 Abs. 1 Satz 2 EStG.
[105] Vgl. hierzu die Ausführungen im Zweiten Teil zu Gliederungspunkt VII.B.

II. Bilanzansatz der Höhe nach (Bewertung)

Während Bar- und Sachentnahmen den Charakter von **Substanzentnahmen** tragen (dem Unternehmen werden Vermögensgüter für betriebsfremde Zwecke entzogen), lässt sich die Entnahme von Nutzungen und Leistungen (z. B. private Inanspruchnahme eines im Unternehmensvermögen befindlichen Fahrzeugs bzw. die Verwendung betrieblicher Arbeitskräfte für den Bau des privaten Bungalows) als **Aufwands(korrektur)entnahme** klassifizieren.[106] Umgekehrt bewirken Bar- und Sacheinlagen eine Mehrung der Unternehmenssubstanz; ebenso können Nutzungs- und Leistungseinlagen (z. B. Vornahme betrieblich bedingter Fahrten mit einem privaten PKW bzw. der Einsatz privater Hausangestellter für betriebliche Arbeiten) als **Aufwands(korrektur)einlagen** bezeichnet werden. Den vorstehenden Ausführungen lässt sich entnehmen, dass die eingangs vorgenommene grundlegende Zuordnung von Entnahmen und Einlagen zur Gruppe derjenigen Geschäftsvorfälle, die das Eigenkapital erfolgsneutral verändern, nicht mehr aufrecht zu erhalten ist.[107] Dies gilt insbesondere für **Nutzungs- und Leistungsentnahmen sowie für Nutzungs- und Leistungseinlagen**, aber auch für **Sachentnahmen**, wenn sie mit einem vom Buchwert abweichenden Betrag angesetzt werden müssen.

> **Beispiel:** Das Eigenkapital eines Unternehmens beträgt zu Beginn des Geschäftsjahres 2012 150.000 € und am Ende 130.000 €. Außer der Entnahme eines Grundstücks und der Einlage barer Mittel in Höhe von 25.000 € sind keine weiteren Geschäftsvorfälle in der Periode angefallen. Es sollen drei Fälle betrachtet werden:
>
> (1) Entnahme des Grundstücks zum Buchwert   von 45.000 €,
> (2) Entnahme des Grundstücks zum Marktwert   von 60.000 €,
> (3) Entnahme des Grundstücks zum Marktwert   von 35.000 €.
>
> Die nachfolgende **Abbildung 215** zeigt die erfolgsmäßigen Auswirkungen der drei Fälle.
>
> Fall (1) bringt zum Ausdruck, dass die Veränderung des Eigenkapitals während der Periode im Umfange von – 45.000 € (Grundstücksentnahme) und + 25.000 € (Bareinlage) in voller Höhe durch die Berücksichtigung der Entnahme und der Einlage kompensiert (storniert) wird und damit keine Auswirkung auf den Unternehmenserfolg hat. In den Fällen (2) und (3) wird hingegen die Eigenkapitalverminderung aufgrund der Entnahme in Höhe der Differenz zwischen Markt- und Buchwert des Grundstücks über- bzw. unterkompensiert, wodurch im Fall (2) ein Unternehmensgewinn und im Fall (3) ein Unternehmensverlust entsteht. Nachfolgend ist für den Fall (2) der buchungstechnische Ablauf wiedergegeben, wobei aus Vereinfachungsgründen unterstellt wird, dass das Unternehmen über kein Fremdkapital verfügt und das Eigenkapital am Anfang der Periode sich je zur Hälfte auf die Bilanzposten „Grundstücke" und „Kasse" verteilt.

---

[106] Vgl. *Hennrichs* 2013, Anm. 362 zu § 9.
[107] Vgl. hierzu die Ausführungen im Zweiten Teil zu Gliederungspunkt I.B.3.d.d.c und I.B.3.e.

Komponenten des Eigenkapitalvergleichs (alle Werte in €)	Fall (1)	Fall (2)	Fall (3)
Eigenkapital am Ende der Periode	130.000	130.000	130.000
− Eigenkapital am Anfang der Periode	150.000	150.000	150.000
+ Wert der Entnahmen	45.000	60.000	35.000
− Wert der Einlagen	25.000	25.000	25.000
= Unternehmenserfolg	0	+ 15.000	− 10.000

Abb. 215: Erfolgsermittlung durch Eigenkapitalvergleich

Buchungssätze:

(1)	Privatkonto	60.000 €	an	− Grundstücke − Sonstige betriebliche Erträge	45.000 € 15.000 €
(2)	Kasse		an	Privatkonto	25.000 €
(3)	Sonstige betriebliche Erträge		an	GuV-Konto	15.000 €
(4)	GuV-Konto		an	Eigenkapital	15.000 €
(5)	Eigenkapital		an	Privatkonto	35.000 €
(6)	Schlussbilanzkonto		an	Grundstücke	30.000 €
(7)	Schlussbilanzkonto		an	Kasse	100.000 €
(8)	Eigenkapital		an	Schlussbilanzkonto	130.000 €.

Kontenmäßige Darstellung:

S	Grundstücke		H
	€		€
AB	75.000	(1)	45.000
		(6) SBK (EB)	30.000
	75.000		75.000

S	Kasse		H
	€		€
AB	75.000	(7) SBK (EB)	100.000
(2)	25.000		
	100.000		100.000

S	Eigenkapital		H
	€		€
(5) Privat	35.000	AB	150.000
(8) SBK (EB)	130.000	(4) Gewinn	15.000
	165.000		165.000

S	Privatkonto		H
	€		€
(1)	60.000	(2)	25.000
		(5) Eigenkapital	35.000
	60.000		60.000

II. Bilanzansatz der Höhe nach (Bewertung)

S	Sonstige betriebliche Erträge		H
	€		€
(3) GuV (Saldo)	15.000	(1)	15.000

S	Gewinn- und Verlustkonto		H
	€		€
(4) Gewinn	15.000	(3) Sonstige betriebliche Erträge	15.000

S	Schlussbilanzkonto		H
	€		€
(6) Grundstücke	30.000	(8) Eigenkapital	130.000
(7) Kasse	100.000		
	130.000		130.000

b. Steuerrechtliche Spezialregelungen

Im **Handelsrecht und nach IFRS** existieren keine Regelungen, die sich auf die Bewertung von Einlagen und Entnahmen beziehen. Nach h. M. sind **Sacheinlagen** im handelsrechtlichen und internationalen Jahresabschluss höchstens mit ihrem **Zeitwert** zu bilanzieren. Allerdings können die eingebrachten Gegenstände z. B. bei Personengesellschaften nach Maßgabe der Vereinbarungen zwischen den Gesellschaftern auch mit einem unter dem Verkehrswert (Zeitwert) liegenden Betrag angesetzt werden. Grundsätzlich gilt der Zeitwert ebenfalls als Bewertungsmaßstab für den bilanziellen Ansatz von **Sachentnahmen**. Aber auch hier können spezifische Vereinbarungen der Gesellschafter eine abweichende Bewertung bedingen. Im Gegensatz zum Handelsrecht und den IFRS ist die Bewertung von Entnahmen und Einlagen aufgrund spezieller Zielsetzungen steuerrechtlich explizit geregelt. Deshalb dürfen von diesen Vorschriften abweichende Wertansätze gemäß § 5 Abs. 6 EStG bei der steuerrechtlichen Gewinnermittlung keine Berücksichtigung finden (**Durchbrechung des Maßgeblichkeitsprinzips**). Darüber hinaus existieren im **Umsatzsteuerrecht** in Bezug auf bestimmte Entnahmearten spezifische Einzelregelungen, die im Rahmen der Finanzbuchhaltung berücksichtigt werden müssen.

§ 6 Abs. 1 Nr. 4 Satz 1 EStG bestimmt, dass **Entnahmen** grundsätzlich mit dem **Teilwert** anzusetzen sind. Dem Teilwert entspricht der Betrag, den ein Erwerber des ganzen Betriebes im Rahmen des Gesamtkaufpreises für das einzelne Wirtschaftsgut ansetzen würde (§ 6 Abs. 1 Nr. 1 Satz 3 1. HS EStG). Da der **fiktive Unternehmenserwerber** für ein Wirtschaftsgut regelmäßig den Betrag zu zahlen bereit wäre, den dieser für den Gegenstand auf dem Beschaffungsmarkt aufwenden müsste, deckt sich der Teilwert grundsätzlich mit den **aktuellen Wiederbeschaffungskosten**. Hintergrund der angesprochenen Entnahmeregelung ist die Absicht des Gesetzgebers, Wertänderungen von Wirtschaftsgütern (Buchwert ≠ Teilwert), die während ihrer Zugehörigkeit zum Betriebsvermögen entstanden sind, auch in dieser Sphäre ertragsteuerlich zu erfassen.[108] Bei den **Barentnahmen** stimmt der Teilwert stets mit dem Nennbetrag der dem Betrieb entzogenen finanziellen Mittel überein.

---

[108] Allerdings existieren einige Ausnahmeregelungen vom Prinzip des Teilwertansatzes. So ist in folgenden Fällen eine Bewertung zum Buchwert mit der Konsequenz einer erfolgsneutralen Entnahme möglich:

> **Beispiel:**
>
> (1) Entnahme von 2.500 € aus der Geschäftskasse des Unternehmens für private Zwecke.
> (2) Begleichung einer privaten Schuld in Höhe von 1.600 € durch Überweisung vom betrieblichen Bankkonto.
>
> Buchungssätze:
>
> (1) Privatkonto   an   Kasse   2.500 €
> (2) Privatkonto   an   Guthaben bei
>   Kreditinstituten   1.600 €.
>
> Kontenmäßige Darstellung der Geschäftsvorgänge:
>
> | S | Kasse | | H |
> |---|---|---|---|
> | | € | | € |
> | AB | ... | (1) | 2.500 |
>
> | S | Guthaben bei Kreditinstituten | | H |
> |---|---|---|---|
> | | € | | € |
> | AB | ... | (2) | 1.600 |
>
> | S | Privatkonto | | H |
> |---|---|---|---|
> | | € | | € |
> | (1) | 2.500 | Eigenkapi- | 4.100 |
> | (2) | 1.600 | tal (Saldo) | |

Sachentnahmen (z. B. Grundstücke, Maschinen, Waren, Wertpapiere) können sowohl **erfolgsneutrale** als auch **erfolgswirksame Geschäftsvorfälle** darstellen. Die Erfolgsbezogenheit hängt davon ab, ob der auf dem Bestandskonto ausgewiesene Buchwert dem Teilwert des entnommenen Gegenstandes entspricht oder von ihm abweicht. Sofern im letzteren Fall der Teilwert den Buchwert übersteigt, entsteht ein **Ertrag**, der auf dem Konto „Sonstige betriebliche Erträge" zu erfassen ist. Liegt hingegen der Teilwert unter dem Buchwert, ergibt sich ein **Aufwand**, der auf dem Konto „Sonstige betriebliche Aufwendungen" aufgezeichnet werden muss. Eine Möglichkeit zur Erfassung der unentgeltlichen Wertabgabe (**Aufzeichnungsalternative I**) besteht darin, das Privatkonto mit dem Teilwert der entnommenen Wirtschaftsgüter zuzüglich der gegebenenfalls darauf entfallenden Umsatzsteuer zu belasten. Im Falle der Konstellation Teilwert ≠ Buchwert erfolgen die Gegenbuchungen auf

- dem **betreffenden Bestandskonto** (Ausbuchung der entnommenen Sache zum Buchwert),
- dem **Umsatzsteuerkonto** (im Falle der unentgeltlichen Wertabgabe[109] bemisst sich gemäß § 10 Abs. 4 Nr. 1 UStG die Umsatzsteuer nach dem Einkaufspreis zuzüglich der Nebenkosten für den Gegenstand oder für einen gleichartigen Gegenstand oder mangels eines Einkaufspreises nach den Selbstkosten, jeweils bezogen auf den Entnahmezeit-

---

(1) Bei Verfolgung gesellschaftspolitischer Zwecke im Falle unentgeltlicher Überlassung von Wirtschaftsgütern an bestimmte (steuerbefreite) Institutionen; dies gilt jedoch nicht für Nutzungs- und Leistungsentnahmen (§ 6 Abs. 1 Nr. 4 Sätze 4 und 5 EStG).
(2) Bei Abgabe von Wirtschaftsgütern eines Unternehmens an ein anderes Unternehmen desselben Steuerpflichtigen, wenn die Versteuerung der stillen Reserven (Teilwert > Buchwert) im übernehmenden Betrieb gesichert ist (§ 6 Abs. 5 Satz 1 EStG).

[109] Vgl. hierzu die Ausführungen im Zweiten Teil zu Gliederungspunkt II.A.3.c.c.b.

II. Bilanzansatz der Höhe nach (Bewertung)

punkt, d. h. die umsatzsteuerliche Bemessungsgrundlage bilden grundsätzlich die Wiederbeschaffungskosten und somit den Teilwert der entnommenen Sache),
- dem **Erfolgskonto** (Verbuchung des Unterschiedsbetrages zwischen Teil- und Buchwert).

Bei Anwendung der **Aufzeichnungsalternative II**, mit der den umsatzsteuerrechtlichen Aufzeichnungspflichten nach § 22 Abs. 2 Nr. 3 UStG Rechnung getragen wird, werden die Gegenbuchungen

- auf dem **Hilfskonto „Unentgeltliche Wertabgaben/…"** (Aufzeichnung der umsatzsteuerlichen Bemessungsgrundlage, die – wie vorstehend bereits ausgeführt – grundsätzlich dem Teilwert entspricht) und
- auf dem **Umsatzsteuerkonto**

vorgenommen.[110] Anschließend erfolgt eine Umbuchung des Betrags vom Hilfskonto „Unentgeltliche Wertabgaben" auf das betreffende Bestandskonto und – sofern sich Abweichungen zwischen dem Buch- und Teilwert des entnommenen Gegenstandes ergeben – auf das entsprechende Erfolgskonto.

> **Beispiel:** Am 31.12. des Geschäftsjahres 2012 wird für private Zwecke ein PKW aus dem Betriebsvermögen entnommen, dessen Buchwert 6.000 € beträgt. Der Teilwert, der der umsatzsteuerlichen Bemessungsgrundlage entspricht, liegt im Entnahmezeitpunkt bei 7.000 €.
>
> **Buchung entsprechend der Aufzeichnungsalternative I:**
>
> (1) Privatkonto 8.400 € an – Betriebs- und Geschäftsausstattung 6.000 €
> – Sonstige betriebliche Erträge 1.000 €
> – Umsatzsteuer 1.400 €.
>
> Kontenmäßige Darstellung:
>
> | S | Betriebs- und Geschäftsausstattung | | H |
> |---|---|---|---|
> | | € | | € |
> | AB | … | (1) | 6.000 |
>
> | S | Umsatzsteuer | | H |
> |---|---|---|---|
> | | € | | € |
> | | | (1) | 1.400 |
>
> | S | Privatkonto | | H |
> |---|---|---|---|
> | | € | | € |
> | (1) | 8.400 | Eigenkapital (Saldo) | … |
>
> | S | Sonstige betriebliche Erträge | | H |
> |---|---|---|---|
> | | € | | € |
> | GuV (Saldo) | … | (1) | 1.000 |

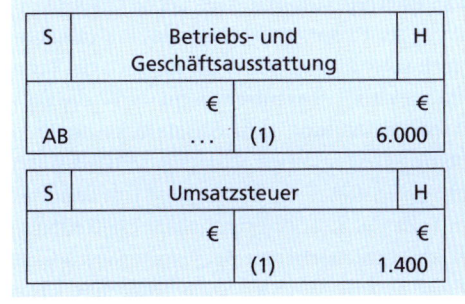

---

[110] Nach § 22 Abs. 2 Nr. 3 UStG ist der Unternehmer verpflichtet, die Bemessungsgrundlagen für die unentgeltliche Wertabgabe – ebenfalls aufgegliedert nach steuerpflichtigen und steuerfreien Umsätzen sowie nach Steuersätzen – aufzuzeichnen. Sollen die Aufzeichnungspflichten im Rahmen der Finanzbuchhaltung erfüllt werden, so hat der Unternehmer zur Erfassung der Bemessungsgrundlagen – unterschiedlich besteuerte Bestände der unentgeltlichen Wertabgaben vorausgesetzt – Hilfskonten zu führen.

Buchung entsprechend der Aufzeichnungsalternative II:

(1)	Privatkonto	8.400 €	an	– Unentgeltliche Wertabgabe/ Regelsteuersatz	7.000 €
				– Umsatzsteuer	1.400 €
(2)	Unentgeltliche Wertabgabe/ Regelsteuersatz	7.000 €	an	– Betriebs- und Geschäftsausstattung	6.000 €
				– Sonstige betriebliche Erträge	1.000 €.

Kontenmäßige Darstellung:

S	Betriebs- und Geschäftsausstattung	H
	€	€
AB	... (2)	6.000

S	Umsatzsteuer	H
	€	€
	(1)	1.400

S	Sonstige betriebliche Erträge	H
	€	€
GuV (Saldo) ...	(2)	1.000

S	Privatkonto	H
	€	€
(1) 8.400	Eigenkapital (Saldo)	...

S	Unentgeltliche Wertabgabe/Regelsteuersatz	H
	€	€
(2) 7.000	(1)	7.000

Während im Falle von **Nutzungsentnahmen** nicht das Wirtschaftsgut selbst dem Betrieb entzogen wird, sondern der Gegenstand lediglich zur Realisierung von außerhalb des Unternehmens liegenden Zwecken (teilweisen) Einsatz findet, spricht man von **Leistungsentnahmen**, wenn im Betrieb beschäftigte Arbeitnehmer in der Privatsphäre des Inhabers Tätigkeiten verrichten. Wie eingangs erwähnt wurde, tragen sowohl die Nutzungs- als auch die Leistungsentnahmen den Charakter von **Aufwands(korrektur)entnahmen**, denn durch die Entnahmebuchungen werden die bereits in der Finanzbuchhaltung zum Ansatz gekommenen Aufwendungen in Höhe des auf die private Nutzung bzw. Inanspruchnahme entfallenden Anteils an den Gesamtkosten (i. S. v. Selbstkosten) berichtigt. Der die Nutzung (im Falle der Nutzungsentnahme) bzw. Inanspruchnahme (in Falle der Leistungsentnahme) betreffende Anteil an den Selbstkosten entspricht sowohl der umsatzsteuerlichen Bemessungsgrundlage als auch grundsätzlich dem Teilwert.[111] Analog zur Verbuchung der Sachentnahmen kann auch die Erfassung von Nutzungs- und Leistungsentnahmen nach Aufzeichnungsalternative I oder II erfolgen.

---

[111] Vgl. hierzu *Kulosa* 2013, Anm. 506 f. zu § 6 EStG.

II. Bilanzansatz der Höhe nach (Bewertung)

Beispiel: Zum Betriebsvermögen eines Kaufmanns gehört ein PKW, der am 31.12. des Geschäftsjahres 2012 mit 8.000 € und am 31.12. der Periode 2013 mit 4.000 € zu Buche stand. Die im Wirtschaftsjahr 2013 neben den planmäßigen Abschreibungen (4.000 €) angefallenen Aufwendungen für das Fahrzeug [Benzin, Öl, Reparaturen, KFZ-Versicherung, KFZ-Steuer (150 €)] belaufen sich auf 3.000 €. Die Gesamtfahrleistung des PKW in der Periode 2013 betrug 40.000 km, wovon 10.000 km auf Privatfahrten entfielen. Entsprechend den Fahrleistungen errechnet sich der private Nutzungsanteil mit

$$\frac{10.000 \text{ km}}{40.000 \text{ km}} \cdot 100 = 25\,\%.$$

Mithin sind von den gesamten PKW-Aufwendungen 1.750 € (25 % · 7.000 €) als Nutzungsentnahme auszubuchen. Darüber hinaus ist das Privatkonto zusätzlich mit der hierauf entfallenden Umsatzsteuer von 350 € (20 % von 1.750 €) zu belasten.[112]

Buchungen gemäß der Aufzeichnungsalternative I:

(1) Abschreibungen auf Sachanlagen   an   Betriebs- und
                                                   Geschäftsausstattung   4.000 €
(2) – Betriebliche Steuern   150 €   an   Kasse und/oder
     – Sonstige betriebliche   Guthaben bei
       Aufwendungen[113]   2.850 €   Kreditinstituten   3.280 €
     – Vorsteuer[114]   280 €
(3) Privatkonto   2.100 €   an   – Abschreibungen auf
                                                     Sachanlagen   1.000 €
                                                   – Betriebliche Steuern   37,50 €
                                                   – Sonstige betriebliche
                                                     Aufwendungen   712,50 €
                                                   – Umsatzsteuer   350 €.

Kontenmäßige Darstellung (ohne Finanzkonto):

S	Betriebs- und Geschäftsausstattung		H
	€		€
AB	8.000	(1)	4.000
		SBK (EB)	4.000
	__8.000__		__8.000__

S	Vorsteuer		H
	€		€
(2)	280		

---

[112] Vgl. § 10 Abs. 4 Nr. 2 UStG.
[113] Vorstehendem Beispiel liegt die Annahme zugrunde, dass außer den Abschreibungen und der KFZ-Steuer sämtliche im Zusammenhang mit dem Fahrzeug angefallenen Kosten auf dem Konto „Sonstige betriebliche Aufwendungen" erfasst werden.
[114] Die Vorsteuer auf die getätigten umsatzsteuerpflichtigen Aufwendungen soll sich auf 280 € belaufen.

S	Umsatzsteuer	H
	€	€
	(3)	350

S	Privatkonto	H
	€	€
(3) 2.100	Eigenkapital (Saldo)	...

S	Abschreibungen auf Sachanlagen	H
	€	€
(1) 4.000	(3) 1.000 GuV (Saldo)	...

S	Betriebliche Steuern	H
	€	€
(2) 150	(3) 37,50 GuV (Saldo)	...

S	Sonstige betriebliche Aufwendungen	H
	€	€
(2) 2.850	(3) 712,50 GuV (Saldo)	...

Buchungen gemäß der Aufzeichnungsalternative II:

(1) Abschreibungen auf Sachanlagen an Betriebs- und Geschäftsausstattung 4.000 €

(2) - Betriebliche Steuern 150 € an Kasse und/oder
    - Sonstige betriebliche   Guthaben bei
      Aufwendungen 2.850 €   Kreditinstituten 3.280 €
    - Vorsteuer 280 €

(3) Privatkonto 2.100 € an - Unentgeltliche Wertabgabe/Regelsteuersatz 1.750 €
                                                                  - Umsatzsteuer 350 €
                                                                   - Abschreibungen auf Sachanlagen 1.000 €

(4) Unentgeltliche Wertabgabe/Regelsteuersatz 1.750 € an - Betriebliche Steuern 37,50 €
                                                                   - Sonstige betriebliche Aufwendungen 712,50 €.

Kontenmäßige Darstellung (ohne Finanzkonto):

S	Betriebs- und Geschäftsausstattung	H
	€	€
AB 8.000	(1) 4.000	
	SBK (EB) 4.000	
8.000	**8.000**	

S	Vorsteuer	H
	€	€
(2) 280		

II. Bilanzansatz der Höhe nach (Bewertung)

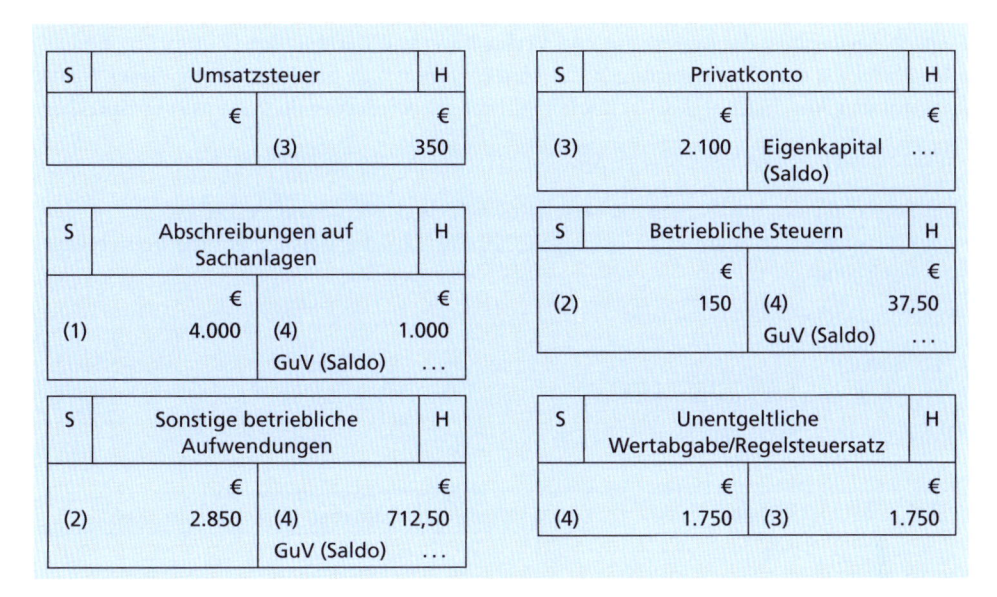

S	Umsatzsteuer	H
	€	€
		(3) 350

S	Privatkonto	H
	€	€
(3) 2.100		Eigenkapital (Saldo) …

S	Abschreibungen auf Sachanlagen	H
	€	€
(1) 4.000		(4) 1.000
		GuV (Saldo) …

S	Betriebliche Steuern	H
	€	€
(2) 150		(4) 37,50
		GuV (Saldo) …

S	Sonstige betriebliche Aufwendungen	H
	€	€
(2) 2.850		(4) 712,50
		GuV (Saldo) …

S	Unentgeltliche Wertabgabe/Regelsteuersatz	H
	€	€
(4) 1.750		(3) 1.750

Gemäß § 6 Abs. 1 Nr. 5 EStG sind **Einlagen** grundsätzlich mit dem im Zeitpunkt der Zuführung maßgebenden **Teilwert** anzusetzen. Hintergrund dieser Regelung ist, dass in der Privatsphäre entstandene Wertsteigerungen bei Vermögensgegenständen nicht in den betrieblichen Bereich verlagert werden sollen und damit der Ertragsbesteuerung unterliegen. Allerdings können als Einlagewert höchstens die **Anschaffungs- oder Herstellungskosten** zum Ansatz kommen, wenn (**Fall 1**) der Zeitraum zwischen der Zuführung des Wirtschaftsgutes zum Betriebsvermögen und der Anschaffung bzw. Herstellung < 3 Jahre ist, das zugeführte Wirtschaftsgut eine wesentliche Beteiligung i. S. d. § 17 Abs. 1 oder Abs. 6 EStG darstellt (**Fall 2**) oder (**Fall 3**) ein Wirtschaftsgut im Sinne des § 20 Abs. 2 EStG vorliegt. Das Ziel dieser Ausnahmeregelung besteht im **Fall 1** darin, dem Steuerpflichtigen zu erschweren, Wirtschaftsgüter bei niedrigen Marktpreisen anzuschaffen bzw. herzustellen oder zu entnehmen und nach Wertsteigerungen zum höheren Teilwert in das Betriebsvermögen (wieder) einzulegen. Im Rahmen einer anschließenden sofortigen Veräußerung wären mithin keine Erträge der Erfolgsbesteuerung zu unterwerfen. Darüber hinaus soll ein Unterlaufen der Besteuerung von privaten Spekulationsgewinnen i. S. d. § 23 Abs. 1 Nr. 1 EStG verhindert werden. Das Abweichen vom Teilwertansatz im **Fall 2** zielt darauf ab, zu vermeiden, dass durch die Einlage einer derartigen Beteiligung in das Betriebsvermögen mit anschließender Veräußerung die sich aus § 17 EStG ergebende Steuerpflicht für Veräußerungsgewinne der zum Privatbereich gehörenden wesentlichen Beteiligungen umgangen wird.[115]

Darüber hinaus lässt § 6 Abs. 1 Nr. 5 Satz 3 EStG die Einlage zum Buchwert zu, wenn das Wirtschaftsgut vor der Zuführung aus einem Betriebsvermögen (desselben) Steuerpflichtigen (zum Buchwert) entnommen wurde, weil dann die Versteuerung ggf. bestehender stiller Reserven sichergestellt ist.

---

[115] Vgl. hierzu *Kulosa* 2013, Anm. 561 f zu § 6 EStG.

Unproblematisch ist die Bewertung und Verbuchung von **Bareinlagen** (Zuführung finanzieller Mittel aus dem Privatvermögen des Unternehmers), da der Nennbetrag dieser Gelder stets mit den Anschaffungskosten übereinstimmt, die wiederum dem Teilwert entsprechen.

> Beispiel:
>
> (1) Bareinlage des Inhabers in die Geschäftskasse des Unternehmens 2.500 €.
> (2) Einlage des Kaufmanns in Höhe von 6.000 € durch Überweisung auf das betriebliche Bankkonto.
>
> Buchungssätze:
>
> (1) Kasse   an   Privatkonto   2.500 €
> (2) Guthaben bei Kreditinstituten   an   Privatkonto   6.000 €.
>
> Kontenmäßige Darstellung
>
> | S | Kasse | | H |
> |---|---|---|---|
> | | € | | € |
> | AB | ... | SBK (EB) | ... |
> | (1) | 2.500 | | |
>
> | S | Guthaben bei Kreditinstituten | | H |
> |---|---|---|---|
> | | € | | € |
> | AB | ... | SBK (EB) | ... |
> | (2) | 6.000 | | |
>
> | S | Privatkonto | | H |
> |---|---|---|---|
> | | € | | € |
> | Eigenkapital (Saldo) | ... | (1) | 2.500 |
> | | | (2) | 6.000 |

Von **Sacheinlagen** wird dann gesprochen, wenn dem Unternehmen Gegenstände, wie z. B. Grundstücke, Maschinen, Waren oder Wertpapiere, durch den Eigner zugeführt werden. Bei vom Teilwert abweichenden Wertansätzen gemäß § 6 Abs. 1 Nr. 5 Satz 1 2. HS EStG ist im Hinblick auf die Einlage **abnutzbarer Wirtschaftsgüter** darauf zu achten, dass die Anschaffungs- oder Herstellungskosten um Absetzungen für Abnutzung nach § 7 EStG, erhöhte Abnutzungen und Sonderabschreibungen **zu kürzen sind**, die auf den Zeitraum zwischen Anschaffung oder Herstellung und der Einlage entfallen (§ 6 Abs. 1 Nr. 5 Satz 2 EStG; R 6.12 Satz 2 EStR).

> Beispiel: Ein Einzelunternehmer legt am 01.12. des Geschäftsjahres 2012 einen PKW in sein Betriebsvermögen ein, den er am 01.06. des Wirtschaftsjahres 2011 zunächst für private Zwecke angeschafft hatte. Die Anschaffungskosten des Fahrzeugs betrugen am 01.06.2011 23.000 € (einschließlich 20 % Umsatzsteuer). Das linear abzuschreibende Fahrzeug weist eine betriebsgewöhnliche Nutzungsdauer von vier Jahren auf. Der Teilwert des Fahrzeugs beträgt zum Einlagezeitpunkt 15.000 €.
>
> Zunächst sind die fortgeführten Anschaffungskosten nach § 6 Abs. 1 Nr. 5 Satz 2 EStG zu berechnen. Da der Einzelunternehmer die ihm privat in Rechnung gestellte Umsatzsteuer von 3.000 € nicht als Vorsteuer abziehen konnte, gehört dieser Betrag gemäß § 9 b Abs. 1 Satz 1 EStG bei der Einlage in das Betriebsvermögen zu den Anschaffungskosten (R 9 b Abs. 1 Satz 1 EStR).

II. Bilanzansatz der Höhe nach (Bewertung)

	Private Anschaffungskosten	23.000 €
−	Planmäßige Abschreibungen vom 01.06.2011–01.12.2012 $\frac{23.000\ €}{48\ \text{Monate}} \cdot 18\ \text{Monate}$	8.625 €
=	Fortgeführte Anschaffungskosten	14.375 €

Der PKW ist mit einem Wert von 14.375 € einzulegen, da gemäß § 6 Abs. 1 Nr. 5 Satz 1 2. HS EStG **höchstens** die (fortgeführten) Anschaffungskosten zum Ansatz kommen dürfen, die hier den Teilwert (15.000 €) **unterschreiten**, und die private Anschaffung **weniger als drei Jahre** vor der Einlage ins Betriebsvermögen zurückliegt.

Die Verbuchung für das Wirtschaftsjahr 2012 unter Berücksichtigung der planmäßigen Abschreibung für das am 01.12.2012 eingebrachte Fahrzeug stellt sich wie nachstehend angegeben dar.

Buchungssätze:

(1) Betriebs- und Geschäftsausstattung an Privatkonto 14.375 €

(2) Abschreibungen auf Sachanlagen an Betriebs- und Geschäftsausstattung 479,17 €.[116]

Kontenmäßige Darstellung:

S	Betriebs- und Geschäftsausstattung		H
	€		€
AB	...		
(1)	14.375	(2)	479,17
		SBK (EB)	...

S	Privatkonto		H
	€		€
Eigenkapital (Saldo)	...	(1)	14.375

S	Abschreibungen auf Sachanlagen		H
	€		€
(2)	479,17	GuV (Saldo)	...

Immer dann, wenn nicht das Wirtschaftsgut selbst dem Betrieb zugeführt wird, sondern der private Gegenstand lediglich zur Realisierung unternehmerischer Zwecke (teilweise) Verwendung findet (z. B. Nutzung des privaten PKW zu 10 % auch für betrieblich bedingte Fahrten), handelt es sich um **Nutzungseinlagen**. Sofern vom Eigner privat beschäftigte Personen zur Ausführung unternehmerischer Aufgaben zum Einsatz kommen, spricht das Einkommensteuergesetz hingegen von **Leistungseinlagen** (z. B. Einsatz eines privaten Haushaltspersonals zur Reinigung des betrieblichen Lagers). Sowohl Nutzungs- als auch Leistungs-

---

[116] Da die gesamte betriebsgewöhnliche Nutzungsdauer von vier Jahren durch den Gebrauch des PKW im privaten Bereich auf 30 Monate reduziert worden ist, berechnet sich die planmäßige Abschreibung für 2012 aus $\frac{14.375\ €}{30\ \text{Monate}} \cdot 1\ \text{Monat} = 479{,}17\ €$.

einlagen sind nach h. M. nicht mit ihrem Teilwert, sondern mit den **tatsächlichen Aufwendungen** zu bewerten.[117] Derartige Einlagen tragen den Charakter von **Aufwands (korrektur)einlagen**, da durch sie die ursprünglich ersparten Betriebsausgaben mittels der Buchung „Aufwandskonto an Privatkonto" dem Unternehmen belastet werden.

> **Beispiel:** Das privat angestellte Haushaltspersonal reinigt regelmäßig auch die Geschäftsräume eines Einzelunternehmers. Das Personal benötigt von der gesamten Arbeitszeit insgesamt 15 % für diese betrieblichen Reinigungsarbeiten. Die monatlichen Personalaufwendungen betragen 1.750 €. Auf den folgenden Konten ist die Korrekturbuchung für das gesamte Geschäftsjahr (12 Kalendermonate) dargestellt.
>
> Buchungssatz:
>
> (1) Personalaufwendungen an Privatkonto 3.150 €[118].
>
> Kontenmäßige Darstellung:
>
> | S | Personalaufwendungen | H |
> |---|---|---|
> | | € | € |
> | (1) | 3.150 | GuV (Saldo) ... |
>
> | S | Privatkonto | H |
> |---|---|---|
> | | € | € |
> | Eigenkapital (Saldo) | (1) | 3.150 |

Zusammenfassend bleibt festzuhalten, dass **Entnahmen** und **Einlagen** sowohl **erfolgsneutrale** als auch **erfolgswirksame Geschäftsvorgänge** darstellen können. Während die auf dem Privatkonto erfassten Entnahme- und Einlagearten stets eine erfolgsneutrale Variation des Eigenkapitals bewirken, führen die über das Gewinn- und Verlustkonto verbuchten Entnahme- und Einlagehandlungen zu erfolgswirksamen Änderungen des Eigenkapitals. Hieraus folgt, dass Privatentnahmen und Privateinlagen, sofern sie zur Kategorie der erfolgswirksamen Geschäftsvorfälle zählen, sowohl eine **erfolgsneutrale** (Buchung auf dem Privatkonto) als auch gleichzeitig eine **erfolgswirksame** (Buchung auf einem Erfolgskonto) **Eigenkapitalvariation** nach sich ziehen.

Abbildung 216 gibt abschließend einen Überblick über die steuerrechtlichen Normen zur Bewertung des Betriebsvermögens.

4. Schulden

Sofern nach den Verhältnissen am Bilanzstichtag der (nach vernünftiger kaufmännischer Beurteilung notwendige) Erfüllungsbetrag einer Schuld gestiegen ist, muss der Wertansatz dieser Schuld nach dem Höchstwertprinzip i. S. v. § 252 Abs. 1 Nr. 4 HGB erhöht werden.[119] Der Ansatz des höheren Stichtagswerts hat dabei – analog zum strengen Niederstwertprinzip gem. § 253 Abs. 3 Satz 3 HGB auf der Aktivseite – zu erfolgen, wenn die werterhöhenden Umstände voraussichtlich von dauerhafter Natur sind. Die Verminderung des Wertansat-

---

[117] Vgl. stellvertretend *Kulosa* 2013, Anm. 550 zu § 6 EStG.
[118] 3.150 € = 0,15 · 12 · 1.750 €.
[119] Vgl. etwa *ADS* 1995a, Anm. 75 zu § 253 HGB.

Wirtschaftsgut/ Vorgang	Bewertung	Rechtsgrundlage
Abnutzbares Anlagevermögen	(1) AK-AfA.	§ 6 Abs. 1 Nr. 1 Satz 1 EStG
	(2) Niedrigerer TW: Wahlrecht bei voraussichtlich dauerhafter Wertminderung.	§ 6 Abs. 1 Nr. 1 Satz 2 EStG
	(3) Höherer TW: kann, aber maximal bis zur Höhe AK-AfA.	§ 6 Abs. 1 Nr. 1 Satz 4 EStG
	(4) Ausnahme: GWG (Sofortabschreibung möglich).	§ 6 Abs. 2, 2a EStG
Nichtabnutzbares Anlagevermögen	(1) AK.	§ 6 Abs. 1 Nr. 2 Satz 1 EStG
	(2) Niedrigerer TW: Wahlrecht bei voraussichtlich dauerhafter Wertminderung.	§ 6 Abs. 1 Nr. 2 Satz 2 EStG
	(3) Höherer TW: maximal bis zur Höhe der AK.	§ 6 Abs. 1 Nr. 2 Satz 3 EStG
Umlaufvermögen	(1) AK.	§ 6 Abs. 1 Nr. 2 Satz 1 EStG
	(2) Niedrigerer TW: Wahlrecht.	§ 6 Abs. 1 Nr. 2 Satz 2 EStG
	(3) Höherer TW: maximal bis zur Höhe der AK.	§ 6 Abs. 1 Nr. 2 Satz 3 EStG
Verbindlichkeiten	(1) Rückzahlungsbetrag bei Verbindlichkeiten mit einer Laufzeit < 12 Monaten und bei Verbindlichkeiten, die verzinslich sind oder auf einer Anzahlung oder Vorleistung beruhen. Bei allen anderen Verbindlichkeiten: BW.	§ 6 Abs. 1 Nr. 3 Satz 2 EStG § 6 Abs. 1 Nr. 3 Satz 1 EStG
	(2) Höherer TW: Pflicht (HWP).	analog zu § 6 Abs. 1 Nr. 2 EStG
	(3) Niedrigerer TW: Pflicht, AK/BW als Untergrenze.	–"–
Rückstellungen	(1) Erfüllungsbetrag, für Rückstellungen denen keine Verpflichtungen zugrunde liegen. Rückstellungen für Verpflichtungen: BW.	§ 253 Abs. 1 Satz 2 HGB § 6 Abs. 1 Nr. 3 a. e) EStG
	(2) Höherer TW: Pflicht (HWP).	analog zu § 6 Abs. 1 Nr. 3 EStG
	(3) Niedrigerer TW: Pflicht, AK/BW als Untergrenze.	–"–
Entnahmen	(1) TW.	§ 6 Abs. 1 Nr. 4 Satz 1 EStG
	(2) Ausnahme: Buchwert.	
	▪ bei Verfolgung gesellschaftspolitischer Zwecke;	§ 6 Abs. 1 Nr. 4 Satz 4 EStG
	▪ Buchwertfortführung möglich, wenn Versteuerung der stillen Reserven bei Wiedereinlage in einen anderen Betrieb desselben Steuerpflichtigen gesichert ist.	§ 6 Abs. 5 Satz 1 EStG
Einlagen	(1) TW.	§ 6 Abs. 1 Nr. 5 Satz 1 1. HS EStG
	(2) Höchstens jedoch AK (ggf. – AfA):	§ 6 Abs. 1 Nr. 5 Satz 1 2. HS EStG
	▪ bei Anschaffung oder Herstellung innerhalb der letzten 3 Jahre;	
	▪ bei wesentlicher Beteiligung an KapG gemäß § 17 EStG.	
	▪ Wirtschaftsgut im Sinne des § 20 Abs. 2 EStG	
	(3) Buchwert bei vorheriger Buchwertentnahme aus einem anderen Betrieb desselben Steuerpflichtigen.	§ 6 Abs. 1 Nr. 5 Satz 3 EStG

Abb. 216: Übersicht über die grundlegenden steuerrechtlichen Bewertungsvorschriften

zes aufgrund einer am Bilanzstichtag geringeren Belastung ist nur zulässig, solange der ursprüngliche (nach vernünftiger kaufmännischer Beurteilung notwendige) Erfüllungsbetrag nicht unterschritten wird, da ansonsten ein Verstoß gegen das Realisationsprinzip (§ 252 Abs. 1 Nr. 4 2. HS HGB) vorläge.

> **Beispiel:** Eine deutsche GmbH hat im Geschäftsjahr 2012 ein Darlehen in Höhe von 10.000 US-Dollar aufgenommen (Kurswert zum Zeitpunkt der Aufnahme: 1 US-Dollar = 2 €),
>
> - in 2013 sinkt der Kurs auf 1,80 € (Fall 1);
> - in 2013 steigt der Kurs auf 2,50 € (Fall 2);
> - in 2014 beträgt der Kurs 2,20 € nach einem Kurswert am vorhergehenden Stichtag von 2,50 € (Fall 3).
>
> - **Fall 1:**
>
> Bewertung der Valutaverbindlichkeit im Zeitpunkt der Aufnahme (2012) zum Kurswert: 10.000 US-Dollar · 2 € = 20.000 €.
>
> Bewertung der Valutaverbindlichkeit zum 31.12.2012 mit dem Kurswert im Zeitpunkt der Aufnahme, d. h. zu 20.000 €. Eine Abstockung der Verbindlichkeit auf den zum Bilanzstichtag gesunkenen Kurswert von 18.000 € (10.000 US-Dollar · 1,80 €) würde zum Ausweis eines unrealisierten Gewinns von 2.000 € führen.
>
> - **Fall 2:**
>
> | S | Valutaverbindlichkeiten | | H |
> |---|---|---|---|
> | | € | | € |
> | SBK (EB) | 25.000 | AB | 20.000 |
> | | | (1) | 5.000 |
> | | 25.000 | | 25.000 |
>
> | S | Sonstige betriebliche Aufwendungen | | H |
> |---|---|---|---|
> | | € | | € |
> | (1) | 5.000 | GuV (Saldo) | 5.000 |
>
> Nach dem strengen Höchstwertprinzip muss der höhere beizulegende Wert am 31.12.2012 von 25.000 € (= 10.000 US-Dollar · 2,50 €) angesetzt werden.
>
> - **Fall 3:**
>
> | S | Valutaverbindlichkeiten | | H |
> |---|---|---|---|
> | | € | | € |
> | (1) | 3.000 | AB | 25.000 |
> | SBK (EB) | 22.000 | | |
> | | 25.000 | | 25.000 |
>
> | S | Sonstige betriebliche Erträge | | H |
> |---|---|---|---|
> | | € | | € |
> | GuV (Saldo) | 3.000 | (1) | 3.000 |
>
> Unter analoger Anwendung der handelsrechtlichen Wertaufholungspflicht muss der Wert von 22.000 € (10.000 Dollar · 2,2 €) angesetzt werden. Eine ähnliche Vorgehensweise gilt für die Steuerbilanz.

Die Verminderung einer Schuld steht daher im Ergebnis nur dann zur Disposition, wenn die Gründe, die zu einer früheren Aufwertung geführt haben, entfallen sind; diese Vorgehensweise entspricht einer analogen Anwendung des für Vermögensgegenstände geltenden § 253 Abs. 5 Satz 1 HGB. Entsprechendes gilt für den Barwert bei diskontierten Schuldposten.

Steuerrechtlich kommt bei Verbindlichkeiten – wie im Handelsrecht – eine Wertansatzerhöhung (Teilwerterhöhung) nur dann in Betracht, wenn der Teilwert voraussichtlich dauernd über dem Zugangswert liegt (§ 6 Abs. 1 Nr. 3 i. V. m. Nr. 2 EStG). Wurde wegen eines Anstiegs des Teilwerts der Verbindlichkeit eine Teilwertzuschreibung vorgenommen und sinkt der Teilwert in den folgenden Wirtschaftsjahren wieder, so ist nach § 6 Abs. 1 Nr. 3 i. V. m. Nr. 2 EStG zwingend der niedrigere Teilwert anzusetzen (strenges Wertminderungsgebot); die ursprünglichen Anschaffungskosten dürfen dabei jedoch analog zum Handelsrecht nicht unterschritten werden. Bezüglich der Rückstellungen sind auch im Rahmen der Folgebewertung die Sonderregelungen des § 6 Abs. 1 Nr. 3 a EStG zu beachten.

Die Folgebewertung von **finanziellen Verbindlichkeiten** hat nach den IFRS grds. auf Basis des Anschaffungskostenmodells zu erfolgen. Dies impliziert, dass bereits erfolgte Tilgungen und eventuelle Zuschreibungen eines Disagios oder eine eingetretene außerordentliche Veränderung der Verbindlichkeitsposition zu antizipieren sind. Alternativ zu den Anschaffungskosten können ggf. die mit dem Effektivzins zum Emissionszeitpunkt diskontierten künftigen Auszahlungsüberschüsse angesetzt werden. Dagegen hat eine Bewertung zum beizulegenden Zeitwert (Fair Value) bei denjenigen finanziellen Verbindlichkeiten zu erfolgen, welche der Kategorie „At Fair Value Through Profit Or Loss" zugewiesen sind oder welche trotz Übertragungsvereinbarung der Vertragsparteien noch nicht ausgebucht wurden. Dies impliziert, dass eine Unterschreitung des Zugangswerts im Gegensatz zum Handels- und Steuerrecht im Rahmen der Folgebewertung möglich ist und das Realisationsprinzip durchbrochen wird. Bezüglich der sonstigen Verbindlichkeiten ergeben sich keine grundlegenden Änderungen zur Zugangsbewertung.

Rückstellungen sind zu jedem Abschlussstichtag hinsichtlich ihres Ansatzes und ihrer Höhe zu überprüfen und im Einzelfall anzupassen (IAS 37.59). Neue Erkenntnisse sowie Änderungen der Eintrittswahrscheinlichkeiten und der Risiken sowie sonstiger Prämissen sind hierbei zu berücksichtigen. Der Zugangswert kann dabei im Rahmen der Folgebewertung – im Gegensatz zum Handels- und Steuerrecht – sowohl über- als auch unterschritten werden.[120] Anpassungen sind mit Ausnahme von Entsorgungsverpflichtungen jeweils erfolgswirksam zu behandeln.

5. Vergleich zwischen Handels- und Steuerrecht sowie IFRS

Die **Abbildung 217** fasst die Folgebewertung der Aktiva und Passiva in der Handels- und Steuerbilanz sowie nach IFRS synoptisch zusammen.

---

[120] Vgl. auch *Bieg et al.* 2006, S. 228.

	Handelsbilanz	Steuerbilanz	IFRS
Konzeptionen	**Vermögensgegenstände:** fortgeführte Anschaffungs- und Herstellungskosten oder niedrigerer beizulegender (Zeit-)Wert Ausnahmen: beizulegender Zeitwert bei zu Handelszwecken erworbenen Finanzinstrumenten (begrenzt auf Kredit- und Finanzdienstleistungsinstitute) und bei zu verrechnetem Planvermögen i. S. d. § 246 Abs. 2 Satz 2 HGB	**Wirtschaftsgüter:** fortgeführte Anschaffungs- und Herstellungskosten oder niedrigerer Teilwert Ausnahme: beizulegender Zeitwert bei zu Handelszwecken erworbenen Finanzinstrumenten (begrenzt auf Kredit- und Finanzdienstleistungsinstitute)	**Vermögenswerte:** Mixed Model aus Anschaffungs- und Herstellungskosten sowie beizulegenden Zeitwert (erfolgswirksam und erfolgsneutral)
planmäßige Abschreibungen	**Sachanlagen:** linear, geometrisch-degressiv, arithmetisch-degressiv, leistungsbezogen (GoB-konforme Ausübung des Methodenwahlrechts) **Immaterielles Anlagevermögen:** bestimmbare Nutzungsdauer und grds. degressiv	**Sachanlagen:** linear, geometrisch-degressiv (temporär) oder leistungsbezogen (Einschränkung des Methodenwahlrechts durch § 7 EStG) **Immaterielles Anlagevermögen:** zwingend linear	**Sachanlagen:** linear, degressiv, leistungsbezogen (Methodenwahlrecht i. S. d. True and Fair View) **Immaterielles Anlagevermögen:** unbestimmbare Nutzungsdauer (widerlegbar), ansonsten grds. linear (widerlegbar)
	Schätzung der Nutzungsdauer grds. frei, Orientierung an AfA-Tabellen	Bindung an AfA-Tabellen	Schätzung der Nutzungsdauer nach Maßgabe von IAS 16.56
	grds. zeitanteilig (pro rata temporis)	zeitanteilig (pro rata temporis)	nach h. M. zeitanteilig (pro rata temporis) gem. True and Fair View
außerplanmäßige Abschreibungen	**AV:** Gebot bei voraussichtlich dauernder Wertminderung, Wahlrecht bei voraussichtlich vorübergehender Wertminderung bei Finanzanlagen, ansonsten Verbot; **UV:** Gebot; Dauer der Wertminderung dem Grunde nach bedeutungslos	Wahlrecht bei voraussichtlich dauernder Wertminderung, Verbot bei voraussichtlich vorübergehender Wertminderung	Gebot, Dauer der Wertminderung bedeutungslos

Abb. 217: Folgebewertung nach Handels- und Steuerrecht sowie IFRS

	Handelsbilanz	Steuerbilanz	IFRS
außerplanmäßige Abschreibungen	**Vergleichsgrößen:** Buchwert versus niedrigerer beizulegender (Zeit) Wert Ausnahmen: Buchwert versus beizulegender Zeitwert bei zu Handelszwecken erworbenen Finanzinstrumenten (begrenzt auf Kredit- und Finanzdienstleistungsinstitute) und bei zu verrechnetem Planvermögen i. S. d. § 246 Abs. 2 Satz 2 HGB	**Vergleichsgrößen:** Buchwert versus Teilwert	**Vergleichsgrößen:** Buchwert versus erzielbarer Betrag **Erzielbarer Betrag:** Höherer Wert aus Nutzungswert und beizulegendem Zeitwert abzüglich Veräußerungskosten
Einzel-/Gesamt- bewertung	grds. Einzelbewertung Ausnahme: Bewertungseinheiten (§ 254 HGB) und Vorratsbewertung	grds. Einzelbewertung Ausnahme: Bewertungseinheiten (§ 5 Abs. 1a Satz 2 EStG) und Vorratsbewertung	grds. Einzelbewertung Ausnahmen: zahlungsmittelgenerierende Einheiten bei Corporate Assets und derivativer Goodwill sowie Vorratsbewertung
Wertaufholung	allgemein: Gebot derivativer Goodwill: Verbot	allgemein: Gebot derivativer Goodwill: nach h. M. Verbot	allgemein: Gebot derivativer Goodwill: Verbot
Konzeptionen	**Schulden:** Ansatz des höheren Stichtagswertes (nur) bei voraussichtlich dauernder Werterhöhung (strenges Höchstwertprinzip) Verminderung des Wertansatzes nur zulässig, solange der ursprüngliche Wertansatz nicht unterschritten wird	**Schulden:** Ansatz des höheren Teilwerts (nur) bei voraussichtlich dauernder Werterhöhung (§ 6 Abs. 1 Nr. 3 i. V. m. Nr. 2 EStG; strenges Höchstwertprinzip) Verminderung des Wertansatzes nur zulässig, solange die ursprünglichen Anschaffungskosten nicht unterschritten werden (§ 6 Abs. 1 Nr. 3 i. V. m. Nr. 2 EStG); bei Rückstellungen Beachtung der Sondervorschriften des § 6 Abs. 1 Nr. 3 a EStG	**Schulden:** Anschaffungskostenmodell (Grundsatz) bzw. Fair Value (für die Kategorie „At Fair Value Through Profit Or Loss" bzw. noch nicht ausgebuchte finanzielle Verbindlichkeiten) Erhöhungen und Verminderungen des Wertansatzes (ggf. auch unter den ursprünglichen Wertansatz) möglich

Abb. 217: Folgebewertung nach Handels- und Steuerrecht sowie IFRS (Fortsetzung)

III. Sonstige Bilanzierungs- und Bewertungsfragen

A. Leasing[1]

1. Handels- und Steuerrecht

Unter Leasing wird eine Vereinbarung verstanden, bei der der Leasinggeber (Vermieter) dem Leasingnehmer (Mieter) gegen eine Zahlung(-sreihe) ein zeitlich begrenztes Nutzungsrecht an einem Vermögensgut überträgt. Leasing-Transaktionen stellen besondere schuldrechtliche Verträge dar, die neben einem Nutzungsrecht auch eine Eigentumsübergang vorsehen können. Die zentrale Problematik der bilanziellen Berücksichtigung von **Leasing-Transaktionen** liegt in der Frage, inwiefern der **Leasinggeber** oder der **Leasingnehmer** den gemieteten Vermögensgegenstand in der Bilanz aufzunehmen haben. Neben der Gebrauchs- und Nutzungsüberlassung ist die Finanzierungsfunktion ein zentrales konstitutives Element des Leasings. Nach der Art des Leasinggegenstands lassen sich Mobilien- und Immobilien-Leasing, Konsumgut- und Investitionsgutleasing sowie Standard- und Spezialleasing unterscheiden.

Im **Handelsrecht** existiert im Gegensatz zu den IFRS keine Legaldefinition des Leasings, wodurch eine Abgrenzung von anderen Vertragsarten behindert wird. Welche Partei den Leasinggegenstand zu bilanzieren hat, hängt vom **juristischen** und **wirtschaftlichen** Eigentum sowie von der **Nutzungsdauer** des Leasingobjekts ab. Da der Leasingnehmer häufig die Verfügungsgewalt und damit das wirtschaftliche Eigentum für die Vertragslaufzeit besitzt, der Leasinggeber jedoch juristischer Eigentümer bleibt, ergibt sich hierbei eine bilanztechnische Problematik. Das Handelsrecht gibt für die Zurechenbarkeit eines Gegenstands zum Leasinggeber bzw. -nehmer keine expliziten Hinweise; zudem haben sich im Schrifttum keine einheitlichen Kriterien herausgebildet. Allerdings ist der **Grundsatz der wirtschaftlichen Betrachtungsweise (Substance over Form)** bei einem Auseinanderfallen von wirtschaftlichem und juristischem Eigentum in § 246 Abs. 1 Satz 2 HGB kodifiziert.

Aus **steuerrechtlicher** Sicht wird in § 39 AO konkretisiert, dass der wirtschaftliche Eigentümer für eine Zurechnung des Leasinggegenstands den rechtlichen Eigentümer für die gewöhnliche Nutzungsdauer von der Einwirkung auf das Wirtschaftsgut ausschließen muss. Zudem hat die steuerliche Rechtsprechung wesentliche Konkretisierungen vorgenommen, die auch im Handelsrecht eine hohe Bedeutung erlangen. Es erfolgt keine explizite Trennung in die im Schrifttum gebräuchliche Klassifizierung eines **Finanzierungs- und Opera-**

---

[1] Vgl. hierzu auch die Darstellung von *Freidank/Velte* 2012a, S. 79–83.

Art des Gegenstands			Bewegliche Wirtschaftsgüter und Gebäude		Grund und Boden
Leasing-Art des Leasing-Vertrags			Grundmietzeit 40 %–90 % der Nutzungsdauer (nach AfA-Tabellen)	Grundmietzeit < 40 % oder > 90 % der Nutzungsdauer	
Ohne Mietverlängerungs- oder Kaufoption	Spezial-Leasing (mieterspezifische Leasinggegenstände)		Leasingnehmer	Leasingnehmer	Leasinggeber
	Kein Spezial-Leasing		Leasinggeber		
Mit Kaufoption	Spezial-Leasing		Leasingnehmer	Leasingnehmer	siehe Gebäude
	Kein Spezial-Leasing	Kaufpreis < Buchwert bei Verkauf			
		Kaufpreis ≥ Buchwert bei Verkauf	Leasinggeber		
Mit Mietverlängerungsoption	Spezial-Leasing		Leasingnehmer	Leasingnehmer	Leasinggeber
	Kein Spezial-Leasing	Anschluss-Miete < Wertverzehr			
		Anschluss-Miete ≥ Wertverzehr	Leasinggeber		

Abb. 218: Steuerrechtliche Zurechnungsvorschriften beim Finanzierungs-Leasing

ting Leasings, sondern eine Unterteilung in Voll- und Teilamortisationsverträge. Bei **Vollamortisationsverträgen** kann der Leasinggeber seine Investitions- und Finanzierungskosten durch die Mietzinsen während der Grundmietzeit vollständig amortisieren, bei **Teilamortisationsverträgen** lediglich teilweise. Sofern das Leasing den Charakter eines Finanzierungsgeschäfts, vergleichbar mit einem Ratenkauf, aufweist, liegt ein sog. **Finanzierungs-Leasing** vor. Die Klassifizierung in Finanzierungs- und Operating Leasing hängt einerseits von der Existenz einer Mietverlängerungs- und/oder Kaufoption am Ende der Vertragslaufzeit und andererseits von dem Verhältnis der Grundmietzeit zur wirtschaftlichen Nutzungsdauer des Leasinggegenstands ab, wie die **Abbildung 218**[2] verdeutlicht. Große Bedeutung haben die Leasingerlasse des *BMF* erlangt, die traditionell auch für die handelsrechtliche Rechnungslegung Anwendung finden.[3] Sofern der Leasingvertrag

---

[2] In Anlehnung an *Kloock* 1996, S. 49.
[3] Vgl. *BMF* 1971; *BMF* 1972; *BMF* 1975; *BMF* 1991.

- über eine Grundmietzeit von unter 40 % oder über 90 % der betriebsgewöhnlichen Nutzungsdauer des beweglichen Wirtschaftsguts geschlossen wird,
- die Höhe der Mietzahlungen den vollständigen bzw. überwiegenden Finanzierungs- und Tilgungsanteil der Gesamtinvestition des Leasinggebers umfasst (**Vollamortisationsvertrag**) und
- eine Übertragung des technischen und wirtschaftlichen Entwicklungsrisikos auf den Leasingnehmer stattfindet,

wird ein **Finanzierungsleasing** begründet. Demnach trifft den Leasingnehmer unabhängig von rechtlichen Eigentumsverhältnissen eine Aktivierungspflicht für den Leasinggegenstand und eine Passivierungspflicht in Höhe der Verbindlichkeit. Bei Grundmietzeiten zwischen 40 und 90 % der betriebsgewöhnlichen Nutzungsdauer erfolgt dennoch eine Aktivierung des Leasinggegenstands beim Leasingnehmer, wenn

- eine Kaufoption besteht und der Kaufpreis im Verkaufszeitpunkt niedriger ausfällt als der Buchwert bzw. der niedrigere gemeine Wert sowie wenn
- eine Mietverlängerungsoption besteht zu einem Anschlussmietzins, der den tatsächlichen Wertverzehr unterschreitet.

Operating-Leasingverträge sind dagegen durch eine vergleichsweise kurze Mietdauer und eine nicht vollständige Amortisation der Investition des Leasinggebers durch die Zahlungen des Leasingnehmers gekennzeichnet. Insofern trägt der Leasinggeber weiterhin den wesentlichen Teil des Investitionsrisikos. Dies gilt allerdings auch für Verträge mit Kaufverpflichtung beweglicher Leasinggegenstände des Leasingnehmers ohne Optionsrecht oder bei einer Abschlusszahlung bei Nichtkauf bzw. Kündigung (sog. Andienungsrecht des Leasinggebers). Auch bei Verträgen mit Mehrerlösbeteiligung und vorheriger Restwertgarantie durch den Leasingnehmer hat der Leasinggeber den Gegenstand weiterhin in seiner Bilanz zu aktivieren, wenn das Verhältnis zwischen den Gesamtkosten des Leasinggebers und den in der Mietzeit entrichteten Leasingraten mindestens 25 % und höchstens 75 % für den Leasingnehmer beträgt. Beim **Operating Leasing** aktiviert der Leasinggeber folgerichtig weiterhin die vermieteten Objekte und schreibt diese über die betriebliche Nutzungsdauer ab, während der Leasingnehmer die Leasingraten erfolgswirksam in der Gewinn- und Verlustrechnung verbucht.

Der **Barwert der künftigen Leasingraten** stellt für den Leasingnehmer grundsätzlich die Anschaffungskosten des Leasinggegenstands beim Finance Leasing dar. Künftige besondere Leistungen des Leasinggebers bleiben unberücksichtigt. Die Leasingraten sind in einen Zins- und Tilgungsanteil aufzuteilen. Ansonsten gelten die allgemeinen Regelungen zur Berechnung der Anschaffungskosten nach § 255 Abs. 1 HGB. Anstelle des Leasinggegenstands aktiviert der Leasinggeber beim Finanzierungs-Leasing eine Forderung. Liegt hingegen ein Operating Leasing vor, weist der Leasinggeber den Gegenstand weiterhin im Anlagevermögen aus, während der Leasingnehmer lediglich die Mietzahlungen aufwandsmäßig in der Gewinn- und Verlustrechnung erfasst.

Beispiel: Die AB-OHG in Hamburg benötigt für die Erweiterung ihrer Produktionskapazität eine zusätzliche Maschine. Das Unternehmen kann zur Zeit eine Eigenfinanzierung nicht durchführen. Nach längeren Verhandlungen erklärt sich die X-Leasing-GmbH bereit, der OHG die benötigte Maschine zu folgenden Konditionen zu überlassen:

- Die X-Leasing-GmbH muss für den Kauf der Maschine bei einer betriebsgewöhnlichen Nutzungsdauer von 5 Jahren an den Maschinen-Lieferanten 100.000 € (zuzüglich 20 % Umsatzsteuer) zahlen. Die Banküberweisung erfolgt am 15.01.2012.
- Die Maschine wird am 05.01.2012 vom Maschinen-Lieferanten direkt bei der OHG angeliefert. Die Überführungs- und Installationskosten von 20.000 € (zuzüglich 20 % Umsatzsteuer) muss die OHG tragen. Die Zahlung erfolgt am 20.01.2012.
- Die OHG hat monatliche Leasingraten an die Leasing-GmbH zu zahlen, die sich errechnen aus den Anschaffungskoste der GmbH für die Maschine (100.000 €) zuzüglich eines kalkulierten Finanzierungszuschlags von insgesamt 40.000 €. Diese Leasingraten sind gleichmäßig in der Zeit vom 15.01.2012 bis einschließlich 15.12.2016 zu zahlen. Während dieser Zeit kann der abgeschlossene Leasingvertrag bei vertragsgemäßer Erfüllung von keiner Seite gekündigt werden.
- Die OHG hat das Recht, nach Ablauf der genannten Zeit unter Einhaltung einer Frist von 3 Monaten den Leasing-Vertrag bis zum 31.12.2019 zu verlängern. In diesem Fall sollen die jährlichen Leasingraten nur noch 2.000 € (zuzüglich 20 % Umsatzsteuer) betragen.

Zunächst stellt sich die Frage, wem die Leasinggegenstände zuzurechnen sind. In diesem Fall hat die Zurechnung bei der AB-OHG als Leasingnehmer zu erfolgen, da es sich um ein Finanzierungs-Leasing handelt. Die beim Leasinggeber und -nehmer durchzuführenden Buchungen für das Geschäftsjahr 2012 setzen sich wie folgt zusammen. Die planmäßigen Abschreibungen auf die Maschinen sollen nicht berücksichtigt werden.

Buchungssätze:

a) Leasinggeber (X-Leasing-GmbH)

05.01.2012

Leasing-Durchgangskonto	100.000 €	an	Verbindlichkeiten	
Vorsteuer	20.000 €		aus Lieferungen und Leistungen	120.000 €.
Leasing-/Kaufpreis-Forderung	129.200 €	an	Leasing-Durchgangskonto	100.000 €
			Umsatzsteuer	29.200 €[4]

15.01.2012

| Verbindlichkeiten aus Lieferungen und Leistungen | | an | Guthaben bei Kreditinstituten | 120.000 € |

Ende Februar 2012

| Guthaben bei Kreditinstituten | | an | Leasing-/Kaufpreisforderung | 29.200 €. |

---

[4] Leasingraten 01.01.2012–31.12.2016 = 140.000 € + Zahlungen bei Mietverlängerung 6.000 € = 146.000 €. Hierauf 20 % Umsatzsteuer = 29.200 €.

III. Sonstige Bilanzierungs- und Bewertungsfragen

Im Laufe des Geschäftsjahres 2012

| Guthaben bei Kreditinstituten | an empfangene Leasing-Raten | 28.000 € |

31.12.2012

Empfangene Leasingraten 28.000 € an – Leasing-/Kaufpreisforderung 14.667 €
– Erlöse aus Leasinggeschäft 13.333 €

Aufteilung der Leasingraten im Jahre 2012 in eine

- erfolgsneutrale Tilgung der Leasing-/Kaufpreisforderung gegenüber der AB-OHG und
- in erfolgswirksame Erlöse aus dem Leasinggeschäft:

	Ratenzahlungen insgesamt	140.000 €
–	Anschaffungskosten des Leasinggebers	100.000 €
=	Finanzierungszuschlag	40.000 €

Dieser ist nach der Digitalmethode (= 1 + 2 + 3 + 4 + 5 = 15) auf die Jahre 2012 bis einschließlich 2016 zu verteilen:

```
2012:   Raten 28.000 €  =  14.667 € Tilgung  +  13.333 € Erlös   (= 5/15 · 40.000 €)
2013:   Raten 28.000 €  =  17.333 € Tilgung  +  10.667 € Erlös   (= 4/15 · 40.000 €)
2014:   Raten 28.000 €  =  20.000 € Tilgung  +   8.000 € Erlös   (= 3/15 · 40.000 €)
2015:   Raten 28.000 €  =  22.667 € Tilgung  +   5.333 € Erlös   (= 2/15 · 40.000 €)
2016:   Raten 28.000 €  =  25.333 € Tilgung  +   2.667 € Erlös   (= 1/15 · 40.000 €)
      = 140.000 €       = 100.000 € Tilgung  +  40.000 € Erlös.
```

Die im Falle einer Verlängerung des Leasingvertrags in den Jahren 2016 bis 2019 zu zahlenden Raten von jeweils 2.000 € jährlich sind in voller Höhe erfolgswirksame Erlöse aus dem Leasinggeschäft.

b) Leasingnehmer (= AB-OHG)

05.01.2012

| – Maschinen | 100.000 € | an Leasing-/Kaufpreis- | |
| – Vorsteuer | 29.200 € | Verbindlichkeit | 129.200 € |

20.01.2012

| – Maschinen | 20.000 € | an Guthaben bei Kreditinstituten | 24.000 € |
| – Vorsteuer | 4.000 € | | |

Ende Februar 2012

| Leasing-/Kaufpreis-Verbindlichkeit | an Guthaben bei Kreditinstituten | 29.200 € |

Im Laufe des Geschäftsjahres 2012

| Ratenzahlungen an GmbH | an Geldausgänge | 28.000 €. |

31.12.2012

| – Leasing-/Kaufpreis-Verbindlichkeit | 14.667 € | an Ratenzahlungen an GmbH | 28.000 € |
| – Zinsaufwand | 13.333 € | | |

2. IFRS

In der IFRS-Rechnungslegung sind die Leasingtransaktionen bislang explizit in IAS 17 kodifiziert. Nach IAS 17.4 stellt ein Leasingverhältnis eine Vereinbarung dar, bei der der Leasinggeber dem Leasingnehmer gegen eine Zahlung das Nutzungsrecht eines Vermögenswerts für einen vereinbarten Zeitraum überträgt. Die Frage nach der bilanziellen Berücksichtigung des Vermögensgegenstands beim Leasinggeber oder -nehmer wird bislang durch eine explizite Klassifizierung der Leasing-Transaktion in ein **Finanzierungs- oder Operating Leasing** gelöst. Der wirtschaftliche Gehalt der vertraglichen Vereinbarung ist für die Bilanzierung entscheidend. Unter einem **Finanzierungs-Leasing** ist nach IAS 17.4 ein Leasingverhältnis zu verstehen, bei dem im Wesentlichen alle mit dem Eigentum verbundenen Risiken und Chancen eines Vermögenswerts übertragen werden. Alle anderen Leasingverhältnisse sind als Negativabgrenzung dem **Operating-Leasing** zu subsumieren. Die Klassifizierung der Leasingverhältnisse wird nach IAS 17.7 somit durch die Verteilung der Risiken- und Chancenverantwortung bestimmt. Als Risiken lassen sich u. a. die technische Überholung oder die negative Entwicklung der wirtschaftlichen Rahmenbedingungen anführen, während Wertzuwächse der Leasinggegenstände als Chancen erachtet werden. Der **Grundsatz der wirtschaftlichen Betrachtungsweise** (Substance over Form) ist nach IAS 17.10 das überragende Prinzip für die Leasing-Bilanzierung. Eine Einordnung als Finanzierungs-Leasing setzt mithin die Übertragung aller wesentlicher Chancen und Risiken auf den Leasingnehmer voraus, die mit dem Eigentum verbunden ist. Als Beispiele für ein Finanzierungs-Leasing werden folgende Sachverhalte in IAS 17.10 benannt:

- **Transfer of Ownership Test**: Das Eigentum des Vermögenswerts wird am Ende der Laufzeit des Leasingverhältnisses an den Leasingnehmer übertragen;
- **Bargain Purchase Option-Test**: Der Leasingnehmer hat die Option, den Vermögenswert zum Preis zu erwerben, der erwartungsgemäß deutlich niedriger als der zum möglichen Optionsausübungszeitpunkt beizulegende Zeitwert des Vermögenswertes ist, so dass zu Beginn des Leasingverhältnisses die Optionsausübung hinreichend sicher ist;
- **Economic Life-Test**: Die Laufzeit des Leasingverhältnisses umfasst den überwiegenden Teil der wirtschaftlichen Nutzungsdauer des Vermögenswerts, auch wenn das Eigentumsrecht nicht übertragen wird;
- **Recovery of Investment-Test**: zu Beginn des Leasingverhältnisses entspricht der Barwert der Mindestleasingzahlungen im Wesentlichen mindestens dem beizulegenden Zeitwert des Leasinggegenstands;
- **Spezialleasing**: Der Leasinggegenstand verfügt über eine spezielle Beschaffenheit, so dass er ohne wesentliche Veränderungen nur durch den jetzigen Leasingnehmer genutzt werden kann.

Sofern der Leasingnehmer den Vertrag auflöst und die Verluste des Leasinggebers in Verbindung mit seiner Aufhebung zu tragen hat, der Leasingnehmer die Gewinne und Verluste aus den Schwankungen des beizulegenden Zeitwerts des Leasinggegenstands zu übernehmen hat oder die Möglichkeit für den Leasingnehmer besteht, das Leasingverhältnis über die ursprüngliche Vertragsdauer hinaus einer marktunüblichen Miete (niedrig) fortzuführen, liegen Indikatoren für ein Finanzierungs-Leasing nach IAS 17.11 vor. Die **Abbildung 219** zeigt getrennt für ein Finanzierungs- und Operating Leasing die entsprechenden Ansatzpflichten beim Leasingnehmer und -geber.

III. Sonstige Bilanzierungs- und Bewertungsfragen

	Finanzierungs-Leasing	Operating-Leasing
Leasing-nehmer	(IAS 17.20) ■ **Aktivierung des Leasinggegenstands** unter den langfristigen Vermögenswerten. ■ Gleichzeitige Passivierung der i. H. d. Leasingverhältnisses zukünftig zu leistenden Zahlungen. ⇒ Behandlung wie kreditfinanzierter Kauf.	(IAS 17.33) ■ Keine Ansatzpflichten. ■ Mietzahlungen sind als Aufwand über die Laufzeit des Leasingverhältnisses zu verbuchen. ⇒ Behandlung als normaler Mietvertrag.
Leasing-geber	(IAS 17.36) ■ Aktivierung der zukünftigen Einzahlungen als Vermögenswert (Forderung). ■ Verschiedene Gegenkonten möglich: Bankverbindlichkeiten, Anlagevermögen.	(IAS 17.49) ■ **Aktivierung des Leasinggegenstands** als langfristiger Vermögenswert. ■ Leasinggeber ist zivilrechtlicher und **wirtschaftlicher** Eigentümer.

Abb. 219: Ansatzpflichten beim Finanzierungs- und Operating Leasing nach IAS 17

Beispiel:[5]

Die B-AG mietet ab 01.01.2012 eine Maschine. Die Laufzeit des Leasingverhältnisses beträgt 4 Jahre bei einer wirtschaftlichen Nutzungsdauer von 6 Jahren. Die Leasingraten, welche am Jahresende im Nachhinein zu entrichten sind, betragen 1.000 €. Es besteht keine Kaufoption bei Laufzeitende des Vertrags und es wurde auch kein automatischer Übergang des Eigentums auf den Leasingnehmer am Ende der Laufzeit vereinbart. Bei der Maschine handelt es sich um ein Standardmodell, das auch von Konkurrenzunternehmen verwendet werden kann. Die B-AG kann den dem Leasingverhältnis zugrundeliegenden Zinssatz nicht in praktikabler Weise ermitteln. Der Grenzfremdkapitalzins beträgt 9 %. Der beizulegende Zeitwert der Maschine beläuft sich am 1.1.2012 auf 3.000 €.

Im Folgenden soll beurteilt werden, ob nach IAS 17 ein Finanzierungs-Leasing vorliegt. Die B-AG verwendet zur Klassifizierung von Leasingverhältnissen für den Laufzeittest einen Grenzwert von 75 % und für den Barwerttest einen Grenzwert von 90 %.

- Eine günstige Kaufoption existiert nicht;
- dem Leasingnehmer wird das Eigentum am Mietobjekt am Ende der Laufzeit nicht automatisch übertragen (kein unbedingter Eigentumsübergang);
- Laufzeittest: Die Laufzeit des Leasingverhältnisses (4 Jahre) beträgt 4/6 der wirtschaftlichen Nutzungsdauer der Maschine (6 Jahre). Nachdem die AG das Laufzeitkriterium

---

[5] In Anlehnung an *Lüdenbach/Christian* 2010, S. 138 f.

mit dem Grenzwert von 75 % interpretiert, deutet auch dieses Kriterium nicht auf Finanzierungsleasing hin;
- Barwerttest: Da die AG den dem Leasingverhältnis zugrundeliegenden Zins nicht in praktikabler Weise ermitteln kann, verwendet sie ihren eigenen Grenzfremdkapitalzins von 9 % zur Berechnung des Barwerts:

	Rate: 31.12.2012	920 €
1.	Rate: 31.12.2012	920 €
2.	Rate: 31.12.2013	840 €
3.	Rate: 31.12.2014	770 €
4.	Rate: 31.12.2015	710 €
=	Barwert zum 01.01.2012	3.240 €
	Beizulegender Zeitwert 01.01.2012	3.000 €
	Barwert/beizulegender Zeitwert	107,99 %

Nachdem die AG das Barwertkriterium mit einer Grenze von 90 % interpretiert, deutet dies auf ein Finanzierungsleasing hin;
- Es liegt kein Spezialleasing vor (Standardmodell).

Da mit dem Barwerttest eines der Kriterien auf Finanzierungsleasing hindeutet, ist die Leasing-Transaktion zusammenfassend als Finanzierungs-Leasing zu qualifizieren. Demnach nimmt die AG als Leasingnehmer die Maschine in ihre Bilanz auf.

Bezüglich der **Bewertung** ist ebenfalls zwischen dem Leasinggeber und -nehmer einerseits und dem Finanzierungs- und Operating Leasing andererseits zu unterscheiden. Beim **Leasingnehmer** richtet sich im Hinblick auf das Finanzierungs-Leasing die Bewertung aus einer vergleichenden Betrachtung des beizulegenden Zeitwerts des Leasinggegenstands sowie des Barwerts der Mindestleasingzahlungen. Das Minimum der beiden genannten Werte bildet den Maßstab für die **Erstbewertung**. Die Mindestleasingzahlungen umfassen nach IAS 17.4 sämtliche Leistungen, die der Leasingnehmer während der Vertragslaufzeit pflichtgemäß zu entrichten hat.

Aufgrund der mehrperiodischen Betrachtungsweise sind die Mindestleasingzahlungen mit dem **internen Zins** oder alternativ mit dem **Grenzfremdkapitalzins** nach IAS 17.20 abzuzinsen. Der Grenzfremdkapitalzins spiegelt den Zins wider, den der Leasingnehmer bei einem vergleichbaren Leasingverhältnis oder für die Aufnahme von Fremdkapital zur Finanzierung des Leasinggegenstands bei einem Ratenkauf zahlen müsste. Der **Leasinggeber** hingegen hat beim Finanzierungs-Leasing lediglich eine Forderung in Höhe des **Nettoinvestitionswerts** aus dem Leasingverhältnis zu bilanzieren (IAS 17.36). Der Nettoinvestitionswert setzt sich aus den Mindestleasingzahlen zuzüglich eines nicht garantierten Restwerts am Ende der Laufzeit und abzüglich der zukünftig zu erhaltenden Zinserträge zusammen. Direkte Kosten, die dem Leasinggeber ggf. im Zusammenhang mit dem Leasingverhältnis entstehen, sind als Bestandteile der Forderung auszuweisen. Die Abschreibung erfolgt, sofern der rechtliche Eigentumsübergang hinreichend sicher ist, beim Finanzierungs-Leasing über die wirtschaftliche Nutzungsdauer des in Rede stehenden Leasingobjekts. Im anderen Fall ist über den kürzeren Zeitraum der wirtschaftlichen Nutzungsdauer und der Laufzeit abzuschreiben. Die **Abbildung 220** gibt einen Überblick über die Folgebewertung beim Leasingnehmer bei einem Finanzierungs-Leasing.

III. Sonstige Bilanzierungs- und Bewertungsfragen

```
                    Folgebewertung beim Leasingnehmer
                    ┌──────────────┴──────────────┐
        Abschreibungen des                    Aufteilung der
        Leasinggegenstands                    Leasingraten
                                              (IAS 17.25)
        ┌───────┴───────┐                    ┌──────┴──────┐
   planmäßige      außerplanmäßige     Finanzierungskosten   Tilgungsanteil der
   Abschreibung nach  Abschreibungen                          Restschuld
   den allgemeinen    nach IAS 36
   Grundsätzen        (IAS 17.30)
   (IAS 17.27 f.)
                                          Verteilung         Differenz zw.
                                      entsprechend einem   • Leasingrate und
                                      konstanten Zinssatz  • Zinsaufwand
   Sachanlagevermögen  immaterielle
   (IAS 16)            Vermögenswerte
                       (IAS 38)
                                      Vereinfachungsverfahren zulässig (IAS 17.26)
                                      • keine Methode benannt
                                      • z.B. arithmetisch-degressive Verteilung der
                                        Finanzierungskosten mit der digitalen
                                        Methode
```

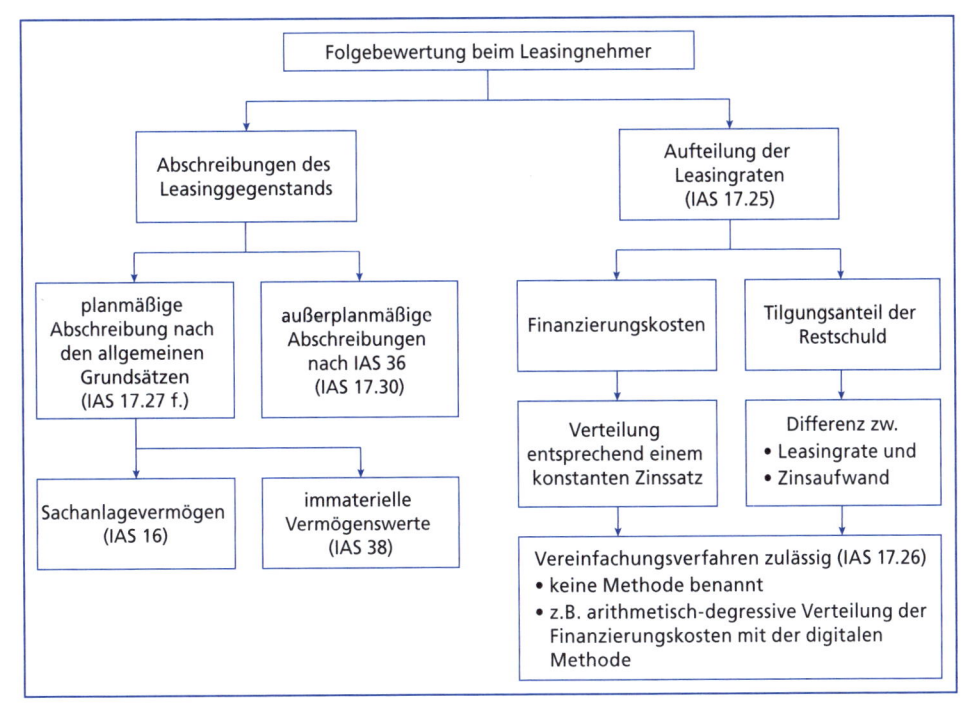

Abb. 220: Folgebewertung des Finanzierungs-Leasings beim Leasingnehmer nach IAS 17

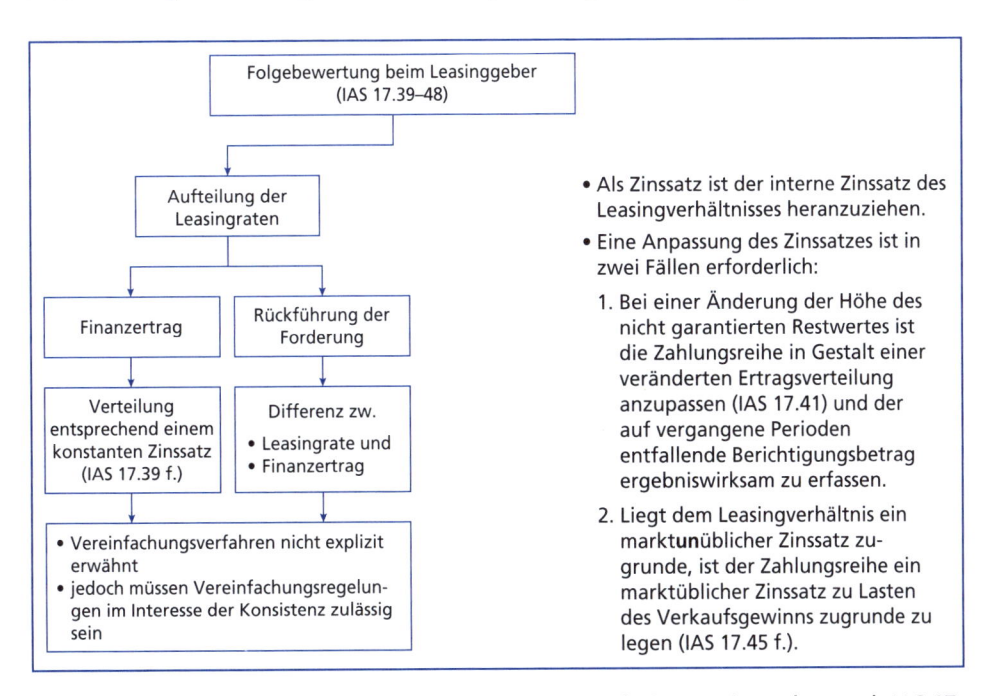

```
             Folgebewertung beim Leasinggeber
             (IAS 17.39–48)
                    │
             Aufteilung der
             Leasingraten
             ┌──────┴──────┐
        Finanzertrag   Rückführung der
                        Forderung
        Verteilung      Differenz zw.
    entsprechend einem  • Leasingrate und
    konstanten Zinssatz • Finanzertrag
        (IAS 17.39 f.)

  • Vereinfachungsverfahren nicht explizit
    erwähnt
  • jedoch müssen Vereinfachungsregelun-
    gen im Interesse der Konsistenz zulässig
    sein
```

- Als Zinssatz ist der interne Zinssatz des Leasingverhältnisses heranzuziehen.
- Eine Anpassung des Zinssatzes ist in zwei Fällen erforderlich:
  1. Bei einer Änderung der Höhe des nicht garantierten Restwertes ist die Zahlungsreihe in Gestalt einer veränderten Ertragsverteilung anzupassen (IAS 17.41) und der auf vergangene Perioden entfallende Berichtigungsbetrag ergebniswirksam zu erfassen.
  2. Liegt dem Leasingverhältnis ein markt**un**üblicher Zinssatz zugrunde, ist der Zahlungsreihe ein marktüblicher Zinssatz zu Lasten des Verkaufsgewinns zugrunde zu legen (IAS 17.45 f.).

Abb. 221: Folgebewertung des Finanzierungs-Leasings beim Leasinggeber nach IAS 17

Folgebewertung beim Leasinggeber

Abschreibungen des Leasinggegenstands
- planmäßige Abschreibung nach den allgem. Grundsätzen (IAS 17.53)
  - Sachanlagevermögen (IAS 16)
- außerplanmäßige Abschreibungen nach IAS 36 (IAS 17.54)
  - immaterielle Vermögenswerte (IAS 38)

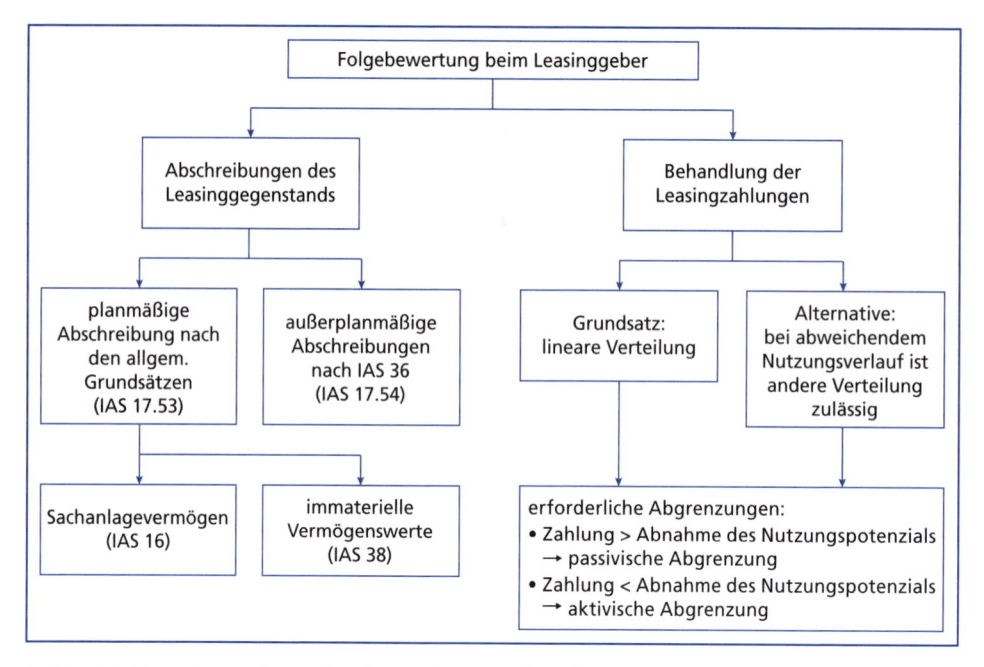

Behandlung der Leasingzahlungen
- Grundsatz: lineare Verteilung
- Alternative: bei abweichendem Nutzungsverlauf ist andere Verteilung zulässig
- erforderliche Abgrenzungen:
  • Zahlung > Abnahme des Nutzungspotenzials → passivische Abgrenzung
  • Zahlung < Abnahme des Nutzungspotenzials → aktivische Abgrenzung

Abb. 222: Folgebewertung des Operating-Leasings beim Leasinggeber nach IAS 17

Sowohl beim Leasingnehmer als auch beim Leasinggeber ist eine **Aufteilung der Leasingraten** in einen Zins- und Tilgungsanteil (Leasingnehmer) bzw. Zins- und Forderungsrückführungsanteil (Leasinggeber) erforderlich. Die planmäßige und außerplanmäßige Abschreibung des Leasinggegenstands richtet sich nach den allgemeinen Grundsätzen des IAS 16, 38 und IAS 36. Die **Abbildung 221** zeigt die Folgebewertung beim Leasinggeber beim Finanzierungs-Leasing.

Beim **Operating Leasing** erfolgt beim **Leasingnehmer** kein Ansatz des Leasinggegenstands, da ihm nicht die wesentlichen Risiken und Chancen nach der wirtschaftlichen Betrachtungsweise aus dem Leasinggegenstand zugerechnet werden können. Die Aufwendungen aus dem Leasingverhältnis sind nach IAS 17.33 f. unabhängig von den tatsächlichen Zahlungen linear über die Laufzeit des Leasingvertrags zu verteilen. Für den Fall eines abweichenden Nutzungsverlaufs ist auch eine andere Aufwandsverteilung gestattet. Bei Abweichungen zwischen Zahlungen und Aufwendungen der Periode sind Rechnungsabgrenzungsposten zu bilden.

Beim **Leasinggeber** ist der Leasinggegenstand entsprechend seiner Eigenschaft als materieller oder immaterieller Vermögenswert nach IAS 16 oder IAS 38 zu bewerten, wobei regelmäßig eine Bewertung zu Anschaffungs-/Herstellungskosten erfolgt. Direkte Kosten aus den Verhandlungen und dem Abschluss des Leasingvertrags sind Bestandteile des Buchwerts des Leasinggegenstands. Die planmäßige und außerplanmäßige Abschreibung richtet sich nach den allgemeinen Grundsätzen der IAS 16, 38 und IAS 36. Die **Abbildung 222** fasst die Folgebewertung beim Operating Leasing beim Leasinggeber zusammen.

Die vorstehend genannte Konzeption der Leasingbilanzierung wird derzeit einer wesentlichen Änderung unterzogen. Die Zielsetzung der Reform besteht in einer vollständigen Novellierung zur Vermeidung von Abgrenzungsproblemen zwischen Finanzierungs- und Operating Leasing, die Betonung des Vollständigkeitsprinzips sowie die Eliminierung von Unterschieden zwischen den IFRS und den US-GAAP. Künftig soll der **Risk and Reward Approach** durch den **Right of Use Approach** ersetzt werden. Dies bedeutet, dass die Frage nach der Verteilung der Risiken und Chancen zwischen dem Leasinggeber und dem Leasingnehmer nicht mehr im Vordergrund steht und mithin auch keine Trennung mehr zwischen Finanzierungs- und Operating Leasing (Bright Line Test) erfolgt. Da die bisherige Klassifizierung in ein Finance- und Operating Leasing rechnungslegungspolitische Ermessens- und Gestaltungsspielräume eröffnet, erhofft sich das IASB durch die Reform eine Stärkung der Informationsfunktion des IFRS-Abschlusses. Vielmehr soll der **Leasingnehmer** für das **Nutzungsrecht** des Leasinggegenstands während des Leasingzeitraums stets einen Vermögenswert und eine Schuld in Höhe der Leasingzahlungen ansetzen. Spiegelbildlich soll der **Leasinggeber** für das Recht zum Erhalt der Leasingzahlungen einen Vermögenswert als Forderung ausweisen. Insofern wird der Nichtansatz des Leasinggegenstands beim Leasingnehmer bei einem Operating Leasing („Off Balance"- Effekt) unter besonderer Berücksichtigung des Vollständigkeitsprinzips vermieden. Die Passivierung einer Verpflichtung in Höhe des Barwerts der Leasingraten und die Bilanzierung des Leasinggegenstands als Nutzungsrecht soll beim Leasingnehmer unabhängig vom Leasingzeitraum, der Höhe des Restwerts sowie der Risiko- und Chancenübertragung erfolgen. Da der interne Zinssatz des Leasinggegenstands dem Leasingnehmer im Regelfall nicht bekannt ist und daher der Zinssatz bislang ersatzweise durch den Grenzfremdkapitalzinssatz zum Ausdruck gelangt, soll künftig nur noch der Grenzfremdkapitalzins herangezogen werden.

Abbildung 223 fasst die bilanzielle Berücksichtigung von Leasingtransaktionen nach Handels- und Steuerrecht sowie nach IFRS zusammen.

Handels- und Steuerrecht	IFRS
■ keine expliziten Regelungen im Handelsrecht, daher Anwendung der Leasingerlasse des *BMF* ■ Unterscheidung in Finanzierungs- und Operating Leasing ■ bei Auseinanderfallen von wirtschaftlichem und juristischem Eigentum steht wirtschaftliches Eigentum im Fokus ■ Entscheidungskriterien für die Leasingeinordnung: Mietverlängerungsoption, Kaufoption, Spezialleasing, Verhältnis der Grundmietzeit zur betriebsgewöhnlichen Nutzungsdauer	■ eigener Standard (IAS 17) ■ Unterscheidung in Finanzierungs- und Operating Leasing (de lege lata) (Abschaffung geplant) ■ bei Auseinanderfallen von wirtschaftlichem und juristischem Eigentum steht wirtschaftliches Eigentum im Fokus (Substance over form) ■ Entscheidungskriterium für die Leasing-Einordnung: Übergang der wesentlichen Chancen und Risiken auf den Leasingnehmer (Risk and Reward Approach) (de lege lata) (geplant: Right of Use Approach)

Abb. 223: Behandlung von Leasingtransaktionen nach Handels- und Steuerrecht sowie IFRS

B. Erfolgserfassung[6]

1. Handels- und Steuerrecht[7]

Die Begriffe „Erträge" und „Aufwendungen" sind im **Handelsrecht** nicht definiert. Nach h. M. repräsentieren Erträge die gesamten, mit Erfolgseinnahmen bewerteten Gütererstellungen einer Rechnungsperiode, unter Berücksichtigung von Ertragskorrekturen früherer Perioden. Mithin stellen sie auf eine Reinvermögensmehrung ab. Im Gegensatz zur primär statisch geprägten Vermögenskonzeption folgt das Handelsrecht im Rahmen des Ertrags- und Aufwandsbegriffs der dynamischen Bilanzauffassung (**Revenue and Expense Approach**). Angesichts der Tatsache, dass im Regelfall lediglich eine erfolgswirksame Ertragserfassung auf Einzelabschlussebene vorgesehen ist, erfolgt eine strikte Anlehnung an das Kongruenzprinzip, welches als einer der wesentlichen Rechnungslegungsgrundsätze von *Schmalenbach* anzusehen ist.[8] Die Trennung zwischen Erträgen aus der gewöhnlichen Geschäftstätigkeit (z. B. Umsatzerlöse) sowie sonstigen Erträgen, die sich z. B. aus den Gliederungsvorschriften der GuV in § 275 HGB ergibt, ist so gesehen lediglich ausweis- und nicht bewertungstechnischer Natur.

Im **Steuerrecht** werden Betriebseinnahmen – wie bereits ausgeführt – als Erträge definiert, die durch den Betrieb veranlasst sind (§ 4 Abs. 4 EStG). Betriebseinnahmen i. S. d. Steuerrechts sind dabei nicht mit dem handelsrechtlichen Ertragsbegriff gleichzusetzen. So werden einerseits kraft steuerrechtlicher Regelung vereinzelt Betriebseinnahmen, die zugleich Erträge der Periode darstellen, zu steuerfreien Erträgen erklärt. Andererseits existieren aber auch erfolgswirksame Betriebseinnahmen, die aus handelsrechtlicher Sicht nicht als Ertrag behandelt werden (z. B. Auflösung steuerfreier Rücklagen in der Steuerbilanz, die in der Handelsbilanz seit dem BilMoG nicht mehr angesetzt werden dürfen).

Als Abgrenzungsgrundsätze lassen sich im Handels- und Steuerrecht die periodengerechte Gewinnermittlung, das Realisations- und Imparitätsprinzip sowie der Grundsatz der sachlichen Abgrenzung unterscheiden. Die Einschätzung, wonach die den zukünftigen (ertragsorientierten) Einnahmen entsprechenden Erträge schon im Zeitpunkt der Gütererstellung in voller Höhe als realisiert gelten, wird jedoch infolge der strengen Auslegung des Realisationsprinzips bzw. Zurückdrängung des Grundsatzes der sachlichen Abgrenzung (§ 252 Abs. 1 Nr. 4 2. HS HGB) als Ausfluss des statisch geprägten Vorsichtsprinzips relativiert; es besteht grds. ein Ausweisverbot für noch nicht durch den Umsatzprozess verwirklichte Gewinne. Diese gelten nach h. M. beim Verkauf von Vermögensgegenständen bzw. Wirtschaftsgütern erst vom Zeitpunkt der Verschaffung der Verfügungsmacht an den Käufer als verwirklicht. Mithin dürfen Gütererstellungen bezüglich aktivierbarer innerbetrieblicher Leistungen und auf Lager befindlicher Erzeugnisse, die (noch) nicht durch den Umsatzprozess realisiert wurden, höchstens zu Herstellungskosten (§ 253 Abs. 1 Satz 1 HGB) im Jahresabschluss angesetzt werden. Hieraus folgt die strenge Befolgung des **Transaktionsansatzes**, wonach Änderungen von Vermögenswerten und Schulden nur dann in der Gewinn- und Verlustrechnung berücksichtigt werden, wenn sie das Ergebnis einer in- oder externen Transaktion sind.

---

[6] Vgl. hierzu auch die Ausführungen im Ersten Teil zu Gliederungspunkt IV.C.
[7] Vgl. hierzu und in der Folge *Freidank/Velte/Weber* 2011b, S. 141–143.
[8] Vgl. *Schmalenbach* 1962, S. 96 f.

III. Sonstige Bilanzierungs- und Bewertungsfragen

Diese strenge Einhaltung des Transaktionsansatzes wird beim verrechneten Planvermögen i. S. d. § 246 Abs. 2 Satz 2, 3 HGB, bei der Abzinsung von Rückstellungen, bei der Währungsumrechnung nach § 256 a HGB sowie bei Unternehmen im Sinne von § 340 HGB bei der Bewertung von Finanzinstrumenten des Handelsbestands zum beizulegenden Zeitwert (§ 340 e Abs. 3 Satz 1 HGB) aus handelsrechtlicher Sicht punktuell durchbrochen. Die Erträge aus der Fair Value-Bewertung von Finanzinstrumenten des Handelsbestands sind jedoch aus Gründen des Gläubigerschutzes zunächst um einen Risikoabschlag zu korrigieren und müssen in einen Sonderposten eingestellt werden, der wie eine Ausschüttungssperre wirkt (§ 340 e Abs. 4 HGB). Die beiden erstgenannten Durchbrechungen werden steuerrechtlich nicht nachvollzogen, während die Bewertung von Finanzinstrumenten des Handelsbestands zum beizulegenden Zeitwert ebenfalls nur bei Kreditinstituten und Finanzdienstleistungsunternehmen unter besonderer Berücksichtigung des Risikoabschlags zulässig ist (§ 6 Abs. 1 Nr. 2 b EStG).

In Analogie zu den Erträgen basiert der Begriff der **Aufwendungen** handelsrechtlich auf den periodisierten (erfolgswirksamen) Ausgaben, wenn der Ausnahmefall des Werteverzehrs geschenkter Wirtschaftsgüter unberücksichtigt bleibt. Aufgrund von Unsicherheiten bezüglich der Höhe des Werteverzehrs ist es bei einigen Vermögenswerten nicht immer möglich, die entsprechenden erfolgswirksamen Ausgaben verursachungsgerecht zu periodisieren. Stellt sich in den folgenden Perioden heraus, dass die ursprünglich unterstellten Werteverzehre nicht der Realität entsprechen, dann sind die anteiligen Wertdifferenzen in den Erfolgsrechnungen späterer Rechnungsabschnitte zu berücksichtigen, da nachträgliche Korrekturen in den vergangenen Zeiträumen Änderungen der gesamten entsprechenden Jahresabschlüsse bewirken würden. Infolgedessen können Aufwendungen als die gesamten, mit erfolgswirksamen Ausgaben bewerteten Güterverzehre einer Rechnungsperiode, unter Berücksichtigung von Aufwandskorrekturen früherer Zeiträume, definiert werden. Das **Imparitätsprinzip** stellt hierbei in Analogie zum Realisationsprinzip im Rahmen der Ertragserfassung den Ausfluss des Vorsichtsprinzips dar, da bereits ein Ausweis zukünftiger realisierbarer Verluste geboten ist. Insofern wird der Transaktionsansatz im Rahmen der Aufwendungen durch die zeitliche Risikovorwegnahme durchbrochen.

Das **Steuerrecht** legt in § 4 Abs. 4 EStG – wie bereits ausgeführt – den Terminus Betriebsausgaben zugrunde. Diese lassen sich als Aufwendungen definieren, die durch den Betrieb veranlasst sind. Allerdings sind Betriebsausgaben nicht mit dem handelsrechtlichen Aufwandsbegriff gleichzusetzen. So werden durch spezifische steuerrechtliche Regelungen einerseits vereinzelt Betriebsausgaben, die zugleich Aufwand der Periode darstellen, zu sog. nicht abzugsfähigen Betriebsausgaben erklärt (z. B. Aufwendungen für Geschenke, Gästehäuser etc. gemäß § 4 Abs. 5 EStG). Andererseits existieren aber auch Fälle, die aus steuerrechtlicher Sicht zu abzugsfähigen Betriebsausgaben führen, handelsrechtlich aber nicht als Aufwand behandelt werden (z. B. Vornahme steuerrechtlicher Bewertungsvergünstigungen, die in der Handelsbilanz nicht angesetzt werden dürfen).

2. IFRS

Vergleichbar mit der Ansatz- und Passivierungsfähigkeit nach **IFRS** wird auch die Erfassung von Aufwendungen und Erträgen in der Erfolgsrechnung zweistufig geregelt. Die abstrakte Ausweisfähigkeit grenzt diejenigen Sachverhalte ein, die grundsätzlich in der Gesamterfolgsrechnung Berücksichtigung finden. Dazu gehören Erträge und Aufwendungen. Die konkrete Ausweisfähigkeit knüpft an spezifische Kriterien an, anhand derer bestimmt wird, zu welchem Zeitpunkt Erträge und Aufwendungen zu erfassen sind.

Erträge stellen den Gegenwert einer Zunahme des künftigen wirtschaftlichen Nutzens in der Berichtsperiode in Form von Zuflüssen oder Werterhöhungen von Vermögenswerten oder einer Abnahme von Schulden dar [Rahmenkonzept 4.29]. Erträge führen – wie auch nach dem Handelsrecht – angesichts der doppelten Buchführung zu einer Erhöhung des Eigenkapitals bzw. Reinvermögens, wobei Einlagen der Anteilseigner keine Berücksichtigung finden. Aus der allgemeinen Ertragsdefinition nach dem Rahmenkonzept leitet sich ein im Vergleich zum Handelsrecht geringerer Stellenwert des Revenue and Expense Approach ab; vielmehr wird der **Asset and Liability bzw. Balance Sheet Approach** zugrunde gelegt, welcher auf der statischen Bilanzauffassung basiert. Hieraus folgt, dass dem Gedanken der genauen Periodisierung der Aufwendungen und Erträge eine nachrangige Bedeutung zukommt. Allerdings wird dieser Grundsatz in den jeweiligen Einzelstandards z. T. zugunsten der periodengerechten Erfolgsermittlung bislang durchbrochen.

Der Ertragsbegriff lässt sich in Beträge aus der **gewöhnlichen Geschäftstätigkeit** und **sonstige Erträge** unterscheiden (Rahmenkonzept 4.29). Erträge aus der gewöhnlichen Geschäftstätigkeit umfassen u. a. Umsatzerlöse, Gebühren, Zinsen, Dividenden, Honorare und Mietzahlungen (IAS 18.1 und 18.7). Der Transaktionsansatz wird hierbei in gemilderter Form befolgt, da eine Ertragserfassung bereits bei einer in Betracht kommenden Realisierung möglich ist.

Im Gegensatz hierzu resultieren **sonstige Erträge** insbesondere aus Wertsteigerungen von Vermögenswerten und Wertminderungen von Schulden (Rahmenkonzept 4.30). Darunter fallen bspw. Erlöse aus der Veräußerung von Sachanlagevermögenswerten, aber auch Gewinne aus der Neubewertung marktfähiger Wertpapiere. Dabei erfolgt grds. ein gesonderter Ausweis, weil ihre Kenntnis das Entscheidungsverhalten maßgeblich beeinflusst. Ein Nettoausweis – nach Verrechnung mit den damit verbundenen Aufwendungen – ist jedoch zulässig (Rahmenkonzept 4.31) und unter gewissen Voraussetzungen vorgeschrieben (IAS 1.32). Diejenigen sonstigen Erträge, welche aus einer Änderung des beizulegenden Zeitwertes resultieren, werden vereinnahmt, ohne dass eine Transaktion vorliegt. Ferner kommt es zu einer Durchbrechung des Kongruenzprinzips, da z. B. bei der Neubewertung des Sachanlage- und immateriellen Vermögens eine erfolgsneutrale Ertragserfassung erfolgt. Hierin zeigt sich die partiell nachrangige Bedeutung der dynamischen Bilanzauffassung im Rahmen des IFRS-Regelwerks; wesentliche Divergenzen ergeben sich zum Handelsrecht, das kein Konglomerat aus erfolgsneutraler und erfolgswirksamer Ertragserfassung vorsieht. Die erfolgsneutralen Ergebnisbestandteile sind vom Periodenergebnis der Gewinn- und Verlustrechnung, welches u. a. auch das aperiodische Ergebnis (z. B. Rückstellungsauflösungen über/unter dem Buchwert) enthält, zu einer Gesamterfolgsrechnung zu erweitern, welche die ergebnisneutralen und -wirksamen Bestandteile als Periodengesamterfolg misst.

III. Sonstige Bilanzierungs- und Bewertungsfragen

Aufwendungen repräsentieren als Ausfluss des Asset and Liability Approach die Abnahme des wirtschaftlichen Nutzens in der Berichtsperiode in Form von Abflüssen oder Verminderungen von Vermögenswerten oder Erhöhung von Schulden [Rahmenkonzept 4.33]. Sie bewirken zugleich eine Abnahme des Eigenkapitals, wobei Ausschüttungen an die Anteilseigner nicht einbezogen werden. In Übereinstimmung zu den Erträgen erfolgt eine Unterteilung in Aufwendungen, die im Rahmen der **gewöhnlichen Geschäftstätigkeit** anfallen, und in **andere Aufwendungen**, die mit den **Gains** vergleichbar sind. Zu Erstgenannten zählen bspw. Umsatz- und Lohnkosten oder auch Abschreibungen (Rahmenkonzept 4.33). Andere Aufwendungen können sowohl im Rahmen der gewöhnlichen als auch der außergewöhnlichen Geschäftstätigkeit auftreten. So zählen zu ihnen zum einen Aufwendungen aus der Veräußerung von Sachanlagevermögenswerten, zum anderen aber auch Aufwendungen infolge von Naturkatastrophen. Auch bei den Losses ist ein gesonderter Ausweis in der Erfolgsrechnung angezeigt. Ein Nettoausweis – nach Verrechnung mit damit verbundenen Erträgen – ist grds. zulässig (Rahmenkonzept 4.35) und unter bestimmten Voraussetzungen zwingend (IAS 1.32).

Lassen sich bestimmte Posten den Erträgen oder Aufwendungen subsumieren, folgt hieraus nicht automatisch eine Erfassung in der Gesamterfolgsrechnung. Diese Qualifizierung stellt – wie bereits ausgeführt – lediglich eine abstrakte, aber noch keine konkrete Voraussetzung für ihre Erfassung dar.

Eine erfolgswirksame Berücksichtigung in der Gewinn- und Verlustrechnung ist lediglich dann geboten, wenn der künftige wirtschaftliche Nutzenzu- und Nutzenabfluss wahrscheinlich und eine verlässliche Bewertung gegeben ist (Rahmenkonzept 4.47 f.). Erträge sind folglich dann in der Erfolgsrechnung auszuweisen, wenn der Gegenwert einer Zunahme künftigen wirtschaftlichen Nutzens, der an die Zunahme des Werts bei einem Vermögenswert bzw. an die Abnahme des Werts bei einer Schuld gebunden ist, verlässlich ermittelt werden kann. Analoges gilt für die Aufwendungen (Rahmenkonzept 4.49 f.).

Die Aufwands- und Ertragserfassung erfolgt zeitgleich mit der betragsmäßigen Änderung der korrespondierenden Vermögenswerte und Schulden. Hierbei ist auf den Zeitpunkt abzustellen, zu dem die Wertänderung zuverlässig zu ermitteln ist (Rahmenkonzept 4.49 f.). Sofern eine Ausgabe keinen als bilanzierungsfähigen Vermögenswert zu berücksichtigenden zukünftigen wirtschaftlichen Nutzen stiftet (Rahmenkonzept 4.49) bzw. eine Schuld vorliegt, für die kein Vermögenswert bilanziell erfassbar ist, ist eine Aufwandsberücksichtigung in der Erfolgsrechnung geboten. Zur Ertragserfassung wird auf die Regelungen in den Einzelstandards verwiesen (u. a. IAS 11, 18). Als Abgrenzungsgrundsätze lassen sich – wie auch nach dem Handelsrecht – die periodengerechte Gewinnermittlung, das Realisationsprinzip sowie der Grundsatz der sachlichen Abgrenzung unterscheiden. Eine Ungleichbehandlung von Gewinnen und Verlusten nach Maßgabe des Imparitätsprinzips (Handelsrecht) existiert im IFRS-Regelwerk grds. nicht.

Im Vergleich zum Handels- und Steuerrecht kommt der Befolgung des Prinzips der sachlichen Zurechnung nach IFRS eine größere Bedeutung zu. Das Realisationsprinzip wird hierbei weniger restriktiv ausgelegt. Aufwendungen, die in einem direkten Kontext mit entsprechenden Erträgen stehen, sind in der Periode ergebniswirksam zu berücksichtigen, in der die Erträge erfasst werden (Rahmenkonzept 4.50). Jedoch führt das Matching Principle aufgrund des Asset and Liability-Approach nicht so weit, dass Posten, die nicht die Vermögenswert- und Schulddefinition erfüllen, ausgewiesen werden.

In **Abbildung 224** sind die Aufwands- und Ertragskonzeptionen nach Handels- und Steuerrecht sowie nach IFRS gegenübergestellt.

C. Langfristige Auftragsfertigung

1. Einführung[9]

Der Themenkomplex der **Auftragsfertigung bei unfertigen Erzeugnissen**, die den Vorräten nach § 266 Abs. 2 Posten B. I. 2. HGB zu subsumieren ist und deren bilanzielle Abbildung sich derzeit nach IAS 11 richtet, hat aufgrund der fortschreitenden Technologisierung, Spezialisierung und Internationalisierung des wirtschaftlichen Geschehens in verschiedenen Branchen, u. a. im **Schiffs-, Anlagen-, Flugzeugbau** und der **Forschungs- und Entwicklungsindustrie**, in jüngerer Zeit einen erheblichen wertmäßigen Bedeutungszuwachs erlangt und stellt vielfach den **Schwerpunkt der vertraglichen Verflechtungen** des Unternehmens dar. Der Zusatz langfristige Auftragsfertigung deutet darauf hin, dass es sich grds. um Herstellungsvorgänge handelt, die **mindestens zwei Geschäftsperioden** umfassen, d. h. Vertragsabschluss und Leistungserfüllung in unterschiedliche Abrechnungsperioden fallen. Ferner ist eine begrenzte Anzahl der gefertigten Vermögenswerte sowie eine Komplexität und Exklusivität des Fertigungsproduktes zu unterstellen. Zudem muss der Herstellung eine **kundenspezifische Planung und Entwicklung** vorausgegangen sein.

Trotz der Tatsache, dass aus den geschlossenen Fertigungsverträgen grds. kein **Verwertungsrisiko** für das Fertigungsunternehmen besteht, ist der Bereich der langfristigen Auftragsfertigung durch eine **erhöhte Komplexität und Risikoanfälligkeit** gekennzeichnet. Dabei spielen überwiegend **Kostenrisiken** eine entscheidende Rolle, die in Risiken der Kostenarten und der Kostenhöhe zu unterscheiden sind. Langfristige Fertigungsaufträge werden im Gegensatz zur Serienfertigung durch einen hohen **Individualitätsgrad** der Produktgestaltung gekennzeichnet, so dass ein starkes Abhängigkeitsverhältnis zum Auftraggeber besteht. Sie stellen somit Einzelfertigungen dar und können i. d. R. nicht wiederholt erstellt werden. Im Rahmen der Kostenkalkulation zu Beginn des Projektes bestehen erhebliche Probleme bei der Quantifizierung und Berücksichtigung sämtlicher Kostenfaktoren, da sowohl ein Rückgriff auf Branchen- oder Unternehmensvergleiche als auch auf frühere Auftragsverträge des betrachteten Fertigungsunternehmens angesichts der Exklusivität des Auftrags nur in engen Grenzen möglich ist. Daneben spielen u. a. **technische Risiken** bei Leistungsverzug oder Schlechterfüllung eine erhebliche Rolle (u. a. in Form möglicher Konventionalstrafen oder Klagen), wenn die Einhaltung bestimmter Leistungsindikatoren oder Zeittermine vertraglich garantiert wurde und sich im Laufe der Fertigungszeit herausstellt, dass diese nicht durch das Fertigungsunternehmen zu erfüllen sind. Schließlich können ebenfalls **Finanzierungsrisiken** auftreten, die sich aus einem möglichen Zahlungsausfall oder -verzug des Auftraggebers ergeben. Eine vorherige genaue **Bonitätsbeurteilung** des Kunden im Sinne eines **Ra-**

---

[9] Vgl. hierzu und in der Folge *Velte* 2008b, S. 445 f.

III. Sonstige Bilanzierungs- und Bewertungsfragen

	Handels- und Steuerrecht	IFRS
Erfassungszeitpunkt	**Aufwendungen/Betriebsausgaben:** Ausweisgebot für realisierbare Verluste; Durchbrechung des Transaktionsansatzes infolge des Imparitätsprinzips **Erträge/Betriebseinnahmen:** Ausweisverbot für unrealisierte Gewinne Ausnahmen: verrechnetes Planvermögen i.S.d. § 246 Abs. 2, 3 HGB, Währungsumrechnung nach § 256a HGB, Abzinsung von Rückstellungen und Bewertung von Finanzinstrumenten des Handelsbestands zum beizulegenden Zeitwert (begrenzt auf Kredit- und Finanzdienstleistungsinstitute); steuerrechtlich sind lediglich die letzten beiden Ausnahmen zubeachten, ansonsten Anlehnung an den Transaktionsansatz durch Realisationsprinzip	**Aufwendungen:** Ausweisgebot für realisierbare Verluste; Durchbrechung des Transaktionsansatzes **Erträge:** häufig Ausweisgebot für realisierbare Gewinne; Durchbrechung des Transaktionsansatzes
Definition	**Aufwendungen (Handelsrecht):** gesamte, mit erfolgswirksamen Ausgaben bewertete Güterverzehre einer Rechnungsperiode unter Berücksichtigung von Aufwandskorrekturen früherer Zeiträume **Betriebsausgaben (Steuerrecht):** durch den Betrieb veranlasste Aufwendungen; Abgrenzung der (nicht) abzugsfähigen Betriebsausgaben **Erträge (Handelsrecht):** gesamte, mit Erfolgseinnahmen bewertete Gütererstellungen einer Rechnungsperiode unter Berücksichtigung von Ertragskorrekturen früherer Perioden **Betriebseinnahmen (Steuerrecht):** durch den Betrieb veranlasste Erträge; Abgrenzung der steuerfreien Erträge oder erfolgswirksamer Betriebseinnahmen	**Aufwendungen:** Abnahme des wirtschaftlichen Nutzens in der Berichtsperiode in Form von Abflüssen oder Verminderungen von Vermögenswerten oder Erhöhung von Schulden **Erträge:** Gegenwert einer Zunahme künftigen wirtschaftlichen Nutzens in der Berichtsperiode in Form von Zuflüssen oder Werterhöhungen von Vermögenswerten oder einer Abnahme von Schulden
erfolgsneutrale/ -wirksame Erfassung	generell nur erfolgswirksam (strenge Befolgung des Kongruenzprinzips)	Mixed Model aus erfolgsneutraler und -wirksamer Erfassung (Durchbrechung des Kongruenzprinzips)
bilanztheoretische Einordnung	HGB tendenziell dynamisch (Revenue and Expense Approach)	IRFS tendenziell statisch (Asset and Liability Approach)

Abb. 224: Aufwands- und Ertragskonzeption nach Handels- und Steuerrecht sowie IFRS

ting-Verfahrens durch den Auftragnehmer selbst oder mittels **Rating-Agenturen** erscheint daher dringend erforderlich. Erfolgt die Erstellung eines Produktes über einen mehrjährigen Zeitraum und ist ein rechtskräftiger Auftrag zwischen den Vertragsparteien geschlossen, stellt sich ferner die Frage nach dem **Zeitpunkt der Umsatz- und Ergebnisrealisierung**.[10]

2. Methoden der Rechnungslegung

a. Completed Contract Method (Handels- und Steuerrecht)

Für die Bewertung derartiger Fertigungs- und Dienstleistungsaufträge kommt handels- und steuerrechtlich grds. nur die **Completed Contract Method (CCM)** in Betracht.[11] Nach diesem Verfahren werden Gewinne im Jahresabschluss nur berücksichtigt, wenn sie nach dem Realisationsprinzip des § 252 Abs. 1 Nr. 4 HGB vollständig vereinnahmt worden sind.[12] Im Umkehrschluss ist aus handels- und steuerrechtlicher Sicht eine Teilgewinnrealisierung prinzipiell unzulässig. In der Literatur und Bilanzierungspraxis wird jedoch überwiegend eine Teilgewinnrealisierung auf der Basis einer ausdrücklichen Vereinbarung von **Teilauftragsabrechnungen** (**Milestones**) für zulässig erachtet.[13] Regelmäßig wird der Realisationszeitpunkt jedoch erst mit der Zustellung des fertig gestellten Vermögensgegenstandes an den Kunden akzeptiert.[14] Eine ergebnissteigernde Umsatzberücksichtigung hat zu diesem Zeitpunkt zu erfolgen.[15]

In den Berichtsperioden vor Fertigstellung des Auftrags kommt es u. a. infolge **nicht aktivierungsfähiger Selbstkostenanteile** zu **Zwischenverlusten**, die bei Abnahme des Fertigungsproduktes durch einen „Wertsprung" in Höhe der gesamten Umsatzerlöse im Allgemeinen (über-)kompensiert werden. Die CCM ist unter Objektivierungsgesichtspunkten zwar zu bevorzugen, allerdings liegt eine Konterkarierung der Informationsfunktion des Jahresabschlusses vor. So lässt sich der Grundsatz des **True and Fair View** nicht mit der strikten Befolgung der CCM vereinbaren. Die durch die Verhinderung der Teilgewinnrealisierung gesunkene Aussagekraft der Bilanz sowie Gewinn- und Verlustrechnung kann aber nach der **Abkopplungsthese** durch zusätzliche Angaben im **Anhang** beseitigt werden. Als Angaben kommen verbale und quantitative Erläuterungen in Betracht, deren individuelle Ausgestaltung jedoch maßgebend von der Zielsetzung des Managements determiniert wird (z. B. in Form einer offensiven Publizitätspolitik) und die über die allgemeine Angabepflicht nach § 264 Abs. 2 Satz 2 HGB hinausgehen können.

Primär eine am **Shareholder Value** ausgerichtete Unternehmenspolitik wird dazu neigen, die Teilgewinnrealisierung möglichst **vor** Vertragsende vorzunehmen, da dies eine positive Signalwirkung bezüglich der künftigen Ausschüttungspolitik bei den Investoren hervorrufen kann. Mithin ist dieses Mittel als rechnungslegungspolitisches Instrumentarium der

---

[10] Vgl. *Freidank* 1989, S. 1197.
[11] Vgl. *Zwirner/Boecker/Reuter* 2004, S. 224.
[12] Vgl. *Peemöller/Faul/Schroff* 2004, S. 537.
[13] Vgl. hierzu im Einzelnen *Bohl* 2004, S. 2381.
[14] Vgl. *Mandler* 2004, S. 63.
[15] Vgl. *Zwirner/Boecker/Reuter* 2004, S. 224.

Unternehmensleitung zu qualifizieren, das auf eine Verstärkung der **Investor Relations** und eine **Erklärung der Wertlücke** zwischen dem Markt- und Buchwert des Unternehmens vor Vollendung des Fertigungsauftrags abzielt.

b. Percentage of Completion Method und Zero Profit Margin (IFRS)

Nach IAS 11.3 stellt der **Fertigungsauftrag (Construction Contract)** einen Vertrag über die kundenspezifische Fertigung einzelner Gegenstände oder einer Anzahl von Gegenständen dar, die hinsichtlich Design, Technologie, Funktion oder hinsichtlich ihrer Verwendung aufeinander abgestimmt oder voneinander abhängig sind. Die weniger starke Betonung des handelsrechtlich dominierenden Vorsichtsprinzips in der IFRS-Rechnungslegung korrespondiert mit der grundsätzlichen Nichtanwendung der CCM bei der Bilanzierung langfristiger Fertigungsaufträge, womit stattdessen gemäß IAS 11.22 die **Percentage of Completion Method (POCM)**[16] zum Einsatz kommt, wenn entsprechende Tatbestandsvoraussetzungen (IAS 11.22–24) vorliegen.[17] Können die aufgeführten Bedingungen nicht erfüllt werden, ist eine begrenzte Erlösrealisierung bis zur Höhe der bisher angefallenen Auftragskosten vorzunehmen. Dieses Verfahren wird als **verkürzte bzw. modifizierte POCM** bezeichnet, da insofern ein Gewinnausweis von null erzielt wird (**Zero Profit Margin**).

Die POCM impliziert gemäß IAS 11.26 eine **Teilgewinnrealisierung** nach Maßgabe des ermittelten Fertigstellungsgrades am Bilanzstichtag.[18] Die Erlöse und Kosten eines Auftrages sind entsprechend dem Leistungsfortschritt (**Stage of Completion**) jeweils als Erträge und Aufwendungen zu erfassen. Bei einem erwarteten Verlust ist die POCM nicht anzuwenden, stattdessen ist nach IAS 11.36 eine aufwandswirksame Verlustantizipation in voller Höhe vorgesehen. Im Hinblick auf die Zielsetzung der **Gewinnglättung** ist der POCM eine unterstützende Funktion zuzusprechen.[19] Die Anwendung dieser Methode nach IFRS bewirkt durch die anteilige Gewinnrealisation entsprechend des Fertigstellungsgrades zum Abschlussstichtag im Gegensatz zur handels- und steuerrechtlichen CCM i. d. R. ein glättendes Periodenergebnis.

Ferner führt der vorgezogene Umsatzausweis bei Annahme eines gewinnbringenden Auftrages zu einem **kurzfristigen Anstieg des Periodenergebnisses in der Referenzperiode**.[20] Über die gesamte Planungsperiode müssen die Totalerfolge bei Anwendung der CCM und POCM jedoch übereinstimmen. Die Praktizierung der POCM bewirkt im Allgemeinen eine unternehmenszielkonforme Beeinflussung der unterschiedlichen Interessengruppen des Einzelabschlusses und stärkt ggf. das Vertrauen der Anteilseigner in die Unternehmensführung. Allerdings sind in IAS 11.39 bis 11.45 detaillierte **Anhangangaben (Notes)** aufgeführt. Jedoch ist zu berücksichtigen, dass trotz dieser Angabepflichten die rechnungslegungspolitischen Maßnahmen im Rahmen der Behandlung langfristiger Fertigungsaufträge nach IAS 11 nicht vollständig aufgedeckt werden können, da den einzelnen Methoden zur Bestim-

---

[16] Vgl. hierzu ausführlich *Velte* 2006b, S. 223–228.
[17] Vgl *Kirsch* 2003, S. 1113.
[18] Vgl. *Fischer/Klöpfer/Sterzenbach* 2004, S. 703.
[19] Vgl. *Renneke* 2004, S. 125.
[20] Vgl. *Wolf* 2004, S. 521.

mung von Teilgewinnrealisierungen Vor-Bilanzstichtag-Dispositionen zugrunde liegen, die in die Kategorie der **sachverhaltsgestaltenden rechnungslegungspolitischen Maßnahmen** fallen.

Im Rahmen der langfristigen Auftragsfertigung bestehen nach den IFRS auch Ermessensspielräume **in der Bestimmung des Fertigstellungsgrades** am Bilanzstichtag bzw. hinsichtlich der Gewinnprognose. Die IFRS stellen verschiedene in- und outputorientierte Berechnungsmethoden zur Auswahl, z. B. die **Cost to Cost Method**, die **Effort Expended Method** oder die **Units of Delivery Method**, die optional anwendbar sind und i. d. R. zu abweichenden Ergebnissen führen.[21] Das Unternehmen soll hierbei diejenige Methode auswählen, die jeweils zu einer verlässlichen Bewertung führt. Angesichts dieser geringen Konkretisierung ist von einem impliziten **Methodenwahlrecht** des Bilanzerstellers auszugehen, wobei der **Grundsatz der Stetigkeit** (IAS 8.13) zu beachten ist. Dieser besagt, dass eine einmal gewählte Methode im Zeitablauf und bei gleichartigen Aufträgen grds. beibehalten werden muss.[22]

Die **inputorientierten** Verfahren messen den Projektfortschritt indirekt nach dem tatsächlichen Ressourceneinsatz (Input). Dabei wird auf eine lineare Beziehung zwischen Einsatzmenge und Ergebnis abgestellt. Die in der Unternehmenspraxis vielfach eingesetzte **Cost to Cost Method** ermittelt den Fertigstellungsgrad als Verhältnis der tatsächlich angefallenen Kosten zu den geschätzten Gesamtkosten des Auftrags. Dabei wird der Faktoreinsatz in Geldeinheiten bewertet.

> **Beispiel:** Das Fertigungsunternehmen XY-AG schließt am 30.03.2012 mit dem Kunden D einen Exklusivvertrag über den Bau eines Überschallflugzeugs ab. Das Flugzeug soll vertragsgemäß zum 1.1.2015 fertig gestellt und an D ausgeliefert werden. Am Bewertungsstichtag (31.12.2012) sind insgesamt Kosten von 100.000 € angefallen. Die geschätzten Auftragskosten des gesamten Fertigungsprojekts betragen 800.000 €. Nach der Cost to Cost Method errechnet sich der Fertigstellungsgrad zum 31.12.2012 wie folgt:
>
> Istkosten zum 31.12.2012/geschätzte Gesamtkosten des Auftrags zum 1.1.2015
>
> = 100.000 €/800 000 € = 12,5 %.

Neben der Cost to Cost Method kommt die sog. **Effort Expended Method** als inputorientiertes Verfahren in Betracht, die das Verhältnis der bisher eingesetzten Leistung zur geschätzten Gesamtleistung misst. Im Vergleich zur Cost to Cost Method wird in diesem Fall der Ressourcenverbrauch in Mengeneinheiten (z. B. in Arbeitsstunden) statt in Geldeinheiten ausgedrückt.

> **Beispiel:** Das durch die XY-AG herzustellende Flugzeug erfordert einen geschätzten Einsatz von 30 Arbeitern, die jeweils 3.000 Stunden an dem Auftragsprojekt arbeiten. Die zum 31.12.2012 aufgewendete Arbeitsleistung wird mit 10.000 Stunden angegeben. Nach der Effort Expended Method errechnet sich der Fertigstellungsgrad zum 31.12.2012 wie folgt:

---

[21] Vgl. IAS 11.30.
[22] Vgl. hierzu die Ausführungen im Dritten Teil zu Gliederungspunkt III.E.

Angefallener Arbeitseinsatz zum 31.12.2012/geschätzte Gesamtarbeitsleistung zum 1.1.2015

= 10.000 Stunden/90.000 Stunden = 11,11 %.

Outputorientierte Verfahren sind den inputorientierten Methoden wie der Cost to Cost Method grds. vorzuziehen, da sie direkt auf das Produktionsresultat abstellen, das als Verhältnis zwischen bisher erreichter Leistung und geschuldeter Gesamtleistung definiert ist. Die wesentlichen drei outputorientierten Verfahren stellen die **Units of Delivery Method/Units of Work Performed Method**, die Methode der **Milestones** sowie des **Aufmaßes** dar. Dabei können die Milestone- und Aufmaß-Methode als Spezialisierungen der Units of Delivery Method betrachtet werden. Letztere ist insbesondere dann den inputorientierten Verfahren überlegen, wenn der Fertigungsauftrag sinnvoll in mehrere Teile separiert werden kann. Die Schätzung des Fertigstellungsgrades erfolgt auf Basis der fertig gestellten bzw. gelieferten Teile.

Beispiel: Die XY-AG unterteilt den gesamten Fertigungsauftrag in 10 Teilleistungen, die sich größtenteils voneinander separieren lassen. Am 31.12.2012 kann mit der Fertigstellung der Triebwerke eine Teilleistung abgeschlossen werden, die unverzüglich dem Kunden D mitgeteilt wird. Dieser entrichtet daraufhin eine Anzahlung in Höhe von 10.000 €. Nach der Units of Delivery Method errechnet sich der Fertigstellungsgrad zum 31.12.2012 wie folgt:

Abgeschlossene Teilleistung zum 31.12.2012/gesamte Teilleistungen zum 1.1.2015

= 1/10 = 10 %.

Die **Aufmaß-Methode** hingegen stellt sehr hohe Anforderungen an die mitlaufende Auftragskalkulation, da sie den physischen Leistungsfortschritt wertmäßig misst. In vielen Bereichen (vor allem in der Software-Entwicklung), deren Schwerpunkt in der Bereitstellung von Planungs- oder Organisationsleistungen liegt, ist mangels physischer Leistungsmessung das Verfahren nicht anwendbar. Zudem wird die Methode des Aufmaßes durch einen erhöhten Kosten- und Zeitverbrauch determiniert und erscheint nur dann sinnvoll, wenn der Auftraggeber eine detaillierte Dokumentation des Fertigungsprojekts ausdrücklich einfordert.

Beispiel: Das Fertigungsunternehmen und der Auftraggeber D haben den Bau eines Flugzeugs vereinbart, das eine Fläche von 10.000 m^2 umfassen wird. D wünscht zu jedem Bewertungsstichtag über den laufenden Projektfortschritt mittels Messung der „errichteten Fläche" informiert zu werden. Am 31.12.2012 hat das Fertigungsunternehmen bei der Montage der Triebwerke genau 1.200 m^2 Fläche „errichtet". Nach der Aufmaß-Methode beträgt der Fertigstellungsgrad zum 31.12.2012:

Bisher errichtete Fläche zum 31.12.2012/Gesamtfläche des Produkts zum 1.1.2015

= 1.200 m^2/10.000 m^2 = 12 %.

Die **Milestone Method** setzt eine vorherige vertragliche Fixierung von Teilabnahmen (Milestones) oder sonstigen Leistungsindikatoren voraus, die genaue Hinweise auf den Projektfortschritt geben und nicht zwingend den physischen Teileinheiten nach der Aufmaß-Methode entsprechen müssen.

> **Beispiel:** Die XY-AG und der Kunde D haben vertraglich vereinbart, dass die Fertigstellung des Flugzeugs in 15 Teilleistungen (Milestones) zerlegt wird. Darunter fallen u. a. die Errichtung der Tragflächen, die Konstruktion des Rumpfes, der Einbau des Motors und der Turbinen (Milestone 1 bis 4). Am 31.12.2012 sind sowohl die Tragflächen als auch der Rumpf fertig gestellt. Der Fertigstellungsgrad beträgt:
>
> Bisher vollendete Milestones zum 31.12.2012/vertraglich fixierte Gesamt-Milestones zum 1.1.2015
>
> $= 2/15 = 13,33\,\%$.

Aus den oben dargelegten Beispielen wird ersichtlich, dass je nach Auswahl des Verfahrens ein **unterschiedlicher Fertigstellungsgrad** ermittelt werden kann und dies erhebliche Auswirkungen auf die vorzunehmende Teilgewinnrealisierung hat. Dieses implizite **Methodenwahlrecht** stellt ein wesentliches rechnungslegungspolitisches Instrumentarium der Unternehmensleitung dar, das übergeordneten Zielen, z. B. der Stärkung des Vertrauens der Anteilseigner (Investor Relations) dient. Damit die Anwendung der POCM zur Entscheidungsnützlichkeit i.S. der **Decision Usefulness** beitragen kann, werden bestimmte Anforderungen an das **interne Rechnungswesen** und das mitlaufende **Projekt-Controlling** gestellt, die nachfolgend kurz verdeutlicht werden.

Die Anwendungsvoraussetzung der verlässlichen Schätzung des Umsatzergebnisses kann durch den Abschluss eines **Kostenzuschlags-** oder eines **Festpreisvertrags** gemäß IAS 11.3 unterschiedlich ausgelegt werden, da an die beiden Vertragsarten differierende Vermutungen für eine verlässliche Schätzung geknüpft werden. Im Falle von **Festpreisverträgen** wird bei Vertragsabschluss ein Fixpreis bzw. ein pro Outputeinheit feststehender Preis vereinbart, der bei Endabnahme durch den Auftraggeber zu entrichten ist. Viele Fertigungsunternehmen sind zwischenzeitlich dazu übergegangen, die Festpreisverträge an sog. **Preisgleitklauseln** zu koppeln, um u. a. eine Anpassung an die Inflationsrate zu den jeweiligen Bewertungsstichtagen vornehmen zu können. Bei **Kostenzuschlagsverträgen** hingegen stellt das Fertigungsunternehmen dem Kunden vertraglich festgelegte Kosten in Rechnung. Dabei wird grds. ein zusätzliches Entgelt (Zuschlag) bei termingerechter oder vorzeitiger Erfüllung vereinbart.

Bestehen Zweifel im Rahmen der Schätzung, stellt für das Management der Abschluss eines Kostenzuschlagsvertrages ein rechnungslegungspolitisches Mittel dar, um ggf. die POCM anwenden zu können. Die Voraussetzungen sind in IAS 11.23 f. aufgeführt. So wird eine verlässliche Schätzung der Ergebnisse bei einem **Kostenzuschlagsvertrag** bereits unterstellt, wenn es wahrscheinlich ist, dass dem Unternehmen aus dem Vertrag ein Nutzen zufließt und die Kosten eindeutig bestimmbar sind. Im Falle eines **Festpreisvertrags** sind weitere Tatbestandsvoraussetzungen erforderlich. IAS 11.23 fordert im Falle des Festpreisvertrages eine verlässliche Schätzung der gesamten Umsatzerlöse, die Wahrscheinlichkeit des Nutzen-

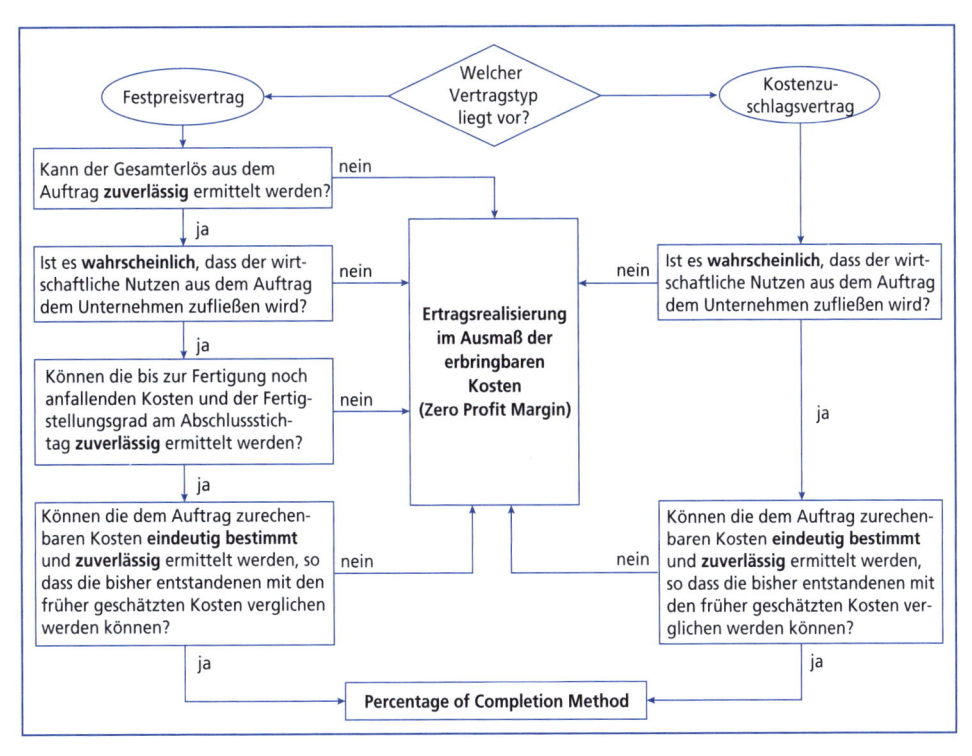

III. Sonstige Bilanzierungs- und Bewertungsfragen

Abb. 225: Teilgewinnrealisierung bei langfristigen Fertigungsaufträgen nach IAS 11

zuflusses aus dem Vertrag, die verlässliche Ermittlung der zum Stichtag anfallenden Kosten und eine verlässliche Feststellung des Fertigstellungsgrades am Stichtag sowie die eindeutige Feststellbarkeit der auf das Projekt anfallenden Gesamtkosten. **Abbildung 225** fasst diese Einzelheiten der Behandlung langfristiger Fertigungsaufträge zusammen.

Beispiel: Eine Werft hat im Geschäftsjahr 2012 den Auftrag zur Herstellung und Lieferung eines Schiffes übernommen, dessen Produktion vier Rechnungsperioden in Anspruch nehmen wird. Der gesamte vereinbarte Netto-Verkaufserlös mit der abnehmenden Reederei beträgt für den Auftrag 2.310.000 €. Der Werft ist es lediglich möglich, am Ende der Perioden 2012–2015 die voraussichtlichen bzw. angefallenen Teil-Selbstkosten des Auftrags zu kalkulieren, die auf Sollkostenbasis insgesamt 2.000.000 € betragen. Hieraus resultiert ein planmäßiger Gewinn für den gesamten Auftrag in Höhe von 310.000 € (2.310.000 € − 2.000.000 €). **Abbildung 226** verdeutlicht die Anwendung der POCM, wobei der Fertigstellungsgrad in den Produktionsperioden nach folgender Formel ermittelt wurde:

$$\text{Fertigstellungsgrad} = \frac{\text{Ist-Selbstkosten der Periode}}{\text{gesamte Soll-Selbstkosten des Auftrages}} \cdot 100.$$

Bei der dargestellten 1. Möglichkeit (**Abbildung 226**) werden sowohl Über- als auch Unterdeckungen in die anteiligen Erfolgsbeiträge bzw. Erträge der einzelnen Rechnungsperioden einbezogen.[23] Aus diesem Grund ist im Abrechnungszeitpunkt des gesamten Auftrags, am Ende der Periode 2015, nur eine Korrektur der vorzeitig realisierten Beträge im Hinblick auf den Schätzfehler der Fertigstellungsgrade der Produktionsperioden in Höhe von 4.650 € erforderlich.[24] Bei der 2. Möglichkeit wird aus Vorsichtsgründen in den Überdeckungsfällen lediglich der anteilige Plan-Erfolgsbeitrag des Auftrags, ohne Berücksichtigung der niedrigeren Ist-Selbstkosten, ausgewiesen. Beim Vorliegen von Unterdeckungen werden die negativen Abweichungen wiederum von den planmäßigen Erfolgsbeiträgen abgezogen, wodurch im Ergebnis jeweils nur der Plan-Ertrag als Forderung in den Herstellungszeiträumen 2013 und 2014 zum Ausweis kommt. Da bei der 2. Alternative lediglich eine Verrechnung der Unterdeckungen in den Produktionsperioden erfolgt, enthält der im Abrechnungszeitpunkt des gesamten Auftrags zu korrigierende Wert von 84.650 € neben den entsprechenden Schätzfehlern in Bezug auf den Fertigstellungsgrad (4.650 €) auch die bisher noch nicht berücksichtigten Überdeckungen der Perioden 2012 und 2015 von insgesamt 80.000 €.

Verbuchungen nach der 1. Möglichkeit:

2012

S	GuV-Konto		H	S	Forderungen aus LuL		H
	T€		T€		T€		T€
HK	250,00	(1)	338,75	AB	...	EB (SBK)	...
Erfolg	88,75[a]			(1)	338,75		

[a] $0{,}125 \cdot 310 + 50 = 88{,}75$.

2013

S	GuV-Konto		H	S	Forderungen aus LuL		H
	T€		T€		T€		T€
HK	640,00	(1)	699,2	AB	...	EB (SBK)	...
Erfolg	59,2			(1)	699,2		

2014

S	GuV-Konto		H	S	Forderungen aus LuL		H
	T€		T€		T€		T€
HK	410,00	(1)	463,55	AB	...	EB (SBK)	...
Erfolg	53,55			(1)	463,55		

---

[23] Die anteiligen Erträge (Forderungen) der einzelnen Perioden ergeben sich jeweils aus der Addition von Ist-Selbstkosten laut Zwischenkalkulation und den entsprechenden Erfolgsbeiträgen.

[24] Ist-Erfolg = 2.310−1.970 = 340.
88,75 + 59,2 + 53,55 + 133,85 = 335,35.

III. Sonstige Bilanzierungs- und Bewertungsfragen

2015

S	GuV-Konto		H
	T€		T€
HK	670,00	(1)	803,85
Erfolg	138,5	(2)	4,65

S	Forderungen aus LuL		H
	T€		T€
(1)	803,85	EB (SBK)	...
(2)	4,65		

	Kalkulationsgrößen	2012	2013	2014	2015	2015	Summe
	Soll-Selbstkosten (laut Vorkalkulation)	300	600	400	700	–	2.000
	– Ist-Selbstkosten (laut Nachkalkulation)	250	640	410	670	–	1.970
	= Kostenabweichung (+ = Überdeckung – = Unterdeckung)	+50	–40	–10	+30	–	+30
	Fertigstellungsgrad	12,5 %[a]	32 %	20,5 %	33,5 %	–	98,5 %
1. Möglichkeit	anteiliger Erfolgsbeitrag	88,75[b]	59,2[c]	53,55	133,85	4,65[d]	340[e]
	anteiliger Ertrag (Forderung)	338,75	699,2	463,55	803,85	4,65	2.310
2. Möglichkeit	anteiliger Erfolgsbeitrag	38,75[f]	59,2[g]	53,55	103,85	84,65[h]	340
	anteiliger Ertrag (Forderung)	288,75[i]	699,2	463,55	773,85	84,65	2.310

[a] $12,5\% = 250/2000 \cdot 100$.
[b] $88,75 = 0,125 \cdot 310 + 50$.
[c] $59,2 = 0,32 \cdot 310 - 40$.
[d] $4,65 = (1 - 0,95) \cdot 310$.
[e] $340,00 = 2.310 - 1.970$.
[f] $38,75 = 0,125 \cdot 310$.
[g] $59,2 = 0,32 \cdot 310 - 40$.
[h] $84,65 = 50 + 30 + (1 - 0,985) \cdot 310$.
[i] $288,75 = 0,125 \cdot 2.310$.

Abb. 226: Ermittlung der Erfolgsbeiträge auf der Basis des Fertigstellungsgrads (bis auf Fertigstellungsgrad alle Werte in T€)

Wesentliche Änderungen sind durch das Arbeitsprojekt zur Revenue Recognition zu erwarten, das IAS 11 und IAS 18 künftig ersetzen wird. Die Absicht besteht in einer einheitlichen Regelung der Bilanzierung von Umsatzerlösen aus Kundenverträgen. Hinsichtlich der Erlösrealisierung dürfte im Rahmen von langfristigen Aufträgen von einem kontinuierlichen Übergang der Verfügungsmacht auszugehen sein, so dass eine Erfassung nach dem Leistungsfortschritt wie bisher erfolgen dürfte. Allerdings wird der Terminus POCM nicht mehr verwendet. **Abbildung 227** zeigt die wesentlichen Unterschiede zwischen Handels- und Steuerrecht sowie IFRS im Überblick.

Handels- und Steuerrecht	IFRS
■ keine expliziten Regelungen ■ strenge Auslegung des Realisations- und Vorsichtsprinzips: grds. Anwendung der Completed Contract Method ■ Ausnahme: qualifizierte Teilabnahmen	■ eigener Standard (IAS 11) ■ moderate Auslegung des Realisationsprinzips: grds. Anwendung der Percentage of Completion Method

Abb. 227: Langfristige Auftragsfertigung nach Handels- und Steuerrecht sowie IFRS

D. Stichtagsprinzip und Ereignisse nach dem Bilanzstichtag[25]

1. Handels- und Steuerrecht

Durch das **Stichtagsprinzip** wird – im Zusammenspiel mit dem Prinzip der Einzelbewertung – für alle Vermögensgegenstände und Schulden der Zeitpunkt des Ansatzes und der Bewertung festgelegt. Das Stichtagsprinzip besagt, dass im Rahmen des Bilanzansatzes die Geschäftsvorfälle im Jahresabschluss zu berücksichtigen sind, die bis zum Bilanzstichtag stattgefunden haben und dass für die Bewertung die Verhältnisse am Abschlussstichtag maßgeblich sind (§ 242 HGB i. V. m. § 252 Abs. 1 Nr. 3 HGB).

Hinsichtlich der nach dem Bilanzierungszeitpunkt eintretenden Ereignisse sind grds. nur **wertaufhellende** und keine **wertbeeinflussenden** Tatsachen im Jahresabschluss zu berücksichtigen; hinsichtlich Letzterer besteht jedoch für Kapitalgesellschaften und ihnen gesetzlich gleichgestellte Unternehmen gem. § 289 Abs. 2 Nr. 1 HGB eine Berichterstattungspflicht im Lagebericht, sofern es sich um Vorgänge von besonderer Bedeutung im neuen Geschäftsjahr handelt.[26] Unter wertaufhellenden Tatsachen sind dabei solche Ereignisse zu verstehen, die im Bilanzierungszeitpunkt begründet waren. Dies ist unabhängig davon, ob sie negativer (§ 252 Abs. 1 Nr. 4 HGB) oder positiver Art sind. Den wertbeeinflussenden Tatsachen sind Ereignisse nach dem Bilanzstichtag zu subsumieren, die keinen Rückschluss auf die Verhältnisse am Bilanzstichtag zulassen.

Bezüglich der zu berücksichtigenden wertaufhellenden Tatsachen ist umstritten, bis zu welchem Zeitpunkt diese eingetreten sein müssen. Als Ende des Wertaufhellungszeitraums dürfte dem Wortlaut des § 252 Abs. 1 Nr. 4 HGB zufolge grds. das Ende der Bilanzaufstellung maßgebend sein, jedoch kann im Einzelfall auch die Fertigstellung der Unterlagen für eine Bilanzgruppe (z. B. Sachanlagen) entscheidend sein, wenn das danach eintretende Ereignis nur einen unerheblichen Einfluss auf die Vermögens-, Finanz- und Ertragslage hat.[27] Liegen wesentliche Risiken und Wertminderungen vor, wird der Zeitraum der Berücksichtigung entgegen dem Gesetzeswortlaut nach h. M. auch über das Ende der Aufstellung hinaus – ggf. bis zur Feststellung des Jahresabschlusses – auszudehnen sein.[28]

---

[25] Vgl. hierzu und in der Folge *Freidank/Velte/Weber* 2011d, S. 134–137.
[26] Vgl. hierzu etwa *ADS* 1995b, Anm. 38 zu § 289 HGB.
[27] Vgl. etwa auch *ADS* 1995a, Anm. 77 zu § 252 HGB.
[28] Vgl. auch *ADS* 1995a, Anm. 78 zu § 252 HGB.

> **Beispiel:** Im Holzlager eines Kunden hat sich in der Nacht vom 20. zum 21. Dezember 2012 ein Brand ereignet, der zur völligen Zahlungsunfähigkeit des Kunden führt, da von diesem keine Feuerschutzversicherung abgeschlossen wurde. Der Gläubiger erfährt erst am 15. Januar 2013 von diesem Ereignis. Die Bilanzaufstellung für das Geschäftsjahr 2012 (= Kalenderjahr) wurde bis zu diesem Zeitpunkt noch nicht vorgenommen. Es handelt sich hier um ein wertaufhellendes Ereignis. Da die Forderung objektiv bereits am 31. Dezember 2012 uneinbringlich war, ist der Forderungsausfall im Jahresabschluss 2012 zu berücksichtigen.

Die dargestellten Grundsätze gelten – auch in der verwendeten Terminologie – grds. ebenfalls für das **Steuerrecht**. Bei Waren, die starken Wertschwankungen unterliegen, akzeptiert die Finanzverwaltung allerdings im Einzelfall auch Marktpreise, die bis zu 6 Wochen nach dem Bilanzstichtag abgeleitet werden.[29] In § 6 Abs. 1 Nr. 3 a Buchst. f) 1. HS EStG ist eine ausdrückliche Festschreibung des Stichtagsprinzips normiert. Es wird in diesem Zusammenhang klargestellt, dass die punktuelle Durchbrechung des handelsrechtlichen Stichtagsprinzips durch die Berücksichtigung von Preis- und Kostensteigerungen im Rahmen der Bewertung von Rückstellungen steuerrechtlich nicht nachvollzogen wird [§ 6 Abs. 1 Nr. 3 a Buchst. f) 2. HS EStG].

2. IFRS

Analog zum Handels- und Steuerrecht ist auch nach den **IFRS** von der Gültigkeit des Stichtagsprinzips für Ansatz und Bewertung auszugehen. Während jedoch das Stichtagsprinzip im Handels- und Steuerrecht explizit kodifiziert ist, ergibt sich dieses im Rahmen der IFRS nur mittelbar aus IAS 10, der durch Einzelfallregelungen (z. B. IAS 1.63, 1.65 und 1.67) ergänzt wird. Wie im Handelsrecht haben auch im IFRS-Abschluss – nach dem Bilanzstichtag bekannt werdende vorteilhafte oder nachteilige – wertaufhellende Tatsachen Berücksichtigung zu finden [IAS 10.3 (a)]. Wertbeeinflussende Tatsachen sind hingegen analog zum Handelsrecht nicht zu berücksichtigen [IAS 10.3 (b)], bedürfen allerdings i. S. d. Grundsatzes der Entscheidungsrelevanz jeweils dann einer Anhangangabe, wenn sie für die Entscheidungsfindung der Rechnungslegungsadressaten wesentlich sind (IAS 10.21).

Sofern eine Genehmigungspflicht der Gesellschafter besteht, wird nach den IFRS als Wertaufhellungszeitraum der bis zur Genehmigung des Abschlusses durch das Aufsichtsgremium als maßgeblich erachtet, sofern eine Vorlagepflicht an das Aufsichtsgremium besteht, jener bis zur Freigabe der Veröffentlichung durch den Vorstand (IAS 10.5 f.). Für deutsche prüfungspflichtige Unternehmen ist das Datum der Freigabe der Veröffentlichung durch den Vorstand im Regelfall das Datum des Bestätigungsvermerks, da das Management bei einer Aktiengesellschaft im Allgemeinen erst zu diesem Zeitpunkt den Abschluss an das Aufsichtsorgan weiterleitet. Insoweit ist eine Abweichung zum Handelsrecht festzustellen, wonach der Wertaufhellungszeitraum grds. nicht über das Ende der Aufstellung des Jahresabschlusses hinaus reicht.

Die **Abbildung 228** fasst die Gültigkeit des Stichtagsprinzips und die Behandlung von Ereignissen nach dem Bilanzstichtag nach Handels- und Steuerrecht sowie den IFRS synoptisch zusammen.

---

[29] Vgl. hierzu *Winkeljohann/Büssow* 2012b, Anm. 40 zu § 252 HGB.

	Handels- und Steuerrecht	IFRS
Stichtagsprinzip	explizit kodifiziert (§§ 242 i. V. m. 252 Abs. 1 Nr. 3 HGB; steuerrechtlich § 6 Abs. 1 Nr. 3 a Buchst. f) EStG); gilt für Ansatz und Bewertung	ergibt sich mittelbar aus IAS 10, ergänzt durch Einzelfallregelungen (z. B. IAS 1.63, IAS 1.65 und IAS 1.67); gilt für Ansatz und Bewertung
Ereignisse nach dem Bilanzstichtag	<ul><li>Wertaufhellende Tatsachen sind im Jahresabschluss zu berücksichtigen</li><li>Wertbeeinflussende Tatsachen dürfen im Abschluss nicht berücksichtigt werden, jedoch Berichterstattungspflicht im Lagebericht (§ 289 Abs. 2 Nr. 1 HGB)</li><li>Ende des Wertaufhellungszeitraums: grds. Ende der Bilanzaufstellung, u. U. auch darüber hinaus</li></ul>	<ul><li>Wertaufhellende Tatsachen sind im Jahresabschluss zu berücksichtigen [IAS 10.3 (a)]</li><li>Wertbeeinflussende Tatsachen dürfen im Abschluss nicht berücksichtigt werden [IAS 10.3 (b)], ggf. jedoch Angabepflicht im Anhang (IAS 10.21)</li><li>Ende des Wertaufhellungszeitraums: Genehmigung des Abschlusses durch den Aufsichtsrat, sofern eine Genehmigungspflicht der Gesellschafter besteht (IAS 10.5)</li><li>Freigabe der Veröffentlichung durch das Management, sofern Vorlagepflicht an das Aufsichtsgremium besteht (IAS 10.6)</li></ul>

Abb. 228: Stichtagsprinzip und Ereignisse nach dem Bilanzstichtag nach Handels- und Steuerrecht sowie IFRS

E. Stetigkeitsprinzip[30]

1. Handels- und Steuerrecht

Der Grundsatz der Bilanzverknüpfung wird im Schrifttum in die **Bilanzidentität** (§ 252 Abs. 1 Nr. 1 HGB) und **Bilanzkontinuität** (Stetigkeitsgrundsatz i. S. d. §§ 246 Abs. 3, 252 Abs. 1 Nr. 6 HGB) aufgespalten. Die Begründung für die Einhaltung der Bilanzidentität, d. h. die Übereinstimmung der Wertansätze in der Eröffnungsbilanz eines Geschäftsjahres mit denen der vorangegangenen Schlussbilanz, lässt sich daraus ableiten, dass zumindest gedanklich von einer Totalrechnung für die gesamte Lebensdauer des Unternehmens auszugehen ist.[31] Wenngleich das Abstellen auf eine Totalrechnung aufgrund der Notwendigkeit eines periodenbezogenen Jahresabschlusses abgelehnt wird,[32] ist das Postulat der Bilanzidentität insofern gerechtfertigt, als andernfalls einzelne Aufwendungen und Erträge von der Rechnungslegung ausgenommen und ggf. damit zusammenhängende Gewinne den Eignern vorenthalten werden.[33]

---

[30] Vgl. hierzu und in der Folge *Freidank/Velte/Weber* 2011c, S.137.
[31] Vgl. hierzu *Leffson* 1987, S. 225.
[32] Vgl. hierzu die Ausführungen im Ersten Teil zu Gliederungspunkt IV.C.2.
[33] Vgl. *ADS* 1995a, Anm. 9 zu § 252 HGB.

Mit dem **Stetigkeitsgrundsatz** als zweites Element der Bilanzverknüpfung wird generell das Ziel verfolgt, die Vergleichbarkeit von Jahresabschlüssen aufeinander folgender Perioden eines Unternehmens (zeitlicher Vergleich) zu gewährleisten. Dem Grundsatz der Stetigkeit fällt somit – unter Einschränkung der Rechnungslegungspolitik – eine **Objektivierungsfunktion** zu, welche die Aufgabe der Informationsvermittlung handelsrechtlicher Jahresabschlüsse unterstützt.[34] Das Stetigkeitspostulat bezieht sich nach h. M. nicht nur auf die bilanzielle Behandlung desselben Aktiv- oder Passivpostens in den Jahresabschlüssen aufeinander folgender Geschäftsjahre (**zeitliche Dimension**), sondern ebenfalls auf gleiche neu in den Jahresabschluss aufzunehmende Posten, sofern diese vergleichbaren Nutzungs- und Risikobedingungen unterworfen sind (**sachliche Dimension**).

Ein explizites Stetigkeitsgebot für **Ansatzmethoden** ist in § 246 Abs. 3 HGB zu finden.[35] Die Reichweite der Ansatzstetigkeit lässt sich hingegen aus § 246 Abs. 3 HGB nicht eindeutig ableiten. Aus der Anordnung des Gebots der Ansatzstetigkeit ist jedoch zu schließen, dass sich dieses auf die in § 246 Abs. 1 Satz 1 HGB genannten Posten, d. h. Vermögensgegenstände, Schulden und Rechnungsabgrenzungsposten, zu beziehen hat. Im Hinblick auf Kapitalgesellschaften und ihnen gesetzlich gleichgestellte Unternehmen ist von einer Geltung der Ansatzstetigkeit auch für (aktive) latente Steuern als Sonderposten eigener Art (§ 274 Abs. 1 HGB) auszugehen.

Neben der **Ansatzstetigkeit** sieht das deutsche Handelsrecht auch hinsichtlich der **Bewertungsmethoden** in § 252 Abs. 1 Nr. 6 HGB ein explizites Stetigkeitsgebot vor („... Bewertungsmethoden sind beizubehalten"). Unter dem Terminus Bewertungsmethode sind dabei alle Abgrenzungs-, Ermittlungs- und Berechnungsschritte zu verstehen, die zur Festlegung des Bilanzansatzes unter Berücksichtigung der handelsrechtlichen Wertkategorien führen [z. B. Anschaffungs- und Herstellungskosten, niedrigerer beizulegender (Zeit-)Wert, Abschreibungs- und Verbrauchsfolgeverfahren]. Der Grundsatz der Bewertungsstetigkeit engt im Ergebnis die Wahl unter mehreren möglichen Bewertungsmethoden auf eine einzige ein: ceteris paribus auf die des Vorjahres oder – bei Neuerwerben – auf die im Jahresabschluss enthaltenen vergleichbaren Posten. Die Bewertungsstetigkeit bezieht sich dem Wortlaut des Einleitungssatzes in § 252 Abs. 1 HGB zufolge auf Vermögensgegenstände und Schulden; so spielt die Stetigkeit bei Rechnungsabgrenzungsposten im Hinblick auf die Bewertung hingegen keine Rolle, da diese handelsrechtlich nicht „bewertet", sondern an jedem Abschlussstichtag neu berechnet werden. In Bezug auf Kapitalgesellschaften und ihnen gesetzlich gleichgestellte Unternehmen ist – obgleich in § 252 Abs. 1 HGB nicht genannt – auch von einer Geltung der Bewertungsstetigkeit für latente Steuern auszugehen. So sind latente Steuern dem Wortlaut des § 274 Abs. 2 Satz 1 HGB zu „bewerten", so dass der Ausschlussgrund für Rechnungsabgrenzungsposten entfällt. Für die Erstreckung der Bewertungsstetigkeit auf latente Steuern spricht des Weiteren, dass diese aufgrund des pflichtigen Anwendungsbereichs des § 274 HGB auf Kapitalgesellschaften – also aus rein gesetzessystematischen Gründen – in § 252 Abs. 1 HGB nicht explizit genannt werden können.

Einen Überblick über die gesetzlichen Grundlagen des Stetigkeitsprinzips gibt **Abbildung 229**.

---

[34] Vgl. *Leffson* 1987, S. 432.
[35] Vgl. *Wiechers* 2011, S. 172; zur Stetigkeit ebenfalls *IDW* RS HFA 38 sowie *Löffler/Roß* 2012, S. 363 f.

	Definition	Rechts-quelle	Rechtsform	Abwei-chungen	Publizität
Ansatz-stetig-keit	Die auf den vorhergehenden Jahresabschluss angewandten Bilanzierungsmethoden sind beizubehalten.	§ 246 Abs. 3 HGB	Alle Unternehmen	Nur in begründeten Ausnahmefällen möglich (§ 252 Abs. 2 HGB).	Angabe und Erläuterung von Änderungen der Bilanzierungsmethoden im Anhang; gesonderte Darstellung des Einflusses des Methodenwechsels auf die Vermögens-, Finanz- und Ertragslage im Anhang (§ 284 Abs. 2 Nr. 3 HGB, § 336 Abs. 2 Satz 1 1. HS HGB, § 340 a Abs. 1 i.V.m. Abs. 2 HGB, § 341 a Abs. 1 i.V.m. Abs. 2 HGB, § 5 Abs. 2 Satz 2 PublG, § 264 a Abs. 1 HGB).
Bewer-tungs-stetig-keit	Die auf den vorhergehenden Jahresabschluss angewandten Bewertungsmethoden sind beizubehalten.	§ 252 Abs. 1 Nr. 6 HGB	Alle Unternehmen	Nur in begründeten Ausnahmefällen möglich (§ 252 Abs. 2 HGB).	Angabe und Erläuterung von Änderungen der Bewertungsmethoden im Anhang; gesonderte Darstellung des Einflusses des Methodenwechsels auf die Vermögens-, Finanz- und Ertragslage im Anhang (§ 284 Abs. 2 Nr. 3, § 336 Abs. 2 Satz 1 1. HS HGB, § 340 a Abs. 1 i.V.m. Abs. 2, § 341 a Abs. 1 i.V.m. Abs. 2, HGB § 5 Abs. 2 Satz 2 PublG, § 264 a Abs. 1 HGB).
Darstel-lungsste-tigkeit	Die Form der Darstellung, insbesondere die Gliederung aufeinanderfolgender Bilanzen und Gewinn- und Verlustrechnungen ist beizubehalten.	§ 265 Abs. 1 Satz 1 HGB	AG, KGaA, GmbH, eingetragene Genossenschaften, Kreditinstitute (§ 340 a Abs. 1 i.V.m. Abs. 2 HGB), Versicherungsunternehmen (§ 341 a Abs. 1 i.V.m. Abs. 2 HGB), alle Unternehmen nach PublG (§265 Abs. 1 Satz 1 HGB; §336 Abs. 2 Satz 1 1. HS HGB, § 5 Abs. 1 Satz 2 PublG) und sog. "kapitalistische" Personenhandels-gesellschaften (§ 264 a Abs. 1 HGB).	Nur in Ausnahmefällen wegen besonderer Umstände möglich (§ 265 Abs. 1 Satz 1 HGB).	Angabe und Erläuterung der Abweichungen im Anhang (§ 265 Abs. 1 Satz 2 HGB, § 336 Abs. 2 Satz 1 1. HS HGB, § 340 a Abs. 1 i.V.m. Abs. 2 HGB, § 341 a Abs. 1 i.V.m. Abs. 2 HGB, § 5 Abs. 2 Satz 2 PublG, § 264 a Abs. 1 HGB).

Abb. 229: Grundlagen des handelsrechtlichen Stetigkeitsprinzips

III. Sonstige Bilanzierungs- und Bewertungsfragen

Das aus dem **Vergleichbarkeitspostulat** abgeleitete Prinzip der Bewertungsstetigkeit verpflichtet mithin den Kaufmann, art- und funktionsgleiche Bewertungsobjekte nicht nach unterschiedlichen Methoden zu bewerten, sofern nicht ein **sachlicher Grund** vorliegt. Gemäß § 252 Abs. 2 HGB kann in **begründeten Ausnahmefällen** von dem in Rede stehenden Prinzip abgewichen werden. Darüber hinaus weist auch die Pflicht zur Angabe, Begründung und Darstellung der Änderung der Bilanzierungs- und Bewertungsmethoden im Anhang gemäß § 284 Abs. 2 Nr. 3 HGB auf die Möglichkeit der Durchbrechung des Stetigkeitspostulats hin. Grundsätzlich sollte das Prinzip der Methodenstetigkeit erst dann aufgegeben werden, wenn sich die Verhältnisse in den einzelnen Geschäftsjahren wesentlich geändert haben und ohne Wechsel des Bewertungsverfahrens der Jahresabschluss kein den tatsächlichen Verhältnissen der Vermögens-, Finanz- und Ertragslage entsprechendes Bild vermitteln würde (z. B. Übergang von einer Divisions- auf eine Zuschlagskalkulation in der Kostenrechnung, wodurch eine exaktere Verrechnung der Gemeinkosten auf die Erzeugniseinheiten im Rahmen der Herstellungskostenbewertung vorgenommen werden kann). Zu einer Aufgabe der angewandten Bewertungsprinzipien können neben außer- und innerbetrieblichen Gründen (z. B. Änderungen des Kostenrechnungssystems, die Einfluss auf die Ermittlung der Herstellungskosten haben), nach wissenschaftlichen Erkenntnissen auch Reformen der bilanzrechtlichen Vorschriften und höchstrichterlichen Entscheidungen berechtigen.[36] Die vorstehenden Ausführungen verdeutlichen, dass für das Unternehmen ein relativ **großer Ermessensspielraum** besteht, der zur Begründung eines Methodenwechsels genutzt werden kann.

Eine **Ausnahme** vom Prinzip der Bewertungsstetigkeit ist nach h. M. insbesondere in folgenden Fällen in Betracht zu ziehen:[37]

- Änderung von Gesetzen und Rechtsprechung,
- Anpassung an die Ergebnisse einer steuerrechtlichen Außenprüfung,
- Einleitung von Sanierungsmaßnahmen,
- Änderung der Konzernzugehörigkeit,
- wesentliche Änderungen in der Gesellschafterstruktur,
- wesentliche Änderungen in der Finanz- und Kapitalstruktur,
- Änderung der Unternehmenskonzeption durch Wechsel des Management oder
- Übergang oder Verzicht auf vereinfachte Bewertungsverfahren.

Änderungen von Ansatz- und Bewertungsmethoden werden auf der Jahresabschlussebene i. d. R. prospektiv berücksichtigt. Eine retrospektive Korrektur ist in den meisten Fällen ausgeschlossen, da eine formelle Berichtigung früherer Jahresabschlüsse, die ordnungsgemäß festgestellt sind, im deutschen Handelsrecht auf Grenzen stößt.

Als materieller GoB besitzt das Stetigkeitsgebot über das Maßgeblichkeitsprinzip prinzipiell auch für die **steuerrechtliche Gewinnermittlung** Gültigkeit. Die Rechtsprechung entwickelte in diesem Zusammenhang ein spezielles **Willkürverbot**, welches neben der Bewertung auch Ansatzwahlrechte umfasst, soweit diese steuerrechtlich zu beachten sind.[38]

---

[36] Vgl. *Leffson* 1987, S. 438 f.
[37] Vgl. hierzu *ADS* 1995a, Anm. 113 zu § 252 HGB.
[38] Vgl. hierzu *Kulosa* 2013, Anm. 12 zu § 6 EStG.

2. IFRS

Nach den IFRS ist für die Beurteilung der Vermögens-, Finanz- und Ertragslage eines Unternehmens die Vergleichbarkeit der gewährten Informationen zum einen mit denen vergangener Perioden (**zeitlicher Vergleich**) und zum anderen mit denen anderer Unternehmen (**zwischenbetrieblicher Vergleich**) von großer Bedeutung (IAS 8.1). Aus der qualitativen Anforderung der Vergleichbarkeit wird der Grundsatz der Stetigkeit abgeleitet, nach dem die einmal gewählten Ansatz- und Bewertungsmethoden im Zeitablauf stetig beizubehalten sind (IAS 8.13). Der Stetigkeitsgrundsatz ist nach den IFRS auf alle Vermögenswerte und Schulden anzuwenden. Da die weiter gefassten Vermögens- und Schuldenkonzeptionen der IFRS auch Rechnungsabgrenzungsposten und latente Steuern als Sonderposten eigener Art umfassen, entspricht das Stetigkeitsgebot nach IFRS grds. dem Anwendungsbereich des Handelsrechts. In Übereinstimmung mit dem deutschen Handelsrecht wird auch nach IFRS neben der zeitlichen Stetigkeit eine sachliche Stetigkeit gefordert. Aus der Wortwahl „Bilanzierungs- und Bewertungsmethoden" in IAS 8.13 ergibt sich eindeutig, dass sich der Stetigkeitsgrundsatz nach IFRS in Entsprechung zu den handels- und steuerrechtlichen Normen sowohl auf Ansatz- als auch auf Bewertungsmethoden bezieht. In IAS 1.45 wird überdies das Prinzip der Ausweisstetigkeit gefordert.

	Handels- und Steuerrecht	**IFRS**
Reichweite des Stetigkeitsgrundsatzes	Vermögensgegenstände bzw. Wirtschaftsgüter, Schulden, Rechnungsabgrenzungsposten, Sonderposten eigener Art	Vermögenswerte und Schulden ■ keine Abweichung
	zeitliche und sachliche Stetigkeit	zeitliche und sachliche Stetigkeit ■ keine Abweichung
	Ansatz- und Bewertungsmethoden (§ 246 Abs. 3, 252 Abs. 1 Nr. 6 HGB, § 5 Abs. 1 Satz 1 EStG) sowie Ausweis	Ansatz- und Bewertungsmethoden (IAS 8.13) sowie Ausweis (IAS 1.45) ■ keine Abweichung
Durchbrechung des Stetigkeitsgrundsatzes	Durchbrechung in begründeten Ausnahmefällen möglich (§ 246 Abs. 3 Satz 2 HGB i. V. m. § 252 Abs. 2 HGB, § 5 Abs. 1 Satz 1 EStG); Fälle nicht kodifiziert	Durchbrechung in begründeten Ausnahmefällen möglich; Fälle kodifiziert (IAS 8.14) ■ restriktiver als nach Handels- und Steuerrecht
	Jahresabschluss: i. d. R. prospektive Anpassung	grds. retrospektive Anpassung, Anpassung Vorjahreszahlen, Verrechnung der Ergebniswirkungen mit den Rücklagen; nur bei Undurchführbarkeit prospektive Anpassung erlaubt (IAS 8.22 f.) ■ restriktiver als nach Handels- und Steuerrecht
	Offenlegung der Gründe für die Durchbrechung im Anhang (§ 284 Abs. 2 Nr. 3 HGB)	Offenlegung der Gründe für die Durchbrechung in den Notes (IAS 8.28–31) ⇒ detaillierter als nach Handelsrecht

Abb. 230: Stetigkeitsprinzip nach Handels- und Steuerrecht sowie IFRS

Eine **Durchbrechung** der Ansatz- und Bewertungsstetigkeit ist nach IFRS nur möglich, wenn dies aufgrund von Änderungen eines Standards/einer Interpretation verlangt wird oder wenn die Änderung der Ansatz- und Bewertungsmethoden zu zuverlässigeren und relevanteren Informationen über die Auswirkungen von Geschäftsvorfällen, sonstigen Ereignissen oder Bedingungen auf die Vermögens-, Finanz- und Ertragslage oder Cash Flows des Unternehmens führt (IAS 8.14). Die IFRS verlangen bei **Änderungen** von Ansatz- und Bewertungsmethoden grundsätzlich eine retrospektive Anpassung in der Weise, als sei schon immer nach der neuen Methode bilanziert worden. Die betroffenen Vorjahreszahlen sind entsprechend anzupassen und die Ergebniswirkungen mit den Rücklagen zu verrechnen (IAS 8.22). Von einer retrospektiven Anpassung kann nur dann abgesehen werden, wenn die Änderung der Vorjahre undurchführbar ist (IAS 8.23). Wie das Handelsrecht, verlangt auch das IFRS-Regelwerk eine **Offenlegung** der Gründe für eine Stetigkeitsdurchbrechung nach IAS 8.28–31. Im Vergleich zur handelsrechtlichen Rechnungslegung geht dabei die Pflicht zur betragsmäßigen Angabe der Konsequenzen der Stetigkeitsdurchbrechung allerdings weiter und ist insoweit als informativer zu bezeichnen.

Abbildung 230 fasst die Ansatz- und Bewertungsstetigkeit nach Handels- und Steuerrecht sowie nach IFRS synoptisch zusammen. Dabei wird deutlich, dass der Stetigkeitsgrundsatz im Rahmen des IFRS-Regelwerks im Vergleich zum Handels- und Steuerrecht tendenziell restriktiver ausgestaltet ist.

F. Fehlerkorrektur[39]

1. Handels- und Steuerrecht

Die Erstellung von Jahresabschlüssen nach den GoB ist in § 243 HGB kodifiziert. Die Existenz von Fehlern in Jahresabschlüssen sowie deren Behandlung wird im Handelsrecht nicht explizit thematisiert. Vor diesem Hintergrund wird auf die h. M. im Schrifttum zurückgegriffen. **Fehler** werden danach als Unrichtigkeiten oder Verstöße gegen zwingende handels- oder steuerrechtliche Bilanzierungsgrundsätze bzw. gesellschaftsvertragliche oder satzungsmäßige Bestimmungen qualifiziert. Hierbei handelt es sich z. B. um Rechenfehler, die fehlerhafte Anwendung von Bilanzierungsgrundsätzen oder um Fehlinterpretationen von Sachverhalten, die sich entweder bewusst durch Betrug bzw. Täuschung oder versehentlich im Sinne einer unbewussten Unrichtigkeit ergeben.[40] Zur Beurteilung ob ein Fehler vorliegt, sind die tatsächlich bestehenden Verhältnisse am Bilanzstichtag maßgeblich. Wenn der Kaufmann den objektiv vorliegenden Verstoß trotz pflichtgemäßer und gewissenhafter Prüfung nicht hätte erkennen müssen, handelt es sich nicht um einen Fehler, sondern um **subjektive Richtigkeit**. Entsprechendes gilt für werterhellende Erkenntnisse nach der Feststellung des Jahresabschlusses. Ein Fehler liegt hingegen nicht vor, wenn die Rechtsfolgen eines Bilanzansatzes von den Vorstellungen des Kaufmanns abweichen. Damit kann ein Abschluss nur bei

---

[39] Vgl. hierzu und in der Folge *Freidank/Sassen* 2011, S. 148.
[40] Vgl. *DRS* 13, Anm. 6 und *Freidank* 2012b, S. 313–316.

bewusster oder fahrlässiger Handlung fehlerhaft sein. Eindeutige Schreibversehen ohne inhaltliche Bedeutung stellen mithin keinen Fehler dar.

Bis zur Feststellung des Jahresabschlusses besteht jederzeit die Möglichkeit zur **Fehlerkorrektur**. Dies ist Bestandteil des Aufstellungsprozesses. Nach Feststellung des Jahresabschlusses ist grundsätzlich von dessen Bindungswirkung auszugehen. Ist ein Feststellungsverfahren nicht vorgesehen, gilt Entsprechendes für unterzeichnete und somit rechtswirksam gewordene Jahresabschlüsse. Festgestellte fehlerhafte Jahresabschlüsse sind grundsätzlich immer dann zu ändern, wenn die Fehler betrags- oder ausweismäßig wesentlich sind und ohne Berichtigung nicht ein den tatsächlichen Verhältnissen entsprechendes Bild der Vermögens-, Finanz- und Ertragslage vermittelt wird.

Aufgrund der Notwendigkeit der Auf- und Feststellung wirksamer Jahresabschlüsse müssen nichtige Jahresabschlüsse (§ 256 AktG) durch wirksame Jahresabschlüsse ersetzt werden. Hierin ist keine Fehlerkorrektur im wörtlichen Sinne zu sehen, da es sich bei der Ersetzung des nichtigen Jahresabschlusses um die erstmalige Aufstellung eines wirksamen Jahresabschlusses handelt.[41] Ggf. kann hierauf verzichtet werden, wenn der Mangel durch Zeitablauf geheilt wurde, so dass der Fehler im letzten noch nicht festgestellten Jahresabschluss, also ggf. in laufender Rechnung, korrigiert werden kann. Die Auswirkungen auf die Vermögens-, Finanz- und Ertragslage sind hierbei angemessen zu erläutern. Auf die Ersetzung formaler Mängel, die innerhalb von sechs Monaten verjähren, kann verzichtet werden, auch wenn die Heilung des Fehlers noch nicht eingetreten ist. In allen anderen Fällen hängt die **Korrektur des Mangels** von der Art und Schwere des Verstoßes ab. Bei Ausweisfehlern oder Fehlern mit ergebnismindernder Auswirkung reicht eine Korrektur in laufender Rechnung aus. Gleiches gilt bei Fehlern mit ergebniserhöhendem Effekt, wenn die Aktionäre die Dividende in gutem Glauben bezogen haben und eine Rückforderung ausgeschlossen ist (§ 62 Abs. 1 Satz 2 AktG). Eine Rückwärtsänderung wird jedoch immer dann notwendig, wenn sich aufgrund der Fehlerkorrektur materielle Folgewirkungen, z. B. hinsichtlich gewinnabhängiger Zahlungsverpflichtungen, ergeben. Ist eine retrospektive Korrektur zwar grundsätzlich nicht notwendig, aber eine zeitnahe Berichtigung in laufender Rechnung nicht zu erwarten, muss eine Rückwärtsänderung im Interesse der Adressaten des Jahresabschlusses vorgenommen werden. Alternativ kann dem Bedürfnis der zeitnahen Richtigstellung auch in offenzulegenden Zwischenabschlüssen, mit der Konsequenz, die notwendigen Erläuterungen im folgenden Jahresabschluss nachzuholen, entsprochen werden.

Bei sonstigen fehlerhaften Jahresabschlüssen, die aufgrund eines Mangels nicht nichtig sind, kann ein Fehler grundsätzlich in laufender Rechnung korrigiert werden. Dennoch ist eine retrospektive Änderung zulässig. Die Pflicht hierzu besteht erst, wenn einerseits kein den tatsächlichen Verhältnissen entsprechendes Bild der Vermögens, Finanz- und Ertragslage wiedergegeben und andererseits eine zeitnahe, den gesetzlichen Anforderungen entsprechende Informationsvermittlung nicht durch die Korrektur in laufender Rechnung bzw. in offenzulegenden Zwischenabschlüssen erzeugt werden kann. Grundsätzlich gelten die vorstehenden Ausführungen ebenfalls für Fehler im Anhang und im Lagebericht. Eine Korrektur ist jedoch nur dann notwendig, wenn der Fehler einen wesentlichen Einfluss auf die Vermögens-, Finanz- und Ertragslage hat bzw. der verletzten Rechtsnorm besondere Bedeutung beizumessen ist.

---

[41] Vgl. *Baetge/Kirsch/Thiele* 2012, S. 694.

III. Sonstige Bilanzierungs- und Bewertungsfragen

Bei der Durchführung einer **retrospektiven Fehlerkorrektur** sind wegen des Grundsatzes der Bilanzverknüpfung gem. § 252 Abs. 1 Nr. 1 HGB sämtliche Folgeabschlüsse zu ändern. Folgekorrekturen aufgrund der Änderung einzelner Jahresabschlussposten dürfen nicht in Sammel- oder Ausgleichsposten vorgenommen, sondern müssen den entsprechenden Posten einzeln zugewiesen werden. Hinsichtlich der fehlerhaften Jahresabschlussposten können neben der Fehlerberichtigung ggf. auch bestehende Ansatz- und Bewertungswahlrechte ausgenutzt werden. Dabei sind Wertaufhellungen zu berücksichtigen. Ergibt sich aufgrund der Änderung ein höheres Jahresergebnis, sind sämtliche wertaufhellenden Erkenntnisse zu anderen Jahresabschlussposten, die das Ergebnis wiederum mindern würden, einzubeziehen, so dass das Jahresergebnis ggf. geringer ausfällt als vorher. Dies gilt nicht bei einer ergebnisneutralen bzw. -verschlechternden Fehlerkorrektur. Angaben zu den Änderungen sind im Anhang vorzunehmen. Weiterhin ist der korrigierte als geänderter Jahresabschluss zu bezeichnen. Darüber hinaus ist dieser erneut zu prüfen (Nachtragsprüfung), festzustellen und offenzulegen. Eine Änderung bereits festgestellter fehlerfreier Jahresabschlüsse ist lediglich in den Fällen möglich, sofern gewichtige rechtliche, wirtschaftliche oder steuerrechtliche Gründe vorliegen.[42]

Infolge der Ergebnisse einer **steuerrechtlichen Außenprüfung** bedarf es i. d. R. keiner Änderung des handelsrechtlichen Jahresabschlusses, es sei denn, er ist fehlerhaft, da in der Steuerbilanz grundsätzlich andere zulässige Wertansätze als in der Handelsbilanz ausgewiesen werden können. Dennoch kann es vorteilhaft sein, den handelsrechtlichen Jahresabschluss unter Beachtung des Maßgeblichkeitsgrundsatzes zu ändern, um steuerrechtliche Mehrergebnisse mithilfe gegenläufiger Maßnahmen zu vermeiden.[43] In diesem Fall handelt es sich bei den Auswirkungen einer steuerrechtlichen Außenprüfung um einen wichtigen Grund zur Änderung eines fehlerfreien Jahresabschlusses.

Die **Fehlerkorrektur** in festgestellten Jahresabschlüssen wird handelsrechtlich als **Bilanzänderung** bezeichnet. Steuerrechtlich umfasst dieser Begriff lediglich die Ersetzung zulässiger durch andere ebenso zulässige Ansätze. Für die Korrektur unzulässiger Ansätze wird dagegen der Terminus Bilanzberichtigung genutzt (R 4.4 EStR). Dies ist der Fall, wenn der bisherige Ansatz gegen zwingende Vorschriften des Einkommensteuer- oder Handelsrechts oder gegen die auch steuerrechtlich zu beachtenden handelsrechtlichen GoB verstößt.

Eine **steuerrechtliche** Unterscheidung zwischen schwerwiegenden und geringfügigen Fehlern wird nicht vorgenommen, so dass jeder Fehler zu korrigieren ist. Weiterhin muss hinsichtlich des Grundsatzes der Gleichmäßigkeit der Besteuerung der Fehler bis zur Fehlerquelle zurück korrigiert werden, es sei denn, der Fehler hat keine ergebniswirksamen und damit keine steuerrechtlichen Auswirkungen. Falls die Bilanz aufgrund der Verfahrensvorschriften der Abgabenordnung in der entsprechenden Periode nicht mehr berichtigt werden kann, ist die Korrektur erfolgswirksam in der Schlussbilanz des ersten Jahres, dessen Veranlagung noch geändert werden kann, vorzunehmen. Insofern kann eine Durchbrechung des Grundsatzes der Bilanzidentität bei der Korrektur fehlerhafter steuerrechtlicher Bilanzansätze auftreten.[44]

---

[42] Vgl. *Baetge/Kirsch/Thiele* 2012, S. 695.
[43] Vgl. hierzu *Freidank* 2012b, S. 202–205.
[44] Vgl. weiterführend *Freidank* 1986, S. 421–423.

2. IFRS

Nach den IFRS stellen Fehler (aus früheren Perioden) Auslassungen oder fehlerhafte Angaben dar, die sich aus der Nicht- oder Fehlanwendung zuverlässiger, zur Verfügung stehender oder beschaffbarer Informationen ergeben haben. Hierunter fallen analog zum Handelsrecht auch Auswirkungen von Rechenfehlern, Fehler bei der Anwendung von Bilanzierungs- und Bewertungsmethoden, Flüchtigkeitsfehler sowie der Betrug und Fehlinterpretationen von Sachverhalten. Wenn sich Schätzungen aus aktueller Sicht als falsch erweisen, ist hierin kein Fehler zu sehen. Ein Abschluss stimmt nicht mit den IFRS überein, wenn wesentliche oder absichtlich unwesentliche Fehler zur Erlangung einer bestimmten Vermögens-, Finanz- und Ertragslage bzw. bestimmter Cashflows im Abschluss enthalten sind (IAS 8.41). Unwesentliche Fehler in diesem Sinne sind als wesentliche Fehler zu qualifizieren. Fehler der aktuellen Periode sind vor der Freigabe zur Veröffentlichung des Abschlusses zu korrigieren, so dass dieser bereits korrekt aufgestellt wird.

Das Prinzip der **Wesentlichkeit** hängt sowohl vom Umfang als auch von der Art der Auslassungen oder fehlerhaften Darstellungen ab. Im Sinne von IAS 8.5 f. sind diese wesentlich, sofern durch Auslassungen oder Fehler – einzeln oder kombiniert – die auf Grundlage des Abschlusses getroffenen wirtschaftlichen Entscheidungen des jeweiligen Adressaten beeinflusst werden könnten. Dabei wird den Adressaten eine angemessene Kenntnis der geschäftlichen und wirtschaftlichen Tätigkeiten sowie der Rechnungslegung und die Bereitschaft, die Informationen mit Sorgfalt zu lesen, unterstellt.

Die Korrektur wesentlicher Fehler geschieht erfolgsneutral im nächsten Abschluss mithilfe einer rückwirkenden Anpassung der Vergleichsbeträge der Periode, in der der Fehler aufgetreten ist, als wäre dieser niemals existent gewesen. Dies erfordert ggf. die Korrektur mehrerer Perioden. Falls der Fehler vor der frühesten dargestellten Periode entstanden ist, sind die Eröffnungswerte der Vermögenswerte, Schulden und des Eigenkapitals der frühesten dargestellten Periode anzupassen (IAS 8.42). Hierin manifestiert sich im Gegensatz zum Handelsrecht das Prinzip der in- und externen Vergleichbarkeit im Zeitablauf und zu anderen Unternehmen, um den Abschlussadressaten eine verlässliche Basis für wirtschaftliche Entscheidungen zu geben (IAS 8.1, 8.13).

Eine **rückwirkende Anpassung** ist ggf. undurchführbar, da die entsprechenden Periodeneffekte nicht ermittelbar sind. Dann ist die Korrektur in der frühesten möglichen Periode und somit ggf. erst in der aktuellen Berichtsperiode vorzunehmen (IAS 8.44). Eine Undurchführbarkeit ist gegeben, wenn die Korrektur trotz angemessener Anstrengungen nicht erfolgen kann (IAS 8.5, 8.50–53). Dies ist der Fall, wenn

- die Auswirkungen der Anpassung nicht zu ermitteln sind,
- Annahmen über die möglichen Absichten des Managements in der entsprechenden Periode erforderlich sind sowie
- umfangreiche Schätzungen zu früheren Perioden erforderlich sind, die in der Vergangenheit noch nicht bekannt waren.

Die Behandlung der Korrektur grundsätzlich unwesentlicher Fehler wird in IAS 8 nicht thematisiert. Nach h. M. kommt eine prospektive Korrektur oder aber der Verzicht auf eine Korrektur infolge allgemeiner Wesentlichkeitsüberlegungen infrage. In diesem Fall sollte jedoch grundsätzlich eine prospektive Korrektur vorgenommen werden, es sei denn, der Korrektur-

III. Sonstige Bilanzierungs- und Bewertungsfragen

	Handels- und Steuerrecht	IFRS
Definition	Unrichtigkeiten oder Verstöße gegen zwingende handels- oder steuerrechtliche Bilanzierungsgrundsätze, die der Kaufmann mit pflichtgemäßer und gewissenhafter Prüfung hätte erkennen müssen. Maßgeblich sind die objektiv bestehenden Verhältnisse am Bilanzstichtag.	Auslassungen oder fehlerhafte Angaben, die sich aus der Nicht- oder Fehlanwendung zuverlässiger, zur Verfügung stehender oder beschaffbarer Informationen ergeben haben.
Korrektur	Retrospektive Korrektur bei festgestellten Jahresabschlüssen nur bei betrags- und ausweismäßig wesentlichen Fehlern, falls nicht ein den tatsächlichen Verhältnissen entsprechendes Bild der Vermögens-, Finanz- und Ertragslage vermittelt wird bzw. wenn die gesetzlichen Anforderungen an die Informationsvermittlung nicht durch eine Korrektur in laufender Rechnung bzw. in offenzulegenden Zwischenabschlüssen erzielt werden können.	Retrospektive Korrektur im nächsten Abschluss wesentlicher oder absichtlich unwesentlicher Fehler zur Erlangung einer bestimmten Vermögens-, Finanz- und Ertragslage bzw. bestimmter Cashflows im Abschluss, so als wäre der Fehler nie aufgetreten. Falls dies undurchführbar ist, erfolgt die Korrektur in der frühesten möglichen Periode und somit ggf. erst in der aktuellen Berichtsperiode.

Abb. 231: Fehlerkorrektur nach Handels- und Steuerrecht sowie IFRS

aufwand ist unverhältnismäßig oder der entdeckte Fehler hat keine Auswirkungen auf den folgenden Jahresabschluss.

Folgende Angaben zur Korrektur von Fehlern sind gemäß IAS 8.49 im **Anhang** vorzunehmen:

- Art des Fehlers aus einer früheren Periode,
- betragsmäßige Korrektur, soweit durchführbar, für jede frühere dargestellte Periode für jeden einzelnen betroffenen Posten des Abschlusses und, sofern IAS 33 auf das Unternehmen anwendbar ist, für das unverwässerte und das verwässerte Ergebnis je Aktie,
- betragsmäßige Korrektur am Anfang der frühesten dargestellten Periode sowie
- Umstände der Undurchführbarkeit einer rückwirkenden Anpassung unter Angabe wie und ab wann der Fehler beseitigt wurde.

Steuerrechtliche Auswirkungen der Korrekturen von Fehlern aus früheren Perioden und von rückwirkenden Anpassungen führen zur Abgrenzung latenter Steuern (IAS 8.4). Infolge einer steuerrechtlichen Betriebsprüfung muss der IFRS-Abschluss nicht korrigiert werden. Jedoch können sich hier ebenfalls Auswirkungen auf die Berechnung der latenten Steuern ergeben. Die **Abbildung 231** fasst die wesentlichen Unterschiede zwischen Handels- und Steuerrecht sowie IFRS zusammen.

G. Schätzungsänderungen[45]

1. Handels- und Steuerrecht

Eine handelsrechtliche Legaldefinition des Begriffs Schätzung liegt im Gegensatz zu den IFRS nicht vor. Basierend auf dieser Regelungslücke wird im Folgenden auf die DRS abgestellt. Analog zu den IFRS wird hierbei eine Schätzung als Ermittlung des Wertansatzes von Abschlussposten im Falle der Unsicherheit verstanden. Diese muss plausibel, nachvollziehbar und willkürfrei sein. Dabei sind unter Berücksichtigung vernünftiger kaufmännischer Beurteilung unsichere Faktoren gemäß ihres voraussichtlichen Eintritts einzubeziehen.[46] Als Beispiele lassen sich Schätzungen von Nutzungsdauern, Risikoschätzungen bei Pauschalabschreibungen oder Gängigkeitsabschreibungen bei Lagerbeständen anführen.

Schätzungen sind zu jedem Abschlussstichtag zu überprüfen. Hierbei sind neue Ereignisse, bessere Erkenntnisse bzw. zusätzliche Informationen zu beachten. Ggf. sind auch Schätzungen aus vorherigen Perioden zu ändern, wobei deren Auswirkungen in der laufenden Periode ergebniswirksam zu erfassen sind.[47] Eine Angabe im Anhang ist notwendig, falls Änderungen von Schätzungen Auswirkungen auf die Vermögens-, Finanz- und Ertragslage haben. Sie sind im Berichtsjahr betragsmäßig anzugeben und zu erläutern. Gleichfalls sind nach DRS 13, Anm. 30 die Auswirkungen auf Folgejahre anzugeben. Eine Änderung der den Schätzungen zugrunde liegenden Schätzmethoden würde zu einer Durchbrechung des Stetigkeitsgrundsatzes mit den entsprechenden Folgen führen, so dass die hierzu notwendigen Voraussetzungen nach DRS 13, Anm. 21 erfüllt sein müssten.

2. IFRS

Schätzungen stellen nach den IFRS Näherungswerte infolge von Unsicherheiten bei der Aufstellung des Jahresabschlusses dar. Sie erfolgen auf Basis der zuletzt verfügbaren verlässlichen Informationen, sind unumgänglich und beeinträchtigen die Verlässlichkeit des Jahresabschlusses nicht. Als Sachverhalte lassen sich exemplarisch risikobehaftete Forderungen, Überalterung von Vorräten, beizulegende Zeitwerte finanzieller Vermögenswerte und Schulden, Nutzungsdauern bzw. der erwartete Abschreibungsverlauf des künftigen wirtschaftlichen Nutzen von abnutzbaren Vermögenswerten oder Gewährleistungsgarantien anführen (IAS 8.32 f.). Schätzungen sind analog zum Handelsrecht dazu bestimmt, in den Standards vorgegebene Regelungen, etwa Bilanzierungs- und Bewertungsgrundsätze, auszufüllen.

Die Änderung einer Schätzung wird gemäß IAS 8.5 als Anpassung des Buchwertes eines Vermögenswertes bzw. einer Schuld oder als betragsmäßiger, periodengerechter Verbrauch eines Vermögenswertes, der aus der Einschätzung des derzeitigen Status von Vermögenswerten und Schulden sowie aus der Einschätzung des künftigen Nutzen und künftiger Verpflichtungen im Zusammenhang mit Vermögenswerten und Schulden resultiert, definiert.

---

[45] Vgl. hierzu und in der Folge *Freidank/Sassen* 2011, S. 150–152.
[46] Vgl. DRS 13, Anm. 17 f.
[47] Vgl. DRS 13, Anm. 19 f.

Sie ergibt sich aus aktuellen Informationen und Entwicklungen bzw. zunehmender Erfahrung, kann sich demgemäß nicht auf frühere Perioden beziehen und ist nicht mit einer Fehlerkorrektur gleichzusetzen (IAS 8.34). Keine Änderung einer Schätzung ist in der Variation von Bilanzierungs- und Bewertungsmethoden zu sehen. Ist eine Unterscheidung zwischen diesen beiden Möglichkeiten nicht eindeutig möglich, ist von einer Änderung der Schätzung auszugehen (IAS 8.35).[48]

Die Erfassung von Auswirkungen der Änderung von Schätzungen erfolgt im Gegensatz zur Änderung von Bilanzierungs- und Bewertungsmethoden prospektiv ergebniswirksam in der Periode, die die Änderung betrifft, oder ggf. auch in Folgeperioden beispielsweise bei der Änderung von Nutzungsdauern (IAS 8.36). Eine rückwirkende Erfassung ist grundsätzlich nicht möglich. Eine Ausnahme hierzu bilden die Änderungen von Schätzungen bei Abbruchkostenrückstellungen (IFRIC 1), wenn z. B. der Zinssatz zur Barwertermittlung oder die Mietvertragslaufzeit angepasst wird, so dass es hierbei zu einer Kombination der retrospektiven und prospektiven Adaption kommen kann. Führt die Änderung einer Schätzung im Ausnahmefall lediglich zu einer variierten Bewertung der Vermögenswerte oder Schulden, sind nur die entsprechenden Buchwerte anzupassen (IAS 8.37). Angaben sind hinsichtlich der Art und des Betrags einer Schätzungsänderung in der jeweiligen Berichtsperiode vorzunehmen. Mögliche Auswirkungen auf Folgeperioden müssen ebenfalls dargestellt werden. Gleichermaßen wird eine Angabe notwendig, falls eine derartige Darstellung undurchführbar ist (IAS 8.39 f.).

Die **Abbildung 232** zeigt zusammenfassend die Korrektur von Schätzungen nach Handels- und Steuerrecht sowie nach IFRS. Im Ergebnis bedeutet dies, dass die Definitionen von Fehlern und Schätzungen nach Handels- und Steuerrecht sowie nach den IFRS ebenso wie die Korrektur von Schätzungen übereinstimmen. Die Fehlerkorrektur wird jedoch unterschiedlich durchgeführt. Zwar erfolgt grundsätzlich in beiden Fällen eine retrospektive Fehlerkorrektur, jedoch werden nach dem Handelsrecht die meisten Fehler in laufender Rechnung korrigiert.

	Handels- und Steuerrecht	**IFRS**
Definition	Ermittlung eines plausiblen, nachvollziehbaren und willkürfreien Wertansatzes von Abschlussposten im Falle der Unsicherheit. Dabei sind unter Berücksichtigung vernünftiger kaufmännischer Beurteilung unsichere Faktoren hinsichtlich ihres voraussichtlichen Eintritts einzubeziehen.	Näherungswerte infolge von Unsicherheiten bei der Aufstellung des Jahresabschlusses, die auf Basis der zuletzt verfügbaren verlässlichen Informationen erfolgen. Sie sind unumgänglich und beeinflussen die Verlässlichkeit des Jahresabschlusses nicht.
Korrektur	Aktuelle Ereignisse, bessere Erkenntnisse bzw. zusätzliche Informationen können zu grundsätzlich prospektiv zu berücksichtigenden Änderungen einer Schätzung führen.	Aktuelle Informationen und Entwicklungen bzw. zunehmende Erfahrung können zu grundsätzlich prospektiv zu berücksichtigenden Änderungen einer Schätzung führen.

Abb. 232: Schätzungskorrektur nach Handels- und Steuerrecht sowie IFRS

---

[48] Vgl. hierzu *Pellens et al.* 2011, S. 867.

IV. Besonderheiten der Rechnungslegung von Industrieunternehmen

A. Einführung

Industrielle Leistungserstellungsprozesse sind im Grundsatz dadurch charakterisiert, dass Roh-, Hilfs- und Betriebsstoffe unter Einsatz menschlicher Arbeitskraft und Betriebsmitteln in **unfertige Erzeugnisse, fertige Erzeugnisse und/oder aktivierte Eigenleistungen**[1] umgeformt werden. Sofern die selbsterstellten Güter am Bilanzstichtag (noch) nicht veräußert worden sind, müssen die Aufwendungen für die Herstellung (**Herstellungskosten**) in der Jahresbilanz aktiviert werden. Der Umfang dieser Aktivierung wirkt sich gleichzeitig auf die Vermögens- und Ertragslage der Industrieunternehmung aus, da jeder Ansatz in der Bilanz zu einem höheren Bestandsausweis und mithin zu einer **Entlastung des Periodenergebnisses** von Aufwendungen führt. Aufgrund der Aktivierung werden die durch Aufwendungen für die Herstellung bewirkten Ergebnisminderungen bis zum Verkauf bzw. der Nutzung im eigenen Unternehmen in der Gewinn- und Verlustrechnung **neutralisiert**. Allerdings ist zu beachten, dass eine vollständige Kompensation nur bei einer Aktivierung der gesamten für die Herstellung der selbsterstellten Vermögensgegenstände angefallenen Aufwendungen möglich ist. Da § 255 Absätze 2 und 3 HGB, R 6.3 EStR sowie IAS 2.12–18 nicht die Einbeziehung der gesamten Herstellungskosten in die bilanziellen Wertansätze der Erzeugnisse bzw. der aktivierbaren innerbetrieblichen Leistungen gestatten bzw. verlangen, besteht mithin die Möglichkeit, den Erfolg im Rahmen der **Rechnungslegungspolitik** zielgerichtet zu beeinflussen.

Werden die im Jahresabschluss mit Herstellungskosten bewerteten **Erzeugnisse** in der nächsten Periode veräußert, dann führen die ursprünglich aktivierten Aufwandsbestandteile nun zu einer **Belastung des Periodenergebnisses**. Allerdings stehen diesen Aufwendungen die aus dem Verkauf resultierenden Umsatzerlöse gegenüber. Ähnliches gilt für **unfertige Erzeugnisse**, die in der nachfolgenden Periode zu fertigen Erzeugnissen weiterverarbeitet und auch veräußert werden. In diesem Fall schlagen sich die in der Vorperiode aktivierten Herstellungskosten sowie die in der Referenzperiode noch angefallenen Produk-

---

[1] Dem Terminus „aktivierte Eigenleistungen" werden diejenigen selbsterstellten Vermögensgegenstände subsumiert, die nicht zum Verkauf bestimmt sind, sondern als sog. aktivierbare innerbetriebliche Leistungen (z. B. selbsterstellte Anlagen sowie aktivierbare Überholungs- und Reparaturaufwendungen) wieder in den Produktionsprozess einfließen. Da sie dazu bestimmt sind, dem Geschäftsbetrieb dauerhaft zu dienen, muss ein Ausweis im (Sach-)Anlagevermögen erfolgen.

tionsaufwendungen ergebnismindernd nieder. Werden ursprünglich aktivierte unfertige Erzeugnisse zu (un-)fertigen Erzeugnissen weiterverarbeitet, jedoch nicht abgesetzt, so muss oder kann eine **Nachaktivierung** derjenigen Herstellungskostenbestandteile erfolgen, die in der Referenzperiode entstanden sind. Diese Maßnahme führt wiederum zu einer Entlastung des Periodenergebnisses in Höhe der angefallenen Produktionsaufwendungen. Im Hinblick auf die aktivierten Herstellungskosten von **innerbetrieblichen Leistungen** erfolgt die Aufwandsverrechnung in den Perioden hier regelmäßig über **planmäßige** und/oder **außerplanmäßige Abschreibungen**.

Jedoch ist bezüglich der unfertigen und/oder fertigen Erzeugnisse zu beachten, dass sowohl **Entlastungen des Ergebnisses** durch Lagerproduktionen in Gestalt der aktivierten Herstellungskostenbestandteile als auch **Belastungen des Ergebnisses** infolge von Verkäufen ursprünglich aktivierter Erzeugnisse vorliegen können. In diesem Fall ist der wertmäßige Saldo aus beiden Konstellationen in der Gewinn- und Verlustrechnung zu berücksichtigen. Überwiegen am Ende der Rechnungsperiode die bewerteten Lagerproduktionen, so wird von einer **Bestandserhöhung** (Endbestand > Anfangsbestand), andernfalls von einer **Bestandsverminderung** (Endbestand < Anfangsbestand) gesprochen.

Aufgrund der vorstehend angeführten Kriterien unterscheidet sich die Finanzbuchhaltung in Industrieunternehmen elementar von dem Buchführungssystem der Handelsbetriebe. Zunächst bedarf es **spezifischer Bestandskonten** für Roh-, Hilfs- und Betriebsstoffe, unfertige Erzeugnisse und fertige Erzeugnisse. Gemäß des für Kapitalgesellschaften und ihnen gesetzlich gleichgestellte Unternehmen vorgeschriebenen handelsrechtlichen **Bilanzgliederungsschemas**, das industriellen Leistungserstellungsprozessen folgt, werden diese Posten dem Terminus „Vorräte" im Umlaufvermögen subsumiert. Entsprechendes gilt nach IFRS.

Im **Industrie-Kontenrahmen (IKR)**, der eine buchhalterische Gestaltungsempfehlung des Bundesverbandes der Deutschen Industrie darstellt und im Wesentlichen der Gliederungsstruktur des handelsrechtlichen Jahresabschlusses folgt, werden die das Vorratsvermögen betreffenden Bestandskonten in der Klasse 2 erfasst.[2] Die Klassen 5, 6 und 7 enthalten hingegen die **Ertrags- und Aufwandskonten**, wobei insbesondere folgende Gruppen die Besonderheit der Industriebuchhaltung dokumentieren.

(1) 50/51   Umsatzerlöse;
(2) 52   Erhöhung oder Verminderung des Bestandes an unfertigen und fertigen Erzeugnissen;
(3) 53   Andere aktivierte Eigenleistungen;
(4) 60/61   Aufwendungen für Roh-, Hilfs- und Betriebsstoffe sowie für bezogene Leistungen;
(5) 62/63/64/66   Personalaufwand;
(6) 65   Abschreibungen.

---

[2] Im Gegensatz zum Gemeinschaftskontenrahmen der Industrie folgt der IKR dem Zweikreissystem, indem er die Finanzbuchhaltung einerseits und die Kosten- und Leistungsrechnung andererseits getrennt in zwei Rechnungskreisen durchführt. Vgl. zur buchhalterischen Organisation von Finanz- und Betriebsbuchhaltung als Ein- oder Zweikreissystem im Detail *Eisele/Knobloch* 2011, S. 734–784; *Freidank* 2012a, S. 24–30 und S. 180–189; *Titze* 1978, S. 217–222.

In der **Ergebnisrechnung**, für die Klasse 8 vorgesehen ist, fällt weiter auf, dass das Gewinn- und Verlustkonto entweder nach dem **Gesamtkosten- oder Umsatzkostenverfahren** geführt werden kann. Dieser Wahlmöglichkeit entsprechen auch die für Kapitalgesellschaften und die ihnen gesetzlich gleichgestellte Unternehmen in § 275 Abs. 2 und Abs. 3 HGB vorgesehenen **Mindestgliederungsschemata** der in **Staffelform** zu erstellenden handelsrechtlichen Gewinn- und Verlustrechnung. Wie bereits angeführt, kann dieses Wahlrecht ebenfalls nach IAS 1.99 ausgeübt werden. Insbesondere der Struktur des Umsatzkostenverfahrens wird durch die Untergliederung in die Kontengruppen **81 Herstellungskosten, 82 Vertriebskosten, 83 Allgemeine Verwaltungskosten** und **84 Sonstige betriebliche Aufwendungen** entsprochen.

Die **Kosten- und Leistungsrechnung** wird im Rahmen des IKR **getrennt** von der Finanzbuchhaltung in der Klasse 9 durchgeführt. Um von den Erfolgskomponenten Aufwand und Ertrag der Finanzbuchhaltung auf die Termini Kosten und Leistungen der Betriebsbuchhaltung überleiten zu können,[3] bedarf es spezifischer **Abgrenzungskorrektur- und Verrechnungskonten**, die sich in Klasse 9 befinden. Bei den weiteren Betrachtungen zum Finanzbuchhaltungssystem von Industrieunternehmen ist zu beachten, dass die Begriffe Kosten und Leistungen auch Eingang in spezifische gesetzliche Vorschriften gefunden haben, die sich auf das externe Rechnungswesen beziehen. Allerdings handelt es sich hier nur um solche Kosten- und Leistungsarten, denen aus mengen- und/oder wertmäßiger Sicht **Aufwendungen** bzw. **Erträge** in gleicher Höhe zugrunde liegen. Hieraus folgt, dass **kalkulatorische Anderskosten** bzw. **Andersleistungen** nur in Höhe der ihnen entsprechenden Aufwendungen und Erträge, **kalkulatorische Zusatzkosten** bzw. **Zusatzleistungen** hingegen überhaupt keinen Eingang in die Finanzbuchhaltung und damit in den Jahresabschluss finden dürfen.[4]

Vereinfachend lässt sich die Struktur der Finanzbuchhaltung im IKR nach **Abbildung 233** darstellen.[5] Diese verdeutlicht, dass aus dem Eröffnungsbilanzkonto zunächst die Anfangsbestände auf die Bestandskonten der Klassen 0, 1, 2, 3 und 4 übernommen werden. Die aus **erfolgswirksamen Geschäftsvorfällen** resultierenden Aufwendungen und Erträge sind auf den entsprechenden **Erfolgskonten** der Klassen 5, 6 und 7 zu erfassen. Der **Abschluss** der Erfolgs- und Bestandskonten über das Gewinn- und Verlustkonto bzw. das Schlussbilanzkonto wird in der **Kontenklasse 8** vorgenommen. Der erwirtschaftete Gewinn der Rechnungsperiode ist nicht bestandserhöhend auf dem Eigenkapitalkonto verbucht worden, sondern separat auf dem Schlussbilanzkonto zum Ausweis gekommen. Eine derartige Vorgehensweise wird insbesondere bei Unternehmen relevant, die aufgrund vertraglicher Vereinbarung oder gesetzlicher Vorschriften verpflichtet sind, **feste Kapitalkonten** (z. B. Personenhandelsgesellschaften und Kapitalgesellschaften) zu führen.[6]

---

[3] Vgl. zur Abgrenzung der Termini die Ausführungen im Ersten Teil zu Gliederungspunkt IV.C.1.c. und IV.C.1.f.

[4] Vgl. zu den kalkulatorischen Kosten auch die Ausführungen im Ersten Teil zu Gliederungspunkt VI.C.1.c.

[5] Modifiziert übernommen von *Titze* 1978, S. 219.

[6] Vgl. hierzu die Ausführungen im Vierten Teil zu Gliederungspunkt II.A.2. und II.B.2. sowie im Fünften Teil zu Gliederungspunkt III.B.3.c.

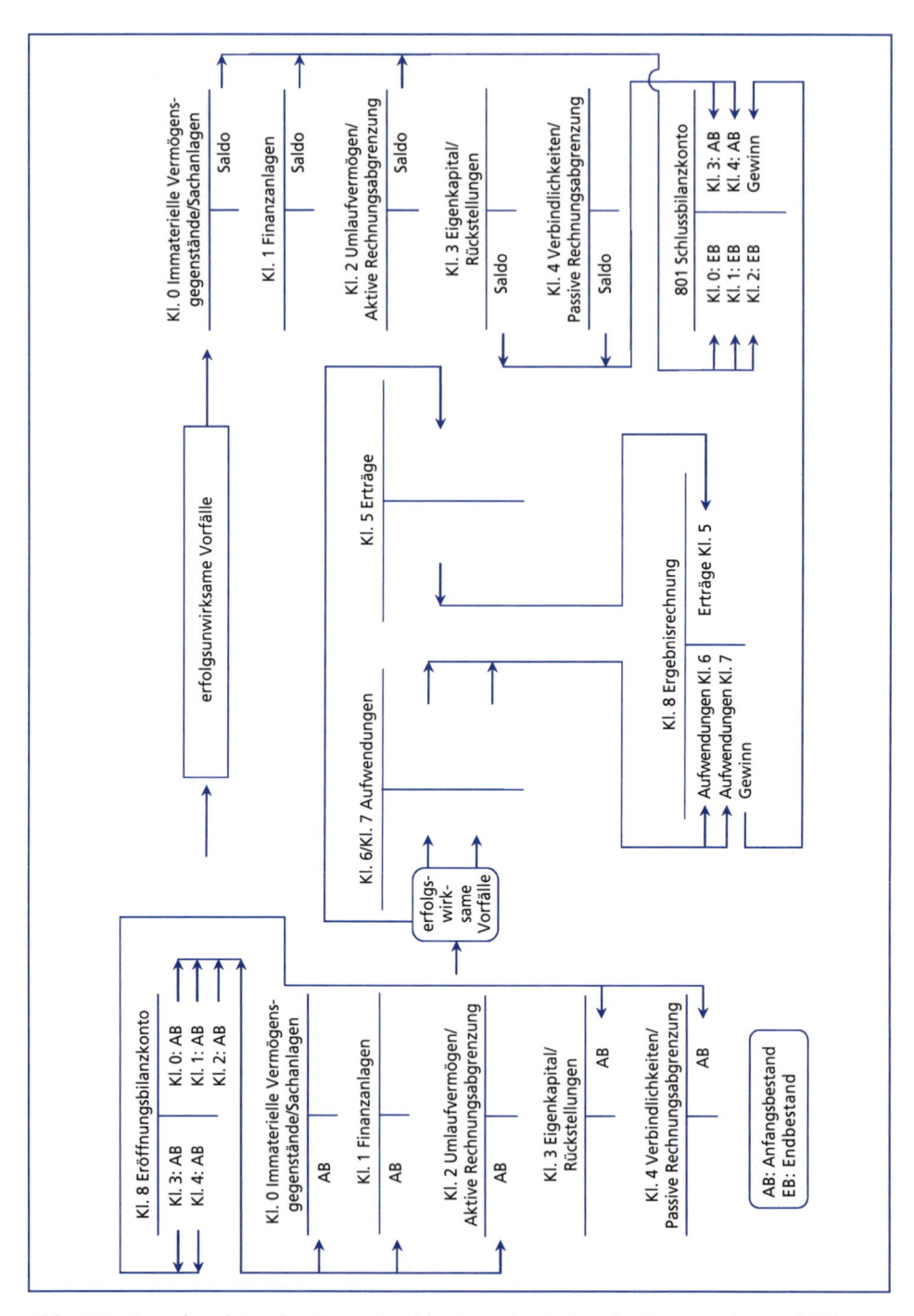

Abb. 233: Grundstruktur der Finanzbuchhaltung im Industrie-Kontenrahmen (IKR)

B. Bilanzrechtliche Herstellungskosten und ihre Zurechnung auf die Erzeugniseinheiten

Bezüglich der Zurechenbarkeit unterschiedlicher Kostenarten auf einen Kostenträger (z. B. Erzeugnisse) wird zwischen **Einzel- und Gemeinkosten** unterschieden. Während **Einzelkosten** (z. B. Fertigungsmaterial) **direkt** dem Kalkulationsobjekt zurechenbar sind, gelingt eine produktbezogene Zurechnung von Gemeinkosten (z. B. Abschreibungen, Mieten, Gehälter) nur auf **indirektem Wege** mit Hilfe mehr oder weniger genauer Verteilungsgrößen, da diese Kostenarten nicht ausschließlich durch das Entstehen einer Erzeugniseinheit, sondern durch den gesamten Leistungserstellungsprozess verursacht werden. In aller Regel wird das Problem der Gemeinkostenzurechnung in der Praxis durch eine **Kostenstellenrechnung** gelöst. Hier werden die Gemeinkostenarten direkt (**Stelleneinzelkosten**) oder indirekt anhand von Schlüsselgrößen (**Stellengemeinkosten**) betrieblichen Abrechnungsbereichen (Kostenstellen) angelastet. Unter Berücksichtigung funktionaler Gliederungskriterien in der industriellen Unternehmung hat sich in diesem Zusammenhang eine Unterscheidung in **Material-, Fertigungs-, Verwaltungs- und Vertriebskostenstellen** durchgesetzt. Entsprechend der Zurechnung der Gemeinkostenarten auf diese Hauptkostenstellen wird dann in **Material-, Fertigungs-, Verwaltungs-** und **Vertriebsgemeinkosten** unterschieden.

Zum Zwecke der beschriebenen Gemeinkostenverteilung bevorzugt die Praxis den **Betriebsabrechnungsbogen (BAB)**, der in der Vertikalen alle Kostenarten und in der Horizontalen alle Kostenstellen enthält.[7] Die Zurechnung der in den Hauptkostenstellen angefallenen Gemeinkostensummen auf die Erzeugniseinheiten kann dann nach Maßgabe des Anteils der Gemeinkosten an dem Betrag bestimmter Einzelkostenarten oder aber der Beanspruchung der einzelnen Kostenstellen durch die Produkte vorgenommen werden. **Abbildung 234** zeigt die grundlegende Verknüpfung von Kostenarten-, Kostenstellen- und Kostenträgerrechnung in einem Industrieunternehmen.[8] Während der **Kostenartenrechnung** die Aufgabe zukommt, sämtliche während einer Periode angefallenen Kosten zu erfassen, lastet die **Kostenstellenrechnung** den einzelnen betrieblichen Bereichen diejenigen Gemeinkosten an, die dort zum Zwecke der Leistungserstellung entstanden sind. Im Rahmen der **Kostenträgerzeitrechnung** oder **kurzfristigen Erfolgsrechnung**[9] werden sämtliche Einzel- und Gemeinkosten den Leistungen einer Periode zugerechnet und den Umsatzerlösen gegenübergestellt. Die kurzfristige Erfolgsrechnung ermittelt als Instrument der Kosten- und Leistungsrechnung im Gegensatz zu der in aller Regel **jährlich** zu erstellenden Gewinn- und Verlustrechnung nach Handels- und Steuerrecht sowie nach IFRS den Betriebserfolg zum Zwecke kurzfristiger Planungs- und Steuerungsmaßnahmen für **kürzere Abrechnungszeiträume** (z. B. Quartale, Monate, Wochen).

---

[7] Vgl. zum Aufbau eines Betriebsabrechnungsbogens *Freidank* 2012a, S. 142–155.
[8] Modifiziert übernommen von *Schönfeld/Möller* 1995, S. 52. Obwohl zu Kalkulationszwecken die Einzelkosten an der Kostenstellenrechnung vorbeifließen können, werden sie häufig aber doch im Betriebsabrechnungsbogen erfasst, damit für die jeweiligen Betriebsbereiche ebenfalls hinsichtlich dieser Kosten eine Wirtschaftlichkeitskontrolle möglich wird.
[9] Vgl. Kontengruppe 88 in Klasse 8 des IKR.

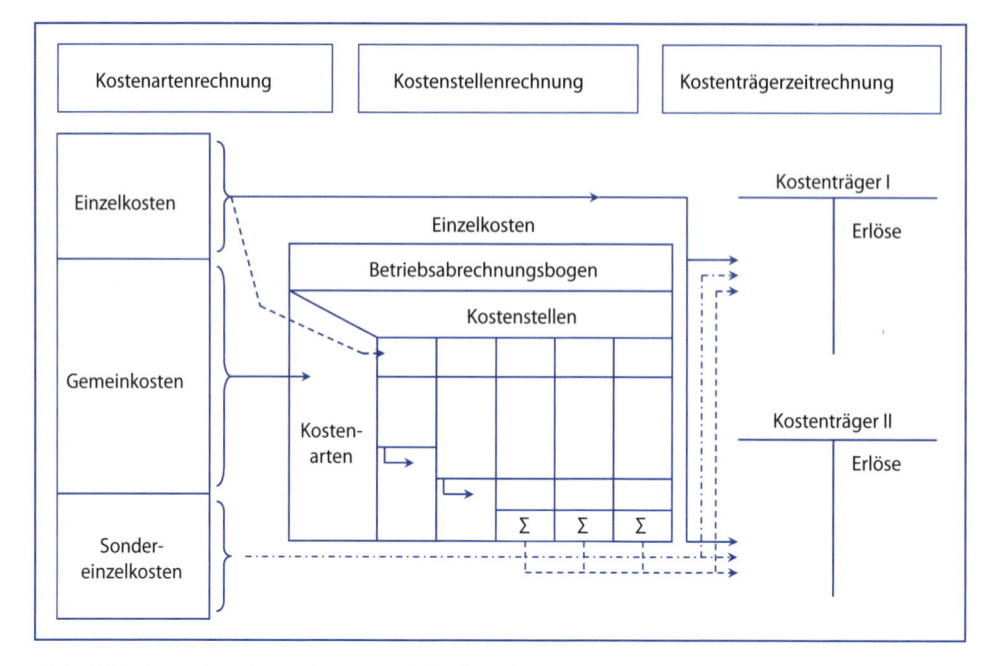

Abb. 234: Grundstruktur einer Betriebsabrechnung

Die Terminologie des **Handels- und Steuerrechts sowie der IFRS** zur Berechnung der Herstellungskosten folgt im Grundsatz den vorstehend angeführten Unterscheidungen in Einzel- und Gemeinkosten.[10] In **Abbildung 235** sind die dort verwendeten Einzel- und Gemeinkostentermini zusammenfassend definiert und den korrespondierenden Begriffen des innerbetrieblichen Rechnungswesens zugeordnet worden.[11]

Abbildung 236 gibt einen grundlegenden Überblick über diejenigen Kategorien der Herstellungskosten, für die aus handels- und steuerrechtlicher Sicht sowie nach IFRS eine **Aktivierungspflicht**, ein **Aktivierungsverbot** oder **-wahlrecht** bestehen. Die **Untergrenze** des **handels- und steuerrechtlichen Herstellungskostenansatzes** betrifft die Material- und Fertigungskosten (Einzel- und Gemeinkosten) sowie den Werteverzehr des Anlagevermögens. Für die Verwaltungsgemeinkosten und bestimmte Sozialkosten besteht ein Einbeziehungswahlrecht und für die Vertriebskosten, die erst beim Absatz der Produkte anfallen, ein Einbeziehungsverbot in die handelsrechtlichen Herstellungskosten unfertiger und fertiger Erzeugnisse sowie aktivierbarer innerbetrieblicher Leistungen. Während nach R 6.3 EStR 2008 für Verwaltungsgemein- und Sozialkosten in Entsprechung zum Maßgeblichkeitsprinzip ein steuerliches Einbeziehungswahlrecht gilt, ist nach den EStÄR 2012 i.V.m. dem BMF-Schreiben vom 25.03.2013 nur noch eine temporäre Nutzung des Wahlrechts bis zur Neufassung der EStR möglich. Die IFRS folgen dagegen wie bereits ausgeführt einem produktionsbezogenem Vollkostenansatz, der keine Wahlrechte kennt.

---

[10] Vgl. § 255 Abs. 2 HGB und R 6.3 Absätze 1 bis 4 EStR; IAS 2.12.
[11] Vgl. *ADS* 1995a, Anm. 142–216 zu § 255 HGB.

Bezeichnung	Definition
Materialeinzelkosten (Fertigungsmaterial)	Unmittelbar zur Herstellung unfertiger und fertiger Erzeugnisse sowie aktivierbarer Eigenleistungen verbrauchte Roh-, Hilfs- und Betriebsstoffe und in Anspruch genommene Leistungen (z. B. Energieleistungen), sofern der Verbrauch und die Inanspruchnahme den Produkten direkt zurechenbar sind.
Fertigungseinzelkosten (Fertigungslöhne)	Bei der Fertigung des Produktes angefallene und direkt zurechenbare Kosten, soweit sie nicht den Charakter von Sonderkosten der Fertigung tragen. In erster Linie handelt es sich um die der Fertigung dienenden Personalkosten.
Sonderkosten der Fertigung (Sondereinzelkosten der Fertigung)	Bei der Fertigung einzelner Produktarten angefallene und direkt zurechenbare Kosten (z. B. Kosten für Spezialwerkzeuge, Versuche, Konstruktionen und Lizenzgebühren).
Vertriebskosten [Sonder(einzel)kosten des Vertriebes]	Beim Vertrieb einzelner Produktarten angefallene und direkt zurechenbare Kosten (z. B. Frachtkosten, Zölle, Provisionen, Versicherungen und Verpackungen).
Materialgemeinkosten	Kosten des Materialbereichs (z. B. die Kosten der Einkaufsabteilung, Warenannahme, Material- und Rechnungsprüfung, Lagerhaltung, Materialverwaltung, -bewachung und -versicherung sowie für den innerbetrieblichen Transport), sofern sie nicht als Materialkosten den Produkten direkt zurechenbar sind und nicht den Charakter von Fertigungs- oder Verwaltungsgemeinkosten tragen.
Fertigungsgemeinkosten	Kosten des Fertigungsbereichs (z. B. Abschreibungen auf Produktionsanlagen, Kosten für Instandhaltung, Arbeitsvorbereitung, Lohnbüro, Fertigungskontrolle, Personal, Verwaltung, Disposition), sofern sie nicht als Fertigungskosten den Produkten direkt zurechenbar sind und nicht den Charakter von Material- oder Verwaltungsgemeinkosten tragen.
Allgemeine Verwaltungskosten (Verwaltungsgemeinkosten)	Kosten des Verwaltungsbereichs (z. B. Gehälter und Löhne für Rechnungswesen, Rechenzentrum, Interne Revision, Geschäftsleitung, Ausbildungswesen; darüber hinaus Abschreibungen und sonstige Gemeinkosten, wie etwa Porti-, Fernsprech-, Energie-, Instandhaltungs- und Reinigungskosten), sofern sie nicht als Gemeinkosten des Material-, Fertigungs- und Vertriebsbereichs zu behandeln sind.
Vertriebskosten (Vertriebsgemeinkosten)	Kosten des Vertriebsbereichs (z. B. alle Personal- und Sachkosten der Werbe- und Marketingabteilung, des Vertreternetzes sowie der Fertigungswaren- und Vertriebsläger; darüber hinaus Kosten der Werbung, Absatzförderung und Marktforschung, Verkäufer- und Kundenschulung sowie Reisekosten), sofern sie nicht als Vertriebskosten bestimmten Produktarten direkt zurechenbar sind.

Abb. 235: Einzel- und Gemeinkostenkategorien

	Handelsbilanz	Steuerbilanz (EStR)	IFRS
Materialeinzelkosten	Pflicht	Pflicht	Pflicht
Fertigungseinzelkosten (inklusive Sondereinzelkosten)	Pflicht	Pflicht	Pflicht
Materialgemeinkosten	Pflicht	Pflicht	Pflicht
Fertigungsgemeinkosten	Pflicht	Pflicht	Pflicht
Werteverzehr des Anlagevermögens	Pflicht	Pflicht	Pflicht
= Untergrenze (Teilkostenansatz)			
allgemeine Verwaltungs(gemein)kosten	Wahlrecht	Wahlrecht (temporär)*	Verbot
Aufwendungen für freiwillige Sozialleistungen	Wahlrecht	Wahlrecht (temporär)*	Pflicht für den produktions-bezogenen Teil, ansonsten Verbot
Aufwendungen für Sozialeinrichtungen des Betriebs	Wahlrecht	Wahlrecht (temporär)*	Pflicht für den produktions-bezogenen Teil, ansonsten Verbot
Aufwendungen für die betriebliche Altersversorgung	Wahlrecht	Wahlrecht (temporär)*	Pflicht für den produktions-bezogenen Teil, ansonsten Verbot
Fremdkapitalzinsen (nur unter bestimmten Voraussetzungen)	Wahlrecht	Wahlrecht	Pflicht
= Obergrenze (Vollkostenansatz)			
Forschungs- und Vertriebskosten (inklusive Sondereinzelkosten des Vertriebs)	Verbot	Verbot	Verbot

* EStÄR 2012 i.V.m. dem BMF-Schreiben vom 25.03.2013

Abb. 236: Herstellungskosten nach Handels- und Steuerrecht sowie IFRS

Zu berücksichtigen ist weiterhin, dass die terminologische Einengung auf den zur Herstellung angemessenen (notwendigen) Aufwand eine Einbeziehung **neutraler Aufwandsbestandteile**, die weder sachziel- noch periodenbezogenen oder ordentlichen Charakter tragen, in die bilanzrechtlichen Herstellungskosten verbietet. Mithin kommen etwa folgende Abschreibungen für eine Aktivierung nicht in Betracht: auf Reserveanlagen, nicht benutzte oder stillgelegte Anlagen, außerplanmäßige Abschreibungen nach § 253 Abs. 2 Satz 3 HGB sowie Teilwertabschreibungen, steuerrechtliche Sonderabschreibungen, erhöhte Absetzungen und Bewertungsabschläge.[12] Ähnliches gilt für Abschreibungen auf Finanzanlagen und auf Wertpapiere des Umlaufvermögens, Buchverluste aus dem Abgang von Gegenständen des Anlage- und Umlaufvermögens sowie sämtliche periodenfremden und außerordentlichen Aufwendungen (z. B. Verluste aus der Auflösung von Rückstellungen und Entschädigungszahlungen aufgrund von Massenentlassungen). Da im System der Kosten- und Leistungsrechnung keine neutralen Aufwendungen zur Verrechnung kommen, können die Kalkulationssätze dann unkorrigiert zum Zwecke der Herstellungskostenermittlung übernommen werden, wenn sie **pagatorischer Natur** sind, d. h. Kosten nur bis zur Höhe der ihnen gegenüberstehenden Aufwendungen Eingang in das innerbetriebliche Rechnungswesen gefunden haben. Andernfalls sind die die entsprechenden Aufwendungen übersteigenden **Anders- und/oder Zusatzkosten** aus den kalkulatorischen Ergebnissen zu eliminieren.

Der **Kostenträgerstückrechnung** (Selbstkostenrechnung, Kalkulation) kommt im System der Kosten- und Leistungsrechnung die Aufgabe zu, die Selbstkosten und die Herstell(ungs)kosten pro erstellte Produkteinheit zu ermitteln. Während die Selbstkosten pro Stück zum Zwecke von **Preis- und Kostenentscheidungen** benötigt werden, dienen die Herstellungskosten pro Einheit der **Bestandsbewertung** in der kurzfristigen Erfolgsrechnung sowie im bilanzrechtlichen Jahresabschluss. Am weitesten verbreitet ist vor allem bei Serien- und Einzelfertigungsprozessen zum Zwecke der Stückkostenermittlung die **elektive Zuschlagkalkulation mit Rückgriff auf die Kostenstellenrechnung**.[13] Dieses Verfahren unterstellt ein **proportionales Verhältnis** zwischen bestimmten Einzel- und Gemeinkostenarten, indem davon ausgegangen wird, dass die Höhe der Material- bzw. Fertigungsgemeinkosten eines Produktes vom Umfang des Fertigungsmaterials bzw. der Fertigungslöhne und die Höhe seiner Verwaltungs- und Vertriebsgemeinkosten vom Umfang seiner Herstellkosten abhängt. Da die Sondereinzelkosten der Fertigung und des Vertriebs häufig lediglich bestimmten Produktarten und nicht den Produkteinheiten zugerechnet werden können, sind im Rahmen der Kalkulation die entsprechenden Sonderkosten dann durch die Stückzahlen der herzustellenden Produktart zu dividieren. **Abbildung 237** zeigt zusammenfassend das Kalkulationsschema der elektiven Zuschlagkalkulation.[14] In diesem Kontext ist zu beachten, dass der aus dem System der Kosten- und Leistungsrechnung stammende Begriff „Herstellkosten", im Gegensatz zum bilanziellen Terminus „Herstellungskosten", der die Obergrenze des Wertansatzes nach Handels- und Steuerrecht sowie nach IFRS für Erzeugnisbestände und selbsterstellte Anlagen repräsentiert, nicht die Verwaltungsgemeinkosten mit einschließt.

Die einzelnen Gemeinkostenzuschlagsätze sind zum Zwecke der **Herstell(ungs)kosten- bzw. Selbstkostenkalkulation** aus dem BAB abzuleiten. Hier wird davon ausgegangen, dass die Verrechnung der Gemeinkostensumme der Materialstelle auf der Grundlage der gesamten Kosten für das Fertigungsmaterial erfolgt, die Fertigungshauptstellen die gesammelten Gemeinkostensummen jeweils in Prozentsätzen auf Basis des dort angefallenen Fertigungs-

---

[12] Vgl. *ADS* 1995a, Anm. 191 zu § 255 HGB.
[13] Vgl. zu anderen Kalkulationsmethoden, die primär bei Massen-, Sorten- und Kuppelproduktion oder im Rahmen einer Prozesskostenrechnung zur Anwendung kommen, *Freidank* 2012a, S. 155–174 u. 369–387.
[14] Modifiziert übernommen von *Schönfeld/Möller* 1995, S. 176.

Fertigungsmaterial (Materialeinzelkosten)	Material-kosten	Herstell-kosten	Selbst-kosten	Netto-Angebots-preis
Materialgemeinkosten (in %, bezogen auf das Fertigungsmaterial)				
Fertigungslohn (Fertigungseinzelkosten)	Fertigungs-kosten			
Fertigungsgemeinkosten (in %, bezogen auf den Fertigungslohn, für jede Fertigungshauptstelle separat)				
Sondereinzelkosten der Fertigung				
Verwaltungsgemeinkosten (in %, bezogen auf die Herstellkosten)	Verwaltungs- und Vertriebs-kosten			
Vertriebsgemeinkosten (in %, bezogen auf die Herstellkosten)				
Sondereinzelkosten des Vertriebs				
Gewinnzuschlag (in %, bezogen auf die Selbstkosten)				

Abb. 237: Schema der elektiven Zuschlagkalkulation mit Rückgriff auf die Kostenstellenrechnung

lohns überwälzen und die Kosten des Verwaltungs- und Vertriebsbereichs den Produkteinheiten in Prozentsätzen auf die Herstellkosten zugerechnet werden. Mithin lassen sich **mindestens** folgende **vier Zuschlagsätze** ermitteln.

(1) Zuschlagsatz für die Materialgemeinkosten (in %) $= \dfrac{\text{Summe Materialgemeinkosten aus BAB}}{\text{Summe des Fertigungsmaterials}} \cdot 100$

(2) Zuschlagsatz für die Fertigungsgemeinkosten (in %) $= \dfrac{\text{Summe Fertigungsgemeinkosten aus BAB}}{\text{Summe des Fertigungslohns}} \cdot 100$

(3) Zuschlagsatz für die Verwaltungsgemeinkosten (in %) $= \dfrac{\text{Summe Verwaltungsgemeinkosten aus BAB}}{\text{Summe der Herstellkosten}} \cdot 100$

(4) Zuschlagsatz für die Vertriebsgemeinkosten (in %) $= \dfrac{\text{Summe Vertriebsgemeinkosten aus BAB}}{\text{Summe der Herstellkosten}} \cdot 100$

C. Retrograde Bewertung und Niederstwertprinzip

Sofern in Industrieunternehmen keine Kostenträgerstückrechnung existiert, sind die Herstellungskosten zur Bestandsbewertung unfertiger und fertiger Erzeugnisse indirekt durch Abzug der **Bruttospanne** von den Netto-Verkaufspreisen zu ermitteln (Verkaufswertverfahren). In dieser Bruttospanne, die im Warenhandel mit den Begriffen „Handelsspanne" oder

IV. Besonderheiten der Rechnungslegung von Industrieunternehmen

„Roherfolgsatz" belegt wird, müssen im Hinblick auf die Bewertung fertiger Erzeugnisse **zumindest** die nicht aktivierbaren Vertriebskosten sowie der durchschnittliche Gewinnanteil enthalten sein.[15]

> **Beispiel:** Im Rechnungswesen eines Industrieunternehmens werden am Ende des Geschäftsjahres 2012 folgende Erfolgskomponenten ausgewiesen.
>
> (1) Gesamte Selbstkosten   600.000 €
> (2) davon Vertriebskosten   138.000 €
> (3) Gesamte Umsatzerlöse   660.000 €
>
> Die Bruttospanne errechnet sich dann aus $\frac{198.000\,€}{660.000\,€} \cdot 100 = 30\,\%$.[16]
>
> Somit sind die bilanziellen Herstellungskosten für 80 Stück auf Lager befindlicher fertiger Erzeugnisse, die zu einem Netto-Verkaufspreis von 75 € angeboten werden, wie folgt zu ermitteln:
>
> $$(1 - 0{,}3) \cdot 75\,€ \cdot 80\,\text{Stück} = 4.200\,€.$$

Auch **unfertige Erzeugnisse** können nach dem vorstehend dargestellten Verkaufswertverfahren zu Herstellungskosten bewertet werden. Allerdings kommen dann höchstens diejenigen Kostenbestandteile für eine Aktivierung in Betracht, die dem **Fertigstellungsgrad** dieser Produkte entsprechen.

> **Beispiel:** Nun wird angenommen, dass es sich bei den zu bewertenden 80 Erzeugnissen um unfertige Produkte handelt, die einen Fertigstellungsgrad von 60 % aufweisen. Nunmehr berechnen sich die gesamten Herstellungskosten wie im Folgenden gezeigt:
>
> $$(1 - 0{,}3) \cdot 0{,}6 \cdot 75\,€ \cdot 80\,\text{Stück} = 2.520\,€.$$

Zu berücksichtigen ist aber, dass die zum Bilanzstichtag ermittelten Bestände unfertiger und fertiger Erzeugnisse sowie aktivierbarer Eigenleistungen nur dann mit den ermittelten Stück-Herstellungskosten zu bewerten sind, wenn sie über den in § 253 Abs. 3 Satz 3 und Abs. 4 Satz 1 oder Satz 2 HGB genannten Alternativwerten liegen. Mithin erfordert das **strenge Niederstwertprinzip** in Verbindung mit der Kalkulation des Herstellungskostenansatzes nach Handels- und Steuerrecht sowie nach IFRS stets einen **Niederstwerttest**, um den zulässigen Bilanzansatz für selbsterstellte Anlagen und Erzeugnisbestände berechnen zu können. Diese Vorgehensweise lässt sich, wie in **Abbildung 238** gezeigt, darstellen.

Während für die Ableitung der Zeitwerte für Roh-, Hilfs- und Betriebsstoffe nach Handels- und Steuerrecht auf die aus dem **Beschaffungsmarkt** abgeleiteten **Wiederbeschaffungskosten** (zuzüglich Nebenkosten) zurückzugreifen ist, sind nach IFRS der Nutzungswert sowie der Verkaufserlös zu bestimmen. Im Rahmen des Niederstwerttests zur Bestimmung der Alternativwerte für unfertige und fertige Erzeugnisse stellen in allen Rechnungslegungssyste-

---

[15] Vgl. hierzu die Ausführungen im Zweiten Teil zu Gliederungspunkt II.A.6.b.
[16] 198.000 € = 660.000 € − (600.000 € − 138.000 €).

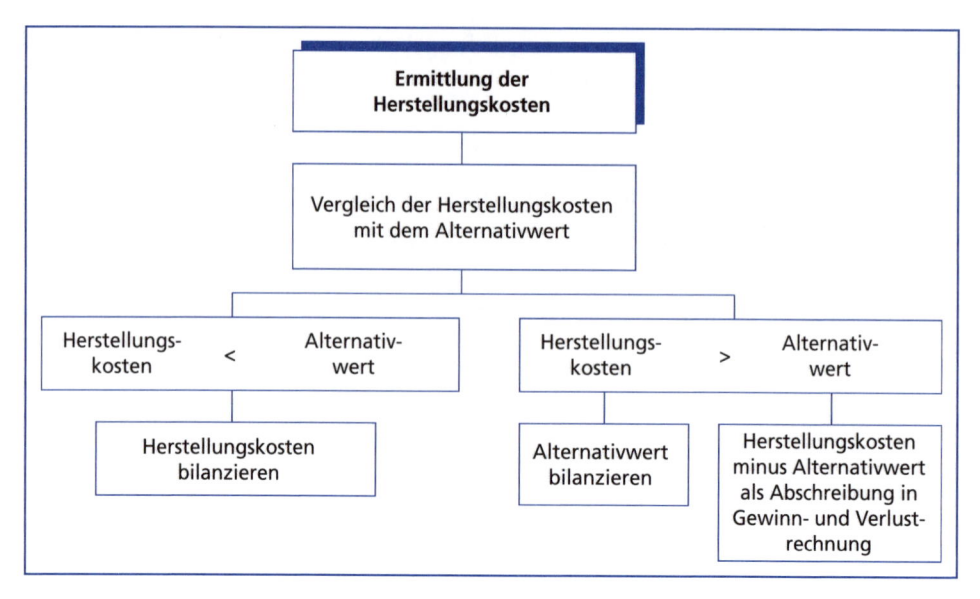

Abb. 238: Niederstwerttest der Herstellungskosten

```
                    ┌─────────────────────┐
                    │   Ermittlung der    │
                    │  Herstellungskosten │
                    └──────────┬──────────┘
                               │
                    ┌──────────┴──────────┐
                    │ Vergleich der Herstellungskosten │
                    │    mit dem Alternativwert        │
                    └──────────┬──────────┘
          ┌────────────────────┴────────────────────┐
   Herstellungs-  <  Alternativ-      Herstellungs-  >  Alternativ-
   kosten            wert              kosten            wert
          │                                    │                │
   Herstellungskosten              Alternativwert     Herstellungskosten
   bilanzieren                     bilanzieren        minus Alternativwert
                                                      als Abschreibung in
                                                      Gewinn- und Verlust-
                                                      rechnung
```

men die vom **Absatzmarkt** übernommenen **Verkaufspreise** (abzüglich der bis zum Verkauf noch anfallenden Kosten) den Vergleichsmaßstab dar. Nach dem **Prinzip der verlustfreien Bewertung** soll hierdurch der auf den voraussichtlichen Netto-Verkaufspreis der Erzeugnisse vorzunehmende Wertabschlag antizipiert werden. Hinsichtlich der Bestimmung des Alternativwertes für unfertige Erzeugnisse erfordert dieser Grundsatz, dass vom Verkaufspreis neben den bis zur Veräußerung noch anfallenden Kosten auch die zukünftigen Herstellungskosten bis zum Ende des Fertigungsprozesses zu subtrahieren sind. Im Gegensatz zur retrograden Wertermittlung bei Anwendung des Verkaufswertverfahrens ist jedoch ein Gewinnzuschlag **nicht** zu berücksichtigen, da diese zusätzliche Verlustantizipation dazu führen würde, dass die Erzeugnisse in dem/den folgenden Geschäftsjahr(en) mit der Konsequenz einer **Gewinnrealisierung** veräußert werden könnten.[17] Nach der steuerlichen Rechtsprechung ist bei der Ermittlung des niedrigeren steuerlichen Teilwerts aber auch ein **Gewinnzuschlag** mit einzubeziehen, da aus der Sicht des Teilwertgedankens der in § 6 Abs. 1 Nr. 1 Satz 3 EStG angesprochene fiktive Gesamtbetriebserwerber nur bereit wäre, für die betrachteten fertigen Erzeugnisse einen Preis zu zahlen, von dem der durchschnittliche Gewinn bereits abgezogen wurde.[18]

---

[17] Vgl. zur Bestimmung des Alternativwerts für unfertige und fertige Erzeugnisse im Einzelnen *ADS* 1995a, Anm. 513–530 zu § 253 HGB.

[18] Vgl. im Detail *Kulosa* 2013, Anm. 258 zu § 6 EStG.

IV. Besonderheiten der Rechnungslegung von Industrieunternehmen 639

D. Gesamt- und Umsatzkostenverfahren als alternative Formen der Gewinn- und Verlustrechnung

1. Gesamtkostenverfahren

Industrieunternehmen steht es frei, die Gewinn- und Verlustrechnung auf der Basis des **Gesamtkostenverfahrens** (GKV) oder des **Umsatzkostenverfahrens** (UKV) aufzustellen. Die unterschiedlichen Bestandteile der Gewinn- und Verlustrechnung nach dem GKV und UKV sind in § 275 Abs. 2 und Abs. 3 HGB sowie IAS 1.102 f. näher aufgeführt. Wie noch zu zeigen sein wird, führen GKV und UKV bei Zugrundelegung **identischer Prämissen** hinsichtlich der Aufwands- und Ertragserfassung zum **gleichen Periodenerfolg**. Allerdings bestehen elementare Unterschiede im Hinblick auf den Ausweis einzelner Erfolgskomponenten. Diesen Abweichungen muss bereits beim Aufbau der Finanzbuchhaltung Rechnung getragen werden.

Beim **GKV** werden im Prinzip die nach bestimmten Arten gegliederten gesamten Aufwendungen den Umsatzerlösen und sonstigen Erträgen einer Periode gegenübergestellt. Den Bestandsveränderungen, die in Gestalt von **Bestandserhöhungen** oder **Bestandsverminderungen** bei den Erzeugnissen auftreten können, kommt im Prinzip die Aufgabe zu, die gesamten Aufwendungen der Klassen 6 und 7 den Umsatzerlösen der Periode **anzupassen**. Im Falle einer Bestandserhöhung liegt der Endbestand auf den Erzeugniskonten über dem Anfangsbestand. Diese Konstellation bedeutet, dass **mengen- und/oder wertmäßig** mehr auf Lager produziert als abgesetzt bzw. weiterverarbeitet wurde. Die gesamten Aufwendungen sind folglich im Verhältnis zu den verbuchten Umsatzerlösen zu hoch, da sie auch Elemente enthalten, die sich auf die vorgenommenen Lageraufstockungen beziehen. Mithin müssen Bestandserhöhungen unfertiger und/oder fertiger Erzeugnisse stets ausgleichend als **Ertragskomponenten** auf die Habenseite des Gewinn- und Verlustkontos abgebucht werden. Bei einer **Bestandsverminderung** liegt auf den Erzeugniskonten der Endbestand unter dem Anfangsbestand. In diesem Falle wurde **mengen- und/oder wertmäßig** weniger produziert als an fertigen Erzeugnissen verkauft bzw. an unfertigen Erzeugnissen in den weiteren Herstellungsprozess gegeben. Im Verhältnis zu den verbuchten Umsatzerlösen sind die gesamten Aufwendungen der Periode somit zu niedrig, da die Umsatzerlöse fertige Erzeugnisse enthalten, die aus Produktionen der Vorperiode(n) resultieren. Folglich sind Bestandsverminderungen unfertiger und/oder fertiger Erzeugnisse stets ausgleichend als **Aufwandskomponenten** auf die Sollseite des Gewinn- und Verlustkontos zu verbuchen.

Auf dem Konto „**Andere aktivierte Eigenleistungen**" sind primär selbsterstellte Gegenstände des Anlagevermögens sowie aktivierte Großreparaturen zu verbuchen. Diese Leistungen repräsentieren die infolge der Aktivierung entstandenen Bestandserhöhungen auf den entsprechenden Anlagekonten und stellen gleichzeitig einen Gegenposten zu den angefallenen Aufwendungen dar. Zu berücksichtigen ist, dass der Betrag der anderen aktivierten Eigenleistungen nicht Ertragscharakter trägt, da es sich in diesem Falle lediglich um eine **Vermögensumschichtung** handelt. So erfolgt beispielsweise bei der Aktivierung selbsterstellter Anlagen eine Transformation von liquiden Mitteln (Ausgaben für Löhne, Gehälter und Material) und Vorräten (Materialentnahmen) auf die entsprechenden Anlagekonten.[19] Sofern absatzbestimmte Erzeugnisse im **Sachanlagevermögen** ausgewiesen werden sollen (z. B. Verwendung eigener Fahrzeuge eines Automobilherstellers zur dauernden Nutzung im Unternehmen), schlagen sich dann die als andere Eigenleistungen zu aktivierenden Produktwerte bestandsmindernd auf dem Konto „Fertige Erzeugnisse" nieder. In **Abbildung 239** ist die Grundstruktur des **GKV** zusammenfassend dargestellt. Hier wurde angenommen, dass die Bestandserhöhung der unfertigen Erzeugnisse im Ergebnis von der Bestandsverminderung der fertigen Erzeugnisse überkompensiert wird.

Beispiel: Die Eröffnungsbilanz eines einzelkaufmännischen Industrieunternehmens, das drei unterschiedliche Erzeugnisse (A, B, C) herstellt, hat am 01.01. des Geschäftsjahres 2012 folgendes Aussehen. Der Posten „Grundstücke und Gebäude" beinhaltet bebaute Grundstücke und Betriebsgebäude mit Buchwerten von 160.000 € bzw. 107.500 €. Die unter dem Posten „Rückstellungen" ausgewiesenen Beträge beziehen sich ausschließlich auf gebildete Aufwandsrückstellungen.

Aktiva		Eröffnungsbilanz zum 01.01.2012		Passiva
	€			€
A. Anlagevermögen		A. Eigenkapital		850.000
I. Sachanlagen		B. Rückstellungen		100.000
1. Grundstücke und		C. Verbindlichkeiten		
Bauten	267.500	1. Verbindlichkeiten		
2. Technische Anlagen		gegenüber Kreditinstituten		315.000
und Maschinen	450.000	2. Verbindlichkeiten aus		
3. Betriebs- und		Lieferungen und Leistungen		145.000
Geschäftsausstattung	200.000	D. Rechnungsabgrenzungs-		
II. Finanzanlagen		posten		40.000
1. Beteiligungen	47.500			
2. Wertpapiere des				
Anlagevermögens	27.500			
B. Umlaufvermögen				
I. Vorräte				
1. Roh-, Hilfs- und				
Betriebsstoffe	160.000			
2. fertige Erzeugnisse	89.500			
3. Forderungen aus				
Lieferungen und				
Leistungen	78.000			
II. Guthaben bei				
Kreditinstituten	130.000			
	__1.450.000__			__1.450.000__

---

[19] Vgl. *ADS* 1997b, Anm. 59 zu § 275 HGB.

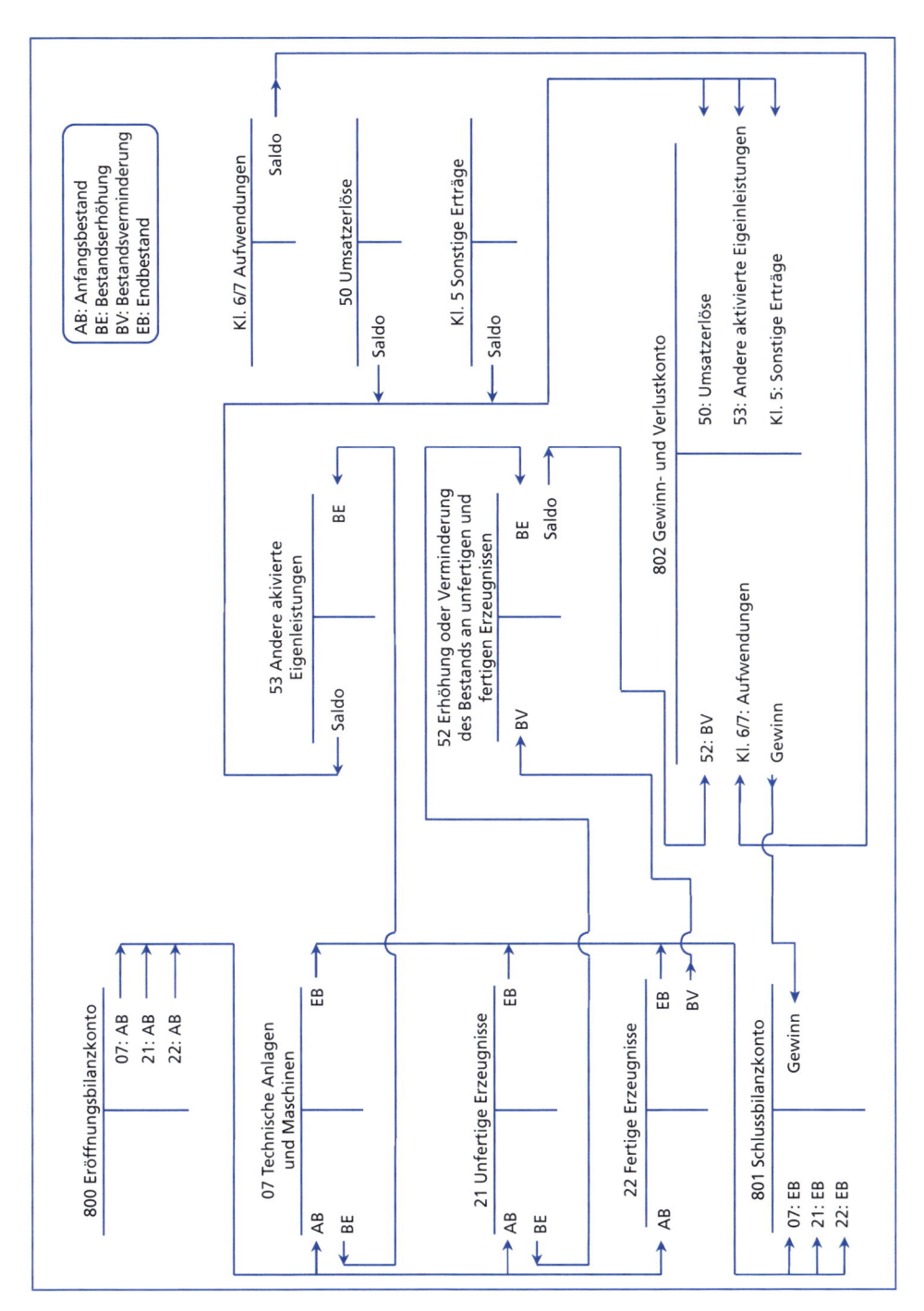

IV. Besonderheiten der Rechnungslegung von Industrieunternehmen

Abb. 239: Grundstruktur der Buchungstechnik nach dem Gesamtkostenverfahren

Laufende Buchungen:

(1) Der passive Rechnungsabgrenzungsposten (40.000 €), der im Geschäftsjahr 2011 ausschließlich für im Voraus erhaltene Miete gebildet wurde, ist aufzulösen.

Buchungssatz:
490 Passive Rechnungsabgrenzung an 54 Sonstige betriebliche Erträge 40.000 €.

(2) Laut Entnahmescheinen sind folgende Materialien in die Fertigung gegeben worden.

Rohstoffe 90.000 €
Hilfsstoffe 35.000 €
Betriebsstoff 20.000 €

Buchungssatz:
60 Aufwendungen für Roh-, Hilfs- und Betriebsstoffe an 200 Roh-, Hilfs- und Betriebsstoffe 145.000 €.

(3) Verkauf von fertigen Erzeugnissen in Höhe von 600.000 € (einschl. 20 % USt) gegen Banküberweisung unter Abzug eines 2 %igen Skontos von 12.000 €.

Buchungssatz:
280 Guthaben bei Kreditinstituten 588.000 € an 500 Umsatzerlöse 500.000 €
5001 Erlösberichtigungen 10.000 € 480 Umsatzsteuer 98.000 €.

(4) Einkauf von Rohstoffen auf Ziel in Höhe von 72.000 € (einschl. 20 % USt).

Buchungssatz:
200 Roh-, Hilfs- und Betriebsstoffe 60.000 € an 44 Verbindlichkeiten aus Lieferungen und Leistungen 72.000 €.
260 Vorsteuer 12.000 €

(5) Bruttolöhne und -gehälter in Höhe von 75.000 € bzw. 115.000 € werden unter Abzug von Lohnsteuer, Kirchensteuer und Solidaritätszuschlag (57.000 €) und Sozialversicherung (Arbeitgeber- und Arbeitnehmeranteil je 7.500 €) überwiesen.

Buchungssatz:
62 Löhne 75.000 € an 280 Guthaben bei Kreditinstituten 125.500 €
63 Gehälter 115.000 € 483 Sonstige Verbindlichkeiten gegenüber Finanzbehörden 57.000 €
64 Soziale Abgaben 7.500 € 484 Verbindlichkeiten gegenüber Sozialversicherungsträgern 15.000 €.

(6) Begleichung der Verbindlichkeiten gegenüber Sozialversicherungsträgern und Finanzbehörden [vgl. Geschäftsvorfall (5)] durch Banküberweisung.

Buchungssatz:
483 Sonstige Verbindlichkeiten gegenüber Finanzbehörden	57.000 €	an	280 Guthaben bei Kreditinstituten	72.000 €.
484 Verbindlichkeiten gegenüber Sozialversicherungsträgern	15.000 €			

(7) Verkauf einer linear abgeschriebenen Fertigungsanlage durch Banküberweisung in Höhe von 51.000 € (einschl. 20 % USt) am 01.08.2011. Die Anlage stand am 01.01.2012 mit 81.000 € zu Buche und wurde Anfang Januar 2010 in Betrieb genommen. Während die Anschaffungskosten 108.000 € betrugen, beläuft sich die betriebsgewöhnliche Nutzungsdauer auf 8 Jahre.

Buchungssatz:
280 Guthaben bei Kreditinstituten	51.000 €	an	07 Technische Anlagen und Maschinen	81.000 €
6520 Abschreibungen auf Sachanlagen	7.875 €		480 Umsatzsteuer	8.500 €.
7460 Verluste aus dem Abgang von Vermögensgegenständen	30.625 €			

Abschlussangaben:

(8) Die planmäßigen Abschreibungen betragen [ohne Abschreibungen aus Geschäftsvorfall (7)]

auf Betriebsgebäude	30.000 €,
auf Technische Anlagen und Maschinen	70.000 €,
auf Betriebs- und Geschäftsausstattung	45.000 €.

Buchungssatz:
652 Abschreibungen auf Sachanlagen	145.000 €	an	053 Betriebsgebäude	30.000 €
			07 Technische Anlagen und Maschinen	70.000 €
			08 Betriebs- und Geschäftsausstattung	45.000 €.

(9) Bestimmte Wertpapiere des Anlagevermögens, die Anfang des Jahres 2012 mit ihren Anschaffungskosten von 27.500 € zu Buch standen, sind während des Geschäftsjahres zunächst um 4.000 € im Wert gestiegen, später jedoch voraussichtlich dauerhaft auf 18.500 € gesunken.

Buchungssatz:
7400 Abschreibungen auf Finanzanlagen	an	150 Wertpapiere des Anlagevermögens	9.000 €.

(10) Eine im Vorjahr gebildete Rückstellung für unterlassene Instandhaltung in Höhe von 37.500 € wurde im Geschäftsjahr 2012 nicht in Anspruch genommen und ist deshalb aufzulösen.

Buchungssatz:
399 Sonstige Rückstellungen für   an 54 Sonstige betriebliche
        Aufwendungen   Erträge   37.500 €.

(11) Ermittlung/Abführung der Umsatzsteuer-Zahllast durch Banküberweisung an das Finanzamt.

Buchungssatz:
(11a) 480 Umsatzsteuer   an 260 Vorsteuer   12.000 €
(11b) 480 Umsatzsteuer   an 280 Guthaben bei
                                  Kreditinstituten   94.500 €.

(12) Die Zahlen der innerbetrieblichen Abrechnung zeigen für das Geschäftsjahr 2012 folgendes Aussehen.

Fertigungsmaterial	100.000 €
+ Materialgemeinkosten*	40.000 €
+ Fertigungslohn	76.500 €
+ Fertigungsgemeinkosten*	122.400 €
= Herstellkosten	338.900 €
+ Verwaltungsgemeinkosten*	84.725 €
+ Vertriebsgemeinkosten*	71.750 €
= Selbstkosten	495.375 €.

* laut BAB

Bei der Aufstellung des BAB wurden weder Anders- noch Zusatzkosten verrechnet. Die Summe der Selbstkosten in Höhe von 495.375 € (176.500 € Einzelkosten und 318.875 € Gemeinkosten) setzt sich aus nachstehenden Aufwandsarten zusammen.

	60	Aufwendungen für Roh-, Hilfs- und Betriebsstoffe	145.000 €
+	62	Löhne	75.000 €
+	63	Gehälter (davon 28.500 € Verwaltungsgemeinkosten)	115.000 €
+	64	Soziale Abgaben (davon 1.875 € Verwaltungsgemeinkosten)	7.500 €
+	65	Abschreibungen (davon 41.125 € Verwaltungsgemeinkosten)	152.875 €
=		Selbstkosten	495.375 €.

Abbildung 240 gibt Auskunft über den Anfangsbestand (AB in Stück), die Erzeugnisbewegungen (Zugänge/Abgänge in Stück), die Herstellungskosten pro Stück des Anfangsbestands (kh/AB) und die mengenmäßigen Inventurwerte (EB in Stück).

Erzeugnisse/ Andere aktivierte Eigenleistungen	AB in Stück	kh/AB in €	Zugänge in Stück	Abgänge in Stück	EB in Stück	
					Erzeugnisse	Andere aktivierte Eigenleistungen
A	400	110	1.200	1.300	300	–
B	500	45	2.600	2.600	500	–
C	200	115	1.400	1.500	100	–
B	–	–	200	–	–	200

Abb. 240: Bestandsveränderungen im Geschäftsjahr 2012

Während mit dem Terminus „Zugänge" die Produktionsmengen des Geschäftsjahres umschrieben werden, bringt der Begriff „Abgänge" die mengenmäßigen Umsätze des Geschäftsjahres zum Ausdruck. In der betrachteten Industrieunternehmung werden stets zunächst die Lagerbestände aus der/den Vorperiode(n) veräußert, bevor auf die Produktion der Referenzperiode zurückgegriffen wird. Diese Verbrauchsfolge bedeutet für das Erzeugnis B, dass die im Geschäftsjahr 2012 abgesetzten 2.600 Stück im Umfang von 500 Stück aus dem Anfangsbestand und in Höhe von 2.100 Stück aus der Fertigung des Geschäftsjahres 2012 stammen. Folglich resultieren die im Endbestand befindlichen 500 Stück von Erzeugnis B aus der Produktion der Referenzperiode. Darüber hinaus wurden 200 Einheiten des Erzeugnisses B hergestellt, die im Sachanlagevermögen der Bilanz unter dem Posten „Betriebs- und Geschäftsausstattung" als Eigenleistungen auszuweisen sind.

Zum Zwecke der Bestandsbewertung der Erzeugnisse bzw. der anderen aktivierten Eigenleistungen bedarf es der Kalkulation ihrer Stück-Herstellungskosten. Das Fertigungsmaterial (Materialeinzelkosten) der Erzeugnisse A, B und C beläuft sich auf 25 €, 10 € sowie 30 € pro Stück und die Fertigungslöhne (Fertigungseinzelkosten) pro Stück betragen 20 €, 7,50 € sowie 22,50 €. Unter Rückgriff auf die elektive Zuschlagkalkulation sind folgende Rechenschritte erforderlich.

Zuschlagsatz Materialgemeinkosten $= \dfrac{40.000\,€}{100.000\,€} \cdot 100 = 40\,\%$

Zuschlagsatz Fertigungsgemeinkosten $= \dfrac{122.100\,€}{76.500\,€} \cdot 100 = 160\,\%$

Zuschlagsatz Verwaltungsgemeinkosten $= \dfrac{84.725\,€}{338.900\,€} \cdot 100 = 25\%$

Verwaltungsgemeinkosten sollen (Handels- und Steuerrecht) bzw. können (IFRS) nicht einbezogen werden. Nunmehr können die Herstellungskosten für die Endbestände der Erzeugnisse A, B und C berechnet werden.

	Herstellungskosten Erzeugnis A:	300 Stück · 87,00 €	=	26.100 €
+	Herstellungskosten Erzeugnis B:	500 Stück · 33,50 €	=	16.750 €
+	Herstellungskosten Erzeugnis C:	100 Stück · 100,50 €	=	10.050 €
=	Herstellungskosten des Erzeugnisbestands		=	52.900 €.

Kostenarten (in €)	Erzeugnisse/andere aktivierte Eigenleistungen			Summe
	A	B	C	
Fertigungsmaterial	25,00	10,00	30,00	100.000
+ Materialgemeinkosten (40 %)	10,00	4,00	12,00	40.000
+ Fertigungslohn	20,00	7,50	22,50	76.500
+ Fertigungsgemeinkosten (160 %)	32,00	12,00	36,00	122.400
= Herstellkosten	87,00	33,50	100,50	338.900
+ Verwaltungsgemeinkosten (25 %)	21,75	8,375	25,125	84.725
= Herstellungskosten	108,75	41,875	125,625	423.625[20]

Abb. 241: Kalkulation der Herstellungskosten

Die Herstellungskosten der anderen aktivierten Eigenleistungen errechnen sich aus 200 Stück · 33,50 € = 6.700 €.

Buchungssätze:[21]

(12a) 08 Betriebs- und   an 53 Andere aktivierte
       Geschäftsausstattung   Eigenleistungen   6.700 €
(12b) 801 Schlussbilanzkonto   an 220 Fertige Erzeugnisse   52.900 €

Die Buchwerte der übrigen Bestandskonten stimmen mit den Inventurwerten überein.

Die buchhalterische Ermittlung des Jahreserfolges nach dem Gesamtkostenverfahren sowie die Erstellung des Schlussbilanzkontos sind auf den folgenden Seiten gezeigt. Der Anfangsbestand (89.500 €) auf dem Konto 220 „Fertige Erzeugnisse" übersteigt den Endbestand (52.900 €) um 36.600 €. Diese Bestandsverminderung bringt zum Ausdruck, dass per Saldo die (mit Herstellungskosten) bewerteten Zugänge die (mit Herstellungskosten) bewerteten Abgänge (Umsätze) unterschreiten. Dies lässt sich wie folgt nachweisen.

Abgänge:

Erzeugnis A: 400 Stück · 110,00 €   +   900 Stück · 87,00 € = 122.300 €
Erzeugnis B: 500 Stück · 45,00 €   + 2.100 Stück · 33,50 € =   92.850 €
Erzeugnis C: 200 Stück · 115,00 €   + 1.300 Stück · 100,50 € = 153.650 €
                                                                 = 368.800 €.

Zugänge:

Erzeugnis A: 1.200 Stück · 87,00 € = 104.400 €
Erzeugnis B: 2.600 Stück · 33,50 € = 87.100 €
Erzeugnis C: 1.400 Stück · 100,50 € = 140.700 €
                                     = 332.200 €   − 332.200 €
                                                         = 36.600 €.

Kontenmäßige Darstellung:

S	051 Bebaute Grundstücke	H		S	053 Betriebsgebäude	H
	€	€			€	€
AB	160.000	(27) 801 160.000		AB	107.500	(8) 30.000
						(28) 801 77.500
					107.500	107.500

S	07 Technische Anlagen und Maschinen	H		S	08 Betriebs- und Geschäftsausstattung	H
	€	€			€	€
AB	450.000	(7) 81.000		AB	200.000	(8) 45.000
		(8) 70.000		(12a) 53	6.700	(30) 801 161.700
		(29) 801 299.000			206.700	206.700
	450.000	450.000				

S	130 Beteiligungen	H		S	150 Wertpapiere des Anlagevermögens	H
	€	€			€	€
AB	47.500	(31) 801 47.500		AB	27.500	(9) 9.000
						(32) 801 18.500
					27.500	27.500

S	200 Roh-, Hilfs- und Betriebsstoffe	H		S	220 Fertige Erzeugnisse	H
	€	€			€	€
AB	160.000	(2) 145.000		AB	89.500	(12b) 801 52.900
(4)	60.000	(33) 801 75.000				(15) 5202 36.600
	220.000	220.000			89.500	89.500

S	240 Forderungen aus Lieferungen und Leistungen	H		S	260 Vorsteuer	H
	€	€			€	€
AB	78.000	(34) 801 78.000		(4)	12.000	(11a) 480 12.000

S	280 Guthaben bei Kreditinstituten	H		S	300 Eigenkapital	H
	€	€			€	€
AB	130.000	(5) 125.500		(36) 801	852.600	AB 850.000
(3)	588.000	(6) 72.000				(26) 802 2.600
(7)	51.000	(11b) 94.500			852.600	852.600
		(35) 801 477.000				
	769.000	769.000				

S	399 Sonstige Rückstellungen für Aufwendungen	H
	€	€
(10)	37.500	AB 100.000
(37) 801	62.500	
	100.000	100.000

S	42 Verbindlichkeiten gegenüber Kreditinstituten	H
	€	€
(38) 801	315.000	AB 315.000

S	4400 Verbindlichkeiten aus Lieferungen und Leistungen	H
	€	€
(39) 801	217.000	AB 145.000
		(4) 72.000
	217.000	217.000

S	480 Umsatzsteuer	H
	€	€
(11a) 260	12.000	(3) 98.000
(11b)	94.500	(7) 8.500
	106.500	106.500

S	483 Sonstige Verbindlichkeiten gegenüber Finanzbehörden	H
	€	€
(6)	57.000	(5) 57.000

S	484 Verbindlichkeiten gegenüber Sozialversicherungsträgern	H
	€	€
(6)	15.000	(5) 15.000

S	490 Passive Rechnungsabgrenzung	H
	€	€
(1)	40.000	AB 40.000

S	500 Umsatzerlöse	H
	€	€
(13) 5001	10.000	(3) 500.000
(14) 802	490.000	
	500.000	500.000

S	5001 Erlösberichtigungen	H
	€	€
(3)	10.000	(13) 500 10.000

S	5202 Bestandsveränderungen an fertigen Erzeugnissen	H
	€	€
(15) 220	36.600	(16) 802 36.600

S	530 Andere aktivierte Eigenleistungen	H
	€	€
(17)	6.700	(12a) 6.700

S	54 Sonstige betriebliche Erträge	H
	€	€
(18) 802	77.500	(1) 40.000
		(10) 37.500
	77.500	77.500

S	60 Aufwendungen für Roh-, Hilfs- und Betriebsstoffe	H
	€	€
(2)	145.000	(19) 802 145.000

S	62 Löhne	H
	€	€
(5)	75.000	(20) 802 75.000

IV. Besonderheiten der Rechnungslegung von Industrieunternehmen 649

S	63 Gehälter		H
	€		€
(5)	115.000	(21) 802	115.000

S	64 Soziale Abgaben		H
	€		€
(5)	7.500	(22) 802	7.500

S	6520 Abschreibungen auf Sachanlagen		H
	€		€
(7)	7.875	(23) 802	152.875
(8)	145.000		
	152.875		152.875

S	7460 Verluste aus dem Abgang von Vermögensgegenständen		H
	€		€
(7)	30.625	(24) 802	30.625

S	7400 Abschreibungen auf Finanzanlagen		H
	€		€
(9)	9.000	(25) 802	9.000

S		801 Schlussbilanzkonto					H
			€				€
(27)	051	Bebaute Grundstücke	160.000	(36)	300	Eigenkapital	852.600
(28)	053	Betriebsgebäude	77.500	(37)	399	Sonstige Rückstellungen für Aufwendungen	62.500
(29)	07	Technische Anlagen und Maschinen	299.000				
(30)	08	Betriebs- und Geschäftsausstattung	161.700	(38)	42	Verbindlichkeiten gegenüber Kreditinstituten	315.000
(31)	130	Beteiligungen	47.500				
(32)	150	Wertpapiere des Anlagevermögens	18.500	(39)	4400	Verbindlichkeiten aus Lieferungen und Leistungen	217.000
(33)	200	Roh-, Hilfs- und Betriebsstoffe	75.000				
(12b)	220	Fertige Erzeugnisse	52.900				
(34)	240	Forderungen aus Lieferungen und Leistungen	78.000				
(35)	280	Guthaben bei Kreditinstituten	477.000				
			1.447.100				1.447.100

---

[20] 423.625 € = 108,75 € · 1.200 Stück + 41,875 € · 2.800 Stück + 125,625 € · 1.400 Stück.
[21] Im Hinblick auf die anderen aktivierten Eigenleistungen wird unterstellt, dass die Aktivierung erst am Bilanzstichtag erfolgte, wodurch die Erfassung planmäßiger Abschreibungen für das Geschäftsjahr 2012 vernachlässigt werden kann.

S	802 Gewinn- und Verlustkonto nach dem GKV				H
		€			€
(16) 5202	Bestandsveränderungen an fertigen Erzeugnissen	36.600	(14) 500	Umsatzerlöse	490.000
(19) 60	Aufwendungen für Roh-, Hilfs- und Betriebsstoffe	145.000	(17) 530	Andere aktivierte Eigenleistungen	6.700
(20) 62	Löhne	75.000	(18) 54	Sonstige betriebliche Erträge	77.500
(22) 63	Gehälter	115.000			
(22) 64	Soziale Abgaben	7.500			
(23) 652	Abschreibungen auf Sachanlagen	152.875			
(24) 7460	Verluste aus dem Abgang von Vermögensgegenständen	30.625			
(25) 7400	Abschreibungen auf Finanzanlagen	9.000			
(26) 300	Gewinn	2.600			
		574.200			574.200

Die Struktur der Gewinn- und Verlustrechnung nach dem GKV in Staffelform ist in § 275 Abs. 2 HGB kodifiziert.[22] Das **Betriebsergebnis** setzt sich aus der **Gesamtleistung** (Posten 1., 2., 3., 5., 6. und 7.) zuzüglich sonstiger betrieblicher Erträge (Posten 4.) und abzüglich sonstiger betrieblicher Aufwendungen (Posten 8.) zusammen.[23] Zu beachten ist, dass unter den Posten 15. (außerordentliche Erträge) und 16. (außerordentliche Aufwendungen) nur solche Erträge und Aufwendungen auszuweisen sind, die außerhalb der **gewöhnlichen Geschäftstätigkeit** der Unternehmung anfallen (§ 277 Abs. 4 Satz 1 HGB). Als Beispiele können etwa Gewinne bzw. Verluste aus der Veräußerung ganzer Betriebe oder Beteiligungen, außerplanmäßige Abschreibungen aus Anlass außergewöhnlicher Ereignisse, einmalige Zuschüsse der öffentlichen Hand und Erträge aus dem Forderungsverzicht von Gläubigern genannt werden.[24] Der Posten **Jahresüberschuss/Jahresfehlbetrag** (Posten 20.) entspricht bei Einzelunternehmen und Personenhandelsgesellschaften den Termini **Gewinn/Verlust**.

---

[22] Vgl. hierzu die Ausführungen im Zweiten Teil zu Gliederungspunkt VI.C.

[23] Kleine und mittelgroße Kapitalgesellschaften sowie kleine und mittelgroße „kapitalistische" Personenhandelsgesellschaften (§ 264 a Abs. 1 Satz 1 HGB) im Sinne von § 267 Abs. 1 bzw. Abs. 2 HGB und eingetragene Genossenschaften (§ 336 Abs. 2 Satz 1 HGB) können gemäß § 276 HGB die Posten Nr. 1 bis Nr. 5 zu einem Posten unter der Bezeichnung „Rohergebnis" zusammenfassen. Vgl. hierzu auch die Ausführungen im Zweiten Teil zu Gliederungspunkt VI.C.

[24] Vgl. *Förschle* 2012b, Anm. 222 zu § 275 HGB.

IV. Besonderheiten der Rechnungslegung von Industrieunternehmen 651

Beispiel: Unter Zugrundelegung der abgebildeten Gewinn- und Verlustrechnung in Kontenform lässt sich nun die entsprechende Erfolgsrechnung in Staffelform nach dem GKV gemäß § 275 Abs. 2 HGB fertigen. Nach h. M. genügt es bei der Aufstellung der Gewinn- und Verlustrechnung in Staffelform nicht, lediglich die von § 275 Abs. 2 HGB (Posten 14. und Posten 17.) vorgeschriebenen Zwischensummen anzugeben, sondern gemäß des in § 243 Abs. 2 HGB verankerten Prinzips der Klarheit und Übersichtlichkeit sollte die Gewinn- und Verlustrechnung sinnvoll durch Vorspalten gegliedert und ausgewiesene Zwischensummen mit einem Vorzeichen versehen sein, um zu dokumentieren, ob es sich um einen Aufwands- oder Ertragsüberschuss handelt.[25]

1.	Umsatzerlöse		490.000 €
2.	Verminderung des Bestands an fertigen Erzeugnissen		36.600 €
		(+)	453.400 €
3.	Andere aktivierte Eigenleistungen		6.700 €
4.	Sonstige betriebliche Erträge		77.500 €
		(+)	537.600 €
5.	Materialaufwand: a) Aufwendungen für Roh-, Hilfs- und Betriebsstoffe		145.000 €
6.	Personalaufwand: a) Löhne und Gehälter b) soziale Abgaben		190.000 € 7.500 €
7.	Abschreibungen: a) auf Sachanlagen		152.875 €
8.	Sonstige betriebliche Aufwendungen		30.625 €
		−	526.000 €
		(+)	11.600 €
9.	Abschreibungen auf Finanzanlagen		9.000 €
10.	Ergebnis der gewöhnlichen Geschäftstätigkeit = Jahresüberschuss (Gewinn)	(+)	2.600 €

Unter Berücksichtigung der Erfolgsspaltung der vorstehenden Gewinn- und Verlustrechnung lassen sich folgende Kennzahlen ableiten:

- Gesamtleistung − 35.275 €[26]
- Betriebsergebnis + 11.600 €[27]
- Finanzergebnis − 9.000 €
- außerordentliches Ergebnis 0 €
- Jahresergebnis (Erfolg) + 2.600 €

---

[25] Vgl. *ADS* 1997b, Anm. 39 zu § 275 HGB.
[26] −35.275 € = 490.000 € − 36.600 € + 6.700 € − 145.000 € − 190.000 € − 7.500 € − 152.875 €.
[27] 11.600 € = −35.275 € + 77.500 € − 30.625 €.

2. Umsatzkostenverfahren

Anders als beim GKV werden beim UKV den **Umsatzerlösen** der Periode die zu **Herstellungskosten bewerteten veräußerten Produkte** des Rechnungszeitraums auf dem Gewinn- und Verlustkonto gegenübergestellt, und zwar unabhängig davon, ob die Herstellungskosten in der/den Vorperiode(n) oder aber in der Referenzperiode angefallen sind. Im Gegensatz zum GKV kann das UKV nicht unmittelbar aus den Kontenplänen der Finanzbuchhaltung abgeleitet werden, da die betrieblichen Aufwendungen laut § 275 Abs. 3 HGB und IAS 1.103 **funktional** nach den Bereichen **Herstellung, Vertrieb und allgemeine Verwaltung** zu gliedern sind. Die Zuordnung der Aufwandsarten zu den genannten Funktionsbereichen wird erleichtert, wenn im Unternehmen eine ausgebaute **Kostenstellen- und Kostenträgerrechnung** vorliegt.

Abbildung 242 zeigt die grundlegende Buchungsstruktur bei Anwendung des **UKV**. Die gesamten, in den Kontenklassen 6 und 7 des IKR erfassten Aufwendungen müssen zunächst in **Herstellungskosten, Vertriebskosten, allgemeine Verwaltungskosten, sonstige betriebliche Aufwendungen sowie sonstige Aufwendungen** aufgespalten und auf die entsprechenden Konten der Klasse 8 verbucht werden. Als Herstellungskosten sind zunächst **sämtliche** Aufwendungen des Geschäftsjahres zu erfassen, die im **Herstellungsbereich** der Unternehmung entstanden sind. Folglich kommen für eine Abbuchung auf das Ergebniskonto 83 „Allgemeine Verwaltungskosten" nur solche Aufwandsbestandteile in Betracht, die weder zu den Herstellungs- noch zu den Vertriebskosten der Periode zählen. Zu diesen **nicht herstellungsbezogenen Verwaltungskosten** gehören grundsätzlich alle Material- und Personalaufwendungen sowie Abschreibungen aus dem **Verwaltungsbereich**. Dieses werden primär die in der Hauptkostenstelle „Verwaltung" erfassten Gemeinkostenbeträge sein. Darüber hinaus ist darauf zu achten, dass auf dem Konto 81 „Herstellungskosten" alle planmäßigen und auch außerplanmäßigen Abschreibungen zu erfassen sind, sofern sie auf Vermögensgüter des **Herstellungsbereichs** entfallen. Mithin sind der Herstellungskostenbegriff der Bilanz nach Handels- und Steuerrecht sowie nach IFRS und der Herstellungskostenbegriff der Erfolgsrechnung nach dem UKV **nicht** deckungsgleich. Das Konto 84 „Sonstige betriebliche Aufwendungen" sammelt diejenigen Aufwendungen, die nicht den Funktionsbereichen Herstellung, Verwaltung und Vertrieb zugeordnet werden können. Ähnliches gilt für die in der Kontenklasse 7 angeführten sonstigen Aufwandskonten. Anschließend sind die mit **bilanziellen Herstellungskosten** bewerteten selbsterstellten Anlagen und Bestandsveränderungen unfertiger und fertiger Erzeugnisse wie folgt zu verbuchen, wobei per Saldo eine Bestandsverminderung der Erzeugnisse unterstellt wird.

```
07  Technische Anlagen und Maschinen   an  81   Herstellungskosten
81  Herstellungskosten                  an  52   Erhöhung oder Verminderung des
                                                 Bestands an fertigen und
                                                 unfertigen Erzeugnissen
```

Der sich auf dem Konto 81 „Herstellungskosten" ergebende Saldo, der mit dem Terminus „Herstellungskosten der zur Erzielung der Umsatzerlöse erbrachten Leistungen" (§ 275 Abs. 3 Posten 2. HGB) belegt wird, ist auf das Konto 803 „Gewinn- und Verlust" zu verbuchen. Somit umfasst dieser Posten alle Aufwendungen des Herstellungsbereichs im

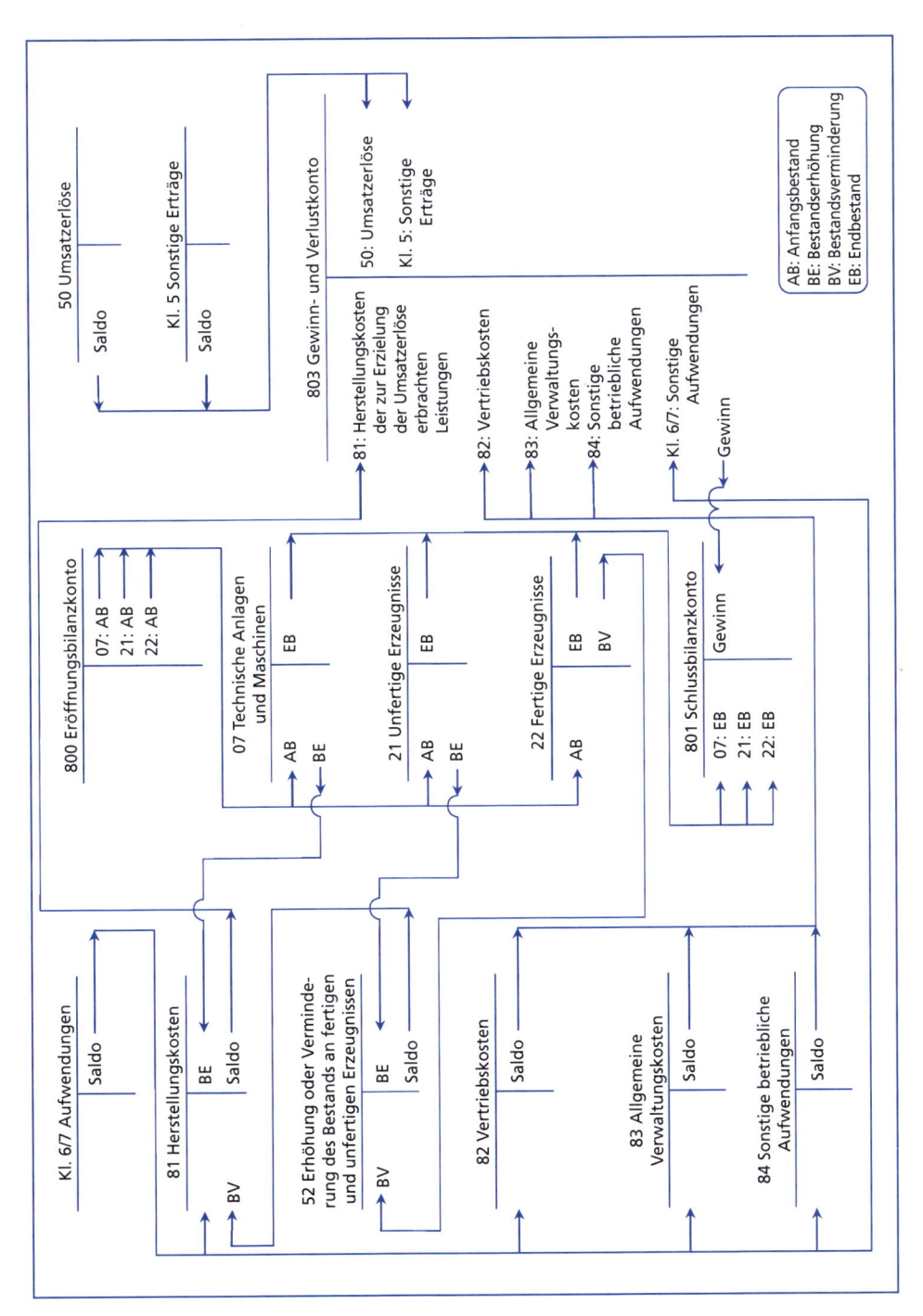

IV. Besonderheiten der Rechnungslegung von Industrieunternehmen

Abb. 242: Grundstruktur der Buchungstechnik nach dem Umsatzkostenverfahren

Geschäftsjahr, sofern sie nicht aktiviert werden (**Bestandserhöhungen**), zuzüglich derjenigen Aufwendungen, mit denen bisher aktivierte und im Geschäftsjahr abgesetzte fertige Erzeugnisse bzw. weiter verarbeitete unfertige Erzeugnisse in der Vorperiode bilanziert waren (**Bestandsverminderungen**). Die sich auf den Ergebniskonten 82, 83 und 84 ergebenden Salden sind sodann auf das Gewinn- und Verlustkonto zu verbuchen. Es werden Aufwendungen für **mengenmäßige Zugänge** von aktivierten Eigenleistungen und Bestandserhöhungen vom Konto 81 „Herstellkosten" auf die entsprechenden Bestandskonten gebucht. Etwas anderes gilt für **Zuschreibungen** auf Vermögensgüter des Herstellungsbereichs, die ähnlich wie beim GKV, unter Posten 6. „sonstige betriebliche Erträge" zu erfassen sind.[28] Sofern Verwaltungsgemeinkosten der Rechnungsperiode in die bilanziellen Herstellungskosten selbsterstellter Anlagen und Erzeugnisbestände einbezogen wurden, sind die auf die Endbestände entfallenden Aufwandsbestandteile aus dem Sammelkonto 83 **herauszubuchen**, damit unter dem Posten 5. „allgemeine Verwaltungskosten" der Gewinn- und Verlustrechnung nach § 275 Abs. 3 HGB nur diejenigen Verwaltungsaufwendungen zum Ausweis kommen, die sich zum einen auf die während des Geschäftsjahres produzierten und abgesetzten Erzeugnisse beziehen und die zum anderen nicht in der Jahresbilanz erscheinen. Nach den IFRS sind, wie bereits ausgeführt, lediglich die produktionsbedingten Verwaltungsgemeinkosten zu berücksichtigen. Der entsprechende Buchungssatz lautet dann wie folgt:[29]

07	Technische Anlagen und Maschinen	an	83	Allgemeine Verwaltungskosten.
21	Unfertige Erzeugnisse			
22	Fertige Erzeugnisse			

Folglich werden die in den Herstellungskosten von verkauften Erzeugnissen aus **Vorjahresbeständen** ggf. enthaltenen Verwaltungsgemeinkosten im Rahmen des Postens „Herstellungskosten der zur Erzielung der Umsatzerlöse erbrachten Leistungen" erfasst. Der **nicht aktivierte Unterschiedsbetrag** zu den Vollkosten wird nach h. M. im Falle von Bestandsveränderungen innerhalb des Postens „Herstellungskosten der zur Erzielung der Umsatzerlöse erbrachten Leistungen" ausgewiesen.[30]

Beim handelsrechtlichen UKV setzt sich das **Betriebsergebnis** aus dem Umsatzergebnis (Posten 3.), abzüglich Vertriebskosten (Posten 4.), allgemeiner Verwaltungskosten (Posten 5.) und sonstiger betrieblicher Aufwendungen (Posten 7.) zuzüglich sonstiger betrieblicher Erträge (Posten 6.) zusammen.[31] Allerdings können **Unterschiede** zu be-

---

[28] Vgl. *Förschle* 2012b, Anm. 301 zu § 275 HGB.

[29] Ähnliches gilt bei der Aktivierung (sonstiger) betrieblicher Aufwendungen als Herstellungskosten nach § 255 Abs. 2 Satz 3 und Abs. 3 HGB (z. B. Fremdkapitalzinsen).

[30] Vgl. *ADS* 1997b, Anm. 223 zu § 275 HGB.

[31] Sofern kleine und mittelgroße Kapitalgesellschaften sowie kleine und mittelgroße „kapitalistische" Personenhandelsgesellschaften (§ 264 a Abs. 1 Satz 1 HGB) oder eingetragene Genossenschaften (§ 336 Abs. 2 Satz 1 HGB) die verkürzte Darstellungsmethode nach § 276 HGB wählen, ist zu beachten, dass die ausgewiesenen Rohergebnisse nach GKV und UKV differieren. Vgl. zur verkürzten Darstellung der Gewinn- und Verlustrechnung die Ausführungen im Zweiten Teil zu Gliederungspunkt VI.C.

IV. Besonderheiten der Rechnungslegung von Industrieunternehmen

stimmten Posten und Zwischenergebnissen im Verhältnis zum GKV auftreten. Wie gezeigt wurde, sind beim UKV lediglich diejenigen Aufwendungen, die nicht den genannten Funktionsbereichen Herstellung, Vertrieb und allgemeine Verwaltung zuzuordnen sind, in den übrigen, nach Aufwandsarten unterschiedenen Posten der Erfolgsrechnung auszuweisen. Hierdurch besteht die Möglichkeit, dass bei identisch bezeichneten Aufwandsarten **inhaltliche Abweichungen** gegenüber dem GKV auftreten können. Werden z. B. aktivierungsfähige Steuern und Zinsen in den Posten 2. des UKV einbezogen, so stimmen beide Methoden der Erfolgsrechnung noch nicht im Ergebnis der gewöhnlichen Geschäftstätigkeit, und damit auch nicht im Betriebs- und Finanzergebnis, sondern nur im Jahresergebnis überein.[32] Weiterhin werden außerplanmäßige Abschreibungen auf Vermögensgegenstände des Herstellungsbereichs (z. B. technische Anlagen und Maschinen sowie Vorräte) und Verluste beim Abgang dieser Vermögensgüter beim GKV unter den Posten 7. bzw. 8. des Gliederungsschemas nach § 275 Abs. 2 HGB erfasst, während diese Aufwendungen im Rahmen des UKV in den Posten 2. „Herstellungskosten der zur Erzielung der Umsätze erbrachten Leistungen" eingehen. Da sich bei derartigen Konstellationen lediglich ein Austausch in den Posten des Betriebsergebnisses abspielt, stimmen in diesen Fällen das Betriebs- und Finanzergebnis sowie das Ergebnis der gewöhnlichen Geschäftstätigkeit überein.

> **Beispiel:** Die Daten des vorstehenden Beispiels zum GKV sollen nun unter folgenden Prämissen geändert werden.
>
> (1) Buchhalterische Ermittlung des Jahreserfolgs für den Geschäftsgang nach dem UKV.
> (2) Erstellung der entsprechenden Erfolgsrechnung in Staffelform gemäß § 275 Abs. 3 HGB.
> (3) Darstellung der geänderten Struktur der Erfolgsrechnung unter Zugrundelegung des UKV, wenn die bilanzielle Bestandsbewertung der Erzeugnisse und der anderen Eigenleistungen (3.1) mit der Untergrenze der handelsrechtlichen Herstellungskosten und (3.2) mit der Obergrenze der handelsrechtlichen Herstellungskosten vorgenommen würde.
> (4) Erstellung der Erfolgsrechnung in Staffelform nach dem GKV (§ 275 Abs. 2 HGB) unter Zugrundelegung der unter (3) angesprochenen modifizierten Bestandsbewertung.
>
> Zu (1):
>
> Bis zum Buchungsansatz (11b) ist die Buchungstechnik im Verhältnis zum GKV identisch. Dann werden aber folgende spezifische Abschlussbuchungen zusätzlich notwendig.
>
> | (12a) | 08 | Betriebs- und Geschäftsausstattung | an | 81 | Herstellungskosten | 6.700 € |
> |---|---|---|---|---|---|---|
> | (12b) | 801 | Schlussbilanzkonto | an | 220 | Fertige Erzeugnisse | 52.900 € |

---
[32] Vgl. *Förschle* 2012b, Anm. 31 zu § 275 HGB.

(16)	81	Herstellungskosten	369.525 €	an	60	Aufwendungen für Roh-, Hilfs- und Betriebsstoffe	145.000 €
	82	Vertriebskosten	71.750 €				
	83	Allgemeine Verwaltungskosten	84.725 €		62	Löhne	75.000 €
					63	Gehälter	115.000 €
					64	Soziale Abgaben	7.500 €
					65	Abschreibungen auf Sachanlagen	152.875 €
					7460	Verluste aus dem Abgang von Vermögensgegenständen	30.625 €
(17)	5202	Bestandsveränderungen an fertigen Erzeugnissen		an	220	Fertige Erzeugnisse	36.600 €.

Der sich auf dem Konto 81 „Herstellungskosten" ergebende Saldo von 399.425 €, der dem Posten 2. der Gewinn- und Verlustrechnung „Herstellungskosten der zur Erzielung der Umsatzerlöse erbrachten Leistungen" entspricht, setzt sich mithin aus den zu bilanziellen Herstellungskosten bewerteten Abgängen (368.800 €) zuzüglich den Verlusten aus dem Abgang von Vermögensgegenständen (30.625 €) zusammen.

Kontenmäßige Darstellung:

S	051 Bebaute Grundstücke		H
	€		€
AB	160.000	(24) 801	160.000

S	053 Betriebsgebäude		H
	€		€
AB	107.500	(8)	30.000
		(25) 801	77.500
	107.500		107.500

S	07 Technische Anlagen und Maschinen		H
	€		€
AB	450.000	(7)	81.000
		(8)	70.000
		(26) 801	299.000
	450.000		450.000

S	08 Betriebs- und Geschäftsausstattung		H
	€		€
AB	200.000	(8)	45.000
(12a) 81	6.700	(27) 801	161.700
	206.700		206.700

S	130 Beteiligungen		H
	€		€
AB	47.500	(28) 801	47.500

S	150 Wertpapiere des Anlagevermögens		H
	€		€
AB	27.500	(9)	9.000
		(29) 801	18.500
	27.500		27.500

IV. Besonderheiten der Rechnungslegung von Industrieunternehmen

S	200 Roh-, Hilfs- und Betriebsstoffe		H
	€		€
AB	160.000	(2)	145.000
(4)	60.000	(30) 801	75.000
	__220.000__		__220.000__

S	220 Fertige Erzeugnisse		H
	€		€
AB	89.500	(12b) 801	52.900
		(17) 5202	36.600
	__89.500__		__89.500__

S	240 Forderungen aus Lieferungen und Leistungen		H
	€		€
AB	__78.000__	(31) 801	__78.000__

S	260 Vorsteuer		H
	€		€
(4)	__12.000__	(11a) 260	__12.000__

S	280 Guthaben bei Kreditinstituten		H
	€		€
AB	130.000	(5)	125.500
(3)	588.000	(6)	72.000
(7)	51.000	(11b)	94.500
		(32) 801	477.000
	__769.000__		__769.000__

S	300 Eigenkapital		H
	€		€
(33) 801	852.600	AB	850.000
		(23) 803	2.600
	__852.600__		__852.600__

S	399 Sonstige Rückstellungen für Aufwendungen		H
	€		€
(10)	37.500	AB	100.000
(34) 801	62.500		
	__100.000__		__100.000__

S	42 Verbindlichkeiten gegenüber Kreditinstituten		H
	€		€
(35) 801	__315.000__	AB	__315.000__

S	4400 Verbindlichkeiten aus Lieferungen und Leistungen		H
	€		€
(36) 801	217.000	AB	145.000
		(4)	72.000
	__217.000__		__217.000__

S	480 Umsatzsteuer		H
	€		€
(11a) 260	12.000	(3)	98.000
(11b)	94.500	(7)	8.500
	__106.500__		__106.500__

S	483 Sonstige Verbindlichkeiten gegenüber Finanzbehörden		H
	€		€
(6)	__57.000__	(5)	__57.000__

S	484 Verbindlichkeiten gegenüber Sozialversicherungsträgern		H
	€		€
(6)	__15.000__	(5)	__15.000__

S	490 Passive Rechnungsabgrenzung	H
	€	€
(1)	40.000	AB 40.000

S	5001 Erlösberichtigungen	H
	€	€
(3)	10.000	(13) 500 10.000

S	54 Sonstige betriebliche Erträge	H
	€	€
(15) 803	77.500	(1) 40.000
		(10) 37.500
	77.500	77.500

S	62 Löhne	H
	€	€
(5)	75.000	(16) 75.000

S	64 Soziale Abgaben	H
	€	€
(5)	7.500	(16) 7.500

S	7460 Verluste aus dem Abgang von Vermögensgegenständen	H
	€	€
(7)	30.625	(16) 30.625

S	81 Herstellungskosten	H
	€	€
(16)	369.525	(12a) 81 6.700
(18) 81	36.600	(20) 803 399.425
	406.125	406.125

S	83 Allgemeine Verwaltungskosten	H
	€	€
(16)	84.725	(22) 803 84.725

S	500 Umsatzerlöse	H
	€	€
(13) 5001	10.000	(3) 500.000
(14) 803	490.000	
	500.000	500.000

S	5202 Bestandsveränderungen an fertigen Erzeugnissen	H
	€	€
(17) 220	36.600	(18) 81 36.600

S	60 Aufwendungen für Roh-, Hilfs- und Betriebsstoffe	H
	€	€
(2)	145.000	(16) 145.000

S	63 Gehälter	H
	€	€
(5)	115.000	(16) 115.000

S	6520 Abschreibungen Sachanlagen	H
	€	€
(7)	7.875	(16) 152.875
(8)	145.000	
	152.875	152.875

S	7400 Abschreibungen auf Finanzanlagen	H
	€	€
(9)	9.000	(19) 803 9.000

S	82 Vertriebskosten	H
	€	€
(16)	71.750	(21) 803 71.750

IV. Besonderheiten der Rechnungslegung von Industrieunternehmen

S	801 Schlussbilanzkonto				H
		€			€
(24) 051	Bebaute Grundstücke	160.000	(33) 300	Eigenkapital	852.600
(25) 053	Betriebsgebäude	77.500	(34) 399	Sonstige Rückstellungen für Aufwendungen	62.500
(26) 07	Technische Anlagen und Maschinen	299.000	(35) 42	Verbindlichkeiten gegenüber Kreditinstituten	315.000
(27) 08	Betriebs- und Geschäftsausstattung	161.700	(36) 4400	Verbindlichkeiten aus Lieferungen und Leistungen	217.000
(28) 130	Beteiligungen	47.500			
(29) 150	Wertpapiere des Anlagevermögens	18.500			
(30) 200	Roh-, Hilfs- und Betriebsstoffe	75.000			
(12b) 220	Fertige Erzeugnisse	52.900			
(31) 240	Forderungen aus Lieferungen und Leistungen	78.000			
(32) 280	Guthaben bei Kreditinstituten	477.000			
		__1.447.100__			__1.447.100__

S	803 Gewinn- und Verlustkonto nach dem UKV				H
		€			€
(19) 740	Abschreibungen auf Finanzanlagen	9.000	(14) 500	Umsatzerlöse	490.000
(20) 81	Herstellungskosten der zur Erzielung der Umsatzerlöse erbrachten Leistungen	399.425	(15) 54	Sonstige betriebliche Erträge	77.500
(21) 82	Vertriebskosten	71.750			
(22) 83	Allgemeine Verwaltungskosten	84.725			
(23) 300	Gewinn	2.600			
		__567.500__			__567.500__

Zu (2):

1.	Umsatzerlöse	490.000 €
2.	Herstellungskosten der zur Erzielung der Umsatzerlöse erbrachten Leistungen	399.425 €
3.	Bruttoergebnis vom Umsatz	(+) 90.575 €
4.	Vertriebskosten	71.750 €
5.	Allgemeine Verwaltungskosten	84.725 €
6.	Sonstige betriebliche Erträge	77.500 €
		(+) 11.600 €
7.	Abschreibungen auf Finanzanlagen	9.000 €
8.	Ergebnis der gewöhnlichen Geschäftstätigkeit = Jahresüberschuss (Gewinn)	(+) 2.600 €.

Unter Berücksichtigung der Erfolgsspaltung der vorstehenden Gewinn- und Verlustrechnung lassen sich folgende Kennzahlen ableiten:

– Betriebsergebnis	+	11.600 €[33]
– Finanzergebnis	–	9.000 €
– außerordentliches Ergebnis		0 €
– Jahresergebnis (Erfolg)	+	2.600 €

Zu (3):

(3.1): Bestandsbewertungen mit der Untergrenze der handelsrechtlichen Herstellungskosten

	Herstellungskosten Erzeugnis A: 300 Stück · 87 €	= 26.100 €
+	Herstellungskosten Erzeugnis B: 500 Stück · 33,50 €	= 16.750 €
+	Herstellungskosten Erzeugnis C: 100 Stück · 100,50 €	= 10.050 €
=	Herstellungskosten des Erzeugnisbestands	= 52.900 €

Die Herstellungskosten der anderen aktivierten Eigenleistungen errechnen sich aus 200 Stück · 33,50 € = 6.700 €.

1.	Umsatzerlöse	490.000 €
2.	Herstellungskosten der zur Erzielung der Umsatzerlöse erbrachten Leistungen	399.425 €
3.	Bruttoergebnis vom Umsatz	(+) 90.575 €
4.	Vertriebskosten	71.750 €
5.	Allgemeine Verwaltungskosten	84.725 €
6.	Sonstige betriebliche Erträge	77.500 €
		(+) 11.600 €
7.	Abschreibungen auf Finanzanlagen	9.000 €
8.	Ergebnis der gewöhnlichen Geschäftstätigkeit = Jahresüberschuss (Gewinn)	(+) 2.600 €.

(3.2): Bestandsbewertungen mit der Obergrenze der handelsrechtlichen Herstellungskosten

Herstellungskosten Erzeugnis A: 300 Stück	· 108,75 €	=	32.625,00 €
Herstellungskosten Erzeugnis B: 500 Stück	· 41,875 €	=	20.937,50 €
Herstellungskosten Erzeugnis C: 100 Stück	· 125,625 €	=	12.562,50 €
= Herstellungskosten des Erzeugnisbestands		=	66.125,00 €

Die Herstellungskosten der anderen aktivierten Eigenleistungen errechnen sich aus 200 Stück · 41,875 € = 8.375 €.

1.	Umsatzerlöse		490.000 €
2.	Herstellungskosten der zur Erzielung der Umsatzerlöse erbrachten Leistungen		399.425 €
3.	Bruttoergebnis vom Umsatz	(+)	90.575 €
4.	Vertriebskosten		71.750 €
5.	Allgemeine Verwaltungskosten		69.825 €
6.	Sonstige Betriebliche Erträge		77.500 €
		(+)	26.500 €
7.	Abschreibungen auf Finanzanlagen		9.000 €
8.	Ergebnis der gewöhnlichen Geschäftstätigkeit = Jahresüberschuss (Gewinn)	(+)	17.500 €.

Der im Verhältnis zu (2) anfallende Ergebnisunterschied von + 14.900 € entspricht den aktivierten Teilen der allgemeinen Verwaltungskosten[33]. Die jetzt unter dem Posten 5. ausgewiesenen Aufwendungen von 69.825 € stellen mithin die auf die in der Rechnungsperiode produzierten und abgesetzten Erzeugnisse entfallenden allgemeinen Verwaltungskosten dar. Dies lässt sich wie folgt nachweisen:

Allgemeine Verwaltungskosten Erzeugnis A: 900 Stück · 21,75 €	=	19.575,00 €
+ Allgemeine Verwaltungskosten Erzeugnis B: 2.100 Stück · 8,375 €	=	17.587,00 €
Allgemeine Verwaltungskosten Erzeugnis C: 1.300 Stück · 25,125 €	=	32.662,00 €
= Allgemeine Verwaltungskosten des Erzeugnisabgangs	=	69.825,00 €.

Zu (4):

(4.1): Gewinn- und Verlustrechnung nach GKV bei einer Bestandsbewertung mit der Untergrenze der handelsrechtlichen Herstellungskosten

1. Umsatzerlöse	490.000 €

---

[33] 11.600 € = 490.000 € - 399.425 € - 71.750 € - 84.725 € + 77.500 €.

2. Verminderung des Bestands an fertigen Erzeugnissen	36.600 €[34]	
	(+)	453.400 €
3. Andere aktivierte Eigenleistungen		6.700 €
4. Sonstige betriebliche Erträge		77.500 €
	(+)	537.600 €
5. Materialaufwand:		
a) Aufwendungen für Roh-, Hilfs- und Betriebsstoffe	145.000 €	
6. Personalaufwand:		
a) Löhne und Gehälter	190.000 €	
b) soziale Abgaben	7.500 €	
7. Abschreibungen:		
a) auf Sachanlagen	152.875 €	
8. Sonstige betriebliche Aufwendungen	30.625 €	
	−	526.000 €
	(+)	11.600 €
9. Abschreibungen auf Finanzanlagen		9.000 €
10. Ergebnis der gewöhnlichen Geschäftstätigkeit = Jahresüberschuss (Gewinn)	(+)	2.600 €

(4.2): Gewinn- und Verlustrechnung nach GKV bei einer Bestandsbewertung mit der Obergrenze der Herstellungskosten

1. Umsatzerlöse		490.000 €
2. Verminderung des Bestands an fertigen Erzeugnissen	23.375 €[35]	
	(+)	466.625 €
3. Andere aktivierte Eigenleistungen		8.375 €
4. Sonstige betriebliche Erträge		77.500 €
	(+)	552.500 €
5. Materialaufwand:		
a) Aufwendungen für Roh-, Hilfs- und Betriebsstoffe	145.000 €	
6. Personalaufwand:		
a) Löhne und Gehälter	190.000 €	
b) soziale Abgaben	7.500 €	
7. Abschreibungen:		
a) auf Sachanlagen	152.875 €	
8. Sonstige betriebliche Aufwendungen	30.625 €	
	−	526.000 €
	(+)	26.500 €
9. Abschreibungen auf Finanzanlagen		9.000 €
10. Ergebnis der gewöhnlichen Geschäftstätigkeit = Jahresüberschuss (Gewinn)	(+)	17.500 €

---

[34] 36.600 € = 400 Stück · 110 € + 900 Stück · 87 € + 500 Stück · 45 € + 2.100 Stück · 33,50 € + 200 Stück · 115 € + 1.300 Stück · 100,50 € − 1.200 Stück · 87 € − 2.600 Stück · 33,50 € − 1.400 Stück · 100,50 €.

[35] 23.375 € = 400 Stück · 110 € + 900 Stück · 108,75 € + 500 Stück · 45 € + 2.100 Stück · 41,875 € + 200 Stück · 115 € + 1.300 Stück · 125,625 € − 1.200 Stück · 108,75 € − 2.600 Stück · 41,875 € − 1.400 Stück · 125,625 €.

V. Zusammenfassung

Im Rahmen einer vergleichenden Betrachtung der Rechnungslegung von Einzelunternehmen nach Handels- und Steuerrecht einerseits und nach den IFRS andererseits ist zunächst eine grundlegende Unterscheidung in Bilanzansatz dem Grunde nach (Aktivierung und Passivierung) sowie Bilanzansatz der Höhe nach (Bewertung) zu treffen. Die Darstellung der wesentlichen Aktivierungs- und Passivierungsregelungen wird hierbei durch die Heranziehung der im Zweiten Hauptteil dargestellten Bilanztheorien vorgenommen. Während die statische Bilanzauffassung primär auf die **selbstständige Verwertbarkeit** der in Rede stehenden Vermögensgüter abstellt, um den Objektivierungserfordernissen an eine bilanzielle Erfassung Rechnung zu tragen, fokussiert die dynamische Bilanztheorie den **Grundsatz der periodengerechten Gewinnermittlung** und die **Erzielung eines künftigen Nutzenpotenzials**. Das Handelsrecht ist im Rahmen der **abstrakten Aktivierungsfähigkeit** primär statischer Natur. Das Steuerrecht dagegen ist weniger statisch, da lediglich eine selbstständige Be- und keine Verwertbarkeit eingefordert wird. Nach den IFRS kommt der dynamischen Bilanztheorie eine tendenziell höhere Bedeutung zu, da der Erzielung eines zukünftigen und wahrscheinlichen Nutzenzuflusses im Fokus steht. Der steuerrechtliche (Wirtschaftsgut) und der IFRS- (Vermögenswert) Vermögensbegriff sind prinzipiell weiter gefasst als der handelsrechtliche Vermögensgegenstand. Bei der **konkreten Aktivierungsfähigkeit** ist bei allen Rechnungslegungssystemen ein gemischtes Konzept aus statischer und dynamischer Bilanzauffassung zu finden. Dies zeigt sich insbesondere an der Beschränkung des Vollständigkeitsgebots durch Aktivierungsverbote, u. a. für bestimmte (Handelsrecht) oder sämtliche (Steuerrecht) selbsterstellte immaterielle Vermögensgegenstände bzw. Wirtschaftsgüter des Anlagevermögens (Handels- und Steuerrecht) bzw. mangels verlässlicher Bewertbarkeit für viele originäre Intangible Assets (IFRS). Dadurch, dass nach IFRS Sachverhalte z. T. dem Vermögen subsumiert werden, die nach Handels- und Steuerrecht einen aktiven Rechnungsabgrenzungsposten darstellen, folgt das IFRS-Regelwerk auch im Rahmen der konkreten Aktivierungsfähigkeit stärker der dynamischen Sichtweise.

Bezogen auf die **Passivierungsfähigkeit** sind nach der statischen Bilanztheorie nur sichere oder unsichere Schulden zu bilanzieren, die mit großer Wahrscheinlichkeit zu Vermögensabflüssen führen. Nach der dynamischen Bilanztheorie sind sämtliche (Passiv-)Posten zu bilanzieren, die einer exakten periodengerechten Erfolgsermittlung dienen, ohne Rücksicht darauf, ob sie Schulden im statischen Sinne darstellen. Diese Betrachtungsweise des dynamischen Ansatzes führt u.a. zum Ansatz von **passiven Rechnungsabgrenzungsposten und Aufwandsrückstellungen**, die im Rahmen der statischen Theorie keine Berücksichtigung finden. Die **abstrakte Passivierungsfähigkeit** beinhaltet sowohl nach Handels- und Steuerrecht als auch nach den IFRS eine Kombination aus statischen und dynamischen Elementen der jeweiligen Bilanztheorie. Die IFRS sind im Vergleich zum Handels- und Steuerrecht dynamischer ausgestaltet, da auch passive Rechnungsabgrenzungsposten den Schulden i.S.d. Rahmenkonzepts subsumiert werden. Die abstrakte Passivierungsfähigkeit nach IFRS ist hingegen statischer als diejenige nach Handels- und Steuerrecht, da die IFRS zwingend eine Außenverpflichtung bei Rückstellungen voraussetzen. Bezüglich der **konkreten Passivierungsfähigkeit** lässt sich konstatieren, dass das Handelsrecht vor dem BilMoG aufgrund der vielfältigen Möglichkeiten zur Bildung von Aufwandsrückstellungen tendenziell dynamischer ausgerichtet war als das Steuerrecht und die IFRS. Durch die Einschränkung expliziter Wahlrechte ist diese Einschätzung jedoch überholt.

Basierend auf den abstrakten und konkreten Aktivierungs- und Passivierungskriterien sind **ausgewählte Bilanzposten** zu betrachten, die sich chronologisch nach dem Bilanzgliederungsschema richten und durch wesentliche Unterschiede zwischen Handels- und Steuerrecht einerseits und den IFRS andererseits gekennzeichnet sind. Im Einzelnen sind dies **immaterielle Vermögensgüter, Sach- und Finanzanlagen, Umlaufvermögen, Rechnungsabgrenzungen, Rückstellungen, Verbindlichkeiten und steuerfreie Rücklagen**.

Bei der vergleichenden Würdigung des Bilanzansatzes der Höhe nach ist in eine **Zugangs-** und **Folgebewertung** zu unterscheiden. Während für erworbene Vermögensgegenstände des Anlage- und Umlaufvermögens bei sämtlichen Regelwerken die **Anschaffungskosten** im Rahmen der Zugangsbewertung ausschlaggebend sind, stellen die **Herstellungskosten** den primären Bewertungsmaßstab für selbst geschaffene Vermögensgüter dar. Auffällig ist, dass die IFRS bei den Herstellungskosten einem produktionsbedingten Vollkostenansatz folgen und daher keine expliziten Wahlrechte kennen, während das Handelsrecht vielfältige Einbeziehungswahlrechte (z.B. im Rahmen der Verwaltungsgemeinkosten) eröffnen. Bei der Bewertung von Verbindlichkeiten und Rückstellungen bestehen ebenfalls terminologische Bewertungsunterschiede zwischen Handels- und Steuerrecht sowie nach IFRS, da zwischen **Erfüllungsbetrag** (Handelsrecht), **Anschaffungskosten** (Steuerrecht) und **Fair Value bzw. Schätzwert** (IFRS) unterschieden wird. Bei mehrperiodigen Betrachtungen kommt der **Barwert** zum Einsatz. Während bei Rückstellungen übereinstimmend ein grundsätzliches Abzinsungsgebot zu beachten ist, sind dagegen aus handelsrechtlicher Sicht Verbindlichkeiten von einer Abzinsung ausgenommen.

Wesentliche Divergenzen lassen sich auch bei der **Folgebewertung** nach Handels- und Steuerrecht sowie IFRS finden. Hierbei folgt das Handels- und Steuerrecht bei den **Vermögensgütern** grds. dem **Niederstwertprinzip**, während die IFRS ein **Mixed Model** aus historischen Kosten und einer Bewertung zum beizulegenden Zeitwert vorsehen. Die im Handelsrecht vorliegende Differenzierung in ein strenges und gemildertes Niederstwertprinzip im Anlagevermögen ist nach den IFRS bedeutungslos. Die Dauer der Wertminderung ist demnach nach IFRS unerheblich, vielmehr ergibt sich die Notwendigkeit einer außerplanmäßigen Abschreibung aus der Durchführung des Impairment Tests. Die Möglichkeiten einer **Durchbrechung des Einzelbewertungsgrundsatzes** sind nach den IFRS wesentlich umfangreicher, z.B. durch die Zuordnung von Vermögenswerten auf zahlungsmittelgenerierende Einheiten (Cash Generating Units). Analog zu den Ausführungen zum Niederstwertprinzip ist im Handels- und Steuerrecht das strenge Höchstwertprinzip bei den **Schulden** zu beachten, wobei nach IFRS Erhöhungen und Verminderungen des Wertansatzes, ggf. auch unter den ursprünglichen Wertansatz zulässig sind.

Als **sonstige Bilanzierungs- und Bewertungsfragen**, die Gegenstand der vergleichenden Analyse nach Handels- und Steuerrecht und nach IFRS sind, ist die bilanzielle Berücksich-

V. Zusammenfassung

tigung von **Leasing-Transaktionen**, die unterschiedlichen **Erfolgserfassungskonzeptionen**, die Behandlung von **langfristigen Fertigungsaufträgen**, die Reichweite des **Stichtagsprinzps** und **Ereignisse nach dem Bilanzstichtag**, die Auslegung des **Stetigkeitsprinzips**, die **Fehlerkorrektur** und die Behandlung von **Schätzungsänderungen** zu nennen.

Zum Abschluss der Darlegungen zur Rechnungslegung in Einzelunternehmen gilt es, die Besonderheiten der **Rechnungslegung in Industrieunternehmen** aufzuzeigen. Neben der Ermittlung der **bilanzrechtlichen Herstellungskosten** und ihrer **Zurechnung auf die Erzeugniseinheiten** unter Rückgriff auf die elektive Zuschlagskalkulation stehen die **retrograde Bewertung** und das **Niederstwertprinzip** sowie das **Gesamt- und Umsatzkostenverfahren** als Gliederungsalternativen für die Gewinn- und Verlustrechnung auf der Agenda.

Die nachfolgenden Abschnitte gehen, basierend auf den vorstehend dargelegten Rechnungslegungsnormen für Einzelunternehmen, auf spezifische Bilanzansatz-, Bewertungs- und Ausweisfragen bei **Personenhandels-** und **Kapitalgesellschaften** ein.

Rechnungslegung von Personenhandelsgesellschaften

4

Lernziele

- Anwendung der Rechnungslegungsnormen bei Personenhandelsgesellschaften
- Spezifische Buchungs- und Abschlusstechnik bei Personenhandelsgesellschaften (Erfassung des Eigenkapitals bei der OHG und KG)
- Darstellung des Erfolgsausweises
- Anwendung der Spezialregelungen für publizitätspflichtige Personenhandelsgesellschaften
- Durchführung der Erfolgsbesteuerung bei Personenhandelsgesellschaften

I. Rechnungslegungsnormen

Wie in **Abbildung 3** dargestellt, zählen neben der Einzelunternehmung als wichtigste Formen die Gesellschaft bürgerlichen Rechts (GbR), die Partnerschaftsgesellschaft (PartG), die Offene Handelsgesellschaft (OHG), die Kommanditgesellschaft (KG) und die stille Gesellschaft zur Gruppe der Personenunternehmen.[1] Die genannten **Personengesellschaften** können als auf vertraglicher Grundlage beruhende zweckorientierte Vereinigungen von mindestens zwei natürlichen und/oder juristischen Personen definiert werden (z. B. gemeinsame Praxen von Freiberuflern, Zusammenschlüsse von Kaufleuten oder größeren Unternehmen, die nur für einen vorübergehenden Zweck gegründet wurden). Die GbR stellt die **Grundausprägung** der Personengesellschaft dar. Die gesetzlichen Regelungen finden sich in § 705 bis § 740 BGB.[2]

Nach § 6 Abs. 1 HGB besitzen Personenhandelsgesellschaften als Formkaufleute **Kaufmannseigenschaft**. Folglich gelten für die OHG und KG im Hinblick auf die Finanzbuchhaltung zunächst die im Ersten Abschnitt des Dritten Buchs des Handelsgesetzbuches (§ 238 bis § 263 HGB) niedergelegten Vorschriften. Sofern die in Rede stehenden Unternehmensformen zwei der in § 1 Abs. 1 Nr. 1–3 PublG genannten Schwellenwerte an drei aufeinander folgenden Abschlussstichtagen überschreiten, sind darüber hinaus i. V. m. § 3 Abs. 1 Nr. 1 PublG die in § 5 bis § 10 PublG verankerten erweiterten Rechnungslegungsnormen, die Bezug auf die für Kapitalgesellschaften maßgebenden Vorschriften nehmen, ergänzend heranzuziehen.[3] Ähnliches gilt nach § 264 a HGB für **besondere OHG's und KG's**, „… bei denen nicht wenigstens ein persönlich haftender Gesellschafter 1. eine natürliche Person oder 2. eine Offene Handelsgesellschaft, Kommanditgesellschaft oder andere Personengesellschaft mit einer natürlichen Person als persönlich haftendem Gesellschafter ist oder sich die Verbindung von Gesellschaften in dieser Art fortsetzt" (§ 264 a Abs. 1 2. HS HGB). In diesen Fällen ist neben den übrigen Vorschriften des Ersten bis Fünften Unterabschnitts des Zweiten Abschnitts des Handelsgesetzbuches insbesondere § 264 c HGB zu beachten, der spezifische Rechnungslegungsvorschriften für diese „**kapitalistischen**" **Personenhandelsgesellschaften** (Kapitalgesellschaften & Co.) enthält.[4] Schließlich existieren im Ersten

---

[1] Häufig werden auch sog. Bruchteilsgemeinschaften, die in § 741 bis § 758 BGB geregelt sind, zur Gruppe der Personengesellschaften gerechnet. Bei diesen Gemeinschaften steht jedem Teilhaber das Recht zu, über Vermögensgegenstände oder Sondervermögen anteilsmäßig frei zu verfügen (z. B. Wohnungseigentümer- oder Patentgemeinschaften). Im Gegensatz zu BGB-Außengesellschaft, OHG und KG weisen Bruchteilsgemeinschaften kein Gesamthandsvermögen auf.

[2] Vgl. hierzu die Ausführungen im Ersten Teil zu Gliederungspunkt II.B. und detailliert zu den Besonderheiten von Personen(handels)gesellschaften u. a. *IDW* RS HFA 7.

[3] Vgl. hierzu die Ausführungen im Zweiten Teil zu Gliederungspunkt VI.A.

[4] Vgl. im Einzelnen *IDW* RS HFA 7.

und Zweiten Abschnitt des Zweiten Buchs des Handelsgesetzbuches (§ 120 bis § 122 HGB und § 167 bis 169 HGB) einige **dispositive** Vorschriften für die Verteilung des Jahreserfolgs, die Auszahlung von Gewinnanteilen und die Entnahmen. Neben bzw. anstelle diesen(r) kodifizierten Normen müssen im Rahmen der Finanzbuchhaltung von Personenhandelsgesellschaften die Bestimmungen des **Gesellschaftsvertrags** beachtet werden. Die folgenden Ausführungen konzentrieren sich auf die **Standardfälle** der Personenhandelsgesellschaften in der Rechtsform der OHG oder der KG, bei denen sich der Gesellschafterkreis **ausschließlich aus natürlichen Personen** zusammensetzt.

Ferner ist zu berücksichtigen, dass die steuerrechtlichen Erfolgsermittlungsvorschriften spezifische Gestaltungen der Finanzbuchhaltung auslösen können. So stellen aus **einkommensteuerrechtlicher Sicht** OHG und KG keine Steuerobjekte dar, sondern die Gesellschafter unterliegen als **natürliche Personen (Mitunternehmer)** gemäß § 15 Abs. 1 Nr. 2 EStG mit den gewerblichen Einkünften aus diesen Unternehmen **(Mitunternehmerschaften)** der Besteuerung. Neben den Erfolgsanteilen, die den Mitunternehmern aufgrund gesetzlicher oder vertraglicher Regelung aus dem Jahresergebnis der Personengesellschaft zuzurechnen sind, zählt § 15 Abs. 1 Nr. 2 EStG auch „… die Vergütungen, die der Gesellschafter von der Gesellschaft für seine Tätigkeit im Dienst der Gesellschaft oder für die Hingabe von Darlehen oder für die Überlassung von Wirtschaftsgütern bezogen hat", zu den gewerblichen Einkünften aus der Mitunternehmerschaft. **Sondervergütungen** stellen Beträge dar, die die Gesellschafter für

- Tätigkeiten im Dienst der Gesellschaft (z. B. Gehälter für Geschäftsführertätigkeit),
- die Überlassung von Wirtschaftsgütern an die Gesellschaft (Miete, Pacht) und
- die Hingabe von Darlehen an die Gesellschaft (Zinsen) bezogen haben.[5]

Sondervergütungen werden aus **handelsrechtlicher Sicht** als Aufwendungen behandelt, dürfen aber den auf die Gesellschafter zu verteilenden **steuerrechtlichen Gesamtgewinn**, der gemäß § 7 i. V. m. § 2 Abs. 1 Satz 2 GewStG auch der **Gewerbesteuer** unterliegt, nicht mindern. Die in Rede stehende Regelung ist konsequent, da § 15 Abs. 1 Nr. 2 EStG davon ausgeht, dass die zu gewerblichen Einkünften erklärten Vergütungen auf einem Beitrag zur Gesellschaft beruhen und damit zu ihrem steuerrechtlichen Gewinn gehören.

Die zivilrechtlich im Eigentum der Gesellschafter stehenden Wirtschaftsgüter, die der Gesellschaft zur Nutzung überlassen wurden, stellen **kein Gesamthandsvermögen** der Unternehmung dar und dürfen deshalb auch nicht in der Handels- und Steuerbilanz ausgewiesen werden. Derartige Wirtschaftsgüter werden dem Terminus „**Sonderbetriebsvermögen**" subsumiert. Die das Sonderbetriebsvermögen betreffenden Wertänderungen sowie persönliche Aufwendungen und Erträge der Gesellschafter, die durch das Beteiligungsverhältnis veranlasst werden (sog. **Sonderbetriebsausgaben bzw. -einnahmen**), dürfen aber keinen Eingang in die Gewinn- und Verlustrechnung nach Handelsgesetzbuch und IFRS finden. Unter Be-

---

[5] Die Klassifizierung der Sondervergütungen als gewerbliche Einkünfte liegt darin begründet, dass verhindert werden soll, Mitunternehmern die Möglichkeit einzuräumen, gewerbliche Leistungen als separate Arbeitsleistungen und/oder als Akte der Vermögensverwaltung zu behandeln und damit eine Umschichtung auf andere Einkunftsarten (z. B. selbstständige/nichtselbstständige Arbeit, Kapitalvermögen oder Vermietung und Verpachtung) vornehmen zu können, die der Einkommen-, aber nicht der Gewerbesteuer unterliegen. Darüber hinaus zielt die in Rede stehende Regelung darauf ab, den Mitunternehmer einem Einzelgewerbetreibenden anzunähern.

I. Rechnungslegungsnormen

rücksichtigung der aufgezeigten spezifischen steuerrechtlichen Regelungen empfiehlt sich zur Erfassung etwaiger Leistungsbeziehungen zwischen Gesellschaft und Gesellschaftern die Führung entsprechender **Sonderkonten**, aus denen ggf. für jeden betroffenen Mitunternehmer eine separate **Sonder-Bilanz** bzw. **Sonder-Erfolgsrechnung** neben dem Gesamthands-Jahresabschluss zum Stichtag abgeleitet werden kann. Sofern darüber hinaus für bestimmte Gesellschafter eine von den Vorschriften des Handelsrechts und der IFRS abweichende steuerrechtliche Bewertung des Gesamthandsvermögens der Gesamthandsgemeinschaft erforderlich wird (z. B. bei Inanspruchnahme personenbezogener Bewertungsvergünstigungen oder im Falle des Eintritts neuer Mitunternehmer), bietet es sich ebenfalls an, diese Wertdifferenzen auf gesellschafterbezogenen Spezialkonten zu erfassen, die dann zu sog. **Ergänzungs-Jahresabschlüssen** zum Stichtag zusammengefasst werden. Sonder- und Ergänzungsbilanzen stellen mithin neben der handelsrechtlichen Gesellschaftsbilanz gefertigte **steuerrechtliche Zusatzrechnungen** für einzelne Mitunternehmer dar.

II. Buchungs- und Abschlusstechnik

A. Erfassung des Eigenkapitals bei der Offenen Handelsgesellschaft

1. Variable Kapitalkonten

Aus § 120 Abs. 2 HGB ist abzuleiten, dass für jeden Gesellschafter lediglich die Führung eines einzigen **variablen Kapitalkontos** vorgesehen ist, dessen jeweiliger Bestand (Kapitalanteil) sich aus der ersten Einlage (und ggf. weiteren Einlagen) zuzüglich den Gewinngutschriften und abzüglich den Verlustbelastungen und Entnahmen errechnet. Mithin stellt nach dieser Vorschrift der Endbestand auf dem Kapitalkonto den aktuellen Kapitalanteil des betreffenden Gesellschafters dar, der Einfluss auf

- die **Gewinnverteilung** (§ 121 Abs. 1 HGB),
- das **Entnahmerecht** (§ 122 HGB) und
- die **Verteilung des Liquidationsvermögens** (§ 155 Abs. 1 HGB) hat.

Zu berücksichtigen ist jedoch, dass der Gesellschaftsvertrag gemäß § 109, § 145 Abs. 1 HGB im Hinblick auf die Gewinnverteilung, das Entnahmerecht und/oder die Verteilung des Liquidationsvermögens auch von diesen Regelungen abweichen kann. **Abbildung 243** gibt einen Überblick über die für die OHG geltenden **dispositiven** Vorschriften der Erfolgsbeteiligung und des Entnahmerechts. Die dort angeführten Regelungen beziehen sich auf die im **letzten** Jahresabschluss festgestellten (positiven) Kapitalanteile der Gesellschafter. Nicht zu verwechseln sind die Kapitalanteile hingegen mit den **Kapitaleinlagen**, die aufgrund des Gesellschaftsvertrages als Bar-, Sach-, Nutzungs-, Leistungseinlagen oder durch das Stehen lassen von Gewinnanteilen erbracht werden können. Sofern Gesellschafter ihre vertraglich festgelegte Einlageverpflichtung nicht erfüllt haben, liegen **ausstehende Einlagen** vor, die Ansprüche der Gesellschaft gegenüber den Gesellschaftern begründen. Werden diese von der Gesellschaft (z. B. durch Gesellschafterbeschluss) **eingefordert**, müssen die betroffenen Mitunternehmer ihren Verpflichtungen unverzüglich nachkommen. Da bei der Führung variabler Kapitalkonten jeweils per Saldo nur der durch Einlagen/Entnahmen und/oder Erfolge im Zeitablauf veränderte Kapitalanteil ausgewiesen wird, kommen etwaige ausstehende Einlagen in der Jahresbilanz **nicht** separat als Korrekturposten auf der Aktiv- oder Passivseite der Jahresbilanz zum Ansatz.

Zur Erfassung der Einlagen und Entnahmen während des Geschäftsjahres werden darüber hinaus pro Gesellschafter Privatkonten als **Unterkonten** der jeweiligen Kapitalkonten geführt. Die zum Ende des Geschäftsjahres ermittelten Erfolgsanteile werden hingegen

Gewinnbeteiligung (§ 121 Abs. 1 bis Abs. 3 HGB)	(1) Jeder Gesellschafter erhält zunächst vom Jahresgewinn eine 4%ige Verzinsung seines am Ende des letzten Geschäftsjahres festgestellten (positiven) Kapitalanteils zuzüglich einer zeitanteiligen 4%igen Verzinsung der Einlagen abzüglich einer zeitanteiligen 4%igen Verzinsung der Entnahmen. (2) Vom Jahresgewinn wird die Summe der nach (1) vorgenommenen Verzinsung abgezogen und der Restgewinn auf die Gesellschafter gleichmäßig („nach Köpfen") verteilt. (3) Reicht der Jahresgewinn nicht aus, um die in (1) beschriebene 4%ige Verzinsung zu realisieren, so ist die Verteilung mit einem unter 4 % liegenden Prozentsatz vorzunehmen, dessen Anwendung den Jahresgewinn erschöpft.
Verlustbeteiligung (§ 121 Abs. 3 HGB)	Der Jahresverlust wird im gleichen Verhältnis („nach Köpfen") auf die Gesellschafter verteilt.
Entnahmerecht (§ 122 Abs. 1 und Abs. 2 HGB)	(1) Jeder Gesellschafter kann bis zu 4 % seines am Ende des letzten Geschäftsjahres festgestellten (positiven) Kapitalanteils entnehmen. (2) Wurden Gesellschaftern zum Ende des letzten Geschäftsjahres Gewinnanteile zugewiesen, die den nach (1) berechneten Betrag übersteigen, dann können auch diese Überschüsse entnommen werden, „... soweit es nicht zum offenbaren Schaden der Gesellschaft gereicht ... ", d. h., der Entzug sich lediglich auf entbehrliche Betriebsmittel beschränkt. (3) Das Gewinnentnahmerecht kann lediglich im Laufe des Geschäftsjahres ausgeübt werden, das dem Jahr folgt, auf den sich der festgestellte Jahresabschluss bezieht. Mithin erlischt es mit der Feststellung des nächsten Jahresabschlusses.[1] (4) Ansonsten ist ein Gesellschafter nicht befugt, ohne Einwilligung anderer Gesellschafter seinen Kapitalanteil durch weitere Gewinn- und Kapitalentnahmen zu vermindern.

Abb. 243: Erfolgsbeteiligung und Entnahmerecht bei der OHG

direkt vom Gewinn- und Verlustkonto, ggf. durch Zwischenschaltung eines **Ergebnisverwendungskontos**, auf die variablen Kapitalkonten der Gesellschafter gebucht, wenn sie als Stromgrößen das Kapital der Personenhandelsgesellschaft verändern. So stellen etwa Gewinnansprüche der Mitunternehmer **unabdingbare Forderungsrechte** der Gesellschafter an die Gesellschaft dar. Mithin liegt in Höhe der von § 122 Abs. 1 HGB genannten Entnahmerechte, sofern sie noch geltend gemacht werden können, **kein Eigenkapital** der Unternehmung vor. Diese Ansprüche dürfen nicht mit künftigen Verlusten zur Verrechnung kommen und sind deshalb als **Verbindlichkeiten** gegenüber den Gesellschaftern in der handelsrechtlichen Jahresbilanz **gesondert auszuweisen**.[2] Folglich muss die Verbuchung von gesetzlich und vertraglich freigegebenen Gewinnanteilen nicht, wie § 120 Abs. 2 HGB vermuten lässt, über die Kapitalkonten, sondern über entsprechende Verbindlichkeitskonten

---

[1] Vgl. *Hopt* 2012, Anm. 10 zu § 122 HGB. Während die Aufstellung des Jahresabschlusses als Anfertigung eines unterschriftsreifen Entwurfs zum Bilanzstichtag mittels des (der) zur Geschäftsführung befugten Gesellschafter(s) zu definieren ist, wird mit der Feststellung des Jahresabschlusses durch in aller Regel sämtliche Gesellschafter ein Rechtsgeschäft umschrieben, das zum einen das Rechtsverhältnis der Gesellschafter untereinander konkretisiert und zum anderen die Grundlage für den nächsten Jahresabschluss schafft. Vgl. *Emmerich* 1996, Anm. 8 f. zu § 120 HGB.

[2] Vgl. § 264c Abs. 1 HGB; *IDW* RS HFA 7, Anm. 53.

erfolgen. Ähnliches gilt für Ansprüche der Gesellschaft gegenüber den Gesellschaftern auf Einzahlung von Verlustanteilen, die als **Forderungen** in der Bilanz der Personenhandelsgesellschaft zu erfassen sind. Allerdings ist zu berücksichtigen, dass für die Gesellschafter nach der gesetzlichen Regelung keine Verpflichtung besteht, etwaige Verlustbeteiligungen durch Nachschüsse auszugleichen. Sofern Gewinnanteile nicht entnommen werden, z. B. um die im Gesellschaftsvertrag festgelegte Einlagenverpflichtung zu erfüllen oder negative Kapitalanteile auszugleichen, gehören sie zum Eigenkapital und sind mithin auf die entsprechenden Kapitalkonten zu verbuchen.[3]

Üben die Gesellschafter im nächsten Geschäftsjahr ihr Entnahmerecht aus, indem sie in bestimmten Abständen Mittel für ihren Lebensunterhalt entnehmen, so lauten die sich auf die im letzten Jahresabschluss als **Verbindlichkeiten** erfassten Gewinnansprüche beziehenden Buchungen grundsätzlich:

| Verbindlichkeiten gegenüber Gesellschaftern | an | Finanzkonten. |

Sofern Entnahmen getätigt werden, die sich auf Mittel beziehen, die im letzten Jahresabschluss als **Eigenkapital** pro Gesellschafter erfasst wurden, sind die Buchungen prinzipiell wie folgt zu formulieren:

| Privatkonten | an | Finanzkonten.[4] |

Hieraus folgt, dass bei der Feststellung der Kapitalanteile der Gesellschafter zum Ende des Geschäftsjahres i. S. v. § 120 Abs. 2 HGB nur die über die Privatkonten verbuchten Gewinn- und/oder Kapitalentnahmen korrigierend zu erfassen sind.

Nach h. M. bestehen keine Bedenken, die auf den einzelnen Kapitalkonten ermittelten Endbestände in der Jahresbilanz zu **einem Posten** zusammenzufassen sowie positive und negative Kapitalanteile aufzurechnen.[5] Wenn die in Rede stehende Saldierungsalternative nicht zur Anwendung kommt, sind etwaige negative Kapitalanteile wahlweise einzeln oder zusammengefasst auf der Aktivseite als **letzte Position**, z. B. unter der Bezeichnung „Nicht durch Vermögenseinlagen gedeckter Verlustanteil persönlich haftender Gesellschafter", auszuweisen, sofern keine Zahlungsverpflichtung der (des) Gesellschafter(s) gegenüber der Gesellschaft besteht.[6] **Abbildung 244** zeigt die Struktur der Abschlusstechnik unter Einbeziehung von zwei OHG-Gesellschaftern (A und B), die jeweils zu Beginn des Geschäftsjahres ein positives und ein negatives Kapitalkonto aufweisen. Während Gesellschafter A seinen Gewinnanteil in voller Höhe zu entnehmen beabsichtigt, belässt B den ihm zustehenden Jahresgewinn im Unternehmen, um sein negatives Kapitalkonto auszugleichen. Die zum Ende des Geschäftsjahres festzustellenden Kapitalanteile der Gesellschafter A und B entsprechen

---

[3] Nach der gesetzlichen Regelung des § 122 Abs. 1 HGB ist beim Vorliegen eines negativen Kapitalteils die Entnahme von Gewinnen nicht möglich.

[4] Zu berücksichtigen ist aber, dass der Mittelentzug auch durch Sach-, Nutzungs- und Leistungsentnahmen erfolgen kann. In diesen Fällen müssen die Gegenbuchungen dann auf den entsprechenden Anlage- bzw. Aufwandskonten erfolgen. Vgl. hierzu die Ausführungen im Dritten Teil zu Gliederungspunkt II.C.3.

[5] Vgl. § 264c Abs. 2 Satz 2 2. HS HGB.

[6] Vgl. § 264c Abs. 2 Satz 5 HGB; ähnlich *IDW* RS HFA 7, Anm. 48.

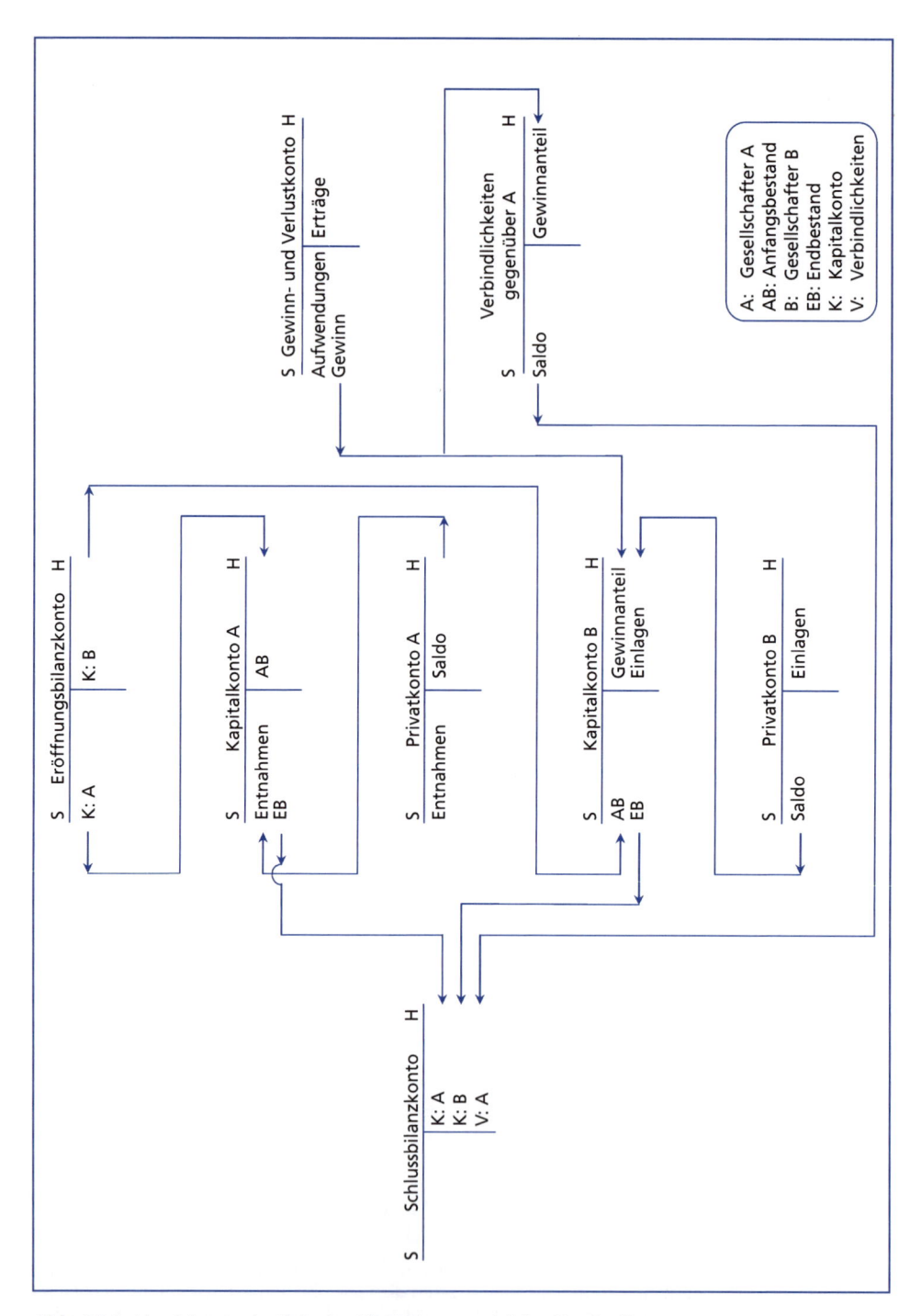

Abb. 244: Abschlusstechnik beim Vorliegen variabler Kapitalkonten

folglich den Endbeständen auf ihren Kapitalkonten. Sie bringen darüber hinaus das **aktuelle Beteiligungsverhältnis** der Gesellschafter am Bilanzvermögen der OHG zum Ausdruck.

Beispiel: In der XY-OHG betragen die zum 31.12. des Geschäftsjahres 2011 bisher per Saldo getätigten Einlagen (= Kapitalanteile) 24.000 € für Gesellschafter X und 30.000 € für Gesellschafter Y. Laut Gesellschaftsvertrag belaufen sich die zu leistenden Pflichteinlagen aber auf 25.000 € bzw. 40.000 €. Das Privatkonto des X weist am 31.12. des Geschäftsjahres 2012 Entnahmen in Höhe von 7.500 €, das des Y in Höhe von 9.000 € aus, die beide am 30.09. des laufenden Geschäftsjahres unter Einwilligung des jeweils anderen Gesellschafters getätigt haben. Der Jahresgewinn im Umfang von 45.000 € soll nach der gesetzlichen Regelung des § 121 HGB verteilt werden. Die Gesellschafter beabsichtigen, nur den Betrag des Jahresgewinns zu entnehmen, der nach Deckung ihrer laut Gesellschaftsvertrag zu erbringenden Pflichteinlagen übrig bleibt.

Gesellschafter	Kapitalanteile am 31.12.2011	Anteilige 4%ige Verzinsung	Gewinnrest	Gewinnanteile
X	24.000 €	885 €[a]	21.502,50 €	22.387,50 €
Y	30.000 €	1.110 €[b]	21.502,50 €	22.612,50 €
Summe	54.000 €	1.995 €	43.005 €	45.000 €

[a] 885 € = 0,04 · 24.000 € - 3/12 · 0,04 · 7.500 €.
[b] 1.110 € = 0,04 · 30.000 € - 3/12 · 0,04 · 9.000 €.

Abb. 245: Verteilung des Jahresgewinns für das Geschäftsjahr 2012

Kontenmäßige Darstellung:

S	Gewinn- und Verlustkonto der XY-OHG zum 31.12.2012		H
	€		€
(3) Gewinn	45.000		

S	Kapitalkonto X		H
	€		€
(1)	7.500	AB	24.000
(4) SBK (EB)	25.000	(3)[c]	8.500
	32.500		32.500

[c] 8.500 € = 25.000 € - (24.000 € - 7.500 €).

S	Privatkonto X		H
	€		€
Entnahmen	7.500	(1)	7.500

S	Verbindlichkeiten gegenüber X		H
	€		€
(6) SBK (EB)	13.887,50	(3)	13.887,50

S	Kapitalkonto Y		H
	€		€
(2)	9.000	AB	30.000
(5) SBK (EB)	40.000	(3)	19.000
	49.000		49.000

S	Privatkonto Y		H
	€		€
Entnahmen	9.000	(2)	9.000

S	Verbindlichkeiten gegenüber Y		H
	€		€
(7) SBK (EB)	3.612,50	(3)	3.612,50

S			Schlussbilanzkonto der XY-OHG zum 31.12.2012	H
				€
		(4)	Kapitalkonto X	25.000,00
		(5)	Kapitalkonto Y	40.000,00
		(6)	Verbindlichkeiten gegenüber X	13.887,50
		(7)	Verbindlichkeiten gegenüber Y	3.612,50

2. Feste und variable Kapitalkonten

In der Praxis weichen jedoch die Gesellschaftsverträge häufig von der gesetzlichen Vorstellung variabler Kapitalkonten ab, indem vereinbart wird, dass feste Kapitalanteile **auf Dauer** für die Verteilung der Rechte und Pflichten der Gesellschafter maßgebenden Charakter besitzen sollen. Derartige Regelungen zielen auf eine Sicherung des Einfluss-, Rechte- und Pflichtenverhältnisses der Gesellschafter gegen rasche, u. U. unerwartete Änderungen ab, die das Einvernehmen stören können.[7] Die festgelegten Kapitalanteile entsprechen in aller Regel den von den Gesellschaftern aufzubringenden Kapitaleinlagen und werden auf sog. **Festkonten (Kapitalkonto I)** als unveränderbare Beträge geführt. Solange die Gesellschafter ihren Einlageverpflichtungen nicht oder nicht in voller Höhe nachgekommen sind, müssen die entsprechenden Differenzbeträge folglich als Korrekturgrößen auf aktiven Bestandskonten, die als **ausstehende Einlagen** bezeichnet werden, zur Verbuchung kommen.[8] In der Jahresbilanz der OHG müssen die noch nicht eingeforderten ausstehenden Einlagen entsprechend dem Ausweis des Festkapitals, entweder pro Gesellschafter oder kumulativ, auf der Passivseite offen vom Fremdkapital abgesetzt werden. Bereits eingeforderte, aber noch nicht eingezahlte ausstehende Einlagen müssen unter den **Forderungen** ausgewiesen und entsprechend bezeichnet werden.[9]

Neben dem Festkonto wird darüber hinaus für jeden Gesellschafter ein **variables Kapitalkonto (Kapitalkonto II)** geführt,[10] auf dem Gewinngutschriften, Verlustbelastungen, Entnahmen und Einlagen zur Verbuchung kommen, die nicht den festen Kapitalanteil verändern sollen.[11] Der effektive Kapitalanteil pro Gesellschafter, der sein Beteiligungsverhältnis

---

[7] Vgl. *Hopt* 2012, Anm. 15 zu § 120 HGB.

[8] Entnahmen auf bereits eingezahlte Teile des Festkapitals ziehen eine Erhöhung der ausstehenden Einlagen nach sich.

[9] Vgl. auch § 272 Abs. 1 Satz 3 HGB und die Ausführungen im Fünften Teil zu Gliederungspunkt III.B.3.c.c.b(c).

[10] Das Kapitalkonto II wird auch als Privatkonto, übriges oder bewegliches Kapitalkonto bezeichnet.

[11] Zur getrennten Erfassung der Entnahmen und/oder Einlagen ist es auch möglich, als Unterkonto ein Privatkonto pro Gesellschafter zu führen.

am Bilanzvermögen der Unternehmung zum Ausdruck bringt, ergibt sich dann erst durch Addition von Kapitalkonto I und II. Die Endbestände der einzelnen Kapitalkonten II können ebenfalls pro Gesellschafter oder zusammengefasst unter dem Posten „**übriges oder bewegliches Kapital**" in der Jahresbilanz auf der Passivseite zum Ausweis kommen.[12] Sofern der Gesellschaftsvertrag die Bildung von **Rücklagen** vorsieht oder Rücklagen aufgrund von Beschlüssen der Gesellschafter zu passivieren sind, gehören sie wie das Festkapital und das übrige oder bewegliche Kapital zum Eigenkapital der Unternehmung und sollten separat ausgewiesen werden.[13] Unter Berücksichtigung ausstehender Einlagen auf das Festkapital ergibt sich im Falle eines zusammenfassenden Eigenkapitalausweises somit die in **Abbildung 246** gezeigte Struktur. Der bereits eingezahlte Teil auf das Festkapital beträgt 80.000 €.

Zu berücksichtigen ist aber, dass auf dem Kapitalkonto II lediglich solche Beträge verbucht werden dürfen, die **keine unentziehbaren Forderungsrechte** der Gesellschafter gegenüber der Gesellschaft darstellen und folglich mit künftigen Verlusten zur Verrechnung kommen können (z. B. nicht entnommene Gewinnanteile oder zusätzliche Einlagen). Somit ist die Verbuchung gesetzlich oder vertraglich freigegebener Gewinnanteile nicht über die einzelnen Kapitalkonten II, sondern über entsprechende **Verbindlichkeitskonten** vorzunehmen. Ähnliches gilt für vertraglich durch Nachschüsse ausgleichspflichtige Verlustzuweisungen, die **Forderungen** der Gesellschaft an die Gesellschafter darstellen und deshalb nicht mit künftigen Gewinnen verrechnet werden dürfen. Zu den Schuldverhältnissen zwischen den Mitunternehmern und der Gesellschaft, die nicht im Gesellschafterverhältnis selbst begründet sind, gehören darüber hinaus z. B. Ansprüche aus Dienst-, Miet-, Pacht- und Darlehensverträgen für Geschäftsführertätigkeit, Überlassung von Vermögensgegenständen sowie Hingabe von Darlehen. Diese auf das Verhältnis zum Gesellschafter hinweisenden

Aktiva	Bilanz		Passiva
			T€
A. Anlagevermögen		A. Eigenkapital:	
B. Umlaufvermögen		I. Gesellschafterkapital:	
⋮		1. Festkapital	100
II. Forderungen:	T€	- Nicht eingeforderte	
⋮		Ausstehende Einlagen	15
4. Eingefordertes, noch		= Eingefordertes	
nicht eingezahltes		Festkapital	85
Festkapital	5	2. Übriges oder	
		bewegliches Kapital	25
		II. Rücklagen:	
		1. Vertragsmäßige Rücklagen	15
		2. Andere Rücklagen	20

Abb. 246: Handelsrechtlicher Eigenkapitalausweis bei der OHG

---

[12] Durch Verlustzuweisungen und/oder Entnahmen, die das Festkapital nicht berühren, kann das Kapitalkonto II auch negativ werden. Für den Ausweis in der Jahresbilanz gilt dann das bereits zu den variablen Kapitalkonten Ausgeführte sinngemäß.

[13] Vgl. § 264c Abs. 2 Satz 1 und Satz 8 HGB sowie die Ausführungen im Fünften Teil zu Gliederungspunkt III.B.3.c.c.c(c).

Leistungsbeziehungen sollten über **separate Verbindlichkeits- bzw. Forderungskonten** verbucht werden. Verbindlichkeiten gegenüber Gesellschaftern bzw. Forderungen an die Gesellschafter sind dann in der Jahresbilanz entweder gesondert oder im Rahmen eines „Davon-Vermerks" auszuweisen.[14]

> **Beispiel:**
>
> - Der Gesellschafter A berechnet der AB-OHG Zinsen für ein von ihm privat gewährtes Darlehen.
>
>   Buchungssatz:
>   Zinsaufwendungen   an   Verbindlichkeiten gegenüber Gesellschafter A.
>
> - Laut vertraglicher Vereinbarung erhält Gesellschafter B für die Übernahme der Geschäftsführung in der AB-OHG eine entsprechende Vergütung.
>
>   Buchungssatz:
>   Gehälter   an   Verbindlichkeiten gegenüber Gesellschafter B.
>
> - Gesellschafter A wohnt in einem zum Gesamthandsvermögen gehörenden Haus der AB-OHG und hat vereinbarungsgemäß laufend Miete an die Unternehmung zu entrichten.[15]
>
>   Buchungssatz:
>   Forderungen gegenüber   an   Mieterträge.
>   Gesellschafter A
>
> - Aufgrund eines Vertrags zwischen der AB-OHG und Gesellschafter B nutzt dieser regelmäßig einen zum Gesamthandsvermögen gehörenden PKW für Privatfahrten und zahlt dafür monatlich einen festen Mietzins an die Unternehmung.
>
>   Buchungssatz:
>   Forderungen gegenüber   an   – Mieterträge[16]
>   Gesellschafter B   – Umsatzsteuer.

Abbildung 247 zeigt zusammenfassend die Abschlusstechnik im Falle fester und variabler Kapitalkonten bei einer OHG mit zwei Gesellschaftern (A und B) unter Zugrundelegung des oben dargelegten bilanziellen Eigenkapitalausweises. Während Gesellschafter A seiner Pflichteinlage schon vollständig nachgekommen ist, weist Gesellschafter B zu Beginn des

---

[14] Vgl. § 264 c Abs. 1 Satz 1 HGB.

[15] Die Vermietung von Grundstücken und den mit ihnen verbundenen (wesentlichen) Bestandteilen ist gemäß § 4 Nr. 12. a) UStG von der Umsatzsteuer befreit. Vgl. auch R 76 Abs. 3 UStR.

[16] In diesen Fällen handelt es sich nicht um Nutzungsentnahmen, sondern um schuldrechtliche Beziehungen zwischen der Gesellschaft und ihren Gesellschaftern, die wie mit fremden Dritten möglich und buchungstechnisch auch so zu behandeln sind.

II. Buchungs- und Abschlusstechnik

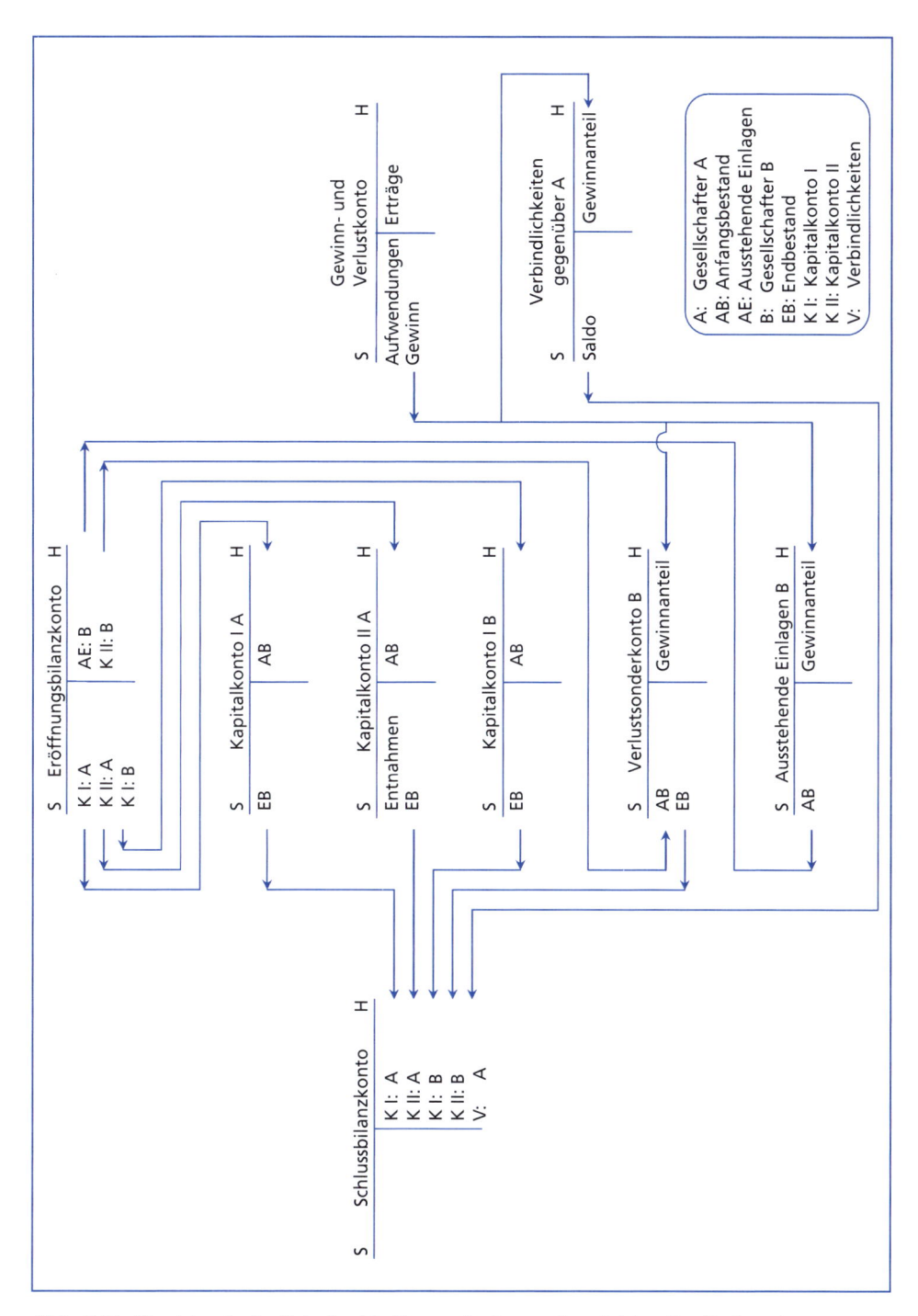

Abb. 247: Abschlusstechnik beim Vorliegen fester und variabler Kapitalkonten

Geschäftsjahres noch ausstehende Einlagen auf, die aber zum Ende des Geschäftsjahres eingefordert wurden. Gesellschafter A beabsichtigt, den ihm zustehenden Gewinnanteil in voller Höhe zu entnehmen. Demgegenüber tilgt Gesellschafter B mit seinem Gewinnanteil zunächst seine ausstehenden Einlagen auf das Festkapital und gleicht darüber hinaus sein negatives Kapitalkonto II aus. Den verbleibenden Gewinn belässt B im Unternehmen. Die effektiven Kapitalanteile der Gesellschafter A und B am Bilanzvermögen der OHG ergeben sich in diesem Falle jeweils durch die Addition der Endbestände auf den Kapitalkonten I und II. Abschließend sei angemerkt, dass bei **publizitätspflichtigen Personenhandelsgesellschaften** in der Rechtsform der OHG gemäß § 9 Abs. 3 PublG **für Zwecke der Offenlegung** „… die Kapitalanteile der Gesellschafter, die Rücklagen, ein Gewinnvortrag und ein Gewinn unter Abzug der nicht durch Vermögenseinlagen gedeckten Verlustanteile von Gesellschaftern, eines Verlustvortrags und eines Verlustes in einem Posten ›Eigenkapital‹ ausgewiesen werden" dürfen.

Beispiel: Es wird nun unterstellt, dass Gesellschafter X und Y feste Kapitalanteile in Höhe der Pflichteinlagen von 25.000 € bzw. 40.000 € vereinbart haben, die unabhängig von der Höhe der geleisteten Einlagen der Verzinsung im Rahmen der Gewinnverteilung nach § 121 HGB unterliegen sollen. Weiterhin wird angenommen, dass sämtliche ausstehenden Einlagen von der Gesellschaft bereits eingefordert wurden. Die Gesellschafter beabsichtigen, nur den Betrag des Jahresgewinns zu entnehmen, der nach Deckung ihrer ausstehenden Einlagen auf das Festkapital sowie ihrer durch Entnahmen negativ gewordenen Kapitalkonten II übrig bleibt.

Gesellschafter	Feste Kapitalanteile am 31.12.2011	Anteilige 4%ige Verzinsung	Gewinnrest	Gewinnanteile
X	25.000 €	1.000 €[a]	21.200 €	22.200 €
Y	40.000 €	1.600 €[b]	21.200 €	22.800 €
Summe	65.000 €	2.600 €	42.400 €	45.000 €

[a] 1.000 € = 0,04 · 25.000 €.
[b] 1.600 € = 0,04 · 40.000 €.

Abb. 248: Verteilung des Jahresgewinns für das Geschäftsjahr 2012

Kontenmäßige Darstellung:

S	Gewinn- und Verlustkonto der XY-OHG zum 31.12.2012		H
	€		€
(1) Gewinn	45.000		

S		Kapitalkonto I X		H
	€			€
(2) SBK (EB)	25.000	AB		25.000

S	Kapitalkonto II X		H
	€		€
Entnahmen	7.500	(1)	7.500

S		Ausstehende Einlagen X		H
	€			€
AB	1.000	(1)		1.000

II. Buchungs- und Abschlusstechnik 683

S	Verbindlichkeiten gegenüber X		H
	€		€
(4) SBK (EB)	13.700	(1)	13.700

S	Kapitalkonto I Y		H
	€		€
(3) SBK (EB)	40.000	AB	40.000

S	Kapitalkonto II Y		H
	€		€
Entnahmen	9.000	(1)	9.000

S	Ausstehende Einlagen Y		H
	€		€
AB	10.000	(1)	10.000

S	Verbindlichkeiten gegenüber Y		H
	€		€
(5) SBK (EB)	3.800	(1)	3.800

S	Schlussbilanzkonto der XY-OHG zum 31.12.2012		H
			€
	(2) Kapitalkonto I X		25.000
	(3) Kapitalkonto I Y		40.000
	(4) Verbindlichkeiten gegenüber X		13.700
	(5) Verbindlichkeiten gegenüber Y		3.800

B. Besonderheiten bei der Kommanditgesellschaft

1. Gesetzliche Grundlagen

Im Hinblick auf die Erfassung des Eigenkapitals für die voll haftenden Gesellschafter einer KG gilt das vorstehend zur OHG Ausgeführte analog (§ 161 Abs. 2 HGB). Folglich besteht auch hier die Möglichkeit, für die Komplementäre entsprechend der gesetzlichen Regelung ausschließlich **variable Kapitalkonten** zu führen oder aber auf die dargelegte **Kombination aus festen und variablen Kapitalkonten** zurückzugreifen. Allerdings ist zu berücksichtigen, dass die vorgesehenen Erfolgsverteilungs- und Entnahmeregelungen für die KG von den für die OHG maßgebenden Vorschriften des § 121 f. HGB abweichen. In **Abbildung 249** sind diese nach § 163 HGB **dispositiven Normen** zusammenfassend dargestellt. Unterschiede bestehen im Verhältnis zur OHG zum einen in Bezug auf die Erfolgsverteilung, die nicht „nach Köpfen", sondern in einem den Umständen nach „**angemessenen Verhältnis der Anteile**" vorzunehmen ist. Im **Gewinnfall** sind nach Abzug der Vorwegdividende von bis zu 4 % Verzinsung der Kapitalanteile im Hinblick auf die Bestimmung des angemessenen Verteilungsschlüssels sämtliche Umstände einschließlich der Verhältnisse aller Gesellschafter zu berücksichtigen.

So wird nach h. M. ein **Gewinnvoraus** an die Komplementäre in Gestalt einer Risikoprämie für ihre unbeschränkte Haftung und an die geschäftsführenden Gesellschafter als Entgelt für ihren Arbeitseinsatz als angemessen angesehen. Der nach Abzug des Gewinnvoraus verbleibende Restgewinn soll dann im Verhältnis der Kapitalanteile zugerechnet werden. Allerdings sind im Gegensatz zur Bestimmung der Vorzugsdividende etwaige Verlustminderungen auf die Kapitalanteile nicht zu berücksichtigen, da ansonsten bei negativen Kapitalkonten jede Gewinnverteilung für die Zukunft ausgeschlossen sein würde. Ausgangspunkt für die Aufspaltung des Restgewinns können dann nur die **effektiv erbrachten (tatsächlich geleisteten) Pflichteinlagen** ohne **Verlustabzug** sein.[17] Im **Verlustfall** liegt es nahe, die Verteilung nach Maßgabe der vertraglichen Pflichteinlagen vorzunehmen. Häufig werden die relevanten Gewinn- und Verlustverteilungsschlüssel jedoch im Gesellschaftsvertrag eindeutig festgelegt, so dass die mit Anwendung der gesetzlichen Regelung verbundenen Interpretationen eines „angemessenen Verhältnisses der Anteile" in der Praxis nur selten auftreten.

Ferner ist zu beachten, dass gemäß § 167 Abs. 2 HGB der dem Kommanditisten zustehende Jahresgewinn seinem Kapitalanteil nur solange zugeschrieben wird, bis die im Gesellschaftsvertrag festgelegte Pflichteinlage (**bedungene Einlage**[18]) erreicht ist. In aller Regel – und hieran knüpfen auch die nachfolgenden Ausführungen an – stimmt die Pflichteinlage mit dem Betrag überein, auf den sich die Haftung nach § 171 Abs. 1 HGB beschränken lässt (**Hafteinlage**) und der laut § 162 Abs. 1 HGB in das Handelsregister einzutragen ist.[19] Auch wenn gesetzlich für den Kommanditisten nur ein (variables) Kapitalkonto gefordert wird, empfiehlt es sich bisweilen, **zwei Konten** einzurichten: zum einen ein die Pflichteinlage aufnehmendes Kapitalkonto I (**Pflichtkapitalkonto**), auf dem das durch Einlagen und Entnahmen sowie Gewinn- und Verlustzuweisungen veränderbare Pflichtkapital ausgewiesen wird, zum anderen ein Kapitalkonto II (**zusätzliches Kapitalkonto**), das diejenigen Eigenkapitalveränderungen aufnimmt, die die Pflichteinlage des Kommanditisten nicht berühren. Daneben ist für jeden in der Haftung beschränkten Gesellschafter – zur Erfassung seiner entnahmefähigen Gewinnansprüche – ein **Verbindlichkeitskonto** (Gewinn-Entnahmekonto) zu führen.

2. Kapitalkonten des Kommanditisten

Die Wahl des Charakters der für den Kommanditisten in Betracht kommenden Kapitalkonten ist vor dem Hintergrund ihres Ausweises in der Bilanz der KG zu entscheiden. So

---

[17] Vgl. *Horn* 1996, Anm. 3 f. zu § 168 HGB.

[18] Bedungene Einlage und Pflichteinlage sind allerdings nur dann deckungsgleich, wenn keine ausstehenden Einlagen existieren.

[19] Nach h. M. ist für die Bilanzierung der Kapitalanteile eines Kommanditisten die gesellschaftsrechtlich zu erbringende Einlage (Pflichteinlage) und nicht die die Haftungsbeschränkung widerspiegelnde Hafteinlage maßgeblich. Vgl. stellvertretend *ADS* 1998, Anm. 72 zu § 247 HGB. Sofern Pflicht- und Hafteinlage deckungsgleich sind, wird ein entsprechender Vermerk der Haftsumme i. S. v. § 171 Abs. 1 HGB in der Bilanz der KG für nicht erforderlich erachtet (bzw. verbietet sich unter bestimmten Voraussetzungen sogar). Weichen dagegen Pflicht- und Hafteinlage betragsmäßig voneinander ab, erscheint es aus informatorischen Gründen geboten, die Höhe der Pflicht- und Hafteinlage – in Analogie zu den Eventualverbindlichkeiten i.S.v. § 251 HGB – unter der Bilanz auszuweisen.

Gewinnbeteiligung (§ 168 i. V. m. § 121 Abs. 1 bis Abs. 2 HGB)	(1) Jeder Gesellschafter erhält zunächst vom Jahresgewinn eine 4%igen Verzinsung seines am Ende des letzten Geschäftsjahres festgestellten (positiven) Kapitalanteils zuzüglich einer zeitanteiligen 4%igen Verzinsung der Einlagen abzüglich einer zeitanteiligen 4%igen Verzinsung der Entnahmen. (2) Vom Jahresgewinn wird die Summe der nach (1) vorgenommenen Verzinsung abgezogen und der Restgewinn auf die Gesellschafter in einem den Umständen nach angemessenen Verhältnis der Anteile verteilt. (3) Reicht der Jahresgewinn nicht aus, um die in (1) beschriebene 4%ige Verzinsung zu realisieren, so ist die Verteilung mit einem unter 4 % liegenden Prozentsatz vorzunehmen, dessen Anwendung den Jahresgewinn erschöpft.
Verlustbeteiligung (§ 168 Abs. 2 HGB)	Der Jahresverlust wird in einem den Umständen nach angemessenen Verhältnis der Anteile auf die Gesellschafter verteilt.
Entnahmerecht des Komplementärs (§ 161 Abs. 2 i. V. m. § 122 HGB)	(1) Jeder Komplementär kann bis zu 4 % seines am Ende des letzten Geschäftsjahres festgestellten (positiven) Kapitalanteils entnehmen. (2) Wurden Komplementären zum Ende des letzten Geschäftsjahres Gewinnanteile zugewiesen, die den nach (1) berechneten Betrag übersteigen, dann können auch diese Überschüsse entnommen werden, „... soweit es nicht zum offenbaren Schaden der Gesellschaft gereicht", d. h. der Entzug sich lediglich auf entbehrliche Betriebsmittel beschränkt. (3) Wird das Entnahmerecht bis zur Feststellung des Abschlusses für das Jahr, für das es ausgeübt werden kann, nicht geltend gemacht, verfällt es. (4) Ansonsten ist ein Gesellschafter nicht befugt, ohne Einwilligung anderer Gesellschafter seinen Kapitalanteil durch weitere Gewinn- und Kapitalentnahmen zu vermindern.
Entnahmerecht des Kommanditisten (§ 169 HGB)	(1) Der Kommanditist hat nur Anspruch auf die Entnahme des ihm zustehenden Gewinns. Dies gilt ohne die Einschränkung von § 122 Abs. 1 HGB, dass dies nicht zum offenbaren Schaden der Gesellschaft gereichen darf.[a] (2) Wird das Entnahmerecht bis zur Feststellung des Abschlusses für das Jahr, für das es ausgeübt werden kann, nicht geltend gemacht, so verfällt es grundsätzlich nur, wenn der Kommanditist auf eine Gewinnentnahme verzichtet. (3) Sofern der Kapitalanteil des Kommanditisten durch Verlust unter seine geleistete Einlage (Pflichteinlage – ausstehende Einlage) herabgemindert ist, kann er keine Auszahlung des ihm zustehenden Gewinns fordern. Sein Gewinnentnahmerecht lebt folglich erst wieder nach der Verlusttilgung auf. (4) Ferner besteht kein Gewinnentnahmerecht, wenn durch die Gewinnauszahlung der Kapitalanteil des Kommanditisten unter seine geleistete Einlage sinken würde.

[a] Vgl. *Horn* 1996, Anm. 6 zu § 169 HGB.

Abb. 249: Erfolgsbeteiligung und Entnahmerecht bei der KG

soll mit Hilfe des **Kapitalkontos I** den Adressaten des Jahresabschlusses gezeigt werden, ob bzw. in welcher Höhe die Kommanditisten ihre gemäß Gesellschaftsvertrag zu erbringenden **(Pflicht-)Einlagen** – auch mit haftungsbefreiender Wirkung – geleistet haben. In diesem Zusammenhang gilt es allerdings zu berücksichtigen, dass für den Kommanditisten gemäß § 167 Abs. 3 HGB **keine Nachschusspflicht** existiert, Verluste über seine Pflichteinlage hinaus auszugleichen.[20] Entgegen dem Wortlaut von § 167 Abs. 3 HGB bedeutet nach h. M. die dort erwähnte Beschränkung der Verlustbeteiligung auf den Kapitalanteil jedoch nicht, dass dieser kein negatives Vorzeichen annehmen kann.[21] Mithin empfiehlt es sich, die Pflichteinlage auf dem **Kapitalkonto I** als **festen Betrag** auszuweisen und ggf. noch nicht erbrachte oder zurückgezahlte Einlagen, die die Pflichteinlage schmälern, als **ausstehende Einlagen** auf einem entsprechenden aktiven Bestandskonto pro Kommanditist zu erfassen. Sofern die ausstehenden Einlagen getilgt werden sollen oder müssen, wenn es sich also um eingeforderte ausstehende Einlagen handelt, kann dies durch **Kapitaleinlagen** oder das **Stehen lassen von Gewinnanteilen** geschehen. Gewinne, die nach Deckung der eingeforderten ausstehenden Einlagen übrig bleiben, sind im Falle einer geplanten Entnahme auf ein spezielles **Verbindlichkeitskonto** (Gewinn-Entnahmekonto) zu verbuchen. Sollen sie aber als Eigenkapital im Unternehmen verbleiben, so müssen sie dem zusätzlichen Kapitalkonto des Kommanditisten (**Kapitalkonto II**) gutgeschrieben werden, da nach dem vertraglich abdingbaren Regelungsmodell von § 167 Abs. 2 HGB eine Gewinngutschrift über die Pflichteinlage hinaus nicht möglich ist. Folglich besteht auch für den Kommanditisten die Alternative, ihm – wie im System fester Kapitalkonten bezüglich der voll haftenden Gesellschafter – Gewinne außerhalb seines festen Kapitalanteils (= Pflichteinlage) zuzurechnen. Aufgrund der nicht bestehenden Nachschusspflicht sollten **Verlustanteile**, die ggf. nach Verrechnung mit einem auf dem zusätzlichen Kapitalkonto befindlichen Bestand verbleiben, einem separaten **Kommandit-Verlustkonto** (Verlustsonderkonto) belastet werden, weil eine bestandserhöhende Berücksichtigung auf dem Konto „ausstehende Einlagen" zumindest aus buchhalterischer Sicht zur Verlustbeteiligung des Kommanditisten über seine rückständige Einlage hinaus führen würde. Da es sich nicht um eine Forderung der Gesellschaft gegenüber dem Gesellschafter handelt, sondern der Saldo auf dem Verlustkonto (negativen) **Eigenkapitalcharakter** trägt, muss er entweder als letzter Posten auf der Aktivseite der Bilanz nach den Rechnungsabgrenzungsposten als „**Kommanditverlust**" oder „**Verlustanteil**" separat ausgewiesen oder aber vom festen Betrag der Pflichteinlage offen abgesetzt werden.[22]

---

[20] Der Ausschluss der Nachschusspflicht, d. h. der Verpflichtung, Verluste über die gesellschaftsvertraglich festgelegte Einlage hinaus auszugleichen, betrifft das Verhältnis des Kommanditisten zur Gesellschaft sowie zu den anderen Gesellschaftern und damit das Innenverhältnis. Hiervon zu unterscheiden ist die im Außenverhältnis, und damit im Verhältnis zu den Gläubigern der Gesellschaft bestehende Haftung des Kommanditisten; diese ist auf die im Handelsregister eingetragene Hafteinlage beschränkt.

[21] Allerdings kann der Kommanditist laut der dispositiven gesetzlichen Regelung Gewinnanteile gemäß § 169 Abs. 1 Satz 2 HGB erst wieder dann erhalten, auch wenn er seine Einlagepflicht bereits in voller Höhe erfüllt hat, nachdem sämtliche Verluste getilgt wurden. Im Außenverhältnis haftet der Kommanditist nach § 172 Abs. 4 Satz 2 HGB auch für entnommene Gewinne, wenn „... sein Kapitalanteil durch Verlust unter den Betrag der geleisteten Einlage herabgemindert ist, oder ... durch die Entnahme der Kapitalanteil unter den bezeichneten Betrag herabgemindert wird". Vgl. in diesem Zusammenhang auch § 264c Abs. 2 Satz 7 HGB.

[22] Vgl. § 264c Abs. 2 Satz 6 i. V. m. Satz 5 HGB. Ein aktivischer Ausweis des Verlustanteils kann unabhängig davon erfolgen, ob die (feste) Pflichteinlage durch Verluste aufgezehrt ist oder nicht.

Weist ein Kommanditist z. B. ein Verlustkonto sowie ausstehende Einlagen auf, die bereits eingefordert sind, und will dieser Gesellschafter auf ihn entfallende Gewinnanteile eines Geschäftsjahres entnehmen, so müssen nach der dispositiven gesetzlichen Regelung des § 169 Abs. 1 Satz 2 HGB zunächst der **Kommanditverlust** und dann die **ausstehenden Einlagen** getilgt werden, bevor eine Gewinnentnahme in Höhe des Restbetrages zulässig wird. Bei nicht eingeforderten ausstehenden Einlagen besteht hingegen nach dem Ausgleich eines ggf. vorhandenen Verlustes die Möglichkeit, Gewinne auch ohne vorherige Tilgung der Pflichteinlage zu entnehmen.[23]

Abbildung 250 unterstellt, dass für den Komplementär A ein fixes und ein variables Kapitalkonto bei vollständiger Erfüllung seiner Einlageverpflichtung geführt werden. Die Pflichteinlage des Kommanditisten B kommt bei ausstehenden Einlagen, die bereits eingefordert wurden, sowie im Falle eines Kommanditverlustes ebenfalls als fester Betrag zum Ansatz. Während der Komplementär A beabsichtigt, seinen Gewinnanteil im Unternehmen zu belassen, muss der Kommanditist nach den abdingbaren gesetzlichen Vorschriften zunächst seinen Verlust und seine ausstehenden Einlagen tilgen, bevor er Gewinne entnehmen kann. Dieser Restbetrag ist dann als Verbindlichkeit gegenüber B zu verbuchen.

Sofern die Kommanditisten ihre Einlageverpflichtung in voller Höhe erfüllt haben und darüber hinaus Mittel in Form von Einlagen sowie Gewinnen in die Unternehmung einbringen, sind diese Beträge unter dem Posten 2. des Kommanditkapitals als **übriges oder bewegliches Kapital** auszuweisen. An das Kommanditkapital kann sich darüber hinaus der Posten III. „Rücklagen" anschließen, wenn aufgrund vertraglicher Regelungen oder infolge von Gesellschafterbeschlüssen entsprechende Beträge thesauriert werden sollen. Ferner besteht auch bei der KG die Möglichkeit, Kapitalanteile der Komplementäre und der Kommanditisten zu jeweils einem Posten mit entsprechender Bezeichnung in der Bilanz zusammenzufassen.

Allerdings ist darauf zu achten, dass Komplementär- und Kommanditkapital getrennt zum **Ausweis** kommen.[24] Im Falle der **Offenlegung** besteht für **publizitätspflichtige** Kommanditgesellschaften gemäß § 9 Abs. 3 PublG jedoch die Möglichkeit, das Eigenkapital in **einem Posten** auszuweisen.

Abbildung 251 verdeutlicht den Eigenkapitalausweis nach § 272 Abs. 1 Satz 2 HGB bei einer KG,[25] wobei unterstellt wurde, dass ausstehende Einlagen nur für das Kommanditkapital bestehen. Während das bilanzielle Pflichtkapital der Kommanditisten 10.500 € beträgt, beläuft sich das eingeforderte, eingezahlte Pflichtkapital auf 10.000 €. Unter der Annahme, dass Pflicht- und Hafteinlage deckungsgleich sind, haften die Kommanditisten im Außenverhältnis den Gläubigern in Höhe der noch nicht geleisteten Einlagen (5.000 €) unmittelbar.

---

[23] Vgl. *Horn* 1996, Anm. 6 zu § 169 HGB.
[24] Vgl. § 264c Abs. 2 Satz 2 und 6 HGB; *IDW* RS HFA 7, Anm. 42.
[25] Vgl. hierzu die Ausführungen im Fünften Teil zu Gliederungspunkt III.B.3.c.c.b(c).

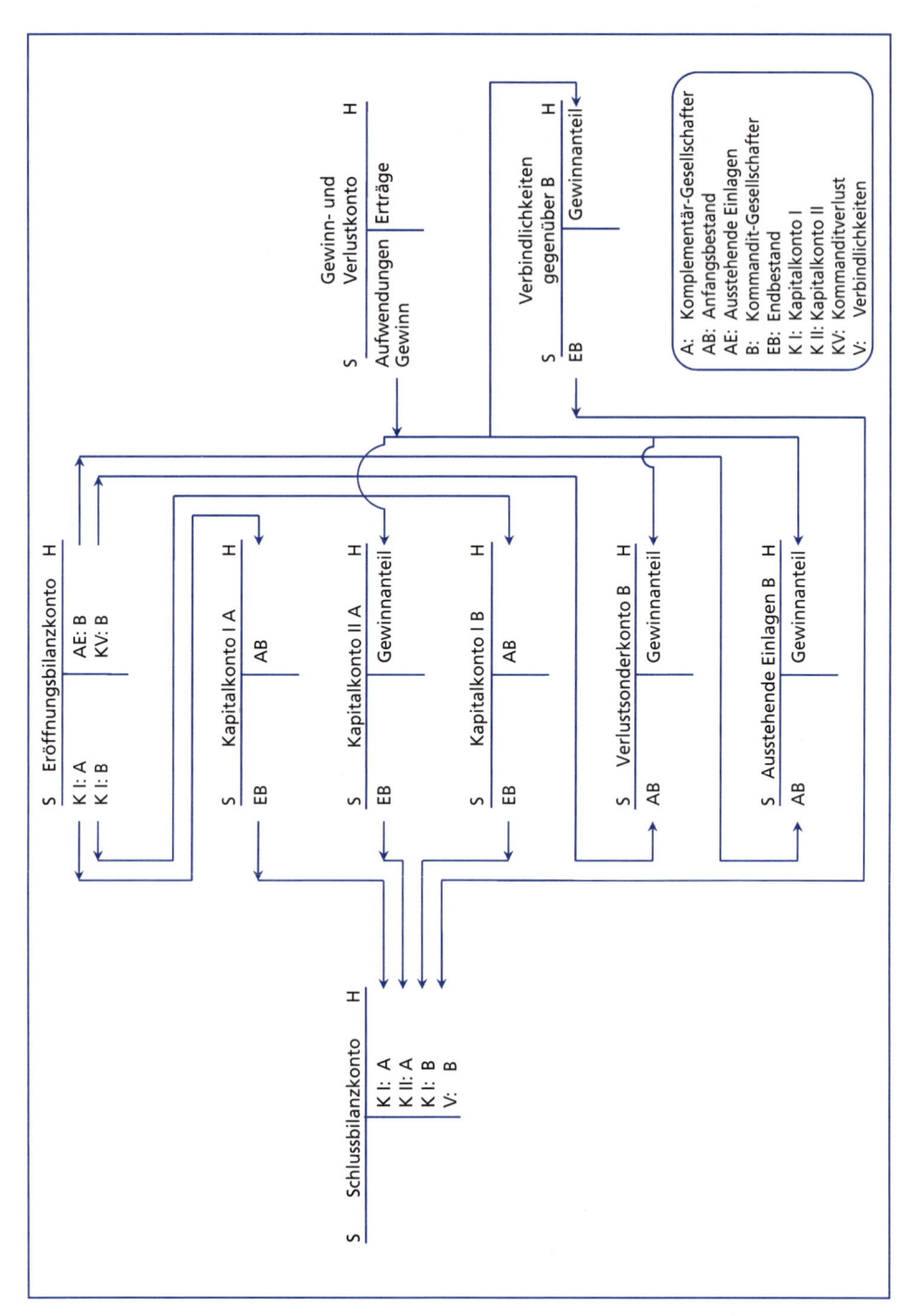

Abb. 250: Abschlusstechnik beim Vorliegen fester und variabler Kapitalkonten für Komplementär und Kommanditist

II. Buchungs- und Abschlusstechnik

Aktiva	Bilanz		Passiva
			T €
A. Anlagevermögen	A. Eigenkapital:		
B. Umlaufvermögen	I. Komplementärkapital:		
⋮	1. Festkapital		25
II. Forderungen:	2. Übriges oder		
⋮	bewegliches Kapital		12,5
4. Eingeforderte, noch	II. Kommanditkapital:		
nicht eingezahlte	1. Pflichteinlagen		15
Pflichteinlagen 2	– Nicht eingeforderte		
	ausstehende Einlagen		3
	= Eingeforderte		
	Hafteinlagen		12
	– Verlust		1,5
	= Pflichtkapital		10,5
	2. Übriges oder		
	bewegliches Kapital		4
	III. Rücklagen:		
	1. Vertragsmäßige Rücklagen		6
	2. Andere Rücklagen		4,5

Abb. 251: Handelsrechtlicher Eigenkapitalausweis bei der KG

Beispiel: Nun wird angenommen, dass es sich bei der im vorhergehenden Beispiel angesprochenen Gesellschaft um eine KG (mit X als Kommanditist und Y als Komplementär) handelt. Der Jahresgewinn soll nach der Vorschrift des § 168 HGB verteilt werden, wobei laut Gesellschaftsvertrag für die Zuweisung des Restgewinns ein Verhältnis von 1:2 als angemessen gilt. Bei der Gewinnverteilung ist zu berücksichtigen, dass die ausstehenden Einlagen bereits von der Gesellschaft eingefordert wurden. Während für den Komplementär Y ein variables Kapitalkonto geführt wird, weist das Pflichtkapitalkonto des Kommanditisten X festen Charakter auf. Die von X zu leistende Pflichteinlage beträgt 25.000 € und entspricht der Hafteinlage. Die Gesellschafter vereinbaren, jeweils nur 50 % des Jahresgewinns zu entnehmen, der nach Deckung ihrer laut Gesellschaftsvertrag zu erbringenden Pflichteinlagen übrig bleibt.

Gesell-schafter	Kapital-anteile am 31.12.2011	Anteilige 4%ige Verzinsung	Gewinnrest	Gewinn-anteile	Kapital-anteile am 31.12.2012
X	24.000 €	885 €[a]	14.335 €	15.220 €	28.360 €
Y	30.000 €	1.110 €[b]	28.670 €	29.780 €	45.390 €
Summe	54.000 €	1.995 €	43.005 €	45.000 €	73.750 €

[a] 885 € = 0,04 · 24.000 € – 3/12 · 0,04 · 7.500 €.
[b] 1.110 € = 0,04 · 30.000 € – 3/12 · 0,04 · 9.000 €.

Kontenmäßige Darstellung:

S	Gewinn- und Verlustkonto der XY-KG zum 31.12.2012		H
	€		€
(2) Gewinn	45.000		

S	Kapitalkonto I X		H
	€		€
(3) SBK (EB)	25.000	AB	25.000

S	Kapitalkonto II X		H
	€		€
(4) SBK (EB)	3.360	(2)	3.360

S	Ausstehende Einlagen X		H
	€		€
AB	1.000	(2)	8.500
Entnahme	7.500		
	8.500		8.500

S	Verbindlichkeiten gegenüber X		H
	€		€
(6) SBK (EB)	3.360	(2)	3.360

S	Kapitalkonto Y		H
	€		€
(1)	9.000	AB	30.000
(5) SBK (EB)	45.390	(2)	24.390
	54.390		54.390

S	Privatkonto Y		H
	€		€
Entnahmen	9.000	(1)	9.000

S	Verbindlichkeiten gegenüber Y		H
	€		€
(7)	5.390	(2)	5.390

S	Schlussbilanzkonto der XY-OHG zum 31.12.2012		H
			€
	(3)	Kapitalkonto I X	25.000
	(4)	Kapitalkonto II X	3.360
	(5)	Kapitalkonto Y	45.390
	(6)	Verbindlichkeiten gegenüber X	3.360
	(7)	Verbindlichkeiten gegenüber Y	5.390

C. Darstellung des Erfolgsausweises

Da den Gesellschaftern von Personenhandelsgesellschaften im Gegensatz zu den Anteilseignern von Kapitalgesellschaften weitergehende **Informations- und Kontrollrechte** zustehen (§ 118 Abs. 1, § 166 Abs. 1 HGB), können an die Gewinn- und Verlustrechnung aus handelsrechtlicher Sicht nicht die gleichen qualitativen Anforderungen gestellt werden wie bei Kapitalgesellschaften.[26] Unter Berücksichtigung von Unternehmensgröße und Gesell-

---

[26] Wie bereits ausgeführt, ergeben sich keine rechtsformspezifischen Unterschiede nach IFRS.

schafterzahl müssen die Mitunternehmer aber zumindest in der Lage sein, sich mit Hilfe der Gewinn- und Verlustrechnung über die **wesentlichen Erfolgsquellen** und ggf. vorgenommenen **Bilanzierungs- und Bewertungsmaßnahmen** ausreichend zu informieren. Dabei werden die in § 275 bis § 278 HGB kodifizierten Ausweis- und Gliederungsvorschriften für **Kapitalgesellschaften** auch eine **Leitlinie für den Erfolgsausweis** bei Personenhandelsgesellschaften darstellen.[27] Jedoch können nach h. M. nicht publizitätspflichtige und nicht „kapitalistische" Personenhandelsgesellschaften die Gewinn- und Verlustrechnung wahlweise in **Konto-** oder **Staffelform** erstellen,[28] wobei in Abhängigkeit von bestimmten Geschäftszweigen (z. B. Unternehmen der Bauindustrie, Reedereien, Bergbau- und Dienstleistungsbetriebe) auch andere als die in § 275 Abs. 2 und Abs. 3 HGB dargelegten Gliederungssystematiken zur Anwendung kommen können.[29]

Allerdings gelten für Personenhandelsgesellschaften einige Besonderheiten, die sich auf den Steuer- und Ergebnisausweis beziehen. Laut § 275 Abs. 2 Posten 18. und Abs. 3 Posten 17. HGB sind die Steuern vom Einkommen und vom Ertrag in der Erfolgsrechnung zu zeigen. Hierbei muss es sich nach h. M. um solche Steueraufwendungen handeln, die das Unternehmen als **Steuerschuldner** zu entrichten hat.[30] Grundsätzlich ist bei Personenhandelsgesellschaften unter dem in Rede stehenden Posten mithin nur die **Gewerbesteuer** auszuweisen, weil Schuldner der auf den gewerblichen Gewinn gemäß § 15 Abs. 1 Nr. 2 EStG zu entrichtenden Einkommensteuer die **einzelnen Mitunternehmer** sind. Da ohne die Einbeziehung der Einkommensteuer in die Ergebnisrechnung die Ertragslage im Vergleich mit Kapitalgesellschaften zu günstig dargestellt wird, kann nach h. M. **für Veröffentlichungszwecke** unter dem Posten „Steuern vom Einkommen und vom Ertrag" ein Betrag für die Einkommensteuer der Anteilseigner durch eine entsprechende Rückstellungsbildung ausgewiesen werden.[31] Jedoch bleibt zu beachten, dass aus **bilanzsteuerrechtlicher Sicht** die Einkommensteuer aufgrund von § 12 Nr. 3 EStG **trotz betrieblicher Veranlassung** den nichtabzugsfähigen Aufwendungen subsumiert wird. Mithin darf sie den **Steuerbilanzgewinn** der Personenhandelsgesellschaft **nicht mindern**.[32]

Im Rahmen der handelsrechtlichen Bilanzerstellung wurde stets von einem **immanenten Ausweis des Erfolgsergebnisses** der Personenhandelsgesellschaft ausgegangen. Bei dieser Vorgehensweise sind mithin nur die Endbestände der Gesellschafter- bzw. der Rücklagenkonten nach Erfolgsverbuchung zum Ausweis gekommen. Darüber hinaus wird es aber als zulässig angesehen, das Jahresergebnis auch in unverteilter Form **offen bilanziell** zu zeigen oder im Rahmen der Veränderung der Kapitalanteile in einer Vorspalte zum Eigenkapital anzuführen.[33] Aufgrund der vorstehenden Ausführungen kann dieser Auffassung im Grund-

---

[27] Vgl. *Förschle* 2012a, Anm. 632 zu § 247 HGB.
[28] Vgl. etwa *ADS* 1998, Anm. 86 zu § 247 HGB.
[29] Vgl. auch § 265 Abs. 6 HGB.
[30] Vgl. *ADS* 1997b, Anm. 184 zu § 275 HGB. Gemäß § 5 Abs. 5 Satz 2 PublG besteht für publizitätspflichtige Personenhandelsgesellschaften aber die Möglichkeit, den Steueraufwand unter dem Posten „sonstige Aufwendungen" auszuweisen.
[31] Vgl. etwa § 264c Abs. 3 Satz 2 HGB; *Förschle* 2012a, Anm. 641 zu § 247 HGB.
[32] Die Ausführungen zur Einkommensteuer gelten in Analogie ebenso für den als Zuschlagsteuer zur Einkommensteuer erhobenen Solidaritätszuschlag.
[33] Vgl. *IDW* RS HFA 7, Anm. 54.

satz nur dann gefolgt werden, wenn bis zum **Zeitpunkt der Bilanzerstellung** (noch) **keine bindenden Regelungen** (z. B. durch fehlenden Gesellschafterbeschluss) und/oder **Vorschläge der Unternehmensleitung** über die Verwendung des Jahresergebnisses vorliegen (z. B. bezüglich der Tilgung von Verlusten und ausstehenden Einlagen, Gewinnentnahmen und Rücklagendotierungen).[34]

Unabhängig vom Ausweis des Erfolgsergebnisses in der Bilanz ergibt sich aus § 242 Abs. 2 HGB für die Gewinn- und Verlustrechnung die Notwendigkeit der exakten Unterscheidung zwischen **Ergebnisentstehung und -verwendung**. Hieraus kann abgeleitet werden, dass das handelsrechtliche Jahresergebnis stets aus der Erfolgsrechnung der Personenhandelsgesellschaft hervorgehen muss und nicht durch die den Gesellschaftern zustehenden Gewinn- oder Verlustanteile eine Minderung bzw. Erhöhung erfahren darf.[35] Sofern einzelnen Gesellschaftern von der Unternehmung Leistungsentgelte aufgrund **besonderer Vereinbarungen** für Tätigkeiten oder Nutzungsüberlassungen gewährt werden, kommt mithin nur ein Ausweis dieser Vergütungen unter den entsprechenden **Aufwandspositionen** in Betracht, da der **Bereich der Ergebnisentstehung** angesprochen ist. Wie noch zu zeigen sein wird, werden die in Rede stehenden (Vorab-)Vergütungen aufgrund vertraglicher Regelungen häufig aber erst im Rahmen der Erfolgsverteilung berücksichtigt.[36] Bei derartigen Konstellationen wird vorgeschlagen, dies im Jahresabschluss zu vermerken, um einer zu positiven Beurteilung der Ertragslage der Personenhandelsgesellschaft entgegenzuwirken. Damit den Adressaten der Erfolgsrechnung der Personenhandelsgesellschaft ein möglichst klares und übersichtliches Bild der Erfolgsrechnung gegeben wird, empfiehlt es sich, auf **freiwilliger Basis**[37] in Anlehnung an die für Kapitalgesellschaften geltenden Vorschriften von § 268 Abs. 1 Satz 2 HGB bzw. § 158 Abs. 1 AktG die Ergebnisverwendung zu gestalten.

> **Beispiel:** Unter Zugrundelegung der Daten des vorhergehenden Beispiels und in Anlehnung an § 275 Abs. 2 HGB i. V. m. § 268 Abs. 1 Satz 2 HGB und § 158 Abs. 1 AktG könnte die Gewinn- und Verlustrechnung der XY-KG folgende Struktur aufweisen.
>
> | | | |
> |---|---|---|
> | 20. Jahresüberschuss | 45.000 € → | Ergebnisentstehung |
> | – 21. Tilgung ausstehender Pflichteinlagen | 8.500 € → | Ergebnisverwendung |
> | – 22. Tilgung ausstehender Komplementäreinlagen | 19.000 € → | Ergebnisverwendung |
> | – 23. Einstellungen in das Kommanditkapital | 3.360 € → | Ergebnisverwendung |
> | – 24. Einstellungen in das Komplementärkapital | 5.390 € → | Ergebnisverwendung |
> | = 25. Gewinnentnahmen der Gesellschafter | 8.750 € → | Ergebnisverwendung |

---

[34] Vgl. auch *IDW* RS HFA 7, Anm. 46. Unter Berücksichtigung von § 268 Abs. 1 und § 270 Abs. 1 HGB handelt es sich in diesen Fällen um eine Bilanzerstellung vor Verwendung des Jahresergebnisses. Vgl. auch § 264c Abs. 2 Satz 1 HGB und die Ausführungen im Fünften Teil zu Gliederungspunkt III.B.3.c.c.d(a).

[35] Vgl. *Förschle* 2012a, Anm. 653 zu § 247 HGB.

[36] Vgl. hierzu die Ausführungen im Vierten Teil zu Gliederungspunkt III.A.2.

[37] So auch *Ellrott/Krämer* 2012b, Anm. 3 zu § 268 HGB.

D. Spezialregelungen für publizitätspflichtige Personenhandelsgesellschaften

Sofern Personenhandelsgesellschaften gemäß § 1 Abs. 1 PublG an drei aufeinander folgenden Geschäftsjahren mindestens **zwei** der folgenden Größenkategorien überschreiten, müssen diese Unternehmen (§ 3 Abs. 1 Nr. 1 PublG), wie bereits angesprochen, spezifische **Aufstellungs-**, **Prüfungs-** und **Offenlegungsvorschriften** des Jahresabschlusses beachten. Diese Auflagen treten ein, wenn

- die **Bilanzsumme** der Jahresbilanz **65 Mio. €** übersteigt,
- die **Umsatzerlöse** des Geschäftsjahres **130 Mio. €** überschreiten oder
- das Unternehmen im Geschäftsjahr durchschnittlich mehr als 5.000 **Arbeitnehmer** beschäftigt hat.[38]

So schreibt § 5 Abs. 1 Satz 2 PublG i. V. m. § 266 und § 275 HGB die Verwendung der für **große Kapitalgesellschaften** vorgesehenen Gliederungsschemata der Bilanz sowie der Gewinn- und Verlustrechnung in Konto- bzw. Staffelform vor. Branchenbezogene Abweichungen von diesen Gliederungssystematiken i. S. v. § 265 Abs. 6 HGB sind aber zulässig. Sofern bezüglich der Gewinn- und Verlustrechnung die Gliederung nach § 275 HGB zur Anwendung kommt, besteht laut § 5 Abs. 5 Satz 2 PublG die Möglichkeit, diejenigen Steuern, die das **Unternehmen als Steuerschuldner** zu entrichten hat (z. B. die Gewerbesteuer sowie die betrieblich bedingte Grund- und Kfz-Steuer) unter den sonstigen betrieblichen Aufwendungen auszuweisen. Allerdings existieren für publizitätspflichtige Personenhandelsgesellschaften einige **Erleichterungen** hinsichtlich der Bekanntmachung im elektronischen **Bundesanzeiger**. So ist für Zwecke der Offenlegung der bilanzielle **Eigenkapitalausweis** gemäß § 9 Abs. 3 PublG in **einem Posten** zulässig. Ferner braucht die **Gewinn- und Verlustrechnung** grundsätzlich **nicht publiziert** zu werden (§ 9 Abs. 2 PublG). Jedoch verlangt § 5 Abs. 5 Satz 3 PublG dann **ersatzweise** in Form einer **Anlage zur Bilanz** folgende Angaben:

- Umsatzerlöse i. S. v. § 277 Abs. 1 HGB,
- Erträge aus Beteiligungen,
- Löhne, Gehälter, soziale Abgaben sowie Aufwendungen für Altersversorgung und Unterstützung,
- Bewertungs- und Abschreibungsmethoden einschließlich wesentlicher Änderungen sowie
- Zahl der Beschäftigten.

Zu berücksichtigen ist aber, dass gemäß § 6 Abs. 1 PublG der **Jahresabschluss** und der **Lagebericht**[39] (soweit freiwillig erstellt) publizitätspflichtiger Personenhandelsgesellschaften durch einen **Abschlussprüfer** geprüft werden müssen.[40] Abschlussprüfer i. S. v. § 319 Abs. 1 Satz 1 HGB sind Wirtschaftsprüfer und Wirtschaftsprüfungsgesellschaften, die den Jahresabschluss unter Einbeziehung der Buchführung laut § 317 Abs. 1 Satz 2 HGB darauf zu prü-

---

[38] Zu Einzelheiten bezüglich der Ermittlung dieser Größenkriterien vgl § 1 Abs. 2 PublG.
[39] Vgl. zum Lagebericht § 5 Abs. 2 Satz 1 PublG i. V. m. § 289 HGB sowie die Ausführungen im Zweiten Teil zu Gliederungspunkt VI.D.
[40] Vgl. hierzu im Einzelnen *Freidank* 2012b, S. 241–319.

fen haben, ob die **gesetzlichen Vorschriften** und sie ergänzende Bestimmungen des **Gesellschaftsvertrags** beachtet worden sind. Der ggf. freiwillig erstellte Lagebericht ist ferner gemäß § 317 Abs. 2 Satz 1 HGB darauf zu prüfen, ob er mit dem Jahresabschluss sowie mit den bei der Prüfung gewonnenen Erkenntnissen des Abschlussprüfers in Einklang steht und ob der Lagebericht insgesamt eine zutreffende Vorstellung von der Lage des Unternehmens vermittelt. Ferner ist zu prüfen, ob die Chancen und Risiken der künftigen Entwicklungen zutreffend dargestellt sind (§ 317 Abs. 2 Satz 2 HGB). Da die weiteren Aufstellungsvorschriften von § 5 PublG, die sich auf den Jahresabschluss und den Lagebericht beziehen, grundsätzlich an die für **Kapitalgesellschaften geltenden Regelungen** der §§ 264 ff. HGB anknüpfen, wird an dieser Stelle auf eine eingehende Betrachtung verzichtet.[41]

---

[41] Vgl. hierzu die Ausführungen im Fünften Teil zu Gliederungspunkt III.

III. Erfolgsbesteuerung

A. Grundlegendes zur Technik der Besteuerung

1. Anknüpfungspunkte von Einkommen- und Gewerbesteuer

Wie bereits dargelegt wurde, unterwirft das Einkommensteuergesetz nicht die Personenhandelsgesellschaften selbst der Einkommensteuerpflicht, sondern die hinter den Unternehmen stehenden Gesellschafter.[1] Diese vom Steuerrecht als **Mitunternehmer**[2] bezeichneten Personen sind i. S. v. § 2 Abs. 1 Nr. 2 i. V. m. § 15 Abs. 1 Nr. 2 EStG mit ihren **Anteilen am Gewinn** der Personenhandelsgesellschaft und den **Sondervergütungen**, welche die Mitunternehmer für die Überlassung von Arbeitskraft, Kapital oder Wirtschaftsgütern von der Gesellschaft bezogen haben, einkommensteuerpflichtig. Sofern den Mitunternehmern **Verluste** zugewiesen werden, tragen diese bei der Ermittlung der Bemessungsgrundlage für die tarifliche Einkommensteuer bis auf die Regelungen in § 15 Abs. 4 EStG grundsätzlich **ausgleichs- oder abzugsfähigen Charakter**.

Führt ein Verlustausgleich mit positiven Einkünften aus weiteren Gewerbebetrieben des Mitunternehmers (interner oder horizontaler Ausgleich) dazu, dass ein nicht ausgleichsfähiger Verlustteil aus gewerblichen Einkünften verbleibt, kann dieser unter Berücksichtigung der in § 10 d EStG festgelegten, auf die Mindestbesteuerung Bezug nehmenden Normen vom Gesamtbetrag der Einkünfte (§ 2 Abs. 4 EStG) des unmittelbar vorangegangenen Veranlagungszeitraums (**Verlustrücktrag**) oder der folgenden Veranlagungszeiträume (**Verlustvortrag**) abgezogen werden.[3] Allerdings kommen die angesprochenen Verlustausgleichs- und Verlustabzugsalternativen beim Kommanditisten laut § 15 a Abs. 1 EStG dann nicht zur Anwendung, soweit für ihn durch die Verlustzuweisung ein negatives Kapitalkonto entsteht oder sich erhöht bzw. soweit die Summe der in das Handelsregister eingetragenen Hafteinlage nicht ausreichend Deckung für den Fehlbetrag aufweist. Ihm wird aber von § 15 a Abs. 2 EStG ersatzweise die Möglichkeit eingeräumt, den nicht

---

[1] Vgl. hierzu die Ausführungen im Vierten Teil zu Gliederungspunkt I.
[2] Vgl. zu Voraussetzungen und Kriterien der Mitunternehmerschaft *Niehus/Wilke* 2010, S. 33–53.
[3] Demnach dürfen Verlustvorträge nur in Höhe von 1 Mio. € (Freibetrag) unbegrenzt mit steuerpflichtigen Gewinnen verrechnet werden. Darüber hinausgehende steuerpflichtige Gewinne dürfen nur in Höhe von 60 % des Verlustvortrags verrechnet werden. Die verbleibenden 40 % führen zur Steuerfestsetzung (sog. Mindestbesteuerung).

ausgleichs- oder abzugsfähigen Verlust (sog. verrechenbarer Verlust) mit Gewinnen späterer Jahre aus seiner Beteiligung an der Kommanditgesellschaft steuermindernd zu verrechnen.

Der Erfolg der Personenhandelsgesellschaft ist auf der **ersten Stufe** nach Maßgabe einer aus dem **handelsrechtlichen Jahresabschluss** abgeleiteten **Steuerbilanz** festzustellen und unter Berücksichtigung des **relevanten Erfolgsverteilungsschlüssels** den einzelnen Mitunternehmern zuzurechnen. Auf einer **zweiten Stufe** wird sodann pro Gesellschafter die Ermittlung der **Sondervergütungen** gemäß § 15 Abs. 1 Nr. 2 Satz 1 2. HS EStG sowie der **Erfolge der Sonder-Jahresabschlüsse** vorgenommen. Die Resultate aus beiden Stufen werden abschließend zum gewerblichen Erfolg für jeden Mitunternehmer einzeln zusammengefasst. Diese in **zwei Stufen** ablaufende Ermittlung der Mitunternehmereinkünfte besitzt auch für die Berechnung der Bemessungsgrundlage der **Gewerbesteuer** Bedeutung.[4]

Im Gegensatz zur Einkommensteuer, die von den einzelnen Gesellschaftern geschuldet wird, ist im Hinblick auf die **Gewerbesteuer** die Personenhandelsgesellschaft gemäß § 5 Abs. 1 Satz 3 GewStG **Steuerschuldner**. Als Besteuerungsgrundlage für die Gewerbesteuer wird von § 6 GewStG der **Gewerbeertrag** genannt. § 7 GewStG bestimmt, dass der Gewerbeertrag, der die Bemessungsgrundlage für die Gewerbesteuer bildet, den nach den Vorschriften des Einkommensteuergesetzes zu ermittelnden Gewinn aus dem Gewerbebetrieb entspricht, vermehrt und vermindert um die in § 8 f. GewStG bezeichneten Beträge. Allerdings ist nicht nur der Gewinn der Personenhandelsgesellschaft als Ausgangswert der Ermittlung des Gewerbeertrags zugrunde zu legen, sondern nach der steuerlichen Rechtsprechung muss von der Summe der gewerblichen Einkünfte aller Mitunternehmer, d. h. **einschließlich der Sonderbilanzierungserfolge**, ausgegangen werden.[5] Sofern der nach § 8 f. GewStG korrigierte Betrag der gewerblichen Einkünfte ein negatives Vorzeichen annimmt, liegt i. S. v. § 10 a GewStG ein **Gewerbeverlust** vor, der **zeitlich unbegrenzt** auf die nachfolgenden Erhebungszeiträume vorgetragen werden kann.[6]

Die Gewerbesteuer und die darauf entfallenden Nebenleistungen stellen gem. § 4 Abs. 5b EStG keine Betriebsausgaben dar.[7] Die durch das Wirtschaftsjahr verursachte Gewerbesteuer ist jedoch aus **bilanzrechtlicher** Sicht den **Aufwendungen zuzuordnen**, die den Gewinn der Personenhandelsgesellschaft schmälern. Da der endgültige Gewerbesteuerbescheid bis zum Zeitpunkt der Bilanzaufstellung in aller Regel noch nicht vorliegt, muss die **voraussichtliche Gewerbesteuer-Abschlusszahlung** (voraussichtliche Gewerbesteuerbelastung abzüglich geleistete Vorauszahlungen) durch eine **Rückstellung** nach § 249 Abs. 1 Satz 1 HGB sowie nach IAS 37 berücksichtigt werden.[8] Etwaige Anrechnungen der Gewerbesteuer auf die Einkommensteuer spielen in diesem Zusammenhang keine Rolle, da durch die Gewerbe-

---

[4] Vgl. zur Besteuerung der Personengesellschaften *Schreiber* 2012, S. 211–250.

[5] Vgl. H 7.1 Abs. 3 GewStR m. w. N.

[6] Dabei können nur Verluste in Höhe von 1 Mio. € uneingeschränkt vorgetragen werden; der 1 Mio. € übersteigende Gewerbeertrag kann nur noch um 60 % der verbliebenen Verluste gekürzt werden (§ 10 a Abs. 1 Satz 1 und 2 GewStG).

[7] Entgegen dem Wortlaut handelt es sich hierbei für Personen- und Kapitalgesellschaften um eine nicht abzugsfähige Betriebsausgabe im Sinne von § 4 Abs. 5 EStG.

[8] Ungeachtet des Abzugsverbots ist aufgrund des Maßgeblichkeitsprinzips in der Steuerbilanz weiterhin eine Gewerbesteuerrückstellung zu passivieren. Dabei soll der volle Steuerbetrag angesetzt werden, d. h. ohne Berücksichtigung der Gewerbesteuer selbst. Die aufwandswirksame Erfassung

steuerrückstellung der Steuerbelastung des Unternehmens Rechnung getragen werden soll. Sowohl die gemäß § 19 GewStG zu leistenden **Vorauszahlungen** als auch die auf den **Gewerbeertrag** entfallende voraussichtliche Abschlusszahlung sind in der handelsrechtlichen Gewinn- und Verlustrechnung der Personenhandelsgesellschaft unter dem Aufwandsposten „Steuern vom Einkommen und vom Ertrag" auszuweisen.[9]

Da die Gewerbesteuer keine abzugsfähige Betriebsausgabe mehr darstellt, können Mitunternehmer gemäß § 35 Abs. 1 Nr. 2 EStG in Höhe des **3,8-fachen** (vormals 1,8-fachen) des jeweils für den dem Veranlagungszeitraum entsprechenden Erhebungszeitraum festgesetzten **anteiligen Gewerbesteuer-Messbetrags** eine **pauschale Anrechnung der Gewerbesteuer** auf ihre individuelle Einkommensteuer, soweit sie auf Einkünfte aus Gewerbebetrieb entfällt, vornehmen. „Der Anteil eines Mitunternehmers am Gewerbesteuer-Messbetrag richtet sich nach seinem Anteil am Gewinn der Mitunternehmerschaft nach Maßgabe des allgemeinen Gewinnverteilungsschlüssels; Vorabgewinnanteile sind nicht zu berücksichtigen" (§ 35 Abs. 2 Satz 2 EStG). „Der Abzug des Steuerermäßigungsbetrags ist auf die tatsächlich zu zahlende Gewerbesteuer beschränkt" (§ 35 Abs. 1 Satz 5 EStG).[10]

2. Stufen der steuerrechtlichen Erfolgsermittlung

Zunächst muss auf der **ersten Stufe** untersucht werden, ob der nach § 5 Abs. 1 Satz 1 EStG aus der **Gesamthandsbilanz** nach Handelsrecht abgeleitete Erfolg mit den Bilanzierungs- und Bewertungsnormen des Steuerrechts übereinstimmt. Differenzen sind in aller Regel auf die in den §§ 4–7 k EStG verankerten **bilanzsteuerrechtlichen Spezialvorschriften** zurückzuführen, die ein Abweichen immer dann fordern, wenn das Steuerrecht zwingend andere Bilanzansätze verlangt. Insbesondere durch die **Aufhebung der umgekehrten Maßgeblichkeit** sowie der Möglichkeit einer autonomen Ausübung steuerrechtlicher Wahlrechte kommt es zu einer Entkopplung zwischen Handels- und Steuerbilanz.[11] Die Differenzen zwischen handels- und steuerrechtlichen Ansätzen können sowohl zu **Hinzurechnungen** als auch zu **Kürzungen** des handelsrechtlichen Ergebnisses führen.[12] Nach den IFRS ist ohnehin keine Verknüpfung mit der steuerrechtlichen Gewinnermittlung gegeben, welche eine parallele Rechnungslegung für Steuerzwecke (**Tax Accounting**) bedingt.

---

  und damit die Minderung des Gewinns ist jedoch außerbilanziell zu neutralisieren. Vgl. *OFD Rheinland* 2009, S. 1046; dazu kritisch *Federmann* 2010, S. 321.

[9] Vgl. etwa *Förschle* 2012b, Anm. 238–241 zu § 275 HGB. Sofern bei Anwendung des Umsatzkostenverfahrens die Gewerbesteuer in den Posten „Herstellungskosten der zur Erzielung der Umsatzerlöse erbrachten Leistungen" einbezogen wird, ist auch ein Ausweis dieser Steuerart unter dem Posten Nr. 2 der handelsrechtlichen Gewinn- und Verlustrechnung nach § 275 Abs. 3 HGB möglich.

[10] Vgl. hierzu *Hey* 2013, Anm. 841 zu § 8.

[11] Vgl. etwa *Niehus/Wilke* 2013, S. 88.

[12] Solche Differenzen können z. B. bei der Ermittlung und Bewertung der Anschaffungs- oder Herstellungskosten, bei Abschreibungen von Wirtschaftsgütern des Gesamthandsvermögens oder bei der Bildung und Auflösung von Rückstellungen und Rücklagen auftreten. Zu Einzelheiten der ersten Stufe der Gewinnermittlung siehe etwa *Hennrichs* 2013, Anm. 100–105 zu § 10.

Der sich nach der angesprochenen Korrektur ergebende **Steuerbilanzerfolg** der Personenhandelsgesellschaft ist sodann **außerhalb des Jahresabschlusses** um **nicht abziehbare Aufwendungen** i.S.v. § 4 Abs. 5 EStG sowie um **steuerfreie Erträge** zu berichtigen. Gehört zum Gesamthandsvermögen einer Personenhandelsgesellschaft eine Beteiligung an einer Kapitalgesellschaft, so ist auf der ersten Stufe der Gewinnfeststellung für die Personengesellschaft auch die Gewinnausschüttung der Kapitalgesellschaft enthalten. Aus dieser Gewinnausschüttung resultieren steuerfreie Erträge für die Gesellschafter der Personenhandelsgesellschaft. Mit der Umstellung **auf das Teileinkünfteverfahren** wurde der Umfang der steuerfreien Erträge für natürliche Personen als Gesellschafter von 50 % auf 40 % reduziert.[13] Zu den nicht abziehbaren Aufwendungen gehören gemäß § 4 h EStG auch Zinsaufwendungen, die die Zinserträge um die Freigrenze von 3 Mio. € übersteigen.[14] Der Abzug von Zinsaufwendungen als Betriebsausgaben ist in diesem Fall auf 30 % der steuerrechtlichen Earnings Before Interests, Taxes, Depreciation and Amortization (EBITDA) beschränkt.[15]

Das auf die vorstehende Art und Weise korrigierte Steuerbilanzergebnis muss abschließend den Mitunternehmern unter Berücksichtigung des **gesellschaftsrechtlichen Erfolgsverteilungsschlüssels** zugerechnet werden. Darüber hinaus sind im Rahmen der ersten Stufe steuerrechtliche Wertergänzungen zu den Inhalten der Steuerbilanz der Personenhandelsgesellschaften mitunternehmerbezogen zu erfassen. Die Aufstellung entsprechender **Ergänzungs-Jahresabschlüsse** wird immer dann erforderlich, wenn aufgrund bestimmter Ereignisse (z. B. Gesellschafterwechsel, Umwandlungen, Inanspruchnahme individueller Bewertungsvergünstigungen) lediglich einem oder einigen Gesellschaftern Wertanteile von Wirtschaftsgütern des Gesamthandsvermögens zugerechnet werden. Das Gesamtergebnis der ersten Stufe stellt den **steuerrechtlichen Erfolg der Personenhandelsgesellschaft** dar. Die aus den Ergänzungs-Jahresabschlüssen abgeleiteten Gewinne oder Verluste gehören aus einkommensteuerrechtlicher Sicht zu den in § 15 Abs. 1 Nr. 2 Satz 1 1. HS EStG angesprochenen **Erfolgsanteilen der Gesellschafter**.

Auf der **zweiten Stufe** der steuerrechtlichen Erfolgsermittlung wird die Berechnung der Sondervergütungen sowie der **Ergebnisse der Sonder-Jahresabschlüsse** vorgenommen. Allerdings werden nach der steuerlichen Rechtsprechung von § 15 Abs. 1 Nr. 2 Satz 1 2. HS EStG nur solche dort genannten Vergütungen erfasst, die infolge **zivilrechtlicher Verträge** zwischen Gesellschaft und Gesellschaftern durch das **Mitunternehmerverhält-**

---

[13] Zinsen, die aus der Finanzierung der Beteiligung resultieren, sind für natürliche Personen zu 40 % nicht als Betriebsausgabe abziehbar. Darüber hinaus wurde der Anwendungsbereich des Teileinkünfteverfahrens auf die Fälle in den §§ 3 Nr. 40, 3c Abs. 2 EStG beschränkt. Für Kapitalgesellschaften als Gesellschafter einer Personenhandelsgesellschaft sind dagegen 95 % der Erträge aus Gewinnausschüttungen steuerfrei, vgl. *Niehus/Wilke* 2013, S. 98–101.

[14] Die Freigrenze wurde für die Veranlagungszeiträume ab 2008 auf 3 Mio. € (§ 4 h Abs. 2 EStG) angehoben. Der nicht abzugsfähige Zinsaufwand wird durch das Betriebsfinanzamt gesondert festgestellt (§ 4 h Abs. 4 EStG) und als sog. Zinsvortrag in folgende Jahre vorgetragen.

[15] Für die steuerrechtliche Gewinnermittlung müssen bei Personenhandelsgesellschaften sämtliche relevanten Bilanzen (Gesamthands-, Ergänzungs- und Sonderbilanzen) berücksichtigt werden. Resultieren Zinsaufwendungen der Gesamthand dagegen aus der Gewährung eines Darlehens durch Mitunternehmer, so werden diese von dem Abzugsverbot nicht erfasst, da hierdurch der Gewinn der Mitunternehmerschaft (zweistufige Gewinnermittlung) nicht gemindert wird.

nis veranlasst werden.¹⁶ Diese Sondervergütungen gehören zum **gewerblichen Erfolg der betreffenden Mitunternehmer** und damit zum **steuerrechtlichen Gesamterfolg der Personenhandelsgesellschaft**.

Ausgenommen von der vorstehend dargelegten Behandlung sollen lediglich solche den Mitunternehmern gewährten Vergütungen sein, die nur **zufällig** oder **vorübergehend** mit der Gesellschaftereigenschaft zusammentreffen (z. B. das gezahlte Honorar an einen Rechtsanwalt für die einmalige Führung eines von einer OHG betriebenen Prozesses, an der er geringfügig beteiligt ist). Zu berücksichtigen ist allerdings, dass **Vergütungen**, die der Mitunternehmer an die Gesellschaft für Leistungen oder Nutzungsüberlassungen **entrichtet, grundsätzlich nicht** unter die Vorschrift des § 15 Abs. 1 Nr. 2 EStG fallen. Folglich sind die aus dieser Rechtsbeziehung im steuerrechtlichen Jahresabschluss der Personenhandelsgesellschaft erfassten **Erträge** der **Besteuerung** zu unterwerfen. Sofern das Unternehmen aber unentgeltlich für einen Gesellschafter tätig wird, liegt eine **Entnahme** vor, die nach den allgemeinen bilanzsteuerrechtlichen Grundsätzen des § 6 Abs. 1 Nr. 4 EStG aufwandsmindernd zu behandeln ist.

Allerdings ist mit den in § 15 Abs. 1 Nr. 2 EStG genannten **Erfolgsanteilen** und **Sondervergütungen** der Umfang der gewerblichen Einkünfte der Mitunternehmer nicht abschließend umschrieben. Aus dem Kontext der Vorschriften über die Besteuerung des Mitunternehmers lässt sich ableiten, dass auch **persönliche Aufwendungen und Erträge der Gesellschafter**, die durch das Gesellschaftsverhältnis verursacht bzw. bedingt sind, als sog. **Sonderbetriebsausgaben** bzw. **Sonderbetriebseinnahmen** bei der Ermittlung der gewerblichen Erfolge Berücksichtigung finden müssen.¹⁷ In den **Sonderbilanzen** für die einzelnen Mitunternehmer werden die **den Gesellschaftern gehörenden**, jedoch der **Gesamthand zur Verfügung** gestellten und für betriebliche Zwecke der Unternehmung genutzten aktiven und passiven Wirtschaftsgüter als Sonderbetriebsvermögen erfasst. Die entsprechenden **Sonder-Gewinn- und Verlustrechnungen** enthalten neben den Wertänderungen des Sonderbetriebsvermögens auch die erwähnten **Sonderaufwendungen** und **-erträge** der Gesellschafter, die wirtschaftlich durch ihre Beteiligung an der Mitunternehmerschaft veranlasst sind.

Zu den Sonderbetriebsausgaben gehören insbesondere alle das Sonderbetriebsvermögen betreffenden Aufwendungen (z. B. Finanzierungs-, Reparatur- und Steueraufwendungen), **die nicht die Gesamthand** belasten, sondern vom **Mitunternehmer allein** getragen werden müssen. Allerdings braucht ein unmittelbarer Zusammenhang zum Sonderbetriebsvermögen nicht unbedingt zu bestehen. So werden z. B. auch Kreditzinsen zur Finanzierung der Beteiligung an der Mitunternehmerschaft oder Aufwendungen, die im Rahmen von Prozessen gegen Gesellschafter anfallen, den (sonstigen) **Sonderbetriebsausgaben** subsumiert.¹⁸ Zur Gruppe der Sonderbetriebseinnahmen rechnen zunächst die oben angeführten **Tätigkeits- und Nutzungsvergütungen** sowie auch den Mitunternehmern von Dritter Seite zufließende Erträge (**sonstige Sonderbetriebseinnahmen**), die mit ihrer Gesellschafterstel-

---

[16] Vgl. *Wacker* 2013, Anm. 562 zu § 15 EStG. Eine dem Gesellschafter gewährte Vergütung ist durch das Mitunternehmerverhältnis veranlasst, sofern die honorierte Leistung unter Zugrundelegung einer wirtschaftlichen Betrachtungsweise als Beitrag zur Realisierung des Gesellschaftsziels anzusehen ist.

[17] Vgl. *Wacker* 2013, Anm. 640–651 zu § 15 EStG.

[18] Vgl. *Wacker* 2013, Anm. 645 zu § 15 EStG; H 4.7 EStR.

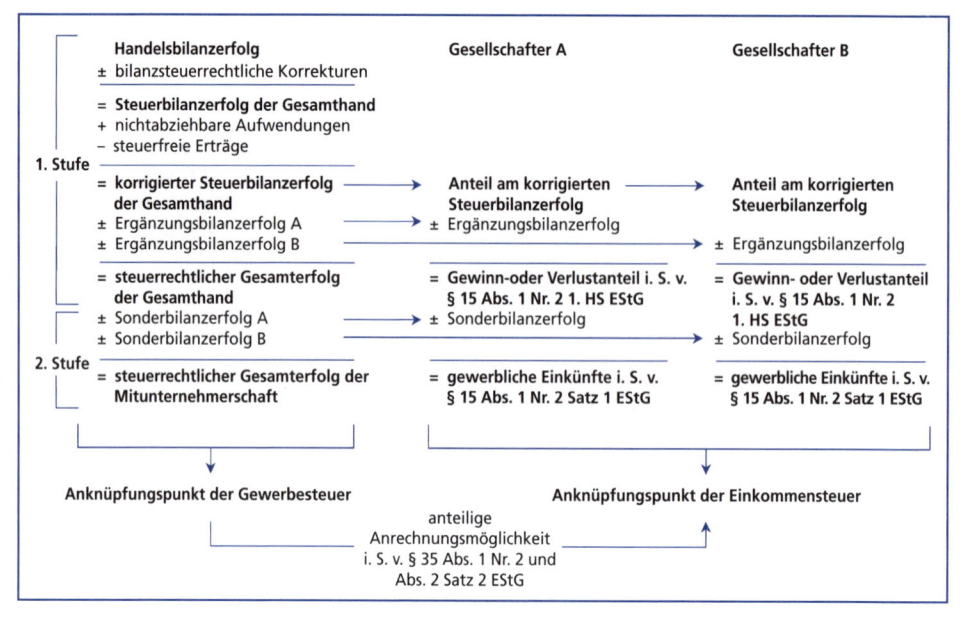

```
                Handelsbilanzerfolg                Gesellschafter A              Gesellschafter B
              ± bilanzsteuerrechtliche Korrekturen
              = Steuerbilanzerfolg der Gesamthand
              + nichtabziehbare Aufwendungen
              − steuerfreie Erträge
  1. Stufe
              = korrigierter Steuerbilanzerfolg   →  Anteil am korrigierten    →  Anteil am korrigierten
                der Gesamthand                       Steuerbilanzerfolg            Steuerbilanzerfolg
              ± Ergänzungsbilanzerfolg A         →  ± Ergänzungsbilanzerfolg
              ± Ergänzungsbilanzerfolg B                                       →  ± Ergänzungsbilanzerfolg

              = steuerrechtlicher Gesamterfolg      = Gewinn- oder Verlustanteil i. S. v.  = Gewinn- oder Verlustanteil
                der Gesamthand                        § 15 Abs. 1 Nr. 2 1. HS EStG           i. S. v. § 15 Abs. 1 Nr. 2
              ± Sonderbilanzerfolg A             →  ± Sonderbilanzerfolg                    1. HS EStG
              ± Sonderbilanzerfolg B                                           →  ± Sonderbilanzerfolg
  2. Stufe
              = steuerrechtlicher Gesamterfolg der  = gewerbliche Einkünfte i. S. v.  = gewerbliche Einkünfte i. S. v.
                Mitunternehmerschaft                § 15 Abs. 1 Nr. 2 Satz 1 EStG      § 15 Abs. 1 Nr. 2 Satz 1 EStG

              ↓                                                                      ↓
     Anknüpfungspunkt der Gewerbesteuer                     Anknüpfungspunkt der Einkommensteuer
                                            anteilige
                                            Anrechnungsmöglichkeit
                                            i. S. v. § 35 Abs. 1 Nr. 2 und
                                            Abs. 2 Satz 2 EStG
```

Abb. 252: Ertragsteuerrechtliche Erfolgsermittlung bei Personenhandelsgesellschaften

lung im Zusammenhang stehen (z. B. Gewinnausschüttungen, die der Kommanditist einer GmbH & Co. KG von der Komplementär-GmbH erhält).

Die aus den **Sonder-Jahresabschlüssen** der einzelnen Gesellschafter abgeleiteten **Sondererfolge** sind zum Zwecke der Ermittlung der **gewerblichen Einkünfte** pro Gesellschafter nach § 15 Abs. 1 Nr. 2 EStG den schon vorher festgestellten **Anteilen am steuerrechtlichen Erfolg** der Personenhandelsgesellschaft hinzuzurechnen. Fasst man nun den steuerrechtlichen Erfolg der Personenhandelsgesellschaft (**Ergebnis der ersten Stufe**) und die Erfolge aus den Sonder-Jahresabschlüssen (**Ergebnis der zweiten Stufe**) zusammen, dann ergibt sich der **steuerrechtliche Gesamterfolg der Mitunternehmerschaft**, an den die **Gewerbesteuer** anknüpft. In **Abbildung 252** ist für eine Personenhandelsgesellschaft mit zwei Mitunternehmern (A und B) die für ertragsteuerrechtliche Zwecke erforderliche Erfolgsermittlung noch einmal umfassend dargestellt.

3. Thesaurierungsbegünstigung nach § 34a EStG

Für steuerpflichtige Einzel- oder Mitunternehmer besteht die Möglichkeit, nicht entnommene (thesaurierte) Gewinne auf Antrag mit einem **begünstigten Steuersatz von 28,25 %** gemäß § 34a Abs. 1 EStG zu versteuern. Ziel der Thesaurierungsbegünstigung ist es, die Belastung der Gewinneinkünfte von Personenunternehmen an die von Kapitalgesellschaften anzugleichen und somit die Eigenkapitalbasis der Unternehmen zu stärken. Werden die begünstigt besteuerten thesaurierten Gewinne zu einem späteren Zeitpunkt entnommen, sind diese mit einem Nachversteuerungstarif, der sich an der für die Dividenden geltende **Abgeltungssteuer** orientiert, i. H. v. 25 % versteuert.

	Gewinn-entnahme	Gewinn-thesaurierung
	in T €	in T €
Gewinn vor Steuern	100,00	100,00
- GewSt (3,5% · 400% · 100,00)	-14,00	-14,00
= Gewinn nach GewSt (nicht entnommener Gewinn)	86,00	86,00
- ESt (45% regulärer Tarif/ 45% · 100)	-45,00	
- ESt (28,25% Thesaurierungstarif/ 28,25% · 86,00)		-24,30
- ESt auf GewSt (45% regulärer Tarif/ 45% · 14,00)		-6,30
+ Anrechnung GewSt auf ESt (3,5% · 3,8 · 100,00)	13,30	13,30
- Solidaritätszuschlag (5,5% · zu erhebende ESt)	-1,74	-0,95
= verbleibender Gewinn	52,56	67,75
Steuerbelastung	**47,44**	**32,25**
Ermittlung des Nachversteuerungsbetrags		
begünstigt besteuerter Gewinn		86,00
- ESt auf diesen Betrag (28,25% · 86,00)		-24,30
- Solidaritätszuschlag (5,5% · 24,30)		-1,34
= Nachversteuerungsbetrag		60,36
- ESt (25% Tarifbelastung bei Entnahme/ 25% · 60,36)		-15,09
- Solidaritätszuschlag (5,5% · 15,09)		-0,83
= verbleibender Gewinn	52,56	51,83
Steuerbelastung	**47,44**	**48,17**

Abb. 253: Steuerbelastungsvergleich bei Gewinnentnahme und -thesaurierung

In **Abbildung 253**[19] sind die beiden Fälle der vollständigen Gewinnentnahme und -thesaurierung mit anschließender Nachversteuerung bei Entnahme exemplarisch gegenübergestellt. Bei einem unterstellten Gewerbesteuerhebesatz von 400 % und einem persönlichen Einkommensteuersatz von 45 % beträgt die Steuerbelastung im Fall der Gewinnentnahme nach Anrechnung des maximalen Betrags der Gewerbesteuer auf die Einkommensteuer unter Berücksichtigung des Solidaritätszuschlags insgesamt 47,44 %. Im Fall der Gewinnthesaurierung fällt wie bei sofortiger Gewinnentnahme zunächst die Gewerbesteuer an. Der verbleibende nicht entnommene Gewinn wird mit dem begünstigten Thesaurierungstarif i. H. v. 28,25 % versteuert. Zu beachten ist, dass die Gewerbesteuer nach § 4 Abs. 5b EStG als nicht abzugsfähige Betriebsausgabe gilt und demnach mit dem persönlichen Einkom-

---

[19] In Anlehnung an *Niehus/Wilke* 2013, S. 130 f.

menssteuersatz gemäß 32a EStG zu versteuern ist. Somit ergibt sich insgesamt eine Thesaurierungsbelastung von 32,25 %.[20]

Werden die begünstigt besteuerten Gewinne zu einem späteren Zeitpunkt wieder entnommen, so unterliegt der Nachversteuerungsbetrag gemäß § 34a Abs. 4 Satz 1 EStG dem von der Höhe des Mitunternehmers unabhängigen Tarifsteuersatz von 25 % (zzgl. des Solidaritätszuschlags).[21] Die Nachversteuerung betrifft also nur denjenigen Betrag, der auf Grund der Thesaurierungsbegünstigung ermäßigt besteuert wurde. Nach Abzug der ursprünglichen Thesaurierungsbelastung (28,25 % zzgl. Solidaritätszuschlag) wird der verbleibende Betrag nachversteuert.[22] Somit ergibt sich im Fall der Gewinnthesaurierung mit anschließender Entnahme der begünstigt besteuerten Gewinne eine Gesamtsteuerbelastung von 48,17 %. Die Thesaurierungsbegünstigung führt zu einem Steuerstundungseffekt und damit zu einem Liquiditäts- bzw. Zinsvorteil, der mit der Dauer der Thesaurierung zunimmt. Damit der Steuervorteil nicht bereits im Jahr der Thesaurierung anfällt, übersteigt die Summe der Steuerbelastung aus Thesaurierungs- und Nachversteuerung (48,17 %) den Spitzensteuersatz des Regeltarifs (47,44 %).[23]

B. Auswirkungen des Ertragsteuerrechts auf den Jahresabschluss

1. Ermittlung des Steuerbilanzerfolgs

Die Ermittlung des Steuerbilanzgewinns bzw. -verlusts der Personenhandelsgesellschaft kann grundsätzlich auf **drei unterschiedliche Arten** erfolgen:

- Das Unternehmen erstellt lediglich **einen Jahresabschluss** nach **handelsrechtlichen Vorschriften** und **korrigiert** den entsprechenden Erfolg bei abweichenden steuerrechtlichen Regelungen außerhalb dieses Rechnungssystems (§ 60 Abs. 2 Satz 1 EStDV).
- Das Unternehmen fertigt sowohl **einen handelsrechtlichen als auch einen steuerrechtlichen Jahresabschluss** (§ 60 Abs. 2 Satz 2 EStDV) an. In diesem Fall erübrigt sich eine externe Korrektur des Handelsbilanzerfolgs, da im Rahmen der Finanzbuchhaltung bereits die relevanten bilanzsteuerrechtlichen Abweichungen **buchhalterisch** berücksichtigt wurden und mithin der die Gesamthand betreffende Steuerbilanzerfolg vorliegt.

---

[20] Vgl. *Niehus/Wilke* 2013, S. 130 f.
[21] Vgl.zur Ermittlung des nicht entnommenen Gewinns sowie des Nachversteuerungsbetrags etwa *Niehus/Wilke* 2013, S. 132 f.
[22] Aus der Beispielrechnung ergibt sich ein Nachversteuerungsbetrag von 60,36 T€, was zu einer Nachversteuerung von insgesamt 15,92 T€ (15,09 + 0,83) führt.
[23] Bei Steuerpflichtigen mit einem persönlichen Grenzsteuersatz von unter 28,25 % ist eine Thesaurierungsbesteuerung uneingeschränkt nachteilig. Bei persönlichen Grenzsteuersätzen zwischen 28,25 % und 45 % empfiehlt sich eine Gegenüberstellung der beiden Belastungsalternativen, um den Nachteil aus der insgesamt höheren Thesaurierungsbelastung mit dem Zinsvorteil quantitativ vergleichen zu können.

- Das Unternehmen erstellt nur einen (**Einheits-**)**Jahresabschluss**,[24] der sowohl **handels- als auch steuerrechtlichen Vorschriften** entspricht. Auch in diesem Fall ist eine externe Erfolgskorrektur des Steuerbilanzerfolges bis auf die Berücksichtigung nichtabziehbarer Aufwendungen und steuerfreier Erträge nicht erforderlich, weil bereits in der Finanzbuchhaltung nach Maßgabe steuerrechtlicher Normen gebucht wurde. Allerdings wird die Aufstellung eines Einheits-Jahresabschlusses nur noch in **Ausnahmefällen** möglich sein, da durch die Aufhebung der umgekehrten Maßgeblichkeit und durch die Änderungen des Bilanzsteuerrechts, die nicht mit den handelsrechtlichen Grundsätzen ordnungsmäßiger Buchführung korrespondieren (z. B. § 5 Abs. 4a, § 6 Abs. 1 Nr. 3a EStG), eine handels- und steuerrechtlich identische Bilanzierung weitgehend ausgeschlossen ist.
- Zusätzlich kann auf freiwilliger Basis nach § 325 Abs. 2a HGB ein IFRS-Einzelabschluss erstellt und veröffentlicht werden, der jedoch keine Steuerbemessungsfunktion besitzt, sondern lediglich informatorischen Zwecken dient.

Durch die Aufhebung des Prinzips der **umgekehrten Maßgeblichkeit** (§ 5 Abs. 1 Satz 2 EStG a. F.) kommt es zu einer weitgehenden Entkopplung zwischen Handels- und Steuerbilanz. Somit beziehen sich die oben angesprochenen bilanzsteuerrechtlichen Korrekturen auf die folgenden **beiden Falltypen**:

- Rückgriff auf Bilanzierungs- und Bewertungsansätze im handelsrechtlichen Jahresabschluss, die bilanzsteuerrechtlich **nicht zulässig** sind (Durchbrechung des Maßgeblichkeitsprinzips)
- Inanspruchnahme steuerrechtlicher Wahlrechte, die autonom von der handelsrechtlichen Bilanzierung ausgeübt werden können.

Im Falle der Aufstellung eines **separaten steuerrechtlichen Jahresabschlusses** wurden die unter den vorstehend angesprochenen Typen zu subsumierenden Korrekturen bereits **buchhalterisch vorgenommen**, womit der Steuerbilanzerfolg als Saldogröße auf dem Gewinn- und Verlustkonto erscheint. In aller Regel bezieht sich **die Erfolgsverteilungsabrede auf das Handelsbilanzergebnis**, da diese Maßgröße unter Verfolgung des Ziels der **Unternehmenserhaltung** als Indikator zur Bemessung der dem Unternehmen maximal entziehbaren Mittel besser geeignet erscheint als der Steuerbilanzgewinn. Aus **steuerrechtlicher Sicht** sind Differenzen zwischen Handels- und Steuerbilanz den Gesellschaftern unter Berücksichtigung des vereinbarten **Erfolgsverteilungsschlüssels** zuzurechnen.[25] Hierdurch besteht die Möglichkeit, dass in einzelnen Perioden die handelsrechtliche Gewinnausschüttung von den der Besteuerung unterworfenen Erträgen **abweichen** kann. Aufgrund des **Zweischneidigkeitsprinzips** der Bilanzierung werden sich derartige Differenzen zwischen **Handels- und Steuerbilanz** grundsätzlich im Zeitablauf aber wieder **ausgleichen**.

---

[24] Diese Form wurde in der Vergangenheit vor allem von nicht offenlegungspflichtigen Personenhandelsgesellschaften gewählt, um die nach § 60 Abs. 2 Satz 1 EStDV erforderliche Anpassung der Wertansätze der Handelsbilanz an die steuerrechtlichen Normen zu vermeiden.

[25] Vgl. H 15.8 Abs. 3 EStR.

Beispiel: An der AB-OHG mit Sitz in Hamburg sind die Gesellschafter A und B mit jeweils 50 % am Vermögen und am Erfolg des Unternehmens beteiligt. Laut Gesellschaftsvertrag erhält Mitunternehmer A für die Übernahme der Geschäftsführung einen Vorabgewinn von 60.000 €. Diese Sondervergütung wurde im Rahmen der Erfolgsermittlung noch nicht gebucht. Der Handelsbilanzgewinn vor Bildung der Gewerbesteuerrückstellung beträgt für das Wirtschaftsjahr (Kalenderjahr) 2012 435.000 €. Die während des Wirtschaftsjahres geleisteten und bereits verbuchten Gewerbesteuer-Vorauszahlungen belaufen sich auf 90.000 €.

Der Handelsbilanzgewinn muss aufgrund der nachstehenden steuerrechtlichen Spezialregelungen korrigiert werden.

- In der Handelsbilanz wurde gemäß § 256 HGB das Wahlrecht ausgenutzt, die Bewertung der Roh-, Hilfs- und Betriebsstoffe nach dem Fifo-Verfahren vorzunehmen. Steuerrechtlich kann jedoch gemäß § 6 Abs. 1 Nr. 2a EStG als Verbrauchsfolge grds. nur das Lifo-Verfahren zur Bewertung gleichartiger Wirtschaftsgüter des Vorratsvermögens anzuwenden. Da zum gegenwärtigen Zeitpunkt die Beschaffungspreise der Stoffe sinken, können in der handelsrechtlichen Gewinn- und Verlustrechnung zusätzliche Aufwendungen in Höhe von 128.000 € angesetzt werden. Aufgrund des Wegfalls der umgekehrten Maßgeblichkeit kommt es handels- und steuerrechtlich zu unterschiedlichen Wertansätzen.[26]
- Ferner ist im handelsrechtlichen Jahresabschluss das Disagio für ein Tilgungsdarlehen in Höhe von 31.500 € gemäß § 250 Abs. 3 Satz 1 HGB in voller Höhe aufwandswirksam verrechnet worden. Laut H 6.10 EStH ist das Disagio in der Steuerbilanz als Rechnungsabgrenzungsposten auf die Laufzeit des Darlehens zu verteilen, die drei Jahre beträgt. Das Darlehen wurde Anfang des Geschäftsjahres 2012 aufgenommen.
- In der Handelsbilanz wurde eine Rückstellung für unterlassene Instandhaltung gemäß § 249 Abs. 1 Satz 3 HGB gebildet, die in den ersten drei Monaten des folgenden Geschäftsjahres nachgeholt werden soll. Gemäß R 5.7 Abs. 11 EStR sind aus bilanzsteuerrechtlicher Sicht derartige Rückstellungen ebenfalls zulässig. Rückstellungen sind gemäß § 253 Abs. 1 Satz 2 HGB „… in Höhe des nach vernünftiger kaufmännischer Beurteilung notwendigen Erfüllungsbetrages anzusetzen". Danach sind handelsrechtlich abweichend vom Stichtagsprinzip zukünftige Preis- und Kostensteigerungen zu berücksichtigen. Steuerrechtlich ist eine solche Berücksichtigung untersagt. Der handelsrechtliche Mehraufwand aufgrund berücksichtigter Preis- und Kostensteigerungen beläuft sich 73.500 €.
- Der Steuerbilanzgewinn soll durch die Bildung einer steuerfreien Rücklage in Höhe von 18.000 € gemindert werden. Aufgrund des Wegfalls der umgekehrten Maßgeblichkeit sowie der Möglichkeit zur Bildung eines Sonderpostens mit Rücklageanteil in der Handelsbilanz gemäß § 247 Abs. 3 HGB a. F. wird die Rücklage handelsrechtlich nicht berücksichtigt.
- Im Geschäftsjahr 2012 sind Werbegeschenke im Wert von insgesamt 24.000 € (brutto) an dreihundert Kunden verschickt worden, die im handelsrechtlichen Jahresabschluss aufwandswirksam zur Verbuchung kamen. § 4 Abs. 5 Nr. 1 EStG bestimmt aber, dass diese betrieblich veranlassten Aufwendungen den Steuerbilanzgewinn nicht mindern dürfen.

III. Erfolgsbesteuerung

- Die während des Wirtschaftsjahres geleisteten und bereits aufwandswirksam verbuchten Gewerbesteuer-Vorauszahlungen betrugen 90.000 €. Gemäß § 4 Abs. 5b EStG gelten die Gewerbesteuer und die darauf entfallenden Nebenleistungen als nicht abzugsfähige Betriebsausgaben.

Zur Ermittlung des korrigierten Steuerbilanzgewinns nach Maßgabe von § 60 Abs. 2 Satz 1 EStDV bedarf es nun der in **Abbildung 254** gezeigten Vorgehensweise.

	Handelsbilanzgewinn vor Gewerbesteuerrückstellung		435.000 €
±	Bilanzsteuerrechtliche Korrekturen	+	128.000 €
		+	21.000 €[a]
		+	73.500 €
		−	18.000 €
=	Steuerbilanzgewinn vor Gewerbesteuerrückstellung	=	639.500 €
±	Außerbilanzielle Korrekturen (nichtabziehbare Aufwendungen nach § 4 Abs. 5 Nr. 1 EStG)	+	24.000 €[b]
±	Geleistete Gewerbesteuer-Vorauszahlungen (nichtabziehbare Aufwendungen nach § 4 Abs. 5b EStG)	+	90.000 €
=	Korrigierter Steuerbilanzgewinn vor Gewerbesteuerrückstellung		753.500 €

[a] 21.000 € = 31.500 € − (31.500 € : 3 Jahre).
[b] Die auf den nichtabziehbaren Betriebsausgaben lastenden Umsatzsteuerbeträge sind gemäß § 15 Abs. 1a Nr. 1 UStG vom Vorsteuerabzug ausgeschlossen. Nach § 12 Nr. 3 EStG dürfen diese Vorsteuerbeträge auch nicht bei der Einkünfteermittlung abgezogen werden und sind insoweit – zusammen mit den Nettobeträgen der Aufwendungen – im Rahmen der steuerlichen Gewinnermittlung wieder hinzuzurechnen.

Abb. 254: Berechnung des Steuerbilanzgewinns

Da außer der Vorabvergütung, die im handelsrechtlichen Jahresabschluss nicht aufwandswirksam gebucht wurde, keine weiteren Sonderbilanzierungs- und auch keine Ergänzungsbilanzierungserfolge vorliegen, kann zum Zwecke der Berechnung der Gewerbesteuerrückstellung an den korrigierten Steuerbilanzgewinn von 753.500 € angeknüpft werden. In diesem Zusammenhang wird unterstellt, dass der Hebesatz für die Standortgemeinde 400 % beträgt und keine Hinzurechnungen und Kürzungen nach § 8 und § 9 GewStG zu beachten sind.

Die Gewerbesteuerrückstellung nach § 249 Abs. 1 Satz 1 HGB für das Wirtschaftsjahr 2012 berechnet sich nun aus folgenden Komponenten.

	Berechnete Gewerbesteuer	102.060 €
−	Geleistete Gewerbesteuer-Vorauszahlungen	90.000 €
=	Voraussichtliche Gewerbesteuer-Abschlusszahlung (Gewerbesteuerrückstellung)	12.060 €
	Korrigierter Steuerbilanzgewinn vor Gewerbesteuerrückstellung	753.500 €
−	Freibetrag (§ 11 Abs. 1 Satz 3 Nr. 1 GewStG)	24.500 €
=	Gewerbeertrag vor Abzug der Gewerbesteuer	729.000 €
−	Gewerbesteuer (3,5 % · 400 % · 729.000 €)	102.060 €
=	Gewinn nach Gewerbesteuer (nicht entnommener Gewinn)	626.940 €

Abb. 255: Modifizierte Berechnung des Gewerbeertrags

Mithin lautet die noch für den handelsrechtlichen Jahresabschluss vorzunehmende Buchung:

Steuern vom Einkommen und vom Ertrag	an	Gewerbesteuerrückstellung	12.060 €

Unterstellt man, dass die handelsrechtliche Gewinnverteilung nach Maßgabe des Handelsbilanzergebnisses vorgenommen wird und die Gesellschafter beabsichtigen, die Vorabvergütung sowie die entsprechenden Erfolgsanteile in voller Höhe zu entnehmen, dann müssten die Verbuchungen wie folgt vorgenommen werden.

Gewinn- und Verlustkonto	422.940 €[27] an	– Verbindlichkeiten gegenüber Gesellschafter A	241.740 €[28]
		– Verbindlichkeiten gegenüber Gesellschafter B	181.740 €

Im Folgenden wird die ertragsteuerrechtliche Gewinnermittlung und -verteilung der OHG in **Abbildung 256** vorgenommen. Obwohl im Wirtschaftsjahr 2012 lediglich 422.940 € an die Gesellschafter ausgeschüttet werden, unterliegt der Ertragsbesteuerung dieser Periode ein Betrag von 753.500 €. Der Differenzbetrag zwischen korrigiertem Steuerbilanzgewinn und ausgeschüttetem Handelsbilanzgewinn in Höhe von 330.560 € wird in den Folgejahren aufgrund des Zweischneidigkeitsprinzips jedoch nur im Umfang von 204.500 € ausgeglichen, da die nichtabziehbaren Aufwendungen (102.060 € + 24.000 €) in der Periode 2012 außerhalb der Steuerbilanz korrigiert wurden.

Die gesamtsteuerrechtliche Erfolgsermittlung unter Anrechnung der Gewerbesteuer auf die Einkommensteuer gemäß § 35 EStG ist in **Abbildung 257** dargestellt. Dabei wird zwischen den beiden Fällen der Gewinnentnahme und Gewinnthesaurierung unterschieden.

	Handelsbilanzgewinn nach Gewerbesteuerrückstellung		422.940 €
+	bilanzsteuerrechtliche Korrekturen		204.500 €
=	Steuerbilanzgewinn		627.440 €
+	nichtabziehbare Aufwendungen		24.000 €
+	nichtabziehbare Aufwendungen (Gewerbesteuer)		102.060 €
=	korrigierter Steuerbilanzgewinn		753.500 €

Gesellschafter A		**Gesellschafter B**	
Vorabgewinn	60.000 €		
+ Gewinnanteil 50%	346.750 €	Gewinnanteil 50%	346.750 €
=	406.750 €	=	346.750 €

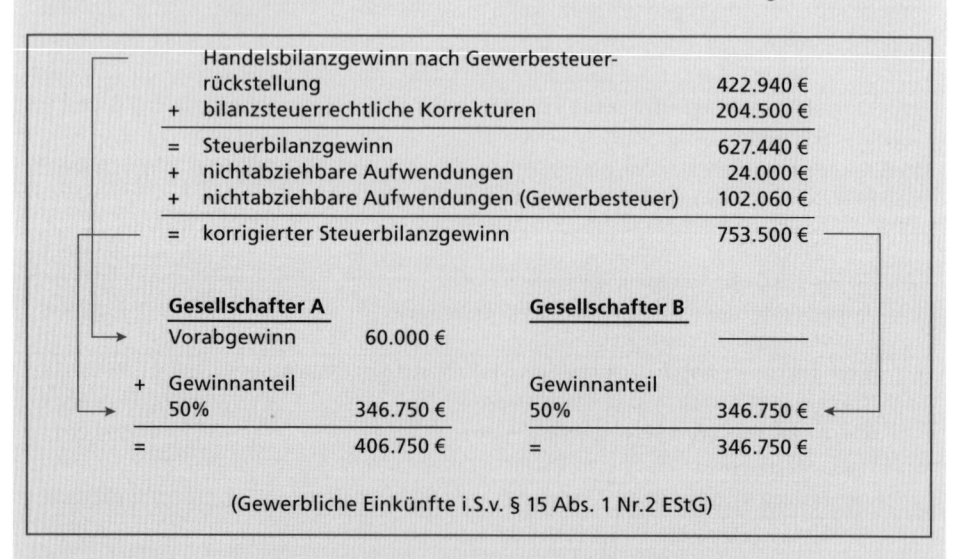

(Gewerbliche Einkünfte i.S.v. § 15 Abs. 1 Nr.2 EStG)

Abb. 256: Ertragsteuerrechtliche Gewinnermittlung und -verteilung

III. Erfolgsbesteuerung

	Gewinnentnahme		Gewinnthesaurierung	
	Gesellschafter A	Gesellschafter B	Gesellschafter A	Gesellschafter B
Gewinn vor Steuern	406.750 €	346.750 €	406.750 €	346.750 €
− GewSt (0,035 · 4 · [753.500 € − 24.500 €])	51.030 €	51.030 €	51.030 €	51.030 €
= Gewinn nach GewSt (nicht entnommener Gewinn)	355.720 €	295.720 €	355.720 €	295.720 €
− ESt (0,45 · Gewinn vor Steuern)	183.038 €	156.038 €		
− ESt (0,2825 · nicht entnommener Gewinn)			100.491 €	83.541 €
− ESt auf GewSt (0,45 · Gewerbesteuer)			22.964 €	22.964 €
+ Anrechnung GewSt auf ESt (Faktor 3,8) (0,035 · 3,8 · [753.500 € − 24.500 €])	48.479 €	48.479 €	48.479 €	48.479 €
− Solidaritätszuschlag (0,055 · zu erhebende ESt)	7.401 €	5.916 €	4.124 €	3.191 €
= verbleibender Gewinn	213.760 €	182.245 €	276.620 €	234.503 €
Steuerbelastung	192.990 €	164.505 €	130.130 €	112.247 €
	47,45%	47,44%	31,99%	32,37%
Ermittlung des Nachversteuerungsbetrags begünstigt besteuerter Gewinn			355.720 €	295.720 €
− ESt (0,2825 · nicht entnommener Gewinn)			100.491 €	83.541 €
− Solidaritätszuschlag (0,055 · zu erhebende ESt)			5.527 €	4.595 €
= Nachversteuerungsbetrag			249.702 €	207.584 €
− ESt (0,25 · Nachversteuerungsbetrag)			62.426 €	51.896 €
− Solidaritätszuschlag (0,055 · zu erhebende ESt)			3.433 €	2.854 €
= verbleibender Gewinn	213.760 €	182.245 €	210.761 €	179.752 €
Steuerbelastung	192.990 €	164.505 €	195.989 €	166.998 €
	47,45%	47,44%	48,18%	48,16%

Abb. 257: Gegenüberstellung der ertragsteuerrechtlichen Gewinnermittlung und -verteilung

Das Beispiel verdeutlicht einerseits, dass die pauschale Anrechnung der Gewerbesteuer auf die Einkommensteuer der beiden Gesellschafter mit insgesamt 96.958 € aufgrund des Hebesatzes von 400 % lediglich zu einer unvollständigen Kompensation der gesamten Gewerbesteuerbelastung von 102.060 € führt. Andererseits kommt die höhere wirtschaftliche Gewerbesteuerbelastung von Gesellschafter B im Verhältnis zu Gesellschafter A zum Ausdruck, die durch die Zurechnung des Vorabgewinns von 60.000 € entsteht. Allerdings wird Gesellschafter B infolge der Inanspruchnahme des gleichen Anrechnungsbetrages auf die Einkommensteuer in ähnlicher Weise wie Gesellschafter A entlastet. Diese Kompensationswirkung muss künftig bei einem zivilrechtlichen Ausgleich zwischen den Gesellschaftern für die höhere Gewerbesteuerbelastung aufgrund der Zurechnung von Vorabgewinnen Berücksichtigung finden. Ein Berichtigungsbedarf ergibt sich aber stets dann, wenn die Gewerbesteuer, wie im vorstehenden Beispiel verdeutlicht, nur unvollständig kompensiert wird.

---

[26] Vgl. R 6.9 EStR.
[27] 422.940 € = 435.000 € − 12.060 € (Gewerbesteuerrückstellung).
[28] 241.470 € = 181.470 € + 60.000 € (Vorabgewinn).

2. Erstellung von Sonder-Jahresabschlüssen

Sofern in einer Personenhandelsgesellschaft **umfangreiches Sonderbetriebsvermögen** vorliegt und **ausgeprägte Leistungsbeziehungen** zwischen Mitunternehmern und Gesellschaft bestehen, die Tätigkeits- und Nutzungsvergütungen i. S. v. § 15 Abs. 1 Nr. 2 Satz 1 2. HS EStG zur Folge haben, empfiehlt sich die Aufstellung von **Sonder-Jahresabschlüssen** für die betroffenen Gesellschafter. In diesen **Zusatzrechnungen** zum Gesamthands-Jahresabschluss sind die **aktiven und passiven Wirtschaftsgüter des Sonderbetriebsvermögens**, die mit ihnen zusammenhängenden **Aufwendungen und Erträge** sowie die **Sonderaufwendungen und -erträge** der Mitunternehmer zu erfassen. Dabei müssen die **allgemeinen bilanzsteuerrechtlichen Prinzipien** einschließlich der GoB unter Berücksichtigung einer **korrespondierenden Bilanzierung** zwischen Sonder-Jahresabschluss und steuerrechtlichem Jahresabschluss der Gesamthand beachtet werden.[29] Ansonsten stellt die den Sonder-Jahresabschlüssen zugrunde liegende Finanzbuchhaltung aber einen vom Rechnungssystem des Gesellschafts-Jahresabschlusses **abgekoppelten Kreis** dar. Die aus den Sonder-Gewinn- und Verlustrechnungen abgeleiteten Erfolge sind bei Ermittlung der **gewerbe- und einkommensteuerrechtlichen Bemessungsgrundlage** zu berücksichtigen.

Ziel der Erstellung von Sonder-Jahresabschlüssen ist es, die den Gesellschaftern zuzuordnenden Sondererfolge zu ermitteln. Diese setzen sich aus den erfolgsbezogenen Änderungen des Sonderbetriebsvermögens und dem Saldo aus Sonderbetriebsaufwendungen und -erträgen zusammen. Hieraus ist abzuleiten, dass **alle Wertänderungen** an den Wirtschaftsgütern des Sonderbetriebsvermögens unmittelbar auf den entsprechenden **Bestandskonten** zu verbuchen sind. **Sonderbetriebsaufwendungen** müssen aber als **Einlagen** erfasst werden, da der Mitunternehmer sie privat trägt und mithin **keine** erfolgswirksame Minderung seines Sonderbetriebsvermögens eintritt (z. B. Reparaturaufwendungen für eine der Personenhandelsgesellschaft überlassene Immobilie). Ähnliches gilt für **Sonderbetriebserträge**, die als **Entnahmen** zu buchen sind, weil sie das **Privat-** und nicht das Sonderbetriebsvermögen erhöhen (z. B. an den Mitunternehmer gezahlte Vergütungen für die vermietete Immobilie).

Aufgrund der aufgezeigten Buchungstechnik **erübrigt** sich zum Zwecke der Ermittlung des steuerrechtlichen Gesamterfolgs der Personenhandelsgesellschaften eine **separate Hinzurechnung** der in der Gesamthandsbilanz als Aufwendungen erfassten Sondervergütungen, da diese bereits in dem **Sondererfolg** pro Gesellschafter enthalten sind. Sofern **Vorsteueransprüche** im Zusammenhang mit **Sonderbetriebsaufwendungen** bzw. **Umsatzsteuerverpflichtungen** durch Vermietung und Verpachtung von Sonderbetriebsvermögen an die Personenhandelsgesellschaft entstehen, sind diese entsprechend in der **Sonderbilanz** auszuweisen. Der Gesellschafter wird folglich in diesem Fall durch eigene, nachhaltige Tätigkeit zur Erzielung von Einnahmen Unternehmer i. S. v. § 2 Abs. 1 UStG.[30] Die **Sonder-Jahresabschlüsse** müssen **neben** dem steuerrechtlichen Gesamthands-Jahresabschluss entsprechend **fortgeführt** werden, bis die im Sonderbetriebsvermögen enthaltenen Wirtschaftsgüter **ausscheiden** oder **voll abgeschrieben** sind. Sofern Sonderbetriebsvermögen nicht (mehr) vorliegt, aber trotzdem (noch) Sonderbetriebsaufwendungen und -erträge anfallen, empfiehlt es sich, diese nicht im Rahmen eines doppelten (Sonder-)Buchhaltungs-

---

[29] Vgl. *Wacker* 2013, Anm. 475 zu § 15 EStG.
[30] Vgl. im Detail R 6 Abs. 4 und R 216 UStR.

III. Erfolgsbesteuerung

systems zu erfassen, sondern durch **einfache Korrekturen außerhalb des Gesamthands-Jahresabschlusses** zu berücksichtigen.

Beispiel: In Erweiterung des letzten Beispiels wird nun unter sonst gleichen Daten angenommen, dass Gesellschafter B der OHG zu Beginn des Geschäftsjahres 2012 nachstehende Wirtschaftsgüter zur Nutzung überlässt, deren Einlage in das Sonderbetriebsvermögen am 01.01.2012 erfolgt.

- B vermietet der OHG ein unbebautes Privatgrundstück, das er am 01.05. des Geschäftsjahres 2010 zu Anschaffungskosten von 120.000 € erworben hatte. Die Grundstücksaufwendungen für das Jahr 2012 betragen 14.400 € (einschl. 20 % Umsatzsteuer) und werden durch B von seinem privaten Bankkonto bezahlt. Die mit der OHG vereinbarte Miete für die Nutzungsüberlassung des Grundstücks beläuft sich auf 1.800 € (einschl. 20 % Umsatzsteuer[31]) monatlich. Die Anschaffungskosten des Grundstücks entsprechen zu Beginn des Geschäftsjahres 2012 genau seinem Teilwert. Der Einheitswert des Grundstücks zuzüglich der von § 121a BewG geforderten 40 %igen Erhöhung beläuft sich auf 41.667 €.
- Ferner vermietet B der OHG einen PKW, der am 01.01. des Geschäftsjahres 2011 zu Anschaffungskosten von 30.000 € privat erworben wurde. Die betriebsgewöhnliche Nutzungsdauer des Fahrzeugs, das linear abgeschrieben wird, beträgt fünf Jahre. Die Aufwendungen für die Nutzung des PKW belaufen sich neben den planmäßigen Abschreibungen auf 3.000 € (einschl. 20 % Umsatzsteuer), die B ebenfalls über sein privates Bankkonto bezahlte. Die von der OHG dem Gesellschafter B monatlich überwiesene Miete für die Nutzung des PKW beträgt 900 € (einschl. 20 % Umsatzsteuer).
- Schließlich gewährt Gesellschafter B der OHG ein privates Darlehen zum Nennwert in Höhe von 150.000 € zu einem Zinssatz von 8 %.

Die erforderlichen Buchungssätze lauten:

(1)	– Grundstücks- aufwendungen – Vorsteuer	12.000 € 2.400 €	an	Privat-Sonderkonto B	14.400 €.
(2)	Abschreibungen auf Sachanlagen		an	Fuhrpark	6.000 €.
(3)	– PKW-Aufwendungen – Vorsteuer	2.500 € 500 €	an	Privat-Sonderkonto B	3.000 €.
(4)	Privat-Sonderkonto B	32.400 €	an	– Mieterträge – Umsatzsteuer	27.000 € 5.400 €.
(5)	Privat-Sonderkonto B		an	Zinserträge	12.000 €.

Die entsprechende Sonderbilanz des Gesellschafters B hat zum 01.01. des Wirtschaftsjahres 2012 das nachfolgend gezeigte Aussehen.

---

[31] Verzicht auf die – bei der Vermietung von Grundbesitz mögliche – Steuerbefreiung des § 4 Nr. 12.a) UStG nach § 9 UStG, um vor dem Hintergrund des § 15 Abs. 2 Nr. 1 UStG den Vorteil des Vorsteuerabzugs ausnutzen zu können.

Aktiva	Sonderbilanz B zum 01.01.2012		Passiva

A. Anlagevermögen
  I. Grundstücke   120.000
  II. Fuhrpark   24.000[a]
  III. Sonstige Ausleihungen 150.000
		A. Sonderkapital	294.000

	__294.000__		__294.000__

[a] Bei der Bewertung des PKW ist die Regelung des § 6 Abs. 1 Nr. 5 Satz 2 EStG zu beachten, nach der das Fahrzeug mit seinen fortgeführten Anschaffungskosten in das Sonderbetriebsvermögen eingelegt werden muss. Die Berechnung der bis zum Einlagezeitpunkt zu berücksichtigenden planmäßigen Abschreibungen wurde zeitanteilig vorgenommen. Somit lässt sich der Einlagewert von 24.000 € ermitteln aus 30.000 € - (30.000 € : 5 Jahre).

Auf den nachstehenden Konten sind die das Sonderbetriebsvermögen und die Sondererfolge des Mitunternehmers B betreffenden Buchungen zusammenfassend dargestellt.

S	Unbebaute Grundstücke		H
	€		€
AB	__120.000__	(14) SBK (EB)	__120.000__

S	Fuhrpark		H
	€		€
AB	24.000	(2)	6.000
		(15) SBK (EB)	18.000
	__24.000__		__24.000__

S	Vorsteuer		H
	€		€
(1)	2.400	(16)	2.900
(3)	500		
	__2.900__		__2.900__

S	Sonstige Ausleihungen		H
	€		€
AB	__150.000__	(18) SBK (EB)	__150.000__

S	Sonderkapital B		H
	€		€
(12)	27.000	AB	294.000
(13) SBK (EB)	285.500	(11)	18.500
	__312.500__		__312.500__

S	Privat-Sonderkonto B		H
	€		€
(4)	32.400	(1)	14.400
(5)	12.000	(3)	3.000
		(12)	27.000
	__44.400__		__44.400__

S	Umsatzsteuer		H
	€		€
(16)	2.900	(4)	5.400[a]
(17) SBK (EB)	2.500		
	__5.400__		__5.400__

S	Grundstücksaufwendungen		H
	€		€
(1)	__12.000__	(6) GuV	__12.000__

[a] 5.400 € = (300 € + 150 €) · 12.

III. Erfolgsbesteuerung

S	Abschreibungen auf Sachanlagen		H
	€		€
(2)	6.000	(7) GuV	6.000

S	PKW-Aufwendungen		H
	€		€
(3)	2.500	(8) GuV	2.500

S	Mieterträge		H
	€		€
(9) GuV	27.000	(4)	27.000[a]

^{a} 27.000 € = (1.500 € + 750 €) · 12.

S	Zinserträge		H
	€		€
(10) GuV	12.000	(5)	12.000[b]

^{b} 12.000 € = 0,08 · 150.000.

S	Sonder-Gewinn- und Verlustkonto B zum 31.12.2012		H
	€		€
(6) Grundstücksaufwendungen	12.000	(9) Mieterträge	27.000
(7) Abschreibungen auf Sachanlagen	6.000	(10) Zinserträge	12.000
(8) PKW-Aufwendungen	2.500		
(11) Sondergewinn B	18.500		
	39.000		39.000

S	Sonder-Schlussbilanzkonto B zum 31.12.2012		H
	€		€
(14) Unbebaute Grundstücke	120.000	(13) Sonderkapital B	285.500
(15) Fuhrpark	18.000	(17) Umsatzsteuer	2.500
(18) Sonstige Ausleihungen	150.000		
	288.000		288.000

Auch die Erfolgsermittlung durch Betriebsvermögensvergleich nach § 4 Abs. 1 Satz 1 EStG führt zum gleichen Sondergewinn.

	Sonderbetriebsvermögen B am Ende des Wirtschaftsjahres	285.500 €
−	Sonderbetriebsvermögen zu Beginn des Wirtschaftsjahres	294.000 €
+	Entnahmen B	44.400 €[32]
−	Einlagen B	17.400 €[33]
=	Sondergewinn B	18.500 €

Aufgrund des Sondergewinns von Gesellschafter B für das Wirtschaftsjahr 2012 bedarf es einer Neuberechnung der Gewerbesteuerrückstellung. In diesem Zusammenhang ist zu berücksichtigen, dass der ursprünglich unterstellte Handelsbilanzgewinn vor Gewerbesteuerrückstellung von 435.000 € nun aufgrund der an B gezahlten Sondervergütungen in Höhe von 39.000 €[34] auf 396.000 € sinken muss. Nachfolgend wird die geänderte Berechnung des Gewerbeertrags sowie der Gewerbesteuerrückstellung dargelegt.

	Korrigierter Steuerbilanzgewinn vor Gewerbesteuerrückstellung	624.500 €[a]
+	Geleistete Gewerbesteuer-Vorauszahlungen (nichtabziehbare Aufwendungen § 4 Abs. 5b EStG)	90.000 €
=	Korrigierter Steuerbilanzgewinn der Gesamthand	714.500 €
+	Sondergewinn Gesellschafter B (R 7.1 GewStR)	18.500 €
–	Kürzungen (§ 9 Nr. 1 Satz 1 GewStG) 0,012 · 41.667 €	500 €
–	Freibetrag (§ 11 Abs. 1 Satz 3 Nr. 1 GewStG)	24.500 €
=	Gewerbeertrag vor Abzug der Gewerbesteuer	708.000 €
–	Gewerbesteuer (3,5 % · 400 % · 708.000 €)	99.120 €
=	Gewinn nach Gewerbesteuer (nicht entnommener Gewinn)	608.880 €

[a] 624.500 € = 435.000 € + 228.500 € – 39.000 €.

Abb. 258: Modifizierte Berechnung des Gewerbeertrags

Nunmehr lässt sich der geänderte Betrag der Gewerbesteuerrückstellung ermitteln.

	Berechnete Gewerbesteuer	99.120 €
–	Geleistete Gewerbesteuer-Vorauszahlungen	90.000 €
=	Voraussichtliche Gewerbesteuer-Abschlusszahlung (Gewerbesteuerrückstellung)	9.120 €

Die entsprechenden Buchungssätze zur Erfassung der Gewerbesteuerrückstellung sowie der Gewinnverteilung lauten jetzt für den handelsrechtlichen Jahresabschluss wie folgt:

Steuern vom Einkommen und vom Ertrag		an	Gewerbesteuer-rückstellung	9.120 €
Gewinn- und Verlustkonto	386.880 €[35]	an	– Verbindlichkeiten gegenüber Gesellschafter A	223.440 €[36]
			– Verbindlichkeiten gegenüber Gesellschafter B	163.440 €.

zeigt abschließend die nach den Änderungen der Ausgangsdaten relevante ertragsteuerrechtliche Gewinnermittlung und -verteilung.

Die gesamtsteuerrechtliche Erfolgsermittlung unter Anrechnung der Gewerbesteuer auf die Einkommensteuer gemäß § 35 EStG ist in **Abbildung 260** dargestellt. Dabei wird zwischen den beiden Fällen der Gewinnentnahme und Gewinnthesaurierung unterschieden.

---

[32] 44.400 € = 32.400 € + 12.000 €.

[33] 17.400 € = 14.400 € + 3.000 €.

[34] 39.000 € = (1.500 € + 750 €) · 12 + 0,08 · 150.000 €.

[35] 386.880 € = 435.000 € – 39.000 € – 9.120 €.

[36] 223.440 € = 163.440 € + 60.000 € (Vorabgewinn).

III. Erfolgsbesteuerung 713

```
        Handelsbilanzgewinn nach Gewerbesteuer-
        rückstellung                                        386.880 €
      + bilanzsteuerrechtliche Korrekturen                  204.500 €
      = Steuerbilanzgewinn                                  591.380 €
      + nichtabziehbare Aufwendungen                         24.000 €
      + nichtabziehbare Aufwendungen (Gewerbesteuer)         99.120 €
      = korrigierter Steuerbilanzgewinn der Gesamthand      714.500 €
      + Sondergewinn Gesellschafter B                        18.500 €
      = steuerrechtlicher Gesamtgewinn
        der Mitunternehmerschaft                            733.000 €

        Gesellschafter A                    Gesellschafter B
        Vorabgewinn          60.000 €       Sondergewinn         18.500 €
      + Gewinnanteil                      + Gewinnanteil
        50 %                327.250 €       50 %                327.250 €
      =                     387.250 €     =                     345.750 €
        (Gewerbliche Einkünfte i.S.v. § 15 Abs. 1 Nr.2 EStG)
```

Abb. 259: Modifizierte ertragsteuerrechtliche Gewinnermittlung und -verteilung

	Gewinnentnahme		Gewinnthesaurierung	
	Gesellschafter A	Gesellschafter B	Gesellschafter A	Gesellschafter B
Gewinn vor Steuern	387.250 €	345.750 €	387.250 €	345.750 €
− GewSt (0,035 · 4 · [733.500 € − 24.500 € − 500 €])	49.560 €	49.560 €	49.560 €	49.560 €
= Gewinn nach GewSt (nicht entnommener Gewinn)	337.690 €	296.190 €	337.690 €	296.190 €
− ESt (0,45 · Gewinn vor Steuern)	174.263 €	155.588 €		
− ESt (0,2825 · nicht entnommener Gewinn)			95.397 €	83.674 €
− ESt auf GewSt (0,45 · Gewerbesteuer)			22.302 €	22.302 €
+ Anrechnung GewSt auf ESt (Faktor 3,8) (0.035 · 3,8 · [753.500 € − 24.500 € − 500 €])	47.082 €	47.082 €	47.082 €	47.082 €
− Solidaritätszuschlag (0,055 · zu erhebende ESt)	6.995 €	5.968 €	3.884 €	3.239 €
= verbleibender Gewinn	203.515 €	181.717 €	263.189 €	234.057 €
Steuerbelastung	**183.735 €**	**164.033 €**	**124.061 €**	**111.693 €**
	47,45%	47,44%	32,04%	32,30%
Ermittlung des Nachversteuerungsbetrags				
begünstigt besteuerter Gewinn			337.690 €	296.190 €
− ESt (0,2825 · nicht entnommener Gewinn)			95.397 €	83.674 €
− Solidaritätszuschlag (0,055 · zu erhebende ESt)			5.247 €	4.602 €
= Nachversteuerungsbetrag			237.046 €	207.914 €
− ESt (0,25 · Nachversteuerungsbetrag)			59.261 €	51.979 €
− Solidaritätszuschlag (0,055 · zu erhebende ESt)			3.259 €	2.859 €
= verbleibender Gewinn	203.515 €	181.717 €	200.668 €	179.220 €
Steuerbelastung	**183.735 €**	**164.033 €**	**186.582 €**	**166.530 €**
	47,45%	47,44%	48,18%	48,16%

Abb. 260: Gegenüberstellung der ertragsteuerrechtlichen Gewinnermittlung und -verteilung

3. Erstellung von Ergänzungs-Jahresabschlüssen

a. Allgemeines

Während **Sonder-Jahresabschlüsse** darauf abzielen, das Sonderbetriebsvermögen der Mitunternehmer darzustellen bzw. seine Veränderungen aufzuzeigen, sollen **Ergänzungs-Jahresabschlüsse** gesellschafterbezogene Wertkorrekturen zu den Inhalten des Gesamthands-Jahresabschlusses erfassen. Wie gezeigt wurde, enthalten Sonderbilanzen Wirtschaftsgüter, die aus **handelsrechtlicher Sicht** nicht zum Gesellschaftsvermögen der Personenhandelsgesellschaft gehören, nach **steuerrechtlicher Interpretation** jedoch dem (Sonder-)Betriebsvermögen zuzurechnen sind, weil sie für unternehmerische Zwecke genutzt werden. Mithin komplettieren auch Sonder-Jahresabschlüsse steuerrechtlich den Gesamthands-Jahresabschluss der Personenhandelsgesellschaft, indem in der Sonderbilanz ausschließlich Wirtschaftsgüter zum Ausweis kommen, die in der **Hauptbilanz nicht erscheinen**. Die im Rahmen von Ergänzungs-Jahresabschlüssen vorgenommenen Korrekturen beziehen sich hingegen auf Wirtschaftsgüter, die **auch in der Gesamthandsbilanz** angesetzt werden müssen, jedoch mit einem anderen Wert. Derartige steuerrechtliche Wertdifferenzen in Bezug auf alle oder bestimmte Wirtschaftsgüter resultieren aus **spezifischen Ereignissen**, die dazu führen, dass lediglich einem oder einigen Gesellschaftern Wertanteile am Unternehmensvermögen zuzurechnen sind. Im Folgenden wird die grundlegende Erstellung und Fortführung steuerrechtlicher Ergänzungs-Jahresabschlüsse in **zwei ausgewählten Fällen** aufgezeigt.[37]

b. Veräußerung eines Mitunternehmeranteils an einen Dritten (Gesellschafterwechsel)

In diesem Fall übernimmt ein neuer Mitunternehmer unter Zustimmung der anderen Eigner den Anteil des ausscheidenden Gesellschafters. Der Austretende wird grundsätzlich in Höhe des Buchwerts und des positiven Unterschiedsbetrags zwischen Teil- und Buchwert (i. d. R. stille Reserven, nicht bilanzierungsfähige immaterielle Wirtschaftsgüter des Anlagevermögens und ein ggf. vorhandener Geschäfts- oder Firmenwert) seiner Gesellschaftsbeteiligung von dem übernehmenden Mitunternehmer entschädigt. Der den Buchwert übersteigende Mehrbetrag stellt i. d. R. **aktivierungspflichtige Anschaffungskosten**[38] dar und ist im Verhältnis der erworbenen Anteilsrechte wirtschaftsgutbezogen dem neuen Mitunternehmer anhand einer **positiven Ergänzungsbilanz** zuzurechnen, da es sich bei dem Differenzbetrag nicht um Anschaffungskosten der Gesamthand handelt. Die Ergänzungsbilanz muss in den Folgejahren, ggf. in Kombination mit einer Ergänzungs-Gewinn- und Verlustrechnung, **fortgeführt** werden. Unter einer Fortführung ist die **künftige Weiterentwicklung** der Ergänzungsbilanzwerte nach Maßgabe steuerrechtlicher Vorschriften zu verstehen.

---

[37] Vgl. zu anderen Fällen etwa *Falterbaum et al.* 2010, S. 1216–1254.

[38] In Ausnahmefällen kann die Mehrabfindung, die einem ausscheidenden Mitunternehmer über den Buchwert seines Kapitalanteils zuzüglich anteiliger stiller Reserven und eines Geschäfts- oder Firmenwerts hinaus gezahlt wird, auch als sofort abzugsfähige Betriebsausgabe behandelt werden. Allerdings muss es sich dann um einen (lästigen) Gesellschafter handeln, der den Bestand und das Gedeihen der Unternehmung durch permanente Störungen des Betriebs ernsthaft gefährdet und für einen bereits absehbaren Zeitpunkt in Frage stellt. Vgl. *Wacker* 2013, Anm. 462 zu § 15 EStG.

III. Erfolgsbesteuerung

Hierdurch wird u. a. sichergestellt, dass aufgrund des Zweischneidigkeitseffekts der Bilanzierung **erfolgsbezogene Auswirkungen** der erstmaligen Erstellung von Ergänzungs-Jahresabschlüssen in den Folgeperioden zum Ausgleich kommen. Nach h. M. sind auf die in der Gesamthands- und Ergänzungsbilanz ausgewiesenen Wirtschaftsgüter prinzipiell **einheitliche Abschreibungsmethoden** anzuwenden, damit die in beiden Bilanzen angesetzten Werte gleichzeitig aufgezehrt werden.

Die aus diesen Ergänzungs-Jahresabschlüssen resultierenden Gewinne oder Verluste sind in die **ertragsteuerrechtliche Erfolgsermittlung** der Personenhandelsgesellschaft einzubeziehen. Hieraus folgt, dass Ergänzungsbilanzerfolge sowohl bei der Berechnung der **gewerblichen Einkünfte** der betroffenen Mitunternehmer nach § 15 Abs. 1 Nr. 2 EStG als auch bei der Ermittlung des **Gewerbeertrags bzw. -verlusts** berücksichtigt werden müssen.

Beispiel:[39] An einer OHG, deren Wirtschafts- dem Kalenderjahr entspricht, waren drei Mitunternehmer laut Gesellschaftsvertrag bisher wie folgt beteiligt: A mit 50 %, B und C mit jeweils 25 %. Die zum 31.12. des Wirtschaftsjahrs 2011 erstellte Gesamthandsbilanz, die variable Kapitalanteile der Gesellschafter ausweist, hat das nachstehende Aussehen.[40]

Mit Vertrag vom 21.12. des Wirtschaftsjahres 2012 veräußerte Mitunternehmer C seinen Anteil an den Neu-Gesellschafter D in Höhe von 500.000 €. Die Gesellschafter A und B stimmten dem Verkauf unter der Voraussetzung zu, dass D den von C erworbenen Kapitalanteil in unveränderter Höhe übernimmt. Folglich ändert sich die Struktur der Gesamthandsbilanz bis auf die Zusammensetzung des Eigenkapitals nicht. Der Gesellschafterwechsel soll zum 01. 01. des Kalenderjahrs 2013 wirksam werden. Zum Zwecke der Ermittlung eines angemessenen Kaufpreises haben C und D einen Wirtschaftsprüfer mit der Wertfindung beauftragt, der unter Aufdeckung sämtlicher stiller Reserven, der Berücksichtigung nicht bilanzierungsfähiger immaterieller Einzelwirtschaftsgüter (selbst geschaffene Patente) sowie eines (originären) Geschäfts- oder Firmenwerts die im Folgenden gezeigte Abfindungsbilanz der ABC-OHG erstellt hat.

Aktiva	Schlussbilanz der ABC-OHG zum 31.12.2012		Passiva
	€		€
A. Anlagevermögen:		A. Eigenkapital:	
I. Grundstücke	100.000	I. Gesellschafter A	950.000
II. Gebäude	360.000	II. Gesellschafter B	290.000
III. Maschinen und maschinelle Anlagen	90.000	III. Gesellschafter C	200.000
IV. Andere Anlagen, Betriebs- und Geschäftsausstattung	85.000	B. Verbindlichkeiten:	
B. Umlaufvermögen:		I. Verbindlichkeiten aus Lieferungen und Leistungen	150.000
I. Vorräte	400.000	II. Sonstige Verbindlichkeiten – davon aus Steuern 15.000 €	15.000
II. Forderungen aus Lieferungen und Leistungen	600.000		
III. Guthaben bei Kreditinstituten	5.000	C. Rechnungsabgrenzungsposten	35.000
	1.640.000		1.640.000

Aktiva	Abfindungsbilanz der ABC-OHG zum 31.12.2012		Passiva
	€		€
A. Anlagevermögen:		A. Eigenkapital:	
I. Immaterielle Vermögensgegenstände:		I. Gesellschafter A	1.550.000[a]
1. Patente	249.000	II. Gesellschafter B	590.000[b]
2. Geschäfts- oder Firmenwert	486.000	III. Gesellschafter C	500.000[c]
II. Sachanlagen:		B. Verbindlichkeiten:	
1. Grundstücke	300.000	I. Verbindlichkeiten aus Lieferungen und Leistungen	150.000
2. Gebäude	400.000	II. Sonstige Verbindlichkeiten	15.000
3. Maschinen und maschinelle Anlagen	150.000	– davon aus Steuern 15.000 €	
4. Andere Anlagen, Betriebs- und Geschäftsausstattung	100.000	C. Rechnungsabgrenzungsposten	35.000
5. Geringwertige Wirtschaftsgüter	50.000		
B. Umlaufvermögen:			
I. Vorräte	500.000		
II. Forderungen aus Lieferungen und Leistungen	600.000		
III. Guthaben bei Kreditinstituten	5.000		
	2.840.000		2.840.000

[a] 1.550.000 € = 950.000 € + [0,5 · (2.640.000 € – 1.440.000 €)].
[b] 590.000 € = 290.000 € + [0,25 · (2.640.000 € – 1.440.000 €)].
[c] 500.000 € = 200.000 € + [0,25 · (2.640.000 € – 1.440.000 €)].

Mit der Mehrzahlung von Gesellschafter D an den ausscheidenden Gesellschafter C in Höhe von 300.000 € (500.000 € – 200.000 €) sind in Höhe der prozentualen Beteiligung von 25 % stille Reserven (116.250 €) und immaterielle Wirtschaftsgüter (183.750 €) erworben worden, die Mitunternehmer D in einer positiven Ergänzungsbilanz wie folgt auszuweisen hat.[41]

---

[39] Das Beispiel wurde modifiziert übernommen von *Falterbaum* et al. 2010, S. 1424 f.

[40] Im Falle variabler Kapitalkonten gilt es allerdings zu berücksichtigen, dass sich die Beteiligungsverhältnisse ausschließlich auf die im Betriebsvermögen enthaltenen stillen Reserven und nicht auf das gesamte Unternehmensvermögen beziehen, denn der gesellschafterindividuelle Anteil am bilanziellen (Rein-)Vermögen spiegelt sich im jeweiligen (variablen) Kapitalanteil wider.

[41] Gesellschafter C hat dagegen den Veräußerungsgewinn in Höhe von 300.000 € (500.000 – 200.000 €) als Einkünfte aus Gewerbebetrieb gemäß § 16 Abs. 1 Nr. 2 EStG zu versteuern. Den Veräußerungs-Freibetrag von 45.000 € nach § 16 Abs. 4 EStG erhält Gesellschafter C jedoch nur dann, wenn er das 55. Lebensjahr vollendet hat oder im sozialversicherungsrechtlichen Sinne dauernd berufsunfähig ist. Da Veräußerungsgewinne i. S. d. § 16 EStG zu den außerordentlichen Einkünften des § 34 EStG zählen, kann Gesellschafter C - sofern er das 55. Lebensjahr vollendet hat oder im sozialversicherungsrechtlichen Sinne dauernd berufsunfähig ist - beantragen, dass der Veräußerungsgewinn ermäßigt besteuert wird. Der Veräußerungsgewinn unterliegt indes nicht der Gewerbesteuer (R 7.1 Abs. 3 Satz 3 GewStR).

III. Erfolgsbesteuerung

Aktiva		Ergänzungsbilanz Gesellschafter D zum 01.01.2013		Passiva
		€		€
A. Anlagevermögen:			A. Mehrkapital	
I. Immaterielle Vermögensgegenstände:			Gesellschafter D	300.000
1.	Patente	62.250		
2.	Geschäfts- oder Firmenwert	121.500		
II. Sachanlagen:				
1.	Grundstücke	50.000		
2.	Gebäude	10.000		
3.	Maschinen und maschinelle Anlagen	15.000		
4.	Andere Anlagen, Betriebs- und Geschäftsausstattung	3.750		
5.	Geringwertige Wirtschaftsgüter	12.500		
B. Umlaufvermögen:				
I. Vorräte		25.000		
		300.000		300.000

In Bezug auf die Fortführung der Ergänzungsbilanz und zum Zwecke der Ermittlung des Ergänzungsbilanzerfolgs von Gesellschafter D im Rahmen eines Ergänzungs-Jahresabschlusses für das Wirtschaftsjahr 2013 seien folgende Informationen gegeben.

- Von den am 01.01. des Wirtschaftsjahrs 2013 auf Lager befindlichen Vorräten (fertige Erzeugnisse) wurden bis zum Jahresende 75 % verkauft.
- Die betriebsgewöhnliche Nutzungsdauer der linear abzuschreibenden Patente (R 7.1 i. V. m. 5.5 EStR) beträgt vier Jahre.
- Der Geschäfts- oder Firmenwert ist nach § 7 Abs. 1 Satz 3 EStG linear über 15 Jahre abzuschreiben.
- Die Grundstücke sind zum 31.12. des Wirtschaftsjahrs 2013 noch in vollem Umfang vorhanden.
- Die Betriebsgebäude sollen linear mit einem Satz von 3 % abgeschrieben werden (§ 7 Abs. 4 Nr. 1 EStG).
- Die Restnutzungsdauern der ebenfalls linear abzuschreibenden Wirtschaftsgüter des übrigen Sachanlagevermögens betragen für Maschinen und maschinelle Anlagen drei Jahre und für andere Anlagen, Betriebs- und Geschäftsausstattung vier Jahre.
- Die geringwertigen Wirtschaftsgüter werden wie in der Gesamthandsbilanz sofort gemäß § 6 Abs. 2 EStG abgeschrieben.
- Zum Bilanzstichtag liegen keine Anhaltspunkte für handels- oder steuerrechtlich vorzunehmende Wertkorrekturen der in der Ergänzungsbilanz ausgewiesenen Wirtschaftsgüter vor.

Auf den nachstehenden Konten wird der Gesellschafter D betreffende buchhalterische Ablauf zusammenfassend dargestellt.

S	Patente		H
	€		€
AB	62.250	(2)	15.562,50[a]
		(8)	46.687,50
		SBK (EB)	
	62.250		62.250

[a] 15.562,50 € = 62.250 € : 4 Jahre.

S	Grundstücke		H
	€		€
AB	50.000	(10) SBK (EB)	50.000

S	Maschinen und maschinelle Anlagen		H
	€		€
AB	15.000	(3)	5.000[d]
		(12) SBK (EB)	10.000
	15.000		15.000

[d] 5.000 € = 15.000 € : 3 Jahre.

S	Geringwertige Wirtschaftsgüter		H
	€		€
AB	12.500	(3)	12.500[f]

[f] Auf die Berücksichtigung eines Erinnerungswerts wird verzichtet.

S	Mehrkapital Gesellschafter D		H
	€		€
(7)	61.150	AB	300.000
(15)			
SBK (EB)	238.850		
	300.000		300.000

S	Abschreibungen auf immaterielle Gegenstände des Anlagevermögens		H
	€		€
(2)	23.662,50	(5) GuV	23.662,50

S	Geschäfts- oder Firmenwert		H
	€		€
AB	121.500	(2)	
		(9)	8.100[b]
		SBK (EB)	113.400
	121.500		121.500

[b] 8.100 € = 121.500 € : 15 Jahre.

S	Gebäude		H
	€		€
AB	10.000	(3)	300[c]
		(11) SBK (EB)	9.700
	10.000		10.000

[c] 300 € = 0,03 · 10.000 €.

S	Andere Anlagen, Betriebs- und Geschäftsausstattung		H
	€		€
AB	3.750	(3)	
		(13)	937,50[e]
		SBK (EB)	2.812,50
	3.750		3.750

[e] 937,50 € = 3.750 € : 4 Jahre.

S	Vorräte		H
	€		€
AB	25.000	(1)	
		(14)	18.750[g]
		SBK (EB)	6.250
	25.000		25.000

[g] 18.750 € = 0,75 · 25.000 €.

S	Bestandsveränderungen an fertigen Erzeugnissen		H
	€		€
(1)	18.750	(4) GuV	18.750

S	Abschreibungen auf Sachanlagen		H
	€		€
(3)	18.737,50	(6) GuV	18.737,50

III. Erfolgsbesteuerung

S	Ergänzungs-Gewinn- und Verlustkonto Gesellschafter D zum 31.12.2013		H
	€		€
(4) Bestandsveränderungen an fertigen Erzeugnissen	18.750	(7) Ergänzungsverlust D	61.150
(5) Abschreibungen auf immaterielle Gegenstände des Anlagevermögens	23.662,50		
(6) Abschreibungen auf Sachanlagen	18.737,50		
	__61.150__		__61.150__

S	Ergänzungs-Schlussbilanzkonto Gesellschafter D zum 31.12.2013		H
	€		€
(8) Patente	46.687,50	(15) Mehrkapital D	238.850
(9) Geschäfts- oder Firmenwert	113.400		
(10) Grundstücke	50.000		
(11) Gebäude	9.700		
(12) Maschinen und maschinelle Anlagen	10.000		
(13) Andere Anlagen, Betriebs- und Geschäftsausstattung	2.812,50		
(14) Vorräte	6.250		
	__238.850__		__238.850__

Aktiva	Ergänzungsbilanz Gesellschafter D zum 31.12.2013		Passiva
	€		€
A. Anlagevermögen:		A. Mehrkapital Gesellschafter D	238.850
I. Immaterielle Vermögensgegenstände:			
1. Patente	46.687,50		
2. Geschäfts- oder Firmenwert	113.400		
II. Sachanlagen:			
1. Grundstücke	50.000		
2. Gebäude	9.700		
3. Maschinen und maschinelle Anlagen	10.000		
4. Andere Anlagen, Betriebs- und Geschäftsausstattung	2.812,50		
B. Umlaufvermögen:			
I. Vorräte	6.250		
	__238.850__		__238.850__

c. Eintritt eines Gesellschafters in eine bestehende Personengesellschaft (Gesellschaftereintritt)

Sofern ein neuer Mitunternehmer in eine bestehende Personenhandelsgesellschaft aufgenommen wird, muss dieser in Höhe des Teilwerts seines zu übernehmenden Kapitalanteils, der in aller Regel über dem Buchwert liegt, eine entsprechende **Einlage** leisten. Zum Zwecke der Bestimmung seines aktuellen Beteiligungswerts am Unternehmensvermögen und damit der zu leistenden Einlage ist unter Aufdeckung sämtlicher stiller Reserven, der Berücksichtigung (nicht bilanzierungsfähiger) immaterieller Wirtschaftsgüter und ggf. eines (originären) Geschäfts- oder Firmenwerts eine **Eintrittsbilanz** der Gesellschaft zu erstellen. Da der eintretende Mitunternehmer somit zur Erlangung seiner Beteiligung mehr aufwenden muss, als ihm – bei Buchwertfortführung – in der künftigen Gesamthandsbilanz an Kapital eingeräumt wird, hat der über den Buchwert seines Kapitalanteils hinaus zu zahlende Mehrbetrag, ähnlich wie beim Gesellschafterwechsel, in einer **positiven Ergänzungsbilanz** zum Ausweis zu kommen.

Während aus steuerrechtlicher Sicht beim **Neu-Gesellschafter** die Anschaffung eines Mitunternehmeranteils vorliegt, handelt es sich bezüglich der **Alt-Gesellschafter** hingegen um die **partielle Veräußerung** eines Bruchteils ihrer Mitunternehmeranteile an den Eintretenden. Sofern die jeweiligen Kapitalanteile der Alt-Mitunternehmer in der Eintrittsbilanz über den in der für das letzte Wirtschaftsjahr aufgestellten Gesamthandsbilanz ohne Berücksichtigung des Gesellschaftereintritts ausgewiesenen Kapitalanteile liegen, entsteht ein **Veräußerungsgewinn**, andernfalls ein **Veräußerungsverlust**. Derartige Veräußerungserfolge gehören gemäß § 16 Abs. 1 Nr. 2 EStG zu den Einkünften aus Gewerbebetrieb.[42] Nach der steuerlichen Rechtsprechung handelt es sich bei der dargestellten Konstellation des Eintritts um den Fall der **Einbringung von Mitunternehmeranteilen** der Alt-Gesellschafter in eine neue erweiterte Personengesellschaft, auf den § 24 UmwStG anzuwenden ist.[43] Laut § 24 Abs. 2 UmwStG besteht für die veräußernden Alt-Gesellschafter ein Wahlrecht, ihre Anteile zum **Buchwert** fortzuführen, zum **Teilwert** anzusetzen oder zu einem zwischen **Buch-** und **Teilwert** liegenden Interimswert in der künftigen Gesamthandsbilanz auszuweisen. Allerdings können die Alt-Gesellschafter die Besteuerung ggf. entstehender Veräußerungsgewinne im Falle des Teil- oder Interimswertes durch die Aufstellung **negativer Ergänzungsbilanzen** zunächst verhindern.[44] Aufgrund der zwingenden Fortführungspflicht auch dieser Bilanzen, ggf. unter Einbezug negativer Ergänzungs-Gewinn- und Verlustrechnungen, erfolgt eine sukzessive Auflösung und Besteuerung der stillen Reserven in den anschließenden Perioden.[45] Der buchhalterische Aufbau und Ablauf negativer Ergänzungs-Jahresabschlüsse ist analog den positiven Systemen zu gestalten, jedoch auf umgekehrten Kontenseiten. Mithin führen negative **Ergänzungs-Jahresabschüsse** in aller Regel zu einem gesellschafterbezogenen Ergänzungsgewinn.

---

[42] Der Veräußerungsgewinn unterliegt gemäß R 7.1 Abs. 3 Satz 3 GewStR indes nicht der Gewerbesteuer; dementsprechend mindert ein Verlust auch nicht den Gewerbeertrag.

[43] Vgl. *Wacker* 2013, Anm. 562 zu § 16 EStG.

[44] Vgl. *BMF* 1998, S. 107.

[45] Die über negative Ergänzungsbilanzen realisierten Gewinne unterliegen jedoch als laufende Gewinne der Gewerbesteuer.

III. Erfolgsbesteuerung

Beispiel: Unter Rückgriff auf die Ausgangsdaten des vorhergehenden Beispiels wird nun unterstellt, dass die drei OHG-Gesellschafter A, B und C beschlossen haben, den neuen Mitunternehmer D mit Wirkung zum 01.01. des Kalenderjahres 2013 aufzunehmen. In Abänderung des Ausgangsbeispiels sollen sich die Kapitalanteile der Gesellschafter zum 31.12.2012 nunmehr jedoch auf nachstehende Beträge belaufen: 720.000 € (A), 360.000 € (B) und 360.000 € (C). Laut Gesellschaftsvertrag wurde vereinbart, dass das Beteiligungsverhältnis von A, B, C und D am Unternehmensvermögen künftig folgende Struktur aufweisen soll: 40 %, 24 %, 24 % und 12 %. Ferner verpflichtet sich Neu-Gesellschafter D, seine Einlage in Höhe des Teilwerts der Beteiligung Anfang des Wirtschaftsjahrs 2013 in bar zu leisten. Die entsprechende Eintrittsbilanz nimmt unter Aufdeckung sämtlicher stiller Reserven, der Berücksichtigung (nicht bilanzierungsfähiger) immaterieller Einzelwirtschaftsgüter (selbst geschaffene Patente) sowie eines (originären) Geschäfts- oder Firmenwerts nachstehendes Aussehen an.

Die Einlageverpflichtung des Neu-Gesellschafters D errechnet sich wie folgt.

(1)	Künftiger Teilwert des Eigenkapitals der ABCD-OHG	3.000.000 €	(100 %)
− (2)	Bisheriger Teilwert des Eigenkapitals der ABC-OHG	2.640.000 €	(88 %)
= (3)	Teilwert der Beteiligung von Gesellschafter D an der ABCD-OHG	360.000 €	(12 %).

Aktiva	Eintrittsbilanz der ABCD-OHG zu Teilwerten zum 01.01.2013		Passiva
	€		€
A. Ausstehende Einlagen	360.000	A. Eigenkapital:	
B. Anlagevermögen:		I. Gesellschafter A	1.200.000[a]
I. Immaterielle		II. Gesellschafter B	720.000[b]
Vermögensgegenstände:		III. Gesellschafter C	720.000
1. Patente	249.000	IV. Gesellschafter D	360.000
2. Geschäfts- oder		B. Verbindlichkeiten:	
Firmenwert	486.000	I. Verbindlichkeiten	
II. Sachanlagen:		aus Lieferungen	
1. Grundstücke	300.000	und Leistungen	150.000
2. Gebäude	400.000	II. Sonstige	
3. Maschinen und		Verbindlichkeiten	15.000
maschinelle Anlagen	150.000	– davon aus Steuern	
4. Andere Anlagen,		15.000 €	
Betriebs- und		C. Rechnungs-	
Geschäftsausstattung	100.000	abgrenzungsposten	35.000
5. Geringwertige			
Wirtschaftsgüter	50.000		
C. Umlaufvermögen:			
I. Vorräte	500.000		
II. Forderungen aus			
Lieferungen und			
Leistungen	600.000		
III. Guthaben bei			
Kreditinstituten	5.000		
	3.200.000		**3.200.000**

[a] 1.200.000 € = 0,4 · 3.000.000 €.
[b] 720.000 € = 0,24 · 3.000.000 €.

Die zu Buchwerten aufgestellte Eintrittsbilanz, die künftig als Eröffnungsbilanz der ABCD-OHG fortgeführt wird, hat hingegen zum 01. 01. des Wirtschaftsjahrs 2013 nachstehendes Aussehen.

Aktiva	Eintrittsbilanz der ABCD-OHG zu Buchwerten zum 01. 01.2013		Passiva
	€		€
A. Ausstehende Einlagen	360.000	A. Eigenkapital:	
B. Anlagevermögen:		I. Gesellschafter A	720.000[a]
I. Grundstücke	100.000	II. Gesellschafter B	432.000[b]
II. Gebäude	360.000	III. Gesellschafter C	432.000
III. Maschinen und maschinelle Anlagen	90.000	IV. Gesellschafter D	216.000[c]
IV. Andere Anlagen, Betriebs- und Geschäftsausstattung	85.000	B. Verbindlichkeiten:	
		I. Verbindlichkeiten aus Lieferungen und Leistungen	150.000
C. Umlaufvermögen:		II. Sonstige Verbindlichkeiten	15.000
I. Vorräte	400.000	– davon aus Steuern 15.000 €	
II. Forderungen aus Lieferungen und Leistungen	600.000	C. Rechnungsabgrenzungsposten	35.000
III. Guthaben bei Kreditinstituten	5.000		
	2000.000		2000.000

[a] 720.000 € = 0,4 · (1.640.000 € + 360.000 € - 200.000 €).
[b] 432.000 € = 0,24 · (1.640.000 € + 360.000 € - 200.000 €).
[c] 216.000 € = 0,12 · (1.640.000 € + 360.000 € - 200.000 €).

Allerdings kann der Teilwert von 360.000 € nicht als Eigenkapitalkomponente von Gesellschafter D in der Gesamthandsbilanz der OHG ausgewiesen werden, da er in Höhe von 144.000 €[46] anteilige stille Reserven und immaterielle Wirtschaftsgüter enthält, die nur dem Mitunternehmer D im Rahmen einer positiven Ergänzungsbilanz, wie im Folgenden gezeigt, zuzuordnen sind.

---

[46] 144.000 € = 360.000 € - 216.000 €.

III. Erfolgsbesteuerung

Aktiva	Ergänzungsbilanz Gesellschafter D zum 01.01.2013		Passiva
	€		€
A. Anlagevermögen:		A. Mehrkapital	
I. Immaterielle Vermögensgegenstände:		Gesellschafter D	144.000
1. Patente	29.880[a]		
2. Geschäfts- oder Firmenwert	58.320		
II. Sachanlagen:			
1. Grundstücke	24.000		
2. Gebäude	4.800		
3. Maschinen und maschinelle Anlagen	7.200		
4. Andere Anlagen, Betriebs- und Geschäftsausstattung	1.800		
5. Geringwertige Wirtschaftsgüter	6.000		
B. Umlaufvermögen:			
I. Vorräte	12.000		
	__144.000__		__144.000__

[a] 29.880 € = 0,12 · 249.000 € (= Beteiligungsquote · stille Reserven).

Unter Zugrundelegung der im Rahmen des vorangegangenen Beispiels angeführten Informationen weist die fortgeführte Ergänzungsbilanz von Gesellschafter D zum 31.12. des Wirtschaftsjahrs 2013 das gezeigte Bild auf. Der Ergänzungsbilanzverlust für diese Periode beträgt mithin 29.352 € (144.000 €–114.648 €).[47] Es ist unschwer zu erkennen, dass die Alt-Gesellschafter A, B und C zum einen in Höhe von 10 % bzw. jeweils 1 % zugunsten des neu eintretenden Mitunternehmers D auf Anteile an den ursprünglichen Buchwerten (172.800 €)[48] sowie den stillen Reserven und den immateriellen Wirtschaftsgütern (144.000 €)[49] verzichten, zum anderen in Höhe von 40 % bzw. jeweils 24 % an der von Gesellschafter D zu leistenden Bareinlage partizipieren. Für Gesellschafter A stellt sich somit in der Eintritts-(Eröffnungs-)bilanz ein Eigenkapital von 720.000 € ein, wodurch sich für diesen Mitunternehmer im Vergleich zur Schlussbilanz der ABC-OHG zum 31.12.2012 keine Veränderung ergibt, d. h. für Gesellschafter A entsteht weder ein Veräußerungsgewinn noch ein -verlust. Demgegenüber ergeben sich für die Gesellschafter B und C Veräußerungsgewinne in Höhe von je 72.000 €[50].

---

[47] Auf die Darstellung des vollständigen buchungstechnischen Ablaufs wird verzichtet. Vgl. das Ausgangsbeispiel im Vierten Teil zu Gliederungspunkt III.B.3.b.
[48] 172.800 € = 0,12 · 1.440.000 €.
[49] 144.000 € = 0,12 · 1.200.000 €.
[50] 72.000 € = 432.000 € − 360.000 €.

Die Aufnahme eines neuen Gesellschafters in eine bereits bestehende Personenhandelsgesellschaft kann u. a. darin begründet sein, dass sich die Alt-Gesellschafter durch das finanzielle und persönliche Engagement des Eintretenden neue wirtschaftliche Impulse für das Unternehmen versprechen. **Abbildung 261** zeigt die Berechnung der Veräußerungserfolge der drei Alt-Gesellschafter gemäß § 16 Abs. 1 Nr. 2 EStG. Per Saldo ergibt sich genau der Betrag von 144.000 €, den der eintretende Mitunternehmer D in seiner positiven Ergänzungsbilanz zum 01.01. des Wirtschaftsjahrs 2013 als Mehrkapital ausgewiesen hat.

Aktiva	Ergänzungsbilanz Gesellschafter D zum 31.12.2013		Passiva
	€		€
A. Anlagevermögen:		A. Mehrkapital Gesellschafter D	114.648
I. Immaterielle Vermögensgegenstände:			
1. Patente	22.410[a]		
2. Geschäfts- oder Firmenwert	54.432[b]		
II. Sachanlagen:			
1. Grundstücke	24.000		
2. Gebäude	4.656[c]		
3. Maschinen und maschinelle Anlagen	4.800[d]		
4. Andere Anlagen, Betriebs- und Geschäftsausstattung	1.350[e]		
B. Umlaufvermögen:			
I. Vorräte	3.000[f]		
	114.648		**114.648**

[a] 22.410 € = 29.880 € - 29.880 € : 4 Jahre.
[b] 54.432 € = 58.320 € - 58.320 € : 15 Jahre.
[c] 4.656 € = 4.800 € - 0,03 · 4.800 €.
[d] 4.800 € = 7.200 € - 7.200 € : 3 Jahre.
[e] 1.350 € = 1.800 € - 1.800 € : 4 Jahre.
[f] 3.000 € = 12.000 € - 0,75 · 12.000 €.

Berechnungskomponenten	Gesellschafter			Summe
	A	B	C	
Wert der eingebrachten Anteile laut Eintritts- (Eröffnungs-)bilanz zum 01.01.2013[a]	720.000 €	432.000 €	432.000 €	1.584.000 €
- Wert der eingebrachten Anteile laut Gesamthandsbilanz zum 31.12.2012[b]	720.000 €	360.000 €	360.000 €	1.440.000 €
= Veräußerungserfolg absolut	0 €	72.000 €	72.000 €	144.000 €
Veräußerungserfolg prozentual	0 %	50 %	50 %	100 %

[a] Vgl. die Eintrittsbilanz der ABCD-OHG zu Buchwerten zum 01.01.2013.
[b] Vgl. die Schlussbilanz der ABC-OHG zu Buchwerten zum 31.12.2012.

Abb. 261: Ermittlung der Veräußerungserfolge

III. Erfolgsbesteuerung

Für die Gesellschafter B und C besteht aber jeweils die Möglichkeit, die Besteuerung der Veräußerungsgewinne durch die Erstellung negativer Ergänzungsbilanzen mit Minderkapitalien von je 72.000 € wie im Folgenden gezeigt zunächst zu verhindern. Wird auf die Fertigung negativer Ergänzungsbilanzen verzichtet, so tritt eine Sofortversteuerung der Veräußerungsgewinne gemäß § 16 Abs. 1 Nr. 2 EStG ein. Mangels Ansatz des eingebrachten Betriebsvermögens in der Bilanz der ABCD-OHG mit dem Teilwert können nach § 24 Abs. 3 Satz 2 UmwStG auf die gesellschafterindividuellen Veräußerungserfolge (Einbringungsgewinne) auch nicht die Begünstigungsvorschriften von § 16 Abs. 4 und § 34 EStG angewandt werden.

Aktiva	Ergänzungsbilanz Gesellschafter B zum 01.01.2013[a]		Passiva
	€		€

A. Minderkapital Gesellschafter B 72.000	A. Anlagevermögen:
	    I. Immaterielle Vermögensgegenstände:
	      1. Patente
	      2. Geschäfts- oder Firmenwert
	    II. Sachanlagen:
	      1. Grundstücke
	      2. Gebäude
	      3. Maschinen und maschinelle Anlagen
	      4. Andere Anlagen, Betriebs- und Geschäftsausstattung
	      5. Geringwertige Wirtschaftsgüter
	 B. Umlaufvermögen:
	    I. Vorräte
		14.940[b]
		 29.160
		
		 12.000
		 2.400
		
		 3.600
		
		 900
		
		 3.000
		
		 6.000	

72.000		72.000	

[a] Aufgrund identischer Beteiligungsverhältnisse treffen die Ausführungen für Gesellschafter B auch für Gesellschafter C zu.
[b] 14.940 € = 0,5 · 0,12 · 249.000 €.

Damit stellt sich die Ermittlung der einkommensteuerlichen Bemessungsgrundlagen für die partielle Veräußerung der Mitunternehmeranteile der Gesellschafter B und C gemäß § 24 Abs. 3 Satz 1 UmwStG wie folgt dar.

Berechnungskomponenten	Gesellschafter A	Gesellschafter B	Summe
Wert der eingebrachten Anteile laut Eintritts-(Eröffnungs-)bilanz zum 01.01.2013	432.000 €	432.000 €	864.000 €
– Minderkapital der Ergänzungsbilanzen zum 01.01.2013	72.000 €	72.000 €	144.000 €
– Wert der eingebrachten Anteile laut Gesamthandsbilanz zum 31.12.2012	360.000 €	360.000 €	720.000 €
Veräußerungsgewinn i.S.v. § 16 Abs. 1 Nr. 2 EStG	0 €	0 €	0 €

Abb. 262: Ermittlung der einkommensteuerlichen Bemessungsgrundlagen für das Wirtschaftsjahr 2012

Die Mitunternehmer B und C haben allerdings die negativen Ergänzungsbilanzen zwingend fortzuführen. Hierdurch wird die sukzessive Versteuerung der Veräußerungsgewinne mit Einkommen- und Gewerbesteuer in den Folgeperioden sichergestellt. Nachstehend wird der den negativen Ergänzungs-Jahresabschluss des Gesellschafters B betreffende buchhalterische Ablauf für das Wirtschaftsjahr 2013 im Einzelnen dargelegt.[51] Es zeigt sich, dass der Ergänzungsbilanzgewinn dieser Periode für Mitunternehmer B 14.676 € (72.000 € – 57.324 €) beträgt.

S	Patente		H
	€		€
(2)	3.735^a	AB	14.940
(8)	11.205		
SBK (EB)			
	14.940		14.940

^{a} 3.735 € = 14.940 € : 4 Jahre.

S	Geschäfts- oder Firmenwert		H
	€		€
(2)	1.944^b	AB	29.160
(9)	27.216		
SBK (EB)			
	29.160		29.160

^{b} 1.944 € = 29.160 € : 15 Jahre.

S	Grundstücke		H
	€		€
(10)	12.000		12.000
SBK (EB)		AB	

S	Gebäude		H
	€		€
(3)	72^c	AB	2.400
(11)			
SBK (EB)	2.328		
	2.400		2.400

^{c} 72 € = 0,03 · 2.400 €.

---

[51] Angesichts identischen Sachverhalts stellt sich im Hinblick auf die negative Ergänzungs-Jahresabschlussrechnung des Gesellschafters C der gleiche buchhalterische Ablauf ein.

III. Erfolgsbesteuerung

S	Maschinen und maschinelle Anlagen		H
	€		€
(3) (12) SBK (EB)	1.200[d] 2.400	AB	3.600
	__3.600__		__3.600__

[d] 1.200 € = 3.600 € : 3 Jahre.

S	Andere Anlagen, Betriebs- und Geschäftsausstattung		H
	€		€
(3) (13) SBK (EB)	225[e] 675	AB	900
	__900__		__900__

[e] 225 € = 900 € : 4 Jahre.

S	Geringwertige Wirtschaftsgüter		H
	€		€
(3)	__3.000__[f]	AB	__3.000__

[f] Auf die Berücksichtigung eines Erinnerungswerts von 1 € wird verzichtet.

S	Vorräte		H
	€		€
(1) (14) SBK (EB)	4.500 1.500	AB	6.000
	__6.000__		__6.000__

S	Minderkapital Gesellschafter B		H
	€		€
AB	72.000	(7) (15) SBK (EB)	14.676 57.324
	__72.000__		__72.000__

S	Bestandsveränderungen an fertigen Erzeugnissen		H
	€		€
(4)	__4.500__	(1)	__4.500__[g]

[g] 4.500 € = 0,75 · 6.000 €.

S	Abschreibungen auf immaterielle Gegenstände des Anlagevermögens		H
	€		€
(5)	__5.679__	(2)	__5.679__

S	Abschreibungen auf Sachanlagen		H
	€		€
(6)	__4.497__	(3)	__4.497__

S	Ergänzungs-Gewinn- und Verlustkonto Gesellschafter B zum 31.12.2013		H
	€		€
(7) Ergänzungsverlust B	14.676	(4) Bestandsveränderungen an fertigen Erzeugnissen (5) Abschreibungen auf immaterielle Gegenstände des Anlagevermögens (6) Abschreibungen auf Sachanlagen	4.500 5.679 4.497
	__14.676__		__14.676__

S	Ergänzungs-Schlussbilanzkonto Gesellschafter B zum 31.12.2013		H
	€		€
(15) Minderkapital B	57.324	(8) Patente	11.205
		(9) Geschäfts- oder Firmenwert	27.216
		(10) Grundstücke	12.000
		(11) Gebäude	2.328
		(12) Maschinen und maschinelle Anlagen	2.400
		(13) Andere Anlagen, Betriebs- und Geschäftsausstattung	675
		(14) Vorräte	1.500
	<u>57.324</u>		<u>57.324</u>

Aktiva	Ergänzungsbilanz Gesellschafter B zum 01.01.2013		Passiva
	€		€
A. Minderkapital Gesellschafter B	57.324	A. Anlagevermögen: 　I. Immaterielle Vermögensgegenstände: 　　1. Patente 　　2. Geschäfts- oder Firmenwert 　II. Sachanlagen: 　　1. Grundstücke 　　2. Gebäude 　　3. Maschinen und maschinelle Anlagen 　　4. Andere Anlagen, Betriebs- und Geschäftsausstattung B. Umlaufvermögen: 　I. Vorräte	 11.205 27.216 12.000 2.328 2.400 675 1.500
	<u>57.324</u>		<u>57.324</u>

IV. Zusammenfassung

Obwohl in § 264 c HGB Besonderheiten der handelsrechtlichen Rechnungslegung von **kapitalistischen Personenhandelsgesellschaften**, die vor allem das Eigenkapital betreffen, grundlegend kodifiziert wurden, bleiben dennoch eine Vielzahl offener Fragen. Dies gilt insbesondere für Personenhandelsgesellschaften, die nicht unter die Regelungen der §§ 264 a ff. HGB fallen. Voraussetzung für eine ordnungsmäßige Erfassung der vielfältigen Veränderungen des Eigenkapitals stellt zunächst eine entsprechende **Organisation der Finanzbuchhaltung** dar, wie die angeführten Beispiele deutlich gezeigt haben.

Aus **handelsrechtlicher Sicht** dürfen ausschließlich die Geschäftsvorfälle des **Gesellschaftsvermögens (Gesamthandsvermögens)** Eingang in das Kontensystem der Buchführung und damit in den Jahresabschluss finden. Im Rahmen der buchungstechnischen Erfassung und bilanziellen Abbildung des Gesamthandsvermögens stellt sich bei Personenhandelsgesellschaften regelmäßig die Frage nach der **Kontenstruktur** sowie den **Ausweismöglichkeiten** des Eigenkapitals in der Jahresbilanz. Ausgehend von den gesellschaftsvertraglichen Regelungen betreffend die durch die zu leistenden **Kapitaleinlagen (Pflichteinlagen)** determinierten (festen) Beteiligungsverhältnisse, wodurch die Teilhabe am Gewinn und Verlust sowie am Vermögen festgeschrieben wird, folgt aus pragmatischen Erwägungen heraus die konten- und bilanzmäßige Eigenkapitalstruktur von Personenhandelsgesellschaften regelmäßig nicht der dispositiven gesetzlichen Norm des sog. **Einkontenmodells**[1]. Vielmehr haben sich in der Praxis die sog. **Mehrkontenmodelle** durchgesetzt, die sich zumindest durch die Führung fester und variabler Kapitalkonten auszeichnen. Diese die Kapitalkonten der voll haftenden Gesellschafter widerspiegelnde Zusammensetzung des Eigenkapitals lässt sich auch auf die Kapitalkonten der Kommanditisten einer KG übertragen.

Aus **steuerrechtlicher Sicht** wird die Rechnungslegung von Personenhandelsgesellschaften – und damit einhergehend die Buchführungs- und Abschlusstechnik – maßgeblich durch das Rechtsinstitut der **Mitunternehmerschaft** determiniert. Das steuerrechtliche Gebilde der Mitunternehmerschaft bedingt, dass die Vorgänge des Gesamthandsvermögens als auch die Geschäftsvorfälle des gesellschafterindividuellen **Sonderbetriebsvermögens** sowie die des gesellschafterindividuellen **Vermögens aus Ergänzungsbilanzen** zunächst in jeweils **gesonderten Buchungskreisen** erfasst werden. Im Rahmen der sich anschließenden ertragsteuerlichen Erfolgsermittlung sind dann die einzelnen Ergebnisse zum Gesamterfolg der Mitunternehmerschaft zu addieren und den betreffenden Gesellschaftern zuzuweisen.

In diesem Zusammenhang konnte gezeigt werden, dass der **Steuerbilanzerfolg** von Personenhandelsgesellschaften, der den Ausgangspunkt zur Ermittlung der Bemessungsgrundlagen von **Einkommen- und Gewerbesteuer** darstellt, zunächst unter Berücksichtigung

---

[1] Dies impliziert die Einrichtung und Führung nur eines variablen Kapitalkontos pro Gesellschafter.

spezifischer Berichtigungen aus dem handelsrechtlichen Jahresergebnis abgeleitet wird. Für einkommensteuerliche Zwecke werden den einzelnen Gesellschaftern die Anteile am korrigierten Steuerbilanzerfolg der Gesamthand nach Maßgabe des vertraglich vereinbarten **Erfolgsverteilungsschlüssels** zugerechnet. Im Rahmen der **ersten Stufe** zur Ermittlung des steuerrechtlichen Erfolgs der Gesamthand sind aber ggf. vorliegende **Ergänzungsbilanzerfolge**, die z. B. durch Gesellschafterwechsel und -eintritte ausgelöst werden können, zusätzlich in die ertragsteuerlichen Bemessungsgrundlagen einzubeziehen. Sofern zivilrechtlich im Eigentum einzelner Mitunternehmer stehende Wirtschaftsgüter dem Unternehmen zur Nutzung überlassen werden, sind diese als **Sonderbetriebsvermögen** in sog. **Sonderbilanzen** gesellschafterbezogen zu erfassen. Die das Sonderbetriebsvermögen betreffenden Wertänderungen sowie persönliche Aufwendungen und Erträge einzelner Gesellschafter, die durch das Beteiligungsverhältnis veranlasst wurden, sind im Rahmen der **zweiten Stufe** zum Zwecke der Ermittlung des steuerrechtlichen Gesamterfolgs der Mitunternehmerschaft, an den die Gewerbesteuer anknüpft, als Sonderbilanzerfolge dem steuerrechtlichen Gesamterfolg der Gesamthand hinzuzurechnen. Aus einkommensteuerlicher Sicht müssen die Sondererfolge im Hinblick auf die Ermittlung der **gewerblichen Einkünfte** pro Gesellschafter zu den schon vorher festgestellten Anteilen am steuerrechtlichen Gesamterfolg der Personenhandelsgesellschaft addiert werden. Im Falle umfangreicher Leistungsbeziehungen zwischen Mitunternehmern sowie Unternehmen und/oder komplexen gesellschafterbezogenen Wertkorrekturen empfiehlt sich die Fertigung **separater Sonder- bzw. Ergänzungs-Jahresabschlüsse**, die dann neben der die Gesamthand betreffenden Bilanz sowie Gewinn- und Verlustrechnung aufzustellen bzw. fortzuführen sind.

An den dargestellten Grundsätzen der steuerrechtlichen Rechnungslegung von Personenhandelsgesellschaften wird auch im Steuerrecht prinzipiell festgehalten. Allerdings führen die vielfältigen **Durchbrechungen des Maßgeblichkeitsprinzips**[2] sowie die Abschaffung der Umkehrmaßgeblichkeit dazu, dass sich die Erstellung einer – sowohl den handels- als auch den steuerrechtlichen Vorschriften genügenden – (**Einheits-)Bilanz** de facto nicht mehr verwirklichen lässt. Hierdurch dürfte auch im Hinblick auf das **Gesamthandsvermögen** die Möglichkeit einer simultanen Buchführung und Rechnungslegung nach Handels- und Steuerrecht Einschränkungen erfahren. Grundsätzlich unabhängig von der Ermittlung der ertragsteuerrechtlichen Bemessungsgrundlagen von Personenhandelsgesellschaften stellt sich hingegen die **Anrechnung** der Gewerbesteuer dar. So können Mitunternehmer gemäß § 35 Abs. 1 Nr. 2 EStG in Höhe des **3,8-fachen** des jeweils für den dem Veranlagungszeitraum entsprechenden Erhebungszeitraum festgestellten **anteiligen Gewerbesteuer-Messbetrags** eine **pauschale Anrechnung der Gewerbesteuer** auf ihre individuelle Einkommensteuer, soweit sie auf Einkünfte aus Gewerbebetrieb entfällt, vornehmen. Wie gezeigt wurde, besteht aber die Möglichkeit, dass **Ungleichgewichte** in der Einkommensteuerentlastung zwischen einzelnen Mitunternehmern auftreten, wenn die Gewerbesteuer nur unvollständig kompensiert wird. Korrespondierend stellt die Gewerbesteuer selbst nach § 4 Abs. 5b EStG keine abzugsfähige Betriebsausgabe (mehr) dar. Darüber hinaus besteht die Möglichkeit, nicht entnommene (thesaurierte) Gewinne auf Antrag mit einem **begünstigten Steuersatz von 28,25 %** gemäß § 34 a Abs. 1 EStG zu versteuern, um die Belastung der Gewinneinkünfte von Per-

---

[2] Exemplarisch sei das handelsrechtliche Passivierungsgebot betreffend die Rückstellungen für drohende Verluste aus schwebenden Geschäften nach § 249 Abs. 1 Satz 1 HGB genannt; steuerrechtlich besteht für derartige Rückstellungen nach § 5 Abs. 4 a EStG ein Passivierungsverbot.

IV. Zusammenfassung

sonenunternehmen an die der Kapitalgesellschaften anzugleichen und die Eigenkapitalbasis zu stärken.

Wie bereits gezeigt,[3] gewinnt die Aufstellung eines Jahresabschlusses nach internationalen Normen in den letzten Jahren vor dem Hintergrund der Globalisierung der Unternehmenstätigkeit zunehmend an Bedeutung. Besonderheiten bei der Fertigung eines IFRS-Abschlusses für Personengesellschaften sind beim Eigenkapitalausweis, bei der Bilanzierung latenter Steuern sowie der Berichterstattung über nahe stehende Personen im Anhang zu berücksichtigen. Darüber hinaus liegen IFRS for SME vor, die speziell für kleine und mittlere Unternehmen konzipiert wurden und damit auch für entsprechende Personengesellschaften eine (internationale) Rechnungslegungsalternative darstellen.

---

[3] Vgl. hierzu die Ausführungen im Zweiten Teil zu Gliederungspunkt III.E.

5

Rechnungslegung von
Kapitalgesellschaften

Lernziele

- Anwendung der Rechnungslegungsnormen bei Kapitalgesellschaften
- Grundlagen der Erfolgsbesteuerung bei Kapitalgesellschaften
- Besonderheiten bezüglich der Erstellung des Jahresabschlusses (True and Fair View-Prinzip, Formvorschriften, Anlagespiegel, Beteiligungen, Eigenkapital, latente Steuern)
- Erweiterte Rechnungslegungsinstrumente (Bewegungsbilanzen, Kapitalflussrechnung, Eigenkapitalveränderungsrechnung, Segmentbericht, Zwischenbericht und Ad hoc-Publizität)

I. Rechnungslegungsnormen

Ebenso wie Personenhandelsgesellschaften besitzen auch Kapitalgesellschaften als Formkaufleute gemäß § 6 Abs. 1 HGB **Kaufmannseigenschaft**. Mithin gelten für die im Folgenden zu betrachtenden Ausprägungen der GmbH und der AG zunächst die im Ersten Abschnitt des Dritten Buchs des Handelsgesetzbuches (§ 238 bis § 263 HGB) niedergelegten Vorschriften.[1] Darüber hinaus sieht das Handelsrecht in Abgrenzung zu den IFRS für **Kapitalgesellschaften und ihnen gesetzlich gleichgestellte Unternehmen Spezialregelungen** vor, die im Zweiten Abschnitt des Dritten Buchs des Handelsgesetzbuches (§ 264 bis § 335 b HGB) verankert sind. Wie bereits gezeigt wurde, macht der Gesetzgeber die Anwendungspflicht bestimmter Normen jedoch von der Zugehörigkeit der betreffenden Kapitalgesellschaft zu spezifischen Größenklassen abhängig, die in § 267, 267 a HGB niedergelegt sind.[2] Schließlich finden sich im Gesetz betreffend die Gesellschaften mit beschränkter Haftung (GmbHG) und im Aktiengesetz (AktG) einige Vorschriften zur **Erfolgsverwendung** und zum **Erfolgsausweis**, die teilweise **dispositiven Charakter** tragen und das Handelsrecht ergänzen.

Kapitalgesellschaften unterliegen als juristische Personen des privaten Rechts mit sämtlichen Einkünften der **Körperschaftsteuer**, sofern sie ihre Geschäftsleitung oder ihren Sitz im Inland haben (§ 1 Abs. 1 Nr. 1 KStG) und auch keine Steuerbefreiungen nach § 5 Abs. 1 KStG vorliegen.[3] Die Bemessungsgrundlage für die **Körperschaftsteuer** ist nach § 7 Abs. 1 und Abs. 2, § 8 Abs. 1 KStG i. V. m § 5 Abs. 1 EStG unter Berücksichtigung körperschaft- und bilanzsteuerrechtlicher Spezialregelungen aus dem handelsrechtlichen Jahresergebnis abzuleiten (**Maßgeblichkeitsprinzip**). Allerdings werden die an die hinter der Kapitalgesellschaft stehenden natürlichen Personen **ausgeschütteten Gewinnanteile** nach § 20 Abs. 1 Satz 1 EStG als Einkünfte aus Kapitalvermögen teilweise der Einkommensteuer unterworfen [§ 3 Nr. 40.d) EStG] (sog. **Teileinkünfteverfahren**). Hiernach wird die Dividende neben einem **definitiven Körperschaftsteuersatz** von 15 % auf Unternehmensebene **zu 60 % mit dem Einkommensteuersatz** des Anteilseigners belegt.

Ebenso wie Personenhandelsgesellschaften unterliegen auch Kapitalgesellschaften laut § 2 Abs. 2 Satz 1 GewStG der **Gewerbesteuer**, sofern sie im Inland betrieben werden (§ 2 Abs. 1 Satz 1 GewStG) und keine Befreiungen nach § 3 GewStG existieren. Gemäß § 7 GewStG muss die Bemessungsgrundlage für die Gewerbesteuer **unter** Beachtung gewerbe-, körperschaft- und bilanzsteuerrechtlicher Spezialregelungen ebenfalls aus dem handelsrechtlichen Jahresergebnis der Kapitalgesellschaft abgeleitet werden. Somit stellen auch bei Kapitalgesellschaften die **handelsrechtlichen Grundsätze ordnungsmäßiger**

---

[1] Vgl. hierzu die Ausführungen im Zweiten Teil zu Gliederungspunkt I.A.1.
[2] Vgl. hierzu die Ausführungen im Zweiten Teil zu Gliederungspunkt VI.A.
[3] Nachfolgend wird bezüglich der Körperschaft stets von einer unbeschränkten Steuerpflicht der Kapitalgesellschaften ausgegangen.

Buchführung (GoB) den Ausgangspunkt zur Berechnung der Bemessungsgrundlagen für die **Steuern vom Einkommen** (Körperschaftsteuer) und die **Steuern vom Ertrag** (Gewerbesteuer) dar, da der IFRS-Abschluss wie bei den Einzelkaufleuten und Personenhandelsgesellschaften keine Steuerbemessungsfunktion erfüllt.

II. Grundlagen der Erfolgsbesteuerung

A. Körperschaftsteuer

Laut § 7 Abs. 1 KStG stellt das **zu versteuernde Einkommen** die Bemessungsgrundlage für die Körperschaftsteuer bei Kapitalgesellschaften dar. **Abbildung 263** zeigt unter Rückgriff auf § 8 bis § 10 KStG, wie im Einzelnen diese auch als **körperschaftsteuerrechtliches Einkommen** bezeichnete Bemessungsgrundlage prinzipiell zu ermitteln ist.[1] Aufgrund der vielfältigen Durchbrechungen des Maßgeblichkeitsprinzips sowie der außerhalb der Steuerbilanz zu berücksichtigenden einkommen- und körperschaftsteuerrechtlichen Modifikationen weisen das handelsrechtliche Jahresergebnis und das körperschaftsteuerrechtliche Einkommen in aller Regel keine Identität auf.

Da neben den hinter der Kapitalgesellschaft stehenden Anteilseignern auch das Unternehmen selbst als juristische Person besteuert wird, werden im Gegensatz zu der Personenhandelsgesellschaft Vergütungen, die ein Anteilseigner für seine Arbeitsleistung als Geschäftsführer oder als Zinsen, Mieten oder Pachterträge für die Überlassung von Darlehen bzw. Wirtschaftsgüter an die Kapitalgesellschaft erhält, auch aus **ertragsteuerrechtlicher Sicht** als Aufwendungen (abzugsfähige Betriebsausgaben) behandelt. Ferner findet eine Korrektur des Steuerbilanzerfolgs um Sondervergütungen bzw. Sonder- und/oder Ergänzungsbilanzerfolge nicht statt, weil Kapitalgesellschaften **kein Sonderbetriebsvermögen** aufweisen und anteilseignerbezogene Wertkorrekturen zu den Inhalten der Steuerbilanz wegen der eigenständigen Steuerpflicht juristischer Personen nicht vorkommen können. Gleiches gilt für die Bemessungsgrundlage der **Gewerbesteuer**, die auch bei Kapitalgesellschaften aus dem Steuerbilanzerfolg abgeleitet wird.

Sofern das körperschaftsteuerrechtliche Einkommen **positiv** ist,[2] d. h. wenn für die grundsätzlich jährliche Besteuerungsperiode (§ 7 Abs. 3 KStG) ein **steuerrechtlicher Gewinn** ermittelt wurde, beträgt die Körperschaftsteuer **bei unbeschränkt steuerpflichtigen Kapitalgesellschaften** gemäß § 23 Abs. 1 KStG derzeit 15 % des zu versteuernden (körperschaftsteuerrechtlichen) Einkommens.[3]

---

[1] Vgl. R 29 KStR.

[2] Im Falle eines steuerlichen Verlusts, d. h. eines negativen körperschaftsteuerlichen Einkommens, kann dieser Betrag gemäß § 10 d EStG i. V. m. § 8 Abs. 1 KStG in beschränktem Umfang zurück- oder vorgetragen werden.

[3] Aus Gründen der Übersichtlichkeit und Vereinfachung bleibt zunächst der Solidaritätszuschlag (§ 2 Nr. 3 SolzG) unberücksichtigt. Dieser Zuschlag beträgt 5,5 % der festgesetzten Körperschaftsteuer und der Körperschaftsteuer-Vorauszahlungen (§ 3 Abs. 1 Nr. 1 und Nr. 2, § 4 SolzG).

	Handelsrechtliches Jahresergebnis
±	Abweichungen der Handels- von der Ertragsteuerbilanz
=	Steuerbilanzerfolg
±	Erfolgskorrekturen aufgrund einkommensteuerrechtlicher Vorschriften (§ 8 Abs. 1 KStG i. V. m. § 3, § 4h Abs. 5 § 4 EStG)
+	Nicht abziehbare Steueraufwendungen, wie z. B. Körperschaftsteuer (§ 10 Nr. 2 KStG) oder Gewerbesteuer (§ 4 Abs. 5 b EStG)
+	Andere nicht abziehbare Aufwendungen (§ 9 Abs. 1 Nr. 2, § 10 Nr. 1, 3, 4 KStG)
+	Verdeckte Gewinnausschüttungen (§ 8 Abs. 3 KStG)
–	Verdeckte Einlagen
–	Gewinnanteile und Geschäftsführervergütungen der persönlich haftenden Gesellschafter einer KGaA (§ 9 Abs. 1 Nr. 1 KStG)
=	Korrigierter Steuerbilanzerfolg
–	Verlustabzug (§ 8 Abs. 1 KStG i.Vm. § 10 d EStG)
=	Zu versteuerndes (körperschaftsteuerrechtliches) Einkommen

Abb. 263: Berechnung der körperschaftsteuerrechtlichen Bemessungsgrundlage

Zu beachten ist ferner, dass gemäß § 43 Abs. 1 Nr. 1 EStG an Anteilseigner **ausgeschüttete Gewinnanteile** (§ 20 Abs. 1 Nr. 1 EStG) mit einer **25%igen Kapitalertragsteuer** belegt werden (§ 43 a Abs. 1 Nr. 1 EStG). Die Kapitalertragsteuer wird von den **Anteilseignern** als **Gläubiger** der Kapitalerträge geschuldet und entsteht in dem Zeitpunkt, in dem die Kapitalerträge den Gläubigern zufließen (§ 44 Abs. 1 Satz 1 und 2 EStG). Der Kapitalgesellschaft kommt als **Schuldner** der Kapitalerträge die Aufgabe zu, den Abzug für Rechnung der Anteilseigner und die Abführung der Kapitalertragsteuer an das Finanzamt vorzunehmen (§ 44 Abs. 1 Satz 3 und Satz 5 EStG). Die Kapitalgesellschaft haftet grundsätzlich für den **Quellenabzug** und die Abführung der Kapitalertragsteuer an das Finanzamt (§ 44 Abs. 5 Satz 1 EStG). Allerdings wird Steuerpflichtigen, die zur Einkommen- oder Körperschaftsteuer veranlagt werden, die Kapitalertragsteuer auf Antrag im Rahmen des Veranlagungsverfahrens angerechnet (§ 31 Abs. 1 KStG i. V. m. § 36 Abs. 2 Nr. 2 EStG). Die Realisierung des Anspruchs setzt aber die Vorlage einer **Steuerbescheinigung** nach § 36 Abs. 2 Nr. 2 Satz 2 EStG i. V. m. § 31 Abs. 1 KStG beim Finanzamt voraus, auf der die anrechenbare Kapitalertragsteuer ausgewiesen ist. Diese Bescheinigung kann von der ausschüttenden **Kapitalgesellschaft** oder von einem **Kreditinstitut** erteilt werden (§ 45 a Abs. 2 und Abs. 3 EStG). Eine derartige Gutschriftsanzeige wird immer dann von einem Kreditinstitut ausgestellt, wenn dieses für Rechnung der Gesellschaft die Auszahlung der Gewinnanteile an die Anteilseigner übernimmt. Zur Verdeutlichung des Teileinkünfteverfahrens bei Vollausschüttung des Steuerbilanzgewinns nach Körperschaftsteuer zeigt das folgende Beispiel in **Abbildung 264** die Besteuerung der Kapitalgesellschaft und des Anteilseigners, der eine natürliche Person sein soll, mit Körperschaft- bzw. Einkommensteuer. Hier wird u. a. verdeutlicht, dass die Kapitalertragsteuer eine **Vorauszahlung** auf die Einkommensteuer des Anteilseigners darstellt und damit **ohne Einfluss auf die Gesamtsteuerbelastung** ist, die sich aus Körperschaft- und Ein-

II. Grundlagen der Erfolgsbesteuerung

Besteuerung auf Gesellschaftsebene	
Steuerbilanzgewinn vor Körperschaftsteuer	900.000 €
− Definitivbelastung der Körperschaftsteuer (0,15 · 900.000 €)	135.000 €
= Bardividende (0,85 · 900.000 €)	765.000 €
− Kapitalertragsteuer (0,25 · 765.000 €)	191.250 €
= Vorläufige Nettodividende	573.750 €
Besteuerung auf Ebene des Anteilseigners	
Bardividende	765.000 €
− 40 % der Bardividende (0,4 · 765.000 €)	306.000 €
= Zu versteuernder Betrag	459.000 €
Belastung mit Einkommensteuer (gemäß § 32 a EStG wurde ein Einkommensteuersatz von 35 % angenommen) (0,35 · 459.000 €)	160.650 €
− Einbehaltene Kapitalertragsteuer	191.250 €
= Anrechnungsanspruch des Anteilseigners	30.600 €
Nettodividende (900.000 € − 135.000 € − 160.650 € = 573.750 € + 30.600 €)	604.350 €

Abb. 264: Beispielhafte Darstellung des Teileinkünfteverfahrens im Falle einer Vollausschüttung des Steuerbilanzgewinns

kommensteuer zusammensetzt.[4] Anteilseigner, die selbst körperschaftsteuerpflichtig sind, vereinnahmen **erhaltene Gewinnausschüttungen** körperschaftsteuerfrei, da Dividenden gemäß § 8 b Abs. 1 KStG nicht in die Bemessungsgrundlage der Körperschaftsteuer einbezogen werden (Vermeidung einer **Mehrfachbesteuerung** mit Körperschaftsteuer).

Schließlich bleibt der Hinweis, dass die Kapitalgesellschaft auf die Körperschaftsteuer auch Vorauszahlungen zu leisten hat (§ 31 Abs. 1 KStG i. V. m. § 37 EStG). Die Höhe der Vorauszahlungen richtet sich nach dem voraussichtlich zu versteuernden Einkommen und dem Körperschaftsteuertarif. Allerdings werden die geleisteten Körperschaftsteuer-Vorauszahlungen auf die festzusetzende Körperschaftsteuer angerechnet (§ 31 Abs. 1 KStG i. V. m. § 36 Abs. 2 Nr. 1 EStG). Abweichend von § 36 Abs. 2 EStG besteht die Anrechnungsreihenfolge im Rahmen des Körperschaftsteuerbescheides in folgenden Schritten.

  Festzusetzende Körperschaftsteuer
− Anrechenbare Kapitalertragsteuer
= Verbleibende Körperschaftsteuer
− Vierteljährlich geleistete Körperschaftsteuer-Vorauszahlungen
= Noch zu zahlende/erstattende Körperschaftsteuer.

Da der endgültige Körperschaftsteuerbescheid bis zum Zeitpunkt der Bilanzaufstellung noch nicht vorliegt, muss die **voraussichtliche Körperschaftsteuerabschlusszahlung** (Voraussichtliche Körperschaftsteuer − Anrechenbare Kapitalertragsteuer − Geleistete Vorauszahlungen) durch eine **Rückstellung** gemäß § 249 Abs. 1 Satz 1 HGB im handelsrechtlichen Jahresabschluss bzw. als Schuld nach IAS 12.12 berücksichtigt werden. In der handelsrechtlichen Gewinn- und Verlustrechnung sind die Körperschaftsteueraufwendungen unter dem Posten „Steuern vom **Einkommen und vom Ertrag**" (§ 275 Abs. 2 Posten 18. bzw. Abs. 3 Posten 17. HGB) auszuweisen, da diese Beträge von der Kapitalgesellschaft als Steuerschuld-

---

[4] Die Gesamtsteuerbelastung berechnet sich in diesem Beispiel wie folgt: 900.000 € · [0,15 + (1 − 0,15) · 0,6 · 0,35] = 295.650 €.

ner an die Finanzbehörde zu entrichten sind. Nach IAS 1.82 (d) ist hingegen ein separater Ausweis der Steueraufwendungen geboten. Ferner verlangt § 285 Nr. 6 HGB **Anhangangaben** darüber, „in welchem Umfang die Steuern vom Einkommen und vom Ertrag das Ergebnis der gewöhnlichen Geschäftstätigkeit und das außerordentliche Ergebnis belasten". Nach IAS 12.79 sind die Hauptbestandteile des Steueraufwandes getrennt anzugeben in den Notes, wo diese in IAS 12.80 aufgelistet sind. Da die Körperschaftsteuer nach § 10 Nr. 2 KStG zu den ertragsteuerrechtlich **nicht abziehbaren Steueraufwendungen** zählt, müssen die handelsrechtlich für die Körperschaftsteuer-Vorauszahlungen und die Körperschaftsteuer-Rückstellung angesetzten Aufwendungen **außerhalb der Bilanz** zum Zwecke der Ermittlung des körperschaftsteuerrechtlichen Einkommens dem Steuerbilanzerfolg korrigierend hinzugerechnet werden. Im Falle einer **voraussichtlichen Körperschaftsteuererstattung** ist aus handelsrechtlicher Sicht eine Forderung zu bilanzieren, die jedoch nicht zu einer Erhöhung des körperschaftsteuerrechtlichen Einkommens führen darf. Der hieraus resultierende **Steuerertrag** sollte durch Untergliederung oder Änderung der Bezeichnung des Postens „Steuern vom Einkommen und vom Ertrag" zum Ausdruck gebracht werden.[5]

B. Gewerbesteuer

Abbildung 265 zeigt zusammenfassend die Berechnung des Gewerbeertrags bei Kapitalgesellschaften, die sich geringfügig von der Ermittlung bei Einzelunternehmen und Personenhandelsgesellschaften unterscheidet. So steht Kapitalgesellschaften zum einen **nicht der Freibetrag** nach § 11 Abs. 1 Satz 3 Nr. 1 GewStG in Höhe von 24.500 € zu. Dagegen ist auch bei Kapitalgesellschaften stets auf den Gewerbeertrag eine **konstante Steuermesszahl** von 3,5 % anzuwenden (§ 11 Abs. 2 GewStG). Ansonsten gelten bezüglich der **Gewerbesteuerrückstellung** für die Kapitalgesellschaft die bereits bei den Einzelunternehmen und Personenhandelsgesellschaften dargelegten Regelungen aus handels- und steuerrechtlicher Sicht analog.[6]

	Korrigierter Steuerbilanzerfolg vor Gewerbesteuerrückstellung
+	Geleistete Gewerbesteuer-Vorauszahlungen (§ 19 GewStG)
=	Korrigierter Steuerbilanzerfolg
+	Hinzurechnungen (§ 8 GewStG)
–	Kürzungen (§ 9 GewStG)
–	Gewerbeverlust-Vortrag aus Vorjahren (§ 10 a GewStG)
=	Gewerbeertrag
–	Gewerbesteuer (§ 7, § 11 Abs. 2 Nr. 2 und Abs. 3, § 16 Abs. 1 GewStG) (3,5 % · he · Gewerbeertrag)
=	Gewinn nach Gewerbesteuer

Abb. 265: Berechnung des Gewerbeertrags bei Kapitalgesellschaften

---

[5] Vgl. *Förschle* 2012b, Anm. 254 zu § 275 HGB.
[6] Vgl. hierzu die Ausführungen im Dritten Teil zu Gliederungspunkt I.B.5.b.b.a(b) und im Vierten Teil zu Gliederungspunkt III.A.1 und zu Gliederungspunkt III.B.1.

III. Spezialregelungen

A. Größenabhängige Klassifizierung von Kapitalgesellschaften als Ausgangspunkt für die Aufstellung, Prüfung sowie Offenlegung von Jahresabschluss und Lagebericht

In Abhängigkeit von den in § 267, 267 a HGB niedergelegten **Größenklassenmerkmalen** (Bilanzsumme, Umsatzerlöse, Arbeitnehmer) werden Kapitalgesellschaften in **Kleinstkapitalgesellschaften**, **kleine**, **mittelgroße** und **große Unternehmen** eingeteilt, wobei gemäß § 267 Abs. 4 Satz 1 HGB die Rechtsfolgen der Merkmale bezüglich Aufstellung, Prüfung und Offenlegung des **Jahresabschlusses** (Bilanz, Gewinn- und Verlustrechnung, ggf. Anhang, Kapitalflussrechnung, Eigenkapitalspiegel und/oder Segmentbericht) und des **Lageberichts** (§ 264 Abs. 1 HGB) nur dann eintreten, wenn sie an den Abschlussstichtagen von **zwei aufeinander folgenden Geschäftsjahren** über- oder unterschritten werden.[1] Wie bereits ausgeführt, sind nach den IFRS keine größenabhängigen Erleichterungen bezüglich der Erstellung für Kapitalgesellschaften existent, während keine Regelungen bezüglich der Offenlegung und Prüfung existieren.

Abbildung 126 zeigt die für Kleinstkapitalgesellschaften, kleine, mittelgroße und große Kapitalgesellschaften maßgebenden Aufstellungs-, Prüfungs- sowie Offenlegungspflichten des Jahresabschlusses und Lageberichts. Aus der Darstellung geht hervor, dass für Kleinstkapitalgesellschaften, kleine und/oder mittelgroße Kapitalgesellschaften **Erleichterungen** im Hinblick auf Rechnungslegung, Prüfung und Publizität geschaffen wurden. Zusätzlich finden sich größenabhängige Erleichterungen für Kleinstkapitalgesellschaften und kleine Kapitalgesellschaften bezüglich der Aufstellung des Jahresabschlusses in § 267a HGB i. V. m. § 274 a, 275 Abs. 5, § 276 Satz 2, 3 und § 288 Satz 1 HGB. § 316 Abs. 1 Satz 1 HGB legt fest, dass der **Jahresabschluss** und der **Lagebericht** von mittelgroßen und großen Kapitalgesellschaften zu prüfen ist. Grundsätzlich können **Abschlussprüfer** für Kapitalgesellschaften i. S. v. § 319 Abs. 1 Satz 1 HGB nur Wirtschaftsprüfer und Wirtschaftsprüfungsgesellschaften sein, die den Jahresabschluss unter Einbeziehung der Buchführung laut § 317 Abs. 1 Satz 2 HGB darauf zu prüfen haben, „… ob die gesetzlichen Vorschriften und die sie ergänzende Bestimmungen des Gesellschaftsvertrags oder der Satzung beachtet worden sind". Der **Lagebericht** ist ferner gemäß § 317 Abs. 2 Satz 1 HGB darauf zu prüfen, ob er mit dem

---

[1] Vgl. hierzu im Einzelnen die Ausführungen im Zweiten Teil zu Gliederungspunkt VI.A. und *Knop* 2011b, Anm. 1–18 zu § 267 HGB.

Jahresabschluss sowie mit den bei der Prüfung gewonnenen Erkenntnissen des Abschlussprüfers in Einklang steht „ ... und ob der Lagebericht insgesamt eine zutreffende Vorstellung von der Lage des Unternehmens ... vermittelt". Schließlich haben die Abschlussprüfer über das Resultat der Prüfung **schriftlich zu berichten** (Prüfungsbericht nach § 321 HGB) und in Abhängigkeit von dem abschließenden Ergebnis einen **Bestätigungsvermerk (Testat)** zu erteilen, diesen einzuschränken oder zu versagen (§ 322 Abs. 1 und Abs. 4 HGB).[2] Allerdings ist zu beachten, dass **mittelgroße Gesellschaften mit beschränkter Haftung** auch von **vereidigten Buchprüfern** und **Buchprüfungsgesellschaften** geprüft werden können (§ 319 Abs. 1 Satz 2 HGB), wobei der Berufsstand ausläuft, d. h. keine neuen Buchprüfer mehr zugelassen werden.

Im Gegensatz zu publizitätspflichtigen Einzelunternehmen und nichtkapitalistischen Personenhandelsgesellschaften (§ 5 Abs. 2 Satz 1 PublG) sind **Kapitalgesellschaften** (mit Ausnahme der Kleinstkapitalgesellschaften) verpflichtet, neben der Bilanz sowie der Gewinn- und Verlustrechnung einen **Anhang** zu erstellen, der mit dem Jahresabschluss eine Einheit bildet (§ 264 Abs. 1 HGB). Ferner haben mittelgroße und große Kapitalgesellschaften gemäß § 264 Abs. 1 HGB einen **Lagebericht** zu erstellen. Dieser ist, wie bereits dargestellt, **kein** Bestandteil des Jahresabschlusses, zielt aber ebenso wie der Anhang darauf ab, **zusätzliche Informationen** über die Kapitalgesellschaft zu vermitteln. **Kapitalmarktorientierte Kapitalgesellschaften** im Sinne des § 264d HGB müssen zudem ihren Jahresabschluss um eine **Kapitalflussrechnung** und einen **Eigenkapitalspiegel** erweitern. Zudem ist sämtlichen Unternehmen die Erstellung eines **Segmentberichts** freigestellt (§ 264 Abs. 1 Satz 2 HGB). Nach den **IFRS** hingegen besteht unabhängig von der Rechtsform eine Verpflichtung zur Erstellung der erstgenannten Rechnungslegungsinstrumente (IAS 1, 7), wobei der Segmentbericht lediglich für kapitalmarktorientierte Unternehmen (IFRS 8) zwingend ist. Zudem besteht abweichend zum Handelsrecht nur ein Wahlrecht zur Erstellung eines Management Commentary, der dem Lagebericht vergleichbar ist.

B. Besonderheiten bezüglich der Erstellung des Jahresabschlusses

1. Grundlegende Systematisierung

Im Vergleich zu den für alle Kaufleute – und damit auch für Kapitalgesellschaften – geltenden Rechnungslegungsvorschriften (§ 238 bis § 263 HGB) wurden in den § 264 bis § 289 HGB in Abgrenzung zu den IFRS für Kapitalgesellschaften (zusätzliche) **Spezialregelungen** bezüglich der Erstellung des handelsrechtlichen Jahresabschlusses kodifiziert. Diese Sondervorschriften tragen zum einen dem **spezifischen haftungsbegrenzenden Charakter** von Kapitalgesellschaften Rechnung, zum anderen zielen sie aufgrund des im Vergleich zu Einzelunternehmen und Personenhandelsgesellschaften erhöhten Interesses bestimmter **Koalitionsteilnehmer** (z. B. Anteilseigner, Gläubiger, Kunden, Lieferanten, Arbeitnehmer und ihre

---

[2] Vgl. hierzu im Einzelnen *Freidank* 2012a, S. 236–319.

Vertreter, Öffentlichkeit) an Unternehmensinformationen auf eine **Verbesserung der Rechnungslegungsqualität** ab. Allerdings ist zu beachten, dass Einzelunternehmen und/oder Personenhandelsgesellschaften dann auch **bestimmte** für Kapitalgesellschaften geltende Spezialregelungen im Rahmen der Aufstellung des Jahresabschlusses anwenden müssen, wenn sie die im Publizitätsgesetz festgelegten Größenklassenmerkmale überschreiten (§ 1 Abs. 1, § 3 Abs. 1, § 5 Abs. 1 PublG) oder zur Rechtsform der „kapitalistischen" Personenhandelsgesellschaft zählen (§ 264 a HGB).

Die in § 264 bis § 335 b HGB sowie im Aktiengesetz und im Gesetz betreffend die Gesellschaften mit beschränkter Haftung für Kapitalgesellschaften hinsichtlich der Erstellung des Jahresabschlusses kodifizierten Sondervorschriften lassen sich in **allgemeine und spezifische Regelungen** unterscheiden. Während die allgemeinen Regelungen primär grundlegende Rechnungslegungsprinzipien enthalten, beziehen sich die spezifischen Vorschriften einerseits auf den Ansatz und die Bewertung einzelner Posten des Jahresabschlusses. Andererseits finden sich Spezialregelungen, die auf den Ausweis und die Erläuterung der Posten des Jahresabschlusses abzielen. Aus Gründen der Systematik werden nachstehend zunächst die allgemeinen, für Kapitalgesellschaften geltenden Rechnungslegungsvorschriften dargestellt. Anschließend erfolgt dann eine Betrachtung **ausgewählter postenspezifischer Regelungen**, wobei in diesem Zusammenhang auf Ansatz-, Bewertungs- und/oder Ausweisbesonderheiten der analysierten Posten eingegangen wird.

2. Allgemeine Regelungen

a. True and Fair View-Prinzip

Die zentrale Rechnungslegungsnorm findet sich in § 264 Abs. 2 Satz 1 HGB, wonach der Jahresabschluss der Kapitalgesellschaft „... unter Beachtung der Grundsätze ordnungsmäßiger Buchführung ein den **tatsächlichen Verhältnissen entsprechendes Bild der Vermögens-, Finanz- und Ertragslage** der Kapitalgesellschaft zu vermitteln" hat.[3] Sofern besondere Umstände die Vermittlung des in Rede stehenden Bildes verhindern, bedarf es zusätzlicher Angaben im **Anhang** (§ 264 Abs. 2 Satz 2 HGB). Im Vergleich mit dem für alle Kaufleute geltenden Aufstellungsgrundsatz für den Jahresabschluss (§ 243 Abs. 1 HGB) müssen **Kapitalgesellschaften** somit zusätzlich gewährleisten, dass der Jahresabschluss ein den tatsächlichen Verhältnissen entsprechendes Bild der Vermögens-, Finanz- und Ertragslage des Unternehmens als Generalnorm vermittelt.[4] Diese Ergänzung der allgemeinen Rechnungslegungsgrundsätze stellt einen Ausfluss des angelsächsischen Konzepts des **„True and Fair View"** (das Erfordernis eines wahrheitsgetreuen und gerechten Bildes) dar, demzufolge von den gesetzlichen Bestimmungen ggf. abzuweichen ist, wenn diese den „True and Fair View" von Bilanz sowie Gewinn- und Verlustrechnung nicht herzustellen vermögen und auch durch

---

[3] Vgl. zu den GoB die Ausführungen im Zweiten Teil zu Gliederungspunkt IV.
[4] Während publizitätspflichtige Einzelunternehmen und „nichtkapitalistische" Personenhandelsgesellschaften dieses zusätzliche Rechnungslegungspostulat nicht beachten brauchen (§ 5 Abs. 1 Satz 2 PublG), besitzt es für „kapitalistische" Personenhandelsgesellschaften (§ 264 a Abs. 1 HGB), eingetragene Genossenschaften (§ 336 Abs. 2 Satz 1 HGB), Kreditinstitute (§ 340 a Abs. 1 1. HS HGB) und Versicherungsunternehmen (§ 341 a Abs. 1 HGB) Gültigkeit.

Vermögenslage	Auskunft über das Verhältnis zwischen Vermögen und Schulden eines Unternehmens; Bilanz als zentrales Instrument zur Darstellung der Vermögenslage, darüber hinaus bestimmte Anhanginformationen bedeutsam, die Angaben zur Bewertung in der Bilanz enthalten, sowie Segmentinformationen.
Finanzlage	Informationen über Mittelherkunft und -verwendung sowie Fristigkeit, ferner Auskunft über Liquidität des Unternehmens und seinen Möglichkeiten, ob bzw. in welchem Umfang eingegangene Verpflichtungen zukünftig voraussichtlich erfüllt werden können; Bilanz als wichtigstes Instrument zur Darstellung der Finanzlage mit den ergänzenden Angaben im Anhang; auch aus der Gewinn- und Verlustrechnung können wichtige Informationen zur Einschätzung der Finanzlage entnommen werden, da durch sie in aller Regel Rückschlüsse auf die künftigen Veränderungen bestimmter Bilanzposten möglich sind; zudem Kapitalflussrechnung und Eigenkapitalspiegel bedeutsam.
Ertragslage	Informationen über Umfang und Variationen des Unternehmensvermögens innerhalb eines Zeitabschnitts; Gewinn- und Verlustrechnung als zentrales Instrument zur Darstellung der Ertragslage; daneben besitzen zahlreiche Anhangangaben zur Beurteilung der Ertragslage einen hohen Stellenwert.

Abb. 266: Abgrenzung der Termini Vermögens-, Finanz- und Ertragslage

eine Berichterstattung, etwa im Anhang, der Mangel nicht geheilt werden kann.[5] **Abbildung 266** gibt einen Überblick über die Inhalte der in § 264 Abs. 2 HGB genannten Begriffe Vermögens-, Finanz- und Ertragslage.[6]

Durch den Hinweis in § 264 Abs. 2 Satz 1 HGB auf die GoB stellt der deutsche Gesetzgeber aber eindeutig klar, dass der Jahresabschluss **nicht** absolut „True and Fair" zu sein braucht,[7] da die Einzelvorschriften und die GoB **in jedem Fall** vor der Generalklausel des den tatsächlichen Verhältnissen entsprechenden Bildes der Vermögens-, Finanz- und Ertragslage zu beachten sind. Folglich wird der Anwendungsbereich der in Rede stehenden, von Kapitalgesellschaften zusätzlich zu beachtenden Generalnorm durch Einzelvorschriften und die GoB **eingeschränkt**.

> **Beispiel:** Obwohl eine Nichteinbeziehung von allgemeinen Verwaltungsgemeinkosten gegen das True and Fair View-Prinzip verstößt, ist eine solche Bewertung aufgrund von Einzelvorschriften zulässig (§ 255 Abs. 2 Satz 3 HGB) bzw. geboten (IAS 2.16).

Nach h. M. kommt der Generalklausel des § 264 Abs. 2 Satz 1 HGB die Aufgabe zu, **Lücken zu schließen und Zweifelsfragen zu klären**, welche die für die Rechnungslegung maßgebenden Einzelvorschriften offenlassen.[8] In diesem Zusammenhang stellt sich im Verhältnis zu den

---

[5] Vgl. *ADS* 1997b, Anm. 38 zu § 264 HGB.
[6] Vgl. *Winkeljohann/Schellhorn* 2012, Anm. 37 f. zu § 264 HGB.
[7] Vgl. *Baetge/Commandeur/Hippel* 2010, Anm. 40 zu § 264 HGB.
[8] Vgl. z. B. *ADS* 1997b, Anm. 59 zu § 264 HGB; *Winkeljohann/Schellhorn* 2012, Anm. 25 zu § 264 HGB.

III. Spezialregelungen

Einzelvorschriften und den GoB die Frage nach der **Reihenfolge der Rechtsanwendung**.[9] Unter Berücksichtigung der schon angesprochenen **Subsidiaritätsfunktion** des § 264 Abs. 2 Satz 1 HGB ergibt sich folgende grundlegende Reihung.[10]

- **Spezialnormen für bestimmte Geschäftszweige**
  (z. B. Fair Value-Bewertung für Finanzinstrumente des Handelsbestands bei Kredit- und Finanzdienstleistungsinstituten nach § 340e Abs. 3 HGB);
- **Spezialnormen für bestimmte Rechtsformen**
  (z. B. Rücklagenbildung für Aktiengesellschaften nach § 150 AktG);
- **Spezialnormen für Kapitalgesellschaften**
  (§ 264 bis § 335b HGB mit Ausnahme von § 264 Abs. 2 HGB);
- **kodifizierte GoB für alle Kaufleute**
  (z. B. § 242 bis § 256a HGB);
- **nicht kodifizierte GoB für alle Kaufleute**
  [z. B. grundsätzlich keine Teilgewinnrealisierung bei langfristigen Fertigungsaufträgen (Completed Contract Methode)[11]];
- **Generalnorm von § 264 Abs. 2 Satz 1 HGB**
  (ggf. in Form der Angabepflicht nach § 264 Abs. 2 Satz 2 HGB).

Die Berichtspflicht im Anhang gemäß § 264 Abs. 2 Satz 2 HGB wird aber nur dann ausgelöst, wenn **besondere Umstände** vorliegen, die die angesprochene Abweichung verursachen. Sofern die Diskrepanz zwischen dem Ergebnis der Anwendung der Einzelvorschriften und den tatsächlichen Verhältnissen **erheblich** (wesentlich) im Hinblick auf die **Gesamteinschätzung** der Vermögens-, Finanz- und Ertragslage des jeweiligen Unternehmens ist, liegen nach der Interpretation im Schrifttum besondere Umstände vor, die zu einer Angabepflicht zwingen.[12] Allerdings werden Konstellationen, die eine Berichtspflicht im Anhang auslösen, aus zwei Gründen nur in seltenen Fällen auftreten.[13]

- Zum einen muss es sich um **nicht unerhebliche** Diskrepanzen handeln, die einen Jahresabschluss betreffen, der ansonsten **vollumfänglich** mit den gesetzlichen Einzelvorschriften und den sonstigen GoB in Einklang steht.
- Ferner existiert eine Vielzahl von **Einzelvorschriften**, die unabhängig von § 264 Abs. 2 Satz 2 HGB eine Angabepflicht beinhalten (§ 265 Abs. 1 bis Abs. 4, Abs. 7, § 268 Abs. 2 bis Abs. 7, § 274 Abs. 2 Satz 3, § 277 Abs. 4 Satz 2, § 284, § 285, § 286 Abs. 3 Satz 3, § 288 HGB) und mithin dazu beitragen, ein den tatsächlichen Verhältnissen entsprechendes Bild der Vermögens-, Finanz- und Ertragslage zu vermitteln.

Als typische Ausnahmefälle, die zu einer Angabepflicht im Anhang nach § 264 Abs. 2 Satz 2 HGB führen, sind etwa zu nennen:

- Aufgrund der **nicht** vorliegenden Voraussetzungen für die vorzeitige Erfolgsrealisierung aus langfristigen Fertigungsaufträgen (z. B. mangels eindeutiger Aufspaltung des Auf-

---

[9] Vgl. hierzu die Ausführungen im Zweiten Teil zu Gliederungspunkt IV.A.
[10] Vgl. *Winkeljohann/Schellhorn* 2012, Anm. 33 zu § 264 HGB.
[11] Vgl. hierzu die weiteren Ausführungen im Dritten Teil zu Gliederungspunkt III.C.
[12] Vgl. *ADS* 1997b, Anm. 101 zu § 264 HGB; *Winkeljohann/Schellhorn* 2012, Anm. 49 zu § 264 HGB.
[13] Vgl. *Winkeljohann/Schellhorn* 2012, Anm. 50 f. zu § 264 HGB.

trags in qualifizierte Teilabnehmer)[14] können positive Teilgewinne am Bilanzstichtag nicht im handelsrechtlichen Jahresabschluss berücksichtigt werden.
- Ein wesentlicher Teil des Unternehmensgewinns stammt von einer in einem ausländischen Staat gelegenen Betriebsstätte und enthält wegen der hohen Inflationsrate in diesem Staat erhebliche Scheingewinne.

In beiden Fällen werden verbale Angaben und ggf. auch Zahleninformationen im Anhang erforderlich, die zur Vermittlung des den tatsächlichen Verhältnissen entsprechenden Bildes, vor allem der Ertragslage, beitragen sollen.

Auch nach den IFRS erfährt das True and Fair View-Prinzip eine zentrale Bedeutung. In IAS 1.15 wird die monistische Zielsetzung der Informationsfunktion des IFRS-Abschlusses angeführt, die sich in der Vermittlung von Informationen über die tatsächliche wirtschaftliche Lage des Unternehmens widerspiegelt. Annahmegemäß soll die Beachtung der IFRS zu einer **Fair Presentation** der Unternehmenslage führen. Der Anhang (Notes) erfüllt in Übereinstimmung zum Handelsrecht eine wichtige Ergänzungsfunktion, da Angaben über die ausgeübten Bilanzierungs- und Bewertungsmethoden nach IAS 1.17 eingefordert werden. Ist im Einzelfall ein Abweichen von einzelnen Bestimmungen im Interesse des True and Fair View notwendig, sind ergänzende Anhangangaben erforderlich nach IAS 1.19 f. Dieser **Overriding Charakter** ist jedoch auf absolute Ausnahmefälle beschränkt, da die Einhaltung der in den IFRS enthaltenen Anforderung eine irreführende Darstellung bedingen und das Entscheidungsverhalten der Adressaten negativ beeinflussen muss (IAS 1.19). Insofern geht grds. die Anwendung der Einzelstandards dem True and Fair View-Prinzip vor.

b. Formvorschriften für den Jahresabschluss

In § 265 HGB und IAS 1 sind allgemeine Grundsätze verankert, die sich auf die **Gliederung des Jahresabschlusses** beziehen. Allerdings dürfte aus handelsrechtlicher Sicht ein Großteil dieser Vorschriften den Charakter allgemeiner **GoB** tragen, so dass sie dann auch von allen rechnungslegenden Unternehmen zu beachten sind.[15] Im Einzelnen werden von § 265 HGB folgende Sachverhalte erfasst:[16]

- **Darstellungsstetigkeit** (Abs. 1; vgl. entsprechend IAS 1.45);
- Angabe von **Vorjahresbeträgen** in Bilanz sowie Gewinn- und Verlustrechnung (Abs. 2; vgl. entsprechend IAS 1.38);
- Vermerk der **Mitzugehörigkeit** von Bilanzposten (Abs. 3);
- Beachtung von Gliederungsvorschriften beim Vorliegen **mehrerer Geschäftszweige** (Abs. 4);
- **Erweiterung der Gliederungsschemata** für die Bilanz sowie die Gewinn- und Verlustrechnung nach § 266 und § 275 HGB (Abs. 5; siehe entsprechend IAS 1.55);

---

[14] Vgl. hierzu *Freidank* 1989, S. 1199–1204.

[15] Diese grundlegenden Regelungen gelten mithin auch für (publizitätspflichtige) Einzelunternehmen und „nichtkapitalistische" Personenhandelsgesellschaften (§ 5 Abs. 1 Satz 2 PublG), „kapitalistische" Personenhandelsgesellschaften (§ 264 a Abs. 1 HGB), eingetragene Genossenschaften (§ 336 Abs. 2 Satz 1 HGB), Kreditinstitute (§ 340 Abs. 1 1. HS HGB) und Versicherungsunternehmen (§ 341 Abs. 1 HGB).

[16] Vgl. *ADS* 1997b, Anm. 1 zu § 265 HGB.

III. Spezialregelungen

- **Änderung der Gliederung und Bezeichnung** bestimmter Posten in der Bilanz sowie der Gewinn- und Verlustrechnung (Abs. 6; siehe entsprechend IAS 1.54 f.);
- **Zusammenfassung** bestimmter Posten in Bilanz sowie in Gewinn- und Verlustrechnung (Abs. 7; siehe entsprechend IAS 1.29);
- **Ausweis von Leerposten** in bestimmten Fällen (Abs. 8).

Die vorstehend genannten Detailregelungen zielen darauf ab, die in § 243 Abs. 2 und § 264 Abs. 2 Satz 1 HGB verankerten Aufstellungsgrundsätze für den Jahresabschluss zu konkretisieren. Von besonderer Bedeutung ist in diesem Zusammenhang das bereits vorgestellte Postulat der **Darstellungsstetigkeit** (§ 265 Abs. 1 HGB; IAS 1.45). Die auch als **formelle Bilanzkontinuität** bezeichnete Darstellungs- oder Ausweisstetigkeit bringt zum Ausdruck, dass die Form der Darstellung, insbesondere die Gliederung aufeinander folgender Jahresabschlüsse beizubehalten ist, „… soweit nicht in Ausnahmefällen wegen besonderer Umstände Abweichungen erforderlich sind" (§ 265 Abs. 1 Satz 1 2. HS HGB). Nach IAS 1.45 ist eine **Durchbrechung** nur möglich, wenn ein Einzelstandard eine geänderte Darstellung vorgibt, aufgrund einer wesentlichen Änderung des Tätigkeitsfelds oder wenn bei Überprüfung der Abschlussdarstellung eine Änderung zu einer besseren Aussagekraft des Abschlusses führen würde. Treten derartige Differenzen auf (z. B. infolge eines Wechsels des Mutterunternehmens und Anpassung an dessen Ausweissystematik oder Veränderungen des Produktionsprogramms)[17], so besteht gemäß § 265 Abs. 1 Satz 2 HGB und IAS 8 die Verpflichtung, diese im **Anhang** anzugeben und zu begründen. Die formelle Bilanzkontinuität zielt mithin darauf ab, die **formelle Vergleichbarkeit** mehrerer Jahresabschlüsse durch die Beibehaltung einmal gewählter Ausweismethoden sicherzustellen.

Das Prinzip der Darstellungsstetigkeit beeinflusst im hohen Maße die **Flexibilität** des Einsatzes der Ausweiswahlrechte (z. B. Wahl des Gesamtkosten- oder des Umsatzkostenverfahrens oder die Inanspruchnahme größenabhängiger Erleichterungen für die Aufstellung des Jahresabschlusses gemäß § 266 Abs. 1 Satz 3, § 276 HGB). Infolgedessen erfordert die Bindungswirkung der formellen Bilanzkontinuität für die Rechnungslegungspolitik der Folgejahre unter Berücksichtigung langfristiger Zielsetzungen einen spezifischen (strategischen) **Planungsaufwand** hinsichtlich der erstmaligen Aufstellung von Jahresabschluss und Lagebericht. Zu berücksichtigen ist in diesem Zusammenhang, dass der Grundsatz der Darstellungskontinuität nicht nur für die Bilanz sowie die Gewinn- und Verlustrechnung gilt, sondern auch **Anhang** und **Lagebericht** vom Ausweisprinzip des § 265 Abs. 1 HGB betroffen sind, da die Bezeichnung des Ersten Unterabschnitts des Zweiten Abschnitts im Handelsgesetzbuch neben dem Begriff „Jahresabschluss" auch den Terminus „Lagebericht" enthält.[18] Allerdings führt die Aufnahme neuer Gliederungsposten und zusätzlicher Angaben in Anhang und Lagebericht, die über das gesetzlich geforderte Mindestmaß hinausgehen, nicht zu einer Durchbrechung der formellen Stetigkeit,[19] so dass einer umfassenden rechnungslegungspolitischen Selbstdarstellung des Unternehmens keine Grenzen gesetzt sind.

Die allgemeinen Formvorschriften für den handelsrechtlichen Jahresabschluss werden ergänzt durch eine Vielzahl **postenorientierter Spezialregelungen** (z. B. § 266, § 268, § 277,

---

[17] Vgl. *Winkeljohann/Büssow* 2012a, Anm. 2 f. zu § 265 HGB.
[18] Vgl. *Ellrott* 2012b, Anm. 13 zu § 289 HGB.
[19] Vgl. hierzu im Einzelnen *Winkeljohann/Büssow* 2012, Anm. 15 zu § 265 HGB; *Ellrott* 2012a, Anm. 80–82 zu § 284 HGB und *Ellrott* 2012b, Anm. 112 zu § 289 HGB.

§ 284, § 285 HGB), deren umfassende Darstellung den Charakter eines einführenden Lehrbuchs sprengen würde. Aus diesem Grund beschränken sich die nachfolgenden Ausführungen auf ausgewählte Posten, denen üblicherweise herausragende Bedeutung im Rahmen der Rechnungslegung von Kapitalgesellschaften zukommt.

3. Ausgewählte postenspezifische Regelungen

a. Anlagespiegel

Laut § 268 Abs. 2 Satz 1, § 274 a Nr. 1 HGB haben mittelgroße und große Kapitalgesellschaften in der Bilanz oder im Anhang die Entwicklung der einzelnen Posten des Anlagevermögens darzustellen. In einem solchen **Anlagespiegel**[20] oder **Anlagengitter** „... sind, ausgehend von den gesamten Anschaffungs- und Herstellungskosten, die Zugänge, Abgänge, Umbuchungen und Zuschreibungen des Geschäftsjahres sowie die Abschreibungen in ihrer gesamten Höhe gesondert aufzuführen" (§ 268 Abs. 2 Satz 2 HGB). Aufgrund der Erleichterungsvorschrift des § 266 Abs. 1 Satz 3 HGB brauchen **kleine Kapitalgesellschaften** im Falle der freiwilligen Aufstellung eines Anlagespiegels lediglich die Entwicklung der Bilanzpostengruppen „Immaterielle Vermögensgegenstände", „Sachanlagen" und „Finanzanlagen" im Anlagespiegel darzulegen. Der Anlagespiegel vermittelt den Adressaten des Jahresabschlusses vor allem wichtige Informationen über die **Investitionspolitik** des Unternehmens.

Abbildung 267 zeigt eine mögliche Alternative zur Gestaltung des Anlagespiegels mit Hilfe eines neunspaltigen Schemas.[21] Hierbei werden nach Angabe der gesamten (historischen) Anschaffungs- bzw. Herstellungskosten, die sich auf das zu Beginn des Geschäftsjahrs vorhandene Anlagevermögen beziehen, zunächst die **Zu- und Abgänge** als wertmäßige Änderungen angeführt. Anschließend folgen die **Umbuchungen**, die Informationen über erfolgsneutrale Umgruppierungen innerhalb des Anlagevermögens vermitteln. Letztlich werden die **Zu- und Abschreibungen** als wertmäßige Variationen der einzelnen Posten des Anlagevermögens dargelegt. Zudem sind die Abschreibungen des Geschäftsjahres, die gemäß § 268 Abs. 2 Satz 3 HGB auch alternativ im Anhang in einer der Gliederung des Anlagevermögens entsprechenden Aufstellung angegeben werden können, mit in den Anlagespiegel aufgenommen worden. Weiterhin wurde auch der Angabepflicht von § 265 Abs. 2 Satz 1 HGB durch die Aufnahme der Spalten (7) und (8) Genüge getan.

Von entscheidender Bedeutung ist, dass in den Spalten (2), (3), (4), (5) und (9) jeweils nur die **Veränderungen des Geschäftsjahres** erfasst werden. So fallen Zugänge grundsätzlich nur in dem Geschäftsjahr an, in dem das Anlagevermögen mengenmäßig erweitert wird. Die mengenmäßigen Erhöhungen sind mit den entsprechenden Anschaffungs- bzw. Herstellungskosten auszuweisen. Bei Abgängen handelt es sich um mengenmäßige Verringerungen des

---

[20] Der Anlagespiegel muss auch von „kapitalistischen" Personenhandelsgesellschaften (§ 264 a Abs. 1 HGB), publizitätspflichtigen Einzelunternehmen und Personenhandelsgesellschaften (§ 5 Abs. 1 Satz 2 PublG), eingetragenen Genossenschaften (§ 336 Abs. 2 Satz 1 HGB), Kreditinstituten (§ 340 a Abs. 1 HGB) und Versicherungsunternehmen (§ 341 a Abs. 1 HGB) erstellt werden.

[21] Die Abbildung wurde modifiziert übernommen von ADS 1997b, Anm. 45 zu § 268 HGB. Vgl. zu weiteren Gestaltungsmöglichkeiten ADS 1997b, Anm. 43–68 zu § 268 HGB; *Kozikowski/Huber* 2012, Anm. 10–20 zu § 268 HGB.

III. Spezialregelungen

(1)	(2)	(3)	(4)	(5)	(6)	(7)	(8)	(9)
Anschaffungs-/ Herstellungskosten 01.01. Gj.	Zugänge	Abgänge	Umbuchungen	Zuschreibungen	Kumulierte Abschreibungen	31.12. Gj.	31.12. Vj.	Abschreibungen Gj.
Aufgliederung nach den einzelnen Posten des Anlagevermögens									

Abb. 267: Struktur des Anlagespiegels[23]

Anlagevermögens, die z. B. infolge von Verkäufen oder Vernichtung entstehen. Da der Anlagespiegel auf dem **Bruttoprinzip** basiert, müssen auch die Abgänge des Geschäftsjahres in Höhe der ehemals historischen Anschaffungs- bzw. Herstellungskosten gezeigt werden. Die zum Abgangszeitpunkt auf den ausscheidenden Vermögensgegenstand entfallenden (kumulierten) Abschreibungen sind deshalb aus der Abschreibungsspalte zu eliminieren. Folglich setzen sich die als Abgang auszuweisenden Anschaffungs- und Herstellungskosten aus dem Restbuchwert zuzüglich der kumulierten Abschreibungen und abzüglich ggf. in den Vorperioden erfolgter Zuschreibungen zusammen. Zudem ist zu berücksichtigen, dass wertlose Gegenstände, die tatsächlich nicht mehr genutzt werden (z. B. bei Zerstörung, Verschrottung), stets als **Abgang** zu behandeln sind, wenn der Vermögensgegenstand endgültig aus der **Verfügungsmacht** des Unternehmens ausgeschieden ist.[22] Im Gegensatz zu den Zu- und Abgängen informieren Umbuchungen über erfolgte **Ausweisänderungen** im Anlagevermögen (z. B. vom Posten „Geleistete Anzahlungen und Anlagen im Bau" zum Posten „Technische Anlagen und Maschinen"). Sie sind ebenfalls mit den gesamten (historischen) Anschaffungs- bzw. Herstellungskosten auszuweisen.

Deshalb müssen auch ggf. zwischenzeitlich angefallene Abschreibungen innerhalb des Anlagespiegels umgegliedert werden. Im Rahmen der Zuschreibungsspalte kommen die wertmäßigen Erhöhungen des Anlagevermögens **während** des Geschäftsjahres zum Ausweis. Demgegenüber müssen in der kumulierten Abschreibungsspalte alle wertmäßigen Verminderungen des Anlagevermögens angeführt werden, die vom Zeitpunkt der Aktivierung bis zum jeweiligen Abschlussstichtag angefallen sind (planmäßige und außerplanmäßige Abschreibungen). Schließlich können in Spalte (9) die Abschreibungen des Geschäftsjahres zum Ausweis kommen. Nach h. M. sind hiermit alle in der Berichtsperiode vorgenommenen sowie in der Gewinn- und Verlustrechnung ausgewiesenen Abschreibungen gemeint.[24]

Auch nach IAS 36.126–128 ist die Entwicklung der Vermögenswerte während des Geschäftsjahres detailliert anzugeben. Diese Verpflichtung trifft sämtliche Unternehmen und muss nicht zwingend in einem Anlagespiegel erfolgen (IAS 36.128). Da immaterielle Vermögenswerte (bei Existenz eines aktiven Markts) und Sachanlagen auch neu bewertet werden können, können abweichend zum Handelsrecht sowohl die Anschaffungs- und Herstellungskosten als auch der beizulegende Zeitwert (Neubewertungsbetrag) als Referenzgröße des Anlagespiegels dienen.

---

[22] Vgl. *ADS* 1997b, Anm. 56 zu § 268 HGB.
[23] Gj. = Geschäftsjahr; Vj. = Vorjahr.
[24] Vgl. z. B. *ADS* 1997b, Anm. 68 zu § 268 HGB.

Beispiel: Die als mittelgroße Kapitalgesellschaft nach § 267 Abs. 2 HGB geltende XY-GmbH hat zu Beginn des Geschäftsjahres 2007 Maschinen sowie Betriebs- und Geschäftsausstattung zu Anschaffungskosten in Höhe von 800.000 € bzw. 1.200.000 € erworben. Die betriebsgewöhnliche Nutzungsdauer der Vermögensgegenstände, die linear abgeschrieben werden sollen, beträgt einheitlich 8 Jahre. Im Geschäftsjahr 2008 leistet das Unternehmen eine Anzahlung auf eine weitere Maschine in Höhe von 300.000 € (einschl. 20 % USt), die zu Beginn des Geschäftsjahres 2009 geliefert und mit Anschaffungskosten in Höhe von 600.000 € aktiviert wird.[25] Diese Maschine soll unter Zugrundelegung einer betriebsgewöhnlichen Nutzungsdauer von 6 Jahren ebenfalls linear abgeschrieben werden. Am 31.12. des Geschäftsjahres 2010 stellt sich heraus, dass aufgrund des Ausfalls eines Spezialkunden diese Maschine voraussichtlich nicht mehr genutzt werden kann und eine außerplanmäßige Abschreibung in Höhe des Restbuchwerts von 400.000 € erforderlich wird. Wider Erwarten tritt aber zum Ende des Geschäftsjahres 2011 ein neuer ausländischer Kunde an das Unternehmen heran, wodurch die in Rede stehende Maschine wieder voll genutzt werden kann, so dass eine Zuschreibung bis zu den fortgeführten Anschaffungskosten in Höhe von 300.000 € vorgenommen werden muss. Zum Ende des Geschäftsjahres 2012 werden die zu Beginn des Geschäftsjahres 2007 angeschafften Maschinen mit einem Veräußerungserlös von 360.000 € (einschließlich 20 % USt) verkauft. Die folgenden **Abbildungen 268** bis **273** zeigen die Entwicklung des Anlagevermögens vom Geschäftsjahr 2007 bis zum Geschäftsjahr 2012 in Form des neunspaltigen Anlagespiegels.

Posten des Sachanlagevermögens	Anschaffungskosten	Zugänge	Abgänge	Umbuchungen	Zuschreibungen	kumulierte Abschreibungen	31.12. Gj.	31.12. Vj.	Abschreibungen Gj.
Technische Anlagen und Maschinen	–	800	–	–	–	100	700	–	100
Betriebs- und Geschäftsausstattung	–	1.200	–	–	–	150	1.050	–	150

Abb. 268: Anlagespiegel für das Geschäftsjahr 2007 in T€

Posten des Sachanlagevermögens	Anschaffungskosten	Zugänge	Abgänge	Umbuchungen	Zuschreibungen	kumulierte Abschreibungen	31.12. Gj.	31.12. Vj.	Abschreibungen Gj.
Technische Anlagen und Maschinen	800	–	–	–	–	200	600	700	100
Betriebs- und Geschäftsausstattung	1.200	–	–	–	–	300	900	1.050	150
Geleistete Anzahlungen	–	250	–	–	–	–	250	–	–

Abb. 269: Anlagespiegel für das Geschäftsjahr 2008 in T€

III. Spezialregelungen

Posten des Sachanlagevermögens	Anschaffungskosten	Zugänge	Abgänge	Umbuchungen	Zuschreibungen	kumulierte Abschreibungen	31.12. Gj.	31.12. Vj.	Abschreibungen Gj.
Technische Anlagen und Maschinen	800	350	–	+ 250	–	400	1.000	600	200
Betriebs- und Geschäftsausstattung	1.200	–	–	–	–	450	750	900	150
Geleistete Anzahlungen	250	–	–	– 250	–	–	–	250	–

Abb. 270: Anlagespiegel für das Geschäftsjahr 2009 in T€

Posten des Sachanlagevermögens	Anschaffungskosten	Zugänge	Abgänge	Umbuchungen	Zuschreibungen	kumulierte Abschreibungen	31.12. Gj.	31.12. Vj.	Abschreibungen Gj.
Technische Anlagen und Maschinen	1.400	–	–	–	–	1.000	400	1.000	600
Betriebs- und Geschäftsausstattung	1.200	–	–	–	–	600	600	750	150

Abb. 271: Anlagespiegel für das Geschäftsjahr 2010 in T€

Posten des Sachanlagevermögens	Anschaffungskosten	Zugänge	Abgänge	Umbuchungen	Zuschreibungen	kumulierte Abschreibungen	31.12. Gj.	31.12. Vj.	Abschreibungen Gj.
Technische Anlagen und Maschinen	1.400	–	–	–	300	1.100	600	400	100
Betriebs- und Geschäftsausstattung	1.200	–	–	–	–	750	450	600	150

Abb. 272: Anlagespiegel für das Geschäftsjahr 2011 in T€

Posten des Sachanlagevermögens	Anschaffungskosten	Zugänge	Abgänge	Umbuchungen	Zuschreibungen	kumulierte Abschreibungen	31.12. Gj.	31.12. Vj.	Abschreibungen Gj.
Technische Anlagen und Maschinen	1.400	–	800	–	–	400	200	600	200
Betriebs- und Geschäftsausstattung	1.200	–	–	–	–	900	300	450	150

Abb. 273: Anlagespiegel für das Geschäftsjahr 2012 in T€

---

[25] Der entsprechende Buchungssatz lautet: Technische Anlagen und Maschinen (600.000 €) an Geleistete Anzahlungen (250.000 €) und Finanzkonto (350.000 €).

b. Beteiligungen und Anteile an verbundenen Unternehmen

b.a Ausweis und Bewertung

Beteiligungen werden in § 271 Abs. 1 Satz 1 HGB definiert als „... Anteile an anderen Unternehmen, die bestimmt sind, dem eigenen Geschäftsbetrieb durch Herstellung einer **dauernden Verbindung** zu jenen Unternehmen zu dienen". Kapitalgesellschaften haben Beteiligungen gemäß § 266 Abs. 2 HGB unter dem Posten A. III. 3. im **Finanzanlagevermögen** auszuweisen. Im Zweifelsfall gelten als Beteiligungen Anteile an einer Kapitalgesellschaft, deren Nennbeträge **20 % des Nennkapitals** dieser Gesellschaft überschreiten (§ 271 Abs. 1 Satz 3 HGB). Die Berechnung des Grenzwerts ist unter Berücksichtigung von § 16 Abs. 2 und Abs. 4 AktG vorzunehmen (§ 271 Abs. 1 Satz 4 HGB), wobei aber die Mitgliedschaft an einer eingetragenen Genossenschaft nicht als Beteiligung im Sinne des Dritten Buches des Handelsgesetzbuches gilt (§ 271 Abs. 1 Satz 5 HGB). Sofern die Beteiligungsabsicht **widerlegt** wird, sind die Anteile unter dem Posten A. III. 5. „Wertpapiere des Anlagevermögens" (§ 266 Abs. 2 HGB) auszuweisen, wenn es sich um Wertpapiere handelt. Andernfalls kommt ein Ausweis unter einem gesonderten Posten des Finanzanlagevermögens in Betracht.[26]

Als Beteiligungen gelten nicht nur Anteile, die in Wertpapieren (z. B. Aktien) **verbrieft** sind (§ 271 Abs. 1 Satz 2 HGB). Darüber hinaus werden von § 271 Abs. 1 HGB auch Anteile in **unverbriefter Form** (z. B. GmbH-Anteile und Anteile an Personenhandelsgesellschaften) erfasst. Sofern i. S. v. § 271 Abs. 1 HGB ein Beteiligungsverhältnis vorliegt, können neben dem schon erwähnten separaten Ausweis des Postens „Beteiligungen" ggf. noch folgende Ausweisverpflichtungen im Jahresabschluss relevant werden.[27]

(1) **Aktivseite der Bilanz:**
- Ausleihungen[28] an Unternehmen, mit denen ein Beteiligungsverhältnis besteht (§ 266 Abs. 2 Posten A. III. 4. HGB);
- Forderungen gegen Unternehmen, mit denen ein Beteiligungsverhältnis besteht (§ 266 Abs. 2 Posten B. II. 3. HGB).

(2) **Passivseite der Bilanz:**
Verbindlichkeiten gegenüber Unternehmen, mit denen ein Beteiligungsverhältnis besteht (§ 266 Abs. 3 Posten C. 7. HGB).

(3) **Gewinn- und Verlustrechnung:**
Erträge aus Beteiligungen, davon aus verbundenen Unternehmen (§ 275 Abs. 2 Posten 9. bzw. Abs. 3 Posten 8. HGB).

---

[26] Die Vorschrift des § 271 Abs. 1 HGB ist auch für „kapitalistische" Personenhandelsgesellschaften (§ 264 a Abs. 1 HGB), publizitätspflichtige Einzelunternehmen und Personenhandelsgesellschaften (§ 5 Abs. 1 Satz 2 PublG), eingetragene Genossenschaften (§ 336 Abs. 2 Satz 1 HGB), Kreditinstitute (§ 340 a Abs. 1 HGB) und Versicherungsunternehmen (§ 341 a Abs. 1 HGB) maßgebend. Sofern auch andere (nicht publizitätspflichtige) Kaufleute den Posten „Beteiligungen" freiwillig im Jahresabschluss aufführen, haben auch sie die Regelungen des § 271 Abs. 1 HGB zu beachten. Vgl. *ADS* 1997b, Anm. 3 zu § 271 HGB.

[27] Vgl. *ADS* 1997b, Anm. 4 zu § 271 HGB.

[28] Im Gegensatz zu den unter dem Posten „Finanzanlagen" genannten Posten „Anteile ..." und „Wertpapiere ..." stellen „Ausleihungen ..." langfristige Finanzforderungen dar, die i. S. v. § 247 Abs. 2 HGB dazu bestimmt sind, dauernd dem Geschäftsbetrieb zu dienen (z. B. langfristige Darlehen, Hypotheken, Grund- und Rentenschulden).

(4) **Anhang:**
Laut § 285 Nr. 11 HGB sind neben Name und Sitz anderer Unternehmen, von denen die Kapitalgesellschaft mindestens 20 % der Anteile besitzt, ferner „ … die Höhe des Anteils am Kapital, das Eigenkapital und das Ergebnis des letzten Geschäftsjahrs dieser Unternehmen anzugeben, für das ein Jahresabschluss vorliegt …".

Börsennotierte Kapitalgesellschaften müssen zusätzlich alle Beteiligungen an großen Kapitalgesellschaften angeben, die 5 % der Stimmrechte übersteigen. Mit den angeführten separaten Ausweisvorschriften wird vom Gesetzgeber das Ziel verfolgt, den Adressaten des Jahresabschlusses unternehmerische **Verflechtungen** und **Abhängigkeitsverhältnisse** gesondert aufzuzeigen, die über die Absicht einer nachhaltigen Kapitalanlage gegen angemessene Verzinsung hinausgehen. Als **Indizien** für derartige Beteiligungsabsichten können z. B. personelle Verflechtungen, interdependente Produktionsprogramme, gemeinsame Forschungs- und Entwicklungsaktivitäten sowie gegenseitige Lieferungs- und Abnahmeverträge genannt werden, wobei das Ziel der unternehmerischen Einflussnahme nicht erfüllt zu sein braucht.[29]

Im Zusammenhang mit der Darstellung von Beteiligungen muss auf den gesonderten Ausweis des Postens A. III. 1. „**Anteile an verbundenen Unternehmen**" (§ 266 Abs. 2 HGB) eingegangen werden. Dieser Posten stellt einen **Spezialfall** des separaten Ausweises von Beteiligungen in der Jahresbilanz dar. Sofern die das Anlagevermögen kennzeichnende dauerhafte Besitzabsicht widerlegt wird, kommt ein Ausweis unter dem Posten B. III. 1. „Anteile an verbundenen Unternehmen" im Umlaufvermögen (§ 266 Abs. 2 HGB) in Betracht. Gemäß § 271 Abs. 2 HGB werden **verbundene Unternehmen** im Sinne des Dritten Buchs des Handelsgesetzbuches als solche Unternehmen definiert, die als **Mutter- oder Tochterunternehmen** nach § 290 HGB in einen **Konzernabschluss** einzubeziehen sind.[30] Sofern das Mutterunternehmen einen beherrschenden Einfluss auf die Tochtergesellschaft ausübt, wird nach § 290 Abs. 1 HGB die Verpflichtung zur Aufstellung eines Konzernabschlusses von den gesetzlichen Vertretern der Muttergesellschaft ausgelöst. Der beherrschende Einfluss wird in § 290 Abs. 2 HGB konkretisiert. In **Abbildung 274** ist der Begriff der verbundenen Unternehmen nach § 271 Abs. 2 HGB zusammenfassend dargestellt.[31]

Im Einzelnen lassen sich folgende handelsrechtliche Ausweisregelungen im Jahresabschluss anführen, die alle an die Erfüllung des Tatbestands „verbundene Unternehmen" anknüpfen.[32]

(1) **Bilanz:**
- Anteile an verbundenen Unternehmen im Finanzanlagevermögen (§ 266 Abs. 2 Posten A. III. 1. HGB);
- Ausleihungen an verbundene Unternehmen im Finanzanlagevermögen (§ 266 Abs. 2 Posten A. III. 2. HGB);

---

[29] Vgl. *Coenenberg/Haller/Schultze* 2012, S. 243.
[30] Die in § 15 AktG verankerte abweichende Definition des Begriffs „verbundene Unternehmen" besitzt für die Erstellung des Jahresabschlusses von Kapitalgesellschaften, auch für Aktiengesellschaften, keine Relevanz. Vgl. *ADS* 1997b, Anm. 32 zu § 271 HGB.
[31] In Anlehnung an *Coenenberg/Haller/Schultze* 2012, S. 615.
[32] Vgl. *ADS* 1997b, Anm. 33 zu § 271 HGB.

```
┌─────────────────────────────────────────────────────────────────────┐
│                    Konsolidierungspflicht                            │
│              aufgrund eines Mutter-/Tochterverhältnisses             │
│                         (§ 290 HGB)                                  │
│                              │                                       │
│                              ▼                                       │
│              Konzept des beherrschenden Einflusses (Control)         │
│                       (§ 290 Abs. 2 HGB)                             │
│         ┌────────────┬────────────┬────────────┬────────────┐       │
│         ▼            ▼            ▼            ▼                     │
│                   Recht, als                   Tragen der            │
│                  Gesellschafter               wesentlichen           │
│    Mehrheit der  Mehrheit der  Beherrschender  Chancen und          │
│    Stimmrechte   Organmitglieder Einfluss durch   Risiken            │
│                  zu bestimmten    Vertrag       (Zweck-              │
│                                               gesellschaften)        │
└─────────────────────────────────────────────────────────────────────┘
```

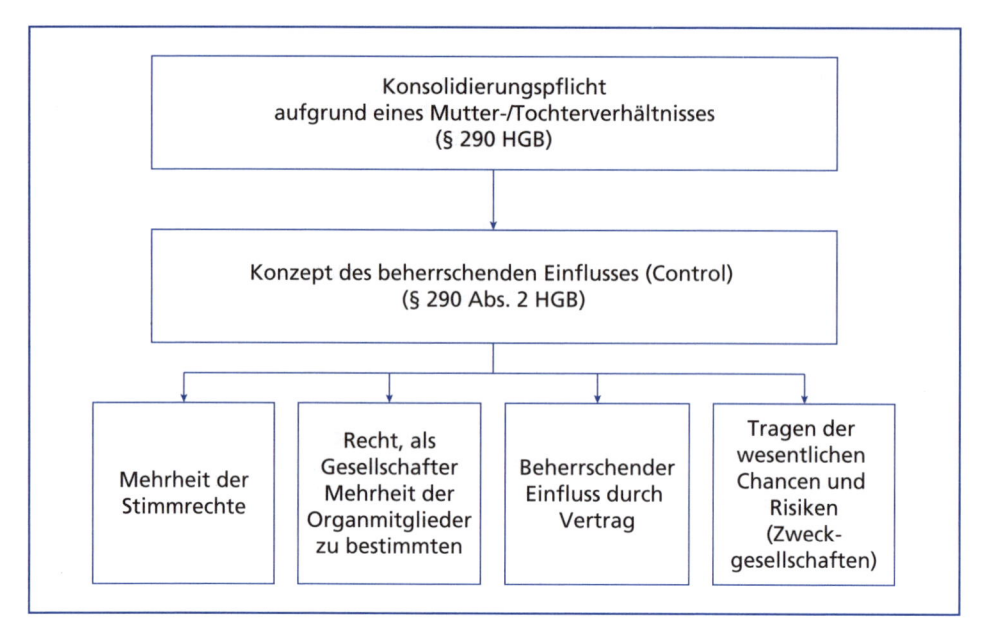

Abb. 274: Verbundene Unternehmen nach Handelsrecht

- Forderungen gegen verbundene Unternehmen
  (§ 266 Abs. 2 Posten B. II. 2. HGB);
- Anteile an verbundenen Unternehmen im Umlaufvermögen
  (§ 266 Abs. 2 Posten B. III. 1. HGB);
- Verbindlichkeiten gegenüber verbundenen Unternehmen
  (§ 266 Abs. 3 Posten C. 6. HGB).

(2) **Gewinn- und Verlustrechnung:**
- Erträge aus Beteiligungen, davon aus verbundenen Unternehmen (§ 275 Abs. 2 Posten 9. bzw. Abs. 3 Posten 8. HGB);
- Erträge aus anderen Wertpapieren und Ausleihungen des Finanzanlagevermögens, davon aus verbundenen Unternehmen
  (§ 275 Abs. 2 Posten 10. bzw. Abs. 3 Posten 9. HGB);
- Sonstige Zinsen und ähnliche Erträge, davon aus verbundenen Unternehmen
  (§ 275 Abs. 2 Posten 11. bzw. Abs. 3 Posten 10. HGB);
- Zinsen und ähnliche Aufwendungen, davon an verbundene Unternehmen
  (§ 275 Abs. 2 Posten 13. bzw. Abs. 3 Posten 12. HGB).

(3) **Angaben unter der Bilanz und/oder im Anhang:**[33]
- Haftungsverhältnisse nach § 251 HGB gegenüber verbundenen Unternehmen unter der Bilanz oder im Anhang (§ 268 Abs. 7 2. HS HGB);
- sonstige finanzielle Verpflichtungen, davon gegenüber verbundenen Unternehmen
  (§ 285 Nr. 3 2. HS HGB).

---

[33] Vgl. hierzu die Ausführungen im Dritten Teil zu Gliederungspunkt I.B.7.

III. Spezialregelungen

Auch nach den IFRS wird die Konzernrechnungslegungspflicht nach dem **Control-Konzept** begründet, welches eine Beherrschung der Tochterunternehmen durch das Mutterunternehmen vorsieht. Nach IFRS 10.6 f. muss das Mutterunternehmen Entscheidungsmacht haben, die Aktivitäten des Tochterunternehmens zu lenken, um daraus Rückflüsse für sich zu generieren. Das Beherrschungskonzept wird wie folgt konkretisiert:

- Stimmrechtsmehrheit kraft Vereinbarung mit anderen Investoren (Absprachen),
- Möglichkeit, die Finanz- und Geschäftspolitik des Tochterunternehmens durch die Satzung oder Vereinbarungen zu bestimmten,
- Ernennung oder Absetzung der Mehrheit der Mitglieder der Geschäftsführungs- und/ oder Aufsichtsorgane sowie
- Bestimmung der Mehrheit der Stimmen bei Sitzungen der Organe.

In Abgrenzung zu den detaillierten Bilanzangabepflichten und Davonvermerken in der Gewinn- und Verlustrechnung zu verbundenen Unternehmen im Handelsrecht sind nach IAS 1.82 (c) lediglich die Ergebnisbeiträge der **Beteiligungen an assoziierten Unternehmen und Joint Ventures** separat in der Erfolgsrechnung zu zeigen, welche entweder zwingend (assoziierte Unternehmen) oder wahlweise (Joint Ventures) die **Equity-Bewertung** durchführen. Allerdings sind detaillierte Anhangangaben nach IAS 28.37 und IAS 31.54f. zu beachten. Da die Equity-Methode lediglich im **IFRS-Konzernabschluss** anwendbar ist, entfällt eine separate Angabepflicht auf Einzelabschlussebene. Folglich sind keine Ausweisregelungen in der Bilanz und Gesamterfolgsrechnung des **Mutterunternehmens** für verbundene Unternehmen (Tochterunternehmen) nach IFRS vorgeschrieben.

Abschreibungen auf Beteiligungen oder Anteile an verbundenen Unternehmen gemäß § 253 Abs. 3 Satz 3 und Abs. 4 sind unter dem Posten 12. (§ 275 Abs. 2 HGB) bzw. Posten 11. (§ 275 Abs. 3 HGB) „Abschreibungen auf Finanzanlagen und auf Wertpapiere des Umlaufvermögens" auszuweisen. Allerdings müssen derartige außerplanmäßige Abschreibungen gesondert ausgewiesen oder im Anhang angegeben werden (§ 277 Abs. 3 Satz 1 HGB). **Zuschreibungen** auf die genannten Gegenstände des Finanzanlagevermögens oder des Umlaufvermögens sind unter dem Posten Nr. 4 (§ 275 Abs. 2 HGB) bzw. Nr. 6 (§ 275 Abs. 3 HGB) „Sonstige betriebliche Erträge" auszuweisen.

> **Beispiel:**
> Die XY-AG beabsichtigt, zu einem wichtigen Zulieferunternehmen, der Z-AG, eine dauernde Verbindung durch den Erwerb einer Beteiligung i. S. v. § 271 Abs. 1 HGB aufzubauen. Zu diesem Zweck erwirbt die XY-AG im Geschäftsjahr 2012 ein Aktienpaket der Z-AG von 3.000 Stück zum Kurswert von 85 € (Nennwert 50 €) pro Stück. Die Hausbank berechnet 3 % Nebenkosten auf den Kurswert, die sie der XY-AG für den Kauf in Rechnung stellt.
>
> Buchungssatz:
>
> (1) Beteiligungen an Verbindlichkeiten gegenüber Kreditinstituten 262.650 €.[34]
>
> Zum 31.12. des Geschäftsjahres 2012 ist der Kurswert der Aktien der Z-AG auf 75 € pro Stück gefallen. Die XY-AG nimmt eine außerplanmäßige Abschreibung vor.

Buchungssatz:

(2) Abschreibungen auf   an   Beteiligungen   30.900 €.[35]
    Finanzanlagen

Kontenmäßige Darstellung:

S	Beteiligungen		H
	€		€
(1)	262.650	(2)	30.900
		SBK (EB)	231.750
	262.650		262.650

S	Verbindlichkeiten gegenüber Kreditinstituten		H
	€		€
SBK (EB)	...	AB	...
		(1)	262.650

S	Abschreibungen auf Finanzanlagen		H
	€		€
(2)	30.900	GuV (Saldo)	...

Die außerplanmäßigen Abschreibungen in Höhe von 30.900 € müssen gemäß § 277 Abs. 3 Satz 1 HGB in der Gewinn- und Verlustrechnung unter dem Posten „Abschreibungen auf Finanzanlagen und auf Wertpapiere" des Umlaufvermögens gesondert ausgewiesen oder im Anhang angegeben werden.

Zum 31.12. des Geschäftsjahres 2013 ist der Kurswert der Aktien der Z-AG wieder auf 80 € gestiegen, sodass die XY-AG die Aktien wieder zuschreiben muss.

Buchungssatz:

Beteiligungen   an   Sonstige betriebliche   15.450 €[36]
                          Erträge

Kontenmäßige Darstellung:

S	Beteiligungen		H
	€		€
AB (1)	231.750	SBK (EB)	247.200
	15.450		
	247.200		247.200

S	Sonstige betriebliche Erträge		H
	€		€
GuV (Saldo)	...	(1)	15.450

b.b   Erträge aus Beteiligungen sowie anrechenbare Kapitalertragsteuer

Erträge aus Beteiligungen oder Anteilen an verbundenen Unternehmen sind grundsätzlich unter dem Posten 9. (§ 275 Abs. 2 HGB) bzw. Posten 8. (§ 275 Abs. 3 HGB) der Gewinn- und Verlustrechnung auszuweisen. Sofern die Erträge aber von Kapitalgesellschaften in Form

---

[34] 262.650 € = 1,03 · 3.000 Stück · 85 €/Stück (inkl. 7.650 € Anschaffungsnebenkosten i. S. v. § 255 Abs. 1 Satz 2 HGB).

[35] 30.900 € = 1,03 · 3.000 Stück · (85 € - 75 €).

[36] 15.450 € = 1,03 · 3.000 Stück · (80 € - 75 €).

III. Spezialregelungen

von **Gewinnausschüttungen** stammen, müssen einige Besonderheiten beachtet werden. Die Erfassung der Netto-Dividenden, d. h. der Bardividenden abzüglich der Kapitalertragsteuer, ist grundsätzlich im Jahr des Ausschüttungsbeschlusses[37] vorzunehmen, da hierdurch ein Rechtsanspruch gegenüber der ausschüttenden Kapitalgesellschaft begründet wird (sog. phasengleiche Gewinnvereinnahmung).[38] Der entsprechende Buchungssatz zur Erfassung der Netto-Dividende lautet dann:

Forderungen gegen verbundene Unternehmen bzw. Unternehmen, mit denen ein Beteiligungsverhältnis besteht	an	Erträge aus Beteiligungen.

Der Prozentsatz der Ausschüttungen wird bei Kapitalgesellschaften in aller Regel auf das Nennkapital berechnet (z. B. 8 % Dividende auf das Grundkapital von 40 Mio. € = 3,2 Mio. €). Wie bereits dargelegt wurde, hat die ausschüttende Kapitalgesellschaft auf die abfließenden Gewinnanteile (Bardividende) 25 % **Kapitalertragsteuer** einzubehalten, die bei der beteiligten Kapitalgesellschaft im Rahmen der Körperschaftsteuerveranlagung angerechnet wird.[39] Im Gegensatz zum Anspruch auf die Netto-Dividende entstehen die Anrechnungsansprüche bezüglich der Kapitalertragsteuer, die als Forderungen (sonstige Vermögensgegenstände) zu erfassen ist, erst im Zeitpunkt der **tatsächlichen Ausschüttung**. Demnach ist nach erfolgter Ausschüttung wie nachstehend gezeigt zu buchen:

Guthaben bei Kreditinstituten	an	Forderungen gegen verbundene Unternehmen bzw. Forderungen gegen Unternehmen, mit denen ein Beteiligungsverhältnis besteht
Sonstige Vermögensgegenstände	an	Erträge aus Beteiligungen.

Sofern der Ausschüttungsbeschluss und die Ausschüttung in der gleichen Periode erfolgen, wird im Ergebnis auf dem Konto „Erträge aus Beteiligungen" die **Brutto-Ausschüttung** (Bruttodividende) verbucht und damit auch in die Bemessungsgrundlage der Körperschaftsteuer der beteiligten Kapitalgesellschaft einbezogen. Das auf dem Konto „Sonstige Vermögensgegenstände" zunächst als Forderung erfasste Kapitalertragsteuerguthaben wird dann mit der festzusetzenden Körperschaftsteuer der Periode verrechnet. **Erträge aus anderen Wertpapieren** (§ 275 Abs. 2 Posten 10. bzw. Abs. 3 Posten 9. HGB), die durch im Anlage- oder Umlaufvermögen gehaltene Wertpapiere (§ 266 Abs. 2 Posten A. III. 5. bzw. Posten B. III. 1. HGB) ausgelöst werden, sind bei Kapitalgesellschaften analog zu den vorstehend aufgezeigten Regelungen bezüglich der Erträge aus Beteiligungen buchhalterisch zu erfassen.

---

[37] A. A. sind etwa *Falterbaum et al.* 2010, S. 325 f., die ohne Begründung Nettoertrag und einzubehaltende Kapitalertragsteuer zusammen bereits im Geschäftsjahr des Ausschüttungsbeschlusses als Ertrag erfassen wollen.

[38] Allerdings kann nach h. M. die Forderung auf den Beteiligungsertrag unter bestimmten Voraussetzungen vorzeitig aktiviert werden, auch wenn der Anspruch zum Bilanzstichtag noch nicht entstanden ist, aber mit Sicherheit entstehen wird. Vgl. hierzu *Förschle* 2012b, Anm. 177 zu § 275 HGB. Entgegen langjähriger Rechtsprechung lehnt der *Große Senat des BFH* dagegen in einem Beschluss die phasengleiche Bilanzierung der Dividendenansprüche ab. Vgl. BFH 2000, S. 636.

[39] Vgl. hierzu die Ausführungen im Fünften Teil zu Gliederungspunkt II.A.

Beispiel: Die Hauptversammlung der angesprochenen Z-AG beschließt im Juli des Geschäftsjahrs 2013 für die Periode 2012 eine Ausschüttung von 7 % auf das Grundkapital, die im September 2013 erfolgen soll. Die Beteiligungserträge (Bardividende) der XY-AG betragen mithin 10.500 €[40]. Allerdings beläuft sich die Forderung gegenüber der Z-AG lediglich auf die Nettodividende von 7.875 € (10.500 € abzüglich 25 % Kapitalertragsteuer)[41].

Die Anrechnungsansprüche bezüglich der Kapitalertragsteuer von 2.625 € werden auf dem Konto „Sonstige Vermögensgegenstände" im Zeitpunkt der Ausschüttung erfasst.

Buchungen bei der XY-AG:

(1) Forderungen gegen Unternehmen, mit denen ein Beteiligungsverhältnis besteht   an   Erträge aus Beteiligungen   7.875 €

(2) Guthaben bei Kreditinstituten   an   Forderungen gegen Unternehmen, mit denen ein Beteiligungsverhältnis besteht   7.875 €

(3) Sonstige Vermögensgegenstände   an   Erträge aus Beteiligungen   2.625 €.

Kontenmäßige Darstellung:

S	Forderungen gegen Unternehmen, mit denen ein Beteiligungsverhältnis besteht		H
	€		€
(1)	7.875	(2)	7.875

S	Sonstige Vermögensgegenstände		H
	€		€
AB (3)	... 2.625		

S	Guthaben bei Kreditinstituten		H
	€		€
AB (2)	... 7.875	SBK (EB)	...

S	Erträge aus Beteiligungen		H
	€		€
GuV (Saldo)	...	(1) (3)	7.875 2.625

Sofern **Einzelunternehmen oder Personenhandelsgesellschaften** Beteiligungen an Kapitalgesellschaften im Betriebsvermögen halten, stellt sich die Frage, wie die Anrechnungsansprüche für die Kapitalertragsteuer buchhalterisch zu behandeln sind. Obwohl der in Rede stehende Anspruch grundsätzlich eine **Minderung der Einkommensteuer** des Einzelunternehmers bzw. der Gesellschafter bewirkt und damit in der **Privatsphäre** Anrechnung findet, gehört er bis zum Zeitpunkt seiner persönlichen Verwendung zum Betriebsvermögen (Gesamthandsvermögen) des Unternehmens.[42] Folglich muss deshalb der Kapitalertragsteueranrechnungsanspruch als **Entnahme** auf dem **Privatkonto** bzw. dem **Kapitalkonto II** erfasst

---

[40] 10.500 € = 0,07 · 3.000 Stück · 50 €/Stück.
[41] 7.875 € = 10.500 € - 2.625 €.
[42] Vgl. auch *Falterbaum et al.* 2010, S. 332.

III. Spezialregelungen

werden, wobei in Personenhandelsgesellschaften eine Aufteilung nach Maßgabe des Beteiligungsverhältnisses auf die einzelnen Gesellschafter erfolgen muss. In Erweiterung der vorstehend dargestellten Buchungstechnik wäre im Zeitpunkt der Geltendmachung der persönlichen Anrechnungsansprüche gegenüber dem Finanzamt wie folgt zu buchen:[43]

> Privatkonto bzw. Kapitalkonto II   an   Sonstige Vermögensgegenstände.

c. Eigenkapital

c.a Überblick über die Komponenten des Eigenkapitals

Das Eigenkapital setzt sich gemäß § 266 Abs. 3 A., § 268 Abs. 1 Satz 2 und § 272 Abs. 1 bis Abs. 3 HGB aus folgenden **Hauptkomponenten** zusammen:

- Gezeichnetes Kapital,
- Kapitalrücklage,
- Gewinnrücklagen,
- Gewinnvortrag/Verlustvortrag,
- Jahresüberschuss/Jahresfehlbetrag.

In IAS 1.54 werden als Mindestbestandteile nicht beherrschende Anteile, das gezeichnete Kapital und Rücklagen genannt. Daneben kommt bei Anwendung der Neubewertungsmethode noch die Neubewertungsrücklage hinzu.

Als positiver Unterschiedsbetrag zwischen den Aktiv- und Schuldposten repräsentiert das Eigenkapital im Prinzip den in Geldeinheiten bewerteten Teil des Unternehmensvermögens, der den **Anteilseignern** der Kapitalgesellschaft zusteht. Aufgrund der **spezifischen Unternehmensverfassung** der GmbH und der AG können die Gesellschafter bzw. Aktionäre jedoch nur im Rahmen gesetzlicher Vorschriften, vertraglicher Vereinbarungen und/oder mehrheitlicher Beschlussfassungen über das Eigenkapital verfügen. Die vorstehend gezeigte Aufspaltung des Eigenkapitals in die fünf Elementarkomponenten stellt mithin einen Ausfluss dieser Spezialregelungen dar. **Abbildung 275** zeigt unter Berücksichtigung der für Kapitalgesellschaften (GmbH, AG) geltenden Vorschriften **sämtliche Komponenten** des Eigenkapitals, die nachfolgend im Detail dargestellt und analysiert werden.[44]

Sofern aber die Schuldposten die Aktivposten übersteigen, liegt eine bilanzielle **Überschuldungssituation** des Unternehmens vor, die dadurch gekennzeichnet ist, dass durch Verluste

---

[43] Vgl. hierzu die Ausführungen im Vierten Teil zu Gliederungspunkt II.A.
[44] Die Abbildung wurde modifiziert übernommen von *Coenenberg/Haller/Schulze* 2012, S. 322.

Aktivseite	Passivseite

A. Anlagevermögen
⋮
   III. Finanzanlagevermögen
      1. Anteile an verbundenen
         Unternehmen
B. Umlaufvermögen
⋮
   II. Forderungen und sonstige
      Vermögensgegenstände
      ⋮
      5. Eingeforderte ausstehende
         Einlagen auf das gezeichnete
         Kapital (§ 272 Abs. 1 Satz 3 HGB)
         oder eingeforderte Nachschüsse
         von Gesellschaftern einer GmbH
         (§ 42 Abs. 1 GmbHG)
   III. Wertpapiere
      1. Anteile an verbundenen
         Unternehmen
      2. Sonstige Wertpapiere
⋮
E. Nicht durch Eigenkapital gedeckter
    Fehlbetrag (§ 268 Abs. 3 HGB)
	A. Eigenkapital:
	   I. Gezeichnetes Kapital (§ 272 Abs. 1
	      HGB i. V. m. § 152 Abs. 1 AktG, § 42
	      Abs. 1 GmbHG)
	   II. Kapitalrücklage (§ 272 Abs. 2 HGB
	      i. V. m. § 152 Abs. 2 AktG)
	      1. Eingefordertes Nachschusskapital
	         bei der GmbH (§ 42 Abs. 2 Satz 3
	         GmbHG)
	   III. Gewinnrücklagen (§ 272 Abs. 3 HGB)
	      1. Gesetzliche Rücklage (§ 150
	         AktG)
	      2. Rücklage für Anteile an einem
	         herrschenden oder mehrheitlich
	         beteiligten Unternehmen (§ 272
	         Abs. 4 HGB)
	      3. Satzungsmäßige Rücklagen
	      4. Andere Gewinnrücklagen
	   IV. Gewinn-/Verlustvortrag
	      (§ 266 Abs. 3 HGB)
	   V. Jahresüberschuss/-fehlbetrag (§ 266
	      Abs. 3 HGB)
	   VI. Bilanzgewinn/Bilanzverlust, davon
	      Ergebnisvortrag gemäß § 268 Abs. 1
	      HGB (als Alternative zu den Posten des
	      Eigenkapitals A. IV. und A. V.)

Abb. 275: Komponenten des Eigenkapitals in der handelsrechtlichen Bilanz

das Eigenkapital vollständig aufgezehrt wurde und darüber hinaus das Vermögen nicht mehr ausreicht, die Ansprüche der Gläubiger zu befriedigen. Bei dieser Konstellation trägt das Eigenkapital negativen Charakter und muss in Abgrenzung zu den IFRS unter der Bezeichnung „**Nicht durch Eigenkapital gedeckter Fehlbetrag**" als letzter Posten auf der Aktivseite der Bilanz ausgewiesen werden (§ 268 Abs. 3 HGB). Bei Einzelunternehmen haftet der Eigner über sein eingelegtes Eigenkapital hinaus mit seinem Privatvermögen für die Verbindlichkeiten seines Unternehmens. Ähnliches gilt für die unbeschränkt haftenden **natürlichen Personen** von Handelsgesellschaften (§ 128 i. V. m. § 161 Abs. 2 HGB). Aufgrund der unbeschränkten Haftung des genannten Personenkreises gegenüber den Gläubigern führt die materielle Überschuldung bei diesen Rechtsformen **nicht zum Konkurs** des Unternehmens. Demgegenüber zieht die insolvenzrechtliche Überschuldung bei juristischen Personen (z. B. GmbH und AG) und bei Personenhandelsgesellschaften (OHG, KG), die ausschließlich juristische Personen als persönlich haftende Gesellschafter aufweisen, **den Konkurs** nach sich (§ 19 InsO; § 92 Abs. 2 Satz 1 AktG; § 64 Abs. 1 GmbHG; § 130 a Abs. 1 Satz 1, § 177 a Satz 1 HGB).[45] Diese Regelung basiert auf der lediglich beschränkten Haftung der Anteilseigner. Im Überschuldungsfall sollen zumindest die Ansprüche der Gläubiger partiell gesichert werden, wenn schon mehr als das Eigenkapital verloren ist. Zum Zweck des **Anteilseignerschutzes** obliegt dem Vorstand einer AG darüber hinaus die Verpflichtung, unverzüglich die Hauptversammlung einzuberufen und zu informieren, wenn sich bei Aufstellung der Jahresbilanz

---

[45] Vgl. hierzu im Einzelnen *Freidank* 2012a, S. 396–399.

oder einer Zwischenbilanz ergibt oder bei pflichtmäßigem Ermessen anzunehmen ist, dass ein **Verlust** besteht, der mindestens **50 % des Grundkapitals** beträgt (§ 92 Abs. 1 AktG). Ähnliches gilt für die GmbH, wenn mindestens die Hälfte des Stammkapitals verloren ist (§ 49 Abs. 3 GmbHG).

Wie bereits ausgeführt, sind die Ausweis- und Gliederungsvorschriften für Eigenkapitalposten nach IFRS weniger detailliert als nach Handelsgesetzbuch.[46] Neben den in IAS 1.54 enthaltenen Mindestposten in der Bilanz (nicht beherrschende Anteile, gezeichnetes Kapital und Rücklagen) verlangt IAS 1.79 weitere Angaben zum Eigenkapital, die wahlweise in der Bilanz, im Eigenkapitalspiegel oder im Anhang erfolgen können. Hierbei handelt es sich um eine Klassifizierung des gezeichneten Kapitals in Stamm- und Vorzugsaktien und der Rücklagen in Kapital- und Gewinnrücklagen. Für jede Klasse von Anteilen sind

- die Zahl der genehmigten Anteile,
- die Zahl der ausgegebenen voll eingezahlten Anteile und die Anzahl der ausgegebenen nicht voll eingezahlten Anteile,
- der Nennwert der Anteile oder die Aussage, dass die Anteile keinen Nennwert haben,
- eine Überleitungsrechnung der Zahl der im Umlauf befindlichen Anteile am Anfang und Ende des Stichtags,
- die Rechte, Vorzugsrechte und Beschränkungen für die jeweilige Anteilskategorie einschließlich von Beschränkungen bei der Dividendenausschüttung und der Kapitalrückzahlung,
- die Anteile an dem Unternehmen, die durch das Unternehmen selbst, seine Tochterunternehmen oder durch assoziierte Unternehmen gehalten werden,
- die Anteile, die für die Ausgabe aufgrund von Optionen und Verkaufsverträgen zurückgehalten werden sowie
- eine Beschreibung von Art und Zweck jeder Rücklage

vorzunehmen.

Sofern die Schulden die Vermögenswerte übersteigen, ist ein dem Handelsrecht vergleichbarer Aktivposten „Nicht durch Eigenkapital gedeckter Fehlbetrag" nicht zulässig. Vielmehr ist auf der Passivseite der IFRS-Bilanz das Eigenkapital negativ auszuweisen.

c.b Gezeichnetes Kapital

(a) Allgemeines

Die **AG** hat gemäß § 1 Abs. 2 AktG ein in Aktien zerlegtes **Grundkapital**, das laut § 152 Abs. 1 Satz 1 AktG als gezeichnetes Kapital in der Bilanz auszuweisen ist. Das gesamte Grundkapital muss auf einen Mindestnennbetrag von **50.000 €** lauten (§ 7 AktG). Der Mindestnennbetrag der einzelnen Aktie beträgt hingegen **1 €** (§ 8 Abs. 2 Satz 1 AktG). Sofern höhere Aktiennennbeträge ausgegeben werden, müssen sie **auf volle €** lauten (§ 8 Abs. 2 Satz 4 AktG). Der Gesamtbetrag der Aktien muss mit dem Grundkapital übereinstimmen. Die **GmbH** hat hingegen ein in Stammeinlagen zerlegtes **Stammkapital**, das in der Bilanz ebenfalls als gezeichnetes Kapital auszuweisen ist (§ 42 Abs. 1 GmbHG). Gemäß § 5 Abs. 1 GmbHG muss das Stammkapital mindestens **25.000 €** betragen.[47] Allerdings kann der Betrag der Stamm-

---

[46] Vgl. hierzu die Ausführungen im Zweiten Teil zu Gliederungspunkt VI.C.
[47] Nach § 5a GmbH ist ebenfalls die Gründung einer „Mini-GmbH" mit einem symbolischen Stammkapital von 1 € möglich.

einlage für die einzelnen Gesellschafter verschieden bestimmt werden, wobei er aber in € durch fünfzig teilbar sein muss (§ 5 Abs. 3 Satz 1 und 2 GmbHG). Der Gesamtbetrag der Stammeinlagen hat dem Stammkapital zu entsprechen (§ 5 Abs. 3 Satz 3 GmbHG).

In der **Satzung** bzw. im **Gesellschaftsvertrag** ist der Betrag des gezeichneten Kapitals (Grund- bzw. Stammkapital) festgelegt (§ 23 Abs. 3 Nr. 3 AktG; § 3 Abs. 1 Nr. 3 GmbHG). Variationen sind nur unter Berücksichtigung der Normen über die **Kapitalerhöhung** und **Kapitalherabsetzung** möglich (§ 182 bis § 240 AktG; § 55 bis § 59 GmbHG). Zum Zweck der **Kapitalsicherung** dürfen bei der AG den Aktionären die geleisteten Einlagen auf das Grundkapital (§ 57 Abs. 1 Satz 1 AktG) und bei der GmbH den Gesellschaftern das zur Erhaltung des Stammkapitals erforderliche Unternehmensvermögen (§ 30 Abs. 1 GmbHG) nicht vor Auflösung der Gesellschaft zurückgewährt bzw. ausgezahlt werden. Ferner wird in § 272 Abs. 1 Satz 1 HGB das gezeichnete Kapital als das Kapital definiert, „… auf das die Haftung der Gesellschafter für Verbindlichkeiten der Kapitalgesellschaft gegenüber den Gläubigern beschränkt ist". Diese misslungene gesetzliche Formulierung lässt aber unberücksichtigt, dass die Anteilseigner einer Kapitalgesellschaft gegenüber den Gläubigern des Unternehmens grundsätzlich nicht persönlich haften, sondern gemäß § 1 Abs. 1 Satz 2 AktG und § 13 Abs. 2 GmbHG nur das Gesellschaftsvermögen als Haftungspotenzial den Gläubigern zur Verfügung steht.[48] Sofern Aktionäre bzw. Gesellschafter ihren vertraglich festgelegten Einlageverpflichtungen (noch) nicht nachgekommen sind und die ausstehenden Einlagen auf das gezeichnete Kapital von der Unternehmensleitung bereits eingefordert wurden, besteht lediglich ein einklagbarer Anspruch der Gesellschaft gegenüber dem (den) betreffenden Anteilseigner(n) (§ 63 bis 66 AktG; § 19 bis § 28 GmbHG).

In aller Regel bestimmt sich der bilanzielle Ausweis des gezeichneten Kapitals nach Maßgabe der Höhe der am jeweiligen Abschluss-Stichtag gültigen **Handelsregistereintragung** des Grund- oder Stammkapitals (§ 39 Abs. 1 Satz 1 AktG; § 10 Abs. 1 Satz 1 GmbHG). Das gezeichnete Kapital ist dann zum **Nennbetrag** zu bewerten (§ 272 Abs. 1 Satz 2 HGB), der dem **Nennwert** entspricht, das wiederum aus den in der Satzung bzw. im Gesellschaftsvertrag niedergelegten Bestimmungen entnommen werden kann. Laut § 9 Abs. 2 AktG ist aber die Ausgabe von Aktien zu einem höheren Betrag als dem Nennwert möglich. Die Differenz zwischen dem höheren Betrag und dem Nennwert (Agio) ist jedoch in die **Kapitalrücklage** einzustellen (§ 272 Abs. 2 Nr. 1 HGB), wodurch das Grundkapital auch in diesem Fall zum Nennwert ausgewiesen wird. Folglich stellt § 272 Abs. 1 Satz 2 HGB klar, dass bei Kapitalgesellschaften ein Ansatz des gezeichneten Kapitals mit einem **unter dem Nennwert** liegenden Betrag nicht zulässig ist und damit Jahresfehlbeträge nicht zu einer Minderung des Grund- oder Stammkapitals führen, sondern gesondert auszuweisen sind (§ 266 Abs. 3 Posten A.V. HGB). Folglich wird eine automatische Verlustdeckung, die zu Lasten des gezeichneten Kapitals geht, verhindert. Diese Bewertungsvorschrift vermeidet im Grundsatz den Abfluss ausschüttbarer Ergebnisse zu Lasten des Grund- oder Stammkapitals. Sie trägt somit ebenfalls zu einer **Erhaltung des Kapitals** bei, das vor Auflösung der Gesellschaft ohne vorangehende Kapitalherabsetzung nicht an die Anteilseigner verteilt werden darf.[49]

---

[48] Vgl. *ADS* 1997b, Anm. 10 zu § 272 HGB.
[49] Vgl. *ADS* 1997b, Anm. 1 und Anm. 8 zu § 283 HGB.

III. Spezialregelungen

Beispiel: Eine Kapitalgesellschaft weist am 01.01. des Geschäftsjahres 2012 ein gezeichnetes Kapital in Höhe von 400.000 € (Nennbetrag) und am 31.12. des Geschäftsjahres 2012 einen Jahresfehlbetrag in Höhe von 100.000 € auf. Für das Geschäftsjahr 2013 liegt hingegen ein Jahresüberschuss von 150.000 € vor. Eine Kapitalherabsetzung oder -erhöhung wird in den beiden Perioden nicht vorgenommen. **Abbildung 276** zeigt die Wirkungen einer Bewertung des gezeichneten Kapitals zum Nennwert und unter Nennwert auf die Höhe der ausschüttbaren Ergebnisse in beiden Geschäftsjahren.

Komponenten des Jahresabschlusses	Bewertung zum Nennwert (zulässig)	Bewertung unter Nennwert (unzulässig)
Gezeichnetes Kapital 01.01.2012	400.000 €	400.000 €
– Jahresfehlbetrag 2012	– 100.000 €	– 100.000 €
Gezeichnetes Kapital 31.12.2012	400.000 €	300.000 €
Bilanzverlust 2012	– 100.000 €	0 €
Gezeichnetes Kapital 01.01.2013	400.000 €	300.000 €
Jahresüberschuss 2013	150.000 €	150.000 €
– Verlustvortrag 2012	– 100.000 €	0 €
= Bilanzgewinn 2013	= 50.000 €	= 150.000 €
Gezeichnetes Kapital 31.12.2013	400.000 €	300.000 €
Abfluss des gezeichneten Kapitals an die Anteilseigner	0 €	100.000 €

Abb. 276: Alternativen zur Bewertung des gezeichneten Kapitals

Nach den **IFRS** wird das **gezeichnete Kapital** in Übereinstimmung zum Handels- und Steuerrecht entsprechend der statischen Bilanztheorie zum **Nennwert** bewertet. Bei Eigenkapitalinstrumenten ist im Emissionszeitpunkt eine Bewertung zum beizulegenden Zeitwert der Gegenleistung vorzunehmen. In IFRS 2 sind ferner spezifische Bewertungsregelungen für als **anteilsbasierte Vergütungen** ausgegebene Eigenkapitalinstrumente enthalten.

(b) Besondere Vermerk- und Angabepflichten nach dem Aktiengesetz

Das Aktiengesetz sieht für das Grundkapital als gezeichnetes Kapital spezifische **Vermerk- und Angabepflichten** vor. So bestimmt § 152 Abs. 1 Satz 2 AktG zunächst, dass die Gesamtnennbeträge der Aktien jeder Gattung gesondert anzugeben sind. Gemäß § 11 Satz 1 AktG können Aktien verschiedene Rechte gewähren, insbesondere bei der Verteilung des Gewinns und des Gesellschaftsvermögens. § 12 Abs. 1 AktG nennt explizit zwei Aktiengattungen, die unterschiedliche Rechte gewähren und für Zwecke des Bilanzausweises je Gattung zu einem Gesamtnennbetrag zusammenzufassen sind.

- **Aktien mit Stimmrecht (Stammaktien)** (§ 12 Abs. 1 Satz 1 AktG);
- **Vorzugsaktien** (§ 12 Abs. 1 Satz 2 AktG).

	31.12.2012 €	31.12.2013 €
A. Eigenkapital		
I. Gezeichnetes Kapital		
1. Stammaktien (… Stimmen)	Nennbetrag	Nennbetrag
2. Vorzugsaktien ohne Stimmrecht (… Stimmen)	Nennbetrag	Nennbetrag
3. Vorzugsaktien mit Stimmrecht (… Stimmen)	Nennbetrag	Nennbetrag
	Σ Nennbeträge	Σ Nennbeträge
Bedingtes Kapital		(Nennbetrag)

Abb. 277: Ausweisalternative für das Grundkapital

Im Gegensatz zu den Stammaktien ist bezüglich der zweiten Aktiengattung zwar das Stimmrecht in der Hauptversammlung ausgeschlossen, dafür werden sie aber bei der Gewinnausschüttung bevorzugt behandelt. Darüber hinaus können aber auch als **besondere Aktiengattung** Vorzugsaktien mit Stimmrecht geschaffen werden, die vor allem einen Vorteil bei der Verteilung des Abwicklungserlöses (§ 271 Abs. 2 AktG) oder des Gewinns (§ 60 AktG) gewähren. Aktien, die ein **Mehrstimmrecht** einräumen, sind nach § 12 Abs. 2 Satz 1 AktG grundsätzlich unzulässig. Allerdings wird **keine Gattungsverschiedenheit** begründet bei Inhaber- und (vinkulierten) Namensaktien (§ 10 Abs. 1 AktG), durch eine Verschiedenheit des Nenn- oder des Ausgabebetrages (§ 9 Abs. 2 AktG), durch Unterschiede in der Einlageart (Sach- oder Bareinlage) (§ 27 AktG) oder durch Verschiedenheit in der Höhe der auf die Aktien geleisteten Einzahlungen (§ 36 a AktG).

Darüber hinaus bestimmt § 152 Abs. 1 Satz 3 AktG, dass **bedingtes Kapital** zu vermerken ist. Eine bedingte Kapitalerhöhung (§ 192 bis § 201 AktG) liegt dann vor, wenn die Hauptversammlung eine Erhöhung des Grundkapitals beschließt, die aber nur soweit durchgeführt werden soll, wie von dem seitens der Gesellschaft auf die neuen Aktien (Bezugsaktien) eingeräumten Umtausch- oder Bezugsrecht Gebrauch gemacht wird (§ 192 Abs. 1 AktG). Nach Eintragung der Beschlussfassung in das Handelsregister (§ 196 AktG) und Ausgabe der Bezugsaktien erhöht sich das gezeichnete Kapital (§ 200 AktG) und vermindert sich das vermerkte bedingte Kapital jeweils um den Nennbetrag der ausgegebenen Aktien.

Die Darstellungsart des gattungsbezogenen Aktienausweises im Rahmen des Postens „Gezeichnetes Kapital" ist aber im Einzelnen nicht vorgeschrieben. Unter Berücksichtigung der Vermerkpflicht des bedingten Kapitals wird im Schrifttum z. B. der in **Abbildung 277** gezeigte Ausweis vorgeschlagen.[50] Die jeweiligen Angaben können aus der Satzung entnommen werden, in der gemäß § 23 Abs. 3 Nr. 4 AktG Zahl und Nennbetrag der Aktien, ggf. getrennt nach einzelnen Gattungen, aufzuführen sind.

---

[50] Vgl. z. B. *ADS* 1997a, Anm. 16 zu § 152 AktG.

Sofern sich die Zahl und der Nennbetrag der Aktien jeder Gattung nicht aus der Bilanz ergeben, sind hierüber Angaben im **Anhang** zu machen (§ 160 Abs. 1 Nr. 3 1. HS AktG). Weiterhin werden gesonderte Anhangangaben erforderlich über Aktien, die bei einer **bedingten Kapitalerhöhung** oder einem **genehmigten Kapital** (§ 202 bis § 206 AktG) im Geschäftsjahr gezeichnet wurden (§ 160 Abs. 1 Nr. 3 2. HS AktG). Es handelt sich in diesem Zusammenhang um weitergehende Angaben über Zahl und Nennbetrag der neuen Aktien, ggf. gesondert für jede Aktiengattung. Da der Betrag des genehmigten Kapitals im Gegensatz zum **bedingten Kapital** nicht aus der Bilanz entnommen werden kann, müssen laut § 160 Abs. 1 Nr. 4 AktG auch Angaben im Anhang über den Nennbetrag des genehmigten Kapitals gemacht werden, um den der Vorstand das Grundkapital aufgrund einer Satzungsermächtigung durch Ausgabe neuer Aktien innerhalb von höchstens fünf Jahren gegen Einlagen erhöhen darf (§ 202 Abs. 1 AktG). Außerdem ist nach h. M. auch über den **Inhalt des Ermächtigungsbeschlusses** mit den Bedingungen für die Aktienausgabe zu berichten. Sofern die Ausgabe der Aktien im Geschäftsjahr erfolgt ist, müssen im Anhang ebenfalls die näheren **Bedingungen der Emission** dargelegt werden (z. B. Anlass für die Ausgabe, der Zeitpunkt, Ausgabe gegen Bar- oder Sacheinlagen, Angaben zum Bezugsrecht).[51] Der Betrag, um den das Grundkapital um das genehmigte Kapital im Geschäftsjahr erhöht wurde, lässt sich aus den Anhangsangaben gemäß § 160 Abs. 1 Nr. 3 2. HS AktG entnehmen.

(c) Ausstehende Einlagen und Nachschüsse

Für den Ausweis ausstehender Einlagen auf das gezeichnete Kapital sieht das Handelsgesetzbuch bei der Kapitalgesellschaft einen **Nettoausweis** vor. Demnach sind die nicht eingeforderten ausstehenden Einlagen von dem Posten „Gezeichnetes Kapital" offen auf der Passivseite abzusetzen (§ 272 Abs. 1 Satz 3 HGB). Der verbleibende Betrag ist als Posten „Eingefordertes Kapital" auf der Passivseite auszuweisen. Außerdem ist der eingeforderte, aber noch nicht eingezahlte Betrag unter den Forderungen gesondert auszuweisen und entsprechend zu bezeichnen (§ 272 Abs. 1 Satz 3 HGB).

Beispiel: Die XY-AG weist ein gezeichnetes Kapital von 250.000 € auf, von dem 200.000 € bereits eingezahlt wurden. Die ausstehenden Einlagen in Höhe von 50.000 € sind bereits zu 80 % von der Gesellschaft eingefordert worden. **Abbildung 278** zeigt den Ausweis nach § 272 Abs. 1 Satz 2 und 3 HGB für die Bilanz der XY-AG.

Aktiva	Bilanz XY-AG		Passiva
	T€		T€
⋮			
B. Umlaufvermögen		A. Eigenkapital	
⋮		I. Gezeichnetes Kapital	250
II. Forderungen und sonstige Vermögensgegenstände		– Nicht eingeforderte ausstehende Einlagen	10
⋮		= Eingefordertes Kapital	240
4. Eingefordertes, noch nicht eingezahltes Kapital	40		

Abb. 278: Handelsrechtlicher Ausweis des eingeforderten Kapitals

---

[51] Vgl. *ADS* 1997a, Anm. 50 zu § 160 AktG; *Ellrott* 2012a, Anm. 74 zu § 284 HGB.

Allerdings existiert bei der AG im Hinblick auf die Ausgabe von Aktien vor ihrer Einzahlung eine wichtige **Schutzvorschrift**. So müssen Anteile stets auf den Namen lauten (d. h. **Namensaktien** sein), „... wenn sie vor der vollen Leistung des Nennbetrags oder des höheren Ausgabebetrags ausgegeben werden" (§ 10 Abs. 2 Satz 1 AktG). Hierdurch wird sichergestellt, dass aufgrund der Eintragung im Aktienbuch (§ 67 Abs. 1 AktG) stets nachzuvollziehen ist, wer noch ausstehende Einlagen zu erbringen hat. Folglich können ausstehende Einlagen bei der AG nur für die Ausgabe von Namens-, nicht aber für die von Inhaberaktien (§ 10 Abs. 1 AktG) auftreten. Wenn Aktionäre den von der Gesellschaft eingeforderten Betrag nicht rechtzeitig einzahlen, müssen sie ihn mit 5 % **verzinsen** (§ 63 Abs. 2 Satz 1 AktG). Darüber hinaus können **Schadensersatzansprüche** (§ 63 Abs. 2 Satz 2 AktG) und in der Satzung festgelegte **Vertragsstrafen** (§ 63 Abs. 3 AktG) relevant werden.

Ferner ist bei der AG zu beachten, dass laut § 36 a Abs. 1 AktG im Falle von **Bareinlagen** der eingeforderte Betrag mindestens 25 % des Nennwerts der Aktien umfassen muss. Sofern die Aktien zu einem höheren Wert als den Nennbetrag ausgegeben werden (§ 9 Abs. 2 AktG), muss der eingeforderte Betrag auch den Mehrbetrag (Agio) enthalten. Andernfalls kann im Rahmen der Gründung oder einer späteren Kapitalerhöhung (§ 188 Abs. 2 Satz 1 AktG) keine Anmeldung zur Eintragung in das Handelsregister erfolgen (§ 36 Abs. 2 AktG). Die übrigen Beträge werden vom Vorstand nach **pflichtmäßigem Ermessen eingefordert** (§ 63 Abs. 1 Satz 1 AktG). Gemäß § 272 Abs. 2 Nr. 1 HGB ist das in Rede stehende Agio als **Kapitalrücklage** auszuweisen (§ 266 Abs. 3 Posten A. II. HGB). Sofern die Aktionäre verpflichtet sind, **Sacheinlagen** zu leisten (§ 27 AktG), ist zu berücksichtigen, dass diese stets **vollständig** zu erbringen sind (§ 36 a Abs. 2 Satz 1 AktG). In der Satzung muss u. a. der Gegenstand der Sacheinlage (z. B. Grundstücke, Gebäude, Maschinen, Forderungen, Wertpapiere) und der **Nennbetrag** der bei der Sacheinlage zu gewährenden Aktien festgelegt werden (§ 27 Abs. 1 Satz 1 AktG). Der Wert der Sacheinlage hat dabei **mindestens** den Nennbetrag der für sie emittierten Aktien zu erreichen. Ansonsten handelt es sich um eine **verbotene Unterpariausgabe** gemäß § 9 Abs. 1 AktG. Liegt der Wert der Sacheinlage über dem Nennbetrag der ausgegebenen Aktien, so ist der Unterschiedsbetrag (Agio) ebenfalls in die **Kapitalrücklage** einzustellen, da die AG ansonsten bereits bei ihrer Gründung **stille Reserven** bilden könnte.

Die Aufbringung der **Stammeinlagen** bei der **GmbH** wird ebenfalls durch bestimmte Schutzvorschriften (§ 19 und § 24 GmbHG) sichergestellt. Ferner darf die Anmeldung zur Eintragung in das Handelsregister erst dann erfolgen, wenn auf jede in Geld aufzubringende Stammeinlage **mindestens** 25 % des im Gesellschaftsvertrag festgelegten Einlagebetrages (§ 3 Abs. 1 Nr. 4 GmbHG) eingezahlt wurde (§ 7 Abs. 2 Satz 1 GmbHG). **Sacheinlagen** müssen bereits vor der Anmeldung der Gesellschaft dergestalt bewirkt werden, dass die Geschäftsführer der GmbH über sie frei verfügen können (§ 7 Abs. 3 GmbHG). Der Gegenstand der Sacheinlage und der Betrag der Stammeinlage, auf die sich die Sacheinlage bezieht, müssen im Gesellschaftsvertrag festgelegt werden (§ 5 Abs. 4 Satz 1 GmbHG). Sofern der Wert einer Sacheinlage nicht den Betrag der dafür übernommenen Sacheinlage erreicht, hat der Gesellschafter in Höhe des Fehlbetrages eine **Bareinlage** zu leisten (§ 9 Abs. 1 GmbHG). Darüber hinaus muss auf das **gesamte Stammkapital** mindestens soviel eingezahlt werden, „dass der Gesamtbetrag der eingezahlten Geldeinlagen zuzüglich des Gesamtbetrags der Stammeinlagen, für die Sacheinlagen zu leisten sind, die Hälfte des Mindeststammkapitals gemäß § 5 Abs. 1 erreicht" (§ 7 Abs. 2 Satz 2 GmbHG). Die Einzahlung der Resteinlagen kann durch den im Gesellschaftsvertrag festgelegten Zeitpunkt oder durch einen besonderen Gesellschafterbeschluss (§ 46 Nr. 2 GmbHG) ausgelöst werden. Laut § 20 GmbHG sind GmbH-Gesellschafter, die die auf ihre Stammeinlagen eingeforderten Beträge verspätet leisten, ebenfalls zur Entrichtung von Verzugszinsen in Höhe von 4 % nach § 288 Abs. 1 Satz 1 BGB verpflichtet.[52]

Obwohl nicht explizit geregelt, besteht auch bei der GmbH die Möglichkeit, Stammeinlagen zu einem höheren Betrag als ihren Nennwert auszugeben, wobei der Unterschiedsbetrag (Agio) ebenfalls in die **Kapitalrücklage** nach § 272 Abs. 2 Nr. 1 HGB einzustellen ist. Analog zu diesem Ergebnis sind Unterpariausgaben von Stammeinlagen unzulässig. Allerdings existiert für die GmbH keine dem Aktiengesetz gleich lautende Vorschrift, nach der bei Bareinlagen auf die ausgegebenen Aktien mindestens 25 % des Nennbetrags und das **gesamte Agio** eingezahlt werden müssen, um eine Anmeldung zur Eintragung in das Handelsregister vornehmen zu können (§ 36 Abs. 1 i. V. m. § 36 a Abs. 1 AktG). Folglich ist eine vollständige oder auch teilweise Leistung des Aufgelds nicht erforderlich, wodurch sich bei der GmbH neben ausstehenden Einlagen auf das gezeichnete Kapital **auch ausstehende Einlagen auf Agiobeträge** ergeben können. Im Schrifttum wird vorgeschlagen, diese Beträge in einem **gesonderten Bilanzposten** auszuweisen, da § 272 Abs. 1 Satz 2 und Satz 3 HGB Agiobeträge als Komponenten der ausstehenden Einlagen auf das gezeichnete Kapital ausschließt.[53]

§ 26 Abs. 1 GmbHG sieht schließlich die Möglichkeit vor, im **Gesellschaftsvertrag** zu bestimmen, „... dass die Gesellschafter über den Betrag der Stammeinlagen hinaus die Einforderung von weiteren Einzahlungen (Nachschüssen) beschließen können". Mit dieser Regelung wird der Zweck verfolgt, der Gesellschaft eine **flexiblere Anpassung des Eigenkapitals** zu ermöglichen, ohne den umständlicheren Weg einer Kapitalerhöhung wählen zu müssen.[54] In diesem Zusammenhang kann der Gesellschaftsvertrag eine **beschränkte** und **unbeschränkte Nachschusspflicht** in Form von Geldeinlagen vorsehen (§ 26 Abs. 3, § 27, § 28 GmbHG). Sofern ein entsprechender Gesellschaftsbeschluss vorliegt und auch den Gesellschaftern kein sog. **Abandonrecht** (Aufgaberecht) zusteht, sich von der Zahlung des auf den Geschäftsanteil eingeforderten Nachschusses zu befreien (§ 42 Abs. 2 Satz 1 i. V. m. § 27 GmbHG), ist der nachzuschießende Betrag „... auf der Aktivseite unter den Forderungen gesondert unter der Bezeichnung ›Eingeforderte Nachschüsse‹ auszuweisen, soweit mit der Zahlung gerechnet werden kann" (§ 42 Abs. 2 Satz 2 GmbHG). Um die der Gesellschaft aus dem Nachschusskapital zustehenden Werte vom verteilungsfähigen Gewinn auszuschließen, weil andernfalls das eigentliche Ziel der Nachschussverpflichtung, das in einer Erleichterung der Kapitalbeschaffung besteht, unterlaufen würde, muss gleichzeitig mit dem Forderungsansatz auf der Passivseite in dem Posten „**Kapitalrücklage**" ein Posten mit der Bezeichnung „**Eingeforderte Nachschüsse**" gebildet werden (§ 42 Abs. 2 Satz 3 GmbHG). Allerdings sieht § 30 Abs. 2 Satz 1 GmbHG die Möglichkeit einer **Rückzahlung** der geleisteten Nachschüsse an die Gesellschafter gemäß Beschlussfassung nach § 46 Nr. 3 GmbHG vor, „... soweit sie nicht zur Deckung eines Verlustes am Stammkapital erforderlich sind ...". Indem das Nachschusskapital als Kapitalrücklage zu deklarieren ist, mithin das Stammkapital unverändert bleibt, bedingen folglich Nachschussrückzahlungen auch keine Kapitalherabsetzung nach § 58 GmbHG.

---

[52] Vgl. *ADS* 1997b, Anm. 59 zu § 272 HGB.
[53] Vgl. im Einzelnen *Küting/Reuter* 2010, Anm. 39 zu § 272 HGB.
[54] Vgl. *Emmerich* 2006, Anm. 1 zu § 26 GmbHG.

Beispiel: Die verkürzte und vorläufige Bilanz der XY-GmbH zeigt für das Geschäftsjahr 2012 folgendes Bild.

Aktiva	Bilanz zum 31.12.2012		Passiva
	€		€
A. Anlagevermögen		A. Eigenkapital	
I. Grundstücke	150.000	I. Gezeichnetes Kapital	290.000
II. Gebäude	90.000	II. Kapitalrücklage für	
III. Betriebs- und		Nachschusskapital	25.000
Geschäftsausstattung	65.000	III. Jahresfehlbetrag	− 15.000
B. Umlaufvermögen		B. Verbindlichkeiten	
I. Waren	115.000	I. Verbindlichkeiten	
II. Forderungen aus		gegenüber	
Lieferungen und		Kreditinstituten	55.000
Leistungen	30.000	II. Verbindlichkeiten	
III. Guthaben bei		aus Lieferungen	
Kreditinstituten	50.000	und Leistungen	145.000
	500.000		**500.000**

Im Geschäftsjahr 2011 hatte die XY-GmbH eine Kapitalrücklage für eingefordertes Nachschusskapital in Höhe von 25.000 € gebildet, das auch in dieser Periode von den Gesellschaftern vollständig eingezahlt wurde. Bereits im August des Geschäftsjahres 2012 haben die Gesellschafter gemäß § 46 Nr. 1 und Nr. 3 GmbHG die vollständige Rückgewährung des eingeforderten Nachschusskapitals von 25.000 € und die Vollausschüttung eines etwaigen Jahresüberschusses beschlossen. Die Beträge sollen im Februar des Geschäftsjahres 2013 an die Anteilseigner ausgezahlt werden.

Unter Berücksichtigung von § 30 Abs. 2 Satz 1 GmbHG, § 268 Abs. 1 Satz 1 und § 270 Abs. 1 Satz 1 HGB werden zum Zwecke einer Bilanzaufstellung unter vollständiger Verwendung des Jahresergebnisses folgende Abschlussbuchungen erforderlich.

(1) Kapitalrücklage für Nachschusskapital		an	Entnahmen aus Kapitalrücklagen	25.000 €
(2) Entnahmen aus Kapitalrücklagen	25.000 €	an	– Jahresergebniskonto – Sonstige Verbindlichkeiten	15.000 € 10.000 €
(3) Sonstige Verbindlichkeiten		an	Schlussbilanzkonto	10.000 €

Kontenmäßige Darstellung:

S	Kapitalrücklage für Nachschusskapital		H
	€		€
(1)	25.000	AB	25.000

S	Entnahmen aus Kapitalrücklagen		H
	€		€
(2)	25.000	(1)	25.000

S	Jahresergebniskonto		H
	€		€
Jahresfehlbetrag	15.000	(2)	15.000

S	Sonstige Verbindlichkeiten		H
	€		€
(3) SBK (EB)	10.000	(2)	10.000

III. Spezialregelungen

S	Schlussbilanzkonto (verkürzt)		H
	€		€
Grundstücke	150.000	Gezeichnetes Kapital	290.000
Gebäude	90.000	Verbindlichkeiten	
Betriebs- und Geschäftsausstattung	65.000	gegenüber Kreditinstituten	55.000
Waren	115.000	Verbindlichkeiten aus Lieferungen und Leistungen	145.000
Forderungen aus Lieferungen und Leistungen	30.000	(3) Sonstige Verbindlichkeiten	10.000
Guthaben bei Kreditinstituten	50.000		
	500.000		500.000

Die damit seitens der Geschäftsführer aufgestellte und den Gesellschaftern zum Zwecke der Feststellung des Jahresabschlusses vorgelegte verkürzte Bilanz (§ 42 a Abs. 1 Satz 1 GmbHG) hat dann nachstehendes Aussehen.

Aktiva	Bilanz zum 31.12.2012		Passiva
	€		€
A. Anlagevermögen		A. Eigenkapital	
I. Grundstücke	150.000	I. Gezeichnetes Kapital	290.000
II. Gebäude	90.000		
III. Betriebs- und Geschäftsausstattung	65.000		
B. Umlaufvermögen		B. Verbindlichkeiten	
I. Waren	115.000	I. Verbindlichkeiten gegenüber Kreditinstituten	55.000
II. Forderungen aus Lieferungen und Leistungen	30.000	II. Verbindlichkeiten aus Lieferungen und Leistungen	145.000
III. Guthaben bei Kreditinstituten	50.000	III. Sonstige Verbindlichkeiten	10.000
	500.000		500.000

Die Überweisung des (restlichen) Nachschusskapitals an die Gesellschafter wäre Ende Februar des Geschäftsjahres 2013 wie folgt zu verbuchen.

| Sonstige Verbindlichkeiten | an | Guthaben bei Kreditinstituten | 10.000 € |

(d) Eigene Anteile und Anteile an einem Konzernunternehmen

Eigene Anteile liegen vor, wenn sich im Eigentum der bilanzierenden AG oder GmbH eigene Aktien oder Geschäftsanteile befinden. Zum einen können eigene Anteile als **Korrekturposten** zum Grund- bzw. Stammkapital, d. h. als negatives Eigenkapital, angesehen werden. Zum anderen tragen eigene Anteile aber auch den Charakter **echter Vermögenswerte**, wenn sie z. B.

- den Arbeitnehmern der Gesellschaft als Belegschaftsaktien zum Erwerb angeboten werden sollen (§ 71 Abs. 1 Nr. 2 AktG) oder

- der Abfindung von Aktionären im Rahmen von Unternehmenszusammenschlüssen dienen (§ 71 Abs. 1 Nr. 3 AktG).[55]

In § 71 bis § 71 e AktG und § 33 GmbHG ist der Erwerb eigener Anteile im Einzelnen geregelt. Während bei der AG der Gesamtnennbetrag der eigenen Aktien grundsätzlich **10 % des Grundkapitals** nicht überschreiten darf (§ 71 Abs. 2 Satz 1 AktG) und ein Erwerb eigener Aktien prinzipiell nur nach voller Leistung des Nenn- oder höheren Ausgabebetrags zugelassen wird (§ 71 Abs. 2 Satz 3 AktG), ist der GmbH der Erwerb eigener Geschäftsanteile dann untersagt, wenn die Stammeinlage noch nicht vollständig eingezahlt wurde (§ 33 Abs. 1 GmbHG). Ferner darf die GmbH eigene Anteile, auf welche die Einlagen vollständig geleistet sind, nur erwerben, „... sofern sie im Zeitpunkt des Erwerbs eine Rücklage in Höhe der Aufwendungen für den Erwerb bilden könnte, ohne das Stammkapital oder eine nach dem Gesellschaftsvertrag zu bildende Rücklage zu mindern, die nicht zur Zahlung an die Gesellschafter verwandt werden darf" (§ 33 Abs. 2 Satz 1 GmbHG). Eine ähnliche Regelung existiert auch für die AG (§ 71 Abs. 2 Satz 2 AktG). Hieraus folgt, dass sowohl bei der AG als auch der GmbH der Erwerb eigener Anteile an das Vorhandensein entsprechender Kapital- oder anderer Gewinnrücklagen geknüpft ist.[56] Mithin soll zum Zwecke der **Kapitalerhaltung** der Erwerb eigener Aktien oder Gesellschaftsanteile nur aus Mitteln geschehen, die über das vorhandene Grund- bzw. Stammkapital hinaus vorhanden sind.[57]

Um zu verhindern, dass durch die Ausschüttung des den eigenen Anteilen gegenüberstehenden Eigenkapitals an die Gesellschafter eine Aufzehrung des Grund- oder Stammkapitals erfolgt, muss gemäß § 272 Abs. 1a HGB der Nennbetrag der eigenen Anteile mit dem gezeichneten Kapital und der Unterschiedsbetrag zwischen Nennwert und ausgewiesenem Wert der eigenen Anteile mit den **Gewinnrücklagen** verrechnet und offen abgesetzt werden. Diese Verrechnung der **eigenen Anteile** ist erst kapitalerhöhend aufzuheben, wenn die eigenen Anteile ausgegeben, veräußert oder sonst aus der Bilanz ausgebucht werden. Sofern Unternehmen Anteile an einem Konzernunternehmen halten, ist hierfür eine **Rücklage für Anteile an einem herrschenden oder mehrheitlich beteiligten Unternehmen** zu bilden.

c.c Offene Rücklagen

(a) Allgemeines

Offene Rücklagen stellen in der Bilanz der Kapitalgesellschaft neben dem fest angesetzten Grund- bzw. Stammkapital **offen ausgewiesene** (zusätzliche) **Eigenkapitalbestandteile** dar. Im Gegensatz zum gezeichneten Kapital, das nur bei Kapitalerhöhungen bzw. -herabsetzungen Veränderungen unterworfen wird, sind die Posten der offenen Rücklagen in aller Regel häufiger von Variationen betroffen. **Abbildung 279** gibt einen Überblick über die Komponenten der offenen Rücklagen bei Kapitalgesellschaften, die in die beiden Gruppen **Kapitalrücklage und Gewinnrücklagen** zerfallen. § 158 Abs. 1 AktG schreibt vor, dass Rücklagenveränderungen, die die **Ergebnisverwendung** betreffen, bei der AG über eine Fortführung

---

[55] Vgl. *Coenenberg/Haller/Schultze* 2012, S. 348.
[56] Vgl. *Küting/Reuter* 2010, Anm. 49 zu § 272 HGB.
[57] Vgl. *Westermann* 1993, Anm. 2 zu § 33 GmbHG.

der Gewinn- und Verlustrechnung zum Ausweis zu bringen sind. Allerdings können diese Angaben auch alternativ im **Anhang** gemacht werden (vgl. **Abbildung 280**).[58]

Für die GmbH ist eine analoge Darstellung der Ergebnisverwendung nicht vorgeschrieben. Nach h. M. steht es der GmbH aber frei, die Ergebnisverwendung ebenso wie bei der AG zu dokumentieren.[59] Allerdings ist § 29 GmbHG zu beachten. Die **Abbildungen 281** bis **283** zeigen drei unterschiedliche buchhalterische Abläufe unter Zugrundelegung des Regelfalls der Bilanzaufstellung bei **teilweiser Verwendung des Jahresergebnisses** nach § 268 Abs. 1 i. V. m. § 270 Abs. 2 HGB. Die Standardfälle können in der Praxis aber auch in Kombinationsformen auftreten (z. B. Verlustvortrag, Jahresüberschuss und Rücklagenentnahme und/oder Rücklageneinstellungen).

(b) Kapitalrücklage

Die Kapitalrücklage repräsentiert im Grundsatz Eigenkapitalkomponenten, die nicht aus dem Gewinn, sondern aus von außen zufließenden Mitteln resultieren. Prinzipiell handelt es sich um ein Agio oder agioähnliche und sonstige Zuzahlungen der Gesellschafter. Darüber hinaus werden im Falle der **vereinfachten Kapitalherabsetzung** bei der AG bestimmte Einstellungen in die Kapitalrücklage erforderlich (§ 229, § 230, § 232 AktG). Da die Speisung der Kapitalrücklage nicht aus dem Jahresüberschuss erfolgt, schreibt das Aktiengesetz – im Gegensatz zur Behandlung von Gewinnrücklagen – vor, dass lediglich **Entnahmen aus der Kapitalrücklage** über die Gewinn- und Verlustrechnung zu berücksichtigen sind (§ 158 Abs. 1 Posten 2. AktG). Somit lautet der entsprechende Buchungssatz, der zu einer Veränderung des handelsrechtlichen Bilanzergebnisses führt:

| Kapitalrücklage | an | Entnahmen aus der Kapitalrücklage. |

Anschließend sind dann die Entnahmen aus der Kapitalrücklage wie folgt auf das Bilanzergebniskonto umzubuchen:

| Entnahmen aus der Kapitalrücklage | an | Bilanzergebniskonto. |

Während die Konten für die Kapitalrücklage und die Gewinnrücklagen den **passiven Bestandskonten** zuzuordnen sind, stellen die aus § 158 Abs. 1 AktG abgeleiteten Konten **aktienrechtliche Verrechnungskonten** für die Überleitung vom Jahres- auf das Bilanzergebniskonto dar.

Aus ertragsteuerrechtlicher Sicht trägt die Bildung von Kapitalrücklagen **Einlagecharakter**. Hieraus folgt, dass im Falle der Einstellungen in Kapitalrücklagen keine körperschaft- und gewerbesteuerrechtlichen Wirkungen entstehen. Sofern im handelsrechtlichen Jahresabschluss Kapitalrücklagen z. B. zum Zwecke der Verlustdeckung oder einer Kapitalerhöhung (§ 150 Abs. 2 und Abs. 3 AktG) aufgelöst werden, dürfen diese Beträge ebenfalls nicht in die ertragsteuerrechtlichen Bemessungsgrundlagen einbezogen werden, da die handelsrechtliche Entnahme aus Kapitalrücklage das steuerrechtliche Gewinn- oder Verlustergebnis

---

[58] Im Folgenden wird bezüglich der Postennummerierung vom Gesamtkostenverfahren nach § 275 Abs. 2 HGB ausgegangen.

[59] Vgl. z. B. *ADS* 1997a, Anm. 32 zu § 158 AktG.

```
                    ┌─────────────────────────┐
                    │  Offene Rücklagen       │
                    │  im Handelsrecht        │
                    └───────────┬─────────────┘
              ┌─────────────────┴─────────────────┐
              ▼                                   ▼
   ┌──────────────────────┐          ┌──────────────────────┐
   │   Kapitalrücklagen   │          │   Gewinnrücklagen    │
   │ (§ 266 Abs. 3 A. II. │          │ (§ 266 Abs. 3 A. III.│
   │        HGB)          │          │        HGB)          │
   └──────────────────────┘          └──────────────────────┘
```

- Betrag, der bei Ausgaben von Anteilen über den Nennbetrag erzielt wird (Agio) (§ 272 Abs. 2 Nr. 1 HGB)
- Betrag, der bei Ausgabe von Wandelschuldverschreibungen und Optionsrechten über den Rückzahlungsbetrag hinaus erzielt wird (§ 272 Abs. 2 Nr. 2 HGB)
- Betrag von Zuzahlungen, die Gesellschafter gegen Gewährung eines Vorzugs für ihre Anteile leisten (§ 272 Abs. 2 Nr. 3 HGB)
- Betrag von anderen Zuzahlungen, die Gesellschafter in das Eigenkapital leisten (§ 272 Abs. 2 Nr. 4 HGB)
- Eingefordertes Nachschusskapital (§ 42 Abs. 2 Satz 3 GmbHG)

- Gesetzliche Rücklage (§ 272 Abs. 3 Satz 2 HGB; § 150 AktG)
- Rücklage für Anteile an einem herrschenden oder mehrheitlich beteiligten Unternehmen (§ 272 Abs. 4 HGB)
- Satzungsmäßige Rücklagen (§ 272 Abs. 3 Satz 2 HGB; § 29 Abs. 1 Satz 1 2. HS GmbHG)
- Andere Rücklagen (§ 272 Abs. 3 Satz 2 HGB; § 58 Abs. 1 Satz 1, § 58 Abs. 2 Satz 1 und Satz 2, § 58 Abs. 2 a Satz 1 AktG; § 29 Abs. 4 Satz 1 GmbHG)

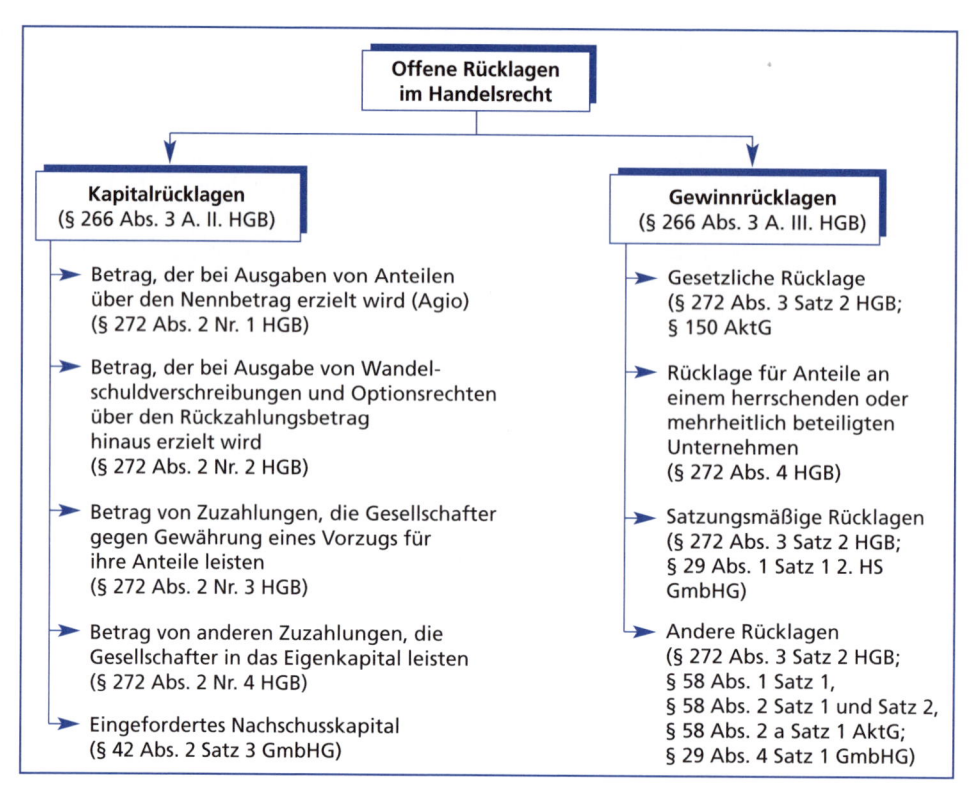

Abb. 279: Komponenten der offenen Rücklagen im Handelsrecht

---

20. Jahresüberschuss/-fehlbetrag
21. Gewinn-/Verlustvortrag aus dem Vorjahr[a]
22. Entnahmen aus der Kapitalrücklage
23. Entnahmen aus Gewinnrücklagen
    a) aus der gesetzlichen Rücklage
    b) aus der Rücklage für Anteile an einem herrschenden oder mehrheitlich beteiligten Unternehmen
    c) aus satzungsmäßigen Rücklagen
    d) aus anderen Gewinnrücklagen
24. Einstellungen in Gewinnrücklagen
    a) in die gesetzliche Rücklage
    b) in die Rücklage für Anteile an einem herrschenden oder mehrheitlich beteiligten Unternehmen
    c) in satzungsmäßige Rücklagen
    d) in andere Gewinnrücklagen
25. Bilanzgewinn/-verlust

[a] In den Gewinnvortrag werden i.d.R. nur an die Aktionäre nicht verteilungsfähige Spitzenbeträge des Bilanzgewinns eingestellt. Es handelt sich um solche Beträge, die nicht ausreichen, die Dividende um 1% zu erhöhen. Vgl. ADS 1997a, Anm. 39 zu § 174 AktG. Die Ausschüttungsquote wird grundsätzlich auf der Basis des Grundkapitals berechnet (§ 60 Abs. 1 AktG). Sofern aber ausstehende Einlagen auf das Grundkapital vorliegen, erhalten diejenigen Aktionäre, die bereits ihre Einlagen geleistet haben, eine 4%ige Vorabdividende auf die eingezahlten Teile des Grundkapitals (§ 60 Abs. 2 Satz 1 AktG).

Abb. 280: Darstellung der handelsrechtlichen Ergebnisverwendung bei der AG

III. Spezialregelungen

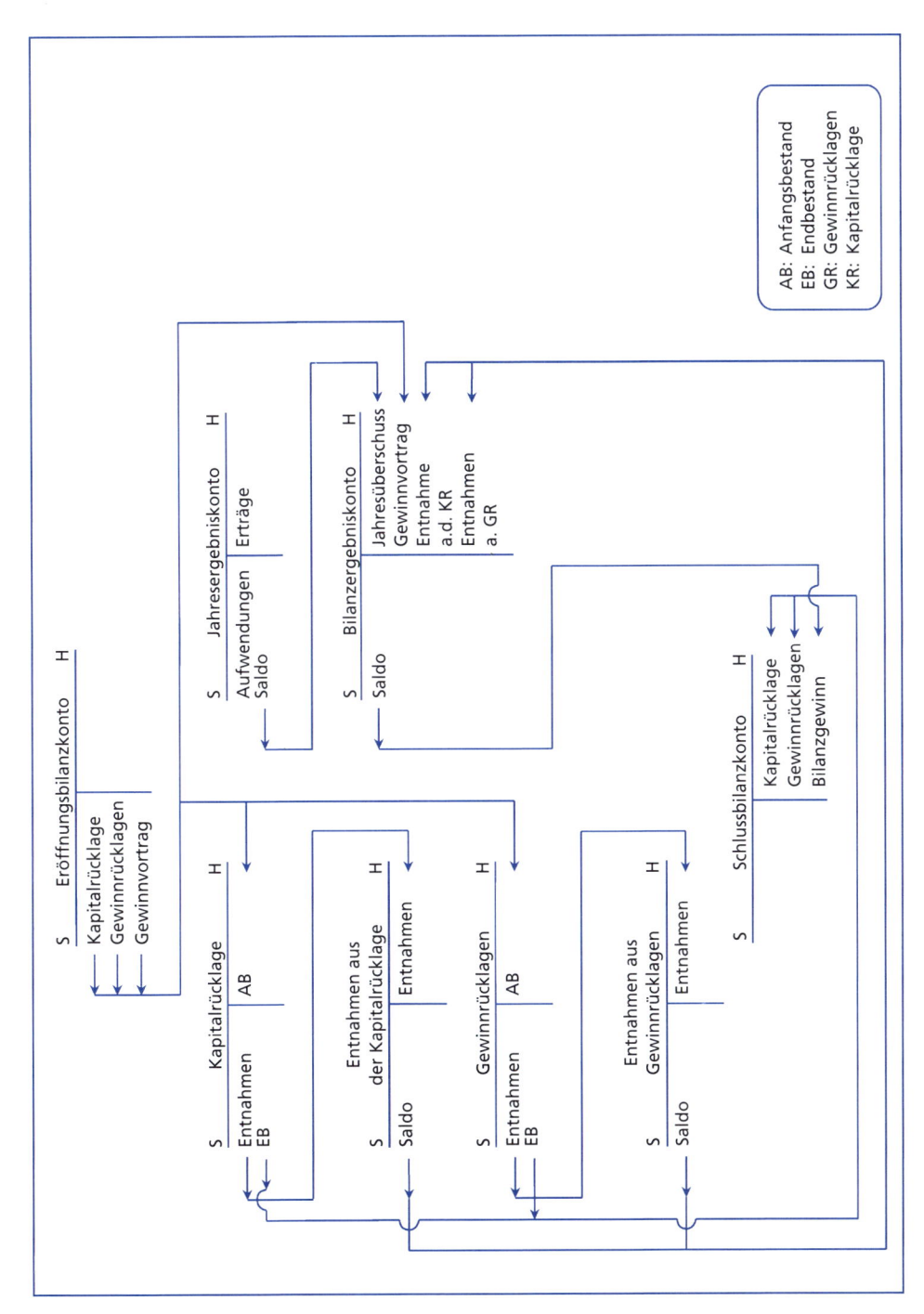

Abb. 281: Abschlusstechnik der Ergebnisverwendung bei Gewinnvortrag, Jahresüberschuss, Rücklagenentnahme und Bilanzgewinn

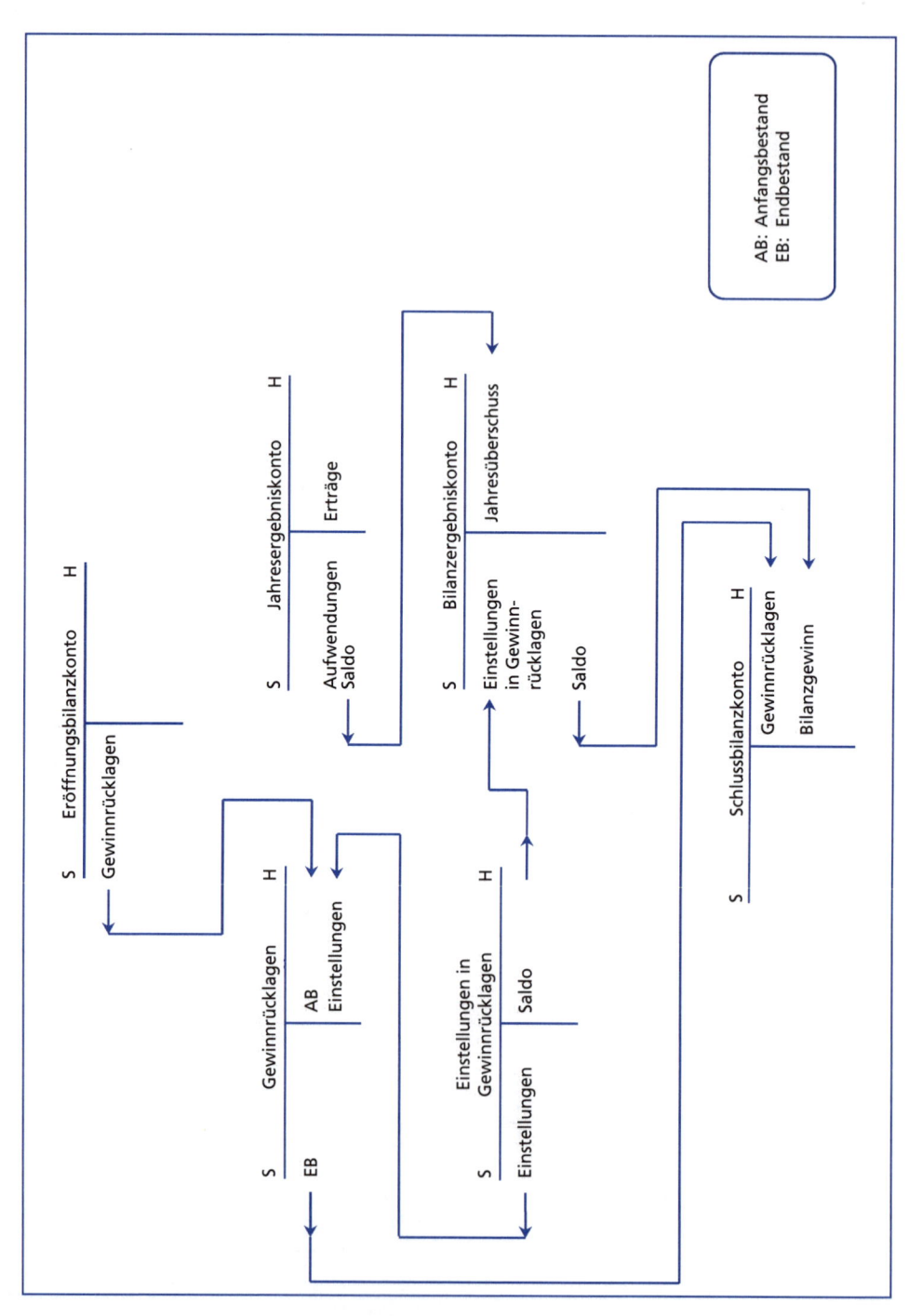

Abb. 282: Abschlusstechnik der Ergebnisverwendung bei Jahresüberschuss, Dotierung der Gewinnrücklagen und Bilanzgewinn

III. Spezialregelungen

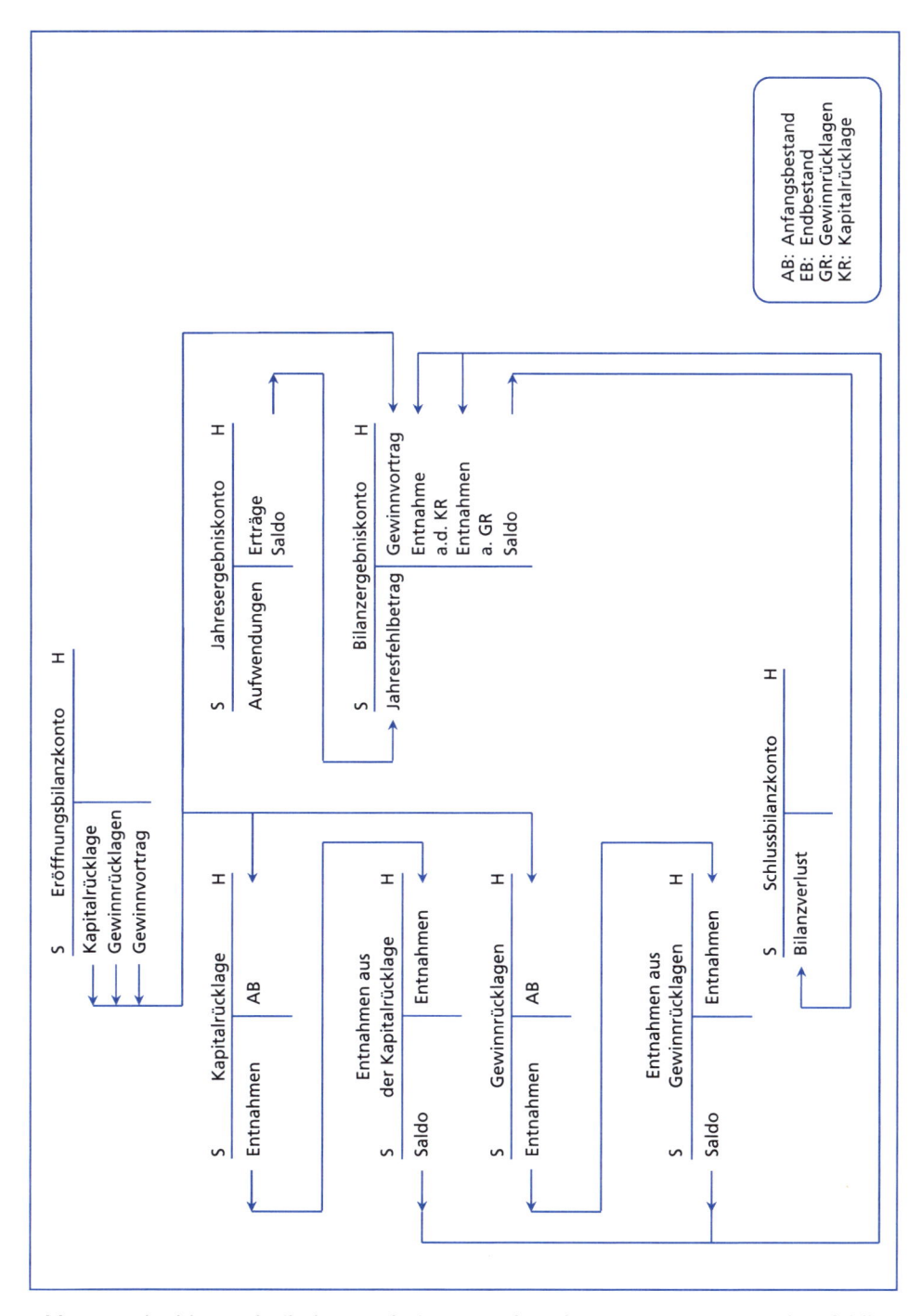

Abb. 283: Abschlusstechnik der Ergebnisverwendung bei Gewinnvortrag, Jahresfehlbetrag, Rücklagenentnahme und Bilanzverlust

nicht berührt.[60] § 152 Abs. 2 AktG bestimmt, dass die **Entwicklung der Kapitalrücklage** bei der AG im handelsrechtlichen Jahresabschluss dokumentiert werden muss. So sind bezüglich des Postens „Kapitalrücklage" entweder in der Bilanz oder im **Anhang** der Betrag, der während des Geschäftsjahres eingestellt wurde und/oder der Betrag, der für das Geschäftsjahr entnommen wird, gesondert anzugeben.

(c)   Gewinnrücklagen

(α)   Gesetzliche Rücklage

Im Gegensatz zur Kapitalrücklage werden Gewinnrücklagen aus dem **Gewinn nach Steuern** für besondere Unternehmenszwecke (z. B. Deckung eventueller Verluste, Selbstfinanzierung) zu Lasten der Ausschüttungen an die Anteilseigner gebildet. Die erste, von § 266 Abs. 3 Posten A. III. 1. bzw. § 272 Abs. 3 Satz 2 HGB genannte Rücklagengruppe stellt die **gesetzliche Rücklage** dar. Während die Bildung einer gesetzlichen Rücklage für die AG zwingend vorgeschrieben ist (§ 150 Abs. 1 AktG), die als **gesetzlicher Reservefond** dem Schutz der Gläubiger dient[61], kennt das Gesetz betreffend die Gesellschaften mit beschränkter Haftung eine solche Regelung nicht. In § 150 Abs. 2 AktG ist genau festgelegt, wie der jährliche Zuführungsbetrag und der Gesamtbetrag der gesetzlichen Rücklage zu berechnen sind. Zunächst sind 5 % des um einen Verlustvortrag (VV) aus dem Vorjahr geminderten Jahresüberschusses einzustellen. Bezeichnet man die periodenbezogenen Einstellungen in die gesetzliche Rücklage mit REINg und den Jahresüberschuss nach erfolgsabhängigen Aufwendungen (z. B. Ertragsteuern, Tantiemen) mit Jnach, so ergibt sich folgende Formel:

REINg = 0,05 · (Jnach - VV).

Damit den Aktionären nicht der gesamte Jahresüberschuss durch Rücklageneinstellungen vorenthalten werden kann, bestimmt § 150 Abs. 2 AktG, dass die Zuführungspflicht dann endet, wenn die (bereits gebildete) gesetzliche Rücklage und die Kapitalrücklage nach § 272 Abs. 2 Nr. 1 bis Nr. 4 HGB den zehnten oder den in der Satzung festgelegten höheren Teil des Grundkapitals erreichen. Folglich können die im letzten Dotierungsjahr zwingend vorzunehmenden Zuführungen zur gesetzlichen Rücklage auch unter dem Betrag liegen, der sich nach der vorstehenden Formel ergibt. Laut § 158 Abs. 1 Posten 4. a) AktG sind Einstellungen in die gesetzliche Rücklage immer über die Gewinn- und Verlustrechnung vorzunehmen. Die entsprechenden Buchungssätze lauten dann wie folgt:

(1) Jahresergebniskonto (Jahresüberschuss)	an	Bilanzergebniskonto
(2) Einstellungen in die Gesetzliche Rücklage	an	Gesetzliche Rücklage
(3) Bilanzergebniskonto	an	Einstellungen in die Gesetzliche Rücklage.

Gemäß § 150 Abs. 3 und Abs. 4 AktG dürfen die gebildete gesetzliche Rücklage und die Kapitalrücklage nur für ganz bestimmte Zwecke verwandt werden. In diesem Zusammenhang

---

[60] Vgl. hierzu im Einzelnen *Förschle/Hofmann* 2012, Anm. 220–223 zu § 272 HGB.
[61] Vgl. *ADS* 1997a, Anm. 16 zu § 150 AktG.

sind zwei Fälle zu unterscheiden. Wenn die gesetzliche Rücklage und die Kapitalrücklage nach § 272 Abs. 2 Nr. 1 bis Nr. 3 HGB zusammen **nicht** den zehnten oder den in der Satzung bestimmten höheren Teil des Grundkapitals übersteigen, dann dürfen sie nur für folgende Zwecke Verwendung finden (§ 150 Abs. 3 Nr. 1 und Nr. 2 AktG) (Fall 1):

- **zum Ausgleich eines Jahresfehlbetrags**, sofern dieser weder durch einen Gewinnvortrag aus dem Vorjahr gedeckt ist, noch durch Auflösung anderer Gewinnrücklagen kompensiert werden kann;
- **zum Ausgleich eines Verlustvortrages** aus dem Vorjahr, sofern dieser weder durch einen Jahresüberschuss gedeckt ist, noch durch Auflösung anderer Gewinnrücklagen kompensiert werden kann.

Hieraus ergibt sich für den Fall 1 beim Vorliegen eines **Jahresfehlbetrags** das Erfordernis, diesen nach h. M. durch Rückgriff auf die nachstehenden Alternativen in der angeführten **Reihenfolge** zu kompensieren:[62]

- Ausgleich durch einen Gewinnvortrag aus dem Vorjahr;
- Auflösung satzungsmäßiger Rücklagen;
- Auflösung anderer Gewinnrücklagen;
- Auflösung der gesetzlichen Rücklage und/oder der Kapitalrücklage.[63]

Obwohl § 150 Abs. 3 Nr. 1 AktG von der Auflösung anderer Gewinnrücklagen spricht, wird davon ausgegangen, dass das Aktienrecht bei der Deckung eines Jahresfehlbetrages zunächst auf **alle sonstigen auflösbaren Gewinnrücklagen** abzielt, wobei die Rücklage für Anteile an einem herrschenden oder mehrheitlich beteiligten Unternehmen aufgrund ihres spezifischen Bildungszwecks und der fehlenden Bezugnahme in § 272 Abs. 4 Satz 2 HGB auf den Ausgleich eines Jahresfehlbetrags **nicht** für die in Rede stehende Verlustkompensation verwandt werden darf. Sofern ein **Verlustvortrag** aus dem Vorjahr vorliegt, ist die oben angeführte Ausgleichsreihenfolge ebenfalls mit dem Unterschied anzuwenden, dass vorrangig ein Jahresüberschuss zur Verlustverrechnung zu verwenden ist, bevor auf die folgenden Alternativen sukzessive zurückgegriffen wird. Bei Existenz eines Jahresfehlbetrags und eines Gewinnvortrags aus dem Vorjahr müssten unter Berücksichtigung aller möglichen Ausgleichsalternativen und der Regelungen in § 158 Abs. 1 AktG folgende Buchungen vorgenommen werden:

(1) Bilanzergebniskonto	an	Jahresergebniskonto (Jahresfehlbetrag)
(2) Eröffnungsbilanzkonto	an	Bilanzergebniskonto (Gewinnvortrag)
(3) Satzungsmäßige Rücklage	an	Entnahmen aus Satzungsmäßigen Rücklagen
(4) Andere Gewinnrücklagen	an	Entnahmen aus Anderen Gewinnrücklagen

---

[62] Vgl. etwa *ADS* 1997a, Anm. 52–58 zu § 150 AktG.
[63] Die Entnahmereihenfolge zwischen der gesetzlichen Rücklage und der Kapitalrücklage ist beliebig.

(5) Gesetzliche Rücklage	an	Entnahmen aus der Gesetzlichen Rücklage	
(6) Kapitalrücklage	an	Entnahmen aus der Kapitalrücklage	
(7) – Entnahmen aus Satzungsmäßigen Rücklagen – Entnahmen aus Anderen Gewinnrücklagen – Entnahmen aus der Gesetzlichen Rücklage – Entnahmen aus der Kapitalrücklage	an	Bilanzergebniskonto.	

Beispiel: Die XY-AG weist zum Ende des Geschäftsjahres 2012 einen Jahresüberschuss von 2,5 Mio. €, einen Verlustvortrag aus dem Vorjahr in Höhe von 600.000 € und gesetzliche Rücklagen (vor Dotierung) im Umfang von 2,1 Mio. € auf. Andere Rücklagen wurden bisher nicht gebildet. Das Grundkapital beträgt 2,2 Mio. €. Satzungsmäßige Bestimmungen für eine Erweiterung der Dotierungsobergrenze für die gesetzliche Rücklage gemäß § 150 Abs. 2 AktG liegen nicht vor.

Der Einstellungsbetrag in die gesetzliche Rücklage ist wie folgt zu berechnen:

$REIN_g = 0{,}05 \cdot (2.500.000\,€ - 600.000\,€) = 95.000\,€.$

Da die Gesetzliche Rücklage nach Einstellung dieses Betrags (2.195.000 €) nicht 10 % des Grundkapitals (2.200.000 €) übersteigt, ist die Dotierung zwingend.

Die entsprechenden Abschlussbuchungen in 2012 lauten dann:

(1) Jahresergebniskonto	an	Bilanzergebniskonto	2.500.000 €
(2) Bilanzergebniskonto	an	Ergebnisvortragskonto	600.000 €
(3) Einstellungen in die Gesetzliche Rücklage	an	Gesetzliche Rücklage	95.000 €
(4) Bilanzergebniskonto	an	Einstellungen in die Gesetzliche Rücklage	95.000 €.

Kontenmäßige Darstellung:

S	Jahresergebniskonto		H
	€		€
Σ Aufwendungen		Σ Erträge	
(1)	2.500.000[a]		

S	Bilanzergebniskonto		H
	€		€
(2)	600.000	(1)	2.500.000
(4)	95.000		
SBK (EB)	1.805.000		
	2.500.000		2.500.000

[a] Der Betrag von 2.500.000 € stellt den Unterschied zwischen den auf dem Jahresergebniskonto verbuchten Aufwendungen und Erträgen dar.

III. Spezialregelungen

S	Ergebnisvortragskonto	H
€		€
600.000ª	(2)	600.000

ª Der Verlustvortrag aus dem Vorjahr wurde wie folgt auf das Ergebnisvortragskonto verbucht: Ergebnisvortragskonto an Eröffnungsbilanzkonto 600.000 €.

S	Einstellungen in die Gesetzliche Rücklage	H
	€	€
(3)	95.000	(4) 95.000

S	Gesetzliche Rücklage	H
€		€
SBK (EB) 2.195.000	AB	2.100.000
	(3)	95.000
2.195.000		2.195.000

Die von § 158 Abs. 1 AktG geforderte staffelmäßige Fortführung der Gewinn- und Verlustrechnung nach dem Posten „Jahresüberschuss" lässt sich aus der vorstehenden kontenmäßigen Darstellung ableiten, wobei angenommen wurde, dass die Aufstellung der Gewinn- und Verlustrechnung nach dem Gesamtkostenverfahren gemäß § 275 Abs. 2 HGB vorgenommen wurde.

20. Jahresüberschuss   2.500.000 €
21. Verlustvortrag aus dem Vorjahr   600.000 €
22. Einstellungen in die Gesetzliche Rücklage   95.000 €
23. Bilanzgewinn   1.805.000 €

Die Angaben können wahlweise in der Gewinn- und Verlustrechnung oder im Anhang gemacht werden.

Unterstellt man, dass die XY-AG im Geschäftsjahr 2013 einen Jahresfehlbetrag in Höhe von 2.800.000 € erwirtschaftet, dann müssten nachstehende Abschlussbuchungen vorgenommen werden.

(1) Bilanzergebniskonto   an Jahresergebniskonto   2.800.000 €
(2) Gesetzliche Rücklage   an Entnahmen aus der   2.195.000 €
                                         Gesetzlichen Rücklage
(3) Entnahmen aus der   an Bilanzergebniskonto   2.195.000 €.
    Gesetzlichen Rücklage

Kontenmäßige Darstellung:

S	Jahresergebniskonto	H
€		€
Σ Aufwendungen	Σ Erträge	
	(1)	2.800.000

S	Bilanzergebniskonto	H
	€	€
(1)	2.800.000	(3) 2.195.000
		SBK(EB) 605.000
	2.800.000	2.800.000

S	Entnahmen aus der Gesetzlichen Rücklage	H
	€	€
(3)	2.195.000	(2) 2.195.000

S	Gesetzliche Rücklage	H
	€	€
(2)	2.195.000	AB 2.195.000

Die staffelmäßige Fortführung der Gewinn- und Verlustrechnung nach dem Posten „Jahresfehlbetrag" gemäß § 158 Abs. 1 AktG hat dann folgendes Aussehen.

20. Jahresfehlbetrag 2.800.000 €
21. Entnahmen aus der Gesetzlichen Rücklage 2.195.000 €
22. Bilanzverlust 605.000 €.

Sofern die Gesetzliche Rücklage und die Kapitalrücklage nach § 272 Abs. 2 Nr. 1 bis Nr. 4 HGB zusammen aber den zehnten oder den in der Satzung bestimmten höheren Teil des Grundkapitals übersteigen, kann der übersteigende Betrag[64] nur zu folgenden Zwecken verwandt werden (§ 150 Abs. 4 Nr. 1 bis Nr. 3 AktG) (**Fall 2**).

- **zum Ausgleich eines Jahresfehlbetrags**, soweit er nicht durch einen Gewinnvortrag aus dem Vorjahr gedeckt ist;
- **zum Ausgleich eines Verlustvortrags** aus dem Vorjahr, soweit er nicht durch einen Jahresüberschuss gedeckt ist;
- **zur Kapitalerhöhung** aus Gesellschaftsmitteln nach § 207 bis § 220 AktG.

Allerdings dürfen die erste und zweite Alternative zur Verlustkompensation nicht zum Zuge kommen, wenn gleichzeitig Gewinnrücklagen zur **Gewinnausschüttung** aufgelöst werden (§ 150 Abs. 4 Satz 2 AktG). Bei einer solchen Konstellation sind ein Jahresfehlbetrag (soweit dieser nicht durch einen Gewinnvortrag aus dem Vorjahr gedeckt ist) und ein Verlustvortrag aus dem Vorjahr (soweit dieser nicht durch einen Jahresüberschuss gedeckt ist) **vorrangig** durch Entnahmen aus noch anderen auflösbaren Gewinnrücklagen (außer der Rücklage für Anteile an einem herrschenden oder mehrheitlich beteiligten Unternehmen) auszugleichen. Durch diese Vorschrift soll mithin eine Gewinnausschüttung zu Lasten der gesetzlichen Rücklage vermieden werden. Der Unterschied zwischen den Regelungen des § 150 Abs. 3 und Abs. 4 AktG besteht darin, dass ein Jahresfehlbetrag (soweit er nicht durch einen Gewinnvortrag aus dem Vorjahr gedeckt ist) und ein Verlustvortrag aus dem Vorjahr (soweit er nicht durch einen Jahresüberschuss gedeckt ist) auch dann von dem in Rede stehenden übersteigenden Betrag nach § 150 Abs. 4 Satz 1 AktG gedeckt werden dürfen, wenn noch andere auflösbare Gewinnrücklagen vorhanden sind, aber nicht gleichzeitig durch Gewinnausschüttung aufgelöst werden.[65]

(β) Rücklage für Anteile an einem herrschenden oder mehrheitlich beteiligten Unternehmen

Auf die Bildung und Auflösung der Rücklage für Anteile an einem herrschenden oder mehrheitlich beteiligten Unternehmen gemäß § 272 Abs. 4 HGB wurde schon prinzipiell einge-

---

[64] Ein derartiger übersteigender Betrag kann sich nur aufgrund von Einstellungen in die Kapitalrücklage ergeben, da die Dotierung der gesetzlichen Rücklage genau auf den in § 150 Abs. 2 AktG genannten Wert begrenzt ist.

[65] Vgl. *ADS* 1997a, Anm. 64 zu § 150 AktG.

III. Spezialregelungen

gangen. Die Ausführungen an dieser Stelle können sich deshalb auf den Hinweis beschränken, dass wegen des besonderen Charakters der Rücklage ihre Bildung auch dann vorgenommen werden muss, wenn hierdurch ein **Bilanzverlust** entsteht. Allerdings ist die gesetzliche Rücklage unabhängig von dieser Regelung zu bilden, wenn vor Dotierung der Rücklage ein Jahresüberschuss vorlag. Ausgangspunkt für die gesetzliche Rücklagenbildung stellt stets § 150 Abs. 2 AktG dar, der als Berechnungsgrundlage den Jahresüberschuss abzüglich eines Verlustvortrags aus dem Vorjahr **vor jeglicher Rücklagenzuführung** nennt. Folglich erhöht sich bei derartigen Konstellationen ein Bilanzverlust. Die Bildung und Auflösung der Rücklage ist ebenfalls gemäß § 158 Abs. 1 AktG über die Gewinn- und Verlustrechnung vorzunehmen.

(γ) Satzungsmäßige Rücklagen

Die Bildung von auf Satzung oder Gesellschaftsvertrag beruhender Rücklagen gemäß § 266 Abs. 3 Posten A. III. 3. bzw. § 272 Abs. 3 Satz 2 HGB kann für die AG und die GmbH in Betracht kommen. Derartige zweckgebundene oder freie Rücklagen sind aus dem Jahresüberschuss nach Maßgabe der in der Satzung oder im Gesellschaftsvertrag festgelegten Vereinbarungen vom **Vorstand** bzw. der **Geschäftsführung** zu Lasten des ausschüttbaren Bilanzgewinns zu bilden (§ 29 Abs. 1 Satz 1 GmbHG). Darüber hinaus kann die Satzung oder der Gesellschaftsvertrag vorsehen, dass die **Haupt- bzw. Gesellschafterversammlung** die Möglichkeit besitzen, Beträge des ausschüttungsfähigen Gewinns in die satzungsmäßige Rücklage einzustellen (§ 58 Abs. 3 Satz 2 AktG; § 29 Abs. 2 GmbHG). Unter Berücksichtigung von § 158 Abs. 1 AktG sind bei der Bildung von satzungsmäßigen Rücklagen grundsätzlich die folgenden Buchungssätze anzuwenden:

(1) Einstellungen in Satzungsmäßige Rücklagen	an	Satzungsmäßige Rücklagen
(2) Bilanzergebniskonto	an	Einstellungen in Satzungsmäßige Rücklagen.

(δ) Andere Gewinnrücklagen

Die Vorschriften über die Dotierung anderer Gewinnrücklagen i. S. v. § 266 Abs. 3 Posten A. III. 4. bzw. § 272 Abs. 3 Satz 2 HGB sind für die AG in § 58 AktG detailliert geregelt. Stellt die **Hauptversammlung** ausnahmsweise den Jahresabschluss fest[66] (§ 173 Abs. 1 AktG), dann **darf** aus dem Jahresüberschuss (Wahlrecht) aufgrund einer **Satzungsbestimmung** höchstens die Hälfte des Jahresüberschusses in die anderen Gewinnrücklagen eingestellt werden (§ 58 Abs. 1 Satz 2 AktG).[67] Die maximale Dotierung der anderen Gewinnrücklagen lässt sich in diesem Fall nach folgender Formel ermitteln (REINa = Einstellungen in andere Gewinnrücklagen).

REINa = 0,5 · (Jnach - VV - REINg).

---

[66] Mit der Feststellung des Jahresabschlusses ist die Genehmigung des aufgestellten Jahresabschlusses durch das gesetzlich oder gesellschaftsvertraglich vorgesehene Organ gemeint (z. B. Haupt- oder Gesellschafterversammlung bzw. Vorstand und Aufsichtsrat).

[67] Sofern die Hauptversammlung den Jahresabschluss feststellt, darf sie grundsätzlich „... nur die Beträge in Gewinnrücklagen einstellen, die nach Gesetz oder Satzung einzustellen sind" (§ 173 Abs. 2 Satz 2 AktG).

Die Ausgangsgröße, der Jahresüberschuss, darf nur um solche Komponenten gekürzt werden, für deren Verwendung ein **gesetzlicher Zwang** bzw. ein **unabdingbares Erfordernis** besteht (§ 58 Abs. 1 Satz 3 AktG).[68]

Stellen **Vorstand und Aufsichtsrat** gemäß § 172 AktG den Jahresabschluss fest (Regelfall), so können sie bis zu 50 % des Jahresüberschusses (Wahlrecht) in die anderen Gewinnrücklagen einstellen (§ 58 Abs. 2 Satz 1 AktG). Die Satzung der Gesellschaft kann sie jedoch auch „… zur Einstellung eines größeren oder kleineren Teils des Jahresüberschusses ermächtigen" (§ 58 Abs. 2 Satz 2 AktG). Allerdings dürfen Vorstand und Aufsichtsrat aufgrund einer solchen **Satzungsermächtigung** keine Beträge einstellen, „… wenn die anderen Gewinnrücklagen die Hälfte des Grundkapitals übersteigen oder soweit sie nach der Einstellung die Hälfte übersteigen würden" (§ 58 Abs. 2 Satz 3 AktG). Vor der Bildung der anderen Gewinnrücklagen ist auch in diesem Falle der Jahresüberschuss um diejenigen Beträge, die den **gesetzlichen Rücklagen** zuzuführen sind und um einen **Verlustvortrag** aus dem Vorjahr zu kürzen (§ 58 Abs. 2 Satz 4 AktG).

Durch die grundsätzlich hälftige Regelung von § 58 Abs. 1 und Abs. 2 AktG bezüglich der Entscheidungsbefugnis über die Verwendung des (restlichen) Jahresüberschusses kommt die sog. **Kompetenzabgrenzungsfunktion** des aktienrechtlichen Jahresabschlusses zum Ausdruck. Während maximal 50 % des (restlichen) Jahresüberschusses von der **Unternehmensleitung** in Form von **Gewinnthesaurierungen** einbehalten werden können, entscheiden die Aktionäre über die Verwendung des um einen Verlustvortrag aus dem Vorjahr und um die vorgenommenen Einstellungen in die Gewinnrücklagen gekürzten Jahresüberschusses (§ 174 Abs. 1 AktG). Unter Berücksichtigung von § 158 Abs. 1 AktG sind bei der Bildung anderer Gewinnrücklagen grundsätzlich die folgenden Buchungssätze anzuwenden:

(1) Einstellungen in Andere Gewinnrücklagen	an	Andere Gewinnrücklagen
(2) Bilanzergebniskonto	an	Einstellungen in Andere Gewinnrücklagen

Beispiel: Die X-AG hat ein Grundkapital in Höhe von 550.000 €, gesetzliche Rücklagen von 48.500 €, andere Gewinnrücklagen von 245.000 €, einen Verlustvortrag aus dem Vorjahr von 10.000 € und einen Jahresüberschuss von 25.000 €. Auf den folgenden Konten sind die Buchungen für die Verwendung des Jahresüberschusses unter Berücksichtigung der gesetzlichen Regelungen von § 150 Abs. 2 und § 58 Abs. 2 AktG durchgeführt, wenn Vorstand und Aufsichtsrat möglichst hohe Einstellungen in die anderen Gewinnrücklagen wünschen und den Jahresabschluss feststellen. Die Satzung der X-AG enthält keine Regelungen bezüglich der Dotierung der anderen Gewinnrücklagen:

(1) $REIN_g = 0{,}05 \cdot (25.000\,€ - 10.000\,€) = 750\,€$

(2) $REIN_a = 0{,}5 \cdot (25.000\,€ - 10.000\,€ - 750\,€) = 7.125\,€$.

---

[68] Vgl. *ADS* 1997a, Anm. 14 zu § 58 AktG.

III. Spezialregelungen

Kontenmäßige Darstellung:

S	Ergebnisvortragskonto	H
	€	€
10.000ᵃ	(1)	10.000

ᵃ Der Verlustvortrag aus dem Vorjahr wurde wie folgt auf das Ergebnisvortragskonto verbucht: Ergebnisvortragskonto an Eröffnungsbilanzkonto 10.000 €.

S	Jahresergebniskonto	H
	€	€
(2)	25.000ᵇ	25.000

ᵇ Der Betrag von 25.000 € stellt den Unterschied zwischen den auf dem Jahresergebniskonto verbuchten Aufwendungen und Erträge dar.

S	Bilanzergebniskonto		H
	€		€
(1)	10.000	(2)	25.000
(3)	750		
(4)	7.125		
(5)	7.125		
	25.000		25.000

S	Einstellungen in Gewinnrücklagen		H
	€		€
(6)	750	(3)	750
(7)	7.125	(4)	7.125
	7.825		7.825

S	Gesetzliche Rücklage		H
	€		€
(8) EB	49.250	AB	48.500
		(6)	750
	49.250		49.250

S	Andere Gewinnrücklagen		H
	€		€
(9) EB	252.125	AB	245.000
		(7)	7.125
	252.125		252.125

S	Schlussbilanz(konto) der X-AG zum 31.12.2012		H
	€		€
A. Anlagevermögen		A. Eigenkapital	
		I. Gezeichnetes Kapital	550.000
B. Umlaufvermögen		II. Gewinnrücklagen	
		(8) 1. Gesetzliche Rücklage	49.250
C. Rechnungsabgrenzungsposten		(9) 2. Andere Gewinnrücklagen	252.125
		(5) III. Bilanzgewinn	7.125
		B. Rückstellungen	
		C. Verbindlichkeiten	
		D. Rechnungsabgrenzungsposten	

Darüber hinaus besteht für den Vorstand und Aufsichtsrat die Möglichkeit, den Eigenkapitalanteil von steuerrechtlichen Wertaufholungen bei Wirtschaftsgütern des Anlage- und Umlaufvermögens sowie von Passivposten, die im Rahmen der steuerrechtlichen Gewinnermittlung gebildet werden, in die anderen Gewinnrücklagen einzustellen (§ 58 Abs. 2a Satz 1 AktG).[69] Ähnliches gilt für die Geschäftsführer einer GmbH, die mit Zustimmung des Aufsichtsrats oder der Gesellschafter eine entsprechende Dotierung der anderen Gewinnrückla-

---

[69] Vgl. *Cahn/von Spannenberg* 2010, Anm. 52 a zu § 58 AktG; *Förschle/Hoffmann* 2012, Anm. 258 zu § 272 HGB; *WP-Handbuch* 2012, S. 621.

gen vornehmen können. Während es sich bei den Wertaufholungen um Zuschreibungen auf Aktivposten handelt, die nach § 253 Abs. 5 HGB zwingend mit der Folge ertragsteuerlicher Wirkungen vorzunehmen sind,[70] schließen die die Passivposten betreffenden Sachverhalte alle steuerrechtlichen Regelungen ein, welche in der Referenzperiode zu einer Senkung der ertragsteuerlichen Bemessungsgrundlage führen (z. B. steuerfreie Rücklagen). Bei der Bestimmung des Eigenkapitalanteils der steuerrechtlich wirksamen Zuschreibung bzw. der im steuerrechtlichen Jahresabschluss vorgenommenen Erhöhung von Passivposten wird die abzuziehende voraussichtliche Ertragsteuerbelastung grds. **individuell** ermittelt. Der Kapitalgesellschaft wird jedoch die Alternative eingeräumt, den Eigenkapitalanteil in maximalem Umfang oder in Höhe eines Zwischenwertes in die anderen Gewinnrücklagen einzustellen, wobei aber der unausgeschöpfte Betrag später nicht nachgeholt werden kann. Infolgedessen besteht im Rahmen dieses **Gewinnverwendungswahlrechts** durch die Reformen des Bilanzrechts ein beträchtlicher Ermessensspielraum zur Bestimmung der Höhe des Eigenkapitalanteils. Als Besonderheit ist in diesem Zusammenhang zu berücksichtigen, dass bei Aktiengesellschaften Vorstand und Aufsichtsrat bzw. die Hauptversammlung den Eigenkapitalanteil ohne Anrechnung auf die Restriktionen von § 58 Abs. 1 und Abs. 2 AktG in die anderen Gewinnrücklagen einstellen dürfen. Durch die Bildung anderer Gewinnrücklagen in Höhe des Eigenkapitalanteils wird mithin der aus steuerwirksamen Zuschreibungen und künftigen Auflösungen steuerrechtlicher Passivposten resultierende Gewinn, der nicht dem Fiskus zusteht, zunächst der Ausschüttung an die Anteilseigner entzogen. Im Hinblick auf die Zuschreibungen im Anlage- und Umlaufvermögen besteht folglich die Möglichkeit, die hieraus entspringende Erhöhung des Jahresergebnisses zu thesaurieren.

Beispiel: Eine AG musste in Höhe von 120.000 € in der Handels- und Steuerbilanz eine Zuschreibung auf Gegenstände des Vorratsvermögens vornehmen. Unter Zugrundelegung eines durchschnittlichen Ertragsteuersatzes von 30 % errechnet sich der sog. Eigenkapitalanteil (EKA) wie folgt.

EKA = (1 - 0,3) · 120.000 € = 84.000 €.

Die Dotierung der anderen Gewinnrücklagen in Höhe des Eigenkapitalanteils könnte im handelsrechtlichen Jahresabschluss dann wie nachstehend gezeigt vorgenommen werden:

(1) Einstellungen in Andere Gewinnrücklagen	an	Andere Gewinnrücklagen	84.000 €
(2) Bilanzergebniskonto	an	Einstellungen in Andere Gewinnrücklagen	84.000 €.

§ 58 Abs. 2a AktG und § 29 Abs. 4 GmbHG enthalten keine Regelungen, wann die gebildeten Gewinnrücklagen aufzulösen sind. Da diese Posten einerseits nicht den Charakter einer Korrekturgröße zu den Beträgen der werterholten Vermögensgegenstände tragen bzw. andererseits nicht ein Substitut zur Durchsetzung steuerrechtlicher Vergünstigungen darstel-

---

[70] Hierdurch besteht die Möglichkeit, Zuschreibungserträge, die nicht von Einnahmen begleitet werden, in Höhe des Eigenkapitalanteils zunächst der Ausschüttung zu entziehen. Der auf diese Erträge entfallende Fremdkapitalanteil, der dem Fiskus zusteht, mindert in Form der Steuern vom Einkommen und vom Ertrag (Körperschaft- und Gewerbesteuer) den Jahresüberschuss und steht damit auch nicht für Ausschüttungszwecke zur Verfügung.

len, sondern eindeutig darauf ausgerichtet sind, die aus steuerrechtlichen Zuschreibungen und Passivpostenbildungen resultierenden Eigenkapitalanteile der Gewinnverwendung zur Verfügung zu stellen, kann die Auflösung der in Rede stehenden Beträge nur im Rahmen der **Verfügungskompetenz der zuständigen Gesellschaftsorgane** erfolgen.[71] Folglich sind auch hier die allgemeinen Regelungen anzuwenden, die für die Auflösung des Bilanzpostens „Andere Gewinnrücklagen" gelten. Zur Steuerung der Gewinnrücklagen und damit des Bilanzgewinns und der Ausschüttungen stehen dem Management von Kapitalgesellschaften mithin folgende **Wahlrechte** zusätzlich zur Verfügung.

- Einstellung des Eigenkapitalanteils in die Gewinnrücklagen oder nicht;
- Bestimmung der Höhe des Eigenkapitalanteils im Rahmen des Ermessensspielraumes;
- Auflösung der gebildeten Gewinnrücklage oder nicht.

Aus steuerrechtlicher Sicht ist die Bildung und Auflösung der Wertaufholungsrücklage allerdings **ohne Bedeutung**, da es sich um ein **Gewinnverwendungswahlrecht** handelt, das keinen Einfluss auf die Höhe der ertragsteuerlichen Bemessungsgrundlagen hat.

Schließlich besteht für die Haupt- bzw. die Gesellschafterversammlung bei der **Beschlussfassung** über die **Verwendung** des **Bilanzgewinns** die Möglichkeit, weitere Beträge in die Gewinnrücklage einzustellen oder als Gewinn auf das neue Geschäftsjahr vorzutragen (§ 58 Abs. 3 Satz 1 AktG; § 29 Abs. 2 GmbHG). Darüber hinaus kann die Hauptversammlung aufgrund einer **Satzungsermächtigung** auch eine andere Verwendung des Bilanzgewinns als die Einstellung in die Gewinnrücklagen oder die Verteilung unter die Aktionäre beschließen (§ 58 Abs. 3 Satz 2 AktG). Ähnliches gilt für die GmbH (§ 29 Abs. 2 GmbHG).

Abschließend zu den **Gewinnrücklagen** bleibt zum einen der Hinweis, dass die Posten in der Bilanz oder im **Anhang** der AG nach Maßgabe folgender Untergliederung anzugeben sind (§ 152 Abs. 3 AktG):

- Beträge, die die **Hauptversammlung** aus dem **Bilanzgewinn** des **Vorjahres** eingestellt hat;
- Beträge, die aus dem **Jahresüberschuss** des **Geschäftsjahres** (von der Hauptversammlung oder vom Vorstand und Aufsichtsrat) eingestellt werden;
- Beträge, die für das **Geschäftsjahr** entnommen werden.

Sofern sich die AG unter Berücksichtigung der Angabepflicht bezüglich der Bewegungen von Kapitalrücklagen gemäß § 152 Abs. 2 AktG für die Ausweisalternative im **Anhang** entscheidet, bietet sich eine zusammenfassende Darstellung in einem sog. **Rücklagenspiegel** an, die in **Abbildung 284** gezeigt wird.[72] Bei der GmbH können diese Angaben unterbleiben, da entsprechende Vorschriften nicht existieren. Im Rahmen einer umfassenden **Selbstdarstellungspolitik** empfiehlt es sich aber, freiwillige Angaben über die Ergebnisverwendung in Bilanz oder Anhang zu publizieren.[73] Weiterhin ist zu berücksichtigen, dass die Dotierung der Gewinnrücklagen teilweise aus Gewinnen vorgenommen werden, die der Körperschaftsteuer unterliegen, d. h. aus sog. **versteuerten Rücklagen** stammen. Allerdings dürfen sowohl Zuführungen zu den Gewinnrücklagen als auch Entnahmen von versteuerten Gewinnrück-

---

[71] Vgl. *Hüffer* 2012, Anm. 20 zu § 58 AktG.
[72] In Anlehnung an *Weber* 1990, Anm. 18 zu § 58, § 150 AktG.
[73] Vgl. *Förschle/Hoffmann* 2012, Anm. 277 zu § 272 HGB.

Komponenten der Rücklagenbewegungen	Kapital-rücklage	Gewinnrücklagen				Bilanz-gewinn
		Gesetzliche Rücklage	Rücklage für Anteile an einem herrschenden oder mehrheitlich beteiligten Unternehmen	Satzungs-mäßige Rückla-gen	andere	
Vortrag zum 31.12.2011	...	...	...	...	...	
Einstellung durch die Haupt-versammlung aus dem Bilanz-gewinn des Vorjahres		+ ...	+ ...	+ ...	+ ...	
Gewinn-/Verlustvortrag						± ...
Jahresüberschuss/-fehlbetrag						± ...
Entnahmen	– ...	– ...	– ...	– ...	– ...	+ ...
Einstellungen	+ ...	+ ...	+ ...	+ ...	+ ...	– ...
Stand am 31.12.2012	...	...	...	...	...	...

Abb. 284: Beispielhafte Darstellung eines Rücklagenspiegels

lagen den Steuerbilanzerfolg nicht beeinflussen. Ausgangsgröße zur Ermittlung des körper-schaftsteuerrechtlichen Einkommens ist stets das **handelsrechtliche Jahresergebnis**.

c.d Jahres-, Bilanzergebnis und Ausschüttung[74]

(a) Grundlegendes

Von der Ergebnisermittlung durch Gegenüberstellung sämtlicher Aufwendungen und Erträ-ge einer Periode ist die **Ergebnisverwendung** (Verlusttilgung, Rücklageneinstellungen, Aus-schüttung) zu unterscheiden. Während das **Jahresergebnis** (Jahresüberschuss/-fehlbetrag) den Saldo von Aufwendungen und Erträgen zum Ausdruck bringt, zeigt das **Bilanzergebnis** (Bilanzgewinn/-verlust) die Weiterführung des Jahresergebnisses unter Berücksichtigung der Verrechnung eines **Ergebnisvortrags** (Gewinn- oder Verlustvortrag) aus dem Vorjahr, **Rücklagenentnahmen und/oder -einstellungen**. Im Rahmen der Ergebnisverwendung ist darauf zu achten, dass keine Teile des Jahresergebnisses an die Anteilseigner fließen, die von der Gewinnausschüttung ausgeschlossen sind. Derartige gesetzliche **Ausschüttungssperren** bestehen gemäß § 268 Abs. 8 HGB für

- die Aktivierung selbst geschaffener immaterieller Anlagegüter nach § 248 Abs. 2 Satz 1 HGB,
- die Aktivierung **latenter Steuern** (§ 274 Abs. 1 HGB),
- die Differenz zwischen beizulegendem Zeitwert und Anschaffungskosten beim verrech-neten Planvermögen nach § 246 Abs. 2 Satz 2 HGB.

---

[74] Da die IFRS keine Ausschüttungsbemessungsfunktion besitzen, ist die Ergebnisverwendung nicht bei der Bilanzerstellung geregelt.

III. Spezialregelungen

```
                    ┌─────────────────────────────────┐
                    │   Aufstellungsmöglichkeiten der │
                    │     handelsrechtlichen Bilanz   │
                    └─────────────────────────────────┘
                           │                    │
                           ▼                    ▼
              vor Verwendung              nach Verwendung
             des Jahresergebnisses       des Jahresergebnisses
                                         (§ 268 Abs. 1, § 275 Abs. 4 HGB;
                                         § 158 Abs. 1 AktG; § 29 Abs. 1 GmbHG)
                                                │
                                    ┌───────────┴───────────┐
                                    ▼                       ▼
                        teilweise Verwendung      vollständige Verwendung
                        (Bilanzergebnis ≠ 0)      (Bilanzergebnis i. d. R. = 0)
                        Jahresüberschuss/Jahresfehlbetrag
                        ± Gewinn-/Verlustvortrag
                           aus dem Vorjahr
                        + Entnahmen aus der Kapitalrücklage
                        + Entnahmen aus Gewinnrücklagen
                        – Einstellungen in Gewinnrücklagen
                        ─────────────────────────────────
                        = Bilanzgewinn/Bilanzverlust
```

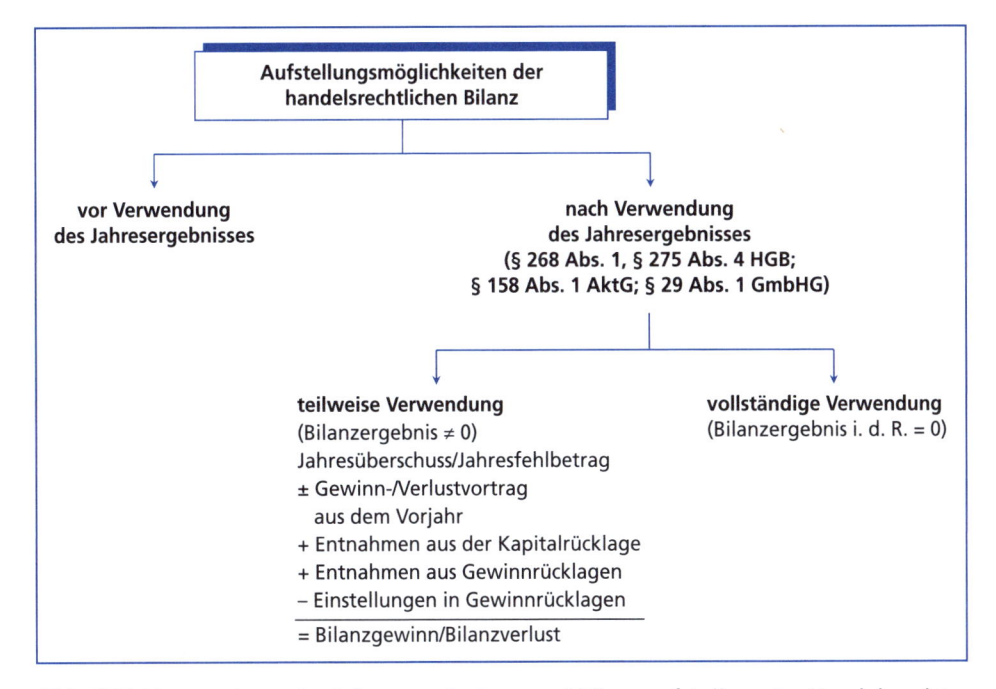

Abb. 285: Verwendung des Jahresergebnisses und Bilanzaufstellung im Handelsrecht

Darüber hinaus können Ausschüttungssperren in gesetzlichen, satzungsmäßigen oder vertraglichen Bestimmungen über die Dotierungspflichten von Gewinnrücklagen begründet sein.

Im Hinblick auf die Darstellung der Verwendung des Jahresergebnisses spielen die vom Handelsrecht vorgesehenen **Aufstellungsmöglichkeiten der Bilanz** von Kapitalgesellschaften eine entscheidende Rolle. Wie **Abbildung 285** zeigt, kann die Jahresbilanz grundsätzlich vor oder nach Verwendung des Jahresergebnisses von den Gesellschaftsvertretern nach § 264 Abs. 1 HGB aufgestellt werden. Im ersten Fall wurden noch **keine Maßnahmen** getroffen, die die Entwicklung vom Jahres- zum Bilanzergebnis berühren. Die Begründung für eine derartige Vorgehensweise kann etwa darin liegen, dass bis zum Zeitpunkt der Bilanzaufstellung noch keine Entscheidungen über die Ergebnisverwendung vorliegen. Diese Konstellation ist für eine GmbH typisch, da i. d. R. die Gesellschafter erst nach diesem Zeitpunkt den Jahresabschluss feststellen (§ 42 a Abs. 1 Satz 1 GmbHG) und über die Ergebnisverwendung beschließen (§ 42 a Abs. 2 Satz 1 2. HS GmbHG). In dem vor Verwendung des Jahresergebnisses aufgestellten Jahresabschluss erscheint dann auf der Passivseite im Rahmen des Eigenkapitalausweises neben dem Ergebnis ggf. auch ein Ergebnisvortrag aus dem Vorjahr, aber nicht das Bilanzergebnis. Der entsprechende **Körperschaftsteueraufwand** und damit die **Körperschaftsteuerrückstellung** sind von der zur Aufstellung des Jahresabschlusses der GmbH verpflichteten Geschäftsführung gemäß § 278 Satz 1 2. HS HGB auf der Basis des **Vorschlags über die Ergebnisverwendung** zu berechnen, der von Gesellschaftern oder der Geschäftsführung gemacht werden kann (vgl. **Abbildung 286**).

	Jahresüberschuss/-fehlbetrag
+	Entnahmen aus der Kapitalrücklage
+	Entnahmen aus Gewinnrücklagen
−	Einstellungen in Gewinnrücklagen
−	Auszuschüttender Betrag
=	Gewinn-/Verlustvortrag auf neue Rechnung

Abb. 286: Beispiel für einen Ergebnisverwendungsvorschlag bei der GmbH

Sofern der Gesellschafterbeschluss über die Ergebnisverwendung von dem Vorschlag abweicht, braucht der Jahresabschluss **nicht geändert** zu werden (§ 278 Satz 2 HGB). Die entsprechenden Variationen der Posten der Bilanz (z. B. Rücklagendotierungen) sowie der Gewinn- und Verlustrechnung sind dann im **Jahresabschluss der Folgeperiode** zu berücksichtigen.

§ 268 Abs. 1 HGB unterscheidet auf der Basis der Aufstellungsmöglichkeit der Bilanz nach Verwendung des Jahresergebnisses in **zwei weitere Alternativen**, die dadurch gekennzeichnet sind, dass bereits Maßnahmen getroffen wurden, die die Entwicklung vom Jahres- zum Bilanzergebnis berühren. Der Fall der **teilweisen Verwendung** des Jahresergebnisses ist für die **aktienrechtliche Ergebnisverteilung** typisch.[75] Wie gezeigt wurde, bestehen für die Verwaltung der AG die Verpflichtungen und/oder die Wahlrechte, über einen Teil des Jahresüberschusses (z. B. Verlusttilgung, Dotierung von gesetzlichen Rücklagen und anderen Gewinnrücklagen) und über in Vorjahren gebildete Gewinnvorträge, Kapital- und/oder Gewinnrücklagen zu verfügen. Sofern nach diesen Eingriffen in die Ergebnisverwendung ein **Bilanzgewinn** verbleibt, haben die Aktionäre über seine weitere Verwendung in der Hauptversammlung zu beschließen, wobei sie an den festgestellten Jahresabschluss gebunden ist (§ 174 Abs. 1 AktG). Falls ein **Bilanzverlust** entsteht, wird dieser als Verlustvortrag aus dem Vorjahr auf die neue Rechnung vorgetragen. § 268 Abs. 1 Satz 2 HGB bringt vor dem Hintergrund der Bilanzaufstellung bei teilweiser Verwendung des Jahresergebnisses zum Ausdruck, dass „… an die Stelle der Posten ›Jahresüberschuss/Jahresfehlbetrag‹ und ›Gewinnvortrag/Verlustvortrag‹ der Posten ›Bilanzgewinn/Bilanzverlust‹ …", tritt und „… ein vorhandener Gewinn- oder Verlustvortrag in den Posten ›Bilanzgewinn/Bilanzverlust‹ einzubeziehen und in der Bilanz oder im Anhang gesondert anzugeben" ist. Darüber hinaus muss die Gewinn- und Verlustrechnung nach dem Posten Jahresüberschuss/Jahresfehlbetrag laut der Gliederungsvorschrift von § 158 Abs. 1 AktG fortgeführt werden. Dem Vorstand obliegt bei einem positiven Ergebnis die Verpflichtung, dem Aufsichtsrat einen **Vorschlag** zur Verwendung des Bilanzgewinns vorzulegen, den er der Hauptversammlung machen will (§ 170 Abs. 2 Satz 1 AktG). **Abbildung 287** zeigt die von § 170 Abs. 2 Satz 2 AktG vorgesehene Gliederungsvariante des Gewinnverwendungsvorschlags.

Die Berechnung des **Körperschaftsteueraufwands** bzw. der **Körperschaftsteuerrückstellung** ist gemäß § 278 Satz 1 2. HS HGB auf der **Grundlage des Gewinnverwendungsvorschlags** vorzunehmen. Wie bereits erwähnt wurde, ist die Hauptversammlung aber nicht an den Gewinnverwendungsvorschlag des Vorstands gebunden, sondern sie kann „… weitere Beträge in Gewinnrücklagen einstellen oder als Gewinn vortragen" (§ 58 Abs. 3 Satz 1 AktG).

---

[75] Vgl. zu den Ergebnisverwendungsberechnungen auch *Endert/Sepetauz* 2010b, S. 60–63.

III. Spezialregelungen

1. Verteilung an die Aktionäre
2. Einstellung in Gewinnrücklagen
3. Gewinnvortrag
4. Bilanzgewinn

Abb. 287: Struktur des aktienrechtlichen Gewinnverwendungsvorschlags

Allerdings wurde in § 254 Abs. 1 AktG eine Sperre gegen **missbräuchliche Thesaurierungen** verankert, nach der Gewinnverwendungsbeschlüsse angefochten werden können, wenn aus einem verwendungsfähigen Gewinn nicht mindestens 4 % Dividende zur Ausschüttung kommen und die Einstellungen in die Gewinnrücklage bzw. der Gewinnvortrag auf die neue Rechnung „… bei vernünftiger kaufmännischer Beurteilung nicht notwendig ist, um die Lebens- und Widerstandsfähigkeit der Gesellschaft." zu sichern. Das Recht der Haupt- oder Gesellschafterversammlung, über die Verwendung des (Bilanz-)Ergebnisses zu entscheiden (§ 174 Abs. 1 AktG; § 29 Abs. 2 GmbHG), stellt aber keine Verwendung des Jahresergebnisses nach § 268 Abs. 1 HGB dar.[76] Hieraus folgt, dass von dem in Rede stehenden Recht der Haupt- oder Gesellschafterversammlung nur solche Vorgänge betroffen sind, die nicht im Zuge der Aufstellung des Jahresabschlusses zu berücksichtigen sind.[77]

Beschließt nun die Hauptversammlung gemäß § 174 Abs. 1 Satz 1 AktG abweichend von dem Gewinnverwendungsvorschlag des Vorstands eine legale (teilweise) Zuführung des Bilanzgewinns zu den Gewinnrücklagen und/oder zum Gewinnvortrag, dann lautet die entsprechende Buchung, die unmittelbar nach der Hauptversammlung durchzuführen ist, wie folgt:

Ergebnisverwendungskonto[78]	an	– Gewinnrücklagen (Rücklageneinstellungen)
		– **Bilanzergebniskonto** (Gewinnvortrag).

Mithin verbleibt auf der Sollseite des Ergebnisverwendungskontos als Saldo derjenige Betrag, den die Hauptversammlung zur Ausschüttung an die Aktionäre freigegeben hat (**Bardividende**). Jedoch ist zu beachten, dass die an den Fiskus ggf. abzuführende **Kapitalertragsteuer** nicht an die Aktionäre ausgeschüttet wird, sondern bis zur Abführung an das Finanzamt auf dem Konto „**Sonstige Verbindlichkeiten**" verbleibt. Ähnliches gilt für die **Nettodividende** (Bardividende - Kapitalertragsteuer), die ebenfalls bis zur Überweisung an die Aktionäre auf dem Konto „Sonstige Verbindlichkeiten" zu erfassen ist.[79] Infolgedessen wird das Ergebnisverwendungskonto durch die nachstehende Buchung zum Ausgleich gebracht:

---

[76] Vgl. zur Gewinnverteilung im Falle ausstehender Einlagen auf das Grundkapital § 60 Abs. 2 AktG.
[77] Vgl. *ADS* 1997b, Anm. 15 zu § 268 HGB.
[78] Der Betrag auf der Habenseite des Ergebnisverwendungskontos entspricht dem vom Vorstand zur Ausschüttung vorgeschlagenen Bilanzgewinn. Dieser Betrag wurde wie folgt verbucht: Eröffnungsbilanzkonto an Ergebnisverwendungskonto.
[79] Vgl. *Kozikowski/Schubert* 2012d, Anm. 246 zu § 266 HGB.

| Ergebnisverwendungskonto | an | Sonstige Verbindlichkeiten (Kapitalertragsteuer und Nettodividende). |

Allerdings kann auch die Konstellation eintreten, dass der Vorstand (zusätzliche) Dotierungen der Gewinnrücklagen und Gewinnvorträge vorgeschlagen hat, denen die Hauptversammlung in ihrem Gewinnverwendungsbeschluss aber nicht folgt. Analog zur vorstehend dargestellten Situation einer (zusätzlichen) Gewinnthesaurierung durch die Hauptversammlung wäre dann bei einem Beschluss der Hauptversammlung, mehr als die vorgeschlagenen Verteilungen an die Aktionäre auszuschütten, wie folgt zu buchen:

| (1) – Gewinnrücklagen (Rücklagenentnahmen) – Bilanzergebniskonto (Korrektur Gewinnvortrag) | an | Ergebnisverwendungskonto |
| (2) Ergebnisverwendungskonto | an | Sonstige Verbindlichkeiten (Kapitalertragsteuer und Nettodividende). |

Der am Beispiel der aktienrechtlichen Rechnungslegung beschriebene Fall der Bilanzaufstellung unter Berücksichtigung der teilweisen Verwendung des Jahresergebnisses kann aber auch bei der **GmbH** auftreten. Sofern etwa der Gesellschaftsvertrag die Geschäftsführung nach § 29 Abs. 1 Satz 1 2. HS GmbHG ermächtigt, Rücklageneinstellungen vorzunehmen oder bereits Gesellschafterbeschlüsse im Hinblick auf Rücklagendotierungen vor der Erstellung des Jahresabschlusses und des Gewinnverwendungsbeschlusses vorliegen,[80] gelten die vorstehenden Ausführungen analog. Die Gesellschafter haben dann gemäß § 29 Abs. 1 Satz 2 GmbHG Anspruch auf den **Bilanzgewinn**. Darüber hinaus können aber auch die Gesellschafter der GmbH auf der Basis des von der Geschäftsführung für die Ausschüttung unterstellten Bilanzgewinns im Rahmen ihres **Ergebnisverwendungsbeschlusses** Beträge in Gewinnrücklagen einstellen oder als Gewinn auf die neue Rechnung vortragen, wenn der Gesellschaftsvertrag nichts anderes bestimmt (§ 29 Abs. 2 GmbHG). Der zu diesem Zeitpunkt i. d. R. festgestellte Jahresabschluss braucht dann aber nicht mehr geändert zu werden (§ 278 Satz 2 HGB).

Schließlich sieht § 268 Abs. 1 Satz 1 HGB auch den Fall vor, dass die Bilanz von Kapitalgesellschaften unter Berücksichtigung der **vollständigen Verwendung des Jahresergebnisses** aufgestellt werden kann. Bei einer derartigen Konstellation verbleibt **grundsätzlich** im Rahmen der Ergebnisverwendung weder ein Bilanzgewinn noch ein Bilanzverlust, weil das Jahresergebnis und/oder vorgenommene Rücklagenentnahmen den entsprechenden Bilanzposten zugeschrieben wurden. Folglich taucht auf der Passivseite einer Bilanz, die unter Berücksichtigung der vollständigen Verwendung des Jahresergebnisses aufgestellt wurde, der Posten Bilanzergebnis in aller Regel nicht auf. Die Gewinn- und Verlustrechnung endet dann entsprechend mit dem Posten **Jahresüberschuss/Jahresfehlbetrag**.[81] Als Gründe können et-

---

[80] Vgl. *Ahrenkiel* 2009, Anm. 7 zu § 10.
[81] Zu Ausnahmen vgl. *ADS* 1997b, Anm. 33 zu § 268 HGB.

III. Spezialregelungen

wa die Ausgleichspflicht eines Jahresfehlbetrags durch Rücklagenauflösung, die Deckung eines Verlustvortrags durch einen Jahresüberschuss sowie satzungsmäßige Ermächtigungen zur Einstellung in Gewinnrücklagen bei der AG genannt werden, die zu einem Bilanzergebnis in Höhe von Null führen. Darüber hinaus besteht im Hinblick auf die GmbH auch die Möglichkeit, dass die Gesellschafter bereits **vor Auf- und Feststellung des Jahresabschlusses** über die Ergebnisverwendung beschlossen haben, wodurch das gesamte Jahresergebnis mit dem Zeitpunkt der Beschlussfassung als verwendet gilt. In diesem Fall sind die vorgesehenen Netto-Ausschüttungen als **Verbindlichkeiten gegenüber den Gesellschaftern** auszuweisen (§ 42 Abs. 3 GmbHG).[82]

(b) Ergebnisabhängige Aufwendungen

(α) Definition und Ermittlung

Die Berechnungsgrundlage für die Bestimmung sog. ergebnisabhängiger Aufwendungen (z. B. Tantiemen[83] sowie Körperschaft- und Gewerbesteuer), das Jahres- oder Bilanzergebnis, ist erst dann bekannt, wenn die Höhe dieser Aufwendungen vorliegt. Da die in Rede stehenden Aufwendungen das Ergebnis mindern, sie aber erst feststehen, wenn das Ergebnis vorliegt, bietet es sich an, ihre Ermittlung mit Hilfe eines **Gleichungssystems** vorzunehmen, durch das der Erfolg und die ergebnisabhängigen Aufwendungen simultan zu berechnen sind. Wie im weiteren Verlauf der Abhandlung zu zeigen sein wird, können diese linearen Gleichungssysteme zur Erfassung erfolgsabhängiger Aufwendungen auch im Rahmen **handelsbilanzieller Gestaltungsprozesse** für Kapitalgesellschaften Verwendung finden. Darüber hinaus kann der **Abschlussprüfer** das simultane Gleichungssystem nutzen, um die ausgewiesenen erfolgsabhängigen Aufwendungen zu überprüfen. Zu diesen Zwecken braucht er lediglich die entsprechenden Variablen (z. B. Ertragsteuersätze und steuerrechtliche Modifikationen) in das Gleichungssystem einzusetzen, um die handelsrechtlichen relevanten Erfolgsgrößen ggf. mit Hilfe eines **Tabellenkalkulationsprogramms** zu ermitteln.[84]

(β) Aufstellung interdependenter Gleichungssysteme

Geht man von einem vorläufigen Jahresüberschuss vor Ertragsteuern (vJvor) und Tantiemenaufwendungen (TA) aus, dann lässt sich der handelsrechtliche Jahresüberschuss (Jnach) wie folgt definieren (KSt = Körperschaftsteuer; GewSt = Gewerbesteuer):

(1) vJvor - KSt - GewSt - TA = Jnach oder

(2) Jnach + KSt + GewSt + TA = vJvor.

Die Größe vJvor ist der **laufenden Buchhaltung** der Kapitalgesellschaft zu entnehmen. Sie setzt sich grundlegend aus dem vorläufigen Erfolgssaldo des extern orientierten Rechnungswesens nach Vornahme sämtlicher Abschlussbuchungen (ohne ergebnisabhängige Aufwendungen) zusammen. Unterstellt man, dass auf das zu versteuernde körperschaftsteuerrecht-

---

[82] Vgl. *Ellrott/Krämer* 2012b, Anm. 8 zu § 268 HGB.
[83] Tantiemen-Aufwendungen für die Geschäftsleitung (Vorstand, Geschäftsführung) und/oder den Aufsichtsrat sind unter dem Posten 6.a) von § 275 Abs. 2 HGB auszuweisen.
[84] Vgl. *Freidank* 1999, S. 811–820; *Freidank* 2004a, S. 447–469; hierzu auch *Freidank* 2007d, S. 417.

	Handelsrechtliches Jahresergebnis (Jnach)	
±	Abweichungen der Handels- von der Ertragsteuerbilanz	
=	Steuerbilanzerfolg	
±	Erfolgskorrekturen aufgrund einkommensteuerrechtlicher Vorschriften (§ 8 Abs. 1 KStG i.V.m. § 3, § 4 Abs. 5, § 4h EStG) wie auch z. B. latenter Steuerertrag	
+	Nicht abziehbare Steueraufwendungen, wie z. B. Körperschaftsteuer (§ 10 Nr. 2 KStG), Gewerbesteuer (§ 4 Abs. 5b EStG) oder latenter Steueraufwand	
+	Andere nicht abziehbare Aufwendungen (§ 9 Abs. 1 Nr. 2, § 10 Nr. 1, 3, 4 KStG)	ka
+	Verdeckte Gewinnausschüttungen (§ 8 Abs. 3 KStG)	
−	Verdeckte Einlagen	
−	Gewinnanteile und Geschäftsführervergütungen der persönlich haftenden Gesellschafter einer KGaA (§ 9 Abs. 1 Nr. 1 KStG)	
=	Korrigierter Steuerbilanzerfolg	
−	Verlustabzug (§ 8 Abs. 1 KStG i.V.m. § 10 d EStG) (Vk)	
=	Zu versteuerndes (körperschaftsteuerrechtliches) Einkommen (zvE)	

Abb. 288: Berechnung der körperschaftsteuerrechtlichen Bemessungsgrundlage

liche Einkommen (zvE) die Definitivbelastung von sd = 15 % zur Anwendung gelangt (§ 23 Abs. 1 KStG), dann gilt unter Berücksichtigung eines Solidaritätszuschlages von soli = 5,5 % auf die festgesetzte Körperschaftsteuer (§ 2 Nr. 3, § 3 Abs. 1 Nr. 1, 2, § 4 SolZG):

(3) $KSt = 0{,}15 \cdot zvE$ und unter Einbezug des Solidaritätszuschlages

(4) $KSt = (1 + 0{,}055) \cdot 0{,}15 \cdot zvE$ oder

(5) $KSt = 0{,}15825 \cdot zvE$.

Aufgrund der vielfältigen **Durchbrechungen des Maßgeblichkeitsprinzips** sowie der zu berücksichtigenden einkommen- und körperschaftsteuerrechtlichen Modifikationen sind handelsrechtlicher Jahresüberschuss (Jnach) und ein zu versteuerndes körperschaftsteuerrechtliches Einkommen (zvE) nicht identisch. Diese Abweichungen sind in **Abbildung 288** mit der Größe ka gekennzeichnet worden.[85]

Unter Berücksichtigung der Änderungsgröße ka ergibt sich sodann:

(6) $KSt = 0{,}15825 \cdot (Jnach + ka)$.

Wie **Abbildung 288** zeigt, sind in dem Differenzbetrag ka die KSt und die GewSt selbst enthalten, die aber in dem aufzustellenden interdependenten Gleichungssystem veränderlichen Charakter tragen müssen. Wird von der Änderungsgröße ka nun die KSt und die GewSt abgezogen, errechnet sich der konstante Ausdruck

(7) $ka^* = ka - (KSt + GewSt)$,

der dann diejenigen Abweichungen zwischen Jnach und zvE erfasst, die nicht die Körperschaft- und die Gewerbesteuer betreffen. Auf Grund dieser Modifikation ergibt sich nun für Gleichung (6)

(8) $KSt = 0{,}15825 \cdot (Jnach + ka^* + KSt + GewSt)$ oder nach Umformung

(9) $-0{,}188 \cdot Jnach + KSt - 0{,}188 \cdot GewSt = 0{,}188 \cdot ka^*$.

---

[85] Es wird unterstellt, dass die Größe ka keine latenten Steuern nach § 274 HGB auslöst. Vgl. hierzu die Ausführungen im Fünften Teil zu Gliederungspunkt III.B.3.d.

III. Spezialregelungen

Um zur Bemessungsgrundlage der Gewerbesteuer (GewSt), dem Gewerbeertrag (GE) (§ 7 GewStG), zu gelangen, muss das körperschaftsteuerrechtliche Einkommen vor Verlustabzug noch um bestimmte gewerbesteuerrechtliche Modifikationen sowie den Abzug eines ggf. vorgetragenen Gewerbeverlustes (ga) korrigiert werden. Dies lässt sich wie in **Abbildung 289** gezeigt darstellen (Vk = körperschaftsteuerrechtlicher Verlustabzug gemäß § 8 Abs. 1 KStG i. V. m. § 10 d EStG; he = Hebesatz der Standortgemeinde in % : 100; me = Steuermesszahl Gewerbeertrag in % : 100).

	Zu versteuerndes körperschaftsteuerrechtliches Einkommen vor Verlustabzug
+/−	Gewerbesteuerrechtliche Modifikationen (§ 8, § 9 GewStG)
−	Verlustabzug (§ 10 a GewStG)
=	Gewerbeertrag (GE)

} ga

Abb. 289: Berechnung der gewerbesteuerrechtlichen Bemessungsgrundlage

Für die GewSt, die vom Gewerbeertrag berechnet wird, gilt

(10) $\text{GewSt} = me \cdot he \cdot GE$

und unter Einbeziehung des oben entwickelten Formelapparates

(11) $\text{GewSt} = me \cdot he \cdot (\text{Jnach} + ka* + \text{KSt} + \text{GewSt} + Vk + ga)$.

Unter Berücksichtigung von $me \cdot he = sg$ (Gewerbesteuerfaktor) kann für Gleichung (11) nach Umformung auch geschrieben werden

(12) $-\frac{sg}{(1-sg)} \cdot \text{Jnach} - \frac{sg}{(1-sg)} \cdot \text{KSt} + \text{GewSt} = \frac{sg}{(1-sg)} \cdot (ka* + Vk + ga)$

Im Hinblick auf die ergebnisabhängigen Tantiemen wird davon ausgegangen, dass sie entweder direkt oder indirekt vom Jahresüberschuss aufgrund gesetzlicher Regelungen oder vertraglicher Vereinbarungen wie folgt zu berechnen sind.

	Jahresüberschuss (Jnach)
±	Veränderungen aufgrund von Tantiemenvereinbarungen (ta)
=	Bemessungsgrundlage für Tantiemen (TB)

Abb. 290: Ermittlung der Bemessungsgrundlage für Tantiemen

Unter Berücksichtigung eines Faktors tb, der auf die Bemessungsgrundlage TB für die Tantiemen anzuwenden ist, ergibt sich sodann

(13) $TA = tb \cdot TB = tb \cdot (\text{Jnach} + ta)$ mit $0 \leq tb \leq 1$ oder

(14) $-tb \cdot \text{Jnach} + TA = tb \cdot ta$.

Die Formeln (2), (9), (12) und (14), die ergebnisabhängige Aufwendungen repräsentieren, sind dergestalt formuliert worden, dass eine direkte Abhängigkeit vom Jahresüberschuss besteht. Diese Beziehungen lassen sich zusammenfassend durch das in **Abbildung 291** dargestellte simultane Gleichungssystem zum Ausdruck bringen.

$$
\begin{bmatrix}
1 & 1 & 1 & 1 \\
-0{,}188 & 1 & -0{,}188 & 0 \\
-\dfrac{sg}{(1-sg)} & -\dfrac{sg}{(1-sg)} & 1 & 0 \\
-tb & 0 & 0 & 1
\end{bmatrix}
\cdot
\begin{bmatrix}
Jnach \\
KSt \\
GewSt \\
TA
\end{bmatrix}
=
\begin{bmatrix}
vJvor \\
0{,}188 \cdot ka^* \\
\dfrac{sg}{(1-sg)} \cdot (ka^* + Vk + ga) \\
tb \cdot ta
\end{bmatrix}
$$

Abb. 291: Simultanes Gleichungssystem in Matrizenform

Beispiel: Die verkürzte vorläufige Gewinn- und Verlustrechnung einer unbeschränkt körperschaftsteuerpflichtigen GmbH zeigt zum 31.12. des Geschäftsjahres 2012 nach dem Handelsrecht folgendes Aussehen. Beim Körperschaft- und Gewerbesteueraufwand handelt es sich um Vorauszahlungen, die nach § 31 Abs. 1 KStG i. V. m. § 37 bzw. § 19 GewStG während des Geschäftsjahres geleistet wurden.

Soll	Vorläufige Gewinn- und Verlustrechnung zum 31.12.2012		Haben
	T€		T€
Diverse Aufwendungen	1.900	Umsatzerlöse	2.400
Körperschaftsteueraufwand	230	Diverse Erträge	640
Gewerbesteueraufwand	95		
Vorläufiger Erfolgssaldo	815		
	3.040		**3.040**

Abb. 292: Ausgangsdaten für die Ermittlung der ergebnisabhängigen Aufwendungen

Es liegen weiterhin folgende Informationen vor.

(1) Die Differenz zwischen zvE und Jnach beträgt (ohne KSt und GewSt selbst) 150 T€. $ka^* = 150$

(2) Nach dem Gewinnverwendungsvorschlag der Geschäftsführung sollen neben dem Jahresüberschuss andere Gewinnrücklagen in Höhe von 540 T€ an die Gesellschafter ausgeschüttet werden. $RENT = 540$

(3) Der Gewerbesteuerhebesatz der Standortgemeinde beträgt 400 %, die Steuermesszahl für den Gewerbeertrag nach § 11 Abs. 2 GewStG 3,5 %. Ein körperschaftsteuerrechtlicher Verlustabzug gemäß § 8 Abs. 1 KStG i. V. m. § 10 d EStG liegt nicht vor. $he = 4{,}00$; $me = 0{,}035$; $sg = 0{,}14$; $Vk = 0$

(4) Die gewerbesteuerrechtlichen Modifikationen nach § 8 f. GewStG betragen 90 T€. $ga = 90$

(5) Die Tantieme für die Geschäftsführung beträgt 12 % des in der Handelsbilanz ausgewiesenen Jahresüberschusses. $ta = 0$; $tb = 0{,}12$

(6) Aus den vorliegenden Werten errechnet sich der vorläufige Jahresüberschuss (vJvor) mit 1.140 T€ (= 815 T€ + 230 T€ + 95 T€). $vJvor = 1140$

Setzt man nun die vorliegenden Zahlenwerte in das simultane Gleichungssystem von **Abbildung 291** ein, dann ergibt sich die folgende Darstellung.

III. Spezialregelungen

$$\begin{bmatrix} 1 & 1 & 1 & 1 \\ -0{,}188 & 1 & -0{,}188 & 0 \\ -0{,}16279 & -0{,}16279 & 1 & 0 \\ -0{,}12 & 0 & 0 & 1 \end{bmatrix} \cdot \begin{bmatrix} J_{nach} \\ KSt \\ GewSt \\ TA \end{bmatrix} = \begin{bmatrix} 1140 \\ 28{,}2 \\ 39{,}0696 \\ 0 \end{bmatrix}$$

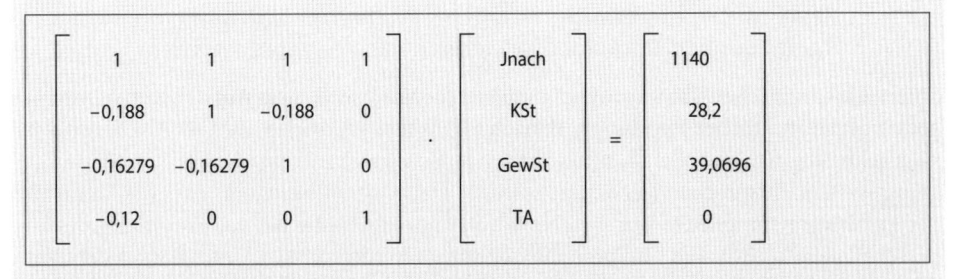

Abb. 293: Beispielhafte Darstellung des Gleichungssystems in Matrizenform

Zur Berechnung der Ausgangsmatrizen sowie zur Lösung des simultanen Gleichungssystems bietet sich der **IT-Einsatz** unter Rückgriff auf **Tabellenkalkulationsprogramme** an. In diesem Zusammenhang empfiehlt sich unter Berücksichtigung der hier entwickelten Modellstrukturen der Aufbau spezifischer Arbeitsblattdateien, die dann durch Eingabe bestimmter Ausgangsdaten beliebig variiert und über die in aller Regel integrierte Berechnungsfunktion für simultane Gleichungssysteme schnell und übersichtlich gelöst werden können. Das formulierte Gleichungssystem führt in dem hier angeführten Beispielsfall zu folgenden Ergebnissen:

Jnach = 684,977 T€
KSt = 0,15825 · (1.140 T€ + 150 T€ − 82,197 T€) = 191,134 T€ (mit Solidaritätszuschlag)
GewSt = 0,14 · (1.140 T€ + 150 T€ − 82,197 T€ + 90 T€) = 181,692 T€
TA = 0,12 · 684,977 T€ = 82,197 T€.

Nunmehr lässt sich die (verkürzte) handelsrechtliche Gewinn- und Verlustrechnung des Jahresabschlusses vor Verwendung des Jahresergebnisses in Staffelform wie in **Abbildung 294** gezeigt aufstellen. Der Gewinnverwendungsvorschlag der Geschäftsführung, der den Gesellschaftern zur Beschlussfassung vorgelegt wird (§ 29 Abs. 2 GmbHG) und auf dessen Grundlage auch die Steuern vom Einkommen und vom Ertrag berechnet wurden (§ 278 Satz 1 2. HS HGB), beinhaltet neben dem Jahresüberschuss (684,977 T€) mithin Entnahmen aus anderen Gewinnrücklagen in Höhe von 540 T€.

	Umsatzerlöse	2.400,000 T€
+	Diverse Erträge	640,000 T€
−	Diverse Aufwendungen	1.900,000 T€
−	Tantiemenaufwand	82,197 T€
−	Steuern vom Einkommen und vom Ertrag	
	(1) Körperschaftsteuer (mit Solidaritätszuschlag)	191,134 T€
	(2) Gewerbesteuer	181,692 T€
=	Jahresüberschuss	684,977 T€
+	Entnahmen aus anderen Gewinnrücklagen	540,000 T€
=	Bilanzgewinn	1.224,977 T€

Abb. 294: Endgültige Gewinn- und Verlustrechnung zum 31. 12. 2012 nach Ermittlung der ergebnisabhängigen Aufwendungen

(γ) Erweiterung des Gleichungssystems im Hinblick auf Tantiemenvereinbarungen und Rücklagenvariationen nach aktienrechtlichem Vorbild

Sofern die spezifischen Bemessungsgrundlagen für **Vorstands- und Aufsichtsratstantiemen** gemäß aktienrechtlicher Regelung z. B. nach § 113 Abs. 3 AktG i. V. m. § 87 Abs. 1 AktG Berücksichtigung finden sollen[86], muss zunächst das vorstehend entwickelte simultane Gleichungssystem entsprechend erweitert werden. Dabei ist zu beachten, dass die Tantiemen für Aufsichtsratsmitglieder laut § 10 Nr. 4 KStG nur zur Hälfte bei der Ermittlung des körperschaftsteuerrechtlichen Einkommens abgezogen werden dürfen. Unter Berücksichtigung der Vorstands- (TAvor) sowie der Aufsichtsratstantiemen (TAauf) errechnet sich der Jahresüberschuss nunmehr aus

(1) vJvor − KSt − GewSt − TAvor − TAauf = Jnach oder

(2) Jnach + KSt + GewSt + TAvor + TAauf = vJvor

Besteht die Erfolgsbeteiligung des Vorstands in einem Anteil am Jahresgewinn, dann könnte die Tantieme wie folgt berechnet werden, wenn der Jahresüberschuss zuvor um solche Komponenten gekürzt wird, für deren Verwendung ein gesetzlicher Zwang oder ein unabdingbares Erfordernis besteht (avor = Anteil des Vorstands am korrigierten Jahresüberschuss; REINgs = nach Gesetz oder Satzung vorzunehmende Rücklageneinstellungen[87]; VV = Verlustvortrag aus dem Vorjahr).

(3) TAvor = avor · (Jnach − VV − REINgs) mit $0 \leq \text{avor} \leq 1$

Die Rücklageneinstellung REINgs lässt sich in einen gesetzlichen (REINg) und einen satzungsmäßig (REINs) zu dotierenden Teil aufspalten.

(4) REINgs = REINg + REINs.

§ 150 Abs. 2 AktG verlangt, dass pro Geschäftsjahr 5 % des um einen Verlustvortrag aus dem Vorjahr geminderten Jahresüberschusses in die gesetzliche Rücklage einzustellen ist, es sei denn, die gesetzlich oder satzungsmäßig vorgeschriebene Dotierungshöhe ist bereits durch eine niedrigere Rücklagenzuführung zu erreichen. Geht man vom **Regelfall** der Feststellung des Jahresabschlusses durch Vorstand und Aufsichtsrat aus,[88] so lässt sich zusammenfassend schreiben (REINn = niedrigere Rücklageneinstellung nach § 150 Abs. 2 AktG; r = Dotierungsfaktor der gesetzlichen Rücklage).

(5) REINgs = r · 0,05 · (Jnach − VV) + (1 − r) · REINn + REINs

mit r = 1 bei 0,05 · (Jnach − VV) < REINn und
r = 0 bei 0,05 · (Jnach − VV) ≥ REINn.

---

[86] Obwohl nach neuerer Auffassung die Vergütungen für den Vorstand und Aufsichtsrat in einem angemessenen Verhältnis zu ihren Aufgaben und Leistungen sowie zur Lage der Gesellschaft stehen und die übliche Vergütung nicht ohne besondere Gründe übersteigen sollten (§ 87 Abs. 1 Satz 1; § 113 Abs. 1 Satz 3 AktG), besteht vor allem für nicht börsennotierte Gesellschaften nach wie vor die Möglichkeit, variable Vergütungsbestandteile in Form von Tantiemen sowohl für den Vorstand als auch den Aufsichtsrat am Jahresgewinn nach § 113 Abs. 3 Satz 1 AktG zu bemessen. Vgl. *Drygala* 2010, Anm. 25–27 zu § 113 AktG.; *Seibt* 2010, Anm. 12 zu § 87 AktG

[87] Hierzu zählen keine Rücklagenzuführungen in Höhe des Eigenkapitalanteils im Sinne von § 58 Abs. 2a AktG, da diese stets auf freiwilliger Basis vorgenommen werden.

[88] Damit bleibt der Ausnahmefall der satzungsmäßigen Rücklagendotierung gemäß § 58 Abs. 1 Satz 1 AktG im Folgenden unberücksichtigt.

III. Spezialregelungen

Setzt man Formel (5) in Gleichung (3) ein, dann ergibt sich nach einigen Umformungen folgender Ausdruck für die Vorstandstantieme.

(6) $TAvor = (1 - 0{,}05 \cdot r) \cdot avor \cdot Jnach + [(0{,}05 \cdot r - 1) \cdot VV + (r - 1) \cdot REINn - REINs] \cdot avor$ oder

(7) $-(1 - 0{,}05 \cdot r) \cdot avor \cdot Jnach + TAvor = [(0{,}05 \cdot r - 1) \cdot VV + (r - 1) \cdot REINn - REINs] \cdot avor.$

Im Gegensatz zur Erfolgsbeteiligung des Vorstands berechnet sich die Aufsichtsratstantieme nach § 113 Abs. 3 Satz 1 AktG durch die Anwendung eines konstanten Anteils (aauf) auf den Bilanzgewinn, der zuvor um einen Betrag von mindestens 4 % auf den geringsten Ausgabebetrag der Aktien geleisteten Einlagen (Aus) zu kürzen ist (aauf = Anteil des Aufsichtsrats am korrigierten Bilanzgewinn; GV = Gewinnvortrag aus dem Vorjahr; RENT = Entnahmen aus Rücklagen; REINa = Einstellungen in andere Gewinnrücklagen gemäß § 58 Abs. 2 AktG; REINü = übrige Einstellungen in Gewinnrücklagen).

(8) $TAauf = aauf \cdot (Jnach - VV + GV + RENT - REINgs - REINa - REINü - 0{,}04 \cdot Aus)$

mit $0 \leq aauf \leq 1$

Das Glied REINa lässt sich unter Berücksichtigung der Vorschrift von § 58 Abs. 2 AktG noch weiter präzisieren. Da bei der Feststellung des Jahresabschlusses durch Vorstand und Aufsichtsrat höchstens 50 % des Differenzbetrages aus Jahresüberschuss einerseits und Verlustvortrag sowie Zuführungen zur gesetzlichen Rücklage andererseits in die anderen Gewinnrücklagen eingestellt werden kann, gilt (dm = Dispositionsanteil des Managements):[89]

(9) $REINa = dm \cdot [Jnach - r \cdot 0{,}05 \cdot (Jnach - VV) + (1 - r) - REINn - VV]$

mit $0 \leq dm \leq 0{,}5$.[90]

Integriert man nun Formel (9) in Gleichung (8), so ergibt sich nach einigen Umformungen

(10) $-[(1 - dm) \cdot (1 - 0{,}05 \cdot r) \cdot aauf] \cdot Jnach + TAauf = \{(1 - dm) \cdot (0{,}05 \cdot r - 1) \cdot VV + GV + RENT + (dm - 1) \cdot [(1 - r) \cdot REINn] - [REINs + REINü + 0{,}04 \cdot Aus]\} \cdot aauf.$

Da gemäß § 10 Nr. 4 KStG die Aufsichtsratstantieme nur zur Hälfte die Bemessungsgrundlage der Körperschaftsteuer mindern darf, ist darauf zu achten, dass der Ausdruck $0{,}5 \cdot TAauf$ neben der Größe ka* separat berücksichtigt werden muss.[91] Somit gilt nun

(11) $KSt = 0{,}15825 \cdot (Jnach + ka^* + KSt + GewSt + 0{,}5 \cdot TAauf)$ oder

(12) $-0{,}188 \, Jnach + KSt - 0{,}188 \cdot GewSt - 0{,}094 \cdot TAauf = 0{,}188 \cdot ka^*.$

---

[89] Da nur der tatsächlich verfügbare Teil des Jahresüberschusses der Rücklagendotierung nach § 58 Abs. 2 AktG zugrunde gelegt werden kann, müssen die Einstellungen in die gesetzliche Rücklage sowie die Tilgung eines Verlustvortrages zuvor vom Jahresüberschuss abgezogen werden (§ 58 Abs. 2 Satz 4 AktG). Dies gilt nicht für die Zuführung zur Kapitalrücklage, weil sie weder aus dem Jahresüberschuss gespeist wird noch in diesen einfließt. Vgl. *ADS* 1997a, Anm. 16 zu § 58 AktG.

[90] Sofern der Ausnahmefall einer höheren Dotierung der anderen Gewinnrücklagen auf Grund einer Satzungsermächtigung gemäß § 58 Abs. 2 Satz 2 AktG vorliegt, kann der Dispositionsanteil des Managements bei der Ermittlung von REINa auch die Obergrenze von 0,5 übersteigen.

[91] Auch in diesem Fall wird unterstellt, dass die Größe ka* keine latenten Steuern nach § 274 HGB auslöst. Vgl. hierzu die Ausführungen im Fünften Teil zu Gliederungspunkt III.B.3.d.

Um zur Bemessungsgrundlage der Gewerbesteuer (GewSt), dem Gewerbeertrag (GE) (§ 7 GewStG), zu gelangen, muss auch hier das körperschaftsteuerrechtliche Einkommen vor Verlustabzug noch um bestimmte gewerbesteuerrechtliche Modifikationen sowie den Abzug eines ggf. vorgetragenen Gewerbeverlustes (ga) korrigiert werden (Vk = körperschaftsteuerrechtlicher Verlustabzug gemäß § 8 Abs. 1 KStG i. V. m. § 10 d EStG).

Für die GewSt, die vom Gewerbeertrag berechnet wird, gilt

(13) GewSt = me · he · GE

und unter Einbeziehung des oben entwickelten Formelapparates

(14) GewSt = $-\frac{sg}{(1-sg)}$ · Jnach $-\frac{sg}{(1-sg)}$ · KSt + GewSt $-\frac{sg}{(1-sg)}$ · 0,5 · TAauf = $\frac{sg}{(1-sg)}$ · (ka* + Vk + ga).

Die Formeln (2), (7), (10), (12) und (14), die die ergebnisabhängigen Aufwendungen repräsentieren, sind dergestalt formuliert worden, dass eine direkte Abhängigkeit vom Jahresüberschuss besteht. Diese Beziehungen lassen sich wiederum zusammenfassend durch das in **Abbildung 295** dargestellte simultane Gleichungssystem zum Ausdruck bringen.

$$\begin{bmatrix} 1 & 1 & 1 & 1 & 1 \\ -0{,}188 & 1 & -0{,}188 & 0 & -0{,}094 \\ -\frac{sg}{(1-sg)} & -\frac{sg}{(1-sg)} & 1 & 0 & -\frac{sg}{(1-sg)} \cdot 0{,}5 \\ -(1-0{,}05 \cdot r) \cdot \text{avor} & 0 & 0 & 1 & 0 \\ -(1-dm) \cdot (1-0{,}05 \cdot r) \cdot \text{aauf} & 0 & 0 & 0 & 1 \end{bmatrix} \cdot \begin{bmatrix} \text{Jnach} \\ \text{KSt} \\ \text{GewSt} \\ \text{TAvor} \\ \text{TAauf} \end{bmatrix} = \begin{bmatrix} \text{vJvor} \\ 0{,}188 \cdot \text{ka*} \\ \frac{sg}{(1-sg)} \cdot (\text{ka*+Vk+ga}) \\ [(0{,}05 \cdot r-1) \cdot \text{VV}+(r-1) \cdot \text{REINn} - \text{REINs}] \cdot \text{avor} \\ \{(1-dm) \cdot (0{,}05 \cdot r-1) \cdot \text{VV}+\text{GV}+ \text{RENT}+(dm-1) \cdot [(1-r) \cdot \text{REINn}] - [\text{REINs}+\text{REINü}+0{,}04 \cdot \text{Aus}]\} \cdot \text{aauf} \end{bmatrix}$$

Abb. 295: Simultanes Gleichungssystem in Matrizenschreibweise bei aktienrechtlicher Ergebnisverwendung

Beispiel: Die verkürzte vorläufige Erfolgsrechnung einer unbeschränkt körperschaftsteuerpflichtigen AG zum 31.12 des Geschäftsjahres 2012, bei der Vorstand und Aufsichtsrat den Jahresabschluss feststellen, zeigt nach Handelsrecht folgendes Aussehen.

S	Vorläufige Gewinn- und Verlustrechnung zum 31.12.2012[a]		H
	T€		T€
Diverse Aufwendungen	1.900	Umsatzerlöse	2.400
Körperschaftsteueraufwand	230	Diverse Erträge	640
Gewerbesteueraufwand	95		
Verlustvortrag aus dem Vorjahr	80		
Vorläufiger Erfolgssaldo	735		
	3.040		**3.040**

[a] Beim Körperschaft- und Gewerbesteueraufwand handelt es sich um Vorauszahlungen, die nach § 31 Abs. 1 KStG i. V. m. § 37 EStG bzw. § 19 GewStG während des Geschäftsjahres geleistet worden sind.

Abb. 296: Ausgangsdaten für die Ermittlung der ergebnisabhängigen Aufwendungen

III. Spezialregelungen

Es liegen weiterhin folgende Informationen vor.

(1) Der Saldo der Abweichungen zwischen zvE und Jnach (ohne KSt, GewSt und 0,5 · TAauf selbst) beträgt 150 T€.   ka* = 150

(2) Die gesetzliche Rücklage ist nach der Regelung des § 150 Abs. 2 AktG zu dotieren. Zu berücksichtigen ist, dass die gesetzlich vorgeschriebene Dotierungshöhe bereits bei einer Einstellung von 15 T€ erreicht wird. Darüber hinaus sieht die Satzung eine Dotierung der Gewinnrücklagen mit einem Betrag von 50 T€ aus dem Jahresüberschuss vor. In die anderen Gewinnrücklagen soll der höchstmögliche Betrag gemäß § 58 Abs. 2 AktG eingestellt werden, wobei eine Satzungsermächtigung zur Dotierung eines höheren Teils als 50 % des Jahresüberschusses nicht existiert.   VV = 80; r = 0; REINn = 15; REINs = 50; REINü = 0; dm = 0,5; RENT = 0

(3) Der Gewerbesteuerhebesatz der Standortgemeinde beträgt 425 %, die Steuermesszahl für den Gewerbeertrag nach § 11 Abs. 2 GewStG 3,5 %. Ein körperschaftsteuerrechtlicher Verlustabzug gemäß § 8 Abs. 1 KStG i. V. m. § 10 d EStG liegt nicht vor.   he = 4,25; me = 0,035; sg = 0,14875; Vk = 0

(4) Die gewerbesteuerrechtlichen Modifikationen nach § 8 f. GewStG betragen 90 T€.   ga = 90

(5) Die Vorstands- und Aufsichtsratstantiemen sind nach vorstehend entwickelten Formeln unter Berücksichtigung der Regelung von § 113 Abs. 3 AktG mit einem Prozentsatz von 6 % bzw. 4 % zu berechnen. Die auf den geringsten Ausgabebetrag der Aktien geleisteten Einlagen betragen 1.200 T€.   avor = 0,06; aauf = 0,04; Aus = 1.200

(6) Aus den vorliegenden Werten errechnet sich der vorläufige Jahresüberschuss mit 1.140 T€.[92]   vJvor = 1.140

Setzt man nun die vorliegenden Zahlenwerte in das simultane Gleichungssystem von **Abbildung 295** ein, dann ergibt sich das in **Abbildung 297** gezeigte Aussehen.

$$\begin{bmatrix} 1 & 1 & 1 & 1 & 1 \\ -0{,}188 & 1 & -0{,}188 & 0 & -0{,}094 \\ -0{,}17474 & -0{,}17474 & 1 & 0 & -0{,}08737 \\ -0{,}06 & 0 & 0 & 1 & 0 \\ -0{,}02 & 0 & 0 & 0 & 1 \end{bmatrix} \cdot \begin{bmatrix} \text{Jnach} \\ \text{KSt} \\ \text{GewSt} \\ \text{TAvor} \\ \text{TAauf} \end{bmatrix} = \begin{bmatrix} 1.140 \\ 28{,}2 \\ 41{,}9376 \\ -8{,}7 \\ -5{,}82 \end{bmatrix}$$

Abb. 297: Beispielhafte Darstellung des Gleichungssystems in Matrizenschreibweise

Die Lösung des Gleichungssystems führt zu folgenden Ergebnissen:

Jnach = 700,55 T€
KSt = 0,15825 · (1.140 T€ + 150 T€ - 33,33 T€ - 0,5 · 8,19 T€) = 198,22 T€
(mit Solidaritätszuschlag)
GewSt = 0,14875 · (1.140 T€ + 150 T€ - 33,33 T€ - 0,5 · 8,19 T€ + 90 T€) =
199,71 T€
TAvor = 0,06 · (700,55 T€ - 80 T€ - 15 T€ - 50 T€) = 33,33 T€
TAauf = 0,04 · (252,77 T€ - 0,04 · 1.200 T€) = 8,19 T€

Die aus diesen Resultaten abgeleitete verkürzte handelsrechtliche Gewinn- und Verlustrechnung in Staffelform nach § 158 Abs. 1 AktG hat nachfolgendes Aussehen.

	Umsatzerlöse	2.400,00
+	Diverse Erträge	640,00
−	Diverse Aufwendungen	1.900,00
−	Tantiemenaufwand	
	(1) Vorstand	33,33
	(2) Aufsichtsrat	8,19
−	Steuern vom Einkommen und vom Ertrag	
	(1) Körperschaftsteuer (mit Solidaritätszuschlag)	198,22
	(2) Gewerbesteuer	199,71
=	Jahresüberschuss	700,55
−	Verlustvortrag aus dem Vorjahr	80,00
−	Einstellungen in Gewinnrücklagen	
	(1) in die gesetzliche Rücklage	15,00
	(2) in satzungsmäßige Rücklagen	50,00
	(3) in andere Gewinnrücklagen	302,78[a]
=	Bilanzgewinn	252,77

[a] REINa = 0,5 · (700,55 T€ - 80 T€ - 15 T€) = 302,78 T€.

Abb. 298: Endgültige Gewinn- und Verlustrechnung zum 31.12.2012 nach Ermittlung der ergebnisabhängigen Aufwendungen in T€

d. Latente Steuern[93]

d.a Allgemeines

Latente Steuern stellen **Ertragsteuern** (z. B. Körperschaft- und Gewerbesteuer) dar, die **fiktive steuerrechtliche Be- und Entlastungen** des Unternehmens bei Abweichungen zwischen den Ergebnissen des handelsrechtlichen Jahresabschlusses und der steuerrechtlichen Gewinnermittlung (Steuerbilanz oder angepasste Handelsbilanz) erfassen. **Abbildung 299**

---

[92] vJvor (1.140 T€) = vorläufiger Erfolgssaldo (735 T€) + KSt-Vorauszahlungen (230 T€) + GewSt-Vorauszahlungen (95 T€) + Verlustvortrag aus dem Vorjahr (80 T€).

[93] Vgl. hierzu auch *Freidank/Velte* 2012b, S. 33–38.

III. Spezialregelungen

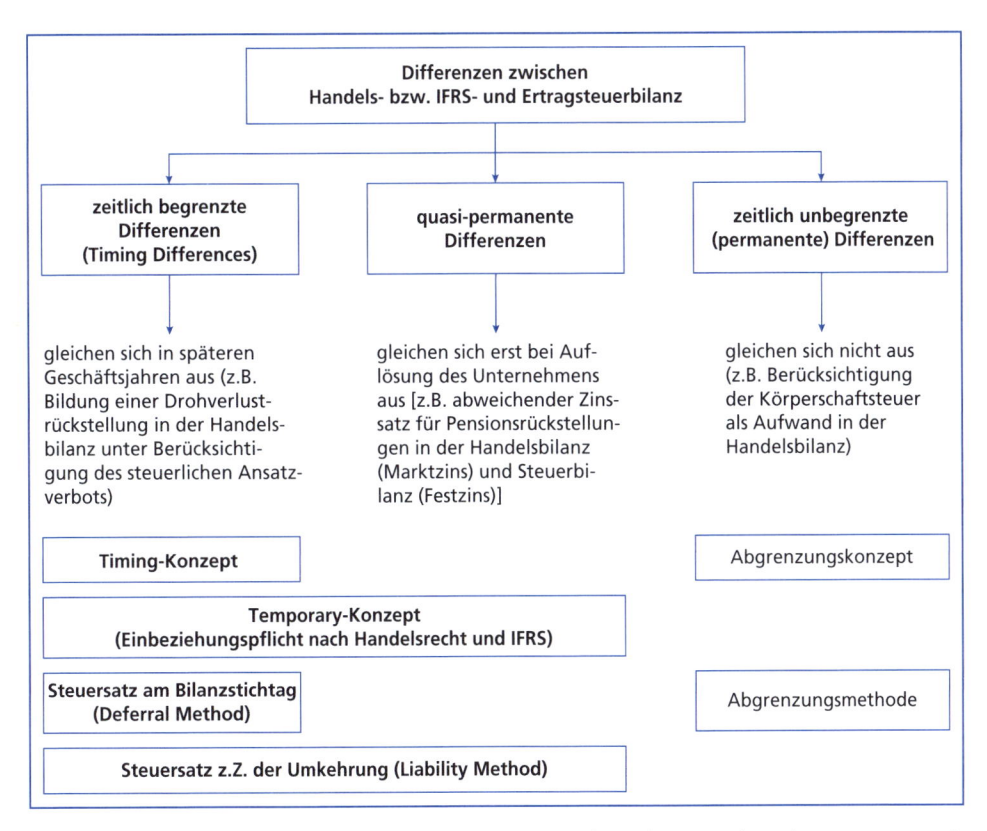

Abb. 299: Anknüpfungspunkte latenter Steuern und Reichweite der Abgrenzung nach Handelsrecht und IFRS

zeigt **mögliche Differenzen** zwischen Handels- und Ertragsteuerbilanz. Die **Ansatz- und Bewertungsdifferenzen** zwischen Handels- und Ertragsteuerbilanz entstehen aufgrund von **Durchbrechungen des Maßgeblichkeitsprinzips**, nach dem bestimmte **handelsrechtliche Bilanzierungs- und Bewertungsregelungen** keine Gültigkeit für die steuerrechtliche Gewinnermittlung besitzen (z. B. § 5 Abs. 6 EStG) sowie durch die Aufhebung der Umkehrmaßgeblichkeit.

Der Ansatz (aktivischer oder passivischer) Ertragsteuern im Jahresabschluss zielt auf einen **zutreffenden Vermögensausweis** und eine periodengerechte **Abgrenzung des Steueraufwands** der rechnungslegenden Unternehmen ab.[94] Als grundlegende Abgrenzungsmethoden stehen das GuV-orientierte **Timing-Konzept** und das bilanzorientierte **Temporary-Konzept** zur Verfügung. Wie **Abbildung 299** zeigt,[95] ist der Begriff der **vorübergehenden Bilanzpostenunterschiede** (Temporary Differences) umfassender als der Terminus **zeitliche Ergebnisunterschiede** (Timing Differences). Sowohl die nationale als auch die internationale Rechnungslegung folgen dem **Temporary-Konzept**. Allen Konzepten der

---

[94] Vgl. *Kozikowski/Fischer* 2012, Anm. 4 zu § 274 HGB.
[95] Vgl. hierzu auch *Mammen* 2011, S. 127.

Steuerabgrenzung ist gemeinsam, dass sie den Adressaten der Rechnungslegung Informationen über **Chancen und Risiken** der künftigen Ertragsteuerent- bzw. belastung im Rahmen eines sog. **Tax Reportings** vermitteln.[96]

Abbildung 300 verdeutlicht das Konzept zur Bildung latenter Steuern nach § 274 HGB. Neben **zeitlich begrenzten** und **quasi-permanenten Differenzen** zwischen den handelsrechtlichen Wertansätzen von Vermögensgegenständen, Schulden und Rechnungsabgrenzungsposten und ihren steuerrechtlichen Wertansätzen können auch **steuerrechtliche Verlustvorträge** zu (aktiven) latenten Steuern führen, da diese einen (künftigen) ökonomischen Vorteil des Unternehmens darstellen.

Da nach dem Temporary-Konzept sich wieder **ausgleichende Bilanzpostenunterschiede** zwischen Handels- und Steuerbilanz zu erfassen sind, bleiben sog. **zeitlich unbegrenzte (permanente)**, sich **nicht ausgleichende Differenzen** bei der Steuerabgrenzung unberücksichtigt. Es handelt sich im letzten Fall um Bilanzpostenunterschiede, die **außerhalb der Steuerbilanz** korrigiert werden. Hierzu zählen etwa steuerfreie Erträge, steuerrechtlich nicht abziehbare Aufwendungen (§ 4 Abs. 5, § 4 h EStG; § 8a i. V. m. § 10 KStG) und verdeckte Gewinnausschüttungen (§ 8 Abs. 3 Satz 2 KStG), da diese nicht zu zukünftigen Steuerbe- und -entlastungen führen.

Allerdings brauchen die erfassungspflichtigen Bilanzpostenunterschiede, wie etwa in den Beispielen von **Abbildung 300** unterstellt, **nicht** stets erfolgswirksamen Charakter tragen. So werden nach dem Temporary-Konzept auch **erfolgsneutrale Bilanzierungs- und Bewertungsabweichungen** zwischen Handels- und Steuerbilanz erfasst. Sie treten bei Erwerbsvorgängen auf, bei denen Differenzen zwischen dem handelsrechtlichen Wert und dem maßgebenden Steuerwert entstehen (z. B. Erwerb von Anlagevermögen unter Berücksichtigung einer steuerfreien Investitionszulage, die in Handels- und Steuerbilanz unterschiedlich erfasst wird oder Sacheinlagen zu verschiedenen Wertansätzen in Handels- und Steuerbilanz).[97] Sofern der Ansatz latenter **Steuern erfolgswirksamen Charakter** trägt (Regelfall), ist der Aufwand oder Ertrag aus der Veränderung bilanzierter latenter Steuern in der Gewinn- und Verlustrechnung gesondert unter dem Posten „**Steuern vom Einkommen und vom Ertrag**" nach § 274 Abs. 2 Satz 3 HGB auszuweisen. Im Falle **erfolgsneutraler Bilanzierungs- und Bewertungsabweichungen** sind die betreffenden Veränderungen bilanzierter latenter Steuern im **Eigenkapital** (z. B. in anderen Gewinnrücklagen) zu zeigen.

Der Ansatz **passiver** latenter Steuern ist im Rahmen der steuerrechtlichen Gewinnermittlung (als Rückstellung) nicht möglich. Zum einen lässt sich diese Auffassung mit dem Verbot der steuerwirksamen Berücksichtigung der **Körperschaftsteuer** gemäß § 10 Nr. 2 KStG und auch der **Gewerbesteuer** gemäß § 4 Abs. 5b EStG begründen. Im Hinblick auf die latente **Gewerbesteuer** kann wie auch bei der **Körperschaftsteuer** zum anderen das Argument angeführt werden, dass das Institut der latenten Steuerbelastung (Sonderposten eigener Art) nicht die Merkmale eines Wirtschaftsguts erfüllt.

Den Anteilseignern kann durch den Rückgriff auf die **Aktivierungswahl** latenter Steuern ein besseres Ergebnis gezeigt werden, an dem sie aber aufgrund der **Ausschüttungssperre** von § 268 Abs. 8 Satz 2 HGB nicht partizipieren. Der Bilanzierungsansatz aktiver latenter Steuern

---

[96] Vgl. hierzu *Meyer* 2010, S. 353–371.
[97] Vgl. *Bertram* 2012, Anm. 126 zu § 274 HGB.

III. Spezialregelungen

Passive latente Steuern (§ 266 Abs. 3 E. HGB)	Aktive latente Steuern (§ 266 Abs. 2 D. HGB)
(1) **Handelsrechtliche Wertansätze** von Vermögensgegenständen und aktiven Rechnungsabgrenzungsposten > **steuerrechtliche Wertansätze**.	(1) **Handelsrechtliche Wertansätze** von Vermögensgegenständen und aktiven Rechnungsabgrenzungsposten < **steuerrechtliche Wertansätze**.
(2) **Handelsrechtliche Wertansätze** von Schulden und passiven Rechnungsabgrenzungsposten < **steuerrechtliche Wertansätze**.	(2) **Handelsrechtliche Wertansätze** von Schulden und passiven Rechnungsabgrenzungsposten > **steuerrechtliche Wertansätze**.
	(3) **Steuerliche Verlustvorträge,** die in den nächsten fünf Jahren voraussichtlich zur Verrechnung mit künftigen Gewinnen kommen.
(3) **Differenzen** müssen sich in späteren Geschäftsjahren voraussichtlich **abbauen**.	(4) **Differenzen** müssen sich in späteren Geschäftsjahren voraussichtlich **abbauen**.
(4) Posten ist in Höhe der voraussichtlichen **Ertragsteuerbelastung** zu bilden.	(5) Posten **kann** in Höhe der voraussichtlichen **Ertragsteuerentlastung** gebildet werden.
(5) Posten ist **aufzulösen,** wenn höhere Ertragsteuerbelastung eintritt oder mit ihr nicht mehr zu rechnen ist.	(6) Posten ist **aufzulösen,** sobald die Ertragsteuerentlastung eintritt oder mit ihr nicht mehr zu rechnen ist.
(6) Beispiele:	(7) Beispiele:
(6.1) Vorratsbewertung nach Fifo in der Handelsbilanz bei steuerrechtlicher Durchschnittsbewertung im Falle steigender Preise.	(7.1) Ansatz der Herstellungskosten in der Handelsbilanz zu Teilkosten gemäß § 255 Abs. 2 Satz 4 HGB, während in der Steuerbilanz darüber hinaus die Verwaltungskosten und bestimmte Sozialkosten aktiviert werden.
(6.2) Vornahme progressiver Abschreibungen in der Handelsbilanz nach § 252 Abs. 3 Satz 2 HGB, die steuerrechtlich grundsätzlich nicht zulässig sind.	(7.2) Außerplanmäßige Abschreibung auf Finanzanlagen bei voraussichtlich vorübergehender Wertminderung gemäß § 252 Abs. 3 Satz 4 HGB.
(6.3) Aktivierung selbstgeschaffener immaterieller Vermögensgegenstände des Anlagevermögens in der Handelsbilanz gemäß § 248 Abs. 2 Satz 1 HGB.	(7.3) Anfall eines vortragsfähigen Verlustes nach § 10d Abs. 2 Satz 1 EStG, der in den nächsten Jahren voraussichtlich mit künftigen Gewinnen verrechnet werden kann.
(6.4) Bildung einer steuerfreien Rücklage nach § 6b Abs. 3 EStG.	(7.4) Nichtaktivierung eines Disagios in der Handelsbilanz gemäß § 250 Abs. 3 Satz 1 HGB.

Abb. 300: Latente Steuern nach § 274 HGB bei isolierter Betrachtungsweise

führt zu einer **Ergebnis- bzw. Eigenkapitalerhöhung** und damit zu einer Verbesserung der Eigenkapitalsituation der Unternehmung. In den Folgeperioden tritt dann im Hinblick auf die aktivierten latenten Steuern eine Ergebnis- bzw. Eigenkapitalverminderung ein, da der Posten gemäß § 274 Abs. 2 Satz 2 HGB aufgelöst werden muss, sobald die Steuerentlastung eintritt oder mit ihr nicht mehr zu rechnen ist. Da der Posten „Aktive latente Steuern" für die effektive Ertragsteuerbelastung ohne Bedeutung ist und auch nicht den Charakter eines Wirtschaftsguts (**Sonderposten eigener Art**) trägt, bleibt er in der **Steuerbilanz** unberücksichtigt.

Zu beachten ist, dass bei **Kapitalgesellschaften** und ihnen gesetzlich gleichgestellte Unternehmen entweder der **Saldo zwischen aktiven und passiven latenten Ertragsteuern** nach Maßgabe der **Gesamtdifferenzenbetrachtung (Nettomethode)** ausgewiesen oder aber die gleichzeitig zu erwartende Ertragsteuerbelastung und -entlastung **gesondert** in einem **Passiv- und Aktivposten (Bruttomethode)** bilanziert werden kann (§ 274 Abs. 1 Satz 3 HGB).[98] Kleinstkapitalgesellschaften i. S. v. § 267a HGB und kleine Kapitalgesellschaften i. S. v. § 267 Abs. 1 HGB sind von der Abgrenzung latenter Steuern befreit (§ 274a Nr. 5 HGB). Ähnliches gilt für kleine kapitalistische Personengesellschaften nach § 264a Abs. 1 HGB. Für nicht publizitätspflichtige **Einzelunternehmen und Personengesellschaften** gilt hingegen die Rückstellungspflicht für die künftige Ertragsteuerbelastung nach § 249 Abs. 1 Satz 1 HGB. Eine Saldierungsmöglichkeit ist für diese Unternehmungen umstritten, weil dann sowohl gegen das **Realisationsprinzip** als auch das **Saldierungsverbot** (§ 246 Abs. 2 Satz 1 HGB) verstoßen würde.[99] Darüber hinaus besteht für diese Unternehmen keine Möglichkeit, einen Posten für aktive latente Steuern zu bilden.[100]

Im Hinblick auf Kapitalgesellschaften sind für die Berechnung der aktiven oder passiven latenten Steuern nach h. M. folgende unternehmensindividuellen Ertragsteuersätze zur Erfassung der Ertragsteuerbe- oder -entlastung im Zeitpunkt des Abbaus der Differenzen nach § 274 Abs. 2 Satz 1 HGB relevant:[101]

- bei der **Gewerbesteuer** ein Steuersatz unter Berücksichtigung von Steuermesszahl, Hebesatz und des Abzugsverbots der Gewerbesteuer von der steuerrechtlichen Bemessungsgrundlage;
- bei der **Körperschaftsteuer** der Definitivsteuersatz unter Berücksichtigung des Solidaritätszuschlages.

Der pro Rechnungsperiode als passive oder aktive latente Steuern anzusetzende Betrag ergibt sich durch **Multiplikation** des (zusammengefassten) unternehmensindividuellen Ertragsteuersatzes mit den ermittelten passivischen oder aktivischen Differenzen aus zeitlich begrenzten (temporären) Steuerlatenzen und Vorteilen aus verrechenbaren steuerrechtlichen Verlustvorträgen, wie **Abbildung 301**[102] verdeutlicht.

Gemäß § 285 Nr. 29 HGB ist im **Anhang** anzugeben, „auf welchen Differenzen oder steuerlichen Verlustvorträgen die latenten Steuern beruhen und mit welchen Steuersätzen die Bewertung erfolgt ist".

---

[98] Vgl. *Kozikowski/Fischer* 2012, Anm. 15 zu § 274 HGB.

[99] Vgl. hierzu *Velte/Wulf* 2013.

[100] Vgl. zu weiteren Besonderheiten der Bildung latenter Steuern bei Personengesellschaften etwa DRS 18, Anm. 39; *Hartmann* 2011; *Hoffmann* 2012, S. 289 f. Während nach h. M. Sonderbilanzen bei der Steuerabgrenzung nicht berücksichtigt werden, sind die Ergebnisse von Ergänzungsbilanzen für gewerbesteuerliche Zwecke in die Berechnung latenter Steuern auf Ebene der Personengesellschaft einzubeziehen. Weiterhin besitzt u. a. nur die latente Gewerbesteuer bei diesen Unternehmensformen Abgrenzungsrelevanz.

[101] Vgl. hierzu die Ausführungen im Fünften Teil zu Gliederungspunkt II.

[102] Modifiziert entnommen von *Bertram* 2012, Anm. 37 zu § 274 HGB.

III. Spezialregelungen

```
                  ┌──────────────────────────────┐
                  │  temporäre passive Steuerlatenzen │
                  │  -temporäre aktive Steuerlatenzen │
                  └──────────────────────────────┘
                       │                    │
        ┌──────────────┴──────┐   ┌─────────┴──────────────┐
        │ Passivüberhang       │   │ Aktivüberhang           │
        │ – Vorteile aus        │   │ + Vorteile aus           │
        │   verrechenbaren      │   │   verrechenbaren         │
        │   steuerlichen         │   │   steuerlichen            │
        │   Verlustvorträgen    │   │   Verlustvorträgen       │
        │   (zeitlich unbegrenzt)│   │   (begrenzt auf 5 Jahre) │
        └────────┬──────────────┘   └────────────┬───────────┘
                 │                                │
     ┌───────────┴──────┐       ┌─────────────────┴────────┐
     │ Passivüberhang   │       │ Aktivierungsüberhang     │
     │                  │       │ (begrenzt auf 5 Jahre)   │
     └────────┬─────────┘       └─────────────┬────────────┘
              │                               │
     ┌────────┴─────────┐       ┌─────────────┴────────────┐
     │ Passivierungspflicht │   │ Aktivierungswahlrecht    │
     │ (§ 274 Abs. 1 Satz 1 HGB) │ │ (§ 274 Abs. 1 Satz 2 HGB) │
     └──────────────────┘       └──────────────────────────┘
```

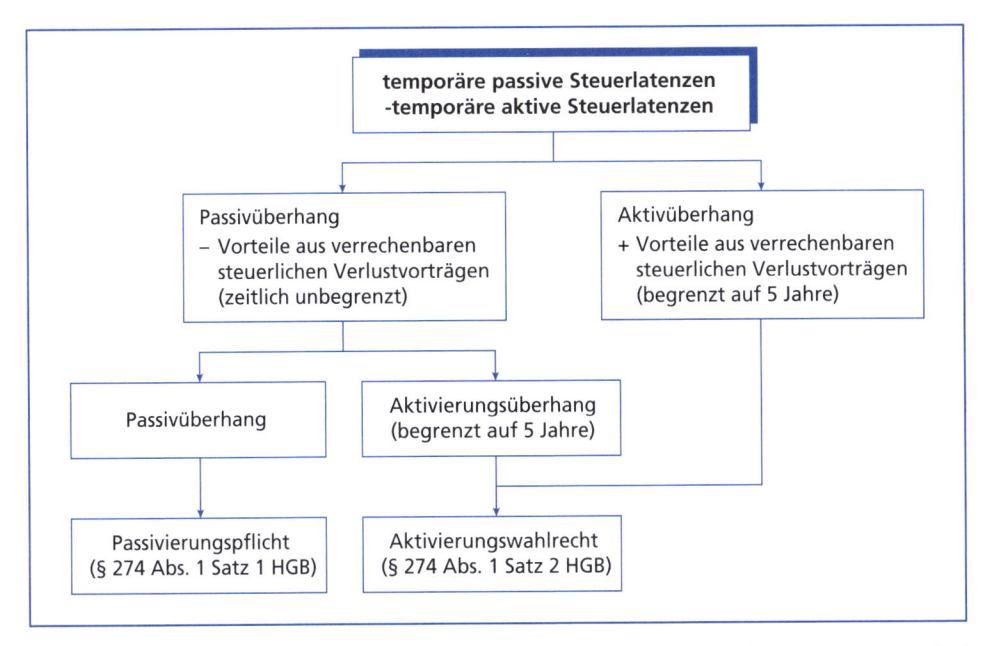

Abb. 301: Schritte zur Ermittlung ansatzfähiger bzw. -pflichtiger latenter Steuern bei Gesamtdifferenzbetrachtung

Die **erfolgswirksamen Verbuchungen** (Regelfall) bezüglich der latenten Ertragsteuern sind **grundsätzlich** wie folgt vorzunehmen.[103]

Passive latente Steuern

(1) Zeitpunkt der Entstehung des Differenzbetrags:

| Steuern vom Einkommen und vom Ertrag | an | Passive latente Steuern | T |

(2) Auflösung des Postens:

| Passive latente Steuern | an | Steuern vom Einkommen und vom Ertrag | T |

Aktivische Abgrenzung

(1) Zeitpunkt der Entstehung des Differenzbetrags:

| Aktive latente Steuern | an | Steuern vom Einkommen und vom Ertrag | T |

---

[103] Vgl. *Eisele/Knobloch* 2011, S. 558 f.

In der Gewinn- und Verlustrechnung sind nach § 275 Abs. 2 bzw. Abs. 3 HGB diese „**Steuererträge**" als **Korrekturposition** in die Posten Nr. 18 bzw. Nr. 17 einzubeziehen, aber gesondert auszuweisen (§ 274 Abs. 2 Satz 3 HGB). Übersteigt der Betrag der Steuerabgrenzung den effektiven Ertragsteueraufwand der Periode, dann ist die Postenbezeichnung z. B. in „Zukünftige Entlastungen der Steuern vom Einkommen und vom Ertrag" zu ändern.

(2) Auflösung des Postens:

> Steuern vom Einkommen und vom Ertrag   an   Aktive latente Steuern

d.b Ermittlung der Bemessungsgrundlage

Nach der h. M. resultiert das Gesamtvolumen der passivierungspflichtigen bzw. aktivierungsfähigen latenten Steuern aus einer **Gesamtbetrachtung**,[104] der die oben beschriebene **Nettomethode** zugrunde liegt. Hiernach werden sämtliche zeitlich begrenzte (temporäre) Differenzen, für die eine Steuerlatenz nach § 274 HGB zu bilden ist, zusammengefasst. Lediglich aus dem **verbleibenden Saldo** wird dann eine Steuerlatenz gebildet, die dann entweder aktiven oder passiven Charakter trägt. **Abbildung 301** verdeutlicht die einzelnen Schritte ansatzpflichtiger und ansatzfähiger latenter Steuern. Bei einem unsaldierten Ausweis aktiver und passiver Steuerlatenzen nach § 274 Abs. 1 Satz 3 HGB i. S. d. **Bruttomethode** wird dem Bilanzleser ein **besserer Einblick in die Vermögenslage** als bei Anwendung der Nettomethode im Hinblick auf die abgebildeten Steuerlatenzen gegeben. Auch im Falle der Anwendung der Bruttomethode bezieht sich das **Aktivierungswahlrecht** von § 274 Abs. 1 Satz 2 HGB ausschließlich auf die die passiven latenten Steuern übersteigenden aktiven latenten Steuern und nicht auf den Gesamtbetrag der aktiven latenten Steuern.[105] Ein beliebiger Wechsel zwischen Netto- und Bruttomethode ist aufgrund des **Grundsatzes der Darstellungsstetigkeit** nach § 265 Abs. 1 nicht möglich.

Um sicherzustellen, dass beim Wegfall der sachlichen Grundlagen der latenten Steuern die gebildeten Posten zum richtigen Zeitpunkt zur Auflösung kommen, sollte ein **Differenzenspiegel**[106] geführt werden, aus dem der Eintritt von Steuerbelastungen und -entlastung der einzelnen Sachverhalte im Zeitablauf hervorgeht. Sofern durch den kompensatorischen Effekt aktivischer latenter Ertragsteuern **wesentliche** latente Steuerrückstellungen unterbleiben, und die hiermit verbundenen Steuerbelastungen nachfolgender Geschäftsjahre bereits wirksam wurden, ehe die zukünftigen Steuerentlastungen sich niederschlagen, so sind zusätzliche Angaben im **Anhang** nach § 264 Abs. 2 Satz 2 und § 285 Nr. 3 HGB erforderlich.

d.c Festlegung des unternehmensindividuellen Steuersatzes

Die **zukünftigen** Ertragsteuerbelastungen bzw. Ertragsteuerentlastungen ergeben sich bei Kapitalgesellschaften durch Multiplikation der ermittelten temporären passivischen oder aktivischen Differenzen und Vorteilen aus verrechenbaren steuerrechtlichen Verlustvorträ-

---

[104] Vgl. etwa *Kozikowski/Fischer* 2012, Anm. 14 zu § 274 HGB und die Ausführungen im Fünften Teil zu Gliederungspunkt III.B.3.d.d.a.

[105] Vgl. *Bertram* 2012, Anm. 36 zu § 274 HGB; *Kozikowski/Fischer* 2012, Anm. 14 zu § 274 HGB.

[106] Vgl. *Kozikowski/Fischer* 2012, Anm. 56 zu § 274 HGB.

III. Spezialregelungen

gen mit einem festzulegenden unternehmensindividuellen Ertragsteuersatz im Zeitpunkt des Abbaus der Differenzen (§ 274 Abs. 2 Satz 1 HGB), der die künftigen Wirkungen der **Körperschaft- und Gewerbesteuer** berücksichtigt (**Liability Method**). Der Faktor für die Gewerbesteuer ist unter Beachtung der **Steuermesszahl** für den Gewerbeertrag (§ 11 Abs. 2 Nr. 2 GewStG), dem **Hebesatz der Standortgemeinde** (§ 16 Abs. 1 GewStG) und des **Verbots der Abzugsfähigkeit der Gewerbesteuer** als Betriebsausgabe von ihrer eigenen Bemessungsgrundlage (§ 7 Abs. 1 Satz 1 GewStG i. V. m. § 4 Abs. 5b EStG) wie folgt zu berechnen:

$$sg = \frac{me}{100} \cdot \frac{he}{100}$$

mit

- sg = Faktor für die Gewerbesteuer
- me = Steuermesszahl für den Gewerbeertrag in % : 100
- he = Hebesatz der Standortgemeinde in % : 100.

Im Hinblick auf die Körperschaftsteuer bietet es sich an, den **Definitivsteuersatz** von 15 % nach § 23 Abs. 1 KStG, ggf. zuzüglich des Solidaritätszuschlages, zugrunde zu legen. Unter Berücksichtigung der Nichtabzugsfähigkeit der Körperschaft- und der Gewerbesteuer von den steuerrechtlichen Bemessungsgrundlagen gilt:

- s = sg + (1 + soli) · sd
- s = Abgrenzungssteuerfaktor mit
- sd = Definitivsteuersatz in % : 100
- soli = Solidaritätszuschlag in % : 100.

Umstritten war die Frage, ob die Steuerabgrenzungsposten **abzuzinsen**, d. h. zu ihrem **Barwert** in der Handelsbilanz anzusetzen sind. Der Gesetzgeber hat eindeutig in § 274 Abs. 2 Satz 1 HGB ein **Abzinsungsverbot** der aktiven und latenten Ertragsteuern kodifiziert, um den administrativen Aufwand bei der Steuerplanung zu reduzieren.

> **Beispiel:** Aufgrund der Bewertung fertiger Erzeugnisse in der Handelsbilanz einer GmbH zu Teilkosten und in der Steuerbilanz zum Höchstansatz (inklusive von Verwaltungsgemein- und Sozialkosten) übersteigt der steuerrechtliche Gewinn das handelsrechtliche Ergebnis vor Ertragsteuern im ersten Geschäftsjahr um 90.000 €. Unter Einbezug des Solidaritätszuschlages wären die aktiven latenten Steuern (AP) gemäß § 274 Abs. 1 Satz 2 HGB bei einem Gewerbesteuer-Hebesatz von 400 % wie folgt zu berechnen:
>
> (1) 0,14 + (1 + 0,055) · 0,15 = 0,29825 mit
>
> (2) $0{,}14 = \frac{3{,}5}{100} \cdot \frac{400}{100}$
>
> (3) AP = 90.000 € · 0,29825 = 26.842,50 €
>
> Der Buchungssatz zur Erfassung der aktiven latenten Steuern lautet dann wie folgt:
>
> | Aktive latente Steuern[107] | an | Steuern vom Einkommen und vom Ertrag | 26.842,50 €. |

---

[107] Sofern der Steuerabgrenzungsbetrag den effektiven Ertragsteueraufwand der Periode übersteigt, müsste die Buchung lauten: Aktive latente Steuern an zukünftige Entlastungen der Steuern vom Einkommen und vom Ertrag.

Sofern der Steuerabgrenzung ein (künftiger) **konstanter Ertragsteuersatz** im Zeitpunkt des Abbaus der Differenzen nach Maßgabe der **Liability Method** zugrunde gelegt wird, ergeben sich die jeweiligen latenten Steuern durch Multiplikation des Ertragsteuersatzes mit den jeweiligen Summen der ermittelten temporären Differenzen und verrechenbaren steuerrechtlichen Verlustvorträge.[108]

> Beispiel:[109] Bei einer unbeschränkt ertragsteuerpflichtigen Kapitalgesellschaft sind im Rahmen eines Planungszeitraumes von fünf Geschäftsjahren in den ersten drei Perioden folgende Sachverhalte angefallen, die zu Differenzen zwischen Handels- und Steuerbilanz und zu Vorteilen aus verrechenbaren steuerrechtlichen Verlustvorträgen geführt haben (Messzahl Gewerbeertrag = 3,5 %; Hebesatz der Standortgemeinde = 405 %). Im ersten Geschäftsjahr haben keine Abweichungen gegenüber Vorjahren bestanden.
>
> 1. Geschäftsjahr:
> (1) Bildung einer Rücklage in der Steuerbilanz, die nicht Eingang in die Handelsbilanz finden darf. Die Rücklage in Höhe von 42.000 € wird im 5. Geschäftsjahr gewinnerhöhend aufgelöst.
> (2) Bildung einer Drohverlustrückstellung in Höhe von 60.000 € in der Handelsbilanz, die nicht in der Steuerbilanz angesetzt werden darf. Die Rückstellung wird im 2. Geschäftsjahr nicht in Anspruch genommen und deshalb aufgelöst.
> (3) Vornahme außerplanmäßiger Abschreibungen auf Beteiligungen bei voraussichtlich nicht dauernder Wertminderungen in Höhe von 25.000 €, die in der Steuerbilanz nicht zulässig sind. Die Beteiligung wird im 2. Geschäftsjahr veräußert.
>
> 2. Geschäftsjahr:
> (4) Ansatz der Herstellungskosten von fertigen Erzeugnissen in der Handelsbilanz zu Teilkosten, während in der Steuerbilanz diese Wirtschaftsgüter zum Höchstansatz bilanziert werden. Der Unterschiedsbetrag beläuft sich auf 36.000 €. Der Abbau dieser Lagerbestände erfolgt in den Perioden 3 bis 5 sukzessive zu gleichen Teilen.
> (5) Sofortige aufwandswirksame Verrechnung eines Disagios für ein Tilgungsdarlehen in Höhe von 27.000 €. Dagegen ist das Disagio in der Steuerbilanz als Rechnungsabgrenzungsposten auf die Laufzeit des Darlehens zu verteilen, die drei Jahre beträgt.
>
> 3. Geschäftsjahr:
> (6) Anfall eines vortragsfähigen Verlustes nach § 10d Abs. 2 Satz 1 EStG i. V. m. § 8 Abs. 1 KStG in Höhe von 80.000 €, der im 4. und 5. Geschäftsjahr voraussichtlich mit künftigen Gewinnen in Höhe von 24.000 € und 56.000 € verrechnet werden kann.

---

[108] Allerdings ist zu berücksichtigen, dass bei Variationen des Ertragsteuersatzes im Falle einer laufenden Aktivierung und/oder Passivierung des Abgrenzungspostens der Jahresbetrag der latenten Ertragsteuern und die kumulierten zeitlichen Ergebnisdifferenzen zu analysieren und Adaptionen der latenten Ertragsteuern vorzunehmen sind. Vgl. *Kozikowski/Fischer* 2012, Anm. 60 f. zu § 274 HGB.

III. Spezialregelungen

(7) Vornahme einer außerplanmäßigen Abschreibung auf Betriebsgrundstücke in der Handelsbilanz von 140.000 €, die steuerrechtlich nicht anerkannt wird. Mit der Veräußerung der Betriebsgrundstücke ist erst bei Liquidation der Kapitalgesellschaft zu rechnen.

Legt man für die Berechnung der Abgrenzungsposten den körperschaftsteuerrechtlichen Definitivsteuersatz von 15 % unter Berücksichtigung der Gewerbesteuer bei einem Hebesatz von 405 % sowie des Solidaritätszuschlages von 5,5 % zugrunde, dann errechnet sich der künftige (konstante) unternehmensindividuelle Steuersatz im Zeitpunkt der Umkehrung wie folgt.

$$s = 0{,}14175 + (1 + 0{,}055) \cdot 0{,}15 = 0{,}3$$
$$\text{mit} \quad 0{,}14175 = \frac{3{,}5}{100} \cdot \frac{405}{100}$$

Die Differenzenspiegel nach der Netto- und Bruttomethode mit den Jahresbeträgen der latenten Ertragsteuern befinden sich in **Abbildung 302**.

Anschließend sind die Beträge des Beispiels für das 2. Geschäftsjahr auf den entsprechenden Konten verbucht worden. Dabei wurde zunächst angenommen, dass die Kapitalgesellschaft beabsichtigt, nach der Nettomethode zu bilanzieren. Anschließend wird der gesamte Sachverhalt nach der Bruttomethode dargestellt.

Verbuchungen für das 2. Geschäftsjahr nach der **Nettomethode** bei vollständigem Bilanzausweis:

Buchungssätze:

(1) Steuern vom Einkommen   an   Aktive latente Steuern   12.900 €
    und vom Ertrag

(2) Steuern vom Einkommen   an   Passive latente Steuern   6.600 €
    und vom Ertrag

Kontenmäßige Darstellung:

S	Aktive latente Steuern		H
	€		€
AB	12.900	(1)	12.900

S	Steuern vom Einkommen und vom Ertrag		H
	€		€
(1)	12.900	GuV	
(2)	6.600	(Saldo)	...

S	Passive latente Steuern		H
	€		€
SBK (EB)	6.600	(2)	6.600

latente Ertragsteuern auf temporäre Differenzen für das 2. Geschäftsjahr (0,3 · 63.000 €)	18.900 €
− Korrektur der kumulierten temporären Differenzen der Vorjahre bei Konstanz des Abgrenzungssteuersatzes (0,3 · 85.000 €)	25.500 €
= Jahresbetrag der latenten Ertragsteuern	− 6.600 €

Verbuchungen für das 2. Geschäftsjahr nach der **Bruttomethode** bei vollständigem Bilanzausweis:

Buchungssätze:

(1) Steuern vom Einkommen   an   aktive latente Steuern   6.600 €
    und vom Ertrag
(2) Steuern vom Einkommen   an   passive latente Steuern   12.900 €
    und vom Ertrag

Kontenmäßige Darstellung:

S	Aktive latente Steuern		H
	€		€
AB	25.500	(1)	6.600
		EB (SBK)	18.900
	25.500		25.500

S	Steuern vom Einkommen und vom Ertrag		H
	€		€
(1)	6.600[a]	GuV	
(2)	12.900[b]	(Saldo)	...

[a] 6.600 € = 0,3 · (63.000 € - 85.000 €).
[b] 12.900 € = 0,3 · (85.000 € - 42.000 €).

S	Passive latente Steuern		H
	€		€
EB (SBK)	25.500	AB	12.600
		(2)	12.900
	25.500		25.500

Verbuchungen für das 2. Geschäftsjahr bei Ausübung des Aktivierungswahlrechts:

Buchungssatz:

(1) Steuern vom Einkommen   an   passive latente Steuern   6.600 €
    und vom Ertrag

Kontenmäßige Darstellung:

S	Passive latente Steuern		H
	€		€
EB (SBK)	6.600	AB	0
		(1)	6.600[c]
	6.600		6.600

S	Steuern vom Einkommen und vom Ertrag		H
	€		€
(1)	6.600	GuV	
		(Saldo)	...

[c] 6.600 € = 0,3 · 22.000 €.

---

[109] In Anlehnung an *Breithecker* 1989, S. 76 f.

III. Spezialregelungen

Methode	Sachverhalte	1. Jahr		2. Jahr		3. Jahr		4. Jahr		5. Jahr		Summe
Netto-methode	(1)	+ 42.000		–		–		–		– 42.000		0
	(2)	– 60.000		+ 60.000		–		–		–		0
	(3)	– 25.000		+ 25.000		–		–		–		0
	(4)	–		– 36.000		+ 12.000		+ 12.000		+ 12.000		0
	(5)	–		– 27.000		+ 9.000		+ 9.000		+ 9.000		0
	(6)	–		–		+ 80.000		– 24.000		– 56.000		0
	(7)	–		–		– 140.000		–		–		– 140.000
		– 43.000		+ 22.000		– 39.000		– 3.000		– 77.000		– 140.000
	Jahresbetrag der latenten Ertragsteuern											
	aktivisch	12.900[a]		–		11.700		900		23.100		48.600
	passivisch	–		6.600		–		–		–		6.600

	Sachverhalte	1. Jahr		2. Jahr		3. Jahr		4. Jahr		5. Jahr		Summe
		aktivisch	passivisch	aktivisch	passivisch	aktivisch	passivisch	aktivisch	passivisch	aktivisch	passivisch	
	(1)	–	+ 42.000	–	–	–	–	–	–	– 42.000	–	0
	(2)	– 60.000	–	–	+ 60.000	–	–	–	–	–	–	0
	(3)	– 25.000	–	–	+ 25.000	–	–	–	–	–	–	0
	(4)	–	–	– 36.000	–	–	+ 12.000	–	+ 12.000	–	+ 12.000	0
	(5)	–	–	– 27.000	–	–	+ 9.000	–	+ 9.000	–	+ 9.000	0
	(6)	–	–	–	–	+ 80.000	–	– 24.000	–	– 56.000	–	0
	(7)	–	–	–	–	– 140.000	–	–	–	–	–	– 140.000
		– 85.000	+ 42.000	– 63.000	+ 85.000	– 140.000	+ 101.000	– 24.000	+ 21.000	– 98.000	+ 21.000	– 140.000
Brutto-methode	Jahresbetrag der latenten Ertragsteuern											
	aktivisch	25.500[b]		18.900		42.000		7.200		29.400		123.000[d]
	passivisch	12.600[c]		25.500		30.300		6.300		6.300		81.000

[a] 12.900 € = 0,3 · 43.000 €
[b] 25.500 € = 0,3 · 85.000 €
[c] 12.600 € = 0,3 · 42.000 €
[d] (123.000 € – 81.000 €) = 0,3 · 140.000 €

Abb. 302: Beispiel für einen Differenzenspiegel (alle Werte in €)

d.d Vergleich mit dem IFRS-Konzept

Aufgrund der Loslösung des Steuerrechts im Rahmen der IFRS-Rechnungslegung kommt der latenten Steuerabgrenzung im Vergleich zur handelsrechtlichen Bilanzierung eine zentrale Bedeutung zu. Im Rahmen des **Value Based Managements** wird ferner auf das Erfordernis des externen **Tax Reportings** hingewiesen, welches u. a. Steuerungskennzahlen wie die **Konzernsteuerquote** als Messgröße für die Effizienz eines **Tax Controllings** berücksichtigt.[109] Nach IAS 12.15 und IAS 12.24 besteht prinzipiell sowohl für die aktive als auch für die passive latente Steuerabgrenzung ein **Ansatzgebot**, da grds. die Tatbestandsvoraussetzungen für einen Vermögenswert bzw. eine Schuld erfüllt werden.[110] Während nach IAS 12.5 **latente Steuerschulden** als Ertragsteuern definiert werden, die in künftigen Perioden resultierend aus zu versteuernden temporären Differenzen zahlbar sind, stellen **latente Steueransprüche** Ertragsteuern dar, die in zukünftigen Perioden erstattungsfähig sind und aus abzugsfähigen temporären Differenzen, noch nicht genutzten steuerrechtlichen Verlustvorträgen und dem Vortrag höherer steuerrechtlicher Gewinne erwachsen. In Übereinstimmung zum Handelsrecht sind neben den **zeitlich begrenzten Differenzen (Timing Differences)** auch **quasi-permanente Differenzen** in die latente Steuerabgrenzung einzubeziehen, sodass das **Temporary-Konzept** nach der bilanzorientierten Sichtweise zur Anwendung gelangt. In Abgrenzung zum Handelsgesetzbuch besteht jedoch auch ein Ansatzgebot für aktive latente Steuern als Vermögenswert. Auch **steuerrechtliche Verlustvorträge** sind nach IAS 12.34 zu berücksichtigen, sofern durch deren Vortragsfähigkeit im Falle (wahrscheinlicher) künftiger steuerrechtlicher Gewinne ein ökonomischer Vorteil (Vermögenswert) begründet wird. Eine dem Handelsrecht vergleichbare Begrenzung des **Verrechnungszeitraums auf 5 Jahre** besteht dagegen nicht nach IFRS.

Nachfolgend werden die wesentlichen Inhalte der Steuerabgrenzung nach IAS 12 skizziert.

- IAS 12 „Ertragsteuern" basiert bezüglich der latenten Steuern auf dem **Temporary Concept** in Verbindung mit der **Liability Method**.
- Nach diesem Konzept wird jedem Vermögenswert (**Asset**) (IAS 12.7) und jeder **Schuld (Liability)** (IAS 12.8) grundsätzlich ein **Steuerwert (Tax Base)** insofern zugeordnet, als dass die Realisierung des Vermögenswertes bzw. die Begleichung der Schuld Auswirkungen auf die Steuermessungsgrundlage haben.
- Hieraus ergeben sich für die Bilanzierung latenter Ertragsteuern nachstehende Konstellationen:
    (a) Buchwert eines **Vermögenswertes** in der **IFRS-Bilanz** > **Steuerwert** bzw. Buchwert einer **Schuld** in der **IFRS-Bilanz** < **Steuerwert**. Folgen bei Realisierung bzw. Erfüllung:
        (1) höhere künftige steuerrechtliche Bemessungsgrundlagen;
        (2) höhere künftige Ertragsteuerbelastung;
        (3) Passivierung einer **Steuerverbindlichkeit**.
    (b) Buchwert eines **Vermögenswertes** in der **IFRS-Bilanz** < **Steuerwert** bzw. Buchwert einer **Schuld** in der **IFRS-Bilanz** > **Steuerwert**. Folgen bei Realisierung bzw. Erfüllung:
        (1) geringere künftige steuerrechtliche Bemessungsgrundlagen;
        (2) geringere künftige Ertragsteuerbelastung;
        (3) Aktivierung der **latente Steuern** als Vermögenswert.

---

[109] Vgl. *Freidank* 2007b, S. 1289–1292; *Freidank/Mammen* 2008, S. 901–908.
[110] Vgl. *Loitz* 2003, S. 516.

III. Spezialregelungen

- Das **Temporary-Konzept** geht von der zutreffenden Darstellung der Verbindlichkeiten und Forderungen gegenüber dem Fiskus aus und ist anders als das **GuV-orientierte Timing-Konzept** in Verbindung mit der **Liability-Methode bilanzbezogen**, wobei der Begriff der vorübergehenden Bilanzpostenunterschiede (**Temporary Differences**) umfassender als der Terminus der zeitlichen Ergebnisunterschiede (**Timing Differences**) ausgestaltet ist.
- **Passive latente Steuern (Taxable Temporary Differences)**
  (a) Grundsätze zum Passivierungsgebot:
  (1) Vermögenswerte sind in der IFRS-Bilanz **höher** bewertet als in der Steuerbilanz bzw. Vermögenswerte sind in der IFRS-Bilanz, **nicht** dagegen in der Steuerbilanz angesetzt.
  (2) Verbindlichkeiten sind in der IFRS-Bilanz **niedriger** bewertet als in der Steuerbilanz bzw. Verbindlichkeiten sind in der Steuerbilanz, **nicht** dagegen in der IFRS-Bilanz angesetzt.
  (3) Diese Fälle führen zu einer passiven latenten Steuerabgrenzung, da die Auflösung der Differenzen ein (im Vergleich zur Steuerbilanz) **niedrigeres IFRS-Ergebnis** nach sich zieht.
  (4) Der passive steuerrechtliche Abgrenzungsposten ist dann anteilig erfolgswirksam aufzulösen und gegen den (aus IFRS-Sicht) zu **hohen tatsächlichen Steueraufwand** der Periode aufzurechnen.
  (b) Nicht abgrenzungsfähige Ausnahmen:
  (1) Erwachsen der latenten Steuerschuld aus dem erstmaligen Ansatz eines **Goodwill**, sofern eine Abschreibung steuerrechtlich nicht absetzbar ist (IAS 12.15 a, 12.21).
  (2) Erfolgsneutrale Unterschiede bei **Erstverbuchungen** eines Vermögenswerts oder einer Verbindlichkeit, falls diese Differenzen nicht aus einer Unternehmensakquisition resultieren (IAS 12.15 b, 12.22).
  (3) Differenzen aus **Beteiligungen**, bei denen das die Beteiligung haltende Unternehmen ihre Auflösung bestimmen kann und die Auflösung wahrscheinlich nicht in nächster Zukunft zu erwarten ist (IAS 12.15, 12.39).
  (4) Jedoch sind auch **quasi-permanente Differenzen** in die Steuerabgrenzung einzubeziehen, da ein Bewertungsunterschied zwischen IFRS- und Steuerbilanz vorliegt und es auf den Zeitpunkt der Auflösung bzw. Umkehrung nicht ankommt [z. B. erfolgsneutrale Neubewertungen von Vermögensgegenständen, die steuerrechtlich nicht nachvollzogen werden (IAS 12.18 bis 11.20)].
- **Aktive latente Steuern (Deductable Temporary Differences)**
  (a) Grundsätze zum Aktivierungsgebot:
  (1) Vermögenswerte sind in der IFRS-Bilanz **niedriger** bewertet als in der Steuerbilanz bzw. Vermögenswerte sind in der Steuerbilanz, **nicht** dagegen in der IFRS-Bilanz angesetzt.
  (2) Verbindlichkeiten sind in der IFRS-Bilanz **höher** bewertet als in der Steuerbilanz bzw. Verbindlichkeiten sind in der IFRS-Bilanz, **nicht** dagegen in der Steuerbilanz angesetzt.
  (3) Diese Fälle führen zu einer aktiven latenten Steuerabgrenzung, da die Auflösung der Differenzen ein (im Vergleich zur Steuerbilanz) **höheres IFRS-Ergebnis** nach sich zieht.

(4) Der aktive steuerrechtliche Abgrenzungsposten ist dann anteilig erfolgswirksam aufzulösen. Dieser Betrag **erhöht** den (aus IFRS-Sicht) zu **niedrigen** tatsächlichen Steueraufwand in der handelsrechtlichen Erfolgsrechnung.

(5) Allerdings sind aktive latente Steuern nur dann auszuweisen, wenn künftige steuerrechtliche Gewinne **wahrscheinlich** sind, gegen die aktivierte latente Steuern verrechnet werden können (IAS 12.24, 12.27).

(b) **Nicht abgrenzungsfähige Ausnahmen:**
(1) Erfolgsneutrale Unterschiede bei Erstverbuchungen (IAS 12.24 b, 12.33).
(2) Differenzen aus **Beteiligungen**, bei denen das die Beteiligung haltende Unternehmen ihre Auflösung bestimmen kann und die Auflösung wahrscheinlich nicht in naher Zukunft zu erwarten ist (IAS 12.44).

(c) Über die Temporary Differences **hinaus** gilt die Bilanzierungspflicht für aktive latente Steuern grundsätzlich auch für **steuerrechtliche vortragbare Verluste** (IAS 12.34), durch deren Vortragsfähigkeit im Falle (wahrscheinlicher) künftiger steuerrechtlicher Gewinne ein **ökonomischer Vorteil** (Asset) begründet wird.

Bezüglich der **Ermittlung**, des **Ausweises** und der **Bewertung** latenter Steuern nach IFRS liegen Gemeinsamkeiten und Unterschiede zu den handelsrechtlichen Regelungen vor. So besteht nach dem internationalen Konzept ebenfalls die Möglichkeit, dass **erfolgsneutrale Verrechnungen** latenter Steuern vorkommen können, wenn ihre Bildung aus erfolgsneutralen Transaktionen (z. B. der Neubewertung von Vermögenswerten) resultiert (IAS 12.61–65). Ein genereller Wahlrecht zur Anwendung der Netto- oder der Bruttomethode existiert hingegen nicht, vielmehr ist grds. ein separater Ausweis aktiver und passiver latenter Steuern vorgesehen (**Bruttomethode**). Eine Saldierung nach der **Nettomethode** ist nach IAS 12.74 nur in Ausnahmefällen zulässig, z. B. wenn die latenten Steuerverbindlichkeiten und -forderungen gegenüber derselben Steuerbehörde bestehen. Zudem ist ein gesonderter Ausweis von den der gewöhnlichen Tätigkeit zuzurechnenden Steueraufwendungen und -erträgen in der Erfolgsrechnung nach IAS 12.77 notwendig. Darüber hinaus bestehen umfangreiche **Erläuterungs- und Angabepflichten** zu den latenten Steuern (IAS 12.79 bis 12.88). Von besonderer Bedeutung ist in diesem Zusammenhang die Verpflichtung zur Veröffentlichung einer steuerlichen **Überleitungsrechnung** nach IAS 12.81 (c), mit der der Unterschied zwischen der **effektiven Ertragsteuerbelastung** und den für das Unternehmen maßgebenden **Gewinnsteuersatz** erklärt wird.[111] **Abbildung 303**[112] zeigt eine beispielhafte Strukturierung. Wenngleich eine Erstellung nach den handelsrechtlichen Vorschriften nicht geboten ist, sieht DRS 18 eine Pflichtpublikation vor.

Aktive und passive latente Steuern sind grds. **erfolgswirksam** nach IAS 12.58 zu verrechnen. Dies gilt auch für alle nachfolgend vorzunehmenden Korrekturen an den latenten Steuerpositionen nach IAS 12.60. Allerdings hat ein erfolgsneutraler Ansatz zu erfolgen, wenn die latenten Steuern selbst aus erfolgsneutralen Transaktionen (z. B. Neubewertungen des Sachanlagevermögens nach IAS 16) resultieren. Sie werden dann im Entstehungszeitpunkt erfolgsneutral und bei späterer Auflösung erfolgswirksam verrechnet.

Die **Erstbewertung** latenter Steuern erfolgt im Rahmen der IFRS-Rechnungslegung analog zum Handelsrecht nach der **Liability-Methode**, welche der statischen Bilanztheorie ent-

---

[111] Vgl. hierzu im Einzelnen *Mammen* 2011, S. 489.
[112] Vgl. *Kirsch* 2002, S. 1193.

III. Spezialregelungen

	Ergebnis vor Steuern
	errechnete inländische Ertragsteuern
±	Differenz zu ausländischen Ertragsteuer(sätze)n
=	errechnete Ertragsteuern (Anwendung eines Mischertragsteuersatzes für das Unternehmen)
+	Steuereffekt auf (permanent) steuerlich nicht abzugsfähige Aufwendungen
–	Steuereffekt auf (permanent) steuerfreie Erträge
–	Steuereffekt auf (permanent) nicht aufwandswirksame steuerliche Betriebsausgaben
+	Steuereffekt auf (permanent) nicht ertragswirksame steuerliche Betriebseinnahmen
+	Steuereffekt auf Goodwillabschreibungen
–	Steuereffekt auf Zuschreibungen zum negativen Unterschiedsbetrag
+	Wertberichtigung auf aktive latente Steuern
–	Wertaufholung auf aktive latente Steuern
+	Steuereffekt auf aktive latente Differenzen und Verlustvorträge, für die in der gegenwärtigen Periode keine aktiven latenten Steuern erfasst wurden
–	Steuereffekt aus der Nutzung aktiver latenter Differenzen und Verlustvorträge, für die bislang keine latenten Steuern erfasst wurden
±	periodenfremde tatsächliche Ertragsteuern
–	Steuergutschriften
±	Effekte aus Steuersatzänderungen
=	ausgewiesener Ertragsteueraufwand

Abb. 303: Struktur einer steuerlichen Überleitungsrechnung nach IFRS

spricht. Demzufolge hat grds. gemäß IAS 12.47 eine Verwendung der **künftigen** Steuersätze, die im Zeitpunkt der Umkehr temporärer Bewertungsdifferenzen voraussichtlich gelten werden, zu erfolgen. Einschränkend ist jedoch zu betonen, dass die Berücksichtigung von Steuersätzen, die von den am Bilanzstichtag geltenden abweichen, ähnlich wie nach dem Handelsrecht, nur dann zulässig ist, wenn entsprechende Steueränderungen verabschiedet oder zumindest angekündigt sind (IAS 12.48). Bei der Bewertung latenter Steuern ist gemäß IAS 12.51 zudem zu berücksichtigen, in welcher Art und Weise die entsprechenden Vermögenswerte realisiert und die entsprechenden Schulden beglichen werden sollen, sofern die Art und Weise der Realisation respektive des Ausgleichs zu Unterschieden in der Besteuerung führt. Analog zum Handelsrecht besteht für latente Steuern nach IAS 12.53 ein ausdrückliches **Abzinsungsverbot**. Begründet wird dies in IAS 12.54 insbesondere mit den praktischen Problemen einer Abzinsung, da hierfür aufwändige Prognosen über die Zeitpunkte der Umkehr temporärer Bilanzierungsdifferenzen erforderlich wären.

Im Rahmen der **Folgebewertung** sind die latenten Steuern zu jedem Bilanzstichtag im Hinblick auf die erwarteten Steuerbe- und -entlastungen zu untersuchen und gegebenenfalls in ihrer Höhe anzupassen oder in Gänze aufzulösen. Insbesondere hinsichtlich aktiver latenter Steuern (auf steuerrechtliche Verlustvorträge) hat aufgrund der eingeschränkten Objektivität eine sorgfältige Überprüfung der Werthaltigkeit zu erfolgen.[113] Sofern die Tatbestandsmerkmale einer Aktivierung nicht mehr erfüllt sind, d. h. eine Verlustverrechnung

---
[113] Vgl. explizit *BMJ* 2007, S. 67.

nicht mehr wahrscheinlich ist, sind die aktiven latenten Steuern in entsprechender Höhe aufzulösen. Eine Neubewertung bereits gebildeter latenter Steuern kann sich bei Anwendung der Liability-Methode auch im Zuge geänderter Steuersätze ergeben. Die Auflösungsbeträge werden analog zur Bildung latenter Steuern erfolgswirksam, in diesem Fall als sonstiger betrieblicher Ertrag beziehungsweise sonstiger betrieblicher Aufwand, erfasst.

Auch wenn bezüglich der Höhe temporärer Differenzen keine Änderungen eintreten, kann sich der Wertansatz latenter Steuern ändern. Als Gründe hierfür kommen primär Änderungen in der Einschätzung der Realisierbarkeit aktiver latenter Steuern, Änderungen des der Bewertung zugrunde liegenden Steuersatzes oder auch Änderungen im Hinblick auf die voraussichtliche Art und Weise der Realisation respektive des Ausgleichs der latenten Steuern in Betracht.[114] Eine Anpassung der Bewertung latenter Steuern hat in dem Jahr zu erfolgen, in dem sich die Bewertungsgrundlagen geändert haben. Die Folgen im Zuge von Steuersatzänderungen sind grundsätzlich in voller Höhe erfolgswirksam zu erfassen (IAS 12.60). Eine diesbezügliche Ausnahme kommt nur dann in Betracht, wenn latente Steuern in den Vorperioden erfolgsneutral gebildet wurden; in diesen Fällen hat die Erfassung von Auswirkungen von Steuersatzänderungen in analoger Weise nach IAS 12.61 erfolgsneutral zu erfolgen. **Abbildung 304** zeigt die wichtigsten Unterschiede der Steuerabgrenzung nach HGB und IFRS.

Rechtsnorm	HGB	IFRS
Reichweite	Temporary-Konzept	Temporary-Konzept
Bewertungsmethode	Liability-Methode	Liability-Methode
Ansatz	Ansatzwahlrecht für aktive latente Steuern, Ansatzgebot für passive latente Steuern	Ansatzpflicht für aktive latente Steuern, Ansatzgebot für passive latente Steuern
Einbeziehung von steuerlichen Verlustvorträgen	Einbeziehungspflicht unter besonderer Berücksichtigung der Fünf-Jahres-Frist	Einbeziehungspflicht ohne zeitliche Vorgabe (aber Beachtung der Realisationswahrscheinlichkeiten)
Steuersatz	unternehmensindividuell	unternehmensindividuell
Diskontierung	Abzinsungsverbot	Abzinsungsverbot
Saldierung	Wahlrecht (Netto- oder Bruttomethode)	grds. Saldierungsverbot (Bruttomethode) mit Ausnahmen
Erstellungspflicht einer Überleitungsrechnung	nein (DRS 18: ja)	ja

Abb. 304: Vergleich zwischen HGB und IFRS zur Erfassung latenter Steuern

---

[114] Vgl. hierzu auch *Baetge/Kirsch/Thiele* 2012, S. 570.

IV. Erweiterte Rechnungslegungsinstrumente

A. Überblick

Neben den **Mindestanforderungen** bezüglich der durch Bilanz, Gewinn- und Verlustrechnung, Anhang und Lagebericht vermittelten Rechnungslegungsinformationen veröffentlichen viele Kapitalgesellschaften eine Vielzahl von Zusatzdaten. Diese zusätzlichen Publikationen werden vor allem bei großen international agierenden Publikumsgesellschaften im Rahmen einer **unternehmenswertsteigernden (offensiven) Rechnungslegungspolitik** von der Zielsetzung getragen, die (Finanz-)Kommunikation zwischen Unternehmen und den Anteilseignern zu optimieren (Investor Relations oder Shareholder Relations), um den Aktionären und potenziellen Investoren eine angemessene Bewertung des Unternehmens am Kapitalmarkt zu ermöglichen. Darüber hinaus sind viele dieser Zusatzinformationen im Rahmen der **IFRS** und auch für bestimmte Unternehmen nach dem Handelsrecht zwischenzeitlich verbindlich und unterliegen ebenfalls der **Prüfungspflicht** durch den Abschlussprüfer gemäß § 316 Abs. 1 HGB. So schreibt der Gesetzgeber in § 264 Abs. 1 Satz 2 HGB vor, dass der **Jahresabschluss** von kapitalmarktorientierten Kapitalgesellschaften im Sinne von § 264d HGB neben Bilanz, Gewinn- und Verlustrechnung und Anhang eine **Kapitalflussrechnung** und einen **Eigenkapitalspiegel** enthalten muss. Schließlich besteht ein handelsrechtliches Wahlrecht zur **Segmentberichterstattung**. Allerdings existieren für die in Rede stehenden Sonderrechnungen keine detaillierten gesetzlichen Regelungen zum Inhalt, sodass zum Zwecke der Ermittlung entsprechender Sollobjekte auf die vom DRSC i.S.v. § 342 Abs. 1 Nr. 1 HGB entwickelten folgenden Standards zurückgegriffen werden muss, die sich an die Regelungen von IAS 1, IAS 7 und IFRS 8 anlehnen:

- DRS 2: Kapitalflussrechnung[1]
- DRS 3: Segmentberichterstattung[2]
- DRS 7: Konzerneigenkapital und Konzerngesamtergebnis[3],[4]

Nach den IFRS hingegen werden mit Ausnahme des Segmentberichts, der nach IFRS 8 lediglich kapitalmarktorientierte Unternehmen betrifft, sämtliche Unternehmen zur erweiterten Rechnungslegung verpflichtet, wie **Abbildung 305** verdeutlicht.

---

[1] Vgl. DRS 2, Anm. 1–58.
[2] Vgl. DRS 3, Anm. 1–51.
[3] Vgl. DRS 7, Anm. 1–19.
[4] Vgl. hierzu *Freidank* 2012b, S. 302 f.

kapitalmarktorientierte Kapitalgesellschaft		Sonstige Kapitalgesellschaft	
IFRS	Handelsrecht	IFRS	Handelsrecht
Bilanz Gesamterfolgsrechnung Anhang Kapitalflussrechnung Eigenkapitalspiegel Segmentbericht Management Commentary (Wahlrecht)	Bilanz Gewinn- und Verlustrechnung Anhang Kapitalflussrechnung Eigenkapitalspiegel Segmentbericht (Wahlrecht) Lagebericht	Bilanz Gesamterfolgsrechnung Anhang Kapitalflussrechnung Eigenkapitalspiegel Segmentbericht (Wahlrecht) Management Commentary (Wahlrecht)	Bilanz Gewinn- und Verlustrechnung Anhang (Wahlrecht für Kleinstkapitalgesellschaften) Kapitalflussrechnung (Wahlrecht) Eigenkapitalspiegel (Wahlrecht) Segmentbericht (Wahlrecht) Lagebericht (Wahlrecht für kleine Kapitalgesellschaften)

Abb. 305: Rechnungslegungsinstrumente nach Handelsrecht und IFRS im Vergleich

Infolge der internationalen Harmonisierungsbestrebungen im Rahmen der externen Rechnungslegung wird, wie bereits ausgeführt, der Ausbau des **Financial Accounting** zu einem umfassenden **Business Reporting** mit Hilfe der wertorientierten Berichterstattung (sog. **Value Reporting**) diskutiert.[5] In diesem Zusammenhang wurden Konzepte entwickelt, die im Kern versuchen, den Unterschied zwischen dem buchmäßigen Eigenkapital und dem vom Kapitalmarkt abgeleiteten Unternehmenswert, der sich z. B. in Gestalt des **Börsen- oder Zukunftserfolgswertes** ermitteln lässt, durch eine spezifische Berichterstattung über immaterielle Werte, die nicht bilanzierungsfähigen Charakter tragen (z. B. **Innovation-, Human-, Supplier-, Investor- und Process Capital**) zu erklären. Es bietet sich an, derartige Informationen im **Lagebericht** oder in einem anderen Teil des Geschäftsberichts darzustellen.[6] Daneben sind börsennotierte Aktiengesellschaften nach § 161 AktG zur Abgabe einer **Entsprechenserklärung** zum Deutschen Corporate Governance Kodex (DCGK)[7] und nach § 289a HGB überdies zur Erstellung einer **Erklärung zur Unternehmensführung (Corporate Governance Statement)** verpflichtet, die entweder in den Lagebericht integriert oder auf der Internethomepage des Unternehmens publiziert werden kann.[8] Allerdings stellt § 317 Abs. 2 Satz 3 HGB klar, dass die Angaben bezüglich der Erklärung zur Unternehmensführung nach § 289a HGB **nicht** in die Lageberichtsprüfung einzubeziehen sind. Offensichtlich wollte der Gesetzgeber mit dieser Einschränkung eine Erweiterung der Ordnungsmäßigkeitsprüfung des Lageberichts in Richtung auf eine **externe Geschäftsführungsprüfung** verhindern.[9]

Im Folgenden wird ein Überblick über die wichtigsten Instrumente zur Verbesserung der Rechnungslegungsqualität gegeben. Während **Finanzierungsrechnungen**, denen die Aufgabe zukommt, Informationen über die Investitions- und Finanzierungsaktivitäten des Unternehmens zu vermitteln, in Form von **Bewegungsbilanzen, Kapitalfluss- und Cash Flow-Rechnungen** schon seit langem erstellt wurden oder zumindest im Prüfungsbericht des Abschlussprüfers nach § 321 HGB Berücksichtigung fanden, wird auf **Segmentberichte, Eigenkapitalspiegel, Wertschöpfungsrechnungen**[10] und/oder **Nachhaltigkeitsberichte**[11] erst

---

[5] Vgl. hierzu die Ausführungen im Zweiten Teil zu Gliederungspunkt III.C.
[6] Vgl. zur bilanziellen Berücksichtigung selbst erstellter immaterieller Vermögenswerte die Ausführungen im Dritten Teil zu Gliederungspunkt I.B.1.
[7] Vgl. *DCGK* 2013.
[8] Vgl. hierzu *Freidank* 2012b, S. 35 f.
[9] Vgl. zur Verlässlichkeitslücke ebenfalls *Velte/Weber* 2011, S. 255–260.
[10] Vgl. *Haller* 1998, S. 261–265.
[11] Vgl. zur ökologischen Rechnungslegung (und Prüfung) insbesondere *Fischbach* 1997; *Freidank* 1998a, S. 313–366. In diesem Zusammenhang ist insbesondere auf die aktuellen Entwicklungen des *International Integrated Reporting Council (IIRC)* für ein Integrated Reporting hinzuweisen, das auf eine Verknüpfung der klassischen Finanzberichterstattung mit nachhaltige ökologisch-sozialen Informationen ausgerichtet ist. Vgl. *IIRC* 2013; zur reinen Nachhaltigkeitsberichterstattung das Framework der *Global Reporting Initiative (GRI)* 2011. Dieses zukunftsweisende Berichterstattungskonzept verfolgt primär das Ziel, die (Unternehmens-)Leistung nicht allein mittels finanzieller Kennzahlen zu dokumentieren. Vielmehr gewinnen Interdependenzen zwischen verschiedenen Kapitalarten, z. B. dem ökonomischen, ökologischen und sozialen Kapital, an Bedeutung.

```
                    Erweiterte Rechnungslegungsinstrumente
                                    │
              ┌─────────────────────┴─────────────────────┐
         jährliche Instrumente                   unterjährliche Instrumente
                                                          │
                                              ┌───────────┴───────────┐
                                        Zwischenbericht*         Ad hoc-Publizität **
              │
  ┌───────────┬───────────┬───────────┬───────────┐
Finanzierungs- Segment-  Eigenkapital- Wertschöpfungs- Nachhaltigkeits-
  rechnung    bericht***   spiegel***    rechnung         bericht
              │
  ┌───────────┴───────────┐
Bewegungs-      Kapitalfluss-
 bilanz          rechnungen ***
```

* Halbjahresfinanzberichte müssen von Inlandsemittenten, die gemäß § 37 w, x, Abs. 1 Satz 1 WpHG Wertpapiere i.S.v. § 2 Abs. 1 WpHG ausgegeben, für die ersten sechs Monate eines jeden Geschäftsjahres veröffentlicht werden.

** Emittenten von Finanzinstrumenten, die zum Handel an einem inländischen organisierten Markt zugelassen sind, müssen Insiderinformationen (§ 13 WpHG) unverzüglich veröffentlichen (§ 15 Abs. 1 Satz 1 WpHG).

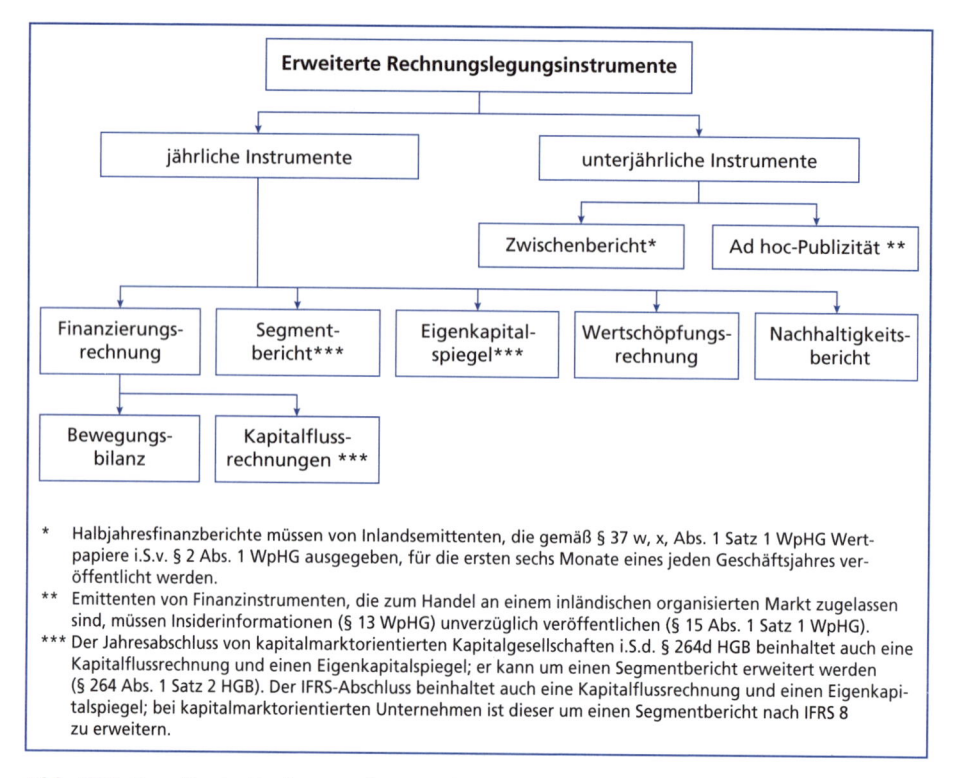

*** Der Jahresabschluss von kapitalmarktorientierten Kapitalgesellschaften i.S.d. § 264d HGB beinhaltet auch eine Kapitalflussrechnung und einen Eigenkapitalspiegel; er kann um einen Segmentbericht erweitert werden (§ 264 Abs. 1 Satz 2 HGB). Der IFRS-Abschluss beinhaltet auch eine Kapitalflussrechnung und einen Eigenkapitalspiegel; bei kapitalmarktorientierten Unternehmen ist dieser um einen Segmentbericht nach IFRS 8 zu erweitern.

Abb. 306: Erweiterte Rechnungslegungsinstrumente

vermehrt seit Ende der 90er Jahre des 20. Jahrhunderts im Rahmen der Rechnungslegung von Kapitalgesellschaften zurückgegriffen. Allerdings ist zu berücksichtigen, dass bestimmte **segmentorientierte Angaben** bereits durch § 285 Nr. 4 HGB im **Anhang** zwingend vorgeschrieben sind. Wichtig ist in diesem Zusammenhang der Hinweis, dass vor allem die Spielarten von Finanzierungsrechnungen häufig auch von externen Adressaten im Rahmen der **Rechnungslegungsanalyse** verwendet werden, um einen detaillierteren Einblick in die Finanzlage der Kapitalgesellschaft zu erhalten. Dies gilt vor allen Dingen für **Cash Flow-Analysen** und **Kapitalflussrechnungen**.

Der durch Jahresabschluss und/oder Lagebericht induzierte jährliche Informationsfluss ist insbesondere bei börsennotierten Kapitalgesellschaften durch **unterjährige Publikationsinstrumente**, wie z. B. Halbjahres- und Quartalsberichte,[12] Aktionärsbriefe, Ad hoc-Publizität und sonstige Medienmitteilungen zu ergänzen. Besondere Bedeutung kommt in diesem Zusammenhang den **Zwischenberichten** zu, die gemäß § 37w, x WpHG von Emittenten, deren Aktien oder Schuldtitel im Sinne des § 2 Abs. 1 Satz 1 WpHG ausgeben, für die ersten sechs Monate eines jeden Geschäftsjahres einen Halbjahresfinanzbericht erstellen müssen. Inlandsemittenten mit Aktien müssen zudem in dem Zeitraum zwischen 10 Wochen nach

---

[12] Vgl. *DCGK* 2013, Rn. 7.1.1 und 7.1.2.

Beginn und 6 Wochen vor Ende der ersten und zweiten Hälfte des Geschäftsjahres eine Zwischenmitteilung der Geschäftsleitung erstellen; diese kann durch einen Quartalsbericht ersetzt werden. Darüber hinaus unterliegen Emittenten von Wertpapieren, die zum Handel an einer inländischen Börse zugelassen sind oder für die eine solche Zulassung beantragt wurde, der sog. **Ad hoc-Publizität**. So müssen diese gemäß § 15 Abs. 1 Satz 1 WpHG Insiderinformationen, die sie unmittelbar betreffen, unverzüglich veröffentlichen.

Abbildung 306 gibt einen Überblick über bedeutende Rechnungsinstrumente, die auf die Vermittlung erweiterter Informationen über Bilanz, Gewinn- und Verlustrechnung, Anhang und Lagebericht hinaus abstellen. Dabei wird einerseits in Instrumente unterschieden, die üblicherweise als jährliche Ergänzung im Rahmen von Jahresabschluss und Lagebericht **freiwillig** oder **zwingend** erstellt werden (**jährliche Instrumente**), und andererseits in Instrumente, die zwischen Jahresabschluss und Lagebericht zu fertigen sind (**unterjährliche Instrumente**).

B. Finanzierungsrechnungen

1. Bewegungsbilanz

Bewegungs- oder Veränderungsbilanzen zielen darauf ab, durch Gegenüberstellung der aus zwei aufeinander folgenden Handelsbilanzen abgeleiteten **Veränderungen der Aktiv- und Passivseite** Aussagen über die bilanzielle **Mittelherkunft** und **Mittelverwendung** des Unternehmens im abgelaufenen Geschäftsjahr abzuleiten. Dabei werden Zunahmen der Bilanzposten der Passivseite als **Eigen- und/oder Fremdfinanzierungen** (Mittelherkunft) bzw. Abnahmen der Bilanzposten der Passivseite als **Definanzierungen** (Mittelverwendung) interpretiert. Demgegenüber werden Zunahmen der Bilanzposten der Aktivseite als **Brutto-Investitionen** (Mittelverwendung) und Abnahmen der Bilanzposten der Passivseite als **Desinvestitionen** (Mittelherkunft) bezeichnet. Prinzipiell ist eine Bewegungsbilanz auf die Analyse der bilanziellen Bestandsveränderungen ausgerichtet, die im Ergebnis Informationen über die Entwicklung der **Finanz- und Investitionslage** des Unternehmens geben soll. Während Passivzunahmen und Aktivabnahmen im Einzelnen zeigen, aus welchen Quellen die Mittelerhöhungen der Periode resultieren (Eigen-, Fremdfinanzierung, erfolgsneutrale und erfolgswirksame Reduzierungen von Vermögenswerten), signalisieren Aktivzunahmen und Passivabnahmen, wie die aufgebrachten und erwirtschafteten Mittel im letzten Geschäftsjahr verwendet wurden (Brutto-Investitionen in Vermögenswerte, Aufbau des Forderungsbestandes, Schuldentilgung, Senkung des Eigenkapitals). Da bilanzielle Mittelherkünfte sich in Form von bilanziellen Mittelverwendungen niederschlagen, führt auch eine Bewegungsbilanz stets zur Summengleichheit. **Abbildung 307** gibt einen Überblick über die grundlegende Struktur einer Bewegungsbilanz.

Mittelverwendung	Mittelherkunft
Zunahmen der Bilanzposten der Aktivseite (Bruttoinvestitionen)	Zunahmen der Bilanzposten der Passivseite (Eigen- und Fremdfinanzierung)
Abnahmen der Bilanzposten der Passivseite (Definanzierung)	Abnahmen der Bilanzposten der Aktivseite (Vermögensabbau einschließlich Abschreibungen)
Summe Bestandsveränderungen	Summe Bestandsveränderungen

Abb. 307: Aufbau einer Bewegungsbilanz

Im Grundsatz sollen Bewegungsbilanzen den Adressaten in komprimierter Form folgende Erkenntnisse über die **finanzwirtschaftliche Unternehmensentwicklung** liefern:[13]

- Informationen über zeitraumbezogene **Veränderungen der Liquidität**;
- Verdeutlichung der **Finanz- und Investitionspolitik** während des Geschäftsjahres;
- Darstellung der Änderungen von Bilanz- und Finanzstruktur.

Allerdings wird die Verwendbarkeit der Bewegungsbilanz als Instrument zur externen Analyse der Finanzlage durch folgende Mängel erheblich **eingeschränkt**:[14]

- Es wird keine Abgrenzung der postenorientierten Bestandsveränderungen nach Maßgabe ihrer **Liquiditätswirksamkeit** vorgenommen. So werden etwa auch Bewertungsmaßnahmen in die Analyse der Mittelherkünfte und Mittelverwendungen einbezogen, die nicht auf Finanzmittelvariationen basieren.
- Durch die grundsätzliche Analyse der Netto-Veränderungen der einzelnen Bilanzposten während des abgelaufenen Geschäftsjahres kommen die Variationen durch einzelne Geschäftsvorfälle nur unzureichend zum Ausdruck. Folglich werden die gesamten **finanziellen Bewegungen** innerhalb der Rechnungsperiode nicht in die Betrachtung einbezogen.
- Schließlich nimmt die Bewegungsbilanz auch Veränderungen von Bilanzposten auf, die weder auf **liquiditäts- noch auf erfolgswirksamen Geschäftsvorfällen** beruhen. So werden bestimmte Vorgänge sowohl als Mittelzu- als auch als Mittelabfluss in gleicher Höhe ausgewiesen, obwohl hiermit keine Liquiditätswirksamkeit verbunden ist. Der Nachteil einer solchen Aufblähung der Bewegungsbilanz ist jedoch gering, da sich die Auswirkungen derartiger Konstellation im Ergebnis ausgleichen.[15]

Beispiel:[16]

Die verkürzten Handelsbilanzen der Geschäftsjahre 2011 und 2012 sowie die verkürzte GuV des Geschäftsjahres 2012 einer Aktiengesellschaft weisen die in **Abbildung 308** und **Abbildung 309** gezeigten Bilder auf. **Abbildung 310** verdeutlicht die Ableitung der

---

[13] Vgl. *Lachnit* 1993, Sp. 184–189.
[14] Vgl. *Küting/Weber* 2012, S. 189 f.
[15] So wird etwa die Aufnahme eines Bankkredites zum Zwecke des Kaufs einer maschinellen Anlage sowohl in Form einer Passivzunahme (Mittelherkunft) als auch in Gestalt einer Aktivzunahme (Mittelverwendung) ausgewiesen.

IV. Erweiterte Rechnungslegungsinstrumente

Grundstruktur einer nach dem Nettoprinzip erstellten Bewegungsbilanz aus den angeführten beiden Handelsbilanzen für das Geschäftsjahr 2012.

Bilanzposten in T€	Gj. 2011	Veränderungen	Gj. 2012
Aktiva			
A. Anlagevermögen:			
I. Sachanlagen	5.800	− 100	5.700
II. Finanzanlagen	1.200	300	1.500
	7.000	200	7.200
B. Umlaufvermögen			
I. Vorräte	2.000	200	2.200
II. Forderungen			
1. Forderungen aus Lieferungen und Leistungen	7.000	300	7.300
2. Sonstige Vermögensgegenstände	5.000	− 500	4.500
	14.000	0	14.000
III. Wertpapiere	3.000	500	3.500
IV. Flüssige Mittel	1.000	− 100	900
	4.000	400	4.400
Bilanzsumme	25.000	600	25.600
Passiva			
A. Eigenkapital:			
I. Gezeichnetes Kapital	900	100	1.000
II. Kapitalrücklage	2.600	100	2.700
III. Gewinnrücklagen	2.700	− 100	2.600
IV. Bilanzgewinn	700	− 200	500
	6.900	− 100	6.800
B. Rückstellungen:	8.000	1.000	9.000
C. Verbindlichkeiten:			
1. Anleihen	100	− 100	0
2. Verbindlichkeiten gegenüber Kreditinstituten	4.500	− 400	4.100
3. Verbindlichkeiten aus Lieferungen und Leistungen	2.500	100	2.600
4. Sonstige Verbindlichkeiten	3.000	100	3.100
(davon − Zinsen	(30)	(10)	(40)
− Steuern)	(100)	(− 50)	(50)
	18.100	700	18.800
Bilanzsumme	25.000	600	25.600

Abb. 308: Verkürzte Handelsbilanzen der Geschäftsjahre 2011 und 2012

---

[16] Das Beispiel, das im weiteren Verlauf noch zur Ableitung einer Kapitalflussrechnung verwendet wird, wurde modifiziert entnommen von *Mansch/Stolberg/Wysocki* 1995, S. 199–203.

Posten der Gewinn- und Verlustrechnung	in T €
1. Umsatzerlöse	28.200
2. Erhöhung des Bestands an fertigen Erzeugnissen	200
3. Andere aktivierte Eigenleistungen	200
4. Sonstige betriebliche Erträge	400
5. Materialaufwand	– 12.500
6. Personalaufwand	– 12.000
7. Abschreibungen auf Sachanlagen	– 1.500
8. Sonstige betriebliche Aufwendungen	– 2.400
9. Erträge aus Beteiligungen	100
9. Zinsaufwendungen	– 500
10. Zinserträge	400
13. Ergebnis der gewöhnlichen Geschäftstätigkeit	600
14. Steuern vom Einkommen und vom Ertrag	– 200
15. Jahresüberschuss	400
16. Entnahmen aus Gewinnrücklagen	100
17. Bilanzgewinn	500

Abb. 309: Verkürzte Gewinn- und Verlustrechnung des Geschäftsjahres 2012

Mittelverwendung	in T€	Mittelherkunft	in T€
AKTIVZUNAHMEN		PASSIVZUNAHMEN	
(Brutto-Investitionen und		(Eigen- und Fremdfinanzierung)	
Vermögensaufbau)			
		A. Eigenkapital:	
A. Anlagevermögen:		I. Gezeichnetes Kapital	100
II. Finanzanlagen	300	II. Kapitalrücklage	100
B. Umlaufvermögen:		B. Rückstellungen:	1.000
I. Vorräte	200		
II. Forderungen		C. Verbindlichkeiten:	
1. Forderungen aus		3. Verbindlichkeiten aus	
Lieferungen und Leistungen	300	Lieferungen und Leistungen	100
III. Wertpapiere	500	4. Sonstige Verbindlichkeiten	100
PASSIVABNAHMEN		AKTIVABNAHMEN	
(Definanzierung)		(Deinvestitionen einschließlich	
		Abschreibungen und Vermögensabbau)	
A. Eigenkapital:		A. Anlagevermögen:	
III. Gewinnrücklagen	100	I. Sachanlagen	100
IV. Bilanzgewinn	200		
		B. Umlaufvermögen:	
C. Verbindlichkeiten:		II. Forderungen	
1. Anleihen	100	2. Sonstige Vermögens-	500
2. Verbindlichkeiten gegenüber	400	gegenstände	
Kreditinstituten		IV. Flüssige Mittel	100
Summe Bestandsveränderungen	2.100	Summe Bestandsveränderungen	2.100

Abb. 310: Bewegungsbilanz für das Geschäftsjahr 2012

IV. Erweiterte Rechnungslegungsinstrumente 825

Mittelverwendung	in T€	Mittelherkunft	in T€
1. Mittel- und langfristige Verwendungen und Herkünfte			
Zunahme Sachanlagen	1.400	Abschreibungen auf Sachanlagen	1.500
Zunahme Finanzanlagen	300	Zunahme gezeichnetes Kapital	100
Abnahme Gewinnrücklagen	100	Zunahme Kapitalrücklage	100
Dividendenzahlungen (Bilanzgewinn 2011)	700	Bilanzgewinn 2012	500
		Zunahme Rückstellungen	1.000
Abnahme Anleihen	100		
Abnahme Verbindlichkeiten gegenüber Kreditinstituten	400		
Mittel- und langfristige Verwendungen	3.000	Mittel- und langfristige Herkünfte	3.200
1. Kurzfristige Verwendungen und Herkünfte			
Zunahme Vorräte	200	Abnahme sonstige Vermögensgegenstände	500
Zunahme Forderungen aus Lieferungen und Leistungen	300	Abnahme Flüssige Mittel	100
Zunahme Wertpapiere	500	Zunahme Verbindlichkeiten aus Lieferungen und Leistungen	100
		Zunahme sonstige Verbindlichkeiten	100
Kurzfristige Verwendungen	1.000	Kurzfristige Herkünfte	800
Summe Mittelverwendung	4.000	Summe Mittelherkunft	4.000

Abb. 311: Nach Fristigkeitsgraden gegliederte Bewegungsbilanz für das Geschäftsjahr 2012

Im Hinblick auf eine nähere Analyse der **Liquiditätslage** des Unternehmens bietet es sich an, die Mittelherkünfte weiter nach Verfügungs- und Bindungsdauer zu gliedern, womit die Möglichkeit besteht, Variationen zwischen den **Fristigkeitsgruppen als Liquiditätsänderungen** zu interpretieren. Bei dieser Analyse soll untersucht werden, ob das Prinzip der fristenkongruenten Finanzierung eingehalten wurde. **Abbildung 311**[17] zeigt die nach Fristigkeitsgesichtspunkten unter Zugrundelegung des **Bruttoprinzips** umgegliederte Bewegungsbilanz. Die Darstellung verdeutlicht, dass in der abgelaufenen Rechnungsperiode annähernd ein Fristengleichgewicht zwischen Herkünften und Verwendungen bestanden hat. Darüber hinaus konnten in einer Größenordnung von 200 T€ längerfristige Finanzmittel für kurzfristige Verwendungen eingesetzt werden. Hiermit hat sich die Liquiditätslage, gemessen in den Veränderungen von Vermögen und Kapital, im vergangenen Geschäftsjahr verbessert.

Darüber hinaus ist es möglich, die Bewegungsbilanz derart zu strukturieren, dass die Quellen, aus denen die Finanzmittel beschafft werden und die Schwerpunkte der Mittelverwendung sichtbar werden. Für die Unterteilung der Mittelherkünfte bietet sich eine Gliederung nach den **Finanzierungsarten** an (z. B. Eigen-, Fremdfinanzierung, Finanzierung aus Umsatz oder Vermögensabbau). Im Hinblick auf den Verwendungsbereich empfiehlt sich eine Gliederung nach Maßgabe des **Anlage-, Umlaufvermögens** einerseits und des **Eigen- und Fremdkapitals** andererseits. **Abbildung 312** zeigt die zum Zwecke einer Analyse der

---
[17] Vgl. *Lachnit* 1993, Sp. 186.

Mittelverwendung		in T€	Mittelherkunft		in T€
A. Investitionen:			A. Selbst erwirtschaftete		
1. Zunahme Sachanlagen	1.400		Finanzmittel:		
			1. Jahresüberschuss	400	
2. Zunahme Finanzanlagen	300	1.700	2. Abschreibungen auf Sachanlagen	1.500	
			3. Zunahme Rückstellungen	1.000	2.900
B. Betriebsmittelerhöhungen:					
1. Zunahme Vorräte	200				
2. Zunahme Forderungen aus Lieferungen und Leistungen	300		B. Deinvestition:		
			1. Abnahme sonstige Vermögensgegenstände		500
3. Zunahme Wertpapiere	500	1.000			
			C. Abnahme Flüssige Mittel:		100
C. Abnahme Gewinnrücklagen:		100	D. Eigenfinanzierung:		
			1. Zunahme gezeichnetes Kapital	100	
D. Dividendenzahlungen (Bilanzgewinn 2011):		700	2. Zunahme Kapitalrücklage	100	
E. Fremdkapitaltilgung:			3. Entnahmen aus anderen Gewinnrücklagen	100	300
1. Abnahme Anleihen	100				
2. Abnahme Verbindlichkeiten gegenüber Kreditinstituten	400	500			
			E. Fremdfinanzierung:		
			1. Zunahme Verbindlichkeiten aus Lieferungen und Leistungen	100	
			2. Zunahme sonstige Verbindlichkeiten	100	200
Summe Mittelverwendung		4.000	Summe Mittelherkunft		4.000

Abb. 312: Nach Arten der finanziellen Quellen und Verwendungen gegliederte Bewegungsbilanz für das Geschäftsjahr 2012

Finanzpolitik des Unternehmens nach Maßgabe des **Bruttoprinzips** umgegliederte Bewegungsbilanz. Hier kommt zum Ausdruck, dass die beträchtlichen Investitionen im Anlagevermögen (1.700 T€) und die umfangreichen Aufstockungen des Umlaufvermögens (1.000 T€) vollständig durch selbst erwirtschaftete Finanzmittel in Gestalt des Cash Flows (2.900 T€) gedeckt werden.[18]

Im Rahmen der Mittelherkünfte spielte die Eigen- und Fremdfinanzierung mit insgesamt 500 T€ im abgelaufenen Geschäftsjahr lediglich eine untergeordnete Rolle. Darüber hinaus

---

[18] Vgl. *Lachnit* 1993, Sp. 187 f; zum Begriff und zu den unterschiedlichen Arten des Cash Flows vgl. die Ausführungen im Fünften Teil zu Gliederungspunkt IV.B.2.

Mittelverwendung		in T€	Mittelherkunft		in T€
A. Aktivzunahmen:			**B. Aktivabnahmen:**		
I. Anlagevermögen			I. Anlagevermögen		
1. Sachanlagen	1.400		1. Sachanlagen	<u>1.500</u>	1.500
(Investition)			(Abschreibungen)		
2. Finanzanlage	<u>300</u>	1.700	II. Umlaufvermögen		
(Investition)			1. Sonstige		
			Vermögens-		
II. Umlaufvermögen			gegenstände	500	
1. Vorräte	200		2. Flüssige Mittel	<u>100</u>	600
2. Forderungen aus	300				
Lieferungen und			**B. Passivzunahme:**		
Leistungen			I. Eigenkapital		
3. Wertpapiere	<u>500</u>	1.000	1. Gezeichnetes	100	
			Kapital		
B. Passivabnahmen:			2. Kapitalrücklage	100	
I. Eigenkapital			3. Bilanzgewinn 2012	<u>500</u>	700
1. Gewinnrücklagen	100				
2. Dividenden-	<u>700</u>	800	II. Fremdkapital		
zahlungen			1. Rückstellungen	1.000	
(Bilanzgewinn 2011)			2. Verbindlichkeiten		
			aus Lieferungen		
II. Fremdkapital			und Leistungen	100	
1. Anleihen			3. Sonstige Verbind-	<u>100</u>	1.200
2. Verbindlichkeiten	100		lichkeiten		
gegenüber	<u>400</u>	500			
Kreditinstituten					
Summe Mittelverwendung		4.000	Summe Mittelherkunft		4.000

Abb. 313: Nach Beständeschichten gegliederte Bewegungsbilanz für das Geschäftsjahr 2012

war das Unternehmen im Hinblick auf die Mittelverwendung in der Lage, neben Dividendenzahlungen an die Aktionäre für das Geschäftsjahr 2005 in Höhe von 700 T€ Tilgungen des langfristigen Fremdkapitals im Umfange von 500 T€ vorzunehmen.

Schließlich kann die Bewegungsbilanz dazu eingesetzt werden, die **Änderungen der Bilanz- und Finanzstruktur** in der vergangenen Rechnungsperiode näher zu analysieren. Zu diesem Zwecke ist die Bewegungsbilanz dergestalt umzugliedern, dass die Möglichkeit besteht, Aussagen über die Veränderung der Zusammensetzung von Vermögen und Kapital im jeweiligen Betrachtungszeitraum vornehmen zu können.[19] **Abbildung 313** verdeutlicht eine derartige Umgestaltung der Bewegungsbilanz nach den **Beständeschichten** Anlage-, Umlaufvermögen sowie Eigen- und Fremdkapital unter Zugrundelegung des **Bruttoprinzips**. Im Fremdkapitalbereich fällt die elementare Nettoaufstockung von 700 T€ ins Auge, die im

---

[19] Vgl. *Lachnit* 1993, Sp. 188 f.

Wesentlichen durch die Zunahme der Rückstellungsbildung im Umfange von 1.000 T€ bedingt ist. Beim Eigenkapitalbereich sind Mittelherkünfte und Mittelverwendungen bis auf eine Differenz von 100 T€ nahezu ausgeglichen. Die Investitionen im Sachanlagevermögen (1.400 T€) haben hingegen nicht ausgereicht, um die in Form von Abschreibungen als Mittelherkünfte interpretierten Wertminderungen (1.500 T€) zu kompensieren, so dass die im Ergebnis zu verzeichnende Ausweitung des Anlagevermögens (200 T€) auf Investitionen in Finanzanlagen basiert. Das Umlaufvermögen ist durch einen beträchtlichen Bestandsaufbau gekennzeichnet, wobei auffällt, dass sich die Liquiditätslage durch die Abnahme der flüssigen Mittel um 100 T€ geringfügig verschlechtert hat.

2. Kapitalflussrechnung

a. Cash Flow-Begriff

Im Grundsatz wird der Cash Flow als Überschuss der betrieblichen Einzahlungen über die betrieblichen Auszahlungen einer Rechnungsperiode definiert. Hieraus folgt, dass diese **Finanzierungskennzahl** einerseits einen Indikator zur Beurteilung der **Zahlungsfähigkeit** (**Innenfinanzierungskraft**) und damit des **dynamischen Schuldendeckungspotenzials** des Unternehmens liefert. Andererseits stellt der Cash Flow aber auch eine **Erfolgskennzahl** dar, da hierdurch angezeigt wird, welchen Umfang das unmittelbar für Investitionen sowie den **Fremd- und Eigenkapitaldienst** (Zinsen, Tilgungen und Ausschüttungen) verwendbare, aus der laufenden (operativen) Tätigkeit des Unternehmens resultierende Ergebnis annimmt. Wie **Abbildung 314** verdeutlicht, lassen sich aus diesen Verwendungsmöglichkeiten des Cash Flows die Begriffe **Operativer Cash Flow**, **Brutto Cash Flow** und **Netto Cash Flow** ableiten.

Zur Ermittlung des operativen Cash Flow bestehen zwei grundsätzliche Möglichkeiten. Während bei der **direkten Methode** Einzahlungen, die in der Periode gleichzeitig zu Erträgen geführt haben, und Auszahlungen, die den Aufwendungen der Periode entsprechen, gegenübergestellt werden, leitet die **indirekte Methode** den operativen Cash Flow aus dem **Jahresergebnis** der externen Rechnungslegung ab, indem dieses zunächst um solche Komponenten korrigiert wird, die **nicht zahlungswirksam** sind (z. B. Ab- und Zuschreibungen sowie Rückstellungsveränderungen). Ferner sind in die **Überleitungsrechnung** Bestandsveränderungen bei Posten des Nettoumlaufvermögens (z. B. Vorratsvermögen und Forderungen sowie Verbindlichkeiten aus Lieferungen und Leistungen) korrigierend einzubeziehen, die nicht die **Investitionstätigkeit** (z. B. Auszahlungen für Investitionen in das Anlagevermögen) oder die **Finanzierungstätigkeit** (z. B. Einzahlungen aus Kapitalerhöhungen) betreffen. Da die direkte Ermittlung des Cash Flows sehr aufwändig ist und keine unmittelbare Verbindung zum Jahresabschluss herstellt, wird im Rahmen der externen Rechnungslegung die indirekte Methode bevorzugt.

Abbildung 315 zeigt das zusammenfassend die einzelnen Schritte zur Überleitung des Jahresergebnisses zum operativen Cash Flow einer Rechnungsperiode.[20]

---

[20] Vgl. DRS 2, Anlage, Tabelle 6.

IV. Erweiterte Rechnungslegungsinstrumente

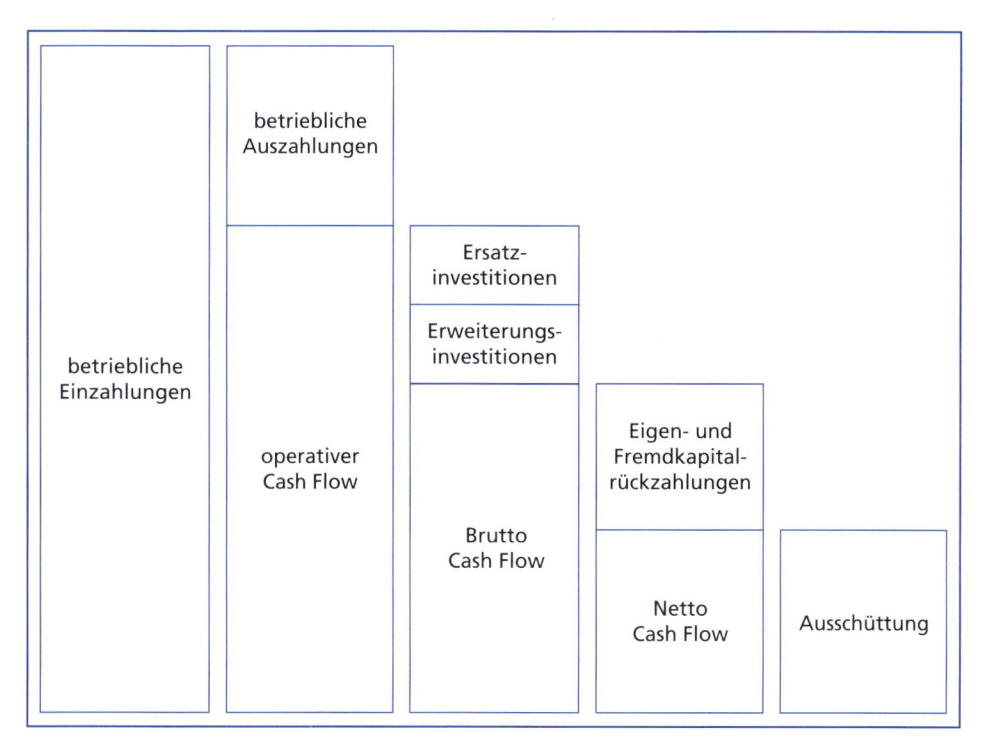

Abb. 314: Definitionen des Cash Flows

1.		**Jahresüberschuss/-fehlbetrag**
2.	+/-	Ab-/Zuschreibungen auf Gegenstände des Anlagevermögens
3.	+/-	Veränderung der Rückstellungen
4.	+/-	Veränderung der sonstigen zahlungsunwirksamen Aufwendungen/Erträge
5.	-/+	Veränderung aus dem Abgang von Gegenständen des Anlagevermögens
6.	-/+	Veränderung der Vorräte, der Forderungen aus Lieferungen und Leistungen sowie anderer Aktiva, die nicht der Investitions- oder Finanzierungstätigkeit zuzuordnen sind
7.	+/-	Veränderung der Verbindlichkeiten aus Lieferungen und Leistungen sowie anderer Passiva, die nicht der Investitions- oder Finanzierungstätigkeit zuzuordnen sind
8.	+/-	Ein- und Auszahlungen aus außerordentlichen Posten
9.	=	**Cash Flow aus laufender Geschäftstätigkeit (operativ)**

Abb. 315: Überleitungsschema zur indirekten Ermittlung des Cash Flows nach DRS 2

b. Aufbau

Die Zielsetzung der Kapitalflussrechnung besteht darin, den Adressaten der Rechnungslegung **finanzielle Informationen** zu vermitteln, die dem Jahresabschluss und den Lagebericht nicht oder nur mittelbar entnommen werden können. Insbesondere wird beabsichtigt, externe Koalitionsteilnehmern durch die differenzierte Darstellung von Zahlungsgrößen in die Lage zu versetzen, sich über die Möglichkeiten des Unternehmens ein Bild zu verschaf-

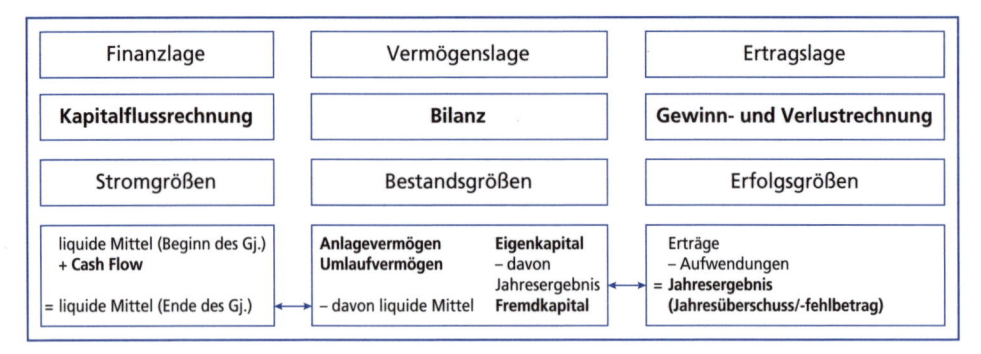

Abb. 316: Zusammenhänge zwischen Bilanz, Gewinn- und Verlustrechnung sowie Kapitalflussrechnung

fen, **Zahlungsüberschüsse** zu erwirtschaften, **Investitionen** zu tätigen, **Schulden** zu tilgen, **Ausschüttungen** herzustellen und **kreditwürdig** zu bleiben. Darüber hinaus sollen Unterschiede zwischen dem Jahresergebnis und Zahlungsvorgängen, die diesem zugrunde liegen, erklärt sowie Auskunft über Auswirkungen von **zahlungswirksamen** und **zahlungsunwirksamen Investitions- und Finanzierungsvorgängen** auf die Finanzlage des Unternehmens gegeben werden. Obwohl die Kapitalflussrechnung im Kontext der externen Rechnungslegung **vergangenheitsorientierten Charakter** trägt, kann sie aber auch auf Planbasis zur internen Liquiditäts-, Investitions- und Finanzierungssteuerung eingesetzt werden. Die **Abbildung 316**[21] zeigt die Verbindungslinien zwischen der Kapitalflussrechnung, der Bilanz sowie der Gewinn- und Verlustrechnung auf.

Im Handelsrecht sind, wie bereits ausgeführt, keine Vorgaben zu den Inhalten bzw. zur Strukturierung der Kapitalflussrechnung zu finden. Vor diesem Hintergrund bietet sich ein Rückgriff auf **DRS 2** an, der zwar lediglich für den handelsrechtlichen Konzernabschluss eine Bindungswirkung entfaltet, jedoch auch auf Einzelabschlussebene empfohlen wird.

Laut DRS 2 sind die Zahlungsströme getrennt nach den **Cash Flows** aus der **laufenden Geschäftstätigkeit**, aus der **Investitionstätigkeit** (einschließlich Deinvestitionen) und aus der **Finanzierungstätigkeit** darzustellen.[22] Wie **Abbildung 317** zeigt, muss die Summe der Cash Flows aus diesen drei Tätigkeitsbereichen unter zusätzlicher Berücksichtigung der **wechselkursbedingten** und **sonstigen Wertänderungen der Fondsbestände** der Änderung des Finanzmittelfonds in der Berichtsperiode entsprechen. Von entscheidender Bedeutung für die Aussagekraft und Interpretierbarkeit einer Kapitalflussrechnung ist die **Abgrenzung des Finanzmittelfonds**. Dieser stellt die Zusammenfassung mehrerer Bilanzposten zu einer buchhalterischen Einheit dar, für den Änderungen infolge von Zu- und Abflüssen in der Kapitalflussrechnung beschrieben werden sollen. Nach DRS 2 sind nur **Zahlungsmittel und Zahlungsmittel-Äquivalente** in den Finanzmittelfonds einzubeziehen.[23] Zum Finanzmittelfonds gehören somit die **liquiden Mittel** i. S. v. § 266 Abs. 2 Posten B. IV. HGB, also **Kassenbestände, Bundesbankguthaben, Guthaben bei Kreditinstituten und Schecks**. Diese Be-

---

[21] In Anlehnung an *Coenenberg/Haller/Schultze* 2012, S. 792.
[22] Vgl. DRS 2, Anm. 7.
[23] Vgl. DRS 2, Anm. 6.

1.		Jahresüberschuss/Jahresfehlbetrag
2.	+/-	Abschreibungen/Zuschreibungen auf Gegenstände des Anlagevermögens
3.	+/-	Veränderung der Rückstellungen
4.	+/-	Veränderung der sonstigen zahlungsunwirksamen Aufwendungen/Erträge (z. B. Erträge aus der Auflösung passivierter Investitionszuschüsse, Abschreibungen auf Wertpapiere des Umlaufvermögens und auf ein aktiviertes Disagio)
5.	-/+	Veränderungen aus dem Abgang von Gegenständen des Anlagevermögens
6.	-/+	Veränderung der Vorräte, der Forderungen aus Lieferungen und Leistungen sowie anderer Aktiva, die nicht der Investitions- und Finanzierungstätigkeit zuzuordnen sind (z. B. geleistete Anzahlungen für Vorräte, sonstige Vermögensgegenstände, aktive Rechnungsabgrenzungsposten)
7.	+/-	Veränderungen der Verbindlichkeiten aus Lieferungen und Leistungen sowie anderer Passiva, die nicht der Investitions- und Finanzierungstätigkeit zuzuordnen sind (z. B. erhaltene Anzahlungen für Warenlieferungen, sonstige Verbindlichkeiten, passive Rechnungsabgrenzungsposten)
8.	+/-	Ein- und Auszahlungen aus außerordentlichen Posten
9.	=	**Cash Flow aus laufender Geschäftstätigkeit (operativer Cash Flow)**
10.		Einzahlungen aus Abgängen (z. B. Verkaufserlöse, Tilgungsbeträge) von Gegenständen des Anlagevermögens (Restbuchwerte der Abgänge erhöht um Gewinne und vermindert um Verluste aus dem Anlagenabgang)
11.	-	Auszahlungen für Investitionen in das Anlagevermögen
12.	=	**Cash Flow aus der Investitionstätigkeit**
13.		Einzahlungen aus Kapitalerhöhungen und Zuschüssen der Gesellschafter
14.	-	Auszahlungen an Gesellschafter (Dividenden, Kapitalrückzahlungen, andere Ausschüttungen)
15.	+	Einzahlungen aus der Begebung von Anleihen und aus der Aufnahme von (Finanz-)Krediten
16.	-	Auszahlungen für die Tilgung von Anleihen und (Finanz-)Krediten
17.	=	**Cash Flow aus der Finanzierungstätigkeit**
18.		Zahlungswirksame Veränderungen des Finanzmitttelfonds (Summe der Zeilen 9., 12. und 17.)
19.	+/-	Wechselkursbedingte und sonstige Wertveränderungen des Finanzmittelfonds
20.	+	Finanzmittelfonds am Anfang der Periode
21.	=	**Finanzmittelfonds am Ende der Periode**

Abb. 317: Vereinfachte Struktur einer Kapitalflussrechnung bei indirekter Berechnung der Cash Flows aus laufender Geschäftstätigkeit nach DRS 2

stände sind nur geringfügigen Einlösungsrisiken ausgesetzt, weisen eine kurzfristige Veräußerbarkeit auf oder haben eine Restlaufzeit von maximal drei Monaten. Die aufgeführten Bilanzposten sollten deshalb nur dann in den Finanzmittelfonds einbezogen werden, wenn sie dazu dienen, kurzfristigen Zahlungsverpflichtungen nachzukommen und **nicht als Finanzinvestitionen** gehalten werden. Unter Beachtung des Stetigkeitsgrundsatzes besteht die Möglichkeit, **weitere Posten** (z. B. **kurzfristig veräußerbare Wertpapiere**) in den Fonds zu integrieren. Auch **jederzeit fällige Bankverbindlichkeiten** können in Abweichung vom Bruttoprinzip, mit einem negativen Vorzeichen versehen, in den Finanzmittelfonds einbezogen werden. In derartigen Fällen werden **gesonderte Informationen** über die Zusammensetzung des Finanzmittelfonds im **Anhang** erforderlich.

Für die Darstellung der Mittelzuflüsse/-abflüsse aus laufender Geschäftstätigkeit besteht innerhalb der Kapitalflussrechnung ein **Wahlrecht** zwischen der **direkten** und der **indirekten Methode**, wobei Letzterer aufgrund ihrer Verbindung zum Jahresabschluss und der einfacheren Erstellung der Vorzug gegeben wird. Hierbei fällt auf, dass im Rahmen der in **Abbildung 317** dargestellten Überleitungsrechnung die Cash Flows aus Investitions- und Finanzierungstätigkeit nach der direkten Methode erstellt werden.

Wie schon im Rahmen der indirekten Ermittlung des operativen Cash Flow (Zeile 9.) gezeigt, wird bei der Überleitungsmethode die Ausgangsgröße Jahresergebnis in Gestalt einer **Rückrechnung** um zahlungsunwirksame Erfolgsgrößen korrigiert sowie um fondswirksame, nicht in der Erfolgsrechnung sowie im Investitions- und Finanzierungsbereich erfasste Vorgänge ergänzt. Um zum **Cash Flow aus der Investitionstätigkeit** (Zeile 12.) zu gelangen, bedarf es anschließend der Berücksichtigung von Einzahlungen aus dem Abgang von immateriellen Vermögensgütern, Sach- und Finanzanlagen, sofern diese **fondswirksamen Charakter** tragen. Korrespondierend zu dieser Vorgehensweise müssen Auszahlungen für Investitionen in das Anlagevermögen abgezogen werden, wenn sie den **Finanzmittelfonds** verändert haben. Der **Cash Flow aus der Finanzierungstätigkeit** (Zeile 17.) ergibt sich, wenn solche Ein- und Auszahlungen erfasst werden, welche derartige fondsbezogene Veränderungen des Eigen- und Fremdkapitals betreffen, die nicht bereits innerhalb des Bereichs der laufenden Geschäftstätigkeit erfasst wurden. Den Abschluss der Kapitalflussrechnung bildet die **Finanzmittelnachweisrechnung**, die als **Bestandsrechnung** die Entwicklung der Finanzmittelfonds einer Rechnungsperiode dokumentiert. Zunächst wird durch Zeile 18. „Zahlungswirksame Veränderung des Finanzmittelfonds" gezeigt, aus welchen Quellen die Zu- und Abflüsse der Periode stammen (laufende Geschäfts-, Investitions- und Finanzierungstätigkeit). Innerhalb einer Periode kann der Finanzmittelbestand jedoch auch durch **Änderungen der Umrechnungskurse** (Finanzmittelfonds beinhaltet Fremdwährungsposten) oder durch **Wertänderungen** (Finanzmittelfonds beinhaltet z. B. Wertpapiere) (Zeile 19.) **zahlungsunwirksam** variiert werden. Aufgrund der **fehlenden Zahlungswirksamkeit** sind derartige umrechnungs- und wertbedingte Bestandsveränderungen folgerichtig im Finanzmittelnachweis zu korrigieren. Die Finanzmittelnachweisrechnung schließt mit dem **Finanzmittelfonds am Ende der Periode** (Zeile 21.) ab.

Im Ergebnis ergänzt die Kapitalflussrechnung die vom Jahresabschluss und Lagebericht gegebenen Informationen zur Finanzlage des Unternehmens, indem sie die erfolgswirtschaftlichen Kennzahlen (z. B. das Jahresergebnis) in eine finanzwirtschaftliche Darstellung (z. B. Cash Flow aus laufender Geschäftstätigkeit) transformiert. Sie soll nicht nur Aussagen über die **Innenfinanzierungskraft** und damit über die Herkunft finanzieller Mittel treffen, sondern darüber hinaus externen Adressaten Informationen über **Außenfinanzierungsvorgänge** und die **Verwendung** finanzieller Mittel liefern, da sie den gesamten **Saldo** des **Finanzmittelfonds** einer Periode erfasst und erklärt.

> **Beispiel:** Auf Basis der im vorstehenden Beispiel verwendeten verkürzten Handelsbilanzen der Geschäftsjahre 2011 und 2012 sowie der verkürzten GuV des Geschäftsjahres 2012 einer AG ist im Folgenden in **Abbildung 318** eine Kapitalflussrechnung erstellt worden. Der Finanzmittelfonds setzt sich aus Wertpapieren und flüssigen Mitteln zusammen. Neben den allgemeinen Daten aus dem Jahresabschluss ist zu berücksichtigen, dass der

IV. Erweiterte Rechnungslegungsinstrumente

zahlungswirksame Verkaufserlös aus Abgängen von Gegenständen des Anlagevermögens 150 T€ und der Restbuchwert 100 T€ beträgt.[24]

Die in **Abbildung 318** dargestellte Kapitalflussrechnung dokumentiert, dass die AG im Geschäftsjahr 2012 einen positiven Cash Flow aus laufender Geschäftstätigkeit in Höhe von 3.050 T€ erwirtschaftet hat. Diese finanziellen Mittel wurden in Höhe von 1.550 T€ für Investitionsauszahlungen in das Anlagevermögen und in Höhe von 1.100 T€ für Auszahlungen zum Zwecke von Fremdkapitaltilgungen verwandt. Die zahlungswirksame Veränderung des Finanzmittelfonds (400 T€) entspricht dem Jahresüberschuss, der in der nächsten Periode ausgeschüttet werden kann. Darüber hinaus lässt sich die Verwendung des gesamten operativen Cash Flow wie folgt dokumentieren:

	Operativer Cash Flow	3.050 T€
−	Zahlungsfehlbeträge aus Investitionstätigkeit	− 1.550 T€
=	Brutto Cash Flow	1.500 T€
−	Zahlungsfehlbeträge aus Finanzierungstätigkeit	− 1.100 T€
=	Netto Cash Flow (= Ausschüttung)	= 400 T€.

1.	Jahresüberschuss	400
2.	Abschreibungen auf Gegenstände des Anlagevermögens	1.500
3.	Zunahmen der Rückstellungen	1.000
4.	Gewinn aus dem Abgang von Gegenständen des Anlagevermögens	− 50
5.a)	Zunahme der Vorräte	− 200
5.b)	Zunahme der Forderungen aus Lieferungen und Leistungen	− 300
5.c)	Abnahme der Sonstigen Forderungen	500
6.a)	Zunahme der Verbindlichkeiten aus Lieferungen und Leistungen	100
6.b)	Zunahme der Sonstigen Verbindlichkeiten	100
7.	**Cash Flow aus laufender Geschäftstätigkeit**	**3.050**
8.	Einzahlungen aus Abgängen von Gegenständen des Anlagevermögens	150
9.a)	Auszahlungen für Investitionen in das Sachanlagevermögen	− 1.400
9.b)	Auszahlungen für Investitionen in das Finanzanlagevermögen	− 300
10.	**Cash Flow aus der Investitionstätigkeit**	**− 1.550**
11.	Einzahlungen aus Kapitalerhöhungen	100
12.	Auszahlungen an Gesellschafter (Dividende 2011)	− 700
13.a)	Auszahlungen für die Tilgung von Anleihen	− 100
13.b)	Auszahlungen für die Tilgung von (Finanz-)Krediten (Veränderung der Verbindlichkeiten gegenüber Kreditinstituten)	− 400
14.	**Cash Flow aus der Finanzierungstätigkeit**	**− 1.100**
15.	Zahlungswirksame Veränderung des Finanzmittelfonds (Summe der Zeilen 7., 10., 14.)	400
16.	Wechselkursbedingte und sonstige Wertänderungen des Finanzmittelfonds	–
17.	Finanzmittelfonds am Anfang der Periode	4.000
18.	Finanzmittelfonds am Ende der Periode[a]	**4.400**

[a] Finanzmittelfonds = Wertpapiere (3.500 T €) und flüssige Mittel (900 T €).

Abb. 318: Kapitalflussrechnung bei indirekter Berechnung der Cash Flows aus laufender Geschäftstätigkeit für das Geschäftsjahr 2012 (alle Werte in T€)

Der Aufbau der handelsrechtlichen Kapitalflussrechnung nach **DRS 2** hat sich bewusst an **IAS 7** angelehnt, der in Abgrenzung zum Handelsrecht nicht nur bei kapitalmarktorientierten Unternehmen zwingend berücksichtigt werden muss. Vielmehr ist, wie bereits dargestellt, die Kapitalflussrechnung ein zwingender Bestandteil des IFRS-Jahresabschlusses gemäß IAS 1.10d. Aus struktureller Sicht lassen sich keine wesentlichen Unterschiede zwischen DRS 2 und IAS 7 feststellen.

3. Eigenkapitalveränderungsrechnung (Eigenkapitalspiegel)

Für die Investoren als Primäradressaten kapitalmarktorientierter Unternehmen sind die zeitliche Veränderung des Eigenkapitals und die Darstellung ihrer Ursachen im Laufe der Berichtsperiode von elementarer Bedeutung für das Entscheidungsverhalten. Da mithilfe der Bilanz lediglich die Anfangs- und Schlussbestände des Eigenkapitals gezeigt werden, besitzt die Eigenkapitalveränderungsrechnung (**Eigenkapitalspiegel**) eine wichtige Ergänzungsfunktion. Als Ursachen einer **Eigenkapitaländerung** können Transaktionen der bzw. mit den Eigentümern, in der laufenden oder früheren Perioden entstandene, aber noch nicht ausgeschüttete Gewinne sowie erfolgsneutral im Eigenkapital erfasste Bewertungsergebnisse angeführt werden. Die Eigenkapitalveränderungsrechnung, welche in Übereinstimmung zur Kapitalflussrechnung aus handelsrechtlicher Sicht lediglich bei kapitalmarktorientierten Unternehmen im Sinne von § 264d HGB verpflichtend ist, soll über die **Ergebnisverwendung** berichten und umfassend über die **Darstellung der erfolgsneutralen Kapitaländerungen** informieren, die nicht aus Transaktionen mit den Anteilseigner resultieren. Da der handelsrechtliche Gesetzgeber keine Vorgaben zur Struktur der Eigenkapitalveränderungsrechnung trifft, empfiehlt sich der Rückgriff auf **DRS 7**.[24] Die nachfolgende **Abbildung 319** zeigt die vereinfachte Struktur eines Eigenkapitalspiegels am Beispiel einer AG.[25] Hierbei sind die Veränderungen der einzelnen Komponenten des Eigenkapitals (gezeichnetes Kapital, Kapitalrücklage, Gewinnrücklagen, Jahresergebnis) anzugeben, die sich aus der Ausgabe von Anteilen, dem Erwerb bzw. der Einziehung eigener Anteile, gezahlten Dividenden oder übrigen Veränderungen ergeben. Bei Bedarf empfiehlt sich ebenfalls eine separate **Rücklagenveränderungsrechnung** (**Rücklagenspiegel**), um die Informationsfunktion der Rechnungslegung zusätzlich zu erhöhen.[26]

Wie bereits ausgeführt, lehnen sich die DRS stark an den IFRS an, um die Unterschiede zwischen der handelsrechtlichen und internationalen Rechnungslegung zu verringern. So greift der DRS 7 auf die entsprechenden Vorgaben des IAS 1.106 zurück. Der Eigenkapitalspiegel ist aufgrund der kapitalmarktorientierten Rechnungslegungskonzeption ein zwingender Bestandteil des IFRS-Abschlusses. Neben den erfolgsneutralen Eigenkapitalveränderungen durch Transaktionen zwischen Unternehmen und Anteilseignern werden im Rahmen der

---

[24] Modifiziert entnommen von *Mansch/Stolberg/Wysocki* 1995, S. 199–203.
[24] Vgl. DRS 7, Anm. 1–19.
[25] Modifiziert entnommen von *Driesch* 2009, S. 167. Vgl. hierzu auch *Freidank* 2012b, S. 305.
[26] Vgl. hierzu die Ausführungen im Fünften Teil zu Gliederungspunkt III.B:c.c.c(c)(δ).

IV. Erweiterte Rechnungslegungsinstrumente

	Gezeichnetes Kapital		Kapital-rücklage	Gewinn-rücklagen	Jahresergebnis	Eigenkapital
	Stamm-aktien	Vorzugs-aktien				
EB 31.12.2011						
Ausgabe von Anteilen						
Erwerb/Einziehung eigener Anteile						
gezahlte Dividenden						
übrige Veränderungen						
EB 31.12.2012						

Abb. 319: Mögliche Struktur des Eigenkapitalspiegels nach DRS 7

IFRS-Rechnungslegung bestimmte Sachverhalte ergebnisneutral als **Other Comprehensive Income** erfasst. Dies gilt u. a. bei der Neubewertung von Sachanlagen nach IAS 16 sowie von immateriellen Vermögenswerten nach IAS 38 über die historischen Kosten hinaus. Das Fair Presentation-Prinzip erfordert Informationen über sämtliche Veränderungen des Eigenkapitals während einer Berichtsperiode, vor allem über die Unternehmensgesamtleistung. Als **Mindestangaben** der Eigenkapitalveränderungsrechnung werden in IAS 1.106 daher

- der Periodengesamterfolg (erfolgsneutrale und -erfolgswirksame Erträge und Aufwendungen),
- die Auswirkungen der gemäß IAS 8 erfassten Änderungen der Bilanzierungs- und Bewertungsmethoden sowie Fehlerberichtigungen und
- die Überleitung sämtlicher Eigenkapitalkomponenten von Periodenbeginn zum -ende angeführt. Dabei sind die Änderungen der Gewinne oder Verluste, jeder Posten des sonstigen Ergebnisses sowie Geschäftsvorfälle mit Eigentümern, die in ihrer Eigenschaft als Eigentümer handeln und Ausschüttungen an Eigentümer sowie der Eigentumsanteile separat anzugeben.

Eine spezielle Darstellungsform ist aus Gründen der Flexibilität nicht vorgeschrieben, wodurch die zwischenbetriebliche Vergleichbarkeit beeinträchtigt wird.

> **Beispiel:**[27] Die XY-AG hat vor Berücksichtigung der nachfolgenden Geschäftsvorfälle ein vorläufiges Periodenergebnis nach IFRS im Jahre 2011 von 15 Mio. € und im Jahre 2012 von 38 Mio. € ausgewiesen. Im Jahre 2012 wurde eine Dividende für das vorherige Jahr 2011 i. H. v. 4 Mio. € ausgezahlt. Ansonsten verfügte die XY-AG zu Beginn des Jahres 2011 über ein gezeichnetes Kapital von 80 Mio. €, eine Kapitalrücklage von 50 Mio. € und Gewinnrücklagen von 20 Mio. €. Weiteres Eigenkapital ist nicht vorhanden. Der Ertragsteuersatz beträgt 40 %.
>
> *Kapitalerhöhung:*
>
> Am 31.01.2011 wurde eine Kapitalerhöhung durch Ausgabe neuer Aktien mit einem Nennwert von 5,0 Mio. € durchgeführt. Durch die Ausgabe der neuen Aktien wurde ein Erlös von 30,0 Mio. € realisiert. Der AG entstanden im Zusammenhang mit der Kapitalerhöhung Kosten i. H. v. 3,3 Mio € (davon 3 Mio. intern entstandene Gemeinkosten), die in voller Höhe steuerlich abzugsfähig sind und als sonstige betriebliche Aufwendungen verrechnet wurden. Die AG hat die Kapitalerhöhung wie folgt verbucht:
>
> | Guthaben bei Kreditinstituten | 30 Mio. € | an | – Gezeichnetes Kapital | 5 Mio. € |
> |---|---|---|---|---|
> | | | | – Kapitalrücklage | 25 Mio. €. |
>
> Die intern entstandenen Gemeinkosten i. H. v. 3 Mio. € zählen nach IAS 32.37 nicht zu den Transaktionskosten der Kapitalerhöhung und sind von der Kapitalrücklage abzuziehen:
>
> | Kapitalrücklage | | an | Sonstiger betrieblicher Aufwand | 3 Mio. €. |
> |---|---|---|---|---|

IV. Erweiterte Rechnungslegungsinstrumente

Da die AG fälschlicherweise aus den Transaktionskosten einen Steuervorteil gezogen hat, ist die Steuerabgrenzung, welche sich auf den erfolgsneutral abgegrenzten Geschäftsvorfall bezieht, analog erfolgsneutral zu neutralisieren:

| Ertragsteueraufwand | an | Kapitalrücklage | 1,2 Mio. €. |

Insgesamt erhöht sich das Periodenergebnis im Jahre 2011 um 1,8 Mio. €.

Bewertung von Betriebsgrundstücken

Die Ergebnisse der Neubewertung wurden noch nicht verrechnet. Zum 31.12.2011 ist erstmalig eine Neubewertung der unbebauten Betriebsgrundstücke durchgeführt worden. Es ergab sich ein positiver Unterschiedsbetrag i. H. v. 50 Mio. € gegenüber dem Anschaffungskostenprinzip (Buchwert). In 2012 hatte die AG einige unbebaute Betriebsgrundstücke verkauft. Auf die verkauften Betriebsgrundstücke war zum 31.12.2011 ein Mehrwert von 40 Mio. € entfallen. Der Verkauf führt zu einem Gewinn vor Steuern in der Gewinn- und Verlustrechnung i. H. v. 45 Mio. €, der in den sonstigen betrieblichen Erträgen enthalten ist. Die Veräußerungsgewinne aus den Grundstücken sind steuerpflichtig. Im Jahre 2012 fand keine weitere Neubewertung statt. Zum 31.12.2011 ist die Neubewertung der Beriebsgrundstücke wie folgt zu buchen:

| Grundstücke | an | sonstiges Gesamtergebnis (Gewinne aus Neubewertung) | 50 Mio. € |
| Sonstiges Gesamtergebnis (latente Steuern auf Neubewertung) | an | passive latente Steuern | 20 Mio. €. |

Zum 31.12.2012 wurden die Betriebsgrundstücke verkauft, die einen Mehrwert von 40 Mio. € und eine Neubewertungsrücklage von 24 Mio. € einschließen. Die Ausbuchung der Neubewertungsrücklage ist erfolgsneutral gegen die Gewinnrücklagen zu erfassen.

| Neubewertungsrücklage | an | Gewinnrücklagen | 24 Mio. € |

Die bislang im vorläufigen Abschluss in der Gewinn- und Verlustrechnung erfassten Erfolgswirkungen sind zu neutralisieren.

| Sonstige betriebliche Erträge | an | Grundstücke | 40 Mio. € |
| Passive latente Steuern | an | Ertragsteuern | 16 Mio. €. |

Insgesamt verringert sich das Periodenergebnis in 2012 gegenüber dem vorläufigen Ergebnis um 24 Mio. €. Aus dem Grundstücksverkauf resuliert in 2012 ein Gewinn vor Steuern i. H. v. 5 Mio. € bzw. ein Gewinn nach Steuern von 3 Mio. €.

Die Eigenkapitalveränderungsrechnung nach IAS 1.106 hat das in **Abbildung 320** gezeigte Aussehen.

	Gezeichnetes Kapital	Kapitalrücklage	Gewinnrücklagen	Neubewertungsrücklage	Summe
vorläufiger AB 01.01.2011	80 Mio. €	50 Mio. €	20 Mio. €		150 Mio. €
Kapitalerhöhung (vor Korrektur)	5 Mio. €	25 Mio. €			30 Mio. €
Transaktionskosten zur Kapitalerhöhung		-1,8 Mio. €			-1,8 Mio. €
Kapitalerhöhung	5 Mio. €	23,2 Mio. €			28,2 Mio. €
Periodenergebnis 2011			16,8 Mio. €		16,8 Mio. €
Sonstiges Gesamtergebnis 2011				30 Mio. €	30 Mio. €
EB 31.12.2011	85 Mio. €	73,2 Mio. €	36,8 Mio. €	30 Mio. €	225 Mio. €
Periodenergebnis 2012			14 Mio. €		14 Mio. €
Sonstiges Gesamtergebnis 2012					
Dividendenzahlung 2012			– 4 Mio. €		– 4 Mio. €
Reklassifizierung von Neubewertungsrücklagen			24 Mio. €	–24 Mio. €	
EB 31.12.2012	85 Mio. €	73,2 Mio. €	70,8 Mio. €	6 Mio. €	235 Mio. €

Abb. 320: Eigenkapitalspiegel nach IAS 1.106 für 2011 und 2012

C. Segmentbericht

Im Zuge der zunehmenden Internationalisierung der Geschäftstätigkeit sind Tendenzen zur Ausdehnung der Geschäftsaktivitäten auf unterschiedliche Tätigkeitsbereiche und/oder Märkten zu erkennen (**Diversifikationsentwicklung**). Eine Aggregation von unterschiedlichen Unternehmenstätigkeiten auf differierenden regionalen Märkten im Jahresabschluss führt zu Informationsdefiziten und zu einer Verzerrung der Aussagen, sodass sich die Notwendigkeit zur Veröffentlichung ergänzender Rechnungslegungsinformationen über produkt- und/oder marktbezogene Tätigkeitsbereiche (**Segmentbericht**) ergibt. Aus handelsrechtlicher Sicht ist zunächst auf die in § 285 Nr. 4 HGB kodifizierten **Pflichtangaben** im **Anhang** von Kapitalgesellschaften und ihnen gesetzlich gleichgestellte Unternehmen über **spezifische Segmentinformationen** hinzuweisen. Einziges Objekt der handelsrechtlichen Pflichtsegmentierung ist der **Umsatz bzw. die Umsatzerlöse**. Die Aufgliederung bezieht

---

[27] Das Beispiel wurde modifiziert übernommen von *Kirsch* 2012, S. 338 f.

sich auf die Nettoumsatzerlöse der GuV (§ 275 Abs. 2 Nr. 1, Abs. 3 Nr. 1 HGB, § 277 Abs. 1 HGB) und kann durch Angabe der absoluten Teile der Umsatzzahlen oder der relativen Anteile am Gesamtumsatz erfolgen.[27] Wichtig ist, dass es sich hierbei lediglich um eine **Aufspaltung eines** GuV-Postens und nicht etwa um eine Beurteilung handelt.

Neben der vorstehend benannten begrenzten segmentspezifischen Pflichtpublizität besteht für sämtliche Unternehmen gemäß § 264 Abs. 1 HGB ein Wahlrecht zur Erstellung eines „großen" Segmentberichts. Aufgrund der fehlenden inhaltlichen Konkretisierung im Handelsrecht empfiehlt sich ein Rückgriff auf **DRS 3**.[28] Ein operatives Segment wird hiernach als Unternehmensteil definiert, der geschäftliche Tätigkeiten entfaltet, die potentiell oder tatsächlich zu externen bzw. intersegmentären Umsatzerlösen führen und der regelmäßig von der Unternehmensleitung zur Beurteilung der wirtschaftlichen Lage überwacht wird. Die Abgrenzung der operativen Segmente ergibt sich aus der internen Organisations- und Berichtsstruktur (**Management Approach**).[29] Eine Berichtspflicht resultiert jedoch nur bei Überschreitung bestimmter Schwellenwerte. Ein operatives Segment ist lediglich dann berichtspflichtig, wenn die Umsatzerlöse mit externen Kunden und anderen Segmenten, das Segmentergebnis und das -vermögen mindestens jeweils 10 % des jeweiligen Gesamtbetrags übersteigen.[30] Ferner ist eine Zusammenfassung von Segmenten angezeigt, die im Verhältnis zueinander homogene Chancen und Risiken aufweisen. Überdies wird eine **Überleitungsrechnung** von den Segmentdaten auf den korrespondierenden Gesamtausweis im Jahresabschluss eingefordert. Spezielle Angabepflichten zur Segmentabgrenzung, betragsmäßige Angaben je Segment, Überleitungen und sonstige Angaben sowie Erläuterungen (z. B. die Grundsätze für die Zusammensetzung der Segmentbeträge) sollen die Informationsfunktion der Rechnungslegung erhöhen.

Nach den IFRS ist der Segmentbericht lediglich für **kapitalmarktorientierte** Unternehmen verpflichtend. Während DRS 3 auf den ehemaligen IAS 14 Bezug nimmt, kommt im Rahmen der IFRS-Rechnungslegung der IFRS 8 zur Anwendung. Die Zielsetzung der Segmentberichterstattung wird in IFRS 8.1 mit der Information der Adressaten über die Art und finanziellen Auswirkungen der einzelnen Geschäftstätigkeiten sowie das wirtschaftliche Umfeld angeführt. Der Management Approach wird als vorrangiger Grundsatz bei der Segmentberichterstattung benannt. Ein **Geschäftssegment** wird in IFRS 8.5 als Unternehmensbestandteil definiert, in dem Geschäftstätigkeiten betrieben werden, die Erträge und Aufwendungen generieren. Diese Betriebsergebnisse müssen in der Verantwortung der zuständigen Unternehmensinstanz (Management) liegen und es müssen separate Finanzinformationen verfügbar sein. In Übereinstimmung zu DRS 3 ist eine Zusammenfassung von Geschäftssegmenten möglich, wenn diese ähnliche wirtschaftliche Merkmale aufweisen und bezüglich ihrer Wesensart, der Art des Produktionsprozesses, des Typs bzw. der Kategorie von Kunden, der Vertriebsmethoden oder Form der Erbringung der Dienstleistungen oder des Wesens des regulatorischen Umfelds vergleichbar sind. Die in DRS 3 angeführten **Schwellenwerte** von 10 % der Gesamterträge, des -ergebnisses und -vermögens sind auch in IFRS 8.13 kodifiziert.

---

[27] Vgl. *Freidank* 2012b, S. 307.
[28] Vgl. *DRS* 3, Anm. 1–51.
[29] Vgl. *Freidank* 2012b, S. 305.
[30] Vgl. *DRS* 3, Anm. 15.

In IFRS 8.15 wird jedoch zusätzlich angeführt, dass die Segmentberichterstattung mindestens 75 % der externen Gesamterträge erklären muss, ansonsten sind weitere Segmente zu definieren, welche das Wesentlichkeitsmerkmal ggf. nicht erfüllen. Alle nicht berichtspflichtigen Segmente sollen zu einem **Sammelsegment** „alle sonstigen Segmente" zusammengefasst werden (IFRS 8.16). Darüber hinaus enthält IFRS 8.19 die Empfehlung, die Anzahl der berichtspflichtigen Segmente auf 10 zu begrenzen, um das Risiko eines **Information Overflow** zu senken.

Beispiel: Im Hinblick auf die berichtspflichtigen Segmente verwendet die **Linde Group** für ihre Berichterstattung sechs operative Segmente, wobei zunächst in „Gases Division", „Engineering Division" und „Sonstige Aktivitäten" unterschieden wird.[31] Das Segment „Gases Division" umfasst sämtliche Aktivitäten bezüglich Herstellung und Vertrieb von Gasen für die Anwendung in der Industrie, in der Medizin, beim Umweltschutz sowie in der Forschung und Entwicklung und wird weiter nach geografischen Aspekten in Westeuropa, Amerika, Asien und Osteuropa sowie Südpazifik und Afrika unterteilt. **Abbildung 321** zeigt beispielhaft das Schema eines Segmentberichts auf Einzelabschlussebene.[32]

Informationen	Segment			Sonstige Segmente	Überleitung	Gesamt
	A	B	C			
Umsatzerlöse • Mit externen Dritten • Intersegmenterlöse						
Ergebnis – Darin enthalten • Abschreibungen • Andere nicht zahlungswirksame Posten • Ergebnis aus Beteiligung						
Vermögen						
Investitionen						
Schulden						

Abb. 321: Mögliche Struktur eines Segmentberichts

Neben allgemeinen Informationen (z. B. Art der Produkte oder Dienstleistungen jedes berichtspflichtigen Segments) sind detaillierte Informationen zur Ertrags- und Vermögenslage des Segments (z. B. externe und intersegmentäre Erträge), Informationen zu den Bewertungsgrundlagen sowie segmentübergreifende Angaben (z. B. über wichtige Kunden) zu liefern. Vergleichbar mit DRS 3 ist eine Überleitungsrechnung von der Segment- auf die Gesamtunternehmensebene in IFRS 8.28 kodifiziert.

---

[31] Vgl. *Linde* 2011, S. 106–108.
[32] Modifiziert entnommen von *Müller* 2012, Anm. 23 zu § 264 HGB; vgl. ebenfalls *Freidank* 2012b, S. 306.

Beispiel:[33]

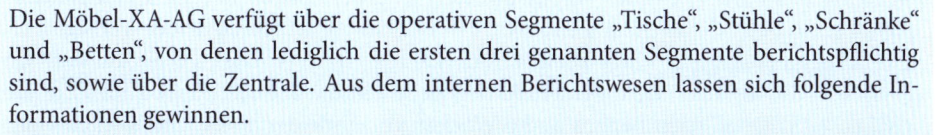

Die Möbel-XA-AG verfügt über die operativen Segmente „Tische", „Stühle", „Schränke" und „Betten", von denen lediglich die ersten drei genannten Segmente berichtspflichtig sind, sowie über die Zentrale. Aus dem internen Berichtswesen lassen sich folgende Informationen gewinnen.

	Tische	Stühle	Schränke	Betten	Summe
Kalkulatorische Abschreibungen	−20	−15	−10	−1	−46
Bilanzrechtliche Abschreibungen	−15	−12	−9	−1	−37
Betriebserfolg (EBIT)	150	120	80	10	360
Zinsaufwendungen	−20	−10	−10	−5	−45
Zinserträge	2	2	1	1	6

Abb. 322: Beispiel für segmentspezifische Informationen (alle Werte in T€)

Zur Ermittlung des Segmenterfolgs wird im internen Rechnungswesen der Betriebserfolg (EBIT) herangezogen. Es werden hierbei die kalkulatorischen anstelle der bilanzrechtlichen Abschreibungen verwendet. Ansonsten werden im internen Rechnungswesen die Vorschriften nach den IFRS angewendet. Die Aufwendungen für die Bildung einer Prozessrückstellung i. H. v. 10.000 € sowie die Erhöhung des beizulegenden Zeitwerts eines Finanzinstruments des Handelsbestands i. H. v. 15.000 € sind in den obigen Zahlen nicht enthalten, da sie den Segmenten nicht eindeutig zugeordnet werden können. Die Überleitungsrechnung hat folgendes Aussehen.

	Summe der Betriebserfolge der berichtspflichtigen Segmente	350
+	Bereinigung um kalkulatorische Abschreibungen	45
−	Bilanzrechtliche Abschreibungen	−36
−	Zinsaufwendungen	−40
+	Zinserträge	5
−	Prozesskostenrückstellung	−10
+	Zeitwertänderung	15
+	bereinigter Erfolg bei nicht berichtspflichtigen Segmenten	6
=	Jahreserfolg der XY-AG (vor Steuern und aufgegebenen Geschäftsbereichen)	335

Abb. 323: Beispiel für eine segmentspezifische Überleitungsrechnung (alle Werte in T€)

D. Zwischenbericht und Ad hoc-Publizität

Aus nationaler Sicht haben Unternehmen, die als Inlandsemittenten Aktien oder Schuldtitel im Sinne des § 2 Abs. 1 Satz 1 WpHG begeben, für die ersten sechs Monate eine jeden Geschäftsjahres einen **Halbjahresfinanzbericht** zu erstellen und diesen unverzüg-

---

[33] Das Beispiel wurde modifiziert entnommen von *Lüdenbach/Christian* 2010, S. 513 f.

lich, spätestens zwei Monate nach Ablauf des Berichtszeitraums, der Öffentlichkeit zur Verfügung zu stellen.[34] Vor der Veröffentlichung sind der Termin und die Internetadresse bekannt zu geben, ab welchem Zeitpunkt der Bericht zusätzlich zu seiner Verfügbarkeit im Unternehmensregister eingesehen werden kann (§ 37w WpHG). Ferner müssen Unternehmen, die als Inlandsemittenten Aktien begeben, nach § 37x WpHG im Zeitraum zwischen 10 Wochen nach Beginn und 6 Wochen vor Ende der ersten und zweiten Hälfte des Geschäftsjahres jeweils eine **Zwischenmitteilung** erstellen.[35] Diese Zwischenmitteilung kann durch einen **Quartalsbericht** ersetzt werden. Da die handelsrechtlichen Normen keine inhaltlichen Vorgaben zur Zwischenberichterstattung enthalten, ist der DRS 16[36] als Deduktionsgrundlage heranzuziehen, der sich wiederum stark an IAS 34 orientiert. Das Ziel der Zwischenberichterstattung wird in DRS 16 mit der Bereitstellung unterjähriger Informationen über die Ertrags-, Finanz- und Vermögenslage und die voraussichtliche Entwicklung des Geschäftsjahres angegeben.[37] Der Halbjahresfinanzbericht besteht aus mindestens einem **Zwischenabschluss** (verkürzte Bilanz, verkürzte Gewinn- und Verlustrechnung, verkürzter Anhang), einem **Zwischenlagebericht** sowie einer Versicherung der gesetzlichen Vertreter (**Bilanzeid**). Er kann um eine verkürzte Kapitalflussrechnung und einen verkürzten Eigenkapitalspiegel erweitert werden. Im Zwischenabschluss sind dieselben Bilanzierungs- und Bewertungsmethoden zu beachten wie im letzten Jahresabschluss. Ausgenommen sind Änderungen dieser Methoden, die nach dem Stichtag des Jahresabschlusses vorgenommen wurden. Eine Zwischenmitteilung der Geschäftsführung muss zum einen die wesentlichen Ereignisse und Geschäfte des Mitteilungszeitraums und deren Auswirkungen auf die Vermögens-, Finanz- und Ertragslage aufzeigen und zum anderen eine allgemeine Beschreibung der wirtschaftlichen Lage beinhalten.[38] Eine Quantifizierung der Auswirkungen wesentlicher Ereignisse auf die Unternehmenslage muss in diesem Zusammenhang nicht zwingend erfolgen. Jedes Unternehmen besitzt nach § 37w Abs. 5 Satz 1 WpHG ein Wahlrecht, die Zwischenpublizität einer **prüferischen Durchsicht** durch den Wirtschaftsprüfer zu unterziehen. Sofern hierauf verzichtet wird und auch keine Prüfung gemäß § 317 HGB (fakultativ) stattfindet, ist eine Angabe im Halbjahresfinanzbericht erforderlich (§ 37w Abs. 5 Satz 6 WpHG). Allerdings unterliegt die Zwischenpublizität der **Enforcement-Prüfung**, wobei lediglich bei konkreten Anhaltspunkten für Verstöße oder auf Verlangen der *BaFin* eine Beurteilung stattfindet.[39]

Als **Ad hoc-Publizität** werden die Publizitätspflichten von Emittenten, die im Wertpapierhandelsgesetz geregelt sind, bezeichnet. So verpflichtet § 15 WpHG die Emittenten zur **unverzüglichen** (ad hoc) Veröffentlichung von Tatsachen, die den Börsenkurs der Wertpapiere des Unternehmens erheblich beeinflussen oder im Fall von Schuldverschreibungen die Fähigkeit des Emittenten beeinträchtigen können, seinen Verpflichtungen nachzukommen. Die Pflicht zur Ad hoc-Publizität verhindert ein Verschweigen von Insiderinformationen, die diese zu eigenem Vorteil ausnutzen könnten (**Insiderhandel**). Vor der allgemeinen Veröf-

---

[34] Vgl. zur unterjährigen Berichterstattung im Einzelnen *Griewel* 2007.
[35] Vgl. hierzu im Einzelnen *Coenenberg/Haller/Schultze* 2012, S. 960.
[36] Vgl. *DRS 16*, Anm. 1–72.
[37] Vgl. *DRS 16*, Anm. 1.
[38] Vgl. *DRS 16*, Anm. 64.
[39] Vgl. *Coenenberg/Haller/Schultze* 2012, S. 962.

fentlichung sind die Ad hoc-Informationen zunächst der *BaFin* und den Börsenzulassungsstellen bekannt zu geben. Diese können eine Aussetzung des Aktienkurses beschließen, sofern extreme Marktreaktionen erwartet werden. Auf diese Vorabmitteilungen folgt die Veröffentlichung in Börsenpflichtblättern und elektronischen Informationsverbreitungssystemen, z. B. über die *Deutsche Gesellschaft für Ad hoc-Publizität*. Sofern der Emittent die Publizitätspflicht verletzt, ist dieser gemäß § 37b WpHG schadenersatzpflichtig, wenn ein Dritter die Wertpapiere nach der unterlassenen Berichterstattung erwirbt und bei einem späteren Bekanntwerden der Tatsache dieser noch die Wertpapiere besitzt oder wenn er die Wertpapiere vor dem Eintritt der Tatsache erwirbt und nach der Unterlassung veräußert. Auch bei der Veröffentlichung **unrichtiger Tatsachen** wird eine Schadenersatzpflicht des Emittenten aktiviert. Die große Beachtung von Ad hoc-Meldungen am Kapitalmarkt ist jedoch mit Anreizen aufseiten der Emittenten verbunden, diese als Instrument einer positiven **Selbstdarstellungspolitik** zu nutzen. Der nationale Gesetzgeber hat auf diese negativen Anreize insofern reagiert, als die Veröffentlichung **sonstiger Angaben** untersagt ist und diese mit Bußgeldern ahndet, sofern die Angaben nicht unter die Veröffentlichungspflicht fallen.

Während die **Inhalte** des Zwischenberichts Gegenstand des IAS 34 ist, sind keine verbindlichen Regelungen in den IFRS vorzufinden, welche sich an den Unternehmenskreis, die Häufigkeit und den Zeitraum der Zwischenberichterstattung richten.[40] Diese Regelungen sind hingegen von den nationalen Gesetzgebungen, den Börsenaufsichtsbehörden, Börsen und Rechnungslegungsgremien festzulegen. Das *IASB* empfiehlt jedoch börsennotierten Unternehmen, ihre Zwischenberichte hinsichtlich Ansatz, Bewertung und Angaben auf der Basis des IAS 34 zumindest für das **Ende der ersten Hälfte** des Geschäftsjahres zu erstellen und diesen mindestens **nach 60 Tagen** nach dem Ende der Zwischenberichtsperiode zu veröffentlichen. Der IFRS-Zwischenbericht hat eine verkürzte Bilanz, eine verkürzte Gesamterfolgsrechnung, eine verkürzte Eigenkapitalveränderungsrechnung, eine verkürzte Kapitalflussrechnung sowie ausgewählte erläuternde Anhangangaben zu enthalten. Ein Unternehmen hat in Korrespondenz zu DRS 16 die gleichen Bilanzierungs- und Bewertungsmethoden in den Zwischenberichten anzuwenden, die im IFRS-Abschluss eines Geschäftsjahres zugrunde gelegt wurden, mit Ausnahme von Änderungen der Bilanzierungs- und Bewertungsmethoden, die nach dem Stichtag des letzten Abschlusses eines Geschäftsjahres vorgenommen wurden und die im nächsten Abschluss eines Geschäftsjahres wiederzugeben sind (IAS 34.28). Die Pflicht zur Anwendung der gleichen Bilanzierungs- und Bewertungsmethoden während eines Geschäftsjahres soll die **Vergleichbarkeit der Zwischenberichte** erhöhen. Wenn die Entscheidung getroffen wird, während des Geschäftsjahres eine Methode zu ändern, müssen die Änderungen retrospektiv angewendet und bereits veröffentlichte Daten eines Zwischenberichts nach IAS 34.43 angepasst werden. Die Bewertung hat für Zwecke der Zwischenberichterstattung auf der Basis kumulierter Werte zwischen dem Beginn des Geschäftsjahres und dem Zwischenberichtszeitpunkt zu erfolgen, sodass die Häufigkeit der Berichterstattung eines Unternehmens die Höhe des Jahresergebnisses nicht beeinflusst (IAS 34.28). Erträge, die innerhalb eines Geschäftsjahres saisonal oder konjunkturell bedingt oder gelegentlich erzielt werden, dürfen am Stichtag des Zwischenberichts nicht vorgezogen oder abgegrenzt werden, wenn das Vorziehen oder die Abgrenzung am Ende des Geschäftsjahres des Unternehmens unangemessen wäre (IAS 34.37). Aufwendungen, die

---

[40] Vgl. *Coenenberg/Haller/Schultze* 2012, S. 968.

unregelmäßig während des Geschäftsjahres anfallen, sind ebenfalls für die Zwischenberichterstattung nur dann vorzuziehen oder abzugrenzen, wenn dieses Vorgehen auch am Ende des Geschäftsjahres angemessen wäre. Der Ertragsteueraufwand muss analog zu DRS 16 auf der Grundlage der bestmöglichen Schätzung des gewichteten durchschnittlichen jährlichen Ertragsteuersatzes, der für das gesamte Geschäftsjahr erwartet wird, erfasst werden.

V. Zusammenfassung

Nachdem in den vorangegangenen Teilen zunächst die grundlegenden Anforderungen an die Rechnungslegung bei Einzelunternehmen und im Anschluss die Spezialregelungen bei Personenhandelsgesellschaften im Fokus standen, galt es nunmehr, die Besonderheiten der **Rechnungslegung bei Kapitalgesellschaften** ausführlich darzustellen. Nach einer Skizzierung der **relevanten Rechnungslegungsnormen** und der **Grundzüge der Erfolgsbesteuerung** im Rahmen der Körperschaft- und Gewerbesteuer lassen sich als Spezialregelungen bei der Erstellung des Jahresabschlusses neben allgemeinen Regelungen zum **True and Fair View-Prinzip** und zu den **Formvorschriften** des Jahresabschlusses ausgewählte postenspezifische Normen herausstellen. Im Fokus der Analyse stehen der **Anlagespiegel**, der Ausweis von **Beteiligungen und Anteilen an verbundenen Unternehmen**, der **Eigenkapitalausweis** (Gezeichnetes Kapital, Offene Rücklagen, Überleitung des Jahres- zum Bilanzergebnis) sowie die Bilanzierung von **latenten Steuern**. Da bei Kapitalgesellschaften die Analyse des Eigenkapitals sowohl aus unternehmensinterner als auch -externer Sicht von zentraler Bedeutung ist, muss zumindest das **gezeichnete Kapital** von den **Kapital- und Gewinnrücklagen** des Unternehmens abgegrenzt werden. Da der handelsrechtliche Jahresabschluss im Gegensatz zu den IFRS neben der Informations- auch eine **Ausschüttungsbemessungsfunktion** zu erfüllen hat, besteht die Möglichkeit, in der Bilanz die Gewinnverwendung durch Überleitung des Jahresergebnisses in einen Bilanzgewinn bzw. -verlust sichtbar zu machen. Während nach den IFRS, bedingt durch die Trennung zwischen Rechnungslegung und steuerrechtlicher Gewinnermittlung die **latenten Steuern** seit jeher eine bedeutsame Rolle einnehmen, ist dieser Aspekt aus handelsrechtlicher Sicht erst seit dem BilMoG gegeben. Ursächlich hierfür ist die zunehmende Entkopplung der Handels- und Steuerbilanz(politik) durch eine weitere Beschränkung des **Maßgeblichkeitsprinzips** sowie die erweiterte Abgrenzungskonzeption der latenten Steuern (Übernahme des international üblichen **Temporary-Konzeptes**).

Kapitalmarktorientierte Unternehmen sehen sich in jüngerer Zeit einer wachsenden Aufmerksamkeit aus Sicht der Bilanzanalysten gegenüber, ihre Rechnungslegung um spezifische Informationen zu erweitern, die nicht oder nur unzureichend durch Bilanz, Gewinn- und Verlustrechnung, Anhang und Lagebericht abgebildet werden können. Hierbei kommt den Finanzierungsrechnungen (**Bewegungsbilanzen, Kapitalflussrechnung und der Eigenkapitalveränderungsrechnung**) eine zentrale Bedeutung zu. Die Motivation der in Rede stehenden Rechnungen liegt in der zukunfts- und stromgrößenorientierten Beurteilung des unternehmerischen Erfolgs- und Liquiditätspotenzials. Ferner kommt für hoch diversifizierte Unternehmen die Bereitstellung von **Segmentberichten** hinzu, um Erfolgssaldierungseffekte zwischen den Geschäftssegmenten zu vermeiden. Neben der Qualität der Unternehmensinformation steht in jüngerer Zeit auch die Quantität im besonderen Interesse des Kapitalmarkts. So liefert der traditionelle Jahresabschluss kein zeitnahes und aktuelles Bild über die Unternehmensleistung. Vor diesem Hintergrund werden unterjährige Publikationsmedien, z. B. **Halbjahres- und Quartalsberichte** (sog. Zwischenberichte) und im Ausnahmefall **Ad-hoc-Berichte** bereitgestellt, um den berechtigten Marktinteressen nach frühzeitigen Unternehmensinformationen zu entsprechen.

6
Rechnungslegungspolitik von Kapitalgesellschaften

Lernziele

- Rechnungslegungspolitik als derivative Partialpolitik (finanz-, publizitäts- und individualpolitische Zielsetzungen, Lösung von Zielkonflikten)
- Strukturierung der Rechnungslegung in sachverhalts- und darstellungsgestaltende Alternativen
- Grenzen der Rechnungslegungspolitik
- Modellansätze einer planmäßigen Rechnungslegungspolitik (Total- versus Partialmodelle, Formulierung eines Zielplans, Voraussetzungen für den Einsatz von Entscheidungsmodellen)
- Simultan- und Sequenzialmodelle für die Rechnungslegungspolitik (Ansätze ohne und mit Rückgriff auf mathematische Optimierungsverfahren)

I. Rechnungslegungspolitik als derivative Partialpolitik

A. Einführende Systematisierung

Im Schrifttum herrscht weitgehend Übereinstimmung, dass die in das Zielsystem integrierte Rechnungslegungspolitik derivativen Charakter trägt und vorrangigen Zielen anderer Teilpolitiken dient.[1] Um das betriebliche Oberziel **Existenzsicherung** zu verwirklichen, bedient sich die Unternehmensleitung bestimmter Instrumente, die zunächst unmittelbar zur Realisierung spezifischer Unterziele (z. B. Maximierung des Shareholder Value) eingesetzt werden. Die Rechnungslegungspolitik trägt in diesem Zusammenhang direkt zur **Erreichung finanz-, publizitäts- und individualpolitischer Zielsetzungen** bei, womit ihre konkreten Handlungsziele in erster Linie aus der **Finanz- und Publizitätspolitik** abzuleiten sind.[2] Somit bestimmen nicht nur die unmittelbar vorgelagerten Zielsetzungen der Finanz- oder Publizitätspolitik den Charakter der Rechnungslegungspolitik, sondern zudem die **individuellen Nutzenvorstellungen der Unternehmensleitung**. Da das persönliche Ansehen des Managements untrennbar mit der allgemeinen Beurteilung des Unternehmens verbunden ist, wird zwischen den persönlichen Zielen der Führungsinstanzen und den aus den Oberzielen der Unternehmenspolitik abgeleiteten rechnungslegungspolitischen Unterzielen i. d. R. weitgehend Deckungsgleichheit bestehen. Mithin erstrecken sich die in der Realität zu beobachtenden Zielbeziehungen der Rechnungslegungspolitik, die es nachfolgend im Einzelnen herauszustellen gilt, um operationale Ansatzpunkte für den Instrumentenkatalog zu erhalten, auf die

- Beeinflussung der finanzwirtschaftlichen Situation der Unternehmung (**Finanzziele**);
- Selbstdarstellung der Unternehmung durch gezielte Informationspolitik (**Publizitätsziele**);
- Durchsetzung persönlicher Ziele des Managements (**Individualziele**).[3]

---

[1] In einem marktwirtschaftlichen Wirtschaftssystem muss das Gewinnmotiv, das sich in seinen unterschiedlichen Ausprägungen vom Angemessenheitsprinzip über den Gewinnglättungsgrundsatz bis hin zum Gewinnmaximierungsprinzip spannt, nach wie vor als primäres Oberziel angesehen werden. Für kapitalmarktorientierte Unternehmen kommt der Maximierung des Marktwerts des Eigenkapitals (Shareholder Value) eine besondere Bedeutung zu. Vgl. hierzu die weiteren Ausführungen im Zweiten Teil zu Gliederungspunkt III.C.

[2] Allerdings beeinflussen auch Entscheidungen anderer Teilpolitiken (z. B. im Bereich Beschaffungs-, Produktions- und Absatzpolitik) den Umfang und die Struktur des Jahresabschlusses und des Lageberichts. Jedoch haben sie, im Gegensatz zur Finanzierungs- und Publizitätspolitik, keine unmittelbaren Auswirkungen auf die rechnungslegungspolitischen Zielsetzungen und können deshalb nachfolgend unberücksichtigt bleiben.

[3] Ähnlich *Heinhold* 1984a, S. 389; *Kußmaul/Cloß* 2010, S. 384–388.

Allerdings ist zu berücksichtigen, dass in der Realität die genannten Zielstrukturen nie isoliert anzutreffen sind, sondern in einem **Mischungsverhältnis** von der Unternehmensleitung angestrebt werden. Innerhalb dieses verfolgten **Zielsystems** können dann jedoch Konflikte auftreten, wenn die Erreichung eines Ziels die Realisation eines anderen behindert oder vollkommen ausschließt.

B. Aus der Finanzpolitik abgeleitete Zielsetzungen

1. Allgemeines

Die Finanzpolitik ist im Grundsatz darauf ausgerichtet, die **Zahlungsfähigkeit** der Unternehmung in jeder betrieblichen Situation sicherzustellen und sonstige finanzielle Anforderungen, die in anderen Partialpolitiken ausgelöst werden, bestmöglich zu erfüllen.[4] Der Rechnungslegungspolitik kommt in diesem Zusammenhang die Funktion zu, den Abfluss erwirtschafteter Mittel aus der Unternehmung zu steuern [Ausschüttungen, Tantiemen, (Ertrag-)Steuern, Kapitalerhaltung] sowie den Ausweis der Vermögens- und Kapitalstruktur (Kreditwürdigkeit, Liquidität) durch Dispositionen zu beeinflussen.[5] Im Zentrum der rechnungslegungspolitischen Instrumente stehen somit die **Ergebnis- bzw. Rücklagenregulierung** einerseits sowie die Gestaltung der **Vermögens- und/oder Kapitalstruktur** andererseits.

2. Beeinflussung finanzieller Ansprüche der Unternehmenseigner

In den Rahmen des Mitteleinsatzes, der der Unternehmensleitung zur Verwirklichung der genannten Finanzziele zur Verfügung steht, fällt zunächst „... die Beeinflussung der Ansprüche derjenigen, denen ein Recht an der Gewinnpartizipation zusteht"[6]. Die wichtigsten Forderungen dieser Art, die an eine Kapitalgesellschaft herangetragen werden, sind die **Gewinnansprüche** der Anteilsigner, ggf. des Managements und des Aufsichtsrates (§ 113 AktG; § 52 Abs. 1 GmbHG) sowie die **Ertragsteueransprüche des Fiskus**.

Zwischen den Kleinaktionären einer Aktiengesellschaft und der Unternehmensleitung ist nach der Prinzipal-Agent-Theorie[7] vor dem Hintergrund der Ergebnisbeeinflussung ein klassischer **Interessenkonflikt** zu konstatieren. So steht der häufig anzutreffenden Langfris-

---

[4] Vgl. *Marettek* 1970, S. 15.
[5] Vgl. *Heinhold* 1984a, S. 390.
[6] *Ludewig* 1966, S. 51.
[7] Vgl. die Ausführungen im Zweiten Teil zu Gliederungspunkt V.B.1.

tigkeitsbetrachtung des Vorstands (Agent) mit dem Blick auf die Zukunftssicherung[8] und dem damit verbundenen Wunsch nach erhöhten Gewinnthesaurierungen das üblicherweise unterstellte monetäre Interesse der Kleinaktionäre (Prinzipal) auf kurzfristige Barausschüttungen gegenüber. Zur Realisierung dieser vom Vorstand angestrebten Zielsetzungen sieht das Aktiengesetz einen breiten Spielraum vor, da das Mitspracherecht der Anteilseigner erst dann beginnt, wenn der Bilanzgewinn bereits fixiert wurde (§ 58, § 174 AktG).

Stellen Vorstand und Aufsichtsrat den Jahresabschluss im Regelfall gemeinsam fest, kann die Unternehmensleitung aufgrund des Mitbestimmungsrechts der Hauptversammlung hinsichtlich mindestens der Hälfte des Jahresüberschusses (§ 58 Abs. 2 AktG) jedoch nicht unbedingt sicher sein, ob die Anteilseigner ihrem Vorschlag über die Verwendung des Bilanzgewinns (§ 170 Abs. 2 AktG) zustimmen und damit die beabsichtigte Dividendenhöhe zur Ausschüttung gelangt.[9] Stehen die Interessenlage der Aktionäre und die Mehrheitsverhältnisse einer gewünschten, ggf. minimalen Gewinnausschüttung (z. B. zum Zwecke der Selbstfinanzierung[10]) entgegen, dann wird der Vorstand bestrebt sein, den Jahresüberschuss durch den Einsatz rechnungslegungspolitischer Maßnahmen möglichst niedrig auszuweisen, um einen entsprechend geringeren Mittelabfluss in der gegenwärtigen Rechnungsperiode zu realisieren. Die mit dieser Vorgehensweise verbundenen finanziellen Vorteile können aber u. U. **negative Publizitätswirkungen** auslösen. Als Lösungsansatz zur Überwindung derartiger Zielkonflikte wird aus Sicht der Shareholder Value-Politik die Implementierung erfolgsorientierter Vergütungssysteme für Vorstand und Aufsichtsrat diskutiert (Incentives).

Mit der **Feststellung des Jahresabschlusses** haben die Gesellschafter einer GmbH die von der Geschäftsführung aufzustellenden Rechnungslegungsobjekte für verbindlich erklärt und somit ihren rechnungslegungspolitischen Spielraum ausgeübt (§ 42 a Abs. 2 Satz 1, § 46 Nr. 1 GmbHG). Die Gesellschafter besitzen aber aufgrund ihres **Weisungsrechts** (§ 37 Abs. 1 GmbHG) erhebliche Einwirkungsmöglichkeiten, die **Gewinnregulierungs-** und **Ausschüttungspolitik** der GmbH zu beeinflussen. Insbesondere bei Gesellschaften mit unsicheren Mehrheitsverhältnissen wird die Geschäftsführung bestrebt sein, die Anteilseigner von der betriebswirtschaftlichen Notwendigkeit angemessener Thesaurierungen zu überzeugen, um bestimmte finanzpolitische Ziele durchsetzen zu können. Darüber hinaus besteht die Möglichkeit, die Gewinnverwendung durch **gesellschaftsvertragliche Bestimmungen** ganz oder teilweise zu regeln.[11] Da sowohl die Kompetenz bezüglich der Feststellung des Jahresabschlusses als auch die Zuständigkeit über die Ergebnisverwendung dispositiven Charakter tragen, können die Gesellschafter der GmbH auch anderen Organen (z. B. der Geschäfts-

---

[8] Diese Absicht kann sich z. B. in der realen Kapitalerhaltung niederschlagen, die darauf ausgerichtet ist, Scheingewinne nicht der Ausschüttung bzw. der Ertragbesteuerung zu unterwerfen. Ferner können langfristige Ziele der Wachstumsfinanzierung durch planmäßige Thesaurierungen erwirtschafteter Gewinne verfolgt werden.

[9] Vgl. hierzu die Ausführungen im Fünften Teil zu Gliederungspunkt III.B.3.c.c.c(c)(δ).

[10] Die Selbstfinanzierung kann einerseits in Gestalt einer steuerrechtlich endgültigen Gewinnthesaurierung aus versteuerten offenen und/oder stillen Rücklagen vorgenommen werden. Andererseits ist aber auch die Selbstfinanzierung aus offenen und/oder stillen Rücklagen möglich, die für eine begrenzte Zeitspanne der Unternehmung ertragsteuerfrei zur Verfügung stehen (vorläufige Gewinnthesaurierung).

[11] Vgl. hierzu die Ausführungen im Fünften Teil zu Gliederungspunkt III.B.3.c.c.c(c).

führung oder ggf. dem Aufsichtsrat) diese Aufgaben zedieren. Somit wären vertragliche Regelungen im Hinblick auf die Feststellung des Jahresabschlusses und die Verwendung des Jahresergebnisses nach **aktienrechtlichem Vorbild** denkbar. Hierdurch würde dem Management der GmbH ein breiter Spielraum zur (autonomen) finanzpolitisch orientierten Ergebnis- und Ausschüttungsbeeinflussung eingeräumt.

3. Sicherstellung externer Finanzierungsmöglichkeiten

Im Hinblick auf die bestmögliche Erreichung finanzieller Zielsetzungen können die rechnungslegungspolitischen Aktivitäten, neben der Gestaltung des Mittelabflusses, auch auf den Bereich der **Außenfinanzierung** abgestellt sein. Zur Sicherung externer Finanzierungsalternativen, die auf Kapitalerhöhungen (**Beteiligungsfinanzierung**) und/oder Krediten fremder Kapitalgeber (**Kreditfinanzierung**) basieren können, wird die Unternehmensleitung nicht unbedingt bestrebt sein, die Höhe der Ausschüttungen zu minimieren. In diesem Zusammenhang kommt der Zahlung einer angemessenen Dividende, die in einer längerfristigen Stabilisierung der Ausschüttungshöhe eine spezielle Ausprägung finden kann, zentrale Bedeutung zu.[12] Hierdurch soll bei den genannten Koalitionsteilnehmern der Eindruck einer soliden Unternehmensentwicklung erweckt werden. Darüber hinaus stellen sowohl **die Verstetigung der Ausschüttungen** sowie die **Stabilisierung des Ergebnisbildes** über mehrere Rechnungsperioden wichtige Instrumente dar, die im Rahmen der **Investor Relations** zum Einsatz kommen können.

Eine wesentliche Rolle im Hinblick auf die Möglichkeiten der Außenfinanzierung spielt ferner die Gestaltung der **horizontalen** und **vertikalen Bilanzstruktur** im Rahmen des Ratings, die vor allem bei **Kreditwürdigkeitsprüfungen** als Beurteilungskriterium von Banken herangezogen wird. Da der Jahresabschluss in jeder Beziehung den Eindruck einer sicheren Lage und bestmöglichen Finanzpolitik der Unternehmung hervorrufen soll, was zunächst für das Strukturbild als Ganzes, weiterhin aber auch für Art und Umfang jedes einzelnen Jahresabschlusspostens gilt, kann durch den rechnungslegungspolitischen Mitteleinsatz ebenfalls eine zielgerichtete Beeinflussung der **Struktur des Jahresabschlusses** erreicht werden. Weil sich das Interesse der Gläubiger in aller Regel auf die termingerechte Rückzahlung der vertraglich vereinbarten Kreditsumme richtet, muss es Ziel der Unternehmensleitung sein, die aus dem Jahresabschluss abgeleiteten **Kennzahlen** bezüglich der **Vermögens-** und **Kapitalstruktur**, der **Deckungsrelationen**, der **Erfolgsquellen**, der **Rentabilität**, der **Liquidität** und/oder der **Umschlagshäufigkeit** möglichst weitgehend den Erwartungshaltungen der Kreditgeber anzupassen.

---

[12] Von absoluter Stabilisierung wird gesprochen, wenn die Zielträger den Gewinn über eine längere Zeitspanne verstetigen. Erfolgt hingegen eine Bindung der Höhe des ausgeschütteten Gewinns an bestimmte Maßstäbe (z. B. Wachstumsraten oder unternehmensbezogene Präferenzen), dann wird relative Stabilisierungspolitik betrieben. Sofern Gewinnausschüttungen ohne Bezug auf ein bestimmtes finanzpolitisches Ziel vorgenommen werden, liegt eine „Politik der freien Hand" vor. Vgl. *Harder* 1962, S. 76.

4. Regulation öffentlich-rechtlicher Ansprüche

Im Rahmen der Verfolgung finanzieller Absichten kann der Zielplan der handelsrechtlichen Rechnungslegungspolitik aber auch eindeutig auf die **Regulierung der Ertragsteuerzahlungen** ausgerichtet sein, die langfristig unter Beachtung des **Zinseffektes** durch Verlagerung der Körperschaft- und Gewerbesteuerabflüsse möglichst niedrig gehalten werden sollen. Rechnungslegungspolitisches Handeln in der Ertragsteuerbilanz mit dem Ziel der bewussten Beeinflussung des steuerrechtlichen Erfolgsausweises ist jedoch nur im Rahmen der speziell kodifizierten Bilanzierungs- und Bewertungswahlrechte des (Bilanz-)Steuerrechts unter Berücksichtigung des in § 5 Abs. 1 Satz 1 EStG verankerten **Maßgeblichkeitsprinzips** in Abgrenzung zu den IFRS möglich.

Wie aus den Ausführungen zu entnehmen ist, besteht bezüglich des aufgezeigten Verhältnisses zwischen Handels- und Ertragsteuerbilanz insbesondere bei publizitätspflichtigen Unternehmen die Gefahr, dass **Zielkonflikte** auftreten können. In diesen Fällen müssen die Verantwortlichen eine Entscheidung über die **Rangfolge** der angestrebten **rechnungslegungspolitischen Ziele** aus handels- und steuerrechtlicher Sicht aufstellen.

Seit dem BilMoG ist jedoch die Reichweite einer **autonomen Steuerbilanzpolitik** durch den Wegfall der Umkehrmaßgeblichkeit wesentlich verbreitert worden, wobei unterschiedliche Sichtweisen im Schrifttum bei der Ausübung gleichlaufender handels- und steuerrechtlicher Wahlrechte existieren. So wird die Auffassung vertreten, auch GoB-konforme Wahlrechte, die sowohl handels- als auch steuerrechtlich existieren, unter Vernachlässigung des Maßgeblichkeitsprinzips für die steuerrechtliche Gewinnermittlung unabhängig von der Entscheidung in der Handelsbilanz auszuüben.[13]

Abschließend zum Bereich der Finanzpolitik bleibt zu konstatieren, dass im Zentrum der rechnungslegungspolitischen Instrumente zur Realisierung finanzieller Zielsetzungen die Regulierung des Jahresergebnisses sowie seiner Verwendung, d. h. der Ausschüttungen und der offenen Rücklagen, steht. Somit erscheint es gerechtfertigt, in diesem Zusammenhang auch von **gewinnorientierter Rechnungslegungspolitik** zu sprechen.

C. Aus der Publizitätspolitik abgeleitete Zielsetzungen

Die Publizitätspolitik zielt im Prinzip darauf ab, die aktuellen und potenziellen Koalitionsteilnehmer über den Stand und die Entwicklung der Unternehmung in Bezug auf ihre **Wirtschaftskraft, Vermögens- und Kapitalstruktur, Liquidität, Rentabilität, Auftragshöhe** und ihre **sozialen und ökologischen Leistungen** zu **informieren**.[14] Objekte dieser Partialpolitik sind in erster Linie der Jahresabschluss und der Lagebericht sowie alle nicht normierten

---

[13] Vgl. *BMF* 2010a; 2010b; 2013 sowie kritisch *Freidank/Velte* 2010a, S. 185–194; *Freidank/Velte* 2010b, S. 356–366.
[14] Ähnlich *Mellerowicz* 1978, S. 494.

Medien.[15] Im Rahmen des gesetzlichen Spielraumes haben die Verantwortlichen die Möglichkeit, durch den zieladäquaten Einsatz der erwähnten Informationsmittel die Adressaten zu Reaktionen zu bewegen, die für das Unternehmen von Vorteil sind. Nachstehend erfolgt eine Diskussion **grundlegender Strategien der Publizitätspolitik**, die in der Realität häufig von den betrieblichen Entscheidungsträgern verfolgt werden.[16]

Zunächst ist eine **offensive** oder **aktive Politik** anzutreffen, die den Koalitionsteilnehmern Unternehmensinformationen über das gesetzlich geforderte Mindestmaß hinaus vermittelt. Die Aktivitäten sind in aller Regel dann sehr ausgeprägt, wenn die Gesellschaft um Aufnahme neuen Kapitals bemüht ist oder Ansehensverluste in der Öffentlichkeit vermeiden will. Dieser „Hang zur Offenheit" ist aber auch vielfach darauf ausgerichtet, die Öffentlichkeit auf besondere Sozialleistungen oder auf umweltbezogene Investitionen hinzuweisen (Nachhaltigkeits-Reporting) oder negative Informationen (z. B. hohe Verschuldungsgrade oder Bilanzverluste) durch extreme Publizitätsanstrengungen zu kompensieren bzw. von diesen nachteiligen Ergebnissen abzulenken. Das Motiv, mit Hilfe einer publizitätsbezogenen Rechnungslegungspolitik bestimmte Posten des Jahresabschlusses und daraus gebildete Kennzahlen besonders zu betonen, kann ferner von der Absicht der Unternehmensleitung getragen werden, externe Finanzierungsmöglichkeiten sicherzustellen. Insofern müssen sich die Publizitätspolitik sowie die auf eine zielorientierte Beeinflussung von (Finanz-)Kennzahlen ausgerichtete Finanzpolitik ergänzen.

Eine **defensive** oder **passive Publizitätspolitik** wird hingegen von den Entscheidungsträgern betrieben, um Kapitalgebern und/oder Anteilseignern detaillierte Informationen vorzuenthalten. Der „Hang zum Verschweigen" ist häufig sehr ausgeprägt, wenn das Erfolgsergebnis negativen Charakter trägt. Im Rahmen der Legalität kommt somit nur das zur Veröffentlichung, was beim besten Willen nicht mehr zu verbergen ist.[17] Aber auch bei positiven Jahresergebnissen kann die Unternehmensleitung beabsichtigen, die erwähnte Strategie zu verfolgen. Die Motive, eine gute wirtschaftliche Situation nicht zu kennzeichnen, können darin begründet liegen, dass die Verwaltung Kritik an ihren Entscheidungen (z. B. eine zu hohe Selbstfinanzierungsquote) vermeiden oder Außenstehenden, wie z. B. Konkurrenten, die durch Analysen und Vergleiche der Jahresabschlüsse und Lageberichte ihre Stellung im Markt zu bestimmen versuchen, gezielt Informationen nicht übermitteln will.[18] Herausragende Bedeutung besitzt in diesem Zusammenhang in Abgrenzung zu den IFRS insbesondere die zielgerichtete Unterschreitung der im Handelsgesetzbuch genannten unterschiedlichen **Größenklassenmerkmale** von Kapitalgesellschaften,[19] mit der Absicht, **publizitätsbezogene Erleichterungen** zu erlangen und/oder die **Prüfungspflicht zu umgehen**. Darüber

---

[15] Darüber hinaus können z. B. auch Hauptversammlungsreden von Vorstand und Aufsichtsrat sowie Stellungnahmen und Interviews dieser Organe in Presse, Funk, Fernsehen und Internet als Mittel der Publizitätspolitik planmäßig eingesetzt werden.

[16] Das Ausmaß der Publizitätspolitik wird zu großen Teilen von der Unternehmensform, den Mehrheitsverhältnissen sowie der Art der Unternehmensfinanzierung abhängen. So sind z. B. Großaktionäre, Gesellschafter einer GmbH und Hauptkreditgeber nicht unmittelbar auf die (normierten) Veröffentlichungen der Unternehmung angewiesen, sondern beziehen ihre Informationen über interne Unterlagen der Gesellschaft.

[17] Vgl. *Pougin* 1969, S. 7.

[18] Vgl. *Sandig* 1966, S. 268.

[19] Vgl. hierzu die Ausführungen im Zweiten Teil zu Gliederungspunkt VI.A.

hinaus kann die Informationspolitik auch auf eine **vollständige Publizitäts-** und **Prüfungsvermeidung** abgestellt sein, die z. B. durch Unternehmensumwandlung in eine nicht veröffentlichungspflichtige Personengesellschaft zu realisieren ist.

D. Ableitung rechnungslegungspolitischer Zielsetzungen aus den individuellen Nutzenvorstellungen des Managements

Bedingt durch die empirische Rechnungslegungsforschung[20] müssen auch persönliche Motive der Ersteller des Jahresabschlusses mit in den Zielkatalog der Rechnungslegungspolitik integriert werden. Primär wird in diesem Zusammenhang auf die Steigerung des **persönlichen Nutzens des Managements** hinsichtlich **Wohlstandsmaximierung, Arbeitsplatzsicherheit, Macht- und Prestigestreben, Rechtfertigung** gegenüber internen Überwachungsinstanzen, Zufriedenheit der Gesellschafter sowie Minimierung des Arbeitsleids (Shirking) eingegangen,[21] das durch eine planmäßige Beeinflussung des Gewinnausweises individuelle Ziele durchzusetzen versucht. Dieses Verhalten lässt sich zum einen damit begründen, dass das persönliche Ansehen der Unternehmensleitung mit der allgemeinen Beurteilung der Gesellschaft verbunden ist und zum anderen daraus erklären, dass die Bezüge des Managements entscheidend vom realisierten Unternehmensergebnis abhängen, z. B. bei gewinnorientierten Vergütungssystemen.[22] Die aus den vorstehenden Überlegungen abgeleitete **Glättungshypothese**[23] des publizierten Gewinns und dessen Steigerungsraten seitens der Ersteller des Jahresabschlusses konnte durch die empirische Rechnungslegungsforschung aus nationaler und internationaler Sicht, insbesondere bei **managerkontrollierten Unternehmen**[24] nachgewiesen werden.

Ferner ist es denkbar, dass das **Management** eine **individuelle Gewinnpolitik** betreibt, die nicht auf die Glättung des Bilanzergebnisses, sondern etwa auf seine Maximierung abzielt. Vor allem bei Aktiengesellschaften könnte diese Vorgehensweise dann nahe liegen, wenn die Bezüge des Vorstands an den Gewinnausweis geknüpft sind. Wird auch noch den Aufsichtsratsmitgliedern eine gewinnabhängige Vergütung für ihre Tätigkeit gewährt (§ 113 AktG), so lässt sich aus dieser Konstellation die durchaus realistische Folgerung ziehen, dass beide Organe, die den Jahresabschluss in aller Regel feststellen, eine gemeinsame, den persönli-

---

[20] Vgl. zu den Zielen, Ansätzen, Methoden und Entwicklungstendenzen der empirischen Rechnungslegungsforschung *Coenenberg* 1998, S. 545–566; *Coenenberg/Haller* 1993, Sp. 507–513.
[21] Vgl. z. B. *Gordon* 1964, S. 261 f.; *Halbinger* 1980, S. 122–128; *Monson/Downs* 1965, S. 225; *Münstermann* 1970, S. 257 f.
[22] Vgl. *Coenenberg/Schmidt/Werhand* 1983, S. 323 f.
[23] Vgl. *Fischer/Haller* 1993, S. 35–39; *Gordon* 1964, S. 262.
[24] Den managerkontrollierten Unternehmen werden im Allgemeinen solche Kapitalgesellschaften subsumiert, bei denen mindestens 75 % des Grund-(Stamm-)kapitals gestreut ist. Von eigentümerkontrollierten Unternehmen wird hingegen dann gesprochen, wenn mindestens 25 % des Grund-(Stamm-)kapitals in den Händen einer Person oder Personengruppe liegt. Vgl. etwa *Coenenberg/Schmidt/Werhand* 1983, S. 330.

chen Nutzen steigernde Gewinnpolitik betreiben können, die auf eine Maximierung ihrer Bezüge ausgerichtet ist.

Neben der Beeinflussung des Gewinnausweises können sich die Aktivitäten der Unternehmensleitung zum Zwecke der Durchsetzung persönlicher Absichten aber auch auf andere Zielgrößen, wie z. B. die **Struktur des Jahresabschlusses** oder den **Lagebericht**, beziehen. Zur Abgrenzung von der externen Wirkungsrichtung der Rechnungslegungspolitik werden die aus den individuellen Nutzenvorstellungen des Managements resultierenden Gestaltungen dem Bereich der **internen Rechnungslegungspolitik** subsumiert.

Zusammenfassend lassen sich somit folgende elementare **Handlungsziele der Rechnungslegungspolitik** herausstellen:

- **Gestaltung des Jahresergebnisses** und/oder des **Ausschüttungsvorschlages** mit der Absicht, die Ansprüche der am Gewinn partizipierenden Gruppen zu beeinflussen und/oder individuelle Zielvorstellungen des Managements durchzusetzen.
- **Gestaltung der Struktur des Jahresabschlusses**, um bestimmte Relationen auszuweisen, an die externe Kreditgeber die Fremdkapitalvergabe knüpfen.
- **Beeinflussung von Jahresabschluss, Lagebericht** sowie sonstiger (nicht) normierter Medien, um bestimmte Adressatengruppen **mittels Informationen** zu Reaktionen zu bewegen, die für die Unternehmung und/oder das Management von Vorteil sind (z. B. Nachhaltigkeitsberichte).

Um die aus den der Rechnungslegungspolitik vorgelagerten Teilpolitiken abgeleiteten Zielsetzungen bestmöglich realisieren zu können, sollten die Entscheidungsträger die angestrebten rechnungslegungspolitischen Sachverhalte möglichst **operational** formulieren (z. B. Maximierung oder Minimierung des Jahresüberschusses, 6 % Dividendenausschüttungen oder Anlagedeckungsgrad > 1).

Aus der oben dargelegten Dreiteilung der Zielstruktur ergibt sich, dass die Rechnungslegungspolitik auch in eine **Normenpolitik** nach Handels- und Steuerrecht sowie IFRS einerseits und in eine **Informationspolitik** andererseits aufgespalten werden kann. Im weiteren Verlauf der Abhandlung wird insbesondere die Normenpolitik im Vordergrund der Betrachtungen stehen, da dieser Bereich, der durch die offiziellen Dokumentationsmedien Jahresabschluss und Lagebericht repräsentiert wird, das Kernstück der handels-, steuerrechtlichen und internationalen Rechnungslegungspolitik darstellt.

E. Zielkonflikte und Ungewissheit

Die vorstehenden Ausführungen haben gezeigt, dass die planmäßige Gestaltung des Erfolgsausweises, der Jahresabschlussstruktur, des Lageberichts sowie anderer (nicht) normierter Medien sowohl unter finanz- und publizitätspolitischen Gesichtspunkten als auch unter der Verfolgung persönlicher Ziele des Managements vorgenommen werden kann. Dabei muss der **Zielplan der Rechnungslegungspolitik**, wie alle anderen Partialpläne der Unternehmenspolitik, auf die Erfüllung eines gemeinsamen **Oberziels** abgestimmt sein. Wie schon angedeutet wurde, besteht innerhalb des Zielsystems der Rechnungslegungspolitik jedoch die Möglichkeit des Auftretens von **Konfliktsituationen**, wenn die Verwirklichung eines Ziels die Realisierung ein oder mehrere Ziele bzw. Zielbündel behindert oder ausschließt. Im Gegensatz zu sich gegenseitig ausschließenden oder sich in ihrer Realisation behindernden Zie-

I. Rechnungslegungspolitik als derivative Partialpolitik

len (**Zielantinomie und Zielkonkurrenz**) stellen neutrale, fördernde und deckungsgleiche Ziele (**Zielindifferenz, Zielkomplementarität und Zielidentität**) keine Probleme bezüglich der Koordination auf ein gemeinsames Oberziel dar.[25] Beispielsweise korrespondiert der Ausweis eines möglichst geringen Jahresüberschusses zum Zwecke der Substanzerhaltung mit der Absicht der Ertragsteuerminimierung. So liegt etwa Zielantinomie dann vor, wenn ein bestimmtes Verhältnis von Eigen- und Fremdkapital nur durch den Verzicht auf eine Unterbewertung von Aktivvermögen zu erreichen ist und hierdurch der Jahresüberschuss zum Zwecke einer Dividendenminimierung nicht entsprechend niedrig gestaltet werden kann. Ferner konkurrieren hohe Jahresüberschüsse und Ertragsteuerminimierungen ebenso wie möglichst geringe Lohnabschlüsse und hohe geplante Ausschüttungsquoten.

Eine **Lösung von Konfliktsituationen** der vorstehend beschriebenen Art ergibt sich aus der Beurteilung des allerdings häufig unsicheren Beitrags zur Realisierung der der Rechnungslegungspolitik unmittelbar übergeordneten Finanz-, Publizitäts- und Individualziele. In diesem Zusammenhang besteht zum einen die Möglichkeit, auf Methoden zurückzugreifen, die im Schrifttum unter dem Begriff der **Mehrfachzielsetzungen** diskutiert werden.[26] Zur Konfliktlösung sind dann komplexe Bewertungen der Erfüllungsbeiträge rechnungslegungspolitischer Unterziele im Hinblick auf die Erreichung vorgelagerter Oberziele notwendig, die sowohl die Wertvorstellungen des Entscheidungsträgers als auch die **Risikoeinschätzung** berücksichtigen. Anstelle der Methode der Zielbewertung bzw. Zielgewichtung kann als Lösungstechnik ferner der praktikable Weg des **Setzens von Prioritäten** bezüglich der Auswahl bestimmter Handlungsziele gewählt werden,[27] wodurch die vorstehend angesprochenen komplexen Bewertungsoperationen in aller Regel zu umgehen sind.

Die an der Unternehmung interessierten Koalitionsteilnehmer stellen unterschiedliche, teilweise konträre Anforderungen an das Unternehmen. Entsprechend diesen Rollenerwartungen werden die Entscheidungsträger bestrebt sein, die Rechnungslegungspolitik zu gestalten. Sind bestehende Konflikte zwischen einzelnen Gruppen (z. B. Groß- und Kleinaktionären oder Kreditgebern und Arbeitnehmervertretern) durch den Einsatz des rechnungslegungspolitischen Instrumentariums nicht oder nur partiell zu lösen, so liegen zwei Tendenzaussagen bezüglich des Verhaltens der Unternehmensleitung nahe. Zum einen wird häufig vom Management die „**Strategie eines begrenzten Konflikts**" verfolgt, die darauf abzielt, nicht erfüllbare oder nicht erfüllte Interessen bewusst zu publizieren und ggf. durch den Instrumentaleinsatz die Beeinträchtigungen dieser Interessen besonders herauszustellen. Um trotz allem im Ergebnis zu einem harmonischen Konzept zwischen den Adressaten der Rechnungslegung zu gelangen, versuchen Unternehmensleitungen bei dieser Konstellation häufig, durch flankierende publizitätspolitische Maßnahmen die angesprochenen Divergenzen zu kompensieren.

---

[25] Vgl. zu der hier angesprochenen Zielordnung *Bauer* 1981, S. 114–122.
[26] Vgl. hierzu den Überblick bei *Kupsch* 1979, S. 51–62 sowie im Einzelnen *Dinkelbach* 1969, S. 55–70.
[27] So könnte etwa seitens der Entscheidungsträger der Dividendenminimierung Vorrang vor anderen Handlungszielen zum Zwecke der Sicherstellung von Finanzierungsalternativen eingeräumt werden. Damit wäre der Zielkonflikt zur Handlungsalternative „Erhöhung des Jahresüberschusses", um eine vom externen Kreditgeber geforderte Jahresabschlussrelation auszuweisen, die Voraussetzung für eine Kreditvergabe darstellt, vermieden.

Besteht jedoch keine Möglichkeit, ggf. vorliegende Konflikte zwischen den einzelnen Interessengruppen durch den Instrumentaleinsatz auszugleichen, so ist vielfach zu beobachten, dass die Entscheidungsträger eine **„Strategie der dramatischen Umkehr"** betreiben. In diesem Zusammenhang wird etwa durch planmäßige Überhöhung eines Bilanzverlustes in einer Notsituation öffentliche Hilfe, z. B. in Gestalt von Subventionen, mobilisiert. Ferner ist es möglich, den negativen Erfolgsbeitrag einer ausscheidenden Unternehmensleitung anzulasten, wodurch eine ggf. zukünftig durchzusetzende Verbesserung des Unternehmensergebnisses noch eindrucksvoller im Hinblick auf die Qualität des neuen Managements erscheint. Außerdem kann es vor dem Hintergrund eines dramatisch überhöhten Bilanzverlustes für die Entscheidungsträger leichter sein, unpopuläre Maßnahmen gegenüber allen Koalitionsteilnehmern durchzusetzen (z. B. Teilbetriebsstilllegungen und Entlassungen, Vergleiche mit Kreditgebern, Verhinderung von Unternehmensverbindungen und -zusammenschlüssen).

Neben der Problematik des Auftretens von Zielkonflikten muss die Unternehmensleitung hinsichtlich der Realisation bestimmter rechnungslegungspolitischer Absichten mit einer Anzahl **unsicherer Umweltfaktoren** rechnen, die sich ihrer Einflussnahme entziehen, andererseits aber die Konsequenzen ihrer Aktionen mitbestimmen. So können die Entscheidungsträger nicht unbedingt sicher sein, ob die potenziellen Informationsempfänger auch die erhofften Reaktionen zeigen. Möglicherweise werden Sachverhalte von den einzelnen Koalitionsteilnehmern unterschiedlich beurteilt, eventuell auch Informationen gegen die Interessen der Unternehmung und/oder des Managements verwendet. Ein hoher Bilanzgewinn würde etwa von den am Gewinn partizipierenden Gruppen anders eingeschätzt als von Lieferanten, Kunden und Arbeitnehmern, die ihn zum Anlass von Forderungen an die Gesellschaft nehmen könnten. Scheiden hingegen die Informationsempfänger als Umweltfaktoren aus, und ist das rechnungslegungspolitische Ziel lediglich auf die Gestaltung des Jahresabschlusses und des Lageberichtes abgestellt, so wird die Unsicherheit auf die Frage verlagert, in welcher Qualität das entsprechende Unterziel die Absichten der der Rechnungslegungspolitik vorgelagerten Finanz-, Publizitäts- und/oder Individualpolitik des Managements vertritt. Weiterhin besteht die Möglichkeit, dass die beabsichtigten Ergebnisse der Gestaltungen der Rechnungslegung durch **Reformen der handels- und steuerrechtlichen sowie IFRS-Vorschriften** in Frage gestellt werden können. Aus ertragsteuerlicher Sicht liegt die Ungewissheit darüber hinaus in der Stetigkeit der Steuerrechtsprechung sowie in der Beständigkeit der Rechtsauffassung der Finanzverwaltung. Neben diesen beiden Unsicherheitsfaktoren spielt die Frage nach der Einschätzung der **zukünftigen wirtschaftlichen Unternehmensentwicklung** eine wichtige Rolle, da ohne die Existenz hinreichender Eintreffenswahrscheinlichkeiten der zu beeinflussenden Zielgrößen eine solche Rechnungslegungspolitik leer läuft.

Nachdem die elementaren rechnungslegungspolitischen Zielsetzungen herausgestellt worden sind, bedarf es nun der Charakterisierung des **Instrumentariums**, mit dessen Hilfe die Entscheidungsträger ihre Vorstellungen zu realisieren versuchen. Im Folgenden beschränken sich die Ausführungen auf einen Überblick über die grundlegenden Maßnahmen, da vor allem im Dritten und Fünften Teil der Abhandlung bereits auf die **Darstellungsalternativen** nach Handels- und Steuerrecht sowie nach IFRS im Detail eingegangen wurde.

II. Rechnungslegungspolitisches Instrumentarium

A. Grundlegende Strukturierung

Im Schrifttum findet sich eine Vielzahl von Systematisierungsvorschlägen zum Zwecke der Strukturierung des rechnungslegungspolitischen Instrumentariums.[1] Zur grundlegenden Gliederung wird dabei häufig auf die Unterscheidung in **Darstellungsgestaltungen** (Wahlrechte und Ermessensspielräume) einerseits sowie zielorientierte **Sachverhaltsgestaltungen** andererseits zurückgegriffen. Das Spektrum der sachverhaltsgestaltenden Maßnahmen reicht aus handels- und steuerrechtlicher sowie internationaler Sicht von der Unternehmungsgründung über mögliche Umwandlungen, Vor-Bilanzstichtags-Dispositionen bis hin zur Betriebsaufgabe oder -veräußerung. Im Gegensatz zu diesen Gestaltungsalternativen betreffen die Darstellungsmaßnahmen, zu denen primär die **Bilanzierungs-, Bewertungs- und Ausweiswahlrechte** sowie die **Ermessensspielräume** zählen, permanente und nicht gelegentliche, situative und nicht konstitutive Entscheidungen.[2] Ferner beziehen sich die zu fällenden Entscheidungen bezüglich der Sachverhaltsgestaltungen nicht nur auf die Wertkomponente(n) der Zielgröße(n), sondern beeinflussen auch das **Mengengerüst** der Vermögens-, Kapital- und Erfolgspositionen des Jahresabschlusses. Darüber hinaus lassen sich sachverhaltsgestaltende Alternativen dadurch charakterisieren, dass ihre Verwirklichung entweder einen gesetzlichen Tatbestand erfüllt, an den bilanzrechtliche Konsequenzen geknüpft sind, oder aber dessen Realisierung vermeidet, während die Darstellungsparameter des rechnungslegungspolitischen Operationsbereiches die in Rede stehende Tatbestanderfüllung oder -vermeidung voraussetzt.[3]

Abbildung 324 gibt einen grundlegenden Überblick über die Systematik des Instrumentenkatalogs der Rechnungslegungspolitik.

Es stellt sich in diesem Zusammenhang die Frage, ob die existierenden Gestaltungsalternativen vollständig dem (strategischen) Instrumentarium der Rechnungslegungspolitik zu subsumieren sind. Im Rahmen der Sachverhaltsgestaltungen kann aber nur dann von Rechnungslegungspolitik gesprochen werden, wenn die Aktivitäten der Entscheidungsträger ausschließlich und überwiegend auf die Objekte der Rechnungslegung abzielen, da es sich anderenfalls um Maßnahmen handelt, die im Bereich des Zielsystems der Unternehmenspolitik

---

[1] Vgl. etwa *Bauer* 1981, S. 279–460; *Freidank* 1982a, S. 340 f.; *Freidank/Noori* 2010, S. 78–82; *Heinhold* 1984b, S. 449; *Küting* 1996, S. 941; *Waschbusch* 1994, S. 812.
[2] Vgl. *Börner/Krawitz* 1977, S. 34.
[3] Vgl. *Mann* 1973, S. 114.

```
                    ┌─────────────────────────────┐
                    │ Instrumente der Rechnungslegungspolitik │
                    └─────────────────────────────┘
                         │                    │
            ┌────────────┘                    └────────────┐
            ▼                                              ▼
┌───────────────────────┐                    ┌───────────────────────┐
│ Sachverhaltsgestaltende│                    │ Darstellungsgestaltende│
│  Alternativen i. e. S. │                    │     Alternativen       │
└───────────────────────┘                    └───────────────────────┘
```

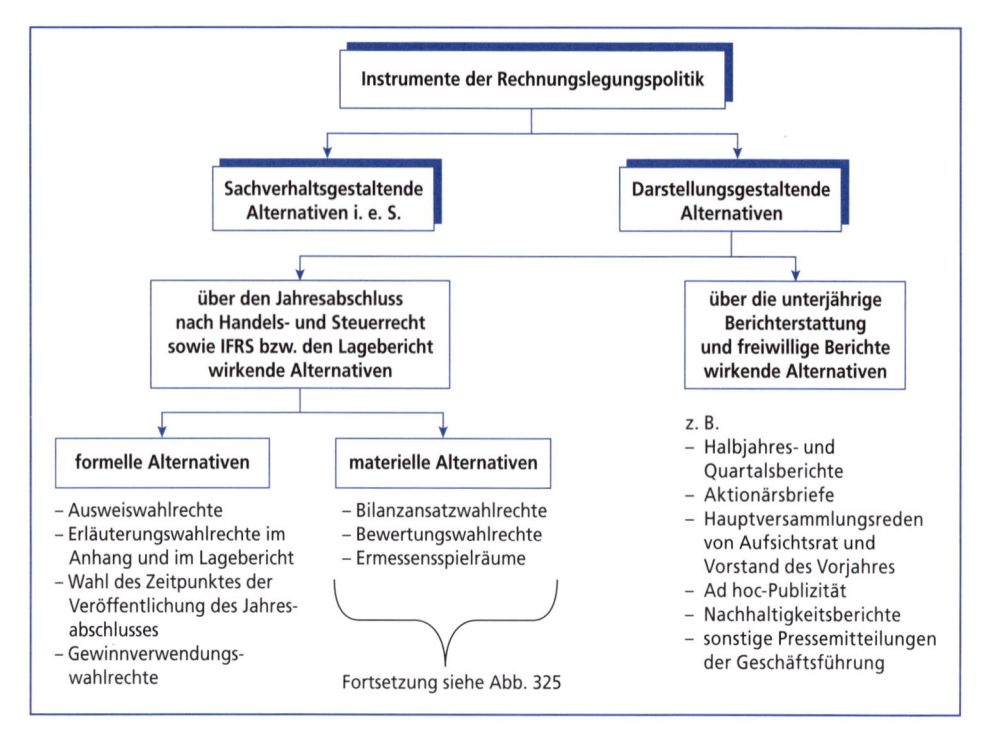

Abb. 324: Gliederung des rechnungslegungspolitischen Instrumentariums

Linke Seite:
- über den Jahresabschluss nach Handels- und Steuerrecht sowie IFRS bzw. den Lagebericht wirkende Alternativen
  - **formelle Alternativen**
    - Ausweiswahlrechte
    - Erläuterungswahlrechte im Anhang und im Lagebericht
    - Wahl des Zeitpunktes der Veröffentlichung des Jahresabschlusses
    - Gewinnverwendungswahlrechte
  - **materielle Alternativen**
    - Bilanzansatzwahlrechte
    - Bewertungswahlrechte
    - Ermessensspielräume

    Fortsetzung siehe Abb. 325

Rechte Seite:
- über die unterjährige Berichterstattung und freiwillige Berichte wirkende Alternativen
  z. B.
  - Halbjahres- und Quartalsberichte
  - Aktionärsbriefe
  - Hauptversammlungsreden von Aufsichtsrat und Vorstand des Vorjahres
  - Ad hoc-Publizität
  - Nachhaltigkeitsberichte
  - sonstige Pressemitteilungen der Geschäftsführung

unmittelbar der Realisierung höher angesiedelter Zwecke dienen. Mithin fallen alle sachverhaltsgestaltenden Maßnahmen, die von der Unternehmensleitung mit der Absicht der Beeinflussung des Jahresabschlusses, des Lageberichts sowie anderer (nicht) normierter Medien der Rechnungslegung vorgenommen werden, in den Instrumentalkatalog der Rechnungslegungspolitik. Im Gegensatz zu den Darstellungsparametern kommen diese Alternativen (**Sachverhaltsgestaltungen im engeren Sinne**) in aller Regel schon vor dem Bilanzstichtag zum Einsatz. Es können sich jedoch Wechselwirkungen zwischen Maßnahmen vor oder nach dem Bilanzstichtag ergeben, als das Management in Kenntnis der rechnungslegungspolitischen Alternativen, die sich nach dem Bilanzstichtag anbieten (Darstellungsparameter), vorbeugende Maßnahmen im Laufe der Rechnungsperiode ergreift oder unterlässt.

B. Sachverhaltsgestaltende Alternativen

Sachverhaltsgestaltende Maßnahmen des rechnungslegungspolitischen Instrumentariums beziehen sich im Gegensatz zu den darstellungsgestaltenden Alternativen nicht auf die Abbildung, sondern auf die **Beeinflussung der wirtschaftlichen und rechtlichen Realität**, deren Erfassung und (zielorientierte) Darstellung jeweils zu den einzelnen Bilanzstichtagen erfolgt. Dabei muss die zieladäquate Gestaltung unmittelbar auf (nicht) normierte Objekte der Rechnungslegung (z. B. Jahresabschluss, Lagebericht, Zwischenberichte, Nachhaltig-

II. Rechnungslegungspolitisches Instrumentarium

keitsberichte) ausgerichtet sein. Während die Darstellungsparameter einer Systematisierung zugänglich sind, besteht bezüglich der Sachverhaltsgestaltungen nur die Möglichkeit, die für den **konkreten Einzelfall** relevanten Alternativen beispielhaft darzulegen, um den Problemaufbau sichtbar zu machen. Prinzipiell handelt es sich um Beeinflussungen der **Bilanz- und/oder Erfolgsstruktur sowie der Erfolgshöhe**, die durch geschäftliche Transaktionen (z. B. Verkauf von Wirtschaftsgütern, um die Erfolgs- und Liquiditätslage zu verbessern; Abschluss von Pensionsgeschäften; Sale and Lease Back; Anschaffung noch nicht benötigter abnutzbarer Wirtschaftsgüter, um Abschreibungspotenzial zu schaffen)[4] vorgenommen werden. Die Bedeutung der Sachverhaltsgestaltungen liegt aus publizitätspolitischer Sicht vor allem darin, dass die Auswirkungen dieser Maßnahmen dem durchschnittlichen Analytiker des Jahresabschlusses **häufig nur begrenzt erkennbar sind**, sofern unzureichende Angaben im Anhang vorliegen. Nach § 285 Nr. 3 HGB müssen mittelgroße und große Kapitalgesellschaften im Anhang über außerbilanzielle Geschäfte berichten, „soweit dies für die Beurteilung der Finanzlage notwendig ist"[5]. Gegenstand der Berichterstattung sind u. a. auch sachverhaltsgestaltende Maßnahmen der Rechnungslegungspolitik, z. B. der **Forderungsverkauf (Factoring)**, **Sale and Lease Back**- sowie **Asset Backed Securities-Transaktionen**.[6] Hiermit soll ein Anstieg der „stillen" bzw. „verdeckten" Rechnungslegungspolitik verhindert werden, die mit den Einschränkungen der darstellungsgestaltenden Maßnahmen nach dem BilMoG in Verbindung steht.[7] Mithin kann bei einem Rückgriff auf die in Rede stehenden Instrumente zur Durchsetzung spezifischer Jahresabschlussziele von **verdeckter Rechnungslegungspolitik**[8] gesprochen werden.

Den sachverhaltsgestaltenden Maßnahmen sind auch diejenigen **temporalen Instrumente** zu subsumieren, die sich auf die Wahl des Bilanzstichtages beziehen, da hierdurch ebenfalls die wirtschaftliche und rechtliche Realität beeinflusst wird. Die entsprechenden Normen des Handels- und Steuerrechts[9] schreiben keine Identität von Geschäfts-(Wirtschafts-)jahr, das eine Dauer von 12 Monaten nicht überschreiten darf, und Kalenderjahr vor. Damit besteht vor allem bei **Saisonunternehmen** durch eine zielgerichtete Stichtagswahl die Möglichkeit, die Struktur des Bestands-, Liquiditäts- und/oder Erfolgsausweises im Jahresabschluss materiell zu steuern. So liegen in aller Regel am Saisonende tendenziell geringe Lagerbestände aber hohe Gewinne und Liquiditätsquoten vor, während zu Saisonbeginn aufgrund hoher Lagerbestände relativ große Abwertungsspielräume bestehen sowie eine verhältnismäßig höhere Verschuldung zu verzeichnen ist.[10] Darüber hinaus können im Rahmen der Umstellung auf ein anderes Wirtschaftsjahr spezifische **steuerrechtliche Vorteile** mit Auswirkung auf die Gewinnermittlung erreicht werden.[11] Allerdings sind dem Wahlrecht hinsichtlich des Bilanzstichtages zunächst aus steuerrechtlicher Sicht Grenzen gesetzt, da ein

---

[4] Vgl. im Detail *Selchert* 1996, S. 1933–1940.
[5] Vgl. hierzu *Philipps* 2011, S. 125–130.
[6] Vgl. *Philipps* 2011, S. 130.
[7] Vgl. *Sassen/Velte/Weber* 2008, S. 248–250.
[8] Vgl. hierzu *Ludewig* 1987, S. 431.
[9] Vgl. § 240 Abs. 2 HGB i. V. m. § 242 Abs. 1 und Abs. 2 HGB; § 4 a EStG; § 8 b EStDV; R 4 a EStR.
[10] Vgl. *Heinhold* 1984b, S. 449; *Kottke* 1978a, S. 92.
[11] Vgl. zum zielgerichteten Einsatz der Wahl des Bilanzstichtages aus steuerrechtlicher Sicht im Einzelnen *Kottke* 1978a, S. 92–107; *Kottkte* 1978b, S. 502–506.

Wechsel des Wirtschaftsjahres auf eine vom Kalenderjahr abweichende Zeitspanne gemäß § 4 a Abs. 1 Nr. 2 Satz 2 EStG nur im **Einvernehmen mit dem Finanzamt** vorgenommen werden kann, wobei die Behörde einer rein steuerrechtlichen bedingten Verlegung nicht zuzustimmen braucht. Aber auch in Bezug auf den handelsrechtlichen Jahresabschluss ist aus **Kontinuitätsgründen** ein beliebiger und willkürlicher Wechsel des Geschäftsjahres nach h. M. unzulässig.[12]

Wie schon dargelegt wurde, können Sachverhaltsgestaltungen neben ihrem unmittelbaren Einfluss auf die einzelnen Zielgrößen aber auch **indirekte Wirkungen** über das Instrumentarium der operativen Rechnungslegungspolitik auslösen. So wird durch sachverhaltsgestaltende Maßnahmen häufig bewusst oder unbewusst Manövriermasse für den Einsatz von Aktionsparametern geschaffen, auf die zum relevanten Zeitpunkt zurückgegriffen werden kann. Aus dieser Verknüpfung der beiden Instrumentalgruppen resultiert zwangsläufig die Forderung nach einer Einbeziehung der sachverhaltsgestaltenden Instrumente in eine **strategische rechnungslegungspolitische Planungskonzeption**.[13] Allerdings sind in diesem Zusammenhang neben dem **Unsicherheitsaspekt** einige Probleme zu berücksichtigen, die der pragmatischen Durchsetzung eines solchen Ansatzes entgegenstehen bzw. seine Realisation zumindest erschweren dürften. Zunächst spielt die Tatsache eine Rolle, dass Sachverhaltsgestaltungen in aller Regel zu einem Zeitpunkt erfolgen, an dem rechnungslegungspolitische Ziele und Notwendigkeiten häufig noch nicht eindeutig definiert sind. Darüber hinaus werden in der Praxis der Rechnungslegungspolitik den Entscheidungsträgern eine Vielzahl von Sachverhalten **unbekannt** sein, die zu einer möglichen Erweiterung des operativen Instrumentenkatalogs führen, da diejenigen Instanzen, die Verträge aushandeln und abschließen, prinzipiell die Rechnungslegungspolitik weder betreiben noch Kenntnis von den angestrebten Zielsetzungen besitzen.

Darüber hinaus kommen insbesondere Sachverhaltsgestaltungen im Hinblick auf den formellen Bereich der Rechnungslegungspolitik Bedeutung zu, die sich auf Unterschreitung der in § 267 Abs. 1 bis Abs. 3 und § 267a HGB genannten **Größenklassenmerkmale** (Bilanzsumme, Umsatzerlöse, Arbeitnehmer) für Kapitalgesellschaften beziehen, um die **Prüfungs- sowie Offenlegungspflicht zu vermeiden oder bestimmte publizitätsbezogene Erleichterungen zu erlangen**.[14] Allerdings weist die Kriterienbeeinflussung durch Sachverhaltsadaption einen begrenzten Wirkungsgrad auf und besitzt in aller Regel nur dann Relevanz, wenn eine Kapitalgesellschaft mit der **Bilanzsumme** die angesprochenen kritischen Werte geringfügig überschreitet. Eine vollständige Vermeidung der Prüfungs- und Publizitätspflicht kann ausschließlich durch eine Umwandlung in eine nicht veröffentlichungspflichtige Personengesellschaft erreicht werden, wobei allerdings eine Ertragsbesteuerung der aufzudeckenden **stillen Reserven** anfällt. Wie nachgewiesen wurde,[15] muss angesichts der in aller Regel hohen Steuerbelastung des Transformationsvorganges der Vermeidungsvorteil für die Kapi-

---

[12] Vgl. etwa *Winkeljohann/Philipps* 2012, Anm. 63 zu § 240 HGB, die an gleicher Stelle darauf hinweisen, dass bei Kapitalgesellschaften die Verlagerung des Geschäftsjahres außerdem eine Satzungsänderung und Anmeldung zum Handelsregister bedingt. Mithin fällt die Wahl des Bilanzstichtages kaum noch in den Bereich der verdeckten Rechnungslegungspolitik.
[13] Vgl. im Detail *Packmohr* 1984, S. 13–25.
[14] Vgl. hierzu die Ausführungen im Zweiten Teil zu Gliederungspunkt VI.A.
[15] Vgl. *Lachnit/Freidank* 1986, S. 1081–1089.

talgesellschaft schon beträchtlich sein, wenn sich das Unternehmen dennoch zu einer Umwandlung entschließt. Vor allem aufgrund der Versteuerung der stillen Reserven sowie der dann auftretenden **Haftungsproblematik** ist zu vermuten, dass bei Verfolgung einer **defensiven Veröffentlichungsstrategie** Gestaltungsalternativen im Vordergrund der Betrachtungen stehen werden, die unter Weiterführung der Rechtsform einer Kapitalgesellschaft auf eine Vermeidung der Prüfungspflicht und/oder Verminderung der Publizität abzielen werden. Tiefgreifende Merkmalskorrekturen der oben genannten Schwellenwerte sind beispielsweise durch **Betriebsaufspaltung** unter Beibehaltung des Anlagevermögens und Verpachtung der sonstigen Wirtschaftsgüter an eine nicht publizitätspflichtige Tochtergesellschaft oder **Einbringung des gesamten Geschäftsbetriebs** zum Buchwert in eine Tochtergesellschaft mit einer nicht offenlegungspflichtigen Rechtsform zu realisieren.[16]

C. Darstellungsgestaltende Alternativen

Wie **Abbildung 324** verdeutlicht, lässt sich die Gruppe der **darstellungsgestaltenden Instrumente** zunächst in solche Alternativen unterscheiden, die über den Jahresabschluss bzw. Lagebericht nach Handels- und Steuerrecht sowie IFRS wirken. In den Bereich der **materiellen Rechnungslegungspolitik**, die sich auf die Beeinflussung der Höhe des Vermögens und des Erfolges der Unternehmung bezieht, fallen die **Bilanzansatz-** und die **Bewertungswahlrechte** sowie die **Ermessensspielräume**.[17] Dem Terminus materielle Darstellungs- bzw. Aktionsparameter sind zum einen alle Maßnahmen zu subsumieren, die sich entweder auf die Bilanzierung dem Grunde (**Bilanzansatzwahlrechte**) oder der Höhe nach (**Bewertungswahlrechte**) beziehen. Im Gegensatz zu den Wahlrechten, bei denen im Prinzip objektiv unterscheidbare Alternativen existieren, wird zum anderen von **Ermessensspielräumen** dann gesprochen, wenn eine bilanzrechtliche Vorschrift so ungenau definiert ist, „… dass entweder ein gegebener Sachverhalt nicht eindeutig unter einen bestimmten Tatbestand fällt (**Subsumtionsspielraum**) oder einem gegebenen Tatbestand eine bestimmte Rechtsfolge nicht eindeutig zugeordnet werden kann (**Konklusionsspielraum**)"[18]. Abbildung 325 gibt einen Überblick über die Systematik der materiellen Darstellungsalternativen.[19] Weiterhin zählen diejenigen Darstellungsparameter, die sich auf die Präsentation der äußeren Form des Jahresabschlusses (Ausweispolitik), seine Bekanntgabe und die Berichterstattung über den Abschluss beziehen, zur **formellen Rechnungslegungspolitik**. Darüber hinaus besteht für die Unternehmensleitung von Kapitalgesellschaften aus formeller Sicht die Möglichkeit, durch den zielgerichteten Einsatz der vom Handelsrecht vorgesehenen, die

---

[16] Zu berücksichtigen ist aber, dass für Mutter- und Tochtergesellschaft gemäß § 290 Abs. 1 und Abs. 2 HGB dann ein Konzernabschluss und -lagebericht zu erstellen ist, sofern für beide Unternehmen zumindest zwei der drei in § 293 Abs. 1 HGB genannten Größenkriterien überschritten werden.

[17] In diesem Sinne trägt auch das Spektrum der sachverhaltsgestaltenden Maßnahmen (im engeren Sinne) materiellen Charakter.

[18] Bauer 1981, S. 767.

[19] Auf eine Einzeldarstellung sämtlicher Wahlrechte und Ermessensspielräume wird an dieser Stelle verzichtet, da vor allem im Dritten Teil und Fünften Teil auf die materielle Darstellungsalternativen detailliert eingegangen wurde.

Ausschüttung betreffende Alternativen bestimmte angestrebte Sachverhalte der Finanz-, Publizitäts- und Individualpolitik des Managements zu realisieren.[20] Zum Bereich der darstellungsgestaltenden Instrumente sind aber auch diejenigen Alternativen zu rechnen, die über die **unterjährige Berichterstattung** wirken. Diese Instrumente kommen schon vor der Erstellung von Jahresabschluss und Lagebericht zum Einsatz und übermitteln den Koalitionsteilnehmern häufig Informationen, die über die jährlichen Medien (Jahresabschluss, Lagebericht) erst später dokumentiert werden.

Die formellen und materiellen Darstellungsparameter unterscheiden sich von den sachverhaltsgestaltenden Alternativen grundlegend dadurch, dass sie erst **nach dem Bilanzstichtag** zum Einsatz gelangen und somit von einem festliegenden Mengengerüst der einzelnen Jahresabschlussposten ausgehen müssen. Die Aktivitäten im Rahmen der Rechnungslegungspolitik sind folglich primär auf die Ausnutzung der bilanzrechtlichen **Abbildungsspielräume** abgestellt. Wahlrechte liegen mithin immer dann vor, wenn die Verwirklichung eines Sachverhalts nicht zwingend eine Rechtsfolge auslöst, sondern die Entscheidungsträger entweder die Wahl haben, welche von mindestens zwei rechtlichen Konsequenzen in der Bilanz zur Anwendung kommen soll, oder hinsichtlich der freiwilligen Veröffentlichungsalternativen festlegen können, bestimmte Darstellungskonsequenzen eintreten zu lassen oder jegliche Publizitätswirkung zu vermeiden.

Besondere Relevanz kommt im Rahmen der formellen Darstellungsparameter den **Ausweiswahlrechten** im Jahresabschluss sowie den **Erläuterungswahlrechten** im Anhang und im Lagebericht zu, mit deren Hilfe Qualität und Quantität der an die Adressaten übermittelten Informationen zieladäquat gesteuert werden können. Insbesondere besteht die Möglichkeit, durch den Einsatz der in Rede stehenden formellen Wahlrechte auf die für den externen Analytiker bedeutende zwischenbetriebliche **Vergleichbarkeit** der Jahresabschlussdaten sowie das **Strukturbild** von Bilanz sowie Gewinn- und Verlustrechnung planmäßig einzuwirken.

Darüber hinaus können aus Sicht des Handelsrechts einige der Ausweiswahlrechte zur (erfolgsneutralen) Senkung des kritischen **Bilanzsummenwerts** im Sinne von § 267, 267a HGB eingesetzt werden. Neben den wahlweise möglichen Erleichterungen hinsichtlich der **Jahresabschlussgliederung** (§ 266 Abs. 1, § 276 HGB), den **Berichtspflichten im Anhang** (§ 274 a, § 288 HGB) sowie den **Offenlegungspflichten** (§ 326, § 327 HGB) für kleine und mittelgroße Kapitalgesellschaften sowie Kleinstkapitalgesellschaften kommt insbesondere den folgenden formellen Darstellungsalternativen ein herausragender rechnungslegungspolitischer Stellenwert zu.[21]

- Aufstellung des Jahresabschlusses vor, nach vollständiger oder partieller Ergebnisverwendung (§ 268 Abs. 1 HGB);[22]

---

[20] Sofern sich durch den Einsatz von Alternativen der Gewinnverwendungspolitik lediglich der Ausweis des Eigenkapitals im Jahresabschluss ändert, tragen diese Wahlrechte grundsätzlich formellen Charakter. Wird aber durch Gewinnverwendungsbeschlüsse Eigen- in Fremdkapital transformiert, könnten die Gewinnverwendungswahlrechte auch den materiellen rechnungslegungspolitischen Alternativen subsumiert werden.

[21] Vgl. *Coenenberg* 1986, S. 1582.

[22] Allerdings ist eine wahlweise Aufstellung des Jahresabschlusses vor Verwendung des Jahresergebnisses nur dann möglich, wenn bei der Kapitalgesellschaft eine Verpflichtung zur Einstellung in

II. Rechnungslegungspolitisches Instrumentarium

```
                    ┌─────────────────────────────────┐
                    │ Materielle Darstellungsalternativen │
                    └─────────────────────────────────┘
                            │
              ┌─────────────┴─────────────┐
              ▼                           ▼
      ┌──────────────┐            ┌──────────────────┐
      │  Wahlrechte  │            │ Ermessensspielräume │
      └──────────────┘            └──────────────────┘
                                          │
                                  ┌───────┴────────┐
                                  ▼                ▼
                          Subsumtionsspielräume  Konklusionsspielräume
              │                           │
    Bilanzansatzwahlrechte        Bewertungswahlrechte
       │
   ┌───┴────┐                        │
   ▼        ▼                        │
Aktivierungs- Passivierungs-         │
wahlrechte    wahlrechte             │
              │                      │
         ┌────┴──────┐           ┌───┴───────┐
         ▼           ▼           ▼
   Wertansatzwahlrechte    Methodenwahlrechte
         │
   ┌─────┴──────┐
   ▼            ▼
Abwertungs-  Aufwertungs-
wahlrechte   wahlrechte
```

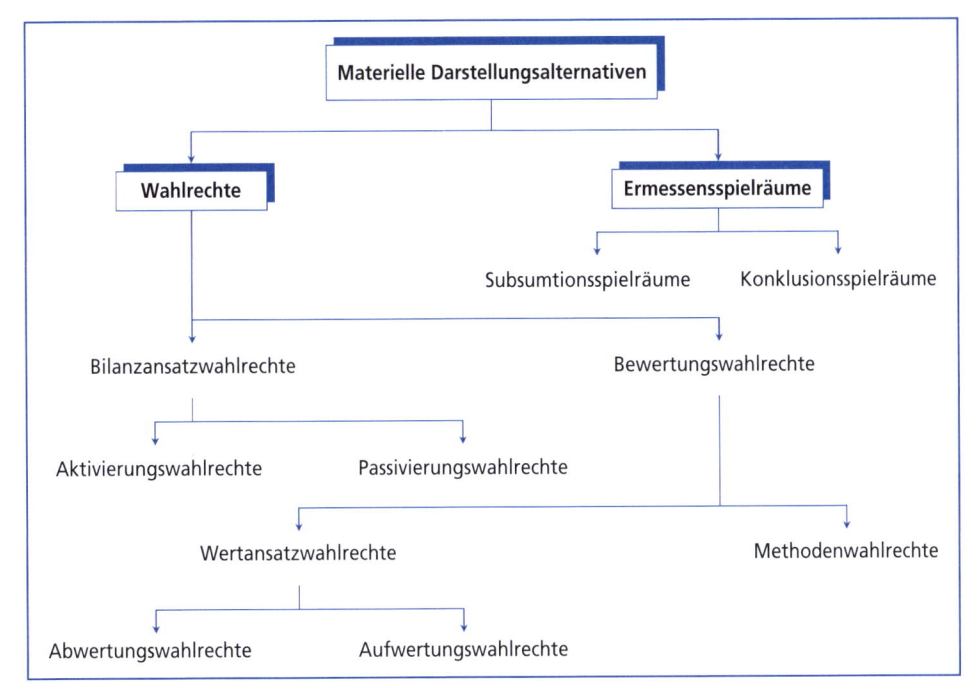

Abb. 325: Gliederungssystematik von Wahlrechten und Ermessensspielräumen

- Ausweiswahlrecht für erhaltene Anzahlungen auf Vorräte unter den Verbindlichkeiten oder als offene Absetzung vom Posten „Vorräte" (§ 268 Abs. 5 Satz 2 HGB);
- Ausweiswahlrechte zwischen Bilanz/Gewinn- und Verlustrechnung sowie Anhang;[23]
- wahlweiser Rückgriff auf das Gesamt- oder Umsatzkostenverfahren bezüglich der Gliederung der Gewinn- und Verlustrechnung (§ 275 HGB; IAS 1.102 f.);[24]

Darüber hinaus ergeben sich für alle Kapitalgesellschaften, unabhängig von der Zugehörigkeit zu bestimmten Größenklassen nach § 267 HGB, Gestaltungsmöglichkeiten dadurch, dass im Hinblick auf die Bilanz (§ 266 Abs. 5 HGB), die Gewinn- und Verlustrechnung, den Anhang (§ 284 bis § 288 HGB) und den Lagebericht (§ 289 HGB) vom Gesetzgeber nur eine **Mindestgliederung** bzw. ein **Mindestinhalt** festgelegt worden sind. Entsprechendes gilt für die Kapitalflussrechnung, den Eigenkapitalspiegel, den Segmentbericht nach dem Handelsrecht sowie für den Management Commentary nach den IFRS. Wie die rechnungslegende

---

die Gewinnrücklagen laut Gesetz, Satzung oder Gesellschaftsvertrag nicht besteht. Vgl. hierzu die Ausführungen im Fünften Teil zu Gliederungspunkt III.B.3.c.c.d(a).

[23] Zu nennen wären hier beispielsweise der alternative Ausweis des Anlagespiegels (§ 268 Abs. 2 HGB), des Disagios (§ 268 Abs. 6 HGB), der Haftungsverhältnisse (§ 268 Abs. 7 HGB) und bestimmter (außerplanmäßiger) Abschreibungen (§ 277 Abs. 3 HGB) sowie IAS 1.

[24] Allerdings werden bei Anwendung des Umsatzkostenverfahrens zusätzliche Angaben zu den Material- und Personalaufwendungen im Anhang gemäß § 285 Nr. 8 HGB erforderlich. Vgl. hierzu auch die Ausführungen im Zweiten Teil zu Gliederungspunkt VI.C. und im Dritten Teil zu Gliederungspunkt IV.D.2.

Praxis zeigt, werden häufig Abschlussinformationen in den **Anhang** verlagert. Die Motive für eine möglichst umfangreiche Veröffentlichung des Anhangs können z. B. auf der Strategie des Managements basieren, externe Koalitionsteilnehmer von detaillierten Analysen abzuhalten oder bestehende Zielkonflikte durch flankierende publizitätspolitische Maßnahmen auszugleichen. Ferner ist eine ausgeprägte Publizitätspolitik in der ständig wachsenden Bedeutung des Zugriffs externer Koalitionsteilnehmer in der Präsentation auf der betrieblichen Internethomepage begründet. Hierdurch besteht für die veröffentlichende Kapitalgesellschaft die Möglichkeit, das in Rede stehende Medium für Zwecke der unternehmerischen Selbstdarstellung zu nutzen.

Allerdings muss beim Einsatz der vorstehend angesprochenen formellen Wahlrechte das Postulat der **Darstellungsstetigkeit** nach Handels- und Steuerrecht sowie nach IFRS berücksichtigt werden. Nach diesem Prinzip ist die Form der Darstellung, speziell die Gliederung aufeinander folgender Jahresabschlüsse, grundsätzlich beizubehalten.[25] Etwaige Abweichungen müssen im **Anhang** dargelegt und begründet werden.

Zum Kreis der formellen Darstellungsparameter sind weiterhin diejenigen Publizitätsalternativen zu rechnen, die sich auf die **Wahl des Zeitpunkts der Veröffentlichung des Jahresabschlusses** beziehen. So müssen Kapitalgesellschaften gemäß § 325 Abs. 1 Satz 2 bzw. Abs. 4 Satz 1 HGB ihren Veröffentlichungspflichten vor Ablauf von **zwölf Monaten bzw. vier Monaten nach Abschlussstichtag** nachkommen. Mit dem Einsatz dieses zeitlichen Instruments sind speziell publizitätspolitische Zielsetzungen zu realisieren. Insbesondere bei **börsennotierten Kapitalgesellschaften** besteht die Möglichkeit, das Verhalten bestimmter Adressatengruppen zu beeinflussen, wenn die Veröffentlichung des Jahresabschlusses Auswirkung auf die **Kursentwicklung** hat. Allerdings sind diese Unternehmen zur unterjährigen Berichterstattung nach dem Fast Close-Prinzip verpflichtet. Ferner kann einerseits durch eine frühzeitige Offenlegung ggf. ein positiver Eindruck über die publizierende Unternehmung bei externen Analysten des Jahresabschlusses erzeugt werden. Andererseits können in Bezug auf die Ergebnisse der **Konkurrenzforschung** aber auch Gründe dafür sprechen, den Jahresabschluss so spät wie möglich zu veröffentlichen, um den Konkurrenten Informationen über die eigene wirtschaftliche Situation möglichst lange vorzuenthalten.[26]

In das Spektrum der formellen Darstellungsparameter fallen grundsätzlich auch die Alternativen zur **Beeinflussung der Gewinnverwendung**, die primär auf die Einbehaltung oder Ausschüttung der Gewinne abzielen.[27] Darüber hinaus besteht ferner die Möglichkeit, bestimmte Personengruppen wie Vorstand, Geschäftsführung, Aufsichtsrat und/oder Arbeitnehmer am Gewinn zu beteiligen. Während die materiellen darstellungsgestaltenden Alternativen[28] in erster Linie zur unmittelbaren Steuerung des Jahres- und Bilanzergebnisses eingesetzt werden, beziehen sich Aktionsparameter der Gewinnverwendungspolitik primär auf die zielgerichtete Beeinflussung des **Bilanzgewinns** und damit auf die **Ausschüttungen** bzw. die **Gewinnrücklagen**. In diesem Zusammenhang ist zu berücksichtigen, dass sowohl

---

[25] Vgl. hierzu die Ausführungen im Dritten Teil zu Gliederungspunkt III.E.
[26] Vgl. *Kerth/Wolf* 1993, S. 287 f.
[27] Vgl. hierzu die Ausführungen im Fünften Teil zu Gliederungspunkt III.B.3.c.c.d.
[28] Da bezüglich der die Ausschüttung betreffende Darstellungsparameter prinzipielle, objektiv unterscheidbare Alternativen existieren, sind die Maßnahmen der Gewinnverwendungspolitik der Gruppe der Wahlrechte und nicht dem Bereich der Ermessensspielräume zu subsumieren.

die Wahlrechte als auch die Ermessensspielräume auf die **Gewinnverwendungspolitik** einwirken, da sie die Höhe des ausschüttbaren Gewinns mit beeinflussen. Allerdings wird der Aktionsraum der Gewinnverwendungspolitik vor allem bei Aktiengesellschaften durch gesetzliche Normierungen in beträchtlichem Ausmaß eingeschränkt. Darüber hinaus besteht die Möglichkeit, dass sowohl bei Aktiengesellschaften als auch bei Gesellschaften mit beschränkter Haftung die Gewinnverwendung durch **satzungsbezogene bzw. gesellschaftsrechtliche Bestimmungen** geregelt ist und somit der gewinnpolitische Entscheidungsspielraum des Managements (zusätzlichen) Einengungen unterworfen sein kann.

Wie noch im Einzelnen zu zeigen sein wird, sind die elementaren Zielgrößen, der **Jahresüberschuss** bzw. der **Bilanzgewinn**, bestimmte **Kennzahlniveaus** sowie ggf. die **Bilanzsumme**, primär durch den Einsatz der **materiellen Darstellungsparameter** und **spezifischer sachverhaltsgestaltender Maßnahmen** zu steuern.[29] Die formellen Alternativen besitzen hingegen ihren Stellenwert in erster Linie als **flankierende Instrumente** zur Durchsetzung von mit der angesprochenen Normenpolitik verfolgten Zielsetzungen oder als **Kompensationsmaßnahmen** zum Ausgleich von **Konfliktsituationen** im Bereich der **Publizitätspolitik**. Da die mit den Instrumenten der unterjährigen Publizität verfolgten Ziele des Managements sich letztendlich, ggf. in korrigierter Form, im Jahresabschluss und Lagebericht niederschlagen, wird im Folgenden auf eine separate Berücksichtigung der über die unterjährige Berichterstattung wirkenden Alternativen verzichtet.

Vornehmlich im Bereich der materiellen Alternativen wird im Schrifttum häufig eine weitere Unterscheidung in **Wahlrechte** nach Handels- und Steuerrecht sowie IFRS vorgenommen. Aufgrund der vielfältigen Durchbrechungen des Maßgeblichkeitsprinzips, die durch den in § 5 Abs. 6 EStG verankerten steuerrechtlichen Bewertungsvorbehalt, spezifische Verwaltungsvorschriften sowie die höchstrichterliche Finanzrechtsprechung bewirkt werden, verfügen die Verantwortlichen bei der Aufstellung des handelsrechtlichen Jahresabschlusses im Vergleich zur steuerrechtlichen Gewinnermittlung über ein **tendenziell größeres Wahlrechtsspektrum**.

Sieht das Bilanzsteuerrecht aber spezifische Bilanzansatz-, Bewertungswahlrechte oder Ermessensspielräume vor, so bleibt das Maßgeblichkeitsprinzip im Grundsatz unberührt. Hieraus folgt, dass beim Rückgriff auf gleichlaufende handels- und steuerrechtliche Wahlrechte nach Einschätzung der Verfasser nach wie vor das **Maßgeblichkeitsprinzip** zum Tragen kommen müsste und somit die Entscheidung bereits in der Handelsbilanz zu treffen wäre. Bei der Ausübung **GoB-widriger** steuerrechtlicher Wahlrechte sind hingegen einer **autonomen Steuerbilanzpolitik** keine Grenzen gesetzt, wodurch die **Zielkonflikte** zwischen der Handels- und Steuerbilanzpolitik zumindest partiell abgebaut werden können.[30]

Beim Einsatz des rechnungslegungspolitischen Instrumentariums zur Verwirklichung der gesetzten Handlungsziele darf von den Entscheidungsträgern nicht unbeachtet bleiben, dass bestimmte Alternativen – hier sind vor allem die **Bewertungswahlrechte** zu nennen – nicht nur Einfluss auf den Jahresabschluss der Referenzperiode haben, sondern auch die Rechnungslegung der **Folgeperioden** tangieren. Diese **Sekundärwirkungen** können die Realisa-

---

[29] Vgl. hierzu die Ausführungen im Sechsten Teil zu Gliederungspunkt V.
[30] Vgl. zur Rechnungslegungspolitik nach dem BilMoG auch *Freidank/Noori* 2010, S. 73–101; *Sassen/Velte/Weber* 2008, S. 248–250.

tion unternehmerischer Zielsetzungen in künftigen Perioden sowohl positiv als auch negativ beeinflussen und sind deshalb im Rahmen eines **mehrperiodigen rechnungslegungspolitischen Entscheidungskalküls** mit zu berücksichtigen (sog. Zweischeidigkeitsprinzip der Rechnungslegung).

III. Grenzen der Rechnungslegungspolitik

Nach nahezu übereinstimmender Meinung ist von Rechnungslegungspolitik nur dann zu sprechen, wenn sich die Entscheidungsträger bei ihren zielgerichteten Gestaltungen im Rahmen der vom **Gesetzgeber zugestandenen Spielräume** bewegen.[1] Insofern werden die Grenzen der Rechnungslegungspolitik überschritten, wenn die Entscheidungsträger Gestaltungen wählen, die nicht mit den GoB korrespondieren, gegen Normen des Handels- und Steuerrechts sowie der IFRS verstoßen oder nicht mit der Satzung bzw. dem Gesellschaftsvertrag der Kapitalgesellschaft in Einklang stehen.[2] In diesem Zusammenhang sei darauf hingewiesen, dass der Gesetzgeber gemäß § 331 Nr. 1 HGB unrichtige Wiedergaben und/oder Verschleierungen des Jahresabschlusses und des Lageberichts ausdrücklich unter Strafe stellt.[3]

Bei **prüfungspflichtigen Unternehmungen**[4] kann der angesprochene Spielraum der Rechnungslegungspolitik jedoch weiter eingeschränkt werden. Insbesondere im Hinblick auf die Inanspruchnahme von Auslegungsspielräumen, die bei unbestimmten Rechtsbegriffen vorliegen, wäre die Annahme unrealistisch, dass die Unternehmensleitung lediglich daran interessiert sei, Rechnungslegungspolitik im Rahmen der gesetzlich zulässigen Bandbreite zu betreiben, sondern auch daran, die **Gesetzmäßigkeit ihrer Rechnungslegung testiert zu bekommen**.[5] Zudem müssen börsennotierte Kapitalgesellschaften gemäß § 264 Abs. 2 Satz 3 HGB durch die gesetzlichen Vertreter erklären, dass der Jahresabschluss und Lagebericht nach dem True and Fair View-Prinzip erstellt wurden (sog. **Bilanzeid**).[6] Dieser Bilanzeid ist ebenfalls nach IFRS zwingend abzugeben.

Ferner kommt der **Enforcement-Prüfung** bei kapitalmarktorientierten Kapitalgesellschaften eine zentrale Bedeutung zu. Sollten Abweichungen zwischen Abschlussprüfer bzw. Enforcementstelle und den Verantwortlichen in der Auffassung über die Ausübung der angesprochenen Spielräume bestehen und gelingt es dem Management nicht, den Prüfer von der

---

[1] Vgl. etwa *Heinhold* 1984a, S. 388; *Lücke* 1969, S. 2287; *Packmohr* 1984, S. 1 f.; *Pougin* 1969, S. 6; *Sieben/Barion/Maltry* 1993, Sp. 230;

[2] Verstöße gegen Verwaltungsvorschriften, insbesondere gegen die Steuerrichtlinien, stellen nach der hier dargelegten Definition keine Grenzüberschreitungen dar, da ihnen der Rechtsnormcharakter fehlt. Allerdings ist im Einzelfall zu prüfen, ob die entsprechende (norminterpretierende) Anweisung nicht (bereits) die Qualität eines Grundsatzes ordnungsmäßiger Buchführung erlangt hat.

[3] Vgl. hierzu die Ausführungen im Zweiten Teil zu Gliederungspunkt VIII.

[4] Vgl. hierzu die Ausführungen im Zweiten Teil zu Gliederungspunkt VI.A.

[5] Vgl. *Selchert* 1978, S. 221.

[6] Vgl. hierzu *Velte* 2007d, S. 102–108.

Gesetzmäßigkeit der gewählten Alternative zu überzeugen,[7] so kann dies zu einer erheblichen Einschränkung des rechnungslegungspolitischen Instrumentariums der Unternehmensleitung führen, die die Realisation der gesetzten Ziele in Frage stellt oder eine Änderung des Zielplans erfordert. Hieraus folgt, dass kleine Kapitalgesellschaften, die nicht der handelsrechtlichen Prüfungspflicht unterliegen, tendenziell ein **breiteres Spektrum** an rechnungslegungspolitischen Alternativen aufweisen als mittlere und/oder große Kapitalgesellschaften. Neben den angesprochenen Vorteilen bezüglich der Vermeidung der Prüfungspflicht können **kleine** und **mittelgroße Kapitalgesellschaften** sowie **Kleinstkapitalgesellschaften** auf Erleichterungen bei der Aufstellung und Veröffentlichung des Jahresabschlusses sowie des Lageberichtes zurückgreifen. Hierdurch besteht für die Entscheidungsträger prinzipiell die Möglichkeit, den **Informationsfluss** an die Adressaten in **quantitativer**, aber auch in **qualitativer Hinsicht planmäßig zu steuern**. Somit muss der rechnungslegungspolitische Alternativenkatalog von Kapitalgesellschaften im Rahmen der sachverhaltsgestaltenden Maßnahmen auch **Instrumente** zur **Realisierung der Ziele „Vermeidung der Prüfungspflicht"** und/oder **„Ausnutzung von Publizitätserleichterungen"** enthalten. Für die im weiteren Verlauf der Abhandlung zu betrachtenden Modelle resultiert aus dieser künftigen Erweiterung des Zielplans und des Instrumentariums der Rechnungslegungspolitik die Forderung, die in Rede stehenden prüfungs- und/oder publizitätsbezogenen Aspekte in die Ansätze zu integrieren.

---

[7] Allerdings wird auch der Abschlussprüfer grundsätzlich daran interessiert sein, den Bestätigungsvermerk (§ 322 Abs. 1 HGB) zu erteilen, weil er ansonsten bei der Einschränkung oder gar Verweigerung des Testats mit negativen Konsequenzen bei der künftigen Prüfungserteilung rechnen muss. Aufgrund dieser Konstellation wird sich bei den angesprochenen unterschiedlichen Auffassungen wohl in der Regel ein Kompromiss zwischen Prüfer und Unternehmensleitung ergeben.

IV. Modellansätze einer planmäßigen Rechnungslegungspolitik

A. Total- und Partialmodelle

1. Rechnungslegungspolitische Modellbildungen im Rahmen der Unternehmensplanung

Unter dem Terminus **Planungsrechnungen** können im betriebswirtschaftlichen Sinne ganz allgemein sämtliche Verfahren zusammengefasst werden, die durch Verarbeitung quantitativer Daten unter Berücksichtigung operational formulierter Ziele charakterisiert sind und der Vorbereitung von Entschlüssen im Rahmen unternehmerischer Entscheidungsprozesse dienen.[1] Um die für die Gestaltungsaufgabe relevanten vielfältigen Verknüpfungen aller Einflussgrößen auf die als wesentlich erachteten Komponenten zu reduzieren, bietet es sich an, auf **Planungsmodelle** zurückzugreifen. Allerdings braucht der praxisorientierte Aussagewert formulierter Modelle durch diese **Komplexreduktionen** nicht notwendigerweise beeinträchtigt zu werden, wenn die ausgeschlossenen Bestimmungsgrößen in Bezug auf das Planungsziel nur von untergeordneter Bedeutung sind. Sofern die unterstellten Prämissen weitgehend Deckungsgleichheit mit der betrieblichen Realität aufweisen, sind die Planungsmodelle mithin in der Lage, dem Entscheidungsträger[2] die Konsequenzen der von ihm zu fassenden Entschlüsse zu signalisieren. Lassen sich die den Modellbildungen zugrunde gelegten Problemstrukturen darüber hinaus **mathematisch-funktional** abbilden sowie die Funktionsparameter **hinreichend quantifizieren**, dann sind die formulierten Entscheidungsmodelle, „die in erster Näherung als formale Darstellungen von Entscheidungsproblemen aufgefasst werden können"[3], rechentechnischen Lösungen zugänglich.

Gesamtplanungsmodelle zielen im Grundsatz darauf ab, die Parameter der laufenden Produktion, die Investitionen und das Finanzierungsprogramm im **Rahmen eines mehrperiodigen Totalmodells** möglichst **simultan** festzulegen.[4] Derartige Modellansätze wurden in den 60er und 70er Jahren des 20. Jahrhunderts insbesondere unter **Einbeziehung der**

---

[1] Vgl. *Brockhoff* 1981, Sp. 1309.
[2] Während der Entscheidungsträger oder Zielartikulant die verfolgten unternehmerischen Absichten formuliert, trifft der Zielträger nach h. M. die zur Zielerreichung notwendigen Maßnahmen. Vgl. etwa *Bauer* 1981, S. 111. Eine derartige Abgrenzung schließt aber die Personenidentität von Entscheidungs- und Zielträger nicht aus.
[3] *Dinkelbach* 1993, Sp. 524.
[4] Vgl. *Koch* 1993, Sp. 3253.

Steuer(bilanz)politik entwickelt.[5] Ohne die Einzelheiten und Unterschiede dieser auf eine Abbildung und Optimierung des gesamten Entscheidungsfeldes der Unternehmung ausgerichteten Konzeptionen näher darzulegen, kann als Beurteilungsergebnis dieser Forschungsprojekte herausgestellt werden, dass sich die in Rede stehenden sachlichen und zeitlichen simultanen Totalmodelle jedoch **nicht als praktikabel** erwiesen haben. Insbesondere die Schwierigkeiten im Hinblick auf eine explizite Abbildung des gesamten Entscheidungsfeldes, die aus Informations-, Formulierungs- und/oder Lösungsgründen **nicht möglich** bzw. aus Wirtschaftlichkeitsgründen **nicht zweckmäßig** ist, haben im Schrifttum primär zur Erkenntnis geführt, dass den Erfordernissen der Praxis im Hinblick auf eine aussagefähige Steuerbilanzplanung am ehesten durch die Konzipierung möglichst vereinfachender Partialmodelle[6] entsprochen wird. Eine ähnliche Vorgehensweise dürfte aus den gleichen Motiven sowie unter Berücksichtigung der Verknüpfungen zwischen handels- und steuerrechtlichem Jahresabschluss auch für den Bereich der handelsrechtlichen Rechnungslegungspolitik nahe liegend sein.

Ein **Rückgriff auf Teilmodelle** im Rahmen der **Steuerbilanzplanung** braucht jedoch notwendigerweise nicht eine Beschränkung des Planungshorizonts auf eine Periode bedeuten. Wie noch zu zeigen sein wird, basieren jüngere Konzepte der Steuerbilanzpolitik primär auf einer **mehrperiodigen Betrachtung**, wobei in aller Regel **Zinseffekte** und **Progressionswirkungen** der Ertragsteuern in die Kalküle der Partialplanung einbezogen werden. Im Gegensatz zu den steuerbilanzpolitischen Modellen beruhen die Konzeptionen **der handelsrechtlichen Rechnungslegungspolitik** primär auf **einperiodig ausgerichteten Ansätzen**.[7] Es ist zu vermuten, dass diese Einschränkungen aus folgenden **Praktikabilitätsgründen** vorgenommen werden:

- Die gegensätzlichen Konsequenzen des rechnungslegungspolitischen Instrumentariums **sind in den** Folgeperioden, über längere Zeiträume betrachtet, immer wieder durch den **Einsatz neuer Instrumente** zu überlagern;
- durch die zeitliche Reduktion des Planungsansatzes auf eine Rechnungsperiode kann seine **Sicherheit** erheblich gesteigert werden;
- die Gestaltung von Zahlungsreihen unter Einbeziehung von **Zins- und Steuerwirkungen** spielt im Rahmen der handelsrechtlichen und internationalen Rechnungslegungspolitik nur eine untergeordnete Rolle;
- durch zusätzliche Einbeziehung der **Flexibilität** in das rechnungslegungspolitische Kalkül lassen sich periodenübergreifende Wirkungen erfolgswirksamer Wahlrechte und Ermessensspielräume tendenziell steuern.[8]

---

[5] Vgl. hierzu vor allem die Arbeiten von *Haberstock* 1984, S. 468–482 sowie die deutsche und angloamerikanische Literaturauswertung zu diesem Problemkreis von *Heinhold* 1979, S. 77–87. Vgl. ferner die Ausführungen von *Gratz* 1982, S. 28–83 und *Rückle* 1983, S. 27–52, S. 173–184.

[6] *Rückle* 1983, S. 186.

[7] Eine Ausnahme bilden die Arbeiten von *Johänntgen-Holthoff* 1985, *Krauß* 1987 und *Reibis* 2005.

[8] Vgl. hierzu die Ausführungen im Sechsten Teil zu Gliederungspunkt IV.B.2.

2. Rückgriff auf Partialmodelle

Soll der Planungsprozess durch eine Aufspaltung in betriebliche Teilmodelle praktikabler gestaltet werden, so gilt es zunächst, die einheitliche Zielgröße in **Subziele** zu zergliedern, die je für sich Entscheidungskriterium des entsprechenden Partialmodells sein können.

Allerdings muss sichergestellt sein, dass die Zielfunktion des Teilmodells mit der übergeordneten Zielfunktion des gesamten unternehmerischen Entscheidungsfeldes korrespondiert. Je genauer die Abstimmung bezüglich abgeleiteter Zielfunktion und Nebenbedingungen gelingt, desto näher wird das mit dem Partialmodell ermittelte **Suboptimum** an dem **Totaloptimum** liegen.[9] Wie bereits gezeigt wurde, sind die konkreten rechnungslegungspolitischen Handlungsziele für Kapitalgesellschaften aus der Finanz-, Publizitäts- und/oder Individualpolitik des Managements abzuleiten, die im Rahmen der unternehmerischen Zielhierarchie der Rechnungslegungspolitik unmittelbar übergeordnet sind.

Zum Zweck der Koordination der abgeleiteten Subziele und Nebenbedingungen mit den zur Verfügung stehenden Aktionsparametern einer Zielhierarchie stehen zwei methodisch unterschiedliche Wege zur Verfügung.[10] Im Falle der **simultanen Koordination** erfolgt eine gleichzeitige Festlegung aller Aktionsparameter, welche die Zielfunktion und die einzuhaltenden Nebenbedingungen betreffen. Sofern sich die formulierte **Zielfunktion** und/oder die einzelnen **Nebenbedingungen** nicht widersprechen, ist der entwickelte Partialansatz grundsätzlich einer **Optimallösung** zugänglich.[11] Bei der **sukzessiven** oder **sequenziellen Koordination** werden hingegen alle relevanten Aktionsparameter nacheinander ohne Berücksichtigung einer sachlichen Reihenfolge zur Zielrealisation eingesetzt. Diese Vorgehensweise ist im Gegensatz zur simultanen Planung dadurch gekennzeichnet, dass mittels **Probieren** eine **hinreichend gute Lösung** für das Teilmodell gesucht werden soll.[12] Auf beide Kooperationsalternativen, die zur Lösung rechnungslegungspolitischer Entscheidungsmodelle sowohl in ein- als auch in mehrperiodigen Ausprägungen auftreten, wird im weiteren Verlauf der Abhandlung noch einzugehen sein.

---

[9] Die Qualität des aufgestellten Partialmodells ist jedoch nur durch Vergleich mit den Resultaten, die das Totalmodell liefern würde, zu beurteilen. Wäre aber ein Gesamtplanungsmodell erstellt worden, so würde das entsprechende Teilmodell nicht mehr benötigt werden. Infolgedessen müssen die Entscheidungsträger bei der Formulierung des Partialmodells häufig auf Plausibilitätsüberlegungen zurückgreifen, die zweckmäßigerweise dann vor dem Hintergrund eines zumindest groben Totalmodells aufzustellen sind. Vgl. *Rückle* 1983, S. 185.

[10] Vgl. hierzu *Marettek* 1970, S. 10–15.

[11] Einer Optimallösung können aber auch die zugrunde gelegten mathematischen Methoden sowie die nur beschränkt vorhandenen Kapazitäten von Datenverarbeitungsanlagen entgegenstehen.

[12] Allerdings wird hierdurch nicht ausgeschlossen, dass das auf diese Art und Weise ermittelte Ergebnis auch der Optimallösung des Partialmodells entsprechen kann.

B. Formulierung des Zielplans

1. Zieloperationalisierung und Zielausmaß

Bevor im Einzelnen praktikable rechnungslegungspolitische Partialmodelle analysiert werden, bedarf es einiger methodologischer Betrachtungen, welche die Struktur des Zielplans und des Entscheidungsfeldes betreffen. Wie schon ausgeführt wurde, besitzt die Rechnungslegungspolitik im hierarchischen Zielsystem der Unternehmenspolitik dienende Funktion gegenüber anderen übergeordneten Teilpolitiken. Trotz ihres derivativen Charakters weist die Rechnungslegungspolitik dennoch einen **autonomen Zielplan** und ein **autonomes Entscheidungsfeld** auf. Mithin können rechnungslegungspolitische Modellansätze als klar abgrenzbare Partialmodelle formuliert werden. Zunächst sind aus dem unternehmerischen Zielsystem **operationale Handlungsziele** abzuleiten, welche die Absichten der vorgelagerten Finanz-, Publizitäts- und Individualpolitik des Managements bestmöglich repräsentieren. Dieses Kriterium der **Operationalisierbarkeit** bedeutet für die in Rede stehenden Subziele, dass **Messvorschriften** existieren, die eine **Überprüfung der Zielerreichungsgrade** gestatten.[13] Da die folgenden Darlegungen auf die Konzipierung operationalisierbarer Entscheidungsmodelle abgestellt sind, müssen die Ausprägungen der **Unterziele** eindeutig **quantifizierbar** sein (z. B. Maximierung oder Minimierung des Jahresüberschusses; Ausschüttungen = 60 % des Jahresüberschusses; Gesamtkapitalrendite > 8 %). Eine derartige Formulierung des Zielerreichungsgrades in Gestalt der Zielfunktion bzw. einzuhaltender Nebenbedingungen ist aber nur auf der Grundlage **kardinaler Messvorschriften** mittels Verhältnis- oder Intervallskalen möglich.[14] Hieraus folgt, dass in aussagefähige Partialplanungsmodelle ausschließlich diejenigen Zielgrößen einfließen können, die sich mit hinreichender Genauigkeit quantifizieren lassen. **Insbesondere nichtmonetäre Zielsetzungen**, die primär im Rahmen der **Publizitätspolitik** verfolgt werden, sind deshalb nur ansatzweise oder überhaupt nicht zu berücksichtigen.

Zur operationalen Umschreibung des angestrebten Zielausmaßes bieten sich die Ausprägungen der **Extremierung**, **Fixierung** und **Satisfizierung** an.[15] Im Falle einer Extremierung beabsichtigt der Entscheidungsträger entweder eine Minimierung oder Maximierung der formulierten Zielfunktion (z. B. Minimierung der ertragsteuerlichen Bemessungsgrundlagen oder Maximierung der Ausschüttungen). Bei der Fixierung sind seine Aktivitäten hingegen auf die Realisierung einer bestimmten Zielausprägung abgestellt (z. B. Ausweis eines Bilanzgewinns exakt in der Höhe des Vorjahres). Strebt der Entscheidungsträger nach einer Satisfizierung seiner Zielgrößen, so definiert er lediglich ein gewisses Anspruchsniveau in Gestalt eines befriedigenden Zielausmaßes (z. B. Senkung der Bilanzsumme unter einen kritischen Wert).

---

[13] Vgl. *Albach* 1961, S. 357.

[14] Vgl. *Kupsch* 1979, S. 73.

[15] Vgl. *Hauschildt* 1977, S. 13. Sind die Aktivitäten des Entscheidungsträgers lediglich auf eine möglichst gute Annäherung an eine bestimmte Zielgröße ausgerichtet (z. B. Ausweis eines Jahresüberschusses, der annähernd die Höhe des Vorjahres erreicht), so liegt Approximierung vor. Da in diesem Falle eine eindeutige Quantifizierung des Zielausmaßes nicht möglich ist, besitzt die Approximierungsalternative keine Relevanz.

Die vorstehenden Ausführungen lassen unschwer erkennen, dass alle angesprochenen Zielausprägungen, sofern sie hinreichend operational definiert sind, sich ohne Schwierigkeiten entweder in Form einer **Zielfunktion (als Primärziele)** und/oder als **Nebenbedingungen (als Sekundärziele)** in mathematisch formulierte Entscheidungsmodelle integrieren lassen. Hierdurch wird es möglich, Mehrfachzielsetzungen[16] des Entscheidungsträgers, die zueinander in Konkurrenz stehen können (z. B. Maximierung des Bilanzgewinns und Realisierung bestimmter Kennzahlenniveaus), in Partialmodelle einzubeziehen und einer optimalen Gesamtlösung zuzuführen. Berücksichtigt man darüber hinaus, dass ein Ausdruck, der formal richtig für Nebenbedingungen festgelegt wurde, ohne weiteres bei Variation des Partialmodells als Zielfunktion übernommen werden kann,[17] dann besteht im Hinblick auf die modellorientierte Behandlung rechnungslegungspolitischer Absichten als Primär- oder Sekundärziel grundsätzlich vollkommene Austauschbarkeit.

2. Abgrenzung der Zielzeit

Da der Jahresabschluss nach Handels- und Steuerrecht sowie nach IFRS stichtagsorientiert ist, tragen rechnungslegungspolitische Zielsetzungen stets **zeitpunktbezogenen Charakter**. Allerdings müssen die Verantwortlichen beim zieladäquaten Einsatz des Instrumentariums berücksichtigen, dass bestimmte Maßnahmen nicht nur die Referenzperiode tangieren (**Primäreffekte**), sondern aufgrund des **Prinzips der Bilanzidentität** auch möglicherweise konträre Folgewirkungen in der Zukunft haben (**Sekundäreffekte**), die ggf. die Realisation der in späteren Perioden angestrebten Handlungsziele gefährden können.

Besitzen die Zielträger einen genauen Kenntnisstand über den **Flexibilitätsgrad** ihres Instrumentenkatalogs, dann sind sie in der Lage zu beurteilen, in welchem Ausmaß rechnungslegungspolitische Entscheidungen der Referenzperiode den Spielraum für spätere Zeitabschnitte einschränken oder erweitern. Nachfolgend werden die wichtigsten **Flexibilitätskriterien** angeführt, nach denen sich das Instrumentarium differenzieren lässt:[18]

- **Reversibilität:** Kann die Auswirkung des Instruments in späteren Perioden rückgängig gemacht werden?
- **Zeitliche Flexibilität:** Ist das Instrument zu einem bestimmten oder zu mehreren Zeitpunkten einsetzbar?
- **Quantitative Flexibilität:** Kann der Einsatz des einzelnen Instruments dosiert werden oder ist lediglich eine Entweder-Oder-Entscheidung möglich?
- **Analogie-Flexibilität:** Folgt aus der Behandlung über den Einsatz des Instruments eine analoge Vorgehensweise für ähnliche Fälle in der gleichen oder in späteren Perioden?

---

[16] Sofern zur Lösung rechnungslegungspolitischer Entscheidungsmodelle auf mathematische Optimierungsverfahren zurückgegriffen wird, kann in die Zielfunktion pro Modellansatz jeweils nur eine Zielgröße einbezogen werden. Auch die vorgelegten Forschungsarbeiten zur sog. Zielprogrammierung (Goal Programming) führen nicht zu weitergehenden Lösungen hinsichtlich der Wirkung mehrfacher Ziele auf identische Alternativmengen, da hier die Zielproblematik lediglich in den Bereich der Zielgewichtungskoeffizienten verlagert wird. So auch *Heinhold* 1979, S. 231 f.

[17] Vgl. *Rückle* 1983, S. 188.

[18] Vgl. *Siegel* 1982, S. 181, dessen Systematisierung auf den Ausführungen von *Börner/Krawitz* 1977, S. 107–115, beruht. Vgl. zur detaillierten Analyse der Flexibilität aus steuerbilanzpolitischer Sicht *Eigenstetter* 1998, S. 449–501.

In aller Regel spricht jedoch die **Unsicherheit** der Komponenten des Zielplans und des Entscheidungsfeldes gegen die Entwicklung mehrperiodiger Planungsansätze. So besteht stets Ungewissheit im Hinblick auf das Eintreten der von der wirtschaftlichen Entwicklung abhängigen künftigen Zielgrößen der Rechnungslegungspolitik vor Einsatz des Instrumentariums sowie in Bezug auf das Potenzial der künftig zur Verfügung stehenden Gestaltungsobjekte. Auch unter Berücksichtigung der Tatsache, dass häufig die Möglichkeit gegeben ist, unerwünschte, ergebnisbezogene Sekundärwirkungen in Kenntnis der Flexibilität des Instrumentariums durch den Einsatz neuer Alternativen kurzfristig zu kompensieren, besteht die Lösung des Planungsproblems für die rechnungslegende Praxis nicht ausschließlich in einer Konzipierung von **einperiodigen deterministischen Entscheidungsmodellen**, die auf bereits realisierten Zielgrößen vor Einsatz des Instrumentariums der Rechnungslegungspolitik basieren und deshalb von der Prämisse vollkommener Sicherheit ausgehen,[19] sondern es bedarf darüber hinaus auch einer Planung künftiger rechnungslegungspolitischer Zielgrößen unter Einbeziehung des **periodenübergreifenden Instrumentaleinsatzes**.[20]

Im Folgenden werden in knapper Form die wichtigsten Charakteristika der vorliegenden **steuerrechtlich ausgerichteten Entscheidungsmodelle** herausgestellt. Der Zielplan der **firmenbezogenen Steuerbilanzpolitik**[21] von Kapitalgesellschaften ist in aller Regel darauf ausgerichtet, durch den Einsatz der steuerrechtlichen Manövriermasse[22] möglichst wenig Ertragsteuern (Körperschaft- und Gewerbesteuer) an die Finanzbehörden abführen zu müssen und darüber hinaus dies so spät wie möglich zu tun. Die Prämisse, alle Ertragsteuerzahlungen in die Zukunft zu verlagern, basiert auf der Überlegung, dass jede Verzögerung der Steuerentrichtung einen Zinsgewinn bedeutet. Nach dem Konzept der **Steuerbarwertminimierung**[23] sollen die steuerpflichtigen Gewinne des Planungszeitraumes so gestaltet werden, dass die Summe aller auf den Gegenwartszeitpunkt abgezinsten Ertragsteuerzahlungen ein Minimum ergibt. Liegen proportionale Ertragsteuertarife vor, so ist die Manövriermasse **möglichst früh** einzusetzen, um die Steuerlast in die **Zukunft zu verlagern**. Durch den späteren Ausweis der Gewinne und dem damit verbundenen **zinslosen Steuerkredit** werden liquide Mittel sowohl für Ausschüttungs- als auch für Ertragsteuerzahlungen gespart. Darüber hinaus erhöhen sich die späteren Ausschüttungen um die durch die gewinnbringende Anlage des zinslosen Kredits erwirtschafteten Zinsen. Es ist offensichtlich, dass das Unternehmensvermögen durch das Konzept der Steuerbarwertminimierung im Zeitablauf zu

---

[19] Allerdings kann die Ungewissheit bei diesen Modellen auf die Frage verlagert werden, ob der Wirtschaftsprüfer und/oder die Finanzverwaltung den geplanten Gestaltungen des handels- und/oder steuerrechtlichen Jahresabschlusses folgen.

[20] So auch *Bauer* 1981, S. 182–187; *Jacobs/Dyck/Zimmerer* 1988, S. 97.

[21] Im Gegensatz zu einer anteilseignerorientierten Steuerbilanzpolitik werden bei einer firmenbezogenen Betrachtungsweise die (steuerrechtlichen) Interessen der Gesellschafter nicht berücksichtigt, da sie keinen Einfluss auf die Willensbildung in der Unternehmung haben.

[22] Als Manövriermasse wird speziell im Rahmen der Steuerbilanzpolitik die Summe aller Maßnahmen zum Zwecke der zeitlichen Verlagerung des Gewinns bezeichnet. Vgl. etwa *Wagner/Dirrigl* 1980, S. 277.

[23] Vgl. *Marettek* 1970, S. 19–31.

IV. Modellansätze einer planmäßigen Rechnungslegungspolitik

maximieren ist.[24] Die subjektiven Einstellungen der Entscheidungsträger zu den angestrebten Zielgrößen sind im Rahmen dieses Mehrzeitpunktmodells nach h. M. mit dem **Zinssatz nach Steuern** zu erfassen.[25] Der **Kalkulationszinssatz** übernimmt mithin die Funktion, alle (Ertrag-)Steuerzahlungen auf den Gegenwartszeitpunkt (t = 0) **abzuzinsen** und folglich **vergleichbar zu machen**. Im Schrifttum existieren differierende Vorschläge, die sich auf die Länge des steuerrechtlichen Planungszeitraumes beziehen. Aus den dort vorgetragenen unterschiedlichen Argumenten lässt sich der Schluss ziehen, dass es keine generellen Regeln für die Festlegung der Planungsdauer geben kann. Im Allgemeinen wird jedoch die Ungewissheit über die künftige Unternehmensentwicklung die Länge des Planungszeitraumes begrenzen.

> **Beispiel:**[26] Geht man davon aus, dass eine unbeschränkt ertragsteuerpflichtige Kapitalgesellschaft im Rahmen eines Planungszeitraumes von fünf Jahren lediglich die in **Abbildung 326** angeführten zwei Alternativen besitzt (Fälle A und B), durch den Einsatz der Manövriermasse (Summe aller steuerrechtlich erfolgswirksamen Alternativen) den gesamten steuerpflichtigen Plangewinn von 250.000 € auf die einzelnen Rechnungsperioden zu verteilen, dann zeigt sich, dass bei einem möglichst frühen Einsatz der Manövriermasse (Fall B) die Summe aller abgezinsten Ertragsteuerzahlungen (= 70.780,66 €) ihr Minimum erreicht. Die optimale Gewinnausweisreihe wird für die einzelnen Perioden durch die Werte in der Spalte B_t (Fall B) ausgewiesen.
>
> | Perioden (t) | Fall A | | | Fall B | | |
> |---|---|---|---|---|---|---|
> | | B_t | $E_t = s \cdot B_t$ | $BW_t = q^{-t} \cdot E_t$ | B_t | $E_t = s \cdot B_t$ | $BW_t = q^{-t} \cdot E_t$ |
> | t = 1 | 50.000 | 20.000 | 18.518,5 | – | – | – |
> | t = 2 | 50.000 | 20.000 | 17.146,8 | – | – | – |
> | t = 3 | 50.000 | 20.000 | 15.876,6 | – | – | – |
> | t = 4 | 50.000 | 20.000 | 14.709,6 | 125.000 | 50.000 | 36.751,5 |
> | t = 5 | 50.000 | 20.000 | 13.619,6 | 125.000 | 50.000 | 34.029,2 |
> | Σ | 250.000 | 20.000 | 79.851,1 | 250.000 | 100.000 | 70.780,6 |
>
> **Abb. 326:** Darstellung der Steuerbarwertminimierung (alle Werte in €)

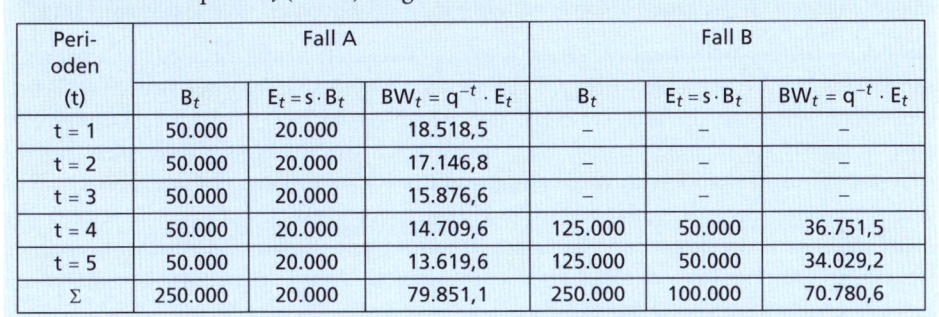

---

[24] Das von *Heigl* vorgelegte Konzept der Nettogewinnmaximierung (vgl. *Heigl* 1971, S. 127–138) zielt hingegen darauf ab, die Summe aller abgezinsten Gewinne nach Ertragsteuern (Barwerte der Nettogewinne nach Steuern) zu maximieren. Hintergrund des Ansatzes ist die Überlegung, dass die Anteilseigner eines Unternehmens primär an demjenigen Betrag interessiert sind, der ihnen als Nettozahlungen nach Ertragsteuern zufließt. Im Hinblick auf proportionale Ertragsteuersätze muss folglich die Manövriermasse so spät wie möglich zum Einsatz kommen, denn je später Aufwendungen verrechnet werden, desto früher werden Gewinne ausgewiesen und fließen Zahlungen an Anteilseigner ab. Für eine praktikable firmenbezogene Steuerbilanzpolitik kann die in Rede stehende Konzeption jedoch keine Relevanz besitzen, da bei einem Einsatz der Manövriermasse zum Zwecke der Vorverlagerung von Gewinnen diese Aktion keine unmittelbaren Auswirkungen auf die liquiden Mittel für Ausschüttungs- und Gewinnsteuerzahlungen hat.

[25] Vgl. hierzu die Ausführungen im Zweiten Teil zu Gliederungspunkt VII.A.

[26] Diesem Beispiel liegt ein Zinssatz nach Steuern von 8 % sowie ein Steuerfaktor (s) von 40 % zugrunde.

Das Beispiel verdeutlicht, dass die mehrperiodige Bilanz- und Ausschüttungsplanung bei **Publikumsgesellschaften** im Falle **proportionaler Tarife** der Ertragsteuern trivial ist, „... denn diese maximieren bei gegebenen Ausschüttungen über eine strenge Aufwandsvorverlagerung und damit Steuernachverlagerung ihren Kapital- oder Endwert"[27].

Eine Steuerbilanzplanung unter **Durchgriff auf die Sphäre der Anteilseigner** wird immer dann erforderlich, wenn die Interessen der Gesellschafter ihren Niederschlag in der Unternehmenspolitik und damit auch in den steuerpolitischen Entscheidungen des Managements finden.[28] Für derartige **personenbezogene** bzw. **eigentümerkontrollierte Kapitalgesellschaften** liegt es nahe zu unterstellen, dass die Anteilseigner danach streben, ihr persönliches Endvermögen nach Steuern im Zeitablauf zu maximieren.[29] Dieses Ziel lässt sich grundsätzlich dann realisieren, wenn es gelingt, den Gewinnausweis und damit die Ausschüttungen der Kapitalgesellschaft bei gegebenen Zahlungsüberschüssen so zu gestalten, dass die Grenzsteuerend- bzw. Grenzsteuerbarwerte für jede Periode des Planungszeitraumes identisch sind.[30] Die angesprochene Optimierungsregel fußt auf dem Konzept der Steuerbarwertminimierung, nach dem im Falle **progressiver Ertragsteuertarife** die Vorverrechnung des Aufwandspotenzials begrenzt wird, da die später zum Ausweis kommenden höheren Periodengewinne eine überproportionale Ertragsteuerbelastung verursachen. Die kombinatorische Berücksichtigung von Zins- und Progressionseffekt führt zu einem **Minimum der Steuerbarwertsumme**, wenn die der gesuchten (optimalen) Gewinnausweisreihe entsprechenden Grenzsteuerbarwerte der einzelnen Planungsperioden gleich groß sind.[31]

Da jedoch bei der **personenbezogenen Kapitalgesellschaft** häufig eine lediglich begrenzt variierbare Manövriermasse vorliegt, kann vielfach eine Anpassung des steuerrechtlichen Gewinnausweises an die aus der Sicht der Anteilseigner optimale Ausschüttungsreihe nicht realisiert werden. Es besteht aber dann durch die Rückgriffsmöglichkeit auf die Aktionsparameter der **Gewinnverwendungspolitik** die Alternative, in gewissen Grenzen eine Anpassung der Bardividende an die einkommensteuerlich optimale Verteilung der Ausschüttungen vorzunehmen.[32] Im Gegensatz zum Standardmodell der firmenbezogenen Steuerbilanzplanung muss darüber hinaus **unterschiedlichen Verzinsungsalternativen** auf

---

[27] *Haase* 1986, S. 1, Fußnote 2. Jedoch darf nicht übersehen werden, dass aufgrund der externen Vorgabe des Gesamtgewinns und des Kalkulationszinssatzes das Ergebnis einer Steuerbarwertminimierung (partiell) beeinträchtigt wird. So erhöhen die Wiedereinlagezinsen, die aus dem zinslosen Ertragsteuerkredit resultieren, den Gesamtgewinn des Planungszeitraumes.

[28] Vgl. *Heigl/Melcher* 1974, S. 71.

[29] Allerdings besteht auch die Möglichkeit, dass bei einer derartigen Kontrollkonstellation die Gesellschafter in Ausnahmefällen das Ziel einer unternehmensbezogenen Vermögensmaximierung verfolgen. Der Zielplan muss dann darauf ausgerichtet sein, sämtliche erwirtschafteten Gewinne in der Kapitalgesellschaft zu investieren. Die Gestaltung der optimalen Gewinnausweisreihe kann in diesem Falle nach dem vorstehend entwickelten Standardmodell zur firmenbezogenen Steuerbilanzpolitik erfolgen, das auf dem Konzept der Steuerbarwertminimierung basiert.

[30] Sofern jedoch unterschiedliche Anlagealternativen auf Gesellschafter- und Unternehmensebene in das Kalkül aufgenommen werden, ändert sich die in Rede stehende Optimierungsbedingung. Vgl. hierzu *Eigenstetter* 1997, S. 225–286; *Wagner/Dirrigl* 1980, S. 301–305.

[31] Ein praktikables Verfahren zur Bestimmung der Grenzsteuerbarwerte ist von *Günther* 1980 (S. 31–50) vorgelegt worden. Andere Lösungsansätze wurden von *Marettek* 1970, S. 19–31, *Okraß* 1973, S. 492–510 und *Siegel* 1972, S. 65–80, entwickelt.

[32] Vgl. *Haase* 1986, S. 2.

der Anteilseigner- und Unternehmensebene Rechnung getragen werden. Die existierenden Konzeptionen der mehrperiodigen Ausschüttungspolitik sind in der Lage, die Wirkungen der Einkommen-, Kirchen-, Körperschaft- und Gewerbesteuer sowie unterschiedliche Anlagealternativen **simultan** zu erfassen und einer optimalen Lösung zuzuführen. Entscheidende Impulse für die anteilseignerbezogene Steuerbilanzplanung wurden insbesondere durch die Möglichkeit der Berücksichtigung von **Renditedifferenzen** zwischen interner Wiederanlage in der Unternehmung und externer (privater) Wiederanlage durch den Gesellschafter gegeben.

Die vorgestellten mehrperiodigen Grundkonzepte der firmenbezogenen und anteilseignerorientierten Steuerbilanzpolitik sind im Zeitablauf immer weiter verfeinert worden. So wurden **Sukzessiv- und auch Simultanmodelle** etwa unter Einbeziehung **unvollkommener Kapitalmärkte** mit unterschiedlichen Zinsen und beschränkter Aufteilbarkeit der Manövriermasse sowie unter Berücksichtigung von Verlustabzugs- und/oder Wiedereinlagemöglichkeiten der Gesellschafter entwickelt.[33] Allen Modellen ist gemeinsam, dass sie nur dann einsetzbar sind, wenn über den gesamten Planungszeitraum eine vernünftig begründete **Vorausbestimmung der Unternehmensergebnisse** bzw. der **sonstigen Einkünfte der Anteilseigner** sowie der **Manövriermasse** möglich ist. Die Prämissen dürften in der betrieblichen Realität jedoch äußerst selten anzutreffen sein.

Zusammenfassend kann im Hinblick auf die mehrperiodigen Modelle der Steuerbilanzplanung nicht erwartet werden, dass für einen unterstellten Mindestplanungszeitraum z. B. Steuersätze, steuerrechtliche Förderungsmaßnahmen, Progressionsfaktoren, Zinssätze, Gesellschafterstruktur, Liquiditätsbedürfnisse, Investitionsmöglichkeiten sowie andere, die Zielsetzung der Vermögensendwertmaximierung determinierende Faktoren konstant bleiben.[34] Die im Schrifttum existierenden Ansätze zur firmen- und anteilseignerbezogenen Steuerbilanzpolitik stellen mithin Lösungsalternativen dar, die nur bei **rigoroser Einschränkung** der vielfältigen steuerrechtlichen und betriebswirtschaftlichen Einflussgrößen sowie hinreichend sicheren Daten der Planungsvariablen zu aussagefähigen Entscheidungswerten führen.

---

[33] Vgl. hierzu den Überblick bei *Breithecker* 1986, S. 2196–2198; *Eigenstetter* 1997; *Haase* 1986, S. 1–6; *Haberstock* 1984, S. 464–482; *Heinhold* 1981, S. B 213–B 241; *Heinhold* 1982, S. 846–861; *Müller-Kröncke* 1974; *Scheffler* 1998, S. 407–448; *Siegel* 1982, S. 171–206; *Wagner/Dirrigl* 1980, S. 296–311.

[34] Vgl. *Packmohr* 1984, S. 35 sowie zur Kritik am Modell der Steuerbarwertminimierung auch *Packmohr* 1998, S. 503–541.

C. Betriebswirtschaftliche Voraussetzungen für den Einsatz rechnungslegungspolitischer Entscheidungsmodelle

Die Aufstellung von Entscheidungsmodellen bezüglich der Rechnungslegungspolitik ist im Prinzip darauf ausgerichtet, **Handlungsempfehlungen** über den Einsatz des Instrumentariums in Abhängigkeit von einer operational formulierten Zielfunktion zu geben. Wie bereits dargestellt wurde, wird das rechnungslegungspolitische Instrumentarium üblicherweise in **sachverhaltsgestaltende** (z. B. Vor-Bilanzstichtag-Dispositionen) und **darstellungsgestaltende Alternativen** (z. B. formelle Alternativen, wie etwa Ausweis-, Erläuterungs- und Informationswahlrechte sowie materielle Alternativen, wie Bilanzierungs-, Bewertungswahlrechte und Ermessensspielräume) unterschieden. Der nachfolgend angeführte Katalog bringt zusammenfassend diejenigen Prämissen zum Ausdruck, die bei der Konzipierung rechnungslegungspolitischer Entscheidungsmodelle zu berücksichtigen sind und deshalb auch für die Entwicklung eines entsprechenden **Expertensystems**[35] besondere Bedeutung besitzen.

(1) Insbesondere die Schwierigkeiten im Hinblick auf eine explizite Abbildung des gesamten unternehmerischen Entscheidungsfeldes haben zu der Erkenntnis geführt, dass den Erfordernissen der Praxis bezüglich einer aussagefähigen Planung der Rechnungslegungsobjekte unter Aufgabe des Prinzips einer „größtmöglichen Simultanoptimierung"[36] am ehesten durch die Konzipierung weitgehend vereinfachender rechnungslegungspolitischer Teilmodelle entsprochen wird (**Kriterium des Rückgriffs auf Partialmodelle**).

(2) Die Lösung ein- und mehrperiodiger rechnungslegungspolitischer Partialmodelle kann durch einen einzigen, alle materiellen Instrumente und den gesamten Zielplan simultan umfassenden Ansatz oder aber auf der Grundlage einer sukzessiven Koordination der zur Verfügung stehenden materiellen Instrumente und zunächst unvollständig formulierter Zielpläne schrittweise erfolgen. Im Falle der Sequenzialplanung muss sichergestellt sein, dass durch systematisches Probieren zumindest eine hinreichend gute Lösung gefunden werden kann (**Kriterium des Erreichens einer zumindest hinreichend guten Lösung**).

(3) Der Entscheidungsträger muss in der Lage sein, mit hinreichender Sicherheit beurteilen zu können, ob zum einen die Adressaten die beabsichtigten Reaktionen zeigen und zum anderen die Auswirkungen des rechnungslegungspolitischen Instrumentariums ggf. durch Reformen der handels- und steuerrechtlichen sowie internationalen Konventionen in Frage gestellt sein könnten (**Kriterium der hinreichenden Sicherheit**).

(4) Aufgrund der in aller Regel vorliegenden Ungewissheit im Hinblick auf die Vorausbestimmung der Unternehmensergebnisse bzw. der sonstigen (steuerrechtlichen) Einkünfte der Anteilseigner sollten aus pragmatischer Sicht Mehrzeitpunktentscheidungsmodelle nur bei hinreichend sicheren Erwartungen formuliert werden (**Kriterium der pragmatischen Begrenzung des Planungshorizonts**).

---

[35] Vgl. hierzu *Freidank* 1993, S. 312–323; *Jacobs* 1990, S. 227–246; *Jacobs/Dyck/Zimmerer* 1988, S. 93–105.

[36] Hierzu *Bäuerle* 1989, S. 175–181.

(5) Aus dem Zielsystem der Unternehmenspolitik müssen sich eindeutig quantifizierbare materielle Handlungsziele für die Rechnungslegungspolitik ableiten lassen, welche die Absichten der übergeordneten Teilpolitiken (z. B. Finanz-, Publizitäts- und Individualpolitik des Managements) bestmöglichst repräsentieren (**Kriterium der Quantifizierbarkeit von Handlungszielen**).
(6) Im Falle der Verfolgung mehrerer zueinander in Konkurrenz stehender oder sich gegenseitig ausschließender Handlungsziele muss es möglich sein, derartige Konflikte durch Zielgewichtung oder durch Aufstellung einer Rangordnung (z. B. Primär- und Sekundärziele) zu lösen (**Kriterium der Konfliktlösbarkeit**).
(7) Zur Realisierung der angestrebten Zielsetzungen müssen dem Entscheidungsträger alle zur Zielerreichung relevanten sachverhalts- und darstellungsgestaltenden (formellen und materiellen) Instrumente zur Verfügung stehen (**Kriterium der Vollständigkeit des Instrumentariums**).
(8) Um konträre Sekundärwirkungen des Instrumentaleinsatzes beurteilen und ggf. kompensieren zu können, muss der Entscheidungsträger weiterhin den Flexibilitätsgrad der einzelnen rechnungslegungspolitischen Alternativen kennen (**Kriterium der Kenntnis der Flexibilität des Instrumentariums**).

V. Simultan- und Sequenzialmodelle für die handelsrechtliche Rechnungslegungspolitik

A. Grundlegendes

Während zur Lösung mehrperiodiger steuerbilanzpolitischer Sachverhalte eine Vielzahl unterschiedlicher Entscheidungsmodelle vorgelegt wurde, erbringt eine Literaturdurchsicht bis ca. 1985 in dieser Richtung im Hinblick auf speziell **handelsbilanzpolitisch ausgerichtete Modellansätze** ein vergleichsweise dürftiges Ergebnis.[1] Obwohl schon relativ früh das Erfordernis einer optimalen Rechnungslegungspolitik „...mittels einer gewinndeterminierten Zielfunktion unter strukturellen Nebenbedingungen"[2] erkannt wurde, hat sich die betriebswirtschaftliche Forschung mit der Entwicklung anwendungsorientierter handelsrechtlicher Planungsmodelle erst seit den 1990er Jahren eingehend beschäftigt.[3] Es ist zu vermuten, dass die zurückhaltende Auseinandersetzung mit den Aspekten einer **simultanen ein- und mehrperiodigen Jahresabschlussplanung**, die zudem auch noch IT-gestützt ist, zu großen Teilen in dem mangelnden Interesse der Praxis begründet liegt, derartige Methoden im Rahmen einer zielgerichteten Rechnungslegungspolitik einzusetzen. Zum einen werden jahresabschlussbezogene Gestaltungen vor allem bei kleinen und mittleren Unternehmen häufig in Form **sequenzieller Entscheidungsprozesse** ablaufen. Zum anderen dürfte aber auch die immer noch ablehnende Haltung vieler Praktiker gegen einen Rückgriff auf mathematische Methoden dafür verantwortlich sein, dass sich die simultane Optimierung im Bereich der anwendungsorientierten Rechnungslegungspolitik bisher nicht durchsetzen konnte.

Aus **methodologischer Sicht** sind simultane Planungsansätze dadurch gekennzeichnet, dass alle Komponenten des Entscheidungsmodells (**Zielplan und Entscheidungsfeld**) gleichzeitig festgelegt werden. Durch diese Vorgehensweise wird es möglich, unter Rückgriff auf unterschiedliche Ausprägungen der Zielfunktion und unter Beachtung von Restriktionen eine Optimallösung zu ermitteln, die im Rahmen von Planungsprozessen der Entscheidungsvor-

---

[1] Vgl. hierzu etwa *Bender* 1980; *Johänntgen-Holthoff* 1985; *Münstermann* 1970, S. 256–290; *Schweitzer* 1972, S. 43–154.

[2] *Berger* 1965, S. 136.

[3] Vgl. *Freidank* 1990a, S. 141–158; *Freidank* 1990b; *Freidank* 1998b, S. 107–143; *Freidank* 2001, S. 1–22; *Freidank* 2004b; *Freidank/Buchholz* 2008, S. 109–133; *Freidank/Reibis* 2007a, S. 283–304; *Freidank/Reibis* 2007b, S. 295–314; *Hahn/Schneider* 1998, S. 333–400; *Kloock* 1989, S. 141–158; *Krog* 1998b, S. 273–331; *Reibis* 2005; *Seelbach/Fischer* 1998, S. 231–271.

bereitung dient. Allerdings ist zu berücksichtigen, dass derartige rechnungslegungspolitische Modellansätze lediglich **Sub-** oder **Partialoptima** für die formulierten Planungsprobleme liefern. Wie schon ausgeführt wurde, liegt diese Einschränkung in den vielfältigen praktischen Schwierigkeiten begründet, die einer simultanen Gesamtunternehmensplanung mit dem Ziel der Ermittlung eines **Totaloptimums** entgegenstehen.[4]

Zur Lösung simultaner Planungs- und Koordinierungsaufgaben greift die Betriebswirtschaftslehre in aller Regel auf die mathematischen Methoden des **Operations Research** zurück. Die Verwendung der Mathematik als formale Sprache zwingt zum einen zu einer eindeutigen Problemformulierung und bietet zum anderen in Kombination mit dem Einsatz der elektronischen Datenverarbeitung den Vorteil, auch Probleme mit einem minimalen Zeitaufwand durchzurechnen, die bisher praktisch als unlösbar galten. Sofern die Anzahl der Zielgrößen und Aktionsparameter gewisse Grenzen nicht übersteigt, können optimale Ergebnisse aber auch auf simultanem Wege, **ohne Rückgriff** auf mathematische Methoden der Optimalplanung, ermittelt werden. Lösungen zu beiden Möglichkeiten der Simultanplanung werden im weiteren Verlauf der Abhandlung vorgestellt.

Da die Entscheidungsträger vor Beginn der Entscheidungsfindung ihre Präferenzen in Gestalt der **Zielfunktion** und bestimmter **Nebenbedingungen** fixiert haben, läuft der eigentliche Entscheidungsprozess im Rahmen simultaner Planungsmodelle ohne weiteres Eingreifen dieser Personengruppe ab. Mithin bestimmt sich die Optimallösung „von selbst" und kann beispielsweise den Programmdurchläufen von Datenverarbeitungsanlagen entnommen werden.[5] Gleichzeitig werden alle einbezogenen relevanten Aktionsparameter, unter Berücksichtigung sämtlicher Interdependenzen zwischen den Komponenten des Modellansatzes, simultan festgelegt.

Häufig besteht in der betrieblichen Realität bei den Entscheidungsträgern aber Unklarheit vor allem über die Höhe und Art der anzustrebenden Zielgrößen sowie über die Vielzahl von **Kausalbeziehungen** und **Interdependenzen** zwischen den Bestandteilen des Planungsansatzes. In diesen Fällen suchen die Entscheidungsträger die Lösung des Modells nicht simultan für alle Ziele und nicht gleichzeitig für mehrere (bestmögliche) Aktionsparameter, sondern **sukzessiv**, indem sie unterschiedliche Alternativen eines stark vereinfachten Zielplans vergleichen und auf eine Vereinbarkeit mit ihren Nutzenvorstellungen überprüfen. Die Lösung des Modells ist dann erreicht, wenn die Entscheidungsträger eine oder mehrere Alternativen gefunden haben, die sich mit ihren **Anspruchsniveaus** decken. Im Gegensatz zu den simultanen Konzeptionen sind **sequenzielle Entscheidungsmodelle** mithin dadurch gekennzeichnet, dass der Rechnungslegungspolitiker von einem grob formulierten Zielplan ausgeht, indem er anstelle expliziter Präferenzen ausschließlich Anspruchsniveaus bezüglich einzelner angestrebter Sachverhalte formuliert und eine angemessene Lösung durch sukzessives Testen ermittelt.[6] Die Auswahl der zur Befriedigung seiner Anspruchsniveaus führenden erforderlichen Aktionsparameter erfolgt durch schrittweises Probieren, bis eine hinreichend gute Lösung gefunden ist. Anstelle eines einzigen, alle Aktionsparameter und den gesamten Zielplan simultan umfassenden Ansatzes wird im Rahmen sequenzieller Entscheidungsmo-

---

[4] Vgl. *Brockhoff* 1981, Sp. 1311.
[5] Vgl. *Bender* 1980, S. 163.
[6] Vgl. *Sieben/Matschke/König* 1981, Sp. 235.

delle mithin versucht, auf der Grundlage einer sukzessiven Koordination der zur Verfügung stehenden Aktionsparameter und zunächst nicht vollständig formulierter Zielpläne schrittweise zu einem endgültigen optimalen Jahresabschluss zu gelangen.

Abbildung 327 zeigt in Form eines Ablaufdiagramms die Struktur sequenzieller Entscheidungsprozesse. Durch die dort dargestellten Rückkoppelungsmöglichkeiten zum Zielplan bei nicht vorhandenen und/oder hinreichend teilbaren Aktionsparametern sowie im Falle organisatorischer und kommunikationstechnischer Schwierigkeiten zwischen den Entscheidungsträgern der Rechnungslegungspolitik wird die zieladäquate Gestaltung des Jahresabschlusses transparenter und praktikabler.

B. Modellansätze ohne Rückgriff auf mathematische Optimierungsverfahren

1. Skizzierung der Konzeptionen

Allen simultanen Modellansätzen ist gemeinsam, dass sie Lösungen zum Zwecke der Entscheidungsvorbereitung durch Rückgriff auf **mathematische Optimierungsmethoden** liefern. Sofern die interdependenten Beziehungen der Variablen von Zielplan und Entscheidungsfeld jedoch überschaubar sind, besteht aber auch die Möglichkeit, mittels **Anwendung manueller Rechenverfahren** die relevanten Entscheidungswerte zu ermitteln. Dies bedeutet jedoch nicht, dass die im Folgenden präsentierten Modellansätze sich nicht programmieren lassen oder durch den Einsatz von Tabellenkalkulationsprogrammen einer optimalen Lösung zuzuführen sind. Die angesprochenen Konzeptionen tragen im Grundsatz ebenfalls den Charakter von Simultanmodellen, da auch hier alle Komponenten des Zielplans und des Entscheidungsfeldes gleichzeitig festgelegt werden, und die Verantwortlichen der Rechnungslegungspolitik den Ergebnissen der einzelnen Programmgruppen dann diejenigen Werte zum Zwecke einer zieladäquaten Transformation des vorläufigen Jahresabschlusses entnehmen können, die mit ihren zu Beginn des Entscheidungsprozesses formulierten Nutzenvorstellungen korrespondieren. Die Struktur der in Rede stehenden Modellansätze wird im Folgenden auf der Basis der **Einheitsbilanzierung** verdeutlicht. Im Rahmen der zielgerichteten Umformung des Jahresabschlusses können sowohl **erfolgswirksame** als auch **erfolgsneutrale Aktionsparameter** zum Einsatz kommen.

Zur Berücksichtigung der in diesem Zusammenhang anfallenden Ertragsteuerwirkungen wird wiederum auf die entsprechenden Koeffizienten der **Teilsteuerrechnung**[7] zurückgegriffen, mit deren Hilfe sämtliche Körperschaft- und Gewerbesteuerbelastungen planmäßig durch Multifaktoren zu erfassen sind.

Der Zielplan des Ansatzes kann auf die **Extremierung** oder **Fixierung** bestimmter **Ergebnisgrößen** (Jahresüberschuss, Bilanzgewinn) sowie auf die Einhaltung **ausgewählter Kennzahlen- und/oder Bilanzsummenniveaus** ausgerichtet werden. Allerdings sind auch andere Ausprägungen der rechnungslegungspolitischen Zielstruktur zu berücksichtigen. Die zur Verfügung stehenden Aktionsparameter werden so zu Programmgruppen zusammengefasst, dass eine vollständige Kombination der Wahlrechte und Ermessensspielräume

---
[7] Vgl. *Rose* 1973; *Rose* 1979, S. 293–308; *Scheffler* 1991, S. 69–75; *Kußmaul* 2010, S. 463 f.

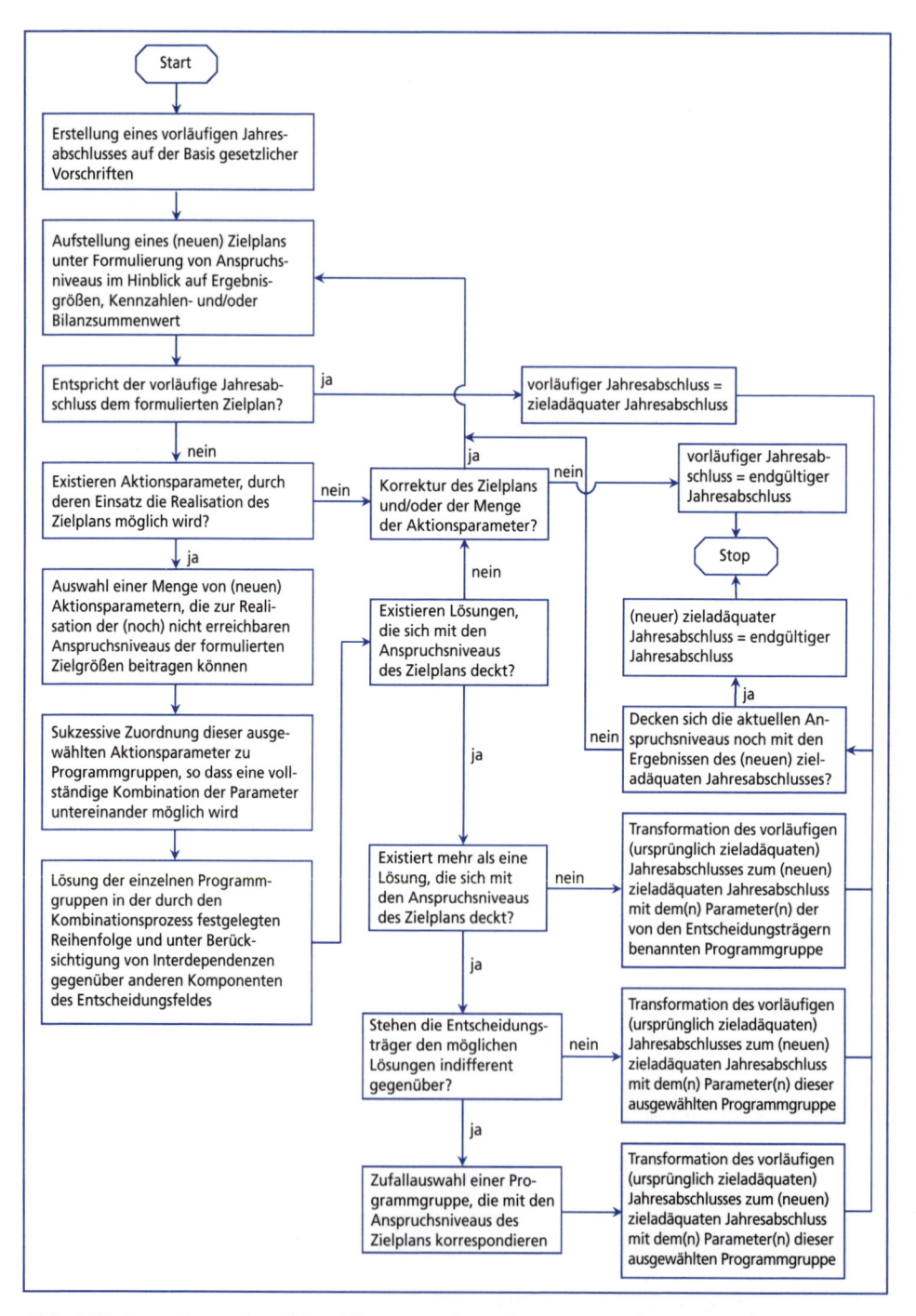

Abb. 327: Grundlegendes Ablaufdiagramm im Falle sequenzieller rechnungslegungspolitischer Entscheidungsprozesse

untereinander möglich wird. Dabei muss auch die **Unterlassungsalternative** Eingang in die Menge der möglichen Kombinationen finden. Diese Vorgehensweise bedeutet, dass beispielsweise im Falle von vier zur Verfügung stehenden Aktionsparametern 16 Zusammenstellungen möglich sind und mithin auch 16 Programmgruppen gebildet werden müssen. Für die entsprechenden Programmansätze sind nun unter Berücksichtigung der operational formulierten Zielgrößen die entsprechenden Entscheidungswerte zu ermitteln. Nach Beendigung des Rechenvorganges ist der vorläufige Jahresabschluss auf der Basis derjenigen Programmgruppe zum optimalen Jahresabschluss zu **transformieren**, die mit dem ursprünglich aufgestellten Zielplan des Entscheidungsträgers korrespondiert. Zur übersichtlichen Ermittlung und Präsentation der angesprochenen Werte empfiehlt sich die Aufstellung von **rechnungslegungspolitischen Entscheidungstabellen**, deren Aufbau und Auswertung nachfolgend beispielhaft gezeigt wird.

2. Beispielhafte Verdeutlichung

Beispiel: Der vorläufige Jahresabschluss einer unbeschränkt ertragsteuerpflichtigen Kapitalgesellschaft, die in der Rechtsform der AG geführt wird, hat das in **Abbildung 328** gezeigte Aussehen. Der vorläufige Jahresüberschuss vor Ertragsteuern (vJvor) der Referenzperiode t = 1, der mit der vorläufigen ertragsteuerrechtlichen Bemessungsgrundlage (vB) korrespondiert, beträgt 90.000 €. Unter Berücksichtigung des Ziels der Unternehmensleitung, nur den Jahresüberschuss in voller Höhe auszuschütten, berechnen sich die vorläufige Ertragsteuerbelastung (vE) und der vorläufige Bilanzgewinn (vBI) wie folgt, wenn der Gewerbesteuerhebesatz der Standortgemeinde 405 % und die Steuermesszahl 3,5 % beträgt.

$s = sg + sd \cdot (1 + soli)$ mit $sg = me \cdot he$

$s = 0{,}14175 + 0{,}15 \cdot (1 + 0{,}055) = 0{,}3$ mit $sg = \dfrac{3{,}5}{100} \cdot \dfrac{405}{100}$

$vE = s \cdot vB$

$vE = 0{,}3 \cdot 90.000\ € = 27.000\ €$

$vBI = (1 - s) \cdot vJvor$

$vBI = (1 - 0{,}3) \cdot 90.000\ € = 63.000\ €$.

(1) Zielplan:
Zur Realisierung eines Investitionsvorhabens benötigt die angesprochene AG Fremdfinanzierungsmittel, die aber nur dann zu beschaffen sind, wenn die beiden folgenden Jahresabschlusskennzahlen sich in den angegebenen Wertebereichen bewegen.
(1.1) Anlagedeckungsgrad:

$$\dfrac{\text{Anlagevermögen}}{\text{(gezeichnetes Kapital + offene Rücklagen + langfristiges Fremdkapital)}} \leq 1.$$

(1.2) Elastizitätsgrad:

$$\dfrac{\text{Anlagevermögen}}{\text{Umlaufvermögen}} \leq 1.$$

Aktiva	Vorläufige Einheitsbilanz zum 31.12. t = 1		Passiva
	in T€		in T€
A. Anlagevermögen:		A. Eigenkapital:	
I. Sachanlagen:		I. Gezeichnetes Kapital	200
1. Grundstücke	120	II. Gewinnrücklagen:	
2. Technische Anlagen und Maschinen	140	1. Gesetzliche Rücklagen	35
		2. Andere Gewinnrücklagen	20
3. Betriebs- und Geschäftsausstattung:		III. Bilanzgewinn	63
a. Geringwertige Wirtschaftsgüter	15	B. Rückstellungen:	
		I. Ertragsteuerrückstellungen (ku)	27
b. Andere Vermögensgegenstände	40	II. Sonstige Rückstellungen:	
II. Finanzanlagen:		1. Für schwebenden Prozess (la)	34
1. Beteiligungen	50	2. Für Garantiezusagen (la)	106
2. Wertpapiere des Anlagevermögens	25		
		C. Verbindlichkeiten:	
B. Umlaufvermögen:		1. Verbindlichkeiten aus LuL [davon mit einer Restlaufzeit bis zu einem Jahr (ku) = 60] (la) = 15	75
I. Vorräte:			
1. Roh-, Hilfs- und Betriebsstoffe	70		
2. Fertige Erzeugnisse	60	2. Erhaltene Anzahlungen (ku)	130
II. Forderungen aus Lieferungen und Leistungen	80		
III. Kassenbestand, Guthaben bei Kreditinstituten	90		
	690		690

Abb. 328: Ausgangsbilanz für die rechnungslegungspolitische Gestaltung[8]

Zur Sicherstellung weiterer externer Finanzierungsmöglichkeiten beabsichtigt die Unternehmensleitung ferner, den Jahresüberschuss, der in voller Höhe an die Anteilseigner ausgeschüttet werden soll, zu **maximieren**. Schließlich möchten die Entscheidungsträger im Hinblick auf die Realisation der formulierten Handlungsziele die Anzahl der rechnungslegungspolitischen Eingriffe so **gering wie möglich** halten.

(2) Entscheidungsfeld:
Um die angestrebten Zielsetzungen zu realisieren, stehen den Verantwortlichen lediglich vier Aktionsparameter zur Verfügung.
  (2.1) Umbuchung der anderen Wertpapiere des Anlagevermögens in Höhe von 25.000 € in das Umlaufvermögen.
  (2.2) Bewertung der gebildeten Rückstellungen für Garantiezusagen ohne rechtliche Verpflichtung mit 36.000 € anstelle des vorgenommenen Bilanzansatzes (106.000 €) (§ 253 Abs. 1 Satz 2 HGB i. V. m. § 249 Abs. 1 Nr. 2 HGB). Der Unterschied (70.000 €) stellt die Bandbreite einer möglichen Inanspruchnahme im Hinblick auf „… die Höhe des nach vernünftiger kaufmännischer Beurteilung notwendigen Erfüllungsbetrages …" für die Rückstellungsbewertung dar.

V. Simultan- und Sequenzialmodelle für die Rechnungslegungspolitik

(2.3) Bewertung des aus der abgelaufenen Rechnungsperiode resultierenden Bestands an fertigen Erzeugnissen mit vollen Herstellungskosten (160.000 €) anstatt der durchgeführten Bewertung zu Teil-Herstellungskosten (60.000 €), die im vorläufigen Jahresabschluss ohne Einbeziehung der Verwaltungsgemeinkosten (100.000 €) zum Ansatz gekommen sind (§ 255 Abs. 2 Satz 3 HGB).

(2.4) Sofortabschreibung geringwertiger Wirtschaftsgüter des Anlagevermögens nach § 6 Abs. 2 EStG.

Aktions-parameter	Programmgruppen															
	1	2	3	4	5	6	7	8	9	10	11	12	13	14	15	16
(2.1)	0	1	0	0	0	1	0	0	1	0	1	0	1	1	1	1
(2.2)	0	0	1	0	0	1	1	0	1	1	0	1	0	0	1	1
(2.3)	0	0	0	1	0	0	1	1	1	1	0	0	1	1	0	1
(2.4)	0	0	0	0	1	0	0	1	0	1	1	1	0	1	1	1

Abb. 329: Kombination der Aktionsparameter

Programm-gruppen	vJvor (in €)	Aktionsparameter (in €)		Jvor = B (in €)	E = s · B (in €)	Ziel 1 Anlage-deckungs-grad ≤ 1	Ziel 2 Elasti-zitäts-grad ≤ 1	Ziel 3 BI → Max! (in €)	Ziel 4 Anzahl der Ein-griffe → Min!
		erfolgs-wirksam	erfolgs-neutral						
1	90.000			90.000	27.000	0,9512	1,3	63.000	0
2	90.000		25.000	90.000	27.000	0,8902	1,1231	63.000	1
3	90.000	70.000		160.000	48.000	1,1471	1,3	112.000	1
=> 4	90.000	100.000		190.000	57.000	0,9512	0,975	133.000	1
5	90.000	-15.000		75.000	22.500	0,9146	1,25	52.500	1
6	90.000	70.000	25.000	160.000	48.000	1,073	1,123	112.000	2
7	90.000	170.000		260.000	78.000	1,147	0,975	182.000	2
8	90.000	85.000		175.000	52.500	0,9146	0,9375	122.500	2
9	90.000	170.000	25.000	260.000	78.000	1,074	0,859	182.000	3
10	90.000	155.000		245.000	73.500	1,1029	0,9375	171.500	3
11	90.000	-15.000	25.000	75.000	22.500	0,854	1,077	52.500	2
12	90.000	55.000		145.000	43.500	1,1029	1,25	101.500	2
13	90.000	100.000	25.000	190.000	57.000	0,9205	0,8588	133.000	2
14	90.000	85.000	25.000	175.000	52.500	0,8337	0,8235	122.500	3
15	90.000	55.000	25.000	145.000	43.500	1,0294	1,0769	101.500	3
16	90.000	155.000	25.000	245.000	73.500	1,0242	0,8235	171.500	4

Abb. 330: Rechnungslegungspolitisches Entscheidungstableau

Zur Auswahl stehen mithin sechszehn Alternativprogramme [sechszehn Kombinationen zwischen den Aktionsparametern (2.1), (2.2), (2.3), und (2.4)]. Dieser Sachverhalt wird noch einmal durch **Abbildung 329** in Gestalt einer 0/1-Darstellung verdeutlicht. Während die Ziffer „0" die jeweilige Unterlassungsalternative zum Ausdruck bringt, dokumentiert die Ziffer „1" den entsprechenden Wahlrechtseinsatz innerhalb der einzelnen Programmgruppen.[9]

Die rechnerischen Ergebnisse der 16 möglichen Programmgruppen bezüglich der vier verfolgten Ziele zeigt **Abbildung 330**. Unter Berücksichtigung der von der Unternehmensleitung angestrebten Zielsetzungen ist Programmgruppe 4 zu wählen, da hier mit einem rechnungslegungspolitischen Eingriff [Aktionsparameter (2.3)] sowohl der Anlagedeckungsgrad als auch der Elastizitätsgrad einen Wert von < 1 aufweisen sowie der Jahresüberschuss sein Maximum erreicht. Die nach dieser optimalen Programmgruppe umgestaltete Einheitsbilanz befindet sich in **Abbildung 331**.

Aktiva		Zieloptimale Einheitsbilanz zum 31.12. t = 1		Passiva
		in T€		in T€
A. Anlagevermögen:			A. Eigenkapital:	
I. Sachanlagen:			I. Gezeichnetes Kapital	200
1. Grundstücke		120	II. Gewinnrücklagen:	
2. Technische Anlagen und Maschinen		140	1. Gesetzliche Rücklagen	35
3. Betriebs- und Geschäftsausstattung			2. Andere Gewinnrücklagen	20
a. Geringwertige Wirtschaftsgüter		15	III. Bilanzgewinn	133
b. Andere Vermögensgegenstände		40	B. Rückstellungen:	
II. Finanzanlagen:			I. Ertragsteuerrückstellungen (ku)	57
1. Beteiligungen		50	II. Sonstige Rückstellungen:	
2. Wertpapiere des Anlagevermögens		25	1. Für schwebenden Prozess (la)	34
B. Umlaufvermögen:			2. Für Garantiezusagen (la)	106
I. Vorräte:			C. Verbindlichkeiten:	
1. Roh-, Hilfs- und Betriebsstoffe		70	1. Verbindlichkeiten aus LuL [davon mit einer Restlaufzeit bis zu einem Jahr (ku) = 60] (la) = 15	75
2. Fertige Erzeugnisse		160		
II. Forderungen aus Lieferungen und Leistungen		80	2. Erhaltene Anzahlungen (ku)	130
III. Kassenbestand, Guthaben bei Kreditinstituten		90		
		790		790

Abb. 331: Transformation auf der Basis von Programmgruppe 4

---

[8] Die hinter den einzelnen Passivposten vermerkten Buchstaben zeigen an, ob der jeweilige Posten zu den langfristigen (la) oder kurzfristigen (ku) Rückstellungen oder Verbindlichkeiten im Rahmen der Rechnungslegungsanalyse zählt.

[9] Eine ähnliche Darstellung findet sich bei *Sieben/Schildbach* 1994, S. 97.

3. Ausbaumöglichkeiten und Anwendungsbezug

Die beispielhaft entwickelte simultane Grundkonzeption dürfte prinzipiell ohne Schwierigkeiten zu verfeinern und an modifizierte Zielpläne und/oder Aktionsräume anzupassen sein. Dies ist sowohl möglich im Hinblick auf die **Art der Zielfunktion** (z. B. Erfolgsgrößen, Kennzahlentypen und die Bilanzsumme) als auch auf deren **Höhe**, indem etwa Extremierungs-, Fixierungs- oder Satisfizierungsziele verfolgt werden können. Die mit den unterschiedlichen Transformationsprozessen verbundenen interdependenten Ertragsteuerwirkungen sind mit den dargelegten **Multifaktoren** für geplante Ausschüttungen und/oder Thesaurierungen des Jahresüberschusses zumindest näherungsweise zu erfassen. Sofern steuerrechtlich ausgerichtete Zielpläne vorliegen, die optimale Gewinn- bzw. Ausschüttungsreihen nach den Konzepten der **mehrperiodigen Steuerbilanzplanung** enthalten, so besteht ferner die Möglichkeit, den der Referenzperiode entsprechenden Zielwert als **Fixierungsgröße** in das Modell einfließen zu lassen, und sämtliche Aktionsparameter nach dem oben beschriebenen Muster dergestalt zu kombinieren, dass zumindest eine Programmgruppe ermittelt werden kann, die dann den zur Realisierung des steuerrechtlichen Zielplans erforderlichen Manövriermasseneinsatz zur Verfügung stellt.

Zum Zwecke einer optimalen Gestaltung des Jahresabschlusses bieten sich die dargestellten rechnungslegungspolitischen Planungsalternativen insbesondere beim Vorliegen nur **weniger Einzelziele** sowie **überschaubarer Mengen von Aktionsparametern** an. Besteht beispielsweise beim Einsatz bestimmter Parameter die Möglichkeit, wahlweise Zwischenwerte anzusetzen, dann kann das Modell aufgrund der wachsenden Kombinationsalternativen schnell einen solchen **Komplexitätsgrad** annehmen, dass die Lösung durch die Anwendung manueller Rechenverfahren nicht mehr praktikabel erscheint. Der mit der Zunahme rechnungslegungspolitischer Zielsetzungen und der Anzahl von Aktionsparametern steigende Verarbeitungsaufwand zur Ermittlung optimaler Programmgruppen dürfte aber dann durch den Einsatz von Datenverarbeitungsanlagen, insbesondere bei Rückgriff auf **Tabellenkalkulationsprogramme**, ohne große Schwierigkeiten zu bewältigen sein.

C. Beispiel zur sequenziellen rechnungslegungspolitischen Gestaltung

Beispiel: Der Ablauf eines sequenziellen Entscheidungsprozesses soll nun anhand des vorstehenden Beispiels zur simultanen Planung des Jahresabschlusses beschrieben werden.[10] In Abänderung des dort formulierten Zielplans wird jedoch unter sonst gleichen Bedingungen angenommen, dass die Unternehmensleitung den Bilanzgewinn nicht zu maximieren beabsichtigt, sondern lediglich ein Niveau dieser Ergebnisgröße von $\geqslant$ 80.000 € anstrebt. Folgt man dem dargestellten Ablaufdiagramm[11], so führt zunächst ein Vergleich des vorläufigen Jahresabschlusses[12] mit dem formulierten Zielplan zu keiner Deckungsgleichheit. Aus der Gesamtzahl der zur Verfügung stehenden Aktionsparameter, durch deren Einsatz die Realisation des Zielplans möglich werden könnte, wählen die Entscheidungsträger nun etwa die Parameter (2.1) und (2.2) aus. Mithin kann folgende

Zuordnungstabelle aufgestellt werden, die zu den aufgezeigten vier Programmgruppen führt (**Abbildung 332**).

Die Lösung der Programmgruppen lässt sich aus dem rechnungslegungspolitische n Entscheidungstableau entnehmen.[13] Die entsprechenden Ergebnisse werden durch die dort angeführten Programme 1, 2, 3 und 6 repräsentiert. Es zeigt sich, dass alle möglichen Lösungen keine Deckungsgleichheit mit den Anspruchsniveaus des Zielplans aufweisen. Für die Entscheidungsträger bestehen nun drei Möglichkeiten. Sollen Zielplan und/oder die Menge der eingesetzten Aktionsparameter **nicht korrigiert** werden, so bleiben nur die Alternativen, den vorläufigen Jahresabschluss als endgültigen zu übernehmen oder aber unter Rückgriff auf die besseren Ergebnisse von Programm 2, 3 oder 6 zum **nicht zieloptimalen Jahresabschluss** zu transformieren. Falls aber die Anspruchsniveaus der Unternehmensleitung einer Revision unterworfen werden, ist ein neu **formulierter Zielplan** in den Entscheidungsprozess einzugeben. Beabsichtigt das Management hingegen, den alten Zielplan beizubehalten und nur die Menge der zum Einsatz kommenden Aktionsparameter zu korrigieren, sind neue Parameter auszuwählen sowie eine weitere Kombinationstabelle aufzustellen. Dieser Weg wird bezüglich des nun fortzusetzenden Beispiels beschritten, indem als nächster Parameter die Alternative (2.4) integriert wird (**Abbildung 333**).

Aktions-parameter	Programmgruppen			
	1	2	3	6
(2.1)	0	1	0	1
(2.2)	0	0	1	1

Abb. 332: Verknüpfung von Aktionsparametern zu Programmgruppen (1. Durchlauf)

Die aufgrund der Einbeziehung von Parameter (2.4) planmäßig anfallenden Resultate werden durch die dort aufgelisteten Programmgruppen 1, 2, 3, 5, 6, 11, 12 und 15 repräsentiert. Bei einem Vergleich mit dem Zielplan zeigt sich, dass keine Programmgruppe mit den Anspruchsniveaus des Zielplans korrespondiert. Sofern sich die Verantwortlichen entscheiden, ihren Zielplan dergestalt zu korrigieren, dass

- keine Beschränkungen bezüglich der rechnungslegungspolitischen Eingriffe mehr gelten und
- beide angestrebten Kennzahlenniveaus lediglich in dem Bereich $\leq 1{,}1$ liegen sollen,

dann korrespondiert **Programmgruppe 15** nun mit der modifizierten Zielstruktur. Somit wird der vorläufige Jahresabschluss durch den Einsatz der Parameter (2.1), (2.2) und (2.4) **zum zieladäquaten Jahresabschluss** transformiert. Das entsprechende Ergebnis befindet sich in **Abbildung 334**.

Aktions-parameter	Programmgruppen							
	1	2	3	5	6	11	12	15
(2.1)	0	1	0	0	1	1	0	1
(2.2)	0	0	1	0	1	0	1	1
(2.4)	0	0	0	1	0	1	1	1

Abb. 333: Verknüpfung von Aktionsparametern zu Programmgruppen (2. Durchlauf)

Aktiva	Zieloptimale Einheitsbilanz zum 31.12. t = 1		Passiva	
		in T€		in T€
A. Anlagevermögen:			A. Eigenkapital:	
I. Sachanlagen:			I. Gezeichnetes Kapital	200
1.	Grundstücke	120	II. Gewinnrücklagen:	
2.	Technische Anlagen		1. Gesetzliche Rücklagen	35
	und Maschinen	140	2. Andere Gewinn-	
3.	Betriebs- und Geschäfts-		rücklagen	20
	ausstattung	40	III. Bilanzgewinn	101,5
II. Finanzanlagen:				
1.	Beteiligungen	50	B. Rückstellungen:	
			I. Ertragsteuerrück-	
B. Umlaufvermögen:			stellungen (ku)	43,5
I. Vorräte:			II. Sonstige Rückstellungen:	
1.	Roh-, Hilfs- und		1. Für schwebenden	
	Betriebsstoffe	70	Prozess (la)	34
2.	Fertige Erzeugnisse	60	2. Für Garantie-	
II. Forderungen aus			zusagen (la)	36
Lieferungen und Leistungen		80	C. Verbindlichkeiten:	
III. Wertpapiere		25	1. Verbindlichkeiten aus LuL	
IV. Kassenbestand, Guthaben			[davon mit einer Restlauf-	
bei Kreditinstituten		90	zeit bis zu einem Jahr	
			(ku) = 60] (la) = 15	75
			2. Erhaltene Anzahlungen (ku)	130
		675		675

Abb. 334: Transformation auf der Basis von Programmgruppe 15

D. Modellansätze mit Rückgriff auf mathematische Simultanverfahren

1. Modelle auf der Basis quadratischer Matrizen

a. Transformation des Grundansatzes zur Erfassung ergebnisabhängiger Aufwendungen

Wird zum Zwecke der Realisierung bestimmter rechnungslegungspolitischer Ziele das zur Verfügung stehende Instrumentarium, das sowohl mit den handels- als auch den steuerrechtlichen Vorschriften in Einklang steht, adäquat eingesetzt, so nimmt der **vorläufige Jahresüberschuss (vJvor)** den Charakter einer durch die Rechnungslegungspolitik beein-

---

[10] Vgl. hierzu die Ausführungen im Sechsten Teil zu Gliederungspunkt V.B.2.
[11] Vgl. hierzu **Abbildung 327**.
[12] Vgl. hierzu **Abbildung 328**.
[13] Vgl. hierzu **Abbildung 330**.

flussbaren Größe an.[14] Soll ein Jahresüberschuss in bestimmter Höhe publiziert werden, dann müssen die Entscheidungsträger wissen, in welchem Umfang der vorläufige Jahresüberschuss zu ändern ist, um unter Beachtung der ergebnisabhängigen Aufwendungen den angestrebten **Soll-Jahresüberschuss (sJnach)** exakt zum Ausweis bringen zu können. Durch Variation der oben beschriebenen formalen Abhängigkeiten zwischen Jahresabschluss und ergebnisabhängigen Aufwendungen können die dort entwickelten Formeln nun so transformiert werden, dass sie im Rahmen rechnungslegungspolitischer Gestaltungsprozesse verwendbar sind.[15]

(1) Vorläufiger Jahresüberschuss (vJvor) in Abhängigkeit vom Jahresüberschuss (Jnach):

(1.1) vJvor = f (Jnach)

(1.2) vJvor = Jnach + KSt + GewSt + TA oder

(1.3) $\boxed{\text{vJvor} - \text{KSt} - \text{GewSt} - \text{TA} = \text{Jnach.}}$

(2) Körperschaftsteueraufwand (KSt) in Abhängigkeit vom vorläufigen Jahresüberschuss:

(2.1) KSt = f (vJvor)

(2.2) KSt = 0,15825 · (vJvor − TA + ka*) oder nach Umformung

(2.3) $\boxed{- 0{,}15825 \cdot \text{vJvor} + \text{KSt} + 0{,}15825 \cdot \text{TA} = 0{,}15825 \cdot \text{ka}^{*}}$

(3) Gewerbesteueraufwand (GewSt) in Abhängigkeit vom vorläufigen Jahresüberschuss:

(3.1) GewSt = f (vJvor)

(3.2) GewSt = me · he · (vJvor − TA + ka* + Vk + ga)
mit sg = me · he gilt auch

(3.3) GewSt = sg · (vJvor − TA + ka* + Vk + ga) oder nach Umformung

(3.4) $\boxed{- \text{sg} \cdot \text{vJvor} + \text{GewSt} + \text{sg} \cdot \text{TA} = \text{sg} \cdot (\text{ka}^{*} + \text{Vk} + \text{ga}).}$

(4) Tantiemenaufwand (TA) in Abhängigkeit vom vorläufigen Jahresüberschuss:

(4.1) TA = f (vJvor)

(4.2) TA = tb · (vJvor − KSt − GewSt − TA + ta).

Für KSt und GewSt werden nun die Ausdrücke (2.2) und (3.3) eingesetzt.

(4.3) TA = tb · [vJvor − 0,15825 · (vJvor − TA + ka*) − sg · (vJvor − TA + ka* + Vk + ga) − TA + ta]
oder nach einigen Umformungen

(4.4) $\boxed{\begin{array}{l} - \text{tb} \cdot (0{,}84175 - \text{sg}) \cdot \text{vJvor} + [1 + \text{tb} \cdot (0{,}84175 - \text{sg})] \cdot \text{TA} \\ = - \text{tb} \cdot [(0{,}15825 + \text{sg}) \cdot \text{ka}^{*} + \text{sg} \cdot (\text{Vk} + \text{ga}) - \text{ta}]. \end{array}}$

---

[14] vJvor = vorläufiger Jahresüberschuss vor ergebnisabhängigen Aufwendungen und vor Manövriermasseneinsatz.

[15] Vgl. hierzu die Ausführungen im Fünften Teil zu Gliederungspunkt III.B.3.c.c.d(b)(ß) und *Freidank* 2004a, S. 456–469. Auch hier wird unterstellt, dass die Größe ka keine latenten Steuern nach § 274 HGB auslöst. Vgl. hierzu die Ausführungen im Fünften Teil zu Gliederungspunkt III.B.3.d.

V. Simultan- und Sequenzialmodelle für die Rechnungslegungspolitik 895

Das transformierte Gleichungssystem kann nun zum Zwecke **rechnungslegungspolitischer Gestaltungsprozesse** genutzt werden. So besteht die Möglichkeit, anstelle der Größen Jnach bestimmte angestrebte Sollwerte (Soll-Jahresüberschuss und Soll-Ausschüttung) einzusetzen. Die Lösung des Gleichungssystems weist dann die Ergebnisse für vJ[16], KSt, GewSt und TA aus, die sich nach Einsatz der erfolgswirksamen Instrumente ergeben würden. Die zu diesem Zwecke benötigte Manövriermasse errechnet sich durch Gegenüberstellung des ursprünglichen vorläufigen Jahresergebnisses und des vorläufigen Jahresergebnisses, das in Gestalt der Lösungswerte des simultanen Planungsansatzes ausgewiesen wird. **Abbildung 335** zeigt noch einmal eine zusammenfassende Darstellung des umgestellten Gleichungssystems in Matrizenschreibweise, in das die Gleichungen (1.3), (2.3), (3.4) und (4.4) Eingang gefunden haben.

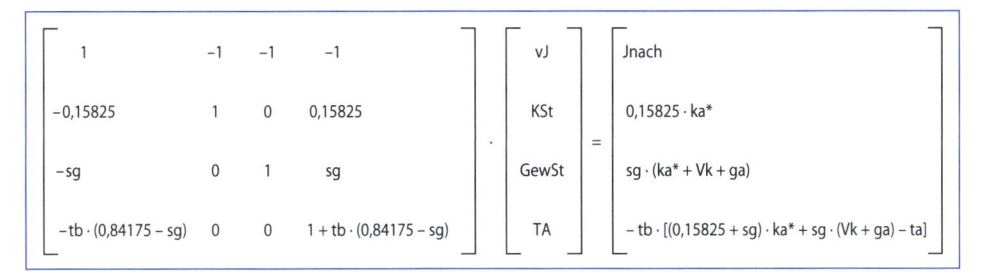

$$\begin{bmatrix} 1 & -1 & -1 & -1 \\ -0{,}15825 & 1 & 0 & 0{,}15825 \\ -sg & 0 & 1 & sg \\ -tb \cdot (0{,}84175 - sg) & 0 & 0 & 1 + tb \cdot (0{,}84175 - sg) \end{bmatrix} \cdot \begin{bmatrix} vJ \\ KSt \\ GewSt \\ TA \end{bmatrix} = \begin{bmatrix} Jnach \\ 0{,}15825 \cdot ka^* \\ sg \cdot (ka^* + Vk + ga) \\ -tb \cdot [(0{,}15825 + sg) \cdot ka^* + sg \cdot (Vk + ga) - ta] \end{bmatrix}$$

Abb. 335: Transformiertes Gleichungssystem in Matrizenschreibweise

Beispiel:[17]

In Erweiterung des Ausgangsbeispiels wird nun unterstellt, dass die Geschäftsführung der GmbH vorschlägt, exakt einen Soll-Jahresüberschuss von 700 T€ zur Sicherstellung der geplanten Ausschüttungen zum Ausweis zu bringen, ohne auf Entnahmen aus anderen Gewinnrücklagen zurückzugreifen. Erfolgswirksame Wahlrechte stehen in ausreichendem Umfang zur Verfügung. Die Ausgangsmatrizen nehmen dann das in **Abbildung 336** gezeigte Bild an.

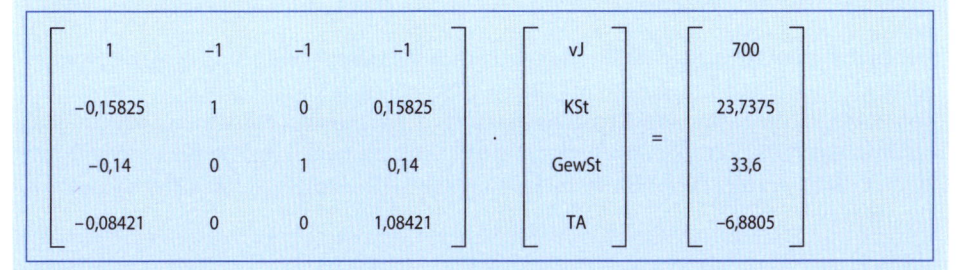

$$\begin{bmatrix} 1 & -1 & -1 & -1 \\ -0{,}15825 & 1 & 0 & 0{,}15825 \\ -0{,}14 & 0 & 1 & 0{,}14 \\ -0{,}08421 & 0 & 0 & 1{,}08421 \end{bmatrix} \cdot \begin{bmatrix} vJ \\ KSt \\ GewSt \\ TA \end{bmatrix} = \begin{bmatrix} 700 \\ 23{,}7375 \\ 33{,}6 \\ -6{,}8805 \end{bmatrix}$$

Abb. 336: Beispielhafte Darstellung des transformierten Gleichungssystems in Matrizenschreibweise

---

[16] vJ = vorläufiger Jahresüberschuss vor ergebnisabhängigen Aufwendungen nach Manövriermasseneinsatz.

Die Lösung ergibt nachstehende Werte.

vJ = 1.163,21 T€
KSt = 194,52 T€ (mit Solidaritätszuschlag)[18]
GewSt = 184,69 T€[19]
TA = 84,00 T€[20]

Die entsprechende zieloptimale Erfolgsrechnung, zu deren Erstellung 23,21 T€ (= 1.163,21,64 T€ − 1.140 T€) positive Manövriermasse eingesetzt werden muss, hat dann folgendes Aussehen:

	Umsatzerlöse	2.400,00 T€
+	diverse Erträge	640,00 T€
+	Manövriermasseneinsatz	23,21 T€
−	diverse Aufwendungen	1.900,00 T€
−	Tantiemenaufwand	84,00 T€
−	Steuern vom Einkommen und vom Ertrag	
	(1) Körperschaftsteuer (mit Solidaritätszuschlag)	194,52 T€
	(2) Gewerbesteuer	184,69 T€
=	Jahresüberschuss (= geplante Ausschüttung)	700,00 T€.

b. Extremierungsansätze

Neben der dargestellten Fixierung der Zielgröße kann aber auch eine **Extremierung** von **Jnach** auf der Basis des **Grundansatzes** zur Erfassung ergebnisabhängiger Aufwendungen betrieben werden.[21] Zu diesem Zwecke sind lediglich diejenigen zur Verfügung stehenden erfolgswirksamen Aktionsparameter in Erfahrung zu bringen, mit deren Hilfe der in der vorläufigen Erfolgsrechnung ausgewiesene Jahresüberschuss bis an seine Grenzbereiche zu beeinflussen ist. Anhand dieser Daten müssen dann die Ober- und Untergrenzen des vorläufigen Jahresüberschusses wie folgt berechnet werden.

(1) vJ (Max) = vJvor + Summe aller gewinnerhöhenden Aktionsparameter
(2) vJ (Min) = vJvor − Summe aller gewinnsenkenden Aktionsparameter.

Beispiel: Unterstellt man, dass für die angesprochene Geschäftsführung der GmbH unter sonst gleichen Bedingungen die Möglichkeit besteht, den vorläufigen Jahresüberschuss von 1.140 T€ durch Manövriermasseneinsatz auf höchstens 1.800 T€ zu steigern und auf mindestens 600 T€ zu senken, dann errechnen sich nach Eingabe für vJ (Max) von 1.800 T€ bzw. vJ (Min) von 600 T€ in das simultane Gleichungssystem nachstehende Lösungswerte.

---

[17] Vgl. hierzu die Ausführungen im Fünften Teil zu Gliederungspunkt III.B.3.c.c.d(b)(ß).
[18] 194,52 T€ = 0,15825 · (1.163,21 T€ + 150 T€ − 84 T€).
[19] 184,69 T€ = 0,14 · (1.163,21 T€ + 150 T€ + 90 T€ − 84 T€).
[20] 84,00 T€ = 0,12 · 700 T€.
[21] Vgl. hierzu die Ausführungen im Fünften Teil zu Gliederungspunkt III.B.3.c.c.d(b)(ß).

(1) Maximierungsansatz:
sJnach = 1.112,16 T€
KSt = 287,47 T€[22]
(mit Solidaritätszuschlag)
GewSt = 266,92 T€[24]
TA = 133,46 T€[26]

(2) Minimierungsansatz:
sJnach = 335,46 T€
KSt = 112,32 T€[23]
(mit Solidaritätszuschlag)
GewSt = 111,96 T€[25]
TA = 40,26 T€.[27]

c. Ergebnis

Die formulierten Matrizenmodelle repräsentieren mit ihren Erweiterungsmöglichkeiten **rechnungslegungspolitische Planungsalternativen**, die vor allem für Kapitalgesellschaften von Interesse sein dürften, deren Zielplan lediglich auf die Beeinflussung des Jahresergebnisses, der Ausschüttungen und/oder der Ertragsteuern ausgerichtet ist. Neben der Maximierung oder Minimierung dieser Zielgrößen mit Hilfe des Grundmodells bzw. des erweiterten Simultanmodells können die transformierten Planungsansätze im Rahmen einer **Ergebnisglättungspolitik** oder einer **mehrperiodigen Ertragsteuerplanung** dazu benutzt werden, den bestimmten Erfolgen oder optimalen Gewinnausweis- bzw. Ausschüttungsreihen entsprechenden Manövriermasseneinsatz pro Rechnungsperiode in Erfahrung zu bringen, indem der durch die Programmplanung berechnete und damit benötigte vorläufige Jahresüberschuss nach Einsatz des Instrumentariums (vJ) dem vorläufigen Ist-Jahresüberschuss (vJvor) des extern orientierten Rechnungswesens gegenübergestellt wird. Ein Vergleich der beispielhaft angeführten Erfolgsrechnungen verdeutlicht, welche Entscheidungshilfe die Matrizenmodelle bieten bzw. welche **Fehlentscheidungen** im Hinblick auf Ergebnis, Ertragsteuerbelastung und Ausschüttung eine lediglich intuitive oder manuell ausgerichtete Rechnungslegungspolitik auslösen kann. Allerdings ist zu berücksichtigen, dass die vorgestellten Simultanansätze versagen müssen, wenn zur Beeinflussung bestimmter Zielgrößen Wahlrechte herangezogen werden sollen, die **ertragsteuerrechtlich keine Anerkennung** finden. Ferner ist das Konzept nicht in der Lage, die Einhaltung bestimmter angestrebter **Kennzahlen- und Bilanzsummenniveaus** zu sichern. Sofern der Zielplan und das Entscheidungsfeld von Kapitalgesellschaften derartige Erweiterungen enthalten, muss auf **komplexere simultane Optimierungsmodelle** zurückgegriffen werden.

Die entwickelten Matrizenmodelle liefern in ihren unterschiedlichen Ausprägungen Hinweise für den Einsatz **IT-gestützter Lösungen**. Insbesondere können in diesem Zusammenhang **Tabellenkalkulationsprogramme** Verwendung finden, die in aller Regel integrierte Funktionen zur Berechnung simultaner Gleichungssysteme enthalten. Zur Vermeidung von Rechenproblemen, die im Rahmen von Programmsimulationen bei der jeweiligen Neuermittlung einzelner Koeffizienten auftreten, empfiehlt sich der Aufbau **spezifischer Arbeits-**

---

[22] 287,47 T€ = 0,15825 · (1.800 T€ + 150 T€ − 133,46 T€).
[23] 112,32 T€ = 0,15825 · (600 T€ + 150 T€ − 40,26 T€).
[24] 266,92 T€ = 0,14 · (1.800 T€ + 150 T€ + 90 T€ − 133,46 T€).
[25] 111,96 T€ = 0,14 · (600 T€ + 150 T€ + 90 T€ − 40,26 T€).
[26] 133,46 T€ = 0,12 · 1.112,16 T€.
[27] 40,26 T€ = 0,12 · 335,46 T€.

blattdateien, mit deren Hilfe die gewünschten Eingabewerte der Ausgangsmatrizen problemlos ermittelt werden können. Darüber hinaus besteht die Möglichkeit, die Matrizenmodelle in **menügesteuerte Softwarepakete** zu integrieren, die dann in der Lage sein müssen, nach Eingabe der vorläufigen Erfolgsrechnung, angestrebter Zielgrößen sowie der zur Verfügung stehenden Manövriermasse die optimale Gewinn- und Verlustrechnung der Kapitalgesellschaft zu ermitteln.

2. Modelle auf der Basis der mathematischen Optimalplanung

a. Einleitung

Die relativ geringe Beschäftigung mit den Einsatzmöglichkeiten mathematischer Methoden bei der Konzipierung eines optimalen handels-, steuerrechtlichen und/oder internationalen Jahresabschlusses liegt überwiegend in der Zurückhaltung der Praxis begründet, Verfahren des Operations Research im Rahmen einer **zielorientierten Rechnungslegungspolitik** zu verwenden. Einerseits läuft die Gestaltung des Jahresabschlusses vor allem bei kleineren Unternehmen i. d. R. als **sequenzieller** und nicht als simultaner Entscheidungsprozess ab. Andererseits dürfte aber auch die immer noch ablehnende Haltung vieler Praktiker gegen den Einsatz der Mathematik dafür verantwortlich sein, dass sich die simultane Optimierung im Bereich der anwendungsorientierten Rechnungslegungspolitik bisher nicht durchsetzen konnte.

Der IT-Fortschritt bietet mit benutzerfreundlicher Software leistungsfähige technische Grundlagen für den Einsatz von rechnungslegungspolitischen Optimierungsmodellen, so dass die **betriebswirtschaftliche Modellkonzipierung** inzwischen den **Engpass** darstellt. Vor diesem Hintergrund werden im Folgenden **IT-gestützte Optimierungsmodelle** präsentiert, die zum Zwecke der Gestaltung der Einheitsbilanz unter Berücksichtigung der für Kapitalgesellschaften elementaren Zielgrößen und Aktionsparameter eingesetzt werden können. Durch Variationen der ergebnisbezogen definierten Zielfunktion sowie bestimmter Kennzahlen und/oder Bilanzsummenniveaus, die als Nebenbedingungen zu formulieren sind, bieten die auf einem **gemischt-ganzzahligen Optimierungsansatz** basierenden Planungsmodelle die Möglichkeit, Optimallösungen für die wichtigsten rechnungslegungspolitischen Entscheidungsprobleme zu liefern. Die folgenden Ausführungen beschränken sich auf die Formulierung eines Planungsansatzes zum Zwecke der Erstellung eines einheitlichen Jahresabschlusses, der sowohl handels- als auch steuerrechtlichen Vorschriften genügt. Damit steht als Manövriermasse zur Erreichung der gesetzten rechnungslegungspolitischen Größen aber nur noch die Schnittmenge handels- und steuerrechtlicher Wahlrechte zur Verfügung.

Den Erfordernissen der betrieblichen Praxis bezüglich einer aussagefähigen Planung des handels- und/oder steuerrechtlichen Jahresabschlusses wird am ehesten durch die Entwicklung möglichst **vereinfachender Partialmodelle** entsprochen, die aufgrund der Unsicherheit hinsichtlich der Vorausbestimmung der Unternehmensergebnisse bzw. der sonstigen steuerrechtlichen Einkünfte der Anteilseigner sowie des Potentials der künftig zur Verfügung

b. Grundmodelle der Jahresabschlussplanung

b.a Allgemeines

Wie **Abbildung 337** zeigt, bildet den Ausgangspunkt für den Optimierungsansatz in den nachfolgend zu präsentierenden Modellen zur ergebnis- bzw. ausschüttungsbezogenen Rechnungslegungspolitik ein auf der Basis gesetzlicher Vorschriften erstellter **vorläufiger Jahresabschluss**, der unter Berücksichtigung eines Zielplanes (Zielfunktionen und bestimmte einzuhaltende Restriktionen) durch den Einsatz der verfügbaren erfolgswirksamen Aktionsparameter **simultan** zum **zieloptimalen Jahresabschluss** transformiert werden soll. Ist eine dem Ergebnisziel entsprechende optimale Lösung nach diesem Durchlauf nicht zu erreichen, muss geprüft werden, ob dies unter zusätzlichem Einsatz der **erfolgsunwirksamen Handlungsparameter** zu realisieren ist. Sollte das Programm auch dann noch keine optimale Lösung erbringen, besteht mittels einer Zusatzrechnung die Möglichkeit festzustellen, wie der Zielplan geändert werden muss, um die Modelle dennoch einer Optimallösung zuzuführen. Andernfalls wird der vorläufige Jahresabschluss als endgültige Rechnung übernommen. Unter Berücksichtigung dieser **Rückkoppelungseffekte** tragen die Modelle auch **sequenzielle Züge**. Die **Zielfunktion** kann von den Entscheidungsträgern wahlweise als **Extremierung** (Maximierung oder Minimierung) oder **Fixierung** des Jahresergebnisses nach Ertragsteuern bzw. der Ausschüttung formuliert werden. Als **Sekundärziele** in Form von einzuhaltenden Nebenbedingungen werden folgende Restriktionen berücksichtigt:

- die gesetzlichen Bilanzierungs-, Bewertungs- und Ermessensspielräume der einzelnen Aktionsparameter sowie bestimmte Gewinnverwendungswahlrechte mit ihren Ober- und Untergrenzen;
- Grenzen im Rahmen der Erfassung effektiver Ertragssteuern;
- Grenzen im Hinblick auf die Berücksichtigung der jahresabschlussbezogenen Vergütung der Geschäftsführung;
- bestimmte, unternehmenspolitisch als nötig erachtete Kennzahlenniveaus;
- Obergrenzen der Bilanzsumme, deren Überschreiten nach § 267 HGB bestimmte Publizitäts- und Prüfungspflichten auslösen kann.

Aus Gründen der Übersichtlichkeit sind in die nachfolgenden Konzepte nur ausgewählte betriebswirtschaftliche Kennzahlen sowie exemplarisch die wichtigsten bilanz- und steuerrechtlichen Einzelvorschriften einbezogen worden. Die Modelle sind jedoch prinzipiell erweiterungsfähig. Die Lösung der Ansätze kann mit Hilfe **mathematischer Optimierungsprogramme** erfolgen, die von unterschiedlichen Software-Herstellern angeboten werden. Für die Ermittlung der für die Optimierungsrechnung benötigten Eingabewerte als auch die anschließende Transformation des vorläufigen zum zieloptimalen Jahresabschluss empfiehlt sich der Einsatz von **Tabellenkalkulationsprogrammen**.

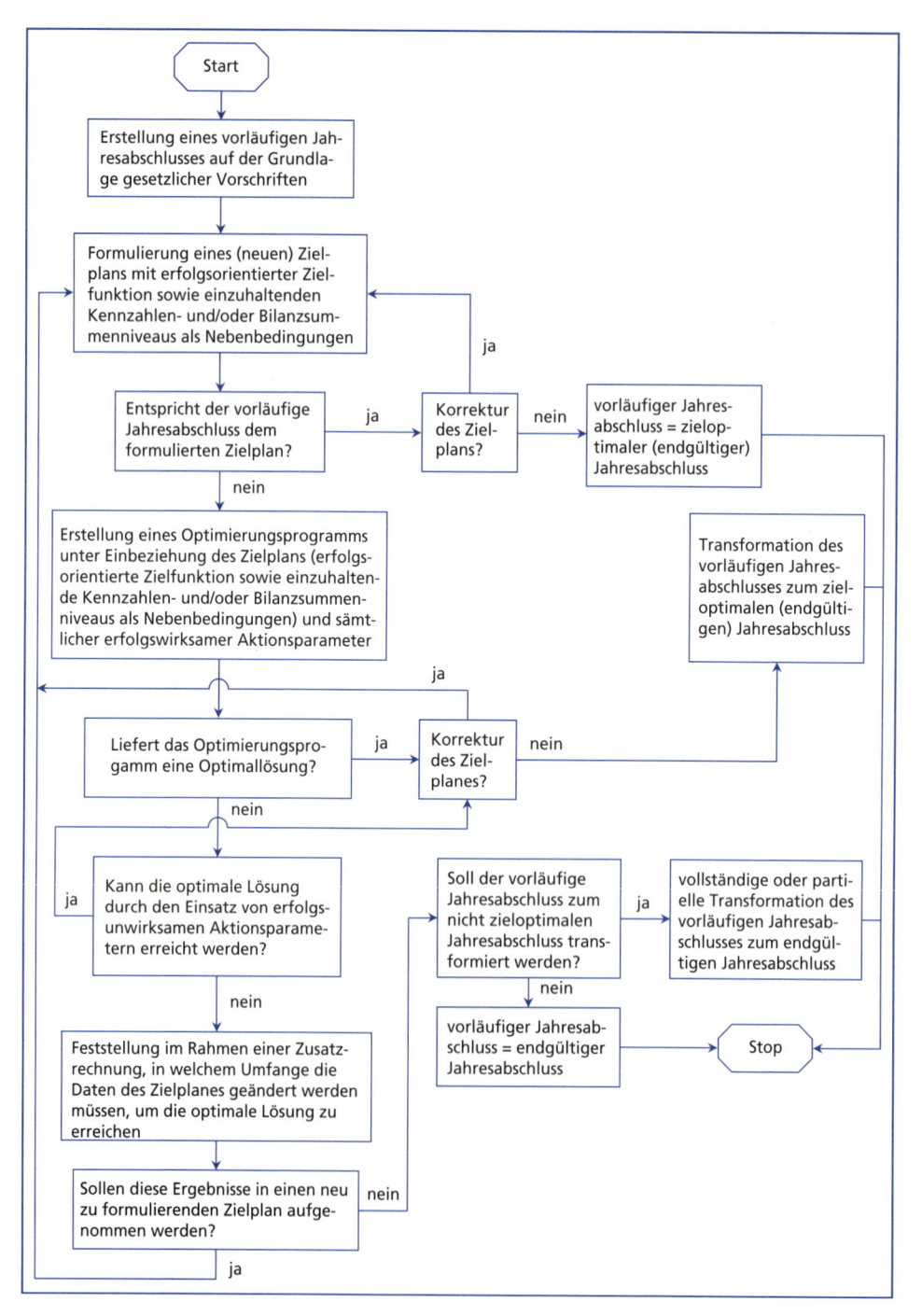

Abb. 337: Ablaufdiagramm zur Ermittlung des zieloptimalen Jahresabschlusses

b.b Formulierung der Zielfunktion

Bezeichnet man das **vorläufige Jahresergebnis vor ergebnisabhängigen Aufwendungen** (Körperschaft-, Gewerbesteuer, Tantiemen) mit **vJvor** und die Werte der einzelnen vorläufigen Bilanzposten des Anlage- und des Umlaufvermögens, der aktiven Rechnungsabgrenzungsposten sowie des lang- und kurzfristigen Fremdkapitals positiv oder negativ erfolgswirksam verändernden Aktionsparameter (**Manövriermasse**) mit XA, XAü, Xa, Xaü, XU, XUü, Xu, Xuü, XFl, XFk, Xfl, Xfk, XRa, Xra, dann lässt sich ein **angestrebtes Soll-Jahresergebnis nach ergebnisabhängigen Aufwendungen (sJnach)** für die Einheitsbilanz allgemein wie in Formel (1) gezeigt ermitteln.

(1) sJnach = (vJvor – XKSt – XGewSt – XTA + XA + XAü – Xa – Xaü + XU + XUü – Xu – Xuü + XFl + XFk – Xfl – Xfk + XRa – Xra).

Hierbei bedeuten bei der Indizierung der Variablen (X):

KSt	=	Körperschaftsteueraufwand
GewSt	=	Gewerbesteueraufwand
TA	=	Tantiemenaufwand
A,a	=	Sachanlagevermögen
Aü, aü	=	übriges Anlagevermögen
U,u	=	Vorräte
Uü, uü	=	übriges Umlaufvermögen
Fl,fl	=	langfristiges Fremdkapital
Fk,fk	=	kurzfristiges Fremdkapital
Ra,ra	=	aktive Rechnungsabgrenzung.

Dem übrigen Umlaufvermögen werden Forderungen und sonstige Vermögensgegenstände sowie Finanzumlaufvermögen i. S. d. § 266 Abs. 2 HGB subsumiert. Bei Vermögensposten meint die Großschreibung des Parameters Zunahme, bei Kleinschreibung Abnahme, bei Fremdkapitalposten ist die Bedeutung umgekehrt. Im Falle eines positiven Vorzeichens führt der Parameter zu einer Jahresüberschusserhöhung, bei einem negativen Vorzeichen hingegen zu einer Jahresüberschussverminderung.

Bezieht sich beispielsweise die Variable Xu (= Wert derjenigen Aktionsparameter, die den Betrag des Vorratsvermögens senken) auf die Möglichkeit einer zusätzlichen Aufwandsverrechnung bei Anwendung des Lifo-Verfahrens gegenüber der im vorläufigen Jahresabschluss vorgenommenen Durchschnittsbewertung des Vorratsvermögens, so wirkt sich die Ausübung dieses Wahlrechts einerseits negativ auf das Soll-Jahresergebnis aus. Andererseits führt die Zuschreibung auf Wertpapiere des Anlagevermögens in Gestalt der Variablen XAü (= Wert derjenigen Aktionsparameter, die den Betrag des übrigen Anlagevermögens erhöhen) zu einer Steigerung der Zielgröße sJnach.

Soll hingegen der **Bilanzgewinn (sBI)** die zu extremierende oder zu fixierende Zielgröße sein, dann ist Formel (1) bei zusätzlicher Berücksichtigung möglicher Rücklagenvariationen wie folgt zu modifizieren. Unter Verwendung der schon in Formel (1) zum Ansatz gekommenen vierzehn erfolgswirksamen Aktionsparameter kann nun die Zielfunktion des Soll-Bilanzgewinns (sBI) formuliert werden. Um die gesetzlich vorgeschriebene oder gewünschte Thesaurierung berücksichtigen zu können, bedarf es darüber hinaus einer Integration des **Ausschüttungsfaktors (as)** in die Zielfunktion, der das gewünschte Verhältnis zwischen der Soll-Ausschüttung (AS) aus dem Soll-Jahresüberschuss und dem Soll-Jahresüberschuss (sJnach) selbst zum Ausdruck bringt. Zudem ist die Variable XE zu integrieren, die den Entnahmeumfang aus den anderen Gewinnrücklagen repräsentiert.

(2) sBI = as · (vJvor − XKSt − XGewSt − XTA + XA + XAü − Xa − Xaü + XU + XUü − Xu − Xuü + XFl + XFk − Xfl − Xfk + XRa − Xra − XE)

mit as = $\dfrac{AS}{sJnach}$ und AS > 0 sowie 0 < as ≤ 1.

b.c Festlegung der Restriktionen

(a) Ergebnisabhängige Aufwendungen betreffende Beschränkungen

Wird zum Zwecke der Realisierung bestimmter rechnungslegungspolitischer Ziele das zur Verfügung stehende Instrumentarium, das sowohl mit den handels- als auch den steuerrechtlichen Vorschriften in Einklang steht, adäquat eingesetzt, so nimmt der vorläufige Jahresüberschuss (vJvor) den Charakter einer durch die Rechnungslegungspolitik beeinflussbaren Größe ein. Soll ein Jahresüberschuss bzw. ein Bilanzgewinn in bestimmter Höhe publiziert werden, dann müssen die Entscheidungsträger wissen, in welchem Umfang der vorläufige Jahresüberschuss zu ändern ist, um unter Beachtung der ergebnisabhängigen Aufwendungen den angestrebten **Soll-Jahresüberschuss (sJnach)** bzw. den **Soll-Bilanzgewinn (sBI)** exakt zum Ausweis bringen zu können. Durch quantitative Erfassung der linearen Abhängigkeiten zwischen Jahresüberschuss, ergebnisabhängigen Aufwendungen und positivem (XM^+) und/oder negativem (XM^-) Manövriermasseneinsatz[28] besteht die Möglichkeit, die Auswirkungen der erfolgswirksamen rechnungslegungspolitischen Gestaltungen auf Körperschaftsteuer-, Gewerbesteuer- und Tantiemenaufwand in das Entscheidungsmodell zu integrieren.

Ausgehend davon, dass auf das zu versteuernde körperschaftsteuerrechtliche Einkommen (zvE) die Definitivbelastung der Körperschaftsteuer (sd) zur Anwendung gelangt (§ 23 Abs. 1 KStG), gilt:[29]

(3) XKSt = sd · zvE und unter Einbezug des Solidaritätszuschlags

(4) XKSt = (1+ soli) · sd · zvE.

Mit Berücksichtigung der Änderungsgröße ka ergibt sich sodann

(5) XKSt = (1 + soli) · sd · (sJnach + ka).

---

[28] Aus Vereinfachungsgründen werden im Folgenden alle jahresüberschusserhöhenden Aktionsparameter (XA, XAü, XU, XUü, XFl, XFk, XRa) unter dem Symbol XM^+ und sämtliche jahresüberschussvermindernden Aktionsparameter (Xa, Xaü, Xu, Xuü, Xfl, Xfk, Xra) unter dem Symbol XM^- zusammengefasst.

[29] Vgl. hierzu die Ausführungen im Fünften Teil zu Gliederungspunkt III.B.3.c.c.d.(b)(ß). Auch hier wird unterstellt, dass die Größe ka keine latenten Steuern nach § 274 HGB auslöst. Vgl. hierzu die Ausführungen im Fünften Teil zu Gliederungspunkt III.B.3.d.

V. Simultan- und Sequenzialmodelle für die Rechnungslegungspolitik

Wie bereits oben gezeigt wurde, ist in dem Differenzbetrag ka der Körperschaft- und Gewerbesteueraufwand selbst enthalten, der aber in dem aufzustellenden interdependenten Gleichungssystem **veränderlichen Charakter** tragen muss. Wird von der Änderungsgröße ka nun der Körperschaft- und Gewerbesteueraufwand abgezogen, errechnet sich der konstante Ausdruck

(6) $ka^* = ka - (XKSt + XGewSt)$,

der dann diejenigen Abweichungen zwischen Jnach und zvE erfasst, die nicht den Körperschaft- und Gewerbesteueraufwand betreffen. Aufgrund dieser Modifikation ergibt sich nun für Gleichung (5)

(7) $\boxed{XKSt = (1 + soli) \cdot sd \cdot (sJnach + ka^* + XKSt + XGewSt).}$

Für die Variable XGewSt, die vom Gewerbeertrag berechnet wird, gilt

(8) $XGewSt = me \cdot he \cdot GE$

und unter Einbeziehung des oben entwickelten Formelapparates

(9) $\boxed{XGewSt = me \cdot he \cdot (sJnach + ka^* + XKSt + XGewSt + Vk + ga).}$

Unter Berücksichtigung eines Faktors tb, der auf die Bemessungsgrundlage TB für die Tantiemen anzuwenden ist, ergibt sich sodann

(10) $\boxed{XTA = tb \cdot TB = tb \cdot (sJnach + ta) \text{ mit } 0 \leq tb \leq 1.}$

Die Formeln (7), (9) und (10), die die ergebnisabhängigen Aufwendungen repräsentieren, sind dergestalt bestimmt worden, dass eine **direkte Abhängigkeit** vom Jahresüberschuss besteht. Durch Variation der beschriebenen formalen Beziehungen zwischen Jahresüberschuss und ergebnisabhängigen Aufwendungen können die dort entwickelten Formeln nun so transformiert werden, dass sie im Rahmen rechnungslegungspolitischer Gestaltungsprozesse verwendbar sind.

(11) Gewerbesteueraufwand (XGewSt) in Abhängigkeit vom vorläufigen Jahresüberschuss:

(11.1) $XGewSt = f(vJvor)$

(11.2) $XGewSt = me \cdot he \cdot (vJvor - XTA + XM^+ - XM^- + ka^* + Vk + ga)$
mit $sg = me \cdot he$ gilt auch

(11.3) $XGewSt = sg \cdot (vJvor - XTA + XM^+ - XM^- + ka^* + Vk + ga)$ oder

(11.4) $\boxed{XGewSt + sg \cdot (XTA + XM^+ - XM^-) = sg \cdot (vJvor + ka^* + Vk + ga).}$

(12) Körperschaftsteueraufwand (XKSt) in Abhängigkeit vom vorläufigen Jahresüberschuss:

(12.1) $XKSt = f(vJvor)$

(12.2) $XKSt = (1 + soli) \cdot sd \cdot (vJvor - XTA + XM^+ - XM^- + ka^*)$ oder

(12.3) $\boxed{\begin{array}{l} XKSt + (1 + soli) \cdot sd \cdot XTA - (1 + soli) \cdot sd \cdot XM^+ + (1 + soli) \cdot sd \cdot XM^- \\ = (1 + soli) \cdot sd \cdot (vJvor + ka^*). \end{array}}$

(13) Tantiemenaufwand (XTA) in Abhängigkeit vom vorläufigen Jahresüberschuss:

(13.1) $XTA = f(vJvor)$

(13.2) $XTA = tb \cdot (vJvor - XKSt - XGewSt - XTA + XM^+ - XM^- + ta)$

Für die Variablen XKSt und XGewSt werden nun die Ausdrücke (12.2) und (11.3) eingesetzt.

(13.3) $XTA = tb \cdot [vJvor - (1 + soli) \cdot sd \cdot (vJvor - XTA + XM^+ - XM^- + ka^*) - sg \cdot (vJvor - XTA + XM^+ - XM^- + ka^* + Vk + ga) - XTA + XM^+ - XM^- + ta]$

oder nach einigen Umformungen

(13.4) $\langle 1 + tb \cdot \{[1 - (1 + soli) \cdot sd] - sg\}\rangle \cdot XTA - tb \cdot \{[1 - (1 + soli) \cdot sd] - sg\} \cdot XM^+ + tb \cdot \{[1 - (1 + soli) \cdot sd] - sg\} \cdot XM^- = tb \cdot \{[1 - (1 + soli) \cdot sd] - sg\} \cdot vJvor - tb \cdot \{[(1 + soli) \cdot sd + sg] \cdot ka^* + sg \cdot (Vk + ga) - ta\}.$

Bezüglich der **Gewinnrücklagen** kann die Unternehmensleitung frei entscheiden, welche Beträge zum Zwecke der Ausschüttungserhöhung aufgelöst werden sollen. In diesem Fall ist die Restriktion als Gleich(=)-Bedingung in Höhe des gewünschten Entnahmeumfangs zu formulieren.

(14) $XE = RFvor(Ent)$.

Sollen hingegen die **Entnahmen aus anderen Gewinnrücklagen** simultan ermittelt werden, so müssen die Entscheidungsträger lediglich die Obergrenze der maximal möglichen Rücklagenentnahmen vor Dotierung wie folgt angeben:

(15) $XE \leq RFvor$.

Da der entwickelte Planungsansatz darauf abzielt, ausschließlich positive Werte für die Strukturvariablen der Optimallösung zur Verfügung zu stellen, gelten im Folgenden die Nichtnegativitätsbedingungen

(16) $XKSt, XGewSt, XTA, XM^+, XM^-, XE > 0$.

(b)   Jahresüberschussverändernde Aktionsparameter betreffende Beschränkungen

Bezüglich der Festlegung der erfolgswirksamen Aktionsparameter mit ihren Ober- und Untergrenzen als $\leq$-Bedingungen besteht das Problem, dass die Werte der bestehenden Wahlrechte aus bilanzieller Sicht häufig **nicht beliebig teilbar** sind und somit eine gefundene optimale Lösung als Planungsansatz nicht realisiert werden kann, weil ggf. ausgewiesene Partialwerte der Strukturvariablen keine Korrespondenz mit den handels- und steuerrechtlichen Vorschriften aufweisen. Aus diesem Grunde muss die Optimierung der Zielfunktion auf der

V. Simultan- und Sequenzialmodelle für die Rechnungslegungspolitik

Basis eines **gemischt-ganzzahligen Ansatzes**[30] erfolgen, der sicherstellt, dass die Aktionsparameter sowohl mit jedem möglichen **Zwischenwert** als auch nur mit ihren **Ober- und Untergrenzen** Eingang in die optimale Lösung finden können. So kann beispielsweise im Rahmen der Herstellungskostenermittlung die Aktivierung bestimmter Gemeinkostenbestandteile nur in Höhe von 0 (Unterlassungsalternative) oder in maximaler Höhe ausgeübt werden.

Formuliert man die Aktionsparameter zunächst als ≤-Restriktionen, dann ergibt sich das nachfolgend in den Formeln (17) bis (30) gezeigte Bild.[31] Dabei ist zu berücksichtigen, dass in dem vorliegenden Optimierungsmodell aus Gründen der Übersichtlichkeit bestimmte Bilanzierungs- und Bewertungswahlrechte kumulativ für eine genau festgelegte **Gruppe von Vermögensgegenständen bzw. Schulden** gelten. So kennzeichnet der Bewertungsspielraum (21) XU ≤ oUv (XU) – vUv beispielsweise den Wert aller erfolgswirksamen Aktionsparameter, die den Betrag des Vorratsvermögens unter ertragsteuerrechtlichen Auswirkungen erhöhen. Durch die Bedingung oUv(XU) ≥ vUv wird die **Bandbreite** des in Rede stehenden Spielraums umschrieben, der sich vom Wert des Vorratsvermögens im vorläufigen Jahresabschluss (vUv) bis hin zur Obergrenze des Vorratsvermögens erstreckt, die durch den maximalen Einsatz aller Parameter der Gruppe XU zu realisieren ist.

(17) XA ≤ oAs(XA) – vAs   mit oAs(XA) ≥ vAs
(18) XAü ≤ oAü(XAü) – vAü   mit oAü(XAü) ≥ vAü
(19) Xa ≤ vAs – uAs(Xa)   mit vAs ≥ uAs(Xa)
(20) Xaü ≤ vAü – uAü(Xaü)   mit vAü ≥ uAü(Xaü)
(21) XU ≤ oUv(XU) – vUv   mit oUv(XU) ≥ vUv
(22) XUü ≤ oUü(XUü) – vUü   mit oUü(XUü) ≥ vUü
(23) Xu ≤ vUv – uUv(Xu)   mit vUv ≥ uUv(Xu)
(24) Xuü ≤ vUü – uUü(Xuü)   mit vUü ≥ uUü(Xuü)
(25) XFl ≤ vFl – uFl(XFl)   mit vFl ≥ uFl(XFl)
(26) XFk ≤ vFk – uFk(XFk)   mit vFk ≥ uFk(XFk)
(27) Xfl ≤ oFl(Xfl) – vFl   mit oFl(Xfl) ≥ vFl
(28) Xfk ≤ oFk(Xfk) – vFk   mit oFk(Xfk) ≥ vFk
(29) XRa ≤ oRa(XRa) – vRa   mit oRa(XRa) ≥ vRa
(30) Xra ≤ vRa – uRa(Xra)   mit vRa ≥ uRa(Xra)

Sofern die handels- und steuerrechtlichen Vorschriften den Ansatz **beliebig vieler Zwischenwerte** bezüglich der einzelnen Wahlrechtsgruppen zulassen, bestehen keine Bedenken, die vierzehn Restriktionen in der vorliegenden Form in das Planungsmodell einfließen zu lassen. Sind jedoch einige Wahlrechtsgruppen nur in Höhe ihres maximalen Wertes oder in

---

[30] Vgl. *Müller-Merbach* 1973, S. 366–414; *Dantzig* 1966, S. 590–643.
[31] Im Folgenden werden sämtliche jahresüberschusserhöhenden Aktionsparameter (XA, XAü, XU, XUü, XFl, XFk, XRa) und alle jahresüberschussvermindernden Aktionsparameter (Xa, Xaü, Xu, Xuü, Xfl, Xfk, Xra) wieder einzeln aufgeführt.

Höhe von 0 entscheidungsrelevant, so bedarf es einer **Modifikation** des Restriktionsansatzes. Insbesondere hinsichtlich der bestehenden **Ansatzwahlrechte**, bei denen für die Verantwortlichen nur die Alternativen „bilanzieren" oder „nicht bilanzieren" bestehen, besitzt diese Problematik Relevanz. Im Folgenden wird die Bewältigung des Problems beispielhaft an der Wahlrechtsgruppe (18) XAü verdeutlicht.

(31) [oAü(XAü) − vAü] · XAü ≤ oAü(XAü) − vAü mit

(32) XAü ≤ 1 (ganzzahlig)

Aufgrund der **Ganzzahligkeitsbedingung** besteht für die Variable XAü, die in der Zielfunktionszeile und den anderen Restriktionszeilen ebenfalls den Koeffizienten von oAü(XAü) - vAü zugewiesen bekommt, nur die Möglichkeit, die Werte von 1 oder 0 zu erhalten. Hierdurch wird sichergestellt, dass XAü im Rahmen der optimalen Lösung ausschließlich die Werte von 0 oder 1 annehmen kann. Im Falle von XAü = 1 geht somit der Betrag von oAü(XAü) − vAü in voller Höhe in das Ergebnis ein. Liegen auch bei anderen Wahlrechtsgruppen ähnliche Beschränkungen vor, so sind die Restriktionsansätze in analoger Form zu modifizieren.

Die für die Aktionsparameter formulierten Restriktionen verdeutlichen, dass die Entscheidungsträger auf der Basis der vorläufigen Bilanzwerte nunmehr die ihnen zur Verfügung stehenden erfolgswirksamen Wahlrechte und Ermessensspielräume zum Zwecke einer **zieladäquaten Transformation des Jahresabschlusses** einsetzen können. In diesem Zusammenhang ist es unerheblich, ob bei der Erstellung des vorläufigen Jahresabschlusses schon auf Bilanzierungs-, Bewertungswahlrechte und Ermessensspielräume zurückgegriffen wurde, da die Auswirkungen dieser Entscheidungen im vorliegenden simultanen Planungsmodell entweder **beibehalten** oder (teilweise) **rückgängig gemacht** werden. Es wird unterstellt, dass sich **keine Einschränkungen** aus den Postulaten der **Ansatz- Bewertungs- und Darstellungsstetigkeit** ergeben.[32] Allerdings müssen die Verantwortlichen der Rechnungslegungspolitik die entsprechenden handels- und steuerrechtlich zulässigen Ober- und Untergrenzen kennen und exakt in den Ansatz einfließen lassen.

(c) Restriktionen ausgewählter Jahresabschlusskennzahlen

Für die optimale Planung des Jahresabschlusses bedarf es der Formulierung von Restriktionen, durch die bestimmte **angestrebte Niveaus von Jahresabschlusskennzahlen** eingehalten werden. In dem hier vorgestellten Modellansatz sind solche Kennzahlen vereinfachend einbezogen worden, die üblicherweise für eine **Jahresabschlussanalyse** oder im Rahmen eines **Bilanzratings** als bedeutsam angesehen werden.[33] Im Einzelnen sind folgende, in den Formeln (33) bis (45) wiedergegebene Restriktionen in dem Modellansatz enthalten; eine Aufnahme weiterer Restriktionen in Kennzahlengestalt ist prinzipiell möglich.

---

[32] Vgl. hierzu die Ausführungen im Dritten Teil zu Gliederungspunkt III.E.
[33] Vgl. *Baetge/Jerschensky* 1996, S. 1582; *Burger/Schellberg* 1994, S. 871 f.; *Coenenberg/Haller/Schultze* 2009, S. 1013–1206; *Gibson* 1983, S. 23–27; *Küting/Weber* 2012, S. 114–349; *Lachnit* 2004, S. 267–296; *Linnhoff/Pellens* 1994, S. 589–594.

V. Simultan- und Sequenzialmodelle für die Rechnungslegungspolitik

(33) $\dfrac{\text{Anlagevermögen}}{\text{Umlaufvermögen}} \leq a$ (Elastizitätsgrad)

In Verbindung mit den zugehörigen rechnungslegungspolitischen Parametern ergibt sich folgende Formelstruktur für die vorstehende Kennzahl:

(33.1) $\dfrac{vA + XA + XAü - Xa - Xaü}{vU + XU + XUü - XU - Xuü} \leq a$ (Elastizitätsgrad) oder

(33.2) $XA + XAü - Xa - Xaü - a \cdot XU - a \cdot XUü + a \cdot Xu + a \cdot Xuü \leq a \cdot vU - vA$.

Abweichend von der traditionellen Rechnungslegungsanalyse wird der Bilanzgewinn als der zur Ausschüttung vorgesehene Teil des Jahresüberschusses nachstehend aus **Vereinfachungsgründen** nicht dem kurzfristigen Fremdkapital, sondern dem Eigenkapital subsumiert.

(34) $\dfrac{\text{Anlagevermögen}}{\text{Bilanzsumme}} \leq b$ (Anlageintensität)[34]

(34.1) $\dfrac{[vA + XA + XAü - Xa - Xaü]}{[vA + XA + XAü - Xa - Xaü + vU + XU + XUü - Xu - Xuü + vRa + XRa - Xra]} \leq b$ oder

(34.2) $(1-b) \cdot XA + (1-b) \cdot XAü - (1-b) \cdot Xa - (1-b) \cdot Xaü - b \cdot XU - b \cdot XUü + b \cdot Xu + b \cdot Xuü - b \cdot XRa + b \cdot Xra \leq b \cdot (vA + vU + vRa) - vA$.

(35) $\dfrac{\text{Bilanzsumme}}{\text{Eigenkapital}} \leq c$ (1 : c = Eigenkapitalquote)[35]

Komplizierter wird eine entsprechende Transformation der in Ungleichung (35) angegebenen Bilanzkennzahl, da in diesem Fall aufgrund der Ertragsteuer- und Tantiemenwirkungen Interdependenzen zwischen dem angestrebten Kennzahlenniveau, dem Eigen- und Fremdkapitalausweis und dem Einsatz der erfolgswirksamen Aktionsparameter bestehen. Die Erfassung des Ertragsteuer- und Tantiemenaufwands (ergebnisabhängige Aufwendungen) erfolgt in der nachstehenden Ungleichung durch die Variablen

(35.1) XKSt + XGewSt + XTA,

wobei eine entsprechende **Variation der Ertragsteuerrückstellung** bzw. **der sonstigen Verbindlichkeiten**, d. h. des kurzfristigen Fremdkapitals, unterstellt wird (vKSt = vorläufiger Körperschaftsteueraufwand; vGewSt = vorläufiger Gewerbesteueraufwand; vTA = vorläufiger Tantiemenaufwand).

---

[34] Zu dem Begriff „Bilanzsumme" werden im vorliegenden Modell das Anlage- und Umlaufvermögen sowie die aktiven Rechnungsabgrenzungsposten gezählt.

[35] Die Eigenkapitalquote muss als reziproker Wert formuliert werden, da sie als ≤ -Bedingung in den Planungsansatz eingeht. Ähnliches gilt für die nachfolgenden Deckungskennzahlen sowie die Rentabilitätsgrößen des Eigen- und Gesamtkapitals.

$$(35.2) \quad \frac{\begin{array}{l}[vA + XA + XAü - Xa - Xaü \\ +vU + XU + XUü + Xuü + vRA + XRa - Xra]\end{array}}{\begin{array}{l}[vA + XA + XAü - Xa - Xaü + vU + XU + XUü - Xu - Xuü \\ +vRa + XRa - XRa - (vFl - XFl - Xfl + vFk - XFk \\ -Xfk + XKSt + XGewSt + XTA - vKSt - vGewSt - vTA)]\end{array}} \leq c \text{ oder}$$

(35.3) $c \cdot XKSt + c \cdot XGewSt + c \cdot XTA + (1 - c) \cdot XA + (1 - c) \cdot XAü - (1 - c) \cdot Xa - (1 - c) \cdot Xaü + (1 - c) \cdot XU + (1 - c) \cdot XUü - (1 - c) \cdot Xu - (1 - c) \cdot Xuü - c \cdot XFl - c \cdot XFk + c \cdot Xfl + c \cdot Xfk + (1 - c) \cdot XRa - (1 - c) \cdot Xra \leq (c - 1) \cdot (vA + vU + vR) - c \cdot (vFl + vFk + vKSt + vGewSt + vTA)$.

In ähnlicher Weise sind auch die übrigen Kennzahlenrestriktionen im Planungsmodell erfasst. Nachfolgend werden lediglich die Kennzahlen aufgelistet. Eine Wiedergabe der detaillierten Struktur der rechnungslegungspolitischen Verformelung unterbleibt aus Platzgründen.[36]

(36) $\dfrac{\text{langfristiges Fremdkapital}}{\text{Bilanzsumme}} \leq d$ (Quote der langfristigen Verschuldung)

(37) $\dfrac{\text{kurzfristiges Fremdkapital}}{\text{Bilanzsumme}} \leq e$ (Quote der kurzfristigen Verschuldung)

(38) $\dfrac{\text{Anlagevermögen}}{\text{langfristiges Fremdkapital}} \leq f$ (1 : f = Anlagedeckungsgrad I)

(39) $\dfrac{\text{Anlagevermögen}}{\text{Eigenkapital}} \leq g$ (1 : g = Anlagedeckungsgrad II)

(40) $\dfrac{[\text{Anlagevermögen} + \text{Vorratsvermögen}]}{[\text{Eigenkapital} + \text{langfristiges Fremdkapital}]} \leq h$ (langfristige Vermögensdeckung)

(41) $\dfrac{\text{kurzfristiges Fremdkapital}}{\text{Umlaufvermögen}} \leq i$ (1 : i = Liquiditätsgrad)

(42) $\dfrac{\text{Eigenkapital}}{\text{Jahresüberschuss}} \leq j$

(1 : j = Eigenkapitalrentabilität nach ergebnisabhängigen Aufwendungen)

(43) $\dfrac{\text{Eigenkapital}}{\text{Jahresüberschuss vor ergebnisabhängigen Aufwendungen}} \leq k$

(1 : k = Eigenkapitalrentabilität vor ergebnisabhängigen Aufwendungen)

(44) $\dfrac{[\text{Eigenkapital} + \text{Fremdkapital}]}{\text{Jahresüberschuss}} \leq l$

(1 : l = Gesamtkapitalrentabilität nach ergebnisabhängigen Aufwendungen)

(45) $\dfrac{[\text{Eigenkapital} + \text{Fremdkapital}]}{\text{Jahresüberschuss vor ergebnisabhängigen Aufwendungen}} \leq m$

(1 : m = Gesamtkapitalrentabilität vor ergebnisabhängigen Aufwendungen)

---

[36] Vgl. hierzu *Freidank* 1990a, S. 118–123.

V. Simultan- und Sequenzialmodelle für die Rechnungslegungspolitik

	XKSt	XGewSt	XTA	XA	XAü	Xa	Xaü	XU	XUü	Xu	Xuü	XFl
	x1	x2	x3	x4	x5	x6	x7	x8	x9	x10	x11	x12
Z	−as·x1	−as·x2	−as·x3	+as·x4	+as·x5	−as·x6	−as·x7	+as·x8	+as·x9	−as·x10	−as·x11	+as·x12
Y(1)	x1		+(1+soli)·sd·x3	−(1+soli)·sd·x4	−(1+soli)·sd·x5	+(1+soli)·sd·x6	+(1+soli)·sd·x7	−(1+soli)·sd·x8	−(1+soli)·sd·x9	+(1+soli)·sd·x10	+(1+soli)·sd·x11	−(1+soli)·sd·x12
Y(2)		x2	+sg·x3	−sg·x4	−sg·x5	+sg·x6	+sg·x7	−sg·x8	−sg·x9	+sg·x10	+sg·x11	−sg·x12
Y(3)			(1+tb·{[1−(1+soli)·sd] − sg})·x3	−tb·{[1−(1+soli)·sd] − sg}·x4	−tb·{[1−(1+soli)·sd] − sg}·x5	+tb·{[1−(1+soli)·sd] − sg}·x6	+tb·{[1−(1+soli)·sd] − sg}·x7	−tb·{[1−(1+soli)·sd] − sg}·x8	−tb·{[1−(1+soli)·sd] − sg}·x9	+tb·{[1−(1+soli)·sd] − sg}·x10	+tb·{[1−(1+soli)·sd] − sg}·x11	−tb·{[1−(1+soli)·sd] − sg}·x12
...	...	...	...	...	...	...	...	...	...	...	...	...
Y(18)												
Y(19)				x4	+x5	−x6	−x7	−a·x8	−a·x9	+a·x10	+a·x11	−c·x12
Y(20)				(1−b)·x4	+(1−b)·x5	−(1−b)·x6	−(1−b)·x7	−b·x8	−b·x9	+b·x10	+b·x11	
Y(21)	c·x1	+c·x2	+c·x3	+(1−c)·x4	+(1−c)·x5	−(1−c)·x6	−(1−c)·x7	+(1−c)·x8	+(1−c)·x9	−(1−c)·x10	−(1−c)·x11	−c·x12
Y(22)				−d·x4	−d·x5	+d·x6	+d·x7	−d·x8	−d·x9	+d·x10	+d·x11	−x12
Y(23)	x1	+x2	+x3	−e·x4	−e·x5	+e·x6	+e·x7	−e·x8	−e·x9	+e·x10	+e·x11	
Y(24)				x4	+x5	−x6	−x7					+f·x12
Y(25)	g·x1	+g·x2	+g·x3	(1−g)·x4	+(1−g)·x5	−(1−g)·x6	−(1−g)·x7	−g·x8	−g·x9	+g·x10	+g·x11	−g·x12
Y(26)	h·x1	+h·x2	+h·x3	(1−h)·x4	+(1−h)·x5	−(1−h)·x6	−(1−h)·x7	+(1−h)·x8	−h·x9	−(1−h)·x10	+h·x11	
X(27)	x1	+x2	+x3				−i·x7	−i·x8	−i·x9	+i·x10	+i·x11	
Y(28)	−(1−j)·x1	−(1−j)·x2	−(1−j)·x3	(1−j)·x4	+(1−j)·x5	−(1−j)·x6	−(1−j)·x7	+(1−j)·x8	+(1−j)·x9	−(1−j)·x10	−(1−j)·x11	+(1−j)·x12
Y(29)				(1−k)·x4	+(1−k)·x5	−(1−k)·x6	−(1−k)·x7	+(1−k)·x8	+(1−k)·x9	−(1−k)·x10	−(1−k)·x11	+(1−k)·x12
Y(30)	l·x1	+l·x2	+l·x3	(1−l)·x4	+(1−l)·x5	−(1−l)·x6	−(1−l)·x7	+(1−l)·x8	+(1−l)·x9	−(1−l)·x10	−(1−l)·x11	−l·x12
Y(31)				+(1−m)·x4	+(1−m)·x5	−(1−m)·x6	−(1−m)·x7	+(1−m)·x8	+(1−m)·x9	−(1−m)·x10	−(1−m)·x11	−m·x12
Y(32)				x4	+x5	−x6	−x7	+x8	+x9	−x10	−x11	

Abb. 338: Allgemeine Darstellung des Planungsmodells

	XFk	Xfl	Xfk	XRa	Xra	XE	RS
	x13	x14	x15	x16	x17	x18	
Z	+as · x13	−as · x14	−as · x15	+as · x16	−as · x17	+x18	= sBl − as · vIvor
Y(1)	−(1 + soli) · sd · x13	+(1 + soli) · sd · x14	+(1 + soli) · sd · x15	−(1 + soli) · sd · x16	+(1 + soli) · sd · x17		= (1 + soli) · sd · (vIvor + ka*)
Y(2)	−sg · x13	+sg · x14	+sg · x15	−sg · x16	+sg · x17		= sg · (vIvor + ka* + Vk + ga)
Y(3)	−tb · {[1 − (1 + soli) · sd] − sg} · 13	+tb · {[1 − (1 + soli) · sd] − sg} · 14	+tb · {[1 − (1 + soli) · sd] − sg} · 15	−tb · {[1 − (1 + soli) · sd] − sg} · 16	+tb · {[1 − (1 + soli) · sd] − sg} · 17		= tb · {[1 − (1 + soli) · sd] − sg} · vIvor − tb · {[(1 + soli) · sd + sg] · ka* + sg · (Vk + ga) − ta}
...	...	...	...	...	...	...	...
Y(18)						x18	≤ RFvor
Y(19)							≤ a · vU − vA
Y(20)				−b · x16	+b · x17		≤ b · (vA + vU + vRa) − vA
Y(21)	−c · x13	+c · x14	+c · x15	+(1−c) · x16	−(1−c) · x17		≤ (c − 1) · (vA + vU + vRa) − c · (vFl + vFk − vKSt − vGewSt − vTA)
Y(22)		+x14		−d · x16	+d · x17		≤ d · (vA + vU + vRa) − vFl
Y(23)	−x13		x15	−e · x16	+e · x17		≤ e · (vA + vU + vRa) − (vFk − vKSt − vGewSt − vTA)
Y(24)		−f · x14					≤ f · vFl − vA
Y(25)	−g · x13	+g · x14	+g · x15	−g · x16	+g · x17		≤ g · (vU + vRa − vFl − vFk + vKSt + vGewSt + vTA) − (1 − g) · vA
Y(26)	−h · x13	+h · x14	+h · x15	−h · x16	+h · x17		≤ h · (vA + vU + vRa − vFl − vFk + vKSt + vGewSt + vTA) − (vA + vUv)
X(27)	−x13		+x15				≤ vU − (vFk − vKSt − vGewSt − vTA)
Y(28)	+(1−j) · x13	−(1−j) · x14	−(1−j) · x15	+(1−j) · x16	−(1−j) · x17		≤ j · vIvor − (vA + vU + vRa − vFl − vFk + vKSt + vGewSt + vTA)
Y(29)	+(1−k) · x13	−(1−k) · x14	−(1−k) · x15	+(1−k) · x16	−(1−k) · x17		≤ k · vIvor − (vA + vU + vRa − vFl − vFk + vKSt + vGewSt + vTA)
Y(30)	−l · x13	+l · x14	+l · x15	+(1−l) · x16	−(1−l) · x17		≤ l · vIvor − (vA + vU + vRa)
Y(31)	−m · x13	+m · x14	+m · x15	+(1−m) · x16	−(1−m) · x17		≤ m · vIvor − (vA + vU + vRa)
Y(32)				+x16	−x17		≤ BS − (vA + vU + vRa)

Abb. 338: Allgemeine Darstellung des Planungsmodells (Fortsetzung)

Die Ergebnisse der Transformation des Planungsmodells befinden sich in **Abbildung 338** [Restriktionen Y (1) bis Y (32)]. Bei dieser Darstellung wurde davon ausgegangen, dass für die einzelnen Wahlrechte XA bis XE beliebig viele Zwischenwerte existieren. Auf eine Auflistung der die einzelnen Wahlrechtsgruppen betreffenden Restriktionen Y (4) bis Y (17) wurde hier aus Platzgründen verzichtet.

Durch die Integration der folgenden Restriktion in den Modellansatz besteht für die Entscheidungsträger schließlich die Möglichkeit sicherzustellen, dass die Bilanzsumme die in § 267 Abs. 1 Nr. 1 oder Abs. 2 Nr. 1 HGB genannten **kritischen Schwellenwerte** nicht überschreitet, um die **Prüfungspflicht** gemäß § 316 Abs. 1 HGB zu vermeiden und/oder **publizitätsbezogene Erleichterungen** (z. B. § 247 a, § 276, § 326 f. HGB) zu erlangen (BS = Obergrenze der Soll-Bilanzsumme).

(46) XA + XAü – Xa – Xaü + XU + XUü – Xu – Xuü + XRa – Xra ≤ BS – (vA + vU + vRa)

Die Formel (46) wird durch die Restriktionen Y (32) in der zusammenfassenden Darstellung des Entscheidungsmodells in **Abbildung 338** repräsentiert.

Streben die Entscheidungsträger zum Zwecke der **Gewinnglättung** und/oder der **Ertragsteueroptimierung** hingegen einen bestimmten Soll-Bilanzgewinn an,[37] so ist diesem **Fixierungsansatz** im Falle einer zu maximierenden Zielfunktion durch Einbeziehung nachstehender Restriktion wie folgt Rechnung zu tragen.

(47) as · (– XKSt – XGewSt – XTA + XA + XAü – Xa – Xaü + XU + XUü – Xu – Xuü + XFl + XFk – Xfl – Xfk + XRa – Xra) + XE ≤ sBI – as · vJvor.

c. Verdeutlichung der Modelle anhand von Beispielen

c.a Darlegung der Ausgangsdaten[38]

Die vorläufige (verkürzte) Einheitsbilanz einer unbeschränkt ertragsteuerpflichtigen GmbH hat zum 31.12.2012 das in **Abbildung 339** dargestellte Aussehen, wobei die Berechnung der vorläufigen ergebnisabhängigen Aufwendungen (vKSt, vGewSt, vTA) unter Berücksichtigung einer geplanten Vollausschüttung (as = 1) des vorläufigen Jahresüberschusses (vJnach) sowie der nachstehenden Daten vorgenommen wurde. Die hinter den einzelnen Rückstellungen bzw. Verbindlichkeiten in **Abbildung 339** geben an, ob die jeweiligen Posten zu den langfristigen (la) oder kurzfristigen (ku) Schulden im Rahmen der Rechnungslegungsanalyse zählen.

(1) Gemäß § 23 Abs. 1 KStG ist auf das zu versteuernde (körperschaftsteuerrechtliche) Einkommen (zvE) ein Satz von 15 % anzuwenden. sd = 0,15

(2) Die Differenz zwischen sJnach und zvE beträgt 150 T€ (ohne KSt und GewSt selbst). ka* = 150

---

[37] Vgl. hierzu die Ausführungen im Sechsten Teil zu Gliederungspunkt I.D. und IV.B.2.
[38] Vgl. hierzu auch das Beispiel im Fünften Teil zu Gliederungspunkt III.B.3.c.c.d.(b)(ß) und im Sechsten Teil zu Gliederungspunkt V.D.1.b.

Aktiva	Vorläufige Einheitsbilanz zum 31.12.2012	Passiva
	in T€	in T€

A. Anlagevermögen:			A. Eigenkapital		
I. Immaterielle Vermögensgegenstände:			I. Gezeichnetes Kapital		1.000
1. Lizenzen		20	II. Gewinnrücklagen:		
2. Firmenwert		110	1. Rücklagen laut Gesellschaftsvertrag		180
II. Sachanlagen:			2. Andere Gewinnrücklagen		200
1. Grundstücke und Bauten		400	III. Jahresüberschuss		392,98
2. Technische Anlagen und Maschinen		390	B. Rückstellungen:		
III. Finanzanlagen:			I. Rückstellungen für Pensionen (la)		96
1. Beteiligungen		130	II. Ertragsteuerrückstellungen (ku)		259,86[a]
2. Wertpapiere des Anlagevermögens		90	III. Sonstige Rückstellungen:		
B. Umlaufvermögen:			1. für Umweltschäden (la)		30
I. Vorräte:			2. für Garantiezusagen (ku)		56
1. Roh-, Hilfs- und Betriebsstoffe		380	C. Verbindlichkeiten:		
2. Unfertige Erzeugnisse		350	1. Verbindlichkeiten aus Lieferungen und Leistungen [davon mit einer Restlaufzeit bis zu einem Jahr (ku) = 435]		738
3. Fertige Erzeugnisse		600			
II. Forderungen und sonstige Vermögensgegenstände:			2. Sonstige Verbindlichkeiten für Geschäftsführungstantiemen (ku)		47,16[b]
1. Forderungen aus Lieferungen und Leistungen (davon mit einer Restlaufzeit von mehr als einem Jahr = 102)		210			
2. Sonstige Vermögensgegenstände		40			
III. Wertpapiere:					
1. Anteile an verbundenen Unternehmen		24			
2. Sonstige Wertpapiere		160			
IV. Kassenbestand, Guthaben bei Kreditinstituten		26			
C. Rechnungsabgrenzungsposten:		70			
		3.000			3.000

[a] 259,86 T€ = 127,05 T€ + 132,81 T€.
[b] 47,16 T€ = 0,12 · 392,98 T€.

Abb. 339: Ausgangsbilanz für die Jahresabschlussoptimierung

(3) Der Gewerbesteuerhebesatz der Standortgemeinde beträgt 425 %, die Steuermesszahl für den Gewerbeertrag nach § 11 Abs. 2 GewStG 3,5 %. Ein körperschaftsteuerrechtlicher Verlustabzug gemäß § 8 Abs. 1 KStG i. V. m. § 10 d EStG liegt nicht vor.

$he = 4,25$
$me = 0,035$
$sg = 0,14875$
$Vk = 0$

V. Simultan- und Sequenzialmodelle für die Rechnungslegungspolitik

(4) Die gewerbesteuerrechtlichen Modifikationen nach § 8 f. GewStG betragen 90 T€.
ga = 90

(5) Die Tantieme für die Geschäftsführung beträgt laut Gesellschaftsvertrag 12 % des in der Handelsbilanz ausgewiesenen Jahresüberschusses.
ta = 0
tb = 0,12

(6) Der vorläufige Jahresüberschuss vor ergebnisabhängigen Aufwendungen (vJvor) beläuft sich auf 700 T€.
vJvor = 700

Die Berechnung der ergebnisabhängigen Aufwendungen kann durch die Lösung des nachstehend in Matrizenschreibweise dargestellten **simultanen Gleichungssystems** erfolgen.

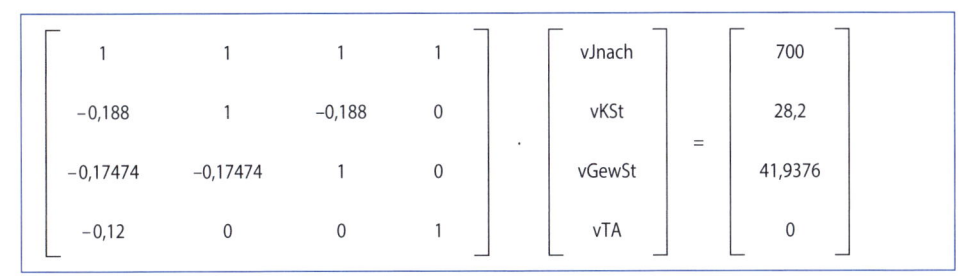

$$\begin{bmatrix} 1 & 1 & 1 & 1 \\ -0{,}188 & 1 & -0{,}188 & 0 \\ -0{,}17474 & -0{,}17474 & 1 & 0 \\ -0{,}12 & 0 & 0 & 1 \end{bmatrix} \cdot \begin{bmatrix} vJnach \\ vKSt \\ vGewSt \\ vTA \end{bmatrix} = \begin{bmatrix} 700 \\ 28{,}2 \\ 41{,}9376 \\ 0 \end{bmatrix}$$

Abb. 340: Simultanes Gleichungssystem in Matrizenschreibweise

Das formulierte Gleichungssystem führt in dem hier angeführten Beispiel zu folgenden Ergebnissen.

vJnach = 392,98 T€
vKSt = 127,05 T€ (mit Solidaritätszuschlag)[39]
vGewSt = 132,81 T€[40]
vTA = 47,16 T€.[41]

Die Entscheidungsträger können grundsätzlich **Maximierung, Minimierung** oder **Fixierung** des Bilanzgewinns mit dem Planungsmodell anstreben, wobei rechnungslegungspolitische Maßnahmen nachfolgend unter Einhaltung des in **Abbildung 341** angeführten Soll-Kennzahlenniveaus realisiert werden sollen. Bei der eventuellen Dotierung der anderen Gewinnrücklagen sind laut Gesellschaftsvertrag **die Grenzen von § 58 Abs. 2 Satz 1 AktG** zu berücksichtigen.

Darüber hinaus soll die Summe der zieloptimalen Einheitsbilanz den Wert von 4.840.000 € (§ 267 Abs. 1 Nr. 1 HGB) nicht überschreiten [Y (32)], um nicht in die Klasse „mittelgroße Kapitalgesellschaften" nach § 267 Abs. 2 HGB zu fallen, da bereits die Obergrenze des Jahresdurchschnitts der Arbeitnehmer gemäß § 267 Abs. 1 Nr. 3 HGB überschritten ist. Zur Erreichung des Zielplans stehen die folgenden **fünfzehn Aktionsparameter** (Wahlrechte und Ermessensspielräume) zur Verfügung.[42]

---

[39] 127,05 T€ = 0,15825 · (700 T€ + 150 T€ - 47,16 T€).
[40] 132,81 T€ = 0,14875 · (700 T€ + 150 T€ + 90 T€ - 47,16 T€).
[41] 47,16 T€ = 0,12 · 392,98 T€.
[42] Aus Vereinfachungsgründen wird unterstellt, dass diese Gestaltungsalternativen auch im Rahmen der steuerrechtlichen Gewinnermittlung auszuüben sind bzw. gegenüber der Finanzverwaltung durchgesetzt werden können.

		Kennzahl	Ist	Soll
Y (20)	a	Anlagevermögen : Umlaufvermögen	0,64	≤ 1
Y (21)	b	Anlagevermögen : Bilanzsumme	0,38	≤ 0,5
Y (22)	c	Bilanzsumme : Eigenkapital	1,69	≤ 1,7
Y (23)	d	langfristiges Fremdkapital : Bilanzsumme	0,14	≤ 0,3
Y (24)	e	kurzfristiges Fremdkapital : Bilanzsumme	0,27	≤ 0,3
Y (25)	f	Anlagevermögen : langfristiges Fremdkapital	2,66	≤ 3,5
Y (26)	g	Anlagevermögen : Eigenkapital	0,64	≤ 0,85
Y (27)	h	[Anlagevermögen + Vorratsvermögen] : [Eigenkapital + langfristiges Fremdkapital]	=> 1,12	≤ 1
Y (28)	i	kurzfristiges Fremdkapital : Umlaufvermögen	=> 0,45	≤ 0,4
Y (29)	j	Eigenkapital : Jahresüberschuss	4,51	≤ 14
Y (30)	k	Eigenkapital : Jahresüberschuss vor ergebnisabhängigen Aufwendungen	2,97[a]	≤ 10
Y (31)	l	[Eigenkapital + Fremdkapital] : Jahresüberschuss	7,63	≤ 22
Y (32)	m	[Eigenkapital + Fremdkapital] : Jahresüberschuss vor ergebnisabhängigen Aufwendungen	4,29[b]	≤ 12
Y (33)	BS	Bilanzsumme	3.000 T€	≤ 4.840 T€

[a] (1.380 T€ + 700 T€) : 700 T€ = 2,97
[b] (1.380 T€ + 700 T€ + 429 T€ + 491 T€) : 700 T€ = 4,29

Abb. 341: Entscheidungsrelevante Kennzahlen auf der Basis von Ist- und Sollwerten

V. Simultan- und Sequenzialmodelle für die Rechnungslegungspolitik 915

Wahlrechtsgruppe XA:
Rückgängigmachung einer Teilwertabschreibung (§ 6 Abs. 1 Nr. 2 Satz 2 EStG) auf Grundstücke in Höhe von 150 T€, die im vorläufigen Jahresabschluss vorgenommen wurde. Es handelt sich um eine außerplanmäßige Abschreibung infolge einer voraussichtlich dauernden Wertminderung (§ 253 Abs. 3 Satz 3 HGB). Die Abschreibung ist nach Auskunft eines Sachverständigen umstritten und könnte auch vollständig oder teilweise zurückgenommen werden.

Y(4) : XA ≤ 150

Wahlrechtsgruppe XAü:
Rückgängigmachung einer Teilwertabschreibung (§ 6 Abs. 1 Nr. 2 Satz 2 EStG) auf Wertpapiere des Anlagevermögens im Umfange von 70 T€, die im vorläufigen Jahresabschluss vorgenommen wurde. Es handelt sich um eine außerplanmäßige Abschreibung infolge einer nicht voraussichtlich dauernden Wertminderung (§ 253 Abs. 3 Satz 4 HGB).

Y(5) : XAü ≤ 70

Wahlrechtsgruppe Xa:
Vornahme steuerrechtlicher Teilwertabschreibungen auf technische Anlagen in Höhe von 350 T€, die den außerplanmäßigen Abschreibungen nach § 253 Abs. 3 Satz 3 HGB entsprechen. Allerdings sind diese Abschreibungen nach Auskunft eines Sachverständigen umstritten und könnten ganz oder teilweise auch unterbleiben.

Y(6) : Xa ≤ 350

Wahlrechtsgruppe Xaü:
Vornahme einer außerplanmäßigen Abschreibung auf eine Beteiligung in Höhe von 120 T€. Es handelt sich nicht um eine voraussichtlich dauernde Wertminderung im Sinne von § 253 Abs. 3 Satz 4 HGB i. V. m. § 6 Abs. 1 Nr. 2 Satz 2 EStG.

Y(7) : Xaü ≤ 120

Wahlrechtsgruppe XU:
Aktivierung des Unterschiedsbetrages von 178 T€ zwischen der Ober- und Untergrenze des steuerlichen Herstellungskostenansatzes für unfertige Erzeugnisse, die in der abgelaufenen Periode produziert worden sind. Die in Rede stehende Differenz bezieht sich ausschließlich auf herstellungsbezogene Fremdkapitalzinsen i.S.v. § 255 Abs. 3 HGB. Im vorläufigen Jahresabschluss wurden diese Erzeugnisse mit einem Wert von 140 T€ bilanziert.

Y(8) : 178 · XU ≤ 178 mit XU ≤ 1 (ganzzahlig)

Wahlrechtsgruppe XUü:
Rückgängigmachung einer Abschreibung auf sonstige Wertpapiere des Umlaufvermögens gemäß § 253 Abs. 4 Satz 1 HGB in Höhe von 210 T€, die im vorläufigen Jahresabschluss vorgenommen wurde und der Teilwertabschreibung nach § 6 Abs. 1 Nr. 2 EStG entspricht. Die Abschreibung ist nach Auskunft eines Sachverständigen umstritten und könnte ganz oder vollständig zurückgenommen werden.

Y(9) : XUü ≤ 210

Wahlrechtsgruppe Xu:
Bewertung von unfertigen Erzeugnissen nach dem Lifo-Verfahren anstelle einer Bewertung zu gewogenen Durchschnitten (§ 240 Abs. 4 i. V. m. § 256 Satz 2 HGB; § 6 Abs. 1 Nr. 2 a EStG); der zu einer Gewinnsenkung führende Unterschiedsbetrag beläuft sich auf 20 T€.

Y(10) : Xu ≤ 20

Wahlrechtsgruppe Xuü:
Rückgängigmachung der Zuschreibung auf zweifelhafte Forderungen, die wegen höherer Werthaltigkeit dieser Außenstände im vorläufigen Jahresabschluss vorgenommen wurde. Die Zuschreibung ist nach Auskunft eines Sachverständigen umstritten und könnte auch vollständig oder teilweise reduziert werden. Der Zuschreibungsbetrag, der sich ausschließlich auf Forderungen mit einer Restlaufzeit von weniger als einem Jahr bezieht, belief sich auf 74 T€.

Y(11) : Xuü ≤ 74

Wahlrechtsgruppe XFl:
Bewertung von Rückstellungen für Umweltschäden infolge kontaminierter Grundstücke [§ 253 Abs. 1 Satz 2 HGB; § 6 Abs. 1 Nr. 3 a b) EStG] mit Vollkosten. Bestimmte Teile der angemessenen notwendigen Gemeinkosten für diese Verpflichtung, auf deren Passivierung auch verzichtet werden könnte, betragen 14 T€.

Y(12) : 14 · XFl ≤ 14 mit XFl ≤ 1 (ganzzahlig)

Wahlrechtsgruppe XFk:
Bewertung von kurzfristigen Valutaverbindlichkeiten durch geeignete Näherungsverfahren (Schichtungen, Verbrauchsfolgeverfahren) anstatt der vorgenommenen Einzelbewertung (§ 252 Abs. 1 Nr. 3 und Abs. 2 HGB i. V. m. § 5 Abs. 1 Satz 1 2. HS EStG). Hierdurch kann der Bilanzwert um 60 T€ gesenkt werden.

Y(13) : XFk ≤ 60

Wahlrechtsgruppe Xfl:
Die langfristigen Valutaverbindlichkeiten sind mit dem Briefkurs des Bilanzstichtages bewertet worden, obwohl der Buchkurs über diesem Wert lag. Würde der Buchkurs des Bilanzstichtages (= Briefkurs des vorangegangenen Bilanzstichtages) zum Ansatz kommen, so könnten zusätzliche Aufwendungen i.S.v. § 253 Abs. 1 Satz 2 HGB und § 6 Abs. 1 Nr. 3 EStG in Höhe von 35 T€ verrechnet werden.

Y(14): 35 · Xfl ≤ 35 mit Xfl ≤ 1 (ganzzahlig)

Wahlrechtsgruppe Xfk:
Die Obergrenze für die für Garantiezusagen gebildete (kurzfristige) Rückstellung beträgt nach „vernünftiger kaufmännischer Beurteilung" [§ 253 Abs. 1 Satz 2 HGB i. V. m. § 5 Abs. 1 Satz 1 2. HS EStG] 78 T€. Hierdurch besteht die Möglichkeit, den Schuldposten um maximal 22 T€ gewinnsenkend zu erhöhen.

Y(15) : Xfk ≤ 22

Wahlrechtsgruppe XRa:
In den aktiven Rechnungsabgrenzungsposten wurden geringfügige Ausgaben von 3 T€ nicht einbezogen, die im folgenden Geschäftsjahr zu Aufwendungen führen. Im Fall einer Verrechnung könnte der Gewinn um 3 T€ erhöht werden.

Y(16) : 3 · XRa ≤ 3 mit XRa ≤ 1 (ganzzahlig)

Wahlrechtsgruppe Xra:
Ferner sind in dem aktiven Rechnungsabgrenzungsposten Beträge in Höhe von 9 T€ enthalten, die sich auf regelmäßig wiederkehrende Aufwendungen beziehen. Auf eine zeitliche Abgrenzung derartiger Aufwendungen kann aus handels- und steuerrechtlicher Sicht verzichtet werden.

Y(17) : 9 · Xra ≤ 9 mit Xra ≤ 1 (ganzzahlig)

Wahlrechtsgruppe XE:
Die Gestaltungen des Bilanzgewinns sollen ggf. unter Berücksichtigung möglicher Entnahmen aus anderen Gewinnrücklagen erfolgen.

Y(18) : XE ≤ 200

c.b   Rechnungslegungspolitische Gestaltung

Mit Hilfe des **IT-gestützten Planungsmodells** wird die optimale, der Zielfunktion entsprechende rechnungslegungspolitische Umgestaltung des vorläufigen Jahresabschlusses unter Beachtung der gesetzten Nebenbedingungen festgelegt. Zu diesem Zweck sind die verfügbaren Aktionsparameter, die durch die Variablen XA bis XE repräsentiert werden, einzusetzen. Im Lösungsbild des **Optimierungsprogramms** wird ausgewiesen, welche **Aktionsparameter** mit ihrem gesamten Potenzial in das zieloptimale Jahresergebnis eingehen und über **Schlupfvariablen** wird das jeweilige nicht zum Einsatz kommende **Bilanzierungs- und Bewertungspotenzial** der einzelnen Wahlrechte aufgezeigt. Darüber hinaus geben Schlupfvariablen an, wie weit die in den einzelnen Kennzahlen enthaltenen Komponenten (noch) zu variieren sind, ohne dass die Soll-Quotienten bzw. die Soll-Bilanzsumme überschritten werden.

Angenommen, die Unternehmensleitung möchte, ausgehend vom vorläufigen Jahresabschluss unter Betrachtung der Kennzahlen-Nebenbedingungen, durch Einsatz der rechnungslegungspolitischen Aktionsparameter einen **höchstmöglichen Ausschüttungsvorschlag** bei einer Einstellung von **20 % des Jahresüberschusses** (as = 0,8) in die anderen Gewinnrücklagen unterbreiten (**Programm AMAX ohne Rücklagenentnahmen**), dann muss das in **Abbildung 342** gezeigte, durch ein Tabellenkalkulationsprogramm aufbereitete Ausgangstableau in die Optimierungsrechnung eingegeben werden. Die zieloptimale Einheitsbilanz lässt sich sodann erstellen, wenn auf folgende Wahlrechtsgruppen mit den angeführten Beträgen zurückgegriffen wird.

	XKSt x(1)	XGewSt x(2)	XTA x(3)	XA x(4)	XAü x(5)	Xa x(6)	Xaü x(7)	XU x(8)	XUü x(9)	Xu x(10)
Z	0,8	0,8	0,8							
Y(1)	1		0,15825	-0,8	-0,8	0,8	0,8	-142,4	-0,8	0,8
Y(2)		1	0,14875	-0,15825	-0,15825	0,15825	0,15825	-28,165	-0,15825	0,15825
Y(3)			1,08316	-0,14875	-0,14875	0,14875	0,14875	-26,4775	-0,14875	0,14875
Y(4)				-0,08316	-0,08316	0,08316	0,08316	-14,80248	-0,08316	0,08316
Y(5)				1						
Y(6)					1					
Y(7)						1				
Y(8)							1	178		
Y(9)									1	
Y(10)										1
Y(11)										
Y(12)										
Y(13)										
Y(14)										
Y(15)										
Y(16)										
Y(17)										
Y(18)										
Y(19)				1	1	-1	-1	-178	-1	1
Y(20)				0,5	0,5	-0,5	-0,5	-89	-0,5	0,5
Y(21)	1,7	1,7	1,7	-0,7	-0,7	0,7	0,7	-124,6	-0,7	0,7
Y(22)	1	1	1	-0,3	-0,3	0,3	0,3	-53,4	-0,3	0,3
Y(23)				-0,3	-0,3	0,3	0,3	-53,4	-0,3	0,3
Y(24)				1	1	-1	-1			
Y(25)	0,85	0,85	0,85	0,15	0,15	-0,15	-0,15	-151,3	-0,85	0,85
Y(26)	1	1	1	0	0	0	0	0	-1	1
X(27)								-71,2	-0,4	0,4
Y(28)	13	13	13	-13	-13	13	13	-2314	-13	13
Y(29)				-9	-9	9	9	-1602	-9	9
Y(30)	22	22	22	-21	-21	21	21	-3738	-21	21
Y(31)				-11	-11	11	11	1958	-11	11
Y(32)				1	1	-1	-1	178	1	-1

Abb. 342: Darstellung des Optimierungsansatzes von Programm AMAX ohne Rücklagenentnahmen

V. Simultan- und Sequenzialmodelle für die Rechnungslegungspolitik

Z	Xuü x(11)	XFl x(12)	XFk x(13)	Xfl x(14)	Xfk x(15)	XRa x(16)	Xra x(17)	XE x(18)	RS
Y(1)	0,8	-11,2	-0,8	28	0,8	-2,4	7,2	0	560
Y(2)	0,15825	-2,2155	-0,15825	5,53875	0,15825	-0,47475	1,42425		134,5125
Y(3)	0,14875	-2,0825	-0,14875	5,20625	0,14875	-0,44625	1,33875		139,825
Y(4)	0,08316	-1,16424	-0,08316	2,9106	0,08316	-0,24948	0,74844		51,0808
Y(5)									150
Y(6)									70
Y(7)									350
Y(8)									120
Y(9)									178
Y(10)									210
Y(11)	1								20
Y(12)									74
Y(13)		14							14
Y(14)			1	35					60
Y(15)					1				35
Y(16)						3			22
Y(17)							9		3
Y(18)									9
Y(19)	1								0
Y(20)	0,5								650
Y(21)	0,7	23,8	-1,7	59,5	1,7	-1,5	4,5		360
Y(22)	0,3	-14				-5,1	15,3		536
Y(23)	0,3		-1	35	1	-0,9	2,7		471
Y(24)		49		-122,5		-0,9	2,7		409
Y(25)	0,85	-11,9	-0,85	29,75	0,85	-255	7,65		361,5
Y(26)	1		-1		1	-3	9		628
Y(27)	0,4		-1		1				39
Y(28)	13	-182	-13	455	13	-39	117		225
Y(29)	9	-126	-9	315	9	-27	81		7720
Y(30)	21	-308	-22	770	22	-63	189		4920
Y(31)	11	-168	-12	420	12	-33	99		12400
Y(32)	-1					3	-9		5400
									1840

Abb. 342: Darstellung des Optimierungsansatzes von Programm AMAX ohne Rücklagenentnahmen (Fortsetzung)

XA = 111,83 T€
Xa = 350 T€
XUü = 210 T€
XFl = 14 T€
XFk = 60 T€
Xfl = 35 T€
XRa = 3 T€.

Weiterhin wird unterstellt, dass die Geschäftsleitung zum Zwecke der **Ausschüttungsmaximierung** unter sonst gleichen Bedingungen des Zielplans neben der völligen Ausschüttung des Jahresüberschusses (as = 1) auch auf die **höchstmöglichen Entnahmen aus den Gewinnrücklagen** zurückgreifen will (**Programm AMAX mit Rücklagenentnahmen**). Das Ausgangstableau befindet sich in **Abbildung 343**. Die optimale Einheitsbilanz lässt sich in diesem Fall erstellen, wenn auf folgende Variablen zurückgegriffen wird.

XA = 90,83 T€
Xa = 350 T€
XUü = 210 T€
XFk = 60 T€
XRa = 3 T€
XE = 200 T€.

In ähnlicher Weise kann das Modell auch eingesetzt werden, um einen unter den Rahmengegebenheiten möglichen **minimalen Bilanzgewinn** bei einer **Sicherung eines 50%igen Abflusses des Jahresüberschusses** (as = 0,5) an die Gesellschafter auszuweisen (**Programm AMIN**). Der in **Abbildung 343** dargestellte Optimierungsansatz kann dann bis auf die Zielfunktion beibehalten werden. Diese ist wie folgt zu modifizieren.

$-0,5 \cdot XKSt - 0,5 \cdot XGewSt - 0,5 \cdot XTA + 0,5 \cdot XA + 0,5 \cdot XAü - 0,5 \cdot Xa - 0,5 \cdot Xaü + 89 \cdot XU + 0,5 \cdot XUü - 0,5 \cdot Xu - 0,5 \cdot Xuü + 7 \cdot XFl + 0,5 \cdot XFk - 17,5 \cdot Xfl - 0,5 \cdot Xfk + 1,5 \cdot XRa - 4,5 \cdot Xra + XE = -350.$

Die **optimale Einheitsbilanz** lässt sich in diesem Fall aufstellen, wenn folgende Wahlrechtsgruppen mit den entsprechenden Werten zum Einsatz kommen.

Xa = 350 T€
XUü = 210 T€
Xu = 20 T€
Xuü = 50,84 T€
XFk = 60 T€
Xfl = 35 T€
XRa = 3 T€.

Neben Ausschüttungsmaximierung und -minimierung ist häufig zu beobachten, dass die Unternehmensleitung auch das Ziel verfolgt, einen **ganz bestimmten Ausschüttungsbetrag** auszuweisen. Eine solche Vorgehensweise kann zum einen von der Absicht des Managements getragen sein, diese Zielgröße planmäßig im Zeitablauf zu **verstetigen**.[43] Die empirische Rechnungslegungsforschung hat nachgewiesen, dass insbesondere die Unternehmens-

---

[43] Vgl. hierzu die Ausführungen im Sechsten Teil zu Gliederungspunkt I.D.

Z	XKSt x(1)	XGewSt x(2)	XTA x(3)	XA x(4)	XAü x(5)	Xa x(6)	Xaü x(7)	XU x(8)	XUü x(9)	Xu x(10)
Z	1	1	1	−1	−1	1	1	−178	−1	1
Y(1)	1		0,15825	−0,15825	−0,15825	0,15825	0,15825	−28,165	−0,15825	0,15825
Y(2)		1	0,14875	−0,14875	−0,14875	0,14875	0,14875	−26,4775	−0,14875	0,14875
Y(3)			1,08316	−0,08316	−0,08316	0,08316	0,08316	−14,80248	−0,08316	0,08316
Y(4)				1						
Y(5)					1					
Y(6)						1				
Y(7)							1			
Y(8)								178		
Y(9)									1	
Y(10)										1
Y(11)										
Y(12)										
Y(13)										
Y(14)										
Y(15)										
Y(16)										
Y(17)										
Y(18)										
Y(19)				1	1	−1	−1	−178	−1	1
Y(20)				0,5	0,5	−0,5	−0,5	−89	−0,5	0,5
Y(21)	1,7	1,7	1,7	−0,7	−0,7	0,7	0,7	−124,6	−0,7	0,7
Y(22)				−0,3	−0,3	0,3	0,3	−53,4	−0,3	0,3
Y(23)	1	1	1	−0,3	−0,3	0,3	0,3	−53,4	−0,3	0,3
Y(24)				1	1	−1	−1			
Y(25)	0,85	0,85	0,85	0,15	0,15	−0,15	−0,15	−151,3	−0,85	0,85
Y(26)	1	1	1	0	0	0	0	0		
X(27)								−71,2	−0,4	0,4
Y(28)	13	13	13	−13	−13	13	13	−2314	−13	13
Y(29)				−9	−9	9	9	−1602	−9	9
Y(30)	22	22	22	−21	−21	21	21	−3738	−21	21
Y(31)				−11	−11	11	11	1958	−11	11
Y(32)				1	1	−1	−1	178	1	−1

Abb. 343: Darstellung des Optimierungsansatzes von Programm AMAX mit Rücklagenentnahmen

	Xuü	XFl	XFk	Xfl	Xfk	XRa	Xra	XE	RS
	x(11)	x(12)	x(13)	x(14)	x(15)	x(16)	x(17)	x(18)	
Z	1	–14	–1	35	1	–3	9	–1	700
Y(1)	0,15825	–2,2155	–0,15825	5,53875	0,15825	–0,47475	1,42425		134,5125
Y(2)	0,14875	–2,0825	–0,14875	5,20625	0,14875	–0,44625	1,33875		139,825
Y(3)	0,08316	–1,16424	–0,08316	2,9106	0,08316	–0,24948	0,74844		51,0808
Y(4)									150
Y(5)									70
Y(6)									350
Y(7)									120
Y(8)									178
Y(9)									210
Y(10)									20
Y(11)	1								74
Y(12)		14							14
Y(13)			1						60
Y(14)				35					35
Y(15)					1				22
Y(16)						3			3
Y(17)							9		9
Y(18)								1	200
Y(19)	1								650
Y(20)	0,5								360
Y(21)	0,7	23,8	–1,7	59,5	1,7	–1,5	4,5		536
Y(22)	0,3	–14		35		–5,1	15,3		471
Y(23)	0,3		–1		1	–0,9	2,7		409
Y(24)		49		–122,5		–0,9	2,7		361,5
Y(25)	0,85	–11,9	–0,85	29,75	0,85	–255	7,65		628
Y(26)	1		–1		1	–3	9		39
Y(27)	0,4		–1		1				225
Y(28)	13	–182	–13	455	13	–39	117		7720
Y(29)	9	–126	–9	315	9	–27	81		4920
Y(30)	21	–308	–22	770	22	–63	189		12400
Y(31)	11	–168	–12	420	12	–33	99		5400
Y(32)	–1					3	–9		1840

Abb. 343: Darstellung des Optimierungsansatzes von Programm AMAX mit Rücklagenentnahmen (Fortsetzung)

V. Simultan- und Sequenzialmodelle für die Rechnungslegungspolitik

Z	XKSt x(1)	XGewSt x(2)	XTA x(3)	XA x(4)	XAü x(5)	Xa x(6)	Xaü x(7)	XU x(8)	XUü x(9)	Xu x(10)
Y(1)	0,6	0,6	0,6	-0,6	-0,6	0,6	0,6	-106,8	-0,6	0,6
Y(2)	1	1	0,15825	-0,15825	-0,15825	0,15825	0,15825	-28,165	-0,15825	0,15825
Y(3)			0,14875	-0,14875	-0,14875	0,14875	0,14875	-26,4775	-0,14875	0,14875
Y(4)			1,08316	-0,08316	-0,08316	0,08316	0,08316	-14,80248	-0,08316	0,08316
Y(5)				1						
Y(6)						1				
Y(7)							1			
Y(8)								178		
Y(9)									1	
Y(10)										
Y(11)										
Y(12)										
Y(13)										
Y(14)										
Y(15)										
Y(16)										
Y(17)										
Y(18)										
Y(19)				1	1	-1	-1	-178	-1	1
Y(20)				0,5	0,5	-0,5	-0,5	-89	-0,5	0,5
Y(21)	1,7	1,7	1,7	-0,7	-0,7	0,7	0,7	-124,6	-0,7	0,7
Y(22)				-0,3	-0,3	0,3	0,3	-53,4	-0,3	0,3
Y(23)	1	1	1	-0,3	-0,3	0,3	0,3	-53,4	-0,3	0,3
Y(24)				1	1	-1	-1		-1	1
Y(25)	0,85	0,85	0,85	0,15	0,15	-0,15	-0,15	-151,3	-0,85	0,85
Y(26)	1	1	1	0	0	0	0	0	-1	1
X(27)								-71,2	-0,4	0,4
Y(28)	13	13	13	-13	-13	13	13	-2314	-13	13
Y(29)				-9	-9	9	9	-1602	-9	9
Y(30)	22	22	22	-21	-21	21	21	-3738	-21	21
Y(31)				-11	-11	11	11	1958	-11	11
Y(32)				1	1	-1	-1	178	1	-1
Y(33)	-0,6	-0,6	-0,6	0,6	0,6	-0,6	-0,6	106,8	0,6	-0,6

Abb. 344: Darstellung des Optimierungsansatzes von Programm AFIX

	Xuü x(11)	XFl x(12)	XFk x(13)	Xfl x(14)	Xfk x(15)	XRa x(16)	Xra x(17)	XE x(18)	RS
Z	0,6	-8,4	-0,6	21	0,6	-1,8	5,4	-1	420
Y(1)	0,15825	-2,2155	-0,15825	5,53875	0,15825	-0,47475	1,42425		134,5125
Y(2)	0,14875	-2,0825	-0,14875	5,20625	0,14875	-0,44625	1,33875		139,825
Y(3)	0,08316	-1,16424	-0,08316	2,9106	0,08316	-0,24948	0,74844		51,0808
Y(4)									150
Y(5)									70
Y(6)									350
Y(7)									120
Y(8)									178
Y(9)									210
Y(10)									20
Y(11)	1								74
Y(12)		14							14
Y(13)			1						60
Y(14)				35					35
Y(15)					1				22
Y(16)						3			3
Y(17)							9		9
Y(18)	1							1	200
Y(19)									650
Y(20)	0,5						4,5		360
Y(21)	0,7	23,8	-1,7	59,5	1,7	-1,5	15,3		536
Y(22)	0,3	-14		35		-5,1	2,7		471
Y(23)	0,3					-0,9	2,7		409
Y(24)		49	-1	-122,5	1	-0,9			361,5
Y(25)	0,85	-11,9	-0,85	29,75	0,85	-255	7,65		628
Y(26)	1		-1		1	-3	9		39
Y(27)	0,4		-1		1				225
Y(28)	13	-182	-13	455	13	-39	117		7720
Y(29)	9	-126	-9	315	9	-27	81		4920
Y(30)	21	-308	-22	770	22	-63	189		12400
Y(31)	11	-168	-12	420	12	-33	99		5400
Y(32)	-1					3	-9		1840
Y(33)	-0,6	8,4	0,6	-21	-0,6	1,8	-5,4	1	-180

Abb. 344: Darstellung des Optimierungsansatzes von Programm AFIX (Fortsetzung)

V. Simultan- und Sequenzialmodelle für die Rechnungslegungspolitik 925

leitung von **managerkontrollierten Kapitalgesellschaften** häufig auf diese Strategie zurückgreift. Zum anderen ist eine derartige Vorgehensweise bei personenbezogenen (eigentümerkontrollierten) Kapitalgesellschaften denkbar, die Gewinnausweis und Ausschüttungen aus steuerrechtlichen Gründen so beeinflussen wollen, dass das persönliche Endvermögen der Anteilseigner nach Ertragsteuern im Zeitablauf maximiert wird.[44]

Für das Beispielunternehmen sei angenommen, dass die Entscheidungsträger die Ausschüttung eines Betrages von 240 T€ unter vollständiger Realisierung der anderen Soll-Werte des Zielplans wünschen. Darüber hinaus wird beabsichtigt, 40 % des Jahresüberschusses (as = 0,6) den anderen Gewinnrücklagen zuzuführen **(Programm AFIX)**. Das Ausgangstableau für die Eingabe in die Optimierungsrechnung im Hinblick auf den vorliegenden Fixierungsansatz befindet sich in **Abbildung 344**. Die dort zusätzlich eingefügte Restriktion Y(33) ist erforderlich, um zu erreichen, dass die Erhöhung des Bilanzgewinns lediglich bis 240 T€ vorgenommen wird. Bei dieser Konstellation ist die optimale Einheitsbilanz aufzustellen, wenn die nachstehenden Variablen eingesetzt werden.

X_a	=	350 T€
$X_{aü}$	=	120 T€
$X_{Uü}$	=	165,60 T€
X_u	=	20 T€
$X_{uü}$	=	74 T€
X_{Fk}	=	60 T€
X_{fl}	=	35 T€
X_{Ra}	=	3 T€
X_E	=	146,40 T€.

Die **Abbildungen 345** und **346** zeigen die den Programmen *AMAX* ohne und mit Rücklagenentnahmen, *AMIN* und *AFIX* zugehörigen **zieloptimalen Einheitsbilanzen und Erfolgsrechnungen** (o.RE = ohne Rücklagenentnahmen, m.RE = mit Rücklagenentnahmen). **Abbildung 347** vergleicht anschließend die angestrebten Sollwerte der Kennzahlen mit den entsprechenden Ziffern des zieloptimalen Jahresabschlusses.

---

[44] Vgl. hierzu die Ausführungen im Sechsten Teil zu Gliederungspunkt IV.B.2.

Aktiva	Pro-gramm AMAX o. RE T€	Pro-gramm AMAX m. RE T€	Pro-gramm AMIN T€	Pro-gramm AFIX T€
A. Anlagevermögen:				
I. Immaterielle Vermögensgegenstände:				
1. Lizenzen	20	20	20	20
2. Firmenwert	110	110	110	110
II. Sachanlagen:				
1. Grundstücke und Bauten	511,83	490,83	400	400
2. Technische Anlagen und Maschinen	40	40	40	40
III. Finanzanlagen:				
1. Beteiligungen	130	130	130	10
2. Wertpapiere des Anlagevermögens	90	90	90	90
B. Umlaufvermögen:				
I. Vorräte:				
1. Roh-, Hilfs- und Betriebsstoffe	380	380	380	380
2. Unfertige Erzeugnisse	350	350	330	330
3. Fertige Erzeugnisse	600	600	600	600
II. Forderungen und sonstige Vermögensgegenstände:				
1. Forderungen aus Lieferungen und Leistungen (davon mit einer Restlaufzeit von mehr als einem Jahr)	210 (102)	210 (102)	159,16 (102)	136 (102)
2. Sonstige Vermögensgegenstände	40	40	40	40
III. Wertpapiere:				
1. Anteile an verbundenen Unternehmen	24	24	24	24
2. Sonstige Wertpapiere	370	370	370	325,60
IV. Kassenbestand, Guthaben bei Kreditinstituten	26	26	26	26
C. Rechnungsabgrenzungsposten:	73	73	73	73
	2.974,83	2.953,83	2.792,16	2.604,60

Passiva	Pro-gramm AMAX o. RE T€	Pro-gramm AMAX m. RE T€	Pro-gramm AMIN T€	Pro-gramm AFIX T€
A. Eigenkapital:				
I. Gezeichnetes Kapital	1.000	1.000	1.000	1.000
II. Gewinnrücklagen				
1. Rücklagen laut Gesellschaftsvertrag	180	180	180	180
2. Andere Gewinnrücklagen	280,36	0	338	116,01
III. Bilanzgewinn	321,47	601,83	138	240
B. Rückstellungen:				
I. Rückstellungen für Pensionen (la)	96	96	96	96
II. Ertragsteuerrückstellungen (ku)	263,78	263,78	208,04	154,87
III. Sonstige Rückstellungen:				
1. Rückstellungen für Umweltschäden (la)	16	30	30	30
2. Rückstellungen für Garantiezusagen (ku)	56	56	56	56
C. Verbindlichkeiten:				
I. Verbindlichkeiten aus Lieferungen und Leistungen (davon mit einer Restlaufzeit bis zu einem Jahr (ku))	713 (375)	678 (375)	713 (375)	713 (375)
II. Sonstige Verbindlichkeiten für Geschäftsführertantiemen (ku)	48,22	48,22	33,12	18,72
	2.974,83	2.953,83	2.792,16	2.604,60

Abb. 345: Ergebnisse der Optimierungsdurchläufe [zieloptimale Einheitsbilanzen zum 31.12.2012]

alle Werte in T€	Programme			
Erfolgsgrößen	AMAX o. RE	AMAX m.RE	AMIN	AFIX
Vorläufiger Jahresüberschuss vor ergebnisabhängigen Aufwendungen	700,00	700,00	700,00	700,00
+ Summe der jahresüberschusserhöhenden Aktionsparameter	398,83[a]	363,83	273,00	228,60
− Summe der jahresüberschussvermindernden Aktionsparameter	385,00[b]	350,00	455,84	599,00
= Soll-Jahresüberschuss vor ergebnisabhängigen Aufwendungen	713,83	713,83	517,16	329,60
− Körperschaftsteueraufwand	129,07[c]	129,07	100,34	72,93
− Gewerbesteueraufwand	134,71[d]	134,71	107,70	81,94
− Tantiemenaufwand	48,22[e]	48,22	33,12	18,72
= Soll-Jahresüberschuss	401,83	401,83	276,00	156,01
+ Entnahmen aus (anderen) Gewinnrücklagen	–	200,00	–	146,40
− Einstellungen in andere Gewinnrücklagen	80,36	–	138,00	62,41
= Soll-Bilanzgewinn	321,47[f]	601,83	138,00	240,00

[a] 398,83 T€ = 111,83 T€ + 210 T€ + 14 T€ + 60 T€ + 3 T€.
[b] 385,00 T€ = 350 T€ + 35 T€.
[c] 129,07 T€ = 0,15825 · (713,83 T€ + 150 T€ − 48,22 T€).
[d] 134,71 T€ = 0,14875 · (713,83 T€ + 150 T€ + 90 T€ − 48,22 T€).
[e] 48,22 T€ = 0,12 · 401,83 T€.
[f] 321,47 T€ = 0,8 · 401,83 T€.

Abb. 346: Ergebnisse der Optimierungsdurchläufe [zieloptimale (verkürzte) Gewinn- und Verlustrechnungen zum 31.12.2012]

Kennzahl		Ist	Soll	Programme			
				AMAX o. RE	AMAX m. RE	AMIN	AFIX
a	Anlagevermögen : Umlaufvermögen	0,64	≤ 1	0,45	0,44	0,41	0,40
b	Anlagevermögen : Bilanzsumme	0,38	≤ 0,5	0,30	0,30	0,28	0,26
c	Bilanzsumme : Eigenkapital	1,69	≤ 1,7	1,67	1,66	1,69	1,70
d	langfristiges Fremdkapital : Bilanzsumme	0,14	≤ 0,3	0,15	0,15	0,17	0,18
e	kurzfristiges Fremdkapital : Bilanzsumme	0,27	≤ 0,3	0,25	0,25	0,24	0,23
f	Anlagevermögen : langfristiges Fremdkapital	2,66	≤ 3,5	2,00	2,05	1,70	1,44
g	Anlagevermögen : Eigenkapital	0,64	≤ 0,85	0,51	0,49	0,48	0,44
h	[Anlagevermögen + Vorratsvermögen] : [Eigenkapital + langfristiges Fremdkapital]	1,12	≤ 1	1,00	1,00	0,99	0,99
i	kurzfristiges Fremdkapital : Umlaufvermögen	0,45	≤ 0,4	0,37	0,37	0,35	0,33
j	Eigenkapital : Jahresüberschuss	4,51	≤ 14	4,43	4,43	6,00	9,85
k	Eigenkapital : Jahresüberschuss vor ergebnisabhängigen Aufwendungen	2,97	≤ 10	2,93[a]	2,93	3,67	5,19
l	[Eigenkapital + Fremdkapital] : Jahresüberschuss	7,63	≤ 22	7,40	7,35	10,12	16,70
m	[Eigenkapital + Fremdkapital] : Jahresüberschuss vor ergebnisabhängigen Aufwendungen	4,29	≤ 12	4,17[b]	4,13	5,40	7,90
BS	Bilanzsumme	3.000 T€	≤ 4.840 T€	2.974,83 T€	2.953,83 T€	2.792,16 T€	2.604,60 T€

[a] (1.380 T€ + 713,83 T€) : 713,83 T€ = 2,93
[b] (1.380 T€ + 713,83 T€ + 450 T€ + 431 T€) : 713,83 T€ = 4,17

Abb. 347: Vergleich der entscheidungsrelevanten Kennzahlen auf der Basis von Ist-, Soll- und Optimalwerten

d. Beurteilung der Planungsansätze

Anhand rechnungslegungspolitischer Modellansätze ist gezeigt worden, dass die Gestaltung des Jahresabschlusses von Kapitalgesellschaften unter Berücksichtigung **komplexer Zielstrukturen** auf Basis der **mathematischen Planungsrechnung** zielentsprechend durchgeführt werden kann. Mit Hilfe des hier vorgestellten IT-gestützen Optimierungsprogramms sind die zieloptimalen Entscheidungswerte für die Gestaltung von Jahresergebnis und Ausschüttung schnell und übersichtlich zu ermitteln. Ergibt sich keine Optimallösung, weist das Programm diejenigen Struktur- und Schlupfvariablen aus, die sich widersprechen. Durch diese Informationen werden die Verantwortlichen der Rechnungslegungspolitik in die Lage versetzt, solche Daten des Zielplans (z. B. Soll-Bilanzgewinn, angestrebte Bilanzsumme und/oder bestimmte Kennzahlenniveaus), die eine optimale Lösung verhindern, festzustellen und ggf. **revidiert** in eine **neue Zielkonzeption** einfließen lassen, bis eine mit den rechnungslegungspolitischen Zielvorstellungen abgestimmte und unter den gesetzten Rahmenbedingungen realisierbare optimale Gestaltung des Jahresabschlusses bestimmt worden ist.

Die Beispiele verdeutlichen, wie **vielschichtig** eine zieladäquate Rechnungslegungspolitik ansetzen muss. Es zeigt sich, dass die optimale Lösung unter realitätsnahen Bedingungen nicht von Hand, sondern nur mit Hilfe eines **IT-gestützten Optimierungsmodells** zu erreichen ist. Die Ergebnisse der Simulationsrechnungen bringen zugleich zum Ausdruck, welche (vermeidbaren) Nachteile, z. B. hinsichtlich der **Steuerlast** oder **Jahresabschlussstruktur**, durch eine nicht optimal gestaltete Rechnungslegungspolitik verursacht werden können. Die vorstehend beschriebenen IT-gestützten Modellansätze zur Rechnungslegungspolitik bieten deshalb wertvolle Hilfestellungen im Rahmen der **Unternehmensplanung**.

Leistungsfähigkeit und Nützlichkeit eines IT-gestützten rechnungslegungspolitischen Optimierungsmodells sind daran zu ermessen, dass von Hand unter realistischen Verhältnissen wegen der Komplexität der Zusammenhänge optimale rechnungslegungspolitische Entscheidungen selten zu erreichen sein dürften, gleichzeitig aber von diesen Entscheidungen beträchtliche Auswirkungen auf so zentrale Sachverhalte wie das Bild der **Erfolgslage**, die **Ausschüttungskraft**, die **Ertragsteuer- und/oder Tantiemenbelastung** des Unternehmens ausgehen, wie die Beispiele verdeutlicht haben. Da die vorgestellten Planungsansätze alle wechselseitigen Beziehungen zwischen Wahlrechten, Kennzahlen, Ertragsteuer-, Tantiemen und/oder Ausschüttungsfaktoren in Gestalt einzelner Koeffizienten berücksichtigen, die Eingang in die Variablen der Zielfunktion und der Beschränkungen finden, werden sie als **simultane Koeffizientenmodelle** bezeichnet.

e. Erweiterungsmöglichkeiten der IT-gestützten Optimierungsmodelle

Die vorgestellten IT-gestützten Optimierungsmodelle sind in vielfältigen Richtungen **erweiterungsfähig**. Zunächst wird eine Verfeinerung im Hinblick auf die Einbeziehung **zusätzlicher Kennzahlen** sowie in Bezug auf die Berücksichtigung spezifischer (auch erfolgsneutraler) **Einzelwahlrechte** ohne Probleme realisierbar sein. Ferner sind die vorgestellten Modelle dadurch gekennzeichnet, dass sich alle relevanten rechnungslegungspolitischen Zielausprägungen, sofern sie hinreichend operationalisierbaren Charakter tragen, ohne Schwierigkeiten entweder in Form einer **Zielfunktion (als Primärziele)** und/oder **als Nebenbedin-**

gungen (als Sekundärziele) in mathematisch formulierte Optimierungsansätze integrieren lassen. Hierdurch wird es möglich, **Mehrfachzielsetzungen** des Entscheidungsträgers, die zueinander in Konkurrenz stehen können (z. B. Maximierung des Bilanzgewinns und Realisierung bestimmter Kennzahlenniveaus) einzubeziehen und einer **optimalen Gesamtlösung** zuzuführen. Berücksichtigt man darüber hinaus, dass ein Ausdruck, der formal richtig für Nebenbedingungen (z. B. einzuhaltende Kennzahlen- oder Bilanzsummenniveaus) festgelegt wurde, ohne weiteres bei Erweiterung der Modelle als Zielfunktion übernommen werden kann,[45] dann besteht im Hinblick auf die Integration rechnungslegungspolitischer Absichten als Primär- oder Sekundärziele grundsätzlich vollkommene **Austauschbarkeit**.

Weitere Variationen sind etwa im Hinblick auf die Berücksichtigung latenter Steuern, erfolgsneutraler Aktionsparameter, die Einbeziehung **internationaler Rechnungslegungsnormen**[46] und die Übertragbarkeit auf die **internationale Konzernrechnungslegung**[47] möglich. Darüber hinaus bietet sich die Integration der erweiterten Planungsansätze, die nach dem dargelegten Konzept auch für **getrennt von den Ertragsteuerbilanzen** zu erstellende handelsrechtliche Jahresabschlüsse zu konzipieren sind,[48] in **menügesteuerte Softwarepakete** an, wodurch die zielgerichtete Gestaltung der handels- und/oder steuerrechtlichen Rechnungslegung erheblich vereinfacht werden dürfte. In Verbindung mit einer IT-gestützten Katalogisierung und Kommentierung des aktuellen Wahlrechtspotenzials können die aufgezeigten Modelle den Ausgangspunkt für die Entwicklung **rechnungslegungspolitischer Expertensysteme** bilden.[49]

Weiterhin können die Ansätze auch zur Lösung **mehrperiodiger rechnungslegungspolitischer Entscheidungsprobleme** Verwendung finden. Aus **steuerrechtlicher Sicht** bestehen grundsätzlich keine Schwierigkeiten, sowohl für firmen- als auch für anteilseignerorientierte Konstellationen mit hinreichender Sicherheit optimale periodenbezogene Gewinn- bzw. Ausschüttungsreihen zu berechnen. Die auf diese Weise ermittelten Ziele können als **Fixierungsgrößen** Eingang in die Modelle finden, wodurch mit Hilfe der effektiv zur Verfügung stehenden **Manövriermasse** der jeweiligen Rechnungsperiode und unter Berücksichtigung weiterer Nebenziele (Kennzahlen, Bilanzsumme) der realisierte Ergebnisausweis zweckbezogen transformiert werden kann. Insbesondere vor dem Hintergrund der Erkenntnis, dass die Hauptarbeit des **Steuerbilanzplaners** nicht in der Bestimmung der optimalen Gewinnminderung oder auch Gewinnerhöhung je Jahr besteht, sondern im Auffinden der für die Periode passenden **erfolgswirksamen Aktionsparameter,**[50] dürfte den vorgestellten **simultanen Koeffizientenmodellen** besondere Bedeutung zukommen. Darüber hinaus wurde im Rahmen weiterführender Forschungen der Frage nachgegangen, wie sich die Entscheidungsmodelle an die veränderten Zielstrukturen einer (mehrperiodigen) **unternehmenswertsteigernden Rechnungslegungspolitik**[51] anpassen lassen.

---

[45] Vgl. *Rückle* 1983, S. 188.
[46] Vgl. *Krog* 1998a und 1998b, S. 273–331; *Freidank* 2003a, S. 349–360; *Freidank/Reibis* 2003, S. 621–669 und 2004, S. 191–236.
[47] Vgl. *Schäfer* 1999 und 2000, S. 163–193.
[48] Vgl. *Freidank* 1990a, S. 114–172.
[49] Vgl. *Freidank* 1993, S. 312–323.
[50] Vgl. *Heinhold* 1985, S. 56.
[51] Vgl. zu den Ergebnissen *Reibis* 2005.

VI. Zusammenfassung

Die Rechnungslegungspolitik trägt im Zielsystem der Unternehmenspolitik **derivativen Charakter** und dient der Durchsetzung **von Finanz-, Publizitäts- und/oder Individualzielen des Managements**. Aus diesen übergeordneten Zielen sind die konkreten rechnungslegungspolitischen Handlungsabsichten herzuleiten, die sich in erster Linie auf die Gestaltung der **Ergebnisgrößen**, die **Struktur des Jahresabschlusses** und/oder des **Lageberichts** beziehen. Wie durch die **empirische Rechnungslegungsforschung** nachgewiesen wurde, betreiben managerkontrollierte Gesellschaften vor allem das Ziel einer Glättung der Ergebnisgrößen, während bei eigentümerkontrollierten Unternehmungen unterstellt wird, dass hier das Ziel einer Minimierung der ertragsteuerrechtlichen Bemessungsgrundlagen dominiert. Bei Kapitalgesellschaften spielen darüber hinaus die Verfolgung der Ziele „**Vermeidung der Prüfungspflicht**" sowie „**Ausnutzung von Publizitätserleichterungen**" zusätzlich eine wichtige Rolle. Derartige Absichten sind durch Unterschreitung von mindestens zwei der in § 267 HGB genannten kritischen Größenklassenmerkmale an zwei aufeinander folgenden Bilanzstichtagen zu realisieren. In diesem Zusammenhang kommt der Gestaltung der **Bilanzsumme** durch den Einsatz von Aktionsparametern vor allem dann besondere Bedeutung zu, wenn schon ein anderes Größenkriterium (Umsatzerlöse oder Arbeitnehmerzahl) überschritten wurde und die Kapitalgesellschaft mit der Bilanzsumme geringfügig oberhalb der entsprechenden Klassifizierung liegt.

Im Falle auftretender **Konflikte** zwischen den einzelnen **Handlungszielen** sollte zunächst versucht werden, diese durch **Zielbewertung** oder das Setzen von **Prioritäten** zu lösen. Sofern Konfliktbewältigungen beim Vorliegen unterschiedlicher Rollenerwartungen bestimmter Koalitionsteilnehmer in der betrieblichen Praxis nicht durchsetzbar sind, besteht die Möglichkeit, dass die Unternehmensleitung entweder die „**Strategie eines begrenzten Konflikts**" oder die „**Strategie einer dramatischen Umkehr**" verfolgt.

Zur zielgerichteten Beeinflussung der in den Vorschriften des Handels- und Steuerrechts und der IFRS festgelegten Werte kann es aber nur deshalb kommen, weil der Gesetzgeber den unternehmerischen Entscheidungsträgern als Informationssendern zum einen **konventionalisierte Instrumente** (bewusst) zur Verfügung stellt, die zu einer Realität (Urbild) nicht nur ein Abbild zulassen und zum anderen bestimmte Rechnungslegungsvorschriften nicht eindeutig definiert hat. Diese gesetzlichen Lücken in Gestalt von **Wahlrechten und Ermessensspielräumen** sind allerdings deshalb nicht geschlossen worden, um den zur Rechnungslegung Verpflichteten **Manipulationsalternativen** einzuräumen, sondern weil der Gesetzgeber annahm, dass beim Vorliegen unterschiedlich gelagerter Konstellationen auch in unterschiedlicher Art und Weise Rechnung gelegt werden könnte. Bezüglich der bewusst zur Verfügung gestellten Abbildungsspielräume handelt es sich primär um **Ansatz-, Bewertungs- und Aus-**

weiswahlrechte[1]. Darüber hinaus stehen den Entscheidungsträgern zur Durchsetzung ihrer verfolgten rechnungslegungspolitischen Ziele **sachverhaltsgestaltende Alternativen** i. e. S. zur Verfügung, die im Grundsatz auf die Beeinflussung der rechtlichen Realität vor dem Bilanzstichtag ausgerichtet sind.

Trotz des Grundsatzes der **materiellen Bilanzkontinuität** bleibt ein verhältnismäßig großer Bereich für zulässige Änderungen der Ansatz- und Bewertungsmethoden, da in begründeten Ausnahmefällen die Durchbrechung des **Stetigkeitsprinzips** möglich ist. Berücksichtigt man darüber hinaus, dass den Verantwortlichen zur Durchsetzung ihrer verfolgten Ziele neben den angesprochenen formellen und materiellen Wahlrechten noch individuelle **Ermessensspielräume** und **sachverhaltsgestaltende Instrumente** i. e. s. zur Verfügung stehen sowie ferner von der Möglichkeit Gebrauch gemacht werden kann, Bilanzinformationen zielgerichtet in den **Anhang** zu verlagern, dann kommt zum Ausdruck, welch hohen Stellenwert die Rechnungslegungspolitik vor allem für **offenlegungspflichtige Kapitalgesellschaften** zur planmäßigen, zielorientierten Gestaltung des Jahresabschlusses besitzt.

Die betriebswirtschaftliche Forschung hat sich aus den unterschiedlichen Blickrichtungen mit der Entwicklung **entscheidungsunterstützender Modellansätze** zum Zwecke der Gestaltung der Rechnungslegungsobjekte beschäftigt. Da neben dem Jahresabschluss und Lagebericht auch unterjährige und freiwillige Medien Objekte der zielgerichteten Beeinflussung sein können, wurde der traditionelle Begriff der Bilanzpolitik durch den umfassenderen Terminus **Rechnungslegungspolitik** ersetzt. Der Zweck der angesprochenen Forschungsbemühungen bestand ganz allgemein darin, dem Management Instrumente an die Hand zu geben, mit deren Hilfe bestimmte Verhaltensweisen **der Adressaten des Jahresabschlusses** (z. B. Kunden, Gläubiger, Konkurrenten, Kreditgeber, Arbeitnehmer und ihre Vertreter, Öffentlichkeit sowie der Fiskus) **unternehmenszielkonform** beeinflusst werden können. Obwohl sich die vorgelegten Modelle lediglich auf die für die Gestaltungsaufgabe als wesentlich erachteten **quantitativen Einflussgrößen** beschränken, braucht ihr praxisorientierter Aussagewert durch diese **Komplexitätsreduktion** nicht notwendigerweise beeinträchtigt zu werden, wenn die ausgeschlossenen Bestimmungsgrößen in Bezug auf das Planungsziel nur von untergeordneter Bedeutung sind.

Allerdings sind die vorgelegten Ansätze dadurch gekennzeichnet, dass sie fast ausschließlich den Bereich der **materiellen Rechnungslegungspolitik** bearbeiten, d. h. auf die Beeinflussung der Höhe des Vermögens und/oder Erfolgs der Unternehmung abzielen. Die Erklärung für diese, den Bereich der formellen Rechnungslegungspolitik, die sich auf die Präsentation der äußeren Form von Bilanz und Erfolgsrechnung (**Ausweispolitik**), ihrer Bekanntgabe und die Berichterstattung über den Abschluss (**Erläuterungspolitik**) sowie auf die Darstellung des Geschäftsverlaufs und der Lage des Unternehmens (**Darstellungspolitik**) bezieht, fast vollständig ignorierende Vorgehensweise liegt zum einen in **der Dominanz monetärer rechnungslegungspolitischer Zielsetzungen** und zum anderen in den nicht mit hinreichender Genauigkeit zu quantifizierenden publizitätspolitischen Zielgrößen begründet.

Die grundlegenden Betrachtungen zu den **Modellbildungen** im Rahmen der Rechnungslegungspolitik haben zu dem Ergebnis geführt, dass den Erfordernissen der betrieblichen Praxis bezüglich einer aussagefähigen Planung des handels- und/oder steuerrechtlichen Jahres-

---

[1] Vgl. *Leffson* 1987, S. 83.

VI. Zusammenfassung

abschlusses am ehesten durch die Entwicklung möglichst **vereinfachender Partialmodelle** entsprochen wird, die aufgrund der Unsicherheit hinsichtlich der Vorausbestimmung der Unternehmensergebnisse bzw. der sonstigen steuerrechtlichen Einkünfte der Anteilseigner sowie des Potenzials der künftig zur Verfügung stehenden Gestaltungsobjekte grundsätzlich **einperiodig** ausgerichtet sein sollten. Infolgedessen tragen die vorgestellten rechnungslegungspolitischen Planungsansätze den Charakter von **deterministischen Einzeitpunktentscheidungsmodellen**. Auftretende **Sekundärwirkungen** der materiellen rechnungslegungspolitischen Alternativen lassen sich durch die Einbeziehung von **Flexibilitätskriterien** in das Entscheidungskalkül periodenübergreifend steuern.

Umfassende rechnungslegungspolitische Modellkonzeptionen sollten zunächst in der Lage sein, spezifische Ausprägungen des von den Entscheidungsträgern definierten Zielausmaßes im Hinblick auf den angestrebten **Erfolg** sowie bestimmte **Kennzahlen- und/oder Bilanzsummenniveaus** als **Extremierungs-, Fixierungs- bzw. Satisfizierungsgrößen** berücksichtigen zu können. Falls es der Unternehmensleitung gelingt, ihre **Präferenzen** in Gestalt der Zielfunktion und/oder einzuhaltender Nebenbedingungen unter Beachtung der Menge der zur Verfügung stehenden Aktionsparameter eindeutig festzulegen, läuft der eigentliche Entscheidungsprozess ohne Eingreifen des Managements in simultaner Form ab.

Sofern die interdependenten Beziehungen der Variablen von Zielplan und Entscheidungsfeld jedoch für den Rechnungslegungspolitiker überschaubar sind und damit eine individuell festzulegende Verarbeitungskapazität nicht übersteigen, besteht aber auch die Möglichkeit, den zu einer Optimallösung führenden Aktionsparametereinsatz ohne Rückgriff auf mathematische Optimierungsmethoden durch Aufstellung **rechnungslegungspolitischer Entscheidungstableaus** simultan zu ermitteln. Sucht die Unternehmensleitung hingegen nicht simultan für alle Ziele und nicht gleichzeitig für mehrere (optimale) Aktionsparameter die Lösung, sondern schrittweise, so kann auf den **sequenziellen Modellansatz** zurückgegriffen werden. Wie beispielhaft verdeutlicht wurde, besteht für die Verantwortlichen der Rechnungslegungspolitik die Möglichkeit, als Lösungsmethode zum Zwecke der sukzessiven Ermittlung der Entscheidungswerte die im Rahmen der Simultanplanung konzipierten Verfahren und Entscheidungstableaus heranzuziehen.

Ferner wurde in knapper Form auf die Modelle der mehrperiodigen Steuerbilanzplanung eingegangen. Diese als **Investitionskalküle** konzipierten Ansätze zielen darauf ab, für einen bestimmten Planungszeitraum optimale **Gewinnausweis- bzw. Ausschüttungsreihen** zum Zwecke einer **interperiodischen Verlagerung** der Ertragsteuerzahlungen zu bestimmen. Sofern die Anteilseigner der Kapitalgesellschaft keinen Einfluss auf die Willensbildung der Unternehmensleitung haben, liegt die Vermutung nahe, dass das Management im Rahmen der (**firmenbezogenen**) **Steuerbilanzpolitik** eine Maximierung des Unternehmensvermögens durch entsprechende Ertragsteuerverschiebungen anstrebt. Wie auch anhand eines Zahlenbeispiels verdeutlicht wurde, ist dieses Ziel in aller Regel durch eine strenge **Vorverlagerung des Aufwandspotenzials** der Kapitalgesellschaft zu realisieren. Komplizierter wird die Bestimmung der optimalen Gewinnausweis- bzw. Ausschüttungsreihe, sobald für die Anteilseigner die Möglichkeit besteht, auf die steuerrechtlichen Entscheidungsprozesse der Geschäftsleitung einzuwirken, da neben der Zins- nun **auch die Progressionswirkung der Einkommensteuer** das Optimierungsergebnis determiniert. Je nachdem, welche Prämissen im Rahmen der (**anteilseignerorientierten**) **Steuerbilanzpolitik** den einzelnen Entscheidungsmodellen zugrunde gelegt werden, ergeben sich unterschiedliche Optima für die Ermittlung der Gewinnausweis- bzw. Ausschüttungsreihen, die jeweils zu einer **Maximierung des persönlichen Endvermögens** der Gesellschafter im Zeitablauf führen.

Allerdings ist die praktische Anwendbarkeit sowohl der firmen- als auch der anteilseignerbezogenen Konzeption begrenzt, da beide Ansätze zum einen auf **ungewissen (Plan-) Daten** basieren und zum anderen durch ihre tief greifenden **Modellvereinfachungen** nur in Ausnahmefällen in der Lage sind, die steuerrechtlich relevanten Entscheidungsfelder annähernd realitätsnah abzubilden. In der Praxis werden sie deshalb die **kasuistische Veranlagungssimulation** nur in Ausnahmefällen ersetzen können.[2] Sollte es den Verantwortlichen dennoch gelingen, mit hinreichender Sicherheit den mehrperiodigen Konzepten entsprechende optimale Gewinnausweis- bzw. Ausschüttungsreihen zu ermitteln, die darüber hinaus zumindest die elementaren steuerrechtlichen Einflussgrößen berücksichtigen, dann bieten die vorgestellten einperiodigen Simultan- und Sequenzialmodelle die Möglichkeit, die in Rede stehenden Gewinn- und Ausschüttungsgrößen in die Ansätze einfließen zu lassen und mit dem effektiv zur Verfügung stehenden rechnungslegungspolitischen Instrumentarium der jeweiligen Rechnungsperiode den vorläufigen Erfolgsausweis zieladäquat zu transformieren.

---

[2] Unter dem Begriff „kasuistische Veranlagungssimulation" werden fallbezogene Modellrechnungen verstanden, die mit der Annahme arbeiten, dass beschriebene Sachverhalte, die den Charakter von Planungsalternativen tragen können, tatsächlich realisiert worden seien und nun den Veranlagungen in den einzelnen relevanten Steuerarten zu unterwerfen wären.

Anhang: Kontenrahmen

Verkürzte Fassung des Gemeinschaftskontenrahmens der Industrie (GKR)[1]

KONTENKLASSE 0	KONTENKLASSE 1	KONTENKLASSE 2
Anlagevermögen und langfristiges Kapital	Finanz-Umlaufvermögen und kurzfristige Verbindlichkeiten	Neutrale Aufwendungen und Erträge
00 Grundstücke und Gebäude 01 Maschinen und Anlagen der Hauptbetriebe 02 Maschinen und Anlagen der Neben- und Hilfsbetriebe 03 Fahrzeuge, Werkzeuge, Betriebs- und Geschäftsausstattung 04 Sachanlagen-Sammelkonten 05 Sonstiges Anlagevermögen 06 Langfristiges Fremdkapital 07 Eigenkapital 08 Wertberichtigungen, Rückstellungen u. dgl. 09 Rechnungsabgrenzung	10 Kasse 11 Geldanstalten 12 Schecks, Besitzwechsel 13 Wertpapiere des Umlaufvermögens 14/15 Forderungen 16/17 Verbindlichkeiten 18 Schuldwechsel, Bankschulden 19 Durchgangs-, Übergangs- und Privatkonto	20 Betriebsfremde Aufwendungen und Erträge 21 Aufwendungen und Erträge für Grundstücke und Gebäude 23 Bilanzmäßige Abschreibungen 24 Zins-Aufwendungen und -Erträge 25 Betriebliche außergewöhnliche Aufwendungen und Erträge 26 Betriebliche periodenfremde Aufwendungen und Erträge 27 Verrechnete Anteile betrieblicher periodenfremder Aufwendungen 28 Verrechnete kalkulatorische Kosten 29 Das Gesamtergebnis betreffende Aufwendungen und Erträge

---

[1] Vgl. im Einzelnen *Eisele/Knobloch* 2011, S. 1304–1307.

KONTENKLASSE 3	KONTENKLASSE 4	KONTENKLASSE 5
Stoffe – Bestände	Kostenarten	Kostenstellen
30/37 Roh-, Hilfs- und Betriebsstoffe u. dgl. 38 Bestandteile, Fertigteile, auswärtige Bearbeitung 39 Handelswaren und auswärts bezogene Fertigungserzeugnisse (Fertigwaren)	40/41 Stoffverbrauch u. dgl. 42 Brennstoffe, Energie u. dgl. 43 Löhne und Gehälter 44 Sozialkosten und andere Personalkosten 45 Instandhaltung, verschiedene Leistungen u. dgl. 46 Steuern, Gebühren, Beiträge, Versicherungsprämien u. dgl. 47 Mieten, Verkehrs-, Büro-, Werbekosten u. dgl. 48 Kalkulatorische Kosten 49 Innerbetriebliche Kostenverrechnung, Sondereinzelkosten und Sammelverrechnungen	(Frei für Kostenstellen-Kontierungen der Betriebsabrechnung)

KONTENKLASSE 6	KONTENKLASSE 7	KONTENKLASSE 8	KONTENKLASSE 9
Kostenstellen	Kostenträger Bestände an halbfertigen und fertigen Erzeugnissen	Kostenträger Erträge	Abschluss
(Frei für Kostenstellen-Kontierungen der Betriebsabrechnung)	70/77 Frei für Kostenträger-Bestands-Kontierungen der Betriebsabrechnung 78 Bestände an halbfertigen Erzeugnissen 79 Bestände an fertigen Erzeugnissen	80/82 Frei für Kostenträger-Leistungs-Kontierungen (Umsatzkosten, Erlöse, Bestandsveränderungen) der Betriebsabrechnung 83/84 Erlöse für Erzeugnisse und andere Leistungen 85 Erlöse für Handelswaren 86 Erlöse aus Nebengeschäften 87 Eigenleistungen 870/79 Erlöse aus Nebengeschäften 88 Erlösberichtigungen 89 Bestandsveränderungen an halbfertigen und fertigen Erzeugnissen u. dgl.	90/96 Frei für Sonderlösungen 97 Frei für Abschluss-Kontierung der Betriebsabrechnung 98 Gewinn- und Verlust-Konten (Ergebnis-Konten) 99 Bilanzkonten

Verkürzte Fassung des Industrie-Kontenrahmens (IKR)[2]

KONTENKLASSE 0	KONTENKLASSE 1	KONTENKLASSE 2
Aktiva		
Anlagevermögen		Umlaufvermögen und aktive Rechnungsabgrenzung
00 Ausstehende Einlagen 01 Frei 02 Konzessionen, gewerbliche Schutzrechte und ähnliche Rechte und Werte sowie Lizenzen an solchen Rechten und Werten 03 Geschäfts- oder Firmenwert 04 Frei 05 Grundstücke, grundstücksgleiche Rechte und Bauten einschließlich der Bauten auf fremden Grundstücken 06 Frei 07 Technische Anlagen und Maschinen 08 Andere Anlagen, Betriebs- und Geschäftsausstattung 09 Geleistete Anzahlungen und Anlagen im Bau	10 Frei 11 Anteile an verbundenen Unternehmen 12 Ausleihungen an verbundene Unternehmen 13 Beteiligungen 14 Ausleihungen an Unternehmen, mit denen ein Beteiligungsverhältnis besteht 15 Wertpapiere des Anlagevermögens 16 Sonstige Ausleihungen 17 bis 19 Frei	20 Roh-, Hilfs- und Betriebsstoffe 21 Unfertige Erzeugnisse, unfertige Leistungen 22 Fertige Erzeugnisse und Waren 23 Geleistete Anzahlungen auf Vorräte 24 Forderungen aus Lieferungen und Leistungen 25 Forderungen gegen verbundene Unternehmen und gegen Unternehmen, mit denen ein Beteiligungsverhältnis besteht 26 Sonstige Vermögensgegenstände 27 Wertpapiere 28 Flüssige Mittel 29 Aktive Rechnungsabgrenzung (und Bilanzfehlbetrag)

KONTENKLASSE 3	KONTENKLASSE 4
Passiva	
30 Eigenkapital/Gezeichnetes Kapital Bei Einzelkaufleuten: 3000 Eigenkapital 3001 Privatkonto Bei Personengesellschaften: 3000 Kapital Gesellschafter A 3001 Privatkonto A 3010 Kapital Gesellschafter B 3011 Privatkonto B 3070 Kommanditkapital Gesellschafter C 3080 Kommanditgesellschafter D Bei Kapitalgesellschaften 3000 Gezeichnetes Kapital (Grundkapital, Stammkapital) 31 Kapitalrücklage 32 Gewinnrücklagen 33 Ergebnisverwendung 34 Jahresüberschuss/Jahresfehlbetrag 35 Frei 36 Wertberichtigungen 37 Rückstellungen für Pensionen und ähnliche Verpflichtungen 38 Steuerrückstellungen 39 Sonstige Rückstellungen	40 Frei 41 Anleihen 42 Verbindlichkeiten gegenüber Kreditinstituten 43 Erhaltene Anzahlungen auf Bestellungen 44 Verbindlichkeiten aus Lieferungen und Leistungen 45 Wechselverbindlichkeiten 46 Verbindlichkeiten gegenüber verbundenen Unternehmen 47 Verbindlichkeiten gegenüber Unternehmen, mit denen ein Beteiligungsverhältnis besteht 48 Sonstige Verbindlichkeiten 49 Passive Rechnungsabgrenzung

---

[2] Vgl. im Einzelnen *Eisele/Knobloch* 2011, S. 1316–1321.

KONTENKLASSE 5	KONTENKLASSE 6		KONTENKLASSE 7	
Erträge	Betriebliche Aufwendungen		Sonstige Aufwendungen	
50 Umsatzerlöse für eigene Erzeugnisse und andere eigene Leistungen 51 Umsatzerlöse für Waren und sonstige Umsatzerlöse 52 Erhöhung oder Verminderung des Bestandes an unfertigen und fertigen Erzeugnissen 53 Andere aktivierte Eigenleistungen 54 Sonstige betriebliche Erträge 55 Erträge aus Beteiligungen 56 Erträge aus anderen Wertpapieren und Ausleihungen des Finanzanlagevermögens 57 Sonstige Zinsen und ähnliche Erträge 58 Außerordentliche Erträge 59 Erträge aus Verlustübernahme	60 Aufwendungen für Roh-, Hilfs- und Betriebsstoffe und für bezogene Waren 61 Aufwendungen für bezogene Leistungen 62 Löhne 63 Gehälter 64 Soziale Abgaben und Aufwendungen für Altersversorgung und für Unterstützung 65 Abschreibungen	66 Sonstige Personalaufwendungen 67 Aufwendungen für die Inanspruchnahme von Rechten und Diensten 68 Aufwendungen für Kommunikation (Dokumentation, Information, Reisen, Werbung) 69 Aufwendungen für Beiträge und Sonstiges sowie Wertkorrekturen und periodenfremde Aufwendungen	70 Betriebliche Steuern 71 bis 73 Sonstige Aufwendungen 74 Abschreibungen auf Finanzanlagen und auf Wertpapiere des Umlaufvermögens und Verluste aus entsprechenden Abgängen 75 Zinsen und ähnliche Aufwendungen 76 Außerordentliche Aufwendungen 77 Steuern vom Einkommen und vom Ertrag 78 Sonstige Steuern 79 Aufwendungen aus Gewinnabführungsvertrag	

KONTENKLASSE 8	KONTENKLASSE 9
Ergebnisrechnungen	Kosten- und Leistungsrechnung
80 Eröffnung/Abschluss 81 Herstellungskosten 82 Vertriebskosten 83 Allgemeine Verwaltungskosten 84 Sonstige betriebliche Aufwendungen 85 Korrekturkonten zu den Erträgen der Kontenklasse 5 86 Korrekturkonten zu den Aufwendungen der Kontenklasse 6 87 Korrekturkonten zu den Aufwendungen der Kontenklasse 7 88 Gewinn- und Verlustrechnung für die kurzfristige Erfolgsrechnung 880 Gesamtkostenverfahren 881 Umsatzkostenverfahren 89 Innerjährige Rechnungsabgrenzung	90 Unternehmensbezogene Abgrenzungen (neutrale Aufwendungen und Erträge) 91 Kostenrechnerische Korrekturen 92 Kostenarten und Leistungsarten 93 Kostenstellen 94 Kostenträger 95 Fertige Erzeugnisse 96 Interne Lieferungen und Leistungen sowie deren Kosten 97 Umsatzkosten 98 Umsatzleistungen 99 Erzeugnisausweise

Anhang: Übungsklausuren

Übungsklausur 1: Buchhaltung und Bilanzierung nach Handels- und Steuerrecht (120 Punkte)

1. Aufgabe (6 Punkte)

Kreuzen Sie die **richtigen** Antworten an.

- ( ) Die Finanzbuchhaltung gehört **nicht** zum betrieblichen Rechnungswesen.
- ( ) Dem **Finanzwesen** kommt die grundlegende Aufgabe zu, für die **Bereitstellung** (Finanzierung) und **Verwendung** (Investition) finanzieller Mittel zu sorgen.
- ( ) Für **Kleingewerbetreibende** nach § 2 HGB sowie **Land- und Forstwirte** nach § 3 HGB besteht ein **Wahlrecht** zur handelsrechtlichen Buchführungspflicht.
- ( ) **Betriebsfremde** Aufwendungen gehören zu den **Kosten**.

2. Aufgabe (18 Punkte)

Kreuzen Sie die **richtigen** Antworten an.

- ( ) Das Inventar muss in **Konto**form erstellt werden.
- ( ) Die Aufstellung des **Inventars** ist in § 240 HGB geregelt.
- ( ) Für sämtliche Vermögensgegenstände ist eine **körperliche Bestandsaufnahme** zwingend.
- ( ) **Zugänge** werden auf **passiven** Bestandskonten im **Soll** gebucht.
- ( ) Der **Anfangsbestand** von **aktiven** Bestandskonten steht im **Haben**.
- ( ) Sowohl die Aktiv- als auch die Passivposten in der Bilanz werden nach **Liquiditätsgesichtspunkten** gegliedert.
- ( ) Erträge werden auf der **Habenseite** von Erfolgskonten gebucht.
- ( ) Die Summe von Aktiva und Passiva einer Bilanz muss **immer** identisch sein.
- ( ) Die Aktivseite einer Bilanz zeigt die **Mittelverwendung**.
- ( ) Vermögensgegenstände, die zum Zwecke des Verbrauchs oder der Veräußerung erworben oder hergestellt werden, gehören zum **Anlage**vermögen.
- ( ) Das **Gewinn- und Verlustkonto** wird über das Eigenkapitalkonto abgeschlossen.
- ( ) Eine **aktive** Bilanz enthält den Posten „Nicht durch Eigenkapital gedeckter Fehlbetrag".

3. Aufgabe (18 Punkte)

a) Kreuzen Sie die **richtigen** Aussagen zum **gemischten** Warenkonto an.

( ) Warenrücksendungen von **Kunden** werden im **Soll** gebucht.
( ) Der Anfangsbestand steht im **Haben**.
( ) Der Kontenabschluss kann nach dem **Brutto**- oder dem **Nettoverfahren** vorgenommen werden.
( ) Der Rohgewinn bzw. Rohverlust wird auf das **GuV-Konto** übertragen

b) Geschäftsvorfall: Wareneinkauf von 20.000 € netto (zzgl. Umsatzsteuer 20 %) auf Ziel. Welcher Buchungssatz ist bei **getrennten** Warenkonten **richtig**?

( ) Wareneinkauf 24.000 € an Verbindlichkeiten aus Lieferungen und Leistungen 24.000 €

( ) – Wareneinkauf 20.000 € an Verbindlichkeiten aus Lieferungen und Leistungen 24.000 €
– Vorsteuer 4.000 €

( ) – Wareneinkauf 20.000 € an Verbindlichkeiten aus Lieferungen und Leistungen 24.000 €
– Umsatzsteuer 4.000 €

( ) – Verbindlichkeiten aus Lieferungen und Leistungen 24.000 € an Vorsteuer 4.000 €
– Wareneinkauf 20.000 €

c) Geschäftsvorfall: Warenverkauf von 12.000 € brutto (inklusive 20 % Umsatzsteuer) gegen Barzahlung. Welcher Buchungssatz ist bei **getrennten** Warenkonten **richtig**?

( ) – Warenverkauf 10.000 € an Kasse 12.000 €
– Umsatzsteuer 2.000 €

( ) Kasse 12.000 € an – Warenverkauf 10.000 €
– Vorsteuer 2.000 €

( ) Kasse 12.000 € an – Warenverkauf 10.000 €
– Umsatzsteuer 2.000 €

( ) – Kasse 10.000 € an Warenverkauf 12.000 €
– Vorsteuer 2.000 €

d) Bei **getrennten** Warenkonten werden die Warenkonten nach dem **Bruttoverfahren** abgeschlossen. Welcher Buchungssatz ist **richtig**?

( )	Warenverkauf	an	Wareneinkauf
( )	Wareneinkauf	an	GuV-Konto
( )	GuV-Konto	an	Wareneinkauf
( )	Wareneinkauf	an	Warenverkauf

e) Das **Vorsteuerkonto** weist einen Saldo von 7.500 € auf, der Saldo des **Umsatzsteuerkontos** beträgt 5.000 €. Mit welchem Buchungssatz werden Vorsteuer und Umsatzsteuer gegeneinander aufgerechnet?

( )	Vorsteuer	an	Umsatzsteuer	5.000 €
( )	Umsatzsteuer	an	Vorsteuer	5.000 €
( )	Vorsteuer	an	Umsatzsteuer	2.500 €
( )	Umsatzsteuer	an	Vorsteuer	2.500 €

4. Aufgabe (6 Punkte)

Kreuzen Sie die **richtigen** Antworten an.

- ( ) Die **progressive** Handelskalkulation ist bei einem **Käufermarkt** anzuwenden.
- ( ) Bei der **retrograden** Handelskalkulation wird ausgehend vom Verkaufspreis auf den Einkaufspreis geschlossen.
- ( ) Bei der **progressiven** Handelskalkulation ist im Selbstkostenpreis der Gewinnzuschlag bereits enthalten.
- ( ) Bei der **retrograden** Handelskalkulation ergibt sich der Zielverkaufspreis aus Listenverkaufspreis (netto) abzüglich Kundenrabatt

5. Aufgabe (12 Punkte)

a) **Großhändler A** liefert an den **Einzelhändler B** am **10.08.2012** Waren in Höhe von **4.800 €** brutto (inklusive 20 % Umsatzsteuer). Bei Lieferung stellt A einen **Wechsel** über 4.800 € aus, B akzeptiert den Wechsel sofort und erhält im Gegenzug die Waren („Ware gegen Wechsel").

Wie lautet die Buchung des **B** bei Lieferung und Akzeptierung des Wechsels am 10.08.2012? B verwendet ein **gemischtes** Warenkonto.

( )	– Waren – Vorsteuer	4.000 € 800 €	an	Besitzwechsel	4.800 €
( )	– Waren – Umsatzsteuer	4.000 € 800 €	an	Besitzwechsel	4.800 €
( )	– Waren – Vorsteuer	4.000 € 800 €	an	Schuldwechsel	4.800 €
( )	– Waren – Umsatzsteuer	4.000 € 800 €	an	Schuldwechsel	4.800 €

b) Wie lautet für den Sachverhalt unter a) die Buchung des **A** bei Lieferung und Akzeptierung des Wechsels durch B am 10.08.2012? A verwendet **getrennte** Warenkonten.

( ) Besitzwechsel   4.800 €   an   – Warenverkauf   4.000 €
                                              – Umsatzsteuer   800 €

( ) Schuldwechsel   4.800 €   an   – Warenverkauf   4.000 €
                                              – Umsatzsteuer   800 €

( ) Besitzwechsel   4.800 €   an   – Warenverkauf   4.000 €
                                              – Vorsteuer   800 €

( ) Schuldwechsel   4.800 €   an   – Warenverkauf   4.000 €
                                              – Vorsteuer   800 €

c) Ein Arbeiter erhält seinen Lohn für Dezember des Geschäftsjahres 2012 durch Banküberweisung noch in 2012 ausbezahlt. Die Sozialabgaben werden erst in 2013 abgeführt. **Ergänzen Sie** bei den beiden Buchungssätzen die **korrekten Werte**, wenn sich der Lohn wie folgt zusammensetzt:

Bruttolohn	3.500 €
Vermögenswirksame Leistungen Arbeitnehmer-/Arbeitgeberanteil je	37 €
Lohnsteuer	650 €
Kirchensteuer	60 €
Solidaritätszuschlag	35 €
Arbeitnehmer-/Arbeitgeberanteil zur gesetzlichen Sozialversicherung je	700 €

    Löhne   _____ €   an   Guthaben bei   _____ €
                                                      Kreditinstituten

                                                      Noch abzuführende   _____ €
                                                      Abgaben

    Gesetzliche soziale   an   Noch abzuführende   _____ €
    Aufwendungen   Abgaben

6. Aufgabe   (6 Punkte)

Kreuzen Sie die **richtigen** Antworten an.

( ) Die Kraftfahrzeugsteuer für betrieblich genutzte PKW ist unmittelbar als Aufwand zu verbuchen.
( ) Die Umsatzsteuer stellt **keine** durchlaufende Steuer dar.
( ) Bei Kapitalgesellschaften gehört die **Körperschaftsteuer** zu den „Steuern vom Einkommen und Ertrag".
( ) Auch **Privat**steuern können durch das Unternehmen veranlasst werden.

7. Aufgabe (15 Punkte)

Kreuzen Sie die **richtigen** Aussagen an.

- ( ) **Wertaufhellende** Ereignisse sind stets bei der Bilanzierung zum Stichtag zu berücksichtigen.
- ( ) **Unrealisierte** Gewinne und Verluste **dürfen** stets ausgewiesen werden.
- ( ) Aufgrund des **steuerrechtlichen Bewertungsvorbehalts** kann es zu einer Durchbrechung des **Maßgeblichkeitsprinzips** kommen.
- ( ) Im Anlagevermögen ist das **gemilderte** Niederstwertprinzip nur auf **Finanzanlagen** anzuwenden.
- ( ) Im Handelsrecht sind **keine Ansatzwahlrechte** enthalten.
- ( ) Im **Umlaufvermögen** besteht zum Bilanzstichtag bei einer Wertminderung eine Abwertungspflicht **unabhängig** davon, ob die Wertminderung voraussichtlich von Dauer ist.
- ( ) Für **Passivposten** gilt das **Niederstwertprinzip**.
- ( ) Ein niedrigerer Wertansatz eines entgeltlich erworbenen **Geschäfts- oder Firmenwertes** ist im Zeitablauf stets beizubehalten.
- ( ) Bei der Bewertung von Verbindlichkeiten ist auf den **Ausgabe**betrag abzustellen.
- ( ) Auch schwebende Geschäfte sind stets bilanzierungsfähig.

8. Aufgabe (18 Punkte)

a) Am **01.07.2012** erwarb ein Unternehmen eine **Maschine** zum Preis von **60.000 €** brutto (inklusive 20 % Umsatzsteuer). Die betriebsgewöhnliche Nutzungsdauer dieser Maschine beträgt **10 Jahre**. Wie hoch ist die **lineare** planmäßige Abschreibung für das Geschäftsjahr 2012?

- ( ) 5.000 €
- ( ) 6.000 €
- ( ) 2.500 €
- ( ) 3.000 €

b) Am **01.01.2009** erwarb die Hamburger Maschinen GmbH eine **Spezialmaschine** zum Preis von **50.000 €** netto (zuzüglich 20 % Umsatzsteuer). Die betriebsgewöhnliche Nutzungsdauer dieser Maschine beträgt **10 Jahre**. Zum **31.12.2009** wurde die Maschine außerplanmäßig vollständig abgeschrieben (**Restbuchwert 0**), da die gefertigten Produkte nicht mehr nachgefragt werden. Im **Dezember 2012** stellt sich heraus, dass die Maschine doch noch verwendet werden kann, wodurch die Maschine in den letzten Dezembertagen 2012 wieder in Betrieb genommen wurde. Wie hoch ist die **Zuschreibung** für 2012?

- ( ) 45.000 €
- ( ) 30.000 €
- ( ) 50.000 €
- ( ) 0 €

c) In einer Großhandlung liegen folgende Zu- und Abgänge gleichartiger Waren während eines Geschäftsjahres (= Kalenderjahr) vor, wobei diese Vorräte nicht nach beschafften Partien gelagert werden (ME = Mengeneinheiten).

Die **Wiederbeschaffungskosten** am Bilanzstichtag (31.12.2012) betragen **37 €** pro ME.

01.01.	**Anfangsbestand**	100 ME	à 33 €
10.02.	**Zugang**	40 ME	à 35 €
03.04.	**Abgang**	20 ME	
15.12.	**Abgang**	90 ME	
31.12.	**Endbestand**	30 ME	

Mit welchem Wert ist der Endbestand bei Anwendung des **permanentem LIFO** zu bewerten?

( ) 1.110 €
( ) 1.050 €
( ) 1.020 €
(X) 990 €

d) Die Miete für die Betriebsräume von November 2012 bis Januar 2013 i. H. v. insgesamt 3.000 € wird bereits im November des Geschäftsjahres 2012 auf das Konto des Vermieters überwiesen. Welche Buchung des **Mieters** ist in 2012 richtig?

( ) Aktiver Rechnungs-   an   Guthaben bei   3.000 €
    abgrenzungsposten   Kreditinstituten

( ) Mietaufwand   an   Guthaben bei   3.000 €
                                       Kreditinstituten

(X) – Mietaufwand   3.000 €   an   – Guthaben bei   3.000 €
    – Aktiver Rechnungs-   1.000 €   Kreditinstituten
      abgrenzungsposten   – Mietaufwand   1.000 €

( ) – Mietaufwand   3.000 €   an   – Guthaben bei   3.000 €
    – Passiver Rechnungs- 1.000 €   Kreditinstituten
      abgrenzungsposten   – Mietaufwand   1.000 €

e) Die Miete für die Betriebsräume von Dezember 2012 bis Februar 2013 i. H. v. insgesamt 6.000 € wird bereits im November des Geschäftsjahres 2012 auf das Konto des Vermieters überwiesen. Welche Buchung des **Vermieters** ist in 2012 richtig?

( ) Guthaben bei Kreditinstituten an Passiver Rechnungsabgrenzungsposten   6.000 €

( ) Guthaben bei Kreditinstituten an Mieterträge   6.000 €

( ) Guthaben bei Kreditinstituten   6.000 €   an   – Mieterträge   2.000 €
                                                   – Passiver Rechnungs-   4.000 €
                                                     abgrenzungsposten

( ) – Mieterträge   2.000 €   an   Guthaben bei Kreditinstituten   6.000 €
     – Passiver Rechnungs-   4.000 €
       abgrenzungsposten

f) Die Gesamtforderungen eines Unternehmens betragen am 31.12.2012 brutto **66.000 €** (inklusive 20 % Umsatzsteuer) und setzen sich wie folgt zusammen:

Kunden	Brutto-Forderungsbeträge (inklusive 20 % Umsatzsteuer)	mutmaßlicher Ausfall in %
Meyer	12.000 €	10 %
Schulz	24.000 €	20 %
Schumann	30.000 €	0 %
Summe	66.000 €	

Wie hoch ist der zu bildende **Einzel-Wertberichtigungsposten** insgesamt, wenn der in der Tabelle unterstellte Ausfall für die Einzelforderungen angenommen wird?

( ) 9.900 €
( ) 6.000 €
( ) 5.400 €
( ) 5.000 €

9. Aufgabe (9 Punkte)

Kreuzen Sie die **richtigen** Antworten an.

( ) **Einzelkosten** sind direkt dem Kalkulationsobjekt zurechenbar.
( ) Die **Selbstkosten** beinhalten nicht die Vertriebskosten.
( ) Der **Betriebsabrechnungsbogen** wird zum Zwecke der **Gemeinkostenverteilung** verwendet.
( ) Beim **Gesamtkostenverfahren** werden in der Gewinn- und Verlustrechnung keine Bestandsveränderungen ausgewiesen.
( ) Beim **Gesamtkostenverfahren** sind die Aufwendungen funktional nach den Bereichen Herstellung, Vertrieb und allgemeine Verwaltung zu gliedern.
( ) Gesamtkostenverfahren und Umsatzkostenverfahren führen bei sonst gleichen Bedingungen immer zum **gleichen** Jahresergebnis.

10. Aufgabe (12 Punkte)

Kreuzen Sie die **richtigen** Antworten an.

( ) **Kleine** Kapitalgesellschaften sind nicht prüfungspflichtig.
( ) Der Umsatz ist **kein** Merkmal zur Bestimmung der Größenklasse von Kapitalgesellschaften im Handelsrecht.
( ) **Große** Kapitalgesellschaften haben ihren Jahresabschluss innerhalb von **3 Monaten** nach dem Ende des Geschäftsjahres aufzustellen.
( ) Freiwillige Angaben dürfen **nicht** in den Anhang aufgenommen werden.
( ) Der **Anhang** dient der Erläuterung und Ergänzung von Bilanz und Gewinn- und Verlustrechnung.
( ) Anhang und Lagebericht sind Bestandteile des **Jahresabschlusses**.
( ) Auch **kleine** Kapitalgesellschaften müssen einen Lagebericht aufstellen.
( ) Die **Erklärung zur Unternehmensführung** nach § 289a HGB müssen **nicht** alle Kapitalgesellschaften erstellen.

Übungsklausur 2: Buchhaltung und Bilanzierung nach Handels- und Steuerrecht (120 Punkte)

1. Aufgabe (18 Punkte)

Kreuzen Sie die **falschen** Aussagen an.

- ( ) Die Statistik ist Bestandteil der **Finanzbuchhaltung**.
- ( ) Die Passivseite der Bilanz gibt Auskunft über die **Mittelverwendung**.
- ( ) Die Finanzbuchhaltung und die Kostenrechnung sind für alle Kaufleute freiwillig.
- ( ) Handelsbücher müssen maximal **6 Jahre** aufbewahrt werden.
- ( ) Die Bilanz wird in **Kontoform** erstellt, wobei das Konto durch das Eigenkapital ausgeglichen wird.
- ( ) Bei einer **passiven** Bilanz ergibt sich ein positives Eigenkapital auf der Passivseite.
- ( ) Im Konto „Verbindlichkeiten aus Lieferungen und Leistungen" werden Zugänge im **Haben** eingetragen.
- ( ) Im Eröffnungsbilanzkonto stehen die Anfangsbestände der passiven Bestandskonten auf der **Habenseite**.
- ( ) Das Schlussbilanzkonto stellt ein **Saldensammelkonto** im System der doppelten Buchführung dar.
- ( ) Ein **Entnahmenüberschuss** erscheint auf der **Sollseite** des Eigenkapitalkontos.
- ( ) Ein **Passivtausch** kann sowohl durch einen **erfolgswirksamen** als auch durch einen **erfolgsneutralen** Geschäftsvorfall hervorgerufen werden.
- ( ) Der Eingang einer Zinsgutschrift auf dem Bankkonto stellt eine **erfolgswirksame Aktiv-Passiv-Mehrung** dar.

2. Aufgabe (12 Punkte)

Kreuzen Sie die **richtigen** Aussagen an.

- ( ) **Nebenbücher** stellen **Hilfsbücher** dar, die der weiteren Aufgliederung und Ergänzung der Sachkonten dienen.
- ( ) Die Abschlussgliederungsprinzipen des **Einzelhandels-Kontenrahmens (EKR)** und des **Gemeinschaftskontenrahmens der Industrie (GKR)** sind unterschiedlich.
- ( ) Die Bezeichnung „einfache" Buchführung ist der Tatsache geschuldet, dass zwar eine Gewinn- und Verlustrechnung geführt, aber **keine** Bilanz erstellt wird.
- ( ) Die **Hauptabschlussübersicht** ist typischerweise in Staffelform aufgebaut und enthält lediglich erfolgswirksame Geschäftsvorfälle.
- ( ) Im **gemischten** Warenkonto erscheinen die Warenrücksendungen der Kunden auf der Sollseite.
- ( ) Bei Existenz **getrennter** Warenkonten und Anwendung des **Nettoverfahrens** wird der Wareneinsatz, der sich als Saldo des Waren**einkaufs**kontos ergibt, auf das Waren**verkaufs**konto übertragen.
- ( ) **Ausfuhrlieferungen** und **innergemeinschaftliche Lieferungen** sind stets umsatzsteuerpflichtig.
- ( ) Der **Umsatzsteuersatz** beträgt derzeit für sämtliche Umsätze **19 %**.

3. Aufgabe (16 Punkte)

Kreuzen Sie für jeden der nachfolgenden Geschäftsvorfälle den jeweils **richtigen** Buchungssatz an.

a) **Wareneinkauf** 12.000 € (inkl. 20 % Umsatzsteuer) wird **zur Hälfte** durch Banküberweisung beglichen. Der Restbetrag wird **auf Ziel** eingebucht. Der Unternehmer verwendet ein **gemischtes** Warenkonto.

( ) – Wareneinkauf   10.000 €   an   – Guthaben bei   6.000 €
      – Vorsteuer   2.000 €   Kreditinstituten
                                              – Verbindlichkeiten   6.000 €.
                                                aus Lieferungen
                                                und Leistungen

( ) – Waren   10.000 €   an   – Guthaben bei   6.000 €
      – Umsatzsteuer   2.000 €   Kreditinstituten
                                              – Verbindlichkeiten   6.000 €.
                                                aus Lieferungen
                                                und Leistungen

( ) – Wareneinkauf   10.000 €   an   – Guthaben bei   6.200 €
      – Vorsteuer   2.400 €   Kreditinstituten
                                              – Verbindlichkeiten   6.200 €.
                                                aus Lieferungen
                                                und Leistungen

( ) – Waren   10.000 €   an   – Guthaben bei   6.000 €
      – Vorsteuer   2.000 €   Kreditinstituten
                                              – Verbindlichkeiten   6.000 €.
                                                aus Lieferungen
                                                und Leistungen

b) **Warenverkauf** 40.000 € (zuzüglich 20 % Umsatzsteuer) **gegen Barzahlung** bei noch vorzunehmenden Abzug eines **Skontobetrags** von 2 %. Es werden **getrennte** Warenkonten verwendet.

( ) – Kasse   40.000 €   an   Warenverkaufskonto   48.000 €
      – Umsatzsteuer   8.000 €

( ) – Kasse   47.200 €   an   – Warenverkaufskonto   40.000 €
      – Lieferantenskonti   800 €   – Umsatzsteuer   8.000 €

( ) – Warenverkaufskonto 40.000 €   an   – Kasse   47.200 €
      – Umsatzsteuer   8.000 €   – Kundenskonti   800 €

( ) – Kasse   47.040 €   an   – Warenverkaufskonto   40.000 €
      – Kundenskonti   800 €   – Umsatzsteuer   7.840 €

c) Unternehmer A hat für sein Produkt mithilfe der **progressiven Handelskalkulation** einen **Selbstkostenpreis** von 8.000 € ermittelt. Wie hoch ist der **Barverkaufspreis nach Abzug der Verkäuferprovision** des Produkts, wenn der Unternehmer einen **Gewinnzuschlag** von 10 %, eine **Verkäuferprovision** von 4 %, ein **Kundenskonto** von 1 % und die **Umsatzsteuer** (20 %) einkalkuliert?

- ( ) Barverkaufspreis nach Abzug der Verkäuferprovision = 8.320 €
  (Selbstkostenpreis 8.000 € + Verkäuferprovision 320 €)
- ( ) Barverkaufspreis nach Abzug der Verkäuferprovision = 9.600 €
  (Selbstkostenpreis 8.000 € + Umsatzsteuer 1.600 €)
- ( ) Barverkaufspreis nach Abzug der Verkäuferprovision = 8.800 €
  (Selbstkostenpreis 8.000 € + Gewinnzuschlag 800 €)
- ( ) Barverkaufspreis nach Abzug der Verkäuferprovision = 7.920 €
  (Selbstkostenpreis 8.000 € - Kundenskonto 80 €)

d) Unternehmer B hat Waren zu Anschaffungskosten von 100 € bezogen. Er möchte nun seinen Kalkulationsaufschlag im engeren Sinne (i. e. S.) berechnen. Er hat einen Barverkaufspreis vor Abzug der Verkäuferprovision (BVP) von 300 € und einen Nettoverkaufspreis (NVP) von 400 € einkalkuliert.

- ( ) Kalkulationsaufschlag i. e. S. = 66,67 %
  ([BVP 300 € - Anschaffungskosten 100 €]/ BVP 300 € · 100)
- ( ) Kalkulationsaufschlag i. e. S. = 75 %
  ([NVP 400 € - Anschaffungskosten 100 €]/ NVP 400 € · 100)
- ( ) Kalkulationsaufschlag i. e. S. = 200 %
  ([BVP 300 € - Anschaffungskosten 100 €]/ Anschaffungskosten 100 € · 100)
- ( ) Kalkulationsaufschlag i. e. S. = 300 %
  ([NVP 400 € - Anschaffungskosten 100 €]/ Anschaffungskosten 100 € · 100)

4. Aufgabe (8 Punkte)

Kreuzen Sie für jeden der nachfolgenden Geschäftsvorfälle den jeweils **richtigen** Buchungssatz an.

a) Großhändler D hat eine **Forderung** aus einer Warenlieferung in Höhe von 24.000 € (inkl. 20 % Umsatzsteuer) gegen Einzelhändler B. Großhändler D nimmt, weil B nicht zahlen kann, einen von ihm akzeptierten **Wechsel** an. Welche Buchung ist bei **Einzelhändler B** am **Verfalltag** des Wechsels vorzunehmen, wenn dieser zu dem Zeitpunkt die **Wechselsumme** und die entsprechenden **Wechselzinsen** von 2 % (bezogen auf **30 Tage** Laufzeit) per Banküberweisung begleicht?

Anmerkung: Das Grundgeschäft ist bereits durch B gebucht worden.

( )	– Schuldwechsel	24.000 €	an	Guthaben bei	24.048 €
	– Vorsteuer	8 €		Kreditinstituten	
	– Diskontaufwand	40 €			
( )	– Schuldwechsel	20.000 €	an	Guthaben bei	20.576 €.
	– Vorsteuer	96 €		Kreditinstituten	
	– Diskontaufwand	480 €			
( )	– Besitzwechsel	20.000 €	an	– Guthaben bei	23.952 €
	– Vorsteuer	4.000 €		Kreditinstituten	
				– Diskontaufwand	40 €
				– Umsatzsteuer	8 €.
( )	Guthaben bei	20.048 €	an	– Besitzwechsel	20.000 €
	Kreditinstituten			– Diskontaufwand	40 €
				– Umsatzsteuer	8 €

b) Wie sind die **nachfolgenden Aufwendungen** des Unternehmers an seinen Angestellten X zu verbuchen? Der **Auszahlungsbetrag** wird **sofort** durch die Bank beglichen, die anderen Aufwendungen sollen erst **später** abgeführt werden.

–	Bruttogehalt	2.000 €
–	Lohnsteuer	400 €
–	Kirchensteuer	16 €
–	Solidaritätszuschlag	22 €
–	Zahlung an eine Pensionskasse	500 €
–	Arbeitgeber- und Arbeitnehmer-Anteil zur Sozialversicherung jeweils	150 €.

( )	– Gehälter	2.000 €	an	– Guthaben bei	1.612 €
	– freiwillige soziale Aufwendungen	150 €		Kreditinstituten	
				– noch abzuführende Abgaben	1.088 €
	– Aufwendungen für Altersversorgung	500 €			
( )	– Gehälter	2.000 €	an	– Guthaben bei	1.412 €
	– gesetzliche soziale Aufwendungen	150 €		Kreditinstituten	
				– noch abzuführende Abgaben	1.238 €
	– Aufwendungen für Altersversorgung	500 €			
( )	– Guthaben bei Kreditinstituten	1.412 €	an	– Gehälter	2.000 €
				– gesetzliche soziale Aufwendungen	150 €
	– noch abzuführende Abgaben	1.238 €		– Aufwendungen für Altersversorgung	500 €

( )	– Gehälter	2.000 €	an	Guthaben bei Kreditinstituten	3.038 €
	– sonstige betriebliche Aufwendungen	450 €			
	– noch abzuführende Abgaben	588 €			

5. Aufgabe (6 Punkte)

Vervollständigen Sie die nachfolgenden Aussagen durch Ankreuzen der jeweils **einen** zutreffenden Textpassage.

a) Bei einem gezogenen Wechsel

( ) hat der Aussteller eine **Verbindlichkeit** gegenüber dem Bezogenen/Akzeptanten.
( ) hat der Aussteller eine **Forderung** gegenüber dem Bezogenen/Akzeptanten.

b) Zu den **gesetzlichen sozialen Aufwendungen** des Unternehmers zählen...

( ) Prämien für Direktversicherungen und Zahlungen an Pensionskassen
( ) Beihilfen für Erholungs- und Arztkosten
( ) Familienfürsorgezahlungen
( ) Beiträge zur Berufsgenossenschaft.

c) Im Umsatzsteuerkonto erscheinen Rücksendungen von Kunden....

( ) auf der **Sollseite**.
( ) auf der **Habenseite**.
( ) überhaupt **nicht**, da keine Korrektur der Vorsteuer erforderlich ist.

6. Aufgabe (15 Punkte)

Kreuzen Sie die **falschen** Aussagen an.

( ) **Die bilanzielle Berücksichtigung von wertbeeinflussenden** Ereignissen zwischen Bilanzstichtag und Tag der Bilanzaufstellung stellt keinen Verstoß gegen das **Stichtagsprinzip** dar.
( ) Für das **Finanzanlagevermögen** besteht für alle Unternehmen ein **Zuschreibungsgebot**.
( ) Das **gemilderte** Niederstwertprinzip kann im **Finanzanlagevermögen** genutzt werden.
( ) Das Handelsrecht sieht **keine** expliziten **Ansatzwahlrechte** vor.
( ) **Materialgemeinkosten** sind sowohl **handels**- als auch **steuerrechtlich** in die **Herstellungskosten** einzubeziehen.
( ) Der **handels- und steuerrechtliche** Jahresabschluss stimmen infolge des **Maßgeblichkeitsprinzip** stets wertmäßig überein.
( ) **Vertriebsgemeinkosten** dürfen im Handels- und Steuerrecht nicht in die **Herstellungskosten** einbezogen werden.

( ) Der niedrigere **beizulegende (Zeit-)Wert** in der Handelsbilanz und der **Teilwert** in der Steuerbilanz fallen stets auseinander.
( ) Für den **derivativen Geschäfts- oder Firmenwert** besteht ein handelsrechtliches **Zuschreibungswahlrecht**.
( ) Im Handelsrecht sind **Kombinationsformen** aus Zeit- und/oder **Leistungsabschreibung** beim abnutzbaren **Anlagevermögen** zulässig.

7. Aufgabe (10 Punkte)

Welche Ausprägungen und Durchbrechungen des **Realisationsprinzips** lassen sich im Handelsrecht unterscheiden?

Gehen Sie in diesem Zusammenhang ebenfalls auf das **Niederst- und Höchstwertprinzip** unter Angabe der relevanten Gesetzesvorschriften ein.

8. Aufgabe (5 Punkte)

Benennen Sie die **fünf** Formen der handelsrechtlichen **Zeitabschreibungen**.

9. Aufgabe (21 Punkte)

Kreuzen Sie die jeweils **richtige** Antwort zu den vorstehend benannten Geschäftsvorfällen an.

a) Unternehmer Schnell hatte eine Maschine zu Beginn des Jahres 2012 zu **Anschaffungskosten** von **100.000 €** erworben (Nutzungsdauer **10 Jahre**). Es stellt sich schnell heraus, dass die Maschine einen technischen Mangel besitzt, so dass sie am Jahresende nicht mehr einsatzbereit ist. Neben der **planmäßigen** Abschreibung wird eine **außerplanmäßige** Abschreibung vorgenommen, so dass der Buchwert der Maschine zum 31.12.2012 **null** beträgt. Im **Dezember 2013** ist die Maschine wieder vollständig einsatzbereit.

( ) Es besteht ein **Zuschreibungsgebot** bei einem Zuschreibungsbetrag von **100.000 €**.
( ) Es besteht ein **Zuschreibungsgebot** bei einem Zuschreibungsbetrag von **80.000 €**.
( ) Es besteht ein **Zuschreibungswahlrecht** bei einem Zuschreibungsintervall von **0 bis 100.000 €**.

b) Die gesamten betriebsbedingten **Forderungen** des Unternehmers Schnell betragen 1 Mio. € (zuzügl. 20 % Umsatzsteuer). Davon entfallen 120.000 € (inkl. 20 % Umsatzsteuer) auf den Kunden Faul und 60.000 € (inkl. 20 % Umsatzsteuer auf den Kunden Schwach. Die mutmaßlichen **Forderungsausfälle** betragen 20 % (Faul) und 5 % (Schwach). Der Prozentsatz für die **Pauschalwertberichtigung** beläuft sich auf 3 %. Wie hoch ist der **Wertberichtigungsposten**?

( ) 51.600 €.
( ) 48.000 €.
( ) 57.600 €.

c) Unternehmer Schnell nimmt einen Kredit zum Rückzahlungsbetrag von **10.000 €** zu Beginn des Jahres **2012** auf. Die **Auszahlung** des Darlehens erfolgt in Höhe von **8.500 €**. Die Kreditlaufzeit beträgt **10 Jahre** bei einem Zinssatz von **12 %** und einer konstanten Tilgungsrate von **1.000 €** pro Jahr. Wie hoch ist die **Gesamtbelastung** (Tilgungs-, Zins- und Disagiobelastung) des Unternehmers im Jahre **2012**, wenn die Disagiobelastung nach der **Zinsstaffelmethode** berechnet wird?

( )   2.350 €.
      (Tilgungsbelastung 1.000 € + Zinsbelastung 1.200 + Disagiobelastung 150 €).

( )   2472,72 €.
      (Tilgungsbelastung 1.000 € + Zinsbelastung 1.200 + Disagiobelastung 272,72 €).

( )   2.445.45 €.
      (Tilgungsbelastung 1.000 € + Zinsbelastung 1.200 + Disagiobelastung 245,45 €).

d) Unternehmer Schnell möchte seine **Herstellkosten** berechnen. Seine **Material-** und **Fertigungseinzelkosten** belaufen sich auf **100 €** und **200 €**. Die Zuschlagsätze für die **Material- und Fertigungsgemeinkosten** betragen **10 %** und **15 %**. Der Zuschlagsatz für die **Verwaltungs- und Vertriebsgemeinkosten** wird mit **30 %** angenommen.

( )   Die Herstellkosten betragen 442 €.
( )   Die Herstellkosten betragen 340.
( )   Die Herstellkosten betragen 300 €.

e) Die ABC-**AG** ist an der **Frankfurter Wertpapierbörse** gelistet und fragt den Leiter des Rechnungswesens zu einem bedeutsamen Bestandteil des **Lageberichts**, welcher durch das BilMoG in das Handelsrecht eingeführt wurde.

( )   Es besteht ein **Wahlrecht** zur Beschreibung der wesentlichen Merkmale des internen Kontroll- und Risikomanagementsystems im Hinblick auf den Rechnungslegungsprozess (**Risikomanagementbericht**).
( )   Es besteht ein **Gebot** zur Beschreibung der wesentlichen Merkmale des internen Kontroll- und Risikomanagementsystems im Hinblick auf den Rechnungslegungsprozess (**Risikomanagementbericht**).
( )   Es besteht aus Gründen des Wettbewerbsschutzes ein **Verbot** zur Erstellung eines **Risikomanagementberichts**.

f) Die Z-AG hat in den letzten drei Geschäftsjahren zwischen **30** und **40 Mitarbeiter** beschäftigt, Umsätze zwischen **4** und **7 Mio. €** erwirtschaftet und weist eine Bilanzsumme von jeweils 6 Mio. €. aus.

( )   Die Z-AG muss das **volle Bilanz- und GuV-Schema** nach § 266 HGB und § 275 HGB bei der Aufstellung beachten und den Jahresabschluss **nach 3 Monaten** erstellt haben.
( )   Die Z-AG muss das **volle Bilanz- und GuV-Schema** nach § 266 HGB und § 275 HGB bei der Aufstellung beachten und den Jahresabschluss **nach 6 Monaten** erstellt haben.

( ) Die Z-AG kann ein **verkürztes Bilanzschema** in Anspruch nehmen und einzelne Posten der GuV zum **Rohergebnis** zusammenfassen. Der Jahresabschluss muss **nach 6 Monaten** erstellt sein.

g) Unternehmer Schnell überlegt, welche Unternehmen zu den **Personengesellschaften** gezählt werden.

( ) Die **Kommanditgesellschaft (KG)** und die **Offene Handelsgesellschaft (OHG)** stellen Personengesellschaften dar.

( ) Die **Partnerschaftsgesellschaft (PartG)** und die **Kommanditgesellschaft auf Aktien (KGaA)** stellen Personengesellschaften dar.

10. Aufgabe (9 Punkte)

Kreuzen Sie die **falschen** Aussagen an.

( ) Die **Kostenstellenrechnung** lastet den einzelnen betrieblichen Bereichen diejenigen **Gemeinkosten** an, die dort zum Zwecke der Leistungserstellung entstanden sind.

( ) Kosten für die Interne Revision sind Bestandteil der **Verwaltungsgemeinkosten**, die aus **handelsrechtlicher** Sicht **nicht** aktiviert werden müssen.

( ) Alle **Personenhandelsgesellschaften** sind verpflichtet, einen **Anhang** zu erstellen.

( ) Die **Material-, Fertigungs-** sowie die **Verwaltungs- und Vertriebskosten** ergeben die **Selbstkosten** des Unternehmers.

( ) **Sondereinzelkosten der Fertigung und des Vertriebs** sind Bestandteil der Herstellkosten.

( ) Beim **Gesamtkostenverfahren (GKV)** werden die **betrieblichen Aufwendungen** funktional nach den Bereichen **Herstellung, Vertrieb und allgemeine Verwaltung** gegliedert.

Übungsklausur 3: Rechnungslegung und Rechnungslegungspolitik nach Handels- und Steuerrecht (60 Punkte)

1. Aufgabe (6 Punkte)

Erklären Sie anhand der **organischen Bilanztheorie** nach *Fritz Schmidt* den Begriff „**Scheinerfolge**" und legen Sie dessen Behandlung im Rahmen der Vermögens- und Erfolgsrechnung dar. Gehen Sie hierbei auch auf das Konzept der **Substanzerhaltung** ein.

2. Aufgabe (9 Punkte)

Die Reichweite des **Maßgeblichkeitsprinzips** wurde durch das Bilanzrechtsmodernisierungsgesetz (BilMoG) wesentlich geändert. Diskutieren Sie am Beispiel der handels- und steuerrechtlichen **Herstellungskosten**, inwiefern für die in § 255 Abs. 2 Satz 3 und Abs. 3 HGB genannten Wahlrechte das **Maßgeblichkeitsprinzip** weiterhin Anwendung findet. Gehen Sie in diesem Zusammenhang auf die Auslegung der Finanzverwaltung zur Maßgeblichkeit nach dem BilMoG und auf mögliche **Motive** ein.

3. Aufgabe (5 Punkte)

Eine Vielzahl von empirischen Untersuchungen hat bei kapitalmarktorientierten Unternehmen ein sog. „**Big Bath Accounting**" als rechnungslegungspolitische Strategie nachweisen können. Erklären Sie unter Zuhilfenahme eines selbstgewählten **Beispiels** die **Vorgehensweise** und die **Zielsetzung** dieser Rechnungslegungspolitik.

4. Aufgabe (22 Punkte)

Die **Q-AG** ist ein **Softwareunternehmen** mit Sitz und Geschäftsleitung in Düsseldorf. Im Laufe des **Geschäftsjahres 2012** sind die nachfolgenden Geschäftsvorfälle noch **nicht** gebucht. Der Vorstand wünscht eine **ergebnismaximale** Rechnungslegungspolitik.

Würdigen Sie die einzelnen Sachverhalte **aus handels- und steuerrechtlicher Sicht** und nehmen Sie aufgrund der **rechnungslegungspolitischen** Zielsetzung die handelsrechtlichen **Buchungssätze** vor.

Der Steuersatz zur Abgrenzung der **latenten Steuern** beträgt 40 %. Die latenten Steuern sollen unsaldiert auf der Basis einer Einzelbetrachtung in der Bilanz zum Ausweis kommen. Das **Gesamtkostenverfahren** wird bei der GuV-Erstellung angewendet.

a) Zum 15.01.2012 hat die Q-AG die **B-AG** mit allen ihren Vermögensgegenständen und Schulden übernommen. Der durch Bereitstellung eines Bankdarlehens entrichtete **Kaufpreis** der B-AG liegt **50 %** über dem zum Zeitwert bewerteten Reinvermögen. Die nachstehende Bilanz stellt die **Zeitwertbilanz** der B-AG zum 15.01.2011 dar. Diese Differenz wird voraussichtlich in **10 Jahren** vollständig abgebaut sein.

Aktiva	Zeitwertbilanz der B-AG zum 15.01.2012		Passiva
	T€		T€

A. Anlagevermögen
  I. Sachanlagen
    1. Grundstücke und Gebäude
    2. Technische Anlagen und Maschinen
  II. Finanzanlagen
 	
B. Umlaufvermögen
  I. Vorräte
    1. Roh-, Hilfs- und Betriebsstoffe
    2. (un)fertige Erzeugnisse und Waren
  II. Forderungen
  III. Flüssige Mittel
	
	1.200
	
	2.800
	2.300
	
	900
	
	1.000
	4.500
	800
		A. Eigenkapital
		B. Rückstellungen
		  1. Pensionsrückstellungen
		  2. Sonstige Rückstellungen
		C. Verbindlichkeiten
		  1. Verbindlichkeiten gegen-
		    über Kreditinstituten
		  2. Verbindlichkeiten aus Lieferungen und Leistungen
		  3. sonstige Verbindlichkeiten
			4.000
			
			1.300
			1.900
			
			500
			
			1.000
			4.800

	13.500		**13.500**

b) Die **sonstigen Rückstellungen** sind i. H. v. **4.000 T€** kurzfristiger Natur (Restlaufzeit < 1 Jahr) und i. H. v. **10.000 T€** langfristiger Natur (Restlaufzeit von 5 Jahren). Aufgrund von langjährigen Branchenerfahrungen ist eine **Kostensteigerung i. H. v. 3 % per anno** zu erwarten. Der **durchschnittliche Marktzins** beträgt derzeit **4,0 %**. **Abzinsungen** und **Trendeffekte** wurden bislang nicht berücksichtigt.

c) Die Q-AG erwirbt am 11.01.2012 eine **neue Maschine** (**2.500 T€**) gegen Barzahlung bei einer Nutzungsdauer von **10 Jahren**. Alle **fünf** Jahre muss die Walze der Maschine ersetzt werden, damit sie funktionstüchtig bleibt. Hierbei fallen Aufwendungen in Höhe von **500 T€** an. Im Turnus von **2 Jahren** wird außerdem eine **Großinspektion** durchgeführt (**170 T€**).

Bei einer ähnlichen Maschine, die bereits seit einigen Jahren im Einsatz ist, müssen aufgrund einer Krankheit eines Mitarbeiters geplante **Wartungsarbeiten** in den **Februar** des Folgejahres verschoben werden. Die geplanten Wartungsaufwendungen werden aller Voraussicht nach **150 T€** betragen.

5. Aufgabe (18 Punkte)

In der vorliegenden **Multiple Choice-Aufgabe** sind von den 18 Aussagen <u>genau vier</u> <u>Aussagen</u> zutreffend. Kreuzen Sie alle <u>richtigen</u> Antworten an.

( )   Bei einer **Feststellung** des Jahresabschlusses durch Vorstand und Aufsichtsrat in der Aktiengesellschaft können diese **ohne** Satzungsbestimmung nicht mehr als **50 %** des Jahresüberschusses in **andere Gewinnrücklagen** einstellen.

( )   In der **GmbH** muss die **Feststellung** des Jahresabschlusses generell durch die **Gesellschafterversammlung** erfolgen.

( )   Die rechnungslegungspolitische Strategie des **Income Smoothing** zielt auf eine **Maximierung des Periodenergebnisses** im Zeitablauf ab.

( )   Die aus einer **handelsrechtlichen Erfolgsmaximierung** und **Steuerbarwertminimierung** resultierenden rechnungslegungspolitischen **Zielkonflikte** werden bei **Durchbrechungen** des **Maßgeblichkeitsprinzips** vergrößert.

- ( ) Die Erstellung eines **Anlagegitters** in der **Bilanz** oder im **Anhang** stellt ein **formelles darstellungsgestaltendes** Instrument der Rechnungslegungspolitik dar.
- ( ) Der Verzicht auf den Ansatz **aktiver latenter Steuern** stellt ein **sachverhaltsgestaltendes** Instrument der Rechnungslegungspolitik dar.
- ( ) Bei einer **Gesellschaft bürgerlichen Rechts (GbR)**, die ein Handelsgewerbe im Sinne des § 1 HGB betreibt, erfolgt stets eine Umqualifikation in eine **Kommanditgesellschaft (KG).**
- ( ) In einer **Partnerschaftsgesellschaft (PartG)** sind Handelsgewerbe im Sinne des § 1 HGB zulässig.
- ( ) Bei einem **Joint Venture** geht bei mindestens einem Kooperationsunternehmen die **wirtschaftliche Selbstständigkeit** verloren.
- ( ) **Zusatzangaben** im Anhang zur Einhaltung des **True and Fair View-Prinzips** können durch das Unternehmen generell unterlassen werden.
- ( ) Eine Aktiengesellschaft mit Listing im Deutschen Aktienindex (DAX) muss den Jahresabschluss um eine **Kapitalflussrechnung** und einen **Eigenkapitalspiegel** erweitern.
- ( ) Das **Saldierungsverbot** wird als **Grundsatz ordnungsmäßiger Buchführung (GoB)** im Handelsrecht partiell durchbrochen.
- ( ) **Wertbegründende** Ereignisse dürfen im Gegensatz zu **wertaufhellenden** Ereignissen nicht Gegenstand der Lageberichterstattung sein.
- ( ) Als **Aufwand berücksichtigte Zölle und Verbrauchsteuern** müssen handelsrechtlich als **Rechnungsabgrenzungsposten** bilanziert werden.
- ( ) **Bewertungseinheiten** dürfen im Handelsrecht nur von **Kredit- und Finanzdienstleistungsinstituten** gebildet werden.
- ( ) Die Bewertung von **Finanzinstrumenten des Handelsbestands** zum (höheren) **beizulegenden Zeitwert** und mithin die Durchbrechung des Anschaffungskostenprinzips ist im **Handels- und Steuerrecht** für **sämtliche Unternehmen** zwingend.
- ( ) Bei einer künftigen Darlehensgewährung als **Grundgeschäft** und einem Forward-Zinsswap als **Sicherungsinstrument** besteht ein **handelsrechtliches Gebot** zur Bildung einer **Bewertungseinheit**.
- ( ) Bei der sog. „**Einfrierungsmethode**" im Rahmen der Bildung von Bewertungseinheiten werden die Wertänderungen von **Grundgeschäft** und **Sicherungsinstrument** stets bilanziert.

Übungsklausur 4: Rechnungslegung und Rechnungslegungspolitik nach Handels- und Steuerrecht (60 Punkte)

1. Aufgabe (6 Punkte)

Nennen Sie sechs **Grundsätze ordnungsmäßiger Buchführung (GoB)** im Handelsrecht, die auf die **dynamische Bilanztheorie** von *Eugen Schmalenbach* zurückgehen.

2. Aufgabe (9 Punkte)

Zeigen Sie die **Harmonisierung der Rechnungslegung** in Deutschland auf, indem Sie die **bisherigen Reformgesetze** vom **BiRiLiG** bis zum **BilMoG** und deren jeweiligen Kerninhalte kurz nennen.

3. Aufgabe (5 Punkte)

Legen Sie die **Funktion** und **Reichweite** des **handelsrechtlichen True and Fair View-Prinzips** dar und zeigen Sie unter Angabe eines Beispiels auf, welche **Berichtspflichten** hiermit verknüpft sind.

4. Aufgabe (22 Punkte)

Die **Q-AG** ist ein **Softwareunternehmen** mit Sitz und Geschäftsleitung in Düsseldorf. Im Laufe des **Geschäftsjahres 2012** sind die nachfolgenden Geschäftsvorfälle noch **nicht** gebucht.

Würdigen Sie die einzelnen Sachverhalte **aus handels- und steuerrechtlicher Sicht** und nehmen die notwendigen handelsrechtlichen **Buchungssätze** vor, sofern das Management einerseits eine

1. **erfolgsmaximale** oder andererseits eine

2. **erfolgsminimale** Rechnungslegungspolitik wünscht.

Der Steuersatz zur Abgrenzung der **latenten Steuern** beträgt 40 %. Die latenten Steuern sollen unsaldiert auf der Basis einer Einzelbetrachtung zum Ausweis kommen. Das **Gesamtkostenverfahren** wird bei der GuV-Erstellung angewendet.

a) Die Q-AG nimmt ein **Darlehen** bei der Hausbank im Januar 2012 auf. Die **Kreditsumme** beträgt 30.000 € und die **Laufzeit 5 Jahre**. Auf die Erfassung von laufenden Zinsen wird aus Vereinfachungsgründen verzichtet. Die Bank zahlt am 15.01.2012 genau **95 %** der vereinbarten Kreditsumme aus.

b) Der Zeitwert am 31.12.2012 für die bislang zum Buchwert (**50.000 €**) bilanziell ausgewiesenen **Grundstücke und Gebäude** beträgt 75.000 € und für die **Finanzanlagen** (Buchwert: **30.000 €**) aufgrund einer Insolvenz beim Schuldner 20.600 €. Bei den **Wertpapieren des**

Umlaufvermögens, die zugleich Finanzinstrumente des Handelsbestands darstellen, lässt sich ein Zeitwert von **40.000 €** zum 31.12.2012 ermitteln (Buchwert: **30.600 €**).

c) Die Q-AG erwirbt am 11.01.2012 eine **neue Maschine** (25.000 €) gegen Barzahlung bei einer Nutzungsdauer von **10 Jahren**. Alle **fünf** Jahre muss die **Walze** der Maschine ersetzt werden, damit sie funktionstüchtig bleibt. Hierbei fallen Aufwendungen in Höhe von **5.000 €** an. Im Turnus von **2 Jahren** wird außerdem eine **Großinspektion** durchgeführt (2.500 €).

Bei einer ähnlichen Maschine, die bereits seit einigen Jahren im Einsatz ist, müssen aufgrund einer Krankheit eines Mitarbeiters geplante **Wartungsarbeiten** in den **April** des Folgejahres verschoben werden. Die geplanten Wartungsaufwendungen werden aller Voraussicht nach **1.500 €** betragen.

5. Aufgabe (18 Punkte)

In der vorliegenden **Multiple Choice-Aufgabe** sind von den 18 Aussagen <u>genau vier Aussagen</u> zutreffend. Kreuzen Sie alle richtigen Antworten an.

- ( ) Eine Einbeziehung von **steuerlichen Verlustvorträgen** in die Abgrenzung **passiver latenter Steuern** ist nur zulässig, wenn innerhalb der nächsten **5 Jahre** eine Verrechnung mit einem steuerpflichtigen Gewinn erfolgt.
- ( ) **Verdeckte Gewinnausschüttungen** nach § 8 Abs. 3 Satz 2 KStG stellen **quasi-permanente Differenzen** dar, für die eine **Einbeziehungspflicht** im Rahmen der latenten Steuerabgrenzung gilt.
- ( ) **Aktive latente** Steuern entstehen, wenn die **handelsrechtlichen** Wertansätze von Schulden und passiven Rechnungsabgrenzungsposten **größer** ausfallen als die entsprechenden **steuerrechtlichen** Wertansätze.
- ( ) Nicht publizitätspflichtige Personengesellschaften dürfen **keine Saldierung** der **aktiven und passiven latenten Steuern** vornehmen.
- ( ) **Fremdkapitalzinsen,** die auf den Zeitraum der Herstellung entfallen, sind nach den EStÄR 2012 **zur Maßgeblichkeit** zwingend im Rahmen der **steuerlichen** Herstellungskosten einzubeziehen.
- ( ) **Fremdkapitalzinsen,** die auf den Zeitraum der Herstellung entfallen, können nach den EStÄR 2012 auch bei einer **handelsrechtlichen** Einbeziehung in die Herstellungskosten **steuerlich** außer Ansatz bleiben.
- ( ) Eine Aktiengesellschaft mit Listing am Deutschen Aktienindex (DAX) muss eine **Erklärung zur Unternehmensführung** zwingend in den **Lagebericht** integrieren.
- ( ) Sofern eine **steuerrechtliche Rücklage** nach § 6b, 6d EStG gebildet wird, ergibt sich hieraus ein **handelsrechtliches Passivierungsverbot**.
- ( ) Die **handelsrechtliche Wertaufholungspflicht** für Vermögensgegenstände wird beim **derivativen Geschäfts- oder Firmenwert** durchbrochen.
- ( ) Eine Ausnahme des handelsrechtlichen **Anschaffungskostenprinzips** stellt die Bewertung von **Finanzinstrumenten des Handelsbestands** zum **höheren beizulegenden Zeitwert** bei Industrieunternehmen dar.
- ( ) Alle positiven Differenzen zwischen höherem beizulegenden Zeitwert und Anschaffungskosten bei **Finanzinstrumenten des Handelsbestands** sind Bestandteil der **gesetzlichen Ausschüttungssperre** im Handelsrecht.

( ) Sofern das Unternehmen den **derivativen Geschäfts- oder Firmenwert** handelsrechtlich über eine **betriebsgewöhnliche Nutzungsdauer** von 4 Jahren planmäßig abschreibt, muss dies im **Anhang** gesondert **begründet** werden.

( ) Das **handelsrechtliche Stetigkeitsprinzip** wird durch **zusätzlich aufgenommene Bilanzposten** und **freiwillige Anhangangaben** im Vergleich zum Vorjahr stets durchbrochen.

( ) Das **Going Concern-Prinzip** wird in der **organischen Bilanztheorie** aufgegeben.

( ) Bei einer Absicherung einer bestehenden **Fremdwährungsforderung** durch ein mit einer hohen Wahrscheinlichkeit abzuschließendes **Währungsderivat** (Terminverkauf) ist die **Bildung einer Bewertungseinheit** im Handelsrecht **zulässig**.

( ) Bei einem **Makro Hedge** erfolgt die unmittelbare Absicherung eines **einzelnen Grundgeschäfts** durch ein **einzelnes Sicherungsinstrument**.

( ) **Zahlungsstromänderungsrisiken** beinhalten eine nachteilige Veränderung des **Zeitwerts eines Grundgeschäfts** (z. B. eines festverzinslichen Wertpapiers) über einen bestimmten Zeitraum.

( ) Bei der Bilanzierung von Bewertungseinheiten ist das handelsrechtliche **Stetigkeitsprinzip** aus zeitlicher und sachlicher Sicht **stets** einzuhalten.

Übungsklausur 5: Rechnungslegung und Rechnungslegungspolitik nach IFRS (60 Punkte)

1. Aufgabe (8 Punkte)

Die **Bedeutung des Kapitalmarkts** unterscheidet sich im anglo-amerikanischen und kontinental-europäischen Rechtssystem. Stellen Sie synoptisch **fünf** Unterschiede stichpunktartig dar und gehen Sie in diesem Zusammenhang auch kurz auf den Terminus „**Entflechtung der Deutschland AG**" ein.

Anglo-Amerika	Kontinental-Europa

2. Aufgabe (8 Punkte)

Legen Sie grafisch die Organisationsstruktur des International Accounting Standards Board (IASB) einschließlich ihrer Träger- und Unterinstanzen dar.

3. Aufgabe (5 Punkte)

Welche abstrakten und konkreten Voraussetzungen sind an einen Ansatz von Schulden nach dem Rahmenkonzept (Framework) der IFRS zu stellen?

4. Aufgabe (6 Punkte)

Neben einem **entgeltlichen** Erwerb (**Kaufvorgang**) können **Sachanlagen** nach IAS 16 auch durch einen **Tauschvorgang** dem Unternehmen zugehen. Legen Sie **grafisch** mithilfe eines **Stufenkonzepts** dar, mit welchem **Wert** das durch einen Tauschvorgang erworbene Sachanlagevermögen jeweils in der Bilanz zu erfassen ist.

5. Aufgabe (5 Punkte)

Nennen Sie fünf **Rückstellungsverbote** nach IAS 37.

6. Aufgabe (8 Punkte)

Erläutern Sie, inwiefern die in IAS 38 niedergelegten **Ansatzvoraussetzungen** von **immateriellen Vermögenswerten** im Allgemeinen leichter zu erfüllen sind, sofern diese im Rahmen eines **Unternehmenserwerbs** zugehen.

7. Aufgabe (20 Punkte)

a) Bei **Leasingverträgen** nach IAS 17 stellt sich primär die Frage, welche Ansatzpflichten der **Leasingnehmer** und der **Leasinggeber** bei einem sog. **Finanzierungs-** und **Operating-Leasing** zu erfüllen hat. Tragen Sie in der nachstehenden Tabelle die entsprechende bilanzielle Berücksichtigung ein.

	Finanzierungs-Leasing	**Operating**-Leasing
Leasing-nehmer		
Leasing-geber		

b) Welche wesentlichen **Änderungen** sind im Rahmen der bilanziellen Behandlung von Leasingtransaktionen geplant?

Übungsklausur 6: Rechnungslegung und Rechnungslegungspolitik nach IFRS (60 Punkte)

1. Aufgabe (8 Punkte)

Durch die sog. **IAS-Verordnung** der EU-Kommission aus dem Jahre 2002 und das **Bilanzrechtsreformgesetz (BilReG)** aus dem Jahre 2004 wurde die **Anwendung der IFRS** aus europäischer und nationaler Sicht kodifiziert. Tragen Sie in die nachfolgende Tabelle ein, inwiefern jeweils ein **Anwendungswahlrecht** oder **-gebot** zur IFRS-Rechnungslegung **aus nationaler Sicht** besteht und der IFRS-Abschluss eine **befreiende Wirkung** erzielen kann.

	Einzelabschluss	Konzernabschluss
kapitalmarktorientierte Unternehmen		
nicht kapitalmarktorientierte Unternehmen		

2. Aufgabe (7 Punkte)

Nennen Sie wesentliche **Grundsätze**, die bei der **Bilanzgliederung** nach IAS 1 zu beachten sind.

3. Aufgabe (8 Punkte)

Erläutern Sie die **vier** im **Rahmenkonzept (Framework)** der IFRS enthaltenen **Bewertungsmaßstäbe** zur Erfassung von Vermögenswerten und Schulden.

4. Aufgabe (10 Punkte)

Welche **in- und externen Indikatoren** deuten nach IAS 36 auf eine **Wertminderung** von Vermögenswerten hin?

5. Aufgabe (6 Punkte)

Welche wesentlichen **Bewertungsregeln** sind bei **latenten Steuern** nach IAS 12 zu beachten?

6. Aufgabe (5 Punkte)

Nennen Sie die abstrakten und konkreten Ausweisvoraussetzungen von Erträgen in der Erfolgsrechnung nach dem Rahmenkonzept (Framework) der IFRS.

7. Aufgabe (6 Punkte)

Im **Vorratsvermögen** können nach IAS 2.21 f. als **Vereinfachungsverfahren** für die Kostenbestimmung das **Standardkostenverfahren** sowie **die retrograde Methode** angewendet werden. Legen Sie kurz die Inhalte der beiden Verfahren dar.

8. Aufgabe (10 Punkte)

Welche **Voraussetzungen** müssen nach IAS 37 gegeben sein, um einen Sachverhalt als **Eventualverbindlichkeit** zu klassifizieren und wie ist dieser Posten im IFRS-Abschluss zu erfassen?

Welche **Änderungen** in Bezug auf Eventualverbindlichkeiten sind geplant?

Lösungen

Übungsklausur 1

1. Aufgabe (6 Punkte)

(X) Dem **Finanzwesen** kommt die grundlegende Aufgabe zu, für die **Bereitstellung** (Finanzierung) und **Verwendung** (Investition) finanzieller Mittel zu sorgen.

(X) Für **Kleingewerbetreibende** nach § 2 HGB sowie **Land- und Forstwirte** nach § 3 HGB besteht ein **Wahlrecht** zur handelsrechtlichen Buchführungspflicht.

2. Aufgabe (18 Punkte)

(X) Die Aufstellung des **Inventars** ist in § 240 HGB geregelt.

(X) Sowohl die Aktiv- als auch die Passivposten in der Bilanz werden nach **Liquiditätsgesichtspunkten** gegliedert.

(X) Erträge werden auf der **Habenseite** von Erfolgskonten gebucht.

(X) Die Summe von Aktiva und Passiva einer Bilanz muss **immer** identisch sein.

(X) Die Aktivseite einer Bilanz zeigt die **Mittelverwendung**.

(X) Das **Gewinn- und Verlustkonto** wird über das Eigenkapitalkonto abgeschlossen.

3. Aufgabe (18 Punkte)

a)

(X) Warenrücksendungen von **Kunden** werden im **Soll** gebucht.

(X) Der Rohgewinn bzw. Rohverlust wird auf das **GuV-Konto** übertragen.

b)

(X) – Wareneinkauf   20.000 €   an   Verbindlichkeiten   24.000 €
     – Vorsteuer   4.000 €   aus Lieferungen
                                              und Leistungen

c)

(X) Kasse   12.000 €   an   – Warenverkauf   10.000 €
                                              – Umsatzsteuer   2.000 €

d)

(X) GuV-Konto   an   Wareneinkauf

e)

(X) Umsatzsteuer   an   Vorsteuer   5.000 €

4. Aufgabe (6 Punkte)

(X) Bei der **retrograden** Handelskalkulation wird ausgehend vom Verkaufspreis auf den Einkaufspreis geschlossen.

(X) Bei der **retrograden** Handelskalkulation ergibt sich der Zielverkaufspreis aus Listenverkaufspreis (netto) abzüglich Kundenrabatt.

5. Aufgabe (12 Punkte)

a)

(X) – Waren   4.000 €   an   Schuldwechsel   4.800 €
    – Vorsteuer   800 €

b)

(X) Besitzwechsel   4.800 €   an   – Warenverkauf   4.000 €
                                     – Umsatzsteuer   800 €

c)

    Löhne   3.537 €   an   – Guthaben bei   2.018 €
                                       Kreditinstituten
                                     – Noch abzuführende   1.519 €
                                       Abgaben

    Gesetzliche soziale Aufwendungen   an   Noch abzuführende   700 €
                                              Abgaben

6. Aufgabe (6 Punkte)

(X) Die Kraftfahrzeugsteuer für betrieblich genutzte PKW ist unmittelbar als Aufwand zu verbuchen.

(X) Bei Kapitalgesellschaften gehört die **Körperschaftsteuer** zu den „Steuern vom Einkommen und Ertrag".

7. Aufgabe (15 Punkte)

(X) **Wertaufhellende** Ereignisse sind stets bei der Bilanzierung zum Stichtag zu berücksichtigen.

(X) Aufgrund des **steuerrechtlichen Bewertungsvorbehalts** kann es zu einer Durchbrechung des **Maßgeblichkeitsprinzips** kommen.

(X) Im Anlagevermögen ist das **gemilderte** Niederstwertprinzip nur auf **Finanzanlagen** anzuwenden.

(X) Im **Umlaufvermögen** besteht zum Bilanzstichtag bei einer Wertminderung eine Abwertungspflicht **unabhängig** davon, ob die Wertminderung voraussichtlich von Dauer ist.

(X) Ein niedrigerer Wertansatz eines entgeltlich erworbenen **Geschäfts- oder Firmenwertes** ist im Zeitablauf stets beizubehalten.

8. Aufgabe (18 Punkte)

a)
(X) 2.500 €

b)
(X) 30.000 €

c)
(X) 990 €

d)
(X)

– Mietaufwand	3.000 €	an	– Guthaben bei Kreditinstituten	3.000 €
– Aktiver Rechnungs-abgrenzungsposten	1.000 €		– Mietaufwand	1.000 €

e)
(X)

Guthaben bei Kreditinstituten	6.000 €	an	– Mieterträge	2.000 €
			– Passiver Rechnungs-abgrenzungsposten	4.000 €

f)
(X) 5.000 €

9. Aufgabe (9 Punkte)

(X) **Einzelkosten** sind direkt dem Kalkulationsobjekt zurechenbar.
(X) Der **Betriebsabrechnungsbogen** wird zum Zwecke der **Gemeinkostenverteilung** verwendet.
(X) Gesamtkostenverfahren und Umsatzkostenverfahren führen bei sonst gleichen Bedingungen immer zum **gleichen** Jahresergebnis.

10. Aufgabe (12 Punkte)

(X) **Kleine** Kapitalgesellschaften sind nicht prüfungspflichtig.
(X) **Große** Kapitalgesellschaften haben ihren Jahresabschluss innerhalb von **3 Monaten** nach dem Ende des Geschäftsjahres aufzustellen.
(X) Der **Anhang** dient der Erläuterung und Ergänzung von Bilanz und Gewinn- und Verlustrechnung.
(X) Die **Erklärung zur Unternehmensführung** nach § 289a HGB müssen **nicht** alle Kapitalgesellschaften erstellen.

Übungsklausur 2

1. Aufgabe (18 Punkte)

(X) Die Statistik ist Bestandteil der **Finanzbuchhaltung**.
(X) Die Passivseite der Bilanz gibt Auskunft über die **Mittelverwendung**.
(X) Die Finanzbuchhaltung und die Kostenrechnung sind für alle Kaufleute freiwillig.
(X) Handelsbücher müssen maximal **6 Jahre** aufbewahrt werden.
(X) Bei einer **passiven** Bilanz ergibt sich ein positives Eigenkapital auf der Passivseite.
(X) Im Eröffnungsbilanzkonto stehen die Anfangsbestände der passiven Bestandskonten auf der **Habenseite**.

2. Aufgabe (12 Punkte)

(X) **Nebenbücher** stellen **Hilfsbücher** dar, die der weiteren Aufgliederung und Ergänzung der Sachkonten dienen.
(X) Die Abschlussgliederungsprinzipen des **Einzelhandels-Kontenrahmens (EKR)** und des **Gemeinschaftskontenrahmens der Industrie (GKR)** sind unterschiedlich.
(X) Im **gemischten** Warenkonto erscheinen die Warenrücksendungen der Kunden auf der Sollseite.
(X) Bei Existenz **getrennter** Warenkonten und Anwendung des **Nettoverfahrens** wird der Wareneinsatz, der sich als Saldo des Waren**einkaufs**kontos ergibt, auf das Waren**verkaufs**konto übertragen.

3. Aufgabe (16 Punkte)

a)

(X) – Waren   10.000 €   an   – Guthaben bei   6.000 €
     – Vorsteuer   2.000 €   Kreditinstituten
                                              – Verbindlichkeiten   6.000 €
                                                aus Lieferungen
                                                und Leistungen

b)

(X) – Kasse   47.040 €   an   – Warenverkaufskonto   40.000 €
     – Kundenskonti   800 €   – Umsatzsteuer   7.840 €

c)

(X) Barverkaufspreis nach Abzug der Verkäuferprovision = 8.800 €
    (Selbstkostenpreis 8.000 € + Gewinnzuschlag 800 €)

d)

(X) Kalkulationsaufschlag i. e. S. = 200 %
    ([BVP 300 € - Anschaffungskosten 100 €]/ Anschaffungskosten 100 € *100)

4. Aufgabe (8 Punkte)

a)

(X)	– Schuldwechsel	24.000 €	an	Guthaben bei Kreditinstituten	24.048 €.
	– Vorsteuer	8 €			
	– Diskontaufwand	40 €			

b)

(X)	– Gehälter	2.000 €	an	– Guthaben bei Kreditinstituten	1.412 €
	– gesetzliche soziale Aufwendungen	150 €		– noch abzuführende Abgaben	1.238 €
	– Aufwendungen für Altersversorgung	500 €			

5. Aufgabe (6 Punkte)

a) Bei einem **gezogenen Wechsel**......

(X) hat der Aussteller eine **Forderung** gegenüber dem Bezogenen/Akzeptanten.

b) Zu den **gesetzlichen sozialen Aufwendungen** des Unternehmers zählen...

(X) Beiträge zur Berufsgenossenschaft.

c) Im Umsatzsteuerkonto erscheinen Rücksendungen von Kunden....

(X) auf der **Sollseite**.

6. Aufgabe (15 Punkte)

(X) **Die bilanzielle Berücksichtigung von wertbeeinflussenden** Ereignissen zwischen Bilanzstichtag und Tag der Bilanzaufstellung stellt keinen Verstoß gegen das **Stichtagsprinzip** dar.

(X) Das Handelsrecht sieht **keine** expliziten **Ansatzwahlrechte** vor.

(X) Der **handels- und steuerrechtliche Jahresabschluss** stimmen infolge des **Maßgeblichkeitsprinzips** stets wertmäßig überein.

(X) Der niedrigere **beizulegende (Zeit)-Wert** in der Handelsbilanz und der **Teilwert** in der Steuerbilanz fallen stets auseinander.

(X) Für den **derivativen Geschäfts- oder Firmenwert** besteht ein handelsrechtliches **Zuschreibungswahlrecht**.

7. Aufgabe (10 Punkte)

Realisationsprinzip:

- Verbot des Ausweises unrealisierter Gewinne und Verluste (§ 252 Abs. 1 Nr. 4 HGB).
- Konsequenz: Anschaffungs- und Herstellungskostenprinzip (§ 253 Abs. 1 Satz 1 HGB).
- Durchbrechung: Imparitätsprinzip: (Ausweis unrealisierter Verluste (§ 252 Abs. 1 Nr. 4 HGB)).
- Niederstwertprinzip bei Aktiva bzw. Höchstwertprinzip bei Passiva.

Anlagevermögen:

- Strenges Niederstwertprinzip bei voraussichtlich dauerhafter Wertminderung (§ 253 Abs. 3 Satz 3 HGB).
- Gemildertes Niederstwertprinzip für Finanzanlagen bei voraussichtlich vorübergehender Wertminderung (§ 253 Abs. 3 Satz 4 HGB).

Umlaufvermögen:

- Stets strenges Niederstwertprinzip (§ 253 Abs. 4 Satz 1 und 2 HGB).

8. Aufgabe (5 Punkte)

- Lineare Abschreibung
- Degressive Abschreibung:
  - Digital-degressive
  - Geometrisch degressive (Buchwertabschreibung).
- Progressive Abschreibung:
  - Digital-progressive
  - Geometrisch-progressive.

9. Aufgabe (21 Punkte)

a)

(X) Es besteht ein **Zuschreibungsgebot** bei einem Zuschreibungsbetrag von **80.000 €**.

b)

(X) 48.000 €

c)

(X) 2472,72 €.
(Tilgungsbelastung 1.000 € + Zinsbelastung 1.200 € + Disagiobelastung 272,72 €).

d)

(X) Die Herstellkosten betragen 340 €.

e)

(X) Es besteht ein **Gebot** zur Beschreibung der wesentlichen Merkmale des internen Kontroll- und Risikomanagementsystems im Hinblick auf den Rechnungslegungsprozess (**Risikomanagementbericht**).

f)

(X) Die Z-AG kann ein **verkürztes Bilanzschema** in Anspruch nehmen und einzelne Posten der GuV zum **Rohergebnis** zusammenfassen. Der Jahresabschluss muss **nach 6 Monaten** erstellt sein.

g) Unternehmer Schnell überlegt, welche Unternehmen zu den **Personengesellschaften** gezählt werden.

(X) Die **Kommanditgesellschaft (KG)** und die **Offene Handelsgesellschaft (OHG)** stellen Personengesellschaften dar.

10. Aufgabe (9 Punkte)

(X) Alle **Personenhandelsgesellschaften** sind verpflichtet, einen **Anhang** zu erstellen.
(X) **Sondereinzelkosten der Fertigung und des Vertriebs** sind Bestandteil der Herstellkosten.
(X) Beim **Gesamtkostenverfahren (GKV)** werden die **betrieblichen Aufwendungen** funktional nach den Bereichen **Herstellung, Vertrieb und allgemeine Verwaltung** gegliedert.

Übungsklausur 3

1. Aufgabe (6 Punkte)

- Scheinerfolge = Wertänderungen am ruhenden oder gebundenen Vermögen: Differenz zwischen Buchwerten und Wiederbeschaffungspreisen der Vermögensgüter (Tageswert).
- Scheingewinne sind keine realen Vermögensmehrungen und dürfen daher nicht in der GuV erfasst werden, sondern auf einem Ergänzungskonto des Eigenkapitals (Substanzerhaltungskonto).
- Substanzerhaltung: langfristige Unternehmensexistenz ist gesichert, wenn die reale Vermögenssubstanz und die betriebliche Leistungsfähigkeit erhalten bleibt (bei nominal unverändertem Schulden Konstanz des Vermögensbestands am Ende der Periode im Vergleich zum Periodenbeginn).

2. Aufgabe (9 Punkte)

- Komponenten der Herstellungskosten werden abweichend zum HGB nicht in § 6 EStG erwähnt, daher Auslegung durch die EStR.
- Nach R 6.3 Abs. 4 EStR 2008 galt für die Verwaltungsgemeinkosten, Kosten für allgemeine Sozialleistungen und betriebliche Altersversorgung sowie für Fremdkapitalzinsen das Maßgeblichkeitsprinzip, d. h. bei Wahlrechtsausübung in der Handelsbilanz eine Aktivierungspflicht in der Steuerbilanz.
- EStÄR 2012: steuerliche Aktivierungspflicht für Verwaltungsgemeinkosten, allgemeine Sozialleistungen und betriebliche Altersversorgung auch bei handelsrechtlicher Nichteinbeziehung (keine Maßgeblichkeit).
- Für Fremdkapitalzinsen dagegen Bewahrung der Maßgeblichkeit (Bewertungshilfe).
- BMF-Schreiben vom 25.3.2013: temporäre Beibehaltung der Maßgeblichkeit bei den Wahlrechten der Herstellungskosten bis zur Verifizierung des Erfüllungsaufwands, spätestens bis zur Neufassung der EStR.
- Motive: fiskalpolitische Zielsetzung einer vollen Gewinnbesteuerung.

3. Aufgabe (5 Punkte)

- Häufig im Rahmen der empirischen Rechnungslegungsforschung bei Managementwechsel in kapitalmarktorientierten Unternehmen nachweisbar.
- Hohe negative Erfolgsbeiträge werden der ehemaligen Unternehmensleitung angelastet.
- In den Folgeperioden erfolgserhöhende Maßnahmen einleiten, um die Qualität der eigenen Managementleistung zu stärken (Reputation).
- Ziel: Kurspflege bzw. Anwerbung neuer Investoren bzw. Vertrauensstärkung bestehender Anteilseigner.
- Beispiel: Vornahme hoher außerplanmäßiger Abschreibungen des derivativen Goodwill in der ersten Periode, so dass künftiger außerplanmäßiger Wertminderungsbedarf unterbleibt.

4. Aufgabe (22 Punkte)

a)

- Derivativer Goodwill = Differenz zwischen Kaufpreis und Nettovermögen zu Zeitwerten des erworbenen Unternehmen (2.000 T€.)
- Ansatzgebot im Handels- und Steuerrecht (§ 246 HGB; § 5 Abs. 1 EStG) und Pflicht zur planmäßigen Abschreibung über die betriebsgewöhnliche Nutzungsdauer (HGB) bzw. über 15 Jahre (§ 7 Abs. 1 Satz 3 EStG).
- Handelsrechtliche Nutzungsdauer (10 Jahre) > 5 Jahre, daher müssen die Gründe für die längere Nutzungsdauer im Anhang erläutert werden.
- Im Steuerrecht kann von der Nutzungsdauer von 15 Jahren grds. nicht abgewichen werden, so dass aktive latente Steuern entstehen: $0{,}4 \cdot 66{,}66$ T€ $= 26{,}66$ T€.
- Buchungssatz: Grundstücke und Gebäude 1.200 T€ + Anlagen und Maschinen 2.800 T€ + Finanzanlagen 2.300 T€ + Roh-, Hilfs- und Betriebsstoffe 900 T€ + Waren 1.000 T€ + Forderungen 4.500 T€ + flüssige Mittel 800 T€ + derivativer Geschäfts- oder Firmenwert 2.000 T€
an Pensionsrückstellungen 1.300 T€ + sonstige Rückstellungen 1.900 T€ + Verbindlichkeiten gegenüber Kreditinstituten 6.500 T€ + Verbindlichkeiten aus Lieferungen und Leistungen 1.000 T€ + sonstige Verbindlichkeiten 4.800 T€
- Abschreibungen an Geschäfts- oder Firmenwert 200 T€
- Aktive latente Steuern an Steuern vom Einkommen und vom Ertrag 26,66 T€.

b)

- Rückstellung sind nach § 253 Abs. 1 HGB zum nach vernünftiger kaufmännischer Beurteilung notwendigen Erfüllungsbetrag anzusetzen.
- Handelsrechtlich sind auch künftige Preis- und Kostensteigerungen zu berücksichtigen, sofern sie objektivierbar sind (Branchenerfahrungen reichen aus): Erfüllungsbetrag: 10.000 T€ $\cdot 1{,}03^5 = 11.592{,}74$ T€.
- Zudem Abzinsung der Rückstellungen mit Restlaufzeit von > 1 Jahr: $11.592{,}74$ T€$/1{,}04^5 = 9.528{,}4$ T€.
- Korrektur des vorläufigen Bilanzwerts von 10.000 T€ um 471,61 T€.
- Steuerrechtlich keine Einbeziehung von Kostensteigerungen (§ 6 Abs. 3a Nr. f EStG)
- Abzinsung mit einem Fixzins von 5,5 % im Steuerrecht (§ 6 Abs. 3a EStG): 10.000 T€$/1{,}055^5 = 7.651{,}34$ T€.
- Aktive latente Steuern: $0{,}4 \cdot 1.877{,}06$ T€ $= 750{,}8$ T€.
- Buchungssatz: sonstige Rückstellungen an sonst. betriebliche Aufwendungen 471,61 T€.
- Aktive latente Steuern an Steuern vom Einkommen und vom Ertrag 750,8 T€.

c)

- Passivierungsverbot für generelle Aufwandsrückstellungen.
- Erfolgsminimierung: Anwendung des Komponentenansatzes zur Maximierung des Aufwandsvolumens; Vermögensgegenstand, der sich in Komponenten mit unterschiedlicher Nutzungsdauer zerlegen lässt, in Höhe der Summe der ermittelten Abschreibungsbeträge der einzelnen Komponenten abschreiben.
- Erfolgsmaximierung: kein Komponentenansatz und Gesamtabschreibung von 2.500 T€/10 = 250 T€; Buchungssatz: Maschinen an flüssige Mittel 2.500 T€, Abschreibungen an Maschinen 250 T€.

- Steuerrechtlich einheitlicher Nutzungs- und Funktionszusammenhang, grds. einheitlich abschreiben, Komponentenansatz unzulässig; bei handelsrechtlichem Komponentenansatz aktive latente Steuern i. H. v. 50 T€ · 0,4 = 20 T€.
- Aufwendungen für Großinspektion dürfen handels- und steuerrechtlich nicht passiviert werden.
- Instandhaltungsrückstellungen Verbot nach 3 Monaten Nachholung, im vorliegenden Fall im Februar, also handels- und steuerrechtliche Passivierungspflicht.
- Buchungssatz: Sonstige betriebliche Aufwendungen an sonstige Rückstellungen 150 T€.

5. Aufgabe   (18 Punkte)

(X) Bei einer **Feststellung** des Jahresabschlusses durch Vorstand und Aufsichtsrat in der Aktiengesellschaft können diese **ohne** Satzungsbestimmung nicht mehr als **50 %** des Jahresüberschusses in **andere Gewinnrücklagen** einstellen.

(X) Die Fertigung eines **Anlagegitters** in der **Bilanz** oder im **Anhang** stellt ein **formelles darstellungsgestaltendes** Instrument der Rechnungslegungspolitik dar.

(X) Eine Aktiengesellschaft mit Listing im Deutschen Aktienindex (DAX) muss den Jahresabschluss um eine **Kapitalflussrechnung** und einen **Eigenkapitalspiegel** erweitern.

(X) Das **Saldierungsverbot** wird als **Grundsatz ordnungsmäßiger Buchführung (GoB)** im Handelsrecht partiell durchbrochen.

Übungsklausur 4

1. Aufgabe (6 Punkte)

- Prinzip der periodengerechten Erfolgsermittlung
- Kongruenzprinzip
- Realisationsprinzip
- Niederstwertprinzip (Imparitätsprinzip)
- Anschaffungs- und Herstellungskostenprinzip
- Vorsichtsprinzip

2. Aufgabe (9 Punkte)

- BiRiLiG: Übernahme der Vierten und Siebenten EG-Richtlinie in nationales Recht.
- KapAEG: § 292a HGB a. F.: Möglichkeit eines befreienden Konzernabschlusses nach US-GAAP oder IAS.
- KonTraG: Einrichtung eines privatrechtlichen Standardsetters (DRSC) nach § 342 HGB.
- KapCoRiLiG: Gleichstellung der kapitalistischen Personenhandelsgesellschaft mit Kapitalgesellschaften (§ 264a HGB).
- TransPuG: Annäherung des Konzernbilanzrechts an internationale Praxis (z. B. Wegfall der Umkehrmaßgeblichkeit) und Einführung des Deutschen Corporate Governance Kodex.
- BilReG: Übernahme der EU-IAS-Verordnung und der Fair Value-, Modernisierungs- und Schwellenwertrichtlinie.
- BilKoG: Einrichtung einer zweistufigen Enforcement-Instanz.
- BilMoG: Annäherung des Handelsrechts an die IFRS durch Wegfall von Wahlrechten und Einführung neuer Bilanzmethoden (z. B. Ansatz selbsterstellter immaterieller Anlagegüter).

3. Aufgabe (5 Punkte)

- Nur bei Kapitalgesellschaften und ihnen gesetzlich gleichgestellte Unternehmen bindend.
- Unter Beachtung der GoB ein den tatsächlichen Verhältnissen entsprechendes Bild der Vermögens-, Finanz- und Ertragslage des Unternehmens vermitteln.
- Kein Overriding-Charakter.
- Zusätzliche Angaben im Anhang notwendig zur Erfüllung des True and Fair View-Prinzips (Informationsabkopplungsthese nach *Adolf Moxter*).
- Beispiel: keine vorzeitige Gewinnrealisierung bei Langfristfertigung.

4. Aufgabe (22 Punkte)

a)

- Handelsrechtliches Ansatzwahlrecht für die Differenz zwischen Aus- und Rückzahlungsbetrag des Darlehens (§ 250 Abs. 3 HGB) in Höhe von 1.500 €.
- Entweder als RAP aktivieren (bei Maximierungsstrategie) und über die Laufzeit ratierlich auflösen oder sofort als Zinsaufwand verbuchen (bei Minimierungsstrategie).
- Zugleich Anstieg der Verbindlichkeiten und flüssigen Mittel.
- Steuerrechtliches Ansatzgebot als RAP (H 6.10 EStR).
- Bei Minimierungsstrategie ergeben sich aktive latente Steuern in Höhe von $0{,}4 \cdot 1.200 = 480$. (kein Ansatz latenter Steuern).
- Buchungssatz bei Maximierung: Flüssige Mittel 28.500 € + Disagio 1.500 €
  an Verbindlichkeiten gegenüber Kreditinstituten 30.000 €.
  Zinsaufwand an Disagio 300 €.
- Buchungssatz bei Minimierung: Flüssige Mittel 28.500 € + Zinsaufwand 1.500 €
  an Verbindlichkeiten gegenüber Kreditinstituten 30.000 €.
  Aktive latente Steuern an Steuern vom Einkommen und vom Ertrag 480 €.

b)

- Beizulegender Zeitwert nur berücksichtigen, wenn er unter den Anschaffungskosten liegt.
- Keine Wertsteigerungen bei Grundstücken/Gebäuden und den Wertpapieren des Umlaufvermögens erfassen (Letztere nur bei Kreditinstituten zulässig).
- Im Finanzanlagevermögen Wahlrecht zur außerplanmäßigen Abschreibung bei voraussichtlich vorübergehender Wertminderung und Pflicht bei dauerhafter Wertminderung.
- Steuerrechtliche Abschreibungspflicht nur bei dauerhafter Wertminderung, sonst Verbot (§ 6 Abs. 1 Nr. 1 und 2 EStG).
- in diesem Fall liegt eine dauerhafte Wertminderung vor, da das Insolvenzverfahren eröffnet wurde (handels- und steuerrechtliche Abschreibungspflicht).
- Buchungssatz: Abschreibungen an Finanzanlagen 9.400 €.

c)

- Passivierungsverbot für generelle Aufwandsrückstellungen
- Erfolgsminimierung: Komponentenansatz zur Maximierung des Aufwandsvolumens; Vermögensgegenstand, der sich in Komponenten mit unterschiedlicher Nutzungsdauer zerlegen lässt, in Höhe der Summe der ermittelten Abschreibungsbeträge der einzelnen Komponenten abschreiben.
- Zulässig, wenn physisch separierbare Komponenten ausgetauscht werden, die im Verhältnis zum Gegenstand wesentlich sind; in diesem Fall erfüllt.
- Abschreibung der Maschine: 20.000 €/10 = 2.000 €, für die Walze 5.000 €/5 = 1.000 €.
- Erfolgsmaximierung: kein Komponentenansatz, Gesamtabschreibung von 25.000 €/10 = 2.500 €.
  Buchungssatz: Maschinen an flüssige Mittel 25.000 €.
  Abschreibungen an Maschinen 2.500 €.
- Erfolgsminimierung: 3.000 € abschreiben.
  Buchungssatz: Maschinen an flüssige Mittel 25.000 €, Abschreibung an Maschinen 3.000 €, aktive latente Steuern an Steuern vom Einkommen und vom Ertrag 200 €.

- Steuerrechtlich einheitlicher Nutzungs- und Funktionszusammenhang, grds. einheitlich abschreiben, Komponentenansatz unzulässig; bei handelsrechtlichem Komponentenansatz aktive latente Steuern von 500 € · 0,4 = 200 €.
- Aufwendungen für Großinspektion dürfen handels- und steuerrechtlich nicht passiviert werden.
- Instandhaltungsrückstellungen Verbot nach 3 Monaten Nachholung, hier im April, also handels- und steuerrechtlich nicht zulässig.

5. Aufgabe   (18 Punkte)

(X) **Aktive latente** Steuern entstehen, wenn die **handelsrechtlichen** Wertansätze von Schulden und passiven Rechnungsabgrenzungsposten **größer** ausfallen als die entsprechenden **steuerrechtlichen** Wertansätze.

(X) Nicht publizitätspflichtige Personengesellschaften dürfen **keine Saldierung** der **aktiven und passiven latenten Steuern** vornehmen.

(X) Sofern eine **steuerrechtliche Rücklage** nach § 6b, 6d EStG gebildet wird, ergibt sich hieraus ein **handelsrechtliches Passivierungsverbot**.

(X) Die **handelsrechtliche Wertaufholungspflicht** für Vermögensgegenstände wird beim **derivativen Geschäfts- oder Firmenwert** durchbrochen.

Übungsklausur 5

1. Aufgabe (8 Punkte)

Anglo-Amerika	Kontinental-Europa
Hohe Eigenkapitalfinanzierung	Hohe Fremdkapitalfinanzierung
Hoch entwickelter Kapitalmarkt: hohe Liquidität, hohe Börsenkapitalisierung, hoher Anteil börsennotierter Unternehmen.	Traditionell schwach entwickelter Kapitalmarkt für die Unternehmensfinanzierung.
Starker Streubesitz, wenige Unternehmenskonglomerate.	Hohe Stimmrechtskonzentration: Großinvestoren üben starken Einfluss auf Unternehmen aus.
Wichtigste institutionelle Anleger treten als echte Eigenkapitalgeber auf.	Wichtigste institutionelle Anleger nutzen Einfluss primär zur Sicherung ihrer Gläubigerposition.
Weitgehende Anonymität der Anleger erfordert umfassende und verlässliche Informationen => Jahresabschluss primär investororientiert.	Gläubiger fordern umfassende Informationen als Voraussetzung für die Kapitalvergabe.
Konvergenz der Systeme in jüngerer Zeit, u. a. auch in Deutschland („Entflechtung der Deutschland AG").	

2. Aufgabe (8 Punkte)

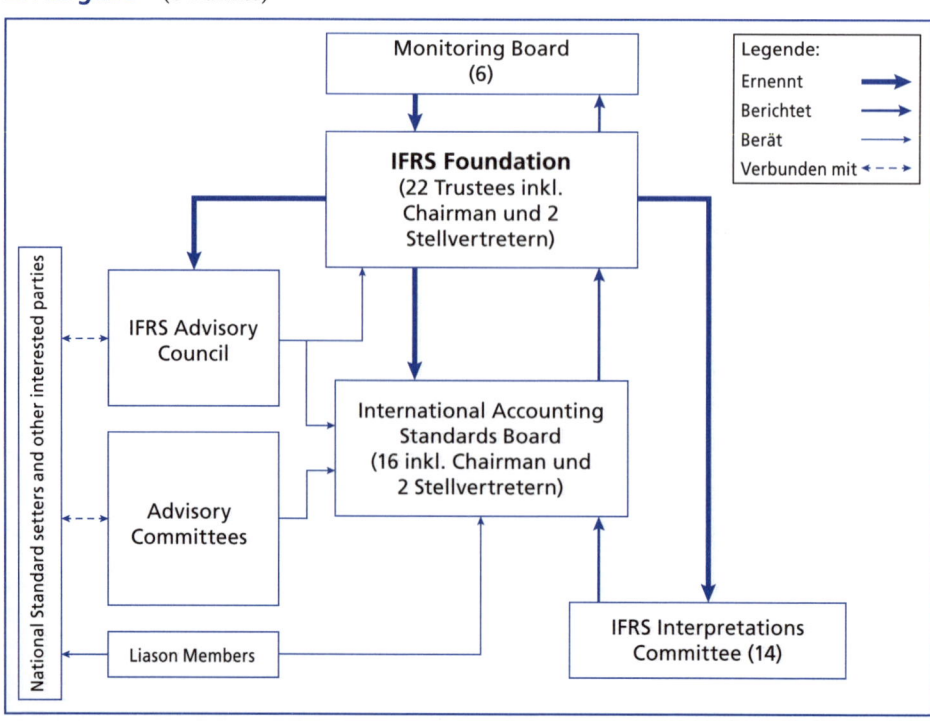

Lösungen

3. Aufgabe (5 Punkte)

Abstrakte Definition:

(1) Gegenwärtige Verpflichtung des Unternehmens.
(2) Aufgrund von Ereignissen in der Vergangenheit.
(3) Zukünftiger Abfluss von Ressourcen mit wirtschaftlichem Nutzen, sowohl Verbindlichkeiten als auch Rückstellungen.

Konkrete Voraussetzungen:

(1) Abfluss von Ressourcen mit wirtschaftlichem Nutzen wahrscheinlich, nach h. M. > 50 %.
(2) Verlässliche Bewertbarkeit des Erfüllungsbetrags, ansonsten lediglich Anhangangabe.

4. Aufgabe (6 Punkte)

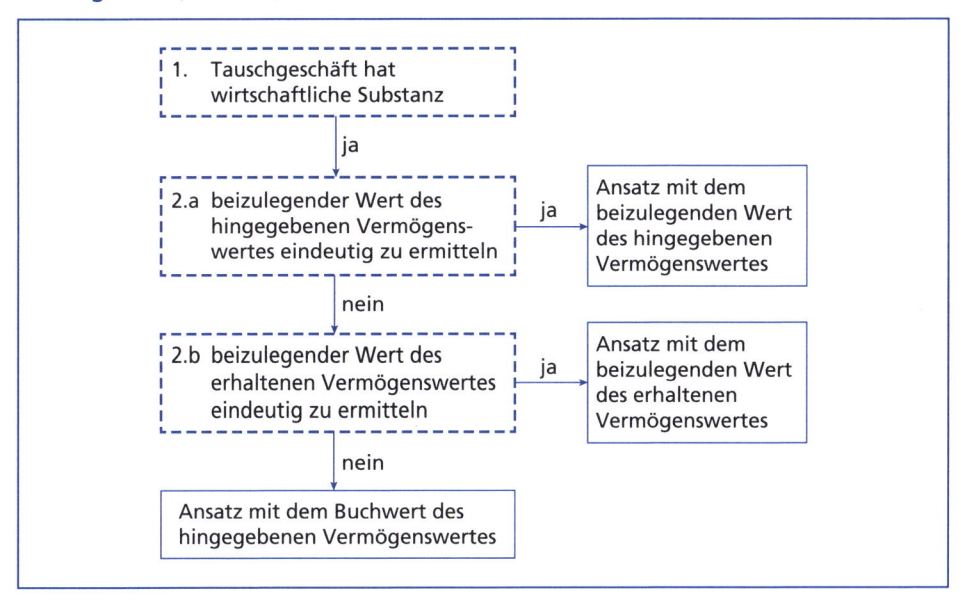

```
┌─────────────────────────────────────────────────────────────────┐
│  ┌─────────────────────────────┐                                │
│  │ 1. Tauschgeschäft hat       │                                │
│  │    wirtschaftliche Substanz │                                │
│  └──────────────┬──────────────┘                                │
│                 │ ja                                            │
│  ┌──────────────▼──────────────┐      ┌──────────────────────┐  │
│  │ 2.a beizulegender Wert des  │  ja  │ Ansatz mit dem       │  │
│  │ hingegebenen Vermögens-     │─────▶│ beizulegenden Wert   │  │
│  │ wertes eindeutig zu ermitteln│      │ des hingegebenen     │  │
│  └──────────────┬──────────────┘      │ Vermögenswertes      │  │
│                 │ nein                 └──────────────────────┘  │
│  ┌──────────────▼──────────────┐      ┌──────────────────────┐  │
│  │ 2.b beizulegender Wert des  │  ja  │ Ansatz mit dem       │  │
│  │ erhaltenen Vermögenswertes  │─────▶│ beizulegenden Wert   │  │
│  │ eindeutig zu ermitteln      │      │ des erhaltenen       │  │
│  └──────────────┬──────────────┘      │ Vermögenswertes      │  │
│                 │ nein                 └──────────────────────┘  │
│  ┌──────────────▼──────────────┐                                │
│  │ Ansatz mit dem Buchwert des │                                │
│  │ hingegebenen Vermögenswertes│                                │
│  └─────────────────────────────┘                                │
└─────────────────────────────────────────────────────────────────┘
```

5. Aufgabe (5 Punkte)

- Aufwandsrückstellungen
- Instandhaltungsrückstellungen
- Rückstellungen für zukünftige operative Verluste.
- Rückstellungen für politische Risiken.
- Rückstellungen für allgemeine Restrukturierungsprojekte.

6. Aufgabe (8 Punkte)

(1) Wahrscheinlicher Zufluss eines wirtschaftlicher Nutzens:
- beizulegender Zeitwert spiegelt beim Erwerb die Markterwartungen über diese Wahrscheinlichkeit wider (kein Nachweis erforderlich).

(2) Verlässliche Bewertbarkeit:
- beizulegender Zeitwert i. d. R. verlässlich bestimmbar.

(3) Identifizierbarkeit:
- Man kann auch Vermögenswerte zu einer Gruppe zusammenfassen und ihn einzeln ansetzen, wenn einzelne beizulegende Zeitwerte nicht ermittelt werden können (aber: aktiver Markt muss bestehen).

(4) Beherrschung:
- Unproblematisch bei Unternehmenserwerben durch Control-Konzept.

7. Aufgabe (20 Punkte)

a)

	Finanzierungs-Leasing	**Operating**-Leasing
Leasing-**nehmer**	- Aktivierung des Leasinggegenstands unter den langfristigen Vermögenswerten - Passivierung der zukünftigen Leasingzahlungen - Behandlung wie kreditfinanzierter Kauf	- Keine Ansatzpflichten - Mietzahlungen als Aufwand über die Laufzeit verbuchen - Behandlung wie normaler Mietvertrag
Leasing-**geber**	- Aktivierung der zukünftigen Einzahlungen als Forderung (Asset) - Gegenkonten: Bankverbindlichkeiten, Anlagevermögen	- Aktivierung des Leasinggegenstands als langfristiger Vermögenswert - Leasinggeber = zivilrechtlicher und wirtschaftlicher Eigentümer

b)

- Vollständige Neukonzeption zur Vermeidung von Abgrenzungsproblemen, Betonung des Vollständigkeitsprinzips und Eliminierung von Unterschieden zwischen IFRS und US-GAAP.
- Ersatz des Risk and Reward Approach durch den Right of Use Approach (d. h. Frage nach der Verteilung der Risiken und Chancen zwischen Leasinggeber und -nehmer nicht mehr im Fokus.
- Leasingnehmer: für das Recht zur Nutzung des Leasinggegenstands während des Leasingzeitraums Vermögenswert ansetzen und Ansatz einer Schuld zur Leistung der Leasingzahlungen (also grds. bilanzielle Erfassung beim Leasingnehmer.
- Leasinggeber: für das Recht zum Erhalt der Leasingzahlungen Vermögenswert ansetzen
- keine Trennung zwischen Operate- und Finance Leasing.
- Passivierung einer Verpflichtung in Höhe des Barwerts der Leasingraten und Bilanzierung des Leasinggegenstands als Nutzungsrecht beim -nehmer unabhängig vom Leasingzeitraum, der Höhe des Restwerts und der Zurechnung der Risiken.

Übungsklausur 6

1. Aufgabe (8 Punkte)

	Einzelabschluss	Konzernabschluss
Kapitalmarktorientierte Unternehmen	Anwendungswahlrecht und nicht befreiend	Anwendungspflicht und befreiend
nicht Kapitalmarktorientierte Unternehmen	Anwendungswahlrecht und nicht befreiend	Anwendungswahlrecht und befreiend

2. Aufgabe (8 Punkte)

- Wesentlichkeitsprinzip
- Saldierungsverbot
- Darstellungsstetigkeit (keine Form vorgeschrieben, aber Staffelform bevorzugt)
- Änderungen der Bezeichnungen und Reihenfolge vornehmen, wenn True and Fair View es erfordert.
- Untergliederung in lang- und kurzfristige Vermögenswerte bzw. Schulden oder nach Liquiditätsnähe möglich; Präferenz für erste Variante.
- Aufnahme weiterer Posten, Überschriften und Zwischensummen im Sinne der Fair Presentation (z. B. Goodwill).

3. Aufgabe (8 Punkte)

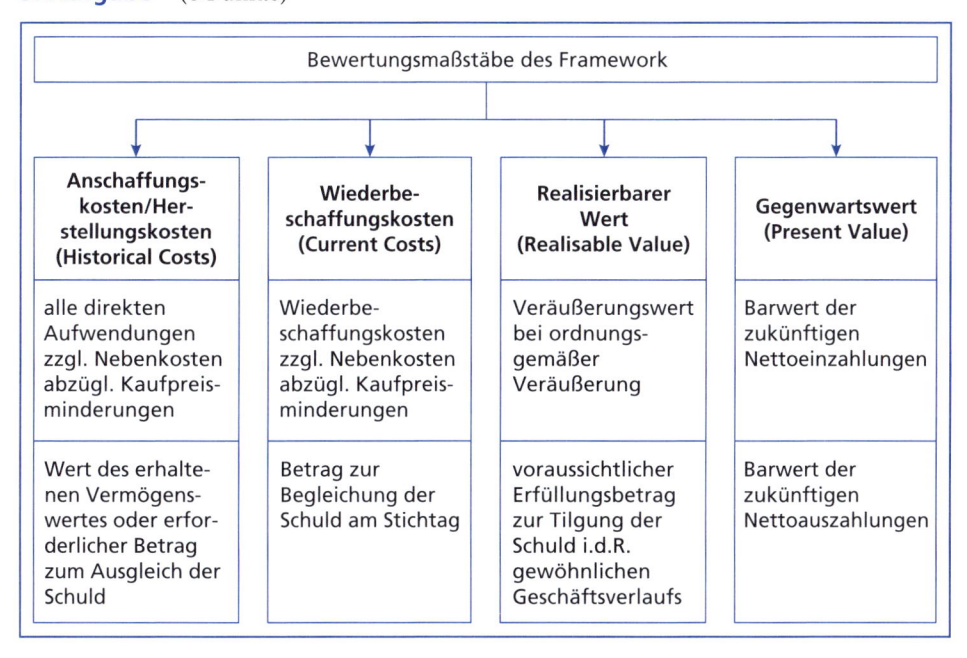

Bewertungsmaßstäbe des Framework

Anschaffungskosten/Herstellungskosten (Historical Costs)	Wiederbeschaffungskosten (Current Costs)	Realisierbarer Wert (Realisable Value)	Gegenwartswert (Present Value)
alle direkten Aufwendungen zzgl. Nebenkosten abzügl. Kaufpreisminderungen	Wiederbeschaffungskosten zzgl. Nebenkosten abzügl. Kaufpreisminderungen	Veräußerungswert bei ordnungsgemäßer Veräußerung	Barwert der zukünftigen Nettoeinzahlungen
Wert des erhaltenen Vermögenswertes oder erforderlicher Betrag zum Ausgleich der Schuld	Betrag zur Begleichung der Schuld am Stichtag	voraussichtlicher Erfüllungsbetrag zur Tilgung der Schuld i.d.R. gewöhnlichen Geschäftsverlaufs	Barwert der zukünftigen Nettoauszahlungen

4. Aufgabe (10 Punkte)

Externe Indikatoren:

- Marktwert eines Vermögenswertes in der Berichtsperiode deutlich stärker gesunken als es Alter oder Abnutzung erwarten ließen.
- Signifikante nachteilige Veränderungen im technischen, marktbezogenen, ökonomischen, gesetzlichen Unternehmensumfeld oder auf den für den jeweiligen Vermögenswert relevanten Absatzmärkten.
- Erhöhte Marktzinsen oder andere Marktrenditen wirken sich wahrscheinlich negativ auf den Zinssatz aus, der für die Berechnung des Nutzungswerts des Vermögenswerts herangezogen wird, und mindern diesen wesentlich.
- Buchwert des Reinvermögens > Marktkapitalisierung.

Interne Indikatoren:

- Substanzielle Hinweise auf Überalterung oder physischen Schaden.
- Abzeichnung signifikanter Veränderungen mit nachteiligen Folgen in der Form von Stilllegung des Vermögenswerts, (geplanter) Einstellung des Bereiches, dem der Vermögenswert zugeordnet ist, frühzeitiger Abgang des Vermögenswerts oder Verringerung der geschätzten Nutzungsdauer.
- Substanzielle Hinweise aus dem internen Berichtswesen auf verschlechterte Ertragskraft eines Vermögenswerts.

5. Aufgabe (6 Punkte)

- Grundsatz: Bewertung mit dem Steuersatz, der zum Bilanzstichtag gültig oder angekündigt ist; bei Ungewissheit der künftigen Steuersatzentwicklung immer auf die aktuellen Steuersätze zurückgreifen.
- Bei von der Gewinnhöhe abhängigen Steuersätzen durchschnittlichen Gewinnsteuersatz verwenden.
- Abzinsungsverbot für latente Steuern.
- Latente Steuerpositionen sowohl dem Grunde als auch der Höhe nach an jedem Bilanzstichtag überprüfen.

6. Aufgabe (5 Punkte)

Abstrakte Voraussetzungen:

- Wirtschaftliche Nutzenzugang in Form von Zuflüssen, Erhöhungen von Vermögenswerten oder Abnahme von Schulden.
- Erhöhung des Eigenkapitals.
- Keine Einlage von Anteilseignern.

Konkrete Voraussetzungen:

- Berücksichtigung in der Periode des wirtschaftlichen Nutzens; und
- verlässliche Bewertung der Erhöhung des Vermögenswertes/Verringerung der Schuld.

7. Aufgabe (6 Punkte)

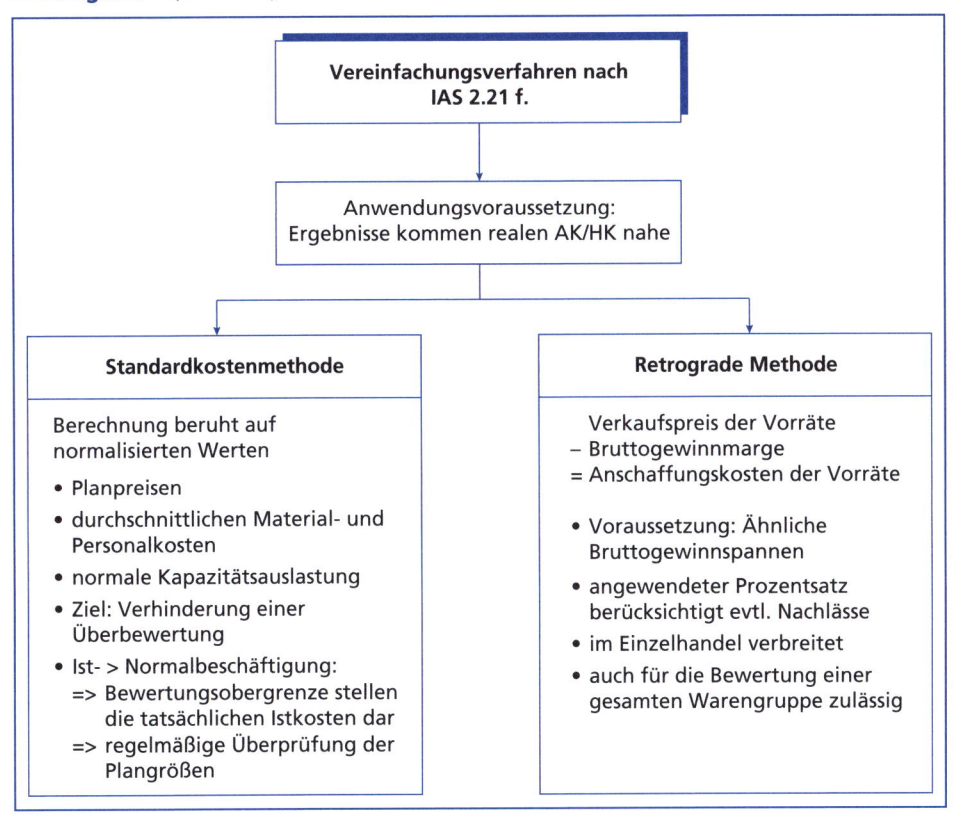

Vereinfachungsverfahren nach IAS 2.21 f.

Anwendungsvoraussetzung: Ergebnisse kommen realen AK/HK nahe

Standardkostenmethode

Berechnung beruht auf normalisierten Werten

- Planpreisen
- durchschnittlichen Material- und Personalkosten
- normale Kapazitätsauslastung
- Ziel: Verhinderung einer Überbewertung
- Ist- > Normalbeschäftigung:
  => Bewertungsobergrenze stellen die tatsächlichen Istkosten dar
  => regelmäßige Überprüfung der Plangrößen

Retrograde Methode

Verkaufspreis der Vorräte
− Bruttogewinnmarge
= Anschaffungskosten der Vorräte

- Voraussetzung: Ähnliche Bruttogewinnspannen
- angewendeter Prozentsatz berücksichtigt evtl. Nachlässe
- im Einzelhandel verbreitet
- auch für die Bewertung einer gesamten Warengruppe zulässig

8. Aufgabe (10 Punkte)

- Wenn mindestens eines der Ansatzkriterien für eine Rückstellung nicht erfüllt ist:
  (1) Verpflichtung unwahrscheinlich, aber nicht unmöglich ($0\% < p < 50\%$); Eintreten abhängig von nicht vom Unternehmen zu kontrollierenden Ereignissen.
  (2) Wirtschaftlicher Ressourcenabfluss aufgrund der Verpflichtung unwahrscheinlich ($0\% < p < 50\%$).
  (3) Höhe der gegenwärtigen Verpflichtung kann nicht verlässlich ermittelt werden.
- Passivierungsverbot
- Begründende Sachverhalte regelmäßig überprüfen und Änderungen entsprechend berücksichtigen.
- Für jede Gruppe detaillierte Angaben im Anhang.
- Berichtspflicht entfällt, wenn Ressourcenabfluss unwahrscheinlich.
- Wegfall der Gruppe der Eventualverbindlichkeiten; gehen in Oberbegriff „Nicht finanzielle Verbindlichkeiten auf".
- Aufgabe des doppelten Wahrscheinlichkeitserfordernisses, bei $p > 0\%$, wird folglich dem Grunde nach passiviert.

Literaturverzeichnis

ADS 1995a: Adler, H./Düring, W./Schmaltz, K.(Hrsg.), Rechnungslegung und Prüfung der Unternehmen. Kommentar zum HGB, AktG, GmbHG, PublG nach den Vorschriften des Bilanzrichtlinien-Gesetzes, Teilband 1, 6. Aufl., neu bearb. von Forster, K.-H./Goerdeler, R./ Lanfermann, J./Müller, H.-P./Siepe, G./Stolberg, K., Stuttgart 1995.

ADS 1995b: Adler, H./Düring, W./Schmaltz, K. (Hrsg.), Rechnungslegung und Prüfung der Unternehmen. Kommentar zum HGB, AktG, GmbHG, PublG nach den Vorschriften des Bilanzrichtlinien-Gesetzes, Teilband 2, 6. Aufl., neu bearb. von Forster, K.-H./Goerdeler, R./ Lanfermann, J./Müller, H.-P./Siepe, G./Stolberg, K., Stuttgart 1995.

ADS 1997a: Adler, H./Düring, W./Schmaltz, K. (Hrsg.), Rechnungslegung und Prüfung der Unternehmen. Kommentar zum HGB, AktG, GmbHG, PublG nach den Vorschriften des Bilanzrichtlinien-Gesetzes, Teilband 4, 6. Aufl., neu bearb. von Forster, K.-H./Goerdeler, R./ Lanfermann, J./Müller, H.-P./Siepe, G./Stolberg, K., Stuttgart 1997.

ADS 1997b: Adler, H./Düring, W./Schmaltz, K. (Hrsg.), Rechnungslegung und Prüfung der Unternehmen. Kommentar zum HGB, AktG, GmbHG, PublG nach den Vorschriften des Bilanzrichtlinien-Gesetzes, Teilband 5, 6. Aufl., neu bearb. von Forster, K.-H./Goerdeler, R./ Lanfermann, J./Müller, H.-P./Siepe, G./Stolberg, K., Stuttgart 1997.

ADS 1998: Adler, H./Düring, W./Schmaltz, K. (Hrsg.), Rechnungslegung und Prüfung der Unternehmen. Kommentar zum HGB, AktG, GmbHG, PublG nach den Vorschriften des Bilanzrichtlinien-Gesetzes, Teilband 6, 6. Aufl., neu bearb. von Forster, K.-H./Goerdeler, R./ Lanfermann, J./Müller, H.-P./Siepe, G./Stolberg, K., Stuttgart 1998.

AKEU 2001: Arbeitskreis Externe Unternehmensrechnung der Schmalenbach-Gesellschaft für Betriebswirtschaft e. V., Die Zukunft der Rechnungslegung aus Sicht von Wissenschaft und Praxis. Fachprogramm des Arbeitskreises Externe Unternehmensrechnung im Rahmen des 54. Deutschen Betriebswirtschaftler-Tags, in: DB 54 (2001), S. 160–161.

AKEU 2002: Arbeitskreis Externe Unternehmensrechnung der Schmalenbach-Gesellschaft für Betriebswirtschaft e. V., Grundsätze für das Value Reporting, in: DB 55 (2002), S. 2337–2340.

AKIW 2003: Arbeitskreis Immaterielle Werte im Rechnungswesen der Schmalenbach-Gesellschaft für Betriebswirtschaft e. V., Freiwillige externe Berichterstattung über immaterielle Werte, in: DB 56 (2003), S. 1233–1237.

Albach 1961: Albach, Horst, Entscheidungsprozeß und Informationsfluß in der Unternehmensorganisation, in: Schnaufer, E./Agthe, K. (Hrsg.), Organisation, TFB-Handbuchreihe, Bd. 1, Berlin/Baden-Baden 1961, S. 355–402.

Albach 1999: Albach, H., Eine allgemeine Theorie der Unternehmung, in: ZfB 69 (1999), S. 411–427.

Baetge/Ballwieser 1978: Baetge, J./Ballwieser, W., Probleme einer rationalen Bilanzpolitik, in: BFuP 30 (1978), S. 511–530.

Baetge/Jerschensky 1996: Baetge, J./Jerschensky, A., Beurteilung der wirtschaftlichen Lage von Unternehmen mit Hilfe moderner Verfahren der Jahresabschlußanalyse, in: DB 49 (1996), S. 1581–1591.

Baetge/Noelle 2001: Baetge, J./Noelle, J., Shareholder-Value-Reporting sowie Prognose- und Performancepublizität, in: KoR 1 (2001), S. 174–180.

Baetge/Zülch 2010: Baetge, J./Zülch, H., Rechnungslegungsgrundsätze nach HGB und IFRS, in: Wysocki, K. v./Schulze-Osterloh, J./Hennrichs, J./Kuhner, Chr. (Hrsg.), HdJ, Rechnungslegung nach HGB und internationalen Standards, Bd. 1, Abteilung I/2, Köln 2010, Loseblattausgabe (Stand: Dezember 2012).

Baetge/Commandeur/Hippel 2010: Baetge, J./Commandeur, D./Hippel, S., Kommentierung zu § 264 HGB, in: Küting, K./Pfitzer, N./Weber, C.-P. (Hrsg.), Handbuch der Rechnungslegung. Einzelabschluss. Kommentar zur Bilanzierung und Prüfung, Bd. 1, Stuttgart 2010, Loseblattausgabe (Stand: November 2012).

Baetge/Kirsch/Thiele 2012: Baetge, J./Kirsch, H.-J./Thiele, S., Bilanzen, 12. Aufl., Düsseldorf 2012.

Baetge/Kirsch/Thiele 2011: Baetge, J./Kirsch, H.-J./Thiele, S., Grundsätze ordnungsmäßiger Buchführung, in: Küting, K./Pfitzer, N./Weber, C.-P. (Hrsg.), Handbuch der Rechnungslegung. Einzelabschluss. Kommentar zur Bilanzierung und Prüfung, Bd. 1, Stuttgart 2011, Loseblattausgabe (Stand: November 2012).

Baetge/Zülch/Matena 2002: Baetge, J./Zülch, H./Matena, S., Fair Value-Accounting. Ein Paradigmenwechsel auch in der kontinentaleuropäischen Rechnungslegung?, in: StuB 4 (2002), S. 365–373 u. S. 417–422.

Ballwieser 2002: Ballwieser, W., Rechnungslegung im Umbruch. Entwicklungen, Ziele, Missverständnisse, in: ST 76 (2002), S. 295–304.

Ballwieser 2004: Ballwieser, W., Schaden IAS dem Mittelstand?, in: Küting, K./Pfitzer, N./Weber, C.-P. (Hrsg.), Herausforderungen und Chancen durch weltweite Rechnungslegungsstandards. Kapitalmarktorientierte Rechnungslegung und integrierte Unternehmenssteuerung, Stuttgart 2004, S. 11–27.

Banzhaf 2006: Banzhaf, J., Wertorientierte Berichterstattung (Value Reporting). Analyse der Relevanz wertorientierter Informationen für Stakeholder unter besonderer Berücksichtigung von Mitarbeitern, Kunden und Lieferanten, Frankfurt am Main et al. 2006.

Bauer 1981: Bauer, J., Grundlagen einer handels- und steuerrechtlichen Rechnungspolitik der Unternehmung, Wiesbaden 1981.

Bäuerle 1989: Bäuerle, P., Zur Problematik der Konstruktion praktikabler Entscheidungsmodelle, in: ZfB 59 (1989), S. 175–181.

Beaver 1983: Beaver, W. H., Zur Effizienz des Kapitalmarkts. Gegenwärtiger Stand der Forschung, in: BFuP 35 (1983), S. 344–358.

Bender 1980: Bender, R., Entscheidungsmodelle der Jahresüberschußverwendung, Frankfurt am Main 1980.

Bentele 2004: Bentele, M., Immaterielle Vermögenswerte in der Unternehmensberichterstattung. Eine kritische Analyse, Frankfurt am Main 2004.

Berger 1965: Berger, K.-H., Bilanzplanung, in: Mellerowicz, K./Bankmann, J. (Hrsg.), Wirtschaft und Wirtschaftsprüfung, Festschrift für H. Rätsch zum 60. Geburtstag, Stuttgart 1965, S. 125–147.

Bertram 2012: Bertram, K., Kommentierung zu § 274 HGB, in: Bertram, K./Brinkmann, R./Kessler, H./Müller, S. (Hrsg.), Haufe HGB Bilanz Kommentar, 3. Aufl., Freiburg i.Br. 2012.

Bieg/Kußmaul/Waschbusch 2012: Bieg, H./Kußmaul, H./Waschbusch, G., Externes Rechnungswesen, 6. Aufl., München/Wien 2012.

Bieg et al. 2006: Bieg, H./Hoffeld, C./Kußmaul, H./Waschbusch, G., Handbuch der Rechnungslegung nach IFRS, Wiesbaden 2006.

Blaufus 2005: Blaufus, K., Fair Value Accounting. Zweckmäßigkeitsnanalyse und konzeptioneller Rahmen, Wiesbaden 2005.

Blohm/Lüder/Schaefer 2012: Blohm, H./Lüder, K./Schaefer, Chr., Investition. Schwachstellenanalyse des Investitionsbereichs und der Investitionsrechnung, 10. Aufl., München 2012.

Böcking 2001: Böcking, H.-J., IAS für Konzern- und Einzelabschluss?, in: WPg 54 (2001), S. 1433–1440.

Bohl 2004: Bohl, W., IAS/IFRS und steuerliche Gewinnermittlung, in: DB 57 (2004), S. 2381–2383.

Bores 1935: Bores, W., Konsolidierte Erfolgsbilanzen und andere Bilanzierungsmethoden für Konzerne und Kontrollgesellschaften, Leipzig 1935.

Börner/Krawitz 1977: Börner, D./Krawitz, N., Steuerbilanzpolitik. Eine entscheidungsorientierte Analyse der Wahlrechte zur steuerlichen Gewinnermittlung. Darstellung, Kontrollfragen, Fallstudien und Musterlösungen, Herne/Berlin 1977.

Breithecker 1986: Breithecker, V., Aspekte zur Steuerpolitik von Publikumskapitalgesellschaften, in: DB 39 (1986), S. 2196–2198.

Breithecker 1989: Breithecker, V., Ein handelsrechtliches Besteuerungsproblem, in: bibu 35 (1989), S. 73–78.

Breker 2004: Breker, N., Änderungsmöglichkeiten der deutschen Rechnungslegung durch die geplante Bilanzrechtsmodernisierung, in: Freidank, C.-Chr. (Hrsg.), Reform der Rechnungslegung und Corporate Governance in Deutschland und Europa, Wiesbaden 2004, S. 1–27.

Brockhoff 1981: Brockhoff, K., Planungsrechnung, allgemein, in: Kosiol, E. (Hrsg.), Handwörterbuch des Rechnungswesens, 2. Aufl., Stuttgart 1981, Sp. 1301–1331.

Buchner 2005: Buchner, R., Buchführung und Jahresabschluss, 7. Aufl., München 2005.

Budde/Steuber 2000: Budde, W. D./Steuber, E., Rückwirkung des Konzernabschlusses auf den Einzelabschluss, in: BB 55 (2000), S. 971–977.

Burger/Schellberg 1994: Burger, A./Schellberg, B., Rating von Unternehmen mit neuronalen Netzen, in: BB 49 (1994), S. 869–872.

Cahn/v. Spannenberg 2010: Cahn, A./v. Spannenberg, M. A. S., Kommentierung zu § 58 AktG, in: Spindler, G./Stilz, E. (Hrsg.), Kommentar zum AktG, 2. Aufl., München 2010.

Canipa-Valdez 2010: Canipa-Valdez, M., Weiterentwicklung der Rechnungslegungsregulierung in der Europäischen Union, Hamburg 2010.

Carstensen/Leibfried 2004: Carstensen, B./Leibfried, P., Auswirkungen von IAS/IFRS auf mittelständische GmbH und GmbH & Co. KG, in: GmbHR 95 (2004), S. 864–869.

Castan/Wehrheim 2005: Castan, B./Wehrheim, M., Die Partnerschaftsgesellschaft. Recht, Steuer, Betriebswirtschaft, 3. Aufl., Berlin 2005.

Chmielewicz 1990: Chmielewicz, K., Gesamt- und Umsatzkostenverfahren der Gewinn- und Verlustrechnung im Vergleich, in: DBW 50 (1990), S. 27–45.

Christian 2011: Christian, D., Erweiterung von IFRS 9 um finanzielle Verbindlichkeiten, in: PiR 7 (2011), S. 6–13.

Coase 1937: Coase, R., The nature of the firm, in: Economica 4 (1937), S. 386–405.

Coenenberg 1986: Coenenberg, A. G., Gliederungs-, Bilanzierungs- und Bewertungsentscheidungen bei der Anpassung nach dem Bilanzrichtlinien-Gesetz, in: DB 39 (1986), S. 1581–1589.

Coenenberg 1998: Coenenberg, A. G., Ziele, Wirkungen und Gestaltung der Unternehmenspublizität: Was lehrt die empirische Forschung?, in: Freidank, C.-Chr. (Hrsg.), Rechnungslegungspolitik. Eine Bestandsaufnahme aus handels- und steuerrechtlicher Sicht, Berlin et al. 1998, S. 545–566.

Coenenberg/Haller 1993: Coenenberg, A. G./Haller, A., Empirische Forschung, in: Chmielewicz, K./Schweitzer, M. (Hrsg.), Handwörterbuch des Rechnungswesens, 3. Aufl., Stuttgart 1993, Sp. 506–517.

Coenenberg/Haller/Schultze 2012: Coenenberg, A. G./Haller, A./Schultze, W., Jahresabschluss und Jahresabschlussanalyse. Betriebswirtschaftliche, handelsrechtliche, steuerrechtliche und internationale Grundlagen, 22. Aufl., Stuttgart 2012.

Coenenberg/Schmidt/Werhand 1983: Coenenberg, A. G./Schmidt, F./Werhand, M., Bilanzpolitische Entscheidungen und Entscheidungswirkungen in manager- und eigentümerkontrollierten Unternehmen, in: BFuP 35 (1983), S. 321–343.

Coenenberg et al. 2012: Coenenberg, A. G./Haller, A./Mattner, G./Schultze, W., Einführung in das Rechnungswesen, 4. Aufl., Stuttgart 2012.

Dantzig 1966: Dantzig, G. B., Lineare Programmierung und Erweiterungen, Berlin 1966.

Davis/Schoorman/Donaldson 1997: Davis, J. H./Schoorman, F. D./Donaldson, L., Toward a Stewardship Theory of Management, in: The Academy of Management Review 22 (1997), S. 20–47.

Decker 1994: Decker, R., Eine Prinzipal-Agent-theoretische Betrachtung von Eigner-Manager-Konflikten in der Kommanditgesellschaft auf Aktien und in der Aktiengesellschaft, Berlin 1994.

Dinkelbach 1969: Dinkelbach, W., Entscheidungen bei mehrfacher Zielsetzung und Zielgewichtung, in: Busse von Colbe, W./Meyer-Dohm, P. (Hrsg.), Unternehmerische Planung und Entscheidung, Bielefeld 1969, S. 55–70.

Dinkelbach 1993: Dinkelbach, W., Entscheidungsrechnungen, in: Chmielewicz, K./Schweitzer, M. (Hrsg.), Handwörterbuch des Rechnungswesens, 3. Aufl., Stuttgart 1993, Sp. 524–530.

Donaldson/Davis 1991: Donaldson, L./Davis, J. H., Stewardship Theory or Agency Theory: CEO Governance and Shareholder Returns, in: Australian Journal of Management 16 (1991), S. 49–64.

Donaldson/Davis 1994: Donaldson, L./Davis, J. H., Boards and Company Performance. Research Challenges the Conventional Wisdom, in: Corporate Governance 2 (1994), S. 151–160.

Driesch 2009: Driesch, D., Kapitalflussrechnung und Eigenkapitalspiegel bei nicht konzerngebundenen Unternehmen, in: Freidank, C.-Chr./Altes, P. (Hrsg.), Das Gesetz zur Modernisierung des Bilanzrechts (BilMoG), Berlin 2009, S. 151–169.

Drygala 2010: Drygala, T., Kommentierung zu § 113 AktG, in: Schmidt, K./Lutter, M. (Hrsg.), Aktiengesetz. Kommentar, I. Band, 2. Aufl., Köln 2010.

Dusemond/Heusinger-Lange/Knop 2010: Dusemond, M./Heusinger-Lange, S./Knop, W., Kommentierung zu § 266 HGB, in: Küting, K./Pfitzer, N./Weber, C.-P. (Hrsg.), Handbuch der Rechnungslegung. Einzelabschluss. Kommentar zur Bilanzierung und Prüfung, Bd. 2, Stuttgart 2010, Loseblattausgabe (Stand: November 2012).

Dutzi 2005: Dutzi, A., Der Aufsichtsrat als Instrument der Corporate Governance. Ökonomische Analyse der Veränderungen im Corporate Governance-System börsennotierter Aktiengesellschaften, Wiesbaden 2005.

Edwards/Bell 1961: Edwards, E. O./Bell, P. W., The Theory and Measurement of Business Income, Los Angeles 1961.

Eichhorn 1993: Eichhorn, P., Öffentliche und gemischt-wirtschaftliche Unternehmen, in: Wittmann, W. (Hrsg.), Handwörterbuch der Betriebswirtschaftslehre, Teilband 2, 5. Aufl., Stuttgart 1993, Sp. 2927–2940.

Eigenstetter 1997: Eigenstetter, H., Entscheidungsmodelle für eine anteilseignerorientierte Steuerpolitik. Zugleich ein Beitrag zur Wahl der Mitunternehmer-GmbH als Gestaltungsinstrument, Frankfurt am Main 1997.

Eigenstetter 1998: Eigenstetter, H., Flexibilitätsanalyse des steuerbilanzpolitischen Instrumentariums, in: Freidank, C.-Chr. (Hrsg.), Rechnungslegungspolitik. Eine Bestandsaufnahme aus handels- und steuerrechtlicher Sicht, Berlin et al. 1998, S. 449–501.

Eisele/Knobloch 2011: Eisele, W./Knobloch, A., Technik des betrieblichen Rechnungswesens. Buchführung und Bilanzierung, Kosten- und Leistungsrechnung, Sonderbilanzen, 8. Aufl., München 2011.

Ellrott 2012a: Ellrott, H., Kommentierung zu § 284 HGB, in: Ellrott, H./Förschle, G./Grottel, B./Kozikowski, M./Schmidt, S./Winkeljohann, N. (Hrsg.), BeckBilKomm. Handels- und Steuerbilanz. §§ 238 bis 339, 342 bis 342e HGB mit IFRS-Abweichungen, 8. Aufl., München 2012.

Ellrott 2012b: Ellrott, H., Kommentierung zu § 289 HGB, in: Ellrott, H./Förschle, G./Grottel, B./Kozikowski, M./Schmidt, S./Winkeljohann, N. (Hrsg.), BeckBilKomm. Handels- und Steuerbilanz. §§ 238 bis 339, 342 bis 342e HGB mit IFRS-Abweichungen, 8. Aufl., München 2012.

Ellrott/Krämer 2012a: Ellrott, H./Krämer, A., Kommentierung zu § 250 HGB, in: Ellrott, H./Förschle, G./Grottel, B./Kozikowski, M./Schmidt, S./Winkeljohann, N. (Hrsg.), BeckBilKomm. Handels- und Steuerbilanz. §§ 238 bis 339, 342 bis 342e HGB mit IFRS-Abweichungen, 8. Aufl., München 2012.

Ellrott/Krämer 2012b: Ellrott, H./Krämer, A., Kommentierung zu § 268 HGB, in: Ellrott, H./Förschle, G./Grottel, B./Kozikowski, M./Schmidt, S./Winkeljohann, N. (Hrsg.), BeckBilKomm. Handels- und Steuerbilanz. §§ 238 bis 339, 342 bis 342e HGB mit IFRS-Abweichungen, 8. Aufl., München 2012.

Ellrott/Krämer 2012c: Ellrott, H./Krämer, A., Kommentierung zu § 266 HGB, in: Ellrott, H./Förschle, G./Grottel, B./Kozikowski, M./Schmidt, S./Winkeljohann, N. (Hrsg.), BeckBilKomm. Handels- und Steuerbilanz. §§ 238 bis 339, 342 bis 342e HGB mit IFRS-Abweichungen, 8. Aufl., München 2012.

Ellrott/Rhiel 2012: Ellrott, H./Rhiel, R., Kommentierung zu § 249 HGB, in: Ellrott, H./Förschle, G./Grottel, B./Kozikowski, M./Schmidt, S./Winkeljohann, N. (Hrsg.), BeckBilKomm. Handels- und Steuerbilanz. §§ 238 bis 339, 342 bis 342e HGB mit IFRS-Abweichungen, 8. Aufl., München 2012.

Ellrott/Roscher 2012: Ellrott, H./Roscher, B., Kommentierung zu § 247 HGB, in: Ellrott, H./Förschle, G./Grottel, B./Kozikowski, M./Schmidt, S./Winkeljohann, N. (Hrsg.), BeckBilKomm. Handels- und Steuerbilanz. §§ 238 bis 339, 342 bis 342e HGB mit IFRS-Abweichungen, 8. Aufl., München 2012.

Emmerich 1996: Emmerich, V., Kommentierung zu § 120 HGB, in: Heymann, E./Horn, N. (Hrsg.), Handelsgesetzbuch (ohne Seerecht). Kommentar, Bd. 2, 2. Aufl., Berlin/New York 1996.

Emmerich 2006: Emmerich, V., Kommentierung zu § 26 GmbHG, in: Scholz, E. (Hrsg.), GmbHG. Kommentar zum GmbH-Gesetz in 3 Bänden, Bd. I, 10. Aufl., Köln 2006.

Endert/Sepetauz 2010a: Endert, V./Sepetauz, K., Das Waren-/Rechnungseingangs-Verrechnungskonto, in: BBK o. Jg. (2010), S. 567–572.

Endert/Sepetauz 2010b: Endert, V./Sepetauz, K., Die Ergebnisverwendungsbuchung von Kapitalgesellschaften, in: BBK o. Jg. (2010), S. 60–63.

Endert/Sepetauz 2011: Endert, V./Sepetauz, K., Getrennte Warenkonten im Warenverkehr, in: BBK o. Jg. (2011), S. 160–162.

Engel-Ciric 2002: Engel-Ciric, D., Einschränkung der Aussagekraft des Jahresabschlusses nach IAS durch bilanzpolitische Spielräume, in: DStR 40 (2002), S. 780–784.

Englisch 2013: Englisch, J., § 17 Umsatzsteuer, in: Tipke, K./Lang, J. (Hrsg.) Steuerrecht, 21. Aufl., Köln 2013.

Esser/Hackenberger 2004: Esser, M./Hackenberger, J., Bilanzierung immaterieller Vermögenswerte des Anlagevermögens nach IFRS und US-GAAP, in: KoR 4 (2004), S. 402–414.

Ewert 1984: Ewert, R., Zur Beziehung zwischen Investitionsvolumen, Fremdfinanzierung und Bilanzkennzahlen, in: ZfbF 36 (1984), S. 825–841.

Falterbaum et al. 2010: Falterbaum, H./Bolk, W./Reiß, W./Kirchner, T., Buchführung und Bilanz. Unter besonderer Berücksichtigung des Bilanzsteuerrechts und der steuerrechtlichen Gewinnermittlung bei Einzelunternehmen und Gesellschaften, 21. Aufl., Achim bei Bremen 2010.

Fama 1965: Fama, E. F., Random Walks in Stock Market Prices, in: Financial Analysts Journal 21 (1965), S. 55–59.

Fama 1970: Fama, E. F., Efficient Capital Markets. A review of Theory and Empirical Work, in: JoF 25 (1970), S. 383–417.

Federmann 2010: Federmann, R., Bilanzierung nach Handelsrecht, Steuerrecht und IAS/IFRS. Gemeinsamkeiten, Unterschiede und Abhängigkeiten, 12. Aufl., Berlin 2010.

Fink/Keck 2004: Fink, Chr./Keck, B., Lageberichterstattung nach E-DRS 20. Kritische Würdigung aus Sicht der Unternehmensanalyse, in: WPg 57 (2004), S. 1077–1091.

Fischbach 1997: Fischbach, S., Ökologisch orientierte Rechnungslegung. Eine betriebswirtschaftliche Analyse ökologischer Informationen in der externen Rechnungslegung, Landsberg/Lech 1997.

Fischer 1995: Fischer, M., Agency-Theorie, in: WiSt 24 (1995), S. 320–322.

Fischer 2011: Fischer, D., IFRS Practice Statement – Management Commentary, in: PiR 7 (2011), S. 49–50.

Fischer/Haller 1993: Fischer, A./Haller, A., Bilanzpolitik zum Zwecke der Gewinnglättung, in: ZfB 63 (1993), S. 35–39.

Fischer/Klöpfer/Sterzenbach 2004: Fischer, T. M./Klöpfer, E./Sterzenbach, S., Beurteilung der Rechnungslegung nach IAS. Ergebnisse einer Befragung deutscher börsennotierter Unternehmen, in: WPg 57 (2004), S. 694–708.

Fisher 1930: Fisher, J., The theory of interest, New York 1930.

Förschle 2012a: Förschle, G., Kommentierung zu § 247 HGB, in: Ellrott, H./Förschle, G./Grottel, B./Kozikowski, M./Schmidt, S./Winkeljohann, N. (Hrsg.), BeckBilKomm. Handels- und Steuerbilanz. §§ 238 bis 339, 342 bis 342e HGB mit IFRS-Abweichungen, 8. Aufl., München 2012.

Förschle 2012b: Förschle, G., Kommentierung zu § 275 HGB, in: Ellrott, H./Förschle, G./Grottel, B./Kozikowski, M./Schmidt, S./Winkeljohann, N. (Hrsg.), BeckBilKomm. Handels- und Steuerbilanz. §§ 238 bis 339, 342 bis 342e HGB mit IFRS-Abweichungen, 8. Aufl., München 2012.

Förschle/Hoffmann 2008: Förschle, G./Hoffmann, K., Übernahmebilanzierung bei Umwandlung, Bilanzierung beim Formwechsel sowie Verlustanzeigebilanz und Überschuldungsstatus, in: Förschle, G./Hoffmann, K./Budde, W. D./Förschle, G./Winkeljohann, N. (Hrsg.), Sonderbilanzen. Von der Gründungsbilanz bis zur Liquidationsbilanz, 4. Aufl., München 2008, S. 651–678.

Förschle/Hoffmann 2012: Förschle, G./Hoffmann, K., Kommentierung zu § 272 HGB, in: Ellrott, H./Förschle, G./Grottel, B./Kozikowski, M./Schmidt, S./Winkeljohann, N. (Hrsg.), BeckBilKomm. Handels- und Steuerbilanz. §§ 238 bis 339, 342 bis 342e HGB mit IFRS-Abweichungen, 8. Aufl., München 2012.

Förschle/Usinger 2012: Förschle, G./Usinger, P., Kommentierung zu § 243 HGB, in: Ellrott, H./Förschle, G./Grottel, B./Kozikowski, M./Schmidt, S./Winkeljohann, N. (Hrsg.), BeckBilKomm. Handels- und Steuerbilanz. §§ 238 bis 339, 342 bis 342e HGB mit IFRS-Abweichungen, 8. Aufl., München 2012.

Förschle/Glaum/Mandler 1998: Förschle, G./Glaum, M./Mandler, U., Internationale Rechnungslegung und Kapitalaufnahmeerleichterungsgesetz. Meinungswandel bei Führungskräften deutscher Unternehmungen?, in: DB 51 (1998), S. 2281–2288.

Förschle/Kropp/Wöste 1986: Förschle, G./Kropp, M./Wöste, R., Rechnungslegung nach dem Bilanzrichtlinien-Gesetz, Frankfurt am Main 1986.

Förster/Döring 2005: Förster, W./Döring, V., Liquidationsbilanz, 4. Aufl., Köln 2005.

Freericks 1976: Freericks, W., Bilanzierungsfähigkeit und Bilanzierungspflicht in Handels- und Steuerbilanz, Köln 1976.

Freidank 1982a: Freidank, C.-Chr., Zielsetzungen und Instrumente der Bilanzpolitik bei Aktiengesellschaften, in: NB 35 (1982), S. 337–343.

Freidank 1982b: Freidank, C.-Chr., Die Bedeutung von Wertkonventionen und Entscheidungswerten für handels- und steuerrechtliche Jahresabschlußrechnungen, in: NB 35 (1982), S. 409–417.

Freidank 1985: Freidank, C.-Chr., Analyse des Herstellungskostenbegriffs aus betriebswirtschaftlicher Sicht, in: WiSt 14 (1985), S. 105–111.

Freidank 1986: Freidank, C.-Chr., Durchbrechung der Bilanzidentität und die Darstellung derartiger Vorgänge in Prüfungsberichten, in: bibu o. Jg. (1986), S. 421–431.

Freidank 1989: Freidank, C.-Chr., Erfolgsrealisierung bei langfristigen Fertigungsprozessen, in: DB 42 (1989), S. 1197–1204.

Freidank 1990a: Freidank, C.-Chr., Entscheidungsmodelle der Rechnungslegungspolitik. Computergestützte Lösungsvorschläge für Kapitalgesellschaften vor dem Hintergrund des Bilanzrichtlinien-Gesetzes, Stuttgart 1990.

Freidank 1990b: Freidank, C.-Chr., Einsatzmöglichkeiten simultaner Gleichungssysteme im Bereich der computergestützten Rechnungslegungspolitik, in: ZfB 60 (1990), S. 261–279.

Freidank 1992: Freidank, C.-Chr., Finanzielle Verpflichtungen, sonstige, Prüfung, in: Coenenberg, A. G./Wysocki, K. v. (Hrsg.), Handwörterbuch der Revision, 2. Aufl., Stuttgart 1992, Sp. 528–536.

Freidank 1993: Freidank, C.-Chr., Anforderungen an bilanzpolitische Expertensysteme als Instrumente der Unternehmensführung, in: WPg 46 (1993), S. 312–323.

Freidank 1998a: Freidank, C.-Chr., Rechnungslegung und Prüfung ökologischer Sachverhalte, in: Hansmann, K.-W. (Hrsg.), Umweltorientierte Betriebswirtschaftslehre, Wiesbaden 1998, S. 313–366.

Freidank 1998b: Freidank, C.-Chr., Jahresabschlussplanung mit Hilfe quantitativer Methoden, in: Bogaschesky, R./Götze, U. (Hrsg.), Unternehmensplanung und Controlling. Festschrift zum 60. Geburtstag von Jürgen Bloech, Heidelberg 1998, S. 107–143.

Freidank 1999: Freidank, C.-Chr., Matrizenmodelle als Hilfsmittel zur Prüfung ergebnisabhängiger Aufwendungen, in: WPg 52 (1999), S. 811–820.

Freidank 2000: Freidank, C.-Chr., Internationale Rechnungslegungspolitik und Unternehmenswertsteigerung, in: Lachnit, L./Freidank, C.-Chr. (Hrsg.), Investororientierte Unternehmenspublizität. Neue Entwicklungen von Rechnungslegung, Prüfung und Jahresabschlussanalyse, Wiesbaden 2000, S. 5–29.

Freidank 2001: Freidank, C.-Chr., Jahresabschlussoptimierung nach der Steuerreform, in: BB 56 (2001), Beilage 9, S. 1–22.

Freidank 2003a: Freidank, C.-Chr., Jahresabschlussoptimierung unter Berücksichtigung der International Accounting Standards, in: Controlling 15 (2003), S. 349–360.

Freidank 2003b: Freidank, C.-Chr., Die Zukunft der deutschen Rechnungslegung, in: ReVision o. Jg. (2003), Heft III, S. 15–18.

Freidank 2004a: Freidank, C.-Chr., Matrizenmodelle als Hilfsmittel zur Prüfung ergebnisabhängiger Aufwendungen bei Kapitalgesellschaften, in: Brösel, G./Kasperzak, R. (Hrsg.), Internationale Rechnungslegung, Prüfung und Analyse, München 2004, S. 447–469.

Freidank 2004b: Freidank, C.-Chr., Annual Statement of accounts optimization in consideration of the German tax reform, in: ZP 15 (2004), S. 183–210.

Freidank 2007a: Freidank, C.-Chr., Unternehmensformen, in: Freidank, C.-Chr./Lachnit, L./Tesch, J. (Hrsg.), Vahlens Großes Auditing Lexikon, München 2007, S. 1416–1418.

Freidank 2007b: Freidank, C.-Chr., Steuercontrolling, in: Freidank, C.-Chr./Lachnit, L./Tesch, J. (Hrsg.), Vahlens Großes Auditing Lexikon, München 2007, S. 1289–1292.

Freidank 2007c: Freidank, C.-Chr., Kalkulation im Warenhandel, in: Freidank, C.-Chr./Lachnit, L./Tesch, J. (Hrsg.), Vahlens Großes Auditing Lexikon, München 2007, S. 754–757.

Freidank 2007d: Freidank, C.-Chr., Ergebnisabhängige Aufwendungen, in: Freidank, C.-Chr./Lachnit, L./Tesch, J. (Hrsg.), Vahlens Großes Auditing Lexikon, München 2007, S. 417–420.

Freidank 2012a: Freidank, C.-Chr., Kostenrechnung. Einführung in die begrifflichen, theoretischen, verrechnungstechnischen sowie planungs- und kontrollorientierten Grundlagen des innerbetrieblichen Rechnungswesens sowie ein Überblick über Konzepte des Kostenmanagements, 9. Aufl., München/Wien 2012.

Freidank 2012b: Freidank, C.-Chr., Unternehmensüberwachung. Die Grundlagen betriebswirtschaftlicher Kontrolle, Prüfung und Aufsicht, München 2012.

Freidank/Buchholz 2008: Freidank, C.-Chr./Buchholz, A., Auswirkungen von Steuer- und Bilanzreform auf rechnungslegungspolitische Entscheidungsmodelle, in: Wagner, F. W./Schildbach, T./Schneider, D. (Hrsg.), Festschrift für H. Streim zum 65. Geburtstag, Wiesbaden 2008, S. 109–133.

Freidank/Mammen 2008: Freidank, C.-Chr./Mammen, A., Reporting steuerlicher Risiken im Konzernlagebericht als Instrument der Corporate Governance, in: ZCG 3 (2008), S. 901–908.

Freidank/Noori 2010: Freidank, C.-Chr./Noori, M., Rechnungslegungspolitik im Spiegel der Reform des deutschen Bilanzrechts, in: Freidank, C.-Chr. (Hrsg.), Rechnungslegung, Steuerung und Überwachung von Unternehmen, Berlin 2010, S. 73–101.

Freidank/Reibis 2003: Freidank, C.-Chr./Reibis, Chr., IT-gestützte Rechnungslegungspolitik auf internationaler Basis, in: Freidank, C.-Chr./Mayer, E. (Hrsg.), Controlling-Konzepte. Neue Strategien und Werkzeuge für die Unternehmenspraxis, Wiesbaden 2003, S. 621–669.

Freidank/Reibis 2004: Freidank, C.-Chr./Reibis, Chr., IT-gestützte Jahresabschlussoptimierung auf internationaler Basis, in: Freidank, C.-Chr. (Hrsg.), Corporate Governance und Controlling, Heidelberg 2004, S. 191–236.

Freidank/Reibis 2007a: Freidank, C.-Chr./Reibis, Chr., Weiterentwicklung der simultanen internationalen Rechnungslegungspolitik, in: Freidank, C.-Chr./Peemöller, V. H. (Hrsg.), Corporate Governance und Interne Revision, Berlin 2007, S. 283–304.

Freidank/Reibis 2007b: Freidank, C.-Chr./Reibis, Chr., Neuere Entwicklungen in der simultanen Bilanzplanung, in: Seicht, G. (Hrsg.), Jahrbuch für Controlling und Rechnungswesen 2007, Wien 2007, S. 295–314.

Freidank/Sassen 2011: Korrekturkonzeptionen, in: Brönner, H./Bareis, P./Hahn, K./Maurer, T./Schramm, U. (Hrsg.), Die Bilanz nach Handels- und Steuerrecht, 10. Aufl., Stuttgart 2011, S. 147–154.

Freidank/Steinmeyer 2005: Freidank, C.-Chr./Steinmeyer, V., Fortentwicklung der Lageberichterstattung nach dem BilREG aus betriebswirtschaftlicher Sicht, in: BB 60 (2005), S. 2512–2517.

Freidank/Steinmeyer 2009: Freidank, C.-Chr./Steinmeyer, V., Betriebliches Reporting als Basis für die Erstellung und Prüfung des Lageberichts, in: Controlling 21 (2009), S. 249–256.

Freidank/Velte 2006: Freidank, C.-Chr./Velte, P., Einfluss der Corporate Governance auf das interne und externe Reporting nach IFRS, in: Heyd, R./Keitz, I. v. (Hrsg.), IFRS Management. Interessenschutz auf dem Prüfstand, Treffsichere Unternehmensbeurteilung, Konsequenzen für das Management, München 2006, S. 1–30.

Freidank/Velte 2007: Freidank, C.-Chr./Velte, P., Einfluss der Corporate Governance auf das Controlling und das Reporting, in: Freidank, C.-Chr./Altes, P. (Hrsg.), Rechnungslegung und Corporate Governance, Berlin 2007, S. 19–65.

Freidank/Velte 2008a: Freidank, C.-Chr./Velte, P., Bilanztheorien, in: WISU 37 (2008), S. 711–716.

Freidank/Velte 2008b: Freidank, C.-Chr./Velte, P., Einfluss der Corporate Governance auf die Weiterentwicklung von Controlling und Interner Revision, in: Freidank, C.-Chr./Peemöller, V. H. (Hrsg.), Corporate Governance und Interne Revision, Berlin 2008, S. 711–745.

Freidank/Velte 2009a: Freidank, C.-Chr./Velte, P., Rechnungslegung nach dem Bilanzrechtsmodernisierungsgesetz (BilMoG), in: SteuerStud 29 (2009), S. 318–321.

Freidank/Velte 2009b: Freidank, C.-Chr./Velte, P., Auswirkungen des Bilanzrechtsmodernisierungsgesetzes auf das Intangible Asset- und Goodwill Accounting, in: Seicht, G. (Hrsg.), Jahrbuch für Controlling und Rechnungswesen 2009, Wien 2009, S. 93–117.

Freidank/Velte 2010a: Freidank, C.-Chr./Velte, P., Quo vadis Maßgeblichkeit?, in: StuW 86 (2010), S. 185–194.

Freidank/Velte 2010b: Freidank, C.-Chr./Velte, P., Wahlrechte im Rahmen der handels- und steuerrechtlichen Herstellungskosten, in: StuW 86 (2010), S. 356–366.

Freidank/Velte 2012a: Freidank, C.-Chr./Velte, P., Bilanzierung von Leasingverhältnissen, in: SteuerStud 32 (2012), S. 79–83.

Freidank/Velte 2012b: Freidank, C.-Chr./Velte, P., Rechnungslegung von latenten Steuern nach HGB. Gleichschritt zu den IFRS?, in: StB 63 (2012), S. 33–38.

Freidank/Weber 2009: Freidank, C.-Chr./Weber, S., Entwicklung erster Ansätze zur konzeptionellen Ausgestaltung des externen Corporate Governance Reporting, in: Freidank, C.-Chr. (Hrsg.), Das Gesetz zur Modernisierung des Bilanzrechts (BilMoG), Berlin 2009, S. 303–337.

Freidank/Velte/Weber 2009: Freidank, C.-Chr./Velte, P./Weber, S., The significance of R&D Reporting as an element of Corporate Governance, in: Corporate ownership & control 6, Issue 4, Special Issue (2009), S. 503–508.

Freidank/Velte/Weber 2010: Freidank, C.-Chr./Velte, P./Weber, S., Die Bedeutung des Reportings für die Unternehmenssteuerung, in: Panitz, K./Waschkowitz, C. (Hrsg.), Reportingprozesse optimieren, Stuttgart 2010, S. 6–9.

Freidank/Velte/Weber 2011a: Freidank, C.-Chr./Velte, P./Weber, S., Ansatz- und Bewertungskonzeptionen, in: Brönner, H./Bareis, P./Hahn, K./Maurer, T./Schramm, U. (Hrsg.), Die Bilanz nach Handels- und Steuerrecht, 10. Aufl., Stuttgart 2011, S. 66–134.

Freidank/Velte/Weber 2011b: Freidank, C.-Chr./Velte, P./Weber, S., Erfolgserfassungskonzeptionen, in: Brönner, H./Bareis, P./Hahn, K./Maurer, T./Schramm, U. (Hrsg.), Die Bilanz nach Handels- und Steuerrecht, 10. Aufl., Stuttgart 2011, S. 141–147.

Freidank/Velte/Weber 2011c: Freidank, C.-Chr./Velte, P./Weber, S., Ansatz- und Bewertungsstetigkeit, in: Brönner, H./Bareis, P./Hahn, K./Maurer, T./Schramm, U. (Hrsg.), Die Bilanz nach Handels- und Steuerrecht, 10. Aufl., Stuttgart 2011, S. 137–141.

Freidank/Velte/Weber 2011d: Freidank, C.-Chr./Velte, P./Weber, S., Stichtagsprinzip und Ereignisse nach dem Bilanzstichtag, in: Brönner, H./Bareis, P./Hahn, K./Maurer, T./Schramm, U. (Hrsg.), Die Bilanz nach Handels- und Steuerrecht, 10. Aufl., Stuttgart 2011, S. 134–137.

Fülbier/Sellhorn 2004: Fülbier, R. U./Sellhorn, T., Pensionsverpflichtungen nach IAS 19. Eine beispielorientierte Darstellung, in: StuB 6 (2004), S. 385–394.

Gannon/Ashwal 2004: Gannon, D. J./Ashwal, A., Financial Reporting goes global. International standards affect U.S. companies and GAAP, in: JoA 190 (2004), S. 43–47.

Gassen 2001: Gassen, J., Rechnungslegung, in: Jost, P.-J. (Hrsg.), Der Transaktionskostenansatz in der Betriebswirtschaftslehre, Stuttgart 2001, S. 395–413.

Gerke 2005: Gerke, W., Kapitalmärkte. Funktionsweisen, Grenzen, Versagen, in: Hungenberg, H./Meffert, J. (Hrsg.), Handbuch Strategisches Management, 2. Aufl., Wiesbaden 2005, S. 255–272.

Gerke/Pfeufer 1995: Gerke, W./Pfeufer, G., Finanzintermediation, in: Gerke, W./Steiner, M. (Hrsg.), HWF, 2. Aufl., Stuttgart 1995, Sp. 727–735.

Gibson 1983: Gibson, C., Financial Ratios as Perceived by Commercial Loan Officers, in: Akron Business and Economic Review o. Jg. (1983), S. 23–27.

Glanegger 2013: Glanegger, P., Kommentierung zu § 6 EStG, in: Schmidt, L. (Hrsg.), Einkommensteuergesetz. EStG. Kommentar, 32. Aufl., München 2013.

Gockel/Gollers 2002: Gockel, T./Gollers, R., Die Bilanzierung von Internet-Auftritten in der Handels- und Steuerbilanz dem Grunde nach, in: BBK o. Jg. (2002), Fach 12, S. 6535–6550.

Goebel 1995: Goebel, A., Die Konzernrechnungslegung nach HGB, IAS und US-GAAP. Eine Synopse wesentlicher Unterschiede und Gemeinsamkeiten, in: DB 48 (1995), S. 2489–2492.

Goethe 1986: Goethe, J. W. v., Wilhelm Meisters Lehrjahre, Stuttgart 1986.

Götze 2008: Götze, U., Investitionsrechnung, 6. Aufl., Berlin et al. 2008.

Gordon 1964: Gordon, M. J., Postulates, Principles and Research in Accounting, in: AR o. Jg. (1964), S. 251–263.

Gratz 1982: Gratz, K., Grundprobleme individueller und kollektiver Steuerplanung. Anwendungsbereiche und Lösungsverfahren unternehmerischer Steuergestaltung, Berlin 1982.

Graumann 2011: Graumann, M., Aktivierung von Herstellungskosten. Die neue IDW Stellungnahme RS HFA 31, in: BBK o. Jg. (2011), S. 121–140.

GRI 2011: Global Reporting Initiative, Sustainability Reporting Guidelines, Version 3.1, Amsterdam 2011, abrufbar unter: www.globalreporting.org (01.08.2012).

Griewel 2007: Griewel, E., Ad hoc-Publizität und Zwischenberichterstattung im deutschen Corporate Governance-System, Wiesbaden 2007.

Gross/Steiner 2004: Gross, G./Steiner, E., IFRS für Small & Medium-Sized Entities? Zum Diskussionsvorschlag des IASB für Rechnungslegungsstandards für kleine und mittlere Unternehmen, in: StuB 6 (2004), S. 875–879.

Großfeld 2004: Großfeld, B., Adolf Moxter. Brückenbauer zwischen Wirtschaft und Recht, in: BB 59 (2004), S. 2174–2179.

Grotherr/Jorewitz 2001: Grotherr, S./Jorewitz, G., Einflüsse der internationalen Rechnungslegung auf das zukünftige deutsche Bilanzsteuerrecht, in: Freidank, C.-Chr. (Hrsg.), Die deutsche Rechnungslegung und Wirtschaftsprüfung im Umbruch. Festschrift für Wilhelm Theodor Strobel zum 70. Geburtstag, München 2001, S. 123–153.

Grottel/Gadek 2012: Grottel, B./Gadek, S., Kommentierung zu § 255 HGB, in: Ellrott, H./Förschle, G./Grottel, B./Kozikowski, M./Schmidt, S./Winkeljohann, N. (Hrsg.), BeckBilKomm. Handels- und Steuerbilanz, 8. Aufl., München 2012.

Günther 1980: Günther, R., Ermittlung der Grenzsteuersatzzuwachsraten. Ein Verfahren zur Ertragsteuerplanung, in: StuW 57 (1980), S. 31–50.

Günther 1997: Günther, T., Unternehmenswertorientiertes Controlling, München 1997.

Günther 2004: Günther, T., Theorien von Shareholder Value-Ansätzen und unternehmenswertorientiertem Controlling, in: Scherm, E./Pietsch, G. (Hrsg.), Controlling, Theorien und Konzeptionen, München 2004, S. 315–340.

Gutenberg 1983: Gutenberg, E., Grundlagen der Betriebswirtschaftslehre: Die Produktion, 1. Bd, 24. Aufl., Berlin/Heidelberg/New York 1983.

Haase 1986: Haase, K. D., Steuerpolitik einer personenbezogenen Kapitalgesellschaft, in: DB 39 (1986), S. 1–6.

Haberstock 1976: Haberstock, L., Die Steuerplanung der internationalen Unternehmung, Wiesbaden 1976.

Haberstock 1982: Haberstock, L., Grundzüge der Kosten- und Erfolgsrechnung, 3. Aufl., München 1982.

Haberstock 1984: Haberstock, L., Quo vadis, Steuerbilanzpolitik?, in: ZfbF 36 (1984), S. 464–482.

Hahn/Schneider 1998: Hahn, K./Schneider, W., Simultane Modelle der handelsrechtlichen Bilanzpolitik von Kapitalgesellschaften unter besonderer Berücksichtigung der Internationalisierung der Rechnungslegung, in: Freidank, C.-Chr. (Hrsg.), Rechnungslegungspolitik. Eine Bestandsaufnahme aus handels- und steuerrechtlicher Sicht, Berlin et al. 1998, S. 333–400.

Halbinger 1980: Halbinger, J., Erfolgsausweispolitik. Eine empirische Untersuchung zum bilanzpolitischen Verhalten deutscher Aktiengesellschaften, Berlin 1980.

Haller 1994: Haller, A., Grundlagen der externen Rechnungslegung in den USA. Unter besonderer Berücksichtigung der rechtlichen, institutionellen und theoretischen Rahmenbedingungen, 4. Aufl., Stuttgart 1994.

Haller 1998: Haller, A., Wertschöpfungsrechnung, in: DBW 58 (1998), S. 261–265.

Harder 1962: Harder, U., Bilanzpolitik. Wesen und Methoden der taktischen Beeinflussung von handels- und steuerrechtlichen Jahresabschlüssen, Wiesbaden 1962.

Hartmann 2011: Hartmann, D.J., Latente Steuern bei Personengesellschaften. Entwicklung einer geschlossenen Abbildungskonzeption für Einzel- und Konzernabschlüsse nach HGB und IFRS, Baden-Baden 2011.

Hartmann-Wendels 1989: Hartmann-Wendels, T., Principal-Agent-Theorie und asymmetrische Informationsverteilung, in: ZfB 59 (1989), S. 714–734.

Hartmann-Wendels 1992: Hartmann-Wendels, T., Agency-Theorie und Publizitätspflicht nichtbörsennotierter Kapitalgesellschaften, in: BFuP 44 (1992), S. 412–425.

Hauschildt 1977: Hauschildt, J., Entscheidungsziele. Zielbildung in innovativen Entscheidungsprozessen: Theoretische Ansätze und empirische Prüfung, Tübingen 1977.

Hauschildt 1993: Hauschildt, J., Cash-Flow-Analyse, in: Wittmann, W. et al. (Hrsg.), Handwörterbuch der Betriebswirtschaft, Teilbd. 1, 5. Aufl., Stuttgart 1993, S. 637–647.

Hayn/Matena 2004: Hayn, S./Matena, S., Prüfung des Value Reporting durch den Abschlussprüfer, in: Freidank, C.-Chr. (Hrsg.), Reform der Rechnungslegung und Corporate Governance in Deutschland und Europa, Wiesbaden 2004, S. 321–345.

Heidemann 2005: Heidemann, C., Die Kaufpreisallokation bei einem Unternehmenszusammenschluss nach IFRS 3, Düsseldorf 2005.

Heigl 1971: Heigl, A., Bedingungen der unternehmerischen Steuerplanung, in: StuW 48 (1971), S. 127–138.

Heigl/Melcher 1974: Heigl, A./Melcher, G.-H., Betriebliche Steuerpolitik. Ertragsteuerplanung, Köln 1974.

Heinen 1994: Heinen, E., Handelsbilanzen, 13. Aufl., Wiesbaden 1994.

Heinhold 1979: Heinhold, M., Betriebliche Steuerplanung mit quantitativen Methoden, München 1979.

Heinhold 1981: Heinhold, M., Operations-Research-Modelle in der Betrieblichen Ertragsteuerplanung. Übersichtsaufsatz, in: ZOR 25 (1981), S. B 213-B 241.

Heinhold 1982: Heinhold, M., Ein Ansatz zur simultanen Planung von Gewinnausweis, Gewinnausschüttung und Wiedereinlage, in: ZfB 52 (1982), S. 846–861.

Heinhold 1984a: Heinhold, M., Bilanzpolitik. Wesen, Ziele und Stellung in der Unternehmensplanung, in: WiSt 13 (1984), S. 388–391.

Heinhold 1984b: Heinhold, M., Instrumente der unternehmerischen Bilanzpolitik, in: WiSt 13 (1984), S. 449–454.

Heinhold 1985: Heinhold, M., Neuere Methoden der Steuerplanung in Unternehmen, in: DSWR o.Jg. (1985), Sonderheft, S. 47–58.

Heinicke 2013: Heinicke, W., Kommentierung zu § 4 EStG, in: Schmidt, L. (Hrsg.), Einkommensteuergesetz. EStG. Kommentar, 32. Aufl., München 2013.

Hennrichs 2013: Hennrichs, J., § 9 Steuerrechtliche Gewinnermittlung (Bilanzsteuerrecht) sowie § 10 Besteuerung von Mitunternehmerschaften, in: Tipke, K./Lang, J. (Hrsg.), Steuerrecht, 21. Aufl., Köln 2013.

Heno 2010: Heno, R., Jahresabschluss nach Handelsrecht, Steuerrecht und internationalen Standards (IFRS), 6. Aufl., Heidelberg 2010.

Heumann 2005: Heumann, R., Value Reporting in IFRS-Abschlüssen und Lageberichten, Düsseldorf 2005.

Hepers 2005: Hepers, L., Entscheidungsnützlichkeit der Bilanzierung von Intangible Assets in den IFRS, Lohmar/Köln 2005.

Hey 2013: Hey, J., § 3 Steuersysteme und Steuerverfassungsrecht sowie § 8 Einkommensteuer, in: Tipke, K./Lang, J. (Hrsg.), Steuerrecht, 21. Aufl., Köln 2013.

Hinz 1994: Hinz, M., Pensionsverpflichtungen als Gestaltungsparameter der Jahresabschlusspolitik, in DStR 32 (1994), S. 1168–1173.

Hoffmann 2012: Hoffmann, W.-D., Die Rechnungslegungspraxis zur Steuerlatenzierung von Personengesellschaften, in: StuB 8 (2012), S. 289 f.

Hommel/Benkel/Wich 2004: Hommel, M./Benkel, M./Wich, S., IFRS 3 Business Combinations. Neue Unwägbarkeiten im Jahresabschluss, in: BB 59 (2004), S. 1267–1273.

Hopt 2012: Hopt, K. J., Kommentierung zu § 122 HGB, in: Baumbach, A./Hopt, K. (Hrsg.), Handelsgesetzbuch. Mit GmbH & Co., Handelsklauseln, Bank- und Börsenrecht, Transportrecht (ohne Seerecht), 35. Aufl., München 2012.

Horn 1996: Horn, N., Kommentierung zu § 168, 169 HGB, in: Heymann, E./Horn, N., Handelsgesetzbuch (ohne Seerecht). Kommentar, Bd. 2, 2. Aufl., Berlin/New York 1996.

Hostettler 1995: Hostettler, S., Economic Value Added als neues Führungsinstrument, in: ST 69 (1995), S. 307–315.

Hostettler 2002: Hostettler, S., Economic Value Added. Darstellung und Anwendung auf Schweizer Aktiengesellschaften, 5. Aufl., Bern/ Stuttgart/Wien 2002.

Hüffer 2012: Hüffer, U., Kommentar zum Aktiengesetz, 10. Aufl., München 2012.

Jacobi 2003: Jacobi, A., Analyse bilanztheoretischer Grundlagen der International Accounting Standards als Basis für deren Interpretation und Weiterentwicklung, Aachen 2003.

Jacobs 1990: Jacobs, O. H., Konzeption und Implementierung von Expertensystemen zur Bilanzpolitik, in: ZfB 60 (1990), S. 227–246.

Jacobs/Dyck/Zimmerer 1988: Jacobs, O. H./Dyck, K.-H./Zimmerer, M., Expertensysteme zur Bilanzpolitik ein Kooperationsprojekt zwischen Universität und DATEV, in: DSWR 15 (1988), S. 93–105.

Jensen/Meckling 1976: Jensen, M. C./Meckling, W. H., Theory of the firm. Managerial Behavior, Agency Costs and Ownership Structure, in: JoFE 3 (1976), S. 305–360.

Johänngten-Holthoff 1985: Johänngten-Holthoff, M., Entscheidungsmodell der Jahresabschlußgestaltung für Publikumsaktiengesellschaften, Köln 1985.

Kahle 2002: Kahle, H., Maßgeblichkeitsgrundsatz auf Basis der IAS?, in: WPg 55 (2002), S. 178–188.

Kahle 2003: Kahle, H., Zur Zukunft der Rechnungslegung in Deutschland. IAS im Einzel- und Konzernabschluss?, in: WPg 56 (2003), S. 262–275.

Kajüter 2011: Kajüter, P., Kommentierung zu § 289 HGB, in: Küting, K./Pfitzer, N./Weber, C.-P. (Hrsg.), Handbuch der Rechnungslegung. Einzelabschluss, Bd. 3, Stuttgart 2011, Loseblattausgabe (Stand: November 2012).

Keitz 1997: Keitz, I. v., Immaterielle Güter in der internationalen Rechnungslegung, Düsseldorf 1997.

Keller/Gütlbauer 2011: Keller, B./Gütlbauer, E., Der Komponentenansatz als teilweiser Ersatz für die Abschaffung der Aufwandsrückstellung durch BilMoG, in: StuB 13 (2011), S. 11–13.

Kengelbach/Roos 2006: Kengelbach, J./Roos, A., Entflechtung der Deutschland AG. Empirische Untersuchung der Reduktion von Kapital- und Personalverflechtungen zwischen deutschen börsennotierten Gesellschaften, in: M&A Review o. Jg (2006), S. 12–21.

Kerth/Wolf 1993: Kerth, A./Wolf, J., Bilanzanalyse und Bilanzpolitik, 2. Aufl., München/Wien 1993.

Kessler 2010: Kessler, H., Kommentierung zu § 249 HGB, in: Küting, K./Pfitzer, N./Weber, C.-P. (Hrsg.), Handbuch der Rechnungslegung. Einzelabschluss. Kommentar zur Bilanzierung und Prüfung, Bd. 1, Stuttgart 2010, Loseblattausgabe (Stand: November 2012).

Kirsch 2002: Kirsch, H., Angabepflichten für Ertragsteuern nach IAS und deren Genierung im Finanz- und Rechnungswesen, in: StuB 4 (2002), S. 1189–1196.

Kirsch 2003: Kirsch, H., Gestaltungspotenzial durch verdeckte Bilanzierungswahlrechte nach IAS/IFRS, in: BB 58 (2003), S. 1111–1116.

Kirsch 2010: Kirsch, H., IFRS for SMEs versus BilMoG, in: PiR 6 (2010), S. 1–6.

Kirsch 2011: Kirsch, H., Conceptual Framework for Phase A, in: DStZ 99 (2011), S. 26–35.

Kirsch 2012: Kirsch, H., Einführung in die internationale Rechnungslegung nach IFRS, 8. Aufl., Herne/Berlin 2012.

Kloock 1989: Kloock, J., Bilanzpolitik und Maßgeblichkeit aus handelsrechtlicher Sicht, in: BFuP 41 (1989), S. 141–158.

Kloock 1996: Kloock, J., Bilanz- und Erfolgsrechnung, 3. Aufl., Düsseldorf 1996.

Knop 2011a: Knop, K., Kommentierung zu § 240 HGB, in: Küting, K./Pfitzer, N./Weber, C.-P. (Hrsg.), Handbuch der Rechnungslegung. Einzelabschluss. Kommentar zur Bilanzierung und Prüfung, Bd. 1, Stuttgart 2011, Loseblattausgabe (Stand: November 2012).

Knop 2011b: Knop, K., Kommentierung zu § 267 HGB, in: Küting, K./Pfitzer, N./Weber, C.-P. (Hrsg.), Handbuch der Rechnungslegung. Einzelabschluss. Kommentar zur Bilanzierung und Prüfung, Bd. 2, Stuttgart 2011, Loseblattausgabe (Stand: November 2012).

Koch 1993: Koch, H., Planungssysteme, in: Wittmann, W. (Hrsg.), Handwörterbuch der Betriebswirtschaft, 5. Aufl., Teilband 2, Stuttgart 1993, Sp. 3251–3262.

Kosiol 1979: Kosiol, E., Kosten- und Leistungsrechnung. Grundlagen. Verfahren. Anwendung, Berlin/New York 1979.

Köthner 2004: Köthner, R., Value Reporting als neues Rechnungslegungsinstrument. Dargestellt am Beispiel der DaimlerChrysler AG, in: Freidank, C.-Chr. (Hrsg.), Reform der Rechnungslegung und Corporate Governance in Deutschland und Europa, Wiesbaden 2004, S. 299–317.

Kottke 1978a: Kottke, K., Bilanzstrategie und Steuertaktik. Der Einsatz steuerbilanzpolitischer sowie sonstiger Mittel zur Erreichung unternehmerischer Zielsetzungen, 3. Aufl., Herne/Berlin 1978.

Kottke 1978b: Kottke, K., Die Wahl des Bilanzstichtages als bilanz- und steuertaktisches Instrument, in: DB 31 (1978), S. 501–506.

Kozikowski/Fischer 2012: Kozikowski, M./Fischer, N., Kommentierung zu § 274 HGB, in: Ellrott, H./Förschle, G./Grottel, B./Kozikowski, M./Schmidt, S./Winkeljohann, N. (Hrsg.), BeckBil-Komm. Handels- und Steuerbilanz. §§ 238 bis 339, 342 bis 342e HGB mit IFRS-Abweichungen, 8. Aufl., München 2012.

Kozikowski/Huber 2012: Kozikowski, M./Huber, F., Kommentierung zu § 268 HGB, in: Ellrott, H./Förschle, G./Grottel, B./Kozikowski, M./Schmidt, S./Winkeljohann, N. (Hrsg.), BeckBil-Komm. Handels- und Steuerbilanz. §§ 238 bis 339, 342 bis 342e HGB mit IFRS-Abweichungen, 8. Aufl., München 2012.

Kozikowski/Roscher 2012: Kozikowski, M./Roscher, K., Kommentierung zu § 253 HGB, in: Ellrott, H./Förschle, G./Grottel, B./Kozikowski, M./Schmidt, S./Winkeljohann, N. (Hrsg.), BeckBil-Komm. Handels- und Steuerbilanz. §§ 238 bis 339, 342 bis 342e HGB mit IFRS-Abweichungen, 8. Aufl., München 2012.

Kozikowski/Schubert 2012a: Kozikowski, M./Schubert, W., Kommentierung zu § 247 HGB, in: Ellrott, H./Förschle, G./Grottel, B./Kozikowski, M./Schmidt, S./Winkeljohann, N. (Hrsg.), BeckBil-Komm. Handels- und Steuerbilanz. §§ 238 bis 339, 342 bis 342e HGB mit IFRS-Abweichungen, 8. Aufl., München 2012.

Kozikowski/Schubert 2012b: Kozikowski, M./Schubert, W., Kommentierung zu § 249 HGB, in: Ellrott, H./Förschle, G./Grottel, B./Kozikowski, M./Schmidt, S./Winkeljohann, N. (Hrsg.), BeckBil-Komm. Handels- und Steuerbilanz. §§ 238 bis 339, 342 bis 342e HGB mit IFRS-Abweichungen, 8. Aufl., München 2012.

Kozikowski/Schubert 2012c: Kozikowski M./Schubert W., Kommentierung zu § 253 HGB, in: Ellrott, H./Förschle, G./Grottel, B./Kozikowski, M./Schmidt, S./Winkeljohann, N. (Hrsg.), BeckBil-Komm. Handels- und Steuerbilanz. §§ 238 bis 339, 342 bis 342e HGB mit IFRS-Abweichungen, 8. Aufl., München 2012.

Kozikowski/Schubert 2012d: Kozikowski. M./Schubert. W., Kommentierung zu § 266 HGB, in: Ellrott, H./Förschle, G./Grottel, B./Kozikowski, M./Schmidt, S./Winkeljohann, N. (Hrsg.), BeckBil-Komm. Handels- und Steuerbilanz. §§ 238 bis 339, 342 bis 342e HGB mit IFRS-Abweichungen, 8. Aufl., München 2012.

Kozikowski/Schubert 2012e: Kozikowski M./Schubert. W., Kommentierung zu § 268 HGB, in: Ellrott, H./Förschle, G./Grottel, B./Kozikowski, M./Schmidt, S./Winkeljohann, N. (Hrsg.). BeckBilKomm. Handels- und Steuerbilanz. §§ 238 bis 339, 342 bis 342e HGB mit IFRS-Abweichungen, 8. Aufl., München 2012.

Krauß 1987: Krauß, S. O., Integrierte Handels- und Steuerbilanzpolitik. Ein computergestütztes Mehrperioden-Entscheidungsmodell bei mehrfacher Zielsetzung, Kiel 1987.

Krawitz 2001: Krawitz, N., Die Rechnungslegungsvorschriften nach HGB, IAS und US-GAAP im kritischen Vergleich, in: StuB 3 (2001), S. 629–633 u. 733–744.

Krog 1998a: Krog, M., Rechnungslegungspolitik im internationalen Vergleich. Eine modellorientierte Analyse, Landsberg am Lech 1998.

Krog 1998b: Krog, M., Einsatzmöglichkeiten mathematischer Optimierungsmodelle für die internationale Rechnungslegungspolitik, in: Freidank, C.-Chr. (Hrsg.), Rechnungslegungspolitik. Eine Bestandsaufnahme aus handels- und steuerrechtlicher Sicht, Berlin et al. 1998, S. 273–332.

Kulosa 2013: Kulosa, E., Kommentierung zu § 6 EStG, in: Schmidt, L. (Hrsg.), Einkommensteuergesetz. Kommentar, 32. Aufl., München 2013.

Kümpel 2004: Kümpel, T., Abschied vom bilanziellen Gläubigerschutz ab 2005?, in: DSWR 33 (2004), S. 239–241.

Kupsch 1979: Kupsch, P., Unternehmensziele, Stuttgart/New York 1979.

Kußmaul 2000: Kußmaul, H., Grundlagen für die internationale Rechnungslegung, in: StB 51 (2000), S. 342–349.

Kußmaul 2001: Kußmaul, H., Die Kameralistik, in: StB 52 (2001), S. 133–138 und S. 175–179.

Kußmaul 2008: Kußmaul, H., Betriebswirtschaftslehre für Existenzgründer. Grundlagen mit Fallbeispielen und Fragen der Existenzgründungspraxis, 6. Aufl., München 2008.

Kußmaul 2010: Kußmaul, H., Betriebswirtschaftliche Steuerlehre, 6. Aufl., München 2010.

Kußmaul/Cloß 2010: Kußmaul, H./Cloß, M., Die Ziele der Jahresabschlusspolitik, in: StB 61 (2010), S. 384–388.

Küting 1989: Küting, K., Zur Problematik der steuerrechtlichen Abschreibung gem. § 254 HGB, in: John, G. (Hrsg.), Besteuerung und Unternehmenspolitik, München 1989, S. 205–225.

Küting 1993: Küting, K., Europäisches Bilanzrecht und Internationalisierung der Rechnungslegung, in: BB 48 (1993), S. 30–39.

Küting 1996: Küting, K., Das Spannungsverhältnis zwischen Bilanzpolitik und Bilanzanalyse. Zur Interdependenz von Jahresabschlußgestaltung und Jahresabschlußbeurteilung, in: DStR 34 (1996), S. 934–944.

Küting 2000: Küting, K., Die Rechnungslegung in Deutschland an der Schwelle zu einem neuen Jahrtausend. Bestandsaufnahme und Ausblick, in: DStR 38 (2000), S. 38–44.

Küting/Lorson 1998a: Küting, K./Lorson, P., Anmerkungen zum Spannungsfeld zwischen externen Zielgrößen und internen Steuerungsinstrumenten, in: BB 51 (1998), S. 469–475.

Küting/Lorson 1998b: Küting, K./Lorson, P., Konvergenz von internem und externem Rechnungswesen: Anmerkungen zur Strategie und Konfliktfeldern, in: WPg 51 (1998), S. 483–493.

Küting/Ranker 2004: Küting, K./Ranker, D., Tendenzen zur Auslegung der endorsed IFRS als sekundäres Gemeinschaftsrecht, in: BB 59 (2004), S. 2510–2515.

Küting/Reuter 2010: Küting, K./Reuter, S., Kommentierung zu § 272 HGB, in: Küting, K./Pfitzer, N./Weber, C.-P. (Hrsg.), Handbuch der Rechnungslegung. Einzelabschluss, Bd. 2, Stuttgart 2010, Loseblattausgabe (Stand: November 2012).

Küting/Weber 1987: Küting, K./Weber, C.-P., Bilanzanalyse und Bilanzpolitik nach neuem Bilanzrecht, Stuttgart 1987.

Küting/Weber 2012: Küting, K./Weber, C.-P., Die Bilanzanalyse. Beurteilung von Abschlüssen nach HGB und IFRS, 10. Aufl., Stuttgart 2012.

Küting/Wohlgemuth 2004: Küting, K./Wohlgemuth, F., Möglichkeiten und Grenzen der internationalen Bilanzanalyse. Erkenntnisfortschritte durch eine internationale Strukturbilanz?, in: DStR 42 (2004), Beihefter zu Heft 48/04, S. 1–19.

Küting/Dawo/Heiden 2001: Küting, K./Dawo, S./Heiden, M., Internet und externe Rechungslegung, Heidelberg 2001.

Labhart 1999: Labhart, P. A., Value Reporting. Informationsbedürfnisse des Kapitalmarktes und Wertsteigerung durch Reporting, Zürich 1999.

Lachnit 1992: Lachnit, L., Globalisierung und Verprobung, in: Coenenberg, A. G./Wysocki, K. v. (Hrsg.), Handwörterbuch der Revision, 2. Aufl., Stuttgart 1992, Sp. 719–742.

Lachnit 1993: Lachnit, L., Bewegungsbilanz, in: Chmielewicz, K./Schweitzer, M. (Hrsg.), Handwörterbuch des Rechnungswesens, Bd. 3, 3. Aufl., Stuttgart 1993, Sp. 183–191.

Lachnit 2004: Lachnit, L., Bilanzanalyse. Grundlagen. Einzel- und Konzernabschlüsse. Internationale Abschlüsse. Unternehmensbeispiele, Wiesbaden 2004.

Lachnit/Freidank 1986: Lachnit, L./Freidank, C.-Chr., Unternehmensumwandlung als bilanzpolitische Vermeidungsstrategie angesichts des Bilanzrichtlinien-Gesetzes, in: DB 39 (1986), S. 1081–1089.

Lamers 1981: Lamers, A., Aktivierungsfähigkeit und Aktivierungspflicht immaterieller Werte, München 1981.

Leffson 1987: Leffson, U., Die Grundsätze ordnungsmäßiger Buchführung, 7. Aufl., Düsseldorf 1987.

Leibfried/Meixner 2006: Leibfried, P./Meixner, P., Konvergenz der Rechnungslegung, in: ST 80 (2006), S. 210–215.

Leibfried/Pfanzelt 2004: Leibfried, P./Pfanzelt, S., Praxis der Bilanzierung von Forschungs- und Entwicklungskosten gemäß IAS/IFRS, in: KoR 4 (2004), S. 491–497.

Leimkühler/Velte 2008: Leimkühler, C./Velte, P., Der Risikomanagementbericht nach dem BilMoG, in: Der Aufsichtsrat 5 (2008), S. 125–127.

Lewe/Hoffmann 2011: Lewe, S./Hoffmann, T., Zulässigkeit degressiver Abschreibungen in der Handelsbilanz vor dem Hintergrund der jüngsten Rechtsänderungen (IDW RH HFA 1.015), in: WPg 64 (2011), S. 107–113.

Lewis 1995: Lewis, T. G., Steigerung des Unternehmenswertes. Total Value Management, 2. Aufl., Landsberg/Lech 1995.

Lewis/Lehmann 1992: Lewis, T. G./Lehmann, S., Überlegene Investitionsentscheidungen durch CFROI, in: BFuP 44 (1992), S. 1–13.

Linde 2011: Linde AG (Hrsg.), Der Linde Finanzbericht 2010, München 2011.

Linnhoff/Pellens 1994: Linnhoff, U./Pellens, B., Kreditwürdigkeitsprüfung mit den neuen Jahresabschlußkennzahlen des Bundesaufsichtsamtes für das Versicherungswesen (BAV), in: DB 47 (1994), S. 589–594.

Löffler/Roß 2012: Löffler, J./Roß, N., Ansatz- und Bewertungsstetigkeit im handelsrechtlichen Jahresabschluss, in: WPg 65 (2012), S. 363–369.

Löhr 2003: Löhr, D., IAS (IFRS) versus HGB. Ein einzelwirtschaftspolitischer Paradigmenwechsel als Fortschritt?, in: StuB 5 (2003), S. 643–651.

Loitz 2003: Loitz, R., Latente Steuern und steuerliche Überleitungsrechnung bei der Umstellung auf IAS/IFRS, in: KoR 3 (2003), S. 516–522.

Lücke 1969: Lücke, W., Bilanzstrategie und Bilanzkritik, in: DB 22 (1969), S. 2286–2295.

Lüdenbach/Christian 2010: Lüdenbach, N./Christian, D., IFRS Essentials, Herne/Berlin 2010.

Ludewig 1966: Ludewig, R., Bilanzpolitik im Rahmen der neuen aktienrechtlichen Bewertungsvorschriften, in: DB 19 (1966), S. 49–56.

Ludewig 1987: Ludewig, R., Möglichkeiten der verdeckten Bilanzpolitik für Kapitalgesellschaften auf der Grundlage des neuen Rechts, in: ZfB 57 (1987), S. 426–433.

Mammen 2011: Mammen, A., Die Konzernsteuerquote als Lenkungsinstrument im Rahmen des Risikomanagementsystems börsennotierter Publikumsgesellschaften, Wiesbaden 2011.

Mandler 2004: Mandler, U., Der deutsche Mittelstand vor der IAS-Umstellung 2005. Konzepte und empirische Befunde zur Umsetzung der IAS-Verordnung, Herne/Berlin 2004.

Mann 1973: Mann, G., Betriebswirtschaftliche Steuerpolitik als Bestandteil der Unternehmenspolitik, in: WiSt 2 (1973), S. 114–119.

Mansch/Stolberg/Wysocki 1995: Mansch, H./Stolberg, K./Wysocki, K. v., Die Kapitalflußrechnung als Ergänzung des Jahres- und Konzernabschlusses. Anmerkungen zur gemeinsamen Stellungnahme HFA 1/1995 des Hauptfachausschusses und der Schmalenbach-Gesellschaft, in: WPg 48 (1995), S. 185–203.

Markowitz 1952: Markowitz, H. M., Portfolio Selection, in: JoF 7 (1952), S. 77–91.

Marettek 1970: Marettek, A., Entscheidungsmodell der betrieblichen Steuerbilanzpolitik - unter Berücksichtigung ihrer Stellung im System der Unternehmenspolitik, in: BFuP 22 (1970), S. 7–31.

Marten/Weiser 2004: Marten, K.-U./Weiser, F., Neuorientierung der Bilanzpolitik für den Einzelabschluss?, in: Freidank, C.-Chr. (Hrsg.), Reform der Rechnungslegung und Corporate Governance in Deutschland und Europa, Wiesbaden 2004, S. 31–68.

Marx 1998: Marx, J., Steuern in der externen Rechnungslegung. Abbildungsregeln, Gestaltungsaspekte und Analysemöglichkeiten, Herne/Berlin 1998.

Mayer/Davis/Schoorman 1995: Mayer, R. C./Davis, J. H./Schoorman, F. D., An integrative model of organizational trust, in: Academic Management Review 20 (1995), S. 709–734.

Mayer-Wegelin 2012: Mayer-Wegelin, E., Kommentierung zu § 249 HGB, in: Küting, K./Pfitzer, N./Weber, C.-P. (Hrsg.), Handbuch der Rechnungslegung. Einzelabschluss. Kommentar zur Bilanzierung und Prüfung, Bd. 1, Stuttgart 2012, Loseblattausgabe (Stand: November 2012).

Mayer-Wegelin/Kessler/Höfer 2010: Mayer-Wegelin, E./Kessler, H./Höfer, R., Kommentierung zu § 249 HGB, in: Küting, K./Pfitzer, N./Weber, C.-P. (Hrsg.), Handbuch der Rechnungslegung, Einzelabschluss. Kommentar zur Bilanzierung und Prüfung, Bd. 1, Stuttgart 2010. Loseblattausgabe (Stand: November 2012).

Meinhövel 1999: Meinhövel, H., Defizite der Principal-Agent-Theorie, Lohmar/Köln 1999.

Meinhövel 2004: Meinhövel, H., Grundlagen der Principal-Agent-Theorie, in: WiSt 33 (2004), S. 470–474.

Meinhövel 2005: Meinhövel, H., Grundlagen der Principal-Agent-Theorie, in: Meinhövel, H./Horsch, S. (Hrsg.), Institutionenökonomie und Betriebswirtschaftslehre, München 2005, S. 65–80.

Mellerowicz 1978: Mellerowicz, K., Unternehmenspolitik, Band III: Operative Teilpolitiken und Konzernführung, 4. Aufl., Freiburg i.B. 1978.

Meyer 2010: Meyer, M., Analyse des Temporary-Konzepts zur Bilanzierung latenter Steuern aus Sicht des Tax Reporting, in: ZP 20 (2010), S. 353–371.

Modigliani/Miller 1958: Modigliani, F./Miller, M. H., The Cost of Capital, Corporation Finance and the Theory of Investment, in: AER 48 (1958), S. 261–297.

Möhlmann-Mahlau/Gerken/Grotheer 2004: Möhlmann-Mahlau, T./Gerken, U./ Grotheer, S., IFRS im Einzelabschluss. Verlust entscheidender bilanzpolitischer Instrumente?, in: StuB 6 (2004), S. 849–858.

Möller 2002: Möller, K., Gestaltungsbeitrag der Neuen Institutionenökonomik für das Controlling, in: Gleich, R./Möller, K./Seidenschwarz, W./Stoi, R. (Hrsg.), Controllingfortschritte. Festschrift zum 65. Geburtstag von Péter Horváth, München 2002, S. 95–120.

Monson/Downs 1965: Monson, R. J./Downs, A., A Theory of Large Managerial Firms, in: The Journal of Political Economy o. Jg. (1965), S. 221–236.

Montag 2013: Montag, H., § 12 Gewerbesteuer, in: Tipke, K./Lang, J. (Hrsg.), Steuerrecht, 21. Aufl., Köln 2013.

Moonitz 1961: Moonitz, M., The Basic Postulates of Accounting, Accounting Research Study No. 1, New York 1961.

Moxter 1987: Moxter, A., Selbständige Bewertbarkeit als Aktivierungsvoraussetzung, in: BB 42 (1987), S. 1846–1851.

Müller 2003: Müller, S., Management-Rechnungswesen. Ausgestaltung des externen und internen Rechnungswesens unter Konvergenzgesichtspunkten, Wiesbaden 2003.

Müller 2012: Müller, S., Kommentierung zu § 264 HGB, in: Bertram, K./Brinkmann, R./Kessler, H./Müller, S. (Hrsg.), Haufe HGB Bilanz Kommentar, 3. Aufl., Freiburg i.Br. 2012.

Müller-Kröncke 1974: Müller-Kröncke, G. A., Entscheidungsmodell für die Steuerbilanzpolitik. Analyse der Möglichkeiten zur Bilanzbeeinflussung nach geltendem und künftigem Ertragsteuerrecht, Berlin 1974.

Müller-Merbach 1973: Müller-Merbach, H., Operation Research, 3. Aufl., München 1973.

Münstermann 1970: Münstermann, H., Bilanzpolitik mit Hilfe der mathematischen Programmierung, in: Linhardt, H. (Hrsg.), Dienstleistungen in Theorie und Praxis, Festschrift zum 60. Geburtstag von O. Hintner, Stuttgart 1970, S. 256–290.

Niehues 2001: Niehues, M., EU-Rechnungslegungsstrategie und Gläubigerschutz, in: WPg 54 (2001), S. 1209–1222.

Niehus/Wilke 2013: Niehus, U./Wilke, H., Die Besteuerung der Personengesellschaften, 6. Aufl., Stuttgart 2013.

Nippa 2002: Nippa, M., Alternative Konzepte für eine effiziente Corporate Governance, in: Nippa, M./Petzold, K./Kürsten, W. (Hrsg.), Corporate Governance. Herausforderungen und Lösungsansätze, Heidelberg 2002, S. 3–40.

Okraß 1973: Okraß, J., Zur Praktikabilität des Konzepts der Steuerbarwertminimierung, in: BFuP 25 (1973), S. 492–510.

Osburg 1994: Osburg, M., ZP-Stichwort: Transaktionskostentheorie, in: ZP 5 (1994), S. 289–296.

Packmohr 1984: Packmohr, A., Bilanzpolitik und Bilanzmanagement. Leitlinien für die optimale Gestaltung des Jahresabschlusses mit Checkliste der bilanzpolitischen Aktivitäten, Köln 1984.

Packmohr 1998: Packmohr, A., Die Optimierung des bilanzpolitischen Mitteleinsatzes bei Gewinnglättungsverhalten, in: Freidank, C.-Chr. (Hrsg.), Rechnungslegungspolitik. Eine Bestandsaufnahme aus handels- und steuerrechtlicher Sicht, Berlin et al. 1998, S. 503–541.

Paton/Littleton 1940: Paton, W./Littleton, A., An Introduction to Corporate Accounting Standards, Sarasota 1940.

Pawelzik/Dörschell 2012: Pawelzik, K. U./Dörschell, A., Kommentierung zu IAS 36, in: Heuser, P. J./Theile, C. (Hrsg.), IFRS Handbuch, 5. Aufl., Köln 2012.

Peemöller/Faul/Schroff 2004: Peemöller, V. H./Faul, K./Schroff, J., IAS/IFRS-Lexikon, in: BBK o. Jg. (2004), Fach 16, S. 527–582.

Pellens et al. 2011: Pellens, B./Fülbier, R. U./Gassen, J./Sellhorn, T., Internationale Rechnungslegung. IFRS 1 bis 9, IAS 1 bis 41, IFRIC-Interpretationen, Standardentwürfe, 8. Aufl., Stuttgart 2011.

Petersen/Zwirner/Froschhammer 2011: Petersen, K./Zwirner, C./Froschhammer, M., Ausschüttungssperre nach § 268 Abs. 8 HGB, Fallbeispiel zu einer Mehrperiodenbetrachtung, in: KoR 12 (2011), S. 437–441.

Pfaff/Zweifel 1998: Pfaff, D./Zweifel, P., Die Principal-Agent-Theorie. Ein fruchtbarer Beitrag der Wirtschaftstheorie in der Praxis, in: WiSt 27 (1998), S. 184–190.

Pfeiffer 1982: Pfeiffer, T., Das immaterielle Wirtschaftsgut. Begriffsbestimmung und steuerrechtliche Bilanzierung dem Grunde nach. § 5 Abs. 2 EStG, Augsburg 1982.

Pfitzer/Oser 2011: Pfitzer, N./Oser, P., Kommentierung zu § 238 HGB, in: Küting, K./Pfitzer, N./Weber, C.-P. (Hrsg.), Handbuch der Rechnungslegung. Einzelabschluss. Kommentar zur Bilanzierung und Prüfung, Bd. 1, Stuttgart 2011, Loseblattausgabe (Stand: November 2012).

Philipps 2011: Philipps, H., Konkretisierung der Anhangangaben zu außerbilanziellen Geschäften, in: DB 64 (2011), S. 125–130.

Pottgießer/Velte/Weber 2005: Pottgießer, G./Velte, P./Weber, S., Ermessensspielräume im Rahmen des Impairment-Only-Approach. Eine kritische Analyse zur Folgebewertung des derivativen Geschäfts- oder Firmenwerts (Goodwill) nach IFRS 3 und IAS 36 (rev. 2004), in: DStR 43 (2005), S. 1748–1752.

Pougin 1969: Pougin, E., Bilanzpolitik, in: Jacob, H. (Hrsg.), Bilanzpolitik und Bilanztaktik, Wiesbaden 1969, S. 5–28.

Pratt/Zeckhauser 1985: Pratt, J. W./Zeckhauser, R. J., Prinzipals and Agents. The Structure of Business, Boston 1985.

Raff 1992: Raff, I., Forderungen des Umlaufvermögens, Prüfung der, in: Coenenberg, A. G./Wysocki, K. v. (Hrsg.), Handwörterbuch der Revision, 2. Aufl., Stuttgart 1992, Sp. 551–562.

Ramb/Schneider 2010: Ramb, J./Schneider, J., Die Einnahme-Überschussrechnung von A-Z, 3. Aufl., Stuttgart 2010.

Rappaport 1995: Rappaport, A. , Shareholder Value. Wertsteigerung als Maßstab für die Unternehmensführung, Stuttgart 1995.

Rappaport 1999: Rappaport, A., Shareholder Value. Ein Handbuch für Manager und Investoren, 2. Aufl., Stuttgart 1999.

Reibis 2005: Reibis, C., Computergestützte Optimierungsmodelle als Instrumente einer unternehmenswertorientierten Rechnungslegungspolitik. Eine Analyse vor dem Hintergrund des Bilanzrechtsreformgesetzes, Hamburg 2005.

Renneke 2004: Renneke, F., Internationale Bilanzanalyse. Überleitung von HGB auf US-GAAP und Analyse der Folgewirkungen abweichender Bilanzierungsvorschriften, München 2004.

Rose 1973: Rose, G., Die Steuerbelastung der Unternehmung. Grundzüge der Teilsteuerrechnung, Wiesbaden 1973.

Rose/Watrin 2011: Rose, G./Watrin, C., Umsatzsteuer mit Grunderwerbsteuer und kleineren Verkehrsteuern, 17. Aufl., Berlin 2011.

Ross 1973: Ross, S. A., The Economic Theory of Agency. The Principal's Problem, in: American Economic Review 63 (1973), S. 134–139.

Rückle 1983: Rückle, D., Normative Theorie der Steuerbilanzpolitik, Wien 1983.

Sailer/Schurbohm 2002: Sailer, C./Schurbohm, A., IFRS und US-GAAP als Alternative zum HGB, in: DSWR 31 (2002), S. 361–364.

Sandig 1966: Sandig, C., Betriebswirtschaftspolitik, 2. Auflage, Stuttgart 1966.

Sassen/Velte/Weber 2008: Sassen, R./Velte, P./Weber, S., Bilanzrechtsmodernisierung, in: ZfgK 61 (2008), S. 248–250.

Schäfer 1999: Schäfer, S., Entscheidungsmodelle der Konzernrechnungslegungspolitik. Computergestützte Gestaltungen des Konzernabschlusses nach den Vorschriften des Handelsrecht und der International Accounting Standards, Landsberg/Lech 1999.

Schäfer 2000: Schäfer, S., Optimierungsmodelle für die Konzernabschlusspolitik nach IAS, in: Lachnit, L./Freidank, C.-Chr. (Hrsg.), Investororientierte Unternehmenspublizität. Neuere Entwicklungen von Rechnungslegung, Prüfung und Jahresabschlussanalyse, Wiesbaden 2000, S. 163–193.

Scheffler 2003: Scheffler, E., Zum Stand und zur Entwicklung der Rechnungslegung in Deutschland, in: Freidank, C.-Chr./Schreiber, O. R. (Hrsg.), Corporate Governance, Internationale Rechnungslegung und Unternehmensanalyse im Zentrum aktueller Entwicklungen. Tagungsband zur 2. Hamburger Revisions-Tagung, Hamburg 2003, S. 59–84.

Scheffler 1991: Scheffler, W., Veranlagungssimulation versus Teilsteuerrechnung, in: WISU 20 (1991), S. 69–75.

Scheffler 1998: Scheffler, W., Entwicklungsstand der Modelldiskussion im Bereich der Steuerbilanzpolitik, in: Freidank, C.-Chr. (Hrsg.), Rechnungslegungspolitik. Eine Bestandsaufnahme aus handels- und steuerrechtlicher Sicht, Berlin et al. 1998, S. 407–448.

Schenk 1996: Schenk, H. O., Die Handelsspanne als zentrale Leistungs- und Führungskennzahl des Handels (Teil I und II), in: WiSt 25 (1996), S. 43–49 u. 133–140.

Scherrer/Heni 2009: Scherrer, G./Heni, B., Liquidations-Rechnungslegung, 3. Aufl., Düsseldorf 2009.

Scherrer/Obermeier 1996: Scherrer, G./Obermeier, I., Stichprobeninventur. Theoretische Grundlagen und praktische Anwendung, München 1996.

Schildbach/Homburg 2009: Schildbach, T./Homburg, C., Kosten- und Leistungsrechnung, 10. Aufl., Stuttgart 2009.

Schildbach/Stobbe/Brösel 2013: Schildbach, T./Stobbe, T./Brösel, G., Der handelsrechtliche Jahresabschluss, 10. Aufl., Passau 2013.

Schmalenbach 1927: Schmalenbach, E., Der Kontenrahmen, in: ZfhF 21 (1927), S. 285–402 u. 433–475.

Schmalenbach 1962: Schmalenbach, E., Dynamische Bilanz, 11. Aufl., Köln/Opladen 1962.

Schmalenbach 1963: Schmalenbach, E., Kostenrechnung und Preispolitik, 8. Aufl., Köln/Opladen 1963.

Schmidt 1951: Schmidt, F., Die organische Tageswertbilanz, 3. Aufl., Leipzig 1951.

Schneider 1992: Schneider, D., Investition, Finanzierung und Besteuerung, 7. Aufl., Wiesbaden 1992.

Schönfeld/Möller 1995: Schönfeld, H.-M./Möller, H. P., Kostenrechnung. Einführung in das betriebswirtschaftliche Rechnungswesen mit Erlösen und Kosten, 8. Aufl., Stuttgart 1995.

Schreiber 2012: Schreiber, U., Besteuerung der Unternehmen, 3. Aufl., Wiesbaden 2012.

Schulze-Osterloh 2004: Schulze-Osterloh, J., Internationalisierung der Rechnungslegung und ihre Auswirkungen auf die Grundprinzipien des deutschen Rechts, in: DK 2 (2004), S. 173–177.

Schütte 2006: Schütte, J., Aktivierungskonzepte immaterieller Vermögenswerte, Hamburg 2006.

Schweitzer 1972: Schweitzer, M., Struktur und Funktion der Bilanz. Grundfragen der betriebswirtschaftlichen Bilanz in methodologischer und entscheidungstheoretischer Sicht, Berlin 1972.

Seelbach/Fischer 1998: Seelbach, H./Fischer, K., Optimierungsmodelle zur Bilanzgestaltung, in: Freidank, C.-Chr. (Hrsg.), Rechnungslegungspolitik. Eine Bestandsaufnahme aus handels- und steuerrechtlicher Sicht, Berlin et al. 1998, S. 231–271.

Seer 2013: Seer, R., Kommentierung zu § 2 und § 21, in: Tipke, K./Lang, J. (Hrsg.), Steuerrecht, 21. Aufl., Köln 2013.

Seibt 2010: Seibt, C.H., Kommentierung zu § 87 AktG, in: Schmidt, K./Lutter, M. (Hrsg.), Aktiengesetz. Kommentar, I. Band, 2. Aufl., Köln 2010.

Selchert 1978: Selchert, F. W., Bilanzpolitik und Jahresabschlußprüfung, in: WISU 7 (1978), S. 168–174 und S. 221–225.

Selchert 1987: Selchert, F. W., Die sonstigen finanziellen Verpflichtungen. Angabe nach § 285 Nr. 3 HGB im Anhang mittelgroßer und großer Kapitalgesellschaften, in: DB 40 (1987), S. 545–549.

Selchert 1996: Selchert, Friedrich W., Windowdressing. Grenzbereich der Jahresabschlußgestaltung, in: DB 49 (1996), S. 1933–1940.

Selchert/Ortmann 1993: Selchert, F. W./Ortmann, M., Bilanzpolitik in der Personenhandelsgesellschaft, in: WiSt 22 (1993), S. 605–609 u. S. 694–700.

Sieben/Haase 1971: Sieben, G./Haase, K. D., Die Jahresabschlußrechnung als Informations- und Entscheidungsrechnung, in: WPg 24 (1971), S. 53–57 und S. 79–84.

Sieben/Schildbach 1994: Sieben, G./Schildbach, T., Betriebswirtschaftliche Entscheidungstheorie, 4. Aufl., Düsseldorf 1994.

Sieben/Barion/Maltry 1993: Sieben, G./Barion, H.-J./Maltry, H., Bilanzpolitik, in: Chmielewicz, K./Schweitzer, M. (Hrsg.), Handwörterbuch des Rechnungswesens, 3. Aufl., Stuttgart 1993, Sp. 229–239.

Sieben/Matschke/König 1981: Sieben, G./Matschke, M./König, E., Bilanzpolitik, in: Kosiol, E. et al. (Hrsg.), Handwörterbuch des Rechnungswesens, 2. Aufl., Stuttgart 1981, S. 224–236.

Siegel 1972: Siegel, T., Verfahren zur Minimierung der Einkommensteuer-Barwertsumme, in: BFuP 24 (1972), S. 65–80.

Siegel 1982: Siegel, T., Steuerwirkungen und Steuerpolitik in der Unternehmung, Würzburg/Wien 1982.

Siemers 2009: Siemers, L., § 10 Ergebnisermittlung und Ergebnisverwendung, in: Müller, W./Winkeljohann, N. (Hrsg.), Beck'sches Handbuch der GmbH, 4. Aufl., München 2009.

Sigloch 1987: Sigloch, J., Unternehmensformen, in: WISU 16 (1987), S. 499–506 u. 554–559.

Simon 1899: Simon, H., Die Bilanzen der Aktiengesellschaften und der Kommanditgesellschaften auf Aktien, 3. Aufl., Berlin 1899.

Spence 1973: Spence, M., Job Market Signaling, in: JoE 87 (1973), S. 355–374.

Sprouse/Moonitz 1962: Sprouse, R. T./Moonitz, M., A Tentative Set of Broad Accounting Principles for Business Enterprises, New York 1962.

Stewart 1991: Stewart, G. B., The Quest for Value. The EVA Management Guide, New York 1991.

Stewart 1994: Stewart, G. B., EVA. Fact and Fantasy, in: JoACF 7 (1994), S. 71–84.

Streim 1998: Streim, H., Internationalisierung von Gewinnermittlungsregeln zum Zwecke der Informationsvermittlung, in: Meffert, H./Krawitz, N. (Hrsg.), Unternehmensrechnung und Besteuerung, Wiesbaden 1998, S. 323–343.

Streim/Esser 2003: Streim, H./Esser, M., Rechnungslegung nach IAS/IFRS. Ein geeignetes Instrument zur Informationsvermittlung?, in: StuB 5 (2003), S. 836–840.

Tesch/Wißmann 2009: Tesch, J./Wißmann, R., Lageberichterstattung, 2. Aufl., Weinheim 2009.

Tietz 1993: Tietz, B., Der Handelsbetrieb. Grundlagen der Unternehmenspolitik, 2. Aufl., München 1993.

Titze 1978: Titze, W., Ist eine Umstellung auf den neuen Industrie-Kontenrahmen (IKR) sinnvoll?, in: DB 31 (1978), S. 217–222.

Velte 2006a: Velte, P., Der (Konzern-)Lagebericht als strategisches Kommunikationsinstrument für das Value Based Management, in: SteuerStud 24 (2006), S. 143–147.

Velte 2006b: Velte, P., Percentage-of-Completion-Methode, in: ZP 17 (2006), S. 223–228.

Velte 2006c: Velte, P., Harmonisierungspotenziale zwischen in- und externem Rechnungswesen. Dargestellt am Beispiel des Goodwill Impairment Test (IFRS 3 i. V. m. IAS 36) und der Percentage of Completion Methode (IAS 11), in: Freidank, C.-Chr./Tanski, J. (Hrsg.), Accounting, Controlling and Finance (ACF), München (Loseblattausgabe, Stand: April 2009), S. 1–26.

Velte 2006d: Velte, P., Harmonisierung des in- und externen Rechnungswesens bei der IAS/IFRS-Umstellung, in: SteuerStud 26 (2006), S. 565–569.

Velte 2007a: Velte, P., Durchsetzung der Rechnungslegung und Auswirkungen auf die Qualität der Abschlussprüfung, in: SteuerStud 27 (2007), S. 554–559.

Velte 2007b: Velte, P., Reformierung des Kapitalerhaltungssystems auf der Basis von covenants, in: StuB 9 (2007), S. 639–644.

Velte 2007c: Velte, P., Der Solvenz-Test als Instrument des informationellen Gläubigerschutzes, in: BBK o. Jg. (2007), Fach 9, S. 1217–1224.

Velte 2007d: Velte, P., Fortentwicklung der kapitalmarktorientierten Rechnungslegung durch das Transparenzrichtlinie-Umsetzungsgesetz (TUG), in: StuB 9 (2007), S. 102–108.

Velte 2008a: Velte, P., Intangible Assets und Goodwill im Spannungsfeld zwischen Entscheidungsrelevanz und Verlässlichkeit, Stuttgart 2008.

Velte 2008b: Velte, P., Vorräte. Schätzung des Fertigstellungsgrades bei der Percentage of Completion Methode, in: Freidank, C.-Chr./Peemöller, V. H. (Hrsg.), Corporate Governance und Interne Revision, Berlin 2008, S. 445–460.

Velte 2008c: Velte, P., F&E-Berichterstattung nach HGB und IFRS, in: ZCG 3 (2008), S. 239–244.

Velte 2008d: Velte, P., Die Stellungnahme des Bundesrates zum BilMoG-RegE, in: StuB 10 (2008), S. 533–534.

Velte 2008e: Velte, P., Rechnungslegung über originäre immaterielle Vermögensgegenstände und den derivativen Geschäfts- oder Firmenwert, in: IRZ 3 (2008), S. 369–375.

Velte 2008f: Velte, P., Der Regierungsentwurf für ein Bilanzrechtsmodernisierungsgesetz, in: StuB 10 (2008), S. 411–419.

Velte 2008g: Velte, P., Management Approach, in: ZP 19 (2008), S. 133–138.

Velte 2008h: Velte, P., Auswirkungen des BilMoG-RefE auf die Informations- und Zahlungsbemessungsfunktion des handelsrechtlichen Jahresabschlusses, in: KoR 8 (2008), S. 61–73.

Velte 2010: Velte, P., Stewardship-Theorie, in: ZP 20 (2010), S. 285–293.

Velte/Köster 2008: Velte, P./Köster, M., Bilanzielle Kapitalerhaltung in der EU vor einer Neuausrichtung?, in: ST 82 (2008), S. 444–448.

Velte/Köster 2009a: Velte, P./Köster, M., Auswirkungen des BilMoG auf das bilanzielle Kapitalschutzsystem bei Aktiengesellschaften, in: Freidank, C.-Chr./Altes, P. (Hrsg.), Das Gesetz zur Modernisierung des Bilanzrechts (BilMoG), Berlin 2009, S. 185–221.

Velte/Köster 2009b: Velte, P./Köster, M., Gläubigerschutz nach BilMoG, in: BBK o. Jg. (2009), S. 959–964.

Velte/Leimkühler 2007: Velte, P./Leimkühler, C., Der Referentenentwurf für ein Bilanzrechtsmodernisierungsgesetz, in: StuB 9 (2007), S. 837–844.

Velte/Sepetauz 2010a: Velte, P./Sepetauz, K., Das BMF und die Herstellungskosten, in: StuB 12 (2010), S. 523–528.

Velte/Sepetauz 2010b: Velte, P./Sepetauz, K., Ansatzwahlrecht für selbst geschaffene immaterielle Anlagegüter, in: BC 34 (2010), S. 349–355.

Velte/Weber 2011: Velte, P./Weber, S.C., Prüfung von Corporate Governance Statements post BilMoG, in: StuB 13 (2011), S. 255–260.

Velte/Wulf 2013: Velte, P./Wulf, I., Rückstellungen für passive latente Steuern bei Personenhandelsgesellschaften, in: DStZ 101 (2013), S. 150–155.

Vogt 1963: Vogt, F. J., Bilanztaktik. Wahlrechte des Unternehmers beim Jahresabschluß, 6. Aufl., Heidelberg 1963.

Voßschulte/Baumgärtner 1991: Voßschulte, A./Baumgärtner, J., Controlling im Handel. Konzeption und Erfahrungen bei der Implementierung, in: Controlling 3 (1991), S. 252–261.

Wacker 2013: Wacker, R., Kommentierung zu § 15, 16 EStG, in: Schmidt, L. (Hrsg.), Einkommensteuergesetz. EStG. Kommentar, 32. Aufl., München 2013.

Wagenhofer/Ewert 2007: Wagenhofer, A./Ewert, R., Externe Unternehmensrechnung, 2. Aufl., Berlin 2007.

Wagner/Dirrigl 1980: Wagner, F. W./Dirrigl, H., Die Steuerplanung der Unternehmung, Stuttgart/New York 1980.

Waschbusch 1994: Waschbusch, G., Die Instrumente der handelsrechtlichen Jahresabschlußpolitik: Ein Systematisierungsansatz (Teil I und II), in: WISU 23 (1994), S. 807–816 u. 919–924.

Weber 1990: Weber, C.-P., in: Küting, K./Weber, C.-P., Handbuch der Rechnungslegung. Kommentar zur Bilanzierung und Prüfung, 3. Aufl., Stuttgart 1990.

Weber/Rogler 2004: Weber, H. K./Rogler, S., Betriebswirtschaftliches Rechnungswesen. Band 1: Bilanz sowie Gewinn- und Verlustrechnung, 5. Aufl., München 2004.

Weber-Grellet 2013: Weber-Grellet, H., Kommentierung zu § 5 EStG, in: Schmidt, L. (Hrsg.), Einkommensteuergesetz. EStG. Kommentar, 32. Aufl., München 2013.

Wenzig 2004: Wenzig, H., Außenprüfung, Betriebsprüfung, 9. Aufl., Achim bei Bremen 2004.

Westermann 1993: Westermann, H. P., in: Scholz, E. (Hrsg.), Kommentar zum GmbH-Gesetz mit Nebengesetzen und dem Anhang Konzernrecht, 8. Aufl., Köln 1993.

Wiechers 2011: Wiechers, K., Ansatz- und Bewertungsstetigkeit im handelsrechtlichen Jahresabschluss, in: BBK o. Jg. (2011), S. 172–176.

Winkeljohann/Büssow 2012a: Winkeljohann, N./Büssow, T., Kommentierung zu § 265 HGB, in: Ellrott, H./Förschle, G./Grottel, B./Kozikowski, M./Schmidt, S./Winkeljohann, N. (Hrsg.), BeckBilKomm. Handels- und Steuerbilanz. §§ 238 bis 339, 342 bis 342e HGB mit IFRS-Abweichungen, 8. Aufl., München 2012.

Winkeljohann/Büssow 2012b: Winkeljohann, N./Büssow, T., Kommentierung zu § 252 HGB, in: Ellrott, H./Förschle, G./Grottel, B./Kozikowski, M./Schmidt, S./Winkeljohann, N. (Hrsg.), BeckBilKomm. Handels- und Steuerbilanz. §§ 238 bis 339, 342 bis 342e HGB mit IFRS-Abweichungen, 8. Aufl., München 2012.

Winkeljohann/Philipps 2012: Winkeljohann, N./Philipps, H., Kommentierung zu § 240 HGB, in: Ellrott, H./Förschle, G./Grottel, B./Kozikowski, M./Schmidt, S./Winkeljohann, N. (Hrsg.), BeckBilKomm. Handels- und Steuerbilanz. §§ 238 bis 339, 342 bis 342e HGB mit IFRS-Abweichungen, 8. Aufl., München 2012.

Winkeljohann/Schellhorn 2012: Winkeljohann, N./Schellhorn, M., Kommentierung zu § 264 HGB, in: Ellrott, H./Förschle, G./Grottel, B./Kozikowski, M./Schmidt, S./Winkeljohann, N. (Hrsg.), BeckBilKomm. Handels- und Steuerbilanz. §§ 238 bis 339, 342 bis 342e HGB mit IFRS-Abweichungen, 8. Aufl., München 2012.

Wöhe 1977: Wöhe, G., Bemerkungen zur Steuerbilanzpolitik, in: BFuP 29 (1977), S. 216–229.

Wöhe 1997: Wöhe, G., Bilanzierung und Bilanzpolitik. Betriebswirtschaft, Handelsrecht und Steuerrecht, 9. Aufl., München 1997.

Wöhe 2010: Wöhe, G., Einführung in die Allgemeine Betriebswirtschaftslehre, 24. Aufl., München 2010.

Wolf 2004: Wolf, T., Auswirkungen der internationalen Rechnungslegung auf die Höhe des bilanzierten Eigenkapitals. Ratingpotenzial im Mittelstand durch IAS/IFRS?, in: BBK o.Jg. (2004), Fach 19, S. 517–524.

WP-Handbuch 2012: Wirtschaftsprüfer-Handbuch 2012. Wirtschaftsprüfung, Rechnungslegung, Beratung, Bd. I, 14. Aufl., Düsseldorf 2012.

Zeitler 2003: Zeitler, F.-Chr., Rechnungslegung und Rechtsstaat. Übernahme der IAS oder Reform des HGB?, in: DB 56 (2003), S. 1529–1534.

Zemelka 2002: Zemelka, B., Value Reporting als normatives Modell zur Integration nicht-finanzieller Kennzahlen in strategische Kapitalmarktkommunikation, Dortmund 2002.

Ziegler 1994: Ziegler, H., Neuorientierung des internen Rechnungswesens für das Unternehmens-Controlling im Hause Siemens, in: ZfbF 46 (1994), S. 175–188.

Zimmermann/Wortmann 2001: Zimmermann, G./Wortmann, A., Der Shareholder-Value-Ansatz als Institution zur Kontrolle der Führung von Publikumsgesellschaften, in: DB 54 (2001), S. 289–294.

Zülch/Güth 2010: Zülch, H./Güth, S., Die neue Satzung der IASCF (IASCF-Constitution Review). Implikationen für den Standardsetzungsprozess und die künftige Ausrichtung der IFRS, in: KoR 10 (2010), S. 177–182.

Zwirner/Boecker/Reuter 2004: Zwirner, C./Boecker, C./Reuter, M., Umstellung der Rechnungslegung von HGB auf IFRS. Theoretischer Überblick und Veranschaulichung in Form eines Fallbeispiels, in: KoR 5 (2004), S. 217–234.

Sonstige Materialien

BilKoG: Gesetz zur Kontrolle von Unternehmensabschlüssen (Bilanzkontrollgesetz. BilKoG) vom 15.12.2004, BGBl. I 2004, S. 3408–3415.

BilReG: Gesetz zur Einführung internationaler Rechnungslegungsstandards und zur Sicherung der Qualität in der Abschlussprüfung (Bilanzrechtsreformgesetz. BilReG) vom 04.12.2004, BGBl. I 2004, S. 3166–3182.

BiRiLiG: Gesetz zur Durchführung der Vierten, Siebenten und Achten Richtlinie des Rates der Europäischen Gemeinschaften zur Koordinierung des Gesellschaftsrechts (Bilanzrichtlinien-Gesetz. BiRiLiG) vom 19.12.1985, BGBl. I 1985, S. 2355.

BT-Drucksache 10/4286: Begründung zum Regierungsentwurf, BiRiLiG, BT-Drucksache 10/4286 vom 18.11.1985, S 375.

BT-Drucksache 16/10067: Gesetzentwurf der Bundesregierung – Entwurf eines Gesetzes zur Modernisierung des Bilanzrechts, BT-Drucksache 16/10067 vom 30.7.2008, S 1–124.

DCGK: Regierungskommission Deutscher Corporate Governance Kodex, Bekanntmachung des Deutschen Corporate Governance Kodex (in der Fassung vom 13.05.2013), in: Elektronischer Bundesanzeiger vom 10.06.2013, S. 1–8.

DRS 2: Deutscher Standardisierungsrat, Deutscher Rechnungslegungs Standard Nr. 2: Kapitalflussrechnung (DRS 2), in: Deutsches Rechnungslegungs Standards Committee e. V. (Hrsg.), Deutsche Rechnungslegungs Standards (DRS). Rechnungslegungs Interpretationen (RIC), Stuttgart 2011, Loseblattausgabe (Stand: Februar 2013).

DRS 3: Deutscher Standardisierungsrat, Deutscher Rechnungslegungs Standard Nr. 3: Segmentberichterstattung (DRS 3,), in: Deutsches Rechnungslegungs Standards Committee e. V. (Hrsg.), Deutsche Rechnungslegungs Standards (DRS). Rechnungslegungs Interpretationen (RIC), Stuttgart 2011, Loseblattausgabe (Stand: Februar 2013).

DRS 7: Deutscher Standardisierungsrat, Deutscher Rechnungslegungs Standard Nr. 7: Konzerneigenkapital und Konzerngesamtergebnis (DRS 7), in: Deutsches Rechnungslegungs Standards Committee e. V. (Hrsg.), Deutsche Rechnungslegungs Standards (DRS). Rechnungslegungs Interpretationen (RIC), Stuttgart 2011, Loseblattausgabe (Stand: Februar 2013).

DRS 13: Deutscher Standardisierungsrat, Deutscher Rechnungslegungs Standard Nr. 13: Grundsatz der Stetigkeit und Berichtigung von Fehlern (DRS 13), in: Deutsches Rechnungslegungs Standards Committee e. V. (Hrsg.), Deutsche Rechnungslegungs Standards (DRS). Rechnungslegungs Interpretationen (RIC), Stuttgart 2011, Loseblattausgabe (Stand: Februar 2013).

DRS 15: Deutscher Standardisierungsrat, Deutscher Rechnungslegungs Standard Nr. 15, Lageberichterstattung (DRS 15), in: Deutsches Rechnungslegungs Standards Committee e. V. (Hrsg.), Deutsche Rechnungslegungs Standards (DRS). Rechnungslegungs Interpretationen (RIC), Stuttgart 2011, Loseblattausgabe (Stand: Februar 2013).

DRS 16: Deutscher Standardisierungsrat, Deutscher Rechnungslegungs Standard Nr. 16: Zwischenberichterstattung (DRS 16), in: Deutsches Rechnungslegungs Standards Committee e. V. (Hrsg.), Deutsche Rechnungslegungs Standards (DRS). Rechnungslegungs Interpretationen (RIC), Stuttgart 2011, Loseblattausgabe (Stand: Februar 2013).

DRS 18: Deutscher Standardisierungsrat, Deutscher Rechnungslegungs Standard Nr. 18: Latente Steuern (DRS 18), in: Deutsches Rechnungslegungs Standards Committee e. V. (Hrsg.), Deutsche Rechnungslegungs Standards (DRS). Rechnungslegungs Interpretationen (RIC), Stuttgart 2011, Loseblattausgabe (Stand: Februar 2013).

HFA 1/1981 i. d. F. 1990: Hauptfachausschuß (HFA) Stellungnahme 1/1981 i. d. F. 1990: Stichprobenverfahren für die Vorratsinventur zum Jahresabschluß, in: Institut der Wirtschaftsprüfer in Deutschland e. V. (Hrsg.), IDW Prüfungsstandards, IDW Stellungnahmen zur Rechnungslegung, Band II, Düsseldorf 1990, Loseblattausgabe (Stand: Mai 2013), S. 59–80.

HFA 1/1990: Hauptfachausschuß (HFA) Stellungnahme 1/1990: Zur körperlichen Bestandsaufnahme im Rahmen von Inventurverfahren, in: Institut der Wirtschaftsprüfer in Deutschland e. V. (Hrsg.), IDW Prüfungsstandards, IDW Stellungnahmen zur Rechnungslegung, Band II, Düsseldorf 1990, Loseblattausgabe (Stand: Mai 2013), S. 189–201.

IDW RH HFA 1.016: IDW Rechnungslegungshinweis. Handelsrechtliche Zulässigkeit einer komponentenweisen planmäßigen Abschreibung von Sachanlagen, in: IDW-Fn. o. Jg. (2009), S. 362 f.

IDW RS HFA 7: IDW Stellungnahme zur Rechnungslegung. Handelsrechtliche Rechnungslegung bei Personenhandelsgesellschaften (IDW RS HFA 7), in: IDW-Fn. o. Jg. (2012), S. 189–200.

IDW RS HFA 38: IDW Stellungnahme zur Rechnungslegung. Ansatz- und Bewertungsstetigkeit im handelsrechtlichen Jahresabschluss (IDW RS HFA 38), in: IDW-Fn. o. Jg. (2011), S. 560 f.

IICR 2013: International Integrated Reporting Council, Consultation Draft of the International <IR> Framework, abrufbar unter: http://www.theiirc.org/consultationdraft2013/ (Download: 16.04.2013).

KapAEG: Gesetz zur Verbesserung der Wettbewerbsfähigkeit deutscher Konzerne an Kapitalmärkten und zur Erleichterung der Aufnahme von Gesellschafterdarlehen (Kapitalaufnahmeerleichterungsgesetz. KapAEG) vom 20.4.1998, BGBl. I 1998, S. 707.

KapCoRiLiG: Gesetz zur Durchführung der Richtlinie des Rates der Europäischen Union zur Änderung der Bilanz- und der Konzernbilanzrichtlinie hinsichtlich ihres Anwendungsbereichs (90/605 EWG), zur Verbesserung der Offenlegung von Jahresabschlüssen und zur Änderung anderer handelsrechtlicher Bestimmungen (Kapitalgesellschaften- und Co-Richtlinie-Gesetz-KapCoRiLiG) vom 24.2.2000, BGBl. I 2000, S. 154–173.

KonTraG: Gesetz zur Kontrolle und Transparenz im Unternehmensbereich (KonTraG) vom 27.4.1998, BGBl. I 1998, S. 786–794.

TransPuG: Gesetz zur weiteren Reform des Aktien- und Bilanzrechts, zu Transparenz und Publizität (Transparenz- und Publizitätsgesetz) vom 19.07.2002, BGBl. I 2002, S. 2681–2687.

UStAE: Umsatzsteuer-Anwendungserlass vom 01.01.2010, BStBl. I 2010, S. 846 f.

EU-Verordnungen und -Richtlinien

EU-Fair-Value-Richtlinie: Richtlinie 2001/65/EG des Europäischen Parlaments und des Rates vom 27. September 2001 zur Änderung der Richtlinien 78/660EWG, 83/349EWG des Rates im Hinblick auf die im Jahresabschluss bzw. konsolidierten Abschluss von Gesellschaften bestimmter Rechtsformen und von Banken und anderen Finanzinstituten zulässigen Wertansätze, in: ABlEG L 283 vom 27. Oktober 2001, S. 28–32.

EU-IAS-Verordnung: Verordnung (EG) Nr. 1606/2002 des Europäischen Parlaments und des Rates vom 19. Juli 2002 betreffend die Anwendung internationaler Rechnungslegungsstandards, in: ABlEG L 243 vom 11. September 2002, S. 1–4.

EU-Modernisierungs-Richtlinie: Richtlinie 2003/51/EG des Europäischen Parlaments und des Rates vom 18. Juni 2003 zur Änderung der Richtlinien 78/660/EWG, 83/349 EWG, 86/635/EWG und 91/674/EWG über den Jahresabschluss und den konsolidierten Abschluss von Gesellschaften bestimmter Rechtsformen, von Banken und anderen Finanzinstituten sowie von Versicherungsunternehmen, in: ABlEG L 178 E vom 27. Juli 2003, S. 16–19.

EU-Schwellenwert-Richtlinie: Richtlinie 2003/38/EG des Rates vom 13. Mai 2003 zur Änderung der Richtlinien 78/660/EWG über den Jahresabschluss und den konsolidierten Abschluss von Gesellschaften bestimmter Rechtsformen hinsichtlich der in Euro ausgedrückten Beträge, in: ABlEG L 120 vom 15. Mai 2003, S. 22–23.

EU-Wertpapierdienstleistungs-Richtlinie: Richtlinie 2004/39/EG des Europäischen Parlaments und des Rates vom 21.04.2004 über Märkte für Finanzinstrumente, zur Änderung der Richtlinien 85/611/EWG und 92/6/EWG des Rates und der Richtlinie 2000/12/EG des Europäischen Parlaments und des Rates und zur Aufhebung der Richtlinie 93/22/EWG des Rates, in: ABlEG L 145 vom 30.04.2004, S. 1–8.

Siebente EG-Richtlinie: Siebente Richtlinie 83/349/EWG des Rates vom 13. Juni 1983 aufgrund von Artikel 54 Absatz 3 Buchstabe g) über den konsolidierten Abschluss von Gesellschaften bestimmter Rechtsformen, in: ABlEG L 193 vom 18.07.1983, S. 1–17.

Vierte EG-Richtlinie: Vierte Richtlinie 78/660/EWG des Rates vom 25. Juli 1978 aufgrund von Artikel 54 Absatz 3 Buchstabe g) über den Jahresabschluss von Gesellschaften bestimmter Rechtsformen, in: ABlEG L 222 vom 14.08.1978, S. 11–31.

Verzeichnis steuerrechtlicher Urteile, Verordnungen, Schreiben und Erlasse

BFH 1969a: BFH GrS 2/68 vom 03.02.1969, BStBl. II 1969, S. 291.

BFH 1969b: BFH I R 15/58 vom 24.06.1969, BStBl. II 1969, S. 581.

BFH 1974: BFH VIII R 125/70 vom 24.09.1974, BStBl. II 1975, S. 78.

BFH 1983: BFH IV R 218/80 vom 25.08.1983, BStBl. II 1984, S. 33.

BFH 1987: BFH GrS 2/86 vom 26.10.1987, BStBl. II 1988, S. 348.

BFH 1989: BFH III R 92/86 vom 10.08.1989, BStBl. II 1990, S. 15 f.

BFH 1991: BFH I R 102/88 vom 13.11.1991, BStBl. II 1992, S. 336.

BFH 1992: BFH I R 24/91 vom 26.08.1992, BStBl. II 1992, S. 977.

BFH 1993: BFH VIII R 37/92 vom 03.08.1993, BStBl. II 1994, S. 444–446.

BFH 2000: BFH VIII R 32/98 vom 20.06.2000, BStBl. II 2001, S. 636.

BMF 1971: Schreiben des Bundesministeriums für Finanzen BMF IV B 2 vom 19.04.1971, BStBl. I 1971, S. 264–266.

BMF 1972: Schreiben des Bundesministeriums für Finanzen BMF IV B 2 vom 21.03.1972, BStBl. I 1972, S. 188 f.

BMF 1975: Schreiben des Bundesministeriums für Finanzen BMF IV B 2 vom 22.12.1975, in: DB 28 (1976), S. 172.

BMF 1987: Schreiben des Bundesministeriums für Finanzen BMF IV B 1 vom 13.03.1987, BStBl. I 1987, S. 365.

BMF 1991: Schreiben des Bundesministeriums für Finanzen BMF IV B 2 vom 23.12.1991, BStBl. I 1992, S. 13.

BMF 1998: Schreiben des Bundesministeriums für Finanzen BMF IV B 2 vom 25.03.1998, in: Steuererlasse, München 2000, S. 1–111.

BMF 2001: Schreiben des Bundesministeriums für Finanzen BMF IV D 2 – S 1551 – 498/01 vom 06.12.2001, Änderung der „Allgemeinen Vorbemerkungen zu den AfA-Tabellen" u. Schichtzuschläge, BStBl. I 2001, S. 860.

BMF 2010a: Bundesministerium für Finanzen IV C 6 - S 2133/09/10001 vom 12.3.2010, BStBl. I 2010, S. 239–242.

BMF 2010b: Bundesministerium für Finanzen IV C 6 - S 2133/09/10001 vom 22.6.2010, BStBl. I 2010, S. 597.

BMF 2012a: Bundesministerium für Finanzen, AfA-Tabellen, abrufbar unter: http://www.bundesfinanzministerium.de/Web/DE/Themen/Steuern/Weitere_Steuerthemen/Betriebsprüfung/AfA_Tabellen/afa_tabellen.html.

BMF 2012b: Bundesministerium für Finanzen, E-Bilanz. Verfahrensgrundsätze zur Aktivierung der Taxonomien. Veröffentlichung der aktualisierten Taxonomien, abrufbar unter: http://www.bundesfinanzministerium.de/Content/DE/Downloads/BMF_Schreiben/Steuerarten/Einkommensteuer/2012-06-12-E-Bilanz-Taxonomien.html (17.05.2013).

BMF 2013: Bundesministerium für Finanzen, IV C 6 – S 2133/09/10001: 004 2012/11600: 68, abrufbar unter: http://www.bundesfinanzministerium.de (17.05.2013).

BMJ 2007: Bundesministerium der Justiz, Begründung eines Gesetzes zur Modernisierung des Bilanzrechts, abrufbar unter: http://www.bmj.bund.de (01.02.2008).

Ländererlass 1963: Ländererlass des Finanzministers NRW S 2153-1-VB1 vom 10.06.1963, BStBl. II 1963, S. 93 f.

OFD Rheinland 2009: Oberfinanzdirektion Rheinland S 2137 – 2009/0006 – St 141 vom 05.05.2009, in: DB 62 (2009), S. 1046.

RFH 1931: Reichsfinanzhof VI A 2002/29 vom 21.10.1931, RStBl. 1932, S. 305–307.

ROHG 1873: Reichsoberhandelsgericht Rep. 934/73 vom 03.12.1873, ROHGE Band 12 o. Jg (1873), S. 15–18.

Index

A

Abandonrecht 767
Abfindung 770
Abfindungsbilanz 715
Abgaben 433
Abgeltungssteuer 255, 700
abnutzungsbedingter Verschleiß 503
Absatzleistungen 34
Absatzpolitik 199
Abschlussbuchungen 463, 524
Abschlussgliederungsprinzip 115
Abschlussprüfer 285, 693, 791, 817
Abschlusstabelle 99
Abschreibungsplan 532
Absetzung für Abnutzung (AfA) 503f
Absetzung für Substanzverringerung (AfS) 512
Absetzungen für außergewöhnliche technische oder wirtschaftliche Abnutzung (AfaA) 522f, 525
Abwicklungserfahrungen 452
Abwicklungserlös 764
Abzinsungsverbot 502, 807, 815f
Accounting Theory 319f
Accural Basis 310, 415
Acquisition Costs 475
Ad hoc-Publizität 820f, 842ff
Adverse Selection 314
AfA-Tabellen 505, 588
Agency Costs 315
Agency Theory 313, 850
Agio 762, 766f, 771
Aktienbuch 766
Aktiengattungen 763
aktienrechtliche Verrechnungskonten 771
Aktiva 469, 912
aktive Bestandskonten 76
Aktivierungspflicht 632
Aktivierungsverbot 36, 632
Aktivierungswahlrecht 632
Aktiv-Passiv-Mehrung 98
Aktiv-Passiv-Minderung 98
Aktivtausch 98
Akzept 223

Akzeptant 223
Allphasen-Nettoumsatzsteuer mit Vorsteuerabzug 143
Altersversorgungsverpflichtungen 490
Analogie-Flexibilität 875
andere aktivierte Eigenleistungen 639
andere Gewinnrücklagen 781
Anderskosten 29, 629, 635
Andersleistungen 35f, 629
Angebots- und Nachfragepreise 209
Anlage zur Bilanz 331, 693
Anlageformen 245
Anlagenbuch 109
Anlagengitter 334, 748
Anlagespiegel 515
Anleihen 412
Ansatzstetigkeit 615f
Anschaffungs- und Herstellungskostenprinzip 466f
Anschaffungsgemeinkosten 479
anschaffungsnaher Aufwand 479
Anschaffungsnebenkosten 185, 253, 479
Anschaffungspreis 479
Anschaffungspreisminderungen 185, 196, 479f
Anteile an Personenhandelsgesellschaften 752
Antizipation von Verlusten und Risiken 467
antizipative Forderungen 412
antizipative und transitorische Rechnungsabgrenzungsposten 106
Anwartschaften 432f, 495
Anzahlungen 153
Arbeitnehmer 244
Arbeitslosenversicherung 244
Artikel-Roherfolg 218
Assessing Stewardship 310
Asset 377, 812, 814
Asset and Liability Approach 319, 322ff, 600–603
Asset Backed Securities-Transaktionen 861
Asset Deal 405
assoziierte Unternehmen 755, 761
Auf- oder Abstockung 552, 563

Aufbewahrungsfrist 303
Auf-Hundert-Rechnung 168
Aufrechnungsmöglichkeit 458
Aufsichtsrat 10
Aufstellungsmöglichkeiten der Bilanz 787
Aufwandsrückstellungen 277, 449f
Aufwendungen des Geldverkehrs 234
Aufwendungen für Altersversorgung 243
Aufwendungen für Gästehäuser 173
Aufwendungen für Jagd oder Fischerei, für Segel- oder Motorjachten 173
Aufwendungsersatzleistungen 252
Aufzeichnungen 162
Ausfallrisiko 241, 563
Ausfuhrlieferungen 151
Ausfuhrzölle 188
Auslegung von Ermessensspielräumen 309
Ausleihungen 409
Ausnutzung von Publizitätserleichterungen 931
Ausschüttungsbeschluss 757
Ausschüttungssperre 268, 275, 402, 786f, 802
Ausschüttungsvolumen 295
Ausschüttungsvorschlag 856
Außenfinanzierung 852
Außengesellschaft 8
Außenprüfungen 61, 360, 617, 621, 623
Außenverpflichtung 458
außerbilanzielle Geschäfte 861
außerordentliche Aufwendungen 336
außerordentliche Erträge 336
ausstehende Einlagen 673, 678f, 686, 762, 765f
Aussteller 222f
Ausweisänderungen 749
Ausweispolitik 863, 932
Ausweisstetigkeit 747
Ausweiswahlrechte 747, 864
Auszahlungsbetrag 488

B
Badwill 406f
Bank- oder Postgirokonto 221
Banken und Versicherungsunternehmen 334
Bar- und Sachentnahmen 569
Bar-, Sach-, Nutzungs- und Leistungseinlagen 568f, 673, 766
Bardividende 739, 757f, 789
Bareinkaufspreis 211
Bareinlagen 90, 578, 766
Barentnahmen 90
Bargeld 221
Barscheck 221
Barverkaufspreis 217

Barwert 433, 474, 485ff, 491f, 494f, 497ff, 558, 589
Barzahlungsgeschäft 190
Barzahlungsrabatte 205
Basel III 262
bedingtes Kapital 764
Beeinflussung der Gewinnverwendung 866
Beiträge 251
Belegprinzip 300
Belegschaftsaktien 769
Bell, Philip W. 320, 323f
Bemessungsgrundlage 149, 153, 354, 735
Benchmarkanalysen 263
Bericht des Aufsichtsrats 332
Berichtigung der Umsatzsteuer 558
Berufsgenossenschaft 245
beschränkte Nachschusspflicht 767
Beseitigung von Umweltschäden 453
Besitzwechsel 228
Beständeschichten 827
Bestandskonto 524
Bestandsverzeichnis 62
Bestätigungsvermerk 613, 742, 869
Besteuerungsgrundlagen 40
Besteuerungsverfahren 154
Bestimmung des Realisationszeitpunkts 305
Beteiligungsfinanzierung 852
Betriebsabrechnung 18
Betriebsabrechnungsbogen (BAB) 631, 635
Betriebsaufspaltung 12, 863
Betriebsbuchhaltung 18
Betriebseinnahmen 34, 39, 356
Betriebsübersicht 99
Betriebsvermögensvergleich 354, 568
Betriebsvorrichtungen 520
betriebswirtschaftliche Auswertung 121
Bewegungsbilanzen 18, 819, 821
Bewertungsabschläge 525f
Bewertungseinheit 449, 472
Bewertungskontinuität 305, 615f, 621
Bewertungs-Methodenstetigkeit 509, 606, 616f
Bewertungswahlrechte 863
Bewirtungsaufwendungen 173
Bezogener 222
Bezugsaktien 764
Bezugskosten 210
Bilanz- oder Jahresabschlusspolitik 14
Bilanzänderung 621
Bilanzansatzwahlrechte 863
Bilanzaufstellung 674, 768
Bilanzberichtigungen 360, 621
Bilanzeid 842, 869
Bilanzergebnis 787, 790
Bilanzergebniskonto 771

Index

Bilanzerstellung 463
Bilanzerstellung vor Verwendung des Jahresergebnisses 692
Bilanzfälschung 359, 619
Bilanzfehler 619
Bilanzfeststellung 674, 781f
Bilanzidentität 68, 110, 614, 621
Bilanzierungs-, Bewertungs- und Ausweiswahlrechte 859
Bilanzierungsansatz 463
Bilanzierungsfähigkeit 403
Bilanzierungswahlrechte 374
Bilanzkontinuität 614
Bilanzmanipulation 359
Bilanzrechtsmodernisierungsgesetz (BilMoG) 267
Bilanzrechtsreformgesetz (BilReG) 267
Bilanzschema 72f, 331f
Bilanzsteuerrecht 520
Bilanztheorie 15, 319f
Bilanzverkürzung 98
Bilanzverlängerung 98
Bilanzverlust 790
Bilanzverschleierung 359
Bonding 315
Boni 195, 202
Bores, Wilhelm 327
Börsenkurs 312
Börsenpreis 468
Branchenkontenrahmen 111
Bruchteilsgemeinschaft 7
Bruttoarbeitsentgelt 243
Brutto-Ausschüttung 757
Brutto-Investitionen 821
Bruttoverkaufspreis 217
Buch- und Inventurbestände 106
Buchgeld 221
Buchhalternase 107
Buchinventur 64
Buchprüfungsgesellschaften 742
Buchwertverfahren 507f
Bundesanstalt für Finanzdienstleistungsaufsicht (BaFin) 360
Bundesverband der Deutschen Industrie e.V. 114
Bundesverband des Deutschen Groß- und Außenhandels e.V. 114
Business Reporting 285, 349, 398, 819

C

Capital Employed 288
Carrying Amount 528
Case Law-System 257, 259
Cash Flow 43, 282, 284, 288, 527f, 819, 828
Cash Flow-Rechnungen 819, 829, 834

Cash Generating Unit (CGU) 527, 529f, 534f
Coase, Ronald 318
Code law 257
Common law 259
Completed Contract Method 604, 612, 745
Construction contract 605
Control-Konzept 755
Controlling 608
Corporate Governance 282f, 819
Corporate Identity 282
Corporate Social Responsibility 286
Covenants 260
Current Costs 473

D

Damnum (Disagio) 421
Darlehensforderungen 488
Darlehensgewährung 41
Darstellungsalternativen 858
Darstellungsgestaltungen 859
Darstellungspolitik 932
Darstellungsstetigkeit 336, 616, 747, 806, 866
Datenträger 122
DATEV-Kontenrahmen 114
Dauerleistungsgeschäfte 448
Davon-Vermerk 229, 458, 460, 680, 746, 754
Debitoren 109
Debitorenverluste 29
Decision Usefulness Approach 319, 608
Deckungsbeiträge 20
Deckungsbeitragsrechnungen 210
Deckungsrelationen 852
Deferral Method 801
Derivate 409, 478
Desinvestitionen 821
Differenzenspiegel 806
differenzierte Rücksendungskonten 195
Differenzkalkulation 210
direkte und indirekte Abschreibung 558
Disagio 421, 497f, 831
Discounted-Cashflow-Verfahren 476, 528
Diskont 227, 232
Diversifikation 838
Doppik 98
Drucktitel 400
Due Process 290f
Durchbrechung des Maßgeblichkeitsprinzips 355, 486
durchlaufende Steuern 252, 255
Durchschnittsmethode 540f
Durchschreibebuchführung 116

E

Earnings Before Interest and Taxes (EBIT) 288, 841

Earnings per Share 343
Economic Value Added (EVA) 288f
Economies of Experience 318
Economies of Learning 318
Economies of Scale 312
EDV-Buchführung 107, 116, 298
EDV-Software 400
Edwards, Edgar O. 320, 323f
Effizienzgrad der Informationsverarbeitung 311
eigene Anteile 769f, 912
Eigenkapitalanteil 783f
Eigenkapitalausweis 331
Eigenkapitalspiegel 742, 818, 820, 834–838, 865
Eigenkapitalvergleich 72
Eigentum, wirtschaftliches 372, 379, 587, 592
Eigentumsvorbehalt 372, 459
Eigenverpflichtungen 427, 449
Einbringung von Mitunternehmeranteilen 720
einfache Buchhaltung 299
Einfuhr von Gegenständen im Inland 181
Einfuhrumsatzsteuer 150, 181, 183
Einfuhrzölle 184, 253
Einheitsbilanzierung 355, 703, 730, 885
Einheitstheorie 327f
Einkaufskalkulation 211
Einkaufspreises 217
Einkommensteuer 251
Einkünfte aus Kapitalvermögen 735
Einkünfte aus Land- und Forstwirtschaft 351
Einkünfte aus nichtselbständiger Arbeit 244
Einnahmen-Ausgabenrechnung 124
Einstandspreis 211
Eintrittsbilanz 720
Einzelbewertung 297, 472, 490, 538f
Einzelhandel 171
Einzelhandels-Kontenrahmen (EKR) 114
Einzelkosten 209, 212
Einzelrisiken 214
Einzelunternehmen 740
Einzelwertberichtigungsverfahren 559
elektronische Bilanz 355
elektronische Lohnsteuer-Abzugs-Merkmale 244
elektronischer Bundesanzeiger 331, 693
endgültige Forderungsausfälle 558
Endorsement 264, 266, 291f
Endwertberechnung 435, 878
Enforcement 280, 315, 360, 842, 869
Entgeltsminderungen 206
Entnahmen aus der Kapitalrücklage 771
Entnahmerecht 673

Entnahmewert des Gegenstandes bzw. der Nutzung oder Leistung 172
Entschädigungsgewinne 455
Entscheidungsfeld 873f
Entscheidungsmodelle 13
Entsprechenserklärung 819
Entwicklungsaufwendungen 400, 482f, 485
Equity-Bewertung 343, 755
Erbschaft- und Schenkungssteuer 252
Erfolgs- und Liquiditätsziele 20
Erfolgsanalyse 91, 97, 129
Erfolgsausweis 735
Erfolgsbegriffe 37
Erfolgsbeteiligung 673
Erfolgsbilanz 106
Erfolgsermittlung 42, 449, 486, 698
Erfolgskonto 134
Erfolgskontrolle 133
Erfolgsquellen 852
Erfolgsrechnungssysteme 39
Erfolgsspaltung 339, 343f
Erfüllungsbetrag 427, 474, 489, 492
Erfüllungsgeschäft 410
Ergänzungsbilanz 671, 720–728
Ergänzungsgewinn 720
Ergebnis- bzw. Rücklagenregulierung 850
Ergebnisermittlung 691, 786
Ergebnisglättung 855, 897, 920
Ergebnisverwendung 692, 770, 772, 785f
Ergebnisverwendungskonto 674, 789
Ergebnisvortrag 786
Ergebnisvortragskonto 778
erhaltene Anzahlungen auf Bestellungen 458, 460
erhöhte Absetzungen 525f
Erinnerungswert 519, 524
Erklärung zur Unternehmensführung 819
Erlasskontenrahmen 111
Erläuterungswahlrechte 864
Erlösschmälerungen 196, 428, 486
Ermessensspielraum 288, 597, 617, 859, 863
Eröffnung des Konkursverfahrens 308
Eröffnungsbilanz 51, 68, 83, 722
Erstattungsanspruch 147
Ertrag 610
Ertragsbesteuerung 56, 453, 800, 812, 814, 844
Ertragsteueransprüche 850
Ertragsteueroptimierung 103
Ertragsteuerzahlungen 454
Ertragswert 401, 469, 476
Erwartungswertmethode 493
Erweiterungs- und Desinvestitionen 20
Eventualverbindlichkeiten 230, 384, 387, 395, 430f, 460ff

Existenzsicherung 849
Expertensystem 880, 930
Extremierung 874, 896, 899

F
Factoring 861
Fair Presentation 310, 343, 746
Fair Value 279, 409, 474f, 491, 986
Fair Value less Costs to Sell 475, 527
Fälligkeitsdarlehen 421
Falschbuchung 83
Falschlieferung 190
Fama, Eugene Francis 311
Fast Close 866
Fehlerkorrektur 619f
fertige Erzeugnisse 912
Fertigstellungsgrad 609ff, 637
Fertigungsauftrag 604f, 745
Fertigungseinzelkosten 633
Fertigungsgemeinkosten 636
Fest- und Gruppenbewertung 472
Feste und variable Kapitalkonten 678
Feststellung der Kapitalanteile 675
Feststellung des Jahresabschlusses 674, 781f, 787
Festwert 302, 540, 552f
Festwertverfahren 62, 472, 552f
Fifo 539f
Financial Accounting 285, 398
Financial Accounting Standards Board (FASB) 280
Finanz- und Investitionslage 821
Finanz- und Publizitätspolitik 849
Finanzanalysten 312f
Finanzanlagevermögen 409, 488, 752
Finanzbuchhaltung 531, 702
finanzielle Verpflichtungen 461f
Finanzierungs-Leasing 373, 587f, 592f
Finanzierungsrechnungen 819
Finanzinstrumente 472
Finanzinstrumenten 272, 409, 462, 477, 488, 599, 745
Finanzintermediäre 312, 314
Finanzlage 461, 468, 470, 744
Finanzmittelfonds 830–833
Finanzmittelnachweisrechnung 832
Finanzplan 461
Finanzpolitik 826, 849–854
Finanzwechsel 227
Finanzziele 849
Fixierung 874, 899
Flexibilität 872, 875, 881
Forderungen gegen verbundene Unternehmen 410
Formalziel 11

Formkaufmann 11, 669, 735
Forschungsaufwendungen 400, 483, 485
Freiberufler 8, 54
freiwillige soziale Aufwendungen 243
Fremdkapital 288, 901
Fremdkapitalbestandteile 453
Fremdkapitalzinsen 216, 480–483, 485, 634
Fristigkeit 71
Front Loading 260
Function of Expense Method 95

G
Garantierückstellungen 428
Gebühren 251
Geldvermögen 23
geleistete Anzahlungen 411
Gemeinkosten 209, 212
Gemeinschafts-Kontenrahmen der Industrie 111, 935f
gemildertes Niederstwertprinzip 468
Gemischtes Warenkonto 131
geringwertige Wirtschaftsgüter 523f
Gesamthandsvermögen 670, 697
Gesamtleistung 650
Gesamtplanungsmodelle 871
Geschäfts- oder Firmenwert 401, 526, 714, 720, 813
Geschäftsfreundebuch 109
Geschäftskostenzuschlagsatz 212, 214
Geschenke an Personen 173
Gesellschaftereintritt 720–728
Gesellschafterwechsel 12, 698, 714–720
Gesetz der Normallinie 352
gesetzliche Rücklage 776, 782
gesetzliche soziale Aufwendungen 243
getrennte Warenkonten 133
Gewährleistungsverpflichtungen 442
Gewerbesteuer 440f, 670, 696f, 700, 705, 735, 740, 804, 807
Gewerbesteuerrückstellung 440, 696, 740
Gewerbesteuer-Vorauszahlungen 441, 705, 740
Gewerbeverlust 441, 696
Gewinn- und Verlustverteilungsschlüssel 684
Gewinnansprüche 850
Gewinnausschüttung 42, 780
Gewinnentnahmerecht 674
Gewinnermittlungsmethoden 352
Gewinnglättung 605, 855
Gewinngutschriften 673
Gewinnrealisierende Forderungen 486
Gewinnregulierungs- und Ausschüttungspolitik 851

Gewinnrücklagen 453, 759, 771f, 785, 890, 912, 917, 925
Gewinnthesaurierungen 700ff, 782
Gewinnverteilung 673
Gewinnverwendungspolitik 866f, 878
Gewinnverwendungswahlrecht 784f
Gewinnvoraus 684
Gewinnvortrag 772, 777
Gewinnzuschlag 209, 214, 216
gewogener Durchschnittswert 63
Gezeichnetes Kapital 389, 759, 912
Glättungshypothese 855
Gläubigerschutz 261, 776
Gleichmäßigkeit der Besteuerung 56, 149
Gleichungssystem 895f
Gliederungstiefe 70
Gliederungsvorschriften 333
Global Players 263, 266
GmbH & Co. KG 12, 987
GmbH & Still 12
GmbH-Anteile 752
Goal Programming 875
Going-Concern 307, 309
Goodwill 276, 326, 401, 527, 1003
Grad der Liquidierbarkeit 70
Großunternehmen 329f
Grund- und Kraftfahrzeugsteuer 252
Grundbuch 81, 107, 408
Grunderwerbsteuer 151, 253, 479
Grundkapital 10, 761
Grundkosten 30
Grundleistungen 36
Grundsatz der Bilanzidentität 304
Grundsatz der Klarheit und Übersichtlichkeit 300
Grundsatz der Nachprüfbarkeit 301f
Grundsatz der Richtigkeit und Willkürfreiheit 304
Grundsatz der Unternehmensfortführung 307
Grundsatz der Verlustantizipation 306
Grundsatz der Vollständigkeit 301, 303
Grundsätze der Rechenschaftslegung 297
Grundsätze ordnungsmäßiger Bilanzierung 298
Grundsätze ordnungsmäßiger Buchführung 295
Grundsätze ordnungsmäßiger Datenverarbeitung 301
Grundsätze ordnungsmäßiger Inventur 296
Grundsteuer 251, 253
Gründungsinventar 51
Gruppenbewertung 62, 472, 541, 557
Gruppenwert 302

H
Hafteinlage 684, 695
Haftung für fremde Verbindlichkeiten 462
Haftungspotenzial 762
Haftungsverhältnisse 460
Halbjahresfinanzbericht 820, 841
Handels- und Finanzwechsel 223
Handelsregister 52
Handelsregistereintragung 762
Handelsspanne 65, 636
Hang zur Offenheit 285
Hauptbilanz 714
Hauptbuch 107
Hauptverband des Deutschen Einzelhandels e.V. 114
Hauptversammlung 10, 258, 781, 785
Haushaltsplan 123
Hedge Accounting 472
Hermeneutik 296f
Hidden Action 315
Hidden Characteristics 314
Hidden Information 315
Hilfsbücher 109
Hilfskonten 177
Historical Costs 473
Höchstwertprinzip 465, 472

I
Idealverein 11
immaterielle Vermögensgegenstände 72, 399
Impairment Only Approach 273, 276, 529
Impairment Test 526, 529
Imparitätsprinzip 297, 306, 465–468
Individualziele 287, 849, 855
Indossament 226
Indossant 222
Indossatar 227
Industrie-Kontenrahmen (IKR) 114, 628, 937f
Information Overflow 314, 840
Informationsasymmetrien 311f, 314
Informationseffizienz 311f
Informationsfunktion 324
Informationspolitik 855f
Innengesellschaft 8
Innenumsätze 149
Innerbetriebliche Leistungen 34, 632
Insiderinformationen 311, 827, 842
Intangible Assets 382, 663
Integrated Reporting 282, 286, 316, 819
Interessentheorie 327f
Interimswert 720
International Accounting Standards Board (IASB) 259, 266, 278, 289

Index

International Financial Reporting Standards (IFRS) for Small ans Medium-sized Entities (SME) (IFRS for SME) 55, 293f, 731
International Organisation of Securities Commissions (IOSCO) 264
interne Kalkulation 217
internes Kontrollsystem 110
Inventar 17, 51, 62, 539f
Inventur 51, 62, 64
Inventurvereinfachungsverfahren 303
Investitionspolitik 334, 748, 822
Investitionsrechnung 22, 987
Investitionstätigkeit 831
Investor Relations 281, 285, 605, 817, 852

J
Jahresabschlusspolitik 996
Jahresergebnis 650, 737, 787, 792, 830f, 835
Journal 108, 123, 1002

K
Kalkulation 18, 503, 602, 617
Kalkulationsaufschlag i. e. S. 220
Kalkulationszinssatz 352
Kalkulatorische Kosten 213, 447, 629
kalkulatorische Leistungen 35f
kalkulatorische Wagnisse 216
kalkulatorische Zinsen 216
kalkulatorischer Unternehmerlohn 216
Kapitalallokation 315
Kapitalanteil 673
Kapitalerhaltung 468, 503, 522, 762, 770, 851
Kapitalerhöhung 12, 762, 765
Kapitalerträge 357
Kapitalertragsteuer 255, 738, 757, 789
Kapitalertragsteueranrechnungsanspruch 758
Kapitalflussrechnung 742, 817f, 828–834, 865
Kapitalflussrechnungen 820
Kapitalherabsetzung 762, 771
Kapitalisierungsmehrwert 401
Kapitalkonto 678
Kapitalmarktpapiere 412
Kapitalmarkttheorie 311
Kapitalrücklage 759, 762, 766, 770f, 776
Kapitalversicherung 245
Kassenbuch 123
Kassenkonto 221
Kaufmann 468, 617
Kaufmannseigenschaft 52
Kaufpreisallokation 996
Kaufpreisminderungen 197
Kennzahlen 101, 221, 852, 867

Kirchensteuer 243f, 251
Kleinbetragsrechnungen 152, 171
Kleingewerbetreibende 52
Kleinstkapitalgesellschaft 51, 97, 136, 330f, 336, 340, 344f, 741, 804, 818, 864
Kleinunternehmer 153
Koalitionsteilnehmer 4, 258, 742
Koeffizientenmodelle 929f
Komitologieverfahren 291
Kommanditkapital 687
Kommanditverlust 686
Kompetenzabgrenzungsfunktion 782
Komponentenansatz 450
Konklusionsspielraum 863
Konkurrenzpreise 215
Konkurs- oder Vergleichsverfahren 70
Konkursdelikte 60, 359
Kontenarten 114
Kontengruppen 114
Kontenklassen 114
Kontenplan 103, 108, 115, 300
Kontenrahmen 111, 1004
Kontenrahmen für den Groß- und Außenhandel 114
Kontokorrentbuch 109, 123
Kontrollkosten 319
Konzernabschluss 753, 755, 863
Konzernunternehmen 327f, 753, 770, 863
Konzessionsvergabe 11
Koordinationskosten 318
Körperschaftsteuer 251, 354, 439, 735, 737–740, 804, 911
Körperschaftsteuerrückstellung 788
Korrekturbuchungen 105
Kosten der Versandverpackung 188
Kosten- und Leistungsrechnung 503, 629, 635
Kostenartenrechnung 631
Kostenbeeinflussung 209
Kostenrechnung 617
Kostenstellenrechnung 631
Kostenträgerstückrechnung 635
Kostenträgerzeitrechnung 631
Kraftfahrzeugsteuer 251, 253
Krankenkasse 245
Krankenversicherung 244
Kreditfinanzierung 852
Kreditoren 109
Kreditwürdigkeitsprüfungen 852
Kulanzrückstellungen 427, 442
Kundenbeziehungen 318
Kundenlisten 400
Kundenskonti 199
Kurspflege 852
kurzfristige Erfolgsrechnung 209, 631, 635

L
Lagerbuchführung 207
Lagerleistungen 34
Land- und Forstwirte 53, 56f, 356
lästiger Gesellschafter 714
Latente Steuern 277, 440, 455, 464, 615, 623, 800–816
Leasing 373, 588
Leasingverträge 302
Leerkosten 482
Legalistic Approach 261
Leibrente 495
Leistung 495, 699
Leistungsabschreibung 276, 511
Leistungsbeziehungen 708
Leistungseinlagen 579
Leistungsentnahmen 574
Leistungserstellungsprozess 40
Leistungsfähigkeit, wirtschaftliche 355, 371
Leistungsgefahr 410
Liabilities 450, 801, 808, 812
Lieferantenskonti 199
Lifo 539f, 901, 916
Lineare Abschreibung 276, 506
Liquidation 12
Liquidationskosten 308
Liquidationsvermögen 673
Liquiditätsanalyse 43, 411
Liquiditätslage 825
Liquiditätssicherung 21
Listeneinkaufspreis (brutto) 211
Listenverkaufspreis 217
Littleton, Ananias Charles 320, 326f
Lohn- und Gehaltsbuchhaltung 247
Lohn- und Gehaltslisten 247, 249
Lohn- und Gehaltsverkehr 243
Lohnsteuer 243f
Lose-Blatt-Buchführung 107
Lucky Buy 406

M
Management Approach 23, 285, 349, 839
Management Commentary 349f, 818, 865
Management Performance 314
Mängelrüge 195
Manövriermasse 862, 876, 895
Markowitz, Harry Max 312
Markteffizienztheorie 312
Marktpreis 468, 470
Massenverpflichtungen 489, 492
Matching Principle 326, 483
Materialeinzelkosten 633
Materialgemeinkosten 633
Maximierung des persönlichen Endvermögens 934

Mehrfachzielsetzungen 857
Mehrkontenmodelle 729
Mehrwertsteuer 143
Memorial 108
Mengenabschreibung 511
Mengenrabatte 205
Merkmale der Unternehmensgröße 329
Miller, Merton 318
Mindestbesteuerung 695
Mindestumsätze 202
Mineralölsteuer 251, 253
Mittelherkunft 69, 821
Mittelverwendung 20, 69, 821
Mitunternehmer 691, 695, 699, 988
Mitunternehmerschaften 9, 670, 729
Modell des Homo Oeconomicus 311
Modigliani, Franco 318
Monitoring 315
Moonitz, Maurice 320, 323
Moral Hazard 314f
Motivationskosten 318
Moxter, Adolf 371
Multiplikator 168

N
Nachaktivierung 628
Nachhaltigkeitsbericht 819, 854, 856
Nachkalkulation 209, 212, 611
Nachprüfbarkeit 296, 314
Nachschüsse 686, 767
Nachtragsprüfung 621
Namensaktien 764, 766
Namenskopie 119
Naturalrabatte 206
Nature of Expense Method 95
Nebenbücher 107
Nennbetrag 470, 762
Nennwert 486, 762
Neoklassik 313
Nettoarbeitsentgelt 244
Nettodividende 739, 789
Netto-Dividenden 757
Neubewertungsmethode 454, 477, 529, 535f, 749, 759, 814, 836f
Neubewertungsrücklage 454, 477, 535ff, 759
Neue Institutionenökonomie 313, 316
neutrale Aufwendungen 30, 634
neutrale Erträge 36
nicht abziehbare Betriebsausgaben 172
nicht durch Eigenkapital gedeckter Fehlbetrag 70, 760
nicht durch Vermögenseinlagen gedeckter Verlustanteil persönlich haftender Gesellschafter 675
Nichtgewerbetreibende 356

Index

Nichtigkeit des Jahresabschlusses 60, 360, 620
Nichtkaufleute 52
Niederstwertprinzip 465, 468, 540, 542, 552, 556ff, 580, 636
Nominal Value 474
Nominalgüter 27
Normal- oder Plankosten 19
Notes 349, 605, 618, 740, 746
Nutzungseinlagen 579
Nutzungsentnahmen 574

O
Obligationen 412
Offene-Posten-Buchhaltung 110
Offenlegung 60, 682
ökonomische Gewinnkonzeption 311
Operating-Leasing 373, 588, 592f
Operations Research 884, 898
Opportunitätskostenprinzip 213
Optionsrecht 151, 154
Organisationstheorie 313
Other Comprehensive Income 97, 342, 836
Overriding Principle 309

P
Partialmodelle 872, 898, 933
Partnerschaftsgesellschaft 7
Passivtausch 98
Passivwechsel 228, 231
Paton, William Andrew 320, 326
Pauschalrückstellung 443
Pauschalwertberichtigung
Pensionsfonds 261f
Pensionsgeschäfte 373, 861
Pensionsrückstellungen 277, 432, 439
Pensionszahlungen 436
Pensionszusagen, wertpapiergebundene 490
Percentage of Completion Method (POCM) 605–613
Performance Measurement 284f
Periodenabgrenzung 297
Periodenerfolgsrechnung 42
periodenfremde Aufwendungen 27
periodengerechte Gewinnermittlung 327, 598, 663
Periodenverfahren 541
Personalaufwand 450
Personenkonto 109
Pfandbriefe 412
Pflegeversicherung 244
Pflichteinlage 677, 684
Pflichtkapitalkonto 684
Pflichtprüfungen 60
phasengleiche Gewinnvereinnahmung 757

Plan-Jahresabschluss 19
Plankosten- und Planleistungsrechnung 19
planmäßige Abschreibungen 503
Planungsmodelle 871, 898
Planvermögen 433, 439, 464, 584f, 599, 603, 786
Preis- und Kostensteigerungen 489, 491, 613
Preiselastizität der Nachfrage 215
Preisgefahr 410
Preisgrenzen 209
Preisnachlässe 133, 184, 195
Preispolitik 43
Present Value 473
Primärziele 875
Principle Based Accounting 259, 349
Prinzip der Einzelbewertung 303, 472
Prinzip der Klarheit und Übersichtlichkeit 303
Prinzip der Periodenabgrenzung 307
Prinzip der Richtigkeit 301
Prinzip der wirtschaftlichen Betrachtungsweise 302
Prinzip der zeitgerechten Verbuchung 301
Privatkonto 90, 172, 673
Privatsteuern 252
Privatvermögen 7
Probeabschluss 99, 101
Production Costs 475
Progressionswirkungen 352, 454, 872
progressive Abschreibung 510
Progressive Handelskalkulation 211
Projected Unit Credit Method 433, 439
Prolongation 227
Prolongationskosten 239
Property Rights 318
Proprietary Costs 319
Protest- und Prolongationswechsel 223
Prozessgliederungsprinzip 115
prüferischen Durchsicht 842
Prüfungsbericht 331
Publizitätspolitik 849, 853, 855, 874
Publizitätsziele 849
Purchase Price Allocation 405

Q
quantitative Flexibilität 875
Quartalsbericht 820f, 842
Quellenabzug 244, 738
Quelleneinkünfte 351

R
Rabatte 195, 205
Rappaport, Alfred 282, 288
Raten- oder Annuitätendarlehen 421
Rating 314, 603f, 987

Real- und Nominalgüter 399
Realisable Value 473
Realisationsprinzip 33, 36, 297, 464ff, 494, 604
Realsteuer 440
Rechenschaftslegung 40
Rechnungsabgrenzung 70, 99
Rechnungsabgrenzungsposten 494, 901, 912, 917
Rechnungslegungsanalyse 14, 340, 453, 459, 820
rechtsfähige Stiftungen 10
Recoverable Amount 475, 528
Reduzierung der umsatzsteuerlichen Bemessungsgrundlage 196
Regel-AfA 526
Remittent 223
Rentabilität 3, 470, 852
Rentenbarwert 434, 495f
Rentenverpflichtungen 494f
Rentenversicherung 244
Reparatur- und Instandhaltungsaufwendungen 507
Reproduktionswert 321, 469
Reputation 318
Rest- oder Schrottwert 506
Restrukturierungsmaßnahmen 393, 431, 450
Restwertbetrachtung 449
retrograde Kalkulation 210
Return on Capital Employed 288
Revenue and Expense Approach 600, 603
Revenue and Expenses Approach 319, 324, 326
Reversibilität 875
Richtigkeit und Willkürfreiheit 297
Risikoprämie 684
Risk and Reward Approach 597
Roherfolgaufschlagsatz 132, 220, 637
Rohergebnis 332, 336, 654
Rohgewinn 131, 135, 208
Rohstoffe 411
Rohverlust 131, 135, 448
Rollgelder 184
Rückgriff 222
Rückgriffsforderungen 460
Rücklage für Zuschüsse aus öffentlichen Mitteln 454
Rücklagen 453, 679, 687, 912
Rücklagenspiegel 785, 834
Rücksendungen 184, 190
Rückstellungen für drohende Verluste aus schwebenden Geschäften 445
Rückstellungen für Patentverletzungen 453
Rückstellungen für Sachleistungsverpflichtungen 452

Rückwechsel 241
Rule Based Accounting 259, 377

S
Sach- oder Bareinlage 764
Sach- oder Bareinlagen 766
Sachanlagevermögen 407, 901
Sacheinlagen 41, 578, 673, 766
Sachentnahmen 41, 571f
Sachverhaltsgestaltungen 606, 859
Sachziel 4, 18, 131, 209, 410
Saisonunternehmen 861
Saldenbestätigungen 64
Saldenbilanz 106
Saldenliste 109
Saldierungsverbot 458
Sale and Lease Back 861
Sammelbewertung 541, 557
Satisfizierung 874
Schätzung 57, 354, 357, 360, 624f
Schätzung der Besteuerungsgrundlagen 360
Scheck 221
Scheinbestandteile 520
Scheingewinne 321, 324, 503, 535, 550, 746
Scheinkaufmann 52
Schmalenbach, Eugen 30, 36, 111, 320, 324–327, 370, 598
Schmidt, Fritz 319f
Schuldendeckungspotenzial 295
Schuldverschreibungen 412
Schuldwechsel 81, 230
schwebende Geschäfte 81, 301, 379, 394, 410, 458, 460, 466f
Schwund 77
Screening Theory 314
Securities and Exchange Commission (SEC) 264
Segmentbericht 742, 818, 820, 838–841, 865
Sekundäreffekte 875
Sekundärwirkungen 867
Sekundärziele 875
Selbstdarstellungspolitik 314, 747, 785, 843
Selbstfinanzierung 431, 453, 851
Selbstfinanzierungsfunktion 776
Selbstkosten 19, 150, 609f
Selbstkostenpreis 214, 217
Self Selection 314
Settlement Value 473
Shareholder Value 260, 282, 604, 849
Shirking 313, 855
Sicherungsabtretung 372
Sicherungsübereignung 302, 372, 459
Signaling 314
Simon, Hermann Veit 320, 322, 370
Skonti 195, 199

Sofortabschreibung 524
Solawechsel 223
Sollbesteuerung 153
Soll-Ist-Vergleich 22
Solvency Test 260
Sonderabschreibungen 525f
Sonderbetriebsaufwendungen 708
Sonderbetriebsausgaben 670, 699
Sonderbetriebseinnahmen 670, 699
Sonderbetriebserträge 708
Sonderbetriebsvermögen 670, 699, 708
Sonderbilanz 671, 708ff, 714, 730
Sonderbilanzierungserfolge 696, 699f
Sonderposten eigener Art 802, 804
Sonderposten mit Rücklageanteil 453
Sonderrabatte 205
Sondervergütungen 670, 695, 698
sonstige Forderung 204
sonstige Verbindlichkeiten 414, 458
Sparformen 245
Speditions- und Postgebühren 184, 188
Speicherbuchführung 122
Spesen 227
Spezial-Leasing 588
Sprouse, Robert P. 320, 323
Sprung- oder Reihenregress 228
Staffelform 64
Stakeholder 4, 258, 260, 287, 986
Stammaktien 763f
Stammeinlagen 762, 766
Stammkapital 10, 761f
Stelleneinzelkosten 631
Steueranmeldung 154, 159
Steuerbarwertminimierung 352, 876
Steuerbefreiungen 151, 735
Steuerbegriff 251
Steuerberater 9
Steuerbescheinigung 738
Steuerbilanzergebnis 354, 698
Steuerbilanzplanung 872
Steuerertrag 740, 806
steuerfreie Rücklagen 453
Steuerkumulationseffekt 152
steuerpflichtige Umsätze 152
Steuerrückstellungen 414, 427, 439, 696, 704, 739, 806
Steuerschuldner 691
Stewardship-Theory 316f
Stichprobeninventur 64, 302
Stichtagsbewertung 468
Stichtagsinventur 64
Stiftung & Co. KG 12
stille Gesellschaft 8, 669
stille Reserven 305, 453, 577, 714, 720, 766, 862

Stornobuchung 82, 191
Strategie der dramatischen Umkehr 858
Stückprovision 217
Suboptimum 873
Substance over Form 270, 302, 371, 379, 589, 592
Substanz- und Kapitalerhaltung 15, 323, 325
Substanzerhaltung 320, 431, 540, 550, 553
Subsumtionsspielraum 863
Subventionen 858
Subziele 284, 873
Summenbilanz 103
Sustainability Reporting 286
Synergieeffekte 263, 530

T
Tabaksteuer 251
Tabellenkalkulationsprogramm 791, 795, 885, 891, 897, 899, 917
Tantieme 243, 791, 796
Tätigkeits- und Nutzungsvergütungen 699
Tax Accounting 697, 802, 812
Teileinkünfteverfahren 698, 735, 738f
Teilsteuerrechnung 885
Teilwertabschreibungen 525
Teilwertverfahren 433
Teilwertvermutungen 469f
Temporary-Konzept 274, 277, 801, 812, 816
Theorie der Verfügungsrechte 316
Tilgungsdarlehen 421f
Timing-Konzept 274, 801
Total- und Partialmodelle 871
Totalgewinn 352
Totaloptimum 873, 884
Transaktionsansatz 599f, 603
Transaktionskosten 311f, 318
Transaktionskostentheorie 316, 318
transitorische Rechnungsabgrenzung 413
Transportversicherungen 184
Tratte 223
Treuerabatte 205
Treuhandverhältnisse 373
True and Fair View 316, 344, 743

U
Überleitungsrechnung 264, 342f, 629, 761, 771, 814f, 828f, 839f
Überrenditen 311f
Überschuldungssituation 69, 759f
Überschusseinkunftsarten 351
Übertragungsbuchführung 116
Umbuchungsspalte 103, 105
Umsatz- oder Verkehrsbilanz 104
Umsatzbonus 202
Umsatzergebnis 654

Umsatzkostenverfahren 629, 652
Umsatzsteuerpflicht 147
Umsatzsteuer-Verrechnungskonto 147, 156
Umsatzsteuervoranmeldungen 153
Umsatzsteuer-Zahllast 106, 145
Umsatzvergütungen 202
Umschlagshäufigkeit 852
Umwandlung 12, 862
Umwelt-Reporting 819
unentgeltliche sonstige Leistungen 148
unentgeltliche Wertabgabe 172
Unfallversicherung 244
Unfertige Erzeugnisse 411, 912
Unfreiwillige Dezimierung von Warenvorräten 206
United States Generally Accepted Accounting Principles (US-GAAP) 264, 280
Unsicherheiten der Rechnungslegungspolitik 858, 862, 876f
Unternehmensbewertung 263, 476f, 528
Unternehmenserfolg 89
Unternehmensfortführung 297
Unternehmenspolitik 13f, 849, 931, 1001, 1006
Unternehmenssicherung 305
Unternehmenswert 312, 326, 819, 930
Unterzeichnung des Jahresabschlusses 303
Urlaubsgeld 243

V
Value in Use 475, 528
Value Reporting 282f, 285f, 325, 819, 986
Valutaverbindlichkeiten 489
Veranlagungssimulation 934
Veräußerungserfolge 720
Verbindlichkeiten aus Gewährleistungsverträgen 460
Verbindlichkeiten aus Lieferungen und Leistungen 458
Verbindlichkeiten aus Steuern 460
Verbindlichkeiten gegenüber Kreditinstituten 458
Verbindlichkeiten gegenüber verbundenen Unternehmen 458
Verbindlichkeitenspiegel 459
Verbrauchsfolgeverfahren 472, 916
Verbrauchsteuer 143
verbundene Unternehmen 410, 753
Verderb 77, 207
Verkäufer- oder Käufermarkt 209
Verkäuferprovision 217
Verkaufserlöse 132
Verkaufsprovisionen 188
Verkaufswertverfahren 220, 636f
Verlustabzug 912

Verlustantizipation 605
Verlustausgleich 695, 777, 780
Verlustrückstellung 448
Verlustsonderkonto 686, 688
Verlustvortrag 772, 777, 802f, 812
Vermeidung der Prüfungspflicht 863, 931
Vermögens- oder Inventurbilanz 106
Vermögens- und Finanzlage 103
Vermögens- und Kapitalstruktur 852
Vermögens-, Finanz- und Ertragslage 617
Vermögensbildungsgesetz 245
Vermögensgegenstand 279, 372f, 407
Verpflichtungen aus abgeschlossenen Verträgen 462
Verpflichtungen aus öffentlich-rechtlichen Rechtsverhältnissen 462
Verpflichtungserfüllung 453
Verpflichtungsüberschuss 445f
Verprobungsmethoden 221
Verrechnungsscheck 222
Verrechnungsverbot 94, 303
Verschmelzung 12
Versendungskauf 466
Versicherungsteuergesetz 151
Versicherungsverein auf Gegenseitigkeit 11
Verteilungsrückstellungen 490
Vertragsstrafen 766
Vertriebskosten 188
Verwaltungsgemeinkosten 632
Voll- und Teilkostenkalkulationen 209
Vollinventur 66
vollkommener Kapitalmarkt 311, 313
Vollständigkeitsprinzip 309
Vorauszahlungen 441, 480, 696, 737, 739
Vorkalkulation 209, 611
Vorsichtsprinzip 261, 297
Vorstand 55
Vorsteuer- bzw. Umsatzsteuerberichtigungen 206
Vorsteuerabzugverfahren 143
Vorsteueransprüche 708
Vorsteuerberichtigungen 145
Vorsteuer-Erstattungsanspruch 106, 146
Vorzugsaktien 763f
Vorzugsdividende 684

W
Wagnisse 28
Waren- und Lagerbücher 109
Warenabschlusskonto 171
Warenbestandsdifferenzen 207
Warenbestandskonto 137
Warenbezugskosten 185
Wareneingangs- und Warenausgangsbücher 108

Wareneingangskonto 137
Wareneinkaufsammelkonto 171
Wareneinsatz 106, 132, 542
Warenentnahmen 133
Warenrücksendungen 133
Warenverkauf 487
Warenverkaufskonto 106
Warenvertriebskosten 189
Wechsel- und Wertpapierbücher 109
Wechselabgang 230
Wechselforderung 229
Wechselgeschäfte 222
Wechselklage 222
Wechselkosten 232
Wechselkredit 233
Wechselnehmer 223
Wechselprotest 227
Wechselspesen 232
Wechselstrenge 222
Wechselumlaufkosten 232f
Wechselverbindlichkeiten 231
Weighted Average Cost of Capital (WACE) 282, 289
Wertaufhellung 443, 446, 612, 614, 621
Wertaufholungsrücklage 454, 477, 785
Wertberichtigungsposten 513–519, 559–568
Wertlücke (Value Gap) 285, 605
Wertschöpfungsrechnungen 819f
Werttreiber 315
Wiederbeschaffungskosten 323, 469, 504, 637
Wiederverkäuferrabatte 205
wirtschaftliche Überholung 503
Wirtschaftsprüfer 9, 693, 715, 741, 842, 876
Wirtschaftsprüferkammer (WPK) 360
Wirtschaftsprüfungsgesellschaften 693, 741
Wohlstandsmaximierung 855

Z
Zahllast 143
Zahlschein 221
Zahlungsmittelbestand 23
Zahlungsstromrechnung 43
zeitliche Flexibilität 875

Zeitpunkt der Realisation 466
Zeitpunkt des Abflusses 351
Zeitpunkt des Zuflusses 351
Zeitrente 495
Zeitwert 468
Zeitwertbilanzierung 323, 327, 476
Zero Profit Margin 605, 609
Zerschlagung oder Auflösung des Unternehmens 307
Zielantinomie und Zielkonkurrenz 857
Zielausmaß 874
Zieleinkaufspreis 211
Zielgeschäfte 190
Zielindifferenz, Zielkomplementarität und Zielidentität 857
Zielkonflikte 311, 850, 853, 856ff, 867, 931
Zieloperationalisierung 874
Zielsystem 13, 284, 849, 856
Zielverkaufspreis 217
Zinssatz nach Steuern 352, 528, 877
Zinssatz vor Steuern 492, 500, 529
Zinsstaffelmethode 421f, 591
Zollbehörde 151
Zölle und Verbrauchsteuern 420
Zu- und Abflussrechnung 356
Zu- und Abgänge 748
Zuführungsbeträge 436
Zusatz- und Andersleistungen 36, 629
Zusatzkosten 29, 629, 635
Zuschlagkalkulation 635f
Zuschreibungen 470f, 531f, 654, 749
Zuschüsse der öffentlichen Hand 336
Zwangs-, Ermessens- und Willkürreserven 453
Zweckaufwendungen 30
Zweckgesellschaft 754
Zweikreissystem 628
Zweischneidigkeit der Regelbilanzierung 304, 703, 715, 868
Zwischenabschluss 620, 623, 761, 842
Zwischenbericht 820, 841f
Zwischenkalkulation 610
Zwischenpublizität 864